De la littérature française

De la littérature française

SOUS LA DIRECTION
DE
Denis Hollier

ET
R. Howard Bloch
Peter Brooks
Joan Dejean
Barbara Johnson
Philip E. Lewis
Nancy K. Miller
François Rigolot
Nancy J. Vickers

BORDAS

L'édition française a été placée
sous la responsabilité de
Denis Hollier et François Rigolot

Édition originale
A New History of French Literature
Edited by Denis Hollier
Harvard University Press

ISBN 0-674-61565-4

Édition française

ISBN 2-04-018597-6
Dépôt légal : mars 1993
Achevé d'imprimer sur les presses d'Offset Aubin
à Ligugé en mars 1993

Sommaire

Note

Plutôt que de réduire la littérature française à une liste d'auteurs et de titres, cet ouvrage se propose de la présenter comme un champ historique et culturel complexe que les méthodes mises à notre disposition par la critique contemporaine permettent d'aborder sous des angles variés. Les formes encyclopédiques de présentation – continuité de la narration historique aussi bien que discontinuité de l'ordre alphabétique – ne se prêtent pas à un projet de cet ordre : le dictionnaire accumule les informations, alors que l'histoire suscite des généalogies artificiellement homogènes.

Les deux cent six essais de ce volume se succèdent selon un ordre chronologique, respectant donc la présentation d'une histoire de la littérature. Mais, individuellement comme dans leur ensemble, ils remettent en question l'idée d'un continuum historique simple ainsi que les conventions narratives qui l'entretiennent.

Chaque essai est introduit par une date que suit, en « manchette », la mention d'un événement – sorte d'épigraphe qui indique moins le contenu de l'article qu'elle ne sert d'agrafe chronologique. L'événement peut concerner la littérature au premier chef – première publication d'une œuvre, d'une traduction, lancement d'une revue, création d'une pièce, mort d'un auteur. Mais il peut aussi n'affecter la littérature que par des répercussions, parfois éloignées – dans le temps et dans l'espace – de l'épicentre. Ces vignettes, comme des détails agrandis selon des échelles variables, se succèdent à un rythme inégal, engendrant un effet d'hétérogénéité qui échappe à la linéarité traditionnelle des histoires de la littérature : tel article consacré à un genre suit tel autre centré sur une œuvre unique, des institutions pédagogiques côtoient des mouvements littéraires, et des bilans la description de carrefours ou de moments saillants.

Peu d'articles ont été conçus sur le mode de la monographie. De manière générale, plusieurs auteurs cohabitent dans un même article et, inversement, un même auteur peut apparaître dans plusieurs essais. Ainsi, plutôt qu'un article général consacré exclusivement à Rousseau, *la Nouvelle Héloïse*, l'*Essai sur l'origine des langues* et les *Confessions* font l'objet d'articles distincts ; *Du contrat social* est envisagé à l'occasion des prises de position politiques des écrivains des Lumières, et la *Lettre à M. d'Alembert sur les spectacles* dans diverses approches de la théâtralité au XVIIIe siècle. Quant au théâtre du XVIIIe, s'il est traité directement, il l'est aussi par le détour de l'histoire de l'art, à travers l'importance de la *commedia dell'arte* dans les tableaux de Watteau et à propos de la critique d'art de Diderot. Plus près de nous, Proust apparaît, furtivement, à propos de la traduction par Antoine Galland des *Mille et Une Nuits* (1704) ; en 1898, lors de l'affaire Dreyfus ; en 1905, à l'occasion de la loi sur la séparation de l'Église et de l'État ; en 1911, à propos de son différend avec Gide sur le traitement littéraire de l'homosexualité ; et en 1922, année de sa mort, à propos du motif de la mort dans son œuvre.

La catégorie d'auteur n'est pas la seule catégorie de l'historiographie littéraire à avoir subi une érosion. Il en va de même pour celle de période. Au lieu d'un solide encadrement par siècles, de la scansion régulière d'âges d'or et de périodes de transition, nous avons préféré, aussi souvent que possible, des durées plus brèves nous permettant de susciter des rencontres, des coïncidences, des répercussions, des résurgences, d'indiquer des convergences ou des mutations.

Sans prétendre couvrir la totalité des auteurs – y compris les innombrables anonymes et les innombrables vivants –, ni présenter la totalité des œuvres et les dissidences de tous les courants, cette histoire de la littérature s'est voulue à la fois informative et critique. Non seulement les idées développées dans un article n'engagent que leur auteur, mais encore celui-ci a-t-il été encouragé à exprimer des vues qui l'engagent. Les collaborateurs ont été invités à faire part, bien entendu, de leur savoir, mais aussi de leurs goûts et de leurs choix, permettant aux essais ici rassemblés d'offrir un panorama des principales positions méthodologiques et idéologiques actuellement en cours dans les études littéraires.

Chaque article a été conçu comme un essai indépendant. Son auteur l'a écrit sans savoir ce qui le précéderait ni ce qui le suivrait. À la fin de la plupart des articles on trouvera néanmoins un ou plusieurs renvois à d'autres essais du volume traitant de sujets connexes. Par ailleurs, un index substantiel, des auteurs et des matières, permettra au lecteur de rassembler les informations sur un sujet donné.

De la littérature française reprend et actualise *A New History of French Literature*, publié par Havard University Press en 1989. Sept nouveaux essais augmentent l'édition originale. Le dernier d'entre eux, introduit par la date de 1989, a été ajouté en guise de postface à l'édition française.

Les éditeurs

Introduction

Littérature sans frontières ?

Rousseau notait que, si la faculté de langage distingue les hommes des animaux, les langages distinguent les nations entre elles. Il en va de même pour la littérature, qui exige un espace divisé par des frontières. Libre à certains linguistes de rêver d'espéranto ; une langue universelle sera toujours une langue sans littérature. En vertu de quoi, pour l'essentiel, la production et la consommation des littératures continuent à respecter la géographie des langues.

Cet ancrage linguistique est à l'origine du postulat selon lequel un historien de la littérature doit partager la langue de son objet : l'histoire d'une littérature doit être écrite « du dedans ». Lorsque Goethe reproche aux Français de sous-estimer l'œuvre de du Bartas, Sainte-Beuve le prend de haut : il suffit d'être français pour savoir que du Bartas est un poète de troisième ordre. Cette dimension quasi autobiographique de la discipline justifie aussi les sarcasmes de Chateaubriand contre ce que sa profession de diplomate l'expose à entendre dire de sa – de notre – littérature à l'extérieur de son périmètre linguistique : « C'est à rire de savoir quels sont nos grands écrivains à Londres, à Vienne, à Berlin, à Pétersbourg, à Munich, à Leipsig, à Goettingue, à Cologne. » Or cette exclamation figure dans son *Essai sur la littérature anglaise* (1836), c'est-à-dire dans un panorama de la littérature d'outre-Manche écrit par quelqu'un dont l'anglais n'est pas la langue maternelle : le vicomte ne tarde d'ailleurs pas à s'apercevoir qu'il se trouve lui-même dans la situation qu'il critique. « Je viens d'exprimer mon opinion sur une foule d'auteurs anglais : il est fort possible [...] que mes arrêts paraissent impertinents et grotesques de l'autre côté de la Manche » (vol. II, p. 236). Comme dans la description lacanienne des relations entre amants, il semblerait que les langues se disent à travers leur littérature : tu ne me regardes pas où j'aimerais que tu le fasses. Les mêmes textes n'ont pas la même valeur des deux côtés de la frontière. On sait d'ailleurs à quel point un succès à l'étranger est de mauvaise compagnie. La réputation de Zola aura souffert d'un tel succès. La France n'a jamais considéré l'exportation comme un critère recommandable : comme si elle réservait les bas morceaux au marché étranger.

Mais revenons à Chateaubriand. Les difficultés épistémologiques de l'histoire littéraire, la validité des jugements de valeur qu'elle est amenée à porter ne sont évidemment pas le centre de ses préoccupations. Chateaubriand n'est pas un universitaire. Et s'il s'est improvisé historien de la littérature, c'est parce qu'il avait besoin d'argent. Ses véritables inquiétudes – y compris quand il fait de l'histoire littéraire – ne sont pas celles d'un érudit mais d'un écrivain. Le verbe « connaître » l'obsède, mais seulement à la forme passive, dans la mesure où il en est l'objet. Comment être connu ? Et comment l'être le plus possible ? S'il s'inquiète du sort réservé par l'étranger à nos gloires, c'est parce qu'il se range parmi elles. Il lui suffit d'un paragraphe pour ôter son masque de savant et passer de « nos grands écrivains » à « nous autres grands hommes ». L'absence d'unanimité entre les capitales européennes augmente la concurrence pour l'exploitation du capital d'admiration dévolu aux gloires modernes. Le chapitre où Chateaubriand évoque cette situation porte un titre significatif : « Qu'il n'y aura plus de renommées littéraires universelles. » *Nevermore*. Jamais plus. À la différence du sort réservé par le proverbe aux prophètes, nul n'est grand écrivain qu'en son pays. La conséquence la plus catastrophique de l'oubli romantique des classiques est la balkanisation de la littérature. « À Vienne, à Pétersbourg, à Berlin, à Londres, à Lisbonne, à Madrid, à Rome, à Paris, on n'aura jamais d'un poète allemand, anglais, portugais, espagnol, italien, français, l'idée une et semblable que l'on s'y forme de Virgile et d'Homère » (*ibid*., vol. II, pp. 237-238). Les noms d'Homère et de Virgile inscrivent cette lamentation dans l'espace post-classique où la compétition entre modernes a remplacé l'imitation des anciens. La république des lettres a été morcelée en littératures nationales qui, jalouses les unes des autres, rechignent à homologuer les produits des terroirs concurrents. La fin du classicisme a entraîné l'effondrement de valeurs qui n'étaient universelles que parce qu'elles étaient formulées dans des langues que plus personne ne parlait. Enfermées dans leur langue, les gloires butent sur les mêmes frontières linguistiques.

L'histoire littéraire se développe, à la même époque, à la faveur de l'intérêt romantique pour les littératures nationales. L'ouvrage de Mme de Staël, *De la littérature considérée dans ses rapports avec les institutions sociales* (1801), est à juste titre considéré comme la charte des deux disciplines principalement responsables de la remise en question de l'idéal classique et surtout de sa prétention à l'universalité : l'histoire littéraire et la littérature comparée. Il sera suivi par un mouvement d'études littéraires dont le premier geste sera de « contextualiser » les œuvres, de les soumettre aux lois d'une écologie de l'esprit, de reconstruire, comme la biologie avec les êtres vivants, le milieu qui leur a permis de naître et de se développer. Les goûts, qui changent avec les contextes, remplacent les règles, qui s'en disent indépendantes : chaque œuvre, chaque époque, chaque nation, est maintenant jugée – ou plutôt comprise – selon un système de valeurs qui lui est spécifique. Le mot « littérature » continue à figurer au singulier dans le titre du livre, mais le message de Mme de Staël est pluriel : il ouvre le règne *des* littératures.

Cette mode de la « contextualisation » nourrira une volonté de naturaliser les œuvres en les restituant à leur paysage d'origine : elles sont l'œuvre d'un génie du lieu qui, comme les légendaires bananes de Sartre, ne livre sa vraie saveur que sur place. Écrites ou orales, peu importe désormais, elles cessent de voyager. *Scripta manent*. Ce sont les lecteurs qui font le voyage. Pour remonter à la source, le critique se fait folkloriste, s'aventure dans les vallées lointaines pour faire chanter les peuples sans écriture. L'impératif romantique de la couleur locale conduit les premiers historiens de la littérature à puiser leur inspiration dans ce qu'on appellerait aujourd'hui ethnologie (ou tourisme culturel). La discipline naît sous le signe du distant et de l'archaïque.

L'histoire littéraire a d'abord été celle des littératures étrangères ou anciennes. Elle s'enracine dans ce qu'on a récemment appelé « l'épreuve de l'étranger ». De manière emblématique, la carrière de Mme de Staël, historienne de la littérature, est une conséquence indirecte de l'exil auquel Napoléon l'avait condamnée : elle n'aurait sans doute pas écrit *De l'Allemagne* (1813) si, au lieu de l'éloigner de Paris, l'Empereur l'avait chargée d'exercer son influence sur la société de l'Empire. De la même manière, l'*Essai*, de Chateaubriand, est le produit de ses séjours en Angleterre, comme émigré puis, comme ambassadeur. Quant à Jean-Jacques Ampère, premier Français à avoir parlé de « littérature comparée », il devait définir sa propre pratique comme une « critique en voyage » ; globe-trotter infatigable, il visita l'Allemagne et la Suède avant d'écrire sur les « littératures du Nord », et la Grèce avant d'écrire sur Homère. La mode est lancée. Dans *le Cousin Pons* (1847), Balzac brocarde en passant la création, à Paris, de « chaires de slave, de mantchou, de littératures aussi peu professables que les littératures du Nord ».

Le relativisme romantique peut être considéré comme une réaction contre le néo-classicisme des institutions culturelles de la France postrévolutionnaire, qu'illustre le nom de *lycée* donné par Bonaparte aux établissements d'enseignement secondaire. Aussi, à la différence des histoires des littératures lointaines, les premières histoires de la littérature française furent, malgré leur nom, résolument antihistoriques. Désiré Nisard, auteur de la plus importante d'entre elles (ses quatre volumes paraissent entre 1841 et 1861), se propose, en digne héritier de La Harpe, de définir « ce qu'il y a de constant, d'essentiel, d'immuable dans l'esprit français » (*Histoire de la littérature française*, vol. Ier, p. 9) – un esprit français qui n'aurait pas été altéré par les caprices du goût, serait resté « toujours semblable à lui-même » (vol. IV, p. 540) ; il est, ajoute-t-il, « l'image la plus complète et la plus pure de l'esprit humain » (vol. Ier, p. 15). « En faisant le portrait de l'esprit français, j'ai presque fait le portrait de la raison elle-même » (vol. Ier, p. 16). Aucune littérature, qu'elle soit du Nord ou du Midi, ne présente le même caractère de généralité raisonnable ; toutes sont « plus individuelles ; [...] plus locales » (vol. Ier, p. 18) que la littérature française. Et s'il peut arriver aux Français de ressentir comme un manque voire une privation l'absence de ces défauts, il faut résister et ne jamais « vouloir nous compléter par l'imitation d'autrui » (vol. Ier, p. 20). Par définition, les influences étrangères sont mauvaises. Restons classiques : l'étrangeté est et doit demeurer une exclusivité de l'étranger. En 1810, le ministre de la Police de Napoléon, Savary, interdisait la publication de *De l'Allemagne*. Dans la préface de l'édition londonienne de 1813, Mme de Staël cite la lettre dans laquelle Savary justifiait cette censure : « Nous n'en sommes pas encore réduits à chercher des modèles dans les peuples que vous admirez » (*De l'Allemagne*, (vol. Ier, p. 39). Trente ans plus tard, Nisard continuait à vouloir épargner à la littérature française les vicissitudes de l'altérité : chercher son inspiration à l'extérieur du domaine national lui serait fatal. Commentaire de Sainte-Beuve : « Nisard est atteint d'une espèce de chauvinisme transcendantal » (*Causeries du lundi*, p. 465).

Ce chauvinisme transcendantal semble parfois inscrit dans la définition (française) du concept de « nationalité », qui a encore la fraîcheur d'un néologisme lorsque Littré admet le mot dans son *Dictionnaire de la langue française* (1866) comme en témoigne la curieuse dissymétrie du commentaire sémantique que propose son article ; il commence à l'étranger, avec une description du phénomène outre-Rhin (« le principe des nationalités est en train de transformer l'Allemagne »), pour, une fois passé en France, lui opposer une fin de non-recevoir (« les Français n'ont point de nationalité »). Cet aveuglement – ou ce déni –, qui a survécu au XIXe siècle, résiste à la plus évidente bonne volonté. Sans doute est-ce lui qui conduira Sartre, en 1947, l'année où dans *les Temps modernes* il dénonce la « Nationalisation de la littérature », à publier *Qu'est-ce que la littérature ?*, éblouissante histoire de la littérature française dont le titre semblerait impliquer que, pour l'auteur, il n'y a pas de littérature en dehors de la France.

Directeur de l'École normale de 1857 à la chute du Second Empire, Nisard supervisait la totalité de l'enseignement littéraire dans les lycées, position aussi influente, si l'on en croit Régis Debray, que celle de l'animateur d'un programme littéraire télévisé de grande audience aujourd'hui. Sa volonté de protéger la littérature française contre les influences étrangères allait de pair avec sa résistance à l'introduction, dans les lycées, de l'enseignement de l'histoire et de l'histoire de la littérature. Une telle résistance doit être replacée dans le cadre du conflit qui se développe entre deux conceptions de l'enseignement de la littérature. Le XIXe siècle a vu, en effet, l'histoire se démarquer de la littérature et chercher à se faire reconnaître comme science. Les historiens voulaient gagner les suffrages non par leur éloquence mais par la solidité de leur documentation, l'interprétation des pièces d'archives, la critique des témoignages. Ils refusaient d'être considérés comme des orateurs et voulaient apparaître comme des chercheurs. Transposé dans l'enseignement de la littérature, ce conflit entre éloquence et critique, c'est-à-dire entre rhétorique et science, allait opposer deux pratiques pédagogiques : si, en face d'un texte littéraire, les rhétoriciens demandaient à l'élève d'admirer, d'imiter, de rivaliser d'éloquence avec les modèles classiques, les critiques exigeaient l'analyse, la description et le jugement. Gérard Genette résume ainsi cette mutation : « De modèle, la littérature est devenue objet ; le discours universitaire n'est plus un discours littéraire mais un discours sur la littérature » (« Rhétorique et enseignement » [1969], in *Figures II*, p. 30).

La défense des frontières nationales cède ici le pas à la détermination d'une autre frontière, séparant les discours qui relèvent de la littérature et ceux qui relèvent de l'histoire. Les problèmes posés à l'histoire littéraire par le Moyen Âge sont symptomatiques de ce clivage : peut-on parler de littérature médiévale ? La production médiévale représente-t-elle une des périodes de la littérature française ? Constitue-t-elle un objet d'études historiques ou littéraires ? Nisard, pour sa part, ne fait commencer la littérature qu'avec la Renaissance. « Tout ce qui est antérieur à la Renaissance appartient à l'histoire de la langue » (*Histoire de la littérature française*, vol. Ier, p. 6). La production textuelle du Moyen Âge, selon lui, n'est pas encore littéraire : elle est trop locale ; en quelque sorte, trop spécifiquement et littéralement française pour l'être littérairement. Une littérature émerge d'une masse documentaire dont l'étude permet de faire l'histoire d'une civilisation naissante ou d'une langue en cours de formation. Mais un document est un objet à statut philologique, historique, etc. ; ce n'est pas un objet littéraire. Aussi, pour Nisard, la frontière qui départage documents et textes littéraires est-elle à peu près identique à celle qui marque la fin du Moyen Âge et le début de la Renaissance.

Après avoir exclu le Moyen Âge de la littérature, Nisard n'en demande pas moins à l'histoire littéraire de remonter en deçà de la Renaissance, ce « moment solennel », cette « époque unique » (vol. Ier, p. 6). L'histoire de la littérature doit ainsi commencer avant la date où la littérature a commencé. Un seul et même geste exclut le Moyen Âge de la littérature et l'inclut dans l'histoire de la littérature. L'histoire littéraire rend compte de la naissance de la littérature à partir de ce qui n'est pas elle. Elle produit la différence spécifique qui définit la littérature en franchissant la ligne de démarcation entre document et monument, en retraçant le passage de la frontière entre Moyen Âge et Renaissance.

Lorsque, cinquante ans après Nisard, Lanson publie son *Histoire de la littérature française*, c'est tout différemment qu'il traite le Moyen Âge. « Le temps est venu de faire rentrer le Moyen Âge dans l'unité totale de notre littérature française » (p. XI). Maintenant que la colonisation littéraire des origines françaises a eu lieu, la curiosité du lettré ne s'arrête pas au seuil de la Renaissance. Le Moyen Âge ne s'offre plus seulement à l'érudition du spécialiste mais au plaisir de l'homme de goût. La différence entre document et littérature n'est pas supprimée (« il faut séparer le monument littéraire du document historique ou philologique »), elle est déplacée. L'histoire littéraire prend désormais sur elle la valeur documentaire dont elle a libéré les textes écrits en ancien français. Discipline paradoxale, elle radicalise à sa manière la différence entre littéraire et non-littéraire, veillant à ne point faire d'ombre à l'objet qu'elle étudie. Dans la vision lansonienne, l'histoire de la littérature n'appartient pas à la littérature, elle la cerne. Elle répond, à sa manière, au rêve d'échapper à la littérature pour l'observer du dehors.

Les débats sur la méthode en histoire littéraire tournent tous autour d'une question : comment une œuvre est-elle engendrée à partir de ce qui n'est pas elle ? Peut-on passer des propriétés de l'œuvre aux circonstances de sa production ? Les partis pris varient : le critique peut se proposer de démontrer qu'un texte ne devient littéraire que lorsqu'il s'est dégagé de son contexte ; il peut se proposer au contraire de décentrer la littérature vers une historicité qui n'est pas la sienne. Mais, dans chacun de ces cas, est présupposée la possibilité de tracer une ligne de démarcation entre texte et contexte, entre l'interne et l'externe. Établir un tel partage est la tâche spécifique de l'histoire de la littérature. Son objet est moins l'inventaire monumental d'un territoire existant de toute éternité qui s'appellerait la littérature que le questionnement des critères à partir desquels la littérature se constitue, se distingue de certains champs, s'allie à d'autres ; la mise en évidence des masques qu'elle doit porter pour survivre, des raisons sociales qu'elle doit invoquer pour pouvoir exister.

Aujourd'hui plus que jamais, il serait difficile d'obtenir l'unanimité quant au tracé d'une telle ligne. Ainsi doit-on comprendre les inquiétudes d'Alain Finkielkraut sur les conséquences des amalgames engendrés par la consommation culturelle moderne. Dilemmes de l'homme de goût lorsque le beau est réduit à l'agréable voire au confortable. Nous serions les témoins et parfois les acteurs d'une révolution culturelle douce qui fait tomber l'idéal classique de la beauté à son niveau le plus bas : « Une paire de bottes vaut Shakespeare. » Qu'un bottier parisien fasse concurrence à Shakespeare, l'hypothèse est aussi amusante que saisissante. Mais les vrais choix demandent des alternatives vraisemblables. On serait tenté d'opposer à Finkielkraut que Shakespeare a toujours été menacé ; que la littérature et la beauté ont toujours été menacées ; que la littérature n'a peut-être jamais dit qu'une chose : rien n'est beau que sous la menace – ne serait-elle que celle du temps ; embelli, dirait Péguy, par « l'effrayant capital d'appréhension que nous avons placé en lui » (cité dans *le Mécontemporain*, p. 79). Shakespeare est-il d'abord menacé par les formes les plus crues de ce que Marx appelait le fétichisme de la marchandise ? Ne l'est-il pas, plus fondamentalement, par ce qui lui ressemble davantage – les pseudo-Shakespeare, les Shakespeare du pauvre, voire ceux du riche ?

Le second péril – le second amalgame – dénoncé par Finkielkraut – « l'effacement de la différence entre œuvre et document » (*la Défaite de la pensée*, p. 119) – est plus crédible. Finkielkraut reprend à juste titre l'exigence lansonienne (et nietzschéenne) d'une distinction entre monuments littéraires et documents historiques ou philologiques : il ne faut pas traiter esthétiquement ce qui n'est pas un objet d'art et, inversement, ne pas traiter en objet d'art ce qui est document. Comment ne pas souscrire à une telle préoccupation ? Mais cette distinction n'est pas un fait, elle est l'œuvre propre de l'histoire littéraire. Du reste, la binarité est trompeuse : le champ littéraire ne se réduit pas aux seuls monuments de la littérature et l'intégralité des documents n'appartient pas à l'histoire. Il existe des documents littéraires. Par son nom même, l'histoire littéraire implique l'existence d'un espace où l'histoire et la littérature, le document et le monument, coexistent. La catégorie du document est trop souvent utilisée comme un fourre-tout dans lequel on refoule, en vrac, les bottes au goût du jour et les sous-Shakespeare. À quel moment, à partir de quel seuil un texte devient-il de la littérature ? Paulhan suggérait, en guise de réponse à la question « qu'est-ce que la littérature ? », qu'on publie ce que les éditeurs refusent sous prétexte que cela n'en est pas. D'ailleurs, l'opposition des œuvres et des documents ne doit pas faire oublier le vrai choix : séparer, parmi les œuvres elles-mêmes, le bon grain de l'ivraie. Car, si un document n'est ni bon ni mauvais, il n'en va pas de même avec la littérature – qui peut être mauvaise. La littérature n'a pas, comme l'écriture, de degré zéro.

L'érosion du statut des œuvres qui inquiète tant Finkielkraut n'est pas entièrement imputable à la promotion du document et à l'objectivisme historicisant des sciences humaines. Il existe simultanément une érosion interne. Lorsque Blanchot s'étonne de voir l'écrivain, « dont le travail, dit-il, devrait être d'empêcher la formation d'une œuvre écrite », finir par « créer quelque ouvrage littéraire ? » (*Faux Pas*, pp. 102-103), il renverse l'opposition de l'œuvre et du document et convertit les œuvres elles-mêmes en documents d'un échec. L'opposition lansonienne ne suffit plus à rendre compte d'une littérature qui refuse de se laisser réduire à ses œuvres. Et ce refus n'est pas le résultat d'une indifférence à la littérature, il témoigne au contraire d'un extrémisme de la discrétion. Les héros de la littérature sont devenus, pour beaucoup, ceux qui refusent d'en faire. Valéry a écrit qu'on reconnaissait une page de littérature au fait qu'elle ne disait qu'une seule chose : Je suis une page de littérature. Mais certaines pages qui disent être une page de littérature n'en sont pas, et beaucoup en sont, bien qu'elles disent ne pas l'être.

L'espace littéraire est une structure labyrinthique : on ne peut jamais avoir la certitude d'être dedans ou d'en être sorti. La littérature se démarque de tout, y compris d'elle-même. En ce sens, la possibilité d'une histoire de la littérature implique une double résistance : la résistance de la littérature à l'histoire mais, plus encore, la résistance de la littérature à la littérature. La littérature est plus que jamais éprise de ce qui prend sa place. Elle se construit autour d'une double exigence contradictoire : être tout – y compris ce qu'elle n'est pas ; mais aussi être tout – à l'exception d'elle-même. La véritable question est donc moins celle de Sartre, « Qu'est-ce que la littérature ? », que « Qu'est-ce qui n'est pas de la littérature ? ». La littérature n'a pas de frontières naturelles : il n'y a pas de poste de contrôle indiquant où ceci commence, ou cela finit. Quel Français, demandait Chateaubriand, ne sourirait pas à l'idée d'une histoire de la littérature française écrite au-delà des frontières de la France ? *De la littérature française* se targue d'avoir été conçu et écrit des deux côtés du plus grand nombre de frontières possible.

Bibliographie : Maurice Blanchot, *Faux Pas* (Paris, Gallimard, 1943). François-René de Chateaubriand, *Essai sur la littérature anglaise et considérations sur le génie des hommes, des temps et des révolutions*, 2 vol. (Paris, Gosselin et Furne, 1836). Alain Finkielkraut, *la Défaite de la pensée* (Paris, Gallimard, 1987) ; *le Mécontemporain* (Paris, Gallimard, 1992). Gérard Genette, *Figures II* (Paris, Seuil, 1969). Gustave Lanson, *Histoire de la littérature française* (Paris, Hachette, 1895). Désiré Nisard, *Histoire de la littérature française*, 4 vol. (Paris, Firmin Didot, 1883). Jean Paulhan (Maast), « Morceaux choisis », in *les Temps Modernes*, n° 10 (juillet 1946), p. 167. Charles Augustin Sainte-Beuve, *Causeries du lundi*, vol. XI (Paris, Garnier, s.d.). Germaine de Staël, *De la littérature considérée dans ses rapports avec les institutions sociales*, in *Œuvres complètes* (Paris, Truffel et Würtz, 1820-1821) ; *De l'Allemagne*, éd. Simone Balayé, 2 vol. (Paris, Garnier-Flammarion, 1968).

Denis Hollier

778

Roland meurt à Roncevaux

Comment dater une œuvre ?

L'attribution d'une date à un texte pose à l'historien de la littérature un problème beaucoup plus délicat pour les œuvres médiévales que pour les modernes. En effet, un livre imprimé porte la plupart du temps une indication de date dont la mention est pour l'imprimeur une convention bibliographique avant de devenir une obligation légale, ce qui est rarement le cas des manuscrits médiévaux (à l'exception, bien sûr, des documents administratifs). C'est vers la fin du Moyen Âge que les scribes ont commencé à mentionner dans un colophon, à la fin des textes, leur nom, leur lieu de travail (en général un monastère), la date d'achèvement du manuscrit et parfois même les trois renseignements à la fois. Le premier livre imprimé avec un colophon et une date parut à Mayence en 1457 ; le premier livre français, à Lyon en 1473. Mais aucune loi n'exigeait encore que l'on donnât de telles indications et près de la moitié des livres imprimés en Europe au cours de la dernière décennie du XVe siècle, comme la plupart des manuscrits de l'époque, ne portent toujours pas la moindre indication d'auteur, de copiste ou de date. C'est au XVIe siècle que les imprimeurs se sont mis à mentionner de manière beaucoup plus systématique leur nom accompagné des dates et lieux de publication sur les ouvrages sortis de leurs presses. Des mesures juridiques sont venues renforcer cette pratique. François Ier a interdit la vente des livres qui n'avaient pas été soumis à l'examen préalable de l'université de Paris et Charles IX, en 1563, l'impression de ceux qui n'avaient pas reçu d'autorisation préalable. Pour montrer qu'ils étaient en règle avec la loi et pour faire état des droits exclusifs de publication (le « privilège ») que la Couronne leur avait concédés, les imprimeurs ont bientôt ajouté sur la page de titre la mention *cum privilegio* (avec privilège), suivie d'un millésime (nouveauté qui a fait son apparition à Venise en 1476 avant d'être introduite en France en 1486). Tels sont les premiers pas des imprimeurs dans la direction qui allait aboutir au traitement systématique des données bibliographiques à l'échelle mondiale et à l'enregistrement de chaque volume qui paraît sous un numéro I.S.B.N. (International Standard Book Number).

Les historiens de la littérature trouvent commode de distinguer les cultures « orales », « manuscrites » et « imprimées », bien que, dans les faits, deux ou même trois de ces modes de transmission puissent coexister (c'est le cas des médias actuels, à la fois écrits et télévisés). La fin de la République romaine et l'Empire constituent ainsi une période de culture manuscrite particulièrement développée. Les écrits de Cicéron étaient destinés à un marché du livre florissant dans lequel Atticus jouait en quelque sorte le rôle d'« éditeur ». Il existait des bibliothèques publiques (Auguste en a fondé deux) et, de leur vivant, Virgile, Horace et Ovide ont pu voir leurs œuvres inscrites aux programmes scolaires. Les auteurs classiques, s'inspirant de l'exemple du poète lyrique grec Théognis, ne manquaient jamais de faire figurer leur nom dans leurs œuvres, à la manière d'un sceau. À l'occasion, ils évoquaient les circonstances qui les avaient amenés à les composer ou, comme Virgile à la fin des *Géorgiques*, mentionnaient celles dans lesquelles ils les avaient achevées. Personne pourtant n'aurait eu l'idée d'indiquer l'année de leur composition ni de fournir des renseignements qui auraient permis à la postérité de dater l'œuvre avec précision.

À l'opposé de celle des Romains, la culture des peuples germaniques qui ont renversé l'Empire était orale. Pour les poèmes, les chants ou les récits qui composent le patrimoine littéraire d'une telle culture, les dates qui comptent sont celles des événements rapportés. Et, s'il n'est pas exclu qu'on puisse à l'occasion dater la première récitation d'une œuvre orale, en raison du fait que chacune des suivantes est à la fois une répétition et une recréation, aussi longtemps qu'elle continuera à être jouée, récitée ou chantée en présence d'un auditoire réel, il sera impossible d'assigner à cette œuvre une date définitive de composition. Même lorsqu'un récit oral a été consigné par écrit, comme la *Chanson de Roland*, tenter de déterminer une date de création et une seule est un exercice futile. Bien que certaines phrases du manuscrit d'Oxford de la *Chanson de Roland* – manuscrit probablement copié au second quart du XIIe siècle – ressemblent de manière frappante à celles que le pape Urbain II a prononcées au Concile de Clermont, quand il prêchait la croisade, en 1095, et bien que d'une manière générale la langue de ce manuscrit soit proche de celle qu'on parlait au début du XIIe siècle, il est clair que la majeure partie des matériaux que le poème met en œuvre remonte à une période bien antérieure : le texte du plus ancien manuscrit de la *Chanson de Roland* est l'aboutissement d'une longue évolution orale. Par exemple, les limites géographiques du tremblement de terre qui accompagne la mort de Roland – « de Saint-Michel-du-Péril à Saintes et de Besançon à Wissant » – correspondent approximativement aux frontières de la Francia du Xe siècle. Faut-il en conclure que la *Chanson de Roland* est une œuvre du Xe siècle comme le suggère ce qui reste de ses plus anciennes versions dans le manuscrit du XIIe ? Est-elle une œuvre de la fin du XIe, comme sa langue et certaines expressions historiquement datables le laissent penser ? Ou bien est-elle une œuvre du milieu du XIIe, comme porterait à le penser la date probable du plus ancien des manuscrits sur lesquels se fondent nos éditions modernes ? En fait, l'idée d'une datation précise n'a guère de sens pour une société où les événements sont mémorisés plutôt que consignés par écrit.

Antérieurement à 1155, les manuscrits de textes littéraires en langue vulgaire ne contenaient aucune référence à une quelconque date de composition, de même que, le plus souvent, ils ne donnaient aucun moyen d'identifier leur auteur. En dehors des rares scribes qui ont signé ou daté leurs travaux (ou les deux), les seules exceptions notables à cette règle sont ces quasi-auteurs, les traducteurs. Comme l'avaient fait les « éditeurs » de la haute Antiquité, ceux qui traduisaient en latin des textes grecs ou arabes apposaient une date au bas du fruit de leurs efforts. C'est ainsi qu'Adélard de

Bath inscrit la date chrétienne du 26 janvier 1126 à côté de son équivalent musulman dans sa traduction latine d'un volume de tables astronomiques arabes et que Hermann de Carinthie date des calendes d'octobre 1138 l'*explicit* de sa traduction latine d'un autre ouvrage d'astronomie. Dans les deux cas, il s'agit de traductions latines. Mais les premiers textes français à être datés sont, eux aussi, des traductions. Robert Wace, poète normand, termine le *Roman de Brut*, traduction libre de l'*Historia Regum Britanniae* (*Histoire des rois de Bretagne*, 1136), de Geoffroi de Monmouth, par une note dans laquelle il déclare l'avoir « faite » en 1155 – ce qui en fait, à notre connaissance, la première œuvre en français à laquelle son auteur ait donné une date.

Toujours au XIIe siècle, Aimon de Varennes a lui aussi daté son *Florimont*, fiction romanesque inspirée par l'aïeul d'Alexandre le Grand. Aimon, très imbu de lui-même, mentionne son nom à dix-huit reprises au cours du poème. À la fin, il déclare avoir « fait » son roman en 1188, mais, selon un autre passage, ce roman serait lui aussi une traduction. Aimon raconte que c'est en Grèce, à Philippopolis (actuellement Plovdiv en Bulgarie), qu'il a lu – ou entendu – l'« histoire » (« istoire ») grecque dont il a rapporté avec lui une version latine à partir de laquelle, plus tard, une fois revenu chez lui, près de Lyon, il a « fait » son roman français. Il ne serait pas impossible qu'Aimon soit passé à Philippopolis avec une armée de croisés ou avec une bande armée de pèlerins qui rejoignaient Adrianople par voie terrestre, à travers la Hongrie et la Bulgarie. Lyon, à l'époque, faisait partie de l'Empire germanique et, au cours de la Troisième Croisade, en 1189, l'armée de Frédéric Barberousse s'est arrêtée cinq semaines à Philippopolis. Mais Aimon dit avoir achevé son texte français en 1188, ce qui devrait exclure qu'il ait été en Grèce comme membre de cette armée. Cela montre que, quelles que soient la précision et l'apparente fiabilité d'une date, il faut la critiquer en mettant à contribution la totalité du savoir relatif au texte qui la propose. Dans le cas présent, bien que 1188 (« *.M. [et].C. .IIIIXX. et .VIII. ans* ») soit la lecture retenue par l'éditeur, il est possible qu'une erreur se soit introduite dans la transmission des chiffres ; d'autres manuscrits du même texte indiquent « *Mil et .C. et .IIII. v. ans* » (ce qui n'a aucun sens) et « *M.C. et .XXIIII. ans* » (ce qui, selon la manière dont on espace et ponctue les chiffres, peut être lu soit comme 1124 soit comme 1180).

Au début du XIIIe siècle, plusieurs traductions françaises d'œuvres latines ont été datées par leurs auteurs. Le prologue de la deuxième version de la *Chronique du pseudo-Turpin*, dite version de Johannes, porte la date de 1206. L'auteur de cette traduction pourrait être Pierre de Beauvais, à qui on doit aussi la traduction en français et en prose d'un texte apparenté, la *Translation et miracles de saint Jacques*, à la fin de laquelle il déclare avoir fait cet ouvrage en 1212, à Beauvais. Un certain Angier, chanoine de St. Frideswide à Oxford, déclare dans l'*explicit* latin de sa traduction anglo-normande en vers de la *Vie de saint Grégoire* qu'il a terminé son ouvrage le vendredi (« *feria .vi.* ») de la quatrième semaine de novembre 1212 (« *.m^o .cc^o .x ii^o* »), la veille (« *vigilia* ») de la fête de l'apôtre saint André. Les spécialistes se sont demandé si Angier ne s'était pas trompé sur le jour de la semaine ou s'il n'avait pas omis un trait dans le millésime en chiffres romains de l'année, car, en 1212, la veille de la Saint-André tombait un jeudi et non un vendredi. Puisque le manuscrit de cette traduction que nous possédons est un manuscrit holographe (manuscrit qui est entièrement de la main d'Augier), c'est à l'auteur lui-même qu'il faut, semble-t-il, faire porter la responsabilité de notre incertitude. Il n'en reste pas moins remarquable qu'il ait fait l'effort de dater avec précision la fin de son travail.

Assez rapidement, les auteurs vont se mettre à dater les œuvres en langue vulgaire même lorsqu'elles ne sont pas des traductions. Par exemple, Gossuin de Metz note à deux reprises, dans la préface et dans la conclusion de la première version de son encyclopédie des sciences, l'*Image du monde*, qu'elle avait été écrite aux Roises (en Lorraine) le jour de l'Épiphanie de l'an 1245 (selon l'ancien calendrier). Geufroi de Paris, qui ne nous est connu que par son nom, déclare dans l'épilogue de sa *Bible des sept états du monde*, collage hétéroclite d'œuvres en langue vulgaire, qu'il a réalisé sa compilation en 1243. Robert de l'Oulme mentionne dans l'épilogue de son poème original, le *Dit des sept serpents*, qu'il l'a terminé en 1266 au troisième jour qui suit le dimanche de la Trinité (le 26 mai). Et Matfre Ermengaud signale qu'il avait entrepris son *Breviari d'amor (Bréviaire d'amour)* en provençal en 1288.

Pourtant, jusqu'au milieu du XIIIe siècle, ce sont encore les traductions qui forment la majorité des œuvres en français datées avec précision : le *Roman de Mohammed*, d'Alexandre du Pont (1258), la *Vie de saint Thibaut* (juillet 1267), de Guillaume d'Oye, la traduction par Hagin du texte hébreu de Abraham ibn Ezra, *le Commencement de la sagesse*, celle des deux premiers livres du *De Amore* (*Traité de l'amour courtois* [1185]), d'André Le Chapelain, par Drouart la Vache (1290). En 1280, Pieros du Riés achève la *Chevalerie de Judas Macchabée*, traduction assez libre du livre des Macchabées commencée par Gautier de Belleperche, et en 1285 le même Pieros (ou un auteur anonyme) compose une autre *Chevalerie de Judas Macchabée et de ses nobles frères* qui emprunte abondamment et sans scrupule à l'œuvre de Gautier de Belleperche.

Vers le milieu du XIIIe siècle, des changements dans le mode de production des livres, en particulier le développement d'ateliers organisés pour la diffusion commerciale ainsi qu'une forme embryonnaire de production de masse, ont augmenté le contrôle exercé sur la diffusion d'un ouvrage par les métiers qui interviennent dans la production des livres. À partir de ce moment, la plupart des manuscrits seront datés et cette date sera reprise le plus souvent telle quelle dans les copies ultérieures qui en seront faites. Cette pratique donnera naissance à toute une famille de manuscrits porteurs d'une date trompeuse qui risque d'induire en erreur le paléographe. La production et la diffusion du livre échappent alors au contrôle de l'auteur. En effet, la pratique de la datation elle-même est liée au sentiment que l'auteur ne reviendra plus sur son travail, sentiment qui valait même pour des compositions aussi éphémères (ou aussi intemporelles ?) que les chansons de la poésie lyrique. Ainsi, le troubadour Guiraut Riquier date un grand nombre de ses chansons, et des rubricistes ont noté les dates des chansons de ses contemporains, Joan Estève et Raimon Gaucelm de Béziers.

Même si, jusqu'aux XIVe et XVe siècles compris, la majorité des auteurs ne se souciaient pas d'indiquer à leurs lecteurs la date de composition de leurs œuvres, on note quelques exceptions. Il existe ainsi, au XIVe siècle, un auteur spécialement important pour l'étude des pratiques de datation, à cause de l'attention qu'il porte aux questions de chronologie. Guillaume de Digulleville fait savoir qu'il a commencé son *Pèlerinage de la vie humaine* en 1330 alors qu'il avait trente-cinq ans. Cet ouvrage ayant été terminé deux ans plus tard, des exemplaires ont alors été mis en circulation. L'existence de soixante-quinze manuscrits de cette première « édition » atteste son succès. Pourtant Guillaume était mécontent de son œuvre. Il devait la reprendre vingt-cinq ans plus tard. Dans le prologue de sa « seconde édition » revue et corrigée, il déclare que son premier texte lui a été « enlevé à son insu et contre sa volonté » avant qu'il n'ait pu y apporter les corrections qu'il souhaitait. Il est douteux que Guillaume ait été aussi peu responsable de cette première édition qu'il voudrait le faire croire. Toutefois, cette manière de regretter que la diffusion « prématurée » de l'ouvrage en ait fait perdre le contrôle à son auteur rend le prologue de la seconde édition particulièrement intéressant.

Dans le meilleur des cas, les auteurs avaient la possibilité de conserver une copie personnelle de leur manuscrit, ce qui leur laissait le loisir de remanier l'œuvre, de la corriger et de la développer, tout en permettant la production de nouvelles copies à divers stades de son évolution. De telles copies, exécutées à des dates différentes, peuvent être comparées aux photographies qui jalonnent la croissance d'un enfant : chacune est la représentation authentique d'une étape donnée, aucune ne fait davantage autorité qu'une autre. Mais une œuvre médiévale change aussi en fonction des copistes. Certains scribes étaient négligents ; d'autres, par ignorance, malmenaient le texte ; d'autres, indûment soucieux du bien de leurs lecteurs, se permettaient de « corriger » à tort et à travers. À cela s'ajoute le fait que, quand les textes qu'ils copiaient étaient en langue vulgaire, les scribes n'avaient pas le moindre scrupule à y introduire les changements qui leur paraissaient nécessaires. Par exemple, un scribe picard, en copiant un poème écrit en dialecte champenois, changera le dernier mot d'un vers et même l'ordre des mots pour lui permettre de rimer dans son propre dialecte. Dans de telles circonstances, une « copie » était moins une reproduction qu'une nouvelle version. Deux copies de ce que nous considérons comme une seule et même œuvre peuvent ainsi varier considérablement aussi bien par leur longueur, par les épisodes qu'elles contiennent, que par l'ordre de succession des strophes. Révision d'auteur ou intervention de scribe ? Nous avons rarement le moyen de le savoir.

Il va de soi que tous les textes n'étaient pas retouchés avec la même liberté. La Bible, les livres de liturgie et les ouvrages d'auteurs qui faisaient « autorité » *(auctoritates)* étaient traités avec le plus grand respect. Et au XIIIe siècle, l'université de Paris mettra en place un système d'autorisations pour l'exécution des copies, destiné à répondre, du moins en partie, au risque de contamination des ouvrages. Les éditeurs prenaient beaucoup plus de libertés avec les textes français qu'avec les textes latins, avec la poésie qu'avec des textes en prose. Mais, dès l'instant qu'un ouvrage peut être révisé par son auteur ou altéré par un copiste, le manuscrit qui le transmet doit être considéré comme une étape dans un processus plutôt qu'un objet fixe et donc daté. Le texte médiéval est un texte qui n'a jamais cessé d'être soumis à toutes sortes d'interventions aussi bien manuelles qu'intellectuelles, et toutes ont contribué à son évolution, y compris celles des éditeurs modernes qui doivent décider, entre les diverses versions manuscrites et les variantes imprimées, celles auxquelles ils vont donner le statut – anachronique – de texte définitif.

Il n'y a donc pas de notion qui soit plus étrangère aux conditions de la création littéraire médiévale que celle de la datation précise d'un texte. Cette notion, depuis le XIXe siècle, obsède pourtant les historiens de la littérature qui passent leur temps à échafauder des conjectures chronologiques à partir des renseignements qu'un ouvrage donne sur son contexte historique, de ce qu'ils savent par ailleurs des événements contemporains et des informations linguistiques fournies par l'analyse interne. Autrement dit, assigner une date à une œuvre médiévale sera toujours le résultat d'une décision consciente et souvent arbitraire au sujet de ce qui, dans un texte, fait date : est-ce le moment hypothétique de sa composition ? Celui de sa première récitation ? La date à laquelle on suppose, si c'est une chanson ou une légende, qu'elle a été transcrite pour la première fois ? La date des transcriptions suivantes ou de leurs copies ? L'époque à laquelle renvoie le langage utilisé, s'il est antérieur à sa transcription manuscrite ? La date de sa révision, qu'elle ait été faite par l'auteur d'origine ou par quelqu'un d'autre ? Ou enfin la date de sa traduction ? La complexité des facteurs qui entrent en compte dans sa datation souligne ce qu'a d'extrêmement fluide un texte médiéval : insister sur son origine et par conséquent sur son originalité traduit une conception strictement moderne de ce qu'est une date et une conception strictement moderne aussi du moment à partir duquel un texte constitue un objet littéraire, c'est-à-dire mérite d'être considéré comme une « œuvre » à part entière.

L'indifférence des poètes et des copistes médiévaux à l'égard de la datation reflète de manière plus générale une différence radicale entre le Moyen Âge et l'époque moderne pour tout ce qui touche à la notion de propriété intellectuelle et aux modes de production littéraire. Avant la généralisation de la pratique du « privilège » – c'est-à-dire avant l'institution par François Ier de l'examen préalable qui aboutira, au XVIIIe siècle, aux lois réglementant les droits d'auteur –, la littérature n'était pas considérée comme la propriété d'un auteur individuel qui aurait, par droit d'essence, « possédé » son œuvre ou les droits lui étant attachés. Il n'y avait donc pas non plus, pour une telle œuvre, un moment particulier qu'on pouvait lui assigner comme origine. C'est la raison pour laquelle tant de poèmes antérieurs au XIIIe siècle sont restés anonymes ; et c'est aussi pourquoi les noms (ou le plus souvent les prénoms) mentionnés dans ces poèmes ne nous renseignent pas pour autant sur l'identité de leurs auteurs. À une époque où l'invention littéraire mettait à contribution à la fois la mémoire et l'exploitation savante d'une vaste tradition rhétorique, la composition de la poésie, au même titre que l'art de la réciter, d'en fabriquer le papier ou d'en copier le manuscrit, était conçue comme un métier, comme une production dont l'exercice ne dépendait ni de l'inspiration divine, selon l'idéologie classique, ni d'un génie individuel, comme le croiront les romantiques. Le poète médiéval était, en fin de compte, moins un créateur qu'un trouvère, c'est-à-dire quelqu'un qui « trouve ».

Voir aussi 1123, 1202, 1214, 1342, 1555 (13 septembre).

Bibliographie : Jean Delorme, *Chronologie des civilisations* (Paris, P.U.F., 1969). Reginald Land Poole, *Medieval Reckonings of Time* (Londres, Society for Promoting Christian Knowledge, 1918). R. Dean Ware, « Medieval Chronology », in *Medieval Studies : An Introduction*, éd. James M. Powell (Syracuse, Syracuse University Press, 1976), pp. 213-237.

John Benton

842

Ratification des Serments de Strasbourg par les petits-fils de Charlemagne, Louis le Germanique et Charles le Chauve

Premier document en langue romane. Naissance des études médiévales

Les Serments de Strasbourg, qui constituent le traité signé par deux fils de Louis le Pieux et petits-fils de Charlemagne, sont généralement reconnus comme le plus ancien document rédigé en langue romane. C'est le chroniqueur Nithard, auteur de l'histoire des fils de Louis le Pieux (*Nithardi Historiarum Libri III [Les Trois Livres d'histoire de Nithard]*, Bibliothèque nationale ms. lat. 9768), qui rapporte l'événement : le 14 février 842, Louis le Germanique rencontre Charles le Chauve, son frère, dans la ville d'Argentoratum (Strasbourg) afin de mettre un terme à un différend qui les oppose à leur aîné, Lothaire, à propos du « royaume du Milieu », qui se situe entre l'Allemagne et la France. Chacun, après avoir harangué son armée dans sa propre langue, prête solennellement un serment d'assistance mutuelle dans la langue de l'autre. Ainsi le discours de Louis :

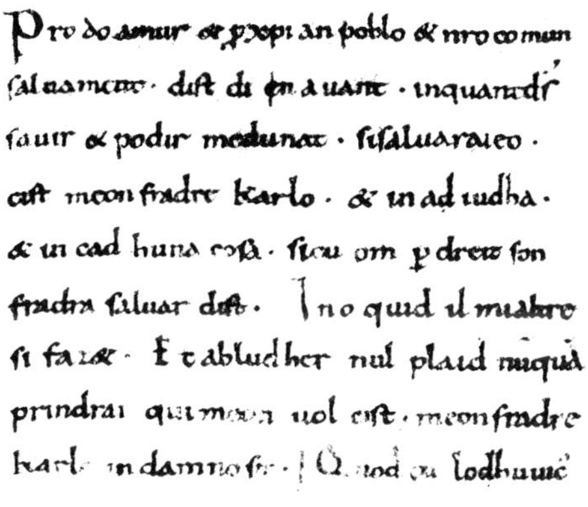
Pro do amur & xpian poblo & nro comun
saluament. dist di en auant. inquant ds
sauir & podir me dunat. si saluarai eo.
cist meon fradre karlo. & in ad iudha.
& in cad huna cosa. sicu om p dreit son
fradra saluar dift. In o quid il mi altre
si fazet. Et ab ludher nul plaid nunquã
prindrai qui meon uol cist. meon fradre
karle in damno sit. Quod cu lodhuuic

Pour l'amour de Dieu et pour le salut commun du peuple chrétien et le nôtre, à partir de ce jour, pour autant que Dieu m'en donnera le savoir et le pouvoir, je soutiendrai mon frère Charles ici présent de mon aide matérielle et en toute chose, comme on doit justement soutenir son frère, à condition qu'il m'en fasse autant, et je ne prendrai aucun engagement avec Lothaire qui, à mon escient, soit au détriment de mon frère Charles. (Trad. B. Cerquiglini, *la Naissance du francais*, p. 91).

Les deux chefs militaires doivent ensuite obtenir la ratification de leurs serments par leurs vassaux. Elle aussi est formulée dans leur langue respective.

La cérémonie des Serments de Strasbourg est le symptôme du moment où l'idiome parlé dans la Gaule carolingienne semble s'être déjà différencié suffisamment du latin classique pour être considéré comme une langue distincte, et, à ce titre, ces Serments nous en disent long sur la situation linguistique à l'époque de Charlemagne. La juxtaposition des deux langues dans le texte de Nithard – où le récit en latin encadre les promesses en roman et en allemand de la Franconie – témoigne d'un bilinguisme qui réserve le latin à l'écrit, en particulier la rédaction de documents, alors que la communication orale se fait normalement en langue vulgaire. Mais il y a plus : la structure hybride de la *lingua romana*, avec ses archaïsmes latins côtoyant des formes précoces de l'ancien français, témoigne remarquablement de ce qu'on pensait avoir été le langage parlé durant la période qui va de la haute Antiquité à ce qu'on a appelé la Renaissance du XIIe siècle.

Cependant bien des obscurités continuent à dérouter ceux qui étudient ce document. Elles suffiraient à prouver que, sur nombre de questions décisives, les études médiévales n'ont toujours pas de réponse définitive. Nous ne sommes pas en mesure de décrire, par exemple, la nature exacte du processus selon lequel le scribe a pu transcrire une langue pour la première fois ni de dire avec précision ce que cette langue en pleine formation pouvait être. Comme le seul manuscrit connu de l'*Historiarum Libri III*, de Nithard, date de la fin du Xe siècle, nous ne pouvons pas affirmer avec certitude que la version romane qu'il donne des Serments est bien celle qui a été réellement prononcée à Strasbourg en 842. Nous ignorons si le document qui nous est parvenu est la glose d'un texte antérieur, ou même un ajout ultérieur. Il nous est impossible de déterminer combien de copies ont été faites entre l'original de Nithard et le document que nous possédons, ou de savoir dans quelle mesure les prétendues « erreurs » ou incohérences du texte – la séparation peu nette des mots, leur orthographe variable, les différences entre la syntaxe des versions germanique et romane – proviennent de l'ignorance des scribes, d'un manque d'attention, d'une mauvaise traduction, ou de corrections délibérées. D'ailleurs, Nithard ne nous dit pas s'il a réellement assisté à l'échange des Serments, et, s'il l'a fait, on ignore si c'était en tant qu'auteur, rédacteur, clerc, ou simple témoin oculaire. Il ne fournit aucun indice nous permettant de savoir si les Serments ont été lus à haute voix à partir d'une copie écrite, ou si la version écrite est le procès-verbal de ce qui a été dit. Il est probable que nous ne saurons jamais si les Serments de Strasbourg ont été composés d'abord en langue vulgaire ou traduits du latin, si la version romane a servi de modèle à la version germanique ou si, au contraire, cette dernière lui est antérieure, et enfin, si elles ont été rédigées par une seule et même personne.

Les difficultés inhérentes à la transcription d'une langue dépourvue d'un système fixe de traduction graphique des sons conduisent à s'interroger sur la langue dans laquelle les Serments ont pu être prêtés et sur la relation d'un tel événement linguistique avec sa transcription par Nithard. Se peut-il que le roman des Serments de Strasbourg et le latin qui l'encadre soient en réalité une seule et même langue transcrite selon des systèmes différents, auquel cas les différences correspondraient à l'écart existant entre la manière uniformément archaïque dont le latin était habituellement écrit et une tentative plus grossière de transcription phonétique ? Autrement dit, il reste à savoir si ce que Nithard appelle la *lingua romana* est de l'ancien français ou du latin. Dans ce dernier cas, s'agirait-il du latin parlé (le gallo-latin) ou d'une forme de latin notarial (celui qui était utilisé à la cour carolingienne pour les documents officiels) délibérément vulgarisé ? Si la *lingua romana* peut en effet être considérée comme un exemple de roman vulgaire, quelle était la région de la Gaule non unifiée qui la parlait ? Les spécialistes ont défendu avec une égale conviction les opinions les plus variées : les Serments de Strasbourg utiliseraient le dialecte de Bourgogne, celui du Lyonnais, de la Picardie, du Ponthieu, du Poitou, ou du Rhône, ou bien ils représenteraient un exemple d'ancien français du Nord, du Sud, de « roman de l'Ouest », de « pré-français ».

Les spéculations sur les procédés qui ont présidé aux premiers exemples de transcription d'une langue donnée vont de pair ici avec les difficultés que présentent aussi bien la lecture d'un dialecte dépourvu de contexte que la pure et simple identification de signes graphiques porteurs de sens sur la page d'un parchemin. C'est ainsi que les chercheurs se sont opposés sur la manière de transcrire en caractères romans les Serments prononcés par les vassaux de Charles, tels qu'ils apparaissent dans le manuscrit :

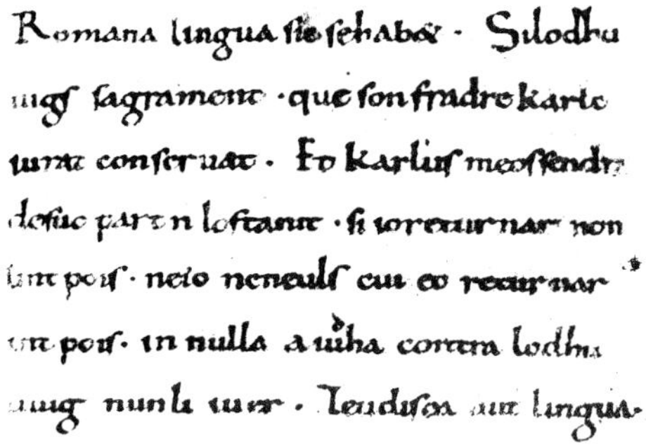
Romana lingua sic se habet · Sidlodhu
uuigs sagrament · que son fradre karlo
iurat conseruat · Et karlus meos sendra
de suo part n lostanit · si io returnar non
l int pois · ne io ne neuls cui eo returnar
int pois · in nulla aiudha contra lodhu
uuig nun li iuer · Teudisca autem lingua

En effet, la manière dont on écrit, au sens le plus littéral du terme, les Serments de Strasbourg détermine la manière dont on les lit, en même temps que ce qu'on parvient à faire dire à une formule apparemment aussi incompréhensible que **n lostanit**. La structure parallèle du Serment en langue germanique (« Si Charles garde le serment... et Louis ne le garde pas... ») est déséquilibrée en roman par l'illogisme du *lo* que la syntaxe semble rattacher au Serment de Louis alors que la situation suggère celui de Charles ; par le pronom possessif masculin *suo* qui modifie le nom féminin *partem* ; et par l'abréviation *n* pour *non*, qui semble aller contre l'intention de la proposition conditionnelle. Aussi, selon les spécialistes, on a proposé que lorsque le scribe écrivait **n lostanit**, il voulait réellement dire *non los tanit, non lo se tanit, non lo stanit* ou *l'ostanit, non lo frangit, non los suon tint, lo suon fraint, non lo fraint, non l'enfraint, de suo partem lo fraint, de suo part in lo s(agramen)t anit, non lo s(en) tanit, de sua part lo suon infraint*. De tels désaccords sur le simple déchiffrement de certains mots constituent un grave handicap pour la lecture des Serments de Strasbourg. « L'on est prêt à confesser que tous nos raisonnements sur ce texte ne sont que des tâtonnements dans les ténèbres », remarque Ernest Muret (*Romania*, 1921, p. 426).

L'enjeu idéologique d'une réflexion sur un document culturel fondateur comme les Serments de Strasbourg concerne nécessairement le présent tout autant que le passé. Ainsi, ce n'est pas simplement par hasard que la discipline des études médiévales a été institutionalisée en France au cours de la période séparant la guerre franco-prussienne et la Première Guerre mondiale ou que, dès le début, le nationalisme a conduit les spécialistes à avancer, à propos de ces textes très anciens, des thèses dont ils n'étaient pas en mesure de prouver le bien-fondé. Alors que les États-nations allaient demander aux armes de décider si l'Alsace et la Lorraine, et Strasbourg en particulier, étaient françaises ou allemandes, les universitaires débattaient avec passion de l'origine française ou allemande des premiers monuments littéraires de l'Europe.

Pour les médiévistes de la génération de 1870, dont les travaux continuent à influencer la manière dont nous voyons les choses, l'érudition était une forme de guerre. Et, de ce point de vue, la France de 1870 était en retard sur l'Allemagne pour les études classiques, médiévales, pour la paléographie et la philologie. Cette perception était en partie d'origine démographique, les Allemands dépassant les Français non seulement par leur taux de natalité mais aussi par leur taux de publication. « Le peuple allemand a dans l'érudition les mêmes qualités que dans la guerre », devait écrire l'éminent historien Fustel de Coulanges, et ces qualités sont « le nombre et la discipline ». « Les historiens allemands forment une armée organisée » (*Revue des deux mondes*, 1872, p. 245). Léon Gautier, dont *les Épopées françaises* (1868) avaient paru à la veille de la guerre franco-prussienne, n'hésitait pas à transposer la défaite de 1870 sur le plan de l'érudition : « Or nous avions devant nous une nation qui fait scientifiquement la guerre ; oui, qui la fait géographiquement, physiquement, chimiquement. Car le Prussien se bat de la même façon qu'il critique un texte, avec la même précision et la même méthode » (*Revue des questions historiques*, t. IX, 1870, p. 496). Gautier déplorait que, dans une ville comme Marbourg, il y ait eu plus d'Allemands occupés à l'étude des chansons de geste que dans la France entière ; que, tandis que les Français publiaient deux revues d'études médiévales, les Allemands en alignaient dix ; que les universités allemandes donnaient davantage de cours sur la littérature médiévale française, et à des étudiants plus enthousiastes, plus motivés. Il est certain qu'en Allemagne, vers 1875, la publication des textes originaux de la littérature médiévale était une affaire d'État, subventionnée par l'Empire, et à laquelle collaboraient les Académies de Berlin, de Munich et de Vienne. La création d'une chaire de philologie romane à Strasbourg en 1872 était, en ce sens, symptomatique de la manière dont, depuis 1860, ces postes s'étaient mis à proliférer dans un pays où l'étude du Moyen Âge était devenue, dans une plus large mesure qu'en France, le catalyseur de l'identité nationale. L'étude des textes anciens était considérée comme une science allemande et ceux qui instaurèrent en France les études littéraires historiques durent acquérir leur formation à l'étranger – Michel Bréal à Berlin pour le sanscrit avec Franz Bopp, Gaston Paris à Bonn pour la philologie avec Friedrich Diez, Gabriel Monod à Berlin pour la paléographie avec Philipp Jaffé, Joseph Bédier à Halle pour la versification de l'ancien français avec Hermann Suchier. Dans un essai publié à la veille de la Première Guerre mondiale, Henri Massis (sous le pseudonyme d'Agathon) déplorait l'existence d'« un lien logique, intelligible, entre notre système d'études classiques et la capitulation de Metz, comme aussi, bien sûr, entre la méthode des universitaires allemands et l'envahissement de Paris » (*l'Esprit de la nouvelle Sorbonne*, p. 12).

La France devait réagir aux pertes de 1870 en faisant de l'Allemagne son modèle. Entre 1876 et 1879, deux cent cinquante chaires de littérature et d'histoire, accompagnées de bibliothèques, furent créées. Des revues consacrées à la culture médiévale commencèrent à voir le jour. Dans le sillage de la *Revue des questions historiques*, dont l'inspiration catholique, légitimiste, antirévolutionnaire et patriotique avait favorisé un certain intérêt pour le Moyen Âge avant la guerre, naquirent des revues philologiques, dont beaucoup existent toujours : la *Revue des langues romanes* (1870), *Romania* (1872), la *Revue de philologie française et provençale* (1887), *le Moyen Âge* (1888), et les *Annales du Midi* (1889).

Mais surtout, la publication en ancien français des chansons de geste, entreprise dans l'intention manifeste de rivaliser avec l'érudition allemande, coïncida avec une nouvelle manière d'envisager la plus ancienne œuvre poétique française, la *Chanson de*

Roland (fin du XIe siècle) ; celle-ci, comme les Serments de Strasbourg dans le domaine de la linguistique, en vint à constituer en littérature un cas limite déterminant. Avant la guerre franco-prussienne, c'est à peine si l'on envisageait cette épopée dans un contexte patriotique. La guerre la propulsa brusquement à la place d'honneur du patrimoine national. Alors même que les Allemands encerclaient Paris et que le gouvernement s'apprêtait à quitter la capitale pour Bordeaux, Gaston Paris affirmait du haut de sa chaire du Collège de France que « dans ces simples vers... vibrait déjà la voix de la France... cette voix mâle et héroïque qui a tant de fois retenti dans les batailles... cette grande voix de la patrie. Faisons-nous reconnaître, insistait-il, pour les fils de ceux qui sont morts à Roncevaux et de ceux qui les ont vengés » (*la Poésie au Moyen Âge*, p. 118). Inscrite en 1877 au programme de l'agrégation, la *Chanson de Roland* devait peu après faire son apparition dans les lycées où l'on attendait d'elle qu'elle catalysât l'amour des élèves pour la patrie. Gautier s'adressait aux professeurs du secondaire en ces termes : « Ce que nous voulions c'est qu'on leur lût, d'une voix vibrante et d'un cœur ému, une traduction de notre vieux poème... c'est surtout qu'on prît occasion de cette lecture pour dire à ces jeunes Français, vous voyez, mes enfants, comme la France était déjà grande et comme elle était aimée, il y a plus de huit siècles » (*les Épopées françaises*, p. 749).

Pourtant, malgré ce nationalisme érudit, on peut déceler dans les études médiévales françaises, et cela dès leurs débuts, l'inquiétude que la littérature française ne soit en réalité allemande. Gaston Paris, qui a fait plus que quiconque pour institutionnaliser l'étude du Moyen Âge à la fin du XIXe siècle, a aussi beaucoup fait pour adapter à la chanson de geste les thèses des romantiques allemands sur l'origine de la littérature (celles de Friedrich Wolf, Karl Lachmann, Johann Herder, August Wilhelm et Friedrich von Schlegel, Jacob et Wilhelm Grimm). Selon son *Histoire poétique de Charlemagne* (1865), le matériau le plus archaïque de la *Chanson de Roland* proviendrait de chants (ou cantilènes) émanant de témoins directs et peut-être même de participants aux événements de Roncevaux (778) ; il se serait ensuite progressivement cristallisé en légendes pour réémerger, deux siècles plus tard, sous forme d'épopée, et enfin de cycle héroïque. C'est là, bien sûr, une manière d'admettre que certaines variétés embryonnaires de la chanson de geste en ancien français, celles qui avaient été chantées par les guerriers francs de Charlemagne, étaient le produit de la germanisation de la culture gallo-romaine, c'est-à-dire qu'elles résultaient d'une invasion antérieure de la France, cette fois par ses voisins de l'Est. « Le père [de Roland] est venu d'outre-Rhin », comme l'affirmait en 1884 un Gaston Paris singulièrement défensif, « mais la mère est toujours gallo-romaine... le germe est allemand, le développement est roman » (*Romania*, 1884, pp. 613-614).

Les implications idéologiques des thèses concernant les origines de la *Chanson de Roland* se trouvent encore compliquées par des questions de langue du même type que celles qui pèsent sur les Serments de Strasbourg : l'idiome dans lequel a été composé le plus ancien monument littéraire français est-il germanique, latin, ou gallo-roman ? Ce qui est une autre façon de s'interroger sur la signification que les mots « Franc », « Français », ou l'expression qui revient dans la *Chanson de Roland*, « Francs de France », pouvaient avoir au IXe siècle. Car si, comme l'implique la thèse de l'origine ancienne du poème soutenue par Gaston Paris, « Franc » voulait dire Franc, alors la littérature française était bel et bien francique, c'est-à-dire germanique, dès le départ.

Cette revendication d'une priorité linguistique pouvait aisément se prolonger en revendication territoriale et Strasbourg devenir Strassburg. L'application à la *Chanson de Roland* des thèses des romantiques sur l'épopée ne pouvait que réveiller le pire cauchemar des Français, celui de voir la France n'être en fait qu'une Allemagne déguisée. « L'esprit germanique dans une forme française, écrit Gaston Paris, c'est exactement ce qu'exprime le mot "français" lui-même, avec son thème allemand et son suffixe latin » (*ibid.*, p. 626).

Parus à la veille de la Première Guerre mondiale, les quatre volumes des *Légendes épiques* (1908-1913) de Joseph Bédier sont une réfutation et une répudiation de l'*Histoire poétique* de Gaston Paris. L'explication de l'origine de l'épopée qu'ils proposent va permettre la constitution d'un deuxième axe dans les études médiévales. Alors que Gaston Paris avait défendu la thèse d'une origine collective, populaire (orale) – c'est-à-dire germanique –, Joseph Bédier attribue la *Chanson de Roland* à un auteur unique et tardif (XIe siècle) qui aurait composé son poème à partir de sources (écrites) recueillies en Espagne sur la route des pèlerinages. Cette thèse eut un triple effet. Elle établissait une distance maximale entre les débuts de la littérature française et les « brises des forêts germaniques » (pour reprendre une formule que Paris attribue à Grimm). Elle faisait de la *Chanson de Roland* l'œuvre de génie d'un poète unique et non le sous-produit amorphe et quasi mystique d'une vague « âme du peuple ». En désignant un acte individuel d'écriture comme l'origine de l'épopée, Bédier permettait d'appliquer à la chanson de geste les critères de l'esthétique classique en même temps qu'il établissait une continuité entre le Moyen Âge et le classicisme du XVIIe siècle. Enfin, en rejetant la thèse germanique d'une poésie épique naturelle, *les Légendes épiques*, de Bédier – qui travaillait entre 1914 et 1918 au ministère de la Guerre –, rendaient à *Roland* sa nationalité française puisque, après le XIe siècle, « Franc » ne pouvait pas signifier autre chose que « Français ». Même si nous ne connaissons pas le nom de l'auteur de la *Chanson de Roland*, « du moins nous savons qu'il fut un Franc de France, écrit Bédier, et nous retrouvons en son œuvre ce qu'il y a de plus spécifiquement national en notre poésie : le sens classique des proportions, la clarté, la sobriété, et la force harmonieuse » (*les Légendes épiques*, vol. III, p. 451). Les Français n'abandonneront pas *Roland* aux Allemands, concluait l'éminent médiéviste, tant que les Allemands n'auront pas rendu aux Scythes leur *Nibelungenlied*.

Ce que suggère ce débat c'est que, dans le discours des fondateurs des études médiévales, il est impossible de dissocier du contexte nationaliste les explications proposées de la genèse des plus anciens monuments littéraires et linguistiques de la France. La thèse de Bédier qui rend « Français » synonyme de « libre » légitimait la revendication par la France des terres situées entre l'Allemagne et la France – la Lotharingie – dont le statut était en litige depuis au moins 842. En se référant au prétendu poète de la *Chanson de Roland*, Bédier insistait sur ce point : « Ce Turold qui, voilà huit cents ans, a trouvé pour notre patrie la caresse de ces noms "douce France", "France la libre", nous témoigne avec quelle simplicité s'est faite l'unité française. Sa douce France est précisément la nôtre, avec les Lorrains comme aujourd'hui, avec les Gascons, avec les Normands, avec les Provençaux comme aujourd'hui » (*ibid.*, p. 452). Autrement dit, les termes du débat qui entoure le statut des Serments de Strasbourg et la *Chanson de Roland* sont les mêmes que ceux du débat concernant le statut de Strasbourg : la question du « royaume du Milieu », que le traité avait été censé résoudre, trouve en effet son prolongement dans la guerre franco-prussienne et dans la Première Guerre mondiale, d'où naquirent, sans qu'elles l'aient jamais véritablement avoué, les études médiévales.

Voir aussi 1895.

Bibliographie : Renée Balibar, *l'Institution du français, essai sur le colinguisme des Carolingiens à la République* (Paris, P.U.F., 1985), pp. 20-29. Joseph Bédier, *les Légendes épiques*, 4 vol. (Paris, Champion, 1908-1913). Bernard Cerquiglini, *la Naissance du français* (Paris, P.U.F., 1991). Léon Gautier, *les Épopées françaises : étude sur les origines et l'histoire de la littérature nationale*, 2e éd. (Paris, Librairie Universitaire, 1892). H. U. Gumbrecht, « Un souffle d'Allemagne ayant passé, Friedrich Diez, Gaston Paris, and the Genesis of National Philologies », in *Romance Philology*, n° 40 (1986), pp. 1-37. Henri Massis (Agathon), *l'Esprit de la nouvelle Sorbonne* (Paris, Mercure de France, 1911) ; *les Jeunes Gens d'aujourd'hui* (Paris, Plon, 1913). Gaston Paris, *la Poésie au Moyen Âge*, vol. Ier (Paris, Hachette, 1887).

R. Howard Bloch

1050 ?

La *Vie de saint Alexis*, poème hagiographique d'un auteur inconnu, sans doute originaire de Rouen

Les Vies de saints

La *Vie de saint Alexis*, qui remonte probablement aux environs du XIe siècle, est le premier texte littéraire rédigé en langue vulgaire ; à ce titre, ce poème marque donc le début de l'histoire de la littérature française. Le récit raconte la vie ascétique d'un noble romain du Ve siècle, qui abandonne sa femme au soir de leurs noces, part en Syrie pour y vivre dans la pauvreté et, de retour à Rome, passe incognito les dix-sept dernières années de son existence sous les traits d'un mendiant. À la mort d'Alexis, une lettre écrite par le saint lui-même révèle son identité, révélation qui provoque l'admiration des habitants de Rome et est à l'origine de son culte.

En ce milieu du XIe siècle encore dominé par la culture latine, la *Vie de saint Alexis* constitue un document linguistique et littéraire d'une remarquable importance. Le héros en est non seulement un saint mais aussi un clerc, puisqu'il s'avère capable de rédiger sa propre histoire : d'où la double fonction de la lettre, comme preuve et confirmation de la sainteté d'Alexis, tout comme de son emprise sur le Verbe. L'exploit du saint a donc ceci de particulier qu'il s'inscrit tant dans le spirituel que dans le poétique. Toute l'originalité de la *Vie de saint Alexis* s'articule autour de cette priorité qui y est faite de l'écrit, étape sans précédent dans l'histoire de la littérature française.

Un épisode précis – celui de la révélation dévoilant, sous les traits du mendiant anonyme et solitaire, la réalité d'Alexis le saint – met en lumière le rôle capital qu'y joue l'écriture. Avertis par une voix divine de la présence d'un « Homme de Dieu » dans la maison d'Eufémiien (le père d'Alexis), le pape et l'empereur de Rome rendent visite à ce dernier. Au même moment, Eufémiien apprend la mort du mendiant qu'il hébergeait en sa demeure. Il contemple, sans le reconnaître, le corps de son fils, voit que ce dernier tient une lettre, et s'efforce, en vain, de la prendre. Seul le pape sera en mesure de s'en saisir :

> Le Pape tend sa main vers la lettre,
> Saint Alexis la lui abandonne ;
> Il lui sied de la confier à celui qui est Pape de Rome.
> Sans la lire ni en regarder le contenu,
> Celui-ci la tend à un clerc sage et érudit.
>
> Le chancelier, dont c'était la tâche,
> Lut la lettre ; les autres écoutèrent (vv. 371-377).

C'est par le texte écrit que s'effectue la révélation de l'existence du saint. Le dévoilement ne se fait donc pas par la reconnaissance du visible (à preuve, l'incapacité tant des parents que de l'épouse de reconnaître Alexis sous les traits du mendiant) mais bien plutôt par le mode de connaissance, infiniment moins tangible, que présente la vérité des mots. Pour Alexis, autobiographe, aussi bien que pour l'auteur normand du poème (il s'agirait, selon Gaston Paris, de Tedbalt de Vernon, chanoine de Rouen), l'immortalité résulte de la traduction de la chair en Verbe.

Le phénomène de révélation dont il est question dans cet épisode provoque deux réactions diamétralement opposées : celle, d'une part, des parents et de l'épouse d'Alexis, qui pleurent sa disparition ; et celle, d'autre part, du pape, qui célèbre la découverte du saint homme. Ces réactions parallèles font état d'un comportement particulier face au langage. D'un côté, le pape, incarnation de l'autorité doctrinale et scripturaire, sert d'intermédiaire entre le saint, qui évolue dans l'écrit, et le trio familial, règne de l'oral ; pour le pape, la lettre d'Alexis est un texte sacré, revenant de droit à ceux qui possèdent la maîtrise du savoir. À l'opposé, si le père ne parvient pas à s'emparer de la lettre, c'est que lui manque l'expertise de la lecture comme de l'exégèse, manque que vient compenser la lecture publique de la charte par le chancelier du pape. Le monde du profane n'a donc qu'un accès indirect au savoir, grâce à une récitation orchestrée par les dignitaires de l'Église. La mort d'Alexis concrétise, en ce sens, l'écart qui sépare le temporel du spirituel.

Son enterrement est l'occasion d'un second contraste. Tandis que le trio familial déplore la perte d'Alexis, le peuple de Rome, de pair avec le pape et l'empereur, fête joyeusement la révélation de l'existence du saint. Cette célébration a elle-même pour effet de mettre en relief une double approche du sacré : alors que les nobles de la ville entendent procéder immédiatement à une mise en bière digne du saint, le peuple cherche, au contraire, à retarder cet événement, afin de pouvoir voir et toucher à loisir un corps dont ils espèrent des miracles. La découverte de la sainteté est, pour eux, source de bienfaits avant tout visibles et tangibles. Aussi rejettent-ils la tentative de subornation – sous forme d'or et d'argent – qu'entreprennent les seigneurs romains et réussissent-ils à garder le corps d'Alexis « sept jours durant » (v. 571). À sa manière, le trio familial insiste lui aussi sur le visible, comme l'indique l'évocation – par la mère et par l'épouse – de la « tendre chair » (v. 451), de « l'admirable beauté » (v. 482) d'Alexis. Aux yeux du peuple qui le vénère, les miracles accomplis par le saint ont incomparablement plus de valeur que l'or et l'argent des nobles romains, voire que sa vie et ses actes personnels :

Il n'est malade, quelle que soit son infirmité,
Qui, de l'avoir invoqué, ne s'en trouve guéri.
D'aucuns s'acheminent vers le corps, d'autres s'y font porter.
Au spectacle des miracles opérés par la grâce de Dieu,
Quiconque vient en pleurs s'en retourne en chantant (vv. 556-560).

Si la sanctification scripturaire d'Alexis consiste en une traduction de la chair en Verbe, c'est en sens inverse – du Verbe à la chair – que fonctionne le processus de dévotion populaire. L'usage de la langue vulgaire est donc, dans la *Vie de saint Alexis*, le lieu d'une distinction entre deux modes de comportement et d'expression : celui, d'une part, de l'Église, dont l'expertise en matière d'élocution lui donne le pouvoir de réglementer et de contrôler la transmission de la vérité ; et celui, d'autre part, de la communauté des laïcs, pour qui l'accès au sacré passe avant tout par le gestuel et par le concret.

À l'origine chantée ou récitée en France du Nord pour l'édification d'un public illettré, mais transmise jusqu'à nous sous une forme écrite, la *Vie de saint Alexis* invoque une pluralité de rencontres entre oralité et textualité. Ces rencontres jouent un rôle fondamental dans le portrait de la sainteté tel qu'il s'élabore en langue vulgaire, portrait fondé sur une distance entre le sacré et le profane, comme en fait foi l'adresse finale du poète à son public :

Gardons, Seigneurs, ce saint homme en mémoire,
Et prions-le qu'il nous délivre de tout mal ;
Qu'il nous obtienne en cette vie paix et joie
Et, dans l'autre, la gloire éternelle,
Au nom du Verbe : disons donc tous *Pater Noster* (vv. 621-625).

Pour un auditoire qui n'entend pas le latin et sur qui les abstractions doctrinales n'ont guère de prise, la commémoration d'Alexis consiste avant tout à invoquer ses pouvoirs de protection (contre « tout mal ») et à réserver au saint lui-même, de par son expertise en matière de langage, le soin de parler à Dieu (le « Verbe ») au nom des fidèles. Cet épilogue valorise, certes, la vertu de la prière, mais non sans toutefois établir une nette distinction entre l'oraison d'Alexis (dont l'épilogue souligne le caractère inventif et innovateur) et, de la part des fidèles, un recours à l'invocation (le nom du saint) comme à la récitation liturgique *(Pater Noster)*. C'est par son travail autobiographique qu'Alexis le clerc révèle l'existence d'Alexis le saint ; à ce double titre, le héros fait montre d'une compétence et d'une perfection que les fidèles, incultes, ne peuvent ni imiter ni rivaliser.

Comme toutes les premières Vies de saints composées en langue vulgaire, ce poème s'élabore sous le signe de l'oralité dans la mesure où il répond à un projet, concrétisé au Concile de Tours de 813, visant le développement de la prédication et de l'édification des fidèles peu ou point éduqués. La récitation de récits pieux marque le début d'un genre poétique nouveau, l'hagiographie en vers, dont la *Vie de saint Alexis* reste l'un des plus beaux exemples. Dans la ligne de la tradition hagiographique latine des cinq siècles précédents, le poème exalte les vertus de l'ascétisme et du renoncement au monde temporel. À l'instar de la *Vita* du Xᵉ siècle généralement admise comme sa source, la *Vie* démontre la suprématie de l'Église face à une tradition féodale fondée sur la transmission généalogique, tradition qu'elle entend supplanter et régir. Mais le récit français insiste encore davantage sur l'écart qui différencie le clergé des laïcs et, partant, le sacré du profane. À titre d'exemple, on notera que, dans la *Vita*, les parents d'Alexis font preuve d'une dévotion certaine, alors que l'adaptation française met surtout en relief leur souci concernant la protection du patrimoine familial ; il en résulte une reformulation de la légende, plus nettement ancrée dans des conflits et des tensions de nature généalogique, et une conception de la sainteté qui pose comme principe le rejet actif du monde temporel. Aussi est-ce dans la mesure où Alexis refuse de se définir comme fils d'Eufémiien – ou comme époux – qu'il obtient son titre d'« Homme de Dieu ». Rompre avec la chaîne généalogique, telle est la condition première pour devenir membre de la famille de Dieu, pour accéder à la sainteté. Dans le contexte de la perpétuation de l'espèce, une telle exigence est, en soi, la marque d'un comportement exceptionnel.

Au regard des sources dont elle s'inspire, la version française de l'histoire de saint Alexis insiste donc davantage sur la notion d'exception, qui se pose comme fondement même de la sainteté et comme source de ses pouvoirs thaumaturgiques et protecteurs. Preuve en est donnée dans l'une des plus anciennes versions de la légende : selon ce texte syriaque du Vᵉ siècle, Alexis meurt à Edesse ; mais son corps disparaît sans laisser de trace, sinon les quelques hardes qui gisent au fond du tombeau. Dans la narration qu'en propose une version grecque légèrement postérieure, c'est aussi en Syrie qu'a lieu la mort du héros, sans qu'il ne soit toutefois plus question de tombeau vide. La trame de la légende change de façon encore plus prononcée dans le texte latin du Xᵉ siècle dont s'inspire la *Vie*, puisqu'il est fait mention du retour d'Alexis à Rome et du rôle fondateur que joue sa dépouille, incarnation et confirmation des pouvoirs spirituels de la cité. Le poème français donne à son tour une place primordiale au corps d'Alexis, corps dont la fonction – avant tout concrète – consiste à servir de talisman contre le désordre et la maladie. C'est non seulement par le rejet de ses obligations de fils et d'époux mais aussi, et surtout, par le sacrifice de sa vie qu'Alexis acquiert le rôle de médiateur, entre homme et Dieu, dont le texte fait état. Ce n'est plus la dimension christologique – évoquée dans le texte syriaque – ni le rôle fondateur que lui attribuent les textes grec et latin qui sont mis en valeur, mais bien plutôt un comportement dont la signification première est, dans le contexte de la société du XIᵉ siècle, de se démarquer de la norme.

Indice de l'extraordinaire popularité du culte des saints au Moyen Âge, les quelque deux cents poèmes français qui subsistent à ce jour ont ceci de particulier qu'ils révèlent, chez leur public, une crainte profonde des dangers du monde et de l'enfer ; d'où le besoin de s'assurer des protecteurs. Plus encore – plus directement – que les sermons, les récits pieux (tels l'*exemplum* et le miracle) et les chants liturgiques, les Vies de saints en langue vulgaire procurent à l'homme ordinaire le moyen d'échapper aux vicissitudes de ce monde. En leur qualité d'intercesseurs, les saints sont à la fois un écran contre « tout mal » et une garantie de salut à l'heure de la mort. De là, sans doute, la prédominance du type du martyr (citons les passions de sainte Agnès, d'Alban, de Barbara, de Catherine, d'Edmond, de Laurent, de Marguerite et de

Silvestre) et de l'ermite (Alexis, Brendan, Euphrosine, Grégoire, Marina, Marie l'Égyptienne et Thaïs) dans l'hagiographie française médiévale, puisque ces deux modes de sainteté font pareillement état d'un sacrifice corporel : de ces corps de saints, transformés en reliques, jaillissent pour le fidèle santé et salut.

Que le culte des saints soit avant tout culte du corps du saint est un autre trait caractéristique de l'hagiographie médiévale française. À titre de preuve, nous citerons la *Vie de sainte Elysabel* (Élisabeth de Hongrie), composée par Rutebeuf au XIIIe siècle, vie d'autant plus remarquable – dans le contexte d'un genre qui exalte de préférence des saints à l'historicité pour le moins douteuse – qu'elle s'inspire d'un personnage contemporain. Loin, toutefois, de proposer à son public un modèle de comportement imitable, loin d'insister, par exemple, sur les vertus de générosité et de charité invoquées lors de la canonisation d'Élisabeth, Rutebeuf choisit de suivre les conventions du genre. Élisabeth devient ainsi, à l'instar des martyrs et ermites privilégiés par la tradition hagiographique française, l'objet d'une vénération dont on notera le caractère sacrificiel : « En grande hâte, la foule accourt autour de son corps pour en prélever un fragment. Qui s'empare d'un morceau de sa chevelure, qui de sa poitrine, qui de ses orteils, qui, même, de ses ongles, et sans doute d'autres membres. Ne les eût-on retenus, peu s'en serait fallu qu'ils ne la démembrent entièrement » (éd. Faral et Bastin, p. 162). La dévotion populaire que suscite la sainteté d'Élisabeth se traduit par une violente appropriation de son corps. Cette scène de démembrement, qui réduit l'héroïne en fragments à valeur talismanique, confirme à elle seule la prédominance d'un seul et unique mode de sainteté : le martyre. Manifestement, le goût du public se porte sur le spectacle du corps supplicié, la fonction primordiale du saint étant de servir à la fois de substitut et de victime fondatrice. Le rôle du saint – assurer la santé et le salut du dévot – fait de lui un bouc émissaire et, partant, un garant de l'ordre social. Centrées sur des héros et sur des héroïnes dont la fonction première est d'assurer la cohésion de la communauté chrétienne (selon la formule, « paix et joie », de l'épilogue d'*Alexis*), les Vies de saints françaises constituent l'équivalent chrétien d'une étiologie mythique. Leur message : que le bien-être du groupe justifie, et exige, le sacrifice de quelques-uns de ses membres. Voilà pourquoi, dans la version française d'*Alexis*, le tombeau du saint n'est point vide : signe que c'est sur le corps d'Alexis, victime nécessaire et suffisante, que se fondent l'existence et la survie de la collectivité.

Clerc et saint tout ensemble, Alexis est l'incarnation d'une double perfection. La charte dont il est l'auteur donne à l'écrit et à la langue vulgaires leurs lettres de noblesse. L'épilogue, toutefois, réduit l'importance de cette expertise scripturaire pour faire valoir le pouvoir thaumaturgique émanant du corps saint. Le sens de ces textes réside donc en leurs épilogues. S'y dévoile l'essentiel d'une dévotion fondée sur l'évocation de phénomènes tangibles (guérisons miraculeuses), sur la gestuelle (translation et adoration des reliques) et sur l'invocation du nom du saint, soit : sur des éléments qui relèvent avant tout de l'oralité. L'« histoire » du saint s'efface, remplacée par le *hic et nunc* du public contemporain. À l'excellence morale et scripturaire du héros, tel Alexis, se substitue son efficacité protectrice. L'identité distinctive qui fait du saint un individu disparaît, preuve que sa vie compte infiniment moins que la transformation *post mortem* qui fait de lui un faiseur de miracles. Les saints de l'hagiographie médiévale française ne sont donc pas des modèles à imiter, mais bien plutôt des écrans – l'équivalent d'une assurance sur la vie. Leur fonction première étant de souffrir et de mourir au nom et à la place des fidèles, ces héros et ces héroïnes de l'imaginaire médiéval portent en eux la marque d'une mentalité sacrificielle selon laquelle la rédemption ne s'obtient qu'au prix d'une victime propitiatoire.

Voir aussi 1123, 1215.

Bibliographie : Vie de saint Alexis : poème du XIe *siècle*, éd. Gaston Paris (Paris, Champion, 1974). Rutebeuf, *Vie de sainte Elysabel*, in *Œuvres complètes de Rutebeuf*, éd. Edmond Faral et Julia Bastin, vol. II (Paris, Picard, 1969). R. Howard Bloch, *Étymologie et généalogie : une anthropologie littéraire du Moyen Âge français* (Paris, Seuil, 1989). Brigitte Cazelles, *le Corps de sainteté : d'après « Jehan Bouche d'Or », « Jehan Paulus » et quelques vies des* XIIe *et* XIIIe *siècles* (Genève, Droz, 1982).

Brigitte Cazelles

1095

Le pape Urbain II prêche la Première Croisade au Concile de Clermont

L'épopée

Quand le pape Urbain II se rend à Clermont pour prêcher la Première Croisade, la littérature en langue vulgaire, encore transmise oralement pour l'essentiel, comprend des poèmes épiques (les chansons de geste), des Vies de saints et des poèmes lyriques. La chanson de geste est le genre le plus populaire. Plusieurs d'entre elles comptent parmi les chefs-d'œuvre de la littérature médiévale : la *Chanson de Roland* (vers 1100), *Raoul de Cambrai, Garin le Lorrain,* la *Chanson de Guillaume, Girart de Roussillon* et *Huon de Bordeaux*. Chantées sur les places publiques et dans les châteaux à l'occasion de foires, de mariages ou de couronnements, plus de cent vingt d'entre elles ont survécu. Leur ensemble représente plus d'un million de vers. Beaucoup de ces œuvres, composées en français et en ancien occitan, seront traduites dans d'autres langues médiévales. Au XIVe et au XVe siècle, les plus populaires seront remaniées en prose et, à la fin du XVe, plusieurs figureront parmi les premiers textes imprimés.

C'est aux jongleurs qu'on doit l'épopée française. Ces comédiens itinérants, qui interprétaient aussi la poésie lyrique des trouvères et des troubadours, étaient également acrobates, montreurs d'animaux, musiciens et mimes. Comme ils vivaient de la générosité du public, on peut raisonnablement induire que les chansons reflètent le type de divertissements que réclamaient les spectateurs de l'époque. Si l'on en croit les déclarations des représentants du clergé, les jongleurs appartenaient à la couche la plus basse de la société médiévale. Les jongleuses, par exemple, étaient souvent assimilées à des prostituées. Le savoir étant, à l'époque où la chanson de geste a fleuri, un privilège presque exclusif du clergé et de la haute noblesse, la plupart des jongleurs étaient sans doute illettrés. Et de fait, dans l'iconographie médiévale, on ne trouve pas un seul jongleur qui se serve d'un livre. Ils étaient pourtant capables de mémoriser des chansons de geste d'une longueur considérable – elles varient de huit cents à trente cinq mille vers – grâce à des techniques d'improvisation qu'on a pu étudier dans d'autres cultures orales : ils disposaient d'un fonds commun de scènes et de phrases standard qui les aidaient à reproduire, le plus souvent fidèlement, mais parfois avec des variantes considérables, les chansons qu'ils avaient vu jouer par d'autres. Le fait qu'il s'agisse d'une tradition orale a imposé l'anonymat aux auteurs de la grande majorité de ces poèmes.

Sur les enluminures médiévales, les jongleurs jouent de la vielle ; certains ouvrages rapportent que la récitation des chansons de geste était accompagnée d'une sorte de mélopée. Elles sont divisées en strophes de longueur variable, ou laisses, utilisant une assonance unique ; les vers, de dix ou douze syllabes (parfois huit, comme dans *Gormont et Isembart*), sont rythmés par une césure. Des variations dans la mélodie indiquaient probablement le premier et le dernier vers de chaque laisse ; entre les laisses, le temps mort était sans doute rempli par un intermède de musique instrumentale.

Quelques textes indiquent que la vogue des chansons de geste a commencé avant la Première Croisade : dans sa *Chronique de l'abbaye de Saint-Riquier* (qu'il achève en 1088), le moine Hariulf insère un épisode de *Gormont et Isembart* ; la *Nota Emilianense*, qui date d'entre 1050 et 1075, contient une version abrégée de la *Chanson de Roland* ; enfin, le *Fragment de la Haye*, qui date de l'an 1000 environ, fait apparaître dans son récit du siège imaginaire de Gérone plusieurs des héros qui figureront plus tard dans le cycle de Guillaume d'Orange.

Un poète du XIIe siècle, Bertrand de Bar-sur-Aube, propose de répartir les grands cycles épiques de chansons de geste en deux groupes : celui des rois de France, parfois appelé le cycle de Charlemagne, et celui des vassaux rebelles – barons traîtres ou récalcitrants – tous censés appartenir au même lignage. Les références que la *Chanson de Guillaume* (début du XIIe siècle) fait à des épisodes d'autres chansons de geste et la présence dans le *Fragment de la Haye* de héros qui appartiennent au cycle de Guillaume suggèrent que l'origine des cycles héroïques est bien antérieure à la plus ancienne chanson de geste, la *Chanson de Roland* dont le manuscrit le plus ancien date de la fin du XIIe siècle (bibliothèque Bodléienne, ms. Digby 23). Dans sa classification, Bertrand ne mentionne pas le cycle des épopées qui prétendent traiter de la Première Croisade et dont le contenu, à l'exception de la *Chanson d'Antioche*, est entièrement fictif.

Les chansons de geste peuvent être définies comme un corpus d'œuvres conçues sur un modèle généalogique. Chacun des grands héros a fait l'objet d'une chanson importante : *Roland, Guillaume, Renaut de Montauban, Girart de Roussillon* et *Raoul de Cambrai*. La composition par cycles conduit à des chansons qui décrivent les exploits des héros enfants ou *enfances (les Enfances Guillaume, les Enfances Vivien)*, leur jeunesse ou *chevalerie (la Chevalerie Ogier de Danemark, la Chevalerie Vivien)*, leur conversion à la vie monastique ou *moniage (le Moniage Guillaume, le Moniage Renouart)* et enfin leur mort (*la Mort Charlemagne, la Mort Aimeri de Narbonne*, qui raconte la mort du père de Guillaume). Les actions des héros y sont placées dans le contexte de leurs alliances familiales et reflètent le principe du droit médiéval qui veut que l'on soit responsable des actes de ses parents. Dans la *Chanson de Roland* d'Oxford, Roland est à la fois le fils et le neveu de Charlemagne ; Guillaume, l'oncle du tragique Vivien, est aussi le frère de six autres héros qui partent chacun à la conquête d'un fief différent *(les Narbonnais)* ; le traître Ganelon du *Roland* est apparenté à d'autres chevaliers félons, qui descendent comme lui du héros éponyme de *Doon de Mayence*. Cette insistance sur la dimension généalogique ne doit pas surprendre : « geste » ne renvoie pas seulement aux faits et aux histoires qui relatent les exploits des héros, le mot désigne aussi le lignage et, par extension, le cycle de chansons se rapportant à un lignage.

L'abondance soudaine de textes français au lendemain de la Première Croisade a été interprétée comme l'effet d'une explosion créatrice. Or, pour une grande partie, cette abondance de textes écrits ne fait que refléter la transcription d'une littérature orale qui est elle-même bien antérieure aux croisades. Aussi est-ce une erreur de limiter les discussions concernant les origines de la littérature française aux rares manuscrits français antérieurs aux croisades, ceux de textes hagiographiques comme la *Séquence de sainte Eulalie* (IXe siècle) et la *Vie de saint Alexis* (vers 1050). Au sens rigoureux du terme, la littérature française n'a pas d'origines distinctes dans la mesure où une littérature orale de langue française s'est constituée en même temps que la langue française elle-même émergeait du latin populaire.

Vue sous cet éclairage, la relation entre la chanson de geste et l'histoire prend une importance nouvelle. Les chansons les plus anciennes et les plus célèbres sont souvent organisées autour d'un noyau historique constitué le plus souvent par une bataille importante. Ainsi, la *Chanson de Guillaume* évoque le siège de Barcelone, conduit par Guillaume de Toulouse contre les Maures, en 803 ; la tradition à laquelle on doit *Gormont et Isembart* s'inspire de la bataille de Saucourt au cours de laquelle, en 881, Louis III vainquit une armée viking qui avait attaqué et brûlé le monastère de Saint-Riquier ; l'action de *Raoul de Cambrai* tourne autour de l'attaque du comté de Vermandois, en 943, par Raoul, fils d'un certain Raoul de Gouy. Il arrive que des détails d'une précision surprenante soient conservés, comme le nom de la femme de Guillaume, qui apparaît dans des œuvres de ce cycle sous la forme francisée de Guibourc. Les événements historiques rapportés par les chansons de geste datent en général de la période carolingienne. Mais certains renvoient à des âges plus anciens, comme la monarchie mérovingienne, ou plus récents, comme la prise d'Antioche (1098). La retransmission d'événements qui ont plus de trois cents ans en dit long sur le conservatisme de la tradition orale.

Néanmoins, seule une très petite partie des dizaines de milliers d'événements rapportés dans les épopées a un fondement historique et, même dans ce cas, elle est modifiée en fonction des lois du genre. Les poètes adaptent à leurs besoins – esthétiques, socio-économiques ou même parfois propagandistes – les détails fournis par l'histoire. Ils les refondent pour donner corps à une vision du passé centrée sur des figures légendaires de la période où s'est formée la conscience d'une identité nationale. Cette refonte peut les conduire à confondre les hauts faits de personnages historiques qui ont porté le même nom, à attribuer les actions d'un héros à un autre, à créer plusieurs personnages à partir d'un seul prototype, à attribuer automatiquement les défaites militaires aux machinations de traîtres, à prendre, en un mot, toutes les libertés imaginables avec les faits utilisés. Ce qui n'a d'ailleurs pas empêché ces poètes d'affirmer la véracité de leurs œuvres, et de le faire de manière assez convaincante pour que plus d'un clerc médiéval ait défendu par la suite la valeur historique des chansons de geste ; du reste, les lecteurs modernes eux-mêmes n'ont pas tous échappé à la tentation de prendre ces témoignages pour argent comptant. En réalité, la chanson de geste représente une historiographie populaire, en concurrence avec celle des mémorialistes, des chroniqueurs officiels et des historiens de l'Église.

Les chansons de geste ont aussi été utilisées pour diffuser les nouvelles d'événements importants. Lambert d'Ardres, chroniqueur de la maison de Guines à la fin du XIIe siècle, rapporte une anecdote révélatrice. Elle concerne Arnould de Guines qui avait pris part au siège d'Antioche, au cours de la Première Croisade. Un jour, un jongleur qui récitait une version de la *Chanson d'Antioche* propose à Arnould d'y mentionner ses exploits en échange d'une paire de souliers rouges. Ce dernier ayant refusé le marché, le jongleur décide de se venger en excluant son nom de la fameuse chanson (*Chanson d'Antioche*, t. II, pp. 144-145). Cet exemple montre à la fois l'utilisation de la chanson de geste pour transmettre des événements récents et la vénalité des jongleurs qui se chargeaient de cette transmission ; ils n'avaient aucun scrupule à se faire payer la gloire dont ils étaient les hérauts. Mais les familles nobles prêtaient une oreille d'autant plus complaisante aux chansons qu'elles prétendaient rapporter les exploits de leurs ancêtres, comme suffirait à l'attester le fait que, à partir de la fin du XIIe siècle, les vicomtes de Narbonne aient prénommé leurs héritiers « Aimeri », en mémoire du héros – probablement imaginaire – de l'épopée d'Aimeri de Narbonne dans le cycle de *Guillaume*.

Les légendes épiques furent également utilisées à des fins de persuasion. La Première Croisade en est une excellente illustration : le chroniqueur Robert de Reims, qui était présent à Clermont lorsque Urbain II y prêcha la Croisade, rapporte que le pape avait exhorté les nobles à suivre l'exemple de Charlemagne et de son fils Louis, leurs prédécesseurs, en rappelant qu'ils avaient conquis des royaumes païens pour le bénéfice de la sainte Église. Cette image de Charlemagne et de Louis, qui doit beaucoup au contexte de lutte contre l'islam dans lequel elle est évoquée, est plus proche de ce que les chansons de geste leur attribuent que de ce qu'ils ont effectivement accompli. De ce point de vue, la légende du voyage de Charlemagne en Terre sainte, telle qu'elle figure dans le *Pèlerinage de Charlemagne*, offrait un précédent idéal pour convaincre les chevaliers français qu'ils devaient prendre la route pour aller délivrer le tombeau du Christ à Jérusalem.

Il est vraisemblable, par conséquent, que la *Chanson de Roland* et les autres poèmes militants de l'époque ont joué un rôle important dans la formation de la mentalité qui a rendu les croisades possibles. La lutte du christianisme contre le paganisme est un des thèmes majeurs des chansons de geste. Les croisés français avaient une image de l'islam et des Arabes qui ne pouvait pas manquer d'être influencée par la description qu'ils en trouvaient dans les épopées. Non que les forces auxquelles se sont opposés les croisés puissent s'identifier aux Sarrasins de la chanson de geste. Cette catégorie inclut en effet des tribus aussi variées que les Ireis (Irlandais), les Argoilles (les Argyles écossais), les Esclavons (Slaves), les Ermines (Arméniens), les Avers (Avars), le « peuple de Samuel » (les Bulgares de Macédoine), les Hums (Huns) et les Hungres (Hongrois). Mais les Sarrasins ont été chargés de représenter la totalité des forces païennes perçues comme une menace extérieure par la France du début du Moyen Âge. Il va de soi que les croisés ignoraient tout des fondements de l'islam ; pour la plupart, ils ne connaissaient de cette religion que ce que les chansons de geste en disaient : que les Sarrasins sont des idolâtres qui servent plusieurs dieux et qu'ils élèvent des porcs – pratiques qui sont toutes deux non seulement étrangères à l'islam mais spécifiquement exécrées par ses fidèles. Faire de Mahomet un des dieux vénérés par les Sarrasins est sans doute le comble de ces malentendus. Mais plutôt qu'une propagande anti-islamique systématique, cette description des païens qui occupaient l'Espagne, l'Afrique du Nord (avec pour ville principale Le Caire, la « Babylone » des épopées) et la Terre sainte reflète l'incapacité à faire la distinction entre les païens germaniques, scandinaves et slaves – dont beaucoup étaient en effet idolâtres – et les monothéistes, originaires d'Arabie, de Perse et de Turquie. Cette résurgence des premières menaces du paganisme européen témoigne de l'archaïsme de la conception du monde représentée par l'épopée : de même que les sujets de beaucoup de chansons de geste remontent à l'époque carolingienne, époque où il est probable que ces poèmes ont commencé à prendre forme, leur vision du monde non chrétien est plus proche de la représentation de l'histoire que se fait le haut Moyen Âge que du tableau de l'islam que les érudits commenceront à composer au XIIe siècle.

Le chef-d'œuvre du genre, la *Chanson de Roland*, est traditionnellement considéré comme l'histoire du neveu de Charlemagne, mais une obscure allusion au confesseur de l'empereur, saint Gilles (vv. 2096-2098), montre que le poète connaît la légende qui veut que Charlemagne ait commis un inceste avec sa sœur et que Roland soit né de cet inceste. Le détail de ces événements est rapporté dans la première branche de la *Karlamagnus Saga*, texte scandinave du milieu du XIIIe siècle reposant sur des épopées françaises des XIe et XIIe siècles qui ont été perdues. La plus connue des chansons de geste est donc le récit de la mort tragique du fils de Charlemagne, descendant en droite ligne de la famille royale franque. Mais cette mort n'est pas causée directement par les Sarrasins. Elle est l'aboutissement des efforts désespérés de Roland sonnant du cor pour appeler à l'aide, après être tombé avec ses hommes dans une embuscade préparée par son beau-père Ganelon. Aussi faut-il y voir une expiation du péché commis par son père. La *Chanson de Roland* serait ainsi à classer parmi les récits mythiques centrés sur des figures de héros ou de dieux issus de naissances incestueuses – Héraclès, Romulus, Mordred, Zeus, Apollon, Freyr, et en particulier le Sinfjotli de la *Völsunga Saga*, né des amours d'un frère (Sigmund) et d'une sœur (Signy), et qui, ayant refusé d'appeler son père à l'aide dans un combat perdu d'avance, meurt jeune et sans descendant, trahi par sa belle-mère. La *Chanson de Roland* est un mythe fondateur qui, à l'occasion de la mort du fils, retrace la souffrance et le triomphe final du père, Charlemagne, figure à qui la conscience collective rattache les origines de la nation. Pourtant, conformément à l'inspiration propre aux chansons de geste, le mythe s'est ancré dans un événement historique, la défaite subie par l'arrière-garde de Charlemagne dans les Pyrénées, en l'an 778. Quant à l'existence historique de Roland, elle repose sur des données aussi fragiles qu'ambiguës.

La *Chanson de Roland* illustre la manière dont l'histoire et les jongleurs se sont mutuellement mis à profit : les poètes ont conservé dans leurs chants les souvenirs fragmentés d'événements historiques qu'ils embellissent, tandis que des personnages historiques comme Urbain II s'approprient et exploitent les légendes épiques à des fins socio-politiques ou religieuses.

Voir aussi 842, 1202, 1214.

Bibliographie : Chanson d'Antioche, éd. Suzanne Duparc-Quioc, t. Ier édition du texte, t. II étude critique (Paris, P. Geuthner, 1977 et 1978). *Chanson de Guillaume*, éd. François Suard (Paris, Bordas, 1991). *Chanson de Roland*, éd. Cesare Segre, trad. Madeleine Tyssens, 2 vol.

(Genève, Droz, 1989). *Chanson de Roland*, texte établi par Gérard Moignet (Paris, Bordas, 1989). Joseph Bédier, *Chanson de Roland*, publiée et traduite d'après le manuscrit d'Oxford (Paris, UGE, 1982). Joseph J. Duggan, *The « Song of Roland » : Formulaic Style and Poetic Craft* (Berkeley, University of California Press, 1973).

Joseph J. Duggan

1123 ?

Un manuscrit de la *Vie de saint Alexis* est copié au monastère anglais de St. Albans pour servir de préface au psautier latin, richement enluminé, de Christina de Markyate

Un manuscrit

La plus ancienne version en langue vulgaire de la *Vie de saint Alexis* est un texte qui préface un psautier latin richement enluminé, sorti des ateliers du monastère de St. Albans, en Angleterre. Ce recueil fut commandé, vers 1123, à l'intention d'une femme de la noblesse anglaise, Christina de Markyate, qui avait choisi de vivre en recluse. Le manuscrit se trouve en Allemagne depuis plusieurs siècles. Il est actuellement la propriété de la Godeharkirche, à Hildesheim, après avoir été celle de l'abbaye de Lamspringe où résidaient, au milieu du XVIIe siècle, des bénédictins vraisemblablement venus d'Angleterre avec le psautier. Selon la convention éditoriale moderne, ce manuscrit est connu sous le nom de version d'Hildesheim ou version L (abréviation de Lamspringe), mais cette appellation a l'inconvénient de dissocier le texte de son lieu d'origine et des conditions dans lesquelles il a été adapté et transcrit. On s'y référera donc plutôt ici sous le nom d'*Alexis* de St. Albans.

En raison de la relative ancienneté de cette version, l'*Alexis* de St. Albans a fait l'objet de plus d'études qu'aucun autre manuscrit du poème. Mais il a fallu attendre une note parue en 1956 dans la *Modern Language Review* pour que l'attention des chercheurs soit attirée sur son entourage textuel : les autres manuscrits du psautier de St. Albans. Dans une étude datant de 1895, l'historien d'art Adolphe Goldschmidt soutenait que l'*Alexis* de St. Albans était la copie d'un poème en langue vulgaire composé à l'occasion de la consécration, au monastère de St. Albans, entre 1115 et 1119, d'une chapelle dédiée à saint Alexis. De ce fait, Goldschmidt ne voyait dans la *Vie de saint Alexis* qu'un corps étranger, une intrusion de pur hasard ou de simple commodité dans le corps du manuscrit liturgique du psautier rédigé en latin.

Cette manière de considérer le texte littéraire comme un intrus dans le recueil manuscrit où il figure va dans le sens d'une pratique qui consiste à privilégier les textes « individuels » au détriment des recueils manuscrits eux-mêmes. Dans une telle perspective, l'éditeur moderne de textes anciens se limite à relever les caractéristiques propres au manuscrit qu'il reproduit : la dimension des pages, le nombre de lignes et de colonnes par page, les différences d'écritures, etc. Plusieurs éditions modernes de l'*Alexis* omettent ainsi purement et simplement de mentionner l'entourage textuel dont on l'a extrait. Dans son édition critique, par exemple, Christopher Storey limite sa description du manuscrit aux pages du psautier de St. Albans dans lesquelles figurent le prologue et le texte de l'*Alexis*. Quant à Gaston Paris, il va jusqu'à reléguer ce prologue en notes, à la fin de son édition, bien qu'il soit de la main du même scribe que le poème. La séparation du texte et de son contexte manuscrit facilite évidemment la tâche de l'éditeur ; mais elle s'exerce au détriment de toutes les informations que le contexte manuscrit donne sur la manière dont le scribe, le commanditaire, ou la communauté médiévale de l'époque comprenaient et utilisaient le texte.

En dehors de ces considérations d'ordre pragmatique, le désir d'établir un texte « original » intervient pour beaucoup dans la tendance des éditeurs à oublier les contextes manuscrits, à négliger, sous prétexte qu'ils sont « tardifs et bâtards », les textes et les contextes tels qu'ils existent, en faveur de la reconstitution hypothétique de textes primitifs supposés « authentiques et non corrompus ». Cette attitude est encore encouragée par l'état de nombreux recueils manuscrits du Moyen Âge : la plupart du temps, ils ont été ou bien fragmentés ou bien retouchés et remaniés. Il est exceptionnel qu'un recueil manuscrit ait survécu sous sa forme « originale ». Par exemple, le texte le plus ancien de la *Chanson de sainte Foy* en vieux provençal, manuscrit presque contemporain de l'*Alexis* de St. Albans, se trouve aujourd'hui relié avec un texte plus tardif sur les prodiges dans un volume d'une bibliothèque de Leyde, alors que les offices liturgiques latins de Sainte-Foy, qui ouvraient le manuscrit original, sont à Paris, eux aussi reliés avec d'autres textes, et que la fin du manuscrit original est conservée à Orléans. Selon Ernest Hoepffner, cette dispersion serait récente, du moins en partie ; on la devrait à Libri, le célèbre voleur de livres du XIXe siècle. Quoi qu'il en soit, ces démembrements et recompositions de manuscrits se produisaient déjà au Moyen Âge, au gré des besoins et des usages des différents propriétaires.

La compilation d'un recueil manuscrit pouvait s'étendre sur une longue période, d'abord parce que la transcription du texte sur le parchemin et son enluminure demandaient beaucoup de travail et d'argent, mais aussi parce que le recueil lui-même, sous forme de livre, fonctionnait un peu comme une bibliothèque. Écrit à la main, sur des pages de peau reliées entre deux couvertures de bois, il était relativement compact et constituait un mode efficace pour la conservation de textes qui autrement circulaient sur des supports plus fragiles et donc éphémères : dans la mémoire de l'homme, sur des tablettes de cire, sur des feuilles de parchemin (ce qu'on appelait des chartes ou brefs), gravés sur bois, entretissés parmi les figures des tapisseries, peints sur les murs ou sur d'autres objets. Entre le Xe et le XIIe siècle, la plupart des compilateurs de manuscrits faisaient partie d'institutions religieuses dotées de *scriptoria*. Ils appartenaient soit au chapitre d'une cathédrale (comme celle de Clermont dont les clercs ont fait inscrire, au début du XIe siècle, sur les pages blanches d'un dictionnaire latin du milieu du Xe siècle, la version en langue vulgaire de la *Passion de Jésus-Christ* et la *Vie de saint Léger*), soit à des monastères, comme Saint-Martial de Limoges (qui possède une version provençale du *Sponsus* [*l'Époux*] et un certain nombre d'autres petites pièces religieuses en langue vulgaire) et Saint-Benoît-sur-Loire, également connu sous le nom de Fleury (avec son *Boeci* en provençal, un « chant d'aube » et la *Chanson de sainte Foy*).

Ce sont les manuscrits de cette période, presque tous des copies de textes religieux en latin, qui constituent le contexte manuscrit de la quasi-totalité de la poésie ancienne en langue vulgaire ; à l'instar des chants liturgiques, cette poésie y est souvent accompagnée d'une notation musicale. Ce sont le plus souvent des poèmes qui, comme l'*Alexis* de St. Albans ou le texte tardif du IXe siècle de la *Cantilène* ou *Séquence de sainte Eulalie*, décrivent les Vies de saints ou Passions ; ils semblent avoir été destinés à gloser ou « illuminer » certains offices religieux et à rendre la liturgie plus vivante. C'est ainsi que trois textes anciens en langue vulgaire – un fragment du recueil liturgique de Saint-Martial, la *Passion de Jésus-Christ* de Clermont-Ferrand et l'*Alexis* de St. Albans – s'intitulent eux-mêmes « explications » (*razo* ou *raizun*, ou, comme dans le prologue en prose de l'*Alexis*, « *spiritel raisun* »).

Même lorsque le manuscrit n'a pas changé de mains, son propriétaire a pu vouloir l'enrichir ou modifier son contenu. C'est sans doute le cas du psautier de St. Albans. La *Vie de saint Alexis* et toute la seconde partie du manuscrit semblent avoir été ajoutées au psautier, qui lui-même était déjà préfacé par un calendrier liturgique, pour l'adapter aux occupations et à la vie de Christina de Markyate et des femmes de son entourage : le psautier de St. Albans, dans sa composition actuelle, n'est pas le manuscrit « original » mais une version « révisée ». Toutefois, loin de l'amoindrir, ces révisions augmentent sa valeur parce qu'on leur doit des textes supplémentaires, comme l'*Alexis*, et qu'elles permettent de dater ce manuscrit de manière plus précise que des textes aussi anciens ne le permettent d'habitude. Goldschmidt avait montré que la destination du manuscrit avait changé en cours de compilation. Otto Pächt, C.R. Dodwell et Francis Wormald ont apporté des précisions intéressantes sur les raisons de ce changement et sur le nouvel ensemble constitué par l'adjonction de la *Vie de saint Alexis* et de la seconde partie du manuscrit (que Goldschmidt traitait en corps étrangers).

Dans le psautier de St. Albans « nouvelle version », deux parties précèdent le psautier proprement dit. La première est un assemblage (une liasse de pages pliées ensemble) de huit folios (un folio est une feuille de manuscrit dont le recto et le verso comptent pour une page) occupés par un calendrier liturgique en latin. La seconde partie comporte quatre assemblages de huit, dix, deux et huit folios respectivement ; les trois premières de ces liasses sont constituées par une série d'enluminures en pleine page, très originales, portant sur des sujets bibliques se rapportant à la vie du Christ ; la série se termine par une illustration, elle aussi en pleine page, représentant le roi David jouant du rebec, instrument qu'utilisaient les jongleurs de l'époque (fig. 1). Cette représentation sécularisée du roi David se trouve au verso du folio 28 et sert de lever de rideau pour la *Vie de saint Alexis* qui commence à la page opposée, au recto du folio 29, le premier folio de la quatrième liasse de la seconde partie du manuscrit. Dans la moitié supérieure de cette première page, un dessin rehaussé illustre trois moments de l'histoire d'Alexis (fig. 1). Il est accompagné de légendes en latin. Dans la moitié inférieure, un prologue en prose et en langue vulgaire introduit le texte versifié de la *Vie de saint Alexis*. C'est à la page suivante, au verso du folio 29 (fig. 2), que commence le texte du poème. Il commence avec l'initiale B (première lettre du premier mot du poème : « *Bons fut li secles* » [« Le monde était bon »]) dont la forme et l'ornementation préfigurent l'initiale B (fig. 2) sur laquelle, huit folios plus loin, s'ouvrira le psautier (« *Beatus vir* » [« Béni soit l'homme »]). Immédiatement après la *Vie d'Alexis*, on trouve une version latine et la traduction en prose française d'une apologie de Grégoire le Grand en faveur de l'utilisation des images pour l'instruction des illettrés. Viennent ensuite, rehaussés en pleine page, trois dessins qui représentent la rencontre du Christ et des deux disciples sur la route d'Emmaüs. Cette liasse se

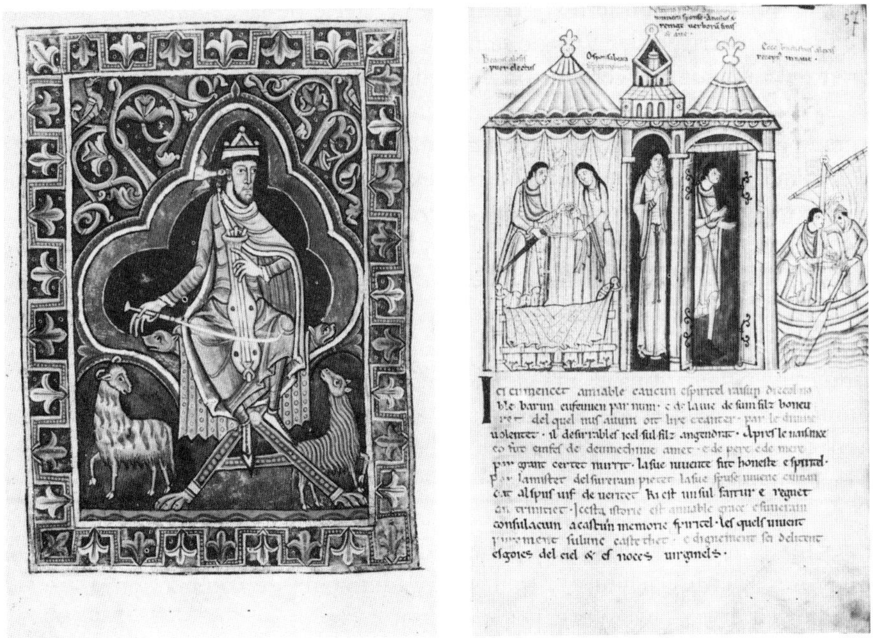

1. *À gauche :* le roi David jouant du rebec, psautier de St. Albans, verso du folio 28 ; *à droite :* illustration et prologue de la *Vie de saint Alexis*, psautier de St. Albans, recto du folio 29. Godeharkirche, Hildesheim. (Warburg Institute, Londres.)

termine par une seconde image du roi David, non pas bordée par le cadre ornemental habituel, mais par une exégèse associant l'activité du psalmiste à celle de deux chevaliers représentés au haut de la page, l'épée à la main ; selon le commentaire, psalmiste et chevaliers sont les champions de l'esprit en lutte contre le péché.

Cette seconde représentation de David le montre assis au milieu d'une grande initiale B ; d'une main il joue de la harpe et de l'autre il présente un psautier, tandis qu'une énorme colombe lui introduit le bec dans l'oreille, ce qui, d'après la légende inscrite sur le psautier ouvert, symbolise l'« Annonciation du Saint-Esprit », en d'autres termes : l'inspiration divine à laquelle sont dus les psaumes qui vont suivre (fig. 2).

On a distingué cinq « mains » dans la compilation du psautier de St. Albans. C'est à la même main, celle d'un scribe anonyme que l'on appellera ici le scribe de l'*Alexis*, qu'on doit la totalité de la seconde partie. Il est responsable également de quelques interventions dans le psautier proprement dit : les légendes indiquant à quel psaume se rapportent les personnages figurant dans les grandes initiales qui ouvrent chaque chapitre. On lui doit en outre l'inscription sur le calendrier liturgique de la date de la mort de Roger l'Hermite et la dédicace de « ce psautier » à sa mémoire. Roger était le maître et le protecteur de Christina de Markyate ; elle partagea sa cellule pendant quatre ans et continua de l'occuper après sa mort. Roger l'Hermite est mort en 1120 ou en 1121 ; en supposant que cette notice nécrologique date de peu après sa mort (ce qui n'est pas toujours le cas pour ce genre de notes), on peut penser que le calendrier

2. *À gauche :* début de la *Vie de saint Alexis*, psautier de St. Albans, verso du folio 29 ; *à droite :* le roi David jouant de la harpe, ou la psalmodie comme combat, psautier de St. Albans, verso du folio 36. Godeharkirche, Hildesheim. (Warburg Institute, Londres.)

liturgique sur lequel elle est inscrite aussi bien que le psautier auquel elle se réfère devaient être achevés au moment de ces inscriptions. On a même été jusqu'à suggérer que le scribe de l'*Alexis* aurait inséré en même temps, dans le calendrier, la notice nécrologique de Roger et, entre le calendrier et le psautier, toute une nouvelle section destinée à célébrer la vie de Christina de Markyate.

Mais la valeur de ces dates reste très approximative. La cinquième liasse de la seconde partie est illustrée par un cycle d'enluminures qui se rapportent à la rencontre d'Emmaüs ; or le choix de ce sujet inclinerait à dater l'exécution de cette liasse de quinze à vingt ans plus tard. La *Vita* de Christina de Markyate, écrite en latin au XIVe siècle à partir d'un manuscrit du prieuré de Markyate datant du XIIe siècle mais aujourd'hui disparu, qui retraçait la vie de sa fondatrice, contient le récit de deux rencontres entre Christina et le Christ habillé en pèlerin. Les dates de ces rencontres ne sont pas précisées, mais leur mention figure vers la fin de la *Vita* dont la narration, organisée chronologiquement, se termine en 1142. Lors de la première rencontre, un pèlerin d'une grande dignité se présente à l'ermitage de Christina et prend un repas avec elle et sa sœur, mais il touche à peine au poisson que les femmes lui offrent, puis les quitte après les avoir bénies sans leur révéler son identité. Cette brève visite laisse une telle impression à Christina qu'elle ne cessera désormais de souhaiter le retour du pèlerin ; il reviendra le lendemain de Noël, et participera à une procession avant de disparaître mystérieusement de l'église, fermée à clé, sans que quiconque n'ait pu lui adresser la parole. Les trois illustrations en pleine page qui se rapportent à la rencontre d'Emmaüs (l'apparition du Christ à ses deux disciples sous les traits d'un pèlerin, leur repas fait de poisson et de pain, et la disparition soudaine par ascension – iconographie inhabituelle) sont isolées, à la suite de la *Vie de saint Alexis*, des autres illustrations qui traitent également de la vie du Christ, en pleine page elles aussi. Est ainsi suggéré un rapport entre deux pèlerins anonymes, Alexis et le Christ : les images d'Emmaüs, isolées, viendraient expliciter la signification donnée par les compilateurs à la vie d'Alexis. Il y a probablement une autre raison à ce que le Christ d'Emmaüs apparaisse à la suite de la *Vie d'Alexis* : la vie de Christina de Markyate elle-même. Comme Alexis, Christina avait fait vœu de chasteté dans sa jeunesse ; elle refusa un mariage noble que ses parents avaient arrangé pour elle ; elle échappa à la persécution de sa famille et de son époux en choisissant de vivre en recluse dans la cellule de Roger l'Hermite, où elle se barricada pendant quatre ans, dans un espace encore plus réduit que le placard sous l'escalier où s'était retiré Alexis. Cette vertu sera récompensée : Christina aura des visions de Marie et du Christ, lequel, si l'on en croit sa *Vita*, se présentera même à elle.

La célébration de la gloire de Christina et celle de la virginité et de la piété féminines apparaissent autrement dans la seconde partie du psautier de St. Albans. Une Annonciation montre la Vierge occupée à lire (au lieu de filer la laine ou de tisser le voile du temple). Une Descente du Saint-Esprit, lors de la Pentecôte, la représente, plus grande que les disciples, au centre de leur groupe (elle occupe la place de Pierre). Les mêmes innovations iconographiques font aussi sortir de l'ombre l'épouse d'Alexis à qui les illustrations du psautier donnent une position plus visible que ne le fait le texte du poème (voir fig. 1). Alors que, traditionnellement, l'illustration des Vies de saints s'attachait presque exclusivement à leur mort édifiante, celle du psautier de St. Albans se concentre sur trois époques de la vie de saint Alexis. Sa femme y joue un rôle important. Sur la gauche, dans la scène de la chambre à coucher, la colombe du Saint-Esprit souffle à l'oreille d'Alexis de lui confier son anneau, sa ceinture et son épée. Ce geste est à la fois la marque de la confiance qu'il a en elle et celle d'une renonciation aux choses matérielles. Dans la deuxième scène, l'épouse est encadrée, comme une statue, dans l'arche qui constitue le centre de l'image ; d'une main, elle se tient la tête dans un geste de douleur résignée, de l'autre elle dit adieu à Alexis. Pendant ce temps, Alexis franchit la porte ouverte sur la droite, les yeux et les mains levés vers le Seigneur. Plus à droite, dans la scène d'extérieur, guidé par la main de Dieu, il s'embarque. Dans la scène de la chambre à coucher, au-dessus de la tête de l'épouse, un commentaire latin lui confère une sainteté du même ordre que celle d'Alexis lui-même : « *O sponsa beata semper gemebunda* » (« Ô épouse bénie, à jamais en lamentations »).

L'ensemble de ces commentaires visuels et textuels ajuste la *Vie de saint Alexis* à la vie de Christina de Markyate : comme Alexis, Christina a renoncé au mariage selon la chair, et, comme la femme d'Alexis séparée de son époux, elle aussi attend le retour du Christ-époux. Le prologue en prose étend la signification du poème à « tous ceux qui vivent avec pureté dans la chasteté » et qui se contentent des « joies célestes et du mariage virginal » (avec le Christ).

La compilation du psautier de St. Albans a été conçue par un esprit exégétique, soucieux d'adapter la liturgie et l'histoire chrétienne à la vie contemporaine. C'est dans ce but qu'il a eu recours aussi bien aux images (procédé pédagogique qu'il justifie en citant Grégoire le Grand) qu'à un poème en langue vulgaire comme la *Vie de saint Alexis*. C'est le même esprit aussi qui a guidé la main à laquelle on doit le texte français de cette *Vie* et son prologue, les commentaires latins sur David le Psalmiste et les légendes, toutes tirées des psaumes, signalant quels psaumes sont illustrés dans les initiales du psautier. Il n'est pas interdit de penser que cet esprit et cette main ont été ceux d'un grand admirateur de Christina, Geoffroy de Gorron (ville située dans le département actuel de la Mayenne), abbé de St. Albans de 1119 à 1147. Geoffroy était venu en Angleterre pour enseigner. Il monta des spectacles religieux à fins didactiques, avant de devenir moine à St. Albans. Otto Pächt voit en lui le responsable probable de l'insertion de l'*Alexis* dans le psautier de St. Albans. Il est probable que c'est lui aussi qui a enrichi la *Vie de saint Alexis* de commentaires iconographiques et textuels destinés à permettre à Christina de Markyate, à qui le manuscrit était destiné, et à ses sœurs recluses, qui ne lisaient pas toutes le latin ni même le français, de l'utiliser dans leurs dévotions quotidiennes. Avec ses images, le psautier de St. Albans permettait d'enseigner l'histoire sainte à ces femmes en même temps qu'il leur offrait un système mnémonique qui les aidait à se rappeler le texte des chants qu'elles avaient précédemment entendus ; le psautier pouvait servir pour apprendre à lire, en associant l'image auditive (son) et les images visuelles (mot écrit et dessin). L'*Alexis* de St. Albans n'a donc rien d'un corps étranger dans le recueil où il figure ; inséré dans un contexte manuscrit qui le commente par le texte et par l'image, il évoque au contraire l'utilisation pédagogique qu'on a pu en faire.

Voir aussi 778, 1050, 1536, 1976.

Bibliographie : Chanson de sainte Foy, éd. Ernest Hoepffner et Prosper Alfaric (Paris, Belles Lettres, 1926). *The Life of Christina of Markyate : A Twelfth-Century Recluse,* éd. et trad. C. H. Talbot (Oxford, Oxford University Press, 1959). *Vie de saint Alexis :* texte du manuscrit de Hildesheim (L), éd. Christopher Storey (Genève, Droz, 1968). Adolph Goldschmidt, *Der Albani-Psalter in Hildesheim und seine Beziehung zur symbolischen Kirchensculptur des XII. Jahrhunderts* (Berlin, Siemens, 1895). Otto Pächt, C. R. Dodwell et Francis Wormald, *The St. Albans Psalter* (Londres, Warburg Institute, 1960).

Laura Kendrick

1127

Mort du premier troubadour, Guillaume d'Aquitaine

Poésie lyrique provençale

En 1127, mourait le plus riche et le plus puissant seigneur d'Europe occidentale : Guillaume, neuvième duc d'Aquitaine et septième comte de Poitiers. Il était célèbre pour sa fortune, ses campagnes militaires contre les pouvoirs féodaux qui entouraient ses domaines, une croisade en Palestine au cours de laquelle son armée avait été détruite avant d'avoir pu atteindre la Terre sainte, et ses désaccords avec l'Église qui l'excommunia à deux reprises. Les chroniqueurs nous rapportent aussi ses succès féminins et il est possible que sa vie licencieuse ait été à l'origine de l'une de ses excommunications. Mais si Guillaume d'Aquitaine continue à vivre dans nos mémoires, c'est pour les raisons qui l'ont fait mettre au-dessus de tous les grands seigneurs de son temps, à la fois par ses contemporains et par les historiens modernes du Moyen Âge : il a été le premier troubadour, le premier poète lyrique à s'exprimer en langue vulgaire, dans son cas en langue d'oc. En 1127, de la France du Nord à l'Italie, cette langue était la langue cultivée, celle des poètes et des aristocrates ; et son prestige était tel que, deux siècles plus tard, Dante allait la célébrer comme la « langue mère » de toute la poésie en langue vulgaire.

Pratiquement à lui seul, Guillaume a révolutionné le paysage littéraire de l'Europe occidentale en créant un genre nouveau, le poème d'amour où la musique se mêle à la poésie. Pour la première fois le chanteur ne se contentait pas de prêter sa voix pour réciter un poème, il s'identifiait avec la personne du poète : le sujet dont on entendait la voix et le sujet qui s'exprimait dans les paroles du poème n'étaient plus qu'une seule et même personne.

Guillaume IX était un candidat inattendu pour innover dans le genre lyrique. Ses exploits militaires et ses ambitions politiques auraient dû le porter à s'exprimer plutôt dans le genre épique qu'alimentaient, à l'époque, la guerre sainte contre les Sarrasins et les révoltes des barons contre leur suzerain. Du reste, ont été mis en évidence, à propos d'une forme métrique utilisée par Guillaume, un certain nombre de caractéristiques communes avec le vers épique. On trouve aussi, à l'occasion, dans ses chansons l'écho d'événements qui relèvent de l'épopée, comme lorsqu'il se lamente sur les dangers auxquels son départ pour les terres étrangères va exposer son fils et héritier, dans la seconde strophe de ce que beaucoup considèrent comme sa dernière chanson, *Pos de chantar m'es prez talenz* (*Puisqu'il me faut chanter*) :

> Car maintenant je m'en vais en exil,
> En grande peur, en grand péril :
> En guerre je laisse mon fils,
> Et ses voisins lui feront du mal.

Ses poèmes offrent d'autres traces de la mentalité féodale. On y trouve, par exemple, l'idée qu'un chevalier qui se respecte doit pouvoir faire état d'une maîtresse et d'un bon cheval, ou celle que les épouses des vassaux, comme les terres des voisins, sont les objets d'incursions parfaitement légitimes.

Toutefois, à l'inverse de l'épopée, les chansons de Guillaume n'accordent guère de place aux questions politiques et sociales. Elles se définissent plutôt par l'invention d'une voix poétique, située à mi-chemin entre un héritage culturel et un inconscient individuel et qui, dans les chansons, prend la forme d'une conscience qui se découvre et cherche à savoir ce qu'elle est. Cette voix poétique est également chargée de définir la relation entre le sujet qui parle (le « je »), la nature et le monde social incarné par la « Dame aimée » (*domna* ou *domina*). Cela ressort bien des mots qui désignent le poète et le processus de composition. *Trobar*, en vieux provençal, veut dire « inventer par trouvaille ou découverte » et, par extension, « composer des vers musicaux ». Le mot troubadour – littéralement l'« inventeur » – désigne par conséquent à la fois le compositeur et le poète.

Mais le verbe *trobar* ne s'applique qu'à la phase de découverte, qui est la partie silencieuse du travail du poète. L'interprétation, ou « mise en voix », de la chanson qui s'ensuit, complète le processus, et par conséquent Guillaume utilise un second terme, *chantar* (« chanter »), pour décrire l'activité poétique qu'il a inventée. La force d'attraction propre à la poésie des troubadours tient à la tension raffinée qu'elle maintient entre le moment silencieux, intérieur, de l'invention *(trobar)* et la mise en voix de cette invention dans le milieu où la récitation se déroule *(chantar)*. C'est sous le nom de *canso* (« chanson ») que s'est fait connaître le plus raffiné des genres lyriques.

Le poème lyrique du troubadour se définit ainsi par une double orientation : intimiste et rétrospectif (avec verbe au passé) lorsqu'il se réfère à l'acte de création, mais grégaire et immédiat (avec verbe au présent) lorsqu'il s'adresse directement au public. Bernard de Ventadour, à la génération suivante, fera, dans *Chantars no pot gaire valer* (*Ce n'est pas la peine de chanter*), de ce mouvement circulaire qui va de l'intériorité de la découverte à l'extériorité de l'interprétation, la condition nécessaire de la réussite d'un *canso* :

Ce n'est pas la peine de chanter
Si le chant ne vient du fond du cœur ;
Et le chant ne peut venir du cœur
S'il n'y a en lui amour de cœur.

Le *canso* alterne alors entre la résistance à l'amour physique et sa célébration. Le passage du charnel à sa sublimation verbale permet d'incorporer la même ambivalence dans la tentative faite par le sujet qui s'exprime de découvrir *(trobar)* pourquoi et comment amour et poésie sont si étroitement unis.

L'antécédent direct des vers de Bernard de Ventadour est l'ouverture de la chanson, *Ben vuelh que sapchon li plusor* (*Je veux que tout le monde dise*), dans laquelle Guillaume IX fait jouer l'alliance de résistance et de transfert qui intervient dans la poésie lyrique et révèle le conflit intime qui, au cœur du processus de création, réprime et exprime simultanément le désir du sujet. Dans la première strophe de ce poème, le désir sexuel, dont l'expérience est à l'origine du poème, est dissimulé sous les « couleurs » élaborées par le poète dans son « atelier » :

Je veux que tout le monde dise
Si ce poème est de bonne couleur,
Lui que j'ai sorti de mon atelier :
Car en ce métier j'emporte la fleur,
C'est la vérité,
Et mon poème en portera témoignage
Quand il sera lacé.

Cette chanson est l'une des plus suggestives que Guillaume IX ait jamais composées. On dirait que l'image de l'artisan-poète est chargée d'effacer le corps de l'amant-poète dont les désirs inspirent le poème. En réalité, le corps et ses désirs n'ont pas été effacés, ils ont été transférés au niveau de la performance verbale, ce qui leur permet de s'exprimer par la voix poétique. Comme dans l'image médiévale où la nature forge le corps humain, le poète façonne la voix poétique de façon à ce qu'elle véhicule le désir refoulé. Le mouvement qui va de l'élaboration du poème à son interprétation chantée correspond à une transformation du corps en voix, à une substitution de la partie au tout. L'interprétation – le chant – représente donc ici à la fois la répression et la libération du désir qui a motivé la chanson.

Dans la poésie de Guillaume d'Aquitaine, la voix est celle d'un corps que caractérisent les aspects les plus physiques de l'expérience érotique. Le corps, la chanson, et le sujet composent une identité équivoque à partir du *joc d'amor* (« jeu d'amour ») – expression qui devient alors synonyme de poésie lyrique amoureuse. Les dernières strophes de la chanson déjà citée, *Ben vuelh que sapchon li plusor*, montrent le désir sexuel réglé et normalisé par le jeu des mots et des figures rhétoriques. La dimension libidinale du récit est devenue un divertissement de société :

> On m'appelle « Maître infaillible » :
> Jamais ma mie ne m'aura possédé une nuit
> Qu'elle ne le veuille encore le lendemain ;
> Car je suis de ce métier (je m'en vante)
> Si bien instruit
> Que je sais bien gagner mon pain
> Sur tous marchés.

La *fin'amor* (terme médiéval pour désigner « l'amour courtois ») repose sur une tension sous-jacente entre le réel et l'idéal, l'érotique et le spirituel, le dit et le non-dit. C'est une tension de ce type que Guillaume met en jeu quand il veut forcer le lecteur (ou l'auditeur) à traduire les formules équivoques... ou à choisir de s'y dérober.

Le type de poème mis au point par Guillaume (ce qu'on allait bientôt appeler le *canso*) est propice à une telle dynamique. La complexité de sa forme poétique et le langage lui-même y sont pour beaucoup dans l'alternance de dissimulation et de libération des tensions érotiques. La forme poétique y est souple : le nombre de strophes, de mètres, l'organisation des rimes et la longueur des strophes varient dans chaque *canso*. La première strophe met en place la musique, le rythme et le schéma des rimes ; cette organisation est alors reprise par les strophes suivantes sur des paroles différentes, ce qui donne à l'auditeur le loisir de percevoir son haut degré de raffinement. Les rapports complexes de la mélodie et du rythme ne ressortent pas toujours avec la première strophe, mais, au fur et à mesure que le poème se déroule, nous percevons davantage la cohérence de sa mélodie. C'est donc la strophe qui constitue l'unité expressive de base. Les termes techniques utilisés à l'époque dans sa description – *frons* (la « tête ») pour la première partie et *cauda* (« queue ») pour la seconde – montrent à quel point sa forme était conçue sur le modèle du corps. Cette structure bipartite se retrouve également au niveau du vers et du schéma musical. Mais c'est en dernier ressort la voix qui donne leur unité à l'ensemble de ces éléments disparates, c'est elle qui constitue l'instance subjective d'énonciation du « corps » (strophe) de la chanson.

Même si les premiers troubadours se sont servis de techniques rhétoriques, poétiques et linguistiques aussi complexes que celles que nous associons à la poésie écrite, leurs chansons étaient composées pour l'oreille plus que pour la vue. Et la musique, qui fait le lien entre la voix humaine et la nature, offrait elle aussi une autre manière de représenter le refoulement du corps et la sublimation de ses désirs. Les troubadours eux-mêmes se réfèrent souvent à la dualité du mot et du son, des paroles et de la mélodie. Les termes *motz* (« mots ») et *sonetz* (« airs musicaux ») forment une paire inséparable chez Guillaume IX, Marcabru (1129-1150) et Jaufré Rudel (1126-1148), pour nommer trois des premiers troubadours. Jaufré Rudel, seigneur de Blaye, de Pons et de Bergerac, dans le Sud-Ouest, et de ce fait vassal de Guillaume IX, évoque le double rôle, musical et linguistique, de la voix dans la première strophe de *No sap chantar qui so non di* (*Il ne sait pas chanter celui qui ne sait donner un air*) :

> Il ne sait pas chanter celui qui ne sait donner un air,
> Ni ne sait pas faire de la poésie celui qui n'invente les paroles
> Et ne sait ce que c'est que la rime
> S'il n'en comprend le sens en lui-même.
> C'est pourquoi ma chanson débute ainsi
> Et pourquoi plus vous l'entendrez, mieux elle en vaudra.

Chanter ne se réduisait pas à un simple divertissement. Au début du Moyen Âge, la « mise en voix » de la parole lyrique n'allait pas sans considérations morales. Ce qu'on entendait par « harmonie » ne renvoyait pas seulement aux sons musicaux, mais évoquait aussi la relation entre le corps et le monde. Le mot « musique » lui-même, à travers des médiations étymologiques complexes, mêlait esthétique et théologie d'une manière qui peut paraître étrange aujourd'hui. Philon d'Alexandrie, dont l'influence sur les premières interprétations chrétiennes de la Bible fut décisive, soutenait que la langue originelle, celle que parlait Adam lorsqu'il avait nommé les choses au matin de la Création, était la langue la plus proche de la Vérité divine. Selon cette conception, l'étymologie permettait de retrouver le sens primitif des choses, perdu à la suite du Péché originel lorsque la langue unique d'origine fut brisée en une multitude de langues soumises aux vicissitudes de l'Histoire.

La science linguistique du Moyen Âge se ramenait ainsi à une interprétation étymologique. Celle-ci permettait aux théologiens de construire une histoire universelle dans laquelle le monde d'après la Chute pouvait retrouver le chemin de la Parole divine. Une seule syllabe leur suffisait parfois pour élaborer toute une étymologie à partir de laquelle ils allaient développer un récit reliant l'histoire à la théologie. Plus la valeur culturelle du mot était grande, plus ses étymologies étaient riches. C'était le cas du mot « musique ». Bien avant les troubadours, des étymologies ingénieuses avaient construit des associations complexes reliant la musique à la nature, en particulier à l'élément aquatique. La racine *mus-* était censée relier le concept grec des muses – identifiées aux nymphes, divinités aquatiques – au personnage de Moïse, ainsi appelé parce qu'on l'avait trouvé au bord de l'eau. Moïse à son tour, selon Philon d'Alexandrie, avait attribué aux choses des noms qui en étaient l'image visible, de sorte que le nom et la chose ne pouvaient qu'être identiques. La musique elle aussi représentait le son de la nature, puisque la théorie médiévale soutenait que les humains avaient appris à faire de la musique en imitant le bruit de l'eau dans les ruisseaux et les fontaines.

La voix qui chante réalise la fusion de la culture et de la nature. Au-delà du plaisir de mêler paroles et mélodie, elle reproduit à son échelle modeste la musique infiniment harmonieuse des sphères et répond ainsi au plan divin.

Pour les troubadours, il existait un lien étroit entre l'amour, le chant et la nature. Beaucoup de *cansos* débutent avec l'évocation d'un décor naturel, généralement au printemps, comme dans le *Ab la dolchor del temps novel* (*Dans la douceur de la nouvelle saison*), de Guillaume IX :

> Dans la douceur de la nouvelle saison
> Les bois se couvrent de feuilles, les oiseaux
> Chantent, chacun en son jargon,
> Suivant le chant de cette nouvelle chanson.

Il n'est pas rare de voir une fontaine, tout à la fois emblème des muses, de la musique et de la poésie lyrique, figurer dans ce décor pour symboliser la concorde qui règne entre la musique naturelle, celle des oiseaux et de l'eau, et la musique artificielle, celle du texte poétique et de la musique. Mais il peut arriver qu'en raison des souffrances de l'amour la voix qui chante aussi bien que l'objet féminin de ce chant soient comme une note discordante au sein de ce décor naturel.

Quan lo rius de la fontana (*Lorsque le ruisseau du Printemps*), de Jaufré Rudel, développe ce thème à l'envi. Le décor est un jardin agrémenté d'une fontaine harmonieuse où la voix lyrique puise ses propres harmonies. Mais cette évocation idyllique s'interrompt brusquement au cours de la deuxième strophe lorsqu'une note discordante se fait entendre, jaillie du corps du poète. Celui-ci ne parvient plus, au sens littéral du verbe, à « trouver » *(trobar)* le remède qui apaisera la douleur qu'il éprouve (la discorde). Le verbe clé *trobar*, qui se rapporte ici au remède, associe la fontaine, source de musique naturelle, et le corps, source de musique artificielle (humaine), pour restaurer l'harmonie du poète avec le monde.

Le monde naturel dispense d'autres *topoi* (« lieux communs ») qui permettent aux poètes de refouler et de rappeler simultanément des images du corps. L'une des plus émouvantes, due à Bernard de Ventadour, est la métaphore de l'oiseau qui vole si haut vers le soleil qu'il tombe en extase, perd conscience et replonge sur la terre. La chanson de Bernard, *Can vei la lauzeta mover...*, commence par le vers : « Lorsque je vois l'alouette battre des ailes dans le pur ravissement des rayons du soleil ». La mélodie qui accompagne le poème est l'une des plus belles qu'un troubadour ait composées. Ses notes, qui imitent l'ascension et la chute de l'alouette (image du poète), symbolisent la manière dont nature et culture se rejoignent dans la voix humaine.

Un tel poème et d'autres réussites plus tardives de l'école provençale rappellent que Guillaume IX avait l'ambition de faire coïncider la recherche du plaisir du corps, telle qu'elle s'exprime dans le processus qui conduit du *trovar* au *chantar*, avec la recherche du plaisir du texte. Les générations suivantes de troubadours affineront cet objectif sans toutefois le changer.

> *Ben deu quascus lo joy jauzir*
> *Don es jauzens,*
> (« Il est juste que chacun jouisse de la joie
> Qui le réjouit, »)
> *Pus vezem de novelh florir*, strophe I
> (*Puisque nous voyons de nouveau fleurir*).

Voir aussi 1225, 1342, 1401.

Bibliographie : les Chansons de Guillaume IX duc d'Aquitaine, éd. Alfred Jeanroy (Paris, Champion, Classiques français du Moyen Âge, 1913 ; 1927). *Guglielmo IX d'Aquitania : Poesie*, éd. Nicolo Pasero (Modène, S.T.E.M. Mucchi, 1973). *Les Chansons de Jaufré Rudel*, éd. Alfred Jeanroy (Paris, Champion, 1915). *Les Troubadours. Anthologie bilingue*, éd. et trad. Jacques Ronbaud (Paris, Seghers, 1971). Bernard de Ventadour, *Chansons d'amour*, éd. Moshé Lazar (Paris, Klincksieck, 1966). Alfred Jeanroy, *la Poésie lyrique des troubadours* (Toulouse, 1934 ; réimp., Genève, Slatkine, 1973). Moshé Lazar, *Amour courtois et fin'amor dans la littérature du* XIIe *siècle* (Paris, Klincksieck, 1964). Stephen G. Nichols, « Towards an Aesthetic of the Provençal Canso », in *Disciplines of Criticism*, éd. Peter Demetz, Thomas Greene et Lowry Nelson (New Haven, Yale University Press, 1968), pp. 349-374.

Stephen G. Nichols

1152

Le second Concile de Beaugency annule le mariage de Louis VII et d'Aliénor d'Aquitaine

Les romans antiques

La naissance du genre romanesque coïncide avec un divorce, suivi d'un remariage, qui va faire prendre à l'histoire elle-même des couleurs romanesques. Le 18 mars 1152, le second Concile de Beaugency déclara nul, pour des raisons de consanguinité, le mariage contracté en 1137 par le roi capétien Louis VII et Aliénor [Éléonore] d'Aquitaine. À cette occasion, l'Aquitaine, le Limousin, le Poitou et le Berry furent détachés du royaume de France (voir carte). À peine deux mois plus tard, Aliénor apportait en dot ces territoires à Henri Plantagenêt qui, en 1154, sous le nom de Henri II, allait accéder au trône d'Angleterre pour régner sur un espace qui s'étendait de l'Écosse à l'Espagne. C'est ainsi que l'amour, modifiant l'espace politique de l'Europe occidentale, sema entre les Capétiens et les Plantagenêts une discorde appelée à marquer profondément l'histoire du Moyen Âge. Ces événements historiques ont été consignés dans diverses chroniques latines, mais c'est dans des fictions écrites en français, les romans antiques, qu'ils ont trouvé un sens les associant à la genèse du genre romanesque.

Au milieu du XIIe siècle, les romans antiques marquent la naissance du genre romanesque par un double geste : ils rompent avec une tradition tout en assurant la pérennité d'une autre. La rupture est d'ordre formel : ces romans abandonnent la laisse assonancée des chansons de geste (groupement de vers sur la base de la répétition d'une voyelle finale tonique), qui aidait à mémoriser les unités de texte à une époque de transmission orale, pour utiliser des distiques d'octosyllabes rimés qui renforcent la musicalité de la langue et lui donnent une souplesse mieux adaptée à la description de la vie psychologique. Quant au désir de continuité, il apparaît dans le contenu de ces romans soucieux de rétablir le contact avec la culture classique, trait

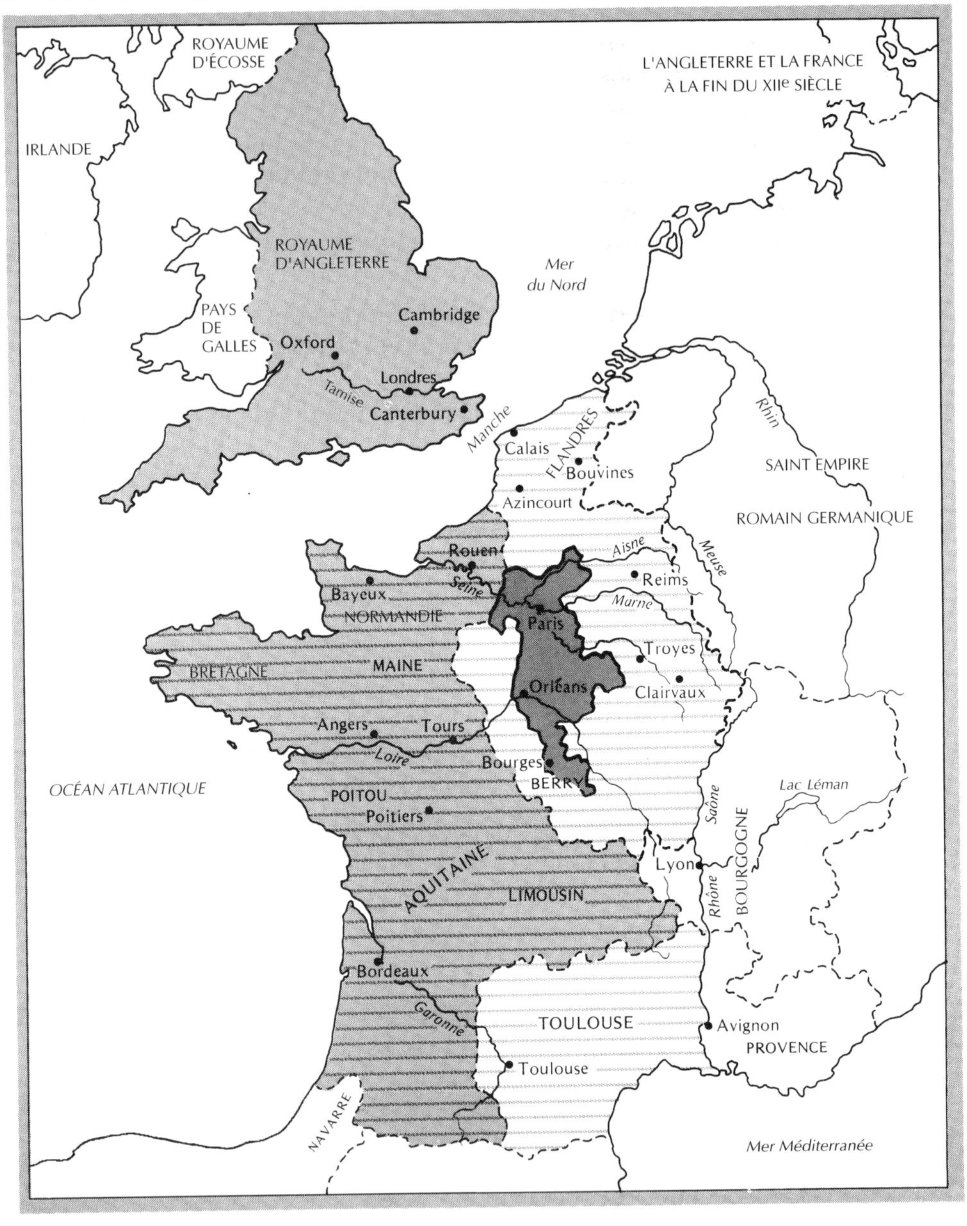

Domaine royal vers 1152

Royaume de France (territoires acquis par le roi de France)

Royaume d'Angleterre (possessions directes et acquisitions du roi d'Angleterre au début de la dynastie angevine)

d'humanisme qui permet de rattacher l'apparition soudaine de ces romans à ce qu'on a appelé la Renaissance du XIIᵉ siècle.

Le terme « roman » dérive de la langue romane, celle des *illitterati* qui ignoraient le latin. Les romans antiques sont présentés par leurs auteurs comme des traductions en langue vulgaire – en roman – de textes latins prestigieux, lus et glosés à l'infini dans les écoles de clercs. Ainsi, le *Roman de Thèbes* (vers 1152-1154) se donne pour une traduction de la *Thébaïde*, du poète latin Stace, le *Roman d'Énéas* (vers 1154-1156) pour une version en roman de l'*Énéide* de Virgile, et le *Roman de Troie*, de Benoît de Sainte-Maure (vers 1165), pour une transposition de deux compilations latines tardives, le *De Excidio Trojae Historia (Histoire de la chute de Troie)*, de Darès le Phrygien, et l'*Ephemeris Belli Trojani (Journal de la guerre de Troie)*, de Dictys de Crète. À quoi il faut ajouter les versions du *Roman d'Alexandre* (vers 1130), d'Albéric. L'idiome dans lequel ces romans sont écrits, du moins dans les copies du XIIIe siècle où ils survivent, suggère qu'ils ont été composés dans l'un des domaines continentaux d'Henri II, en Normandie ou ailleurs dans l'ouest de la France, comme la vaste *Chronique des ducs de Normandie* que Benoît de Sainte-Maure, vers 1170, a composée pour le roi.

Dans le prologue du *Roman de Troie*, Benoît de Sainte-Maure se présente lui-même comme un simple traducteur qui ne se propose rien de plus que de rendre les textes traditionnels accessibles aux *illitterati* : « Je veux me mettre en peine d'entreprendre une histoire que je traduirai du latin, dans lequel je l'ai trouvée, en roman, si j'en ai l'intelligence et l'habileté, pour que ceux qui ne comprennent pas le latin puissent prendre plaisir au roman » (*Roman de Troie*, vv. 33-39). Pourtant aucun des prétendus « traducteurs » des romans antiques ne se sentait tenu à une fidélité scrupuleuse vis-à-vis d'un texte original qu'il trouvait souvent lui-même déjà enrichi d'ajouts variés et de commentaires empruntés à des compilations tardives. C'est ainsi que l'auteur inconnu du *Roman d'Énéas* a augmenté l'épopée virgilienne de gloses qui proviennent de commentateurs latins (Servius, Fulgence) et de poètes (Claudien, Sidoine Apollinaire). Il a emprunté à Donat, grammairien du IVe siècle, le récit de la pomme de Discorde jetée dans le panthéon des déesses, pour expliquer les infortunes des Troyens. Et il a prêté aux amants de Virgile des paroles issues tout droit de l'*Art d'aimer*, d'Ovide.

De tels ajouts sont, par eux-mêmes, les témoins de ce par quoi ces textes sont romanesques. Les libertés que prennent ces prétendus traducteurs vont jusqu'à leur faire réécrire les textes originaux ou remanier leur structure narrative. Par exemple, l'*Énéide* de Virgile s'ouvre sur l'arrivée d'Énée à Carthage et sur le récit rétrospectif de la chute de Troie, ce qui fait de cette épopée un modèle d'*ordo artificialis* (« ordre artificiel ») dans la mesure où elle ne se plie pas à la chronologie des faits. Mais l'auteur de l'*Énéas* rétablit l'*ordo naturalis* (« ordre naturel ») : son récit commence par le sac de Troie, origine des errances qui conduiront le héros à Carthage. Ces ajouts, ces réductions et ces déplacements manifestent un goût pour l'indépendance et non pour la fidélité. Plus que d'une traduction, il s'agit d'une réécriture. Benoît de Sainte-Maure en fournit d'ailleurs l'illustration lorsqu'il cite un précédent à sa propre pratique : le clerc Dictys n'avait-il pas le premier « réécrit l'histoire de Dares de Phrygie » (*ibid.*, v. 24400) ?

Les romans antiques apparaissent au seuil de ce que l'historien Marc Bloch a appelé « le second âge féodal ». La féodalité est l'aboutissement de la restructuration de l'espace politique et social consécutive à l'effondrement de l'empire carolingien, au IXe siècle. Avec la faillite des institutions centralisées et le morcellement du pouvoir, les liens sociaux entre individus se renforcent et se chargent d'une plus grande portée économique et territoriale. La vassalité, fondée sur le besoin d'aide et de protection, engendre une classe de guerriers, les chevaliers, qui s'assimile rapidement à l'aristocratie antérieure. Le régime féodal coïncide également avec une évolution qui, aux environs de l'an 1000, modifie les structures de la parenté : la filiation patrilinéaire remplace progressivement la filiation matrilinéaire. Les travaux de Georges Duby sur les lignages du nord de la France montrent que, vers 1100, les ancêtres du père ont désormais supplanté ceux de la mère dans la mémoire familiale. Le père est maintenant le gardien de la mémoire du lignage et le gardien du nom qui lui donne sa valeur symbolique. Bien que cette mémoire remonte rarement plus loin qu'à deux ou trois générations, elle finit toujours par buter sur un premier nom, celui d'un ancêtre mythique qui a épousé une femme d'un rang supérieur avant de mourir de mort violente. Les récits généalogiques (écrits en latin) datant de cette époque font souvent entrer dans une même équation la figure du père, sa rencontre avec une femme et sa mort.

Les romans antiques transposent cette équation dans la littérature en langue vulgaire. Le parricide y est en effet un thème récurrent au point de friser l'obsession. C'est ainsi que l'auteur anonyme du *Roman de Thèbes* a enrichi sa transcription de la *Thébaïde*, de Stace, d'un prologue de plus de cinq cents vers (vv. 32-558) où il rapporte la légende d'Œdipe qui « a tué le roi son père ». L'histoire des fils d'Œdipe, Étéocle et Polynice, débute par un péché qui rappelle celui de leur père : horrifiés par l'idée même du désir auquel ils doivent d'avoir été conçus (l'inceste d'Œdipe avec Jocaste), ils piétinent, dans une frénésie de haine, les yeux qu'Œdipe vient de s'arracher pour s'épargner le spectacle issu de son irrémédiable faute. Dans le *Roman de Troie*, ce sont les oniromanciens, interprètes des rêves d'Ulysse, qui mettent celui-ci en garde contre son fils. Ulysse emprisonne donc Télémaque, mais en vain, car un autre fils, Télégonus, qui ne reconnaîtra son père qu'au moment fatal, lui porte le coup mortel. « Télégonus voit et comprend qu'il [...] a péché et tué son père. Père, dit-il à Ulysse [...], je suis ton fils Télégonus » (*ibid.*, vv. 30189-30211).

Dans les romans antiques, une étrange compulsion entraîne les héros l'un après l'autre sur le chemin du parricide ; et, lorsqu'un auteur semble avoir répugné à l'emprunter, ses successeurs vont s'employer à l'y ramener. Dans le *Roman d'Alexandre*, Albéric, désireux d'épargner tout écart de conduite à la reine Olympia, épouse de Philippe de Macédoine, nie explicitement qu'Alexandre ait été le fils de l'enchanteur Neptanabus (Natanabus, Nectanabus). Mais l'un des successeurs d'Albéric, auteur de l'*Alexandre de Paris* (vers 1170-1180), non content de restaurer le soupçon de bâtardise, annonce le meurtre de l'enchanteur par celui qui est maintenant son fils, Alexandre. Thomas de Kent va plus loin. Dans l'*Alexandre* anglo-normand (vers 1180), il décrit comment Neptanabus a engendré Alexandre. À la fin de ces versions, Alexandre mourra, comme il se doit, victime d'un certain Antipater *(sic)*. Au cours de ces réécritures successives, ce qui avait été refoulé dans la version de la geste d'Alexandre donnée par Albéric semble ainsi se libérer progressivement ; c'est le thème du parricide qui, invariablement, revient sur le devant de la scène.

Paradoxalement, ce sont ces mêmes romans antiques qui ont fait entrer la question de la féminité dans la littérature en langue vulgaire. Remplies de combats entre hommes, les chansons de geste n'ignoraient pourtant pas totalement les femmes (Guibourc, dans le cycle de Guillaume d'Orange, est loin d'être effacée), mais elles n'en faisaient jamais des personnages centraux. Ce n'est pas le cas des romans, qui héritent de leurs modèles antiques un grand nombre de personnages féminins. Leur rôle sera transposé dans un univers féodal, avec de longues descriptions consacrées à leur beauté et une attention particulière à leurs lamentations amoureuses. L'importance des femmes augmentera progressivement. Ainsi, dans le *Roman de Thèbes*, Argeia, Déiphyle, Antigone et Ismène ne jouent que des rôles secondaires ; leurs jérémiades servent avant tout à mettre en valeur les prouesses inégalées des héros bien-aimés, trop tôt terrassés par la mort. Dans le *Roman d'Énéas*, l'antagonisme de Didon et de Lavinia sous-tend le récit, mais, alors que, dans l'*Énéide* de Virgile, Didon s'impose comme un personnage plus vigoureux, plus tranché que Lavinia, dans la version médiévale, Lavinia, plus centrale, est en proie à un désir qui la conduirait elle aussi à la mort s'il n'était partagé. Le vaste *Roman de Troie* (plus de trente mille vers) multiplie les personnages féminins : le destin individuel et douloureux de chacune s'inscrit parfaitement dans la grandiose apocalypse de la guerre de Troie qui permet à la classe des chevaliers d'exorciser ses tensions et annonce déjà le crépuscule des héros que le XIIIe siècle mettra en scène avec la *Mort du roi Arthur (la Mort le roi Artu)*. Dans ces romans, la femme acquiert une valeur qui n'était pas envisageable dans l'Antiquité : elle est l'héritière du territoire qui va permettre au jeune héros de s'établir et de mettre fin à son errance et à sa quête, économique et sexuelle. Dans cette perspective, la rivalité de Turnus et d'Énéas pour obtenir Lavinia et, par elle, la « terre du roi Latin » acquiert une valeur emblématique du rôle central des femmes dans le monde chevaleresque.

Avec la femme, les romans antiques introduisent l'amour dans la littérature française. L'« art d'aimer » élaboré dans l'*Énéas* et dans le *Roman de Troie* doit davantage à la tradition ovidienne qu'à la *fin'amor* (« l'amour courtois ») chantée par les troubadours depuis l'aube du XIIe siècle. Les symptômes de l'amour sont repris aux poètes latins : l'amour est avant tout douleur, douleur analysée durant de longues insomnies à travers des monologues intérieurs qui permettent de passer de l'ignorance de ce qui afflige à la confirmation du diagnostic de la maladie dans l'énonciation du mot *amor*. Cet amour est également contagieux : celui qui aime blesse immédiatement l'aimé. Dans l'*Énéas*, Lavinia atteint le cœur du héros de Troie par la flèche de son regard. Victime de l'amour, celui-ci peut alors laisser parler en lui une féminité qui, en autorisant la défaite du vainqueur traditionnel, devient la garantie de l'union par le mariage.

L'intérêt que les romans antiques portent au mariage n'est pas dénué de fondements sociologiques. En racontant l'histoire de la réussite ou de la faillite, de l'impossibilité ou de l'annulation d'un mariage, et en évaluant ses conséquences, ce genre littéraire partage les préoccupations de la classe chevaleresque dans sa quête frénétique d'héritières qui apporteront des terres à ses membres et assureront, avec des héritiers mâles si possible, la continuité du lignage. Le mariage ne s'entend pas alors autrement que comme le don qu'un père fait d'une femme à un autre homme, lequel pourra de ce fait accéder à son tour à la paternité. Les romans antiques résolvent ainsi le problème de l'incompatibilité entre le mariage et l'amour. L'amour qui n'aboutit pas au triomphe de la conjugalité est condamné à la folie et à la mort. Chrétien de Troyes prendra ses distances par rapport au mythe de Tristan et posera de manière différente la question de la *fin'amor*, amour adultère dans lequel s'enracine l'amour romantique de l'Occident.

Voir aussi 842, 1095, 1165.

Bibliographie : The Medieval French Roman d'Alexandre, éd. Alfred Foulet, 7 vol. (Princeton, Princeton University Press, 1949-1955). *La Mort le roi Artu*, éd. Jean Frappier (Genève, Droz, 1954). *Roman d'Énéas*, éd. Jacques Salverda de Grave (Genève, Slatkine ; Paris, Champion, 1975). *Roman de Thèbes*, trad. John S. Coley, 2 vol. (New York, Garland, 1986). Benoît de Sainte-Maure, *Roman de Troie de Benoît de Sainte-Maure*, éd. Louis Constans, 6 vol. (Paris, Firmin-Didot, 1904-1912) ; *Chronique des ducs de Normandie*, éd. Carin Fahlin, 4 vol. (Uppsala, Almquist & Wiksells, 1951-1979). Robert Wace, *Roman de Brut*, éd. Ivor Arnold, 2 vol. (Paris, Société des Anciens Textes Français, 1938-1940). Marc Bloch, *la Société féodale*, 2 vol. (Paris, A. Michel, 1939-1940 ; 1989). Georges Duby, *le Chevalier, la femme et le prêtre : le mariage dans la France féodale* (Paris, Hachette, 1982). Jean-Charles Huchet, *le Roman médiéval* (Paris, P.U.F., 1984).

Jean-Charles Huchet

1165

Chrétien de Troyes, du comté de Champagne, écrit le premier roman arthurien en vers

Érec et Énide

En 1165, à Troyes – siège depuis 1152 du tout récent comté de Champagne – paraît un récit en vers, écrit en langue vulgaire, consacré aux chevaliers de la Table ronde. Ce récit, d'une beauté exceptionnelle, est l'œuvre de Chrétien de Troyes, auteur de cinq autres romans qui ont tous fait date, et d'au moins deux poèmes lyriques.

Appelé « roman » parce qu'écrit en ancien français (langue romane) et non en latin, *Érec et Énide* assure une gloire instantanée au dialecte champenois qui devient ainsi le premier dialecte à se distinguer au sein de la culture du nord de la France (comme l'avait fait le provençal dans le Sud). Mais *Érec et Énide* jouera aussi un rôle inaugural dans le domaine de la fiction européenne en langue vulgaire en démontrant une maîtrise étonnante dans le maniement d'un grand nombre de techniques narratives, lesquelles seront appelées à prévaloir par la suite en Occident.

Érec et Énide s'inscrit dans une mode littéraire récente inspirée de légendes, aussi anciennes que diverses, qui n'avaient jamais quitté les territoires celtes avant que la conquête normande n'ouvre de nouveaux axes de communication entre l'Angleterre et les autres cultures européennes. Le matériau utilisé par Chrétien de Troyes ne provient ni de la Bible, ni de l'épopée carolingienne, ni des auteurs classiques, mais de légendes qui ne prétendent pas véhiculer une vérité proprement historique. En conséquence, l'auteur peut se sentir relativement libre d'explorer les possibilités d'une « fiction » *(fabula)* qui, sans pour autant mentir, vise à créer son propre mode de vérité poétique. Cette vérité ne se fonde pas sur une quelconque adéquation entre la matière du récit et le monde réel, mais sur la cohérence interne du récit lui-même ou, pour reprendre le terme utilisé par Chrétien, sur sa « conjointure ».

Érec et Énide raconte l'initiation à la vie adulte d'un jeune homme et d'une jeune femme. La trame serrée des épisodes de combats chevaleresques et d'amour courtois est divisée en trois grandes parties. Dans la première, l'expérience amoureuse du jeune chevalier culmine avec son mariage ; dans la deuxième, le lien conjugal est soumis à diverses épreuves et dans la troisième, enfin, le couple, ayant mûri, accède au trône héréditaire.

Quand l'histoire débute, la cour du roi Arthur est occupée à suivre la chasse au « blanc cerf », chasse traditionnelle dont la règle veut que celui qui tue la bête donne publiquement un baiser à la plus belle dame de la cour. Suivant la tradition d'Ovide (ce poète latin est la source classique la plus importante de Chrétien), la poursuite de la bête merveilleuse, par les dangers qu'elle fait courir aux hommes, se trouve subtilement érotisée : elle devient métaphore de la violence psychique qu'introduit l'amour dans l'âme humaine.

Vêtu d'une scintillante tunique de soie provenant de Constantinople et d'une fourrure d'hermine, chaussé de pantoufles soyeuses, Érec erre sans but. À l'exception de son épée, il est sans arme. S'il n'est visiblement pas prêt pour le combat, tout indique qu'il est disposé à aimer et à se faire aimer. Il rencontre Guenièvre, l'épouse du roi Arthur, et lui offre sa compagnie. Pendant qu'ils se promènent à l'orée de la forêt, un chevalier inconnu insulte la reine. Érec se trouve soudain confronté à sa première épreuve : venger Guenièvre. Toujours sans arme, il parvient sur les terres d'un vavasseur (aristocrate de petite noblesse) appauvri par une guerre interminable et qui a une fille à marier, de préférence à un prétendant de rang élevé. C'est l'époque de la fête du faucon. La coutume veut que le chevalier le plus audacieux fasse réclamer en prix par sa dame l'oiseau de chasse. Énide, la fille du vavasseur, après avoir donné à Érec des armes que lui avait fournies son père, réclame le faucon. Au terme du combat, Érec triomphe du précédent champion, Yder, qui n'est autre que le chevalier qui avait insulté Guenièvre.

Érec retourne à la cour d'Arthur, accompagné d'Énide à qui, en signe de bienvenue, la reine fait don d'une robe. Unanimement reconnue comme la plus belle femme de la cour, Énide reçoit du roi Arthur le baiser du « blanc cerf ». Les fils jusque-là parallèles de la chasse et de l'aventure érotique convergent alors. L'histoire, qui a été une suite de victoires masculines, change quelque peu d'orientation lorsque, dans l'affrontement plus doux du lit nuptial, Énide se révèle la plus audacieuse des deux époux. On notera que dans ses romans Chrétien de Troyes se montre toujours intéressé par la forte détermination des femmes.

Maintenant qu'il est initié au bonheur conjugal, Érec passe le plus clair de son temps au lit avec sa femme, au point d'en négliger ses obligations de chevalier. Sa faiblesse, appelée dans le texte « récréance », fait de lui un objet de médisance parmi les chevaliers de sa propre cour. Lorsque Énide en pleurs le lui apprend, Érec, furieux, décide de partir aussitôt « en aventure » avec sa femme afin qu'ils recouvrent, ensemble, leur honneur.

Érec impose à Énide de garder le silence tant que durera l'aventure, et ce, quels que soient les dangers auxquels il pourrait s'exposer. Mais chaque fois qu'Énide pressent que la vie de son époux est menacée, elle rompt le silence. Enfreignant ses ordres, elle lui sauve ainsi très souvent la vie. Un jour, tandis qu'Érec est laissé pour mort, Énide est demandée en mariage par le brutal comte de Limors qui n'hésite pas à la battre en public lorsqu'elle lui oppose un refus catégorique. L'épouse fidèle a résisté à l'épreuve jusqu'à la limite de ses forces : Érec en recouvre la vie et massacre le prétendant.

Sûr désormais que la fidélité de sa femme l'emporte sur la peur qu'elle avait de désobéir à l'ordre imprudent par lui donné (obéir aurait constitué une forme fausse de fidélité), Érec est prêt à affronter l'épreuve la plus difficile de toutes, celle de « la joie de la cour ». Dans un verger merveilleux entouré de murs invisibles, il triomphe du chevalier Mabonagrain. Mais, à son grand étonnement, le perdant se réjouit de cette issue. L'énigme que représente la joie de Mabonagrain devant sa propre défaite reçoit bientôt une explication. Jeune homme, Mabonagrain avait juré de ne jamais s'éloigner du verger enchanté où il vivait avec sa dame, à moins de n'être vaincu par un chevalier plus fort que lui. À cause de ce vœu, il était resté à la fois l'otage de sa propre parole et celui de sa dame qui avait refusé de l'en délier. Érec et Énide sont donc les témoins de l'interruption bienvenue d'une domination féminine. Cet épisode contient une leçon pour leur propre vie conjugale – rapprochement encore renforcé quand on découvre dans la dame de Mabonagrain une cousine d'Énide. L'épisode de la « joie de la cour » fonde l'idée de l'amour librement consenti, un amour capable de transcender la tyrannie des passions caractérisée par le coup de foudre « ovidien ». Mais il explore aussi l'éternel paradoxe qui veut qu'en amour (et non dans la guerre) la perte peut entraîner un gain et la défaite, une victoire.

La dernière partie du roman, assez courte, décrit le couronnement d'Érec et d'Énide en présence du roi Arthur. La cérémonie sert de prétexte à l'étalage d'une opulence inouïe. Parmi les objets les plus exotiques déployés pour l'occasion figurent deux trônes d'ivoire décorés de peaux de léopard et de crocodile ainsi qu'une tunique royale tissée d'or et brodée d'animaux venus des Indes qui ne se nourrissent que d'épices (gingembre et clous de girofle). Les trésors intellectuels de la nouvelle culture se trouvent eux aussi représentés. Outre les animaux exotiques, la tunique d'Érec est ornée des emblèmes du *quadrivium*, les quatre « sciences des choses », comme on les dénommait à l'époque : géométrie, mathématiques, musique et astronomie. Son sceptre enfin est décoré de toutes les formes empruntées au monde vivant, comme pour nous rappeler que le savoir encyclopédique est l'apanage des rois tout autant que des philosophes.

La cour de Champagne, où Chrétien de Troyes écrit, avait plusieurs raisons d'encourager la diffusion du roman arthurien en France. Si nous ignorons tout de l'identité de Chrétien lui-même, nous disposons en revanche de nombreux renseignements sur ses mécènes et sur leurs goûts littéraires. Dans un roman plus tardif, *le Chevalier à la charrette* (vers 1177), Chrétien désigne nommément Marie, comtesse de Champagne, comme la protectrice qui serait même allée jusqu'à fournir, dit-il avec quelque ironie, la « matiere et [le] san » de son roman. Marie était la fille d'Aliénor d'Aquitaine et de Louis VII : ascendance aussi poétique que politique, car sa mère était elle-même la fille de Guillaume IX d'Aquitaine, à la fois duc et grand poète provençal.

Marie avait épousé Henri le Libéral, arrière-petit-fils de Guillaume le Conquérant et neveu du roi Étienne d'Angleterre. Semblables aux héroïnes des romans de Chrétien, la femme d'Henri et sa belle-mère, Aliénor, étaient toutes deux des fortes femmes, comme l'avaient été du reste plusieurs autres figures féminines ancestrales. Henri avait ses raisons pour promouvoir le roman arthurien : le genre provenait surtout des îles Britanniques (à l'inverse, par exemple, de l'épopée carolingienne dont la production était locale). Mais, au-delà du désir de mettre en valeur les liens généalogiques qui le rattachaient à la Normandie et à l'Angleterre, il y avait chez Henri des motifs idéologiques. Les relations politiques et économiques entre la Champagne et la cour de Louis VII étaient pour le moins ambivalentes : Louis avait envahi la Champagne en 1142 et, en 1160, désirant désespérément un héritier mâle, il avait fini par épouser la sœur d'Henri le Libéral. Mais, à une époque où les rois capétiens n'hésitaient pas à s'inventer tous les liens généalogiques possibles avec Charlemagne et l'empire idéalisé qu'il symbolisait, Henri cultivait quant à lui des relations de type féodal avec les Normands et les Flamands à l'ouest de Paris et avec les Germains à l'est – ce qui n'allait pas sans déconcerter Louis VII. Ainsi, Henri se montrait indifférent à tout ce qui était associé à Charlemagne, que ce soit aux liens généalogiques dont tous voulaient se réclamer ou à la matière littéraire dont s'inspirait l'épopée carolingienne.

Avec son réseau d'alliances féodales, Henri avait établi une base politique qui allait favoriser un éclatant renouveau économique en Europe occidentale. Au cœur de ce renouveau se trouvaient les foires de Champagne. Ces foires, activement encouragées par Henri, offraient un lieu de rencontre exceptionnel pour les marchands flamands et italiens. Les premiers vendaient de la laine anglaise de très haute qualité tissée en Flandres et les seconds, des épices, de la soie, des métaux précieux et mille autres objets de luxe. Dans la *Chanson de Roland*, on n'évoquait jamais sans mépris les raffinements venus d'Orient. C'est au contraire en termes hyperboliques que, par exemple, dans la scène du couronnement d'Érec et d'Énide, Chrétien de Troyes célèbre les fruits du commerce international : Alexandre et César, annonce-t-il, ont été dépassés ! Le poète du *Roland* avait la passion des armures et des épées ouvragées. Chrétien les apprécie aussi, mais il apprécie davantage les tissus exotiques et les vêtements somptueux. Il devient ainsi le premier poète à donner à la figure du consommateur un statut héroïque.

La description de la cour du roi Arthur proposée par Chrétien, qui en fait le lieu d'une supériorité beaucoup plus économique que militaire, ne pouvait que plaire au comte Henri le Libéral. Une vingtaine d'années auparavant, Bernard de Clairvaux avait envoyé le jeune Henri à Constantinople pour y être adoubé par l'empereur byzantin Manuel Ier Comnène. En agissant de la sorte, Bernard voulait sans doute gagner l'empereur à la cause de la Deuxième Croisade que Louis VII s'apprêtait alors à entreprendre. Bien que cette croisade se fût soldée par un retentissant désastre militaire en Terre sainte, elle devait profondément impressionner les Français qui découvraient pour la première fois les splendeurs culturelles de l'Orient. Voulant rivaliser avec l'éclatante beauté de l'église Sainte-Sophie à Constantinople, l'abbé Suger (architecte à double titre : à la fois pour son propre compte et pour servir les ambitions politiques capétiennes) construira à Saint-Denis un somptueux sanctuaire. Chrétien (lui-même influencé par les romans byzantins) s'efforcera, dans ses fictions, de rivaliser avec le luxe de l'Orient.

Face à un monde en plein bouleversement, la tâche de Chrétien était délicate. Il devait, d'une part, respecter les valeurs propres à l'aristocratie guerrière et terrienne dont les privilèges devenaient héréditaires et, d'autre part, tenir compte de la nouvelle économie urbaine dans laquelle la pratique du troc cédait la place à un marché international fondé sur les biens liquides et le miracle du crédit.

En Champagne, cette nouvelle économie favorisait la bourgeoisie, le clergé et la haute noblesse qui en étaient les principaux instigateurs. En revanche, elle défavorisait la petite noblesse chevaleresque, les vavasseurs qui possédaient des terres, mais n'avaient pas d'autres ressources économiques. Pour permettre aux marchands de vaquer à leur négoce, il fallait calmer ces vavasseurs peu enclins à laisser ceux-ci traverser leurs terres. En outre, le combat chevaleresque, tout comme l'idéal qu'il représentait, commençait à passer de mode. Henri lui-même avait créé un corps armé composé de roturiers afin d'assurer la tranquillité des marchands et des gens d'Église. Paradoxalement, c'est au moment même où la joute chevaleresque se déplace du champ de bataille vers la lice qu'apparaît la figure légendaire du chevalier errant : la chevalerie se prête au jeu aussi bien qu'à la fiction. De nombreux chevaliers issus de la petite noblesse de Champagne (semblables en cela au père d'Énide) avaient été appauvris non pas tant par la guerre que par leur marginalisation économique. Les chevaliers errants qui, dans les romans de Chrétien, rapportent à la cour de belles histoires d'aventures héroïques (et des femmes plus belles encore dont ils feront leurs épouses) peuvent ne relever que de la fiction, mais c'est une fiction qui contient, en filigrane, un message codé à l'intention du public aristocratique de Chrétien. C'est maintenant l'autel, le lit nuptial, le berceau et l'héritage – et non plus le champ de bataille – qui représentent la voie la plus sûre vers le pouvoir.

Le nouvel héroïsme favorisait donc les guerriers transformés en géniteurs dont Henri était, en quelque sorte, le paradigme. Revenu en héros du désastre de la Deuxième Croisade, il avait hérité peu après du comté de Champagne nouvellement constitué. Un de ses premiers gestes politiques fut de se fiancer à Marie, en 1153, alors qu'elle n'avait que huit ans. Le mariage fut célébré en 1164 : Chrétien de Troyes devait alors travailler au roman où figure le récit détaillé des noces d'Érec et Énide.

Écrivain de langue vulgaire, Chrétien a probablement bénéficié d'une formation ecclésiastique (certains pensent qu'il était un juif converti) qui lui a permis d'évoluer au sein des diverses communautés littéraires solidement établies dans le nord de la France. Ces communautés, qui comprenaient plusieurs sous-groupes de la société féodale, avaient une identité sociale fondée sur des pratiques de lecture et d'écriture spécifiques. Il en existait plusieurs en Champagne dont, notamment, la communauté juive dominée au XIe siècle par le commentateur Rashi, les mystiques cisterciens dont le chef spirituel était Bernard de Clairvaux et, apparue plus récemment, l'école philosophique de Pierre Abélard appelée le Paraclet. L'humanisme, partout présent dans l'œuvre de Chrétien, entretient par ailleurs de profondes affinités avec les travaux qui se poursuivaient à l'école de Chartres. D'une manière ou d'une autre, l'influence de toutes ces communautés hautement raffinées se fait sentir dans les romans de Chrétien de Troyes. Il y avait aussi des communautés moins orthodoxes, et cela dans la ville de Troyes même, par exemple la curieuse « Cour d'Amour », mi-fantaisiste mi-sérieuse (mais en tout cas opposée au mariage) que Marie elle-même présidait. André Le Chapelain fut le chroniqueur latin de cette « Cour » dans son fameux *Tractatus de amore (Traité de l'amour courtois)*.

Plusieurs générations de critiques nous ont beaucoup appris sur l'art de Chrétien de Troyes, sa façon de conter et d'écrire, sa rhétorique et son ironie, ou encore sur l'influence de son œuvre. Si celle-ci est clairement le fruit d'un génie personnel, elle doit aussi considérablement aux mécènes qui l'ont favorisée. L'avenir ne nous apprendra sans doute rien de plus sur le personnage historique de Chrétien de Troyes. Nous sommes toutefois en mesure de mieux nous représenter les conditions économiques et sociales dans lesquelles Chrétien et les autres poètes champenois de son époque ont pu établir les fondements de ce qui allait devenir la tradition littéraire de la France du Moyen Âge, de la Renaissance, et même des époques suivantes.

Voir aussi 1127, 1181, 1209.

Bibliographie : Chrétien de Troyes, *Érec et Énide*, éd. Mario Roques (Paris, Champion, 1958, 1976) ; *Érec et Énide*, trad. de l'ancien français par René Louis (Paris, Champion, 1977). *The Romances of Chrétien de Troyes. A Symposium*, éd. Douglas Kelly (Lexington, Kentucky, French Forum, 1985). Jean Frappier, *Chrétien de Troyes. L'homme et l'œuvre* (Paris, Hatier, 1957, 1969). Norris J. Lacy, *The Craft of Chrétien de Troyes : An Essay on Narrative Art* (Leiden, Brill, 1980). Donald Maddox, *Structure and Sacring : The Systematic Kingship in Chrétien's Érec et Énide* (Lexington, Kentucky, French Forum, 1978). Karl D. Uitti, *Story, Myth and Celebration in Old French Narrative Poetry, 1050-1200* (Princeton University Press, 1973).

Eugene Vance

1175

Le Roman de Renart, un recueil d'histoires d'animaux

Fables et parodies

Est-il nécessaire de présenter Renart ? Il n'aura pas fallu longtemps pour que la langue adopte le nom propre que porte le personnage du « goupil » (en latin *vulpucelus*) dans le *Roman de Renart* et fasse de ce dérivé de Reginhart le nom générique de cet animal depuis le XIIe siècle, avec ses connotations de ruse, d'hypocrisie et de cruauté. Hybride d'animal vorace et d'être rationnel, Renart est un maître trompeur et un beau parleur incorrigible. Si le *Roman de Renart* est la mouture médiévale des fables d'Ésope, c'est avec l'*Ysengrimus* latin, de Nivard (1152), que le personnage fait son apparition. Dans des versions plus tardives, comme *Renart le bestourné*, de Rutebeuf (seconde moitié du XIIIe siècle), il incarnera les intrigues du monde politique et la corruption monastique. On le verra réapparaître chez de nombreux auteurs modernes, de La Fontaine à Goethe et Fenimore Cooper, adaptant chacune de ses réincarnations à la mentalité de l'époque.

La seconde moitié du XIIe siècle a été marquée par le développement d'une vaste production littéraire en langue vulgaire en Champagne, Normandie, Picardie et Île-de-France. Les douze « branches » les plus anciennes du *Roman de Renart* (il en compte vingt-huit) remontent à la période comprise entre 1175 et 1205 ; elles seront rapidement aussi populaires dans le nord de la France que les œuvres de Marie de France, de Chrétien de Troyes, de Béroul, de Thomas et des trouvères.

Le terme « roman », rappelons-le, désigne d'abord la langue dans laquelle le texte est écrit, le roman, c'est-à-dire la langue vulgaire, par opposition au latin qui est celle de la classe cultivée. Mais il désigne aussi un nouveau genre littéraire auquel il assimile les fables de *Renart*. Cette appellation soulève pourtant un problème : qu'y a-t-il de commun entre ces histoires de loups, de lions et d'ours, et les romans de chevalerie qui décrivent la quête du Graal ou les amours de Tristan et Yseult ? La présence du mot « roman » dans le titre a quelque chose d'ironique : il faut y voir l'indication que le *Roman de Renart* est une parodie qui reprend, pour s'en moquer, les chefs-d'œuvre du genre littéraire à la mode. À cet égard, *Renart* illustre une tendance caractéristique de la littérature médiévale dans son ensemble.

Depuis le XIXe siècle, les médiévistes considèrent le *Roman de Renart* comme une satire de la société médiévale. Satire et parodie sont deux formes d'imitation qui déforment leur modèle à des fins comiques. Mais leurs objectifs diffèrent. La cible de la satire est extra-littéraire, elle vise le monde social, politique et religieux, avec ses coutumes, ses institutions et ses habitudes. C'est ainsi qu'on a pu définir la satire comme le miroir où se reflètent les vices du monde. La parodie, en revanche, tourne en dérision des modèles littéraires, des conventions esthétiques. Les critiques récents rattachent le *Roman de Renart* moins à la satire sociale qu'à la parodie littéraire dont il constitue un exemple particulièrement raffiné.

L'adjectif « raffiné » peut surprendre. L'apparente simplicité de ces histoires d'animaux rappelle en effet la littérature enfantine : histoires de trompeur trompé, de voleur volé, de berneur berné. À quoi s'ajoute la veine scatologique, les obscénités et la violence sexuelle dans les démêlés entre Renart le goupil et Ysengrin le loup : autant de traits qui font du *Roman de Renart* un livre bien peu recommandable.

Mais c'est justement dans sa façon d'utiliser le réalisme comme vecteur de la parodie littéraire que le raffinement du *Roman de Renart* est exemplaire. Cette collection de fables démontre que le Moyen Âge envisageait l'invention littéraire comme une activité de construction et de transformation, et qu'il était possible de démonter un texte pour réorganiser ses pièces sous des formes différentes. En ce sens, la cour de Noble, le roi-lion, avec son ours (Brun), son blaireau (Grimbert), son écureuil (Rousseau), son coq (Chantecler), son chat (Tibert), son limaçon (Tardif), renvoie moins à la cour de Louis VII qu'aux modèles littéraires à la mode : les chevaliers de la Table ronde du roman arthurien et les barons du roi Marc dans le *Roman de Tristan*. Les démêlés érotiques de la louve Hersent, entre son époux Ysengrin et le rusé Renart, n'évoquent pas tant la perfidie des Françaises qu'une transformation comique de l'histoire de Marc et de son neveu Tristan. Par exemple, lorsque Renart parvient à s'introduire en catimini dans la tanière conjugale d'Hersent, celle-ci fait la coquette et lui reproche la rareté de ses visites. Renart répond :

> Dame, j'en prends Dieu à témoin :
> Ce n'est pas par méchanceté ou malveillance
> que je ne vous ai pas visitée à vos relevailles.
> Je serais accouru bien volontiers,
> mais quand je vais et je viens
> Maître Ysengrin ne cesse de m'espionner
> à chaque détour de chemin.
> Je ne sais plus que faire,
> étant donné la haine de votre mari.

Il a grand tort de me haïr.
Que je sois pendu,
si je lui ai jamais fait quelque tort
qui justifie sa rancune à mon égard.
Il prétend que je vous aime (branche II, vv. 1076-1089).

Le décor réaliste de cette scène campagnarde (un renard et une louve dans une tanière) contraste avec la rhétorique courtoise de Renart dont le ton fait écho au *Roman de Tristan*, de Béroul.

Dans « La ruée épique » (branche VIIb), la description bouffonne des fermiers empoignant leurs fourches pour charger des animaux chapardeurs souligne elle aussi le ressort parodique de cette œuvre qui associe le naturalisme des fables animales à la solennité de la littérature chevaleresque. L'auteur prouve son métier et sa culture en faisant jouer la corde épique dans le récit de la bataille, mais c'est pour s'en moquer : témoin la ruée grotesque des cavaliers, leurs noms loufoques (Tigier Brisefouace, Rogiers Briseglace, Femeris Videécuelle), et la description emphatique de leurs piètres armes (de simples gourdins, des fouets et des flèches). Avec le *Roman de Renart*, l'univers exaltant la chanson de geste s'introduit dans l'espace comique des fables animales. « Haro, haro, sus à l'ours ! » (branche I, v. 630). Dans une scène qui se déroule à la cour de Sa Majesté Noble le lion, un chameau lombard légifère sur un cas de divorce dans un jargon juridique parfaitement incompréhensible. Ici l'auteur tourne en dérision le goût du roman médiéval pour les procès et en particulier pour les chicanes en matière d'infidélité conjugale :

Quaré, sire, mé audité,
Nos trobat en decrez escrite
En la rebrice publicate
De matrimoine violate...
(« Donc, Sire, écoutez-moi./ Nous trouvons écrit dans le Décret/ Au chapitre publié/ Sur la violation du mariage... » [branche Va, vv. 457-459]).

La description du chameau offre un exemple de jeux de mots pour initiés, comme il y en a tant dans le *Roman de Renart*. Le prétentieux jargon des clercs du XIIe siècle est encore ailleurs la cible d'un échange entre Renart et Tibert le chat :

Maudit Renart, es-tu ivre ?
Que ferais-tu de mes livres ?
[...]
Connais-tu quelque chose à la dialectique ?
Oui, des sciences, je connais toute la clique (branche XI, vv. 12173-12180).

La meilleure illustration de cette façon de jouer avec les modèles canoniques se trouve dans un épisode de la branche Ia, « Renart le teinturier ». Renart, qui cherche à échapper à Ysengrin, le loup, se fait passer pour un jongleur venu de l'étranger :

– Est-ce que vous avez un métier ?
– Ya, ya, moi être foutre très bon jongleur.
[....]
Moi foutre savoir bon lai breton
de Merlin et de Noton,
du roi Arthur, et de Tristan,
du chèvrefeuille, de saint Brandan...
– Et tu connais le lai de dame Iseut ?
– ya, ya, by god,
moi les savoir, absolument tous (branche I, vv. 2369-2395).

Ce n'est pas sans sourire qu'on voit l'« animal sauvage » dresser du fond de sa forêt le catalogue des « best-sellers » de l'époque, sans apparemment se soucier de la hiérarchie des genres.

La parodie est plus fréquente qu'on ne le pense dans la littérature médiévale. Contrairement à une opinion répandue, sa vogue ne se limite pas aux périodes de déclin qui voient les modèles dégénérer et perdre de leur prestige. Au contraire, c'est quand les conventions sont le plus solidement établies qu'on a tendance à vouloir les tourner en dérision. Ainsi, la parodie n'est pas un symptôme de décadence mais plutôt de renouveau.

Le *Roman de Renart* constitue une excellente introduction à la parodie médiévale, qui bouleverse la hiérarchie des genres sans égard pour les règles des arts poétiques. Mais cette parodie est moins agressive que ludique ; elle reflète moins la crudité infantile du bouffon que le jeu du poète cultivé qui fait ses délices des modes littéraires et remanie les modèles anciens pour leur donner un nouveau sens.

Dans la France médiévale, la parodie n'est synonyme ni de cynisme ni de décadence. Elle est au contraire ce qui permet le dialogue entre les formes et les conventions littéraires. C'est sa façon de rendre hommage à la solidité des traditions. La culture littéraire qui la pratique est une culture heureuse parce que fière des valeurs qu'elle incarne. En ce sens, le *Roman de Renart* révèle une littérature pleinement consciente de ses propres enjeux.

Voir aussi 1210, 1460, 1668.

Bibliographie : Roman de Renart, éd. Mario Roques, 5 vol. (Paris, Champion, 1958 ; 1982). *Roman de Renart*, éd. et trad. Jean Dufournet et Andrée Méline (Paris, Flammarion, 1985). Rutebeuf, *Renart le bestourné*, in *Œuvres complètes*, éd. Michel Zink, 2 vol. (Paris, Classiques Garnier, 1989). John Flinn, *le Roman de Renart dans la littérature française et dans les littératures étrangères au Moyen Âge* (Paris, P.U.F., 1963). Kathryn Gravdal, *Vilain et Courtois : Transgressive Parody in French Literature of the 12th and 13th Centuries* (Lincoln, Nebraska University Press, 1989).

Kathryn Gravdal

1179

Couronnement de Philippe Auguste

Paix royale et amour charnel

L'État carolingien ne survécut pas aux petits-fils de Charlemagne. Ses institutions juridiques centrales périclitèrent, entraînant le morcellement du pouvoir politique en petites enclaves féodales, gérées par des seigneurs qui étaient avant tout des chefs militaires. Ce n'est qu'avec Philippe Ier (1052-1108) qu'un ordre s'esquisse dans ce chaos ; les rois de France commencèrent, petit à petit, à récupérer les terres et les droits que les seigneurs féodaux s'étaient arrogés. Au milieu du XIIe siècle, le règne de Louis VII sera encore troublé – sans parler des disputes territoriales de Louis VII avec le roi d'Angleterre et de l'échec de la Deuxième Croisade – par des guerres contre ses barons. Son successeur Philippe Auguste (1179-1223) affirma son pouvoir avec beaucoup plus de fermeté. Dès la première année de son règne, il prit une décision qui allait faire date : dans une ordonnance royale, la plus ancienne qui nous soit parvenue sur cette question, il interdit à l'aristocratie de recourir au duel judiciaire pour régler ses différends.

Ainsi que l'exigeaient les rites de la succession, le nouveau roi, dans l'année qui suivit son couronnement, confirma une charte, accordée par Louis VII, fixant les droits et les coutumes de l'église Saint-Pierre de Juziers (près de Chartres). D'après cette charte, l'Église seule était habilitée à astreindre à la corvée. La charte précisait aussi que si ces libertés n'étaient pas respectées, l'Église et ses gens pourraient « sans contradiction et sans duel, établir la coutume de liberté et, ainsi établie, la garder sans qu'elle soit ni altérée ni modifiée » (Delaborde, *Recueil*). En 1183, Philippe Auguste stipula que tout litige avec le diocèse de Soissons devait être réglé *« sine retornatione judicii aut duelli »* ; en 1186, il ordonna que, dans la commune de Sens, les litiges fassent l'objet d'un jugement reposant sur le témoignage de sept témoins et *« abseque duello »*. Des restrictions du même type, portant sur des cas d'espèce, furent promulguées en 1196, 1204 et 1205. À la fin des années 1250, Saint Louis interdit la pratique du duel judiciaire : « Dans tout notre domaine nous interdisons les duels pour quelque contestation que ce soit [...] en lieu de duels, nous voulons la preuve de témoins et de charte » (*Établissements Saint-Louis*).

Dans la campagne contre les duels, l'Église avait montré la voie. Son interdiction fut un élément important de la politique ecclésiastique qui, après l'effondrement de l'État carolingien, s'employa à contenir le niveau de violence. La réaction ecclésiastique contre l'expropriation des biens de l'Église déclencha ce qu'on pourrait appeler le « mouvement de la paix » médiéval. Dans le Sud, l'Église manifesta explicitement, dès le XIe siècle, son opposition à la vendetta : en 989, le Concile de Charroux ratifia un traité spécial de protection – la paix de Dieu – interdisant les actes de violence contre les ecclésiastiques et les propriétés de l'Église, ouvriers agricoles, paysans et bétail. Les Conciles de Valence et de Limoges se prononcèrent contre les duels dès 885 et 994. Le pape Nicolas Ier interdit le duel en 867, interdiction qu'Innocent III renouvellera en 1203. Le quatrième Concile de Latran (1215) allait non seulement interdire aux prêtres de participer aux duels, mais abolir l'épreuve du feu et de l'eau bouillante.

La monarchie trouvait dans le mouvement pour la paix de l'Église un allié idéal dans ses efforts pour restaurer son autorité en imposant une procédure civile à une aristocratie farouchement indépendante qui considérait que le droit de faire la guerre et de pratiquer la vendetta était, avec le duel, un privilège de classe traditionnel. Une variante de la paix de Dieu – la trêve de Dieu – fut conclue par les évêques de Soissons et de Beauvais ; elle interdisait la violence en fonction non plus de son objet mais de sa date. Au Concile de Verdun-sur-le-Doubs (1016), l'aristocratie laïque prêta serment de s'abstenir de participer, à certains moments de l'année, à quelque action militaire que ce soit, à moins qu'elle ne soit ordonnée par le roi, le prélat ou le comte du lieu, et de ne jamais attaquer un chevalier désarmé pendant la durée du carême. L'interdiction carolingienne de la vendetta pendant les dimanches fut remise en vigueur en 1027 par le Synode du Roussillon, qui l'étendit progressivement : d'abord des vêpres du vendredi aux matines du lundi, puis du mercredi au coucher du soleil jusqu'au lundi. Le pape Nicolas II décréta une paix de Dieu générale au Concile de Latran de 1059 et prépara la voie pour la paix de Clermont d'Urbain II, qui annoncera la Première Croisade.

Les premières épopées en ancien français, probablement composées à l'époque de la Première Croisade, ont été profondément impliquées dans ce mouvement pour la paix. La *Chanson de Guillaume, Gormond et Isembart*, la *Chanson de Roland* décrivent toutes un monde qui remet en question les idéaux et les pratiques des guerriers, un monde où la supériorité militaire ne suffit plus à garantir la victoire, ne permet d'obtenir que des victoires à la Pyrrhus. À la fin de la *Chanson de Roland*, Charlemagne est voué à une fière solitude, victorieux mais séparé par la guerre ou la mort de ceux qu'il aimait le plus. Les œuvres postérieures, appartenant au cycle des barons révoltés, illustrent abondamment les conséquences tragiques des guerres de vendetta que l'Église et la Couronne souhaitaient proscrire : dans *Raoul de Cambrai*, la vendetta entre la famille d'Herbert de Vermandois et celle de Raoul de Cambrai s'étend sur deux générations, couvrant une trentaine d'années ; dans *les Quatre Fils Aymon*, la guerre entre Charlemagne et les fils Aymon dure entre trente et trente-cinq ans ; dans *la Chevalerie Ogier*, le héros consacre entre quinze et vingt ans à se venger de la mort de son fils. Dans ces œuvres, le duel judiciaire, moyen traditionnel pour éviter la guerre en substituant le combat de deux individus à celui d'armées entières, se révèle aussi inefficace que la guerre : il n'en sort ni victoire définitive, ni paix durable. Au contraire, dans la plupart des cas, le duel ne fait que déclencher une escalade sanglante.

Par la manière dont il contraste avec le climat de violence de l'épopée, le *Roman de Tristan*, de Béroul, composé vraisemblablement entre l'interdiction des duels par Louis VII avant 1174 et sa confirmation par Philippe Auguste en 1180, apparaît comme une version littéraire, en dialecte anglo-normand, du décret royal. La légende de Tristan et Iseut tire son origine des Pictes d'Écosse du Nord et, transmise par les Celtes, a probablement traversé la Manche peu après la bataille de Hastings. C'est une des histoires les plus répandues du XIIe siècle. Un autre poète anglo-normand, du nom de Thomas, composa dans les années 1170 un *Tristan* qui, comme celui de Béroul, ne nous est parvenu que sous forme de fragments. Les deux versions de *la Folie Tristan* datent de la même période. Dans le prologue de *Cligès*, Chrétien de Troyes évoque l'histoire « du roi Marc et d'Yseut la blonde », qu'il aurait précédemment racontée, mais cette œuvre a été perdue (*Cligès*, v. 5). Le *Chèvrefeuille*, de Marie de France, évoque un autre épisode, mentionné nulle part ailleurs, de l'histoire de Tristan. La branche II du *Roman de Renart* mentionne un artiste nommé « La Chièvre » qui aurait écrit un *Tristan*. Les troubadours eux aussi se réfèrent souvent à Tristan comme au type même de l'amant idéal. La seule version complète de la légende datant du XIIe siècle est le *Tristrant* d'Eilhart d'Oberg, rédigé en moyen haut allemand. Suivent au XIIIe siècle le *Tristan* de Gottfried de Strasbourg (vers 1200-1210), adaptation de celui de Thomas, et l'énorme *Tristan* en prose (vers 1230-1240) dans lequel la passion fatale des premiers textes est réduite aux proportions plus sobres d'un service d'amour chevaleresque. La France contemporaine a redécouvert l'histoire de Tristan avec le *Roman de Tristan* (1900), de Joseph Bédier, traduction et reconstitution faite à partir des textes en ancien français et en moyen haut allemand.

Le début du *Tristan* de Béroul a été perdu. Eilhart nous permet de le reconstituer. La légende commence avec la traversée fatale. Le héros accompagne Yseut d'Irlande à Tintagel, à la cour du roi Marc, oncle de Tristan, qu'elle doit épouser. Pendant ce voyage, il boit avec elle, par mégarde, le philtre d'amour préparé par la mère d'Yseut pour le couple royal. Le reste des quatre mille quatre cent quatre-vingt-cinq vers octosyllabiques (à rimes plates) raconte la vie adultère du couple à la cour, la tentative des vassaux de Marc, envieux, d'évincer son neveu préféré, les amants pris en flagrant délit, la condamnation à mort d'Yseut, son enlèvement par Tristan, leur fuite et leur exil dans la forêt, l'affaiblissement des effets de la potion qui conduit au retour de la reine à la cour et à sa disculpation dans ce qui est le premier exemple littéraire d'un jugement par serment et non par duel.

La légende de Tristan, que l'on a considérée comme l'essence même de l'amour romantique en Occident, a pour pivot une scène dramatique qui intervient, au centre du poème (vv. 1774-2132), au cours de l'exil du couple. Marc, informé de la cachette des amants, quitte son palais, résolu à tuer son neveu et sa femme. Cependant, comme Hamlet surprenant Claudius en prières, il hésite en voyant que les amants, endormis, accablés par la chaleur du jour, ont gardé leurs habits, que leurs bouches ne sont pas jointes et qu'une épée s'interpose entre leurs corps. C'est le moment de ce que Daniel Poirion appelle, après Claudel, un « partage de midi » (*Tristan et Yseut*, p. 17) car le philtre a maintenant cessé d'exercer sa magie :

> Déjà le coup allait s'abattre sur eux,
> Il les aurait tués, et c'eût été un grand malheur,
> Quand il remarqua qu'elle avait gardé sa chemise,
> Qu'entre eux deux il y avait un espace,
> Que leurs bouches n'étaient pas jointes.
> Et quand il vit que l'épée nue
> Séparait leurs deux corps,
> Que Tristan avait gardé ses braies,
> Le roi dit : Dieu ! que se passe-t-il ?
> Maintenant que j'ai vu tant de leur être,
> Dieu ! je ne sais plus que faire,
> Si je dois les tuer ou me retirer (vv. 1993-2004).

Cette scène clé reste énigmatique. Puisque les amants pouvaient se posséder en toute liberté, « pourquoi », s'interroge Denis de Rougemont, célèbre commentateur de la légende, « l'épée de chasteté [a-t-elle été] placée entre les corps ? » (*l'Amour et l'Occident*, p. 19). Une telle preuve de passion non consommée implique que « Tristan et Yseut ne s'aiment pas [...] Ce qu'ils aiment, c'est l'amour, c'est le fait même d'aimer. Et ils agissent comme s'ils avaient compris que tout ce qui s'oppose à l'amour le garantit et le consacre dans leur cœur, pour l'exalter à l'infini dans l'instant de l'obstacle absolu, qui est la mort » (*ibid.*, p. 31). Cette chasteté volontaire est interprétée par Denis de Rougemont comme un suicide symbolique. Le refus de Marc d'accorder aux amants ce qu'ils désirent inconsciemment – la mort – relance la dynamique cyclique de l'amour passion qui s'affaiblit dès que les amants reviennent à la cour.

La découverte du couple adultère relève d'une catégorie juridique de la loi médiévale qui est proche de l'interdiction des duels, évoquée précédemment. Tout meurtre accompli sans défi ou confrontation ouverte constituait ce que nous appellerions aujourd'hui un assassinat. Jusqu'au XIVe siècle, la distinction entre homicide et assassinat recoupait celle entre délit public et délit caché (*murdrum*, « meurtre sans témoin »). Le *Très ancien coutumier de Normandie*, composé en 1190 dans la région où Béroul écrivait, classe l'assassinat parmi les crimes impardonnables perpétrés sous le couvert de la nuit. Le *Livre de jostice et de pletz*, au XIIIe siècle, est encore plus précis : « *homicide fet nuitantre fet murtre* » (« les meurtres commis la nuit constituent un assassinat »). Saint Louis associe le concept du délit nocturne et celui de l'avantage déloyal dans la définition de l'assassinat que donnent les *Établissements Saint-Louis* ; l'assassinat est synonyme de « mort dans son lit, ou de toute manière qui n'implique pas un combat franc. [...] Il y a meurtre d'homme ou de femme quand on tue [la victime] dans son lit ou de telle manière qu'il n'y ait pas affrontement mutuel ("*mellée*") ». Selon Louis VII, afin d'être jugé pour homicide plutôt que pour assassinat, un meurtrier devait montrer, par des cicatrices, qu'un combat à la loyale avait bien eu lieu.

La loi médiévale prévoyait deux cas dans lesquels on pouvait déroger à la procédure normale du défi et du combat. Le premier concernait le meurtre d'un hors-la-loi ; quelqu'un qui, en d'autres termes, n'avait pas droit à la protection garantie par la loi contre une attaque par surprise : un félon en liberté était en guerre avec la communauté. Le second cas concernait les victimes prises en flagrant délit, surtout dans les cas d'adultère. Alors que la plupart des combats au corps-à-corps étaient soumis à des procédures très élaborées, le meurtre d'adultère pris en flagrant délit relevait d'une réglementation minimale. Beaumanoir stipulait qu'un mari offensé pouvait tuer sa femme et son amant quand il n'y avait pas de doute quant à leur présence ensemble « seul à seul en lieu privé ». Mais l'exécution devait avoir lieu sur-le-champ, s'il ne voulait pas risquer d'être poursuivi pour meurtre : « [...] car s'il le tuait après avoir quitté les lieux, cela ne l'empêcherait pas d'être inculpé et pendu puisqu'il avait laissé passer l'occasion de le tuer sur-le-champ. » (*Coutumes de Beauvaisis*). Les *Assises de Jérusalem* allaient encore plus loin : un homme qui prenait sur le fait sa femme et son amant était obligé de les tuer tous les deux au moment de sa découverte.

À la fois fugitifs cherchant à échapper à la justice du roi et amants découverts,

Tristan et Yseut se trouvent sous le coup d'une double condamnation, comme hors-la-loi et adultères. Cette double transgression, l'une contre Marc lui-même en tant qu'époux et l'autre contre la communauté dépositaire de la loi, impose à Marc l'obligation de les tuer :

> Il sort de la ville
> En disant qu'il préfère être pendu
> Plutôt que de ne pas se venger
> De ceux qui ont mal agi à son égard (vv. 1953-1956).

Sa décision d'épargner la vie des amants surpris en flagrant délit et d'échanger, sans les réveiller, son anneau, son gant et son épée contre ceux d'Yseut et de Tristan constitue une réinvestiture symbolique destinée à leur faire comprendre sa présence dans la forêt ce jour-là :

> Je leur laisserai des indices
> Pour qu'à leur réveil
> Ils sachent bien qu'on les a découverts
> Alors qu'ils sommeillaient
> Et qu'on a eu pitié d'eux (vv. 2020-2024).

En un sens très profond, le destin du monde féodal est suspendu à l'épée que Marc tient au-dessus des amants endormis. Ses hésitations devant une vengeance physique qui n'est pas seulement son droit mais son devoir conduisent à une image nouvelle du pouvoir royal et de celui du chef d'État. La première moitié du *Tristan* de Béroul – jusqu'à la scène de la forêt de Morrois – décrit la fuite des amants chassés par les barons, entreprise à laquelle Marc, roi féodal du type qui a dominé jusqu'à Philippe Auguste, souscrit de plein gré. En effet, il se conforme à l'obligation pour le seigneur féodal de respecter la volonté de ses barons :

> Seigneurs, vous êtes mes vassaux [...]
> Conseillez-moi, je vous le demande
> C'est votre devoir de vassal
> Je ne veux pas me priver de vos services.
> Soyez sûr que je mets mon orgueil de côté (vv. 627, 631-634).

Du reste, les barons de Tintagel avaient le droit de déclarer la guerre à leur roi s'il refusait d'entrer dans leur plan pour évincer Tristan.

Par contraste, en refusant de se venger, Marc affirme un pouvoir royal indépendant des barons qui seront littéralement tués par Tristan lorsque Yseut retournera à la cour où elle sera disculpée. L'élimination des barons révoltés met fin au dilemme des monarques féodaux : comment distinguer la relation personnelle du suzerain avec son vassal de la relation publique du roi avec ses sujets ? On dirait que, pour Béroul, les barons de Tintagel ont fait leur temps : le roi Marc de la seconde moitié du poème s'éloigne de plus en plus de l'image du roi féodal, contraint par royauté contractuelle d'exprimer la volonté de la communauté, pour se rapprocher de celle des monarques autoritaires – Philippe Auguste et Saint Louis – dont la volonté a force de loi. C'est ainsi que, à la fin de la scène du jugement, il résiste à ses vassaux :

Si la reine peut se disculper dans ce pré,
Quiconque osera
Après son acquittement,
Dire quoi que ce soit pour la déshonorer
Recevra une punition sévère (vv. 4174-4178).

Cet avertissement peut paraître faible ; il représente néanmoins, dans la mesure où il concerne le pouvoir royal, un retour à un modèle romain plutôt que féodal. Le mythe de Tristan se situe à la frontière entre les traditions féodale et civile. En choisissant la réinvestiture contre la vengeance et en exigeant qu'Yseut soit jugée par serment, Marc devient le premier monarque du « second âge féodal ». À la faveur de cette scène, acte de naissance de l'amour romantique occidental, Béroul met en place une notion théocratique, celle d'un pouvoir royal conçu comme venant d'en haut et passant à travers le monarque qui, en tant que chef de la communauté, est au-dessus du droit positif mais en dessous du droit naturel. Une telle image de la royauté n'est pas seulement contemporaine, mais aussi parfaitement en concordance avec la stratégie de la monarchie qui vise à pacifier les barons par la restriction de leurs droits historiques à la résistance, à la vengeance et au duel judiciaire.

Voir aussi 1095, 1165, 1180, 1215.

Bibliographie : Tristan et Yseut, les « Tristan » en vers, texte, traduction et introduction par Jean-Charles Payen (Paris, Garnier, 1974 ; 1980 ; Bordas, 1989). *Tristan et Yseut, Roman de Béroul*, présenté, traduit et annoté par Daniel Poirion (Paris, Imprimerie Nationale, 1989). R. Howard Bloch, *Medieval French Literature and Law* (Berkeley, University of California Press, 1977). Denis de Rougemont, *l'Amour et l'Occident*, (Paris, Plon, 1939 ; éd. révisée, 1956 ; éd. définitive, 1972). Alberto Varvaro, *Il roman di Tristan di Béroul* (Turin, Università di Pisa, studi di filologia romanza, 1963). Eugène Vinaver, *À la recherche d'une poétique médiévale* (Paris, Nizet, 1971).

R. Howard Bloch

1180 ?

Une Française à la cour normande d'Angleterre

Marie de France

On connaît peu de choses sur Marie de France, mis à part le fait que c'est dans la dernière partie du XIIᵉ siècle qu'elle a écrit son œuvre. Le choix de l'année 1180 peut donc paraître, au mieux, symbolique. C'est pourtant une date significative dans la mesure où elle permet de situer Marie dans le milieu culturel auquel elle a appartenu.

Le nom de Marie de France se trouve mentionné dans tous les ouvrages qu'on lui attribue : les *Lais*, les *Fables* – et l'*Espurgatoire Seint Patriz* (le *Purgatoire de saint Patrice*) dont l'attribution reste controversée. Les éléments qui autorisent à relier ces œuvres entre elles ou à les attribuer à la plume d'une seule et même Marie sont rares. Chacune présente bien une même volonté d'édifier l'auditoire – mais dans le contexte de la littérature médiévale, il est difficile d'en faire un signe distinctif. Les *Fables* et les *Lais* insistent aussi d'une manière identique sur la notion de responsabilité dans le domaine public comme dans le domaine privé. À la fin des *Fables*, Marie déclare qu'elle vient de France (« Marie est mon nom, je suis de France »), mais quelques mots et noms de lieux anglais parsemés dans les *Lais* suggèrent qu'elle s'adresse à un public normand, de langue française, établi en Angleterre. Les *Lais* sont dédiés à un roi, identifié le plus souvent à Henri II, qui a occupé le trône d'Angleterre de 1154 à 1189 ; c'est probablement durant cette période qu'ils furent composés.

Le contexte historique de l'œuvre de Marie de France est dominé par l'extrême complexité des rapports entre les familles royales anglaise et française. Deux souverains meurent en 1180 : Louis VII, le roi de France, dont la première épouse, Aliénor d'Aquitaine, est alors mariée à Henri II d'Angleterre ; et Manuel Ier Comnène, l'empereur de Byzance auquel succède Alexis II Comnène, marié à une des filles de Louis VII. La même année Henri le Lion, duc de Saxe, est chassé de ses fiefs : il devra s'exiler à la cour d'Henri II où il prendra pour femme une des filles d'Henri II et d'Aliénor ; un de leurs fils épousera une fille de Louis. Quant aux deux filles que Louis avait eues d'Aliénor, elles sont mariées à deux Français, les comtes de Champagne et de Blois ; elles se feront l'une et l'autre, comme leur mère, la protectrice des poètes. En principe, l'épouse d'Henri II et plusieurs de ses fils sont les vassaux du roi Louis. La complexité de ces relations, à la fois familiales et féodales, constitue la toile de fond de cette époque, et l'on peut imaginer qu'elle n'est pas étrangère à l'intérêt que porte Marie au drame des femmes mariées à des hommes qu'elles n'aiment pas, situation qu'on retrouve dans plus de la moitié de ses *Lais*.

Compromise dans divers complots, Aliénor a été, en outre, emprisonnée par son mari, Henri II, de 1174 à 1189. Cet épisode est peut-être à l'origine des lais où l'on voit des femmes incarcérées (*Guigemar* et *Yonec*) et qui ont la volonté de s'affranchir de situations d'oppression. Mais Aliénor n'est pas l'unique femme dont l'exemple ait pu inspirer Marie. En 1179 mourait Hildegarde de Bingen, après une vie longue, exemplaire. Philosophe visionnaire, auteur de traités de médecine et surtout de lettres qu'elle adressait à divers personnages d'un bout à l'autre de l'Europe, elle avait employé son franc-parler pour critiquer papes et empereurs de son temps. Héloïse, morte environ quinze ans plus tôt, était aussi célèbre pour sa culture et ses amours avec Pierre Abélard, avant de gagner le respect du monde comme abbesse du Paraclet. Hildegarde et Héloïse donnent l'exemple de femmes à qui l'intelligence et la volonté ont permis non seulement de s'assurer la maîtrise de leur propre vie, mais aussi d'imposer leur personnalité à leur milieu. Quoique, dans l'ensemble des *Lais*, Marie semble pencher en faveur de la vie séculière, c'est sur une solution religieuse que se conclut le plus long et le dernier d'entre eux, *Eliduc* : les deux femmes de ce récit abandonnent la vie conjugale pour le couvent, où l'amitié partagée leur apporte plus de satisfaction que leur existence d'antan.

L'intérêt de Marie pour la vie quotidienne de son temps n'exclut pas une sensibilité au milieu littéraire dans lequel elle vivait. La tradition courtoise, bien établie dans le domaine provençal, commençait à s'étendre à la production poétique française. On en trouve des échos dans la composition du lai de *Chaitivel* et dans *Equitan* dont les joutes amoureuses s'inspirent probablement aussi des débats codifiés par un autre contemporain, André Le Chapelain. Les romans antiques, interminables délayages en français d'aventures amoureuses empruntées à des poèmes latins, sont le genre à la mode et c'est probablement un ouvrage de ce type que Marie avait en tête lorsqu'elle dit avoir envisagé de traduire une histoire latine en langue romane. Elle décidera, en fait, de transcrire plutôt les récits qu'elle a entendus, préférant sans doute une forme qui lui permettait de laisser libre cours à son imagination et de traiter sans contrainte les sujets de son choix. Beaucoup plus courts qu'un roman, les *Lais*, en effet, utilisent la même forme de versification – le couplet octosyllabique –, s'adressent au même type d'auditoire – une cour où l'on parle français –, et traitent de sujets identiques : amour, vie intérieure, exigences de la société. Il est possible qu'elle ait eu connaissance du *Roman de Tristan* dans les versions de Béroul et de Thomas. Le *Chèvrefeuille*, son *Tristan*, est le seul de ses poèmes pour lequel elle reconnaisse avoir utilisé une source écrite ; des motifs empruntés à cette légende apparaissent d'ailleurs dans presque tous les lais. Quant à Chrétien de Troyes, il est probable qu'il avait déjà composé plusieurs de ses romans. Bien qu'il n'y ait aucune preuve d'une influence directe, Marie et Chrétien montrent la même sensibilité devant les tensions qui opposent l'individu à la société. La corruption est si générale qu'elle n'épargne même pas la cour « idéale » du roi Arthur, que Marie dépeint dans *Lanval* sous un jour aussi cynique que Chrétien dans *Yvain* et *Lancelot*. Autre rapprochement, la matière de Chrétien est presque exclusivement la poésie orale du monde celtique, source à laquelle Marie puise, elle aussi, abondamment.

Marie de France place elle-même son œuvre sous le signe de l'enseignement, comme le montrent les morales explicites proposées par les *Fables*, l'*Espurgatoire* et des lais comme *Equitan*, le *Frêne* et *Bisclavret*. Son allusion, dans le prologue des *Lais*, aux difficultés de l'interprétation des textes anciens semble s'appliquer à ses propres poèmes : qui veut comprendre leur sens doit les interpréter dans un sens moral. Cette insistance sur la profondeur du message est peut-être une réponse aux accusations de légèreté formulées par Denis Piramus au début de la *Vie de saint Edmond le roi* (entre 1190-1200 ?). Après avoir dénoncé, sans doute parce qu'il était jaloux de leur succès, l'invraisemblance de certaines œuvres à la mode, Piramus consacre treize lignes à Marie, auteur, dit-il, de lais en vers qui « ne sont pas vrais du tout, bien qu'elle en soit fort louée et que leur poésie soit aimée de tous » (vv. 38-40). Cette attaque permet, en tout cas, de mesurer la célébrité de Marie : à en croire Denis, elle est la coqueluche des comtes, barons et chevaliers qui adorent ses écrits et passent leur temps à se les faire lire. Quant aux dames, elles se font réciter ces poèmes parce qu'ils répondent à leur désir. L'accusation d'invraisemblance se retrouvera sous la plume de Gautier d'Arras qui dira dans *Ille et Galeron* (vers 1170) que ses lais « semblent avoir été rêvés » (vv. 935-937).

C'est peut-être pour répondre à ces accusations que, dans une de ses fables, *De Leone et Homine (À propos du Lion et de l'Homme)*, Marie oppose le domaine de la fable (qui est mensonge) ou de la peinture (qui est rêve) à celui de la vérité, qui se révèle par l'expérience. Dans les *Lais*, Marie revient fréquemment sur la véracité de ce qu'elle rapporte, insistant sur le fait que l'art naît de la vie (comme dans *Chaitivel*, le *Chèvrefeuille* et *Laüstic*) de même que la vie s'inspire de l'art *(Yonec)*. Le problème tient en partie au genre. Le lai, pour autant que le petit nombre d'exemples permette une telle généralisation, traite de préférence d'histoires d'amour, agrémentées d'une bonne dose de surnaturel. La chose est vraie pour les lais de Marie, bien que, comparés à d'autres versions des mêmes histoires, on ait pu trouver qu'ils diminuaient l'importance des éléments surnaturels, d'abord en en réduisant le nombre et ensuite en les utilisant comme des symboles on ne peut plus réalistes. La métamorphose du héros de *Bisclavret* en loup-garou symbolise ainsi le retour de la violence réprimée par la vie sociale, elle-même symbolisée par les vêtements qu'il doit porter pour retrouver sa forme humaine. Dans *Guiguemar*, le navire sans équipage qui conduit le héros et l'héroïne vers une vie nouvelle évoque le destin qu'ils doivent prendre en main ; mais la tour où l'héroïne est tenue captive par son époux ainsi que la chemise et la ceinture dont les nœuds immobilisent chacun des amants sont les symboles des nœuds qu'ils s'imposent dans l'amour, beaucoup plus puissants que les contraintes d'un mariage forcé. Le chevalier-oiseau de *Yonec* incarne un amour qui n'est pas simplement terrestre. Il apparaît quand on le désire et n'hésite pas à pénétrer dans l'enceinte carcérale des mariages, quitte à s'exposer à la violence du mari jaloux ; mais il laisse à l'héroïne les symboles très réalistes de l'anneau de la fidélité et de l'épée de la vengeance. Dans le lai suivant, *Laüstic*, c'est un oiseau véritable, le rossignol, dont la dépouille est conservée dans un riche coffret, qui devient le symbole d'un amour étouffé sous la violence menaçante de l'époux.

Marie met toujours l'accent sur l'aspect naturel et réaliste des symboles. Pour elle l'amour est plus un engagement et un soutien mutuels qu'un vertige romanesque. Il soulage les femmes d'un mariage malheureux et apporte aux hommes des satisfactions que leur ont refusées leurs entreprises mondaines. Cet amour n'est pourtant ni facile ni irresponsable. Le fait que, dans de nombreux lais, il soit adultère n'implique pas qu'il soit amoral. L'ordre de succession des lais dans le manuscrit complet témoigne, pour autant que c'est Marie qui en a décidé, d'une intention d'équilibrer ses aspects positifs et négatifs. Les lais impairs (le premier, le troisième, etc.) insistent sur le positif ; ils proclament que l'amour est un besoin naturel *(Guiguemar)*, décrivent ses qualités essentielles – la loyauté, la générosité, l'esprit de sacrifice (le *Frêne, Lanval,* le *Chèvrefeuille*) – et les bienfaits qu'on lui doit – le soulagement de la souffrance *(Guiguemar, Yonec)*, la promesse d'une postérité *(Yonec, Milun)*, enfin la joie (le *Chèvrefeuille*). Quant aux lais pairs, ils dressent le tableau de ses aspects négatifs ; l'amour égoïste ou complaisant est condamné et puni : l'épouse ambitieuse et le mauvais roi d'*Equitan* sont ébouillantés vifs dans des bassins qu'ils avaient préparés pour l'époux ; dans *Bisclavret*, la femme qui a trahi son loup-garou de mari perd son nez, et son amant est écharpé ; dans les *Deux Amants*, le père possessif perd sa fille et l'amant trop confiant perd la vie ; dans *Laüstic*, les amants frivoles perdent l'oiseau qui servait de prétexte à leurs rencontres, avant de l'embaumer comme le symbole dérisoire de leur amour ; enfin la dame de *Chaitivel*, qui, par vanité, refuse de renoncer à ses admirateurs, perd trois d'entre eux et les services d'un quatrième. Le dernier lai, *Eliduc*, s'il n'est pas aussi ouvertement négatif, oppose les limites de l'amour terrestre aux satisfactions qu'apportent un amour humain désintéressé et une dévotion sincère à Dieu. Un même message ressort des douze lais : l'amour peut offrir les plus grandes récompenses, mais seulement à ceux qui les auront méritées par leur abnégation, leur courage et leur dévouement.

Le véritable amour, pour Marie, est un amour qui porte des fruits, que ce soit par la voie de la descendance ou par celle de l'art ; mais l'amour fallacieux reste stérile. Cette idée ne s'exprime nulle part aussi directement que dans *Yonec* et *Milun* où les mariages sans amour restent sans enfants tandis que le véritable amour produit un fils. Au début de *Guiguemar*, le premier lai, l'image d'une biche accompagnée de son faon symbolise déjà la vocation de l'amour à la fécondité. Dans le *Frêne*, les compagnons du héros s'opposent à ce qu'il épouse l'héroïne stérile (à l'image de l'arbre qui porte son nom) et lui demandent de choisir sa sœur Coudre qui, à l'image de l'arbre porteur de fruits (le coudrier, sorte de noisetier), offre la promesse d'un héritier. Quant à l'amour de Tristan et Yseut, bien qu'il reste stérile, il inspire pourtant le *Roman de Tristan* dont Marie dit qu'elle a tiré son *Lai du Chèvrefeuille*, et sa progéniture littéraire est abondante. Au contraire, dans *Equitan*, la liaison insensée n'aboutit qu'à la mort des amants ; dans *Bisclavret*, le fruit de l'union de l'épouse traîtresse est dénaturé (ses descendantes n'ont pas de nez) ; dans *Laüstic*, seul subsiste de l'aventure avortée le coffret ouvragé qui contient la dépouille du rossignol ; dans les *Deux Amants*, le père possessif prive sa fille unique d'une vie féconde et – en dernier ressort – de la vie tout court, ne lui laissant qu'un riche tombeau ; quant à la femme de *Chaitivel*, dont l'égoïsme a détruit trois prétendants et laissé un quatrième stérile, il ne lui reste plus qu'à composer un lai pour tirer la leçon de la tragédie.

Le sens de l'engagement et de la responsabilité qui caractérise l'inspiration de Marie de France ne porte pas seulement sur les relations amoureuses. Si l'amour est au centre des lais, Marie ne perd jamais de vue pour autant la réalité sociale. Cela est surtout vrai des *Fables* dont à peine un tiers est consacré à des questions de morale. La plus grande partie traite des conséquences des actions humaines (comme le mensonge ou la trahison) sur ceux qui en sont les victimes ; plusieurs peignent les inégalités sociales ou les résultats d'un mauvais gouvernement, lorsque le roi est égoïste, faible ou malade et qu'à la cour règnent les arrivistes sans scrupules. Souvent les digressions visent à extraire une leçon à portée sociale de l'histoire qu'elles racontent, condamnant la corruption des gens de justice ou rappelant les nobles à leurs devoirs vis-à-vis de leurs sujets. De telles préoccupations apparaissent d'ailleurs aussi dans les lais.

Si Marie ne s'attaque pas de front à la question du pouvoir royal, elle nous laisse néanmoins juges de ses abus potentiels en présentant une série de cas révélateurs. Dans *Equitan*, le roi fait la cour à la femme de son sénéchal pendant que ce dernier administre le pays à sa place. Juste châtiment, il mourra en tombant dans son propre piège. Dans *Lanval*, le roi Arthur perd les services d'un chevalier valeureux et dévoué en permettant à sa femme de le traîner en justice sous une fausse accusation. Dans *Eliduc*, le roi condamne le héros à l'exil, sans procès, en dépit de ses loyaux services, en se fiant à des courtisans jaloux ; l'ayant réhabilité parce qu'il a besoin de lui, il découvrira que ce dernier a juré allégeance à un autre seigneur. Dans les *Deux Amants*, le roi qui sacrifie sa fille unique à son amour possessif montre la faiblesse de son jugement aussi bien dans les affaires publiques que privées. *Bisclavret* est le seul lai qui présente un roi suffisamment sage pour réhabiliter contre toute apparence un sujet loyal et punir ceux qui l'ont trahi.

Les lais peignent une société tarée : les maris abusent de leur femme, les femmes trahissent leur époux, les parents font le malheur de leurs enfants. Mais cela ne signifie pas que Marie rejette cette société – bien au contraire – ou qu'elle lui préfère la vie religieuse. Le rôle de l'Église est très limité dans les lais : la présence d'un prêtre eunuque au service d'un mari possessif ne fait que souligner la stérilité de ce dernier ; et si c'est une abbesse qui prodigue à un enfant abandonné les soins que sa mère lui refuse, l'enfant n'en quitte pas moins le couvent pour un amour terrestre. Même dans *Eliduc*, où trois personnages finissent par se retirer dans un monastère, l'accent est mis moins sur la dévotion religieuse que sur la transformation de l'amour conjugal en honnête amitié.

Pour Marie, la vie idéale implique un amour réciproque mais dans un cadre social. Les amants ne peuvent jamais vivre longtemps dans l'isolement, quelle que soit la force de leur amour. La société finira toujours par réclamer qu'on la serve, comme dans *Guiguemar*, où les amants ne peuvent rester dans la tour, mais doivent se séparer, souffrir et retourner au monde avant d'être à nouveau réunis. Tristan et Yseut ne pourront eux non plus rester seuls dans la forêt : il leur faudra assumer à nouveau leur rôle social en espérant qu'un jour leur séparation prendra fin. Eliduc lui-même, rejeté par son milieu, ne peut demeurer avec son nouvel amour et doit retourner à ses obligations envers le roi et sa propre épouse. Même en se retirant du monde, on n'abandonne pas la société puisqu'on la retrouve sous une autre forme au monastère. L'idylle amoureuse du *Frêne*, interrompue par les responsabilités sociales qui incombent à l'homme, ne peut reprendre que quand la femme est rendue à sa famille et par conséquent à sa situation sociale. Lanval est la seule exception : il est finalement autorisé à quitter la société pour partir avec la femme qu'il aime. Ailleurs, les hommes sont voués à perdre l'épouse ou la fille qu'ils tentent de soustraire à la société, comme est tué le roi qui néglige ses devoirs de souverain. Contraint de vivre en hors-la-loi, Bisclavret reste un loup-garou, une bête, quelle que soit sa valeur, tant qu'il n'a pas repris son habit de civilisé. Mais, à l'inverse, l'amant de *Milun*, qui a sacrifié à la gloire ce qu'il devait à l'amour, doit sacrifier cette gloire pour retrouver sa belle. Si la société doit être servie, elle sera toujours mieux servie par ceux qui aiment, qui souffrent et se sacrifient pour cet amour.

Bibliographie : Espurgatoire Seint Patriz, éd. Thomas A. Jenkins (Philadelphie, 1894 ; Genève, Slatkine, 1974). Gautier d'Arras, *Ille und Galeron*, éd. Werdelin Foerster (Halle, Niemeyer, 1891). Marie de France, *Fables*, éd. Karl Warnke (Halle, Niemeyer, 1898 ; Genève, Slatkine, 1974) ; *Lais de Marie de France*, éd. Jean Rychner (Paris, Champion, 1966). Denis Piramus, *Vie seint Edmund le Rei*, éd. Hilding Kjellman (Göteborg, 1935 ; Genève, Slatkine, 1974). Glyn S. Burgess, *Marie de France : An Analytical Bibliography* (Londres, Grant & Cutler, 1977 ; 1986). Daniel Poirion, « Marie de France : *Lais* », *Information Littéraire*, n° 30 (1978), p. 187.

Joan M. Ferrante

1181 ?

Chrétien de Troyes écrit *Perceval*

Le Graal

La rédaction du *Perceval, ou le Conte du Graal*, de Chrétien de Troyes, peut être datée entre 1180 et 1190. L'œuvre est dédiée à Philippe, comte de Flandres, qui a vécu entre 1143 et 1191. Elle comprend neuf mille deux cent trente-quatre vers octosyllabes et n'a pas été achevée par Chrétien. Elle a donné lieu à quatre continuations totalisant plus de soixante-dix mille vers (qui sont attribuées à Wauchier de Denain, Gerbert de Montreuil et Manessier), à une adaptation en vers, le *Roman de l'histoire du Graal*, attribuée à Robert de Boron (vers 1200) et à une prose anonyme, *Perlesvaus* (vers

1215). Par ailleurs, l'œuvre de Chrétien s'intègre au cycle arthurien en prose connu sous le nom de *Vulgate arthurienne* (vers 1215-1235).

Le Conte du Graal se divise en deux parties : la première est consacrée à l'initiation chevaleresque et courtoise de Perceval ; la seconde suit les quêtes de Gauvain, neveu d'Arthur [Artu], roi des Bretons. Il s'agit du premier texte en ancien français où apparaisse le mot « graal » (qui dérive du bas latin *cratale* ou *gradale*) dont la fortune littéraire a été immense. À la fois roman d'initiation, réflexion sur le sens de la chevalerie, réécriture christianisante de mythes celtiques, méditation sur l'art d'écrire, *le Conte du Graal* est l'œuvre la plus complexe et la plus énigmatique de Chrétien de Troyes.

À l'ouverture du récit, Perceval, jeune « valet » (fils de maison noble qui n'a pas encore été adoubé chevalier), vit dans l'ignorance du monde chevaleresque et courtois (il est « nice » : sot, ignorant). Sa mère, la « Veuve Dame », l'a isolé dans la « gaste forêt », image du monde naturel, mais d'un monde naturel qui a été frappé de stérilité par une mystérieuse malédiction. Selon la Veuve Dame, la chevalerie serait responsable de la mort du père de Perceval et de celle de ses deux frères. C'est ainsi que, dès le liminaire du conte, le monde des armes est associé à la mort. Aussi, décidée à cacher à son fils les tentations mortelles de la chevalerie, la Veuve Dame lui a-t-elle substitué une éducation qui s'enracine exclusivement dans la Bible.

Le décor sylvestre de ce début évoque la *Natura* médiévale, conçue comme le livre des signes créés par Dieu et que doit déchiffrer celui qui veut pénétrer la volonté divine ; il renvoie aussi à une écriture qui serait policée par la simplicité évangélique et non par la rhétorique courtoise ; par ailleurs, depuis Quintilien, on identifiait sous le nom de *sylva* (« forêt ») le style naturel d'une « ébauche » rédigée dans « la chaleur et l'élan de l'inspiration » (*De Institutione oratoria*).

Pourtant, dès l'ouverture du conte, Perceval ne veut rien savoir de l'« ensaing » maternel (enseignement, sagesse, v. 119). Lorsque cinq chevaliers, perturbant le décor naturel, font irruption dans la forêt, les injonctions de la Veuve Dame sont sans effets et il succombe immédiatement à une fascination profonde pour la chevalerie : une « nature » seconde, celle qu'il a héritée de son père chevalier, vient de se révéler en lui. Perceval commence par prendre les chevaliers pour des diables, puis, ébloui par le scintillement de leurs armes, il les prend pour Dieu et ses anges. Cet épisode, comme beaucoup d'autres passages du *Conte du Graal*, thématise un problème d'interprétation des signes : c'est parce que sa lecture se détourne de l'enseignement maternel que Perceval est conduit à une confusion presque blasphématoire. Le « valet » s'enquiert alors de l'origine de cette apparition merveilleuse et apprend qu'elle vient de la cour d'Arthur, « le roi qui fabrique les chevaliers » (v. 333), comme il lui est dit dans une formule qui associe la chevalerie à l'*ars* (« art »), c'est-à-dire à l'artifice.

Dans le contexte culturel de Chrétien de Troyes, la Bretagne, terre des merveilles et des maléfices, est la source énigmatique des récits qui composent la « matière de Bretagne ». C'est le territoire privilégié de la fiction, royaume d'un souverain passif, Arthur, dont l'occupation principale consiste à se délecter des récits d'aventures que lui rapportent ses chevaliers. C'est ainsi que tous les vaincus lors des combats du *Conte du Graal* sont soumis à l'obligation d'aller raconter leur défaite à la cour. La chevalerie arthurienne est par-dessus tout, selon l'expression de Jean de Meung dans le *Roman de la Rose* (vers 1275), une « chevalerie de letreüre », une chevalerie littéraire où le combat des armes est la métaphore d'une joute rhétorique (et *vice versa*) ; l'ultime enjeu est la production d'un beau récit.

La découverte de la chevalerie s'accompagne ainsi d'une transition vers la rhétorique romanesque qui règne à la cour et dont l'artificialité s'oppose de manière radicale à l'enseignement théocentré de *Natura* dont la mère de Perceval s'est fait l'intermédiaire auprès de lui. Cette opposition joue sur plusieurs niveaux. Elle a notamment une dimension religieuse qui oppose le monde chrétien et le monde païen. D'une façon générale, en effet, l'*ars* arthurien trouve sa source dans les mythes celtiques (celui de l'Autre Monde, ceux de la bonne ou de la mauvaise fée) qui constituent au XIIe siècle une référence délibérement païenne et identifiée comme telle par tous. La fascination que Perceval éprouve pour la chevalerie est l'antithèse de ce que symbolise la Veuve Dame. D'ailleurs, Perceval, en quittant sa mère, provoquera sa mort.

Dans l'épisode au cours duquel Perceval, en route pour la cour d'Arthur, se fait initier aux subtilités du code chevaleresque et courtois par Gornemant de Gohort, ce dernier accepte de l'adouber à condition que le jeune homme cesse d'évoquer sa mère et qu'il retire les vêtements grossiers que celle-ci lui a donnés au moment de son départ. Perceval doit abjurer l'enseignement maternel pour accéder à la culture chevaleresque. Tel est le prix à payer pour être admis dans l'univers viril de la chevalerie, l'univers de son père défunt dont sa mère lui a interdit l'accès. Tout dans *le Conte du Graal* souligne l'antagonisme profond qui oppose les mondes maternel et paternel, bien que l'opposition entre nature et art ne suffise pas à elle seule à rendre compte de tous ses aspects. Doté par l'adoubement de cette seconde « nature » – ou nature paternelle – Perceval apprendra sans aucune peine le maniement des armes.

La contradiction de ces deux mondes est accentuée de façon éclatante dans l'épisode du Graal proprement dit. Perceval, cherchant à revenir auprès de sa mère, arrive au château du Roi Pêcheur, dont on apprendra plus tard qu'il est son oncle maternel. Selon un procédé courant dans le roman médiéval, les relations de parenté signalent une affinité symbolique : le château du Roi Pêcheur participe ainsi de l'univers maternel, celui dont la chevalerie lui a fait renier l'enseignement. Perceval y reçoit une épée couverte d'inscriptions et destinée à se briser en deux au premier combat, symbole d'une chevalerie spirituelle qui connaît les limites de son pouvoir et obéit aux prescriptions divines. Surgit alors le cortège du Graal : en tête, une lance dont la pointe saigne (réminiscence de la lance de Longin qui a percé le flanc du Christ), suivie de deux chandeliers en or, portés comme la lance par des « valets », puis le Graal porté par une jeune fille. L'éclat du Graal éclipse celui des vingt chandelles (nous apprendrons plus tard qu'il contient une hostie consacrée) : « Tenant un graal de ses deux mains une demoiselle s'avançait avec les jeunes gens, belle, gracieuse et élégamment parée. Quand elle fut entrée avec le graal qu'elle tenait, il s'en dégagea une si grande clarté que les chandelles en perdirent leur éclat comme les étoiles et la lune au lever du soleil [...]. Le graal, qui se présentait en tête du cortège, était de l'or le plus pur et serti de toutes sortes de pierres précieuses, les plus riches et les plus rares qui soient sur terre ou dans les mers. Elles avaient, sans nul doute, plus de valeur qu'aucune autre, ces pierres qui ornaient le graal » (*le Conte du Graal*, p. 70).

Cette scène célèbre qui a frappé les successeurs et les commentateurs de Chrétien est empreinte de mystère. En dépit d'une indéniable coloration religieuse, il ne faut pas l'isoler de son contexte narratif. À la vue du cortège, Perceval, se rappelant que Gornemant de Gohort lui avait conseillé de ne pas trop parler, s'abstient de poser des questions : il assiste à la scène sans demander pourquoi la lance saigne et à qui est servi le Graal. Comme si un sort lui avait été jeté, son silence lui ferme à jamais les portes du mystère. Cet échec est une condamnation implicite de l'enseignement (anti-maternel) de Gornemant qui avait promis au chevalier la maîtrise du sens par le langage et la rhétorique. Cette interprétation est confirmée le lendemain. Après qu'il a quitté le château désormais vide, sa cousine germaine lui révèle que c'est parce qu'il s'est détourné de la sagesse maternelle qu'il n'a pas pu parler. En même temps, elle lui révèle son nom, Perceval le Gallois (v. 3575). Son baptême coïncide donc avec son échec devant le Graal. Pourtant, sourd à la leçon de cet échec qui aurait dû le mettre en garde contre le code chelaresque, Perceval retourne à la cour d'Arthur où Gauvain, le neveu d'Arthur, lui donne une robe qui signifie son intégration définitive dans le monde de la fiction arthurienne. Une fée aveugle et malveillante apparaît ici, pour relancer le récit. Elle propose diverses quêtes aux chevaliers. À Perceval, elle rappelle son échec. C'est ainsi que Gauvain va devoir sauver une vierge pour laver son honneur, sali par l'accusation d'avoir assassiné le roi d'Escavalon. Quant à Perceval, il cherchera à découvrir la vérité de la lance et du Graal.

À ce point, le récit bifurque : il suit les aventures de Gauvain, puis, après mille quatre cents vers, insère un épisode avec Perceval, avant de revenir à la quête de Gauvain. Lorsque le récit retrouve sa trace, il y a cinq ans que Perceval erre, mettant à l'épreuve sa valeur de chevalier mais dans l'oubli total de Dieu. Pourtant, lorsque dans un désert il rencontre des pénitents qui s'apprêtent à célébrer la Pâque, il assiste à un sermon qui le rappelle à ses devoirs de chrétien. Les pénitents l'envoient auprès d'un ermite, un autre oncle maternel, renforçant une fois de plus le lien entre le lignage maternel de Perceval et la religion chrétienne. L'ermite lui répète les causes de son échec : « Ton péché t'a coupé la langue », dit-il (v. 6409), en lui rappelant qu'il avait abjuré l'enseignement maternel. L'ermite révèle aussi à Perceval que son autre oncle, le Riche Roi Pêcheur, est celui à qui est servi le Graal. Il lui apprend enfin une prière qui contient les noms secrets de Dieu à n'utiliser qu'en cas de danger extrême. Après s'être confessé, Perceval reçoit la communion et réintègre la communauté chrétienne. Alors le récit de Chrétien de Troyes quitte définitivement Perceval pour revenir à Gauvain.

Les aventures de Gauvain sont, à première vue, l'opposé de celles de Perceval : motivées par le désir de laver son honneur souillé, elles relèvent des valeurs profanes de la chevalerie. Gauvain s'oppose aussi à Perceval par son habileté rhétorique ; il est accusé de « vendre ses mots », d'avoir ramené Perceval à la cour non à la suite d'un combat singulier, mais en le convainquant par des mots : « Manifestement vous avez l'art de rendre payant votre beau langage » (vv. 4384-4385). Le thème du langage mercantile reparaît lorsque, à Tintagel, Gauvain est pris pour un marchand. Pour finir, le chevalier Greoras l'accuse d'être un « fableor », un « jongleur » (vv. 8679-8680). Ainsi, à côté de Perceval resté silencieux parce qu'il a oublié le fondement originel du langage, Gauvain incarne le stade ultime de cet oubli. Le langage, tel qu'il le pratique, n'a plus de rapport avec la vérité. Gauvain, qui sera accusé d'être un menteur tout au long de sa quête, symbolise la part de mensonge impliquée dans l'élaboration de la fiction et dans la maîtrise de la rhétorique, en particulier dans l'exploitation de la matière de Bretagne : pour les écrivains du Moyen Âge, l'adjectif « breton » est souvent synonyme de « menteur ». Les divers défis que Gauvain relève, chemin faisant, sont autant d'occasions de vérifier les mensonges de la fiction bretonne.

Après avoir triomphé de différentes épreuves matérielles, Gauvain arrive à la frontière de Galvoie, pays dont le nom ressemble étrangement au sien. La borne de Galvoie n'est autre que le royaume des morts, auquel on parvient grâce aux services d'un passeur qui évoque Charon, le nocher des Enfers. Y règnent deux souveraines, Ygerne, la mère du roi Arthur, morte depuis quatre-vingts ans et la mère de Gauvain, morte depuis vingt ans. Le palais des Reines possède deux portes, l'une d'ivoire, l'autre d'ébène ; dans le droit fil d'une tradition homérique et virgilienne familière aux écrivains médiévaux, elles indiquent que Galvoie est aussi le pays des rêves, riche en enchantements créés par un « clerc, sage en astronomie » (v. 7458). Contrastant très fortement avec la forêt de l'enfance de Perceval, ce domaine représente l'artifice dans lequel la fiction bretonne prend sa source, au voisinage de l'inconscient et de la mort. Mais Gauvain n'a pas de peine à maîtriser ses pièges : comme l'Orphée de Gérard de Nerval, il a « deux fois vainqueur traversé l'Achéron » ; il est le seul chevalier à être revenu du royaume des ombres, et bien entendu à en faire le récit.

Les errances de Gauvain dans le monde celtique et païen des rêves et de la mort le placent à l'opposé de la doctrine chrétienne et du personnage de Perceval. Pourtant, le récit met en place une série de similitudes et de répétitions qui atténuent cette opposition : (1) le château du Roi Pêcheur (dans la partie du conte consacrée à Perceval) est séparé du territoire arthurien par une rivière, comme le palais des Reines, son lieu antithétique (dans la partie consacrée à Gauvain), l'est de la borne de Galvoie ; (2) le Roi Pêcheur, nautonier de l'épisode de Perceval, est repris comme passeur de la frontière de Galvoie (dans l'épisode de Gauvain) ; (3) la fascination de Perceval pour la chevalerie arthurienne se résume dans sa soif d'amitié pour Gauvain, amitié qui est emblématique de cette chevalerie. Toutes ces similitudes portent à voir dans Perceval un double de Gauvain.

Il y a, en effet, un élément profondément ambigu dans *le Conte du Graal*, suggérant que l'écriture bretonne s'érigerait sur l'oubli des origines et de Dieu. Gauvain, miroir de Perceval, représente un art de la mort et du néant (dont le suffixe « vain » est l'écho), un art dont la vacuité se dissimule sous la splendeur de son ornementation rhétorique, l'abondance de sa décoration et la luxuriance de ses dorures. Toutes figures qui sont déjà présentes dans l'apparence du Graal avec son or serti de gemmes. Le Graal devient alors le symbole paradoxal de la littérature arthurienne dont, au premier abord, il avait semblé contredire la vacuité ; il sert d'écrin à l'hostie consacrée (le signe de la transsubstantiation du Christ), suggérant ainsi que l'Eucharistie et l'ensemble de la théologie chrétienne dépendent d'un signifiant imaginaire. Le cœur secret de la rhétorique de Bretagne, enclos dans les syllabes du nom de son roi (Art-tu), est la transformation cachée mais violente d'une écriture ancrée dans le Verbe christique par une fiction antithéologique. De là à dire, plus généralement, que la littérature, même au Moyen Âge, est en conflit radical avec la théologie, il n'y a qu'un pas, un pas que l'immense corpus des suites en vers et en prose né du roman de Chrétien nous invite à franchir.

Voir aussi 1165, 1209.

Bibliographie : Chrétien de Troyes, *le Roman de Perceval, ou le Conte du Graal*, éd. William Roach (Genève, Droz, 1959) ; *le Conte du Graal (Perceval)*, trad. Jacques Ribard (Paris, Champion, 1979). Roger Dragonetti, *la Vie de la lettre au Moyen Âge (le « Conte du Graal »)* (Paris, Seuil, 1980). Alexandre Leupin, *le Graal et la Littérature* (Lausanne, l'Age d'Homme, 1982). Charles Mela, *la Reine et le Graal : la conjointure dans les romans du Graal, de Chrétien de Troyes au « livre de Lancelot »* (Paris, Seuil, 1984).

Alexandre Leupin

1202

Nicolas de Senlis traduit du latin le récit légendaire de l'expédition de Charlemagne en Espagne

L'historiographie choisit la prose

Dans les premières décennies du XIIIe siècle, le récit historique se met à la prose, s'émancipant des chansons de geste, composées en vers, et qui constituaient jusque-là le genre favori de l'aristocratie. Cette évolution, qui allait conduire à une historiographie indépendante, est inaugurée par une série de traductions de l'*Historia Karoli Magni et Rotholandi (l'Histoire de Charlemagne et de Roland)*, audacieuse reconstitution du récit de l'expédition – légendaire pour l'essentiel – de Charlemagne en Espagne et de l'épopée de Roncevaux qui doit sa célébrité à la *Chanson de Roland*. Ce récit est présenté comme émanant d'un témoin oculaire des événements, Turpin, archevêque de Reims et personnage central de la *Chanson*. Aussi les médiévistes désignent-ils l'*Historia Karoli Magni et Rotholandi* sous le titre de *Chronique du pseudo-Turpin*. Entre 1202 et 1230, on ne compte pas moins de six traductions françaises de cette *Chronique* (sans compter la version anglo-normande de Guillaume de Briane, qui date de la même période). Toutes ont été commanditées par des membres de l'aristocratie flamande de langue française. Cette concentration dans le temps et dans l'espace suggère que l'historiographie en langue vulgaire est venue répondre à des besoins spécifiques, ceux de l'aristocratie locale, qui traversait alors une crise grave.

La première traduction de l'*Historia Karoli Magni et Rotholandi* a été faite, vers 1202, par Nicolas de Senlis, à la demande de Yolande, comtesse de Saint-Pol, et de son mari, Hugues IV. Yolande est la sœur du comte Baudoin VIII de Flandres qui avait lui-même commandé à ses clercs, entre 1180 et 1189, une copie de la chronique latine. Selon Nicolas de Senlis, parce que « le bon comte Baudoin de Hainaut aimait Charlemagne grandement, mais qu'il était incapable de croire aux choses que l'on chantait sur lui ; aussi faisait-il faire des recherches dans toutes les bibliothèques de toutes les belles abbayes de France pour savoir si une histoire vraie [de l'empereur] pouvait être trouvée » (*Pseudo-Turpin*). Baudoin meurt en 1195 et lègue le manuscrit latin à sa sœur demandant que « pour l'amour de lui, elle conserve le livre aussi longtemps qu'elle vivra » (*ibid*). C'est cet ouvrage qui est en la possession de Yolande au moment où Nicolas le traduit.

À partir de ce moment, les traductions se multiplient. L'une, exécutée par un certain maître Johannes peu avant 1206, combine le texte du *Pseudo-Turpin* et la

traduction faite par Pierre de Beauvais du voyage légendaire de Charlemagne à Jérusalem *(Descriptio Qualiter Karolus Magni Clavum et Coronam a Constantinopoli Transtulit)* ; c'est sous cette forme composite que le texte de maître Johannes s'imposera dans les cours de l'aristocratie flamande. En 1206, Renaud de Dammartin, comte de Boulogne, en commande une transcription et la même année – ou la suivante – une autre copie en est faite pour Michel III, seigneur de Harnes et justicier des Flandres. Une autre transcription, commandée par Guillaume de Cayeux, seigneur de Ponthieu, subsiste dans un manuscrit incomplet. Une cinquième traduction vient d'Artois ; elle date des alentours de 1218 et devait être utilisée par un ménestrel artésien anonyme, au service de Robert VII de Béthune, qui l'insérera dans une histoire de France depuis les origines jusqu'aux guerres de Philippe Auguste et de Jean sans Terre. La sixième et dernière traduction de la *Chronique du pseudo-Turpin* est effectuée dans le Hainaut entre 1220 et 1230. Elle est l'œuvre d'un traducteur anonyme qui, selon toute vraisemblance, vivait et travaillait dans la région limitrophe des comtés de Hainaut, de Flandres et d'Artois, à partir de laquelle la traduction du *Pseudo-Turpin* se répandait. Cette traduction, et avec elle la création d'une historiographie en prose et en français, semble donc répondre aux intérêts et aux besoins d'un petit groupe de seigneurs franco-flamands qui gravitent dans l'orbite du comte de Flandres dans les premières décennies du XIIIe siècle.

Beaucoup de médiévistes se sont étonnés que le *Pseudo-Turpin* ait été choisi pour inaugurer l'historiographie française. D'autres, comme Ronald Walpole, rattachent ce choix à l'éveil d'un patriotisme qui aurait distingué cette chronique parce que, à travers le personnage de Charlemagne, elle exaltait la monarchie française. Selon Walpole, le prestige acquis par la couronne de France sous Philippe Auguste a conduit le sentiment national à se cristalliser autour de la figure légendaire de Charlemagne, devenu le symbole du pouvoir croissant des rois capétiens et leur modèle politique. Dans une telle hypothèse, les mécènes qui ont financé les traductions du *Pseudo-Turpin* seraient des nobles français désireux d'associer leur passé aux destinées futures de la royauté capétienne. Un examen plus attentif révèle pourtant que chacun de leurs commanditaires a été impliqué, de manière directe ou indirecte, dans la résistance flamande à l'expansionnisme de la couronne de France, résistance à laquelle la victoire de Philippe Auguste à Bouvines, en 1214, mettra fin. Hugues de Saint-Pol, Guillaume de Cayeux, Renaud de Boulogne et Robert de Béthune sont en Flandres les piliers du parti anglais qui s'oppose aux Capétiens. Michel de Harnes lui-même, qui sera un partisan dévoué de Philippe Auguste à la bataille de Bouvines, ne rejoindra le camp capétien qu'en 1208, au plus tôt, et rien de certain ne prouve son alliance avec la monarchie française avant 1212.

Après la bataille de Bouvines, les deux tiers de l'aristocratie flamande seront enfermés dans des prisons françaises : le comte Ferrand de Flandres, Renaud de Boulogne, Robert de Béthune (Hugues de Saint-Pol est mort entre-temps). Sa défection en faveur du parti français vaut à Michel de Harnes d'être le seul à échapper à la ruine de ses compatriotes. Après Bouvines, rapporte l'Anonyme de Béthune, « nul n'osait plus faire la guerre contre le roi ; ses baillis avaient mis tout le pays de Flandres dans une telle servitude que tous ceux qui en entendaient parler s'étonnaient qu'on la supportât » *(Chronique des rois de France*, p. 770). Huit siècles plus tard, Henri Pirenne ratifie ce jugement : « Après Bouvines, affirme-t-il, le pouvoir du roi de

France devint prépondérant, tant et si bien qu'à la fin du XIIIe siècle les Pays-Bas n'apparaissaient guère plus qu'une annexe de la monarchie capétienne » (*Histoire de Belgique*, p. 232).

Mais quel rapport y a-t-il entre le déclin politique de l'aristocratie flamande et la multiplication des traductions du *Pseudo-Turpin* ? Quel rapport y a-t-il entre la plaine flamande et les montagnes espagnoles de Roncevaux ? Entre la blessure trop réelle infligée sur place par une cuisante défaite et la gloire tout imaginaire d'un combat chevaleresque, aussi éloigné dans le temps que dans l'espace ? Puisque le patriotisme est exclu, comment expliquer que le *Pseudo-Turpin* ait été choisi pour inaugurer la prose historiographique française ? Qu'est-ce qui en lui séduisait tant les seigneurs flamands ? Et, pour poser dans toute son ampleur une question dont le *Pseudo-Turpin* n'est que la première réponse (et une réponse partielle), qu'est-ce qui dans l'idéologie aristocratique faisait problème et pourquoi ce problème a-t-il été seulement formulé après l'apparition d'une chronique en prose vernaculaire ? Les prologues des traducteurs aident à replacer les traductions du *Pseudo-Turpin* dans leur contexte sociopolitique et apportent un début de réponse à ces questions.

Ces traducteurs sont unanimes dans la description de leurs motivations et de leurs objectifs. Chacun propose, avec quelques variantes, un programme en quatre points : (1) faire revivre les vertus chevaleresques qui sont sur le déclin ; (2) manifester sa foi dans la valeur exemplaire de Charlemagne et tirer une leçon morale de ses exploits dans cette croisade ; (3) indiquer, plus discrètement mais en des termes qui ne trompent pas, que le commanditaire est fier d'appartenir au lignage de Charlemagne et que, à ses yeux, la *Chronique du pseudo-Turpin* appartient à l'histoire de sa famille ; (4) insister sur le fait que la prose est la langue privilégiée du récit historique et condamner le style épique et romanesque quand on écrit l'histoire.

Le premier objectif – faire revivre les vertus de la chevalerie – répond au désir de ressusciter une époque où l'aristocratie avait encore tout son lustre, sur le plan moral et politique, de manière à conforter l'éthique d'une noblesse consciente de la crise que traversent les valeurs qui lui sont associées, comme l'honneur et le courage. Selon le traducteur, l'évocation du passé devrait pouvoir provoquer un ressaisissement moral. C'est d'ailleurs à l'absence d'intérêt pour le passé, à l'indifférence aux actes éclatants des grands hommes d'autrefois qu'est imputable le dépérissement de la vertu et du courage critique qui ne se limite plus aux mœurs contemporaines mais déborde sur la désaffection relative dans laquelle l'histoire a sombré et qui se traduit précisément par l'apparition et le succès du genre romanesque dans la seconde moitié du XIIe siècle. Ce ne sont pas seulement les mœurs de la noblesse, ce sont ses goûts qui ont changé. Selon cette logique, faire revivre la chevalerie et faire revivre le genre épique sont une seule et même chose. On retrouve ici la croyance typiquement médiévale dans le pouvoir d'exemplarité d'une histoire dont la première fonction est d'encourager à la vertu en redonnant la mémoire des belles actions du passé.

Dans la *Chronique du pseudo-Turpin*, ces exemples sont constitués par les hauts faits accomplis par Charlemagne au cours de sa croisade en Espagne – « la vérité d'Espagne » comme l'appellent les traducteurs. Ici, le profil des commanditaires intervient sans doute pour expliquer le succès du *Pseudo-Turpin* dans les Flandres, dans la mesure où la participation des Flamands aux Troisième et Quatrième Croisades a été particulièrement massive. Mais c'est encore avec l'utilisation du

Pseudo-Turpin comme histoire ancestrale que ce profil joue de la manière la plus significative. Si les commanditaires se sont tournés vers le *Pseudo-Turpin*, ce n'est pas parce que cette chronique apocryphe leur permettrait de donner forme à des sentiments patriotiques rudimentaires, mais, comme les prologues le disent clairement, parce qu'ils considèrent qu'elle retrace l'histoire du plus glorieux de leurs ancêtres. Nicolas de Senlis explique pour quelle raison Baudoin tenait tellement à posséder une copie de l'*Historia Karoli Magni et Rotholandi* : « Il aimait grandement Charlemagne » dont il prétendait descendre par Judith, une des filles de Charles le Chauve. Il est significatif de ce point de vue que le seul commanditaire à ne pas être d'ascendance flamande, Renaud de Boulogne, ait fait ajouter en annexe de son manuscrit une généalogie fantaisiste des comtes de Boulogne et de Flandres qui lui permet de soutenir qu'il descend, par Ermengarde, de Charles de Lorraine, rival de Hugues Capet au trône de France en 987. Presque tous les prologues évoquent l'importance de ce type de remémoration, la chronique étant écrite « pour demeurer dans la mémoire des grands hommes vivants [...] et leur rappeler leurs ancêtres » (Bibliothèque nationale ms. fr. 1621, folio 208). En ce sens, bien loin d'être protonationaliste, le récit historique en langue vulgaire défend une idéologie enracinée dans les origines familiales et, dans cette mesure, relève d'une inspiration ethnocentrique, c'est-à-dire, dans ce cas précis, antiroyaliste ou, plus exactement, anticapétienne.

Le Charlemagne idéalisé auquel l'habit prétendument ecclésiastique de l'auteur du *Pseudo-Turpin* donne sa légitimité est l'exemple parfait d'une correction esthétique du présent sur la base du passé. Tout comme l'Arthur des romans courtois, Charlemagne peut servir de contrepoids à une monarchie française de plus en plus envahissante. Aussi est-ce une critique indirecte de la royauté capétienne que les seigneurs flamands, trop conscients du danger que fait courir à leur indépendance le renouveau du pouvoir royal, trouvent dans la *Chronique du pseudo-Turpin*. Conçue pour être récitée en public, elle fonctionne comme la confirmation rituelle des valeurs communes d'une aristocratie en proie aux affres d'une transformation sociale. Elle sert aussi d'historiographie de la résistance, permettant de verbaliser l'hostilité de l'aristocratie à l'égard de la monarchie en entretenant le fantasme, virtuellement présent dans chaque nouvelle génération d'héritiers, d'un passé collectif glorieux. Le *Pseudo-Turpin* se rattacherait alors à la tradition française de l'épopée de la révolte – la chanson de geste du XIIe siècle, dont les intrigues sont souvent nouées autour d'injustices royales qui poussent les vassaux à rompre leurs engagements de fidélité et à se révolter contre leur souverain. Apparaîtrait alors une affinité profonde entre l'historiographie en langue vulgaire et le roman arthurien, ce vaste ensemble de littérature courtoise créé pour et par la noblesse française désireuse d'explorer et de légitimer son propre espace idéologique en face des aspirations hégémoniques de la monarchie.

La question est alors de savoir pourquoi l'épopée et le roman cessent d'être perçus comme des modes discursifs convenables pour l'expression de l'idéologie aristocratique. Dans les traductions du *Pseudo-Turpin*, cette désaffection se traduit par le rejet militant de la versification et la promotion fervente de la prose comme médium obligé de l'histoire. Selon Nicolas de Senlis, son premier traducteur, « beaucoup de gens ont entendu raconter et chanter [les hauts faits de Charlemagne], mais jamais personne n'a dit autant de mensonges que ces chanteurs et jongleurs qui les récitent » (*Pseudo-Turpin*). « Il en est ainsi parce qu'aucun conte en rimes n'est vrai ; tout ce qu'il dit n'est que mensonges, car il ne sait rien d'autre que l'ouï-dire » (*ibid*). Les traductions, au contraire, sont écrites « en français, sans rimes, selon l'ordre du latin, dans l'histoire vraie de l'archevêque Turpin » (*Old French Johannes Translation*, p. 130). La traduction du *Pseudo-Turpin* revendique donc l'autorité que confère un texte latin authentique rendu fidèlement en français au moyen d'une traduction littérale en prose.

Les prétendues véracité et fidélité que les prologues multiplient trahissent un désir de créer une nouvelle forme de discours historique plus apte que celles de l'épopée ou du roman en vers à répondre à la demande du public. La naissance de la chronique historique en prose comme genre littéraire à part entière est en ce sens liée à la faillite des deux formes antérieures de la littérature de cour, désormais incapables de satisfaire la volonté d'édification de la noblesse.

On a pu voir dans les prologues des traductions du *Pseudo-Turpin* l'expression des exigences d'un public de plus en plus cultivé qui demandait que les faits historiques lui soient rapportés avec réalisme et précision. Bien qu'en dernier ressort l'utilisation de la prose ait effectivement permis de se rapprocher de ces objectifs, il ne va pourtant pas de soi qu'elle l'ait fait pour les raisons qui avaient conduit les premiers chroniqueurs à y recourir. Le passage des vers à la prose doit être envisagé, en effet, comme une initiative de la noblesse dans un contexte qui voit naître l'historiographie vernaculaire. Le *Pseudo-Turpin* utilise l'autorité d'un texte latin relativement ancien pour légitimer l'idéologie de la noblesse. Ces textes offrent à ceux qui en patronnent la rédaction l'occasion de se ressourcer à un passé auquel ni le roman ni même l'épopée ne leur donnent plus accès. Cette évolution suggère ainsi un échec de la métaphore : les stratégies littéraires opératoires dans le roman courtois et, à un moindre titre, dans l'épopée, ne sont plus perçues comme des moyens appropriés pour articuler le sentiment de crise vécu par la noblesse.

Pour les seigneurs franco-flamands du début du XIIIe siècle, la légende carolingienne associée à la *Chronique du pseudo-Turpin* permettait de donner corps à une historiographie de la résistance au pouvoir royal centralisateur, et cela avec l'autorité d'un texte latin présenté dans la nouvelle langue de l'histoire, la prose vernaculaire. L'historiographie en prose française émerge donc comme une littérature des faits, articulant dans une forme spécifique l'expérience historique et le langage de l'aristocratie. Cette histoire ne propose pas à la communauté une vision, collective et unanime, du passé ; elle devient au contraire une chronique partisane soumise aux intérêts d'un groupe social particulier. Par le nouveau langage qu'elle se forge, l'histoire en prose vernaculaire prend en charge l'expression des revendications d'une aristocratie soucieuse de défendre sa place et son prestige dans la société médiévale.

Voir aussi 1095, 1209, 1214, 1566, 1677.

Bibliographie : Anonyme de Béthune, *Chronique des rois de France*, éd. L.-V. Delisle, in *Recueil des historiens des Gaules et de la France*, vol. XXIV (Paris, 1904). André de Mandach, *Naissance et développement de la chanson de geste en Europe*, vol. Ier : *la Geste de Charlemagne et de Roland* (Genève, Droz, 1961). Henri Pirenne, *Histoire de Belgique* (Bruxelles, Renaissance du Livre, 1948-1952). Ronald N. Walpole, *The Old French Johannes Translation of the Pseudo-Turpin Chronicle : A Critical Edition*, 2 vol. (Berkeley, University of California Press, 1976).

Gabrielle M. Spiegel

1209 ?

Mort de Gautier Map, un des favoris d'Henri II Plantagenêt

Le roman passe à la prose

Maître de chapelle du roi Henri II d'Angleterre, le clerc Gautier Map devint chancelier de Lincoln en 1186 et archidiacre d'Oxford en 1197. Érudit, grand voyageur et satiriste de cour, il était renommé parmi les chroniqueurs médiévaux pour son esprit et son talent de conteur. Selon Gerald de Galles, son contemporain, « le célèbre, l'éloquent Gautier Map » se vantait volontiers de l'étendue de sa gloire littéraire : « Maître Gerald, lui dit-il une fois, vous avez écrit et vous écrivez toujours tandis que, moi, je parle. Vos écrits méritent beaucoup plus de louanges que mes paroles et pourtant, parce que mes mots sont en langue vulgaire et qu'ils sont faciles à comprendre alors que les vôtres sont en latin, et donc compris par peu de gens, je n'ai pas à me plaindre de la manière dont j'ai été récompensé, ce qui n'est pas votre cas, malgré vos écrits distingués » *(De Nugis Curialium*, p. 22*)*.

Cette prétention au succès, justifiée ou imaginaire, est significative, non seulement parce qu'elle campe Gautier Map en conteur à succès, mais aussi parce qu'elle fait apparaître une rivalité entre deux traditions narratives, alors que la prose française est en voie de formation. Quand il oppose l'autorité du document latin aux agréables fictions que les conteurs disent à haute voix, Map met en place la toile de fond d'un conflit qui oppose l'exactitude de l'écrit à la mouvance de l'oral. Ce conflit constitue une étape essentielle du développement des lettres en France.

Au cours de la première décennie du XIIIe siècle, les romans arthuriens en vers – dont la transmission avait d'abord été orale – furent recomposés en prose. Initialement, la prose en langue vulgaire, comme sa contrepartie latine, était en général réservée à consigner des vérités légales dans des textes juridiques, ou à composer des traductions de la Bible et des sermons. La prose était également utilisée dans la description d'événements historiques, par exemple dans les chroniques de Geoffroi de Villehardouin, de Robert de Clari ou d'Henri de Valenciennes. Mais les fables des nobles dames et des chevaliers arthuriens ne pouvaient être écrites qu'en vers. C'est à partir du début du XIIIe siècle qu'on commença à accepter la prose pour raconter des histoires d'amour et des romans d'aventures. À partir de ce moment-là, la distinction entre le conte oral et ce que Gautier Map appelle des « écrits plus distingués » s'estompa. Du même coup, la narration courtoise se fit plus historique et plus religieuse, aboutissant à des romans en prose qui revendiquent ouvertement et fréquemment un statut d'authenticité et de véracité. Le *Cycle de la vulgate arthurienne* (vers 1215-1235) est l'un des monuments littéraires les plus anciens attestant ce passage d'une fiction en vers à une fiction en prose. L'auteur présumé d'une bonne partie de ce cycle n'est autre que Gautier Map.

Le *Cycle de la vulgate arthurienne* rassemble les aventures des chevaliers de la cour du roi Arthur en une sorte de somme littéraire qui reflète, dans une large mesure, les sommes théologiques de l'époque. Participant à la fois de l'idéal chevaleresque et de l'expérience religieuse, ces narrations en prose forment un récit manifestement fictif qui se pose parfois en rival de l'Écriture sainte et réclame pour son compte l'autorité d'une parole sacrée. Les romans à épisodes qui, au siècle précédent, racontaient en vers les exploits de tel ou tel chevalier – comme Lancelot ou Perceval – sont prolongés ici dans un vaste cycle narratif en prose qui s'étend sur plusieurs générations depuis les origines de la légende du Graal (la Passion du Christ) jusqu'aux prouesses des derniers héros arthuriens. Les continuations du *Perceval*, de Chrétien de Troyes (vers 1181), avaient inauguré la tradition de ces réécritures de récits particulièrement populaires. C'est dans le même esprit que le *Cycle de la vulgate* développe l'histoire d'amour entre Lancelot et Guenièvre dans un prolixe *Lancelot en prose* (vers 1215). Il lui adjoint un récit embelli de la légende du Graal, *la Quête du saint Graal* (vers 1220), auquel il ajoute un compte rendu de la fin tragique du roi Arthur, la *Mort du roi Arthur* (vers 1225). La popularité de ces romans – compris sous l'appellation collective du « Cycle de Lancelot-Graal » – fut telle qu'on en vint à composer des textes prétendus précurseurs de ce cycle : telle est *l'Estoire del Saint-Graal (l'Histoire du saint Graal)*, (vers 1230), qui retrace l'évangélisation de l'Occident et de l'Orient par Joseph d'Arimathie et son fils, Joséphé, gardiens officiels du saint réceptacle du Graal, et *l'Estoire Merlin* (*l'Histoire de Merlin*, vers 1235) qui narre les actions remarquables de l'enchanteur-prophète dont la virtuosité permettra de donner naissance au futur roi Arthur, rendant ainsi possible une suprématie militaire et politique.

Le nom de Gautier Map apparaît deux fois dans la *Vulgate*. La traduction en français d'un ancien document latin lui est attribuée dans les lignes qui concluent *la Quête du saint Graal* : « Après le dîner, le roi fit venir les clercs qui mettaient par écrit les aventures des chevaliers de sa maison. Lorsque Bohort eut raconté les aventures du saint Graal telles qu'il les avait vues, elles furent mises par écrit et déposées dans la bibliothèque de Salisbury. C'est là que maître Gautier Map les recueillit pour écrire son livre du saint Graal pour l'amour du roi Henri son seigneur, et le roi fit ensuite traduire l'histoire du latin en français » (p. 246). L'épilogue de la *Mort du roi Arthur* attribue également à Map la totalité de la trilogie du Lancelot-Graal (p. 271). Quant au *Lancelot en prose*, si trois passages évoquent effectivement des clercs qui écrivent sous la dictée d'un narrateur, le nom de Map n'est jamais mentionné.

Si les rôles indiqués dans cette généalogie sont les mêmes que dans la repartie de Map à Gérald de Galles, leur distribution est inversée. Map le beau parleur y figure comme traducteur-copiste responsable de la version écrite d'une partie de la *Vulgate* (c'est lui qui la met en langue vulgaire), alors qu'il revient aux chevaliers d'Arthur de tenir le rôle plus noble de conteurs. Néanmoins, même les récits qui, autour de la Table ronde, émanent de la bouche de Bohort et de ses compagnons sont traités comme des récits historiques. Ces héros chevaleresques, en quête d'aventures qui « vaillent la peine d'être racontées » à la cour, ne font pas preuve d'une grande capacité inventive ; en revanche, ils revendiquent pour leurs récits le statut de témoignages oculaires, de comptes rendus exacts d'événements authentiques.

Une telle revendication donne la mesure du prestige de l'historiographie chez les prosateurs du début du XIIIe siècle. En mettant en avant le nom de Gautier Map, auteur qui aurait puisé dans des documents rédigés en latin, la *Vulgate arthurienne* cherche à se légitimer comme récit non seulement vraisemblable mais véridique. En faisant rapporter par ses héros des événements qu'ils ont vécus personnellement, elle tente de se rattacher à la chronique, récit réputé de première main. Les relations orales de Bohort, autorisées par les archives que Map aurait découvertes, font accéder le roman d'aventures arthurien en prose à un statut quasi historique.

Cependant les textes de la *Vulgate* ne reflètent pas tant le désir de relater avec exactitude des faits historiques que celui de créer l'illusion d'une véracité historique. Car la part jouée par Gautier Map dans la *Vulgate arthurienne* n'est, si l'on peut dire, guère plus vérifiable que celle de Bohort, sa contrepartie entièrement fictive. Map est mort vers 1209, plusieurs années avant la composition du premier volume de contes où figure son nom. Mais l'existence du personnage historique est attestée à la cour d'Henri II. Quant à ce dernier, la légende l'associait au roi Arthur. Imagine-t-on une meilleure façon d'affirmer le caractère historique de l'aventure arthurienne que de la faire couler de la plume d'un maître conteur, proche du roi à qui l'on devait la découverte des tombes d'Arthur et de Guenièvre à Glastonbury ?

Si les liens de Map avec la royauté, historique et légendaire, faisaient de lui le candidat idéal à la paternité de la *Vulgate arthurienne*, son propre rapport à l'historiographie ne pouvait que renforcer cet attrait. Map était l'auteur du *De Nugis Curialium* (1181-1193), recueil qui appartient au genre de la pseudo-histoire et perpétue la tradition des chroniques inaugurée par l'*Historia Regum Britanniae* (*Histoire des rois de Bretagne*, vers 1136), de Geoffroi de Monmouth. Ce recueil décousu d'anecdotes en prose latine décrit la vie à la cour d'Henri II. On y trouve des invectives satiriques, des contes moraux, des récits de miracles et même des histoires de revenants. Mélangeant réalité et fiction, dans le style des premiers chroniqueurs médiévaux, Map s'inspire quelquefois directement des récits antiques mentionnés dans l'*Historia* de Geoffroi, les remaniant à son goût exactement comme Geoffroi l'avait fait lui-même avec ses propres sources. Les deux auteurs insistent sur la valeur historique de leurs travaux, Geoffroi en affirmant que son texte est la traduction d'une œuvre qui lui a été transmise par l'archidiacre d'Oxford, et Map en prétendant qu'il ne rapporte que ce qu'il voit. Dans les deux cas, les protestations de véridicité semblent avoir amplement éclipsé l'absence d'authenticité des faits relatés.

Une telle attitude est courante chez les romanciers en prose du XIIIe siècle qui souhaitent donner un air de vérité à leurs vastes tableaux où se mêlent le lignage arthurien et la tradition du Graal. Les récits romanesques du XIIe siècle avaient aussi revendiqué une certaine supériorité rhétorique par rapport aux autres œuvres contemporaines. En revanche, ils ne prétendaient pas aussi nettement à la vérité historique. C'est le contraire qui s'observe chez Gautier Map. Lorsqu'il affirme qu'il se contente de rapporter « les dits et les faits » des gens de la cour, l'historien crée un précédent que Bohort reprendra quand il présentera comme authentique son récit des faits chevaleresques à la cour du roi Arthur. Et la déclaration de l'historien qui, dans le *De Nugis Curialium*, soutient ne pas être « un auteur de mensonges », préfigure étrangement le portrait du personnage fictif de la *Vulgate arthurienne*, chroniqueur lui aussi de la « vérité des faits » : « Ici, maître Gautier Map termine l'*Histoire de Lancelot*, l'ayant menée à bonne fin selon la vérité des faits. Il a achevé son récit et nul ne pourrait rien y ajouter sans mentir » (*Mort du roi Arthur*, p. 271). C'est ainsi que le roman d'aventures finit par se frayer un chemin dans l'espace qui lui était, en principe le plus étranger, celui de l'historiographie.

Voir aussi 1165, 1181, 1202, 1214.

Bibliographie : la Mort le roi Artu, éd. Jean Frappier (Genève, Droz, 1964). *Mort du roi Arthur*, trad. G. Jeanneau (Paris, U.G.E., 1983). *La Queste del Saint-Graal*, éd. Albert Pauphilet (Paris, Champion, 1923 ; 1978). *La Quête du saint Graal*, trad. Emmanuèle Baumgartner (Paris, Champion, 1979). *The Vulgate Version of the Arthurian Romance*, éd. H. Oskar Sommer, 7 vol. (Washington, Carnegie Institute, 1909-1916). Walter (Gautier) Map, *De Nugis Curialium*, éd. et trad. M. R. James, etc. (Oxford, Clarendon Press, 1963). E. Jane Burns, *Arthurian Fictions : Rereading the Vulgate Cycle* (Columbus, Ohio State University Press, 1985). Jean Frappier, « Le roman en prose en France au XIIIe siècle », in *Grundriss des Romanischen Literaturen des Mittelalters*, éd. Jean Frappier and Reinhold R. Grimm (Heidelberg, Carl Winters, 1978).

E. Jane Burns

1210

Mort de Jean Bodel, poète d'Arras

Les fabliaux

C'est à Jean Bodel, trouvère de la région d'Arras, auteur d'un miracle dramatique, le *Jeu de saint Nicolas*, et d'un poème épique, *la Chanson des Saisnes* (des Saxons), que l'on attribue généralement le succès de ces contes en vers, réalistes et le plus souvent comiques que sont les fabliaux. Quoi qu'il en soit de cette attribution, le genre appartient indubitablement au XIIIe siècle ; si peu de fabliaux peuvent être datés avec précision, il n'en est pas moins clair que la plupart des quelque cent cinquante qui nous sont parvenus ont été écrits entre 1200 et 1340.

Les fabliaux semblent être avant tout des histoires qui étaient racontées à la veillée pour distraire une assemblée d'hommes mais aussi de femmes (en dépit de sujets souvent paillards), dans une atmosphère confiante et détendue. Ils sont, pour la plupart, l'œuvre de jongleurs professionnels – qui en étaient également les interprètes – mais aussi quelquefois l'œuvre d'amateurs : un clerc en déplacement pouvait ainsi régler son addition en récitant deux ou trois fabliaux à la famille qui l'avait hébergé. Dans bien des contes, en effet, les clercs font trop souvent les frais des mariages à trois pour ne pas être à l'origine des intrigues qu'ils racontent. À cette époque, les fabliaux étaient recopiés très librement et souvent remaniés plusieurs fois en fonction de leur public. Le fait qu'on ne leur connaisse pas de précurseurs littéraires immédiats – alors que depuis l'Antiquité la tradition populaire comporte de nombreux produits analogues – conduit à penser que, pour la plupart, ils proviennent de la tradition orale. Par exemple, Garin, l'auteur du fabliau *la Grue*, dit qu'il s'est servi d'un matériau « entendu à Vézelay, en face de la bourse au change » (*Recueil général et complet des fabliaux*, vol. V, p. 151).

En dépit de divergences sur la composition et l'étendue du corpus des fabliaux, la définition du genre ne pose pas de gros problèmes. Plus de soixante d'entre eux sont désignés comme tels dans les manuscrits médiévaux (sous la forme picarde du mot « fable ») et quelque quatre-vingt-dix autres méritent cette appellation sans hésitation. L'ensemble témoigne pourtant d'une grande diversité. Leur longueur varie de quelques douzaines de vers à plus d'un millier. Certains, par l'art de trousser leur intrigue ou de camper leurs personnages, sont de véritables petits chefs-d'œuvre – *le*

Boucher d'Abbeville, Boivin de Provins, la Bourgeoise d'Orléans et *Auberée de Compiègne*. D'autres, comme les quatre fabliaux du plumitif Haiseau, qui gâche tout ce qu'il touche, ne méritent guère qu'on s'y arrête. Il y a des fabliaux d'une délicatesse presque courtoise et d'autres qui donnent sans réserve dans le répugnant. Certains sont follement drôles, d'autres, presque solennels, diffèrent à peine des *exempla* moraux. Mais tous partagent un certain réalisme – de style, de ton, de caractère – qui les situe à part des autres genres de l'époque.

Stylistiquement, le réalisme du fabliau se rattache à celui de la comédie. « Un sujet comique, écrivait le rhétoricien médiéval Geoffroy de Vinsauf, rejette le style trop savamment travaillé. Il ne demande que des mots simples » (*Poetria Nova*, p. 255). Ce style laisse toute liberté à l'exagération comique, au grotesque et à la caricature, mais il se meut dans un univers défini par le familier et le local. Ses images ne sont pas toujours denses, mais elles sont concrètes ; son monde est celui des objets, comme en témoignent de nombreux titres : *les Braies au cordelier, Brunain, la Vache au prêtre, le Chevalier à la corbeille, la Crotte, le Cuvier, le Prévôt à l'aumusse* (« capuche »), *la Sourisette des étoupes*. Les intrigues d'un tiers des poèmes environ sont intimement liées à ces images.

Cependant il arrive fréquemment que cette imagerie n'ait aucun rapport avec l'intrigue, comme si elle possédait sa fin en soi. Parfois, un fabliau peut parodier le style courtois et se laisser aller à des descriptions de lieux et de choses qui sortent de l'ordinaire. Mais, le plus souvent, les descriptions puisent dans le tissu de la vie quotidienne : inventaire d'objets ménagers dans *la Veuve*, escroqueries d'aubergistes dans *le Prêtre et le Chevalier*, déguisements de paysans dans *Boivin de Provins* ou défroques de ménestrels dans *le Prêtre et les Deux Ribauds*. Le plaisir pris à évoquer ce contexte, avec une ironie réaliste et joyeuse, contribue pour une bonne part à l'attrait qu'exercent ces récits, même là où les faiblesses de l'intrigue ne suffiraient pas à en assurer la survie.

Les fabliaux sont généralement trop courts pour permettre d'approfondir la psychologie des personnages (du reste, la chose aurait été inhabituelle à l'époque). Les protagonistes restent des types – le mari jaloux, le clerc futé, la jeune fille crédule, l'épouse infidèle, le paysan borné, le moine paillard – ou, quand ils sont individualisés, c'est à gros traits : une tête énorme (c'est un niais), des doigts crochus (c'est un voleur), un pénis géant (c'est un tombeur de femmes). Mais quoique les personnages soient rarement complexes, ils restent réalistes dans la mesure où, provenant du même milieu que leur public, ils sont croqués prestement, dans un raccourci caricatural, caractéristique de la vie de tous les jours.

Ce réalisme n'évoque pas seulement un monde précis, il sous-tend également une morale précise, faite d'un bon sens qu'on peut qualifier lui aussi de réaliste. La variété des plaisirs de la vie est pour les fabliaux une mine inépuisable. On pourrait composer, à partir d'eux, un guide de la gastronomie au Moyen Âge. Bien plus, on reconnaît un personnage antipathique à son régime alimentaire : tel personnage, indifférent à la chevalerie, se bourre de tartes et d'entremets ; tel autre, tout aussi désagréable, se fait traiter par un sénéchal « d'avaleur de pois ». À l'inverse, l'hospitalité, en particulier quand elle récompense un amour comblé, prend la forme d'un somptueux repas, dont le menu, détaillé avec complaisance, est accompagné de vin clair et frais – et souvent d'un bon bain chaud.

Dans les fabliaux, les plaisirs de la gastronomie n'ont qu'un rival : ceux du sexe. Le plus souvent, ils sont présentés en termes explicites, sans raffinements, mais avec l'approbation la plus enthousiaste. Les fabliaux semblent avoir oublié que le sexe était pour les chrétiens un sujet tabou. Or, ce qui est peut-être plus étonnant, ce tabou est violé en dehors de toute violence transgressive. Bien entendu, l'insistance sur les désirs lubriques d'un clergé célibataire ne va jamais sans un minimum d'intention satirique, mais ce n'est pas l'activité sexuelle qui en est la cible. À l'exception de quelques traits de sadisme qu'on pourrait relever dans quatre ou cinq cas, la sexualité, dans ces récits, est une chose généralement agréable et normale. Et, si on peut en rire, ce n'est pas seulement parce que l'Église la condamne.

Les fabliaux n'ont pas plus de retenue quand ils traitent des questions d'argent. Même si la présentation du sujet n'exclut pas un certain moralisme – l'avarice est à l'origine du mal –, leur matérialisme fondamental n'est jamais remis en question : on ne cesse de compter les petits et les gros sous, d'équilibrer les profits et les pertes, de rechercher les aubaines, de toucher des pots-de-vin.

Le véritable sujet des fabliaux, en fin de compte, c'est l'« engin » (le savoir-faire, l'astuce). Non seulement l'ingéniosité donne accès à l'argent, à la nourriture, au sexe, mais elle constitue en elle-même un plaisir. Les fabliaux célèbrent les maîtres voleurs, les hommes de confiance et, par-dessus tout, les femmes délurées qui prennent leur destin en main. Leurs auteurs ne sont pas aussi antiféministes qu'ils font semblant de l'être. La femme qui berne son mari jaloux pour revoir son amant n'est pas présentée sans admiration. Comme c'est souvent le cas pour les genres comiques, les fabliaux constituent une littérature légèrement subversive, où les marginaux ont le beau rôle, où l'ingéniosité est récompensée aux dépens des privilèges, et où on ne manque pas une occasion de faire apparaître l'inanité des règles de la morale et de la justice.

Admettre cette vision du monde saine et sécurisante, ce n'est pas pour autant dénier au fabliau certains traits qui dénotent une tendance à la déstabilisation du sens. Il en est ainsi de son goût pour les jeux de mots. Une cinquantaine d'épisodes importants sont construits autour de paroles plutôt que d'actions. Cela va des exercices de virtuosité linguistique dans *le Roi d'Angleterre et le Jongleur d'Ely* au malentendu décisif autour duquel tourne toute l'intrigue de *la Male Honte*, sans compter les calembours aussi abondants que gratuits, en particulier dès qu'apparaissent les syllabes « vi » (visage, vivant, etc.) et « con » (en position de préfixe) dans une série, bien entendu, interminable.

Près des deux tiers des fabliaux contiennent une forme de sagesse proverbiale qui a conduit certains critiques à rattacher le genre au conte moral. La chose est peu vraisemblable. Car la plupart de ces « moralités » qui apparaissent au début, au milieu ou à la fin des fabliaux, n'ont en général qu'un rapport vague avec les histoires qu'elles commentent. Elles ont sans doute été insérées en vertu de la convention médiévale, selon laquelle, sous une forme ou sous une autre, tout texte contient une doctrine dont on peut tirer profit. Leur présence est aussi l'effet du réflexe rhétorique qui veut qu'on commence ou termine un texte par un proverbe. Elles permettent également de se moquer du goût médiéval pour tout ce qui est sentencieux et de se protéger contre les critiques ecclésiastiques. Néanmoins, ces « moralités » jettent un éclairage précieux sur l'éthique du fabliau et, même si leur rapport avec l'histoire est souvent lointain, elles reflètent par leur banalité même le bon sens et la sagesse quotidienne de leur public.

Cette sagesse, qui n'est presque jamais de nature chrétienne et se veut toujours pratique (« N'allez pas contre votre nature » ; « L'imbécile ne renonce jamais » ; « Plus c'est défendu, plus on en a envie »), est souvent formulée de façon pittoresque (« À doux berger, loup qui chie de la laine » ; « Qui va de l'avant, festoie ; qui reste assis, a froid » ; « Mieux valent des malheurs bons à cuire que des bonheurs tout digérés »). On peut se demander cependant pourquoi cette sagesse gaillarde a pris une forme littéraire à cette époque-là. Pendant un demi-siècle, la réponse formulée par Joseph Bédier en 1893 a prévalu : les fabliaux seraient la poésie d'une bourgeoisie naissante et s'opposeraient à la littérature raffinée des milieux aristocratiques. « Les fabliaux [...] sont la poésie des petites gens. Le réalisme terre à terre, une conception gaie et ironique de la vie, tous les traits distinctifs du fabliau [...] dessinent aussi la physionomie des bourgeois. En revanche, le culte de la dame, les rêves féériques, l'idéalisme, tous ces traits qui marquent la poésie lyrique et les romans de la Table ronde, tracent aussi la physionomie des chevaliers » (*les Fabliaux*, p. 371).

Bédier admettait un certain métissage des genres et des classes au XIIIe siècle ; mais il insistait pour voir dans les fabliaux le produit d'une couche sociale précisément définie. C'est en 1957 que Per Nykrog devait proposer une thèse nouvelle. Selon lui, non seulement les fabliaux étaient lus et goûtés dans les milieux aristocratiques, mais pour les bien comprendre, il fallait les considérer comme « une sorte de genre courtois » (*les Fabliaux*, p. 18). Nykrog ne remettait pas en question la théorie de Bédier posant une origine de classe des fabliaux, mais il substituait une classe à une autre. L'intérêt majeur de cette nouvelle approche aura été de mettre en lumière l'élément parodique de certains fabliaux – ce qui implique que leur auditoire ait été suffisamment cultivé pour reconnaître les conventions courtoises qui faisaient l'objet de leur parodie.

Cependant la thèse des origines de classe des fabliaux n'a pas survécu. Le peu que nous savons sur la réception des fabliaux montre qu'ils circulaient également parmi les aristocrates, dans la bourgeoisie et chez les riches paysans ; d'ailleurs, au XIIIe siècle, les citadins n'avaient pas le monopole des goûts et des attitudes que, depuis, nous identifions avec un matérialisme « bourgeois ». L'expansion économique en ce siècle – le passage à une économie monétaire, l'affaiblissement des liens sociaux, la fragilisation consécutive des fortunes qui reposaient sur les privilèges féodaux et les nouvelles possibilités offertes aux récents affranchis – touchait toutes les classes et se reflète amplement dans les fabliaux eux-mêmes. C'est l'ensemble de la culture qui était imprégnée par le climat qui a présidé au développement des villes, à l'ascension d'une nouvelle classe moyenne citadine et à l'apparition d'un genre littéraire comme le fabliau.

Les fabliaux ne constituent donc pas une littérature de classe, mais révèlent une sensibilité nouvelle qui coexiste, dans l'ensemble de la culture, sans contrainte et sans conflit majeur, avec d'autres sensibilités, d'origine courtoise et chrétienne, par exemple. Et, s'il leur arrive de contenir des satires antireligieuses ou de parodier le monde courtois, cela ne fait pas d'eux, contrairement à l'opinion reçue, des sous-produits marginaux et subversifs d'une contre-culture. Ils ne constituent en aucun cas une littérature « carnavalesque » de contestation. Ils s'inscrivent au contraire pleinement dans le dispositif culturel global auquel ils contribuent à conférer une stabilité remarquable.

Ainsi, cette littérature donne une meilleure idée de la sensibilité du XIIIe siècle. Elle est presque le seul témoignage que nous possédions de l'atmosphère de convivialité d'une époque qui avait tendance à ne conserver que les documents « sérieux » et officiels. Plus tard, quand une tradition nouvelle d'élégance de comportement se sera constituée, quand le langage des fabliaux aura perdu son caractère spontané, et que le terme « vulgaire » se sera chargé de connotations morales et sociales péjoratives, une censure plus sévère s'imposera. Dans ces conditions, la survivance de quelque cent cinquante textes répartis en une cinquantaine de manuscrits est en soi remarquable. Dans les recueils les plus importants, les fabliaux sont accolés aux pièces les plus diverses – contes courtois, poèmes moraux, traductions savantes – ce qui constitue un témoignage éloquent de leur acceptation dans les milieux lettrés de l'époque.

Si l'atmosphère des fabliaux et les valeurs qu'ils représentent renvoient à une période bien antérieure à la tradition courtoise, on peut voir dans le succès qu'ils ont connu au XIIIe siècle une réaction aux tabous courtois contre toute forme de grossièreté. Il est probable que leur morale elle-même remonte à une période antérieure à la tradition chrétienne. Mais la naissance d'un genre littéraire spécifique pour incarner cette morale témoigne du renouveau d'une sensibilité hédoniste, matérialiste et satirique. Cette morale fait partie, au même titre que l'allégorie courtoise, le culte de la Vierge ou les grandes cathédrales, d'une vision du monde complexe et propre au XIIIe siècle français.

Voir aussi 1175, 1460.

Bibliographie : Geoffroy de Vinsauf, *Poetria Nova*, in *les Arts poétiques du XIIe et XIIIe siècle*, éd. Edmond Faral (Paris, Champion, 1924). Joseph Bédier, *les Fabliaux* (Paris, Champion, 1893). R. H. Bloch, *The Scandal of the Fabliaux* (Chicago, University of Chicago Press, 1986). Anatole de Montaiglon et Gustave Raynaud, *Recueil général et complet des fabliaux*, 6 vol. (Paris, Librairie des Bibliophiles, 1872-1890). Charles Muscatine, *The Old French Fabliaux* (New Haven, Yale University Press, 1986). Willem Noomen et Nico Van Den Boogard, *Nouveau Recueil complet des fabliaux*, 3 vol. (Assen, Van Gorcum, 1983). Per Nykrog, *les Fabliaux* (Copenhague, Ejnar Munksgaar, 1957).

Charles Muscatine

1214, 27 juillet

Philippe Auguste défait l'armée germano-flamande à Bouvines, en Flandres

L'histoire romaine, traduite et corrigée

Les conflits territoriaux, centrés sur la Normandie, qui opposent le roi d'Angleterre Jean sans Terre au roi de France, Philippe II (dit Auguste), atteignent leur paroxysme en 1214 : Jean sans Terre s'allie avec l'empereur d'Allemagne Otto IV et la noblesse flamande ; quant à Philippe Auguste, il s'emploie activement à ravager les Flandres. Au cours de l'été, Jean sans Terre attaque les Français à partir du Sud-Ouest tandis que l'armée germano-flamande descend du nord. Le 27 juillet, la victoire de Bouvines consolidera de manière décisive le pouvoir de Philippe Auguste.

La défaite de la coalition anglo-germano-flamande semble donner une nouvelle légitimité aux visées expansionnistes de Philippe Auguste qui a déjà triplé le territoire sur lequel la monarchie française exerce son autorité, exploit à l'origine du surnom impérial que lui a donné le chroniqueur Rigord. Ce qualificatif d'Auguste, qui évoque la gloire de l'Empire romain et convient aussi bien aux prouesses qu'aux aspirations du roi, constituait un atout important dans la mise en place d'une idéologie impériale. Guillaume le Breton, l'un des chroniqueurs de ce règne, ira même jusqu'à donner à la vie du monarque une dimension virgilienne lorsque, dans son épopée *la Philippide* (vers 1214-1224), il fait de lui un nouvel Énée.

Le roi Henri II d'Angleterre, père de Jean sans Terre, avait nourri des ambitions similaires et son règne, comme celui de Philippe Auguste, avait été marqué par l'apparition de textes qui témoignent d'un regain d'intérêt pour l'histoire ancienne. Il est clair que ces productions littéraires restent très liées aux préoccupations et aux objectifs politiques des deux rois.

En France, la littérature épique servait en partie à créer un passé national en même temps qu'à justifier l'idéologie et les objectifs politiques du pouvoir en place. En Angleterre, la dynastie angevine inaugurée par Henri II était trop récente pour bénéficier d'un tel support. C'est sans doute à l'intention de sa cour que, vers le milieu du XIIe siècle, les légendes de Thèbes (utilisées comme récits édifiants contre la guerre civile) ainsi que celles qui se rapportent à la guerre de Troie et à la fondation de Rome ont été mises en français sous forme de textes appelés « romans antiques ». Au même moment, Robert Wace, clerc originaire de Caen, écrit son *Roman de Brut* (vers 1155) où il établit la parenté des Bretons et des Troyens. Ces textes ont pour objet de fournir des racines généalogiques (même imaginaires) à la nouvelle classe dirigeante de la (grande) Bretagne. D'autres nations suivent l'exemple anglais, et au XIIIe siècle, l'Europe entière sera engagée dans la recherche de ses origines troyennes : s'inventer des ancêtres du côté de Troie est d'autant plus aisé que la cité a disparu et qu'on ignore jusqu'à sa situation géographique.

Les liens avec la Rome antique posent plus de problèmes. Non seulement parce que l'ancienne capitale de l'Empire existe toujours, mais aussi parce que l'héritage de Charlemagne, c'est-à-dire du Saint Empire romain, fait encore l'objet de controverses très vives entre la France et l'Allemagne. L'histoire de la Rome antique, plus facilement sujette aux vicissitudes et aux développements politiques et idéologiques que celle de Troie, n'est donc pas aussi facilement exploitable. Autour de 1214, pourtant, trois textes – *les Faits des Romains*, l'*Histoire ancienne jusqu'à César* (tous deux anonymes) et *les Empereurs de Rome*, du clerc champenois Calendre – évoquent à leur manière l'histoire romaine. Les deux premiers comptent parmi les premiers exemples de prose française tandis que le troisième est en vers.

À cette époque, du point de vue sémantique aussi bien que fonctionnel, la frontière entre histoire et roman est difficile à tracer : le mot « estoire », en ancien français, est utilisé pour désigner indifféremment une histoire ou l'Histoire. Et, au début du XIIIe siècle, les chroniques en langue vulgaire et les récits d'histoire ancienne étaient indifféremment écrits, comme la littérature, en prose ou en vers, brouillant toute possibilité d'utiliser cette distinction pour départager ce qui relève de la littérature et ce qui relève de l'histoire. Cette distinction elle-même n'avait pas grand sens, du moins en ce qui concerne les « romans antiques ». La « matière de Rome », selon l'expression que le poète Jean Bodel utilise pour désigner les thèmes empruntés à l'Antiquité, vise à instruire, tandis que les romans traitant de la « matière de Bretagne » ne sont que « vains et plaisants », autrement dit purement distrayants. Une telle classification (Bodel écrivait vers 1200) montre que l'histoire ancienne, romancée ou non, se définit par son aptitude à dispenser un enseignement moral – et politique – au public médiéval.

L'*Histoire ancienne jusqu'à César* a probablement été composée pour Roger, gouverneur de Lille. C'est une histoire universelle ; elle débute donc avec la création du monde en espérant aboutir, si tout se passe bien, au présent, après avoir traversé les temps bibliques et l'Antiquité. Les chapitres sur Thèbes, Troie et la fondation de Rome par Énée reproduisent en prose des romans en vers du XIIe siècle qui traitent de ces sujets. Quant à la partie romaine, elle s'inspire largement d'une œuvre d'Orose, historien latin du Ve siècle, *Adversus Paganos Historiarum Libri VI*. Le récit devait passer en revue la totalité des empereurs romains, mais il s'arrête brusquement, au moment où Jules César envahit les Flandres. L'auteur, ayant appris l'existence des *Faits* (qui retracent la vie de Jules César), aura sans doute jugé que, même si les sources qu'ils exploitent étaient différentes, les ouvrages feraient double emploi. On ne trouve pas de propagande politique explicite dans l'*Histoire ancienne*, et trois passages qui célèbrent les bienfaits de la paix « dont nous jouissons actuellement » nous engagent à dater le texte d'avant la bataille de Bouvines qui devait dévaster les régions chères au cœur de l'auteur. Celui-ci semble en effet s'identifier aux Belges et on peut voir dans les événements sur lesquels s'achève son texte une sorte de message voilé : cette histoire partie de la Genèse et qui s'étire sans interruption jusqu'à Jules César s'interrompt brusquement, en milieu de phrase, avec la dévastation des Flandres. Comme Jules César, Philippe Auguste a apporté la destruction, et l'exemplarité de l'histoire de Rome n'en devient que trop claire pour ceux qui en sont les victimes.

Du point de vue littéraire, l'*Histoire ancienne* est intéressante à cause des passages en vers intercalés dans le texte en prose. Étant donné la controverse du début du XIIIe siècle sur les mérites respectifs des vers et de la prose (qui aboutissait habituellement à une condamnation du vers « mensonger »), l'alternance de ces deux formes est importante. Les passages en vers permettent à l'auteur de faire entendre sa voix personnelle et de commenter les événements rapportés en prose. Cette technique montre qu'il n'est pas indifférent aux questions de forme et qu'il est conscient de leurs enjeux rhétoriques. Elle confirme aussi la vocation moralisante de l'œuvre historique à cette période.

L'œuvre de Calendre, *les Empereurs de Rome*, est une traduction libre d'Orose qui s'appuie sur l'adaptation qu'Alfred le Grand en avait faite. Elle est écrite en couplets octosyllabiques rimés, forme standard du roman médiéval. Si le succès d'une œuvre est mesurable à la quantité de manuscrits qui ont survécu, celle de Calendre est un échec : on ne la trouve que dans le célèbre manuscrit Guiot de la Bibliothèque nationale, qui contient également les romans de Chrétien de Troyes. Il est possible que sa forme versifiée ait été jugée impropre à traiter de l'histoire antique. Il est possible aussi que le marché ait fini par être saturé d'histoires romaines (d'autant plus que Calendre puise aux mêmes sources que l'*Histoire ancienne*).

Parmi les trois textes examinés ici, celui des *Empereurs*, de Calendre, est le seul dont le récit s'étende au-delà de Jules César jusqu'aux règnes d'Arcadius et d'Honorius, empereurs responsables au Vᵉ siècle de la division de l'Empire romain entre l'Orient et l'Occident. Calendre manifeste beaucoup d'intérêt pour l'attitude des divers empereurs à l'égard des chrétiens ; il montre, par exemple, l'empereur Tibère en proie à une vision prémonitoire de la Passion du Christ. Il donne une version dramatique de la cruauté légendaire de Néron dont le Moyen Âge était particulièrement friand. Sa vision de l'histoire est très personnalisée et il présente la plupart des conflits politiques comme la résultante de rivalités individuelles : il ignore les grands faits politiques pour axer son récit sur les querelles de la « petite histoire ». Dans le récit du règne de Jules César, il se réfère de manière anachronique au « royaume de France ». En règle générale, il exalte le courage de ceux qu'il appelle constamment « les Français », bien qu'il reconnaisse à un certain moment « qu'à cette époque on ne les appelait pas ainsi ». Ces élans de patriotisme n'ont pas suffi pour que l'histoire romaine de Calendre laisse sa marque sur la culture française.

Le succès des *Faits des Romains*, en revanche, a été immense et durable. Plus de soixante manuscrits en ont survécu ; et dans une grande partie des recueils où il figure, c'est l'*Histoire ancienne* qui lui sert de préface.

Alors que nos deux premières histoires romaines suivent l'*Histoire contre les païens* d'Orose, titre qui à lui seul indique un parti pris chrétien, *les Faits des Romains*, pour leur part, s'inspirent presque exclusivement d'auteurs païens. Ce qui n'empêche pas les prologues de ces trois œuvres de faire entendre la même note : celle de l'édification morale. Le lecteur est invité à se nourrir des exemples de l'histoire parce que le devoir du clerc est de transmettre vérité et savoir historiques à la postérité. La plupart de ces lieux communs sont extraits de textes latins bien qu'ils comportent souvent des modifications révélatrices. Le prologue des *Faits*, par exemple, est une traduction de Salluste. Si rendre le latin classique en français n'était pas tâche facile, adapter un cadre païen à un contexte chrétien, sans perdre l'« authenticité » romaine, l'était encore moins.

Comment les poètes du XIIᵉ siècle ont-ils négocié ce problème ? Dans les « romans antiques », les adaptations de textes classiques recouraient à l'anachronisme de la « médiévalisation ». Dans le *Roman de Thèbes*, par exemple, le prêtre païen Amphiares est représenté en évêque. Les Thébains vont à l'église pour leurs dévotions, ils utilisent la terminologie féodale et suivent les coutumes médiévales. Plutôt que de manifester la naïveté de leurs auteurs, ces adaptations traduisent un effort lucide pour attirer l'attention du public sur l'actualité de ces histoires antiques. La médiévalisation apparaît avec une netteté particulière dans les enluminures des manuscrits : des villes médiévales servent de fond à des batailles entre soldats « romains » revêtus d'armures elles aussi médiévales. Cette pratique durera longtemps. Dans l'un des plus beaux manuscrits du XVᵉ siècle des *Histoires romaines*, de Jean Mansel, on voit un évêque marier Jules César devant une cathédrale gothique remarquablement ouvragée (fig. 1). Pour un public médiéval, cette manière d'entrelacer histoire ancienne et réalité contemporaine n'avait rien d'incongru.

Les traducteurs de l'histoire ancienne devaient trouver le moyen de communiquer un sentiment d'« étrangeté » inspiré par les siècles passés tout en établissant un nombre suffisant de rapprochements avec les mœurs contemporaines pour mettre en valeur l'intérêt de la connaissance historique. Le traducteur des *Faits*, par exemple, apporte dans son prologue des compléments au *Bellum Catilinae (Conjuration de Catilina)* de Salluste : là où Salluste évoque le devoir qu'ont les êtres humains de se différencier des animaux grâce à leur raison, l'adaptateur médiéval fait intervenir Dieu, source et garantie de la raison humaine.

Dans la même veine, le concept latin de Nature est remplacé par la notion chrétienne de Créateur. Les leçons que le lecteur est censé tirer des *Faits* sont également formulées dans un vocabulaire chrétien. Et même si c'est toujours Caton l'Ancien qu'on propose en exemple, la diatribe de l'auteur chrétien contre le péché de luxure est à mille lieues du passage de Salluste, infiniment plus retenu.

Cette christianisation anachronique de l'Antiquité assure son lien avec l'actualité médiévale. L'auteur des *Faits* accentue encore celle-ci en faisant une allusion à Philippe Auguste. Un parallèle est établi dans le portrait de Jules César dont on dit qu'il avait l'épée toujours mal attachée à la ceinture : « Lorsque je pense à Jules César que Lucius Silla surnommait le "Mal Ceinturé" *[mau ceint]*, cela me rappelle Monseigneur Philippe, le roi de France, qui mériterait bien le nom de "Mal Peigné" *[mau pingnié]*, car dans sa jeunesse, il était toujours hirsute » (*les Faits des Romains*, p. 18). D'autres passages rapprochent les Romains des Français contemporains. L'un d'eux, en particulier, reflète le climat politique d'avant Bouvines : l'auteur-traducteur juge que les Anglais et les Normands seraient fous de s'allier avec « Otto l'Excommu-

1. Jules César marié par un évêque devant une cathédrale gothique, dans *Histoires romaines*, de Jean Mansel, f° 43 r° (bibliothèque de l'Arsenal, Paris, ms. 5088, XVe siècle). (Bibliothèque nationale, Paris.)

nié » (le Germanique) pour envahir la France (*ibid.*, p. 365). Les Normands sont suspects parce que Philippe Auguste vient seulement d'enlever la Normandie à son vassal Jean, également roi d'Angleterre. Une diatribe contre les Germains, dans un texte consacré à la gloire de l'Empire romain, était une bonne propagande, compte tenu des conflits incessants qui entouraient l'héritier légitime de l'empire de Charlemagne. L'invasion et la conquête de la Gaule par César constituent un problème plus délicat pour le traducteur. Il le résout en modifiant le texte de César pour montrer que non seulement les Gaulois (c'est-à-dire les Français) sont extrêmement courageux mais aussi qu'ils n'ont pas vraiment été vaincus puisqu'ils ont trouvé raisonnable de se rallier d'eux-mêmes à César. César lui-même (auteur du *De bello gallico*, ce que l'on ignore au Moyen Âge) est présenté comme un héros chevaleresque et courtois qui, par sa conduite honorable, justifie cette alliance. Que César doive être présenté comme un héros exemplaire apparaît nettement dans les distorsions que l'auteur fait subir à la *Pharsale*, ou *la Guerre civile*, de Lucain, texte farouchement opposé à César. Puisque le parallèle entre César et Philippe est implicite tout au long du texte, et même explicite au moins une fois, une présentation systématiquement positive de César est impérative.

Malgré la propagande qu'ils contiennent, *les Faits des Romains* jouiront d'une popularité considérable dans les siècles suivants où ils passeront avant tout pour résumer les vertus de la sagesse antique. Le texte original en sera retranscrit dans de nombreux manuscrits. Il y aura également des traductions directes (en italien ou en portugais) et des adaptations libres ; des fragments seront fréquemment incorporés dans d'autres œuvres, tout particulièrement en France et en Italie. Ainsi, lorsqu'on aura besoin d'un passage sur la naissance de César, il sera fréquent de recourir au texte des *Faits*. L'extrait, qui repose sur les *Étymologies*, d'Isidore de Séville (VIIe siècle), a contribué à répandre la légende (erronée) selon laquelle Jules César avait été mis au monde par césarienne. L'histoire reparaîtra dans *Renart le contrefait*, au XIVe siècle, dans les *Histoires romaines*, de Jean Mansel, au XVe siècle, et sera même incluse dans la préface d'une traduction française du *De bello gallico*, de César, à la même époque. Le César « mal ceinturé » lui aussi réapparaît dans des textes plus tardifs.

Le texte original des *Faits* connaîtra plusieurs vagues de popularité. Au XIIIe et au début du XIVe siècle, c'est dans la France du Nord et en Italie qu'il rencontre son plus grand succès ; la fin du XIVe et le XVe siècle y ajoutent la Bourgogne et enfin les régions flamandes. C'est là que seront produits les manuscrits les plus magnifiquement enluminés qui sont parvenus jusqu'à nous.

Le public des *Faits* comprend des clercs lettrés aussi bien que des princes et des rois. Les premiers y retrouvent leurs « auctores » préférés, traduits en un ouvrage aussi agréable qu'instructif ; les seconds y glanent des modèles de conduite chevaleresque et royale accompagnés de recettes diplomatiques et stratégiques. On cite même un seigneur d'une puissance considérable qui ne pouvait pas se passer des *Faits* : Charles le Téméraire, le fameux duc de Bourgogne, était tellement obsédé par le personnage de Jules César qu'il ne pouvait s'endormir avant de s'en être fait lire un passage.

C'est l'humanisme de la Renaissance, avec ses exigences nouvelles en matière de traduction des textes anciens, qui mettra un point final au succès des *Faits*. Les traductions du XIIIe siècle, qui de nos jours seraient considérées comme de pures et simples falsifications, ne sont plus acceptables pour le public cultivé. Ces falsificateurs, néanmoins, ont été pour l'exemplarité de l'histoire romaine des défenseurs plus convaincus et plus vigoureux que les humanistes qui leur succéderont.

Voir aussi 1152, 1202, 1517.

Bibliographie : li Fet des Romains. Compilé ensemble de Salluste, de Suétone et de Lucan, éd. L.-F. Flutre et Kornelis Sneyders de Vogel (Paris, Droz, 1936). *Histoire ancienne jusqu'à César* (Bibliothèque nationale, ms. fr. 20125). Calendre, *les Empereurs de Rome*, éd. Galia Millard (Ann Arbor, University of Michigan Press, 1957). Renate Blumenfeld-Kosinski, « Moralization and History : Verse and Prose in the *Histoire ancienne jusqu'à César* (B. N., ms. fr. 20125) », *Zeitschrift für romanische Philologie*, n° 97 (1981), pp. 41-46. Georges Duby, *le Dimanche de Bouvines* (Paris, Gallimard, 1973). Paul Meyer, « Les premières compilations françaises d'histoire ancienne », *Romania*, n° 14 (1885), pp. 1-81.

Renate Blumenfeld-Kosinski

1215, novembre

Le quatrième Concile de Latran prescrit aux chrétiens adultes de se confesser au moins une fois par an

L'impact de la doctrine chrétienne

Comme toutes les littératures en langue vulgaire de l'Europe médiévale, la littérature française a des origines profondément religieuses. Cela ne vaut pas seulement pour les vies et les miracles des saints, les contes pieux, les pièces à thèmes bibliques, les hymnes et les chants d'amour « au doux Jésus » et à sa « bonne mère » : les œuvres d'inspiration essentiellement séculière s'adressaient elles aussi à un public chrétien et mettaient en relief des thèmes religieux. Mais le quatrième Concile de Latran, qui se tint à Rome en novembre 1215 sous le pontificat d'Innocent III, devait transformer de manière significative la manière dont les fidèles comprenaient leur foi, ainsi que leur façon de la vivre et de s'exprimer à son propos.

Innocent III ne voulait pas seulement rehausser la dignité pontificale ; il avait conscience que l'Église elle-même nécessitait des réformes : il fallait relever le niveau spirituel et intellectuel du clergé, et raffermir la vie spirituelle et morale des laïcs. Les travaux du Concile consistèrent pour l'essentiel à entériner les décrets mis au point par le pape à cet effet. L'un de ces décrets demande à chaque diocèse de recruter des théologiens pour enseigner au clergé tout ce qui est nécessaire à la « cure des âmes » ; un autre, destiné à affermir la foi des laïcs, augmente la fréquence des sermons ; un autre, enfin, prescrit aux chrétiens adultes de se confesser au moins une fois par an. Étant donné le prestige d'Innocent III ainsi que le nombre et la diversité des participants, les décisions du Concile furent appliquées d'un bout à l'autre de l'Europe par de nombreux évêques.

On peut rattacher au Concile de Latran trois grands courants littéraires qui se sont développés en France et en Angleterre anglo-normande – et même dans l'Europe entière. Ce développement doit beaucoup à l'insistance du Concile pour que les prédicateurs donnent aux fidèles une conscience plus précise de ce que signifiait

« être chrétien ». La foi, pour l'homme ordinaire du XIIe siècle, se réduisait souvent à des manifestations extérieures : Roland est mort pour sa foi plus qu'il ne l'a vécue et on n'identifie comme chrétiens les personnages des romans que parce qu'on les voit assister à la messe et prier pour l'issue des combats. Par ailleurs, lorsqu'elle revêtait une dimension intérieure, la foi sombrait dans des débordements affectifs : les pécheurs repentis des histoires pieuses versent des torrents de larmes sur leurs péchés et les poètes chantent l'amour divin dans le langage sentimental des romans courtois. Le Concile va déplacer l'accent de l'émotivité vers l'intériorité. Pour atteindre cet objectif, l'Église allait devoir expliquer aux laïcs en quoi consistaient les sacrements, ce qu'ils signifiaient et quels étaient leurs effets. Désormais, tout chrétien avait l'obligation de se confesser régulièrement – et pas seulement sur le champ de bataille, sur son lit de mort ou parce qu'il s'était rendu coupable d'un péché particulièrement grave. Il fallait donc apprendre aux laïcs à se confesser et, pour ce faire, à procéder à un examen de conscience. De telles considérations pratiques sont à l'origine de la prolifération des « miroirs », ces *specula* dans lesquels les hommes et les femmes du Moyen Âge étaient invités à se regarder et à réfléchir non seulement à ce qu'ils étaient, mais aussi à ce qu'ils devraient être. L'avenir qui attendait la littérature autobiographique – la littérature dite de « confession » – aurait sans doute été inconcevable sans cet apprentissage chrétien de l'introspection.

Le premier type de littérature à témoigner de l'influence du Concile de Latran est écrit en latin : ce sont des ouvrages destinés aux laïcs mais transmis par l'intermédiaire du clergé. Il est nécessaire de les prendre en compte si l'on veut comprendre le sort que connaîtront les thèmes et les genres religieux lorsqu'ils seront transposés en langue vulgaire.

Ces ouvrages en latin se divisent en quatre grandes catégories : les manuels de pénitence, les traités sur les vices et les vertus, les recueils de sermons et les collections d'*exempla* (histoires mémorables pour illustrer les vices et les vertus). La *Summa de Poenitentia et Matrimonio* (*Somme sur la pénitence et le mariage*, vers 1235), du dominicain catalan Raymond de Peñafort, est un bon exemple de la nouvelle manière d'envisager la pénitence. Au lieu de prescrire des pénitences standard pour chaque catégorie de péché, comme le faisaient les manuels antérieurs, Peñafort met l'accent sur l'intention du pécheur et examine les circonstances concrètes de chaque cas particulier de péché ou de choix moral (d'où la science de la casuistique). L'âge, le sexe, la profession de l'individu et les circonstances de l'acte sont pris en compte. Les traités sur les vices et les vertus, comme ceux de Guillaume Perrault (Peraldus), contemporain de Peñafort et dominicain comme lui, mettaient à jour de vieilles traditions. Dépassant les oppositions classiques (comme l'orgueil et l'humilité), Perrault analyse en détail les nombreuses formes que le péché peut prendre ; il ne se contente pas de relever les diverses manifestations des péchés capitaux comme l'envie ou l'orgueil mais peut aborder aussi certains péchés moins évidents comme celui du « silence coupable ». Les sermons *ad status* (qui prennent en considération l'« état » de l'individu concerné) ont été écrits en français entre 1220 et 1240 par Jacques de Vitry. Ils ont été par la suite recueillis et traduits en latin afin de permettre à d'autres prédicateurs de les utiliser dans leurs propres efforts pour toucher des hommes et des femmes de conditions diverses. Enfin, des recueils d'*exempla* ont été constitués à partir de livres de sermons (comme celui de Jacques de Vitry). Le *Dialogus*

Miraculorum (le Dialogue des miracles), du cistercien César de Heisterbach (vers 1170-1240), est l'un des plus célèbres. Ce livre d'exemples sera le vade-mecum des franciscains qui en sauront particulièrement bien exploiter les histoires dans leur prédication ; après tout, leur fondateur, saint François d'Assise (1182-1226) n'avait-il pas été le « jongleur de Dieu », c'est-à-dire son conteur ? Les *exempla* étaient une source intarissable pour illustrer le vice et la vertu, mais ils étaient aussi une mine de détails terrestres et même sensuels. Aussi ces histoires ne sont-elles pas sans évoquer l'univers des fabliaux ; elles offrent souvent, comme eux, des aperçus pittoresques sur la vie quotidienne au Moyen Âge.

Si ces recueils ne sont souvent que d'arides catalogues des « lieux communs » de la catéchèse, se limitant à esquisser les grands traits d'une homélie, c'est parce qu'ils étaient destinés moins à être lus qu'à être consultés, exploités, étoffés et animés par le prédicateur dont l'éloquence devait leur donner vie. Parmi ces ouvrages, la *Legenda Aurea* (vers 1260, *la Légende dorée*), du dominicain Jacques de Voragine, somme de courtes Vies de saints, fait exception car elle invite vraiment à la lecture.

Cette littérature latine issue du Concile de Latran est, pour l'essentiel, indépendante du vaste mouvement intellectuel qui rendit célèbre le XIIIe siècle (naissance des universités, redécouverte d'Aristote et rayonnement de penseurs tels que Bonaventure et Thomas d'Aquin). Bien que le Concile ait souligné l'importance pour l'Église d'un clergé instruit, et bien que la nouvelle interprétation de la pénitence fût redevable pour beaucoup aux travaux d'érudits, l'accent n'est pas mis sur le savoir – encore moins sur les débats scolastiques – mais sur l'efficacité d'une prédication qui s'adresse au peuple. L'évêque de Lincoln, Robert Grosseteste, interdira à un prêtre de son diocèse de poursuivre ses études en lui rappelant que Jésus a demandé à Pierre de nourrir son troupeau avec sa foi et non de lui faire des conférences. On qualifie souvent la littérature médiévale de « didactique », mais il serait souvent plus exact de dire qu'elle est « catéchistique ». Après tout, le Concile avait fait campagne en faveur de l'instruction orale (dans le verbe grec *katechein*, il y a l'idée de « faire écho », d'apprendre par cœur et de réciter), de manière à toucher les cœurs et les volontés. Quoique la réflexion sur soi, indispensable à la conduite d'un examen de conscience, soit un aspect important de la littérature postconciliaire, cette connaissance de soi est liée à un projet actif, l'éradication du vice et l'exercice de la vertu, plutôt qu'au mode abstrait de connaissance qui est impliqué par le mot grec *didaskein*, « enseigner ».

Le deuxième grand courant de littérature postconciliaire est celui des œuvres composées en français par le clergé. Écrites directement à l'intention des laïcs et du bas clergé incapable de déchiffrer le latin, ces œuvres ont un ton plus attrayant et plus personnel que celui des modèles latins qui les inspirent. Certains de ces ouvrages – surtout les plus tardifs – sont destinés à la lecture individuelle, mais la plupart sont manifestement conçus pour être lus ou récités à haute voix. À la différence des textes latins – presque invariablement rédigés en prose –, les œuvres en français sont souvent en vers, ce qui les rattache à la tradition orale et constitue une invitation à en apprendre des extraits par cœur.

L'un des plus importants de ces ouvrages destinés aux laïcs, le *Manuel des péchés* (vers 1260), composé de couplets d'octosyllabes rimés, est l'œuvre d'un clerc anglo-normand inconnu (en Angleterre, le français est resté jusqu'au milieu du

XIVe siècle la langue écrite et utilisée par les classes supérieures). L'Angleterre a été particulièrement riche en productions de ce genre, probablement parce que les évêques anglais ont soutenu très activement le programme de Latran. Un Concile tenu à Oxford en 1222 renforcera encore les décisions du Concile précédent. Le *Manuel* met à la disposition du fidèle un guide destiné à l'aider dans son examen de conscience en insistant sur les principes fondamentaux de la foi – les douze articles du *Credo*, les dix commandements, les sept péchés capitaux, et les sept sacrements –, avec des chapitres expliquant pourquoi « le péché doit être haï », « quelles choses sont nuisibles et quelles choses sont profitables à la confession », « la puissance de la sainte prière », ainsi qu'un chapitre contenant des prières au Christ et à sa « douce Mère Marie ». On y trouve également de nombreux *exempla*, comme celui de Pierre l'Usurier, converti parce qu'il avait rêvé qu'il comparaissait devant le trône de Dieu pour être jugé.

Selon les priorités du prédicateur, il arrive que le contenu des sommes catéchistiques varie ; mais toutes énumèrent et expliquent les enseignements fondamentaux de la foi et, pour en faciliter la mémorisation, sont organisées selon un ordre numérique – par « sept » (les sacrements, les vices, les vertus), par « dix » et ainsi de suite. *La Somme le roi* (1279), équivalent continental du *Manuel*, écrit en prose à l'intention de Philippe III par son confesseur, le frère dominicain Laurent, exercera une influence considérable. L'accent de *la Somme* est plus positif que celui du *Manuel* : avec ses chapitres sur les sept vertus et les sept dons du Saint-Esprit, il insiste moins lourdement sur le péché et la confession.

Dans ce courant figurent également quelques œuvres d'imagination qui ne manquent pas d'attraits, comme l'allégorie intitulée *le Besant Dieu* (avant 1230), du clerc normand Guillaume, inspirée par la parabole des talents. Guillaume (comme beaucoup d'écrivains de l'époque) emprunte à l'ouvrage ascétique d'Innocent III, le *De Miseria Conditionis Humanae* (1195), à laquelle il ajoute un message nettement satirique. L'œuvre témoigne d'une vigoureuse personnalité : Guillaume commence par dire qu'il veut parler – pour faire bon usage du *besant* (« denier ») que lui a donné le Seigneur – avant qu'il ne soit trop tard, car, dit-il :

> Je ne sais quand il viendra,
> Ni à quelle heure il m'appellera (*le Besant Dieu*, vv. 5-6).

L'œuvre est remplie d'exhortations personnelles :

> Allons à la recherche de la croix de Jésus Christ !
> Faisons bon usage des talents que Dieu nous a donnés !
> [...]
> Lavons-nous par la confession
> De sorte que dans le grand cortège
> Nous puissions aller parmi les anges
> Et louer le roi de gloire ! (*ibid.*, vv. 3706-3707, 3717-3720).

Il n'y a ici aucune trace d'un « nous » clérical s'opposant à un « vous » laïc, aucun sentiment de supériorité cléricale. Guillaume parle, comme tant d'autres prédicateurs, pour tous les chrétiens, sans distinction.

La diffusion des contes pieux et des *exempla* – dont certains ont déjà été traduits en français au XIIe siècle – continuera au cours du XIIIe siècle. Vers la moitié du siècle, un templier anglo-normand, Henri d'Arci, adapte librement en vers français les *Vitae Patrum (Vies des Pères)*, œuvres latines évoquant les premiers ermites du désert. Ces histoires mettent l'accent sur la puissance de la confession, allant jusqu'à souligner qu'il n'est pas de péché, si affreux soit-il – y compris l'inceste, l'infanticide – que Dieu ne puisse pardonner.

La traduction des prières et des hymnes latines, en particulier celles qui sont dédiées à la Vierge, a donné naissance à de nouvelles compositions, souvent émouvantes, qui ont contribué au développement de la dévotion du peuple. L'une d'entre elles, le rosaire, sera pour le laïc illettré l'équivalent des cent cinquante psaumes récités quotidiennement dans les monastères. Les « livres d'heures » deviennent le bréviaire du laïc : on y trouve côte à côte un échantillon de prières, des hymnes, des lectures bibliques, le tout accompagné d'images pieuses.

Le troisième grand courant de littérature catéchistique débute vers le milieu du XIIIe siècle lorsque les laïcs s'engagent à leur tour dans le programme de Latran. Ils prennent à leur compte le devoir de prédication. L'une des voix les plus fortes de ce courant est celle de Rutebeuf (vers 1245-1280). Dans la *Voie de Paradis* (la *Voie d'Humilité*, vers 1262), composée à l'occasion du carême, lorsque les croyants se préparent à la confession annuelle, Rutebeuf raconte un rêve où il fait un pèlerinage au paradis. En chemin, il reçoit l'hospitalité de Pitié, compagne de Charité, qui lui explique que, s'il veut atteindre le paradis, il doit passer par la cité de Confession. Pitié lui décrit les vices et les vertus qu'il rencontrera sur sa route, en fournissant des détails qui lui permettront de les identifier. Voici la description d'Envie :

Celui sur qui Envie s'abat
Ignore le plaisir et les ébats
Toujours pâle est son visage
Toujours méchantes ses paroles.
Il rit quand son voisin pleure

[...]

Maintenant vous connaissez la vie
Que mène l'homme en proie à l'envie.
Envie fait tuer les hommes
Elle fait déplacer les bornes,
Envie fait amputer les terres,
Envie met dans le monde la guerre,
Envie fait que mari et femme
Se haïssent, Envie détruit l'âme,
Envie met la discorde entre les frères,

[...]

Envie met en déroute Charité
Et tue Humilité (*Voie de Paradis*, vv. 335-339, 343-351, 355-356).

À la fin, Rutebeuf loue la cité de Repentance :

Car rien ne saurait arriver de mal
À celui qui est dans ses murs (*ibid.*, vv. 872-873).

Rutebeuf a parlé aussi de son sentiment personnel de contrition et du besoin qu'il éprouvait de se confesser (dans la *Mort de Rutebeuf*). Il a évoqué également Marie l'Égyptienne, l'ancienne prostituée devenue une pénitente exemplaire (dans la *Vie de sainte Marie l'Égyptienne*). Il s'est en outre attaché au personnage de Théophile, qui a fait un pacte avec le diable ; son repentir et sa dévotion à la Vierge – en l'honneur de laquelle Rutebeuf a composé des poèmes – lui permettent d'échapper aux griffes de l'enfer (dans le *Miracle de Théophile*).

À partir de la moitié du XIIIe siècle, les laïcs lettrés français et anglo-normands commencent à aborder des sujets qui jusque-là avaient été essentiellement réservés au clergé et composent des œuvres pieuses, des prières et des appels à la pénitence. Dans *les Trois Morts et les Trois Vifs* (vers 1295), le ménestrel Baudoin de Condé fait apparaître des squelettes repoussants mais très animés, éloquents à souhait, qui défient les jeunes gens menant grand train et, en les effrayant, les exhortent au repentir. Il arrive même que des laïcs écrivent des manuels de morale et de vie religieuse. Parfois, ils mettent l'accent sur l'écart qui sépare ce que professent les fidèles et leur façon de vivre, comme le fait l'auteur anonyme du *Patenôtre de l'usurier*. Les laïcs deviennent eux-mêmes conscients du fait qu'être chrétien implique une certaine manière d'être et d'agir. Des œuvres séculières comme l'amusant *Lai d'Aristote*, d'Henri d'Andeli (vers 1250), parlent sans façon de péché mortel, de luxure et d'autres concepts empruntés à la théologie morale. Les deux parties du *Roman de la Rose* – celle de Guillaume de Lorris (vers 1225) et celle de Jean de Meung (vers 1275) – portent la trace de la même influence, avec les « Vices » peints sur les murs extérieurs du « Jardin » (Guillaume de Lorris) ou la longue confession de Nature à son chapelain Génius (Jean de Meung).

Les premiers laïcs à promouvoir le programme de Latran sont des écrivains professionnels, comme Rutebeuf, et des membres des classes cultivées. Jean de Joinville écrit une *Vie de Saint Louis* (1309), mélange de mémoires, de chronique et d'hagiographie, ainsi qu'une paraphrase du symbole des apôtres destinée à aider les agonisants dans leur lutte contre le doute. Des écrivains bourgeois et non professionnels finissent par se joindre au mouvement. Vers 1370, John Gower, l'un des derniers et des plus mémorables représentants de la littérature anglo-normande, écrit en français, à l'intention des lecteurs laïcs, un *Miroir de l'homme*. Cette œuvre massive – plus de trente mille octosyllabes – diffère des sommes catéchistiques par sa structure unitaire et les prétentions littéraires qu'elle affiche : soucieuse de symétrie et avide d'ornements poétiques, elle contient beaucoup de vers dignes d'attention. Il semble qu'elle ait été destinée à être lue par petits morceaux, la dévotion se joignant au plaisir du texte. Gower a aussi écrit en latin et en anglais. La *Confessio Amantis* (vers 1390), son chef-d'œuvre pseudo-autobiographique, est un curieux mélange où Génius, le chapelain de Vénus chez Jean de Meung, se voit promu confesseur et passe en revue, non sans cocasserie, la liste des sept péchés capitaux.

À la fin du XIVe siècle, les résultats recherchés par Innocent III au quatrième Concile de Latran avaient donc finalement abouti – parfois non sans paradoxe – à « un renforcement de la foi » et à « un enracinement des vertus ».

Voir aussi 1050, 1123, 1277, 1300, 1534 (octobre), 1609.

Bibliographie : Manuel des péchés, éd. E. J. Arnould (Paris, Droz, 1940). John Gower, *The Complete Works*, éd. G. C. Macaulay, 3 vol. (Oxford, Clarendon Press, 1899). Guillaume le clerc de Normandie, *le Besant Dieu*, éd. Ernst Martin (1869 ; réimp., Genève, Slatkine, 1975). Jean de Joinville, *la Vie de Saint Louis*, éd. Noël L. Corbett (Sherbrooke, Québec, Naaman, 1977). Guillaume de Lorris et Jean de Meung, *Roman de la Rose*, éd. Félix Lecoy (Paris, Champion, 1982). Rutebeuf, *Œuvres complètes*, éd. Michel Zink, 2 vol. (Paris, Bordas, 1989 et 1990). Jacques de Vitry, *The Exempla or Illustrative Stories from the Sermones Vulgares*, éd. F. Crane (1890 ; réimp., New York, Burt Franklin, 1971). Ch.-V. Langlois, *la Vie en France au Moyen Âge, du* XIIe *au milieu du* XIVe *siècle* (Paris, Hachette, 1928). Jean-Charles Payen, *le Motif du repentir dans la littérature française médiévale des origines à 1230* (Genève, Droz, 1967).

Evelyn Birge Vitz

1225 ?

Guillaume de Lorris écrit le prologue de la première partie du *Roman de la Rose*

De l'hybridation des genres

Le XIIIe siècle est une époque d'expérimentation formelle très active. Les genres poétiques, mélangés, donnent le jour à une variété d'hybrides qui, à leur tour, donnent naissance à d'autres combinaisons. Une œuvre comme *Aucassin et Nicolette* (vers 1225-1260) peut ainsi être considérée comme un hybride de roman courtois et d'épopée chevaleresque. Il en résulte des contrastes et des contradictions qui produisent parfois l'impression d'un monde à l'envers. Ces effets sont accentués par des emprunts à d'autres genres littéraires : récits hagiographiques, poésie lyrique des troubadours et des trouvères, roman d'aventures byzantin, pastourelle et fabliau.

Aucassin et Nicolette est divisé en quarante et une sections qui font alterner vers et prose. Des titres indiquent que les sections en vers sont chantées et que celles en prose sont récitées. La section finale propose le néologisme de « chantefable » pour désigner ce double discours. *Aucassin et Nicolette* est le seul exemple français de cette forme au caractère hybride. On trouve néanmoins son analogue dans la littérature latine avec la tradition du « prosimètre » (*prosimetrum :* prose-vers), à laquelle appartient le *De consolatione philosophiae* (*la Consolation de la philosophie*, vers 524), de Boèce, traduit par Jean de Meung au milieu du XIIIe siècle. Dans l'œuvre de Boèce comme dans *Aucassin et Nicolette*, la fonction de la prose et celle des vers se chevauchent fréquemment : de nombreuses séquences lyriques en vers font progresser le récit alors que d'autres, bien qu'elles soient en prose, comportent des élans lyriques. Mais, à la différence de *la Consolation, Aucassin et Nicolette* n'est pas une œuvre philosophique.

L'intrigue est relativement simple. Aucassin et Nicolette sont des amants que les événements séparent à deux reprises. Chaque fois, c'est Nicolette qui, par son astuce et son utilisation inventive du langage, rend possible les retrouvailles. Au cours de la première séparation, elle s'arrange pour guider Aucassin jusqu'à sa cachette dans la forêt en lui faisant parvenir une série de messages soigneusement codés qui déguisent et révèlent à la fois qui elle est et le lieu où elle se trouve. Lors de la seconde séparation, captive en Espagne, elle s'échappe et, déguisée en jongleur, gagne le château d'Aucassin à Beaucaire où elle récite devant son amant une version condensée de leurs aventures. Elle répète ainsi à l'intérieur de l'intrigue, et comme en miniature, le jeu de l'auteur-jongleur. Nicolette fait avancer l'action, mais elle fonctionne aussi comme un emblème – et même un double spéculaire – de l'auteur (anonyme).

Plus le récit avance et plus cette fonction devient manifeste, en particulier par le biais d'une redéfinition d'un mot clé dans le langage de la chevalerie, celui de « prouesse » (exploit). La présentation des protagonistes dans le prologue suit les conventions du roman de chevalerie et du roman courtois :

> Qui veut entendre de bons vers
> Que, pour se divertir, un vieux bonhomme écrivit
> Sur deux beaux jeunes gens,
> Nicolette et Aucassin,
> Sur les tourments que souffrit celui-ci
> Et les exploits *[proueces]* qu'il accomplit
> Pour son amie au lumineux visage ? (section I, vv. 1-7).

Aucassin est ici décrit comme le sujet actif, alors que Nicolette est l'objet passif de son amour. Mais, au cours du récit, ses « prouesses » sont éclipsées au profit d'une prouesse de nature toute différente, associée cette fois à la maîtrise du langage que représente Nicolette. À la fin de l'œuvre, elle émerge même comme une véritable figure de poète dont la parole, à deux reprises, a permis aux amants de se retrouver. Lorsque, déguisée en jongleur, elle entame sa chanson, le remaniement qu'elle fait subir au prologue est particulièrement significatif :

> Écoutez-moi, nobles et hauts seigneurs,
> Ceux d'en bas comme ceux d'en haut :
> Vous plairait-il d'entendre une chanson
> Sur Aucassin, un noble et haut seigneur,
> Et sur la vaillante Nicolette [*Nicholete la prous*] ? (section XXXIX, vv. 14-18).

La formule initiale, qui correspondait aux valeurs du roman et de l'épopée, est renversée : ce n'est plus Aucassin mais Nicolette qui est l'auteur des prouesses. En donnant un nouveau sens aux genres dont elle s'inspire, la chantefable attire l'attention, avec une ironie pleinement consciente, sur le procédé littéraire qui l'a en grande partie engendrée et constitue une illustration exemplaire de l'hybridation des genres.

Dans le *Roman de la Rose*, de Guillaume de Lorris (vers 1225), la forme que prend cette hybridation aura des suites importantes pour l'histoire littéraire. Le prologue unit en effet en une seule personne l'amant qui chante son amour et le narrateur du roman courtois. Jusque-là, ces deux personnages – comme les genres auxquels ils correspondent – s'excluaient mutuellement : le narrateur du roman était un clerc étranger à l'amour et l'amant n'avait aucun souci pour les lettres. Leur fusion induit une nouvelle forme de discours « autobiographique » dans laquelle un narrateur d'âge mûr raconte l'expérience amoureuse de ses vingt ans. Le savoir du narrateur du roman (y compris son savoir livresque) se combine à la passion amoureuse. Le sujet est de nature lyrique, mais il est articulé au moyen des techniques narratives romanesques. C'est comme si, dans *le Chevalier à la charrette*, Lancelot racontait ses amours avec Guenièvre par la voix de Chrétien de Troyes. Cette fusion des deux rôles a une conséquence importante : l'expérience subjective du protagoniste-narrateur y acquiert une portée universelle, de sorte que son histoire, bien qu'individuelle, prend la dimension d'un art d'aimer. Guillaume de Lorris est un savant lettré, conscient d'innover : « La matière en est neuve et bonne » (v. 39). Mais, en même temps, il présente son *Roman de la Rose* comme une offrande lyrique à une dame « qui a tant de prix et est si digne d'être aimée qu'elle doit être appelée Rose » (vv. 42-44).

Le *Roman de la Rose* de Guillaume de Lorris, présenté comme un rêve réalisé, est le récit allégorique d'un amour pour un bouton de rose. Il se termine sur une lamentation de l'amant (vv. 3920-4028), séparé à jamais de sa rose par le château de Jalousie. Cette lamentation assimile le protagoniste amoureux au narrateur poète : formulée presque exclusivement du point de vue du présent de l'écriture, elle peut s'adresser aussi bien à la rose de l'intrigue qu'à la dame prénommée Rose à qui le roman est offert.

Cette œuvre de Guillaume de Lorris peut être considérée comme un texte à la fois achevé et inachevé ; et ce paradoxe est une conséquence de l'hybridation générique dont nous venons de parler. En tant que roman d'aventures, il reste inachevé. C'est le narrateur lui-même qui l'indique quand il interrompt le récit (vv. 3482-3486) pour annoncer qu'il va maintenant raconter comment il a réussi à prendre le château de la Jalousie, épisode qui marquera la fin de son récit. Or cela, de toute évidence, n'a pas lieu. En revanche, le fait que le roman lui-même soit présenté comme une offrande lyrique faite par le narrateur à une dame réelle rend une telle conclusion inconcevable du point de vue des conventions courtoises. Si le protagoniste arrivait à ses fins et obtenait la possession de la rose, la dame du narrateur serait placée devant un fait accompli irrecevable : celui d'accepter le narrateur comme amant. L'inachèvement du récit est, par conséquent, un artifice délicat (et stratégiquement efficace) qui permet au texte de fonctionner sur le mode lyrique comme une supplique amoureuse. Le texte de Guillaume de Lorris est donc simultanément inachevé en tant que récit et achevé en tant que poème amoureux. La distinction entre lyrisme et narration est ici fondamentale, même si elle ne se reflète pas au niveau de la forme poétique adoptée par l'auteur (l'œuvre est composée en octosyllabes à rimes plates).

Le cas d'un autre *Roman de la Rose*, celui de Jean Renart, est tout différent. Parfois appelé *Roman de Guillaume de Dole*, il a été composé lui aussi vers 1225 et très probablement à la suite de celui de Guillaume de Lorris. La distinction entre lyrisme et narration s'y traduit, en effet, par un changement de régime formel : le récit en octosyllabes à rimes plates est interrompu par quarante-six poèmes lyriques de formes différentes, chantés par les personnages du roman.

Le roman raconte une quête amoureuse dans laquelle l'empereur d'Allemagne décide d'offrir sa main à Lïenor, la sœur de Guillaume de Dole, un chevalier de sa cour, après avoir entendu Jouglet, son ménestrel, chanter sa beauté. Mais le sénéchal de l'empereur, pour faire échouer le mariage, prétend avoir couché avec la jeune fille ;

pour prouver ses dires, il décrit la tache de naissance que celle-ci porte à la cuisse et qui a la forme d'une rose. Lïenor arrive à montrer que le sénéchal ment et finit par épouser l'empereur.

Quant aux chants intercalés, ils représentent, pour reprendre l'expression du dernier éditeur du *Roman de Guillaume de Dole*, Félix Lecoy, « une véritable anthologie de la production lyrique française » (p. XVIII). Ils se répartissent en deux grandes catégories : un groupe relativement homogène de seize pièces empruntées au répertoire du grand chant courtois « aristocratique » – l'œuvre de trouvères ou de troubadours connus comme Gace Brulé, le châtelain de Coucy, Renaut de Beaujeu, le Vidame de Chartres, Jaufré Rudel ou Bernard de Ventadour –, et un second groupe, beaucoup plus hétérogène, de trente pièces (à peu près toutes anonymes) provenant de la tradition lyrique « populaire ». Parmi elles, on compte vingt « chansons à danser », six ballades (dont trois « chansons de toile »), deux pastourelles et deux chansons de louanges (l'une adressée à un mécène, l'autre à une dame). À quoi s'ajoute une strophe épique intercalée provenant de la chanson de geste *Gerbert de Metz*.

Dans le prologue, Jean Renart montre qu'il est conscient de l'innovation générique à laquelle il se livre : « Car, comme on imprègne de teinture rouge les vêtements pour qu'on les admire et les prise, ainsi a-t-on inséré des chansons et leur musique dans ce *Roman de la Rose* : c'est une œuvre originale » (vv. 8-12).

L'ouvrage de Jean Renart présente deux innovations importantes par rapport à celui de Guillaume de Lorris. La première porte sur le pôle féminin, l'objet désiré, qui cesse d'être un objet passif pour devenir un agent actif de l'intrigue. L'autre concerne un changement du statut de la rose comme signifiant. Ainsi que l'a remarqué Michel Zink, la rose de Guillaume de Lorris est métaphorique : la fleur ressemble à la dame et la dame lui ressemble ; celle de Jean Renart est métonymique : la tache de naissance fait littéralement partie de l'identité de la dame.

Le *Roman de la Rose* de Renart inaugure une forme hybride qui aura beaucoup d'imitateurs. Très rapidement, Gerbert de Montreuil compose le *Roman de la violette* (vers 1230) dans le récit duquel il incorpore quelque quarante chansons. L'épisode d'ouverture reprend l'intrigue du *Roman de la Rose* de Renart, mais avec quelques différences notables. La fausse accusation portée contre l'héroïne, Euriaut, est maintenant provoquée par le pari de son amant, Gerart, qui a joué sa terre contre sa fidélité. Euriaut, pour sa part, reste plus passive que Lïenor : elle sera incapable de dénoncer l'imposture et de blanchir son honneur. La tache de naissance (le signe ou *saing*) d'Euriaut, en forme de violette, est localisée sur le sein droit : tant que personne d'autre n'en connaît l'existence, Gerart a la preuve de la fidélité de sa dame. Le secret de la violette est le gage de cette fidélité. Le prologue montre que Gerbert de Montreuil est lui aussi parfaitement conscient du statut hybride de son roman : « Car on peut à la fois le lire et le chanter et la partie chantée va si bien avec la partie récitée que je demande à celui qui m'écoute d'en être le témoin » (vv. 38-41).

Vers 1250, le *Roman de la poire*, de Tibaut, effectue une autre hybridation. Il combine la protagoniste féminine des romans de Jean Renart et de Gerbert de Montreuil avec le poème allégorique à la première personne de Guillaume de Lorris. Les chansons intercalées sont chantées par les personnages allégoriques du récit et comportent une série d'échanges de messages entre l'amant et la dame. Juste après le prologue, dans une longue séquence de strophes (pour la plupart en alexandrins), Cupidon, Fortune et quatre amants exemplaires (Cligès, Tristan, Pyrame et Pâris) présentent le héros et sa dame. La figure rhétorique centrale diffère également des autres romans, car la poire du titre ne se borne pas à symboliser la relation entre les amants, elle en est aussi la cause : le héros est tombé amoureux de sa dame en goûtant à la poire qu'elle lui a offerte après l'avoir elle-même goûtée. On reconnaît là une transposition du péché d'Adam. Mais cette réécriture positive du thème de la Chute se fait par le biais d'une autre évocation littéraire : les poires volées au livre II des *Confessions* de saint Augustin.

Le *Roman du châtelain de Coucy et de la dame de Fayel*, de Jakemes (vers 1285), fait jouer d'une manière originale l'insertion des poèmes lyriques dans la trame narrative. Le protagoniste de ce roman est le châtelain de Coucy, trouvère qui fut actif entre 1186 et 1203. Les chansons d'amour et de croisade dont il est l'auteur sont le noyau à partir duquel est engendré le roman. Sept d'entre elles sont intercalées dans le récit, qui, entre autres choses, prétend expliquer pourquoi elles ont été écrites. Le résultat est une poétisation, en langue d'oïl, du processus auquel on doit les *vidas* (« vies ») des troubadours en provençal. Trois autres chansons, bien que chantées par d'autres personnages que le châtelain de Coucy, donnent lieu au même type d'élaboration narrative.

Vers la fin du XIIIe siècle, le poème narratif avec des poèmes lyriques intercalés n'a plus rien d'un genre hybride ; il est devenu une forme canonique utilisée dans toutes sortes de registres discursifs. S'y rattachent le *Lai d'Aristote*, d'Henri d'Andeli (vers 1250), satire de l'université qui utilise les éléments du fabliau ; le *Cléomadès* d'Adenet le Roi (vers 1280), roman d'aventures fantastiques ; le *Jeu de Robin et Marion*, d'Adam de la Halle (vers 1285), version théâtrale de la pastourelle lyrique ; *le Tournoi de Chauvency*, de Jacques Bretel (vers 1285), spectacle de cour intégrant de vrais personnages historiques ; et *Renart le nouvel*, de Jacquemart Giélée (vers 1288), mélange parodique d'épopée animale et de roman courtois. Dans leur diversité, les formes mixtes de la fin du XIIIe siècle préparent l'apparition de l'entité générique du XIVe siècle connue sous le nom de « dit ».

Le *Dit de la panthère d'amour*, de Nicole de Margival (vers 1310), est un texte de transition particulièrement important. Dans cette allégorie amoureuse écrite elle aussi à la première personne, deux séries de poèmes lyriques sont intercalées : huit chansons (complètes ou partielles), d'Adam de la Halle, considéré comme faisant autorité pour tout ce qui touche à l'amour ; et onze, de Nicole lui-même, présentées comme des suppliques amoureuses (directes et indirectes) qu'il adresse à sa dame. La métaphore de la panthère, empruntée à la tradition du bestiaire, représente à la fois la dame (dans le rêve qui constitue le *dit* en propre) et l'échec du discours métaphorique, c'est-à-dire la distance qui sépare la dame réelle de sa représentation (dans l'épilogue du rêve). Le *dit* narratif avec des pièces lyriques intercalées devient une forme majeure de la production poétique à la fin du XIVe siècle ; on lui doit les chefs-d'œuvre que sont le *Remède de Fortune* (vers 1342) et le *Livre du Voir Dit* (vers 1365), de Guillaume de Machaut, ainsi que *la Prison amoureuse* (vers 1372) et *le Joli Buisson de jeunesse* (vers 1373), de Jean Froissart.

Voir aussi 1277.

Bibliographie : Aucassin et Nicolette, éd. et trad. Jean Dufournet (Paris, Flammarion, 1973 ; 1988). Guillaume de Lorris, *Roman de la Rose*, éd. Félix Lecoy (Paris, Champion, 1982). Gerbert de Montreuil, *Roman de la violette*, éd. Douglas L. Buffum (Paris, Champion, 1928) ; adapté par François Johan (Paris, Casterman, 1982). Jean Renart, *Roman de la Rose ou de Guillaume de Dole*, éd. Félix Lecoy (Paris, Champion, 1969). Tibaut, *Roman de la poire*, éd. Christiane Marchello-Nizia (Paris, Picard, 1984). Kevin Brownlee, « Discourse as Proueces in *Aucassin et Nicolette* », *Yale French Studies*, n° 70 (1986), pp. 167-182. Daniel Poirion, *le Roman de la Rose* (Paris, Hatier, 1973). Michel Zink, *Roman rose et rose rouge : le « roman de la Rose ou de Guillaume de Dole » de Jean Renart* (Paris, Nizet, 1979).

Kevin Brownlee

1267

Brunetto Latini insère dans le *Livre du trésor* le premier manuel de rhétorique rédigé en français

La rhétorique médiévale

La troisième partie de la somme encyclopédique de Brunetto Latini, le *Livre du trésor* (1267), commence par un traité de rhétorique. Même si sa manière de concevoir l'éloquence orale et écrite (styles oratoire, épistolaire, versification et prose) reste traditionnelle pour l'essentiel, sur un point il introduit une rupture significative : le langage dans lequel il l'écrit. Il est le premier à enseigner l'interprétation médiévale de la théorie de la composition latine non seulement en langue française mais à l'intention de la langue française. C'est le traité de Latini qui effectue le passage définitif de la tradition latine, telle qu'elle avait été transmise dans les écoles depuis l'Antiquité, à sa rivale française, apparue au XIIe siècle, et qui triomphera aux XIVe et XVe siècles. À cette date, l'exemple de Latini aura été suivi : des traités comme l'*Art de dicter*, d'Eustache Deschamps (1392), et l'*Art de rhétorique vulgaire*, de Jean Molinet (1493), qui exposent eux aussi en français la composition et la versification, empruntent à des œuvres françaises les illustrations qu'ils donnent en exemple.

La rhétorique, dit Latini, « nous apprend à nous exprimer pleinement et totalement sur des sujets publics et privés, et à le faire dans le but de convaincre les auditeurs de ce qui est dit » (*Livre du trésor*, livre III, p. 319). Cette définition des buts de la rhétorique remonte au *De inventione* de Cicéron. Mais elle met l'accent sur deux aspects qui sont déterminants pour la littérature médiévale : son caractère oral et la nature (publique ou privée) de l'auditoire devant lequel elle est récitée. Tous les manuels et traités médiévaux insisteront à leur tour sur l'élocution, c'est-à-dire sur les problèmes liés à la production orale d'un texte écrit. Le caractère oral de la littérature médiévale a deux aspects. Le premier tient au fait qu'une grande partie de son matériel narratif a été oral avant d'être écrit : c'est dès le IXe siècle, par exemple, que les jongleurs ont commencé à composer et à réciter les chansons de geste alors qu'elles ne seront transcrites qu'au cours des XIe ou XIIe siècles. Mais, d'autre part, les mots que les manuscrits nous ont fait parvenir n'étaient pas destinés à une lecture silencieuse ; ils étaient lus à haute voix devant un public qui pouvait se réduire à un seul auditeur ou comprendre des assemblées importantes réunies à l'occasion de festivités accompagnant un mariage ou l'entrée d'un roi dans une ville.

L'auteur doit choisir son langage en fonction des capacités linguistiques, du code de vraisemblance et des règles de bienséance d'un public donné. Un ouvrage que son genre destine à un public laïque, par exemple un roman ou un recueil de poèmes, ne peut pas utiliser le même langage et les mêmes *topoi* (« lieux communs ») que des Vies de saints qui sont destinées à un public dévot. Les problèmes qui concernent l'aristocratie sont abordés dans des récits à valeur exemplaire qui présentent des points de vue divergents, suggérant parfois une solution, parfois concluant sur une fin ambiguë qui laisse la porte ouverte à des discussions ultérieures. La présentation de points de vue différents était surtout essentielle à la composition des débats dans les poèmes courtois (*tensons*, jeux-partis). Pendant tout le Moyen Âge, la poésie amoureuse s'est construite autour de la figure d'un récitant qui adaptait ses paroles à son public : ce dernier pouvait aller de la femme aimée au cercle d'initiés ou de rivaux, sans oublier le mécène dispensateur de largesses. Dans les romans en prose du XIIIe siècle, les narrateurs, qu'ils soient présentés comme fictifs ou comme réels – les chevaliers de la Table ronde, Merlin, Jésus-Christ, Gautier Map, ou même des scribes anonymes –, font alterner dans leurs récits la narration proprement dite et l'interprétation. Ces narrateurs internes se comportent eux aussi comme des orateurs et ciblent leur discours en fonction des attentes de leur public.

Dans la tradition latine, le métier d'écrivain était acquis par l'étude de la grammaire (l'art d'employer la langue correctement) et de la rhétorique (l'art de parler avec élégance afin de mieux convaincre). Les grands traités médiévaux de composition latine apparaissent en France entre 1170 et 1250. Ceux qui ont exercé l'influence la plus profonde sont ceux de Matthieu de Vendôme, de Geoffroi de Vinsauf et de Jean de Garlande. Les recettes qu'ils donnent pour la composition en vers et en prose s'inspirent plus ou moins systématiquement de la tradition latine classique. Ils s'appuient aussi sur des modèles, représentés par les « bons auteurs » (comme Virgile et Stace mais aussi certains écrivains médiévaux) et les vues formulées sur le style par des autorités reconnues (comme Horace et Cicéron). Pour étudier ces modèles, on recourt principalement au commentaire, afin de déduire quelles règles de l'art ont été mises en œuvre dans tel passage de poésie ou de prose, et à la composition, avec des exercices d'imitation qui mettent en application les principes recommandés par ces « bons auteurs ». Pour la composition, l'idéal est une correction formelle ; il s'agit de dire essentiellement la même chose, mais de manière plus « artistique » ou plus substantielle que l'original, ou d'interpréter ce dernier d'une manière différente et neuve. Quant au commentaire, il consiste en une glose qui est tantôt externe et tantôt interne, selon qu'il s'agit d'une dissertation séparée ou de notations marginales ou interlinéaires. Dans ce dernier cas, le commentaire s'intègre au texte, ce qui donne naissance à un ouvrage différent. C'est ainsi qu'au XIIe siècle apparaît le *Roman d'Enéas*, adaptation qui recrée l'*Énéide* de Virgile pour un public aristocratique médiéval.

L'invention « topique » est la technique la plus importante pour le commentaire interne et pour la correction du style. Elle utilise les « lieux communs » (*koinoi topoi* en grec, *loci communes* en latin) pour créer un nouveau contexte. Les lieux communs sont les traits physiques, vestimentaires ou intimes qui permettent d'identifier des « types » humains universellement reconnaissables. Ce sont eux qui annoncent et étoffent la nature d'un personnage ; ils permettent de distinguer une beauté d'un laideron, un chevalier d'un charpentier ou d'un banquier, et une grande dame d'une modeste bergère. En tant que technique rhétorique, l'invention « topique » pousse les auditeurs ou les lecteurs à entrer dans une certaine vision du monde, renforce leurs croyances en les reflétant dans les personnages et les actions de l'œuvre écrite. Les écrivains français de tradition latine recourent abondamment à l'invention « topique ». Marie de France y fait référence dans le prologue de ses *Lais* (vers 1180) lorsqu'elle parle des auteurs qui tirent un sens caché de leurs sources. Chrétien de Troyes de son côté prétend articuler la « matière » (source matérielle) et le « sens » (contexte ou signification) que son modèle lui a fournis dans son roman *Lancelot, ou le Chevalier à la charrette* (vers 1170).

Les écrivains médiévaux ne conçoivent pas l'invention artistique en termes de création ; Dieu seul peut créer. Ils se voient plutôt comme les traducteurs d'un passé qu'ils adaptent aux idéaux de leur époque. Dans le chapitre de son *Livre du trésor* consacré à la rhétorique, Latini lui-même inclut des traductions d'œuvres latines, parmi lesquelles figurent des extraits de Cicéron, de Salluste et de Geoffroi de Vinsauf. Comme le français est une langue de mieux en mieux acceptée dans les arts et les sciences, la traduction du latin en français devient beaucoup plus courante. À peu près à la même époque, Jean de Meung traduit Boèce, Végèce et les lettres d'Héloïse et Abélard. Il fait également un amalgame de diverses sources dans le *Roman de la Rose*, qui entraînera une interprétation neuve de la matière ancienne en l'adaptant en fonction de nouveaux objectifs. Ce type de traduction assure le transfert du passé dans le présent, de l'étranger dans l'indigène, au moyen du commentaire, de la révision et du remaniement.

Pendant toute la période médiévale, ce qu'on appellera par la suite la « poétrie » comprend des fables, des *exempla* et autres formes de récits empruntées à des sources littéraires et bibliques. Digressions, descriptions, personnifications, tous ces procédés et d'autres encore permettent au poète de transformer ou de « traduire » ces récits dans des modes ou des genres différents, les réorganisant, les recombinant en fonction du sens qu'il veut leur faire exprimer. Aussi le poète reste-t-il d'abord un commentateur et un réviseur, qui présente sa vérité dans un contexte fixé contractuellement, pour un public donné, suivant les trois modes traditionnels que sont la traduction, l'adaptation et l'allégorie. Le *Roman de la Rose* sera la première œuvre poétique d'envergure en langue vulgaire à recourir à l'allégorie pour donner à un texte littéral une autre signification, au moyen de sources et de modèles historiques, scientifiques ou moraux. Il sera suivi d'autres allégories, historiques, scientifiques, exégétiques ou morales, parmi lesquelles l'*Ovide moralisé*, au XIVe siècle, et les « visions » ou « songes » d'écrivains médiévaux tardifs comme Guillaume de Machaut, Jean Froissart, Christine de Pisan et René d'Anjou.

Pour les poètes français de la fin du Moyen Âge, ces formes d'invention poétique sont des produits de l'imagination. Dans le *Prologue* qu'il écrit juste avant sa mort en 1377 pour présenter le recueil de ses œuvres complètes, Guillaume de Machaut définit l'imagination comme la faculté qui permet à l'artiste d'inventer des images. La vérité ou la validité des images tient au fait qu'elles représentent un modèle accepté. Par exemple, le poète qui souhaite montrer une vérité religieuse ou morale modèlera les personnages et les représentations de son ouvrage sur la vie du Christ, ou il choisira, pour représenter les vices et les vertus, des personnages dont les attributs décrivent ou définissent ces abstractions morales. S'il cherche à représenter une situation amoureuse, il aura à sa disposition des schémas exemplaires, comme le *gradus amoris*, qui l'aideront à évoquer les étapes de l'amour depuis le premier regard jusqu'à la consommation finale.

L'*Archiloge sophie*, de Jacques Le Grand (traduit et adapté en français de son propre *Sophilogium* latin), est le traité postérieur au *Trésor* le plus complet pour l'enseignement de la manière d'accommoder l'invention « topique » et l'imagination. Comme ses prédécesseurs latins, Le Grand commence par la grammaire et la rhétorique. Mais c'est sur la « poétrie » et la rhétorique qu'il insiste. Pour lui, la « poétrie » est « une science qui enseigne comment feindre, comment faire des fictions qui sont confirmées par la raison et analogues à ces choses au sujet desquelles on se propose de parler » (*Archiloge sophie*, livre I, chap. XXV, lignes 2-3). C'est l'imagination. La littérature est alors conçue comme un langage essentiellement métaphorique qui permet au poète d'adapter ou de transformer en allégorie des images reçues de sorte qu'elles présentent une analogie avec des modèles préconçus.

La diversité de la littérature française et sa victoire finale sur le latin résultent d'une transmission et d'une adaptation des traditions plutôt que de leur rupture. L'art littéraire est donc essentiellement d'ordre rhétorique, dans le sens où l'entend Latini : la parole, publique et privée, est conçue pour convaincre un auditoire de la vérité de ce qui est chanté ou déclamé.

Voir aussi 1342, 1493, 1541 (juillet).

Bibliographie : Brunetto Latini, *li Livres dou tresor*, éd. Francis J. Carmody (Berkeley, University of California Press, 1948 ; réimp., Genève, Slatkine, 1975). Jacques Le Grand, *Archiloge sophie/Livre de bonnes meurs*, éd. Evencio Beltran (Paris, Champion, 1986). Edmond Faral, *les Arts poétiques du XIIe et XIIIe siècle* (Paris, Champion, 1958). Douglas Kelly, *The Arts of Poetry and Prose* (Tournai, Brepols, 1989). Paul Zumthor, *la Lettre et la Voix de la « littérature » médiévale* (Paris, Seuil, 1987).

Douglas Kelly

1277, 7 mars

L'évêque de Paris condamne deux cent dix-neuf propositions enseignées par l'université de Paris

Jean de Meung ajoute dix-sept mille cinq cents vers au Roman de la Rose *de Guillaume de Lorris*

Le 7 mars 1277, Étienne Tempier, évêque de Paris mandaté par le pape pour vérifier l'orthodoxie doctrinale des enseignements de la faculté des arts de Paris, condamne publiquement deux cent dix-neuf propositions – ou « erreurs » – relevées dans les ouvrages au programme et dans les cours de certains professeurs. Un tel zèle et la menace d'excommunication qui l'accompagne témoignent sans aucun doute d'une volonté de contrer l'influence croissante du thomisme et de la philosophie néo-aristotélicienne dans les milieux théologiques. Néanmoins, l'ampleur et l'aspect peu sélectif de cette condamnation lui donnent le caractère d'un refus presque aveugle de toute forme d'innovation. Il est exact que de nombreuses erreurs incriminées proviennent de thèses aristotéliciennes transmises par les commentateurs arabes, Averroès en particulier, dont l'œuvre a exercé une influence décisive sur celle de Thomas d'Aquin (mort en 1274). Mais la condamnation de Tempier s'en prend aussi, de manière inattendue, au *Traité de l'amour courtois* d'André Le Chapelain (vers 1185). Cette condamnation est immédiatement suivie d'effets : la carrière universitaire d'une des grandes figures de l'époque, Siger de Brabant, le commentateur d'Averroès, est interrompue et les écrits de Thomas d'Aquin sont mis à l'index, à Paris, jusqu'en 1325, soit deux ans après sa canonisation par Rome.

Bien qu'il soit douteux qu'un homme d'Église ait pris au sérieux un texte écrit en français, certaines des erreurs morales relevées par Tempier auraient fort bien pu provenir d'une œuvre contemporaine dont la popularité allait vite être considérable, le *Roman de la Rose*, de Jean de Meung (vers 1275). Ce pourrait bien être le cas, par exemple, lorsqu'il dénonce les auteurs qui laissent penser que : « [...] la simple fornication, à savoir, celle d'un homme non marié avec une femme non mariée, n'est pas un péché ; qu'un péché contre nature, tel que des rapports déviants, n'est pas contraire à la nature de l'individu, bien qu'il soit contraire à celle des espèces ; [ou] que la continence n'est pas en soi une vertu » (*Medieval Political Philosophy*, p. 353). De nombreux passages du *Roman de la Rose* indiquent que le monde de l'Université était familier à Jean de Meung. Mais la forme de l'œuvre – un roman versifié en français – suggère qu'elle était destinée à circuler en marge de ce milieu, comme une satire des débats intellectuels, qui n'aurait pas à se soumettre aux restrictions idéologiques imposées par l'usage du latin. Nous ne connaissons pas la date précise de la composition du *Roman de la Rose*. Une référence à la conquête de la Sicile par Charles d'Anjou (1266-1268) indique pourtant que le poème a pu être composé au cours de la décennie qui a précédé la publication par Tempier des deux cent dix-neuf erreurs. Jean de Meung mourra à Paris, en 1305.

L'œuvre de Jean de Meung marque un tournant dans la culture de la fin du XIIIe siècle. L'invention courtoise est alors en déclin et les rares œuvres qui la prolongent adoptent de plus en plus un mode didactique (comme Richard de Fournival, avec son *Bestiaire d'amour*). Le roman suit un virage similaire : dans son interminable version en prose, la saga arthurienne quitte le registre profane et devient le véhicule d'une version christianisée de l'histoire du monde ; quant aux romans chevaleresques en vers, sans être aussi explicitement didactiques, ils sombrent dans l'imitation nostalgique d'une tradition révolue. En revanche, un public dont le goût se diversifie est demandeur d'ouvrages édifiants aussi bien que de gauloiseries. Cette évolution est l'effet du déplacement des foyers de production littéraire, jadis soumis à la surveillance des cours de province, vers des centres urbains plus hétérogènes, à la fois savants et populaires, comme Arras, avec sa bourgeoisie prospère, et Paris, avec son université autour de laquelle se développait une vie intellectuelle particulièrement active. Cette vie intellectuelle se traduit à la fois par un renouveau du latin et par une demande croissante de textes en langue vulgaire. C'est à ce moment-là que, pour répondre à cette demande, les ateliers de production du livre manuscrit deviennent des entreprises commerciales. Les sujets les plus divers – rhétorique, histoire, philosophie ou sciences – sont maintenant traités en français.

La langue vulgaire est aussi un moyen de propagande efficace. Rutebeuf était déjà intervenu dans des polémiques universitaires en composant des poèmes satiriques en français. Mais, deux générations plus tard, Rutebeuf sera oublié, alors que le *Roman de la Rose* de Jean de Meung survivra dans quelque deux cent cinquante manuscrits (la plupart magnifiquement illustrés). *La Divine Comédie*, de Dante, est la seule œuvre médiévale en langue vulgaire dont les manuscrits dépassent ce chiffre.

Comme il l'indique dans son œuvre par le truchement du dieu d'Amour, Jean de Meung a découvert un poème inachevé, un certain *Roman de la Rose*, commencé par Guillaume de Lorris plus de quarante ans plus tôt, et a décidé de le terminer : il ajoutera dix-sept mille cinq cents octosyllabes aux quatre mille originaux. Avec la délicatesse, la finesse et l'ingéniosité d'un poète rompu aux complexités rhétoriques du lyrisme courtois, Guillaume racontait, à la première personne, un songe allégorique dans lequel il cherchait sa bien-aimée, représentée par la rose, dans le jardin de la Diversion. Mais il devait échouer, victime de toutes les forces sociales qui empêchent la satisfaction du désir amoureux : Jalousie et ses acolytes, Honte, Peur, Refus et Male Bouche. La fin du poème le montre solitaire, séparé de l'objet de son amour par les fortifications élevées par Jalousie. Une telle exclusion le place dans la position typique de l'amant courtois implorant les bonnes grâces de sa dame.

Jean de Meung ne dit pas comment il a découvert ce poème courtois, délicat et occasionnellement obscur. Il ne dit pas non plus pourquoi ce poème a retenu son attention. Il est probable qu'il l'a jugé représentatif d'un genre littéraire sur le déclin et d'une vision du monde dépassée. La pratique des continuations – le fait d'ajouter une suite à une œuvre antérieure – était courante, depuis la fin du XIIe siècle, en matière de composition romanesque, mais Jean de Meung l'utilise de manière plus explicite que ses prédécesseurs et, surtout, sous forme d'une véritable réinterprétation critique.

Son traitement de l'allégorie, par exemple, diffère profondément de celui de Guillaume de Lorris. Alors que chez ce dernier chaque nuance affective se traduit par une action appropriée (ainsi Bel Accueil accorde à l'amant d'entrer dans le buisson de roses, mais Male Bouche alerte Jalousie qui chasse l'amant), Jean de Meung fait parler plutôt qu'agir ses personnages allégoriques : Raison, Nature, la Vieille, Faux-Semblant, etc. prononcent ainsi des discours qui peuvent atteindre de mille à trois mille vers. Les sujets de ces tirades vont de l'amitié à l'abstinence sexuelle, de problèmes d'optique à des questions d'hygiène féminine, de la jalousie à la sodomie. Les personnages sont définis par ce qu'ils disent plus que par ce qu'ils font et, réciproquement, ce qu'ils sont renforce l'autorité de ce qu'ils disent en fournissant un cadre vraisemblable. Au lieu d'actions, Jean de Meung offre des mots ; au lieu de sentiments, des idées. Il lui arrive pourtant de revenir à l'action allégorique et il ne le fait nulle part avec plus de force que dans la grande scène finale : défendu par Génius, le confesseur de Nature, qui est décrit comme le grand prêtre de la promiscuité sexuelle, et par Vénus, qui tient une torche enflammée, l'amant franchit l'enceinte du château de Jalousie et, en des termes qui ne laissent aucun doute, déflore la rose.

Cette œuvre massive, avec sa composition centrifuge, interrompue par toutes sortes de digressions et de jeux de mots, ne facilite pas la tâche de qui voudrait y trouver un message unique et cohérent. Certains commentateurs ont cru que ce message était exprimé par la voix de Raison, premier personnage allégorique rencontré par l'amant : elle parle pour l'amour chaste et contre la passion. Une telle hypothèse soumet le poème à un mouvement descendant : il décrirait, avec une distance de plus en plus ironique, l'obstination de l'amant dans ses efforts pour entrer en contact avec la rose. Pour d'autres lecteurs, au contraire, la clé du poème se trouverait dans les personnages de Nature et Génius : leur naturalisme oppose aux prescriptions de l'Église sur la chasteté les impératifs de la perpétuation de l'espèce. La conclusion de Jean de Meung, qui décrit la fécondation à peine voilée de la rose, mettrait en scène la victoire d'une vision profane et réaliste sur l'abstraction des dogmes.

Que l'on choisisse le point de vue de Raison ou celui de Nature, ce type de lecture présuppose chez Jean de Meung l'intention de défendre une doctrine spécifique. Elle implique que le poème défende une thèse unique, résultant soit d'un compromis entre les « autorités » qui s'opposent soit de la victoire de l'une d'entre elles. Or un fait est certain : les idées présentées par le *Roman de la Rose* se bornent à refléter, jusqu'à la banalité, la pensée de son époque. Jean de Meung lui-même se présente comme un « réciteur », mot tout à fait juste dans la mesure où plusieurs milliers de ses vers sont des traductions ou des citations d'Ovide, de Juvénal, d'Alain de Lille, de Boèce ou de Guillaume de Saint-Amour. Par sa structure narrative même, le *Roman de la Rose* implique une pluralité d'idées et de points de vue. Jean de Meung fait jouer la dualité des auteurs (lui-même et Guillaume de Lorris) pour faire porter à l'ensemble du poème la marque des débats contradictoires de la tradition scolastique. Le procédé rhétorique de la personnification, qui permet d'incarner et d'opposer dans un dialogue des doctrines adverses, se prête parfaitement à un exercice de ce type. D'ailleurs, si on remonte à ses origines, la narration allégorique est un genre qui a été élaboré à l'occasion d'un duel métaphorique : son texte fondateur est la *Psychomachia*, de Prudence (IVᵉ siècle), qui décrit la lutte des vices et des vertus dont l'âme humaine est le champ de bataille.

Cependant la démarche de Jean de Meung ne peut se comprendre que si on la replace dans le cadre plus large de la recherche épistémologique. Elle entraîne en effet une remise en question des systèmes de croyance qui oblige le lecteur à prendre conscience de sa responsabilité dans les interprétations qu'il avance. Les dernières paroles prononcées par l'amant soulignent ce point :

> Ainsi en va-t-il des choses contraires :
> Les unes sont l'explication des autres,
> Et si l'on veut définir l'une
> On ne doit pas oublier l'autre
> Ou alors, quelque application que l'on y mette,
> On n'en donnera jamais la définition ;
> Si l'on n'a pas, en effet, la connaissance
> Des deux, on ne fera jamais la différence,
> Sans laquelle on ne peut donner
> La moindre définition (vv. 21543-21552, éd. Lanly).

Il serait tentant de voir dans ces vers une critique d'attitudes comme celle d'Etienne Tempier. Même si l'évêque de Paris ne visait pas explicitement le *Roman de la Rose*, le rapprochement n'est pas gratuit. Car, pour l'auteur du *Roman de la Rose*, une chose ne peut être connue qu'à partir de son contraire – l'orthodoxie à partir de l'hérésie, la moralité à partir de la déviance. Tempier voulait interdire tout ce qui est contraire à l'orthodoxie, mais cette condamnation elle-même est soumise à la règle des contraires formulée par Jean de Meung. Quelle différence y a-t-il, de ce point de vue, entre certaines citations, à l'intérieur du *Roman*, à des fins satiriques, et l'énumération par Tempier, à des fins inquisitoriales, de propositions glanées chez les maîtres de l'Université ? Le bon évêque doit-il être félicité ou blâmé de nous avoir transmis cette liste d'idées répréhensibles ? Par le fait même de condamner ces idées, il les perpétue. L'irréductible hétérodoxie intellectuelle mise en place par la fiction construite par Jean de Meung fait apparaître toute répression idéologique comme une arme à double tranchant.

Jean de Meung est souvent aux limites de la convenance. C'est ce qui lui a valu d'exercer une fascination sur son public, voire de susciter le scandale. Son ressort principal ici est l'ironie qui, selon la rhétorique classique, est une sous-catégorie de l'allégorie : l'ironie est une figure du discours par laquelle on exprime une idée ou une opinion tout en signifiant son contraire. La nature ironique d'un texte ne peut se reconnaître que si l'on tient compte du contexte. La construction du *Roman de la Rose* soumet toutes les voix qui s'y expriment, y compris celle du narrateur, à une recontextualisation qui elle-même oblige à réinterpréter chaque énoncé sous un jour différent, parfois contradictoire. Cette multiplication ironique des voix peut atteindre des degrés vertigineux. Par exemple, le discours du « mari jaloux » qui, de l'avis général, est l'expression la plus caractéristique (et la plus critiquée) de la veine misogyne souvent reprochée à Jean de Meung, n'est pas prononcé directement par le mari lui-même mais cité par un personnage nommé Ami qui, à son tour, apparaît à l'intérieur de l'échafaudage allégorique constitué par le rêve de l'amant. Le « mari jaloux » et la voix du narrateur sont donc séparés par trois cadres énonciatifs distincts. Cela nous autorise-t-il à accuser Jean de Meung de misogynie ?

L'ambivalence du *Roman de la Rose* pour tout ce qui touche à l'amour et à la sexualité peut être rattachée à un autre leitmotiv, l'impossibilité de remonter d'une expression à une intention. On a vu à quel point les idées imputables au narrateur étaient rares : son apport se limite à l'élaboration romanesque des événements. À cela s'ajoute le fait que son rôle lui-même évolue au cours du poème. Au fur et à mesure que le narrateur prend ses distances vis-à-vis de l'amant, ses commentaires se réduisent, même dans des épisodes aussi lourds de conséquences que celui de Pygmalion, vers la fin du texte, qui oppose une sexualité féconde à la stérilité égotiste du Narcisse de Guillaume de Lorris. Au milieu du poème, pourtant, il y a une infraction spectaculaire à cette règle de non-intervention. Jean de Meung fait une pause. Il interrompt son récit et se défend contre ses détracteurs. S'il a usé dans son exposé de paroles « semblant trop gaillardes ou trop folles » (vv. 15131-15132), c'est parce que « la matière l'exigeait » (v. 15143). Il se range alors sous l'autorité de Salluste pour louer l'écrivain qui se bat pour trouver les mots qui conviennent aux actions décrites, lutte qui fait de lui un héros de plein droit. Cet éloge prend toute sa valeur quand on le rapproche du passage, quelque huit mille vers plus haut, où Raison et l'amant débattent de la relation des mots et des choses. L'amant reproche à Raison d'avoir utilisé le mot « couilles », qu'il juge malséant « dans la bouche d'une courtoise jeune fille » (v. 6901). L'expression n'est pas innocente : incapable de dissocier le mot de son référent et l'organe de son nom, l'amant fait ainsi naître, sans le vouloir, une équivoque qui suggère l'image de la fellation. Cette plaisanterie illustre bien l'ambiguïté du langage, à la fois innocent et provocateur toujours capable d'une production spontanée et irrépressible du sens.

Pour sa défense, le narrateur invoque aussi la tradition poétique. Contre d'éventuelles accusations de misogynie, il défend un point de vue pédagogique : « Car il est bon de tout savoir » (v. 15184). Du reste, puisqu'il ne fait que répéter les auteurs anciens, ce sont eux qu'il faut blâmer : « Je ne fais que redire » (v. 15204). Il utilise un argument voisin quand il défend son portrait du pieux et hypocrite Faux-Semblant :

> S'il advient que sous ma flèche,
> Pour recevoir le coup,
> Quelqu'un se mette de son plein gré [...]
> Qu'il soit alors atteint
> Et qu'ensuite il se plaigne que je l'ai blessé,
> Je n'en ai ni n'en aurai la responsabilité (vv. 15246-15252).

La responsabilité du sens est ainsi transférée de l'écrivain au lecteur que son interprétation expose à découvrir dans le miroir de la littérature ce qu'il voudrait ignorer de lui-même. En d'autres termes, le vrai coupable est toujours celui qui critique ou qui condamne. À la faveur de cette défense, Jean de Meung met en place un schéma de réception qui intègre à son œuvre les controverses qu'elle suscitera.

Le succès du *Roman de la Rose* tient, au moins en partie, au fait que, dans son labyrinthe, les lecteurs pouvaient trouver ce qu'ils voulaient. Son succès fut immédiat. Il devint une sorte d'ouvrage de référence, un texte à consulter, comme on consulte une encyclopédie, mais aussi le modèle d'un genre remis au goût du jour, l'allégorie moralisatrice ou doctrinale. Dès 1290, Gui de Mori en donna une version expurgée. Au début du XIVe siècle, « maître Jean de Meung », une célébrité, était loué pour son savoir. Sa vogue atteint son apogée avec *l'Apparition de maître Jean de Meung* (1398), d'Honoré Bouvet, allégorie dans laquelle le poète du *Roman de la Rose* figure comme un personnage à part entière. Le *Roman de la Rose* aura, de son côté, une vaste descendance, avec des allégories érotiques (*les Échecs d'amour*, vers 1370-1380), moralisatrices (*le Pèlerinage de la vie humaine*, 1330 ; *le Songe du vieux pèlerin*, 1389, de Philippe de Mézières) ou politiques et sociales (l'anonyme *Renart le contrefait*, vers 1320).

En dénonçant les gauloiseries et la misogynie de Jean de Meung, Christine de Pisan a suscité un échange que l'on considère parfois comme la première querelle dans l'histoire de la littérature française (1401-1402) : querelle qui, de surcroît, répète la structure de débat autour de laquelle l'œuvre elle-même était construite. Le principal défenseur de Jean de Meung est Pierre Col. Celui-ci, après une brève défense du contenu du poème, renverse les positions en suggérant que les détracteurs pourraient avoir des intentions très différentes de la piété qu'ils invoquent. Derrière le dégoût de ces soi-disant raffinés se cache une haine personnelle à l'égard de l'auteur, une jalousie à l'égard de son succès ou tout simplement une ignorance de son œuvre. Col conclut en suggérant une motivation encore plus cynique : « Peut-être faites-vous semblant de blâmer le livre en question avec l'intention d'inciter ceux qui vous écoutent à le lire. Vous savez bien que celui qui le lira y trouvera le contraire de ce que vous dites, c'est-à-dire des enseignements valables. Si c'est le cas, il faut excuser ceux qui critiquent ce livre car leur intention est bonne quels que soient les moyens employés » (*la Querelle de la Rose*, p. 109). Dans un climat intellectuel de plus en plus sensible aux pouvoirs du langage, tout artifice verbal peut être réinterprété en fonction des besoins du contexte.

Le *Roman de la Rose* offre, sinon la première expression, du moins l'expression la plus élaborée dans la littérature médiévale de la conscience du pouvoir du mot écrit et du dangereux privilège que constitue l'art de l'interprétation. Les discussions dont il a été l'objet du XIVe siècle à nos jours prouvent que ces questions sont au cœur de notre compréhension de la fiction. À une époque où l'usage de la langue française commençait seulement à être accepté pour la production écrite, Jean de Meung a amorcé une audacieuse critique de la connaissance dans un espace qui échappait partiellement à la censure idéologique, précisément à cause de la position marginale dans laquelle le français était relégué par les milieux cléricaux. En outre, il est parvenu à donner à ses premiers lecteurs le sentiment d'un monde regorgeant d'informations nouvelles. Il a peut-être aussi donné une leçon qui vaut pour la critique littéraire de tous les temps : les mots peuvent faire du mal, mais ce n'est pas une raison pour reculer devant la responsabilité de s'en servir.

Voir aussi 1215, 1225, 1401, 1542.

Bibliographie : Guillaume de Lorris et Jean de Meung, *Roman de la Rose*, éd. Félix Lecoy, 3 vol. (Paris, Champion, 1979-1983) ; *Roman de la Rose*, traduction en français moderne par André Lanly, 5 vol. (Paris, Champion, 1971-1975). *La Querelle de la Rose : Letters and Documents*, trad. Joseph L. Baird et John R. Kane (Chapel Hill, University of North Carolina Press, 1978). David F. Hult, *Self-Fulfilling Prophecies : Readership and Authority in the First « Roman de la Rose »* (Cambridge University Press, 1986). *Medieval Political Philosophy : A Sourcebook*, éd. Ralph Lerner and Muhsin Mahdi with Ernest L. Fortin (Ithaca, Cornell University Press, 1972). Daniel Poirion, *le Roman de la Rose* (Paris, Hatier, 1973).

David F. Hult

1300 ?

Première version française de la Passion du Christ sous forme théâtrale

La Passion au théâtre

La Passion du Christ est un des thèmes bibliques les plus fréquemment traités par la littérature médiévale. L'un des premiers récits de la littérature française, datant du XIe siècle, est la *Passion* occitane dont le manuscrit se trouve à la bibliothèque de Clermont-Ferrand. Ses cent vingt-neuf quatrains retracent les événements vécus par Jésus entre le dimanche des Rameaux et l'Ascension. La Vierge Marie y tient déjà la place privilégiée d'une *Mater Dolorosa* dont le profond chagrin, au pied de la croix, s'accompagne d'une compréhension du divin mystère de la Résurrection. Les traitements narratifs ultérieurs, comme la *Passion des jongleurs* au XIIe siècle ou le *Livre de la Passion* au XIVe, ajouteront eux aussi le tableau lyrique et pathétique de la douleur de Marie au récit traditionnel des Évangiles.

Le traitement narratif de la Passion apparaît si tôt et sa persistance est si remarquable qu'on s'étonne qu'il faille attendre 1300 pour la voir apparaître dans une œuvre théâtrale en français. La *Passion du Palatinus*, nommée d'après le seul manuscrit qu'on en ait *(Palatinus Latinus*, bibliothèque du Vatican, 1969), apparaît au point médian des siècles qui, pour l'histoire littéraire, constituent la période productive du Moyen Âge. À l'époque où elle a été composée, la littérature française est déjà passée par le stade de la maturité « classique », vers la fin du XIIe siècle, suivi au XIIIe siècle par une période de reprises et de réinterprétation de sujets antérieurs. Il n'en va pas de même pour le théâtre qui, en 1300, est encore relativement peu développé. Au cours du siècle et demi qui précède, aucun type de dramaturgie n'est encore arrivé à s'imposer de manière durable. Il ne subsiste qu'un petit nombre de morceaux dramatiques, d'ailleurs importants, connus sous le nom de « jeux ».

L'un des premiers jeux (entre 1146 et 1174) est l'*Ordo Representacionis Ade*, ou le *Jeu d'Adam*, avec ses nombreuses inventions au cours du développement de scènes empruntées à la Genèse (la Chute, le meurtre d'Abel) et suivies par un défilé des prophètes du Christ. Les deux fragments de *la Sainte Résurrection* (vers 1175) qui nous sont parvenus, l'un et l'autre traitant des épisodes de la Passion postérieurs à la Crucifixion, suggèrent que, même s'il se limite à certains passages du récit biblique, le récit de la Passion a été utilisé par le théâtre en langue vulgaire bien avant 1300. Au cours du XIIIe siècle, quatre pièces – provenant du prolifique centre littéraire d'Arras – indiquent une évolution vers des thèmes profanes. Elles empruntent leur matériau à des traditions très diverses. Le *Jeu de saint Nicolas*, de Jean Bodel (vers 1200), combine conflit épique et légende hagiographique, peut-être parce qu'il voudrait intéresser les esprits à la Quatrième Croisade. Dans *Courtois d'Arras*, œuvre anonyme (antérieure à 1228), un fils prodigue, originaire de la campagne picarde, se ruine en fréquentant une taverne louche. Deux pièces d'Adam de la Halle complètent ce groupe avec le *Jeu de la feuillée* (vers 1276), satire de la vie urbaine, elle-même non dépourvue d'urbanité, qui fait défiler un étrange assortiment de citoyens du cru et de personnages empruntés à la tradition littéraire, et le *Jeu de Robin et Marion* (vers 1285), qui donne forme théâtrale à la pastourelle lyrique : la rencontre obligatoire du chevalier et de la bergère se produit sur fond champêtre de danses et de jeux rustiques. De ces quatre œuvres dues à des dramaturges picards, *Robin et Marion* est la seule dont l'action ne se passe pas dans une taverne. Reprenant une légende dans laquelle un pacte est passé avec le diable, le *Miracle de Théophile* (vers 1265), du poète parisien Rutebeuf, est la première pièce connue où la Vierge joue le rôle de médiatrice ; ce *Miracle* précède de presque un siècle l'ensemble des quelque quarante pièces appelées les *Miracles de Notre Dame*. Pour finir ce tour d'horizon des premiers textes dramatiques français, il faut signaler un court sketch comique annonçant les farces qui proliféreront à la fin du Moyen Âge, *le Garçon et l'Aveugle* (après 1266), dans lequel un mendiant aveugle se fait cruellement tromper par un jeune vaurien.

Le faible nombre de pièces religieuses antérieures à la *Passion du Palatinus* a conduit certains critiques à défendre la thèse d'une filiation directe conduisant de la liturgie au théâtre : la forme théâtrale de la Passion se serait développée, en langue vulgaire, à partir du drame liturgique lui-même – le drame musical célébré en latin dans les églises du Moyen Âge. Dès le IXe siècle, de courts ornements, à la fois verbaux et musicaux, appelés tropes ou séquences, ont commencé à être intercalés à des endroits précis de la liturgie. On a suggéré que deux d'entre eux, initialement ajoutés à la messe de Pâques et de Noël, avaient été transformés en courtes pièces liturgiques célébrant la Résurrection et la Nativité. Cette hypothèse, qui fait du drame religieux en langue vulgaire l'aboutissement d'une évolution continue à partir du drame liturgique, a été sérieusement contestée. Ni l'utilisation de neuf répons liturgiques tirés du *Liber Responsalis* grégorien dans le *Jeu d'Adam*, ni le fait que le *Jeu de saint Nicolas* a été élaboré à partir d'une pièce antérieure en latin qui contenait certains éléments religieux ne suffisent à établir la dérivation organique du drame religieux français à partir du drame liturgique. Le drame religieux français ne semble d'ailleurs pas non plus avoir de dette directe vis-à-vis de la Passion latine, beaucoup plus modeste et sobre, qui le précède de presque deux siècles. Une adhésion parfois trop stricte aux doctrines de l'évolution continue des genres a conduit certains historiens à ignorer ce que ces pièces doivent à des éléments d'origine non théâtrale, comme les légendes, les contes, les écrits apocryphes et hagiographiques ainsi que différents aspects de l'épopée, du roman et des formes lyriques.

À cet égard, la *Passion du Palatinus* illustre l'indépendance de la tradition vernaculaire par rapport à ses antécédents liturgiques. D'un côté, en effet, le fil du récit suit la Passion des Évangiles, depuis l'entrée à Jérusalem jusqu'au moment de la reconnaissance de Jésus par les trois Marie qui, parties pour oindre le corps, ont trouvé le tombeau vide et rencontré l'ange annonciateur de la résurrection du Sauveur. La pièce suit la même progression affective, de la douleur à la reconnaissance puis à la réjouissance, selon le déroulement commun à beaucoup de pièces liturgiques. Mais c'est à son enracinement dans des traditions étrangères tant à la liturgie qu'au théâtre que la pièce doit sa vitalité. Sa source principale est la *Passion des jongleurs*, une œuvre narrative en vers dont dérivent, souvent mot à mot, ses traits populaires. D'autres traits combinent la tradition orale des jongleurs avec les élégances rhétoriques des clercs, comme la longue plainte lyrique de Marie et de Jean, les tirades de Pilate et d'Hérode et les discussions des personnages diaboliques. Par-dessus tout, l'évocation symbolique des Évangiles, destinée à souligner leur teneur sacrée, a laissé la place à quelque chose de beaucoup plus matériel, qui trahit probablement l'influence d'une culture populaire combinant une mentalité rurale archaïque et la conscience naissante des modèles urbains.

C'est ainsi que la pièce se complaît dans l'invention d'une foule de détails qui ne figurent ni dans les Évangiles ni dans la liturgie. La trahison de Judas est indispensable au récit minimal de la Passion, mais ici Judas se lamente sur « le gaspillage honteux » du précieux baume avec lequel Marie-Madeleine oint les pieds de Jésus ; il marchande ensuite avec les Juifs parce qu'il n'a reçu que vingt-huit pièces d'or au lieu des trente promises. Vers la fin de la pièce, les trois Marie rencontrent un marchand d'épices – un « médicastre » de Salerne – qui, dans un monologue qui rappelle le *Dit de l'herberie*, de Rutebeuf, s'étend sur les innombrables vertus de ses remèdes destinés aux séniles, aux mal-aimés, aux impuissants et même aux morts ! Les scènes centrales, celles du Procès et de la Crucifixion, multiplient tortures et cruautés et abondent en jurons et obscénités proférés par les nombreux auxiliaires du mal. La flagellation infligée à un Jésus stoïque en présence de Pilate est suivie par la confection laborieuse de la croix par Haquin et Mossé et par leurs efforts grotesques pour y attacher la victime. Leur sinistre office ne sera interrompu que par la course qu'ils doivent faire pour aller chercher trois clous aimablement forgés par la femme du forgeron après que les mains de son mari ont été subitement frappées de paralysie. Quant à Caïphe, le porte-parole des Juifs, on le voit dénoncer Jésus à Pilate, qui le défère devant Hérode, lequel à son tour le renvoie devant Pilate, qui consulte alors tous les « maîtres de la Loi » avant de renvoyer l'affaire entre les mains des instigateurs du Procès. Il y a d'autres scènes de négociation. L'une provient de l'évangile apocryphe de Nicodème : on y voit Joseph d'Arimathie demander à Pilate l'autorisation d'enterrer le corps. Dans une autre, Pilate permet aux Juifs d'engager, pour garder le tombeau, quatre soldats qui s'enfuiront, terrorisés, dès que la pierre se déplacera. L'humour et le grotesque sont ici liés à un intérêt profond pour les mécanismes de la culture laïque. Dans le *Palatinus*, le lieu des négociations, de l'exécution et de la commémoration de la Passion n'est plus le sanctuaire mais l'espace économique du marché, et l'exécution de la Passion est le fait d'artisans qui sont au service d'une hiérarchie politique dont le protocole compliqué est appliqué dans le moindre détail.

Ce réalisme dans la représentation des transactions ne doit pas grand-chose aux pratiques signifiantes impliquées par le drame liturgique, dans lequel le caractère purement répétitif du rituel ne laisse que très peu de marge à un espace représentatif rudimentaire centré autour de l'autel. Le symbolisme de la liturgie se déroule sur le plan monovalent et transcendant d'une temporalité révolue, *in illo tempore*. Il en va différemment du *Palatinus* dont l'espace-temps oscille entre deux niveaux : d'une part, le cours rituellement redondant des événements de l'histoire du Salut, dans lequel tout est prévisible, et, d'autre part, l'incessant report de ce mouvement christologique à travers le temps historique. La succession des événements – la Cène, le mont des Oliviers, le Procès, la Crucifixion, la Résurrection – est inchangée. Mais, parce qu'elle retarde leur cours en insérant des événements non essentiels qui connotent tous l'intensification eschatologique du mal et renforcent de ce fait l'incertitude concernant le triomphe final du bien, la pièce déçoit à plusieurs occasions notre anticipation de la séquence rituelle. Cette temporisation, qui se traduit toujours par une chute dans le banal aux dépens des aspects significatifs du rituel, redonne une certaine étrangeté à une histoire sacrée si connue qu'elle en a perdu tout suspense. Alors que la répétition du savoir rituel dans le drame liturgique en latin sert à évoquer le temps mythique des origines, la Passion en langue vulgaire suit un mouvement inverse. Elle frappe d'étrangeté le savoir rituel en introduisant des anecdotes profanes qui, en le soumettant à un éclairage contemporain, le rendent plus parlant pour un public populaire. Le public se trouve alors devant une image de lui-même qui est à la fois spéculaire et spectaculaire : Arnoul Gréban, dans le *Mystère de la Passion* (postérieur à 1450), parlera abondamment de ce drame comme « miroir » de son public.

En même temps qu'il demande aux spectateurs de se reconnaître dans la scène de la Passion, le *Palatinus* ajoute au temps profane une dimension rituelle en faisant décrire aux acteurs les gestes qui sont représentés sur scène. Les Saintes Écritures se transforment ainsi en scénario mimétique ; les gestes des méchants rejoignent ceux des célébrants dans le même espace théâtral. En outre, du fait de l'utilisation d'un décor simultané pour représenter tous les lieux de l'action, le cosmos lui-même est sécularisé. L'homme et les anges parlent le même langage. Les victimes de l'enfer ressemblent à celles de la misère urbaine. Dans une *altercatio*, Sathanas (Satan) se vante d'avoir corrompu Judas et annonce le triomphe imminent du vice. La sentinelle de l'enfer annonce alors la venue de Jésus et conseille la fuite, sur quoi Sathanas s'enfuit vers la Lombardie.

Malgré les entorses faites au récit évangélique de la Passion, les innovations du *Palatinus* n'entament pas le sentiment d'intégrité doctrinale. De nombreux personnages empruntés à la tradition biblique aident le public à adhérer à la réalité du monde transcendant qui est représenté. Les lamentations de Marie et de Jean, insérées au milieu de la pièce, suscitent la compréhension et la sympathie ; le miracle de l'aveugle Longin, guéri par le sang de la lance, encourage à croire dans l'efficacité du pouvoir divin. La compassion de Marie-Madeleine est opposée dès le début de la pièce aux ruses malintentionnées de Judas, et, à la fin, c'est à elle que sera confié le rôle de prédicateur : elle exhortera le public à se joindre à elle et à prier pour plus de vertu et pour le pardon des péchés.

La distance esthétique est réduite pour que le public puisse reconnaître dans la représentation des événements composant l'histoire du Salut des soucis qui ressemblent aux siens. Voilà pourquoi ces spectacles au caractère profane de plus en plus accentué ont joui d'une si grande popularité dans l'Europe de la fin du Moyen Âge. Alors que la peste et la guerre ravageaient la population par vagues successives, la mise en scène de la Passion exerçait une influence stabilisatrice. En alimentant dans la mémoire collective une conscience de l'histoire universelle, depuis la Création du monde jusqu'au Jugement dernier, elle permettait de relativiser les terreurs contemporaines. Sécularisée, la Passion offrait un moyen privilégié pour représenter les innombrables aspects du mal terrestre, tout en montrant que le seul moyen viable pour en triompher se trouvait dans le paradigme chrétien. Mécanisme cathartique puissant, elle apaisait les phobies collectives en les réactivant dans une production théâtrale sublimante.

Comparé aux Passions qui suivront, le *Palatinus* est relativement court ; il compte mille neuf quatre-vingt-seize vers, la plupart organisés en couplets d'octosyllabes, avec des variantes métriques occasionnelles pour produire des effets lyriques. Pendant les deux siècles suivants, les Passions en langue vulgaire vont s'amplifier. La *Passion de sainte Geneviève*, du milieu du XIVe siècle, dépassera quatre mille octosyllabes, celles de Semur et d'Arras, toutes deux du début du XVe, en comptent respectivement neuf mille et vingt-cinq mille. La *Passion de Semur* est divisée en deux journées, ou jours de représentation. Elle comporte de nombreuses scènes tragiques qui, comme l'ensemble des pièces processionnelles de Lille, s'étagent entre la Création et la vie publique de Jésus. La *Passion d'Arras*, d'Eustache Mercadé, dépeint en quatre « journées » la seule vie de Jésus, de la Nativité à l'Ascension. Il en est de même pour le *Mystère de la Passion*, d'Arnoul Gréban, plus connu et qui figure dans de nombreux manuscrits. Cette vaste pièce est aussi remarquable par ses qualités esthétiques que par la diversité des sources savantes et populaires auxquelles elle puise. Souvent représentée à Paris et en province, elle sera bientôt reprise par Jean Michel qui l'amplifiera à son tour. Plusieurs autres pièces de grande dimension, à thèmes religieux, attestent de l'immense popularité de ce genre de spectacle à la fin du Moyen Âge, ce dont témoignent également les archives de nombreux corps d'artisans et de confréries qui fournissaient le cadre institutionnel de ces ambitieuses productions théâtrales. C'est en 1548 que le parlement de Paris interdira officiellement la représentation des « mystères sacrés ». Cependant, la popularité de la Passion persistera jusqu'au début du XVIIe siècle.

Voir aussi 1050, 1215, 1460.

Bibliographie : la Passion du Palatinus, éd. Grace Frank (Paris, Champion, 1930). Arnoul Gréban, *le Mystère de la Passion*, éd. Omer Jodogne (Bruxelles, Académie royale de Belgique, 1965 ; 1983) ; *ibid.*, 2 vol., trad. Micheline de Combarieu du Grès et Jean Subrenat (Paris, Gallimard, 1987). Maurice Accarie, *le Théâtre sacré de la fin du Moyen Âge : étude sur le sens moral de la Passion de Jean Michel* (Genève, Droz, 1979). J.-P. Bordier, « Lectures du Palatinus », *le Moyen Âge*, n° 80 (1974), pp. 429-482. Henri Rey-Flaud, *le Cercle magique. Essai sur le théâtre en rond à la fin du Moyen Âge* (Paris, Gallimard, 1973).

Donald Maddox

1342 ?

Guillaume de Machaut écrit le *Remède de fortune*

Le lyrisme à l'époque de l'allégorie

Guillaume de Machaut (vers 1300-1377) est une figure pivot de la poésie lyrique de la fin du Moyen Âge. Il est à la fois « le dernier des trouvères » et le premier à utiliser de manière systématique les « formes fixes » qui vont dominer la poésie lyrique française jusqu'à Villon. Son *Remède de fortune* (vers 1342) occupe une position clé dans la redéfinition du lyrisme qu'effectue l'ensemble de sa production et qui amorce un renouvellement total de ce qui constitue l'identité d'un auteur : rien de moins qu'une première ébauche des notions modernes d'« auteur », de « poète » et de « livre ». Reprenant les paramètres transmis par la tradition poétique, Machaut fait converger le narrateur savant de l'hagiographie et du roman, la première personne de la poésie lyrique courtoise et l'écrivain moderne dont le rôle peut être considéré comme un prolongement de celui du scribe qui, au XIIIe siècle, s'occupait de l'édition et de la présentation des manuscrits. Cet élargissement des possibilités offertes au poète lyrique a favorisé une grande diversité au niveau des genres et de la langue, en même temps qu'il lui fournissait un principe unificateur.

La carrière de Machaut, véritable raccourci de l'histoire culturelle française du XIVe siècle, est elle-même une composante à part entière de l'identité assumée par cet auteur d'une œuvre écrite presque exclusivement à la première personne. Il reçoit l'éducation d'un clerc, mais ses protecteurs appartiennent aux rangs les plus élevés de la société courtoise. Originaire de Champagne, Machaut entre au service de Jean de Luxembourg, roi de Bohême, un des souverains les plus admirés de l'époque, modèle de chevalerie et de courtoisie. En qualité de clerc, de secrétaire et de compagnon, Machaut accompagne son maître dans ses campagnes de Silésie, de Pologne et de Lituanie de 1320 à 1330 environ. En 1340, il est chanoine à Reims, sans quitter le service de Jean de Luxembourg jusqu'à la mort de ce dernier à la bataille de Crécy, en 1346. À partir de 1359, Machaut travaille pour la famille royale de France, en particulier pour Charles de Normandie (le futur Charles V) et Jean de Berry, qui seront ses mécènes les plus importants pendant les dernières décennies de sa vie. En

1371, Amédée VI de Savoie et Jean de Berry font l'acquisition de luxueux manuscrits des œuvres de Machaut, probablement achevés sous le contrôle du poète lui-même. Ce dernier mourra au faîte de sa gloire.

La production de Machaut est immense. Elle comprend de la poésie narrative, de la poésie lyrique et de la musique. Le *Remède de fortune* (magnifiquement enluminé dans les manuscrits fr. 1584 et fr. 1586 de la Bibliothèque nationale) combine ces trois formes d'expression, constituant un condensé de l'ensemble de son œuvre. Du point de vue de la forme, le *Remède de fortune* se rattache au « dit » (histoire), genre hybride pratiqué à la fin du Moyen Âge. Se présentant à la fois comme un art d'aimer et comme un art poétique, ce poème narratif à la première personne contient sept pièces lyriques intercalées, mises en musique, disposées selon un ordre de difficulté rhétorique décroissant, chacune constituant un exemple accompli d'une des « formes fixes » (lai, complainte, chanson royale, balladelle, ballade, virelai, rondeau) pratiquées au XIVᵉ siècle.

Le sujet du *Remède de fortune* est relativement simple : le protagoniste-narrateur, qui parle à la première personne, raconte la naissance et l'évolution de son amour pour une dame qu'il ne nomme pas. La structure de l'œuvre est tripartite : deux séquences narratives, qui se déroulent à la cour, encadrent une scène d'isolement et de retraite. Après un bref prologue qui souligne la nature didactique du poème, le narrateur raconte la première étape de son amour, période pendant laquelle il a servi sa dame, longuement et fidèlement mais en secret, car il redoute sa présence. Service d'amour et activité poétique sont ici synonymes, car le narrateur se présente tout à la fois comme un amant et comme un poète qui chante l'amour. Ses sentiments sont la source d'un chant qui valide en retour l'expérience amoureuse. Le processus de l'inspiration est la transformation de l'expérience amoureuse en poésie lyrique. Le portrait du protagoniste-narrateur en poète lyrique est suivi par le lai « Qui n'auroit autre déport » (« Celui qui ne voudrait aucun autre plaisir », vv. 431-680), où il décrit ses sentiments : bien qu'être amoureux (et écrire de la poésie amoureuse) soit une récompense en soi, il aimerait que sa dame puisse apprendre l'existence de cet amour, mais la peur d'un refus l'empêche de lui déclarer ses sentiments. Ce poème lyrique fait avancer le récit dans lequel il est intercalé : la dame découvre le lai, elle se le fait lire par l'amant à qui elle demande s'il en connaît l'auteur. Aussi incapable de dire la vérité (ce serait avouer son amour) que de mentir, l'amant interdit et décontenancé est réduit au silence. Sans même prendre congé, il s'enfuit, errant sans but jusqu'à ce qu'il arrive au parc de Hesdin où se déroule la deuxième séquence, la plus longue des trois.

À l'intérieur de ce délicieux jardin clos, le narrateur chante une longue complainte contre Amour et Fortune. Elle est suivie de l'apparition mystérieuse d'une dame qui se propose de le consoler. Sur le modèle de Dame Philosophie dans *la Consolation de la philosophie*, de Boèce, la Dame Espérance de Machaut révèle à l'amant la vraie nature d'Amour et de Fortune dans une exposition narrative quasi philosophique en forme de chanson royale (poème lyrique mis en musique) et le convainc qu'il n'a pas à se plaindre de sa situation. Après l'avoir sermonné sur l'importance fondamentale de l'espoir en amour, Espérance conclut sa leçon par une seconde chanson, une balladelle. L'amant, maintenant joyeux, répond par une ballade où il célèbre ce savoir récemment acquis, et sort de l'enceinte du parc. La dernière partie du *Remède* est une palinodie de la première. L'amant, revenu à la cour, a plus de succès auprès de sa dame. Elle lui demande d'interpréter un virelai qui lui donne l'occasion de déclarer son amour, chose dont il a été incapable jusqu'ici. Il célèbre alors le fait qu'elle accepte qu'il lui fasse la cour dans un rondeau. Ce sera le dernier poème lyrique du *Remède* et il coïncidera, au niveau de l'intrigue, avec l'apogée du succès amoureux du protagoniste-auteur.

L'épisode final du dit fait cependant douter de ce succès. Sa dame l'ayant accueilli avec froideur, l'amant sombre dans une incertitude douloureuse et une « grande mélancolie » (v. 4161). Quand il lui demande si elle a cessé de l'aimer, elle explique que sa froideur n'était qu'une ruse pour tromper les « médisants ». Bien que l'amant désire intensément la croire, l'épisode se termine sur une note ambiguë. L'amant se trouve en effet adopter vis-à-vis de sa dame un comportement linguistique qui rappelle celui du début mais avec une différence : en tant qu'amant, le narrateur est désormais plein d'espérance. La réalité de l'expérience amoureuse racontée par l'histoire est ainsi remise en question. Mais, si ce qui arrive au narrateur en tant qu'amant reste douteux, il n'en va pas de même pour ce qui lui arrive en tant que poète, car le dit existe bel et bien, et l'épilogue insiste sur ce point à plusieurs reprises. Les incertitudes liées au sort final de l'amant s'opposent au service amoureux du poète, qui a donné naissance au *Remède de fortune*.

Une telle fin permet de déplacer l'accent, depuis le rapport entre le protagoniste et son expérience, sur le rapport entre l'auteur et son texte. L'insistance du prologue sur la fonction didactique du *Remède de fortune* s'éclaire alors : les poèmes lyriques intercalés dans le dit sont censés fonctionner collectivement comme un manuel de poésie. Présentant en exemple chacune des principales formes lyriques en usage (qui, après Machaut, se fixeront pour au moins trois générations), le *Remède de fortune* est une sorte d'art poétique qui ne dit pas son nom. Une correspondance importante entre le sujet du dit et sa dimension didactique se met alors en place : de même que – au niveau de l'intrigue – le protagoniste échoue en tant qu'amant alors qu'il réussit comme poète, le *Remède de fortune* échoue lui aussi comme art d'aimer mais réussit comme art poétique.

L'originalité poétique du *Remède de fortune* repose sur un double mouvement. D'un côté, l'auteur se met en scène à la première personne mais, de l'autre, en tant qu'auteur, il fait tout pour se démarquer du protagoniste. Pour parvenir à ce résultat, Machaut reprend la tradition du poème narratif avec morceaux lyriques intercalés, un sous-genre de la littérature médiévale qui remonte au *Roman de la Rose* de Jean Renart (vers 1225, connu également sous le titre de *Roman de Guillaume de Dole*), mais en renforçant l'utilisation des poèmes lyriques intercalés, déjà présente à l'état embryonnaire dans le *Dit de la panthère d'amour* (vers 1310), de Nicole de Margival. Dans la mesure où le service amoureux de l'auteur-poète est de nature essentiellement poétique, le *Remède de fortune* fait de Machaut un *exemplum poetae*, un modèle à imiter dont l'autorité est fondée essentiellement sur la nouvelle identité qu'il s'est constituée en tant que poète.

Plus tard, dans le *Jugement du roi de Navarre* (1349) comme dans le *Livre du Voir Dit* (ou *Livre du vrai récit*, vers 1365), Machaut rattachera de manière systématique la composition poétique et musicale aux conditions pratiques de la transcription et de la circulation des manuscrits ainsi qu'aux structures du mécénat. Dans le *Voir Dit*, il se présente lui-même occupé à superviser l'organisation et la transcription de ses

« œuvres complètes ». Le poète n'est plus simplement celui qui compose des vers, des chansons ou des dits ; il se constitue en auteur d'une œuvre et suit attentivement la composition d'un codex. Machaut élève ainsi le manuscrit au statut d'objet littéraire et assume pour son propre compte la responsabilité d'une fonction qui, au XIIIe siècle encore, restait l'apanage des scribes.

Les plus importants manuscrits de Machaut révèlent un soin dans la présentation et l'ordonnancement qui ne peut venir que de la surveillance personnelle de l'auteur. Le manuscrit fr. 1584 de la Bibliothèque nationale s'ouvre ainsi sur l'inscription : « Voici l'ordre que veut G. de Machaut pour ce livre. » Il est clair aussi que Machaut considérait ses ouvrages comme un ensemble cohérent : vers la fin de sa vie, il écrira un *Prologue* (vers 1370) destiné à préfacer le recueil de ses « œuvres complètes ». Ce *Prologue* sert d'élément formel unificateur, mais il permet aussi de définir la voix poétique qui parlera tout au long des œuvres qu'on va lire. La première personne d'une figure de poète soigneusement construite unifie le corpus de l'œuvre. Le clerc, l'amant et l'artisan-poète sont confondus en une voix poétique aux multiples facettes. Ce nouveau poète possède une conscience aiguë de la dignité que lui confère sa vocation : il est fier de son métier et jouit de l'ampleur de sa production artistique.

L'invention par Machaut d'un nouveau statut de l'auteur lui vaudra d'être le premier écrivain français à être appelé « poète », terme qui jusqu'à lui était l'apanage exclusif des grands auteurs *(auctores)* classiques. Le terme apparaît pour la première fois dans deux ballades composées par Eustache Deschamps (1346-1406), qui se décrit lui-même comme un « disciple » de Machaut, pour commémorer la mort de son maître. Dans la première ballade, Deschamps parle de Machaut comme de « la fleur entre toutes les fleurs, noble poète et faiseur renommé, remède de l'Amour plus véritable qu'Ovide » (ballade 447). Deschamps semble penser que le terme « poète » a besoin d'une glose, qu'il fournit en ajoutant « faiseur », mot qui était utilisé pour désigner les poètes en langue vulgaire. Deschamps emploie à nouveau le terme dans « Sur la mort de Guillaume de Machaut » (1377), où il associe les sources de l'inspiration poétique des *auctores* classiques et la mort du maître contemporain : « Il sied que la fontaine de Circé et la source d'Hélicon, dont vous étiez le courant et le canal, et auxquelles les poètes étudient, se taisent – ce qui m'attriste grandement » (ballade 124). Les valeurs liées au concept classique d'*auctor* sont ainsi élargies à la figure nouvelle du « poète ».

L'art poétique qui restait implicite dans le *Remède de fortune* de Machaut est développé dans l'*Art de dicter*, de Deschamps (1392), qui – après le traité de rhétorique contenu dans le *Livre du trésor* (1267) de Brunetto Latini – constitue le premier traité didactique composé en prose et en français. De brèves définitions des principales formes fixes sont suivies d'exemples. L'autorité que conférait à Machaut son identité de poète n'est plus suffisante pour écrire « à propos » de la poésie. De plus, dans sa définition de la poésie lyrique, Deschamps distingue nettement poésie et musique : les exemples qu'il donne ne sont plus chantés. Pourtant, comme Machaut l'avait fait dans le *Remède de fortune*, Deschamps se propose lui-même comme *exemplum poetae* : à l'exception de rondeaux empruntés à Machaut, la totalité des poèmes lyriques qu'il donne en exemple dans l'*Art de dicter* sont de sa main.

L'*Art de dicter* de Deschamps est la première manifestation du changement apporté dans la poétique et dans la rhétorique par la nouvelle conception de l'auteur inventée par Machaut. Deschamps a prolongé l'œuvre de son maître. À côté du registre courtois classique, où il suit Machaut, l'œuvre de Deschamps jouera – toujours sur le mode lyrique – de deux autres registres : celui, moralisateur et didactique, du sermon, et celui, humoristique et « réaliste », de la satire. La première personne lyrique est, comme chez Machaut, l'élément unificateur d'une œuvre abondante et variée. Mais aucun manuscrit ne vient donner l'impression d'une organisation globale semblable à celle de Machaut. Les mille cinq cents ballades, rondeaux, virelais et chansons royales, réunis dans le manuscrit fr. 840 de la Bibliothèque nationale et dont les quatre-vingt-deux mille vers composent l'ensemble des œuvres de Deschamps, témoignent d'un souci de cohérence thématique réduit au minimum. En conséquence, ce sont les plus petites unités formelles qui sont investies de la plus grande importance. Mais cette fragmentation à son tour devient le trait distinctif de l'identité poétique d'un poète particulier, ici Deschamps.

Jean Froissart (1333 ?-1405 ?) poursuivra l'exploration des possibilités du « je » lyrique élargi par Machaut. Lui aussi surveillera de près la présentation du recueil de ses œuvres poétiques comme en témoignent deux manuscrits importants (ms. fr. 830 et 831 de la Bibliothèque nationale) qui, comme l'a dit Daniel Poirion, présentent les poèmes amoureux et didactiques de Froissart « classés selon un ordre logique et formel, analogue à celui de Machaut » (*le Poète et le Prince*, p. 206).

Les grands poètes lyriques du XVe siècle – Christine de Pisan (1363 ? -1431), Alain Chartier (vers 1385-vers 1435) et Charles d'Orléans (1394-1465) – ont prolongé l'apport de Machaut de plusieurs façons, pratiquant les formes lyriques fixes que le *Remède de fortune* avait codifiées de manière systématique et définitive. Mais, pas plus que Deschamps et Froissart, ils n'ont composé de musique pour accompagner leurs poèmes lyriques. À cet égard, Machaut peut être considéré comme le point culminant de la tradition lyrique qui avait commencé avec les trouvères. Il est le dernier grand poète lyrique français qui ait mis ses propres vers en musique. Paradoxalement, c'est la force même que Machaut a donnée au « je » lyrique qui est à l'origine du sentiment selon lequel la musique n'est pas essentielle à la poésie lyrique. Le *Testament* de Villon (écrit vers 1461, publié en 1489) représente l'apogée de ce nouveau lyrisme ; ce chef-d'œuvre de la poésie française du XVe siècle est aussi le dernier grand exemple du dit à la première personne.

Voir aussi 1127, 1267, 1456, 1460, 1493.

Bibliographie : Eustache Deschamps, *Œuvres complètes*, éd. marquis Queux de Saint-Hilaire et Gaston Raynaud, 10 vol. (Paris, Société des Anciens Textes Français, 1878-1901). Guillaume de Machaut, *Œuvres*, éd. Ernest Hoepffner, 3 vol. (Paris, Société des Anciens Textes Français, 1908-1921). Kevin Brownlee, *Poetic Identity in Guillaume de Machaut* (Madison, University of Wisconsin Press, 1984). Jacqueline Cerquiglini, *« Un engin si soutil » : Guillaume de Machaut et l'écriture au XIVe siècle* (Paris, Champion, 1985). Daniel Poirion, *le Poète et le Prince : l'évolution du lyrisme courtois de Guillaume de Machaut à Charles d'Orléans* (Paris, P.U.F., 1965).

Kevin Brownlee

1401, jour de la Saint-Valentin

La charte de « la Cour amoureuse » est lue à l'hôtel d'Artois

La Cour d'Amour

Le 6 janvier 1400 selon l'ancien calendrier, jour de l'Épiphanie, de grands seigneurs et des poètes se réunissent à l'hôtel du duc de Bourgogne et fondent la Cour d'Amour, institution mi-littéraire mi-juridique destinée à honorer les femmes et à encourager la création poétique. De cette réunion naîtra un document, la charte de la Cour d'Amour, « publiée », c'est-à-dire « lue en public », quelques semaines plus tard, le jour de la Saint-Valentin de la même année (1401 pour nous). Et même si l'on débat toujours sur ce qui a précédé la rédaction de ce document (dont une copie tardive est conservée à la Bibliothèque nationale, ms. fr. 5233) ainsi que sur le rôle exact de la Cour d'Amour, la charte précise que cette dernière a été créée « pour passer le temps plus gracieusement » au cours d'une épidémie de peste (*la Cour amoureuse*, p. 36). Cette mention est une référence au *Décaméron*, de Boccace (1353), dont les conteurs, placés dans des circonstances identiques (la peste de 1348), recherchaient eux aussi, comme il est dit au début du recueil, « des passe-temps plaisants ». Vouée aux vertus d'humilité et de loyauté – « en honneur, louange, recommandation et service de toutes les dames et damoiselles » –, la Cour d'Amour devait tenir « une joyeuse fête littéraire » (appelée « puy d'amour ») le premier dimanche de chaque mois et certains autres jours choisis pour leur valeur symbolique, comme le jour de la Saint-Valentin, un jour en mai ou une des cinq fêtes de la Vierge. Ses attributions allaient de la composition de ballades à partir d'un refrain imposé ou de poèmes en l'honneur de la Vierge à l'organisation de dîners, de messes et de débats suivis de décisions sur des questions relatives à l'amour. Ces débats prenaient modèle sur le livre II du *Traité de l'amour courtois* (vers 1185), d'André Le Chapelain, ou sur les poèmes débats – les jeux-partis et les *tensons* – des troubadours. Ainsi, la raison d'être de la Cour d'Amour était à la fois littéraire et sociale : elle devait donner naissance à des poèmes et à des jeux mais aussi légiférer en matière courtoise.

Pour l'historien, l'importance de la charte de la Cour d'Amour tient d'abord aux quelque six cents noms qu'elle comporte, parmi lesquels figurent ceux de certains des personnages les plus puissants de la France de l'époque. Mais elle constitue aussi un véritable miroir de la société de la fin du Moyen Âge : on y trouve côte à côte des membres de la grande et de la petite noblesse et des représentants d'une bourgeoisie de plus en plus puissante, des fonctionnaires royaux et des membres du clergé et, parmi ces derniers, des évêques et de simples prêtres. Inspirée de toute évidence par la multiplication des ordres chevaleresques au cours des XIVe et XVe siècles, la Cour d'Amour associe la noblesse de la chevalerie à l'institution plus bourgeoise de la guilde ou du puy littéraire (le mot signifie « scène ») selon le nom donné dans le nord de la France aux cercles littéraires qui existaient depuis le XIIIe siècle.

Anticipant sur la naissance d'une noblesse de robe, la Cour d'Amour comporte toutes les charges et toutes les fonctions d'une cour de justice royale. Ainsi, le rédacteur de la charte, Pierre de Hauteville (1376-1448), un protégé du duc de Bourgogne, est déclaré « prince » c'est-à-dire juge des concours poétiques. Le roi de France (Charles VI), le duc de Bourgogne (Philippe le Hardi) et le duc de Bourbon

(Louis) sont nommés grands conservateurs. Onze conservateurs de moindre importance tiennent le rôle de conseillers, comme dans un conseil royal. Les conservateurs sont à leur tour assistés de vingt-quatre ministres de la Cour d'Amour et de cent vingt et un hauts dignitaires de l'Église et grands seigneurs. Pour tenir les comptes – économiques et poétiques – de la Cour d'Amour, neuf auditeurs sont recrutés dans les services financiers et juridiques du roi. Sont également nommés par la charte soixante-trois chevaliers d'honneur, vingt-quatre chevaliers trésoriers, huit trésoriers des chartes et du registre d'amour, deux cent un pages d'amour, cinquante-huit maîtres des requêtes, trente-deux secrétaires, huit substituts, quatre gardiens de jardins ou de vergers d'amour, deux maîtres gardes-chasses et dix-neuf veneurs.

La double nature – poétique et juridique, ludique et sérieuse – de la Cour d'Amour ainsi que la diversité de sa composition sociale témoignent du statut ambigu de l'aristocratie française de l'époque. Le prestige des grands princes féodaux, qui, comme Daniel Poirion l'a montré, préfèrent les joutes aux formes conventionnelles de la guerre, diminue au point qu'on les accuse de lâcheté (*le Poète et le Prince*, p. 33). Les tournois sont dénoncés comme des symptômes de décadence, les nobles les plus puissants accusés de cupidité. Dans ce contexte, la Cour d'Amour apparaît comme une tentative pour maintenir des valeurs menacées, pour construire un édifice qui survive à l'effondrement de l'aristocratie féodale. Un souci d'ordre et de probité est sans aucun doute à l'origine de la précision presque pathologique qui a présidé à son organisation. En même temps qu'elle exalte les anciennes valeurs de la noblesse, comme la dépense aveugle, la charte exprime des préoccupations matérielles très bourgeoises en stipulant le poids exact des couronnes d'argent offertes au vainqueur de chaque concours, le salaire des copistes qui transcriront les ballades et même le prix du papier.

La charte de la Cour d'Amour conçoit les chansons et les poèmes de ses membres comme des documents destinés à être conservés : « L'enregistrement des armes, les manuscrits des ballades et autres faits de rhétorique seront protégés aussitôt écrits, pour être montrés dans le temps à venir, quand il plaira à qui les demandera et les voudra » (*la Cour amoureuse*, p. 38).

La Cour d'Amour est une méritocratie dans laquelle le statut d'un individu est défini en fonction de son service envers l'amour, et non de la seule naissance. L'accès est subordonné à la noblesse du cœur et des manières. Le nom des membres, déclare la charte, sera inscrit dans le registre selon leur fonction dans la Cour d'Amour, « sans la moindre considération de l'ancienneté de leur noblesse, autorité, valeur, renom, pouvoir actuel ou fortune » (*ibid.*, pp. 38-39). Quant aux œuvres littéraires, elles seront jugées sur leur intégrité morale, « sans égard pour le rang, qu'il soit princier ou noble » (*ibid.*, p. 37), et sur leur qualité rhétorique, notamment l'exactitude des rimes et des mètres ou l'absence de redondance. Les litiges amoureux doivent être adressés par écrit à la cour. Plaignant et défenseur choisiront chacun leur couleur d'encre (à l'exception du noir) et n'utiliseront qu'elle. C'est sous cette forme matérielle extrêmement contraignante que les questions seront soumises aux juges qui rendront leur jugement le jour de la Saint-Valentin. Enfin, si quelqu'un s'avise de composer, ou de faire composer, des pamphlets diffamatoires contre des dames vivantes ou mortes, « ses nom et prénom resteront inscrits sur son blason, peint couleur de cendres, de telle sorte que la gloire de son renom soit ternie et maudite par tous dans tous les pays » (*ibid.*, p. 42).

Malgré cet idéal d'une noblesse fondée essentiellement sur le mérite ou le cœur, la Cour d'Amour fait apparaître une structure très hiérarchisée où prennent place princes, ministres, juges, seigneurs, trésoriers, jardiniers et secrétaires. Qui plus est, son principal mécène étant Philippe, le duc de Bourgogne, ses membres appartiennent exclusivement au parti bourguignon : les divisions politiques qui déchirent la France à la charnière des XVe et XVIe siècles encouragent l'esprit de clan, même en littérature. C'est la raison pour laquelle, un an plus tard, en 1402, Christine de Pisan fonde à son tour l'Ordre de la Rose, un ordre amoureux rival de la Cour, affilié au duc d'Orléans. Mais, bien que leurs membres appartiennent à des camps politiques opposés, ces deux ordres poursuivent un idéal similaire. La déesse de Loyauté de Christine de Pisan, par exemple, prétend « reconnaître le vaurien non à la bassesse de son rang mais à la bassesse de son cœur » (*Dit de la rose*, vv. 338-339).

L'institution de ces cours poétiques rivales est contemporaine de la querelle, la première de l'histoire de la littérature française, qui oppose les détracteurs de Jean de Meung et ses défenseurs, les premiers féministes, les seconds antiféministes, sur la manière d'interpréter la seconde partie du *Roman de la Rose* (vers 1275), celle dont l'auteur est Jean de Meung. Certains membres de la Cour d'Amour (Gontier Col, « notaire et secrétaire du roi », son frère Pierre Col, « chanoine de Paris et de Tournay » et Jean de Montreuil, « prévôt de Saint-Pierre de Lille ») contre-attaquent et prennent le parti de Jean de Meung contre les femmes. Le débat, centré sur la question de la fidélité en amour, débouche sur celle de la loyauté en général. Le poète-chevalier, Jean le Sénéchal, par exemple, demande à plusieurs reprises, dans sa contribution aux *Cent Ballades* (1389), s'« il vaut mieux être loyal ou non en amour » (p. 195). À quoi Jean de Berry, futur membre de la Cour d'Amour, répond dans le refrain de la sienne : « On doit dire l'un et faire l'autre. » Dans la mesure où Jean de Berry est parfaitement conscient du fait qu'un éloge aussi cynique de la séduction est en contradiction avec l'idéologie de la Cour d'Amour, ce refrain souligne à quel point ce « jeu de l'amour » contraste avec l'idéal des troubadours et des trouvères, des premiers romanciers, ou même celui d'André Le Chapelain, qui passe pour le théoricien de l'amour courtois. Pour la génération de la Cour amoureuse, l'amour est une manière de se comporter sur la scène publique de la cour. Le théâtre de l'Amour n'est plus la chambre des dames, mais la galerie où il importe moins d'aimer que de disserter sur l'amour. Christine de Pisan ne se fait aucune illusion, elle non plus, sur cette dimension littéraire de l'amour. Dans le *Débat de deux amants* (1400), par exemple, elle concède que peut-être « jadis », « en l'ancien temps », il a pu se trouver de vrais amants qui ont donné leur vie pour leur dame, mais ce n'est plus le cas aujourd'hui, et ce ne l'était déjà plus hier – c'est-à-dire cent ans plus tôt. Les amants reproduisent des conduites littéraires. C'est dans les romans (Christine cite le *Roman de la Rose*) qu'ils ont trouvé la recette de leurs douleurs « dûment décrites en longue prose » (vv. 959-960).

La Cour d'Amour et l'Ordre de la Rose de Christine de Pisan sont deux exemples des nombreux puys du XVe siècle. La prolifération de ces ordres littéraires, eux-mêmes calqués sur le modèle des ordres de chevalerie, s'accompagne d'une multiplication de parodies comme celles d'Eustache Deschamps, *D'un beau dit de ceux qui controuvent nouvelles bourdes et mensonges* (1401) – qui raconte la création d'un parlement à Épernay pour les fêtes de mai – et *Pour compte de ses bourdes rendre*. Les valeurs que défend la Cour d'Amour ont été, dès ses premières manifestations, doublées par un commentaire qui les tournait en dérision. Leur désaffection est évidente à qui compare une déclaration comme celle d'André Le Chapelain, « toute femme qui souhaite avoir les louanges du monde est tenue de s'adonner à l'amour » (*Traité de l'amour courtois*, p. 170), à la conduite de l'héroïne de la *Belle Dame sans merci*, d'Alain Chartier (1424), qui non seulement refuse d'aimer mais aussi de recevoir l'hommage d'amour. Le poème d'Alain Chartier a soulevé un tollé de réponses indignées ; beaucoup d'entre elles ont été composées à Tournai, lieu de résidence de Pierre de Hauteville. Mais il est trop tard : le jeu de l'amour courtois ne peut plus se jouer selon les règles d'autrefois, ni même se jouer tout court. L'*Histoire du petit Jehan de Saintré* (vers 1456), d'Antoine de La Sale, où se fait sentir l'influence de la cour de Bourgogne, donne le coup de grâce à l'idéalisme amoureux. On y voit la Dame des Belles Cousines tromper un jeune chevalier amoureux d'elle avec un gros abbé qui, de surcroît, ose se moquer du métier des armes. La charte de la Cour d'Amour peut donc être considérée comme le testament du mythe courtois.

En mettant l'accent sur le rituel, la Cour d'Amour avait tenté de maintenir une cohésion doctrinale et sociale menacée par toutes sortes de courants idéologiques et politiques rivaux. Cet espoir de ralentir le cours de l'histoire en assimilant la vie à l'art, en donnant selon les termes de Johan Huizinga, « un style à l'amour », reste le trait distinctif d'une époque qui a cherché à s'écrire pour survivre.

Voir aussi 1225, 1277.

Bibliographie : la Cour amoureuse dite de Charles VI, éd. Carla Bozzolo et Hélène Loyau, vol. Ier (Paris, Léopard d'Or, 1982). André Le Chapelain [Andreas Capellanus], *Traité de l'amour courtois*, éd. Claude Buridant (Paris, Klincksieck, 1974). Eustache Deschamps, *Œuvres complètes*, éd. Gaston Raynaud, vol. VII (Paris, Firmin-Didot, 1891). Christine de Pisan, *Œuvres poétiques*, éd. Maurice Roy, vol. II (Paris, Firmin-Didot, 1891). Jean le Sénéchal et al, *les Cent Ballades*, éd. Gaston Raynaud (Paris, Firmin-Didot, 1905). Johan Huizinga, *le Déclin du Moyen Âge* ; réimp., *l'Automne du Moyen Âge*, trad. J. Bastin (Paris, Payot, 1932 ; 1975 ; 1980). Arthur Piaget, « La Cour amoureuse dite de Charles VI », *Romania*, n° 20 (1891), pp. 417-454. Daniel Poirion, *le Poète et le Prince : l'évolution du lyrisme courtois de Guillaume de Machaut à Charles d'Orléans* (Paris, P.U.F., 1965).

Jacqueline Cerquiglini

1456

François Villon écrit le *Lais*

« Je, François Villon, écolier »

François Villon est un des plus célèbres poètes du Moyen Âge. Son œuvre, pourtant, ne porte aucune trace des accents chevaleresques, courtois, moraux ou religieux qui caractérisent l'ensemble de la poésie lyrique médiévale. On n'y trouve ni personnages héroïques venus d'un passé légendaire ni chants d'amour intemporels. L'œuvre de

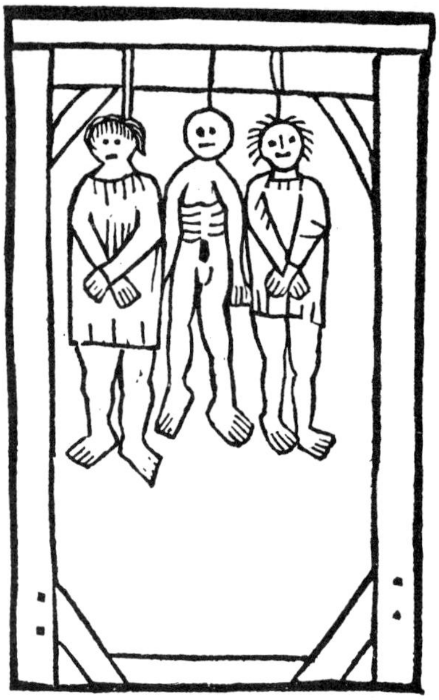

1. Gravure sur bois illustrant le *Grand Testament Villon et le petit* (Paris, Pierre Levet, 1489). (Bibliothèque nationale, Paris.)

Villon propose plutôt les réflexions d'un marginal aux prises avec la réalité du monde urbain de son temps. Cette œuvre est mince : seize courts poèmes, des ballades pour la plupart ; le *Lais* ou *Petit Testament* (daté de 1456, imprimé en 1489), sorte de legs burlesque composé de huitains octosyllabiques ; le *Testament*, appelé également *Grand Testament* (daté de 1461, imprimé en 1489), donation parodique, longue de deux mille vingt-trois octosyllabes, dans laquelle sont insérés trois rondeaux et seize ballades.

L'imprimerie a diffusé très tôt les poèmes de Villon, mais ils ont d'abord circulé sous forme manuscrite. Cette diffusion a fait de lui une figure populaire, auteur de ballades en jobelin et de récits comiques où il se peignait en mauvais garçon. Après une éclipse totale pendant la période classique, les poèmes de Villon – et sa légende – ont été redécouverts aux XIXe et XXe siècles, non seulement à cause des nombreuses éditions, imitations et études critiques dont ils ont été l'objet, mais aussi en raison des nombreuses pièces de théâtre, romans ou films qui ont contribué à façonner l'image d'un Villon légendaire. Par ailleurs, en fouillant dans les archives, des chercheurs sont arrivés à identifier une grande partie des noms mentionnés dans le *Lais* et dans le *Testament* ; les critiques ont donc cherché à donner une explication biographique à ces références. Convaincus que la création littéraire reçoit son authenticité de l'expérience vécue d'un auteur, ils ont reconstitué la biographie d'un personnage nommé « Villon » à partir de la concordance entre l'âge, le statut et l'expérience du « je » des poèmes et ceux du François Villon historique. Le « je » des poèmes se présente comme un étudiant pauvre et un amant malheureux qui a connu la prison et la torture à Meung-sur-Loire, près d'Orléans. Ses casiers judiciaire et universitaire établissent que François Villon (connu également sous le nom François de Montcorbier) a été bachelier puis licencié et maître ès arts (1449 et 1452), gracié après avoir blessé à mort un prêtre (1456), déclaré coupable de cambriolage et de vol (1456), condamné à être pendu pour avoir participé à une rixe, puis banni de Paris (1463). Quant à sa vie littéraire, la présence de trois pièces courtes, copiées par Villon lui-même dans l'album personnel de Charles d'Orléans (1394-1465) [ms. fr. 25458 de la Bibliothèque nationale], permet de le rattacher au milieu littéraire de la cour de Blois.

On comprend facilement que ces documents, associés aux images de détresse personnelle évoquées par la poésie de Villon, aient pu encourager une lecture biographique et anecdotique du *Lais* et du *Testament*. Cependant, une telle interprétation n'atténue pas la tension entre les références historiques et la représentation poétique, née des obscures remarques vindicatives, des apartés railleurs et surtout de l'absence de commune mesure entre le statut des personnages qu'il nomme, le rôle grotesque qu'il leur fait jouer et les objets absurdes qu'il leur lègue, « l'envers de [ses] bouges » (sacs de voyage) au magistrat Jehan Laurens, traité de fils d'ivrogne (*Testament*, vv. 1222-1229), ou « les fièvres quartes » à Perrenet Marchant, sergent à verge au Châtelet, au cas où il serait surpris en train de « poire » (« péter ») (vv. 1094-1101).

Bien que de telles incongruités soient de nature à encourager les conjectures biographiques, il est essentiel de maintenir la distinction entre le poète qui a existé et le « je » poétique, à la fois locuteur et personnage, construit par Villon et représenté sous des traits constants dans tous ses poèmes. À la lumière de cette distinction, la poésie de Villon cesse d'être envisagée comme une œuvre autobiographique (l'autobiographie est d'ailleurs rare en France à l'époque médiévale) pour devenir, conformément à une pratique courante dans les romans, allégories et tableaux de genre de l'époque, la représentation imaginaire de personnages historiques dans le cadre de la poésie lyrique. Le choix fait par le poète de représenter le « pauvre Villon » comme un homme de son temps aux prises avec la complexité sociale et économique du monde réel ne reflète plus, dès lors, que le goût de l'époque pour les effets littéraires qui permettent de donner une impression de réalisme quotidien.

Le caractère personnel et individualisé du « je » poétique est pourtant exceptionnel dans la littérature médiévale française. Bien que le genre lyrique ait toujours été propice à l'expression subjective, ni dans les chansons courtoises, ni dans les poèmes de repentance, le « je » poétique n'est singularisé en termes historiques ou sociaux. Dans la poésie lyrique médiévale comme dans le *Roman de la Rose* (vers 1225 et 1275) ou dans d'autres récits allégoriques du XIIIe siècle écrits à la première personne, c'est un « je » paradoxalement impersonnel qui utilise un style noble pour exprimer ses sentiments, sans jamais revendiquer une identité particulière. Cette impersonnalité du mode subjectif prévaut toujours, par exemple, dans les vers de Charles d'Orléans, bien qu'il soit un contemporain de Villon. Pourtant, la gamme thématique de Charles d'Orléans déborde largement les motifs de l'amour et du repentir ; avec lui, la mélancolie, l'impuissance et la vieillesse entrent dans le registre de la poésie personnelle. Mais, à la différence de Villon, il ne donne jamais de couleurs précises à son « je » poétique. Il fait peu d'allusions directes à ses vingt-cinq ans de captivité en Angleterre ou aux événements tragiques qui faisaient rage autour de lui à la fin de la guerre de Cent Ans. Faute de références historiques, aucune interprétation biographique ne peut prendre corps. Au lieu de cela, il combine des personnifications allégoriques avec des métaphores empruntées au monde de la chevalerie, de la vie de cour, de la nature et des objets quotidiens pour « translater » (« traduire », rondeau CCXI, v. 5) un moi profond et secret dans des images telles que « le puits profond de ma Mélancolie »,

« la forêt de Longue Attente », « le dur lit d'Ennuyeuse Pensée ». Les débats lyriques entre les divers aspects du « moi » – « Je », Cœur, Pensée, Espoir et Mélancolie – suggèrent une intimité tourmentée, mais toute identité particulière s'estompe derrière la fluidité du ton, le caractère conventionnel des images et les situations stéréotypées.

Le *Testament* de Villon contient lui aussi des passages dont le lyrisme, par son élévation, est comparable à celui de Charles d'Orléans et à la virtuosité formelle atteinte par les grands rhétoriqueurs comme Jean Molinet (1435-1507) dans les panégyriques où ils comparent leurs mécènes princiers à des personnages mythologiques. Qu'on pense à la « Ballade des dames du temps jadis » :

Dites-moi où, n'en quel pays
Est Flora la belle Romaine,
Archipiadès ne Thaïs
Qui fut sa cousine germaine ;
Écho, parlant quant bruit on mène
Dessus rivière ou sus étang,
Qui beauté eut trop plus qu'humaine ?
Mais où sont les neiges d'antan ? (*Testament*, vv. 329-336).

Mais ces nobles échantillons sont constamment interrompus dans le *Testament* par de brusques changements de ton et de sujet, caractéristiques du « je » poétique de Villon. À la différence de ses prédécesseurs Guillaume de Machaut (vers 1300-1377) et Alain Chartier (vers 1385-1435), chez Villon le « je » ne prend jamais la pose d'un poète mais toujours celle d'un homme ordinaire. Il crée un effet d'immédiateté et de présence en insérant dans ses vers des interjections familières, des jurons, des ellipses, des digressions. Les objets de la réalité quotidienne – chausses, bourses, andouilles – abondent et les termes nobles voisinent avec les mots vulgaires : « prophètes » rime avec « fesses », « pet » fait écho à « paix » (*Testament*, vv. 806, 808, 1161). On trouve peu de personnifications allégoriques chez Villon et tout juste une poignée de métaphores (généralement obscènes). Quant aux expressions figurées conventionnelles (le cœur, la foi), elles demandent souvent à être interprétées littéralement, comme dans le legs goguenard du poète qui ne laisse à sa dame « ni cœur ni foie » mais plutôt « une grande bourse de soie, pleine d'écus, profonde et large » (*Testament*, vv. 911, 914-915). La vulgarité des mots trouble la surface lisse du langage élevé, comme dans le rondeau qui constitue l'épitaphe du *Testament* :

Repos éternel donne à cil [celui-là],
Sire, et clarté perpétuelle,
Qui vaillant plat ni écuelle
N'eut oncques, n'un brin de persil.

Il fut rés [rasé], chief [tête], barbe et sourcil,
Comme un navet qu'on ret ou pèle.
Repos éternel donne à cil.
Rigueur le transmit en exil [prison]

Et lui frappa au cul la pelle,
Non obstant qu'il dît : « j'en appelle ! »
Qui n'est pas terme trop subtil.
Repos éternel donne à cil (vv. 1892-1903).

La voix railleuse du « pauvre Villon » se fait également entendre au cours de poèmes traditionnels comme la *Double Ballade*, quand le poète évoque diverses victimes exemplaires de l'amour avec une familiarité irrespectueuse : Samson qui « en perdit ses lunettes » (v. 631) et le roi David qui vit « laver cuisses bien faites » (v. 649). Il s'empresse de les rejoindre : « De moi, pauvre, je veux parler/ J'en fus battu comme à ru toiles (comme toiles au ruisseau) / Tout nu, ja ne le quiers celer (je ne cherche plus à le cacher) » (vv. 657-659). Le passage brusque du langage poétique au langage quotidien crée l'illusion d'un accès direct, non médiatisé par l'art, à une voix désabusée et amère qui exprime une expérience vécue. C'est ce qui fera dire à Ezra Pound que « Villon est dénué d'imagination ; il chante les choses comme elles sont » (*The Spirit of Romance*, p. 171).

Le « je » poétique de Villon est donc dramatiquement immergé dans un monde où le temps et l'espace sont historiques. Le *Lais* s'ouvre sur cette indication : « L'an quatre cent cinquante six, /Je, François Villon, écolier » ; et le *Testament* : « En l'an trentième de mon âge / Que toutes mes hontes j'eus bues » – et l'année ne tardera pas à être datée : « Écrit l'ai l'an soixante et un / Que le bon roi me délivra / De la dure prison de Meung » (vv. 81-83). Le « je » des *Testaments* évolue dans une ville hostile, rapace, un Paris de tavernes et de tombes, peuplé de procureurs et de voleurs, de bateleurs et d'auditeurs, de Frères mendiants et de filles publiques, tous mentionnés par leur nom dans les legs. Dans une série de brillantes vignettes, « Villon » interpelle les mauvais garçons de Paris : « À vous parle, compains de galle [compagnons de plaisir], / Mal des âmes et bien du corps » (vv. 1720-1721) ; il invite le lecteur à se joindre à lui pour écouter les commères à l'église : « Regarde m'en deux, trois assises / Sur le bas du pli de leurs robes, / En ces moutiers [monastères], en ces églises » (vv. 1543-1545) ; il note les plaintes des vieilles putains serrées les unes contre les autres pour se protéger du froid :

Ainsi le bon temps regrettons
Entre nous, pauvres vieilles sottes,
Assises bas, a croupetons,
Tout en un tas comme pelotes,
À petit feu de chenevottes,
Tôt allumees, tôt éteintes... (vv. 525-530).

Pourtant le sombre réalisme de ces vers, pas plus que le nom propre des contemporains, n'a de valeur historique ; il sert à caractériser le locuteur qui reconnaît dans ces plaintes un écho de la sienne.

Le « je » poétique de Villon est un composé hétéroclite de divers personnages. Quelques poètes médiévaux avaient déjà tenté de représenter de manière cohérente un locuteur individualisé embourbé dans le monde quotidien de la décrépitude : au XIIIe siècle, Colin Muset, Rutebeuf, Adam de la Halle ainsi que les poètes goliards (qui écrivaient en latin) ; au XIVe siècle, Eustache Deschamps. Chacun de leurs portraits reste tributaire d'un type particulier : le joyeux hédoniste, le pauvre fou, la victime de l'amour et du hasard, le clerc ribaud, le moraliste sceptique. La poésie de Villon combine des motifs et des formes lyriques associés à l'ensemble de ces types – auxquels il ajoute celui du criminel au gibet –, enrichissant l'éventail des possibilités d'expression de la première personne lyrique.

Villon refond les motifs auxquels ces types étaient associés dans des œuvres qui s'adressaient à un public bourgeois ou courtois. Il leur incorpore le type de l'écolier folâtre emprunté aux pièces composées pour la Basoche et les Enfants-sans-souci, confréries « joyeuses » des jeunes clercs du Parlement et du Châtelet. Dès le XVe siècle, on rencontrait des testaments burlesques dans des monologues dramatiques et des farces aux personnages fortement individualisés grâce à l'emploi du langage de tous les jours ; le monologue du fanfaron dans *le Franc Archer de Bagnolet* (vers 1468) en est un exemple. La parodie du jargon juridique dans le *Lais* et le *Testament* a des antécédents dans le réalisme bourgeois d'œuvres comme la célèbre *Farce de maître Pierre Pathelin* (vers 1460) mais aussi dans l'idéalisme courtois de fictions comme la *Confession et testament de l'amant trépassé de deuil*, de Pierre de Hauteville (vers 1441-1447). Villon, qui cite Alain Chartier sur son lit de mort (v. 1805), intègre également dans son locuteur le type de l'amant martyr, issu de cette tradition courtoise.

Le *Testament* renouvelle un mode de composition en faveur aux XIVe et XVe siècles parmi des poètes de cour comme Guillaume de Machaut, Jean Froissart et Christine de Pisan. Ils avaient, eux aussi, inséré dans un cadre narratif des poèmes mis en musique ou des poèmes à forme fixe, comme si c'étaient leurs personnages qui les chantaient ou les récitaient. Mais alors que ces premières compositions simultanément lyriques et narratives constituaient des ensembles stylistiquement et thématiquement homogènes, le format du *Testament* allait donner à Villon la liberté d'utiliser ses insertions lyriques dans un but de dissonance et d'incongruité, détournant ainsi le langage et l'éthique de ses modèles courtois. Si les cinq ballades de la section initiale des « regrets » (les trois ballades d'antan, la *Ballade de la Belle Heaumière aux filles de joie* et la *Double Ballade* des amants malheureux) ne détonnent pas avec les huitains qui les entourent, il n'en est pas de même des quatorze poèmes à forme fixe sur les objets légués. Deux rondeaux graves – « Mort, j'appelle de ta rigueur » (vv. 978-989) et « Au retour de dure prison » (vv. 1784-1795) – sont introduits par des strophes obscènes et sarcastiques. Et même quand les thèmes des insertions sont conventionnels, ils produisent un effet cacophonique quand on les situe dans le mouvement d'ensemble du *Testament*. Ainsi, disséminés parmi les huitains 125-144, on trouve en vrac une prière sous forme de chanson à boire *(Ballade et oraison de Jehan Cotart)*, un poème nuptial *(Ballade pour Robert d'Estouteville)*, une invective haineuse *(Ballade des langues ennuyeuses)* et une antipastorale à l'éloge du confort matériel *(les Contredits de Franc Gontier)*.

Ces ballades ne sont pas disposées au hasard comme dans une anthologie ; le « je » les propose comme un répertoire des modes lyriques : le panégyrique, la pastorale, la sotte ballade parodique. Mais, toujours présent, c'est le « je » qui surprend les bavardages dont il fait l'éloge dans la *Ballade des femmes de Paris*, qui voit à travers le trou d'un mur des scènes de la bonne vie dans *les Contredits de Franc Gontier*, qui gémit sous le poids de la catin dans la *Ballade de la grosse Margot*. Le *Testament* de Villon n'est donc pas, comme Sainte-Beuve l'a appelé, « un tas de fumier » dont on pourrait extraire « deux ou trois perles » (*Causeries du lundi*, p. 282) : le sens et l'effet de chaque pièce sont inséparables de l'effet global produit par la voix poétique.

Le « je » poétique de Villon qui introduit le monde de l'expérience dans la poésie médiévale est aussi l'instrument qui donne à l'œuvre sa cohérence. Bien qu'il n'ait pas veillé à la disposition de ses poèmes dans un « livre », un recueil manuscrit comme ceux qu'ont composés Machaut, Froissart et Christine de Pisan, Villon a tout de même disposé dix-neuf pièces courtes dans le cadre fictif du *Testament* et associé le *Lais* et le *Testament* par le biais d'un tissu de citations. Par-dessus tout, il a imposé une unité à son œuvre, la soumettant à l'identité d'un auteur fictif. Le nom propre « Villon » est un élément lyrique essentiel de la première et de la dernière strophe du *Lais* ainsi que des huit courts poèmes où il intervient en acrostiche ou en refrain : « Par mon conseil prends tout en gré, Villon » *(Ballade de Fortune)*. Et, comme un glas, les dernières syllabes du nom du « pauvre Villon » reviennent treize fois dans les rimes de la dernière ballade du *Testament* : « carillon », « vermillon », « couillon » (vv. 1996-2001). Sans passer par le support matériel d'un « livre », le « je » poétique de Villon suffit à unifier un corpus de poèmes. Ses œuvres vivent « sans vie / Comme les images, par cœur » (vv. 987-988), soutenues par la voix poétique qui a su allier l'émotion lyrique et l'expression d'une expérience vécue, en donnant une dimension historique au « je » poétique auquel il a donné le nom de « Villon ».

Voir aussi 1225, 1342, 1401, 1460, 1493.

Bibliographie : François Villon, *le Lais Villon et les poèmes variés*, éd. Jean Rychner et Albert Henry, 2 vol. (Genève, Droz, 1977) ; *le Testament Villon*, éd. Jean Rychner et Albert Henry, 2 vol. (Genève, Droz, 1974). Pierre Demarolle, *Villon : un testament ambigu* (Paris, Larousse Université, 1973). Jean Dufournet, *Recherches sur le « Testament » de François Villon*, 2 vol., 2e éd. (Paris, S.E.D.E.S., 1971). Ezra Pound, « Montcorbier, alias Villon », in *The Spirit of Romance* (Norfolk, Conn., New Directions, James Laughlin, 1952). Nancy Freeman Regalado, « Effet de réel, effet du réel, Representation and Reference in Villon's *Testament* », *Yale French Studies*, n° 70 (1986), pp. 63-77. Charles Augustin Sainte-Beuve, « François Villon, sa vie et ses œuvres, par M. Antoine Campaux », in *Causeries du lundi*, vol. XIV, 3e éd. (Paris, Garnier, 1870).

Nancy Freeman Regalado

1460 ?

Représentation de *la Farce de maître Pierre Pathelin*

Farces, moralités et soties

Il est traditionnel, dans les études qui traitent du théâtre français entre 1400 et 1600, de regrouper farces, moralités et soties. Quant à savoir s'il s'agit de genres distincts ou non, la question est difficile à résoudre. Par « farce », on entend généralement une courte comédie en octosyllabes avec des protagonistes dont le rôle est emprunté à la vie de tous les jours : le mari, la femme, l'avocat, l'étudiant, le marchand. Par « sotie », on désigne une pièce de forme similaire, mais à la versification généralement plus complexe, avec des protagonistes anonymes ou allégoriques, comme le Premier Sot, le Deuxième Sot, Mère Folie, Toutlemonde, le Monde, le Pèlerin. Farce et sotie visent d'abord à amuser. Une « moralité », en revanche, est ouvertement didactique et rarement comique. Elle est parfois écrite en décasyllabes, voire en alexandrins, plutôt qu'en octosyllabes, et peut être beaucoup plus longue que la farce ou la sotie. Son action est en général allégorique, mais peut aussi prendre un tour historique à l'occasion.

Des exemples de chacun de ces genres ont survécu, sous forme manuscrite ou imprimée, mais les textes sont souvent altérés et les informations dont nous disposons sur leurs auteurs, leurs dates ou leur mise en scène sont rares. Les historiens les rangent parfois dans la rubrique du « théâtre populaire » pour distinguer ces comédies de la comédie humaniste d'Etienne Jodelle et d'auteurs ultérieurs.

Toute tentative de différencier plus précisément ces trois genres se heurte immédiatement à des difficultés : les titres sont quelquefois ambigus et trompeurs ; les personnages réels et allégoriques se superposent ; certaines soties ne sont pas satiriques alors que certaines farces le sont, et un grand nombre de pièces sont si composites qu'il est impossible de les rattacher à un genre unique. Au XVIe siècle, les pièces de Marguerite de Navarre porteront des titres qui commencent souvent par le mot « comédie », tout en étant d'inspiration profondément religieuse. Les critiques continuent à se demander s'il faut rattacher de telles pièces morales au théâtre religieux (avec les mystères et les miracles) plutôt qu'au théâtre comique. Et quelle étiquette faut-il donner à des pièces dramatiques comme la bergerie ou le monologue comique ?

Les moralités, semble-t-il, n'ont pas connu en France la popularité qu'elles ont eue en Angleterre. Peu d'entre elles ont été imprimées. Leur longueur varie de deux cents à trente mille vers. La plupart entrent dans la catégorie des *exempla* parce qu'elles mettent en scène la lutte du bien et du mal, que ce soit sur le plan moral ou sur le plan social. Un bon nombre exploite des anecdotes historiques ou pseudo-historiques (la femme qui a tenté de trahir Rome et qui, emprisonnée, sera nourrie au sein par sa propre fille) ou des épisodes bibliques (Dives et Lazare). Certaines, comme *Église, Noblesse et Pauvreté qui font la lessive*, mettent l'accent sur les difficultés sociales des pauvres ; d'autres comme *la Condamnation de banquet* ou *le Cœur et les Cinq Sens* sur la santé morale de l'individu. Quelques-unes, parmi les meilleures, rappellent l'*Everyman* anglais : des deux êtres corrompus mis en scène dans les *Enfants de maintenant*, l'un se repent et s'amende tandis que l'autre sombre progressivement, victime de Honte, Désespoir et Perdition. Même si certaines de ces pièces ont été écrites par des poètes de métier qui ont su donner vie à leurs personnages, pour le lecteur moderne elles survivent, le plus souvent objets de curiosité littéraire plutôt que réussites théâtrales convaincantes.

Les soties sont ainsi nommées parce que leurs personnages sont le plus souvent des « sots » habillés dans le costume traditionnel des fous. Elles ne se refusent jamais le plaisir de faire allusion à l'actualité en lâchant un feu d'artifice verbal. Beaucoup d'entre elles, jouées par les troupes semi-professionnelles des « sociétés joyeuses », exploitent un répertoire fixe de personnages aussi bien que de situations (par exemple, un personnage déguisé se révèle être un autre « sot »). Les plus courtes, quelquefois appelées « parades », limitent leur action à la présentation de deux ou trois personnages engagés dans une conversation ou une dispute conduite en vers, souvent accompagnée de commentaires satiriques sur les « maux d'aujourd'hui ». Leurs auteurs, habiles versificateurs, manifestent un goût prononcé pour les groupements complexes de rimes et pour la fragmentation ludique de l'octosyllabe. Dans les pièces d'une certaine longueur, l'allégorie est fréquemment mise en place au moyen de jeux de mots : par exemple, les Hommes Nouveaux font faire le tour de la scène à un pauvre hère appelé Le Monde, l'expulsant chaque fois pour le reloger encore plus mal (« le logent de mal en pire ») ; ou encore les Sots seront des « trompeurs », « trompant » leur monde en même temps qu'ils jouent de la « trompe ». La satire dénonce le plus souvent l'état calamiteux de la société de l'époque. La sotie la plus connue, *le Jeu du prince des sots* (1511), de Pierre Gringore, que Victor Hugo rendra célèbre sous le nom de Gringoire dans *Notre-Dame de Paris*, est une évocation féroce (tolérée sinon encouragée par le roi) des intrigues et de la corruption de la papauté, jouée par Mère Sotte (Folie), un personnage de répertoire. La sotie est précédée par un « cri », l'appel plein de verve à toutes les variétés de « sots » et de « sottes » qui sont sommés d'assister à la pièce.

À la différence des moralités et des soties, les farces sont, encore de nos jours, considérées comme « du bon théâtre ». Elles sont comiques plutôt que satiriques, placent des personnages tirés de la vie réelle dans des situations plausibles et se terminent volontiers sur un trompeur trompé, ou un méchant puni. *Le Garçon et l'Aveugle*, de la fin du XIIIe siècle, est parfois cité comme la première farce, mais la plupart de celles qu'on peut dater ont été composées entre 1450 et 1550. Comme les bonnes farces de tous les temps, elles puisent sans scrupule dans le répertoire aussi bien pour les personnages que pour les intrigues qui souvent rappellent aussi les fabliaux. Mari et femme se disputent et se donnent des coups, marchand et client se volent, le maître se heurte à la stupidité de son élève. Les curés sont des suborneurs, les soldats des matamores et les ménagères des pipelettes. L'action est rapide, vivante, on se déguise beaucoup, on se cache, on s'empoigne, on se pisse dessus, on se jette à la figure poissons, tripes, lait ou poix. On se complaît aussi, plus que dans aucune autre forme de théâtre, dans des ambiguïtés verbales. Un titre au sens équivoque annonce souvent la couleur : *Farce des femmes qui font récurer leurs chaudrons* (début du XVIe siècle). Ou bien c'est au contraire un personnage qui est comique parce qu'il ignore la polysémie : Mahuet, à qui sa mère a recommandé de donner (vendre) ses œufs au « prix du marché », en fait cadeau à un fripon qui prétend s'appeler « Prix-du-Marché ».

Cet exemple montre aussi que la sottise est un thème central des farces et des soties. Les benêts abondent : maris sans autorité sur leur femme, serviteurs naïfs, cordonniers sans cervelle, élèves bornés (incapables, par exemple, de répondre à la question « Qui était le père des quatre fils Aymon ? »). La mégère du *Cuvier* (fin du XVe siècle), après avoir énuméré à son époux la liste des corvées ménagères, tombe dans le cuvier d'où elle ne peut sortir seule. Le mari relit la liste d'un bout à l'autre, constate que « aider sa femme à sortir du cuvier » n'y figure pas et ne la délivre qu'en échange de la promesse qu'à l'avenir elle se conduira en épouse soumise. Mais la farce la plus connue est incontestablement *la Farce de maître Pierre Pathelin* (vers 1460). Considérablement plus longue que la plupart des farces, son intrigue est aussi plus élaborée.

Le filou Pathelin, un maître flatteur, subtilise une pièce d'étoffe au stupide Guillaume, puis, lorsque ce dernier vient chez lui réclamer son dû, joue le malade qui délire. Habilement secondé par Guillemette, sa femme, Pathelin joue le délire de manière si convaincante que Guillaume s'en retourne, persuadé de s'être trompé. Pathelin accepte alors de défendre le berger du marchand, Aignelet, accusé d'avoir tué et mangé les moutons de son maître. Il lui conseille de répondre « Bêêe ! » à toute question du juge. La tactique fonctionne à merveille : le juge prend Aignelet pour un simple d'esprit et ajourne le procès. L'infortuné Guillaume se perd dans un imbroglio où se mêlent la malhonnêteté de Pathelin et celle d'Aignelet. La farce se termine lorsqu'Aignelet, pour ne pas payer Pathelin, répond « Bêêe ! » chaque fois que celui-ci lui réclame son dû, de sorte que le coquin finit par être à son tour victime d'un « sot ». Cette farce astucieusement construite sur une série d'équivoques (la plupart linguistiques) peut être en fait considérée comme la première véritable comédie française.

Les farces ont exercé une plus grande influence sur la littérature ultérieure que les moralités ou les soties. Leur rapport exact avec la *commedia dell'arte*, qui joue sur bon nombre de mécanismes identiques, est encore sujet à discussion ; mais il est certain qu'elles ont fourni à Molière, et à travers lui à de nombreux auteurs comiques plus tardifs, des intrigues, des personnages et des situations burlesques.

Voir aussi 1210, 1552, 1673.

Bibliographie : Ancien Théâtre françois, vol. Ier-III (Paris, Jannet, 1854-1857). *La Farce de maistre Pathelin et ses continuations*, éd. Jean-Claude Aubailly (Paris, S.E.D.E.S., 1979). *Recueil de farces françaises inédites du* XV*e siècle*, éd. Gustave Cohen (Cambridge, Mass., Medieval Academy of America, 1949). *Le Recueil Trepperel*, éd. Eugénie Droz, vol. Ier : *les Sotties* (Paris, Droz, 1935). *Moralités françaises : réimpression en fac-similé de 22 pièces...*, éd. Werner Helmich (Genève, Slatkine, 1980). Barbara C. Bowen, « Metaphorical Obscenity in French Farce, 1460-1560 », *Comparative Drama*, n° 2 (1977-1978), pp. 331-344.

Barbara C. Bowen

1493

Jean Molinet, poète à la cour de Bourgogne, publie un *Art de rhétorique vulgaire*

Les rhétoriqueurs

La tradition poétique connue sous l'appellation erronée de « grande rhétorique » a été pendant longtemps exclue des programmes d'enseignement de la littérature française. Sainte-Beuve avait décrété qu'entre 1460 et 1520, c'est-à-dire entre le *Testament* de Villon et les premières œuvres de Clément Marot, la France, la Bourgogne et les Flandres ne constituaient qu'un « terrain vague » littéraire. Pendant un siècle et demi, les historiens de la littérature lui emboîtèrent le pas. Consternés par le « manque de goût » commun à tous les poètes de cette période, on essaya d'expliquer l'incapacité des rhétoriqueurs à écrire de la « bonne littérature » par une crise de civilisation liée à un prétendu « déclin » de la société médiévale. Rares ont été, avant les années 1970, ceux qui ont osé trouver le moindre intérêt à ces parias de l'écriture. Mais avec l'âge d'or du structuralisme, marqué par un regain d'intérêt pour la linguistique et la critique textuelle, une nouvelle attitude plus sympathisante devait rendre son rôle capital à ce groupe de poètes dont l'œuvre porte les marques d'une époque de transition décisive.

Sous l'étiquette « rhétoriqueurs », on regroupe six grands poètes : Jean Meschinot (actif entre 1450 et 1490), Jean Robertet (entre 1460 et 1500), Jean Molinet (entre 1460 et 1505), Jean Lemaire de Belges (entre 1495 et 1515), Guillaume Crétin (entre 1495 et 1525) et Jean Marot (entre 1495 et 1525) ; puis des poètes secondaires comme Henri Baude (entre 1460 et 1495), André de La Vigne (entre 1485 et 1515), Octavien de Saint-Gelais (entre 1490 et 1505), Pierre Gringore (entre 1500 et 1535) et Jean Parmentier (entre 1515 et 1530) ; enfin des auteurs d'œuvres anonymes comme *l'Abusé en cour* (vers 1460) et *le Lion couronné* (1467).

Le discours des rhétoriqueurs représente l'aboutissement d'une double aliénation socio-culturelle. À la fois roturiers et poètes de cour, l'ambiguïté de leur position les condamnait à célébrer la gloire de leurs protecteurs dans des chroniques et des poésies de circonstance, alors que le poids d'une tradition médiévale toujours forte continuait à restreindre le champ des thèmes, des techniques prosodiques et des formes poétiques dont ils disposaient. Ces contraintes ne les empêchèrent pourtant pas de participer pleinement de ce qu'on a appelé l'humanisme du XVe siècle. Leurs œuvres, comme celles des premiers humanistes, sont reconnaissables à leur éloquence fleurie, les préoccupations morales se mêlant à une puissante ferveur didactique. Il continue pourtant à leur manquer la conscience historique qui portera les humanistes à s'interroger sur la valeur exemplaire des littératures ancienne et médiévale. L'apport des rhétoriqueurs est surtout d'ordre formel et se concentre sur des questions de genre, de langue et de style. Ils marquent une rupture avec les procédés conventionnels de production du sens et font revivre les deux types principaux de rhétorique, qui permettent à l'artiste de persuader ou de dissuader au moyen d'un « bel et notable blason » (*le Jardin de plaisance et fleur de rhétorique*, 1501).

La « première rhétorique » régit le discours en prose. Elle se borne à adapter au français les principes du latin oratoire (tels qu'ils sont donnés, par exemple, dans la *Rhetorica ad Herennium*), soit directement, soit par l'intermédiaire des traités médiévaux (*artes poeticae*) transmis par la tradition scolastique. Le fait que les textes en langue vulgaire aient attendu cette date tardive pour assimiler la « première rhétorique » peut s'expliquer en partie par le renouveau simultané des belles-lettres dans l'Italie du XIVe siècle et par la redécouverte de modèles anciens obéissant à des formes d'éloquence rivales. Le retour en faveur de l'éloquence latine (grâce, entre autres, à Pierre d'Ailly, Jean de Gerson, Nicolas de Clémanges et Jean de Montreuil) tout au long du XVe siècle dans les œuvres des grands humanistes (comme le fameux discours de Jean Pic de la Mirandole, dans *Oratio de Dignitate Hominis* [*Sur la dignité de l'homme*, 1486]) fut accompagné, chez les grands orateurs français, par l'assimilation lente mais décisive de l'éloquence en langue vulgaire.

En débarrassant la prose de ses inévitables redondances, les nouveaux spécialistes du langage façonnèrent un formidable instrument de persuasion. L'essor de la « première rhétorique » fut l'une des conséquences paradoxales de la victoire de l'humanisme sur la scolastique. L'orateur est désormais considéré comme le type humain le plus élevé. Cicéron remplace Aristote et l'éloquence détrône la philosophie. La technique oratoire n'aurait pas tant progressé sans la redécouverte de Quintilien par Nicolas de Clémanges (vers 1396) et par Poggio Bracciolini (le Pogge) à l'abbaye de Saint-Gall (1416).

Les écrivains du XVe siècle cherchaient à donner forme à un nouveau style vernaculaire, récrivant en prose (ou « dérimant ») les romans versifiés, adaptant ou imitant les grands orateurs de l'Antiquité, pour assouplir le style pompeux et maladroit hérité des clercs de chancellerie. On observe une évolution dans ce sens dans la *Vision* (1405), de Christine de Pisan, et le *Quadrilogue invectif* (1422), d'Alain Chartier. Dans cette mouvance, les traductions du latin jouent un rôle considérable. À la cour de Bourgogne, Laurent de Premierfait traduit le *De amicitia* et le *De senectute*, de Cicéron, ainsi que des œuvres morales de Boccace, avant de faire paraître la première version française du *Décaméron* (1414) avec des amplifications érudites et moralisatrices qui contrastent curieusement avec le raffinement rhétorique et poétique de l'original.

Les règles de la « seconde rhétorique », encore appelée « rhétorique métrifiée », s'appliquent, en revanche, aux textes rimés. Elles sont formulées dans des « arts » ou des « instructifs », véritables manuels de versification. Soucieux de défendre et d'illustrer l'art de rimer en langue vulgaire, les théoriciens écrivent d'abondants traités, depuis *l'Art de dicter*, d'Eustache Deschamps (1392) jusqu'au *Grand et Vray Art de rhétorique*, de Pierre Fabri (1521), énumérant les types de rimes et de formes fixes que les rhétoriqueurs devaient respecter.

Pourtant, chez les rhétoriqueurs, la poétique ne s'est jamais limitée à l'aspect descriptif et normatif de la versification. La distinction qu'avait faite Quintilien entre rimeurs et poètes n'attendra pas la fameuse *Défense et illustration de la langue française*, de Joachim du Bellay (1549) pour trouver un écho chez les théoriciens de la poésie. Dans sa *Vita nuova* (1292), Dante avait expressément distingué entre le *poeta*, qui utilise le latin, et le *rimatore* (ou *dicitore per rima*), qui s'exprime en *volgare*. Quant à l'influence de Pétrarque, qui accordait un rôle sacré au poète et lui promettait les lauriers de la gloire même s'il devait déclamer dans sa langue maternelle, elle est manifeste hors d'Italie dès le XVe siècle. Même ceux qui se définissent comme rimeurs, Jean Robertet, par exemple, croient ferme en l'immortalité du poète et l'origine divine de son inspiration.

À côté de la « première » et de la « seconde rhétorique » (celle de l'orateur et celle du rimeur), les écrivains accordent aussi une place importante à ce qu'ils appellent la *poetria* ou poétrie. La poétrie, selon Jacques Le Grand (*Archiloge sophie*, vers 1410), est la « science qui apprend à feindre », autorisant des inventions aussi fabuleuses que celles des mythes païens, du moment qu'elles sont présentées « sous un beau dehors ». « Feindre » n'avait pas les connotations péjoratives qu'il a pour nous, ni même le sens ambigu qu'il prend chez Ronsard. « Feindre », c'était tout simplement créer des fictions, de « subtiles inventions », qui rendaient le texte « plus fabulatoire que véridique » (Jean Bouchet, *les Renards traversant*, vers 1520). Georges Chastellain devait adresser au duc Charles le Hardi un *Avertissement sous fiction* dont les accents grandioses prenaient des proportions mythiques.

Pratiquer la poétrie revenait à faire de fréquents emprunts aux quinze livres de la *Genealogia Deorum Gentilium*, de Boccace (1351-1360), vaste réserve de récits mythologiques chargés de toutes sortes de significations allégoriques et morales. Néanmoins, la poétrie ne se limitait pas à reprendre les mythes en les assortissant d'une explication fantaisiste de la cosmogonie païenne. À l'instar de Boccace, elle s'efforçait de révéler par le truchement de ces fables des vérités profondes et universelles, invitant les lecteurs à y déchiffrer les valeurs morales qui leur permettraient de s'approcher de Dieu.

Vue sous cet éclairage, la poétique des rhétoriqueurs s'apparente plus à la philosophie et à la théologie qu'à la rhétorique. Elle vise à la connaissance « réelle », celle qui va au-delà des apparences (fictions) pour saisir le sens caché et profond des choses. On reconnaît là un des derniers avatars de l'exégétisme médiéval, la tendance à tout interpréter au moyen de l'allégorie. Aussi n'est-il pas surprenant que cette quête d'un « plus haut sens » (dont le sang, la sève et la moelle sont les images les plus fréquentes, et que Rabelais devait railler par la suite) se soit doublée, du moins dans ses formes extrêmes, d'une expérimentation presque alchimique du langage : les mots eux-mêmes deviennent à leur tour des fictions dissimulant d'« horrifiques mystères ».

Guillaume de Machaut (vers 1300-1377) est souvent considéré comme le dernier poète lyrique chez qui la musique et la poésie aient eu partie liée. Après lui, les rhétoriqueurs, même lorsqu'ils sont, comme Molinet, à la fois écrivains et musiciens, vont tenter l'expérience d'un langage musical totalement libéré de la tutelle des instruments. À la fin du XIVe siècle, Eustache Deschamps, dans son *Art de dicter*, est le premier à avoir avancé l'hypothèse, combien prudente, selon laquelle la musique « artificielle » (celle des instruments) pouvait être séparée de la musique « naturelle » (celle des voix non accompagnées). Encore concédait-il que les « chansons naturelles » étaient particulièrement « délectables » lorsqu'elles étaient embellies par une mélodie artificielle. Si les poèmes de Guillaume de Machaut sont moins colorés, moins expressifs que ceux de Deschamps, c'est en partie parce qu'ils sont encore censés être chantés. Deschamps, quant à lui, croyait pouvoir compenser l'absence de « musique artificielle » en renchérissant sur l'élaboration formelle du vers.

Lorsque Jean Molinet écrit que la rhétorique est « une espèce de musique » (*Art de rhétorique vulgaire*, 1493), ce n'est pas pour assimiler la rhétorique à une branche de la musique, mais plutôt pour rivaliser avec la musique sur son propre terrain en créant un mode rythmique propre à la poésie. Dante avait défini la poésie comme une fiction rhétorique composée en musique (« *fictio rhetorica musice composita* », *De Vulgari Eloquentia*, 1304). Les rhétoriqueurs ont renversé les termes de cette définition : c'est la poésie qui est conçue désormais comme une « musique rhétorique composée fictivement ». L'essence de la poésie n'est plus la fiction (le feindre, le former), mais la musique.

Dans *la Concorde des deux langages* (vers 1511), Jean Lemaire de Belges, le plus talentueux des rhétoriqueurs, déclare que les sonorités de la langue sont composées et orchestrées selon les lois de la rhétorique naturelle et non selon le solfège « artificiel » de la musique instrumentale. « Rhétorique et musique sont une seule et même chose », écrit-il, voulant dire que les mots poétiques, même lorsqu'ils sortent de la bouche d'un pédagogue ou d'un chroniqueur, peuvent prétendre à un statut égal à celui de la musique. La muse poétique n'est plus considérée comme une citoyenne de seconde classe ; son émancipation suit celle de la langue vulgaire, rajeunie, défendue et illustrée, dont tout le XVIe siècle proclamera les vertus.

Cependant, pour les rhétoriqueurs, l'organisation spatiale du texte est tout aussi importante que sa musicalité. On commence à concevoir l'espace textuel comme un

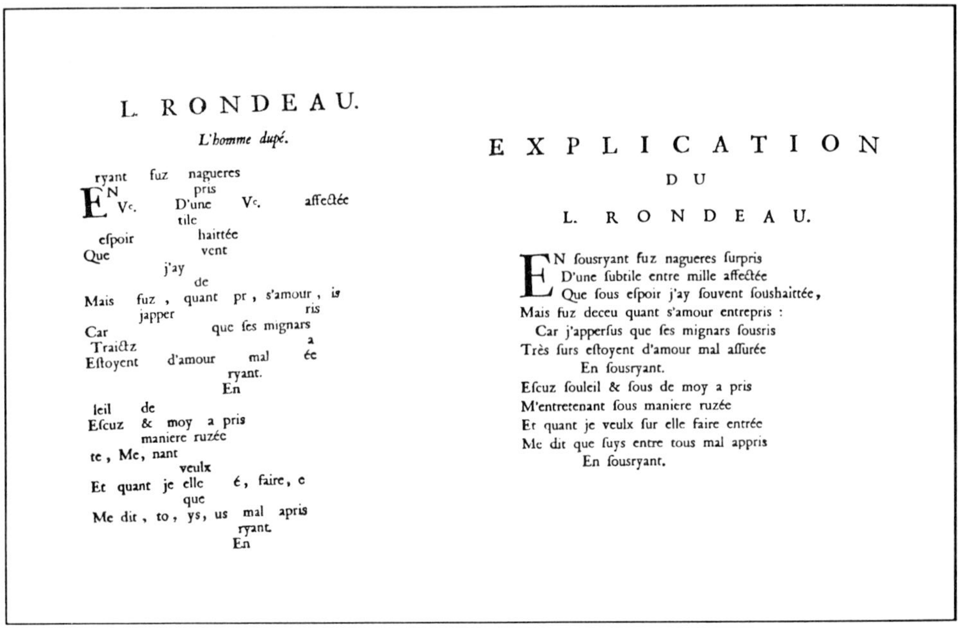

L. RONDEAU.

L'homme dupé.

ryant fuz nagueres
EN pris
Ve. D'une Ve. affectée
tile
eſpoir haittée
Que vent
j'ay
de
Mais fuz , quant pr , s'amour , is
japper ris
Car que ſes mignars
Traictz a
Eſtoyent d'amour mal ée
ryant.
En
leil de
Eſcuz & moy a pris
maniere ruzée
te , Me, nant
veulx
Et quant je elle é, faire, e
que
Me dit , to , ys, us mal apris
ryant.
En

EXPLICATION

DU

L. RONDEAU.

EN ſousryant fuz nagueres ſurpris
D'une ſubtile entre mille affectée
Que ſous eſpoir j'ay ſouvent ſoushaittée,
Mais fuz deceu quant s'amour entrepris :
Car j'apperſus que ſes mignars ſousris
Très ſurs eſtoyent d'amour mal aſſurée
En ſousryant.
Eſcuz ſouleil & ſous de moy a pris
M'entretenant ſous maniere ruzée
Et quant je veulx ſur elle faire entrée
Me dit que ſuys entre tous mal appris
En ſousryant.

1. Rondeau en forme de rébus, de Jean Marot, avec sa transcription, dans les *Œuvres de Clément Marot, avec les ouvrages de Jean Marot, son père*, éd. Nicolas Lenglet-Dufresnoy (La Haye, P. Gosse & J. Neaulme, 1731), pp. 291-292. (Firestone Library, Princeton University.)

tableau, à la lumière des nouvelles lois de la *perspectiva pingendi* illustrées par l'école de Piero della Francesca. Le grand poète sera celui qui, en utilisant des techniques appropriées, réussira à « frapper l'œil d'une clarté terrible » (Robertet), en peignant des formes iridescentes et en composant de riches enluminures. Les mots possèdent une réalité au-delà du sens qu'ils véhiculent, et cette réalité n'est pas seulement sonore (les syllabes étant des notes de musique) mais aussi visuelle (les syllabes devenant des touches de pinceau) : l'écriture devient un « objet visible » (*id.*), fait pour être donné en spectacle.

Les peintres ne jouissent plus du monopole du dessin et de la couleur. Les « verbes colorés » et les « couleurs de rhétorique » appartiennent aussi aux poètes qui composent des emblèmes (comme André Alciat) ou tissent des tapisseries (comme Henri Baude et Enrique de Villena). En inscrivant leur art dans la longue tradition des poèmes figuratifs du Moyen Âge (*carmina figurata*), ces poètes cherchent par tous les moyens à « donner figure » à l'écriture, à susciter son objet dans l'acte même de sa représentation. Cela est particulièrement vrai des rhétoriqueurs, qui, plusieurs siècles avant les *Calligrammes* d'Apollinaire (1918), ont poussé à l'extrême ce goût de la figuration scripturale.

Dans sa transposition en vers français des litanies de la Vierge, Jean Molinet combine anaphore et acrostiche pour faire valoir le pouvoir incantatoire du nom de Marie (*Oraison sur Maria*, vers 1490). Pour servir de commentaire visuel à la mort tragique d'un ami, André de La Vigne mêle les mots latins du requiem à ses *Complaintes et épitaphes* (1501). Jean Marot compose des poèmes en forme de rébus (fig. 1) et Jean Meschinot produit un rondeau qui peut se lire de trente-deux manières différentes. Vers la fin du XVIe siècle, un répertoire vertigineux de jeux littéraires, composé par Étienne Tabourot des Accords, contiendra une classification à peu près complète de ces prodigieuses inventions techniques (*les Bigarrures*, 1582 ou 1583).

L'évolution des conditions de la lecture explique en partie l'emploi de raffinements techniques destinés à arrêter l'œil de l'observateur comme le fait une riche enluminure, une broderie pittoresque, une miniature détaillée (*Heures de Rohan*, vers 1435). Pour le nouveau public de lisants, l'ouïe n'est plus le seul sens à être sollicité, et le fameux « retard de la vue », selon l'expression de Lucien Febvre, est en voie de résorption. Devant les manuscrits enluminés de la cour de Bourgogne, l'érudit doit s'abandonner à la jouissance d'un acte d'appréciation éminemment personnel.

On a longtemps considéré que les écrits des rhétoriqueurs étaient le miroir d'une civilisation finissante. Leurs jeux de langage « artificiels » passaient pour le dernier sursaut d'un âge qui souhaitait se ressaisir et se resituer avant de disparaître. Le procès en réhabilitation de ces écrivains n'est plus à faire. Dans sa récente réédition en France, la thèse de Johan Huizinga ne porte plus le titre *Déclin* mais *Automne du Moyen Âge*. Les prétendues « monstruosités » de l'art flamboyant ne peuvent plus s'interpréter seulement comme un trompe-la-mort culturel. L'ère des rhétoriqueurs fait déjà pleinement partie du phénomène historique que nous appelons toujours, en toute confiance, mais parfois de manière quelque peu arbitraire, la Renaissance.

Voir aussi 1267, 1342, 1536, 1549, 1555 (13 septembre), 1913, 1961.

Bibliographie : Jacques Le Grand, l'*Archiloge sophie* et Jean Molinet, l'*Art de rhétorique vulgaire*, in *Recueil d'arts de seconde rhétorique*, éd. Ernest Langlois (1902 ; réimp., Genève, Slatkine, 1974). Eustache Deschamps, *l'Art de dicter*, in *Œuvres complètes*, éd. Gaston Raynaud, vol. VII (Paris, Didier, 1891). Pierre Fabri, *le Grand et Vray Art de rhétorique*, éd. A. Héron, 2 vol. (1889-1890 ; réimp., Genève, Slatkine, 1969). Jean Lemaire de Belges, *Œuvres*, éd. A. J. Stecher, 4 vol. (Louvain, J. Lefever, 1882-1891). Jean Marot, *Œuvres de Clément Marot, avec les ouvrages de Jean Marot, son père*, éd. Nicolas Lenglet-Dufresnoy, 5 vol. (La Haye, P. Gosse & J. Neaulme, 1731). Johan Huizinga, *l'Automne du Moyen Âge*, trad. J. Bastin (Paris, Payot, 1975). François Rigolot, *Poétique et onomastique : l'exemple de la Renaissance* (Genève, Droz, 1977), pp. 11-79 ; *le Texte de la Renaissance : des rhétoriqueurs à Montaigne* (Genève, Droz, 1982), pp. 23-121. Paul Zumthor, *le Masque et la Lumière : la poétique des grands rhétoriqueurs* (Paris, Seuil, 1978).

François Rigolot

1512

Publication par Érasme de son *De Duplici Copia Verborum ac Rerum*

Des réserves d'écriture

Si les premières esquisses du traité d'Érasme sur la *copia* (terme que les rhéteurs latins utilisaient pour désigner l'abondance oratoire ou « style riche ») sont antérieures à 1500, c'est seulement en 1512 que paraît la première édition de son *De Duplici Copia*

Verborum ac Rerum (*Sur l'abondance des mots et des idées*). Dédiée à John Colet qui venait de fonder St. Paul's School, à Londres, elle était destinée à l'usage des étudiants de cet établissement. Largement augmenté au cours des éditions ultérieures, cet ouvrage contient l'essentiel de la contribution érasmienne à la conception humaniste du style. Sa célébrité a été telle que, vers 1532, l'humaniste allemand Philippe Melanchthon pouvait affirmer que « tout le monde » possédait son exemplaire du *De Copia*. Les stylistes médiévaux avaient déjà développé des techniques d'« amplification » rhétorique et Érasme n'est pas le premier à emprunter à Cicéron et à Quintilien la notion de *copia* ; mais il a su se l'approprier et c'est grâce à son prestige et à son influence qu'elle est devenue monnaie courante parmi les écrivains du XVIe siècle.

Le titre du traité reflète l'esthétique de toute une période. Le goût de la Renaissance pour la profusion dans le style et dans la matière survivra jusqu'à la fin du XVIe siècle et ne sera définitivement supplanté, en France, qu'au milieu du XVIIe siècle, avec le développement d'une doctrine néo-classique fondée sur des principes esthétiques diamétralement opposés comme, pour ne citer qu'un exemple, celui que Boileau formule dans *l'Art poétique* (1674) : « Qui ne sait se borner ne sut jamais écrire. »

Le mot latin *copia* a plusieurs sens. Dans le sens de « profusion » ou « abondance », il sert de métaphore à une écriture qui prétend rivaliser avec la variété et la diversité de la nature elle-même. Dans le sens de « facilité » (ou « aisance »), il désigne le talent de l'écrivain ou de l'orateur qui maîtrise son art en profondeur et sait développer son sujet à volonté. Dans le sens de « réserve », il désigne les ressources qu'un écrivain doit avoir à sa disposition : dans le *De Copia*, Érasme recommande à son élève de parcourir la vaste réserve constituée par les écrits de l'Antiquité classique pour en extraire, avec ordre, sur un carnet, des matériaux – mots, tournures de phrases, figures de style, anecdotes, maximes et autres – qu'il pourra réutiliser plus tard dans ses propres écrits.

Sous chacun de ces angles, la notion de *copia* est d'une importance stratégique capitale pour le projet humaniste d'assimiler les chefs-d'œuvre et la pensée des anciens et de les reformuler dans un style clair et élégant. *Imitatio* est le nom latin d'un tel projet et la Renaissance connaît une abondance de traités sur l'imitation des anciens, écrits en langue vulgaire ou en latin. Pour qui partage le préjugé moderne en faveur de l'« originalité », le concept d'« imitation » peut paraître peu prometteur. Pourtant, les humanistes de la Renaissance ont tous la conscience aiguë – plus aiguë peut-être que les écrivains de tout autre période, antérieure ou postérieure – que rien ne s'écrit qui ne suppose des précédents, qui ne dépende de ce qui a déjà été dit. Confrontés à la créativité et au prestige écrasants des grands maîtres de l'Antiquité, ils ont l'impression d'être frappés d'impuissance, comme des exilés qui s'efforceraient de recoller les fragments d'une culture à jamais perdue ou comme des nécromanciens qui essayent de ressusciter les ombres du passé. Comment écrire en latin aussi bien que Cicéron et Virgile et, mieux encore, comment obtenir des effets comparables aux leurs dans des langues vulgaires appauvries ou qui n'ont pas encore fait leurs preuves ? Leurs écrits risquent de n'être qu'une copie sans vie, au lieu de la vivante *copia* qu'avait connue l'âge d'or grec et romain. Les théories d'Érasme et des humanistes traduisent leur désir de trouver une solution à cette impasse : ils acceptent comme un fait accompli la fragmentation et la mort de l'Antiquité et mettent en avant le processus d'appropriation, de digestion et de transformation par lequel des éléments de la culture du passé sont sélectionnés et recombinés pour constituer une substance vivante d'un nouveau type, répondant aux besoins d'une ère nouvelle. Pour écrire comme Cicéron, on doit apprendre à écrire différemment de lui – on doit apprendre à écrire comme soi-même ; tel est l'argument d'Érasme dans son dialogue polémique, *Ciceronianus* (1528). C'est ainsi que, à cette époque, la première personne du singulier commence à devenir un point de mire stylistique avant de s'imposer comme la voix qui gagne en indépendance et en autorité.

La théorie de la *copia* a été élaborée par Érasme dans le contexte d'un renouveau de la pratique du latin (son traité est lui-même rédigé en latin). Mais elle a servi de modèle aux auteurs qui, s'ils savaient lire et écrire le latin, ont écrit leur œuvre en langue vulgaire. Rabelais (1483 ?-1553) reconnaît avec enthousiasme sa dette envers Érasme, du Bellay (1522-1560) reprend certains de ses arguments, même si c'est sans le nommer (à la fin des années 1540, les œuvres d'Érasme étaient devenues suspectes du point de vue théologique). On peut avancer que la littérature française du XVIe siècle, directement ou indirectement, a exploré systématiquement et en profondeur les implications stylistiques de l'humanisme érasmien. Dans les romans de Rabelais, l'importance du style fragmentaire se fait sentir à chaque page : citations, allusions, références authentiques ou apocryphes s'enchaînent en une folle succession ; l'œuvre entière finit par devenir une quête de la vérité menée à travers les fragments d'une sagesse ou d'un savoir potentiels. Le style de Rabelais transforme la *copia* en un principe d'invention comique où l'association, l'allitération ou l'assonance engendrent d'interminables listes de mots et de phrases : Rabelais lui-même, dans le prologue, qualifie son *Tiers Livre* de « cornucopie de joyeuseté ».

Du Bellay, dans le premier livre de sa *Défense et illustration de la langue française* (1549), traite explicitement des problèmes de l'imitation : des images d'appauvrissement et de stérilité y sont compensées par des métaphores de greffes, de digestion, de transformation et de résurrection. La même impression ressort du cycle de sonnets des *Antiquités de Rome* (1558) qui montre le poète écrasé par les restes de la grandeur antique ; dans le cycle des *Regrets* (1558), le contact avec Rome et le spectacle de sa décadence sont l'occasion d'une méditation à la première personne sur les thèmes de l'exil et de l'éphémère.

La *Défense* a été le manifeste d'un groupe de jeunes poètes humanistes qui écrivaient le plus souvent, quoique non exclusivement, en langue vulgaire, et qui seront immortalisés sous le nom collectif de « la Pléiade ». Alors que du Bellay, qui manquait de confiance dans ses capacités poétiques, opte pour des genres et des thèmes moins élevés, Ronsard (1524-1585) ne cache pas ses ambitions et rivalise recueil après recueil avec les grands modèles de l'Antiquité grecque ou latine. Dans la préface aux *Odes* de 1550, il parle de la poésie comme d'une imitation de « la copieuse diversité » de la nature (p. 47). Ses propres poèmes font appel à des matériaux puisés aux sources les plus diverses, donnant l'impression d'une abondance et d'une profusion quasi organique. Dans beaucoup d'entre eux, en effet, l'exploration décidée de domaines stylistiques neufs par le biais de l'imitation est associée à l'évocation d'une plénitude naturelle qui sert de métaphore aux énergies créatrices du poète. Cette abondance n'allait pourtant pas sans risques : Ronsard n'a pas achevé *la Franciade*, le poème épique qu'il projetait d'écrire sur les origines de la nation française, et beaucoup des poèmes de sa maturité évolueront vers une thématique de l'épuisement, de l'inspiration évanouie, comme si sa corne d'abondance poétique s'était vidée.

Montaigne (1533-1592) représente un moment tardif dans le développement de l'humanisme du XVIe siècle. Il connaissait par cœur les poètes latins qu'il cite fréquemment ainsi que Sénèque, les historiens, et beaucoup d'autres ; il lisait également des œuvres grecques traduites en latin – ou en français comme celles de Plutarque. Quand il parle de ses rapports avec ces modèles antiques, il utilise un ton d'autodénigrement ironique ; ce qui ne l'empêche pas de finir toujours par reconnaître la valeur de son propre jugement et d'affirmer que, quelle que soit l'origine de cet emprunt, il en fait sa propre substance. C'est ainsi que la première personne du singulier devient le fil qui, dans ses *Essais* (1re édition de 1580, augmentée en 1588 et 1595), relie tous ces morceaux d'emprunt : l'œuvre se présente comme un autoportrait infiniment fluide et changeant. Et parce que l'angle de vision est plus important que la matière traitée, la forme de composition, elle aussi, reste mobile, associative, ouverte. Les *Essais* ne constituent pas un manuel d'éthique ou une simple compilation : ils explorent différentes manières de comprendre l'expérience. Aussi leur titre doit-il être entendu dans son sens étymologique : « coups d'essais », « sondages » ou « expériences ».

Rabelais, Ronsard et Montaigne sont des écrivains très conscients de ce qu'ils font et leurs œuvres reviennent fréquemment, de manière explicite, aux problèmes de l'écriture, en particulier à ceux de la *copia* et de l'*imitatio*. Ces œuvres ont un autre trait commun : elles peuvent toutes être considérées comme inachevées, si on veut bien donner à ce mot un sens positif. Le récit comique de Rabelais, fragmentaire dans sa nature même, s'interrompt à mi-cours ; l'œuvre unique – l'épopée – en vue de laquelle Ronsard a procédé à toutes ses expériences poétiques ne sera jamais réalisée ; quant à l'écriture de Montaigne, elle ne cesse de proliférer que lorsque la mort l'interrompt. Comme Érasme, ces écrivains réalisent que le langage n'est pas un instrument fiable, que la *copia* peut servir à tromper, à séduire ou à corrompre, qu'une connaissance et une vérité totales n'ont pas leur place dans le langage humain. Ils conçoivent l'écriture comme un exercice heuristique, un processus de découverte constant. Si nous les approchons avec l'esprit ouvert, en résistant au désir de leur imposer une signification unique et cohérente, ils nous apportent non seulement des richesses esthétiques qui n'ont leur égal dans aucune des époques plus disciplinées de l'histoire littéraire, mais aussi une inépuisable réserve d'intuitions sur la nature de l'écriture même.

Voir aussi 1214, 1532, 1534, 1550.

Bibliographie : Érasme, *De Duplici Copia Verborum ac Rerum*, in *Opera omnia*, vol. Ier (fac-similé de l'éd. P. Vander, Leyde, 1703-1706, [Londres, Gregg Press, 1961-1962]). Ronsard, *Œuvres complètes*, t. Ier, éd. Paul Laumonier (Paris, Droz, 1934). Terence Cave, *The Cornucopian Text : Problems of Writing in the French Renaissance* (Oxford, Clarendon Press, 1979). Thomas M. Greene, *The Light in Troy : Imitation and Discovery in Renaissance Poetry* (New Haven, Yale University Press, 1982).

Terence Cave

1517

Guillaume Budé adresse à François Ier le manuscrit de l'*Institution du prince*

Modèles humanistes pour la pensée et l'action

La figure de Guillaume Budé (1467-1540) domine les premières manifestations de l'humanisme français sous le règne de François Ier. Ami d'Érasme, de Rabelais et de Jean-Louis Vivès, passionné par l'Antiquité, juriste, historien et sans conteste le plus grand helléniste de son temps, Guillaume Budé (*Budaeus*, en latin) est l'incarnation des aspirations et des contradictions de la culture humaniste française. Bien qu'aujourd'hui son nom évoque surtout les institutions qui allaient devenir respectivement le Collège de France et la Bibliothèque nationale, pour la création desquelles son rôle a été décisif, c'est par ses ouvrages qu'il a exercé une influence considérable sur la culture française du début du XVIe siècle. Son *De Asse et Partibus Eius* (1514), traité savant sur les monnaies romaines, est souvent considéré comme l'œuvre philologique la plus importante de l'époque. Ses *Commentaires sur la langue grecque* (*Commentarii Linguae Graecae*, 1529) contribuèrent à un engouement d'époque pour la littérature grecque qui atteindra son apogée avec les *Odes*, de Ronsard (1550). Enfin, l'*Institution du prince* (le mot « Institution » veut dire éducation), écrite en 1517 mais publiée seulement en 1547, est un exemple typique de la littérature humaniste à visées pédagogiques rédigée en français.

L'humanisme de Budé a des liens étroits avec le nationalisme français naissant. Alors qu'Érasme voit dans l'humanisme un mouvement essentiellement centré sur le christianisme, Budé associe la restauration des « bonnes lettres » à la prééminence culturelle et politique d'une France unifiée. Dans l'*Institution du prince*, il soutient que le Moyen Âge n'a été la période d'obscurité que l'on sait que parce qu'il a manqué de bons historiens et de rhétoriciens pour chanter et « illustrer » la royauté. La même raison explique d'ailleurs, selon lui, pourquoi la royauté, pour sa part, n'a mis à son compte aucun exploit héroïque, rien qui soit digne d'être « illustré ». Le volume que Budé offre à François Ier doit remédier à cette situation : avec ses conseils pratiques, il incitera le roi à accomplir des actions héroïques pour la plus grande gloire de la France, exploits qui seront à leur tour, pour les futurs historiens, l'occasion de chanter la gloire de François Ier. C'est par nationalisme aussi que Budé choisit le français plutôt que le latin. Il s'excuse de la maladresse de son français (« langue en laquelle je me suis le moins exercé »), mais fait savoir qu'il l'a choisi pour promouvoir une littérature nationale et une politique nationaliste.

L'*Institution du prince* est un traité pédagogique à la manière des « Miroirs des princes » (*specula principis*) populaires à la fin du Moyen Âge. Comme les ouvrages plus connus de ses contemporains, *le Prince*, de Machiavel (1513), et l'*Institutio Principis Christiani* (*Éducation du prince chrétien*) d'Érasme (1516), il se propose d'influer sur le comportement du monarque en l'exhortant à gouverner avec vertu. L'histoire, que Cicéron appelle la « maîtresse de la vie » (*historia magistra vitae*), doit fournir aux actions du prince leur modèle et leur justification. Pour Budé, comme pour tous les humanistes, l'histoire est un recommencement perpétuel ; le passé constitue une réserve d'exemples qu'il ne reste aux acteurs présents qu'à imiter. Le centre d'une telle vision de l'histoire est le culte du modèle glorieux ou de la personnalité héroïque dont les paroles et les actes témoignent d'une vertu que le prince moderne doit égaler. La vie des héros de l'Antiquité constitue un modèle auquel le lecteur moderne doit se mesurer et sur lequel il doit se régler. Selon Budé, c'est seulement en étudiant l'histoire et en suivant l'exemple des anciens que François Ier pourra acquérir la gloire qu'il est en droit d'attendre pour lui-même et pour son peuple.

Cette manière de considérer l'histoire comme un guide présuppose que les vertus antiques sont universelles et qu'il n'est pas déplacé d'évoquer la perfection des anciens à propos de nos contemporains. Cependant, il suffit que Budé passe à l'application concrète de son programme pour qu'apparaissent des problèmes qui font ressortir les contradictions de l'humanisme français lui-même. L'*Institution* consiste en une série d'anecdotes empruntées à l'histoire antique, émaillées de louanges de François Ier et de références faites par Budé à ses ouvrages, notamment le *De Asse*. Au début, Budé annonce modestement qu'il a simplement cherché à « assembler » ou à « accumuler » certains des hauts faits des anciens, susceptibles d'être utiles au prince. Mais ce dernier, souligne-t-il, est parfaitement capable de lire l'histoire tout seul. Budé dit s'être inspiré des *Apophtegmes* de Plutarque, collection d'anecdotes (récemment traduites en latin par Érasme) tirées de la vie des hommes illustres de l'Antiquité. Pourtant, alors que Plutarque se borne à énumérer les mots et les actes de ces personnages exemplaires, comme si leur signification allait de soi, Budé se sent obligé d'intervenir à chaque instant pour les interpréter. La surimpression de la voix du pédagogue sur le matériau historique est sans aucun doute liée à la position de Budé à la cour des Valois. Car si Érasme a toujours cherché à conserver son indépendance vis-à-vis de toute autorité politique séculière, Budé, lui, est un courtisan. À ce titre, ses écrits devaient constituer une démonstration de sa propre valeur intellectuelle et prouver qu'un humaniste est bon conseiller. Ainsi, bien que le prince humaniste soit censé être capable de tirer tout seul les leçons de l'histoire, des considérations liées à la vie de cour obligent l'ambitieux Budé à se mettre en avant en soufflant ces leçons à son maître. Le type de lecture qu'il propose est ainsi démenti par sa propre stratégie rhétorique : l'humaniste courtisan coupe la parole à l'humaniste philologue.

L'histoire qu'il présente à son prince consiste en une série de récits dont certains présentent des versions contradictoires du même événement ou de la vie du même héros. Cette multiplicité des discours est l'une des raisons de l'impression de manque de structure que donne l'*Institution*. Pourtant, dans l'aspect informe du livre, quelque chose reflète plus profondément ce qu'il y a de paradoxal dans le projet humaniste de se mettre à l'école du passé. Budé se propose d'élaborer un exemple pour François Ier, mais il n'arrive pas à fixer son choix sur quelqu'un qui soit suffisamment vertueux pour servir de modèle au roi de France. Il passe donc de modèle en modèle, faisant l'éloge d'un premier personnage, expliquant pourquoi il l'a choisi, puis l'abandonnant au profit d'un autre. Dans l'introduction, par exemple, Budé propose Alexandre le Grand (ce qui permet à l'auteur de l'*Institution* de se mettre discrètement lui-même sur le même plan qu'Aristote, précepteur d'Alexandre). Cependant, Alexandre quitte le devant de la scène car Budé doit bientôt admettre que sa vertu n'était pas inattaquable et que ses vices ont contribué à effacer « la grande clarté de sa renommée et obscurci la mémoire illustre de ses gestes pleins de merveilles » (*Institution du prince*, p. 132). Il est alors remplacé par Pompée dont la gloire fut « sans aucune nébulosité de vergogne » (*ibid.*, p. 132). Mais ici encore, Budé doit préciser laquelle parmi les versions de la vie de Pompée doit être appliquée à François Ier (c'est celle de Lucain dans la *Pharsale*) et quel moment de ce récit est digne d'être étudié par le roi (le panégyrique prononcé par Caton dans le livre IX du poème de Lucain). Un peu plus loin, Budé change à nouveau de modèle : c'est Hercule qu'il met en vedette, en qui il voit (comme les mythologues de la Renaissance) un modèle à la fois de l'héroïsme français (François Ier) et de la rhétorique française (Budé lui-même). Les voix du passé sont donc trop variées et trop complexes pour permettre à Budé de proposer un modèle définitif pour son roi. La distance et les circonstances font perdre leur lustre aux exploits du passé dans lesquels l'homme moderne aurait voulu trouver un modèle auquel s'identifier ou se conformer. De plus, le fait que, parmi ses actes, certains soient un témoignage de vice plutôt que de vertu empêche de faire du modèle un être vertueux en tout ; l'exemple de sa vie ne peut plus être suivi sans risque ni erreur. Le récit de la vie des héros, comme l'image de l'héroïsme antique, s'effrite au moment même où l'humaniste cherche à combler la distance historique pour que le passé puisse guider le présent.

L'absence de structure de l'*Institution* fait ressortir une contradiction qui est au cœur du discours humaniste. L'humanisme tire son autorité de l'histoire ; il identifie l'histoire avec une philosophie morale et considère que le renouveau moderne de l'étude des humanités (*studia humanitatis*) a des implications éthiques pour la conduite des affaires publiques du présent. Cependant, au fil des ans, les historiens et les moralistes humanistes du XVIe siècle prendront progressivement conscience d'un fait qui est déjà illustré par l'*Institution du prince* : les événements du passé sont si variés et si inaccessibles que toute certitude est interdite à qui les interprète. Les actes et les paroles des hommes de l'Antiquité, dans lesquels l'humanisme voulait lire le langage de la vertu, sont peut-être tout simplement impossibles à expliquer ; leur ambiguïté ne se laisse pas réduire par les structures moralisantes de l'herméneutique humaniste. En Italie, cette note sceptique se fait d'abord entendre dans les œuvres des contemporains de Budé, de Machiavel et de Guichardin (Francesco Guicciardini). En France, elle ne fait son apparition que vers la fin du siècle, d'abord de façon peu perceptible dans les œuvres de Jean Bodin, puis, plus ouvertement, dans les *Essais* de Montaigne.

Budé adopte donc dans l'*Institution du prince* une série de postures contradictoires : il est tour à tour philosophe moralisateur, courtisan ambitieux, philologue désintéressé, apologiste du roi. La diversité des facettes de l'image qu'il donne de lui-même, renforcée par les maladresses et les nombreuses contradictions de l'*Institution du prince*, témoigne d'une fragilité exemplaire qui est inscrite dans l'humanisme même. L'alliance entre la volonté humaniste de s'approprier le passé et le désir français de dominer l'avenir montrera vite ses limites : défaites militaires et conflits religieux viendront freiner les projets de François Ier, sur les plans intérieur et extérieur. Avec les progrès de la Réforme, les grandes familles nobles que François Ier s'était brièvement attachées choisiront des religions opposées. Le conflit qui s'ensuivra divisera le pays et coupera court aux dernières chances d'une alliance de l'humanisme et du pouvoir politique. À peine cinquante ans plus tard, quand les guerres de religion feront rage, l'optimisme politique et culturel d'un Budé fera figure d'idéalisme naïf. Comble d'ironie, l'*Institution du prince*, que Budé avait écrite en 1517, ne sera publiée qu'en 1547, après la mort de François Ier et de Budé lui-même. L'une des premières éditions est dédiée à Claude Ier de Lorraine, duc de Guise, dont la famille jouera un rôle prépondérant dans le camp catholique lors des guerres de religion qui ravageront la France à la fin du XVIe siècle et mettront un point final à l'idéalisme humaniste.

Voir aussi 1050, 1541 (juillet), 1566.

Bibliographie : Guillaume Budé, *le Livre de l'institution du prince*, in *le Prince dans la France des XVIe et XVIIe siècles*, éd. Claude Bontems (Paris, P.U.F., 1965). Marie-Madeleine de la Garanderie, *Christianisme et lettres profanes* (Paris, Champion, 1976). Donald R. Kelley, *The Foundations of Modern Historical Scholarship : Language, Law, and History in the French Renaissance* (New York, Columbia University Press, 1970). David O. McNeil, *Guillaume Budé and Humanism in the Reign of Francis I* (Genève, Droz, 1975).

Timothy Hampton

1526, juillet

Après avoir tué le séducteur de sa femme, Michel de Saint-Aignan adresse une lettre de rémission à François Ier

Versions de secours

En juillet 1526, Michel de Saint-Aignan, un notable d'Alençon, adresse à François Ier une lettre dans laquelle il lui demande le pardon pour le meurtre d'un jeune avoué qui, à ses dires, a séduit sa femme et comploté sa mort. Ce récit, rédigé par un notaire du roi, se lit comme un conte de la Renaissance. Il inspirera d'ailleurs une des nouvelles recueillies dans *l'Heptaméron*, de Marguerite de Navarre (1559). La supplique de Saint-Aignan n'est qu'un exemple parmi les milliers de lettres de rémission déposées dans les archives. Celles-ci constituent des documents essentiels pour l'étude des formes de violence et des procédures de justice criminelle et de pardon au XVIe siècle. Mais elles renseignent aussi sur les habitudes et les goûts de l'époque en matière de narration. Elles révèlent l'existence d'un vaste pan de production littéraire qui déborde la production imprimée des auteurs reconnus, un monde de récits qui, même lorsqu'ils émanent de gens sans culture, sont loin d'être dénués d'intérêt.

Pour ne pas être arrêté, Saint-Aignan prend la fuite après la mort de sa victime, mais il ne tarde pas à frapper à la porte d'un notaire du roi, habilité à rédiger les suppliques destinées au souverain. Homme de loi lui-même, Saint-Aignan n'a pas besoin d'avocat pour savoir quelles circonstances sont susceptibles de lui valoir un pardon. Elles sont d'ailleurs connues de tous : être en état de légitime défense, venger un adultère, agir dans un accès de colère ou sous l'influence de la boisson, au cours d'un jeu, par accident ou par imprudence – pour ne citer que les plus importantes. Saint-Aignan sait également qu'il lui faut donner de lui l'image d'un homme bien disposé, qui vaquait en toute innocence à ses occupations ordinaires sans que rien dans son comportement puisse être interprété comme un signe de préméditation.

Quant au notaire du roi, c'est à lui de fournir les formules de rigueur dans une lettre de rémission, depuis le préambule, dans lequel le roi indique qu'il a bien reçu « une humble supplique » d'un de ses sujets, jusqu'à la conclusion où il ordonne à ses officiers de ne pas poursuivre (ou de cesser de poursuivre) le requérant. C'est au notaire également qu'incombe la tâche de remplacer le « je » de Saint-Aignan par la troisième personne que doit utiliser le demandeur pour se faire entendre du roi, et la tâche aussi de traduire en français les éventuels mots de dialecte. Quelle que soit la forme choisie du récit, le notaire doit le rédiger dans un langage simple, suffisamment proche de celui du coupable pour que celui-ci puisse le répéter au cours de l'examen auquel les juges royaux soumettront sa lettre de rémission.

Saint-Aignan commence sa lettre (Archives nationales JJ239, 48v-49r) en indiquant que sa bonne réputation et sa prospérité étaient regardées d'un mauvais œil dans la ville d'Alençon où elles avaient fait divers envieux, au nombre desquels se trouvait un jeune homme nommé Jacques du Mesnil – ce qui était d'autant plus injuste qu'il avait lui-même reçu du Mesnil sous son toit avec la plus grande bienveillance, allant même jusqu'à penser lui faire épouser une de ses parentes. Toujours est-il que l'inique du Mesnil a essayé de semer la discorde entre les époux Saint-Aignan « qui toujours avaient vécu en bonne, grande et parfaite amitié ». Il a raconté à la femme de Saint-Aignan que son mari, fréquemment absent, ne l'aimait pas et qu'il souhaitait sa mort ; elle lui a interdit de dire des choses pareilles et l'a menacé de tout répéter à son époux. Il a ajouté qu'il l'épouserait si elle le laissait tuer son mari ; ce qu'elle a refusé. Du Mesnil a alors soudoyé une jeune servante pour pénétrer dans la chambre de l'épouse où il l'a forcée à se donner à lui. Au moyen de nouveaux cadeaux, il a tenté de gagner la servante au projet d'empoisonner Saint-Aignan. Mais à Pâques, celle-ci a tout révélé à son maître. Des rumeurs de complot ayant commencé à circuler, du Mesnil s'est arrangé pour éloigner la servante et a commencé à rôder la nuit autour de la maison et dans le jardin. « Voyant sa dite femme ainsi scandalisée », et lui-même traité de manière si imméritée, Saint-Aignan a interdit à du Mesnil de continuer à la voir. Celui-ci a répondu qu'il la verrait, même si cela devait lui coûter la vie.

Pour avoir la paix, Saint-Aignan décide de déménager avec sa famille à Argentan, à quelque dix lieues d'Alençon. Mais l'obstiné du Mesnil persiste. Et, le 8 juillet, portant un masque, un chapeau à plume et des vêtements en toile échiquetée très différents de sa tenue habituelle, il se rend dans une auberge d'Argentan où il se dissimule jusqu'à une heure avancée de la nuit. Puis, ayant pénétré en cachette dans la demeure de Saint-Aignan, il s'enferme dans une garde-robe. Lorsqu'un domestique vient chercher les vêtements de nuit de Saint-Aignan, du Mesnil en surgit, déguisé et l'épée à la main. Un combat s'ensuit dans la cour et Saint Aignan, entendant l'intrus pousser les cris de « À l'aide ! au meurtre ! confession ! », accourt, l'épée à la main, et, dans l'obscurité, reconnaît du Mesnil. « Merveilleusement perplexe, ébahi et courroucé de voir son ennemi à telle heure en sa maison trouvé en sa garde-robe embastonné, et ramenant ledit Saint-Aignan à mémoire les peines et ennuis qu'il lui avait donnés, lui donna ledit Saint-Aignan deux ou trois coups de chaude colle (colère), puis lui dit : "Hé, méchant que tu es, qui t'a ici amené ? Te suffisait-il pas du mal que par ci-devant tu m'as fait ? Je ne le t'avais pas desservi ?" À quoi ledit du Mesnil dit : "Il est vrai je vous ai par trop offensé et suis trop méchant. Je vous en requiers pardon." Et sur ce tomba à terre comme mort. »

Saint-Aignan recommande son âme à Dieu et retourne se coucher auprès de sa femme qui ne s'est pas réveillée. Au matin, « pour éviter scandale », il fait enterrer le corps par son domestique, organise le départ de l'auberge du serviteur de du Mesnil et de ses chevaux, et quitte lui-même le pays. Il demande maintenant humblement pardon au roi.

Pourquoi une demande de grâce devrait-elle prendre la forme narrative d'un conte plutôt que se borner à la vérification du bon renom, de la bonne réputation de l'accusé et des faits essentiels ? La coutume est ancienne. Les premières lettres de rémission datent du XIVe siècle. C'est, semble-t-il, lorsque le roi disposait de la plus grande latitude pour accorder son pardon et qu'il était heureux de rehausser la majesté de sa fonction en pardonnant au-delà de ce que la loi stipule, que le requérant avait les coudées les plus franches pour raconter une histoire. De plus, le cérémonial de la lettre de rémission évoquait une sorte d'échange personnel entre un sujet qui confie directement les faits à son roi et le roi qui lui répond avec miséricorde.

Les lettres de rémission utilisent les mêmes procédés que les nouvelles de la Renaissance, notamment quand l'auteur voulait donner une impression de vraisemblance. L'objet de la supplique était simple : elle devait permettre d'introduire en passant, dans le cours du récit, des noms de personnes à partir desquels une liste de témoins pourrait être constituée au moment de l'audience judiciaire, et de faire mention d'événements précis que ces témoins pourraient corroborer. Ainsi, Saint-Aignan indique dans sa lettre que, malgré l'heure tardive, au moment où du Mesnil a pénétré dans la maison, il était lui-même occupé à travailler dans le salon avec un certain maître Thomas Guérin. Sa description des vêtements, des exclamations et de la conduite de l'amant qui surgit déguisé de la garde-robe pourra être confirmée par Guérin. Beaucoup d'homicides n'ont pas de témoin oculaire, ce qui n'empêche pas le récit des requérants d'abonder en détails concrets que Barthes appelait des « effets de réels » et qui débordent la simple description de ce qui s'est passé. L'essentiel est, comme dans le cas de la nouvelle, de produire l'impression de vraisemblance et de persuader le lecteur que le narrateur est digne de foi et que les choses se sont passées comme il les raconte. Un requérant, bien sûr, prend cet objectif plus à cœur que ne le fait un auteur. Le premier veut sauver sa tête ; le second sa réputation de conteur.

Dans les lettres de rémission, les détails concrets jouent encore un autre rôle. Ils permettent de détourner l'attention du lecteur ou de l'auditeur de certaines lacunes ou de certains éléments énigmatiques du récit. Dans le récit de Saint-Aignan, l'élément énigmatique est sa femme dont il va jusqu'à taire le nom, sans qu'on sache s'il s'agit là de galanterie ou de prudence. Après tout, même après que du Mesnil eut menacé de tuer son mari et soudoyé une de ses servantes pour avoir accès à son lit, elle a continué à le recevoir. Est-il d'ailleurs vraisemblable qu'elle n'ait pas été réveillée par la mêlée qui éclate devant une garde-robe à deux pas de sa porte. Saint-Aignan se décrit « perplexe, ébahi et courroucé », mais il ne dit rien des sentiments de sa femme. L'abondance de détails réalistes, comme la description du déguisement de du Mesnil, les mots précis de l'échange avec l'avoué, les réflexions de Saint-Aignan à son domestique quand il se demande que faire du corps (l'enterrer en terre chrétienne ou le jeter à la rue), permet de masquer les silences du récit.

La maîtrise des techniques de vraisemblance est un trait commun à toutes les lettres de rémission qui, pourtant, peuvent différer à beaucoup d'autres égards, non seulement en fonction des qualités de conteur du requérant (ou du notaire ou de l'avocat qui ont donné forme à la lettre), mais aussi en fonction des circonstances de l'homicide, de la position sociale et du sexe du requérant. Il est assez rare, par exemple, qu'une demande en grâce débute par la référence à un différend ou à un grief antérieur, comme dans le cas de Saint-Aignan, car cela pourrait suggérer la préméditation. Elles s'ouvrent plutôt sur la description des gestes innocents de la vie quotidienne ou sur les célébrations des jours de fête. Ensuite seulement, elles font monter le ton jusqu'aux coups et aux injures, dont la victime est présentée comme le principal instigateur. Saint-Aignan n'a pas grand-chose à craindre d'un récit où son honneur de mari est en jeu, car la loi française considère l'homicide commis « pour venger l'adultère de sa femme » comme particulièrement excusable, ainsi que l'affirme un commentaire juridique de l'époque, « pour l'intolérable déplaisir que ce lui est d'être ainsi offensé » (Jean Papon, *Trias judiciel du second notaire*). Sur ce point, la seule particularité notable du récit d'adultère de Saint-Aignan est qu'il est centré sur l'amant et que l'épouse en sort indemne.

Les récits d'homicides commis par des femmes pour défendre leur honneur sont une autre affaire. La plupart mettent en avant les efforts qu'elles ont dû faire pour protéger leur corps contre des hommes qui voulaient les violer ou qui les prenaient pour des prostituées. Le récit de ces événements est encadré, chaque fois que possible, par le rappel de leurs occupations domestiques, car une ouverture trop festive risquerait de jeter un doute sur leur vertu et leur honnêteté. Le cas d'une villageoise gasconne qui a tué la maîtresse de son mari en 1523 fait entendre pourtant une autre note. Alors que les maris invoquent tous leur « colère » à la suite de l'offense faite à leur honneur et de la désobéissance de leur femme, Vidale Bayonne dit bien qu'elle était animée par une « chaude colère » lorsqu'elle a ramassé des pierres pour les jeter sur Catherine Bonnemate, mais elle ajoute qu'elle était aussi « jalouse ». Aucun mari ne reconnaîtrait qu'il est susceptible d'éprouver ce sentiment dégradant ridiculisé par Rabelais dans son portrait de Hans Carvel, le vieux mari obsédé du *Tiers Livre* (1546, chap. XXVIII).

Les lettres de rémission ne circulaient pas sous forme imprimée ; pourtant leur contenu était largement connu et on n'avait pas besoin d'avoir eu sous les yeux le parchemin original pour en discuter. Racontées aux voisins et aux maîtres, aux notaires et aux avocats, aux officiers de chancellerie, aux juges, aux sergents et aux geôliers, redites aux curieux, et parfois discutées par le roi, le conseil privé ou les courtisans, elles circulaient d'un bout à l'autre de la société française. Il n'est donc pas étonnant que les auteurs de la Renaissance aient trouvé dans ce répertoire toutes sortes de sujets, de péripéties, de formes narratives et de commentaires sur le processus même de la rémission. Ces auteurs n'ont pas manqué de se demander ce qui rendait une lettre de rémission crédible, exactement comme les lecteurs de leurs propres contes se demandaient quel crédit accorder à la formule assurant que les événements racontés « se sont réellement passés ». Comment juger qu'une grâce est justifiée ? Dans ses *Propos rustiques* (1547), Noël du Fail montre des Bretons qui s'entraînent à crier « mon ami, je ne vous demande rien » pendant qu'ils se battent à l'épée, c'est-à-dire à prononcer une formule qui permettra de prouver, si besoin est, qu'ils ont agi en état de légitime défense. Dans le cent onzième conte de ses *Nouvelles Récréations et joyeux devis* (1558), Bonaventure Des Périers raconte l'histoire d'un voleur qui obtint sa grâce « pour avoir craché quelques mots de latin rôti » (vol. II, p. 152), et recommença à voler comme auparavant. Dans la quatorzième de ses *Serées* (1597), Guillaume Bouchet décrit la ruse d'un pauvre condamné sur le point d'être pendu ; après avoir fait jurer au roi Louis XI qu'il exaucerait son dernier souhait, étant entendu que ce ne serait pas sa grâce, il fait sa demande : « Je vous prie seulement, Sire, de me baiser au cul, mais [après] que je soye mort » (vol. III, p. 42).

Cependant aucun écrivain n'a exploité les lettres de rémission autant que Marguerite de Navarre, très proche personnellement de ceux qui administraient la grâce par la position qu'elle occupait comme duchesse d'Alençon (à partir de 1509), de sœur du roi (à partir de 1515), et de reine de Navarre (1527). La vingt-troisième nouvelle de *l'Heptaméron* peut ainsi être lue en partie comme une lettre de rémission écrite pour le compte d'un gentilhomme périgourdin, meurtrier de son beau-frère qu'il avait soupçonné à tort d'avoir tué sa sœur. Quant à la première nouvelle, elle porte sur les mensonges que peut contenir une lettre de rémission. Marguerite y raconte ce qui est arrivé « réellement » à un procureur d'Alençon du nom de Saint-Aignan, à sa femme bien née, « plus belle que vertueuse », et à un élégant jeune fils de lieutenant général, nommé du Mesnil (*l'Heptaméron*, p. 11). Dans la version de Marguerite, c'est la femme qui est coupable, non d'avoir tué du Mesnil, mais d'avoir poussé son mari à le faire, parce qu'il avait blessé sa vanité.

Au début de l'histoire, la femme entretient avec l'évêque de Sées une relation adultère sur laquelle Saint-Aignan ferme les yeux à cause des faveurs que la situation lui permet de soutirer de l'ecclésiastique. Mais il arrive qu'un beau jour l'épouse tombe amoureuse de du Mesnil. Elle lui donne rendez-vous pendant que son mari travaille avec le prélat. Une nuit, du Mesnil surprend sa maîtresse au lit avec l'évêque et découvre ainsi sa duplicité. Blessé, désespéré, il la repousse lorsqu'elle revient vers lui, alléguant qu'« ayant touché aux choses sacrées, elle est trop sainte pour parler à un pécheur comme lui » (*ibid.*, p. 12-13).

L'épouse humiliée prépare alors sa vengeance. Elle persuade son mari qu'ils doivent aller vivre à Argentan, car le fils du lieutenant général a attenté à son honneur. Une fois installée dans cette ville, elle convoque du Mesnil sous prétexte qu'il a répandu à tort des rumeurs à son sujet et à celui de l'évêque de Sées. La rencontre a lieu dans une église pendant les vêpres. Du Mesnil nie les faits, mais elle insiste pour qu'il le fasse aussi devant son mari. La même nuit, elle l'envoie chercher et l'attire dans une embuscade, son mari ayant caché dans une « garde-robe » un certain Thomas Guérin « qui faisait métier d'être meurtrier » (*ibid.*, p. 14) et plusieurs autres personnes. Guérin frappe le jeune homme de son épée et celui-ci meurt en recommandant son âme à Dieu. C'est alors seulement que Saint-Aignan ose le frapper de sa dague.

Après avoir brûlé le corps de du Mesnil et scellé ses ossements dans du mortier, Saint-Aignan décide de la marche à suivre. Le meurtre ne peut rester secret, car les domestiques de du Mesnil et une de ses femmes de chambre se sont enfuis, colportant la nouvelle. Saint-Aignan paie Guérin pour qu'il quitte le royaume, il compromet une autre femme de chambre en la faisant enlever pour la prostituer à Paris et envoie au roi une lettre de rémission, affirmant « qu'il avoit plusieurs fois défendu sa maison à un personnage dont il avoit suspicion, qui pourchassoit le déshonneur de sa femme, lequel, nonobstant sa défense, étoit venu de nuit en lieu suspect pour parler à elle ; parquoi, le trouvant à l'entrée de sa chambre, plus rempli de colère que de raison, l'auroit tué » (*ibid.*, p. 15). C'est alors qu'interviennent le duc et la duchesse d'Alençon (c'est-à-dire Marguerite elle-même). C'est là aussi que la nouvelle diffère radicalement de la conclusion de la lettre de rémission où François Ier pardonne à Saint-Aignan. Le duc et la duchesse ayant appris du père de du Mesnil la manière dont les choses se sont vraiment passées, ils interviennent auprès du roi pour qu'il refuse la grâce. Saint-Aignan et sa femme s'enfuient en Angleterre et sont condamnés à mort *in absentia*. Mais ils entrent dans les bonnes grâces d'Henry VIII et obtiennent de lui qu'il persuade François Ier de leur pardonner. Le roi leur permet de revenir en France, à condition de verser une amende substantielle à la famille de leur victime. Saint-Aignan, qui ne veut pas payer la réparation, s'en remet à un magicien de Paris pour obtenir la grâce du roi et la mort de tous ceux qui sont à l'origine de ses déboires : le père de du Mesnil, la duchesse d'Alençon et sa propre femme. Dénoncé par cette dernière, il est condamné à mort, mais, à la suite de l'intervention de la duchesse, il est envoyé aux galères pour le restant de ses jours. Sa femme continuera à mener une vie scandaleuse et mourra dans la misère.

La nouvelle de Marguerite de Navarre est une contre-lettre de rémission. Elle ne s'ouvre pas sur la voix du roi, mais dans son propre tribunal d'Alençon où le procureur du duc, Saint-Aignan, proteste de sa loyauté à l'égard de l'évêque de Sées. Elle ne se conclut pas non plus par la grâce et le pardon du roi, mais par les siens propres, quand elle demande que la peine de Saint-Aignan soit commuée. Toutes les étapes de la lettre de rémission sont reprises, mais légèrement déformées, depuis le lit des amants jusqu'à la garde-robe et l'enterrement de la victime. Et l'énigmatique épouse de la lettre n'apparaît que trop clairement dans la nouvelle comme le personnage rancunier et manipulateur « qui fait de mauvais tours aux hommes » (*ibid.*, p. 11).

Pourtant, le lecteur du conte continue à buter sur des lacunes ou des détails étranges, exactement comme il en apparaît dans la lettre. Et l'on est en droit, ici encore, de douter de la « pure véracité » de l'auteur. Comment un procureur d'Alençon, condamné à mort, parvient-il si aisément à obtenir les faveurs du roi d'Angleterre ? Comment se fait-il que la duchesse d'Alençon prenne un tel intérêt à une affaire dont les principaux acteurs sont des officiers de justice de sa propre cour, et comment interpréter la miséricorde dont elle finit par faire preuve à l'égard de Saint-Aignan ? À la suite de chaque conte de *l'Heptaméron*, les devisants discutent pour décider du sens de la nouvelle. L'histoire de la femme de Saint-Aignan a été racontée par Simontault, qui y voit une preuve des mauvais traitements que les femmes infligent aux hommes depuis Ève, ce qui ne l'empêche pas de faire la cour à Parlamente sous les yeux de son mari. Simontault invite Dame Oisille à raconter l'histoire suivante, convaincu qu'elle sera d'accord avec lui sur la cruauté des femmes. Mais il se trompe. Elle annonce qu'elle va au contraire chercher dans son passé une histoire qui démentira sa misogynie.

Les deux versions de l'histoire du procureur d'Alençon et de sa femme illustrent la diversité des contextes que le XVIe siècle ménageait pour la production de contes. Bien que les lettres de rémission soient soumises à des impératifs juridiques, dans l'un et l'autre cas des conventions littéraires entrent en jeu. Elles illustrent toutes les deux une tension entre le vrai et le vraisemblable qui, à l'époque de la Renaissance, ne se réduit pas simplement à un jeu, mais peut être également une affaire de vie et de mort.

Voir aussi 1527.

Bibliographie : Guillaume Bouchet, *les Serées*, éd. C. E. Roybet, 6 vol. (Paris, Lemerre, 1873-1882). Bonaventure Des Périers, *Nouvelles Récréations et joyeux devis*, éd. Louis Lacour, 2 vol. (Paris, Librairie des Bibliophiles, 1874). Noël du Fail, *Propos rustiques*, éd. Arthur de

La Borderie (Genève, Slatkine, 1970). Marguerite de Navarre, *l'Heptaméron*, éd. Michel François (Paris, Classiques Garnier, 1967). Gabriel A. Pérouse, *Nouvelles françaises au* XVIe *siècle : images de la vie du temps* (Genève, Droz, 1977). Natalie Zemon Davis, *Pour sauver sa vie. Les récits de pardon au* XVIe *siècle* (Paris, Seuil, 1988).

Natalie Zemon Davis

1527

Marguerite d'Angoulême, sœur du roi François Ier, épouse Henri II d'Albret, roi de Navarre

Marguerite de Navarre

De toutes les femmes écrivains que compte la littérature française, Marguerite d'Angoulême, plus connue sous le nom de Marguerite de Navarre (1492-1549), est la première à avoir laissé une œuvre importante en prose. Avec ses soixante-douze nouvelles, *l'Heptaméron* (1559), commencé dès 1520 mais composé en majeure partie entre 1542 et sa mort en 1549, reste inachevé. Sur le modèle du *Décaméron*, de Boccace (1353), l'ouvrage débute par une catastrophe naturelle (mais il s'agit ici de crues et de pluies exceptionnelles et non de la peste) et met en scène dix « devisants » : cinq narrateurs et cinq narratrices qui entrent en discussion après chaque nouvelle. S'il s'étend sur sept jours au lieu de dix, c'est probablement parce que la mort a interrompu Marguerite. La répartition égale des narrateurs entre femmes et hommes (dans *le Décaméron*, il y a sept femmes et trois hommes) est déjà, à elle seule, une indication de l'importance du thème de la différence des sexes et souligne l'esprit polémique de l'ouvrage par rapport au modèle de Boccace.

Dans un prologue général riche en détails historiques et géographiques, la narratrice principale raconte comment, pour échapper à une très forte crue, les dix devisants se réfugient dans un monastère des Pyrénées. En dépit de leurs apparences réalistes, l'inondation et les périls variés que les personnages doivent affronter tandis qu'ils cherchent un abri constituent un rappel symbolique du déluge et de ses conséquences sur l'histoire de l'humanité. Bien que la narratrice affirme que, contrairement aux nouvelles de Boccace, toutes celles que racontent les dix devisants sont « véritables », chaque conte est présenté comme un exemple, sorte de parabole dont la valeur symbolique dépasse la valeur informative d'une histoire réaliste. Un cadre narratif particulier ouvre et clôt chacune des sept journées, au cours desquelles les dix nouvelles contées sont suivies des commentaires des devisants. Ces conversations ont souvent peu de rapport avec les histoires qu'elles commentent et contiennent à leur tour des digressions narratives qui sont en soi des nouvelles en miniature. Dans cet ouvrage, les distinctions et les barrières (par exemple entre l'histoire elle-même et son commentaire) ne semblent être conçues que pour être dépassées, ou même totalement contredites. La même indécision entre histoire et allégorie apparaît également dans les débats sur le sens du nom des devisants : désignent-ils sous forme d'anagrammes certains personnages historiques dans l'entourage de Marguerite de Navarre, ou ne sont-ils que des symboles personnalisés d'attributs universels ?

L'abondante correspondance de Marguerite de Navarre éclaire non seulement ce rapport incertain entre le contexte historique et la création littéraire mais aussi l'intérêt pour les relations entre les sexes, notamment lorsque celles-ci impliquent des tensions entre le domaine privé de la famille et le contexte socio-politique.

En 1509, à l'âge de dix-sept ans, Marguerite d'Angoulême épouse le duc Charles d'Alençon. Ce mariage met fin à une longue querelle entre les maisons d'Angoulême et d'Alençon au sujet de la succession de l'Armagnac et garantit la renonciation de Marguerite à la succession d'Angoulême. En 1515, son frère François devient roi de France, sous le nom de François Ier. Charles d'Alençon meurt en 1525. Deux ans plus tard, Marguerite épouse Henri d'Albret, roi de Navarre, et commence à s'illustrer en tant que mécène et écrivain. Ce second mariage marque une étape importante dans la longue lutte entre la France et l'Espagne. La plus grande partie de la Navarre appartenait alors à l'Espagne. En mariant sa sœur à Henri d'Albret, François Ier s'assurait la Navarre française. Il promettait également (mais sans jamais y parvenir) de reprendre le reste du royaume de son beau-frère à Charles Quint.

La fille de Marguerite de Navarre, Jeanne d'Albret, servira elle aussi par la suite de monnaie d'échange lors des négociations d'une autre alliance politique. En 1538, à peine âgée de dix ans, elle est en quelque sorte séquestrée par François Ier qui veut s'assurer qu'elle épousera l'allié de son choix. Son père, Henri d'Albret, avait négocié avec Charles Quint une alliance qui la donnait en mariage à un allié de l'Espagne. François Ier promet cependant à Henri de reconquérir la Navarre et obtient ainsi en 1540 son consentement au mariage de sa fille Jeanne avec le duc de Clèves qui vient d'abandonner l'Espagne pour s'allier à la France. En 1545, le duc de Clèves est à nouveau obligé de servir Charles Quint et le mariage est annulé. Parmi les pièces justificatives de la non-consommation du mariage, on trouve cette lettre de protestation datée de 1545, signée par Jeanne d'Albret alors âgée de quinze ans.

« Moi, Jehanne de Navarre, continuant mes protestations que j'ai ci-devant faites, auxquelles je persiste, dis et déclare et proteste encore par cette presente que le mariage que l'on veut faire de moi au duc de Clèves est contre ma volonté ; que je n'y ai jamais consenti et n'y consentirai, et que tout ce que j'y pourrai faire ou dire par ci-après, dont l'on pourrait dire que j'y aurais consenti, ce sera par force, oultre mon gré et vouloir, et pour crainte du Roi, du roi mon père et de la reine ma mère, que m'en a menacé et fait fouetter par la baillive de Caen, ma gouvernante, laquelle par plusieurs fois m'en a pressée par commandement de la reine ma mère, me menaçant que, si je ne faisais, au fait dudit mariage, tout ce que ledit Roi voudrait et que si je ne m'y consentais, je serais tant fessée et maltraitée que l'on me ferait mourir, et que je serais cause de la perte et destruction de mes père et mère, et de leur maison ; dont je suis entrée en telle crainte et peur, mêmement de la destruction de mesdits père et mère, que je ne sais à qui avoir recours que à Dieu... » (*Nouvelles Lettres*, pp. 291-292).

Ce document d'une grande force morale, qui en dit long sur les rapports du mariage, de la maternité et de l'État, permet de comprendre certains passages de *l'Heptaméron*. En effet, une grande partie de cet ouvrage consiste en dialogues mère-fille. Plusieurs des nouvelles de Marguerite de Navarre mettent en fait l'accent sur les problèmes socio-politiques évoqués dans cette lettre. Dagoucin, l'un des devisants, conclut la discussion de la quarantième nouvelle par une remarque sur les mariages aristocratiques : « Pour entretenir la chose publique en paix, l'on ne regarde que les degrés des maisons, les âges des personnes et les ordonnances des lois, sans peser l'amour et les vertus des hommes, afin de ne confondre point la monarchie » (*l'Heptaméron*, p. 374). Plusieurs des héroïnes de *l'Heptaméron* s'opposent à l'ordre socio-politique et se battent pour pouvoir être libres de leur choix dans un monde qui considère trop souvent les femmes comme monnaie d'échange sur un marché politique. Deux nouvelles font plus particulièrement ressortir le problème de la politique du mariage. Toutes deux sont contées par Parlamente (généralement identifiée à Marguerite de Navarre) qui, avec Oisille, la plus âgée des femmes du groupe, est la première à en commenter la portée.

La vingt et unième nouvelle présente un conflit entre une reine et l'une de ses sujettes, Rolandine, qui a jeté son dévolu sur un « bastard » et que son père punit en l'enfermant dans une tour de son château. Les protestations de Rolandine, lorsqu'elle comparaît devant la reine, rappellent celles de Jeanne d'Albret qui, en l'absence de toute aide terrestre, n'avait pas d'autre recours que Dieu. Le compagnon choisi par Rolandine se montre infidèle et meurt. Libre, elle épouse un homme choisi par son père et vit heureuse le reste de ses jours. Ce récit débloque l'impasse entre Rolandine et l'autorité (représentée par la reine et par son père) en affublant les contingences politiques des couleurs du désir : bien que les actes de Rolandine aient constitué une « offense », le mariage restait son but ultime. La solution sera de remplacer l'homme choisi par Rolandine, qui est socialement et politiquement inacceptable, par un gentilhomme « du nom et armes de leur maison » (*ibid.*, p. 252). Ni Parlamente ni Oisille, quand elles commentent ce récit, ne reviennent sur la désobéissance de Rolandine : elles ne parlent que de sa constance. Un tel silence constitue un compromis narratif entre les diktats de l'ordre socio-politique (représenté par la reine/mère) et le désir de la femme (Rolandine).

Dans la quarantième nouvelle, une autre femme désobéit à sa famille et épouse un homme d'une classe inférieure. Parlamente, qui raconte l'histoire, conclut en condamnant l'exercice d'une liberté en dehors de toute autorisation : « Je prie à Dieu, mesdames... que nul de vous ait envie de soi marier, pour son plaisir, sans le consentement de ceux à qui on doit porter obéissance » (*ibid.*, p. 370). Oisille, dévote douairière à l'autorité inflexible, partage son point de vue.

Ainsi, alors que *le Décaméron* utilise la nouvelle dans le but de séduire ses lectrices (Boccace l'appelle un *galeotto*, terme qu'emploie Dante pour décrire le livre qui conduisit Françoise de Rimini à sa chute adultère), *l'Héptaméron* explore l'espace séparant les structures patriarcales qui définissent l'ordre social (y compris l'autorité maternelle qui sert cet ordre) et la femme en tant que sujet de désirs qui peuvent être contraires à ces normes sociales. Cette œuvre accorde une place importante au débat socio-politique dans lequel les voix et les désirs des femmes trouvent à s'exprimer.

En introduisant des fragments de sa propre vie dans le dialogue mère-fille, Marguerite de Navarre rattache le monde de la politique (avec ses implications sociales et personnelles pour les femmes) au royaume de la fiction : l'œuvre littéraire devient ainsi un support privilégié de l'histoire des femmes. En réécrivant *le Décaméron* pour en faire un recueil de contes moraux à l'usage des mères et des filles, Marguerite de Navarre préfigure un mode de polémique féminine qui trouvera sa pleine expression dans les romans féministes modernes. Avec sa position marginale par rapport à la littérature et à l'histoire patriarcales, Marguerite de Navarre oppose un défi tranquille aux normes d'une société et d'une fiction dominées par le pouvoir masculin en faisant apparaître la politique culturelle de l'histoire des femmes.

Voir aussi 1526, 1534 (17-18 octobre).

Bibliographie : Marguerite de Navarre, *l'Heptaméron*, éd. Michel François (Paris, Classiques Garnier, 1967) ; *Nouvelles Lettres de la reine de Navarre adressées au roi François Ier, son frère*, éd. François Genin (Paris, Société de l'Histoire de France, 1842). Carla Freccero, « Rewriting the Rhetoric of Desire in Marguerite de Navarre's *Heptaméron* », in *Contending Kingdoms : Historical, Psychological, and Feminist Approaches in the Literature of Sixteenth-Century England and France*, éd. Marie-Rose Logan et Peter Rudnytsky (Detroit, Wayne State University Press, 1989). Philippe de Lajarte, « *L'Heptaméron* et la naissance du récit moderne », *Littérature* (Paris, 17 février 1975). Gisèle Mathieu-Castellani, *la Conversation conteuse. Les nouvelles de Marguerite de Navarre* (Paris, P.U.F., 1992).

Carla Freccero

1528

François Ier commence les travaux de rénovation du château de Fontainebleau

Maniérisme et manières de cour : une Italie à la française

Dans le volume de son *Histoire de France* consacré au XVIe siècle (*Renaissance et Réforme*, 1855), Michelet note que François Ier, contraint de renoncer à ses espoirs de conquérir l'Italie, décida de recréer en France une Italie à la française (*Œuvres complètes*, p. 434). Cette étonnante volte-face en dit long sur les ambitions culturelles d'un monarque capable d'engendrer des nations à son gré. Perdue ou gagnée, l'Italie serait française. C'est à la bataille de Pavie (1525) que Michelet rattache cette fulgurante réaction de dépit royal. C'est là en effet que les Français durent tout abandonner, y compris leur roi, « fors l'honneur », aux troupes de Charles Quint. La captivité de François Ier dura une année. Sa mère, Louise de Savoie, et sa sœur, la future Marguerite de Navarre, la passèrent à négocier sa libération. L'édifice de la jeune monarchie française, ébranlé dans ses fondations, exigeait de nouvelles bases. Dès son retour, le roi de France devait s'employer à troquer la figure humiliante du soldat vaincu pour celle du « père des arts et des lettres », du mécène triomphant qui lançait un ambitieux programme de grands travaux, dont Fontainebleau devait être le point de mire.

Même si l'analyse de Michelet est plus révélatrice de la manière dont le XIXe siècle se représentait la psychologie de la Renaissance que de la réalité de cette époque, le rapport de cause à effet qu'il suggère entre une défaite militaire et une victoire culturelle n'est pas sans pertinence. Michelet y enracine le « grand art » de la Renaissance moins dans les aspirations esthétiques des artistes que dans les aspirations politiques de leur mécène. Son concept d'une Italie à la française place, à l'origine de la formation de l'État moderne, le désir de coloniser des territoires ou, à défaut, celui de coloniser des cultures. Cette colonisation s'est effectuée selon un double mouvement : celui, centrifuge, de l'occupation d'États étrangers et celui centripète, de l'appropriation des richesses conquises. Plusieurs contemporains ont parlé de pillage à propos du comportement des agents du roi, généreusement subventionnés et dûment commissionnés. C'est dans ce contexte qu'un marché extrêmement compétitif s'est constitué pour attirer les artistes hors de leurs frontières d'origine. Quand ceux-ci ne pouvaient pas être conquis, leurs œuvres pouvaient au moins être achetées par le collectionneur le plus offrant. Le butin accumulé par les Français au cours des guerres d'Italie – sous forme de manuscrits, de livres, de tableaux et de sculptures – s'inscrit dans la politique culturelle que François Ier devait organiser systématiquement pour établir la magnificence de sa royauté.

Le château de Fontainebleau, dont la construction remontait au XIIe siècle, avait besoin de sérieuses transformations pour pouvoir devenir le centre de la politique de prestige que François Ier entendait mener. Celui-ci fit construire, entre autres, une entrée monumentale, la porte Dorée (1528), une galerie à l'italienne à trois niveaux (bibliothèque, salle de cérémonie et bains), intégrées dans un vaste projet d'embellissement général. Lorsque Charles Quint traversa la France en 1539-1540, le roi de France insista pour le recevoir à Fontainebleau, devenu le principal centre artistique de la nation. Un an plus tard, sir John Wallop, envoyé d'un autre rival, Henry VIII d'Angleterre, rencontra la Cour à Melun pour régler une affaire militaire mineure. La discussion de l'objet du litige fut retardée par François Ier qui voulait savoir « quel type de demeure était Windsor et comment elle était construite ». Lorsqu'on lui dit que ce château se trouvait sur le bord d'une rivière, le roi insista : « Et Hampton Court... est-il situé sur la même rivière ? » Après avoir discuté les mérites respectifs des styles décoratifs français et anglais, François Ier invita Wallop à prolonger sa mission de quelques jours, et à séjourner à Fontainebleau, « dans l'intention », rapporta Wallop à Henry VIII, « que je puisse en faire part à Votre Majesté ». François Ier prépara une visite extrêmement « personnalisée », incluant la chambre du roi (où il fit monter Wallop sur un banc pour tâter « la matière et l'étoffe » dont les bordures étaient faites), la galerie (« la plus magnifique que j'aie jamais vue ») et les bains (« qui dégageaient une telle chaleur qu'on se serait cru dans la brume, de sorte que le roi dut passer devant moi pour me guider »). Curieusement, Wallop ne fait pas mention de la collection de peintures italiennes situées dans les bains ; sans doute étaient-elles restées cachées dans « la brume ». Il signale cependant que l'origine italienne du décor de Fontainebleau allait être encore accentuée par l'arrivée prochaine de « diverses statues de personnages antiques » que le roi avait fait venir d'Italie.

C'est le Primatice (Francesco Primaticcio, 1504-1570), chargé à partir de 1540 des travaux de Fontainebleau, qui avait organisé la production et le transport de ces « personnages antiques », des moulages en plâtre destinés à être fondus en bronze pour décorer le palais. Élève de Jules Romain (1492-1546), le Primatice, arrivé en France en 1532, ne fut ni le premier ni le dernier artiste célèbre que François Ier importa d'Italie. En 1516, bien avant Pavie, Léonard de Vinci était venu s'installer à Amboise, où il devait mourir trois ans plus tard. En 1531, un élève de Michel-Ange, Giovanni Battista Rosso, dit le Rosso (1495-1540), avait conçu et commencé à réaliser la décoration de la galerie de Fontainebleau. Benvenuto Cellini commencera aussi en 1540 un exil fécond de cinq ans au cours duquel sa contribution aux embellissements ira de la plus exquise orfèvrerie (*la Salière de François Ier*, 1543) à la sculpture monumentale (*la Nymphe de Fontainebleau*, 1543). Ces artistes, considérés comme les pères du maniérisme français, ont transformé la résidence favorite de François Ier en un centre de formation modèle pour tous les artistes français. Ce sont les Italiens francisés des années 1530 à 1550 qui ont ainsi été à l'origine de la vaste floraison artistique nationale qui devait dominer la seconde moitié du siècle.

François Ier n'avait pas limité son programme d'« importations » culturelles aux arts plastiques. À Fontainebleau (1544), il chercha à enrichir la bibliothèque royale de manuscrits et de livres acquis pour la plupart en Italie. À la cour, les premières manifestations françaises de la mode pétrarquiste furent mises en pratique. Les entrées triomphales, les parades extravagantes célébrant dans les villes l'arrivée du roi ou des membres de la famille royale prirent graduellement une forme plus classique en suivant les exemples italiens et *les Triomphes* (*I Trionfi*, 1374), de Pétrarque. En outre, poètes et rimeurs (dont François Ier lui-même) s'approprièrent progressivement le style et la pose lyriques du *Canzoniere*, de Pétrarque (1374). Imitateurs de Pétrarque, et imitateurs de ses imitateurs, pratiquèrent cette nouvelle poésie avec une telle ferveur que son affectation et sa rhétorique compliquée finirent par imprégner le comportement de la cour. La pose typiquement pétrarquiste, celle du poète dévouant son éloquence à la célébration de sa Laure bien-aimée, ouvrit la voie aux flatteries des courtisans à l'égard de leur prince bien-aimé. À force de recherches stylistiques et de raffinements dans le détail, on finit par faire oublier le caractère obsessivement monotone du sujet et à forcer l'admiration pour la virtuosité du mode d'expression. L'étymologie n'était plus seule à faire converger le maniérisme esthétique et les manières de la cour (« maniérisme » vient de l'italien *maniera*, « manière », qui vient lui-même du latin *manus*, « main »). Privilégiant l'artifice aux dépens de la substance, la « manière maniérée » (ce que John Shearman appelle le « style stylisé ») des personnages antiques qui viennent composer le décor de Fontainebleau finit progressivement par se retrouver dans le discours policé et la nonchalance étudiée de la cour. L'osmose entre la poésie et les pratiques de la cour apparaît dans les textes antipétrarquistes de l'époque comme dans les polémiques contre les courtisans : ils expriment, d'un point de vue poétique ou politique, le même mépris pour ce qu'avait de maniéré et d'efféminé l'italianisation de la culture française. Ainsi, Joachim du Bellay, dans son attaque « Contre les pétrarquistes » (1558), qualifie de « courtisane » cette mode littéraire en l'associant aux artifices séducteurs des Italiennes : maquillage, bijoux, feintes, flatteries, mensonges ; en un mot la Toscane (*Divers jeux rustiques*). Quand il sera lassé d'avoir chanté sur le mode pétrarquiste les louanges de Cassandre Salviati, fille d'un banquier italien devenue dame de la cour, Ronsard se tournera d'un même mouvement vers une femme et vers un style plus simples, délaissant le « maquillage » pour la simplicité naïve de Marie l'Angevine (« Élégie à son livre », 1556, in *Œuvres complètes*, pp. 315-325).

Dans une tout autre perspective, Agrippa d'Aubigné, protestant militant au souffle puissant, condamne en des termes identiques la contamination de la cour de France par la mode italienne ; et sa condamnation inclut par extension les poèmes d'amour qu'il avait écrits lui-même dans sa jeunesse. Dans *les Tragiques* (commencés en 1577 et publiés en 1616), il dénonce les « artifices » de la régente Catherine de Médicis, Florentine d'illustre famille que François Ier avait fait venir en France en 1533 pour qu'elle épouse son fils, le futur Henri II. Il s'en prend surtout au caractère efféminé des courtisans qui entourent Catherine, maintenant qu'elle est devenue la reine mère : poudrés, parfumés, maquillés, des modèles de tromperie. À la fin du siècle, le rhéteur anglais George Puttenham expliquera, dans *The Arte of English Poesie* (1589), les liens qui unissent la mode littéraire et la mode au sens littéral en comparant les recherches et les raffinements rhétoriques aux « vêtements de cour » des dames d'honneur, « aux soies, tissus et broderies coûteuses [importés d'Italie] par opposition au simple costume ordinaire ». Du point de vue de la cour, les cosmétiques, les bijoux et les élégances vestimentaires ne se contentent pas de rehausser la splendeur de quelques individus : leur magnificence rayonne sur tout l'entourage du roi. Cette recherche du style pour le style n'était d'ailleurs pas moins politique qu'esthétique : la surenchère dans l'enjolivement a été interprétée – et attaquée – comme une surenchère pour le pouvoir.

La galerie François Ier (vers 1528-1540), chef-d'œuvre maniériste composite et somptueux, expose ce désir de pouvoir de manière allégorique. François Ier y est représenté avec une intention glorificatrice évidente même si elle n'apparaît pas comme telle aujourd'hui à première vue. Au centre du mur sud, un tableau du Primatice représente la toute-puissance du pouvoir royal en reprenant un mythe classique connu, l'une des célèbres « métamorphoses de Jupiter ». Une élégante dame de la cour, dépouillée de ses atours, mais parée d'un harmonieux drapé et d'une coiffure décorative, est représentée dans la pose nonchalante de la princesse Danaë. Un oracle avait prédit au roi Acrisios, père de Danaë, qu'il mourrait de la main de son petit-fils. Il fit donc enfermer sa fille dans une chambre gardée afin de lui interdire tous rapports. Mais Jupiter, se transformant en une pluie d'or, traversa le toit, féconda Danaë et engendra Persée, l'enfant fatal. Le plan d'Acrisios n'a pas été déjoué par la force mais par la ruse. Cette légende tourne autour d'un drame du pouvoir : un roi d'essence divine triomphe d'un roi plus faible par l'astuce qui lui permet de s'approprier l'objet désiré.

La *Danaë* du Primatice (vers 1543) est le modèle même de la virtuosité des procédés qui caractérisent le traitement maniériste de la femme par l'école de Fontainebleau : les membres ont une longueur disproportionnée par rapport au corps, diverses torsions permettent de multiplier les perspectives (on voit le dessus et le dessous des pieds et des mains, l'intérieur et l'extérieur des jambes, les seins de face et de profil), des drapés isolent certaines parties du corps (le bras droit, la jambe droite au-dessous de l'aine, la jambe gauche au-dessous du genou). Cette esthétique qui privilégie le détail, aux dépens de la proportion, entretient des rapports avec les techniques descriptives des poètes pétrarquistes. Pétrarque, qui avait fixé comme but à sa poésie de « peindre » sa Laure afin de la « montrer » à « quiconque ne pouvait la voir » (*Canzoniere*, p. 309, v. 5), avait encouragé un art poétique de l'exhibition qui devait s'articuler sans difficulté sur une politique de l'ostentation. Dès lors, tout mécène qui collectionnait des objets d'art, apparentés les uns aux autres mais distincts les uns des autres (des livres, des sculptures, des tableaux, de belles femmes), cherchait à les exhiber devant des visiteurs qu'il visait à impressionner (par exemple Charles Quint ou l'envoyé d'Henry VIII). Dans un esprit voisin, les poètes écriront des blasons anatomiques, recueils de poèmes illustrés à la gloire des parties du corps féminin, de manière, comme le dira Marot en 1536, à « plaire à quiconque et distraire le roi des soucis de la guerre » (*Épîtres*, n° 39, vv. 83-85).

Cependant l'art de louer en exhibant, qu'il soit pratiqué par un poète, un peintre ou un mécène, avait son prix. Lorsque Shakespeare à son tour partira à l'assaut « contre les pétrarquistes », il aura une formule frappante pour décrire ce danger :

1. *Danaë*, gravure de maître L. D. (Léon Davent ?), d'après le Primatice, vers 1543 (Metropolitan Museum of Art, collection Elisha Whittelsey, fondation Elisha Whittelsey, 1949 [49.95.379].)

« Je ne ferai pas d'éloge, écrit-il dans le sonnet 21, car mon objet n'est pas de vendre » (1609). En renonçant à la mode de « l'éloge » – célébrer en public les êtres qu'on aime en privé – Shakespeare refusera un style lyrique qui semble avoir l'effet inverse de celui recherché, plus approprié à un marchand qui cherche à vendre ses richesses qu'à un amant qui veut les conquérir et les garder pour lui seul. Les excès pétrarquistes dans la métaphorisation du corps (les yeux sont des diamants, les lèvres des rubis, les cheveux de l'or) n'expriment pas un goût authentique de la perfection mais plutôt un étalage d'hyperboles publicitaires que l'on déballe pour faire sa cour. Car un beau corps exhibé laisse aussitôt penser qu'il est à vendre. Étaler les « beautés » d'une dame de la cour, n'est-ce pas la traiter en courtisane ? Ainsi, dans la *Danaë* du Primatice, la jeune fille de la légende a perdu sa fraîcheur originelle : elle est devenue vénale. La pluie aurée de Jupiter est même représentée sous la forme de pièces d'or. Lorsqu'on replace le tableau dans le cadre de la galerie, cette pluie d'or a d'ailleurs une double source : elle ne tombe pas seulement du nuage traditionnel du dieu de l'Olympe (fig. 1) ; elle descend également de l'emblème de François Ier (une salamandre triomphante et dorée, en haut du panneau où figure le tableau). C'est dire que François Ier, comme Jupiter, ne reculait devant aucun moyen pour surmonter les obstacles.

Michelet décrivait François Ier, au moment où le roi entreprenait la rénovation de Fontainebleau, comme un « veuf » qui vient de perdre sa jeune épouse, l'Italie. Marié ensuite à la France qui, selon Balthasar Castiglione « a toujours dû lui sembler comme un royaume insignifiant » (*Il libro del cortegiano*, 1528), François Ier cherchait à la comparer à l'épouse perdue, à lui faire porter des ornements empruntés à la culture italienne. Il est évidemment paradoxal de voir Castiglione, qui faisait l'éloge du minuscule duché d'Urbin, parler de la France comme d'un « royaume insignifiant ». L'Italie, qui était extrêmement morcelée, et donc indéfendable, avait été obligée de s'offrir à une succession de puissances sur lesquelles elle n'avait aucun pouvoir et qui choisissaient son territoire ouvert et sans défense pour vider leurs querelles intestines. Souvent représentée comme une prostituée blessée, même par ses admirateurs les plus fervents tels que Dante, Pétrarque ou Machiavel, l'Italie ne fut pas vaincue par François Ier : elle fut achetée par lui. Avec ce premier monarque moderne, la définition du mécénat correspond à un phénomène politique nouveau : la richesse sans précédent de l'État-nation. Lorsqu'en 1544 le sculpteur florentin Benvenuto Cellini, l'un des « ornements » italiens de Fontainebleau, menaça de rentrer chez lui, la réponse du roi, tout à fait prévisible, fut imparable. Fidèle aux attributs mythologiques par lesquels il avait choisi de s'illustrer, François Ier décida de « couvrir » l'artiste italien de sa pluie d'or (*Vita*). Ainsi le roi continuerait-il à « engendrer » coûte que coûte une Italie à la française.

Voir aussi 1536 (été), 1553 (juin), 1573, 1581, 1661, 1825 (février), 1959.

Bibliographie : Agrippa d'Aubigné, *les Tragiques*, in *Œuvres*, éd. Henri Weber (Paris, Gallimard, 1970). Balthasar Castiglione, *le Livre du courtisan*, éd. A. Pons (Paris, Gérard Lebovici, 1987). Clément Marot, *Épîtres*, éd. C. A. Mayer (Londres, University of London Press, 1958). Pétrarque, *le Chansonnier (Canzoniere)*, éd. Pierre Blanc (Paris, Classiques Garnier, 1988). Pierre de Ronsard, *Œuvres complètes*, éd. Paul Laumonier, vol. VII (Paris, Droz, 1934). Sylvie Béguin, *l'École de Fontainebleau. Le maniérisme à la cour de France* (Paris, Gonthier-Seghers, 1960). Janet Cox-Rearick, *la Collection de François Ier* (Paris, éditions des Musées nationaux, 1972). Annie Lecoq, *François Ier imaginaire. Symbolique et politique à l'aube de la Renaissance française* (Paris, Macula, 1987). Jules Michelet, « Renaissance et Réforme », in *Œuvres complètes*, éd. Paul Vialaneix, t. VII (Paris, Flammarion, 1978). John Shearman, *Mannerism* (Harmondsworth, Pinguin, 1967). Henri Zerner, *École de Fontainebleau. Gravures* (Paris, Arts et Métiers, 1969).

Nancy J. Vickers

1532

Alcofrybas Nasier publie à Lyon son *Pantagruel*

Rabelais architecte

Avec la publication anonyme en 1532 d'un petit roman d'aventures sans prétention, les *Horribles et Épouvantables Faits et prouesses du très renommé Pantagruel, roi des Dipsodes*, François Rabelais, affublé du pseudonyme d'Alcofrybas Nasier, un anagramme de son nom, offre aux citoyens de Lyon le premier volume de ce qui devait devenir l'un des monuments de la littérature française. Les *Grandes et Inestimables Chroniques du grand et énorme géant Gargantua*, roman anonyme et plutôt médiocre de chevalerie burlesque, avaient été publiées un peu plus tôt la même année. *Pantagruel*, qui s'en veut la suite, raconte avec une désinvolture apparente les aventures comiques et parfois obscènes du bon géant et de son facétieux compagnon, Panurge, depuis la naissance grotesque du héros en Utopie et ses études pseudo-humanistes à Paris jusqu'à sa victoire finale sur les Dipsodes (« les assoiffés ») qui ont envahi Utopie, sous le commandement du roi Anarche (« l'usurpateur ») et de son général Loupgarou.

Le succès de ce roman héroï-comique semble avoir été énorme, car, deux ou trois ans plus tard (on ignore si c'est avant ou après l'affaire des Placards d'octobre 1534), Rabelais publie, à nouveau sans admettre qu'il en est l'auteur, une seconde épopée burlesque, la *Vie inestimable du grand Gargantua*, qui reprend au folklore la figure du géant dont Rabelais avait fait le père de Pantagruel, et veut par là se substituer aux *Grandes Chroniques* anonymes en tant que texte fondateur de la dynastie pantagruélique. Dans ses lignes générales, ce second ouvrage ressemble tant au premier qu'il a souvent été considéré comme sa simple réécriture. Comme le précédent, il retrace les aventures tumultueuses d'un géant, commençant avec sa naissance et son éducation, se poursuivant avec ses exploits guerriers et s'achevant par sa victoire finale sur une armée d'envahisseurs. Gargantua remplace Pantagruel dans le rôle du héros ; frère Jean, moine gaillard infatigable, remplace Panurge dans celui du compagnon d'aventures et Picrochole (le coléreux, à la « bile amère ») remplace Anarche dans celui du roi envahisseur. Cependant, en dépit de similarités évidentes avec *Pantagruel*, *Gargantua* en diffère par sa longueur, nettement plus grande, par l'importance accordée aux détails réalistes (par exemple, ce n'est plus en Utopie que se déroule la guerre, mais dans la campagne autour de Chinon) et par une diminution des éléments populaires auxquels *Pantagruel* accordait une place prépondérante (au point culminant de *Gargantua*, on assiste, au contraire, à la fondation d'une société utopique, exclusivement aristocratique, l'abbaye de Thélème).

Après douze ans de silence, Rabelais publie, cette fois à Paris et sous son véritable nom, un *Tiers Livre des faits et dits héroïques du noble Pantagruel* (1546) qui commence là où s'arrêtait *Pantagruel*, c'est-à-dire à la colonisation pacifique de la Dipsodie par le géant et ses amis. Mais, par son sujet, sa structure, son style, son ton et même son apparence typographique (les caractères gothiques des premiers romans cèdent la place aux caractères romains comme dans les publications humanistes), cette nouvelle suite est totalement différente des deux premières épopées burlesques. La guerre contre les Dipsodes terminée, Panurge, le compagnon de Pantagruel, envisage de se marier afin de ne plus servir dans l'armée et d'assumer ses responsabilités de vassal. Mais il a peur d'être cocu. La majeure partie du *Tiers Livre* est consacrée à une enquête pseudo-socratique au cours de laquelle Panurge consulte diverses autorités, dans le vain espoir d'apprendre ce que le mariage lui réserve et de prendre ainsi une décision sans risques. Aucune de ces consultations n'est concluante et le livre s'achève sans qu'on ait pu résoudre le dilemme de Panurge. Celui-ci, qui refuse toujours d'accepter les contingences d'un avenir inconnu, propose alors de partir au bout du monde en quête d'un oracle imaginaire, la Dive Bouteille. Bien que comique lui aussi, le *Tiers Livre* n'a pas l'exubérance des précédents. Il offre un vaste panorama d'érudition classique qui en fait, et de loin, le livre le plus difficile de toute l'œuvre de Rabelais.

La quête du *Tiers Livre* se poursuit dans le *Quart Livre des faits et dits héroïques du noble Pantagruel* que Rabelais publie sous sa forme complète en 1552, un an avant sa mort. (Une édition fragmentaire avait paru en 1548, peut-être sans l'autorisation de l'auteur). Ce dernier livre authentique de Rabelais relate le long voyage en mer des compagnons de Pantagruel en quête de la Dive Bouteille. Mais son objet essentiel n'est plus la question purement morale et personnelle du *Tiers Livre* (le dilemme de Panurge) ; le problème est devenu plus général, d'ordre politique (l'état critique du monde en 1552). Les Pantagruélistes visitent diverses îles et vivent des aventures qui fournissent à Rabelais l'occasion de donner une satire des pouvoirs responsables des conflits qui ravagent la chrétienté en ce milieu du XVIe siècle.

Un *Cinquième et Dernier Livre des faits et dits héroïques du bon Pantagruel* (1564) mène à terme les pérégrinations du *Quart Livre* en conduisant au temple de la Dive Bouteille et au fameux oracle final : « Trinch » (« buvez »). L'authenticité de ce volume, publié onze ans après la mort de Rabelais, soulève cependant de sérieux doutes. S'il n'est pas exclu que Rabelais ait écrit la plupart des épisodes, il n'est certainement responsable ni de leur publication ni de leur disposition au sein d'un volume qui prend valeur de conclusion. On peut penser en effet que la consultation finale de Bacbuc, d'abord conçue pour servir de conclusion au *Tiers Livre* et ensuite écartée par Rabelais, ait été découverte dans ses papiers et publiée à titre posthume comme conclusion apocryphe à l'odyssée délibérément inachevée du *Quart Livre*.

Les livres de Rabelais sont extrêmement stimulants pour le lecteur, mais difficiles à interpréter. L'une des difficultés que rencontre le lecteur moderne vient de la coïncidence déroutante de la plus haute érudition humaniste et du comique « rabelaisien » le plus bas. Cette difficulté est pourtant en grande partie anachronique, car, à l'époque de Rabelais, l'élite intellectuelle semble avoir accepté avec la même aisance la culture populaire et la culture humaniste. C'est aussi une difficulté toute relative, car les qualités généralement considérées comme « rabelaisiennes » (exubérance et spontanéité, ivresse, importance du corps, obscénité et scatologie), très présentes dans le premier livre, disparaissent progressivement dans le second et sont pratiquement absentes des deux derniers.

L'interprétation des œuvres de Rabelais se heurte, en fait, à une difficulté beaucoup plus sérieuse, celle de la composition en épisodes fragmentés et apparemment aléatoires. Que leur sujet soit populaire ou aristocratique, que leur ton soit burlesque ou humaniste, chacun des quatre livres de Rabelais donne l'impression de manquer de composition, de fil directeur et, de manière encore plus flagrante, de conclusion. Cette particularité formelle est telle qu'elle semble permettre, et même entraîner, une certaine indétermination, une indécision du sens. En l'absence de tout principe unificateur, de tout dessein apparent de l'auteur, les lecteurs sont livrés à eux-mêmes pour décider de l'importance relative des divers épisodes, pour les interpréter en tant qu'éléments autonomes, ou en association avec d'autres de leur choix et pour en déduire une interprétation globale de l'ensemble. Il est évident qu'une telle liberté a donné lieu à des interprétations extrêmement divergentes, parfois même contradictoires. On a pu attribuer à Rabelais les étiquettes les plus diverses : athée rationaliste (Lefranc), moine franciscain (Febvre), évangéliste antimonastique (Screech), propagandiste royal (Lefranc), révolutionnaire opposé à l'ordre établi (Bakhtine), mystique antiscolastique (Defaux), mystificateur du langage (Rigolot) et déconstructeur du sens avant Derrida (Cave), pour ne citer que quelques-unes des interprétations les plus influentes et les plus convaincantes. La difficulté essentielle porte sur la cohérence formelle et idéologique de l'œuvre de Rabelais, « forme » et « idéologie » deux aspects inséparables d'un même problème.

Cette difficulté d'interprétation disparaît dès l'instant où l'on renonce à une conception anachronique de la forme littéraire pour considérer chaque livre de Rabelais à la lumière des deux types de logique compositionnelle les plus couramment utilisés par la littérature antique, médiévale et renaissante : le schéma téléologique de la quête épique qui pousse à agir parce qu'il tend vers un but ultime, (*telos*) et le schéma symétrique, propre à certaines formes épiques et lyriques, qui privilégie le centre de l'œuvre. Chacun de ces deux types d'architecture textuelle sert à guider l'interprétation en attirant l'attention sur un lieu de signification dominant. Mais la signification ainsi révélée diffère sensiblement dans l'un et l'autre cas. Alors que le schéma téléologique tend vers une révélation et un dénouement dont le lieu est la fin de l'ouvrage, le schéma symétrique ne s'oriente pas vers une solution finale mais s'organise autour d'une révélation dont le lieu est son centre. Dans le premier cas, la signification, « finale » au sens littéral du mot, est définitive. Dans le second, moins définitive, plus provisoire, elle reste néanmoins d'une certaine manière « centrale ».

Chacun des quatre livres de Rabelais, aussi fragmenté ou ouvert soit-il, obéit à l'une de ces logiques ou à un mélange hybride des deux, ce qui en rend la composition à la fois cohérente et aisément compréhensible. Au fil de ses volumes, Rabelais s'éloigne du premier modèle d'architecture textuelle et se rapproche du second. Cette évolution correspond à un profond changement dans la nature même du sens. *Pantagruel* répond au premier type. Non seulement ses épisodes s'enchaînent de façon strictement linéaire, mais leur enchaînement donne, dès le début, une très forte impression de finalité. L'exploit héroïque du géant au point culminant de l'épopée réalise une prophétie formulée dans les premiers chapitres et constitue le dénouement vers lequel tend tout le livre. Ce schéma purement téléologique prend la forme d'un schéma messianique, rédempteur, où l'on retrouve une analogie du fratricide originel (le meurtre d'Abel par Caïn) et la création d'un nouveau royaume d'amour fraternel en Utopie. L'architecture textuelle de *Pantagruel* confère donc à une chronique qui affiche son absence de règles une cohérence formelle et une signification stable, largement évangélique et intégralement « utopique », au sens moderne du terme.

Dans les volumes suivants, Rabelais renverse progressivement ce schéma utopique en atténuant, voire en éliminant l'importance du dénouement vers lequel l'intrigue semble tendre. Cette transformation commence avec *Gargantua*. Bien que la victoire du géant sur l'envahisseur Picrochole et l'institution de la société utopique de Thélème en constituent le point culminant, *Gargantua* finit en queue-de-poisson avec une querelle irrésolue sur le sens d'un obscur texte prophétique. L'instabilité relative de cette conclusion est compensée par la symétrie rudimentaire mais concertée du premier et du dernier épisode du roman, qui rapportent l'un et l'autre la découverte de textes anciens sous une dalle de bronze. Quel que soit le sens de ces textes, ils constituent ensemble un encadrement destiné à produire une impression d'achèvement formel, même en l'absence de toute conclusion logique, tout en attirant l'attention sur le problème de l'interprétation littéraire en général. Le livre est achevé, mais sa signification ne l'est pas : les prophéties obscures qui l'ouvrent et le concluent ne seront totalement compréhensibles que lorsque les temps seront accomplis, au-delà des limites du livre même. Encore une fois, l'architecture textuelle est au service de la signification, mais ici cette dernière est présentée sous un jour plus problématique et moins définitif.

Cette opposition entre une structure téléologique et une structure statique est encore plus prononcée dans le *Tiers Livre*. Certes la recherche d'une réponse définitive sur le mariage lui donne bien une allure téléologique. Mais, loin de mener à une révélation finale, cette enquête s'achève sur un échec total et le récit se termine, comme à contretemps, non sur une conclusion, mais sur les préparatifs d'un nouveau prolongement. Cette absence de conclusion est compensée par une architecture statique qui développe à l'extrême la composition symétrique de *Gargantua*. La quête y est encadrée d'éloges satiriques, et les consultations elles-mêmes sont symétriquement structurées autour d'un épisode, d'un chapitre, d'un passage et d'un mot où Panurge devient son propre oracle en formulant, dans un moment suprême d'ironie dramatique et circonstancielle, la seule réponse légitime à sa quête : « Connais-toi toi-même. » La composition symétrique déplace ainsi le but de l'enquête, l'inscrivant au centre de l'ouvrage et non à sa conclusion et confiant sa résolution à Panurge lui-même et non plus à une autorité extérieure. Elle révèle en même temps une signification stable, univoque, située littéralement au cœur du livre et nous permet d'interpréter le dilemme de Panurge sans pour autant le résoudre.

Un schéma similaire préside à l'étape suivante de l'enquête du *Quart Livre* avec une odyssée qui s'achève de façon encore moins concluante que celle du *Tiers Livre* ; Panurge, toujours aussi loin de « la parole prophétique » qu'il cherche, finit par noyer sa peur dans un déluge d'excréments : « C'est safran d'Hibernie. » Comme dans le *Tiers Livre*, cette téléologie contrariée est en même temps compensée par une architecture textuelle qui ne renvoie pas à une révélation située hors du texte, mais vers un point central privilégié, à l'intérieur même de celui-ci. Comme dans le *Tiers Livre*, un épisode central clairement encadré (celui du « physeter », ou balline) contient une révélation elle aussi centrale, indispensable à la compréhension du livre dans son ensemble, car elle rappelle que le véritable héros est Pantagruel, et non Panurge, et que son rôle ne consiste pas à trouver une solution définitive à tous les conflits, mais à pratiquer inlassablement une charité active envers ses semblables.

Dans chacun des livres de Rabelais, avec leur composition de plus en plus ouverte, l'architecture du texte permet de guider et de centrer l'interprétation. Aucun de ces deux schémas ne les limite à une signification unique ou univoque, mais chacun à sa manière offre une vision qui permet de circonscrire les diverses significations possibles et de comprendre les enjeux fondamentaux à travers des textes d'une polyvalence irréductible.

Ce dernier point est fondamental. Le problème de la polyvalence chez Rabelais a été si souvent simplifié que le sens le plus profond de son œuvre s'en est perdu. Parmi les conséquences du passage d'une structure téléologique à une structure symétrique, il faut mettre au premier plan le fait que Rabelais, en déplaçant le *telos* de la fin vers le centre, a transformé ce qui, dans le *Pantagruel* de 1532, était une révélation complète et une solution définitive en une révélation provisoire et une solution nettement moins définitive. Il s'en prend progressivement et systématiquement à la croyance utopique en l'existence d'une réponse décisive, avec ce que cela implique d'achèvement, de plénitude et de certitude. Il en résulte une impression croissante d'inachèvement permanent et irrémédiable, qui n'est compensée que par un certain principe éthique révélé au centre de l'ouvrage. Ce principe n'est pas une fin, mais un moyen inépuisable, un commencement toujours renouvelé. C'est un principe d'action qui permet au héros de continuer à agir avec assurance, même dans un monde hostile et caractérisé par une violence sans fin. En tant que tel, ce principe d'interprétation permet au lecteur de poursuivre sa lecture sans trop se fourvoyer, même en l'absence d'une révélation finale et définitive de la signification.

Voir aussi 1512, 1534 (automne), 1534 (17-18 octobre), 1942.

Bibliographie : François Rabelais, *Œuvres complètes,* éd. Pierre Jourda (Paris, Classiques Garnier, 1962). Mikhail Bakhtine, *l'Œuvre de François Rabelais et la culture populaire au Moyen Âge et sous la Renaissance* (Paris, Gallimard, 1973). Terence Cave, *The Cornucopian Text : Problems of Writing in the French Renaissance* (Oxford, Clarendon Press, 1979). Gérard Defaux, *Pantagruel et les sophistes. Contribution à l'histoire de l'humanisme chrétien au* XVI*e siècle* (La Haye, Nijhoff, 1973). Edwin M. Duval, *The Design of Rabelais's « Pantagruel »* (New Haven, Yale University Press, 1991). Lucien Febvre, *le Problème de l'incroyance au* XVI*e siècle : la religion de Rabelais* (Albin Michel, 1988). Abel Lefranc, *Rabelais* (Paris, Albin Michel, 1953). François Rigolot, *les Langages de Rabelais* (Genève, Droz, 1972). Michael A. Screech, *Rabelais* (Londres, Duckworth, 1979).

Edwin Duval

1534, 17-18 octobre

L'affichage de violents placards contre les « abus » de la « messe papale » sur les murs des principales villes de France et jusque sur la porte de la chambre de François Ier met définitivement fin aux espoirs des partisans d'une réforme de l'Église

L'évangélisme français

Dans sa lettre du 22 décembre 1521 à Marguerite d'Alençon, sœur du roi François Ier et future reine de Navarre, Guillaume Briçonnet, évêque de Meaux, écrit ces lignes : « L'eau qui est issue de l'abîme de sapience et doctrine évangélique n'est distribuée par ceux qui en ont la charge, dont procède la stérilité et sécheresse des âmes, et non par faute d'eau [...] L'Église est de présent aride et sèche comme le torrent en la grande chaleur australe. [...] Un chacun cherche son profit et honneur. Il n'est plus question de celui de Dieu. Nous sommes tout terrestres, qui devrions être tout esprit. Et cela procède par faute d'eau de sapience et de doctrine évangélique qui ne court et n'est distribuée comme elle devrait. »

Le constat est sévère, mais amplement justifié. Depuis Briçonnet, il a été confirmé par tous les historiens qui se sont intéressés à l'histoire de la Réforme et ont cherché à en cerner les causes. Briçonnet ne fait là que redire, dans son langage, ce que Luther et d'autres ont dit avant lui ; ce que bientôt Marot, Rabelais et Calvin vont répéter à leur tour. Au début du XVIe siècle, l'Église est bien malade. Affaiblie par les querelles de mots et l'arrogance intellectuelle de ses théologiens, les mœurs scandaleuses de ses prélats, la rivalité de ses ordres monastiques, l'ignorance et la superstition de la grande majorité de ses membres, elle n'est plus en mesure de répondre aux besoins spirituels nouveaux de la chrétienté. Tous ceux qui ont pour « charge » de « distribuer l'eau de sapience et de doctrine évangélique » ne remplissent plus leur mission. Ils sont devenus les serviteurs de leur propre ventre, des êtres tout « terrestres » et tout corporels, esclaves soumis de toutes les concupiscences, uniquement préoccupés de leur « profit et honneur » : semblables en tout à ces bœufs de l'Écriture, que fustige Augustin, ou à ces heureux, béats et inquiétants Papimanes dont Rabelais, dans son *Quart Livre* (1552), fera bientôt une satire à la fois puissante et inspirée. Heureusement, le remède est simple, il découle naturellement du constat dans l'esprit de Briçonnet. Pour guérir la « stérilité et sécheresse » des âmes, pour étancher cette immense soif spirituelle si caractéristique de la première Renaissance française, il suffit de faire circuler cette « eau » miraculeuse, de la faire « courir » à nouveau par toute la terre, de la rendre accessible à tous afin que tous puissent s'en abreuver. C'est pourquoi, dans une autre de ses lettres à Marguerite – datée, elle, du 31 décembre de la même année, c'est-à-dire postérieure de quelques jours seulement à celle que nous venons de citer –, Briçonnet n'hésite pas à mobiliser l'énergie de sa correspondante, en dosant adroitement la critique et le compliment. Si l'évêque lit saint Paul, Nicolas de Cues et la *Théologie mystique* du pseudo-Denys, cela ne l'empêche pas de garder les pieds sur terre : « Je crois, lui écrit-il, que vous avez cœur et yeux savourants, aussi vos pieds nets. Mais, pour ne vous flatter, vos mains sont engantées. Je ne voy point encores de flamme qui soit sortie de vos mains. Dégantez-vous, Madame... il ne suffit bien sentir, connaître et désirer, il reste exécuter. » Briçonnet sait en effet que le programme d'évangélisation dont il rêve et qu'il entend mener à bien va se heurter à de farouches résistances. Il sait que les humanistes et les théologiens qu'il vient de grouper autour de lui, Jacques Lefèvre d'Étaples, Guillaume Farel, François Vatable, Gérard Roussel, Pierre Caroli et d'autres, auront un jour besoin d'aide. Et il est suffisamment fin politique pour comprendre que la sœur du roi, par les sentiments qui sont les siens aussi bien que par la position qu'elle occupe à la Cour, saura, le moment venu, leur rendre les plus grands services. Il espère en fait, dans son zèle, non seulement que Marguerite saura être le digne instrument de la Parole de Dieu, mais que le roi lui-même, à travers elle, ne refusera pas son appui au mouvement de Réforme qui vient en France, grâce à son initiative, sinon de naître – car Valla, Érasme et Luther en sont indiscutablement les fondateurs –, du moins de se donner une tête politique, des structures et des moyens d'action.

L'évangélisme français, tel qu'il se découvre ainsi sous la plume fleurie de l'évêque de Meaux, son instigateur, est donc un phénomène d'une extrême complexité, un phénomène où la satire la plus mordante et la plus crue se mêle au mysticisme le plus authentique, où la foi elle-même, exigeante et ravivée, se veut inséparable de son inscription tangible dans la réalité du corps social et politique. C'est pourquoi le *Gargantua* de Rabelais doit nous paraître, à cet égard, un livre parfaitement symbolique : dans la lutte qu'y mènent les bons contre les méchants pour l'avènement d'une république heureuse, les prières de Grandgousier ne sauraient se passer du secours, qu'armé de son « baston de la croix » frère Jean leur apporte sur le lieu des combats. Pour vaincre Picrochole et faire triompher la loi d'amour du Christ, il ne suffit pas de croire et de se mettre à genoux, il faut encore savoir lutter. « Dégantez-vous, Madame... »

On a jusqu'à présent, dans nos manuels et nos histoires littéraires, presque uniquement parlé de la satire. Celle-ci constitue indiscutablement l'une des caractéristiques majeures de la littérature d'inspiration évangélique. Il suffit, pour s'en convaincre, d'évoquer rapidement certains ouvrages et certains noms : *l'Enfer* et les « coq-à-l'âne », de Clément Marot, quelques-unes de ses ballades et de ses épigrammes, le *Pantagruel*, le *Gargantua* et le *Quart Livre* de François Rabelais, voire *l'Heptaméron*, de Marguerite de Navarre, ouvrages qui tous, dans le sillage des *Colloques* d'Érasme et de son *Éloge de la folie*, dénoncent la corruption de l'Église, ses superstitions et ses scandales, qui tous refusent les pratiques et les « institutions humaines » dont elle s'est alourdie, qui n'épargnent ni les théologiens ni les moines, qui se font un plaisir et une spécialité de souligner sans indulgence leur sottise et leur paresse, leur ignorance, leur paillardise et leur hypocrisie. Dans la littérature évangélique du début du siècle, tous les gens d'Église sont nécessairement soit des frères Lubin, soit des Jobelin Bridé. « Et tout pour la trippe... »

S'en tenir malgré tout, comme on le fait généralement, à cet aspect de la production littéraire du temps, c'est non seulement courir un risque herméneutique certain, mais encore – et surtout – amputer indûment l'évangélisme, le couper de ses racines, le vider de la sève qui le nourrit et qui seule lui donne un sens. Il faut donc, pour disposer définitivement de ce que P. O. Kristeller a fort justement appelé « le mythe de l'athéisme de la Renaissance française », élargir considérablement le concept de « littérature » à partir duquel nous avons spontanément opéré jusqu'ici et y inclure, à côté des chefs-d'œuvre depuis longtemps canonisés, d'autres ouvrages qui, sans posséder toujours la richesse esthétique ou idéologique des premiers, n'en constituent pas moins des documents de première importance, indispensables à leur compréhension. Et il ne s'agit pas seulement ici de la nécessité d'exploiter la notion de « production littéraire » à son niveau le plus littéral, en tirant parti de recherches ou d'études remarquables, mais souvent jugées trop « techniques » en soi, ou trop purement « historiques », pour retenir l'attention de l'amateur ou celle du critique de profession : rôle des imprimeurs, comme Simon du Bois ou Antoine Augereau, Geofroy Tory, Pierre de Vingle ou Étienne Dolet ; activité des théologiens du mouvement évangélique, que ceux-ci soient prédicateurs, comme Guillaume Farel ou Gérard Roussel, ou qu'ils soient traducteurs et commentateurs de l'Écriture, comme Guillaume Briçonnet, Jacques Lefèvre d'Étaples ou Louis de Berquin ; recensement et analyse des catéchismes et des « almanachs », des manuels de piété et autres traités d'instruction religieuse. Il faut aussi considérer ces habitudes et ces partis pris qui sont les nôtres et qui nous poussent, soit à exclure d'autorité du domaine « français » tout ce qui est rédigé en latin – même quand ce latin est celui de Berquin, de Dolet ou de Lefèvre d'Étaples ! –, soit à privilégier indûment, dans les œuvres que nous étudions, certains textes au détriment des autres : comme s'il était possible de comprendre réellement *l'Heptaméron*, de Marguerite de Navarre, sans tenir compte de son théâtre et de ses poésies religieuses, ou d'isoler le Marot des « coq-à-l'âne » de celui qui a traduit les *Psaumes*, publié l'*Instruction et foi d'un chrétien*, et composé *le Baladin* ou la *Déploration de Florimond Robertet*. L'évangélisme est, par essence, un mouvement qui se joue aussi bien des frontières géographiques ou linguistiques que de l'étroitesse de nos préjugés, de nos goûts, et de nos disciplines. Dans les années 1520-1530, les écrits de Luther circulent beaucoup en France, et certains d'entre eux y sont même traduits, grâce aux efforts de Louis de Berquin – baptisé pour cette raison notre « Mercure d'Allemagne » – et à ceux du petit groupe d'évangéliques dont la sœur du roi s'est entourée ; et celle-ci, qui entretient des relations suivies avec les milieux réformés de Strasbourg – notamment avec le protestant Wolfgang Capiton –, et qui possède alors dans ces milieux la réputation d'être la dame « la plus evangelicque » de France, n'hésite pas, en 1527, à mettre elle-même en français l'« Exposition » que Luther avait faite du *Pater noster*. Nous savons par ailleurs quel rôle crucial Érasme et sa « Philosophie du Christ » ont joué, à partir de 1515, dans le triomphe et la diffusion des idées nouvelles – même si certaines résistances se font sentir dans les milieux évangéliques français, dont le scepticisme et la « mystiquerie » s'accommodent mal du « trop hautain cuider » de l'humaniste de Rotterdam, de ses penchants trop visibles pour le beau langage et le rationalisme grec : Berquin – toujours Berquin – traduit en français plusieurs de ses traités aux environs de 1525 ; une bonne dizaine d'années plus tard, Marot fera la même chose avec quelques-uns de ses *Colloques* ; parallèlement à *l'Enfer*, de Marot, et aux *Épîtres et Évangiles pour les cinquante et deux dimanches de l'an*, de Lefèvre d'Étaples, Dolet publiera en 1542 le *Manuel du chevalier chrétien*, d'Érasme, et son traité sur la confession – dans la traduction qu'en 1524 en avait donnée Claude Chansonnette ; Rabelais, qui le vénère, et qui salue publiquement en lui son père spirituel, nourrit ses quatre livres authentiques de *Pantagruel* d'innombrables références à ses œuvres ; et son christocentrisme est au fond si proche de celui des évangéliques français du groupe de Meaux que, dans les « déterminations » qu'elle prend à partir de 1521 contre les écrits « hérétiques », la faculté de théologie de l'université de Paris – la Sorbonne, et son redoutable syndic, Noël Béda – trouvera toujours tout naturel d'unir son nom à ceux de Luther et de Lefèvre d'Étaples. D'où la conclusion qui, sur le plan méthodologique, semble devoir s'imposer : ne commettons pas l'erreur de séparer aujourd'hui des noms et des influences que le XVIe siècle lui-même a jugés inséparables.

Envisagé dans cette perspective élargie, l'évangélisme peut alors se définir, théologiquement, par son logocentrisme, c'est-à-dire par sa foi inconditionnelle et absolue dans l'Écriture sainte, par sa croyance que Dieu est non seulement toujours et infiniment « présent » dans sa Parole, mais que, de plus, Dieu et sa Parole ne font qu'un, que Lui et Elle sont identiques au point d'en être indiscernables. C'est pourquoi l'évangélique ne saurait concevoir plus haute autorité que la sienne ; pourquoi aussi il manifeste un espoir et une confiance inébranlables dans les pouvoirs qui sont les siens. Le divin Logos est pour lui ce qu'Il a toujours été : l'infaillible médecin non seulement des âmes, mais aussi de la « république », de notre monde social et politique. Qu'il s'appelle Érasme, Lefèvre ou Briçonnet, il croit, il veut intensément croire, d'un désir et d'une volonté qui sont besoin, que le monde, perdu dans la parole des hommes, sera enfin sauvé par la Parole de Dieu. Cette dernière représente pour lui l'universel et unique remède, le seul moyen possible de salut. S'ouvrir à cette Parole, l'accueillir et la loger en soi, l'assimiler, s'imprégner d'elle et la faire sienne, qu'est-ce, demande exemplairement Érasme dans sa *Paraclesis* (1516), sinon permettre en soi « la restauration d'une nature originellement créée bonne » ? Écouter cette Parole résonner en soi à l'exclusion de toute autre, s'efforcer humblement de la comprendre, se contenter de la croire si on ne la comprend pas, la servir et la propager par l'édition ou la traduction, la prédication, la paraphrase ou le commentaire, devenir en un mot son « instrument », c'est immédiatement et nécessairement se procurer la possibilité – la possibilité double – d'agir et d'être agi. Car cette

Parole métamorphose, elle saisit, ravit, transporte et transforme tout ce qu'elle touche. Elle est semblable, dans sa puissance, à ce que, dans leurs fables, les anciens poètes nous disent de l'éloquence de Mercure, du chant d'Orphée ou de la lyre d'Amphion. Mais la fable, aujourd'hui, n'est plus fable : elle est devenue réalité. Et celui qui, comme autrefois saint Jean, saint Paul ou David, se fait le truchement et l'interprète de la Parole de Dieu, celui-là contribuera d'autant plus efficacement à sauver et à transformer le monde, qu'il aura d'abord su se laisser envahir et transformer par Elle. Érasme et Lefèvre voient tous deux dans cette « restauration » et dans cette « renaissance » – dans ce retour à une lumière et à un ordre anciens – le couronnement à la fois inévitable et nécessaire de toute démarche herméneutique. Car savoir ne suffit pas, ne constitue pas un but en soi. Ce qui seul importe, c'est la transformation, la révolution intérieure que ce savoir opère en nous. En se faisant *théodidaktos* (« enseigné de Dieu »), en laissant le *Logos* « s'effigier » (« s'imprimer ») profondément en lui, l'homme et le monde dans lequel il vit redeviendront enfin « christiformes ».

C'est par cette croyance fondamentale au pouvoir transformant de la Parole, par cette foi dans son efficacité absolue, que s'explique le mieux la dimension pédagogique et militante de l'évangélisme. Convaincu que la Parole transformera le monde comme Elle l'a transformé, que ce divin *pharmakon* « purgera » infailliblement toutes « les âmes morbides et malades », et opérera en elles la « mutation » tant espérée, l'humaniste chrétien s'en fait le *fidus interpres* – à la fois le traducteur, le commentateur, le propagateur et le gardien. Face à une faculté de théologie qui s'inquiète des progrès de l'« hérésie » luthérienne et qui, se sentant directement menacée, multiplie soudain les poursuites, les censures et les interdictions, il s'assigne pour tâche de mettre cette Parole salvatrice à la portée de « tous chrétiens et chrétiennes ». Il s'emploie à « semer » partout « les précieuses marguerites de l'Écriture sainte ». Il apprend aux peuples et aux rois à prier et à se confesser, à lire correctement l'Évangile, à vivre et à mourir en vrais chrétiens. Car le temps est enfin venu, délaissant toutes « traditions humaines », de « corriger les fautes de la chrétienté ». Agissez donc, s'écrie Lefèvre dans sa « Préface » aux *Commentarii initiatorii in quatuor Evangelia* (1522), agissez pontifes, et vous rois, et vous cœurs généreux : « La Parole de Dieu suffit. Elle est assez pour faire connaître à l'homme la vie qui n'aura pas de fin. Tout ce qui ne sert pas à éclairer directement cette Parole n'est non seulement pas nécessaire, mais encore totalement superflu. [...] Que tous n'aient qu'une seule étude, une seule consolation, un seul désir : connaître l'Évangile, suivre l'Évangile, le faire connaître partout. Que tous s'en tiennent très fermement à ce que nos ancêtres, et cette primitive Église rougie du sang de ses martyrs, ont cru : ne rien savoir en dehors de l'Évangile, savoir qu'il est toutes choses [...] ; ignorer tout ce qui se trouve en dehors de ses limites [...] ; n'avoir pour seule règle que l'Évangile, pour seul but que le Christ [...] : car seule sauve l'homme la Vérité qui est le Verbe de Dieu ; tout ce qui n'est pas elle le perd. »

Dans l'urgence et l'indiscutable énergie qui les animent, ces formules et ces exhortations sont lourdes de conséquences multiples. Le programme qu'elles définissent, et dont nous avons déjà eu l'occasion de découvrir la teneur avec Briçonnet, est de nature résolument subversive. Il suppose une véritable révolution, un bouleversement radical des structures et des mentalités. Tout ce qu'on appelle « la Réforme » se trouve, pour l'essentiel, inscrit dans ces lignes si denses. Il s'agit, au fond, d'arracher des mains du pouvoir ecclésiastique en général, et de celles des théologiens en particulier, ce double privilège d'« autorité » et d'« exclusivité » qu'ils avaient fini par s'arroger, au fil des siècles, dans le domaine de la Parole et de son interprétation. L'Écriture, pour l'évangélique, ne saurait être chasse gardée, affaire de spécialistes. Puisque « Dieu veut sa loi être commune », ses richesses doivent être partout répandues. Ceux que Lefèvre appelle par dérision les « nouveaux docteurs de la loi » sont, pour cette raison même qu'« ils ne veulent point que le simple peuple voie et lise en sa langue l'Évangile de Dieu », la cible de toutes les invectives et de tous les sarcasmes. Tout compromis entre les adversaires est sur ce point impossible. On ne saurait, sous quelque prétexte que ce soit, défendre « aux enfants d'avoir, voir et lire le testament de leur père ». La Parole ne saurait vivre que dans le peuple, et par lui.

Cette volonté de « mettre le texte divin entre les mains du peuple » (Briçonnet), de « remettre le Christ et la parole de Dieu au cœur de tous les chrétiens » (Berquin), de « profiter au bien public » en publiant tout ce qui sera trouvé « commode pour l'instruction chrétienne et l'édification de notre foi » (Dolet) explique aussi le bouleversement qui, au même moment, s'opère dans notre paysage linguistique. Le latin, qui avait toujours été jusque-là la langue des savants et des clercs, l'unique véhicule de tous les savoirs, voit tout d'un coup ses privilèges remis en question par les langues dites « vulgaires ». Le désir, que partagent tous les évangéliques, de voir bientôt les « simples » et les « rudes » avoir directement accès à la Parole de Dieu implique en effet nécessairement pour eux le recours au français, à ce qu'E.V. Telle a judicieusement appelé « l'alliance du parler populaire et de la matière théologique ». Et puisque tout, dans leur démarche, leur est au fond dicté par la qualité du public auquel ils s'adressent, le français qu'ils utilisent sera lui aussi simple et rude, transparent, humble et sincère, il fuira délibérément tous les artifices de la rhétorique ; il sera même, nous dit Lefèvre, « abject » et « sordide », sans aucune « pompe théâtrale », parfaite image, en somme, de ces cœurs qu'il s'agit de toucher. Souci d'efficacité, qui explique les partis pris stylistiques du mouvement, aussi bien chez Lefèvre d'Étaples que chez Marguerite de Navarre ou Marot. Le traducteur ou le commentateur de l'Écriture tient avant tout à être compris des « petits » et des « humbles » pour lesquels il travaille ; il veut aussi éviter de mêler quoi que ce soit de sa propre parole à la Parole de Dieu ; il se fait l'instrument inexistant du *Logos*. Le poète « rime en prose », il pratique ce qu'on a depuis appelé « le style marotique », il veut, lui aussi, être celui qui chante et qui écrit pour le peuple. Et si, en 1533, l'édition qu'Antoine Augereau donne du *Miroir de l'âme pécheresse*, de Marguerite de Navarre, s'accompagne d'un opuscule contenant la « Brève doctrine pour dûment écrire selon la propriété du langage français », opuscule dans lequel son auteur vante les mérites des nouveaux signes d'imprimerie – l'apostrophe, les accents, la cédille, etc. – qu'il vient d'utiliser, c'est bien évidemment parce que, comme le traducteur et comme le poète, l'imprimeur de textes évangéliques a pour souci majeur de rendre « la langue française plus distincte, et facile à entendre ».

On comprend, à mesurer ainsi l'ampleur de ces bouleversements, que toute l'histoire littéraire de l'époque se confonde étroitement avec son histoire religieuse, et qu'elle soit surtout marquée, au plan de l'événement, par des luttes incessantes entre les partisans du *statu quo* et ceux du changement. L'évangélisme a pour lui de répondre à un besoin spirituel réel – celui qui, à la fin du siècle précédent, avait déjà assuré le succès de l'*Imitatio Christi*. Il bénéficie, pour mener sa tâche à bien, de l'aide formidable des ateliers d'imprimerie. Il peut, dans une large mesure, compter sur la bienveillance du pouvoir royal et sur son appui. Briçonnet ne s'était pas trompé. Marguerite s'est rapidement « dégantée » : elle protégera toute sa vie les évangéliques. Et elle a su leur ménager toutes les sympathies de François Ier. À plusieurs reprises, celui-ci interviendra personnellement auprès de la Sorbonne ou du Parlement pour faire cesser les poursuites contre Lefèvre ou Briçonnet, Érasme, Marot ou Berquin. Si, malgré tout, son soutien est parfois hésitant, s'il semble même, de temps à autre, faire volte-face, c'est qu'il craint terriblement tout ce qui risquerait de porter atteinte à l'ordre public. C'est peut-être aussi que les impératifs de sa politique étrangère le poussent à jouer un jeu subtil d'équilibre entre le pape, qu'il rencontre à Marseille en octobre-novembre 1533, et duquel il obtient des bulles pour extirper l'hérésie de son royaume, et les princes protestants d'Allemagne, auxquels il cherche à plaire pour affaiblir Charles Quint, son grand rival européen. La Sorbonne, quant à elle, joue son rôle sans faillir. Elle est la gardienne du dogme, l'ultime rempart de l'orthodoxie. Mais ses pouvoirs sont limités. Elle ne peut rien faire sans l'aide du Parlement, et le Parlement, qui dépend directement du roi, ne la suit pas toujours. Ses efforts sont cependant parfois couronnés de succès : le « groupe de Meaux » est contraint de se dissoudre en 1525, Briçonnet se soumet et Lefèvre s'enfuit à Strasbourg, Berquin est finalement brûlé en 1529, Marot est jeté en prison à deux reprises, et il devra bientôt prendre, comme tant d'autres, le chemin de l'exil. On peut malgré tout dire qu'entre 1526, date du retour du roi après sa captivité dans les prisons de Madrid, et 1534, date de la fameuse « affaire des Placards », son autorité décline considérablement. En dépit des poursuites, des interdictions et des censures, Lefèvre mène à bien, entre 1522 et 1530, sa traduction de la *Sainte Bible en français* ; les commentaires sur l'Évangile et les manuels d'instruction religieuse se multiplient ; Marguerite continue à faire traduire en français les traités de Luther et Marot, en 1533, publie sans être inquiété ses traductions du VIe Psaume, du *Pater*, du *Credo* et de l'*Ave Maria*. Tout ceci avec l'approbation de François Ier, qui, en 1526, nomme Lefèvre précepteur de ses enfants, qui, en 1530, fonde le Collège des Lecteurs royaux et qui, en 1533 – année, pour l'évangélisme, de tous les optimismes et de tous les triomphes, année, aussi, de la composition du *Gargantua* –, n'hésite pas à exiler Noël Béda, à vingt lieues de Paris.

Malheureusement pour la Réforme française, cette série de succès est brutalement interrompue quand, dans la nuit du 17 au 18 octobre 1534, des militants un peu trop zélés affichent, sur les murs des principales villes de France, et jusque sur la porte de la chambre à coucher du roi, des placards dénonçant violemment « les horribles, grands et importables abus de la messe papale ». L'ampleur de la conjuration et son audace effrayent le roi et le lancent dans une politique de répression extrêmement brutale. Des poursuites avaient déjà été déclenchées l'hiver précédent contre les « hérétiques », notamment à la suite du discours prononcé par Nicolas Cop devant l'université de Paris en novembre 1533. Mais elles prennent cette fois-ci un caractère solennel et systématique. Sous l'impulsion du lieutenant criminel Jean Morin, les perquisitions, les arrestations, les interrogatoires et les tortures se multiplient. Les premiers bûchers s'élèvent le 10 novembre. Ils ne s'éteindront qu'au printemps de l'année suivante. Et dans l'intervalle, le roi aura répondu à une nouvelle provocation d'Antoine Marcourt – l'auteur des Placards de 1534 – en promulguant un édit contre l'imprimerie et en organisant à Paris, le 21 janvier 1535, une immense procession expiatoire, qui voit le triomphe définitif en France de l'orthodoxie la plus intransigeante. Marot, Lyon Jamet et Rabelais prennent la fuite ; Simon du Bois disparaît. Retiré chez Marguerite de Navarre, à Nérac, depuis 1530, Lefèvre mourra l'année suivante – la même année qu'Érasme. Une page décisive de l'histoire de la Réforme en France vient d'être tournée. C'est la fin d'une époque ; pour beaucoup, la fin d'un des plus beaux rêves que l'Évangile ait jamais inspirés aux hommes.

Après 1535, en effet, le roi se montrera beaucoup moins favorable qu'auparavant à la cause de l'évangélisme. Et les évangéliques français eux-mêmes auront découvert leurs limites. « Jusqu'au feu, exclusivement » : la majorité d'entre eux reculeront, comme Rabelais, devant le fanatisme et la violence. Après tout, la Réforme qu'ils avaient essayé de construire s'était toujours voulue pacifique. Ils avaient voulu l'amour et la paix, et ils trouvaient la guerre. Le temps, décidément, n'était pas encore venu. Il fallait donc attendre, et se taire. Ou s'embarquer hardiment, par le biais de la fiction, en quête du mot de la Dive Bouteille.

Voir aussi 1541 (septembre), 1555 (13 septembre), 1609.

Bibliographie : Louis de Berquin, *Briefve Admonition de la manière de prier. Le symbole des apostres de JesuChrist,* éd. É.-V. Telle (Genève, Droz, 1979). Guillaume Briçonnet et Marguerite d'Angoulême, *Correspondance*, éd. Christine Martineau, Michel Veissière et Henri Heller, 2 vol. (Genève, Droz, 1975 ; 1979). Étienne Dolet, *Préfaces françaises*, éd. Claude Longeon (Genève, Droz, 1979). Didier Érasme, *Œuvres choisies,* trad. Jacques Chomarat (Paris, Le Livre de Poche Classique, 1991). Jacques Lefèvre d'Étaples, *The Prefatory Epistles of Jacques Lefèvre d'Étaples and Related Texts*, éd. Eugène F. Rice (New York, Columbia University Press, 1972). Marguerite de Navarre, *Miroir de l'âme pécheresse*, éd. Renja Salminen (Helsinki, Suomalainen Tiesdeakatemia, 1979). *Aspects de la propagande religieuse* (Genève, Droz, 1957). « La Paraclesis d'Érasme », trad. Pierre Mesnard, in *Bibliothèque d'Humanisme et Renaissance*, n° 13, (1951), pp. 26-42. Gabrielle Berthoud, *Antoine Marcourt, réformateur et pamphlétaire : du « Livre des marchans » aux Placards de 1534* (Genève, Droz, 1973). Gérard Defaux, *Marot, Rabelais, Montaigne : l'écriture comme présence* (Paris, Champion-Slatkine, 1987). Francis M. Higman, *Censorship and the Sorbonne : A Bibliographical Study of Books in French Censured by the Faculty of Theology of the University of Paris. 1520-1551* (Genève, Droz, 1979).

Gérard Defaux

1534, automne

Rabelais publie *Gargantua*, sans nom d'auteur, pour la foire qui, à Lyon, suit de près les vendanges

Oralité et banquets littéraires

« Soubdain qu'il fut né, ne cria comme les aultres enfants : "Mies, mies !", mais à haulte voix s'escrioit : "À boire ! à boire ! à boire !" comme invitant tout le monde à boire » (*Gargantua*, p. 31). Tels sont les premiers balbutiements de Gargantua ; ils ont été souvent interprétés comme ceux de la Renaissance elle-même, assoiffée de vie et de savoir. Nous sommes au début du roman. Le géant vient au monde au milieu d'une kermesse campagnarde où les viandes, les vins et les plaisirs foisonnent. Le destin du héros, ainsi que l'ensemble du livre, s'ouvre sur cette note de joyeuse abondance. *Pantagruel* (1532), le premier roman de Rabelais, commençait déjà par l'histoire d'une grande bouffe au cours de laquelle, au tout début de l'humanité, les corps des premiers hommes s'étant mis à gonfler, apparaissait la race des géants. Le coup d'envoi, qui crée la vie et convie le lecteur, est donc une invitation à partager de copieux festins.

Mikhaïl Bakhtine a montré de manière définitive ce qui rattache l'œuvre de Rabelais à l'idéologie et aux images du carnaval. Pour des lecteurs constamment menacés par la famine et le jeûne, ces menus débordants symbolisaient la continuité de l'énergie vitale et la générosité de la nature, dont la fertilité cyclique se renouvelle après chaque saison morte. D'ailleurs, la faim et les pulsions sexuelles vont aisément de pair. Exhiber d'énormes appétits et les satisfaire, c'est reconnaître que les instincts sont légitimes et réhabiliter les organes réputés honteux. Lorsqu'il se met à table, l'homme se libère des interdits moraux et renoue une relation harmonieuse avec la nature et la société. En faisant l'éloge de la bonne chair dans ses deux premiers romans, Rabelais exprime un idéal naturaliste et vitaliste ; il répercute des rites et des mythes profondément enracinés dans le folklore. Plus tard, il est vrai, dans le *Quart Livre* (1552), la fête tourne à l'orgie et l'abondance verse dans l'excès : l'estomac incarné (Messere Gaster) ressemble à un monstre et les goinfres (Andouilles, Papimanes, Gastrolâtres) sont dénoncés comme des êtres violents et répugnants.

Dans le prologue de *Gargantua*, l'auteur, qui prend les traits d'un joyeux buveur (il prétend avoir dicté son livre en buvant et en mangeant), invite ses lecteurs non seulement à boire et à se divertir avec lui, mais aussi à rompre l'os et à en sucer la « substantifique moelle ». On dirait que festins et libations créent un cadre favorable à la communication littéraire et esquissent l'idéal d'un livre qui afficherait sa solidarité avec les gestes fondamentaux de la vie quotidienne.

La récitation, la lecture à voix haute, pendant ou après le repas, sont bien sûr une coutume ancienne, à la Cour et dans les chaumières ; il est possible que Rabelais ait voulu s'y attacher, en dépit (ou à cause) de l'apparition récente de l'imprimerie. Mais, en bon humaniste, il renvoie aussi, dans ses banquets, à toute une série d'exemples classiques. Il aurait pu citer le modèle de l'*Odyssée* : Ulysse raconte certaines de ses aventures au cours d'un festin chez les Phéaciens, tandis que les viandes rôtissent et que les coupes passent de main en main. Mais, au début de ce même prologue de Gargantua, une allusion au *Banquet*, de Platon (*Symposium*, en grec *symposion*, « le fait de boire ensemble »), rappelle la tradition grecque du banquet philosophique, au cours duquel un groupe d'amis, inspirés par le vin, parlent librement d'un sujet à la fois divertissant et sérieux. La confiance et le bien-être qui règnent dans ce cadre créent les conditions d'une recherche libérée des systèmes, d'une quête expérimentale et collective de la vérité. Pour les humanistes, le modèle idéal de la dernière Cène de l'Évangile, où la communion des apôtres est consacrée par le partage du pain et du vin, renforçait la valeur symbolique du banquet. Plutarque dans ses *Propos de table* (in *Œuvres morales*) aussi bien qu'Érasme, un des principaux modèles de Rabelais, dans plusieurs des banquets que ses *Colloques* (1518, 1526) mettent en scène, avaient représenté, à travers le cercle amical des convives, l'image d'une société qui s'adonne sans contrainte à la recherche de la sagesse, satisfaisant les appétits du corps en même temps que la curiosité de l'esprit. La tête pense, la conversation stimule la réflexion et favorise la circulation des idées, tandis que la bouche et l'estomac prennent plaisir aux aliments. À la table du banquet, l'homme peut exercer harmonieusement l'ensemble de ses facultés, intellectuelles, morales et sensorielles. En accord avec la plupart de ses contemporains, Montaigne (*Essais*) expliquera qu'un bon repas, agrémenté d'une bonne conversation, offre à l'individu l'occasion d'explorer toutes les puissances de la vie et de réaliser ainsi l'un des objectifs essentiels de l'éthique humaniste.

Les banquets littéraires de la fin de l'Antiquité (postérieurs à ceux de Platon et de Xénophon) sont de nature différente : la visée des œuvres de Plutarque (*Propos de table* et *le Banquet des sept sages*), d'Athénée (*le Banquet des sophistes*) et de Macrobe (*Saturnales*) est moins philosophique qu'érudite et encyclopédique. Ce sont d'énormes catalogues destinés à sauvegarder le savoir. La fiction du repas, avec ses conversations à bâtons rompus, permet à ces écrivains savants d'amasser des souvenirs littéraires, des observations pratiques, des remarques philologiques, etc. Les humanistes français, qui s'efforcent d'accumuler le plus de documents possible sur la culture ancienne, apprécient ce type de compilation. Ils publient et traduisent celles de l'Antiquité et composent, notamment dans la seconde moitié du XVIe siècle, de nombreux volumes de mélanges. Les *Serées* (1584-1598), de Guillaume Bouchet, illustrent l'évolution du genre. La structure du repas favorise la prolifération d'anecdotes et de bribes érudites, de motifs sérieux ou amusants, dans l'intention de recueillir des fragments de connaissance, nombreux et variés. La recherche de la seule quantité tend ici à submerger le plaisir de l'histoire et l'atmosphère de fête qui dominent chez Rabelais. L'accumulation encyclopédique est un réflexe profondément ancré dans la mentalité de l'époque. Qu'ils soient ou non mis en scène comme des banquets, les florilèges et autres collections où s'entassent le savoir, la sagesse et la fable se multiplient (voir par exemple les œuvres de Pierre Boaistuau, Pierre de la Primaudaye, François Béroalde de Verville et Pierre Messie).

Le dispositif littéraire des propos de table révèle deux tendances importantes et complémentaires de la littérature du XVIe siècle. Nous l'avons vu, la nature spontanée et composite des échanges conviviaux correspond à un goût, largement répandu, pour les textes abondants et ouverts : les ouvrages des humanistes sont souvent prolixes, hétérogènes et apparemment désordonnés. Ils ne sont pas assujettis aux principes d'ordre, de clarté et de sobriété qui prévaudront au siècle suivant. À cette souplesse des structures s'ajoute une grande liberté dans le maniement de la langue qui donne aux œuvres de la Renaissance (celles de Rabelais et d'auteurs de nouvelles comme Marguerite de Navarre, Bonaventure Des Périers, Noël du Fail) un charme exceptionnel. La syntaxe et le vocabulaire sont encore malléables, des mots peuvent être inventés, le style peut produire toutes sortes d'effets spéciaux – expériences qu'interdira bientôt le purisme de l'âge classique. Or, la fiction du dialogue à table autorise et encourage la fantaisie linguistique. Lorsqu'ils plaisantent, les convives aiment jouer avec les mots, ils utilisent des termes vulgaires, parodient le style noble ou recherché, se plaisent à mélanger les langues et les genres, comme si la proximité de la nourriture donnait au discours une saveur et une substance sonore plus riches que d'ordinaire. *Le Moyen de parvenir*, de Béroalde de Verville (vers 1610), banquet extrêmement libre dans sa composition et merveilleusement inventif dans son style, prouve avec brio que la littérature, elle aussi, est une affaire de convivialité et que, lorsque la fable se met à table, les bons mots sont aussi savoureux que les bons mets.

Voir aussi 1512, 1532.

Bibliographie : Rabelais, *Œuvres complètes*, éd. Pierre Jourda (Paris, Classiques Garnier, 1991). Mikhaïl Bakhtine, *l'Œuvre de François Rabelais et la culture populaire au Moyen Âge et sous la Renaissance* (Paris, Gallimard, 1973). Terence Cave, *The Cornucopian Text : Problems of Writing in the French Renaissance* (Oxford, Clarendon Press, 1979). Michel Jeanneret, *Des mets et des mots : banquets et propos de table à la Renaissance* (Paris, José Corti, 1987). François Rigolot, *les Langages de Rabelais* (Genève, Droz, 1972).

Michel Jeanneret

1536

Jehan Le Fèbvre traduit en français l'*Emblematum libellus* d'André Alciat

Les emblèmes

L'emblème *In Astrologos* (fig. 1), d'André Alciat (1492-1550), se compose de trois éléments disposés sur une seule page, un titre, une figure et un texte en vers. Cette mise en page est répétée pour tous les emblèmes du volume, avec chaque fois la traduction française du texte figurant, à droite, au recto de la page en regard. Le lien entre le titre (« Les astrologues ») et la figure (un homme ailé qui tombe vers la mer) n'est pas immédiatement apparent. Mais le premier vers du texte nomme Icare et les trois derniers consistent en une mise en garde adressée aux astrologues contre les dangers de la prédiction.

Bien qu'ils aient souvent fonctionné comme d'ingénieuses devinettes visuelles, les emblèmes du XVIe siècle n'étaient pas pris à la légère et on voyait en eux un moyen particulièrement efficace de communication qui associait la représentation discursive et iconique d'un même message. La partie imagée de la composition était l'objet d'une considération toute spéciale parce qu'elle évoquait pour l'humaniste le langage des origines. Celui-ci imaginait que ces pictogrammes ou idéogrammes étaient dérivés directement du langage adamique d'avant la tour de Babel, ce qui établissait un lien direct avec les sources mêmes du savoir. Les hiéroglyphes égyptiens, dont nous savons aujourd'hui qu'ils sont des signes phonétiques, furent eux-mêmes considérés ainsi pendant toute la Renaissance.

André Alciat, juriste milanais à qui on attribue généralement la paternité de l'emblème, connaissait bien cette conception des signes hiéroglyphiques. Considérant la peinture comme une poésie muette et la poésie comme une peinture parlante, il voyait dans l'emblème un moyen privilégié de faire collaborer ces deux arts pour rendre le verbe visuel, mettre en relief le message et le rendre plus universellement accessible. Mais Alciat fut également influencé par la passion de la Renaissance pour les épigrammes : environ un tiers des textes de l'édition originale de ses emblèmes (1531) figurait déjà dans une traduction latine de *l'Anthologie grecque*, de Planude, publiée à Bâle en 1529. La plupart de ces pièces décrivaient des monuments anciens

In Aſtrologos.

Icare per ſuperos qui raptus & aëra, donec
In mare præcipitem cera liquata daret.
Nunc te cera eadem feruensq; reſuſcitat ignis,
Exemplo ut doceas dogmata certa tuo,
Aſtrologus caueat quicquam prædicere, præceps
Nam cadet impoſtor dum ſuper aſtra uehit.

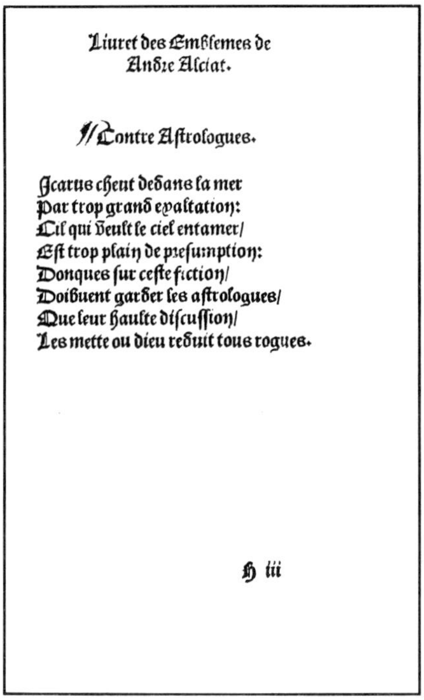

Liuret des Emblemes de
Andre Alciat.

Contre Aſtrologues.

Icarus cheut dedans la mer
Par trop grand exaltation:
Cil qui veult le ciel entamer/
Eſt trop plain de preſumption:
Donques ſur ceſte fiction/
Doibuent garder les aſtrologues/
Que leur haulte diſcuſſion/
Les mette ou dieu reduit tous rogues.

H iii

1. *In Astrologos*, *in* Jehan Le Febvre, *Livret des emblèmes de maître André Alciat en rime française et présenté à monseigneur l'amiral de France* (Paris, Christian Wechel, 1536), (Houghton Library, Harvard University.)

et des œuvres d'art. Alciat utilisa lui aussi l'épigramme pour décrire des tableaux, mais en y joignant une leçon morale. C'est cette modification qui a donné naissance au genre hybride de l'emblème où l'association du texte et de l'image devait engendrer un nouveau modèle de communication.

Bien que la correspondance d'Alciat laisse à penser qu'il a commencé à composer des emblèmes pour ses amis dès 1522, les cent quatre emblèmes latins de la première édition n'ont été publiés qu'en 1531, à Augsbourg, sans l'autorisation de l'auteur. La première édition latine approuvée par Alciat paraît en 1534 à Paris chez Christian Wechel. Deux ans plus tard, il publie la traduction française de son propre ouvrage par Jehan Le Fèbvre, *Livret des emblèmes de maître André Alciat en rime française et présenté à monseigneur l'amiral de France.* Alciat augmentera les pièces de son recueil au cours des années 1540. Au moment de sa mort, on y comptera deux cent douze emblèmes. En France, le genre connut immédiatement un immense succès. C'est là que presque toutes les premières éditions des emblèmes d'Alciat paraîtront : entre 1534 et 1565, près de soixante éditions en latin, français, allemand, italien et espagnol seront publiées à Paris et à Lyon. En 1549, Barthélemy Aneau devait publier une traduction française complètement refondue.

Bien que le format tripartite d'Alciat – titre, figure, épigramme – ait été généralement adopté comme le modèle du genre, le terme latin *emblema* désigne encore simplement chez Alciat le titre d'un recueil d'épigrammes illustrées. Le nom d'emblème ne deviendra le qualificatif d'un genre spécifique que plus tard, lorsque les imitateurs français d'Alciat commenceront à l'utiliser pour désigner des compositions parfois assez différentes des siennes. Plusieurs œuvres françaises, présentées comme des recueils d'emblèmes, sont antérieures aux premières imitations d'Alciat hors de France, notamment *le Théâtre des bons engins* (1536 ?) et *la Morosophie* (1553), de Guillaume de la Perrière, l'*Hécatomgraphie* de Gilles Corrozet (1540), *le Premier Livre des emblèmes*, de Guillaume Guéroult (1550), la *Picta poesis* de Barthélemy Aneau (1552) traduite la même année en français sous le titre d'*Imagination poétique*, et enfin *le Pegme*, de Pierre Coustau (1555).

On est en droit d'affirmer que le genre a pris forme en France entre 1536 et 1560. Non seulement les Français ont été les premiers à imiter Alciat, mais c'est aussi en France que les imprimeurs, à commencer par Wechel, ont entrepris de composer des emblèmes selon un format régulier sur une seule page, ou deux pages en regard, afin de faire ressortir l'unité organique du texte et de l'illustration. Nombre d'emblèmes furent insérés dans des recueils poétiques. Leur influence sur la structure de la *Délie* (1544) de Maurice Scève fut déterminante. Plus tard, vers 1565, Georgette de Montenay composa le premier recueil d'emblèmes religieux, *Emblèmes ou devises chrétiennes*, publié à Lyon en 1571 avec de magnifiques gravures sur cuivre de Pierre Woeiriot.

Les premières manifestations de ce genre en France sont liées à une tradition locale de littérature moralisante illustrée remontant au XIVe siècle. Professeur de droit à Avignon (1518-1522, 1527-1529), puis à Bourges (1529-1533), Alciat connaissait très probablement ces traditions par les tapisseries ou les vitraux illustrant des proverbes, par les bizarres personnifications composites des vertus réalisées dans la seconde moitié du XVe siècle ou même par les moralisations d'Ovide ou *les Triomphes*, de Pétrarque. Qu'Alciat ait été ou non directement influencé par ces anciennes traditions, il n'y a pas de doute que les Français lurent ses emblèmes à la lumière de ces modèles.

La devise (*impresa*, en italien), forme qui s'apparente à l'emblème, fit son apparition en France dans le dernier tiers du XIVe siècle, à la cour de Bourgogne, et devint par la suite un art pratiqué avec beaucoup de savoir-faire en Italie, pendant la seconde moitié du XVe siècle. Alors que l'emblème exprimait des règles morales universellement reconnues, les devises condensaient l'idéal de leur propriétaire dans une combinaison qui liait intimement un signe visuel et une courte phrase (devise, *motto*). Beaucoup plus codifiée que l'emblème, la devise exprimait les valeurs, les mobiles ou les intérêts des individus appartenant aux familles nobles, par opposition aux armoiries qui représentaient le symbole distinctif de la famille entière, ce qui la rendait particulièrement attrayante à une époque où l'individualisme s'affirmait.

Des devises ont orné le revers des médailles, fourni des motifs pour la décoration et des thèmes pour la poésie. L'emblème de François Ier, la salamandre, accompagnée de sa devise « *Nutrisco et extinguo* » (« je nourris et j'éteins »), s'inspirait d'un sonnet de Pétrarque ; il a été couramment utilisé, seul ou avec la devise, pour décorer les résidences royales comme Blois et Fontainebleau. On le trouve aussi au manoir de la Possonnière. D'autres devises et emblèmes ont inspiré des motifs pour les châteaux d'Anet, de Dampierre-sur-Boutonne et plus tard de Saint-Cloud. Montaigne fit frapper un jeton en 1576 portant sur l'envers une balance accompagnée du mot de

Socrate « Que sais-je ? ». Cette devise se retrouve sur le frontispice des éditions des *Essais* parues pendant la première moitié du XVIIe siècle. Rémy Belleau, Amadis Jamyn, Jacques Hyver, Agrippa d'Aubigné et beaucoup de poètes ou romanciers précieux ont composé des emblèmes ou créé des textes littéraires dans lesquels emblèmes et devises jouaient un rôle explicite.

Bien que l'emblème et la devise aient eu tendance à se confondre en se répandant en Europe après 1560, ils restèrent cependant largement distincts et très populaires en France jusqu'à la fin du XVIIe siècle. À la fin du siècle, Henri IV commença à utiliser des devises composées par son ministre Sully ou d'autres personnes de son entourage, à des fins de propagande politique. Vers le milieu du XVIIe siècle, le changement de devise, chaque année, pour chaque ministère devint une pratique courante. Leur composition était confiée soit à la Petite Académie, fondée à cet effet par Colbert en 1663 et devenue par la suite l'Académie des inscriptions et belles-lettres, soit aux historiens du roi. C'est à ce titre que Racine et Boileau composèrent des devises pour Louis XIV et les membres de son gouvernement.

Au XVIIe siècle, l'emblème fut surtout utilisé en France par les ordres religieux, notamment les Jésuites. Sa forme même répondait aux besoins de la Contre-Réforme : on cherchait à présenter la doctrine religieuse de manière plus concrète et plus accessible. L'emblème servit de base rhétorique à la structure des sermons et fut extrêmement prisé comme instrument pédagogique dans les écoles religieuses. Cette forme d'expression sembla même tellement utile à la communication que les Jésuites enseignèrent sa composition dans les classes supérieures de leurs collèges. Des jésuites tels que Pierre Le Moyne, Claude-François Menestrier et Dominique Bouhours furent à l'origine des théories sur les emblèmes et les devises qui se répandirent vers le milieu du siècle. Ils mirent également au point une taxinomie de leurs formes et de leurs fonctions. Leurs écrits reléguaient la devise aux besoins de la communication de cour (messages d'amour, propagande, proclamation d'un idéal ou d'un projet personnel) et faisaient de l'emblème une forme plus souple, destinée à l'instruction des classes moyennes. Les devises relevaient plus de la mode et jouèrent un rôle, limité mais non négligeable, dans la société précieuse. C'est à la vitalité de cette société qu'on doit également des devises satiriques comme celles que Roger de Bussy-Rabutin utilisa pour décorer sa résidence de campagne. On peut juger de leur succès d'après la place qui leur était accordée dans le célèbre *Mercure galant* et dans d'autres publications qui, chaque année, pendant toute la seconde moitié du siècle, publièrent les devises officielles. Vers 1690, la société commença à se désintéresser de ces deux genres qui peu à peu disparurent de la vie intellectuelle française.

Les formes emblématiques ont souvent fourni des motifs pour organiser les festivités de la Cour, que ce soit les entrées, les ballets, les mariages ou les funérailles. Elles ont servi de marques permettant d'identifier les individus ou leurs biens. Si l'on ajoute leur influence sur la structure rhétorique et littéraire et sur la décoration, on peut considérer ces deux genres comme la manifestation la plus visible d'un régime symbolique qui, historiquement, a servi de transition entre l'allégorie médiévale et la métaphore romantique.

Voir aussi 1123, 1493, 1544, 1555 (13 septembre), 1634, 1640, 1654, 1770, 1913.

Bibliographie : Barthélemy Aneau, *Imagination poétique* (Lyon, Macé Bonhomme, 1552) ;

Toutes les emblèmes de M. André Alciat (Lyon, G. Rouillé, 1558). Gilles Corrozet, *Hecatomgraphie* (1540 ; réimp., Londres, Scolar Press, 1974). Guillaume de La Perrière, *la Morosophie* (Lyon, Macé Bonhomme, 1553) ; *le Théâtre des bons engins* (1539 ; réimp., Gainesville, Scholars' Facsimiles x Reprints, 1964). Georgette de Montenay, *Emblèmes ou devises chrestiennes* (1571 ; réimp., Londres, Scolar Press, 1973). Maurice Scève, *Délie*, éd. Eugène Parturier (S.T.F.M., Didier, 1966). Daniel S. Russel, *The Emblem and Device in France* (Lexington, Kentucky, French Forum, 1985).

Daniel S. Russel

1536, été

Clément Marot importe d'Italie le sonnet pétrarquiste

L'invention du sonnet

Depuis le début du XXe siècle, et notamment au cours des quinze dernières années, la plupart des débats concernant l'origine du sonnet en France portent avant tout sur des problèmes de datation et d'attribution ; ce n'est qu'accessoirement que l'on se soucie de décrire ou de définir cette forme poétique. L'opinion dominante veut que le premier sonnet français ait été écrit à Venise au cours de l'été 1536 par Clément Marot (« Sonnet à Mme de Ferrare »). Ses quatorze vers, divisés en deux quatrains et trois tercets, suivent un schéma de rimes féminines en forme abba abba ccd ccd, chaque vers se terminant par un e muet.

Michel d'Amboise, Jean Bouchet et Mellin de Saint-Gelais ont parfois été désignés comme prédécesseurs possibles de Marot. Mais les poèmes de quatorze vers qu'on leur doit n'ont ni la forme strophique (le schéma abba), ni la structure rhétorique (le mouvement contrastant entre quatrains et tercets) qui caractériseront les premiers sonnets de Marot. Il s'agit simplement de « quatorzains » dont les vers suivent les règles de composition de l'épigramme, forme poétique très en faveur en France vers 1536. La paternité du premier sonnet français reste donc acquise en définitive à Clément Marot.

Ce qui est remarquable dans cette controverse, c'est que les poéticiens ne parlent du sonnet que dans le sens technique précis que nous lui connaissons aujourd'hui, comme si ce terme s'était chargé d'emblée d'une signification univoque dont on pourrait dater idéalement l'origine. Aucun des pionniers de l'exploration du sonnet n'a songé un moment que la sémantique du « sonnet » pouvait déborder le cadre formel d'une importation italienne. Aucun de leurs successeurs n'a cru bon de s'écarter des considérations étroites de l'histoire littéraire (datation et attribution) ou des techniques formelles (définition des formes poétiques) pour exposer le problème en termes de sémantique historique.

Or, le terme « sonnet » appartenait à la langue française bien avant son emploi pour désigner une nouvelle forme poétique d'origine italienne. Sous diverses orthographes, il est utilisé sans interruption jusqu'au XVIe siècle comme diminutif du terme français « son », au sens de chanson. Ce n'est que sous le règne de François Ier (1515-1547) que le sonnet en vient à désigner un type d'épigramme relativement peu pratiqué, par référence aux formes italiennes originelles. Son usage se limite généralement aux poèmes de dédicaces et aux traductions. En 1544, Marot publie une traduction de six sonnets de Pétrarque. Mais, la même année, Maurice Scève fait paraître son œuvre principale, *Délie*, qui n'est pas composée de sonnets, mais de quatre cent quarante-neuf dizains balladiques. À en juger par les œuvres poétiques que François Ier nous a laissées, le roi ne s'intéressait pas au sonnet. Il se peut même qu'il ait eu de l'aversion pour une forme poétique qui sentait un peu trop l'italien. La dauphine, Catherine de Médicis, eut beau s'évertuer, elle n'arriva pas à faire adopter la nouvelle forme poétique par les Français de la Cour. Mais tout devait changer après la mort de François Ier en 1547.

Avec l'avènement d'Henri II, c'est l'éclat de la royauté qui semble soudain rejaillir sur le sonnet. Pendant la première année du nouveau règne, les poètes, décidés à plaire à la nouvelle reine italienne, s'empressent de publier leurs œuvres. C'est le cas de Mellin de Saint-Gelais et de Jacques Peletier du Mans qui, avec Clément Marot, ont tant fait pour introduire la forme poétique nouvelle dans les lettres françaises. Dans les « quatorzains », les deux quatrains obéissaient déjà à la règle des rimes embrassées (abba) ; mais ce sont Marot et Peletier du Mans qui inventent, pour les tercets, deux formes (respectivement deed et dede) qui seront par la suite adoptées par presque tous les poètes français. Au cours de la deuxième année du règne d'Henri II (1548), Vasquin Philieul publie une traduction des cent quatre-vingt-seize premiers sonnets de Pétrarque et Thomas Sébillet consacre pour la première fois dans son *Art poétique français* un chapitre théorique à la nouvelle forme. En 1549, Pontus de Tyard publie *les Erreurs amoureuses*, recueil de cent soixante-huit poèmes, parmi lesquels cent quarante-deux sont des sonnets. La même année, la *Défense et illustration de la langue française*, de Joachim du Bellay, est accompagnée d'un recueil de sonnets néo-pétrarquistes, *l'Olive*. Signe des temps, la seconde édition de *l'Olive*, publiée en 1550, voit le nombre de sonnets porté de cinquante à cent quinze. Peu après, Pierre de Ronsard, ami de du Bellay, donne à cette nouvelle forme ses heures de gloire avec la publication de ses fameux recueils de sonnets : les *Amours* (1552 et 1553), la *Continuation des amours* (1555), la *Nouvelle Continuation* (1556) et, plus tard, les deux livres des *Sonnets pour Hélène* (1578). À la fin du siècle, les poètes maniéristes et baroques continueront à composer de nombreux recueils de sonnets sur l'amour et la mort, malgré la concurrence des stances, aux strophes plus nombreuses, qui finiront par remplacer le sonnet comme moyen d'expression privilégié du lyrisme.

Dans le manifeste théorique de la Pléiade, du Bellay insiste sur le caractère essentiellement « chantant » du sonnet qu'il oppose à l'épigramme et rapproche de l'ode. La poésie lyrique française devrait donc à l'avenir s'écrire dans la nouvelle forme qui, bien qu'empruntée à l'Italie, reste fidèle au sens ancestral de l'ancien « petit son » lyrique français. D'où la célèbre apostrophe au jeune apprenti poète français : « Sonne-moi ces beaux sonnets » (*Défense et illustration de la langue française*), injonction qui veut dire à la fois « écris-moi ces beaux sonnets » (selon la nouvelle formule italienne) et « chante-moi ces belles chansons » (à la manière française).

Au début du XVIIe siècle, les dictionnaires continueront à donner ce même double sens au terme « sonnet ». Ainsi, Randall Cotgrave, dans son *Dictionarie of the French and English Tongues* (Londres, 1611), en donne la définition suivante : « Sonnet : *m. a sonnet or canzonet, a song (most commonly) of 14 verses* », c'est-à-dire, « un sonnet ou une chansonnette, un chant (le plus souvent) de quatorze vers ». On ne saurait rêver meilleur exemple de « signifiant flottant ». L'alternative de Cotgrave « *sonnet or canzonet* » renvoie, en rimant, au doublet associatif du son et de la chanson, en formule diminutive et anglicisée. Le terme « *song* » (« chant ») sert à rappeler l'étymologie correcte, paradoxalement française, de la forme italienne. Quant à la restriction approximative exprimée par la parenthèse (« *most commonly* », « le plus souvent »), elle remet en question la définition même du sonnet comme quatorzain, et donc comme forme fixe. On est loin de l'« uniformité » de « structure » préconisée par Sébillet pour qui les « quatorze vers » doivent être « perpétuels » (au sens de *perpetuus*, *sempiternis*, nous dit Robert Estienne en 1534 dans son *Dictionnaire français-latin* : « toujours le même »).

Il faudra attendre l'époque dite classique pour que se stabilise la sémantique du sonnet, à l'instar de nombreux autres concepts rhétoriques. La célèbre réplique d'Oronte, dans *le Misanthrope*, semblera alors à tous comique parce qu'elle est devenue une pure tautologie : « Sonnet : c'est un sonnet ». On croira savoir enfin ce qu'est un sonnet.

Voir aussi 1549, 1555 (juillet).

Bibliographie : le Sonnet à la Renaissance, éd. Yvonne Bellenger (Paris, Aux Amateurs de Livres, 1988). Max Jasinski, *Histoire du sonnet en France* (Douai, Brugère, 1903). Henri Morier, « Sonnet », in *Dictionnaire de poétique et de rhétorique* (Paris, P.U.F., 1961). François Rigolot, « Qu'est-ce qu'un sonnet ? Perspectives sur les origines d'une forme poétique », in *Revue d'histoire littéraire de la France*, n° 84 (1984). Hugues Vaganay, *le Sonnet en Italie et en France au* XVI*e siècle* (Genève, Slatkine, 1966). Pierre Villay, « Marot et le premier sonnet français », *Revue d'histoire littéraire de la France*, n° 20 (1920).

François Rigolot

1538, 6 mars

L'imprimeur Jean Morin est mis en prison pour avoir publié le *Cymbalum mundi*

La renaissance du dialogue

Le mercredi 6 mars 1538, un jeune imprimeur parisien du nom de Jean Morin est emprisonné pour avoir publié sans nom d'auteur un volume anonyme de quarante pages, portant le mystérieux titre de *Cymbalum mundi* : appellation latine trompeuse – puisque le texte est en français – qui pourrait se traduire par « le tintamarre de ce monde ». Le sous-titre annonce, en français, « Quatre dialogues poétiques, fort antiques, joyeux et facétieux ». Mais les censeurs de François Ier ne sont pas convaincus, déclarant le livre plein de « grands abus et hérésies » sous ses dehors inoffensifs et demandant l'ouverture d'une enquête. Morin est arrêté et victime de la flambée d'intolérance religieuse qui avait atteint son point culminant avec la publication en 1536 de l'*Institution de la religion chrétienne*, de Calvin.

Dans une supplique, qu'on dit avoir été écrite depuis sa cellule, Morin proclame son innocence et révèle à ses juges le nom de l'auteur. Bien qu'aucun document de l'époque ne le prouve, c'est à Bonaventure Des Périers que les historiens ultérieurs attribueront généralement la paternité de l'ouvrage. Né vers 1510, poète, traducteur de Platon, collaborateur de Calvin pour la traduction de la Bible et proche ami de Clément Marot, qui était rentré depuis peu d'un exil volontaire en Italie et sur qui pesaient aussi de graves soupçons d'hérésie, Des Périers est un protégé de la sœur du roi, l'influente Marguerite de Navarre. Il semble qu'il n'ait jamais été poursuivi par les autorités.

Le 10 juin pourtant, le Parlement décrète que le *Cymbalum mundi* contient plusieurs « erreurs et paroles scandaleuses contre la foi catholique » et condamne Morin à l'exil. Le jugement est cependant reçu en appel par les théologiens de la Sorbonne qui déclarent qu'« aucune erreur flagrante contre la foi n'est contenue dans ce texte ». La Sorbonne espérait sans doute étouffer ainsi la controverse dont le *Cymbalum* était devenu le centre, car elle n'en demanda pas moins la suppression de ce « livre pernicieux ». C'est la raison pour laquelle un seul exemplaire survit de la première édition parisienne de 1537 ; il est conservé à la bibliothèque municipale de Versailles.

Que contenait donc ce livre pour permettre des interprétations aussi différentes ? Dans le premier dialogue, Mercure, que Jupiter a envoyé sur terre pour qu'il fasse relier son livre de la Destinée, se le fait voler. Dans le deuxième, Mercure se moque des philosophes qui prétendent posséder la pierre philosophale alors qu'il l'a lui-même brisée et éparpillée dans les sables. Dans le troisième dialogue, Mercure cherche désespérément à retrouver le livre de la Destinée dont Jupiter a besoin pour décider du temps qu'il doit faire. Cupidon rapporte alors qu'il existe deux mortels qui se servent d'un livre pour prédire l'avenir ; toutefois ce qui l'intéresse n'est pas le temps mais l'art de faire naître l'amour dans le cœur d'une jeune fille. Le dialogue se termine par ce qui semble une digression : un cheval, ensorcelé par des formules magiques prononcées par Mercure, se plaint des mauvais traitements que son maître lui inflige. Dans le dernier dialogue, deux chiens discutent du danger qu'ils courraient si les mortels apprenaient qu'ils sont doués de parole. C'est dans ces histoires fantaisistes et apparemment inoffensives que le Parlement a soupçonné une allégorie attaquant la foi. Il est vrai, comme le prouve précisément la manière dont elles ont été accueillies, qu'elles se laissaient interpréter au gré des opinions religieuses et politiques de celui qui les lisait.

Le *Cymbalum mundi* a été réimprimé en 1711 par Prosper Marchand et traduit en anglais l'année suivante. Marchand réfutait les accusations d'impiété dont le livre avait été l'objet et présentait Des Périers comme un chrétien candide et ouvert victime, comme le dit la préface anglaise, du dogmatisme du « clergé affilié à Rome ». La philosophie des Lumières n'en allait pas moins rouvrir le dossier de l'impiété de Des Périers, faisant de lui le libre penseur moderne qu'il restera pendant deux siècles : une nouvelle interprétation allégorique proposait maintenant pour chaque personnage des clés qui, cette fois, donnaient une portée antireligieuse à chaque épisode du livre. En 1951, V.-L. Saulnier remit en question cette interprétation en montrant que les dialogues, pour peu qu'on les replace dans le contexte des débats religieux de l'époque, peuvent se lire comme une apologie allégorique du silence mystique et évangélique, conformément à la tradition antidogmatique de la « dévotion moderne ». Ainsi, le texte du *Cymbalum Mundi* qui continue à susciter un « vain tintamarre de paroles » n'en a toujours pas fini de semer la discorde dans « ce monde » épris de fallacieuses présomptions.

Comme d'autres dialogues contemporains, ceux de Jacques Tahureau par exemple, le *Cymbalum* suit le modèle des dialogues de Lucien, déjà imités par Érasme dans ses *Colloques* (1518, 1526). L'antidogmatisme badin de leur satire qui portait le plus souvent sur la société ou la religion était presque invariablement un objet de suspicion. Pendant ces années d'agitation politique et religieuse, les protestations d'innocence de Jean Morin furent vaines ; c'est la protection de la sœur du roi qui, semble-t-il, a sauvé son auteur.

Cependant, la période la plus féconde du dialogue français du XVIe siècle était encore à venir. L'expansion de ce genre, à partir du milieu du siècle, a profité de la publication, en traduction ou adaptation françaises, de textes néo-platoniciens comme *Il libro del cortegiano* (*le Livre du courtisan*), de Balthasar Castiglione (imprimé en 1528), qui sera le manuel d'éthique et de savoir-vivre de la Renaissance et qui fait de la tolérance une valeur fondamentale. Sa traduction en français paraît la même année que le *Cymbalum*. Mais c'est surtout la traduction parue en 1551 des *Dialoghi d'amore*, de Léon l'Hébreu (Judah Abrabanel) [1535], par Pontus de Tyard, lui-même auteur de dialogues néo-platoniciens, qui allait lancer en France la mode du dialogue intellectuel et des valeurs humanistes qu'il implique.

À partir du milieu du XVIe siècle, cette nouvelle forme littéraire s'est répandue sous le nom de dialogue philosophique. Contrairement aux dialogues allégoriques et satiriques qui l'avaient précédé et dont le *Cymbalum* est un exemple, le dialogue philosophique met en scène un échange amical entre des amateurs à l'esprit ouvert et curieux, désireux de s'instruire ou de débattre sur des sujets comme la vérité, les principes moraux, la loi, l'amour, la poésie, etc., sur lesquels les opinions varient. L'échange verbal est un cadre commode pour l'exposition de connaissances nouvelles et la discussion de points de vue opposés. C'est ainsi que, dans le dialogue didactique, un professeur dispense sa « science » à un disciple studieux, qui veut apprendre et comprendre. Bernard Palissy donne aux interlocuteurs de ses traités pragmatiques sur les sciences naturelles (1563-1580) le nom de Théorique et Pratique, Question et Réponse. Mais le plus souvent un maître et un élève, le premier généralement un homme et le second une femme, s'engagent de conserve dans une recherche philosophique qui progressivement s'élève au-dessus des doutes et des objections pour conduire à une vérité partagée.

Lorsqu'un véritable débat est mis en scène, il aboutit en général à un consensus. Le *Dialogue de l'orthographe et prononciation française*, de Jacques Peletier du Mans (1550), est de ce point de vue une exception dans la mesure où ses interlocuteurs y expriment leur désaccord avec l'opinion qui l'a emporté. Mais, le plus souvent, l'exposition des thèses est l'occasion d'un débat contradictoire. Un protagoniste peut fort bien soutenir une thèse qui n'engage pas ses propres convictions. Dans la discussion qui s'ensuit, le défenseur de la position jugée bonne l'emporte sur celui qui se fait l'avocat du diable. Il arrive pourtant qu'une théorie, bien qu'elle ait perdu tout crédit, soit exposée avec tant de franchise et d'honnêteté qu'elle arrive à avoir raison des réserves du lecteur. Ainsi, bien que les sceptiques des *Dialogues*, de Guy de Bruès (1557), proclament que leur propre point de vue est voué à un échec inévitable, Montaigne trouvera dans cet argument même de quoi renforcer son propre scepticisme. Le dialogue philosophique a plus d'une manière de présenter les qualités intellectuelles dont il se pare en tant que genre littéraire.

Le dialogue de la Renaissance se caractérise en particulier par son attention à la mise en scène. Dans le dialogue philosophique aussi bien que satirique, la relation des participants est réglée par un rituel spatial, temporel et social. Les dialogues sont structurés par les événements de la vie quotidienne : repas, jeux, obligations sociales ou privées. Les circonstances et jusqu'au contexte physique de l'événement y sont décrits : salons, jardins, promenades, ombre estivale, nourriture, musique, poésie et amitié. L'amour entre le maître et l'élève vient troubler et parfois même contredire le traitement abstrait et intellectuel du sujet. La mode du dialogue témoigne du plaisir à la fois hédoniste et esthétique que la Renaissance prenait au contexte matériel d'un échange intellectuel dans lequel elle voyait à la fois une métaphore de l'amour humain, et son exercice dans l'incertitude du temps.

Le bâillon imposé aux allégories exubérantes du *Cymbalum* est sans doute un effet de l'intolérance religieuse et politique de l'époque. Mais une contre-société privilégiée d'humanistes érige en même temps la franchise, la tolérance et la courtoisie en vertus cardinales, nécessaires aux relations sociales et à la communication des êtres humains entre eux. Ici, la différence ne doit pas conduire à l'exclusion. L'Autre n'est pas un ennemi, mais une personne avec laquelle on doit s'efforcer de dialoguer, par une rhétorique fondée sur la compréhension réciproque.

Voir aussi 1534 (automne et 17-18 octobre).

Bibliographie : Balthasar Castiglione, *le Livre du courtisan*, éd. A. Pons (Paris, Gérard Lebovici, 1987). Bonaventure Des Périers, *Cymbalum Mundi*, éd. Peter H. Nurse (Genève, Droz, 1983). Bernard Palissy, *Œuvres complètes*, éd. P.-A. Cap (Paris, A. Blanchard, 1961). Jacques Peletier du Mans, *Dialogue de l'ortografe es prononciation françoese* (1550 ; fac-similé éd., Genève, Slatkine, 1964). Jacques Tahureau, *les Dialogues non moins profitables que facétieux*, éd. Max Gauna (Genève, Droz, 1981). Pontus de Tyard, *Léon Hébreu : Dialogues d'amour*, éd. T. Anthony Perry (Chapel Hill, University of North Carolina Press, 1974). K. Mustapha Benouis, *le Dialogue philosophique dans la littérature française du* XVI*e* *siècle* (La Haye, Mouton, 1976). Eva Kushner, « Réflexions sur le dialogue en France au XVIe siècle », in *Revue des sciences humaines*, n° 148 (1972). V.-L. Saulnier, « le sens du *Cymbalum Mundi* », *Bibliothèque d'Humanisme et Renaissance*, n° 13 (1951).

Jean-Claude Carron

1539

L'humaniste Robert Estienne, imprimeur du roi, publie son *Dictionnaire français-latin*. L'ordonnance de Villers-Cotterêts impose le français comme langue officielle en matière de justice

Naissance de la lexicographie française

En 1539, un même ouvrage, le *Dictionnaire français-latin* de Robert Estienne, innove sur deux points : il contient la première mention du terme français « dictionnaire » (orthographié alors avec un seul n) et propose le premier répertoire général des mots français classés par ordre alphabétique. Conçu pour aider les jeunes étudiants français à maîtriser le latin classique, ce dictionnaire allait accroître considérablement la maîtrise du français.

Robert Estienne (1503-1559), imprimeur parisien dont les éditions d'auteurs classiques – latins et grecs – restent exemplaires, fut l'un des principaux artisans du renouveau des études humanistes. Il avait été chargé, onze ans plus tôt, de rééditer le

Dictionarium multilingue d'Ambrogio Calepino, publié au début du siècle. Mais, horrifié par le désordre du livre et la mauvaise qualité de son latin, Estienne décida de composer lui-même un dictionnaire méthodique du latin classique et d'y inclure des exemples tirés des meilleurs auteurs, accompagnés des commentaires les plus autorisés. C'est ainsi que vit le jour son *Dictionarium seu Latinae Linguae Thesaurus* (1531) dont les deux premières éditions contiennent un certain nombre d'équivalents français. L'ouvrage, dont les éditions ultérieures seront strictement monolingues, inaugure la lexicographie moderne du latin classique.

En même temps qu'il améliorait son *Thesaurus* pour l'adapter aux exigences de ses lecteurs érudits, Estienne mettait au point, à l'intention des débutants, une version abrégée dont les mots latins étaient accompagnés de leurs équivalents français, le *Dictionarium latino gallicum* (paru en 1538). Son contenu était inversé de manière à faire du français la langue d'entrée ; et c'est ainsi que, un an plus tard, paraissait le *Dictionnaire français-latin*.

Le français du *Dictionnaire français-latin* est celui que parlent Estienne et les quelques hommes de lettres dont il s'est acquis la collaboration. Les entrées (composées de la traduction, à partir du latin, des termes, expressions et exemples figurant dans le *Dictionarium latino gallicum*) sont groupées en articles introduits par un mot clé. Ces mots clés sont à leur tour regroupés par familles fonctionnelles (mot de base et dérivés, séparation des homonymes), lesquelles sont ordonnées alphabétiquement d'après les mots de base. Cette forme d'organisation lexicale continuera à servir de base aux dictionnaires français au cours du siècle suivant et c'est elle qui servira de modèle à la première édition du *Dictionnaire de l'Académie française* (1694). Après quoi, pendant une longue période, l'ordre alphabétique strict dominera ; mais les mérites linguistiques de la méthode d'Estienne seront à nouveau reconnus dans des ouvrages tels que le *Dictionnaire du français contemporain* (1967), le *Micro Robert* (1971), le *Lexis* (1975) et le *Robert méthodique* (1982). Dans la première édition du *Dictionnaire français-latin* d'Estienne, chaque macro-article (mot de base plus dérivés) est introduit par la liste des mots qu'il contient. Ces macro-articles sont au nombre de quatre mille huit cent quatre-vingt-deux et recensent un total de huit mille huit cent onze mots (y compris cent variantes du même mot, signalées comme telles). Le *Dictionnaire français-latin* de 1539 est donc en même temps un dictionnaire du français de base du XVIe siècle.

Estienne fait entrer ce dernier fait en ligne de compte de manière explicite dans la deuxième édition qu'il publie en 1549. Les lecteurs de la première édition avaient apprécié pour elles-mêmes la qualité et la valeur éducative de l'inventaire du vocabulaire. Mais, en même temps, il convenait de répondre à l'importance croissante du français comme langue de communication et à la nécessité de le codifier. Les vingt années précédentes avaient vu paraître d'importantes œuvres françaises en prose, comme le *Pantagruel* (1532) et le *Gargantua* (1534) de Rabelais, la traduction en français par Calvin, en 1541, de son *Institution de la religion chrétienne* (1536), les grammaires françaises de Geoffroy Tory, de John Palsgrave et de Jacques Dubois, les traités d'orthographe de Montflory, d'Etienne Dolet et de Louis Meigret et certaines des premières traductions françaises d'auteurs de l'Antiquité.

En tant qu'imprimeur du roi, Estienne ne pouvait ignorer l'importance de l'ordonnance de Villers-Cotterêts, promulguée en 1539 par François Ier. Faisant suite à plusieurs édits royaux similaires, mais moins complets, émis au cours des cinquante années précédentes, et à la publication en français, au début du siècle, de l'ensemble des coutumiers, cette ordonnance stipulait que dorénavant, dans l'exercice de la justice, tous les jugements et autres procédures devaient être prononcés, enregistrés et signifiés aux parties uniquement en langue française. La contribution d'Estienne à l'accessibilité de ces textes (il est possible qu'il ait même participé à leur rédaction) fut loin d'être négligeable : il augmenta la deuxième édition de son dictionnaire de plusieurs milliers d'expressions juridiques françaises, avec leurs équivalents latins, tirées des *Forensia*, de Guillaume Budé, qu'il avait publiés avec un index français-latin en 1545. Le besoin de lexiques spécialisés se faisait sentir dans de nombreux domaines du savoir et des techniques. Aussi Estienne augmenta-t-il son dictionnaire de nombreux termes provenant d'auteurs comme Pline l'Ancien (pour l'histoire naturelle) et Vitruve (pour l'architecture), lui-même (ou ses collaborateurs) proposant un équivalent français lorsque aucune traduction de ces œuvres n'avait encore paru. Il l'augmenta encore de nombreux autres termes, avec notamment des listes de dérivés plus complètes, des termes intraduisibles en latin, des définitions et explications étymologiques quand il s'agissait de mots difficiles ainsi qu'un appendice pour les termes de fauconnerie et de vénerie.

Estienne meurt en 1559, après s'être volontairement exilé dans la ville protestante de Genève. La troisième édition de son *Dictionnaire français-latin*, publiée à Paris en 1564, contient quelque trois mille ajouts dus à l'un de ses principaux collaborateurs, Jean Thierry. À cette date, le *Dictionnaire* a déjà une renommée internationale ; il est particulièrement apprécié dans des pays comme l'Allemagne, les Flandres et l'Angleterre où son influence commence à se faire sentir sur les lexicographies bilingues locales. Cette troisième édition renforce encore l'importance des termes techniques et d'histoire naturelle. Quant au français littéraire, il y est représenté par près de deux cents références au vocabulaire de la Pléiade ainsi qu'aux romans et chansons de geste du Moyen Âge.

Deux autres éditions importantes vont suivre, par les soins de Jean Nicot, juriste, diplomate et érudit. L'imprimeur et éditeur de la troisième édition, Jacques Dupuys, beau-frère de Robert Estienne, en publie une quatrième, en 1573, à partir de matériaux fournis par Nicot. Celui-ci continuera à l'enrichir de définitions, d'exemples, de remarques descriptives ou normatives sur l'orthographe, la prononciation et l'usage, de commentaires étymologiques, historiques et encyclopédiques. Le dictionnaire bilingue d'Estienne est devenu, dans l'esprit de celui qui assure sa révision, un trésor historique de la langue française. En 1606, le libraire parisien David Douceur le publie sous le titre de *Trésor de la langue française, tant ancienne que moderne*. Dans la préface de l'édition de 1573, Dupuys avait déjà exprimé son ambition de faire de ce dictionnaire, grâce aux contributions de Nicot, l'équivalent des thesaurus latin et grec (Henri, fils de Robert Estienne, avait publié un *Thesaurus graecae linguae* l'année précédente). Les rubriques lexicales qui font leur apparition dans les éditions de Nicot – elles portent le nombre total d'entrées (mots de base et dérivés) à environ dix-huit mille dans le *Trésor* – comprennent notamment des termes de marine, de droit, d'histoire politique, d'histoire naturelle, de géographie, d'architecture, d'art militaire, de chevalerie, de fauconnerie et de vénerie, ainsi qu'un vocabulaire de la langue commune et poétique tant archaïque que courante. Ce vocabulaire et les commentaires qui l'accompagnent sont illustrés par des renvois à plus de deux cents sources empruntées aux époques (à commencer par la Grèce antique) et aux domaines linguistiques les plus divers (ils ne se limitent pas au français), ainsi qu'à des termes voisins dans les dialectes français et les autres langues européennes.

Cependant, la France du XVIe siècle n'a pas été capable de produire un véritable dictionnaire français monolingue. Si le *Trésor*, avec son érudition, a servi de référence aux lexicographes français des deux siècles suivants, du fait de son hétérogénéité (cinq éditions combinées en une – Estienne, plus Thierry, plus Nicot – qui font de lui un mélange de dictionnaire et d'encyclopédie et, comme dictionnaire, un ensemble hybride bilingue, monolingue et multilingue), il ne sera plus réédité. En revanche, le *Dictionnaire français-latin* de 1573 le sera à plusieurs reprises entre 1593 et 1628, à Genève, Lyon, Paris et Rouen, comme dictionnaire scolaire, sous le titre de *Grand Dictionnaire français-latin* (plus familièrement connu, comme le *Trésor*, sous le nom de « Dictionnaire de Nicot ») augmenté de termes tirés de divers auteurs du XVIe siècle. Il faudra les efforts de l'Académie française, de Pierre Richelet et d'Antoine Furetière pour faire du dictionnaire français – objet créé par Robert Estienne et dont la forme monolingue doit sa préfiguration approximative à Jean Nicot – le dictionnaire unilingue organique que nous connaissons aujourd'hui.

Voir aussi 1634, 1697, 1751.

Bibliographie : E. E. Brandon, *Robert Estienne et le dictionnaire français au XVIe siècle* (1904 ; réimp., Genève, Slatkine, 1967). Bernard Quemada, *les Dictionnaires du français moderne, 1539-1863* (Paris, Didier, 1968). T. R. Wooldridge, *les Débuts de la lexicographie française : Estienne et le Thresor de la langue françoyse (1606)* [Toronto, University of Toronto Press, 1977].

Terence R. Wooldridge

1541, juillet

Jacques Peletier du Mans publie sa traduction de l'*Art poétique* d'Horace en vers français

Fidus interpres : *la traduction comme genre littéraire*

Publié pour la première fois de manière anonyme en 1541, puis réédité en 1545 avec l'indication du nom du traducteur (Jacques Peletier du Mans), l'*Art poétique* d'Horace, traduit en vers français, paraît au terme d'une période particulièrement active, où la multiplication des traductions est le signe du rôle croissant joué par la langue vulgaire dans la culture écrite. Entre 1475 et 1540, trois cent soixante-deux ouvrages, dont quatre-vingt-dix-huit d'auteurs classiques, sont traduits en français. Cette période coïncide aussi avec un regain d'intérêt pour Horace : l'édition *princeps* de ses œuvres complètes, parue vers 1470, est suivie par les commentaires de Cristoforo Landino (1482), Josse Bade (1503), Giovanni Britannico (1518), Aulus-Janus Parrhasius (1531) et Henricus Glareanus (1543). Un homme de culture encyclopédique comme Peletier était conscient de son rôle, dans une tradition savante en plein essor.

Peletier a dû se sentir également concerné au premier chef par la création en 1530 par François Ier de « lecteurs royaux » chargés d'enseigner l'éloquence grecque et latine. Le futur Collège de France devait introduire des changements importants dans la théorie et la pratique de la traduction. En encourageant l'étude des traités de rhétorique classique, en particulier ceux de Cicéron et de Quintilien, cette institution permettra à la traduction de retrouver une place de choix parmi les exercices de rhétorique. Au cours des années 1530, la traduction des œuvres de Cicéron par Antoine Macault, Jean Colin et Étienne Le Blanc accélérera cette réhabilitation. La nomination de Barthélemy Latomus à la chaire d'éloquence latine du nouveau Collège, en 1534, donnera un coup de fouet supplémentaire à l'étude de la rhétorique humaniste. Le zèle déployé par les humanistes dans l'établissement des textes, dans leur interprétation et dans leurs commentaires, devait provoquer un conflit ouvert entre les lecteurs royaux et les théologiens de la Sorbonne jaloux d'une autorité sur laquelle empiétaient ces nouveaux venus et ne leur pardonnant pas de se mêler d'exégèse biblique. Ce conflit était latent. Il éclatera en juin 1551 lorsque l'édit de Chateaubriant confirmera l'autorité de la Sorbonne sur tous les livres se donnant comme une interprétation ou une traduction des Saintes Écritures : seule la Sorbonne pourrait autoriser et censurer. Alors que, pour les humanistes, le droit de traduire était absolu, pour les théologiens, il devait être soumis à une réglementation statutaire. Le fossé qui séparait les deux camps devenait infranchissable, même sur le plan théorique. Les théologiens, comme Noël Béda, voyaient dans le langage et la traduction un mystère scriptural et théologique, tandis que les humanistes, comme Étienne Dolet, invoquaient Cicéron et Quintilien et militaient en faveur d'une traduction considérée comme le plus efficace moyen pour capter le style et retrouver le sens du texte original. Joachim Périon, dans son commentaire sur Cicéron (1540), décrivait la traduction comme un processus d'introjection visant à la recréation du texte original. Dolet, dans son traité sur *la Manière de bien traduire d'une langue en [une] autre* (1540), développait la même idée et annonçait que la pratique de la traduction devait rendre possible l'apparition d'un « orateur français » : le Cicéron français naîtra quand la langue vulgaire aura réussi à s'approprier le discours d'une haute culture éloignée ; cette transposition linguistique et culturelle donnera, selon Dolet, à la langue vulgaire l'autorité qui lui manquait encore.

Dans son *Art poétique*, que les rhétoriciens humanistes citent souvent, Horace abordait la question de la traduction et du degré de fidélité qu'elle doit à l'original : « *publica materies privati iuris erit, si... nec verbo verbum curabis reddere* fidus interpres » (vv. 131-134) [« Tu feras passer sous ta juridiction personnelle ce qui relève du domaine public... si tu ne cherches pas à rendre mot pour mot comme un *traducteur servile.* »] Le 10 janvier 1534, les théologiens de la Sorbonne déposent contre les lecteurs royaux une plainte dans laquelle ils s'appuient sur ces vers cités, non seulement hors de leur contexte, mais de manière erronée. Horace en effet, qui était lui-même traducteur (ou adaptateur), n'attaquait pas les traducteurs mais décrivait seulement ce qu'un poète ne doit pas faire. Or la Sorbonne, en remplaçant la deuxième personne (*curabis*, « tu cherches ») par la troisième personne (*curabit*), voulait faire dire à Horace qu'« un traducteur fidèle ne cherche pas à rendre mot pour mot » (« *nec verbo verbum curabit reddere fidus/interpres* »). Glareanus, l'un des lecteurs royaux, relèvera l'erreur de lecture. Il fera remarquer qu'Horace ne parle pas de traduction mais d'imitation poétique, c'est-à-dire de la refonte d'un texte dont le poète reprend de l'intérieur les thèmes et la substance plutôt que de s'en tenir à la fidélité extérieure qui suit une formulation littérale. Pour ce qui est de la traduction proprement dite, Henricus Glareanus montrera que, contrairement à l'interprétation de la Sorbonne, Horace considérait que le souci majeur du traducteur fidèle devait être la fidélité aux mots, « rendre mot pour mot dans la mesure où il en est capable et où le caractère propre (*proprietas*) de la langue le permet ». Horace, avocat d'un littéralisme prudent, demandait donc au traducteur-philologue d'être attentif aux spécificités respectives des deux langues considérées.

Il est possible que Peletier se soit souvenu de l'interprétation d'Horace par Glareanus lorsque, plus de dix ans plus tard, il ouvre à nouveau le dossier de la traduction dans son propre *Art poétique* (1555). L'accent qu'il met, en humaniste, sur la possibilité de concilier correction philologique et fidélité de la traduction fait peut-être référence au caractère propre (*proprietas*) de chaque langue évoqué par Glareanus. Peletier pense la traduction en termes d'identité : les langues ayant, comme les peuples, des traits qui leur sont propres, l'assimilation d'un texte par un autre dépend d'abord de la perception que l'analyse philologique procure au traducteur du texte original. Les corrections apportées par Peletier à la traduction courante des vers 133-134 de l'*Art poétique* d'Horace constituent en elles-mêmes une mise en pratique de ce qu'il entend par traduction « fidèle », c'est-à-dire qui procède d'une philologie rigoureuse pour retrouver le sens de l'original. Au cœur de ce processus, il y a pourtant un paradoxe. Pour Peletier, la langue de la traduction exprime d'autant plus profondément son identité – c'est-à-dire sa différence par rapport à l'original – qu'elle est plus fidèle dans sa restitution de l'original. C'est alors que la traduction devient une œuvre littéraire.

La manière dont Peletier traite des problèmes de la traduction dans son *Art poétique* témoigne de sa familiarité avec les travaux des humanistes dans le domaine de la rhétorique, mais elle doit aussi beaucoup à son expérience de traducteur : sa traduction en vers de l'*Art poétique* d'Horace dépasse la simple fidélité que celui-ci attendait du traducteur ; elle donne l'exemple de la manière dont un traducteur s'approprie un texte poétique antérieur, transformant des sujets traditionnels (matière « publique ») en quelque chose qui lui est propre (matière « privée »). Selon les propres termes d'Horace, il « fait passer sous sa juridiction personnelle (*privati iuris*) ce qui relève du domaine public (*publica materies*) ». La traduction de Peletier est bien conforme aux règles qu'établissent les théoriciens de la rhétorique vers 1530.

Ces questions seront reprises par les poètes de la Pléiade, notamment par Joachim du Bellay dans la *Défense et illustration de la langue française* (1549). Dans la préface à sa traduction en vers de l'*Art poétique* d'Horace, Peletier compte sur la rhétorique et la terminologie gréco-latines pour enrichir le français et en faire un instrument efficace de traduction. L'Antiquité offrait déjà l'exemple d'un enrichissement de ce type. Les Romains, devant le prestige de la langue grecque, s'étaient employés à « rendre illustre » et à « enrichir » leur propre langue en créant une littérature nationale. Plus tard, Dante, Pétrarque, Boccace et Sannazare, tous grands latinistes, avaient fait de même pour la langue « toscane ». Aujourd'hui, le processus d'émulation devait être poussé plus loin : le règne de François Ier s'annonçait comme un nouvel « âge d'Auguste » qu'allaient illustrer des œuvres poétiques encore inégalées.

Peletier, qui a su reconnaître chez Horace le désir de greffer la poésie latine sur la tradition grecque, effectue le même type de transformation dans sa traduction. Il adhère à l'original dans trois cent cinquante-six vers sur quatre cent soixante-seize, mais en même temps ne recule devant rien pour le rendre accessible au lecteur contemporain. Lorsqu'une allusion lui semble trop obscure ou trop typiquement romaine, il change le contexte et propose des équivalents modernes aux noms de lieu, aux références culturelles et même aux personnages historiques. Ainsi, les oppositions entre la Colchidie et l'Assyrie, ou entre Thèbes et Argos (v. 118), sont transposées pour devenir plus familières : ce sont les rivalités entre Lombards et Français, Allemands et Écossais. L'orateur Massala et l'avocat Aulus Cascellius (v. 371) sont remplacés par des juristes contemporains, Guillaume Poyet et Pierre Liset. D'autres références sont supprimées ou font l'objet d'une explication. Lorsque Horace parle de la capacité du langage renouvelé à stimuler la créativité poétique (vv. 52-58), Peletier modifie le message à l'intention de ses lecteurs français. À la place des poètes latins qui ont puisé aux sources grecques – Virgile, Varius Rufus, Plaute, Stace et Horace lui-même –, le traducteur évoque un Parnasse français dont les poètes puisent aux sources latines : Jean de Meung, Alain Chartier, Jean Lemaire de Belges, Guillaume Crétin, Clément Marot et Mellin de Saint-Gelais. Cette recontextualisation change profondément le statut poétique et rhétorique de la première personne qui, dans l'original, était celle d'Horace. Peletier y devient le double d'Horace, engagé comme lui dans l'enrichissement de sa langue nationale (« *sermonem patrium* », v. 57).

La traduction de l'*Art poétique* d'Horace se situe à la jointure de deux courants : la rhétorique humaniste et la poétique de la Pléiade. Dans la mesure où l'Antiquité considérait la rhétorique, dont relève la traduction, comme un outil permettant d'interpréter le monde, il est naturel que le regain d'intérêt dont la rhétorique a bénéficié au cours des années 1530 ait intégré la traduction dans l'entreprise plus générale de l'interprétation érudite. En tant qu'interprètes, le rhétoricien et le traducteur sont l'un et l'autre tributaires de leur époque, de l'endroit où ils vivent, de leur culture et de leur langue. Traduire un texte consiste presque littéralement à le faire passer (*traducere*) d'un contexte à un autre, à faire de lui un texte contemporain du point de vue linguistique et culturel. Dans le domaine de la poétique, la Pléiade élargira ces vues, en faisant valoir que la traduction et l'imitation aident les futurs poètes à donner une vie et une énergie nouvelles à des thèmes et à des sources antiques. Les sonnets odysséens des *Regrets* (1558), de du Bellay, sont un exemple d'adaptation de mythes classiques au discours lyrique de l'époque. Les thèses de du Bellay sur la traduction sont compatibles avec cette pratique dans la mesure où elles insistent sur la nécessité de donner une nouvelle identité culturelle et linguistique au texte traduit, de le faire « parler français », comme ses contemporains et lui-même le disaient souvent. C'est ainsi que la traduction occupe une place essentielle dans un vaste programme d'enrichissement linguistique. Son rôle dans l'évolution du langage parlé et écrit ne saurait être sous-estimé : elle s'offre comme un document linguistique qui enregistre et mesure l'état de la langue à différents moments de son développement. Elle ne transforme un passé textuel que pour être à son tour transformée par les générations suivantes désireuses de l'actualiser.

Pendant la seconde moitié du XVIe siècle, qui verra un ralentissement dans l'activité des traducteurs, Blaise de Vigenère, Louis le Roy et surtout Jacques Amyot seront les seuls à relever le défi de Peletier et de ses contemporains. La rareté des traductions en vers témoigne de ce rétrécissement de la sphère sur laquelle la traduction avait exercé son influence pendant le début de la Renaissance. Ce que lui doit le classicisme du XVIIe siècle, celui de Perrot d'Ablancourt et de Guez de Balzac, concerne principalement la prose.

Voir aussi 1214, 1517, 1534 (17-18 octobre).

Bibliographie : Horace, *Épître aux Pisons* (dite *Art poétique*), in *Œuvres*, éd. François Villeneuve, 3 vol. (Paris, Belles Lettres, 1927-1934). Jacques Peletier du Mans, *l'Art poétique d'Horace traduit en vers français par Jacques Peletier du Mans, recognu par l'auteur depuis la première impression* (1545 ; fac-similé éd., Paris, Aquila, 1970). Paul Chavy, « Les traductions humanistes du début de la Renaissance française : traductions médiévales, traductions modernes », *Canadian Review of Comparative Literature*, n° 7 (1981). R. J. Fink, « Une "Deffence et illustration de la langue française" avant la lettre : la traduction par Jacques Peletier du Mans de l'*Art poétique* d'Horace (1541) », *ibid.* Glyn P. Norton, *The Ideology and Language of Translation in Renaissance France and Their Humanist Antecedents* (Genève, Droz, 1984).

Glyn P. Norton

1541, septembre

Avant de retourner à Genève, le réformateur Jean Calvin traduit en français sa *Christianae Religionis Institutio*

La langue de Calvin

Catapulté au premier rang de la bataille de la Réforme, le savant frêle et timide qu'était Jean Calvin (1509-1564) marque de son empreinte l'histoire de la littérature française en 1541. Cinq ans plus tôt, en 1536, il avait publié en latin la *Christianae Religionis Institutio*, résumé doctrinal en six chapitres de la théologie réformée. C'est la lecture de ce texte qui a décidé Guillaume Farel (1489-1565), infatigable évangéliste (Meaux, Montbéliard, Metz, Aigle, Neuchâtel, etc.), à tout faire pour convaincre Calvin de participer à la consolidation de la Réforme à Genève. Obligé de s'exiler de Genève en 1538, Calvin s'installe à Strasbourg, ville moins agitée, où il commence par porter à dix-sept le nombre des chapitres de l'*Institutio* (1539), avant de prendre la décision de la traduire en français, créant ainsi ce qui est considéré comme le premier monument de l'éloquence française.

L'*Institution de la religion chrétienne* n'est pas le premier exposé en langue française des doctrines de la Réforme. Farel, François Lambert et d'autres en avaient déjà donné des résumés, souvent sous forme de commentaires sur le *Credo*, le Notre-Père et les dix commandements. Quelques écrits de Luther avaient été traduits en français dès les années 1520 et 1530. L'*Institution* n'est pas non plus l'exposé d'une pensée fondamentalement nouvelle, comme l'avaient été les livres de Martin Luther ou de Huldreich Zwingli, une génération plus tôt. Elle se borne pour l'essentiel à exposer une doctrine déjà définie par les réformateurs précédents (avec toutefois des enseignements originaux touchant à la doctrine eucharistique et aux relations entre l'Église et l'État) : Dieu accepte l'homme non pas à cause de ses actes, mais parce qu'Il veut bien l'accepter tel qu'il est en dépit de ses péchés. La seule chose qui soit attendue de l'homme, c'est de croire à cette promesse gratuite. Cette doctrine de la justification par la foi seule se réclame de l'autorité exclusive de la Bible et rejette de ce fait une bonne partie de l'enseignement et des pratiques traditionnels de l'Église catholique.

La nouveauté de Calvin réside dans deux qualités, très proches l'une de l'autre : la rigueur de la pensée et la clarté du langage. Luther et Zwingli n'ont pas exposé l'ensemble de leur doctrine dans une œuvre majeure mais dans une série de pièces de circonstances isolées, de courts traités, des sermons et des commentaires. Calvin consacre à la Réforme un ouvrage d'importance comparable à la *Somme théologique* de Thomas d'Aquin (1267-1273) : un exposé systématique des principes essentiels de la doctrine chrétienne qu'il ne cessera d'ailleurs de perfectionner et d'augmenter, la version définitive de l'*Institution* (en latin 1559, en français 1560) devant comprendre quatre livres et quatre-vingts chapitres. La théologie de Calvin, abstraite et structurée, est aisément exportable vers d'autres cultures, même très différentes. Alors que la Réforme luthérienne reste pour l'essentiel confinée au monde germanique, le calvinisme se répand en Europe centrale, en Écosse, en Angleterre, en Hollande, puis en Amérique du Nord et en Afrique du Sud.

L'*Institution* est traduite du latin. Pourtant Calvin a su éviter dans son style la lourdeur et la complexité dont souffrent la plupart des œuvres françaises contemporaines où s'exprime une pensée abstraite. Ayant pour modèle la simplicité dépouillée des Évangiles, il découvre les secrets de la phrase courte, de la pensée linéaire et du vocabulaire précis. Il revient souvent sur la nécessité d'être net et concis. Ses amis font l'éloge le plus chaleureux de son œuvre ; ses ennemis, tout en essayant de le faire interdire, reconnaissent la séduction de son style. Entre ses mains, la langue française acquiert la capacité de transmettre des abstractions complexes avec élégance et précision. Il confie également son message religieux à des écrits de forme variée. À l'intention des simples croyants, il rédige de courts traités de présentation et d'enseignement (*Petit Traité de la Sainte Cène*, 1541, *Catéchisme*, 1542) ; pour les batailles de la Réforme, des traités polémiques, hauts en couleur, énergiques, parfois même vulgaires (*Traité des reliques*, 1543 ; *Excuse aux Nicodémites*, 1544 ; *Avertissement contre l'astrologie*, 1548). Il attaque les sectes extrémistes dans sa *Brève Instruction pour armer tous bons fidèles contre les erreurs des anabaptistes* (1544) et *Contre la secte fantastique et furieuse des libertins qui se nomment spirituels* (1545). À l'intention des érudits, enfin, il écrit de nombreux traités en latin et des commentaires sur la plupart des livres de la Bible. Ses correspondants, répandus dans l'Europe entière, appartiennent à toutes les classes sociales. Il prêche régulièrement la Bible devant les Genevois (si plus de deux mille de ses sermons ont été pris en dictée – en « sténographie » –, près des trois quarts ont été perdus). L'ensemble des œuvres publiées de Calvin compte soixante-neuf gros volumes.

Calvin travaillera à Genève de 1541, date de son retour de Strasbourg, jusqu'à sa mort en 1564. Pendant la plus grande partie de cette période, la ville est en proie à des luttes politiques internes en même temps qu'elle est soumise aux menaces de pays hostiles, comme la France. Calvin n'y a jamais occupé de poste politique, mais il exerce une influence morale considérable. Sous sa conduite, et grâce au développement particulièrement remarquable que l'imprimerie y connaît à partir de 1540, Genève devient le foyer actif de la Réforme française. Des milliers de Français viennent s'y réfugier pendant les persécutions des années 1550. Des centaines de missionnaires en partent pour la France (l'université de Genève a été créée pour les former). Les publications genevoises sont la cible majeure des décrets de censure promulgués par les autorités françaises (de 1544 à 1556, quatre listes d'œuvres condamnées sont publiées ; dans chacune d'elles, les trois quarts des livres français ont été imprimés à Genève). Mais surtout, à partir de 1550, ces ouvrages genevois poussent les auteurs catholiques comme Edmond Auger, Gentian Hervet, René Benoist et François de Sales, à répondre pour la première fois par des arguments théologiques en français. Ces auteurs, dont la plupart sont aujourd'hui oubliés, adaptent le français à la communication de pensées abstraites destinées à un public non spécialisé. Répondant aux publications genevoises, souvent celles de Calvin lui-même, ces écrits catholiques adoptent le langage des œuvres qu'ils récusent.

Lorsque les guerres de religion éclatent en 1562, les pamphlets religieux cèdent le terrain aux pamphlets politiques (conseils donnés au roi par tous les partis, diatribes de chacun des camps après le massacre de la Saint-Barthélemy en 1572 et dénonciations de plus en plus violentes et haineuses d'Henri III par les extrémistes catholiques après l'assassinat du duc de Guise en 1588). La *Satire Ménippée de la vertu du catholicon d'Espagne* (1594) est l'exemple même de ces pamphlets politiques : à la satire burlesque des ambitions de l'Espagne et de la Ligue ultra-catholique se juxtapose la défense des droits d'Henri de Navarre au trône de France. La plupart de ces pamphlétaires, y compris Pierre Pithou, l'un des auteurs principaux de la *Satire Ménippée*, sont nourris des textes de Calvin et adoptent ses techniques d'écriture.

Ce style clair, lucide et concis, dépourvu d'emphase et d'images voyantes qui ne concentrent l'attention que sur elles-mêmes, apporte à la langue écrite une sobriété plus proche de celle du siècle suivant que de la richesse lexicale du contemporain de Calvin qu'était Rabelais ou des draperies fabuleuses du langage poétique de Ronsard. Calvin est le premier, sinon le seul, à la pratiquer. La traduction versifiée des Psaumes par Clément Marot, achevée en 1561 par Théodore de Bèze, se distingue elle aussi par une simplicité qui la rend accessible à tous. La même qualité se retrouve dans l'*Abraham sacrifiant* de Bèze (1550), la première tragédie française. D'autres genres furent mis au service du prosélytisme réformé : nouvelles, pastiches de textes catholiques, comédies, chansons populaires et surtout les dialogues libres et spirituels, dus à Pierre Viret, qui présentent des arguments théologiques sous une forme populaire.

On a souvent fait remarquer que la littérature française est, plus que toute autre, une « littérature d'idées ». La langue utilisée par Montaigne, Descartes, Pascal et par les philosophes du XVIIIe siècle n'a certes rien de la profusion archaïque de Rabelais dont le style ne connaît pas d'interdits : c'est un langage discipliné, linéaire, qui attache une très grande valeur à la simplicité et à la sobriété, à la définition et à la clarté. Les Français font remonter ces qualités à Descartes mais les caractéristiques intellectuelles essentielles de ce qu'ils appellent « l'esprit cartésien » trouvent leur origine un siècle plus tôt dans les écrits de Jean Calvin.

Voir aussi 1534 (17-18 octobre), 1572, 1609.

Bibliographie : Théodore de Bèze, *Abraham sacrifiant, tragédie française* (Genève, C. Badius, 1550). Jean Calvin, *Institution de la religion chrétienne*, éd. Jean-Daniel Benoit (Paris, Vrin,

1961). *Satire Ménippée de la vertu du catholicon d'Espagne, et de la tenue des estatz de Paris* (1594 ; réimp., Genève, Slatkine, 1971). Francis M. Higman, *The Style of John Calvin in his French Polemical Treatises* (Londres, Oxford University Press, 1967).

Francis M. Higman

1542

Trois poètes débattent des femmes et de l'amour

Débats néo-platoniciens

La querelle des Femmes, commencée au début du XVe siècle, avait vu Christine de Pisan (1363 ?-1431) relancer le débat sur le mariage en dénonçant la misogynie du *Roman de la Rose* de Jean de Meung (vers 1275), de fabliaux comme *la Veuve*, de Gautier Le Leu (1248), et de la satire cléricale comme les *Lamentations*, de Mathéolus (vers 1286), qui faisait rire aux dépens de la femme et de son corps. Dans le *Livre de la cité des dames* (1404), Christine de Pisan adjure les femmes de s'opposer à l'image humiliante que la théologie et la physiologie essayaient de donner d'elles et de puiser dans leur expérience personnelle pour y trouver la vérité sur leur condition. En défiant l'autorité des textes traditionnels, elle proposait une vision de l'histoire culturelle qui démystifiait la conception masculine de l'inégalité des sexes.

Dans les années 1530, la querelle rebondit à l'occasion d'un nouveau débat : la nature de l'amour et le comportement des femmes à la Cour. La traduction française du fameux *Libro del cortegiano*, de Balthasar Castiglione, parue sous le titre *le Parfait Courtisan*, devait donner au débat une portée nouvelle en proposant de la femme cultivée un portrait flatteur. Commandé par François Ier à Jacques Colin, *le Parfait Courtisan* parut en 1537 et fut réédité l'année suivante. La femme idéale de Castiglione mène une existence mondaine où se manifeste son éducation et son goût pour un art de vivre harmonieux rythmé par la musique et la danse. Pour elle, la vertu consiste d'abord dans la manière dont elle concilie les impératifs de la raison et des passions. Le modèle féminin que propose l'ouvrage répond à un idéal essentiellement néo-platonicien, capable d'inspirer le désir d'une vie spirituelle. Or l'amour qui en est le moteur ne peut se réaliser que dans le mariage, cadre social dans lequel l'homme peut transcender la beauté particulière de sa bien-aimée et accéder à la source universelle de la beauté idéale. Ainsi, le désir patriarcal de protéger le tissu social en reléguant les femmes aux activités domestiques et à la procréation se voit relevé par le biais d'un objectif « plus élevé » qui met en avant la vertu féminine. Idéalisée comme médiatrice de la transcendance spirituelle, la femme reste l'objet passif du désir désexualisé du courtisan. En France, le livre de Castiglione sera à l'origine de ce qu'on a appelé la querelle des Amies. Bertrand de La Borderie, Charles Fontaine et Antoine Héroët échangeront des poèmes polémiques dont les héroïnes féminines s'appellent respectivement l'Amie, la Contr'Amie et la Parfaite Amie. Le débat se concentrera sur le thème majeur de l'amour à la Cour et dans la société ainsi que sur le respect (ou le manque de respect) pour la femme qu'il implique.

L'Amie de Cour (1541), de La Borderie, est une satire acerbe du culte platonicien de l'amour divinisé et de l'honneur des femmes. Une voix féminine, celle de l'Amie, décrit une Cour où les comportements sans scrupule sont la règle. Son discours parodie avec raffinement le culte contemporain de la vertu et les conventions régissant les échanges à la Cour. Défenseur d'un libre arbitre qui refuse les servitudes de l'amour mais ne dédaigne pas le flirt, l'Amie de Cour opte pour l'amour où règnent le calcul et la soif de domination. Tirant tout son plaisir du pouvoir qu'elle exerce sur les hommes, elle ne se laisse séduire qu'en secret et justifie sa conduite en la présentant ironiquement comme une aspiration à la vertu. Coquette, elle méprise le mariage fondé sur l'amour partagé et atteint la gloire en se gaussant des simulacres idolâtres de l'amour courtois.

Fontaine répond immédiatement à cette attaque du code de conduite inspiré de Castiglione en écrivant son poème, *la Contr'Amie de Cour* (1541). À partir du *Banquet* et de *Phèdre*, de Platon, ainsi que de leur réinterprétation par le néo-platonisme, il défend l'amour idéal par la voix d'une jeune bourgeoise qui résiste aux vanités et à la corruption des manières de cour, opte pour la réconciliation de l'amour et du mariage par la transcendance du désir physique. La Contr'Amie de Fontaine devient une sorte d'apôtre de la moralité qui se consacre non seulement à réfuter l'opposition entre la passion et la raison, mais aussi à discréditer le cynisme de l'Amie de Cour. Puisque l'amour introduit l'harmonie dans l'univers, il permet à la femme qui en accepte les conventions de renoncer aux débordements du désir pour devenir un exemple de vertu.

La réponse d'Héroët aux œuvres de La Borderie et de Fontaine fera l'objet de son fameux ouvrage *la Parfaite Amie* (1542). Vaguement inspiré de Castiglione et du néo-platonisme, ce long poème connut près de vingt éditions au cours du XVIe siècle. Dans un monologue de mille six cent soixante-deux décasyllabes, la Parfaite Amie, qui représente l'aristocrate exemplaire, analyse les sentiments inspirés par son amant défunt et qui l'ont amenée à concevoir une philosophie de l'amour pur mais non dénué de sensualité. Bien que sa vie affective ne soit pas exempte d'angoisse, comme l'est souvent celle des héroïnes médiévales qui attendent le retour de leur amant, elle s'efforce d'atteindre une forme plus noble de l'amour qu'elle conçoit comme une passion prédestinée mais dépourvue de toute souffrance. Pour la Parfaite Amie, le véritable amour, fruit d'une reconnaissance mutuelle, est d'origine divine et apporte avec lui un bonheur éternel.

L'amour idéal tel que le conçoit la Parfaite Amie est très proche du mythe de l'Androgyne dont fait état Aristophane dans *le Banquet*, de Platon : l'âme incomplète ne trouve satisfaction qu'en s'unissant à son double ou plutôt à sa moitié enfin retrouvée. Une telle union des âmes n'est que la répétition terrestre d'une harmonie céleste antérieure. Mais la consommation de cet amour exige bien autre chose que ce qu'offre la raison abstraite : l'amour véritable implique également l'acceptation des plaisirs sensuels, comme celui du baiser. Cet éloge de la volupté se conçoit comme un défi à la pureté néo-platonicienne, généralement associée avec la désincarnation de la vie contemplative.

Comme l'Aristophane du *Banquet*, la Parfaite Amie d'Héroët montre une âme heureuse de vivre dans son corps. L'amour en dehors du mariage n'est plus inacceptable et le mariage, pour être digne d'éloge, ne peut être fondé que sur le plaisir amoureux. C'est ainsi que l'image de la femme proposée par Héroët concilie quête spirituelle et plaisirs du corps. Il s'agit d'une femme qui se réalise pleinement en prenant conscience, à travers son expérience personnelle, de ce que le rapport à l'autre a de plus complexe et de plus intense.

Voir aussi 1277, 1401, 1555 (juillet).

Bibliographie : Balthasar Castiglione, *le Livre du courtisan*, éd. A. Pons (Paris, Gérard Lebovici, 1987). Madeleine Lazard, *Images littéraires de la femme à la Renaissance* (Paris, P.U.F., 1985). Michael A. Screech, « An Interpretation of the Querelle des Amyes », *Bibliothèque d'Humanisme et Renaissance*, n° 39 (1959). Émile V. Telle, *l'Œuvre de Marguerite d'Angoulême reine de Navarre et la querelle des femmes* (Toulouse, Imprimerie Toulousaine Lion et Fils, 1937).

Lawrence D. Kritzman

1544

Maurice Scève publie *Délie* à Lyon

L'architecture d'un recueil poétique

Sa position géographique, à un important carrefour de voies terrestres et fluviales, qui mènent vers Paris et les Flandres, vers le Midi, la Suisse et l'Italie, fait de Lyon un centre économique et intellectuel très actif dans la première moitié du XVIe siècle. Le prestige de l'Italie est particulièrement fort dans une ville dont la population compte une forte minorité d'origine cisalpine, notamment dans le domaine culturel. C'est d'abord à Lyon que l'impact de la littérature italienne sur les lettres françaises s'est fait sentir. Le recueil de Maurice Scève, *Délie, objet de plus haute vertu*, publié à Lyon en 1544, est le premier témoignage important d'une poésie amoureuse fondée sur la tradition issue des *Rerum Vulgarium Fragmenta*, de Pétrarque (élaborés par le poète jusqu'à sa mort en 1374), plus connus sous leur titre italien de *Canzoniere* ou de *Rime sparse*. L'influence de ce recueil a été immense. Dans ses trois cent soixante-six poèmes écrits en langue vulgaire, en majorité des sonnets, Pétrarque célèbre son amour pour Laure de Noves, femme de la noblesse d'Avignon où le poète avait suivi la cour du pape en exil.

Le *Canzoniere* devait fournir à la poésie tout un répertoire de thèmes, d'images, de figures de rhétorique et de formes lyriques que ses imitateurs varieront à l'infini. En France, c'est au cours de la première moitié du XVIe siècle que son influence commence à se faire vraiment sentir, chez Clément Marot (1496-1544) et Mellin de Saint-Gelais (1491-1558) en particulier. À l'époque, quand ils rassemblent leurs compositions, les poètes se contentent de les classer selon leur forme poétique. L'idée qu'un recueil puisse constituer un tout cohérent, ordonné autour d'un thème central, est encore nouvelle. À ceux qui aspirent à dépasser les jongleries des rhétoriqueurs ou les galanteries de la poésie de cour et qui ambitionnent, pour leur art, un statut plus noble que celui de divertissement, le *Canzoniere* offre un modèle d'organisation textuelle complexe qui correspond à leurs aspirations humanistes. Pour ces poètes rompus à la lecture allégorique, l'organisation extrêmement élaborée du recueil de Pétrarque est la preuve que, quelle que soit la variété de ses formulations, l'état amoureux est soumis aux lois d'un ordre supérieur – qu'il soit religieux, moral, cosmique ou intellectuel. Il y a une contradiction manifeste entre l'impression d'immobilité que donne la

1. Maurice Scève, *Délie, objet de plus haute vertu* (Lyon, Sulpice Sabon, 1544) : « Entre toutes une parfaite », p. 12 ; « À tous clarté à moi ténèbres », p. 27 ; « Assez meurt qui en vain aime », p. 31 ; « De mort à vie », p. 47 ; « Douce la mort qui de deuil me délivre », p. 55 ; « J'ai tendu le lacs où je meurs », p. 187. (Bibliothèque nationale, Paris.)

constance du ton des poèmes et ce mirage d'un ordre évanescent – que les commentateurs de Pétrarque ont d'ailleurs du mal à définir (ils sont souvent obligés de modifier l'agencement du recueil pour étayer leurs hypothèses). Mais cette alliance du désordre des affects et d'un ordre sous-jacent permet de concilier deux exigences contraires. Elle permet de représenter la complexité contradictoire des émotions et des impressions sensibles tout en la rattachant aux sphères les plus élevées de l'intellect : les séismes de la passion se subliment en de hautes spéculations.

Dans la *Délie*, Scève reprend le modèle pétrarquiste en accusant le contraste entre l'ordre et le désordre. Les affects sont fragmentés et fragmentaires : marqués par l'incohérence et l'obscurité, ils ne mènent à aucune sagesse ni à aucun apaisement. Cette expérience, souvent douloureuse et chaotique, est insérée dans un cadre formel d'une étonnante rigueur. Il y a d'abord l'insertion d'une série de cinquante emblèmes (fig. 1), composés d'une figure, d'une devise et d'un titre qui sont souvent sans rapport avec le thème amoureux. Ces emblèmes, disposés à intervalles réguliers (tous les neuf poèmes), semblent représenter un principe d'ordre, de symétrie et de régularité qui est d'ordinaire l'apanage de l'esprit. En outre, la forme poétique utilisée par Scève, le dizain, évoque une rigueur formelle : chacun des quatre cent quarante-neuf poèmes comprend dix vers de dix pieds (10 × 10). Un examen approfondi du recueil suggère divers schémas d'organisation, certains liés aux emblèmes, d'autres à la proportion, à des jeux numériques, à des effets de symétrie. C'est ainsi que l'œuvre représente, avec une égale acuité, la violence physique de la passion et l'effort déployé pour la dominer en la soumettant à un ordre intellectuel. Cette tension entre le déchaînement des affects et l'ascèse intellectuelle se résume en un mot, le nom que Scève donne à la femme aimée, « Délie », dans lequel on a souvent lu l'anagramme de « l'Idée » platonicienne.

Bien que l'architecture formelle de l'œuvre soit claire, son sens l'est beaucoup moins. Cette structure savamment articulée, jointe à la réputation d'érudit et d'humaniste qui était celle de Scève, a conduit certains critiques à rattacher la *Délie* à la pensée scientifique et philosophique de la Renaissance. On y a vu l'influence du néo-platonisme florentin de la fin du XVe siècle, celle d'une tradition hermétique – pythagoricienne ou cabalistique –, d'un symbolisme biblique, de schémas numérologiques ou astronomiques (Délie, variante mythologique de la déesse Diane, est identifiée à la lune, par opposition à Laure que Pétrarque associe au soleil). Que ces décryptages soient fondés ou non, l'effet le plus clair de cette architecture textuelle est d'ouvrir le récit amoureux à des spéculations plus vastes. Parallèlement, l'obscurité de l'expression, l'apparente superposition de plusieurs schémas d'organisation, la multiplicité des références et des allusions aboutissent, sinon à la confusion, du moins à une extrême complexité. D'un côté, l'architecture du recueil stabilise l'expression du désordre amoureux tout en imposant des évidences chères à la Renaissance : l'harmonie des proportions de l'univers, l'éminente valeur d'une forme architecturale en parfait accord avec l'ordre cosmique divin, l'aptitude de l'art à traduire un schéma intellectuel. De l'autre, l'impossibilité de définir cet ordre et d'établir sa signification a un effet déstabilisant qui contribue à renforcer l'impression d'obscurité, voire d'opacité. L'architecture qui, au départ, semble fournir des repères débouche sur un labyrinthe.

La difficulté de ce recueil à la composition énigmatique démontre que le public de Scève, plus encore que celui de Pétrarque, n'était pas « le vulgaire » mais ceux qui partagent son savoir, ses préoccupations philosophiques, voire ésotériques, et son goût pour la difficulté et la complexité. Dans la *Délie*, le tourment de l'amant s'exprime dans une langue poétique dont le raffinement doit beaucoup aux *Rimes*, de Pétrarque. Mais la conception de l'amour qui y est développée s'enrichit en outre d'échos de cette pensée platonicienne que l'Académie florentine s'était employée à ressusciter à la fin du XVe siècle. Marsile Ficin (1433-1499) avait largement contribué à son succès en s'efforçant, dans ses interprétations des dialogues de Platon, de concilier la pensée du philosophe antique avec la doctrine chrétienne. Ce néoplatonisme, qui voyait dans l'amour le moyen d'accéder à une sagesse supérieure et même de s'unir au divin, fut par la suite traduit en termes plus mondains, notamment par Balthasar Castiglione dans son *Livre du courtisan* (*Il libro del cortegiano*, 1528). Cette philosophie fournissait le moyen d'explorer les mouvements de l'âme écartelée entre le corps et l'esprit, en proie au désir d'accéder à un savoir supérieur qu'elle ne peut atteindre, sinon en de rares et fugaces moments.

Dans ce contexte, la poésie – et la poésie amoureuse en particulier – peut devenir le moyen adéquat pour exprimer toute l'amplitude du désir. Dans la *Délie*, l'architecture textuelle, avec ses mystérieuses résonances, élargit les frontières du discours amoureux pour y inclure des objets qui ne sont pas toujours facilement définissables. Assurément, cette architecture pose davantage de questions qu'elle n'en résout, mais la volonté de représenter la complexité de l'expérience affective et intellectuelle dans une suite de poèmes permet de redéfinir les visées et l'ampleur de la poésie amoureuse. La *Délie* tranche radicalement avec le ton plus léger pratiqué auparavant, à la cour de France, par des poètes comme Clément Marot et Mellin de Saint-Gelais ; Scève ouvre la voie à la poésie élevée que Joachim du Bellay et Pierre de Ronsard revendiqueront avec éclat quelque cinq ans plus tard.

Pourtant, l'obscurité de ses dizains a sérieusement limité le succès de l'entreprise. En donnant à l'œuvre, avec ces séries de neuf dizains, une structure aussi explicite que problématique, Scève n'a pas fait d'émules. Dans les recueils ultérieurs, le schéma architectural est en général moins affiché. Il est apparemment moins complexe et, par conséquent, moins ambigu. Même son *Microcosme* (1562) répond à un agencement plus discret. Ses trois mille trois vers sont divisés en trois sections de mille vers (10 × 10 × 10) plus trois, chiffre de la Trinité dicté par le sujet de l'œuvre. Ils brossent un tableau de l'histoire humaine à la lumière des desseins de Dieu. Le premier recueil des *Odes* de Ronsard (1550) est organisé selon un réseau complexe d'échos (reprises thématiques d'un poème à l'autre, redoublées par des correspondances numériques) qui finit par faire apparaître un agencement symétrique. Ce schéma, qui n'est pas sans rappeler les pratiques des poètes de la Rome d'Auguste, réalise concrètement dans l'agencement textuel la métaphore du « monument poétique » développée par les poèmes. Mais il est loin d'être aussi visible que la structure manifeste engendrée par les emblèmes de Scève. D'autres recueils sont organisés, de façon beaucoup plus simple, autour de groupements symétriques ou de chiffres ronds (cinquante ou cent poèmes), qui sont parfois occultés par l'ajout de poèmes d'introduction ou de conclusion.

L'architecture du recueil, qu'elle soit simple ou complexe, apporte à la poétique de la Renaissance une notion d'ordre liée à l'intervention de l'intellect. Le lecteur d'aujourd'hui peut trouver cette idée simpliste, ou même sans rapport avec ce qu'est pour lui l'effet poétique. Il n'en est pas moins vrai que la métaphore, l'allégorie et le symbole – trois éléments essentiels de l'expression poétique à la Renaissance (et qui le seront encore chez Baudelaire) – sont mis en valeur par la présence d'une structure formelle qui fournit un prolongement aux relations analogiques sur lesquelles ces figures sont fondées, en renvoyant à un « plus haut sens » dans l'agencement du recueil. L'architecture textuelle suggère que l'œuvre a été modelée sur l'architecture céleste conçue par Dieu, premier poète (puisque le mot signifie créateur). Elle permet au poète de présenter le monde, selon la vision que le XVIe siècle en avait, avec la riche diversité de ses manifestations sensibles et l'unité implicite de sa forme conceptuelle, avec ses dichotomies fondamentales – l'opposition du corps et de l'esprit, de la perception sensible et de l'appréhension intellectuelle. En imposant une pareille architecture formelle à un recueil lyrique, la *Délie* a porté la poésie amoureuse à un degré de complexité inégalé. Loin de répondre à un simple mimétisme psychologique, loin de faire la chronique des tourments amoureux, elle ouvre au lecteur d'insondables abîmes intellectuels.

Voir aussi 1532, 1536, 1555 (13 septembre), 1562.

Bibliographie : Pétrarque, *le Chansonnier, Canzoniere,* éd. Pierre Blanc (Paris, Classiques Garnier, 1988). Maurice Scève, *Délie,* éd. Françoise Charpentier (Paris, Gallimard, 1984). Doranne Fenoaltea, *« Si haulte Architecture » : The Design of Scève's Délie* (Lexington, Kentucky, French Forum, 1982). Marcel Tétel, *Lectures scéviennes* (Paris, Klinksieck, 1983).

Dorane Fenoaltea

1549

Joachim du Bellay publie la *Défense et illustration de la langue française*

Une défense offensive pour une nouvelle élite intellectuelle

La *Défense et illustration de la langue française* (1549), de Joachim du Bellay, est un manifeste polémique, souvent paradoxal, qui va au-delà et reste en deçà de ce que suggère son titre. Elle va au-delà, loin de ne traiter que de la langue française, et aborde un certain nombre de questions essentielles pour la théorie littéraire, par exemple la nature de l'imitation, ses rapports avec la traduction, les caractéristiques et la valeur relative des genres poétiques. Elle reste en deçà, dans la mesure où la défense du français annoncée par le titre reste extrêmement ambiguë, du Bellay développant des vues contradictoires sur la valeur sociale et esthétique de la langue vulgaire. Il n'a pas fallu attendre longtemps pour que les contemporains s'aperçoivent de ces contradictions. Un an après sa publication, Barthélemy Aneau, principal du collège de la Trinité à Lyon, fait paraître sans nom d'auteur son *Quintil Horatian* où il pose une question essentielle : « Est-ce là défense et illustration ou plutôt offense et dénigration ? » (p. 28).

Après avoir soutenu que par nature le français est l'égal du latin et du grec, du Bellay blâme « l'ignorance de nos majeurs (nos ancêtres) » quant à l'état actuel d'infériorité du français comme moyen de communication et d'expression littéraire (*Défense et illustration de la langue française*, p. 23). Il exhorte les poètes modernes à y remédier en s'inspirant de modèles étrangers, non seulement grecs et romains, mais aussi italiens comme Pétrarque, plutôt que de leurs prédécesseurs français. Il dénonce la vulgarité (c'est-à-dire le manque de noblesse) des formes poétiques médiévales – le rondeau, la ballade, le virelai et le chant royal, le coq-à-l'âne ou la satire ; et, non sans violence, demande à ceux qui ont « savoir et jugement » de trancher et de cautériser la chair corrompue que les mauvaises poésies ont introduite dans la culture française (*ibid.*, p. 179). Sa cible principale est Clément Marot (1496-1544), poète de cour de la génération précédente qui ne reniait pas son humble naissance. Nommément ou par allusions, du Bellay n'hésite pas à qualifier Marot et ses disciples, comme Mellin de Saint-Gelais et Charles Fontaine, d'« illettrés ». Il leur reproche d'avoir traduit « les langues dont jamais ils n'ont entendu les premiers éléments comme l'hébraïque et la grecque » (*ibid.*, p. 40). Ce qui ne l'empêchera pas de dénoncer ailleurs avec une égale véhémence le temps perdu à apprendre le grec, l'hébreu et le latin : l'asservissement aux langues antiques, ces maîtresses inflexibles, replonge les auteurs français dans un état « d'enfance » (*ibid.*, p. 65). Les mêmes revirements se retrouvent dans l'attitude de du Bellay à l'égard des études classiques : tantôt il en fait le domaine réservé d'une élite restreinte, tantôt il dénonce les conservateurs qui s'opposent à ce qu'on traduise les textes anciens pour les rendre accessibles au grand public cultivé.

Les attaques lancées par du Bellay contre Marot mettent en lumière la complexité de ce qu'il entend par « vulgaire » et l'ambiguïté de ses sentiments à l'endroit de ses lecteurs potentiels. Les premiers lecteurs de Marot avaient été, pour la plupart, des membres de la cour de François Ier (1515-1547). En reprochant à la langue de Marot d'être vulgaire, de plaire surtout parce qu'elle est « facile » et ne s'éloigne pas de « la commune manière de parler » (*ibid.*, p. 91), du Bellay jetait un défi à la nouvelle élite intellectuelle du règne d'Henri II, l'invitant à faire preuve de culture et à modifier son goût.

Pourtant, à y regarder de près, l'écart entre du Bellay et Marot est moindre que ne le laisse supposer la rhétorique de la *Défense*. En effet, Marot ne s'était pas contenté de reprendre les genres médiévaux. Avec une capacité d'adaptation remarquable, il avait adopté des formes antiques et italiennes, comme l'élégie, l'églogue, l'épigramme et, tout particulièrement, le sonnet pétrarquiste qu'il avait introduit en France. Ses *Épîtres* (1532), écrites au cours de son exil à Ferrare, sont pleines d'échos des *Tristes* et des *Pontiques*, épîtres élégiaques où Ovide exilé avait déploré son éloignement de Rome sous un ciel qui ne résonnait plus de sa langue latine bien-aimée. Du Bellay lui-même, qui passera quatre ans à Rome, imitera bientôt à son tour ces modèles latins dans ses *Regrets* et dans ses *Poemata* (1558). Mais, dans la *Défense*, il condamne l'épître en vers et il le fait dans le chapitre même où il exhorte les poètes français à imiter Horace et Ovide, deux poètes qui ont pourtant contribué généreusement à illustrer cette forme poétique.

Il est vrai que l'œuvre de Marot contient moins d'allusions classiques et moins de périphrases mythologiques que celle de du Bellay. Marot, qui, à côté de ses innovations, ne s'est pas privé d'utiliser des formes médiévales, n'a jamais eu l'ambition d'écrire une épopée (le genre le plus élevé selon une tradition que reprend du Bellay) et, faute de savoir le grec, n'a jamais songé à imiter les odes de Pindare comme le fit l'ami (et le rival) de du Bellay, Ronsard. D'ailleurs, du Bellay lui-même n'est venu que relativement tard à l'étude de la langue grecque. Tout comme celle de Marot, son éducation avait été plutôt inégale. Dans la « Complainte du désespéré » (1552) il se présente comme le plus jeune fils, orphelin de surcroît, de la branche cadette d'une famille noble qui ne s'intéressait pas à ses dons littéraires. Il est possible que les lacunes de sa propre éducation aient été à l'origine de ses attaques contre Marot : ainsi s'expliquerait l'ambiguïté de son attitude face à une éducation que tantôt il réserve à une élite et tantôt offre à tous, ainsi que son insistance sur la nécessité d'enrichir la langue vulgaire.

L'image de la nature, présentée comme une mère ou une marâtre dans la première phrase de la *Défense*, s'accorde bien avec la conception de la langue vulgaire comme langue maternelle, qui s'apprend sans effort. L'insistance paradoxale sur l'utilisation de modèles étrangers de préférence à des modèles empruntés à sa propre langue provient du sentiment, que du Bellay partage avec tous les humanistes, d'être exilé, loin de l'époque et des contrées où le latin et le grec étaient des langues vivantes. Il a beau défendre la cause de l'égalité des langues, il envie les anciens d'avoir appris les leurs en suçant le « lait de leur nourrice » (*ibid.*, p. 81). Fidèle au credo humaniste, il accorde pourtant plus de valeur à ce qui est acquis par le travail qu'à ce qui est donné naturellement. Aussi le latin, langue « paternelle » par excellence, que le poète français doit imiter, est-il présenté comme l'exemple même d'une langue littéraire qui doit sa grandeur à l'art et au travail ; c'est en imitant les Grecs que les Romains ont enrichi leur langue. C'est en imitant les Romains que les Français enrichiront la leur. Si l'on généralise, cela revient à inciter une culture à s'approprier les habitudes d'appropriation d'une autre culture.

Pour du Bellay l'histoire de l'imitation s'explique par la théorie de la *translatio studii*, c'est-à-dire par le fait que la culture, suivant en cela le pouvoir des empires, se déplace inexorablement vers l'ouest. Cette « traduction » culturelle (au sens fort de transfert) n'a pas de meilleure illustration que l'*Énéide* de Virgile, œuvre épique dont le héros accomplit le transfert à Rome de la civilisation troyenne. Les jugements négatifs portés par du Bellay contre la langue vulgaire s'éclairent singulièrement à la lumière de l'ambition qu'il nourrissait de préparer la France et ses poètes à une nouvelle époque de rayonnement épique. L'imitation serait alors le moyen de transférer en France les richesses des poètes et des empires de l'Antiquité. Cependant, le concept même d'imitation est ambigu chez du Bellay. Dans la *Défense*, Rome et la France sont toutes deux représentées comme des femmes faisant l'objet d'un désir encore inassouvi. Une certaine rivalité, inséparable de l'admiration, se devine dans le sentiment qu'éprouve du Bellay vis-à-vis des Romains : l'imitation reste chargée de tension. Car s'il accuse ceux qui « profanent » les « sacrées reliques de l'Antiquité » (*ibid.*, p. 41) de ne pas aborder les textes anciens avec assez de respect, il exhorte aussi les Français à « marcher courageusement » sur Rome pour piller les trésors qu'elle recèle (*ibid.*, p. 196).

L'attitude de du Bellay vis-à-vis des notions voisines de traduction et d'imitation n'est pas non plus sans contradiction. Après avoir encouragé la traduction, parce qu'elle augmente les réserves de savoir, l'auteur de la *Défense* invective les traducteurs auxquels il reproche de trahir l'esprit de la grande poésie. On pourrait penser que cette condamnation ne vaut pas pour la prose, qu'elle s'applique seulement à la traduction de la poésie, dont l'« esprit » ou le « génie » stylistique est intransposable d'une langue dans l'autre. Mais cette distinction ne rend pas compte du fait que du Bellay a traduit les livres IV (1552) et VI (1556) de l'*Énéide*. Elle ne permet pas non plus de rendre compte du fait que, dans son premier volume de poèmes, *l'Olive*, publié en même temps que la *Défense*, il a imité de fort près non seulement Pétrarque, Horace et Virgile, mais Marot lui-même. Ces imitations, dont plusieurs pourraient être qualifiées de traduction par un lecteur moderne, furent immédiatement dénoncées comme plagiat.

Écrite alors que les jeunes États-nations rivalisaient pour la maîtrise du pouvoir politique, la *Défense* décrit une lutte analogue pour la suprématie de la propriété intellectuelle en Europe. Pourtant, les distinctions subtiles au moyen desquelles du Bellay différencie la « bonne » imitation de la « mauvaise » doivent aussi beaucoup à sa situation personnelle, ses ambitions sociales et littéraires, et son appartenance au petit groupe de poètes qui, sous la direction de l'humaniste Jean Dorat, étudiaient l'Antiquité au collège de Coqueret. En 1549, aucun des membres de ce qui sera bientôt connu sous le nom de la Pléiade n'est encore une célébrité. Le nom de Brigade qu'ils ont d'abord donné à leur groupe indique bien leur objectif militaire : il s'agit de se battre pour défendre sinon le français en tant que tel, du moins la vision d'un avenir glorieux promis à la langue et donc à la culture française.

L'attitude combative de du Bellay dans la *Défense* s'explique aussi par la publication de l'*Art poétique français*, de Thomas Sébillet, l'année précédente. Cet ouvrage, rédigé par un obscur avocat parisien, ami de Clément Marot, anticipe à plusieurs égards la poétique de la Brigade, notamment sur la notion néo-platonicienne d'inspiration divine du poète et sur la rivalité possible entre le français et les langues classiques. Si le livre de Sébillet a touché la Brigade sur un point sensible, c'est moins parce que ses propositions théoriques lui coupaient l'herbe sous le pied qu'en raison de son éloge de Marot, rénovateur des formes françaises et classiques et héraut d'un âge d'or des arts et des lettres. La plupart des concepts de la Brigade avaient d'ailleurs déjà été formulés par Jacques Peletier du Mans dans l'introduction de sa traduction de l'*Art poétique* d'Horace (1541). Mais le traité de Sébillet représentait une menace plus grave. La manière dont il faisait l'éloge de Marot suggérait que la renaissance culturelle avait déjà eu lieu. La réplique de du Bellay se devait donc d'être violente : elle était la défense et l'illustration du programme que lui-même et ses acolytes auraient voulu lancer les premiers.

Craignant que l'activité littéraire ne soit considérée comme une dérogation à l'idéal aristocratique, Joachim du Bellay, membre de l'une des plus grandes familles de France, prend à cœur d'anoblir le statut du poète. Cet objectif explique plusieurs aspects de la *Défense*. La préface, par exemple, est une longue dédicace à l'oncle du poète, le riche et puissant cardinal Jean du Bellay. Bien que provisoirement négligé par le nouveau roi (Henri II était peu enclin à accorder ses faveurs aux serviteurs de son père), le cardinal restait pour son jeune parent un protecteur enviable (il lui offrira un poste de secrétaire lorsque Henri II fera de lui son ambassadeur à la cour du pape à Rome, de 1553 à 1557). En présentant une conception de la poésie qui exclut le vulgaire, et sacre le poète d'une onction divine tout en reconnaissant la valeur héroïque de sa tâche, Joachim restait fidèle à sa situation d'aristocrate. Barthélemy Aneau, roturier, s'irritera des aspirations de du Bellay à la grandeur et décrira la *Défense* comme l'œuvre d'un insensé « qui monte sur ses grands chevaux (rhétoriques) afin d'obtenir une haute position » pour laquelle il n'est pas qualifié (*Quintil Horatian*, p. 3). Une telle critique laisse deviner le rôle des rivalités et des ressentiments de classe dont la *Défense* est le prétexte.

Enfin, en défendant sa théorie de l'imitation, du Bellay mettait en œuvre une contradiction semblable à celle qui travaillait la France du XVIe siècle : d'une part l'intime conviction que l'écrivain est l'héritier d'un double passé, lointain (noble et classique) et prochain (« obscur » et vulgaire), de l'autre son appartenance à une classe naissante d'intellectuels qui greffent la notion classique de poésie, considérée comme la vocation d'une élite, sur des attitudes aristocratiques féodales. Contrairement au chevalier d'une époque révolue, le poète humaniste des temps nouveaux doit gagner ses quartiers de noblesse par sa plume. Quiconque a le talent et l'énergie nécessaires pourra le faire également. D'où l'apparition d'une vague menace contre cette noblesse qui n'est plus héréditaire : ouverte à tous, continuera-t-elle néanmoins à conserver son auréole de gloire ? Tel n'est pas le moindre paradoxe d'une *Défense et illustration de la langue française* élitiste qui voudrait se passer des garanties ancestrales de l'élite française.

Voir aussi 1541 (juillet), 1550, 1553 (juin).

Bibliographie : Barthélemy Aneau, *Quintil Horatian, in* Joachim du Bellay, *Deffense et illustration de la langue françoyse*, éd. Henri Chamard (Paris, Didier, 1948). *Traités de poétique et de rhétorique du XVIe siècle*, éd. Francis Goyet (Paris, L.G.F., 1990). Ferdinand Brunot, *Histoire de la langue française des origines à nos jours*, vol. II : *le XVIe siècle* (Paris, Armand Colin, 1967). Grahame Castor, *Pleiade Poetics : A Study in Sixteenth Century Thought and Terminology* (Cambridge, Cambridge University Press, 1964). Margaret W. Fergusson, *Trials of Desire : Renaissance Defenses of Poetry* (New Haven, Yale University Press, 1983).

Margaret Fergusson

1550

Pierre de Ronsard publie les *Quatre Premiers Livres des odes*

Inspiration et gloire poétique

Le second quart du XVIe siècle marque une transition entre la poétique médiévale tardive des rhétoriqueurs et la doctrine néo-classique de la Pléiade, groupe de poètes qui comprend, outre Ronsard lui-même, Jean-Antoine de Baïf, Rémi Belleau, Joachim du Bellay, Étienne Jodelle, Olivier de Magny, Jacques Peletier du Mans et Pontus de Tyard. L'entrée en scène de la Pléiade, au milieu du siècle, est annoncée par le manifeste de Joachim du Bellay, *Défense et illustration de la langue française* (1549), et par son recueil de sonnets, *l'Olive* (1549), lui-même suivi par les *Quatre Premiers Livres des odes* (1550), de Ronsard. Au cours de cette période, les formes poétiques traditionnelles telles que la ballade, le chant royal et le rondeau de cour sont remplacées par des formes lyriques aux règles un peu moins contraignantes. La chanson, qui était amoureuse et populaire chez Clément Marot, devient chez Marguerite de Navarre le véhicule d'une élévation spirituelle. Avec la *Délie* (1544), Maurice Scève confère à la séquence de dizains amoureux une perfection d'une telle complexité qu'il n'aura pas d'émules. Mais c'est le sonnet pétrarquiste qui connaît de loin le plus grand succès et qui menace bientôt de remplacer les formes lyriques médiévales désormais démodées. Au début des années 1550, après du Bellay, les poètes de la Pléiade et quelques autres, comme Louise Labé, se hâtent de publier des recueils de sonnets pétrarquistes.

En rejetant les formes anciennes et les sujets traditionnels comme l'éloge des princes, la célébration des victoires militaires ou la déploration des défaites, l'invective contre les ennemis et la glorification de l'harmonie cosmique, la plupart des poètes français réduisaient considérablement la gamme des circonstances et des émotions jugées capables de susciter et soutenir l'élan lyrique. En adaptant le modèle fourni par le pétrarquisme triomphant, les nouveaux poètes lyriques allaient moduler sans fin les affres de l'amour malheureux et la sublimation du désir sexuel conformément à la pensée néo-platonicienne.

Dans la *Défense*, du Bellay essaie de justifier cette abdication devant les modèles italiens par un argument philologique retors. Il exhorte ses lecteurs à « sonner ces beaux sonnets, non moins docte que plaisante invention italienne, conforme de nom à l'ode [le terme ode vient du grec *aedein* qui signifie chanter, comme le latin *sonare* d'où vient le mot sonnet] et différente d'elle seulement pour ce que le sonnet a certains vers réglés et limités et l'ode peut courir par toutes manières de vers librement, voire en inventer à plaisir » (livre II, chapitre 4).

Bien que le sonnet français ait été rapidement utilisé pour d'autres sujets que l'amour (*les Regrets*, de du Bellay, publiés en 1558 sont tour à tour élégiaques et satiriques), et bien que les odes classiques aient parfois exprimé des désirs érotiques (comme celles d'Horace), les deux formes ne se distinguent pas seulement par des différences formelles. Ronsard comprend très vite que la souplesse métrique, thématique et tonale de l'ode offre une gamme extraordinaire d'attitudes lyriques et de situations propres à mettre en œuvre le vaste savoir classique qu'il a acquis à la fin des années 1540 au collège de Coqueret à Paris, sous la tutelle de Jean Dorat, éminent érudit et poète honorable. Après avoir appris à lire, interpréter et imiter les chefs-d'œuvre du lyrisme antique, notamment les odes de Pindare et d'Horace, Ronsard est aussi désireux de les imiter en français qu'il répugne à se limiter à l'écriture « de petits sonnets pétrarquisés » (*Œuvres complètes*, p. 973), forme qu'il abandonne avec dédain, dans la préface de 1550 de ses *Odes*, aux rimailleurs et aux courtisans. Bien qu'il ait continué jusqu'en 1578 (*Sonnets pour Hélène*) à donner à ce genre certaines de ses plus admirables réussites, en 1577, dans une lettre à Scévole de Sainte-Marthe, il parle encore une fois d'une séquence de sonnets comme d'un « petit et menu fatras » (*ibid.*, p. 1047).

Aux yeux de Ronsard, l'ode classique est le véhicule suprême du grand lyrisme. Prenant ses distances par rapport à ses prédécesseurs immédiats et à ses contemporains, il reconnaît en Clément Marot son seul modèle français, car les récentes traductions par ce dernier des Psaumes hébreux ont fourni au chant d'inspiration divine une extraordinaire variété de formes strophiques. Avec les *Odes*, Ronsard se proclame le seul poète lyrique français capable d'égaler les pouvoirs du chant païen et la majesté biblique des Psaumes. Il écrit avec audace dans sa préface : « Quand tu m'appelleras le premier auteur lyrique français et celui qui a guidé les autres au chemin de si honnête labeur, lors tu me rendras ce que tu me dois et je m'efforcerai te faire apprendre qu'en vain je ne l'aurai reçu » (*ibid.*, p. 971). Et il est vrai que les *Odes* marquent un tournant décisif dans la poésie lyrique française.

Les *Odes* de 1555 présentent une étonnante diversité de formes, de thèmes et de modes. Treize odes, sur le modèle de Pindare, font l'éloge du roi, de la reine, des princes victorieux et des poètes amis de Ronsard tels que du Bellay, Baïf et Dorat. Des odes plus courtes, inspirées d'Horace et d'Anacréon, évoquent toute une variété d'états d'esprit : elles célèbrent des lieux délaissés, des moments fugitifs, des créatures mortelles qu'il faut placer hors du temps pour les préserver de l'oubli.

Qu'elle soit longue et rituelle, à la manière de Pindare, ou courte et improvisée, comme celle d'Horace, l'ode se distingue nettement des poèmes héroïques et dramatiques par son absence de narration. Contrairement à l'épopée et à la tragédie, elle ne comporte pas d'intrigue. Dans l'ode, les éléments narratifs et descriptifs sont subordonnés à l'éloge et au blâme, ou utilisés pour conférer de l'énergie à des actes locutoires tels que la requête, la supplication, la réprimande, le souhait et la prière. Sa principale caractéristique, que traduit l'usage fréquent de l'impératif, est d'être un face-à-face fictif entre le poète et son interlocuteur. L'ode met ainsi en avant la présence d'une voix qui semble chanter à l'intention d'un destinataire précis dont elle indique le nom. Si l'ode nomme habituellement un interlocuteur humain ou divin, dans bien des cas (par exemple dans « O fontaine Bellerie », de Ronsard, imitée de la célèbre « O fons Bandusiae », d'Horace), le chanteur s'adresse aussi à des entités inanimées auxquelles il attribue un esprit immanent.

Les *Odes* de 1550 de Ronsard n'ont d'autres justifications que celles offertes par le genre lui-même et le contexte idéologique fourni par des allusions à Pindare et à Horace. La renommée de ces poètes antiques constitue la caution qui autorise le poète moderne à immortaliser ses contemporains. Ronsard emprunte au même fonds non seulement les attributs de sa personnalité poétique, mais les éléments païens qui donnent une dimension mythique à son lieu de naissance, aux circonstances de sa vie et au processus de la création poétique. Chaque ode a deux faces, l'une provient du grec ou du latin et l'autre tente d'autoriser le désir d'une voix moderne.

Ronsard comprend d'emblée que l'ode peut conférer une renommée durable non seulement aux mortels qui participent à des événements éphémères, mais aussi à celui qui en prononce l'éloge. Une gloire durable revient au poète qui a été contraint de chanter par une irrésistible force transcendante. Car sa voix continuera à « chanter » aux oreilles humaines tant que son nom restera dans la mémoire des futures générations. D'où la fiction d'une voix intemporelle faisant irruption dans l'énonciation temporelle, d'un esprit surhumain qui viole le corps mortel du poète.

Le don de la possession poétique, ou « fureur » (*furor poeticus*), accordé par les divinités immortelles, élève la production poétique au-dessus de la simple rime et rend unique l'ode dans la mesure où chaque envolée lyrique est censée naître d'une frénésie irrésistible s'imposant soudain au poète. La fureur poétique rend donc compte du désordre syntaxique et de l'obscurité sémantique de l'ode. La première strophe de la grande ode pindarique de Ronsard à l'épouse d'Henri II, Catherine de Médicis, énumère les symptômes de ce délire poétique. Étant donné le statut royal de sa destinataire, une telle liste se justifie seulement si l'on accepte que les stigmates physiques de la possession divine légitiment la prétention du poète à conférer une gloire immortelle à l'auguste récipiendaire de ses vers :

> Je suis troublé de fureur,
> Le corps me fremist d'horreur,
> D'un effroy mon ame est pleine.
> Mon estomac est pantois,

Et par son canal ma vois
Ne se desgorge qu'à peine.
Une Déité m'emmeine :
Fuyez peuple, qu'on me laisse,
Voicy venir la Déesse !
Fuyez peuple, je la voy.
Heureux ceux qu'elle regarde,
Et plus heureux qui la garde
Dans l'estomac comme moy !

Ici Ronsard se présente non pas comme un rimeur venant, les mains vides, quémander la faveur royale, mais bien comme un être divinement possédé et porteur de gloire. Une telle fiction vise également à rendre plausible le marché proposé dans l'antistrophe 8 de la superbe ode pindarique « Au roi Henri II », d'abord publiée à part, quelques mois avant de former l'introduction du recueil de 1550 :

Prince je t'envoye ceste Ode,
Trafiquant mes vers à la mode
Que le marchant baille son bien,
Troque pour troq' : toy qui es riche,
Toy, Roy des biens, ne sois point chiche
De changer ton present au mien.
Ne te lasse point de donner,
Et tu verras comme j'accorde
L'honneur que je promets sonner
Quand un present dore ma corde.

En cherchant à renégocier le contrat inégal qui liait traditionnellement le poète de cour à son prince et selon lequel, en contrepartie du plaisir et de la propagande qu'il fournissait, le poète recevait des faveurs de la munificence royale, Ronsard ose rappeler au roi que si la gloire de ses ancêtres s'est évanouie (à l'encontre de celle de son père François Ier, grand protecteur des arts), c'est qu'ils n'avaient pas bénéficié d'un éloge poétique suffisant. La comparaison mercantile qui sous tend le troc proposé implique une parité entre le rayonnement de la renommée et l'éclat de l'or. Le poète parvient, grâce à ces manœuvres, à se placer en meilleure position pour recevoir une subvention royale pour son projet d'épopée nationale, *la Franciade*. En récrivant l'*Énéide* de Virgile, Ronsard visait en effet à célébrer les origines troyennes de la monarchie française et à chanter la gloire des ancêtres oubliés de son roi. Bien que le projet n'ait pas été vraiment mis en œuvre avant 1555, l'idée d'un grand poème épique servait d'alibi aux nombreux poèmes plus courts qu'il écrira et ne cessera de réviser. En 1572, quatre livres de *la Franciade* seront enfin publiés, mais l'épopée restera inachevée, Ronsard ayant abandonné la glorification des obscurs monarques français avant d'atteindre le règne de Charlemagne.

Ronsard ne réussit pas non plus à transformer son propre statut de rimeur de cour en celui de poète royal. Les rois se succèdent au pouvoir, mais sans lui accorder les faveurs qu'il souhaite. Épuisés par des discordes et des « troubles » religieux croissants, les successeurs de François Ier sont incapables de poursuivre son ambitieuse politique culturelle. Les hymnes cosmiques de Ronsard (*Hymnes*, 1555, le *Second Livre des hymnes*, 1556), qui rivalisent avec ceux d'Hésiode, et ses grands poèmes élégiaques (les *Élégies*, 1567) ont moins de succès à la cour (et auprès de l'intraitable postérité) que ses sonnets amoureux (les *Amours*, 1552, *Continuation des amours*, 1555, *Nouvelle Continuation*, 1556). Lorsque éclatent les guerres de religion (1562-1598), Ronsard consacre sa voix poétique à la cause catholique. Celui qui se voulait le dispensateur d'une gloire intemporelle se réfugie alors dans la veine partisane d'une satire acerbe (*Discours des misères de ce temps*, 1562).

Vers 1550, Ronsard a donc inventé une poésie nouvelle pour justifier sa prétention d'être à la fois le tout premier poète lyrique français et l'héritier légitime de la poésie antique. Ses odes étant une résurgence du lyrisme gréco-latin, elles permettaient à Ronsard de devenir un véritable créateur de mythes, à l'instar des poètes antiques. Mais la poésie française ne serait pas la simple répétition d'une grande tradition évanouie. Imiter signifierait inventer, et non pas seulement traduire et transposer. Ronsard ne cessera d'insister sur le fait qu'il est français, qu'il a ses racines dans une terre française qu'il lui incombe de rendre universelle par sa poésie, comme Pindare et Virgile l'avaient fait pour Thèbes et Mantoue. Cette entreprise est à l'origine d'une double vision poétique : d'une allégorisation d'éléments français qui, tout en empruntant le manteau des fables antiques, restent enracinés dans la réalité immédiate. La fiction de la « fureur poétique » qui « possède » le poète sert de médiation entre le passé et le présent ; elle ouvre une dimension intemporelle. Même après la disparition de sa personne physique, le poète restera le porte-parole des voix immémoriales de la culture classique. Dans les *Odes* de 1550, l'imitation et l'inspiration apprivoisent l'érudition antique pour la mettre au service du pouvoir de la poésie. Ronsard met ainsi en œuvre une poétique qui restera en vigueur jusqu'au déclin du classicisme français.

Voir aussi 1536 (été), 1541 (juillet), 1549, 1553 (mars), 1553 (juin), 1555 (juillet), 1572, 1820, 1827 (février).

Bibliographie : Joachim du Bellay, *Deffense et illustration de la langue françoyse*, éd. Henri Chamard (Paris, Didier, 1948). Pierre de Ronsard, *Œuvres complètes*, éd. Gustave Cohen (Paris, Gallimard, 1950). Grahame Castor, *Pleiade Poetics : A Study in Sixteenth Century Thought and Terminology* (Cambridge, Cambridge University Press, 1964). Terence Cave, *Ronsard the Poet* (Londres, Methven, 1973).

Michel Beaujour

1552

Représentation de l'*Eugène* d'Étienne Jodelle

La comédie pendant la Renaissance

Lorsque, dans la *Défense et illustration de la langue française* (1549), Joachim du Bellay en appelle à une transformation des lettres françaises, il souligne en particulier la nécessité de créer un nouveau théâtre. Selon lui, les farces et les moralités ont « usurpé » la dignité de la comédie et de la tragédie antiques. L'heure est venue de rendre à ces genres « leur ancienne dignité ». Presque aussitôt, plusieurs écrivains proches de du Bellay lui emboîtent le pas et se mettent à écrire des comédies imitées de l'Antiquité.

Certains ne font que traduire ou adapter des pièces latines. *L'Eunuque*, de Jean-Antoine de Baïf (1565 ?), est une traduction de la comédie du même nom de Térence et sa comédie *le Brave* (1567) une adaptation du *Miles gloriosus*, de Plaute. C'est à Étienne Jodelle qu'on doit, avec *Eugène* (écrit en 1552, publié en 1574), la première tentative d'offrir au public français une œuvre originale dans cette veine. Il est suivi par Jacques Grévin (avec *la Trésorière*, représentée en 1559 et publiée en 1561, et *les Ébahis*, qui paraissent en 1561), par Rémi Belleau (avec *la Reconnue*, composée en 1563 et publiée en 1578) et par Jean de La Taille (avec *les Corrivaus*, composés en 1562 et publiés en 1573).

La génération suivante continue cette réhabilitation de la comédie mais en s'inspirant davantage de la tradition italienne. Les auteurs dramatiques les plus notables parmi ceux qui commencent à écrire vers la fin des années 1570 sont Pierre de Larivey, François d'Amboise et Odet de Turnèbe. Turnèbe ne nous a laissé qu'une pièce, *les Contens* (1584), mais c'est une des plus belles réussites du genre. Bien que l'intrigue recoure largement aux outils traditionnels de la comédie que sont les lazzi et les travestissements (avec les confusions qui s'ensuivent), Turnèbe fait une large place dans son œuvre aux mœurs de la vie bourgeoise contemporaine. Il en résulte une comédie très animée dont l'action, malgré son caractère assez traditionnel, prend parfois une dimension originale. *Les Napolitaines* (1584) sont la seule pièce de François d'Amboise qui ait survécu, bien que, dans la préface, l'auteur dise avoir écrit d'autres comédies. C'est à lui que Pierre de Larivey dédie ses neuf comédies, dont les six premières sont publiées en 1579, et les trois autres en 1611. Toutes les pièces de Larivey s'inspirent de modèles italiens, y compris la plus intéressante, *les Esprits*, qu'imitera Molière dans *l'Avare*.

Il est difficile de se prononcer sur le sort du genre comique entre les dernières années du XVIe siècle et la première comédie de Corneille (*Mélite*, 1629). Trop peu de textes nous sont parvenus. Ce qu'il en reste (soigneusement répertorié par Brian Jeffery) suggère que la forme et le contenu de la comédie du XVIe siècle subsisteront bien au-delà des années 1620. On continue à exploiter le personnage du vieillard amoureux, de l'écornifleur, de l'entremetteuse ou du soldat fanfaron ; et l'on fait surgir le comique du quiproquo des situations que favorisent les travestissements.

Les historiens de la littérature ont traditionnellement mis l'accent sur la réaction de la Pléiade contre la farce médiévale, ce qui, paradoxalement, a eu pour conséquence d'étendre aux œuvres nées de cette réaction le mépris des auteurs de la Pléiade pour la farce. Partant de l'idée que la Pléiade avait rompu avec l'héritage français pour promouvoir une inspiration classique que Molière allait porter à sa perfection, ces historiens ont appliqué à l'analyse des comédies du XVIe siècle des critères qui ne sont pertinents que pour la comédie classique. Cette référence ne pouvait jouer qu'à leur désavantage. On concluait donc que les dramaturges de la Renaissance n'avaient pas le génie de Molière et que, nouveaux venus dans le genre, leur inexpérience les avait réduits à une imitation servile de leurs sources.

Depuis les années 1960, la thèse de la rupture de la Pléiade avec le passé a été réévaluée et on est aujourd'hui beaucoup plus sensible au fait que, pendant toute cette période, la distinction entre la farce et la comédie latine n'a rien eu de tranché. C'est ainsi que si *Eugène*, de Jodelle, et *les Ébahis*, de Grévin, sont construits en cinq actes, comme des pièces classiques, ils sont écrits en octosyllabes, comme des farces. Par son sujet, le mari trompé par un abbé amoureux, *Eugène* évoque encore davantage le climat de la farce.

On a également nuancé l'idée de la dépendance de ces dramaturges à l'égard de leurs sources. Les pièces italiennes qu'on les accusait d'avoir imitées ne présentent avec les leurs que de vagues similitudes d'intrigue. Et, dans les cas où l'imitation d'un modèle italien est incontestable, comme avec *les Esprits*, de Larivey, qui s'inspirent de l'*Aridosio* de Lorenzino de Médicis (1548), il reste clair que l'auteur a tout fait pour adapter ses emprunts à un public français : les rues et les églises sont celles de Paris, les allusions renvoient à l'histoire de France et la langue a une saveur bien gauloise. Les thèmes religieux et moraux sont eux aussi adaptés. L'imitation, que certains critiques ont voulu dénigrer, est en réalité une ouverture idéale pour définir en termes positifs les particularités du genre.

De la même manière, le prétendu manque de talent ou d'expérience de ces dramaturges doit se comprendre à la lumière de la conception qu'ils se faisaient de la comédie. La théorie du genre se limitait alors à quelques remarques rudimentaires glanées chez Horace et Donat. Les préceptes très généraux de la rhétorique antique restaient muets sur la conduite de l'intrigue et la psychologie des personnages dont les subtilités fascineront le XVIIe siècle. Aussi, bien que les rapports de la comédie française de la Renaissance avec la farce, la *commedia dell'arte* et la comédie italienne restent à définir de façon précise, il est clair aujourd'hui qu'on ne saurait interpréter la comédie du XVIe siècle à la lumière d'une esthétique anachronique qui n'est devenue que plus tard celle du classicisme français.

Voir aussi 1300, 1460, 1512, 1680

Bibliographie : François d'Amboise, *les Napolitaines,* éd. Hilde Spiegel (Heidelberg, Carl Winter, 1977). Jacques Grévin, *la Trésorière, les Esbahis*, éd. Élisabeth Lapeyre (Paris, Champion, 1980). Étienne Jodelle, *Eugène*, éd. Enea Balmas (Milan, Cisalpino, 1955). Pierre de Larivey, *les Esprits*, éd. Donald Stone (Cambridge, Mass., Harvard University Press, 1978). Jean de La Taille, *les Corrivaus*, éd. Denis Drysdall (Paris, Didier, 1974). Odet de Turnèbe, *les Contens*, éd. Norman B. Spector (Paris, Didier, 1961). Donald Stone, « Anatomy of a Moral : Seduction in Sixteenth Century French Comedy », in *Essays in Early French Literature Presented to Barbara M. Craig*, éd. Norris, J. Lacy et Jerry C. Nasch (York, S. C., French Literature Publications, 1982).

Donald Stone, Jr.

1553, mars

Cléopâtre captive, tragédie d'Étienne Jodelle, est représentée devant Henri II

Les origines de la tragédie française

La *Cléopâtre captive* d'Étienne Jodelle peut être considérée pratiquement, sinon chronologiquement, comme la première tragédie originale écrite en français. Bien qu'elle n'ait été publiée qu'en 1574, elle fut représentée pour la première fois à l'hôtel de Reims, résidence parisienne de Charles de Guise, cardinal de Lorraine, probablement au début de 1553. Cette date et ce lieu autorisent à penser que la représentation s'est déroulée, devant la cour royale, à l'occasion de la célébration du retour de François de Lorraine, duc de Guise, le frère du cardinal, qui venait de libérer Metz assiégé par Charles Quint.

La présence du roi à cette représentation revêt une signification politique et culturelle importante. En effet, Jodelle lui-même place Henri II au centre de la pièce. Le prologue, qui s'adresse au roi, le situe dans un cadre emprunté à la mythologie romaine et le présente comme le plus puissant des monarques : maître de la terre, des mers et du ciel, il est le digne fils de François Ier, qui « ranima » les Muses et les fit revenir en France. Ce n'est pas tant un roi, dit Jodelle, qu'« un Dieu dont la place / Se voit au ciel jà montrer son espace » (vv. 21-22). *Cléopâtre captive* devait donc, selon cet ordonnancement, publier les signes de la majesté royale, à la lumière d'une réflexion morale sur les caprices du destin.

Si le roi assiste en personne à la représentation, il est aussi le point d'origine de la tragédie et sa référence centrale. D'une part, la tragédie s'adresse à lui, d'autre part il y est représenté sous la figure d'Octavian (c'est-à-dire Octave, le futur Auguste) :

> ... Ici les désirs et les flammes
> Des deux amants : d'Octavian aussi
> L'orgueil, l'audace et le journel souci
> De son trophée empreints tu sonderas,
> Et plus qu'à lui le tien égaleras ;
> Vu qu'il faudra que ses successeurs mêmes
> Cèdent pour toi aux volontés suprêmes,
> Qui jà le monde à ta couronne vouent,
> Et le commis de tous les Dieux t'avouent (vv. 46-54).

Si le roi est à l'origine de la pièce, c'est parce que le souci de son « triomphe » et de son « nom » (v. 28) [c'est-à-dire sa gloire] a motivé la composition d'une tragédie qui, pour sa part, poursuit cet amour légendaire jusqu'à son dénouement catastrophique. L'issue tragique est fixée par un destin implacable. Octavian personnifie ce destin, comme Henri II personnifie pour la France l'espoir d'un nouvel ordre politique, national et centralisé.

À l'origine, la pièce était pourtant un exercice d'érudition plutôt qu'un commentaire politique délibéré. Jodelle faisait partie de la Brigade, la future Pléiade, qui rassemblait des étudiants, des poètes et des humanistes, dans deux collèges parisiens, ceux de Boncourt et de Coqueret. Immédiatement après cette première représentation, la pièce sera jouée au collège de Boncourt où enseignait l'humaniste Marc-Antoine de Muret, lui-même auteur d'un *Julius Caesar* en latin (cette première tragédie sur un sujet profane, composée en France, avait été jouée à Bordeaux vers 1540). Montaigne nous dira sa fierté d'avoir joué dans les tragédies de Buchanan, Guérente et Muret alors qu'il était élève au collège de Guyenne à Bordeaux (*Essais*, « De l'institution des enfants »).

Ce contexte érudit met en lumière le fait que la tragédie humaniste, avant son utilisation à des fins ouvertement politiques, constituait un élément essentiel de la nouvelle pédagogie. Sa renaissance correspondait à la redécouverte du théâtre gréco-latin adapté à un public nouveau, dans une culture différente. Il s'agissait d'inventer deux « langages » simultanément, celui de la tragédie comme genre et celui du français comme langue littéraire. C'était aussi l'occasion de mettre à l'épreuve les traductions utilisées pour enseigner la rhétorique et la stylistique. Les tragédies de Sénèque servaient déjà à cet effet depuis les débuts de l'imprimerie. Mais les tragédies grecques ne devinrent accessibles qu'assez lentement, à partir de la première moitié du XVIe siècle (Eschyle restera pratiquement inconnu). Du point de vue stylistique et thématique, ce sont les tragédies de Sénèque qui ont servi de modèle (sans doute parce que le public avait une bonne connaissance du latin). Mais, du point de vue de la perfection formelle, les tragédies grecques ont eu le plus d'influence, peut-être parce que l'on considérait que cette langue offrait des possibilités expressives supérieures.

En 1506, Érasme publie à Paris des traductions en latin d'*Hécube* et d'*Iphigénie en Tauride*, d'Euripide. Paraissent ensuite de nombreuses autres traductions, d'abord en latin, puis en français, des œuvres d'Euripide et de Sophocle. Le point culminant est atteint dans les années 1540 avec la représentation en France des deux premières tragédies originales de l'humaniste écossais George Buchanan : *Baptistes sive Calumnia* (*Baptiste, ou la Calomnie*) et *Jephtes sive Votum* (*Jephté, ou le Vœu*). Leur importance pour la nouvelle génération de poètes ne peut pas être surestimée. Dans ces deux tragédies, la découverte d'un langage capable d'exprimer une vérité partagée, adaptée aux faits, aux événements et aux relations humaines, joue un rôle important. Cependant, ni l'une ni l'autre ne parviennent à imposer une version de la vérité ou de la liberté humaine. Elles semblent refléter toutes deux le sentiment de plus en plus angoissé que la langue n'est pas seulement un obstacle à la compréhension mutuelle mais qu'elle peut être, en fait, totalement incapable de servir à véhiculer le moindre sens communautaire. Il est vrai que, à un autre niveau, ce thème est aussi une critique implicite du latin (langue dans laquelle ces tragédies sont écrites), incapable d'exprimer la nouvelle vision du monde.

Cette nouvelle vision implique que l'instrument s'efface en quelque sorte devant son « objet ». Bien qu'il soit familier, le latin n'en demeure pas moins une langue étrangère et cette étrangeté même l'empêche de céder le pas à ce qu'il cherche à exprimer. C'est sans doute à cause de ces intérêts concordants que la tragédie allait contribuer à un changement culturel plus général et jouer un rôle particulièrement important dans la transformation de la langue nationale en langue « précellente » : une langue capable d'exprimer une pluralité de pensées, sous des formes dont la diversité fût susceptible de plaire, mais capable surtout de rivaliser avec le grec et le latin. Les tragédies devaient être écrites, disait Joachim du Bellay, « pour l'ornement de [la] langue » (*Défense et illustration de la langue française*, p. 126). Et, plus tard, les auteurs des poèmes liminaires publiés en tête des tragédies de Robert Garnier loueront ce dernier d'avoir surpassé le théâtre antique, pourtant si bien servi par les langues classiques. À son époque comme d'ailleurs à la nôtre, Garnier était considéré comme le meilleur auteur de tragédies du XVIe siècle. On trouve un écho de cet éloge chez Jean Vauquelin de la Fresnaye qui, en 1605, dans son *Art poétique*, affirme que grâce à cette œuvre « notre langue passe aujourd'hui la plus brave » (p. 121). Une affirmation de ce genre devait avoir des implications profondes pour la langue nationale.

Ces aspects politiques et linguistiques de la tragédie humaniste seront, en effet, d'une importance considérable dans la phase ultérieure de l'évolution du genre. Chronologiquement, *Cléopâtre captive* ne fut pas la première tragédie originale en langue française. Cet honneur revient à l'*Abraham sacrifiant* du calviniste Théodore de Bèze, représenté à Lausanne en 1550. L'utilisation de la tragédie pour faire avancer la cause d'un parti religieux fait partie intégrante de son évolution. L'importance accordée à la langue vulgaire par la tragédie protestante est indissociable des discussions générales au sujet de l'interprétation de la Bible (pour les protestants, chaque individu est capable, à condition qu'on lui fournisse les moyens, de comprendre la Bible sans passer par la version latine autorisée par l'Église). Une pièce comme la *Tragédie du sac de Cabrières* (vers 1566), œuvre anonyme sur les horreurs d'un massacre perpétré par les catholiques mais qui accorde une place importante au problème du pouvoir du langage, met bien en relief les relations entre problématique linguistique et problématique politique.

L'*Abraham* de Théodore de Bèze montre que cette évolution doit autant à la tradition chrétienne locale qu'au passé gréco-latin. L'épisode d'Abraham se préparant à sacrifier son fils sur l'ordre de Jehovah figurait dans de nombreux mystères. Interdits à Paris par le Parlement en 1548, ceux-ci ne disparurent que progressivement en province. Les épisodes des mystères différaient d'ailleurs très peu de ceux des moralités, pièces qui restaient fort appréciées. La majorité des premiers auteurs de tragédies, qu'ils aient été protestants ou catholiques, considérait que le genre tragique avait des racines nationales étroitement liées à la culture de la fin du Moyen Âge. « La tragédie » écrivait Lazare de Baïf dans la préface de sa traduction de l'*Électre* de Sophocle (1537) « est une moralité composée de grandes calamités, meurtres, et adversités survenues aux nobles et excellents personnages. » Tandis que dans son *Art poétique français* de 1548, Thomas Sébillet écrivait : « La moralité française représente en quelque chose la tragédie grecque et latine, singulièrement en ce qu'elle traite faits graves et principaux. Et si le Français s'était rangé à ce que la fin de la moralité fût toujours triste et douloureuse, la moralité serait tragédie » (p. 161). Comme l'*Abraham* de Théodore de Bèze, la trilogie des *Tragédies saintes* du protestant Louis Des Masures, publiée à Genève en 1563, suit cette tradition.

Dans « De l'art de la tragédie », premier essai théorique en français sur le nouveau genre (1562), Jean de La Taille critique non seulement les « farces et moralités », mais aussi les tragédies comme celles de Théodore de Bèze et de Louis Des Masures qu'il juge « froides et indignes du nom de tragédie » parce qu'elles n'ont « ni sens ni raison » et sont souvent composées de « paroles ridicules, avec quelque badinage » (pp. 4-8). Il reproche à ce théâtre de ne pas suivre les règles d'Aristote et d'Horace, c'est-à-dire de ne pas se conformer à la règle des trois unités, de ne pas représenter des personnages profanes importants, même s'ils sont imparfaits, et de ne pas finir par une catastrophe. C'est que les doctes estiment maintenant que le français est arrivé à égaler le grec et le latin et qu'il doit rejeter un passé médiéval jugé trop primitif. Certains aspects de cette critique de la tragédie protestante apparaissent essentiellement comme l'écho de vingt années de conflits politico-religieux dont le point culminant est représenté par le massacre de la Saint-Barthélemy, l'année même où La Taille formule ses doléances esthétiques. La tragédie est alors considérée comme le genre littéraire le mieux à même de représenter les « piteux désastres advenus naguères en France par nos guerres civiles » (*ibid.*, p. 2) ainsi que l'écrit La Taille avec un optimisme un peu trop prématuré (les guerres de religion devaient durer encore plus de vingt ans).

La plupart des pièces incriminées, comme celles du protestant André de Rivaudeau (*Aman*, 1566) ou du catholique Nicolas de Filleul (*Achille*, 1563 et *Lucrèce*, 1566), se laissaient alors facilement interpréter à la lumière des guerres et de leurs atrocités. La même remarque vaut pour l'œuvre de Robert Garnier, qui comprend une série de tragédies sur des sujets gréco-romains et bibliques, depuis *Porcie* (1568) jusqu'aux *Juives* (1583), en passant par *Hippolyte* (1573), *Cornélie* (1574), *Marc Antoine* (1578), *la Troade* (1579) et *Antigone* (1580). Lieutenant criminel du Maine en 1574 et membre du Grand Conseil en 1586, Garnier était personnellement mêlé à la vie politique de son temps (il rejoignit la ligue catholique à la fin des années 1580 et mourut dans la pauvreté et la disgrâce en 1590). Son engagement transparaît dans toutes ses tragédies, tant par le choix de leur sujet que par le traitement qu'il fait des thèmes politiques abordés.

Les quelque vingt années pendant lesquelles Garnier écrivit représentent l'apogée de la tragédie humaniste française, bien que la production ultérieure, entre 1580 et 1610, ait été considérable et diverse. Les auteurs de tragédies ne se limitaient pas aux sujets gréco-romains et bibliques. Ils puisaient aussi leur inspiration dans l'histoire de France légendaire, médiévale ou récente, dans le roman de chevalerie (*Bradamante*, de Garnier [1582], emprunte son héroïne au *Roland furieux* de l'Arioste [1532]) et dans des sujets exotiques (*la Sultane*, de Gabriel Bounin [1561], est la première pièce à s'inspirer de l'Orient). La plupart de ces œuvres furent écrites par des individus relativement isolés qui se tenaient à l'écart du centre culturel de la nation. Elles furent représentées par des comédiens itinérants et des acteurs locaux dans des châteaux ou ailleurs, devant un public d'aristocrates et de bourgeois provinciaux. Il existait également des représentations privées dans les écoles et les collèges.

La province était plus ouverte à ces spectacles que la capitale, qui mit longtemps à accepter un théâtre professionnel sérieux. L'essor d'une culture dramatique officielle fut beaucoup plus lent en France qu'en Italie, en Angleterre ou en Espagne. Les guerres de religion furent certainement en partie responsables de ce retard. Les tensions ne se relâchèrent que vers la fin du XVIe siècle ; mais il fallait alors songer à reconstruire l'édifice socio-politique. L'assassinat d'Henri IV en 1610 devait d'ailleurs tout remettre en question. C'est alors qu'Antoine de Montchrestien (vers 1575-1621) publia ses pièces élégiaques d'un réalisme lugubre, derniers avatars de la tragédie humaniste.

Ce n'est que vers la fin des années 1620, après la période agitée de la régence de Marie de Médicis, que se constitua un public cohérent (qui n'était plus simplement un public de cour ou d'érudits). Deux troupes se faisaient alors concurrence à Paris, chacune ayant son théâtre permanent. Ces circonstances favorisèrent l'apparition d'une nouvelle génération d'auteurs dramatiques : Théophile de Viau, Jean Mairet, François Tristan l'Hermite, Pierre Du Ryer, Georges de Scudéry, Jean Rotrou, Pierre Corneille et d'autres. Ils créèrent une tragédie qui révélait une confiance dans les formes humaines du pouvoir. Confiance entièrement absente des œuvres de leurs prédécesseurs humanistes, même lorsqu'ils traitaient de sujets identiques. Le changement fut surtout marqué par un sens nouveau de la « psychologie » des personnages et de la responsabilité individuelle ainsi que par une insistance sur les relations entre individus. La question du langage en tant que telle perdit presque toute son importance et, si les problèmes politiques restaient très présents dans les sujets débattus, ils avaient cessé de servir à définir le rôle culturel de la tragédie dans la société française.

Voir aussi 1637, 1651, 1664.

Bibliographie : Lazare de Baïf, *Tragédie de Sophocles, intitulée, Electra traduicte en langue françoyse* (Paris, Étienne Roffet, 1537). Joachim du Bellay, *Deffense et illustration de la langue françoyse*, éd. Henri Chamard (Paris, Didier, 1948). Étienne Jodelle, *Œuvres complètes*, éd. Enea Balmas (Paris, Gallimard, 1965-1968). Jean de La Taille, « De l'art de la tragédie », in *Saül le Furieux ; la Famine, ou les Gabéonites : Tragédies*, éd. Elliott Forsyth (Paris, Didier, 1968). Thomas Sébillet, *Art poétique françoys*, éd. Félix Gaiffe (Paris, Cornély, 1910). Jean Vauquelin de la Fresnaye, *l'Art poétique*, éd. G. J. M. Pelissier (Genève, Slatkine, 1970). Timothy J. Reiss, *Toward Dramatic Illusion : Theatrical Technique and Meaning from Hardy to « Horace »* (New Haven, Yale University Press, 1971) ; *Tragedy and Truth : Studies in the Development of a Renaissance and Neoclassical Discourse* (New Haven, Yale University Press, 1980). Donald Stone Jr., *French Humanist Tragedy : A Reassessment* (Manchester, Manchester University Press, 1974).

Timothy J. Reiss

1553, juin

Quatre ans après avoir écrit le manifeste de la Pléiade, Joachim du Bellay part à Rome pour le regretter

Antiquité et amateurs d'antiques

« Là donc, Français, marchez courageusement vers cette superbe cité romaine : et des serves dépouilles d'elle (comme vous avez fait plus d'une fois) ornez vos temples et autels ! » (*Défense et illustration de la langue française*, p. 196). C'est sur cette exhortation patriotique que Joachim du Bellay conclut son ouvrage en 1549. Certes, l'appel à marcher sur Rome est métaphorique. Mais en assimilant l'imitation de la littérature classique au pillage des ruines de l'Antiquité, du Bellay ravivait l'image du sac de Rome en lui donnant un relief saisissant dans le contexte historique de la Renaissance française. Tout d'abord le caractère martial de la métaphore rappelle les guerres d'Italie qui ont commencé sous Charles VIII, en 1494, et vont se poursuivre jusqu'à la fin du règne d'Henri II (1547-1559). Au cours de cette période de nombreux soldats français ont effectivement marché sur Rome, Naples, Milan et d'autres villes italiennes à la poursuite d'un rêve illusoire, celui de la constitution d'un empire. L'image du pillage évoque plus spécifiquement le sac de Rome par les troupes de Charles Quint en 1527, conséquence catastrophique de la rivalité entre Français et Espagnols pour la domination de l'Italie. En même temps que les rois de France se laissaient emporter par leurs ambitions territoriales, les écrivains français, dans un élan de nationalisme, lançaient un défi à l'Italie pour la primauté culturelle en Europe. Ainsi, l'idée d'utiliser les dépouilles de Rome pour décorer les « temples » et les « autels » français exprime la foi dans la *translatio studii et imperii*, c'est-à-dire dans le transfert à la France moderne de la prééminence culturelle et politique de la Rome antique : obsession partagée par beaucoup de contemporains de du Bellay. Toutes ces connotations politiques et culturelles résonnent dans ces lignes qui engagent littéralement les écrivains français à se rendre à Rome pour que le spectacle direct de ses ruines les inspire à s'en approprier la gloire.

Aux avant-postes de cette marche sur Rome, il y avait les « antiquaires », ces collectionneurs humanistes, férus de l'Antiquité, qui parcouraient la ville à la recherche des restes de la grandeur romaine afin de les restaurer et de les conserver en France. Le cardinal Jean du Bellay, oncle et employeur de son neveu, Joachim du Bellay, était un des pionniers français de la profession. Ses fonctions de prélat et de diplomate le conduisaient à séjourner fréquemment dans la propriété qu'il possédait à Rome, près des thermes de Dioclétien. Les fouilles qu'il y a entreprises ont dégagé toutes sortes d'inscriptions et de statues antiques qu'il a rapportées en France soit pour les installer dans ses jardins de Saint-Maur, soit pour en faire don à la collection royale de Fontainebleau. C'était sa manière de mettre en pratique le pillage culturel préconisé par Joachim du Bellay dans la *Défense*.

Pour être guidé dans ses acquisitions, il arrivait à Jean du Bellay de demander son avis à son médecin, François Rabelais, qui l'avait accompagné à Rome au printemps 1534. Ce dernier avait profité de son séjour romain pour faire des recherches topographiques et visiter divers sites de fouilles, en particulier sur les terres de son maître. Il évoque ces expériences d'antiquaire dans la lettre-dédicace qui précède son édition de la *Topographia Romae Antiquae*, de Bartolommeo Marliani, parue à Rome puis à Lyon cette même année 1534, et qui devait contribuer à susciter l'intérêt des érudits pour l'étude des antiquités en France.

Sous François Ier, le maître antiquaire du royaume était le roi lui-même. Pour décorer sa résidence de Fontainebleau, il engagea de nombreux artistes italiens, dont le Primatice qu'il dépêcha à Rome en 1540 avec la mission d'en rapporter des objets antiques. Vasari raconte comment le Primatice arriva à localiser et à acheter cent vingt-cinq pièces antiques formant un ensemble de têtes, de bustes et de statues. Il fit aussi réaliser des moulages en plâtre des statues du Belvédère, au Vatican, dont la Vénus et le Laocoon qu'il fera couler en bronze à son retour en France. L'installation de ces statues à Fontainebleau, dans les jardins de la Reine, devait faire de la résidence royale une nouvelle Rome, selon l'expression flatteuse de Vasari. François Ier ne pouvait pas demander une reconnaissance plus explicite de sa réussite : il était parvenu à transférer en France le prestige de la culture de la Rome antique.

Les ambitions culturelles et politiques liées au goût français pour les antiquités ont laissé leur marque sur une grande partie des poèmes composés par du Bellay au cours des quatre années qu'il passa à Rome, entre 1553 et 1557. Il composa ses deux chefs-d'œuvre, *les Antiquités de Rome* et *les Regrets*, ainsi qu'un recueil de vers néo-latins, *Poemata* ; tous ces recueils seront publiés à Paris, en 1558. Le premier de ces recueils est inspiré par un culte d'un autre type pour l'Antiquité. Ce ne sont pas les vestiges matériels de la Rome antique que du Bellay cherche à remettre au jour mais plutôt les formes poétiques qu'il a pu y glaner et qui ont à ses yeux une valeur plus grande et plus durable. La résurrection imitative de la poésie latine s'inscrit dans le grand projet de *translatio* qui justifie l'intérêt des Français pour les antiquités romaines.

Parmi les thèmes anciens que du Bellay reprend dans *les Antiquités*, l'un des plus importants est celui de l'*exegi monumentum*, développé par Horace dans une ode où il se vante d'avoir construit un monument qui survivra à toutes les autres entreprises humaines. Bien que le thème de l'immortalité promise par la poésie ait joué un rôle important chez du Bellay dès ses premiers poèmes, comme dans les *Vers lyriques* de 1549, il faut attendre *les Antiquités* pour le trouver développé dans toute son ampleur et sa complexité. On y voit les ambitions du poète se heurter au spectacle de l'effondrement de la civilisation antique. Du Bellay commence par faire confiance à la poésie et les premiers sonnets opposent le caractère éphémère des monuments de l'architecture romaine à l'immortalité de la littérature latine. Mais, dans la suite du recueil, la ruine de Rome se généralise et se propage à tous les aspects de la civilisation antique. De sorte que, dans le sonnet final, du Bellay en est réduit à interroger ses vers et à leur demander, d'une voix plaintive, s'ils espèrent durer plus longtemps que les monuments de marbre romains. Même si leur ton donne souvent l'impression d'un humanisme désespéré par le spectacle de la précarité de l'art et l'éloignement de l'Antiquité, les poèmes des *Antiquités* atteignent une grandeur à la mesure des ambitions de leur auteur.

L'inspiration romaine de du Bellay ne se maintient pourtant pas exclusivement à une telle hauteur. La voix solennelle et monumentale des *Antiquités* n'est pas son seul registre. Le recueil le plus réussi, *les Regrets*, recourt à une variété de styles et de genres qui vont de l'élégie à la satire et à l'éloge de cour. Dans une série de vers inoubliables – « Las où est maintenant ce mépris de fortune » (sonnet 6), « Cependant que la cour mes ouvrages lisait » (sonnet 7), « France, mère des arts, des armes et des lois » (sonnet 9) –, du Bellay exprime à la fois son désir de faire œuvre poétique et son angoisse devant le tarissement des sources de son inspiration. Le thème de l'exil que développent les sonnets élégiaques du recueil reste le trait caractéristique de l'expérience romaine de du Bellay. Il y mêle le ton intime de la nostalgie du foyer lointain à des références littéraires à Homère et à Ovide. Les poèmes qui traitent le plus directement de Rome sont les sonnets satiriques qui occupent la partie centrale des *Regrets* et où du Bellay dénonce la corruption de la Curie romaine. Ces sonnets ne méditent plus sur les ruines de la Rome antique ; ils ridiculisent les coutumes de la Rome moderne, celle des papes Jules III et Paul IV. Sonnets satiriques, ils participent à leur manière à la visée archéologique du recueil, fouillant les vices de la Cité des papes pour les exposer au jugement public.

L'un des tableaux les plus vifs de cette Rome décadente se trouve dans le sonnet 80 des *Regrets*. Le poète parcourt la ville, observant au passage l'arrogance et l'hypocrisie des prélats, l'avidité des usuriers, l'impudence des prostituées – dont le nombre, comme il le remarque ailleurs, l'emporte de beaucoup sur celui des moines. S'il cherche à quitter cette « Rome neuve » qu'il réprouve pour se plonger dans la « vieille Rome » de son cœur, il n'y trouve rien que « de vieux monuments un grand monceau pierreux » (fig. 1). Cette manière de juxtaposer l'ancien et le moderne démystifie en partie l'humanisme grandiloquent qui dominait dans *les Antiquités*. Loin de déplorer la brèche infranchissable qui sépare le présent du passé, du Bellay préfère concevoir sur le mode ironique une continuité d'un autre type entre la Rome antique et la Rome moderne. Soudain, le passage de l'Antiquité aux temps modernes n'en devient que trop immédiat. Les monuments de Rome, au lieu d'incarner l'endurance exemplaire des empires culturels, ne sont plus eux-mêmes qu'un symptôme parmi d'autres de

1. Gravure sur bois attribuée à Jean Goujon. *Hypnérotomachie, ou Discours du songe de Poliphile nouvellement traduit de langage italien en français*, de Francesco Colonna (Paris, Jacques Kerver, 1546), p. 83 v°. (Beinecke Rare Book and Manuscript Library, Yale University.)

l'inévitable déclin des civilisations. Ainsi, dans *les Regrets*, l'ambition humaniste de faire revivre l'Antiquité a cédé la place à un sentiment de désillusion et d'aliénation qui constitue paradoxalement le registre le plus original et le plus prenant de la poésie de du Bellay.

À l'automne 1557, lorsque du Bellay se prépare à quitter l'Italie, Rome est assiégée par les forces espagnoles et ses habitants vivent dans la terreur d'un nouveau sac, comme en témoignent plusieurs sonnets des *Regrets* (sonnets 83, 113, 114, 116). Du Bellay, qui avait été le héraut du pillage de la Ville éternelle, en est devenu paradoxalement la victime, et ce revirement reflète bien les revers de la politique française à la fin de cette décennie. En effet, le départ du poète d'Italie coïncide approximativement avec le retrait des forces françaises, commandées par François de Lorraine, duc de Guise. Ses services sont requis contre les troupes espagnoles qui, venues des Pays-Bas, marchent sur Paris après leur victoire en Picardie. La marche sur Rome va donc déboucher sur une retraite d'Italie lorsque la France met un point final à ses campagnes dans la péninsule pour faire face aux guerres civiles qui la déchirent et font paraître étrangement dérisoires aussi bien l'amour des antiquités que les ambitions impériales. Et pourtant, tant qu'elle a duré, cette fascinante recherche de l'Antiquité a pu inspirer certains des monuments les plus durables de la littérature française.

Voir aussi 1528, 1549, 1550.

Bibliographie : Joachim du Bellay, *les Regrets et autres œuvres poétiques*, éd. M. A. Screech (Genève, Droz, 1979). Gilbert Gadoffre, *Du Bellay et le sacré* (Paris, Gallimard, 1978). Thomas Greene, « Du Bellay and the Disinterment of Rome », in *The Light in Troy* (New Haven, Yale University Press, 1982). Eric McPhail, « The Roman Tomb or the Image of the Tomb in du Bellay's *Antiquitez* », *Bibliothèque d'Humanisme et Renaissance*, n° 48 (1986).

Eric McPhail

1555, juillet

Les *Œuvres* de Louise Labé paraissent à Lyon

Un pétrarquisme d'un autre genre

Louise Labé (1526-1566), fille et femme de riches cordiers lyonnais, évolue dans un milieu socio-culturel commun à la plupart des femmes poètes de la France de son temps. Lyon, la ville où elle réside, passe alors pour la capitale intellectuelle du royaume et bénéficie d'une relative indépendance vis-à-vis des pratiques de la cour et de la surveillance de la Sorbonne. Par sa naissance et son mariage, elle appartient à la nouvelle bourgeoisie qui considère qu'une éducation consacrée aux belles-lettres est, pour ses filles, la marque d'un statut social élevé. Grâce à sa participation à une vie culturelle relativement ouverte, et en particulier aux échanges amicaux et littéraires qui ont cours dans les salons lyonnais, elle s'initie aux traditions poétiques dominantes de l'époque, le pétrarquisme et le néo-platonisme. Cependant, en reprenant ces traditions dans ses vingt-quatre sonnets et ses trois élégies, Louise Labé en modifie profondément l'esprit, tout comme le font sa concitoyenne lyonnaise Pernette du Guillet avec ses épigrammes et Catherine des Roches, de Poitiers, avec ses poèmes en forme de dialogues. L'auteur de chacune de ces œuvres manie avec brio les rhétoriques amoureuses de l'époque, que ce soit le drame pétrarquiste de l'absence ou l'ascèse néo-platonicienne de la sublimation, mais sans souscrire pour autant aux présupposés idéologiques du discours amoureux de leurs prédécesseurs masculins. Le « je » ostensiblement solitaire de chacune de ces trois femmes s'adresse à un lecteur cultivé dont elles attendent qu'il perçoive la nouveauté du dialogue qu'elles poursuivent avec les pratiques poétiques de leur temps.

Pernette du Guillet naît à Lyon vers 1520. Elle étudiera la musique et les langues, épousera un gentilhomme de sa ville et mourra de la peste, à l'âge de vingt-quatre ans. Pourtant, dès 1540, la réputation de ses chants et de ses poèmes a gagné Paris. Ses *Rimes*, publiées après sa mort en 1545, comprennent quelque soixante-dix poèmes écrits dans le langage du néo-platonisme sous forme d'épigrammes. Cette forme est pratiquée simultanément par un autre poète lyonnais, Maurice Scève, dont Pernette a fait la connaissance en 1536 et qui fait d'elle l'héroïne de son propre recueil de dizains, la *Délie* (1544). Dans ses poèmes les plus anciens, Pernette du Guillet se présente comme l'humble disciple de Scève qu'elle célèbre comme son « Jour », faisant de lui la source de son illumination spirituelle et de ses ambitions poétiques. Pourtant, alors que le néo-platonisme de la *Délie* est troublé par des accès de frustration érotique, celui de Pernette du Guillet reste rigoureusement pur. Là où Scève évoque la jalousie qui le tourmente lorsqu'il imagine les rapports sexuels de Délie avec son mari (dizain 161), là où il célèbre le « doux mourir » de l'union amoureuse qu'il convoite (dizain 136), Pernette du Guillet, même si elle lui fait écho, déplace l'accent sur le devoir et l'honneur dont elle fait les véritables plaisirs de l'amour (« Dieu aveuglé, tu nous a fait avoir / Du bien le mal en effet honorable : / Fais donc aussi que nous puissions avoir / En nos esprits contentement durable » [épigramme 13]). Elle connaît le *Lysis* de Platon, consacré à l'amitié et dont la traduction française par Bonaventure des Périers vient de paraître à Lyon, ainsi que les dialogues sur l'amour de Léon l'Hébreu et de Sperone Speroni. En bonne platonicienne, elle présente l'amour comme une ascèse spirituelle poursuivie en commun par les amants pour leur plus grand bien ultime. La simplicité savante de ses premières épigrammes célèbre la transformation que l'amour a opérée en elle, l'élévation intellectuelle à laquelle son bien-aimé l'a conduite et la « vraie amitié » (épigrammes 17, 37, 50 ; chansons 3, 4, 9 ; élégie 1) qui naît de l'égalité et de la stabilité des rapports amoureux. Dans les poèmes qui sont des réponses directes à des dizains de Scève, elle corrige les « jeunes erreurs » de l'auteur de la *Délie* à qui elle rappelle que, dans l'amour idéal, la primauté revient à la raison et à l'esprit (épigrammes 13, 16, 48). Ce néo-platonisme de stricte obédience procure à Pernette du Guillet une double justification de ses ambitions de femme et de poète. D'une part, en observant l'idéal d'humilité et de chasteté qui est essentiel au néo-platonisme, elle acquiert le droit à l'expérience spirituelle que le néo-platonisme promet au parfait amant philosophe ; mais d'autre part, l'humilité et la chasteté étant les vertus que les bienséances exigent alors d'une femme, cette même observance lui permet de racheter par la pureté de ses motivations l'audace dont elle fait preuve en pénétrant dans un domaine réservé aux hommes, celui de la poésie. Sa soumission à l'idéal néo-platonicien peut donc passer pour une assimilation compensatrice : en souscrivant à une théorie admissible de l'amour et en utilisant un vocabulaire codé, elle peut contourner l'interdit qui condamne la femme à s'effacer dans le silence.

Il est possible que les vingt-quatre sonnets publiés par Louise Labé dans ses *Œuvres* (1555) aient été adressés à Olivier de Magny, poète lui aussi et qui était passé par Lyon au cours de son voyage vers Rome (il en cite plusieurs passages dans ses propres *Soupirs*, 1556). La poésie de Louise Labé obéit en apparence au modèle pétrarquiste. Séparée de son bien-aimé, celle-ci chante ses vertus, lui reproche son indifférence, le supplie de répondre à son désir et décrit les contradictions affectives de son « martyre » (sonnet 23). Mais son rapport au discours pétrarquiste est plus complexe et plus critique que celui de Pernette du Guillet au néo-platonisme. Dans le dix-huitième sonnet, par exemple – « Baise m'encore, rebaise moi et baise » –, elle imite ouvertement le caractère sensuel de la poésie érotique latine : si Catulle quémandait des baisers à Lesbie, elle peut bien en réclamer à son bien-aimé à qui elle promet d'en rendre quatre pour un. Dans les tercets, elle justifie une démarche aussi inhabituelle en mettant sa franchise sur le compte de la « folie » qui la pousse à fantasmer l'union physique si intensément.

Une autre manière de contourner les conventions pétrarquistes peut s'observer dans le sonnet 21, sorte de blason inavoué du corps masculin. Alors que dans les blasons traditionnels du corps féminin les poètes reprennent inlassablement les critères établis par Pétrarque dans sa description de Laure, Louise Labé s'interroge avec hésitation sur les critères de la beauté masculine : « Quelle grandeur rend l'homme vénérable ? / Quelle grosseur ? Quel poil ? Quelle couleur ? » Le sonnet 23 met encore en scène une autre manière de se distancier du blason traditionnel : Louise Labé y reproche à son bien-aimé le caractère conventionnel des louanges que lui ont inspirées sa « tresse dorée » et ses yeux comparés « À deux soleils, dont Amour finement / Tira les traits ». Avec une ironie mordante, elle dénonce l'hypocrisie d'un tel langage. S'il n'est pas accompagné d'un attachement durable, le compliment pétrarquiste ne mérite qu'une citation méprisante. Cependant, elle atténue sa critique en concédant, avec une lucidité admirable, que c'est le « dépit » qui la fait ainsi parler.

Sous la plume de Louise Labé, les clichés poétiques font donc l'objet d'un scepticisme acerbe, tempéré par l'obligation où elle se trouve de respecter l'imagerie séculaire du *Canzoniere* (1374), de Pétrarque.

Vingt ans plus tard, paraissent *les Œuvres des dames des Roches de Poitiers, mère et fille* (1578), qui rassemblent les écrits de Madeleine, femme d'un avocat poitevin, et de sa fille Catherine. Les vingt-six sonnets de Catherine font dialoguer un couple idéal, Sincero et Charite, dans un mélange de néo-platonisme et de pétrarquisme. Charite était l'anagramme imparfait du nom de l'auteur. Catherine animait avec sa mère un salon littéraire que plusieurs magistrats parisiens fréquentèrent à l'occasion des « grands jours » de Poitiers en 1579. Le plus célèbre recueil de poèmes composés par divers membres de ce salon, *la Puce*, fut édité par l'un de ces visiteurs, Étienne Pasquier, et publié à Paris en 1583. Catherine des Roches y utilise le néo-platonisme comme une arme pour répondre à divers blasons salaces consacrés à une puce que Pasquier aurait vue se poser sur son sein. Dans sa réplique à Claude Binet, dont le poème suivait le trajet de la fameuse puce dans les replis de sa robe, Catherine ne relève que la référence finale à Minerve, déesse heureusement fort sage et qui garantira des égarements ainsi suggérés. Dans la préface du même recueil, au lieu de s'approprier la voix du poète amoureux, Catherine présente Sincero comme le type du « parfait amant » dont elle compare le portrait à ceux de l'orateur et du courtisan exemplaires. De la même manière, Charite est présentée sous les traits de la maîtresse idéale, celle qui apporte à Sincero une aide morale et l'engage à poursuivre une voie toute spirituelle. Ainsi les dialogues lyriques de Sincero et de Charite offrent-ils une curieuse version néo-platonicienne du pétrarquisme. Dans le sonnet 9, Sincero décrit sa fiévreuse jeunesse en employant l'image du navire secoué par la tempête, métaphore utilisée depuis Pétrarque comme emblème des souffrances de l'amant en proie à la passion. Sincero greffe cependant un compliment néo-platonicien sur cette convention pétrarquiste : c'est le « saint honneur » de Charite qui a mis fin à ses erreurs de jeunesse. Catherine des Roches ajoute donc un élément intellectuel et moral (« un esprit admirable et un divin savoir », sonnet 1) à la liste des attraits énumérés dans le blason pétrarquiste traditionnel. Elle renverse aussi la prétention des poètes masculins à fonder l'éternité de leur bien-aimée sur leur propre œuvre poétique. Si, dans le sonnet 12, Sincero fait l'éloge des « doctes écrits » de Charite, ce n'est pas sans souligner le fait que la gloire de l'homme est confiée aux soins de la femme poète. Cette révision néo-platonicienne du pétrarquisme apparaît comme une « transvocalisation » féminine des discours masculins : en faisant parler le parfait amant par ses vers, la femme poète affirme l'autorité morale et poétique d'une héroïne construite à sa propre image.

Les contemporains ont été surtout sensibles aux dangers auxquels s'exposait une femme écrivain dont « l'honnêteté » (c'est-à-dire l'honneur) pouvait être mise en cause par le fait même qu'elle publiait ses œuvres. Aussi, pour calmer les soupçons des lecteurs, Antoine du Moulin, l'éditeur de Pernette du Guillet, insistera dans son introduction sur la vertu et la spiritualité de l'auteur des *Rimes*. Quant à Louise Labé, sa prétendue promiscuité fera l'objet de diverses accusations, notamment de la part de Calvin et d'un notable lyonnais, Claude de Rubys, qui verront en elle une « courtisane publique ». Le commentaire de Pasquier, qui s'étonne de trouver en Catherine des Roches un mélange d'esprit et de décence, est typique de l'ambivalence de l'époque à l'égard des femmes poètes. Plus tard, on tentera de leur inventer des biographies romanesques, de leur trouver des amants célèbres, mais sans guère s'intéresser aux stratégies d'écriture qui leur ont permis de se créer une place dans la bibliothèque des honnêtes lecteurs. L'étude consacrée à Pernette du Guillet par Verdun-Louis Saulnier en 1944 est la première à avoir substitué aux conjectures sur la vie privée de ces femmes une analyse rigoureuse de leurs œuvres dans le contexte social et littéraire qui était le leur. Des études postérieures sur l'histoire de la culture urbaine, comme celles de Nathalie Zemon Davis et de Jacqueline Risset, ont en outre révélé des éléments importants qui permettent de comprendre cette poésie à la fois en tant qu'appropriation et contestation du système poétique alors en place dans l'Europe du XVIe siècle.

Bibliographie : Madeleine et Catherine des Roches, *les Œuvres de Mes-dames des Roches de Poetiers, mère et fille* (Paris, Abel L'Angelier, 1578). Pernette du Guillet, *les Rymes de Pernette du Guillet*, éd. Victor Graham (Genève, Droz, 1968). Louise Labé, *Œuvres complètes*, éd. François Rigolot (Paris, Flammarion, 1986). Georges Diller, *les Dames des Roches : étude sur la vie littéraire à Poitiers dans la deuxième moitié du XVIe siècle* (Paris, Droz, 1936). Jacqueline Risset, *l'Anagramme du désir : essai sur « la Délie » de Scève* (Rome, M. Bulzoni, 1971). V.-L. Saulnier, « Étude sur Pernette du Guillet et ses *Rymes* », in *Bibliothèque d'Humanisme et Renaissance*, n° 4 (1944).

Ann Rosalind Jones

1555, 13 septembre

Le privilège du roi est octroyé à la *Dialectique* de Pierre de la Ramée (dit Ramus), premier ouvrage philosophique publié en français

Des livres imprimés

L'invention de l'imprimerie a transformé l'écriture de la Renaissance en jetant à bas les systèmes médiévaux de contrôle du texte, patristique ou scolastique, fondés sur l'*auctoritas* (autorité) et la tradition. Montaigne fut le témoin privilégié de cet âge de transition et c'est à travers les sévères critiques de ses *Essais* par Antoine Arnauld et Pierre Nicole, Blaise Pascal et Nicolas de Malebranche, qu'un nouveau système de contrôle, une nouvelle éthique de l'écriture devait voir le jour au XVIIe siècle. Mais Pierre de la Ramée, dit Ramus (vers 1515-1572), philosophe et logicien, joua un rôle encore plus important dans l'élaboration d'un nouveau modèle textuel inspiré de l'imprimerie.

En 1536, Ramus se fit une réputation d'iconoclaste en défendant en Sorbonne une thèse qui remettait brutalement en cause l'hégémonie de la tradition aristotélicienne en philosophie et en théologie. « Tout ce qu'a dit Aristote est *commentitia* », soutint-il, c'est-à-dire invention ou falsification, du fait d'Aristote lui-même ou de ses commentateurs. Ramus laissait toutefois clairement entendre qu'il s'agissait moins de condamner Aristote que de dénoncer le rôle que lui faisait jouer l'Université en l'érigeant en autorité *(auctoritas)* suprême. Dans la préface de sa *Dialectique* (1555), Ramus déclarait son intention de faire revivre la dialectique, discipline abandonnée depuis que Galien avait imposé l'aristotélisme. Au-delà d'Aristote, c'est l'argument d'autorité que Ramus condamnait sans appel au nom de la raison, devançant en cela Descartes.

La *Dialectique*, de Ramus, fut la première œuvre philosophique écrite en français : le choix de la langue vulgaire était lié au refus de l'*auctoritas*, identifiée au grec et au latin, ainsi qu'à l'abandon du commentaire et à l'exigence d'un retour au texte. L'œuvre de Ramus est contemporaine de la Réforme. Ramus se convertit lui-même au protestantisme en 1561, dut s'exiler en Suisse et en Allemagne de 1568 à 1571, et fut assassiné lors des massacres de la Saint-Barthélemy. Bien que le « ramisme », c'est-à-dire la méthode de Ramus, ait marqué davantage les pays gagnés par la Réforme et que sa *tabula rasa* ait été éclipsée en France par le doute méthodique de Descartes, sa contribution à l'histoire du texte est essentielle.

Ramus condamne le genre du commentaire comme inséparable de son mode de transmission, à savoir la copie, qui par définition corrompt le texte à cause des distorsions et des erreurs de lecture. Le développement de l'imprimerie eut une influence profonde sur la vie intellectuelle de la Renaissance, influence qui ne se réduit pas à l'incidence de la diffusion de masse. Bien avant que le tirage des ouvrages imprimés ne dépasse la production des plus grands ateliers de copie, l'imprimerie avait transformé les modèles de la lecture et de l'écriture, modifié la théorie du langage.

Les *Dialecticae partitiones*, de Ramus (1543), sont entièrement imprimées en caractère romain, à l'exception de la préface, qui est en italique. Mais dans sa *Dialectique* en français, toutes les citations, c'est-à-dire tous les textes étrangers, sont distingués par la typographie : l'italique signale les vers, des virgules retournées – les futurs guillemets – entourent les citations en prose. Ces signes, qui seront tout à fait institués au XVIIe siècle, apparaissent ici pratiquement pour la première fois. Ramus y aura recours dans tous ses ouvrages ultérieurs, séparant avec rigueur son propre discours des textes étrangers, évitant que les citations deviennent des arguments d'autorité, soulignant ainsi leur nouveau statut d'exemples raisonnés ou d'illustrations. Cette innovation fut décisive : c'est seulement avec l'imprimerie, et pratiquement pour la première fois chez Ramus, qu'un texte fit clairement ressortir ses citations.

Avant l'imprimerie, les divers éléments d'un texte n'étaient pas précisément séparés. Le texte, précédé ou non d'un titre, se déroulait de façon continue, sans interruption, à la manière de la voix ou du discours conçu comme un *flumen orationis,* un torrent de paroles. La forme du texte, son aspect matériel, n'indiquait au lecteur rien de son organisation interne. Le contenu du texte devait signifier lui-même sa propre structure, en suivant par exemple les règles de la *dispositio* (la seconde partie de la rhétorique après l'*inventio*, ou « invention ») qui enseignaient comment « disposer » les idées de façon efficace. C'est cette disposition rhétorique qui nous permet aujourd'hui, pour rendre l'accès des textes anciens plus aisé au lecteur moderne, de les présenter en leur ajoutant une division en paragraphes et en donnant à ceux-ci des sous-titres. Une telle surimpression signifie qu'un modèle spatial du texte, le livre imprimé, s'est substitué à un modèle linéaire, celui du manuscrit. Ceux-ci s'opposent comme la voix et le regard. Lorsqu'on lit à haute voix un nouveau texte imprimé, dont la disposition dans l'espace est pertinente, certaines informations sont perdues, comme les signes de ponctuation et les particularités de la mise en page qui ne peuvent pas être rendues par la voix. La page imprimée demande une lecture visuelle car la typographie rend la structure du texte immédiatement apparente.

Deux éléments qui nous semblent aujourd'hui inséparables de l'idée de livre, à savoir la page de titre et la table des matières, sont apparus avec l'imprimerie et confirment la transformation du modèle textuel. Les premiers livres imprimés commençaient directement par la première phrase du texte et se terminaient par un colophon, c'est-à-dire une note finale donnant des indications relatives à son impression, à la manière des manuscrits. Bientôt cependant, une première page richement décorée indiqua le titre du livre, le nom de son auteur et celui de l'imprimeur, la date et le lieu de publication, la marque de l'imprimeur enfin. Le titre donné par l'auteur devient le nom même du livre : il n'est plus prélevé sur le déroulement du texte comme ces titres latins qui commençaient par la préposition latine *de*, « sur, au sujet de ». La marque de l'imprimeur correspond à un nouveau type de signe : l'emblème qu'un individu choisit pour le représenter en particulier. Comme l'emblème, elle est souvent accompagnée d'une épigraphe. La page de titre, avec ses différents éléments et sa combinaison d'un texte et d'une image, rappelle la disposition typique des livres d'emblèmes, destinés à être regardés plutôt qu'à être lus et qui furent très en vogue pendant la Renaissance.

La nouvelle table des matières se situe à l'autre bout du livre. Appelée d'abord *index locorum,* ou « index des lieux », elle donne la liste des *loci*, « lieux ou emplacements » propres à chaque ouvrage. L'expression rappelle la vieille topique rhétorique, c'est-à-dire la grille des arguments ou lieux communs à tous les genres de discours, mais elle désigne cette fois un texte dans sa singularité. Ainsi, l'*index locorum* souligne le passage à une conception du livre comme entité individuelle et originale. Il donne dans l'ordre la liste des titres et sous-titres des chapitres ainsi que les pages correspondantes. Ramus poussa plus loin que quiconque cette représentation spatiale ou diagrammatique du livre. Il fit suivre ses livres non pas d'un simple répertoire ou catalogue des matières mais d'une projection du volume sur un plan, véritable carte qu'il appela une « table ». Il désigne ainsi un organigramme, un arbre représentant la structure de l'ouvrage sur une grande page repliée en fin de volume. Ainsi, dans la *Dialectique,* la table commence par diviser le titre en tous ses constituants : « Dialectique comprend deux parties, invention et jugement », et ainsi de suite (fig. 1). La table de Ramus exploite à fond les possibilités techniques qu'offre la page imprimée. Rien n'a été inventé depuis pour indiquer de façon plus immédiate le contenu d'un ouvrage.

Dans les deux versions de sa *Grammaire* (1562 et 1572), Ramus témoigna d'un intérêt semblable pour l'imprimerie. Une preuve en est donnée par le remplacement du terme habituel de « lettre » par celui de « caractère » pour désigner la plus petite unité de la langue. Le mot « lettre » était ambigu car il désignait traditionnellement à la fois le son et la figure, la langue parlée et la langue écrite. Ramus inventa donc de nombreux caractères typographiques nouveaux pour distinguer les divers sons correspondant aux anciennes lettres. Il proposa une réforme de l'écriture pour qu'à chaque son corresponde un caractère différent. Antoine Arnauld et Pierre Nicole devaient condamner de tels projets de réforme dans la *Logique* de Port-Royal (1662), alléguant qu'ils couperaient notre langue de son histoire, dont l'orthographe garde la trace. Ce que l'on gagnerait en clarté, on le perdrait en renseignements sur l'histoire

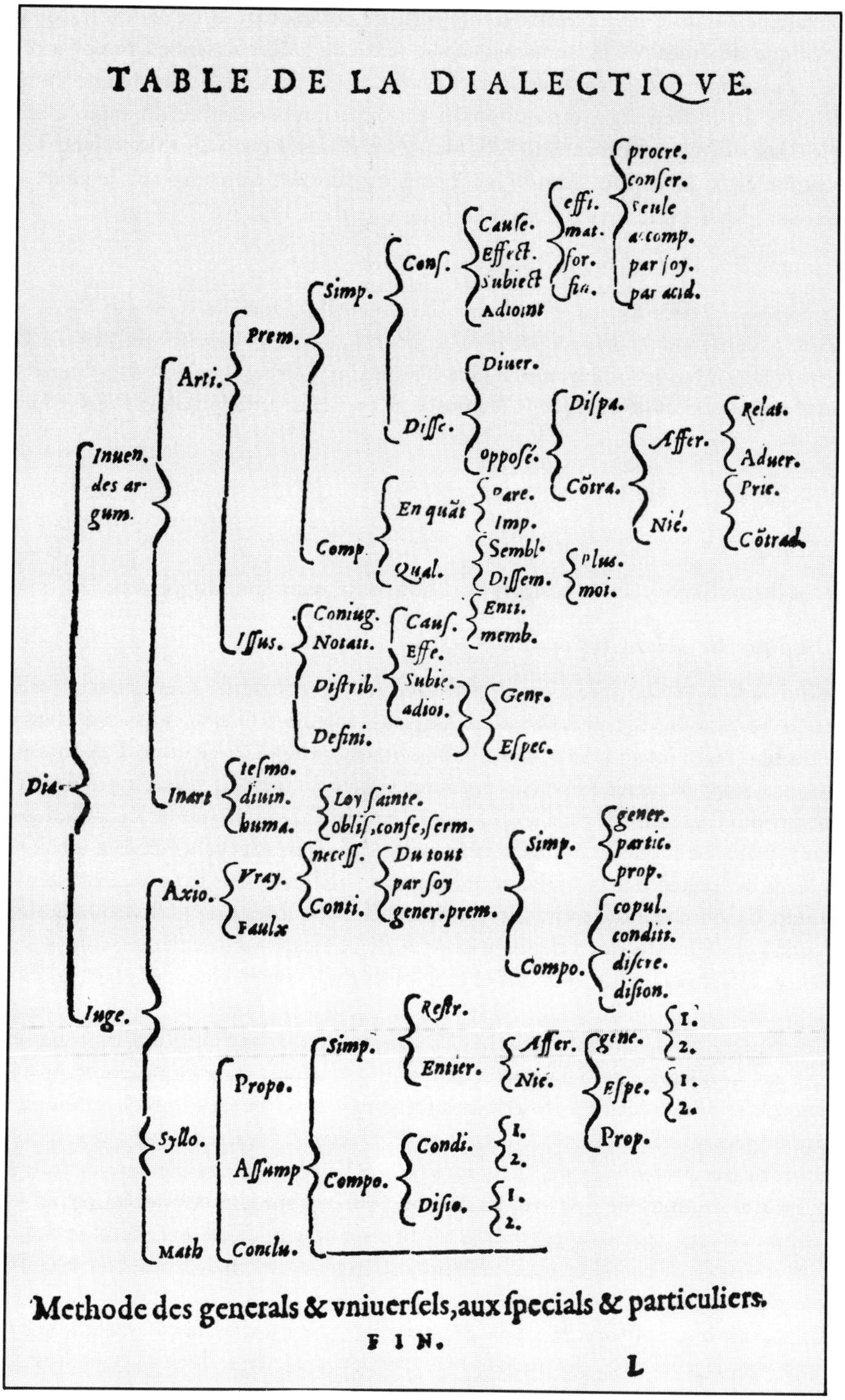

1. La table de la dialectique, Pierre de la Ramée, *Dialectique* (Paris, André Wechel, 1555), p. 1. (Bibliothèque nationale, Paris.)

de la langue. Mais le rêve ramiste d'une écriture congruente et de signes transparents est typique de l'idéal de la Renaissance. Le texte de la Renaissance cherche à réaliser cette transparence du signe et cette évidence de la page. L'emblème remplace l'allégorie du Moyen Âge, qui supposait une relation ésotérique du signe à un sens caché. Les *Adagia*, d'Érasme (1500, *Adages*), et les *Essais*, de Montaigne (1580), partagent cette ambition. Mais l'incidence du modèle imprimé sur le texte de la Renaissance n'est nulle part aussi manifeste que dans l'œuvre de Ramus.

Voir aussi 1123, 1267, 1534 (17-18 octobre), 1536.

Bibliographie : Petrus Ramus, *Dialectique,* éd. Michel Dassonville (Genève, Droz, 1964). Antoine Compagnon, *la Seconde Main, ou le Travail de citation* (Paris, Seuil, 1979). Lucien Febvre et H. J. Martin, *l'Apparition du livre* (Paris, Albin Michel, 1958). Walter Ong, *Ramus : Method and the Decay of Dialogue* (Cambridge, Mass., Harvard University Press, 1958).

Antoine Compagnon

1562

Maurice Scève récrit l'histoire de l'humanité dans son *Microcosme*

La poésie scientifique

Lorsque Adam et Ève furent chassés du paradis terrestre, ils firent contre mauvaise fortune bon cœur, construisirent un abri de fortune, inventèrent une charrue et labourèrent le sol jusqu'à en obtenir une nourriture digne de ce nom. Tels furent chez nos aïeux, selon Maurice Scève, les premiers signes d'un esprit inventif qui devait petit à petit conduire leurs rejetons à dominer la nature et la maîtriser. Dans le *Microcosme* (1562), poème encyclopédique de trois mille trois vers, Scève s'emploie ainsi à lever la malédiction jetée par la tradition biblique et médiévale sur la folle curiosité de nos premiers parents et à défendre éloquemment les ressources de l'être humain. Certes, concède-t-il, il existe des risques à ce « curieux désir toujours insatiable » (*Microcosme*, v. 89) de maîtriser le monde, car, à force d'expérimenter les choses, l'homme peut se tromper lui-même.

Une vingtaine d'années après le *Microcosme*, dans une optique plus nettement religieuse, Guillaume de Salluste du Bartas (1544-1590), prolifique poète protestant au souffle épique, récrit en de grandes fresques tumultueuses le récit biblique de la création (*Première Semaine*, 1578, et *Seconde Semaine*, 1584). Le respect que lui inspire le courage de l'homme et de la femme face à l'adversité des éléments explique les nombreuses éditions de l'œuvre, les commentaires dont elle fait l'objet et l'influence qu'elle a exercée, par exemple en Angleterre où, par le biais de la traduction de Josuah Sylvester, du Bartas a pu offrir une source d'inspiration considérable pour *le Paradis perdu*, de Milton.

La « poésie scientifique » de la Renaissance, c'est-à-dire la poésie qui se donne pour objet de célébrer la connaissance (« science ») de l'univers, naît ainsi d'une bouffée de lyrisme devant l'immensité des possibilités humaines, avec leurs promesses et leurs menaces. Dans cette poésie se côtoient avec profusion des thèmes et des styles qui procèdent d'une vision du monde aux facettes multiples : celles de la science, de la religion et de la magie, qui deviendront bientôt incompatibles, mais qui, au XVIe siècle, pouvaient encore coexister au sein d'une cosmologie géocentrique.

Parmi les principaux poètes « scientifiques », il faut citer Jacques Peletier du Mans (*l'Amour des amours*, 1555), Jean-Antoine de Baïf (*le Premier Livre des météores*, 1567) et Isaac Habert (*les Trois Livres des météores*, 1585). Ils puisent leur inspiration dans le monde des phénomènes astronomiques et météorologiques, auscultant le climat, les comètes et leurs prétendus présages. Plutôt qu'aux modèles d'explication traditionnels que proposait le quadrivium médiéval (arithmétique, géométrie, astronomie et musique), ils font appel aux grandes encyclopédies philosophiques comme la *Margarita Philosophica* (1496), de Georg Reisch, et se complaisent dans un étrange mélange d'observations empiriques et d'interprétations ésotériques du magique et de l'occulte. Chaque poète pouvait ainsi se faire passer pour un mage, un prophète éclairé, capable de voir au-delà des phénomènes mécaniques et de brosser, en des vers éloquents et souvent mystiques, sa vision des relations complexes qu'entretiennent le cosmos et la créature humaine, le microcosme.

En 1555, Ronsard, chef de file de la Pléiade, avait publié ses *Hymnes*, poèmes visionnaires dont le charme doit beaucoup à la sensualité des allégories scientifiques qu'ils contiennent. Leurs descriptions d'un cosmos glorieux inspirent le respect et une certaine inquiétude devant cette étrangeté surnaturelle. Comment ne pas s'effrayer devant l'omniprésence de « démons » fantomatiques, bons ou mauvais esprits de la métaphysique néo-platonicienne dont l'influence agit sur le cours des étoiles aussi bien que sur les humeurs des êtres humains (« Hymne des démons ») ?

Sur un mode différent, Peletier recourt au rythme incantatoire de l'harmonie imitative pour évoquer les bruits cosmiques, dont la discordance inspire une terreur sublime (comme dans son poème sur le tonnerre, dans *l'Amour des amours*). Plus tard, dans sa *Louange de la science* (1581), il décrira l'univers comme une machine abstraite, purifiée, fondée sur un vaste système de signes dont le déchiffrement requiert une numérologie ésotérique.

L'inspiration scientifique changera, vers 1570, avec Guy Le Fèvre de La Boderie (1541-1598), probablement le plus grand poète scientifique du siècle, savant orientaliste, traducteur de Marsile Ficin et de Jean Pic de la Mirandole (*Encyclie des secrets de l'éternité*, 1571 ; *la Galliade, ou De la révolution des arts et sciences*, 1578). Les spéculations cabalistiques retrouvent leur place dans un humanisme qui devient élitiste en vieillissant et se mêlent à la science des nombres et des proportions dans de longs poèmes hermétiques, ponctués de superbes passages de magie incantatoire. En mélangeant des éléments empruntés au christianisme, au néo-platonisme et au judaïsme, La Boderie entend faire traverser à ses lecteurs la brume épaisse des vérités multiples avant de leur donner le sentiment poétique de l'unité éternelle. Mais l'attrait réel de sa poésie vient de la virtuosité avec laquelle il puise en toute liberté et toute indépendance dans la tradition hermétique pour exprimer les vérités mystérieuses et paradoxales de l'univers.

L'alchimie est également un des sujets favoris de la poésie scientifique, en particulier vers la fin du siècle. Le cas de François Béroalde de Verville (1556-1623) mérite une mention particulière. Si sa poésie peut passer, à première vue, pour de la philosophie médiévale mise en vers, son insistance sur les propriétés occultes du *pneuma* (« le souffle de vie ») s'adresse à l'alchimiste éclairé en quête de la forme ultime de toutes choses (*De l'âme et de ses facultés*, 1583 ; *l'Histoire des vers qui filent la soie. La Sérodokimasie*, 1600).

Au début du XVIIe siècle, la poésie scientifique cesse d'être un genre à part, probablement parce que la mystique sur laquelle elle est fondée ne résiste plus devant l'acceptation croissante des théories de Copernic. Devenu moins intéressé et plus rationnel, le regard du savant sur le monde s'attache à des phénomènes sélectifs et fragmentaires, sans chercher à tout prix une vision d'ensemble ou d'harmonie. Partie à la recherche d'un discours méthodique, la science va se méfier des séductions de la voix lyrique : elle en perdra la faculté de s'exprimer en termes poétiques.

Voir aussi 1647, 1753, 1942.

Bibliographie : Guillaume de Salluste du Bartas, *la Première Semaine*, éd. Yvonne Bellenger (Paris, S.T.F.M., 1992) ; *la Seconde Semaine*, éd. Yvonne Bellenger (Paris, S.T.F.M., 1992). Maurice Scève, *Microcosme*, éd. Enzo Giudici (Paris, Vrin, 1976). Albert-Marie Schmidt, *la Poésie scientifique en France au XVIe siècle* (1938 ; réimp., Lausanne, Rencontre, 1970). Hans Staub, *le Curieux Désir : Scève et Peletier du Mans poètes de la connaissance* (Genève, Droz, 1967). Dudley B. Wilson, *French Renaissance Scientific Poetry* (Londres, Athlone Press, 1974).

Dudley B. Wilson

1563, 18 août

Montaigne assiste à la mort de son ami Étienne de La Boétie

Un pamphlet contre la tyrannie

En août 1563, Étienne de La Boétie est mourant. Il a trente-deux ans. Les médecins ont prescrit divers remèdes contre les violents maux d'estomac et la diarrhée qui affligent le magistrat bordelais, mais les symptômes ne font qu'empirer et ses proches ne tardent pas à désespérer de sa guérison. Pour un homme de la Renaissance, une maladie grave ne relevait qu'en partie de la médecine : la douleur, la peur et la préparation à la mort constituaient des faits moraux aux yeux des témoins comme des malades. C'est ainsi qu'au plus profond de son angoisse et de son chagrin, Montaigne, au chevet de son ami, lit les événements qui se déroulent sous ses yeux comme une série de signes, une succession de scènes dont le protocole répond d'une manière à la fois apaisante et douloureuse à son attente. « Je prévoyais bien, écrit Montaigne à son père, qu'il ne lui échapperait rien, en une telle nécessité, qui ne fût grand et plein de bon exemple » (« Extrait d'une lettre que Monsieur le Conseiller de Montaigne écrit à Monseigneur de Montaigne son père, concernant quelques particularités qu'il remarqua en la maladie et mort de feu Monsieur de La Boétie », 1563 ?, in *Œuvres complètes*, p. 1046). Les circonstances d'une mort peuvent bien sûr interdire au malade ce type d'attitude exemplaire, par exemple lorsqu'elles lui ôtent la possibilité de s'exprimer, mais quand elles ne le font pas, le vivant et le mourant peuvent se rejoindre dans une intense admiration réciproque. « Ainsi, dit Montaigne, je m'en prenais le plus garde que je pouvais. »

Dans le récit de Montaigne, ce sentiment est porté à un degré exceptionnel. Il regrette que de plus nombreux témoins n'aient pu assister aux derniers moments de son ami. Celui-ci a, en effet, fait preuve d'un courage qui, dit-il, « [lui] servirait d'exemple pour jouer ce même rôle à [son] tour » (*ibid.*, p. 1050). Mais la mort de La Boétie n'est pas seulement l'objet d'une mise en scène sur laquelle de futures représentations du même drame pourront se calquer, elle procède aussi d'un scénario que les deux amis avaient réglé entre eux, au cours de leurs études et de leurs conversations d'humanistes. Une bonne mort (dans un monde qui ne disposait d'aucune des protections que nous connaissons aujourd'hui contre les horreurs de l'agonie) est une mort qui scelle, au plus secret de l'individu, l'authenticité d'une philosophie. Elle permet ainsi de donner à cette philosophie une place d'honneur qui affirmera aux yeux du monde la gloire à l'individu. Montaigne publiera le compte rendu qu'il avait fait à son père de la mort de La Boétie à la fin de l'édition des *Œuvres* de son ami en 1570 : cette mort devenait ainsi la dernière et peut-être la plus sublime des œuvres de La Boétie.

Au cours de ces jours d'agonie, La Boétie a tenu son rôle avec tout le brio que Montaigne pouvait espérer de lui, c'est-à-dire sans jamais laisser la douleur le détourner du texte idéal que leur amitié leur avait fait concevoir. Montaigne rapporte pourtant un incident étrange survenu dans les ultimes moments. À la surprise des assistants, La Boétie, dans un état d'extrême faiblesse, s'est mis à se convulser avec violence sur son lit et à lancer, d'une voix haute, un dernier appel désespéré à son ami. À plusieurs reprises « avec une extrême affection », le mourant supplie Montaigne « de lui donner une place ». Ce dernier lui répond doucement que « ces mots [ne sont] pas d'homme bien rassis », mais La Boétie persiste : « Mon frère, mon frère, me refusez-vous donc une place ? » (*ibid.*, p. 1055). De toute évidence, ces paroles anxieuses, troublantes, avec leur ton blessé, comme d'un reproche, ne faisaient pas partie du scénario imaginé par les deux amis. Elles donnent lieu à une discussion philosophique, au bord de la tombe. « Il me contraignit de le convaincre par raison et de lui dire que puisqu'il respirait et parlait et qu'il avait corps, il avait par conséquent son lieu. » Si c'est le corps physique qui assure à l'homme une place dans le monde matériel, il n'était dans le pouvoir de Montaigne d'accorder ou de refuser une place à son ami – puisque son corps lui appartenait en vertu même de la vie. Mais cette vie était sur le point de s'évanouir. « Quand tout est dit, déclare le mourant, je n'ai plus d'être » et le lieu où souffre son corps « n'est pas celui qu'il me faut ». En réponse, Montaigne suggère à La Boétie de diriger ses soupirs vers une « place » au-delà de ce monde, une place que seul Dieu peut lui accorder. « Qu'y fussé-je déjà, réplique La Boétie. Il y a trois jours que j'ahanne pour partir » (*ibid.*, pp. 1055-1056). Quelques heures plus tard, il était mort.

Montaigne parvient ainsi à transformer les derniers moments de La Boétie. Ce qui était l'expression pathétique d'un reproche fraternel suggère l'impatience avec laquelle il attend d'être enfin délivré du corps respirant et parlant qui lui avait jusqu'ici assuré une place dans ce monde. C'est cette transformation qui confère aux derniers moments de La Boétie ce statut exemplaire que le mourant et son ami voulaient pour eux. Elle donne pourtant le sentiment d'une sorte de trahison. On peut difficilement accuser Montaigne d'avoir failli à son amitié : pourtant, les étranges paroles par lesquelles La Boétie remet entre les mains de Montaigne le sort de la « place » qui lui reviendra dans le monde donnent le sentiment, même si c'est de façon fugitive et sans vraisemblance, que Montaigne pourrait refuser d'accorder cette place à l'homme qu'il a aimé le plus au monde.

Montaigne savait bien que la chose ne dépendait pas seulement de lui ; mais pendant les quelque trente années qui suivirent, jusqu'à sa propre mort en 1592, sa vie fut étrangement hantée par la responsabilité de « faire une place » posthume à Étienne de La Boétie. Le mourant lui avait légué sa bibliothèque et ses manuscrits. De la première, Montaigne a fait le noyau de la célèbre « librairie » qu'il a installée dans sa tour ; les livres de La Boétie se sont ainsi fait une place au centre du monde personnel que Montaigne s'était construit et à partir duquel il s'est embarqué dans sa vaste méditation. Quant aux manuscrits, Montaigne a décidé de les publier. « Je souhaite merveilleusement, écrit-il en 1570, qu'au moins après lui, sa mémoire, à qui seule meshui je dois les offices de notre amitié, reçoive le loyer de sa valeur et qu'elle se loge en la recommandation des personnes d'honneur et de vertu » (« À Monseigneur de L'Hôpital », *ibid.*, p. 1059). Ces lignes proviennent de la lettre-dédicace écrite pour l'édition des poèmes latins de La Boétie. Elles seront répétées presque mot pour mot dans les autres volumes des œuvres de La Boétie que Montaigne fera imprimer religieusement : les poèmes français et la traduction de certains ouvrages de Plutarque et de Xénophon. On en retrouve l'écho plus intime, plus profond, dans les *Essais* de Montaigne et surtout dans le célèbre chapitre « De l'amitié ».

Ce que la plupart des lecteurs ont retenu de cet essai est le caractère absolu qu'il donne au sentiment d'unité spirituelle entre amis. Pourtant, Montaigne avait initialement conçu cette expression d'une fusion parfaite – « ce mélange qui, ayant saisi toute ma volonté, l'amena se plonger et se perdre dans la sienne » (*ibid.*, p. 187) – comme l'introduction à un texte que La Boétie avait écrit plusieurs années avant leur rencontre. Le chapitre « De l'amitié » devait servir de préface au plus important des manuscrits laissés par La Boétie, le *Discours de la servitude volontaire*, également connu sous le nom du *Contr'un*. C'est cette dissertation, entreprise peut-être comme un exercice purement rhétorique alors que La Boétie n'avait que seize ou dix-huit ans, qui a servi, comme le dit Montaigne, « de moyen à notre première accointance » (*ibid.*, p. 182), Montaigne ayant lu une des copies qui en circulaient avant de rencontrer son auteur. Publié à la suite de l'essai sur l'amitié, le *Discours* aurait occupé la place d'honneur, au centre du premier livre des *Essais*, qu'il devait « honorer » de sa présence.

La voix sévère que, dans ce projet initial, Montaigne envisageait de joindre à la sienne était celle d'un champion de la liberté qui se refusait à tout compromis. La Boétie commence son *Discours* en demandant comment il se fait que les hommes et les femmes de son temps consentent à se laisser abuser et opprimer, pourquoi ils remettent sans broncher les fruits de leur labeur à des maîtres indignes, pourquoi la servitude est devenue la loi universelle. Le fait de poser ces questions est déjà remarquable par lui-même : il présuppose une grande âme qui a pris ses distances par rapport au cynisme du pouvoir, qui s'est refusé à souscrire sans broncher aux compromis trop faciles de la vie quotidienne. De toute évidence, c'est à son éducation humaniste, bien qu'elle ne soit pas nécessairement synonyme d'engagement intellectuel, que La Boétie doit de dénoncer les arguments théologiques et politiques en faveur de la soumission et de jeter sur l'ordre social de son époque un regard singulièrement décapant : « Qui le croirait, s'il ne faisait que l'ouïr dire et non le voir ?

[...] C'est le peuple qui s'asservit, qui se coupe la gorge, qui, ayant le choix ou d'être serf ou d'être libre, quitte sa franchise et prend le joug » (*Discours de la servitude volontaire*, p. 9).

Si le texte de La Boétie est un plaidoyer contre la tyrannie (plusieurs de ces plaidoyers, imités des modèles antiques, circulaient à l'époque), il va au-delà de la critique traditionnelle des mauvais princes. « Il existe, écrit froidement La Boétie, trois sortes de tyrans : les uns ont le royaume par élection du peuple, les autres par la force des armes, les autres par succession de leur race » (*ibid.*, p. 19). Selon cette définition, même les monarques dits légitimes sont en fait des tyrans ; et ils le sont même si leurs sujets acceptent docilement leur loi au nom de l'obéissance à la coutume ou au droit. Cette acceptation par des hommes potentiellement libres de vivre à genoux est précisément ce qui fascine et consterne La Boétie.

Alors que Montaigne est particulièrement sensible à la richesse des faits sociaux, à l'infinie variété des coutumes et des croyances, La Boétie démystifie cette plénitude, dépasse la diversité superficielle des pratiques légitimantes pour révéler la vérité honteuse d'une soumission presque universelle à une exploitation sans merci. Les gouvernants modernes ne valent pas mieux que les empereurs romains : ils « ne font guère mal aucun, même de conséquence, qu'ils ne fassent passer devant quelque joli propos du bien public et soulagement commun » (*ibid.*, p. 39). Il se trouve toujours des sujets assez naïfs pour se laisser leurrer par ces hypocrisies ; mais la « servitude volontaire » peut aussi être cultivée par des moyens qui flattent l'amour-propre ou exaltent l'appétit pour les plaisirs. « Les théâtres, les jeux, les farces, les spectacles, les gladiateurs, les bêtes étranges, les médailles, les tableaux et autres telles drogueries, c'étaient aux peuples anciens les appâts de la servitude » (*ibid.*, p. 33). Des appâts semblables sont utilisés pour endormir le peuple à l'époque de La Boétie.

Pour La Boétie, tout désir de se rendre libre a disparu des masses : le peuple renoncerait plutôt à la liberté qu'à un bol de soupe. En l'absence de tout souvenir personnel ou collectif d'une existence indépendante et soustraite à la servitude, il voue une reconnaissance pathétique aux scélérats qui l'exploitent. Il lui manque, tout comme à ses chefs, ce qu'on pourrait appeler l'esprit de négation. Selon Montaigne, il y avait à l'origine de ce *Discours* la remarque de Plutarque selon laquelle « les habitants d'Asie servaient à un seul, pour ne savoir prononcer une seule syllabe, qui est "Non" » (*Œuvres complètes*, p. 156). Au niveau le plus violent, cette négation peut prendre la forme d'un acte héroïque : l'Antiquité offre plusieurs exemples de glorieux tyrannicides. Mais La Boétie ne pense pas que la reconquête de la liberté passe nécessairement par la violence ; le simple refus de servir peut suffire. Si la servitude est volontaire, elle peut être annulée par la suspension de l'acte volontaire qui engendre et qui maintient le tyran en place : « Il ne faut pas lui ôter rien, mais ne lui donner rien ; il n'est pas besoin que le pays se mette en peine de faire rien pour soi, pourvu qu'il ne fasse rien contre soi » (*Discours de la servitude volontaire*, p. 9).

Dans un sursaut d'indignation, le jeune La Boétie a en fait conçu l'idée de la résistance non violente. Une résistance de ce type, pense-t-il, aurait un effet dévastateur pour les tyrans précisément parce que, à eux seuls, ils ne possèdent aucun pouvoir, aucune propriété : « Si on ne leur baille rien, si on ne leur obéit point, sans combattre, sans frapper, ils demeurent nus et défaits, et ne sont plus rien, sinon que comme la racine, n'ayant plus d'humeur ou aliment, la branche devient sèche et morte » (*ibid.*, p. 11). Il ne tient qu'au peuple de réclamer ce qui est à lui et il sera libre. Les institutions sous lesquelles les hommes gémissent, les images qu'ils adorent, les personnages devant lesquels ils s'agenouillent, tout cela est la création des opprimés eux-mêmes. « Je ne veux pas que vous le poussiez ou l'ébranliez, mais seulement ne le soutenez plus, et vous le verrez comme un grand colosse à qui on a dérobé la base, de son poids même fondre en bas et se rompre » (*ibid.*, p. 14).

Si la libération est si facile à obtenir, pourquoi ne se produit-elle pas ? La Boétie propose une explication de type pyramidal. Le tyran est soutenu par cinq ou six personnages clés qui à leur tour sont entourés de six cents individus qui bénéficient du pouvoir de ceux-ci. Ces six cents hommes entretiennent à leur tour un réseau de six mille autres qu'ils paient en honneurs et en biens, et ainsi de suite. Finalement, le réseau de protégés et de subordonnés s'étend à des centaines de milliers et même à des millions d'individus tous persuadés que leur bien-être dépend de leur participation à cette pyramide d'intérêts. La majorité des habitants d'un pays peut être ainsi amenée à croire qu'elle a tout à gagner à renoncer à la liberté et que son intérêt réside dans la satisfaction des désirs du tyran.

Cette structure perverse est entretenue par une éradication systématique du souvenir de la liberté. L'élite au pouvoir encourage, comme il se doit, l'adhésion servile aux coutumes dans la mesure où elles légitiment les stratégies d'oppression. Celles-là étouffent la raison dans ses efforts pour contrer la tyrannie et paralysent toute volonté d'être libre. Dans un monde asservi, le seul espoir de réveiller cette volonté réside dans la possibilité d'imaginer la liberté, possibilité qui est elle-même liée, selon La Boétie, à l'éducation. Mais les tyrans s'arrangent pour qu'il soit difficile de recevoir une éducation libératrice, et les rares qui arrivent à en bénéficier se sentent isolés dans des aspirations que, de surcroît, ils ont peur de partager. « Donc Momus, le dieu moqueur, ne se moqua pas trop quand il trouva cela à redire en l'homme que Vulcain avait fait, de quoi il ne lui avait mis une petite fenêtre au cœur, afin que par là on pût voir ses pensées » (*ibid.*, p. 31). Pour le lecteur moderne, habitué aux techniques de surveillance des tyrannies de notre époque, l'image de cette « petite fenêtre », loin d'être amusante, fait froid dans le dos ; car le droit de regard qu'elle assure pourrait facilement servir d'instrument abusif au tyran. Mais elle montre à quel point La Boétie souhaitait échapper à l'isolement, à la solitude à laquelle le condamnait ce que ses vues avaient de radical.

Par la ferveur de son indignation, le *Discours* était l'instrument tout trouvé pour réveiller une volonté commune de liberté. Encore fallait-il que cet instrument soit largement diffusé. C'est ce que Montaigne s'était d'abord proposé de faire ; mais il devait ensuite se raviser. Dans un geste tout à fait typique de la composition des *Essais*, Montaigne n'efface aucune trace de son changement d'attitude. S'il a changé d'avis, écrit-il, c'est parce qu'il a découvert que le *Discours* avait été publié parmi des libelles séditieux, « qui cherchent à troubler et changer l'état de notre police, sans se soucier s'ils l'amenderont » (*Œuvres complètes*, p. 194). Dans le climat empoisonné des guerres de religion, l'œuvre de La Boétie semble à Montaigne plus dangereuse que libératrice. À la place qu'il avait prévue pour la critique héroïque de la servitude volontaire, il décide donc de publier d'inoffensifs sonnets d'amour de son ami.

« Mon frère, mon frère, me refusez-vous donc une place ? » Montaigne, de fait, a refusé que l'œuvre la plus importante et la plus durable de son ami trouve sa place dans ses propres écrits. Mais, comme pour expier ce qu'un tel refus impliquait de différence politique, voire de trahison, Montaigne passera sa vie entière à essayer de faire ce que La Boétie n'avait pu que rêver : ouvrir une petite fenêtre dans son cœur et communiquer aussi candidement que possible ses pensées à autrui.

Bibliographie : Étienne de La Boétie, *Discours de la servitude volontaire*, éd. Malcolm Smith (Genève, Droz, 1987) ; *Œuvres complètes*, éd. Paul Bonnefon (1892 ; réimp., Genève, Slatkine, 1967). Michel de Montaigne, *Œuvres complètes*, éd. A. Thibaudet et M. Rat (Paris, Gallimard, 1962). François Rigolot, *les Métamorphoses de Montaigne* (Paris, P.U.F., 1988). Jean Starobinski, *Montaigne en mouvement* (Paris, Gallimard, 1982).

Stephen Greenblatt

1566

Dans la *Méthode de l'histoire*, Jean Bodin propose une vision nationaliste et pragmatique de l'histoire

L'histoire et l'humanisme français

Dans la *Méthode pour faciliter la connaissance de l'histoire* (*Methodus ad Facilem Historiarum Cognitionem*, 1566), Jean Bodin inaugure un nouveau genre, le traité méthodologique de critique historique. Construit sur le modèle des « arts de l'histoire » italiens, l'ouvrage de Bodin déplace l'accent de la lecture de l'histoire à son écriture, passant d'une conception esthétique à une conception utilitaire de l'œuvre historique et, bien qu'il ne le dise pas, d'une forme narrative (comment raconter l'histoire ?) à une forme analytique (quels sont les problèmes rencontrés ?). Son but n'est pas de recréer le passé, mais de cueillir les « fleurs » de l'histoire et, dans un esprit voisin de celui de Pierre de la Ramée, de classer par thèmes les matériaux rassemblés pour les rendre utilisables par la philosophie politique, qui est au centre des intérêts de Bodin. D'ailleurs, l'ouvrage le plus célèbre de Bodin, *les Six Livres de la république* (1576), publié dix ans plus tard, consistera en fait en un développement du chapitre VI de sa *Méthode*, chapitre consacré à « La constitution des républiques ».

Bodin commence par poser les questions habituelles du débat scolastique, *quid et quotuplex*, c'est-à-dire : qu'est-ce que l'histoire ? Et combien de types d'histoire y a-t-il ? Pour les historiens de la Renaissance, ces questions recevaient des réponses conventionnelles, fondées sur des lieux communs classiques. Selon la formule fréquemment citée de Cicéron, l'histoire était « le témoin des siècles, le flambeau de la vérité, l'âme du souvenir, l'école de la vie, et l'interprète du passé » (*De oratore*). Elle était commémorative, précise, rénovatrice et utile, et sa première loi était de dire la vérité, toute la vérité. Du point de vue rhétorique, elle possédait parmi ses vertus propres un pouvoir d'explication et de persuasion qui la distinguait, sur le plan littéraire, des simples annales ou des chroniques aussi bien que de la poésie.

Les réponses que Bodin propose à ces questions traditionnelles sont moins rhétoriques que philosophiques, politiques et « pragmatiques ». Il distingue trois types d'histoire : humaine, naturelle et divine. Mais il ne s'intéresse qu'au premier type, « l'histoire civile », catégorie qui se retrouvera, à côté de l'histoire « sacrée » et de l'histoire « naturelle », dans la classification des sciences de Francis Bacon. Comme l'un de ses principaux prédécesseurs, François Baudouin, l'avait fait dans son *De Institutione Historiae Universae et eius cum Jurisprudentia Conjunctione* (1561), Bodin oppose l'ordre humain et l'ordre naturel (et divin) à partir de concepts comme le libre arbitre, le péché, ou l'instabilité humaine. Cette distinction constitue une des premières manifestations d'une nouvelle pensée et d'une nouvelle écriture de l'histoire pendant la Renaissance.

Bodin distingue également entre histoire universelle et histoire particulière. La première comprend non seulement les histoires du monde moderne comme l'*Historiae Sui Temporis*, (1604-1608) de Jacques-Auguste de Thou, qui développe un tableau panoramique de l'Europe du XVIe siècle, mais aussi des chroniques universelles, genre médiéval qui survit dans des œuvres comme la *Bibliothèque historiale* (1587) de Nicolas Vignier, qui traite de l'histoire du monde depuis la création tout en encourageant l'usage de la langue française. Bodin, pour sa part, se méfie du parti pris universaliste (et « impérialiste ») des chroniques universelles et consacre le chapitre VII de sa *Méthode* à réfuter la thèse des quatre monarchies mondiales, qui faisait du Saint Empire romain des Habsbourg – rival de la France – le descendant légitime des empires de l'Antiquité, à savoir ceux des Grecs, des Romains, des Perses et des Mèdes.

Parmi les principales innovations historiographiques célébrées et encouragées par Bodin, il faut signaler une vision du passé qui ne se limite plus aux affaires politiques et militaires, mais traite également des « arts de la paix », suivant en cela la tendance « encyclopédique » et culturelle de l'humanisme français. Il faut peut-être voir dans l'ouvrage de Louis Le Roy, intitulé *De la vicissitude ou variété des choses en l'univers* (1575), la première histoire comparée des civilisations où s'exprime déjà l'idée moderne du progrès. De même, un disciple de Bodin, Pierre Droit de Gaillard, soutiendra dans sa propre *Méthode qu'on doit tenir en la lecture de l'histoire* (1579) que le but des études historiques est de parvenir à la connaissance de sa propre civilisation. Dans le meilleur des cas, cela impliquera l'étude des arts et des sciences humaines qui découlent de l'histoire, ajoute Gaillard, « comme d'une fontaine très abondante ». Enfin, Henri Voisin de La Popelinière, autre disciple de Bodin, proposera une « nouvelle histoire » qui doit inclure « l'origine…, le progrès et changement des arts et sciences ». Comme Bodin l'avait fait dans sa *Méthode*, La Popelinière recommande dans la vaste histoire de l'historiographie qu'est son *Histoire des histoires* (1599) l'étude de tous les arts « civilisés » sur lesquels repose la prétendue supériorité des Modernes sur les Anciens.

Quant à l'histoire particulière, Bodin recommande d'y inclure les biographies et surtout l'étude de certaines nations, que ce soit depuis leurs origines ou seulement à des époques données. Dans la France du XVIe siècle, les principales histoires nationales suivent, par la forme et par le style, le modèle fixé par les humanistes italiens et célébré par Bodin, à commencer par l'œuvre importante de Paul-Emile, *De Rebus Gestis Francorum* (1517), qui a connu de nombreuses éditions, a été traduite en français en 1556 et qui a inspiré des générations d'historiens et de poètes, y compris Ronsard lui-même dans *la Franciade* (1572), vaste célébration mythique du passé national.

D'une manière générale, c'est l'orgueil national (qui prend en littérature la forme de « l'humanisme en langue vulgaire ») et le sentiment que la France a négligé son passé, surtout si on la compare avec l'Italie, qui motivent l'écriture de l'histoire au XVIe siècle. Les Français du Moyen Âge avaient été trop férus d'action pour se soucier d'en parler, trop occupés à se battre pour confier le souvenir de leurs exploits à des récits historiques. C'est à quoi des lettrés du XVIe siècle, comme Étienne Pasquier et Louis Le Roy, espèrent remédier. La question des « origines » nationales, traitées dans le chapitre IX de la *Méthode*, continue à fasciner les historiens ; mais leurs conclusions sont influencées par les nouvelles méthodes de critique textuelle héritées de la philologie humaniste. C'est ainsi qu'ils commencent à rejeter des mythes consacrés par le temps comme celui des origines troyennes des Francs ou la fondation de l'université de Paris par Charlemagne. Mais c'est pour les remplacer par d'autres mythes, plus modernes, où se dessinent le caractère national et la supériorité culturelle des Français.

L'étude de l'histoire est profondément impliquée également dans les controverses partisanes du XVIe siècle, qu'elles soient politiques ou religieuses, au point de constituer en fait un des véhicules principaux de la propagande. Des martyrologes, comme l'*Histoire ecclésiastique des églises réformées* (1580), ouvrage collectif paru à Genève et souvent attribué à Théodore de Bèze, ou l'*Histoire des martyrs* (1564) de Jean Crespin, ne se bornent pas à célébrer les héros et les idéaux de l'évangélisme ; ils expriment également une nouvelle vision de l'histoire, issue des thèses de Luther et de Calvin sur la nature de la tradition spirituelle et sur la dégénérescence « papiste ». La vision de « l'Église primitive » et de sa corruption ultérieure proposée par la Réforme a des parallèles politiques, notamment la *Gaule française* (*Francogallia*) de François Hotman (1573), qui propose un tableau idéalisé de l'« ancienne constitution » de la monarchie française.

À la fin du XVIe siècle, la théorie et la pratique de l'histoire en France sont aussi riches qu'éclectiques : elles offrent un mélange de vieilleries et de nouveautés, de rhétorique ornementale et de concepts rationnels. Les idéaux antiques sont toujours vivaces, mais cela n'empêche pas les partisans des Modernes et de la culture nationale de comprendre, comme Le Roy l'écrit dans *la Vicissitude*, qu'il « faut faire... pour la postérité ce que l'Antiquité a fait pour nous », mais désormais en langue vulgaire. L'étude de l'histoire suit donc une double veine, populaire et poétique d'une part, classique et « scientifique » d'autre part. En même temps qu'elle distrait et qu'elle éduque, l'histoire est utilisée de plus en plus pour garantir la légitimité de toutes sortes de fanatismes, nationalistes ou confessionnels. Cependant, elle est enseignée dans les universités et écrite par des historiens professionnels. Sur un plan plus général, elle apparaît comme un moyen de mettre en place un tableau des connaissances humaines et de comprendre la culture universelle. Selon les propres termes de Bodin, l'histoire se situe « au-dessus de toutes les autres disciplines ». Cette opinion sera reprise par nombre de ses disciples, qui, au XVIIe et au XVIIIe siècle, imiteront et développeront sa « méthode de l'histoire ».

Voir aussi 1202, 1214, 1517, 1677, 1823.

Bibliographie : Jean Bodin, *Méthode de l'histoire*, éd. Pierre Mesnard (Paris, P.U.F., 1951). Claude-Gilbert Dubois, *la Conception de l'histoire en France au XVIe siècle* (Paris, Nizet, 1977). George Huppert, *l'Idée d'histoire parfaite* (Paris, Flammarion, 1973). Donald R. Kelley,

Foundations of Modern Historical Scholarship : Language, Law and History in the French Renaissance (New York, Columbia University Press, 1970).

Donald R. Kelley

1572, 24 août

Le jour de la Saint-Barthélemy, les protestants sont assassinés par milliers à Paris et en province

Poésie et engagement

Au cours de l'été torride de 1572, après plus de dix ans de luttes religieuses et diverses trêves malaisées entre les catholiques et les irréductibles protestants, un mariage de réconciliation est célébré à Paris. Le 18 août, Henri de Navarre, l'un des chefs huguenots, épouse Marguerite de Valois, fille de Catherine de Médicis et d'Henri II, et sœur du roi Charles IX. Rassurés par Gaspard de Coligny, héraut protestant le plus influent, chef militaire et proche (trop proche selon certains) conseiller du roi, les nobles huguenots affluent de toutes parts pour l'occasion. Indigné par l'énormité de la concession faite aux huguenots et outré encore plus par la morgue que semblent lui afficher les nobles huguenots, le peuple de Paris s'est laissé enflammer par le fanatisme de divers prêcheurs qui attaquent publiquement ce mariage en y voyant le symbole de la faiblesse de la monarchie. Le matin du 22 août, lendemain des festivités du mariage, un assassin à gages (probablement payé par Catherine de Médicis) blesse Coligny de deux coups d'arquebuse. Dès lors, la suite des événements s'enchaîne inexorablement : des gardes sont placés autour des quartiers huguenots et des milices armées se forment tandis que les rumeurs les plus folles se mettent à circuler. Le lendemain, Catherine de Médicis et ses conseillers décident d'ordonner l'exécution des chefs du parti huguenot. Malgré son admiration et son affection pour Coligny, le roi se laisse convaincre et finit par accepter ce plan. Vers minuit, avant que le roi n'ait pu changer d'avis, Catherine de Médicis donne l'ordre de faire sonner le tocsin et le massacre commence. Il ne s'agit plus de quelques douzaines de nobles ; ce sont des centaines de protestants qui sont tués dans une ville en fièvre, assoiffée de sang. Exécutions et pillage se poursuivent pendant plusieurs jours. Il en est de même en province où les massacres se poursuivent jusqu'en octobre. Selon les estimations, il y aurait eu entre douze mille et cent mille victimes.

De nombreux témoins rapportent des exemples de cruauté, aussi bien que de compassion. Une anecdote symbolise particulièrement la perte d'innocence que représente la Saint-Barthélemy. Le comte François de La Rochefoucauld, jeune huguenot ami de Charles IX, avait passé la plus grande partie de la nuit du 23 août à jouer avec le roi. Lorsque, fatigué, il demande la permission de se retirer, Charles IX, qui veut lui sauver la vie, insiste pour qu'il passe la nuit dans les chambres royales. Mais La Rochefoucauld refuse. Lorsque, plus tard, dans la nuit, des tueurs masqués frappent à sa porte, il les prend pour des plaisantins envoyés par le roi. « Il riait quand on l'égorgea », écrit Michelet dans son *Histoire de France* (*Œuvres complètes*, p. 255).

La littérature de la Renaissance relève le plus souvent d'un jeu raffiné de conventions cultivées par un public de cour. C'est dans la poésie, et notamment dans les œuvres lyriques de la Pléiade, qu'on trouve les exemples les plus frappants de cette inspiration conventionnelle. Par sa nature même, une telle esthétique, fondée sur des thèmes et des figures empruntés aux littératures classique et italienne, est réservée à une élite peu concernée par la réalité immédiate. La cour offre un espace mondain où l'aspect référentiel de la littérature (c'est-à-dire son pouvoir d'évoquer des situations réelles) est sinon banni, du moins laissé en suspens. La littérature ainsi entendue est de nature essentiellement ludique. Et lorsque le jeu des formes implique une vérité morale, celle-ci est rarement précisée. Sa véritable fonction est de célébrer la continuité de la culture par l'imitation des modèles gréco-latins et l'éloge des mécènes qui en garantissent la survie.

Lorsque le jeune La Rochefoucauld prend ses tueurs masqués pour des plaisantins envoyés par le roi, son erreur vient de cette mise en suspens de la réalité à laquelle l'ont habitué la littérature et la vie de cour. Le caractère tragique de son rire est en quelque sorte emblématique de l'aliénation plus générale où se déploie une esthétique indifférente au temps. Or les troubles violents des guerres de religion vont changer les enjeux de la littérature : il n'y aura plus désormais de lieu privilégié où les idées ne sont que prétextes à jeux de langage et les armes de simples ornements d'apparat.

Dans *les Tragiques*, d'Agrippa d'Aubigné (1616), la plus grande œuvre littéraire issue des guerres de religion (1562-1598), règne le sentiment qu'il n'existe pas d'espace où la littérature puisse échapper à la réalité. L'auteur lui-même n'a échappé que par miracle au massacre : il avait assisté au fameux mariage d'Henri de Navarre, mais avait été obligé de quitter Paris le 21 août après avoir blessé un sergent qui essayait d'empêcher un duel où il servait de témoin. D'Aubigné n'avait que huit ans lorsque son père lui montra les cadavres des huguenots exécutés lors de la conjuration d'Amboise en 1560 ; dès lors, il consacra sa vie (1552-1630) à la cause protestante comme soldat, ingénieur militaire, négociateur, pamphlétaire et satiriste (*la Confession catholique du sieur de Sancy* – écrite de 1590 à 1600 ; *les Aventures du baron de Faeneste*, 1617-1630), et comme historien (l'*Histoire universelle*, 1618-1626). Son œuvre poétique n'est pas moins abondante : en plus des *Tragiques*, on lui doit un recueil de poèmes d'amour rassemblant des sonnets et quelques pièces plus longues, *le Printemps* (1571-1573), des poèmes religieux (*la Création*) et *l'Hiver*, plus personnel et méditatif. Son autobiographie, *Sa vie à ses enfants* (première édition en 1729), a circulé au XVIIe siècle sous forme manuscrite.

Les Tragiques sont une épopée écrite en alexandrins et divisée en sept livres intitulés : « Misères », « Princes », « La chambre dorée », « Les feux », « Les fers », « Vengeances » et « Jugement ». Ils ont pour sujet les horreurs des guerres de religion qui s'abattent sur la France et son peuple, la corruption de la vie de cour sous Catherine de Médicis, les luttes héroïques des martyrs huguenots, et finalement l'appel à Dieu pour les venger et les juger. L'ouvrage se termine par l'union mystique du poète avec son Dieu. Tout au long des *Tragiques*, le poète se sent inspiré par l'Esprit-Saint, possédé par des visions prophétiques et capable de distinguer les élus. D'Aubigné emprunte souvent ses thèmes, ses procédés rhétoriques et sa langue à l'Ancien et au Nouveau Testament, à la *Pharsale*, de Lucain, aux *Satires*, de Juvénal, et aux œuvres de ses amis protestants : les ouvrages polémiques de Théodore de Bèze, successeur de Calvin à Genève, les sermons de Heinrich Bullinger, les écrits théologiques de Philippe Duplessis-Mornay et la poésie de Guillaume de Salluste du Bartas. À peu près à la même époque, des poètes, des satiristes et des polémistes, comme Jean de La Taille, Étienne de Maisonfleur et Antoine de Chandieu, publient des poèmes isolés ou des recueils de poésie militante où ils attaquent la papauté et le catholicisme ultra de la famille de Guise, le tout composant un corpus cohérent de littérature de combat. D'Aubigné puise aussi dans les martyrologes, en particulier dans l'*Histoire des martyrs*, de Jean Crespin, publiée pour la première fois en 1554, augmentée pendant les guerres de religion et qui paraît dans sa version finale en 1619 par les soins de Simon Goulart. Crespin se sert du récit macabre de la mort de victimes protestantes pour mieux faire ressortir leur profession de foi exemplaire.

Les Tragiques accumulent les récits de souffrances et de vengeances. Le massacre de la Saint-Barthélemy, « la tragédie / Qui efface le reste » (vv. 702-703), constitue un épisode central de cette épopée sanglante (voir particulièrement « Fers », vv. 705-1564). La description souvent détaillée de scènes de carnage est l'occasion d'invectives cinglantes contre le roi, sa mère et la Cour. D'Aubigné termine la diatribe des « Fers » sur une allégorie où l'on voit l'Océan reculer d'horreur devant les rivières de France gorgées de sang huguenot (allusion aux protestants poignardés et précipités du haut des ponts). Le ton est pressant, indigné : emporté par ces excès d'horreur, le poète n'a pas le loisir de rendre justice à sa matière, de moduler son énergie, de s'arrêter. Les scènes de violence sont présentées comme si elles étaient racontées par un témoin oculaire : les expressions « Voici », « Vois encore », « Voilà », « Je vois », « Vois-tu » ponctuent cette litanie fiévreuse. D'Aubigné intercale également de longues apostrophes au cours desquelles il interpelle les protagonistes ou en appelle à Dieu directement. Le lecteur n'a pas le choix, il est contraint de regarder : il n'y a plus aucune marge d'hésitation ou de jeu, aucun chemin de repli pour suspendre son jugement.

Le poème commence de manière abrupte, sans passer par un de ces préambules rhétoriques qui plaisent au lecteur en lui rappelant les conventions épiques. Les premières lignes sont un appel à l'action, une réponse au tocsin qui sonne : « Puisqu'il faut s'attaquer aux légions de Rome... » (*les Tragiques*, v. 1). Cette référence à la Rome antique ne détourne pas l'attention de la situation actuelle, car, pour un lecteur huguenot, le nom de Rome évoque immédiatement le siège de tous les vices, le fléau de toutes les corruptions. La rhétorique n'est plus nécessaire, les faits parlent d'eux mêmes et exigent une réponse : le poème constitue cette réponse.

D'Aubigné aime à souligner ce qu'il y a de neuf dans son écriture : il enseigne à sa plume un « autre feu » (*ibid.*, v. 58), celui qui consume la France. Alors que la poésie pastorale choisissait pour décor les plaines de Thessalie, ses chants tragiques sont nés ou ont plutôt avorté (au sens de naître dans des circonstances difficiles) au milieu des armées, pendant une brève pause au cours de laquelle le poète-soldat a déposé les armes : « Ici le sang n'est feint, le meurtre n'y défaut, / La mort joue elle-même en ce triste échafaud » (*ibid.*, vv. 75-76). La fiction poétique sort de la réalité vécue ; elle se présente elle-même comme prise dans les circonstances difficiles de sa naissance ; au lieu de se vouloir tributaire de la tradition, elle se veut directement issue de l'expérience immédiate.

D'Aubigné, comme beaucoup d'autres écrivains protestants, réagit contre une littérature de cour dont le meilleur exemple était la poésie lyrique et laudative de Ronsard (1524-1585), le plus célèbre et le plus prolifique des poètes de la Pléiade. Ronsard avait lui-même contribué à la polémique religieuse en composant des poèmes antiprotestants entre 1562 et 1563, c'est-à-dire après la conjuration d'Amboise (1560) et le massacre de Wassy (1562), mais bien avant la Saint-Barthélemy sur laquelle il ne s'est jamais exprimé. Publiés d'abord séparément, ces poèmes ont été regroupés par Ronsard dans l'édition de 1567 de ses œuvres sous le titre de *Discours*. Dans le « Discours à la reine » adressé à Catherine de Médicis, Ronsard déplore les calamités de la guerre civile, exprime sa confiance dans une diplomatie qui devrait assouplir la position des parties en conflit et en appelle à Dieu, en cas d'échec, pour punir les rebelles. La « Continuation du discours des misères » présente une attaque plus ciblée contre les huguenots et la théologie calviniste ; il contient un appel *ad hominem* adressé à Théodore de Bèze. La « Remontrance au peuple de France » continue les discussions théologiques du discours précédent et dénonce avec véhémence l'interprétation individualiste de la Bible qui, selon Ronsard, soumet la parole de Dieu à l'Opinion dont il fait la fille de « Fantaisie » (terme aux connotations généralement négatives). C'est l'Opinion qui persuade Luther de partir en campagne contre le pape et l'Église, semant ainsi la discorde et invitant au fratricide.

La pièce la plus intéressante du recueil des *Discours* est la « Réponse de Ronsard, gentilhomme vendômois, aux injures et calomnies de je ne sais quels prédicants et ministres de Genève », dernier poème politique important de Ronsard. Il s'agit d'une réplique aux attaques de deux auteurs protestants, Antoine de Chandieu et Bernard de Montméja, contre le poète de cour qu'ils accusaient, entre autres, de croire aux démons, de pratiquer le paganisme, de mener une vie débauchée, de flatter les puissants et d'écrire une poésie confuse et dénuée de sens. Ronsard répond à ces accusations une à une, sur un ton tour à tour plaisant et virulent, en jouant sur les nombreux registres de son œuvre poétique. Il défend ses revenus ecclésiastiques (relativement modestes) et sa foi, rend compte de son emploi du temps quotidien et défend la poésie qu'il oppose au discours oratoire. Loin de se soumettre à la disposition d'un discours particulier, la poésie revendique son droit d'aller librement, au gré de la muse. Le sens général du poème ne suit pas nécessairement un modèle rhétorique, mais peut résulter de digressions plaisantes et variées. L'idée de mouvement et de jeu est résumée par l'image, empruntée à l'*Art poétique* d'Horace, de l'abeille qui butine pour recueillir le nectar. Le détachement désinvolte avec lequel Ronsard nous assure de la supériorité du lyrisme contraste fortement avec l'engagement fiévreux des *Tragiques* qui exclut, par définition, toute distance ludique. Cela n'empêchera d'ailleurs pas d'Aubigné d'avoir une grande admiration pour la poésie de Ronsard.

Alors que le poète huguenot part de l'inutilité de toute discussion et de tout plaidoyer raisonnable (« Puisqu'il faut s'attaquer aux légions de Rome »), l'argumentation logique occupe une grande place dans les *Discours* de Ronsard. Celui-ci tente à grand-peine de réfuter les positions protestantes sur l'interprétation de la Bible, la transsubstantation, la justification par la foi, etc. Cette différence s'explique en partie par les modèles différents dont les deux poètes se sont inspirés (Érasme et Horace pour Ronsard, Lucain et Juvénal pour d'Aubigné), en partie par le public différent auquel ils s'adressent. Ronsard prend la plume pour convaincre Catherine de Médicis d'être ferme avec les huguenots puis tente de discuter directement avec ceux-ci. D'Aubigné veut redonner courage aux protestants, restés fidèles mais démoralisés en jouant le rôle de témoin apocalyptique de la revanche de Dieu. À lire Ronsard, on a l'impression que sa poésie appartient à un type d'écriture déjà démodé. Ainsi, dans les premiers vers du « Discours » où il s'adresse à la reine, il multiplie les syllogismes pour démontrer que la somme des vertus et des vices est restée identique tout au long de l'histoire, ce qui le conduit à plaider la cause de la tradition catholique avec un scepticisme déjà montaignien. Cela ne l'empêchera pas de partir en guerre plus loin, avec beaucoup plus de vigueur, contre la religion « étrangère » des huguenots. Mais en mettant l'accent sur l'effort rationnel de la persuasion il diminue la portée polémique de ses *Discours*, surtout si on les compare à la virulence des *Tragiques*. Sans doute cette faiblesse était-elle moins perceptible aux contemporains de Ronsard pour qui ses arguments étaient à la base même de leur foi. Le massacre de la Saint-Barthélemy n'en marque pas moins une rupture, même si elle est plus symbolique qu'historique : après lui, il n'y aura plus de place pour une argumentation raisonnable conduite en dehors de la sphère de l'action. En termes littéraires, le massacre consacre la séparation entre les ornements obligés d'une poésie de cour conventionnelle et le cri de guerre volontairement provoquant de la nouvelle poésie engagée.

Ronsard n'est pas le seul poète catholique à avoir écrit contre les huguenots. Au cours de la seconde moitié du XVIe siècle, de nombreux recueils présenteront des poèmes « chrétiens » empruntés à des poètes aussi connus que Joachim du Bellay, Philippe Desportes, Étienne Jodelle, Rémi Belleau, Jean-Antoine de Baïf et Robert Garnier. Avec des titres aussi symptomatiques que la *Muse chrétienne* (1582), ces recueils devaient être utilisés à des fins polémiques, alors que les pamphlets satiriques se multipliaient dans les deux camps. Le plus connu est une satire, écrite contre la Ligue en 1593 par des catholiques modérés (Pierre Le Roy, Pierre Pithou, Nicolas Rapin, Florent Chrestien et Jean Passerat) et reprise dans une édition augmentée, l'année suivante, sous le titre de la *Satire Ménippée de la vertu du catholicon d'Espagne*. Comme l'indique le prologue de ce livre attribué au philosophe cynique Menippus, il s'agit d'une imitation délibérée de la satire grecque, mélange de prose et de vers tournant en dérision les défauts de la société et prétendument jouée par des satyres (selon une association étymologique erronée). Ce pamphlet accuse la Ligue de recevoir de l'or espagnol et parodie ses chefs dans des discours qui font ressortir leur hypocrisie et leur cupidité. Le dernier discours est celui de d'Aubray, représentant du tiers état, qui critique ses prédécesseurs et invite à reconnaître Henri de Navarre pour roi de France. La *Satire Ménippée* apparaît à la fois comme un retour insolite à la culture humaniste d'avant les guerres de religion et comme un symptôme de lassitude après trente années de polémiques et de luttes armées.

C'est aussi une certaine lassitude que la poésie engagée de cette période provoquera chez les lecteurs du XVIIe et du XVIIIe siècle. Le goût classique et la prudence politique vaudront à d'Aubigné une longue éclipse, même si la très catholique et très dévote Françoise de Maintenon, épouse morganatique de Louis XIV à la fin de sa vie, possédait un manuscrit du *Printemps* de d'Aubigné : elle était la petite-fille du poète huguenot. Avec toute une cohorte de poètes baroques, d'Aubigné revint à la mode au XIXe siècle. Victor Hugo se découvrit des affinités avec lui et, en 1857, Baudelaire mit six vers des *Tragiques* en épigraphe à la première édition des *Fleurs du mal* (1857). Une telle citation, même si elle fait l'objet d'une interprétation erronée, montre assez l'attrait que devait exercer le langage hyperbolique, pressant et apocalyptique de d'Aubigné sur la sensibilité romantique.

Les guerres de religion poussèrent la littérature à tous les excès. Elles jetèrent une lumière nouvelle sur la littérature de cour qui parut anachronique dans le meilleur des cas, cynique dans le pire. Elles conduisirent à utiliser les ressources de la rhétorique et de la poésie pour influencer les cœurs et les esprits des contemporains et suscitèrent la vocation du seul poète français réellement et profondément épique depuis le Moyen Âge.

Voir aussi 1534 (17-18 octobre), 1573, 1940-1944.

Bibliographie : Satire Ménippée de la vertu du catholicon d'Espagne... (1594 ; réimp., Genève, Slatkine, 1971). Théodore Agrippa d'Aubigné, *les Tragiques,* in *Œuvres*, éd. Henri Weber (Paris, Gallimard, 1969). Michelet, *Œuvres complètes*, éd. Paul Viallaneix, vol. VIII, (Paris, Flammarion, 1980). Ronsard, *Discours des misères de ce temps*, éd. Malcom Smith (Genève, Droz, 1979). Frank Lestringant, *Agrippa d'Aubigné : les Tragiques* (Paris, P.U.F., 1986). Daniel Ménager, *Ronsard : le roi, le poète et les hommes* (Genève, Droz, 1979). Jacques Pineaux, *la Poésie des protestants de langue française (1559-1598)* [Paris, Klincksieck, 1971].

Ullrich Langer

1573

Philippe Desportes, poète de cour, rassemble ses *Premières Œuvres* ;
Agrippa d'Aubigné termine *le Printemps*

Du maniérisme au baroque

« Lorsque j'utilise un mot, il ne veut dire que ce que je veux lui faire dire. » Ce fameux mot de Lewis Carroll devrait servir de mise en garde à tous les historiens de la littérature qui se penchent sur le « problème du baroque ». La question de savoir dans quelle mesure on peut transposer le concept de « baroque » de l'histoire de l'art à l'histoire littéraire fait l'objet d'un des débats critiques les plus animés du XXe siècle. Les thèses se succèdent, chaque critique avançant à son tour une « nouvelle » définition d'un terme aussi élusif que protéiforme. Une telle variété de définitions, qui vont jusqu'à se contredire, a conduit certains à se demander s'il ne fallait pas tout simplement bannir ce terme du vocabulaire critique.

À l'origine, le mot « baroque » viendrait soit du terme qui sert à désigner en portugais une perle irrégulière, soit (et c'est l'hypothèse de René Wellek) de l'appellation en jargon scolastique d'une forme de syllogisme particulièrement saugrenue. Dans *Renaissance et Baroque* (1915), Heinrich Wölfflin avait proposé de distinguer entre les œuvres d'art néo-classiques et baroques à partir de cinq types d'oppositions : forme fermée (finie) et forme ouverte (inachevée) ; présentation linéaire et présentation picturale ; composition analytique (intégration des détails dans l'ensemble) et synthétique (soumission des détails à l'ensemble) ; clarté absolue et obscurité relative ; projection en surface (par plans distincts) et pénétration de l'espace en profondeur (fuite accélérée du fond). Lorsque la critique littéraire voulut appliquer ces critères aux œuvres des XVIe et XVIIe siècles, elle se rendit vite compte que ce transfert du champ de l'histoire de l'art à celui de l'histoire littéraire posait toutes sortes de problèmes. La confusion ne fit qu'augmenter lorsque les historiens de l'art compliquèrent leur schéma en postulant l'existence d'un style intermédiaire, le maniérisme, qui se situerait entre le style Renaissance et le style baroque.

La distinction entre maniérisme et baroque n'est pas sans utilité à condition qu'on se mette d'accord au départ sur un certain nombre de définitions. Le maniérisme renvoie à un style artistique et littéraire qui a son origine dans l'Italie du début du XVIe siècle, d'où très rapidement il s'est répandu dans la France de François Ier ; il exerce son influence sur un grand nombre de poètes (dont Clément Marot, Scève, Ronsard, du Bellay et Desportes) et disparaît avec les dernières années du siècle. Pour reprendre la définition de John Shearman, une œuvre maniériste se reconnaît à sa finition raffinée, à son goût recherché, à sa « manière » stylisée ; elle attache plus d'importance à l'élégance formelle qu'au contenu intellectuel ou à la portée métaphysique. Quant au concept de baroque, il renvoie au style qui a pris la relève du maniérisme et qui a dominé en France entre 1570 et 1630. L'historien de l'art John R. Martin le caractérise par un retour à un réalisme naturaliste de la représentation (alors que le maniérisme cultivait une représentation stylisée) et par une attirance pour la violence, la métamorphose et le mouvement. L'art baroque accorde une place centrale aux préoccupations métaphysiques ; il fait passer au premier plan l'émotion et l'appel aux sens et, en particulier dans ses dernières années, se complaît dans des excès d'opulence qui vont jusqu'à l'extravagance. Mais, à la différence du maniérisme, s'il étonne ou s'il plaît, c'est sans chercher à le faire : son objectif est d'abord de persuader.

Assigner une date précise aux manifestations du maniérisme et du baroque est aussi arbitraire que leur imposer une définition. Pourtant, s'il faut absolument dater le début du baroque littéraire français, l'année 1573 peut être considérée comme décisive pour deux poètes qui occupent une position charnière entre deux types de sensibilités littéraires. Le premier, Philippe Desportes (1546-1606), à la fois rival et émule de Ronsard, représente l'ultime avatar de la tradition poétique prétrarquiste de la Renaissance française. Il est le dernier grand représentant du style maniériste. L'autre, Agrippa d'Aubigné (1552-1630), ardent poète et polémiste protestant, est également influencé par Ronsard. Les signes d'une nouvelle sensibilité poétique se font jour cependant dans ses poèmes amoureux (dédiés à Diane Salviati, nièce de la Cassandre de Ronsard), déjà empreints de la violence et de la crudité des images qui seront associées au baroque. Alors qu'ils circulaient en manuscrit depuis plusieurs années, les poèmes amoureux de Desportes, imités de pétrarquistes italiens mineurs, finissent par être imprimés en 1573 dans le recueil de ses *Premières Œuvres* : leur succès est immédiat et ne faiblira pas du vivant de l'auteur. On retrouve dans cette poésie amoureuse la perfection formelle et l'absence d'émotion caractéristiques du maniérisme. Plus tard, dans ses poèmes religieux – en particulier dans les paraphrases des Psaumes –, ce vernis maniériste disparaîtra ; leur texture plus rude et leur imagerie parfois violente sont beaucoup plus proches de l'affectivité associée au baroque.

Quant à d'Aubigné, si c'est vers 1573 qu'il écrit ses premiers poèmes d'amour, le fait qu'il en soit rapidement venu à condamner la frivolité d'un sujet aussi profane l'empêchera de les publier : *le Printemps* ne sera pas imprimé avant le milieu du XIXe siècle. Le traitement des motifs pétrarquistes traditionnels y est renouvelé par le recours à des images surprenantes et souvent violentes qui heurtent le lecteur. Ces images, renforcées par un usage abondant de l'antithèse, donnent une nouvelle force aux clichés associant l'amour et la mort :

> J'ouvre mon estomac, une tombe sanglante
> De maux ensevelis ; pour Dieu, tourne tes yeux,
> Diane, et vois au fond mon cœur parti en deux
> Et mes poumons gravés d'une ardeur violente (*Anthologie de la poésie baroque*, p. 111).

La querelle du baroque aura eu au moins un résultat positif : la redécouverte de nombreux poètes dont les œuvres avaient sombré dans l'oubli ou le mépris. Les trois plus importants sont Jean de Sponde (1557-1595), Jean-Baptiste Chassignet (vers 1571-1635) et Jean de La Ceppède (vers 1550-1623). Tous trois se rattachent à l'extraordinaire vague de poésie religieuse qui a submergé l'Europe à la suite de la Réforme et de la Contre-Réforme et dont l'inspiration doit beaucoup aux exercices de méditation religieuse que pratiquaient les catholiques aussi bien que les protestants. Sponde, protestant qui se convertira au catholicisme, a publié des poèmes amoureux (vingt-six sonnets et dix autres poèmes) d'une intensité intellectuelle qui rappelle les poètes métaphysiques anglais. Il a écrit également des poèmes d'inspiration religieuse saisissants (douze sonnets et deux longs poèmes) qui disent la vanité de la vie, la fatalité de la mort et la nécessité de s'y préparer. Sans avoir la violence de celle de d'Aubigné, la poésie de Sponde, agitée et instable, combine le désir baroque d'agir sur le lecteur et de lui imposer des vérités religieuses ou morales avec la virtuosité linguistique et les recherches formelles de la poésie maniériste.

Influencé par le néo-stoïcisme chrétien de la fin du XVIe siècle (et aussi par Montaigne), Chassignet, deuxième poète de ce trio, écrit dans la même veine. Mais son œuvre principale, *le Mépris de la vie et consolation contre la mort* (1594), n'a pas le caractère saisissant de celle de Sponde, peut-être pour des raisons purement numériques : elle se compose de près de trois cents sonnets. Ses meilleurs poèmes possèdent néanmoins une force émotive qui peut se comparer à celle d'une crucifixion baroque. L'un des plus macabres (le sonnet 125) insiste avec une précision clinique sur la décomposition du corps après la mort afin de persuader le lecteur que le seul espoir de l'humanité gît en Dieu. D'autres exploitent le motif de la métamorphose et de la mutabilité des choses d'ici-bas pour montrer, par contraste, que la stabilité ne peut être trouvée qu'en Dieu.

Jean de La Ceppède, magistrat d'Aix-en-Provence, est peut-être le poète le plus ambitieux de ce groupe. Sous la forme de plus de cinq cents sonnets, ses *Théorèmes sur le sacré mystère de notre rédemption*, publiés en deux volumes (en 1613 et 1622), retracent la vie du Christ entre la Cène et l'Ascension. En dehors de leur profonde spiritualité, ces poèmes sont remarquables par leur intensité lyrique et par le naturalisme sans concessions qu'ils offrent des souffrances endurées par le Christ. L'œuvre de La Ceppède témoigne de l'influence exercée par la théorie et la pratique de la méditation religieuse sur la production poétique de l'époque. Le mouvement narratif, souvent emporté, fait se succéder les sonnets, mais il est constamment brisé par des poèmes qui invitent le lecteur à regarder en lui-même et à dépasser le niveau littéral du récit pour découvrir et méditer les mystères théologiques contenus dans la matière biblique.

Le dernier auteur important à pouvoir être qualifié, du moins partiellement, de baroque, est un ami de La Ceppède, François de Malherbe (1555-1628). Écrivain parmi les plus influents de son temps, il est considéré comme l'initiateur du classicisme. Pourtant, ses premiers poèmes religieux relèvent encore de l'esthétique baroque. « Les larmes de saint Pierre » (1587) ajoutent au poème du Vénitien Luigi Tansillo dont elles s'inspirent des images, des antithèses et des amplifications dotées d'une force et d'un dynamisme absents de l'original. Malherbe devait regretter les excès de style de ce poème qu'il tentera de désavouer. La plus grande partie de son œuvre poétique ultérieure porte la marque de la mesure et du dépouillement propre au style classique que le Malherbe vieillissant a défini, pour l'essentiel, en réaction au maniérisme et au baroque. L'ironie veut qu'il se soit trouvé des critiques (Leo Spitzer) et des historiens de l'art (John R. Martin) pour voir dans ce style lui-même l'ultime incarnation d'un baroque toujours plus élusif.

Voir aussi 1536 (été), 1528, 1627.

Bibliographie : Agrippa d'Aubigné, *le Printemps, l'hécatombe à Diane*, éd. Bernard Gaguebin (Genève, Droz, 1948). Jean-Baptiste Chassignet, *le Mespris de la vie et consolation contre la mort*, éd. Hans-Joachim Lope (Genève, Droz, 1967). Philippe Desportes, *Œuvres*, éd. Alfred Michiels (Paris, Delahays, 1858). Jean de La Ceppède, *les Théorèmes sur le sacré mystère de notre rédemption* (1613-1622 ; réimp., Genève, Droz, 1966). François de Malherbe, *Œuvres*, éd. Antoine Adam (Paris, Gallimard, 1971). Jean de Sponde, *Œuvres littéraires*, éd. Alan Boase (Genève, Droz, 1978). Claude-Gilbert Dubois, *Baroque* (Paris, Larousse, 1973) ; *Maniérisme* (Paris, P.U.F., 1979). John R. Martin, *Baroque* (New York, Harper & Row, 1977). Gisèle Mathieu-Castellani, *Mythes de l'éros baroque* (Paris, P.U.F., 1981). Jean Rousset, *Anthologie de la poésie baroque*, vol. II (Paris, José Corti, 1988). John Shearman, *Mannerism* (Hardmondworth, Penguin, 1967). Heinrich Wölfflin, *Renaissance et Baroque* (Paris, Gérard Montfort, 1985).

Lance K. Donaldson-Evans

1578

Vingt ans après son retour, Jean de Léry publie le récit de l'expédition de Villegagnon dans la baie de Rio de Janeiro

La France antarctique

Au XVIe siècle, la face du monde change radicalement. La colonisation de l'Amérique, notamment, repousse la limite des territoires connus. Il est donc d'autant plus étonnant que le Nouveau Monde occupe dans la littérature française de la Renaissance une place plutôt modeste. Deux raisons peuvent être invoquées.

Tout d'abord l'absence d'une véritable politique coloniale. Trois tentatives ont été faites par les Français pour s'établir en Amérique, mais elles ont toutes échoué : les expéditions de Jacques Cartier au Canada (1534-1540), qu'il a relatées lui-même ; le séjour de trois ans de l'amiral Nicolas Durand de Villegagnon dans la baie de Rio de Janeiro (1555-1558), destiné à créer outre-mer un établissement pour les protestants persécutés en France ; et le voyage en Floride de Jean Ribault et René de Laudonnière

(1562-1564), qui poursuivait le même but. Si ces tentatives avortées ne permirent pas aux Français de partager avec les Espagnols et les Portugais les richesses du Nouveau Monde, elles leur apportèrent au moins des histoires et des mythes, comme celui du bon sauvage que Montaigne (*Essais*, I, p. 31 et III, p. 6) et d'autres devaient utiliser pour critiquer les institutions européennes, en les opposant à la bonté « naturelle » des Indiens d'Amérique.

L'autre raison pour laquelle le Nouveau Monde ne s'infiltre que lentement dans la conscience française tient à la résistance des mentalités. Les voyageurs et les savants, peu nombreux, qui s'intéressaient aux terres lointaines préféraient se tourner vers l'Orient, dont l'histoire et la géographie n'étaient pas aussi radicalement nouvelles. Regarder dans cette direction, c'était revenir au berceau de la religion, de la science et des arts, à la terre des origines. Il est plus facile de se pencher sur ce que l'on connaît déjà, le passé, que d'affronter l'inconnu, le futur. L'Extrême-Orient, décrit plus de deux siècles auparavant par Marco Polo (1298) et Jean de Mandeville (1327), n'était guère connu que par des légendes et des rumeurs fantastiques. L'Empire ottoman qui couvrait l'ensemble de l'Est méditerranéen était plus familier ; il attirait de nombreux explorateurs et inspira maintes recherches savantes ainsi que toutes sortes de fabulations.

Guillaume Postel (*De la république des Turcs*, 1560), l'un des orientalistes les plus érudits de son époque, s'intéressait principalement aux langues, aux idées religieuses et aux traditions occultes, qu'elles soient issues de la Cabale, du Coran ou de sectes magiques. D'autres voyageurs préféraient rapporter des « singularités » – phénomènes étranges, espèces insolites – qu'ils avaient recueillies eux-mêmes ou dont ils avaient emprunté le témoignage à diverses sources, orales ou écrites. On trouve des exemples de cet éclectisme dans la *Cosmographie du Levant* (1555), d'André Thevet, et dans les compilations de Pierre Belon et de Nicolas de Nicolay. Mais l'attrait du Proche-Orient ne s'explique pas seulement par le désir de connaissance, le goût des histoires, des curiosités ou des rêves érotiques. À cette époque, l'Empire ottoman se presse aux portes de l'Europe occidentale et menace la chrétienté. Sa puissance militaire et son système politique fascinent autant qu'ils effraient.

En dépit des barrières politiques, intellectuelles et affectives et malgré l'échec de la courte expédition de Villegagnon au Brésil, deux récits remarquables, les *Singularités de la France antarctique* (1557), du moine André Thevet, et l'*Histoire d'un voyage fait en la terre du Brésil* (1578), du protestant Jean de Léry, méritent d'échapper à l'oubli. Ils marquent le début de la littérature anthropologique française. En dehors de leur importante valeur documentaire, la différence de leurs méthodes illustre certains des problèmes fondamentaux de l'épistémologie à la Renaissance : comment interpréter une réalité inconnue ? Comment parler d'un monde dont personne, jusqu'alors, n'a parlé ?

Thevet apporte une masse d'informations considérable. Ses chapitres sur les rites des cannibales, sur la religion, la magie et les mythes des Indiens Tupinamba attestent une curiosité remarquable pour les « singularités » de l'Amérique. Mais l'homme qui devait devenir le « cosmographe du roi » a un projet plus ambitieux : il veut étudier le monde entier. Dans son livre, le voyage au Brésil n'est qu'une étape dans un périple qui, à l'aller, comprend l'Afrique, certaines parties de l'Asie et, au retour, le reste de l'Amérique. Or, aucun voyageur, à cette époque, n'a pu visiter tant de pays. Thevet

1. Jean de Léry, *Histoire d'un voyage fait en la terre du Brésil, autrement dite Amérique* (Genève, Antoine Chuppin, 1578), p. 235. (Bibliothèque nationale, Paris.)

combine donc ce qu'il a vu, entendu et lu : il mêle les comptes rendus plausibles et les constructions imaginaires, accordant le même statut à l'expérience directe et à l'information de seconde main. Il exploite toutes les sources possibles, légendes et rumeurs, récits de conquérants espagnols, auteurs grecs et latins, sans faire de distinction entre eux, de sorte que son ouvrage a l'allure d'une entreprise collective et impersonnelle, un pot-pourri de documents disparates.

Cette méthode est typique de la culture humaniste. Pour donner sens et valeur à une observation nouvelle, il importe de la relier à un réseau de références familières (fig. 1). La nudité des Brésiliens choque-t-elle les voyageurs ? Elle est comparée à celle des statues antiques. Une tribu de femmes guerrières bouscule-t-elle les idées reçues ? Elle est assimilée aux Amazones de la mythologie grecque. Ces analogies sont fondées sur une croyance presque magique dans l'unité et l'ordre de l'univers à travers le temps et l'espace ; toutes choses se correspondent et par conséquent s'expliquent l'une l'autre. L'étrangeté du Nouveau Monde est ainsi absorbée dans le système des connaissances traditionnelles, de telle sorte que le choc épistémologique de la découverte de l'Amérique se trouve atténué. Ce procédé, typique des cosmographes, fut encore développé par Thevet dans la *Cosmographie universelle* (1575) et par François de Belleforest dans la *Cosmographie universelle de tout le monde* (1575).

Parce qu'il adopte une attitude différente face au défi américain, la publication du livre de Jean de Léry est un événement important – Claude Lévi-Strauss le souligne dans *Tristes Tropiques*. Léry rejette la théorie d'un monde harmonieux, unifié par de secrètes solidarités ; il ne prétend pas à l'omniscience du cosmographe et renonce à construire un système global. Il extrapole rarement et ne recourt guère aux analogies ou aux citations des anciens. La relation de son voyage au Brésil revendique la seule autorité de l'expérience – les observations qu'il a recueillies lui-même pendant les quelques mois passés auprès des Indiens. Au lieu de chercher des ressemblances et des explications qui atténuent la surprise de sa découverte, il s'efforce de respecter l'unicité des choses et de révéler leurs différences, leurs qualités spécifiques.

Avec Jean de Léry, la recherche ethnographique s'affranchit donc du monde des livres et se transporte sur le terrain. La seule garantie est ici le regard attentif du voyageur sans préjugé qui observe, essaie de comprendre, puis raconte ce qu'il a vu et vécu. Au lieu d'une compilation anonyme de curiosités, Léry construit un récit personnel où il parle de lui-même et rappelle ses souvenirs, parfois avec émotion. La splendeur du paysage tropical, avec les plumes multicolores des perroquets et l'écorce rouge des arbres, l'étrangeté des festins des cannibales, les corps peints des sauvages, tout cela est décrit comme autant de merveilles qui ne demandent pas d'autre justification que le plaisir de les regarder. Ce n'est pas que Léry, protestant et pessimiste, cède à l'illusion d'avoir retrouvé l'âge d'or. Ces Indiens sont des païens et, autant que les Européens, ils portent la malédiction de la Chute. L'attention qu'il leur prête n'en est que plus empressée et fraternelle. Qu'il parle de leur nourriture ou de leurs cérémonies, de la variété des poissons ou des différentes espèces de plantes, ses descriptions sont extraordinairement vivantes et précises.

Dès sa découverte, l'Amérique pose aux savants un sérieux problème de méthode. Va-t-on continuer, selon un vieux réflexe, à expliquer le nouveau par l'ancien ou accepter au contraire de reconnaître la différence de l'autre ? Le Nouveau Monde défie l'Ancien de se mettre à jour. Ce ne devait pas être la dernière fois !

Voir aussi 1721, 1847.

Bibliographie : Jean de Léry, *Histoire d'un voyage fait en la terre du Brésil*, éd. A.-M. Chartier (Paris, Épi, 1972). Geoffrey Atkinson, *les Nouveaux Horizons de la Renaissance française* (Paris, Droz, 1935). Frank Lestringant, *le Huguenot et le Sauvage* (Paris, Aux Amateurs de Livres, 1990) ; *l'Atelier du cosmographe* (Paris, Albin Michel, 1991). Tzvetan Todorov, *la Conquête de l'Amérique* (Paris, 1982-1991).

Michel Jeanneret

1581

Balthazar de Beaujoyeux présente son *Ballet comique de la reine* au Louvre, devant Henri III et sa cour

Le spectacle du pouvoir

Le 15 octobre 1581, le *Ballet comique de la reine* est présenté au Louvre, devant Henri III et sa cour (fig. 1). La représentation, qui dure cinq heures et demie, constitue le point culminant des festivités qui accompagnent le mariage du favori du roi, Anne d'Arques (le futur duc de Joyeuse), avec la sœur de la reine.

Devant la menace de guerre civile et religieuse qui pèse en permanence sur la France, l'auteur de ce ballet, le violoniste et chorégraphe italien Balthazar de Beaujoyeux, a cherché à engendrer un sentiment d'harmonie dont les effets se feraient sentir au-delà des murs de la grande galerie du Louvre. Le spectacle s'ingénie à démontrer par sa chorégraphie que les puissances du Mal, représentées par la magicienne Circé, peuvent être vaincues par les forces du Bien, incarnées principalement par le roi de France. Le roi n'a qu'à apparaître pour que l'ordre revienne et que,

1. *Figure de la salle*, gravure d'après un dessin de Jacques Patin, dans le *Ballet comique de la reine, fait aux noces de monsieur le duc de Joyeuse et mademoiselle de Vaudemont sa sœur*, de Balthazar de Beaujoyeux (Paris, Le Roy, Ballard et Patisson, 1582), f° 4. (Bibliothèque nationale, Paris.)

dans une série d'épisodes chantés et dansés, les dieux à tour de rôle lui prêtent allégeance. Des créatures marines chantent les louanges d'Henri III ; Mercure déjoue les charmes de Circé ; Minerve (la Raison), Pan et les esprits sylvestres se joignent au concert ; pour finir, Jupiter descend des cieux pour conduire l'offensive contre le jardin de Circé. Les forces du Bien prennent rapidement le dessus et la représentation se termine par un hommage au roi, à la reine mère et à divers personnages importants de la cour. Comme le veut la tradition, la représentation se conclut par un bal.

C'était la première fois qu'un spectacle était présenté à la cour de France avec un faste pareil. Tout y était sans précédent : la durée des préparatifs, le nombre des exécutants, le coût des costumes, des machines et des décors. Tous ceux qui y participaient se sentaient engagés dans une entreprise unique. Dans son récit de la représentation (publié en 1582), Beaujoyeux souligne la nouveauté de l'œuvre, sa beauté, sa variété ; et il insiste sur le rôle de premier plan dévolu à la danse. Il y joint quelques poèmes à la gloire de son érudition sur la musique, la danse et la poésie grecques dont témoigne sa création. Avec le *Ballet comique*, Beaujoyeux avait voulu créer une œuvre dans laquelle musique, danse et poésie collaboreraient pour multiplier leur pouvoir d'expression, reprenant à son compte les effets thérapeutiques attribués à la tragédie grecque. Les admirateurs de Beaujoyeux, pour qui le cours des affaires humaines était soumis aux influences cosmiques, le louèrent d'avoir renouvelé l'ancienne pratique d'associer les arts pour retrouver l'harmonie mystique qui gouverne les sphères célestes. Déjà, au début des années 1570, à l'académie de Poésie et de Musique, Jean-Antoine de Baïf et Thibaud de Courville avaient calculé les modes et les intervalles nécessaires à une musique « mesurée », c'est-à-dire fondée sur des unités rythmiques propres à produire des effets harmonieux. Ronsard, lui aussi, avait été un partisan enthousiaste de ces nouvelles tentatives rythmiques. Aussi, lorsque le poète Auguste Costé écrit en 1581 que la représentation du *Ballet comique* a « ensorcelé » son âme, il ne s'agit pas d'un simple éloge conventionnel mais de la reconnaissance d'un succès sans précédent : des années de recherches ont enfin abouti à trouver une œuvre artistique pleinement réussie.

Le *Ballet comique* montrait, en outre, que la collaboration entre poètes, musiciens et chorégraphes pouvait donner naissance à une forme théâtrale cohérente. Certes, ce n'était pas la première fois, qu'on voyait des artistes collaborer. Les formes d'art composites étaient courantes dans les cours européennes du XVIe siècle où les tournois, annoncés par les vers des poètes, étaient mis en scène par des peintres et des architectes, et où des drames musicaux et poétiques accompagnaient l'entrée des différents plats dans les banquets officiels. On faisait appel à des sculpteurs comme Germain Pilon pour préparer des desserts représentant les Grâces et les Vertus, et les mascarades requerraient le concours d'une armée de poètes, de musiciens et de maîtres de ballet. Une telle coopération devait profondément influencer la manière dont les poètes et les artistes concevaient leur rôle. Poursuivant des objectifs identiques, ils devaient se soumettre désormais aux mêmes critères esthétiques : la grâce, le naturel (fait d'éléments artificiels imitant la nature à la perfection) et le « bon goût ». De nombreux facteurs jouaient en faveur de cette convergence des disciplines artistiques ; des considérations d'ordre politique, visant à associer pouvoir et ostentation, sous-tendaient le désir de faire communier dans le même idéal normatif le mécène, le poète et l'artiste.

Ces lignes de convergence n'auraient pas abouti à des créations aussi brillantes que celles de la cour de France si elles ne s'étaient dessinées à une époque de grands progrès techniques. Qu'on observe, par exemple, le décor du *Ballet comique* : distribué sur toute la longueur de la salle de Bourbon au Louvre, il permet aux spectateurs de se sentir participer au spectacle. C'est que les machinistes français commencent à assimiler les leçons de leurs collègues italiens. Bien qu'ils n'en soient pas encore à concevoir des théâtres permanents équipés de machineries complexes, ils montent néanmoins des scènes sur le modèle de celles construites à Vicence et à Florence dans les années 1580. Ainsi, dans le fond de la salle du Louvre, le jardin de Circé laissait deviner, derrière un triple treillis de fleurs et de feuilles, le palais de la magicienne, tandis que ses victimes (les compagnons d'Ulysse transformés en cochons) erraient au premier plan. Sur un des côtés, il y avait la forêt de Pan, remplie de danseurs et de musiciens, et sur l'autre, la voûte céleste, abritant la plupart des musiciens de la chapelle royale. Des structures mobiles (chars et fontaines) faisaient surgir des créatures marines ; et des engins dissimulés sous des nuages permettaient aux dieux de descendre au milieu des courtisans. L'émerveillement provoqué par le jeu des machines était essentiel à l'obtention d'« effets » que depuis plus de dix ans poètes et artistes s'efforçaient d'obtenir.

Mais le *Ballet comique* montrait avant tout à quel point, pour les artistes comme pour les princes, le pouvoir était lié à l'art de la représentation. Il n'y avait certes rien de nouveau dans le fait de louer le monarque, de célébrer son règne et de ménager un espace théâtral où (avec la complicité immédiate d'un public dont les applaudissements faisaient partie du spectacle) les membres de la cour pouvaient projeter une image hyperbolique d'eux-mêmes. Mais la régie artistique de Beaujoyeux donnait plus de force à cette représentation. La Renaissance avait vu se resserrer les liens entre poètes, artistes et mécènes. Les princes avaient besoin des capacités d'expression des artistes pour diffuser la haute opinion qu'ils avaient d'eux-mêmes et de leurs fonctions, tandis que le poète et le peintre comptaient sur la générosité de leurs protecteurs pour leur fournir l'occasion d'exprimer leurs conceptions. La coutume de représenter le roi et ses courtisans sous les traits des habitants de l'Olympe avait commencé à se répandre chez les poètes et les artistes officiels. Qu'on pense à la « Chanson des astres », de Mellin de Saint-Gelais, à l'« Hymne d'Henri II », de Ronsard, au plafond de la salle des gardes du château de Tanlay ou aux plats émaillés et dessinés par Léonard Limosin en 1555. Pour ce qui est du poète, son activité était de plus en plus associée à celle d'Apollon et des muses ; on le représentait volontiers sur le Parnasse, comme dans la peinture du Primatice au plafond de la galerie d'Ulysse à Fontainebleau, ou dans le *Discours* (1560) adressé par Ronsard à Pierre Lescot, l'architecte du nouveau Louvre. Même s'il était rare qu'un prince soit aussi poète, la représentation de l'un et de l'autre faisait appel au même répertoire décoratif. L'Olympe et le Parnasse étaient plus que des symboles conventionnels : ils devenaient une réponse au défi esthétique constitué par la représentation visuelle du pouvoir.

L'alliance du pouvoir et du spectacle avait une longue histoire. À la Renaissance, les humanistes lui avaient donné leur approbation enthousiaste. Érasme avait loué les visées édifiantes du panégyrique qui élève l'esprit des princes, leur fait entreprendre de grandes actions et les incite à la sagesse dans l'exercice de leurs fonctions. Dans la tradition immémoriale de l'éloge des grands, les « Miroirs des princes » offraient une liste impressionnante de rois exemplaires depuis l'Antiquité. Mais les innovations techniques du XVIe siècle devaient offrir aux princes des moyens inégalés pour exhiber leur magnificence. Pour Guillaume Budé et Michel de l'Hôpital, c'est la cour de France elle-même qui était devenue le miroir du prince, non seulement la scène mais le théâtre même de la majesté. La métaphore théâtrale rendait bien compte du double enjeu ritualiste et ostentatoire impliqué dans tout cérémonial de cour, qu'il s'agisse du tournoi, du couronnement ou des funérailles.

D'autres métaphores pouvaient traduire l'impression de splendeur et l'étonnement que la vue du roi et de son entourage devait obligatoirement engendrer chez le spectateur. Poètes et peintres exploitaient la vaste réserve de mythes recueillis par les compilateurs de la Renaissance dans les poèmes grecs et latins, dans les contes et légendes de l'Antiquité et dans le culte impérial légué par l'histoire romaine. C'est ainsi que Ronsard et Titien recréèrent l'histoire de Jupiter, de Bacchus et de Vénus. Les voyages d'Ulysse et des Argonautes firent leur apparition sur les murs du palais royal (Fontainebleau), dans la décoration des arcs de triomphe élévés à l'occasion des entrées royales (Paris, 1571), ainsi que dans de nombreux poèmes de circonstance. Les exploits d'Hercule, d'Achille ou d'Alexandre s'alliaient à ceux de Godefroy de Bouillon pour suggérer les prouesses guerrières du duc de Guise ou d'Henri II. Les portraits des chefs modernes étaient enrichis d'attributs iconographiques du passé : lorsque Ronsard, dans *Bocage royal* (1565), décrit François Ier de Lorraine, le second duc de Guise, au siège de Metz (1553), il mêle les exploits de Godefroy, son ancêtre, à ceux d'Hercule ; de même, l'armure de cérémonie d'Henri II représentait des scènes de la guerre civile opposant César à Pompée.

Bien que le langage et la peinture, le marbre et l'acier fassent appel à des techniques différentes, leurs thèmes et leurs objectifs étaient identiques. Admirer et savoir apprécier constituaient la dimension essentielle d'une société où le goût jouait un rôle régulateur. Les mécènes aussi bien que les artistes se piquaient d'être connaisseurs : les princes devinrent collectionneurs, envoyant leurs agents dans les contrées les plus distantes pour ramener les vestiges artistiques de l'Empire romain ; et ils récompensèrent les artistes et les poètes qui se disputaient la gloire de rivaliser avec l'Antiquité. Dans la *Défense et illustration de la langue française* (1549), Joachim du Bellay exhorte les poètes à renouveler leur art en imitant les modèles grecs et romains ; Ronsard répond en renouant avec l'inspiration de Pindare dans ses *Odes* (1550) et en incorporant dans ses *Hymnes* (1555) et dans *la Franciade* (1572) les objets décoratifs (boucliers et fresques) qu'il avait admirés chez Homère et Virgile. En même temps, les peintres représentent côte à côte les héros de la guerre de Troie et les dieux du Parnasse.

Le charme, la simplicité et la naïveté savante, qui avaient été la marque de Clément Marot (1496-1544), sont passés de mode. Les poètes copient maintenant les artistes ; les descriptions ornementales abondent dans les tapisseries qu'ils élaborent au service de la gloire. Le danger était évidemment que l'accent mis sur la grandeur, avec le style ornemental qu'elle implique, n'aboutisse à des œuvres statiques et distantes, nobles mais étrangères et dénuées d'émotion. En fait, pour Ronsard, loin d'être une contrainte, les exigences de l'éloge ont été une libération, épanouie en des odes triomphales qui donnent aux exploits des princes de France une couleur romaine (comme l'« Ode à monseigneur le Dauphin ») ou en d'admirables sonnets qui célèbrent la beauté de la femme aimée (les *Amours*).

Cette célébration implique la participation du public, qu'il s'agisse de lecteurs ou de spectateurs, au processus de transformation du sujet. Pour Beaujoyeux, les figures géométriques tracées sur le sol par les évolutions de ses danseurs étaient censées répéter (du moins le pensait-on à l'époque) les figures dessinées par les planètes dans le ciel : elles avaient le pouvoir de faire sortir l'ordre du désordre et d'imposer leur influence bénéfique aux acteurs comme aux spectateurs. Le ballet terrestre devenait ainsi une danse des sphères. La même transformation se retrouve chez Ronsard. Dans le sonnet 20 du second livre des *Sonnets pour Hélène* (1578), Hélène qui exécute des pas tout aussi compliqués finit par être divinisée par la danse elle-même. Dans *la Charité* (1578), qui capte l'ivresse et l'éblouissement d'un ballet de cour, Charles IX et sa sœur, Marguerite de Valois, dansent une *volta* qui les transforme en êtres surnaturels. Ronsard recrée souvent la sensation d'un sujet arraché à son propre corps lorsqu'il danse ou regarde danser.

Le culte du style élevé était indispensable pour célébrer le prince à qui voulait tenir sa place de poète. Les exigences du panégyrique conduisaient souvent à estomper la frontière du naturel et de l'artificiel, du réel et de l'imaginaire. Le caractère universel du langage artistique permettait également de faire communiquer toutes les variétés d'expression. C'est ainsi que, pour comprendre l'abondante production poétique de Ronsard, il faut la replacer dans le contexte de sa collaboration avec les peintres, les sculpteurs, les architectes et les musiciens de son temps. Un poème s'éclaire par un tableau ou par un monument ; il demande à être « lu » comme eux : en déchiffrant le sens de la fiction, en étudiant l'attitude des personnages et les liens qui les unissent, en découvrant leur raison d'être et en appréciant leur grâce et leur riche variété. Il serait tentant de voir dans le *Ballet comique* l'aboutissement des tâtonnements et des expériences qui caractérisent la tradition de la littérature de cour. Cependant, les fêtes royales étaient par définition éphémères. Le fait que, par le plus grand des hasards, un récit détaillé d'une représentation particulière nous soit parvenu intact constitue pourtant un témoignage éloquent des préoccupations artistiques de la cour de France vers la fin du XVIe siècle. Les poètes, les peintres, les musiciens et les chorégraphes avaient un esprit encyclopédique ; ils voyaient plus loin que leur art immédiat. De l'extension et de l'intégration de leurs connaissances respectives naquirent des formes d'art composites comme le *Ballet comique* qui brille de tous ses feux dans le ciel sombre qui marque la fin de la dynastie des Valois.

Voir aussi 1528, 1550, 1661.

Bibliographie : Balthazar de Beaujoyeulx, *Balet comique de la reyne* (1582 ; fac-similé éd., Binghamton, N. Y., Medieval and Renaissance Texts and Studies, 1982). *Le Corps à la Renaissance*, éd. Jean Céard, Marie-Madeleine Fontaine et Jean-Claude Margolin (Paris, Aux Amateurs de Livres, 1990). Terence Cave, *The Cornucopian Text : Problems of Writing in the French Renaissance* (Oxford, Oxford University Press, 1979). Margaret M. McGowan, *Ideal Forms in the Age of Ronsard* (Berkeley, University of California Press, 1985). Frances A. Yates, *French Academies in the Sixteenth Century* (Londres, University of London, Warburg Institute, 1947).

Margaret M. McGowan

1595

Marie de Gournay publie la première édition posthume des *Essais* de Montaigne

Montaigne et ses lecteurs

En 1571, après avoir occupé pendant treize ans la charge de conseiller à la Chambre des enquêtes du parlement de Bordeaux, Michel de Montaigne démissionne et décide de se retirer sur ses terres pour s'occuper de son domaine. Sur le mur de la petite pièce qui jouxte sa bibliothèque, il fait inscrire en latin la raison officielle de sa retraite :

> L'an du Christ 1571, âgé de trente-huit ans, la veille des calendes de mars, anniversaire de sa naissance, Michel de Montaigne, las depuis longtemps déjà de sa servitude du Parlement et des charges publiques, en pleines forces encore, se retira dans le sein des

doctes vierges, où, en repos et sécurité, il passera les jours qui lui restent à vivre. Puisse le destin lui permettre de parfaire cette habitation des douces retraites de ses ancêtres qu'il a consacrées à sa liberté, à sa tranquillité, à ses loisirs (*Œuvres complètes*, p. XVI).

Mais au cours de ces deux décennies qui séparent cette retraite de sa mort en 1592, Montaigne connaîtra autre chose que la quiétude des loisirs domestiques. Il recevra l'ordre de Saint-Michel, sera nommé gentilhomme ordinaire de la Maison du roi par trois rois successifs, voyagera en Allemagne, en Suisse et en Italie, sera deux fois élu maire de Bordeaux et interviendra à plusieurs reprises dans la politique nationale pour le compte d'Henri de Navarre, le futur Henri IV. Quant au « sein des muses », c'est-à-dire à la bibliothèque qu'il a aménagée dans la tour où il travaille entouré de ses livres, Montaigne y écrit et réécrit ce qu'il appellera les « essais » de son esprit.

La première édition des *Essais* de Montaigne paraît en 1580. Elle comprend deux livres. Huit ans plus tard, une nouvelle édition ajoute un troisième livre contenant treize nouveaux essais et plus de six cents additions aux livres antérieurs. La mort le surprend alors qu'il continue à travailler à son livre en vue d'une nouvelle édition : sur un exemplaire de celle de 1588, le fameux « exemplaire de Bordeaux », il a laissé des instructions pour son imprimeur et plus de mille ajouts manuscrits insérés dans les marges ou, lorsque la place manquait, sur des pages volantes. Au cours des quatre dernières années de sa vie, il ne compose aucun nouvel essai. Il continue à dialoguer avec ce qu'il a déjà écrit. En 1595, Marie de Gournay, sa « fille d'alliance » qui est, avec son ami Pierre de Brach, son exécutrice littéraire, publie une édition posthume des *Essais* à partir de l'« exemplaire de Bordeaux ». Cette édition, publiée par deux admirateurs fervents qui disposaient de tous les papiers de l'écrivain et avaient multiplié les déclarations de fidélité, a longtemps été considérée comme l'expression définitive de la pensée de Montaigne.

Peu de critiques soutiennent aujourd'hui ce point de vue depuis qu'on a montré que cette édition posthume n'avait pas été établie à partir du manuscrit de Montaigne lui-même, mais probablement à partir d'une copie que Marie de Gournay avait fait faire pour mieux en superviser la publication à Paris. En plus d'erreurs de lecture reproduites par inadvertance, Pierre de Brach et Marie de Gournay prirent l'initiative de pratiquer diverses modifications, atténuant certains passages trop énergiques, corrigeant les provincialismes et les archaïsmes, et adaptant le style de l'écrivain gascon aux normes parisiennes. En outre, le texte original de l'« exemplaire de Bordeaux » fut mutilé par la suite. Quelque temps après que Marie de Gournay eut fait exécuter sa copie, un relieur sans scrupule en tronqua malencontreusement les marges, coupant ainsi la fin de nombreux ajouts. Quant aux feuilles volantes sur lesquelles les additions se prolongeaient, elles disparurent. Ceux qui cherchent à reconstituer ce que serait un Montaigne « original » doivent donc lire et interpréter conjointement l'édition de 1595 et l'« exemplaire de Bordeaux ». Ce qui dans les *Essais* fascine le lecteur moderne, c'est, plus que toute autre chose, la manière dont Montaigne a composé son livre, le goût et le besoin qu'il a eu de relire et de retravailler ses textes, pour s'assurer qu'ils rendaient compte aussi fidèlement que possible de l'esprit qui les avait produits et de son évolution. Depuis l'édition magistrale de Pierre Villey (1922-1923), toutes les éditions modernes portent dans le texte des indications permettant au lecteur de distinguer les trois stades principaux de la composition des *Essais* (1580, 1588, 1595).

Malgré Pascal qui reprochera à Montaigne le caractère séculier de sa philosophie et sa nonchalance à l'égard du salut et malgré Rousseau qui parlera de sa fausse modestie, des générations de lecteurs ont vénéré la sagesse généreuse et compatissante dont témoignent ses vues sur la condition humaine, la compréhension et la modération avec lesquelles il parle de questions sociales ou politiques et l'ironie légère, jamais dénuée de sympathie, avec laquelle il considère le monde qui l'entoure aussi bien que lui-même. Dans les essais de cet humaniste érudit, écrits sur le mode de la conversation, les lecteurs ont reconnu une voix dont le naturel, la sincérité et la spontanéité garantissent la vérité des mots qu'il utilise. Nonobstant les fréquentes proclamations d'humilité d'un texte qui affirme sa propre vanité et les protestations d'ignorance de son auteur (lequel auteur a pris comme modèle Socrate et comme devise la question « Que sais-je ? »), c'est une personnalité à l'autorité imposante, un auteur à la présence incontestable qui se dégage de la lecture traditionnelle des *Essais*. Bien qu'il ne s'agisse pas d'un récit chronologique, ce texte a été souvent considéré comme une autobiographie, comme le déploiement d'un esprit de génie qui se révèle en dialoguant avec soi-même et avec le monde, l'esprit d'un humaniste de la Renaissance qui s'adresse à l'humanité entière.

Montaigne lui-même entretient cette manière de voir en déclarant qu'il ne fait qu'un avec son œuvre. Dans la préface « Au lecteur », il présente son livre comme le portrait fidèle et sincère de ce qu'il est et affirme qu'il est lui-même « la matière de [son] livre ». Les divers sujets qu'il traite (la tristesse, les menteurs, l'éducation, l'amitié, les cannibales, les noms, les coutumes, la présomption, le repentir, la vanité et l'expérience, pour n'en citer que quelques-uns) semblent être pour lui l'occasion de mettre à l'épreuve son jugement et de mesurer la nature de ses facultés. Dans l'essai intitulé « De Democritus et Heraclitus », il fait explicitement de cette épreuve le vrai sujet de son écriture :

> Le jugement est un outil à tous sujets, et se mêle par tout. À cette cause, aux essais que j'en fais ici, j'y emploie toute sorte d'occasion. Si c'est un sujet que je n'entende point, à cela même je l'essaie, sondant le gué de bien loin , et puis, le trouvant trop profond pour ma taille, je me tiens à la rive ; et cette reconnaissance de ne pouvoir passer outre, c'est un trait de son effet, voire de ceux dequoi il se vante le plus. Tantôt, à un sujet vain et de néant, j'essaie voir s'il trouvera dequoi lui donner corps et dequoi l'appuyer et étançonner. Tantôt je le promène à un sujet noble et tracassé, auquel il n'a rien à trouver de soi, le chemin en étant si frayé qu'il ne peut marcher que sur la piste d'autrui. Là il fait son jeu à élire la route qui lui semble la meilleure et, de mille sentiers, il dit que cettui-ci, ou celui-là, a été le mieux choisi. Au demeurant, je laisse la fortune me fournir les sujets, d'autant qu'ils me sont également bons (*Œuvres complètes*, p. 289).

Bien que les *Essais* soient profondément marqués par la connaissance qu'avait Montaigne des classiques (les citations dont il émaille ses pages sont aussi impressionnantes que désinvoltes) et par les événements de son époque (même s'il reste silencieux sur la Saint-Barthélemy), ce ne sont pas tant les « idées » qui lui importent que le jugement qui se manifeste dans l'activité de les penser. Chaque fois que Montaigne revient à son texte pour y faire un ajout ou pour l'amender, c'est ce jugement qui se manifeste, pris sur le fait, à l'instant même de la réflexion. Les marques qui, dans les éditions modernes, indiquent les étapes de la composition des *Essais* semblent indiquer en même temps les étapes de l'évolution de la pensée de Montaigne, permettant ainsi au lecteur d'avoir accès au processus par lequel l'auteur a appris au fil du temps à se connaître lui-même.

Certains commentateurs mettent aujourd'hui en question les fondements de cette interprétation autobiographique et évolutive des *Essais* à la lumière de divers motifs que celle-ci avait négligés. À partir des réflexions de Nietzsche, Freud, Saussure, Heidegger et Derrida sur les rapports entre la subjectivité et le langage, ils mettent en doute la conception traditionnelle d'un sujet cohérent, autosuffisant, dont l'existence serait antérieure à l'écriture des *Essais*, et celle d'un langage qui représenterait fidèlement des vérités indépendantes de ce sujet dans le monde des mots et des choses. Au lieu de considérer l'écriture de Montaigne comme un miroir transparent et fiable qui laisserait ses idées s'exprimer sans entraves, c'est à partir de cette écriture même, de son fonctionnement et de ses mécanismes internes, du caractère rhétorique de ses formes et de ses arguments, que les lecteurs modernes abordent le « moi » qui est l'objet de la peinture de Montaigne. Forme, subjectivité et histoire sont les pièces d'un système textuel dynamique complexe, qui comprend plusieurs niveaux dont aucun ne reçoit une priorité absolue. Le contexte historique des *Essais* est alors reconsidéré de manière à y intégrer les conceptions de la Renaissance non seulement sur l'expérience humaine, mais aussi sur la nature et la fonction du langage, sur l'art d'écrire et la manière dont le XVIe siècle français envisageait la rhétorique traditionnelle. L'intérêt manifesté par Montaigne, tout au long des *Essais*, pour les questions de langage et l'activité littéraire indique bien son désir de considérer sa vie à la fois comme l'origine et l'aboutissement de l'écriture. En même temps qu'il nous invite à apprécier la fidélité de son autoportrait, il attire notre attention sur ce qui sépare la vie de la littérature et sur la nature problématique de leur interaction.

L'éducation de Montaigne et ses habitudes de lecture reflètent le respect qu'avait le XVIe siècle pour les lettres grecques et latines et pour les manifestations intellectuelles et artistiques de la Renaissance italienne. Sa bibliothèque contenait plus de mille volumes de littérature, de philosophie et d'histoire. Pour les partisans de l'interprétation autobiographique des *Essais*, la pensée de Montaigne évolue, à partir d'un stoïcisme sceptique initial, vers une position plus largement humaniste. Les essais du début, assez peu personnels et sans originalité, se transforment en des essais fortement personnalisés au gré de lectures appropriées (Sénèque le Stoïque, puis Sextus Empiricus le Sceptique et enfin Plutarque, plus personnel et plus intime). Mais la relation entre les lectures de Montaigne et son écriture n'est pas aussi simple que l'implique une telle description. On a pu montrer que, sans être aussi développés que les essais tardifs, les premiers chapitres expriment eux aussi la voix personnelle de leur auteur et sa soif de se connaître ; au lieu de refléter linéairement l'évolution prétendue de ses lectures, l'écriture de Montaigne a toujours engagé, au cours de sa vie intellectuelle, un dialogue avec des penseurs variés. Conformément à cette approche, l'intérêt s'est déplacé de l'« homme » vers l'étude de la formation d'un moi individuel considéré comme le résultat de son interaction avec la tradition culturelle par le biais de l'écriture où cette tradition s'inscrit sous forme de citations.

Les emprunts faits par Montaigne, qu'ils portent sur des idées ou des textes, témoignent par leur simple volume de l'autorité de la tradition, comme si le moi se développait à partir de ce qui lui est originellement étranger. Les écrivains de la Renaissance, et Montaigne lui-même, recouraient à la métaphore de l'abeille qui fait son miel en amassant le pollen de diverses fleurs pour suggérer qu'un tel développement est inscrit dans la nature organique des choses. Mais le texte de Montaigne ne se borne pas à s'approprier le passé par un acte de jugement ; il va jusqu'à revenir sur ses propres présupposés pour les remettre en question. À plusieurs reprises, Montaigne dénonce la pratique de la citation, s'oppose à la tradition, rabaisse ses propres emprunts en les qualifiant de plagiat et soutient que son livre n'est rien de plus qu'un bouquet de fleurs empruntées. Au nom de la cohérence des *Essais*, les lecteurs d'autrefois préféraient minimiser ce mouvement gênant. Aujourd'hui ils voient dans ce projet qui sape ses propres fondements le signe d'une tension inévitable entre le désir de l'écrivain de construire un moi personnel intégré et la prise de conscience du fait que ce moi est toujours constitué à partir d'emprunts. Le statut de la citation, comme d'une manière générale celui du langage au XVIe siècle, est aussi relatif et instable que le statut du sujet lui-même.

Montaigne parle de son expérience ; il invoque des exemples, donne son opinion, discute les conséquences morales de ses actes, essaie de se refléter dans son texte, de lui être « consubstantiel », comme il le dit dans l'essai « Du démentir ». Ce qui ne l'empêche pas, comme on peut le voir dès 1571 avec l'inscription annonçant sa retraite, de se projeter aussi tout à fait consciemment par le truchement de ses écrits dans le rôle de « Michel de Montaigne ». Et à force de jouer ce rôle, comme il le fait dans les *Essais*, il donne corps à une figure textuelle qui s'impose comme métaphore du moi, un moi qui est une fonction du langage (son vocabulaire, sa syntaxe, ses thèmes) dans lequel il s'articule. Le fait qu'il faille passer par le langage et ses figures pour concevoir son propre moi comporte un risque réel, mais c'est le seul moyen pour un sujet de s'engendrer. La métaphore risque toujours de prendre la place de l'auteur « vivant », car ce dernier est absent chaque fois que le texte parle pour lui ; mais, et cela est tout aussi important, elle risque aussi de dénoncer tout ce qu'elle a de factice. Tout en prétendant être présent dans son texte, Montaigne affirme la vanité et le vide du moi et du discours dans lequel il se donne forme. Les dualismes irrésolus des *Essais* ne sont passibles ni d'une résolution unifiante ni d'une simple opposition. Cependant, par leur interaction dynamique, ils dessinent un personnage qui (à l'image des digressions et parenthèses sans fin qui caractérisent son texte) est fait d'ajouts, pris dans un mouvement de totalisation et de conclusions toujours reportées. « Qui ne voit », écrit Montaigne dans « De la vanité », vers la fin de ses *Essais*, « que j'ai pris une route par laquelle, sans cesse et sans travail, j'irai autant qu'il y aura d'encre et de papier au monde. »

Bibliographie : Marie de Gournay, « Préface aux Essais de Montaigne » *Montaigne Studies I*, éd. François Rigolot, (1989). Michel de Montaigne, *Œuvres complètes,* éd. A. Thibaudet et M. Rat (Paris, Gallimard, 1962) ; *Essais*, éd. Pierre Villey (Paris, P.U.F., 1965). Hugo Friedrich, *Montaigne* (Paris, Gallimard, 1968). Richard Regosin, *The Matter of My Book.*

Montaigne's Essais as the Book of the Self (Berkeley, University of California Press, 1977). François Rigolot, *les Métamorphoses de Montaigne* (Paris, P.U.F., 1988). Jean Starobinski, *Montaigne en mouvement* (Paris, Gallimard, 1982).

Richard L. Regosin

1609

François de Sales publie l'*Introduction à la vie dévote*

L'humanisme dévot

L'*Introduction à la vie dévote*, de François de Sales (1567-1622), paraît au cours de la dernière année du règne d'Henri IV, roi qui, en abjurant le protestantisme (1593) et en promulguant l'édit de Nantes (1598), avait restauré l'unité nationale après trente années de guerres de religions. Une deuxième édition paraît, la même année, augmentée de quelques chapitres destinés aux laïques, principalement aux femmes. L'année suivante, en 1610, l'assassinat d'Henri IV par François Ravaillac rallume les conflits religieux et politiques. L'*Introduction* en devient de plus en plus populaire. Une troisième édition, corrigée, est publiée. En 1616, les huguenots menacent de rébellion. Une nouvelle édition, révisée elle aussi, est imprimée en format de poche. En 1619, Louis XIII écrase le soulèvement et restaure l'autorité royale. L'édition canonique paraît. Les nombreuses rééditions ultérieures de l'ouvrage attestent de son influence profonde et ininterrompue sur la vie religieuse française.

L'*Introduction* est l'œuvre principale de l'humanisme dévot. L'humanisme, qui a commencé à la fin du XVe siècle comme une réforme pédagogique, fait intervenir les œuvres de la Grèce et de la Rome classiques dans sa réévaluation de la nature humaine. Dans l'*Oratio de Dignitate Hominis*, Jean Pic de la Mirandole (1486) empruntait à Platon une représentation de l'homme qui fait de lui l'aboutissement de la chaîne harmonieuse de la Création. Tout au long du XVIe siècle, l'humanisme platonicien cherchera à concilier doctrine chrétienne et culture païenne en proposant une lecture symbolique de cette dernière. Des hommes d'Église comme Érasme mettront l'accent sur les moyens dont l'homme dispose pour parvenir à Dieu, atténuant l'importance du péché originel et des aspects sacramentels de la religion.

Mais le public de l'humanisme dévot n'appartient pas à une élite qui parle latin ; moins intellectuel et plus émotif, moins théorique et plus pratique que l'humanisme de la Renaissance, ce qui l'intéresse, c'est la vulgarisation en langue vernaculaire. Il est aussi politiquement plus habile et socialement plus envahissant. En France, l'humanisme évangélique de François Rabelais, de Marguerite de Navarre, de Jacques Lefèvre d'Étaples et de Guillaume Briçonnet (évêque de Meaux et réformateur modéré) avait favorisé la cohabitation du profane et du sacré. Dans les années 1520, le mouvement de dévotion laïque, l'humanisme et le pouvoir royal se rejoignent dans le cercle de Marguerite de Navarre qui se prolongera, par l'intermédiaire de la Pléiade (1550), dans l'académie de Jean-Antoine de Baïf (1570-1585) et plus particulièrement dans l'académie du Palais, à Vincennes, où Henri III rassemble les fraternités laïques, les ordres religieux, les poètes et les universitaires dans l'espoir de trouver un recours spirituel et des solutions politiques. Au cours du Concile de Trente (1545-1563), les théologiens humanistes reconnaissent que la vie privée de l'âme peut mener au salut. La Société de Jésus, fondée en 1540 par Ignace de Loyola, encourage l'établissement de nouveaux ordres chargés de répandre et de raffermir la foi et fait paraître, vers la fin du XVIe siècle, un nombre important de livres de dévotion à l'usage des laïques. En dépit d'une opposition violente et d'expulsions nombreuses, les Jésuites jouent un rôle influent en France, notamment sous Louis XIII (1610-1643). Entre 1583 et 1588, François de Sales étudie la rhétorique et les humanités à Paris, au collège de Clermont, tenu par des jésuites, puis, en 1588, le droit à Padoue, sous la direction du juriste jésuite Antoine Possevin. D'autres personnalités religieuses, politiques et littéraires reçoivent une éducation semblable : Louis Richeome, Pierre de Bérulle, Jean-Jacques Olier et Pierre Corneille sans parler de Pierre Coton, confesseur d'Henri IV, puis de Louis XIII. L'*Intérieure Occupation d'une âme dévote*, de Coton (1609), formalise l'exercice des dévotions à la cour.

Le rôle joué par François de Sales dans les efforts d'Henri IV pour unifier une France religieusement écartelée n'est pas sans intérêt. Le très catholique duc de Savoie, dont François de Sales est le sujet, est allié par mariage à l'Espagne. Il a envahi le territoire français en 1590, peu après l'assassinat d'Henri III, et nourrit des ambitions sur la calviniste Genève. François lui-même est prévôt (1592), puis évêque (1602) de Genève. En cette qualité, et avec l'aide d'Antoine Favre, membre du Sénat savoyard, il cherche à convertir Théodore de Bèze, successeur de Calvin, et – il obtiendra en cela plus de succès – à « évangéliser » les protestants de la région du Chablais, récemment rattachée à la Savoie. Les *Controverses* (1602) et la *Défense de l'étendard de la sainte Croix* (1600), recueils de pamphlets et de sermons militants, parsemés de métaphores militaires, sont le résultat de cette campagne. En 1598, François de Sales conduit diverses missions diplomatiques à Rome pour contrecarrer la reconnaissance par la France de la Genève protestante et obtenir le versement des revenus aux paroisses catholiques reconverties. En 1601, une partie de son diocèse est cédée à la France ; l'année suivante, le duc de Savoie l'envoie négocier avec Henri IV. Le roi ne cède pas un pouce sur ce terrain ; en revanche, il se montre très intéressé par l'entreprise dévote de François de Sales qu'il juge répondre parfaitement à sa propre politique de pacification. Il l'invite donc à prêcher à Fontainebleau et tente de l'attirer en France en lui proposant un diocèse. Pendant son séjour à Paris, François de Sales est le confesseur de Mme Acarie (Barbe Avrillot), qui vient d'établir l'ordre des Carmélites de Sainte-Thérèse en France (1604). En outre, il fréquente le salon spirituel de Louise Séguier dont le fils, le cardinal Pierre de Bérulle, fonde la congrégation de l'Oratoire français (1611).

De nombreux ordres religieux sont créés, beaucoup par et pour des femmes, qui se rallient aux pionniers de la Contre-Réforme comme elles l'avaient fait, cinquante ans plus tôt, à ceux de la Réforme. À cette même époque, François de Sales devient le directeur de conscience des femmes de la noblesse, laïques et religieuses, en Savoie et en France. Pour plusieurs, il remplit ce rôle par le truchement d'une correspondance qui constituera le point de départ de l'*Introduction*, du *Traité de l'amour de Dieu* (1616) et des *Entretiens spirituels* (1628). Aidé par Jeanne-Françoise Frémiot, baronne de Chantal, fille d'Antoine Favre et par d'autres femmes, il fonde à Annecy l'ordre de la Visitation, chargé de visiter les pauvres et les malades. Réservé aux veuves et aux vierges, il n'a pas la rigueur d'un ordre monastique.

Par le biais de lettres adressées à une imaginaire « Philothée » (« amatrice ou amoureuse de Dieu », *Œuvres*, p. 25), l'*Introduction* définit la dévotion et prescrit un cycle de méditations et un code de conduite à l'usage des femmes mariées. Le mariage était traditionnellement vu comme un état spirituellement déficient (la femme étant une créature spirituellement inférieure). L'*Introduction* renverse la notion de vie contemplative, grâce au concept humaniste de « devoir d'état » (élaboré par les Jésuites et adopté par les protestants), c'est-à-dire les obligations dévolues à chaque individu selon la condition qui est la sienne dans la vie. L'ordre social est réhabilité et la place que chacun y occupe est perçue comme un espace de sanctification individuelle. La véritable dévotion est présentée à Philothée comme « du sucre spirituel », du « miel », de la « crème », autrement dit comme la plus grande « suavité », la « douceur des douceurs » (*ibid.*, pp. 34-36). Ces images gourmandes sont répétées si souvent que la dévotion quitte le cloître et son ascèse pour la cour mondaine et même les boudoirs. Les exercices prescrits sont rigoureux, mais la clémence divine permet à Philothée quelques pieux mensonges, les robes à la mode, la danse, à condition bien sûr que les « abeilles spirituelles » de la conscience morale chassent les « araignées charnelles » dont les toiles symbolisent le monde du péché.

La condition de femme mariée offre souvent l'occasion de mettre en pratique certains équivalents des règles monastiques, en particulier : l'obéissance (en faisant preuve de loyauté vis-à-vis des magistrats et du roi, et surtout en obéissant à son mari), et la pauvreté (en étant intérieurement détachée des biens de ce monde). Mais le trait fondamental de l'*Introduction* est la transformation de la chasteté monastique en une idéologie du mariage et de la reproduction. Pour l'Église, le mariage est « la pépinière du christianisme qui remplit la terre de fidèles » fertiles ; pour l'État il est « sa racine et la source de tous ses ruisseaux » (*ibid.*, p. 233).

Cette transposition du cloître à la chambre à coucher eut des implications décisives sur la fertilité de la société française. La troisième partie de l'*Introduction* contient l'une des plus anciennes diatribes de la littérature française contre le *coitus interruptus*, soutenue par une métaphore détaillée comparant les relations sexuelles et les manières de table. Comme l'alimentation, la sexualité maritale est un devoir auquel les femmes ne peuvent se soustraire, même pour des raisons spirituelles : elle doit être accomplie avec bonne grâce, sans gloutonnerie, avant tout pour se nourrir, et sans rien perdre. L'obligation de l'acte sexuel procréatif chez les époux (considéré comme un devoir spirituel) occupe une position symétrique de celle de l'abstinence monastique. Elle correspond à une évidente préoccupation séculière : Jean-Baptiste Colbert devait lui aussi condamner le *coitus interruptus*, comme contraire aux intérêts de l'État. L'insistance de François de Sales indique probablement la fréquence de cette pratique chez les femmes de l'aristocratie. Il n'est pas exclu que la propagande des prêcheurs de la Contre-Réforme ait contribué à l'élévation de la natalité dans certaines régions de France vers la fin du XVIIe siècle. Mais, en même temps qu'ils condamnaient la contraception, ceux-ci rappelaient aux mères leurs devoirs envers leurs enfants, et c'est ce qui a pu éveiller chez elles le désir de limiter les naissances et contribuer finalement au déclin de la population noble au début du XVIIIe siècle. L'intervention de la Contre-Réforme dans la vie sexuelle et les cycles de reproduction se manifeste à tous les niveaux sociaux. Vers 1609, il était encore coutumier, chez les paysans, de faire sa cour par l'« albergement », c'est-à-dire qu'un jeune homme était autorisé à passer la nuit avec une jeune fille dans la demeure de ses parents, ce qui favorisait des jeux sexuels sans coït : cette coutume devint un motif d'excommunication dans le duché de Savoie.

La féminisation du discours dévot par l'*Introduction* consacre une tendance de la poésie religieuse amorcée au siècle précédent par la sœur de François Ier, Marguerite de Navarre (*Miroir de l'âme pécheresse*, 1531, *Chansons spirituelles*, 1547), par Gabrielle de Coignard (*Œuvres chrétiennes*, 1595) et par Anne de Marquets qui publia de la poésie religieuse dans les années 1560 et dont les *Sonnets spirituels* furent publiés en 1605. Plus tard, des poètes vivant dans l'orbite de François de Sales adoptèrent le style méditatif, la volubilité affective et le vocabulaire de la jouissance spirituelle qui caractérisent ce type de poésie. Antoine Favre reconnaît sa dette envers François de Sales dans sa *Centurie première de sonnets spirituels de l'amour divin et de la pénitence* (1595). François de Sales écrit une lettre à Jean de La Ceppède pour faire l'éloge de ses *Théorèmes sur le sacré mystère de notre rédemption* (1613). La même année que l'*Introduction,* la *Semaine sainte*, d'Henry Humbert, associe une prose émotive à une poésie qui a subi l'influence des traités dévots. L'objectif de ces poètes est d'adapter à la sensibilité de la Contre-Réforme le style profane, voire païen, de la Pléiade.

Conscient ou pas, l'objectif de François de Sales qui s'approprie ce discours féminisé transparaît clairement dans une lettre adressée à l'abbesse de Montmartre en janvier 1603 : « Votre sexe aime être conduit, mais il ne réussira jamais si ce n'est par soumission ; non pas parce que souvent il n'a pas autant d'intelligence que le sexe opposé, mais parce que Dieu l'a voulu ainsi » (*Œuvres*, t. XII, p. 173). Il est clair que François de Sales admire, envie et craint l'énergie des femmes. Mais il veut les placer sous la tutelle masculine des prêtres. Aussi la douceur volubile de l'*Introduction* n'est-elle pas une simple concession aux lectrices : c'est la démonstration de sa capacité à maîtriser un style féminin et à s'approprier les pouvoirs créatifs des femmes.

Deux images de douceur féminine envahissent la poésie dévote de l'époque : Marie-Madeleine, l'amante pécheresse repentie, qui a renoncé aux plaisirs de la chair pour une soumission extatique au « fiancé divin », et Marie, l'archétype de la mère exemplaire de la Pietà, comme en témoignent de nombreuses paraphrases en vers du *Stabat Mater*. « Douceur », « miel », « sucre » sont associés dans l'*Introduction* aux deux mêmes pôles, celui de l'union sexuelle et celui des soins maternels. Ces images, qui ont leur origine dans la pénombre mystique des cloîtres, prennent une signification beaucoup plus matérielle quand elles sont transposées dans le contexte séculier : d'un côté, les images d'abandon et de réceptivité de l'âme (féminine), les torrents de la grâce et l'union extatique avec Dieu ; de l'autre, l'allaitement et les soins de la mère pour son enfant. Le « miel » renvoie souvent chez François de Sales au lait maternel, image qui est également appliquée à Dieu le Père. Tout cela conduit de façon presque trop évidente au plaidoyer de François de Sales en faveur d'une relation sexuelle dans laquelle le sujet féminin ne résiste pas plus à l'orgasme (lui-même lié à la reproduction) qu'aux jouissances de l'extase spirituelle. Ce discours s'adresse à des femmes de la noblesse qui, selon toute probabilité, cherchaient à contrôler leur fertilité par l'abstention ou le *coitus interruptus*.

Dans la France du XVIIe siècle, l'interaction entre les pratiques de la dévotion cautionnées par l'Église et les objectifs politiques poursuivis par l'État est extrêmement complexe. Mais on peut voir à quel point le projet de François de Sales s'accorde bien avec la société de l'Ancien Régime. Quel monarque rejetterait un discours aussi persuasif, d'inspiration conservatrice, et qui a ses racines dans la culture humaniste ? Contrairement au jansénisme, l'humanisme dévot accepte la nature humaine et l'ordre social. Pour Molière, il représente l'honnête dévotion dont l'antithèse est le Tartuffe antisocial. C'est son mélange de sévérité et d'indulgence qui permit à l'*Introduction* d'être invoquée par des penseurs catholiques aussi différents que Jacques-Bénigne Bossuet et François de La Mothe Fénelon.

Voir aussi 1215, 1534 (17-18 octobre), 1685.

Bibliographie : sainte Jeanne-Françoise (Fremyot) de Chantal, *Œuvres diverses*, 7 vol. (Paris, Plon, 1876-1890). Saint François de Sales, *Œuvres*, éd. André Ravier et Roger Devos (Paris, Gallimard, 1969) ; *les Œuvres de saint François de Sales*, 27 vol. (Annecy, édition des religieuses de la Visitation, 1892-1964). Henri Brémond, *Histoire du sentiment religieux en France*, t. Ier : *l'Humanisme dévot (1580-1660)* [Paris, Librairie Blond et Gay, 1935]. Jean Dagens, *Bibliographie chronologique de la littérature de spiritualité et de ses sources (1501-1610)* [Paris, Desclée de Brouwer, 1952].

Paul A. Chilton

1619

Honoré d'Urfé fait enfin paraître la troisième partie de *l'Astrée*

Le roman pastoral

La célébrité de *l'Astrée* est déjà prodigieuse lorsque paraît, en 1619, la troisième partie, attendue de tout le public lettré. La première partie avait paru en 1607 et la deuxième en 1610. L'aristocratie, qui raffole du roman d'Honoré d'Urfé, devra d'ailleurs continuer à attendre : la publication posthume de la quatrième partie ne se fera qu'en 1627. Pour tromper leur attente, les lecteurs se déguisent en bergers et bergères et jouent des passages de *l'Astrée*. Leur patience est récompensée : chaque partie comprend plusieurs livres de plusieurs centaines de pages chacun. *L'Astrée* est l'exemple le plus célèbre du roman-fleuve. Conçu pour occuper plusieurs tomes, volontiers interminables, ce genre qui fleurit du début au milieu du XVIIe siècle est important pour le préclassicisme français.

Par bien des aspects, Honoré d'Urfé (1567-1625) est un produit de la Renaissance. Le château de la famille d'Urfé, la Bastie, dans le Forez, est un centre de vie intellectuelle actif. D'Urfé est élevé par les jésuites, au collège de Tournon. Il introduira dans *l'Astrée* ce qu'il a appris aussi bien à la Bastie qu'à Tournon et, bien qu'il s'agisse d'un roman, ces pages n'en portent pas moins l'empreinte d'une vaste culture historique et philosophique. La vierge Astrée, déesse de la justice, a été la dernière divinité à quitter la terre quand l'âge d'or a pris fin. Pour d'Urfé et ses lecteurs, son nom associe peut-être la fin des guerres de religion (Henri IV signe l'édit de Nantes en 1598) à la vision de l'harmonie terrestre retrouvée. La littérature pastorale, genre auquel il est traditionnel de rattacher *l'Astrée*, brosse le tableau d'une ère mythique de bonheur et de prospérité, un âge d'or qui ignore les tracas de la vie quotidienne. D'Urfé commence son œuvre au moment où le public aristocratique, fatigué des longues années de guerre entre catholiques et huguenots, est prêt à goûter la représentation et l'analyse des passions.

Mais la France n'a pas grand-chose à offrir dans ce domaine. S'ils veulent des analyses psychologiques, et surtout les nuances de l'amour, les lecteurs doivent se tourner vers l'Italie et l'Espagne où une tradition plus « sentimentale » s'est développée au cours de la seconde partie du XVIe siècle, notamment sous la forme du roman pastoral. C'est ce type de littérature, associé aux récits chevaleresques, aux romans de l'Antiquité grecque, et à la tradition renaissante de la nouvelle, dont l'exemple le plus représentatif est *l'Heptaméron*, de Marguerite de Navarre (1559), qui sert de base à *l'Astrée*, même si d'Urfé devait prendre des libertés avec les conventions du genre pastoral.

Ces conventions avaient été d'une fixité remarquable. L'histoire relate toujours les amours d'un berger et d'une bergère, dans un cadre naturel idéal. La non-consommation de cet amour est à la fois le sujet principal du roman et le ressort narratif qui lui permet de se prolonger. À chaque instant, de nouveaux obstacles empêchent l'idylle de se conclure, forçant les amants à inventer de nouveaux subterfuges. Des épisodes chevaleresques, dignes de la légende arthurienne, permettent au héros (très souvent un chevalier déguisé en berger) de prouver son courage. Le roman pastoral fourmille de personnages secondaires : d'autres bergers et d'autres bergères, rivaux et amis, des étrangers inquiétants, des prêtres, des magiciens et de sages ermites. Leurs histoires viennent s'enchâsser dans le récit principal dont ils interrompent le cours. Le grand nombre des narrateurs crée une impression de polyphonie, autre élément conventionnel du roman pastoral, bien que dans *l'Astrée* il devienne impossible de distinguer ces voix l'une de l'autre. Pour faire avancer l'intrigue et introduire de la variété dans une narration que menace la monotonie, les auteurs de romans pastoraux insèrent des lettres, des poèmes, des chansons dont les thèmes font écho à ceux du texte principal. D'Urfé, pour sa part, a un faible pour la lettre, ce qui fait de son œuvre un des premiers exemples de roman épistolaire.

Par ses thèmes et sa structure, *l'Astrée* respecte scrupuleusement les conventions de la littérature pastorale. L'histoire se passe au Ve siècle, dans un Forez qui est à la fois un paradis de convention, avec sa splendeur arcadienne (ou édénique), et un site historiquement et géographiquement défini. Comme dans beaucoup de romans pastoraux, ses bergers et bergères sont de haute naissance : leurs nobles ancêtres, en quête d'un havre, ont quitté la cour pour se retirer dans la campagne plus clémente.

La « fontaine de Vérité d'Amour », empruntée à la tradition courtoise, est le symbole unificateur de l'ouvrage. Tout amoureux payé de retour voit en s'y mirant le visage de l'être aimé. Mais la fontaine a perdu son pouvoir depuis qu'un amant malheureux lui a jeté un sort. Qu'elle retrouve ce pouvoir, et les amoureux du roman pourront à nouveau connaître le destin qui leur est réservé. Mais il faudra pour cela le sacrifice des deux amants les plus exemplaires du Forez.

Bien que ce sacrifice ne soit jamais accompli, on peut supposer que les deux amants exemplaires sont Astrée et Céladon, adolescents dont l'amour est contrarié par les astres. La haine de leur famille leur interdit de se marier. Mais leur histoire n'occupe qu'une section du roman. Celle de Diane et de Silvandre, de Phillis et de Lycidas, de Hylas, partisan de l'« amour libre », et de la nymphe Galathée sont tout aussi importantes. Toutes ces histoires qui empiètent les unes sur les autres composent un hymne fantastique aux tribulations de l'amour. Ces récits sont encore rehaussés par une foule d'histoires adventices dont certaines rejoignent les histoires principales. Et pourtant, de cette prolifération de personnages, de noms, de situations ne ressort, paradoxalement, aucune impression de différence. Les intrigues et les noms finissent toujours par avoir un air de déjà vu. L'œuvre est un curieux piège, une fresque littéraire qui, par la redondance de ses motifs, illustre les vicissitudes auxquelles l'amour expose l'homme et la femme.

L'Astrée oppose deux visions de l'amour. À un premier niveau, dans la meilleure tradition des accouplements cérébraux, d'Urfé chante un amour spirituel désexualisé, annonçant la désaffection de l'érotisme qui dominera une grande partie de la littérature et de la philosophie du XVIIe siècle. La mise en garde contre le pouvoir des passions et en particulier contre celle de l'amour est un trait essentiel des littératures préclassique et classique. Dans *les Passions de l'âme* (1649), Descartes confie à la raison le contrôle des émotions en des pages qui rappellent certains discours du berger de *l'Astrée*, Silvandre. Avec la seconde moitié du siècle, l'analyse de la passion amoureuse atteindra un niveau de raffinement encore supérieur dans le théâtre de Racine, les romans de Mme de La Fayette et les œuvres des moralistes (Pascal, La Rochefoucauld) où l'amour et la sexualité sont décrits en des termes qui font déjà pressentir ce que la psychologie appellera l'inconscient. Dans *l'Astrée*, le refus de l'engagement personnel va de pair avec le caractère imaginaire des satisfactions. Au niveau de l'histoire aussi bien que du discours, on est en plein romanesque ; chaque fois que la réalité refuse de répondre aux exigences de leurs désirs, les personnages recourent aux artifices de l'imagination.

Dans *l'Astrée*, la fuite devant l'amour se manifeste de trois manières différentes : par la réticence des personnages féminins à accepter les rites de la séduction hétérosexuelle, bien qu'une totale liberté dans les liens entre femmes soit admise (pratique sanctionnée aussi bien par le néo-platonisme que par la littérature pastorale) ; par les rêveries solitaires et solipsistes de personnages masculins passifs qui n'osent pas déclarer leurs feux ; et par l'idéalisation de l'amour par les deux intellectuels du roman, le druide Adamas et le berger Silvandre. L'exposé de leur métaphysique occupe une place importante de *l'Astrée*, composant une dissertation sur la supériorité de l'amour conçu en termes spirituels. Le code de conduite qui en découle dérive de principes hérités de la littérature courtoise médiévale et du néo-platonisme de la Renaissance. Ce type d'idéalisme était florissant sous le règne d'Henri IV (1589-1610) dont la cour se piqua de raffiner les manières en amour. Les hommes de *l'Astrée* sont soumis aux femmes et, conformément aux conventions pastorales, leurs relations (contrairement à celles de la littérature courtoise) sont « naïves » et rarement adultères.

Le ton « noble » de *l'Astrée* s'accorde avec tous les postulats du néo-platonisme : vision positive de la femme considérée comme médiatrice entre Dieu et les hommes ; conception de l'amour comme source de toute bonté, et de la beauté comme reflet de cette bonté ; transformation spirituelle effectuée par l'amour sur l'âme des véritables amants ; enfin, bonheur de ceux dont l'amour est réciproque et parfait. Page après page, d'Urfé revient sur l'analyse détaillée de cet amour spirituel que renforcent les règles ascétiques du christianisme (le druidisme de *l'Astrée* n'est qu'un catholicisme à peine déguisé).

Si ce message était le seul que d'Urfé avait à offrir, *l'Astrée* aurait sans aucun doute été oubliée depuis longtemps, ou ne survivrait plus que comme un fossile verbeux. Mais derrière la façade de ces codes abstraits, l'œuvre possède une seconde structure qui décrit l'amour sous ses formes les plus passionnées, les plus importunes et les plus fantastiques. *L'Astrée* n'est pas le seul exemple dans la littérature occidentale d'un texte où coexistent aventures romanesques et traité de morale. Mais la présence simultanée de ces deux modes hétérogènes, inconciliables, crée un état de tension et de discorde continuelles.

Ces aventures en effet ont tendance à s'écarter de manière spectaculaire de la doctrine à laquelle elles sont associées. Brutalité, sexualité incontrôlée, violence faite aux femmes, rien n'y manque, surtout dans les récits secondaires, portant un coup fatal aux présupposés courtois et néo-platoniciens de la pastorale. Quant aux épisodes centraux, s'ils sont en général dépourvus de manifestations d'agressivité trop flagrantes, ils évoluent vers des drames imaginaires d'une complication inouïe. Par exemple, la timidité et la passivité de personnages masculins comme Céladon et Silvandre les conduisent à recourir plus que jamais à cet artifice de la comédie et de la pastorale qu'est le déguisement.

Cette accumulation des travestissements est si massive qu'elle devient un thème en elle-même. Céladon est costumé en femme pendant une grande partie du roman ; et ce sont ces fantasmes d'identification sexuelle qui nourrissent les parties les plus vivantes de l'ouvrage. Certains critiques aimeraient ne voir dans ces épisodes qu'un thème d'androgynie qui les rattacherait à la doctrine néo-platonicienne. Il n'est pas exclu pourtant que les passages, où Céladon, déguisé en femme, fait sa cour à une Astrée « ignorante » qui accepte promptement « ses » avances (d'Urfé joue habilement sur l'ambiguïté des pronoms et des adjectifs possessifs de sorte que la grammaire elle-même permet à l'imagination de se donner libre cours), soient pour l'auteur l'occasion de réaliser ce qu'il considère comme sa principale innovation en matière de romanesque. L'amour que manifestent les personnages de *l'Astrée* est souvent simultanément hétérosexuel et homosexuel, ouvrant ainsi un espace imaginaire que partagent l'auteur, ses personnages et son public.

Cependant *l'Astrée* est moins le roman de l'ambiguïté sexuelle que celui d'une sexualité sans genre : l'identité sexuelle se perd dans un brouillard de pur érotisme et le désir est ressenti indépendamment d'un objet clairement défini. Céladon désire Astrée en tant qu'homme mais aussi en tant que femme. Qui plus est, il lui arrivera de revêtir les vêtements d'Astrée, renonçant à son identité pour la sienne : l'imagination devient auto-érotique ; le désir, libéré du besoin de tout autre partenaire que soi-même, révèle la multiplicité de ses niveaux.

On peut diviser *l'Astrée* en cinq parties : quatre composées par d'Urfé et une cinquième, sorte de conclusion, écrite par son secrétaire Balthazar Baro (il existe une autre conclusion, écrite par Marin Le Roy de Gomberville ; connue sous le titre de *Suite de Gomberville*, ou sixième partie de *l'Astrée*). Mais la mort prématurée d'Honoré d'Urfé ne suffit pas à expliquer qu'il n'ait pas terminé son roman. Lui qui avait su entretenir une telle variété de tensions sexuelles, n'était sans doute pas fait pour les conclusions. Et, puisque c'est dans ce suspense infini que résidait sa force, il aurait décidé (bien que le mariage soit la conclusion traditionnelle du roman pastoral) d'en retarder la consommation.

L'humeur du temps était cependant au changement. Le roman pastoral, qui n'avait rien produit de remarquable avant *l'Astrée*, n'eut – en dépit (et peut-être à cause) de cette œuvre – guère de succès par la suite. C'est au théâtre que la littérature pastorale se développera en France. Le succès du roman-fleuve en plusieurs volumes continuera, mais sous d'autres formes (aventure, histoire, psychologie) que d'Urfé lui-même avait utilisées dans le cadre de son ouvrage. Des auteurs comme Gomberville, Gautier de Costes de La Calprenède et Madeleine de Scudéry, qui renoncent au paysage bucolique cher à d'Urfé, deviennent les auteurs préférés du public lettré. La veine satirique qui se développe dans les premières décennies du siècle s'attaque directement au style de *l'Astrée*. En 1627, Charles Sorel publie *le Berger extravagant*, parodie directe du roman pastoral. Vers le milieu du siècle, Paul Scarron et Savinien de Cyrano de Bergerac lancent leur défi satirique et burlesque au ton lyrique de *l'Astrée*. Enfin, de nouvelles œuvres de fiction, plus concises, vident le roman pastoral de presque tout son matériau secondaire et de la substance doctrinale si importantes dans *l'Astrée*. *La Princesse de Clèves* (1678) se détache de cet ensemble comme le roman charnière de l'âge classique non seulement à cause de l'économie suprême du récit et de la maîtrise exemplaire du style mais surtout par la manière dont l'imagination sexuelle y est réprimée. De même les *Lettres portugaises* (1669), attribuées aujourd'hui à Gabriel-Joseph de Lavergne de Guilleragues, évoluent vers une intrigue minimale, centralisée, qui utilise la forme épistolaire pour mettre en place un récit d'une densité et d'une concision extrêmes. Ces œuvres, qui représentent le point culminant du roman français classique, contrastent fortement avec *l'Astrée* dont le pouvoir tient à sa nature non seulement encyclopédique mais aussi mouvante et ambiguë.

Voir aussi 1165, 1527, 1647, 1654.

Bibliographie : Honoré d'Urfé, *l'Astrée*, éd. Bernard Vaganay, 5 t. (Genève, Slatkine, 1966). *L'Astrée - VIe partie : la Suite de Gomberville*, éd. Bernard Yon (Saint-Étienne, Presses de l'Université, 1976). Jacques Ehrmann, *Un paradis désespéré : l'amour et l'illusion dans « l'Astrée »* (New Haven, Yale University Press, 1963). Gérard Genette, « Le serpent dans la bergerie », in *l'Astrée* (Paris, Union générale d'éditions, 1964), repris dans *Figures* (Paris, Seuil, 1966). Louise K. Horowitz, *Honoré d'Urfé* (Boston, G.K. Hall, 1984).

Louise K. Horowitz

1627

Un an avant sa mort, François de Malherbe publie une anthologie de poèmes représentatifs de son école

Le technicien du langage

Au début du XVIIe siècle, la poésie française oscille encore entre baroque et classicisme. Un an avant sa mort, François de Malherbe (1555-1628), champion de la forme classique, triomphe en faisant paraître une anthologie, *Recueil des plus beaux vers de Messieurs de Malherbe, Racan, etc*. Écartant son chef-d'œuvre de jeunesse, « Les larmes de saint Pierre » (1587), à cause de son inspiration baroque, Malherbe a sélectionné les soixante-deux pièces qu'il souhaite voir passer à la postérité. Le recueil contient également des poèmes d'Honorat de Bueil de Racan, de Jean-Nicolas Garnier de Monfuron, de François Maynard, de François Le Métel de Boisrobert et de quelques autres auteurs qui, disciples de Malherbe, voulaient partager son succès. En cette période de classicisme triomphant, l'école de Malherbe peut affirmer son indépendance totale à l'égard de la tradition humaniste de la Renaissance, celle de Pierre de Ronsard et de Joachim du Bellay. Cela n'empêchera pas Marc-Antoine Girard de Saint-Amant (1594-1661) de publier deux ans plus tard, comme un défi à l'idéal poétique de Malherbe, dans le premier volume de ses *Œuvres*, des poèmes d'inspiration et de facture baroque comme « La solitude », « L'Arion » et « Le fromage ». Mais son succès n'aurait pas été concevable sans la réforme de Malherbe. L'un et l'autre contribuèrent à la formation du style de la poésie dans la seconde moitié du siècle.

La formulation des règles de la poésie classique a été soigneusement mise en scène, socialement et politiquement, par Malherbe qui l'a fait coïncider avec son arrivée à Paris (il quitte la Provence en 1605). Poète, il était aussi un habile courtisan. En arrivant à la cour d'Henri IV, il avait tout de suite perçu que la poésie issue de la Pléiade allait passer de mode. Son idéal d'une poésie plus accessible lui vaudra les faveurs du roi, associant son nom à des valeurs poétiques en harmonie avec l'autoritarisme culturel qui succède à une longue période de guerres civiles. Son absence de respect pour les poètes du passé l'a rapidement rendu célèbre. Son flair pour le dramatique, ses éclats contre tout ce qui est obscur, archaïque ou extravagant dans la poésie de ses prédécesseurs et de ses contemporains, ont fait de lui le chef de file de la réforme. L'ancien poète provincial n'a pas tardé à s'attirer des mécènes et des disciples. Ceux qui voulaient devenir poètes venaient lui demander conseil et pouvaient consulter les notes dont il avait couvert son exemplaire des œuvres de Philippe Desportes, dernier représentant de la tradition de la Renaissance. Ces commentaires manuscrits constituent la base de sa doctrine poétique : Malherbe n'est l'auteur d'aucun traité. Des anecdotes illustrant ses opinions circulaient sur lui. Racan raconte que, dans sa chambre, Malherbe avait sept chaises. Si un huitième visiteur entrait, il devait attendre pour s'asseoir que l'une se libère. C'est là une leçon pour l'usage des métaphores : le poète doit renoncer à toute idée pour laquelle il ne disposerait pas d'un stock suffisant de métaphores.

Cette anecdote et sa leçon mettent en évidence le point sur lequel la réforme poétique du XVIIe siècle, amorcée par Malherbe, s'oppose le plus activement à la tradition de la Renaissance. La « nouvelle poésie », ainsi que l'ont appelée des traditionalistes comme Marie de Gournay, préfère à la richesse sémantique et lexicale la rigueur métrique ; elle se contente de concepts simples qu'elle ajuste à une forme métrique régulière et soigneusement orchestrée. Lorsqu'une idée est si complexe que sa formulation requerrait une image entièrement nouvelle, Malherbe préfère y renoncer. Il condamne les métaphores inhabituelles. Si une expression risque de déranger une belle rime, même si cette expression est conforme à ce qu'il pense, il choisit la rime. Le poète, pour Malherbe, est un technicien du langage. C'est à la clarté de l'expression, au respect d'une grammaire et d'un vocabulaire courants, à la maîtrise du mètre par un compte rigoureux des pieds de chaque vers et à la combinaison de schémas complexes de rimes que se reconnaît le véritable artisan poète.

La minutie de cet art semble rébarbative au lecteur moderne. Malherbe condamne les formes traditionnelles (le rondeau, le triolet, la ballade, la lettre galante), qu'il trouve artificielles, dépourvues d'élégance et de majesté. Il est interdit de faire rimer un mot composé avec la racine dont il dérive (armes et gendarmes), exige une rime riche, qui ne se limite pas aux voyelles finales mais inclut la consonne précédente (s'il accepte « fleurs » et « pleurs », il refuse « dards » et « regards »). Il condamne l'enjambement, c'est-à-dire le dépassement des limites du vers par une unité syntactique. Il condamne les chevilles, ce qu'il appelle « la bourre », remplissage métrique qui n'apporte rien au sens.

La plupart des poèmes de Malherbe, divisés en strophes de quatre, six ou dix vers, comptent entre quarante et deux cents vers. Il manifestera un goût croissant pour les stances hétérométriques, faites de vers de longueur différente (12-6-12-6 syllabes). Tenir ce rythme sur une longueur de cent vers ou plus est un défi qu'un technicien comme Malherbe ne peut que relever.

Une telle conception de la poésie tourne le dos à la tradition de la Pléiade qui avait fait de l'érudition et de l'inspiration les qualités majeures du poète. Le poète humaniste devait faire étalage de sa connaissance des langues et des lettres anciennes. Il devait se croire chargé d'une mission divine. Avec Malherbe, l'inspiration tombe en disgrâce (il faudra plus d'un siècle et demi pour que le romantisme la réhabilite). La poésie ne se juge plus en fonction de la richesse de ses métaphores, de l'hermétisme de ses allusions mythologiques ou théologiques ou du caractère idiosyncratique d'une inspiration individuelle. Elle est soumise aux règles générales du discours clair et grammatical. Le poète ne diffère d'un orateur que parce qu'il s'exprime en vers rimés. La couleur locale, les régionalismes, les néologismes et les termes archaïques et étrangers sont rigoureusement proscrits en faveur du français courant. Son fonds lexical se réduit au français parlé par la société polie à la ville et à la cour. À l'école de Malherbe, le poète apprend à éviter toute référence qui sort du savoir ordinaire.

À cette définition technique de la poésie correspond l'apparition de la critique mondaine. Le bon sens suffit pour juger de la qualité des nouveaux livres. En limitant le champ d'action du poète, la réforme malherbienne rend l'écriture et la lecture de la poésie accessibles à un vaste public. Une bourgeoisie montante et une noblesse provinciale qui cherchent à se rapprocher de la cour peuvent utiliser Malherbe comme un « guide du consommateur » en poésie. Il donne à chacun les moyens de juger la poésie et d'en parler sans craindre d'être embarrassé ; chacun peut même espérer devenir poète, puisqu'on peut l'être sans connaître la littérature de l'Antiquité et de la Renaissance et sans avoir à sa disposition un autre vocabulaire que celui du langage de tous les jours. Du Bellay et Ronsard avaient au contraire milité pour l'enrichissement systématique du vocabulaire, conseillant d'emprunter aux langues étrangères quand le français s'avérait trop pauvre.

La poésie de Malherbe est, dans son contenu également, plus restrictive (et centripète) qu'expansive (et centrifuge). Elle valorise la raison et l'autorité tandis qu'elle stigmatise le sentimental, l'excentrique ou le singulier comme tout ce qui se rebelle contre les lois, celles de l'État ou de l'Église. La « Consolation à monsieur le premier président, sur la mort de madame sa femme » (1626) est le plus célèbre des poèmes qu'il a écrits pour un ami ou un proche, à l'occasion de la mort d'un des leurs. Quelques lieux communs et des références mythologiques connues de tous lui servent à exhorter le destinataire à quitter son chagrin pour revenir à ses devoirs civiques. L'éloge des gouvernants – Henri IV, Louis XIII, la régente Marie de Médicis – est une constante de son œuvre depuis la « Prière pour le roi Henri le Grand allant en Limousin » (1605) jusqu'à l'ode « Pour le roi allant châtier la rébellion des Rochelais » (1628). Quant à sa poésie amoureuse, elle se ramène à un plaidoyer pratique et intéressé pour soumettre la dame aimée à ses désirs. La poésie de Malherbe, comme la philosophie de son contemporain Descartes, correspond à un âge où la raison s'oriente décidément vers l'efficace et l'utile.

La publication en 1627 de cette anthologie de Malherbe et de ses disciples marque l'apogée du classicisme de la première moitié du siècle. On n'en est pourtant pas encore à l'établissement irréversible de la poésie classique. Le style des grands poètes de la seconde moitié du siècle, Molière, Racine, Boileau et La Fontaine, confirmera la tendance générale vers une simplification du vocabulaire, une modernisation de la grammaire et un rejet de l'érudition. Entre 1627 et la publication de *l'Art poétique*, de Boileau (1674), le modèle malherbien sera remis en question à plusieurs reprises, notamment par la préciosité de Vincent Voiture (1597-1648) et le baroque tardif de Saint-Amant.

Voiture reprend certaines des formes métriques que Malherbe avait condamnées, mais sans revenir au modèle du poète inspiré et érudit. Il adopte la pose du virtuose qui amuse : plutôt que de traiter les nobles lieux communs de la politique et de la religion, il préfère étonner par le ciselage brillant d'un matériau limité, principalement emprunté à la scène parisienne contemporaine. Le poème le plus célèbre de Voiture est le « Rondeau pour Ysabeau » (1636) qui traite, dans une forme parfaite, de sa propre composition.

Par son caractère baroque, la poésie de Saint-Amant rappelle les œuvres de jeunesse que Malherbe avait éliminées du *Recueil* de 1627 et qui témoignaient de ses liens avec la Renaissance à travers le premier baroque. Le passage de l'humanisme au baroque se caractérisait dans la France de la fin du XVIe siècle par l'introduction d'une thématique et de formules descriptives plus frappantes mais moins raffinées. Le thème baroque par excellence était celui de l'illusion : Malherbe la dénonce et s'efforce de la surmonter. « Les larmes de saint Pierre » illustrent bien cette réduction de la culture humaniste à des formules, des figures (en particulier l'antithèse) et des allusions suffisamment claires pour permettre à un public moyennement cultivé de reconnaître le stoïcisme assez banal de son message. En devenant classique, Malherbe accentuera cette réduction sémantique tout en accordant davantage d'attention à la forme poétique.

On sent chez Saint-Amant une nostalgie de la langue, du répertoire et de la liberté formelle de la poésie du XVIe siècle. Il recourt volontiers au bizarre, mêle le vulgaire au savant, joue sur les niveaux de figures comme la métaphore. Ses œuvres, très variées, d'une conception singulière, contiennent toutes sortes de références explicites aux poètes de la Renaissance. Saint-Amant se rebelle contre l'esthétique de Malherbe. Cependant, par cette agressivité elle-même, il marque tout ce qui le distingue de l'optimisme avec lequel le XVIe siècle avait redécouvert l'Antiquité. Pour le XVIe siècle, l'ancien était paradoxalement l'exemple même de la modernité ; l'Antiquité était le *nec plus ultra* de la nouvelle mode. Les auteurs de la Pléiade assimilaient le passé, s'employaient en toute conscience à enrichir la langue de mots grecs, latins, voire hébreux. Chez Saint-Amant, cette attitude prend quelque chose d'emprunté, passe au second degré, devient affectation. La condamnation de l'érudition par Malherbe, la désaffection dont souffre la culture humaniste donnent à tout ce qui touche à l'Antiquité une connotation vieillotte, bizarre et vaguement ironique. Plusieurs poèmes de Saint-Amant sont des transpositions burlesques, dans un vocabulaire anachronique et incongru, de modèles antiques. « Le melon » (1631) fait remonter l'histoire de ce fruit jusqu'à un dîner orgiaque sur l'Olympe. « L'épître héroï-comique » (1644) et « Le passage de Gilbraltar » (1636-1638) mélangent mythologie et scatologie dans leur description des batailles militaires et navales. « Le contemplateur » (1628) mêle la mythologie antique, l'iconologie chrétienne et des scènes d'horreur à sensation. Saint-Amant reste assez distant à l'égard des événements qu'il rapporte et du code poétique qu'il utilise. En ce milieu du XVIIe siècle, pour maintenir la tradition de la Renaissance, Saint-Amant a besoin de la porter à bout de bras, comme un objet de curiosité. En retrait par rapport au courant dominant de la poésie de l'époque, le vocabulaire et les thèmes de l'humanisme redeviennent avec lui des sources d'intérêt et de plaisir. En les « défamiliarisant », Saint-Amant montre que la poésie peut encore utiliser l'apport de la Pléiade, même si elle ne souscrit plus à son programme idéaliste.

Voir aussi 1573, 1961.

Bibliographie : François de Malherbe, *Œuvres poétiques*, éd. René Fromilhague et Raymond Lebègue, 2 vol. (Paris, Belles Lettres, 1968). Marc-Antoine Girard de Saint-Amant, *Œuvres*, éd. Jacques Bailbé (Paris, M. Didier, H. Champion, 1971). Vincent Voiture, *Poésies*, éd. Henri Lafay, 2 vol. (Paris, M. Didier, 1971). René Fromilhague, *Malherbe. Technique et création poétique* (Paris, A. Colin, 1954). Raymond Lebègue, *la Poésie française de 1560 à 1630* (Paris, S.E.D.E.S., 1951). Francis Ponge, *Pour un Malherbe* (Paris, Gallimard, 1977).

John D. Lyons

1634, 13 mars

L'Académie française tient sa première réunion

L'Académie française

En février 1634, le cardinal de Richelieu, chef du Conseil de Louis XIII, apprend de la bouche de François Le Métel de Boisrobert, abbé de Châtillon, qu'un groupe de personnalités littéraires se réunit en secret, à Paris, généralement dans la demeure de Valentin Conrart. Ces réunions, qui prolongent la tradition de l'académie de Poésie et de Musique de Jean-Antoine de Baïf, se tiennent depuis 1629. Elles sont pour leurs douze participants, catholiques et protestants, une occasion de discuter des livres, des auteurs et des questions de philosophie et de musique. Certains de ses membres sont des personnalités influentes comme Jean Chapelain, Jean Desmarets de Saint-Sorlin et Boisrobert lui-même. Richelieu n'entend pas laisser passer l'occasion de mettre ces intellectuels au service de son programme de consolidation de la monarchie. Il propose aussitôt à Boisrobert d'officialiser cette association pour en faire une académie littéraire patronnée par l'État.

Il semble qu'en privé la réaction des membres concernés par la proposition de Richelieu ait été pour le moins tiède, certains ayant en politique des vues divergentes de celles du Cardinal et tous étant désireux de préserver l'indépendance et la liberté qui étaient de tradition dans leurs réunions. Mais ils n'ignoraient pas les risques s'ils offensaient le puissant ministre. À regret, ils finirent donc par charger Boisrobert d'accepter de leur part le « privilège » qu'on leur offrait. Leur nombre initial porté à quarante, ils prirent le nom d'Académie française.

Le patronage de Richelieu devait provoquer aussi des résistances externes, faibles mais durables : pendant deux ans et demi, le parlement de Paris refusa d'enregistrer les lettres patentes de l'Académie, que Louis XIII avait pourtant signées en janvier 1635. Paul Pellisson-Fontanier, historien de l'Académie et contemporain des faits, vit dans cette obstruction une tentative symbolique de la part du Parlement pour ralentir l'érosion de son autorité déjà sévèrement entamée par l'extension du contrôle de Richelieu sur le gouvernement et la culture. La création officielle de l'Académie française chargée d'établir « des règles certaines » pour la langue française et de la rendre « capable de traiter tous les arts et toutes les sciences » (*Relation contenant l'histoire de l'Académie française*, p. 41) ouvrait en effet la voie à la centralisation accélérée de la vie artistique qui sera l'œuvre d'abord de Richelieu, puis du plus influent protecteur de l'Académie, Louis XIV. C'est en effet le succès initial de l'Académie française et de sa contrepartie pour les beaux-arts, l'Académie royale de peinture et de sculpture (1648), qui incitera Jean-Baptiste Colbert et Louis XIV à créer l'Académie de la danse (1661), l'Académie des inscriptions et belles-lettres (1663), l'Académie des sciences (1666), l'Académie de musique (1669) et l'Académie d'architecture (1671).

Tous ces corps spécialisés, administrés par leur souverain et maître, seront chargés de propager une idéologie et une production culturelles uniformes. Cette étroite identification des Académies avec le pouvoir monarchique sera la cause de leur suppression en 1793 par la Convention nationale. En 1795, quand la Révolution sera sur la voie de la « normalisation », elles seront remplacées par le plus démocratique Institut de France (l'Académie française sera rétablie en 1816).

Les statuts et règlements, rédigés par les académiciens et soumis à l'approbation de Richelieu en 1634, montrent jusqu'où s'étendait la mainmise du cardinal. L'article 22 établit que « les matières politiques et morales ne seront traitées dans l'Académie que conformément à l'autorité du Prince, à l'état du gouvernement et aux lois du royaume » ; mais l'article 2 avait déjà donné une description du sceau de l'Académie : « La figure de Mgr le cardinal duc de Richelieu sera gravée, avec ces mots à l'entour : Armand, cardinal duc de Richelieu, protecteur de l'Académie française [...] et un contre-sceau où sera représentée une couronne de lauriers, avec ces mots : À L'IMMORTALITÉ » (*ibid.*, p. 489) [fig. 1]. L'Académie a été créée pour représenter les intérêts de l'État dans le domaine intellectuel : il est significatif que ce soit le cardinal de Richelieu, et non le faible roi Louis XIII, qui figure sur le sceau comme son protecteur et que par lui passe le privilège de l'immortalité.

L'influence de Richelieu sur ce groupe d'intellectuels « indépendants » ne se manifeste nulle part avec plus d'insolence que dans le premier article des statuts : « Aucune personne ne sera reçue dans l'Académie, qui ne soit agréable à Mgr le Protecteur, et qui ne soit de bonnes mœurs, de bonne réputation, de bon esprit, et propre aux fonctions académiques » (*ibid.*, p. 489). Bien que les candidats soient élus en fonction de leurs mérites, cet article stipule que leur candidature doit être

1. *Arm[and] Card[inal] de Richelieu. Protec[teur] de l'Acad[émie] Franç[aise]. 1635 ; À l'immortalité.* Matrice du sceau et contre-sceau de l'Académie française, cuivre gravé d'après Varin. (Archives de l'Académie française, photo de Patrick Robert.)

approuvée par le protecteur de l'institution mais aussi que leur qualification ne se définit pas seulement en termes d'érudition et de littérature. Les critères de moralité et de réputation sur lesquels Richelieu met l'accent resteront une condition de l'appartenance à l'Académie française. Pour citer un académicien du XXe siècle, Jean Guitton, dans sa préface à l'ouvrage de Choucri Cardahi, *Regards sous la coupole : histoire et petite histoire de l'Académie française*, « l'Académie française sait bien que ses élus ne le sont pas par des mérites mesurables, des livres, des œuvres, des succès, mais par un je ne sais quoi qui ressemble à la prédestination » (p. IX). Cette référence à la prédestination des « élus » indique que ce sont les impondérables du « génie » qui constituent les attributs de l'académicien idéal.

Mais si l'étoffe d'un académicien combine génie, réputation et mœurs, que faut-il dire du fait que certains des plus brillants esprits du siècle ne figurent pas au palmarès des élus ? Si c'est sur le « génie » et le « je ne sais quoi » qu'on met l'accent, comment se fait-il que l'Académie n'ait pas admis des personnalités aussi importantes que Descartes, Molière, Pascal, La Rochefoucauld, Madeleine de Scudéry et Pierre Nicole ? La réponse se trouve du côté du protecteur plus que de celui des génies. Il était courant que des personnalités littéraires de renom soient tenues à l'écart de l'Académie à cause de positions politiques ou esthétiques qui déplaisaient à Richelieu, Colbert ou Louis XIV. Il y a aussi la question du sexe : les femmes ont été expressément exclues jusqu'en 1980, date de l'élection de Marguerite Yourcenar. Bien que les plus célèbres débats de l'Académie sur le problème de l'admission des femmes datent de la fin du XIXe siècle et du début du XXe siècle, la question de leur participation aux fonctions de l'Académie a été dès l'origine un sujet délicat. Il semble que l'Académie ait envisagé la nomination de deux femmes, au tout début de son histoire : Antoinette Deshoulières et Madeleine de Scudéry. Le fait qu'elles n'aient pas été élues retire beaucoup de sa portée au Premier Prix d'éloquence attribué à Madeleine de Scudéry, en 1671, récompense la plus prestigieuse de l'Académie. En 1673, quand Louis XIV instaura le rituel de la réception publique des nouveaux académiciens, l'accès en fut interdit aux femmes (une interdiction levée en 1702). Telle est l'origine d'une exclusion qui a pris le poids d'une tradition (les femmes furent exclues également de l'Institut de France, créé par la République). Cette politique s'est longtemps appuyée sur l'analogie avec la loi salique selon laquelle la succession au trône ne pouvait pas passer par les femmes.

Renonçant à la tradition typiquement française de réunions où des individus des deux sexes discutaient de sujets variés, l'Académie française se rapproche de son illustre précurseur florentin, l'Accademia della Crusca à qui l'on doit le premier dictionnaire italien : un corps exclusivement masculin qui se propose de fixer les « règles certaines » du langage. La première tâche de l'Académie a été définie par Richelieu qui voulait la voir composer un dictionnaire français, une grammaire et des traités de rhétorique et de poésie. La première partie d'une grammaire a effectivement été publiée par l'abbé François-Séraphin Régnier-Desmarais, avec l'approbation de l'Académie dont il a été le secrétaire de 1684 à 1713 ; mais ni la « rhétorique » ni la « poétique » n'ont vu le jour. Sa volonté de légiférer sur l'utilisation du langage n'en a pas moins constitué un précédent décisif pour la littérature. C'est ainsi que l'article 23 interdit à l'Académie de patronner la publication d'un écrit dans lequel se trouverait « quelque terme libertin ou licencieux, et qui puisse être équivoque ou mal interprété » (*Relation contenant l'histoire de l'Académie française*, p. 493). Le bannissement du libertinage et de l'équivoque traduit une philosophie du langage supposant qu'il est toujours possible de donner aux mots une définition dénuée de toute ambiguïté et qu'un lecteur est toujours en position de savoir avec exactitude ce qu'un auteur a voulu dire. En un mot, l'Académie impose comme standard l'interprétation « exacte » ou « véritable » de l'intention à laquelle répond un texte littéraire. Cette conception de la « vérité » linguistique reflète le désir très politique de Richelieu d'encourager la formation d'une langue « officielle » et d'un code d'interprétation légitime, l'un et l'autre justiciables d'une autorité homogène, la très patriarcale Académie française. En effet, ce sont les standards particulièrement stricts, établis par l'Académie dès ses débuts, en matière de langue et de littérature qui incarnent le mieux l'esthétique politisée qu'elle héritera de Richelieu : un auteur se doit d'observer les conventions poétiques et linguistiques du pouvoir et cela prend le pas sur la liberté artistique et la liberté d'interprétation.

Deux documents montrent jusqu'où l'autorité de l'Académie permet à celle-ci de décider du « sens » exact d'un texte et des règles qu'il doit suivre : le jugement infamant qu'elle porte en 1637 sur *le Cid*, de Corneille, et l'esprit qui anime la conception de son *Dictionnaire* (1694). Les *Sentiments de l'Académie sur le Cid* créent un précédent en matière de législation littéraire. Ils sont aussi un exemple de la manière dont Richelieu est parvenu à manipuler la jeune institution dans la querelle qui opposait Corneille et Georges de Scudéry (ni l'un ni l'autre n'était encore à l'Académie où ils ne seront élus, respectivement, qu'en 1647 et 1650 ; Corneille ne l'ayant été qu'après un double rejet de sa candidature). Scudéry accusait l'auteur du *Cid* d'avoir plagié une pièce espagnole, de n'avoir pas respecté la règle des trois unités et d'avoir contrevenu aux règles de la bienséance. C'était moins le langage de la pièce qui était en cause que le comportement jugé choquant de son héroïne, Chimène, toujours amoureuse de l'assassin de son père. Le jugement rendu par l'Académie fut mitigé ; l'accusation de plagiat était levée, mais on rappelait à l'auteur l'importance de l'observance de la règle des trois unités, en même temps qu'on le blâmait pour le comportement de Chimène. En condamnant les paradoxes du désir féminin, l'Académie ne se contentait pas d'indiquer le caractère patriarcal des conventions littéraires et linguistiques en voie d'élaboration, mais elle abritait derrière un silence hypocrite les normes sur lesquelles elle légitimait son jugement. Avant la *Pratique du théâtre* (1657), de François Hédelin, abbé d'Aubignac, les *Sentiments de l'Académie* posent comme principe que toute vérité n'est pas bonne à dire ; qu'il y a des vérités monstrueuses qu'il faut supprimer pour le bien de la société ; et c'est principalement en ces occasions que le poète doit préférer la vraisemblance à la vérité. En d'autres termes, le poète doit supprimer la représentation du mauvais, du monstrueux ou de l'abject (ici le désir féminin) afin de rendre crédible l'idéologie d'unification sociale et littéraire prônée par Son Éminence le cardinal de Richelieu.

La suppression des vérités monstrueuses prit des dimensions encore plus vastes avec le *Dictionnaire de l'Académie*. Dans une lettre au Cardinal datée du 22 mars 1634, Jacques de Serizay, membre du cercle de Conrart, accepte pour l'Académie l'offre de mécénat de Richelieu et promet, au nom de ses collègues, que la nouvelle Académie s'employera à « nettoyer la langue des ordures qu'elle avait contractées » (*Relation contenant l'histoire de l'Académie française*, p. 26). Jean Chapelain renouvelle cet engagement dès la deuxième réunion quand il déclare que la fonction de l'Académie est de « travailler à la pureté de notre langue et de la rendre capable de la plus haute éloquence » (*ibid.*, p. 34). Pour Richelieu et ses académiciens, ce *Dictionnaire* est destiné à reprendre contrôle d'une langue dont les libertés, à la Cour ou parmi le peuple, se multiplient dangereusement.

Les académiciens ont fixé deux règles à leur *Dictionnaire*. La première est d'exclure les termes techniques et scientifiques, les mots obsolètes, les expressions vulgaires et les mots offensant la pudeur. La seconde a consisté à justifier et à illustrer les définitions particulières au moyen de citations, comme l'avait fait le dictionnaire de l'Accademia della Crusca. À cet effet, ils ont dressé « un catalogue des livres les plus célèbres en notre langue » (*ibid.*, p. 150) qui peut être considéré comme un véritable canon de la littérature française. Dans la version abrégée, due à Pellisson-Fontanier, on trouve des poètes comme Clément Marot, Ronsard, Joachim du Bellay, François de Malherbe et Nicolas Rapin ainsi que des prosateurs reconnus comme Montaigne, Antoine Arnauld, François de Sales et Honoré d'Urfé. Leur liste initiale des « livres les plus célèbres » montre qu'il ne faut pas simplifier les rapports de l'Académie avec la tradition littéraire française. Elle inclut par exemple le nom de Théophile de Viau, emprisonné en 1623 pour collaboration au recueil obscène, *le Parnasse des poètes satiriques* (1622). Qu'il ait été lavé de cette accusation, lancée par les Jésuites, ne change rien au fait que sa réputation doive beaucoup à des sonnets qui ne respectent pas le code formel et thématique de la poésie galante (moralement acceptable). Par opposition à la présence inattendue de Viau, Rabelais, dont Montaigne avait fait l'éloge, brille par son absence. Cette exclusion reflète la détermination de l'Académie d'exclure de son *Dictionnaire* le type de discours qui apporte aux lecteurs un plaisir de mauvais goût. De même qu'elle s'était prononcée contre les désirs de Chimène, l'Académie exclut tout ce qui dans le langage est trop nettement carnavalesque ou sexuel, en un mot, « malséant ». Dans la lettre-dédicace à Louis XIV, ces professions de correction morale et littéraire sont associées à l'image d'une souveraineté sans taches et sans limites : « Que si l'on a jamais dû se promettre qu'une langue vivante pût parvenir à être fixée, et à ne dépendre plus du caprice et de la tyrannie de l'usage, nous avons lieu de croire que la nôtre est parvenue de nos jours à ce glorieux point d'immutabilité, puisque les livres et les autres monuments qui parleront de VOTRE MAJESTÉ seront toujours regardés comme faits dans le beau siècle de la France » (*Dictionnaire de l'Académie*).

Malgré toutes sortes de manipulations des discours et des candidatures, l'Académie française du XVIIe siècle a créé une tradition dont les valeurs sont l'honneur, le génie et le « je ne sais quoi » qui a doté la France d'un code applicable à sa langue et à sa littérature. Cette tradition étonnamment durable doit être mise au crédit de deux protecteurs, Richelieu et Louis XIV, qui ont su mettre l'Académie au service de leur politique de centralisation monarchique, tandis que, parmi les académiciens, Jean Chapelain, surnommé « l'Académie », allait laisser la plus profonde empreinte. On ne saurait surestimer l'influence que par son mandat l'Académie a exercée en devenant pour la littérature et les arts un centre de mécénat actif. C'est lui qui, sous Richelieu, s'est employé à mettre au point les statuts de l'Académie ainsi que les principes lexicographiques qui devaient présider à la composition du *Dictionnaire*. C'est d'ailleurs lui qui sera le lien direct entre l'Académie et Richelieu au moment de l'affaire du *Cid*. Plus tard, lorsque Louis XIV devient le protecteur de l'Académie, Chapelain se joint à Colbert pour superviser les activités des diverses Académies ; c'est lui aussi qui est responsable de la « liste de quelques gens de lettres », qui fixe les écrivains ayant droit aux généreuses subventions du gouvernement et au prestige qui accompagne le soutien du souverain. Louis XIV renforcera encore ce rôle de garant de la fidélité idéologique en faisant de lui, avec trois autres académiciens, en 1663, un membre fondateur de l'Académie des inscriptions et belles-lettres, chargée de la création de médailles commémorant l'histoire du règne de Louis XIV. Son influence sur toutes les activités importantes de l'Académie au XVIIe siècle fait de lui le véritable génie de cette assemblée. Chapelain reste aujourd'hui encore le prototype de l'académicien dont le « je ne sais quoi » justifie les formes d'exclusion en littérature.

Voir aussi 1536, 1627, 1654, 1694, 1791 (13 janvier).

Bibliographie : Académie française, *Sentiments de l'Académie sur le Cid* (1637) ; *Dictionnaire de l'Académie française* (Paris, Coignard, 1964). Paul Pellisson-Fontanier, *Relation contenant l'histoire de l'Académie française* (Paris, A. Courbé, 1653). Choucri Cardahi, *Regards sous la coupole : histoire et petite histoire de l'Académie française* (Paris, Mame, 1966). Christian Jouhaud, *la Main de Richelieu ou le pouvoir cardinal* (Paris, Gallimard, 1991). Louis Marin, *le Portrait du Roi* (Paris, Éditions de Minuit, 1981). Timothy Murray, *Theatrical Legitimation : Allegories of Genius in Seventeeth-Century England and France* (New York, Oxford University Press, 1987).

Timothy Murray

1637

L'Académie française désapprouve certaines des libertés prises par Corneille dans *le Cid*

Vers la tragédie classique

L'événement politique le plus remarquable de l'année 1637 n'est ni militaire, ni diplomatique, il est théâtral. Pierre Corneille (1606-1684), qui vient de faire jouer *le Cid*, est au centre d'une controverse très animée dans laquelle le cardinal de Richelieu devra intervenir en personne pour que le calme revienne : il chargera l'Académie française, récemment créée, de répartir les torts. Corneille était loin d'être un débutant ; mais cette pièce, du jour au lendemain, allait faire de lui une célébrité. Plusieurs comédies du jeune Rouennais avaient déjà été jouées à Paris : *Mélite* (1630), *la Galerie du palais* (1631-1632), *la Suivante* (1634), *la Place royale* (1634) et *l'Illusion comique* (1636). À travers des intrigues héritées du théâtre du XVIe siècle, où la vraisemblance jouait un rôle minimal, ces comédies introduisaient des personnages dont les dilemmes comiques étaient habilement motivés par des conflits psychologiques. Avec *le Cid*, le passage d'une comédie de situation à une comédie de caractère, exploitant l'interaction de personnalités fortement dessinées, devient un moment essentiel dans l'évolution du genre comique au XVIIe siècle ; essentiel aussi dans la carrière théâtrale de Corneille qui devait se prolonger sur près d'un demi-siècle encore. Le conflit qui oppose les personnages de ses comédies peut être considéré comme un banc d'essai : il lui a permis de mettre au point un nouveau type de héros. Le héros cornélien, pris entre des fidélités contradictoires, n'en règle pas moins son action sur les idéaux les plus nobles et s'emploie à multiplier les manifestations de sa volonté. Par son relief et sa complexité, cette figure est sans commune mesure avec ce que le théâtre avait connu jusque-là, que ce soit dans la comédie ou dans la tragédie.

En toute rigueur, pour reprendre les catégories de l'époque, *le Cid* est une tragi-comédie. La pièce – qui ne respecte pas strictement la règle des trois unités (de temps, de lieu et d'action) – ne se conclut pas sur une mort mais sur une réconciliation qui annonce, comme dans une comédie, le mariage des héros. Il n'en reste pas moins que le conflit qui oppose les personnages a pour ressort une conception de l'héroïsme particulièrement exigeante qui, avec son intensité morale et son culte des valeurs aristocratiques, deviendra la caractéristique de l'univers cornélien.

Au centre du *Cid*, il y a les obstacles que font naître entre deux amants, Rodrigue et Chimène, les revirements de faveur à la cour d'une monarchie castillane encore fragile. Insulté par Don Gomez (père de Chimène), Don Diègue (père de Rodrigue) en appelle à son fils. Rodrigue sauve l'honneur de son sang dans un duel où Don Gomez est tué. Chimène exige alors que son père soit vengé. La conduite des amants sera dictée par une conception féodale de la justice. Axée sur la famille, elle exclut qu'ils cèdent à leurs désirs personnels. Cette situation illustre de manière exemplaire le dilemme constitutif de l'univers cornélien : les impératifs du « devoir » (c'est-à-dire les obligations qui, au nom de l'honneur ou de la gloire, lient un sujet à la famille ou à l'État) et ceux du « désir » personnel sont irréconciliables. Une victoire éclatante sur les Maures transforme Rodrigue en héros national (« le Cid ») mais le dilemme entre le devoir et l'amour n'est pas résolu pour autant. Au nom d'un devoir auquel elle ne veut pas renoncer, Chimène refuse de suivre sa passion même si celle-ci a reçu la bénédiction du roi. La voyant refuser le pardon de Rodrigue tout en s'opposant à ce qu'il soit puni, le roi, Don Fernand, va trancher : il lui ordonne d'épouser Rodrigue (« tu dois être à lui »). Le mariage aura lieu dans un an. Cette intervention donne au roi le dernier mot.

Le succès du *Cid* déchaîne des controverses théâtrales, politiques et personnelles qui sont suivies de près par Richelieu. Corneille est accusé des fautes les plus variées, y compris de plagiat (il aurait traduit une pièce de Guillén de Castro). L'Académie française, chargée de trancher, ne retient pas cette accusation. Elle condamne en revanche la conduite de Chimène : le fait qu'elle obéisse aux ordres du roi et consente à épouser le meurtrier de son père témoigne de mœurs « scandaleuses, si en effet elles ne sont pas dépravées » *(Sentiments de l'Académie sur le Cid)*. Les sentiments de l'Académie reflètent le sexisme profond de l'idéologie du XVIIe siècle. Toutes les tragédies de Corneille auront d'ailleurs, au plan politique comme au plan sexuel, un rapport complexe avec le caractère patriarcal de la monarchie.

Six ans avant *le Cid*, Corneille avait situé sa première tragédie, *Médée* (1631), dans le monde de la mythologie classique, un monde dominé par une image menaçante de la femme – et tout particulièrement de la mère. Avec *le Cid*, on passe de la mythologie à l'histoire – évolution qui recoupe celle du monde politique où la féodalité tardive cède progressivement la place à l'absolutisme naissant. *Médée* montrait la civilisation défaite par les forces chaotiques de la nature, associées au monde féminin ; *le Cid* représente une société patriarcale et monarchique de fondation récente. Aucune mère ne figure dans la distribution. Et, comme dans les tragédies ultérieures, l'héroïne volontaire, qu'elle soit épouse, sœur ou fille, représente une tendance régressive : elle se refuse à faire le « bon » choix historique (le mariage, dans le cas de Chimène). Son dilemme peut rappeler les tensions politiques de l'absolutisme naissant. La résistance de Chimène au mariage imposé par le roi s'enracine dans son attachement au monde féodal de son père.

Corneille réplique indirectement aux attaques contre *le Cid*, trois ans plus tard, avec *Horace* (1640), sa première grande tragédie romaine. Cette nouvelle pièce – qui respecte scrupuleusement la règle des trois unités – a pour cadre la période et le lieu de l'histoire du monde où Corneille puisera le sujet de ses plus grands succès. Rome est en guerre avec Albe. La tragédie retrace le conflit qui oppose Horace, un Romain au patriotisme intraitable, à Curiace, champion d'Albe, plus souple, qui se trouve être aussi le fiancé de la sœur d'Horace, Camille. Tandis que le culte de Rome fait taire en Horace toute considération personnelle, Curiace et Camille sont déchirés entre leurs sentiments et leur devoir. Un combat opposant Horace et ses deux frères (les « trois Horaces ») à Curiace et les siens (les « trois Curiaces ») doit décider du conflit qui s'éternise entre les deux villes. Horace en sort vainqueur (et seul survivant). Cette première victoire de Rome lui ouvre la cité rivale et l'Empire. Mais les célébrations du triomphe sont bientôt assombries. Déchaînée par la mort de Curiace, Camille lance contre Rome des imprécations qui mettent littéralement Horace hors de lui ; il lui passe son épée à travers le corps. Le héros est devenu criminel. Le roi de Rome, Tulle, finit par lui accorder le pardon au nom des services que l'État attend de lui. Cette décision équivaut à la reconnaissance d'un ordre de prérogatives « masculines » et d'expédients politiques capables d'effacer et de transcender le meurtre de Camille. Elle officialise ainsi le compromis avec le mal – seule légitimité à laquelle l'absolutisme puisse aspirer.

Après le déchaînement fratricide et l'agressivité verbale d'*Horace, Cinna, ou la Clémence d'Auguste* (1640) paraît étrangement terne. Sur la lancée des pièces précédentes, *Cinna* est une nouvelle expérience des choix offerts à la monarchie absolue dans son conflit avec le monde récalcitrant des femmes. Mais son intrigue est plus subtile et plus corrosive que celles du *Cid* ou d'*Horace*. L'action se passe à la cour d'Auguste dont le passé sanglant (il est monté sur le trône impérial à la suite de guerres civiles et de meurtres) continue à être un obstacle à la reconnaissance de la légitimité de son pouvoir. L'empereur vieillissant, tenté d'abdiquer, apprend qu'un complot se trame contre lui. Ses meneurs ne sont autres que Cinna, son confident, et Émilie, sa fille adoptive. Au terme d'un combat intérieur, Auguste choisit de pardonner plutôt que de punir, de gouverner en monarque éclairé plutôt que d'abdiquer. Vaincus par cette générosité, les conspirateurs renoncent à leur vengeance et acceptent la protection de l'empereur.

Le dénouement de *Cinna* marque un pas en avant décisif par rapport au *Cid*. Le pardon d'Auguste met fin au cycle archaïque des vendettas et débouche sur une vision progressiste du comportement social. La pièce s'ouvre sur un monologue où Émilie affirme son désir de venger son père, victime d'Auguste. Personnage irréductible, Émilie est en même temps le moteur de l'intrigue. Son pouvoir – et son échec final – lui vient de sa position dans un triangle amoureux dont les deux autres pôles sont Cinna et un second conspirateur, Maxime. Émilie utilise l'amour de Cinna pour le gagner à ses projets et vaincre ses hésitations à trahir la confiance d'Auguste. Mais Maxime, jaloux de Cinna, le dénonce à Auguste. L'instransigeance d'Émilie introduit dans la pièce l'opposition entre une féminité subversive, foyer de division et de conflit, et une masculinité impérieuse, dominatrice. Mais la version que propose Corneille de cette masculinité est particulièrement concentrée puisqu'elle rassemble en une seule personne, Auguste, les fonctions de héros tragique et de souverain juge. Après un débat déchirant, l'empereur décide de pardonner aux conjurés et, comme Don Fernand dans *le Cid*, annonce le mariage d'Émilie et de Cinna. Mais, alors que Chimène, silencieuse, réservait jusqu'au bout sa réponse, Émilie se joint, heureuse et fière, au chœur des sujets d'un empereur sanctionné par les dieux.

Auguste, par sa clémence, inaugure une ère d'histoire et de politique éclairées. En gagnant le cœur des rebelles, il leur permet de renoncer, de leur propre gré, aux valeurs républicaines et de choisir librement la monarchie. Dans la dernière scène, l'impératrice Livie le félicite : « Vous avez trouvé l'art d'être maître des cœurs » (acte V, scène III, v. 1764). Et pourtant, cet art d'en appeler au cœur n'est-il pas l'ultime ruse par laquelle un tyran, imposant sa volonté aux esprits et aux cœurs de ses sujets, s'arrange pour qu'ils pensent suivre leur propre désir ? *Cinna* se termine sur un éloge de la monarchie, mais cet éloge a été précédé par l'exhibition troublante des mécanismes du pouvoir.

On retrouve dans *Polyeucte* (1643), dernière grande tragédie romaine de Corneille, la même proximité entre l'exposition des valeurs et leur critique. *Polyeucte* est le sommet de la tragédie classique. Le sujet de cette « tragédie chrétienne » est le sacrifice de tout attachement humain (celui de Polyeucte pour sa femme et de sa femme pour Sévère) à la plénitude de l'amour du chrétien pour son Dieu. La pièce met en jeu la tension entre amour spirituel et attachement charnel que la grâce résout en dissipant les illusions terrestres. Mais cet amour plus sublime est à son tour source d'un nouveau conflit : le christianisme étant interdit à Rome, se convertir est un crime contre l'État. Polyeucte obligera ainsi Félix, son beau-père, qui est gouverneur romain, à faire de lui un martyr.

Pourtant, loin de creuser un abîme infranchissable entre le christianisme et l'État romain, *Polyeucte* met en place un compromis lourd de conséquences. La pièce se termine par la double conversion de Pauline et de Félix et par l'appel de Sévère à la liberté et à la tolérance religieuse. Le martyre de Polyeucte est à l'origine d'un compromis entre les mondes temporel et spirituel, permettant aux chrétiens de servir en même temps la religion et l'État.

Le compromis entre politique et religion auquel aboutit Polyeucte repose sur un paradoxe : le christianisme n'a pu survivre dans le monde que grâce au détachement du martyr à l'égard de ce monde. Polyeucte s'élève au-dessus de l'amour et de la politique, au-dessus du désir individuel et du réalisme politique ; son refus du compromis l'arrache au domaine de l'Histoire, cadre privilégié de la tragédie cornélienne, pour le transporter dans un royaume transcendant, absolu, où l'événement tragique est remplacé par l'ascension salvatrice du héros : le drame temporel est congédié ; on accède à l'extase éternelle.

Avec *Polyeucte*, l'inspiration historique du tragique cornélien atteint sa limite. Il ne pourra ensuite que reculer. Aucune des tragédies de Corneille écrites après 1642 n'égale les quatre premiers chefs-d'œuvre, ni en puissance ni en élégance. Elles n'en composent pas moins une longue carrière de triomphes qu'on peut diviser en deux périodes. La première, avec des pièces comme *la Mort de Pompée* (1643), *Rodogune* (1644) et *Nicomède* (1651), voit réapparaître des figures maternelles. Dans ce monde patriarcal, cependant, la mère n'est pas une présence nourricière, protectrice et aimante, elle est une force « hystérique » qui réintroduit, dans des intrigues singulièrement compliquées, les puissances du chaos et de la dispersion que Corneille avait éliminées de ses grandes pièces.

Au cours de la seconde période, le dramaturge vieillissant affronte des temps nouveaux, le classicisme des années 1660, et un public différent. Dans des pièces comme *Sertorius* (1662), *Attila* (1665) et *Suréna* (1674), Corneille témoigne d'un goût pour les situations qui révèlent les faiblesses et les dangers du pouvoir absolu. Ses œuvres continuent à plaire aux nobles qui ont connu les convulsions politiques des années 1630 et 1640 ; mais les plus jeunes membres de la cour de Louis XIV, lassés d'un héroïsme plus grand que nature, passionnés en revanche pour les labyrinthes de la passion amoureuse, se tournent vers les tragédies d'un plus jeune dramaturge, Jean Racine. Corneille n'en restera pas moins l'une des figures majeures du théâtre français, et Racine aura moins à combattre les rivaux de sa propre génération que l'héritage théâtral de son prédécesseur.

Voir aussi 1552, 1553 (mars), 1634, 1660, 1661, 1664.

Bibliographie : Pierre Corneille, *Œuvres complètes*, éd. Georges Couton, 3 vol. (Paris, Gallimard, 1980-1987). Serge Doubrovsky, *Corneille, ou la Dialectique du héros* (Paris,

Gallimard, 1963). Mitchell Greenberg, *Corneille : Classicism and the Ruses of Symmetry* (Cambridge, Cambridge University Press, 1986).

Mitchell Greenberg

1640

Le pédagogue jésuite Pierre Le Moyne publie *les Peintures morales*

Logique et rhétorique

Le traité de Pierre Le Moyne (1602-1671) intitulé *les Peintures morales, où les passions sont représentées par tableaux, par caractères, et par questions nouvelles et curieuses* (1640) est peu connu. Il marque pourtant une date importante dans le développement des idées relatives au langage, à la communication et à la conception du savoir. Désormais l'épistémologie mettra moins l'accent sur le langage – jusqu'alors source essentielle de l'autorité – et s'en remettra davantage à la représentation visuelle. Cette réorientation aura une influence profonde sur le développement de la culture.

La vie de Le Moyne coïncide avec les années dangereuses au cours desquelles la France convoitait une position hégémonique en Europe ; le jésuite mourra à l'apogée de cette hégémonie. Énergique et prolifique, Le Moyne aura participé à la plupart des luttes intellectuelles de l'époque, prenant parti pour ce que l'on appellerait aujourd'hui le côté « libéral » de la culture. En 1647, il intervient dans le débat permanent sur le statut relatif des sexes avec la *Galerie des femmes fortes*. Son épopée (*Saint Louis, ou la Couronne reconquise sur les infidèles*, 1651-1653) paraît à une époque où la pertinence de ce genre est très discutée. Il participe aux discussions politiques et historiques de son temps en publiant : *De l'art de régner* (1665) ; *Mémoires d'État* (1666), œuvre consacrée à la régence de Marie de Médicis ; *De l'histoire* (1670), ouvrage d'une grande actualité sur la nature et les objectifs de l'historiographie ; et l'histoire du cardinal de Richelieu, restée manuscrite. En tant que jésuite, Le Moyne s'engage pleinement dans la campagne antijanséniste avec le *Manifeste apologétique pour la doctrine de la Compagnie de Jésus* (1644) et *les Véritables Sentiments de saint Augustin et de l'Église touchant la grâce* (1650). Son œuvre la plus connue reste *la Dévotion aisée* (1652) où il présente les opinions de son ordre en matière de morale ; elle lui valut d'être passablement malmené par Pascal dans la onzième lettre des *Provinciales*. Il contribue aux débats sur l'éthique d'une manière plus générale dans les *Entretiens et lettres morales* (1665). On lui doit enfin de nombreux opuscules moraux et poétiques.

Le très gros volume (deux tomes ; plus de 800 pages) des *Peintures morales* est sans doute plus important par sa présentation que par son contenu. Le Moyne recherche les principes universels qui sous-tendent les passions humaines et présente celles-ci sous forme de lieux communs rhétoriques empruntés à la tradition (fig. 1). Dès la préface il fait profession d'aristotélisme et déclare que son œuvre est scolastique – dans son intention et son orientation. Et pourtant, Le Moyne allait s'éloigner d'une tradition purement rhétorique en introduisant au cœur de son analyse une dimension essentiellement picturale. Le sous-titre de son livre suggérait déjà que la représentation des passions « par tableaux » constituait un procédé d'exposition particulièrement important, plus essentiel que les deux autres moyens mentionnés, les « caractères » et les « questions curieuses ».

Chacun des sept « tableaux » qui illustrent les deux volumes de l'ouvrage compose une sorte d'emblème ou de figure allégorique suivi de poèmes et de « discours » explicatifs. Cette disposition rappelle celle des trois composantes des livres d'emblèmes : maxime, figure et épigramme. Du reste, en 1649, Le Moyne publiera un livre d'emblèmes proprement dit (*Devises héroïques et morales*) avant de rédiger un ouvrage théorique sur le sujet, *De l'art des devises* (1666). Dans *les Peintures morales*, les « questions » (terme emprunté au *quaestiones* de la tradition scolastique) sont des dissertations en prose sur les diverses passions. Quant aux « caractères », ils se présentent comme des sortes de « tableaux » verbaux : « Les caractères qui sont mêlés aux discours sont des peintures sans couleur, où la nature de chaque passion est exprimée par les marques qui lui sont propres » (*les Peintures morales*, préface). Il s'agit donc de « caractères » au sens de Théophraste, genre révéré au XVIIe siècle et qui trouvera sa grande illustration dans l'œuvre de La Bruyère. Le Moyne les rattache aussi à Sénèque et à la *Rhetorica ad Herennium* attribuée à Cicéron qui, écrit-il, « appelle *notation* ce que je nomme *caractère* avec Théophraste et la définit une description qui se fait de quelque nature par certains signes qui sont comme ses propriétés et ses attributs » (*ibid.*).

Le Moyne choisit donc d'isoler et de réconcilier deux conceptions de la raison. L'une, qui procède du langage et de la rhétorique, s'appuie sur des autorités acceptées

1. *Actéon : quatrième peinture où sont représentés les mauvais effets des principales passions*, gravure de Grégoire Huret, *in* Pierre le Moyne, *les Peintures morales, où les passions sont représentées par tableaux, par caractères, et par questions nouvelles et curieuses*, vol. Ier (Paris, Cramoisy, 1640), p. 488. (Beinecke Rare Book and Manuscript Library, Yale University.)

et sur une tradition familière. L'autre agit par ce qui est de plus en plus considéré comme la preuve directe des sens, et notamment de la vue. La vision deviendra d'ailleurs la métaphore obligée de la raison, au point que les deux termes seront bientôt utilisés comme des synonymes.

Ces deux conceptions de la raison ne sont pas nécessairement contradictoires – la tentative de conciliation opérée par Le Moyne en est assez la preuve. Leur présence simultanée n'en indique pas moins un changement profond. L'orientation aristotélicienne revendiquée par Le Moyne est, par elle-même, un défi à la nouvelle philosophie scientifique pour qui l'évocation d'Aristote est synonyme de pensée rétrograde. La vision jésuite du monde, dans laquelle le terrestre est englobé dans le divin et l'amour divin présenté comme la finalité de toute action humaine, s'oppose aux théories de plus en plus nombreuses qui défendent l'autonomie de l'homme, proposent une moralité dont la validité n'a besoin d'aucune sanction divine et engagent à une action politique garantie par l'ordre fiable de la seule raison universelle. De telles théories impliquent que les passions dont parle Le Moyne puissent s'ordonner sans intervention divine et que les hommes eux-mêmes soient capables de les contrôler. En ce sens, la prétention de Le Moyne à exposer les principes universels qui régissent les passions humaines implique la possibilité de leur rationalisation – une opinion partagée notamment par Descartes dans son traité sur *les Passions de l'âme* (1649). Le Moyne revient longuement sur le fait que les passions sont soumises à la raison et que, si tel n'était pas le cas, ce serait la fin de la société civile, de la moralité et de toute connaissance. La raison, écrit-il, est toujours souveraine (*ibid.*, pp. 356-451).

Au milieu du XVIIe siècle cet épisode va ranimer une querelle vieille d'un siècle sur la nature et le rôle de la rhétorique. Deux écoles cicéroniennes contestent au ramisme la suprématie épistémologique et culturelle. Et, en dépit des modifications profondes survenues à l'époque de Le Moyne, la rhétorique va demeurer, jusque vers la fin du XVIIIe siècle, le principal instrument de la communication, du savoir et de la direction des actions humaines.

Depuis l'Antiquité l'utilisation du langage était répartie selon trois formes : la logique, la rhétorique et la poésie. La logique permettait de se prononcer sur la validité des jugements de réalité au moyen de son principal instrument, le syllogisme (au sens ancien du terme la dialectique était souvent confondue avec la logique). La rhétorique s'occupait de la communication entre l'orateur et son public. C'est entre ces deux formes, mais plus proche de la rhétorique, que se situait la poésie – appelée, à la fin du Moyen Âge et au début de la Renaissance, la « seconde rhétorique ». Au XVIe siècle la logique se limitait à la discussion de l'*inventio* (analyse des propositions à discuter) et de la *dispositio* (ordre à suivre dans l'organisation des arguments). Tous les autres sujets (élocution, prononciation, mémoire) relevaient de la rhétorique. Toutefois, le concept de logique renvoyait pour l'essentiel à la transmission de connaissances autorisées (et donc indiscutables) ; la logique elle-même aurait donc pu être aisément subsumée, et presque entièrement, sous la rhétorique.

Au XVIe siècle, et pendant une grande partie du XVIIe, la rhétorique de Cicéron et les principes du *De Institione Oratoria*, de Quintilien, se trouveront derrière tous les modèles de connaissance et d'action politique. Les partisans de Cicéron pensaient que la rhétorique était un instrument essentiel à la vie du sage et à l'ordre civique. Combinant éloquence et sagesse, la rhétorique permettait une expression « copieuse » capable de transmettre des connaissances véritables. Cet idéal « cicéronien » devait déclencher une querelle qui se prolongera loin dans le siècle suivant, et que l'on peut résumer ainsi : les belles paroles peuvent rendre l'erreur attirante et cacher la vérité – qui n'a nul besoin d'artifices pour convaincre. Deux écoles cicéroniennes opposées virent le jour. L'une était guidée par l'humanisme civique de ceux qui voyaient dans la rhétorique le fondement de la stabilité sociale, seul moyen de pousser les hommes à s'améliorer dans la vie de la cité. L'autre s'appuyait sur une tradition aristocratique qui concevait l'éloquence comme un moyen efficace de maintenir l'ordre social et d'assurer le contrôle du pouvoir politique lui-même.

La première école comprenait des érudits, des avocats et des hommes d'Église comme Érasme, Thomas More, Guillaume Budé ou Montaigne. La seconde, qui prenait plutôt sa source dans les cours princières, affirmait la vertu des bonnes relations, la noblesse de l'amitié et la *sprezzatura*, cet art difficile qui consiste à gommer toutes les difficultés du comportement social. Ses principaux théoriciens étaient en Italie : Balthasar Castiglione et Piero Bembo. Les deux écoles toutefois se réclamaient de Cicéron : non seulement pour ses ouvrages de rhétorique (ou ceux qui lui étaient attribués) mais aussi pour des textes comme le *De officiis*. Leur désaccord n'était donc pas si profond. Chaque courant considérait le langage comme le fondement des moyens persuasifs sans lesquels il deviendrait impossible d'agir avec justice et équité en connaissance de cause. D'où l'intérêt considérable que suscitera chez Le Moyne le recours à Cicéron pour justifier la présentation picturale de ses « caractères ».

L'autre courant majeur de l'histoire de la logique et de la rhétorique, pendant ces deux siècles, fut le ramisme. Pierre de la Ramée, mieux connu sous son nom latinisé, Petrus Ramus (1515-1572), avait été frappé par la redondance des théories issues de Cicéron. S'il ne contestait pas le bien-fondé de l'*inventio* et de la *dispositio*, il ne voyait aucune raison pour que la logique et la rhétorique l'enseignent toutes deux. La rhétorique devait traiter de l'élocution (c'est-à-dire du style) tandis que la connaissance des faits et les conditions de leur communication relevaient d'une logique rationnelle spécifique. Ramus adapta les règles d'Aristote pour formuler sa méthode de classement des choses selon un ordre « descendant » en fonction de leur généralité décroissante. Ces règles étaient celles du « tout », du « par soi » et de « l'universalité ». La première concernait la nature réelle et constante d'une chose (ou son énoncé). La deuxième s'appliquait à dégager l'homogénéité intrinsèque des énoncés. La troisième s'attachait enfin à décrire la nécessaire réciprocité entre éléments d'une même proposition. L'exigence taxinomique de Ramus donna naissance aux célèbres « arbres » qui décrivent les relations épistémologiques sous une forme généalogique. Le savoir lui-même pouvait être désormais présenté sous forme picturale et la visualisation des relations conceptuelles devenir un processus essentiel du raisonnement.

L'étude des deux courants du cicéronianisme et du ramisme demeure indispensable à la compréhension des fondements de l'épistémologie du XVIIe siècle. En France, la première école cicéronienne perdra peu à peu son prestige. Elle survivra encore dans la rhétorique juridique d'un Guillaume du Vair, au tournant du XVIe siècle, et plus tard, dans une certaine mesure, dans celle d'Antoine Arnauld et du groupe janséniste de Port-Royal (vite remplacée cependant par un rationalisme cartésien). La seconde école, plus aristocratique et plus portée sur le style de la communication, connaîtra un destin différent. Sous l'impulsion de Richelieu et de l'Académie française, ce cicéronianisme courtois sera mis au service de la nouvelle autorité monarchique et finira par se confondre avec les belles-lettres. On le verra fleurir dans les salons, comme celui de Mme de Rambouillet, où s'élaborait un nouvel idéal de rapports entre individus qui, à la différence des humanistes, plaçaient leur intérêt personnel avant celui de la société dans son ensemble.

Un tel idéal exprimait une vision de l'humanité qui mettait l'accent sur une rationalité – dans laquelle le ramisme n'était pas moins important que le cartésianisme. La taxinomie visuelle de Ramus reposait en effet sur des hypothèses rendues familières par les théories de Descartes. Il y était supposé que la réalité naturelle et l'ordre rationnel du jugement partagent une forme logique identique (ce que Ramus appelait loi du « tout » et qui vise le vrai). Elle supposait aussi que la forme linguistique d'une proposition correcte et vraie reflétait celle de l'esprit et du monde (lois du « par soi » et de l'« universalité », qui visent à l'homogénéité et à la réciprocité). Ramus n'ira pas jusqu'à étendre sa « méthode universelle » au rapport (de référentialité) entre l'esprit et le monde ; mais ce refus ne changera rien aux profondes implications de ses théories.

De telles conceptions signifient qu'une pensée juste peut toujours être représentée visuellement puisqu'elle reflète nécessairement l'ordre des choses. Mais aussi qu'une logique de la communication – la logique traditionnelle et la rhétorique – peut être remplacée par une logique du questionnement, dans la mesure où le savoir correct et vrai des choses est obtenu par l'usage juste de la raison. L'évidence claire et distincte de ce savoir, telle que la conçoit Descartes, résulte d'une sorte d'exploration visuelle des idées. Cette manière de voir est non seulement à l'origine de l'avènement de la science expérimentale, elle en est sa justification. Elle implique enfin que l'homme ait la pleine maîtrise des moyens et des fins de cette science. L'ordre rationnel de l'esprit est un reflet exact du mécanisme du monde qu'il exprime et communique dans un langage dont les propositions, correctement formulées, reprennent à leur tour cet ordre et ce mécanisme.

Cette manière d'envisager les relations entre le langage, l'esprit et le monde est celle des *Peintures morales* de Pierre Le Moyne. On la retrouve aussi dans les *Remarques sur la langue française*, de Claude Favre de Vaugelas (1647), qui se proposent de montrer comment utiliser le langage pour exprimer un jugement juste : « La parole n'est pas seulement une image de la pensée, mais de la chose même que nous voulons représenter » (p. 160). Pour Vaugelas cependant, l'objectif restait la maîtrise de la langue et non de la nature. Il faudra attendre la *Grammaire générale et raisonnée*, d'Arnauld et Lancelot (1660), et *la Logique, ou l'Art de penser*, d'Arnauld et Nicole (1662), pour que cette nouvelle manière d'envisager les rapports entre l'esprit, le langage et le monde d'une part, et l'autorité humaine qui les accompagne, de l'autre, trouve son expression la plus claire. *La Logique* traitera en premier lieu du stockage par l'esprit, sous forme d'idées, d'images venues du monde. « On appelle concevoir la simple vue que nous avons des choses qui se présentent à notre esprit » ; quant aux idées, elles sont « la forme par laquelle nous nous représentons ces choses » (*la Logique, ou l'Art de penser*, p. 59). *La Logique* traitera ensuite des processus rationnels qui dépendent de ce stockage : le jugement, le raisonnement et l'ordre. Pour sa part, la *Grammaire* enseignera comment disposer ces éléments dans un langage considéré comme la représentation de la pensée et de son objet. En 1672, Bernard Lamy fermera la boucle en écrivant sa rhétorique « port-royaliste », *De l'art de parler*, fondée sur les mêmes principes.

Il est clair que nous sommes très loin des querelles du cicéronianisme et du rejet d'Aristote. Le reliquat des anciennes préoccupations rhétoriques est alors transféré à la littérature et à sa critique. Quant à la nouvelle logique, elle devient enfin le fondement théorique des nouvelles sciences expérimentales. *Les Peintures*, de Le Moyne, sont un moment de transition dans cette évolution. Ce qui sans doute explique pourquoi ce texte, aujourd'hui, demeure si peu connu, même des spécialistes.

Voir aussi 1267, 1493, 1536, 1555 (13 septembre), 1657, 1689.

Bibliographie : Antoine Arnauld et Claude Lancelot, *Grammaire générale et raisonnée* (Paris, Paulet, 1969). Antoine Arnauld et Pierre Nicole, *la Logique, ou l'Art de penser*, éd. Louis Marin (Paris, Flammarion, 1970). Pierre Le Moyne, *les Peintures morales, où les passions sont représentées par tableaux, par caractères, et par questions nouvelles et curieuses* (Paris, Cramoisy, 1640). Claude Favre de Vaugelas, *Remarques sur la langue françoise*, éd. Jeanne Streicher (Paris, Droz, 1934). Marc Fumaroli, *l'Âge de l'éloquence. Rhétorique et « res literaria » de la Renaissance au seuil de l'époque classique* (Genève, Droz, 1980). Timothy Reiss, *The Discourse of Modernism* (Ithaca, Cornell University Press, 1982).

Timothy J. Reiss

1647

Le duc de Luynes et René Descartes traduisent en français les *Meditationes de Prima Philosophia* publiées six ans plus tôt par ce dernier

Le sujet du discours moderne

En 1647, lorsque paraissent les *Méditations sur la philosophie première*, traduction française des *Meditationes de Prima Philosophia*, de René Descartes (1641), due au duc de Luynes et révisée par l'auteur, ce dernier, âgé de cinquante et un ans, est l'un des philosophes les plus respectés de son temps, recherché tant par les intellectuels que par les aristocrates et les monarques. Et pourtant, depuis 1628, il mène une vie de semi-reclus en Hollande, loin des querelles religieuses et des guerres qui agitent la France, à l'abri de l'étroite surveillance de l'Église catholique.

Descartes a fait ses études au collège jésuite de La Flèche, puis à l'université de Poitiers. Un événement capital s'est produit au cours de ses années de formation : Galilée a découvert, en 1611, les satellites de Jupiter confirmant de manière décisive la théorie de Copernic. En 1619, alors qu'il servait dans l'armée de Maurice de Nassau, une révélation quasi mystique le décide à consacrer sa vie à l'étude. Après une période de voyages (1620-1625), suivie d'un court séjour à Paris (1626-1628), il s'installe en Hollande. C'est là qu'il rédige *le Monde* (1633), traité où il expose une théorie de l'univers en désaccord avec la physique aristotélicienne qui faisait alors autorité. Avec la condamnation de Galilée par l'Église, en 1633, il renonce à sa publication.

Comme Galilée, Descartes fonde sa physique sur les mathématiques et sur l'observation. La manière dont les théologiens catholiques accueillent les théories de Galilée convainc Descartes que la description scientifique du monde doit s'étayer sur une démonstration philosophique incontestable. Le *Discours de la méthode* (1637), publié en français pour servir d'introduction à trois fragments de son précédent traité, est un manifeste philosophique en faveur d'une recherche systématique et rationnelle. Celle-ci s'oppose non seulement à la physique aristotélicienne des derniers scolastiques mais aussi à la philosophie matérialiste et à l'éthique épicurienne d'un Pierre Gassendi (1592-1655) qui prône l'expérience contre les systèmes spéculatifs. Dans le premier chapitre, autobiographique, l'auteur affirme l'honnêteté de ses intentions. Le deuxième décrit la solitude de l'auteur alors qu'il concevait son projet de science universelle, dans des conditions qui évoquent la solitude monastique. Le troisième chapitre défend la moralité et la tradition. Le quatrième propose une preuve de l'existence de Dieu. Seuls les deux derniers chapitres traitent de la science proprement dite et du projet de connaissance rationnelle – et de maîtrise technique – de l'univers.

Le *Discours* passa d'abord inaperçu. Mais bientôt, en 1641, Descartes publie les *Meditationes de Prima Philosophia*, vaste défense philosophique du rationalisme qu'il avait fait circuler parmi divers philosophes et théologiens ; suivie d'objections formulées par des écrivains célèbres ainsi que de ses propres réponses. Cette manière de reconnaître le point de vue de ses adversaires était un moyen très habile d'empêcher ceux-ci de condamner sa doctrine. Le succès de l'ouvrage sera considérable : non seulement il ouvrira la voie au projet d'une traduction française, mais il sera aussi à l'origine de l'invitation de la reine Christine de Suède pressant Descartes à se rendre à Stockholm où il mourra en 1650.

L'œuvre de Descartes a été acclamée comme le tournant décisif de la philosophie moderne. Il existe pourtant plusieurs Descartes. Le premier, le mieux connu, celui auquel on se réfère le plus souvent, est le savant et le philosophe moderne de la connaissance, l'inventeur de la géométrie analytique à qui les mathématiques, la physique, l'astronomie, la physiologie et la médecine sont redevables de contributions inestimables et qui avait dans ses propres connaissances la confiance nécessaire pour entreprendre la rédaction d'une description complète du monde. Le Descartes de la maturité a dû se considérer lui-même comme le maître conceptuel d'un vaste univers empirique, essaim de corps terrestres et célestes soumis à la loi de l'étendue et sous l'emprise des lois immuables des mathématiques, créées par Dieu en même temps que l'univers.

Dans le sillage du « mécanisme » de Galilée, Descartes invente un nouveau mode de spéculation philosophique. Il remplace la ratiocination scolastique par une méthode empruntée à la pensée mathématique où la concentration maximale de l'attention est la condition suffisante de la découverte des vérités évidentes. D'où la place essentielle accordée au sujet conscient à qui la maîtrise de ses capacités d'attention permet d'arriver méthodiquement aux premiers principes et de les combiner en une doctrine parfaite. Le *Discours de la méthode* enseigne qu'à l'instar des notions mathématiques, les concepts et les propositions philosophiques doivent être « clairs », c'est-à-dire accessibles à l'intuition, et « distincts » les uns des autres et de ce fait susceptibles d'être manipulés rationnellement. La meilleure manière de venir à bout des difficultés, c'est de les diviser en problèmes moindres. La pensée doit procéder d'une façon ordonnée, s'élevant des questions simples jusqu'aux questions complexes, et tous les cas doivent être étudiés. Dans un premier temps, ces exigences conduisent au doute universel puisque, dans le monde du bon sens et de la tradition, aucune connaissance ne peut être qualifiée de certaine et que nos certitudes actuelles, y compris celles qui proviennent de nos sens, peuvent être des illusions engendrées par les pouvoirs trompeurs d'un malin génie. Le doute a pourtant une limite ; on ne peut douter que l'on doute : « Je pense donc je suis. » D'autre part, c'est en tant que substance pensante finie que j'existe ; l'existence de Dieu découle donc nécessairement du fait que je possède l'idée d'un être parfait infini. En effet, puisqu'une telle idée est au-delà du pouvoir générateur d'une intelligence finie, elle doit y avoir été semée par l'être infini lui-même. De surcroît, étant donné qu'un être parfait infini ne peut être soupçonné de vouloir nous tromper, on ne peut douter des vérités empiriques et mathématiques.

La science de Descartes plonge donc ses racines dans la théologie. Derrière l'image courante du Descartes fondateur héroïque de l'épistémologie moderne, il y a un deuxième Descartes, penseur scolastique tardif, anticonformiste, tourmenté par les conséquences philosophiques de la récente alliance des mathématiques et de la physique. En même temps qu'il combat les sceptiques avec acharnement, il tente d'infuser une vie nouvelle à la doctrine aristotélicienne de l'analogie de l'être : en dépit de la différence radicale qui les sépare, Dieu et ses créatures partagent l'être et d'autres propriétés selon un mode analogique. Descartes a le double projet de donner un fondement solide à la physique non spéculative, de création récente, et de bâtir une théologie irréfutable. Car, comme tous ses contemporains, et malgré ce qu'a de révolutionnaire sa confiance dans la certitude mathématique, Descartes réfléchit longuement sur les ressemblances et les différences entre l'homme et Dieu.

Derrière le masque philosophique se cache un troisième Descartes : rosicrucien et mystique. Au début du XVIIe siècle, rares sont les penseurs intéressés par les sciences naturelles et la médecine qui ont pu s'émanciper totalement des analogies magiques de la Renaissance et de la vision panthéiste d'un monde conçu comme un vaste ensemble gouverné par les lois occultes de la sympathie universelle. Ce troisième Descartes, qui continue à croire à l'union secrète du ciel et de la terre, doit l'irrésistible révélation de sa vocation intellectuelle à trois rêves obscurs. C'est ce troisième Descartes qui, selon certains, est indirectement influencé par la secte rosicrucienne.

Un quatrième Descartes, moins souvent remarqué, est le solitaire errant. Le jeune soldat mercenaire qui parcourt l'Europe et le penseur qui erre dans les brouillards du doute à la recherche de la vérité sont l'un et l'autre les héros de quêtes chevaleresques. Critiques et philosophes ont analysé récemment les aspects littéraires du *Discours* et des *Méditations*, relevant l'influence des méditations spirituelles et l'usage de la rhétorique. Envisagés comme des récits, ces ouvrages racontent la quête du savoir, à ceci près que, faute d'un conflit réel, ils sont dépourvus de toute intrigue véritable. Le voyage de Descartes vers la vérité est trop solitaire pour ne pas manquer de tension dramatique. Lui fait d'abord défaut un adversaire auquel il puisse se mesurer. Les *Méditations* suivent le modèle de la littérature spirituelle : dans sa marche vers le savoir, l'esprit franchit des étapes qui sont semblables à celles de l'âme en quête de Dieu. Il n'en reste pas moins que la plupart des méditations religieuses mettent en valeur le combat spirituel de l'âme contre Satan, son ennemi mortel, dont la réalité et le pouvoir ne sont jamais mis en question. Dans les *Méditations* de Descartes, en revanche, l'esprit n'a pas d'adversaire réel. Il en est réduit à s'inventer « un je ne sais quel trompeur très puissant et très rusé qui employe toute son industrie à me tromper toujours » (*Méditations*, p. 15). Mais, en dépit de toutes les « tromperies des rêves qu'il a imaginés pour séduire mon jugement », il suffit que le narrateur découvre sa première et seule certitude, à savoir qu'il pense, donc qu'il existe, pour que cet adversaire imaginaire disparaisse et que l'on découvre qu'il n'a jamais existé.

Les récits traditionnels de « quête » se déroulent dans un monde soumis à des normes stables où le héros, au terme d'épreuves d'une difficulté croissante, finit par atteindre un état recherché. Mais, dans le récit de Descartes, la « quête » n'est pas soumise à une autorité normative qui, de l'extérieur, fixerait les épreuves, les organiserait et jugerait la manière dont le héros les a surmontées. Tout dans l'itinéraire des *Méditations* – les doutes, les antagonismes et les tentations – est fixé par le narrateur-héros lui-même. Toutes les épreuves qu'il subit, c'est lui qui se les inflige. La décision finale relève du héros épistémologique, à la fois juge et parti, maître et sujet.

Le Descartes aventurier, le Descartes fondateur de l'épistémologie moderne et le Descartes scolastique tardif partagent un trait commun : pour faire valoir leurs théories, ils changent les règles du jeu. Descartes l'épistémologue rejette la physique aristotélicienne sans l'examiner ; Descartes le scolastique prend position sur la question de l'analogie de l'être, sans même faire mention des discussions complexes que sa propre théologie frappe d'obsolescence. Comme dans le schéma de la quête cartésienne, aucun de ces gestes philosophiques ne se soumet aux formes de légitimation acceptées, remplacées par la nouvelle forme de maîtrise de la pensée qui s'autolégitime.

La *Conversation avec Burman* (1648) montre d'ailleurs clairement que pour Descartes l'esprit est doté d'une faculté d'autocontrôle qui n'est pas sans rappeler la maîtrise de soi aristocratique. Répondant à Burman, jeune admirateur hollandais qui mettait l'accent sur le caractère instable de nos opérations mentales, leur indépendance par rapport à notre volonté et leur caractère irréductiblement temporel, Descartes insiste sur le fait que les pensées ne sont ni instantanées ni isolées ; comme les passions des héros de Corneille, elles sont totalement gouvernées par le sujet.

Le rationalisme autolégitimant de Descartes devait transformer la pensée du XVIIe siècle. Non seulement les cartésiens proprement dits (le plus connu est Louis Géraud de Cordemoy), mais aussi les penseurs indépendants comme Antoine Arnauld (1612-1694), Blaise Pascal, Nicolas de Malebranche, Baruch Spinoza et Gottfried Wilhelm von Leibniz doivent beaucoup au projet cartésien.

La grande nouveauté de Descartes, c'est la manière dont il a décidé d'ignorer la problématique aristotélicienne des tensions entre le langage et la pensée. La logique d'Aristote comme la logique médiévale étaient particulièrement sensibles aux antinomies du langage et de la pensée et à leurs effets négatifs sur la recherche de la vérité. L'approche de Descartes, calquée sur le modèle du raisonnement mathématique, allait prêter peu d'attention au langage, y compris au langage philosophique. Antoine Arnauld, le plus important théologien du groupe janséniste, sera extrêmement critique à l'égard des preuves cartésiennes de l'existence de Dieu, mais n'en admirera pas moins sa réfutation du scepticisme, reconnaissant la parenté du « troisième Descartes » avec la tradition de saint Augustin et de saint Anselme. Aussi, Arnauld essaiera de mettre au clair les implications linguistiques de la nouvelle philosophie. De là naîtront *la Logique* (1662) et la *Grammaire* (1660) de Port-Royal, la première écrite en collaboration avec Pierre Nicole, la seconde avec Claude Lancelot. En mettant l'accent sur la proximité du langage et de la pensée, *la Logique*, d'Arnauld et de Nicole, s'appuiera sur la théorie cartésienne des idées claires et distinctes pour mettre au point une technique destinée à rendre le langage aussi transparent et fidèle à la pensée que possible.

Les *Pensées* posthumes de Pascal (1670), fragment d'une apologie inachevée de la religion chrétienne, reflètent une conception de la raison plus radicale que celle de Descartes. Pour Pascal, lui-même mathématicien, qui, avant sa conversion en 1654, avait apporté à la science diverses contributions de première importance, enraciner la théologie chrétienne dans la raison et la transparence du langage équivalait à renoncer à la révélation. Il est symptomatique que les *Pensées* s'adressent aux non-croyants. Au lieu de défendre la religion au moyen d'arguments rationnels, Pascal commence par dénoncer le discours rationnel. Il recourt aux arguments des sceptiques pour démontrer l'instabilité et la relativité culturelle des croyances humaines, sapant ainsi la prétention rationaliste à l'universalité. Ironiquement, les opinions de Pascal ont une double implication dans le domaine du langage. D'une part, il pose que l'idéal cartésien d'une clarté linguistique totale est impossible à atteindre étant donné que les tentatives pour définir tous nos mots doivent nécessairement remonter à un certain nombre de termes primitifs indéfinis. D'autre part, Pascal, digne représentant de la tradition rhétorique classique, écrit comme s'il n'y avait rien de problématique dans la manière dont le langage reflète la pensée. Sa confiance dans le langage est peut-être liée à son scepticisme modéré. Bien que sa défiance vis-à-vis de la raison l'ait conduit à se fier au cœur, il évite l'incertitude totale puisque, dans une certaine mesure, le cœur nous apprend à écouter la raison, aussi faible soit-elle. Pascal reconnaît la validité du discours scientifique à son propre niveau ; il cherche simplement à subordonner l'ordre de la vérité à une vision plus complète de la condition humaine. Nous sommes à la fois grands par notre intelligence et misérables par sa fragilité. « Il est dangereux de trop faire voir à l'homme combien il est égal aux bêtes, sans lui montrer sa grandeur. Et il est encore dangereux de lui trop faire voir sa grandeur sans sa bassesse » (*Pensées*, p. 418/121/153). Aucune philosophie, selon Pascal, ne dessine un tableau fidèle de notre nature paradoxale. L'approximation la plus convenable se trouve dans la doctrine augustinienne du péché originel : la frêle grandeur de l'être humain est la trace du projet originel de Dieu quand il l'a créé, et sa misère le résultat de sa chute. La réflexion philosophique conduit inévitablement à la religion.

La persécution dont Port-Royal et les jansénistes ont été l'objet pendant la seconde moitié du siècle a diminué les chances qu'avait la critique de Pascal d'être entendue. Les forces dominantes du catholicisme français étaient plus enclines à trouver un compromis avec une version tempérée du rationalisme cartésien, qui de surcroît se trouvait être du goût de la monarchie, qu'avec la vision extrême de Pascal et la distinction tranchée qu'elle établissait entre savoir scientifique et religion. Plus tard, le romantisme et l'existentialisme reprendront à leur compte les thèmes de Pascal.

Voir aussi 1555 (13 septembre), 1562, 1640, 1668, 1761 (décembre).

Bibliographie : René Descartes, *Discours de la méthode* (Paris, Garnier-Flammarion, 1966) ; *Méditations métaphysiques* (Paris, Garnier-Flammarion, 1979). Blaise Pascal, *Pensées et opuscules*, éd. Léon Brunschwicg (Paris, Hachette, 1897) ; *Pensées*, éd. Louis Lafuma (Paris,

Seuil, 1962) ; *ibid.*, éd. Louis Sellier (Paris, Classiques Garnier, 1991) [*Nota :* la triple numérotation des *Pensées* renvoie à ces trois éditions, dont une table de concordance est offerte par l'édition Sellier]. Jean-Marie Beyssade, *la Philosophie première de Descartes* (Paris, Flammarion, 1979). Jean-Luc Marion, *Sur le prisme métaphysique de Descartes* (Paris, P.U.F., 1986).

Thomas G. Pavel

1648, 26-28 août

Le centre de Paris se couvre de barricades

Le bruit de la Fronde

Les textes historiques sont en général considérés comme le reflet, fidèle ou non, des événements qu'ils rapportent. Mais, lorsqu'ils concernent des événements en cours, certains écrits ne se contentent pas de déformer les faits ou d'en modifier le sens, ils interviennent comme catalyseurs et deviennent eux-mêmes des événements. Tel est le cas de récits incendiaires dont la violence éclipse parfois celle des conflits qu'ils prétendent décrire.

La Fronde commence à Paris en mai 1648, lorsque le Parlement s'oppose à des mesures annoncées par le cardinal Mazarin pour augmenter les revenus de la monarchie et consolider son pouvoir. Elle se termine en février 1653 quand Mazarin quitte Saint-Germain où la Cour s'était réfugiée et revient à Paris. Pendant ces cinq années, trois groupes hétérogènes se sont alliés contre la couronne : les membres du Parlement humiliés par Richelieu, les grands aristocrates privés de leurs pouvoirs par la centralisation absolutiste et le peuple qui ressent de façon particulièrement vive le poids des nouveaux impôts et du déclin économique causé par les guerres et qui, lui non plus, n'aime pas Mazarin, ce Premier ministre d'origine étrangère. Tout au long de l'insurrection, la « fronde » la plus active sera de papier. Journaux officiels et gazettes privées, mémoires et biographies, pamphlets et tracts politiques prolifèrent, cherchant à influencer l'opinion publique à travers le compte rendu qu'ils donnent des événements. Dans cette forme de lutte pour capter l'opinion publique – toute première manifestation de l'information –, la désinformation et la polémique sont étroitement mêlées au milieu du tourbillon de la crise politique.

Deux types de textes rapportent les combats de la Fronde : les journaux et les mémoires, qui essayent de donner une vision objective, et les pamphlets, ouvertement polémiques, désignés sous le nom de « mazarinades », d'après le titre de la contribution que Paul Scarron a faite au genre en 1651. Mais la distinction n'est pas toujours évidente. Même les récits qui se veulent objectifs contiennent des distorsions dues à la situation des témoins par rapport aux événements, à leur degré d'implication, à leur allégeance à l'un ou à l'autre camp. La frontière séparant le récit historique de son référent étant ainsi perdue, on est en droit de se demander lequel des deux crée l'autre et lui donne la forme qui sera retenue par la postérité. Dans le cas des mazarinades, il est clair que c'est l'écriture qui suscite l'événement politique.

Le Parlement vient de refuser d'enregistrer le dernier impôt de Mazarin. Le 26 août 1648, vers une heure de l'après-midi, après un *Te Deum* chanté à Notre-Dame en l'honneur de la victoire du prince de Condé sur les Espagnols à Lens, Anne d'Autriche, régente depuis la mort de Louis XIII en 1643, fait arrêter le conseiller Pierre Broussel et plusieurs membres du Parlement. Alors que les rumeurs de ces arrestations se répandent dans Paris, les magasins ferment, des groupes se forment, des pillages commencent. Au centre de la ville, des bourgeois, inquiétés par la foule grandissante du peuple, barrent les rues avec de fortes chaînes, coupant ainsi le passage à une cinquantaine de soldats commandés par le maréchal Charles de la Meilleraye. Ceux-ci sont accompagnés par Jean-François Paul de Gondi, futur cardinal de Retz, à l'époque coadjuteur de l'archevêque de Paris, qui essaie en vain de calmer la foule. Ils doivent tous battre en retraite vers le Palais-Royal, sous une volée de pierres. À la tombée de la nuit, des barricades sont dressées.

Ces quelques heures ont été enregistrées par les clercs proches du Parlement. Leur récit, officiellement publié dans les *Registres de l'Hôtel de Ville de Paris*, exagère nettement les événements. Un peu comme la bande-son d'un reportage en direct, ce document rapporte : « Tout cela n'avait pu se faire sans beaucoup de bruit et de tumulte [...], on sonnait le tocsin [...], les bateliers armés criaient "Tue ! Tue !" » (*Registres*, vol. Ier, p. 447). Cependant, dès le 29 août, la *Gazette du Parlement*, jouant le jeu de la réconciliation, minimise cette scène à propos de laquelle elle n'évoque qu'une « rumeur, n'ayant guère été plutôt émue qu'apaisée » et « qui ne put empêcher de crier "Vive le roi !" » (ce récit, sans doute véridique, baisse le « son » de l'événement). Dans un rapport adressé le 28 août 1648 au gouverneur de Provence par le secrétaire d'État aux Affaires étrangères, Henri-Auguste Loménie de Brienne, quelques échos du pillage persistent malgré le retour au calme général. Le rôle de Retz n'est pas mentionné.

Dans les récits rétrospectifs que l'on rencontre dans des mémoires, la manipulation du « son » est encore plus prononcée. Bussy-Rabutin (Roger de Rabutin de Bussy), qui se trouve à Calais avec l'armée victorieuse de Condé, note plutôt platement le 30 août : « On fit partout des barricades » (*Mémoires*, p. 170). La Rochefoucauld, qui était sur ses terres en Guyenne, n'en dit pas davantage. Cependant, les récits de ceux qui se trouvaient sur les lieux ne s'accordent pas sur ce qu'on entendait. Dubuisson-Aubenay (François-Nicolas Baudot) mentionne les pavés, les fusils et les morts, et note que le peuple hurlait en même temps « Vive le roi » et « Liberté aux prisonniers ! » (*Journal des guerres civiles*, pp. 50-56). Mathieu Molé ne donne pas une vue panoramique de l'émeute, mais montre au premier plan une « pauvre fille qui, faisant mine de pleurer, criait qu'on lui rendît M. de Broussel ! » (*Mémoires*, 26 août).

Quant aux mémoires les plus partisans, ils sont de véritables mises en scènes, entièrement arrangées. Françoise Bertaut de Motteville, confidente de la reine, fait monter le volume du tumulte populaire et exprime la peur de la cour : « Une vieille femme du logis se mit à crier... Ils se mirent à crier... les voilà tous comme des forcenés criant par les rues qu'ils sont perdus » (*Mémoires*, p. 153). L'éloquence de Retz impose un silence médusé à ces vociférations, tandis que l'enfant chéri des insurgés prend la tête de la mêlée tragique qu'il a su transformer en procession. La cacophonie devient une célébration unanime. Au début, tout n'est que bruit et fureur : « L'on éclata tout d'un coup : l'on s'émut, l'on cria, l'on ferma les boutiques » (*Mémoires et mazarinades*, p. 215). C'est alors que Retz, revêtu de son habit ecclésiastique, s'avance au milieu de la tempête : « Je fus accablé d'une foule de peuple qui hurlait plutôt qu'il ne criait. » Au-dessus de tant de clameurs, une seule voix s'élève ce jour-là, la sienne.

Après avoir libéré la Meilleraye (l'éloquence venant au secours de la force armée), il se retire, suivi « d'un nombre infini de peuple » (*ibid.*, p. 216). Rien de tel en revanche chez son adversaire, Françoise de Motteville, qui montre que la populace refuse d'écouter le coadjuteur et ne s'arrête pas de proférer « des imprécations horribles ». Guy Joly, secrétaire de Retz, observe lui aussi que le peuple « ne laissait pas de crier » et révèle qu'il a même lancé des pierres au coadjuteur (*Mémoires*, p. 21).

Ainsi, dans des textes où une sorte de pacte de véracité lie, du moins en théorie, l'auteur et le lecteur, le récit d'un même événement peut varier considérablement. Les textes polémiques n'offrent guère plus d'uniformité. Qu'ils soient amplifiés ou passés sous silence, ces hurlements trahissent l'absence d'un discours capable de restituer le « son » des faits eux-mêmes (événements dénués de signification intrinsèque) ; un discours qui permettrait en retour le surgissement d'autres mots aptes à proposer sinon une idéologie ou une opinion, du moins une interprétation de ces événements qui influerait sur les mouvements et les rumeurs futurs. Ce sera le rôle des mazarinades.

Le terme « pamphlet » apparaît en France en 1653. Il fallait un terme générique pour désigner la multitude de libelles de petit format qui avaient été publiés pendant les années de la Fronde. L'épopée satirique attribuée à Paul Scarron, *la Mazarinade* (1651), a donné son titre à plus de cinq mille ouvrages polémiques, pour et contre Mazarin, qui inondèrent Paris durant cette période troublée. Les mazarinades font entre une et quatre cents pages (mais la plupart sont très courtes) et sont imprimées entre cinq cents et mille exemplaires. Leur production est irrégulière d'une année sur l'autre (deux mille en 1649, cinq cents en 1650, mille cinq cents en 1652). Imprimés par des professionnels engagés à cet effet (Condé possède des presses dans sa propre résidence, Retz utilise l'imprimerie du diocèse et la Cour, celle de Théophraste Renaudot), écrits par des pamphlétaires recrutés dans des coteries influentes (Claude Du Bosc de Montandré, Isaac Laffemas, Claude de Verderonne) ou parmi les écrivains (Scarron, Cyrano de Bergerac, Jean-François Sarasin, Olivier Patru, Jacques Carpentier de Marigny), ces pamphlets sont distribués par des vendeurs qui crient leurs titres sur le Pont-Neuf. Leur succès est immense et *l'Adieu et le désespoir des auteurs et écrivains de la guerre civile* (1649) peut suggérer à Moreau : « Une moitié de Paris imprime et vend des imprimés, l'autre en consomme » (*Choix de mazarinades*, vol. Ier, p. 520). Cette manifestation de sympathie à l'égard des écrivains chargés d'alimenter le combat et que l'imminence du traité de Saint-Germain menaçait de laisser sans emploi est une exagération qui mélange ironie et nostalgie. Elle rappelle néanmoins que leur production a été immense et leur réception passionnée, et que cela a tenu, tout autant qu'au contexte politique, à la soudaine mode culturelle dont ils ont été l'objet.

Toute cette littérature revient sur l'émeute d'août 1648. Les *Agréables Conférences de deux paysans de Saint-Ouen et de Montmorency* la relatent dans un patois pseudo-rustique, avec de bons jeux de mots (Retz, le coadjuteur, devient le « couarjuteux »). *Les Courriers de la Fronde en vers burlesques*, de Saint-Julien (1650), essaient, malgré leur ton burlesque, de présenter les rebelles sous un jour honorable : « Il n'est plus presque de canaille / Parmi ce peuple qui piaille », mais il y a « maints honnêtes gens » (vol. Ier, p. 71). D'autres mazarinades utilisent l'arme du rire contre les émeutiers. Verderonne, dans l'*Agréable récit* (1649), discrédite l'un après l'autre les rivaux de son maître, le duc d'Orléans. Dans une parodie d'épopée, il prétend vouloir chanter les barricades, mais il les tourne en ridicule : « On se retranche de marrons / De citrouilles, pommes pourries / D'artichauts, fromages de Brie /[...] / De très puantes échalottes » (*Choix de mazarinades*, vol. Ier, p. 16). Il y a aussi quelques mazarinades « sérieuses ». Mais, sérieuses ou non, toutes ont le même objectif : manipuler l'opinion. On n'y rencontre aucune argumentation réelle, aucune justification théorique, aucune évidence empirique, mais toujours la simple réitération d'affirmations pour ou contre, sur le ton de la propagande et de la polémique.

La littérature ultérieure garde les marques de cette bataille littéraire bruyante et souvent grotesque. Ce sont parfois des allusions directes : les opposants d'Énée sont appelés frondeurs dans le *Virgile travesti*, de Scarron (1648-1652) ; c'est un « criminel d'État » qui a confié à Orgon la « cassette » compromettante de l'acte V du *Tartuffe* de Molière (1664-1669) ; des allusions politiques sont perceptibles dans des contextes d'œuvres dramatiques telles que *Nicomède* (1651) et *Pertharite* (1653), de Corneille. Mais beaucoup de ces traces sont indirectes : stylistiques (la popularité du burlesque ne se démentira pas), thématiques (dans les *Maximes* [1665], de La Rochefoucauld, l'accent mis sur ce que les engagements ont d'ambigu ou, dans les romans parodiques de Scarron, *le Roman comique* [1651, 1657], et de Furetière, *le Roman bourgeois* [1666], le défi lancé aux valeurs héroïques), économiques (le mécénat privé se ralentit et le théâtre stagne) et surtout idéologiques (la leçon de l'efficacité de l'œuvre imprimée ne sera pas perdue pour Pascal, le polémiste des *Lettres provinciales* [1656-1657]). Enfin, en révélant l'absence d'un organe qui exprimerait la véritable voix du peuple, les mazarinades mettent en lumière un problème qui ne sera toujours pas résolu en 1789, et ce faisant, dévoilent le rôle fondamental du discours dans la construction de l'événement.

Bibliographie : Registres de l'Hôtel de Ville de Paris pendant la Fronde, 3 vol. (1846-1848 ; réimp., Paris, Johnson, 1966). Henri-Auguste de Loménie de Brienne, *Mémoires du comte de Brienne*, in *Nouvelle Collection des Mémoires relatifs à l'histoire de France depuis le XIIIe siècle jusqu'à la fin du XVIIIe siècle*, éd. Michaud et Poujoulat, vol. XXVII (Paris, Didier, 1857). Bussy-Rabutin, *Mémoires*, vol. Ier (Amsterdam, Vacquerie Châtelain, 1731). Dubuisson-Aubenay, *Journal des guerres civiles*, éd. G. Saige, vol. Ier (Paris, Champion, 1883-1885). Guy Joly, *Mémoires*, vol. Ier (Rotterdam, De Leers, 1718). Mathieu Molé, *Mémoires*, vol. III (Paris, Société de l'Histoire de France, 1856). Mme de Motteville, *Mémoires*, éd. Francis Riaux, vol. II (Paris, G. Charpentier, 1891). Cardinal de Retz, *Mémoires et Mazarinades*, éd. Marie-Thérèse Hipp and Michel Pernot (Paris, Gallimard, 1984). Saint-Julien, *les Courriers de la Fronde en vers burlesques*, éd. Célestin Moreau, 2 vol. (Paris, Jannet, 1857). *Choix de mazarinades*, éd. Célestin Moreau, 2 vol. (Paris, J. Renouard, 1853). Christian Jouhaud, *Mazarinades : la Fronde des mots* (Paris, Aubier, 1985). Roland Mousnier, *la Plume, la faucille et le marteau* (Paris, P.U.F., 1970).

Pierre Ronzeaud

1651

Dans *le Roman comique*, Paul Scarron décrit les mésaventures d'une troupe théâtrale en tournée dans le Maine

La vie culturelle hors de Paris

Lorsque Antoine Furetière, dans son *Dictionnaire universel* (1690), définit le provincial comme « un homme qui n'a pas l'air et les manières de vivre qu'on a à la cour et dans la capitale », il entérine une distinction et un discrédit déjà perceptibles dans *les Caractères, ou Mœurs de ce siècle* (1688-1696), du moraliste Jean de La Bruyère, ainsi que dans *les Précieuses ridicules* (1659), de Molière – « Hors de Paris, il n'y a point de salut pour les honnêtes gens », scène IX –, et *la Comtesse d'Escarbagnas* (1672) qui raille les provinciaux, singes de la société polie et parodistes involontaires du style galant. L'hégémonie de Paris tient à la convergence de plusieurs facteurs. Vient en premier lieu la centralisation politique que renforce le cardinal de Richelieu et qui, sous Louis XIV, trouvera son expression symbolique dans le mythe du Roi-Soleil. Les effets en sont ensuite accusés par l'analphabétisme de la grande majorité de la population française et l'incomplète unification linguistique puisque l'Alsace n'est rattachée au royaume qu'en 1648, le Roussillon et l'Artois qu'en 1659, la Franche-Comté qu'en 1678. Les régions proches de Paris qui, depuis le XVIe siècle, ont tant contribué à la constitution d'une littérature nationale (Ile-de-France, Touraine, Normandie et Champagne) bénéficient encore du fait qu'elles sont dans l'orbite de la capitale, mais la Loire trace une frontière physique et culturelle entre le Nord dont l'autorité est prépondérante, et le Sud péjorativement désigné comme la terre de « galimatias » et d'« adiousas » (adieu en langue d'oc). Enfin, le système des privilèges (droit exclusif de publication accordé à l'imprimeur/libraire par le Conseil du roi) joue en faveur de la capitale, surtout après 1665 lorsque Jean-Baptiste Colbert, ministre de Louis XIV, resserre les contrôles. Les presses provinciales vivent de la réimpression d'œuvres traditionnelles comme les livres de dévotion et des œuvres parisiennes à la mode. Ainsi s'explique que l'édition décline même à Lyon, situé pourtant sur le grand axe de communication de la vallée du Rhône, et qui avait été avec Rouen et Paris l'un des centres éditoriaux les plus actifs dès les origines de l'imprimerie.

Cependant, Paris et les provinces ne constituent pas deux mondes indépendants. La mobilité sociale des écrivains fait de leur lieu d'origine ou de résidence un critère d'identification fragile. S'il était légitime pour une province de considérer comme sien le fils qui s'était fait un nom dans les salons de la capitale, personne à Paris n'aurait associé l'œuvre de Gilles Ménage à son Anjou natal, considéré Madeleine de Scudéry ou Pierre Corneille simplement comme Normands, Jean de La Fontaine comme Champenois ou la marquise de Sévigné comme Bretonne à cause de ses fréquents séjours aux Rochers. Les correspondances, si nombreuses à l'époque que beaucoup demeurent inédites, révèlent un très profond intérêt pour tout ce qui se publiait alors en Europe : clercs, érudits et simples honnêtes gens guettent les nouveautés. Le succès ininterrompu des périodiques atteste l'étendue, depuis Paris et les principaux centres d'activité intellectuelle vers les provinces éloignées et les pays étrangers, de ce besoin d'information « littéraire » (au XVIIe siècle, le terme « littérature » englobe tout ce qui est fondé sur un savoir transmis par les textes, y compris, selon Furetière, « la physique, la géologie et les sciences solides »). Cette circulation moderne des textes prend le relais des pèlerinages que pendant toute l'ère humaniste les jeunes savants accomplissaient de bibliothèque en bibliothèque.

L'influence du modèle parisien se manifeste dans les institutions que fondent plusieurs villes de province et dans leurs activités. Les sociétés, salons de lecture ou de discussion, sont souvent le germe des futures académies appelées à voir leurs lettres patentes et leurs statuts approuvés par l'Académie française. Une « académie du bel esprit et de la galanterie », fondée à Arles en 1622, devint en 1661 l'« académie des bouts rimés » et sept ans plus tard académie royale. À Caen, à partir de 1652, Moisant des Brieux réunit un groupe afin de « lire la gazette et voir les livres nouveaux ». À Toulouse, à compter de 1642, Paul Pellisson-Fontanier, futur historien de l'Académie française, rejoint le groupe des lettrés locaux, appelés, probablement du fait de leurs réunions tardives, les « lanternistes ». Instrument commode d'unification culturelle et de contrôle idéologique, ce réseau d'académies provinciales se développe avec le soutien de Paris : des académies sont créées à Castres (par Pellisson en 1648), à Soissons (1673-1675) et à Angers (1685). Leurs membres, peu nombreux, sont des nobles, des clercs et surtout des « robins », c'est-à-dire des membres du tiers état, avocats et parlementaires. D'ailleurs, libraires et imprimeurs installaient souvent leurs boutiques près du parlement. Les activités de ces académies consistaient principalement en discours et panégyriques, lecture de pièces littéraires locales, examen d'ouvrages venus de Paris, débats autour de questions de langue et de style. Les controverses religieuses, politiques et philosophiques, source possible de discordes, étaient soigneusement exclues.

Le Roman comique, de Paul Scarron (1651, 1657), illustre le divorce entre l'hégémonie parisienne et la vie culturelle provinciale. Fils d'un conseiller au parlement de Paris, auteur de poésies burlesques et politiques (y compris de nombreux libelles dirigés contre le cardinal Mazarin, comme *la Mazarinade*, 1651), un temps au service de l'évêque du Mans, Scarron met en scène les mésaventures dans la région du Maine d'une troupe de théâtre itinérante, avec un pittoresque dont se souviendra Théophile Gautier dans *le Capitaine Fracasse* (1863). Dans cette comédie humaine, les acteurs nommés Le Destin et l'Étoile côtoient divers types sociaux : l'écrivain besogneux Ragotin, un aubergiste, un palefrenier, un bel esprit provincial qui imite les galanteries parisiennes. À la vogue du roman pastoral, caractérisé par la fiction d'un monde idéalisé, le récit de Scarron oppose, grâce au choix des personnages et des situations, un exercice de réalisme social qui sert en même temps d'instrument à sa moquerie : l'adjectif « comique », que Furetière définit par référence à Scarron comme « plaisant et recréatif », illustre ce changement de ton et ses intentions démystificatrices.

Mais, contrairement au *Mercure dolent* (1678), de Benech de Cantenac, qui dépeint la vie quotidienne à Bordeaux, *le Roman comique* cherche moins à peindre la vie provinciale qu'à en offrir une vision dévalorisante et ridicule à son public parisien. Dans la description détaillée de l'habillement ou de la vie matérielle l'accent mis sur le côté risible et laid s'accompagne de toutes sortes de raffinements stylistiques qui trahissent une complicité culturelle et littéraire entre l'auteur et ses lecteurs. Les critiques modernes ont insisté sur la virtuosité avec laquelle Scarron manipule des genres et des techniques multiples : nouvelles espagnoles intercalées dans le récit, parodies et pastiches du style héroïque et galant, interventions directes de l'auteur pour souligner un effet, mettre en évidence une attitude ou afficher la désinvolture d'une transition. Ces divers signes d'une conscience esthétique toujours en éveil marquent le contraste entre la matière romanesque et la manière artistique, définition même du burlesque, style très en vogue entre 1643 et 1650, et dont Scarron fut l'instigateur avec le poète Antoine de Saint-Amant. Cette même ligne de partage s'inscrit dans les relations entre Paris et les provinces. Mais bien que les provinces vivent dans l'ombre de Paris, elles n'obéissent pas toujours à son rythme ; leur activités ont leur propre registre. Par exemple, les troupes itinérantes, dont le répertoire comprend des mimes et des farces aussi bien que des comédies et des tragédies, attirent un public venant de toutes les couches sociales. La troupe que réunit le jeune Molière après l'échec de l'Illustre-Théâtre voyage entre 1645 et 1658 de Toulouse à Agen, Pezenas et Montpellier ; Molière y fait son apprentissage d'acteur, d'auteur dramatique et de directeur de compagnie avant de revenir à Paris.

Quelle que soit la région, les auteurs provinciaux sont moins sensibles à la hiérarchie des genres établie par les théoriciens parisiens. Il en résulte une activité littéraire plus diversifiée. Célébration d'événements publics (entrée royale, panégyrique, oraison funèbre), histoire locale, œuvre de jurisprudence ou de dévotion, plaintes versifiées sur les malheurs du temps voisinent avec des pièces, des poèmes ou des romans, qui souvent reflètent les modèles parisiens. Avec son *Villebrequin* (1633) et ses *Chevilles* (1644), Adam Billaut, poète charpentier de Nevers, surnommé « le Virgile du rabot », connaît un succès qui s'étend jusqu'à la capitale. Le rythme plus lent de la vie provinciale, plus que la difficulté relative des moyens de communication, est probablement responsable de la persistance, dans les provinces, du latin comme langue littéraire et du goût pour l'érudition en un temps où, à Paris, le savoir se voit confiné aux universités et où l'apparition de nouveaux types sociaux (le galant homme, l'honnête homme, le bel esprit) éclipse et discrédite les pédants (Hortensius dans *l'Histoire comique de Francion* [1623-1633], de Charles Sorel, ou Vadius et Trissotin dans *les Femmes savantes* [1672], de Molière). Tandis que le goût individuel, même s'il est entièrement le produit de la culture, prend ainsi le pas sur « le savoir enrouillé des pédants » (Molière), formes et genres démodés s'exilent en province : « La farce divertit encore plus que la comédie, comme il arrive partout ailleurs qu'à Paris [...]. La comédie est aujourd'hui purgée, au moins à Paris, de tout ce qu'elle avait de licencieux » (*le Roman comique*, pp. 224, 249). Dans sa *Nouvelle allégorique* (1658), tableau de la France littéraire, Furetière fait de Galimatias, « homme obscur et né de la lie du peuple » (p. 11), le capitaine des troupes de province et le prince du démodé.

Enfin, les auteurs provinciaux produisent des œuvres en dialecte, reflet de la culture populaire aux confins de la littérature. Les langues régionales maintiennent leur vitalité en Normandie, au Pays basque et en Bourgogne. Au cours de son séjour dans la ville d'Uzès (1661-1662), Racine, surpris par la force de ce phénomène, le commente dans ses lettres : « Je n'entends pas le français de ce pays et on n'entend pas le mien [...]. Je suis en danger d'oublier bientôt le peu de français que je sais : je le désapprends tous les jours et je ne parle tantôt plus que la langue de ce pays qui est aussi peu français que le bas breton » (*Œuvres complètes*, p. 405). En province, la culture populaire est alimentée par la Bibliothèque bleue, petits volumes à la couverture brochée bleue, publiés à Troyes par Nicolas Oudot et diffusés par les colporteurs : légendes médiévales, almanachs, brochures exprimant la misère du peuple en périodes de famine. Il s'agit d'une littérature anonyme, « littérature perdue » (Geneviève Bollème) qui représente en termes quantitatifs le secteur le plus important de la littérature provinciale. Charles Perrault, auteur des *Histoires ou contes du temps passé avec des moralités* (1697), y trouve même l'occasion de se moquer de son ennemi Nicolas Boileau, auteur de *l'Art poétique* (1674) : « Il a beau se glorifier du grand débit que l'on fait de ses satires ; ce débit n'approchera jamais celui du moindre des almanachs imprimés à Troyes » (*l'Apologie des femmes*, 1694, p. 8).

Loin de la société de Paris et de Versailles, que ce soit par choix, résignation, besoin d'argent, échec de carrière ou disgrâce politique, érudits, philosophes et hommes de lettres produisent aussi des œuvres qui doivent à cet éloignement leur marque. Après avoir voyagé en Italie et en Angleterre, Claude Fabri de Peiresc (1580-1637) s'installe dans sa province natale et rassemble dans sa résidence de Belgentier, qui est à la fois une bibliothèque et un musée, des informations scientifiques et littéraires et des curiosités en provenance de toute l'Europe. Il laisse derrière lui des notes inédites, d'innombrables lettres et une réputation européenne. Jean-Louis Guez de Balzac (1595?-1654), baptisé par ses contemporains « l'ermite de la Charente » ou « le grand épistolier de France », se réfugie dans son manoir près d'Angoulême lorsque ses ambitions parisiennes sont déçues. De là il envoie à Paris et dans l'Europe entière des lettres éloquentes où se forgent les modèles de la prose moderne, et compose des traités politiques (*le Prince*, 1631), moraux (*Socrate chrétien*, 1652) et littéraires (*Œuvres diverses*, 1644 ; *Entretiens*, 1657). Héritier de tout le savoir philologique de l'âge humaniste, Guez de Balzac entretient des liens étroits avec le salon de l'hôtel de Rambouillet et, avec le poète Vincent Voiture, il influence la formation du style classique français à Paris. Non loin de Balzac, l'académicien François Maynard (1582-1646), disciple de François de Malherbe, compose à Aurillac et à Saint-Céré l'essentiel de ses lettres et poèmes, stances amoureuses, éloges de ses protecteurs et de la vie champêtre lorsque sont évanouis ses espoirs de carrière.

Mais, dans l'ensemble, contrairement au XVIe siècle où s'illustrent l'Anjou avec Joachim du Bellay, Chinon avec Rabelais, le Vendômois avec Ronsard, Lyon avec Maurice Scève et Louise Labbé, la Guyenne avec Montaigne, le XVIIe siècle fait de Paris la source privilégiée de la fécondité littéraire. À travers les multiples oppositions et clivages qui travaillent la France (ville/campagne, élite/peuple, culture écrite/culture orale, latin/français, anciens/modernes), Paris devient le lieu de la consécration littéraire.

Le triomphe de la mondanité contribue au recul de la république des lettres et du latin qui la soudait, dont l'usage se limite désormais aux cercles érudits et aux provinces. La canonisation par Voltaire du « siècle de Louis XIV », le mythe de Versailles et la représentation d'une Europe des Lumières dont la France est le centre poussent également à négliger la vie littéraire hors de Paris. Mais l'intérêt romantique pour l'histoire et pour le peuple, la recherche érudite menée par les sociétés archéologiques locales au XIXe siècle, le progrès d'un système d'éducation nationale, l'article novateur de Gustave Lanson en 1903 sur l'histoire littéraire provinciale, les champs de recherche inédits ouverts par la « nouvelle histoire » et les mouvements régionalistes récents qui battent en brèche la centralisation parisienne ont rétabli un certain équilibre dans le tableau de la littérature au XVIIe siècle.

Voir aussi 1657, 1673.

Bibliographie : Antoine Furetière, *Nouvelle allégorique* (1658 ; réimp., Genève, Van Gineken, 1967). Charles Perrault, *l'Apologie des femmes* (Paris, Jean-Baptiste Coignard, 1694). Jean Racine, *Œuvres complètes*, vol. II (Paris, Gallimard, 1966). Paul Scarron, *le Roman comique* (Paris, Garnier-Flammarion, 1981). André Berry, « Les littératures du domaine d'oc », in *Histoire des littératures*, éd. Raymond Queneau, vol. III (Paris, Gallimard, 1967), pp. 1504-1564. Geneviève Bollème, *la Bibliothèque bleue* (Paris, Julliard, 1971). Gustave Lanson, « Programme d'études sur l'histoire provinciale de la vie littéraire en France », *Revue d'histoire moderne et contemporaine*, n° 4 (1903), pp. 445-464 ; réimp., in *Essais de méthode, de critique et d'histoire littéraire*, éd. Henri Peyre (Paris, Hachette, 1965). H. J. Martin, *Livre, pouvoirs et société à Paris au* XVIIe *siècle* (Genève, Droz, 1969). Maurice Piron, « Les littératures dialectales du domaine d'oïl », in *Histoire des littératures*, éd. R. Queneau, vol. III, pp. 1455-1503. Alain Viala, *Naissance de l'écrivain* (Paris, Éditions de Minuit, 1985). Chantal Vieuille, *Histoire régionale de la littérature en France*, vol. Ier (Paris, Plon, 1986).

Bernard Beugnot

1654

Dans *Clélie*, Madeleine de Scudéry insère une carte qui dessine une nouvelle géographie des sentiments

Les salons, la préciosité et l'influence des femmes

Sous le titre *les Salons*, la transcription dramatique des lettres de Marie de Vichy, marquise du Deffand, et de Julie de Lespinasse, deux femmes qui ont tenu les salons les plus célèbres du XVIIIe siècle, fut un des succès de la saison théâtrale 1986-1987 à Paris. La même année, Bernard Pivot consacrait une émission d'« Apostrophes » aux biographies de femmes que les salons ont fait accéder à la gloire.

Cet intérêt des médias pour les femmes de lettres n'est pas simplement l'effet de la récente prise de conscience féministe. On a souvent signalé comme « spécifiquement française » l'importance des femmes dans le développement de la culture littéraire – thèse qui a curieusement été reprise chaque fois que l'intégrité de l'État français se trouvait menacée. Le tableau le plus radical du rôle des femmes de lettres sous l'Ancien Régime a sans doute été brossé pendant la période la plus sombre de la Seconde Guerre mondiale. Exilé en Amérique, Roger Picard, spécialiste de l'histoire politique et économique française, publia un livre dans lequel il insistait sur le rôle décisif des salons dans le développement et la diffusion de la culture et de la civilisation françaises. Il annonçait aussi le prochain retour de ce mouvement après une longue période de sommeil : « Demain, quand elle sera délivrée des présences profanatrices qui la souillent et qui l'ensanglantent, la France se reconstituera... Les salons contribueront à [cette reconstitution nationale] » (*les Salons littéraires et la Société française, 1610-1789*, p. 14). Un tel tableau, qui fait des salons un foyer de nationalisme, ne correspond absolument pas au rôle politique souvent subversif joué par les plus influentes sociétés de femmes.

Le mouvement que peint Picard comme un paradis perdu naît vers 1610, quand une jeune aristocrate décide de rompre avec la cour d'Henri IV qu'elle juge insuffisamment raffinée. Pour remédier au bas niveau de la politesse et de l'esprit, la marquise de Rambouillet (née Catherine de Vivonne de Savelli) décide de créer un espace indépendant. Elle fait réaménager son hôtel, voisin du Louvre, selon ses propres plans : l'innovation majeure est une suite de salons en enfilade, idée qui sera largement copiée dans les décennies suivantes. Elle donne ainsi le ton à ce qui deviendra l'architecture classique française, architecture qui sacrifie systématiquement l'intimité à l'effet, dans le cas présent en vue de créer une perspective qui aboutit au dernier salon. Celui-ci, connu sous le nom de « chambre bleue », sera pendant près de cinquante ans l'un des lieux les plus importants de France : au point qu'à une époque, si l'on en croit la marquise de Sévigné, « l'hôtel de Rambouillet était le Louvre ». Dans sa « chambre bleue », la marquise de Rambouillet crée sa propre cour, lieu privilégié où la conversation est l'outil majeur du pouvoir. Si la conversation n'est pas « née » dans les salons, comme on l'a trop souvent dit, elle y est devenue un art *sui generis*, une forme d'expression artistique qui pendant les siècles à venir sera traitée par les visiteurs étrangers comme l'un des monuments parisiens qui méritent l'admiration du touriste. Les bonnes manières, l'esprit et surtout le génie de la conversation en sont les valeurs suprêmes. Les habitués de la « chambre bleue » forgent un style littéraire mondain que l'on considérera souvent par la suite comme l'essence du style français.

Les raffinements de l'hôtel de Rambouillet ne se limitent pas au savoir-vivre. Les esprits les plus brillants s'y réuniront, pendant des décennies, pour discuter des belles-lettres – ou plutôt pour légiférer sur le goût littéraire. Arbitrées par la marquise de Rambouillet, les discussions, très libres, portent sur les dernières modes en matière de langage, de vêtements et de livres. Les débats qui s'y déroulent auront une influence considérable sur la vie littéraire de l'époque : les auteurs viennent y lire leurs œuvres et en attendent la critique. Ainsi, Corneille, venu lire *Polyeucte* (1643) aux habitués, ne parvient pas à les convaincre que la tragédie chrétienne a un avenir en France. De jeunes auteurs, comme La Rochefoucauld en 1631, y font leur apprentissage de la société littéraire.

Certes la marquise de Rambouillet n'a pas inventé le « salon littéraire et mondain » (des assemblées similaires avaient existé au XVIe siècle aussi bien dans son Italie natale qu'en France) et sa « chambre bleue » n'est pas non plus l'arbitre incontesté de la vie littéraire de l'époque. Mais, alors que l'Académie française, première assemblée intellectuelle créée par la Couronne, se voyait investie de pouvoirs de plus en plus variés (au point de devenir un tribunal semi-officiel dans les querelles littéraires et de publier un dictionnaire), la « chambre bleue » marque le début, dans la « république des lettres », d'une tradition de salon sans égal dans aucun pays. Les chroniqueurs de l'époque montrent que les salons, qui proliférèrent à Paris avant de se répandre en province, étaient considérés comme l'équivalent privé des Académies de l'État.

Une première différence tient à la composition strictement masculine des Académies officielles (notons que les femmes n'étaient pas exclues en théorie par la charte de l'Académie française ; dans les années 1650, la candidature de femmes a même été envisagée et l'on ne connaît pas les arguments qui aboutirent à leur exclusion). Les salons sont, au contraire, présidés par des femmes : chacune de celles qui tient salon donne le ton, décide des personnes qui en feront partie et dans une large mesure des sujets qui seront discutés. De ce fait, les salons ont chacun leur caractère propre. Ceux qui participent à ces réunions s'y réfèrent soit par le jour de la semaine où elles se tiennent (« le samedi » est le jour de Madeleine de Scudéry, dans son hôtel du Marais), soit par un terme spatial (la « ruelle », qui désigne l'espace entre le lit et le mur où la marquise de Rambouillet reçoit ses invités ; le mot désignera par la suite le monde des salons en général). De telles désignations confèrent aux salons un statut de monde à part, de sphère parallèle obéissant à ses propres lois. Cette époque est la seule de l'histoire de France où l'initiative d'un phénomène important sur les plans à la fois littéraire, social et même politique soit revenue à des femmes. Elles allaient conserver cette initiative pendant près de deux siècles.

À leurs débuts, les salons furent surtout littéraires. C'est le moment où deux types d'écrits s'imposent comme des genres indépendants (ils resteront florissants jusqu'à la fin de l'Ancien Régime) : la poésie de circonstance, légère et spirituelle, associée à des poètes de la maison tels que Vincent Voiture, et les lettres, conçues comme des objets littéraires plus que comme des documents privés. Beaucoup de ces salons fonctionnent aussi comme des centres d'arbitrage linguistique. On y discute du bon usage, car la langue est encore loin d'être codifiée. C'est sans doute en pensant aux salons que Claude Favre de Vaugelas a écrit, dans ses *Remarques sur la langue françoise* (1647), qu'« en cas de doute sur le langage, il est ordinairement préférable de consulter les femmes » (p. 503). Il est arrivé à plusieurs reprises que ces débats prennent le tour d'une surenchère dans l'invention linguistique qui conduisait aux limites d'un langage privé, compréhensible des seuls initiés.

À ce mélange de conversations brillantes, de raffinement mondain et de débats littéraires ou linguistiques est bientôt venu s'ajouter un quatrième élément : la fermentation politique. On sait d'après les carnets secrets du cardinal de Mazarin que, lorsqu'il était Premier ministre de la régente Anne d'Autriche, il avait chargé des espions de s'infiltrer dans les salons. Cette surveillance n'était pas sans fondement. C'est dans les « chambres » et les « ruelles » que, contre lui, les membres de la plus haute noblesse allaient fomenter la Fronde (1648-1653) pendant les premières années du règne de Louis XIV. De ce point de vue, ces réunions préfigurent les grands salons pré-révolutionnaires, comme celui de la mère de Germaine de Staël, Suzanne Necker, qui fut, à partir des années 1760, le centre de l'opposition politique. Les femmes de la Fronde – en particulier deux figures en vue dans les salons, la Grande Mademoiselle et la duchesse de Longueville – ont joué un rôle militaire sans équivalent dans l'histoire ultérieure. Elles ont conduit des armées, organisé des batailles, défendu des places fortes et, lorsque Paris fut aux mains des Frondeurs, ce sont elles qui ont ordonné de faire tirer le canon de la Bastille contre l'armée royale. Une fois les nobles vaincus et le pouvoir royal redevenu maître du royaume, il fallut redéfinir l'activité des salons. Cette redéfinition a trop souvent été interprétée comme une chute dans la frivolité.

En août 1654, dix-huit mois après le retour de Mazarin à Paris, paraît le premier tome d'un roman très attendu par les ex-Frondeurs – majorité du public des salons. Pendant les dernières années de la Fronde, alors que les salons avaient suspendu leurs activités, Madeleine de Scudéry était devenue la romancière officielle des rebelles dont elle romance les exploits militaires et amoureux dans *Artamène, ou le Grand Cyrus* (1649-1653). Au centre du premier volume de son nouveau roman, *Clélie, histoire*

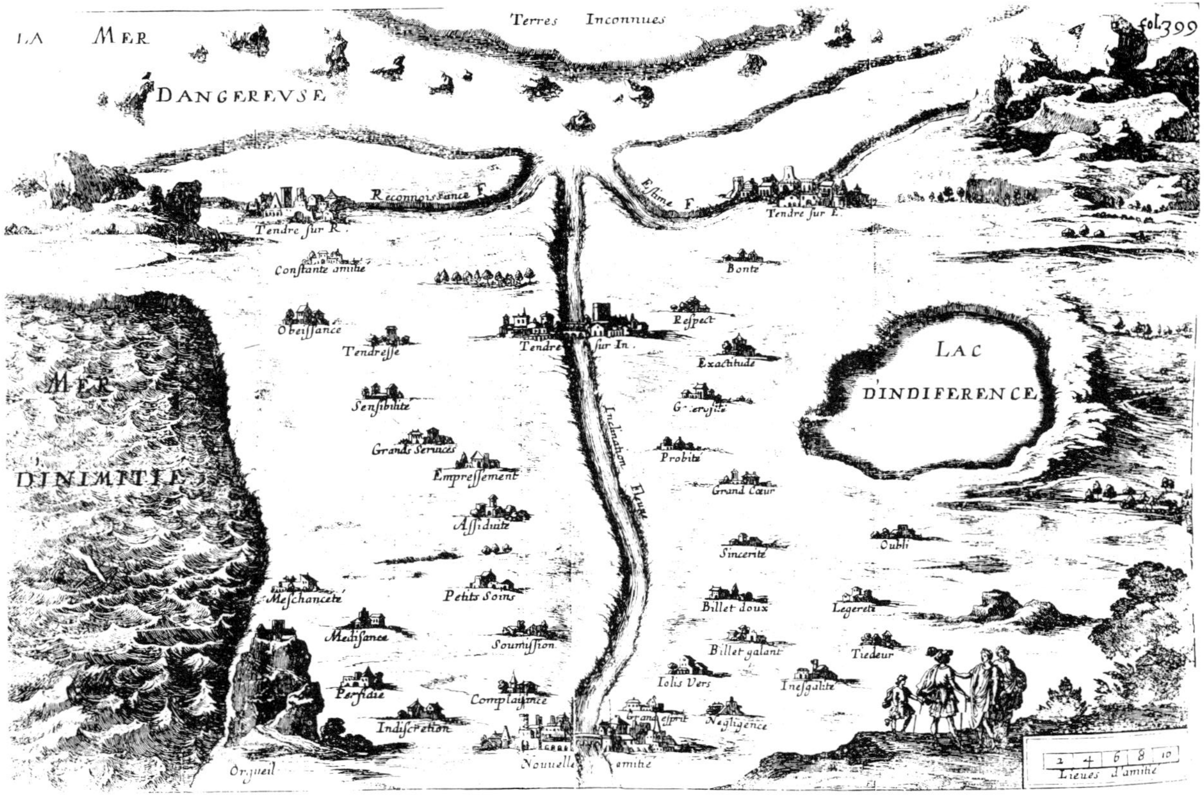

1. *La Carte du Tendre*, dans *Clélie, histoire romaine*, de Madeleine de Scudéry (Paris, Augustin Courbé, 1654), p. 398. (Princeton University Library, Department of Rare Books and Special Collection.)

romaine, se trouve le document le plus célèbre de la littérature de salon, « la Carte du Tendre » (fig. 1).

La carte doit être lue à plusieurs niveaux. D'un point de vue allégorique, c'est la carte de l'imaginaire pays de Tendre (la Tendresse). Mais, lorsque l'héroïne du roman apprend à ses lecteurs à l'utiliser, cette carte devient un moyen d'enseigner aux hommes le point de vue des femmes sur l'art de gagner leur cœur (par exemple il faut s'arrêter à Jolis Vers et passer par Sincérité pour atteindre la ville de Tendre-sur-Estime) et de le perdre (une erreur de direction après Négligence conduit le soupirant sur la route d'Oubli). La carte de Madeleine de Scudéry est l'ancêtre des jeux de société modernes. Quinze imitations ou parodies en dix ans attestent le succès du jeu de l'amour.

« La Carte du Tendre » représente aussi, au-delà de ses objectifs galants, la reconnaissance de l'influence des femmes sur la société. *Clélie* annonce la reprise des salons après les troubles de la Fronde, dernière flambée d'indépendance (1654-1661) avant le formalisme de plus en plus rigide qui gagnera la Cour à la suite du mariage de Louis XIV avec Marie-Thérèse, en 1660. Les salons ne furent peut-être jamais plus influents que pendant ces années-là. Pour une fois, la France n'était pas en guerre et les énergies créatrices pouvaient se donner libre cours. *Clélie* représente la littérature de salon à son paroxysme : chaque fois que la chose est possible, l'action est remplacée par son récit. Madeleine de Scudéry donne la place d'honneur à un procédé de son invention, la « conversation », imitation romanesque des réunions de salon au cours desquelles les personnages pèsent les mérites des différentes réponses à une situation donnée, un peu comme les protagonistes d'un certain théâtre expérimental parlent de la façon dont la pièce pourrait se terminer plutôt que de la terminer.

On pourrait considérer ce déplacement du centre du roman de l'action vers son commentaire comme un symptôme de la situation historique qui allait se jouer : pour les femmes, l'ère de l'activisme politique ne survivrait pas à la Fronde, et le seul avenir qu'elles pouvaient espérer se trouvait dans des activités moins directement subversives, comme la littérature romanesque. Avec des écrivains comme Marie-Madeleine de La Fayette et Marie-Catherine Desjardins (Mme de Villedieu), le roman français passera, du moins dans ses débuts, sous le contrôle des femmes, au même titre que les salons. En cultivant un raffinement toujours plus poussé dans l'analyse du cœur humain, les romancières, comme le remarquera Brunetière en 1889, n'auront « jamais cessé de traverser la Carte du Tendre » (*Questions de critique*, p. 56).

Au cours du XVIIe siècle, on n'a pas manqué d'accuser l'art des salons (que ce soit « la Carte du Tendre » ou ces mouvements très créatifs que furent la « préciosité » et, plus tard, le « marivaudage » d'affectation et de frivolité. Il est certain que le style digressif de la conversation s'accordait mal avec la sobriété du classicisme qui allait servir de norme jusqu'à la Révolution. Mais, en dernière instance, ces attaques contre l'influence des salons tout comme les panégyriques à la Picard (qui en faisaient les dépositaires de l'authentique culture française, c'est-à-dire de la culture aristocratique de l'Ancien Régime) n'ont fait que détourner l'attention du foyer de fermentation sociale que ces salons représentaient.

La « préciosité » a été beaucoup plus qu'un mouvement littéraire mineur. Il s'agissait au départ d'un mouvement féministe inspiré par divers projets d'éducation qui, au début du XVIIe siècle, signalaient la fin de la « querelle des Femmes » :

reconnaissance du droit à une réelle éducation et à une participation accrue dans le choix d'un époux. Les revendications des précieuses étaient d'une actualité indéniable : elles réclamaient entre autres pour les femmes ce qu'on appellerait aujourd'hui le « contrôle de leur corps » (par exemple le droit de décider quand elles auraient des enfants). Bien que ces revendications ne leur aient pas apporté à long terme une plus grande liberté en matière de mariage et de procréation, elles ont eu des effets significatifs sur les rapports de classe. Dans la « chambre » et la « ruelle », tous étaient égaux : les manières aristocratiques s'étendirent ainsi aux personnes de plus basse naissance. En faisant intervenir le mérite avant le rang dans le choix d'un mari, on s'acheminait aussi vers l'émergence d'une aristocratie dont les membres seraient les architectes de leur propre fortune. Loin d'être les protectrices de l'ordre ancien, les femmes des salons eurent donc une certaine influence sur l'évolution sociale de l'aristocratie française.

Il se trouve que les femmes qui tinrent les salons les plus célèbres vécurent longtemps, assurant ainsi la survivance des styles et des valeurs d'une époque à une autre. Les héritières directes de la marquise de Rambouillet (celles dont la carrière a commencé dans son salon, par exemple Madeleine de Souvré, marquise de Sablé, ou qui prirent une part active à la « préciosité », comme Marguerite Hessein, dame de La Sablière) ont porté le flambeau jusqu'à la fin du siècle et, dans le cas d'Anne-Thérèse de Courcelles, marquise de Lambert, l'ont transmis au siècle suivant. Tout au long du XVIIIe siècle, les animatrices de salons se transmettront (ou se voleront, comme Julie de Lespinasse à la marquise du Deffand) leurs hôtes et leurs rituels : d'Anne-Thérèse de Lambert à Claudine Guérin de Tencin, de celle-ci à Marie-Thérèse Geoffrin, l'arbre généalogique ne s'interrompra pas. Les salons deviendront, à l'image du nouveau siècle, plus philosophiques. Ils seront aussi de plus en plus centrés autour d'hommes littéraires importants qui les utiliseront comme un terrain d'essai et finiront même, dans certains salons, par être plus nombreux et plus importants que les femmes. Jusqu'au bout cependant, le cérémonial de ces réunions, qui ont fait de la conversation le régime de la « république des lettres », restera entre les mains des femmes.

Voir aussi 1627, 1634, 1725, 1735, 1787, 1816, 1985.

Bibliographie : Claude Favre de Vaugelas, *Remarques sur la langue françoise*, éd. Jeanne Streicher (Paris, Droz, 1934). Ferdinand Brunetière, *Questions de critique* (Paris, Calmann-Lévy, 1899). Roger Picard, *les Salons littéraires et la Société française, 1610-1789* (New York, Brentano's, 1943).

Joan DeJean

1657

Publication posthume de l'*Histoire comique des États et Empires de la Lune*, de Cyrano de Bergerac

Le moment libertin

Le véritable Cyrano de Bergerac (1619-1655) n'a rien du personnage romantique de la pièce d'Edmond Rostand (1897). Il n'a rien non plus de l'auteur qu'on admire aujourd'hui. C'est un écrivain connu, mais de faible production : quelques lettres et libelles, deux pièces. Son chef-d'œuvre libertin, *l'Autre Monde*, récit d'un voyage sur la Lune, ne sera publié, dans une édition expurgée, que deux ans après sa mort, sous le titre d'*Histoire comique des États et Empires de la Lune* (1657). Ses relations avec les libertins, son athéisme supposé et son humour agressif lui valent une certaine notoriété. Ses prouesses à l'épée sont légendaires, mais il prend aussi des leçons de danse et de philosophie. Inconstant en politique, il soutient la Fronde, puis le cardinal Mazarin et l'absolutisme. Bien que ses idées restent ancrées dans les traditions bourgeoises, il arbore des signes extérieurs de noblesse. Que dire d'un homme aux si nombreuses signatures (Hercule de Bergerac, Alexandre de Cyrano de Bergerac, Savinien de Cyrano, etc.) ? Il y a dans sa nature quelque chose d'insaisissable qui autorise à faire de lui le représentant de tout un groupe d'individus sans identité clairement définie.

Le milieu dans lequel Cyrano évolue se situe en effet en marge des catégories officielles de la société du XVIIe siècle, quelque part entre noblesse et bourgeoisie ; dans cette masse indéfinie, mouvante, hétérogène et querelleuse d'écrivains, de savants, de magistrats, de courtisans, de mécènes hommes ou femmes, de nobles de salon, de fils de famille et de divers excentriques ; un monde affairé dont on trouve déjà un aperçu dans le roman de Charles Sorel, *Histoire comique de Francion* (1623-1633). Il s'agit, pourrait-on dire, d'une « proto-intelligentsia » : « intelligentsia » car ses figures représentatives, un peu à la manière des intellectuels modernes, sont des hommes et des femmes d'idées, mais « proto » car ils ne constituent pas encore un groupe reconnu capable de donner à ses membres une identité distincte. Dans une société qui accorde une grande importance à l'identité sociale et qui la marque par toute une série de droits et de signes fixes, il n'y a pas de place pour des « proto-intellectuels ». Le discours traditionnel les condamne à la marginalité. Beaucoup d'entre eux feront tout pour rejoindre des catégories sociales sûres et se retiendront d'affirmer leur différence ; mais un bon nombre opposera une méfiance instinctive au discours qui menace de les aliéner. Ils contestent l'autorité de concepts et l'adéquation d'une langue qui leur refusent la possibilité de se définir. Cette frustration, qui intervient dans le cadre d'un malaise sémiotique plus général, résultant de l'absence de signes suffisamment souples pour s'adapter aux changements sociaux, alimentera l'opposition des « proto-intellectuels » jusqu'à la chute de l'Ancien Régime. L'intensité et l'objet de cette opposition varient en fonction du degré de marginalité auquel on a affaire, ses formes et ses cibles en fonction des particularités individuelles et culturelles. Le mouvement libertin est sans doute la plus audacieuse manifestation de cette « proto-intelligentsia », qui a inspiré par ailleurs les tracts jansénistes et la littérature anticanonique.

On a beaucoup écrit sur les libertins, sur leur passé humaniste et scientifique, leur scepticisme, leur naturalisme et même leur athéisme. Qu'il s'agisse de poètes comme Théophile de Viau, d'érudits comme François de La Mothe Le Vayer, ou de philosophes comme Pierre Gassendi, ils ont une cible commune, le dogmatisme religieux. Le contenu idéologique de *l'Autre Monde* – rejet de Dieu et promotion de la raison, atomisme à la Lucrèce et promotion d'un Éros universel en loi de la nature – n'a rien de très original ; ce sont le ton et le style qui sont exceptionnellement osés. Comme est osée la parodie des Écritures qu'on y trouve. Pourtant, en règle générale,

Cyrano, comme les autres libertins de sa génération, évite une confrontation directe avec les autorités.

L'originalité de *l'Autre Monde* réside davantage dans une imagination visionnaire qui attaque l'autorité dans son langage en bouleversant de fond en comble la relation entre les signes et la réalité. Sur la Lune de Cyrano, tous les signes sont relatifs. Au lieu d'un langage unique, deux idiomes coexistent, aussi arbitraires l'un que l'autre : les sons musicaux pour la noblesse et les mouvements du corps pour les classes inférieures. Plus fondamentalement, les habitants de la Lune attribuent à certains signes une fonction instrumentale qui remplace la réalité objective : ils nourrissent leurs corps de signes aromatiques et leurs esprits de signes acoustiques d'écriture ; les signes poétiques remplacent la monnaie ; les guerres se gagnent avec des mots. La Lune est un miroir de la Terre dont il renvoie une image sémiotique aberrante et ses habitants à l'apparence simiesque semblent être à la fois, grâce à un jeu anagrammatique, signes et singes, image grotesque de l'humanité. Réciproquement, sur la Lune, les humains sont considérés comme les singes de ses habitants et les récits rapportés de la Terre comme une version déformée de la réalité. Les deux mondes sont ainsi réduits à s'égarer en se reflétant, les signes de l'un se référant aux signes de l'autre plutôt qu'à une quelconque réalité objective. Les identifications sociales et les rôles sociaux, fixés dans des signes, sont déstabilisés par cette double relativité. Lorsque, sur Terre, ce sont les épées et, sur la Lune, les phallus qui sont utilisés comme signes ludiques de la noblesse, cette subversion réciproque ne sape pas seulement leur propre validité sémantique, elle sape aussi la crédibilité de tout langage qui s'appuie sur un signe pour définir un concept. Lorsque l'autorité familiale, qui sur Terre revient aux pères, est confiée par une logique réflexive aux fils sur la Lune, la notion même d'autorité naturelle se trouve renversée, et avec elle tout le discours sur l'organisation sociale. Par-delà l'écran illusoire des signes, Cyrano ne perçoit que l'être universel et anarchique d'une nature qui ne se prête pas à une stabilisation des identités. Malgré sa réussite sur le plan de la science-fiction, exploitant avec imagination les marques du malaise sémiotique, *l'Autre Monde* ne débouche sur aucun modèle de comportement qui aurait un sens dans le monde réel. Au mieux, il apprend à l'humanité comment rêver à une vie libre.

Quelques dizaines d'années plus tôt, les libertins de la première génération avaient fait preuve de plus d'optimisme. Avec *l'Histoire comique de Francion*, le jeune Charles Sorel (1582-1674) promettait d'enseigner aux hommes comment « vivre comme des dieux » (p. 254). Il est vrai qu'il n'a pas signé son livre et qu'il a placé ses idées les plus audacieuses dans une séquence onirique et hermétique chargée de fantasmes érotiques délirants. Mais son message était optimiste : tous ceux qui, comme Francion, recherchent la vérité intérieure peuvent parvenir à la liberté philosophique, se libérer des dogmes, briser les tabous et satisfaire leurs appétits naturels aussi bien qu'un sens inné de la beauté. Les aventures de Francion parmi les étudiants et les prostituées penchent du côté de l'hédonisme vulgaire plutôt que du raffinement esthétique. Mais, pour cette raison même, elles parurent réalistes aux lecteurs de l'époque. Le programme libertin de Sorel a bénéficié de la crédibilité d'un monde familier ; il semblait ne demander à la société qu'un ajustement minimum. *Francion* a été très populaire. Cyrano l'a lu et s'en est inspiré, transposant en une vision fantastique ce que *Francion* avait de pragmatique. Sorel lui-même, dans ses œuvres ultérieures, abandonnera les idéaux libertins.

Il est douteux que la peur de la censure ait été à l'origine de cette perte de confiance. Les idées libertines survivent, par exemple dans la *Conversation avec le maréchal d'Hocquincourt* de Charles de Saint-Evremond (1654). Et l'âge n'est pas seul responsable du changement d'opinion de Sorel, qui d'ailleurs ne renonce pas à sa voix dissidente : avec *le Berger extravagant* (1627), prototype de l'antiroman, il ne fait que changer de cible et s'attaque aux conventions littéraires. Mais sa croyance en la possibilité d'affirmation de l'individu, telle qu'elle s'exprime dans *Francion*, a probablement été affectée par une incertitude de plus en plus répandue sur la manière de définir et d'affirmer cette identité. La noblesse est particulièrement concernée par l'écart qui se creuse entre le monde des signes et la réalité sociale : des milliers de « nouveaux nobles », en réalité de riches bourgeois, étalent titres, épées et autres marques qui font encore partie du code de la naissance et du rang. Le prestige de la noblesse n'est pas en cause : le discours social rigide et l'opinion générale s'accordent sur le fait qu'un noble a du mérite. Mais comment identifier un noble lorsque les signes sont trompeurs ? Et comment les nobles peuvent-ils affirmer leur statut ? Y a-t-il une identité réelle au-delà des apparences ? La tension entre « être » et « paraître », un des thèmes majeurs de la littérature du XVIIe siècle, est née d'une forme de malaise sémiotique qui, sans aller jusqu'à remettre en question les codes et déstabiliser les signes, traduit la conscience de leur manque de fiabilité. Dans la première version du roman, Sorel s'arrange pour que, juste à la fin, Francion paraisse ce qu'il est : un noble et un libertin. Mais dans des sections ajoutées ultérieurement, il s'affuble de nouveaux masques et son identité se dissipe dans de nouveaux rôles. Au milieu de codes obsolètes et de signes peu fiables, même un libertin ne peut affirmer ce qu'il est. D'où la méfiance plus radicale de Cyrano vis-à-vis de toute sémiotique. Mais aussi celle de Pascal, bien qu'elle se manifeste différemment.

Pascal n'est pas étranger à la dissidence libertine. S'il attaque violemment les libertins dans ses *Pensées* (1670), il les connaît bien ; ils ont en commun les mêmes antécédents dans la « proto-intelligentsia » et partagent un même intérêt pour les progrès de la science. Comme celles de Cyrano, les images de Pascal s'inspirent de concepts mathématiques ; il suit aussi diverses stratégies textuelles propres aux libertins : l'utilisation des pseudonymes, le mélange des genres, l'organisation fragmentaire, l'ironie. C'est dans les *Lettres provinciales* (1656-1657) qu'il exprime avec le plus de vigueur sa propre dissension et le peu de confiance qu'il accorde aux signes.

Cette série de lettres satiriques est une défense du jansénisme que les autorités civiles et ecclésiastiques considéraient comme un danger plus grave que la libre pensée. Publiées d'abord sans nom d'auteur, puis signées du nom de Louis de Montalte, *les Provinciales* sont écrites pour venir au secours d'Antoine Arnauld, porte-parole du jansénisme, attaqué parce qu'il avait soutenu que, pour avoir droit au salut, l'homme avait besoin d'une grâce spéciale de Dieu. Mais, plutôt que de s'attarder aux questions théologiques, Pascal expose la duplicité des adversaires d'Arnauld et, après que celui-ci eut été expulsé de la Sorbonne, dénonce la casuistique des Jésuites capables de justifier des crimes si la chose devait profiter à leur popularité. En s'en prenant aux Jésuites, Pascal défie l'Église et même le roi qui a pour confesseur un jésuite dont Pascal fait la cible de ses dernières *Provinciales*. Plus généralement, c'est la manipulation perverse de ses propres signes par le discours dominant que dénonce Pascal.

D'une manière toute moderne mais qui rappelle aussi les distinctions de la scolastique, Pascal fait remonter diverses impostures à l'arbitraire qui relie les deux parties d'un signe, soulignant que dans chaque mot « il y a le son, qui n'est que du vent, et la chose qu'il signifie, qui est réelle et effective » (*les Provinciales*, p. 340). En séparant ces deux parties, les ennemis d'Arnauld peuvent à la fois prononcer les mêmes mots et leur assigner des significations différentes. Ils pervertissent également la fonction référentielle de la langue, en invoquant la probabilité (ce qui aurait pu arriver) et l'intentionnalité (ce que quelqu'un avait l'intention de faire), au lieu de se référer directement à ce qui a eu lieu. Selon Pascal, cette manipulation sémiotique de la vérité prépare le terrain à la violence de l'autorité. Mais, vérité et violence n'ayant pas de langage commun, c'est à Dieu qu'il reviendra de trancher leur conflit en révélant sa propre vérité. D'ici là, la société doit continuer à vivre dans son état de malaise sémiotique, la réalité déjouant les signes du discours. En 1660, le Conseil du roi ordonnera de brûler *les Provinciales*.

L'écart qui se creuse entre idéologie et réalité s'accroît sous Louis XIV. Le renforcement de l'autorité centrale aboutit au durcissement des concepts et des signes traditionnels. Mais la réalité sociale continue à s'écarter de sa représentation idéologique. Le pouvoir de la bourgeoisie, considérablement accru, n'a engendré ni renouvellement des valeurs ni révision des codes sémiotiques. Certains bourgeois viennent gonfler les rangs de la noblesse ; d'autres, moins heureux, soutiennent indirectement les codes nobiliaires en essayant de parler, de se vêtir et de se conduire en nobles. Le discours dominant ridiculise ce désir de paraître, comme dans *le Bourgeois gentilhomme*, de Molière (1670). Il stigmatise également l'étalage de la richesse. Les satires antibourgeoises se multiplient. Même quand ils ont été anoblis légalement, les bourgeois sont accusés d'usurper un statut et des signes pour lesquels ils ne sont pas qualifiés. Le conflit de l'« être » et du « paraître » envahit la littérature.

En 1688, avec *les Caractères*, de Jean de La Bruyère, ce conflit gagne le domaine de la stylistique, inspirant une alternance de formes verbales dont les unes affirment ce qui est et les autres ce qui ne fait que paraître. Leur concurrence aboutit, dans les rares cas de convergence, à une ambiguïté finale. Ainsi, dans le portrait de Giton, une liste de traits apparents conduit à une qualité essentielle : il est riche. Mais cette richesse qui est la clé de l'apparence et du comportement de Giton n'est pas innée et elle exige certaines marques pour être reconnue ; à la différence de la naissance et du mérite, il lui manque une valeur idéologique stable. Paradoxalement, La Bruyère tombe ici, comme il le fait ailleurs, sous le coup de la même confusion sémiotique qu'il critique dans la société, la même incapacité à distinguer entre « les choses réelles » et les signes qui les désignent. Ses portraits, histoires, tableaux de groupe, essais (car lui aussi mêle les genres, comme les libertins) ont pour objet des personnalités définies par l'absence d'une véritable personnalité, des modes et des jeux servant à façonner des rôles, des idiomes et des formules vides et toutes les variétés de leurres qui permettent au pouvoir de corrompre le système social sans affecter son apparence d'ordre.

Quelques personnalités en réchappent ; mais ce sont des exceptions. Le roi lui-même n'est pas épargné : Louis XIV aurait pu être tenté de se reconnaître dans le portrait du monarque idéal que fait La Bruyère, mais le reste du texte montre qu'il n'y a pas de tel roi en France. Cependant, La Bruyère ne met pas en question l'idéologie de son temps. Mi-bourgeois et mi-noble, comme Cyrano et Sorel, il protège son statut ambigu. Pousser trop loin la tentative d'ajuster les signes à la réalité risquerait de faire apparaître la fragilité d'un discours dominant qui repose sur des conventions ; et, dans le bouleversement qui en résulterait, peut-être n'y aurait-il pas de signes pour des identités hybrides, pas de place pour un écrivain dépendant du soutien de la société établie. En revanche, une dissidence limitée aux formes littéraires et à l'observation des désordres sémiotiques peut ouvrir les portes de l'Académie française, comme cela fut le cas pour La Bruyère.

Cette même Académie avait auparavant élu Antoine Furetière qui, comme La Bruyère et comme le Sorel de la maturité, avait pratiqué une subversion limitée à la littérature et au langage. Il est vrai que son œuvre majeure, le *Dictionnaire universel* (1690), sera un défi à l'autorité de l'Académie qui finira par l'expulser. Le *Dictionnaire* sera publié après sa mort comme les grandes œuvres de Cyrano de Bergerac et de Pascal. Pourtant, contrairement aux autres dissidents, et bien qu'il soit né dans le même milieu bourgeois, Furetière s'est contenté de son rôle de bourgeois, enracinant son identité sociale dans la solidité de la réalité bourgeoise. Il se réjouissait des progrès de la bourgeoisie – mais dans le cadre des traditions – tandis que, dans ses satires de jeunesse, il dénonçait les bourgeois qui faisaient étalage de leur richesse et de leur puissance. Bref, un homme conformiste dans tous les domaines, sauf comme écrivain.

Car le même sens de la réalité qui faisait de Furetière un bon bourgeois l'a conduit, en littérature, à rompre avec toute mode, ancienne ou nouvelle, qui s'appuyait sur des conventions arbitraires. *Le Roman bourgeois* (1666), défense du réalisme en fiction, est explicitement conçu comme un récit qui se démarque de tous les canons romanesques contemporains, y compris celui des « histoires comiques », ces parodies de l'orthodoxie narrative qui venaient d'être canonisées par Sorel et Paul Scarron (*le Roman comique*, 1651, 1657). Du même coup, il révélera la présence d'une inspiration proprement bourgeoise au sein de la protéiforme « proto-intelligentsia ». *Le Roman bourgeois* déplut à tout le monde.

Dans une certaine mesure, *le Roman bourgeois* n'a pas cessé d'être déconcertant. Non par son sujet (la moyenne bourgeoisie), largement exploité depuis, ni par les jeux de la voix narrative qui raconte en même temps une histoire et l'histoire de son propre récit de l'histoire. Bien avant les expérimentations du nouveau roman, Scarron nous a familiarisés avec ces pratiques. Comme les lacunes introduites dans l'intrigue, ce type de stratégie est censé rapprocher la fiction de la réalité : il ne surprend plus. Mais, même de nos jours, on ne défie pas impunément, comme Furetière, le principe rationnel de la cohérence. Or les incohérences abondent dans *le Roman bourgeois*. Beaucoup d'entre elles reflètent des contradictions entre ce que Furetière dit et ce qu'il fait. Plus troublant est son injection dans le roman de matériaux qui lui sont étrangers (un tarif de mariage, un inventaire de bibliothèque, un *factum* sur la dédicace des livres, un jugement de tribunal, des fables, etc.). Appliqué à un seul genre, ce mélange sape la définition même du genre. Par ailleurs, un roman peut-il, comme celui de Furetière, avoir deux parties sans aucun rapport entre elles ? Furetière suggère de ne pas l'appeler roman et lui donne le sous-titre d'« ouvrage comique ». Mais le terme roman apparaît dans le titre. D'ailleurs, que pourrait-il être d'autre ? En faisant ressortir l'incapacité des signes à identifier et à guider une pratique incohérente, Furetière déstabilise non seulement un genre, mais le discours littéraire lui-même, et par conséquent tout discours articulé au sein d'un système sémiotique fixe. On ne s'étonnera donc pas que *le Roman bourgeois* soit encore jugé illisible aujourd'hui.

C'est là un exemple typique d'une dissidence littéraire qui, née d'un malaise social, mais vécue comme malaise sémiotique, limite à la littérature la subversion du discours dominant. Pas plus que Sorel dans *le Berger extravagant*, tout aussi difficile à lire aujourd'hui, Furetière ne s'attaque aux signes d'une idéologie obsolète qui n'accorde pas à l'écrivain sa place d'intellectuel : il défoule sa frustration sur les signes de son propre discours, la littérature. Contrairement aux premiers écrits libertins qui s'en prenaient au discours social, le solipsisme de cette dissidence ne pouvait avoir que peu d'effets non seulement sur la société mais même sur la littérature.

Voir aussi 1668.

Bibliographie : Savinien de Cyrano de Bergerac, *l'Autre Monde, ou les États et Empires de la Lune*, éd. M. Alcover (Paris, S.T.F.M., Champion, 1977). Antoine Furetière, *le Roman bourgeois* (Paris, Gallimard, 1981). Jean de La Bruyère, *les Caractères de Théophraste traduits du grec avec les Caractères, ou les Mœurs de ce siècle*, éd. Robert Garapon (Paris, Garnier, 1962). Blaise Pascal, *les Provinciales*, éd. Michel Guérin (Paris, Gallimard, 1987). Charles Sorel, *Histoire comique de Francion* (Paris, Garnier-Flammarion, 1979). Joan DeJean, *Libertine Strategies : Freedom and the Novel in Seventeenth Century France* (Columbus, Ohio State University Press, 1981). Claude Reichler, *l'Âge libertin* (Paris, Éditions de Minuit, 1987). Jean Serroy, *Roman et Réalité : les histoires comiques au XVIIe siècle* (Paris, Minard, 1981).

Jean Alter

1660

À l'apogée de sa carrière de dramaturge, Pierre Corneille publie le recueil de ses pièces accompagné de trois discours sur l'art du théâtre

La dramaturgie classique

En 1660, Pierre Corneille, reconnu comme le plus grand auteur dramatique vivant, publie une édition monumentale en trois volumes de son théâtre complet. En tête du premier volume, trois discours la préfacent : « Discours de l'utilité et des parties du poème dramatique », « Discours de la tragédie – et des moyens de la traiter selon le vraisemblable et le nécessaire », « Discours des trois unités – d'action, de jour et de lieu ». Ils constituent une sorte de justification théorique rétrospective de son œuvre. De surcroît, chaque pièce est précédée d'un bref « Examen » où Corneille justifie la façon dont il a respecté, dépassé ou enfreint les normes fixées par la doctrine classique. Les opinions exprimées par Corneille dans ces pages ne sont pas inédites : depuis une trentaine d'années se développe un ensemble de théories et de règles visant à contenir les débordements qui avaient caractérisé le goût baroque au théâtre, son absence d'intérêt pour ce qui relève de la vraisemblance, sa passion pour le spectaculaire et son amour des fioritures rhétoriques. À peine trois ans plus tôt, en 1657,

François Hédelin, abbé d'Aubignac, avait publié une *Pratique du théâtre* qui, tout en suscitant diverses plaisanteries aux dépens du brave abbé traité d'auteur dramatique raté, couvre l'essentiel de la matière que Corneille allait s'approprier sans la moindre allusion à son prédécesseur, pas même lorsqu'il n'est pas du même avis. D'Aubignac insiste, au risque de devenir fastidieux, sur l'importance de la vraisemblance, pièce maîtresse de la doctrine classique, allant jusqu'à s'indigner de voir un prince apparaître sur scène sans sa suite. C'est pour balayer ce type de niaiseries que Corneille, auteur dramatique au faîte de la gloire, prend sa plume et se fait théoricien.

Cette évaluation rétrospective d'une œuvre théâtrale aussi considérable que la sienne, selon des normes rigides qui se donnent pour les lois éternelles du théâtre, constitue un exercice de détachement olympien qui n'a pas eu d'imitateur. Elle n'en établit pas moins un style et une manière. Le théâtre classique, défini par son sérieux, est un art imbu de principes, qui se sait redevable à la théorie.

Cette théorie accorde une place d'honneur à l'Antiquité classique. Les auteurs qui, comme Corneille, reconnaissent l'autorité de l'exemple antique seront baptisés les « Anciens » (le terme « classicisme » n'apparaîtra qu'au siècle suivant, avec le regard rétrospectif que Voltaire portera sur le siècle de Louis XIV). Il est clair que, pour Corneille, la maîtrise de son art passe par l'étude attentive de la pratique de ces prédécesseurs antiques, notamment Sophocle, et il est aussi clair qu'il les lit en fonction de sa propre pratique. Mais, tout autant que de l'enracinement du théâtre dans l'Antiquité, Corneille est conscient du devoir qui incombe à la modernité de faire revivre la tragédie comme la comédie. Il ne doute pas un instant qu'en dressant l'un contre l'autre les amants du *Cid* (1637), il a inventé une forme de tragédie dont Aristote lui-même n'avait pas idée. L'Antiquité est là pour être radicalement « modernisée » (bien que le terme ne soit jamais utilisé), en même temps qu'elle doit être « imitée ». Dans l'œuvre même de Corneille, l'imitation prend la forme d'une réinvention de l'identité romaine. Les vertus républicaines de Rome et sa majesté impériale serviront de modèle à la gloire et à l'orgueil de caste du guerrier, à partir desquels il façonne la tragédie héroïque.

La hardiesse avec laquelle Corneille interprète la doctrine classique à la lumière de son œuvre personnelle (il est le seul auteur vivant qu'il cite dans ses « Discours ») se reflète dans sa façon cavalière de traiter la *Poétique* d'Aristote. Toute la théorie de la dramaturgie reposait sur l'exégèse de ce texte capital. D'Aubignac avait déjà soutenu que les sacro-saintes règles du théâtre, nées de l'interprétation érudite du texte d'Aristote, n'étaient pas fondées sur l'autorité mais sur la raison. Pour Corneille, Aristote n'avait rien fait de plus que puiser les règles de la dramaturgie dans le théâtre grec. En outre, la clarté toute relative de ses préceptes ne dispensait pas d'un effort d'interprétation (lire : d'une traduction dans des termes adaptés aux conditions modernes, aux réalités cérémoniales de l'époque, c'est-à-dire aux « bienséances »). « Il est constant qu'il y a des préceptes, puisqu'il y a un art ; mais il n'est pas constant quels ils sont » (« Discours de l'utilité »).

En jouant l'autorité d'Horace contre celle d'Aristote et en admettant que, du moment que lui-même lit Aristote à sa manière, il ne voit aucune objection à ce que d'autres le lisent à la leur, Corneille établit un précédent dont Racine et Molière s'autoriseront lorsqu'ils mêleront au respect des règles une appréciation saine de leur liberté propre ; liberté, pourrait-on dire, dans le cadre de la loi.

En ce qui concerne les fameuses unités, l'autorité des Anciens était d'autant plus contraignante que les Modernes devaient s'y soumettre à la lettre, même si Corneille lui-même se faisait quelque peu prier en la matière. Aristote avait demandé qu'une tragédie ait un début, un milieu et une fin, ce qui fut perçu comme une injonction visant à resserrer l'unité de l'intrigue – unité du péril dans la tragédie, de l'intérêt dans la comédie. Le souhait de voir la tragédie se limiter, dans la mesure du possible, à ce qui peut arriver pendant une révolution du soleil devint la règle des vingt-quatre heures, Corneille s'accordant quant à lui d'aller jusqu'à trente. Ainsi contrainte, l'intrigue n'est pas entraînée par l'action au-delà des murs d'une ville, d'un palais, d'une chambre. Cette dernière unité, mentionnée nulle part chez Aristote, était peut-être la première aux yeux des « réguliers », les auteurs dramatiques décidés à se conformer aux règles. L'agencement de la salle de théâtre (mouvements de rideau laborieux, scène étroite) devenait ainsi une nécessité pour toute mise en scène prétendant à la vraisemblance. Tandis que les extravagances des auteurs du début du siècle, avec leurs pièces qui traversaient les océans et parcouraient des continents, allaient susciter le souhait d'un rapport numérique plus acceptable entre le temps et l'espace représentés et le temps et l'espace de la représentation.

D'autres règles, comme la liaison des scènes (afin que la scène ne soit jamais vide) et comme la longueur fixe de la pièce ou des actes qui la composent, étaient dictées elles aussi par la logique de la représentation caractérisée par le terme de « vraisemblance », règle dont la souplesse intrinsèque était loin d'être clairement perçue. En même temps que les « bienséances » – qui comportaient le décorum et plus généralement l'à-propos (les personnages devant agir selon leur âge, en conformité avec leur état) –, le « vraisemblable », c'est-à-dire le sentiment que le public a de ce qui est approprié, était à l'ordre du jour.

Quant à la règle des règles, elle est, bien entendu, de « plaire » au public. Molière l'exprime par le truchement d'un honnête homme, dans *la Critique de l'École des femmes* (scène VI, v. 505) [1663]. Sur cette même idée s'ouvre le premier « Discours » où Corneille fait du plaisir des spectateurs le premier but de la poésie dramatique. Racine à son tour invoquera l'approbation du public comme bouclier contre les arguties du petit nombre. Dans l'esprit de ceux qui le pratiquent, le théâtre classique est avant tout le théâtre du succès. Il cherche à émouvoir, à étonner, à surprendre. Un art qui exprime dans une langue raffinée les drames intérieurs d'intérêts inextricables et le conflit des volontés s'est trouvé un public pour relever le défi de ses exigences.

Les trois grands du théâtre classique souscrivent aussi au mot d'Horace selon lequel l'art doit mêler l'utile à l'agréable, instruire autant que plaire. À une époque où le théâtre avait à justifier son existence face à la réprobation dévote issue de la Contre-Réforme, la doctrine classique cherchera à le doter de règles de moralité inattaquables. Dans sa défense de *Tartuffe* (1664-1669), Molière, paraphrasant l'aphorisme latin, rappelle que le devoir de la comédie est de « corriger les hommes en les divertissant » (*Œuvres complètes*, vol. Ier, p. 889). Dans la préface de *Phèdre* (1677), Racine fait valoir que « le vice y est peint partout avec des couleurs qui en font connaître et haïr la difformité » (*Œuvres*, vol. Ier, p. 747). Sur ce sujet, on doit à Corneille la position la plus audacieuse : l'utilité morale qu'il exige de la tragédie implique qu'elle peigne les passions sans compromis. Pour peu qu'elle soit présentée de façon convaincante, la vertu, même malheureuse, ne peut manquer de gagner notre amour et notre adhésion, tandis que le vice attire notre haine et notre mépris, même s'il est prospère. La moralité n'a donc pas de meilleur défenseur que la vérité artistique.

Dans les années 1660, l'étoile de Corneille commence à pâlir. Louis XIV a pris en main les rênes du pouvoir après la mort du cardinal Mazarin, en 1661. La « vieille cour » de la reine mère, imbue de romanesque et d'héroïsme à la Corneille, doit s'effacer devant la « jeune cour », avide de plaisirs, de Louis XIV. Racine et Molière vont renouveler la conception de la tragédie et de la comédie, le premier en se concentrant sur l'action dévastatrice de la passion non payée de retour, le second en donnant l'occasion à la faiblesse et à la vilenie du genre humain de s'afficher, incarnées dans les mœurs de l'époque (singerie de la mode, charlatanisme des médecins, escroquerie dévote). La réflexion sur la nature et le rôle du théâtre ne prend plus, comme chez Corneille, la forme d'un discours en règle ou d'une autocritique fouillée. Préface après préface, Racine répète qu'il est prêt à justifier chaque point de ses pièces à partir d'un précédent antique ou de l'approbation du public souverain. Quant à Molière, à la suite de la polémique provoquée par l'immense succès de *l'École des femmes* (1662), il tourne en ridicule ses adversaires dans deux pièces en un acte, *la Critique de l'École des femmes* et *l'Impromptu de Versailles* (1663).

Corneille avait donné de la tragédie une vue assez libre en ne la définissant pas en fonction d'un dénouement malheureux ou du statut princier de ses personnages, mais par le péril dans lequel elle précipite ses héros et par la grandeur des intérêts en présence. L'esthétique de Racine s'accorde plus à la virulence des passions contrariées qu'à l'héroïsme d'âmes nobles aux prises avec des situations qui permettent à leur vertu de donner sa mesure. Son registre est l'infâme Néron plutôt que le glorieux Auguste. Cette mutation de l'héroïque au sinistre n'a pas été acceptée sans difficultés, ainsi qu'en témoigne la préface de *Britannicus* (1668). Certains trouvaient trop sombre son portrait de Néron jeune ; d'autres lui reprochaient au contraire de l'avoir rendu trop humain. Racine rétorquait que le Néron de sa pièce était un « monstre naissant » (*ibid.*, p. 384). On ne saurait donner une meilleure définition de son esthétique : en peignant le mal, il vise le degré précis d'impuissance où terreur et pitié s'équilibrent. C'est ainsi que Phèdre, comme il l'indique dans la préface, obéit à la définition donnée par Aristote de l'héroïne tragique, ni foncièrement bonne ni foncièrement mauvaise, mais proie involontaire d'une passion criminelle et qui, de toutes ses forces, lutte, en vain, contre son destin.

Dans la préface d'*Andromaque* (1667), Racine doit faire face à un autre type de critiques : à ceux qui lui reprochent le manque d'égards du jeune prince achéen pour son esclave, il répond que « Pyrrhus n'avait pas lu nos romans » (*ibid.*, p. 242). Cela montre à quel point Racine tenait, jusqu'au fanatisme, à rester fidèle à ses modèles antiques. Pour considérables que soient les libertés prises avec la légende grecque (son Pyrrhus courtise l'esclave Andromaque d'une façon qui aurait surpris Homère) ou avec l'histoire romaine (en montrant un Néron amoureux), ses personnages restent fidèles à la tonalité et à la couleur de leurs originaux. Dans l'*Énéide*, Virgile montre Pyrrhus massacrant le vieux Priam et le jeune Polyxène ; ses atermoiements dans *Andromaque* sont à la hauteur d'un comportement aussi peu héroïque. Achille, dans *Iphigénie* (1674), s'emporte contre Agamemnon avec la même intempérance que dans *l'Iliade*. Le portrait de Néron, de l'aveu même de Racine, est tiré de Tacite. Racine est fidèle à l'ambiance et au style de ses sources. Les imprécations de ses personnages bibliques évoquent de manière convaincante le langage des prophètes. Le personnage virginal d'Hippolyte se réincarne dans *Phèdre* de manière tout aussi convaincante en jeune homme rougissant de ses premières amours. Cette fusion du motif légendaire et de la sensibilité moderne, fusion si parfaite qu'on ne voit pas où commence l'un et où finit l'autre, réalise ainsi ce qui a été l'objectif secret de l'esthétique classique : « naturaliser » sur la scène française un genre né en un autre pays et à une autre époque.

Mais la comédie joue un jeu où les règles sont autres. L'immense succès de *l'École des femmes* est suivi par un déluge de pamphlets et de contre-pièces auxquels Molière répond à son tour par deux contre-contre-pièces de sa façon dont les thèmes sont : est-il permis de rire de ce que certains considèrent vil et offensant ? Le rire des spectateurs fait-il autorité, garantit-il la valeur d'une pièce ?

Molière n'a aucun mal à se disculper d'une première accusation, de nature plus technique, qui reprochait à la pièce de manquer d'action, de dépendre trop exclusivement du récit (Horace, prenant son rival pour un ami, lui raconte fidèlement la malheureuse conclusion de chacune de ses tentatives). Bien que son nom ne soit pas prononcé, d'Aubignac avait déjà répondu à cette accusation en déclarant légitime le récit d'événements qui se déroulent hors de la scène – s'il fait avancer l'action.

Quant au rire, il est ce qui définit la comédie classique d'une manière aussi essentielle que la pitié et la terreur définissent la tragédie. Molière commence par régler leur compte à ceux qui refusent de rire et se disent choqués. Le suspense créé dans la fameuse scène (acte II, scène V) où Agnès, l'ingénue, ne peut se résoudre à terminer la phrase « il m'a pris le... » invite les prudes à laisser leur esprit errer dans une fange dont ils sont seuls à porter la responsabilité. Autant pour leurs cris d'indignation ! Quant au public qui rit, il se répartit en trois catégories : le parterre, lui-même divisé en une minorité qui juge une pièce d'après les règles et une majorité qui réagit instinctivement à ce qu'elle aime, et la cour dont l'attitude dégagée cache une finesse plus grande « que tout le savoir enrouillé des pédants » (*Œuvres complètes*, vol. Ier, p. 661). En un mot, la nation dans son ensemble, du haut en bas. Mais le tout est de « faire rire les honnêtes gens » (*ibid.*) au premier rang desquels trône le roi : qu'elle y parvienne, et la comédie prend le pas sur la tragédie.

Molière se battra à nouveau, mais cette fois pour la liberté de sa plume, pendant les cinq années qu'il lui faudra pour faire lever l'interdit du *Tartuffe*. La préface qu'il ajoute à la version définitive de la pièce est une défense en règle du théâtre. Il rappelle les origines religieuses de la comédie classique pour mieux faire oublier les antécédents peu glorieux qui s'étaient attiré l'anathème des Pères de l'Église. Il fait valoir les droits de la comédie à « corriger les hommes en les divertissant » (*ibid.*, p. 889), pour reprendre les termes du premier placet qu'il avait écrit après l'interdiction de *Tartuffe*. Empiétant sur le monopole de l'Église en matière d'éducation morale, le théâtre classique est propulsé au plus haut niveau de l'utilité sociale par une comédie qui tourne en dérision les bouffonneries du dévot trompeur et du dévot trompé. Sa liberté est une liberté conquise de haute lutte.

Inlassablement scénique, puisant dans l'Antiquité de quoi épouser le présent, l'équilibre incarné par le théâtre classique ne pouvait pas survivre à la fragile union du dramaturge et de son public, du passé lointain et du présent stylisé qui fut son œuvre. La scène française paiera le caractère hautement improbable de cette réussite par plus d'un siècle de vains efforts pour retrouver le secret de sa magie.

Voir aussi 1637, 1673, 1699.

Bibliographie : Pierre Corneille, *Théâtre complet*, vol. Ier (Rouen, Publications de l'Université, 1984). Molière, *Œuvres complètes*, 2 vol., (Paris, Gallimard, 1976). Jean Racine, *Œuvres* (Paris, Gallimard, 1951-1952). René Bray, *la Formation de la doctrine classique en France* (Paris, Nizet, 1951). Jacques Schérer, *la Dramaturgie classique en France* (Paris, Nizet, 1983).

Marcel Gutwirth

1661

Après la mort du cardinal Mazarin, Louis XIV se charge seul des destinées de la France

Mythologie du Roi-Soleil

Le cardinal Mazarin meurt en 1661. Louis XIV, alors âgé de dix-huit ans, décide de gouverner par lui-même. Non seulement il définit les grandes orientations politiques du royaume, mais il supervise le travail de ses ministres. Le début de son règne personnel s'accompagne d'une floraison intellectuelle et artistique sans précédent, dont la première conséquence est de transformer le roi en un mythe vivant.

Depuis François Ier, les souverains français ont, par tradition, protégé les arts. Mais le jeune Louis XIV est davantage fasciné par l'exemple de Fouquet que par celui de ses ancêtres. Surintendant des Finances, ayant su amasser une prodigieuse fortune personnelle, Nicolas Fouquet était devenu un État dans l'État. Il possédait à Belle-Îsle une force militaire pour son usage privé. Il avait surtout réussi à constituer autour de lui une véritable cour qui portait ombrage à la cour du roi. Dans son château de Vaux-le-Vicomte, qu'il avait fait construire, il s'était entouré d'un groupe d'écrivains et d'artistes qui comptaient parmi les plus prestigieux de l'époque : La Fontaine, Molière, Le Vau, Poussin, Le Brun. Colbert, qui guignait la succession du surintendant, dénonça au roi ses malversations. Fouquet fut arrêté le lendemain d'une fête trop somptueuse à Vaux où il avait convié le roi, et on l'enferma à la forteresse de Pignerol. Son arrestation constitue le premier acte politique de Louis XIV. Le roi reprit cependant le projet culturel du surintendant déchu, mais à une échelle plus vaste. Versailles allait remplacer Vaux-le-Vicomte.

Nommé à son tour intendant des Finances en 1661, Colbert va contacter des individus qu'il estime être des hommes clés dans le domaine intellectuel : Chapelain pour la littérature, Le Brun pour les arts plastiques. Le premier, aujourd'hui bien oublié, était à l'époque l'auteur d'un poème épique en vingt-quatre chants, *la Pucelle* (1656). Il était surtout à l'origine de la création de l'Académie française et avait longtemps servi les ambitions littéraires de Richelieu. Il se trouvait tout désigné pour faire le joint entre le monde politique et celui de la littérature. Le second est le peintre officiel du règne de Louis XIV. Il joua un rôle prépondérant dans la constitution de l'Académie royale de peinture et de sculpture, dont il devint secrétaire en 1661. L'année suivante, il recevait le titre prestigieux de premier peintre du roi. La rencontre entre le ministre et l'écrivain se concrétise par une lettre-programme que Chapelain adresse à Colbert le 18 novembre 1662, et dans laquelle, faisant un tour d'horizon des arts, il expose comment chacun d'eux pourrait être mis au service de l'État. Si la conception n'est pas nouvelle (les Grands se sont traditionnellement attaché des poètes), elle est du moins repensée dans le cadre de la monarchie absolue. Alors que Marot ou même Ronsard chantaient le roi en tant qu'individu privé, les poètes officiels devront célébrer Louis XIV en tant qu'homme politique. D'où sa transformation en demi-dieu. Un organisme officiel doit d'ailleurs s'occuper de la mythologie royale, l'Académie des inscriptions (ou Petite Académie), fondée en 1663. Ses cinq membres ont pour tâche de surveiller l'ensemble des productions intellectuelles à la gloire du roi. Ils s'occuperont successivement d'un livre d'éloges officiels au monarque, d'une histoire du roi par les médailles, et proposeront des sujets d'opéra à sa louange.

C'est à l'occasion de la fête de cour que Louis XIV prétend se dégager de l'humanité ordinaire pour devenir un dieu. L'abbé Charles Cotin l'affirme : « C'est l'image vivante de Dieu même ; ce n'est pas le simulacre et l'idole de la royauté. C'est une de ces divinités qui de temps en temps descendent du ciel pour faire foi sur la terre de tout ce qui se dit, de tout ce qui se croit de la Providence. » Parmi les multiples fêtes de cour du règne, l'histoire a surtout retenu les trois grandes fêtes données à Versailles en 1664, 1668 et 1672. Toutes ont fait l'objet de multiples descriptions dont celles, très officielles, d'André Félibien, historiographe des Bâtiments du roi. La fête de 1668, par exemple, vise à célébrer les premières victoires militaires de Louis XIV, ratifiées par le traité d'Aix-la-Chapelle le 2 mai de la même année. Elle se déroule en une seule nuit, le 18 juillet, et concentre tous les plaisirs accessibles à la classe favorisée de cette époque : dîner somptueux, bal, comédie (le *George Dandin* de Molière), illumination du parc et feu d'artifice. Le roi ne laisse pas un moment de répit à ses quelque six cents invités, qui découvrent un Versailles inconnu parce que reconstitué par la magie de l'art. Le peintre Gissey a en effet peuplé les fontaines, les bosquets et la façade du château de transparents lumineux qui se détachent dans la nuit comme autant de présences irréelles et magiques. Le coût de ces dépenses a été scrupuleusement inscrit. L'ensemble de la fête, constructions, décorations, illuminations, s'élève à 98 108 livres et 19 sols, à quoi il faut ajouter 44 148 livres et 14 sols pour les habits des comédiens et des danseurs, les gages des artistes et les frais de logement. Même Fouquet n'avait pas osé rêver si grand dans la dépense d'apparat. Ce qui différencie surtout la fête de Vaux de 1661 et celle de Versailles de 1668, c'est que, dans cette dernière, chaque décoration constitue une allégorie de la puissance royale.

La fête de cour instaure en effet un lien nouveau entre le monarque et ses sujets. Le roi récupère à son profit des pratiques féodales comme celle du don/contre-don. Il invite les principaux membres de l'aristocratie à son château ; il leur propose des divertissements qu'aucun d'eux ne pourrait offrir sans s'y ruiner. À cause de cette somptuosité hors du commun, le don du roi n'entraîne aucune réciprocité. Il n'y a plus de contre-don possible comme il y en avait jadis. La fête est donc l'occasion d'éblouir les participants et de marquer ce qui les sépare du roi. Celui-ci ne relève plus d'une nature commune ; il se trouve au-dessus des hommes, comme un véritable demi-dieu.

D'un autre côté, la fête de cour produit une métamorphose tout aussi importante des membres du second ordre qu'elle transforme en courtisans. Elle met apparemment en scène les pratiques et les valeurs de la noblesse – le tournoi, la danse, la revue militaire, le risque –, mais en les représentant elle les transforme. Le tournoi devient carrousel, la danse se fait ballet de cour, la revue se mue en une parade de costumes de théâtre. À la place du risque, la fête suscite la loterie et le jeu d'argent, dans lesquels la conséquence est moindre puisqu'ils ne mettent pas en péril la vie des joueurs. En effet, les lots sont attribués à l'avance, le hasard n'y ayant aucune part. Quant au jeu d'argent, auquel l'aristocratie s'adonne avec passion, il n'entraîne jamais l'élimination du perdant : dans le cas d'une ruine totale, le roi intervient pour payer les dettes du joueur malchanceux, en échange de sa promesse de ne plus jouer. Là où jadis il y avait le blason, c'est-à-dire un code visuel d'alliance et d'appartenance, la devise tend à l'emporter. C'est-à-dire la maxime qui, sous l'écu, exprime les qualités morales de celui qui l'arbore. L'écriture prend le pas sur le visuel. Le blason lui-même, dans les fêtes de cour où il apparaît (comme dans le carrousel de 1662 ou celui de Versailles de 1664), tend à devenir une allégorie. Il ne manifeste plus l'affiliation à un clan ou l'attachement à une terre ; grâce à la devise, il témoigne du lien privilégié que chaque courtisan entretient avec le roi.

La vie de cour peut être schématiquement séparée en deux périodes. La première est marquée par la notion de fête. Elle se déroule entre 1660 et 1674. Pendant ces années, la mythologie royale est produite à travers les arts de cour, le ballet, la musique, la poésie de circonstance (dont Benserade est le meilleur représentant), et la comédie-ballet inventée par Molière. Cette mythologie donne de Louis XIV un portrait à l'antique. Il est Apollon, ou mieux le Roi-Soleil. Ainsi, en 1662, dans le *Ballet des origines et de la grandeur de la Maison de France*, Louis XIV danse sous l'aspect du Soleil, accompagné des douze Heures du jour. Il descend sur scène dans une machine éblouissante de lumière, lui-même paré de bijoux étincelants. La chevelure d'or conçue pour l'occasion donne au visage royal la figure même de l'Apollon mythique.

Pendant cette première période, Versailles n'est pas habité de façon permanente. La Cour s'y rend surtout à l'occasion de chasses ou de fêtes. Le château conserve des dimensions modestes et veut être une représentation du palais du Soleil tel qu'Ovide le décrit au chant II des *Métamorphoses* : « Il est bon de remarquer d'abord que, comme le Soleil est la devise du roi, et que les poètes confondent le Soleil et Apollon, il n'y a rien dans cette superbe maison qui n'ait rapport à cette divinité. Aussi toutes les figures et les ornements qu'on voit n'étant point placés au hasard, ils ont relation ou au soleil ou aux lieux particuliers où ils sont mis. »

Cette période vise à fonder les valeurs nouvelles du règne, à assurer un consensus moins autour d'une politique que d'un art de vivre. C'est dans un tel contexte qu'il faut replacer les qualités du « bon courtisan », modèle humain qui élargira sa base sociale quelques années plus tard en devenant celui de l'honnête homme. Il s'invente alors un type humain à la fois capable d'un contrôle permanent et qui donne l'impression d'un parfait naturel. L'homme de cour se fait lui-même, à partir d'un travail sur son propre corps. Il se limite à la gestuelle socialement approuvée, se déplace avec légèreté, sourit à tous et parle en suivant les canons du « bon usage » codifié par Vaugelas. Selon La Bruyère, qui en trace un portrait cruel quelques années plus tard, le courtisan parfait est une mécanique : « Un homme qui sait la cour est maître de son geste, de ses yeux et de son visage ; il est profond, impénétrable ; il dissimule les mauvais offices, sourit à ses ennemis, contraint son humeur, déguise ses passions, dément son cœur, parle, agit contre ses sentiments » (*les Caractères*, p. 221). Ni dans ses rapports avec ses inférieurs ni dans ceux avec les femmes il ne montre directement d'agressivité. La notion de virilité perd de son prestige au bénéfice de la politesse. L'honnête homme est un nouvel homme, il préfigure l'homme de la modernité. Maître de ses pulsions agressives et sexuelles, il développe alors une vie intérieure, imaginaire, qui devient sa vraie vie. Cet espace de liberté, déjà ouvert à la fin des guerres de religion par la liberté du culte, est à l'origine d'une sensibilité nouvelle qui permettra, au siècle suivant, le développement d'une littérature autonome et différente, le roman et le théâtre psychologiques, l'essai philosophique. Ces genres ont en effet en commun la liberté intérieure qui est la condition même de leur éclosion.

La seconde période de la vie de cour commence après 1675 et se structure autour de la notion de séjour. Les grandes fêtes sont terminées, la floraison artistique du règne semble s'essoufler. Le temps de la réflexion est venu : on élabore des règles, on tire des préceptes, on gère le patrimoine littéraire et artistique. Que ce soit chez Perrault ou chez La Bruyère, l'impression qui domine est que tout est dit : « Tout est dit, et l'on vient trop tard depuis plus de sept mille ans qu'il y a des hommes et qui pensent » (« Des ouvrages de l'esprit », *les Caractères*, p. 67). C'est pendant cette seconde période que s'élaborent les théories du classicisme, pendant la querelle des Anciens et des Modernes. En politique, Louis XIV n'est plus le Roi-Soleil ; depuis ses victoires militaires (seconde campagne des Flandres), il est devenu le Grand Roi. Ce qui, auparavant, était mythologisation du monarque, se change maintenant en propagande incessante. À partir de 1675, l'éloge du souverain est de règle dans toute manifestation publique, dans les Académies puis, après la révocation de l'édit de Nantes, dans les églises même.

La cour s'installe à Versailles en 1682, mais depuis l'année 1675 l'idéologie monarchique subit des transformations. Celles-ci peuvent être repérées dans l'évolution même de l'esthétique du château et des jardins. Jusqu'en 1674, la direction générale des travaux est confiée à Le Brun. Cette année-là, le premier peintre soumet trois grands projets qui ont en commun de transformer Versailles en une gigantesque allégorie à la gloire du roi. Or aucun de ses projets n'est accepté par le roi. Si les statues qu'il a commandées sont bien exécutées, elles sont placées à d'autres endroits que celui qui était prévu, et elles perdent tout leur sens. Sous l'impulsion de Mansart, qui l'emporte peu à peu sur son rival Le Brun, la cohérence intellectuelle du palais est détruite au profit de son ordonnance esthétique. Autrement dit, tant dans l'architecture que la peinture ou les lettres, les images de l'Antiquité ne servent plus, après 1675, à célébrer la gloire de Louis XIV. Perdant sa capacité allégorique, l'Antiquité devient l'objet d'un savoir en soi, d'un savoir érudit qui se développe à l'époque, et qu'on trouvera exposé dans les ouvrages d'un Bernard de Montfaucon par exemple.

Le temps des allégories est fini, c'est désormais celui des règles. Les quinze premières années du règne personnel du roi apparaissent rétrospectivement comme un modèle insurpassable, que les artistes doivent imiter. En analysant ces chefs-d'œuvre de littérature ou de peinture, on croit trouver la formule qui permettrait de les reproduire éternellement. Partout on énonce des préceptes qui glacent la création, dans la littérature, la peinture, l'architecture, l'art du blason ou celui du feu d'artifice. Les artistes se répètent sous l'œil vigilant des théoriciens qui vérifient la conformité des produits de l'esprit. Les canons classiques prévalent sur la recherche originale ; l'esthétique autonomisée tient lieu d'idéologie. La façon de dire est désormais plus importante que ce que l'on dit.

Deux genres seulement parviennent à s'épanouir dans cette vie culturelle désormais sous surveillance : l'opéra et le conte de fées. L'opéra concentre toutes les techniques artistiques en une seule représentation, en même temps qu'il devient le véhicule privilégié de l'idéologie royale. Alors que les genres littéraires traditionnels sont plurivoques, qu'ils s'ouvrent sur différentes interprétations, l'opéra charrie un message clair et univoque. Il tient son pouvoir de fascination de la capacité qu'il a de concentrer en une seule représentation l'ensemble des arts liés par la musique. Cependant, ce qui était histoire dans les autres genres dramatiques se change en propagande dans l'opéra. Les représentations ont lieu à Paris ; elles sont destinées aux spectateurs nostalgiques des splendeurs du début du règne. C'est pourquoi elles reprennent apparemment les allégories antiques qui, partout ailleurs, sont passées de mode. Au théâtre, le monarque mis en scène n'était jamais le double du monarque réel ; chez Corneille ou Racine il représentait au contraire ce que celui-ci ne pouvait plus être, ne devait plus être depuis qu'il avait pris en charge l'administration du royaume, c'est-à-dire un monarque sacré. Dans l'opéra, la représentation se change en récitation. Elle vise à retrouver un sacré, mais sans tragique, sans sacrifice. Tout est joué d'avance, tout se déroule selon un cérémonial convenu qui débute avec l'apothéose de Louis XIV. La gloire du roi est célébrée dans le prologue, comme dans *Alceste* ou *Isis*, opéras de Quinault et Lulli. Cependant, les personnages du drame, Hercule ou Jupiter, ne servent plus de modèle au roi ; ce sont eux au contraire qui suivent son exemple. Alors que dans la première partie du règne les images de l'Antiquité servaient de support à la figure glorieuse du souverain, le rapport est maintenant inversé : dans l'opéra, c'est l'image héroïque de Louis XIV qui sert d'exemple aux dieux antiques, réduits à la condition de mortels en proie aux passions.

Sous l'impulsion de Lulli, que Louis XIV protège contre d'éventuels rivaux, l'opéra influence peu à peu les autres arts, quand il ne tente pas simplement de les absorber : la comédie-ballet, qui était une sorte d'opéra dominé par la parole, disparaît à la mort de Molière ; Corneille participe à *Psyché* ; il écrit *Andromède* et *la Conquête de la Toison d'or* ; Racine termine sa carrière d'auteur dramatique en composant des tragédies avec chœur. On croit même qu'avec Boileau il a composé un opéra jamais retrouvé. Bref, les grands auteurs s'adaptent au genre nouveau ou disparaissent.

Le second genre qui fait florès à la cour du roi après 1675 est le conte de fées. Ces récits, même lorsqu'ils trouvent leur origine dans une tradition orale et populaire, sont destinés à un public mondain. Ils sont rédigés soit par les courtisans eux-mêmes soit par quelques écrivains choisis qui évoluent dans les mêmes cercles. Ils permettent d'évoquer, à travers des allégories, les valeurs de la cour du Grand Roi. Ainsi fait la comtesse de Murat dans ses *Histoires sublimes et allégoriques* qui se déroulent presque toujours sur un fond de décor à la Versailles. Louis XIV devient lui-même héros de conte, dans le *Sans-Parangon*, de Jean de Préchac, où, sous prétexte de féerie, on lit une allégorie de son règne, embellie par un désir constant de convaincre le lecteur du caractère extraordinaire du monarque.

La mythologisation de Louis XIV n'a donc pas été un phénomène particulier à une époque ; elle a traversé l'ensemble du règne, mais son contenu a changé, passant de la tradition antique au modèle de la modernité. Si elle a trouvé en Versailles un lieu privilégié, et dans la littérature un instrument adéquat de répercussion, elle ne s'est pas limitée à cela. À partir de Versailles, cette image s'est répandue partout, en cercles concentriques, relayée par les académies de province, le clergé ou les intellectuels de l'État, jusqu'à devenir idéologie nationale. Mais c'est moins le monarque que la nation qui a posé devant elle un miroir où elle pouvait admirer une image glorieuse d'elle-même. Et s'il ne reste pas grand-chose aujourd'hui de cette littérature de circonstance, on doit néanmoins se souvenir qu'elle a eu une influence sur la « pure » littérature.

C'est dire qu'il n'existe pas de rupture nette entre les éloges du roi composés par Corneille ou Racine et leur œuvre dramatique. Même si ces deux domaines ne sont pas réductibles l'un à l'autre, il existe entre eux de nombreux passages, des renvois, des allusions, des affinités qui permettent de croire qu'ils s'éclairent mutuellement. Enfin, on doit noter que si l'empiétement du politique sur le culturel n'est pas un phénomène nouveau, il prend, pendant le règne de Louis XIV, un caractère exceptionnel. Cela est certes dû à la volonté du monarque qui a souhaité un pays où régnerait « une loi, une foi, un roi ». À une époque de déclin de la foi religieuse, il a tenté de recréer l'unité perdue autour de sa personne, autour d'une idéologie qui faisait du monarque le cœur de la nation. Mais cette fonctionnarisation de la littérature française n'aurait pu se réaliser, d'une part, sans le système des pensions accordées aux artistes et, d'autre part, sans l'institution des Académies, qui marque toute la vie culturelle du temps de Louis XIV.

Voir aussi 1673, 1694, 1700, 1707, 1774.

Bibliographie : Jean Chapelain, *Lettres de Jean Chapelain*, éd. Philippe Tamizey de Larroque, 2 vol. (Paris, Imprimerie Nationale, 1880-1883). Charles Cotin, *Réflexions sur la conduite du roi* (Paris, P. Le Petit, 1663). André Félibien, *Description du château de Versailles* (Paris, D. Mariette, 1696). Jean de La Bruyère, *les Caractères* (Paris, Garnier, 1962). Alfred Marie, *Versailles et son histoire*, vol. Ier : *Naissance de Versailles* (Paris, Fréal, 1968).

Jean-Marie Apostolidès

1664

La Thébaïde, ou les Frères ennemis, première pièce de Racine, est représentée par la troupe de Molière au théâtre du Palais-Royal

Jansénisme et tragédie

Comme Blaise Pascal (1623-1662), Jean Racine (1639-1699) doit beaucoup aux Jansénistes, pieux défenseurs de la stricte moralité chrétienne et de l'intégrité doctrinale. C'est auprès d'eux, à l'abbaye de Port-Royal des Champs, que le jeune Racine, orphelin depuis l'âge de deux ans, reçoit une remarquable formation classique dispensée par des maîtres tels qu'Antoine Arnauld, Claude Lancelot, Antoine Le Maître et Pierre Nicole. Ceux-ci font de Port-Royal un centre de recherche rationaliste en même temps qu'un bastion de rigueur religieuse. Racine commémora les Jansénistes dans sa dernière œuvre, demeurée inachevée, l'*Abrégé de l'histoire de Port-Royal* (1697).

Le jansénisme est un courant réformateur du catholicisme français qui s'oppose à la fois à l'humanisme dévot et aux compromis doctrinaux tolérés par les Jésuites. L'attrait exercé par Port-Royal sur le public cultivé tient sans doute surtout à sa défense de la liberté de pensée et de conscience contre l'autorité absolutiste de l'Église et de l'État. Le jansénisme a reçu son nom d'un théologien hollandais, Cornélius Jansen (1585-1638), dont l'apologie posthume de la théologie de saint Augustin (*Augustinus*, 1640) a été condamnée par une bulle du pape en 1653. Il y développe une vision pessimiste de la nature humaine, victime des ravages de sa concupiscence égocentrique. La doctrine de saint Augustin n'accorde le salut, par la conversion de l'amour de soi en amour de Dieu, qu'à ceux que Dieu a prédestinés à recevoir la grâce du Christ. Lorsque, dans son apologie de la religion chrétienne (*Pensées*, 1670), Pascal formulera les conséquences radicales de la théologie janséniste de la grâce, il mettra l'accent sur le mystère du péché originel et sur le fait que, selon l'Ancien Testament, Dieu aurait renoncé à se manifester directement à l'humanité. Le paradoxe du Dieu « caché », à la fois présent et absent, inaccessible aux facultés intellectuelles, mais connaissable par la foi, inspire la résistance opposée par Pascal au rationalisme cartésien que défendaient Arnauld et Nicole. Lucien Goldmann dans *le Dieu caché* a rapproché cette austère critique de la raison et de la volonté humaines du scénario tragique que jouera Phèdre, la dernière et la plus profondément passionnée des héroïnes des tragédies profanes de Racine : tragédie des victimes de la Chute qui, même si elles se sont efforcées d'être justes, n'en restent pas moins condamnées à mourir sans la grâce, sans que leur péché ait été pardonné. Arnauld et Nicole, principaux porte-parole jansénistes, prônent en général un détachement sceptique à l'égard du monde de la culture et des belles-lettres. Mais le jeune Racine ne souscrit pas à cette sévérité. Ses tragédies séculières lui vaudront rapidement une prééminence sans rival. Il interrompra sa carrière de dramaturge en 1677, lorsqu'il sera nommé historiographe du roi, en même temps que son ami, Nicolas Boileau-Despréaux ; la suite de sa vie et de son œuvre dramatique (les tragédies bibliques : *Esther*, 1689, et *Athalie*, 1691) témoigne d'un rapprochement avec Port-Royal. La carrière de Racine et celle de Pascal présentent la même coupure entre la religion et le monde. Mais, dans le cas de Pascal, le temps passé dans le monde à la poursuite d'une œuvre scientifique ou des plaisirs de la société polie n'est pas contraire à l'expérience religieuse. L'apologiste chrétien est un moraliste pénétrant dont les observations se nourrissent de son expérience du monde. Alors que, pour Racine, il semble n'y avoir aucun rapport entre sa carrière dramatique et la dimension spirituelle de sa vie avant et après cette période mondaine. À part quelques personnages passionnés (Néron, Bajazet, Ériphile, Phèdre), dont on peut dire qu'ils sont prédestinés à se retrancher dans un mal irréparable, le jansénisme semble n'avoir guère marqué l'univers strictement païen de ses tragédies.

Outre ses deux dernières pièces (*Esther* et *Athalie*) et une comédie (*les Plaideurs*, 1668), l'œuvre dramatique de Racine comprend neuf tragédies. À l'exception de *Bajazet* (1672), qui se déroule en Turquie, elles puisent leur inspiration soit dans la mythologie grecque (*la Thébaïde, ou les Frères ennemis*, 1664 ; *Andromaque*, 1667 ; *Iphigénie*, 1674 et *Phèdre*, 1677), soit dans l'histoire grecque (*Alexandre le Grand*,

1665) et romaine (*Britannicus*, 1669 ; *Bérénice*, 1670 ; *Mithridate*, 1673). C'est l'immense succès de sa deuxième pièce, *Alexandre*, qui a fait de Racine un auteur dramatique célèbre.

Lorsque la première œuvre de Racine, *la Thébaïde*, est représentée par la troupe de Molière, l'accueil est tiède et elle tombe rapidement dans l'oubli. Sa double intrigue nuisait à sa dramaturgie. L'action principale, centrée sur le conflit d'Étéocle et de Polynice, jumeaux nés de l'union incestueuse d'Œdipe et de Jocaste, se termine tragiquement à l'acte IV quand les frères s'entre-tuent. Mais un second drame commence à l'acte V : leur sœur, Antigone, les pleure et s'oppose à Créon qui, après la perte de ses deux fils et ses deux neveux, se sent libre de lui avouer le désir incestueux qu'il a conçu pour elle. Le dénouement conduit froidement aux suicides de Jocaste, d'Antigone et de Créon.

Cette seconde série de catastrophes prive la pièce de l'unité et de l'intense concision qui caractériseront la tragédie racinienne. *La Thébaïde* n'en délimite pas moins de manière précise l'horizon mythique et psychodramatique de l'univers tragique de Racine. D'un côté, la rivalité fraternelle qui, avec diverses variantes, sera essentielle à l'intrigue de toutes ses pièces historiques (*Bérénice* mise à part). De l'autre, la perversion généalogique et la sexualité illicite qui imprégneront les grandes cérémonies tragiques inspirées d'Euripide : *Andromaque*, *Iphigénie* et *Phèdre*.

Dans *la Thébaïde*, la haine que se vouent les frères est primitive, congénitale, intraitable. Elle prolonge une compétition pour l'affection de leur mère qui remonte à avant leur naissance. Quand Œdipe leur ordonne de partager le trône, il les installe dans leur conflit et leur refuse l'issue d'une rivalité conventionnelle avec le père. Dans les tragédies historiques, la dynamique de la rivalité fraternelle est cependant plus complexe et moins rigide. À la lutte pour l'autorité familiale ou politique, elles ajoutent un motif essentiel : l'affrontement des désirs érotiques. L'intensification de la violence lors du combat fraternel pour le pouvoir, alimentée par la sensualité et la jalousie, est au centre de *Bajazet* et de *Britannicus*, ainsi que des pièces à faible portée tragique, *Alexandre* et *Mithridate*. Dans ces dernières, les conflits engendrés par la passion sont résolus après d'héroïques combats, sous le regard paternaliste de l'autorité monarchique : l'irruption de l'ordre tragique dans l'histoire laisse, du moins épisodiquement, une place à la solution cornélienne qui fait de la mort ou de la catastrophe une occasion d'héroïsme transcendant. Mais les grandes pièces mythologiques s'opposent à cette atténuation du tragique.

Si *Andromaque*, *Iphigénie* et *Phèdre* partagent avec *la Thébaïde* le sens païen d'un sacré qui met les hommes à la merci des dieux, elles vont au-delà de *la Thébaïde* en faisant du lieu du sacré, de l'autel lui-même, le pivot scénique du drame. Elles exploitent toutes trois la perversion œdipienne qui se déployait dans la dimension antigonienne de *la Thébaïde*. Et, approfondissant l'affinité évoquée par la même Antigone du sacrifice et du suicide, elles donnent une importance capitale au personnage incantatoire de la femme suicidaire.

S'inspirant d'Homère, de Plutarque et surtout d'Euripide, Racine situe ses tragédies mythologiques dans un intertexte généalogique et dans un contexte historique centrés autour de la guerre de Troie. *Andromaque*, qui se déroule en Épire après la guerre, montre le pouvoir grandissant de la veuve du troyen Hector, retenue captive avec son fils Astyanax par Pyrrhus, fils d'Achille. Ses ennemis, les spartiates Oreste et Hermione, sont apparentés aux personnages mis en scène dans la tragédie d'avant-guerre, *Iphigénie*, où, retenue, faute de vent, dans le port d'Aulis, la flotte grecque brûle d'appareiller vers Troie. Dans le dénouement de cette dernière pièce, Iphigénie, fille d'Agamemnon et de Clytemnestre, est sauvée du sacrifice et remplacée comme victime par une « autre Iphigénie », sa mystérieuse rivale pour le cœur d'Achille, Ériphile. Celle-ci est issue d'une union illicite entre Hélène et son précédent séducteur, Thésée, époux de Phèdre et roi à l'aura tragique qui, à la fin de *Phèdre*, devra survivre à la mort de sa femme et de son fils, Hippolyte. *Phèdre* est donc antérieure à *Iphigénie* dans la chronologie mythique. Dans ce labyrinthe généalogique, Hélène ne pèse pas moins lourd que Thésée : c'est son enlèvement par Pâris qui déclenche la guerre de Troie, et Hermione, fille d'Hélène et de Ménélas, se venge de l'infidélité de Pyrrhus en incitant Oreste (frère d'Iphigénie) au régicide.

Une formule désormais proverbiale souligne l'importance de l'amour dans Andromaque : « Oreste aime Hermione, qui aime Pyrrhus, qui aime Andromaque, qui aime Hector, qui est mort. » Au plan politique, la pièce oppose l'Épire, indépendante et menaçante, à Sparte et à la nation grecque nouvellement consolidée. Comme beaucoup d'amants frustrés chez Racine, Pyrrhus fait jouer son pouvoir pour gagner Andromaque : ou elle l'épousera, ou il épousera Hermione et rendra Astyanax à Oreste et aux Grecs. Andromaque se résout donc à une issue désespérée : épouser Pyrrhus pour que son fils ait un père adoptif qui le protégera, puis s'absoudre de son infidélité à Hector en se suicidant sur-le-champ, transformant la cérémonie du mariage en un sacrifice maternel irrévocable.

La suprême ironie tragique est la substitution de Pyrrhus à Andromaque. Quand celui-ci couronne Andromaque la Troyenne reine d'Épire et qu'il reconnaît Astyanax roi des Troyens, il s'agit de plus que d'un don incomparable. Les paroles de Pyrrhus – « Je vous donne ma couronne et ma foi/Andromaque ; régnez sur l'Épire et sur moi » (vv. 1507-1508) – signent son abdication ou sa destitution du pouvoir royal : en réponse au défi représenté par cette allégeance à l'ennemi troyen, Oreste et ses compatriotes grecs déclenchent des représailles immédiates. En même temps qu'Andromaque, Pyrrhus épouse son projet suicidaire ; renonçant à son identité et à son pouvoir pour une femme dont il sait qu'elle ne l'aimera jamais, il fait sien son désespoir jusqu'à consumer son amour en un don de vie passionné. Sa mort, devant le peuple d'Épire, au cours d'une cérémonie sacramentelle, sous les coups des ennemis de ce fils qu'il a adopté (« Pour tous mes ennemis je déclare les siens », v. 1511), sanctifie et scelle de son sang versé sur l'autel le nouvel ordre qu'il a proclamé. Suicidaires et sacrificiels, son mariage et son adoption engagent son peuple en même temps qu'ils expriment l'ardeur et le pathos dévorants de la passion du héros racinien. Mais c'est Hermione qui représente l'extrême de l'assouvissement mortel de la passion. Quand elle apprend que, obéissant à son vœu de vengeance, Oreste et ses hommes ont tué Pyrrhus, elle perd la raison, fuit Oreste, se poignarde et s'écroule sur le cadavre de Pyrrhus. Ces deux cadavres enlacés nouent en une même représentation figée les cours parallèles de deux passions suicidaires : dans la tragédie racinienne, la passion soumet ses victimes à Éros – dont la violence conduit au crime – autant qu'à Thanatos – qui s'exprime plus noblement dans la tragique volonté de mourir.

La même coïncidence du tragique et de la prédestination se produit dans la scène de mort dont le récit conclut *Iphigénie*. Au drame d'*Andromaque*, la substitution d'une victime à une autre, *Iphigénie* ajoute celui du père sacrificateur, Agamemnon, roi de la nation grecque naissante. Même s'il le fait de manière hésitante, le fait qu'il accepte d'obéir aux dieux en sacrifiant sa fille bien-aimée évoque le drame biblique d'Abraham dont la soumission aux ordres de Dieu, exigeant qu'il sacrifie son fils, le consacre fondateur de la nation juive (Genèse). Or, alors que la providence de Yahvé substitue un bélier à Isaac, transformant le sacrifice en un rite symbolique, la victime qui remplacera Iphigénie sur l'autel est sa rivale, la malheureuse esclave Ériphile. Et tandis que le drame biblique préserve et sanctifie la possibilité pour le fils de rivaliser avec son père et de lui succéder, le drame de Racine scelle l'alliance nationale des Grecs par le geste suicidaire de la femme qui s'immole.

À peine le grand prêtre Calchas a-t-il identifié Ériphile comme l'« autre Iphigénie » destinée au sacrifice par les dieux, celle-ci, assumant cette nouvelle identité avec passion, prend les devants et ordonne au prêtre de reculer, alors qu'il levait la main dans un geste qui rappelle la vision évoquée par Clytemnestre du viol sacramentel de sa fille : un prêtre, disait-elle, « Déchirera son sein et d'un œil curieux, / Dans son cœur palpitant consultera les dieux » (vv. 1303-1304). Mais « l'autre » Iphigénie, se chargeant elle-même du sacrifice, « Prend le sacré couteau, le plonge dans son sein » (v. 1776), accomplissant ainsi le destin tragique qui, comme l'explique Calchas, voulait qu'à travers elle le sang maternel d'Hélène fût versé (vv. 1749-1750). Ulysse raconte la scène : à peine le sang d'Ériphile a-t-il rougi la terre que le tonnerre, les vents et le feu publient la satisfaction des dieux.

Les nombreuses forces qui concourent à la mort d'Iphigénie-Ériphile émanent de la jeune fille elle-même (sa jalousie), de son père (sa naissance illégitime), des dieux (leur vengeance), du grand prêtre (sa soif de pouvoir), des soldats (leur besoin d'un bouc émissaire). Cependant, en dépit de ces forces qui la conduisent à une mort qui devrait être celle d'une victime et d'une coupable, l'Iphigénie née d'Hélène et de Thésée fait du sacrifice qui cimente la solidarité grecque un acte où elle s'engage elle-même tout entière. Les impératifs par lesquels elle rebute Calchas retirent au prêtre tout pouvoir sur sa destinée ; prenant l'initiative dans un domaine qui est le sien, elle entre, vierge tragique, dans le domaine du sacré en en excluant le prêtre et ses « profanes mains » (v. 1774). Par son suicide, elle pratique sur elle-même le rite expiatoire qui veut qu'on verse le sang de la famille ; elle prend sur elle la responsabilité de l'infanticide réparateur préparé par Agamemnon pour son Iphigénie, mais c'est le passé licencieux de son propre père (Thésée) qu'elle expie. L'autodestruction de l'Iphigénie de Thésée, tachant la terre du sang virginal, représente la castration symbolique que lui impose un père lointain. Lorsque, dans *Phèdre*, le même spectacle d'un infanticide génétiquement déterminé, volontairement assumé et réalisé par la victime d'une passion tragique, se représente, une grâce providentielle est accordée au père incriminé, une fois de plus Thésée ; mais cette fois, il est le centre du drame et il est contraint à faire face au sacrifice de son fils, que, faute d'avoir compris les enjeux, il a lui-même provoqué.

Dans *Phèdre*, la main profane (« mes homicides mains », v. 1271) est celle de l'héroïne éponyme, qui termine la confession avilissante de son amour incestueux à son beau-fils Hippolyte en saisissant l'épée qu'il a reçue de son père. « Interdit » par ce geste de castration symbolique, le jeune homme est incapable de reprendre l'instrument qui symbolise sa virilité et le désigne comme le fils de Thésée. L'identité d'Hippolyte continuera d'être mise à mal : Œnone, confidente de Phèdre, l'accuse faussement d'avoir poursuivi cette dernière d'un désir incestueux ; c'est ensuite Thésée qui réagit à cette accusation en traitant Hippolyte de monstre ; il en appelle au dieu Neptune pour le venger ; enfin, le monstre marin envoyé par Neptune effraye les chevaux, animaux éponymes d'Hippolyte (*hippos*, « cheval »), qui entraînent leur maître dans une mort qui laisse son corps défiguré. Cette scène étonnamment violente est racontée par le gouverneur d'Hippolyte, Théramène. Ce récit, par sa longueur (près de cent vers) et ses images, par sa puissance et son raffinement, est comme un orage baroque éclatant au dénouement du chef-d'œuvre de Racine. La destruction d'Hippolyte, de même que celle d'Ériphile-Iphigénie, est présentée comme l'effet d'une surdétermination : les divers monstres rassemblés sous la figure du monstre marin fatal comprennent les dieux (Neptune et Vénus), Thésée, Phèdre et Hippolyte lui-même. Or Hippolyte prend lui-même en main, comme Ériphile, sa fin héroïque ; il attaque et défait le monstre marin, avant de venir, suprême ironie finale, mourir émasculé, près des tombeaux et du temple de ses ancêtres maternels. C'est en ce lieu sacré que le fils rebelle comptait retrouver Aricie, la femme qu'il aime malgré l'interdiction de son père, pour y célébrer – seul avec elle, sans autres témoins que les « dieux les plus chastes » (v. 1403) – leur mariage. Au lieu de quoi il y mourra, implorant Théramène d'obtenir de Thésée qu'il veille sur Aricie.

Le suicide de Phèdre complète la catastrophe que Thésée doit affronter. Réapparaissant à temps pour proclamer l'innocence d'Hippolyte et sa propre culpabilité, elle vient, victime du désir et de la jalousie, offrir à Thésée – ce champion aux exploits amoureux légendaires – le spectacle de sa mort. Tandis que le poison fait son œuvre, Phèdre mourante enchâsse ses aveux dans une dynamique visuelle (le jeu de la lumière et de l'ombre, le rôle des yeux dans la transmission du désir) qui est une ressource essentielle de la poésie dramatique de Racine. Sa descente aux enfers, où son père – Minos – juge les morts, sera, affirme-t-elle, un acte de purification : en supprimant son « œil profane, incestueux » (v. 724), sa mort « rend au jour, qu'ils [ses yeux] souillaient, toute sa pureté » (vv. 1643-1644). Pour Thésée, la noirceur de tout un passé monstrueux est absorbée et scellée dans le cadavre de Phèdre ; cette femme désormais inerte, qu'il voue à l'oubli à l'instant où la mort l'a saisie, le libère du regard empoisonné d'une passion illicite et des liens qui l'enchaînaient à une hérédité divine débilitante. La mort de Phèdre laisse Thésée en position de père repentant ; pour expier le sacrifice d'Hippolyte, il déclare son intention d'adopter Aricie. Cet acte tardif d'identification avec son fils lui permet de condamner son recours à Neptune et de se placer dans un ordre résolument humain.

Ainsi, le cycle des tragédies profanes de Racine se termine par le sacrifice de la fille de Thésée, dans *Iphigénie*, et celui de son fils et de sa femme, dans *Phèdre*. Chaque fois, une victime humaine – héroïque, même si elle est passionnée et coupable – affronte la vengeance de la justice divine et donne en spectacle une passion qui s'assouvit dans le sacrifice. Ces scénarios où le héros est à la fois victime et sacrificateur laissent le survivant condamné à reconnaître dans cette passion fatale un triomphe paradoxal. Face à des dieux qui maudissent leur descendance humaine, les enfants de Thésée affirment leur identité, leur dignité et leur autorité ; sa femme, elle, montre qu'un sacrifice, lorsqu'il est voulu par la victime, a une valeur cathartique qui lui fait refermer une époque. Pour les gouvernants qui leur survivent, les morts tombés au pied de l'autel (ceux d'*Andromaque* comme d'*Iphigénie* et de *Phèdre*) amorcent un bouleversement d'où découlera un nouvel ordre de solidarité et de responsabilité humaines. Il est difficile d'imaginer que le futur qui attend Thésée implique qu'il renie les dieux, mais la rupture de son alliance avec eux ouvre la voie à une histoire pleinement humaine, celle d'êtres de passion qui prennent eux-mêmes en charge leur destin. Phèdre, petite-fille de Zeus par sa mère Pasiphaë, vit le mélange contradictoire du divin et de l'humain jusqu'à en être consumée. La purification évoquée par ses dernières paroles peut ainsi être identifiée avec la fin de cette contamination et sa mort avec un premier retrait des dieux qui abandonnent la terre à Thésée et à sa descendance humaine.

Le thème le plus profondément janséniste de *Phèdre* est donc moins la conscience torturée de l'héroïne tragique, que la révélation, reçue par Thésée, du recul (symbolisé par la défaite du monstre marin) d'une divinité qui ne se manifestera plus, mais restera cachée et ineffable. Anticipant sur les efforts des auteurs dramatiques modernes pour retrouver la gravité et l'intensité de la tragédie grecque, le chef-d'œuvre de Racine s'achève sur le tableau de l'extrême solitude, l'indépendance brutalement imposée, la sentence de mort et de responsabilité prononcée sans raison sur la victime d'une tragédie irréversible. Pascal développe la même vision tragique quand il décrit l'humanité qui se détourne d'un Dieu « caché ». Mais, parce que le rôle de l'apologiste est de préparer son interlocuteur à la grâce rédemptrice qui le sauvera en restaurant la relation de l'humain et du divin, sa vision s'inscrit dans l'horizon en dernière instance providentiel qui caractérisait les dénouements d'*Andromaque* et d'*Iphigénie*. *Phèdre* représente une résistance à toute rédemption. La dernière réplique de Thésée articule le sens d'une chute qui l'a conduit à sacrifier son fils : cet acte monstrueux, qui lui aliène les dieux, le conduit à sanctifier ce qu'avait de purement humain sa relation avec son fils. Dans *Phèdre*, aucun plan providentiel ne vient encadrer le sacrifice, à la différence de ce qui s'était passé dans les tragédies précédentes et de ce qui se passera dans les tragédies bibliques. La rigueur implacable avec laquelle le chef-d'œuvre de Racine confie à l'histoire humaine le sens de la passion héroïque élève le tragique à un point de non-retour à la vue duquel, en bon chrétien, Racine ne pouvait que reculer.

Voir aussi 1609, 1637, 1640, 1657, 1660, 1668, 1677, 1689, 1699.

Bibliographie : Jean Racine, *Théâtre complet*, éd. Jacques Morel et Alain Viala (Paris, Garnier, 1980). Lucien Goldmann, *le Dieu caché : étude sur la vision tragique dans les « Pensées » de Pascal et dans le théâtre de Racine* (Paris, Gallimard, 1959). J. D. Hubert, *Essai d'exégèse racinienne* (Paris, Nizet, 1956). R. C. Knight, *Racine et la Grèce* (Paris, Didier-Bovin, 1951). Raymond Picard, *la Carrière de Jean Racine* (Paris, Gallimard, 1961).

Philip E. Lewis

1668

La Fontaine publie son premier recueil de *Fables choisies mises en vers*

Les moralistes et la tradition cartésienne

On a pu dire qu'en France un classique était d'abord un moraliste. Une telle généralisation est acceptable dans la mesure où, conformément à la jonction de l'utile et de l'agréable prescrite par l'esthétique classique, la littérature du milieu du XVIIe siècle a justifié son existence comme objet de plaisir esthétique en invoquant l'esprit didactique avec lequel elle abordait des questions « morales » comme l'hypocrisie, la misanthropie ou le conflit du devoir et de la passion. Toutefois, un moraliste n'est pas simplement un auteur moralisant, mais celui qui étudie la « moralité » au sens de coutume ou de mœurs. Bien que cette acception du mot « moraliste » figure dans le *Dictionnaire universel* (1690), d'Antoine Furetière, son utilisation pour désigner les auteurs dits « moralistes » remonte seulement à Germaine de Staël (*De la littérature considérée dans ses rapports avec les institutions sociales*, 1800). Auparavant, le terme s'appliquait à des auteurs religieux ou « mauvais » philosophes, tandis que les « moralistes » étaient appelés simplement philosophes. Dans la mesure où les moralistes rattachent les faiblesses humaines aux principes moteurs de notre conduite, ils occupent un terrain intermédiaire, du point de vue conceptuel, entre la psychologie et la sociologie. Les moralistes du XVIIe siècle ont, plus précisément, entrepris une critique de l'homme qui s'inspire de l'humanisme de Montaigne, de la pensée augustinienne réactualisée par les Jansénistes et, plus paradoxalement, de la tradition cartésienne.

Tandis que, dans le monde savant, on s'interrogeait sur la validité du système que Descartes avait fondé sur sa métaphysique et sur la correction logique de ses raisonnements en les mesurant à l'aune d'autres philosophes reconnus (au XVIIe siècle, cela veut dire Aristote), dans les salons, l'élite intellectuelle urbaine, composée de nobles et de riches bourgeois, discutait avec passion les idées de ce nouveau philosophe. Les salons constituaient, en effet, un espace qui échappait à l'autorité de la censure ecclésiastique et de l'Université ; leur influence était modeste sauf, peut-être, lorsqu'il s'agissait d'assurer un succès de scandale, comme en témoignent les effets de l'inscription du corpus cartésien dans l'*Index* des livres interdits en 1663. Or ce public cultivé et mondain n'en récupéra pas moins la « méthode géométrique » utilisée par Descartes pour l'appliquer à un domaine auquel il s'intéressait au premier chef mais que Descartes avait pratiquement laissé de côté, celui de la « morale ». Cette dernière est tout juste ébauchée dans la « morale provisoire » du *Discours de la méthode* (1637), qui prêche la soumission aux lois du pays où l'on vit, et dans la psychologie volontariste en germe dans *les Passions de l'âme* (1649). Mais l'influence cartésienne se solde par un résultat ambigu. D'un côté, le nouveau vocabulaire scientifique offre ses métaphores aux descriptions ; ainsi, Pierre Nicole, dans ses *Essais de morale* (1671-1682), analyse le désir comme la coloration que le cœur humain réfracte, à la manière d'un prisme, sur les objets qu'il perçoit et compare l'ambition à la limite hémisphérique que les yeux imposent à notre vision. Mais la question épineuse, voire sans réponse, de la « perspective » (terme utilisé par la peinture aussi bien que la science de l'optique) qui permettrait d'envisager l'animal humain comme une créature morale reste entière.

Dans ses *Pensées sur la religion et sur quelques autres sujets* (posthumes, 1670), Pascal pose explicitement la question éthique en termes de perspective. Après avoir noté qu'en peinture « il n'y a qu'un point indivisible qui soit le véritable lieu » d'où l'on doive observer un tableau et que ce point est déterminé par les règles de la perspective, il demande : « Mais dans la vérité et la morale, qui l'assignera ? » (*Pensées*, p. 381/21/55). Dans le cadre général de l'apologie de la religion chrétienne à laquelle Pascal travaille jusqu'à sa mort en 1662 et que nous connaissons aujourd'hui sous la forme d'un recueil de quelque mille fragments rassemblés sous le titre de *Pensées*, la seule définition satisfaisante de ce « point » est théologique : le point de vue de Dieu. Sans Dieu, l'homme s'égare, aveuglé par la concupiscence qui définit sa condition d'être déchu, perdu entre l'infiniment grand et l'infiniment petit décrits dans le fragment « Disproportion de l'homme ». Dans ce fragment, Pascal adapte la preuve de l'existence de Dieu de saint Anselme à la cosmologie issue du télescope et du microscope et radicalise l'apologétique augustinienne en poussant le scepticisme de Montaigne et le doute cartésien jusqu'au point où tout savoir humain s'effondre dans la vanité : « Nous brûlons de désir de trouver une assiette ferme, et une dernière base constante pour y édifier une tour qui s'élève à l'*infini*, mais tout notre fondement craque et la terre s'ouvre jusqu'aux abîmes » (*ibid*., p. 72/199/230). Le concept clé d'*infini*, de nature théologique tout autant que mathématique, sape les bases rationnelles de la mathématique, en les poussant à la limite, comme le montre le fragment connu sous le nom de « l'argument du pari » (*ibid*., p. 233/418/680), Pascal y suppute les probabilités de l'existence de Dieu avec le talent pour la ratiocination qui caractérise les joueurs chevronnés. Et s'il conclut ce calcul des probabilités à l'avantage de Dieu, ce n'est qu'après que la possibilité d'un bonheur *infini* pour l'éternité a été mise en balance avec les biens simplement finis de l'existence temporelle.

Pourtant, plus que le Pascal théologien, c'est le Pascal moraliste ou anthropologue qui a retenu les lecteurs. En particulier, sa critique du rationalisme cartésien et de la sécularisation de la doctrine morale de saint Augustin s'exprime dans sa discussion du « divertissement » : l'engagement frénétique de l'homme dans toute occupation qui le dispense de faire face à sa terrible solitude métaphysique. Le manuscrit des *Pensées* étant resté inachevé, le lien entre la lucidité sévère du critique et le mysticisme de l'apologiste dépend de l'interprétation proposée, comme l'illustrent amplement la longue histoire des éditions du texte et les nombreux « Pascal » qui se sont succédé au gré des regroupements, rapprochements, séparations, ajouts ou suppressions de fragments. Les premiers éditeurs, ceux de Port-Royal, mettant à profit le sursis que la paix de l'Église accorda au jansénisme en 1668, avaient remanié le texte sans scrupule pour l'ajuster à leur propre dogme. Quant aux éditeurs modernes, ils hésitent entre réarranger les fragments sous des rubriques thématiques (Léon Brunschvicg) et reconstituer le classement provisoire suggéré par l'ordre des manuscrits mais cet ordre varie selon que l'on choisit la première copie (Louis Lafuma) ou la seconde (Philippe Sellier). Les *Pensées* sont moins une œuvre formant un « tout » qu'un ensemble de parties dont chacune est un tout, une unité discrète indicative d'une pluralité interne séparée par des blancs et, par conséquent, destinée à une lecture discontinue et passible d'interprétations diverses.

Ainsi, par leur forme comme par leur contenu, crucial du point de vue de la connaissance de l'homme, les *Pensées* se rattachent moins au courant, extrêmement populaire, de la littérature religieuse à tendance moralisante qu'aux œuvres des autres moralistes, comme les *Réflexions, ou Sentences et Maximes morales* (1665-1678), de La Rochefoucauld, les *Fables choisies mises en vers* (1668-1693), de La Fontaine, et *les Caractères, ou les Mœurs de ce siècle* (1668-1696), de La Bruyère. Sous des titres génériques abrégés *(Maximes, Fables, Pensées, Caractères)*, ces œuvres, indissociablement liées au nom de l'auteur, ont donné naissance à une nouvelle tradition littéraire, au point que Chamfort, à la fin du XVIIIe siècle, croira pouvoir couvrir la totalité du genre avec son titre *Maximes et pensées, caractères et anecdotes* (1795). *Les Caractères*, de La Bruyère, écrits relativement tard, reflètent déjà ce destin intertextuel : à côté des portraits satiriques auxquels le recueil doit son titre et son renom, l'ouvrage contient un mélange de brefs morceaux de prose, de réflexions, de maximes, etc., dont un grand nombre adapte, amplifie ou retranscrit des fragments de Descartes, de Pascal et de La Rochefoucauld.

Car, même si les moralistes ont créé un genre, leur production est avant tout de l'ordre de la réécriture. Pascal et La Rochefoucauld reformulent souvent les textes de leurs prédécesseurs, en particulier Montaigne et saint Augustin. La Fontaine et La Bruyère légitiment leurs genres respectifs en se réclamant d'auteurs anciens. En 1668, La Fontaine présente son premier recueil de fables comme une traduction versifiée d'Ésope ; La Bruyère déclare emprunter à Théophraste sa pratique des portraits-caractères. La multiplication des éditions et des variantes et la circulation, avant leur publication, d'extraits choisis, dans les salons ou chez les notables, témoignent d'un autre type de réécriture. L'exemple le plus célèbre en est celui des *Maximes*, de La Rochefoucauld, mais La Bruyère a lui aussi augmenté son livre édition après édition. Et si le texte des *Fables* de La Fontaine n'a pas connu de modifications importantes, quinze ans après la première édition leur nombre avait doublé. Certaines fables circulaient d'ailleurs en privé et un grand nombre ont d'abord été imprimées individuellement ou par petits groupes. Les *Pensées* n'ont pas suivi la même carrière, puisqu'il s'agit d'un livre posthume, mais Pascal avait donné lecture de certaines parties de son manuscrit à Port-Royal et consulté des autorités jansénistes comme Antoine Arnauld et Pierre Nicole. D'ailleurs, l'intervention des lecteurs dans la composition de l'œuvre ne se manifeste nulle part mieux que dans le fait que le texte des *Pensées*, publié en 1670, est le résultat des efforts collectifs d'une équipe d'éditeurs.

Ces textes témoignent d'un jeu complexe de (ré)écriture, (re)lecture et (ré)édition qui reflète l'engagement de toute une communauté dans leur histoire. La critique entreprise par les moralistes possède une force de provocation, voire d'intimidation, qui provient de l'inclusion de celui qui parle et de celui qui lit dans la communauté visée par cette critique. À refuser de voir que c'est à nous que s'adresse le « nous » de Pascal – « *nous* courons sans souci dans le précipice, après que *nous* avons mis quelque chose devant *nous* pour *nous* empêcher de le voir » (*ibid.*, p. 183/166/198) – nous ne ferions que confirmer son observation, prouvant, une fois de plus, que nous sommes prêts à tomber dans tous les panneaux que nous tend notre amour-propre et qui font l'objet de la critique pascalienne. Ce type de démystification à la fois psychologique et morale abonde chez La Rochefoucauld – « Nous sommes si accou-

1. *L'Homme et son image ; pour M. le duc de La Rochefoucauld ; fable XI*, planche de Jean-Baptiste Oudry, gravée par Jean-Jacques Flipart, *in* Jean de La Fontaine, *Fables choisies mises en vers* (Paris, Desaint et Saillant, 1755), regard de la p. 22. (Beinecke Rare Book and Manuscript Library, Yale University.)

tumés à nous déguiser aux autres qu'enfin nous nous déguisons à nous-mêmes » (*Maximes*, n° 119) – et chez La Fontaine, qui ajoute au récit de la plupart de ses fables une « moralité » dont la leçon s'applique aux domaines les plus divers.

Une des fables, dans laquelle La Fontaine affirme sans ambages l'universalité de son propos – « Je parle à tous » –, porte un titre, « L'homme et son image », qui définit l'objet précis de la critique du moraliste. Dédié à La Rochefoucauld (fig. 1), ce bref récit peut être considéré comme une allégorie de la situation d'un lecteur des *Maximes* qui chercherait à se soustraire à la leçon du livre. Le protagoniste de la fable, sorte de Narcisse à l'amour-propre incorrigible, fuit la société parce qu'il s'y heurte à des miroirs qui reflètent ses défauts. Cependant, loin de la ville, ses pas le conduisent auprès d'un canal dont la beauté retient son regard et l'oblige à rencontrer sa véritable image. La morale finale explique l'allégorie : « Notre âme, c'est cet homme amoureux de lui-même ; / Tant de miroirs, ce sont les sottises d'autrui, / Miroirs, de nos défauts les peintres légitimes » (*Œuvres complètes*, p. 11). Et quant au canal, c'est celui que chacun sait, le livre des *Maximes*. Comme un miroir, le livre du moraliste sert donc à diagnostiquer, à sonder la duplicité, les défauts et les déguisements du moi.

À la fois honoré (comme sujet lucide et autocritique) et honni (comme l'objet égocentrique que dénonce la critique), le « nous » du discours moraliste est disséqué à l'aide d'un vocabulaire abstrait : amour-propre, vanité, goût, passion, mérite, ambition, etc. L'amour-propre est le concept central des moralistes. Dérivé de la concupiscence augustinienne, il renvoie chez La Rochefoucauld non pas au péché de celui qui refuse à Dieu l'amour qui lui est dû, mais à l'autonomie du narcissisme fondamental sur lequel repose la presque totalité du comportement humain. Chez Pascal, c'est une force qui préserve le moi et le protège contre les critiques d'autrui. Ainsi, la résistance à laquelle se heurte celui qui essaie de montrer à autrui ses défauts ne se borne pas à interdire une véritable amitié, elle transforme le commerce social en un échange où l'« on ne fait que s'entretromper et s'entre-flatter » (*Pensées*, p. 100/978/743). Le désir de ne pas savoir, d'ignorer la vérité sur soi, est ainsi entretenu par la société ; d'où le recours du moraliste à des fables destinées à faire apparaître, donc à neutraliser, voire à vaincre la résistance du moi. La Rochefoucauld représente la veine la plus abstraite dans cette personnification des attributs moraux : « L'amour-propre est le plus grand des flatteurs » ; « L'esprit est toujours la dupe du cœur » (*Maximes*, n°s 2, 102). Mais les animaux de La Fontaine incarnent des qualités similaires (le renard rusé, la fourmi industrieuse, le loup prédateur, le lion magnanime), comme le font les « caractères » de La Bruyère (Ménalque ou la distraction, Giton ou la richesse, Phédon ou la pauvreté, Gnathon ou la gloutonnerie, Onuphre ou l'hypocrisie religieuse). Contrairement à Descartes qui fait tout reposer sur la transparence à soi d'une conscience pensante, les moralistes détectent avec cynisme l'aveuglement mutuel dans lequel nos illusions nous entretiennent. Selon le mot de Pascal, « nous aimons à être trompés, on nous trompe » (*Pensées*, p. 100/978/743).

Bien qu'il se donne pour coextensif à l'homme en général, le « nous » des moralistes semble avoir pour cible un type particulier, l'« honnête homme ». En un âge marqué par un effritement encore limité mais déjà sensible des distinctions de classe, le terme d'« honnête homme », oscillant comme il le fait entre une définition morale (homme d'honneur) et une définition sociale (gentilhomme) et connotant l'un au moyen de l'autre (les hommes d'honneur sont des gentilshommes, et les gentilshommes sont des hommes d'honneur), peut être utilisé comme signe de distinction sociale de manière opposée selon qu'il définit un groupe qui veut défendre ses privilèges ou un groupe qui veut faire reconnaître son accession à une catégorie supérieure. Le signe essentiel de l'« honnêteté », le « bon goût », est, lui aussi, vague et mouvant : impossible à définir sur le plan conceptuel, il est palpable au niveau social. Le terme est dû à Nicolas Faret, auteur de *l'Honnête Homme, ou l'Art de plaire à la cour* (1630) ; quant au concept, il a été théorisé de façon extensive par le chevalier de Méré (Antoine Gombaud) dans des ouvrages tels que les *Conversations* (1668) et *De la vraie honnêteté* (1700), publié après sa mort. Dans la tradition de Castiglione et de Gracián, la notion d'« honnête homme » couvre une éthique et une étiquette caractérisées l'une et l'autre par un comportement poli et aimable. Il élève la vie en société au niveau d'une pratique esthétique et atteint son comble avec l'exigence qu'une conduite aussi artificielle ait l'air naturel : un certain esprit de « finesse » est le signe de l'« honnêteté » authentique de l'« honnête homme ». Pascal oppose cet « esprit de finesse » au déductivisme de l'« esprit de géométrie », dont la version caricaturale se trouve chez le pédant, antithèse de l'« honnête homme » : sa maladresse fait apparaître l'artifice qui soutient son discours. Bien que Descartes soit un partisan des chaînes de raisonnement déductif, son premier principe (« Je pense donc je suis ») n'est pas le résultat d'une déduction et n'a pour se défendre d'autre arme que sa clarté et sa distinction. Ce critère optique se retrouve chez Pascal lorsqu'il montre que l'« honnête homme » est doté par son esprit de finesse d'une « bonne vue » qui lui permet de percevoir immédiatement les principes des choses. On pourrait d'ailleurs interpréter l'opposition pascalienne des deux « esprits » à la lumière de leur combinaison cartésienne. À moins qu'elle n'atteste, une fois de plus, l'existence de deux traditions cartésiennes : philosophique (qui repose sur la déduction géométrique) et mondaine (qui repose sur le sentiment de l'évidence).

Bien que la tension entre logique et intuition soit le plus souvent résolue au bénéfice de l'intuition, la notion d'« honnêteté » ne se réduit pas à un rejet de la science et de l'éducation. Au contraire, le compromis que l'« honnêteté » met en place en valorisant l'expérience esthétique – bon goût, jugement, adresse, culture, naturel, « je ne sais quoi » – exclut toute élaboration trop précise du concept d'« honnête homme » : son caractère abstrait doit permettre de fermer les yeux sur la manière dont il occulte et maintient simultanément les distinctions de classe. Son champ d'application reste vague : il isole une « élite morale » tout en restant extensible à la totalité de ses lecteurs. Le concept est potentiellement ouvert à quiconque croit à sa propre « honnêteté », à quiconque accepte le reflet peu flatteur que donne de lui le miroir du discours moraliste et dont la force intuitive est soulignée par la concision formelle du fragment et de la maxime, dédaigneuse de la géométrie lassante de la déduction. Enfin, le discours de l'abstraction, par sa nature même, prétend à l'intemporel et à l'universel. Les mêmes qualités qui donnent à la critique moraliste sa violence la définissent – et la limitent – comme « classique ».

On notera pour finir que le moins classique des moralistes, La Bruyère, est aussi le plus cartésien lorsqu'il classe ses observations sous des rubriques thématiques : l'homme, la ville, la cour, les femmes, le mérite personnel, la mode, etc. Écrivant une génération après Pascal, La Rochefoucauld et La Fontaine, La Bruyère s'intéresse aux particularités des « caractères » spécifiques qu'il décrit – souvent identifiables comme individus contemporains – ainsi qu'aux réalités économiques que recouvre la mascarade des apparences sociales. Sans même parler de son effort (encore timide) pour étendre l'idée d'« humanité » au-delà des limites où la contenait le classicisme, comme il le fait dans sa célèbre description des paysans, son œuvre remet en question la notion d'« honnête homme » : « L'honnête homme est celui qui ne vole pas sur les grands chemins, et qui ne tue personne, dont les vices enfin ne sont pas scandaleux. On connaît assez qu'un homme de bien est honnête homme ; mais il est plaisant d'imaginer que tout honnête homme n'est pas homme de bien » (*les Caractères*, « Des jugements », p. 55). Comme beaucoup l'ont remarqué, La Bruyère vide ou creuse souvent les personnages décrits dans ses portraits, les affectant d'une vacuité et d'un manque de substance qui a quelque chose d'inquiétant. L'optimisme cartésien, fondé sur l'assise soustraite au doute de la subjectivité humaine, transposé plus tard dans la notion composite et imprécise d'« honnêteté », cède ainsi la place à un pessimisme né du fait que l'individu est inscrit d'avance dans un système culturel et économique. Ce pessimisme se résume dans la révélation inaugurale – et négative – que « tout est [déjà] dit » (*les Caractères*, « Des ouvrages de l'esprit », p. 1). Mais, paradoxalement, se sentir venu « trop tard » c'est déjà se sentir « moderne ».

Voir aussi 1647, 1657.

Bibliographie : René Descartes, *Discours de la méthode* (Paris, Garnier-Flammarion, 1966) ; *les Passions de l'âme* (Paris, Gallimard, 1988). Jean de La Bruyère, *les Caractères de Théophraste traduits du grec avec les Caractères, ou les Mœurs de ce siècle*, éd. Robert Garapon

(Paris, Garnier, 1962). Jean de La Fontaine, *Fables*, in *Œuvres complètes*, éd. J.-P. Collinet, vol. Ier (Paris, Gallimard, 1974). François de La Rochefoucauld, *Maximes* (Paris, Gallimard, 1965). Blaise Pascal, *Pensées*, éd. Louis Lafuma (Paris, Seuil, 1962) ; *ibid.*, éd. Philippe Sellier (Paris, Classique Garnier, 1991) ; *Pensées et opuscules*, éd. Léon Brunschvicg (Paris, Hachette, 1897). (*Nota* : dans les références pascaliennes, la triple numérotation renvoie aux éditions Brunschvicg, Lafuma et Sellier. L'édition Sellier possède une table de concordance entre ces éditions.) Roland Barthes, « La Bruyère », in *Essais critiques* (Paris, Seuil, 1964) ; « La Rochefoucauld : réflexions ou sentences et maximes », in *le Degré zéro de l'écriture*, suivi de *Nouveaux Essais critiques* (Paris, Seuil, 1972). Paul Benichou, *les Morales du Grand Siècle* (Paris, Gallimard, 1956). Louis Van Delft, *le Moralisme classique : essai de définition et de typologie* (Genève, Droz, 1982).

Georges Van Den Abbeele

1673, 17 février

Molière est terrassé sur scène lors de la quatrième représentation du *Malade imaginaire*

Le comique à ses limites

Le vendredi 17 février 1673, le comédien La Grange, fidèle compagnon de Molière et secrétaire de la troupe que celui-ci dirige depuis une bonne vingtaine d'années, consigne dans son *Registre* : « Ce même jour, après la comédie, sur les dix heures du soir, M. de Molière mourut dans sa maison, rue de Richelieu, ayant joué le rôle dudit *Malade imaginaire*, fort incommodé d'un rhume et fluxion sur la poitrine qui lui causoit une grande toux... » Et, sans doute pour ajouter à la dimension symbolique et exemplaire de cette mort, pour la rendre encore plus émouvante et la faire entrer tout droit dans la légende, d'autres témoignages contemporains précisent que c'est sur la scène, en plein théâtre, au cours du troisième « intermède » musical – celui de la cérémonie satirique et burlesque d'intronisation du « novus Doctor » –, que Molière ressentit les premières atteintes de la crise qui allait l'emporter. Ce que la vie, avec son lot d'épreuves, avec ses amertumes, ses deuils, ses échecs, ses trahisons, avait été incapable de faire, la mort le fit. Il fallut le sang pour étouffer le rire dans la gorge de Molière. Le sang, et les premières convulsions de l'agonie.

Somme toute, Molière resta jusqu'au bout fidèle à lui-même et à sa passion pour le théâtre. Si parfait honnête homme qu'il refusa d'annuler la représentation qui allait lui être fatale, pour ne pas priver « cinquante pauvres ouvriers qui n'ont que leur journée pour vivre » (*la Vie de M. de Molière*, p. 120). Si digne de Mascarille et de Scapin, si « habile ouvrier de ressorts et d'intrigues », qu'il poussa le souci de son art jusqu'à se faire lui-même l'acteur et le metteur en scène de sa propre mort. Sûr, ainsi, de ne pas rater sa sortie. Car, lorsqu'il compose son *Malade*, Molière se sent et se sait usé, il sait que sa maladie à lui n'a rien d'imaginaire, et que ses jours sont comptés. Il le sait si bien qu'il construit ouvertement sa comédie-ballet sur le modèle de ses compositions antérieures, réutilisant les structures et les mécanismes fondamentaux de *Tartuffe*, des *Femmes savantes* et du *Bourgeois gentilhomme*, empruntant ses dialogues et ses thèmes à *Dom Juan*, à *l'Amour médecin* ou aux *Fourberies de Scapin*.

De telle sorte qu'il suffit aujourd'hui de relier *le Malade imaginaire* dans la perspective de l'œuvre entière pour s'apercevoir aussitôt que cette comédie, parallèlement à sa profession de foi thérapeutique – seul le rire permet à l'homme d'accepter sa condition mortelle, le guérit de la peur et de l'angoisse de mourir –, constitue une véritable somme de la pensée et de l'art de son auteur, quelque chose comme son testament comique, le naturel et digne couronnement d'une carrière, entre toutes admirable, d'apologiste, de poète et de théoricien de la comédie.

Cette carrière déborde largement la période parisienne (1658-1673), période où Molière, solidement installé au Palais-Royal, « plaisant de cour », protégé du roi et auteur à la mode, compose, met en scène et joue lui-même presque tous ses chefs-d'œuvre. Quand il arrive à Paris pour y affronter les troupes rivales du Marais, de l'hôtel de Bourgogne et des Italiens de Scaramouche, Molière est depuis longtemps un « athlète complet du théâtre », un acteur, un metteur en scène et un directeur de troupe qui, après l'échec et les déboires de l'Illustre-Théâtre (1643-1645), a parcouru pendant une bonne douzaine d'années les routes ensoleillées des États du Languedoc et du midi de la France (Grenoble, Lyon, Montpellier, Narbonne, Béziers, Pézenas, etc.) et qui, en dépit d'une existence que l'on imagine sans peine industrieuse et mouvementée, a cependant déjà trouvé le temps de composer quelques farces et deux grandes comédies d'intrigue, *l'Étourdi* (1654) et *le Dépit amoureux* (1656). Au XVIIe siècle, seul Corneille, le grand Corneille, père incontesté et jaloux de ce que nous appelons encore aujourd'hui le « théâtre classique », et modèle par rapport auquel se définissent et se situent tous les auteurs dramatiques de la seconde moitié du « Grand Siècle », connaîtra une longévité artistique supérieure à la sienne.

C'est sans aucun doute cette longue et étroite complicité de Molière avec le théâtre qui explique le mieux la richesse de l'œuvre et sa diversité, ses étonnants pouvoirs de métamorphose et de renouvellement. Pour s'en tenir à l'essentiel, et reprendre une distinction faite par Molière lui-même dans son poème de *la Gloire du Val-de-Grâce*, nous dirons que notre poète comique a su s'accommoder aussi bien des « brusques fiertés » et de la « promptitude » de la fresque, que des lents repentirs de la peinture à l'huile. Il a d'abord délibérément exploité toutes les formes et tous les genres alors existants, leur donnant une âme et un sens, une vigueur qu'avant lui ils ne possédaient pas : la farce, avec *la Jalousie du barbouillé*, *le Docteur amoureux* et *le Médecin volant* (avant 1658 ?), *les Précieuses ridicules* (1659) et *le Médecin malgré lui* (1666) ; la comédie en trois actes, avec *l'École des maris* (1661), *George Dandin* (1668) et *les Fourberies de Scapin* (1671) ; la tragi-comédie, avec *Dom Garcie de Navarre* (1661), et la fantaisie mythologique à machines, avec *Amphitryon* (1668) ; le divertissement de cour, avec *la Princesse d'Élide* (1664), *Mélicerte* et *la Pastorale comique* (1666), *les Amants magnifiques* (1670) et *Psyché* (1671) ; et, naturellement, la grande comédie classique en cinq actes et en vers, ainsi que sa variante en prose, avec cette impressionnante liste de chefs-d'œuvre que sont *l'École des femmes* (1662), *Tartuffe* (1664-1669), *Dom Juan* (1665), *le Misanthrope* (1666), *l'Avare* (1668) et *les Femmes savantes* (1672). Il a ensuite eu le mérite, grâce notamment aux splendeurs de *Psyché*, de contribuer d'une façon fort significative à la naissance de l'opéra français. Il est enfin – et surtout –, à partir de l'expérience apparemment toute fortuite des *Fâcheux* (1661), le créateur d'un nouveau genre de spectacle, la comédie-ballet – cette comédie qui, comme le précise Hali, un personnage de *l'Amour peintre* (1667), « se mêle un peu de musique et de danse », ajoute le plaisir des sens à celui du texte, et dont Molière a fait une exploitation assez tardive, offrant au roi, dans ses châteaux de Chambord ou de Saint-Germain, ou à son public parisien du Palais-Royal, ces autres chefs-d'œuvre si neufs, si différents de forme et d'esprit, que sont *Monsieur de Pourceaugnac* (1669), *le Bourgeois gentilhomme* (1670), *la Comtesse d'Escarbagnas* (1672) et *le Malade imaginaire*.

Au total, donc, une bonne trentaine de pièces. La grande majorité d'entre elles – vingt-neuf, pour être exact – est postérieure à l'installation de la troupe à Paris. Ce qui revient à dire qu'entre 1658 et 1673, tout au long des quatorze saisons qu'il passe dans la capitale, Molière compose en moyenne au moins deux pièces par an. Sa fécondité et son métier sont tels qu'à plusieurs reprises – en 1661, 1664, 1666, 1668 et 1671 –, il parvient à achever et à monter non pas deux, mais trois pièces nouvelles. Cette productivité, en soi, est déjà tout simplement remarquable. Elle l'est encore davantage quand on songe aux innombrables difficultés qui, durant ces années de création continue, n'ont cessé d'accabler Molière, les déceptions et les douleurs de la vie privée venant se mêler aux soucis professionnels de toute nature pour détériorer une santé de plus en plus chancelante. « Le Ciel veut qu'ici-bas chacun ait ses Fâcheux » : Corneille et la troupe rivale des comédiens de l'hôtel de Bourgogne l'entraînent dans la « querelle de *l'École des femmes* » (1663) ; sa femme le trompe et Racine le trahit ; en 1664, l'Église et la « cabale des dévots » parviennent à faire interdire pendant cinq longues années les représentations publiques de *Tartuffe* ; en 1667, il est si malade qu'il doit fermer momentanément son théâtre, et que le bruit de sa mort se répand dans Paris ; en 1672, ultime épreuve, le roi l'abandonne et lui préfère Lulli : il confie à ce dernier la direction de l'Académie royale de musique et lui accorde le monopole de toutes les représentations musicales du royaume. Mais Molière se bat, il fait front avec panache. Il sait que la meilleure réponse qu'il puisse faire aux jaloux qui le critiquent est de continuer à plaire en composant de nouvelles pièces. Il sait aussi qu'il est au service du roi, pensionné par lui, et qu'il doit par conséquent honorer les commandes qui lui sont adressées au moment du carnaval, de la célébration des mariages, des victoires ou des fêtes. Il sait enfin qu'il dirige une troupe de comédiens, que ceux-ci dépendent de lui pour vivre, et qu'il se doit donc de continuer à produire pour permettre à chacun d'eux de gagner son pain.

Ajoutées à la surprenante diversité de la création, à son morcellement et à son manque apparent de cohérence, ces contraintes ont pendant longtemps imposé l'idée d'un Molière composant pour ainsi dire par obligation, sous la pression conjuguée des commandes, des circonstances et des dures nécessités du métier. Elles ont, du même coup, favorisé un type de lecture et d'interprétation qui consistait à envisager chacune des comédies de Molière comme une unité repliée sur elle-même et indépendante du reste de l'œuvre. Celle-ci, disait-on, n'est rien d'autre qu'une succession de formes : elle n'a point d'âme. Molière était un homme trop pressé pour penser, pour méditer sur son art et sur l'homme. Il n'a au fond songé qu'à nous faire rire, en utilisant avec brio les recettes et les mécanismes les plus éprouvés du répertoire comique.

C'est paradoxalement la critique américaine qui, dans les années 1960, a redonné une âme à l'œuvre de Molière, grâce, notamment, à une série d'analyses extrêmement brillantes et extrêmement fouillées de la grande trilogie *Tartuffe/Dom Juan/le Misanthrope*. Elle a eu le mérite de rendre à Molière ce qui lui avait toujours appartenu, de montrer en lui un créateur chez qui la création, constamment, « se dépasse en conscience de soi » (J. Guicharnaud), non seulement un poète comique de première grandeur – certainement le plus grand, avec Rabelais, que la France ait connu –, mais encore un « théoricien » de la comédie, qui a parfaitement maîtrisé son œuvre de bout en bout et n'a cédé aux « circonstances » que ce qu'il était contraint de leur céder. Par voie de conséquence, l'œuvre elle-même a retrouvé une cohérence et un dynamisme interne qu'elle n'aurait jamais dû perdre, elle a enfin été considérée dans son déroulement et sa temporalité, non comme une succession toute fortuite de moments, mais comme une sorte de tissu vivant et continu. On s'est aperçu qu'elle obéissait à une évolution, qu'elle était comme entraînée par un mouvement à la fois nécessaire et concerté – mouvement qui, à travers la crise profonde provoquée en 1664 par l'interdiction de *Tartuffe*, conduit Molière de la comédie humaniste classique au spectacle total de la comédie-ballet.

Il suffit en effet d'envisager l'œuvre comme un tout pour constater aussitôt que, des *Précieuses ridicules* à *Tartuffe* et au *Misanthrope*, et après les tâtonnements bien compréhensibles du début, Molière élabore un type de comédie dont il trouve le modèle essentiellement chez Térence et chez les théoriciens néo-latins nourris de la *Poétique*, d'Aristote, et dont il esquisse lui-même la théorie dans *la Critique de l'École des femmes* et dans *l'Impromptu de Versailles*, petites pièces en un acte et en prose datant toutes deux de 1663. Molière est très certainement poussé dans ce sens par le goût classique et par les préjugés du temps. S'il est vrai qu'aux environs de 1660 le héros cornélien commence à donner des signes de fatigue – il règne en maître sur la scène depuis alors plus de vingt ans –, la tragédie demeure encore cependant, d'une façon indiscutable, le grand genre, le seul genre capable, avec l'épopée, de hisser l'écrivain au niveau des anciens ; et la comédie, même si elle fait rire le roi et le bourgeois de Paris, est en revanche toujours considérée comme une « bagatelle » indigne qu'on s'y applique. Plusieurs indices convergents permettent d'ailleurs de penser que Molière, sur ce point précis, est bien de son époque. N'oublions pas que c'est en héros de tragédie, et non en farceur ou en « daubeur de mœurs », que Molière partit en 1658 à la conquête du roi et de la capitale. N'oublions pas non plus qu'un célèbre portrait de Mignard nous le représente habillé en empereur romain. Toute l'œuvre des premières années, du *Cocu imaginaire* (1660) à *Dom Juan*, en passant par *Dom Garcie de Navarre* et par *l'École des femmes* – cette « tragédie burlesque » –, témoigne d'une profonde nostalgie pour le tragique. Et c'est parce qu'il ne peut être Alexandre, Sertorius ou Pompée, parce que le rire est sa fatalité, que Molière devient Sganarelle ou Arnolphe, et que toute son ambition, à ses débuts, consiste au fond à donner à la comédie la dignité et la respectabilité qui lui manquent encore, à la faire reconnaître comme un genre, sinon supérieur, du moins égal à celui de la tragédie. C'est pourquoi on peut dire que Corneille, plus encore peut-être que Térence, est le vrai père de la comédie classique, celle qui, bâtie sur le modèle de la tragédie – cinq actes, vers alexandrins, respect de principe des bienséances et des règles de l'art –, va mener Molière jusqu'à l'insurpassable grandeur du *Misanthrope*.

Outre ces caractéristiques formelles, dont elle fait naturellement grand cas, cette sœur de la tragédie classique se drape volontiers dans une attitude un peu guindée de dame irréprochable et bien-pensante. Avant tout femme du monde, elle entend plaire, et elle plaît, par ses vertus, sa raison et son conservatisme. Nourrie d'honnêteté, en parfaite harmonie avec l'idéologie sociale dominante, elle se révèle ainsi strictement orthodoxe, conforme en tous points à l'attente du temps. Sa plus grande qualité est peut-être le « naturel ». Dans son urbanité et sa modestie de bon ton, elle se prétend seulement, de la façon la plus traditionnelle qui soit, « miroir » ou « image », « tableau » ou « représentation », « imitation de la vie commune ». Au contraire de la tragédie, qui donne trop souvent dans l'extraordinaire et le merveilleux, son souci de la vérité la conduit à « peindre d'après nature », à montrer les hommes « tels qu'ils sont », à mettre sur scène des « portraits » qui « ressemblent » si bien aux originaux que ceux-ci soient forcés de s'y reconnaître. Car cette volonté de « réalisme » n'a rien de gratuit : elle permet à la comédie de proclamer son utilité, de rappeler que « le théâtre est l'école de l'homme », qu'il a « une grande vertu pour la correction » (préface de *Tartuffe*, 1669), que s'il est, comme le lui reproche l'Église, « une peinture vivante de toutes les passions », il est aussi « une école sévère pour les tenir en bride » (*le Théâtre françois*, vol. Ier, p. 10). D'où ces fières déclarations que Molière brandit pour se justifier, notamment au sujet de *Tartuffe*, toujours dans sa préface de 1669 : « Le devoir de la comédie est de corriger les hommes en les divertissant [...]. Rien ne reprend mieux les hommes que la peinture de leurs défauts. C'est une grande atteinte aux vices que de les exposer à la risée de tout le monde. On souffre aisément des répréhensions ; mais on ne souffre point la raillerie. On veut bien être méchant, mais on ne veut point être ridicule. »

Réaliste et morale – elle montre ses vices à l'homme pour l'en guérir –, cette comédie est aussi résolument optimiste, elle se révèle tout imprégnée des valeurs de l'humanisme cicéronien de la Contre-Réforme. Comme le précise pour nous la *Lettre sur la comédie de l'Imposteur* (1667), elle fait de l'homme un être « naturellement » sensible à la voix de la raison, un être capable de voir ses erreurs et de s'en corriger. Elle place cet homme dans un monde lui-même éminemment confortable et rassurant, un monde où règnent le bon sens et l'honnêteté, où le rire – *son* rire – apparaît toujours, par essence, comme l'expression collective de la raison et de la santé morale, comme l'arme mise au service de la justice et du bien triomphants. De Cathos et de Madelon à Tartuffe, en passant par Sganarelle, Arnolphe et Orgon, tous les héros comiques – les « Ridicules » – qu'elle met en scène méritent amplement la correction publique qui leur est infligée. Par rapport à la norme sociale qui, grâce à la complicité de la comédie, les juge et les condamne, ils apparaissent tous comme de risibles aberrations. Leur singularité les isole irrémédiablement. Elle les exclut du monde des honnêtes gens. Un monde sur lequel, bienveillant, juste et lucide, veille le regard du roi.

Considérée en elle-même, cette poétique à fondement providentiel remplit parfaitement ses fonctions. Par son entremise, Molière se voit promu au rang de « secrétaire d'État au Ridicule », et la comédie, elle, prend définitivement place, au côté de la tragédie, parmi les « femmes de bien ». Mais la théorie a beau découler ici ouvertement de la pratique, elle ne parvient cependant jamais à rendre compte de cette dernière d'une façon satisfaisante. L'orthodoxie qu'elle revendique en tous les domaines n'est rien d'autre qu'une orthodoxie de façade. Et son conformisme ne vaut pas mieux. Dès le début, cette prétendue « femme de bien » se trousse en irrévérencieuse soubrette et prend d'inacceptables libertés. Au dire de ses détracteurs, son « naturel » tend trop souvent vers la caricature grotesque, il se perd dans l'obscène, l'invraisemblable et le bouffon. Ce n'est pas chez elle l'urbanité de Térence qui domine, mais la *vis comica* de Plaute. Et *l'École des femmes* a déjà en elle tout ce qu'il faut pour inquiéter les gens d'Église, qui se demandent jusqu'où iront les audaces de cette nouvelle venue. La vérité est qu'elle a fâcheusement tendance à « se mêler de tout », qu'elle ne respecte rien, et qu'elle ira bientôt débusquer Tartuffe derrière son masque, donnant à son rire les dimensions d'une affaire d'État, et oubliant – ou feignant d'oublier – les recommandations d'Aristote et de Cicéron. Ces deux illustres auteurs avaient strictement défini le domaine du ridicule, ils l'avaient enfermé dans les limites étroites de la *deformitas* et de la *turpitudo sine dolore*, c'est-à-dire de la difformité physique ou de la laideur morale, hors de tout sentiment d'horreur, de misère ou de pitié. Molière n'a pas cette prudence. Il dénonce les plus insoutenables laideurs, les vices les plus monstrueux. Il nous fait rire d'un hypocrite et d'un « grand seigneur méchant homme », il met en scène, avec Harpagon, un personnage qui est bien, « de tous les humains, l'humain le moins humain ». Avec lui, le comique ne connaît plus de limites, il devient quelque chose d'universel, un point de vue sur l'homme tout entier.

On comprend, dans ces conditions, que « l'affaire *Tartuffe* » ait constitué pour Molière l'occasion d'une remise en question systématique et radicale des principes sur lesquels il s'était d'abord appuyé. On comprend aussi que cette remise en question ait finalement abouti à l'élaboration d'un type de comédie totalement différent de celui dont il était parti. Molière fait le procès de la société et de ses fausses valeurs dans *Dom Juan*. Il fait le procès du rire et de la comédie morale – son propre procès – dans *le Misanthrope*. La « maladie » d'Alceste est de « vouloir se mêler de corriger le monde » (v. 158). De croire, par conséquent, l'homme susceptible – et capable – de correction. De s'imaginer aussi qu'il a le droit d'être juge, et de censurer les vices de son siècle. Molière finit par retrouver la vision humaniste de la *Moria*, d'Érasme. Il finit par comprendre que nous sommes tous « fous » à des degrés divers, et tous également incorrigibles. La comédie abandonne alors ses prétentions curatives et morales : comme le dit Philinte, ami d'Alceste, « le monde par [ses] soins ne se changera pas » (*le Misanthrope*, v. 103). Il ne lui reste donc plus qu'à « s'accommoder » à cette folie universelle qu'elle ne peut éviter, à transformer cette folie en spectacle, à faire d'elle un plaisir, un prétexte au triomphe de la fête et du divertissement. Loin de songer à « guérir » le bourgeois gentilhomme ou le malade imaginaire de leur erreur et de leur aveuglement, elle fait d'eux des rois de carnaval, des fous épanouis, satisfaits et heureux. Là où la comédie morale parlait de vice et de vertu, plaçait l'homme dans une perspective sociale, la nouvelle comédie le contemple dans toute la faiblesse et la nudité de sa nature, et elle parle de tristesse ou de joie, de bonheur, de plaisir ou d'angoisse. Elle ne pose plus les problèmes en termes de « valeur », mais d'« être » et d'« existence ». Sa perspective est à la fois esthétique et métaphysique. C'est, paradoxalement, dans la création moliéresque, le temps où une vision cette fois plutôt pessimiste de l'homme s'allie avec une recherche du spectacle total et une sagesse comique tout entière faite de conscience lucide et d'acceptation. Le temps de la comédie-ballet, cette sœur de charité dont le rire, loin de vouloir « châtier », se fait avant tout bienveillant et consolateur.

La petite histoire veut qu'un peu avant de mourir Molière ait dit : « Je vois bien qu'il faut quitter la partie. » On ne saurait imaginer déclaration plus prophétique. En

1673, quand Molière disparaît, les grands genres classiques sont eux aussi en train de mourir. La tragédie jette ses derniers feux avec le grand Racine ; elle s'éteindra avec *Phèdre*, en 1677. Quant à la comédie, elle se survit dans quelques imitateurs au talent plus ou moins grand : Charles Dufresny (1648-1724), Jean-François Regnard (1655-1709), Dancourt (1661-1725) et Lesage (1668-1747). Mais aucun d'eux ne parvient à renouveler un genre que Molière avait porté à sa perfection. Il faudra attendre le XVIIIe siècle, et le théâtre de Marivaux, de Beaumarchais et de Diderot, pour que Molière trouve des successeurs enfin dignes de son génie. Car la fin du « Grand Siècle » est surtout marquée par le succès de Lulli et de l'opéra. Concernant donc le sort de la comédie après Molière, l'historien ne peut aujourd'hui que souscrire au jugement de Boileau qui, dans sa septième *Épître*, adressée à Racine en 1677, évoque ainsi le dramaturge disparu :

> Mais sitôt que d'un trait de sa fatale main
> La Parque l'eût [Molière] rayé du nombre des humains,
> On reconnut le prix de sa Muse éclipsée.
> L'aimable comédie avec lui terrassée,
> En vain d'un coup si rude espéra revenir,
> Et sur ses brodequins ne put plus se tenir.
> Tel fut chez nous le sort du Théâtre comique (vv. 33-39).

Voir aussi 1581, 1637, 1651, 1660, 1661, 1680.

Bibliographie : Nicolas Boileau-Despréaux, *Satires. Épitres. Art poétique*, éd. Jean-Pierre Collinet (Paris, Gallimard, 1985). Samuel Chappuzeau, *le Théâtre françois. Divisé en trois livres* (Lyon, M. Mayer, 1674). Jean Léonor Le Gallois, sieur de Grimarest, *la Vie de M. de Molière*, éd. Georges Mongrédien (Paris, Michel Brient, 1955). Molière, *Œuvres complètes*, éd. Georges Couton, 2 t. (Paris, Gallimard, 1971). Gérard Defaux, *Molière ou les métamorphoses du comique : de la comédie morale au triomphe de la folie* (Lexington, Kentucky, French Forum, 1980). Lionel Gossman, *Men and Masks : A Study of Molière* (Baltimore, Johns Hopkins Press, 1963). Jacques Guicharnaud, *Molière. Une aventure théâtrale : Tartuffe, Dom Juan, le Misanthrope* (Paris, Gallimard, 1963).

Gérard Defaux

1674

Nicolas Boileau-Despréaux traduit du grec le traité de Longin, *Du sublime*

Le sublime, l'infini et le « je ne sais quoi »

L'Art poétique est un poème de quatre chants en alexandrins que Nicolas Boileau lisait dans les salons de Paris en 1673. Il lui valut le titre de « législateur du Parnasse » et fit de lui le plus éminent porte-parole d'une doctrine esthétique qui érigeait en canons des valeurs telles que la vraisemblance, la décence, la mesure et la noblesse morale. Le célèbre vers, « Ce que l'on conçoit bien s'énonce clairement » (*l'Art poétique*, v. 153), résume assez cette doctrine presque prosaïque du bon sens. Or c'est dans le même ouvrage où il affirmait ces valeurs que Boileau allait introduire l'ineffable et irreprésentable « je ne sais quoi » de l'esthétique du sublime. Les *Œuvres diverses*, de Boileau, parues en 1674, comprenaient en effet sa traduction – inédite en français – du *Peri Hupsous* attribué à Longin (*Du sublime*), suivi des *Réflexions critiques sur quelques passages du rhéteur Longin*.

Cet ineffable s'annonçait dès la préface à propos de la présentation du Longin historique : la valeur singulière du *Traité du sublime* ne résidait pas, selon Boileau, dans la seule aptitude de son auteur à analyser le sublime, elle était contenue dans la vie même de Longin. En interprétant l'œuvre sublime à la lumière d'une vie elle-même sublime, Boileau soulignait le rang élevé de Longin – orateur de talent, critique, ministre d'État et philosophe – et voyait en lui un personnage « digne d'être mis en parallèle avec les Socrate et les Caton » (*Œuvres complètes*, p. 336). Ressentant la présence intime de l'auteur dans son texte, Boileau déclarait alors : « Ses sentiments ont je ne sais quoi qui marque non seulement un esprit sublime, mais une âme fort élevée au-dessus du commun. » Le maître de l'ordre néo-classique se trouvait ainsi confronté à un trait intangible et indéfinissable, un « je ne sais quoi » qui attirait moins l'attention sur le sublime que sur l'incapacité du critique à en proposer une description positive.

Dans le chapitre XV de son traité, Longin décrivait le sublime comme l'effet d'un trope invisible, ou plus exactement du devenir invisible d'un trope : « Comment est-ce que l'orateur a caché la figure dont il se sert ? N'est-il pas aisé de reconnaître que c'est par l'éclat même de sa pensée ? Car comme les moindres lumières s'évanouissent, quand le soleil vient à éclairer ; de même, toutes ces subtilités de rhétorique disparaissent à la vue de cette grandeur » (*ibid.*, p. 370). Pas plus que le soleil, le sublime ne peut être vu directement. Il résiste à l'expression directe et déçoit toute tentative de définition. Le sublime échappe donc à la qualification.

Pour Boileau, le fondement critique du concept résidait dans la différence entre « sublime » et « style sublime ». Si le sublime est un effet de style, il n'est pas un style en soi. Jamais l'effet sublime n'est obtenu au moyen d'un discours « noble », « élevé » ou même « sublime » : simplicité du style et sobriété peuvent aussi bien le caractériser. Propre à aucun genre, le sublime peut survenir dans tous. Ni trope ni figure, étranger aux taxinomies de la rhétorique, il serait plutôt fonction des multiples facteurs à l'œuvre dans l'énonciation d'un discours donné. Produit par un acte de discours, le sublime a lieu dans des effets liés aux circonstances de la production de cet acte : « Le sublime n'est pas proprement une chose qui se prouve et qui se démontre ; mais [...] c'est un merveilleux qui saisit, qui frappe, et qui se fait sentir » (*ibid.*, p. 546).

Dans la préface à sa traduction latine de Longin (1663), Lefèvre Tanneguy analysait longuement la traduction du mot *hupsos* : grandeur, magnificence, dignité, poids, intensité, *sublimitas*... Boileau, quant à lui, proposait ce qui est extraordinaire ou surprenant, ou « comme je l'ai traduit, le merveilleux dans le discours » (*ibid.*, p. 338). Le merveilleux enchante, transporte et ravit ; il est ce qui frappe, saisit, surprend, fascine et excite. « Il fait d'abord un effet sur nous, auquel il est bien difficile, pour ne pas dire impossible, de résister » (*ibid.*, pp. 348-349). On peut donc essentiellement le définir à travers ses effets – mais ces effets ne peuvent, à leur tour, être définis qu'en référence à la proposition qui le définit : le sublime est ce qui produit le sentiment du sublime ; le sublime est un pathos. La présentation du sublime est donc sublime en elle-même dans la mesure où elle produit un « effet-affect » sans différence articulable. Le sublime n'est pas une passion, mais le pathos de toutes les passions ; il n'est pas une émotion particulière, mais la motion de toutes les émotions.

À propos d'un exemple de sublimité tiré d'Hérodote et cité par Longin, Boileau montrait que sa grandeur ne provient pas de l'emploi de grands mots ; au contraire, « la petitesse énergique » des paroles produit « une certaine force énergique, qui marquant l'horreur de la chose qui y est énoncée, a je ne sais quoi de sublime » (*ibid.*, p. 550). La présence indéfinissable et irreprésentable du sublime affecte la position de l'énonciateur autant que l'acte d'énonciation. Pour l'auteur comme pour le public, l'effet-affect du sublime implique toujours une perte de soi, une défaillance de l'identité, une désappropriation du sujet à soi-même (qu'il s'agisse du ravissement, du transport, de l'extase, ou de la stupéfaction, de l'étonnement, de la sidération).

Le sublime est donc l'ineffable « je ne sais quoi » de la rhétorique et de la poétique des genres et des styles, des règles et des figures, mais aussi de toute réponse esthétique, de l'évaluation du jugement de goût, et des théories de l'art. En ce sens, le sublime révèle un écart de la théorie avec elle-même. Ce que la théorie aborde mais ne peut saisir, elle le situe comme « fin » de l'art – à la fois destination et cessation. Qu'il soit au sommet d'une hiérarchie ascendante de valeurs (Lefèvre) ou qu'il soit le trait ultime de la beauté (Boileau et Dominique Bouhours), le sublime, paradoxalement, complète et supplée à la fois : situé à la lisière de la belle forme, dans cette limite qui menace la définition même de la beauté, il est aussi le lieu où la forme trouve la limite qui lui confère sa beauté.

La même ambiguïté caractérise le merveilleux selon Boileau. Le merveilleux n'est pas la caractéristique du genre épique, encore moins du genre épique chrétien, bien que ce genre soit potentiellement plus ouvert au sublime que ne l'est la tragédie. Le merveilleux selon Boileau marquerait plutôt une confrontation capitale dans le domaine de l'esthétique : d'une part, la représentation mimétique, gouvernée par l'imitation de la nature ou de son ordre idéal (en termes kantiens, le dispositif de l'imagination reproductive), d'autre part, le concept de *phantasia* (l'imagination productive chez Kant). Dans l'ouvrage de Longin sur le sublime, les motifs du merveilleux dérivent de cette *phantasia*, selon une tradition platonicienne qui chemine à travers Aristote, Plotin, Sénèque, les stoïciens et la seconde sophistique, et qui rattache la poésie à l'enthousiasme et à l'inspiration, ces états qui se trouvaient à l'origine liés aux puissances divines ou démoniaques. La théorie poétique du merveilleux entretient le même rapport à la représentation mimétique que celui de la théorie philosophique de la *phantasia* : en soulignant la rupture des rapports du langage aux choses et aux essences ; en révélant ainsi la déchéance du pouvoir ontologique du langage, la théorie du merveilleux introduit, à l'intérieur même du mécanisme de la représentation, le questionnement du sublime.

Cependant, ces années charnières – autour de 1660 – ne voient pas le simple affrontement entre le sublime et le système de la représentation classique ; en elles se développe l'effort qui vise à intégrer la théorie du merveilleux et de la *phantasia* dans l'ordre même de la représentation. En limitant l'expansion du système représentatif, une telle inclusion allait permettre de questionner de l'intérieur ce système. La clé de cet effort devait être la substantification du « je ne sais quoi ». Ainsi, tout en agissant comme opérateur d'intégration, le « je ne sais quoi » pouvait conserver la force questionnante du sublime : motif esthétique, il met en question l'esthétique elle-même, suggérant simultanément l'accomplissement de l'art et son évanescence.

Une formulation linguistique du sublime avait déjà eu lieu, peu de temps avant la traduction en latin de Longin par Lefèvre, dans certains passages des *Pensées sur la religion et sur quelques autres sujets* (1670), de Pascal, tel le fragment suivant, tiré de « Diversité » : « Une ville, une campagne, de loin est une ville et une campagne ; mais, à mesure qu'on s'approche, ce sont des maisons, des arbres, des tuiles, des feuilles, des herbes, des fourmis, des jambes de fourmis, à l'infini. Tout cela s'enveloppe sous le nom de campagne » (*ibid.*, p. 65/115). Plus d'un siècle avant la *Critique du jugement* (1794) de Kant, Pascal décrivait la rencontre de l'esprit avec l'infini en des termes qui annonçaient le sublime et montraient comment le point de vue d'un sujet mobile introduisait un sens de l'infini dans nos idées conventionnelles – apparemment stables et closes – des objets. De même que le mot campagne englobe un univers étonnamment divers, tout mot renferme, en principe, l'infini. Sous chaque « nom », se retrouve la double condition effective de la pensée, révélée par Pascal : d'abord, notre capacité de concevoir, qui est finie (on ne peut jamais saisir tous les points de vue ou toutes les parties constituantes d'un objet ; il existe une rupture fondamentale entre notre image et une perception exhaustive de l'objet) et, simultanément, l'infini des différences (on peut toujours créer d'autres différences en changeant de point de vue), d'où chaque être tire sa conception singulière. Cette conception d'un champ de différences toujours en expansion vaut pour le langage comme pour la perspective. Le langage fonctionne à la manière d'un champ illimité de différences, où l'être de l'homme se trouve formulé dans des actes de signification, dans des rapports constitués par les unités discrètes du discours. Le nombre de distinctions et de propositions potentielles étant infini, l'éventail entier des possibilités sémantiques ne peut jamais être circonscrit. Le langage est donc, lui aussi, traversé par la faille qui structure la perception – celle du sublime, de l'infini.

Le célèbre fragment de Pascal, « Disproportion de l'homme », avec son fameux passage sur les deux infinis, constitue sans doute l'anticipation la plus remarquable de la pensée de Kant sur le sublime. Pascal oppose l'imagination reproductive, « maîtresse d'erreur et de fausseté », à l'imagination productive. Celle-ci, bien qu'à la recherche d'un savoir régi par les schèmes géométriques de la proportion, transporte le sujet de la connaissance infiniment au-delà de lui-même, dans une disproportion existentielle : « Que l'homme contemple donc la nature entière dans sa haute et pleine majesté ; qu'il éloigne sa vue des objets bas qui l'environnent. Qu'il regarde cette éclatante lumière, mise comme lampe éternelle pour éclairer l'univers ; que la terre lui paraisse comme un point au prix du vaste tour que cet astre décrit et qu'il s'étonne de ce que ce vaste tour lui-même n'est qu'une pointe très délicate à l'égard de celui que les astres qui roulent dans le firmament embrassent. Mais si notre vue s'arrête là, que l'imagination passe outre ; elle se lassera plutôt de concevoir que la nature de fournir... Nous avons beau enfler nos conceptions, au-delà des espaces imaginables, nous n'enfantons que des atomes, au prix de la réalité des choses... Enfin c'est le plus grand caractère sensible de la toute puissance de Dieu, que notre imagination se perde dans cette pensée. »

La dynamique qui transgresse toute limite sensible de l'imagination produit de nouvelles conceptions, mais répète indéfiniment la même proportionnalité, d'où l'effet de lassitude et de monotonie. C'est ici que la conscience théorique rencontre son pathos, la mélancolie, tandis qu'inversement le pathos mélancolique de l'infini se découvre connaissance géométrique. À « l'art caché dans les profondeurs de l'âme humaine » répond une nature qui, s'enveloppant dans ses propres profondeurs, œuvre sans cesse et développe indéfiniment son infini présent et néanmoins irreprésentable : sa totalité.

Il en résulte que l'écart infranchissable entre le produit de l'imagination théorique et l'inépuisable production de la nature n'est autre que la pensée sublime de l'infini comme géométrie mélancolique. Et c'est à ce moment précis que le terme « Dieu » apparaît. Il ne s'agit toutefois pas d'une épiphanie de Dieu dans la nature ou d'une position ontologique de la divinité. Le signe tangible, perceptible, de l'omnipotence divine est la perte de l'imagination dans la pensée de l'infini : à l'impossibilité de saisir la dynamique infinie de la nature répond une sensation « proprement » sublime. Dieu se manifeste à travers la régression à l'infini de tous les signes tangibles, dans cette confrontation avec l'impossible représentation de la nature dans sa totalité. Manifeste quand l'imagination (productive) se perd dans l'idée, la présence irreprésentable est la présentation de l'irreprésentable lui-même.

La notion de sublime chez Pascal fait donc partie du fondement épistémologique de l'étude de l'homme. La nature paradoxale de ce fondement vient de ce qu'il confond ou déjoue tout savoir théorique. Mais, loin de renoncer à la connaissance pour verser dans le scepticisme, la notion de sublime, en vertu de cet ébranlement même, ouvre et comble simultanément le gouffre entre le spéculatif et l'éthique, le rationnel et le religieux. C'est l'apparition même de la « merveille » qui déclenche le mouvement transcendant du spéculatif vers l'éthique, ainsi que le suggère Pascal dans son opuscule « De l'esprit géométrique et de l'art de persuader » (*Œuvres complètes*, p. 87) : « Ceux qui verront clairement ces vérités pourront admirer la grandeur et la puissance de la nature dans cette double infinité qui nous environne de toutes parts, et apprendre par cette considération merveilleuse à se connaître eux-mêmes... Sur quoi on peut apprendre à s'estimer à son juste prix et former des réflexions qui valent mieux que tout le reste de la géométrie. »

Alors que, de Boileau à Rapin (qui traduit Longin en 1686), les théoriciens du classicisme cherchent à intégrer la conception du sublime à une esthétique de la représentation (telle est, notamment, la fonction du « je ne sais quoi » dans l'œuvre de Bouhours), la théorie de l'infini chez Pascal – à bien des égards, un penseur classique – est liée à une volonté d'ébranler les mécanismes de la mimésis et la philosophie qui les sous-tend. Contrairement à Leibniz (1646-1716) qui maîtrisera les problèmes de l'infini dans tous les domaines de la connaissance, de l'éthique et de la métaphysique, Pascal fait de l'infini le trait distinctif de l'expérience humaine et le lieu depuis lequel on interroge les conditions du savoir, les impératifs de l'éthique et les besoins de la foi. Plus tard, les romantiques puiseront dans la conception pascalienne de l'infini un modèle esthétique – celui du fragment – pour l'écriture sublime.

De ce point de vue, Pascal anticipe la notion du sublime élaborée par Kant dans sa troisième *Critique*. Le sentiment du sublime, comme le sentiment « disproportionné » de l'infini chez Pascal, ne se manifeste-t-il pas quand l'imagination ne peut présenter à l'esprit un objet auquel correspond un concept ? Comme « la marque et la trace toute vide » évoquées par Pascal (*Pensées*, p. 148/425) tandis même qu'il souligne la souffrance de l'imagination cherchant un objet capable de combler ce vide, la valeur de l'idée de l'infini pour Kant ne réside-t-elle pas dans sa présentation négative et dans cette étrange extase où il apparaît que « l'homme passe infiniment l'homme » (*ibid.*, p. 131/434) ?

Voir aussi 1750.

Bibliographie : Nicolas Boileau, *Œuvres complètes*, éd. Antoine Adam et Françoise Escal (Paris, Gallimard, 1966). Blaise Pascal, *Œuvres complètes*, éd. Jacques Chevalier (Paris, Gallimard, 1954) ; *Pensées*, éd. Louis Lafuma (Paris, Seuil, 1962). Jules Brody, *Boileau and Longinus* (Genève, Droz, 1958). Neil Hertz, « A Reading of Longinus », in *The End of the Line : Essays on Psychoanalysis and the Sublime* (New York, Columbia University Press, 1985). Théodore A. Litman, *le Sublime en France (1660-1714)* [Paris, Nizet, 1971]. Louis Marin, « Le sublime dans les années 1670 : un "je ne sais quoi" ? », in *Actes de Baton Rouge*, éd. Selma A. Zebouni (Paris/Seattle/Tübingen, Biblio 17, 1986). Theodore E. B. Wood, *The Word « Sublime » and Its Context* (1650-1760) [La Hague, Mouton, 1972].

Louis Marin

1677

Pellisson abandonne sa charge d'historiographe du roi à Racine et à Boileau

L'écriture de l'histoire à l'âge de l'absolutisme

En 1677, Racine, qui a été élu à l'Académie française quatre ans auparavant, et Boileau deviennent historiographes du roi. Les deux poètes, qui ont obtenu la place grâce à la protection de Colbert et de Mme de Montespan, mettent ainsi leur plume au service de la gloire du roi, remplaçant en cet office Pellisson, qui n'était point dans la clientèle de la favorite et qu'occupait de plus en plus la conversion des protestants, ses ex-coreligionnaires. À l'âge de l'absolutisme triomphant, l'écriture de l'histoire est donc d'abord celle du roi régnant, confiée à des historiens pensionnés qui portent le titre d'historiographe du roi mais aussi d'historiographe de France ou d'historiographe des Bâtiments du roi. Au début de son règne personnel, Louis XIV, poursuivant en cela la politique de Colbert et de Mazarin, a nommé de nombreux historiens : sept historiographes du roi, deux de France et un des bâtiments, peintures et sculpture – Félibien – sont désignés entre 1661 et 1666. Les nominations s'interrompent ensuite, ne reprenant qu'avec celle de Pellisson en 1670. Après Racine et Boileau, l'octroi du titre demeure rare, ne distinguant que cinq historiographes du roi (dont Cordemoy, Donneau de Visé et Valincour, nommés respectivement en 1683, 1691 et 1699) et un seul historiographe de France, le père Daniel, qui reçoit une pension de 2 000 livres en 1713.

Sous Louis XIV, comme auparavant, la charge d'historiographe demeure mal définie. Tout d'abord, rien ne distingue nettement les historiographes de France et les historiographes du roi, sinon peut-être de meilleurs appointements et un prestige plus grand attachés au premier titre – qui font que Donneau de Visé, déjà historiographe du roi, tente de l'usurper en 1699. Ensuite, aucune régularité ne paraît commander l'octroi de l'office : l'extrême diversité des auteurs choisis, l'inégale durée de leur temps d'exercice, la disparité de leur pension, qui varie d'une année à l'autre, font qu'il est difficile de tenir pour une véritable charge la fonction d'historiographe. Le titre apparaît bien plus comme le moyen de gratifier, en honneur et en argent, ceux qui servent la gloire du règne et de la dynastie en en écrivant l'histoire.

Parfois, le titre récompense un livre déjà écrit : ainsi, en 1685, lorsqu'il distingue Guyonnet de Vertron, auteur cette même année d'un *Parallèle de Louis le Grand avec tous les princes qui ont été surnommez Grands*, ou lorsqu'il honore le père Daniel qui a donné plus de dix ans auparavant son *Histoire de France depuis l'établissement de la monarchie française* (1696). Le plus souvent, toutefois, l'octroi de la charge est lié au projet d'une histoire à écrire. En 1670, Pellisson la reçoit après avoir adressé à Colbert un *Projet de l'histoire de Louis XIV*, définie comme « une grande Histoire à la manière de Tite-Live, de Polybe, et des autres Anciens », à distance tant de la chronique et des mémoires que du plaidoyer et du panégyrique. Mais le projet reste lettre morte, et aucun des historiographes du roi ne mènera à bien semblable entreprise. De leur présence aux côtés du monarque en ses campagnes et batailles naîtront seulement des relations fragmentaires, adressées au roi seul ou à des familiers (ainsi les lettres envoyées par Pellisson à Mlle de Scudéry), parfois publiées comme pièces de propagande (ainsi la *Relation de ce qui s'est passé au siège de Namur*, l'un des rares textes historiographiques de Racine, avec son *Éloge historique du roi en ses conquêtes*, écrit en collaboration avec Boileau). Le bilan des historiographes louis-quatorziens est donc plutôt maigre, marqué par les projets avortés, les textes de circonstance, les matériaux accumulés mais point mis en forme d'histoire du règne (par exemple les *Mémoires pour servir à l'histoire de Louis le Grand*, de Donneau de Visé).

Il est à cet échec plusieurs raisons. La première tient sans doute au dessein de Louis XIV d'être son propre historien, ce qui était établir une coïncidence parfaite entre l'action et sa représentation, entre le roi acteur de l'histoire et l'historien narrateur de cette histoire accomplie. De là, entre 1666 et 1670 l'attention portée par Louis XIV à la rédaction des *Mémoires* qui devaient servir à l'instruction du dauphin. Sa participation directe aux différents textes établis à partir de 1666 et portant sur les années 1661, 1662, 1666, 1667 et 1668 est certaine : il rédige de sa propre main des notes ou « feuilles », il corrige et annote le « registre » qu'Octave de Périgny, le lecteur du roi et précepteur du dauphin, compose à partir d'elles et des développements qu'il lui dicte, enfin il révise les deux, trois ou quatre versions successives du texte final. L'atteste cette remarque de Pellisson, qui remplace Périgny, mort en septembre 1670 : « J'ai remis ici le travail d'autrefois retouché sur ce que j'ai vu depuis. Il serait bon que S.M. le lût, comme tout le reste, avec le crayon que j'attache, pour marquer ce qui ne lui plaira pas. » Il est donc clair qu'en ces années où justement il ne nomme plus d'historiographes, le roi a voulu être lui-même l'historien de son règne. Mais l'urgence des temps, à partir de la guerre de Hollande en 1672, l'oblige à interrompre l'entreprise, jamais reprise, peut-être parce qu'elle a perdu sa fin éducative avec la majorité du dauphin.

Peut-être, aussi, parce que s'affirme l'idée selon laquelle l'histoire du règne ne se donne pas seulement, ne s'écrit pas d'abord dans des textes. L'image lui convient mieux, qui donne à voir à ceux qui ne peuvent lire, et qui mieux que le meilleur des récits sait peindre pour l'imagination les actions représentées. D'où ces histoires en médailles (c'est là la tâche de la Petite Académie qui publie en 1702 les *Médailles sur les principaux événements du règne de Louis le Grand*), en décors peints, en estampes gravées, en almanachs muraux. D'où, aussi, dans les années 1670, sur les monuments à la gloire du roi, l'abandon des symboliques solaires et apolliniennes au profit de représentations plus immédiatement lisibles, qui figurent le roi sous ses propres traits, expulsent la fable et soumettent l'allégorie à l'événement. Ce recours massif et diversifié aux images aisément déchiffrables est comme le revers de l'inachèvement de toutes les histoires du règne, impuissantes à dire le présent comme tel, sans le muer en un passé déjà mort, et à « louer le roi partout, mais pour ainsi dire sans louanges » ainsi que le voulait Pellisson, en son dessein de nicher l'épidictique dans le narratif.

Toute l'histoire du règne ne relève donc pas de l'écriture. Et toute celle qui s'écrit sous Louis XIV ne concerne pas seulement son siècle. Un inventaire global, dressé à partir des éditions parisiennes (qui constituent l'essentiel des éditions publiées dans le royaume) permet plusieurs constats. Tout d'abord, il est net que l'histoire pèse lourd dans la production du livre : de la moitié du XVIIe siècle au début du XVIIIe siècle, elle représente toujours plus de 20 % des titres édités, occupant après 1670 le deuxième rang, derrière le livre de religion mais avant celui de littérature. L'édition d'histoire connaît deux fortes poussées au temps louis-quatorzien : au commencement de la décennie 1660, lorsqu'elle fournit le quart de la production parisienne, puis à la fin des années 1670, au moment où elle en constitue 30 %. Elle recule ensuite mais sans jamais compter pour moins du cinquième des titres mis sur le marché. Les lecteurs d'histoire forment donc une clientèle importante, fidèle, avide de textes nouveaux ou de rééditions.

Seconde constatation : cette production d'histoire se distribue autour de quelques pôles majeurs. Le premier est constitué par les travaux d'érudition : publications de documents, dissertations savantes, outils de recherche, collections de textes. Les bénédictins de Saint-Maur, en particulier ceux de l'abbaye de Saint-Germain-des-Prés, sont le fer de lance de ces entreprises qui s'appliquent d'abord à l'histoire ecclésiastique. Mabillon, en publiant en 1681 son *De Re Diplomatica*, donne à cette érudition renouvelée son discours de la méthode, en même temps qu'il l'illustre par ses éditions des *Acta* puis des *Annales* de l'ordre de Saint-Benoît. Plusieurs érudits laïques emboîtent le pas : Baluze, Du Cange, auteur du *Glossarium ad scriptores mediae et infimae latinitatis* et du *Glossarium ad scriptores mediae et infimae graecitatis*, Le Nain de Tillemont, le janséniste, qui publie les *Mémoires pour servir à l'histoire ecclésiastique des six premiers siècles*. Les bibliothèques privées s'ouvrent aux histoires et collections nouvelles : les *Annales ecclesastici Francorum*, de l'oratorien Le Cointe, les *Selecta historiae ecclesiasticae capita*, du dominicain Alexandre, ou la *Nouvelle Bibliothèque des auteurs ecclésiastiques*, d'Ellies du Pin. Ce souci d'antiquaires érudits habite également des genres laïques, détachés de l'histoire religieuse : les recherches numismatiques, la généalogie, dont les enjeux sociaux ne sont pas minces, l'héraldique. L'histoire à l'âge de l'absolutisme n'est donc pas seulement celle du roi absolu et de sa gloire. Elle est marquée également par le développement d'une érudition qui, plus tôt dans le siècle, avait été portée par la curiosité de collectionneurs appartenant à la bourgeoisie d'offices et qui trouve son couronnement dans l'œuvre collective des clercs mauristes.

On trouve à l'opposé de cette histoire érudite le genre à succès des histoires de France. La série en est dense entre l'*Histoire des rois de France,* de Marolles, publiée en 1663, et la version complète de l'*Histoire de France*, du père Daniel, en 1713 : dix-huit histoires élémentaires, généralement de format in-douze ou in-octavo (avec parmi elles l'*Introduction chronologique à l'histoire de France*, de La Mothe le Vayer, et les manuels de Le Ragois), et six histoires de plus grande ampleur, comme l'*Abrégé chronologique de l'histoire de France*, de Mézeray. Le genre est donc bien fixé, voué aux compilations et aux continuations, proposant de titre en titre de simples variations sur une trame établie. D'une telle histoire, la fonction est avant tout morale, en ce qu'elle dresse la galerie des bons et des mauvais souverains, partant un tableau des vertus les plus nécessaires et des vices les plus effroyables. Les qualités du bon roi demeurent les mêmes tout au long du siècle, à savoir la piété, qui l'emporte nettement, la justice et la vaillance, mais dans les histoires d'après 1680 d'autres vertus s'affirment : la prudence, la libéralité, l'amour des lettres, comme si la fonction royale s'émancipait quelque peu de ses définitions les plus traditionnelles. Au palmarès des souverains, Saint Louis l'emporte progressivement sur Philippe Auguste, devenant ainsi le héros fondateur de la dynastie et le modèle du bon roi. Au moins quatre histoires de sa vie sont d'ailleurs publiées entre 1666 et 1689. Très éloignées de cette formule d'une histoire nationale en forme de florilège éthique et de panthéon monarchique paraissent donc les recherches documentaires et critiques de Baluze, qui publie en 1677 ses *Capitularia regum Francorum*, ou du père Anselme de Sainte-Marie qui a donné, trois ans auparavant, son *Histoire généalogique de la Maison de France*.

Hors les travaux d'érudition religieuse et les histoires de France, la production fait la part belle à quelques autres genres : les histoires des hérésies chrétiennes, qui voient le succès des livres du père Maimbourg, très présents dans les bibliothèques du dernier quart du siècle, les histoires universelles, en forme d'abrégés, les récits romanesques dont les maîtres sont Varillas et Saint-Réal, enfin les mémoires des personnages importants des deux derniers siècles, avidement recherchés.

La distance semble donc fort grande entre une érudition exigeante, qui rassemble les monuments du passé mais rarement les compose en un récit, et l'histoire telle qu'elle s'écrit en ses différents genres et que transforme peu le nouveau savoir accumulé. Rendre compte de cet écart suppose, en premier lieu, de considérer la définition même de ce qu'est l'histoire pour un homme de la fin du XVIIe siècle. Soit l'entrée du *Dictionnaire* de Furetière, paru en 1690 : « Histoire : description, narration des choses comme elles sont, ou des actions comme elles se sont passées ou comme elles se pouvaient passer. » De là, les deux catégories qui fondent la notion même d'histoire : celle du « mémorable », qui permet de trier à l'intérieur de toutes les actions, de tous les événements ceux dignes d'être objet d'histoire, celle du « vraisemblable » qui distingue le récit d'histoire en ce qu'il se donne comme possible. De là, en corollaire, le double usage du terme : pour désigner tant la « narration véritable suivie et enchaînée de plusieurs événements mémorables qui sont arrivés en une ou en plusieurs nations, en un ou en plusieurs siècles » que « les narrations fabuleuses, mais vraisemblables, qui sont feintes par un auteur ». Le partage n'est donc pas entre l'histoire et la fiction, mais entre les histoires que l'on ne peut admettre comme vraisemblables (les contes, les romans) et celles, survenues ou inventées, qui sont de l'ordre de ce qui a pu, peut ou pourrait être. Ainsi entendue, l'histoire se trouve déboîtée de l'exigence philologique, et approchée avec les mêmes attentes que la fable vraisemblable.

Mais il est une autre façon de comprendre le divorce entre l'histoire récit et l'érudition critique : en l'inscrivant dans la longue durée de la pratique de l'histoire sous la monarchie. Il résulte, en effet, de la dissociation des éléments qu'avait rassemblés l'histoire « nouvelle » ou « parfaite » du dernier tiers du XVIe siècle, entre 1560, l'année de publication des *Recherches de la France*, d'Étienne Pasquier, et 1599, qui voit la parution de l'*Idée de l'histoire accomplie*, de La Popelinière, ou 1604, date de son *Histoire des Histoires*. Avaient été alors noués une exigence érudite (appuyée sur l'invention d'archives, le savoir philologique et la critique documentaire), l'articulation de l'histoire sur le droit, dans une claire perspective de légitimation de la monarchie française, et le projet d'une histoire visant à la compréhension rationnelle de l'ensemble des activités humaines – ce que La Popelinière nommait « la représentation de tout ». L'érudition du XVIIe siècle, vouée aux éditions de textes, aux collections monumentales, aux dictionnaires de langue, est comme la trace de l'alliance ancienne mais défaite entre les rigueurs de la méthode critique et le dessein d'une histoire capable d'expliquer en leur entier les sociétés – et tout particulièrement la société française. Les érudits robins du premier XVIIe siècle, puis les bénédictins de Saint-Maur ont recueilli l'héritage et l'ont fait fructifier, mais en abandonnant aux compilateurs et littérateurs le terrain de l'histoire proprement dite, devenue (ou redevenue) célébration du monarque et de la dynastie, leçon de morale ou récit captivant.

L'opposition, pourtant, ne doit pas être poussée trop loin. D'une part, les auteurs des histoires générales de la France n'ignorent pas tous les travaux des érudits. Les sources citées par plusieurs histoires de France publiées pendant le règne de Louis XIV (par exemple celles de Guillaume Marcel et du père Daniel) attestent l'usage fait des recueils de textes anciens et médiévaux, des chroniques et des mémoires publiés, des recherches savantes, d'Étienne Pasquier à Théodore Godefroy. L'érudition plus récente n'est pas négligée non plus, ouvrant le répertoire des références aux études des libertins érudits du premier tiers du siècle (Naudé, Petau, Dupuy), aux travaux des mauristes, Mabillon en tête, cité pour son *De Re Diplomatica*, aux collections nouvelles publiées par Du Chesne, Dom d'Achery ou Baluze. L'écart marqué entre historiens et érudits n'est donc pas le fait de l'ignorance, et le père Daniel lui-même dans la préface de son *Histoire de France* mentionne soigneusement les recueils de documents et les manuscrits originaux qu'il a consultés. Il provient plutôt des normes qui règlent l'écriture historique, obligée par les lois rhétoriques de la narration et par la définition même de son objet : « L'histoire d'un royaume ou d'une nation a pour objet le prince et l'État ; c'est là comme le centre où tout doit tendre et se rapporter » déclare le père Daniel. La « représentation de tout » importe moins que la gloire du prince et la grandeur de sa lignée.

Chez certains, toutefois, quelque chose demeure du projet ancien de l'histoire « parfaite ». C'est ainsi que Mézeray dans son *Histoire de France depuis Faramond jusqu'à maintenant*, dont les trois volumes furent publiés en 1643, 1646 et 1651, puis repris dans un *Abrégé* édité en 1668, consacre une part de chacun de ses chapitres aux mœurs et aux coutumes du temps dont il traite : l'organisation du récit par règne et sa mise au service de l'exaltation dynastique n'évacuent pas pour autant les curiosités qui étaient celles des antiquaires et des érudits. De même, Louis Le Gendre publie en 1712 ses *Mœurs et coutumes des Français*, livre dans lequel l'attention est déplacée de l'histoire des souverains à celle de la nation, de ses institutions et de sa culture. Par là, l'histoire pouvait devenir l'un des matériaux utilisés par la critique de l'absolutisme puisqu'elle posait l'antériorité du peuple sur ses rois.

L'infortune de Mézeray doit pourtant rappeler la dépendance qui était celle de l'historien au temps de Louis XIV. Parce qu'il avait décrit dans son *Abrégé* l'origine des impôts royaux d'une manière qui avait déplu à son protecteur Colbert, Mézeray, qui était historiographe du roi depuis 1661, fut sévèrement rappelé à l'ordre et informé que « le roi ne lui avait pas donné une pension de 4 000 livres pour écrire avec si peu de retenue ». Celle-ci fut d'abord réduite de moitié, puis supprimée et, finalement, Mézeray fut démis de sa charge d'historiographe. Écartelé entre le patronage royal, qui exige soumission, et le public des lecteurs, qui attend plus de liberté, partagé entre les règles de l'éloquence narrative et les acquis de l'érudition, l'historien de l'âge de l'absolutisme n'a pas la tâche aisée, et son écriture résulte toujours d'un compromis instable, fragile, entre des exigences contradictoires.

Voir aussi 1566, 1661.

Bibliographie : Henri Voisin de La Popelinière, *l'Histoire des histoires, avec l'Idée de l'histoire accomplie* (Paris, 1559). Daniel de Larroque, *la Vie de François Eudes de Mézerai* (Amsterdam, Pierre Brunel, 1726). Paul Pellisson-Fontanier, *Œuvres diverses*, 3 vol. (1753 ; réimp., Genève, Slatkine, 1971). Philippe Ariès, *le Temps de l'Histoire*, préface de Roger Chartier (Paris, Seuil, 1986). Blandine Barret-Kriegel, *les Historiens et la Monarchie*, 4 vol. (Paris, P.U.F., 1988). François Fossier, « La charge d'historiographe du roi du XVIe au XVIIe siècle », *Revue historique* (Paris, 1977). Fossier, « À propos du titre d'historiographe sous l'Ancien Régime », *Revue d'histoire moderne et contemporaine* (Paris, 1985). Georges Huppert, *l'Idée d'histoire parfaite* (Paris, Flammarion, 1973). Louis Marin, *le Portrait du roi* (Paris, Éditions de Minuit, 1981). Orest Ranum, *Artisans of Glory. Writers and Historical Thought in Seventeenth-Century France* (Chapel Hill, University of North Carolina Press, 1980).

Roger Chartier

1678

Publication de *la Princesse de Clèves*, sans nom d'auteur

Le roman s'affirme

Le scandale et les débats déclenchés par la publication anonyme, en 1678, de *la Princesse de Clèves*, marquent un tournant décisif dans l'histoire du roman et dans la tradition narrative en prose. Tout porte à croire que Marie-Madeleine de La Fayette (1634-1693), l'auteur du livre, a explicitement cherché à produire cet effet de sensation et, notamment, à faire naître des questions sur la nature du genre auquel appartenait son livre. La transformation de la prose narrative à laquelle on assiste au cours des années 1670 n'a pas été l'œuvre de ce seul auteur. *Les Désordres de l'amour* (1675-1676), de Mme de Villedieu (Marie Catherine Desjardins), et *Don Carlos*, de l'abbé de Saint-Réal (César Vichard), s'apparentent à *la Princesse de Clèves* par leur brièveté, par leur cadre emprunté à l'histoire moderne et par la conviction des auteurs selon laquelle c'est au roman qu'il revient de poser les questions essentielles sur les normes de conduite. Mais *la Princesse de Clèves* a été un catalyseur, obligeant le public à tenir compte du fait qu'un nouveau mode narratif venait de s'imposer.

Les lecteurs du XXe siècle ont du mal à comprendre pourquoi l'histoire de cet amour non consommé a donné naissance à plusieurs volumes de commentaires dans la seule année qui a suivi sa publication. Ce récit, essentiellement introspectif, dans lequel une jeune femme mariée tombe amoureuse d'un autre homme, correspond à un type d'intrigue qui nous est familier. Si nous acceptons aujourd'hui sans sourciller son intrigue, ses personnages et son style, c'est parce que nous disposons pour le juger de catégories critiques dont les contemporains de l'auteur n'avaient aucune notion. Ce que nous appelons « roman » et qui est postérieur à l'œuvre de Mme de La Fayette vient combler le vide apparu entre les deux genres qui avaient dominé jusqu'alors : le roman de chevalerie et la nouvelle. *La Princesse de Clèves* combine les éléments clés de ces deux genres narratifs.

Au XVIIe siècle, le mot « roman » désignait les romans d'aventures et de chevalerie : amours et exploits des chevaliers de la Table ronde à la recherche du Graal, pastorales peuplées de princes déguisés en bergers, récits de naufrages, histoires de pirates et retrouvailles avec une famille perdue depuis longtemps. Ces « romans », dont l'action se déroule le plus souvent en des temps et des lieux éloignés de ceux de l'auteur et de ses lecteurs, jouissent d'une latitude considérable non seulement pour ce qui est des faits et gestes des personnages mais aussi pour les phénomènes naturels. Les interventions magiques et surnaturelles ne sont pas rares et leurs personnages sont souvent le jouet d'illusions qui peuvent avoir leur origine aussi bien dans la magie que dans les erreurs des sens. Bien que l'on commence à rencontrer des discussions sur la nature humaine et la psychologie dans les « romans » du XVIIe siècle (comme *l'Astrée*, 1607-1627, d'Honoré d'Urfé, et *Clélie*, 1654-1660, de Madeleine de Scudéry), leurs auteurs passent le plus clair de leur temps à décrire les imbroglios dans lesquels se démènent des personnages victimes, chacun à sa manière, de l'impossibilité de distinguer l'illusion de la réalité. Le récit de chacune de ces méprises fournit des intrigues secondaires qui s'harmonisent en une polyphonie complexe.

Le mot français « nouvelle » (qui correspond à la *novella* italienne) deviendra en anglais le nom du roman (*novel*), utilisé pour désigner un genre qui se distingue du roman de chevalerie non seulement par une relative brièveté mais par des caractéristiques énonciatives telles que la représentation du narrateur dans le rôle du conteur ou la manipulation des normes de conduite et des critères de vérité. L'action de la nouvelle se déroule généralement en des lieux et temps relativement proches de ceux de l'auteur et de ses premiers lecteurs. Ses personnages obéissent aux conventions sociales de l'époque. Son intrigue est, le plus souvent, organisée autour d'un seul personnage. Et, tandis que le roman de chevalerie met en avant la quête sentimentale d'un individu et insiste sur la question de l'illusion, la nouvelle est axée sur les qualités objectives du monde et l'exposition de certaines lois du comportement humain. Le héros de la nouvelle est souvent un personnage assez rusé pour connaître ces lois et les utiliser aux dépens des autres.

Ce bref tableau du genre explique la perplexité de nombreux contemporains à la parution de *la Princesse de Clèves*. Deux critiques de l'époque, Jean-Baptiste-Henri de Valincour et Roger de Bussy-Rabutin, décrétèrent que les inexactitudes historiques du roman, la nature exceptionnelle des péripéties et le caractère de l'héroïne auraient été acceptables dans le monde fabuleux des romans de chevalerie, mais n'étaient pas de mise dans la représentation fictive d'un monde semblable au nôtre. L'action se passe à la cour d'Henri II (1547-1559), un peu plus d'un siècle auparavant. Cette relative proximité des événements invitait à une lecture réaliste attendant des personnages qu'ils se conforment aux conventions de l'époque. C'est de cette hypothèse que naîtra plus tard la logique de la nouvelle. Or le texte de *la Princesse de Clèves* – intrigue et personnages compris – n'est pas « normal » : il ne répond pas à la manière dont le lecteur s'attend à voir se comporter ses personnages. En particulier, l'aveu de l'héroïne, qui déclare à son mari que, bien qu'éprise d'un autre homme, elle lui est néanmoins restée fidèle, a semblé, pour de nombreux lecteurs, totalement invraisemblable ; selon ces lecteurs, sur ce point précis, l'intrigue du roman s'écartait de la manière dont les choses se passaient dans la réalité. Comme le note Bussy-Rabutin, on pourrait rencontrer une telle conduite dans une histoire réelle (celle d'une femme excentrique) ou dans un roman de chevalerie (celle d'une princesse fabuleuse), mais pas dans une fiction de type intermédiaire, vraisemblable, comme celle que semblait avoir voulu présenter l'auteur de *la Princesse de Clèves*. L'aveu de l'héroïne a aussi soulevé la question de savoir si une femme devait faire une telle déclaration à son mari. Ces deux manières de poser les problèmes constituent des indications particulièrement importantes sur la façon dont le roman, en tant que genre, remet en question l'idéologie de la société qui le produit – c'est-à-dire à la fois ses idées sur la réalité objective et les valeurs sociales que l'on impose à cette réalité. Au XVIIe siècle, le terme de « vaisemblance » – « ce qui se fait » – et celui de « bienséances » – « ce qu'on devrait faire » – se confondent dans les discussions sur la conduite de l'héroïne. Il n'est pas « vraisemblable », pensent certains, que l'héroïne s'écarte à ce point des « bienséances ».

Mme de La Fayette elle-même est intervenue dans le débat critique. Dans une lettre adressée au secrétaire de la duchesse de Savoie, elle nie être l'auteur de *la Princesse de Clèves*, affirme que la représentation que donne le livre de la vie à la cour de France est assez exacte, et déclare que ce n'est pas un « roman » mais une œuvre historique. Pourtant, le caractère clairement non historique du livre – la « princesse » elle-même n'a jamais existé – nous interdit de prendre au mot Mme de La Fayette quand elle prétend qu'il ne s'agit pas d'un ouvrage de fiction. Peut-être a-t-elle voulu indiquer que l'intrigue donnait une représentation fidèle des relations entre hommes et femmes à la cour du roi. En refusant l'appellation de « roman », elle renvoyait en tout cas à des critères de vérité plus rigoureux que ceux qui étaient en vigueur dans les romans de chevalerie.

Mme de La Fayette semble d'ailleurs avoir précédé les critiques dans ce débat en soulignant délibérément, à l'intérieur même de l'œuvre, ce qu'il y a d'improbable et d'invraisemblable notamment dans les particularités et les actions de l'héroïne, jeune femme récemment arrivée à la cour et n'ayant donc aucune expérience directe de l'intrigue amoureuse ou politique. L'héroïne (devenue, après son mariage, la princesse du titre du roman) est constamment représentée comme un être exceptionnel et se décrit elle-même comme unique. Elle se démarque d'un certain nombre d'autres personnages féminins qui incarnent les normes admises de fidélité et d'infidélité dont l'importance thématique est centrale. La manière dont l'héroïne ne se conforme à aucun des modèles admis à la cour, et quelques autres « invraisemblances » (son soupirant, le duc de Nemours, prend des risques incroyables) ont paru aux lecteurs de l'époque relever des royaumes fabuleux du roman de chevalerie.

Pour un critique du XIXe ou du XXe siècle, *la Princesse de Clèves* peut passer pour un prototype de *Bildungsroman*, le roman d'apprentissage ou d'éducation centré sur un personnage jeune qui s'émancipe du monde protégé de l'enfance. L'éducation est un thème explicite du roman, puisque la mère de l'héroïne met sa fille en garde contre la conduite des courtisans et, en particulier, contre le peu de scrupule des prétendus soupirants. L'auteur crée ainsi une distinction décisive entre innocence et inexpérience. Non seulement la leçon de sa mère fournit à l'héroïne toute une gamme d'idées sur ce que peut être la conduite réelle ou vraisemblable d'un courtisan, mais elle met en place une structure d'apprentissage qui repose sur l'insertion d'une norme de conduite à côté de comptes rendus narratifs reposant sur l'expérience. D'un bout à l'autre du roman, on rapporte à l'héroïne de nouvelles intrigues amoureuses ce qui lui permet de comparer son propre vécu avec ces récits.

En confrontant son expérience à celle de son entourage, la princesse illustre une approche inductive des problèmes de l'éducation, la recherche d'un modèle unique ayant force de loi. Son introspection n'est pas purement psychologique, bien que cette œuvre soit célébrée comme le premier « roman d'analyse » : de nombreux passages rapportent les pensées de l'héroïne, le narrateur intervenant seulement comme médiateur puisque ces pensées sont exprimées à la troisième personne du discours indirect. Ainsi, « le moyen de ne se pas reconnaître pour cette personne dont on ne savait point le nom » (p. 90) semble être une transposition de la question que la princesse se pose à elle-même et qui serait : « Comment cela pouvait-il être quelqu'un d'autre que moi ? » Un narrateur omniscient et anonyme commente cette narration interne, sachant non seulement ce que l'héroïne pense mais aussi qu'elle se trompe sur ses propres sentiments (« Elle se trompait elle-même ; et ce mal, qu'elle trouvait si insupportable, était de la jalousie ». p. 119).

Roman d'apprentissage et discours psychologique, *la Princesse de Clèves* annonce les voies que suivra le roman au cours des XVIIIe et XIXe siècles. Mais Mme de La Fayette adapte également les genres littéraires de son époque. Ainsi, la manière dont l'héroïne essaye de trouver la règle qui se dégagerait de la série d'histoires qu'elle entend reprend un propos fondamental de la nouvelle. Les narrateurs internes des recueils de nouvelles cherchent inlassablement à déceler un schéma à travers la série de brèves histoires qu'ils se racontent entre eux. Il est significatif que, dans *la Princesse de Clèves*, la seule référence explicite à une autre œuvre littéraire soit *l'Heptaméron* (1559), le recueil de nouvelles écrites au XVIe siècle par Marguerite de Navarre. Cette allusion littéraire permet à Mme de La Fayette d'accentuer le parallèle entre la situation de l'héroïne, qui écoute des récits sur les mœurs de la cour, et la structure générique des recueils de nouvelles. Dans *l'Heptaméron*, comme dans tous les recueils classiques de nouvelles, depuis *le Décaméron* (1353), de Boccace, jusqu'aux *Nouvelles françaises* (1657), de Jean Regnault de Segrais, un groupe de personnages, les « devisants », se raconte des histoires et discute les « vérités » qu'on y avance au sujet des hommes et des femmes. L'héroïne de Mme de La Fayette attache une grande importance à la découverte d'une structure récurrente, du type de celle de la nouvelle, parce que la décision la plus importante qu'elle ait à prendre – épouser ou non Nemours après la mort de son mari – présuppose, en grande partie, qu'elle puisse se prononcer sur l'existence d'exceptions à la loi en vertu de laquelle les hommes sont infidèles une fois qu'ils sont certains de l'amour d'une femme. La réponse traditionnelle de la nouvelle à des questions de ce genre consiste à multiplier les histoires établissant ou réfutant la possibilité de la fidélité masculine. *La Princesse de Clèves* se distingue de ces nouvelles en mettant abruptement fin à la narration lorsque l'héroïne choisit de ne plus dépendre des hommes ou de la cour et de mener une vie retirée, au sein d'une communauté religieuse. Le récit et l'héroïne refusent l'un et l'autre de se prononcer sur la question de la fidélité masculine, que ce soit positivement ou négativement, et refusent du même coup une dichotomie typique de la nouvelle.

L'œuvre de Mme de La Fayette emprunte également aux romans de chevalerie. La cour d'Henri II y est décrite comme un espace où les apparences ne coïncident jamais avec la réalité. À peine arrivée à cette cour, l'héroïne entend sa mère l'avertir : « Si vous jugez sur les apparences en ce lieu-ci [...], vous serez souvent trompée : ce qui paraît n'est presque jamais la vérité » (p. 51). La perception de cet écart est une des caractéristiques essentielles des romans de chevalerie. Mais alors que ces romans imputent l'illusion à la magie ou à un désir obsessionnel, la princesse de Clèves y voit le résultat fatal des manœuvres politiques qui agitent sans fin la vie de cour. Tout l'épisode où Nemours épie la princesse dans le pavillon de sa résidence de Coulommiers fait songer aux romans de chevalerie, et son aspect hautement irréel, onirique, tend vers un autre genre littéraire. Mais alors que, selon la tradition romanesque, on aurait pu s'attendre à voir le désir de Nemours finalement réalisé, l'héroïne décide ici de transcender sa quête amoureuse. Le roman s'achève sur la double décision de la princesse, quitter la cour et rompre avec Nemours, ce qui souligne, une fois de plus, le caractère exceptionnel de sa conduite : « Sa vie, qui fut assez courte, laissa des exemples de vertu inimitables » (p. 242). Cet exemple inimitable inaugure l'ère dominée par le roman, dont le « lieu de naissance », ainsi que le remarque Walter Benjamin en 1936, « est l'individu solitaire » (« Der Erzähler », p. 413). Qui correspond mieux à cette description que la princesse de Clèves ?

Voir aussi 1527, 1619, 1654, 1704, 1735.

Bibliographie : Marie-Madeleine Pioche de la Vergne, comtesse de La Fayette, *la Princesse de Clèves*, in *Romans et nouvelles*, éd. Alain Niderst (Paris, Classiques Garnier, 1990). Walter Benjamin, « Der Erzähler », in *Illuminationen* (Francfort, Suhrkamp Verlag, 1961). Henri Coulet, *le Roman jusqu'à la Révolution*, t. Ier (Paris, Armand Colin, 1967). Jean Fabre, *Idées sur le roman : de Mme de La Fayette au marquis de Sade* (Paris, Klincksieck, 1979). Maurice Lever, *le Roman français au XVIIe siècle* (Paris, P.U.F., 1981).

John D. Lyons

1680, 21 octobre

Sept ans après la mort de Molière, Louis XIV accorde à ses comédiens le monopole des représentations théâtrales à Paris

La Comédie-Française

Après celle de l'Académie française en 1634, la création de la Comédie-Française a été l'initiative la plus spectaculaire et la plus durable de la politique de centralisation culturelle imposée par la monarchie au cours de son passage du féodalisme à l'absolutisme. Une loi, une foi, un roi... un théâtre.

Le 21 octobre 1680, un décret signé par Louis XIV et son ministre Colbert sous le seing privé du monarque ordonna aux deux troupes théâtrales françaises actives à Paris de fusionner, en faisant ainsi le seul groupe autorisé à jouer des « comédies » – c'est-à-dire des pièces de théâtre – dans la capitale. Certes les acteurs des théâtres de foire ambulants et ceux de la Comédie-Italienne continuèrent à jouer, mais ils n'avaient plus le droit de représenter les œuvres d'auteurs établis ni celles appartenant aux « grands genres ». Le nouvel établissement détenait le monopole du répertoire. Ce décret allait avoir de nombreuses conséquences, qui ne tardèrent pas à se faire sentir. Pour les acteurs – les vingt-sept comédiens-français –, les privilèges étaient accompagnés de contraintes. Soumis à l'autorité du souverain, leurs contrats et ordonnances dépendaient désormais des caprices de ses représentants, les « premiers gentilshommes de la Chambre du roi ». C'était le roi aussi qui décidait de l'admission des acteurs et des actrices dans la troupe. Par ailleurs, le monopole garantissait aux comédiens des droits exclusifs sur les textes – et par conséquent sur les rôles – les plus prestigieux du répertoire français. Pour les auteurs vivants, le monopole avait aussi ses revers. Les « grands genres » n'ayant plus qu'un débouché, une pièce refusée pouvait signifier la fin prématurée d'une carrière. Au contraire, une pièce acceptée et représentée avec succès signifiait la gloire (à défaut d'avantages plus matériels) et, pensait-on, l'immortalité : que pouvait-on espérer de mieux que d'être admis dans un répertoire qui avait l'exclusivité de Corneille, de Racine et de Molière ?

Le concept d'une association permanente d'acteurs était déjà une donnée fondamentale des troupes du Moyen Âge dont l'organisation suivait le modèle des guildes et des compagnonnages (au XVIIe siècle, on se référait encore au rôle dans lequel un acteur s'était surpassé en parlant de son « chef-d'œuvre », comme pour le chef-d'œuvre d'un artisan). La Comédie-Française y ajoutait le répertoire. Durant la seconde moitié du XVIIe siècle, il n'y avait à Paris, à côté des théâtres de foire et de la Comédie-Italienne, que trois grandes troupes théâtrales. La plus ancienne était celle de l'hôtel de Bourgogne, avec ses « grands comédiens », que Molière brocarde dans *l'Impromptu de Versailles* (1663) et à qui Racine confia la plupart de ses tragédies profanes. Le Théâtre du Marais, établi à Paris depuis 1634, donna les premières de nombreuses pièces de Corneille. Il y avait, enfin, les comédiens de Molière. Au cours de la brève et tumultueuse existence de l'Illustre-Théâtre (1643-1645), Molière (un amateur) et ses associés (des professionnels) avaient, avant de s'exiler en province, signé un acte d'association par lequel ils s'engagaient à partager les profits éventuels. De retour à Paris en 1658, la protection du roi mais, plus encore, l'autorité avec laquelle Molière sut s'imposer à ses associés comme auteur, acteur, metteur en scène et administrateur permirent à sa troupe de se faire une place. Quelques mois après la mort de Molière, en juin 1673, la troupe du Théâtre du Marais, privée de ses locaux par ordre du roi, fut absorbée par la troupe de l'hôtel de Guénégaud – héritière de la troupe de Molière dont s'occupait alors Armande Béjart, sa veuve. Enfin, en 1680, par ordre du roi, la vieille troupe de l'hôtel de Bourgogne la rejoignit pour constituer la Comédie-Française ou, comme on l'appelait déjà, la Maison de Molière, une seule troupe devant permettre, selon les mots du roi et de son ministre, de « rendre la représentation des pièces plus parfaite ». La qualité devait naître non de la concurrence, mais de la concentration des talents. Une fois de plus, Louis XIV avait utilisé les corporations féodales, avec leur organisation rigoureuse, pour renforcer son programme de centralisation autocratique.

La période de la plus grande influence de la Comédie-Française va de sa fondation en 1680 à l'interruption révolutionnaire de 1790 ; c'est la période du monopole. Soutenus par le prestige des trois dramaturges classiques (Corneille, Molière, Racine), les membres de la Comédie-Française, sensibles au succès garanti par des rôles célèbres, acceptèrent des tragédies dérivées d'un répertoire classique officialisé par *l'Art poétique*, de Boileau (1674), avant d'être érigé en canon par Voltaire dans *le Siècle de Louis XIV* (1751). C'est ainsi que plusieurs générations de dramaturges, désireux d'être joués, ont écrit leurs pièces les yeux tournés vers le passé. Les innovations eurent lieu surtout dans le domaine de la comédie. En dehors d'œuvres qui s'inspiraient de plus ou moins loin de Molière, la compagnie accepta les comédies de Jean-François Regnard (1655-1709), avec leur humour vigoureux, les satires des mœurs contemporaines de Florent Carton Dancourt (1661-1725) et d'Alain-René Lesage (1668-1747), la comédie « sérieuse », caractérisée par ses sermons et sa sentimentalité larmoyante et, enfin, le « drame bourgeois » où l'on trouve des œuvres de Michel Jean Sedaine (1719-1797) et de Denis Diderot (1713-1784). *Le Légataire universel* (1708) et *les Folies amoureuses* (1704), de Regnard, continuent aujourd'hui à compter parmi les comédies les plus populaires du répertoire : en 1967, onze comédies de Regnard totalisaient six mille représentations. Mais les œuvres les plus novatrices jamais acceptées sont les deux triomphes de Beaumarchais, *le Barbier de Séville* (1775) et *le Mariage de Figaro* (1784).

L'existence du monopole a paradoxalement favorisé, à l'extérieur de la Comédie-Française, la diversification et l'enrichissement de genres théâtraux jugés indignes de la scène royale pour des raisons de bienséance et de qualité. Bien que la Comédie-Française ait accepté sa comédie sociale, *Turcaret* (1709), la Maison de Molière rejeta Lesage pendant la presque totalité de sa carrière ; aussi Lesage en fut-il réduit à écrire des farces pour les théâtres de foire. C'est ainsi que la farce, exclue de la grande scène, a continué à vivre dans les théâtres populaires avec une liberté et une vigueur accrues. Pierre Carlet de Marivaux (1688-1763), que l'on jouait parfois sur la scène royale, mais qui n'était guère prisé par ses contemporains (Voltaire le trouvait trop « métaphysique »), fut adopté par la Comédie Italienne qui avait été autorisée à représenter des comédies en français quand elles étaient en prose. L'étroite collaboration de Marivaux avec les héritiers parisiens de la *commedia dell'arte* permit à un corpus unique d'œuvres dramatiques de se développer en marge de la tradition « française » maintenue par la Comédie-Française. Si Marivaux n'avait pas été exclu du répertoire, quel dramaturge serait-il devenu ? Ses comédies finirent d'ailleurs par y figurer et, en 1967, sa pièce la plus célèbre, *le Jeu de l'amour et du hasard* (1730), qu'il avait fallu attendre 1802 pour voir la Comédie-Française produire, occupait la dixième place parmi les pièces les plus fréquemment jouées sur cette scène. À l'extérieur de la Comédie-Française, la voie fut ouverte également aux formes théâtrales d'où le langage était soit (comme dans la pantomime) exclu soit (comme avec le mélodrame) réduit à une prose schématique, dépourvue de style « littéraire », appuyée par des leitmotive musicaux destinés à souligner les nuances affectives ou à renforcer la silhouette des personnages. La voie était ouverte, surtout, aux grandes productions

1. *Coupe de la salle de spectacle de la Comédie-Française vue du côté du théâtre et prise dans les plans sur la ligne C. D.*, planche de Pierre-Joachim Bibault, gravée par Pierre-Edme Babel, *in* Jacques-François Blondel, *Architecture française, ou Recueil des plans, élévations, coupes et profils des églises, maisons royales, palais, hôtels et édifices considérables de Paris*, vol. II (Paris, C. A. Jombert, 1752), pl. V. (Art and Architecture Library, Yale University.)

scéniques dans lesquelles l'action était montrée plutôt que racontée. Ce renouveau des théâtres marginaux et populaires allait être pour beaucoup dans la création du « drame romantique » français.

C'est pendant la Révolution et l'Empire que la Maison de Molière est devenue la Comédie-Française moderne. Aux premiers jours de la Révolution, elle traverse une période de crise liée en partie aux controverses suscitées par la tragédie de Marie-Joseph Chénier, *Charles IX, ou l'École des rois* (1788) et aux extravagances de l'acteur Talma. Lorsque, en août 1790, l'Assemblée constituante décrète la liberté des théâtres, elle perd son monopole. Robespierre lui assène le coup fatal en septembre 1793 quand il fait arrêter par le Comité de salut public les acteurs de la compagnie, qui avait pris le nom de Théâtre de la Nation. La Comédie-Française cessa alors d'exister. Mais les comédiens survécurent à la Terreur, formèrent une nouvelle troupe, le Théâtre de la République, et, en 1804, avec l'accord du Premier consul, s'associèrent une fois de plus en signant un « acte de société ». La constitution du nouveau Théâtre-Français fut ratifiée et signée en 1812 par Napoléon, devenu empereur, en pleine campagne de Russie. Ce « décret de Moscou », maintes fois amendé, demeure le document fondamental qui régit, de nos jours encore, les rapports des « sociétaires » (ainsi que l'on nomme les membres de la compagnie) entre eux, ainsi que ceux de la compagnie avec les pouvoirs publics. C'est alors que la Comédie-Française s'installe au Palais-Royal, dans des lieux qu'elle ne quittera plus.

« J'étais seul, l'autre soir, au Théâtre-Français », écrit Musset dans *Une soirée perdue* (1840). Il est en effet arrivé à la Comédie-Française de devenir à l'occasion un lieu qui, comme un musée poussiéreux, respirait l'ennui ; mais sa fonction a été, avant tout, de préserver l'intégrité des chefs-d'œuvre en dépit des changements de goût, de mode et d'idéologie. En outre, depuis trois siècles qu'elle existe, elle a su quand il le fallait reconnaître l'existence et même donner droit de cité à des conceptions théâtrales nouvelles comme le drame romantique, qui a fait son apparition brève mais éclatante sur la scène de ce théâtre national avec des pièces de Dumas (*Henri III et sa cour*, 1829), de Hugo (*Hernani*, 1830) et de Vigny (*Chatterton*, 1835). Au XXe siècle, elle fait appel aux metteurs en scène français les plus novateurs, de Jacques Copeau à ceux du Cartel puis à Jean-Louis Barrault – qui, en 1943, a signé la célèbre production du *Soulier de satin*, de Claudel (1924) – pour réinsuffler de la vie à l'institution. Plus récemment, en 1987, Jean Le Poulain a fait inscrire au répertoire le chef-d'œuvre du théâtre baroque français, *le Véritable Saint Genest* (1646), de Jean Rotrou. Depuis la Seconde Guerre mondiale, la politique de décentralisation culturelle et la multiplication des théâtres subventionnés ont créé une redoutable concurrence. La Comédie-Française n'en a pas moins survécu, absorbant de nombreuses œuvres d'avant-garde – non seulement celles des dramaturges établis des années 1930, comme Cocteau, Giraudoux et Salacrou, mais aussi celles de Beckett, de Genet et d'Ionesco. Musée par nécessité, la Comédie-Française est un bastion de la tradition culturelle française auquel on continue d'ajouter des ailes modernes.

Voir aussi 1300, 1460, 1673, 1707, 1791 (janvier), 1800, 1827 (décembre).

Bibliographie : Sylvie Chevalley, *la Comédie-Française* (Paris, La Comédie-Française, 1967). Émile Fabre, *la Comédie-Française* (Paris, La Nouvelle Critique, 1942).

Jacques Guicharnaud

1685

En signant l'édit de Fontainebleau, Louis XIV révoque l'édit de Nantes

Controverses religieuses

Le 26 janvier 1686, devant la foule de prélats, de magistrats et de ministres rassemblés pour écouter l'oraison funèbre de Le Tellier, Jacques Bénigne Bossuet, le brillant évêque de Meaux, qui avait acquis la stature d'orateur national, loua le chancelier pour avoir rédigé, bien que déjà atteint par la maladie qui allait l'emporter, « ce pieux édit qui donne le dernier coup à l'hérésie » (*Œuvres oratoires*, vol. VI, p. 322). L'édit de Fontainebleau (17 octobre 1685), auquel Bossuet se référait, abrogeait la liberté de culte et les droits civiques des protestants (alors au nombre de un million en France, soit 5 à 6 % de la population), qu'Henri IV avait garantis « à perpétuité » en signant l'édit de Nantes (13 avril 1598) qui mettait fin aux guerres de religion (1562-1598). L'édit de Fontainebleau interdisait aux membres de la religion réformée – désignée péjorativement comme « Religion Prétendue Réformée » – toute forme d'assemblée, ordonnait la démolition de ses temples et de ses écoles et, tout en bannissant les pasteurs qui refusaient de se convertir au catholicisme, privait tous les autres protestants du droit d'émigrer et les obligeait à fréquenter l'Église. La Révocation visait à anéantir le protestantisme en France, à parvenir à une « solution finale ». En la promulguant, entonne Bossuet dans son oraison, Louis XIV, instrument manifeste des miracles de Dieu, avait surpassé les empereurs chrétiens qui, comme Constantin, Théodose, Marcien ou Charlemagne, établirent des lois prohibitives pour obliger les derniers « obstinés » à regagner enfin le sein de l'Église. Mais par l'acte de Louis XIV, « une hérésie invétérée » avait subitement disparu. Au fur et à mesure que leurs « faux pasteurs » les abandonnaient, les troupeaux égarés étaient revenus en foule, et, dans le calme soudain, « l'univers étonné » avait vu « la marque la plus assurée, comme le plus bel usage de l'autorité » (*ibid.*, p. 321-322).

L'enthousiasme mythopoétique de Bossuet lorsqu'il évoque l'« événement extraordinaire » qui couronnait les efforts déployés par l'Église gallicane pour combattre la Réforme fut largement partagé par ses contemporains. « Jamais aucun roi n'a fait et ne fera rien de plus mémorable », écrit la marquise de Sévigné le 28 octobre 1685 (*Correspondance*, vol. III, p. 239). La Révocation suscita des débordements d'effusions sentimentales à l'égard de Louis XIV. « Jamais on ne témoigna tant de joie », constate l'abbé François-Timoléon de Choisy dans ses *Mémoires* (publiés en 1727, après sa mort). Dans les rues, « cent mille voix criaient : Vive le roi » (p. 31). L'enthousiasme général qui suivit ce triomphe « herculéen » remporté sur l'« hydre de l'hérésie », et qui fut en fait déclenché par la machine propagandiste de la monarchie, poussa le protestant Pierre Bayle à s'indigner, dans *Ce que c'est que la France toute catholique sous le règne de Louis le Grand* (1686), qu'il ne restât plus un honnête homme en France pour protester.

Il est vrai que les moyens dont le pouvoir disposait pour étouffer toute protestation étaient redoutables. Afin de dissiper les soupçons soulevés par sa *Relation de l'île de Bornéo* (1684), Fontenelle – qui vint à le regretter – participa à un concours ouvert par l'Académie française en 1686 pour le meilleur poème sur la destruction de l'hérésie. Cette *Relation* allégorique de deux pages décrit la querelle entre deux reines, Mréo (anagramme de Rome) et Eénegu (Genève), qui revendiquent toutes deux la succession au trône de leur mère Mliseo (Solyme, c'est-à-dire Jérusalem), la première, au nom de la continuité historique, la seconde, au nom de la ressemblance physique. La vaste correspondance de Charlotte-Élisabeth de Bavière, la princesse Palatine, qui avait dû se convertir pour épouser le frère de Louis XIV en 1671, fut soumise à un contrôle encore plus sévère que les textes d'écrivains en circulation. Il faut attendre 1698 pour que la princesse mentionne la conspiration de silence qui entoure la persécution des protestants et c'est seulement en 1715, quand son fils devient régent, qu'elle peut ouvertement plaider leur cause. C'est à ce moment aussi que Choisy put critiquer le « zèle » excessif de Louis XIV et de ses conseillers ; il était alors en position de constater les effets de la Révocation à l'étranger (la révolution qui mit Guillaume III d'Orange-Nassau sur le trône d'Angleterre en 1688 et la décision prise par les États protestants d'attaquer la France) et en France où, comme Colbert et Vauban l'avaient prédit dans les années 1680, l'émigration de deux cent mille protestants – perte estimée, selon les mots de Choisy, à « plus de deux cents millions d'argent comptant » (*ibid.*, p. 119) – avait provoqué un désastre économique.

Alors que Bossuet passe sous silence les facteurs complexes qui ont abouti à la « miraculeuse » Révocation, Choisy note que Louis XIV « y avait toujours songé depuis qu'il gouvernait » (*ibid.*, p. 117). Les mémoires du roi pour les années 1661 et 1662 (rédigés vers 1669-1670) le montrent en effet résolu à laisser mourir progressivement ce qu'il appelle la « maladie » en restreignant au maximum les « privilèges » dont bénéficiaient les protestants – la constitution politique et religieuse séparée que leur avait accordée l'édit de Nantes. Louis XIV, qui jugeait cet édit contradictoire avec son idéal politique « une foi, une loi, un roi », promulgua une avalanche de décrets qui finit par l'abroger virtuellement (ces décrets passèrent de douze en 1661 à quatre-vingt-cinq entre 1679 et 1685, période où un vent de dévotion souffla sur la cour, sous l'influence de Françoise de Maintenon, épouse morganatique du roi et petite-fille de l'écrivain protestant Agrippa d'Aubigné). Toutefois, une révocation officielle permettrait à Louis XIV de surpasser la gloire et la puissance de ses prédécesseurs, qui avaient été obligés de composer avec la religion réformée ; elle lui ferait également remporter sur des hérétiques une victoire plus spectaculaire encore que celle de l'empereur d'Allemagne Léopold Ier sur les Turcs ; et, en provoquant la gratitude d'Innocent XI, elle mettrait fin au conflit avec Rome, qui avait atteint le niveau du schisme après la promulgation des Quatre Articles de l'Église gallicane (1682). Persuadé qu'il ne courait aucun risque maintenant que les rapports annonçaient jusqu'à trois cent mille abjurations par jour et que, comme le note l'édit de Fontainebleau, « la plus grande partie de nos sujets ont embrassé le catholicisme », Louis XIV commit ce que, cinquante ans plus tard, le duc de Saint-Simon appellera « notre folie » (*Mémoires*, vol. II, p. 555). Séduit par les flatteries des courtisans, l'ambition des prélats et, surtout, le « poison » de sa propre grandeur, le roi perpétra des horreurs qui, d'après Saint-Simon qui s'oppose ici à Bossuet, valaient celles des « tyrans hérétiques et païens » envers les premiers chrétiens.

Les dirigeants protestants avaient pourtant considéré Bossuet comme un modéré jusqu'en 1685. À l'encontre de la Compagnie (jésuite) du Saint-Sacrement qui, de 1626 à 1666, n'avait jamais manqué une occasion de dénoncer et de contrer les protestants, Bossuet avait d'abord pris part à la tentative libérale, qui avait failli aboutir dans les années 1670, de trouver un accommodement théologique avec le protestantisme. Son *Exposition de la doctrine de l'Église catholique* (1671), largement diffusée, démontre que les principes protestants ne contredisent pas les fondements de la foi et que la doctrine de la transsubstantiation est le seul obstacle réel – mais non insoluble – à la réconciliation. À côté de ces efforts de réunification, qu'il poursuivra dans sa correspondance avec le philosophe protestant Leibniz dans les années 1690, Bossuet était partisan de méthodes « douces » pour reconvertir les « frères séparés », ce qui lui valut quelques abjurations retentissantes parmi les nobles. Cependant, le clergé se montrant incapable de convertir les masses, la Caisse des Conversions en vint à promettre des primes « douces » mais extrêmement convaincantes aux nouveaux convertis. Les protestants dénoncèrent cet « achat des âmes ». Bossuet répondit en exhortant le clergé à expliquer sans relâche « la sainte parole à ce nouveau peuple » et lança une campagne nationale pour diffuser des milliers de textes religieux et envoyer en « missions » dans les provinces les plus grands orateurs de cet « âge d'or du sermon », notamment son plus célèbre disciple, François de Salignac de La Mothe-Fénelon, et l'incomparable « Chrysostome », Louis Bourdaloue. Mais les années qui précédèrent et suivirent immédiatement la Révocation furent marquées par les dragonnades infligées, sur ordre de Louvois, ministre de la Guerre et fils aîné de Le Tellier, aux protestants résistants par les dragons logeant chez eux. Conformément au climat de fanatisme qui régnait et à son obsession personnelle de l'autorité, Bossuet invoqua, dans le sermon qu'il prononça à Fontainebleau, quatre jours après la Révocation, le 21 octobre 1685, la doctrine du *compelle remanere* (contrains-les de rester) formulée par saint Augustin pour combattre l'hérésie, et légitima toutes formes de contrainte séculière, à l'exclusion de la peine de mort. Malgré cet autoritarisme grandissant, les textes de Bossuet postérieurs à la Révocation continuent à témoigner d'une ambivalence symptomatique : tout en refusant la communion forcée dans laquelle ils voient un acte idolâtre, ils réaffirment le droit du monarque à imposer l'observance de la seule vraie religion, qui est infaillible précisément parce qu'elle est immuable et inébranlable. Son *Histoire des variations des églises protestantes* (1688) voit dans la prolifération récente des sectes une preuve de leur erreur et de leur dépravation, la marque d'un esprit « satanique » d'individualisme et de division.

Les protestants réfutèrent l'*Histoire des variations*. Ils dénoncèrent les pratiques de l'Église et de l'État dans un flot de lettres et de pamphlets religieux publiés principalement en Hollande, siège du « Refuge », et diffusés dans toute l'Europe dans l'espoir de mobiliser l'opinion publique. S'appuyant sur les descriptions détaillées de pillage, de torture et de rapts barbares de femmes et d'enfants données par des œuvres comme *les Plaintes des protestants cruellement opprimés dans le royaume de France* (1686), de Jean Claude, Pierre Bayle fit connaître ce que cachait le vaste mensonge qu'était la politique de « douce persuasion ». Dans son ouvrage capital, *Commentaire philosophique sur ces paroles de Jésus-Christ : Contrains-les d'entrer* (1686-1687), Bayle va encore plus loin et, montrant que toute religion croit détenir la vérité, invoque, contre la persécution, une loi naturelle transcendante. Les croyances individuelles, même erronées, représentent un absolu et toute violation de cet absolu constitue un péché envers Dieu.

Jugées radicales parce qu'elles défendaient la tolérance religieuse et civile et remettaient en question les pouvoirs institués, ces notions ont été la source de profondes dissensions parmi les protestants. Calviniste intransigeant, Pierre Jurieu répondit que tous les moyens étaient bons à un magistrat qui combat l'idolâtrie – attitude qui, d'après Bayle, annoncerait une « inquisition protestante ». Les pamphlets et les lettres pastorales de Jurieu appelèrent à une guerre sainte contre les « hérétiques » catholiques, guerre dont il annonce la victoire pour 1689 dans son *Accomplissement des prophéties* (1686). Sa ferveur inspira une vague de prophétisme : dans les régions rurales, en proportion de la répression, des hommes et des femmes se levèrent pour inciter le peuple à braver ouvertement l'édit. Au-delà d'innombrables actes de résistance passive, les décennies qui suivirent la Révocation virent ainsi la révolte populaire des Camisards (1702-1704) et, avant la mort du roi en 1715, la création des Assemblées du Désert. Conformément à ce que Bayle avait prédit, la « traversée du désert » et la persécution des protestants ne prirent fin qu'avec l'édit de Tolérance (1787), qui devait annuler l'édit de Fontainebleau un siècle après que Bossuet eut célébré son succès universel.

Parallèlement à ses efforts pour en finir avec le protestantisme, Bossuet a consacré la dernière décennie de sa vie à combattre le quiétisme, « hérésie » mystique qui, au sein de l'Église, défendait l'idéal d'une « quiétude » absolue, un état passif et permanent de contemplation identifié avec le « pur amour » de Dieu. En 1687, la condamnation, par Innocent XI, de Miguel de Molinos, propagateur du quiétisme, et d'autres auteurs mystiques, prépara le terrain pour la lutte théologique et personnelle de Bossuet contre Fénelon, son disciple « insinuant et enchanteur » – ainsi que le nomme Saint-Simon – qui fut précepteur du petit-fils de Louis XIV de 1689 à 1694 et devint archevêque de Cambrai en 1695. La raison apparente du conflit fut la défense acharnée par Fénelon de Mme Guyon (Jeanne-Marie Bouvier de La Motte), propagatrice charismatique de la doctrine mystique qui, comme le confirme leur correspondance, révéla à Fénelon ses tendances spiritualistes latentes. Quand Mme de Maintenon la renvoya de Saint-Cyr pour avoir endoctriné les jeunes pensionnaires, Mme Guyon demanda qu'une commission ecclésiastique comprenant Fénelon et Bossuet porte un jugement sur l'orthodoxie de ses enseignements et de ses nombreux ouvrages – comme *le Cantique des cantiques de Salomon interprété selon le sens mystique et la vraie représentation des états intérieurs* (1688). Peu versé dans les écrits mystiques, Bossuet accusa la « nouvelle prophétesse » d'être une disciple de Molinos. Il n'avait pas remarqué ce que devait à saint Jean de la Croix et à sainte Thérèse d'Avila, à Benoît de Canfeld et à Barbe Avrillot Acarie (Marie de l'Incarnation), à saint François de Sales et à sainte Jeanne de Chantal la description que Mme Guyon donne des « voies intérieures » qui conduisent l'âme à un état de passivité telle qu'elle se confond avec la volonté de Dieu.

Dans *les Torrents spirituels* (1682), Mme Guyon avait décrit en détail le processus de l'« abjection », anéantissement de toute pensée et de tout désir liés au moi, qui mène à une « sainte indifférence » et culmine dans le retour à la source divine, état de plénitude « invariable, inaltérable ». Bossuet objecta dans son *Ordonnance et instructions pastorales sur les états d'oraison* (1695) que la doctrine quiétiste est fondamentalement indifférente aux notions de péché, de lutte pour la perfection morale et d'espoir de salut ; elle ignore la médiation du Christ et de l'Église, et recherche des états extraordinaires qui défient l'individu. La vie du vrai chrétien consiste à suivre des « voies ordinaires », non pas les « fausses sublimités » et les « élévations outrées » de ces « faux » ou « nouveaux mystiques ».

En 1695, Bossuet fit incarcérer Mme Guyon pour avoir refusé de signer une confession d'hérésie. C'est alors que Fénelon intervint pour défendre à la fois une « sainte » femme et une doctrine mystique contre toute attaque future – qui aurait pu leur être fatale. Son traité technique et dogmatique, *Explication des maximes des saints sur la vie intérieure* (1697), fixe les « limites précises » de la vraie doctrine du « pur amour » qu'il présente comme une protection contre les « illusions » de certains mystiques, dont Molinos. Citant les Pères de l'Église et, surtout, le *Traité de l'amour de Dieu* (1616), de saint François de Sales, Fénelon s'efforça de prouver la pérennité et, par là, l'orthodoxie d'un amour de Dieu si totalement détaché à l'égard du moi qu'il atteint « la parfaite charité ». Bossuet ne lui répondit pas sur le plan théologique, il monta une attaque personnelle, aussi brillante que cruelle, qui lui gagna l'opinion publique. Sa *Relation sur le quiétisme* (1698) tourne en ridicule les passages des *Torrents spirituels*, de Mme Guyon, sur la « plénitude torrentielle » ; son autoportrait en femme enceinte de l'Apocalypse, tiré d'une autobiographie (publiée en 1720, après sa mort) qu'elle lui avait remise sous le sceau du secret ; et, d'un point de vue plus général, l'imagerie maternelle qui constitue l'apport personnel de Mme Guyon au discours mystique. Bossuet, cela va sans dire, attaqua aussi la « liaison intime » de Fénelon avec la « séductrice » moliniste : c'est à cause d'elle que Fénelon prit la défense de l'hérésie et choisit de s'aliéner ses frères (dont Bossuet lui-même). La *Réponse à la Relation sur le quiétisme* (1698), de Fénelon, n'est pas moins personnelle : elle accuse Bossuet de s'être servi d'une « femme ignorante » – dont la piété sincère et les intentions spirituelles devraient être séparées des expressions de son œuvre qui, prises à la lettre, seraient « folles et impies » – à seule fin de jeter le discrédit sur lui, Fénelon, et sur la doctrine du « pur amour ».

L'erreur fatale de Fénelon fut de faire appel à une instance supérieure à Bossuet et de demander à Innocent XII de juger son *Explication*. Le pape, dans un bref ambigu, censura vingt-trois propositions, jugées scandaleuses mais non hérétiques. Fénelon se soumit aussitôt à l'autorité pontificale, il n'en fut pas moins disgracié, banni de la cour et exilé à vie dans son archevêché de Cambrai, où il continua à écrire des œuvres critiquant la monarchie absolue, comme *Télémaque* (1699-1717) et sa *Lettre à Louis XIV* (1785). Rien d'étonnant, alors, à ce que le siècle des Lumières ait fait de Fénelon un martyr du libéralisme, et de Bossuet un serviteur de la tyrannie. Toutefois, cette manière de voir oublie l'opposition de Fénelon au jansénisme, objet de controverses qui ont commencé en 1640 avec la publication de l'*Augustinus*, de Cornelius Jansen, évêque d'Ypres, mais qui reprennent de plus belle à la fin du siècle. Fénelon continuera à dénoncer dans le jansénisme une forme de calvinisme, même après que le roi eut fait détruire Port-Royal en 1712 et que Clément XI eut condamné la doctrine en 1713. Quel que soit le rôle réservé à l'expérience individuelle par sa doctrine mystique, lorsqu'il s'agit du jansénisme et, plus encore, du protestantisme, Fénelon partageait l'aversion de Bossuet pour « l'indocilité et l'indépendance » et sa croyance en l'infaillibilité de l'Église, comme en témoignent ses *Lettres sur l'autorité de l'Église* (1767-1768).

Malgré leurs différences, Bossuet et Fénelon ont été les produits d'une époque pour qui la tolérance était d'abord une « indulgence... pour des abus », selon la définition du *Dictionnaire de l'Académie française* de 1694. Comme pour Jurieu, elle était pour eux une gangrène qui risquait de miner toute autorité, civile et religieuse. Pis même, la tolérance risquait d'engendrer une indifférence généralisée à la vérité religieuse, comme le dit Bossuet quand il prit le parti de Jurieu contre Bayle dans son *Sixième Avertissement aux protestants* (1691). Alors que Bayle réagit contre la persécution des protestants en plaidant la cause des idéaux du siècle des Lumières (pluralisme, relativisme) et de la liberté de conscience individuelle, Bossuet, Fénelon et Jurieu virent dans toute croyance différente de la leur un signe de résistance à la vérité et la condamnèrent en tant qu'hérétique. Par le pouvoir de l'arme sermonnaire, ils s'efforcèrent de supprimer toute déviance et d'imposer l'autorité de ce que chacun d'eux considérait être l'orthodoxie. Comme le déclare Bossuet dans son menaçant « Sermon sur la parole de Dieu » (1671), « ceux que [...] la divine parole [...] ne convertit pas, elle les condamne ; ceux qu'elle ne nourrit pas, elle les tue » (*Œuvres oratoires*, vol. III, p. 641). Cette violence du Verbe peut servir de figure emblématique pour les controverses religieuses qui ont marqué le règne de Louis XIV.

Voir aussi 1534 (17-18 octobre), 1541 (septembre), 1572, 1609, 1678, 1697.

Bibliographie : Pierre Bayle, *Commentaire philosophique* (Rotterdam, Fritsch et Böhm, 1713). Jacques Bénigne Bossuet, *Œuvres complètes*, éd. F. Lachat, vol. XVIII (Paris, Louis Vivès, 1864) ; *Œuvres oratoires*, éd. abbé J. Lebarq, 7 vol. (Paris, Desclée De Brouwer, 1926). François-Timoléon, abbé de Choisy, *Mémoires*, éd. Georges Mongrédien (Paris, Mercure de France, 1966). François de Salignac de La Mothe-Fénelon, *Œuvres*, éd. Jacques Le Brun, 2 vol. (Paris, Gallimard, 1983). Jeanne-Marie Bouvier de La Motte (Mme Guyon), *le Cantique des cantiques de Salomon interprété selon le sens mystique et la vraie représentation des états intérieurs* (Lyon, A. Briasson, 1688). Louis XIV, *Mémoires pour l'instruction du dauphin*, 2 vol. (Paris, Didier, 1860). Louis de Rouvroy, duc de Saint-Simon, *Mémoires*, éd. Yves Coirault, 7 vol. (Paris, Gallimard, 1983). Marie de Rabutin-Chantal, marquise de Sévigné, *Correspondance*, éd. Roger Duchêne, 3 vol. (Paris, Gallimard, 1972-1978). Jean Robert Armogathe, *le Quiétisme* (Paris, P.U.F., 1973). Henri Gaston Gouhier, *Fénelon philosophe* (Paris, J. Vrin, 1977). Élisabeth Labrousse, *la Révocation de l'édit de Nantes* (Paris, Payot, 1985). Jacques Truchet, *la Prédication de Bossuet*, 2 vol. (Paris, Cerf, 1960).

Domna C. Stanton

1687

Charles Perrault lit son poème *le Siècle de Louis le Grand* devant l'Académie française

La querelle des Anciens et des Modernes

La belle Antiquité fut toujours vénérable
Mais je ne crus jamais qu'elle fut adorable.
Je vois les Anciens, sans plier les genoux,
Ils sont grands, il est vrai, mais hommes comme nous :
Et l'on peut comparer sans craindre d'être injuste,
Le Siècle de Louis au beau siècle d'Auguste.

Ainsi commence *le Siècle de Louis le Grand*, de Charles Perrault, salve « moderniste » la plus tonitruante parmi toutes celles qu'occasionna la querelle des Anciens et des Modernes. Cette querelle fit rage entre l'apogée de la « génération classique » (1660-1680) et la troisième décennie du XVIIIe siècle. Ce poème, lu par son auteur à une réunion de l'Académie française – dont il faisait partie depuis 1671 – est une des nombreuses ripostes de l'habile favori de la cour à son vieil adversaire, l'acerbe poète-critique Nicolas Boileau-Despréaux, meneur des « Anciens » (selon le nom porté par les défenseurs des auteurs de l'Antiquité gréco-romaine pendant la durée de leur offensive contre les « Modernes »). Boileau venait d'être élu à l'Académie en 1684, ce qui accroissait son autorité dans la campagne en faveur des Anciens dont il avait déjà défendu la cause dans son *Art poétique* (1674). Au cours de la décennie suivante (1688-1697), Perrault étoffa les thèses de son poème dans un ouvrage en quatre volumes, le *Parallèle des Anciens et des Modernes en ce qui regarde les arts et les sciences* (1688-1692), suite de dialogues entre un provincial (« le Président ») défenseur des Anciens et un homme de cour partisan des Modernes (« l'Abbé »). Tous deux s'opposent sur des questions d'esthétique en présence d'un « Chevalier » représentant le nouveau public cultivé qui, sans refuser aux Anciens le respect qui leur est dû, est prédisposé, par son statut économique et social, à soutenir les Modernes.

Il n'est pas exclu que les différends qui opposaient Perrault à Boileau aient été aussi personnels que littéraires. Le chef de file des Anciens ressassait depuis longtemps le souvenir des piètres soins médicaux reçus, enfant, du frère aîné de Perrault, Claude (la postérité, plus heureuse que Boileau, préférera se rappeler de lui pour ses talents d'architecte). L'amertume de ce mauvais souvenir a pu être encore augmentée par la mort, à l'âge de dix-huit ans, d'Anne Dongois, la nièce dont Boileau a dû être épris, à la suite de soins dispensés eux aussi par le même malheureux médecin-architecte. Mais les raisons « littéraires » du ressentiment entre les poètes ennemis s'accumulaient elles aussi depuis longtemps. Dans sa *Satire VII*, en 1663, Boileau, que Jean Chapelain n'avait pas inscrit sur la liste des bénéficiaires de pensions royales, attaqua *la Pucelle, ou la France délivrée* (1656), l'épopée moderne de Chapelain sur Jeanne d'Arc. Dans sa *Satire IX*, en 1668, il renouvela l'attaque, l'étendant à d'autres Modernes, mais sans nommer Perrault. En 1671, Chapelain et Perrault utilisèrent leur influence sur Colbert, le puissant ministre de Louis XIV, pour qu'il refuse l'autorisation d'imprimer une nouvelle édition des *Satires*, de Boileau, et de *l'Art poétique* récemment achevé (cette œuvre, avec son attaque – *ex abrupto*, sans rapport véritable avec les questions d'esthétique traitées – contre Claude Perrault dans le quatrième chant, ne sera pas publiée avant 1674).

Les constantes frictions professionnelles qui opposèrent Boileau à Perrault ne doivent pas nous faire oublier les questions plus générales et plus anciennes autour desquelles tourne la querelle des Anciens et des Modernes. Au premier stade de la querelle, le débat était d'abord littéraire. Il fit néanmoins apparaître des tensions, d'ordre philosophique, linguistique et politique, qui étaient latentes dans la vie culturelle française depuis la *Défense et illustration de la langue française* (1549), de Joachim du Bellay, et qui s'étaient manifestées de façon plus directe à l'occasion du *Cid* (1637), de Corneille. Malgré la réputation d'œuvre inaugurale du théâtre classique français qu'elle devait acquérir plus tard, la pièce donna lieu, lors de sa première production, à une polémique (la querelle du *Cid*) où l'on dénonça les « irrégularités » qu'elle présentait par rapport à des valeurs issues de l'interprétation contemporaine de la *Poétique* d'Aristote : le concept rhétorique de « vraisemblance » et le concept moral et social de « bienséance ». La querelle des Anciens et des Modernes porta à son apogée une tension inhérente à l'humanisme de la Renaissance. Les Anciens voyaient dans l'humanisme la transmission admirative et sans réserve de l'Antiquité à l'intérieur de frontières littéraires assez restreintes – un humanisme au visage autoritaire et, dans une large mesure, aristocratique. Les Modernes voyaient en lui l'occasion de faire un examen critique des littératures ancienne et moderne sans les couper de la vie – un humanisme au visage libéral et potentiellement démocratique.

La thèse de la distribution impartiale du talent par la nature avait été défendue, avant Perrault, par un autre Moderne, Fontenelle. Dans l'entretien entre Socrate et Montaigne qui figure dans ses *Nouveaux Dialogues des morts* (1683), le Moderne, en montrant à l'Ancien que les hommes ne sont pas plus sages aujourd'hui qu'autrefois, ôte aux Anciens la supériorité dont ils se targuent. Dans sa *Digression sur les Anciens et les Modernes* (1688), Fontenelle souligne plus directement l'avantage épistémologique des Modernes en faisant valoir « une précision et une justesse, qui jusqu'à présent n'avaient été guère connues » (p. 224). Ayant remarqué cet avantage dans tous les domaines du discours, Fontenelle énonce un principe clé des Modernes : le passage d'une conception déductive et autoritaire de l'histoire à une conception inductive et libertaire. Pour lui comme pour les autres Modernes, le principal responsable de ce changement de perspective était René Descartes, philosophe du doute libérateur, dont l'esprit critique avait affranchi l'âge nouveau de l'autorité des Anciens. Pour les Modernes, le verbe « critiquer » reprit alors le sens de sa racine grecque (décider, juger), favorisant des prises de position plus hardies et plus utiles vis-à-vis de la littérature et de la vie.

Bien qu'il reconnaisse aux Anciens la grandeur de leurs modèles, incomparables dans le domaine de l'éloquence, Fontenelle n'en considère pas moins que leur poésie « n'était bonne à rien, et ç'a été toujours la même chose dans toutes sortes de gouvernements ; ce vice-là lui est bien essentiel » (*ibid.*, p. 227). Il trouve toutefois qu'une grande partie de la poésie contemporaine « peut avoir aujourd'hui autant de noblesse qu'elle n'en eut jamais » et laisse peu de doutes sur le caractère mélioratif de cette noblesse en ajoutant « autant de noblesse mais en même temps plus de justesse et d'exactitude » (*ibid.*, pp. 244-245).

Pour les autres Modernes, le progrès en matière de poésie résidait dans les sujets traités autant que dans la technique. Ainsi, Boileau définit un principe clé des Anciens quand il proscrit l'utilisation de sujets empruntés au christianisme (*l'Art poétique*), alors que Chapelain, avec *la Pucelle*, et Jean Desmarets de Saint-Sorlin, avec *Clovis, ou la France chrétienne* (1657), représentent la position opposée, position que, dans ses œuvres critiques, Desmarets justifie à partir de considérations intellectuelles plutôt que religieuses. Dans ses *Délices de l'esprit* (1658), dialogue entre Philédon, qui se fait initier au savoir, et Eusèbe, son mentor, le mot « esprit » fait entendre des accents cartésiens. Le mentor reconnaît que la poésie diffère des autres discours en ce qu'elle s'adresse à l'homme « sensuel et corporel » autant que « spirituel et intérieur ». Pourtant, même en poésie, ce n'est que par l'esprit que nous arrivons à connaître les pensées contenues dans une œuvre ou à juger la qualité de l'œuvre dans son ensemble. De plus, le progrès que le christianisme représente par rapport au paganisme des Anciens allant de soi pour Desmarest, la langue dans laquelle les chrétiens français modernes devaient exprimer ce progrès ou se renseigner sur lui était, de toute évidence, leur propre langue moderne.

L'articulation progressive de la religion, de la poésie et de la langue se met en place dans les écrits de Charles de Saint-Évremond, un Moderne plus humaniste, qui était convaincu, pour des raisons plus générales que celles de Fontenelle, de la valeur de la poésie, mais reconnaissait aussi le rôle souverain dévolu à la raison dans tous les domaines. Dans *Sur le merveilleux qui se trouve dans les poèmes des Anciens* (1685), il s'interroge sur l'importance du merveilleux pour la littérature de l'Antiquité, se demandant comment le « bon sens » pouvait être exclu de tout art et de toute science et trouvant « ridicule » la manière dont les poètes anciens avaient manqué à la « vraisemblance » en décrivant « l'intervention des dieux » dans les actions des hommes. Ici, comme dans sa *Dissertation sur la tragédie de Racine intitulée Alexandre le Grand* (1666), Saint-Évremond plaide pour une meilleure connaissance historique du contenu autant que de la forme dans les textes anciens et modernes. En fondant la vraisemblance sur des « probabilités » inférées d'une compréhension de l'histoire plutôt que déduites des bienséances modernes, Saint-Évremond annonce la critique historique qui se développera au cours des deux siècles suivants.

Mais, pour les Anciens, ces « probabilités » avaient un fondement plus mystérieux. Le « sublime » que Boileau concevait comme une expression rarement réalisée du « beau » (*Réflexions sur Longin*, 1694) présentait certaines affinités avec la grâce conçue comme don arbitraire, incompréhensible, du « dieu caché », par exemple, dans les *Pensées* de Pascal (1670). Comme dans le cas d'autres partisans des Anciens – tels que Racine et La Fontaine –, ce pôle presque religieux de la pensée de Boileau, auteur surtout loué pour l'aristotélisme de son *Art poétique*, montre que la position théorique du poète-critique était plus complexe que l'histoire littéraire n'a voulu le dire. Sa conception du langage différait toutefois de celle des Modernes : pour lui, le langage n'était pas le signifiant secondaire et transparent de signifiés présents, mais le lieu originaire bien que paradoxal de vérités éternelles. Quoique, comme tous les « modernes Anciens », Boileau ait écrit en français, il recherchait une simplicité d'expression proche de celle des auteurs insurpassables (selon lui) de l'Antiquité.

L'exigence de simplicité était aussi forte chez Perrault, mais elle visait à une imitation plus prosaïque. Dans la préface aux *Hommes illustres qui ont paru en France pendant ce siècle* (1696-1700), l'accent passe du sacré au profane, de l'auteur au lecteur, du producteur au consommateur. Ce n'est plus l'autorité arbitraire du modèle mais le jugement critique du lecteur qui importe ; la théorie séculaire de l'imitation, si chère aux humanistes, est arrivée à son terme.

La séparation des deux camps est particulièrement bien illustrée par les escarmouches entre Boileau et Perrault au sujet d'une catégorie de « consommateurs littéraires », dont la fin du XVIIe siècle a vu augmenter l'importance : les femmes. En 1694, coup sur coup, paraissent la « Satire contre les femmes », de Boileau, et *l'Apologie des femmes*, de Perrault. Dans sa préface, Boileau cherche à se protéger de la critique des femmes : son poème est trop général pour être autre chose qu'anodin ; d'ailleurs, l'auteur s'est bien gardé de « laisser échapper un seul mot qui pût le moins du monde blesser la pudeur » (*Satire*, non paginée). Perrault ne laissa pas le satiriste s'en tirer à si bon compte et reporta la responsabilité des crimes de la « Satire » sur les modèles « scandaleux » que Boileau avait suivis : Horace et Juvénal. Ces derniers pouvaient d'autant plus facilement déclamer contre la « pudeur » que les Anciens « avaient, ainsi qu'ils le disent, diverses façons de se passer du mariage, façons qui n'étaient parmi eux que des galanteries, mais qui sont des crimes parmi les chrétiens, et des crimes abominables » (*l'Apologie des femmes*). Les féministes trouveront peut-être que la défense des femmes par Perrault est aussi ancienne que l'attaque de Boileau ; mais elles ne manqueront pas de le juger plus moderne quand il reproche à Boileau de « ne pas penser que toutes les langues ont leur génie particulier, et que souvent ce qui est une élégance dans le latin est une barbarie dans le français » (*ibid.*).

Que ce soit Anne Dacier qui ait conduit, une vingtaine d'années plus tard, au cours du deuxième temps de la querelle, la campagne en faveur des Anciens suffit à prouver que Perrault n'avait pas pu transformer toutes les femmes en victimes des Anciens. La querelle est centrée, cette fois, sur la traduction d'Homère. La traduction de l'*Iliade* publiée en 1711 par Anne Dacier avait été suivie par celle d'Antoine Houdar de la Motte (1714) qui avait réduit à douze les vingt-quatre chants de l'épopée homérique et, dans le commentaire qui l'accompagne, justifié l'émondage d'un ouvrage dont l'original souffrait de diverses « fautes » tant morales que poétiques. Anne Dacier riposta par un long traité, *Des causes de la corruption du goût* (1714), où elle fait l'éloge des études classiques qui nous éloignent de la vulgarité des temps modernes et dont la désaffection ne pourrait que nous replonger dans cette vulgarité. Anne Dacier prit à nouveau position en faveur des Anciens lors de la « bataille des Livres », au cours de la phase anglaise de la querelle, quand elle reprocha à Alexander Pope d'avoir publié une traduction de l'*Iliade* (1720) qui élaguait le texte d'Homère et d'avoir présenté le monde homérique comme un « paradis sauvage » où régnait un esprit « de vengeance et de cruauté » qui offusque le goût moderne. Dans sa réplique – *Mme Dacier's Remarks upon Mr. Pope's Account of Homer (Remarques de Mme Dacier sur le compte rendu de M. Pope sur Homère*, Londres, 1724) – elle rappelle que les mêmes vices se retrouvent tout au long de l'époque chrétienne (même s'ils sont rachetés par la Rédemption) et que la confiance accordée par Homère aux leçons de la nature a au moins préservé son époque des maux modernes qui, comme le luxe et la mollesse, mènent à la corruption.

Au cours de la troisième décennie du XVIIIe siècle, les questions soulevées par la querelle avaient largement débordé le cadre littéraire dans lequel les Anciens avaient cherché à limiter le débat. En ce sens, ce sont les Modernes qui avaient « gagné ». Cependant la culture française du XVIIIe siècle – c'est son trait distinctif – est restée sur ses gardes : alors que la perspective « critique » du siècle des Lumières informe la plupart des activités culturelles, les modèles antiques continuent à être respectés. Cette dualité est à l'origine d'une curieuse tournure de la culture française. Le fait que Voltaire, dans ses *Commentaires sur Corneille* (1764), ait fait de Racine, plutôt que de Corneille, l'auteur emblématique du siècle de Louis XIV, est symptomatique du geste qui décerne la palme d'or de la perfection française à ceux qui, au cours de la querelle, ont défendu les Anciens. L'exemplarité de Racine a été consacrée non seulement par les historiens de la littérature mais aussi, paradoxalement, par la plupart des écrivains français, de Stendhal (*Racine et Shakespeare*, 1823, 1825) à Roland Barthes (*Sur Racine*, 1963). Depuis plus de deux siècles, les partisans de l'un et l'autre camp dans les « querelles » littéraires françaises invoquent les « grands classiques » pour défendre des conceptions radicalement opposées de la littérature et de la vie. En leur temps, ce sont les Modernes qui ont gagné la plupart des batailles et même conclu une trêve avec les Anciens ; mais dans la longue durée, il semble qu'ils aient perdu la guerre.

Voir aussi 1549, 1634, 1637, 1661, 1674, 1700, 1754.

Bibliographie : Nicolas Boileau-Despréaux, *Œuvres complètes*, éd. Charles Bouhours, vol. Ier (*l'Art poétique, Satires*) et vol. V (*Réflexions sur Longin*) [Paris, Société des Belles Lettres, 1939-1942] ; *Satire du Sr. Despréaux contre les femmes avec l'Apologie des femmes par M. Perrault* (Amsterdam, Adrian Braakman, 1694). Anne Dacier, *l'Iliade d'Homère, traduite en françois, avec des remarques par Mme Dacier* (Paris, Rigaud, 1711). Bernard Le Bovier de Fontenelle, *Digression sur les Anciens et les Modernes*, in *Œuvres diverses*, éd. Alain Niderst (Paris, Fayard, 1989) ; *Nouveaux Dialogues des morts*, éd. Jean Dagen (Paris, Didier, 1971). Charles Perrault, *l'Apologie des femmes* (Paris, Coignard, 1694) ; *Parallèle des Anciens et des Modernes en ce qui regarde les arts et les sciences : dialogue ; avec le poème du Siècle de Louis le Grand et une épître en vers sur le génie* (1692 ; réimp., Genève, Slatkine, 1979). Charles de Marguetel de Saint Denis de Saint-Évremond, *Dissertation sur la tragédie d'Alexandre*, in *Œuvres mêlées* (Paris, C. Barbin, 1670) ; *Sur le merveilleux qui se trouve dans les poèmes des Anciens*, in *Œuvres en prose*, éd. René Ternois, vol. IV (Paris, Didier, 1969), p. 185-195.

Robert J. Nelson

1689

À Saint-Cyr, représentation d'*Esther*, première tragédie biblique de Racine

Théâtre et pédagogie

La première représentation d'*Esther* à la maison d'éducation fondée à Saint-Cyr, près de Versailles, par Mme de Maintenon, seconde épouse de Louis XIV, pour les « jeunes demoiselles » de la noblesse, a marqué l'apogée d'une alliance entre les écoles et le théâtre dont la portée est considérable. Cette représentation a été le résultat de la collaboration du plus célèbre auteur dramatique de son temps, silencieux depuis *Phèdre*, et d'une des plus énergiques pédagogues de son siècle. Ce fut une production somptueuse, à laquelle assistèrent le roi et les personnalités les plus distinguées de la cour. Et pourtant, à peine un mois et demi après cette première représentation, la supérieure de Saint-Cyr, Marie de Brinon, qui avait demandé à Racine d'écrire et de produire la pièce, fut congédiée sur mandat du roi, apparemment parce que Mme de Maintenon craignait que les contacts avec la cour ne soient pas sans danger pour les jeunes demoiselles. En 1691, la seconde tragédie biblique de Racine, *Athalie*, ne fut jouée que trois fois, sans décor ni costume, devant un auditoire restreint. Ce furent les dernières représentations publiques d'une œuvre dramatique à Saint-Cyr. La « crise d'*Esther* » en dit long sur l'ambivalence d'un système éducatif écartelé entre la clôture d'un monde idéal, isolé artificiellement par les murs de l'école, et l'ouverture à la dangereuse réalité sociale exigée par les nécessités pratiques.

Esther nous rappelle, fort à propos, la carrière de Françoise de Maintenon. La biographie de la fondatrice de Saint-Cyr fait elle aussi alterner murs étouffants et ouverture sur le monde extérieur. Née en prison de Jeanne de Cardilhac, épouse de Constant d'Aubigné (fils dissipé et toujours ruiné du grand poète protestant et officier militaire, Agrippa d'Aubigné), Françoise d'Aubigné fut élevée par des parents proches, tout comme l'orpheline juive qu'est l'Esther biblique de la pièce de Racine. Comme Esther aussi, qui épousa le roi de Perse, Assuérus, et utilisa son ascendant sur lui pour sauver les Juifs menacés par un complot génocide, Françoise épousa Louis XIV en 1683 et l'engagea à soutenir l'aile conservatrice de l'Église catholique. Avant d'atteindre cette position éminente, Françoise avait été l'épouse puis la veuve de l'auteur comique, Paul Scarron, et, en 1674, avait acquis le domaine de Maintenon. C'est parce qu'elle avait été la gouvernante d'enfants de la noblesse – et notamment des enfants illégitimes de Louis XIV lui-même – que Mme de Maintenon avait conçu à Saint-Cyr cet établissement qui devait donner aux jeunes filles nobles mais sans fortune une éducation subventionnée, qu'elle-même n'avait pas reçue, une éducation à teneur véritablement intellectuelle qui ne soit pas simplement une préparation à la vie conventuelle.

Dans le prologue d'*Esther*, le personnage allégorique de la Piété déclare : « Ici, loin du tumulte, aux devoirs les plus saints / Tout un peuple naissant est formé par mes mains » (vv. 5-6). L'insistance de Racine sur la séparation de l'école et des tumultes mondains reflète une caractéristique essentielle de l'éducation française au XVIIe siècle : la clôture et le contrôle qu'elle permet d'exercer sur l'espace scolaire. Saint-Cyr était un espace doublement contrôlé. Non contente de limiter, comme les autres écoles, les contacts quotidiens des élèves avec le monde extérieur, l'institution de Mme de Maintenon réservait l'admission à un nombre restreint de jeunes filles sélectionnées selon leur naissance, leurs besoins financiers et les services rendus au roi par leur famille.

L'un des objectifs principaux des réformateurs de la pédagogie à la fin du XVIe siècle et au début du XVIIe siècle était d'éviter aux enfants le contact de la rue en les plaçant dans des institutions étroitement surveillées, généralement nommées « collèges ». Les initiatives les plus spectaculaires et les plus systématiques dans ce sens ont été l'œuvre de Jésuites, déterminés à protéger les élèves contre la vie quotidienne et à les maintenir dans un milieu structuré ; leur modèle a été suivi par la plupart des autres groupes enseignants. Certes, il était possible d'être demi-pensionnaire, ce qu'on appelait « externe », mais les éducateurs avaient une nette préférence pour le statut d'« interne » ou pensionnaire. On ne laissait jamais les internes seuls : ils étaient toujours surveillés, même la nuit. À l'intérieur du collège, le latin était seul autorisé et tous les jeux devaient avoir des objectifs pédagogiques. Même pour les parents, les contacts se limitaient aux fêtes. Loin de concevoir l'école comme une préparation à la vie de tous les jours, l'objectif des Jésuites était la création d'un substitut à la vie quotidienne, un monde de remplacement avec sa cohésion propre, sa hiérarchie – les élèves étaient répartis en petits groupes dont chacun avait son chef –, ses jeux et ses récompenses.

Un tel objectif pédagogique, fondé sur le culte de l'« innocence », apparaît comme l'aboutissement d'une évolution qui avait commencé, au XIIIe siècle, avec les premiers internats de garçons à l'université de Paris. Mais comme la société ne s'intéressait pas moins, bien que pour des raisons différentes, à l'éducation des filles, on en vint à débattre du bien-fondé d'une pédagogie dispensée dans un monde artificiel. Molière devait donner de cette éducation dans l'innocence un tableau particulièrement mordant dans *l'École des femmes* (1662). Arnolphe, un barbon qui se fie à la doctrine de l'« innocence », met en place, longtemps à l'avance, l'éducation qui devra lui procurer une épouse parfaite. Croyant que son autorité sur sa femme sera totale s'il l'élève dans l'ignorance, il adopte une enfant de quatre ans, fille d'une femme démunie, et la confie à un couvent qui doit l'élever expressément selon des termes qu'il a lui-même fixés : « Je la fis élever selon ma politique, / C'est-à-dire ordonnant quels soins on emploierait / Pour la rendre idiote autant qu'il se pourrait » (*l'École des femmes*, vv. 136-138). Arnolphe a tôt fait de découvrir que, loin de lui assurer la mainmise sur Agnès, cette innocence la protège contre toutes les hypocrisies qui conduisent les femmes à se soumettre à des hommes tels que lui. L'éducation d'Agnès est assurée par une clôture hermétique. Même après sa sortie du couvent, quand elle passe sous la tutelle directe d'Arnolphe, elle reste enfermée à clé par son tuteur qui veut parachever son éducation. Il lui fait apprendre par cœur des maximes absurdes sur les devoirs d'une femme mariée – l'une d'elles commence par : « Dans ses meubles, dût-elle en avoir de l'ennui, / Il ne faut écritoire, encre, papier, ni plumes » (*ibid.*,

vv. 780-781). La pédagogie de la clôture ne survit pas à la peinture que fait Molière de la persistance du désir naturel et de son éveil au premier contact avec le monde extérieur.

Molière n'est ni le premier ni le dernier à avoir critiqué l'enfermement pédagogique et la pseudo-culture de l'innocence. Parmi les élèves de l'école jésuite fondée au début du siècle à La Flèche pour les enfants de l'aristocratie se trouvait Descartes, le « gentilhomme philosophe ». Dans son *Discours de la méthode* (1637), Descartes soutient qu'à force de lire des ouvrages classiques on perd contact avec le monde dans lequel on vit. Mais les efforts qu'il fera pour contrebalancer la clôture artificielle du monde scolaire, notamment en voyageant, ce qu'il appelle étudier le « grand livre du monde », le conduisent à une nouvelle déception : « Lorsqu'on emploie trop de temps à voyager, on devient enfin étranger en son pays ; et lorsqu'on est trop curieux des choses qui se pratiquaient aux siècles passés, on demeure ordinairement fort ignorant de celles qui se pratiquent en celui-ci » (*Discours de la méthode*, pp. 36-37). Descartes finit donc par rejeter à la fois l'éducation livresque de la scolastique et l'éducation pratique de l'expérience en faveur d'un retrait dans sa propre raison.

Au début du XVIIe siècle, le langage de l'école constitue une des barrières les plus efficaces contre les échanges avec le monde, puisque l'enseignement se fait intégralement en latin. On enseigne, en latin, à de jeunes garçons qui ne savent pas encore lire, comment lire en latin. C'est en latin aussi qu'on enseigne la grammaire et la rhétorique. Vers le milieu du siècle, les Jansénistes ont pris le contre-pied de cette attitude en utilisant le français comme première langue dans leurs « petites écoles » (le terme, souvent associé aux écoles de Port-Royal, s'applique en fait à n'importe quelle école primaire). Adversaires acharnés de la théologie optimiste des Jésuites, les Jansénistes professaient que les croyants ne seraient pas tous sauvés, et ce, malgré leurs bonnes actions. Leur enseignement visait à exposer aux yeux de chacun l'imperfection du monde réel plutôt qu'à créer des mondes de fiction idéalisés pour l'école, comme le faisaient les Jésuites.

Lorsqu'elle a fondé l'école de Saint-Cyr, Mme de Maintenon a tenu compte de la tension entre les formes ouvertes et les formes closes de l'enseignement. En rejetant, du moins au début, le modèle du couvent, elle voulait former des jeunes femmes à la vie séculière. Cependant, préparer des femmes à la vie au-delà des murs du couvent ne signifiait pas abandonner la clôture et l'artifice pour observer le monde en toute liberté. Parmi les conseillers de Mme de Maintenon se trouvait un prêtre aux idées bien arrêtées sur l'éducation en général et sur l'éducation des filles en particulier, François de Salignac de La Mothe-Fénelon : dans son traité *De l'éducation des filles* (1687), il souligne les avantages qu'il y a à préparer les femmes à des activités strictement domestiques. Il oppose la « bonne » épouse au foyer à la femme parée et « publique » des salons.

Fénelon était l'ennemi déclaré de l'artifice et de l'affectation ; à ses yeux, la femme retrouvait dans son foyer son état prétendument naturel. Il déplore la tendance des femmes à feindre : « Elles ont un naturel souple pour jouer facilement toutes sortes de comédies, les larmes ne leur coûtent rien » (*De l'éducation des filles*, p. 146). Or les moyens utilisés pour l'instruction des femmes relevaient largement de la théâtralité. Puisqu'il est dans la nature des enfants d'imiter, comment distinguer l'acteur ou l'actrice de son rôle ? Autrement dit, y a-t-il encore une « nature » sous-jacente au spectacle que les enfants jouent sans cesse ? Aider un(e) élève à acquérir le naturel tant prisé par le XVIIe siècle se révélait plus difficile que de lui permettre de se conduire de manière affectée. Bien que la croyance en l'existence d'une nature humaine ait alors été très répandue, Fénelon comprend que, dès leurs premiers instants, les enfants s'adaptent déjà à la société qui les entoure. Par conséquent, le « naturel » ne saurait être qu'un idéal vers lequel les enfants peuvent être guidés par des adultes qui jouent à être naturels devant eux. Fénelon note qu'il faut souvent refréner le goût des enfants pour l'imitation : « Il faut aussi les empêcher de contrefaire les gens ridicules ; car ces manières moqueuses et comédiennes ont quelque chose de bas et contraire aux sentiments honnêtes » (*ibid.*, p. 102). Les adultes choisis pour encadrer les enfants doivent constamment jouer un rôle devant leur jeune public : ainsi, « il faut [...] prendre soin des enfants, sans leur laisser voir qu'on pense beaucoup à eux » (*ibid.*, p. 99). Fénelon suggère même le recours à des moyens expressifs beaucoup plus énergiques quand il s'agit d'instruire de très jeunes enfants : « Ainsi vous pouvez leur donner, par des paroles qui seront aidées par des tons et des gestes, l'inclination d'être avec les personnes honnêtes et vertueuses [...] Ainsi vous pouvez encore, par les différents airs de votre visage et par le ton de votre voix, leur représenter avec horreur les gens qu'ils ont vus en colère » (*ibid.*, p. 97). Il faut éviter d'exposer les enfants à certains adultes, qui seraient néfastes à leur éducation, ceux qui « ne se contraignent guère devant eux » (*ibid.*, p. 102). Le jeu ou la « contrainte » des adultes, en limitant l'étendue du jeu des enfants, produira le naturel.

L'art dramatique était utilisé comme technique pédagogique depuis que les Jésuites, au XVIe siècle, avaient fait jouer des pièces latines à leurs élèves pour leur rendre plus attrayante la pratique orale du latin. Mais le monde pédagogique de la fin du XVIIe siècle envisage le théâtre d'une manière toute différente. La pédagogie décrite par Fénelon ne sépare plus le théâtre et la vie. *Esther*, de Racine, jouée avec l'idée qu'une vie devient consciente d'elle-même en se théâtralisant, constitue ainsi une forme de théâtre dans le théâtre. Pour une méthode éducative qui reposait sur la représentation, *Esther* était simplement du théâtre où le jeu était ouvertement reconnu.

La convergence de l'école, de la cour et du théâtre au moment de la crise d'*Esther* ébranla les fondations du projet éducatif de Mme de Maintenon et de Fénelon. En épousant des nobles qui avaient assisté aux représentations, plusieurs anciennes actrices s'étaient émancipées de l'humble condition à laquelle Mme de Maintenon les avait vouées : les élèves avaient été arrachées à leur noblesse pauvre pour constituer un appui durable pour la monarchie, et non pas pour monter dans la hiérarchie sociale. En demandant à Racine de mettre en scène des pièces bibliques pour le plaisir de la cour, Marie de Brinon avait sacrifié le contrôle de son école et l'avenir de ses élèves aux attraits et au prestige de Versailles. Son renvoi et le veto qui fut opposé par Mme de Maintenon à toute autre représentation publique à Saint-Cyr témoignent d'un coup d'arrêt dans le rapprochement entre deux théâtralités : celle du pouvoir et celle de l'école.

Voir aussi 1267, 1673, 1808.

Bibliographie : René Descartes, *Discours de la méthode* (Paris, Garnier-Flammarion, 1966). François de Salignac de La Mothe-Fénelon, *De l'éducation des filles*, in *Œuvres*, éd. Jacques

Le Brun (Paris, Gallimard, 1983). Molière, *l'École des femmes*, in *Œuvres complètes*, éd. Pierre-Aimé Touchard (Paris, Seuil, 1962). Jean Racine, *Esther*, in *Théâtre complet*, éd. Jacques Morel et Alain Viala (Paris, Garnier, 1980). Roger Chartier, Dominique Julia et Marie-Madeleine Compère, *l'Éducation en France du* XVI*e au* XVII*e siècle* (Paris, Société d'Édition d'Enseignement Supérieur, 1976). Jacques Prévot, *la Première Institutrice de France : Mme de Maintenon* (Paris, Belin, 1981). Georges Snyders, *la Pédagogie en France aux* XVII*e et* XVIII*e siècles* (Paris, P.U.F., 1965).

John D. Lyons

1694

L'Académie française présente enfin à Louis XIV le premier exemplaire de son *Dictionnaire*

Absolutisme linguistique

Le 24 août 1694, à Versailles, une délégation de l'Académie française présentait au Roi-Soleil deux beaux in-folio reliés en maroquin, les premiers exemplaires imprimés d'un ouvrage longuement attendu, un dictionnaire de la langue française (fig. 1). Presque soixante ans plus tôt, en 1635, un édit du père de Louis XIV avait permis à un groupe de lettrés de se constituer en Académie française. Sa mise en place avait été supervisée, de manière autoritaire, par le cardinal de Richelieu. L'une des premières tâches confiées à cette Académie, conçue comme l'arme littéraire de la monarchie absolue, avait été la rédaction du premier dictionnaire de la langue française. En 1694, quand il paraît enfin, l'absolutisme politique a atteint des sommets que même Richelieu n'aurait pu imaginer.

Pourtant, ce dictionnaire de la langue française reçut du roi un accueil bien peu chaleureux. Louis XIV répondit au discours de présentation de Jacques de Tourreil que, puisque tant d'années d'efforts avaient été nécessaires à tant d'académiciens, le livre devait être « très beau et très utile pour la langue » (*le Mercure galant*, août 1694). Tout autant qu'un éloge du résultat, cette remarque était une allusion ironique à la lenteur de l'entreprise. Une étrange coïncidence avait voulu que, le même jour exactement, l'éditeur hollandais Leers offrît au roi un autre dictionnaire français qui avait dû être imprimé en Hollande précisément parce que, en France, l'Académie française détenait un privilège exclusif. Son auteur, qui venait de mourir, avait été exclu de l'Académie pour n'avoir pas voulu renoncer à son projet. Son nom était Antoine Furetière et son *Dictionnaire universel des arts et des sciences*, paru en 1690 et réédité par la suite, fut accueilli chaleureusement par le monarque. Comme le dit Racine dans une lettre à Boileau, cette présentation simultanée « a paru un assez bizarre contre-temps pour le *Dictionnaire* de l'Académie, qui me paraît n'avoir pas tant de partisans que l'autre » (*Œuvres complètes*, vol. II, p. 548).

Par ailleurs, un troisième dictionnaire français d'importance, composé sous la direction d'auteurs renommés, avait déjà été publié à Genève (1680) par un professeur, Pierre Richelet, et avait connu un grand succès. L'absolutisme linguistique n'était pas arrivé à s'imposer avec la même efficacité que son homologue politique.

Bien que ces trois dictionnaires diffèrent à maints égards, ils partagent un trait si évident qu'on le remarque rarement : ils sont entièrement rédigés en français et ne

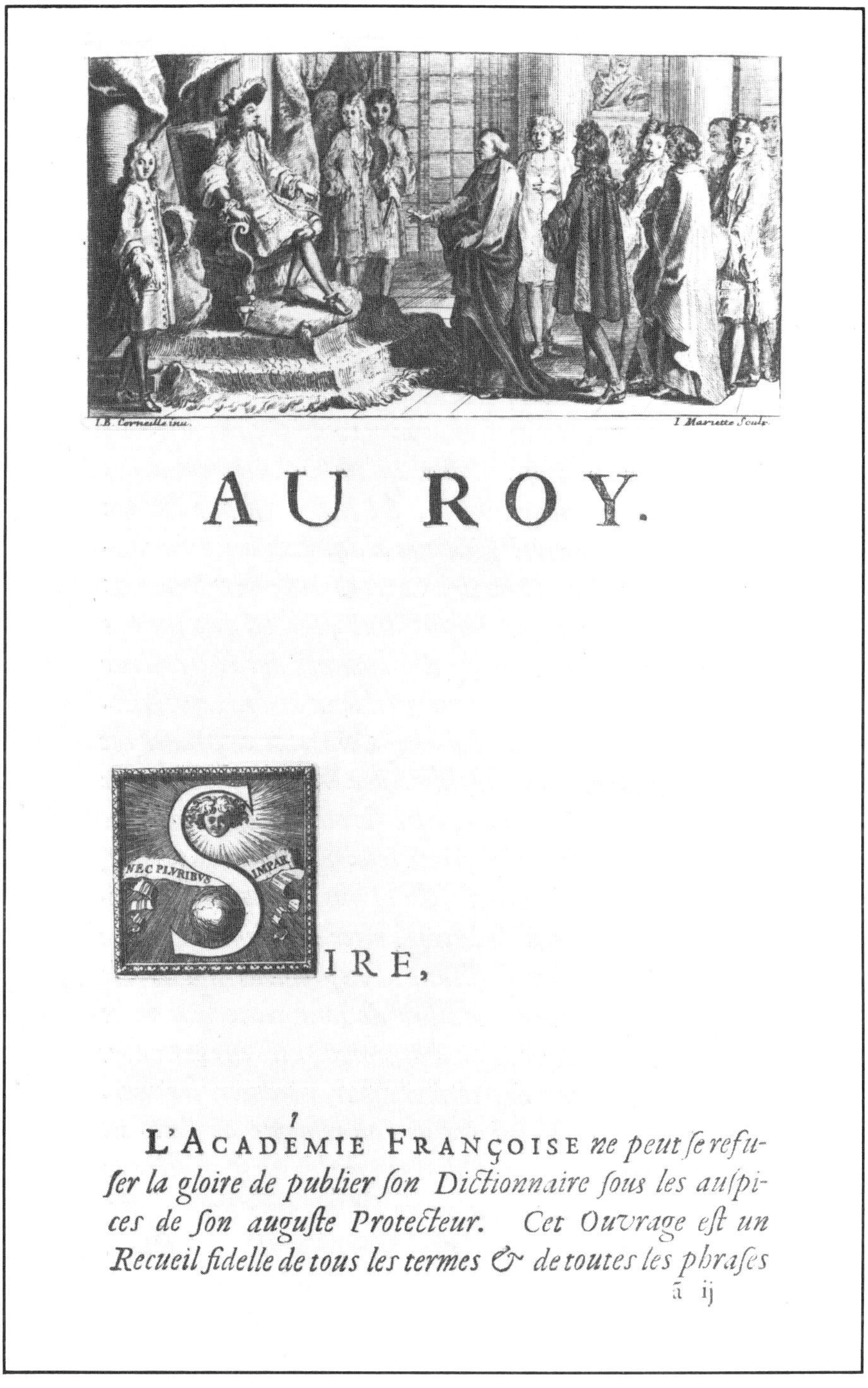

AU ROY.

SIRE,

L'ACADÉMIE FRANÇOISE *ne peut se refuser la gloire de publier son Dictionnaire sous les auspices de son auguste Protecteur. Cet Ouvrage est un Recueil fidelle de tous les termes & de toutes les phrases*

ã ij

1. *Épître au roi*, planche de Jean-Baptiste Corneille, gravée par Jean Mariette, in *Dictionnaire de l'Académie française*, vol. Ier (Paris, Jean-Baptiste Coignard, 1694). (Beinecke Rare Book and Manuscript Library, Yale University.)

contiennent pas de latin. Dans le monde occidental, les dictionnaires de langue apparurent d'abord sous une forme bilingue ou multilingue. En France, c'est le *Dictionnaire français-latin* (1539) de Robert Estienne qui avait fourni la première description lexicographique détaillée du français ; en 1606, le *Trésor*, de Jean Nicot, contenait encore des traductions latines. Avant 1680, celui qui cherchait des renseignements sur le français devait ouvrir des ouvrages comme le *Dictionarie of the French and English Tongues* (Londres, 1611), de Randall Cotgrave, ou le *Trésor des deux langues espagnole et française* (1607), de César Oudin. La suppression des références latines dans les descriptions de la langue moderne n'allait pas de soi, car les dictionnaires étaient utilisés avant tout comme instruments d'introduction au latin, langue scolaire encore considérée comme suprême référence sémantique. C'était le cas pour la plupart des dictionnaires en usage dans les écoles. L'idée d'un dictionnaire entièrement rédigé en français était radicalement neuve, aussi neuve que l'ordonnance Villers-Cotterêts (10 août 1539) par laquelle François Ier avait rendu obligatoire l'usage du français au lieu du latin dans toute décision juridique. Le conflit social et politique du latin et du français avait été essentiellement un phénomène du XVIe siècle : à cette époque, l'Église catholique et les institutions pédagogiques voulaient conserver le latin, alors que le roi, les protestants, les écrivains et les humanistes appuyaient une libéralisation de l'emploi du français. À la fin du XVIIe siècle, d'ailleurs, la question n'avait toujours pas été résolue : la querelle des Anciens et des Modernes devait la rouvrir sous d'autres formes.

De même que la décision d'imposer le français comme langue juridique officielle, la description systématique, mot à mot, de la langue française, a été une entreprise politique et idéologique. L'académicien Claude Favre de Vaugelas, auteur des célèbres *Remarques sur la langue française* (1647), demeura, jusqu'à sa mort, l'âme du dictionnaire de l'Académie. À la suite du poète François de Malherbe, Vaugelas déclarait que seul l'usage gouvernait véritablement la langue, qu'il était son « maître et tyran » – conception évidemment peu démocratique. L'usage linguistique correct était alors défini par le bon goût d'un petit nombre d'individus riches et puissants, pour la plupart des courtisans, surtout après que Louis XIV eut transporté sa cour de Paris à Versailles. La remarque, souvent citée, de Malherbe, selon laquelle ses maîtres en langage étaient les « crocheteurs du Port-au-Foin » (« Vie de Malherbe », p. 21), ne signifiait probablement rien de plus que ceci : le français écrit devait être clair et suffisamment simple pour être compris même par des gens sans éducation. À l'inverse des humanistes pédants, soucieux d'imiter les tournures grecques et latines, Malherbe avait toujours recherché la simplicité. Vaugelas et Dominique Bouhours suivirent son exemple, avec l'appui politique de Richelieu et, plus tard, celui de Louis XIV et de son ministre Colbert qui voulaient imposer un nationalisme linguistique contrôlé par l'État. Une tradition fondamentalement française, assise sur l'autorité linguistique de l'aristocratie, se trouva ainsi établie. Les meilleurs écrivains s'y soumirent : Racine, par exemple, demanda à Bouhours de le corriger. Ce qui n'empêchait par les débats de politique linguistique d'être conduits au nom d'abstractions : logique, imitation *(mimesis)* de la nature, élégance et clarté.

Tout le monde ne partageait pas les vues de l'Académie. Parmi les dissidents, on comptait les héritiers de l'épanouissement linguistique du XVIe siècle, comme Marie de Gournay, la « fille d'alliance » de Montaigne, ou La Mothe Le Vayer, philosophe sceptique aussi hostile à l'absolutisme qu'à l'appauvrissement concerté de la langue. Jusqu'en 1650, cet appauvrissement consécutif aux interdictions décrétées par le goût classique a pu être contrecarré d'abord par les auteurs baroques puis par les adeptes des cercles précieux. Mais les désaccords les plus graves n'étaient pas littéraires.

On trouve, déjà dans les plus anciens dictionnaires français, des preuves indiscutables de la lutte voilée entre, d'une part, l'autorité de l'État, l'esprit de cour et le goût aristocratique (tous liés à l'absolutisme religieux et civil) et, d'autre part, la puissance considérable du capitalisme montant, lui-même lié à l'essor de l'élite bourgeoise qui allait animer les courants philosophiques du XVIIIe siècle. Ainsi, le *Dictionnaire* de Richelet, paru en 1680, alors que les académiciens suaient sang et eau pour réaliser les désirs de Colbert, différait profondément du projet de l'Académie. Comme le lexicographe Oudin, Richelet part d'impératifs pratiques : son dictionnaire n'a pas l'idéalisme de Vaugelas, avec ses ambitions de pureté et d'élégance. Il reflète plutôt sa conviction personnelle que, s'ils veulent être utiles, les dictionnaires ne peuvent pas se laisser limiter par des règles de syntaxe et de stylistique trop étroites. Ils doivent au contraire décrire la langue et ses produits en tant que faits sociaux, reflétant les contradictions entre les différentes sortes d'usage. Même si Richelet, pas plus que Furetière, n'a osé critiquer l'idée du « bel usage », leurs dictionnaires montrent qu'un concept social aussi arbitraire ne peut être le seul but poursuivi par un outil linguistique rationnel.

De nouveaux modes de description commencèrent alors à se développer dans la linguistique française : la description historique de la langue et la théorie du langage en général. Après diverses explorations préliminaires au cours du XVIe siècle et au début du XVIIe siècle, la première tendance a ouvert la voie à l'admirable recherche de Charles Du Cange sur le latin médiéval et à celle de Gilles Ménage sur l'étymologie française. Bien qu'elles soient imparfaites, les conjectures de Ménage faisaient preuve d'une conscience neuve de ce qu'avaient d'historique, et par conséquent de social, les lois linguistiques (*les Origines de la langue française*, 1650). La recherche théorique, dérivée des philosophies de Descartes et de Malebranche, s'affirma brillamment grâce aux pères jansénistes de Port-Royal, en particulier Claude Lancelot et Antoine Arnauld (*Grammaire générale et raisonnée*, 1660), et Pierre Nicole. L'orientation sémantique, logique et universelle qu'ils donnèrent à la réflexion linguistique se développera en France tout au long du XVIIe siècle et sera renforcée par Leibniz et les philosophes anglais ; elle est encore vivante dans la pensée française contemporaine. Il va de soi que ces nouvelles théories étaient utiles pour la défense de Vaugelas, Bouhours et Boileau. Ainsi, le français était censé être l'incarnation parfaite du concept de langage à structure analytique. Néanmoins, l'attention aux structures formelles et aux règles sémantiques présentes dans toute langue naturelle était difficilement conciliable avec l'attitude normative que les autorités royales exigeaient de l'Académie française. Bref, il était à prévoir que la logique (Port-Royal) et l'usage (Vaugelas) continueraient à s'opposer.

Mais ce n'était pas la seule contradiction sur laquelle reposaient les dictionnaires de la langue française du XVIIe siècle. Il y avait aussi l'opposition non résolue entre sélection et exhaustivité, la première exigée par le bon goût, la seconde indispensable aux nouvelles exigences du savoir. Cette contradiction apparaît de façon particulièrement évidente lorsque l'on compare les deux dictionnaires présentés à Louis XIV en cette fin d'août 1694. L'Académie défend le bel usage, le bon goût et le style employé à la cour de Versailles lors des cérémonies officielles. Le bon usage a été défini par Vaugelas lui-même, pour ce qui est de la langue parlée, comme la façon de s'exprimer de « la plus saine partie de la cour » et, pour la langue écrite, comme l'usage le plus conforme à la « plus saine partie des auteurs » (*Dictionnaire de l'Académie française*, p. II). Cette théorie sociale de la langue est incontestablement élitiste, puisqu'elle identifie la « santé » à l'usage et au goût d'un petit cercle proche du roi, lequel se trouvait par là investi d'un pouvoir quasi magique : une sorte de chaman incarnant la force et la vigueur de la langue, de la société et de la nation françaises.

Furetière ne voyait pas pourquoi la justesse et la raison régneraient à Versailles plutôt que dans les discrets cabinets de travail des savants et des penseurs disséminés à travers le royaume. Son dictionnaire se propose de refléter l'essor des sciences et des arts (qui incluent l'artisanat aussi bien que les beaux-arts). Furetière ressentait davantage le besoin d'accumuler une terminologie précise que d'exclure au nom du « bon goût ». Ce besoin finit par s'imposer aux académiciens eux-mêmes puisque, précisément en 1694, ils demandèrent à Thomas Corneille, célèbre dramaturge comme son aîné Pierre, d'établir un dictionnaire « des arts et des sciences » qui compléterait leur compendium du « bon usage ». Pour décrire la langue de tous les jours, Furetière eut souvent recours aux mêmes sources que celles de l'Académie et ce fut d'ailleurs l'un des principaux reproches qu'on lui fit. Thomas Corneille se servit aussi des sources de Furetière, mais avec moins de succès. Parce qu'il ne s'était pas laissé limiter par le bon usage et la doctrine du bon goût, l'image du français écrit et parlé dans les années 1650-1690 présentée par Furetière était plus complète et plus objective que celle des académiciens. On critiqua l'Académie sur deux plans : l'élite trouva le dictionnaire incomplet et d'un emploi difficile (la moitié des entrées était groupée selon l'étymologie et l'autre selon la morphologie) et les puristes y relevèrent beaucoup trop d'expressions qu'ils jugèrent vulgaires et triviales. L'ouvrage fut même qualifié de « dictionnaire des halles ».

De notre point de vue moderne, les trois principaux dictionnaires de la langue française parus au XVIIe siècle offrent d'excellentes ressources linguistiques, ainsi que des exemples précieux de la rhétorique sociale à l'époque de Louis XIV. On peut aussi y voir le début d'une double tradition. Un dictionnaire peut en effet avoir deux buts : dévoiler la vérité sociale de la langue (c'est-à-dire la norme) ou, par l'emploi exact des termes, témoigner des progrès scientifiques, philosophiques et culturels de la société dans son ensemble. Le *Dictionnaire de l'Académie* – huit éditions en trois siècles – poursuivit le but social, de même que le *Dictionnaire de la langue française* (1863-1872), d'Émile Littré, et le remarquable *Dictionnaire général de la langue française* (1900), d'Adolphe Hatzfeld, Arsène Darmesteter et André Antoine Thomas. Exception faite pour le *Dictionnaire de l'Académie*, tombé en désuétude dès la fin du XVIIIe siècle, les œuvres s'inscrivant dans cette tradition fournissent d'abondantes citations littéraires. Elles se rattachent encore, à bien des égards, à la tradition du XVIIe siècle. Ainsi, vers 1860, Littré, qui pourtant reflète l'influence exercée par la philologie allemande du XIXe siècle sur le développement de la linguistique, professe une philosophie du langage qui continue à relever de la conception cartésienne de Port-Royal. De surcroît, pour Littré, le concept de bon usage a des implications historiques. Cet usage n'est plus défini par un groupe social ou imposé par une vision politique absolutiste, mais il reste incarné dans la littérature de l'âge de l'absolutisme politique, dans les styles d'auteurs que Littré considérait toujours comme faisant autorité, de Malherbe à Chateaubriand (et presque jamais chez ses contemporains).

La perspective scientifique, de son côté, considérait les mots comme autant d'outils de la pensée et du savoir. La tradition de Furetière s'est poursuivie au XVIIIe siècle avec les dictionnaires des jésuites de Trévoux, contrepartie conservatrice du « dictionnaire raisonné » de Diderot et d'Alembert, l'*Encyclopédie* (1751-1772). L'histoire de la lexicographie française s'articule sur de telles tendances complémentaires : au cours de la seconde moitié du XIXe siècle, Littré, philologue social, eut pour complément Pierre Larousse, pédagogue résolu à enseigner au peuple les mots et les choses, de façon démocratique. Tous deux admiraient Hugo, Zola, Proudhon et Gambetta. Ils n'en créèrent pas moins des programmes lexicographiques très différents au service du même idéal. À l'instar de leurs prédécesseurs du XVIIe siècle, ils incarnent l'opposition entre une théorie de la langue comme valeur culturelle suprême, comme pensée ou raison *(logos)* et une théorie de la langue comme instrument du savoir (terminologie) et de l'action (rhétorique) : d'une part une conception raffinée, plus ou moins puriste, de la langue en tant que force normative et sociale (Littré) et, d'autre part, la langue considérée comme un outil pragmatique et utilitaire (Larousse). On peut même faire remonter cet antagonisme linguistique au conflit opposant un pouvoir élitiste et une éducation démocratique.

Il s'ensuit que l'opposition entre l'Académie française et Antoine Furetière n'était pas simplement personnelle ou même institutionnelle. Elle était, en vérité, sociale et culturelle, au sens le plus profond de ces termes. Les différentes façons dont les groupes sociaux, en France, conçoivent leur propre langue se trouvent plus ou moins fidèlement réfléchies dans les principaux dictionnaires. Cette habitude ne saurait surprendre dans un pays où dirigeants et présidents ont édité des anthologies de poésie (tel Georges Pompidou) ou écrit des œuvres de critique littéraire et musicale (tel Édouard Herriot, qui fut également académicien) et où, parfois, les gouvernements légifèrent sur les mots aussi bien que sur les citoyens qui s'en servent.

Voir aussi 1539, 1627, 1634, 1661, 1680, 1687, 1697, 1751, 1791 (13 janvier).

Bibliographie : Dictionnaire de l'Académie française (Paris, Coignard, 1694). Honorat de Bueil, seigneur de Racan, « Vie de Malherbe », in *Œuvres poétiques de Malherbe*, éd. Louis Moland (Paris, Garnier, 1874) ; *Mémoires de la vie de M. de Malherbe*, in *Œuvres complètes* (Paris, Bibliothèque Elzévirienne, 1857 ; rééd., *Vie de M. Malherbe* (Paris, Le Promeneur, 1991). Jean Racine, *Œuvres complètes*, éd. Raymond Picard, 2 vol. (Paris, Gallimard, 1966). Ferdinand Brunot, *Histoire de la langue française, des origines à 1900*, vol. Ier et II (1909 ; réimp., Paris, Armand Colin, 1966-1968). Bernard Quémada, *Histoire des dictionnaires français* (Paris, Didier, 1968). Alain Rey, *Introduction au dictionnaire d'Antoine Furetière* (Paris, Le Robert, 1978).

Alain Rey

1697

Publication en Hollande du *Dictionnaire historique et critique* de Pierre Bayle

Écrits en marge

Beaucoup des penseurs qui ont donné forme à la culture moderne ont été des figures marginales – Descartes, Spinoza, Rousseau et même Montesquieu (« un grand provincial », comme le nomme Pierre Barrière, un de ses biographes modernes) –, des « outsiders » au regard critique qui, en mettant en question les idées reçues, ont encouragé les renaissances et les innovations caractéristiques du cours de l'histoire occidentale depuis le XVe siècle. La marginalité semble, de façon paradoxale, une dimension centrale pour l'ensemble de la culture moderne. Et il se pourrait bien que les rapports du centre et de la périphérie soient plus symbiotiques, moins rigidement antagonistes qu'on pourrait être tenté de le penser à en juger par les répressions et les persécutions auxquelles ont été soumis dissidents, non-conformistes et artistes bohèmes ou d'avant-garde. Même à l'apogée du règne de Louis XIV, il existait une culture marginale considérable : fictions utilisées comme commentaire sur les mœurs, comme les *Lettres d'un espion turc* (1684), de Giovanni Paolo Marana ; récits utopiques, comme *la Terre australe connue* (1676), de Gabriel de Foigny, ou l'*Histoire des Sévarambes* (1677), de Denis Veiras ; spéculations plus ou moins fantaisistes sur l'origine de la religion, comme la *Lettre d'Hippocrate à Demagette* (vers 1700), restée anonyme ; et récits de voyage, comme les *Voyages en Turquie* (1676), de Jean-Baptiste Tavernier, ou les *Nouveaux Voyages* (1703), de Louis Armand de Lahontan. Certains de ces textes ont été écrits en France, d'autres par des expatriés comme Jean (ou sir John) Chardin (*Voyages en Perse*, 1686) ; certains circulaient librement, d'autres clandestinement.

Pierre Bayle (1647-1706) était au nombre des expatriés. Son œuvre querelleuse, indépendante, délibérément étrangère à tout système, a été publiée intégralement en Hollande et son rôle a été central pour les écrivains du siècle des Lumières. Au XVIIIe siècle, son *Dictionnaire historique et critique* (1697) a eu plus de succès auprès des gens instruits qu'aucune autre œuvre ; il a été une mine d'idées et d'exemples pour tous les philosophes. Bayle lui-même a mené une existence marginale. Né dans une petite ville du lointain comté de Foix et fils d'un pasteur calviniste pauvre, il a perdu son modeste emploi d'enseignant à l'académie de Sedan quand ce collège protestant fut fermé par ordre du roi en 1681. Exilé, il passa le reste de sa vie en Hollande. Là encore, il eut des démêlés avec les autorités huguenotes et fut destitué de la chaire de philosophie créée pour lui lors de son arrivée à Rotterdam. De 1693 jusqu'à sa mort en 1706, Bayle vécut d'une modeste pension de son éditeur hollandais, Leers. Privé du soutien d'un mécène noble, d'une cour ou d'une église, il a été l'un des premiers intellectuels professionnels, et une des gloires de la diaspora protestante du XVIIe siècle. Leur persécution et leur bannissement par Louis XIV avait propulsé de nombreux protestants d'une vie de ghetto provincial au centre de la vie intellectuelle européenne. Les huguenots exercèrent une influence sans commune mesure avec leur nombre, que ce soit à Rotterdam ou à Amsterdam, à Londres, à Berlin, à Hambourg, à Genève, à Berne et même dans les colonies hollandaises d'Afrique du Sud. Grâce à eux, les idées s'échangèrent entre la France et l'Angleterre (ainsi, Pierre Coste, le traducteur français de John Locke, était un protestant en exil). Ils ont aussi contribué à faire accepter le français comme langue des Lumières, ou langue philosophique. Ces exilés devinrent donc des figures centrales et médiatrices. Le public auquel Bayle s'adressait, en français, depuis Rotterdam, comprenait un grand nombre de ses compatriotes, malgré les efforts redoublés de la censure française, mais c'était aussi un public européen.

Le centre de l'œuvre de Bayle appartient à des genres jugés marginaux et donc inférieurs : des comptes rendus, des commentaires, des lettres de circonstance sur des sujets d'actualité. Qu'il s'agisse de ses *Pensées diverses sur la comète* (1682), de sa *Critique de l'Histoire du calvinisme du père Maimbourg* (1682), de son *Commentaire philosophique sur ces paroles de Jésus-Christ : Contrains-les d'entrer, ou traité de la tolérance universelle* (1686-1687), des *Nouvelles de la république des lettres*, une des plus anciennes revues érudites d'Europe, éditée et, pendant la période 1684-1687, rédigée pour l'essentiel par Bayle lui-même, ou de son remarquable *Dictionnaire historique et critique*, tous ces ouvrages ont ouvert la voie à des classiques du XVIIIe siècle tels que l'*Encyclopédie* (1751-1772), de Diderot et d'Alembert, le *Dictionnaire philosophique* (1764), de Voltaire, la *Lettre sur les aveugles* (1749) et le *Supplément au Voyage de Bougainville* (écrit en 1772, publié en 1796), de Diderot, et à une culture littéraire axée non sur la production de « grandes œuvres », mais sur l'échange rapide, la succession des provocations et des réponses. Les écrits de Bayle ont remis en question la conception classique de la littérature et de la forme comme du contenu qui convenaient à la littérature. Ils ont retiré la religion et l'érudition, la science et la philosophie des mains des spécialistes pour les offrir au lecteur moyen. Du même coup, la littérature ne se réduisait plus à l'imitation de modèles et de thèmes consacrés. Les frontières entre le centre et la périphérie, l'« écrivain de génie » – ainsi que Marivaux allait surnommer l'écrivain « classique » – et le journaliste/publiciste, les genres et les sujets « nobles » (comme les thèmes épiques et tragiques « éternels ») et les sujets jugés communs (comme les domaines « éphémères », d'ordre scientifique, académique ou pratique), ces frontières allaient perdre de leur netteté et entraîner certaines conséquences politiques.

Dans le contexte du XVIIe siècle, la composition même du *Dictionnaire* de Bayle introduit une conception originale du rapport entre le centre et la marge. La partie de la page généralement considérée comme « subordonnée » – l'espace réservé aux notes du texte « principal » – prend ici une importance au moins égale à celle du texte principal et ses dimensions sont considérablement agrandries. La hiérarchie des espaces textuels est abolie. Le texte annoté n'est pas plus important que celui des annotations – contrairement à l'usage qui voulait que le texte « original » (un texte « ancien », comme la Bible ou Aristote) soit revêtu d'un caractère sacré en vertu duquel il jouissait d'un prestige et d'une autorité qui le plaçaient au-dessus de tout commentaire « moderne ». Le texte de Bayle se répand aussi dans les marges parsemées de réflexions et de références qui, pour être de dernière minute, ne sont toutefois pas secondaires. Toutes les parties du texte du *Dictionnaire* exigent ainsi la même lecture attentive (fig. 1).

D'excellents spécialistes ont soutenu que Bayle était resté un penseur fondamentalement chrétien, dans la tradition fidéiste, et qu'il avait été mal interprété par les auteurs du siècle des Lumières, tels que Voltaire et Hume. On ne saura probablement jamais ce à quoi Bayle croyait. L'idée même qu'il aurait eu des convictions stables et identifiables est contestable, comme l'a suggéré Feuerbach en 1839 (*Sämmtliche Werke*, pp. 267-285). Mais l'incertitude de notre interprétation est en accord avec le message, maintes fois modulé, du texte de Bayle lui-même.

L'essence même de Bayle réside dans la pratique simultanée d'une critique rationnelle et d'une critique de la raison. La marginalité réapparaît ici comme notion centrale. Comme Pascal avant lui, Bayle rappelle que les êtres humains ne sont pas au centre de l'univers ; comme Voltaire plus tard, il ne peut trouver aucune preuve montrant qu'ils seraient plus qu'un incident dans un schème divin quelconque (*Pensées diverses sur la comète*). Ils n'ont aucun contact direct – par la raison, la divination ou tout autre moyen – avec l'origine et le centre des choses. Exilés dans une position marginale, ils ne peuvent recevoir sur l'univers que des informations déformées et imparfaites. Ils n'ont qu'un seul recours : ne jamais l'oublier et s'employer à interpréter et à rectifier ces données du mieux qu'ils peuvent. Toutes les spéculations humaines sur ce que les choses sont « réellement » – c'est-à-dire, comment on se les représenterait si on pouvait les voir depuis le centre, comme Dieu les voit, en admettant qu'un tel centre existe – ne sont jamais qu'incertaines et sujettes aux critiques (c'est leur aspect négatif), mais, par là même, susceptibles de corrections et de révisions (c'est leur aspect positif). Bayle semble dire que si l'on pouvait connaître la « vérité », toute recherche scientifique deviendrait inutile : c'est en raison du caractère nécessairement hypothétique de notre savoir que nous cherchons sans cesse à l'améliorer. L'important n'est pas que tout savoir devienne interprétation, mais plutôt que l'homme parvienne à en faire un processus. Cette perspective sera confirmée cinquante ans plus tard pour tout le siècle des Lumières : Lessing déclarera que, s'il avait à choisir entre la vérité dans la main droite de Dieu et le simple désir de la découvrir dans sa main gauche, il n'hésiterait pas et il choisirait la main gauche. Cette conception du savoir comme processus ininterrompu de découverte, d'hypothèse, de critique et de correction, se manifeste dans le *Dictionnaire*, très concrètement par la multiplication des notes et des commentaires, l'insertion d'observations de « dernière minute » dans les marges et l'ajout de nouveaux éléments, notamment des réponses aux critiques, au cours des éditions successives (1702, 1715).

Les « héros » de Bayle annoncent le personnage du philosophe du XVIIIe siècle, Candide ou Zadig. Ainsi, Uriel da Costa (*Dictionnaire historique et critique*, « Acosta »), marrane portugais, contemporain ou presque de Spinoza, qui doit subir l'exil, les insultes et les persécutions de tous, juifs aussi bien que chrétiens, simplement parce qu'il pose des questions et cherche la « vraie » religion. Désespéré, il finira par se suicider. Sa carrière ressemble singulièrement à celle de Bayle. Cependant, même le philosophe-héros est traité avec un mélange de compassion et de détachement ironique. De même qu'il ne peut y avoir de vérité absolue, il ne saurait exister de héros absolu.

Pour Bayle, le travail de la raison consiste à continuellement défaire la toile du savoir. De même que c'est « sotte et ridicule vanité », de la part de l'homme, de s'imaginer que la naissance d'un prince est un événement d'ordre cosmique, pouvant être signalé, par exemple, par le passage d'une comète, de même il est naïf de penser qu'une proposition est vraie simplement parce qu'elle a été admise par la tradition ou toute autre forme d'autorité. Les récits sont entachés d'autant de faiblesses et de défauts que les princes, et ni les uns ni les autres ne méritent de nous en faire accroire. « Un récit, plein de la plus crasse ignorance, est aussi propre que l'exactitude historique à remuer les passions » (*ibid.*, préface). On ne saurait s'étonner que l'œuvre de Bayle soit de part en part une œuvre critique – depuis les comptes rendus parus dans les *Nouvelles de la république des lettres* et la *Critique de Maimbourg* jusqu'aux articles du *Dictionnaire* lui-même, qui avaient pour but de « compléter » et, là où la chose était nécessaire, de « corriger » le *Grand Dictionnaire historique, ou Mélange curieux de l'histoire sacrée et profane* (1674), de Louis Moreri.

Ouvrage parmi les plus paradoxaux jamais écrits – il consiste en un tissu de textes effilochés – le *Dictionnaire* constitue l'œuvre suprême de Bayle. La raison qui y est à l'œuvre est une raison critique. Si elle détruit l'erreur, elle n'engendre pas la « vérité ». Elle n'est pas comme la raison cartésienne, dans laquelle une vérité originale, irrécusable et accessible à l'intuition immédiate permet d'établir des vérités ultérieures jusqu'à la constitution d'un système de savoir véridique. La raison de Bayle se retourne au contraire contre elle-même et s'attaque à ses propres assises. Il compare la philosophie à l'une de ces poudres d'apothicaire, « si corrosives qu'après avoir consumé les chairs baveuses d'une plaie, elles rongeraient la chair vive, et carieraient les os, et perceraient jusqu'aux moelles » (*ibid.*, « Acosta », note G). La raison, dit-il ailleurs, « est une véritable Pénélope qui pendant la nuit défait la toile qu'elle avait faite le jour » (*ibid.*, « Brunel, Pierre », note E). Il s'ensuit que l'œuvre de Bayle n'adopte jamais de forme systématique. Elle ne se donne pas pour une explication complète de l'homme et de la nature, mais se présente plutôt comme un dialogue et un débat continus. Elle ne fait jamais le premier pas ; elle répond toujours, le plus souvent sous forme de comptes rendus ou de réfutations. Elle est fragmentaire et critique. La forme du *Dictionnaire*, ainsi que la sélection plus ou moins arbitraire de ses entrées, est un renoncement à toute prétention systématique. Bayle invite ses lecteurs à observer et à acquérir pour eux-mêmes l'opération de la raison – et non pas sa structure.

Dans chaque entrée du *Dictionnaire*, chaque mot (ou presque) du court texte descriptif imprimé au sommet de la page appelle une note critique qui envahit bientôt l'espace au-dessous et appelle à son tour d'autres notes, d'autres questions et d'autres références. Chaque énoncé, chaque phrase, chaque mot se révèle être un piège pour qui n'est pas sur ses gardes, un abîme de suppositions sans fondement et de relations gratuites. À chaque pas, l'illusion de la continuité s'effondre sous le regard critique. L'érudition la plus précise est justifiée, aux yeux de Bayle, dans la mesure où elle aide à montrer « par des exemples sensibles qu'il faut s'armer de défiance contre ce qu'on lit et employer son génie au discernement des faits » (*ibid.*, « Cappadoce », note K). Ce n'est pas un hasard si Bayle est non seulement un des fondateurs de la science historique moderne, qui lui doit des règles élémentaires d'établissement de preuves et des procédures critiques encore largement appliquées aujourd'hui, mais aussi un des auteurs préférés des historiographes de la fin du XVIIe siècle, en lutte contre l'historiographie rhétorique et narrative, c'est-à-dire classique. Il se trouve que ces derniers étaient souvent des panégyristes au service du monarque ; ceux qui soumettaient leurs récits à une critique minutieuse étaient, pour la plupart, des avocats bourgeois. De toute évidence, l'attitude de Bayle avait peu de chances de plaire à ceux qui avaient partie liée avec le centre du pouvoir.

Il reste à savoir si Bayle va « au-delà » du scepticisme. Il n'est pas aisé de répondre à cette question, surtout si l'on se souvient que le sens original du grec *skepsis* n'était ni le doute méthodique au sens cartésien ni une incertitude cultivée, mais une interrogation, une recherche, une investigation prudente et continue. À l'apogée d'un absolutisme politique dont ses coreligionnaires français et lui-même avaient tant souffert, le but principal de Bayle était incontestablement d'ordre critique et négatif. Il fallait détruire une structure d'oppression avant de songer à ce qu'on allait mettre à sa place. Cependant, Bayle ne se contente pas de montrer que la raison attaque tout ce qu'elle touche. Bien qu'il faille reconnaître qu'en matière de faits – à la différence des vérités tautologiques de la logique et des mathématiques – l'homme n'a aucun moyen infaillible de distinguer une croyance exacte d'une croyance erronée (*Commentaire philosophique*), en tant qu'être rationnel il a l'obligation de faire tout son possible pour découvrir ce qui semble le plus plausible. « L'on ne doit jamais refuser de s'éclaircir avec ceux qui ont quelque chose de nouveau à dire. » Bayle parlait souvent de son appétit insatiable pour les « nouvelles » – les faits et informations en tout genre. En dernière analyse, déclare-t-il, il n'y a que la théologie, décrite ironiquement comme « cette divine science », qui soit inconciliable avec son type de scepticisme. Et le théologien est le seul qui puisse trouver ce scepticisme dangereux, « car on ne voit pas qu'il le soit guère, ni par rapport à la physique, ni par rapport à l'État. Il importe peu qu'on dise que l'esprit de l'homme est trop borné, pour rien découvrir dans les vérités naturelles, dans les causes qui produisent la chaleur, le froid, le flux de la mer, etc. Il doit suffire qu'on s'exerce à chercher des hypothèses probables, et à recueillir des expériences » (*Dictionnaire historique et critique*, « Pyrrhon », note B) [fig. 1].

Autrement dit, que le savoir soit incertain ne le rend pas nécessairement inutile ou sans valeur. Il est d'ailleurs possible de choisir entre plusieurs explications et plusieurs hypothèses et de se mettre d'accord (provisoirement) sur celles qui sont le plus plausibles et celles qui le sont moins. Mais il est dans la nature même du savoir humain et scientifique, par opposition au savoir surnaturel, qu'on puisse toujours le réviser. Dans les sciences naturelles comme en histoire – Bayle ne fait aucune distinction épistémologique entre les deux –, le savoir change constamment et il est défini davantage par les critères et les procédures qui président à sa production et à son évaluation que par son contenu. Il est un processus et non une doctrine. Le modèle du savoir chez Bayle est, pourrait-on dire, emprunté à l'histoire ou au droit plutôt qu'à la métaphysique et à la théologie.

La lecture de l'œuvre de Bayle est une démonstration pratique de ce qu'il entend par exercice de la raison. Le lecteur du *Dictionnaire* n'est pas guidé par la main sûre d'un maître le long d'une voie rectiligne et sans obstacle qui le conduirait à la possession de la vérité. Au contraire, il achoppe de digression en digression, déconcerté et dérouté par des déclarations qui semblent ébranler ce qu'il tenait pour établi ou qui aboutissent à des impasses intellectuelles. Jamais la certitude d'avoir atteint la vérité absolue sur quelque sujet que ce soit ne lui est donnée, pas même en ce qui concerne le sens « dernier » de l'œuvre qu'il est en train de lire.

Durant les années finales du règne de Louis XIV, la multiplication des problèmes financiers et économiques et la succession de revers militaires conduisirent de plus en plus d'individus et de groupes – y compris de loyaux serviteurs de la Couronne, comme le maréchal Vauban (*Projet de dîme royale*, 1707) – à questionner publique-

2306 PINSSON. PYRRHON.

en pourra justement conclure qu'il avoit beaucoup de capacité, & beaucoup de réputation. Il fut Bâtonnier de la Communauté des Avocats & des Procureurs du Parlement en 1682 (*B*), & il fut reçu l'un des vingt quatre Docteurs honoraires de la Faculté des Droits de Paris à la place de Mr. Boscager le 25 de Février 1688. Il mourut sous-Doien de la Compagnie des Avocats le 10 d'Octobre 1691, à l'âge de plus de soixante & dix neuf ans, & fut enterré à saint Etienne du Mont. Il a laissé plusieurs enfans (*a*), & entre autres Mr. PINSSON des Riolles Avocat au Parlement de Paris, homme de mérite, & fort conu des Savans, & l'un des plus officieux amis que l'on puisse voir. Il travaille entre autres choses à la Vie des Professeurs de Bourges.

(*a*) *Tiré d'un* Memoire *manuscrit.*

„ Bois Avocat au Parlement, intitulé *Maximes du Droit* „ *Canonique*, qui ont été publiées avec ce livre plusieurs „ fois, chez Jean Guignard en deux volumes *in* 12. en „ 1678. 1684. &c. par Maitre Denis Simon, Conseiller „ au Presidial & Assesseur en la Marechaussée de Beau- „ vais (7). „

(*B*) *Il fut Bâtonnier de la Communauté des Avocats & des Procureurs du Parlement en* 1682.] En faveur de ceux qui pourront lire ceci sans avoir le Dictionaire de Furetiere, je donnerai l'explication du mot *Bâtonnier.* „ Battonnier, en termes de Palais, est un ancien Avocat qu'on „ choisit tous les ans selon l'ordre du tableau, pour être „ le Chef de la Communauté des Avocats & Procureurs, „ pour être maître de leur Chapelle & de leur Confrairie, „ & presider au siege qu'ils tiennent pour l'entretenement „ de la discipline du Palais & des reglemens. C'est à lui „ aussi qu'appartient la commission des charges des Juges „ inferieurs pendant leur interdiction (8). „

(7) *Tiré d'un* Memoire *manuscrit.*

(8) Dictionaire de Furetiere, *au Mot* Bastonnier.

PYRRHON, Philosophe Grec, nâtif d'Elide au Peloponnese, fut Disciple d'Anaxarque, & l'accompagna jusques aux Indes (*a*). Ce fut sans doute à la suite d'Alexandre le Grand, d'où l'on peut conoitre en quel tems il a fleuri. Il avoit éxercé le métier de Peintre (*b*) avant que de s'attacher à l'étude de la Philosophie. Ses sentimens ne différoient guere des opinions d'Arcesilas (*A*); car il s'en faloit bien peu qu'aussi bien que lui il n'enseignât l'incompréhensibilité de toutes choses. Il trouvoit par tout, & des raisons d'affirmer, & des raisons de nier: & c'est pour cela qu'il retenoit son consentement après avoir bien éxaminé le pour & le contre, & qu'il réduisoit tous ses Arrêts à un *non liquet*, *soit plus amplement enquis.* Il cherchoit donc toute sa vie la vérité; mais il se ménageoit toujours des ressources pour ne tomber pas d'accord qu'il l'eût trouvée. Quoi qu'il ne soit pas l'Inventeur de cette méthode de philosopher, elle ne laisse pas de porter son nom: l'Art de disputer sur toutes choses, sans prendre jamais d'autre parti que de suspendre son jugement, s'apelle le *Pyrrhonisme*: c'est son titre le plus commun. C'est avec raison qu'on le déteste dans les Ecôles de Théologie (*B*), où il tâche de puiser de nouvelles forces, qui

(*a*) Diog. Laërtius, *in* Pyrrhone, *Libr. IX*, *init. num.* 61.

(*b*) *Idem*, *ibidem.*

(*A*) *Ses sentimens ne différoient guere des opinions d'Arcesilas.*] Si je suivois ponctuellement Ascagne d'Abdere, je dirois qu'il n'y avoit nulle différence entre ces deux Philosophes. Γενναιότατα δοκεῖ φιλοσοφῆσαι τὸ τῆς ἀκαταληψίας καὶ ἐποχῆς εἶδος εἰσαγαγών, ὡς Ἀσκάνιος ὁ Ἀβδηρίτης φησί. *Nobilissime Philosophiam tractasse videtur, commentus modum quo de omnibus nihil decerneret, neque quicquam comprehendi posse diceret, ut Ascanius Abderites auctor est* (1). C'est assurer nettement que selon Pyrrhon la nature des choses étoit incompréhensible: or c'étoit le dogme d'Arcesilas. Néanmoins j'ai mieux aimé laisser entre eux quelque différence, parce que l'esprit des Pyrrhoniens ne supose pas formellement l'incompréhensibilité. On les a nommez Sceptiques, Zetetiques, Ephectiques, Aporetiques (2), c'est-à-dire *éxaminateurs*, *inquisiteurs*, *suspendans*, *doutans.* Tout cela montre qu'ils suposoient qu'il étoit possible de trouver la vérité, & qu'ils ne décidoient pas qu'elle étoit incompréhensible. Vous trouverez dans Aulugelle qu'ils condamnoient ceux qui assûrent qu'elle l'est; & voilà, selon cet Auteur, la différence des Pyrrhoniens & des Académiciens (3): en tout le reste ils se ressembloient parfaitement, & ils se donnoient les uns & les autres les noms que j'ai raportez (4). *Cum hac autem consimiliter tam Pyrrhonii dicant quàm Academici; differre tamen inter sese & propter alia quadam, & vel maximè propterea existimati sunt, quòd Academici quidem ipsum illud nihil posse comprehendi, quasi comprehendunt; & nihil posse discerni, quasi discernunt: Pyrrhonii ne id quidem ullo pacto videri verum dicunt, quòd nihil esse verum videtur* (5). Sextus Empiricus a trouvé une autre différence (6): Arcesilas prétendoit que la suspension fût bonne naturellement, & que l'affirmation fût mauvaise naturellement; mais selon Pyrrhon elles ne l'étoient qu'en aparence, οὐ κατὰ φύσιν ἀλλὰ κατὰ φαινόμενον, *non secundum naturam sed secundum id quod apparet.* Dans le fond l'un n'étoit pas pour le doute avec plus d'ardeur que l'autre; & rien n'étoit plus facile que de les mettre d'accord. Il ne faloit que leur demander qu'ils s'expliquassent nettement & sincérement (7).

(*B*) *C'est avec raison qu'on déteste le* Pyrrhonisme *dans les Ecôles de Théologie.*] C'est par raport à cette divine Science que le Pyrrhonisme est dangereux; car on ne voit pas qu'il le soit guere, ni par raport à la Physique, ni par raport à l'Etat. Il importe peu qu'on dise que l'esprit de l'homme est trop borné, pour rien découvrir dans les véritez naturelles, dans les causes qui produisent la chaleur, le froid, le flux de la mer, &c. Il nous doit suffire qu'on s'éxerce à chercher des Hypotheses probables, & à recueillir des Expériences; & je suis fort assûré qu'il y a très peu de bons Physiciens dans notre Siecle, qui ne se soient convaincus que la nature est un abime impénétrable, & que ses ressorts ne sont conus qu'à celui qui les a faits, & qui les dirige. Ainsi tous ces Philosophes sont à cet égard Académiciens & Pyrrhoniens. La vie civile n'a rien à craindre de cet esprit-là; car les Sceptiques ne nioient pas qu'il ne se falût conformer aux coutumes de son païs, & pratiquer les devoirs de la Morale, & prendre parti en ces choses-là sur des probabilitez, sans attendre la certitude &c. Ils pouvoient suspendre leur jugement sur la question, si un tel devoir est naturellement & absolument légitime; mais ils ne le suspendoient pas sur la question, s'il le faloit pratiquer en telles & telles rencontres. Il n'y a donc que la Religion qui ait à craindre le Pyrrhonisme: elle doit être appuiée sur la certitude; son but, ses effets, ses usages, tombent dès que la ferme persuasion de ses véritez est effacée de l'ame. Mais d'ailleurs on a sujet de se tirer d'inquiétude; il n'y a jamais eu, & il n'y aura jamais, qu'un petit nombre de gens, qui soient capables d'être trompez par les raisons des Sceptiques. La grace de Dieu dans les fidelles; la force de l'Education dans les autres hommes; & si vous voulez même, l'ignorance (9), & le panchant naturel à décider; sont un bouclier impénétrable aux traits des Pyrrhoniens, quoi que cette Secte s'imagine qu'elle est aujourd'hui plus redoutable qu'elle n'étoit anciennement. On va voir sur quoi elle fonde cette étrange prétention.

Il y a environ deux mois qu'un habile homme me parla fort amplement d'une Conférence où il avoit assisté. Deux Abbez, dont l'un ne sçavoit que sa routine, l'autre étoit bon Philosophe, s'échauffèrent peu-à-peu de telle sorte dans la dispute, qu'ils pensérent se quereller tout de bon. Le prémier avoit dit assez froidement, qu'il pardonnoit aux Philosophes du Paganisme d'avoir flotté dans l'incertitude des opinions; mais qu'il ne pouvoit comprendre que sous la lumiere de l'Evangile il se trouvât encore de misérables Pyrrhoniens. Vous avez tort, lui répondit l'autre, de raisonner de cette façon. Arcesilas, s'il revenoit dans le monde, & s'il avoit à combattre nos Théologiens, seroit mille fois plus terrible qu'il ne l'étoit aux Dogmatiques de l'ancienne Grece: la Théologie Chrétienne lui fourniroit des Argumens insolubles. Tous les assistans ouïrent cela avec beaucoup de surprise, & priérent cet Abbé de s'exqliquer davantage; & ne doutérent pas qu'il ne lui fût échapé un Paradoxe qui ne tourneroit qu'à sa confusion. Voici ce qu'il répondit en s'adressant au prémier Abbé. Je renonce aux avantages que la nouvelle Philosophie vient de procurer aux Pyrrhoniens. A peine conoissoit-on dans nos Ecôles le nom de Sextus Empiricus; les moiens de l'époque qu'il a proposez si subtilement n'y étoient pas moins inconus que la terre Australe, lors que Gassendi (10) en a donné un Abrégé qui nous a ouvert les yeux. Le Cartésianisme a mis la derniere main à l'œuvre; & personne parmi les bons Philosophes ne doute plus, que les Sceptiques n'aient raison de soutenir que les qualitez des corps, qui frapent nos sens, ne sont que des aparences. Chacun de nous peut bien dire, *je sens de la chaleur à la presence du feu*, mais non pas *je sai que le feu est tel en lui-même qu'il me paroit.* Voilà quel étoit le style des anciens Pyrrhoniens. Aujourd'hui la nouvelle Philosophie tient un langage plus positif: la chaleur, l'odeur, les coleurs, &c., ne sont point dans les objets de nos sens; ce sont des modifications de mon ame; je sçai que les corps ne sont point tels qu'ils me paroissent. On auroit bien voulu en excepter l'étendue & le mouvement; mais on n'a pu; car si les objets des sens nous paroissent colorez, chauds, froids, odorans, encore qu'ils ne le soient pas, pourquoi ne pourroient-ils point paroitre étendus & figurez, en repos & en mouvement, quoi qu'ils n'eussent rien de tel (11)? Bien plus; les objets des sens ne sçauroient être la cause de mes sensations: je pourrois donc sentir le froid & le chaud; voir des couleurs, des figures, de l'étendue, du mouvement, quoi qu'il n'y eut aucun corps dans l'Univers. Je

(1) Diog. Laërtius, *Libr. IX*, *num.* 61.

(2) *Voiez* Gassendi, *in Libro proœmiali de* Philosophia universè, *Cap. VIII*, *pag. m.* 24. *Voiez aussi* Aulugelle, *Libr. XI*, *Cap. V.*

(3) *Il faut entendre ceux de la* 2 *Académie fondée par Arcesilas.*

(4) Aulus Gellius, *Libr. XI*, *Cap. V.*

(5) *Idem*, *ibidem.*

(6) *Voiez* Vossius, de Philosophor. Sectis, *pag.* 107.

(7) *Voiez le Passage d'*Aristocles, *apud* Eusebium Præpar. Evang. *Libr XIV*, *cité par* Vossius, *ibid. pag.* 106.

(8) *Voiez* Diogene Laërce, *à la fin de la* Vie de Pyrrhon.

(9) *C'est un Mot de* Simonide, *ces gens-là ne sont pas assez fins pour être trompez par un homme comme moi.* Balzac *disoit la même chose des filles de son village. Agesilaus se plaignoit d'avoir à faire à des ennemis qui n'entendoient point la Guerre, ses ruses étoient inutiles, il ne pouvoit tromper des troupes mal aguerries. Voiez* Plutarque, *dans sa* Vie *vers la fin.*

(10) *Dans son Livre* de fine Logicæ, *Cap. III*, *à la page* 72, *& suiv. du I Volume de ses Oeuvres d'Edition de Lion*, 1658.

(11) *L'Abbé* Foucher *proposa cette Objection dans sa* Critique de la Recherche de la Vérité: *le Pere* Mallebranche *n'y répondit pas. Il en sentit bien la force. Voiez la Citation suivante.*

1. Pierre Bayle, *Dictionnaire historique et critique*, vol. III, 3e éd. (Rotterdam, Michel Bohm, 1720), p. 2306. (Beinecke Library Rare Book and Manuscript Library, Yale University.)

ment la politique de l'État et à proposer des réformes. Chaque jour, de nouveaux dissidents publiaient à l'intérieur même du pays des opinions restées clandestines jusqu'alors. Quant à la littérature qui, si Louis XIV avait pu imposer sa volonté, aurait été une activité cérémonieuse soumise à toutes sortes de régulations, elle devint de plus en plus la tribune des discussions et des débats publics. Alors que le classicisme n'avait reconnu que le style élevé ou bas, la tragédie ou la comédie, l'épopée ou le burlesque, on commença à cultiver l'entre-deux et à développer un registre intermédiaire, élégant sans être pompeux, digne, mais léger et souple. Cela devait permettre que des questions jusque-là réservées aux spécialistes et aux gens de métier, c'est-à-dire en marge de la littérature et ne convenant pas aux gentilshommes ou aux dames – le commerce et les impôts, la physique et la théologie, l'organisation politique et l'éducation –, soient exposées devant un grand public sous forme d'essais, de lettres, de dialogues et de comptes rendus.

Provincial et exilé de surcroît, Bayle ne possédait pas l'élégance raffinée de ses contemporains de l'intérieur. Il écrivait dans un français énergique et terre à terre, plus proche de la langue de Montaigne que de celle de Versailles ou des salons parisiens. À l'intérieur de la France, les nouveaux dissidents eux-mêmes faisaient preuve de plus d'urbanité. Fénelon, par exemple, traitait de questions politiques ou pédagogiques dans la langue onctueuse d'un évêque de cour, bien qu'il ait rarement été dans les bonnes grâces du roi. Neveu du grand Corneille, produit de la culture rationaliste de la noblesse de robe de sa Normandie natale mais aussi des cercles littéraires de la capitale, Fontenelle dominait la langue des salons à laquelle un siècle de vie de cour et d'urbanité avait donné un éclat et un raffinement sans précédent, lui permettant d'exprimer avec élégance et clarté les idées les plus obscures, les arguments les plus techniques. La physique, les mathématiques, l'économie, l'histoire naturelle, la linguistique et la politique allaient entrer dans le domaine de la littérature et fournir la matière de plus d'un texte classique de cet âge nouveau. La séduisante facilité de Fontenelle, son bel esprit et l'adresse avec laquelle il parvenait à obtenir des positions officielles (il fut membre de trois Académies royales et secrétaire permanent de l'Académie royale des sciences) avaient finalement permis au marginal de s'assurer une place au « soleil ».

Voir aussi 1685, 1694, 1751, 1761 (décembre).

Bibliographie : Pierre Bayle, *Dictionnaire historique et critique*, éd. Alain Niderst (Paris, Éditions Sociales, 1974). Ludwig Feuerbach, *Pierre Bayle. Ein Beitrag zur Geschichte der Philosophie und der Menschheit* (1839), in *Sämmtliche Werke*, éd. Wilhelm Bolin et Friedrich Jodl, vol. V (Stuttgart, Frommann Verlag, Günther Holzboog, 1905). Élisabeth Labrousse, *Pierre Bayle* (La Haye, M. Nijhoff, 1963-1964). Luc Weibel, *le Savoir et le Corps : essai sur le Dictionnaire de Pierre Bayle* (Lausanne, L'Âge d'Homme, 1975).

Lionel Gossman

1699

Mort de Racine

Racine et la nouvelle critique

Alors que, quelques mois avant la fin du siècle, Racine, âgé de cinquante-neuf ans, allait pieusement s'éteindre, dans la dévotion liée au retour de ses convictions jansénistes, il lui était permis de croire que, parmi ses nombreuses réussites dans le siècle, son théâtre resterait inchangé après sa mort. Il est vrai que, depuis plusieurs années, peut-être depuis sa prétendue conversion de 1677, il avait pris ses distances à l'égard de ses tragédies profanes, pour des raisons morales ou dans l'intérêt de sa carrière de courtisan. Cependant, à une date aussi tardive que 1697, il avait encore jugé devoir procéder à divers changements, à l'occasion d'une réédition de ses œuvres, comme si, mû par un pressentiment, il avait voulu leur donner une forme définitive. Il pouvait à juste titre penser que, en éclaircissant ses intentions, les préfaces protégeraient ses œuvres contre de futures interprétations. Car, en ces temps autoritaires, les intentions de Dieu, du roi et de l'auteur étaient tenues pour source de vérité. En outre, la réputation d'auteur dramatique de Racine avait atteint des dimensions monumentales. Sa vieille rivalité avec Corneille avait finalement été négociée dans une série de « parallèles » qui reconnaissaient à chacun un génie égal, mais différent, et la querelle des Anciens et des Modernes avait pris fin quand on avait admis que les meilleurs auteurs français étaient dignes des meilleurs auteurs grecs et romains. Reconnu comme classique, Racine pouvait mourir sans s'inquiéter du sort de son œuvre ou de sa réputation.

Pendant plus de deux siècles, on ne toucha pour ainsi dire ni à l'une ni à l'autre. Certes, Racine fut contesté de temps à autre, et de la façon la plus spectaculaire par les romantiques qui, avec le *Racine et Shakespeare* (1823, 1825) de Stendhal et la *Préface de Cromwell* (1827) de Hugo, remirent en question la forme classique de la tragédie et introduisirent en France le « drame », beaucoup plus souple. Il va de soi que l'évolution du style des acteurs et des conditions de production avait abouti à des représentations des tragédies de Racine sans grand rapport avec les pratiques théâtrales de son temps. Mais qu'on l'ait attaqué ou loué, le texte écrit de son théâtre gardait son prestige de canon littéraire. Même au milieu du XXe siècle, les meilleurs critiques raciniens, comme Jean Starobinski, Judd Hubert et Odette de Mourgues, ont rarement poussé leur interprétation au-delà du recouvrement ou de la découverte, dans le texte, de significations implicites qui attendaient seulement d'être mises en lumière. Leur sensibilité a produit des lectures complémentaires plutôt qu'opposées, originales, mais sans qu'aucune ne sorte du champ clos du texte racinien. C'est vers cette époque aussi que la nouvelle édition des *Œuvres* de Racine dans la Pléiade, due à Raymond Picard (1951, 1960), pratique, sérieuse et stimulante, a offert ses variantes et ses commentaires érudits à la critique racinienne, alors que *la Carrière de Jean Racine* (1956), du même Picard, fournissait le compte rendu définitif de la vie publique du dramaturge. Solidement établis comme emblèmes de l'héritage classique français, l'auteur et son œuvre semblaient inattaquables.

C'est, du moins, ce que l'on aurait pu croire vers 1960, époque à laquelle, mis à part le nouveau roman qui commençait déjà à se faire vieux, il y avait peu de signes annonciateurs de l'agitation intellectuelle et politique qui couvait. Certes, si l'on regarde en arrière, on peut à présent remarquer que la société française s'était lentement transformée et que les événements de 1968 sont probablement le résultat de ces changements socio-culturels ; cependant, cette révolte contre les milieux dirigeants a surpris les jeunes Français eux-mêmes. Il était pareillement difficile, dans les années 1950, de deviner que deux ouvrages récents de théorie ou de critique littéraire et quelques accents neufs dans des ouvrages plus traditionnels allaient ouvrir la voie à l'explosion structuraliste et post-structuraliste des deux décennies suivantes. Ainsi, à propos de Racine, *le Dieu caché* (1955), de Lucien Goldmann, et *l'Inconscient dans l'œuvre et la vie de Racine* (1957), de Charles Mauron, rejoignirent dans le calme le rayon des études raciniennes, en dépit des controverses suscitées par leurs thèses. Même le *Sur Racine* (1963), de Barthes, innovateur au point de friser la provocation, ne fit sourciller qu'un petit nombre. Cependant, tous les trois, et surtout ce dernier, sont à l'origine du bouleversement qui, deux ans plus tard, allait secouer la quiétude de la république des lettres et obliger le digne Racine à sortir du panthéon des auteurs pour comparaître au banc des accusés.

Le premier coup de ce qu'on allait appeler la « nouvelle querelle des Anciens et des Modernes » fut tiré pour défendre Racine. En 1965, scandalisé par la façon dont Barthes avait traité le plus classique des auteurs classiques, Raymond Picard décharge sa colère dans un opuscule intitulé *Nouvelle Critique ou nouvelle imposture ?* Pêle-mêle, Barthes, Goldmann et Mauron, ainsi que Jean-Paul Weber (pour son travail sur Alfred de Vigny) et Jean-Pierre Richard (sur Flaubert), sont taxés de « nouveaux critiques », irrationnels parce que les significations inconscientes et déraisonnables qu'ils mettent au jour menacent les bases mêmes de la pédagogie universitaire. La notion de « nouvelle critique » plut à tous, même aux accusés. Au cours de la polémique qui s'ensuivit, de nombreux jeunes critiques se rallièrent autour du nouveau drapeau. La déclaration la plus marquante suscitée par le débat se trouve dans *Pourquoi la nouvelle critique ?* (1966), de Serge Doubrovsky, auteur d'une étude existentialiste sur Corneille. En vérité, les nouveaux critiques n'avaient de commun que leur rejet de l'orthodoxie. Tous voulaient lire sous la surface du texte, mais au moyen de méthodes différentes : structuraliste, néo-marxiste, psychanalytique. Progressivement, leurs théories finirent par être acceptées par l'Université, la polémique s'apaisa et la nouvelle querelle fut oubliée. À l'instar de la querelle originale du XVIIe siècle, qui annonçait le siècle des Lumières, celle-ci annonçait et préparait un bouleversement intellectuel infiniment plus important qui allait bien vite la dépasser. Mais elle a eu au moins un effet direct et durable : en changeant la façon de lire les tragédies de Racine, elle allait leur redonner de l'actualité.

Pour les nouveaux critiques, l'œuvre de Racine était d'abord un prétexte : ils expérimentaient leurs propres théories sur un ensemble de textes canoniques à la disposition des lecteurs modernes. Ils n'avaient aucunement l'intention de « trahir » Racine, comme l'ont prétendu les traditionalistes ; ils voulaient au contraire lui rendre hommage en montrant que, après des siècles d'embaumement, Racine pouvait encore supporter et même engendrer de nouvelles interprétations. Bien qu'elles aient été d'abord au service de leurs théories, ces interprétations ont servi Racine de deux façons : l'une, directement, en rajeunissant son texte et en le préparant pour une nouvelle génération de lecteurs ; l'autre, indirectement, en faisant de lui la pierre de touche des méthodes critiques, l'auteur qui allait permettre de juger les nouvelles théories. Racine en est ainsi venu à jouer un rôle central, identique à celui de Shakespeare dans la tradition anglaise. Il éclipsait désormais Corneille et Molière comme sujet de recherches. Son seul rival était Flaubert. Aujourd'hui, si on s'intéresse à la nouvelle critique et aux sources du post-modernisme en France, il est impossible de ne pas relire les tragédies de Racine et, inversement, toute étude des tragédies de Racine doit prendre en compte leur lecture par les nouveaux critiques. C'est à ce carrefour du texte et de la théorie que se rencontrent les préoccupations intellectuelles des années 1960.

Vu sous cet angle, *le Dieu caché*, de Goldmann, consacre l'alliance, alors à la mode, du respect pour les classiques et de l'idéologie néo-marxiste. Son « structuralisme génétique », inspiré par Georg Lukács, Marx et Hegel, postule que les conditions sociales définissent divers groupes à l'intérieur de la société et que chacun de ces groupes répond à ces conditions en produisant une littérature qui lui est propre. À ce schéma, marxiste dans ses grandes lignes, Goldmann ajoute sa théorie de l'homologie des trois niveaux de structures : structures des conditions sociales, structures littéraires et, servant d'intermédiaire aux deux, structures significatives globales (« visions du monde ») produites par les conditions sociales d'un groupe donné et qui, en retour, influencent la littérature de ce groupe. Le groupe social de Racine est la noblesse de robe : écartée par la centralisation administrative de Louis XIV, elle ne conservait ses privilèges qu'à la faveur du bon plaisir de ce même roi qui avait sapé ses assises fonctionnelles. La définition structurelle de ce groupe combinait ainsi son affirmation et sa négation par un pouvoir supérieur. Le jansénisme est la structure homologue qui lui correspond au niveau des « visions du monde ». À la recherche d'un compromis entre l'affirmation catholique du libre arbitre individuel et la notion calviniste de prédestination, la théologie janséniste développe l'idée d'un Dieu qui se cache et se manifeste simultanément, qui aide les élus pourvu qu'ils veulent Le chercher. Le rapport entre le croyant et Dieu est structuré à l'image du rapport entre les magistrats qui composent la noblesse de robe et le roi. Mais le jansénisme a été condamné et les Jansénistes contraints de se soumettre ou de rejeter un jugement qu'ils tenaient pour faux. Racine est né dans une famille de magistrats et a été éduqué par les Jansénistes. Ce dilemme – selon le système de Goldmann – a engendré à l'intérieur de son théâtre une structure littéraire homologue : ses héros tragiques doivent eux aussi choisir entre vivre dans un monde corrompu ou le quitter pour vivre dans le royaume idéal des dieux.

L'interprétation de Goldmann présente deux difficultés. D'abord, l'auteur ne tient pas compte de la distinction qui existe entre deux groupes de magistrats : si les parlementaires ont effectivement souffert de la politique de Louis XIV, ils ont en revanche été relativement peu touchés par le jansénisme ; au contraire, la basse magistrature (les « robins »), dont le rôle a été essentiel dans la diffusion du jansénisme, n'a pratiquement pas été touchée par les réformes administratives. L'homologie établie par Goldmann entre structures sociales et structures idéologiques se révèle donc pour l'essentiel arbitraire. Ensuite, plusieurs tragédies de Racine se soumettent difficilement à la structure littéraire qu'il propose. Pour certaines d'entre elles, Goldmann invoque une corruption de la tragédie par le drame bourgeois ; dans d'autres cas, il force la dimension héroïque de personnages relativement faibles. Sa lecture de *Phèdre* (1677) ne manque pas de force, mais c'est une Phèdre qui n'est pas mue par une passion criminelle, ni une coupable torturée par le remords. Il s'agit plutôt d'une incarnation de l'idéalisme, et même d'une sorte de ferveur révolutionnaire ; face à une société corrompue, elle tente d'abord de transiger (ainsi que le ferait un « réformiste »), mais choisit finalement la mort, qui lui permet de garder son intégrité. Cette Phèdre non traditionnelle anticipe, par certains aspects, l'esprit de mai 1968. Après avoir plongé dans le XVIIe siècle pour retrouver un Racine historique, Goldmann l'a paradoxalement promu à l'avant-garde des préoccupations politiques des années 1950 et 1960, présentant son œuvre comme un texte pour l'idéologie de gauche. En appliquant la méthode structurale de Goldmann à ses propres essais et à ceux des néo-marxistes qui l'ont suivi, on ne manquerait pas de découvrir l'homologie de ces théories et des travaux critiques qui s'en réclament. La cause en est le malaise éprouvé par les intellectuels dans la France post-sartrienne : groupe prestigieux, mais sans pouvoir réel.

On peut voir dans l'approche de Mauron une réponse inverse au même malaise. Au lieu de mettre l'accent sur les problèmes sociaux, Mauron associe la littérature à la psyché individuelle, qui fuit les difficultés historiques pour se réfugier dans l'inconscient, domaine à la fois privé et universel. La société n'intervient dans ce schéma que dans la mesure où, suivant la logique freudienne, complexes et fantasmes sont engendrés par des événements réels de la vie familiale, y compris les circonstances sociales qui l'affectent. Dans le cas de Racine, orphelin à l'âge de trois ans, Mauron assigne la fonction de la mère à Port-Royal, abbaye janséniste pour femmes où l'enfant fut élevé, tandis que le roi, qui recevait le poète à la cour, tient le rôle du père. La reconstruction de la psyché inconsciente de Racine qui en découle n'est pas vérifiable. Mauron se contente de la présenter comme une hypothèse qui expliquerait certaines structures obsessionnelles du théâtre de Racine. Cette manière de psychanalyser un écrivain mort est, certes, problématique ; mais il en résulte une analyse des textes qui reste un exercice magistral de structuralisme freudien en même temps qu'une lecture remarquablement pénétrante des tragédies de Racine.

Après avoir projeté les fantasmes de Racine sur ses héros, Mauron montre que la plupart des tragédies raciniennes sont des variations sur une structure obsessionnelle unique, et que l'ordre dans lequel elles ont été écrites correspond à une évolution dramatique de cette structure. Le personnage central est toujours un fils problématique, possédé par les démons du triangle œdipien, objet de leur conflit pour le pouvoir. Dans les premières pièces, l'absence du père réduit l'impact du sentiment de culpabilité : hantés par de puissantes figures maternelles, les héros poursuivent à leur tour de jeunes et faibles âmes sœurs, bien que leurs espoirs de succès aillent diminuant. Dans *Mithridate* (1673), le père revient et le sentiment de culpabilité anéantit alors le fils incestueux. Ce dernier sera assailli par des fantasmes de plus en plus menaçants. La totalité du schéma est rejouée dans *Phèdre* : Racine/Hippolyte projette sur la mère son désir incestueux de sorte que, à son retour, Thésée n'a plus qu'à infliger le châtiment attendu, détruisant tout espoir chez le fils de voir le sentiment de culpabilité s'atténuer. Mauron couvre ainsi la totalité de l'œuvre de Racine d'un réseau extrêmement complexe de projections et de structures parallèles qui, surtout dans son interprétation de *Phèdre*, mettent en jeu de subtiles nuances psychologiques. Ce style de critique freudienne lui est propre, même s'il a été vulgarisé par des successeurs souvent moins habiles. Il a, depuis, été supplanté par les approches lacaniennes ; mais Lacan n'a pas écrit de *Racine*.

On pourrait d'ailleurs dire que, en un sens, il n'y a pas non plus de *Racine* par Barthes. Dans le plus brillant des essais jamais écrits sur le théâtre de Racine (*Sur Racine*), Barthes ne mentionne que rarement le dramaturge : ce qu'il analyse, c'est l'« homme racinien », l'anthropologie racinienne, les pièces raciniennes. Bref, le texte devient la chose essentielle, et la littérature, la seule base d'interprétation. Non pas que Barthes lise dans sa tour d'ivoire : lui aussi joue avec le marxisme et la psychanalyse, le structuralisme et la sémiotique, l'éros et le logos ; mais tout est rapporté à l'univers autonome que constitue le théâtre de Racine, sans faire appel à sa genèse personnelle ou sociale. Parce qu'il écrit après Goldmann et Mauron et qu'il est plus sensible qu'eux au malaise intellectuel grandissant, Barthes réagit de la façon la plus radicale, délaissant une société aliénante en faveur du monde libre de la littérature. Dissociant le théâtre racinien à la fois de son auteur et de son époque, il peut en redessiner le paysage selon ses propres désirs, s'appropriant les preuves textuelles quand elles vont dans son sens et les forçant jusqu'au point de rupture quand elles lui résistent. Ainsi modifiées, les tragédies de Racine deviennent un archipel exotique, où des hommes efféminés et des femmes viriles pratiquent d'étranges rites où se mêlent le désir, la violence et le verbe.

Ces personnages sont soumis à l'ordre de la horde primitive : père despotique (Agamemnon, mais aussi Agrippine) dominant la vie de ses fils (Néron, mais aussi Athalie), qui le craignent et redoutent de le tuer, femmes convoitées, frères ennemis. Dans la douceur de l'ombre, certains rêvent d'un amour fraternel ; mais une passion tragique éclate lorsque des regards s'échangent sous un soleil brûlant. Le désir hante tous les lieux, ou, plutôt, des images répétées du désir, car celui-ci n'est jamais satisfait. Le pouvoir d'un personnage sur l'objet de son désir se heurte à un refus, appelle la violence et entraîne la mort. Et la loi de la tribu n'est jamais remise en question : les victimes du pouvoir préfèrent croire à leur culpabilité plutôt qu'à un abus d'autorité, celle d'un père ou d'un dieu. Il n'existe aucune sortie hors du champ clos de la tragédie, aucune issue hors de son espace. Mais la tragédie peut être retardée ou prolongée, aussi longtemps que les mots éloignent les événements, aussi longtemps que les événements restent à l'état de mots. Les héros tragiques doivent différer le plus longtemps possible le signe secret, la pensée ou l'action qui déclenchera la fin fatale, cacher la fatalité au milieu des mots qu'ils échangent ou qu'ils adressent au public. Les stratégies varient d'une pièce à l'autre, certaines plus imaginatives que d'autres. Mais à la fin, la vérité éclate : la tragédie terrasse les acteurs pour mettre fin à celle des spectateurs.

La dimension théâtrale que Barthes a été le seul parmi les nouveaux critiques à faire intervenir dans l'interprétation des tragédies raciniennes, jointe à son intérêt pour d'autres formes de théâtralité, a influencé d'autres théories du théâtre. Si les études de l'œuvre racinienne ne mentionnent plus le livre de Barthes, une série de mises en scène controversées des pièces de Racine au cours des années 1970 semble avoir été inspirée par son goût pour la transformation et la provocation. Signe que le regain d'intérêt pour Racine a quitté le terrain des débats critiques et s'est tourné, irrésistiblement, vers la scène.

Voir aussi 1664, 1687, 1827 (février), 1961, 1968 (mai).

Bibliographie : Roland Barthes, *Sur Racine* (Paris, Seuil, 1963). Serge Doubrovsky, *Pourquoi la nouvelle critique ; critique et objectivité* (Paris, Mercure de France, 1966). Lucien Goldmann, *le Dieu caché : étude sur la vision tragique dans les « Pensées » de Pascal et dans le théâtre de Racine* (Paris, Gallimard, 1959). Charles Mauron, *l'Inconscient dans l'œuvre et la vie de Racine* (Gap, éditions Ophrys, 1957 ; réimp., Genève, Slatkine, 1986). Raymond Picard, *Nouvelle Critique ou nouvelle imposture ?* (Paris, J.-J. Pauvert, 1965).

Jean Alter

1700

Charles Perrault publie le second volume des *Hommes illustres qui ont paru en France pendant ce siècle*

Comment devient-on classique ?

Avant le XVIIe siècle, seuls les auteurs grecs et latins avaient rang de classiques. L'histoire littéraire n'existait pas sous sa forme actuelle. Les commentaires écrits consacrés aux auteurs et à leurs œuvres ne se hasardaient qu'exceptionnellement hors des limites du monde antique. Le XVIe siècle a pourtant vu naître le sentiment d'une tradition littéraire française. Ainsi, les exemples de figures de rhétoriques proposés par Antoine Foclin dans *la Rhétorique française* (1555) sont empruntés indifféremment à des poètes classiques ou contemporains. Cet intérêt pour la littérature nationale ne fera que s'amplifier au siècle suivant. Il aboutira, avant même la mort de Louis XIV en 1715, à une révision radicale de la définition de classique.

L'avènement d'une véritable histoire des auteurs modernes dut attendre que l'on n'hésite plus à associer la production littéraire avec le règne du monarque. *Le Siècle de Louis XIV* (1751), incontournable tableau d'époque que l'on doit à Voltaire, est la première étude rétrospective d'une certaine ampleur qui ait été consacrée à cette période. Son titre jouait sur celui du poème de Charles Perrault, *le Siècle de Louis le Grand*, manifeste poétique du modernisme dont la lecture en 1687 à l'Académie française avait déclenché la querelle des Anciens et des Modernes. Perrault y affirmait la supériorité des auteurs modernes sur ceux de l'Antiquité. Le titre de Perrault constitue peut-être sa plus brillante invention ; il délimite en effet un champ d'étude reposant sur le postulat que les progrès politiques, artistiques et scientifiques de son temps renvoyaient à une inspiration unique : la volonté du Roi-Soleil.

Une fois lancée cette « campagne de promotion », les commentateurs des Modernes se sont mis en peine pour faire la preuve que la France vivait un nouvel âge d'or. Ils reprirent à cet effet une formule dont Plutarque avait assuré le succès : le recueil de biographies d'hommes illustres. C'est à ce genre qu'appartiennent les deux volumes de Perrault : *les Hommes illustres qui ont paru en France pendant ce siècle* (1696-1700) (fig. 1). Perrault est le premier – Voltaire l'imitera – à faire remonter le « siècle de Louis XIV », antérieurement à la naissance du souverain, à la création de l'Académie française par Richelieu. Repère chronologique parfaitement défendable, les historiens étant unanimes à présenter la grandeur littéraire de l'époque comme un effet du mécénat politique. Perrault s'écarte cependant de la tradition de Plutarque en citant

1. *Le ciel en sa faveur forma tant de grands hommes*, frontispice dessiné par Bonnet et gravé par Gérard Edelinck pour l'ouvrage de Charles Perrault, *les Hommes illustres qui ont paru en France pendant ce siècle, avec leurs portraits au naturel* (Paris, Antoine Dezallier, 1696). (Beinecke Rare Book and Manuscript Library, Yale University.)

les grands esprits qui se sont illustrés dans des disciplines distinctes, mais au cours d'un même siècle. Dans *le Siècle de Louis le Grand* comme dans la somme polémique qu'il a écrite pour défendre les Modernes, *le Parallèle des Anciens et des Modernes en ce qui regarde les arts et les sciences* (1688-1692), les « hommes illustres » ne se limitent pas aux gens de lettres mais comprennent des savants, des hommes de guerre et des personnalités politiques ; la seule condition à laquelle ils doivent répondre, c'est d'être morts durant le XVIIe siècle. L'éloge de Richelieu côtoie ainsi la louange du Grand Condé, de Corneille et de Molière. Les fiches d'état-civil étaient tenues à jour et, dès qu'un personnage célèbre mourait, sa notice venait s'ajouter à celles de ses pairs. C'est ainsi qu'au moment précis où le siècle s'achève Racine, mort l'année précédente, fait son apparition dans le second volume des *Hommes illustres*. Le panorama brossé par Perrault servira désormais de référence à tous les « Modernes » qui aspireront à devenir de nouveaux classiques même s'ils ne sont pas des gens de lettres – à condition qu'ils aient contribué activement aux autres domaines dans lesquels le siècle s'est illustré.

Perrault n'a pas été le seul à proposer un choix d'auteurs contemporains dignes de figurer au rang de classiques. Au cours des vingt-cinq dernières années du règne de Louis XIV, on assiste à une lutte de pouvoirs pour la maîtrise de l'histoire littéraire sans équivalent à aucune autre époque. On scrute l'avenir de façon obsessionnelle : quels écrivains passeront à la postérité ? Qui les choisira, et selon quels critères ? Les anecdotes de l'époque illustrent le caractère omniprésent de cet intérêt pour les hiérarchies littéraires. L'une des plus révélatrices met en scène Louis XIV et Boileau. Au souverain curieux de savoir qui la postérité tiendrait pour le plus grand écrivain de son règne, l'arbitre des lettres répondit : « Molière », comme si la chose allait de soi. Mais le dernier mot revint au roi : « Vraiment, je ne l'aurais jamais deviné ! » Cet échange donne à penser qu'il suffisait d'appliquer les critères de *l'Art poétique* (1674), de Boileau, pour identifier sans peine un grand auteur. Mais il suggère aussi que ces critères n'étaient pas reconnus de tous et que, durant le siècle de Louis XIV, nul ne savait avec certitude qui la postérité retiendrait comme classique.

À la suite de la querelle des Anciens et des Modernes, la définition de la critique littéraire et l'identification de son public connurent divers avatars. Cette période de transition vit fleurir toutes sortes de formules, de l'histoire littéraire à la liste d'ouvrages recommandés, qui toutes recensaient les grands textes de l'époque et faisaient concurrence, à leur manière, à *l'Art poétique*, de Boileau. Avant 1660, les commentaires littéraires s'adressaient surtout aux érudits. Souvent même – comme en 1637 lorsque l'Académie blâma Corneille d'avoir manqué aux règles d'Aristote dans *le Cid* –, ils étaient destinés aux auteurs eux-mêmes, conformément à la définition du terme « critiqueur » donnée en 1611 par le *Dictionarie of the French and English Tongues*, de Randall Cotgrave : « Celui qui contrôle ou corrige les œuvres d'autrui. » Vers le milieu du siècle, quand les salons eurent affirmé leur rôle d'académies privées, apparut ce qu'on a appelé une « critique de salons » ou « critique mondaine » à cause des liens qu'entretenaient ses auteurs – par exemple, Jean Donneau de Visé, fondateur du *Mercure galant* (1672) – avec l'aristocratie. Plutôt qu'aux auteurs, elle s'adressait à un public qui fréquentait les salons et dont les belles-lettres étaient l'entretien principal. Plus descriptive que normative, elle visait à informer ses lecteurs de l'actualité plutôt qu'à diriger leurs lectures ou à influer sur le cours de la littérature, comme l'aurait voulu Boileau.

Cette critique de salons donne un aperçu des œuvres les plus appréciées à la fin du siècle de Louis XIV. C'est avec elle que commence vraiment l'histoire littéraire en France. Particulièrement désireux de prouver l'existence d'une tradition nationale, les critiques ont publié de nombreuses compilations allant de la liste d'auteurs aux anthologies comprenant biographies et extraits d'ouvrages, toutes consacrées aux auteurs modernes. L'exemple le plus remarquable, attribué par certains à Fontenelle, par d'autres à Mme d'Aulnoy, est le *Recueil des plus belles pièces des poètes français depuis Villon jusqu'à M. de Benserade* (1692). Loin de se limiter au style classique de la génération 1660-1680, cher à Boileau, cette anthologie offre une histoire de la poésie française qui couvre tout l'éventail stylistique. Du milieu du XVIIe siècle à la fin du XVIIIe siècle, la critique de salons a tenu le public cultivé au courant des nouveautés littéraires et prodigué une sorte de formation continue pour adultes. Elle indique ce que lisait le public cultivé pendant la querelle des Anciens et des Modernes. Une comparaison entre les auteurs les plus cités par ces compilations et le palmarès de Boileau réserve des surprises, dont la plus frappante concerne les femmes de lettres ; en effet, avant que soit fixé un canon littéraire, la longue tradition de littérature féminine a été non seulement reconnue mais revendiquée comme une gloire nationale : témoin les innombrables compilations allant de l'*Éloge des illustres savantes*, de

Marguerite Buffet (1668), à la *Collection des meilleurs ouvrages composés par des femmes*, (1786-1789), de Louise Kéralio, en quatorze volumes.

Si jusqu'à la fin du XVIIIe siècle, et quel que soit le domaine, l'enseignement reposait presque exclusivement sur des textes littéraires, il était exceptionnel qu'un auteur moderne figure au programme. Il fallut attendre la fin du règne de Louis XIV pour que des pédagogues, en nombre croissant, défendent l'idée que les Modernes aient un rôle majeur à jouer dans l'éducation des enfants. Cette évolution sera renforcée par la reconnaissance officielle, vers 1750, d'un courant favorable à un système éducatif unifié à l'échelle du pays – les éducateurs ayant pris conscience que la tradition littéraire française était un ferment idéal pour instiller aux jeunes un sentiment d'identité nationale. Autant de circonstances qui allaient aboutir à l'émergence d'un nouveau type de commentaire littéraire, dont l'objectif premier était de mettre de l'ordre dans la multiplicité des classifications, partant, d'établir une fois pour toutes quels auteurs modernes méritaient le titre de nouveaux classiques.

Cette nouvelle tradition critique – qui comprend des traités comme *l'Étude des belles-lettres* (1712), de Le Blanc, et des anthologies comme l'*Histoire de la littérature française* (1740) en dix-huit volumes, de l'abbé Goujet – est plus proche de ce qu'on entend aujourd'hui par histoire littéraire. Elle s'adressait d'abord, comme les anthologies antérieures, au public des salons. Avec la différence cependant que l'éducation des adultes se présentait cette fois comme une rééducation : ces ouvrages avaient l'ambition de persuader les parents de rejeter l'éclectisme des programmes littéraires mondains, pour eux comme pour leurs enfants. Ils défendaient aussi l'idée que les programmes devaient privilégier les auteurs modernes, plus propres à servir les intérêts de l'État, dans la mesure où ils dépeignaient les valeurs et les attitudes du sujet exemplaire. Beaucoup de ces ouvrages étaient destinés aux pédagogues à qui incombait la tâche d'appliquer cette réforme des programmes.

Le glissement de la critique littéraire vers un public spécialisé ne s'observe nulle part aussi bien que dans les ouvrages de l'abbé Batteux, *les Beaux-Arts réduits à un seul principe* (1746) et le *Cours de belles-lettres* (1747). Le programme de Batteux, détaillé et complet, illustre bien le fait suivant : une fois que les Modernes furent devenus la base du système éducatif, le nombre d'auteurs jugés dignes de l'attention des commentateurs et, par conséquent, des enseignants et de leurs élèves – jeunes ou adultes – se trouva strictement limité. Si la critique de salons avait été descriptive, celle des pédagogues fut avant tout normative : on voulait faire disparaître des annales de l'histoire littéraire toute œuvre impropre à fournir un modèle de vertu civique, vertu qu'on était d'ailleurs prêt à redéfinir autant de fois qu'il le faudrait pour assurer l'exclusion d'auteurs dont l'exemple n'était pas recommandable.

Une fois les auteurs français devenus classiques, au sens que le XVIIe siècle donnait au mot (Furetière, *Dictionnaire universel*, 1690 : « Auteurs qu'on lit dans les classes »), l'histoire de la littérature renonça à l'esprit d'innovation et d'ouverture qui avait caractérisé les Modernes pour se replier sur une position proche de celle des Anciens à la manière de Boileau. Au lendemain de la Révolution, une nouvelle définition du mot « classique » devait voir le jour. Elle nous est encore familière et le *Grand Robert* la formule ainsi : « Qui appartient aux grands auteurs du XVIIe siècle et à leur époque, considérés comme exprimant un idéal. » L'unanimité dont bénéficie cet emploi fait trop souvent oublier que, à partir du milieu du XVIIIe siècle, seuls ont été jugés

« grands » les auteurs du XVIIe défendant l'« idéal » que le système éducatif national – et nationaliste – souhaitait inculquer aux écoliers.

Au cours de ces dernières années, les œuvres et les écrivains du XVIIe siècle enseignés dans les classes ont considérablement augmenté en nombre, même si la tendance est plus nette à l'étranger qu'en France. Pour la première fois depuis que les auteurs du XVIIe siècle ont été officiellement promus au rang de classiques, des étudiants abordent à nouveau des œuvres qui n'étaient pratiquement plus étudiées depuis l'époque de la critique mondaine. Ce nouvel horizon pédagogique fait en particulier une plus large place aux femmes de lettres, ainsi qu'aux écrivains libertins, aux poètes baroques et aux premiers praticiens du genre auquel Boileau et ses disciples s'étaient le plus violemment opposés : le roman. Les classiques, au sens où ce mot validait pour le XIXe siècle l'idéal incarné par les œuvres de la génération 1660-1680, ont perdu de leur autorité. Nous utilisons aujourd'hui le terme « classique » dans son sens ancien – et plus libéral : des auteurs, quels qu'ils soient, qu'on lit « dans les classes ».

Voir aussi 1634, 1637, 1661, 1687, 1808, 1895, 1962.

Bibliographie : Nicolas Boileau, *Œuvres complètes* (Paris, Gallimard, 1966). Georges Ascoli, *la Critique littéraire au dix-septième siècle* (Paris, Centre de Documentation Universitaire, 1934). Roger Fayolle, *la Critique littéraire* (Paris, Armand Colin, 1964). Alain Viala, *Naissance de l'écrivain* (Paris, Minuit, 1985).

Joan DeJean

1704

Antoine Galland publie les quatre premiers volumes des *Mille et Une Nuits*, traduits de l'arabe

Fin de règne

La décadence qui marque la fin du règne de Louis XIV – guerres, famines, persécutions religieuses, trésor vide, cour alanguie qui respire le cynisme et l'ennui – semble avoir également frappé la production romanesque. *La Princesse de Clèves* (1678), de Mme de La Fayette, marque l'apogée du roman classique mais aussi la fin d'une ère, et le devenir du roman pendant les deux décennies postérieures présente le même type d'intérêt que l'histoire politique et sociale de l'époque : on voit s'y dessiner les forces qui triompheront au siècle suivant.

Parmi les œuvres de cette période qu'on ne lit plus que rarement, on trouve d'abord des romans historiques, dont l'action, qui se déroule généralement dans un passé récent, mêle de façon déconcertante la réalité à la fiction. Écrits à la première personne, ils annoncent les stratégies subjectives du XVIIIe siècle où, de *Manon Lescaut* (1731), de l'abbé Prévost, aux *Liaisons dangereuses* (1782), de Choderlos de Laclos, tous les grands narrateurs adopteront le « je ». Autre genre prolifique, le roman galant (ou nouvelle galante) relate les aventures amoureuses de héros de haute naissance et se reconnaît au caractère désespérément stéréotypé des personnages, des intrigues et du style. Le troisième genre populaire est un hybride des deux premiers : c'est le roman galant historique. Généralement situé dans un passé récent, il échafaude toutes sortes d'intrigues et d'aventures sentimentales autour de personnages historiques réels.

Presque tous les auteurs de talent sont allés chercher leur inspiration à l'étranger. Un bel exemple en est fourni par la *Relation d'un voyage d'Espagne* (1696), de Mme d'Aulnoy. L'œuvre mérite à peine le nom de roman puisqu'elle comporte d'importants développements purement historiques, le reste étant surtout consacré à la relation véridique d'un voyage effectué par l'auteur depuis la France jusqu'à Madrid. Mais sa puissance descriptive et son sens du pittoresque sont remarquables à une époque où l'on prisait surtout l'abstraction stylistique : paysages d'hiver (Mme d'Aulnoy a été l'une des premières, avant Rousseau, à ressentir toute leur puissance), cuisines douteuses d'auberges paysannes, visages de femmes obsédants et dignes d'un Goya. L'auteur revient sur la réclusion des femmes, enfermées chez elles ou au couvent, au bénéfice d'un mari qui met un point d'honneur à les tromper. Cet enfermement suscite immanquablement un désir violent d'échapper à la servitude, et de goûter aux plaisirs interdits de l'amour. Leurs escapades furtives trouvent un écho dans la stratégie narrative de l'auteur : de temps à autre, le monde réel et son accablante dureté s'évanouissent au profit de la fiction, et le lecteur est emporté dans une orageuse histoire d'amour qui débouche sur la tragédie, la félicité absolue ou parfois la comédie.

Contre toute attente, le roman galant produisit en 1713 un petit chef-d'œuvre d'ironie et d'esprit dont la lecture enchante à une époque aussi cynique que la nôtre. L'action des *Mémoires de la vie du comte de Gramont* (1713), d'Anthony Hamilton, se situe également à l'étranger, principalement à la cour de Charles II d'Angleterre. La société qu'il dépeint est exclusivement aristocratique. C'est un univers d'hommes, où l'unique préoccupation des héros est d'entreprendre le siège d'une « citadelle » (place forte ou femme mariée, ambiguïté dont l'auteur fait ses délices). Mais ces jeux ne laissent pas d'être cruels : les faux pas ne pardonnent guère, ni d'ailleurs les difformités physiques, et les choses se compliquent fatalement quand la femme convoitée est dotée d'un mari ombrageux, de soupirants éconduits, voire de rivales. Autant de pièges difficiles à éviter.

Cette Angleterre est vue par les yeux d'un aristocrate élevé en France. Les personnages qu'il met en scène, et avec lesquels le héros traite d'égal à égal, ont vraiment existé et possèdent une consistance historique beaucoup plus solide que les personnages secondaires de *la Princesse de Clèves*. Peintre moins habile que Mme d'Aulnoy, Hamilton sait toutefois brosser des portraits enlevés : la favorite aux manières de femme-enfant ; la reine, noble dame portugaise délaissée par son époux ; la séduisante mais inquiétante figure du duc de Buckingham ; Milord Arlington, affligé d'une cicatrice et d'un emplâtre. Il y a des scènes de grands bals, de fêtes dans Hyde Park et sur la Tamise, et bien sûr des épisodes plus intimes mettant aux prises maris, maîtresses et épouses, tous rongés de jalousie.

Ce roman insouciant n'est pas construit autour d'un événement unique ; sa structure centrale ne repose pas davantage sur une série de scènes capitales, comme dans *la Princesse de Clèves*. Même le mariage final de l'infatigable quoiqu'insignifiant Gramont avec la femme qu'il convoitait est expédié de façon ironique : la seule chose qui soit sûre, c'est que le héros n'entend pas rester fidèle après la cérémonie. La qualité première du roman est sans doute sa désinvolture : il peint une société adonnée à la recherche du plaisir et décidée à ne souffrir aucune règle. Il s'agit, en un sens, du dernier roman de chevalerie, entièrement voué aux prouesses guerrières et à la poursuite de l'amour, ultime déploiement de valeurs morales et de modèles sociaux qui allaient bientôt être remis en question.

C'est en 1713 aussi que parurent *les Illustres Françaises*, recueil de sept récits dû à Robert Chasles (ou Challes). Ce mystérieux auteur était avocat au parlement de Paris. Si les *Mémoires de la vie du comte de Gramont* exaltent les idéaux les plus extravagants de l'aristocratie traditionnelle, *les Illustres Françaises* reflètent la mentalité légaliste de la noblesse de robe.

L'action de ces récits se situe en France, à Paris et ses environs principalement ; le recueil s'ouvre d'ailleurs sur un saisissant tableau des embarras de la capitale. Chaque histoire a pour thème principal cela même que le roman d'Hamilton se refusait à prendre au sérieux : le mariage. Au lieu de clore le récit ou de couronner l'idylle – comme dans le roman galant –, le mariage a la solennité d'un rite de passage chargé d'exprimer les valeurs sociales et morales qui codifient la volonté de la société. Dans l'histoire du roman français, Chasles marque une nette avancée sur la voie du réalisme. Ses personnages ont un relief indiscutable et le sentiment qu'éprouvent les héros est bien de l'amour, plutôt qu'un simple engouement : il unit des êtres véritables et pas seulement des objets de désir. L'auteur réussit à donner l'impression poignante que les fragments d'existence par lui dépeints ne s'ajustent que trop rarement. Le mariage étant surtout un lien juridique, la femme apparaît moins comme une proie ou un objet de séduction qu'une partenaire potentielle : on la persuade en fait de conclure un contrat, qui peut même reposer sur un semblant d'égalité.

Pourtant le principal moteur de l'action est la vertu (c'est-à-dire la chasteté ou la fidélité), explicitement exigée de la femme et jamais de l'homme. Dans les deuxième et sixième récits, la vertu de l'héroïne est injustement soupçonnée et l'intrigue s'attarde assez pesamment sur sa disculpation. La procédure évoque un jugement mais aussi, par la complexité de son cérémonial, un rite sacré ou un sacrement. En éclairant d'une lumière pathétique cette défense de la vertu exposée aux pièges innombrables du vice, Chasles contribue à créer un type d'héroïne dont les traits vont se retrouver dans les romans, drames et opéras-comiques de Richardson à Sade, en passant par Voltaire et Rousseau. Les personnages de Chasles continuent à appartenir généralement à l'aristocratie (noblesse traditionnelle ou noblesse de robe). Plus tard dans le siècle, c'est la bourgeoisie qui deviendra le milieu par excellence de ces héroïnes.

Le caractère unilatéral de la disculpation (seule la femme doit être vertueuse) condamne les femmes, confrontées à une loi faite par les hommes, au rôle de victimes potentielles ou réelles. Inégalité évidente dans *les Illustres Françaises* et qui atteint son sommet dans les cinquième et sixième récits : l'héroïne paie de sa vie le fait que son honneur n'ait pu être lavé. La partialité flagrante des exigences pesant sur la femme dans les six premiers récits ne prépare guère le lecteur à la septième et dernière histoire, où cette morale vertueuse, si minutieusement mise en place et maintenue à grand renfort de sentiments, vole brusquement en éclats. Les Françaises de cette nouvelle sont tout sauf illustres, et la vertu est la dernière chose qu'en attende le narrateur, personnage cynique qui les convoite assez crûment. À la fin du récit, l'auteur dévoile son jeu au cours d'un dialogue entre une veuve qui a l'expérience du monde et sa sœur, plus soumise aux conventions. La belle veuve dénonce l'injustice d'un système liant les femmes à des maris volages, au nom d'une règle – la vertu – contraire aux lois de la nature, et que les femmes n'observeraient pas si elles n'y étaient contraintes par l'autorité masculine. Comme Diderot, la belle veuve reconnaît l'importance capitale du plaisir et, comme Diderot toujours, son système philosophique reconnaît qu'il faut ménager les apparences : elle aura avec le narrateur une liaison et un enfant illégitime, le tout dans le plus grand secret.

Chasles, qui saisit parfaitement la portée de telles opinions, semble prêt à les cautionner puisqu'il imagine l'idylle de la veuve et du narrateur. Il finit pourtant par les repousser. Au cours de l'épisode final, et pour des raisons qu'il se refuse à dévoiler, le héros rompt cette liaison secrète et conclut un mariage conforme à la morale traditionnelle. À la fin du recueil, le lecteur semble ainsi ramené à la perspective de départ, moins convaincu peut-être que l'enchevêtrement de voitures de la scène inaugurale ait vraiment été dénoué, ou que les règles de la morale conjugale soient autre chose qu'une oppression déguisée.

Le plus célèbre roman de cette période – le seul à avoir connu un succès international – est l'*Histoire de Gil Blas de Santillane*, d'Alain-René Lesage, dont la première partie parut en 1715. L'action de *Gil Blas* se déroule en Espagne et s'inspire fortement des romans du siècle d'or. Dans ce récit picaresque, le héros de Lesage est l'antithèse des héros de romans galants. Il n'est ni bien né, ni particulièrement intelligent. Au cours des six premiers livres, Gil Blas passe le plus clair de son temps à porter – ou à briguer – la livrée de valet, c'est-à-dire d'un être sans importance sociale. Mais le contraste est encore plus frappant à propos de l'argent : entre héros de haute naissance, la richesse allait de soi et l'on n'en parlait jamais, sinon en termes généraux. Dans *Gil Blas* au contraire, l'argent est la préoccupation essentielle de tous. Comme le montre sans détour le début du roman, les gens dans cette société ont des ducats en guise d'âme.

Les transactions financières s'apparentent toutes au vol et l'une des premières aventures de Gil Blas lui vaut un séjour, initiatique en vérité, dans un repaire de voleurs. Tandis que chez Molière le gaspillage ou la thésaurisation de l'argent portaient au rire, chez Lesage ils provoquent l'ironie : l'argent fait immanquablement apparaître le vrai visage des hommes. Sous leurs dehors respectables, le médecin sentencieux, l'alguazil et la duègne prennent ou donnent tous de l'argent en cachette. Dans un roman antérieur de Lesage, *le Diable boiteux* (1707), le diable soulevait les toits de Madrid pour dévoiler les réalités généralement sordides qui s'y cachaient. L'argent remplit ici le même office.

Et pourtant ces aventures, décrites sur le mode cynique, s'inscrivent dans un cadre moral plutôt rigide. Car les exigences éthiques de l'auteur se révèlent en définitive presque puritaines : travail acharné, franchise, probité en affaires. De ce point de vue, on peut dire que la fin du sixième livre était prévisible : le héros finit par quitter la bande de voleurs à laquelle il s'était associé et choisit la respectable carrière d'intendant, annonçant ainsi le personnage de Figaro.

Lesage excelle pourtant à jouer sur les deux tableaux. La plupart du temps, la conduite de Gil Blas n'a rien à envier à celle des êtres corrompus que le roman dépeint et condamne. Bien sûr, l'auteur ne laisse jamais le lecteur se détacher du héros au point de le condamner sans appel. Il l'invite à espérer qu'un jour Gil Blas se repentira. Mais, en attendant, Lesage insinue adroitement que son héros, si banal dans sa vulnérabilité aux vicissitudes de la fortune, nous ressemble de façon étonnante. Avec ce roman et ceux de Chasles, le réalisme – tombé en désuétude avec la vogue du roman galant – retrouvait une vitalité qui allait faire de lui une constante du roman français jusqu'à la fin de l'Ancien Régime.

Dans les dernières décennies du règne de Louis XIV, un autre genre littéraire connut une vogue soudaine : le conte de fées. Mme d'Aulnoy avait ouvert la voie en publiant en 1690 une nouvelle version du conte traditionnel, *l'Île de la félicité*. Avec *la Belle au bois dormant* en 1696, Charles Perrault faisait son entrée dans un genre qui allait rapidement accéder à l'autonomie : vingt-neuf nouveaux contes en 1697 et 1698 (*Histoires ou contes du temps passé, avec des moralités*). La vogue retomba aussi vite qu'elle était apparue, et un autre genre de fantaisie littéraire vint aussitôt combler le vide : le conte oriental. C'est la traduction par Antoine Galland des *Mille et Une Nuits* qui amorça le mouvement en 1704. Les quatre premiers volumes (deux cent quatre nuits) parurent en 1704, suivis de deux volumes supplémentaires en 1705, 1706, 1709, 1712 et 1717. Le conte oriental était lancé.

La traduction de Galland est un pur chef-d'œuvre. Sa publication permit à tout un répertoire de contes nouveaux – comme *Ali Baba et les quarante voleurs*, *Aladin et la lampe merveilleuse, Sindbad le marin* – de rejoindre *Cendrillon* (1697) et *le Petit Chaperon rouge* (1695), de Perrault, *l'Oiseau bleu*, de Mme d'Aulnoy, et d'autres contes de fées qui gagnaient leur place dans le patrimoine littéraire occidental. *Les Mille et Une Nuits* n'étaient bien sûr qu'un élément – capital il est vrai – d'un vaste ensemble. L'engouement pour le conte oriental puisait à de nombreuses sources, des relations de voyage à toutes sortes d'écrits romanesques, comme les célèbres *Lettres d'un espion turc* (1684), de Giovanni Paolo Marana. La traduction de Galland inspira à son tour diverses suites, imitations et parodies, dont certaines – *les Mille et Un Jours* notamment, auxquels Lesage contribua – devinrent presque aussi célèbres et aussi influentes que l'original. Peut-être l'importance des contes orientaux au XVIIIe siècle tient à ce qu'ils fondent une mythologie nouvelle, distincte de la mythologie classique et capable de libérer – ou du moins de détacher – les auteurs de leur héritage littéraire. Pareils à une lampe merveilleuse ou à une caverne secrète, ces contes ouvraient à la littérature toute une gamme de nouvelles possibilités : formes, métaphores, personnages, moralités, tout promettait d'exaucer les moindres désirs de l'auteur ou du lecteur. On pouvait y trouver des récits édifiants et sévères prêchant l'honnêteté et l'économie, l'éloge du vol et les délices du chapardage, des aventures, de la magie, des contes licencieux, des folles amours, le tout paré des séductions obscures de l'érotisme et du danger : n'étaient-ils pas contés, la nuit tombée, par la voluptueuse Schéhérazade, dont la vie dépendait de leur efficacité ?

Georges May a qualifié *les Mille et Une Nuits* de « chef-d'œuvre invisible ». On ne saurait mieux dire. Et peut-être « invisible » est-il aussi l'adjectif qui convient pour qualifier leur influence capricieuse : tel un parfum mystérieux, elle se laisse partout deviner, mais jamais mesurer. Ainsi, la caverne d'Ali Baba est l'image qui revient le plus fréquemment dans *À la recherche du temps perdu*. Il n'est pas difficile d'en deviner la raison, si l'on pense aux convictions de Proust en matière de langue et d'art. En 1704, toutefois, aucun auteur ou critique n'entreprit de réfléchir à la signification que les contes orientaux revêtaient pour l'époque. Aussi pourrait-on hasarder que leur attrait principal, dans ce paysage désolé que venaient égayer les seuls contes de fées, était tout simplement celui de l'enchantement.

Bibliographie : Robert Chasles, *les Illustres Françoises*, éd. Frédéric Deloffre, 2 vol. (Paris, Belles Lettres, 1959). Antoine Galland, *les Mille et Une Nuits*, 2 vol. (Paris, Garnier, 1978). Anthony Hamilton, *Mémoires de la vie du comte de Gramont*, in *Romanciers du* XVIIIe *siècle*, éd. René Etiemble (Paris, Gallimard, 1988). Alain-René Lesage, *le Diable boiteux*, in *ibid.* ; *Histoire de Gil Blas de Santillane*, in *ibid.* Jean Lombart, *Courtilz de Sandras et la crise du roman à la fin du grand siècle* (Paris, P.U.F., 1980). Georges May, *les Mille et Une Nuits d'Antoine Galland ou le Chef-D'œuvre invisible* (Paris, P.U.F., 1986). Raymonde Robert, *le Conte de fées littéraire en France de la fin du* XVIIe *à la fin du* XVIIIe *siècle* (Nancy, Presses Universitaires de Nancy, 1981).

Walter E. Rex

1707 ?

Antoine Watteau peint son premier tableau à sujet théâtral :
le Départ des comédiens-italiens en 1697

Fêtes galantes

L'iconographie du théâtre est omniprésente dans l'œuvre d'Antoine Watteau (1684-1721), et cette manière d'associer représentation picturale et représentation dramatique est un des aspects de sa peinture sur lequel les commentateurs s'attardent le plus volontiers. Pourtant, la nature exacte des rapports entre la toile et la scène reste insaisissable. Témoin l'essai consacré à l'artiste par Edmond et Jules de Goncourt dans *l'Art du dix-huitième siècle* (1873-1874). Ce texte est aujourd'hui encore l'un des plus importants que l'art de Watteau ait inspirés et la manière dont il aborde le traitement des sujets théâtraux insiste sur cet aspect énigmatique. Tout en reconnaissant que d'un bout à l'autre de sa carrière Watteau a peint les salles et les acteurs de troupes parisiennes spécifiques, les Goncourt affirment que les personnages des fêtes galantes n'auraient qu'un lien nominal avec le théâtre de l'époque.

> Par l'introduction de ces baladins aériens, de ces mimes gracieux, de ces créatures musicantes, de ces élégantes incarnations du rire délicat et de la fine comédie ; de ces femmes, de ces hommes d'une matérialité si vague, d'une réalité si effacée sous le symbole et le mythe, les compositions du peintre n'apparaissent plus comme des compositions du monde réel. Le gazon de ses scènes galantes semble foulé par des êtres allégoriques, chez lesquels l'esprit et la légèreté de touche de Watteau n'ont rien laissé de l'acteur qui a servi de modèle (*l'Art du dix-huitième siècle*, p. 54).

La négation de la valeur référentielle des tableaux s'accorde avec la légende qui entoure l'artiste depuis sa mort prématurée : rêveur renfermé, compulsif, il peignait un monde de plaisir auquel il n'avait pas accès. Cette légende reste la base des études récentes ; car, si la familiarité de Watteau avec le monde du théâtre est chose admise, elle ne donne lieu qu'à des métaphores incertaines et à l'affirmation répétée de la distance « poétique » entre l'artiste et son environnement.

Pourtant, l'un des premiers sujets théâtraux traités par Watteau permet de rattacher à un contexte historique l'ambiguïté qui caractérise ses personnages. Peint vers 1707, *le Départ des comédiens-italiens en 1697*, dont il ne reste aujourd'hui que la gravure de

1. Gravure, de Louis Jacob, d'après Antoine Watteau, *le Départ des comédiens-italiens en 1697* (1707 ?). (Bibliothèque nationale.)

Louis Jacob (fig. 1), montre Arlequin, Mezzetin, Colombine et la troupe de la *commedia dell'arte* accueillant par des expressions et des gestes outranciers l'annonce publique de leur bannissement, décrété en 1697. Une dizaine d'années après l'événement, Watteau transformait ce fait réel en scène de comédie. Les acteurs en question appartenaient à l'éminente troupe qui détenait le monopole royal de la comédie italienne et jouait à l'occasion devant le roi à Versailles. Son succès inspirait depuis longtemps la jalousie de la Comédie-Française. Ultime provocation, une pièce satirique paraissant viser Mme de Maintenon décida l'État à ordonner la suppression de la compagnie.

Bien qu'officiellement bannis de France, les acteurs trouvèrent un refuge à portée de main dans les troupes de bateleurs qui se produisaient à Paris, sur les champs de foire de Saint-Germain et de Saint-Laurent. Ces nouvelles recrues apportèrent un sang jeune aux troupes foraines, auxquelles elles permirent d'élaborer un genre dramatique à la fois passionnant et illégal – illégal parce qu'il enfreignait le monopole de la Comédie-Française en matière de théâtre parlé. Lorsqu'il ne voulait pas braver ouvertement la loi, le théâtre de foire contournait l'interdiction en recourant à divers expédients : placarder les dialogues au-dessus de la scène pour que le public puisse les répéter en chœur ; n'avoir jamais plus d'un acteur en scène ; jouer en jargon – c'est-à-dire en vers impeccables composés à partir de syllabes dépourvues de sens – des tragédies connues. Ces troupes mettaient ainsi au point un style théâtral parfaitement original, caractérisé par d'invraisemblables mélanges de genre et par la transgression des codes. Une représentation pouvait comporter des classiques joués de façon alternativement conventionnelle et burlesque, de la *commedia dell'arte* traditionnelle, des farces et intermèdes bouffons typiques de la fête populaire, ainsi que des tours d'acrobates. Le succès de ces spectacles était tel qu'il menaçait la prospérité du théâtre et de l'opéra officiels.

Pourtant la représentation des comédiens proscrits, telle qu'elle apparaît dans les œuvres de maturité de Watteau, ne va pas sans ambiguïté (ses portraits des Italiens sont postérieurs à leur réinstallation officielle). Les personnages portent bien des costumes de théâtre, mais le climat tapageur et grossier des tréteaux de foire est remplacé par l'humeur rêveuse et vaguement mélancolique qui fait le charme de cette peinture. Elle évoque une existence oisive, à l'ombre de parcs ornés de statues, et proche des divertissements pastoraux chers à l'aristocratie du XVIIe siècle. Mais, à l'époque de Watteau, la culture populaire, représentée par la comédie foraine, et les passe-temps aristocratiques avaient commencé à se rejoindre. D'où l'engouement de la noblesse pour les représentations dans lesquelles des amateurs imitaient les spectacles forains. Elles pouvaient avoir lieu en ville mais se déroulaient le plus souvent à la campagne, et retenaient de la fête foraine son élément le plus fruste et le plus simple : la parade, c'est-à-dire les brefs intermèdes bouffons joués sur des tréteaux, à l'entrée du théâtre, pour attirer le public. Cette théâtralisation manifeste du loisir débordait volontiers les limites du canevas schématique de la pièce. Tel acteur gardait toute la journée son habit de paysan et son accent rustique pour mystifier les nouveaux arrivants et se démasquer en riant le soir venu.

Cette ouverture de l'aristocratie à la culture populaire s'accorde avec l'évolution de ses attitudes culturelles au cours du XVIIe siècle. Son mode de vie s'était toujours démarqué de celui que Louis XIV faisait régner à la cour ; elle se reconnaissait encore moins dans le classicisme altier de la tragédie ou le style pompeux de la peinture d'histoire. De plus en plus exclues de la conduite des affaires, les familles de la grande noblesse quittaient la cour pour vivre loin des obligations qui accompagnent l'exercice du pouvoir. Sur leurs terres, loin du souverain, s'élaborait un nouvel idéal de vie mondaine, qui résistait à la lisibilité et à la transparence sémantique des formes classiques. La haute noblesse méprisait volontiers l'érudition littéraire, fâcheusement liée à ses yeux à la pédanterie bourgeoise. L'expression « honnête homme » connut un glissement de sens à la fin du XVIIe siècle et vint à désigner le type idéal d'aristocrate souverainement désintéressé. Pour ces hommes (et ces femmes), le pouvoir des mots était éclipsé par celui de codes raffinés, à base d'allusions, de nuances et de glissements de sens, qui régissaient le rituel théâtralisé de la vie quotidienne. L'essence de l'honnêteté consistait à cultiver l'artifice et à pénétrer secrètement les artifices d'autrui, à décrypter les messages cachés et les désirs non exprimés, à faire dériver le langage vers l'énigme et le mystère.

Au début du XVIIIe siècle, on vit s'accentuer encore cette distance à l'égard de l'exercice du pouvoir au profit du culte du loisir, et la parade jouée par les amateurs devint le point de convergence des divertissements de l'élite et de la culture foraine. La résistance des comédiens de tréteaux aux monopoles institués par la culture officielle, la liberté avec laquelle ils mêlaient les genres et transgressaient les hiérarchies inspirèrent une aristocratie à la recherche d'elle-même. Quelques accessoires et

2. Antoine Watteau, *les Bergers* (vers 1716), peinture sur toile, 56 × 81 cm (château de Charlottenburg, Berlin). (Photo Jörg P. Anders Photoatelier, Berlin.)

déguisements sommaires, ou tout simplement de la farine pour se grimer : il n'en fallait pas davantage ; le champ libre et la plasticité du modèle étaient précisément ce qui séduisait ces imitateurs issus de l'élite. C'est ainsi – et d'une façon qu'on n'a pas assez soulignée – que les deux types de pratique culturelle indissolublement liés aux thèmes favoris de Watteau commencèrent à se rejoindre avant que le peintre n'invente la fête galante.

Protégé de Pierre Crozat, Watteau connaissait bien le style de vie de l'aristocratie fortunée. Crozat appartenait à la plus riche famille de France après la maison royale ; il fréquentait la vieille noblesse et avait fait aménager dans sa propriété de Montmorency un parc magnifique inspiré des grands jardins d'autrefois. On serait donc enclin à voir dans un tableau comme *les Bergers* (vers 1716, fig. 2) – improbable conjonction d'un rustique joueur de cornemuse et d'aristocrates insouciants – une illustration ou un témoignage concernant le genre de vie mené dans l'entourage du peintre. Mais réduire l'originalité de ce genre nouveau à son aspect documentaire interdirait de comprendre en quoi il séduisait des mécènes comme Crozat ou les amateurs éclairés qui le suivirent. La fête galante était en réalité le prolongement d'un genre pictural extrêmement artificiel et conventionnel – l'arabesque – qui, sur le plan structurel et thématique, était l'écho des formes stylisées de divertissement aristocratique qu'allait immortaliser Watteau. C'est un maître de Watteau, Claude III Audran, qui a fait de l'arabesque le style à la mode en matière de décoration intérieure. Dans l'armature souple et légère fournie par le cadre pouvaient se mêler en toute liberté des éléments relevant de genres distincts : symbolisme populaire et allégories moralisantes de la peinture hollandaise et flamande voisinaient avec des motifs empruntés aux mythes

3. Claude III Audran, projet pour un décor de plafond, crayon et encre (Musée national, Stockholm).

classiques (ceux-ci puisés de préférence dans la veine légère et érotique du répertoire, voire dans les parodies des classiques chères aux acteurs forains). Audran, qui laissait ses commanditaires choisir les motifs qu'ils souhaitaient voir figurer dans le jeu allégorique, a souvent peint d'authentiques bateleurs (fig. 3). L'arabesque constituait un type de peinture intermédiaire, proche mais distinct de l'Académie et de la grande tradition. Dans le traitement du répertoire solennel de l'Académie, elle introduisait une note ludique à la faveur de laquelle elle obtint le statut d'une pratique comparable à la parade théâtrale – d'acteurs professionnels ou d'amateurs, à l'intersection des trois genres.

Une arabesque comme *l'Escarpolette* (vers 1713, fig. 4), de Watteau, instaure délibérément une confusion entre l'unité picturale et la fantaisie décorative. Les motifs emblématiques insérés dans le cadre – comme les cornemuses, symboles rustiques de la sexualité masculine – flottent au bord de la représentation illusionniste de l'espace central, assez proches néanmoins pour que leur symbolisme affecte la lecture de la scène. À son stade le plus achevé, l'arabesque permet de multiplier de façon légère et piquante des allégories du désir qui renvoient à l'expérience contemporaine sans se contenter de l'imiter.

C'est vers 1714 que Watteau eut l'idée géniale de projeter les stratégies disjonctives de l'arabesque sur un point unique de l'espace et du temps. Le cadre rectangulaire qui tenait lieu de bordure d'un métaphorique « jardin d'amour » s'est transformé en décor de jardin représenté de manière illusionniste. S'agit-il d'un décor réel, théâtral ou imaginaire ? Certaines fêtes galantes font pencher pour une interprétation plutôt qu'une autre, mais il est impossible de trancher. Les personnages qui occupaient la vignette centrale de l'arabesque sont maintenant répartis dans un espace entièrement pictural, tandis que les symboles allégoriques du cadre sont intégrés à la scène comme accessoires et instruments divers. *Les Bergers* faisaient se rencontrer un couple à l'escarpolette et un joueur de cornemuse habillé en berger, les frondaisons autour de l'escarpolette permettant de préserver l'effet de vignette. De même, dans l'exemple le plus accompli du genre – le tableau connu sous le titre mystérieux de *Fêtes vénitiennes* (vers 1717, fig. 5) –, chaque élément de la constellation de symboles qui entourait les amoureux de *l'Escarpolette* trouve place dans la scène. La statue, présente dans de nombreux tableaux de Watteau, fait également office d'emblème. Voluptueusement étendue comme dans *les Fêtes vénitiennes*, ou en proie à une agitation violente et sensuelle, elle incarne le désir omniprésent derrière les costumes stylisés ou les gestes mesurés.

L'œuvre de Watteau repose sur le rapprochement fécond de systèmes de représentation voisins et artificiels. Le genre reste franchement conventionnel, malgré la précision des descriptions. Son caractère allégorique confirme que ces toiles relèvent de l'invention, qu'elles sont conçues par et pour l'imagination ; on ne saurait y voir la reproduction fidèle (et inévitablement inférieure) d'une réalité préexistante. La façon dont Watteau représente les êtres humains renforce cette impression. Sa manière d'entraver l'unité narrative et émotionnelle n'engendre pas seulement des énigmes. Elle empêche aussi les éléments non humains du réseau symbolique d'être ravalés au rang d'accessoires, d'être réduits au registre secondaire de commentaire par

4. Gravure, d'après Antoine Watteau, *l'Escarpolette* (vers 1713). (Bibliothèque nationale, Paris.)

5. Antoine Watteau,
les Fêtes vénitiennes (vers 1718),
peinture sur toile, 56 × 46 cm (National Gallery of Scotland, Édimbourg).

rapport à une scène humaine qui se suffirait. Le seul fait de revêtir les personnages de costumes de théâtre contribue notablement à cette fin, puisque Watteau n'a jamais peint de véritable spectacle d'amateurs. Indépendantes de toute intrigue théâtrale identifiable, ces toiles peuvent renvoyer à l'instant qui précède ou qui suit une représentation ; mais compte tenu de leur coupure fondamentale d'avec l'instant présent, il serait plus juste de dire qu'elles consacrent le travestissement comme condition du loisir et, partant, de la vie aristocratique.

La vision de Watteau avait tout pour séduire de riches financiers comme Crozat, hommes de noblesse récente et initiés de fraîche date aux arcanes des codes aristocratiques. Pour eux, l'idéal de l'honnêteté était plus facile à atteindre à travers sa représentation – arabesque ou fête galante – qu'à travers l'accomplissement individuel. Mais le savoir qui leur faisait défaut en ce domaine était compensé par la sûreté de leur jugement en matière de collection ou d'histoire de l'art. En réalité, le genre de la fête galante connut son apogée un peu plus tard dans le siècle, grâce à des mécènes pour qui les modes de vie qu'elle immortalisait étaient déjà bien lointains, mais surtout grâce à des amateurs plus avertis. La magnifique collection de Crozat avait formé l'école où Watteau apprit à adapter le réseau multiple de codes régissant les divertissements de l'élite et leur décor aux exigences croissantes de cohérence formelle, de densité et d'intégration propres à la tradition artistique italianisante. Cet appariement d'un code à un autre constitue la réussite majeure de Watteau : synthèse inspirée, on y voit la pratique du peintre et celle du protecteur amorcer des échanges décisifs avec les secteurs les plus humbles comme les plus élevés de la société et de la culture.

Voir aussi 1680, 1759 (août-septembre).

Bibliographie : Norman Bryson, *Word and Image : French Painting of the Ancien Regime* (Cambridge, Cambridge University Press, 1982). Thomas Crow, *Painters and Public Life in Eighteenth-Century Paris* (New Haven, Yale University Press, 1985). Edmond et Jules de Goncourt, *l'Art du dix-huitième siècle*, in *Œuvres complètes* (rééd., Genève, Slatkine reprints, 1985). Margaret Morgan Grasselli et Pierre Rosenberg, *Watteau : 1684-1721*, (Paris, Musées nationaux, 1984).

Thomas Crow

1721

Montesquieu publie les *Lettres persanes*

Altérités

Ce n'est pas de 1721 que date la curiosité des Français pour les autres cultures, ou pour toute forme – générale ou particulière – d'altérité. Le public s'intéressait depuis un bon siècle déjà aux récits des voyageurs, aux ouvrages des savants, ainsi qu'aux relations de voyages imaginaires. Mais cette littérature de voyage tendait le plus souvent à trahir l'étrangeté des cultures lointaines, soit en la contestant (ces gens-là sont comme nous, malgré les apparences), soit en exagérant les différences au point de nier l'existence de tout point commun (ce ne sont pas des chrétiens, ni même des humains ; ils n'ont pas d'âme, etc.). Les *Lettres persanes* et les œuvres qu'elles ont inspirées signalent l'apparition d'une conscience nouvelle de l'Autre.

Les différences entre les cultures sont une préoccupation fondamentale de Montesquieu. Au fil des ans, sa réflexion sur la diversité des sociétés cherche moins à les comparer à une référence ethnocentrique tenue pour universelle qu'à comprendre les causes de ces différences réelles. « J'ai d'abord examiné les hommes », écrit-il dans *De l'esprit des lois* (1748), « et j'ai cru que, dans cette infinie diversité de lois et de mœurs, ils n'étaient pas uniquement conduits par leurs fantaisies » (*Œuvres complètes*, p. 229). Montesquieu montre que ce qui paraît étrange dans une autre culture est l'effet des mêmes processus qui engendrent la culture dans laquelle on vit. Les différences culturelles peuvent se relier, selon un fil logique, à la diversité de facteurs fondamentaux comme la géographie, le climat, l'histoire et la démographie.

Montesquieu défendait probablement ce point de vue dans la mesure où il croyait possible de considérer l'ensemble des cultures dans une perspective globalisante, propre à leur donner un sens profond. C'était là, à en croire Michel Foucault, une attitude typique du XVIIIe siècle. Et pourtant, une fois admise l'existence d'une telle logique globalisante et causale, le fait qu'elle relève d'une épistémologie provisoire ne retire rien à la réalité de ses effets. L'une des conséquences les plus importantes, même si elle est paradoxale, de cet intérêt pour les causes des différences culturelles est de conférer à la culture où l'on vit le caractère d'étrangeté qu'on percevait avant dans les seules sociétés exotiques. Ainsi Roger Caillois pourra-t-il voir dans les *Lettres persanes* l'aboutissement d'une « révolution sociologique » définie comme « la démarche de l'esprit qui consiste à se feindre étranger à la société où l'on vit, à la regarder du dehors et comme si on la voyait pour la première fois » (*ibid.*, p. XIII).

Les *Lettres persanes* (cent soixante et une au total) rassemblent la correspondance échangée au cours d'un long séjour en France entre le sultan Usbek et son ami Rica d'une part, et leurs proches restés en Perse de l'autre. La formule épistolaire permet à Montesquieu d'attribuer à des étrangers nombre de remarques satiriques et critiques sur les mœurs françaises – comportements sociaux, religieux, politiques ou économiques. Mais ce sont les intrigues amoureuses qui font de cet échange épistolaire un roman. La réflexion sur l'altérité trouve son terrain d'élection dans le domaine des relations entre hommes et femmes.

Le roman comporte aussi des lettres adressées de Perse aux voyageurs. Les épouses d'Usbek et les eunuques qui les gardent l'informent des dégradations auxquelles son absence expose le système fondé sur la suprématie masculine. L'injustice des lois du sérail apparaît avec de plus en plus d'éclat, alors même qu'Usbek continue à considérer son ordre fermé et rigide comme l'idéal auquel comparer la décadence des Français. Le roman s'achève sur une lettre écrite par Roxane, favorite d'Usbek, avant son suicide ; elle révèle qu'elle avait un amant, dans le temps même où elle feignait d'être soumise au sultan et d'obéir à ses volontés. « J'ai réformé tes lois sur celles de la nature » écrit-elle (lettre CLXI). Ainsi se met en place une attention aux deux cultures qui se garde d'en retenir aucune comme référence ou norme absolue.

Dans les *Lettres persanes*, l'altérité n'est plus l'exclusivité des contrées exotiques. Elle affleure également, bien qu'étouffée ou marginale, dans la culture où l'on vit. Les commentaires qu'elles inspirent à Usbek suffisent à illustrer combien les mœurs « naturelles » et familières des Français sont pour le moins bizarres ; l'accablante lettre d'adieu de Roxane vient à son tour dévoiler la présence d'un élément non assimilé au cœur de l'univers persan d'Usbek. Le désir de Roxane pour un autre – en l'occurrence un autre qu'Usbek – est ce vice qu'entre tous le sultan avait stigmatisé comme étranger, comme français. Voilà qu'il sévissait dans son propre sérail. Montesquieu peint le désir de Roxane de manière à montrer que sa « réforme » des lois prétendument naturelles (c'est-à-dire persanes et masculines) a été menée au nom de la nature. Ainsi, quel que soit le parti adopté, c'est toujours la nature qu'on invoque, elle est l'objet de joutes oratoires plutôt qu'attribut transparent de vérités élémentaires.

La description des eunuques chargés par Usbek de garder son sérail est l'occasion d'une autre remise en cause de la notion de loi universelle et naturelle. Un discours bien connu reprend le stéréotype des eunuques privés de leur être – puisqu'ils ont été séparés d'eux-mêmes au mépris des lois de la nature – et n'ayant d'autre statut que celui de représentants du sultan absent. Mais quand l'eunuque Cosrou demande à Usbek la permission de se marier, une nouvelle « réforme » des prétendues lois de la nature, ici encore, se dessine. Nous apprenons que « les eunuques goûtent avec les femmes une sorte de volupté qui nous est inconnue ; que la nature se dédommage de ses pertes ; qu'elle a des ressources qui réparent le désavantage de leur condition ; qu'on peut bien cesser d'être homme, mais non pas d'être sensible ; et que, dans cet état, on est comme dans un troisième sens, où l'on ne fait, pour ainsi dire, que changer de plaisirs » (lettre LIII). Cette modification de la jouissance sexuelle est un processus naturel. Dans le texte de Montesquieu, elle appartient au même champ sémantique que « normal », « acceptable » et même « vertueux », faisant écho à la manière dont Roxane a « réformé » les lois d'Usbek en invoquant une conception aussi révolutionnaire de la « nature ». Mais la réflexion de Montesquieu sur cette question exemplaire l'entraîne bien au-delà de cette modeste marque de compréhension de l'altérité, culturelle ou sexuelle.

Parmi les sources de Montesquieu, on retiendra les *Voyages en Perse* (1686), de Jean Chardin, qui accorde une grande place à la situation et au rôle des eunuques en Orient. Chardin connaît son sujet et pourtant le plaisir des eunuques lui demeure aussi « inconnu » que le plaisir féminin pour Sigmund Freud. Ne pas disposer de catégories permettant de comprendre l'altérité des eunuques n'autorise pas à décider que leur plaisir n'est pas naturel. De ce point de vue, Montesquieu traite l'altérité non seulement comme une *terra incognita* (bien qu'en voie de colonisation épistémologique), mais aussi comme une donnée qui, inconnue ou pas, fait partie du monde tel qu'il est. À une époque qui tirait gloire de ses lumières, l'« obscurité » de l'altérité commençait à se faire une place au sein d'une construction du savoir réformée et réformable. Un territoire au vide salubre s'ouvrait et, avec lui, la possibilité de faire entendre une voix et une subjectivité différentes.

Vingt-six ans après les *Lettres persanes*, dans les *Lettres d'une Péruvienne* (1747), Françoise de Graffigny s'étonnait, comme Montesquieu, que les Français « semblent ne pas apercevoir les contradictions choquantes que les étrangers remarquent en eux dès la première vue » (lettre XXXIII). Le succès des *Lettres persanes* est responsable de la présence croissante de cette « vue » de l'étranger, ce regard de l'Autre dans les écrits où les Français s'examinaient eux-mêmes. Beaucoup de romans se sont mis à formuler des critiques sur la société française en les attribuant à des étrangers. En plus du roman de Mme de Graffigny, des textes comme *l'Ingénu* (1767), de Voltaire, et l'*Histoire d'une Grecque moderne* (1741), de l'abbé Prévost, se distinguent d'imitations plus convenues, souvent teintées d'« orientalisme ».

Tous ne présentent pas le degré d'ouverture à l'Autre des *Lettres persanes*. Voltaire, par exemple, est souvent unilatéral lorsqu'il fait de l'altérité culturelle une arme pour ridiculiser une cible. Ainsi, dans *l'Ingénu*, le voyageur étranger – un Huron d'Amérique – sert de repoussoir pour dénoncer l'esprit de clocher des Français. Mais ce Huron n'est qu'une forme vide chargée d'incarner l'« homme naturel » idéal. « Sa conception était d'autant plus vive et plus nette que, son enfance n'ayant point été chargée des inutilités et des sottises qui accablent la nôtre, les choses entraient dans sa cervelle sans nuage » (*Romans et contes*, p. 294).

Montesquieu avait utilisé le même langage, insistant sur la différence entre les choses telles qu'elles nous apparaissent et telles qu'elles sont. Mais alors que, pour Voltaire, voir les choses telles qu'elles sont signifiait trouver au sein des particularités culturelles une norme rationnelle permettant de définir les choses telles qu'elles devraient être, dans les *Lettres persanes*, en revanche, les différences de perception occasionnées par les différences de culture ne révélaient pas des normes rationnelles mais le caractère relatif des cultures. Dans *l'Ingénu*, la rationalité est un fait. Dans les *Lettres persanes*, la culture, révélée à l'occasion de la rencontre avec l'Autre, ne pouvait pas être l'origine d'une rationalité absolue qui légitimerait nos attitudes ou nos croyances. Présente dans chaque culture, l'altérité ne peut être comprise – dans le meilleur des cas – qu'à travers un changement de perspective semblable à celui que suscite l'apparition d'un étranger.

Dans un brouillon de préface en vue d'une réédition des *Lettres persanes*, Montesquieu reconnaît dans le roman de Mme de Graffigny un descendant du sien.

Plus proche de l'inspiration des *Lettres persanes*, ce texte réussit mieux que *l'Ingénu* à rendre compte de l'Autre. Les *Lettres d'une Péruvienne*, qui mériteraient d'être davantage lues de nos jours, sont un des ouvrages importants dans lesquels se recoupent les thèmes de l'altérité des cultures et des sexes.

Le roman s'ouvre sur le rapt de la princesse inca Zilia le jour de ses noces avec son frère Aza. On retrouve la jeune fille établie à Paris, où elle bénéficie de la protection du chevalier Déterville, qui s'est épris d'elle. Dans ses lettres de captivité, Zilia informe Aza de sa découverte de la culture française. Comme Montesquieu le fait avec ses Persans, Mme de Graffigny utilise la princesse inca pour jeter un regard différent sur le milieu qui l'entoure. Ici aussi, l'important est moins d'établir la supériorité d'une culture sur l'autre que de faire apparaître ce qu'il y a de relatif dans ce que chacune considère comme naturel.

Les Incas, apprenons-nous, vivent dans un système social qui adore le dieu Soleil. L'impératif éthique suprême leur interdit de briser les liens qui unissent la divinité solaire à ses incarnations terrestres : c'est précisément parce qu'elle est sa parente la plus proche que le prince Aza, « organe du soleil », devait épouser Zilia. Mme de Graffigny présente la culture des Incas comme, à l'inverse de la société française, résistant à la différenciation.

À Paris, Zilia découvre une culture pour qui l'inceste est un crime. Aux yeux d'une Inca, l'obligation de se marier à l'extérieur de sa famille apparaît comme le premier pas vers une différence d'avec soi-même qui va se généraliser en duplicité : « Chez la plupart d'entre eux [les Français] les vices sont artificiels comme les vertus, et la frivolité de leur caractère ne leur permet d'être qu'imparfaitement ce qu'ils sont » (lettre XXXII). L'intégrité et l'absolue possession de soi que la culture inca garantissait à la jeune fille y sont irréalisables. Ce thème sera développé sur plusieurs registres : les règles sociales obligent à utiliser des mots indépendamment des sentiments qu'ils expriment ; les meubles que Zilia croyait d'or massif ne sont que bois recouvert d'or ; de même, la politesse et la piété superficielles forment un vernis qui masque la bassesse des sentiments. À la différence des Incas, les Français font de la vertu un idéal ; tandis que la réalité demeure toujours différente.

Cependant, comme dans les *Lettres persanes*, le point de comparaison qui permet à Zilia de mesurer les travers français va se détruire lui-même. Aza, « organe du soleil », incarnation du sacré, se convertit au catholicisme pendant sa captivité en Espagne. Comme Roxane et les eunuques, Zilia est coupée de son être « naturel », extension indifférenciée du « soleil » masculin. Comme Roxane, elle doit maintenant réformer les lois.

Mme de Graffigny permet à une voix différente de naître d'une situation d'altérité. La passive Zilia, étrangère en pays étranger, va prendre en main sa situation. Elle somme son soupirant Déterville de renoncer à ses rêves romanesques : « Venez apprendre de moi à économiser les ressources de notre âme, et les bienfaits de la nature. Renoncez aux sentiments tumultueux, destructeurs imperceptibles de notre être ; venez apprendre à connaître les plaisirs innocents et durables, venez en jouir avec moi, vous trouverez dans mon cœur, dans mon amitié, dans mes sentiments tout ce qui peut vous dédommager de l'amour » (lettre XLI).

Cette dernière expression, « dédommager de l'amour », évoque l'amour de l'eunuque dans lequel la « nature se dédommage de ses pertes ». Zilia parle au nom de l'Autre, inconnu de l'idéologie dominante et pourtant bon. En même temps qu'elle rejette cette invention culturelle dont l'Occident est si fier, l'amour romanesque et charnel, elle propose en termes clairs un autre type de liens qui doit lui succéder. Zilia est une exception parmi les héroïnes du XVIIIe siècle : elle sort intacte de cette histoire d'idéaux flétris. Elle a de la fortune, des terres et un « ami » fidèle. Elle reste inca. Elle ne se mariera pas, n'aura pas d'enfants. Et surtout, elle aura le droit d'exister. L'altérité échappera au chantage idéologique qui exige la mort d'une héroïne.

L'*Histoire d'une Grecque moderne*, de l'abbé Prévost, accorde elle aussi à l'altérité une place que l'idéologie dominante ne saurait entièrement annexer. Théophé, l'héroïne de Prévost, est une orpheline grecque préparée depuis l'enfance à sa condition actuelle, celle de concubine dans un sérail turc. Comme la Roxane des *Lettres persanes*, Théophé, contrainte à servir de miroir aux désirs masculins, finit par exprimer un ordre nouveau.

Le narrateur – un diplomate français – est frappé par sa beauté. Il lui fait miroiter la vie qu'elle mènerait en France. La manière dont Théophé décrit sa réaction ferait les délices de tout impérialiste culturel : « Les noms de vertu, d'honneur et de conduite, dont je n'eus pas besoin d'autre explication pour me former l'idée, s'attachèrent à mon esprit, et s'y étendirent en un moment, comme s'ils m'eussent toujours été familiers » (*Œuvres*, p. 26). Dans l'*Histoire d'une Grecque moderne*, il suffit d'énoncer les mots talismans de l'idéologie française du XVIIIe siècle pour que Théophé se convertisse. Mais l'annexion de l'Autre aboutit à des résultats inattendus.

Une fois devenue la parfaite incarnation de l'idéal français, Théophé se refuse à son bienfaiteur. Une autre attitude la ferait retomber en position de concubine, de femme livrant son corps en échange d'une protection, et ce au mépris de sa vertu nouvelle. L'imparable logique de ce refus, fondé sur les principes mêmes auxquels l'a convertie le narrateur, mène ce dernier au bord de la folie. L'obstination de la jeune femme à invoquer sa vertu nouvelle – et française – permet de suggérer qu'il n'est pas rare qu'un Français ait traité son épouse en concubine. Ce qui était d'abord donné comme exotique et différent resurgit comme un trait refoulé de la culture nationale. Le refus de Théophé fait ressortir la duplicité d'un système où la femme doit être vertueuse pour inspirer à l'homme le désir de devenir son maître et lui ravir sa vertu. Théophé se présentait d'abord comme une figure exotique, concubine dans un sérail turc, à l'autre bout du monde. À la fin du roman, et telle Zilia, elle catalyse les contradictions de la culture française au moment précis où celle-ci tente de l'intégrer en neutralisant sa différence.

Dévoré de jalousie, le narrateur entreprend d'écrire l'*Histoire d'une Grecque moderne*, dans l'espoir d'éclaircir ce qu'il n'a jamais pu établir avec certitude : Théophé a-t-elle chastement tenu son nouveau rôle, ou a-t-elle ménagé les apparences à son profit ? Le texte ne répond pas à cette question. En ce sens, Théophé reste encore irréductiblement Autre. Alors que Montesquieu, Mme de Graffigny et Prévost reconnaissent à leurs héroïnes et à leurs semblables une incompréhensible différence, les « intégristes » de la culture avancent, parfois à leur insu, les réponses habituelles, réduisant l'Autre à ce que l'Occident « sait » de toute éternité des femmes, des Orientaux, des Indiens, des eunuques et de tous les Autres. Aucune culture ne peut les absorber sans faire apparaître en même temps les mystifications qui se cachent derrière ses attitudes et ses valeurs les plus sacrées.

Voir aussi 1578, 1704, 1772, 1847, 1922.

Bibliographie : Françoise de Graffigny, *Lettres d'une Péruvienne*, éd. Bernard Bray et Isabelle Landy-Houillon (Paris, Garnier-Flammarion, 1983). Charles-Louis de Secondat, baron de Montesquieu, *Lettres persanes*, in *Œuvres complètes*, éd. Roger Caillois, vol. Ier (Paris, Gallimard, 1949-1951) ; *De l'esprit des lois*, in *ibid.*, vol. II. Prévost, *Histoire d'une Grecque moderne*, in *Œuvres*, éd. Jean Sgard, vol. IV (Grenoble, Presses Universitaires de Grenoble, 1982). Voltaire, *l'Ingénu*, in *Romans et contes*, éd. Frédéric Deloffre et Jacques Van Den Heuvel, (Paris, Gallimard, 1979). Michel Foucault, *les Mots et les Choses* (Paris, Gallimard, 1966). Alain Grosrichard, *Structure du sérail* (Paris, Seuil, 1979). Suzanne Pucci, « Orientalism and Representation of Exteriority in Montesquieu's *Lettres persanes* », *The Eighteenth Century : Theory and Interpretation*, n° 23 (1985), pp. 263-279. Jean Sgard, *Prévost romancier* (Paris, José Corti, 1968). Jean Starobinski, *Montesquieu par lui-même* (Paris, Seuil, 1963). Tzvetan Todorov, *Nous et les autres : la réflexion française sur la diversité humaine* (Paris, Seuil, 1989).

James Creech

1725

Le premier recueil de lettres de Mme de Sévigné paraît vingt-neuf ans après la mort de la marquise

Politique de l'art épistolaire

Les lettres écrites entre 1648 et 1696 par Marie de Rabutin-Chantal, marquise de Sévigné, sont le sommet du genre épistolaire. Styliste et chroniqueuse, Mme de Sévigné figure dans les histoires de la littérature comme un des fleurons d'une société qui réservait une place de choix à l'art épistolaire. Pourtant, si la correspondance d'autres personnalités contemporaines fut éditée de leur vivant ou peu après leur mort (Guez de Balzac, 1624 ; Malherbe, 1630 ; Voiture, 1650 ; Bussy-Rabutin, 1697), il fallut attendre 1725, soit près de trente ans après sa mort, pour que les lettres de Mme de Sévigné soient publiées. On a même récemment établi que, contrairement à une tradition tenace, les lettres de la marquise ne circulaient pas dans les salons et qu'elles étaient relativement peu connues avant la publication à Troyes du premier recueil de lettres choisies.

On peut aujourd'hui avancer que les premiers admirateurs de Mme de Sévigné – au-delà du cercle de ses proches – ne furent pas ses contemporains du monde des lettres mais les écrivains qui allaient former le goût et le sens critique du siècle des Lumières, Pierre Bayle et Voltaire notamment. Il convient aussi de noter que ses *Lettres* (quatre éditions, de plus en plus volumineuses, entre 1725 et 1754) se sont rapidement imposées comme un modèle de correspondances privées et de manuels épistolaires, supplantant les prédécesseurs de la marquise. À la différence de ses contemporains, Mme de Sévigné n'a acquis rang de femme de lettres qu'après sa mort, à l'avènement des Lumières.

L'annexion de la marquise par une république des lettres postérieure au règne de Louis XIV invalide l'opinion selon laquelle son écriture serait le simple prolongement de l'art épistolaire de Malherbe, de Guez de Balzac, de Voiture et de Bussy-Rabutin.

L'importance de Mme de Sévigné apparaît sous un jour nouveau dès qu'on déborde le cadre du XVIIe siècle pour envisager dans son ensemble l'histoire de la publication des lettres sous l'Ancien Régime. La publication d'une correspondance transformait l'épistolier en écrivain modèle, elle faisait de lui un exemple culturel à imiter : c'est ainsi qu'entre 1539 et 1789 des volumes de correspondances et des manuels épistolaires ont paru par centaines, dont chacun à sa manière se posait en modèle d'écriture. Au cours de l'Ancien Régime on observe deux mutations majeures dans l'idéal proposé à l'écriture épistolaire. La première, qui se situe vers 1620, aboutit à l'abandon du modèle des lettres « familières », « personnelles », au ton souvent égalitaire, voire contestataire ; l'idéal d'un style personnel, inspiré des vues exprimées par Érasme dans son *De Conscribendis Epistolis* (1522, *l'Art d'écrire des lettres*), est remplacé par des modèles destinés à la cour, à la défense de la monarchie absolue et d'une vision hiérarchisée de la société. Puis, entre 1725 et 1761 – sous l'influence du style anticonformiste, libre et personnel de Mme de Sévigné –, le modèle érasmien de « liberté épistolaire » (*illam libertatem epistolarem*) a retrouvé les faveurs après un siècle de discrédit ; l'indépendance et l'originalité du style étaient à nouveau préférées à l'imitation, que ce soit dans la correspondance ou dans la réflexion critique.

On peut donc distinguer trois époques – la Renaissance, l'âge classique et les Lumières – dont chacune a défendu un idéal épistolaire différent. Chaque fois, la poétique du genre (sur le plan théorique et pratique) était soumise à une politique : la pratique de la correspondance, sous l'Ancien Régime, constituait une manière décisive de façonner l'identité civique. Aussi l'évolution de l'art épistolaire est-elle étroitement liée à celle de l'organisation politique et culturelle de la société.

Pendant la Renaissance, la publication de lettres missives a coïncidé avec l'émergence de la conscience nationale. À l'instar des poètes de la Pléiade, et comme eux inspirés par l'exemple italien, un certain nombre de prosateurs se sont attachés à développer une littérature nationale en langue vulgaire. Pour cela, ils devaient persuader les écrivains cultivés d'échanger en français plutôt qu'en latin une correspondance digne de rivaliser en éloquence avec celle d'un Cicéron. Étienne du Tronchet et Étienne Pasquier ouvrirent la voie en publiant respectivement des *Lettres missives et familières* (1569) et des *Lettres* (1586). Ils exhortaient les épistoliers à suivre leur exemple en écrivant, pour reprendre l'expression de Pasquier, dans le « langage auquel j'ai été allaité dès la mamelle de ma mère » (*Lettres*, livre Ier, lettre Ire).

Pasquier et du Tronchet firent beaucoup pour légitimer l'usage du français dans la pratique épistolaire. Toutefois, hormis cet objectif commun, les deux épistoliers différaient radicalement. Du Tronchet voulait mettre en circulation un échantillonnage de lettres illustrant ce qu'il appelait l'usage « légitime » de la cour ; aussi ses lettres se répartissent-elles en catégories stylistiques qui suivent la hiérarchie des relations sociales en vigueur à la cour. Secrétaire de Catherine de Médicis, du Tronchet était bien placé pour fournir des modèles aux nombreux secrétaires qu'employait une aristocratie de plus en plus portée à correspondre. Pour en faire des modèles plus facilement utilisables, du Tronchet élimina des lettres publiées nombre de références personnelles et historiques. Ses *Lettres* furent souvent rééditées entre 1569 et 1623. Après 1623, le recueil – dont le style avait vieilli – fut détrôné par un manuel qui fit fureur en France comme en Angleterre : *le Secrétaire de la cour* (1624), de Jean Puget de La Serre, qui présentait les nouvelles normes en vigueur sous Louis XIII.

Un tout autre esprit anime le recueil d'Étienne Pasquier. C'est à l'âge de cinquante-sept ans que celui-ci publie son recueil de *Lettres* qu'il présente comme un travail d'écriture personnelle, comparable aux *Essais* (1580, 1588) de son ami Montaigne, publiés au même âge et durant la même décennie. Adressées entre 1552 et 1586, année de leur publication, à des amis proches mais d'opinions diverses, les lettres de Pasquier témoignent de l'évolution de ses idées dans de nombreux domaines – éducation, politique, littérature et philosophie. Historien et avocat, Pasquier relate minutieusement sa vie et celle de son pays. Naissances, mariage d'un fils ou troubles des guerres de religion mobilisent au même degré ses talents artistiques. Il compare son recueil à la « denrée mêlée » d'une « quincaillerie », attribuant sa variété au fait que les lettres brossent un « tableau général de tous [ses] âges » et qu'elles sont « moulées sur le patron des âges qui ont diversement commandé à [ses] opinions » (*ibid.*). Pasquier refuse de séparer lettres « sages » et « folâtres » ou de tailler « l'arbre » qu'elles forment. Anticipant les critiques de certains lecteurs, il leur reconnaît le droit de n'être pas de son avis : « Les opinions des hommes sont trop diverses pour se conformer en tout et par tout aux miennes » (*ibid.*, livre X, lettre XII).

En recherchant la diversité culturelle et en exhortant ses contemporains à faire entendre une voix profondément personnelle dans leur correspondance, Pasquier suivait l'exemple de deux épistoliers de la Renaissance qui publièrent avant lui des lettres familières en langue vulgaire : Hélisenne de Crenne et Gaspar de Saillans. *Les Épistres familières et invectives de ma dame Hélisenne, composées par icelle dame de Crenne*, publiées en 1539 par Hélisenne de Crenne, humaniste et femme de lettres, constituent le premier exemple connu de correspondance publiée en français. Les lettres familières, très personnelles, s'adressent généralement à des amis en difficulté. Dans les lettres invectives, elle s'en prend à ceux qui prétendent que les femmes ne sont bonnes qu'à filer et ne devraient pas s'enticher d'écrire. Hélisenne cite ses aînées qui allièrent éloquence et sagesse, depuis Aspasie et Cornélie dans l'Antiquité jusqu'à Marguerite de Navarre, sa contemporaine. Sa correspondance rappelle aux lecteurs que les femmes sont les égales des hommes dans la république des lettres. Comme Érasme avant elle et Pasquier après, elle en appelle dans sa préface aux lecteurs qui apprécient la « variété » des personnalités humaines.

En 1569, Gaspar de Saillans, marchand de son état, rassemble les lettres que sa femme Louise et lui ont échangées avant et pendant leur mariage ; il les publie sous le titre *Premier Livre de Gaspar de Saillans...* afin de « laisser en quelque endroit [mon] nom vivre après [ma] vie corporelle » (p. 30). Conçu comme un cadeau pour son fils, à l'occasion de sa naissance, ce recueil joliment orné offre une image détaillée de la vie quotidienne et des échanges entre époux dans un monde ravagé par la peste et les guerres de religion. Si Gaspar et Louise n'écrivent pas pour un vaste public, ils n'en souscrivent pas moins au credo littéraire des épistoliers de la Renaissance comme Érasme, Hélisenne de Crenne et Pasquier. Gaspar reprend d'ailleurs la métaphore de l'arbre non taillé – qui peut laisser croître les fruits de sa « savoureuse » individualité – pour qualifier ce recueil de lettres ; témoignage d'une langue et d'une vie particulières qui évoluent et se compliquent au fil du temps.

Les pratiques de la Renaissance encourageaient les écrivains à exposer au grand jour leur vie, ainsi que leurs idées philosophiques et politiques. Entre 1624 et 1723, cette spontanéité disparut pratiquement des correspondances données en exemple aux lecteurs. L'âge classique fut une période de codification particulièrement stricte des conventions en matière de respectabilité épistolaire. Les règles de l'art épistolaire furent fixées au moyen de recueils de lettres des « meilleurs auteurs » et des « plus beaux esprits » français. Ces anthologies définissaient généralement un certain nombre de situations épistolaires et proposaient des modèles de lettres pour chacune. Le recueil type – depuis François de Rosset (1612), Jean Puget de La Serre (1624) et Nicolas Faret (1627) au début du siècle jusqu'à Pierre Richelet (1689), Antoine Furetière (1690) et Pierre d'Ortigue de Vaumorière (1690) à la fin – comprenait des lettres de compliment, de remerciement, de consolation, de recommandation, d'offres de service et de badinage galant, reflétant ainsi les rituels sociaux de la vie de cour et de salon. Les éditeurs de ces recueils étaient par ailleurs des théoriciens du code de l'honnêteté (Faret), des membres de l'Académie française (Faret, Richelet, Furetière) ou des vulgarisateurs désireux d'enseigner au grand public les usages de la cour (Puget de La Serre). Ils se préoccupaient autant de fixer la grammaire et l'orthographe que les manières. L'art épistolaire constitua un moyen privilégié de diffusion des codes de comportement établis par les institutions monarchiques.

Même lorsqu'il s'agissait du recueil des lettres d'un même auteur, le code établi par les anthologies était respecté. Lorsque les éditeurs de Malherbe préparèrent la publication de ses lettres, au début du XVIIe siècle, ils élaguèrent beaucoup de réflexions d'ordre personnel ou historique afin de réduire chaque lettre à son objet principal : la consolation, la recommandation, ou toute autre fonction mondaine. L'édition de 1630 classait cette correspondance selon le rang social du destinataire, la hiérarchie de la cour : (1) la famille royale ; (2) Richelieu et les évêques ; (3) les maîtresses. Les lettres adressées par le poète à son fils, à sa femme ou à son ami Nicolas Peiresc n'ont pas été retenues : Malherbe a écrit de nombreuses lettres familières très vivantes sur des sujets qui auraient été parfaitement admissibles pour des éditeurs de la Renaissance (affaires politiques, religieuses et domestiques, comptes rendus de type « journalistique »), mais de telles pages avaient cessé de correspondre aux normes esthétiques en matière de publication.

Dans sa préface à l'édition de 1624 des lettres de Guez de Balzac, Jacques de La Motte-Aigron demande qu'on bannisse désormais deux sujets des lettres publiées : les questions « domestiques » (que seuls des « Allemands » seraient assez barbares pour mentionner) et la critique du gouvernement (« nous ne sommes plus en ce temps-là, où l'on accusait publiquement le gouvernement de l'État »). Comme beaucoup d'écrivains qui acclamèrent en Richelieu l'architecte de l'unité nationale après les guerres civiles, le commentateur de Guez de Balzac jugeait salutaires de telles restrictions. L'injonction resta en vigueur pendant tout le siècle : la plupart des épistoliers suivirent le conseil déjà formulé par Puget de La Serre – éviter d'écrire sur « les Grands et les affaires d'État » quoi que ce soit qui puisse valoir des ennuis à l'auteur des lettres (*le Secrétaire à la mode*, p. 5).

Les épistoliers qui publiaient firent davantage que suivre le conseil. Ils évitèrent de parler des institutions politiques et élevèrent à un degré rare l'art de flatter les personnages de la cour. Beaucoup dédièrent leur recueil de lettres aux ministres occupés à démanteler les dernières poches de résistance échappant à l'autorité du roi : Faret dédia son anthologie de 1627 à Richelieu qu'il loue d'avoir « banni la barbarie » en triomphant des huguenots ; Guez de Balzac voulut que l'édition posthume de ses lettres (1656) fût dédiée au duc de Montausier, qui avait maté les Frondeurs. La première édition des lettres de Voiture par Pinchêne (1650) est présentée comme « l'offrande » d'un « humble serviteur [...] pour la satisfaction du prince de Condé et de toute la cour » et qualifie ces lettres de monument au patriotisme de la cour. Un siècle plus tard, les lettres de Voiture étaient encore vantées pour leur « manière fine et délicate de louer les Grands », comme l'indique la page de titre de l'édition de 1779.

Les manuels épistolaires de la Bibliothèque bleue (collection populaire diffusée par les colporteurs) offraient aux paysans et aux artisans les recettes de la vie mondaine : comment rompre avec sa maîtresse ou comment féliciter un ami de ses succès à la cour. Contrairement à leurs équivalents anglais, aucun de leurs exemples ne portait sur les activités ordinaires des gens du peuple. La révocation de l'édit de Nantes (1685) fit apparaître dans les anthologies une « lettre de persuasion » type, exhortant les protestants à embrasser la foi catholique. L'art épistolaire du XVIIe siècle joua un rôle important dans l'élimination des différences culturelles. Les lettres publiées pour leur valeur littéraire offraient toutes un portrait de l'écrivain en serviteur loyal (et masculin) d'un ordre aristocratique centré autour d'un monarque absolu. L'épistolier servait cet ordre en proposant des discours qui offraient des modèles de courtoisie imitables par tous.

Les théoriciens de l'époque tenaient les femmes pour meilleures épistolières que les hommes. C'est pourtant par leur absence – sauf à la rubrique de la correspondance galante – qu'elles brillent dans les anthologies publiées au XVIIe siècle. On ne trouve que des hommes parmi les épistoliers dont le nom a cautionné la valeur littéraire des recueils des « meilleurs auteurs ». Les femmes étaient publiées anonymement, comme dans le *Nouveau Recueil de lettres des dames de ce temps avec leurs réponses* (1635), de Jacques du Boscq. Cette anthologie parut l'année de la création de l'Académie française : pendant les trois cent quarante-cinq années à venir, les auteurs officiellement reconnus comme « immortels » allaient être des hommes, sans exception.

Contraste frappant avec la Renaissance, où les femmes publiaient leur correspondance et abordaient le monde de l'édition sur un pied d'égalité avec les hommes : 2 % seulement des correspondances privées imprimées au XVIIe siècle sont l'œuvre de femmes, publiées pour la plupart de façon anonyme ou contre leur volonté. Leur créneau littéraire, si l'on peut dire, était un espace distinct de celui des hommes et plus étroitement clos : couvent, boudoir ou ruelle. Parmi les rares correspondances féminines publiées, signalons les *Épîtres spirituelles* (1644), de Jeanne de Chantal, aïeule de Mme de Sévigné et fondatrice de l'ordre de la Visitation et les *Lettres et billets galants* (1668), de Marie-Catherine Desjardins (auteur dramatique et romancière, qui écrivit sous le pseudonyme de Mme de Villedieu), imprimées sans la permission de l'auteur. L'amant de Mme Desjardins avait en effet vendu cette correspondance à l'éditeur Claude Barbin, qui s'intéressait au « marché » de la passion épistolaire féminine. Le confinement des femmes écrivains dans certains lieux de réclusion allait dominer le roman épistolaire des XVIIe et XVIIIe siècles.

Ces circonstances expliquent en partie la publication tardive des lettres de Mme de Sévigné. La marquise était assurément un pur produit de la culture du XVIIe siècle :

quand il confisqua les papiers de Fouquet en 1661, le roi lui-même admira les lettres qu'elle avait écrites au surintendant. Pourtant sa correspondance n'obéissait pas aux normes de l'art épistolaire en vigueur sous le règne de Louis XIV. Mme de Sévigné n'illustrait pas les genres prescrits par la littérature de cour, pas plus qu'elle ne représentait l'écrivain soucieux de hiérarchie sociale. Au contraire, en un siècle où la correspondance familiale et les affaires domestiques étaient exclues du champ de la représentation publique, elle s'adressait de plain-pied à son correspondant, sa fille principalement, qu'elle appelait « ma bonne ». Ce faisant, la marquise renouvelait profondément une tradition d'écriture personnelle, délaissée après 1623 : celle de la lettre purement familière et familiale destinée aux parents et aux proches plutôt qu'aux protecteurs ou aux galants soupirants. Cette correspondance mélangeait les styles et les tons, consignait l'expérience d'un individu et abordait librement les sujets les plus divers, depuis les événements locaux jusqu'à la vie intérieure de l'auteur.

Pour la première édition de la correspondance de Mme de Sévigné (*Lettres choisies de Madame la marquise de Sévigné à Madame de Grignan sa fille. Qui contiennent beaucoup de particularités de l'histoire de Louis XIV* [Troyes, 1725]), l'imprimeur avait sélectionné les lettres qui décrivaient la cour de Louis XIV. Mais les éditeurs comprirent vite que l'intérêt de cette correspondance était ailleurs, dans la diversité de ton des lettres plus intimes, insérées dans les éditions suivantes. Le style de la marquise et ses expressions d'affection maternelle choquèrent certains lecteurs ; mais il ne fallut pas longtemps pour que la critique voie dans cette « singularité » une qualité littéraire et consacre Mme de Sévigné comme la plus remarquable épistolière de France. Les critiques du siècle des Lumières répétèrent à l'envi que sa « liberté » de parole était le secret de son originalité.

En 1723, la correspondance de Pasquier connut sa première réédition depuis un siècle ; on loua les « particularités » des observations de l'auteur sur les guerres civiles. Au cours des décennies suivantes, les plus grands épistoliers du temps – Voltaire, Mme de Graffigny, Rousseau, Diderot – adoptèrent la liberté de Mme de Sévigné et de Pasquier. Leurs lettres ouvraient sur des espaces privés et frondeurs et se lisaient comme des autobiographies, à l'image des recueils de la Renaissance. La publication de la correspondance de Mme de Sévigné allait participer ainsi de l'important changement opéré au début du XVIIIe siècle dans les domaines littéraire et politique : désintérêt pour la vie de cour au profit de l'expérience et des idées de l'individu, désaffection pour un rituel imitable par tous au profit des particularismes issus des différences historiques et culturelles.

Voir aussi 1761 (février), 1782 (mars).

Bibliographie : Jean-Louis Guez de Balzac, *Lettres du sieur de Balzac*, préface de Jacques de La Motte-Aigron (Paris, T. du Bray, 1624). Hélisenne de Crenne, *les Épistres familières et invectives de ma dame Hélisenne, composées par icelle dame de Crenne* (Paris, D. Janot, 1539). Desiderius Erasmus, *De Conscribendis Epistolis* (1522). Jean Puget de La Serre, *le Secrétaire à la mode* (Paris, 1651 ; un avatar de son *Secrétaire de la cour*, 1625). Étienne Pasquier, *Lettres* (Paris, L'Angelier, 1586). Gaspar [et Louise] de Saillans, *Premier Livre de Gaspar de Saillans gentilhomme citoyen de Valence en Dauphiné...* (Lyon, Jacques de la Planche, 1569). Marie de Rabutin-Chantal, marquise de Sévigné, *Lettres choisies de Madame la marquise de Sévigné à Madame de Grignan sa fille. Qui contiennent beaucoup de particularités de l'histoire de Louis XIV*

(Troyes, 1725) ; *Correspondance*, éd. R. Duchêne (Paris, Gallimard, 1972-1978). Étienne du Tronchet, *Lettres missives et familières d'Estienne du Tronchet*, (Paris, imprimerie de N., Du Chemin, 1569). « Men/Women of Letters », éd. Charles A. Porter, in *Yale French Studies*, numéro spécial 71 (1986). Janet Gurkin Altman, *Epistolarity : Approaches to a Form* (Columbus, Ohio State University Press, 1982). Roger Duchêne, *Écrire au temps de Mme de Sévigné : lettres et texte littéraire* (Paris, Vrin, 1982).

Janet Gurkin Altman

1727

Dans les sept livraisons de *l'Indigent Philosophe*, Marivaux évoque la condition du philosophe

Philosophe sans domicile fixe

Comme les autres auteurs du début du XVIIIe siècle, c'est à son insu que Pierre Carlet de Marivaux (1688-1763) a franchi la frontière qui sépare le Grand Siècle du siècle des Lumières. Ni lui ni même ses cadets ne se prenaient pour des écrivains ou des penseurs destinés à faire date. Les plus célèbres parmi ces cadets, Montesquieu, Voltaire, Diderot et Rousseau, évitèrent soigneusement de commettre – mais pas de railler – ces volumes pesants, abstrus et pédants qui auraient pu leur assurer une place dans le panthéon philosophique. Ils restèrent fidèles au public que le règne de Louis XIV avait vu naître : public composé d'aristocrates et de bourgeois, sérieux, mais par goût, dont les salons hebdomadaires reflétaient le niveau et le ton des questions qui les occupaient. Ce public se passionnait d'abord pour le présent, ses devoirs, ses plaisirs et ses problèmes, pour la vérité dans la mesure où elle affectait la vie, et pour la vie telle qu'on la menait dans le monde : avec élégance, ce qui ne voulait pas dire sans aspirations intellectuelles.

Compte tenu de ce public, que signifiait le verbe « philosopher » au début du XVIIIe siècle ? Après les « philosophies » du siècle précédent, aussi vénérées que contradictoires, qui pouvait espérer parvenir à une sagesse tant soit peu praticable ? Et, surtout, comment participer au projet philosophique, frondeur par essence, et préserver les valeurs qui sous-tendent la forme et les façons de penser de la société ? Pouvait il y avoir un langage philosophique qui ne soit pas immédiatement pétri de suffisance ? Était-il possible d'ébranler la structure des croyances individuelles, ou de dévoiler leur hypocrisie, sans toucher aux idéologies collectives qui les avaient fait éclore et prospérer ? À toutes ces questions, *l'Indigent Philosophe* (1727), de Marivaux, apporte la réponse la plus éloquente et la plus désenchantée que cette première moitié du XVIIIe siècle ait fournie.

Les *Journaux* (1717-1733), de Marivaux – essais publiés dans diverses feuilles périodiques et parmi lesquels figure *l'Indigent Philosophe* –, ne font pas partie des œuvres canoniques du siècle, bien qu'il s'agisse probablement des plus remarquables essais écrits depuis Montaigne. Leur valeur est au moins égale à celle des pièces et des romans du même Marivaux, qui sont plus connus et dont, comme il se doit, ils reprennent les thèmes.

Semblable aux narrateurs et aux héros de ces romans – Pharsamon dans *Pharsamon, ou les Nouvelles Folies romanesques* (1712-1713), Marianne dans *la Vie de Marianne*

(1731-1741) ou Jacob dans *le Paysan parvenu* (1734-1735) – le philosophe indigent ne se contente pas de parler et de raconter ; chaque fois qu'il ouvre la bouche, il donne l'impression de se forger un personnage, d'emprunter son allure et son identité, qui d'ailleurs restent incertaines et équivoques, à telle ou telle projection circonstancielle et fantaisiste, voire à l'illusion elle-même. Pas plus que ces personnages, le philosophe indigent n'a accès à un refuge où il aurait loisir de rendre à son existence authenticité et indépendance, sauf à parodier les goûts du lecteur en affectant un dédain aristocratique pour l'argent et les biens de ce monde. À l'image de ces personnages, il excelle dans l'imitation des manières d'être et de parler, des préjugés et des idées reçues qu'il n'arrive ni à approuver ni à éviter. Mais chacune de ses attaques finit par se retourner contre lui et la parodie apparaît pour ce qu'elle est : le plus ambigu des instruments d'attaque, d'autodéfense et d'autorécrimination, une tactique qui tire sa force d'un désir inassouvi de gloire et de valeurs chimériques.

Rien d'étonnant donc à ce que notre philosophe s'admire devant ce qui, littéralement, est son miroir. Il n'en revient pas d'avoir si fière allure sous des haillons dont le pittoresque témoigne d'une vie d'emprunt en même temps que de l'accumulation de recettes philosophiques aristotéliciennes, épicuriennes, cyniques et stoïciennes. Quand il se met à parler – il faudrait dire : à prendre la pose –, il accumule ces credos dans une totale désinvolture. Et au moment où il jure que leur sagesse est sa seule règle de vie, il garde, tel don Quichotte affrontant le chevalier des Miroirs, les yeux rivés sur les reflets instables du personnage qu'il a parfaitement conscience de jouer. Quelle est l'étoffe de ce héros ? Où se trouve-t-elle ? Dans le miroir intertextuel et imaginaire qui lui fait face ? Ou bien, invisible, indétectable, enfouie dans un être hypothétique, sans nom ni apparence ? À moins qu'il s'agisse précisément de la force qui engendre les apparences ? Et lorsque le philosophe saute de joie devant son miroir, ce n'est pas son image mais celle d'un autre que ce dernier lui renvoie – image exacerbée de l'existence que lui-même, en tant que narrateur, s'était façonnée. Comme un double qui se croirait tout permis, son compagnon éméché s'échappe du miroir pour entrer en scène. À moins que l'écrivain et son double-narrateur ne se soient tous deux précipités dans le miroir. Ces images de l'écrivain, du philosophe et de l'ivrogne finissent par se superposer et renvoyer les unes aux autres, comme dans les autres ouvrages de Marivaux, où personnages et événements se redoublent au point de composer une pièce ironique, répétitive, tissée d'analogies et de similitudes. L'existence que mènent le philosophe et son double évoque immanquablement celle des *pícaros* ; leurs paroles et leurs actions rappellent souvent la négligence raffinée du naturel classique ou encore l'ivrognerie rabelaisienne : Marivaux truffe ses portraits d'allusions littéraires ou sociales – y compris d'allusions à ses œuvres et à sa manière – chaque fois qu'elles lui semblent en harmonie avec les attitudes philosophiques qu'il veut dépeindre.

Ces dernières ont en commun la méfiance à l'égard des normes sociales et le mépris de ce qui, aux yeux de l'Église, de l'État et du public éclairé, constitue la valeur suprême : la société elle-même. Rien d'étonnant donc à ce que l'édition de 1718 du *Dictionnaire de l'Académie française* comme l'édition de 1732 du *Dictionnaire de Trévoux* qualifient de « philosophique » toute opinion ou conduite indépendante, choquante, irréligieuse ou égotiste et appelle « philosophe » tout homme « bourru, crotté, incivil, qui n'a aucun égard aux devoirs et aux bienséances de la société civile ».

Les attaques contre le philosophe, malappris narcissique et naturaliste impulsif, durèrent jusque vers 1740 au théâtre, dans *le Mercure de France*, le *Journal de Trévoux* et les œuvres de Bonneval, Lefranc de Pompignan et Desfontaines. La frontière entre philosophie et libertinage était si ténue dans l'esprit du public mondain que Crébillon fils pouvait présenter la vipérine Mme de Sénanges des *Égarements du cœur et de l'esprit* (1736-1738), personnage « toujours au-dessus du préjugé, et au-dessous de tout », comme « une de ces femmes philosophes pour qui le public n'a jamais rien été » (p. 94).

L'image du philosophe ne devait être réhabilitée, dans les textes du moins, qu'une dizaine d'années après la parution de *l'Indigent Philosophe*, de Marivaux, grâce au manifeste de Dumarsais intitulé *le Philosophe*. Le fait que ce joyau d'esprit ait paru dans les *Nouvelles Libertés de penser* (1743), titre palinodique d'un volume imprimé sans autorisation et distribué clandestinement deux ans après que le nombre des censeurs royaux eut été porté à soixante-dix neuf, indique assez les difficultés croissantes auxquelles faisait face la dissidence philosophique. Vers le milieu du siècle, alors que les penseurs rongeaient de plus en plus rageusement leur frein et que leur pensée se radicalisait, les cibles de leurs dénonciations, l'Église et l'aristocratie, intensifiaient leurs persécutions. Aussi Dumarsais dut-il peindre son philosophe, prototype de celui de l'*Encyclopédie* (1751-1772), sous des dehors rassurants : ce prophète d'une rationalité rajeunie et critique, ennemi juré de l'aveuglement religieux, se démarque soigneusement du fantôme vieillot du philosophe trublion et grossier, et c'est de son plein gré qu'il s'incline devant les vertus d'un ordre social aux échanges harmonieux. Mais c'était là une position difficile à tenir. Ceux qui marchèrent dans les pas de ce philosophe nouveau – des hommes comme Diderot, mais surtout des femmes comme Mmes Riccoboni et de Charrière (nous omettons volontairement les auteurs révolutionnaires comme Mably, Marat et Saint-Just) – allaient être déchirés entre la civilité et le conformisme d'une part, le changement et la libre expression de l'autre. D'où leur incertitude non seulement sur leur rôle et leur place dans la société, mais aussi sur leur être moral. Rousseau lui-même, qui n'était pas plus tendre pour ses amis que pour ses ennemis et remettait en question les présupposés de la sacro-sainte sociabilité et de la vie civilisée en général, ne fut pas épargné par la culpabilité et le doute.

Il va sans dire que, dans une société aussi ritualisée et fermée que celle du début du XVIIIe siècle – ce qu'on appelait le monde –, il était risqué de déroger aux usages, et non moins risqué de comprendre qu'ils dissimulaient la corruption et la perpétuaient. L'époque avait fait sienne l'opinion des moralistes classiques pour qui chaque geste et chaque expression étaient un acte à la fois moral et esthétique : ce compromis pragmatique permettait au vice et à la conscience du vice de suivre des voies séparées. Il est faux de dire que le vice était à la mode, comme le soutenaient, non sans arrière-pensée, les libertins. S'il régnait, c'était de toute éternité. Le problème était plutôt de contrôler des tendances dont les racines remontaient au péché originel et qui étaient aussi vivaces que lui. Les penseurs du XVIIe siècle s'étaient d'abord triomphalement appuyés sur la raison ; après avoir découvert sa vanité existentielle, ils se replièrent, comme Montaigne avant eux, sur l'antique prudence du naturalisme épicurien et sceptique. Les dévots poussaient leurs lecteurs à étudier le monde pour raviver dans leur esprit et dans leur vie la différence entre la cité de Dieu et la cité de l'homme. Ils les sommaient de mettre leur charité ou leur humilité chrétienne à l'épreuve (Antoine de Courtin) et d'éviter les « dangers de la conversation » (Pierre Nicole) – tout en respectant un ordre séculier qui avait la vertu de maintenir une tranquillité temporaire, mais nécessaire. Romanciers, poètes, dramaturges et moralistes étaient pris dans le même dilemme : ils dévoilaient l'instabilité et la misère cachées derrière les apparences et les convenances sociales – tout en défendant ces dernières comme le fondement nécessaire aux échanges humains. Cette société, qui se transformait, bon gré mal gré, en une spectaculaire machine hiérarchisée sous la férule de Louis XIV et de son héritier, engendrait de toute évidence ses propres désordres politiques, sociaux et humains.

L'indigent philosophe de Marivaux explore ce paysage houleux, plein d'ambiguïtés et de paradoxes. Bien qu'il se trouve à cinq cents lieues de Paris – métaphore géographique de sa distance psychologique –, il écrit comme s'il n'avait jamais quitté le monde civilisé. Et cela non seulement à cause du public auquel il s'adresse, mais aussi de la mascarade à laquelle il recourt pour formuler ses inquiétudes et ses espoirs. Sa frivolité, son refus d'être un plumitif laborieux, et jusqu'à son ralliement au « naturel » et au spontané, son désir d'écrire sur le vif, « sans cérémonie », sans « ordre » reflètent un idéal esthétique et moral de plus en plus répandu dans les cercles parisiens : la « vertu naturelle » avait triomphé de la « spirituelle et sublime » raison. Tout ce qui sentait la pose – politique, sociale ou littéraire – était accueilli par un mélange aristocratique de rejet, de nostalgie et de mépris. Le « plaisir d'être fou », les divagations qui allègent le poids des codes sociaux atténuent « la douleur de faire le sage » (*Journaux et œuvres diverses*, p. 280). En d'autres termes, la dissidence s'était insensiblement normalisée, rationalisée et moralisée. Mieux, elle offrait des modèles de comportement, d'action et de langage qui s'écartaient de la norme et permettaient à ce mélange de colère rentrée et d'éclats hystériques qu'on appelait « folie » de se manifester sous des dehors préfigurant le philosophe indigent et, *mutatis mutandis*, son parent le plus proche : *le Neveu de Rameau*, de Diderot (1761 ?-1774, éd. posth. 1805).

Cette permissivité s'accompagnait d'une classification maniaque des extravagances « philosophiques » acceptables par la bonne société, champ sémiologique des manières et des expressions que Diderot allait appeler des « idiotismes moraux ». Elles constituaient les tournures familières, gentiment réprouvées et toujours identifiables, d'une grammaire sociale plus générale. Malgré leur caractère marginal, elles traduisaient le malaise secret qui devait aboutir aux plus importants bouleversements stylistiques et philosophiques du siècle. « Négligence » et « paresse », « extravagance » et « étourderie », « singularité », « indifférence » et « distraction », autant de noms pour le même besoin d'afficher un écart par rapport à la norme ; mais aussi autant d'attitudes qui, pour naturelles et désinvoltes qu'elles paraissent, pouvaient être feintes, employées pour contrefaire – voire parodier – les qualités dont on était trop visiblement dépourvu. C'étaient là les attributs d'une jeunesse sans attaches et sans souci, des petits-maîtres frivoles et efféminés, des libertins insaisissables, mais surtout des femmes, incarnation du désir à l'état naturel, indompté, exemple même du tempérament sensuel, désordonné et turbulent. Dans les salons, où – si l'on en croit des moralistes comme Montesquieu et Diderot – la conversation perdait à leur contact son caractère empesé, les hommes se « féminisaient », la pensée papillonnait, se dispersait ou s'égarait en digressions. Les femmes, fort à propos, endossaient la responsabilité du vaste mais imperceptible changement rhétorique qui a marqué le siècle, de Fontenelle à Chamfort : goût des genres brefs, familiers ou discontinus (dialogues, lettres, dictionnaires, romans épistolaires, nouvelles), goût de la variété, de l'esprit et du changement, des vulgarisations qui maintiennent l'amour de la science dans les limites d'un léger flirt. Que ce soit par le style ou la sensibilité, tout le monde s'était féminisé : « Nous sommes tous femmes par l'esprit », note Montesquieu dans *Mes Pensées* (p. 1234) [1716-1755]. La protestation avait implosé, était devenue une manière d'être. Et le féminin, l'indompté, le toujours-sur-la-réserve, l'improvisé et l'organique – bref tout ce à quoi on pouvait accrocher le qualificatif « philosophique » – triomphaient dans les clins d'œil et les intonations complices.

Vers le milieu du siècle, Diderot, Winckelmann, Rousseau ainsi que les critiques du cercle de Bachaumont et Doublet se sont élevés contre l'art et la littérature rococo ; à l'origine de cette opposition, il y a sans doute l'inquiétude suscitée par des réalités sociales, économiques et politiques dont la légèreté et l'inconstance des femmes symbolisaient ce qu'elles avaient de plus versatile et incertain ; mais cette condamnation annonce aussi l'apparition d'un nouvel idéal féminin, sentimental et, bientôt, néo-classique : mères et sœurs recluses, anges de patience, gardiennes solennelles et hiératiques des vertus républicaines. Un curieux mélange de modèles empruntés à l'Angleterre et à l'Antiquité allait promouvoir un nouveau sublime, domestique et masculin – implacable, immuable, muet, glacial dans ses formes exacerbées. Mais la facilité, la hardiesse, la liberté d'imagination prétendument féminines s'étaient déjà infiltrées dans la rhétorique du XVIIIe siècle. Rousseau lui-même, qui devait défendre, plus éloquemment que tout autre, le caractère mâle de la rhétorique enseignée dans les collèges qu'il n'avait pourtant pas fréquentés, Rousseau dont la *Lettre à M. d'Alembert sur les spectacles* (1758) est sans doute la plus virulente condamnation prononcée contre les femmes de toute la littérature française, n'en adopta pas moins la spontanéité de leur style. Dans les *Confessions* (1782-1789) et les *Rêveries du promeneur solitaire* (1782), il ira même jusqu'à transformer – à son insu – leur désinvolture et leur distraction enfantines en philosophie positive de l'existence.

Rien d'étonnant donc à ce que le philosophe indigent vive comme il écrit, c'est-à-dire d'instant en instant et de phrase (volontiers inachevée) en phrase. Il fait un pied de nez au lecteur et adopte délibérément une forme et un ton qui reflètent non seulement le « beau désordre » de sa pensée, mais aussi le composé « naturel » et « bizarre » de l'argile humaine et des âmes animale, végétative et spirituelle. Dénonçant la vanité sous toutes ses formes – y compris la vanité d'auteur –, il n'en rejoint pas moins le troupeau des pécheurs chaque fois que, sur la défensive, il se déclare invulnérable aux critiques, ce qui ne l'empêche pas d'exprimer le désir d'être non seulement lu, mais cité. Affublé de ses haillons de fiction, il reste pris entre la pose et l'authenticité, la vantardise et le désintéressement, le narcissisme et l'autodérision. Il nous réduit à douter de la possibilité de toute opposition. Où trouver une nature qui soit distincte de l'art et de la société ? Où trouver un moi non corrompu par l'altérité ? Un langage préservé des pollutions et de l'odeur de l'homme ? Notre philosophe évolue dans un univers pascalien saturé d'habitudes, d'artifices, de conventions et de citations – non pas l'univers naturel, essentiel, mais une « seconde nature », fabriquée, plastronnant aveuglément au-dessus de l'abîme. Il est impertinent

– comme l'exigent à la fois le masque que Marivaux choisit de revêtir et les artifices et conventions mondaines – et tire gloire de cette liberté insolente, provoquant ainsi chez le lecteur un sentiment de paralysie, d'hésitation entre l'indignation et la résignation. Notre philosophe désapprouve les masques, mais il apprécie ceux qui les tiennent à la main et disent : « Tenez, le voilà ; et cela est charmant » (*Journaux et œuvres diverses*, p. 315). Le masque veut choquer, être suffisamment « unique » pour imprimer sa différence morale ; mais l'individualité – ce qui survit du désir d'être authentiquement soi-même – s'est réfugiée dans le commentaire, dans le caractère parodique et dérisoire, offensif-défensif, d'une expression empruntée, « cela est charmant ». Une fois établi que le ridicule est notre lot commun, la conscience de notre folie – conscience ironique de jouer un rôle et de parler un langage recyclé – n'engendre aucune alternative à la comédie. Nous devons continuer à la jouer, mais coincés maintenant entre la scène, les coulisses et le parterre. Comme dans ses pièces et ses romans, Marivaux atteint ici une forme exacerbée de lucidité qui vacille entre création de soi et éloignement de soi, entre abandon à l'improvisation et vigilance morale : lucidité désespérée, manipulatrice, qui va caractériser de plus en plus d'auteurs mais surtout leurs héros, Marianne et Jacob chez Marivaux lui-même, Meilcour chez Crébillon fils, Suzanne, le neveu de Rameau et Mme de la Pommeraye chez Diderot et Mme de Merteuil chez Laclos.

Dans la dernière livraison d'un autre de ses journaux, *le Spectateur français* (1724), Marivaux – qui vient de perdre son père et sa femme – raconte l'histoire d'un jeune homme sans fortune dont les parents sont morts. Séparé d'une sœur enfermée au couvent, il décide de gagner Paris : « Il n'allait plus me rester que moi pour moi-même, et qu'est-ce que c'était que moi ? » (*ibid.*, p. 261). À l'approche de la quarantaine, Marivaux est hanté par la perspective du dénuement et de la solitude, par l'image de paysages insulaires et d'êtres abandonnés. En 1725, il écrit une comédie, *l'Île des esclaves*, et commence *la Vie de Marianne*. En 1727, il entreprend puis abandonne brusquement la rédaction de *l'Indigent Philosophe* pour se consacrer à une autre comédie, *l'Île de la raison* : la taille de son héros Blaise, paysan et ivrogne, dépasse celle des autres Européens de l'île parce qu'il reconnaît ses vices, sans hypocrisie et sans se faire d'illusions : « Le bon secret que l'humilité pour être grand ! » (*Théâtre complet*, p. 216). L'ambiguïté de ce « grand » suggère que, du seul fait qu'il ait accédé à la conscience, au langage et à l'examen, le prétendu « secret » relève déjà de la vantardise. Dans la même veine, les variations plus profondes sur le thème de l'éloignement de soi et de la soumission à la société se retrouvent dans un récit emboîté dans *l'Indigent Philosophe*. Après diverses aventures au service de l'armée et de l'Église, le camarade du philosophe – fils d'un musicien buveur que la liqueur a conduit, comme elle conduira son fils, aux sources de la création et à l'oubli de la société, à une musique inexprimable – échoue dans une troupe de comédiens. Il y mène une vie naturelle et incivile, obscure mais variée, avec pour seuls guides la paresse et le hasard, finit par devenir, pour son malheur, un acteur à succès, loué, admiré pour sa tournure et son style : bref, pour tout ce qu'il n'est pas. S'il ne buvait pas, il en pleurerait (*Journaux et œuvres diverses*, p. 293).

Le vin constitue « une riche parenthèse », un répit dans les jeux de miroir qui, en ce siècle, définissent aussi les rapports de l'auteur avec ses lecteurs, du causeur avec son auditoire. Le vin convoque brutalement un présent corporel, aussi immédiat et

« naturel » que les lèvres et l'estomac ; il balaye réflexion et discours, il tient l'altérité à distance. « Les fous réfléchissent, les sages font ; et moi je bois : dans quelle classe suis-je ? » (*ibid.*, p. 294). Le camarade du philosophe rêve d'une existence pure, de la mort de la conscience, de la mort du langage et du temps à l'exception du présent (« toujours vit qui n'est pas mort »), réabsorption dans une origine et une énergie innocentes, entièrement spirituelles. Il rêve mais continue à se souvenir, à parler, à plaisanter, si bien que l'existence lui échappe pour céder la place à la figure d'un parodique personnage : celui d'un « philosophe » dont il raconte l'histoire avec délectation mais aussi – car il a lu Ovide – avec la conscience d'avoir « mal arrangé [son] récit » (*ibid.*, pp. 292-298).

La tension entre vin et discours, être et paraître, voir et être vu charge la réflexion – et cette réflexion sur la réflexion qu'est l'ironie – d'une force inemployée, force condamnée à tourner sur son orbite, à osciller entre l'illusion d'une liberté imaginaire et la conscience d'être prisonnière d'un piège. Les ironistes de Marivaux – le philosophe et son camarade – sont dans ce bas monde des fous qui s'engendrent poétiquement eux-mêmes ; ironistes parodiques, ils se moquent « philosophiquement » des convenances sociales, mais, ce faisant, entérinent l'ambiguïté de leur existence « naturelle » et de ce qu'ils appellent le naturel. L'intuition, le sentiment spontané que nous avons, comme dit le philosophe, « de [notre] excellence », ces « pressentiments d'une haute destinée » ne suffisent pas à effacer la terrible vérité : « Cela n'a point d'expression, et l'esprit alors aperçoit ce qu'il ne saurait dire » (*ibid.*, pp. 305-306). S'il faut, pour que l'être et la vérité puissent affleurer dans le moindre mot, la moindre présence, payer le prix fort, c'est-à-dire la dégradation ou la destruction de l'être et de la vérité (ce que La Rochefoucauld avait appelé l'amour pur : une source spirituelle cachée non seulement aux autres mais à nous-mêmes), il s'ensuit que l'existence visible n'est que négativité et contradiction. Et, pour reprendre les mots du philosophe, indiquant ici une solution qui, hélas, ne se trouve qu'au-delà du texte, voire dans l'au-delà tout court : « Sauve qui peut ! »

Voir aussi 1657, 1761 (décembre).

Bibliographie : Claude Prosper Jolyot de Crébillon, *les Égarements du cœur et de l'esprit*, éd. René Etiemble (Paris, Armand Colin, 1961). César Chesneau Dumarsais, *le Philosophe*, in *Nouvelles Libertés de penser* (Amsterdam, 1749). Pierre Carlet de Marivaux, *l'Indigent Philosophe* et *le Spectateur français*, in *Journaux et œuvres diverses*, éd. Frédéric Deloffre et Michel Gilot (Paris, Garnier, 1969) ; *Théâtre complet*, éd. Bernard Dort (Paris, Seuil, 1964). Charles de Secondat de Montesquieu, *Œuvres complètes*, éd. Roger Caillois, vol. Ier (Paris, Gallimard, 1951). Michel Gilot, *les Journaux de Marivaux : itinéraire moral et accomplissement esthétique*, 2 vol. (Paris, Champion, 1975). W. Pierre Jacoebée, *la Persuasion de la charité : thèmes, formes et structures dans les Journaux et œuvres diverses de Marivaux* (Amsterdam, Rodopi, 1976).

Jack Undank

1734

Trois éditions successives des *Lettres philosophiques* de Voltaire sont frappées d'interdiction

Complications de la vie d'homme de lettres

La tradition parle des *Lettres philosophiques* (1734) de Voltaire comme de « la première bombe lancée contre l'Ancien Régime » (Lanson, *Voltaire*, p. 52). Initialement intitulé *Lettres anglaises*, le recueil se compose de missives écrites d'Angleterre par un voyageur français imaginaire. Le narrateur alterne observations pénétrantes et manifestations d'étonnement naïf, le tout relevé par l'ironie et les aphorismes de Voltaire. Autant qu'à son ton enjoué, c'est à la hardiesse de ses idées que le livre dut son succès immédiat. L'Angleterre de Voltaire est avant tout un pays où règne la tolérance religieuse ; catholiques, protestants, juifs, mahométans et autres y prospèrent en ignorant les divergences de doctrine : « S'il n'y avait en Angleterre qu'une religion, le despotisme serait à craindre ; s'il y en avait deux, elles se couperaient la gorge ; mais il y en a trente, et elles vivent en paix et heureuses » (lettre VI, « Sur les presbytériens »).

Dans les premières lettres, le visiteur français, excessif et grossier, élève un barrage de chicanes dogmatiques et de jurons blasphématoires contre la foi simple et humaine de son interlocuteur quaker. Les Anglais, selon Voltaire, s'occupent davantage de questions pratiques – affaires, commerce, régime parlementaire, arts et sciences – que de discussions religieuses. Mais le voyageur va progressivement s'intéresser à ces mêmes questions et, dans sa description, l'Angleterre va devenir un modèle de progrès et de prospérité. Il examine la littérature anglaise, Shakespeare notamment, et présente les idées de Locke et de Newton. Les *Lettres philosophiques* occupent une place à part parmi les premières œuvres des Lumières, à cause du rôle essentiel qu'elles ont joué dans la diffusion en France de la pensée anglaise, en particulier le sensualisme de Locke et la physique de Newton.

Certains historiens contestent aujourd'hui l'idée reçue selon laquelle les philosophes seraient à l'origine de la Révolution, même indirectement. Quoi qu'il en soit, Voltaire n'était pas le premier. Lors de la parution des *Lettres philosophiques* en 1734, le courant de pensée auquel elles appartiennent s'était déjà manifesté par plusieurs ouvrages importants : le *Dictionnaire historique et critique* (1697) et les *Pensées diverses sur la comète* (1682), de Bayle, les *Entretiens sur la pluralité des mondes* (1686), de Fontenelle, et les *Lettres persanes* (1721), de Montesquieu. Ces ouvrages partagent une même confiance en la raison humaine qu'ils opposent à la foi en la révélation divine, l'autorité des anciens ou la tradition politique ; une même méthode, issue de cette conviction, et reposant sur le scepticisme et l'analyse scientifique ou érudite ; et un même style s'adressant au bon sens du public plutôt qu'aux finesses des théologiens et des académiciens. Ils aiment comparer les cultures, obligeant un lecteur qui est désormais délogé du centre de l'univers à porter sur sa civilisation un regard étranger en un temps où la France se croyait volontiers la première nation au monde. Ainsi, malgré toute leur intelligence et leur originalité, les *Lettres philosophiques* marquent moins l'entrée en guerre d'un philosophe contre le pouvoir qu'un tournant dans la carrière de Voltaire.

Voltaire n'avait pas attendu 1734 pour s'acquérir une solide réputation de provocateur ; d'ailleurs, les *Lettres philosophiques* sont le produit du séjour forcé qu'il a dû faire en Angleterre de 1726 à 1728 à la suite d'une querelle avec le chevalier de Rohan-Chabot. Ce dernier, semble-t-il, s'était moqué du nom de l'écrivain qui aurait rétorqué au chevalier qu'il « déshonorait son nom alors que lui immortalisait le sien » (*D'Arouet à Voltaire*, p. 204). Afin de rappeler la différence entre nobles et roturiers, Rohan fit bâtonner Voltaire par ses laquais. L'écrivain voulut obtenir réparation en duel, mais on l'envoya à la Bastille d'où il ne sortit qu'à la condition de quitter le royaume pour Londres.

On aimerait imaginer Voltaire, brûlant d'indignation après cette injustice, arrivant en Angleterre pour devenir philosophe. Il est vrai que ce pays lui fit découvrir nombre d'idées nouvelles et que les ferments de bien des idées qu'il développera plus tard remontent à ce séjour. Mais il revint en France plein de ressentiment à l'égard des Anglais. Le manuscrit des *Lettres philosophiques* ne comptait alors que quatorze lettres (au lieu de vingt-quatre). Voltaire les avait rédigées en anglais, avec l'intention de les publier sous le titre *Letters Concerning the English Nation* ; les morceaux les plus originaux – les lettres sur Locke et Newton – n'en faisaient pas partie. Le projet resta en sommeil pendant les deux années qui suivirent son retour, jusqu'à ce que Voltaire s'y remette à la fin de 1731 et le termine l'année suivante.

Un des ses amis londoniens s'occupa en 1733 de faire paraître deux éditions : l'une en anglais et l'autre en français (*Lettres écrites de Londres sur les Anglais et autres sujets*), cette dernière attribuée à un imprimeur de Bâle. Voltaire, de son côté, prépara avec le libraire rouennais Claude-François Jore une édition française intitulée *Lettres philosophiques* et attribuée, elle, à un imprimeur d'Amsterdam. Tandis que le livre était en cours d'impression à Rouen, Voltaire essayait d'obtenir à Paris l'autorisation de le faire paraître. Il montra le manuscrit à divers amis bien placés et même au Premier ministre, le cardinal de Fleury, mais comprit que les censeurs ne lui donneraient pas leur autorisation. Il devait donc renoncer au « privilège » (seule garantie existant alors contre les contrefaçons) mais espérait une « permission tacite », procédure officieuse par laquelle la police tolérait divers manquements à la réglementation et s'engageait à ne pas poursuivre l'œuvre. À défaut de cela, il pouvait encore bénéficier d'une tolérance *de facto*, la police faisant semblant d'ignorer le livre.

Dès l'été 1733, Jore et l'éditeur londonien disposaient chacun d'une édition prête à la vente. Entre-temps Voltaire avait transmis les épreuves au libraire parisien François Josse, sachant qu'il en tirerait une copie pour imprimer une contrefaçon. Comme les négociations avec la police prenaient mauvaise tournure, Voltaire essaya de différer la mise en vente. Mais la version anglaise sortit malgré tout en août 1733 et les comptes rendus commencèrent à paraître dans les revues. Au bout de quelques mois, Jore, inquiet pour la vente de son stock, mit quelques exemplaires en circulation. Convoqué par le lieutenant de police, il céda aux menaces de poursuites et fut obligé de remiser ses exemplaires dans une écurie de Passy. En mars 1734, alors que l'édition « de Bâle » arrivait de Londres à Paris, Josse commençait à vendre ses contrefaçons. Jore ne pouvait plus attendre. Il mit ses exemplaires sur le marché.

Les autorités réagirent immédiatement. Jore passa deux semaines à la Bastille et perdit sa maîtrise de libraire. Le livre fut brûlé le 10 juin sur ordre du Parlement, mais la légende veut que l'exécuteur ait substitué un ouvrage anodin aux *Lettres philoso-*

phiques qu'il voulait conserver pour sa bibliothèque. Voltaire n'échappa à la prison que parce qu'il s'était absenté de Paris pour assister à un mariage à Autun. Prévenu de son arrestation imminente, il se réfugia chez Mme du Châtelet à Cirey, à la frontière du duché de Lorraine qui était alors indépendant ; il y passa le plus clair de son temps jusqu'en 1740, travaillant et s'adonnant à ses recherches scientifiques, recevant des visiteurs de l'Europe entière et entretenant une prodigieuse correspondance. La publication des *Lettres philosophiques* marque ainsi le moment où Voltaire, cessant de se considérer d'abord comme un poète et un dramaturge (même s'il n'abandonna jamais la poésie ni le théâtre), allait entrer en campagne pour défendre les idéaux des Lumières contre l'Église et le pouvoir.

L'histoire de la publication des *Lettres philosophiques* peut paraître mouvementée ; c'est celle de la plupart des œuvres du XVIIIe siècle. Les mécanismes de leur diffusion auprès du grand public connaissait un bouleversement profond, à la mesure des contradictions d'un pouvoir qui voulait favoriser la culture et le commerce sans renoncer à contrôler la circulation des idées et à interdire les opinions subversives. Ces bouleversements reflétaient aussi les divergences entre les agents de l'autorité, dont certains s'employaient à réprimer la dissidence alors que d'autres soutenaient ouvertement les Lumières. Les institutions elles-mêmes étaient loin de rester sans effets sur les œuvres. Reconstituer fidèlement le processus de la production livresque, depuis le manuscrit jusqu'à la distribution à l'étranger, ferait l'objet d'un gros volume. On se contentera de rappeler que les livres encore lus de nos jours ne reflètent pas la production ordinaire des libraires du XVIIIe siècle, pour l'essentiel composée de livres pieux, d'almanachs, de manuels, de contes populaires, etc. Inlassablement réédités d'année en année, ces ouvrages finissaient par se vendre à des centaines de milliers d'exemplaires. Par contraste, les *Lettres philosophiques* ne dépassèrent probablement pas vingt mille exemplaires pour l'ensemble des éditions parues au XVIIIe siècle. Ce qui s'imprimait traversait généralement le système sans encombre, parce qu'il s'agissait, pour l'essentiel, de textes conventionnels et orthodoxes : ces mêmes raisons font qu'on ne les lit plus aujourd'hui.

La carrière de Voltaire pourrait à elle seule illustrer bien des aspects de la production littéraire. Son premier triomphe fut *Œdipe*, tragédie en vers représentée en 1718 à la Comédie-Française. Comme presque toutes les institutions littéraires, la Comédie-Française était née sous Louis XIV et une charte royale lui donnait le monopole de son répertoire. Elle avait aussi de lourdes obligations. Pendant presque tout le XVIIIe siècle, elle affronta la concurrence d'autres théâtres (opéra, Comédie-Italienne et théâtre de foire). Mais la compétition était strictement réglementée : ainsi l'opéra devait éviter les dialogues parlés, tandis que les acteurs ne devaient pas jouer de la musique ni danser.

Il est relativement facile de surveiller un théâtre. Monter une pièce suppose qu'on réunisse une troupe dans un lieu donné, de façon régulière, et qu'on annonce à l'avance les représentations. Le théâtre ne connaît pas l'équivalent du stockage de volumes dans une écurie, de l'impression de contrefaçons ou de leur importation en contrebande. Ces mêmes raisons permettent à un auteur dramatique d'engranger plus facilement les bénéfices financiers du monopole. Pour un écrivain peu connu, publier n'était pas rentable ; son manuscrit une fois vendu, l'auteur n'en retirait plus aucun bénéfice. En revanche, l'auteur d'une pièce jouée à la Comédie-Française touchait un neuvième des recettes pendant la première série de représentations. Ainsi, Mme de Graffigny dut vendre le manuscrit des célèbres *Lettres d'une Péruvienne* pour trois cents livres en 1747 ; trois ans plus tard, sa pièce *Cénie* lui rapporta près de deux mille cinq cents livres en droits d'auteur, plus mille livres pour la publication du texte qui, contrairement au roman, obtint permission et privilège officiels.

Être joué à la Comédie-Française offrait des avantages financiers sans comparaison avec ceux de la publication. Toute la difficulté était de faire accepter son texte. Les pièces étaient choisies par les acteurs aux caprices légendaires. Une fois la pièce acceptée, les pensionnaires se chamaillaient régulièrement sur la distribution, demandant à l'auteur de modifier leur rôle. Suivre une pièce depuis la composition jusqu'à la première n'était pas de tout repos et exigeait des soins constants ; c'est probablement une des raisons pour lesquelles si peu de femmes ont écrit pour la scène.

Le prestige du théâtre devait beaucoup aux chefs-d'œuvre du siècle précédent. Mais, contrairement aux grandes œuvres de Corneille, de Molière et de Racine, les pièces qui enchantèrent le public du XVIIIe siècle – jusqu'au *Barbier de Séville* (1775), de Beaumarchais – ont toutes disparu du répertoire. Le poids mort de la tradition ne se faisait pas sentir exclusivement dans l'esprit des auteurs et le goût du public ; les réglementations assuraient la prééminence de la Comédie-Française. Celle-ci fascinait toujours Voltaire, dont les pièces étaient bien accueillies, ainsi que Diderot et Rousseau, dont les pièces ne l'étaient pas ; mais aucun d'eux n'a écrit ses meilleures pages pour le théâtre, lieu plus approprié à l'ambition et au talent médiocre d'un Marmontel (qui prit au sérieux le conseil que Voltaire lui avait donné d'écrire pour la scène, où un jour suffit à vous donner la gloire et la fortune, et – si l'on en croit un bel esprit de l'époque – mérita son fauteuil d'académicien à force d'échecs). Le plus grand auteur dramatique de l'époque, Marivaux, écrivit ses meilleures pièces pour les Italiens ; mais comme elles ne relevaient pas de la grande tradition française, elles furent *ipso facto* tenues pour inférieures.

Voltaire n'avait pas vingt-cinq ans lorsque *Œdipe* lui apporta gloire et fortune. Il fut un auteur exceptionnellement riche pour son époque, mais il le dut à la protection d'amis fortunés plutôt qu'à sa plume. Il put ainsi se permettre de donner ses manuscrits pendant presque toute sa carrière : la diffusion de ses idées lui importait plus que le maigre revenu escompté. C'est la même raison qui lui fit organiser plusieurs éditions des *Lettres philosophiques* : la police pouvait en saisir une, les autres restaient disponibles. Ses contes parurent sans nom d'auteur ou sous pseudonyme, et la fausse candeur avec laquelle il niait leur paternité s'est révélée une forme particulièrement habile de publicité. Il avait aussi l'habitude de donner ses manuscrits à de jeunes auteurs dans le besoin : s'ils acceptaient de les signer, les bénéfices étaient pour eux, tandis que ses idées à lui circulaient. Il alla jusqu'à signer certains textes polémiques du nom de ses adversaires. De cette façon, Voltaire et bien d'autres détournaient à leur profit les rouages complexes de la réglementation et de la censure, si bien que la littérature interdite – pornographie comprise – prospérait.

Appropriée aux écrits polémiques d'un philosophe riche et reconnu, cette tactique ne convenait guère aux œuvres destinées à attirer la faveur du roi ou un fauteuil d'académicien. Après avoir triomphé au théâtre, le jeune Voltaire rêva de doter la France d'une épopée nationale. Il s'agirait d'une œuvre monumentale et non d'un pamphlet clandestin. Il lui fallait donc une impression et des gravures de qualité. Étant donné la facilité avec laquelle on contrefaisait les livres, les méthodes habituelles de publication n'auraient pas permis à un éditeur de rentrer dans ses frais, aussi Voltaire eut-il recours à la souscription. Amis riches et nobles, protecteurs des arts et des lettres furent sollicités pour financer l'édition de luxe de *la Henriade* (1728). L'enthousiasme de Voltaire lui fit faire plus d'une erreur. Se trouvant alors en Angleterre, il dédia l'œuvre à Sa Majesté britannique. Parmi ses souscripteurs figuraient aussi beaucoup de protestants. Bien plus, le poème célébrait Henri IV, dont la politique de tolérance n'était plus celle de la France. Ces circonstances ne jouèrent pas en faveur de Voltaire qui multipliait les démarches pour s'attirer les grâces de la cour et *la Henriade* ne l'aida pas à améliorer sa position sur la liste des pensions ou des candidats à l'Académie française.

L'exemple le plus célèbre de publication par souscription au XVIIIe siècle est l'*Encyclopédie* (1751-1772). Dans le cas de *la Henriade*, il s'agissait de l'édition de luxe d'une œuvre unique ; le projet de l'*Encyclopédie* portait sur une série de volumes dont la publication devait durer vingt ans et faire appel à la collaboration des plus grands penseurs et écrivains français. Une entreprise de cette envergure ne pouvait affronter la jungle du marché. En dépit des efforts des éditeurs, l'*Encyclopédie* n'a jamais cessé d'être menacée par ses ennemis réactionnaires qui, par deux fois, réussirent à arrêter la publication ; par ses rivaux qui s'ingénièrent à en piller les articles ; et par diverses querelles internes, défections et trahisons, y compris celle des éditeurs qui en vinrent à censurer le travail de Diderot lui-même. L'histoire complète de la « bataille de l'*Encyclopédie* » n'a rien à envier à un roman balzacien.

Si c'est l'*Encyclopédie* qui a consacré la réussite de Diderot aux yeux de ses contemporains et si elle incarne de nos jours encore le triomphe des idées nouvelles sur le conservatisme et l'absolutisme, les œuvres qui aujourd'hui font la gloire de l'écrivain ne parurent pas de son vivant. Certaines – *le Neveu de Rameau* (1761-1774, éd. posth. 1805), le *Paradoxe sur le comédien* (1773-1776 ? éd. posth. 1830) et le *Supplément au voyage de Bougainville* (1772, éd. posth. 1796) – étaient restées à l'état de manuscrits, confiés à des amis. D'autres – *la Religieuse* (1760, diffusé en 1780, éd. posth. 1796), *Jacques le fataliste et son maître* (vers 1773, diffusé avant 1780, éd. posth. 1796), *le Rêve de d'Alembert* (1769, diffusé en 1782, éd. posth. 1831) et les *Salons* (écrits et diffusés en 1759-1781, éd. posth. 1795-1857) – ont été insérées dans la *Correspondance littéraire* (1753-1790) de Grimm et Meister, qui circulait sous la forme de quelques exemplaires manuscrits. Il s'agissait, faut-il le préciser, d'un procédé coûteux et anachronique ; les abonnés, une quinzaine au plus, se recrutaient parmi les têtes couronnées d'Europe centrale et orientale. Grâce aux relations de Grimm dans les milieux diplomatiques et à son amitié pour Diderot, la *Correspondance littéraire* constitue le plus remarquable – mais non l'unique – exemple de « publication » manuscrite. Certains hommes de lettres parisiens, tels l'abbé Le Blanc et Bachaumont, entretinrent eux aussi des correspondances littéraires. D'autres, comme l'abbé Prévost et Mouhy, rédigeaient des « gazettes à la main ». Dans la première moitié du siècle, il aurait été dangereux d'imprimer de nombreux écrits attaquant le christianisme. Aussi ne circulaient-ils qu'à l'état de manuscrits.

Peut-être aucun genre ne révèle-t-il mieux que le roman l'effet des circonstances matérielles et politiques sur la production littéraire. Le roman était un genre populaire, qui n'était pas soumis à l'imitation des modèles antiques, mais il avait acquis une dignité suffisante pour attirer les écrivains sérieux. Georges May a montré comment son évolution est liée aux efforts des romanciers pour répondre à la critique moralisatrice, qui brandissait la menace de la censure. Ses intrigues convenues, couronnées par le triomphe pathétique de la justice immanente, semblent le fruit de pressions politiques. Avant que Malesherbes ne succède à d'Aguesseau comme directeur de la Librairie en 1750, il était rare qu'un roman obtienne la permission ou le privilège qui protégeaient l'auteur et le libraire des contrefaçons. Aussi les libraires, obligés de rentrer dans leurs frais dès la première édition, étaient-ils incapables, même avec la meilleure volonté du monde, de bien payer leurs auteurs : ceux-ci n'avaient qu'à être prolifiques s'ils voulaient survivre. Des romanciers comme Prévost et Marivaux se mirent à écrire des romans à épisodes ; si le premier volume avait du succès, ils pouvaient exiger des prix plus élevés pour les suivants puisque l'éditeur était pour ainsi dire assuré de bonnes ventes.

Le roman à épisodes demande des intrigues à rebondissements et à dénouement ouvert. Le siècle précédent en avait fourni d'illustres exemples, dus à Honoré d'Urfé, à Georges et Madeleine de Scudéry, à La Calprenède notamment. Le caractère erratique de ces récits convenait bien à l'esprit du XVIIIe siècle, confiant en un univers régi par la providence, où le bien finit par triompher. Les facteurs économiques et politiques n'étaient donc pas seuls à modeler le genre romanesque et, comme au théâtre, les institutions officielles reflétaient ou renforçaient les tendances esthétiques ou philosophiques. L'*Histoire de Gil Blas de Santillane*, de Lesage, parut en trois livraisons étalées sur vingt ans (1715, 1724, 1735) ; Marivaux et Crébillon fils laissèrent des romans inachevés. À une date ultérieure, Marmontel, Baculard d'Arnaud et Restif de La Bretonne publièrent fréquemment des œuvres en plusieurs volumes, recueils d'histoires ou d'anecdotes, romans à suite. Beaucoup de romans français du XVIIIe siècle présentent cette division en épisodes avec conclusion ouverte, même s'ils ne comportent qu'un volume. C'est le cas du très populaire roman épistolaire, illustré par Mme de Graffigny ou Mme de Charrière. *Manon Lescaut*, de Prévost, constitue le septième volume des interminables *Mémoires et aventures d'un homme de qualité* (1729-1731) ; et, malgré la mort et l'inhumation de l'héroïne, Prévost s'était clairement réservé la possibilité de la ressusciter pour de nouvelles aventures, qu'un autre romancier écrivit d'ailleurs.

L'influence des facteurs politiques et économiques sur la littérature était donc aussi directe que puissante. Dans son effort pour contrôler la production littéraire, le pouvoir encouragea l'apparition d'une myriade de publications, largement oubliées aujourd'hui parce que les exigences officielles étaient inacceptables pour les auteurs de talent comme pour les lecteurs de qualité. Mais les contradictions du pouvoir, l'essor du commerce international et le développement de l'édition contrecarraient les effets de la censure et de la réglementation. Ces chemins marginaux de l'édition avaient leurs propres limites, mais les auteurs que nous aimons aujourd'hui ont su les utiliser et les transcender : Marivaux écrivit pour les Italiens, Diderot misa sur la libre circulation des manuscrits, Prévost se réserva la possibilité de donner une suite à *Manon* et Voltaire renvoya dos à dos éditeurs rapaces et censeurs, des *Lettres philosophiques* jusqu'à la fin de sa carrière.

Voir aussi 1680, 1761 (décembre), 1770.

Bibliographie : Voltaire, *Œuvres complètes*, (Oxford, Voltaire Foundation, 1968) ; *Lettres philosophiques*, éd. René Pomeau (Paris, Flammarion, 1964). *Le Livre triomphant 1660-1830*, vol. II de l'*Histoire de l'édition française*, éd. Roger Chartier, Henri-Jean Martin et Jean-Pierre Vivet (Paris, Promodis, 1984). Robert Darnton, *l'Aventure de l'Encyclopédie (1775-1800) : un best-seller au siècle des Lumières* (Paris, Librairie académique Perrin, 1982) ; *Édition et sédition : l'univers de la littérature clandestine au* XVIIIe *siècle* (Paris, Gallimard, 1991). Gustave Lanson, *Voltaire* (Paris, Hachette, 1906). Georges May, *le Dilemme du roman au* XVIIIe *siècle* (New Haven, Yale University Press, 1963). René Pomeau, *D'Arouet à Voltaire : 1694-1734*, vol. Ier de *Voltaire en son temps* (Oxford, Voltaire Foundation ; Paris, J. Touzot, 1985).

English Showalter Jr.

1735

Les *Mémoires du comte de Comminge* paraissent anonymement à La Haye

Le roman-mémoires : genres croisés

Les *Mémoires du comte de Comminge* parurent anonymement à La Haye en 1735. Compte tenu de la censure et du système des « privilèges » en vigueur en France, le fait qu'un auteur français publie en Hollande et sous l'anonymat n'a rien d'exceptionnel à l'époque. Mais que la marquise de Tencin, hôtesse d'un influent salon parisien, ait choisi – comme Mme de La Fayette avant elle – de publier anonymement ses romans soulève des questions décisives quant au statut des femmes écrivains et à leur place dans l'histoire littéraire. Ainsi, le *Petit Larousse illustré* (1986) mentionne Mme de Tencin dans l'entrée consacrée à son frère Pierre Guérin, cardinal de Tencin, archevêque de Lyon et ministre d'État : « Sa sœur Claudine Alexandrine Guérin, marquise de Tencin (Grenoble 1682-Paris 1749), tint un salon célèbre et fut la mère de d'Alembert. » Aucune allusion n'est faite à ses écrits. Les catégories autour desquelles est organisée la notice du dictionnaire – sœur d'un cardinal, mère d'un philosophe, hôtesse d'hommes de lettres et de penseurs – reconduisent en cette fin du XXe siècle les stéréotypes de ce qu'on a appelé le « règne des femmes » dans la France du XVIIIe siècle.

Mme de Tencin est l'auteur de cinq romans. Trois parurent anonymement de son vivant : *Comminge*, *le Siège de Calais* (1739) et *les Malheurs de l'amour* (1747). Les deux autres, *Anecdotes de la cour et du règne d'Edouard II, roi d'Angleterre* (1766) et *Histoire d'une religieuse écrite par elle-même* (1786), inachevés, parurent sous son nom après sa mort. Pendant les trente années qui suivirent la publication de *Comminge*, le nom de l'auteur resta un secret bien gardé, même si des amis comme Montesquieu et Marivaux (qui fit de la marquise un portrait célèbre sous les traits de Mme Dursan dans *la Vie de Marianne*, 1731) semblent avoir été dans la confidence. À la mort de Mme de Tencin, Montesquieu aurait reconnu – si l'on en croit l'annotation portée par un familier sur un recueil de ses lettres – qu'elle était l'auteur des romans généralement attribués à son neveu. Pourtant, c'est en 1786 seulement que son nom figura sur l'ouvrage.

Si l'on connaît bien l'activité politique et sociale de Mme de Tencin – souvent dépeinte comme une femme d'intrigues, sans qu'il s'agisse là d'un hommage à sa technique romanesque –, sa vocation littéraire demeure un mystère. Il semble qu'aux abords de la cinquantaine, et après avoir favorisé de son mieux l'établissement de son illustre frère, elle ait secrètement entrepris une carrière d'écrivain et commencé à recevoir dans son salon davantage d'hommes de lettres que d'ecclésiastiques.

Laharpe fut un des nombreux critiques à saluer en *Comminge* l'égal de *la Princesse de Clèves* (1678), de Mme de La Fayette. En 1804 parut d'ailleurs une édition rassemblant en un même volume *Comminge* – le roman était alors très lu et apprécié – et d'autres œuvres de Mme de Tencin, Mme de La Fayette et Mme de Fontaines. *Comminge* connut au moins douze rééditions jusqu'en 1835, après quoi il ne fut plus imprimé jusqu'en 1969. L'histoire de sa publication est emblématique du destin de la littérature féminine du XVIIIe siècle, mais aussi de plusieurs ouvrages du XVIIe siècle écrits par des femmes.

L'histoire littéraire a longtemps rangé Mme de Tencin aux côtés de Mmes de Graffigny et Riccoboni dans la rubrique du « roman sentimental », genre caractérisé par de sombres histoires d'amours contrariées qui créèrent à la fois le public et la postérité du chef-d'œuvre de Rousseau, *Julie, ou la Nouvelle Héloïse* (1761). La critique féministe récente a révisé cette généalogie pour inscrire les femmes écrivains du XVIIIe siècle dans une tradition littéraire plus vaste, identifiable notamment par une poétique du récit tout à fait spécifique, qui commence avec Mme de La Fayette et se poursuit jusqu'à Mme de Staël.

Mais rattacher Mme de Tencin à cette tradition, lui faire place dans l'impressionnante lignée de ses devancières, n'est qu'un premier pas. Pour resituer les écrits féminins dans l'histoire littéraire, une double révision s'impose : il faut replacer ces textes dans la continuité diachronique de la tradition féminine, mais aussi les étudier, d'un point de vue synchronique, par rapport aux écrits contemporains – qu'ils émanent d'hommes ou de femmes. Cette seconde approche implique en particulier une « lecture croisée » qui entremêle des œuvres écrites par des femmes et des écrits masculins et, de manière encore plus radicale, qui lit les écrits masculins à la lumière des œuvres écrites par les femmes.

On peut, dans cette double perspective, se demander pourquoi Mme de Tencin a choisi pour son premier roman le modèle de l'autobiographie masculine. Le roman-mémoires (autobiographie imaginaire) était un genre extrêmement prisé et florissant entre 1690 et 1750. Les années 1730, souvent tenues pour décisives dans l'évolution du roman français, marqueront aussi l'apogée du genre ; citons, parmi les œuvres les plus célèbres, *Manon Lescaut* (1731), de Prévost, *la Vie de Marianne* (1731-1741), de Marivaux, et *les Égarements du cœur et de l'esprit* (1736-1738), de Crébillon. Ces mémoires imaginaires semblent s'être développés en réponse aux multiples pressions des critiques et des commentateurs qui exigeaient des récits plus vraisemblables, satisfaisant aux exigences conjointes de la morale et du réalisme. Par opposition aux romans dits historiques qui avaient la faveur du XVIIe siècle, ces narrations rétrospectives à la première personne inventaient un espace où il devenait possible de représenter les relations entre hommes et femmes et les changements auxquels elles étaient soumises.

Le roman-mémoires retrace les étapes que le narrateur traverse pendant son apprentissage du monde : il s'ouvre sur les premiers contacts de l'adolescent avec la vie sociale pour conduire, à travers toutes sortes d'expériences – notamment sexuelles –, à une vision détachée de ce monde, sans la moindre illusion sur les valeurs qui y ont cours. Si certains récits écrits par des femmes au XVIIe siècle avaient mis en scène des personnages féminins, vers 1730, le genre tendait à privilégier les héros masculins.

Au XVIIIe siècle, peu de femmes ont écrit des romans-mémoires. Ainsi, parmi les quarante-six œuvres étudiées par Philip Stewart, trois seulement sont signées par des femmes (mais il n'est pas exclu que certains textes dont l'auteur n'a pas été identifié aient été écrits par des femmes). L'écriture féminine adoptait plutôt la première personne du roman épistolaire, qui allait s'imposer comme la forme dominante de la seconde moitié du siècle ; la narration rétrospective en « première personne du féminin » fut pour l'essentiel laissée à l'imagination masculine : la Marianne de Marivaux et la religieuse de Diderot en sont les plus célèbres exemples.

Le fait que peu de romancières du XVIIIe siècle aient choisi la forme des mémoires est signe d'une perte de pouvoir politique et social par rapport à leurs illustres devancières du Grand Siècle. Composer le récit vraisemblable d'une existence mondaine supposait une certaine indifférence à l'égard du scandale auquel exposait le fait d'écrire et, vers 1730, les règles de conduite aussi bien publiques que privées avaient considérablement restreint l'autonomie des femmes et leur influence politique. Les romans du XVIIIe siècle n'en offrent pas moins une vision lucide du prix à payer par les femmes dès qu'elles se permettaient de révéler au public un point de vue féminin sur l'apprentissage de la vie mondaine. *Les Liaisons dangereuses* (1782), de Laclos, jettent un regard rétrospectif sur les échanges amoureux et sociaux de l'élite prérévolutionnaire. Au tout début du roman (lettre II), la marquise de Merteuil – une « intrigante » de l'acabit de Mme de Tencin – imagine une rouerie qu'elle propose au vicomte de Valmont d'inclure dans ses mémoires, mémoires qu'elle se charge d'écrire et de publier pour lui. Plus tard, elle rédigera un abrégé de sa propre vie pour l'édification du vicomte : la série de doubles jeux à quoi se ramène son apprentissage du monde. Lorsque à la fin du roman le dessous de ces liaisons dangereuses finit par être exposé, l'opinion publique – celle qui est décrite dans le livre – s'indigne particulièrement d'apprendre qu'une femme a pu délibérément se jouer des conventions sociales. Le châtiment final de la marquise – exilée du monde et défigurée – fait connaître le prix qu'une femme doit s'attendre à payer si elle ose écrire l'histoire d'un personnage féminin qui enfreint les codes de conduite de l'un et l'autre sexe.

En composant son premier roman en 1735, Mme de Tencin disposait de plusieurs modèles : mémoires d'hommes écrits par des hommes (romans libertins, le plus souvent) ; mémoires de femmes rédigés par des hommes (romans d'identification masculine à la femme) ; romans « historiques » écrits à la troisième personne par des femmes, comme ceux de Mme de La Fayette et de Mme de Villedieu (pseudonyme de Marie-Catherine Desjardins). Les mémoires de femmes écrits par une femme, comme les *Mémoires de la vie d'Henriette-Sylvie de Molière*, de Mme de Villedieu (1674), sont une exception qui prend une portée ouvertement féministe avec l'*Histoire d'Émilie* (1732) et les *Mémoires du chevalier de...* (1734), de Mme de Méheust. Mme de Tencin a choisi un anonymat qui lui permettait d'écrire au masculin en s'identifiant à l'homme dont le nom était mentionné dans le titre. Cette stratégie est la marque voilée d'un dissentiment : consacré au destin d'un homme, son roman pose la question de la place réservée à la femme dans les intrigues patriarcales ; il dénonce une tradition romanesque où l'héroïne sert de prétexte aux récits que les hommes se racontent (ainsi du cadavre exquis de Manon Lescaut).

Le titre complet du roman de Prévost, *Histoire du chevalier des Grieux et de Manon Lescaut* (1731), est rarement employé, et encore moins celui de *Mémoires et aventures d'un homme de qualité qui s'est retiré du monde* (1728-1731), roman en sept volumes dans lequel vient s'insérer *Manon Lescaut*. Mais le libellé de ces titres souligne à la fois le contrat narratif qui définit le genre du roman-mémoires et le rôle de Prévost dans son élaboration. *Manon Lescaut* est l'histoire du chevalier des Grieux racontée à un « homme de qualité », le marquis de Renoncour. Dans l'« Avis de l'auteur », le marquis juge l'histoire de Des Grieux suffisamment proche de la sienne pour l'inclure dans ses mémoires, mais suffisamment différente pour mériter son propre espace narratif. L'homme du monde plus âgé et plus sage offre ainsi un cadre au récit du jeune homme et cautionne, en quelque sorte, l'intérêt de cette expérience : « Chaque fait qu'on y rapporte est un degré de lumière, une instruction qui supplée à l'expérience ; chaque aventure est un modèle d'après lequel on peut se former ; il n'y manque que d'être ajusté aux circonstances où l'on se trouve. L'ouvrage entier est un traité de morale, réduit agréablement en exercice » (*Manon Lescaut*, p. 6). Le type d'identification proposé au lecteur, de même que le lien qui unit l'histoire des deux hommes, repose sur la complicité de subjectivités masculines bien nées.

Après avoir présenté des Grieux à qui l'on donne la parole pour qu'il raconte sa vie, le narrateur se retire : le « je » qui parle raconte alors son impérissable amour pour une femme morte, une femme dont le nom a fini par éclipser le sien auprès du public. Et si l'œuvre semble continuer la tradition des romans construits autour du nom et du destin de l'héroïne, c'est en réalité l'apprentissage de l'identité masculine qui structure à la fois sa narration et son idéologie.

L'histoire commence par l'entrée dans le monde du jeune des Grieux : « J'avais dix-sept ans, et j'achevais mes études de philosophie à Amiens, où mes parents, qui sont d'une des meilleures maisons de P., m'avaient envoyé » (*ibid.*, p. 17). Cadet de famille destiné à l'ordre de Malte, des Grieux s'écarte du rang que lui destine l'ordre social en tombant amoureux d'une belle jeune fille de « naissance commune » (*ibid.*, p. 22). Les différences de condition et de situation – le séminariste fidèle mais déchu, la courtisane volage mais tendre – se combinent pour créer un pathétique digne de l'opéra (que Puccini et Massenet exploiteront au XIXᵉ siècle). L'histoire suit l'itinéraire obligé des amours maudites : séduction, bonheur fugitif, menaces, trahison et châtiment. Il suffit que des Grieux et Manon se mettent en ménage pour que leur idylle s'effondre – malgré l'amour qui les unit – parce que Manon a besoin d'argent. Des Grieux devient joueur, voleur et meurtrier pour satisfaire les désirs de la jeune femme. Arrêtés par la police et bannis du Vieux Monde par la vindicte d'hommes âgés – des Grieux père et le barbon qu'ils ont tenté d'escroquer –, les amants s'en vont tenter leur chance en Amérique. Mais il est écrit qu'une union légitime et paisible ne doit pas échoir à ces infortunés, prisonniers de la société et de leur désir : Manon meurt de froid et d'épuisement dans le Nouveau Monde. Dans ce qui est peut-être la scène la plus célèbre du roman, des Grieux demeure « plus de vingt-quatre heures la bouche attachée sur le visage et les mains de [sa] chère Manon » (*ibid.*, p. 200) ; puis il brise son épée pour creuser la fosse de l'idole de son cœur, qu'il a enveloppée de ses habits (fig. 1). Hélas, il a beau appeler la mort, il survit et s'en retourne chez lui

1. La mort de Manon Lescaut, planche de Pasquier, gravée par Monziès, *in* abbé Prévost, *les Aventures du chevalier des Grieux et de Manon Lescaut, par Monsieur* *** (Amsterdam, Aux dépens de la compagnie, 1733), au regard de la p. 470. (Beinecke Rare Book and Manuscript Library, Yale University.)

avec son fidèle ami Tiberge, venu de France lui porter secours : la femme doit mourir pour que les hommes puissent retrouver ce qui les unit.

Prévost révisa le roman en 1753, cette dernière version étant la plus couramment adoptée. Les corrections portent notamment sur les origines de Manon qui, de « modestes », deviennent « communes » – changement généralement interprété comme visant à rendre plus acceptable pour le lecteur bourgeois ce que la conduite de Manon a d'ambigu ; sur le temps que des Grieux passe embrassé à la dépouille de Manon, qui diminue de deux jours et deux nuits à vingt-quatre heures ; et sur l'avant-dernière phrase allongée de manière que l'accent soit déplacé de la mort du père – sur laquelle le roman s'achevait d'abord – au retour du fils.

Au moment d'entamer le récit de la mort de Manon, des Grieux s'adresse au marquis en ces termes : « Pardonnez, si j'achève en peu de mots un récit qui me tue. Je vous raconte un malheur qui n'eut jamais d'exemple. Toute ma vie est destinée à le pleurer » (*ibid.*, p. 199). C'est littéralement la même attitude d'homme accablé par le deuil que Mme de Tencin adopte pour commencer les mémoires de son infortuné héros : « Je n'ai d'autre dessein en écrivant les Mémoires de ma vie que de rappeler les plus petites circonstances de mes malheurs, et de les graver, encore s'il est possible, plus profondément dans mon souvenir » (*Mémoires du comte de Comminge*, p. 21).

Dans les deux cas, l'amour d'un homme pour une femme morte est la source de la remémoration d'une vie.

Le roman de Mme de Tencin s'ouvre sur la brouille provoquée entre deux frères par le testament de leur aïeul. Les enfants (un garçon et une fille) de ces frères ennemis se rencontrent et s'aiment. Le jeune homme, Comminge, décide de cacher sa véritable identité à la jeune fille, la belle Adélaïde de Lussan (dont il ignorait le nom quand il s'est épris d'elle au premier regard) ; il lui révèle ensuite la vérité et résout de l'épouser malgré l'interdiction de son père. Le dit père le met au cachot et Adélaïde décide héroïquement d'épouser l'homme le plus déplaisant qu'elle connaisse pour que Comminge puisse retrouver la liberté. Après le mariage, celui-ci essaie de revoir Adélaïde, exilée sur les terres de son mari, et manque tuer ce dernier. Mais la jeune femme étant résolue à affronter seule son misérable destin – « Si je n'ai pas été maîtresse de mes sentiments, je l'ai du moins été de ma conduite et [...] je n'ai fait aucune démarche que le plus rigoureux devoir puisse condamner » (*ibid.*, p. 195) –, il abandonne tout espoir et se retire à la Trappe ; Adélaïde, rendue libre par la mort de son mari, finit par l'y retrouver. Habillée en homme, elle vit parmi les religieux jusqu'à sa fin prématurée.

La dernière scène du roman est la plus célèbre. Couchée sur la cendre en habit de religieux, Adélaïde mourante reprend sa voix de femme : elle révèle qu'errant dans la campagne après sa libération elle a été attirée vers le monastère par le chant de son amant ; en cachette, elle l'a suivi dans l'accomplissement de ses exercices spirituels (en particulier lorsqu'il creusait sa tombe) mais sans révéler son identité pour ne pas compromettre son salut. Comminge la reconnaît au moment où elle expire, et se jette sur le corps sans vie en hurlant de douleur. Les frères l'arrachent de force à cette dernière étreinte, mais lui permettent d'attendre la mort dans un ermitage où, vraisemblablement, il écrit le récit de sa pitoyable existence. Dans son journal *le Pour et le Contre*, Prévost condamna la scène de la confession sur le lit de mort jugée contraire à la vraisemblance, et le dénouement fut souvent critiqué parce qu'il ne témoignait pas assez de repentir, ni de respect pour la religion. Mais, à partir de 1764 – date de la pièce à succès, *les Amants malheureux*, que Baculard d'Arnauld a tirée du roman – et jusqu'au XIXe siècle, la scène a été admirée pour son pathétique et sa portée morale. En accordant aux amants la grâce d'un instant de reconnaissance – elle se rend compte qu'il l'aime encore, il apprend qu'elle l'a toujours aimé – mais pas de retrouvailles sur terre, Mme de Tencin, comme Prévost, reproduit la logique narrative de nombreux romans du XVIIIe siècle.

Dans *Manon Lescaut* comme dans beaucoup de romans contemporains, la passion menace les barrières de classe, ces préjugés qui lient propriété et bienséance dans le système patriarcal. Quel rôle l'amour peut-il jouer dans un roman fondé sur l'appartenance de classe ? Conformément au modèle des relations aristocratiques proposé par le roman au XVIIe siècle, l'amour dans les *Mémoires du comte de Comminge* néglige les différences de classe pour ne faire intervenir que les différences de sexe. Or, si la forme idéale de l'amour dans les romans féminins est la sublimation, alors ce changement signifie que les femmes sont supérieures aux hommes : elles subliment mieux.

Le roman de Mme de Tencin s'achève sur l'image du malheureux Comminge revivant à nouveau la perte de la femme idéale. Comme Adélaïde l'avait expliqué dans sa confession – des mémoires abrégés, en quelque sorte –, son cher Comminge était trop épris de son absence pour deviner sa présence ; fasciné par les reliques-fétiches qui ont survécu au naufrage de leur amour (une lettre d'adieu et un portrait, qu'il contemple dans une solitude baignée de larmes), l'homme n'arrive même pas à voir la femme dont il adore la sublime perfection.

La conclusion du roman va plus loin dans la critique du patriarcat en montrant que les fils, parce qu'ils sont des hommes, sont aussi aveugles que leurs pères à l'incarnation fatale des relations humaines. Présentant de l'autorité patriarcale une vision plus pessimiste et plus sceptique que le roman de Prévost – des Grieux retrouve son rang et la terre de ses pères, hanté par le souvenir d'une femme exceptionnelle qui fut forcée d'agir par l'entremise des hommes –, le roman de Mme de Tencin marque la fin d'une lignée.

Voir aussi 1678, 1704, 1761 (février), 1787, 1788.

Bibliographie : Prosper Jolyot de Crébillon, *les Égarements du cœur et de l'esprit*, éd. René Étiemble (Paris, Armand Colin, 1961). Pierre Choderlos de Laclos, *Œuvres complètes*, éd. Laurent Versini (Paris, Gallimard, 1979). Antoine François, abbé Prévost, *Histoire du chevalier des Grieux et de Manon Lescaut*, éd. Frédéric Deloffre et Raymond Picard (Paris, Garnier, 1965). Claudine Alexandrine Guérin, marquise de Tencin, *Mémoires du comte de Comminge de Mme de Tencin*, éd. Jean Decottignies (Lille, René Giard, 1969). René Demoris, *le Roman à la première personne : du classicisme aux Lumières* (Paris, Armand Colin, 1975). Naomi Segal, *The Unintended Reader : Feminism and Manon Lescaut* (Cambridge, Cambridge University Press, 1986). Jean Sgard, *Prévost romancier* (Paris, José Corti, 1968). Philip Stewart, *Imitation and Illusion in the Memoir-Novel, 1700-1750 : The Art of Make-Believe* (New Haven, Yale University Press, 1969).

Nancy K. Miller

1743, juillet

Saint-Simon rédige l'avant-propos de ses *Mémoires*

Pour servir à l'histoire

Louis de Rouvroy, duc de Saint-Simon et pair de France (1675-1755), a déjà écrit plus du tiers de ses *Mémoires* lorsque le décès de son épouse, en janvier 1743, entraîne une interruption de six mois dans son travail. Dès 1694, à l'âge de dix-neuf ans, il avait décidé de consigner ce qu'il aurait l'occasion de voir ou d'entendre à la cour ou à la ville, et il avait pour ce faire accumulé notes et documents. En juillet 1743, au moment de reprendre après son deuil le cours de son récit, il rédige un avant-propos qu'il sous-titre ainsi : « Savoir s'il est permis d'écrire et de lire l'Histoire, singulièrement celle de son temps. » Il s'interroge sur le bien-fondé de son entreprise, qu'il justifie par le service de la vérité et de la morale. Ensuite, à l'écart de toute activité politique ou mondaine, retiré dans son hôtel du faubourg Saint-Germain ou dans son château de la Ferté-Vidame, près de Dreux, il consacrera toute son énergie à la rédaction de son œuvre. Terminés en 1752, les *Mémoires*, deux mille sept cent cinquante-six pages manuscrites, couvrent la période allant de 1691, date à laquelle il est entré au service de Louis XIV comme mousquetaire, à 1723, où la mort du Régent, Philippe d'Orléans, l'a poussé à se retirer définitivement des affaires.

Saint-Simon avait rassemblé, lu, parfois annoté des milliers de mémoires imprimés ou manuscrits. « Cette lecture de l'histoire et surtout des mémoires particuliers de la nôtre, des derniers temps depuis François Ier, que je faisois de moi-même, me firent naître l'envie d'écrire aussi ceux de ce que je verrois, dans le désir et dans l'espérance d'être de quelque chose, et de savoir le mieux que je pourrois les affaires de mon temps » (*Mémoires*, vol. Ier, pp. 16-17). Les mémoires, souvenirs ou journaux abondent en effet sous les règnes de Louis XIII et de Louis XIV. Marc Fumaroli, dans un article intitulé « Les Mémoires du XVIIe siècle au carrefour des genres en prose », a bien montré pourquoi et comment ce genre s'est développé dans la France troublée de la première moitié du XVIIe siècle, et plus particulièrement à la suite de la Fronde (1648-1652). Cette époque, où l'on considérait pourtant l'Histoire comme le plus noble des genres littéraires en prose, n'a engendré aucun historien véritable. La violence des passions, des intérêts et des antagonismes est trop grande pour permettre le recul et la sérénité nécessaires à l'Histoire. Au-dessus d'une aristocratie qui ne se résigne pas à son déclin et d'une bourgeoisie impatiente de conforter son pouvoir sans cesse grandissant, la monarchie se fait de plus en plus autoritaire. Elle impose une vérité officielle que récusent les particuliers. Nombreux sont ceux qui s'estiment victimes de l'injustice ou de l'ingratitude et que la censure empêche de faire valoir leurs droits ou simplement de défendre publiquement leur point de vue. D'autre part, les sentiments personnels ne sont guère pris en compte dans les mentalités de ce temps. L'individu est constamment sacrifié, à sa fonction souvent, à sa famille toujours. C'est pourquoi tant de mécontents s'ouvrent un espace de solitude et de liberté en écrivant secrètement des mémoires où ils ont enfin le loisir de s'exprimer sans contrainte. Ils n'espèrent ni ne souhaitent être publiés de leur vivant, mais ils laissent des documents pour qu'un jour la postérité rouvre le dossier et leur rende justice.

Le mot même de « mémoires » définit clairement les limites de leurs ambitions. Un mémoire, selon le *Dictionnaire* de Furetière (1684), cité par Marc Fumaroli, c'est « un écrit sommaire que l'on donne à quelqu'un pour le faire souvenir de quelque chose ». Il s'agit d'informations ou d'argumentations ponctuelles, de documents bruts à partir desquels un historien pourra par la suite construire une synthèse. L'auteur d'un mémoire ne cherche pas à être complet, ni objectif, il n'a aucune prétention littéraire ; il apporte son témoignage. Toutefois, lorsque ces témoignages sont le fait de très hauts personnages, que leurs sujets sont d'un intérêt exceptionnel, ou que leurs auteurs ont un vrai talent d'écrivain, les mémoires s'ornent d'une majuscule et deviennent les Mémoires que collectionnait Saint-Simon, et que Furetière définit comme des « livres d'Historiens écrits par ceux qui ont eu part aux affaires ou qui en ont été témoins oculaires, ou qui contiennent leur vie et leurs principales actions, ce qui répond à ce que les latins appelaient Commentaires ».

Ce sont les aristocrates qui ont été les premiers, et les plus nombreux, à raconter dans des Mémoires leur propre version des faits. Le maréchal de Bassompierre (1579-1646) est resté enfermé à la Bastille sur ordre du cardinal de Richelieu de 1631 à 1643 pour avoir comploté avec la princesse de Conti contre le ministre tout-puissant. Il proteste avec véhémence de son dévouement à la monarchie et à la personne de Louis XIII dans son *Journal de ma vie* qui sera publié en 1665. Le duc de La Rochefoucauld (1613-1680), l'auteur des *Maximes*, a connu lui aussi l'embastillement à la fin du règne de Louis XIII. Un peu plus tard, il participe activement à la Fronde des princes, devenant même lieutenant général de l'armée rebelle. Rentré en grâce après avoir fait sa soumission, il garde néanmoins de ces épisodes une amertume et un pessimisme qu'il exhale dans ses *Mémoires*. Sous sa plume, la Fronde devient un imbroglio d'intrigues plus basses les unes que les autres. L'éclat de son nom et l'influence de ses amis lui ont permis, fait exceptionnel, de publier son récit de son vivant, en 1662, soit un an seulement après la mort du principal adversaire des Frondeurs, le cardinal Mazarin. Le cardinal de Retz, Paul de Gondi (1614-1679), ne s'est jamais consolé d'avoir disparu de la scène politique après y avoir joué les tout premiers rôles de la scène politique après y avoir joué les tout premiers rôles pendant les troubles, alors qu'il était coadjuteur de l'archevêque de Paris. Il a passé les dernières années de son aventureuse existence dans son château de Commercy, à mettre en forme ses souvenirs de la Fronde qui seront édités pour la première fois en 1717. Le cardinal de Retz est considéré à juste titre comme le meilleur mémorialiste du siècle. Son sens politique lui permet de s'élever par moments au-dessus des intrigues sordides, dont il débrouille les écheveaux avec un cynisme total, pour parvenir à une réflexion de qualité sur les mécanismes du pouvoir. Comme beaucoup de ses contemporains, il s'exprime dans une langue encore alourdie par une syntaxe plus proche du latin que du français classique. Mais les portraits à la fois injustes et brillants qu'il a tracés, celui d'Anne d'Autriche, par exemple, annoncent déjà l'art de Saint-Simon.

C'est dans un esprit bien différent que les femmes consignent leurs souvenirs. Tenues à l'écart de l'action politique, elles n'élèvent aucune critique, ne manifestent aucune amertume, fières plutôt d'avoir vécu dans l'ombre des personnages les plus haut placés. Mme de Motteville (1621-1689) a laissé des *Mémoires pour servir à l'histoire d'Anne d'Autriche*. Elle y étale une admiration naïve et sans nuances pour sa souveraine, considérant manifestement sa fonction de dame de compagnie comme la chance et l'honneur de sa vie. Marguerite de Villette, marquise de Caylus, était la nièce de Mme de Maintenon. Elle a profité de cette situation privilégiée pour faire dans ses *Souvenirs* le portrait du roi et de Mme de Maintenon saisis dans l'intimité. Elle admire dévotement sa tante et son royal époux, et s'enthousiasme sans réserve pour un projet qu'elle a vu naître et se développer : la fondation de la Maison royale de Saint-Louis, à Saint-Cyr, vouée à l'éducation des jeunes filles nobles sans fortune. Son témoignage est intéressant parce qu'elle était aux premières loges, mais ses vues sont courtes et jamais elle ne prend le recul suffisant pour dépasser la simple anecdote.

Quelques bourgeois en lutte contre l'autoritarisme ont tenu à porter, eux aussi, témoignage. Ce sont des parlementaires de Paris ou de province, comme Bigot de Monville, président du parlement de Normandie, qui raconte les démêlés de la cour de Rouen avec le pouvoir royal qui l'a interdite en 1639. Ils ne veulent pas défendre, comme les nobles, leur honneur personnel mais l'institution parlementaire. À l'égocentrisme flamboyant des mémoires aristocratiques, ils opposent leur expérience et leur réflexion de juristes. Malheureusement leurs écrits restent mal connus. Il est vrai que leur qualité littéraire est loin de valoir leur intérêt historique. Plus tard, sous le règne de Louis XIV et la Régence, l'opposition parlementaire soutient les gallicans et les Jansénistes, parfois même les libertins, ces esprits forts conduits par Bayle et Gassendi. Ainsi, Mathieu Marais (1665-1737), un jurisconsulte parisien, a laissé un manuscrit intitulé *Journal et Mémoires de Mathieu Marais, avocat au parlement de Paris, sur la Régence et le règne de Louis XV, 1715-1737*. Ce texte, publié seulement en 1863, révèle un esprit libre et sensible aux Lumières naissantes.

Saint-Simon, au contraire, ignore superbement l'évolution des mentalités et les courants d'idées qui agitent l'époque, où il écrit, et provoqueront, moins de cinquante ans après la rédaction des *Mémoires*, l'explosion révolutionnaire et la destruction d'un monde qu'il croyait immuable. Il est significatif que les manuels scolaires, alors qu'il écrit en plein XVIIIe siècle, le placent régulièrement dans le tome consacré au XVIIe. Pourtant lorsqu'il met un terme à son récit, en 1752, il y a déjà longtemps que Voltaire a publié ses *Lettres Philosophiques* (1734), et quatre ans que *l'Esprit des lois* (1748), de Montesquieu, nourrit des discussions passionnées dans les salons de Mme du Deffand ou de Mme Geoffrin. Rien de tout cela ne transparaît dans les *Mémoires*. Passéiste obstiné, M. de Saint-Simon reste attaché aux valeurs et aux conceptions du règne de Louis XIII.

À ses yeux, en effet, Louis XIII est le monarque idéal. D'abord parce que c'est lui qui a octroyé à son père, Claude de Saint-Simon, le titre de duc et pair, et fait ainsi la fortune de sa famille. Mais surtout parce que Louis le Juste était vertueux, chaste, sobre, toutes qualités que Saint-Simon vénère et qu'il ne trouve évidemment ni chez Louis XIV ni chez le Régent. Son enfance a été nourrie des souvenirs probablement enjolivés du vieux duc son père. Et la cour de Versailles, où il se montre pour la première fois en 1691, lui apparaît vite immorale et décadente. Il est d'ailleurs sur la nature humaine d'un pessimisme caractéristique des hommes du XVIIe siècle. Le progrès et le bonheur que les Lumières promettent à l'humanité, il les croit irréalisables en ce monde. « Écrire l'histoire de son pays et de son temps, [...] c'est se montrer à soi-même pied à pied le néant du monde, de ses craintes, de ses désirs, de ses espérances, de ses disgrâces, de ses fortunes, de ses travaux, c'est se convaincre du rien de tout » (*ibid.*, vol. Ier, p. 13). Ce thème du néant, de la vacuité, de l'absurdité des actions humaines, très présent chez Saint-Simon, est fréquent à la fin du XVIIe siècle, chez d'autres mémorialistes ou dans les prédications religieuses. L'influence des Jansénistes y est pour beaucoup, et surtout la traduction des *Confessions* de saint Augustin par l'un des plus célèbres d'entre eux, Arnauld d'Andilly (1650).

Dans ces conditions, l'historien se conçoit avant tout comme un moraliste. L'histoire, dit Saint-Simon, « ne se peut faire que par l'exposition des actions des personnages » (*ibid.*, vol. Ier, p. 4). Mais le récit ne serait qu'un chaos sans signification « si on ne faisoit connoître quels ont été ces personnages, ce qui les a engagés à la part qu'ils ont eue aux faits qu'on raconte, et le rapport d'union ou d'opposition qu'il y a eu entre eux [...] C'est ce qui rend nécessaire de découvrir les intérêts, les vices, les vertus, les passions, les haines, les amitiés, et tous les autres ressorts, tant principaux qu'incidents, des intrigues, des cabales et des actions publiques et particulières qui ont part aux événements qu'ont écrit, et toutes les divisions, les branches, les cascades qui deviennent les sources et les causes d'autres intrigues et qui forment d'autres événements » (*ibid.*, vol. Ier, p. 4). Observateur inlassable et perspicace des comportements, Saint-Simon se considère *de facto* comme un historien.

Un bon chrétien peut-il peindre ainsi la noirceur de ses contemporains ? Saint-Simon s'est posé la question très sérieusement. Nous avons conservé une lettre datée du 29 mars 1699 dans laquelle il supplie le père de Rancé de l'éclairer sur ce point.

Armand La Bouthillier de Rancé (1626-1700), après une jeunesse tumultueuse, s'était retiré à Notre-Dame de la Trappe. Le monastère, dont il était abbé, et qu'il a réformé, se trouvait à quelques lieues de La Ferté-Vidame. Saint-Simon y a fait de nombreux séjours, consultant l'abbé chaque fois qu'il se sentait troublé ou découragé. Il lui fait parvenir ce jour-là des cahiers contenant des notes, des documents, et quelques pages déjà rédigées. Il a choisi la relation du procès qui l'a opposé à M. de Luxembourg pour une question de préséance, « tout ce qu'il y a de plus âpre et de plus amer en mes Mémoires » (*ibid.*, vol. Ier, p. 1060). Nous n'avons pas la réponse à cette lettre, mais elle a dû être encourageante puisque Saint-Simon persévère dans son entreprise, et prend la décision à ce moment de ne pas brûler les Mémoires avant sa mort, comme il en avait eu d'abord le projet.

Il travaille donc « pour qui voudra » (*ibid.*, vol. Ier, p. 1059) après sa mort, mais surtout pour lui-même, pour son plaisir. La seule contrainte qu'il s'impose, c'est de ne pas mentir. Pour éviter les erreurs, il s'appuie sur le journal de Philippe de Courcillon, marquis de Dangeau (1638-1720), que le duc de Luynes lui communique en 1730. Ce compte rendu insipide mais précis de la vie à la cour de Versailles lui sert de base chronologique. Pour le reste, il se laisse aller à ses humeurs, ne développant que ce qui l'intéresse, selon des critères très personnels. Il est obsédé par la hiérarchie, par l'étiquette, poussant le respect des rites et des apparences jusqu'à la manie, s'attardant interminablement sur ce qu'il appelle lui-même « ces apparentes ténuités » (*ibid.*, vol. IV, p. 514). Les querelles de préséance, les événements familiaux et les incidents mondains occupent une place qu'un esprit moins prévenu que le sien tiendrait pour démesurée. Une étude statistique montrerait que le nombre de pages consacrées à chacun dépend exactement de sa situation dans la hiérarchie sociale : d'abord le roi, puis le Régent, les princes du sang, Mme de Maintenon, etc. Même lorsqu'il est au pouvoir, membre influent du Conseil de régence, il ne pense qu'aux privilèges indus des bâtards de Louis XIV et de Mme de Montespan. Découvrant en 1721 l'Espagne où il termine sa carrière comme ambassadeur, il s'intéresse exclusivement à l'étiquette rigoureuse de la cour madrilène. Mais « l'affaire du bonnet » est sans doute l'exemple le plus spectaculaire. Le premier président du Parlement se permet de garder son bonnet sur la tête au moment d'appeler le premier pair de France à opiner ! Saint-Simon est horrifié. Il va donner à cette grave question la place qu'elle mérite : quatre chapitres d'affilée (*ibid.*, vol. IV, pp. 462-557). Avec un plan de la grand'chambre du parlement de Paris dessiné de sa main et numéroté de 1 à 84. Et il y reviendra plusieurs fois dans la suite des *Mémoires*.

Cet épisode est révélateur de la façon dont raisonne Saint-Simon. Voici comment il réfute les prétentions du Parlement à devenir le premier corps de l'État : « S'il l'étoit, et dans son plus grand lustre, qui est lorsque le roi, accompagné de tout ce qu'il y a de plus grand dans l'État, l'honore de sa présence, ce corps entier, qui ne parle que découvert et à genoux aux pieds des pairs et des officiers de la couronne, qui parlent assis et couverts, comment tous les autres corps du royaume pourroient-ils paroître devant le roi ? Il n'y a plus que le prosternement et le visage contre terre qui pût être leur posture » (*ibid.*, vol. IV, p. 556). On voit bien comment l'argumentation s'appuie sur les apparences, et sur elles seules. La comparaison des postures suffit à établir la hiérarchie des corps de l'État. Le signe est présenté comme une preuve formelle, dans tous les sens du terme, parce qu'il se confond absolument avec la réalité, sans qu'il puisse y avoir entre eux décalage ou contradiction.

Curieusement, cet homme si respectueux des formes fait preuve lorsqu'il écrit d'une désinvolture et d'une brutalité déconcertantes. Un savant ecclésiastique vient-il à disparaître, il est expédié sans complaisance : « L'abbé de Clérambault mourut aussi. C'étoit un assez vilain bossu, qui avoit de l'esprit et de la science, et qui ne se produisoit pas beaucoup » (*ibid.*, vol. IV, p. 368). Un benêt se laisse épouser par une femme intéressée ; Saint-Simon nous le présente : « Mouchy, homme de qualité, avancé en âge et dans le service, franc bœuf d'ailleurs à embâter » (*ibid.*, vol. IV, p. 102). Les grands personnages ne sont pas mieux traités. La fille trop chérie du Régent a désobéi à son époux en se compromettant une fois de plus dans un petit souper organisé par son père. Cette inconduite vaut « un coup de pied dans le cul à Mme la duchesse de Berry » (*ibid.*, vol. IV, p. 309).

Son vocabulaire est d'une saveur et d'une variété extrêmes. Archaïsmes : « adomestiquer », « cuider » ; néologismes : « bavarderies » ; termes techniques anciens ou nouveaux : « apostume », « agioteur », tout lui est bon pourvu que le mot soit fort et l'image évocatrice. Une telle gourmandise pour les mots surprend à cette époque où la langue française a tendance à s'épurer de plus en plus. Quant à la syntaxe, aucun écrivain ne la malmène autant que lui. Il le reconnaît dans sa conclusion. Il écrit vite. Il ne sacrifie jamais la force ou la rapidité de l'expression aux impératifs de la grammaire. Son mépris des règles l'entraîne parfois jusqu'à l'incorrection ou à l'obscurité. Mais cette audace lui donne son caractère inimitable. Il raconte par exemple les malheurs de la marquise de Charlus dont la perruque prend feu alors qu'elle mange un œuf à la coque chez la princesse de Conti. Un archevêque se précipite pour jeter la perruque à terre. Furieuse, la dame lui lance l'œuf à la tête : « Toute la compagnie fut aux éclats de la tête grise, sale et chenue de Mme de Charlus et de l'omelette de l'archevêque, surtout de la furie et des injures de Mme de Charlus qui croyoit qu'il lui avoit fait un affront et qui fut du temps sans vouloir en entendre la cause, et après de se trouver ainsi pelée devant tout le monde » (*ibid.*, vol. VII, pp. 377-378).

La vogue des mémoires au XVIIe et au XVIIIe siècle a donné aux lecteurs le goût des histoires vraies, des aventures racontées à la première personne par ceux-là mêmes qui les ont vécues. La littérature romanesque s'en est trouvée bouleversée. Les romans pseudo-historiques et précieux dont on se délectait au début du XVIIe siècle, ces aventures extravagantes et interminables dont le modèle reste la *Clélie* de Mlle de Scudéry cèdent la place après la Fronde à des œuvres plus réalistes, où le recours à la première personne semble garantir l'authenticité des faits et des sentiments. Romans épistolaires, pseudo-mémoires, tous empruntent aux mémoires leur forme et leur saveur. Les *Lettres de la religieuse portugaise* (1669), présentées comme authentiques, sont le premier succès du genre. Les plus grands romans du XVIIIe siècle sont écrits à la première personne : *Gil Blas de Santillane* (1735), de Lesage, *la vie de Marianne* (1741), laissée inachevée par Marivaux, *la Nouvelle Héloïse*, de Rousseau (1761). Le titre même de certaines œuvres prouve la référence aux mémoires, des *Mémoires d'un homme de qualité*, de l'abbé Prévost (1731), aux *Confessions du comte de...* (1742) imaginées par Duclos. La confusion entre les deux genres s'accentue avec *Adolphe* (1815), de Benjamin Constant, qui nous livre les souvenirs d'un jeune homme qui ressemble beaucoup à l'auteur, et plus encore avec les *Mémoires d'outre-tombe* (1848) où, selon le mot de Chateaubriand, l'histoire est « portée en croupe par le roman » : Chateaubriand en effet reconstruit, réorganise, réinvente parfois ses souvenirs pour écrire le roman de sa vie. Mais c'est Proust, dans *À la recherche du temps perdu*, qui parviendra de la manière la plus aboutie à mettre la technique des mémoires au service de la composition romanesque. Car c'est bien la présence du narrateur, ce « je » acharné à faire surgir tout un monde de sa mémoire, qui donne à cette immense symphonie son unité, sa grandeur, et sa subtilité.

Bibliographie : Saint-Simon, *Mémoires*, éd. G. Truc, 7 vol. (Paris, Gallimard, 1961). *Histoire de la littérature*, éd. J. Calvet (Paris, Didier, 1938). C. Aubertin, *l'Esprit public au XVIIIe siècle* (Paris, Didier, 1873). F. R. Bastide, *Saint-Simon par lui-même* (Paris, Seuil, 1958). M. Fumaroli, « Les Mémoires du XVIIe siècle au carrefour des genres en prose », in *XVIIe siècle*, n°s 94-95 (1971), pp. 7-37.

Françoise Dousset

1750

L'*Aesthetica* d'Alexander Baumgarten fait de la science du beau une discipline indépendante

Du beau au sublime

C'est en 1750 qu'un obscur philosophe allemand du nom d'Alexander Gottlieb Baumgarten forgea le terme « esthétique » pour en faire le titre d'un traité. Par opposition à la logique, dont l'objet est la vérité, ce terme renvoyait à une théorie de la connaissance reposant sur les perceptions sensorielles relatives à la beauté et aux réactions psychologiques qu'elle suscite. Il constituait l'esthétique en branche indépendante de la philosophie ; son objet était l'étude de la nature de l'art, de ses sources créatrices, de ses formes, de ses effets, ainsi que des critères du jugement et du goût artistiques. Il revient donc à Baumgarten non seulement d'avoir créé le terme « esthétique », mais d'avoir promu la « philosophie du beau » au rang des autres branches de la philosophie. Toutefois, il n'a joué qu'un rôle mineur dans le développement de l'esthétique, sa pensée restant prise dans une métaphysique abstraite et scolastique, à une époque où les Français et surtout les Anglais abordaient de façon empirique les questions liées à la beauté et au plaisir esthétique.

Pour les Lumières, l'art devait avoir une utilité sociale. À la différence des moralistes du XVIIe siècle, les philosophes du XVIIIe entendaient améliorer la condition politique et sociale. L'idée que l'ambition de l'artiste ne devait pas se limiter à la production d'œuvres plaisantes et décoratives était un article de foi partagé par Rousseau et Diderot. Si l'éventail des positions esthétiques du XVIIIe siècle ne se laisse pas ramener à cette conception, elle n'en reste pas moins la plus représentée en même temps que la plus nouvelle.

L'un des objectifs majeurs de Rousseau fut de reformuler les rapports entre culture et société. Ses écrits sur la littérature, l'art et la musique définissent une esthétique indissociable de ses vues politiques et morales. Le *Discours sur les sciences et les arts* (1750) comme le *Discours sur l'origine et les fondements de l'inégalité parmi les hommes* (1755) condamnent l'influence sociale des poètes et des artistes. Le développement des arts, le raffinement des manières, des mœurs, des critères de beauté et de goût, les progrès de l'architecture, du théâtre, de l'opéra, de la littérature et de la peinture, loin d'entraîner des progrès politiques et moraux correspondants, ne font que témoigner du fossé toujours plus large qui sépare nature et culture, et de la décadence accélérée des valeurs sociales et morales.

À cet égard, la *Lettre à M. d'Alembert sur les spectacles* (1758) est un texte fondamental. Rousseau n'entend pas nier l'importance de la théâtralité sur le plan social ou politique ; il cherche à l'adapter à sa conception d'une société vertueuse. Ses attaques contre le théâtre contemporain sont d'abord un plaidoyer en faveur d'un théâtre qui, au lieu de faire appel à des acteurs professionnels, rassemblerait les citoyens dans de grandioses spectacles civiques.

D'après Rousseau, les auteurs dramatiques – y compris les plus grands, comme le montre son analyse du *Misanthrope* (1666), de Molière – ont intérêt à maintenir le *statu quo* puisqu'ils doivent plaire au public pour subsister. Et c'est précisément parce qu'il admire Molière que Rousseau lui reproche d'avoir fait d'Alceste un personnage ridicule, alors que Philinte – l'ami cynique et accommodant – est le porte-parole de la sagesse. On pourrait reprocher à Rousseau le choix du *Misanthrope*. La démonstration n'aurait pas été possible avec *Tartuffe* (1664-1669), où Molière attaque les faux dévots. Mais Rousseau ne s'y réfère pas. Elle aurait pourtant renforcé la thèse de la *Lettre* : les démêlés de Molière avec la censure montrent que le théâtre ne convient pas à la vérité.

Contrairement à Rousseau, Diderot considère que l'art a des effets positifs, quel que soit le degré de corruption de la société, car il libère les énergies créatrices de l'homme. Diderot a toujours manifesté un intérêt profond pour le processus créateur. Tandis que Rousseau se méfie des arts, Diderot y voit une source inépuisable de plaisir et d'enrichissement spirituel. Alors que le premier souligne l'incompatibilité entre l'art et la morale, le second cherche à concilier plaisir esthétique et bienfaits sociaux.

Diderot n'a jamais cessé de s'intéresser à la théorie de la beauté, de l'art et de leur fonction sociale. Bien avant le *Laocoon*, de Lessing (1766), il a critiqué la notion – héritée de la Renaissance – de communauté des arts au nom de la spécificité des différents médiums. Il s'est interrogé sur les rapports et les frontières entre la poésie et la prose. Contrairement à la majorité des poéticiens de son époque, il condamne la poésie descriptive, soulignant en revanche sa fonction suggestive et symbolique, ainsi que son recours à des « hiéroglyphes » qui représentent le maniement le plus complexe du langage et de ses possibilités associatives.

En 1751, Diderot publie dans le deuxième volume de l'*Encyclopédie* l'article « Beau », universellement admiré et recommandé par Kant à ses amis et disciples. L'article passait en revue les principales doctrines esthétiques, et proposait une définition de la beauté qui évitait les abstractions métaphysiques et rejetait l'idée d'un sens inné de la beauté. Diderot reprenait la thèse de Locke, selon laquelle le sens du beau repose sur la capacité humaine à percevoir des relations. Cette définition, qui peut sembler vague et générale, s'accordait au relativisme expérimental de Diderot et à sa profonde méfiance à l'égard des absolutismes, esthétique, éthique ou politique.

L'article « Beau » est l'un des premiers exposés des théories esthétiques de Diderot. Par son matérialisme et son empirisme, il prolonge sa philosophie. Diderot admet la diversité des jugements esthétiques, mais proclame en même temps l'existence d'une loi objective, universelle, qui permet de percevoir la beauté dans la relation harmonieuse des parties au tout : l'unité dans la multiplicité. Reconnaissant les singularités culturelles et individuelles qui fondent nos conceptions de la beauté, il souligne la nature universelle de la sensibilité esthétique, née d'un besoin humain fondamental d'ordre et d'harmonie.

Diderot passa bientôt de ces considérations d'esthétique générale à d'autres, plus pratiques et spécifiques. Dans les *Salons*, qu'il rédigeait tous les deux ans, et les *Essais sur la peinture* (1766), il souligne ce qui, dans l'art, sans être forcément plaisant, nous émeut, nous étonne et nous arrache à notre complaisance. Le critère n'est plus la beauté, mais les caractères esthétiques associés au sublime, qui inspirent la crainte, voire la terreur. L'idéal de Diderot est un art à la fois grandiose, noble, puissant et exaltant, mais aussi intime, spontané et direct dans la peinture des situations, des conflits et des sentiments humains.

La fin du XVIIIe siècle vit l'émergence d'une esthétique du sublime, du pittoresque, du « gothique » et du fantastique ; les émotions et le pathétique, la nostalgie et la mélancolie passaient au premier plan, aux dépens du plaisir proprement dit. Réintroduit par la rhétorique du XVIIe siècle, le sublime devint la catégorie centrale, favorisé en cela par une réceptivité nouvelle aux spectacles de la nature.

C'est Edmund Burke qui, dans *Philosophical Enquiry into the Origin of Our Ideas of the Sublime and Beautiful* (1757 ; *Recherche philosophique sur l'origine de nos idées du sublime et du beau*), a fait du sublime une valeur esthétique supérieure au beau. Le principe de plaisir-douleur de Locke et les passions liées à l'instinct de conservation lui servent de base pour associer le beau à l'agréable et le sublime à des émotions violentes comme la terreur et la stupéfaction. L'impression de sublime naît en face de spectacles naturels qui évoquent une puissance colossale et donnent un sentiment de mystère et de peur – sommets couverts de neige, défilés escarpés, précipices vertigineux, torrents mugissants, orages déchaînés, cieux voilés de nuages, flots agités et tumultueux.

L'un des premiers traités d'esthétique de Kant, *Observations sur le sentiment du beau et du sublime* (1764), s'inscrit dans le débat sur le sublime et le beau. Conformément à l'empirisme des Lumières, il fait intervenir les sentiments humains et des motivations psychologiques. Sa distinction entre le sublime et le beau reprend pour l'essentiel le modèle de Burke : le sublime éveille des sentiments d'étonnement, de terreur et d'effroi, alors que le beau procure satisfaction et plaisir. Le sublime est donc plus puissant et plus intense que le beau. À cette étape de son évolution philosophique, Kant reste encore dans l'esprit des Lumières : il fait du sentiment esthétique une réaction immédiate et intuitive à l'expérience sensorielle et le relie à l'éthique.

L'apparition de catégories esthétiques privilégiant l'intensité aux dépens de l'agrément ne sonna pas le glas du néo-classicisme. La fin du siècle vit même un retour de l'idéal gréco-romain, en liaison avec un sens des vertus civiques et patriotiques. Dans *Geschichte des Kunst des Altertum* (1764 ; *Histoire de l'art chez les anciens*), Johann Winckelmann exaltait un idéal esthétique simple, digne et viril. La peinture voyait alors s'opposer le coloris exubérant, les thèmes discrètement érotiques d'un Fragonard ou d'un Boucher aux scènes de famille didactiques et mélodramatiques d'un Greuze ou au néo-classicisme maniéré d'un Vien (maître de David, dont les compositions héroïques et patriotiques allaient enflammer les révolutionnaires). Parallèlement, le goût du gothique, du fantastique et de la nostalgie trouvait son expression dans les ruines d'un Hubert Robert, la peinture visionnaire d'un Fuseli ou les *Caprices* cauchemardesques d'un Goya.

Le XVIIIe siècle ne croyait pas à un art qui ignorerait les problèmes d'une société moderne et complexe ; aussi a-t-il cherché à articuler l'ancien et le nouveau de manière créatrice, voire explosive, ouvrant ainsi la voie à la révolution romantique. C'est lui qui a révélé l'importance de la passion dans le processus créateur, et de la sensibilité dans le jugement esthétique. Il a montré aussi que créativité artistique et jugement esthétique ne pouvaient pas être séparés de leur contexte social et moral. Attendre, voire exiger, que l'art soit mis en relation avec la vie, la moralité et la politique, tel est le trait distinctif de l'esthétique du XVIIIe siècle, et aussi son legs le plus précieux.

Voir aussi 1759 (août-septembre), 1761 (décembre).

Bibliographie : Alexander Gottlieb Baumgarten, *Esthétique* précédée des *Méditations philosophiques sur quelques sujets se rapportant à l'essence du poème* et de la *Métaphysique*, éd. et trad. Jean-Yves Pranchère (Paris, Herne, 1988). Edmund Burke, *Recherche philosophique sur l'origine de nos idées du sublime et du beau, précédée d'une dissertation sur le goût*, trad. abbé Des François (Londres, 1765 ; Paris, Vrin, 1973). Denis Diderot, *Essais sur la peinture*, in *Œuvres complètes*, éd. Else Marie Bukdhal, Annette Lorenceau, Gita May, vol. XIV (Paris, Hermann, 1984) ; *Lettre sur les aveugles à l'usage de ceux qui voient*, in *Œuvres complètes*, vol. IV (Paris, Hermann, 1978) ; *Lettre sur les sourds et muets à l'usage de ceux qui entendent et qui parlent*, in *ibid.* ; « Sur l'origine et la nature du beau », in *Œuvres esthétiques*, éd. P. Vernière (Paris, Garnier, 1968). Emmanuel Kant, *Observations sur le sentiment du beau et du sublime*, éd. Roger Kempf (Paris, Vrin, 1969). Gotthold Ephraim Lessing, *Laocoon : essai sur les limites de la peinture et de la poésie*, éd. Damisch, trad. Courtin (Paris, Hermann, 1990). Jean-Jacques Rousseau, *Discours sur les sciences et les arts, Discours sur l'origine et les fondements de l'inégalité parmi les hommes*, in *Œuvres complètes*, éd. François Bouchardy et Jean Starobinski, t. III (Paris, Gallimard, 1964) et éd. Jacques Roger (Paris, Flammarion, 1971) ; *Lettre à M. d'Alembert sur les spectacles*, éd. M. Fuchs (Genève, Droz, 1948). Johann Winckelmann, *Histoire de l'art chez les anciens*, trad. Gottfried Sellius et Jean-Baptiste-René Robinet (Paris, Saillart, 1766). Jacques Chouillet, *l'Esthétique des Lumières* (Paris, P.U.F., 1974). Luc Ferry, *Homo Aestheticus : l'invention du goût à l'âge démocratique* (Paris, Grasset et Fasquelle, 1990). Gita May, *Diderot et Baudelaire, critiques d'art* (Genève, Droz, 1957). Jean Seznec, *Essais sur Diderot et l'Antiquité* (Oxford, Clarendon Press, 1957). Jean Starobinski, *l'Invention de la liberté : 1700-1789* (Genève, Skira, nouv. éd. 1987).

Gita May

1751

Diderot et d'Alembert publient le premier volume de l'*Encyclopédie*

La mise en ordre du savoir

Conçu en 1745 par d'entreprenants libraires parisiens, le projet de l'*Encyclopédie* se présenta d'abord comme une opération commerciale : la publication d'une encyclopédie française au modèle de la *Cyclopaedia* (1728) en deux volumes de l'Anglais Ephraim Chambers. Mais lorsque le premier volume parut en 1751, l'ouvrage, dirigé par Diderot et le mathématicien d'Alembert, avait largement débordé le cadre originel. Lors de son achèvement un quart de siècle plus tard, en 1772, cette œuvre monumentale comprenait dix-sept in-folio totalisant soixante et onze mille huit cent dix-huit articles, et onze in-folio de deux mille huit cent quatre-vingt-cinq planches. Si l'on considère le caractère novateur de sa conception, l'ampleur des moyens financiers et des techniques mobilisés, l'étendue du public (près de quatre mille cinq cents souscripteurs) et le nombre des collaborateurs (on en a identifié plus de cent cinquante), l'*Encyclopédie* est bien l'une des grandes entreprises de l'histoire de la culture et du capitalisme français. Témoignage de la foi des Lumières dans les effets bénéfiques d'une enquête rationnelle explorant systématiquement tous les domaines de l'activité humaine, l'*Encyclopédie* est un moment décisif dans la constitution des Lumières en mouvement intellectuel et réformateur. Elle a été aussi un stimulant significatif du développement technique de l'industrie française, favorisant le mouvement des idées et des capitaux pendant les dernières décennies de l'Ancien Régime. Cinq réimpressions ou rééditions furent réalisées en Suisse et en Italie avant 1789, la moitié de leurs vingt-cinq mille exemplaires étant destinée au public français.

Voltaire a parlé de « tour de Babel » à propos de ce monument de près de vingt millions de mots. Auteur d'un seul article (« Gens de lettres », plutôt conservateur et élitiste), le philosophe trouvait peut-être que l'*Encyclopédie* donnait de l'intellectuel une définition élargie qui privilégiait des domaines de recherche et d'activité pour lesquels lui-même se sentait peu d'affinités – pour des raisons personnelles aussi bien que politiques. L'*Encyclopédie* a mis en place un nouveau type d'organisation du savoir dans des domaines aussi variés que la philosophie ou la religion, l'économie ou la politique, les sciences ou les techniques. L'entreprise n'était pourtant pas l'œuvre d'un tiers état révolutionnaire ni même d'une bourgeoisie homogène. Par leur appartenance sociale et leur situation financière, les encyclopédistes formaient un groupe plutôt varié. La plupart étaient solidement intégrés au système socio-politique, mais suffisamment indépendants du point de vue économique et intellectuel pour imaginer d'autres ordres du savoir philosophique, économique ou scientifique.

Pour Diderot, l'*Encyclopédie* doit inciter le lecteur à penser librement, c'est-à-dire à se méfier de toute autorité, divine ou humaine. En matière religieuse, les encyclopédistes dénoncent inlassablement le fanatisme ; ils attaquent la doctrine chrétienne, l'Église catholique et ses institutions, mais présentent souvent les autres croyances sous un jour favorable. Ces attaques usent volontiers de l'ironie, avec un art que ne renierait pas Voltaire. Ainsi, à la fin d'un exposé particulièrement orthodoxe d'un point du dogme, deux corrélats renvoient à une diatribe athée contre la théologie, signée d'Holbach, et à une apologie déiste de la tolérance religieuse. Ces renvois, avec leur double jeu et leur ironie, sont emblématiques de la démarche encyclopédique : amener le lecteur à comprendre qu'interpréter c'est prendre parti dans un conflit. Les articles philosophiques élargissent le champ de ce conflit, en professant un matérialisme déterministe que Diderot relie au problème de la fondation d'une morale. Dans ses additions à l'article « Âme » comme dans d'autres articles entièrement de sa main (« Nature », « Périr », « Volonté », « Délicieux », « Jouissance » et « Chasteté »), Diderot réhabilite les passions en restituant au corps son rôle déterminant, voire despotique, dans la conduite humaine. Pourtant, si son éthique individuelle est résolument amorale, son éthique sociale fait de la vertu la valeur suprême : l'individu n'agit pas librement, mais les institutions sociales peuvent lui apporter cette liberté. En matière de théorie politique, la position de Diderot – présentée notamment dans les articles « Autorité politique » et « Droit naturel » – est proche de l'absolutisme contractuel cher aux penseurs libéraux du XVIIIe siècle : les individus délèguent l'autorité à un corps souverain, non à une personne ; en retour, le souverain garantit le libre jeu du droit naturel, fondé sur la propriété privée, dont la défense est son premier devoir. Reflet d'un mécontentement croissant à l'égard de l'absolutisme et des efforts des parlements pour arracher à la couronne une autonomie accrue, la théorie de la monarchie contractuelle formulée par l'*Encyclopédie* n'a rien de révolutionnaire ; elle est le corollaire politique du libéralisme économique. Jaucourt, critiquant le despotisme au nom des lois politiques naturelles, est d'accord avec Turgot qui défend le capitalisme libéral au nom de lois économiques tout aussi naturelles. Les auteurs des articles économiques – Quesnay notamment – invoquent ces lois pour préconiser des réformes : limitation du pouvoir des corporations et des monopoles, réformes fiscales, reconnaissance de l'importance de l'agriculture, du commerce et de la classe marchande.

En dehors des positions et des programmes spécifiques qu'elle développe, l'*Encyclopédie* représente un mode particulier d'examen du savoir. Le titre complet, *Encyclopédie, ou dictionnaire raisonné des sciences, des arts et des métiers*, indique bien son double objectif. Dictionnaire raisonné ou descriptif, elle donne les principes généraux et les acquis essentiels de toutes les branches de la science et des arts mécaniques et libéraux. Encyclopédie, elle donne un tableau d'ensemble des rapports entre les différentes formes du savoir humain. Les encyclopédistes ne veulent pas seulement inventorier et transmettre l'ensemble du savoir, ils veulent aussi l'organiser en fonction de leur conception du fonctionnement de l'esprit humain. L'*Encyclopédie* n'est pas seulement un ouvrage de référence. Elle est une affirmation du dogme fondamental des Lumières : la foi en la raison, faculté critique individuelle et innée, capable non seulement de comprendre le monde mais de le rendre compréhensible, c'est-à-dire susceptible d'être saisi, ordonné et maîtrisé par l'esprit rationnel.

L'*Encyclopédie* avait des précédents : le *Dictionnaire de l'Académie française* (commencé en 1638), le *Grand Dictionnaire historique* (1674), de Moreri, et le *Dictionnaire historique et critique* (1697), de Bayle. Les Jésuites virent dans l'*Encyclopédie* le rival dangereux – et séculier – de leur *Dictionnaire de Trévoux* (1704-1771). Suivant Francis Bacon dans sa défense des « arts mécaniques », les encyclopédistes puisèrent dans divers ouvrages de référence plus techniques, conçus dans l'esprit de la *Description et perfection des arts et métiers* (1761) que Colbert avait commandée à l'Académie royale des sciences au lendemain de sa création en 1666. Parmi ces ouvrages, il faut citer le *Dictionnaire universel des arts et des sciences* (1690), de Furetière, le *Dictionnaire des termes d'arts et de sciences* (1732), de Thomas Corneille, et le *Dictionnaire universel de commerce* (1723), de Jacques Savary-Desbrulon. Pas plus que ces ouvrages, l'*Encyclopédie* n'a touché les classes laborieuses qui, même si elles avaient su lire, n'auraient pu payer la souscription. Mais pour le public aisé et instruit, le texte et ses illustrations offraient un panorama remarquablement complet et à jour des « arts mécaniques », c'est-à-dire des techniques du XVIIIe siècle, en les intégrant à un vaste contexte économique, historique, culturel, social et philosophique, et cela dans un style accessible à un public relativement large.

Contrairement à ses prédécesseurs, l'*Encyclopédie* reste encore un ouvrage de référence dont l'utilité déborde le cercle des spécialistes de l'Ancien Régime. En présentant le savoir comme un produit de la raison humaine et en liant la science aux valeurs, l'*Encyclopédie* est un document autant qu'un événement fondateur de la culture occidentale moderne. Elle a joué un rôle décisif dans la reconnaissance du caractère progressiste de la critique de la raison, propre à dévoiler le caractère arbitraire des ordres du savoir existant et à promouvoir d'autres ordres du savoir fondés sur des valeurs plus productives.

Notre jugement sur l'*Encyclopédie* dépend de notre désir d'assumer ou non l'héritage des Lumières. Il nous est difficile de souscrire inconditionnellement au caractère libérateur et rationnel de sa charge critique ; nous devons aussi tenir compte de ses conditions de réalisation, des structures de pouvoir qu'elle présuppose et auxquelles elle est associée. Car les questions de savoir et de pouvoir s'y côtoient d'une façon très moderne, qui n'est pas toujours celle qu'auraient voulue ses auteurs, mais qui n'en oblige pas moins à repenser dans son ensemble le programme encyclopédique de mise en ordre du savoir.

Le « Discours préliminaire », de d'Alembert, et l'article « Encyclopédie », de Diderot, présentent les principes d'organisation de l'*Encyclopédie*, son épistémologie en somme. D'Alembert et Diderot se réclament du sensualisme de Locke, repris par Condillac. Selon cette épistémologie empirique et matérialiste, le savoir ne provient pas d'idées innées, comme l'affirment Descartes et ses partisans, soucieux de préserver le lien entre théologie et épistémologie, mais des sens. L'entendement comprend trois facultés : la mémoire, l'imagination et, au-dessus d'elles, la raison qui rassemble les données fournies par les sens et s'associe aux autres facultés pour produire les différentes catégories du savoir humain. Ces dernières sont organisées selon un « arbre des connaissances » dont le schéma correspond à leur hiérarchie dans l'esprit humain et à leur place dans l'ordre encyclopédique. Le modèle épistémologique de la genèse des idées sert de modèle textuel à l'*Encyclopédie* ; il donne la clé des relations entre articles.

Avec leur volonté de soumettre le monde aux lois de la raison, de fonder le savoir sur l'expérience sensible et l'activité intellectuelle plutôt que sur des hypothèses métaphysiques ou idéalistes, les encyclopédistes ne pouvaient éviter la question de Dieu, ni celle de l'Église. L'« arbre des connaissances » est révélateur de leur démarche. Le divin y figure sous la rubrique « science de Dieu » (ce qui, pour les encyclopédistes, ne renvoie pas à ce que Dieu sait, mais à ce que l'on sait de Dieu), région du savoir qui est une sous-catégorie de la « métaphysique générale », elle-même sous-catégorie de la philosophie. Chacun de ces domaines est à son tour une sous-catégorie de la rubrique générale « raison ». La rubrique la plus éloignée de la raison est la religion, étiquetée « religion, d'où par abus, superstitions » : pour l'esprit rationnel, la théologie voisine avec la magie noire. C'est ainsi que les encyclopédistes ont réorganisé l'univers cognitif, rejetant les systèmes et les institutions à prétention absolue pour les remplacer par d'autres, séculiers et empiriques.

C'est pourquoi les Jésuites firent campagne contre l'*Encyclopédie*. Elle fut mise à l'*Index* des ouvrages interdits et le Conseil du roi révoqua par deux arrêts le privilège royal de publication. Celui-ci fut chaque fois rétabli : les considérations religieuses pesaient déjà moins que les enjeux économiques et que le prestige national, surtout lorsque le bruit se répandit que Catherine II financerait l'entreprise si l'*Encyclopédie* était publiée en Russie.

Comme Voltaire dans le *Dictionnaire philosophique* (1764), l'*Encyclopédie* faisait de l'Église et de ses prétentions doctrinales une de ses cibles favorites. Certes, les collaborateurs ne professaient pas tous l'irréductible athéisme du baron d'Holbach, ni même le matérialisme circonspect et moins rigide d'un Diderot. De nombreux articles exposaient même la foi et le dogme chrétiens dans les termes les plus orthodoxes. Le véritable sujet d'affrontement entre les encyclopédistes et l'Église concernait le lien entre le pouvoir et la représentation encyclopédique du savoir. Diderot et d'Alembert ne prétendaient pas proposer le savoir absolu et c'est de bon cœur qu'ils abandonnaient à Dieu un tel privilège. « Pourquoi n'introduirons-nous pas l'homme dans notre ouvrage », demande Diderot dans l'article « Encyclopédie », « comme il est placé dans l'univers ? [...] L'homme est le terme unique d'où il faut partir, et auquel il faut tout ramener » (*Encyclopédie*, vol. V, p. 641). Qu'il s'agisse de sciences et de techniques, de philosophie, de littérature, de la description de machines ou d'idées, tout savoir doit être présenté comme un produit humain et être évalué en fonction de son utilité pour l'humanité. L'« Homme » devient ainsi le principe suprême de classement dans la représentation encyclopédique du savoir. Les encyclopédistes s'abstiendront de répondre aux questions sur la nature dernière des choses, s'en tenant à une connaissance positive mais limitée de l'expérience humaine, connaissance partielle, peut-être provisoire, cependant utile.

Le véritable utilitarisme de l'*Encyclopédie* se situe dans son ambition d'offrir au lecteur des outils au moyen desquels il pourra interpréter le monde, ainsi que la place qu'il y occupe et la fonction qu'il y remplit. Les planches sont exemplaires à cet égard. Elles privilégient l'approche technique du monde. La vue en coupe, mode de représentation assez nouveau en 1751, ne se borne pas à montrer comment une machine est faite – l'exemple le plus célèbre est la planche qui accompagne l'article « Métier à bas », de Diderot (fig. 1) – elle la représente en la démontant, en la sectionnant comme le ferait le scalpel du chirurgien ou le regard du lecteur d'une planche d'anatomie, pour la réassembler ensuite non plus en fonction de son apparence mais de son fonctionnement ou de sa production. Les articles témoignent du même constructivisme épistémologique ; ils décrivent un univers que l'homme peut maîtriser et faire fonctionner. La critique du caractère métaphysique du système de Descartes n'a pas empêché les encyclopédistes de poursuivre le rêve cartésien de maîtrise technique du monde. Avec l'*Encyclopédie*, l'univers du cogito, univers de l'être, explose en univers de l'avoir, rempli d'objets à classer et à ranger. Et l'ordre des choses y est défini avant tout par leur statut d'objets possédés, par leur utilité aux yeux d'un sujet classificateur. Les choses ne sont pas simplement là ; elles sont là pour être utilisées, et ce qui résulte de leur utilisation a de la valeur, d'où le grand nombre d'outils, de machines et de processus de production illustrés dans les planches. Ce n'est pas par hasard que Diderot recourt aux métaphores du voyage chaque fois qu'il décrit la lecture de l'*Encyclopédie*. À l'image des cartes maritimes, l'*Encyclopédie* offre la promesse de pouvoirs à conquérir et de richesses à posséder. Le rêve de transmettre aux générations futures le trésor des connaissances engrangées dans le magasin encyclopédique évoque la fierté du capitaine d'industrie qui s'écrie devant son œuvre : « Un jour, mon fils, tout cela t'appartiendra ! »

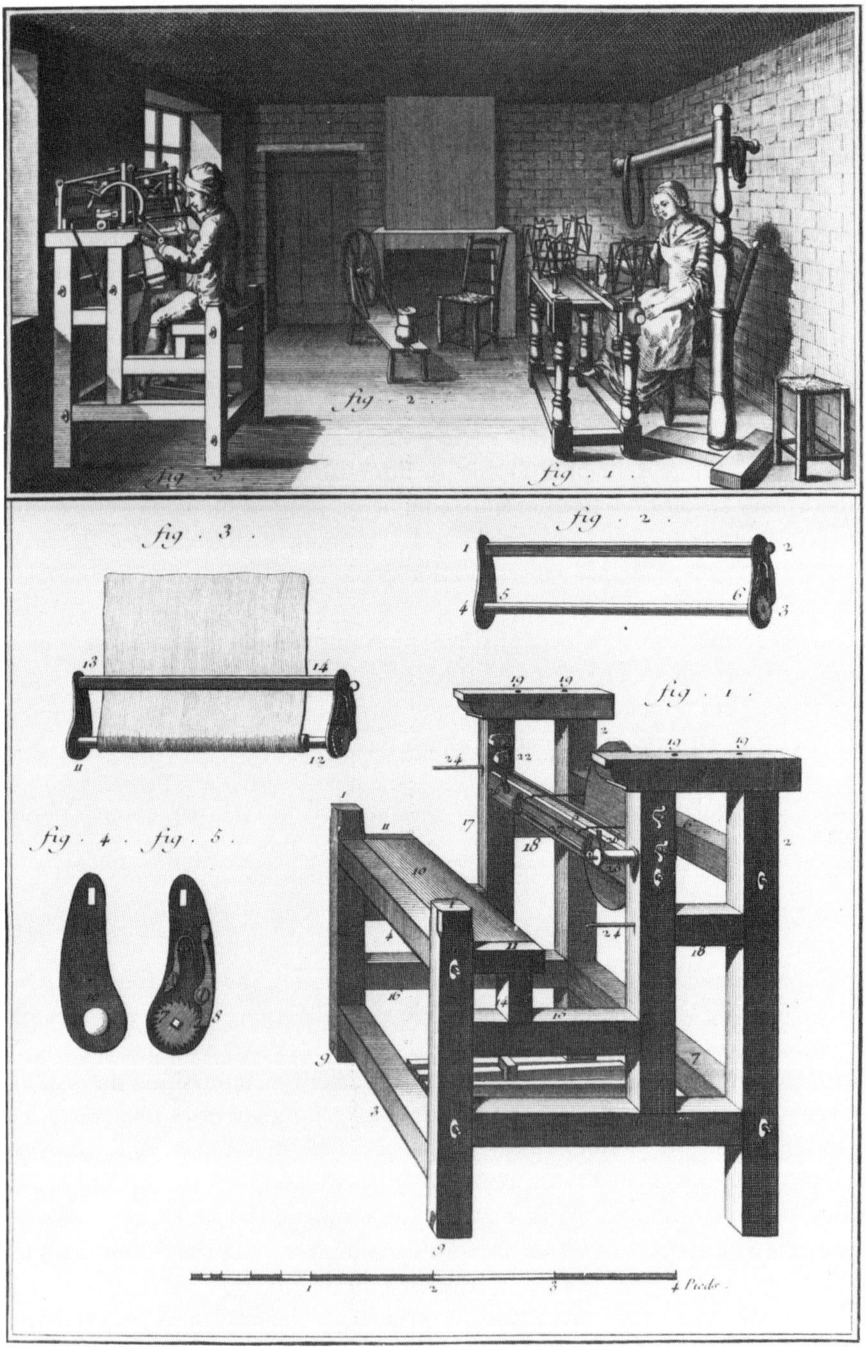

1. *Métier à faire des bas,* planche dessinée par Goussier et gravée par A.-J. de Fehrt, in *Recueil de planches, sur les sciences, les arts libéraux, et les arts mécaniques, avec leur explication,* livre Ier, Ire partie (Paris, Briasson, David, Le Breton, Durand, 1763), pl. V. (Beinecke Rare Book and Manuscript Library, Yale University.)

Après la Révolution, les historiens conservateurs allaient attaquer l'*Encyclopédie* à cause de son rôle dans la chute de l'Ancien Régime. Ce qui était révolutionnaire dans le projet encyclopédique, ou mieux, ce qui faisait sa force, c'était – selon l'expression de Diderot – son pouvoir de « détromper les hommes ». Il incitait le lecteur à traquer toutes les infractions à la raison, quel que soit le domaine de l'activité humaine où elles se produisent : on ne peut contester le savoir qu'à partir d'un autre savoir. Pour dissiper les ténèbres, il suffit de montrer que le savoir « enténébré » ne sait pas suffisamment ou pas assez fermement. Aussi l'*Encyclopédie* offre-t-elle un très puissant mode d'accès au savoir : elle apprend à ses lecteurs à se « détromper » en leur donnant les clés nécessaires à l'interprétation d'un univers issu de leur propre construction, de leur propre représentation. À nous d'affronter les risques que comporte cette façon d'accéder au savoir : risque, d'abord, de retomber dans l'erreur en voyant les choses non telles qu'elles sont, mais telles que nous désirons qu'elles soient. La conscience de ce risque oblige la critique de l'autorité à se retourner contre elle-même, contestant à son tour toute forme d'autorité qui prétendrait découler de cette critique. Mais cette vue plus moderne, postérieure aux Lumières, n'est peut-être que l'angle aveugle des Lumières, déjà inscrite dans le projet encyclopédique. Le succès des éditions ultérieures de l'*Encyclopédie* – dont les éditeurs, pour détendre les rapports du savoir et du pouvoir, ont privilégié les sciences naturelles au détriment de la philosophie et critiqué le protestantisme plutôt que le catholicisme – montre que le nouvel ordre épistémologique a su s'adapter aux exigences politiques, sociales et idéologiques de la monarchie, de la Révolution puis de l'Empire. Si, parmi les valeurs et les opinions qui y sont défendues, beaucoup sont aujourd'hui parfaitement naturelles, c'est parce que le succès de l'*Encyclopédie* les a « naturalisées ». Mais, lorsque nous lisons l'*Encyclopédie*, nous devons garder à l'esprit sa dimension la plus subversive : les encyclopédistes ont fait apparaître l'arbitraire des ordres du savoir, le leur compris. Cela nous aidera à situer l'image du savoir diffusée par les Lumières : celle de la clarté chassant les ténèbres de l'ignorance ; allégorie impuissante à rendre compte d'un savoir-pouvoir qui est à l'origine du bien-être propre aux sociétés technologiquement avancées, mais aussi de la terreur et de la violence qu'elles nourrissent.

Voir aussi 1648, 1694, 1697, 1727, 1754.

Bibliographie : Encyclopédie, ou Dictionnaire raisonné des sciences, des arts et des métiers, éd. Denis Diderot et Jean Le Rond d'Alembert, 18 vol. (1751-1772 ; réimp., 5 vol., Paris, Pergamon, 1969 ; Parme, F. M. Ricci, 1979). Robert Darnton, *l'Aventure de l'Encyclopédie : un best-seller au siècle des Lumières* (Paris, Librairie académique Perrin, 1982). John Lough, *The « Encyclopédie »* (New York, D. McKay, 1971). Jacques Proust, *Diderot et l'Encyclopédie* (Paris, A. Colin, 1962). Arthur Wilson, *Diderot : sa vie et son œuvre*, trad. Gilles Chahine, Annette Lorenceau, Anne Villelaur (Paris, Laffont/Ramsay, 1985).

Daniel Brewer

1754 ?

Rousseau écrit l'*Essai sur l'origine des langues*

Essais sur l'origine

« La parole distingue l'homme entre les animaux ; le langage distingue les nations entre elles. » L'*Essai sur l'origine des langues*, de Jean-Jacques Rousseau, s'ouvre sur ces deux propositions. À l'orée d'un tel traité, ces deux distinctions, l'une et l'autre liées au langage, semblent aller de soi, suivre l'ordre rationnel qui veut qu'il y ait d'abord le langage (ce que Rousseau appelle la parole) puis les langues (ce qu'il appelle le langage), d'abord la faculté générale, propre à l'homme, puis la différenciation introduite dans cette faculté par les hommes et les nations. Cet ordre est celui qu'il faut suivre chaque fois qu'on enquête sur une origine, quelle qu'elle soit. Avant la prolifération des différences entre langues nationales, il a dû y avoir une origine, l'Origine : point unique, unifié et invariant, d'où ont surgi les différences ultérieures et où elles prennent leur source.

En fait, ce point de départ met en jeu deux modèles de différences : celle des langues entre elles (aucune langue n'est identique à une autre) et celle des langues par rapport à leur origine, ce par quoi elles se démarquent de la manifestation originelle de la parole en tant que telle. Dans ce dernier cas, la différence se mesure en termes de distance ou de déviation, de progression ou de régression à partir d'un point de départ. Ce qu'on mesure alors n'est pas seulement la distance entre deux points, dont l'un serait l'origine et l'autre son dérivé. Lorsqu'on pose les langues comme dérivant d'une origine, la différence s'introduit entre un point indifférencié de l'espace et du temps (l'origine) et une force d'effraction qui rompt cet espace unifié et le fait voler en éclats. C'est la raison pour laquelle les récits d'origine s'achèvent si souvent en fables d'une intégrité perdue.

C'est d'un récit de ce type que Rousseau entreprend à son tour la narration. Un certain nombre de philosophes avaient abordé la question de l'origine des langues : Locke en 1690 (*Essai sur l'entendement humain*), Condillac en 1746 (*Essai sur l'origine des connaissances humaines*), La Mettrie en 1747 (*l'Homme machine*), Maupertuis en 1749 (*Réflexions philosophiques sur l'origine des langues*), Turgot en 1751 (*Réflexions sur les langues*). Tous ces auteurs s'étaient penchés, d'une manière ou d'une autre, sur le vide ouvert, dans le récit biblique, par l'apparition de la parole et du langage : « Tout animal vivant eut pour nom celui dont Adam l'appela » (Genèse). Peu allèrent jusqu'à contester que Dieu ait révélé le langage à Adam mais tous cherchèrent une explication parallèle, où la raison remplacerait l'intervention divine. Condillac, par exemple, propose un récit qui commence après le déluge et attribue l'invention du langage à deux enfants, un garçon et une fille, perdus dans le désert. Rousseau lui aussi s'arrange pour débarrasser l'argile humaine de toute empreinte innée, sans faire insulte au Créateur. « Adam parlait, Noé parlait, soit. Adam avait été instruit par Dieu même. En se divisant, les enfants de Noé abandonnèrent l'agriculture, et la langue commune périt avec la première société » (*Essai sur l'origine des langues*, chap. IX). Il n'y a dès lors besoin que de la seule raison pour retracer les « progrès » de cette institution humaine fondamentale, sans laquelle aucune autre institution ne serait imaginable : le langage. Raison qui exige encore que nous remontions à l'origine d'une chose pour rendre compte de toutes ses manifestations. Pourtant, en refusant de penser le langage comme un don de Dieu, les philosophes se privaient, paradoxalement, de la seule possibilité d'accès à un récit raisonnable, avec un point d'origine et un dévelopement. Leurs explications, et en particulier celle de Rousseau, suscitaient l'impuissance d'une raison obligée de se soumettre à l'« objet » même qu'elle prétend décrire. L'*Essai sur l'origine des langues*, avec le double point de départ qui l'amorce, traite le langage comme espacement de la différenciation dans un processus auquel aucune origine unique et indifférenciée ne serait assignable. Cette manière de traiter le langage le montre toujours déjà à l'œuvre dans la raison et avant elle, suspendant ou différant à chaque étape les distinctions raisonnables que la raison aurait établies pour connaître son objet.

Telle n'était évidemment pas l'intention de Rousseau. C'est involontairement, inconsciemment ou par inadvertance, que l'*Essai sur l'origine des langues* finit par n'assigner aucune origine aux langues, les laissant dériver d'une différence originelle, d'une différence sans origine. À tel moment, il fait tout commencer avec la passion, qu'il oppose au besoin ; à tel autre, avec le besoin, qu'il oppose à la passion. Ici le langage est d'abord voix pure ou voyelles ; ailleurs il est d'abord articulation de consonnes. Ces contradictions apparentes reviennent tout au long de l'essai : même un lecteur distrait referme le livre avec l'impression d'avoir perçu une vague structure où les oppositions sont successivement mises en place et renversées. C'est que le langage lui-même a, en quelque sorte, pris les commandes et qu'il raconte l'histoire en la soumettant à sa propre « logique ». Cette dernière articule les différences au lieu de les traiter en contraires qui s'excluent comme Rousseau, d'une certaine façon, voudrait le faire.

On ne peut que spéculer sur les raisons qui dissuadèrent Rousseau de publier l'*Essai sur l'origine des langues*. Il parut la première fois dans un volume posthume (1781), intitulé *Traités sur la musique* (son titre entier est *Essai sur l'origine des langues où il est parlé de la mélodie et de l'imitation musicale*). À deux reprises, en 1761 puis en 1763, Rousseau a pensé le publier. S'il l'avait fait, il aurait probablement rapporté les circonstances de sa composition, prévenant les nombreuses questions soulevées par la date de composition. Dans un projet de préface, Rousseau explique que l'*Essai sur l'origine des langues* faisait partie du *Discours sur l'origine et les fondements de l'inégalité parmi les hommes* (1755). Après l'avoir retranché parce qu'il constituait une digression trop longue, il y revint à plusieurs occasions au cours des années suivantes. Ces indications, si sommaires soient-elles, constituent une version plausible de la composition de l'ouvrage qu'elles font commencer en 1754. Or certains critiques les ont mises en doute.

Le premier fut Gustave Lanson, pionnier du renouvellement des études littéraires, qu'il avait libérées du carcan classique pour les recadrer à l'intérieur d'une tradition nationale. En 1912, dans « L'unité de la pensée de Jean-Jacques Rousseau », Lanson conteste la date de 1754, donnée par Rousseau et reprise, après discussion, par les spécialistes. « L'*Essai sur l'origine des langues*, écrit-il, est certainement en contradiction avec le *Discours sur l'inégalité* », alors que celui-ci s'accorde avec les théories que Rousseau allait développer dans l'*Émile* (1762). Décidé à sauver l'unité du système de Rousseau, Lanson conclut de cette contradiction que l'*Essai sur l'origine des langues* devait être antérieur à 1750, c'est-à-dire qu'il « date d'une époque où les vues systématiques de Rousseau n'étaient pas formées » (*Essais de méthode de critique*, p. 5). En d'autres termes, l'ouvrage n'a pas sa place dans le système de pensée unifié que le Rousseau de la maturité aurait mis en place avec le *Discours sur l'inégalité* et dont il ne se serait plus écarté. Dater l'*Essai sur l'origine des langues* d'avant 1754 permettait de préserver l'unité de l'œuvre de Rousseau. De surcroît, cette version de l'épisode s'accordait avec la notion d'une histoire littéraire se développant de manière progressive, et dans laquelle la chronologie serait le fil conducteur de la tradition nationale. La place de Rousseau dans cette histoire était essentielle : sa pensée, plus que celle d'aucun autre écrivain prérévolutionnaire, avait fini par s'identifier – qu'on le veuille ou non – avec le cours de l'histoire nationale. On ne doit pas oublier qu'au nombre des premiers et des plus farouches admirateurs du *Contrat social* (1762) figuraient Robespierre, Saint-Just et Marat. Aussi la question de la cohérence interne de sa pensée est-elle liée à des enjeux qui dépassent les discussions académiques de quelques historiens de la littérature.

L'article de Lanson date de 1912, année du bicentenaire de la naissance de Rousseau. Plusieurs manifestations officielles avaient été organisées. L'Action française en profita pour attaquer la troisième République et battre le rappel de ses adhérents. À la Chambre, on protesta contre la glorification officielle de ce penseur « romantique », anarchiste et décadent, tandis que les animateurs de *la Revue critique*, l'organe littéraire de l'Action française, stigmatisaient le « culte » rendu à Rousseau. Rousseau était la cible favorite des idéologues nationalistes qui, comme Pierre Lasserre dans *le Romantisme français* (1907), ridiculisaient sa réputation de penseur sérieux. Charles Maurras écrira dans un texte intitulé « Romantisme et Révolution » : « [Rousseau] raisonne facilement : mais, né sensible et versatile, tout à fait impuissant à s'attacher avec force à la vérité, ses raisonnements différents ne concordent jamais qu'à la cadence de sa plainte, et l'on trouve chez lui à doses presque égales l'homme criminel ou l'homme sauvage et le simple fou [...]. Il entra [en France] comme un de ces faux prophètes qui [...] promenaient leurs mélancoliques hurlements à travers les rues de Sion » (*Œuvres capitales*, p. 35). Cette allusion biblique donne un avant-goût de la rhétorique antisémite que Maurras déploiera contre l'écrivain. Rousseau après tout était plébéien, pas même catholique et de surcroît étranger.

Ce type d'insultes n'était pas nouveau. Il évoque les attaques auxquelles Rousseau avait été exposé de la part de certains de ses contemporains – Voltaire notamment – mais chargées maintenant d'accents aussi nouveaux que menaçants : nationalistes et racistes. Selon Maurras, Rousseau trahissait et menaçait l'ordre rationnel de la pensée, base de l'ordre social et fondement de la tradition nationale française.

Dans ce contexte, la question de la date de l'*Essai sur l'origine des langues*, réouverte par Lanson, acquiert une autre dimension. Lanson aurait voulu le faire disparaître de la liste des écrits « systématiques » de Rousseau pour renforcer la thèse de leur cohérence interne et contrer l'image d'élucubrations délirantes entretenue par les polémistes d'extrême-droite. De plus, dans la mesure où l'*Essai sur l'origine des langues* se proposait de définir et d'expliquer les caractères de chaque langue, il touchait à la « tradition nationale » qui constituait l'objet du débat. Toutefois, quels qu'aient été les motifs de Lanson, la signification politique de son geste souffre d'une ambiguïté regrettable car, en voulant défendre la pensée de Rousseau contre la droite réactionnaire, il ratifie les termes clés choisis par l'adversaire. Dans l'un et l'autre camp, on donne la primauté à la raison, au système, c'est-à-dire, en fin de compte, à un développement ordonné à partir d'une origine identique à elle-même. De l'idéologie d'un tel ordre à l'avènement des États nationalistes et racistes, la distance, comme l'histoire allait le montrer, n'était pas grande.

Depuis plus de deux siècles qu'on les étudie, les textes de Rousseau ont été l'objet d'affrontements étrangement ambigus entre interprétations apparemment contradictoires : leur lecture, semble-t-il, met en place un programme qui excède les oppositions catégorielles et provoque leur renversement périodique. L'*Essai sur l'origine des langues*, s'il n'a jamais été tenu pour l'un des grands textes de Rousseau, n'en a pas moins joué un rôle symptomatique dans l'histoire de ces renversements. Ainsi, bien que l'hypothèse de Lanson ait été aussitôt réfutée par un autre spécialiste de Rousseau (Pierre-Maurice Masson, en 1913), le débat sur la place chronologique de l'*Essai sur l'origine des langues* fut relancé en 1966 par un article où Jean Starobinski, auteur du remarquable *Jean-Jacques Rousseau : la transparence et l'obstacle* (1957), revenait à l'argument de Lanson selon lequel certains concepts clés de l'*Essai sur l'origine des langues* sont incompatibles avec la trame conceptuelle du *Discours sur l'inégalité* et de l'*Émile*. L'interprétation de l'*Essai sur l'origine des langues* avait accompli un tour complet en cinquante ans, laissant entièrement intacte l'énigme de ses assertions contradictoires sur l'origine des langues.

Telle était la situation lorsque Jacques Derrida s'attacha à resituer l'*Essai sur l'origine des langues* dans la longue tradition de réflexion occidentale sur le langage. Dans *De la grammatologie* (1967), après avoir abordé la question des contradictions internes du texte et de son incohérence par rapport aux autres ouvrages, Derrida se distancie des explications avancées et analyse leur réversibilité ambiguë. L'*Essai sur l'origine des langues*, rappelle Derrida, appartient à une tradition reposant sur ce qu'on pourrait appeler des « unités de présence », c'est-à-dire des termes considérés comme entièrement et identiquement présents à eux-mêmes, jamais entamés par la moindre différence qui ferait dévier leur sens ou leur fonction. Lorsqu'elle veut rendre compte d'une différence, cette logique ou métaphysique de la présence doit faire appel à une version, peu importe laquelle, d'une intervention accidentelle affectant l'unité de présence à partir d'un quelconque point extérieur. Dans une telle tradition, le privilège d'une absolue présence à soi revient toujours à l'origine – ce qui, en matière de langage, conduit invariablement à situer le langage parlé plus près de l'origine que le langage écrit : l'écriture, modalité de la « présence absente » (celle de l'écrivain, et de l'intention de l'écrivain), requiert pour produire le sens l'intervention d'éléments extérieurs au sens lui-même (tel le support matériel de l'écriture), alors que les mots parlés semblent à l'abri de toute contamination par cette différence potentielle d'avec soi-même. Rousseau suit ce schéma plus ou moins à la lettre. En même temps qu'il en retrouve les contours dans l'*Essai sur l'origine des langues*, Derrida isole ce qui excède les frontières de la logique de la présence. En d'autre termes, il fait intervenir la distinction entre ce que Rousseau voulait dire et ce qu'il a vraiment dit, ou plutôt écrit. Rousseau voulait identifier l'origine du langage, isoler un moment et un espace de présence à soi ; il voulait rendre aussi claire que possible l'extériorité de la parole à l'écriture, celle-ci intervenant pour représenter celle-là et, à force de s'éloigner de l'origine, finissant par la supplanter. Pourtant cette logique de représentation et de substitution à une présence originelle ne peut se refermer d'elle-même ; il faut y suppléer par l'introduction d'une autre logique, qui est précisément celle du supplément. La description du langage comme mouvement de substitution oblige Rousseau à employer le verbe suppléer dans ses deux acceptions : remplacer et compléter. Ou, si l'on préfère, une différence interne aux termes suppléer et supplément oblige la logique de la présence à recourir à une autre logique. Selon cette autre logique, que l'*Essai sur l'origine des langues* met en œuvre en passant au-dessus de ce que Rousseau aurait voulu dire ou décrire, il y aurait dès l'origine, dans l'origine elle-même, un défaut de présence auquel il faut remédier ou qu'il faut combler au moyen d'un terme extérieur, ou différent. En ce sens, l'*Essai sur l'origine des langues* inscrit l'origine dans un mouvement général de supplémentarité lui-même dépourvu d'origine identifiable. Et si l'origine des langues a tendance à se perdre, c'est parce que le langage n'a pu naître d'un point ou d'un terme unique, mais seulement d'une relation entre des différences qui se suppléent.

Telle est donc la façon dont l'*Essai sur l'origine des langues* aurait accompli par écrit l'histoire du langage : non comme dérivation à partir d'une origine, qui aurait conféré à chaque langue son identité particulière et unique ; mais plutôt comme traduction, transfert à travers différentes langues, sans quoi quelque chose comme une langue nationale originale ne saurait exister. C'est la raison pour laquelle on ne peut ni ranger Rousseau dans la tradition littéraire française ni l'en exclure sans faire violence à la langue dans laquelle il a écrit.

Bibliographie : Jean-Jacques Rousseau, *Essai sur l'origine des langues où il est parlé de la mélodie et de l'imitation musicale*, éd. Charles Porset (Paris, Nizet, 1969). Georges Benrekessa, *Fables de la personne : pour une histoire de la subjectivité* (Paris, P.U.F., 1985). Jacques Derrida, *De la grammatologie* (Paris, Éditions de Minuit, 1967). Guy Harnois, *les Théories du langage en France de 1660 à 1821* (Paris, Belles Lettres, 1929). Gustave Lanson, « L'unité de la pensée de J.-J. Rousseau », in *Essais de méthode de critique et d'histoire littéraire*, éd. Henri Peyre (Paris, Hachette, 1965). Pierre-Maurice Masson, *la Religion de J.-J. Rousseau*, 3 vol. (Paris, Hachette, 1913). Charles Maurras, « Romantisme et Révolution », in *Œuvres capitales* (Paris, Flammarion, 1954). Jean Starobinski, *Jean-Jacques Rousseau : la transparence et l'obstacle* (Paris, Plon, 1957).

Peggy Kamuf

1754

Condillac publie le *Traité des sensations*

De la philosophie naturelle au discours scientifique

L'invention d'une manière de parler du monde matériel fut une préoccupation centrale du siècle des Lumières. Les philosophes avaient l'ambition de forger une voix qui s'opposerait avec autorité à celle de l'Église et de la monarchie de droit divin. Pour cela, ils situèrent le langage au carrefour d'un triple système d'interactions : la structure du monde, reflétée par la structure de la pensée, et exprimée par la structure du langage. Un langage parfaitement adéquat au monde devrait produire des énoncés d'une validité évidente, éliminant d'office la possibilité d'opinions adverses : qui pourrait, en effet, argumenter contre la nature ? La réponse est aussi simple qu'ironique : Dieu. Lorsqu'il créa l'univers, Dieu le dota de mouvement mais aussi de lois. Les efforts des philosophes pour constituer une autorité capable de rivaliser avec celle de l'Église aboutissaient donc à une impasse, sauf à réorganiser le monde naturel en termes qui dispensent de recourir à un législateur divin.

Le problème devint particulièrement important lorsque l'histoire naturelle, comme on appelait l'ensemble des discours relatifs au monde matériel, se scinda en deux disciplines. Avec *De l'interprétation de la nature* (1753-1754), de Diderot, elle s'éloignait des sciences positives au profit d'un projet explicitement littéraire. Le second courant, représenté par Condillac, conduit à Lavoisier et à sa nomenclature chimique ainsi qu'à Laplace et aux sciences naturelles positivistes du XIXe siècle.

En 1754, Condillac publiait le *Traité des sensations*, pièce décisive d'un ensemble doctrinal comprenant le *Traité des systèmes* (1749) et culminant avec la *Logique* (1780), son ouvrage le plus célèbre. Le *Traité des sensations* analyse la manière dont les sens réagissent au monde matériel pour produire du savoir ; la *Logique* expose la structure des processus de pensée, soit, en d'autres termes, des arguments prédéterminés par le corps.

La *Logique* de Condillac illustre bien le rôle fondamental que les Lumières attribuent à la vue, dans l'explication de la structure du monde ainsi que des procédures naturelles et logiques qui permettent de l'observer :

> Or, quel est cet ordre ? La nature l'indique elle-même ; c'est celui dans lequel elle offre les objets. Il y en a qui appellent plus particulièrement les regards ; [...] et tous les autres semblent s'arranger autour d'eux pour eux. [...] On commence donc par les objets principaux : on les observe successivement, et on les compare pour juger des rapports où ils sont. Quand, par ce moyen, on a leur situation respective, on observe successivement tous ceux qui remplissent les intervalles, on les compare chacun avec l'objet principal le plus prochain, et on en détermine la position. Alors on démêle tous les objets dont on a saisi la forme et la situation, et on les embrasse d'un seul regard. L'ordre qui est entre eux dans notre esprit n'est donc plus successif ; il est simultané. C'est celui-là même dans lequel ils existent (*Logique*, pp. 332-333).

L'observateur peut alors donner un nom à chaque objet, d'où l'importance bientôt accordée aux nomenclatures scientifiques et aux tables dont la structure reproduit les relations entre les objets.

L'origine de cet édifice est fournie par le *Traité des sensations*. Condillac s'y propose de décrire l'origine des connaissances. C'est là qu'il introduit le fameux exemple de la statue vivante (image d'un corps dépourvu de passé) qui acquiert un à un l'usage des différents sens. Condillac analyse les réactions de la statue au monde extérieur et réfute l'hypothèse d'un savoir inné (qui impliquerait l'intervention d'une providence ordonnatrice). À la différence de la *Logique*, plus tardive, le *Traité* déduit les notions fondamentales – identité et différence, passé et présent, intérieur et extérieur – non pas à partir du modèle de la vue, mais du toucher. Si la vue finit par devenir l'outil le plus puissant et le sens par lequel on comprend les autres sens, c'est seulement après que le toucher a transformé la vision en observation.

Pour chacun des sens – à l'exception du toucher – la statue éprouve ses sensations comme des modifications de son être. Ce sont des perceptions passives, antérieures à la formation d'un moi identique. Elle identifie son être au parfum de la rose qu'elle respire ou à la couleur de l'arbre qu'elle voit. « Cependant elle ne connaîtra pas son corps aussitôt qu'elle éprouvera de pareilles sensations. Pour le découvrir, elle a besoin d'analyser, c'est-à-dire qu'il faut qu'elle observe successivement son moi dans toutes les parties où il paraît se trouver. Or il est certain qu'elle ne fera pas cette analyse toute seule : c'est donc à la nature à la lui faire faire » (*Traité des sensations*, pp. 133-134). Par nature, Condillac entend les capacités résultant de l'organisation de la statue. Mais le toucher fonctionne différemment ; lui seul engendre des sensations doubles : lorsque la main de la statue touche son corps, la sensation de la main qui touche est redoublée par celle qu'a le corps d'être touché, jusqu'à ce que la main finisse par rencontrer un objet étranger. La statue élabore ainsi les concepts d'« altérité », de « limite » et, par opposition, de « moi ». Une fois qu'elle est capable de concevoir l'altérité, les mouvements involontaires provoqués par le plaisir et la douleur lui apparaissent comme des mouvements qui la rapprochent ou l'éloignent de sources extérieures de sensation. Elle apprend ainsi qu'elle bouge, et peut donc décider de bouger volontairement, ce qui lui permet d'explorer ses propres mouvements. Le toucher est le seul sens qui passe de la perception passive à l'acte volontaire.

Le mouvement est nécessaire pour distinguer une chose d'une autre, et donc pour l'objectiver. La statue en vient ainsi à concevoir l'espace qui l'entoure, puis une succession d'objets, et finalement la notion de succession (*ibid.*, pp. 128-130). Lorsqu'elle comprend la succession, elle n'est plus seulement capable de vouloir : elle peut aussi comparer et juger. « Elle analyse donc naturellement ; et cela confirme ce que j'ai démontré dans ma logique, que nous apprenons l'analyse de la nature même [...]. Ainsi, l'on voit pourquoi notre statue, sans réflexion avec les autres sens, commence à réfléchir avec le toucher » (*ibid.*, pp. 159-160). La faculté de juger, acquise grâce au toucher, transforme la perception passive (voir) en vision active (observer). C'est alors que la statue s'aperçoit que la couleur – qu'elle croyait être une propriété de la surface de ses yeux – indique soit une limite soit un volume déjà touchés. La vue prolonge ainsi le toucher auquel elle permet de se généraliser en méthode analytique de comparaison et de différenciation continuelles et volontaires. Cette méthode est illustrée par les images de Condillac pour décrire la vision analytique. « Nous ne nous faisons pas des idées aussitôt que nous voyons ; nous ne nous en faisons qu'autant que nous regardons avec ordre, avec méthode. En un mot il faut que nos yeux analysent : car ils ne saisiront pas l'ensemble de la figure la moins composée, s'ils n'en ont pas observé toutes les parties séparément, l'une après l'autre, et dans l'ordre où elles sont entre elles » (*ibid.*, p. 207). La mémoire, mise en place avec la notion de succession, permet à la statue de synthétiser, et les yeux prennent la relève. Mais tel est leur pouvoir qu'une fois instruits par le toucher ils affaiblissent les autres sens. La statue oublie que c'est le toucher qui a donné naissance à l'observation et qu'il continue à la structurer ; elle pense désormais selon le paradigme de la vision analytique exposé dans la *Logique*.

Or l'argument du *Traité des sensations* épouse les mêmes procédures que les sens. Comme la statue, le lecteur suit pas à pas, tranquillement et sans peine, une chaîne d'observations nées d'une analyse ininterrompue des sensations. Parti de l'état d'insensibilité conceptuelle, il progresse vers l'image synthétique d'un être pensant, doté de jugement et de principes moraux. L'œuvre, bien que sévère, est d'une grande efficacité rhétorique. Toutefois il apparaît vite que le choix de cette exposition n'est pas seulement efficace, elle est la seule qui puisse fonder une autorité. C'est une rhétorique d'autojustification (le même ton neutre, la même structure analytique se retrouvent, à un plus haut degré peut-être, dans la *Logique*, qui adopte elle aussi une rhétorique d'autohabilitation).

Comment cette rhétorique opère-t-elle ? La structure de l'analyse de Condillac exige que le langage soit par essence dénotatif. En d'autres termes, chaque sensation doit directement donner naissance – ou du moins pouvoir se réduire – à une idée unique, représentée par un mot. Même au niveau des catégories, il existe une forme unique impliquée par tous les individus appartenant à cette catégorie. Un langage qui se plie à cette exigence désignera toujours le monde de façon correcte et précise. Réciproquement, si un mot doit toujours dénoter un élément analytique et un seul, il s'ensuit qu'il faut bannir métaphores, allusions et suggestions, car elles associent au moins deux référents à un énoncé : en d'autres termes, elles mènent d'un champ dénotatif à un champ connotatif. Dans la mesure où l'usage poétique ou littéraire du langage exploite les associations connotatives et le foisonnement métaphorique du sens, le langage littéraire ne peut, selon Condillac, qu'aboutir à la confusion totale en matière de référent. Le philosophe qui recourt au style littéraire ne peut ni se rappeler de manière fiable la cause de la sensation, ni l'indiquer clairement à son lecteur. Il perd la vision claire, analytique, du réseau des relations de cause à effet qui structurent son univers. Il ne peut plus parler vrai. Il ne peut plus parler, ni même penser, avec autorité. La métaphore, pour Condillac, est à l'origine de la superstition et de la religion :

> La statue sent à chaque instant la dépendance où elle est de tout ce qui l'environne [...]. Persuadée qu'elle ne fait rien sans avoir intention de le faire, elle croit voir un dessein partout où elle découvre quelque action. En effet, elle n'en peut juger que d'après ce qu'elle remarque en elle-même [...]. Elle pense donc que ce qui lui plaît a en vue de lui plaire ; [...] elle souhaite [que les objets] aient l'intention de la combler de biens et de détourner de dessus sa tête toute sorte de maux : elle souhaite en un mot qu'ils lui soient favorables, et ce désir est une sorte de prière ; [...] en un mot, elle s'adresse à toutes les choses dont elle croit dépendre (*ibid.*, pp. 280-281).

Cette extrapolation métaphorique qui fait projeter à la statue son expérience propre (intention, volonté) sur les sources extérieures de douleur et de plaisir est une faute grave aux yeux de la pensée analytique. Le désir suscite la pensée métaphorique et poétique. La Chute, de ce point de vue, n'est plus ce qui précipite l'homme de la foi vers l'orgueil que lui insuffle la raison, mais ce qui le précipite de la raison vers la religion, née des métaphores engendrées par le désir. Une fois les objets de la foi religieuse – les dieux en tant qu'agents de causalité – identifiés à des illusions fondées sur l'erreur, il n'est plus possible de voir en eux les créateurs de la loi naturelle. En montrant comment cette erreur aurait pu être évitée, et comment elle peut être décelée après coup, la méthode analytique – méthode « naturellement » dérivée, propre à l'observation et à l'exposition – acquiert une autorité irréfutable. Elle devient inattaquable, non seulement par sa cohérence propre, mais parce qu'elle dévoile les paralogismes de son adversaire : la religion.

Mais pour conserver toute son autorité à la méthode, il faut d'abord s'y conformer. L'histoire naturelle était un discours sciemment métaphorique, où le savoir était distinct de son mode d'exposition. Après Condillac, la nature a dû parler, par la bouche du savant, un discours dénotatif. Toute pose d'auteur aurait compromis cet objectif. Aussi le public scientifique évaluait-il la vérité d'un argument à la neutralité de son ton et à l'absence de tics littéraires. L'œuvre de Condillac constitue le meilleur exemple de ce style, celui de la nouvelle rhétorique scientifique, familier à tout lecteur de textes scientifiques modernes. La littérature scientifique ne formait plus un sous-ensemble de la littérature, elle se situait à son opposé direct. L'analyse congédiait la poésie et, dans le texte scientifique, la nature prenait la place de l'auteur.

Les sciences exactes adoptèrent avec enthousiasme l'antirhétorique de Condillac : témoin les longs passages de la *Logique* cités par Lavoisier dans sa nomenclature chimique de 1787 et son *Traité élémentaire de chimie* (1789). L'œuvre de Condillac apprit aux savants comment atteindre et transmettre la vérité scientifique ; l'établissement de l'autorité céda devant l'évaluation de la vérité. Et pourtant deux courants, qu'on associe moins volontiers à Condillac bien qu'ils soient étroitement liés à son projet, continuèrent à faire passer la question de l'autorité avant celle de la vérité. Pendant la Révolution, tribuns et idéologues s'inspirèrent de Condillac pour assurer l'efficacité de programmes qui, revenant à l'exemple des premiers penseurs des Lumières, ne visaient plus la transmission du savoir mais la transformation de la société. Les révolutionnaires, Robespierre surtout, voulaient purifier la langue de tout relent d'Ancien Régime et forger une puissante rhétorique politique. Mais les idéologues allèrent plus loin. Ils s'employèrent à étouffer cette ardente rhétorique révolutionnaire elle-même sous un système scolaire centralisé, complexe et perfectionné. Les cours, enseignés dans une langue dépersonnalisée, porteraient exclusivement sur un savoir analytique et neutre. Plutôt que saper l'autorité établie, le programme des idéologues devait former des citoyens obéissants, productifs et dévoués au nouvel État postrévolutionnaire.

Voir aussi 1647, 1751, 1769, 1791 (13 janvier), 1799, 1808.

Bibliographie : Étienne Bonnot de Condillac, *Logique*, in *Œuvres complètes*, t. XV (Genève, Slatkine, 1970) ; *Traité des sensations*, in *ibid.*, t. III. Sylvain Auroux, *la Sémiotique des encyclopédistes* (Paris, Payot, 1979). Jacques Derrida, *l'Archéologie du frivole* (Paris, Galilée, 1990). Michel Foucault, *les Mots et les Choses* (Paris, Gallimard, 1966).

Wilda Anderson

1759, janvier

Voltaire fait paraître à Genève *Candide, ou l'Optimisme, traduit de l'allemand de M. le docteur Ralph*

De la culture des jardins

Publié sans nom d'auteur en 1759 et diffusé clandestinement avec l'abondante littérature subversive de l'Ancien Régime, *Candide*, de Voltaire, demeure le chef-d'œuvre indiscuté du conte philosophique. Candide est un jeune Allemand, élevé par le docteur Pangloss – risible sectateur de la philosophie de Leibniz – dans la croyance que « tout est pour le mieux dans le meilleur des mondes possibles », et qui aborde chaque événement avec l'espoir naïf de voir confirmer son optimisme. Mais, après avoir été chassé du « paradis terrestre » d'un paisible château de Westphalie, il va, d'infortune en échec, lentement mais sûrement vers une inéluctable conclusion. Les aventures de Candide et de son petit monde font défiler le répertoire complet des injustices, abus, coups du destin, coutumes aberrantes, sottises ou vices individuels dont la somme menace, à l'échelle de la planète, la chasse au bonheur naturelle à l'homme. L'éducation du héros commence avec une « boucherie héroïque » dans laquelle il se trouve enrôlé malgré lui et qui viole les règles élémentaires de la civilisation, mais « selon les lois du droit public » (p. 150). Candide déserte et passe en Hollande, où il connaît les effets du fanatisme religieux ; il y retrouve Pangloss, ravagé par la vérole dont l'a gratifié « le consolateur du genre humain » (p. 153). Alors qu'il approche de Lisbonne, Candide fait naufrage. Il ne survit que pour être blessé dans le tremblement de terre qui dévaste la cité en 1755. Il échappe ensuite de justesse à la mort dont le menace l'Inquisition, persuadée que rôtir quelques hérétiques « à petit feu » est « un secret infaillible pour empêcher la terre de trembler » (p. 157). Une vieille femme lui fait alors le récit de sa vie, suite d'horreurs qui donne comme un avant-goût du conte. Par mégarde, Candide tue le Grand Inquisiteur et doit fuir en Amérique. À Buenos Aires, il est rudoyé par le tyrannique gouverneur espagnol. Il gagne alors la colonie jésuite du Paraguay : « Los Padres y ont tout, et les peuples rien ; c'est le chef-d'œuvre de la raison et de la justice » (p. 176). Au cours d'une autre équipée, il découvre qu'à l'état de nature le bon sauvage a un penchant pour la bestialité et le cannibalisme. À Surinam, un esclave nègre à qui on a enseigné la discipline en lui coupant une jambe et une main l'apostrophe : « C'est à ce prix que vous mangez du sucre en Europe » (p. 193). Candide se fait subtiliser la vaste quantité d'or et de pierreries qu'il a rapportée de l'Eldorado, pays d'utopie caché aux étrangers. De retour en Europe, il est roulé par des filous à Paris. Une brève halte en Angleterre lui vaut un nouveau choc : l'exécution d'un amiral, fusillé « pour encourager les autres » à se battre plus énergiquement. À Venise, il est témoin d'un autre type de malheur : l'ennui de ceux qui ont tout ce qu'ils désirent. Il découvre aussi, en dînant avec plusieurs souverains déposés, que les avantages d'une naissance royale ne sont pas garantis. Candide et ses compagnons finissent par s'installer dans l'humble « paradis retrouvé » d'une métairie proche de Constantinople. Les travaux quotidiens de la petite communauté la préservent de trois grands maux : l'oisiveté, le vice et le besoin. Et si Pangloss continue à professer son optimisme métaphysique, le dernier mot revient à notre héros : « Cela est bien dit, répondit Candide, mais il faut cultiver notre jardin. »

Le dénouement offre ainsi une allégorie de la perfectibilité du monde, mais la victoire est si mince comparée à l'énormité du mal et de la souffrance, qu'elle ne peut manquer de décevoir. En outre, le fait qu'une poignée d'heureux mortels échappe aux malédictions de la condition humaine peut sembler d'un égoïsme antiphilosophique (au sens que les Lumières donnaient à ce mot). Mais si Voltaire conclut *Candide* sur une note aussi modérée, ce n'est pas pour offrir l'apologie du jardin comme solution aux calamités de l'existence : cette fin convient à ses personnages et aux aventures qu'il leur a assignées. Quelle autre leçon un nigaud comme Candide pouvait-il tirer des épreuves traversées ? Si la conclusion est artistiquement juste, il est plus douteux qu'elle le soit philosophiquement. On ne confondra pas Candide avec Voltaire, qui, entre-temps, allait donner sa propre réponse au problème du mal.

Voltaire a écrit *Candide* pour réveiller la conscience morale de ses contemporains. Au nom de sa tranquillité d'esprit, le genre humain a mis au point des mécanismes de défense contre la réalité du mal – selon les cas, minimisé, ignoré, justifié, rationalisé, toléré, poétisé ou nié. Parmi les faux-fuyants qui indignent le plus Voltaire, on peut citer : l'affirmation de l'optimiste qui fait du mal apparent un bien caché ; la foi du chrétien dans les bienfaits de providence, la valeur de la souffrance et les récompenses éternelles dans les cieux ; l'indifférence de l'égoïste aux malheurs d'autrui ; la façon dont le cynique exorcise le mal en arguant de son omniprésence ; et bien sûr le désir de chacun d'oublier l'adversité. *Candide* se propose de mettre fin à ces dérobades qui, loin de faire reculer le mal, le renforcent et le perpétuent. Soulager ou guérir la souffrance humaine, c'est avoir le courage de l'identifier, de la voir et de la dénoncer pour ce qu'elle est : guerre, intolérance religieuse, privilèges de classe, pauvreté, maladie, esclavage, catastrophes naturelles, oppression politique, superstition ou ignorance.

La leçon philosophique du conte implique ainsi une définition essentiellement humanitaire du mal. Celui-ci ne consiste pas à désobéir aux règles de la religion ou de la société, ni même à enfreindre le droit naturel et les sollicitations de la conscience, pourtant essentiels au déisme de Voltaire. Dieu est remarquablement absent du récit. Du point de vue de l'être humain sensible, le mal est identifié à l'expérience immanente de la perte et de la douleur ; en ce sens, il n'y a aucune raison de distinguer entre la vérole ou les tremblements de terre, et les fléaux qui résultent d'actes personnels. Voltaire ne cherche pas davantage à expliquer le mal. Sachant par intuition ce qui ne va pas dans les affaires humaines, il ne perd pas son temps à remonter aux causes premières ou au statut ontologique du mal (préoccupations qu'il brocarde sans pitié dans la métaphysique de Pangloss). À défaut de l'éliminer complètement, Voltaire pense qu'on peut au moins espérer remédier au mal. Le message fondamental de *Candide* n'invite pas à se retirer dans le calme et la sécurité d'un jardin ; il enjoint au contraire de s'opposer, dans le monde et du mieux qu'on peut, à toutes les manifestations du mal, sous quelque forme ou travestissement qu'elles apparaissent. Une telle interprétation permet notamment de faire de Candide l'essence de la vie, de la personnalité et des écrits de son auteur.

Voltaire considérait son lecteur comme un être foncièrement bon, mais moralement hébété par un fatras de religion, de métaphysique, de dogmes politiques, de conventions sociales et de préjugés de classe. *Candide* se propose de lui administrer quelques électrochocs propres à lui ouvrir les yeux sur la cruauté, l'injustice et les souffrances qui l'entourent, et à éveiller en lui une salutaire indignation. L'actualité de son chef-d'œuvre est la meilleure preuve que Voltaire ne s'est pas trompé sur son public. Certains objecteront que ce n'est pas de la philosophie, mais de la littérature truffée d'arrière-pensées. Et pourtant, si Leibniz, dont personne ne conteste la qualité de philosophe, a pu rédiger ses interminables *Essais de Théodicée* (1710) pour prouver que le mal n'a aucune validité objective sur le plan cosmique et qu'il n'y a donc pas lieu de s'en plaindre, pourquoi Voltaire serait-il moins philosophe en prenant le contrepied de cette argumentation et en soutenant que, dans l'organisation humaine des choses, le mal est une réalité objective doublée d'un scandale intolérable ? Si ce n'était pas de la philosophie au sens traditionnel, c'en était certainement au sens où l'entendaient les Lumières.

Mais la réussite de *Candide* tient en dernière instance à l'adéquation de la forme littéraire, du style et du ton au contenu. Elle culmine avec l'ironie, figure rhétorique le plus souvent et le plus brillamment utilisée qui nourrit constamment la satire du récit. Attaquer l'optimisme philosophique, alors qu'il avait le choix entre toutes sortes d'illusions et de sottises, est un coup de maître dont le reste découle : peu de motifs prêtent davantage à rire que le credo de Pangloss. L'optimisme forme une toile de fond idéale pour que l'horreur de l'existence se détache avec l'intensité voulue. Peu importe que Voltaire réfute ou non la thèse leibnizienne selon laquelle « tout est pour le mieux dans le meilleur des mondes possibles ». Les échafaudages métaphysiques sont imperméables à toute réfutation. Malgré tant de démentis empiriques, Pangloss rabâchera son théorème jusqu'au bout et Candide – qui a fini par comprendre – est incapable de le réfuter. Il se contente de l'ignorer. Derrière ce dédain, on devine Voltaire rejetant non seulement l'optimisme leibnizien, mais la métaphysique en général. Quant aux sarcasmes inépuisables sur « le meilleur des mondes possibles », ils jouent sur l'ambiguïté de la formule. Car si le « meilleur des mondes possibles » peut être indifféremment bon ou mauvais (en logique la notion de possibilité ignore le jugement de valeur), pour le lecteur moyen le « meilleur des mondes possibles » est plutôt bon que mauvais. Un tel quiproquo est source de comique et d'absurde, puisqu'on observe à chaque page que tout est pour le pire dans le meilleur des mondes possibles.

Mais si l'ironie de *Candide* est de même nature que celle des autres œuvres de Voltaire, l'ample structure thématique qui la soutient et la renforce la rend particulièrement corrosive. Le mode ironique – exprimer une chose en voulant dire le contraire – est particulièrement efficace dans le contexte de censure et de persécutions qui était celui de l'époque. Il instaure d'emblée une complicité particulière entre le texte et son lecteur, initié au sens caché du message. L'ironie de *Candide* contient d'ailleurs une invite voilée à transformer le système socio-politique. Lorsque Voltaire décrit les démentis brutaux infligés à l'optimisme de Pangloss, le constat n'est pas neutre. Du décalage ironique entre la théorie et la réalité naît le sentiment que les choses devraient être autrement. La satire de l'optimisme métaphysique permet à Voltaire d'affirmer son propre optimisme, nullement métaphysique. L'optimisme de Voltaire est celui d'un réformateur pragmatique, qui veut que tout aille du mieux possible ici-bas.

La manière piquante, enjouée et frivole du conte pourrait sembler contraire à la gravité morale, voire à la tristesse du sujet. Pourtant, et ce n'est pas le moindre aspect du talent de Voltaire, le contraste entre les atrocités décrites et le détachement d'un auteur-spectateur apparemment satisfait, voire cruel – témoin la scène où les dames de Lisbonne sirotent des rafraîchissements en regardant brûler les hérétiques – fait éprouver au lecteur, plus brutalement que ne l'aurait fait une condamnation au premier degré, toute l'horreur d'un autodafé. Au lieu de lui dire comment réagir, l'auteur lui fait assumer la responsabilité d'une indignation à laquelle il ne peut échapper. Dans *Candide*, Voltaire essaye de ne pas s'écarter de la frontière qui sépare distance et engagement, ironie et passion. Il est vrai que cette manière rococo d'afficher un sérieux imperturbable ne va pas sans risques. Le lecteur ne pourrait-il pas conclure qu'il faut savoir rire en dépit, ou en raison même des malheurs humains ? Il faudrait pourtant être singulièrement obtus pour réduire Candide à un divertissement.

Le conte voltairien est un hybride *sui generis* de fiction et de philosophie. La fusion des deux éléments produit, comme en chimie, un corps nouveau qui diffère des composantes prises isolément. La fiction dispense la composante philosophique d'analyser et d'étayer ce qu'elle avance, mais aussi de répondre aux objections et d'éviter les incohérences. La critique est désarmée par des stratégies essentiellement rhétoriques, comme l'illustration, l'affabulation, le jeu de mots, l'esprit, l'ironie et la satire. Réciproquement, la philosophie autorise la composante fictive à renoncer à certaines de ses qualités habituelles, notamment la vraisemblance. La généralisation d'une idée ou d'un thème poussés aux limites entraîne le récit de *Candide* dans l'irréel et le fantastique. En exagérant les revers, les injustices et les absurdités, Voltaire n'a pas l'intention de déformer les faits ; il souligne ce qu'ils ont d'anormal et prépare divers effets comiques et satiriques. De la délitescence des critères du réalisme naît une vraisemblance qui fait accepter jusqu'aux traits les plus grotesques du conte. Sans compter qu'un récit dépourvu de prétentions réalistes donne plus de liberté à l'auteur pour exprimer des opinions prohibées.

Autre conséquence de ce mélange de fiction et de philosophie : le traitement des personnages. Les protagonistes ne sont pas des êtres de chair et de sang mais des allégories. Le héros, comme son nom l'indique, est la candeur, la franchise et l'inexpérience mêmes. Cunégonde, archétype de la femme, incarne l'amour idéal poursuivi en vain par Candide. Le baron, son frère, personnifie les préjugés et l'arrogance aristocratiques, Pangloss l'inanité métaphysique. La vieille résume les outrages et les injures auxquels est exposée l'humanité. Cacambo incarne l'amitié et la loyauté. Martin oppose à Pangloss la voix du pessimisme. Les personnages secondaires ne sont pas moins allégoriques. Mais si les « marionnettes » de *Candide* sont passives, ce n'est pas seulement devant les événements ; Voltaire lui-même les manipule à sa guise et façonne l'histoire pour parvenir à ses fins : la vérité psychologique ne fait plus obstacle à la philosophie. Malgré la distance affective qu'il affiche, l'auteur intervient partout, communiquant à chaque étape les opinions et les valeurs qui sont les siennes.

La structure à épisodes de *Candide*, comme le roman picaresque, alimente le tableau satirique de la condition humaine. Associé au motif du voyage, ce plan narratif permet d'élargir l'histoire à l'humanité entière, et non aux seuls membres d'une société donnée. Le récit insiste sur certains thèmes et ne craint pas la répétition, compensée par la vivacité du rythme. Il se passe plus de choses en dix pages de Candide que dans bien des romans. Entraîné par l'énergie de la prose et la diversité des péripéties, le lecteur n'a pas le temps de regretter que chaque épisode aboutisse au même commentaire désabusé sur l'optimisme. La seule contrainte qui pèse sur l'auteur, dans la forme extrêmement libre qu'il s'est choisie, est d'ordre esthétique : ne pas ennuyer. Le ton paradoxalement optimiste du conte, dû à la vivacité de style et au tempérament de Voltaire, compense la tristesse du sujet. Les personnages forment un petit groupe de « survivants » dont l'expérience du pire n'a pas entamé la vitalité. Leur histoire, faite d'échecs et d'angoisses, laisse espérer que l'endurance et la solidarité peuvent l'emporter sur la méchanceté humaine et la cruauté du destin.

L'absence de règles fixes, qui distingue, notamment au XVIIIe siècle, le genre narratif de la poésie ou du drame, a permis à Voltaire de résumer dans *Candide* l'expérience et la réflexion de toute une vie. Il avait quelque chose de nouveau et de difficile à exprimer, à quoi les genres existants ne se prêtaient guère, de sorte qu'il inventa et perfectionna celui qui répondrait à son dessein. Cette désinvolture confère à l'œuvre la spontanéité d'une improvisation. Ce pourquoi, de nos jours, l'abondante production philosophique et littéraire de Voltaire se résume pour de nombreux lecteurs à cette œuvre essentielle. La popularité de *Candide*, qui ne s'est pas démentie depuis 1759, s'explique par son aptitude à rendre accessible au grand public une idéologie dont la portée pratique est considérable.

Le conte philosophique gagna ses lettres de noblesse au XVIIIe siècle, sous l'impulsion des Lumières. Différents genres de contes se partageaient la faveur de l'époque : contes d'amour, contes orientaux évocateurs des *Mille et Une Nuits*, contes moraux, contes de fées, contes licencieux dans la tradition de Boccace, contes folkloriques, héritiers des fabliaux, etc. Tous ces récits comportaient souvent des allusions aux idées « philosophiques » de l'époque. Mais sous la plume de Voltaire le conte philosophique, tout en empruntant largement à un riche passé littéraire, allait acquérir une forme unique. Si l'on tient *Candide* pour son exemple le plus achevé, le conte philosophique se définit comme un récit à épisodes, plus imaginaire que réaliste, structuré par de fréquents changements de décor, et organisé autour d'une idée centrale – optimisme, destinée, progrès, relativisme, droit naturel – qui met en jeu le problème du mal. Le déroulement de l'intrigue illustre, réfute ou nuance l'idée en question en la mettant à l'épreuve des diverses observations fournies par l'expérience du monde. *Zadig, ou la Destinée* (1747), *l'Ingénu* (1767), *Micromégas* (1752), *le Monde comme il va* (1748), *les Voyages de Scarmentado* (1756), *Histoire de Jenni* (1775) suivent ce modèle à des degrés divers. D'autres contes de Voltaire – *la Princesse de Babylone* (1768), *le Taureau blanc* (1773), *Jeannot et Colin* (1764), *Cosi-Sancta* (1784) – mériteraient davantage le nom de paraboles : ils traitent bien d'une question de vérité morale ou de sagesse universelle, mais sans qu'un tel problème soit identifiable dans la tradition philosophique. Ce qui, en définitive, caractérise le conte philosophique voltairien, c'est sa parfaite adéquation – de forme et de contenu – au dessein général des Lumières : critiquer et corriger les inégalités sociales et politiques, ainsi que la mentalité collective sur laquelle elles reposent.

Voir aussi 1734.

Bibliographie : Voltaire, *Candide, ou l'Optimisme,* in *Romans et contes*, éd. Frédéric Deloffre et Jacques Van Den Heuvel (Paris, Gallimard, 1979). Pierre-Georges Castex, *Voltaire : Micromégas, Candide, l'Ingénu* (Paris, C.D.U., 1973). Jacques Van Den Heuvel, *Voltaire dans ses contes : de Micromégas à l'Ingénu* (Paris, A. Colin, 1967). Jean Sareil, *Essai sur Candide* (Genève, Droz, 1967). Jean Starobinski, « Sur le style philosophique de *Candide* », in *Comparative Literature*, t. XXVIII (1976), pp. 193-202. Ira O. Wade, *Voltaire and « Candide »* (Princeton, Princeton University Press, 1959).

Aram Vartanian

1759, 23 avril

Le duc de Lauragais verse une indemnité de douze mille livres au Théâtre-Français pour qu'on interdise la scène aux spectateurs

Place à l'ombre

Voltaire a écrit une *Sémiramis* (1748) pour éclipser celle de Prosper Jolyot de Crébillon. L'intrigue de la tragédie hésite entre un dénouement tragique (Arsace venge le meurtre du roi son père en tuant sa mère) et une résolution sentimentale (le fils pardonne à sa mère, la reine Sémiramis).

Lorsque Sémiramis rappelle à Arsace l'ordre que lui a donné le fantôme du roi son père (réminiscence d'*Hamlet* ?) : « Ninus t'a commandé de régner en ma place ; / Crains ses mânes vengeurs », le prince espère qu'il pourra se soustraire à ce devoir filial et que ces mânes se contenteront « Des remords d'une mère et des larmes d'un fils » (acte IV, scène IV). Voltaire débloque la situation en faisant d'Arsace le meurtrier involontaire de Sémiramis : la main du fils devient l'« aveugle instrument » de la volonté des dieux (acte V, scène VIII). À la première de *Sémiramis*, il y avait tant de spectateurs sur scène que l'acteur jouant le fantôme de Ninus trébucha et faillit tomber, ruinant l'effet shakespearien. Voltaire, dit-on, mit fin à l'hilarité générale en vociférant : « Place à l'ombre ! »

Les fauteuils de scène sont un des aspects les plus déroutants de l'aménagement des théâtres de l'époque. La particularité la plus remarquable de ces étroites salles rectangulaires était leur parterre, rez-de-chaussée en pente (aujourd'hui occupé par les fauteuils d'orchestre) où une bonne partie du public se tenait debout pendant quatre heures. Le reste des spectateurs s'asseyait dans différentes sections de la salle, dans les loges ou sur la scène. Non seulement les fauteuils de scène gênaient les acteurs, mais leurs occupants eux-mêmes se permettaient d'intervenir dans le spectacle. Un mécène, le duc de Lauragais, mit fin à cet usage, du moins au Théâtre-Français ; le 23 avril 1759, pour douze mille livres, il négocia avec les comédiens le privilège d'enlever les banquettes de la scène. La séparation matérielle des acteurs et du public qui s'ensuivit allait refléter les changements qui affectèrent non seulement le théâtre sérieux (c'est-à-dire non comique) mais la société française du XVIIIe siècle. L'embourgeoisement – caractéristique de ce siècle – devait toucher le théâtre non seulement au niveau du genre de pièces qu'on écrivait et qu'on montait, mais aussi dans la façon dont elles étaient jouées, mises en scène et accueillies : bref, la conception même de l'espace théâtral et le statut de l'illusion.

Les problèmes rencontrés à la première de *Sémiramis* par le corpulent Legrand, qui jouait le fantôme de Ninus, donnent une idée de la nature de ces changements. Héritiers de cet embourgeoisement, nous pouvons mesurer la mutation du public au cours du siècle qui sépare Racine de Voltaire. Dans le monde bourgeois, les situations sérieuses exigent attention et silence : au théâtre par exemple, il n'est pas question de faire du bruit ou de fumer, encore moins d'interrompre les acteurs, de se moquer d'eux ou de courtiser sa voisine. Or, le public du XVIIe siècle et du début du XVIIIe siècle était fâcheusement connu pour un comportement qui nous semblerait aujourd'hui plus approprié à un match de football. Les spectateurs bavardaient en pleine tragédie, interpellaient les acteurs, sifflaient et bâillaient bruyamment pour témoigner de leur ennui. Paradoxalement, ils recevaient avec un sérieux sans distance l'histoire représentée sur scène. Le public bavardait, badinait, mais cela ne l'empêchait pas de pleurer. À l'époque de Racine, la légèreté pouvait côtoyer la ferveur religieuse comme sur scène les acteurs se mêler aux spectateurs. La présence de fauteuils sur scène et le manque de « sérieux » dans le public relevaient d'une même conception ritualisée du théâtre. La tragédie racinienne peut être interprétée comme la répétition du sacrifice rituel auquel le roi s'expose sur le champ de bataille. Mais, un siècle plus tard, à l'époque de Voltaire, la victime de ce sacrifice, le monarque, n'est plus qu'un fantôme dérisoire ; de ce fait, la présence d'acteurs et de spectateurs sur la scène est devenue intolérable. Plus personne ne croyant à la réalité de l'action tragique, la tragédie n'est plus qu'une illusion à laquelle on fait semblant de croire. Elle est une fiction. Parallèlement, les spectateurs quittent la scène pour l'ombre de la salle et s'installent dans le silence respectueux des représentations bourgeoises.

En s'écriant « Place à l'ombre ! », Voltaire avait réagi en classique, attaché aux conventions de la tragédie et à son idéologie (raison d'État, règle des trois unités, alexandrin, sujets tirés de l'Antiquité). Sa traduction de Shakespeare dans la langue élégante des salons de la Régence n'avait rien changé à ses convictions. S'il demanda la suppression des places de scène, c'est pour que rien ne vienne distraire le public du respect dû à une apparition royale : les événements de la grande tragédie devaient inspirer au spectateur un effroi quasi sacré. Pourtant, les tragédies les mieux reçues du XVIIIe siècle – comme l'*Inès de Castro* (1723), de Houdar de La Motte – portent la marque de l'embourgeoisement de ce genre aristocratique. On écrit peut-être moins de tragédies qu'au siècle précédent, mais le public en réclame de nouvelles, et les reprises d'œuvres de Thomas et Pierre Corneille ou de Racine sont des succès. Pourtant la réception de ces pièces a changé : ce qui plaît au public de Voltaire dans les tragédies du siècle précédent, ce n'est plus le spectacle de l'héroïsme mais celui de l'amour. Les tragédiennes (Adrienne Lecouvreur, Mlle Gaussin) triomphent dans des rôles de victimes (Ariane, Bérénice, Zaïre) sur le malheur desquelles les spectateurs versent des torrents de larmes. Le public de Racine n'était pas insensible aux aspects sentimentaux de la tragédie, mais celui du XVIIIe siècle ne croit plus que l'homme soit soumis à un destin fixé par des puissances surnaturelles, ni que les conflits humains soient par définition insolubles. Le sens de la tragédie, sinon le genre lui-même, s'est perdu.

En s'écriant « Place à l'ombre ! » à la première de *Sémiramis*, Voltaire ordonne au public de marquer du respect pour le fantôme royal. Mais cette exclamation prend un sens tout différent si on la rapporte à l'œuvre théâtrale de Diderot dont la figure centrale (en même temps que le spectateur idéal) n'est plus le roi, mais le père de famille bourgeois. Lorsque, à la fin du *Fils naturel* (1757), son premier essai dramatique, le père disparu depuis tant d'années finit par réapparaître, on comprend qu'il était le centre absent de la pièce. Diderot présente sa pièce comme la simple transcription d'événements réels, transcription réalisée par un certain Dorval, à la demande de son père Lysimond. Le texte de la pièce était suivi de trois entretiens sur *le Fils naturel*. Ces entretiens entre l'auteur réel (Diderot) et l'auteur fictif (Dorval, le fils naturel) sont donnés pour consécutifs à la première représentation du *Fils naturel* dans laquelle les rôles étaient tenus par les personnages réels, à l'exception de Lysimond, mort avant d'avoir pu jouer son personnage. Il avait donc fallu le remplacer par un ami. S'il y a toujours une place à faire à l'ombre, cette ombre ne paraît plus sur scène ; c'est celle d'un personnage absent, mais sans lequel la représentation ne pourrait pas avoir lieu : c'est d'abord celle de Lysimond – le père –, puis de l'ami qui le remplace et enfin de l'*alter ego* de Diderot (le personnage des *Entretiens* désigné comme Moi), spectateur unique de la pièce et spectateur, de surcroît, « ignoré » : les acteurs ne savent pas qu'il regarde depuis les coulisses. Pour Diderot, le spectateur idéal serait un père-auteur qui compatit aux malheurs de ses enfants. Avec *le Fils naturel* et *le Père de famille* (suivi du *Discours sur la poésie dramatique* ; 1758), Diderot a fondé la poétique et la pratique d'un genre nouveau : le drame sérieux.

Le théâtre classique excluait le tiers état du registre du sérieux : faute d'être nobles, les paysans ou M. Jourdain ne pouvaient qu'être comiques. La noblesse avait le monopole du tragique. Le XVIIIe siècle le mit en question et inventa un genre bourgeois, le « genre sérieux » de Diderot. Ce genre était bourgeois par ses sujets : les situations relevaient d'une vie exclusivement privée, sans implications politiques, alors que, dans *Phèdre* par exemple, Racine suspendait le sort d'un royaume au conflit entre un père et son fils. Le nouveau héros, quelle que soit sa condition sociale, mène une vie essentiellement familiale. Par ses sentiments et son mode de vie, il est à l'unisson de la grande famille des hommes : le bourgeois sait que sous ses dehors royaux Clytemnestre cache un cœur de mère. Diderot propose simultanément diverses réformes théâtrales : prose plutôt que vers ; division de l'espace scénique permettant de présenter des actions simultanées ; suppression des fauteuils de scène (et donc identification de la séparation entre salle et scène à un « quatrième mur ») ; prééminence, enfin, de l'élément visuel sur l'élément verbal. L'ensemble de ces réformes doit rendre le théâtre plus réaliste ou « naturel », contrastant avec la stylisation et l'abstraction de la scène classique.

Le programme de Diderot comporte également une critique politique. Il condamne les coups de théâtre, ces retours de fortune chers au théâtre classique qui rappellent les renversements d'alliances de la vie de cour, et veut les remplacer par des « tableaux ». Un tableau représente un moment de suspension de l'action ou même, comme dans la première scène du *Père de famille*, un moment antérieur à l'action. Cette pause permet au spectateur de faire le point sur le drame familial qui se déroule sur scène, de se situer par rapport à lui et de réagir de façon appropriée (c'est-à-dire sentimentale). Convaincu du potentiel émotif du tableau, Diderot pense qu'il favorisera l'empathie du spectateur avec le personnage, l'aidant à comprendre que la vertu est « un sacrifice de soi-même » (*Éloge de Richardson* [1762], p. 194). Il suffit, par exemple, que le spectateur ressente dans toute leur ampleur les implications de la paternité, pour qu'il soit ému aux larmes. Alors que pour Aristote la tragédie produisait une catharsis de terreur et de pitié, le drame sérieux fait appel au « plaisir de s'attendrir et de répandre des larmes » (*Discours sur la poésie dramatique*, p. 331). Ces pleurs traduisent le désir d'un monde où les êtres qu'on voit sur scène pourraient enfin être heureux. Le théâtre entretient l'utopie d'un ordre social éclairé, tout en arrachant des larmes au spectateur par l'exposition des sacrifices auxquels il devra consentir pour qu'advienne une telle utopie.

L'émergence du drame, comme celle du roman, implique non seulement une transformation des relations de classes, mais aussi une réorganisation des rôles sexuels. Le drame de Diderot accentue la dimension « féminine » du plaisir procuré par l'identification à autrui, mais le subordonne au plaisir « masculin » du détachement critique. Le drame et le roman permettent au bourgeois de compenser son sentiment d'infériorité face à la froideur virile de l'aristocrate par la supériorité morale que lui procure sa capacité d'identification avec autrui. Capable d'émotion et de distance, il peut opposer la chaleur d'une vie de famille idéale à la dureté du monde et faire de cette double capacité la vertu qui permet à l'« homme » de gouverner les sphères publique et privée.

C'est dans le *Paradoxe sur le comédien* (écrit en 1773-1776 ?), que Diderot donne la formulation la plus radicale de son programme théâtral. Les grands acteurs, affirme-t-il, sont des êtres insensibles, capables de reproduire à volonté les signes extérieurs d'une émotion sans jamais la ressentir. Plutôt que de s'identifier au personnage, ils en imitent froidement la conduite. Le paradoxe du comédien est donc le suivant : le comédien est propre à jouer tous les caractères parce qu'il n'en possède aucun. Cette défense d'un jeu détaché et intellectuel s'appuie sur les mêmes arguments qui, en 1758, dans la « Lettre à Mme Riccoboni », avaient servi à Diderot à demander la suppression des places de scène : la transparence de l'acteur est la condition de l'identification du spectateur au spectacle.

Rousseau souscrit à la définition du grand acteur proposée par Diderot. Mais, trop porté par son caractère à confondre théâtre et réalité, il condamne les effets politiques et moraux du théâtre. Voltaire, admirateur de la monarchie, a cherché à renouveler le genre aristocratique sérieux qu'était la tragédie classique ; Diderot, en libéral, a créé le drame bourgeois ; Rousseau, républicain et protestant, tient le théâtre en suspicion. Dans la *Lettre à M. d'Alembert sur les spectacles* (1758), il s'élève contre l'article « Genève » (rédigé à l'instigation de Voltaire) de l'*Encyclopédie* dans lequel l'auteur suggère l'installation d'un théâtre permanent dans cette ville. Cette réponse allait porter à son plus haut niveau le débat sur le théâtre.

Le théâtre, selon Rousseau, isole les spectateurs, flatte leurs vices et leur fait prendre l'illusion pour la réalité. Celui qui pleure sur des malheurs fictifs s'épargne l'ennui de remédier aux souffrances réelles. S'il n'est pas exclu que ces effets négatifs puissent être tolérés (voire désirés) en certains lieux, la république de Genève n'est pas du nombre. Le théâtre rend le public aveugle (« Aveugles que nous sommes au milieu de tant de lumières ! ») et accentue les inégalités (dans la mesure où les places sont payantes). Non content de renforcer l'exclusion du grand nombre, il le rend complice de sa propre oppression : « Mais n'adoptons point ces spectacles exclusifs qui renferment tristement un petit nombre de gens dans un antre obscur ; [...] qui n'offrent aux yeux que cloisons, que pointes de fer, que soldats, qu'affligeantes images de servitude et de l'inégalité » (*Lettre à M. d'Alembert*, p. 168).

Au contraire, dans une société d'égaux, les citoyens se rassembleraient en plein air et en plein jour. Au lieu de représentations théâtrales, il y aurait des fêtes nées spontanément des rythmes de la vie quotidienne. La distinction entre public et acteurs s'évanouirait : « Donnez les spectateurs en spectacle ; rendez-les acteurs eux-mêmes ; faites que chacun se voie et s'aime dans les autres, afin que tous en soient mieux unis » (*ibid.*, pp. 168-169). Personne ne pourrait rester à l'écart, tapi dans l'obscurité d'une place à l'ombre. Personne ne serait absent de la scène et il n'y aurait par conséquent rien, ni personne, à montrer en spectacle : « Qu'y montrera-t-on ? Rien, si l'on veut » *(ibid.)*. Ce n'est pas simplement l'élimination des places de scène, c'est l'élimination du public que Rousseau demande, rêvant de libérer la scène pour une révolution théâtrale.

Voir aussi 1759 (février), 1794 (juin).

Bibliographie : Denis Diderot, *le Fils naturel* et les *Entretiens sur le Fils naturel*, in *Œuvres complètes*, éd. Herbert Dieckmann, Jacques Proust, Jean Varloot, vol. X (Paris, Hermann, 1980) ; *le Père de famille* avec *Discours sur la poésie dramatique*, in *ibid.*, vol. X ; *Éloge de Richardson*, in *ibid.*, vol. XIII ; *Œuvres esthétiques*, éd. Paul Vernière (Paris, Garnier, 1968). Jean-Jacques Rousseau, *Lettre à M. d'Alembert sur les spectacles* (Genève, Droz, 1948). Voltaire, *le Théâtre de Voltaire*, 2 vol. (Genève, institut et musée Voltaire, 1967). Jean-Marie Apostolidès, *le Prince sacrifié : théâtre et politique au temps de Louis XV* (Paris, Éditions de Minuit, 1985). Arnold Hauser, *Histoire sociale de l'art et de la littérature*, vol. III (Paris, Sycomore, 1982). Henri Lagrave, *le Théâtre et le public à Paris de 1717 à 1750* (Paris, Klincksieck, 1972). Louis Marin, *le Portrait du roi* (Paris, Éditions de Minuit, 1971). Peter Szondi, « Tableau et coup de théâtre : pour une sociologie de la tragédie domestique et bourgeoise chez Diderot et Lessing », *Poétique*, n° 9 (1972), pp. 1-14.

Jay L. Caplan

1759, août-septembre

Diderot rédige son premier compte rendu des expositions organisées dans le salon du Louvre

Salons

Vers le milieu du XVIIIe siècle, les expositions organisées tous les deux ans par l'Académie royale de peinture et de sculpture ont commencé à devenir l'objet d'une littérature publiée dans les journaux ainsi que de brochures indépendantes. Comme ces manifestations se tenaient dans le salon Carré du Louvre, leurs comptes rendus ont reçu le nom de « salons » et l'ont gardé même après avoir été transportées dans d'autres lieux. Diderot, le plus important des premiers salonniers, a rendu compte des expositions de 1759, de 1761, de 1763, de 1765, de 1767, de 1769, de 1771, de 1775 et de 1781 pour la *Correspondance littéraire*, de Grimm (1753-1790), feuille manuscrite rédigée à l'intention de quelques aristocrates et souverains européens. Comme beaucoup d'œuvres majeures confiées à cette *Correspondance*, les *Salons* n'ont été publiés qu'après la mort de Diderot, et encore, de façon fragmentaire, si bien que sa réputation de critique a été négligeable de son vivant. En revanche, la publication posthume des *Salons* a fait de Diderot une des sources les plus importantes du discours sur l'art au XIXe siècle, tandis que son exemple contribuait à la vogue d'un genre grâce auquel Stendhal, Baudelaire et Zola ont pu se faire un nom.

Les critiques de Diderot ont divisé leurs lecteurs. Il y avait ceux qui lui reprochaient l'enthousiasme que lui inspirait Greuze, avec ses scènes de genre qualifiées, péjorativement, de littéraires en raison de leur sentimentalité. Dans cette perspective, l'admiration de Diderot pour Greuze n'était qu'un prolongement de ses préoccupations d'écrivain en même temps qu'elle reflétait l'incorrigible sentimentalité de l'époque. Mais il y avait ceux pour qui l'admiration des natures mortes de Chardin prouvait chez Diderot une sensibilité remarquable aux valeurs de la peinture « pure », des valeurs qui allaient attendre l'impressionnisme et Cézanne pour triompher. Il y a donc un « mauvais » Diderot, enfant de son siècle, et un « bon » Diderot, précurseur de la modernité. Cette conception anhistorique repose sur une distinction entre peinture « pure » et peinture « littéraire » qui date du XIXe siècle et ne saurait s'appliquer de manière rigoureuse aux artistes antérieurs (si Greuze est « littéraire », pourquoi Raphaël ou Poussin ne le seraient-ils pas ?). Pour éviter cet anachronisme, il faut essayer d'approcher la pensée de Diderot dans ses propres termes. Une telle approche fait apparaître qu'en dépit de leur prolixité, leurs digressions et leur apparente improvisation, ses écrits sur la peinture exposent une conception cohérente et complexe des enjeux de la peinture. De surcroît, cette conception est mise en pratique dans les tableaux les plus intéressants et les plus importants de l'époque.

On trouve au cœur de cette conception un idéal paradoxal de la relation peintre-spectateur. Les premiers écrits, dans lesquels Diderot développe pleinement cet idéal, les *Entretiens sur le Fils naturel* (1757) et le *Discours sur la poésie dramatique* (1758), portent sur le théâtre plus que sur la peinture. Diderot y condamne les conventions surannées du théâtre classique qui demandent aux acteurs de porter des costumes totalement dépourvus de vraisemblance ; de débiter d'interminables tirades qui suspendent l'action dramatique ; et, de façon générale, de jouer comme s'ils recherchaient sans cesse l'approbation du spectateur. À la place, il propose une dramaturgie qui feindrait d'ignorer l'existence du public. « Dans une représentation dramatique, écrit-il, il ne s'agit non plus du spectateur que s'il n'existait pas. Y a-t-il quelque chose qui s'adresse à lui ? L'auteur est sorti de son sujet, l'acteur entraîné hors de son rôle. Ils descendent tous deux du théâtre. Je les vois dans le parterre ; et tant que dure la tirade, l'action est suspendue pour moi, et la scène reste vide » (*Entretiens sur le Fils naturel*, p. 103). Dans le *Discours sur la poésie dramatique*, il développe ces idées à loisir : « Soit donc que vous composiez, soit que vous jouiez, ne pensez non plus au spectateur que s'il n'existait pas. Imaginez, sur le bord du théâtre, un grand mur qui vous sépare du parterre ; jouez comme si la toile ne se levait pas » (p. 373). Le paradoxe de cette recommandation est, bien sûr, que, pour captiver le public et l'attendrir aux larmes, l'auteur et les acteurs n'ont pour toute solution que de feindre d'ignorer sa présence.

Diderot donne le nom de « tableau » à l'instrument de cet effet paradoxal. Il le définit en termes qui l'opposent au coup de théâtre du drame classique. « Un incident imprévu qui se passe en action, et qui change subitement l'état des personnages, est un coup de théâtre, explique-t-il. Une disposition de ces personnages sur la scène, si naturelle et si vraie, que, rendue fidèlement par un peintre, elle me plairait sur la toile, est un tableau » (*Entretiens sur le Fils naturel*, p. 92). Le coup de théâtre intervient dans le cours de l'action et opère un brusque changement dans la conscience des protagonistes ; au contraire, le tableau est un groupement de figures et d'accessoires qui paraît extérieur à l'action, de sorte que ceux qui y participent semblent ne pas être conscients de son existence ni de son effet sur le public. « Celui qui agit et celui qui regarde, sont deux êtres très différents » (*ibid.*, p. 86). Le nom de tableau renvoie à cette différence en même temps qu'il la définit comme une différence de point de vue : le tableau n'est visible que pour le spectateur. On peut même dire qu'il n'existe que pour lui. Mais par cette raison même, il permet d'entretenir chez le spectateur l'illusion que les personnages qui évoluent sur la scène ne sont pas conscients de sa présence.

Les conceptions picturales de Diderot reposent sur le même principe, même si elles trouvent dans les *Salons* une forme moins systématique que dans les premiers écrits sur le théâtre. Elles expliquent également son admiration pour les tableaux qui représentent des personnages à ce point absorbés dans leurs pensées, leurs sentiments ou leurs activités qu'ils paraissent ignorer tout le reste. Le point essentiel est qu'ils semblent ignorer le spectateur qui se trouve devant la toile (en ce sens on peut aller jusqu'à dire qu'ils nient sa présence), comme Diderot le montre dans un bref et lumineux passage des *Essais sur la peinture* (1766), écrits en même temps que le *Salon* de 1765. « Si vous perdez le sentiment de la différence de l'homme qui se présente en compagnie et de l'homme intéressé qui agit, rappelle Diderot au futur peintre, de l'homme qui est seul et de l'homme qu'on regarde, jetez vos pinceaux dans le feu. Vous académiserez, vous redresserez, vous guinderez vos figures » (*Essais sur la peinture*, pp. 376-377). Dès cet instant, au lieu d'être « une rue, une place publique, un temple », c'est-à-dire le décor qu'il était censé représenter, le tableau deviendra « un théâtre », une construction artificielle dans laquelle le désir d'impressionner le spectateur et de provoquer ses applaudissements a détruit toute force de persuasion et compromis l'illusion dramatique.

Le fait que Diderot emploie le mot théâtre dans ce contexte indique la profondeur de sa répugnance à l'égard des conventions scéniques alors en vigueur. D'autre part, en remplaçant ces conventions par les principes chers à Diderot, on aboutirait à la mort du théâtre tel qu'il le connaissait et à la naissance de quelque chose d'autre : le drame, pour l'appeler par son nom. Et de fait, les conceptions de Diderot en matière de peinture sont profondément dramatiques, si on accepte la définition du drame comme un genre qui cherche avant tout à produire l'illusion que le personnage est entièrement absorbé dans l'action représentée, d'où découle l'illusion ontologique, la fiction primordiale, que le spectateur n'existe pas. « La toile renferme tout l'espace, et il n'y a personne au-delà », écrit-il dans les *Pensées détachées sur la peinture* (1776-1781). Et pourtant, cette illusion ou cette fiction se trouve être la seule chose capable de clouer le spectateur devant une toile et de l'y maintenir dans l'état d'exaltation et d'absorption imaginaires que Diderot et ses contemporains tenaient pour la preuve expérimentale de la perfection en peinture.

Il faut pourtant nuancer. À partir de 1763, une seconde conception picturale se fait jour dans les *Salons* de Diderot. Cette conception, qu'on pourrait qualifier de pastorale, instaure avec le spectateur une relation à première vue antithétique mais cependant équivalente. Il arrive que Diderot rende compte de tableaux dont le sujet se prête mal à une interprétation dramatique. Il fait alors comme s'il se promenait à l'intérieur de la toile : dans un exemple célèbre – la description des tableaux présentés par Joseph Vernet au Salon de 1767 – il va même jusqu'à attendre la fin de son commentaire pour révéler que les paysages et les êtres qu'il vient de décrire avec un tel enthousiasme ne sont pas réels, mais peints. Ce traitement suggère que, pour Diderot, la fonction de telles œuvres n'est plus d'exclure le spectateur, comme le voulait la conception dramatique, mais plutôt de l'absorber à l'intérieur de la représentation, tour de force qui permettrait à la fois de nier sa présence devant la toile et de le clouer sur place, devant cette même toile. Ses remarques sur *la Piété filiale*

1. Jean-Baptiste Greuze, *la Jeune Fille qui pleure son oiseau mort* (1765) [musée du Louvre, RF 1523]. (Documentation photographique de la Réunion des Musées nationaux.)

(1763), de Greuze, dans le *Salon* de 1763 en font un tableau qui répond littéralement à sa conception dramatique de la peinture ; quant aux natures mortes de Chardin dans le *Salon* de 1767, il y voit des tableaux proches de sa conception pastorale. Il n'y a d'ailleurs aucune contradiction à ce qu'il les admire tout deux.

Cette esthétique de Diderot, centrée sur le spectateur, présente sans aucun doute des liens étroits avec nombre de tableaux de l'époque, et la question de la théâtralité restera décisive pour tout un courant de l'école de peinture française, au moins jusqu'à l'avènement de l'impressionnisme. Mais deux autres points présentent peut-être un intérêt plus direct.

En premier lieu, la question du spectateur reçoit souvent chez Diderot une inflexion particulière, du fait que ce spectateur est un homme. Ainsi, l'admiration que lui inspire *la Jeune Fille qui pleure son oiseau mort* (1765), de Greuze (fig. 1), est indissociable de son incapacité à consoler la jeune fille affligée par la perte de son oiseau – métaphore de sa virginité perdue. Le critique – et l'homme en lui – dramatise le fait que la douleur de la jeune fille n'implique pas sa présence mais en même temps s'attarde sur les implications sexuelles du sujet prouvant qu'elles interviennent dans la séduction exercée par le tableau. Pour les mêmes raisons, Diderot doit reconnaître que le sujet biblique de Suzanne et des vieillards présente des difficultés particulières pour le peintre : la chaste Suzanne doit s'exposer nue aux regards du spectateur sans avoir l'air de soupçonner la présence des vieillards qui épient ses ablutions dans le jardin. Le problème vient du fait que le spectateur est un homme : si le tableau ne lui fait pas sentir qu'il l'exclut, il risque de s'identifier aux vieillards, ce qui prouverait que le sujet, de vertueux, est devenu lascif.

En second lieu, Diderot n'est pas le seul auteur du XVIIIe siècle à avoir abordé, de manière explicite ou non, les problèmes liés à la théâtralité. Rousseau, par exemple, s'oppose dans la *Lettre à M. d'Alembert sur les spectacles* (1758) à l'établissement d'un théâtre permanent à Genève. Ses accusations dénoncent le rapport entre spectateurs et acteurs qui se donnent en spectacle. Mais ce rapport est inévitable : on n'échappe pas à la théâtralité. Dans la description des bals que Rousseau, à la fin de la *Lettre à*

M. d'Alembert, recommande comme amusement d'hiver pour « toute la jeunesse à marier », les spectateurs sont soumis à une étroite surveillance qui favorise l'exploitation de la théâtralité au profit de l'État. Les romans de Marivaux comme ceux de Diderot lui-même illustrent encore mieux cette conception nouvelle et inquiétante des effets de théâtralisation inhérents au regard, alors même que leur recours aux « tableaux » rappelle, s'il en était besoin, le rôle capital de l'expérience visuelle dans la culture du XVIIIe siècle.

Voir aussi 1707, 1727, 1759 (23 avril), 1771, 1959 (9 janvier).

Bibliographie : Denis Diderot, *Entretiens sur le Fils naturel* et *Discours sur la poésie dramatique*, in *Œuvres complètes*, éd. Herbert Dieckmann, Jacques Proust, Jean Varloot, vol. X, (Paris, Hermann, 1980) ; *Salons de 1965* et *Essais sur la peinture*, in *ibid.*, éd. Else Marie Bukdahl, Annette Lorenceau, Gita May, vol. XIV (Paris, Hermann, 1984) ; *Œuvres esthétiques*, éd. Paul Vernière (Paris, Garnier, 1959). Thomas Crow, *Painters and Public Life in Eighteenth-Century Paris* (New Haven, Yale University Press, 1985). Herbert Dieckmann, *Cinq Leçons sur Diderot* (Genève-Paris, Droz-Minard, 1959). Michael Fried, *la Place du spectateur : esthétique et origines de la peinture moderne*, trad. C. Brunet (Paris, Gallimard, 1990).

Michael Fried

1761, février

Jean-Jacques Rousseau publie *Julie, ou la Nouvelle Héloïse*

Du genre dans les romans

La publication à Paris, en 1761, de *Julie, ou la Nouvelle Héloïse : lettres de deux amants, habitants d'une petite ville au pied des Alpes. Recueillies et publiées par J.-J. Rousseau*, marque une date capitale dans l'histoire de la littérature française. La chose pourra surprendre le lecteur d'aujourd'hui, car l'ouvrage est long, d'un style proche de la sensiblerie et passablement ennuyeux. S'il n'est guère lu de nos jours que par les spécialistes, il reçut lors de sa publication l'accueil enthousiaste du public ; la composition et l'ampleur de ce dernier commençaient à peine à être comprises des romanciers, praticiens d'un genre qu'on ne tenait pas encore pour respectable. La critique se montra réservée à l'égard de *la Nouvelle Héloïse* (Voltaire jura perfidement qu'il se tuerait plutôt que d'en terminer la lecture), mais le public s'arracha l'ouvrage au point que les réimpressions se succédèrent à un rythme rapide. Des centaines de lettres – pour beaucoup adressées à Rousseau – s'échangèrent dans toute l'Europe pendant les années qui suivirent la parution, reflétant la passion des réactions suscitées par l'histoire des deux jeunes amants.

Quelles sont les raisons de cette immense popularité ? Rousseau avait su mêler adroitement tableaux de la vie quotidienne et grands thèmes « moraux » ou « sentimentaux », donnant ainsi à *la Nouvelle Héloïse* une véracité et un réalisme propres à captiver le public, même celui qui professait ne jamais lire de romans. La précision des enchaînements chronologiques, le soin apporté à la description des occupations journalières des personnages, l'exactitude des références géographiques, la connaissance profonde des codes sociaux régissant la vie quotidienne en France et en Suisse au XVIIIe siècle, tous ces éléments faisaient de l'ouvrage une fiction plus vraie que nature. Rousseau espérait rehausser le prestige du roman dans la hiérarchie des genres littéraires, car il voyait en lui le moyen d'inculquer un nouveau système de valeurs à un public de moins en moins soumis à l'emprise de la religion.

Rousseau travailla près de cinq ans à *la Nouvelle Héloïse*. De nombreuses références aux progrès de l'ouvrage émaillent sa correspondance ; les *Confessions* (1782-1789) y renvoient (livres IX-XI en particulier) ainsi que les deux préfaces du roman. Le projet l'absorbait jusqu'à l'obsession, au point de faire dépendre ses relations personnelles des réactions suscitées par les lectures publiques ou les envois du manuscrit. La tiédeur de Diderot – l'un des premiers à recevoir des passages du texte et à les critiquer – entre pour beaucoup dans la brouille des deux hommes. Il ne restait plus grand-chose de leur amitié lorsque parut *la Nouvelle Héloïse*.

Qu'était-ce donc que ce roman par lettres, écrit par un homme connu pour son aversion à l'égard de la fiction sous toutes ses formes ? L'ouvrage, fort long, se compose de cent soixante-douze lettres (dont neuf billets) inégalement regroupées en six parties ; près de la moitié des lettres sont échangées entre Julie d'Étange (la « nouvelle » Héloïse) et le jeune Saint-Preux (au nom porteur de réminiscences médiévales). Les autres correspondants sont Claire (cousine et amie de Julie, future Mme d'Orbe), Milord Édouard Bomston (ami de Saint-Preux), M. de Wolmar (futur mari de Julie), plus quelques personnages secondaires. Julie a dix-sept ans environ et Saint-Preux dix-neuf lorsque l'histoire commence ; ils en ont respectivement trente et trente-deux lorsqu'elle s'achève. L'action s'échelonne vraisemblablement de 1732 à 1745.

L'intrigue est simple : Saint-Preux est engagé comme précepteur de Julie. Les deux jeunes gens s'aiment mais ne peuvent s'épouser, car la différence de conditions est un obstacle insurmontable aux yeux de l'inflexible baron d'Étange, père de Julie. Trois ans après le premier échange de lettres, alors qu'il vient de devenir l'amant de Julie, Saint-Preux est chassé de la maison d'Étange et s'installe à Paris. Quant à Julie, pressée par son père et ses amis, elle épouse M. de Wolmar, un gentilhomme nettement plus âgé qu'elle. L'infortuné Saint-Preux entreprend alors un voyage autour du monde qui le tient éloigné quatre ans, au cours desquels la correspondance s'interrompt. Lorsqu'il revient à Clarens, où sont établis les Wolmar et leurs deux garçons, le couple l'invite à s'installer chez lui. Saint-Preux se lie d'amitié avec M. de Wolmar et devient en quelque sorte le chroniqueur de la petite communauté de Clarens. Il part ensuite pour l'Italie en compagnie de Milord Édouard et ne reverra pas Julie vivante : pour sauver son fils de la noyade, la jeune femme a dû plonger dans l'eau d'un lac ; elle contracte la fièvre et meurt. Le recueil s'achève sur une lettre de M. de Wolmar décrivant la longue agonie de Julie, la dernière lettre de l'héroïne à Saint-Preux et une lettre de Claire invitant Saint-Preux à rejoindre à Clarens la grande famille de Julie.

Comme l'indique le sous-titre, Rousseau voulait évoquer la célèbre légende d'Héloïse et de son précepteur Abélard. Bien qu'ecclésiastique, Abélard avait séduit son élève, et l'oncle d'Héloïse se vengea en le faisant châtrer. Les deux amants entrèrent dans les ordres ; ils échangèrent quatre lettres, les deux lettres d'Héloïse comptant parmi les plus bouleversantes de toute la littérature amoureuse, plus poignantes encore si l'on songe aux années de séparation des amants et à la mutilation d'Abélard. Tous les grands thèmes de la passion amoureuse sont esquissés dans ces quatre épîtres : fatalité, interdit, châtiment, incomplétude essentielle ; sublimation par l'écriture ; rôle de l'amour dans la définition culturelle, et surtout dans la différenciation sexuelle.

En quoi Julie d'Étange est-elle une nouvelle Héloïse ? L'adjectif « nouvelle » renvoie ici à la réécriture moderne d'une histoire médiévale mais aussi à la « modernité » de l'amour de Julie et Saint-Preux (en fait, Rousseau avait d'abord intitulé son roman « La moderne Héloïse »). Dans sa dernière lettre à Saint-Preux (VIe partie, lettre XII), rédigée sur son lit de mort et transmise par M. de Wolmar, Julie s'exprime en ces termes : « Quand tu verras cette lettre, les vers rongeront le visage de ton amante, et son cœur où tu ne seras plus. Mais mon âme existerait-elle sans toi, sans toi quelle félicité goûterais-je ? Non, je ne te quitte pas, je vais t'attendre » (p. 743). En exhortant Saint-Preux à accepter sa mort – leur ultime séparation – Julie exige, comme avant elle Abélard, que l'amour reçoive une définition nouvelle, qu'il soit éternel et à jamais inassouvi. Mais c'est à l'homme, et non plus à la femme, de se charger du fardeau de la séparation et de la solitude.

Julie d'Étange est une femme de désir ; ce désir « moderne », Rousseau le dépeint comme supérieur aux passions des hommes chargés par la société de régir sa vie. Bien qu'elle soit prise dans un réseau de relations où les hommes – son père notamment – s'obstinent à ne voir en elle qu'un objet sexuel, son désir est plus subtil et transcende la sexualité. La dernière lettre de Julie, écrite sur son lit de mort, proclame la valeur transcendante d'un désir marqué mais non défini par son « crime » : avoir succombé à la séduction physique de Saint-Preux. Mais dans la mesure où ce désir est différent, la société doit le supprimer ; le roman de Rousseau illustre la difficulté qu'il y a, pour une femme qui désire, à modifier les codes d'une société régie par des valeurs masculines.

Genre (sexué) et désir : autour de ces deux pôles, Rousseau a fait du roman un genre littéraire permettant d'aborder les questions d'épistémologie (qui sait quoi ? comment comprendre et organiser la « réalité » ?) sans ennuyer le lecteur. Le genre (sexué) implique une différence, et c'est justement la problématisation de la différence dans le discours social qui caractérise la fiction au XVIIIe siècle. La question du genre littéraire à son tour est liée à celle du sexe, car l'un des mythes les plus durables du XVIIIe siècle – et des siècles suivants – veut que le roman ait d'abord été écrit pour les femmes et par elles (du moins jusqu'à l'éclatante réussite de Rousseau), et non pour les hommes et par eux. Si le roman donnait aux femmes une chance unique d'accéder au monde des lettres et d'y jouir d'un prestige croissant, il passait généralement pour une occupation indigne d'hommes de lettres sérieux. Des auteurs aussi célèbres et accomplis que Mme de Tencin, Mme de Graffigny et Mme Riccoboni avaient toutes écrit des romans avant Richardson, et Rousseau eut la brillante intuition que la fiction narrative n'était pas seulement promise à un immense succès, mais qu'elle permettait de répondre avec le plus de liberté à l'attente du public : le jeu des relations affectives dans un contexte domestique. Ce genre relativement nouveau est un point de départ idéal pour étudier la mise en place des canons et le rôle des femmes dans l'histoire de la littérature.

Le genre épistolaire a joué un rôle décisif dans l'articulation des questions de genre sexué, de genre littéraire et de désir. C'est la correspondance amoureuse – ou celle qui aborde le thème de l'amour – échangée entre un homme et une femme qui avait rendu le roman véritablement populaire. L'échange épistolaire permettait, en principe, des relations à la fois platoniques et dénuées d'affectation, sincères et transparentes entre homme et femme. Et pourtant ces lettres pouvaient se lire comme autant de témoignages à charge, susceptibles de compromettre leur auteur en révélant son désir de nouer des liens affectifs. Le roman épistolaire séduisait ceux qui cherchaient à comprendre le fonctionnement psychosocial de la sexualité, car la passion d'écrire peut n'être que le transfert du désir originel (sexuel) et l'ajournement de son accomplissement charnel. C'est là une autre raison de l'engouement du public pour *la Nouvelle Héloïse* : l'union charnelle interdite aux deux héros pour des raisons extérieures à leur amour devient moins impérieuse à mesure que leur union réelle, entretenue par l'intermédiaire de leur correspondance ou de leur entourage, vient subtilement la remplacer.

Les relations sociales entre sexes forment le sujet principal de la littérature romanesque de l'époque, et le genre épistolaire va plus loin encore dans la problématisation de ce sujet. La lettre est une forme de communication privée, et le roman épistolaire renforce l'idée qu'être « sensible », c'est faire confiance à la valeur cognitive des sens ; le maniement des styles souligne le rôle joué par le langage dans la définition du Moi et de l'Autre. Des œuvres comme *la Vie de Marianne* (1731-1741), de Marivaux, ou les *Lettres d'une Péruvienne* (1747), de Mme de Graffigny, peignent des femmes qui cherchent à prendre en charge leur discours pour exprimer en quoi elles se démarquent de la masculinité et de la société masculine. Ce discours nouveau se caractérise par une sorte de solipsisme fasciné, une tendance ou un désir inconscient d'abolir l'Autre, de se concentrer sur le sujet en train d'écrire (qui est souvent aussi l'objet décrit), par le décentrement général du sujet masculin, décentrement essentiellement assuré par l'exquise autopsie des relations de pouvoir. C'est ainsi qu'un genre – le roman – ouvert au féminisme domina brièvement la France du XVIIIe siècle ; il y eut l'ombre d'une possibilité que les sujets destinés aux femmes et écrits par elles acquièrent un certain prestige artistique. Et cela notamment grâce au succès de *la Nouvelle Héloïse*, qui consacra les œuvres qui l'avaient précédée dans ce genre, y compris la traduction française des grands romans épistolaires de Richardson.

Richardson mourut en juillet 1761, six mois seulement après la parution de *la Nouvelle Héloïse*. Son roman *Pamela, ou la Vertu récompensée* (1740-1741) avait été traduit en français peu après sa publication outre-Manche de même que *Clarisse, ou l'Histoire d'une jeune femme* (1747-1748) – quoique très librement – en 1751 par l'abbé Prévost en personne. À la fin de 1761, alors que *la Nouvelle Héloïse* suscitait l'enthousiasme de l'Europe entière, Diderot composa l'*Éloge de Richardson* (1762), essai capital consacré au genre narratif. Il confirmait le jugement de Prévost, louant le romancier anglais d'avoir peint dans ses ouvrages l'univers moral qui doit former le sujet du roman moderne. Discrètement réprobateur envers Rousseau, l'*Éloge de Richardson* peut se lire comme une des premières critiques substantielles de *la Nouvelle Héloïse*. À l'instar des deux préfaces de Rousseau, l'*Éloge de Richardson* cherchait à définir une éthique de la lecture – activité qui n'est jamais innocente. C'est dans la définition du lecteur idéal que les théories de Rousseau et de Diderot se recoupent. Tous deux pensent que la lecture est une activité réservée à des êtres d'une intelligence et d'une sensibilité extrêmes ; mais ils divergent considérablement sur les « dangers » encourus par un public non prévenu – les jeunes femmes en particulier – lorsqu'il ouvre un roman.

La lecture a inspiré une abondante iconographie au XVIIIe siècle, et ses dangers ont préoccupé de nombreux auteurs. Lire seule était encore plus dangereux pour une jeune femme ; les commentaires ou les illustrations de l'époque soulignent volontiers les bienfaits de la lecture en commun, propre à inhiber les rêveries débridées. Rousseau était si convaincu de l'influence pernicieuse des romans qu'il comparait dans sa préface le fait d'ouvrir un de ces ouvrages au premier pas vers la perte de l'innocence : « Jamais fille chaste n'a lu de romans ; et j'ai mis à celui-ci un titre assez décidé pour qu'en l'ouvrant on sût à quoi s'en tenir. Celle qui, malgré ce titre, en osera lire une seule page, est une fille perdue : mais qu'elle n'impute point sa perte à ce livre, le mal était fait d'avance. Puisqu'elle a commencé, qu'elle achève de lire : elle n'a plus rien à risquer » (*Julie, ou la Nouvelle Héloïse*, p. 6).

Si les hommes furent plus nombreux que les femmes à écrire à l'auteur et à lui faire part, longuement et chaleureusement, de l'émotion que leur avait causée *la Nouvelle Héloïse*, les femmes ont été le « corps » passif sur lequel Rousseau et ses contemporains ont transcrit le roman moderne. Les grandes héroïnes – Manon, Clarisse, Suzanne (la religieuse de Diderot) et Julie – meurent toutes à la fin ; leur histoire (écrite, recueillie et publiée par des hommes) ne voit le jour qu'à la suite de cette disparition finale. Tout en pensant que le genre avait été créé pour les femmes, qu'il avait d'abord été écrit par elles, à leur sujet et qu'il était lu par elles, les écrivains masculins – et le public avec eux – n'en croyaient pas moins qu'il fallait en protéger les femmes. On les adjurait de ne pas lire de romans, dont le désir féminin formait le sujet principal. Mais où, sinon dans le roman, les jeunes femmes auraient-elles pu découvrir le monde et ses rapports de pouvoir, comprendre la sexualité et les codes masculins régissant la société ? Trop occupés à asservir la fiction à leurs propres fins, les écrivains masculins omirent de répondre à ces questions.

Rousseau voulait peindre un état d'union anticipée où la possession physique ne jouerait qu'un rôle marginal. Dans un monde utopique, le désir est une anticipation éternelle qui équivaut à la possession ; de même, sexualité et mort sont transcendées. Mais l'auteur de *la Nouvelle Héloïse* craignait qu'un roman utopique n'ennuie le public et que les lecteurs ne s'en détournent avant d'avoir compris où il voulait les conduire. Aussi Julie et Saint-Preux consomment-ils leur passion au début du roman. Rousseau voulait en effet réaménager l'espace affectif d'un type de roman en vogue depuis le XVIIe siècle, à la fois sentimental et pimenté par la perspective des rapports sexuels. Si l'amitié joue un rôle si important dans son livre, c'est parce qu'elle atténue le monopole exercé par la sexualité sur la différence entre homme et femme. Une lecture, même superficielle, de *la Nouvelle Héloïse* montre que l'amitié – le désir non sexuel – peut être indiciblement supérieure à l'amour. Elle offre une séduisante échappatoire aux impératifs érotiques dictés par la différence des sexes. Le créateur de Julie ne voulait rien de moins que transformer l'amour charnel en amitié ou, plus subtilement encore, en désir désespéré et pourtant stimulant d'un désir non sexuel.

Rousseau cherchait à produire un effet comparable à celui qui avait motivé l'admiration de Diderot pour Richardson : faire en sorte que le lecteur éprouve un sentiment d'exaltation et de plénitude au spectacle du conflit, à la fois émotionnel et intellectuel, entre un désir non sexuel et la sexualité, plutôt qu'à celui des débordements libertins chers aux romanciers précédents ou contemporains. À cette fin, il comptait sur l'intimité induite par une narration à la première personne, ce qui l'a obligé à écrire « en tant que femme » ; truisme certes, mais qui permet de comprendre pourquoi l'orientation du roman français a changé après *la Nouvelle Héloïse.*

À elle seule, la présence de narrateurs multiples – qu'ils soient nés de la plume d'auteurs masculins ou féminins – introduit un certain jeu. L'autorité du savoir s'en trouve atténuée, car la première personne en tant que telle implique l'existence de perspectives multiples. Mais, après le tournant décisif marqué par la Révolution, la narration à la première personne perdit du terrain au profit de la troisième personne « omnisciente ». Le relativisme, qui permettait d'atténuer la domination et l'autorité masculines, cessa d'intéresser les romanciers. Au début du XIXe siècle, l'abandon quasi général de la narration à la première personne pour la troisième, plus « neutre » – abandon facilité par l'ironie aiguë d'un Laclos dans *les Liaisons dangereuses* (1782) – libéra les auteurs masculins du fardeau de devoir écrire « en tant que femmes ».

Le succès de *la Nouvelle Héloïse* a peut-être accéléré cette évolution. Roman dont l'influence n'eut d'égale que la popularité, écrit par l'un des penseurs les plus originaux de la littérature française, *la Nouvelle Héloïse* disparut du corpus des œuvres lues vers le milieu du XIXe siècle, en même temps que la plupart des romans épistolaires et des romans-mémoires. S'il continue à figurer au programme des étudiants comme au catalogue des éditeurs, le livre est devenu une curiosité plutôt qu'une source d'inspiration esthétique et morale. C'est peut-être un classique, mais son incomparable message n'est plus entendu d'un public dont l'impatience lui a fait préférer des textes plus vraisemblables, plus accessibles et moins dérangeants en matière de différence des sexes, de sexualité et de désir.

Voir aussi 1725, 1735, 1782 (mars), 1782 (mai).

Bibliographie : Jean-Jacques Rousseau, *Julie, ou la Nouvelle Héloïse*, in *Œuvres complètes*, éd. Bernard Gagnebin et Marcel Raymond, vol. II (Paris, Gallimard, 1964). Nancy K. Miller, « The Misfortunes of Virtue : II. La nouvelle Héloïse », in *The Heroine's Text : Readings in the French and English Novel, 1722-1782* (New York, Columbia University Press, 1980). Jean Starobinski, *Jean-Jacques Rousseau : la transparence et l'obstacle* (Paris, Gallimard, 1976).

Ronald C. Rosbottom

1761, décembre

Dans *le Conte du violon*, Frédéric le Grand célèbre les instruments de l'art

Réponse à la question : Qu'était-ce que les Lumières ?

On nous permettra ici d'historiciser un titre de Kant en mettant au passé sa célèbre question : « Qu'est-ce que les Lumières ? » Mais ce changement de temps mérite réflexion. Les Lumières sont-elles devenues de l'histoire ? Leurs valeurs, leurs objectifs ont-ils été rendus obsolètes par la conscience que nous avons de leurs limites historiques ? Le mouvement des Lumières se pensait universel, mais nous savons aujourd'hui qu'il a été dans une large mesure l'instrument idéologique de la conquête du pouvoir politique par la bourgeoisie.

Curieusement, c'est en Allemagne – où les Lumières ont toujours été un courant minoritaire, contesté de surcroît pour s'être compromis avec l'absolutisme et les cours ouvertes aux influences étrangères – plutôt qu'en France – où plusieurs de leurs principes continuent à dicter l'idéologie officielle de la République – que l'esprit des Lumières demeure une force morale et intellectuelle vivante, une arme efficace contre la réaction et l'obscurantisme, un legs précieux qu'il faut défendre. À l'opposé, beaucoup d'intellectuels français semblent vouloir rompre avec ce qu'ils considèrent comme un héritage bourgeois embarrassant, voire oppressif. Auraient-ils oublié qu'à la fin du XIXe et au début du XXe siècle, ce n'est pas la gauche mais l'extrême droite qui a cherché à discréditer les valeurs des Lumières – rationalisme, libéralisme, modernisation, émancipation politique – en les présentant comme des instruments d'exploitation et de domination au service des capitalistes et des juifs ? La question se pose donc, et elle attend toujours une réponse : une critique authentique et efficace de l'exploitation économique ou de l'oppression politique et sociale peut-elle reposer sur d'autres principes que ceux des Lumières ?

Il est juste qu'une fable écrite en français par un Allemand fournisse l'occasion de ce bref réexamen. Le mouvement des Lumières avait un idéal encore plus universaliste que le christianisme qu'il voulait supplanter ou du moins transformer. Il ne reconnaissait aucune valeur ou vérité locales. Tout ce qui n'était pas universel était *ipso facto* erroné, effet d'une vision partielle dont une autre, plus large et universelle, devait transcender les limites. Toutes les vérités et institutions locales (religions, coutumes morales ou juridiques) furent mesurées à l'aune de l'universel et, le plus souvent, jugées insuffisantes. On ne saurait trouver d'expression plus simple et plus grandiose de l'universalisme des Lumières que la fameuse définition kantienne de l'impératif catégorique : « Agis de telle sorte que la maxime de ta volonté puisse toujours être érigée en principe de législation universelle. » Le français lui-même – langue non seulement de Voltaire, de Montesquieu et de Rousseau mais aussi de Leibniz, de l'Académie royale de Prusse et d'un public cultivé qui couvrait l'Europe de Potsdam à Parme et à Saint-Pétersbourg – fut la langue des Lumières en raison de la puissance et du prestige de la France, mais aussi parce qu'on le tenait pour la moins locale des langues : plus universelle, « philosophique » et moderne qu'aucune autre, mieux adaptée à la pensée analytique et rationnelle, moins sujette aux ambiguïtés, aux confusions ou aux malentendus. Cette opinion se trouve exprimée dans de nombreux ouvrages, comme *De la littérature allemande* (1780), de Frédéric de Prusse, ou *De l'universalité de la langue française* (1784), d'Antoine Rivarol.

L'attitude des Lumières était double : dévoiler l'erreur et l'éliminer d'une part, découvrir la vérité et l'établir de l'autre. Critique et invention. Il fallait d'abord ôter les écailles des yeux des gens : la célèbre opération de la cataracte réussie par Réaumur, que Diderot évoque au début de la *Lettre sur les aveugles* (1749), a une valeur symbolique fondamentale. Tout ce qui semblait aller de soi devait être soumis à une critique radicale et positiviste, à la fois analytique et empirique. Sous le regard d'un spectateur naïf, libre de préjugés (les héros des contes de Voltaire, l'Arlequin des comédies de Marivaux, les aveugles et sourds-muets de Diderot) ou d'un voyageur aux présupposés différents (les Persans de Montesquieu), les comportements et les habitudes de pensée, réduits à leurs éléments empiriques et observables, cessaient d'aller de soi. Ce qui avait semblé jusque-là familier et « naturel » apparaissait soudain étrange, incohérent ou bouffon et cessait d'être crédible. Les mots et les expressions les plus évidents devenaient problématiques, voire absurdes. Les catégories les plus imposantes se révélaient des « tigres de papier » : dans *la Seconde Surprise de l'amour* (1727 ; acte II, scène VI), de Marivaux, par exemple, l'héroïne s'emporte contre l'absurdité de ce qu'on appelle « la gloire d'une femme », qui n'est autre que la reconnaissance passive de la domination masculine. Mieux encore, les croyances et les rituels associés au trône et à l'autel, dépouillés de leur caractère d'évidence, se mirent à apparaître sous un jour absurde. Jusque dans leur prose, les Lumières semblaient préférer les conjonctions les plus simples. Les hiérarchies complexes, le saisissant contrepoint de la phrase baroque firent place à une prose limpide et linéaire, dont le fini et la précision rappellent la peinture et le décor rococo. Si, chez Voltaire, les conjonctions « et », « mais », et « donc » mettent au jour le caractère problématique des relations, « parce que » et « de sorte que » ne font que les masquer sous des pseudo-explications, aussi mystifiées que mystifiantes. La « profondeur » à laquelle renvoient ces conjonctions apparaît pour ce qu'elle est : un ennuyeux trompe-l'œil.

Il était fatal que le mouvement des Lumières entre en conflit avec l'Église. Il voulait libérer l'homme de l'erreur. Jadis libérateur, le dogme chrétien figurait désormais en tête des croyances dont il fallait s'émanciper. Le lecteur – et les Lumières étaient principalement un mouvement littéraire cherchant à convertir ceux qui lisaient – devait s'affranchir de tout préjugé. Si on lui donnait souvent les traits d'une lectrice, ce n'est pas seulement parce que les femmes composaient la majorité du public, c'est aussi parce que la femme – être socialement mobile, facteur de rapprochement entre hommes de conditions différentes – touchait à la fois à la bourgeoisie historique et à l'idéal nouveau, dérivé du bourgeois : l'individu émancipé, détaché et éclairé, le citoyen abstrait et universel, qui ne se définissait plus en fonction d'un rôle social déterminé et ne s'y réduisait pas davantage.

Avec les croyances religieuses, les grands systèmes métaphysiques du siècle précédent – généralement associés aux noms de Descartes et de Spinoza – furent les principales victimes de cette nouvelle perspective critique, analytique et empirique, associée aux noms de Locke et de Newton. Pour les penseurs des Lumières, l'ambition métaphysique qui consiste à vouloir rendre compte de tout et à déduire l'univers de quelques principes premiers n'était pas seulement une chimère, admirable mais folle, c'était une démarche présomptueuse et potentiellement répressive, dans la mesure où par définition un système fait passer le tout avant la partie, l'idée avant l'expérience, une totalité nécessairement transcendante avant l'actualité de l'ici et du maintenant, et par conséquent l'ordre divin ou cosmique avant les intérêts de l'humanité et l'État ou le prince avant le citoyen.

Pourtant, aucune époque ne s'est employée autant que celle de Montesquieu, de Malthus, de Maupertuis, de Smith et de Laplace à découvrir l'ordre de l'univers, les lois générales qui gouvernent les phénomènes particuliers, dans la nature comme dans l'activité humaine : lois de la physique, des êtres vivants, des sociétés politiques, de la démographie, du commerce et de l'économie. Aucune époque n'a été plus attachée à l'idéal du savoir scientifique et n'a mis en lui plus d'espoirs. Cette recherche des lois véritables et universelles de l'humanité et de la nature faisait contrepoids à l'inspiration négative et critique des Lumières, à leurs attaques contre l'erreur. Mais ce n'était plus à une universalité transcendante qu'aspiraient les philosophes ; elle devait désormais être fondée sur l'expérience humaine et limitée par elle. On commença par penser que, les idées dépendant des informations fournies par les sens, des individus privés de certains organes ou dotés d'organes différents, voire en surnombre, auraient sur le monde et ses règles de sociabilité des conceptions différentes. Locke, Hume et Diderot ont débattu cette question. Mais ce fut Kant qui, en démontrant que le temps, l'espace et la causalité sont les catégories qui structurent l'expérience, restaura la confiance en un ordre et une loi universels, bien que cette universalité demeurât une affaire strictement humaine. Si les Lumières ont toujours cherché à subsumer le particulier sous le général et le local sous l'universel, ce général et cet universel s'enracinaient dans l'univers terrestre.

Ce n'est pas en se dépassant vers une réalité qui les transcende – Dieu, la vérité ou la réalité absolues – que les individus s'élèvent au-dessus des préjugés locaux et de l'expérience personnelle pour atteindre à l'universel, mais en effectuant un processus négatif d'abstraction : tout ce qui résiste à l'examen critique doit être rejeté ; le reste définit ce qui est universel, commun à l'humanité entière. De la même manière, ce n'est pas en écartant les leçons de l'expérience ni en déduisant l'univers d'intuitions fondamentales fournies par la raison qu'on accède à l'ordre du monde phénoménal, mais en cherchant les lois des phénomènes dans les phénomènes eux-mêmes. Les lois scientifiques, en d'autres termes, ne sont ni extérieures ni antérieures aux phénomènes qu'elles gouvernent ; loin d'être métaphysiques, elles se découvrent dans et par la rencontre de l'esprit humain avec les phénomènes. Bref, la raison n'est plus la source transcendante du vrai savoir – que le divin créateur aurait daigné partager avec sa créature, puisque par sa raison l'homme participe à sa vérité –, elle est un instrument humain de critique et d'invention, qui examine les hypothèses reçues (car aucune explication, si établie soit-elle, ne doit être considérée comme autre chose qu'une hypothèse) et propose des hypothèses nouvelles susceptibles d'expliquer les phénomènes de façon plus plausible. Aucune idée n'échappait à la critique. Le dogme était rejeté comme non scientifique. Même si les Lumières omirent d'examiner certains de leurs postulats – comme celui sous-jacent au processus d'identification de l'erreur et de découverte de la vérité –, en posant pour principe que tous les postulats doivent être soumis à un examen rationnel, elles reconnaissaient, en principe du moins, que la notion d'examen rationnel était elle-même sujette à examen. Ce sont les instruments mêmes légués par les Lumières qui nous permettent d'identifier leurs préjugés et de les combattre.

Le mouvement des Lumières se démarquait donc à la fois des systèmes philosophiques rationnels du XVIIe siècle et de leurs critiques, Pascal notamment. Il reconnaissait par principe que la vérité recherchée était sujette à révision, que c'était là l'unique forme de vérité compatible avec la liberté. Il n'espérait ni ne désirait une vérité absolue, mais celle qu'on pouvait atteindre soi-même, par ses propres efforts. Cette conception de la connaissance ne laissait donc aucune place à l'intervention divine, que ce soit sous la forme de la révélation, du miracle ou d'une providence quelconque. Au contraire, alors que la philosophie du XVIIe siècle était hantée par ce qu'elle éprouvait comme un exil hors de la sphère divine et cherchait à restaurer le lien entre l'homme et Dieu, les Lumières exilaient Dieu de l'univers et s'appropriaient le monde au profit de l'homme. Pour reprendre l'image de Voltaire dans *Candide* (1759), Dieu est un capitaine qui ne s'inquiète pas des souris voyageant à fond de cale ; l'image suggère que, de leur côté, les souris aiment autant qu'on ne s'occupe pas d'elles. Elles ne se soucient pas davantage des plans du capitaine, ni même de son existence. Puisque les êtres humains doivent se débrouiller seuls, inventer leurs codes moraux et sociaux, fixer les règles et les formes du savoir et, d'une manière générale, assumer la responsabilité de ce qu'ils sont, leurs recherches doivent porter sur la nature et sur l'homme, les lois de l'univers physique dans lequel ils vivent et celles de l'univers social. Il faut, nous dit Candide, cultiver notre jardin. Parmi les nombreux signes de l'autonomie impliquée par cette maxime célèbre, l'une des plus curieuses fut la prolifération d'essais et de réflexions sur le suicide (Bayle, Diderot, Holbach, Merian, Montesquieu, Rousseau et Hume). Dès l'instant où les considérations théologiques n'avaient plus cours en la matière, et que les hommes n'étaient responsables que devant eux-mêmes ou leurs semblables, il fallait rouvrir la question de la légitimité du suicide. Les Lumières ont ainsi constitué un pas décisif dans le processus de sécularisation qui définit l'époque moderne.

Il est vrai que les penseurs des Lumières croyaient – ou voulaient croire, car le doute ne les épargnait pas – que les catégories de l'esprit humain, comme les principes fondamentaux de la morale et de la raison, seraient universelles, indépendantes du temps, communes aux hommes de tous les pays et de tous les temps une fois que ceux-ci auraient été dépouillés de leurs préjugés locaux. C'est cette croyance qui leur permettait de penser que leur entreprise n'était pas simplement négative et destructrice. Une morale nouvelle, un ordre juridique et politique nouveau, une philosophie nouvelle s'édifieraient progressivement sur ces fondements universels ; de cela ils étaient persuadés. Le progrès des sciences naturelles assurerait la maîtrise de la nature, tandis que celui des sciences de l'homme et de la société permettrait aux individus d'affiner leurs jugements politiques et moraux et de créer un monde meilleur. Notre expérience des rapports de la science et de la morale ainsi que les enseignements de l'histoire récente nous incitent à trouver cette confiance quelque peu optimiste, pour ne pas dire naïve.

Toutefois, l'honnêteté oblige à souligner la continuité de nos conceptions et de celles des Lumières autant que leurs différences. Les Lumières ont fait l'impossible pour éviter les antithèses baroques de la réalité et de l'apparence, de la vérité et de l'illusion, du tout et de la partie, de Dieu et de l'homme, antithèses qui aboutissaient toujours à déprécier ce qui était « seulement » humain. Dans la perspective baroque, seule la présence en lui d'une étincelle divine sauvait l'homme du néant, et le savoir humain n'avait de valeur que dans la mesure où il approchait du divin et de l'absolu. En bannissant le divin et en rejetant la transcendance, les Lumières ont placé sous juridiction humaine les critères qui permettent de juger qu'une idée ou une explication est « meilleure » qu'une autre. Montesquieu et Diderot se sont tous deux approchés d'une vision moderne de la science et de la morale comme pratiques sociales sujettes à évolution. Et, même si la foi des Lumières dans le caractère positif d'une connaissance plus rationnelle de l'homme et de la nature – foi remise en question par Sade dès le XVIIIe siècle – a été mise à mal par les leçons de l'histoire récente, il est douteux que le remède se trouve dans un affaiblissement de la rationalité. La solution ne serait-elle pas plutôt de subordonner la raison instrumentale à la raison pratique, le monde de l'administration et de la technologie aux décisions rationnelles guidées par la morale ?

La pratique d'un positivisme critique, le rejet de la transcendance, l'idéal d'un langage universel, « philosophique », qui assurerait une communication sans défaut, et éliminerait l'erreur et l'incompréhension, rien de cela, admet-on généralement, n'était particulièrement favorable à la littérature, et surtout à la poésie. Si par « littérature » on entend les genres classiques, comme l'épopée ou la tragédie, il faut admettre que le XVIIIe siècle n'est pas celui de la grande littérature. Mais si l'on y inclut les genres délibérément modestes, ou nouveaux, que les Lumières jugeaient adaptés à une civilisation moderne et séculière – essais et parodies, correspondance officielle ou privée, récits de voyages véridiques ou imaginaires, romans et nouvelles – alors le siècle des Lumières ne manque ni d'esprit, ni de talent, ni d'imagination. Inversement, utiliser les critères romantiques ou baroques pour définir la poésie, lui assigner une mission divinatoire ou métaphysique, ne peut qu'aboutir au rejet de la production poétique du XVIIIe siècle.

Les poètes du XVIIIe siècle sont les premiers responsables du mépris dans lequel leurs œuvres sont tenues aujourd'hui. Ils se voyaient eux-mêmes comme les piètres épigones des géants qui les avaient précédés (n'oublions pas que le prétendu Grand Siècle est largement une invention de Voltaire et des Lumières), jugeant au reste la « grande » poésie incompatible avec le prosaïsme du positivisme critique. Voltaire appliquait volontiers à sa poésie – particulièrement ses poèmes mondains, légers – le terme péjoratif de « bagatelles ». Mais il utilisait le même mot pour ses contes. Ce jugement négatif, inspiré sans doute par sa conception classique de la « littérature », ne l'empêchait pas de conserver soigneusement ses « bagatelles » et d'en surveiller la publication, tout en niant, selon son habitude, y avoir eu part. S'il était impossible de prendre les « bagatelles » au sérieux – c'est-à-dire de leur accorder le respect réservé à la littérature –, il l'était tout autant, pour un écrivain « éclairé », un Moderne, de prendre au sérieux la conception classique de la littérature. Ce que Marivaux avait clairement montré dès le début du siècle dans ses essais. Certains des meilleurs vers de Voltaire – l'*Épître des vous et des tu*, *Si vous voulez que j'aime encore* (neuf vers d'une grâce aérienne, probablement dédiés à Mme du Châtelet) ou *Ce qui plaît aux dames* – jouent sur les oppositions jeunesse/vieillesse, illusion/lucidité, passion naïve/réalisme résigné :

> Ô l'heureux temps que celui des fables
> Des bons démons, des esprits familiers
> [...]
> On a banni les démons et les fées ;
> Sous la raison les grâces étouffées
> Livrent nos cœurs à l'insipidité ;
> Le raisonner tristement s'accrédite ;
> On court, hélas ! après la vérité :
> Ah ! croyez-moi, l'erreur a son mérite (*Ce qui plaît aux dames*, 1738).

> Ainsi je déplorais la perte
> Des erreurs de mes premiers ans ;
> Et mon âme, aux désirs ouverte,
> Regrettait ses égarements.

Du ciel alors daignant descendre,
L'Amitié vint à mon secours ;
Elle était peut-être aussi tendre,
Mais moins vive que les Amours.

Touché de sa beauté nouvelle,
Et de sa lumière éclairé,
Je la suivis ; mais je pleurai
De ne pouvoir plus suivre qu'elle (*Stances à Mme du Châtelet*, 1745).

Le « regret » du temps de l'innocence et de l'imagination reste discrètement à l'arrière-plan. La même ironie colore l'« innocence » perdue et la sagesse acquise, réduisant la distance qui les sépare. Si la poésie se révèle dans le quotidien, le quotidien dévoile des qualités poétiques insoupçonnées. Tout danger d'un retour aux tensions baroques est écarté. L'ironie qui empêche de prendre le thème au sérieux fait ressortir son aspect conventionnel en même temps que l'art avec lequel on en a fait un poème. Autre exercice poétique cher à l'époque, et qui aboutit à un résultat voisin : la variation sur un thème célèbre – témoin les vers à Mme Lullin « Je veux, dans mes derniers adieux » (1773), variation sur le premier poème du livre premier des élégies de Tibulle. Charles-Auguste de La Fare ayant récemment traité ce thème, le poème de Voltaire invitait à la comparaison avec ceux de Tibulle et de La Fare.

En tant que « bagatelle » – au même titre que les soies brodées et l'argenterie rococo que Voltaire célébrait dans ses vers – la poésie du XVIIIe siècle doit être admirée, comme les arts décoratifs, pour l'esprit d'invention et le talent d'exécution : la fameuse « difficulté vaincue ». Grâce à l'art de modestes artisans, nous dit Voltaire, les objets banals de la vie quotidienne – vases, boucles d'oreilles, dressoirs – deviennent un plaisir des yeux, œuvres exquises à la mesure d'une vision plus modeste mais plus profondément humaine de l'existence. C'est assurément dans la peinture de Chardin ou dans la prose intime et descriptive de Rousseau que l'esthétique des Lumières transcende les formes baroques encore sensibles dans le rococo, pour atteindre au « sublime domestique » (Jack Undank). Pour un écrivain des Lumières, la poésie, l'art et la musique ne sont pas et ne doivent pas aspirer à être divins ou surhumains. Dans un siècle éclairé, ils ne seront authentiques que s'ils représentent un monde délivré des oppositions baroques entre divin et humain, spirituel et matériel. Respectueux des règles de la prosodie classique, les poètes du XVIIIe siècle n'en témoignent pas moins de la même ingéniosité, de la même veine inventive que les orfèvres ou les ébénistes. De tous leurs prédécesseurs, La Fontaine est sûrement celui avec lequel ils se sentent le plus d'affinités. Il suffit d'aborder ces poèmes avec la même impartialité que les autres productions du siècle pour comprendre pourquoi Goethe et Pouchkine les admiraient, pourquoi les épigrammes et épitaphes d'Alexis Piron, par exemple, peuvent être qualifiées de chefs-d'œuvre.

Le Conte du violon, de Frédéric II, n'est pas du niveau des écrits de Piron. Ce ne sont pas ses vers qui valurent au souverain d'être surnommé « le Grand ». Mais Frédéric de Prusse était un versificateur accompli en français et le poème ne manque pas d'esprit. Le conte rapporte la plaisante aventure d'un virtuose du violon répondant au doux nom de Vacarmini. À l'issue d'un concert particulièrement inspiré, l'auditoire lui demande de jouer sur trois cordes seulement, puis deux, puis une – malgré tout son art, Vacarmini ne peut plus produire qu'un air fort commun – et finalement sans corde du tout, avec le résultat qu'on imagine. Morale de cette histoire :

> Par ce conte, s'il peut vous plaire,
> Apprenez, chers concitoyens,
> Que, malgré tout le savoir faire,
> L'art reste court sans les moyens.

Le Conte du violon n'est pas un chef-d'œuvre, même pour Son Altesse. Il fut hâtivement jeté sur le papier à Breslau, aux tout derniers jours de 1761 (année qui, pour le souverain prussien, ne fut certainement pas la plus brillante de la guerre de Sept Ans). Mais il est, à sa façon, un témoignage du caractère international des Lumières et de la place de la poésie dans le « prosaïque » XVIIIe siècle. Désacralisée et sécularisée, la poésie pouvait être tenue pour un bien d'usage courant – temporel plutôt que divin ou éternel, et propre à une variété d'occasions : tourner un compliment, attaquer un ennemi, féliciter un ami, lancer un commentaire spirituel et piquant. Frédéric II ne voyait pas de contradiction entre la vie quotidienne et la poésie. Écrire des vers français était, au contraire, l'un des attributs d'un souverain éclairé, d'un soldat et d'un citoyen du monde.

L'élégante petite fable de Frédéric se conclut sur une leçon à laquelle son maître Voltaire aurait souscrit : le génie et l'inspiration ne peuvent rien, dans aucun domaine, sans le secours des arts (mot qui, au XVIIIe siècle, incluait encore nos sciences et techniques) et des instruments que la civilisation – le progrès collectif et cumulé de l'humanité – met à notre disposition. Comme Nicolas Saunderson, le géomètre aveugle de Diderot, les êtres humains ont une faculté d'invention infinie quand il s'agit de suppléer à ce qui leur fait défaut. Qu'est-ce que la civilisation, sinon l'ensemble de ce par quoi, collectivement, nous avons essayé de remédier à nos insuffisances en tant qu'individus et en tant qu'espèce. Et notre sort ne serait pas enviable sans les outils que nous avons péniblement et collectivement forgés puis améliorés. La fable de Frédéric transmet à sa manière – sans prétention et dans une discrète ironie – l'essentiel du message modeste et pourtant profondément libérateur des Lumières.

Voir aussi 1647, 1700, 1727, 1734, 1762, 1770.

Bibliographie : Frédéric le Grand, *le Conte du violon*, in *Œuvres de Frédéric le Grand*, éd. J. D. E. Preuss, vol. X (Berlin, Rodolphe Decker, 1849). Voltaire, *Œuvres complètes*, éd. Louis Moland, vol. VII (Paris, Garnier, 1877). Ernst Cassirer, *la Philosophie des Lumières*, éd. et trad. Pierre Quillet (Paris, Fayard, 1990). Jean-Paul Sartre, *Qu'est-ce que la littérature ?* (Paris, Gallimard, 1985). Jean Starobinski, *l'Invention de la liberté : 1700-1789* (Genève, Skira, nouv. éd. 1987).

Lionel Gossman

1762

Après l'exécution de Jean Calas à Toulouse, Voltaire dénonce la procédure qui a mené à sa condamnation

Écrire le politique

La littérature politique du siècle des Lumières revêt des formes très diverses. À côté de traités comme *De l'esprit des lois* (1748), de Montesquieu, ou *Du contrat social* (1762), de Rousseau, qui analysent en termes généraux la nature de l'autorité légitime et le concept de liberté politique, l'époque voit proliférer des écrits polémiques comme ceux de Voltaire. Pour reprendre les termes de Condorcet dans son *Esquisse d'un tableau historique des progrès de l'esprit humain* (1794), les philosophes usent de « toutes les armes que l'érudition, la philosophie, l'esprit, le talent d'écrire peuvent fournir à la raison ; prenant tous les tons, employant toutes les formes, depuis la plaisanterie jusqu'au pathétique, depuis la compilation la plus savante et la plus vaste jusqu'au roman ou au pamphlet du jour » (p. 160). Cette littérature de combat continue à être lue parce que ses cibles – les abus de pouvoir occasionnés par les préjugés, l'intolérance et la suffisance intellectuelle – continuent à sévir, mais aussi parce qu'elle illustre à merveille le style et l'esprit loués par Condorcet. L'attention au langage, qu'on retrouve dans les œuvres les plus achevées de Rousseau et de Montesquieu, fait plus que refléter le simple souci d'élégance. Elle s'enracine dans le contexte historique : les livres étaient soumis à la censure, les écrivains qui s'attaquaient au dogme politique ou religieux poursuivis. Les philosophes devaient adapter la défense de leurs principes – autonomie de la raison, fondement séculier des systèmes politiques, droit à un jugement équitable – aux circonstances. Mais des stratégies rhétoriques comme l'ironie ne se bornaient pas à protéger l'auteur, elles permettaient aussi d'établir un lien particulier entre le lecteur et le texte. Ce style, qui, selon Condorcet, couvrait « la vérité d'un voile qui ménageait les yeux trop faibles, et [laissait] le plaisir de la deviner » (*ibid.*, p. 160), allait contribuer activement à la transformation de l'opinion publique en force politique active.

L'enquête philosophique et le contexte historique ont contribué l'un et l'autre à la définition du rôle nouveau de l'opinion publique. La chose ressort de deux textes importants, publiés l'un et l'autre en 1762 par des auteurs qui devaient par la suite symboliser le rôle politique des intellectuels. Les écrits inspirés à Voltaire par l'affaire Calas dénoncent les abus d'un système judiciaire qui a condamné à mort un innocent. Malgré sa fortune et ses relations, le philosophe n'avait juridiquement aucun titre à intervenir. Pour obtenir la révision d'un arrêt judiciaire rendu en toute conformité avec la procédure établie, le « cri public » était la seule chose sur laquelle il pouvait s'appuyer. Le *Contrat social*, de Rousseau, examine s'« il peut y avoir quelque règle d'administration légitime et sûre, en prenant les hommes tels qu'ils sont, et les lois telles qu'elles peuvent être » (*Du contrat social*, p. 351). Le Genevois précise qu'il ne s'exprime pas en tant que « prince ou législateur, » mais en « citoyen d'un État libre », à qui le droit de vote impose le « devoir » de réfléchir à ces questions. Or, s'il est vrai qu'au XVIIIe siècle les citoyens de Genève avaient théoriquement voix au chapitre, la cité était en réalité gouvernée par une oligarchie patricienne. Loin de vouloir élever la conscience politique du peuple, l'élite dirigeante cherchait à étouffer la revendication d'un exercice démocratique du pouvoir. Mais Rousseau feint d'ignorer ce fait. Il veut montrer que la critique de la philosophie politique n'est pas un privilège réservé à certaines classes ou conditions.

Ces deux ensembles de textes illustrent deux grands courants de la pensée politique des Lumières. Voltaire, qui veut défendre l'individu contre l'arbitraire du pouvoir, voit dans l'opinion publique un moyen de limiter le prestige et l'autorité de l'État. Quant à Rousseau, il veut renforcer l'identification du citoyen avec l'association politique à laquelle il s'est librement rallié. La difficulté de concilier indépendance critique et engagement restera un problème de la pensée démocratique.

Jean Calas était un commerçant protestant de Toulouse. La ville avait expulsé ses premiers protestants en 1562 et, deux siècles plus tard, une procession annuelle continuait à commémorer l'événement. Certains progrès en matière de tolérance n'avaient pas suffi à déraciner les préjugés. Lorsque le jeune Marc-Antoine Calas fut trouvé mort, on accusa son père de l'avoir tué pour l'empêcher de se convertir au catholicisme (conversion indispensable pour avoir accès à certaines professions). Les preuves étaient minces et, bien qu'on n'ait toujours pas identifié le vrai coupable, des recherches récentes ont confirmé l'innocence de Calas. Pourtant sa culpabilité ne fit aucun doute pour les autorités de la ville : les protestants étaient considérés comme des fanatiques impitoyables à l'égard de ceux qui trahissaient leur foi. Jean Calas fut condamné et, après deux heures de supplices qui ne réussirent pas à lui arracher l'aveu désiré, périt sur la roue le 9 mars 1762. Voltaire, d'abord hésitant, car il se méfiait de toute cause liée à la religion, mena un combat de trois ans pour faire casser le jugement, réhabiliter la mémoire de Calas et réparer le tort causé à sa famille.

La première étape de sa campagne fut consacrée à la divulgation des faits. En cherchant à élucider les circonstances de l'affaire, Voltaire découvrit que la famille n'avait pas accès à la procédure et qu'un tel secret était parfaitement légal. Pouvoir accéder au dossier devint l'exigence première du philosophe, puisque le seul remède au fanatisme, écrit-il dans une lettre du 15 avril 1762, réside dans « la publicité et la preuve » du crime (*Correspondance*, lettre n° 7116). Les documents doivent être accessibles à des tiers et publiquement discutés. Pour créer les conditions d'un débat public, Voltaire, qui n'avait pas les pièces du procès, publia des lettres et des dépositions présentées comme émanant de la veuve et des enfants Calas. Leur version des faits s'accordait au point de vue du témoin. Le lecteur était invité à comparer les témoignages, puis à décider s'il fallait un supplément de preuves, à charge pour les autorités de le produire. Alors que, dans le passé, le secret de la procédure pouvait se justifier en vue de maintenir à l'écart une opinion mal informée, l'émergence d'un public éclairé rendait cette disposition non seulement inutile mais néfaste. Ce n'est qu'en 1763, après le succès de ses premières démarches, que Voltaire publia le *Traité sur la tolérance*, ouvrage général dans lequel il reprend méthodiquement les questions abordées au cours de son intervention personnelle.

On sait maintenant que les « pièces originales » publiées par Voltaire avaient en réalité été écrites par lui. Comme dans les tragédies qu'il continua de composer pendant toute cette période, l'écrivain recourut à des « personnages » (la famille Calas en l'occurrence) pour exprimer le pathétique de la situation et le labeur de la raison cherchant à se faire entendre. Fondés sur des entretiens réels, ces témoignages ne relèvent pas entièrement de la fiction, mais leur nature ambiguë de vrais-faux documents prouve que, pour Voltaire, la notion de « publicité et preuve » ne se réduisait pas à remplacer la rumeur par des faits.

Le terme « publicité » renvoyait auparavant au flagrant délit, à la scandaleuse évidence d'un crime notoire. De même, la meilleure preuve était celle dont l'évidence sautait aux yeux et mettait face à face avec la vérité. La majesté du souverain, la force du miracle étaient des exemples de cette autorité immédiate. Pour Voltaire au contraire, ils ne reposaient que sur l'illusion. Le philosophe, en effet, change les données du problème et passe désormais de la révélation directe, transcendante, à la communication subjective entre esprits rationnels et indépendants. Ses écrits polémiques ouvrent un espace où l'identification introspective avec autrui est corrigée par un jugement critique et sceptique. Jean Calas était père de famille, mais la famille bourgeoise n'affiche pas sa vie au grand jour ; elle ne se révèle aux tiers qu'après avoir noué avec eux des liens personnels. Calas était aussi un commerçant respectable, sa réputation ne reposait pas sur les qualités dont l'aristocratie tire gloire, mais sur la solidité de ses affaires. Il faut donc examiner les accusations portées contre Calas avec le même soin mis à vérifier ses comptes. Comme l'a montré Jürgen Habermas, cette manière de voir est caractéristique de la pensée des Lumières. Sur le plan littéraire, elle trouvera sa pleine expression dans le roman réaliste du XIXe siècle plus que dans le théâtre classique auquel se rattache encore Voltaire. Mais on comprend que le philosophe ait assimilé ses interventions dans l'affaire Calas à ses créations dramatiques. Ce sont les discussions esthétiques (en particulier théâtrales) auxquelles se livraient les salons parisiens qui avaient permis à l'opinion publique de prendre conscience d'elle-même en tant que réseau de subjectivités douées de jugement. Avec Voltaire, l'esprit critique quitte l'univers clos des salons pour gagner la scène politique où la Révolution allait bientôt faire régner la publicité des débats.

Tout aussi ennemi du préjugé et de l'arbitraire que Voltaire, Rousseau ne voyait pas dans le pluralisme ou l'autonomie politique de l'opinion les moyens de neutraliser ces fléaux. Fragmenter la souveraineté pouvait bien être une solution dans un pays aussi corrompu que la France ; cela ne convenait pas à un ordre politique véritable. Dans la république idéale du *Contrat social*, les partis et groupes de pression sont interdits. Selon Rousseau, les droits de l'individu sont respectés si chaque citoyen dispose d'une voix égale devant la loi, si les lois sont formulées en termes généraux, sans référence particulière à un groupe ou individu quelconque, et si rien n'empêche le citoyen de rechercher et de défendre l'intérêt public.

En posant pour valeur politique suprême la participation à une souveraineté indivisible, Rousseau refuse toute légitimité aux attachements qui nuiraient à une pleine identification du citoyen au corps politique. L'allégeance à une religion peut être un de ces attachements. Dans la mesure où le christianisme, considéré dans sa pureté et son authenticité, affirme l'existence d'une autorité supérieure, distincte de l'État, il est incompatible avec l'unité du corps social : « Toutes les institutions qui mettent l'homme en contradiction avec lui-même ne valent rien » (*Du contrat social*, p. 464). Pour que les citoyens obéissent aux lois en l'absence de tout contrôle, il faut instituer une « religion civile » dont les principes, définis par l'État, stimuleront le sentiment d'obligation morale chez l'individu. On a souvent dénoncé les implications totalitaires du livre de Rousseau, mais il faut rappeler que le *Contrat social* (qui, du vivant de Rousseau, n'a pu circuler en France que de manière clandestine) fut interdit à Genève parce que jugé subversif non seulement envers la « religion chrétienne » mais envers « tous les gouvernements ». Si Rousseau rêve d'une loyauté indivise, il ne manque pas de dénoncer les gouvernements de son temps qui savent concilier les grands principes avec les petits arrangements.

Le traitement de la question religieuse illustre à quel point le *Contrat social* mêle rigueur doctrinale et critique à double tranchant. Alors qu'il énonce les « principes du droit politique », Rousseau déduit, avec une logique apparemment irréfutable, une série d'inférences de ses prémisses de départ. À lui seul ce style donne l'impression que, pour démocratique qu'elle soit en principe, sa vision ne laisse aucune place aux divergences d'opinion (dans la république idéale ou dans la lecture du texte). Pourtant, quand on y regarde de près, ce style possède une dimension paradoxale, avec ses formulations souvent contradictoires qui forcent le lecteur à une interprétation critique et indépendante. Exemple célèbre de ce style paradoxal : si le citoyen refuse d'obéir à la volonté générale, « on le forcera d'être libre » (*ibid*, p. 364). Cette expression signifie simplement que ceux qui contractent librement doivent tenir leur promesse : les citoyens d'une démocratie obéissent aux lois qu'ils se donnent. Mais les sombres implications de la formule rappellent au lecteur que les obligations les plus légitimes supposent une certaine cœrcition, que la liberté n'est jamais simplement le contraire de la force. Les mécanismes de contrôle et de contrepoids, absents de son schéma constitutionnel, opèrent, en quelque sorte, au niveau du discours ; le lecteur doit alors se débattre avec les valeurs conflictuelles à l'œuvre derrière ces paradoxes sémantiques.

La politique « paradoxale » de Rousseau découle de ses réflexions sur l'émergence de l'organisation sociale à partir d'un univers peuplé d'êtres isolés. Rousseau reconnaît les bienfaits de la civilisation, mais l'image de l'homme indépendant, « naturel », présente encore assez d'attrait à ses yeux pour l'empêcher d'oublier le coût de l'organisation politique, si efficace soit-elle. Pourtant, il serait vain de prétendre retourner à l'état de nature. Le modèle du développement de la société proposé par le *Discours sur l'origine et les fondements de l'inégalité parmi les hommes* (1755) montre comment le premier contrat social repose sur la manipulation, par les riches et les puissants, de concepts ambigus. La protection « égale » qu'il accorde à tous ses membres devant les ennemis communs veut seulement dire que la fortune du riche mérite d'être protégée aussi scrupuleusement que la misère du pauvre. Ce tour de passe-passe est rendu possible, voire inévitable, par les processus cognitifs et linguistiques qui conduisent des individus très différents à se croire assez proches pour avoir des intérêts communs. L'égalité, en effet, est toujours une fiction, riche de possibilités positives et négatives. Même s'il propose les bases d'un contrat social plus juste, Rousseau n'oublie pas à quel point il est difficile d'évaluer et d'appliquer les concepts politiques. Le caractère paradoxal de son style contribue à rappeler ce problème au lecteur, en faisant apparaître les tensions qui opposent, notamment, la force et la liberté. Ce sont ces tensions qu'essaient de résoudre – et parfois de masquer – ceux qui s'intéressent à la politique.

Le penchant de Rousseau à découvrir des motivations douteuses derrière les rouages du pouvoir et les idées politiques a encouragé certains lecteurs à lire dans le *Contrat social* les marques du caractère ombrageux de l'auteur. D'ailleurs, après la condamnation de ses œuvres philosophiques, Rousseau se tournera vers l'autobiographie. À la fin du XVIIIe siècle, le langage du moi permettait en effet de verbaliser les rapports entre conscience critique et identification idéalisante, entre autonomie et communication avec autrui : comme dans le cas des écrits inspirés à Voltaire par l'affaire Calas, la compréhension politique était devenue inséparable de l'exploration et de l'exercice critique de la subjectivité.

Voir aussi 1734, 1761 (décembre).

Bibliographie : Antoine Nicolas de Condorcet, *Esquisse d'un tableau historique des progrès de l'esprit humain*, éd. O. H. Prior (Paris, Vrin, 1970). Jean-Jacques Rousseau, *Du contrat social*, in *Œuvres complètes*, éd. Bernard Gagnebin et Marcel Raymond, vol. III (Paris, Gallimard, 1964). Voltaire, *l'Affaire Calas*, éd. Jacques Van Den Heuvel (Paris, Gallimard, 1975) ; *Correspondance*, éd. Théodore Besterman, vol. VI (Paris, Gallimard, 1980). Felicity Baker, « La route contraire », in *Reappraisals of Rousseau : Studies in Honour of R. A. Leigh*, éd. Simon Harvey, Marian Hobson, D. J. Kelley et S. S. B. Taylor (Manchester, Manchester University Press, 1980). Patrick Coleman, *Rousseau's Political Imagination : Rule and Representation in the « Lettre à d'Alembert »* (Genève, Droz, 1984). Jürgen Habermas, *l'Espace public : archéologie de la publicité comme dimension constitutive de la société bourgeoise*, trad. M. de Launay (Paris, Payot, 1978). René Pomeau, *Politique de Voltaire* (Paris, A. Colin, 1963).

Patrick Coleman

1769

Diderot écrit *le Rêve de d'Alembert*

Résonances de la raison

Le Rêve de d'Alembert (1769, éd. posth. 1830), texte difficile et plein de fantaisie, est composé de trois dialogues : « Entretien entre d'Alembert et Diderot », « Le rêve de d'Alembert » et « Suite de l'entretien ». Écrits par un Diderot déjà mûr, ces dialogues – où l'on trouve la meilleure expression de son matérialisme – n'ont pas paru de son vivant. Après la révocation en 1759 du privilège de l'*Encyclopédie* (1751-1772), Diderot s'est abstenu de faire paraître ses écrits philosophiques. « La condition de sage est bien dangereuse », écrit-il en ajoutant : « Que faire donc ? Faut-il être insensé avec les insensés ? Non ; mais il faut être sage en secret, c'est le plus sûr » (« Pythagorisme », *Encyclopédie*).

Le Rêve de d'Alembert élabore une poétique et une philosophie des sciences au cours de conversations à bâtons rompus entre trois personnages : le mathématicien Jean Le Rond d'Alembert, codirecteur de l'*Encyclopédie* avec Diderot ; Julie de Lespinasse, hôtesse d'un salon parisien et amie de d'Alembert ; et l'éminent médecin Théophile de Bordeu. À cause de la teneur des dialogues et du rôle qu'ils y jouaient, Mlle de Lespinasse et d'Alembert cherchèrent à faire détruire le manuscrit. Les affirmations attribuées à d'Alembert pouvaient être dangereuses pour lui ; quant à Mlle de Lespinasse, elle n'apprécia pas de se voir peinte en coquette par un homme qui la connaissait à peine. Une copie du manuscrit survécut pourtant dans la bibliothèque de Diderot – vendue par l'écrivain à Catherine de Russie – et fut la source de la première édition, en 1830.

Le matérialisme philosophique, qui explique l'univers à partir du seul principe matériel, est proche de la science. Diderot jette les bases d'un matérialisme prenant modèle sur les sciences de la vie. Dès le premier entretien, il présente son matérialisme par une étonnante proposition : « Il faut que la pierre sente. » Passionné par les questions de physiologie, il avance un argument décisif : la sensibilité est une propriété inhérente à la matière, un principe général d'organisation de l'univers. La pensée appartient à une chaîne continue qui va de la sensibilité inerte à la sensibilité active, de la vie inorganique à la vie organique : « On fait du marbre avec de la chair, et de la chair avec du marbre » (*le Rêve de d'Alembert*, pp. 90-91). Reste à déterminer le seuil où l'on passe, chez l'homme, de la matière inerte à l'être pensant : lorsque, grâce à la mémoire, l'être sentant « lie les impressions qu'il reçoit, forme par cette liaison une histoire qui est celle de sa vie, et acquiert la conscience de lui, il nie, il affirme, il conclut, il pense » (*ibid.*, p. 100).

Pour montrer que la pensée ainsi entendue ne se réduit pas à la recherche de causes ou à l'établissement de conclusions au moyen de déductions, Diderot recourt à une comparaison musicale. L'esprit et la matière ne sont pas distincts comme un musicien et son instrument. Ils sont « en même temps le musicien et l'instrument ». Penser, c'est rattacher « des phénomènes conjoints, dont la liaison est ou nécessaire ou contingente. [Ces phénomènes sont] nécessaires en mathématiques, en physique et autres sciences rigoureuses ; contingents en morale, en politique et autres sciences conjecturales » (*ibid.*, p. 109). D'Alembert demande alors si la liaison des phénomènes est plus nécessaire dans un cas que dans l'autre, introduisant ainsi la question essentielle de l'analogie et de la pensée analogique. Diderot plaisante et met son ami en garde contre les tours que l'analogie peut jouer au philosophe ; il prédit à d'Alembert qu'il rêvera de cet entretien ; sur ces mots, celui-ci va se coucher.

Dans l'entretien suivant – le plus substantiel des trois – le docteur Bordeu rend visite à d'Alembert, qui a passé la nuit à tenir des propos délirants au cours du rêve annoncé par Diderot. L'artifice du rêve permet d'examiner toutes sortes de problèmes philosophiques sans devoir se soumettre à un ordre rigoureux ; certains de ses aperçus annoncent même les découvertes freudiennes. Mlle de Lespinasse rapporte le rêve, qu'elle a transcrit, et le commente avec Bordeu. Comme Diderot, le médecin est matérialiste ; ses arguments reposent sur des exemples, des analogies, plutôt que sur des généralités ou des concepts.

D'Alembert se réveille de temps à autre et interrompt la conversation par ses questions : « Pourquoi suis-je tel ? [...] Qui sait ce qu'est l'être pensant et sentant en Saturne ? » (*ibid.*, pp. 135-136). À la faveur de ces interruptions, on traite successivement du mécanisme du corps et de l'âme, de l'explication de la vie et même d'un embryon de théorie de l'évolution. Grâce au mélange des thèmes, des tons et des styles, le langage philosophique perd son caractère abstrait. Le cours de la conversation fait de l'association d'idées et de la digression le principe d'organisation du texte, offrant ainsi une métaphore du fonctionnement de l'esprit.

Le dernier entretien évoque l'hybridation et les problèmes éthiques qu'elle soulève. Comme dans les dialogues précédents, forme et contenu se répondent. La philosophie adopte le ton de la conversation et se soumet aux caprices de la pensée associative. La critique du rationalisme devient une poétique de la philosophie. L'entretien s'achève sur un échange badin, qui ne prétend pas à la solennité d'une conclusion :

Mlle de Lespinasse : Adieu donc, docteur, ne nous délaissez pas des siècles, comme vous faites, et pensez quelquefois que je vous aime à la folie. Si l'on savait tout ce que vous m'avez conté d'horreurs !

Bordeu : Je suis bien sûr que vous vous en tairez.

Mlle de Lespinasse : Ne vous y fiez pas, je n'écoute que pour le plaisir de redire. Mais encore un mot, et je n'y reviens de ma vie.

Bordeu : Qu'est-ce ?

Mlle de Lespinasse : Ces goûts abominables, d'où viennent-ils ?

Bordeu : Partout d'une pauvreté d'organisation dans les jeunes gens, et de la corruption de la tête dans les vieillards ; de l'attrait de la beauté dans Athènes, de la disette des femmes dans Rome, de la crainte de la vérole à Paris. Adieu, adieu (*ibid.*, pp. 206-207).

Dans l'article « Philosophie » de l'*Encyclopédie*, Diderot définit la philosophie comme la science des possibles en tant que possibles. Il ajoute qu'il n'est pas de philosophie sans aspiration à la totalité. La philosophie exige la cohérence de toutes les formes du savoir ; toute lacune est un échec. Le concept de totalité renvoie à une ontologie rationaliste. Aussi la place de l'être rationnel dans la philosophie et de la philosophie dans le système de l'univers doit-elle être déterminée en fonction du problème de la vérité.

Le XVIIe siècle avait été le siècle des systèmes rationalistes. Tout en lui empruntant la conception d'une raison antérieure à l'expérience, le XVIIIe siècle renonça à construire des systèmes à partir de la méthode déductive : la raison ne servait plus à transcender le monde ; elle n'était pas davantage la réserve d'idées innées ou de vérités éternelles. C'était une énergie, une force à l'œuvre dans ce monde, et qu'on pouvait percevoir à travers ses actions et ses effets.

Les philosophes des Lumières choisirent « l'esprit systématique » contre « l'esprit de système », au sens de système métaphysique. L'esprit systématique (« rationnel », « déduit logiquement ») postule une correspondance entre la forme des idées et les phénomènes empiriques. Il remplace les affirmations métaphysiques par l'observation, la réflexion et l'expérimentation ; les définitions a priori par des descriptions, sur le modèle des sciences naturelles.

Il arrive souvent à Diderot de construire d'étranges laboratoires fictifs : les expériences imaginaires de la *Lettre sur les sourds et muets* (1751), les anecdotes de *Jacques le fataliste et son maître* (1771-1780 ? éd. posth. 1796) et du *Rêve de d'Alembert* ont un statut équivalent aux faits de la physique expérimentale. Mais ces expériences ne prétendent pas à l'universalité. Diderot s'intéresse à l'accidentel, à l'accessoire, au circonstanciel : à ce qui fait la singularité d'un être ou d'un objet. Le raisonnement déductif, qui n'est plus d'aucun secours, doit céder la place à l'induction et à l'association. Chaque exemple est considéré dans sa particularité, pour sa portée locale et non pas universelle. « Pas une molécule qui ressemble à une molécule, pas une molécule qui ressemble à elle-même un instant » (*ibid.*, p. 128).

Une telle philosophie de la nature justifie l'emploi d'images comme celles de l'essaim d'abeilles, du polype ou de la toile d'araignée. D'Alembert, après avoir comparé le monde, ou la masse générale de la matière, à une vaste ruche, se demande si quelqu'un qui verrait pour la première fois un essaim ne serait pas « tenté de [le] prendre pour un animal à cinq ou six cents têtes et à mille ou douze cents ailes » (*ibid.*, p. 121). Un pas de plus et on se demande ce qui se passerait si la grappe d'abeilles était un seul animal ? C'est le pas que Bordeu franchit : « Amollissez les pattes par lesquelles elles se tiennent, de contiguës qu'elles étaient rendez-les continues » (*ibid.*, p. 121).

Le polype sert d'exemple au passage inverse, celui de la continuité à la contiguïté : cet animal se divise pour se multiplier. Découvert par Abraham Tremblay en 1740, il fournira le modèle métaphorique de l'étude des totalités. Le polype illustre les difficultés soulevées par la localisation de l'âme : chaque division de l'animal a-t-elle la sienne ou l'âme est-elle répandue dans le tout ? D'Alembert rêve de polypes humains : mâles donnant naissance à des mâles, femelles à des femelles, dans une sorte d'androgynie utopique.

Quant à la toile d'araignée, elle illustre la question de l'unité et de la conscience de l'être sensible. Le centre d'un être, comme celui d'une toile d'araignée, est pris dans un réseau de relations. « C'est le rapport constant, invariable de toutes les impressions à cette origine commune qui constitue l'unité de l'animal » (*ibid.*, p. 154). La mémoire est la source d'unité sans laquelle la vie serait un flux inintelligible de sensations, et la faculté de comparer permet à l'homme de penser et de raisonner. En montrant un esprit résidant dans la matière, pris comme « un toucher diversifié » dans un réseau, les métaphores de l'essaim, du polype et de la toile d'araignée permettent de poser le problème de l'unité de l'être, de sa détermination et de son libre arbitre.

Dans certains écrits antérieurs de Diderot, on sentait la nostalgie d'un système métaphysique excluant l'arbitraire. Mais le matérialisme du *Rêve de d'Alembert* ne promet aucune certitude au-delà de l'existence de la matière. Quant à l'intelligence qui ordonnerait ou dirigerait l'univers, c'est à d'Alembert que revient le soin de formuler – dans son rêve – les questions et les réponses qui s'y rapportent :

> Qu'est-ce qu'un être ? [...] La somme d'un certain nombre de tendances [...] Est-ce que je puis être autre chose qu'une tendance ? [...] non ; je vais à un terme [...] Et les espèces ? Les espèces ne sont que des tendances à un terme commun qui leur est propre [...] Et la vie ? La vie, une suite d'actions et de réactions [...] vivant, j'agis et je réagis en masse [...] mort, j'agis et je réagis en molécules [...] Je ne meurs donc point ? Non, sans doute, je ne meurs point en ce sens, ni moi, ni quoi que ce soit [...] Naître, vivre et passer, c'est changer de formes (*ibid.*, p. 139).

À ceux qui seraient tentés de voir un univers spirituel dans le passage de la matière inerte à la sensibilité généralisée, d'Alembert met en garde – toujours dans son rêve – contre le « sophisme de l'éphémère ». D'où l'échange suivant :

> *Bordeu* : C'est [le sophisme] d'un être passager qui croit à l'immutabilité des choses.
>
> *Mlle de Lespinasse* : La rose de Fontenelle qui disait que de mémoire de rose on n'avait vu mourir un jardinier ?
>
> *Bordeu* : Précisément ; cela est léger et profond.
>
> *Mlle de Lespinasse* : Pourquoi vos philosophes ne s'expriment-ils pas avec la grâce de celui-ci ? nous les entendrions.

Bordeu : Franchement, je ne sais si ce ton frivole convient aux sujets graves.

Mlle de Lespinasse : Qu'appelez-vous un sujet grave ?

Bordeu : Mais la sensibilité générale, la formation de l'être sentant, son unité, l'origine des animaux, leur durée, et toutes les questions auxquelles cela tient.

Mlle de Lespinasse : Moi, j'appelle cela des folies auxquelles je permets de rêver quand on dort, mais dont un homme de bon sens qui veille ne s'occupera jamais (*ibid.*, pp. 132-133).

Un tel dialogue illustre le ton de la « nouvelle » philosophie : elle est concrète, descriptive et vivante, pose les problèmes sans nécessairement les résoudre et adopte volontiers, comme ici, la forme du dialogue. Diderot choisit ce mode hybride, à mi-chemin de la philosophie et de la littérature, parce qu'il remet en question une conception étroite qui réduit l'écriture à un discours rationnel ne visant qu'à la rationalité. Inventer, c'est toujours résister à l'ordre.

C'est ainsi que Diderot décrit le poète comme un être qui perçoit simultanément plusieurs significations. Ce qu'il appelle hiéroglyphe poétique symbolise les liens complexes entre image et sens : cette figure renvoie à un langage commun à l'humanité ; la pluralité des significations recrée les registres hétérogènes de la pensée poétique – l'esprit comprend, l'âme est émue, l'imagination voit et l'oreille entend. La reconnaissance de ce langage sensible tient moins à son contenu rationnel qu'à sa puissance évocatrice.

Diderot propose ailleurs une théorie de la correspondance des arts dans laquelle le poète exprime avec des mots ce que le musicien transcrit en notes, exactement comme le peintre ou le mime « pensent » à l'aide de couleurs, de pas ou de gestes. L'esprit est un instrument à cordes dont le jeu obéit à ce que Diderot appelle « la loi des liaisons » ; de même que la vibration de certaines cordes fait entrer d'autres cordes en résonance, les idées, dit Bordeu, « se réveillent les unes les autres, et elles se réveillent parce qu'elles ont toujours été liées » (*ibid.*, p. 190). Le résultat de ces associations change avec l'esprit qui les produit. Le clavecin sert de modèle au cerveau. L'homme se compose d'une multitude de touches mises en branle par la nature ou par lui-même. Le poète et le philosophe obéissent au même modèle musical. Pour le génie et les individus dont la sensibilité est plus vive que la raison, l'association permet à la pensée d'accomplir des sauts extraordinaires – comparables aux harmoniques émises à des hauteurs parfois incompréhensibles.

L'analogie musicale fournit encore la métaphore du passage du rationalisme à la « nouvelle » philosophie. Dans la *Lettre sur les sourds et muets*, Diderot compare au moyen terme d'un syllogisme la note que deux accords successifs doivent avoir en commun, selon les lois de l'harmonie. Dans *le Rêve de d'Alembert* il remplace le syllogisme, quintessence de la pensée rationnelle, par l'analogie comme méthode heuristique dans les arts et les sciences. Les sujets, la forme et le ton de la philosophie ne sont pas fixés d'avance : les sujets sont fournis par la science expérimentale, l'histoire de la philosophie et la vie des êtres humains ; les formes sont aussi nombreuses que les objets ; et le ton – pris dans l'acception étymologique de tension (d'un ligament, d'une corde ou d'un câble) – sera désormais lié au timbre de l'instrument sensible.

Dans *le Rêve de d'Alembert*, les relations de pensée, de langage et de genre s'entrelacent au fil du dialogue entre le mathématicien et ses deux amis, si bien qu'il semble n'y avoir « aucune différence entre un médecin qui veille et un philosophe qui rêve » (*ibid.*, p. 122). Quant à Mlle de Lespinasse, sa position apparemment secondaire de scribe du rêve devient capitale dans le changement en cours. Car si les comparaisons sont, comme elle l'affirme, le domaine des femmes et des poètes, elles sont aussi celui de la philosophie « nouvelle ». Et c'est bien Julie de Lespinasse qui découvre qu'elle pratique sans « s'en douter » une nouvelle forme de prose. C'est elle qui inaugure une rhétorique scientifique définissant les paramètres du futur en contestant – mais aussi en maintenant – la tradition dont ils sont issus. C'est elle encore qui, dans la discussion sur le normal et l'anormal en matière de croisements d'espèces, avance l'« idée bien folle » que « l'homme n'est peut-être que le monstre de la femme, ou la femme le monstre de l'homme » (*ibid.*, p. 152). Julie de Lespinasse joue le rôle, en quelque sorte, d'agent littéraire de cette pensée qui nivelle les hiérarchies entre esprit et matière, entre homme et femme. Elle engage ses semblables dans une heuristique qui ne propose pas de système définitif, mais des possibilités d'interprétation, de découverte et d'action : la remise en question de la raison fera bénéficier les générations suivantes de ces possibilités.

Voir aussi 1538, 1750, 1761 (décembre), 1771.

Bibliographie : Denis Diderot, *Jacques le fataliste*, in *Œuvres complètes*, éd. J. Proust et J. Undank, vol. XXIII (Paris, Hermann, 1981) ; *Lettre sur les sourds et muets*, in *ibid.*, éd. Y. Belaval, R. Niklaus, J. Chouillet, R. Trousson, J. S. Spink et J. Varloot, vol. IV (Paris, Hermann, 1978) ; *le Rêve de d'Alembert*, in *ibid.*, éd. J. Varloot, M. Delon, G. Dulqc et J. Mayer, vol. XVII (Paris, Hermann, 1987). Christie McDonald, *The Dialogue of Writing* (Waterloo, Ontario, Wilfrid Laurier University Press, 1985). James Creech, *Threshold of Representation* (Colombus, Ohio State University Press, 1986).

Christie McDonald

1770

Claude-Joseph Dorat publie *les Baisers*, illustrés de gravures

Baisers en taille-douce

Même s'agissant d'une époque qui reste aujourd'hui encore un modèle d'élégance, aucune forme d'art n'a donné naissance à des œuvres plus exquises que la taille-douce. Au fil des ans, la gravure sur bois avait été remplacée par le cuivre. Alors que, dans le premier procédé, on grave en relief (l'encre se dépose sur les zones en saillie), la plaque de cuivre est gravée en creux (le moindre sillon retient suffisamment d'encre pour imprimer, une fois la plaque encrée et essuyée, un trait léger sur le papier). Le cuivre, assez tendre pour être rongé à l'acide ou incisé au burin – le nom de taille-douce renvoie à ce dernier procédé –, est assez dur pour résister au tirage de centaines d'épreuves. Enfin, il se prête aussi bien au format réduit de la vignette qu'à celui du folio double.

Comme elle autorise les modelés les plus subtils, la gravure sur cuivre a été utilisée pour reproduire les chefs-d'œuvre de la peinture ; le procédé, monochrome mais d'une qualité esthétique remarquable, a permis leur diffusion auprès du vaste public. Dans la hiérarchie de l'Académie, la gravure, imitation d'imitation, vient après la peinture. Des ouvrages d'histoire, des histoires naturelles et des récits de voyage s'enrichissent de nombreuses planches gravées sur cuivre, et les onze volumes de planches in-folio de l'*Encyclopédie* (1751-1772), de Diderot et de d'Alembert, comme les illustrations de Jean-Baptiste Oudry pour l'édition en quatre volumes (1755-1759) des *Fables* de La Fontaine, comptent parmi les chefs-d'œuvre du genre.

À côté d'ouvrages vénérables comme l'*Histoire d'Angleterre* (1724-1727) en dix volumes, de Paul Rapin de Thoyras – ornement obligé de toute bibliothèque –, beaucoup d'œuvres littéraires furent illustrées, comme *la Henriade* (1728), de Voltaire. Mais, en raison du travail de gravure qui augmentait leur prix, ces éditions s'adressaient aux amateurs fortunés. On illustrait plus rarement les œuvres nouvelles ou les œuvres peu connues, moins assurées de plaire à cette frange étroite d'acheteurs.

1. Planche dessinée par Charles-Joseph Eisen et gravée par Joseph de Longueil pour « Le mois de mai », *in* Charles-Joseph Dorat, *les Baisers*, précédés du *Mois de mai* (La Haye et Paris, Delalain, 1770), p. 29.

C'est ainsi qu'on en est venu à privilégier les grands auteurs (Longus, Boccace, le Tasse, l'Arioste) et les nouveaux classiques (Racine, Molière, La Fontaine et Fénelon). L'essor du livre illustré de gravures originales a suscité une abondante production – moins noble mais de plus en plus appréciée – d'élégantes vignettes de format in-douze, voire plus petites, la grande estampe étant surtout réservée aux reproductions de tableaux et aux publications prestigieuses.

Cette règle pouvait connaître une exception lorsque, pour des raisons personnelles, un mécène indifférent au profit prenait les coûts à sa charge. Ainsi, c'est probablement à ses frais que Claude-Joseph Dorat publia son recueil de poèmes galants, *les Baisers* (1770), dans une édition superbement illustrée. Le volume se compose de vingt fables qui sacrifient aux conventions du genre pastoral en badinant sur l'ambiguïté du mot « baiser ». Si on en croit l'auteur, de tels divertissements ne sauraient être confondus avec les « écrits licencieux, qui choquent les sens au lieu de les éveiller » (*les Baisers*, p. 9). Comme pour de nombreuses œuvres rococo, l'élégance du style est chargée d'atténuer ce que le sujet pourrait avoir de licencieux. Chaque baiser est encadré d'un frontispice et d'un cul-de-lampe signés Charles-Joseph Eisen, qui font partie intégrante de l'œuvre. Plus célébré pour ses dessins que Dorat pour ses poésies, Eisen a exploité à merveille le compromis esthétique en calculant le dosage de sensualité et de décence capable d'émoustiller le lecteur sans alarmer le censeur. L'importance de l'illustration dans ce volume est un cas extrême, dans la mesure où Dorat avait besoin que le renom de l'artiste rejaillisse sur son pâle mérite littéraire : on disait assez méchamment que Dorat « se sauvait de planche en planche ».

Les Baisers sont précédés d'un poème de vingt-cinq pages intitulé *le Mois de mai*. Il s'ouvre par une allégorie du printemps qui enchaîne sur une allusion politique assez claire :

> Un traité solennel, par une étroite chaîne,
> Joignait déjà les cours de Versailles et de Vienne.
> L'Amour, que plus souvent il faudrait consulter,
> Ravi de cet accord, songe à le cimenter.
> Dans les calculs d'État en vain on l'emprisonne ;
> La Politique sème, & c'est lui qui moissonne.
> Enfant, maître des Dieux, par toi vont être unis
> La fille de Thérèse et l'héritier des Lys (*ibid.*, p. 34).

Versailles et Vienne sont invoqués pour des raisons précises : la guerre de Sept Ans a réuni la France et l'Autriche au sein d'une même alliance. Le conflit achevé, le jeune dauphin (« l'héritier des Lys ») épouse Marie-Antoinette, fille de l'impératrice Marie-Thérèse. En célébrant un amour qui sert les desseins de l'État, Dorat espère simplement s'attirer la faveur royale. Ces références à l'histoire contemporaine n'impliquent pas que le poète revendique la mission de l'interpréter ; il se borne à la célébrer, d'où l'envoi final au couple heureux :

> Couple cher et sacré, quel brillant avenir !
> Jamais l'aile du Temps n'osera le ternir.
> Sur d'immortels fuseaux les Parques étonnées
> Dévident en fil d'or vos longues destinées (*ibid.*, p. 40).

On sait dans quelles conditions l'écheveau royal fut tranché en 1793 et, si l'histoire a fait justice aux vœux de Dorat, le poème n'en témoigne pas moins du retentissement des alliances princières et du genre d'œuvres qu'elles suscitaient.

La planche d'Eisen (fig. 1) illustre en partie les hyperboles allégoriques du poème, lesquelles éclairent à leur tour le dessin :

> Hymen, applaudis-toi : le Temple est-il paré ?
> Oui, des plus beaux festons ta main l'a décoré.
> Je les vois serpenter autour de ses colonnes ;
> Les Gémeaux sur l'autel suspendent deux couronnes.
> Un aigle sur le faîte enchaîné par Cypris,
> Laisse tomber la foudre et joue avec les Lys (*ibid.*, p. 37).

L'allégorisation de l'histoire est caractéristique de cette poésie précieuse et le lecteur devait savoir déchiffrer les allusions du texte aussi bien que celles de l'illustration. L'invocation d'Hymen, dieu du Mariage, justifie le décor imaginé par Eisen : un temple de l'Amour, dont le baldaquin baroque abrite le couple royal. Le petit Amour du premier plan représente de toute évidence Hymen, qui a déposé son flambeau pour attraper une colombe, symbole de paix. Louis et Marie-Antoinette joignent leurs mains au-dessus de l'autel, tandis que deux *putti* s'apprêtent à les couronner de lauriers. Deux autres *putti* – les Gémeaux du poème – leur répondent plus haut en couronnant les têtes jumelles de l'aigle impériale autrichienne. Les attributs déployés au premier plan évoquent l'abondance et l'épanouissement des arts et des sciences.

La fumée qui s'échappe des encensoirs, la profusion de guirlandes et la référence à Cypris donnent une coloration sensuelle à cette exaltation de la fertilité printanière sous les espèces d'une union royale. Connotation renforcée par la vignette placée en tête du poème (fig. 2), où l'on voit le Danube et la Seine – divinités masculine et féminine représentant les deux dynasties – mêler tendrement leurs eaux, et par le cul-de-lampe, dans lequel le radieux soleil de mai éclaire une corne d'abondance débordant de fleurs et de rejetons royaux. La présence d'une évocation du mariage

2. Vignette dessinée par Charles-Joseph Eisen et gravée par Joseph de Longueil pour *le Mois de mai*, *in* Charles-Joseph Dorat, *les Baisers*, précédés du *Mois de mai* (La Haye et Paris, Delalain, 1770), p. 29.

du dauphin se justifie par une commune référence à la symbolique érotique du réveil de la Nature ; aussi ne s'étonnera-t-on pas de ces allusions aux fruits de la sexualité royale. La référence au lit conjugal (explicite dans le poème) est tout aussi acceptable dans la mesure où elle renvoie au devoir procréateur du mariage en général, du futur roi en particulier : si populaire qu'elle fût, Marie-Antoinette ne s'acquitta vraiment de ses fonctions qu'en donnant le jour à un héritier mâle, onze ans plus tard.

Les allégories conçues par Dorat et Eisen montrent le caractère traditionnel du répertoire dans lequel puise l'artiste : il doit être familier à un public qui a reçu le même type d'éducation, avant tout littéraire. Mais l'image et le texte ne coïncident pas toujours. Ainsi, le poème ne mentionnait que deux *putti* ; et si l'aigle de la vignette est bien « enchaînée » par les guirlandes de Cypris (Vénus), c'est en vain qu'on chercherait la foudre et les lys mentionnés dans le poème. Plus surprenante encore est l'anomalie du zodiaque. Les Gémeaux représentent le mois de mai (non pas le 16 mai, date du mariage officiel à Versailles, mais le 30, date de sa célébration à Paris) ; or dans la roue qui traverse l'autel comme un arc-en-ciel, les Gémeaux semblent entourés par le Scorpion et la Balance à gauche, la Vierge et le Verseau à droite – ils devraient en réalité être précédés du Bélier et du Taureau, et suivis du Cancer puis du Lion, et l'on voit mal ce qui peut expliquer l'ordre choisi. Tout aussi étrange est l'absence dans le poème de la figure ailée de la vignette.

L'apparente précision des références allégoriques semble s'être relâchée, entraînant de troublantes disparités. Poème et gravure traitent bien du même sujet, mais il est difficile de savoir lequel des deux précède l'autre. En fait, le problème est plus général et tout travail de comparaison finit par souligner l'écart irréductible entre représentation verbale et représentation picturale, qu'elle soit allégorique ou non. Même si l'illustration ne contredit pas le texte, leurs contenus ne peuvent jamais coïncider exactement et doivent, jusqu'à un certain point, s'interpréter séparément. Par ailleurs, et précisément à cause de cette différence, l'illustration choisit de mettre en valeur certains aspects du texte, dont elle propose un commentaire, voire une lecture inventive. Quant au répertoire symbolique, la gravure semble y recourir à peu près autant que le texte. Mais les clés allégoriques n'éclairent pas forcément la lecture, car beaucoup d'illustrations se réfèrent à des scènes très précises du texte, comme s'il s'agissait d'épisodes autonomes et sans antécédents.

Voltaire est l'auteur d'une épopée parodique, *la Pucelle d'Orléans* (1755), qu'il s'est longtemps défendu d'avoir écrite, à cause des risques encourus pour avoir traité aussi légèrement l'héroïne nationale. Devenu rapidement une sorte de classique, le poème a fait l'objet de nombreuses contrefaçons ; ses différentes éditions, interdites en France, furent souvent illustrées. Sous ses dehors iconoclastes, *la Pucelle* reflète la conception voltairienne de l'histoire : cette version des exploits de l'héroïne est à la fois une satire déguisée de la tradition religieuse et une leçon de respect pour le fait naturel et humain. Le comique vient de ce que le centre de l'épopée est devenu la virginité de Jeanne, beaucoup plus en danger que sa vie. En conséquence, beaucoup de situations hésitent entre l'osé et le scabreux, selon la sensibilité du lecteur. Mais on peut toujours illustrer un sujet, même le plus indécent, sur un mode allusif et, selon le parti adopté, les résultats s'avéreront très différents. Les estampes les plus réussies réalisent un compromis dans lequel la hardiesse de l'allusion ne s'accompagne d'aucune représentation explicitement sexuelle.

3. Planche dessinée par Jean-Michel Moreau et gravée par Jean-Baptiste Simonet pour le chant XI de *la Pucelle d'Orléans*, de Voltaire, vol. XI (Kehl, Société littéraire typographique, 1789), p. 198.

L'un des épisodes expose Jeanne, dépouillée de son armure, à l'embarrassante nécessité d'affronter nue la troupe d'Anglais qui vient d'envahir le couvent où elle se trouve. Si la chaste bergère a jusque-là traversé le poème sous les dehors ambigus du travestissement, sa féminité s'affiche ici de façon si éclatante qu'un des assaillants l'interprète comme une invite à joindre l'orgie générale :

> Jeanne était nue ; un Anglais impudent
> Vers cet objet tourne soudain la tête ;
> Il la convoite ; il pense fermement
> Qu'elle venait pour être de la fête.
> Vers elle il court, et sur sa nudité
> Il va cherchant la sale volupté (*la Pucelle d'Orléans*, chant XI, vv. 126-131).

Ce qui vaut à l'effronté d'être le premier à tomber sous les coups de Jeanne. Les suivants, occupés à violer les nonnes, ne songent même pas à se défendre quand l'héroïne traverse leurs rangs en y semant le carnage. Un seul a vu le danger et se prépare au combat : l'homme qui porte l'armure de Jeanne.

Jean-Michel Moreau, sans doute le plus grand illustrateur de la fin du XVIIIe siècle, place la mêlée des nonnes et des soldats dans un imposant décor gothique (fig. 3). Les

4. *La Confiance des belles âmes*, planche dessinée par Hubert-François Gravelot et gravée par Pierre-Philippe Choffard pour la quatrième partie de *Julie, ou la Nouvelle Héloïse* (*Recueil d'estampes pour la Nouvelle Héloïse*, Paris, Duchesne, 1761).

lignes parallèles des épées et des corps renvoient parodiquement à la représentation conventionnelle du désordre des batailles, tandis que la pose sculpturale de Jeanne annonce, par sa bravoure combative, les premiers tableaux d'un David. Rien dans l'image ne montre explicitement les occupations paramilitaires auxquelles vaque la soldatesque alentour, l'accent étant mis sur la pose héroïque d'une Jeanne totalement et absurdement nue. Si le rendu de la beauté charnelle s'inscrit dans une longue tradition artistique, selon ces mêmes critères la nudité est ici radicalement déplacée, aussi bien dans le récit que dans l'illustration. La légende « Il a mon casque ; il a ma soubreveste. Il était vrai : la Jeanne avait raison » souligne encore cette nudité en rappelant qu'un autre s'est emparé de l'armure. Il faut que l'incongruité soit poussée à de telles limites pour que le dessin à lui seul puisse exprimer l'ironie (l'efficacité de la caricature politique, apparue au XVIIIe siècle, est indissociable de la légende qui l'accompagne) ; sur son propre terrain, la gravure rivalise d'esprit avec le poème.

La perspective de voir leurs œuvres ornées de gravures était si flatteuse pour les écrivains que certains, dont Rousseau, insistèrent auprès de leurs éditeurs pour qu'ils engagent les meilleurs artistes. Aucun auteur n'a médité ces illustrations ni essayé d'en contrôler l'exécution davantage que Rousseau pour *Julie, ou la Nouvelle Héloïse* (1761). Il rechercha même le concours de Boucher, promettant à son éditeur que les estampes de ce spécialiste de l'aimable galanterie assureraient à elles seules le succès du livre. Mais Boucher était trop cher et c'est Hubert-François Gravelot, l'un des plus célèbres illustrateurs de l'époque, qui grava les planches parues séparément dans le volume d'illustrations accompagnant le roman. Rousseau avait rédigé une description détaillée de douze sujets d'estampes et, dans ses lettres, il critiqua sans ménagement quelques-unes des épreuves qu'il avait reçues. Nous disposons donc, dans le cas de *la Nouvelle Héloïse*, d'une série de textes qui jettent une lumière différente sur les illustrations.

Dans ses instructions pour la septième planche, Rousseau commence par résumer le moment de l'intrigue – Wolmar, confiant en la vertu de Julie, accepte de recevoir à Clarens l'ancien amant de celle-ci – et décrit la scène avec un grand luxe de détails :

> Le jeune homme, en habit de voyage, s'approche avec un air de respect dans lequel on démêle, à la vérité, un peu de contrainte et de confusion mais non pas une gêne pénible ni un embarras suspect. Pour Julie, on voit sur son visage et dans son maintien un caractère d'innocence et de candeur qui montre en cet instant toute la pureté de son âme. Elle doit regarder son mari avec une assurance modeste où se peignent l'attendrissement et la reconnaissance que lui donne un si grand témoignage d'estime, et le sentiment qu'elle en est digne.
> Inscription de la septième planche : *la Confiance des belles âmes* (« Sujets d'estampes », pp. 766-767).

5. *Le Retour de Claire*, planche dessinée par Jean-Michel Moreau, gravée par Noël Le Mire, pour *Julie, ou la Nouvelle Héloïse*, in *Collection complète des œuvres de J.-J. Rousseau*, vol. II (Londres [Bruxelles, J. L. de Boubers], 1774), p. 349.

Rousseau l'avait admis, de telles instructions n'exigeaient pas d'être suivies à la lettre : « Ce n'est pas ce que le dessinateur doit rendre, mais ce qu'il doit savoir afin d'y conformer son ouvrage autant qu'il est possible » (lettre de décembre 1757, *Correspondance*, vol. IV, p. 408). Dans le cas précis de cette illustration (fig. 4), il fut plutôt satisfait du résultat, surtout pour la figure de Wolmar à droite ; mais, sur l'épreuve, le visage de Julie lui parut trop long et pas assez touchant. En fait, Gravelot avait traité sobrement les expressions (les visages sont minuscules), réservant tout son art au rendu des vêtements et du paysage, et privilégiant la dignité du moment plutôt que sa charge émotive ; et c'est bien l'instant qui suit le baiser de Saint-Preux et de Julie, celui où, leur impatience apaisée, ils se retournent vers Wolmar, que Rousseau avait demandé d'illustrer. Dans la vignette comme dans la légende, le point de vue a changé par rapport à la lettre du roman, puisque Saint-Preux, le narrateur du livre, est devenu protagoniste.

Lorsque, douze ans plus tard, Moreau dut illustrer le roman, il ne se sentit plus lié par le choix de Rousseau et retint des épisodes plus sublimes – l'orage sur le lac, dans la quatrième partie – ou plus touchants – le retour de Claire, dans la cinquième (fig. 5). C'est une véritable réaction en chaîne qui constitue ici le sujet de l'illustration, bien qu'il s'agisse d'un épisode très secondaire du roman, toujours rapporté par Saint-Preux :

> Henriette, apercevant sa mère, saute et court au-devant d'elle, en criant aussi : *Maman ! Maman !* de toute sa force, et la rencontre si rudement que la pauvre petite tomba du coup. Cette subite apparition, cette chute, la joie, le trouble, saisirent Julie à tel point, que, s'étant levée en étendant les bras avec un cri très aigu, elle se laissa retomber et se trouva mal. Claire, voulant relever sa fille, voit pâlir son amie : elle hésite, elle ne sait à laquelle courir. Enfin, me voyant relever Henriette, elle s'élance pour secourir Julie défaillante, et tombe sur elle dans le même état (*la Nouvelle Héloïse*, V^{e} partie, lettre VI).

La pièce aux nobles proportions et le portrait suspendu au mur composent un décor dont la sereine élégance contraste avec les gestes pathétiques des personnages, amplifiés par le dessin sinueux des sièges et des vêtements.

Rousseau et son roman ont inspiré toutes sortes d'allégories, pour des raisons idéologiques notamment, et la première édition dans laquelle les illustrations sont intégrées au texte s'ouvre sur un frontispice de Charles-Nicolas Cochin (fig. 6) sans rapport avec l'action du roman. Comme souvent à l'époque, la gravure est elle-même commentée dans une « explication des figures » qui souligne et amplifie la nature allégorique du contenu : « Pour exprimer l'impression que peut faire la grandeur plus que naturelle des caractères tracés dans ce roman, on représente l'auteur de *la Nouvelle Héloïse* sous l'emblème d'un peintre animé par le feu du génie et par celui de l'amour, et qui, en imitant la nature, la peint beaucoup plus grande et plus belle qu'elle n'est. » Ce pourrait être là une allégorie des rapports entre l'artiste et la vérité en général, mais la mention du sous-titre suggère une autre interprétation, liée à ce roman précis : le « peintre » représente Rousseau, la « nature » Julie qui est trop parfaite pour être comprise de façon littérale. Dès qu'il y a illustration, le sens du commentaire lui-même est soumis aux rapports réciproques du texte et de l'image.

6. Frontispice de Charles-Nicolas Cochin, gravé par Joseph de Longueil, pour *Julie, ou la Nouvelle Héloïse* (Neuchâtel et Paris, Duchesne, 1764).

L'illustration ne peut jamais être « littérale », soit qu'elle demeure en deçà du texte, soit qu'elle le réinvente à sa manière. Incapable de le doubler fidèlement, elle noue avec le texte un rapport complexe de tension et d'harmonie. Les subtilités et l'attrait esthétique de chacun appartiennent à deux ordres différents. Mais la force évocatrice d'une illustration est telle que certaines œuvres demeurent à jamais liées, dans la mémoire du lecteur, aux gravures qui les accompagnent.

Voir aussi 1668, 1707, 1751, 1759 (janvier), 1761 (février), 1761 (décembre).

Bibliographie : Claude-Joseph Dorat, *les Baisers* (La Haye et Paris, Delalain, 1770). Jean-Jacques Rousseau, *Correspondance complète*, éd. R. A. Leigh, 45 vol. (Genève, institut et musée Voltaire, 1965-1986) ; *Julie, ou la Nouvelle Héloïse*, précédée par « Sujets d'estampes », in *Œuvres complètes*, éd. Bernard Gagnebin, vol. II (Paris, Gallimard, 1964). Voltaire, *la Pucelle d'Orléans*, in *Œuvres complètes*, vol. VII (Oxford, Voltaire Foundation, 1968). *Histoire de l'édition française*, éd. Roger Chartier et Henri-Jean Martin, vol. II : *le Livre triomphant, 1660-1830* (Paris, Promodis, 1984). Alexis François, *le Premier Baiser de l'amour, ou Jean-Jacques Rousseau inspirateur d'estampes* (Genève, Sonor, 1920). Gordon N. Ray, *The Art of the French Illustrated Book, 1700 to 1914*, vol. Ier (New York, Pierpont Morgan Library and Cornell University Press, 1982).

Philip Stewart

1771

Diderot entreprend la rédaction de *Jacques le fataliste et son maître*

Diderot à la croisée des discours

Pour un homme comme Denis Diderot (1713-1784), atteint de claustrophobie et attaché aux plaisirs de la vie en société et du libre commerce des idées, le fait d'être incarcéré (1749) pour les opinions hétérodoxes et scandaleuses contenues dans la *Lettre sur les aveugles* (1749), *les Bijoux indiscrets* (1748) et les *Pensées philosophiques* (1746) dut ressembler à la brusque matérialisation d'un cauchemar. La peur de l'isolement et de l'enfermement, réels et figurés, est un motif récurrent de son œuvre, dans des domaines aussi divers que la science, la philosophie, l'esthétique, le théâtre, la politique, la critique d'art et la religion. Sans doute, les persécutions de la censure, les pressions de ce qu'il appelait, parfois avec colère, l'« opinion publique » aiguisèrent cette inquiétude ; mais il ne cessa jamais de méditer sur les obstacles qui s'opposent à la communication, à cause non seulement des convictions divergentes qui séparent les individus mais aussi de la nature de la société et du langage. Si la philosophie des Lumières avait pour objectif l'installation du « meilleur des mondes » – monde sans préjugés, où serait abolie la dictature des intérêts aveugles, et dont la chose écrite serait à la fois le maître d'œuvre et le héraut –, il fallait, pour que l'entreprise aboutisse, pouvoir se fier au discours tout en donnant à la vérité et au jugement des fondements nouveaux.

L'approche que Diderot allait adopter dans son examen des limites et des impasses du langage doit beaucoup à l'*Essai sur l'entendement humain* (1690), de John Locke, œuvre capitale dont une lecture rapide pourrait conduire le lecteur à désespérer que les hommes puissent jamais s'entendre ou même se comprendre. Les vulgarisations françaises de Locke, pour schématiques qu'elles soient, avaient clairement retenu que l'homme naît sans idées innées – inscrites par Dieu dans son âme – et que ses pensées sont d'impalpables et conventionnelles abstractions, issues du rapprochement fortuit de messages sensoriels. Ces pensées, agencées par la mémoire, ne font jamais que rendre compte de l'expérience individuelle. Étant donné ces prémisses – libératrices dans la mesure où elles dissocient les opérations de l'esprit de toute autorité transcendante, mais troublantes par la responsabilité qu'elles font porter à l'ordre immanent de l'homme et de la matière – comment espérer convaincre autrui ? Diderot, dans les écrits mentionnés, mais aussi dans sa traduction de l'*Essai sur le mérite et la vertu* (1745), de Shaftesbury, *la Promenade du sceptique* (1747), la *Lettre sur les sourds et les muets* (1751) et *De l'interprétation de la nature* (1753-1754), avait déjà mis en scène l'affrontement de « philosophes systématiques », rigides et irréconciliables. Il en était venu à penser que les hommes n'ont pas reçu du Créateur des organes sensoriels identiques leur donnant une version égale et concordante de l'univers, et que ni le récit pittoresque d'expériences empiriques ni les expériences méthodiques conduites sur des objets transitoires ne constituent des sources de vérité : elles ne sont que des occasions de spéculer et d'interpréter. Dans cette Babel de voix discordantes, intolérantes, chacune retranchée dans sa chambre d'écoute hermétique, aucune voix – pas même la sienne –, aucun discours, condamné à la linéarité, n'arriveraient à traduire la simultanéité des idées ou des impressions qui assaillent la conscience. Il rêvait d'un langage aussi transparent, immédiat et expressif que le geste, aussi dense et riche en résonances que la poésie. Après s'être débattu avec la question épistémologique des subjectivités radicalement isolées, avec les difficultés du maintien de l'unité sociale, il avait atteint le degré de liberté ou de maturité qui allait lui permettre d'aborder un thème qui l'obsédait.

On a le sentiment que son incarcération à Vincennes, les « spasmes de crise » qui accompagnèrent la publication des premiers volumes de l'*Encyclopédie* (1751-1772), son différend avec Rousseau sur la question de la solidarité sociale – différend provoqué par le premier « drame domestique » de Diderot, *le Fils naturel* (1757) – lui avaient fourni de quoi réfléchir non seulement aux ramifications des différences psychologiques et physiologiques qui nous séparent d'autrui, mais aussi aux circonstances qui nous conduisent à adopter les attitudes caractéristiques de notre individualité, notre spécificité. Mais, du même coup, les inflexions les plus subversives et les plus audacieuses de sa voix (dont l'écho lointain atteignait la place publique grâce à ses drames et à l'*Encyclopédie*) allaient être vouées à la clandestinité, consignées dans les manuscrits publiés après sa mort ou confiées à la *Correspondance littéraire* (1753-1790) de Grimm, feuille manuscrite à diffusion restreinte. En 1750, Diderot commença à rédiger *la Religieuse* (éd. posth. 1796), récit en première personne d'une jeune fille, Suzanne, que sa naissance illégitime et l'absence de dot ont rayée de la société et confinée dans le système conventuel. Au sein des tourments de la claustration et de la censure – et tandis qu'elle noircit les pages de sa supplique au marquis de Croismare – la jeune Suzanne apprend à son corps défendant l'importance de garder « la bouche ouverte » (*la Religieuse*, p. 145). Elle finit par comprendre que tout discours se paie un prix exorbitant, qu'en adoptant des formes d'expression propres à émouvoir les individus qui gouvernent sa destinée, elle a détruit son être moral – ou du moins l'a laissé se dissiper au vent des circonstances sociales – alors qu'elle pensait se défendre et s'adapter. Il ne s'agit plus d'abstraites questions d'épistémologie, d'hypothèses sur les connaissances comparées de subjectivités normales et déficientes ; Diderot s'intéresse aux pressions exercées par un environnement tyrannique, chargé d'exécuter brutalement les décrets d'une idéologie dépourvue de fondements naturels ou philosophiques. Pour que la solidarité sociale reste un idéal valide, il faut réviser ses principes et ses moyens d'application en les adaptant à la liberté et aux désirs naturels de l'individu. C'est à ce problème que Diderot se consacrera jusqu'à la fin de sa vie.

Cette idéologie envahissante, complexe, les obstacles qu'elle oppose à la compréhension mutuelle, à la persuasion et à l'harmonie sociale seront au cœur du premier chef-d'œuvre de Diderot, *le Neveu de Rameau* (1761-1774, éd. posth. 1805) – prudemment situé, non pas dans un lieu de séquestration et d'internement notoire, mais dans un espace apparemment ouvert, à vrai dire l'un des plus « libertins » et permissifs de la capitale. Délaissant son banc pour gagner le café de la Régence par les allées les plus – sinon les mieux – fréquentées du Palais-Royal, poursuivant une idée aguichante comme on marche sur les pas d'une courtisane – « mes pensées, dit-il, ce sont mes catins » –, le narrateur, qui se désigne comme « Moi » sans jamais dévoiler son nom, finit par mettre la main sur son idée, sa catin, en chair et en os : Rameau, le neveu déclassé du « grand » musicien. Comme « Moi, » il passe son temps à regarder les habitués du café jouer aux échecs. Et le dialogue qu'ils engagent ressemble à une partie d'échecs métaphysique hautement personnelle, menée avec toute la ruse et les provocations d'une double parade sexuelle. Les pièces que chacun avance pour mettre l'autre échec ou mat – pièces spongieuses, d'une inquiétante absence de substance – sont des mots comme « postérité », « bonheur », « dignité », « vérité », « beauté », « bien » et, pour finir, le concept non moins bancal d'« être » ou d'« identité ». En contrepoint aux diverses contradictions qu'ils s'opposent l'un à l'autre ou à eux-mêmes, ils éprouvent un plaisir esthétique (et parfois moral) à étaler leur esprit, leur talent et à observer celui de l'autre. Un plaisir qui s'accorde opportunément avec le « goût » qu'ils partagent (« Moi » avec réticence, « Lui » à visage découvert) pour la puissance et l'énergie, pour la force excentrique, perturbatrice, brûlante et amorale du génie qui menace, comme une tempête, de balayer l'antique distribution – ennui des notions, des formes et des contraintes héritées du passé – mais avec elle aussi l'ensemble des arguments axiologiques et des prémisses rationnelles, avec leur cortège d'arguties, d'inconséquences, d'appels équivoques à la « raison », au « bien », à la « bienfaisance » ou au « plaisir personnel ».

À chaque étape de ce jeu dialogique où chacun se dispute le pouvoir, il devient de plus en plus manifeste que « Moi » et « Lui » sont les porte-parole non pas tellement de deux êtres ou même d'un seul (Diderot), mais d'une idéologie qui baigne dans les contradictions, champ de relations de pouvoir hérissé de règles et de dévotions emporté cependant par l'appétit des richesses et des positions, par la gloire éphémère des prises et des captures, par le frisson interdit des victoires déloyales. Il y a place pour tous les maîtres et tous les esclaves, pour les censeurs et leurs pions réduits au silence, pour les philosophes naïfs – dans les limites de la simple raison – et pour les amis du bien public, pour la canaille arrogante et fière de l'être. (Le neveu de Rameau, qui naguère disait ce qu'il avait sur le cœur avec « goût », « esprit » et « raison », se trouve momentanément exclu de la société ; pourtant ses amis et protecteurs raffolent tout autant de ses éclats scandaleux que de son abjecte servilité). Et il y a place surtout pour une sémantique retorse qui permet d'inverser à tout moment les termes et les positions. Chaque malentendu, chaque gambit ou faux-fuyant discursif – et le dialogue en est truffé – obéissent en fait à une « grammaire » sociale complexe et permissive, riche en « idiotismes » et solécismes pour acclimater bien des erreurs ou des crimes non seulement linguistiques, mais moraux et fonctionnels. On a beau attaquer ou railler ce vaste système, sa flexibilité le préserve. Il absorbe et neutralise les divergences quand elles sont théoriques, tandis que dans les échanges privés ou publics – où chacun, machinalement ou consciemment, et quel que soit son statut social, commande et obéit à la fois – il annule toute forme de dissension. « Moi », le philosophe piètrement passionné et généreux, défenseur maladroit de la vertu, curieux – un brin voyeur – des ruelles mal famées comme du sybaritisme tapageur des financiers, actrices et autres parvenus ; « Lui », le parasite, image du paria et du raté, rêvant du succès et de l'opiniâtreté du cher oncle, mais génie tout de même, brillant dans la pantomime ou le jugement esthétique, vivant « au jour la journée », voleur pour un sou, vendant femme et enfant, corps et âme (si tant est qu'il en ait une) pour une aumône – tels sont les *coglioni* jumeaux de l'organe social propre à régir et à emprisonner.

Il serait injuste envers « Moi » comme envers Diderot de suivre Hegel en établissant une séparation absolue entre les antagonistes, l'un « bas » (lire : noble), l'autre

« noble » (lire : servile et conformiste). L'aliénation de Rameau, son éloignement méprisant pour la société et pour lui-même qui, selon Hegel, trahirait l'esprit parvenu au faîte de la conscience de soi, est en réalité la plaie, la maladie de la société et de tous ses membres. Sur cette idée naguère développée par Rousseau dans le *Discours sur l'origine et les fondements de l'inégalité parmi les hommes* (1755), Diderot va greffer des ramifications plus denses : si la conscience de soi favorise la reconnaissance d'impulsions contraires – si elle permet d'identifier les restes d'une bienfaisance « naturelle » cachée sous notre indifférence « civilisée », c'est-à-dire déguisée – notre moi est au moins aussi ouvertement fracturé que celui de Suzanne à force d'absorber les sourdes tensions et les duplicités de la vie sociale. Parce que les urgences politiques, économiques et morales se livrent d'incessantes escarmouches, la conscience s'exprime de façon dispersée, dans des langues différentes. Elle erre parmi les voix qu'elle rencontre hors d'elle-même, en ville, entre amis, dans les livres ou les institutions ; elle trouve en elle ce que Mikhaïl Bakhtine appelle une « hétéroglossie », un univers de discours bigarrés. Elle dit l'Autre quand elle se dit elle-même : les outils, les langages qui guident la conscience ou l'aident à se constituer – et jusqu'aux modalités de l'« aliénation » – ne lui appartiennent jamais entièrement.

Est-ce la raison pour laquelle « Moi » et « Lui » n'en viennent jamais aux mains, ne brisent pas là ? Leur extraordinaire civilité n'est-elle qu'une reconnaissance tacite de la politesse et, partant, du détachement méprisant requis par la société ? Ou bien serait-ce que chaque pensée, parole ou action – si déplaisante soit-elle – demeure toujours, de façon latente et à vrai dire inadmissible, la « chose » de son auteur ? Pourtant, en précipitant des voix inconnues, muselées, parfois dangereuses, du haut d'une plénitude intérieure ou extérieure, en les formulant, en les attribuant de façon sélective à certains personnages, à un auditoire hostile ou favorable, Diderot découvre progressivement que l'acte de donner voix et d'écrire engendre une partie serrée d'appropriations suspectes, de jeux de pouvoir et de préemptions qui ne diffèrent en rien du spectacle qui l'entoure. Quels mots, quelles voix pourraient résister aux focalisations, aux manipulations tendancieuses de l'auteur ? Existe-t-il un récit ou un dialogue qui ne bouscule pas l'échiquier – comme dans *le Rêve de d'Alembert* (1769, éd. posth. 1830) – qui ne force pas les personnages à parler comme s'ils n'étaient pas asservis au « rêve » de leur auteur ? Y a-t-il une littérature qui ne chercherait pas à nous gagner à ses convictions (voire aux incertitudes de ses convictions) et nous amener à leur ratification ? Qu'est-ce qui, en fin de compte, mérite davantage notre pitié : les personnages, l'intrigue, le décor, le lecteur ou le discours lui-même, puisque l'auteur les manipule inexorablement pour sa propre satisfaction ? Que dire encore des affres de cet auteur, pris entre le tourbillon des genres conventionnels et les attentes du lecteur, poussé à faire du neuf mais quêtant le succès comme tout un chacun, déchiré entre ses désirs, ceux des personnages et les limitations intériorisées par le grand public ?

Ayant trouvé, aux abords de la soixantaine, la pomme de sa liberté dans le jardin secret des manuscrits inédits, Diderot y plante une dent incertaine et contemple, plus attentif que jamais, le ver niché en son cœur : au plus intime de toute représentation, assertion et communication. Mots et signes en tous genres lui paraissent une émanation directe du caractère profond, de la passion dominante, de la situation matérielle et sociale de leurs utilisateurs – comme il le montre avec un humour grinçant dans *la Satire première* (1773). À l'instar de la nature que conçoit sa philosophie matérialiste et athée, le langage engendre à l'aveuglette des résultats fonctionnels et pragmatiques, essaim de discours viables isolément et qui, pris ensemble ou séparément, ne reproduisent jamais ce qui aurait été donné une fois pour toutes, mais reformulent et réorganisent la somme toujours changeante de la réalité. Arts imitatifs, langage et formes de persuasion n'imitent pas tant le monde qu'ils ne participent à ses fonctions tumultueuses et génératives. Ils appliquent leur pouvoir imaginatif à l'esprit comme à la matière. Ils ont, dans leur expression perfectionnée, le pouvoir moralement suspect et tyrannique de s'approprier la conscience, de captiver, subjuguer ou réorienter le désir.

De l'avis de Diderot, les artistes en viennent de plus en plus à ressembler au neveu de Rameau, aux projectionnistes de la caverne de Platon (*Salon* de 1767) ou aux acteurs du *Paradoxe sur le comédien* (1773-1776 ?, éd. posth. 1830) : larrons et larronnes, mystificateurs et illusionnistes élaborant des métaphores, des mythes et des contrats à la façon dont les amants font des promesses, en oubliant et se masquant à eux-mêmes les procédés erratiques, dissociatifs et régénérateurs de la nature. Ces découvertes, la composition de plusieurs récits et de ce qui pourrait bien être le roman le plus profond, le plus foisonnant du siècle, *Jacques le fataliste et son maître* (1771-1780 ? édition posthume 1796), tout cela va de pair, dans la vie de Diderot, avec la reconnaissance de ses propres trahisons, mystifications et défections ; de la mort et de la naissance, soudaines et irrationnelles, de l'amour ; de la violence et pourtant de la nécessité de la persuasion. Sa dernière et meilleure pièce, la comédie autobiographique *Est-il bon ? Est-il méchant ?* (1775-1784), reprend certains de ces thèmes, mais c'est dans *Jacques le fataliste et son maître* qu'on trouve exprimé le double besoin d'un commerce humain libre et du démantèlement de ses artifices. Diderot abandonne la rédaction d'un traité moral pour s'interroger, comme à son habitude, sur ce que la vie est devenue pour lui : un face-à-face avec les énigmes et les paradoxes, éminemment moraux, des échanges sociaux et du discours public, avec les doutes liés à la découverte de la Vérité mais aussi (et peut-être surtout) à sa diffusion.

« Comment s'étaient-ils rencontrés ? Par hasard, comme tout le monde. Comment s'appelaient-ils ? Que vous importe ? D'où venaient-ils ? Du lieu le plus prochain. Où allaient-ils ? Est-ce que l'on sait où l'on va ? Que disaient-ils ? Le maître ne disait rien ; et Jacques disait que son capitaine disait que tout ce qui nous arrive de bien et de mal ici-bas était écrit là-haut. » Ainsi s'ouvre le roman, sur un registre intermédiaire entre le dialogue intérieur et l'interpellation d'un lecteur idéal mais exigeant. Et ce n'est là que la première volée de pointes que le narrateur décoche au lecteur, à lui-même, à la tyrannie des préjugés et des traditions romanesques ; la première des nombreuses passes d'armes physiques, érotiques ou discursives que devront supporter – non sans délectation parfois – les personnages et narrateurs à venir. *Jacques le fataliste* n'est pas un roman conventionnel ; si l'on en croit le lecteur, impliqué et irascible, c'est une « rhapsodie de faits, les uns réels, les autres imaginés, [...] distribués sans ordre » (*Jacques le fataliste*, p. 230). Il existe bien un narrateur absolu qui s'apprête à raconter l'histoire de Jacques et de son maître. Il refera sporadiquement surface mais la narration le fuit. S'il laisse Jacques entreprendre le récit de ses amours, ce dernier est constamment interrompu, par des querelles avec le maître qui a, entre autres choses, sa propre histoire à raconter ; par la rencontre d'autres personnages, qui veulent conter la leur ; par les questions indignées du lecteur ou du narrateur ; et par les dialogues entre personnages, dialogues où chacun donne son avis sur autrui et sur le récit qu'il vient d'entendre. Pour éculés que soient les modèles sur lesquels ils façonnent leur histoire – allégories, roman-mémoires, aventures exotiques ou récits de chevalerie, contes folkloriques ou romans picaresques –, la narration et le simple fait de parler sont avant tout des exercices de manipulation. Le pouvoir de séduire, de dominer ou de punir grâce à l'énergie libérée par les mots transparaît dans presque toutes les relations décrites au cours du livre, l'exemple le plus célèbre demeurant l'épisode où Mme de la Pommeraye fait épouser une prostituée à son amant infidèle ; mais ce pouvoir agit aussi dans l'étrange lien de dépendance verbale qui unit Jacques à son maître, et tous les narrateurs à leurs lecteurs et auditeurs.

Au-dessus de la bruyante compétition des voix et des classes, de la discordante juxtaposition des genres littéraires plane l'arbitre dernier de la vérité : le Rouleau « écrit là-haut », digne de créance – du moins on l'imagine – mais gravement, cruellement silencieux. Le Rouleau – dont le message est aussi envahissant, indéchiffrable et limitatif que toute idéologie, aussi immanent peut-être que le destin qui nous pousse et se joue de nous – entretient avec les personnages la même relation que ceux-ci avec leur prochain : il semble par son silence provoquer des questions sans réponse, défier un savoir globalisant, inspirer des relations de dépendance et de servitude, constituer le langage en remède et en arme futiles. Pourtant le discours est le lieu où prend place l'intermède agité de la vie. Élevé par des grands-parents qui n'ont, leur vie entière, prononcé que les mots « chapeau à vendre » et « un sou », Jacques portait, enfant, un bâillon sur la bouche ; s'il prospère et, paradoxalement, règne maintenant qu'il est devenu serviteur – à la façon de Schéhérazade ou de Diderot lui-même –, c'est parce qu'après cette période de censure contenue il peut parler, amuser, instruire et distraire son maître.

D'un côté, donc, silence et vérité ; de l'autre, une cacophonie de mots, de tourments et d'espoirs : un désir de définition, de fidélité et d'assurance au sein des fluctuations, des ambiguïtés de la nature humaine et de la vie « ici-bas » ; le sentiment d'être pris dans une partie interminable et pleine de redites, programmée dans notre esprit, notre corps et nos convictions ; la terrible perception des inadéquations et des ratages du discours, éminemment performatif et efficace (dans le cas d'une artiste consommée comme Mme de la Pommeraye) mais susceptible aussi de faire boomerang, de jeter plus de lumière sur la complexion morale du locuteur que sur l'objet qu'il essaie de décrire ou de piéger. Et pourtant l'exubérance du récit, de ses narrateurs multiples, de leurs digressions au seul but de se faire une place (aux dépens d'autrui, bien sûr), l'ardeur avec laquelle les personnages se poursuivent, se jaugent et s'interrogent semblent venir à bout de toute mélancolie. Bien qu'« on ne [dise] presque rien dans ce monde, qui soit entendu comme on le dit » (*ibid.*, p. 73), la conversation, la libre conversation, malgré les malentendus qu'elle engendre, ses impasses épistémologiques, voire sa « référentialité » douteuse, réussit – quoique imparfaitement – à conjurer la colère et la violence naissantes. Pendant ce temps, à l'intérieur du roman, la conversation des narrateurs perplexes s'emploie activement à troubler ou à paralyser la véhémence de l'interprétation, le terrorisme d'une « compréhension » canonique qui ne souffre aucun écart, aucune infraction à l'ordre social, céleste ou littéraire. La conversation apaise maîtres et serviteurs, ménage des îlots temporaires, sinon de Vérité, du moins de vérités et de paradoxes en formation. Et surtout, elle maintient la société à flot : société que ne viendra illuminer aucune brûlante révélation de la raison ou de la nature et qui reste donc prête à brandir la matraque, mais société, Dieu merci, exemplairement perplexe et dubitative.

L'ultime et poignant message laissé en caution par Diderot ne porte pas sur le savoir positif ou les vérités dernières. Sans la proclamer, il démontre l'importance d'une littérature réfléchie et réflexive pour la continuité des échanges sociaux et la constitution d'un discours socialement engagé – bien que moralement ouvert et suspensif.

Bibliographie : Denis Diderot, *Jacques le fataliste*, éd. Jacques Proust et Jack Undank, vol. XXII, in *Œuvres complètes* (Paris, Hermann, 1981) ; *le Neveu de Rameau*, éd. Herbert Dieckmann et Jean Varloot, vol. XII, in *ibid.* (Paris, Hermann, 1989) ; *la Religieuse*, éd. Georges May, Jacques Chouillet, Herbert Dieckmann, Jane Marsh Dieckmann, Jean Parrish et Jean Varloot, in *ibid.* (Paris, Hermann, 1975). Élisabeth de Fontenay, *Diderot, ou le Matérialisme enchanté* (Paris, Grasset, 1981). Georges May, *Quatre Visages de Denis Diderot* (Paris, Boivin, 1951). Jack Undank, *Diderot, Inside, Outside & In-Between* (Madison, Wis., Coda Press, 1979). Arthur Wilson, *Diderot : sa vie et son œuvre*, trad. Gilles Chahine, Annette Lorenceau, Anne Villelaur (Paris, Laffont/Ramsay, 1985).

Jack Undank

1772

Louis-Antoine de Bougainville publie la relation de son séjour à Tahiti

Utopies

En 1772, Louis-Antoine de Bougainville publie la relation de son *Voyage autour du monde*, où figure la première description des habitants de Tahiti. Le navigateur brosse de cette société païenne et pourtant pacifique un tableau si séduisant qu'il éveille l'intérêt de Diderot : pourquoi n'ajouterait-il pas aux impressions du navigateur un supplément qui enrichirait ses descriptions, tout en lui évitant les tracas d'un long voyage ? Le *Supplément au voyage de Bougainville* – rédigé par Diderot peu de temps après la parution du récit de Bougainville, mais publié à titre posthume en 1796 – décrit une société idéale dont les principes défient non seulement les fondements de l'Ancien Régime, mais encore ceux que leur opposent les Lumières. Le *Supplément* se veut un compte rendu véridique et non un exercice littéraire ou philosophique. Mêlant deux genres, il est récit de voyage et rêverie utopique. On y sent le désir de Diderot de remettre en question les convictions morales sur lesquelles il avait réglé sa vie.

Dans le *Supplément*, l'érotisme de ces utopiques Tahitiens met à rude épreuve un jeune aumônier français :

> La jeune Taïtienne s'abandonnait aux transports, aux embrassements du jeune Taïtien [...], elle était fière d'exciter les désirs et d'arrêter les regards amoureux de l'inconnu, de ses parents, de son frère ; elle acceptait sans frayeur et sans honte, en notre présence, au milieu d'un cercle d'innocents Taïtiens, au son des flûtes, entre les danses, les

caresses de celui que son jeune cœur et la voix secrète de ses sens lui désignaient (p. 593).

Dans le discours utopique de Diderot, l'univers naturel des primitifs apparaît bien supérieur à la France des Lumières. Comme il l'avait fait dans *le Neveu de Rameau* (1761-1774, éd. posth. 1805), l'auteur prend le parti de Rousseau contre Voltaire et suspend sa dévotion à la cause des Lumières le temps d'envisager d'autres solutions susceptibles de mener à la perfection morale, fondées non pas sur le progrès social et scientifique, mais sur l'écoute des voix secrètes du cœur et la réforme de la société selon le modèle de la nature. « Combien nous sommes loin de la nature et du bonheur ! » soupire l'un des interlocuteurs français de Diderot après avoir entendu l'exposé des lois tahitiennes (*ibid.*, p. 636).

Le *Supplément* n'en est pas moins un texte complexe. D'une part, Diderot remet en question l'idée, chère aux Lumières, d'un progrès reposant sur le développement des arts et des sciences : la société primitive tahitienne, aux arts et aux sciences rudimentaires, est présentée comme moralement supérieure à l'Europe. De l'autre, il conteste le primitivisme et son culte de la simplicité naturelle : la société tahitienne connaît des troubles internes et pratique l'infanticide. Dans ce manuscrit qu'il s'abstient de publier, Diderot ne se prive pas de remettre en doute ses propres choix moraux – ce qu'il n'aurait pas fait publiquement.

La littérature utopique des Lumières s'inscrit dans une tradition qui remonte à *l'Utopie* (1516), de Thomas More. Le mot « utopie » est forgé sur le grec *ou*, « non », et *topos*, « lieu » : « en aucun lieu », par conséquent « idéal ». Bien que située dans un lointain de légende, la société décrite par More demeure indiscutablement soumise – dans ses institutions et ses valeurs – à l'idéal humaniste chrétien de la Renaissance. *L'Utopie*, de More, est l'incarnation sereine, immuable, d'un mélange de sagesse classique et de vertus chrétiennes ; si elle s'éloigne de l'Europe, c'est en critiquant ses mœurs et ses conventions. Le lecteur ne sait jamais s'il doit lire *l'Utopie* comme un exercice littéraire ou comme un texte politique engagé.

Les utopistes français suivirent l'exemple de More. Des mondes lointains, souvent étranges, peuplés de nobles sauvages de toutes sortes apparaissent dans *Télémaque* (1699), de Fénelon, *l'An 2440* (1771), de Louis Sébastien Mercier, et d'innombrables autres textes ; ils sont présentés comme réels et offrent toujours l'exemple d'un pouvoir mesuré qui s'oppose à l'absolutisme d'un souverain comme le Roi-Soleil. La société idéale décrite par Fénelon – mélange inaltérable d'harmonie, de simplicité, de sensualité, de raison, de douceur et de calme méditatif – est présentée comme un idéal mais jamais comme un modèle pour transformer la France.

Les écrits utopiques de Nicolas Edme Restif de La Bretonne (1734-1806) s'écartent en plusieurs points du modèle de More et préfigurent les grands systèmes élaborés au XIXe siècle par Charles Fourier (1772-1837), Claude-Henri de Saint-Simon (1760-1825) et Auguste Comte (1798-1857). Pour Restif, les utopies ne relèvent ni de la rêverie ni de l'exercice littéraire : ses écrits sur la société idéale sont animés par un sentiment d'urgence morale commun à tous les ouvrages de ce genre postérieurs à la Révolution. L'après-1789 a enseigné aux écrivains que le changement est possible, voire, comme l'a dit Michelet, que tout est possible ; tandis qu'il suffirait d'un programme approprié pour qu'en une génération advienne une société parfaite. C'est du moins ce que conclut Condorcet au vu des bouleversements politiques dont il est témoin : son *Esquisse d'un tableau historique des progrès de l'esprit humain* (1794) retrace le développement de l'humanité et s'achève sur un chapitre où, pour la première fois dans l'histoire de l'homme, le futur est envisagé comme un « progrès indéfini ». L'optimisme selon lequel le changement est à la fois possible et souhaitable et l'idée qu'il est urgent de le faire advenir vont devenir les traits caractéristiques de la littérature utopique moderne.

Dans les écrits utopiques de Restif, dont beaucoup sont antérieurs à 1789, le sentiment de l'urgence repose peut-être sur des considérations plus personnelles qu'historiques. Restif, auteur parisien, ne se reconnaît pas dans l'image renvoyée par son entourage d'un jeune paysan devenu auteur célèbre dans la capitale de l'Europe cultivée ; il se voit comme un raté, un « paysan perverti », élevé dans la droiture morale mais précipité dans la décadence citadine. Sa volumineuse autobiographie, *Monsieur Nicolas* (1794-1797), est un conte moral qui ressasse jusqu'à l'obsession le thème des bonnes intentions trahies par une sensualité trop impérieuse. Au lieu de suivre le digne exemple d'un père janséniste, Restif sombre dans la dépravation et la quête des faveurs féminines. Il cherche dans ses écrits à expier ses nombreux péchés charnels, en montrant – comme dans *l'Anti-Justine* (1798), roman pornographique antisadien destiné aux couples mariés – que si les passions sont irrésistibles, maintenues à leur juste place, elles sont plus bénéfiques que nuisibles. L'utopie devient le lieu où nul ne risque de connaître le sort de Restif, et une société idéale celle qui assurera le salut de son âme.

La production de Restif est abondante. Il a laissé un récit de voyage imaginaire, *la Découverte australe par un homme volant, ou le Dédale français* (1781). Dans son roman le plus célèbre, *le Paysan perverti* (1776), il esquisse une communauté idéale définie par les « Statuts du bourg d'Oudun », procédé qu'il reprendra dans d'autres romans. Son œuvre la plus ambitieuse, *les Idées singulières* (1770-1797), est un vaste recueil en six volumes de règles et de règlements destinés à organiser l'utopie. Chaque volume propose un projet de réforme concernant un aspect particulier de la société : la prostitution (*le Pornographe*, 1770), la langue (*le Glossographe*, 1797), le théâtre (*la Mimographe*, 1770) et, à plus grande échelle, les hommes (*l'Andrographe*, 1782), les femmes (*les Gynographes*, 1777) et la législation (*le Thesmographe*, 1789).

Restif fait dépendre les passions de l'organisation sociale et non des déterminismes biologiques. Son brusque et violent changement de condition lui a laissé de profondes blessures. Robuste paysan de Sacy « monté » de Bourgogne à Paris, il a succombé aux tentations de la capitale et conclut que les passions, saines à la campagne, sont dangereuses à la ville. C'est donc que les structures sociales locales influent sur la façon dont l'individu éprouve et gouverne ses émotions. Voici comment Restif exprime ses sentiments ambivalents – et leur résolution utopique – dans *l'Andrographe* :

> Un jeune campagnard vient à la ville, s'y instruit, s'y polit, devient savant : mais l'ambition, les passions exaltées lui donnent des peines ; il regrette la tranquillité de son premier état : demandez-lui, s'il voudrait perdre ses lumières ? s'il est sincère, il rejettera cette proposition avec horreur. Combien de fois me suis-je pas fait cette question à moi-même, dans certaines circonstances très-malheureuses : voudrais-je encore être paysan ? [...] Je crus d'abord, et dans un âge où l'expérience ne m'éclairait

> point assez, que je désirais sincèrement ma première tranquillité : je partis pour ma province [...]. Je me retrouvai avec ces hommes-simples [...]. Mais je ne tardai pas huit jours à trouver insupportables, et leur déférence, et ma supériorité, et la solitude [...]. Je revins à Paris. En apercevant cette grande ville, où j'avais tant souffert ! mon cœur bondit de joie ; je la bénis ; je lui jurai de ne la plus quitter (pp. 183-184).

L'utopie est donc un univers où les passions peuvent avoir libre cours tout en étant contrôlées afin d'éviter le sort du paysan perverti. Restif, qui rêve d'un équilibre entre l'assouvissement et la modération, ambitionne de concilier le sentiment de sécurité de la vie villageoise aux plaisirs inoubliables de la capitale.

D'où l'intéressante ambivalence de sa méthode. La satisfaction de l'amour est le but fondamental de ses projets utopiques, mais il a le plus grand mal à choisir entre la licence et la stricte réglementation. Dans *la Découverte australe*, la libre expression des passions est érigée en règle. Son caractère bénéfique se juge aux résultats : « La nation entière paraissait renouvelée : la vieillesse avait disparu dans les deux-sexes ; tous parés, tous aimables, tous gais et sains, ils aspiraient également après les plaisirs qu'un nouveau choix leur promettait » (vol. III, p. 526). Dans *l'Andrographe*, *le Pornographe* et *les Gynographes* en revanche, l'utopie implique un contrôle véritablement spartiate des passions.

Renonçant à l'ambivalence de Restif, la génération suivante poussa l'intérêt pour l'utopie sentimentale bien au-delà des plus folles inventions du paysan bourguignon. Fourier et Saint-Simon, de même que Robert Owen en Angleterre, éliminèrent complètement ce qui, dans *l'Utopie*, de More, semblait tourner le dos au monde réel. La Révolution française et son épilogue napoléonien prouvaient suffisamment à leurs yeux qu'on peut changer la société aussi bien que la nature humaine. À condition toutefois d'être en quelque sorte le Newton de l'organisation sociale, capable de déchiffrer les lois de l'évolution historique et d'en déduire les lignes directrices d'un avenir aussi radieux que possible. Dans cette ère de révolutions, l'utopie se rattachait désormais à la dynamique du changement temporel, avec le même sentiment d'urgence inspiré à Restif par son expérience personnelle. L'utopie quittait les lointains brumeux de son origine et se hissait au sommet d'un continuum temporel : elle représentait l'avenir.

Et l'avenir était à portée de la main. Une simple lettre à Napoléon, exposant les grandes lignes du projet utopique, pouvait suffire. Saint-Simon prit la plume, convaincu de recevoir par retour du courrier une réponse à tous les maux de l'humanité. Ne voyant rien venir, il se tourna vers les capitalistes et les spéculateurs. Tout autre fut la tactique de Fourier. Il fit savoir qu'il se trouverait chez lui tous les jours à midi, de sorte que les généreux donateurs pourraient l'y rencontrer, admirer la grandeur de ses projets et accorder les fonds nécessaires à l'établissement d'un phalanstère modèle – démonstration tangible de la viabilité de ses idées. Il était convaincu qu'un seul phalanstère suffirait à prouver sa sagesse et à faire des émules ; la terre serait bientôt réorganisée en palais de la perfection. Personne ne se présenta avec les fonds souhaités, mais des communautés fouriéristes s'établirent de la Roumanie à la Louisiane, au cours de la vague utopique qui balaya l'Occident dans la seconde moitié du XIXe siècle. La Brook Farm, par exemple, à West Roxbury, près de Boston, décrite par Nathaniel Hawthorne, s'inspirait du fouriérisme. *Phalanx*, journal d'information des communautés fouriéristes, parut pendant plusieurs années sur la côte est des États-Unis. Les saint-simoniens eurent plus de succès en France et installèrent leur communauté à Ménilmontant.

Pour remédier à la sécheresse rationaliste des Lumières, à l'esprit calculateur bourgeois et à la dureté de la vie dans la nouvelle société urbaine capitaliste, Fourier et Saint-Simon préconisaient de réorganiser l'amour. Tandis qu'outre-Rhin le jeune Ludwig Feuerbach misait sur les subtilités du discours dialectique pour faire surgir un nouvel ordre social fondé sur l'amour, les Français optaient pour une stratégie discursive plus organisationnelle : le projet utopique.

Fourier était convaincu que ses observations sur la société constituaient l'embryon d'une théorie scientifique et il formula sa pensée dans une terminologie pseudo-newtonienne. La loi fondamentale de l'univers était l'attraction passionnée et non plus la gravité. Le cosmos entier était mû par une force soumise à des cycles multimillénaires. La France se trouvait alors en un point défavorable d'un cycle menant vers un monde meilleur, organisé selon les lois de l'attraction passionnée. Si Newton se croyait l'instrument choisi par Dieu pour révéler à l'humanité le plan secret de l'univers, Fourier était en relation avec les forces vitales et invisibles de la nature. Le discours utopique était sa façon de communiquer à ses concitoyens un savoir extraordinaire : « Cette attraction passionnée que vos philosophes accusent de vice et de corruption est le plus savant et le plus admirable des œuvres de Dieu, puisqu'elle seule, sans aucune contrainte et sans autre appui que l'appât des voluptés, elle seule va établir l'Unité universelle sur le globe, et faire disparaître les guerres, les révolutions, l'indigence et l'injustice, pendant la carrière de septante mille ans d'Harmonie sociale où nous allons entrer » (*Œuvres complètes*, vol. Ier, p. 85).

Voyageur de commerce, Fourier s'appliqua à observer et classer la variété des types humains qu'il rencontrait dans ses pérégrinations. Ses recherches lui permirent de conclure à l'existence de mille six cent dix types de personnalités, également répartis en types masculins et féminins et correspondant aux permutations de douze passions fondamentales. L'échelle des systèmes sociaux était fonction de leur capacité à accommoder l'éventail des passions. L'utopie permettait le plus grand échange possible entre types passionnés complémentaires. Elle assurait l'expression de toutes les passions au nom du danger que représentaient les passions étouffées : transformées en leur contraire, elles débouchent sur des relations pernicieuses. Tel était le cas de la célèbre dame Strogonoff, princesse de Moscou, qui aimait l'une de ses jeunes esclaves ; mais comme la morale condamnait le saphisme, elle prenait plaisir à cribler d'épingles la malheureuse, prodiguant ainsi la douleur au lieu du plaisir.

Grand rêveur, Fourier élaborait ses projets avec un souci obsessionnel du détail. Rien ne lui échappait : la civilisation bourgeoise, déplore-t-il dans la *Théorie des quatre mouvements* (1808), vise à favoriser la maladie et les litiges puisque médecins et avocats ont intérêt à la multiplication de ces fléaux, plutôt qu'à leur élimination. Le travail doit être source de plaisir, souligne-t-il, ce qui s'obtient en l'associant avec un intérêt passionné. Puisque les adultes trouvent dégradant de ramasser les ordures, la société utopique confiera la besogne à des « petites hordes » de garçons – qui adorent patauger dans la boue et la saleté. Ces groupes, formés sur le modèle militaire, rivaliseront entre eux pour gagner médailles et autres menues récompenses. Ainsi, dans l'utopie fouriériste, les tâches les plus ingrates deviendront de nouvelles sources de plaisir. Le travail s'améliorera grâce à la rotation horaire des tâches, puisque les passions ne se soutiennent guère longtemps. Enfin, les brigades de travail seront composées d'amis et de types passionnels complémentaires. Le bureau de travail de l'utopie fouriériste renseignera les individus non seulement sur leurs aptitudes mais aussi leurs affinités, réalisant ainsi une sorte de psychothérapie sociale.

Pour Fourier, voyageur de commerce solitaire, l'essentiel est la satisfaction de l'amour. Harmonie, nom donné à la société idéale, est conçue pour favoriser, voire accroître les plaisirs affectifs et sensuels. Les erreurs d'organisation en matière de travail ne sont rien à côté de celles qui entravent l'amour. Fourier fulmine contre la condition de ses contemporaines et soutient que les civilisations se jugent au degré de liberté qu'elles accordent aux femmes. La famille bourgeoise, déplore-t-il, ne brille guère sur ce terrain puisqu'elle étouffe les passions à force d'ennui et de répression, et maintient les femmes dans une dépendance pécuniaire proche de la prostitution.

Dans Harmonie, chacun dispose d'un appartement qui lui garantit l'indépendance. Les rencontres sentimentales ou sexuelles varient selon le type passionnel des individus. Tandis que le type « papillon », par exemple, préfère changer continuellement de partenaire, d'autres seront plus enclins à la monogamie. Si le ramassage des ordures constitue le problème principal en matière d'organisation du travail, la jalousie est son équivalent dans le domaine amoureux. Un bataillon spécial d'hommes et de femmes choisis pour leur beauté sera chargé d'envelopper les amants malheureux d'un nuage de tendresse, de les sortir avec douceur de l'abattement, et de les conduire à l'extase. De telles réformes, promet Fourier, accroîtront les capacités de chacun à connaître le plaisir, et l'on pourra enfin juger l'utopie lorsque deux communautés étrangères l'une à l'autre se rencontreront et se livreront à une orgie affective et sexuelle. « L'orgie peut bien être fortuite, comme il arrive dans les rassemblements d'armée et de caravansérail, mais dans les séances régulières de cour d'amour, l'orgie est préparée par le ministre et le pontife qui ménagent des réunions délicieuses, des sympathies cumulées et se renforçant les unes par les autres » (*le Nouveau Monde amoureux*, p. 309).

Si l'on continua d'écrire et de publier des ouvrages utopiques après 1848, le genre déclina progressivement. Après la Seconde Guerre mondiale, l'avenir semblait plutôt « dystopique ». Mis à part le bref sursaut de mai 1968, comme en témoigne le film d'Alain Tanner, *Jonas qui aura vingt-cinq ans en l'an 2000* (1976), le futur n'inspira plus l'imagination utopique, sauf dans le domaine de la science-fiction.

Voir aussi 1834.

Bibliographie : Denis Diderot, *Supplément au voyage de Bougainville*, in *Œuvres complètes*, éd. Henri Coulet, Roland Desné, Jean Gérard, Georges Dulac et le Centre d'études du XVIIIe siècle de Montpellier, vol XII (Paris, Hermann, 1989). Charles Fourier, *le Nouveau Monde amoureux*, in *Œuvres complètes*, éd. Simone Debout-Oleszkiewicz, vol. Ier et VII, (Paris, Anthropos, 1967). Nicolas Edme Restif de La Bretonne, *l'Andrographe, ou Idées d'un honnête-homme sur un projet de règlement, proposé à toutes les nations de l'Europe, pour opérer une réforme générale des mœurs, et par elle, le bonheur du genre humain* (Paris, Duchesne et Belin, 1782) ; *la Découverte australe par un homme volant, ou le Dédale français*, 4 vol. (Paris, n. p., 1781). Roland Barthes, *Sade, Fourier, Loyola* (Paris, Seuil, 1971). Pascal Bruckner, *Fourier* (Paris, Seuil, 1975). Georges Duveau, *Sociologie de l'utopie et autres essais* (Paris,

P.U.F., 1961). Mark Poster, *The Utopian Thought of Restif de La Bretonne* (New York, New York University Press, 1971). Pierre Testud, *Rétif de La Bretonne et la création littéraire* (Lille, Université de Lille III, 1980).

Mark Poster

1774, 19 avril

La première d'*Iphigénie en Aulide*, de Gluck, déchaîne une nouvelle tempête au sein de l'élite parisienne

Une guerre à l'Opéra

C'est le 19 avril 1774 au soir, moins d'un mois avant la mort de Louis XV, que l'*Iphigénie en Aulide*, de Christoph Willibald Gluck, fut créée à l'Opéra en présence de Marie-Antoinette. Selon la dauphine – qui avait été l'élève du compositeur à la cour d'Autriche – la représentation du premier opéra « français » de Gluck suscita une extraordinaire agitation, aussi passionnée que s'il s'était agi de religion et non de musique (*Christoph Willibald Gluck*, p. 197). La furieuse querelle littéraire déclenchée par cet événement reçut le nom de guerre des gluckistes et des piccinistes (l'Italien Piccini était venu en France à l'invitation de Mme du Barry pour faire pièce à Gluck et composer divers opéras sur les mêmes livrets que son rival allemand). Durant près de cinq années, l'élite littéraire se divisa en deux clans, comme elle l'avait fait naguère à propos des questions politiques et religieuses opposant jésuites et jansénistes ou philosophes et dévots.

Cette véritable « guerre musicale » était en réalité le dernier épisode d'un conflit qui divisait la société cultivée depuis déjà plus d'un siècle et l'avait transformée une vingtaine d'années auparavant – lors de la célèbre querelle des Bouffons – en champ clos où l'on s'affrontait à coup de libelles sur l'improbable question du drame lyrique français et italien.

Pour la majorité des penseurs des XVIIe et XVIIIe siècles, la musique se réduisait à l'art lyrique ; c'est donc autour de l'opéra que se menèrent presque tous les débats musicaux du siècle des Lumières. L'opéra était une forme hybride représentant l'idéal dramatique du spectacle total ; à la fin de la Renaissance, ses créateurs avaient vu en lui le moyen de réaliser l'union parfaite de la musique et de la déclamation poétique ; l'imagination baroque devait lui permettre par la suite d'approcher la fusion idéale de tous les arts dans la plus riche des formes esthétiques.

L'opéra italien, introduit par Mazarin au début du règne de Louis XIV, ne fit d'abord qu'aiguiser l'appétit du public pour un opéra français. L'opéra italien privilégiait l'invention mélodique et la virtuosité vocale, souvent aux dépens de la qualité théâtrale. Avec l'arrivée en France, au début du XVIIIe siècle, du théâtre lyrique italien, encore moins dramatique, l'opéra semblait condamné à rester une forme artistique où le plaisir du chant – accusé depuis Platon d'attenter à la bonne tenue morale – l'emporterait sur les éléments verbaux, poétiques ou didactiques qui contrebalancent les charmes délétères de la mélodie. La musique et le texte – composantes conflictuelles du théâtre lyrique – devinrent les pôles autour desquels se définirent la tradition française de la tragédie lyrique et son opposé novateur, le style italien.

La première controverse musicale du siècle se traduisit par un échange d'essais célébrant pour les uns l'invention mélodique italienne, libre de tout carcan, soutenant pour les autres la tradition française et la subordination rigoureuse de la musique au texte. C'est autour de la musique de Lully que le débat s'engagera. Le Florentin, devenu surintendant de la musique, régnait en maître sur l'opéra français. La polémique dont il fut l'objet s'inscrit en réalité dans le cadre plus vaste de la querelle des Anciens et des Modernes, qui opposa au début du siècle partisans de la tradition et défenseurs de la modernité. La musique française s'identifiait alors avec les Anciens, c'est-à-dire la cour, la noblesse, le cérémonial royal et aristocratique. Nourri de cette tradition, Lully avait élaboré un style musical élégant et austère, qui privilégiait une vocalisation directement modelée sur la déclamation de la tragédie classique.

C'est dans les années 1730-1740 que fut livrée la bataille des lullistes et des ramistes, sur le terrain des notions d'ancien et de nouveau. Le courant moderniste se reconnaissait dans la musique de Jean-Philippe Rameau, nouvelle idole du monde musical parisien. Aux yeux de toute une génération, Rameau incarnait l'exubérante liberté créatrice associée à la manière italienne. La polémique éclata en 1752, avec l'arrivée en France d'une troupe italienne appelée les Bouffons parce que son répertoire empruntait exclusivement à l'*opera buffa*. La reprise triomphale d'un *intermezzo* comique de Pergolèse, *la Serva padrona* (1733 ; *la Servante maîtresse*), passé inaperçu lors de sa présentation six ans plus tôt, suscita une telle avalanche d'écrits incendiaires qu'elle prit les proportions d'une affaire d'État.

Cette nouvelle controverse divisa l'élite intellectuelle en « coin du roi » et « coin de la reine », par référence aux loges de Louis XV et de Marie Leszczynska à l'Opéra, auprès desquelles partisans de l'une ou l'autre musique se rassemblaient. En règle générale, les encyclopédistes, esprits libéraux et modernistes acquis à la cause italienne, se rangeaient dans le coin de la reine. On y remarquait d'Alembert, Cahusac et, parmi les plus fanatiques, Grimm et Rousseau. Les fidèles du coin du roi, conduits par Fréron, Cazotte et Pidensat, affirmaient leur attachement à la musique française et donc aux valeurs nationales. Aucun groupe ne brillait par des connaissances musicales particulières et les opinions étaient manifestement plus politiques que musicales.

L'arrivée des Italiens coïncidait avec le lancement de l'entreprise encyclopédique, témoignage de la transformation intellectuelle prônée par les Lumières. Or l'opéra français était une institution nationale, créée par Louis XIV et donc protégée par une sorte d'inquisition culturelle. Dans le livre troisième des *Confessions* (1782), Rousseau compare la division de l'élite parisienne à une nouvelle guerre de religion. Ce qui avait commencé en un débat musical se mua bientôt en un conflit profond.

L'Opéra était devenu le prolongement des salons, des cafés et des autres foyers intellectuels et culturels où des clivages fortement symboliques – roi et reine, Français et Italiens, virilité et efféminement – correspondaient à des prises de position politiques. L'opéra italien donnait aux encyclopédistes l'occasion de prôner la libre expression et l'univers du sentiment, bridé par les conventions. Le génie mélodique italien, triomphant à l'Opéra, était l'illustration musicale d'une façon de vivre, un vivant exemple de la valeur libératrice du progrès. Et l'ennemi du progrès sur ce terrain était... Rameau, dont le nom évoquait désormais un univers musical poussiéreux, aux harmonies trop savantes, au raffinement superflu. Inversement, pour l'élite aristocratique et les tenants de la tradition regroupés dans le « coin » adverse, les philosophes étaient coupables de faire cause commune avec des artistes médiocres, des bouffons et des saltimbanques de bas étage.

Insigne collaborateur de l'*Encyclopédie* (1751-1772), le baron d'Holbach semble avoir marqué le premier point en qualifiant la musique française de « gothique et barbare ». La querelle s'envenima avec la publication par Grimm du *Petit Prophète de Boehmischbroda* (1753). Dans un style parodiant les prophéties de l'Ancien Testament, ce pamphlet rapporte le songe d'un étudiant en musique praguois : le jeune homme a la révélation de la décadence du théâtre lyrique français, cependant que l'esprit de l'opéra l'exhorte à écouter la leçon rédemptrice de Pergolèse et de la musique italienne. La satire de Grimm fut suivie d'une soixantaine de pamphlets publiés entre 1753 et 1754, pour la plupart de façon anonyme. Le niveau du débat n'illustrait guère l'idéal philosophique de libre circulation des idées : le ton ne s'élevait pas au-dessus de l'intrigue, de la jalousie et des ragots ; les points en litige étaient souvent insignifiants ; quant aux arguments ressassés, ils se réduisaient généralement à des parallèles stéréotypés entre deux styles « nationaux ».

Le plus remarquable témoignage de ce débat est certainement le chef-d'œuvre de Diderot, *le Neveu de Rameau* (1761-1774, éd. posth. 1805), paru bien après l'apaisement des querelles. Le dialogue de Diderot offre pour ainsi dire un condensé des polémiques musicales de l'époque ; son attitude à l'égard des séductions « naturelles » du chant italien – passionnément défendues par le neveu du célèbre compositeur – est aussi ambiguë que l'ensemble de ce dialogue imaginaire.

Pourtant, avant que le philosophe n'entre dans la mêlée en publiant trois brefs pamphlets en 1753, aucun des « belligérants » ne s'était rendu compte que la question avait toujours été mal posée. L'intérêt de Diderot pour les frontières entre genres, les formes hybrides et les capacités imitatives de chaque discipline artistique lui permirent de comprendre que les arguments avancés étaient frappés de nullité parce qu'ils comparaient des formes musicales différentes : la tragédie lyrique française et les ouvrages plus légers de la tradition comique italienne. Autant comparer Molière et Corneille et se demander lequel est le plus grand.

Leur engagement politique et leurs partis pris idéologiques interdirent aux philosophes d'apprécier la musique et la théorie musicale de Rameau. Ce dernier tenait l'harmonie pour le fondement absolu de la musique, affirmait sa primauté sur la mélodie, qu'il soumettait donc à l'harmonie. L'harmonie musicale était à ses yeux le reflet d'une harmonie plus profonde, d'une loi naturelle immuable qu'on ne pouvait atteindre que grâce aux mathématiques. La musique possédait une rationalité intrinsèque qui la situait au-delà des particularismes de lieu et de temps : c'était un langage privilégié donnant accès à l'unité rationnelle de l'univers.

Rien d'étonnant à ce que Rousseau ait rejeté cette identification du naturel au rationnel, ou la conception de la musique comme beauté mathématique. Son opéra, *le Devin du village* (1752), qui agrémentait d'accents italiens une forme française traditionnelle, avait connu un vif succès à Fontainebleau. Mais la retentissante *Lettre sur la musique française* (1753), dans laquelle le philosophe exposait ses opinions sur la musique et la langue françaises, devint bientôt le centre du débat.

Comme la plupart de ses contemporains, les préférences de Rousseau allaient à la musique vocale ; pour le Genevois, la musique instrumentale, privée de référent et détachée de la poésie, n'a littéralement aucun sens. La fonction naturelle de la musique est de s'unir au langage. Dans quelque mythique paradis perdu, le premier langage de l'homme fut le chant. La nature dicte à l'âme non pas des harmonies mais des mélodies, qui seules gardent intact ce contact privilégié avec la conscience, voix de l'« instinct divin ». C'est le langage en général, et la langue française en particulier, que la théorie exposée par Rousseau dans la *Lettre* se propose de renverser. Le français, pense-t-il, est par essence impropre à l'expression musicale ; il est trop rude, dépourvu des qualités sonores de l'italien, de ses rythmes fortement accentués comme de sa douceur. La musique française ignore la mélodie et l'expression ; la France n'a pas, et ne pourra jamais avoir, de musique digne de ce nom.

Mais voilà qu'en 1754, après un séjour d'à peine deux ans, les Bouffons furent chassés de France ; le répertoire de l'opéra français s'en sortait apparemment indemne. La même année, la Comédie-Italienne donna *le Retour du goût*, pièce de Marc-Antoine Chevrier ridiculisant les Bouffons et le coin de la reine. La controverse sur les styles musicaux français et italien connut alors une conclusion provisoire. Ni l'un ni l'autre camp ne pouvait prétendre à la victoire, et rien n'était sorti de leurs échanges qui permette de répondre aux questions posées.

Comme sous l'effet d'une compulsion plus profonde, deux camps se formèrent à nouveau lorsque Gluck arriva à Paris en 1774 avec un opéra inspiré de l'*Iphigénie* de Racine, sur un livret de François du Roullet. Alors que l'opéra italien donnait la primauté à la musique, Gluck proposait une réforme qui rétablirait l'équilibre en privilégiant la dimension poétique et dramatique de l'opéra. Quoi qu'en dise la célèbre épître dédicatoire d'*Alceste* (1769), où il expose son dessein de compositeur – « Je pensais à restreindre la musique à son véritable office, qui est de servir la poésie par l'expression » (*ibid.*, p. 155) –, Gluck rêvait d'un opéra qui transcende les styles français et italien. L'un et l'autre paraissaient désormais trop académiques, et Gluck voulait rapprocher la musique de son idéal affiché : la fusion harmonieuse de la musique et du texte poétique.

Avec *Iphigénie en Aulide*, Gluck montra que l'esprit de Lully – qu'il ne faisait que défendre et continuer – gardait toute sa séduction aux yeux du public. Malgré les piccinistes, Gluck s'imposa avec le soutien des encyclopédistes, des connaisseurs, et même de Rousseau, comme le maître incontesté de la scène lyrique. Piccini, qui se tint constamment à l'écart de la querelle baptisée de son nom, n'était pas un rival dangereux ; son arrivée malencontreuse à Paris le jour de la création française du célèbre *Orfeo ed Euridice*, de Gluck (31 décembre 1776 ; créé en 1762 à Vienne pour la version italienne), augurait mal de cette ultime confrontation entre styles musicaux. Pendant près de cinq ans, de 1774 à 1779, une controverse, reprenant inlassablement les sujets des querelles précédentes, se déchaîna autour de la personne de Gluck. Les hostilités cessèrent à la fin de 1779, lorsque le compositeur, mortifié par l'échec d'*Écho et Narcisse*, quitta définitivement le pays.

Tant de diatribes, d'invectives, d'attaques personnelles et d'autres aménités ne provoquèrent pas de révolution musicale. Certaines nouveautés, suffisamment fortes pour influencer l'évolution du genre lyrique, émergèrent du tumulte qui avait secoué l'univers de l'opéra. L'opéra-comique français naquit de la fusion des genres comique et lyrique. Les extravagances de l'opéra baroque commençaient à indisposer un public qui manifestait moins d'enthousiasme pour la grande tragédie lyrique. L'opéra s'affirmait comme un art qui parlait au cœur, du fond du cœur et qui, mieux peut-être que toute autre forme artistique, représentait la réalité de l'irrationnel. Au cours des années suivantes, le génie de Mozart, assimilant et renouvelant les différents genres d'opéra, sérieux et comique, allait explorer les possibilités les plus prometteuses du drame musical. Les polémiques esthétiques qui agitèrent le siècle, si elles ne pèsent guère dans l'histoire de la musique, absorbèrent le trop-plein passionnel des tumultueux débats politiques, esthétiques et moraux qui étaient en train de transformer l'image de la nature humaine. La musique occupait désormais une place prépondérante au sein d'un mouvement d'idées dont la puissance culturelle s'affirmait jusque dans l'univers ritualisé de l'opéra.

Voir aussi 1680, 1707, 1771, 1885 (février).

Bibliographie : Denis Diderot, *Écrits sur la musique*, in *Œuvres complètes*, éd. Jean Mayer, Pierre Citron et Jean Varloot, vol. XIX (Paris, Hermann, 1983). Jean-Jacques Rousseau, *Lettre sur la musique française*, in *Écrits sur la musique* (Paris, Stock, 1979). Maurice Barthélemy, *Métamorphoses de l'opéra français au siècle des Lumières* (Paris, Actes Sud, 1990). Béatrice Didier, *la Musique des Lumières : Diderot, l'« Encyclopédie », Rousseau* (Paris, P.U.F., 1985). Catherine Kintzler, *Jean-Philippe Rameau : splendeur et naufrage de l'esthétique du plaisir à l'âge classique* (Paris, Sycomore, 1983). Jacques-Gabriel Prod'homme, *Christoph Willibald Gluck* (Paris, Fayard, 1985). Jean-Jacques Robrieux, « Jean-Philippe Rameau et l'opinion philosophique en France au XVIIIe siècle », *Studies on Voltaire and the Eighteenth Century*, n° 238 (Oxford, The Voltaire Foundation, 1985). Georges Snyders, *le Goût musical en France aux XVIIe et XVIIIe siècles* (Paris, Vrin, 1967).

Herbert Josephs

1782, mars

Choderlos de Laclos publie *les Liaisons dangereuses*

Les mots et la chose

Publiées en 1782, sept ans avant les événements qui allaient détruire le monde qu'elles dépeignent, *les Liaisons dangereuses* résument une longue tradition de littérature libertine et lui donnent son expression définitive. Depuis le début du siècle, comme l'a observé Denis de Rougemont, une aristocratie privée d'occasions de montrer sa puissance dans les travaux guerriers s'adonnait aux jeux de la conquête amoureuse. Le séducteur était devenu un personnage littéraire majeur, un être qui – à l'image du Don Juan de Molière – défiait les règles établies par l'Église, l'État et la morale. La séduction, qui est un système de domination psychologique d'autrui – et par conséquent un pouvoir social –, avait ses règles, codifiées, voire théorisées, dans les nombreux romans qui ouvrirent la voie au chef-d'œuvre de Laclos. Comme allait plus tard le rappeler Talleyrand, « qui n'a pas vécu les années voisines de 1780 n'a pas connu la douceur de vivre », *les Liaisons dangereuses*, avec leur recherche incessante du plaisir et du pouvoir, illustrent de manière éloquente la douceur d'une vie consacrée à l'assouvissement de désirs personnels. Mais elles laissent aussi apparaître les failles du système en signalant, à notre regard rétrospectif, l'imminence de la Révolution.

Les Liaisons dangereuses couronnent une tradition de romans épistolaires, remontant au moins aux *Lettres portugaises* (1669), de Guilleragues, et brillamment illustrée au XVIIIe siècle par la *Clarissa* (1747-1748), de Richardson, et *la Nouvelle Héloïse* (1761), de Rousseau. Le genre compte des romans à une voix, où toutes les lettres émanent d'un même personnage et d'autres à deux ou plusieurs voix, où interviennent divers correspondants. *Les Liaisons dangereuses* – sous-titrées « Lettres recueillies dans une société » – appartiennent à cette dernière catégorie et, plus qu'aucun de ses devanciers, le roman orchestre un savant contrepoint de voix. C'est un drame dont la construction est si parfaitement solidaire des échanges épistolaires qu'aucun roman par lettres, parmi les rares exemples qui l'ont suivi, n'a su égaler la maîtrise de Laclos. Une telle perfection pourrait bien faire des *Liaisons dangereuses* un cas limite à plusieurs titres : le meilleur, le plus audacieux et le dernier de son genre.

Aucun autre roman n'a motivé aussi pleinement et aussi habilement l'usage de la forme épistolaire : la nécessité du recours aux lettres est évidente et leur échange constitue en soi un élément capital, car la plupart des personnages sont dans des situations qui leur interdisent de communiquer autrement que par lettre – éloignement géographique ou impossibilité d'échanges directs. Le vicomte de Valmont et la marquise de Merteuil, amants d'hier et confidents d'aujourd'hui, poursuivent chacun des conquêtes séparées, Mme de Merteuil à Paris et Valmont au château de Mme de Rosemonde, sa tante ; c'est là qu'il rencontre la désirable présidente de Tourvel, épouse irréprochable d'un haut magistrat. Bien que Valmont songe d'abord à séduire la présidente, Mme de Merteuil détourne ses vues en direction de la jeune Cécile de Volanges : celle-ci, fraîche émoulue du couvent, est promise en mariage au comte de Gercourt, amant infidèle dont la marquise entend se venger en faisant déflorer et débaucher sa fiancée. Cécile, de son côté, s'éprend du chevalier Danceny, qu'une médiocre fortune empêche de prétendre à la main de la jeune fille.

Tout est en place pour que la lettre devienne le seul moyen de rendre compte des événements et, presque aussi souvent, de les provoquer. Danceny, par exemple, qui n'est jamais seul avec Cécile, doit, pour déclarer son amour, lui écrire en secret et dissimuler sa lettre dans la harpe de la jeune fille. Valmont doit contrefaire le timbre de Dijon – résidence ordinaire de Mme de Tourvel – pour faire croire à la présidente que sa lettre vient de son mari. Plus tard, Valmont prétextera le souci de remettre en mains propres les lettres de Danceny à Cécile pour s'introduire chez la jeune fille et la séduire. Il subornera une femme de chambre pour recouvrer les lettres qu'il a écrites à Mme de Tourvel : toutes les missives ont été conservées, l'une porte des traces de larmes et a été recollée après avoir été déchirée en public. Mme de Merteuil profite d'une lettre à Mme de Volanges pour conter sa mésaventure avec Prévan, certaine que son indiscrète correspondante donnera une telle publicité au récit qu'il deviendra la version « officielle » des faits. Dès la toute première lettre, dans laquelle Cécile confie d'un même souffle qu'elle s'ennuie et qu'elle possède un secrétaire, le rapport de l'écriture et des jeux de séduction est en place. Jeux dont Mme de Merteuil fixe les règles en jurant de ne revenir à Valmont qu'après avoir eu la preuve écrite – une lettre de la « victime » – qu'il a séduit Mme de Tourvel.

La tradition du roman épistolaire utilisait la lettre comme moyen d'expression directe des sentiments. Pour Samuel Richardson, les lettres permettent de donner un compte rendu presque « instantané » des événements et de leurs effets sur celui qui écrit : elles sont par excellence le lieu de l'expression du moi et de l'analyse. Rousseau a misé sur cette utilisation de la lettre comme véhicule de la subjectivité pure qui fait des premiers chapitres de *la Nouvelle Héloïse* une succession d'arias où Julie et Saint-Preux expriment leurs sentiments les plus intimes. Laclos, qui a parfaitement assimilé la leçon de ces deux maîtres, reprend l'usage traditionnel de la lettre comme subjectivité pure, mais en le compliquant singulièrement. Comme nous en avertit la préface du prétendu éditeur, dans ces exemples d'une forme qui devrait être proche de la confession, presque tous les sentiments exprimés sont « feints ou dissimulés ». Le désir naïf et naturel de s'identifier à l'auteur d'une lettre, d'épouser ses vues, est d'emblée contrarié. Et le contraste de tons entre les deux premières lettres – l'une, puérile, minaudière et sotte de Cécile, l'autre, mondaine, spirituelle et insinuante, de Mme de Merteuil – signale d'entrée que le roman va exiger du lecteur bien plus qu'une simple attitude d'identification.

Laclos introduit une révision fondamentale dans la tradition épistolaire, révision parfaitement résumée dans la lettre adressée par Mme de Merteuil à une Cécile qui a perdu sa virginité, mais garde intacte son innocence à l'égard du monde : « Quand vous écrivez à quelqu'un, c'est pour lui et non pas pour vous : vous devez donc moins chercher à lui dire ce que vous pensez, que ce qui lui plaît davantage » (lettre CV). Toutes les lettres du roman sont conçues et rédigées en fonction du lecteur : elles cherchent à prévoir et à diriger ses réactions. Ceux qui mènent le jeu de la séduction, Mme de Merteuil et Valmont, le font précisément parce qu'ils sont les plus habiles à intégrer dans leurs lettres la lecture qu'en fera le destinataire. Un exemple saisissant en est fourni par la lettre XLVIII, écrite par Valmont au cours d'une partie de plaisir avec une courtisane – qui lui a servi, affirme-t-il, d'écritoire – et adressée à Mme de Tourvel mais confiée aux bons soins de la marquise afin que celle-ci puisse être la première à la lire. Alors que Mme de Tourvel voit dans cette lettre l'expression passionnée d'un amour non partagé, le lecteur – averti, comme Mme de Merteuil, des conditions dans lesquelles elle a été écrite – y déchiffre l'inventaire des prouesses érotiques du vicomte. Ce récit à double entente illustre le fait qu'il n'y a pas de « signification » qui ne soit l'effet d'un acte de lecture. Qu'un même texte se prête à deux lectures à la fois cohérentes et contradictoires entre elles a de quoi troubler : le langage cesse d'être transparent et le lecteur doit analyser, par-delà les lettres elles-mêmes, le système de communication dans lequel elles sont prises ; c'est la compréhension et la maîtrise de ce système qui assurent à la marquise et à Valmont le pouvoir presque mythique de manipuler les autres.

Mme de Merteuil et Valmont fondent ainsi ce qu'André Malraux appelle une « mythologie » de l'intelligence : esprits supérieurs, ils maîtrisent la situation parce qu'ils savent déchiffrer et contrôler les autres. Le but du jeu – évocateur encore d'une longue tradition qui remonte à La Rochefoucauld et à La Bruyère – est de pénétrer les motifs et les désirs cachés des autres et de comprendre les ressorts de leurs actions (car les êtres humains sont des machines psychosociales) si parfaitement qu'on puisse les manipuler tout en préservant sa liberté. L'« éducation » perverse que reçoit Cécile est un exemple parfait de cette aptitude des deux roués à obtenir des autres le contraire de ce qu'ils veulent eux-mêmes et à écrire pour eux le roman de leur destinée. Cécile finit par n'être qu'une « machine à plaisir », bonne à jeter quand on s'en lasse ; tandis que Mme de Merteuil, tout à la joie de dicter le sort des autres, se compare à « la Divinité ».

Le contrôle des autres se traduit dans les lettres de Valmont par un recours presque incessant à la parodie, que ce soit celle du langage de la conquête militaire, de la dévotion religieuse, de la tendre amitié ou de l'éducation. Il ne cesse de parler le langage d'autrui, montrant qu'il sait l'utiliser tout en sapant son autorité à force de charger le trait. La conquête de Mme de Tourvel l'oblige à des prodiges d'ingéniosité et de recherche dans la parodie, comme lorsqu'il organise une scène de bienfaisance envers une famille dans le besoin, ou qu'il feint la conversion pour être reçu de la présidente. Mme de Merteuil recourt à une technique voisine quoique différente, celle de la citation : ses lettres sont truffées de termes empruntés à ses correspondants et reproduits par elle en italiques, preuve que son intelligence flexible est capable d'assimiler le discours des autres – et donc leurs désirs, leurs mobiles et leurs opinions. Elle renvoie ainsi leurs propres mots, transformés et démasqués, à ses correspondants. Et c'est en écrivant à la place du vicomte qu'elle finit par l'emporter sur lui : en composant la lettre de rupture qu'il recopiera et adressera à Mme de Tourvel. Lorsque le parodiste devient copiste, il s'est laissé prendre au piège d'un complot de citations.

Tout au long du roman ou presque, Mme de Merteuil garde l'avantage dans l'association qu'elle a conclue avec Valmont ; la célèbre lettre décrivant l'apprentissage de la marquise (lettre LXXXI) montre qu'il ne peut en être autrement : pour prendre part au jeu, il faut que la femme se montre supérieure à l'homme. Les règles, en effet, ont été établies par des hommes : leur seule affaire est de séduire, et s'il leur plaît de donner quelque publicité à leur conquête, ils goûteront en outre le plaisir de briser la réputation de la malheureuse victime. La femme quant à elle poursuit deux objectifs : en public, la gloire de résister aux avances et, en privé, le plaisir d'y succomber à l'abri du secret le plus absolu. Mme de Merteuil pousse la psychologie et l'art de ménager les apparences à un niveau de systématicité qui la fait se comparer à une « nouvelle Dalila » maniant les ciseaux capables d'anéantir la force de ses amants. Dans ce qui est peut-être la formule maîtresse de son orgueilleuse déclaration de principe, elle affirme : « Je puis dire que je suis mon ouvrage » (lettre LXXXI). C'est à ce titre qu'elle peut écrire l'histoire des autres.

Dans un tel contexte de maîtrise de soi et de manipulation des autres, la lettre dévoile son statut d'acte de langage, d'instrument – voire d'arme –, outil linguistique qui reflète moins la réalité qu'il ne la crée. Dans un roman apparemment consacré à la recherche du plaisir, l'acte sexuel est constamment élidé et l'érotisme réinvesti dans la correspondance. Dans la lettre XXXIII, Mme de Merteuil remarque que la présidente épuise ses forces à se défendre du mot « amour » et qu'il ne lui en restera plus pour se défendre de la chose. On ne saurait mieux dire, car les lettres de Mme de Tourvel, si occupées à quereller Valmont sur le choix de ses termes, la font entrer dans le système d'échanges mis en place par le vicomte et annoncent déjà l'inéluctable défaite de la présidente. Mais on peut se demander si la chose a la moindre existence en dehors du mot : la séduction même de Mme de Tourvel n'a d'existence qu'à partir du moment où elle devient lettre.

Lire et écrire reçoivent ainsi une forte charge érotique. Témoin la lettre X, où Mme de Merteuil décrit à Valmont une partie de plaisir avec le chevalier de Belleroche : les préparatifs de la marquise ont consisté à lire deux contes de La

Fontaine, un chapitre du *Sopha* (1742), de Crébillon fils, et une lettre de *la Nouvelle Héloïse*, afin de s'imprégner d'humeurs diverses et de pouvoir jouer tout un éventail de rôles. Elle incarne ainsi les différentes favorites d'un sérail pour Belleroche, dont les « hommages réitérés, quoique toujours reçus par la même femme, le furent toujours par une maîtresse nouvelle ». Cette lettre ne se borne pas à illustrer l'aptitude de la marquise à connaître le plaisir sans se laisser fixer dans un rôle – sans jamais sacrifier sa liberté existentielle et intellectuelle –, elle montre aussi sa capacité à manipuler son lecteur. Car c'est en fin de compte pour Valmont qu'est déployé ce sérail linguistique et stylistique : la lettre X vise d'abord à railler le vicomte de son insuccès auprès de Mme de Tourvel ; ensuite, à le rendre jaloux (car il désire la marquise) ; et surtout, à provoquer sa concupiscence. La réponse du vicomte montre assez que la marquise a réussi : sa lettre l'a mis en position de voyeur, impatient de remplacer Belleroche ; la lecture a stimulé son désir tout en le frustrant. Si notre place comme lecteur du roman n'est pas facile à définir, on peut du moins suggérer que la lecture idéale serait « perverse polymorphe » : sans se limiter à la division des rôles masculins ou féminins, le lecteur jouirait de l'investissement de la scène de l'écriture elle-même par les forces de l'érotisme.

Les Liaisons dangereuses évoquent ainsi un paradis épistolaire où le besoin de dire le plaisir serait en même temps le besoin de créer les conditions du plaisir d'écrire, où l'écriture n'est jamais simplement référentielle mais toujours performative, attentive à créer une situation de lecture qui intervienne elle-même dans l'intrigue et fasse avancer l'entreprise érotique. Le fait que Mme de Merteuil et Valmont soient séparés pendant toute la durée du roman justifie bien sûr leur correspondance – leur unique moyen de communiquer – mais crée aussi le champ de forces du roman : Valmont veut mettre fin à la séparation et redevenir l'amant de la marquise ; elle veut prolonger la séparation et le tenir en respect. Leur duel érotico-épistolaire laisse entrevoir la dimension infernale de ce paradis épistolaire où le désir ne peut jamais s'évader du domaine de la lettre, du langage, pour accéder à la chose.

Au cours de la lettre V, Mme de Merteuil observe que « dans le tête-à-tête conjugal le plus tendre, on reste toujours deux ». À ce type d'union médiocre, elle oppose un autre idéal : « Cet entier abandon de soi-même, ce délire de la volupté où le plaisir s'épure par son excès. » Elle donne ici l'impression qu'au-delà de l'altérité impliquée, et même requise par l'échange épistolaire, il y a un état idéal de fusion où les amants ne seraient plus qu'un, où les barrières entre individus s'aboliraient, où le fardeau de la conscience de soi et de l'égotisme s'évanouirait provisoirement. Peut-être les protagonistes cherchent-ils à dépasser la nécessité de l'échange épistolaire, à dépasser les lettres et le langage pour jouir un instant des délices de la chose. Peut-être la jalousie de la marquise devant l'intrigue de Valmont avec la présidente – qui entraîne la rupture des communications, puis la guerre ouverte entre les deux roués – vient-elle de ce qu'elle soupçonne le vicomte d'avoir goûté ce bonheur extra-linguistique avec Mme de Tourvel. C'est en tout cas ce que suggère la lettre CXXV, dans laquelle Valmont relate la capitulation de la présidente et la découverte d'un état qu'il ignorait jusque-là.

Baudelaire a qualifié *les Liaisons dangereuses* de « livre de sociabilité, terrible » (*Œuvres complètes*, p. 70), tant les jeux du plaisir et du pouvoir y dépendent de la collectivité, des autres, situation qui engendre une aliénation et une publicité sans appel obligeant chacun à jouer devant les autres, pour eux, à travers eux ou contre eux. Laclos sait qu'une lettre – plus fortement peut-être que toute autre forme littéraire – se nourrit de l'anticipation de la lecture : que le « je » du rédacteur est toujours conscient du « vous » auquel il s'adresse, et conscient que ce « vous » se conçoit lui-même en tant que « je ». Les meilleurs épistoliers sont ceux qui savent s'insinuer dans l'acte de lecture. Mais s'ils prennent ainsi la place du lecteur, où faut-il situer le véritable rédacteur de l'ensemble des lettres, à savoir l'auteur ? Et où situer les lecteurs du livre ? Un roman épistolaire aussi subtilement agencé que *les Liaisons dangereuses* interdit de découvrir l'auteur, comme il interdit d'adopter une position normative ferme à partir de laquelle l'on pourrait juger ce qu'on a lu. C'est pour cette raison, sans aucun doute, que *les Liaisons dangereuses* ont suscité – et suscitent toujours – des interprétations aussi nombreuses que divergentes. Il n'y a pas de narrateur, pas de source narrative autorisée, pas de posture d'auteur implicite, tous éléments qui paraîtront indispensables aux romanciers du XIXe siècle. La « terrible sociabilité » de Laclos provient en partie de son refus de se distancier de la société de ces lettres. Pour triste que soit le sort réservé aux protagonistes, le livre n'offre pas d'alternative, pas d'ailleurs. Pénétrer le théâtre de l'écriture ou de la lecture des lettres, c'est intervenir dans un réseau de correspondances ; c'est peut-être devenir ce théâtre lui-même. La chose ne manque ni d'agrément ni, pour qui chercherait des certitudes et voudrait attacher les mots à la chose, de risques de déception.

L'impression de « terrible sociabilité » provient aussi de l'époque des *Liaisons dangereuses* : la fin d'un siècle célèbre pour s'être consacré à la chasse au bonheur – et tout particulièrement celui des sens – et à une analyse de l'homme conduite en termes purement profanes. Des contemporains ont avancé que Laclos avait délibérément provoqué un scandale en dévoilant les mœurs de la haute société, hypothèse qui gagne en crédit quand on songe à l'attitude de l'auteur pendant la Révolution. Il soutint d'abord le duc d'Orléans, dit Philippe Égalité, qui vota en 1793 la mort de son royal cousin. La suite de la carrière de Laclos reste assez obscure. Il fut vraisemblablement protégé par Danton, connut la prison à plusieurs reprises et n'évita l'échafaud que grâce à la chute de Robespierre. Officier dans les armées révolutionnaires, il combattit en Italie sous Bonaparte, inventa et expérimenta le boulet creux. Selon certains commentateurs, ce qu'on sait de sa vie pendant la Révolution trahit surtout l'opportuniste, maître dans l'art d'être du bon côté et de se faire oublier dans les moments de troubles. Quoi qu'il en soit, on peut hasarder que Laclos n'a fait preuve d'aucune loyauté à l'égard de la classe et de la société décrites dans *les Liaisons dangereuses*.

Ce qui est certain en revanche, c'est que la Révolution mit fin au type de sociabilité sur lequel repose le roman épistolaire. Les exemples ultérieurs ne sont souvent que des évocations maladroitement nostalgiques du genre, ou encore des correspondances privées, plus proches du journal. Le sentiment d'une société unifiée et fermée, imposant des règles strictes à ses jeux publics – ainsi que les transgressions sur lesquelles elle acceptait de fermer les yeux –, avait perdu beaucoup de sa netteté et de sa vigueur après la Révolution. La clôture sur laquelle repose le roman de Laclos n'avait plus son caractère absolu, et l'acte épistolaire ne serait plus le moyen privilégié à partir duquel les membres de la collectivité créaient leurs textes érotiques. Après la Révolution et jusqu'au XXe siècle, *les Liaisons dangereuses* devinrent un classique clandestin, un livre à diffusion restreinte. Le XIXe siècle tenait à distinguer entre le mot et la chose, et à cataloguer comme pornographiques les textes consacrés à la chose. Mais aujourd'hui, plus sensibles à la dimension érotique de toute écriture, nous pouvons nous permettre à nouveau d'admirer la fusion parfaite, chez Laclos, de l'éros et de la lettre.

Voir aussi 1725, 1735, 1761 (février), 1788, 1789.

Bibliographie : Pierre-Ambroise-François Choderlos de Laclos, *les Liaisons dangereuses*, in *Œuvres complètes*, éd. Laurent Versini (Paris, Gallimard, 1979). *Laclos et le libertinage* : actes du colloque du bicentenaire des *Liaisons dangereuses*, 1782-1982 (Paris, P.U.F., 1983). Charles Baudelaire, « Notes sur *les Liaisons dangereuses* », in *Œuvres complètes*, éd. Claude Pichois, vol. II (Paris, Gallimard, 1975-1976). Peter Brooks, *The Novel of Worldliness* (Princeton, Princeton University Press, 1969). André Malraux, « Laclos », in *Tableau de la littérature française*, vol. II (Paris, Gallimard, 1940). Nancy K. Miller, *The Heroine's Text* (New York, Columbia University Press, 1980). Denis de Rougemont, *l'Amour et l'Occident* (Paris, Plon, 1972). Roger Vailland, *Laclos* (Paris, Seuil, 1977). Laurent Versini, *le Roman épistolaire* (Paris, P.U.F., 1979).

Peter Brooks

1782, mai

La première partie des *Confessions* paraît à Genève, quatre ans après la mort de Rousseau

Actes autobiographiques

Les *Confessions*, de Jean-Jacques Rousseau (1712-1778) sont le modèle de l'autobiographie moderne. Mais elles illustrent aussi, mieux peut-être qu'aucune autre autobiographie, les problèmes du genre. Les deux premiers paragraphes des *Confessions* soulèvent les questions fondamentales :

> Je forme une entreprise qui n'eut jamais d'exemple, et dont l'exécution n'aura point d'imitateur. Je veux montrer à mes semblables un homme dans toute la vérité de la nature ; et cet homme, ce sera moi.
>
> Moi seul. Je sens mon cœur et je connais les hommes. Je ne suis fait comme aucun de ceux que j'ai vus ; j'ose croire n'être fait comme aucun de ceux qui existent. Si je ne vaux pas mieux, au moins je suis autre. Si la nature a bien ou mal fait de briser le moule dans lequel elle m'a jeté, c'est ce dont on ne peut juger qu'après m'avoir lu (p. 5).

Quelle relation y a-t-il entre une autobiographie individuelle et la tradition autobiographique ? Où passe la ligne de démarcation entre ce qui relève de l'expérience vécue de l'auteur et ce qui découle des contraintes de la représentation ? Une autobiographie peut-elle être fidèle à « la vérité de la nature » et unique ?

Cette ouverture, qui présente les *Confessions* comme une œuvre inimitable consacrée à un individu sans pareil, est à la fois une provocation et un paradoxe. Car celui qui s'y exprime a beau dire que son entreprise « n'eut jamais d'exemple », le livre porte un titre qui ne peut manquer de rappeler un précédent : les *Confessions* rédigées au IVe siècle par saint Augustin. Cette première grande œuvre autobiographique de la tradition occidentale a été imitée ou invoquée par la plupart des auteurs d'itinéraires spirituels, de Pétrarque à sainte Thérèse. Le double geste de Rousseau se démarquant de tout précédent mais reprenant le titre de la plus importante autobiographie connue engage le lecteur à questionner le statut épistémologique du récit « véridique » qu'il va lire. Où finit la littérature et où commence ce que Rousseau appelle « la vérité de la nature » ? Un livre qui affiche ses références littéraires et n'en prétend pas moins dévoiler « la vérité de la nature » doit le mettre sur ses gardes.

Si l'on passe outre à l'orgueil des premiers paragraphes et si l'on admet que le livre traite de la seule nature de l'homme qui s'y « montre », encore reste-t-il à déterminer cette nature et à se faire une idée de cet homme. Car Rousseau lui-même nous met en garde contre l'exactitude de sa mémoire et sa capacité à reconstituer le passé. « Voilà ce que j'ai fait [...], et s'il m'est arrivé d'employer quelque ornement indifférent, ce n'a jamais été que pour remplir un vide occasionné par mon défaut de mémoire ; j'ai pu supposer vrai ce que je savais avoir pu l'être, jamais ce que je savais être faux » (*Confessions*, p. 5). Ces ornements, le « défaut de mémoire » de l'auteur et la tradition autobiographique à laquelle renvoie le titre sont autant de mises en garde : on ne passe pas du ou des modèle(s) au portrait par simple translation.

D'autant plus que les *Confessions* ne sont pas le seul ouvrage autobiographique signé Rousseau. Avec les *Lettres à Malesherbes* (1762), les *Confessions* (composées en 1767 et 1769), *Rousseau juge de Jean-Jacques : Dialogues* (achevés en 1776) et les *Rêveries du promeneur solitaire* (commencées en 1776, inachevées), aborde-t-on simplement quatre manières de raconter la même vie ? Le changement de forme ne correspond-il pas plutôt à un changement, même subtil, dans le projet autobiographique lui-même ? Chaque nouvel ouvrage autobiographique apporte-t-il du nouveau par rapport aux précédents, ou se borne-t-il à répéter ou à réviser le même récit de la même vie ? Les autobiographies ultérieures peuvent-elles être envisagées comme l'équivalent de la troisième partie des *Confessions*, projetée mais jamais rédigée, et, dans ce cas, peut-on dire qu'elles « achèvent » l'entreprise autobiographique ? Mais une autobiographie est-elle jamais achevée, puisqu'elle ne peut pas raconter une vie jusqu'à son terme ? Autant de questions soulevées par les écrits autobiographiques de Rousseau. Elles suggèrent que le récit d'une vie est une construction dont il est difficile, voire impossible, d'établir la véracité.

La difficulté qu'il y a à vérifier le rapport entre le contenu d'une autobiographie et l'expérience vécue de son auteur a poussé certains théoriciens du genre à chercher ailleurs une garantie d'authenticité. L'auteur, qu'il soit défini comme l'origine des choix qui confèrent à l'ouvrage sa spécificité – choix du style, du thème, du plan – ou comme le signataire dont le nom figure sur la couverture et le contrat d'édition, se situerait, selon eux, au seuil du texte, à la fois dedans et dehors. Identifier les choix de l'auteur ou lire son nom, c'est imposer une stabilité à l'insaisissable « je » dont il s'agit de juger l'histoire. L'autobiographie moderne, celle de Rousseau en particulier, suggérerait pourtant l'inverse : les *Confessions* ne seraient pas le résultat des actes extra-textuels d'un auteur mais une série d'actes textuels ou linguistiques qui engendrent cet « auteur ».

Les notions d'auteur, d'autorisation et d'autorité sont rendues problématiques par la manière dont les *Confessions* de Rousseau font jouer le paradigme augustinien. Alors que les *Confessions* de saint Augustin présupposaient le « livre » de Dieu – l'histoire du monde de la création au Jugement dernier – et faisaient de son divin auteur leur référence suprême, le récit de Rousseau s'appuie sur celui d'Augustin (par le biais du titre et d'une certaine communauté de structure) pour, paradoxalement, affirmer sa différence et dissocier le statut d'auteur de toute autorité transcendante. Le récit d'Augustin inscrit l'existence individuelle dans un projet universel qui lui donne son sens en même temps que l'auteur y puise sa force ; le récit de Rousseau au contraire affirme son identité en rejetant toute ressemblance avec un ouvrage antérieur, que son auteur soit humain ou divin.

Les *Confessions* de Rousseau n'en reprennent pas moins le modèle augustinien du récit de conversion : dans les deux *Confessions* (celles d'Augustin et celles de Rousseau), c'est le livre huitième qui rapporte cette transformation décisive. Augustin regardera alors sa vie de pécheur avec la distance de l'homme de Dieu qu'il est devenu ; tandis que Rousseau, dans sa nouvelle condition d'auteur couronné, connaîtra la détresse, la méfiance, l'exil et ne pensera jamais sans nostalgie aux temps qui ont précédé sa conversion. Les deux autobiographies prennent naissance à ce moment crucial, celui de la rupture avec le moi ancien, et non pas au moment de la naissance de l'écrivain. Le récit de la vie est rendu possible par le dédoublement du moi en un « je » antérieur, objet de la narration, et le « je » présent du narrateur. Chacune des autobiographies de Rousseau met en jeu un tel dédoublement : mais dans le livre huitième – et dans la deuxième lettre à Malesherbes, à laquelle il renvoie – le moment fatal est décrit dans une scène qui, malgré son caractère profane, rappelle inévitablement Augustin. La conversion d'Augustin a lieu « sous un figuier », dans un jardin ; celle de Rousseau, « sous un chêne », sur la route de Vincennes (où est emprisonné Diderot à qui il va rendre visite). Augustin, reconnaissant une injonction divine dans la voix qu'il entend, saisit le « livre de l'Apôtre » et lit les premières lignes qui lui tombent sous les yeux, certain qu'elles s'adressent à lui ; Rousseau découvre dans *le Mercure de France* – titre évocateur du messager des dieux – le sujet mis au concours par l'académie de Dijon et y reconnaît le signe de sa vocation d'écrivain. L'événement provoque chez les deux hommes une réaction identique : dans un flot de larmes, la brusque illumination marque l'instant où Dieu convertit Augustin et où Rousseau « [devient] un autre homme ». Le récit de Rousseau s'inscrit délibérément, et non sans humour, à l'intérieur d'une tradition littéraire.

La relation d'Augustin renvoie à d'autres conversions : quand il saisit le livre de l'Apôtre, il se rappelle « qu'Antoine, survenant au hasard d'une lecture de l'Évangile, avait pris pour lui cet avertissement [...] et que cet oracle avait décidé aussitôt de sa conversion » (*Confessions*, p. 175). L'association de la conversion à la lecture établit l'autorité d'Augustin comme auteur. Son récit est exemplaire parce qu'il reproduit le modèle chrétien canonique. Les *Confessions* de Rousseau sont pleines d'allusions à ce modèle, mais la référence suprême au livre de Dieu par l'intermédiaire de la Bible leur manque. La conversion de Rousseau est profane et son principe est la différence plutôt que la ressemblance.

La différence la plus révélatrice entre les deux *Confessions* réside sans doute dans les suites immédiates de la conversion. Le premier mouvement d'Augustin est de raconter l'événement à son ami Alypius, qui se convertit à son tour ; Rousseau, lui, compose la partie du *Discours sur les sciences et les arts* (1750) qu'il appelle « la prosopopée de Fabricius ». Sa conversion ne donne plus lieu à un récit de conversion mais à la cellule génératrice du discours répondant au sujet publié dans *le Mercure de France*.

La prosopopée est un bref passage rhétorique qui fustige la décadence de la Rome impériale. « Rappelé à la vie », le consul Fabricius – héros de l'âge d'or de la République – témoigne de la corruption et de la déchéance dans lesquelles a sombré la ville :

> O Fabricius ! qu'eût pensé votre grande âme, si pour votre malheur rappelé à la vie, vous eussiez vu la face pompeuse de cette Rome sauvée par votre bras et que votre nom respectable avait plus illustrée que toutes ses conquêtes ? « Dieux ! eussiez-vous dit, que sont devenus ces toits de chaume et ces foyers rustiques qu'habitaient jadis la modération et la vertu ? Quelle splendeur funeste a succédé à la simplicité romaine ? Quel est ce langage étranger ? Quelles sont ces mœurs efféminées ? Que signifient ces statues, ces tableaux, ces édifices ? Insensés, qu'avez-vous fait ? Vous les maîtres des nations, vous vous êtes rendus les esclaves des hommes frivoles que vous avez vaincus ! Ce sont des rhéteurs qui vous gouvernent ! C'est pour enrichir des architectes, des peintres, des statuaires et des histrions, que vous avez arrosé de votre sang la Grèce et l'Asie ! Les dépouilles de Carthage sont la proie d'un joueur de flûte ! Romains, hâtez-vous de renverser ces amphithéâtres ; brisez ces marbres ; brûlez ces tableaux ; chassez ces esclaves qui vous subjuguent, et dont les funestes arts vous corrompent. Que d'autres mains s'illustrent par de vains talents ; le seul talent digne de Rome est celui de conquérir le monde et d'y faire régner la vertu. Quand Cynéas prit notre sénat pour une assemblée de rois, il ne fut ébloui ni par une pompe vaine, ni par une élégance recherchée. Il n'y entendit point cette éloquence frivole, l'étude et le charme des hommes futiles. Que vit donc Cynéas de si majestueux ? Ô citoyens ! Il vit un spectacle que ne donneront jamais vos richesses ni tous vos arts ; le plus beau spectacle qui ait jamais paru sous le ciel, l'assemblée de deux cents hommes vertueux, dignes de commander à Rome et de gouverner la terre (*Discours sur les sciences et les arts*, pp. 14-15).

L'indignation (fictive) qu'inspire à Fabricius la comparaison des deux états de Rome contient déjà en raccourci la thèse du premier *Discours* : « J'aurais fait voir toutes les contradictions du système social, [...] tous les abus de nos institutions, [...] j'aurais démontré que l'homme est bon naturellement et que c'est par ces institutions seules que les hommes deviennent méchants » (*Lettres à Malesherbes*, pp. 1135-1136). Rousseau « renaît » en observateur des institutions sociales qui voit l'histoire du monde divisée – comme la sienne – entre un « avant » et un « après » par l'introduction désastreuse des sciences et des arts. Écrites près de vingt ans après la prosopopée, les *Confessions* reproduisent le même schéma historique. La résurrection de Fabricius et l'opposition des deux Rome annoncent la coupure qui divise la vie de Rousseau et la rend exemplaire, au même titre que celle d'Augustin, d'un certain modèle d'histoire.

Mais alors que, pour Augustin, sa conversion représentait une mort désirable, une re-naissance convoitée, c'est avec un sentiment de perte que Rousseau décrit sa conversion à la vie d'homme de lettres. Dans la deuxième lettre à Malesherbes, l'éblouissement a disparu : « Tout ce que j'ai pu retenir de ces foules de grandes vérités qui dans un quart d'heure m'illuminèrent sous cet arbre, a été bien faiblement épars dans les trois principaux de mes écrits, savoir ce premier discours, celui sur l'inégalité, et le traité de l'éducation *[l'Émile]*, lesquels trois ouvrages sont inséparables et forment ensemble un même tout. Tout le reste a été perdu, et il n'y eut d'écrit sur le lieu même que la prosopopée de Fabricius. Voilà comment lorsque j'y pensais le moins je devins auteur presque malgré moi » (*Lettres à Malesherbes*, p. 1136). Dans le récit plus tardif des *Confessions*, c'est la possibilité du bonheur qui s'évanouit : « Arrivant à Vincennes, j'étais dans une agitation qui tenait du délire. Diderot l'aperçut ; je lui en dis la cause, et je lui lus la prosopopée de Fabricius écrite en crayon sous un chêne. Il m'exhorta de donner l'essor à mes idées et de concourir au prix. Je le fis, et dès cet instant je fus perdu. Tout le reste de ma vie et de mes malheurs fut l'effet inévitable de cet instant d'égarement » (*Confessions*, p. 351).

Cet « instant d'égarement » – qui est à l'origine des écrits de Rousseau – inspire un texte adressé à des hommes qui se sont laissé égarer par les « funestes arts » de rhéteurs « étrangers ». Autrement dit, la prosopopée n'est pas seulement un moule narratif qui permet de structurer le récit de la vie de Rousseau ; elle constitue aussi une réflexion sur l'acte d'écrire, décrivant le passage à l'état d'auteur comme une aliénation, une perte de soi. La conversion faisait passer Augustin du péché vers la rédemption ; mais l'instant où il « [devient] auteur presque malgré [lui] » est pour Rousseau deux fois négatif. Le moi nouveau ne compense pas la perte de l'ancien : écrire, c'est en quelque sorte mourir.

La prosopopée ne se borne pas à exposer les effets néfastes de l'écriture ; elle les met en action. Cette figure de rhétorique au moyen de laquelle Rousseau devient un auteur consiste précisément à prêter un visage et une voix à un personnage imaginaire ou absent : ici, Fabricius, qu'elle rappelle à la vie..., mais aussi Rousseau. Parlant depuis la mort ou depuis l'absence, la prosopopée évacue l'extérieur du texte. Il n'y a pas, à l'extérieur de l'autobiographie, un référent sur lequel le lecteur ou l'auteur puissent étayer ce qu'elle dit. La maîtrise du langage, la capacité de renverser le pouvoir de la rhétorique et de gouverner le monde dans une langue qui soit la sienne propre – toutes facultés que Fabricius assimile à l'indépendance des premiers temps – sont de pures fictions. Le discours de Fabricius, avec ses apostrophes lancées à d'imaginaires insensés, Romains et citoyens, ne cesse de reproduire la figure qui l'a engendré. Fabricius n'est pas l'Autre de la Rome impériale, la référence extérieure à partir de laquelle mesurer son asservissement. À l'image des Romains qu'il admoneste, il est soumis au pouvoir de la rhétorique, pouvoir mortel autant que créateur. La « prosopopée » – cette page désignée par la figure rhétorique qu'elle met en acte –, en dénonçant la puissance négative de la rhétorique, médite sur le caractère mortel de ses propres effets.

L'instant fatal qui dédouble Rousseau (ou Fabricius) en un moi mort et un moi ressuscité, extérieur et intérieur au texte, n'est pas le fait d'une autorité transcendante mais une figure de discours, un tour rhétorique, un trope. L'univers déchu de Rousseau – le seul qu'il connaisse – est un texte dont la structure spéculaire brouille innocence et corruption, ancien et nouveau, passé et présent dans un infini jeu de miroir. Cette perspective rhétorique sur les *Confessions* permet de les considérer comme l'œuvre « originelle » de l'autobiographie moderne, une œuvre qui déstabilise les concepts d'« auteur » et d'« origine » sur lesquels repose traditionnellement l'autobiographie.

Voir aussi 1050, 1595, 1754.

Bibliographie : Jean-Jacques Rousseau, *Confessions* et *Lettres à Malesherbes*, in *Œuvres complètes*, éd. Marcel Raymond et Bernard Gagnebin, vol. Ier (Paris, Gallimard, 1959) ; *Premier et Second Discours*, in *ibid.*, éd. M. Raymond et B. Gagnebin, vol. III (Paris, Gallimard, 1959). Saint Augustin, *Confessions*, éd. et trad. Joseph Trabucco (Paris, Garnier, 1964). Thomas M. Kavanagh, *Writing the Truth : Authority and Desire in Rousseau* (Berkeley, University of California Press, 1987). Philippe Lejeune, *le Pacte autobiographique* (Paris, Seuil, 1987). Paul De Man, *Allégories de la lecture*, trad. Thomas Trezise (Paris, Galilée, 1989). Jean Starobinski, *Jean-Jacques Rousseau : la transparence et l'obstacle* (Paris, Gallimard, 1976).

Virginia E. Swain

1784, 27 avril

Après de nombreuses péripéties, *le Mariage de Figaro*, de Beaumarchais, triomphe à la Comédie-Française

« *Tout finit-it par des chansons...* » (bis)

La première représentation publique du *Mariage de Figaro*, de Pierre Caron de Beaumarchais (1732-1799), eut lieu le 27 avril 1784 à la Comédie-Française. Jamais dans l'histoire du théâtre français première n'avait été si longtemps et si passionnément attendue. Il y avait quelque temps déjà que Beaumarchais défrayait la chronique, moins pour les quelques pièces qu'il avait écrites que pour diverses aventures financières – au cours desquelles il avait amassé une immense fortune –, quelques procès retentissants et sa double carrière d'homme d'affaires et d'« agent secret » au service de la monarchie française (il avait livré notamment d'énormes cargaisons d'armes aux insurgés américains).

D'autre part, après deux drames et un essai consacré à ce genre nouveau, la version finale du *Barbier de Séville*, représentée en 1775 à la Comédie-Française, avait été un triomphe. Dans sa *Lettre modérée sur la chute et la critique du « Barbier de Séville »* (1775), Beaumarchais évoquait la possibilité d'ajouter un acte aux aventures du barbier Figaro. Encouragé par ses protecteurs, ce n'est pas un acte mais une pièce entière qu'il écrivit, achevée, semble-t-il, en 1778. Conformément à l'usage du temps, il la lut dans les salons de la haute société, la retravailla, pour la lire enfin – le 29 septembre 1781 – aux acteurs de la Comédie-Française, qui l'inscrivirent avec enthousiasme à leur répertoire. C'est alors que commencèrent d'invraisemblables démêlés avec la censure, puis avec Louis XVI en personne. Un premier censeur estima la pièce jouable au prix de quelques coupes. Mais le roi se la fit lire et interdit de la représenter. « Il faudrait détruire la Bastille, déclara-t-il, pour que la représentation de cette pièce ne fût pas une inconséquence dangereuse. »

La suite des événements allait montrer combien la référence royale à la Bastille était prophétique. Il faut dire que *le Mariage de Figaro* présentait au souverain le portrait d'un grand seigneur, marié à une épouse aimante, qui cherche à séduire la fiancée de son serviteur dévoué ; d'un aristocrate qui se voit sans cesse contrarié et, pour finir, humilié devant ses vassaux ; ajoutons que, tout au long de cette *Folle Journée* (titre original de la pièce), le valet Figaro ne manque pas une occasion de lancer une tirade contre les abus commis par les aristocrates, les contradictions de la justice, la condition faite aux femmes et l'injustice d'un ordre où les privilèges récompensent la naissance et non le mérite : le tout servi par un feu d'artifice de reparties insolentes et de formules à l'emporte-pièce, qui mettent les rieurs du côté de Figaro. Couronnement de la pièce, un long monologue satirique dresse le catalogue des absurdités et de l'arbitraire caractéristiques de l'Ancien Régime. Louis XVI ne voulut courir aucun risque. Un deuxième censeur se joignit à son opinion et refusa la comédie.

À défaut de la pièce, le public put jouir du spectacle comique des atermoiements du pouvoir aux dernières années de l'Ancien Régime. Conjointement à l'interdiction royale, une représentation de la pièce fut organisée pour que la cour puisse enfin voir de quoi il retournait, mais le spectacle fut interdit au dernier moment, alors que le rideau se levait. Peu après, une représentation privée, donnée chez le comte de Vaudreuil, en présence du plus jeune frère du roi, le comte d'Artois, fut un succès. Trois nouveaux censeurs approuvèrent alors une version, il est vrai très édulcorée, de la pièce, et l'un alla même jusqu'à en faire l'éloge. Soudain, en mars 1784, l'interdiction royale fut levée : la représentation du 27 avril fut un immense triomphe et la pièce tint l'affiche pendant soixante-huit séances, chiffre exceptionnel pour l'époque.

Mais Beaumarchais fut bientôt accusé d'outrage au pouvoir pour avoir écrit dans une brochure qu'il avait dû affronter « lions et tigres » pour faire jouer sa pièce. Cette audace lui valut de se retrouver non pas à la Bastille – prison royale – mais à Saint-Lazare, maison destinée aux libertins et autres mauvais sujets. L'opinion s'indigna ; Beaumarchais adressa au roi un *Mémoire* poli mais bien senti ; le comte d'Artois intervint : cinq jours plus tard, le prisonnier était élargi, recevait huit cent mille livres d'indemnité assorties des demi-excuses du souverain et on se préparait à représenter *le Barbier de Séville* au Trianon, avec le comte d'Artois dans le rôle de Figaro et Marie-Antoinette dans celui de Rosine.

Beaumarchais ne fut pas le seul écrivain à connaître successivement faveur et persécution. Ces fluctuations ne faisaient souvent que refléter la fortune des partis en faveur à la cour ; Voltaire et Diderot figurent aussi parmi les victimes célèbres de cette instabilité. En plus de sa propre ambivalence, Louis XVI vivait entouré de « réactionnaires » – au nombre desquels Monsieur (frère du roi et futur Louis XVIII), certains ministres et le censeur Jean-Baptiste Suard – mais aussi de « libéraux », notamment la reine (guillotinée en 1793), la princesse de Lamballe (massacrée en 1792), la duchesse de Polignac (qui devait émigrer), le comte d'Artois (futur Charles X), ainsi que la noblesse et les souverains éclairés d'Europe. L'impatience de Catherine II, protectrice de Diderot, est un fait établi : dès 1781, son chambellan écrivait à Beaumarchais que l'impératrice s'étonnait de n'avoir pas encore reçu la nouvelle – et déjà célèbre – pièce, elle qui avait fait jouer *le Barbier de Séville* plus de cinquante fois à la cour de Russie.

Annoncé et attendu pendant des années, objet de controverse en haut lieu, condamné par d'influents personnages de la cour et soutenu par d'autres, *le Mariage de Figaro* doit manifestement son succès immédiat – et durable – à d'autres raisons que les seules circonstances extérieures.

Tout d'abord, en un temps où la comédie, minée par la sensiblerie et le moralisme, avait cessé d'être drôle (à la Comédie-Française tout du moins, car on riait beaucoup à l'Opéra-Comique et au théâtre de la Foire), la pièce de Beaumarchais présentait un répertoire, parfaitement au point, des procédés qui avaient fait rire les foules dès avant Molière.

Du point de vue théâtral, *le Mariage de Figaro* réalise une synthèse sans équivalent entre le passé et le présent. Après les pâles copies de Molière que sont les comédies de Destouches et de Gresset, Marivaux (1688-1763) avait inventé une forme de comédie qui, sans renoncer aux types ni aux personnages, faisait du langage (celui de l'amour, en général) le moteur véritable de l'action. Beaumarchais emprunte à la comédie sérieuse, à la mode dans la seconde moitié du siècle, et l'agrémente d'un zeste de marivaudage. Le succès des comédies larmoyantes de Nivelle de la Chaussée (*le Préjugé à la mode* [1735], dont l'héroïne est une épouse délaissée) avait conduit Voltaire à écrire *Nanine* (1749) qui fera pleurer les foules. Puis vint le véritable genre « sérieux » qui introduisait une touche de gravité dans la peinture de la vie domestique, alors que le drame bourgeois installait le pathétique de la tragédie dans un décor contemporain. La fin du XVIIIe siècle a ainsi vu se brouiller la distinction des genres du théâtre classique. Diderot, Sedaine et Beaumarchais lui-même – avec *Eugénie* (1767), histoire d'une fille séduite, et *les Deux Amis* (1770), histoire d'une faillite – ont été les maîtres du genre.

Dans *le Mariage de Figaro*, Beaumarchais utilise tous les registres à sa disposition. Tous ses procédés comiques avaient fait leurs preuves, que ce soit dans les farces, les parades, la comédie italienne ou chez Molière et ses successeurs. Quant au pathétique du genre « sérieux », il apparaît dans la violence jalouse du comte, dans le plaidoyer « féministe » de Marceline, qui recueille l'approbation chaleureuse de la plupart des personnages, et dans les larmes de joie répandues lors des scènes de reconnaissance.

La pièce ne se réduit pourtant pas à un exercice de virtuosité théâtrale. C'est en fait une transposition du talent pour la comédie, que la vie de Beaumarchais illustre tant – talent de l'homme d'intrigues, de l'auteur de portraits littéraires et de l'autobiographe –, dans le lieu qui lui convient le mieux : la scène. Cette dimension autobiographique de la pièce est un de ses traits les plus originaux : Figaro n'est pas seulement un porte-parole qui permet à Beaumarchais d'exprimer certaines de ses idées, il est une métaphore de sa propre personne et de ce qu'il considère être sa destinée. Beaumarchais comme Figaro essayent de faire carrière au service d'un ordre aristocratique (la monarchie française pour Beaumarchais, le microcosme monarchique du comte Almaviva pour le valet). Le personnage de Figaro est ainsi une figure en abîme, une miniature de la vie de son créateur. Mais il y a davantage entre les deux hommes qu'une correspondance métaphorique, et Beaumarchais signe le portrait en dotant son héros du trait de caractère qui lui a permis de survivre : la gaieté, dont tous deux se prévalent de façon ouverte et répétée.

Le succès rencontré par la pièce dans toutes les couches de la société est dû, pense-t-on aujourd'hui, au fait que sa charge satirique se double d'une prudence conciliante qui tempère ses effets véritablement subversifs. La métaphore centrale (le « droit du seigneur ») fait oublier l'indignation que devraient provoquer d'autres abus, plus réels et aussi déplorables ; elle porte plutôt à rire du caractère osé de situations piquantes (en 1786, Da Ponte et Mozart vont transmuer cet érotisme dans le lyrisme passionné des *Nozze di Figaro*). La tyrannie du comte Almaviva consiste essentiellement à vouloir coucher avec des vassales qui, à l'instar de Suzanne, sont parfaitement capables de se défendre. Quant à Figaro – dont les talents, la culture et l'existence mouvementée surpassent de loin les plus brillants valets de comédie –, il joue et il parle plus qu'il ne réalise : le succès de ses plans dépend de la faveur ou de l'opposition de personnages charmants, aux dehors fragiles – Rosine, Suzanne (la façon dont elle tire les fils de l'action, à partir de l'acte IV, est un bel exemple de féminisme avant la lettre) et Chérubin –, ou simplement du hasard. Ce dernier est tout-puissant : Figaro le maudit quand il favorise les nobles aux dépens des humbles et le célèbre quand il dénoue à son avantage les situations délicates. Quoi qu'il en soit, l'action véritable de la pièce échappe au héros, dont les satires et les plaintes, mises bout à bout, ne composent pas un programme de réforme : ni Beaumarchais ni Figaro ne souscrivent à un système idéologique et encore moins à une activité qu'on puisse qualifier de révolutionnaire. D'ailleurs, le comte lui-même qui, selon la préface de Beaumarchais, est « toujours humilié, sans être jamais avili », est peut-être le portrait – c'est Jean-Pierre de Beaumarchais, descendant de l'auteur, qui le souligne – d'un de ces aristocrates, progressistes par mauvaise conscience et souvent prisonniers de leurs élans libéraux, qui contribuèrent au succès de la pièce en se donnant la bonne conscience d'assister au spectacle comique de leur mauvaise conscience. Devant ce Figaro sans idéologie qui ne demande qu'à vivre heureux, libre et en sûreté dans la société de son temps, et cet Almaviva qui n'abuse du pouvoir que dans les limites de son désir sexuel, on pourrait, oublieux des chapitres suivants de l'histoire, réduire la pièce à un bel exemple de véracité : dans la tradition des moralistes et des satiristes classiques, l'auteur aurait eu l'art de saisir l'esprit du temps, ses contradictions et ses types sociaux, et l'aurait montré sur scène. Face à une société dont l'idéologie est en train de perdre son assurance et sa cohérence, où les pouvoirs en place sont hésitants, la pièce à son tour hésite et se déplace au milieu des éléments disparates d'une idéologie encore à naître – celle que la Révolution allait façonner.

Sous la Révolution, le personnage de Figaro fut promu au rang de mythe. Il n'est pas facile aujourd'hui de l'extraire de la gangue de significations accumulées pendant deux siècles, depuis l'iconographie allégorique où il figure en dénonciateur des injustices et les interprétations qui font de lui le premier des sans-culottes, jusqu'aux analyses marxistes. Tout le monde, acteurs, metteurs en scène et critiques, a sa propre idée sur l'importance des différents niveaux ou éléments de la pièce. *Le Mariage de Figaro* est une véritable comédie prérévolutionnaire, comédie à cheval entre deux mondes, dans laquelle tout finit par des chansons. Mais faut-il y voir plus que l'éblouissante représentation des caprices et des folies d'une société chancelante, qui s'adonne corps et âme à la recherche du bonheur, inconsciente de la catastrophe qui menace ? Ou est-ce un lever de rideau prophétique sur l'un des plus grands bouleversements de l'histoire de l'Occident ?

Voir aussi 1759 (23 avril), 1791 (13 janvier).

Bibliographie : Pierre Caron de Beaumarchais, *Théâtre*, éd. J.-P. de Beaumarchais (Paris, Garnier, 1980). Henri Azeau, *Complot pour l'Amérique, 1775-1778 : le rêve américain de*

Beaumarchais (Paris, Laffont, 1980). René Pomeau, *Beaumarchais* (Paris, Hatier, 1956). Jacques Schérer, *Dramaturgie de Beaumarchais* (Paris, Nizet, 1954).

Jacques Guicharnaud

1787

Mme de Charrière publie *Caliste*

Cris et chuchotements

Le XVIIIe siècle – tout particulièrement ses dernières décennies – a vu paraître un nombre impressionnant de romans écrits par des femmes et dont beaucoup devaient tomber dans l'oubli. Si le public connaît Mme de La Fayette, Mme de Staël ou George Sand, les noms de Mmes de Graffigny, Riccoboni, Leprince de Beaumont ou Elie de Beaumont lui restent souvent inconnus. Tandis qu'au début du XIXe siècle sa forte personnalité, son influence politique et l'abondance de sa production font de Mme de Staël la femme de lettres par excellence, le XVIIIe siècle comptait un grand nombre d'auteurs féminins qui restaient souvent dans l'ombre, signaient d'un pseudonyme – quand elles ne préféraient pas l'anonymat – et dont les œuvres illustrent les débats de l'époque et la part qu'y prenaient les femmes. L'empreinte qu'elles ont laissée sur la narration épistolaire, le monde des sentiments, les figures d'héroïne a aidé le roman à trouver sa forme.

Parmi ces femmes de lettres, Isabelle de Charrière se signale comme une des plus subtiles et des plus attachantes du siècle, bien que son sexe et sa nationalité l'aient empêchée de rejoindre le panthéon des écrivains français. Née Isabella Van Tuyll Van Serooskerken, elle vit le jour en 1740 dans une famille d'aristocrates hollandais (d'où son nom de Belle de Zuylen, emprunté au domaine familial) et ne fit partie d'aucun cercle parisien en vue. Elle épousa à l'âge de trente ans un obscur citoyen helvétique, Charles-Emmanuel de Charrière, et quitta la Hollande pour la Suisse, où elle vécut jusqu'à sa mort en 1805. C'est là qu'elle écrivit une œuvre volumineuse qui comprend romans, essais, poésies, pièces de théâtre et morceaux de musique. Ses lettres témoignent d'un esprit provocateur, parfois morose, et ses romans sont à l'image d'une telle personnalité. On est loin du stéréotype de la romancière du XVIIIe siècle, écrivant à l'occasion parce qu'elle n'a rien de mieux à faire. Comme Mmes Riccoboni, de Graffigny, de Montolieu et tant d'autres, Mme de Charrière travaillait avec acharnement et s'intéressait de près aux conditions matérielles et financières de la publication de ses œuvres.

Ses écrits les plus célèbres sont des romans épistolaires, forme largement exploitée par une Graffigny ou une Riccoboni, et qui se prêtent à merveille à l'évocation de la vie féminine. Là où les femmes n'ont guère part aux activités publiques, le roman épistolaire compense cette exclusion en donnant à leur univers et à leur expérience personnelle du temps la possibilité de s'épanouir. Il privilégie les rapports intimes – secrets, confessions, confidences – bref, tout ce qui compose la sphère traditionnelle des femmes. Certains romans de Mme de Charrière mettent en jeu plusieurs correspondants ; dans d'autres, les lettres émanent toutes de la même personne. C'est en vain qu'on y chercherait, comme dans tant d'ouvrages de l'époque, duels, viols, billets dérobés, mariages secrets ou testaments perdus. Son écriture tisse la trame délicate de situations banales, d'infimes événements dont l'accumulation finit pourtant par infléchir le destin de l'héroïne. Malgré une analyse pénétrante des mécanismes de la séduction et de la trahison, les *Lettres de Mistriss Fanni Butlerd* (1757), de Mme Riccoboni, paraissent d'une facture grossière comparées à l'étoffe délicate des romans de Mme de Charrière. Celle-ci, qu'on a rapprochée de Jane Austen, puise souvent ses thèmes dans la vie domestique ; elle entrecroise préoccupations psychologiques, esthétiques et économiques, explore un espace intérieur soigneusement délimité et brossé à touches vives, où la chute d'une feuille de musique, la fermeture d'une porte, un reproche à peine articulé peuvent faire l'effet de coups de tonnerre. Cette retenue même confère aux situations et aux destinées une extraordinaire puissance émancipatrice. L'étendue de ses préoccupations et la finesse de ses analyses font de Mme de Charrière l'une des plus remarquables représentantes des femmes qui régnèrent sur le roman. Mais elle se distingue à la fois par ses origines étrangères et par les qualités qui la rendent encore lisible aujourd'hui : l'économie des moyens, la vérité psychologique et l'art de tirer parti des conventions romanesques. Elle prolonge une tradition bien établie de romans épistolaires féminins, tout en évitant les exagérations généralement associées au genre romanesque.

Les *Lettres écrites de Lausanne* (1785) et *Caliste, ou Continuation des lettres écrites de Lausanne* (1787) comptent parmi les meilleurs romans de Mme de Charrière. Par leur thème – la marginalité de la femme, sa vulnérabilité sociale et financière – ces deux ouvrages offrent une éloquente transposition romanesque de la vie quotidienne. La première partie relate l'histoire de la jeune Cécile, racontée par sa mère dans les lettres qu'elle adresse à une amie résidant en France. Médiocrement dotée, Cécile ne peut espérer faire un brillant mariage. Plusieurs partis acceptables se présentent mais l'adolescente aime Edward, jeune lord anglais qui s'éprend d'elle sans se décider à demander sa main. Sa mère l'emmène alors en voyage pour la distraire. Tel est le dénouement – ou plutôt le non-dénouement – de l'histoire.

La suite de l'histoire, *Caliste*, est d'une puissance extraordinaire en dépit de sa brièveté – caractéristique des romans de l'auteur. William, le mélancolique compagnon d'Edward, conte à la mère de Cécile son histoire et celle de Caliste, femme comblée de grâces et de talents. Dès l'enfance, une mère sans ressources a voué Caliste au métier de comédienne, puis l'a vendue à un gentilhomme anglais qui a fait d'elle sa maîtresse tout en lui assurant une excellente éducation. À la mort de son protecteur, Caliste rencontre William – cruellement éprouvé par la perte de son frère jumeau – et s'éprend de lui. Le jeune homme n'a pas le courage d'enfreindre l'interdiction paternelle en épousant Caliste, pas plus qu'il n'ose briser le rêve de respectabilité de la jeune femme en faisant d'elle sa maîtresse. Il finit par épouser une veuve insignifiante, choisie par son père, tandis que Caliste épouse un gentilhomme campagnard. Elle meurt en Angleterre, auréolée de sainteté (pendant l'exécution du *Stabat Mater*, de Pergolèse), tandis que William rentre à Lausanne accablé de remords.

Quelques différences de ton et d'intrigue ne suffisent pas à masquer la ressemblance des deux histoires : Caliste est la version tragique de l'histoire de Cécile – tragique du fait de l'apathie mortelle de William, comme d'Edward avant lui. Jean Starobinski a remarqué que l'inhibition compulsive dont William fait preuve devant tout geste décisif s'accompagne d'allusions discrètes mais insistantes à son homosexualité latente : témoin l'attachement qu'il porte d'abord à son frère jumeau (à l'armée, les deux jeunes gens passent leurs loisirs à étudier ou à faire de la musique, tandis que leurs « camarades [perdent] leur temps au jeu et avec des filles ») puis à son beau-fils, enfant de dix ans qui est le portrait du frère disparu. Le jeune garçon accompagne William dans le voyage qu'il entreprend juste après son mariage, tandis que la nouvelle épousée reste au foyer avec son beau-père. À quoi s'ajoute l'attachement de William pour Edward. Lorsqu'il s'éprend de Caliste, William a le sentiment viscéral de trahir son frère et, bien qu'il sache que Caliste l'aime aussi, il se dérobe à l'amour physique. Il accepte d'être traité en « sœur » par la jeune femme et ne s'inquiète pas des infidélités de son épouse. Il n'est jamais dit explicitement qu'il se sente menacé par le désir de Caliste, mais la chose est suggérée par son irrésolution, sa tendance à renoncer plutôt qu'à persévérer. Dans beaucoup de romans sentimentaux au contraire, l'agressivité masculine est la loi : les hommes passent leur temps à échafauder des projets de séduction. William demande bien à Caliste d'être sa maîtresse, et c'est elle qui refuse ; il n'en reste pas moins que l'histoire de cette femme passionnée aux prises avec un homme vierge et passif constitue un renversement des rôles. Caliste ne meurt pas d'avoir cédé au plaisir interdit, elle s'étiole d'en être privée. Sa mort est l'œuvre de la force jalouse des liens qui unissent les hommes.

Parce que leur sort dépend d'initiatives masculines, Cécile et Caliste sont les victimes d'un système qui refuse aux femmes l'autonomie. Elles sont opprimées par des habitudes mentales d'un paysage défini par la religion, la culture et la lente marche du temps. En attendant que l'homme passe à l'action, la femme doit pratiquer les « vertus » féminines. Dans l'œuvre de Mme de Charrière, la chasteté obéit à des considérations pratiques. L'abstinence à laquelle s'astreint Caliste après la mort de son premier amant doit lui permettre de se racheter : ne pouvant espérer devenir la femme de William qu'en refusant d'être sa maîtresse, elle entre dans une résistance intellectuelle et morale. Mais elle a beau se montrer « digne » de William, l'apathie du jeune homme promet que ni le plaisir ni le mariage ne viendront l'en récompenser : la victoire de la vertu sur le désir ne conduira Caliste qu'à la mort.

Cécile doit, elle aussi, résister aux appels des sens ; mais son histoire implique une autre définition de la vertu, que sa mère justifie moins par des arguments religieux que par des considérations pratiques : une fille vertueuse trouve plus facilement à se marier. Aussi doit-elle dissimuler son attirance pour Edward si elle veut l'amener au mariage. La vertu se fait alors imposture : un mélange de sentiment et de désir que Mme de Charrière nomme sensibilité.

Le bonheur domestique est une des préoccupations majeures de Mme de Charrière. Seules les satisfactions du foyer sont accessibles à Cécile, à Caliste ou à la plupart de ses héroïnes. Mais cette sphère domestique elle-même les oppresse, quand elle ne les exclut pas. Les structures conjugales et familiales, bien qu'elles semblent être le principal mode d'épanouissement des femmes, se révèlent progressivement le principal obstacle à leur bonheur. L'héroïne des *Lettres de Mrs. Henley* (1784), de Mme de Charrière, offre à cet égard un exemple éloquent : en décidant – comme l'auteur – d'épouser un homme plein de mérites, mais sans éclat, plutôt qu'un homme d'ambition, elle choisit le foyer contre le monde. Prisonnière des idées et des terres de son mari, Mrs. Henley mène une existence malheureuse, comme Mme de Charrière étouffait dans le village de son placide époux. L'auteur n'est-elle pas en train de suggérer que la conception masculine du bonheur des femmes n'est que verbiage ? Que les femmes s'aliènent en souscrivant aux mots creux d'hommes moralisateurs et raisonneurs ? On pense à la boutade de Mme d'Épinay, pour qui être raisonnable, c'est suivre les avis qu'on vous donne.

L'histoire de Cécile est fragmentée et reste étrangement inachevée. Au terme d'une intrigue qui dissèque à loisir les moments critiques provoqués par de menus incidents, le dénouement refuse de transcender le quotidien. De telles figures d'héroïnes domestiques sont autant de témoignages sur le milieu littéraire et social de l'époque, autant de dialogues avec la culture de cette fin de siècle qui ne laissait guère de salut aux femmes en dehors du mariage, ni grand espoir de satisfaction dans le mariage pour une femme d'exception. Dans l'univers de Mme de Charrière, il n'existe de recette ni pour se marier ni pour connaître le bonheur conjugal – bien que le mariage soit un impératif biologique et économique – et les hommes ne débordent guère d'ardeur érotique.

La postérité littéraire de *Caliste* est d'une richesse exceptionnelle, qu'il s'agisse d'œuvres comme *Corinne, ou l'Italie* (1807), de Mme de Staël, ou *Adolphe* (1806-1807 ; publié en 1816), de Benjamin Constant, ou encore des liens réels qui unirent les trois auteurs. Mme de Charrière avait, dans sa jeunesse, entretenu une longue liaison épistolaire avec le baron Auguste Constant d'Hermenches, son aîné de dix-huit ans ; quand elle fit la connaissance de son neveu Benjamin, elle allait sur ses cinquante ans, il n'en avait pas vingt. La tumultueuse liaison qui unit plus tard Benjamin Constant à Mme de Staël affecta Mme de Charrière, sans toutefois mettre fin à une correspondance qu'elle entretint jusqu'à sa mort. Mme de Staël pour sa part estimait cette rivale plus âgée (tout en déplorant sa fâcheuse habitude de ne pas achever ses romans) et admirait particulièrement *Caliste* : « Mon Dieu ! que je voudrais n'avoir pas lu *Caliste* dix fois ! J'aurais devant moi une heure sûre de suspension de toutes mes peines » (*Œuvres complètes* de Mme de Charrière, vol. IV, p. 299).

À l'instar du William de *Caliste*, le héros de Mme de Staël (l'amant de Corinne) a la faiblesse de renoncer à la femme dont il est épris pour celle que son père a choisie, renforçant ainsi son attachement filial par un attachement conjugal. Quant à *Adolphe*, il offre la version masculine de la même histoire : l'héroïne qui y meurt de désespoir tient de la harpie plutôt que du génie, et le courage qui manque au héros est moins celui de l'épouser que de la quitter. Amants et rivaux (de plume) au sein d'une relation triangulaire que leurs âges respectifs et le passage de la Révolution à l'Empire ne facilitaient pas, Mme de Charrière, Mme de Staël et Benjamin Constant transformèrent chacun un drame personnel en chef-d'œuvre littéraire, mythe où s'exposent les règles d'un univers patriarcal. Dans chaque cas, un roman associant la passion et la situation marginale de la femme à une forme d'impuissance masculine s'ordonne autour d'une figure de père/frère qui inspire au héros l'attachement le plus profond, le désir le plus inviolable.

Caliste aborde les préoccupations majeures du roman féminin en cette fin de siècle : l'amour, bien sûr, et le mariage, hors duquel ces héroïnes savent qu'il leur serait difficile de survivre. L'auteur sait de quoi elle parle. Le mariage problématique de Belle de Zuylen – trop brillante pour sa modeste dot –, recherchée par des prétendants aussi tièdes que disparates, son déconcertant parti d'accepter l'homme qui semblait le moins propre à devenir son mari, ce drame a été longuement évoqué par ses biographes. Ses romans illustrent également la relation complexe des femmes avec la sensibilité du siècle. C'est dans le sillage de Richardson et de Rousseau que la notion de sensibilité atteignit son apogée dans le roman, genre qui (tout particulièrement dans sa forme épistolaire) se révéla apte à rendre compte non seulement de la moralité et des sentiments, mais aussi de réalités sociales plus complexes. Les romans écrits par des femmes durant cette période lient le contexte social aux conventions littéraires : les femmes imposèrent le règne de la sensibilité – qui en retour leur imposait le sien – mais elles ne se privaient pas d'examiner sa complicité avec l'oppression. Mme de Charrière et ses contemporaines utilisèrent le roman pour écrire sur elles-mêmes en un siècle où l'on publiait moins d'autobiographies et de mémoires que d'ouvrages de fiction. Le caractère subversif de tels romans tient à la révolte qui perce sous la sentimentalité et la moralité de façade, au jeu qui s'établit entre conformisme et contestation. Les récits de Mme de Charrière séduisent par leur sens de la forme et la vigueur de leur style. Quant à l'intérêt de l'auteur pour la morale, la vie domestique, la sensibilité, la raison et la vertu, autant d'éléments qui la rattachent à la tradition des femmes écrivains, il souligne l'enracinement de son œuvre dans la culture domestique féminine. Une lecture attentive des conventions auxquelles obéit le roman féminin au XVIIIe siècle peut faire apparaître les remous sous une surface lisse et tranquille.

Bibliographie : Isabelle de Charrière, *Œuvres complètes*, éd. Jean-Daniel Candaux, C. P. Courtney, Pierre H. Dubois, Simone Dubois-De Bruyn, Patrice Thompson, Jeroom Vercruysse et Dennis M. Wood, 10 vol. (Amsterdam, G. A. Van Oorschot, 1979-1984). Alix Deguise, *Trois Femmes : le monde de Mme de Charrière* (Genève, Slatkine, 1981). Philippe Godet, *Madame de Charrière et ses amis*, 2 vol. (Genève, A. Jullien, 1906). Jean Starobinski, « Les lettres écrites de Lausanne de Mme de Charrière : inhibition psychique et interdit social », in *Roman et lumières au XVIIIe siècle* (Paris, Éditions sociales, 1970). Joan Hinde Stewart, « The Novelists and Their Fictions », in *French Women and the Age of Enlightenment*, éd. Samia I. Spencer (Bloomington, Indiana University Press, 1984).

Joan Hinde Stewart

1788

Condorcet publie les *Lettres d'un bourgeois de New-Haven*

Françaises, encore un effort...

Marie Jean Antoine Nicolas de Caritat, marquis de Condorcet, naquit en 1743 dans une famille de noblesse ancienne, originaire du Dauphiné et restée fidèle à la foi protestante jusque tard dans le XVIIe siècle : tradition de dissidence résolue que le marquis n'allait pas manquer d'illustrer.

L'établissement des Condorcet en Picardie était assez récent et l'enfant n'avait que un mois lorsque sa mère devint veuve pour la seconde fois. Elle éleva son fils dans une atmosphère de piété et de protection extrêmes, l'habillant en fille jusqu'à l'âge de huit ans, apparemment pour le soustraire à la violence des autres garçons. Que cette expérience d'enfant ait contribué à faire de Condorcet le champion du droit des femmes en 1788 et 1789 reste du domaine de la conjecture.

Après avoir tenu tête à une famille qui le destinait à la carrière des armes, le jeune homme trouva sa voie dans l'étude des mathématiques et entra de bonne heure à l'Académie des sciences, où d'Alembert devint son protecteur. À l'âge de vingt et un ans, Condorcet s'était acquis une réputation scientifique en publiant *Du calcul intégral* (1764). Membre de l'Académie, il bénéficia du prestige énorme attaché au pouvoir grandissant des sciences et des techniques en cette fin de siècle. Condorcet emprunta à d'Alembert sa conception de « l'homme de science » : pour les deux hommes, la science était une activité intellectuelle qui plaçait ses adeptes au cœur des grands projets de réforme intéressant le siècle. D'Alembert allait jusqu'à penser que les hommes de sciences et de lettres avaient pour mission de légiférer en matière de goût, conception reprise par Condorcet mais que les générations suivantes allaient juger arbitraire et élitiste. Son second maître fut Turgot, qui occupa la charge de contrôleur général des finances de 1773 à 1776 et l'appela à ses côtés. Ce « technocrate » confiant dans l'idée de progrès imprima ses vues à Condorcet. Dès 1772, le marquis conçut le plan d'un vaste traité, l'*Esquisse d'un tableau historique des progrès de l'esprit humain* (1794), où il exposerait sa foi dans la capacité humaine à réaliser le bien ; l'ouvrage ne fut rédigé qu'en 1793-1794, dans la cache où Condorcet chercha refuge après la proscription des Girondins.

Cette foi dans le pouvoir des institutions humaines à changer les habitudes les plus tenaces, à libérer l'humanité en l'éduquant et en lui donnant accès à la science est un des facteurs qui permirent à Condorcet de poser la question féminine en des termes nouveaux. La fréquentation des salons, l'amitié de Julie de Lespinasse et d'autres femmes remarquables lui firent connaître une société animée où l'un et l'autre sexe avaient leur place. Son mariage en 1786 avec Sophie de Grouchy a sans doute joué un rôle déterminant dans la « conversion » de Condorcet à la cause des femmes. Sophie de Condorcet était une jeune personne vive et curieuse d'esprit. Elle fonda, avec son mari, un salon politique où l'on débattait passionnément d'idées et de réformes politiques en pleine tourmente révolutionnaire. C'est dans ce contexte que furent élaborés deux ouvrages remarquables : les *Lettres d'un bourgeois de New-Haven à un citoyen de Virginie, sur l'inutilité de partager le pouvoir législatif en plusieurs corps* (1788) – Condorcet aime la convention littéraire qui consiste à parler de son pays en adoptant un point de vue étranger – et l'essai *Sur l'admission des femmes au droit de cité* (1789). Le premier texte est un plaidoyer philosophique pour les droits des femmes dans un État nation ; le second montre comment l'exercice de ces droits peut entrer dans les faits.

Dans les années 1780, la culture des salons était sur le déclin ; le règne de ses brillantes et spirituelles hôtesses était menacé par un idéal plus domestique, venu d'Angleterre, mais popularisé surtout par *la Nouvelle Héloïse* (1761), de Rousseau, sous les traits de Julie, idole incarnant les vertus conjugales. Dans les campagnes, la majorité des femmes du peuple continuait à vivre dans l'immuable réseau des sujétions ancestrales ; celles qui, en nombre croissant, devaient gagner la ville pour s'y établir comme ouvrières ou domestiques n'échappaient pas toujours à la prostitution. L'augmentation régulière du nombre des naissances illégitimes et l'abandon massif d'enfants placés en orphelinat ou en nourrice – ce qui revenait souvent à un infanticide déguisé – comptent parmi les traits les plus sombres de l'époque prérévolutionnaire. Peut-être est-ce par réaction que la sexualité féminine apparut alors lourde de menaces et que la chasteté féminine devint une obsession.

On saisit mieux l'originalité des idées de Condorcet sur la nature et la place des femmes dans la société quand on les replace dans le débat qui se poursuivait alors avec plus de passion que de rigueur. Dans le compte rendu (jamais publié de son vivant, mais probablement diffusé en feuilles manuscrites) qu'il fit en 1772 d'un essai de l'abbé Thomas intitulé *Des femmes*, Diderot rappelle que le discours sur les femmes est la chasse gardée des hommes. « L'âme des femmes n'étant pas plus honnête que la nôtre, mais la décence ne leur permettant pas de s'expliquer avec notre franchise, elles se sont fait un ramage délicat, à l'aide duquel on dit honnêtement tout ce qu'on veut quand on en a fait une étude auprès d'elles » (*Œuvres complètes*, p. 35). Diderot s'en prend au conformisme de l'abbé qui sacrifie aux clichés galants de rigueur dès qu'on parle des femmes, rhétorique dont la politesse de surface a été élaborée par les classes supérieures aux beaux jours de la préciosité pour raffiner le commerce mondain et étendre le brassage social entre les sexes. Le bourgeois en Diderot fulmine contre ce qu'il tient pour des affectations d'aristocrate envers les femmes. Ce qu'il veut, c'est leur arracher leurs voiles protecteurs : « C'est surtout dans la passion de l'amour, dans les transports de jalousie, dans les accès de la tendresse maternelle, dans la superstition, dans la manière dont elles éprouvent les émotions épidémiques et populaires, que les femmes étonnent [...]. Si la joie, la tendresse et la douleur les embellissent, le contraste des mouvements violents avec leur douceur naturelle, les rend plus hideuses ; elles en sont défigurées » (*ibid.*, p. 38). Pour Diderot, qui annonce Freud sur ce point, les femmes sont dominées par leur physiologie et diffèrent radicalement des hommes – une différence à laquelle il est loin de rester indifférent – par leur affectivité débridée et leur irrationalité. Si désireux qu'il soit de les caractériser avec plus de sympathie que Thomas, il ne peut résister à cette piquante manipulation du modèle ange/démon pour penser les femmes.

La place de la femme dans les classes supérieures de la société française du XVIIIe siècle faisait l'étonnement de tous les voyageurs d'Europe ou d'Orient. Le savoir-vivre, l'élégance et le pouvoir des Françaises étaient universellement reconnus ; mais toutes ces « qualités » pouvaient se lire – et se lisaient effectivement – de façon négative : elles indiquaient le calcul, l'ingérence, la vanité et l'artifice. Comme le montrent les remarques de Diderot, si la place des femmes, leurs talents et leurs devoirs faisaient l'objet d'un large débat, ce dernier ne brillait ni par la méthode ni par le sérieux. Le discours masculin sur les femmes, même quand il ne manquait pas de clairvoyance, restait faussé par l'indéracinable besoin de décrire la frivolité et la sensualité du « sexe » – qu'il s'agisse de duchesses ou de bergères.

Leur position dans les salons n'avait rien changé aux préjugés qui empêchaient les femmes d'accéder aux cercles littéraires et intellectuels sur un pied d'égalité avec les hommes. Les plus lucides étaient parfaitement conscientes des limitations juridiques, intellectuelles et spirituelles dont elles étaient victimes. Mme d'Épinay, maîtresse de Grimm, amie de Diderot et de Rousseau, l'exprimait en ces termes : « Je dis donc qu'une femme n'est pas à portée, par la raison qu'elle est femme, d'[...]acquérir [des connaissances] assez étendues pour être utile à ses semblables, et il me semble qu'il n'y a que de celles-là qu'on puisse raisonnablement tirer vanité [...]. Que de choses dont il ne leur est pas permis d'approcher ! Tout ce qui tient à la science de l'administration, de la politique, du commerce, leur est étranger et leur est interdit ; elles ne peuvent ni ne doivent s'en mêler, et voilà presque les seules grandes causes par lesquelles les hommes instruits ou savants peuvent vraiment être utiles à leurs semblables, à l'État, à leur patrie » (*Correspondance*, pp. 347-348). Le ton de Mme d'Épinay contraste avec celui de Diderot. Elle parle des femmes dans un langage sobre, pour ne pas dire sombre, le langage de la raison, alors que le philosophe s'abandonne à ses fantasmes et renonce à écouter la raison quand il parle du sexe opposé. Si le discours masculin dominant s'obstine à gommer la complexité des femmes pour ne retenir que leur « nature » d'êtres sexués reproducteurs, tout autre est le discours des intéressées ; elles se considèrent comme des êtres sociaux, êtres de culture avant que de « nature ». La principale accusation dirigée contre elles, et puissamment étayée par Rousseau, affirme en substance que la participation des femmes à la société est contre nature et qu'à vouloir jouer le jeu de la société au même titre que les hommes elles n'aboutissent qu'à perdre leur féminité.

Les Liaisons dangereuses, roman de la séduction par excellence, permet d'observer, de façon presque expérimentale, ce qui arrive lorsque les objectifs des femmes (ou d'une femme) ressemblent à ceux des hommes. L'ouvrage de Laclos fit grand bruit à sa parution en 1782 ; la célèbre lettre LXXXI, adressée par Mme de Merteuil à son complice et adversaire dans l'art de la manipulation amoureuse, est une méditation sur la réalité de l'inégalité des sexes en même temps que l'affirmation d'une femme lucide qui refuse de s'y soumettre. Après avoir dévoilé la façon dont elle tourne l'hypocrisie que lui impose la société, la marquise se proclame stratège de la guerre des sexes, « née pour venger mon sexe, écrit-elle à Valmont, et maîtriser le vôtre ».

La puissance libératrice d'une vérité aussi douloureusement refoulée que celle à laquelle l'« explication » de Mme de Merteuil donne voix montre de quelle anxiété s'accompagne dans la haute société le statut plus égalitaire des femmes. Le « péché » de la marquise se ramène à l'instinct de conservation ; c'est son génie du calcul et sa maîtrise du monde qui la distinguent des autres individus de son sexe. À l'opposé, la présidente de Tourvel – héroïne pure et touchante par excellence, dont Valmont s'aperçoit après l'avoir séduite qu'il l'aime éperdument – témoigne de cette vulnérabilité à l'amour qui convient aux femmes, et s'assure la consécration finale par une mort pathétique.

Avoir donné corps à la « révolte » de Mme de Merteuil et à son refus de jouer le rôle de victime avait sensibilisé Laclos au caractère explosif de la situation des femmes ; ce qui l'amena à composer *De l'éducation des femmes* en réponse à la question posée en 1783 par l'académie de Châlons-sur-Marne « Quels seraient les meilleurs moyens de perfectionner l'éducation des femmes ? ». Laclos répondit qu'en l'état actuel des choses il ne pouvait être question de l'améliorer puisqu'elle n'existait pas ; de surcroît, une femme dotée d'une bonne éducation serait très malheureuse si elle restait à sa place, très dangereuse (comme la marquise de Merteuil ?) si elle cherchait à la quitter. Engageant vivement les femmes à l'écouter, l'auteur enchaînait alors sur une étrange assertion : « On ne sort de l'esclavage que par une grande révolution. Cette révolution est-elle possible ? C'est à vous seules à le dire puisqu'elle dépend de votre courage » (*Œuvres complètes*, p. 391).

Si cette rhétorique fait endosser aux femmes la responsabilité de leur servitude, elle a du moins le mérite de conceptualiser leur révolte. Laclos ne cultiva pas toujours ce

« parler vrai » à propos des femmes, même s'il tenta à plusieurs reprises de préciser sa pensée. Sa correspondance de 1782 avec Mme Riccoboni, auteur de romans à succès rédigés d'un point de vue explicitement féminin, révèle une attitude toute différente. Dans sa lettre du 14 avril 1782, Mme Riccoboni avait protesté contre le portrait de la perfide marquise : « C'est en qualité de femme, Monsieur, de Française, de patriote zélée pour l'honneur de ma nation, que j'ai senti mon cœur blessé du caractère de Madame de Merteuil » (*ibid.*, p. 759). Il est d'ailleurs vrai, comme Mme Riccoboni semble en avoir eu l'intuition, que la marquise allait bientôt incarner rétrospectivement l'insensibilité et la dureté des échanges humains sous l'Ancien Régime. Laclos répondit qu'une telle femme n'était d'aucun pays, que partout où il naîtrait une femme avec des sens actifs, un cœur incapable d'amour, de l'esprit et une âme vile, il y aurait une Mme de Merteuil. L'ordonnance est claire : si elles veulent être « bonnes », les femmes doivent avoir un cœur aimant et des sens passifs. La correspondance de Laclos est pleine de cette rhétorique galante et convenue, qui, en revenant constamment sur le pouvoir de séduction des femmes, cherche à maintenir dans des limites étroites le contenu et le style de leur expression : « C'est aux femmes seules qu'appartient cette sensibilité précieuse, cette imagination facile et riante qui embellit tout ce qu'elle touche, et crée les objets tels qu'ils devraient être » (*ibid.*, p. 759). Un compliment qu'il faut traduire : « Une romancière ne se mêle pas de critiquer. » Laclos est désarçonné en voyant Mme Riccoboni jouer à la dissidente. Que les femmes créent, mais qu'elles le fassent en toute modestie, par analogie avec leurs fonctions biologiques ; la dissidence, au contraire, va contre la générosité qu'on est en droit d'attendre d'elles. Bien des femmes tenaient *les Liaisons dangereuses* pour une œuvre hostile à leur sexe ; cette controverse prouve simplement, comme l'assure galamment Laclos, qu'il s'occupe d'elles et « comment s'en occuper et ne les aimer pas ? » (*ibid.*, p. 760). La pirouette mondaine permet de faire tourner court le dialogue avec l'interlocutrice.

Le silence imposé à Mme Riccoboni s'inscrit dans un combat plus vaste. En 1772, Canon Edmé Ferlet avait soutenu que l'influence féminine sur la culture française n'avait plus les mêmes effets bénéfiques que par le passé : hommes de science et penseurs se laissaient guider par le souci de plaire aux femmes et de se faire comprendre d'elles. On ne devrait jamais confier aux femmes, comme jadis, le pouvoir de juger les œuvres ou d'arbitrer les réputations. Ces arguments restent modérés, comparés à ceux du chevalier Feucher d'Artaize. Dans les *Réflexions d'un jeune homme* (1786), Feucher aborde le thème voisin de la prétendue déchéance de l'homme en société et de la décadence du goût. Les deux auteurs incriminent la même coupable : la femme. Mais l'argumentation de Feucher laisse à penser qu'il était devenu courant d'opposer jusqu'à les rendre étrangères les femmes et la société. « Nos cruelles institutions », accuse-t-il, arrachent les femmes à la dépendance et à la retraite qui sont « naturellement » leurs pour les abandonner dans le tourbillon du monde, où la vertu fléchit devant le plaisir. La sexualité des femmes étant inéducable, leurs désirs vils, leur nature dépravée ou corrompue, que propose Feucher ? Une solution qui annonce celle du conventionnel Jean-Baptiste Amar, lequel enjoindra aux femmes, en 1793, de quitter les lieux publics pour regagner la sphère domestique. Nous devrions, dit Feucher, suivre l'exemple de Lycurgue à Sparte : enfermer nos femmes et les tenir aussi éloignées que possible des hommes et des affaires publiques.

Les femmes ne restèrent pas sans réaction devant cette attaque. En 1787, Marie-Armande Gacon-Dufour répliqua par un mémoire à la défense de son sexe. Si elle admet – avec trop d'empressement peut-être – les faiblesses « naturelles » des femmes, l'abîme de leur sensualité et de leur sensibilité, elle oppose à Feucher que, depuis quarante ans, les hommes font moins d'efforts pour leur plaire : l'homme « se trouve tellement corrompu aujourd'hui, qu'il a horreur de lui-même ; et [...], pour se disculper, il a pris l'habitude de nous accuser » (*Mémoire pour le sexe féminin*, p. 13). En 1788, Feucher répondit à Mme Gacon-Dufour que la dissolution des mœurs était imputable « au sexe le plus affamé de plaisir ». Finalement, comme Laclos avant lui, il chercha à esquiver l'opposition chasteté/corruption par un trait galant : « Moi détester les femmes ! moi qui suis sans cesse avec elles, qui ne me trouve bien qu'à leurs genoux ! » (*Lettre à Mme Gacon-Dufour*, p. 37).

L'obsession du XVIIIe siècle pour la chasteté et la sensualité atteint son paroxysme dans le roman de Bernardin de Saint-Pierre, *Paul et Virginie* (1788). Élevés dans le paradis exotique et matriarcal de l'île de France (aujourd'hui île Maurice), Paul et Virginie n'ont aucune idée des maux qui rongent la société française. La jeune fille est la première à ressentir les appels de la sexualité : « Depuis quelque temps Virginie se sentait agitée d'un mal inconnu. Ses beaux yeux bleus se marbraient de noir ; son teint jaunissait ; une langueur universelle abattait son corps. La sérénité n'était plus sur son front, ni le sourire sur ses lèvres [...]. L'infortunée se sentait troublée par les caresses de son frère » (*Paul et Virginie*, p. 266). L'éveil de Virginie à la sexualité, qui trouve un écho sensuel dans la luxuriance des parfums tropicaux ou des flots bouillonnants, doit être contenu et, pour finir, réprimé ; elle périt dans un naufrage, au retour d'un désastreux voyage en France arrangé pour retarder son mariage avec Paul. Refusant de se dépouiller de ses vêtements pour se jeter à la mer et être secourue, la jeune fille lève au ciel des yeux sereins, tel « un ange qui prend son vol vers les cieux » (*ibid.*, p. 345) [fig. 1]. L'immense popularité du sacrifice angélique de Virginie indique dans quelle direction le dualisme dépravation/chasteté allait être résolu. C'était attribuer une fois de plus aux femmes une altérité spirituelle qui faisait d'elles des étrangères aux hommes – êtres de nature pour les premières, de culture pour les seconds – et cela au moment précis, comme on le voit avec Mme de Merteuil et Valmont, où leur ressemblance avec les hommes n'avait jamais été plus forte.

On comprend mieux ce qu'avait de prodigieux l'audace de Condorcet. À sa façon obstinément antitraditionaliste et rationaliste, il inséra dans la deuxième des *Lettres d'un bourgeois de New-Haven* un long plaidoyer en faveur du droit des femmes à une entière participation aux affaires publiques – c'est-à-dire le droit de vote – dans une république (New Haven fait alors partie de la toute récente République américaine).

Condorcet n'ignorait pas que cette suggestion paraîtrait saugrenue : « J'ai maintenant à vous faire une objection » (*Lettres d'un bourgeois*, p. 280), dit-il, marquant une pause solennelle avant d'énoncer cette thèse d'une renversante nouveauté. On appelle naturels, observe-t-il à la manière de Rousseau, les droits qui dérivent de la nature originelle de l'homme, de cet état qui précède les institutions sociales. N'est-ce pas parce que les hommes sont des êtres sensibles, capables de raisonnement et de jugement moral, qu'on leur accorde des droits ? Et bien dans ce cas les femmes doivent jouir de droits absolument identiques ; et pourtant, dans aucune constitution appelée libre, les femmes n'ont exercé le droit de citoyen. Si

1. *Naufrage de Virginie*, planche dessinée par Pierre-Paul Prud'hon, gravée par Barthélemy Roger, in *Paul et Virginie*, de Bernardin de Saint-Pierre (Paris, Didot, 1806). (New York Public Library, Spencer Collection.)

Condorcet reste prudent – il souhaite limiter le droit de vote aux propriétaires, aux veuves et aux femmes non mariées, déclare les femmes mieux adaptées à certaines fonctions publiques qu'à d'autres, se demande si elles sont douées de génie inventif (mais penche pour l'affirmative) – il n'en consomme pas moins une rupture décisive avec le mythe du strict dualisme des sexes. « L'exercice du droit de citoyen, note-t-il, suppose qu'un être puisse agir par sa volonté propre » (*ibid.*, p. 282) – phrase qui aurait fait les délices d'une Merteuil – ; les lois civiles n'en semblent pas moins priver les femmes d'un tel droit. Mais la loi ne doit exclure les femmes d'aucun rôle et, dit-il, lorsqu'elle aura cessé de le faire, il s'ensuivra un tel changement dans les mœurs et l'éducation que les objections à leur participation, aujourd'hui plausibles, ne le seront plus.

L'utopie de Condorcet n'était donc pas celle de la Révolution. Ce n'était pas non plus celle de Rousseau, et Condorcet ne se cache pas qu'en démythifiant les femmes, en parlant « de leurs droits à l'égalité et non de leur empire », il s'expose à leur colère : « Depuis que Rousseau a mérité leurs suffrages, en disant qu'elles n'étaient faites que pour nous soigner et propres qu'à nous tourmenter, je ne dois pas espérer qu'elles se déclarent en ma faveur » (*ibid.*, p. 287). Une femme aussi indépendante que Mme de Staël s'était rangée à cet avis dans les *Lettres sur le caractère et les écrits de Jean-Jacques Rousseau* (1788) : « [Si Rousseau] s'indigne contre [les femmes] lorsqu'elles veulent ressembler aux hommes, combien il les adore quand elles se présentent à lui avec les charmes, les faiblesses, les vertus et les torts de leur sexe ! Enfin il croit à l'amour ; sa grâce est obtenue : qu'importe aux femmes que sa raison leur dispute l'empire, quand son cœur leur est soumis ? » (p. 8). Que les femmes se soient ralliées à l'amour n'a pas suffi à faire changer d'avis Condorcet qui continua à soutenir qu'« il est bon de dire la vérité, dût-on s'exposer au ridicule » (*ibid.*, p. 287).

Quelques années plus tard, Georges Cabanis, ancien protégé de Condorcet et membre du groupe des idéologues, critiqua l'idée absurde selon laquelle les « défauts » des femmes seraient le produit de l'éducation plutôt que de leur constitution physique. Ces êtres fragiles, entièrement asservis à leurs fonctions corporelles, étaient à ses yeux absolument incapables d'exercer la citoyenneté ou de posséder une volonté digne d'être traduite en actes.

Perdue dans un tel concert de voix, la thèse de Condorcet ne rencontra d'écho que chez une minorité de femmes et d'hommes de la Révolution. Ce n'est pas que les femmes n'aient eu conscience d'être exclues des instances représentatives ; l'une d'elles alla même jusqu'à écrire : « Peut-être qu'un jour nous aurons une restitution de nos droits avec usure, que l'Assemblée des États-Généraux, toujours infructueuse, changera de masculin en féminin ? c'est notre vœu secret » (*les Femmes dans la Révolution française*, p. 13). Néanmoins, sachant combien ce type de revendication paraîtrait incongru à ceux qui tenaient les femmes pour étrangères à la chose publique, rares sont les femmes qui, comme Etta Palm d'Aelders, Olympe de Gouges et Théroigne de Méricourt, revendiquèrent le droit de vote comme moyen de redresser leurs « torts ». Et ce n'est pas à Condorcet, mais à l'intrigant Talleyrand que, dans un geste essentiellement politique, Mary Wollstonecraft dédia sa *Vindication of the Rights of Women* (1792 ; *Défense des droits de la femme*). Pourtant la vision de Condorcet et celle de Mary Wollstonecraft étaient identiques, même si ses conceptions à elle étaient plus sévères à l'égard des femmes. « Que la femme partage les droits des hommes et elle stimulera leurs vertus ; car la femme sera nécessairement plus parfaite quand elle sera émancipée, sinon l'autorité qui enchaîne à son devoir un être aussi faible sera justifiée » (*Défense des droits de la femme*, p. 238). Le problème est que la plate-forme Condorcet-Wollstonecraft, discours de la raison et de la personne, et l'alternative – plus répandue et consacrée par la tradition – chasteté/dépravation étaient irréconciliables. Après la tempête révolutionnaire et les illusions qu'elle engendra, ils allaient tous deux refaire surface, plus opposés qu'ils ne l'avaient jamais été.

Voir aussi 1654, 1721, 1782 (mars).

Bibliographie : Jacques-Henri Bernardin de Saint-Pierre, *Paul et Virginie*, éd. J. Van Den Heuvel (Paris, Le livre de poche, 1974). Georges Cabanis, *Rapports du physique et du moral de l'homme* (Paris, Crapart, Caille et Ravier, 1802). Jean Antoine de Caritat, marquis de Condorcet, *Esquisse d'un tableau historique des progrès de l'esprit humain*, éd. O. H. Prior (Paris, Vrin, 1970) ; *Lettres d'un bourgeois de New-Haven*, in Filippo Mazzei, *Recherches historiques et politiques sur les États-Unis de l'Amérique septentrionale, par un citoyen de Virginie* (Paris, Froullé, 1788) ; *Sur l'admission des femmes au droit de cité*, in *Œuvres complètes*, éd. Arthur Condorcet O'Connor et M. F. Arago, vol. X (Paris, Firmin Didot, 1847). Denis Diderot, *Compte rendu de l'ouvrage de l'abbé Thomas « Des femmes »*, in *Œuvres complètes*, éd. Herbert Dieckmann et al., vol. X (Paris, Hermann, 1975). Louise de la Live d'Épinay, in abbé Galiani, *Correspondance*, vol. Ier (Paris, C. Lévy, 1881). Canon Edmé Ferlet, *le Bien et le Mal que le commerce des femmes a fait à la littérature* (Nancy, [Lescure], 1772). Feucher d'Artaize, *Lettre à Mme Gacon-Dufour* (Paris, Chez tous les marchands de nouveauté, 1788) ; *Réflexions d'un jeune homme* (Paris, Royez, 1786). Marie-Armande Gacon-Dufour, *Mémoire pour le sexe féminin contre le sexe masculin* (Paris, Royez, 1787). Pierre Choderlos de Laclos, *Œuvres complètes*, éd. Laurent Versini (Paris, Gallimard, 1979). Germaine Necker, baronne de Staël, *Lettres sur le caractère et les écrits de Jean-Jacques Rousseau*, in Œuvres, vol. Ier (Paris, Lefèvre, 1838). Mary Wollstonecraft, *Défense des droits de la femme* (Paris, Payot, 1976). *Histoire des femmes en Occident*, XVIIe-XVIIIe siècles, éd. Georges Duby et Michelle Perrot, sous la direction de N. Zemon Davis et A. Farge (vol. III) (Paris, Plon, 1991). M. L. P. P. D. St. L., « Remontrances, plaintes et doléances des femmes françaises à l'occasion de l'Assemblée des États-Généraux », in *les Femmes dans la Révolution française*, vol. Ier (Paris, E.D.H.I.S., 1982). Keith Michael Baker, *Condorcet : raison et politique*, trad. Michel Nobile, présenté par François Furet (Paris, Hermann, 1988). Madelyn Gutwirth, « Laclos and "Le sexe" : The Rack of Ambivalence », in *Studies on Voltaire and the Eighteenth Century*, n° 189 (1980), pp. 247-296.

Madelyn Gutwirth

1789

5 mai : convocation des états généraux ; 20 juin : serment du Jeu de paume ; 14 juillet : prise de la Bastille.

Quatre-vingt-neuf

La convention qui nous fait dater de 1789 le commencement de la Révolution illustre l'importance des événements remarquables qui se sont succédé entre mai et octobre de cette même année. Avec la convocation par Louis XVI des états généraux, en réponse à la crise financière qui paralyse le pays, mai voit se mettre en place l'embryon d'une assemblée législative. En juin, les représentants du tiers état se constituent en corps législatif : ils se proclament Assemblée nationale et s'affirment seuls habilités à voter l'impôt. En juillet, le peuple de Paris prend d'assaut la Bastille et prouve de façon mémorable que la souveraineté populaire n'est pas un simple principe, mais une force. En août, les privilèges sont abolis et la Déclaration des droits de l'homme et du citoyen relègue les principes féodaux au magasin des antiquités. En octobre, une foule parisienne marche sur Versailles et force la famille royale à revenir dans la capitale. Cruelle ironie : en mai, sur l'ordre de Louis XVI, la nation avait envoyé ses représentants à Versailles, siège de la majesté royale. Moins de six mois plus tard, sous la pression populaire, le roi gagne Paris, siège de l'agitation révolutionnaire.

Les bouleversements amorcés en 1789 et qui se prolongeront jusqu'à la chute de Napoléon en 1815 relèvent moins de l'histoire de la littérature que de l'histoire tout court. La période révolutionnaire n'a guère produit de chefs-d'œuvre et a souvent servi à prouver que les grands événements inhibent la sensibilité propice à l'éclosion d'une grande littérature. Pourtant la Révolution est étroitement liée à l'évolution littéraire moderne. Jamais le pouvoir des mots n'a été aussi perceptible et une bonne partie de la littérature ultérieure scrutera les implications d'un tel pouvoir. Les grandes figures du romantisme et du réalisme se sont nourries des enseignements de la Révolution sur les symboles et leur transcription verbale. Victor Hugo, par exemple, qui déclare dans *les Contemplations* : « Je mis un bonnet rouge au vieux dictionnaire. » Ou Balzac, qui choisit la Révolution comme toile de fond du premier roman qu'il publie sous son nom : *les Chouans* (1829). Avec *le Rouge et le Noir* (1830), Stendhal inaugure la grande tradition du roman social en décrivant une société obsédée par la possibilité d'un retour de la Révolution. Quant à l'historiographie européenne du

XIXe siècle, elle est pour l'essentiel un long dialogue sur la Révolution et ses leçons. « Les penseurs de ce temps, les poètes, les écrivains, les historiens, les orateurs, les philosophes, tous, tous, tous, dérivent de la Révolution française. Ils viennent d'elle, et d'elle seule » (*William Shakespeare*, pp. 306-307).

Avant de projeter son ombre sur les textes qui lui sont postérieurs, la Révolution se dessine dans les écrits qui la précèdent. Son impact, en effet, a été tel qu'il a entraîné une nouvelle lecture de cette littérature qui annonçait un ordre nouveau. Les écrits de Voltaire et de Rousseau, inspirateurs des activistes les plus résolus, ont été relus à la lumière des événements accomplis en leur nom. Même pour un texte d'une portée politique aussi limitée que *les Liaisons dangereuses* (1782), de Choderlos de Laclos, le message change avec la mort du monde qu'il représentait. Il est significatif que, récemment encore, à la sortie des adaptations cinématographiques ou théâtrales du roman de Laclos, la critique ait été presque unanime à lire dans cette fiction l'annonce du fait révolutionnaire. Cette unanimité rappelle la réaction dominante de nombreux lecteurs du XIXe siècle devant les textes du XVIIIe siècle.

Les effets rétroactifs de la Révolution sur la production littéraire antérieure, sa rémanence dans celle qui l'a suivie plaident contre une séparation trop stricte de la littérature et de l'histoire. Pour reprendre l'expression du philosophe anglais J. L. Austin, au cours de la Révolution française, « dire, c'était faire », sans que le dire et le faire ne se laissent isoler l'un de l'autre. On prit les armes pour des questions de mots. Des luttes à mort naissaient de différends sur les formes linguistiques propres à agir sur le monde. Le langage de la Révolution est à l'œuvre dans les événements révolutionnaires, et cette dialectique du discours et de l'action allait marquer profondément l'histoire, tant littéraire que politique.

Aucun événement n'a été célébré avec plus d'enthousiasme que la prise de la Bastille. De l'inextricable écheveau de causes qui ont conduit à l'attaque de la prison parisienne, on retient en général le renvoi de Necker par Louis XVI et le ressentiment né de la présence de régiments étrangers. Mais cela n'est rien en face de ceci : lorsque le symbole du pouvoir et de l'arbitraire – qui écrasait de sa masse l'un des quartiers les plus pauvres de la capitale – est emporté par la foule, c'est l'impossible qui devient réel. Après être venu à bout d'une structure matérielle aussi imposante, le peuple a découvert qu'aucune structure politique ou sociale n'aurait raison de sa volonté de changement. Selon Thomas Carlyle, « la chute de la Bastille peut être considérée comme ayant ébranlé toute la France jusqu'aux dernières fondations de son être » (*Histoire de la Révolution française*, vol. Ier, p. 266). On comprend aisément que le 14 juillet ait été choisi plus tard comme date de la fête nationale. Toutefois, les enjeux véritables de la Révolution apparaissent encore plus clairement dans un événement survenu le 17 juin, soit quelques semaines avant la prise de la Bastille : l'autoproclamation du tiers état en Assemblée nationale.

Sous l'Ancien Régime, le rang de chaque sujet était défini par son appartenance à l'un des trois ordres : clergé, noblesse et tiers état. En 1789, les deux premiers représentaient environ 4 % de la population ; le tiers état rassemblait les 96 % restants. En cas de crise exceptionnelle, le roi pouvait convoquer les états généraux, et c'est ce que fit Louis XVI devant la gravité de la crise financière. Chaque ordre étant en théorie d'une importance égale, il était représenté aux états généraux par un nombre égal de délégués. Mais, en 1789, la pression politique d'une bourgeoisie plus puissante et plus riche que jamais avait assuré au tiers état un nombre de députés égal à celui des deux autres ordres réunis.

Les implications de cette double représentation n'étaient pas encore claires lors de la séance d'ouverture du 5 mai, car le principe de l'importance égale des ordres conservait officiellement sa validité. Dans l'optique des « réactionnaires », chaque ordre devait se réunir et délibérer séparément ; le nombre de représentants participant aux délibérations n'avait donc aucune incidence pratique. Les questions sur lesquelles l'unanimité ne serait pas obtenue feraient l'objet d'un vote à deux contre un.

Cette procédure condamnait le tiers état a être en minorité à chaque affrontement ; aussi ses députés exigèrent-ils que les états généraux forment un corps unique dans lequel chaque délégué disposerait d'une voix : la double représentation de la bourgeoisie lui permettrait ainsi de doubler son pouvoir. Le tiers état se réunit dans la salle des Menus-Plaisirs et invita les représentants des autres ordres à le rejoindre. Sans succès. Ce blocage paralysa les états. Les députés de la bourgeoisie prétendaient parler au nom de l'ensemble du peuple français ; mais en faisant sécession, ils reconnaissaient implicitement qu'ils n'étaient pas l'expression de l'ensemble. En agissant seul, le tiers état risquait d'ôter toute validité à ses décisions.

Le dilemme fut résolu par le premier acte authentiquement révolutionnaire de l'année 1789. Sur une motion de l'abbé Sieyès, les députés du tiers état décrétèrent qu'ils étaient, non pas les représentants du tiers, mais une Assemblée nationale, habilitée à parler au nom de la nation tout entière, et cela même si les délégués de certains bailliages prenaient la décision de ne pas représenter leurs électeurs. La bourgeoisie se transformait ; classe sans pouvoir, elle décidait d'assumer désormais la charge des affaires du pays.

Louis XVI réagit en rappelant que lui seul avait la charge des affaires. Trois jours après l'autoproclamation de l'Assemblée nationale, il fit fermer la salle des Menus-Plaisirs. Les députés errèrent sous la pluie à la recherche d'un nouveau lieu de réunion. Ils se rabattirent sur le Jeu de paume, réaffirmèrent leur statut d'Assemblée nationale et jurèrent de ne pas se séparer avant que la France ait une constitution.

Quelques jours après le serment du Jeu de paume, l'Assemblée eut à nouveau l'occasion de montrer qu'elle n'était plus le tiers état. Le 23 juin 1789, le roi convoqua les trois ordres, annula la proclamation de l'Assemblée nationale et acheva son discours par un ordre sans équivoque : « Je vous ordonne, Messieurs, de vous séparer tout de suite. » Le clergé et la noblesse obéirent, le tiers ne bougea pas.

La naissance de l'Assemblée nationale et la chute de la Bastille illustrent une des principales leçons de la Révolution, l'entrelacement des actes qui modifient les conditions de vie des hommes et des représentations que ces hommes se font de leurs conditions de vie. La prise de la Bastille fut un événement réel au sens le plus matériel du terme. Mais elle revêtit immédiatement une charge symbolique considérable, que devaient amplifier d'innombrables pièces, fêtes, écrits, gravures et discours. Plus encore que l'événement lui-même, les représentations de la prise de la Bastille jouèrent un rôle décisif dans le processus révolutionnaire et dans la manière dont ses acteurs se représentèrent leur rôle.

Mais, si la chute de la Bastille est une réalité devenue représentation, l'Assemblée nationale pourrait bien être une représentation devenue réalité. L'acte fondateur d'un pouvoir politique indépendant du roi n'était rien de plus qu'une proclamation de pouvoir ; et pourtant cette proclamation marquait un commencement, de manière aussi irréfutable que le démantèlement de la Bastille marquait une fin. L'institution d'une Assemblée nationale par les propres paroles de ceux qui la composent et l'échec répété du roi à la dissoudre par les siennes constituent une illustration saisissante de l'interaction entre l'ordre linguistique et les forces sociopolitiques. En prise sur des énergies collectives, un discours jusque-là sans portée trouvait la force de faire et de défaire des mondes. Privé de ces attaches, un discours tout-puissant se réduisait à un exercice phonétique vide : « Je vous ordonne, Messieurs, de vous séparer tout de suite. »

Comme s'ils pressentaient l'enjeu de ce qu'ils accomplissaient avec leurs mots, les députés du tiers état débattirent pendant une semaine du futur nom de leur assemblée. Mounier proposa « Assemblée légitime des représentants de la majeure partie de la nation, agissant en l'absence de la mineure partie », libellé dont le ridicule a du moins le mérite de faire ressortir les vertus d'« Assemblée nationale », proposée par Sieyès. Le titre proposé par Mounier relevait d'un usage constatif – ou descriptif – du langage : les députés du tiers représentaient effectivement la majeure partie de la nation et agissaient bien en l'absence des représentants de la minorité. La nomination décrivait ici ce qui préexistait à l'énonciation de son nom. L'expression « Assemblée nationale », en revanche, tirait sa validité non pas de ce qui précédait, mais de ce qui allait suivre son énonciation. Privée de l'approbation d'une collectivité militante, ladite Assemblée nationale n'aurait été ni assemblée, ni nationale.

La Révolution s'ouvrait ainsi par une controverse liée au fait que la valeur d'une représentation linguistique n'est jamais donnée, que sa validation – ou sa désaffection – dépend de forces en conflit permanent. La formule proposée par Mirabeau, « représentants du peuple français », fut l'occasion de débats suscités par l'ambiguïté du mot « peuple ». Ce mot renvoyait-il à l'ensemble du peuple français ou seulement aux classes populaires ? On remonta au latin et « peuple » fut identifié tour à tour à *plebs* – le vulgaire – et à *populus* – l'ensemble des citoyens. Il fallut un certain temps au tiers état pour reconnaître que le sens des mots résultait des luttes des hommes, et qu'il ne pouvait résider dans une langue morte, à l'abri des changements apportés par ces luttes.

Mais ces mêmes députés qui cherchaient à fuir un présent incertain dans un passé révolu allaient bientôt prouver avec éclat que les actions qui transforment le monde doivent également transformer la façon de dire le monde. Chaque mois de l'été 1789 vit une nouvelle attaque contre la monarchie absolue : 17 juin, institution de l'Assemblée nationale ; 14 juillet, prise de la Bastille ; 4 août, abolition des privilèges. Après la nuit du 4 août, l'Assemblée chargea un de ses membres, Guy Jean-Baptiste Target, de rédiger un compte rendu officiel des événements à l'intention du roi. Lorsque Target lut sa composition, il fut interrompu par un tel vacarme que les vitres se mirent à tinter : il avait décrit l'arrivée du futur en utilisant les mots du passé. « Sire, l'Assemblée nationale a l'honneur », commença-t-il, mais une tempête de sifflets l'informa qu'il n'y avait plus d'honneur dans un pays qui venait de renoncer à la féodalité, « de mettre aux pieds de Votre Majesté », poursuivit-il, et des cris perçants de « À bas les pieds ! » prouvèrent qu'une banale métaphore pouvait devenir obscène (*Été 89, Lettres d'un Allemand à Paris*, p. 105). Au cours des semaines séparant l'arrivée de Target à Versailles et ses malheurs de plumitif, la relation entre les formes d'expression et la réalité était devenue méconnaissable.

L'importance des systèmes de signes dans une France qui révolutionnait son système de vie est au centre du dernier grand événement de 1789 : la marche sur Versailles d'une foule de Parisiennes affamées. Depuis la chute de la Bastille, la cocarde tricolore était l'emblème des factions progressistes. La marche du 5 octobre fut provoquée par la nouvelle que la cocarde avait été foulée aux pieds lors du banquet des gardes à Versailles. Le peuple envahit le château, tua plusieurs gardes et ramena de force Louis XVI, Marie-Antoinette et le reste de la famille royale à Paris, centre de l'agitation populaire. Méditant sur l'abrupte transition qui fait passer d'un morceau de tissu piétiné au renversement des principes monarchiques, Michelet interroge : « Qui pouvait méconnaître ici la toute-puissance du signe ? » (*Histoire de la Révolution française*, vol. Ier, p. 253). En octobre 1789, les trois couleurs étaient devenues, toujours selon Michelet, « la Révolution même », Révolution que les Parisiens portèrent à Versailles pour défendre la signification qu'ils avaient donnée à leurs signes. Ces exemples de la toute-puissance du signe sont une des leçons les plus durables de la Révolution à l'intention de ceux qu'intéresse l'organisation des signes en textes littéraires.

Voir aussi 1830, 1848, 1871, 1889.

Bibliographie : Joachim Heinrich Campe, *Été 89, Lettres d'un Allemand à Paris*, trad. Jean Ruffet (Paris, Du May, 1989). J. L. Austin, *Quand dire, c'est faire*, éd. et trad. Gilles Lane (Paris, Seuil, 1970). Thomas Carlyle, *Histoire de la Révolution française*, trad. Jules Roche (Paris, F. Alcan, 1912). Victor Hugo, *William Shakespeare*, éd. Pierre Albouy, in *Œuvres complètes*, éd. Jean Massin, vol. XII (Paris, Club français du livre, 1969). Jules Michelet, *Histoire de la Révolution française*, 2 vol., éd. Gérard Walter (Paris, Gallimard, 1952).

Sandy Petrey

1791, 13 janvier

L'Assemblée nationale abolit la censure royale et proclame la liberté des théâtres

Langage et révolution

Parmi les priorités de l'époque révolutionnaire figurent en bonne place la régénération de l'art et celle de la langue afin de les mettre à la hauteur du bouleversement d'une société qui entrait dans une ère nouvelle. Cette époque a voulu faire du français qu'on parle, des spectacles auxquels on assiste, des images et des tableaux qu'on voit, des textes qu'on entend et qu'on imprime, des fêtes auxquelles on participe, les témoins et les garants d'une mutation politique radicale. Dans l'effervescence des événements, la bousculade des idées et la rapidité des décisions, la Révolution a défendu des positions contradictoires, imposant parfois la censure là où elle avait proclamé la liberté. Il n'en demeure pas moins qu'elle a modifié avec une rapidité surprenante les modes de représentation du pouvoir et du discours politique. Si elle a promu d'éphémères innovations linguistiques (comme l'usage de « citoyen » ou la modification des noms de rues et de lieux), la Révolution a par ailleurs créé un vocabulaire nouveau dans les domaines politique, administratif et juridique. Elle a voulu adapter la langue aux événements en cours, démocratiser ses formes et affermir son usage dans un pays où fleurissaient encore de nombreux dialectes. Elle a fait du procès politique un spectacle public, de l'éloquence – grâce à la presse – un des plus sûrs instruments de pouvoir, d'idées abstraites (comme la Liberté, la Raison, l'Être suprême) l'occasion de célébrations collectives. Elle a élevé certains hommes (Marat, Lepeletier de Saint-Fargeau, Bara) au rang de mythe et offert leur image à la consommation populaire avec un art certain de la propagande. Elle a repensé la mesure de l'espace en uniformisant l'utilisation des poids et mesures (le système métrique est adopté en août 1793) et celle du temps (la même année, Fabre d'Églantine crée le calendrier révolutionnaire, dont l'entrée en vigueur est fixée rétrospectivement à l'équinoxe d'automne 1792 et qui sera utilisé jusqu'au 1er janvier 1806). La Révolution a donné à la nation un drapeau et un hymne, à la république sa devise et ses emblèmes. Elle a voulu que tout signifie, célèbre et répande l'idéologie nouvelle.

Le théâtre n'avait pas attendu la Révolution pour être sensibilisé au problème de la censure et de l'arbitraire royal. Après deux années d'imbroglios divers, *le Mariage de Figaro*, de Beaumarchais, avait fini par être mis à l'affiche en 1784 et avait connu un succès sans précédent. Le terrain était mûr. Tout au long de la Révolution, le théâtre allait être le miroir privilégié des tensions, des enjeux et des débats politiques. « C'est au théâtre surtout que le peuple a la peau fine », écrit dans ses mémoires l'acteur Fleury, « c'est là qu'il faut se rendre maître de ses émotions ; [...] je suis convaincu que la première opération de ceux qui veulent renouveler un siècle est de changer l'esprit de la scène » (*Mémoires*, vol. IV, p. 184). La représentation en novembre 1789 à la Comédie-Française de *Charles IX, ou l'École des rois* (fig. 1),

1. Saint-Prix, comédien ordinaire du roi, dans le rôle du cardinal de Lorraine bénissant les conjurés de la Saint-Barthélemy, à l'acte IV de la tragédie de Marie-Joseph Chénier, *Charles IX, ou l'École des rois* (1789). (Bibliothèque de l'Arsenal, Paris.)

interdite en 1788, donne toute la mesure des passions du moment. Dans ce portrait sans complaisance du fanatisme religieux et de l'arbitraire des princes, Marie-Joseph Chénier dépeint un monarque irrésolu, jouet des intrigues de palais, qui laisse perpétrer le massacre de la Saint-Barthélemy. La pièce provoque un véritable schisme qui divise les comédiens en deux groupes, les « noirs » ou « rétrogrades » et les « rouges » ou « avancés » (ils sont groupés autour de Talma). Le public lui aussi est divisé : royaliste, il exige le retrait inconditionnel de la pièce ; favorable aux idées du jour, il réagit violemment à la décision de suspendre les représentations et réclame leur reprise sans condition. Le sujet de la pièce puis son interdiction cristallisent les revendications en faveur de la liberté d'expression. Soutenu par la presse, l'auteur fait de sa pièce un symbole et rappelle la Bastille et les lettres de cachet. *Charles IX* connaîtra plusieurs centaines de représentations. La controverse durera près d'une année.

L'abolition de la censure royale et du système des privilèges en matière de répertoire, intervenue le 13 janvier 1791, se borne à ratifier une situation de fait. Tout citoyen sera désormais libre d'ouvrir un théâtre et d'y faire représenter les pièces de son choix, à condition d'en avertir la municipalité. L'accord écrit de l'auteur, s'il est vivant, sera nécessaire. Cette situation est modifiée en 1793 lorsque la Révolution entend faire du théâtre un instrument de propagande sous son contrôle. « Les exaltés patriotes, commente Fleury, avaient bien deviné de quel art on agite [les passions] ; précédemment Voltaire avait fait faire un chemin rapide à la philosophie en la plaçant sur le théâtre ; ils pensèrent, eux, et pensèrent assez juste, que leur politique irait à vol d'aigle avec le même moyen » (*ibid.*, pp. 184-185). En août de la même année, la Convention ordonne la représentation, une fois par semaine, aux frais de la République, des tragédies de *Brutus*, *Guillaume Tell*, *Caius Gracchus*, ainsi que d'« autres pièces qui retracent les glorieux événements de la Révolution et les vertus des défenseurs de la liberté ». Elle précise que « tout théâtre sur lequel seraient représentées des pièces tendant à dépraver l'esprit public et à réveiller la honteuse superstition de la royauté sera fermé, les directeurs seront arrêtés et punis selon les termes de la loi » (*The Theater of the French Revolution*, p. 165).

Les dix années qui séparent la Révolution du Consulat voient s'opérer un bouleversement complet dans la situation du théâtre, et cela tant pour le spectateur que pour l'acteur, pour l'architecte et le décorateur que pour l'écrivain, pour le directeur (désormais entièrement responsable de ses choix) que pour l'autorité municipale (à laquelle est accordé un certain pouvoir de décision d'abord et le droit de censure ensuite). Les mémoires d'acteurs de l'époque en témoignent, les représentations sont souvent mouvementées. Le spectateur intervient pour réclamer une autre pièce, suggère à l'acteur des répliques plus politiques, monte sur scène pour annoncer une nouvelle « d'importance nationale », sort dans la rue pour dénoncer le caractère contre-révolutionnaire de ce qu'il vient d'entendre. À sa demande, les pièces sont mises à l'affiche ou retirées.

En décembre 1789, l'acteur est promu « citoyen » et quitte ainsi son statut de marginal (l'Église lui avait refusé le mariage et la sépulture en terre chrétienne). En même temps que les juifs et les protestants, il se voit reconnaître les droits et les devoirs civils et militaires de tout Français. Les théâtres se multiplient. On ne dénombre pas moins de quarante-cinq salles nouvelles. Le Théâtre-Français comique et lyrique est inauguré en 1790, le Théâtre national de Molière en 1791. À partir de

1793, on commence à modifier la décoration intérieure : les fleurs de lys disparaissent au profit des emblèmes de la République (faisceau, bonnet phrygien, cocarde tricolore), les niches accueillent les statues des héros du jour ou des allégories républicaines, les loges sont supprimées. Plus de mille cinq cents pièces sont jouées entre 1789 et 1799. Le répertoire classique, toujours très populaire, se réduit sensiblement à partir de 1793. Certaines pièces sont « adaptées » aux besoins du moment : cela va de la modification d'un vers à celle d'une tirade, en passant par l'ajout de couplets révolutionnaires, comme on suggère à l'acteur Molé de le faire pour le *Tartuffe* de Molière. Nombre de pièces contemporaines abordent des sujets historiques. Les nouveaux héros sont citoyens romains ou martyrs de la Révolution que le théâtre et les arts plastiques se doivent d'immortaliser.

En 1790, le catholicisme n'est plus religion d'État et les prêtres doivent prêter serment à la Constitution. L'anticléricalisme ambiant garantit le succès du thème des couvents et de leurs malheureuses victimes, comme *les Victimes cloîtrées* (1791), de Jacques-Marie Boutet (dit Monvel), *le Couvent* (1790), de Pierre Laujon, *les Rigueurs du cloître* (1790), de Joseph Fiévée, et *le Couvent, ou les Vœux forcés* (1792), d'Olympe de Gouges. On compte aussi quelques pièces « contre-révolutionnaires », comme *l'Ami des lois*, de Jean-Louis Laya, représenté lors du procès du roi en janvier 1793. Elle ne tient l'affiche que quelques jours (le public n'a pas de mal à y reconnaître Robespierre, sous les traits d'un démagogue imbu de lui-même et portant le nom de Nomophage). L'un des grands succès de l'année 1793, qui voit culminer l'enthousiasme républicain, est *le Jugement dernier des rois*, de Sylvain Maréchal : les monarques d'Europe sont exilés sur une île volcanique en compagnie du pape ; une éruption finit par les anéantir. La chute de Robespierre suscite quelques pièces dites « thermidoriennes ». *L'Intérieur des comités révolutionnaires* (1795), de Pierre Ducancel, ou *le Souper des jacobins* (1795), de Jean Charlemagne, dénoncent la Terreur et les luttes d'influence.

On aurait tort cependant de prendre cette théâtralisation de la Révolution pour une révolution théâtrale. La Révolution se préoccupe avant tout de contenu et demeure en ce sens plus proche du théâtre pédagogique de Diderot que des idées de Rousseau. Le théâtre est le lieu d'une représentation d'idées. Il se doit d'être une école de civisme qui exemplifie à la scène les vertus révolutionnaires, fournit des modèles à la nation, « relit » l'histoire et les classiques à la lumière des bases que la société nouvelle est en train de se donner. Si la distinction entre comédie et tragédie subsiste en théorie, bon nombre de productions s'apparentent au drame bourgeois et annoncent, en particulier par leur recours fréquent aux « coups de théâtre », le mélodrame et la comédie de mœurs du XIXe siècle. L'alexandrin le dispute encore au vers libre, mais le dialogue « naturel » prôné par Diderot gagne du terrain. Les pièces à succès sont imprimées et mises en vente, parfois avec l'aide du Comité de salut public. Ce dernier passe commande de six mille exemplaires du *Jugement dernier des rois* et, malgré les restrictions, accorde la poudre nécessaire aux explosions du dernier acte.

Comme le théâtre, l'imprimerie joue un rôle de premier plan dans la diffusion des idées : publication quotidienne des discours, des rapports et des motions qui tiennent en haleine les tribunes officielles ; impression par milliers de brochures et de pamphlets de toutes sortes rédigés par des particuliers, sans parler des innombrables « adresses », « appels », « réponses », « lettres » et « mémoires », généralement signés d'un nom d'emprunt. La contre-révolution fait imprimer ses publications en Angleterre.

De son côté, la presse connaît un essor considérable. Sa liberté est explicitement établie par l'article 11 de la Déclaration des droits de l'homme, votée le 16 août 1789 : « La libre communication de la pensée et des opinions est un des droits les plus précieux de l'homme ; tout citoyen peut donc parler, écrire, imprimer librement, sauf à répondre de l'abus de cette liberté dans les cas déterminés par la loi. » La liberté est quasi absolue jusqu'en août 1792, date à partir de laquelle commence l'élimination progressive des feuilles royalistes ; à partir de juillet 1794, c'est le tour des feuilles girondines et enragées. Entre thermidor an II (juillet 1794) et brumaire an VIII (novembre 1799), un certain libéralisme alterne avec des moments de répression, notamment contre les feuilles jacobines et monarchistes.

Des milliers de feuilles politiques de toutes tendances voient le jour, dont la durée de publication dépasse rarement deux ou trois ans. Les feuilles contre-révolutionnaires, comme *les Actes des Apôtres* ou *l'Ami du roi*, sont rapidement éliminées. Parmi les journaux « patriotes », on compte *les Révolutions de Paris*, du centriste Loustalot, *l'Ami du peuple*, dans lequel Marat – partisan d'une presse de dénonciation – pourfend inlassablement « les ennemis de la République », *les Révolutions de France et de Brabant* puis *le Vieux Cordelier*, de Camille Desmoulins, partisan contre Marat d'une presse de conciliation, et *le Père Duchesne*, l'un des journaux les plus populaires de l'époque, dirigé par Hébert.

Avec le théâtre, la presse et la tribune assurent la diffusion des idées révolutionnaires, non sans revenir inlassablement à une question essentielle : dans quelle langue peut-on faire la Révolution ? Il ne s'agit pas seulement de s'assurer du sens des mots et de forger un vocabulaire nouveau pour décrire des réalités nouvelles, mais de travailler à la démocratisation de la langue ; il s'agit aussi d'instituer, ce qui fait singulièrement défaut, une langue commune à tous les Français.

Révolutionnaires et contre-révolutionnaires disputent inlassablement du sens des mots et ne cessent de s'accuser mutuellement de perversion sémantique. Si le parti royaliste parle de langue « dénaturée », « fanatisée », les « ennemis de la République » voient, en retour, leur style qualifié de « féodal » et de « mensonger ». Dans les deux camps, le soupçon règne. Témoin le texte de Laharpe, *Du fanatisme de la langue révolutionnaire* (1797). Pour dénoncer le discours anticlérical, Laharpe est forcé d'emprunter certains « des mots nouveaux inventés pour des crimes nouveaux » et rappelle que « le propre de la langue révolutionnaire est d'employer des mots connus, mais toujours en sens inverse » (p. 36). Les discours de la tribune officielle comme les commentaires de la presse révolutionnaire trahissent la même angoisse. Robespierre construit inlassablement ses arguments sur la définition de mots comme « vertu », « nation » ou « dictature ». « Ce qui m'épouvante, note-t-il, c'est que nos ennemis parlent le même langage que nous. » Le 9 thermidor 1794, c'est Saint-Just qui demande : « Quel langage vais-je vous parler ? [...] comment rendre sensible le mal qu'un mot décèle, qu'un mot corrige ? » (*Discours et rapports*, p. 202).

Si les uns contestent systématiquement l'utilisation de mots comme « philosophie », « tolérance », « humanité » et « liberté » par une Convention nationale bientôt taxée de « sanguinaire », les autres, soucieux de donner une langue nouvelle aux idées nouvelles, diffusent appellations et slogans, propagent la Révolution en créant des dénominations, des formules et des serments par décret. Auteur dramatique à succès, Louis-Sébastien Mercier enregistre les néologismes et les glissements de sens, défend une langue qui est en train de forger, avec des institutions nouvelles, un lexique nouveau dans sa *Néologie, ou Vocabulaire de mots anciens à renouveler ou pris dans des acceptions nouvelles* (1801). Goguenarde, la réaction prend bonne note de ces changements et s'en divertit dans des dictionnaires satiriques comme le *Dictionnaire néologique des hommes et des choses, ou Notice alphabétique des hommes de la Révolution* (1801) ou l'*Extrait d'un dictionnaire inutile* (1790). Mais il ne s'agit pas seulement de créer des néologismes. « Il faut, dit Barère, populariser la langue, il faut détruire cette aristocratie de langage qui semble établir une nation polie au milieu d'une nation barbare. Nous avons révolutionné le gouvernement, les lois, les usages, les mœurs, les costumes, le commerce et la pensée même ; révolutionnons donc aussi la langue, qui est leur instrument journalier » *(Rapport du Comité de salut public sur les idiomes* [1794], p. 295). Il convient, par exemple, de simplifier le style législatif : « Il est temps de parler français dans les lois françaises, et d'ensevelir [le] style gothique [...] sous les débris de la féodalité », écrit Mirabeau dans *le Courrier de Provence* (1790) (*Histoire de la langue française des origines à 1900*, p. 102). L'étape suivante, exposée par Condorcet dans son rapport d'avril 1792, consistera à élaborer, via l'enseignement, une langue démocratique : « Il est important pour le maintien de l'égalité réelle que le langage cesse de séparer les hommes des deux classes » *(ibid.)*.

Dans son souci de faire connaître et appliquer ses décisions dans la France entière, la Révolution se heurte à un obstacle d'envergure : les patois, dialectes et langues étrangères que parle plus de la moitié de la population. « On peut assurer sans exagération qu'au moins six millions de Français, surtout dans les campagnes, ignorent la langue nationale ; qu'un nombre égal est à peu près incapable de soutenir une conversation suivie ; qu'en dernier résultat, le nombre de ceux qui la parlent n'excède pas trois millions, et probablement le nombre de ceux qui l'écrivent correctement est encore moindre », observe l'abbé Grégoire dans son *Rapport sur la nécessité et les moyens d'anéantir les patois et d'universaliser l'usage de la langue française* (1794, p. 302). Dans un premier temps, la traduction des décrets venant de Paris (décret du 14 janvier 1790) est décidée. Mais cette reconnaissance du pluralisme linguistique ne dure pas. L'ignorance du français, la fragmentation linguistique du territoire national en une multitude d'idiomes fait en réalité l'affaire des contre-révolutionnaires, après avoir fait pendant des siècles celle du despotisme. Ainsi que le signale Barère dans son *Rapport du Comité de salut public*, « le fédéralisme et la superstition parlent bas breton ; l'émigration et la haine de la République parlent allemand ; la contre-révolution parle italien et le fanatisme parle basque ». Il importe donc de faire comprendre à chacun que « la connaissance et l'usage de la langue nationale importent à la conservation de la liberté » (p. 295). Barère propose d'envoyer des instituteurs dans chaque village des départements où persiste un idiome « étranger » (Nord, Est, Bretagne, Corse, Alpes-Maritimes et Basses-Pyrénées). Ces derniers « seront tenus d'enseigner la langue française et la Déclaration des droits de l'homme à tous les jeunes citoyens des deux sexes [...] ; les jours de décade, ils donneront lecture au peuple et traduiront vocalement les lois de la République, en préférant celles relatives à l'agriculture et aux droits des citoyens » (*ibid.*, p. 298). De son côté, l'abbé Grégoire lance une vaste enquête sur les dialectes, qui aboutit à la rédaction du *Rapport* de juin 1794. Il invite journalistes, chansonniers, acteurs et écrivains à donner la mesure de leur patriotisme en aidant à promouvoir une langue unique. Il suggère la constitution d'un nouveau dictionnaire et d'une nouvelle grammaire afin de lutter contre les équivoques et la polysémie, de réduire ou d'enrichir le lexique en fonction des besoins nouveaux, de supprimer autant que possible les anomalies syntaxiques et les exceptions de tout genre. La proposition de Grégoire est la seule à prendre vraiment en compte les nouveaux besoins linguistiques de la République, toutefois elle n'ira pas au-delà de son adoption par vote. La « politique de la langue » n'aura guère réussi à dépasser le niveau administratif des rapports et des décrets.

Les années qui suivent l'arrivée au pouvoir de Bonaparte ne voient guère la situation évoluer : soumis à une stricte censure, le théâtre ne risque plus aucune innovation de fond ; mis à part les journaux qui soutiennent ouvertement le régime, la presse est tenue elle aussi à la plus grande discrétion. Quant à la « politique de la langue », elle est complètement oubliée. On rapporte un mot de Napoléon sur les Alsaciens : « Laissez à ces gens leur dialecte alsacien, ils sabrent toujours français. »

Voir aussi 1680, 1808, 1871.

Bibliographie : Bertrand Barère de Vieuzac, *Rapport du Comité de salut public sur les idiomes*, in *Une politique de la langue (la Révolution française et les patois : l'enquête de Grégoire)*, éd. Michel de Certeau, Dominique Julia et Jacques Revel (Paris, Gallimard, 1975). Abraham-Joseph Bénard Fleury, *Mémoires*, 6 vol. (La Haye, Vervlœt, 1837). Henri Grégoire, *Rapport sur la nécessité et les moyens d'anéantir les patois et d'universaliser l'usage de la langue française*, in *Une politique de la langue*, éd. Michel de Certeau, Dominique Julia et Jacques Revel (Paris, Gallimard, 1975). Jean-François de Laharpe, *Du fanatisme de la langue révolutionnaire, ou De la persécution suscitée par les barbares du dix-huitième siècle, contre la religion chrétienne et ses ministres* (Paris, 1797). Louis Saint-Just, *Discours et rapports*, éd. Albert Soboul (Paris, Éditions sociales, 1977). Renée Balibar et Dominique Laporte, *le Français national : politique et pratiques de la langue nationale sous la Révolution française* (Paris, Hachette, 1974). Ferdinand Brunot, *Histoire de la langue française des origines à 1900*, vol. IX (Paris, Armand Colin, 1927 ; 1937). Marvin A. Carlson, *The Theater of the French Revolution* (Ithaca, Cornell University Press, 1966).

Martine Reid

1791, été

Libéré l'année précédente par la Révolution, le marquis de Sade publie anonymement *Justine, ou les Malheurs de la vertu*

Plaisir, perversion, danger

Après avoir passé la plus grande partie de son âge adulte dans les prisons de Vincennes et de la Bastille, Donatien Alphonse François, marquis de Sade (1740-1814), fut libéré en 1790 par la Révolution. Le monde qui l'attendait – et dont la prise de la Bastille marque l'avènement symbolique – se voulait fondé sur l'égalité et la liberté de tous les citoyens. Contre l'immoralité, l'oisiveté et les extravagances de la cour et de la noblesse, la France révolutionnaire défendait des valeurs morales liées à la famille et au travail. Elle s'opposait donc violemment à tout ce qui constituait l'héritage du marquis : sa naissance aristocratique, son style de vie au château de La Coste, sa famille, ses amis. Mais Sade avait trop souffert de l'Ancien Régime – et notamment des tristement célèbres lettres de cachet – pour ne pas se ranger, en un premier temps, au parti de la Révolution. Les idées des Lumières lui étaient familières de longue date ; aussi les bouleversements profonds et les idées nouvelles éveillèrent-ils sa curiosité. C'est en 1791, au milieu de l'effervescence entretenue par la prolifération des journaux et des pamphlets, que le marquis – alors âgé de cinquante et un ans – publia *Justine, ou les Malheurs de la vertu*, à la faveur de la toute récente liberté de presse. Le caractère excessif du roman, ses descriptions, dont la violence était à la mesure des réalités contemporaines, lui valurent un succès immédiat. Cet écho de l'agitation du temps est d'autant plus remarquable que *Justine* était le fruit d'années passées dans la solitude de la prison. Le livre était une version augmentée des *Infortunes de la vertu* (rédigé en 1787), qui allait être à son tour augmenté, modifié dans le sens d'une immoralité accrue, dans *la Nouvelle Justine* (1797) : ce processus d'élaboration est typique du caractère obsessionnel de l'écriture de Sade, où les répétitions et les variations autour d'un thème donné nourrissent des digressions qui se rapportent au problème central. Ce thème, philosophique et littéraire à la fois, est celui du règne absolu du crime et du mal, et des plaisirs qui en découlent.

La vision du mal illustrée par *Justine* dépasse la simple description de la société : le mal est sans remède, aucune révolution n'en viendra à bout. Au contraire, comme le montre Sade dans « Français, encore un effort si vous voulez être républicains », pamphlet inséré dans *la Philosophie dans le boudoir* (1795), la Révolution doit prendre en compte la libération des passions, si négatives et perverses soient-elles. L'œuvre de Sade n'expose pas pour autant une métaphysique. S'il souscrit à l'idéologie des Lumières, le marquis croit fermement dans la permanence du mal – contrairement à Diderot ou à Holbach, pour qui le matérialisme signifie l'amélioration de la nature humaine. Ce qui le distingue des philosophes du XVIIIe siècle, c'est le rejet de toute notion de progrès.

Justine rapporte les mésaventures d'une jeune fille, orpheline à l'âge de douze ans, privée de tout secours et n'ayant pour biens que l'innocence et la beauté. Dans un mouvement parfaitement symétrique, Sade lui invente un pendant, sa sœur Juliette – aussi brune et scélérate que Justine est blonde et douce – qui parcourt le monde en semant le crime et en récoltant le succès (chez Sade, libertins et victimes appartiennent sans privilège à l'un et l'autre sexe). Ce monde, peuplé des libertins les plus infâmes, ne cesse de persécuter Justine. Elle subit toutes les « nuances » de l'infortune, exposées avec force détails. Le récit est écrit à la première personne. Les mains liées comme une criminelle, Justine est emmenée par la police. La troupe arrive dans une auberge où deux inconnus la prient de bien vouloir conter l'histoire de sa vie, pour passer le temps. Le récit présente donc la structure ouverte du roman picaresque, sur laquelle il est toujours possible de greffer un nouvel épisode. Tous les épisodes obéissent cependant au même modèle : pleine de zèle et de foi religieuse, Justine cherche la droiture et l'humanité auprès de tous les êtres qu'elle rencontre. Chaque interlocuteur se présente d'abord sous un jour vertueux, offre d'aider l'héroïne en lui procurant un travail honnête (l'hypocrisie est un des plaisirs du libertin). Justine, confiante, suit son nouveau protecteur, croyant toucher grâce à lui au terme de ses malheurs. Mais le perfide, excité par le récit de la jeune fille, ne rêve que de nouveaux forfaits. Il garde son masque vertueux le temps de gagner la confiance de Justine (ce qui n'est pas difficile, étant donné ses convictions rousseauistes sur l'universalité de la conscience morale) et de la conduire en lieu « sûr ».

L'audace et l'ironie de Sade sont inséparables de son génie de la langue. Tout en énonçant les vérités les plus scandaleuses et en décrivant les scènes érotiques les plus choquantes, il témoigne d'un respect constant pour l'étiquette (qu'il s'agisse des règles de grammaire ou de la politesse). C'est d'abord un brusque changement de ton et de langage qui alerte Justine des dangers qui l'attendent. Elle comprend, mais trop tard, que l'individu qu'elle croyait honnête est en réalité d'une perversité absolue. Ainsi, au cours d'un épisode, Justine sauve la vie de Saint-Florent, un jeune noble. Tous deux traversent une forêt à la tombée de la nuit. Quelque peu alarmée, la jeune fille demande à son guide s'ils ont pris la bonne route. « Nous y sommes, putain, me répondit ce scélérat, en me renversant à terre d'un coup de canne sur la tête qui me fait tomber sans connaissance » (*Œuvres complètes*, p. 69). Il la viole, s'empare du peu d'argent qu'elle possède (et qu'elle lui avait généreusement offert !) et la laisse à demi morte au pied d'un arbre.

Ce brusque changement de langage – souvent accompagné d'un passage insultant du vous au tu – a la cruauté d'un piège qui se referme. Il coïncide avec la tombée de la nuit et l'arrivée dans un château qui, par son isolement, ses fortifications et la profondeur de ses fondations, évoque la prison ou le sépulcre. Il suffit de pénétrer dans cette architecture funéraire pour se sentir entièrement isolé et effacé du reste de l'univers. Mais Justine supporte toutes les tortures, et sa foi en la vertu n'a d'égale que la perversité de ses bourreaux. Luttant avec courage contre leur immoralité, elle reste jusqu'au bout fanatiquement éprise du bien.

Le personnage de Justine, la multitude de ses souffrances et le décor de ses aventures sont caractéristiques du roman noir, extrêmement populaire en France au XVIIIe siècle. Justine évoque Candide, le héros de Voltaire, en même temps que les héroïnes innocentes et malheureuses qui sont essentielles à ce genre. *Justine* est un exemple particulièrement admirable de cette dynamique de la terreur, puisque l'action du roman – conçue comme un enchaînement de crimes – s'imprime sans répit sur le corps même de l'héroïne. En 1933, Maurice Heine relevait une notation de Sade, sur une page du manuscrit des *Crimes de l'amour* (1800) : « Il n'y a ni conte ni roman dans toutes les littératures de l'Europe où le genre sombre soit porté à un degré plus effrayant et plus pathétique » (*le Marquis de Sade*, p. 211). (Sade signalait par la lettre S celles de ses œuvres qui répondaient à cette définition.) Heine ajoutait que le marquis avait manifestement lu tous les maîtres anglais qui allaient influencer Ann Radcliffe et Matthew Gregory Lewis à la génération suivante. Mais s'il est établi que Sade, lecteur vorace, connaissait la tradition du roman gothique anglais, ses sources premières d'inspiration sont les histoires tragiques de la tradition populaire – recueils d'anecdotes violentes, sanglantes et vraies – et les terrifiants romans de Jean-Pierre Camus, évêque de Belley (1582-1652), destinés à ranimer la vertu du lecteur par le spectacle du vice. Les titres de Camus sont on ne peut plus explicites : *Élise, ou l'Innocence coupable, événement tragique de notre temps* (1620) ; *Marianne, ou l'Innocente Victime, événement tragique arrivé à Paris au faubourg Saint-Germain* (1629) ; *les Spectacles d'horreur* (1630) ; *l'Amphithéâtre sanglant* (1630). *Les Amants malheureux, ou le Comte de Comminges* (1764), sombre tragédie écrite par un contemporain de Sade, François de Baculard d'Arnaud (1718-1805), relevait de la même tradition et connut un vif succès.

Dans le texte d'introduction aux *Crimes de l'amour*, intitulé *Idée sur les romans*, Sade n'accorde qu'une importance secondaire à « ces romans nouveaux, dont le sortilège et la fantasmagorie composent à peu près tout le mérite » (*Œuvres complètes*, pp. 72-73). Il se sent peu d'affinités avec cette littérature dominée par la magie, le surnaturel et produisant une terreur diffuse émanant d'un décor et d'une atmosphère obligés. Son écriture refuse ce type de fantastique. Si extrêmes que soient l'imagination des supplices et le raffinement du crime dans ses ouvrages, Sade ne recourt pas au surnaturel. Les passions chez lui, pour excessives et transgressives qu'elles soient, ne manquent jamais de vraisemblance. Elles s'expriment dans la langue claire et démonstrative des encyclopédistes. Ses libertins sont animés par la volonté de tout dire, et leur façon d'explorer le plaisir est toujours explicite. Justine, embarrassée par l'indécence de ses aventures, demande à M. de Corville, son auditeur, la permission de passer certains détails sous silence. Celui-ci s'indigne à cette idée, et exige ces détails au nom d'une meilleure connaissance du genre humain :

> On n'imagine point combien ces tableaux sont utiles au développement de son âme ; peut-être ne sommes-nous encore aussi ignorants dans cette science que par la stupide retenue de ceux qui voulurent écrire sur ces matières. Enchaînés par d'absurdes craintes, ils ne nous parlent que de ces puérilités connues de tous les sots, et n'osent, portant une main hardie dans le cœur humain, en offrir à nos yeux les gigantesques égarements (*ibid.*, p. 240).

Les grands modèles littéraires de Sade sont Richardson, Fielding et surtout l'abbé Prévost (il place *Manon Lescaut* au-dessus de tout) qui se consacrent tous à « l'étude profonde du cœur de l'homme, véritable dédale de la nature ». Sade s'inscrit dans la lignée de ces analystes qui, de Mme de La Fayette au XVIIe siècle à Mme de Tencin au XVIIIe, cherchent à expliquer les mécanismes de la souffrance et de la cruauté sous la forme non pas des tortures physiques mais sous celle, plus subtile et plus « décente », de la renonciation et du refus. Ils analysent de façon neutre l'impossibilité d'aimer, les tortures que subit un corps privé de caresses et qui tente en vain de s'exprimer à travers la mélancolie, la maladie et les évanouissements répétés.

Corridors, labyrinthes et caveaux de châteaux ne sont pas là pour piquer l'intérêt du lecteur, ou plonger la victime dans l'anxiété de l'attente, mais pour garantir la tranquillité des libertins. Leur rôle est donc strictement fonctionnel. Nulle trace de « suspense » chez Sade, nul recours à l'allusion ou à la suggestion. Aussitôt après sa capture, Justine doit subir les caprices sexuels du libertin qui, après avoir joui d'elle, expose son système philosophique. Cette alternance de débauche et de discours fait verser des torrents de larmes à la victime, l'abondance de ses larmes et de son sang n'ayant d'égale que celle du sperme éjaculé par le libertin. Mais ces larmes sont inutiles, car, loin d'éveiller la compassion de l'infâme, elles l'excitent davantage. En fait, elles ne provoquent aucune émotion et ne viennent jamais troubler l'extraordinaire netteté de la vision sadienne. Il faut rester capable de voir et ne jamais perdre de vue la nécessité d'aller plus loin, même dans une scène où le plaisir confine à l'horreur. Le libertinage est une impitoyable exploration des labyrinthes du désir. Le libertin affronte une vérité inéluctable, celle de l'égoïsme absolu du plaisir. Le libertin de Sade est un individu souverain. Son désir ne naît pas d'artifices diaboliques. Il ne dépend pas davantage d'autrui, puisqu'il ignore toute psychologie relationnelle. Justine assiste au supplice de la saignée que M. de Gernande inflige tous les trois jours à sa femme, et tente d'adoucir le sort de la malheureuse. Mais Gernande de préciser : « N'imaginez pas que je la traite ainsi par vengeance, par mépris, par aucun sentiment de haine : c'est la seule histoire des passions. Rien n'égale le plaisir que j'éprouve à répandre son sang » (*ibid.*, p. 203).

C'est grâce à cette indifférence – indifférence dans laquelle on ne retrouve rien de ce qu'on appelle communément sadisme – qu'une sorte de détachement, de légèreté, peut habiter l'écriture de Sade. Ses personnages ignorent le ressentiment aussi bien que la culpabilité et le regret. Les seuls liens que Justine entretienne avec ses persécuteurs résultent du pur hasard. Leurs forfaits sont doublement gratuits : d'abord, parce que Justine est une victime comme une autre. Dès qu'elle arrive dans une geôle nouvelle, on l'avertit qu'on pourra facilement la remplacer. D'où l'importance des chiffres et des dénombrements dans les romans de Sade, alors que les auteurs de romans gothiques n'ont de cesse de souligner la destinée singulière de leur héroïne, aimée et persécutée d'une manière qui oblige à la considérer comme un être hors du commun. L'univers de Sade implique un regard froid. Il n'autorise aucun romantisme. En outre, du point de vue du libertin, cette gratuité n'a d'autre justification qu'un « Tel est mon bon plaisir » parfaitement prosaïque. Tout repose sur la satisfaction d'une passion, mais d'un autre côté tout peut devenir passion. La monomanie discursive de Sade s'adapte aux caprices de son imagination, qui n'invente les penchants les plus baroques que pour avoir l'occasion de leur rattacher un nouveau type de passion.

Les malheurs de Justine sont véritablement sans fin. L'injustice la poursuit jusque dans la mort. Le peu de progression que comporte l'intrigue se résume à arracher l'héroïne aux sévices d'un libertin pour la faire tomber dans les griffes d'un autre, plus cruel encore. Au dernier chapitre – alors qu'elle s'apprête à vivre heureuse avec Juliette, convertie au bien par son exemple – Justine est frappée par la foudre, victime des seuls outrages qui lui manquaient, ceux du ciel. « La foudre était entrée par le sein droit ; après avoir consumé sa poitrine, son visage, elle était ressortie par le milieu du ventre. Cette misérable créature faisait horreur à regarder » (*ibid.*, p. 311).

Ce dénouement rappelle celui des *Liaisons dangereuses* (1782), à la différence notable que, chez Laclos, la maladie qui frappe la marquise de Merteuil et la défigure pour toujours est liée à ses forfaits ; son visage trahit les replis de son âme. Mais Sade ne veut pas de conclusion fondée sur la justice. Ses dénouements sont eux aussi immoraux, ils n'offrent aucune issue rassurante et s'accordent donc parfaitement à la logique interne de son système : la logique du pire.

À cette absence de dénouement heureux fait écho, trop certainement, l'expérience personnelle de Sade : libéré par la Révolution, le marquis fut de nouveau emprisonné sous la Terreur. Sauvé de l'échafaud à la faveur d'une méprise, il fut arrêté une nouvelle fois sous le Consulat en 1801 pour avoir écrit *Juliette, ou les Prospérités du vice* (1797) et les deux versions de *Justine*. Il passa le reste de sa vie à l'asile de Charenton, où il mourut en 1814. L'existence de Justine, ballottée d'une infortune à l'autre, évoque celle de son auteur. Contrairement à l'opinion admise, le nom de Sade devrait en fait évoquer l'innocence persécutée. Justine serait-elle alors le double du marquis ? Certainement pas, dans la mesure où elle incarne l'aveuglement même et le refus obstiné de tout plaisir. Sade déclarait en effet que la connaissance la plus nécessaire à la création artistique est celle du « cœur de l'homme », et que « tous les bons esprits » ne peuvent l'acquérir que par des « malheurs » et par des « voyages ».

Voir aussi 1837, 1931 (mars).

Bibliographie : Donatien Alphonse François, marquis de Sade, *Œuvres complètes*, éd. Annie Le Brun et Jean-Jacques Pauvert (Paris, Pauvert, 1986). Roland Barthes, *Sade, Fourier, Loyola* (Paris, Seuil, 1971). Jean Fabre, « Sade et le roman noir », in *le Marquis de Sade* (Paris, Armand Colin, 1968). Maurice Heine, « Le marquis de Sade et le roman noir » (1933), in *le Marquis de Sade*, éd. Gilbert Lély (Paris, Gallimard, 1950).

Chantal Thomas

1794, 8 juin (20 prairial an II)

Désireux de fonder une religion révolutionnaire, Robespierre fait célébrer la fête de l'Être suprême

Le crépuscule des dieux

Le début de l'été 1794 a été marqué à Paris par deux événements d'importance : la fête de l'Être suprême, le 20 prairial an II (8 juin 1794), et le vote de la fameuse loi du 22 prairial, qui marque le début de la Grande Terreur. Cette loi accélérait la procédure judiciaire en supprimant l'interrogatoire préalable, en privant l'accusé de défenseur et en ne laissant au tribunal que le choix entre deux verdicts, l'acquittement ou la mort. Selon Georges Lefebvre, du vote de la loi à la chute de Robespierre le 9 thermidor an II (27 juillet 1794), la Grande Terreur causa la mort de mille trois cent soixante-seize personnes dans la seule ville de Paris.

La fête de l'Être suprême a été l'une des dernières et des plus brillantes fêtes révolutionnaires. Les circonstances de sa célébration et les commentaires qu'elle a inspirés donnent de précieuses indications sur la politique des spectacles pendant la Révolution.

Après avoir brûlé les effigies colossales de l'Égoïsme, du Néant et de l'Athéisme, Robespierre conduisit un immense cortège des Tuileries au champ de la Réunion (le Champ-de-Mars actuel). La cérémonie avait été soigneusement mise en scène par le peintre Jacques-Louis David. Rassemblé autour d'une montagne symbolique, le peuple entonna l'hymne à l'Être suprême, de Marie-Joseph Chénier, dont voici un des couplets :

> L'esclave et le tyran ne t'offrent point d'hommage ;
> Ton culte est la vertu ; ta loi, l'égalité :
> Sur l'homme libre et bon, ton œuvre et ton image,
> Tu souffles l'immortalité (*Œuvres*, p. 689).

Peu de temps après – le 11 messidor (29 juin) – la commission de l'Instruction publique refusa à un auteur l'autorisation de faire jouer une pièce inspirée par la fête de l'Être suprême, décision révélatrice du statut respectif du théâtre et de la religion aux jours les plus sombres de la Terreur :

> Quelle scène, avec ses rochers, ses arbres de carton, son ciel de guenilles, prétend égaler la magnificence du 20 prairial ou en effacer la mémoire ? [...] Ce n'est que dans ces souvenirs qu'on peut retrouver les impressions profondes dont nos cœurs furent émus : les chercher autre part, c'est les affaiblir ; rapporter sur la scène ce spectacle sublime, c'est le parodier.
>
> Ainsi, le premier qui imagina de faire jouer de telles fêtes dégrada leur majesté, détruisit leur effet. [...] L'écrivain qui n'offre, au lieu de leçons, que des redites ; au lieu d'intérêt, que des pantomimes ; au lieu de tableau, que des caricatures, est inutile aux lettres, aux mœurs, à l'État, et Platon l'eût chassé de sa république (*le Culte de la Raison et de l'Être suprême*, pp. 327-328).

Quelques jours plus tard, le Comité de salut public approuvait la décision en ces termes :

> D'après ces réflexions, la commission d'Instruction publique, considérant que les pièces consacrées à retracer la fête de l'Être suprême n'offrent, quels que soient les talents des auteurs, que des cadres étroits au lieu d'un immense tableau ;
>
> Qu'elles sont au-dessous de la Nature et de la vérité ;
>
> Qu'elles tendent à contrarier l'effet, à détruire l'intérêt des fêtes nationales, en rompant leur unité par une copie sans art, par une image sans vie, en substituant des groupes à la masse du peuple, en insultant sa majesté ;
>
> Qu'elles nuisent aux progrès de l'art, étouffent le talent, corrompent le goût sans instruire la nation ;
>
> Arrête :
>
> Que la fête à l'Être suprême ne pourra être représentée sur aucun théâtre de la République (*le Moniteur*, 15 juillet 1794).

Cette décision sans précédent ne se borne pas, en consacrant le 20 prairial comme fête religieuse, à la rendre impropre à être reprise sur la scène d'un théâtre profane, elle articule aussi certains des postulats esthétiques qui définissent la nature et la fonction du spectacle révolutionnaire.

Tous les historiens des fêtes révolutionnaires, de F. A. Aulard à Mona Ozouf, ont souligné que la fête, même si elle offre à sa manière une représentation ou un spectacle, diffère du théâtre en plusieurs points : elle se déroule sur une vaste esplanade à l'air libre et non dans un espace restreint et fermé ; la nature en fait partie intégrante au lieu d'être figurée par des « arbres de carton » ; enfin, c'est le « peuple » entier qui s'y rassemble, plutôt qu'un nombre limité de spectateurs. Par sa structure même, l'espace théâtral sépare la scène du public, alors que la fête n'a pas de spectateurs mais des participants. Ces distinctions étaient de la plus haute importance pour le lecteur assidu de Rousseau qu'était Robespierre. Dans sa *Lettre à M. d'Alembert sur les spectacles* (1758), le Genevois avait fermement condamné les effets pervers du théâtre : en donnant le spectacle artificiel des passions humaines, il exerçait une action corruptrice sur l'imagination du public qu'il encourageait à vivre par procuration. Rousseau proposait de remplacer les représentations théâtrales par des fêtes en plein air auxquelles seraient conviés tous les citoyens et dans lesquelles, rien – littéralement – n'étant montré ni représenté, la distinction néfaste entre spectateurs et acteurs disparaîtrait. L'esthétique de la représentation ferait place à une esthétique de la « transparence », grâce à laquelle les citoyens communieraient dans la célébration mutuelle des vertus civiques.

Comme la décision de la commission d'Instruction publique le suggère, représenter la fête au théâtre porterait atteinte à son caractère sacré : le théâtre parodierait un « spectacle sublime », le réduirait à des « redites » et des « pantomimes ». En passant sur une scène profane, la fête perdrait le caractère dramatique qui lui est essentiel. Le texte de la commission éclaire également la relation complexe entre sacré et représentation. Différente en cela des fêtes antérieures, la cérémonie du 20 prairial s'organisait autour de quelque chose qu'on ne pouvait montrer. « Nous ne nous occuperons pas à définir [l'Être suprême], déclara Claude-François de Payan, ami de Robespierre, nous aurons de lui une idée si sublime, que nous ne le dégraderons pas en lui donnant une figure, un corps semblables aux nôtres » (*le Culte de la Raison et de l'Être suprême*, p. 287). Dans un souci délibéré de mettre fin au culte des images, la Convention rappela que le sublime ne saurait se représenter. La fête de l'Être suprême tendait ainsi à satisfaire deux aspirations : tout d'abord, pour reprendre l'expression de Mona Ozouf, le rêve de « l'austère transparence d'une fête où [...] il n'y [aurait] rien à voir » (*la Fête révolutionnaire*, p. 246) ; ensuite, le désir d'une religion débarrassée de tout ce qui ferait appel aux sens. Au siècle suivant, Edgar Quinet écrira qu'au lendemain de la fête de l'Être suprême la France révolutionnaire aurait dû se convertir au protestantisme.

Même si elle était organisée autour d'un sujet trop sublime pour être représenté, c'est comme spectacle théâtral que la fête du 20 prairial fut préparée et vécue. Dans son discours du 18 floréal (7 mai) à la Convention, Robespierre avait affirmé que « le plus magnifique de tous les spectacles, c'est celui d'un grand peuple assemblé ». Pourtant, dans la mesure où la fête du 20 prairial restait une représentation spectaculaire, elle avait le pouvoir (souligné par la commission d'Instruction publique et propre à tout spectacle) d'« effacer l'image » de la scène qui l'avait inspirée. On a beaucoup parlé du rôle joué par le théâtre révolutionnaire comme instrument de propagande mais la décision de la commission souligne un autre aspect, tout aussi important : celui du spectacle révolutionnaire comme palimpseste lié à une stratégie politique de l'effacement.

La fête de l'Être suprême répondait de fait à un double objectif : fonder une religion et effacer le culte de la Raison, institué quelques mois auparavant au cours de la campagne de déchristianisation. Fêtes et représentations se succédèrent ainsi comme autant de gestes de propagande et d'effacement simultanés. La fête de la Raison, célébrée en hâte le 10 novembre 1793, eut lieu à Notre-Dame pour mieux souligner son rôle de culte de remplacement. Jusqu'au 7 novembre, il avait été prévu d'y installer la statue de la Liberté ; puis, pour éviter toute confusion avec la statue de la Vierge, on lui préféra une représentation vivante de la Raison, sous les traits de femmes choisies pour leur « beauté respectable » et la « sévérité » de leurs mœurs. L'épouse d'un magistrat à Saint-Sulpice, une actrice à Notre-Dame incarnèrent ainsi la Raison. On entonna pour l'occasion l'*Hymne à la liberté*, de Marie-Joseph Chénier. Du point de vue de la stratégie révolutionnaire, le culte de la Raison semble loin d'avoir été un succès. Cet échec partiel, du moins en ce qui concerne l'opinion publique, est en partie expliqué dans la lettre d'un dénommé Picard, citoyen de Limoges : « Les sens et l'imagination des philosophes se trouvent également choqués et de l'idée d'une femme représentant la Raison et de la jeunesse de cette femme. Dans les femmes, cette faculté si pure s'identifie pour ainsi dire à la faiblesse, aux préjugés, aux attraits mêmes de ce sexe enchanteur » (*ibid.*, pp. 88-89). Payan condamna dans le culte de la Raison ses fondements athées et la représentation de la Raison par des femmes. Dans son discours du 25 floréal an II (14 mai 1794) à la Convention – discours qui ouvrit la voie au culte de l'Être suprême – il s'indignait en ces termes : « Ainsi ce mot "raison" prenait dans leurs bouches toutes les significations qui pouvaient être utiles à leurs intérêts. Tantôt c'était l'insurrection contre la liberté ; tantôt c'était la femme d'un conspirateur portée en triomphe au milieu du peuple. Un jour, c'était l'actrice qui, la veille avait joué le rôle de Vénus ou de Junon » (*ibid.*, p. 284).

Au même moment, le Comité de salut public ordonnait de publier l'arrêt suivant : « Au frontispice des édifices ci-devant consacrés au culte, on substituera à l'inscription TEMPLE DE LA RAISON, ces mots de l'article 1er du décret de la Convention nationale du 18 floréal : "Le peuple français reconnaît l'Être suprême et l'immortalité de l'âme" » (*ibid.*, p. 280). Le culte de la Raison avait été trop féminin ; celui de l'Être suprême serait, lui, résolument viril. En cherchant à effacer le culte de la Raison, le culte de l'Être suprême chercha aussi à récuser l'image et le rôle que jouait la femme dans la religion.

Le 20 prairial an II est aussi le jour où la guillotine fut enlevée de la place de la Révolution (aujourd'hui place de la Concorde) pour être installée au faubourg Saint-Antoine, où elle allait fonctionner quelque temps avant d'être reléguée à la barrière du Trône, plus éloignée encore du centre de Paris. Mais, loin de marquer un ralentissement des exécutions, ce transfert ne précéda que de quelques heures le déclenchement de la Grande Terreur. Il perturba également ce qui était devenu un spectacle familier pour les foules révolutionnaires. Le poète André Chénier (qui, contrairement à son frère Marie-Joseph, ne ménageait pas le régime et fut exécuté trois jours avant Robespierre) s'indignait de ces familles qui passaient leurs journées à regarder les exécutions : « Il rentre de ce spectacle. Il y mène sa femme et ceux de ses enfants qui ont été sages. [...] Tous trépignent de joie » (*Œuvres complètes*, p. 569). Selon l'*Histoire de la Révolution française* (1847-1853), de Michelet, les prisonniers eux-mêmes organisaient des spectacles inspirés par la guillotine : « Des hommes graves, des femmes sérieuses, se livraient aux folles parades, aux dérisions de la mort. Leur récréation favorite était la répétition préalable du drame suprême, l'essai de la dernière toilette et les grâces de la guillotine. Ces lugubres parodies comportaient d'audacieuses exhibitions de la beauté » (vol. II, p. 843). Le 24 ventôse an II (14 mars 1794), Payan avait déjà demandé qu'on interdise d'installer des bancs pour le public assistant aux exécutions. Au moment même où la fête de l'Être suprême tentait l'expérience d'un théâtre dont le sujet échapperait à toute représentation, la loi du 22 prairial entraînait une recrudescence des exécutions, soustraites à leur public habituel : le sublime et la terreur se rejoignaient alors dans le geste même qui les ôtait à la vue du spectateur. Atroce et sacré, « l'échafaud ne serait plus serré de la foule, écrit Michelet. C'était l'émancipation de la guillotine. Elle allait respirer d'un grand souffle exterminateur, hors du monde civilisé, n'ayant plus à rougir de rien » (*ibid.*, vol. II, p. 882).

La chute de Robespierre donna le signal de ce qu'il est convenu d'appeler la réaction thermidorienne, et la fin de la Terreur suscita une profusion de spectacles nouveaux. La mort de Robespierre fut elle-même prétexte à festivités. Sur le trajet de la charrette des condamnés, les fenêtres avaient été louées à prix d'or et des comédiens jouaient la pantomime. Ce que Michelet décrit comme une « fausse tragédie autour de la vraie » (*ibid.*, vol. II, p. 988) inaugurait un changement de décor. « Quand on franchit le 9 thermidor, écrit l'historien Paul Thureau-Dangin, tout est diminué, les événements et les hommes [...]. La scène est livrée aux comparses, [...] on est si bas que des Tallien ou des Barras sont devenus des personnages » (*Royalistes et républicains* [1888], pp. 1-2). C'est donc le théâtre qui allait finir par l'emporter sur le sublime. La fin de l'année 1794 vit également le transfert des cendres de Rousseau au Panthéon, aux accents de l'*Hymne à Rousseau* composé par Marie-Joseph Chénier. Mais le temps des fêtes rousseauistes était passé. D'autres réjouissances se mettaient en place, qui parodiaient les symboles de la Terreur et de la guillotine : au bal des Victimes, les danseurs se saluaient d'un signe de nuque imitant le sursaut du condamné quand on lui engageait le cou dans la lunette de la guillotine ; à Saint-Sulpice, on dansait sur des pierres tombales dont les inscriptions avaient été effacées.

Voir aussi 1794 (25 juillet), 1802, 1905.

Bibliographie : André Chénier, *Œuvres complètes* (Paris, Gallimard, 1958). Marie-Joseph Chénier, *Œuvres* (Paris, Ledentu, 1839). F. A. Aulard, *le Culte de la Raison et de l'Être suprême* (Paris, Alcan, 1892). Jules Michelet, *Histoire de la Révolution française*, éd. Gérard Walter, 2 vol. (Paris, Gallimard, 1962). Mona Ozouf, *la Fête révolutionnaire* (Paris, Gallimard, 1976). Jean Starobinski, *l'Invention de la liberté : 1700-1789* (Paris, Flammarion, 1987). Paul Thureau-Dangin, *Royalistes et républicains* (Paris, Plon, 1888).

Marie-Hélène Huet

1794, 25 juillet (7 thermidor an II)

André Chénier est guillotiné

Poétique de l'inachevé

Accusé par le Tribunal révolutionnaire d'être un « ennemi du peuple », André Chénier fut guillotiné en 1794. Il avait trente-deux ans. De son vivant, il avait publié une trentaine d'articles politiques et deux poèmes.

Dans le contexte de la Terreur, le verdict du Tribunal ne pouvait faire aucun doute. Chénier avait beau avoir répété qu'il n'appartenait à aucun parti, ses articles, parus dans des journaux feuillants, le rendaient suspect de modérantisme. Il avait de surcroît adopté des positions impopulaires pendant les troubles qui conduisirent à la Terreur, mobilisant à plusieurs reprises les ressources de son éloquence contre l'ardeur révolutionnaire du peuple et la politique des jacobins. C'est ainsi qu'il s'était élevé contre la condamnation à mort du roi. Le fait d'avoir été secrétaire d'ambassade à Londres de 1787 à 1790 et d'être resté en correspondance avec des émigrés d'outre-Manche joua également contre lui. Le gouvernement, menacé par la contre-révolution à l'intérieur, par la guerre à l'extérieur, redoutait les interférences de l'étranger et l'Angleterre – en guerre avec la France depuis 1793 – était en tête des suspects.

C'est en 1819 seulement que la publication du premier recueil de ses poèmes a permis au public de mesurer l'importance de la production poétique de Chénier. Quelques rares poèmes avaient été publiés après sa mort, parmi lesquels figuraient *la Jeune Tarentine* (1798) et *la Jeune Captive* (1795). Chénier avait regroupé beaucoup de ses poèmes sous des titres qui évoquent les modèles antiques dont il s'est inspiré : *Bucoliques, Élégies, Épigrammes, les Amours, Épîtres, Hymnes, Odes, Iambes*. Il s'était également essayé à l'épopée avec *l'Amérique* et *Hermès* et avait composé des pièces d'une certaine longueur consacrées à l'art poétique – *l'Invention* et *la République des lettres* – dont l'inspiration didactique ou philosophique doit beaucoup au XVIIIe siècle. La plupart de ces poèmes, inachevés, sont difficiles à dater. Chénier a également laissé des fragments en prose traitant de littérature, d'histoire et de politique. Le plus important est sans doute l'*Essai sur les causes et les effets de la perfection et de la décadence dans les lettres et les arts*, publié en 1914.

Pour des raisons qui vont de l'interprétation d'un fait historique (la condamnation et l'exécution de Chénier) à l'idéologie esthétique qui veut qu'un poème soit une entité formelle finie et autonome, l'édition et l'étude de l'œuvre de Chénier se sont toujours déroulées dans une atmosphère polémique. Chercheurs de gauche, de droite ou du centre n'ont cessé de s'opposer sur l'interprétation du verdict du Tribunal révolutionnaire et sur la forme qu'aurait prise cette œuvre fragmentaire si la vie de son auteur n'avait été brutalement interrompue. La forme même des poèmes est au centre de polémiques idéologiques. Si l'on en croit Gérard Walter, Hyacinthe de Latouche, le premier éditeur de Chénier, s'est permis en 1819 d'effectuer des corrections décisives au nom de l'idéologie conservatrice de la Restauration, « supprimant des passages estimés "subversifs" et indécents » (*Œuvres complètes*, p. XXXVII). Mais, de son côté, Francis Scarfe, dans sa biographie de Chénier, reproche à Walter d'avoir édité l'œuvre du poète conformément à son propre agenda marxiste.

La politique et la littérature sont, au premier abord, des disciplines entièrement différentes. Cette différence se manifeste notamment dans la théorie du langage impliquée par chacune d'elles. Les hommes politiques et les théoriciens de la politique adressent leurs textes à des communautés humaines bien déterminées ; ils considèrent le langage qu'ils utilisent comme un instrument ou un véhicule relativement fiable pour communiquer des messages relatifs au monde et à ses structures sociales. Le message de ces textes politiques peut énoncer des lois destinées à gouverner l'action, des promesses d'actions futures, mais il est généralement admis qu'en raison même de leur nature politique ils sont étroitement liés au contexte qui les suscite. La poésie lyrique en revanche s'adresse à des lecteurs isolés ; elle s'occupe moins d'émettre des messages relatifs au monde extérieur que de structurer son propre univers. Aussi la poésie s'appuie-t-elle sur la forme autant que sur le sens. Il nous paraît donc normal de faire intervenir, dans l'interprétation d'un poème, sa disposition sur la page aussi bien que ses composantes sonores (rime, allitérations et assonances, mètre). Mais personne ne songerait à faire reposer l'explication donnée par Rousseau de l'origine de l'inégalité – « tous vos maux vous viennent de vous » (*Confessions*, p. 389) – sur la répétition des *v* dans la phrase. Tout au plus en conclurait-on que Rousseau, en fin styliste, a su forger une formule mémorable. Dans un poème, en revanche, l'allitération peut devenir un élément essentiel du message. Dans un texte poétique les informations relatives au monde extérieur sont remplacées par des informations relatives à un monde imaginaire, qui n'a pas d'existence en dehors du langage qui l'évoque. Le médium, ici, devient le message ; ou, pour utiliser des termes plus techniques, le poème est son propre référent. À la lumière de cette différence, porter un jugement sur les idées politiques de Chénier et prendre des décisions, en tant qu'éditeur, sur la manière de regrouper ses fragments pour en composer un poème ou un recueil constituent deux activités, parallèles peut-être, mais essentiellement indépendantes.

Pourtant il est arrivé à Chénier lui-même de les rapprocher. Dans le premier texte politique qu'il ait publié, l'*Avis au peuple français sur ses véritables ennemis* (1790), il commence par déclarer qu'écriture et politique sont inextricablement liées : « Tout ce qui s'est fait de bien et de mal dans cette révolution est dû à des écrits » (*Œuvres complètes*, p. 206). Pour justifier son entrée dans l'arène politique, il invoque les lois et le fonctionnement de l'écriture qui, non contente de garder en mémoire les actions des hommes, intervient elle-même, comme une action, pour transformer une situation donnée. Ce qu'il apprécie le plus dans les meilleurs écrits politiques de son temps, c'est qu'ils présentent certaines caractéristiques de la langue littéraire. De tous les aspects de la Révolution – « pour laquelle le genre humain votera un jour des remerciements à la France » (*De la cause des désordres qui troublent la France et arrêtent l'établissement de la liberté* [1792], in *ibid.*, p. 272) – le plus exemplaire à ses yeux est l'association d'un message politique juste à une écriture répondant aux exigences esthétiques les plus rigoureuses. Les écrits des révolutions précédentes associaient fougue rhétorique et myopie politique : leurs auteurs composaient « ces écrits atroces mais vraiment éloquents que la postérité blâme, mais aime à relire » (*Réflexions sur l'esprit de parti* [1791], in *ibid.*, p. 242). À l'opposé, « une chose remarquable dans cette révolution [...] c'est [...] que les seuls bons ouvrages que nous voyons paraître soient aussi les seuls sages ; [...] que nos mécontents [...] n'aient mis au jour que de froides exagérations ou d'insipides railleries » *(ibid.)*.

Plusieurs raisons poussent Chénier à associer littérature et politique révolutionnaire. Tout d'abord, son souci de la qualité d'écriture s'accorde avec sa manière d'envisager la Révolution comme un processus dynamique. Le poète est favorable à l'extension, au-delà de tout contexte national déterminé, de l'« insurrection juste et légitime [par laquelle une grande nation] rentre dans tous ses droits et renverse l'ordre des choses qui les violait tous » (*ibid.*, p. 199). Mais l'énergie d'une révolution donnée est une quantité finie. Il est impossible de prolonger la ferveur révolutionnaire au-delà d'une certaine limite sans saper les fondements de la révolution et porter atteinte aux droits mêmes qu'elle a rétablis. Un peuple a accompli sa révolution une fois qu'il a institué un corps chargé de légiférer en accord avec les droits qu'il considère fondamentaux. Ainsi, c'est lorsque la Révolution a investi l'Assemblée nationale du pouvoir législatif qu'elle a effectivement pris fin ; continuer à attiser ses flammes ne peut aboutir qu'à semer l'anarchie et à faire de la France un « épouvantail sinistre » (*ibid.*, p. 215). Ce serait donner au monde le spectacle effrayant d'une révolution finissant par opprimer le peuple au nom duquel elle avait été entreprise. Selon

Chénier, c'est de ce point essentiel que dépend la capacité de la Révolution française à inspirer d'autres révolutions, sa capacité à étendre la liberté à l'Europe entière et aux générations futures (*ibid.*, pp. 214-215). Le problème le plus urgent est donc le suivant : toute révolution étant un événement fini, lié à un contexte déterminé, comment prolonger son esprit au-delà de sa « mort » ? C'est ici que la littérature intervient, parce qu'à la différence des textes politiques les textes littéraires ne sont pas liés à une époque et à un lieu déterminés. Non seulement ils sont transportables hors du contexte spatial et temporel dans lequel ils sont apparus, non seulement ils demeurent largement indépendants des querelles idéologiques de leur temps, mais également ils réfléchissent sur le véhicule – la langue écrite – qui leur permet ce voyage transgressif. C'est ainsi que la poésie lyrique devient, contre toute attente, le lieu où Chénier médite sur la survie ou la dissémination de la Révolution par-delà son achèvement en France.

Beaucoup de poèmes de Chénier, qu'ils aient été écrits avant ou après 1789, résonnent d'accents messianiques qui impliquent à ses yeux que la poésie – et ce d'autant plus que les poèmes restaient inachevés – était appelée à toucher un public aussi vaste que lointain. Dans l'*Épître sur ses ouvrages*, poème qu'on date de 1787 ou de 1791, Chénier évoque le public auquel il destine sa poésie. Après avoir comparé ses procédés de composition au travail d'un fondeur de cloches, il engage une méditation sur la mission du poème et sur son public :

> ... Vous avez vu sous la main d'un fondeur
> Ensemble se former, diverses en grandeur,
> Trente cloches d'airain, rivales du tonnerre ?
> Il achève leur moule enseveli sous terre ;
> Puis, par un long canal en rameaux divisé,
> Y fait couler les flots de l'airain embrasé ;
> Si bien qu'au même instant, cloches, petite et grande,
> Sont prêtes, et chacune attend et ne demande
> Qu'à sonner quelque mort, et du haut d'une tour
> Réveiller la paroisse à la pointe du jour.
> Moi, je suis ce fondeur : de mes écrits en foule
> Je prépare longtemps et la forme et le moule,
> Puis sur tous à la fois je fais couler l'airain ;
> Rien n'est fait aujourd'hui, tout sera fait demain (*ibid.*, pp. 158-159).

Insérée au milieu de ce parallèle entre le travail du fondeur et le processus de création poétique, une brève notation indique ce à quoi sert une cloche – c'est-à-dire un poème. Elle sert d'abord à « sonner quelque mort », que ce soit celle de Chénier – déjà ancienne quand le poème rencontre son premier lecteur – ou de n'importe quel autre individu voué à la finitude. Semblable au poète anglais John Donne adjurant « Ne demande jamais pour qui sonne le glas ; il sonne pour toi » (*Dévotions*, 1629), Chénier sait à qui le message est adressé : le glas a sonné, sonne et sonnera toujours pour celui qui l'entend.

Mais la cloche a une deuxième fonction. Elle réveille la paroisse ; elle sonne pour une communauté qui habite un espace social défini par des édifices (la tour du clocher), des institutions religieuses (la paroisse) et la distance à laquelle porte le son (l'ensemble de ceux qu'éveille la cloche constitue la paroisse). Par cette image, Chénier suggère qu'un poème ne se borne pas à survenir à l'intérieur d'un espace social mais qu'il intervient dans la définition de cet espace, éveillant dans une collectivité la conscience de constituer une collectivité.

La poésie est encore investie d'une troisième mission. Le moment où le fondeur terminera ses poèmes reste indéterminé, projeté dans un futur si ouvert qu'il pourrait ne jamais advenir ou, au contraire, advenir chaque fois qu'un lecteur, devenu poète, confère au poème l'unité qui lui manque. Le dernier vers hésite entre la promesse (non tenue) que le poète achèvera bientôt ses poèmes et la prédiction qu'ils ne seront pas achevés de son vivant et devront attendre les générations futures pour trouver leur forme définitive. À la différence de la cloche d'airain, qui sonne du haut d'un clocher pour la paroisse qui l'environne, un poème inachevé est incapable d'émettre un son audible dans un espace social défini. Leur ensemble constitue une masse d'écrits, une « foule » trop divisée pour se choisir un porte-parole unique ou sonner dans un clocher unique. Mais l'attrait d'un poème inachevé dépasse la portée du son ; il s'exerce sur un public si vaste qu'il peut englober les lecteurs du XXe siècle, de France et d'ailleurs. Chénier médite sur la mission qui incombe à ses fragments poétiques de fondre leur message au-delà de la portée du son, au-delà du contexte spatio-temporel dans lequel ils ont été produits et qu'ils aident à structurer, de sorte qu'ils puissent atteindre un public aussi divers et aussi dispersé que celui de l'imprimé. En bref, le poème transmet le message de son inachèvement à un public disséminé, invité à faire usage de sa liberté pour donner au texte la détermination et le « fini » qui lui manquent.

Une autre considération justifie le rapprochement établi par Chénier entre la politique révolutionnaire et l'écriture. La composition d'un poème est comparable à une activité révolutionnaire dans la mesure où elle aussi renverse des conventions et fait apparaître des abus ou des dégénérescences, même si cela se produit dans un autre domaine, celui du langage. La Révolution est née en partie de la conscience que l'Ancien Régime survivait grâce à des institutions dégénérées, devenues répressives par rapport au modèle contractuel qui les avait légitimées. Pour Chénier comme pour beaucoup de penseurs révolutionnaires, ce modèle est celui du *Contrat social*, (1762) de Rousseau : le pacte social est le fait d'un peuple souverain contractant avec lui-même et déléguant son pouvoir à un gouvernement chargé d'agir dans l'intérêt de tous. D'après Chénier, c'est au nom de ce pacte social originel, antérieur à toute législation spécifique, que la Révolution a pu légitimement récuser l'autorité absolue de la monarchie. Et cela bien qu'une telle origine, relevant de la fiction ou de l'utopie, soit incapable de jamais se traduire en un système législatif positif.

De la même manière, la poésie remet en question la conception du langage comme véhicule ou moyen d'expression fiable pour l'échange d'idées. Son attention à la langue comme matière sonore et rythmique est un démenti à la neutralité du signe. Le télescope à travers lequel on croit voir le monde – le langage – est un système de formes et de structures qui peut déterminer et déformer les idées. Un système politique corrompu a tout intérêt à faire croire au peuple à la transparence des signes. La monarchie, par exemple, voulait faire croire que le roi était le représentant, le signe terrestre de l'ordre divin. Les possibilités subversives de la poésie commencent avec la remise en cause de l'immédiateté expressive des signes.

Dans *la Jeune Captive*, l'imagination poétique intervient comme l'une de ces forces subversives au service de la liberté. Chénier a composé cette ode au cours des quatre mois passés en détention à Saint-Lazare, attendant d'être jugé dans un procès dont l'issue ne faisait guère de doute. Le poème est un plaidoyer passionné adressé par une prisonnière qui demande à ses juges de la laisser assister jusqu'au bout « au banquet de la vie ». Mais, dans la troisième strophe, celle où la jeune fille s'identifie à Philomèle le rossignol, emblème du chant poétique, elle ne se contente pas de demander la liberté ; elle en reprend possession comme d'un droit naturel, le premier et le plus élémentaire des biens qu'elle tient de son espoir et de sa capacité à transcender les entraves de l'instant présent :

> L'illusion féconde habite dans mon sein.
> D'une prison sur moi les murs pèsent en vain,
> J'ai les ailes de l'espérance.
> Échappée aux réseaux de l'oiseleur cruel,
> Plus vive, plus heureuse, aux campagnes du ciel,
> Philomèle chante et s'élance.

Cette strophe affirme que les contraintes formelles extérieures – la prison – sont impuissantes à la retenir. Sa liberté dépend de son esprit, non des murs qui l'entourent. Aucune geôle – qu'il s'agisse de Saint-Lazare, de la Conciergerie, où Chénier fut également incarcéré, ou de la Bastille – ne peut contenir son imagination et ses espoirs. En même temps qu'elle affirme la liberté de la pensée, cette strophe est un exemple de la manière dont on s'évade d'une idéologie usée. La jeune fille utilise un cliché – les « ailes de l'espérance » – qui a perdu toute force métaphorique : l'espoir prompt à naître et à se propager. Les clichés ne traduisent pas une pensée ou un désir individuels, ils montrent la pensée ou le désir assujettis à des stéréotypes. En ce sens, le poncif est l'équivalent linguistique d'une prison. Le cliché impose à la pensée la rigidité et le cours forcé d'une idéologie. Mais Chénier ici, précisément, le réinvente. Il redonne des ailes aux « ailes de l'espérance » en rappelant qu'elles permettent à l'oiseau d'échapper aux pièges de l'oiseleur et en les comparant à l'espérance, « illusion féconde », que la jeune fille nourrit et qui la délivre de ses fers. Le parallèle entre l'univers intérieur de la captive et l'univers invisible de la nature permet une métaphore où leurs propriétés s'échangent : l'espérance reçoit des ailes qui libèrent la jeune fille de sa prison ; l'oiseau accède à la transcendance en s'élançant vers les « campagnes du ciel ». Dans cette métaphore réinventée, les ailes ne dénotent plus la vitesse mais le moyen de reconquérir la transcendance, l'autonomie de la pensée. Pour persuader le lecteur que l'esprit de la captive est aussi libre qu'elle le dit, la strophe elle-même libère les termes d'un cliché pour en faire jaillir une idée neuve.

On doit pourtant manifester quelques réserves devant la capacité de la poésie à convaincre de sa vérité. Chénier était parfaitement conscient de la réversibilité qui risquait d'asservir le geste démystificateur à une nouvelle idéologie répressive. Rien n'interdit, par exemple, d'invoquer cette même strophe pour défendre une position réactionnaire ou apolitique : à quoi bon lutter contre la tyrannie puisque la pensée est toujours libre, et d'autant plus libre qu'elle est contrainte ? On pourrait d'ailleurs la lire aussi bien dans le sens inverse, comme un appel à une liberté anarchique : il faut renverser toutes les prisons, restrictions ou réglementations, toutes les conventions sociales, car les murs oppriment le rossignol et les oiseleurs sont cruels. Si son indépendance à l'égard du contexte permet à la littérature de remettre en cause les idéologies, cette indépendance peut à son tour faire aisément l'affaire de la première idéologie venue. C'est pourquoi, comme une fiction dénonçant les séductions de la fiction, le poème de Chénier finit par se retourner contre la littérature. L'expression désignant les espoirs que nourrit la jeune fille – « illusion féconde » – souligne le caractère imaginaire de cette victoire : même si, pour le lecteur, elle évoque un rossignol qui prend librement son envol, la jeune captive languit dans sa prison.

On retrouve la même préoccupation derrière la dénonciation par Chénier de la Terreur : des fictions subversives telles que le contrat social se sont transformées en fictions répressives qui légitiment la lutte anarchique des factions pour le pouvoir en la présentant comme la meilleure expression du combat de la volonté du peuple. De même, la devise révolutionnaire « Liberté, Égalité, Fraternité » a dégénéré en slogan invoqué chaque fois qu'on promulguait une mesure particulièrement répressive. Elle est même devenue l'objet d'une bataille rangée entre partis, dont chacun prétendait détenir seul l'interprétation correcte. Comme Chénier le dit dans *De la cause des désordres*, la France est un pays où la fraternité est un titre réservé aux membres d'un seul parti, « où l'on opprime au nom de l'égalité, et où l'effigie de la Liberté n'est qu'une empreinte employée à sceller les volontés de quelques tyrans » (*ibid.*, p. 277). Le poète dénonce cette révolution dans la Révolution, qui la rendait aussi oppressive que le régime qu'elle avait renversé.

La raison la plus impérieuse qui pousse Chénier à associer littérature et politique révolutionnaire n'est donc pas la capacité de la poésie à faire retentir un message de liberté jusqu'aux extrémités de la terre, ni même sa capacité subversive à éveiller dans une paroisse donnée la conscience de son oppression. La littérature la plus authentiquement politique ne s'enivre pas de son pouvoir de séduction : elle dénonce, sur le mode froid de la raison, les mystifications qu'elle engendre. Une telle littérature est condamnée au même inachèvement que la révolution dont rêve Chénier, une révolution qui, pour être achevée, devrait renverser les idéologies révolutionnaires qu'elle-même a propagées. Un poème, de même, ne sera achevé que lorsqu'il aura démystifié toutes les illusions engendrées par son geste de démystification.

Voir aussi 1791 (13 janvier), 1889, 1940-1944, 1945 (6 février).

Bibliographie : André Chénier, *Œuvres complètes*, éd. Gérard Walter (Paris, Gallimard, 1958). Jean-Jacques Rousseau, *Confessions*, in *Œuvres complètes*, éd. Bernard Gagnebin et Marcel Raymond, vol. Ier (Paris, Gallimard, 1959) ; *Du contrat social*, in *ibid.*, vol. III (Paris, Gallimard, 1964). Jean Fabre, *Chénier* (Paris, Hatier, 1965). François Furet, *Penser la Révolution française*, (Paris, Gallimard, 1978). Paul De Man, « Roland Barthes and the Limits of Structuralism, » *Yale French Studies*, n° 77 (automne 1989). Francis Scarfe, *André Chénier : His Life and Work, 1762-1794* (Oxford, Clarendon Press, 1965). Jean Starobinski, « André Chénier et la personnification de la poésie », *Argile* (Paris, XIII-XIV, printemps-été 1977), pp. 132-158. Philippe Van Tieghem, « Un "Monsieur..." mystérieux : André Chénier », in

Revue d'histoire littéraire de la France, n° 35 (1928), pp. 92-98. Gérard Walter, *André Chénier, son milieu et son temps* (Paris, Laffont, 1947).

E. S. Burt

1799, 10 octobre

Le 18 brumaire, Bonaparte prend le pouvoir

Les idéologues

D'après le calendrier officiel, mil huit cent n'a pas marqué le début d'un siècle nouveau pour les Français qui vivaient toujours sous le calendrier révolutionnaire ; ils étaient à cheval entre l'an VIII et l'an IX ; le 18 brumaire (10 octobre 1799), date de la prise du pouvoir par le jeune Bonaparte, n'a pas davantage été pour la majorité des contemporains le début d'une ère nouvelle ; c'était simplement le énième coup d'État, un de plus dans la série de ceux qui, depuis le 9 thermidor an II (17 juillet 1794), avaient permis aux centristes, partisans d'une révolution bourgeoise et d'un gouvernement oligarchique, d'éliminer la droite royaliste et la gauche jacobine. Bonaparte représentait simplement la promesse d'une stabilité et d'une efficacité accrues, à une époque où on avait grand besoin de l'une et de l'autre ; en effet, depuis son accession au pouvoir en 1795, le Directoire avait traversé crise après crise et même des intellectuels comme Pierre Simon Ballanche et Germaine de Staël – qui devaient devenir les pires ennemis de Napoléon – saluèrent avec enthousiasme sa prise de pouvoir.

Les problèmes du Directoire avaient une double origine : l'absence de tout consensus au sujet de la Révolution et de la direction que la politique française devait emprunter ; et, sur le plan opérationnel, un mécanisme politique qui n'offrait aucun moyen – en dehors du coup d'État – de résoudre les conflits entre législatif et exécutif. Par ailleurs, le pays souffrait d'un taux d'inflation catastrophique, d'un système d'imposition inadéquat et d'une pauvreté endémique – jusqu'à 25 % de la population recevait l'assistance aux indigents alors que des aigrefins de type balzacien édifiaient ou perdaient des fortunes. La question religieuse n'était pas résolue. Alors que l'Église constitutionnelle mourait de mort lente, le gouvernement favorisait plus ou moins les théophilanthropes, une association regroupant des déistes rationnels et libéraux ; les catholiques fidèles au pape étaient eux-mêmes divisés, certains cherchaient à collaborer avec le régime, les autres restaient résolument réfractaires, et bien que leur culte fût toléré, il n'y avait pas encore de dimanche. La France vivait aussi dans un état de guerre permanente – en Italie et en Suisse contre l'Autriche et la Russie (avec de lourdes défaites en 1799), en Égypte contre l'Angleterre, à l'intérieur contre les royalistes (insurrection du 5 août 1799 dans le Sud-Ouest). Les querelles intestines ne s'apaisaient que pour laisser la place à une apathie politique croissante ; s'enrichir et mener la belle vie étaient devenus les objectifs du plus grand nombre.

Il ne faudrait pourtant pas juger le Directoire trop sévèrement. À bien des égards, son bilan est positif, compte tenu des circonstances difficiles : il a permis aux finances de se stabiliser et ouvert une voie médiane entre révolution et réaction. On lui doit aussi l'introduction du système métrique et l'intégration des Académies moribondes dans un Institut de France qui devient un centre d'activité intellectuelle très vivant ;

Bonaparte s'était fait accompagner en Égypte par des érudits, les pionniers de l'égyptologie. En fait, le Directoire, surtout dans ses dernières années, a été une époque de grande fermentation intellectuelle. Les fondements de la vie étaient ébranlés, mais cet ébranlement n'a pas mené tout le monde au désespoir, il a aussi servi de base à une réévaluation radicale des théories philosophiques, psychologiques et esthétiques, y compris l'esthétique littéraire.

Bien que Germaine de Staël ait publié des ouvrages avant cette date, sa carrière a véritablement commencé avec *De la littérature considérée dans ses rapports avec les institutions sociales* (1800). Une telle carrière était une nouveauté. Il y avait déjà eu des romancières ou des poétesses, des femmes actives en politique, d'autres qui avaient tenu des salons littéraires ; Mme de Staël était la première femme mandarin, c'est-à-dire une intellectuelle à part entière, célèbre comme romancière, essayiste et figure politique. *De la littérature* est pour l'essentiel une étude d'histoire littéraire et de littérature comparée et, dans ces deux domaines, constitue une œuvre pionnière ; mais il traite aussi de philosophie et, presque ouvertement, de politique – répondant par avance à Baudelaire qui exigeait de la critique qu'elle soit « partiale, passionnée, politique ». Cette histoire littéraire comparée rompt avec la critique à la Marmontel ou à la Harpe, qui jugeait les œuvres en fonction de leur conformité avec le canon classique. C'est plutôt de Montesquieu que Mme de Staël s'inspire quand elle suggère que chaque période culturelle produit une forme de littérature qui lui est propre. La littérature reflète (et influence) les institutions politiques, sociales et religieuses d'une culture tout autant que ses traditions proprement littéraires.

Le premier résultat de cette approche est révolutionnaire : tout critère de beauté absolue est éliminé. Un relativisme esthétique remplace ces critères et les jugements de valeur – qu'elle formule sans la moindre hésitation – sont fondés sur la sincérité, l'efficacité, voire la distance critique avec lesquelles une œuvre exprime la culture dont elle provient. On est plus près ici de la critique marxiste que de Boileau. Mme de Staël met en place un certain nombre de distinctions qui allaient avoir une importance durable – comme la distinction entre littératures du Nord et littératures du Midi – et elle introduit le concept de périodes de gestation culturelle suivies de périodes d'épanouissement. Dans la querelle entre goût et génie, elle penche du côté du génie et fait, avec quelques réserves, l'éloge de Shakespeare. Elle est moins originale quand elle insiste sur la part du sentiment, au lieu de la raison, dans la création littéraire. Comme Ballanche, et avant Chateaubriand, elle insiste sur l'importance de l'héritage culturel du christianisme, ce qui l'exposera à de nombreuses critiques. Toutes ces thèses sont appuyées sur des références littéraires. Mais ses connaissances présentent des lacunes. Elle connaissait assez bien les Grecs et les Romains (et préférait en général ces derniers, ce qui peut nous paraître étrange mais était courant à l'époque) ; la littérature française, comme pour nombre de ses contemporains, commençait avec le Grand Siècle auquel elle ajoutait Montaigne : littérature médiévale et poésie de la Renaissance restaient à découvrir. Elle était familière de la littérature anglaise, qu'elle lisait dans la langue et dont elle admirait les romans : à l'exception de *Julie, ou la Nouvelle Héloïse*, de Rousseau (1761), si un roman français était bon c'est qu'il s'agissait d'une imitation de Samuel Richardson, de Laurence Sterne ou de Henry Fielding. Elle ne lisait pas encore l'italien, et ne connaissait Dante qu'en traduction ; la littérature espagnole lui était totalement étrangère. Elle ne lisait pas non plus l'allemand, mais elle avait lu Goethe et Friedrich Klopstock. Au cours des dix années d'exil que lui imposera Napoléon, elle allait approfondir sa connaissance des langues et des littératures étrangères, ce qui a probablement dû lui faire regretter certains des jugements portés dans *De la littérature*.

Ce livre est également remarquable pour l'effort de collaboration qu'il représente. L'image de Mme de Staël annnonçant aux esprits éclairés dont elle s'était entourée au château de Coppet, sur les rives du lac Léman, « Aujourd'hui nous parlerons de X », avant de se retirer dans son bureau pour rédiger le chapitre correspondant, est une pittoresque simplification ; mais l'hôtesse comptait dans son entourage plusieurs esprits remarquables, comme Benjamin Constant, August Wilhelm von Schlegel, Charles-Victor de Bonstetten, Simonde de Sismondi, sans parler de son père, Jacques Necker. Elle savait profiter de leur présence ; si bien que ses écrits reflètent les pensées d'une communauté intellectuelle.

Le groupe de Coppet suivait une ligne centriste et libérale. Fidèles à bien des égards à l'esprit des Lumières, enthousiastes de la Révolution bourgeoise de 1789 mais horrifiés par la Terreur de 1793, passionnés par la politique, l'économie et l'histoire, le régime idéal était pour eux une oligarchie éclairée qui exploiterait les aspects positifs de la Révolution et en éliminerait les négatifs. Quiconque lit aujourd'hui *De la littérature* est surpris par l'importance que Mme de Staël attache à l'éloquence, par ses affirmations sur la perfectibilité de la littérature, et par son intérêt pour son contenu moral ; trois points justifiés par le contexte politique d'alors. Dans ses chapitres sur l'éloquence, elle évoque les us et abus du langage en pensant à l'art oratoire révolutionnaire. Elle condamne l'éloquence quand elle se fait trop abstraite et dépourvue de sentiments, rejette les mots qui ne reflètent pas la pensée et le discours politique qui n'est que propagande. Au contraire, elle plaide pour une éloquence qui deviendrait une arme contre le despotisme. Quand elle aborde la question des qualités morales de la littérature, on sent le même souci d'une liberté politique responsable. Les mots devraient être utilisés, pense-t-elle, pour améliorer l'homme et la société. Bien que sa tolérance à l'égard de la littérature libertine eût des limites, Mme de Staël n'était pas une prude ; si elle s'intéressait à la « morale », c'était au sens large du mot, qui inclut les mœurs. Le progrès des mœurs était à ses yeux la preuve irréfutable de la perfectibilité, en littérature et dans la société. Bien qu'elle n'arrivât pas à décider si la Révolution avait été l'annonce d'une ère nouvelle ou un terrible intermède, pour elle, l'Histoire demeurait inséparable de la notion de progrès. Le Moyen Âge lui-même n'était pas un moment de régression mais une époque de développement intellectuel. De même, la littérature pouvait et devait progresser. Admirer et apprécier les Anciens ne veut pas dire les imiter ; seule importe la création d'une littérature qui présente sens et valeur pour les temps nouveaux.

On peut lire *De la littérature* comme le dernier épisode de la querelle des Anciens et des Modernes, avec son choix de la diversité et de la modernité contre l'imitation des modèles antiques et des normes immuables. Mme de Staël en appelle à une littérature qui aurait valeur d'actualité et pourrait donc choisir librement son style et sa forme. Sa vie privée tumultueuse, ses positions de pionnière féministe et, plus tard, son opposition intraitable à Napoléon l'ont exposée aux risées. Elle avait néanmoins ses inconditionnels, comme le théoricien du socialisme utopique Saint-Simon, qui admirait sa conception du progrès, son sentiment de l'interaction entre les institutions, les mœurs et les traditions, et sa conviction que l'artiste jouait un rôle essentiel dans la société.

C'est au cours de ce même an IX que Ballanche écrit son premier livre, *Du sentiment considéré dans ses rapports avec la littérature et les arts*. Ses thèses sont semblables à celles de Mme de Staël, bien que plus extrêmes, procatholiques et romantiques. « Mon livre est organisé comme un jardin anglais », affirme-t-il avec fierté ; et de fait il laisse sa pensée errer, rejetant la clarté géométrique du classicisme. Le sentiment est à ses yeux une faculté morale qui juge instinctivement, sans délibération, et nous permet de connaître notre être véritable et l'essence de l'univers, y compris Dieu et l'âme immortelle. Le sentiment est essentiel pour toute appréciation des arts, voire de la vie elle-même. (La littérature qu'il admire annonce le goût romantique : Shakespeare, Richardson ; mais il continue à préférer Racine à Corneille.) La raison privée du sentiment ne produit que vaine philosophie et renverse trônes et autels. Ballanche, qui devait finir par reconnaître dans la Révolution un chapitre significatif de l'Histoire, la considère ici comme le phénomène politique le plus effroyable qu'ait connu l'humanité. Mais d'autres idées sont en germe dans cet ouvrage. Le sentiment fait connaître que tout dans la nature est harmonie et que « tout est sensible » (toute la chaîne de l'être est sensible) – deux notions qui sont au cœur de l'inspiration poétique d'Alphonse de Lamartine et de Gérard de Nerval. Ballanche justifie également la présence de la mélancolie, du chagrin, et même de la laideur, dans l'existence et dans la littérature. Le malheur est nécessaire à l'homme, il tempère son âme, accroît sa sensibilité, à condition qu'il soit intégré dans le système chrétien du sacrifice et de l'expiation. Il devait par la suite reprendre cette idée à propos de la théorie progressive de l'Histoire et justifier ainsi la Révolution – du Mal naît le Bien – ce qui devait influencer fortement des penseurs comme Joseph de Maistre, Félicité de Lammenais et certains socialistes. On trouve chez Ballanche à la fois le sentiment de la nature essentiellement tragique de l'existence et la foi dans l'harmonie et la signification de la Création et de l'Histoire, par quoi il annonce les plus grands penseurs romantiques français, ceux qui réussiront à intégrer pessimisme et optimisme.

Le principal courant intellectuel de l'époque est celui des idéologues qui poursuivent la tradition des encyclopédistes, de Condillac et de Condorcet, tout en la modifiant à la lumière d'une conception plus complexe et plus organique de l'humanité, de la nature et de la société. Philippe Pinel est, à juste titre, l'un des plus célèbres. L'image d'un Pinel qui aurait libéré les fous de leurs chaînes et se serait opposé au terroriste Couthon qui voulait faire guillotiner un royaliste aliéné confié à sa charge est sans doute mythique. Pinel n'était pas un personnage dramatique et c'est trop simplifier que d'opposer sa « bonne liberté » et la « mauvaise liberté » de Couthon. Mais il est aussi faux de dire, comme le fait Michel Foucault, que Pinel n'a pas introduit une science dans le monde des aliénés, mais un nouveau personnage, le médecin en position de père-juge. Pinel a abrogé une bonne partie de la « vieille » science qui prescrivait le traitement des fous, en les enchaînant ou en les exhibant comme des singes pour l'amusement de la foule ; il a aussi jeté les bases d'une nouvelle science dans son *Traité médico-physique sur l'aliénation mentale* (an IX). La plupart de ses suggestions relèvent du simple bon sens : exigence d'une nourriture décente (assortie d'anecdotes sur les difficultés d'approvisionnement pendant les hivers rigoureux de la Révolution), propreté, travaux manuels – en particulier le jardinage – séparation des différentes catégories de fous, qu'il faut distinguer des épileptiques. Il rejette non seulement les chaînes mais aussi les saignées à toute occasion, les émétiques ou l'hellébore. D'autres recommandations sont plus typiques des idéologues. Il faut prendre des notes et dresser des statistiques ; observer l'efficacité des divers traitements, les types de folies qui se laissent soigner ou non, les rapports entre physiologie et maladies mentales. Pinel considère que la première chose à faire est d'établir une typologie efficace de l'aliénation mentale et se plaint de l'insuffisance de la nomenclature grecque et française. La nosologie requiert des néologismes. Ses catégories (mélancolie, penchant morbide accompagné ou non de délire, démence, idiotie, etc.) ne sont peut-être plus les nôtres mais elles s'appuyaient sur des observations et avaient un but thérapeutique. Pinel a le mérite d'avoir démontré que la déformation crânienne avait peu à voir avec la folie.

L'Aliénation mentale reste encore aujourd'hui un livre tout à fait lisible. Son organisation est proche de celle d'un livre plus tardif, inspiré par les idéologues, *De l'amour*, de Stendhal (1822). Pinel part de catégories logiques mais s'en écarte constamment en racontant des anecdotes et l'histoire de cas qu'il développe parfois au maximum, suggérant une intrigue digne de Balzac ou de Maupassant. Sa thèse est que les accès de folie sont souvent déclenchés par des expériences traumatisantes, échecs amoureux ou revers de fortune : le livre, avec toutes les descriptions qui montrent combien de personnes ont été ébranlées par la tourmente révolutionnaire, fournit un triste tableau de ses effets sur la vie des citoyens ordinaires. *L'Aliénation mentale* associe à la tendance logique et mathématique des idéologues une sensibilité romantique pour l'individuel et le particulier.

Joseph-Marie de Gérando avait fait lire à son amie Germaine de Staël le manuscrit de son essai en quatre volumes *Des signes et de l'art de penser considérés dans leurs rapports mutuels* (an VIII) qui s'éloignait du sensualisme des idéologues et développait une conception de l'humanité plus spirituelle. Pour Gérando, la vie intérieure était un moyen de connaissance auquel s'ajoutait la perception des données sensorielles. Il préparait ainsi la voie à Maine de Biran et à toute l'école de philosophie romantique et spiritualiste. Gérando entreprit ensuite une histoire de la philosophie comparée, sur le modèle de Mme de Staël qui avait lancé en France l'histoire comparée des littératures. Sa conception élargie de l'esprit est responsable du renouveau d'intérêt pour le platonisme et l'idéalisme allemand, faisant de lui le père intellectuel de Victor Cousin et de l'école éclectique. Mais *Des signes et de l'art de penser* est moderne par un autre aspect : Gérando considère que la pensée ne peut être communiquée et connue qu'à travers des signes – pas seulement le langage mais tous les signes possibles –, ce qui préfigure remarquablement la sémiologie. Parmi ces signes, il inclut les coutumes culinaires, les danses et les rituels primitifs, qui doivent être classés et interprétés comme les mots. Cette orientation anthropologique se retrouve dans ses *Considérations sur les diverses méthodes à suivre dans l'observation des peuples sauvages* (an IX). Sa thèse selon laquelle le langage a son origine dans les onomatopées avant d'évoluer, en passant par la métaphore, vers une abstraction croissante était courante à l'époque. Il s'opposait pourtant aux projets des philosophes des Lumières qui voulaient créer un langage universel entièrement logique, un langage de pure dénotation, sans connotation ; un tel langage pouvait être utile à des voyageurs internationaux ou des érudits, mais il ne remplacerait jamais les systèmes linguistiques organiques et ne dispenserait pas un voyageur d'essayer d'apprendre la langue du pays pour en connaître vraiment la culture. L'étude des signes et donc du langage est la seule façon de comprendre d'autres cultures, d'autres époques et d'autres personnes. Gérando n'était pas un irrationaliste ; il admirait Locke et Condillac et partageait avec Pinel l'idée que le progrès des observations scientifiques devait produire un langage plus précis et mieux adapté. Mais une analyse purement mathématique de la réalité empirique était condamnée à rester incomplète en raison de la trop grande complexité des hommes et de la réalité.

Parmi les nombreux ouvrages des idéologues de la fin du siècle, les *Recherches physiologiques sur la vie et la mort* (1800), de Xavier Bichat, méritent une mention. Lues avec admiration par Maine de Biran ainsi que par Schopenhauer, ces *Recherches* attribuaient une grande importance à la notion d'une résistance intérieure à chaque organisme qui lutte contre les pressions extérieures, cette force vitale constituant la caractéristique essentielle de la vie organique. Bichat distinguait aussi entre fonctions organiques et fonctions vitales, le cerveau étant le centre de ces dernières. Bichat a donc introduit l'idée de force vitale, qui devait être si importante pour les romantiques, en même temps qu'il développait une conception relativiste de la personnalité : la vue d'un beau paysage peut apporter du plaisir au citadin, mais pas au paysan qui laboure les champs. Finalement, Bichat a examiné la manière dont l'ambiance sociale et l'éducation affectent différents types de personnalité ; à cette occasion, il a établi une distinction entre trois types : les sentimentaux, chez qui la sensation prédomine, les cérébraux et les moteurs. Cette classification, considérablement révisée, devait former la base du projet de reconstruction sociale de Saint-Simon. On interprète trop souvent la pensée romantique comme une réaction contre les Lumières. Dans bien des cas, il s'agit plutôt d'une révision ou d'une amplification nuancée, et une grande partie de cette révision a été effectuée, durant le Directoire, par les idéologues et le groupe de Coppet.

En 1799, Sophie Cottin publie *Claire d'Albe*, court roman de lecture aisée, qui annonce *Delphine* (1802) et *Corinne, ou l'Italie* (1807), de Mme de Staël, *Valérie* (1803), de Juliane von Krudener, et son propre roman, moins réussi, *Malvina* (1801). L'héroïne est toujours belle, intelligente, sensible, d'une vertu irréprochable, et cependant sous l'emprise d'une passion à laquelle la société oppose des obstacles qui semblent infranchissables. Claire, mariée avec un homme nettement plus âgé qu'elle, figure paternelle au grand cœur, tombe profondément amoureuse du jeune Frédéric, le protégé de son mari. La fin est tragique : ils sont séparés ; elle entend dire que Frédéric est devenu indifférent à son égard ; on rapporte la même chose d'elle à Frédéric ; ce quiproquo est finalement éclairci, mais il est trop tard : Frédéric rejoint Claire sur la tombe de son père, ils font l'amour une dernière fois, et elle meurt, déchirée entre le remords et le regret. Ce roman offre sans doute la première description, par une romancière, d'un orgasme féminin, « cet éclair de délice, cette joie unique et délicieuse ; son âme flotte dans un torrent de volupté » (*Claire d'Albe*, p. 267). *Malvina* est plus long, plus complexe, avec des personnages qui évoquent déjà Jane Austen ; mais les larmes, les incendies, les fièvres mortelles en font un recueil des clichés de la sensibilité préromantique. Sophie Cottin a réinventé le rôle de la romancière comme peintre de la situation de la femme ; elle a fait évoluer les héroïnes de Mme de La Fayette dans un contexte psychologique et social nouveau, que Mme de Staël et George Sand devaient reprendre avec une ferveur féministe encore accrue et une conscience plus aiguë des obstacles opposés aux femmes par une société décidée à les réprimer.

Ce tournant de siècle – qui n'en était pas vraiment un – rejetait ou révisait des schémas de pensée ou des convictions trop simplistes. L'homme-machine et la linéarité du progrès n'étaient plus crédibles ; on abandonnait une conception mécanique, absolutiste et mathématique de l'homme, de l'histoire, de la littérature, de la vie, de la philosophie et de la science pour une conception organique, dynamique, relativiste et empirique – et c'est là toute la différence entre classicisme et romantisme. L'ère napoléonienne, avec sa censure, ses guerres, son culte de la gloire nationale, a étouffé la flamme intellectuelle allumée par le Directoire, mais les idées – et quelques acteurs, en particulier Mme de Staël – allaient transmettre le flambeau à la Restauration (1814-1830), régime politique également problématique qui devait produire un ferment intellectuel plus riche encore.

Voir aussi 1761 (décembre), 1791 (13 janvier), 1802 (avril), 1823.

Bibliographie : Sophie Cottin, *Claire d'Albe* (Paris, Maradan, 1799). Madame de Staël, *De la littérature considérée dans ses rapports avec les institutions sociales*, in *Œuvres complètes* (Paris, Truffel et Würtz, 1820-1821). Annie Becq, *Genèse de l'esthétique française moderne, 1680-1814* (Pise, Pacini, 1984). Georges Boas, *French Philosophers of the Romantic Period* (1925 ; réimp., Baltimore, John Hopkins Press, 1964). Georges Lefebvre, *la France sous le Directoire : 1795-1799* (Paris, Éditions sociales, 1984).

Frank Paul Bowman

1800

Pixerécourt produit *Coelina, ou l'Enfant du mystère*

L'imagination mélodramatique

Le 2 septembre 1800 au soir, la queue habituelle, avec ses petits-bourgeois, ses artisans et ses rares ouvriers perdus dans l'élégance des grands bourgeois, se formait aux guichets de l'Ambigu-Comique pour la première de *Coelina, ou l'Enfant du mystère*, de René Charles Guilbert de Pixerécourt. Le succès de la pièce fut retentissant ; elle allait tenir l'affiche trois cent quatre-vingt-sept jours à Paris, connaître mille quatre-vingt-neuf représentations en province, sans parler de ses reprises épisodiques au cours des trente années suivantes. Elle finira par être considérée comme le chef-d'œuvre du mélodrame, genre qui constitue probablement l'innovation la plus intéressante des lettres françaises entre la période révolutionnaire et le romantisme des années 1820.

Les histoires de la littérature française peignent cette période comme une lande désolée, d'où n'émergent que quelques rares figures – François-René de Chateaubriand, Germaine de Staël ou Étienne de Senancour. Une grande partie de l'élite culturelle avait émigré en Allemagne ou en Angleterre (ou, comme Chateaubriand, entreprenait des voyages lointains, en Amérique ou ailleurs). Ceux qui, sous l'Ancien Régime, légiféraient avaient perdu le pouvoir. La Révolution avait ménagé une place pour une littérature accessible à ceux qui étaient dépourvus de culture ; simple, directe, excitante et pathétique. Le mélodrame fut sa forme la plus populaire et la plus durable. Il a incarné, écrira Charles Nodier dans l'introduction au *Théâtre choisi* de Pixerécourt, « la moralité de la Révolution ». Formule qui renvoie à l'inspiration démocratique du mélodrame : non content d'être destiné à un public populaire (« J'écris pour ceux qui ne savent pas lire » aurait dit Pixerécourt), il transmet un message démocratique (les humbles revendiquent, contre les tyrans, leur droit au respect et au bonheur) sous une forme – verbale, visuelle, musicale – qui vise d'abord à éliminer toute ambiguïté sur ses intentions morales. Mais le mélodrame n'était pas subversif pour autant. S'il lui arrivera plus tard de servir des prises de positions sociales, voire socialistes, au début du siècle, il restera plutôt conservateur, se contentant d'assener de solides vérités morales. L'Église ayant perdu son emprise sur les masses urbaines, il revenait au mélodrame de prêcher un message séculier de vertu. « Je les ai vues, dans l'absence du culte, suppléer aux instructions de la chaire muette », dira Nodier des pièces de Pixerécourt (*ibid.*).

Car la vertu est la clé du mélodrame. L'innocence, accusée à tort, est en butte aux sévices d'un être maléfique (traître ou tyran) ; elle erre, chassée de partout, incapable de faire entendre sa voix, jusqu'à ce que le dénouement confonde le traître et réhabilite la vertu. Au premier acte de *Coelina*, la famille de l'honnête et modeste Dufour – en particulier son fils, Stéphany, et sa nièce présumée, Coelina, qui sont amoureux l'un de l'autre – voit sa paix menacée par l'arrivée de deux personnages, Truguelin, oncle véritable de Coelina qui veut lui faire épouser son propre fils, et un vieillard pauvre, muet et mutilé, Francisque, que Truguelin essaie de faire chasser par les Dufour. L'acte s'achève sur le bannissement de Truguelin. Mais, en sortant, celui-ci profère une menace. « Tremblez tous ! » Le deuxième acte a pour cadre un jardin où se préparent les noces de Stéphany et de Coelina. Le mélodrame fait du jardin clos un îlot d'idéal, l'espace dans lequel l'innocence et la vertu s'adonnent aux plaisirs innocents et vertueux. Mais le mal ne manque pas de s'insinuer dans cette enceinte idéale, sous la forme d'une lettre dans laquelle Truguelin révèle l'identité véritable de Coelina : elle est la fille adultérine de sa sœur et du pitoyable Francisque. La crédulité des pères vertueux, toujours bernés par le traître, est un trait du mélodrame. Celle de Dufour est encouragée par l'acte de naissance de Coelina, que Truguelin a joint à sa missive. Après cette révélation, Dufour la répudie : « Non. Elle n'est point ma nièce. C'est l'enfant du crime et de l'adultère ! » Produire un document, vrai ou faux, est une autre constante du mélodrame, « preuve » qui ne pourra être réfutée que par des signes plus véridiques encore. Après lecture de l'acte de naissance, Coelina elle-même n'hésite plus ; elle se jette dans les bras de Francisque : « Vous, mon père ! » Rien, dans le mélodrame, ne parle plus fort que la voix du sang : elle transmet, surtout entre un père et ses enfants, la force du lien généalogique. À la fin de l'acte, Francisque est chassé du jardin des Dufour ; Coelina décide de l'accompagner, loin de cet espace réservé à la vertu.

Au troisième acte, le traître est démasqué et l'innocence rétablie. Le partage des valeurs morales ne doit souffrir aucune ambiguïté. Les vertueux font connaître en public leurs sentiments à grand renfort d'aphorismes et d'épithètes. Quant au traître, il révèle le fond de son âme au cours d'un inévitable monologue qu'accompagne parfois l'aveu d'un remords naissant. Au début du troisième acte, Truguelin, sous un orage, soliloque en un « lieu sauvage » (où plusieurs années auparavant il avait essayé de tuer Francisque) :

> Il me semble que tout, dans la nature, se réunit pour m'accuser. – Ces mots terribles retentissent sans cesse à mon oreille : Point de repos pour l'assassin ! vengeance ! vengeance !... (On entend résonner l'écho. Truguelin se retourne avec effroi.) Où suis-je ? quelle voix menaçante ? Ciel ! Que vois-je ? ce pont, ces rochers, ce torrent, c'est là, là, que ma main criminelle versa le sang d'un infortuné. Ô mon Dieu ! toi que j'ai si longtemps méconnu, vois mes remords, mon repentir sincère. Arrête, misérable, et n'outrage pas le ciel ! [...] Ah ! si l'on savait ce qu'il en coûte pour cesser d'être vertueux, on verrait bien peu de méchants sur la terre.

Surpris par Francisque, Truguelin sera pourtant démasqué : preuve mélodramatique entre toutes, une cicatrice à la main le trahit (une blessure reçue au cours de sa lutte avec Francisque). S'ensuit un combat acharné, dans un décor spectaculaire (avec un pont vertigineux qui enjambe un torrent), à la fin duquel Truguelin, blessé, est dénoncé en public – mais pas converti pour autant : les traîtres de mélodrame sont chassés mais ils ne changent pas. Une déposition écrite de Francisque lève le voile sur les mystères passés, révélant la malfaisance de Truguelin et certifiant la naissance légitime de Coelina. La société des innocents et des vertueux se reforme autour de Dufour, qui ouvre ses bras à Francisque et bénit l'union de Stéphany et de Coelina. La pièce prend fin avec une danse improvisée.

Le mélodrame expose la méconnaissance des signes de la vertu et leur reconnaissance *in fine*. Lorsque le rideau tombe, la vertu est récompensée – par le mariage, la richesse, souvent même par le jugement d'un tribunal qui décerne publiquement des brevets d'innocence et de culpabilité. Mais plus que sa récompense, c'est la reconnaissance de la vertu qui demeure essentielle : les énigmes qui l'obscurcissaient sont levées, tandis qu'est établie publiquement – sur scène et dans la salle – une géographie des valeurs. D'où l'importance d'artifices tels que la « croix de ma mère », qui permettent à un jeune personnage, qu'on croyait orphelin ou auquel on attribuait une parenté erronée, de recouvrer sa véritable identité au dernier acte. La cicatrice de Truguelin fonctionne comme un de ces signes ; d'autres mélodrames usent des marques de naissance, d'initiales brodées sur le linge d'un enfant trouvé, etc. Le mélodrame recourt donc à une forme d'*anagnorisis* – la reconnaissance qui, selon Aristote, serait l'élément clé de la tragédie – tout en surface, à découvert. Le drame moral est lié à la révélation des signes qui permettront de choisir le bon côté dans la lutte manichéenne qui oppose le bien et le mal.

La rhétorique du mélodrame exploite ainsi une opposition de signes simples et primaires. Un épithète suffit à condamner un personnage. À l'acte premier, la confidente de Coelina décrit Truguelin et son neveu : « Je les crois envieux, faux et méchants », alors que Coelina trouve que Francisque a « un air honnête ». Les gens sont qualifiés de « vertueux », de « respectables », d'« intéressants » (quand ils incitent à la sympathie) ou au contraire de « vils », de « cruels », de « tyranniques ». De telles déclarations ne révèlent pas seulement la nature de ceux dont on parle mais aussi celle de celui qui parle. Dans son soliloque, le traître avoue sa méchanceté et il est rare que l'héroïne ou le héros vertueux, hors-la-loi et méconnus, n'aient pas l'occasion d'affirmer la droiture de leur âme et de leurs actions. Les grands moments dramatiques du mélodrame naissent d'un conflit de nominations, ainsi quand le traître annonce : « Tremblez tous, car je suis l'homme qui va vous détruire », et que le représentant du bien proclame : « Dieu m'est témoin que je suis innocent. » Dans ce monde excessif, nul refoulement ni nuances.

L'action du mélodrame tend vers l'épreuve de force. Une première confrontation permet au mal de se mettre en position dominante, de mener le jeu en tirant les ficelles d'un monde qu'il trompe. Mais une seconde épreuve de force, suivie de péripéties, se produit au dernier acte, accompagnée d'événements spectaculaires : combats, explosions, feux, inondations, éruptions volcaniques. Le mélodrame requiert des signes pleinement lisibles, qui s'imposent avec évidence. C'est ainsi qu'il a servi d'école à une génération d'accessoiristes (parmi lesquels Louis Daguerre, pionnier de la photographie) qui allait utiliser les décors, l'éclairage au gaz, les transparences et les trappes dans un style à grand spectacle qui rompait avec le théâtre classique. Le jeu des acteurs rompait aussi avec le minimalisme gestuel, le respect de la prosodie, de la rime et du vocabulaire noble de la tradition classique. Le mélodrame recourait à une dramaturgie expressionniste, presque grimaçante avec ses gestes excessifs et son élocution grandiloquente. Le résultat était à la limite du surréel, joué dans l'exagération plutôt que dans la nuance. Les apartés étaient fréquents ; le traître se mettait au travail en prononçant le mot consacré : « Dissimulons. » Le tableau était un moment décisif du spectacle ; au sommet de la crise, les personnages s'immobilisaient dans une attitude, sa place dans l'éventail des réactions. Ces tableaux témoignent du désir d'une sémiologie claire et efficace qui caractérise le mélodrame.

Ils sont aussi un exemple du goût de ce genre pour les jeux de scène silencieux que le théâtre classique, essentiellement verbal, méprisait. Historiquement, le mélodrame se rattache à la pantomime dialoguée, forme bâtarde apparue vers la fin du XVIIIe siècle sur les scènes populaires, à une époque où les théâtres officiels – en particulier la Comédie-Française – avaient le monopole, non seulement du répertoire classique, mais du théâtre écrit : les théâtres mineurs n'étaient pas autorisés à présenter de vraies pièces mais seulement (suivant leur catégorie) des numéros d'acrobates ou d'animaux savants, des pantomimes ou des vaudevilles. La situation allait changer en 1791 avec la libération des théâtres, même si Napoléon devait essayer de restaurer une hiérarchie en limitant le nombre d'établissements autorisés à donner des mélodrames. Mais le nouveau genre allait rester fidèle à ses origines : la pantomime permettait, elle aussi, d'exprimer clairement les enjeux de l'action.

Le Francisque de *Coelina* n'a rien d'une exception : les personnages de muets sont une source inépuisable de pathétique mélodramatique. Dans *le Chien de Montargis*, une autre pièce de Pixerécourt (1814), un muet passe en jugement. Pour prouver son innocence et sa vertu, il n'a à sa disposition que ses gestes et ses mimiques faciales. Un rôle de virtuose. Essentielles, les indications scéniques du dramaturge décrivent les gestes du muet et les effets à produire. À quoi s'ajoute, comme le mot l'indique, l'utilisation proprement mélodramatique de la musique : non seulement l'action est interrompue par des intermèdes de danse et de chanson, mais l'orchestre intervient pour augmenter la charge émotionnelle de certains moments – l'entrée en scène du traître, les menaces qui pèsent sur l'héroïne, le combat du dernier acte. La musique contribue à la lisibilité du mélodrame, comme elle le fera, plus tard, au cinéma.

Ses quelque cent vingt pièces – des mélodrames pour la plupart – valurent à Pixerécourt d'être surnommé le « Corneille du Boulevard ». On appelait « Boulevard » les larges avenues qui avaient été ouvertes à l'emplacement des murs de Paris et qui, depuis le XVIIIe siècle, accueillaient les foires et les théâtres populaires. Parmi lesquels le boulevard du Temple, dit Boulevard du crime, à cause des meurtres, enlèvements et autres crimes qui y étaient représentés. Le rapprochement de Pixerécourt et de Corneille n'est pas absurde : plusieurs critiques de l'époque ont remarqué qu'il y avait quelque chose de la grandeur de Corneille dans le style dramatique de Pixerécourt, dans son goût des coups de théâtre qui emportent l'admiration des spectateurs – comme un sublime populaire. Le Boulevard eut aussi son Racine, Louis-Charles Caigniez, qui dut ce titre au caractère sombre et passionné de ses mélodrames. Pendant le premier tiers du siècle, ils furent, avec Victor Ducange, les maîtres incontestés du genre. Leurs successeurs – Auguste Anicet-Bourgeois, Joseph Bouchardy, Adolphe Dennery, Louis Desnoyers, Félix Pyat – devaient renchérir dans la complexité des intrigues (Bouchardy ouvrait ses pièces par un prologue nécessaire à la compréhension de l'action) et donner une inflexion sociale au mélodrame : pauvreté, population criminelle de Paris, naissances illégitimes, exploitation de classe.

Mais l'héritage du genre ne se limite pas au mélodrame proprement dit. À bien des égards, le drame romantique de Victor Hugo ou d'Alexandre Dumas (père et fils) est un mélodrame « anobli » : ses personnages et ses situations – souvent empruntés à l'Histoire – se situent à des échelons sociaux supérieurs et ils s'expriment, en vers comme en prose, dans un langage lyrique plus élevé. La différence de classe entre mélodrame et drame romantique est particulièrement sensible dans les efforts de Victor Hugo pour faire entrer ce dernier, avec et après *Hernani* (1830), à la Comédie-Française. Mais l'occupation de cette citadelle par les romantiques fut brève. Les acteurs formés à l'école du classicisme refusèrent de se plier aux nouveaux types de jeu. Aussi les grands interprètes du drame romantique furent-ils formés sur le Boulevard : Bocage, Marie Dorval et l'inégalé Frédéric Lemaître dont les gestes à eux seuls plongeaient les spectateurs dans la terreur.

D'autres genres que le drame romantique se sont nourris du mélodrame : les romanciers en ont emprunté le mode de dramatisation. Le roman le plus populaire du siècle, *les Mystères de Paris*, d'Eugène Sue, publié en feuilleton entre 1842 et 1843, est un catalogue des ficelles du mélodrame qui a connu plusieurs adaptations scéniques. Mais les écrivains à la petite semaine ne sont pas les seuls à s'en être inspiré. L'œuvre d'un Balzac est profondément et essentiellement mélodramatique, avec son style expressionniste qui donne aux gestes et aux attitudes une grandeur à la limite de la grandiloquence, renforce les contrastes entre types moraux ou psychologiques marqués, et dont les intrigues aboutissent à des épreuves de force orageuses qui sont l'occasion de tableaux mémorables. La solution du mélodrame s'impose aux romanciers qui veulent mettre en scène le conflit du bien et du mal dans un monde où les valeurs religieuses ont cessé d'exercer leur emprise sur l'imagination. On pourrait ainsi opposer une lignée de romanciers mélodramatiques, commençant au début du XIXe siècle et se prolongeant jusqu'à nos jours – en passant par Charles Dickens, Dostoievski, D. H. Lawrence, Henry James, Marcel Proust, William Faulkner et Norman Mailer – à une lignée d'ironistes tragiques et d'absurdistes tels que Gustave

Flaubert, Franz Kafka et Samuel Beckett. Sur scène aussi, le mélodrame s'est poursuivi au XXe siècle, avant d'être relayé par le cinéma – surtout le muet, comme les films de D. W. Griffith – et les feuilletons télévisés. Dans son sens large, le mode mélodramatique est au cœur de la sensibilité romantique et moderne.

L'histoire littéraire traditionnelle, qui ne retient que les chefs-d'œuvre homologués, peut dire que la période séparant la Révolution et le début de la Restauration a été un temps mort pour la littérature française. Mais c'est négliger l'effervescence de la culture populaire. À l'intention des masses – en particulier les masses urbaines, dont l'importance s'accroît rapidement durant ces trente ans qui ont vu doubler la population de Paris –, la littérature élaborait de nouveaux modes de représentation. Ils peuvent manquer de raffinement à nos yeux, mais ils répondaient aux besoins et reflétaient l'imaginaire de l'époque. Théophile Gautier évoquera avec nostalgie la période héroïque du mélodrame qu'il avait connue dans sa jeunesse : « Un splendide rayonnement de poésie illuminait les cervelles les plus obscures. Une sève abondante pénétrait jusqu'aux moindres rameaux. Jamais on ne vit une pareille frondaison d'esprits. On ne trouvait rien d'assez fort, d'assez hardi, d'assez passionné. Chacun allait jusqu'au bout de sa propre nature. L'excessif semblait tout simple, et le lyrisme effréné le style de la conversation [...] Une vie furieuse anime ces conceptions étranges, et leurs auteurs ont une qualité rare : c'est un sérieux profond, une foi implicite en leur œuvre [...] » (*le Moniteur universel*, 30 mai 1864).

Le mélodrame est la promesse que la vie – tout au moins dans les représentations fictives qui en sont données – pourra toujours répondre aux demandes les plus excessives de l'imagination.

Voir aussi 1707, 1791 (janvier), 1827 (décembre), 1830, 1840.

Bibliographie : Guilbert de Pixerécourt, *Théâtre choisi*, 4 vol. (Nancy, coll. privée, 1841). Peter Brooks, *The Melodramatic Imagination : Balzac, Henri James, Melodrama, and the Mode of Excess* (1976 ; réimp., New York, Columbia University Press, 1985). Félix Gaiffe, *le Drame en France au XVIIIe siècle* (Paris, Armand Colin, sd.). Robert B. Heilman, *Tragedy and Melodrama : Versions of Experience* (Seattle, University of Washington Press, 1968). Michel Lioure, *le Drame* (Paris, Armand Colin, 1963). Julia Przybós, *l'Entreprise mélodramatique* (Paris, José Corti, 1987). J. L. Smith, *Melodrama* (London, Methuen, 1973). Jean Marie Thomasseau, *le Mélodrame* (Paris, P.U.F., 1984).

Peter Brooks

1802, 14 avril

Quatre jours après la publication par François-René de Chateaubriand du *Génie du christianisme*, le *Te Deum* de Pâques célèbre à Notre-Dame le concordat entre Napoléon et Pie VII

Renaissance gothique

Le fait que la publication du *Génie du christianisme*, de Chateaubriand, le 14 avril 1802 ait été suivie, quatre jours plus tard, par la signature solennelle du concordat entre Napoléon et le pape Pie VII, accompagné, à Notre-Dame, d'un *Te Deum* pascal, n'est certainement pas étranger au succès immédiat du livre. Ce livre entendait restaurer le christianisme en célébrant son histoire, ses rites, ses monuments et son influence artistique. Qu'il paraisse au moment précis où le pouvoir décidait de se réconcilier avec une Église pratiquement mise hors la loi par la Révolution, personne, partisan ou adversaire, n'y a vu un simple hasard. Sainte-Beuve devait prendre le contre-pied de Fontanes, ami et mentor de Chateaubriand, en déclarant que ce n'était « sans doute pas un grand livre ni un vrai monument ». Il le trouvait trop pris dans « cet ensemble de circonstances sociales auxquelles il se lie » et à la faveur desquelles il a été « un coup soudain, un coup de théâtre et d'autel ». Pour le critique du second Empire, le livre de Chateaubriand « faisait [...] essentiellement partie de la décoration de ce *Te Deum* », un ornement utile au renouveau de la spiritualité populaire, le support pittoresque qui convenait à un spectacle en lui-même théâtral, mis en scène par un sceptique avoué (« Étude sur Chateaubriand »).

L'ouvrage s'est rapidement imposé comme un livre de référence pour la sentimentalité religieuse de la France d'après la Révolution : on le cite dans les anthologies, dans les sermons, on l'inscrit au programme des lycées, tandis que ses hyperboles extatiques sont vénérées dans une étrange atmosphère de religiosité quasi laïque. En revanche, sa manière anecdotique de traiter l'Histoire lui a valu la condamnation des historiens romantiques, de François Guizot à Jules Michelet, et ses prises de position proféodales et royalistes l'ont mis au ban des courants intellectuels qui sont à l'origine des révolutions de 1830, 1848 et 1871. Le *Génie* a cessé d'être lu pour sa valeur littéraire ou son intérêt historique. En dehors des romans que Chateaubriand en a lui-même extraits – *Atala* (1801) et *René* (1802) –, on le lit aujourd'hui comme une curiosité historique, un document sur l'ambiguïté de la sensibilité religieuse de l'auteur.

Le *Génie* est difficile à classer. Il combine plusieurs genres. Ce n'est ni un roman, ni un ouvrage historique, ni un pamphlet, ni une utopie. Il se situe entre la philosophie, l'idéologie, l'esthétique et l'exposé doctrinal. Collage, pastiche ou chaîne d'associations, ses sections se succèdent, traitant tour à tour de doctrines et de dogmes religieux, de la « poétique » du christianisme – beaux-arts et littérature compris – et des détails de la liturgie. Sa division en livres et en chapitres donne l'impression d'une mosaïque de pièces mal fagotées. Mais c'est précisément le caractère décousu de ces vignettes qui a contribué à sa popularité. Comme on pouvait l'ouvrir n'importe où, chacun y a trouvé son compte : religieux et laïques, royalistes et républicains, amateurs de vieilleries et historiens. Les chapitres consacrés aux ruines, à leur pittoresque, aux sentiments religieux qu'elles inspirent, ou bien aux tombes, de l'Antiquité égyptienne au temps présent, y compris une digression sur la sensibilité qui s'en nourrit, ou encore à la liturgie et à ses accessoires, des cloches aux vêtements sacerdotaux – tout contribuait à dresser l'image dramatique d'un christianisme sublime et mélancolique, embelli par la nostalgie d'un passé révolu, victime du vandalisme révolutionnaire. Il est traditionnel de faire remonter au *Génie* l'émergence d'une mode médiévale ainsi qu'une évolution du goût qui allait préparer le terrain non seulement à la renaissance gothique mais aussi au mouvement de préservation du patrimoine monumental. Paul Frankl, par exemple, dans l'étude qu'il consacre à l'évolution des attitudes à l'égard du gothique, a montré la force que la glorification du catholicisme par Chateaubriand donne à son chapitre sur les cathédrales gothiques (*The Gothic*, pp. 481-483). Partant du postulat que « chaque chose doit être mise dans son lieu » – la place d'un temple égyptien n'est pas à Athènes, pas plus que celle d'un temple grec ne se trouve à Memphis ou à Paris – l'esthétique de Chateaubriand ménage à la cathédrale gothique une place que lui refusait la tradition classique : « On aura beau bâtir des temples grecs bien élégants, bien éclairés, pour rassembler le bon peuple de Saint Louis, et lui faire adorer un dieu métaphysique, il regrettera toujours ces Notre-Dame de Reims et de Paris, ces basiliques toutes moussues » (*Génie du christianisme*, p. 800). Ce chapitre du *Génie* constitue la plus poétique des descriptions du gothique, car, plutôt que décrire des scènes, Chateaubriand se laisse aller à des associations et aux impressions subjectives. Ce chapitre résonne aussi d'une inspiration nationaliste, répondant aux pages où Goethe et Schlegel avaient défendu le caractère allemand de l'architecture des cathédrales de Strasbourg et de Cologne. Les forêts françaises, transformées par Chateaubriand en « forêts des Gaules » (*ibid.*, p. 802), remplacent les forêts germaniques et deviennent le modèle imité par les constructeurs des voûtes gothiques. L'exaltation des valeurs chrétiennes à travers les objets médiévaux et la fusion du religieux et de l'esthétique allaient déterminer une sensibilité au passé non classique. Alors que les érudits antérieurs – Montesquieu ou La Curne de Sainte-Palaye – avaient étudié les structures légales, institutionnelles et morales du Moyen Âge (chevalerie, chasse, héraldisme, etc.), Chateaubriand s'intéressait à des objets que chacun pouvait voir. Il mettait à la disposition des collectionneurs, des antiquaires, des historiens locaux et des voyageurs un guide propre à apprécier l'aspect français des monuments français. Pourtant, Chateaubriand était un inconditionnel du goût classique, très réservé sur le gothique ou sa renaissance. Sa préférence, qui s'exprime dans le *Génie* lui-même, va au XVIIe siècle, le « siècle religieux », et en particulier à l'architecture de Jules Hardouin-Mansart, responsable des Invalides. Saint-Pierre (à Rome), Sainte-Sophie (à Constantinople) et Saint-Paul (à Londres) lui servent à démontrer que la religion est la source d'inspiration de l'architecture moderne. Et il réaffirme ce point de vue en opposant l'église des Invalides, de Mansart également (1680-1691), à l'École militaire, construite un siècle plus tard par Jacques-Ange Gabriel (1751-1788) : « On dirait que le premier a fait monter ses voûtes dans le ciel, à la voix du siècle religieux, et que le second s'est abaissé vers la terre, à la parole du siècle athée » (*ibid.*, p. 798). En revanche, le gothique, jugé selon des critères hérités de la Renaissance, n'oppose que des « proportions barbares » ; l'attrait des cathédrales est étranger aux canons de la beauté.

Comme les nombreux émules d'Edmund Burke, c'est de sublime plus que de beauté que Chateaubriand parle devant les monuments du Moyen Âge, car le sublime évoque des sensations plus proches de la nature que de l'art : « On ne pouvait entrer dans une église gothique sans éprouver une sorte de frissonnement et un sentiment vague de la divinité » (*ibid.*, p. 801). Burke avait associé le sublime qui terrifie avec la peur, l'effroi, l'informe, l'obscur, les clairières des forêts où les druides tenaient leurs cultes et l'obscurité qui règne à l'intérieur des cathédrales gothiques. Chateaubriand réunit ces références sous une architecture qui imite non seulement les forêts ou la liturgie mais aussi les « murmures » du culte originel de la nature : « Les forêts des Gaules ont passé à leur tour dans les temples de nos pères, et nos bois de chênes ont ainsi maintenu leur origine sacrée. Ces voûtes ciselées en feuillages, ces jambages qui appuient les murs, et finissent brusquement comme des troncs brisés, la fraîcheur des voûtes, les ténèbres du sanctuaire, les ailes obscures, les passages secrets, les portes abaissées, tout retrace les labyrinthes des bois dans l'église gothique ; tout en fait ressentir la religieuse horreur, les mystères et la Divinité » (*ibid.*, p. 802).

L'attachement de Chateaubriand au gothique est en effet sentimental plus qu'esthétique, comme le traduit son opposition au culte naissant des musées. Se rangeant aux côtés du critique néo-classique Antoine Quatremère de Quincy et du sculpteur Louis-Pierre Deseine qui faisaient campagne contre ce que Quatremère appelle « ces cimetières des arts », Chateaubriand a dénoncé les effets déracinants de la centralisation culturelle, l'entassement au Louvre du butin rapporté par Bonaparte des campagnes d'Italie et d'Égypte, et surtout la collection de ruines du Moyen Âge et de la Renaissance assemblée au musée des Monuments français que le peintre et antiquaire Alexandre Lenoir venait d'ouvrir dans l'ancien couvent des Petits-Augustins. Depuis son ouverture en 1795, cette institution était alimentée par les débris arrachés aux ravages de la Révolution et présentait aux Parisiens une sorte de tableau dramatique de leur histoire nationale. Disposés chronologiquement, dans une suite de salles aménagées conformément au style de chaque époque, les tombes, sculptures et motifs architecturaux – des temps légendaires de Clovis jusqu'au présent – étaient l'équivalent historique des panoramas populaires. Dans ses *Mémoires d'outre-tombe* (1849-1850), Chateaubriand verra dans cette « collection des ruines et des tombeaux de tous les siècles, entassés pêle-mêle après la Terreur dans les cloîtres des Petits-Augustins » un reflet du caractère hétéroclite de la société parisienne au début de la Révolution (p. 232).

Les intentions de Lenoir étaient louables puisqu'il voulait sauver les monuments menacés de destruction. Cela n'a pas adouci l'opposition de Chateaubriand aux postulats idéologiques du musée. Au nom d'un sentiment du lieu et de l'enracinement ainsi que d'une religion fondée sur le caractère authentique de l'émotion dispensée par un monument dans son site, les fragments décontextualisés de Lenoir le laissent de marbre : « On a sans doute de grandes obligations à l'artiste qui a rassemblé les débris de nos anciens sépulcres ; mais quant aux effets de ces monuments, on sent trop qu'ils sont détruits. Resserrés dans un petit espace, divisés par siècles, privés de leurs harmonies avec l'antiquité des temples et du culte chrétien, ne servant plus qu'à l'histoire de l'art, et non à celle des mœurs et de la religion ; n'ayant pas même gardé leur poussière, ils ne disent plus rien ni à l'imagination ni au cœur » (*Génie du christianisme*, p. 936). Pour le jeune romantique féru d'archéologie et dont la religion était toute sentimentale, les ruines perdaient leur pouvoir si elles n'étaient pas sur place, vivants emblèmes d'une poétique des morts qui ne s'expérimente qu'au cours d'une réflexion et d'une contemplation solitaires.

De ce point de vue, même si Michelet fera remonter à Lenoir et non à Chateaubriand l'éveil de sa sensibilité au monde médiéval – c'est dans la succession des salles du musée des Monuments français qu'il dira avoir reçu la révélation des lois de l'évolution historique et le sentiment de l'« ordre des temps » (cité in *la Voix royale*, p. 95) –, c'est bien Chateaubriand qui a fixé les termes du débat, entre partisans de la préservation des ruines et ceux de leur restauration, qui faisait rage au cours des années 1830 : au nombre des premiers, Victor Hugo, qui avait constaté au cours de ses voyages que la restauration pouvait être aussi fatale à un bâtiment que la démolition ; en tête des seconds, Eugène Emmanuel Viollet-le-Duc dont les tentatives fantaisistes de restauration « intégrale » satisfaisaient le goût du second Empire pour une histoire artificielle. C'est aussi Chateaubriand qui fut mis à contribution par la sensibilité – encore balbutiante – au patrimoine national, à une géographie marquée par des traces monumentales et à un paysage historique toujours vivant ; la rêverie que lui inspire un calvaire surgi au détour d'un chemin ou sa méditation sur l'effet des ruines dans un paysage fournissent une esthétique plus pittoresque, plus attrayante et plus accessible pour les historiens locaux que les disputes d'antiquaires des conservateurs de musée parisiens.

Les attaques de Hugo contre la barbarie des « démolisseurs » culminent avec la publication, en 1832, de son manifeste « Guerre aux démolisseurs ». Elles doivent sans doute moins à Chateaubriand qu'à Henri Grégoire, l'homme d'église républicain, inventeur du terme vandalisme et héraut de la campagne pour la sauvegarde des monuments précisément menacés par le vandalisme révolutionnaire. Mais c'est la sensibilité de Chateaubriand au sublime gothique qui nourrit les évocations que donne Hugo de l'architecture de l'Orient dans *les Orientales* (1829) ainsi que le grotesque grandiose de la cathédrale qui est au cœur de *Notre-Dame de Paris* (1831).

L'œuvre de Chateaubriand était sans aucun doute trop marquée religieusement et politiquement pour plaire aux jeunes romantiques nommés par François Guizot au premier comité des Monuments en 1834. Déjà, en 1802, ses théories sur l'imitation des forêts par l'architecture gothique – lieux communs démodés empruntés aux historiens du XVIIIe siècle – relevaient plus de la licence poétique que de l'exactitude archéologique. Les livres de voyage illustrés qui ont commencé à paraître dès les années 1780 partagent d'ailleurs avec Chateaubriand la responsabilité de ce goût « touristique » pour les ruines historiques de la France. Cependant, Chateaubriand mérite sa réputation de fondateur du médiévalisme pour une autre raison : ses descriptions ont acquis la même valeur paradigmatique que celles de Winckelmann sur la statuaire grecque pour la génération précédente ; à une époque où le sublime terrifiant était progressivement remplacé par les lieux communs réconfortants des guides Joanne, elles offraient aux guides un nouveau vocabulaire et décrivaient aux touristes les émotions qu'ils devaient éprouver.

Voir aussi 1674, 1791 (13 janvier), 1836, 1905.

Bibliographie : François-René de Chateaubriand, *Essai sur les révolutions. Génie du christianisme*, éd. Maurice Regard (Paris, Gallimard, 1978) ; *Mémoires d'outre-tombe*, éd. Maurice Levaillant (Paris, Garnier, 1964). Quatremère de Quincy, *Lettres à Miranda sur le déplacement des monuments de l'art de l'Italie*, éd. Edouard Pommier (Paris, Macula, 1989). Paul Frankl, *The Gothic : Literary Sources and Interpretation through Eight Centuries* (Princeton, Princeton University Press, 1960). Paul Viallaneix, *la Voix royale : essai sur l'idée de peuple dans l'œuvre de Michelet* (Paris, Flammarion, 1971).

Anthony Vidler

1808, 17 mars

Décret établissant l'Université impériale

Discipline et mélancolie

Le 1er janvier 1809, à l'apogée de l'Empire, l'ensemble de l'éducation française passe sous la coupe de l'Université impériale, instituée par le décret du 17 mars 1808. Toute école non autorisée par le grand maître (le président) de l'Université serait fermée. La loi dotait l'Université impériale d'un monopole éducatif supérieur à celui dont l'Église avait joui sous l'Ancien Régime. Rien n'échapperait au contrôle de l'État. Comme devait le remarquer Hippolyte Taine dans le volume des *Origines de la France contemporaine* (1876-1891) consacré aux écoles et aux universités, l'institution d'un système aussi homogène répondait à un but précis : comme il l'avait annoncé au Conseil d'État le 11 mars 1806, l'Empereur entendait s'assurer « un moyen de diriger les opinions politiques et morales » (*le Régime moderne*, p. 156). Centralisée à Paris, l'Université contrôlait tous les établissements publics départementaux ; elle administrait l'ensemble de ce qu'on appellerait, après 1807, les « lycées » ; quant aux écoles « privées », soumises à des impôts très lourds, elles étaient contraintes à fermer. À la rentrée scolaire de 1809 – l'année triomphale de Wagram – les lycées s'engagèrent dans un cycle d'études dont le programme avait été fixé par l'Université. Les élèves étaient âgés de neuf à dix-huit ans ; le cursus normal durait six ans : deux années de grammaire, deux d'humanités, une de rhétorique, et une de mathématiques ou de philosophie. Les études littéraires étaient orientées vers le latin plus que vers le français ; on n'enseignait pas la géographie, ni l'histoire, discipline jugée hautement dangereuse parce qu'elle encourageait l'esprit critique. Napoléon voulait ainsi contrôler la formation des générations montantes ; il était possible de donner à la nation une identité politique stable, si l'État n'apprenait pas à la jeunesse à être républicaine ou royaliste, athée ou catholique. Le monopole de l'éducation nationale était la seule alternative au désordre et au changement.

L'école napoléonienne était soumise à une discipline militaire. L'Empereur avait annoncé : « Je veux une corporation, non de jésuites qui avaient leur souverain à Rome, mais de jésuites qui n'aient d'autre ambition que celle d'être utiles et d'autre intérêt que l'intérêt public » (*ibid.*, p. 170). Les professeurs et recteurs des lycées et de l'Université devaient former une milice civile cohérente et bien organisée, dont la hiérarchie imitait le système d'avancement de l'armée : les échelons se gravissent par promotion interne. Comme les soldats, les jeunes professeurs pouvaient rêver de carrières glorieuses. « Les pieds de ce grand corps seront dans les bancs du collège, et sa tête dans le sénat », disait Napoléon (*ibid.*, p. 171). La tête – le grand maître – devint l'un des fonctionnaires les plus importants de l'Empire. Son indépendance dépassait celle des ministres eux-mêmes. Professeurs et administrateurs avaient le sentiment d'appartenir, quel que soit leur échelon, à un même corps, respectaient leur chef et bénéficiaient de la considération dont celui-ci était entouré : ils constituaient une élite, attachée à l'université comme un soldat l'était à son régiment ou un moine à son ordre. Les membres du corps de l'éducation, engagés pour trois, six ou neuf ans, ne pouvaient démissionner « sans prévenir un certain nombre d'années d'avance » (*ibid.*, p. 172).

Indifférent aux valeurs spirituelles du catholicisme, Napoléon admirait l'Église pour son organisation. Comme dans une organisation religieuse ou militaire, il décida que, pour entrer à l'université, il fallait « prendre la capuche », et ce, avec « quelque solennité ». L'engagement civil ressemblerait à un engagement religieux, « à cette différence que ce mariage ne sera pas aussi sacré, aussi indissoluble » (*ibid.*, p. 172). Le mariage, la famille ou la vie privée en général risquaient d'affaiblir un système exigeant qu'on se donne corps et âme à son sacerdoce. Le décret de 1808 faisait du célibat une règle pour les premières années de service. Napoléon projetait de l'appliquer non seulement aux enseignants, mais aux proviseurs, aux censeurs et aux directeurs. C'est une des raisons pour lesquelles les femmes étaient exclues des lycées d'État et des collèges municipaux.

Discipline, obéissance, hiérarchie : dans les écoles comme dans l'armée, Napoléon tenait ses troupes grâce à l'émulation, à l'ambition et à l'orgueil. L'organisation des lycées, par sa structure et ses valeurs morales, était symptomatique de l'atmosphère militaire qui régnait dans la France de l'époque. Alfred de Vigny rappelle dans *Servitude et grandeur militaires* (1835) : « J'appartiens à cette génération, née avec le siècle, qui, nourrie de bulletins par l'Empereur, avait toujours devant les yeux une épée nue » (p. 31). Le tableau de Vigny montre à quel point on s'efforçait d'éloigner les lycéens de toute activité intellectuelle personnelle : « Vers la fin de l'Empire : je fus un lycéen distrait ; la guerre était debout dans le lycée, le tambour étouffait à mes oreilles la voix des maîtres, et la voix mystérieuse des livres ne nous parlait qu'un langage froid et pédantesque. Les logarithmes et les tropes n'étaient à nos yeux que des degrés pour monter à l'étoile de la Légion d'honneur, la plus belle étoile des cieux pour des enfants. » Il n'y avait aucune place pour une réflexion sérieuse ; l'esprit des élèves était sans « cesse [étourdi] par les canons et les cloches » (*ibid.*, p. 36). L'historien libéral Charles de Rémusat a décrit lui aussi dans *Mémoires de ma vie* (écrit en 1858-1870, publié en 1958) les horreurs du système autoritaire qui sévissait dans les collèges : derrière une obéissance de façade, tout le monde mentait, un état de guerre constant régnait entre professeurs et étudiants, entre lesquels n'existait ni estime ni affection.

Convaincu que « point d'université sans discipline et sans obéissance » (*le Régime moderne*, p. 175), Napoléon se méfiait des discussions politiques et de l'indépendance intellectuelle. Il ne suffisait pas de réprimer la vieille génération, encore fallait-il la remplacer par une génération de professeurs triés sur le volet et formés par une institution conçue à cet effet. Le 30 mars 1810, l'Empereur changea le règlement de l'École normale. Les élèves-professeurs y entreraient à l'âge de dix-sept ans et seraient obligés de servir l'Université pendant dix ans ; un maître surveillant contrôlerait leurs mouvements ; il leur était interdit de rester seuls dans une salle ou d'entrer dans la salle commune d'une division autre que la leur sans autorisation spéciale de ce maître. Les sorties n'étaient autorisées qu'en groupe et en uniforme, toujours sous la direction des maîtres surveillants. Napoléon s'est intéressé de près à cette institution de normalisation. Abel François Villemain rappelle dans ses *Souvenirs contemporains* (1855) une visite faite par l'Empereur en 1812 alors que l'École normale, logée aux étages supérieurs du lycée Louis-le-Grand, ne comptait que quarante élèves et quatre maîtres. Napoléon exprima sa désapprobation pour la lecture de Tacite, de Marc-

Aurèle et de Montesquieu et recommanda à leur place César, Corneille et Bossuet, ardents défenseurs du renforcement de l'ordre établi.

Le classicisme était la culture officielle de l'Empire : Napoléon, qui voulait restaurer l'admiration pour le siècle de Louis XIV, trouva dans Louis de Fontanes, poète néo-classique, admirateur de Virgile et de Cicéron, de Corneille, de Racine et de Bossuet, le grand maître idéal de l'Université impériale. Pourtant ce classicisme imposé allait provoquer une réaction négative en donnant naissance à la génération romantique de 1830. Le mal du siècle s'enracine donc dans le militarisme du début du siècle. La vigilance de la censure napoléonienne n'a pas suffi à faire entrer les valeurs classiques de discipline et d'ordre dans la mentalité dominante. Le despotisme a été incapable d'étrangler l'opposition. Il fallait autre chose que le pouvoir absolu pour supprimer les contradictions et les résistances. Dix mille exemplaires de *De l'Allemagne* (1810), de Germaine de Staël, furent détruits par la police ; Chateaubriand se vit refuser la nouvelle publication de son *Essai sur les révolutions* (1797). Prosper de Barante dut adoucir le ton de sa *Littérature du XVIIIe siècle* (1809) où il étudiait les rapports de la littérature et de la société à la lumière d'un ouvrage antérieur de Germaine de Staël, *De la littérature considérée dans ses rapports avec les institutions sociales* (1800). Marie-Joseph Chénier, l'idéologue le plus en vue du néo-classicisme, présenta le 27 février 1808 son rapport au Conseil d'État sur la situation de la littérature française depuis 1789 : *De la littérature* n'est pas cité et s'il mentionne *Atala* (1801), de Chateaubriand, c'est à titre d'exemple de la détérioration du langage et du style classique.

Mais cela n'empêcha pas le triomphe des idées de Mme de Staël et de Chateaubriand et la promotion d'une littérature née sous les sombres cieux du Nord. Émancipée des modèles antiques, elle remplaçait la mythologie grecque et latine par des évocations chrétiennes et médiévales, soulignant l'importance des passions chez l'homme et de l'inspiration dans la poésie. L'historien François Guizot raconte dans ses *Mémoires* (1858) que, lors de son arrivée à Paris en 1807, la philosophie et la littérature allemandes étaient ses sujets favoris. Il lisait Kant, Herder et Schiller plutôt que Voltaire et Condillac. Mme de Staël, lectrice enthousiaste de Rousseau – sa première œuvre avait été un volume de *Lettres sur le caractère et les écrits de Jean-Jacques Rousseau* (1788) –, avait ouvert la voie à un culte quasi religieux de la poésie romantique allemande. Elle opposait cette poésie imprégnée de valeurs chrétiennes et chevaleresques aux classiques français du Grand Siècle. Chateaubriand, autre admirateur de Rousseau, façonnait un héros mélancolique, futur personnage durable de la littérature française. Le héros de *René* (1802), exalté et rêveur, quitte la société civilisée pour se griser du spectacle de la nature en Louisiane. Napoléon lui-même n'avait-il pas été captivé par les idées de Rousseau ? Dans les *Mémoires d'outre-tombe* (1849-1850), Chateaubriand cite le jeune Napoléon à l'école militaire de Brienne : « Toujours seul au milieu des hommes, je rentre pour rêver avec moi-même et me livrer à toute la vivacité de ma mélancolie » (vol. Ier, p. 683).

Le despotisme pouvait ralentir le mouvement culturel, il ne pouvait pas l'effacer. Benjamin Constant de Rebecque, importante figure du cercle de Mme de Staël, cite Rousseau dans *De l'esprit de conquête et de l'usurpation* (1814) : « Les lois de la liberté sont mille fois plus austères que n'est dur le joug des tyrans » (*Œuvres*, p. 1018). Au milieu des festivités impériales et des cérémonies singeant la splendeur du Grand

Siècle, l'imagination des défenseurs de la liberté individuelle devint morose. En 1806-1807, alors qu'il partageait l'exil de Mme de Staël, entre Genève et Coppet, Constant écrivait *Adolphe* (1816) dont le héros, timide, solitaire et méprisant, est tourmenté par des sentiments indécis, en proie à un ennui incurable.

En janvier 1809, Constant publiait une adaptation de la tragédie de Friedrich von Schiller, *Wallstein*, précédée d'une importante préface. Bien qu'aucune scène n'ait voulu produire la pièce, la première édition du livre fut épuisée en deux mois. L'intrigue se situe pendant la guerre de Trente Ans. Dans sa préface, Constant parle de cette guerre comme « une des époques les plus remarquables de l'histoire moderne » (« De la guerre de Trente Ans », *Œuvres*, p. 860), les peuples se battant contre l'Empire pour défendre la liberté religieuse et les princes pour préserver leur indépendance. Mais les guerriers comme Wallstein ont fait leur temps ; « l'esprit militaire proprement dit est devenu toujours plus étranger à l'esprit des peuples » (*ibid.*, p. 861). L'État militaire est désormais subordonné à l'autorité politique et le courage remplacé par la discipline et l'obéissance. Introduire l'œuvre de Schiller auprès du public français était un geste à la fois politique et littéraire : Constant laissait entendre que les peuples ne cesseraient pas de se battre pour leur liberté et, comme Mme de Staël venait de le faire dans son livre censuré *De l'Allemagne*, il attirait l'attention sur le drame allemand. Moins radical dans son romantisme que Mme de Staël, Constant a altéré le personnage de la fille de Wallstein, Thécla. Sans aller jusqu'à lui imposer « la couleur régulière requise pour nos héroïnes turques, grecques ou romaines, mais toujours convenablement nationalisées », il n'a conservé que « sa douceur, sa sensibilité, son amour, sa mélancolie » (*ibid.*, p. 881). Pour ne pas heurter les goûts classiques et rationnels du public français, il choisit de renoncer à « ce que les littérateurs français qui possèdent la langue allemande, appellent le mysticisme allemand ». Il en vint plus tard à regretter ce compromis : « J'aurais dû pressentir qu'une révolution politique entraînerait une révolution littéraire, et qu'une nation qui n'avait renoncé momentanément à la liberté que pour se précipiter dans tous les hasards des conquêtes ne se contenterait plus des émotions faibles et incomplètes qui pouvaient suffire à des spectateurs énervés par les jouissances d'une vie paisible et d'une civilisation raffinée » (*ibid.*, p. 881).

À la suite du succès du *Génie du christianisme* (1802), Chateaubriand s'inspira des persécutions religieuses du règne de Dioclétien pour écrire *les Martyrs* (1809), autre compromis entre classicisme et romantisme, dans lesquels la comparaison des mondes païen et chrétien tourne à la gloire de ce dernier : c'est au christianisme qu'on doit le développement des caractères et des passions dans le traitement de l'épopée. Chateaubriand notait dans la préface de l'édition de 1826 : « Cet ouvrage me valut un redoublement de persécutions sous Bonaparte : les allusions étaient si frappantes dans le portrait de Galerius et dans la peinture de la Cour de Dioclétien, qu'elles ne pouvaient échapper à la police impériale » (*les Martyrs*, p. 104). Le jeune Guizot publia une défense passionnée des *Martyrs* dans *le Publiciste*, un des rares journaux politiques à n'avoir pas été interdit par Napoléon. Et Fontanes, bien que champion du classicisme, admirait sans réserve cette œuvre violemment attaquée par les critiques. Le style classique que Chateaubriand lui-même reconnaissait avoir voulu imiter dans le profil du héros chrétien Eudorus, magnifié, comme René, par la tristesse et les larmes, reçut l'approbation de celui que Napoléon avait nommé grand maître de son Université. Élu à l'Académie en 1811, Chateaubriand n'y fut pas reçu officiellement, son discours de réception ayant déplu à l'Empereur, mais cela n'empêchera pas la mélancolie de René de conquérir le siècle.

Voir aussi 1802, 1814, 1827 (février).

Bibliographie : François-René de Chateaubriand, *les Martyrs*, in *Œuvres romanesques et voyages*, éd. Maurice Regard, vol. II (Paris, Gallimard, 1969) ; *Mémoires d'outre-tombe*, éd. Maurice Levaillant, 2 vol. (Paris, Garnier, 1964). Benjamin Constant de Rebecque, *Œuvres*, éd. Alfred Roulin (Paris, Gallimard, 1957). Georges Pariset, *le Consulat et l'Empire*, in *Histoire de la France contemporaine*, éd. Ernest Lavisse (Paris, Hachette, 1921). Antoine Prost, *l'Enseignement en France*, (Paris, Armand Colin, 1968). Hippolyte Taine, *le Régime moderne*, in *les Origines de la France contemporaine*, tome II (Paris, Hachette, 1894). Alfred de Vigny, *Servitude et grandeur militaires* (Paris, Gallimard, 1992).

Patrizia Lombardo

1814, 4 juin

Dans la Charte constitutionnelle, Louis XVIII garantit au peuple français la liberté de la presse

La liberté dans les lettres

La Restauration mérite mieux que son nom : plutôt qu'un retour à l'Ancien Régime, elle représente la création d'un espace public où les êtres et les idées circulent plus librement qu'ils ne pouvaient le faire à l'époque de l'Empire, ou de la Terreur, ou de Louis XVI ; qu'ils n'avaient jamais pu le faire auparavant. C'est sous la Restauration que les Français font leurs premiers pas timides dans l'apprentissage de la démocratie. Ce qui n'exclut pas les conflits, bien au contraire, comme l'illustrent les positions prises à l'égard, justement, de la liberté et, plus spécifiquement, de la liberté d'expression.

La position des pouvoirs publics à l'égard du problème étroit de la liberté d'expression se trouve consignée dans l'article 8 de la Charte, octroyée par Louis XVIII aux Français le 4 juin 1814 (plutôt que, comme l'auraient voulu les libéraux, *acceptée* par lui). Cet article dit : « Les Français ont le droit de publier et de faire imprimer leurs opinions, en se conformant aux lois qui doivent réprimer les abus de cette liberté. » La formulation satisfait les libéraux et mécontente les ultras : elle ne prévoit aucune censure préalable sur les livres et la presse mais les soumet à la juridiction générale de la répression des délits. Les années qui vont de 1814 à 1830 verront donc se dérouler une bataille incessante entre les deux pôles extrêmes du Parlement : tantôt les ultras (l'extrême droite, en quelque sorte) attaquent la position trop libérale du gouvernement, et donc la Charte elle-même ; tantôt, ayant réussi à infléchir la politique royale, ils parviennent à faire instaurer la censure, et ce sont alors les libéraux, l'extrême gauche de l'époque (il n'y a plus de jacobins sur la place publique), qui contre-attaquent, en se référant à la lettre de la Charte. Louis de Bonald et Benjamin Constant, idéologues et porte-parole des deux groupes extrêmes, consacrent inlassablement des discours, des articles de presse, des brochures à la question de la censure et de la liberté de la presse ; seule la retraite, pour Bonald, et la mort, pour Constant, en 1830, interrompent cet échange qui ressemble à un duel plutôt qu'à un dialogue. L'analyse de ces écrits permet de circonscrire l'espace idéologique de cette époque, à l'intérieur duquel d'autres auteurs suivront des parcours sinueux (Chateaubriand, par exemple, accomplira le tour de force qui consiste à être avec Bonald en 1814 et avec Constant en 1827).

Quelques mois seulement après l'octroi de la Charte, à l'automne 1814, ils réagissent pour la première fois, l'un et l'autre, à l'article concernant la liberté d'expression ; le texte de Constant s'intitule *De la liberté des brochures, des pamphlets et des journaux*, celui de Bonald, qui est en partie une réplique à Constant, *Encore un mot sur la liberté de la presse*. Mais en vérité l'échange avait commencé bien plus tôt. En juin 1806, Bonald publiait, dans *le Mercure de France*, un article intitulé « Réflexions philosophiques sur la tolérance des opinions ». Constant, qui mettait à ce moment la dernière main à son grand ouvrage de philosophie politique, destiné à rester inédit jusqu'en 1980, *Principes de politique*, consacrait l'essentiel du livre VII, « De la liberté de la pensée », à la même question, et répondait déjà à Bonald ; c'est ce texte qui formera le cœur du chapitre consacré aux droits individuels dans les *Réflexions sur les constitutions et les garanties*, publiées en 1814, un mois avant l'octroi de la Charte. C'est dans ces deux textes de 1806 que l'un et l'autre auteurs puiseront leurs principaux arguments pour la polémique à venir. Encore ne s'agit-il pas tout à fait d'un coup d'essai : Bonald avait déjà exprimé ses idées là-dessus dans son tout premier écrit, *Théorie du pouvoir politique et religieux dans la société civile*, en 1796, et Constant l'avait fait dans un écrit signé par Mme de Staël, mais dont il était le coauteur, *Des considérations actuelles qui peuvent terminer la Révolution et des principes qui doivent fonder la République en France*, en 1798... Pendant plus de trente ans, donc, les deux idéologues reviennent de manière obsessionnelle sur le même thème, en répétant ou en affinant chaque fois leurs arguments, en variant toujours leurs formulations, mais sans jamais vraiment changer de point de vue (pour des raisons purement tactiques, entre 1817 et 1821, Bonald demande la seule censure des livres, mais non celle de la presse).

En 1814, c'est Bonald qui mène l'attaque contre la liberté d'expression. Voici son raisonnement. Il faut d'abord reformuler le problème : il ne s'agit pas d'atteindre à la liberté de pensée – ce qui de toutes les façons ne saurait se faire, la pensée disposant d'un asile inexpugnable, qui est l'esprit humain (Bonald n'imagine pas les techniques totalitaires)–, ni même à celle de s'exprimer, par la parole ou par l'écriture, pour peu qu'on s'en tienne à l'espace privé. Non, ce que Bonald veut réglementer, c'est la liberté de « publier », d'agir sur les autres dans l'espace public. À partir de là, son raisonnement prend la forme d'un syllogisme rigoureux. La majeure, c'est que la parole et l'écriture publiques sont des actions : dire, c'est faire. Or – et c'est la mineure –, aucun gouvernement, aucune société ne peut accorder à ses sujets ou à ses membres une liberté illimitée d'agir ; sinon on retombe dans l'état sauvage de la guerre de tous contre tous. La conclusion s'impose d'elle-même : il est inconcevable qu'un gouvernement raisonnable excepte les actions verbales, les plus importantes dans une nation civilisée (que l'on pense aux effets d'un livre comme l'Évangile ou le *Contrat social*, et, pourrions-nous ajouter aujourd'hui, comme le *Manifeste communiste* ou *Mein Kampf*), de la loi qu'elle applique à l'ensemble des actions publiques. Il faut donc interdire et réglementer.

Les libéraux veulent défendre la liberté de pensée. C'est là jouer avec les mots, rétorque Bonald. Ce n'est pas penser, c'est publier librement que vous demandez. Et ce n'est pas non plus de liberté qu'il s'agit mais plutôt d'un pouvoir, celui de diriger et de juger (un quatrième pouvoir, dirait-on de nos jours, celui de la presse). Or, à la différence des autres pouvoirs (législatif, exécutif, judiciaire), celui-ci échappe à tout contrôle : les journalistes ne sont pas des élus, et ne sont révocables ni par la nation ni par le roi ; pour pouvoir publier, il suffit qu'ils disposent de moyens matériels, ou simplement de la sympathie personnelle de ceux qui possèdent les moyens. Quoi de plus injuste, quelle que soit la règle de justice choisie, qu'on soit monarchiste ou républicain ? (Les gouvernements de la France sont restés, jusqu'à nos jours, sensibles à ce problème : tout changement de majorité entraîne une modification dans le personnel des principales chaînes de télévision.)

Mais Bonald ne se contente pas de cet argument ; il lui en ajoute un autre. Que signifie accepter que chacun exprime librement son opinion ? De deux choses l'une. Ou bien l'opinion en question concerne un sujet indifférent au bien commun, et dans ce cas sa publication, ne pouvant nuire à personne, n'a rien de choquant. Mais comment pourrait-on prétendre que les questions de politique, de morale et de religion n'aient rien à voir avec les intérêts de la société, alors que ce sont justement elles qui la passionnent plus que tout ? Ou bien alors, si l'on ne veut pas s'engager dans cette voie, on reconnaît que ce sont là des questions graves ; mais alors, comment oser affirmer qu'il faille admettre indifféremment toutes les réponses ? Le meilleur n'est-il pas préférable au pire ? Les valeurs chrétiennes sont, pour Bonald, supérieures à toutes les autres. N'existe-t-il pas des idéologies dont la nocivité est avérée et dont il est, par conséquent, pour le moins imprudent de favoriser la circulation ? La liberté égale de toutes les opinions implique que toutes les opinions se valent, autrement dit qu'on renonce à toute hiérarchie des valeurs. Or il est absurde de vouloir ignorer que certaines choses sont, pour une société, meilleures que d'autres ; les lois nous disent ce qui est permis et ce qui est interdit, la science préfère le vrai au faux ; par quel miracle l'idéologie seule échapperait-elle au jugement pratiqué partout ailleurs ?

Quant aux formes de réglementation des publications, Bonald préfère la censure à la justice, souhaite prévenir plutôt que réprimer, et s'efforce de démontrer que tel est l'esprit, sinon la lettre, de la Charte. Ses arguments ici sont variés. On pourrait d'abord raisonner par analogie : ne préfère t on pas prévenir une maladie qu'avoir à la guérir ? Empêcher un crime que le punir ? Et la police n'est-elle pas un complément nécessaire à la justice ? Il est vrai que, pour les autres actions, la loi se contente de réprimer ; mais, en précisant la nature du délit, elle agit de manière dissuasive : tout le monde sait qu'il est interdit de voler. Or il est impossible de rédiger les lois sur la presse de manière aussi précise : on ne saurait prévoir toutes les formes que peut prendre l'hérésie de l'auteur ; le censeur est donc celui qui interprète à l'avance la loi, en indiquant obligeamment à l'auteur si la publication de ses pensées serait ou non un délit. Du reste, on évite ainsi à l'auteur d'engager de grands frais d'impression, et, si l'on y met de la discrétion, on ne compromet pas sa bonne réputation ; on évite aussi de donner, par un procès, de la publicité à un ouvrage qu'on veut justement soustraire à l'attention des lecteurs. « Il faut donc une censure, une censure sévère, une censure universelle sur tous les écrits périodiques ou autres » (« Discours du 9 juillet 1821 », dans *De l'opposition dans le gouvernement et de la liberté de la presse*, p. 149). C'est pourquoi, agissant en accord avec ses convictions profondes, Bonald accepte, en 1827, de devenir président du Comité de censure.

Les arguments de Bonald ne manquent pas de poids, et ses recommandations ont été suivies dans tous les pays où règne la tyrannie ; quelques-unes d'entre elles se retrouvent jusque dans les démocraties libérales. Que va lui opposer Constant ? Il faut tout de suite dire que son opposition n'est pas aussi radicale que pourraient le faire croire certaines formules employées au cours de ces joutes oratoires. Mais, partant souvent des mêmes constats que Bonald, Constant n'aboutit pas aux mêmes résultats ; il démontre que le caractère inéluctable des conclusions de Bonald est une illusion, même si ses observations de départ sont souvent justes. Ainsi, il admet que la parole comme les écrits peuvent être des actions ; en tant que telles, ils ne doivent pas être soustraits à la loi ; autrement dit, même s'il ne formule jamais les choses en ces termes, il accepte le syllogisme initial de Bonald. Les différences viennent après.

Constant reconnaît aussi que la « liberté de la presse » est en fait un pouvoir ; mais il s'en réjouit plutôt que de s'en désoler. Dans les républiques anciennes, qui étaient de la taille d'une ville, il suffisait de se rendre sur la place publique pour informer ses concitoyens de tout ce que ceux-ci devaient savoir ; ces derniers recevaient par là même la possibilité de participer aux affaires de la cité. À l'époque contemporaine, cette « liberté des Anciens », la liberté-participation, est devenue impraticable, ne serait-ce qu'à cause de la taille des États. Elle a été remplacée par la « liberté des Modernes », la liberté-autonomie ou établissement d'un espace privé sur lequel ni État ni société n'ont de droit de regard ; mais, du coup, les citoyens modernes ont perdu leur capacité de participation. La presse et les livres leur offrent le moyen de combler ce manque ; ils informent les gouvernants de l'état d'esprit de leurs sujets et donnent à ces sujets un moyen de recours contre l'arbitraire du pouvoir : « La publicité est la ressource de l'opprimé contre l'oppresseur » (« Discours du 7 juillet 1821 », *Œuvres*, p. 1296). Dans un monde où l'individu risque de ne disposer que d'un espace privé, la publication, son nom l'indique, assure l'accès à l'espace public. L'imprimerie est l'outil indispensable de la démocratie moderne ; mais, pour que cet outil soit disponible à tous, il faut que la presse soit pluraliste, et donc les publications non contrôlées à l'avance : chaque individu peut ainsi trouver un canal d'expression. La publicité est la garantie de la légalité.

Constant croit, comme Bonald, à la hiérarchie des valeurs ; s'il parle du nihilisme, c'est pour en constater l'extension contemporaine, non pour le glorifier. Comme Bonald aussi, il est sensible à l'harmonie nécessaire entre buts et moyens : ce dernier mettait par-dessus tout une vérité révélée (celle de l'Évangile), et voulait en conséquence que l'attitude à son égard soit la soumission, non la libre discussion. Mais la vérité et les valeurs auxquelles aspire Constant, à la différence de celles de Bonald, doivent être le produit de la raison ; il s'ensuit que le moyen approprié pour y accéder n'est pas l'injonction adressée par le supérieur à l'inférieur, mais le libre examen et le débat avec les autres, ce qui à son tour implique la liberté de la presse ; autrement, dit Constant, « les moyens ne sont pas homogènes » (*Principes de politique*, p. 362). Or non seulement l'usage de moyens inappropriés risque de compromettre le but (une bonne valeur, dès l'instant où elle est promue par la police, devient impopulaire), mais, de plus, la discussion a ses vertus propres : elle conduit au calme, car elle impose aux interlocuteurs d'admettre au moins une chose en commun, à savoir le cadre de la discussion elle-même ; les bonnes « communications sociales » conduisent à « la rectification de toutes les idées » (*ibid.*, p. 131). Profitable à l'État, la libre discussion l'est évidemment aussi aux individus : la vérité acceptée sur parole (la vérité d'autorité) endort l'esprit ; la nécessité de chercher la vérité le fortifie.

Pour ces raisons, Constant conclut à la nécessité, non d'une liberté illimitée de la presse et des livres, mais de leur soumission à l'examen de la justice (des jurés) plutôt qu'à celui des censeurs. Constant n'a, en effet, rien d'un anarchiste, et il ne manque jamais de rappeler que certaines actions verbales (certaines publications) lui paraissent condamnables : l'atteinte à la dignité de la personne ou de la collectivité (la diffamation) ; l'incitation à la violence pour résoudre les conflits individuels ou sociaux (l'appel au meurtre ou à la guerre civile) ; les « invitations à l'ennemi étranger » (*Cours de politique constitutionnelle*, p. 126). Mais de tels délits, comme tous les délits, relèvent simplement de la justice, et ne requièrent donc la création d'aucune instance supplémentaire. Contrairement à ce que suggérait Bonald, la publication n'est pas, en elle-même, un « moyen de nuire » (*Encore un mot sur la liberté de la presse*, p. 2), même si elle peut le devenir ; on ne saurait en proscrire l'usage sous prétexte des abus. « Imposer silence aux citoyens de peur qu'ils ne commettent ces crimes, c'est les empêcher de sortir de peur qu'ils ne troublent la tranquillité des rues et des grandes routes ; et c'est les empêcher de parler de peur qu'ils n'injurient » (« Projet de loi sur la liberté de la presse », 1817, in *Recueil d'articles*, p. 78 ; cf. « Réflexion sur les constitutions », in *Cours de politique constitutionnelle*, p. 261).

L'existence d'une censure, en revanche, a des inconvénients qui lui sont propres. Pour pouvoir bien contrôler tout ce qui s'écrit dans un pays, il faudrait avoir des espions partout ; instaurer, en d'autres termes, un État policier, dont les inconvénients sont plus grands que les avantages, et qui conduit inutilement vers des solutions extrêmes. « En fait de liberté de la presse, écrit Constant, il faut permettre ou fusiller » (« De la liberté des brochures », in *ibid.*, p. 445) ; comme on ne saurait fusiller tout le monde, il vaut mieux permettre. Il faudrait de plus fermer toutes les frontières, sinon les écrits interdits seraient immédiatement importés de l'étranger (en cela non plus les États totalitaires n'ont pas innové). Un autre inconvénient réside dans le fait que, surveillant tout, le gouvernement se trouve amené, en pratique, à assumer tout ce qui se publie ; or il est des opinions qui, sans être des délits, seraient inacceptables comme expression de la volonté gouvernementale. De surcroît, si toute parole publique est garantie par le gouvernement, et donc si le gouvernement est la seule source de parole publique, cette dernière perd sa crédibilité, puisqu'elle ne s'expose jamais à l'épreuve de la contradiction (dans les pays totalitaires, la population ne croit même pas aux bulletins météorologiques). Si ce sont les censeurs qui contrôlent les publications, le pouvoir est encore un peu plus concentré entre les mains du gouvernement ; si ce sont les juges, la répartition des pouvoirs, et donc leur contrôle mutuel, est assurée. Enfin la liberté d'expression est aussi une soupape de sécurité : les révolutions éclatent là où il n'y a aucun autre moyen d'agir sur la société. Dans les pays où la participation à la vie publique par l'intermédiaire des publications est interdite, les sujets ont le choix entre devenir des révoltés ou se réfugier dans les pures jouissances matérielles ; les deux solutions sont aussi dégradantes pour eux-mêmes que nuisibles au bien-être de leur pays.

La monarchie de Juillet, qui succède à la Restauration en 1830, semble, sur bien des sujets, donner raison à Benjamin Constant contre Bonald. En réalité, les questions de censure et de liberté de publication continuent de se poser pendant de longues années encore ; il est vrai qu'aujourd'hui la cinquième République a opté clairement pour les principes de Constant, de préférence à ceux de Bonald. Mais le meilleur commentaire à cette controverse est peut-être encore une anecdote concernant Bonald lui-même. Son article de 1806 sur (ou plutôt contre) la tolérance lui attire les foudres du ministre de la Police de Napoléon, le célèbre Fouché, qui envoie au préfet de la région l'ordre suivant : « Dites à M. de Bonald que S. M. l'Empereur n'estime et ne récompense que les talents utiles et les connaissances positives, qu'il accueille les dissertations qui répandent des lumières et qu'il réprime sévèrement des discussions qui pourraient ramener des discordes dans son Empire. » Il ne suffit pas de préférer l'utile, le positif et les lumières, encore faut-il être du côté de ceux qui mettront un contenu dans ces notions si commodément vagues ; et le risque de tout censeur est de se retrouver un jour censuré : qui renonce à l'égalité doit s'imaginer non seulement du côté des maîtres, mais aussi de celui des esclaves.

Voir aussi 1648, 1791 (13 janvier), 1816, 1830, 1851.

Bibliographie : Louis de Bonald, *De l'opposition dans le gouvernement et de la liberté de la presse* (Paris, Dupont, 1827) ; *Œuvres complètes*, 3 vol. (Paris, Le Clère, 1859-1864). Benjamin Constant de Rebecque, *Adolphe*, in *Œuvres*, éd. Alfred Roulin (Paris, Gallimard, 1957) ; *Cours de politique constitutionnelle*, vol. Ier (Paris, Guillaumin, 1861) ; *Principes de politique* (Genève, Droz, 1980) ; *Recueil d'articles, le Mercure, la Minerve, et la Renommée*, vol. Ier (Genève, Droz, 1972). Paul Bénichou, *le Sacre de l'écrivain* (Paris, José Corti, 1973) ; *le Temps des prophètes* (Paris, Gallimard, 1977).

Tzvetan Todorov

1816, 8 mai

La loi de 1792 légalisant le divorce est abrogée par la Restauration

Voix de femmes

Le 20 septembre 1792, l'Assemblée législative avait légalisé le divorce ; les résistances à cette mesure furent telles qu'elle dut être finalement abrogée le 8 mai 1816. Pour les libéraux, cette loi illustrait de manière dramatique l'affirmation du caractère inaliénable de la liberté individuelle ; le jour qui suivit son adoption, la (première) République fut proclamée. Pour les conservateurs, c'était l'anarchie révolutionnaire étendue à la famille : la loi sur le divorce avait été ratifiée, disaient-ils, à l'ombre des massacres de septembre, ouvrant la porte à la Terreur.

Républicains, bonapartistes et royalistes n'en restèrent pas moins d'accord, dès 1790, pour refuser aux femmes de faire entendre leur voix dans l'arène politique. La dictature jacobine de l'an II (1793-1794) ferma les clubs féminins et envoya à l'échafaud des femmes actives en politique comme Jeanne-Marie Roland ou Olympe de Gouges. Pendant et après la Révolution, le sort qui attendait une femme ambitieuse était considérablement moins enviable qu'à l'époque où l'hôtesse d'un salon ou la maîtresse du roi pouvait influencer la politique de la Cour et de la ville. La disparition d'une Cour qui avait toujours reconnu aux femmes en vue, officiellement ou officieusement, divers degrés d'influence, réduisait la sphère politique à un domaine strictement masculin.

Qu'ils soient modérés ou conservateurs, les régimes qui suivirent la chute de Robespierre s'employèrent sans délai à réviser la loi sur le divorce jugée trop libérale. L'antiféminisme latent de la période révolutionnaire culmina avec le code Napoléon dont les articles 213 et 214 stipulent l'assujettissement de la femme à son mari dont l'autorisation est requise pour tout acte judiciaire ou toute transaction légale, même lorsqu'il s'agissait d'un bien propre de la femme. Le divorce n'était pas supprimé – après tout, l'Empereur lui-même était sur le point de changer de femme – mais il restait un objet de réprobation, surtout dans les milieux conservateurs.

L'un des porte-parole les plus éloquents de l'opposition au divorce dans les premières années du siècle fut l'ultraroyaliste Louis de Bonald. Dans *Du divorce considéré au XIXe siècle* (1801), qui fut beaucoup lu, Bonald définissait un ordre trinitaire auquel les sphères publique et privée seraient soumises par nature. Dans l'une et l'autre, un pouvoir ou volonté (père ou souverain) et une fin ou objet (enfant ou sujet) sont reliés par une entité médiatrice ou moyen terme (femme/mère ou ministre). Une femme est, au même titre qu'un ministre, une force médiatrice – « passive pour concevoir, active pour produire » (p. 71) – intermédiaire entre le pouvoir (actif) du souverain/père et la réceptivité (passive) du sujet/enfant. L'ordre de la langue naturelle, ajoute Bonald, prouve l'universalité de ce modèle : une phrase n'est-elle pas composée de sujets actifs et d'objets passifs rattachés l'un à l'autre par un verbe ou copule ? Pour cette raison, le divorce ne se borne pas à léser les droits de la tierce personne qu'est l'enfant, né ou à naître, il accorde à la femme un degré d'initiative contraire à sa nature qui lui assigne une fonction de médiatrice. Les femmes, dans le programme de Bonald, ne prononcent pas leurs propres mots (substantifs) ; elles sont le ministre, la prêtresse ou le verbe par le truchement duquel les mots du père sont transmis au fils.

L'atmosphère idéologique reflété par ce pamphlet ne favorisait guère les ambitions intellectuelles des femmes. On a pourtant dénombré cent cinquante romancières en France pendant les deux premières décennies du siècle et la plupart des succès ont des femmes pour auteur, comme *Claire d'Albe*, de Sophie Cottin (1799), *Valérie*, de Juliane von Krudener (1803), les derniers romans d'Isabelle de Charrière et, dans les années 1820, les œuvres de Claire de Duras ; aucune de ces œuvres, cependant, n'atteignit, et de loin, la popularité de *Delphine* (1802) et de *Corinne* (1807), de Germaine de Staël. La féminisation de certains secteurs du monde littéraire, amorcée au cours du XVIIIe siècle, fut accélérée au début des années 1800 : le poids de la censure impériale et les nouveaux modèles d'ascension sociale issus de la Révolution orientaient vers l'armée ou l'administration plutôt que vers le monde des lettres et des idées les jeunes hommes affamés de pouvoir ou de gloire.

Non que les femmes qui écrivaient durant cette période aient été coupées des réalités culturelles et politiques du monde extérieur. Beaucoup d'entre elles étaient d'origine étrangère ou avaient résidé longtemps à l'étranger : les parents de Mme de Staël étaient suisses ; Mme de Charrière, née Van Tuyll, venait de Hollande ; et la baronne de Krudener était née à Riga, sur la Baltique. Pour la plupart d'entre elles, la tourmente des années 1790 avait signifié une tragédie personnelle. La Révolution avait tranché la vie du père girondin de Mme de Duras et du mari de Sophie Cottin, elle avait ruiné la carrière politique du père de Germaine de Staël, Jacques Necker, le ministre libéral de Louis XVI, dont le renvoi avait déclenché les émeutes de juillet 1789. Les femmes de lettres âgées de trente ou quarante ans sous l'Empire avaient atteint l'âge adulte à la fin de l'Ancien Régime, dans un environnement culturel qui accordait une plus grande liberté sociale et intellectuelle aux femmes de talent. C'est sans doute ce qui explique l'amertume qui imprègne si souvent leurs écrits. À sa manière, Mme de Duras a rempli sa fonction de médiatrice en faisant se réunir dans son salon, pendant la Restauration, les esprits libéraux les plus brillants et les alliés conservateurs de son mari légitimiste ; les romans qu'elle a écrits à la fin de sa vie n'en sont pas moins des récits d'exil ou d'échec : *Ourika* (1823) est l'histoire d'une jeune Sénégalaise élevée en France qui prend conscience progressivement des barrières raciales, en vient à se haïr avant de se donner la mort ; *Edouard* (1825) dépeint un amour rendu impossible par les barrières sociales ; et *Olivier* (1824) une passion vouée à l'échec par l'impuissance sexuelle.

Sainte-Beuve a dit de Mme de Duras qu'elle était devenue auteur « par hasard » (*Portraits de femmes*, p. 69) ; à propos d'Adèle de Souza ou d'Isabelle de Charrière, le critique remarque qu'elles avaient écrit leurs romans dans un simple but « de passe-temps intime » (*ibid.*, p. 45). Cette condescendance n'est pas propre à Sainte-Beuve, elle traduit le point de vue de l'époque sur les ouvrages écrits par les femmes : pour une femme de la société, l'écriture de romans sentimentaux faite sans tapage et en privé était parfaitement acceptable. Il n'en allait pas de même pour les arts plastiques. Peinture et sculpture étant par nature publiques, les femmes rencontraient désapprobation voire hostilité. Le début du XIXe siècle vit le déclin du statut des femmes dans les arts plastiques. Quelques peintres célèbres de l'Ancien Régime comme Elisabeth Vigée-Lebrun ou Adélaïde Labille-Guyard continuèrent à produire (bien que la première, l'artiste la plus célèbre de son temps, ait surtout travaillé à l'étranger et n'ait reçu qu'une commande du gouvernement impérial). Mais alors que, pendant les années 1780, l'Académie royale de peinture avait admis quatre femmes parmi ses membres, les Académies de la République et de l'Empire les exclurent sans autre forme de procès.

Autorisées à exposer aux Salons, les femmes n'avaient pas accès, pour leur formation, aux académies, et n'étaient donc pas admises à concourir pour le prix de Rome. À l'âge d'or du néo-classicisme, la production de tableaux historiques et classiques par des femmes se heurtait au scepticisme : les œuvres de ce style exécutées par Angélique Mongez, élève de Jacques-Louis David, et par Constance Mayer, formée par Pierre-Paul Prud'hon, reçurent un accueil mitigé ; aux dires d'un critique, les femmes n'étaient pas faites pour s'attaquer à « des conceptions fortes, pathétiques, et souvent terribles », tandis que les convenances s'opposaient à ce qu'elles copient les formes humaines d'après nature. On refusait donc aux femmes la formation technique de base qui leur eût ouvert l'accès à un langage artistique public. Jusqu'à la seconde moitié du siècle, elles restèrent confinées dans les domaines mineurs de la peinture de genre, de la nature morte et, de plus en plus, des arts décoratifs.

L'expression classique des frustrations intellectuelles et artistiques des femmes en cette époque de réaction politique et sociale demeure *Corinne, ou l'Italie*, de Germaine de Staël. Le titre du roman souligne le parallèle entre le sexe d'un individu et une culture nationale qui organise le roman. Le destin de l'Italie envahie par les troupes françaises est, selon Mme de Staël, identique à celui de la féminité créatrice, admirée pour son génie artistique, mais pillée et forcée de se soumettre politiquement. Napoléon lui-même, qui avait exilé Mme de Staël de Paris à cause de ses activités politiques, perçut, à son grand déplaisir, les sous-entendus politiques d'un roman qui dépeignait les Français comme des individus mondains et superficiels.

À la différence de la France, l'Italie autorisait la reconnaissance publique et officielle du génie féminin. La belle poétesse Corinne apparaît d'abord au lecteur – et à l'aristocrate anglais, Oswald Nelvil – en personnage majestueux, véritable icône couronnée sur le Capitole romain devant des foules d'admirateurs. « Regardez-la, elle est l'image de notre belle Italie », remarque un spectateur devant Nelvil, « [...] oui, nous suivrions ses traces, nous serions hommes comme elle est femme, si les hommes pouvaient, comme les femmes, se créer un monde dans leur propre cœur » (*Corinne, ou l'Italie,* p. 57). Les premiers chapitres font de *Corinne* une allégorie néo-classique de l'esprit national en même temps qu'une femme réelle, avec ses capacités intellectuelles et ses émotions.

Le roman se développe autour de tensions familiales et politiques. Corinne, au début du roman, n'a pas de patronyme : son prénom est sa seule identité ; elle a rompu avec sa famille pour mener une vie indépendante. Mais, à peine devient-elle amoureuse d'Oswald, que la révélation d'un lien entre leurs familles fait obstacle à leur passion avant de la détruire. La poétesse est le fruit d'un mariage anglo-italien. Le père d'Oswald, récemment décédé, et qui avait connu Corinne fillette dans le Northumberland, avait vu en elle une fiancée possible pour son fils ; mais, alarmé par ses dons artistiques hors du commun et ses manières par trop étrangères, il l'avait écartée en faveur de Lucile, sa demi-sœur, jeune fille douce, soumise, et anglaise.

Oswald et Corinne sont tourmentés, lui par la culpabilité, une liaison sordide l'ayant empêché, quelque temps auparavant, de se rendre au chevet de son père mourant ; elle, par la tension entre ses désirs « italiens », qui ne demandent qu'à s'exprimer et à se satisfaire, et la conscience « anglaise » des vertus du devoir et du conformisme. Ces tourments sont l'expression romanesque de l'angoisse de Germaine de Staël au lendemain de la mort d'un père auquel elle était très attachée, la culture anglaise représentant l'austérité suisse et protestante de ses parents. Jacques Necker, l'homme qui compta le plus dans la vie de Germaine, avait admiré les succès de sa fille mais désapprouvé ses ambitions littéraires (sa cousine l'a décrite écrivant « à la volée, [...] debout ou appuyée sur un angle de cheminée » [*Œuvres complètes*, vol. Ier p. CCCXIX] pour pouvoir se composer une attitude au cas où son père ferait irruption). Dans le roman, Oswald épouse Lucile et retourne avec elle en Italie, où il assiste à la mort d'une Corinne que le désespoir a rendue folle. Corinne est détruite, comme Germaine fut minée, par l'action rétrospective de la loi paternelle.

Les pressions politiques, sociales et familiales s'unissent pour réduire au silence le génie féminin. Le tableau des succès de l'héroïne est lourd d'ambiguïtés. Corinne atteint le sommet du bonheur lorsque, dans sa gloire italienne, elle s'adonne aux arts sociaux mineurs et éphémères, devient danseuse ou actrice amateur et brille surtout par sa conversation. Lorsqu'elle laisse libre cours à son génie artistique, au Capitole puis au cap Misène, c'est sous la forme d'une improvisation également éphémère : il ne semble pas – sauf vers la fin du roman – que ses paroles aient été consignées sur le papier pour la postérité. Les succès de Corinne, comme causeuse ou comme artiste de génie, sont de l'autolimitation. En fait, l'ombre du doute sur soi et de l'autocensure plane sur le roman tout entier ; ils se font encore plus poignants dans les chapitres qui évoquent la morne adolescence de Corinne dans la province anglaise : « Il n'est donc pas vrai qu'on puisse tout simplement mépriser ce que disent les gens médiocres ; ils pénètrent malgré vous dans le fond de votre pensée, ils vous attendent dans les moments où la supériorité vous a causé des chagrins » (*Œuvres complètes*, vol. II, p. 92).

L'image de la sibylle qui fait d'elle, comme l'écrit Madelyn Gutwirth, « l'une des rares représentations licites du génie féminin » est une constante descriptive de Corinne. Sur le Capitole romain, Corinne est décrite en prêtresse inspirée ; au cap Misène, c'est elle-même qui annonce, anticipant sa chute, que « la prêtresse qui rendait les oracles se sentait agitée par une puissance cruelle » (*ibid.* vol. II, p. 76). Il est ironique de noter que Bonald emploie exactement le même langage dans son tract contre le divorce : l'un des rôles de la femme, écrit-il, est celui de véhicule de la parole de Dieu le Père : « De là les prêtresses de la religion païenne, et cette disposition ordinaire aux peuples anciens, [...] à attribuer aux femmes quelque chose de surhumain, et particulièrement la connaissance de l'avenir » (*Du divorce*, p. 81). Dans l'atmosphère répressive de l'Empire, le doute de Germaine de Staël et le conservatisme de Bonald aboutissent à un même portrait de la femme : elle ne parle pas, mais à travers elle quelqu'un d'autre s'exprime.

Bonald et Mme de Staël réapparaissent dans les premiers mois de la Restauration comme les leaders respectifs des partis ultraroyaliste et libéral, séparés par un abîme idéologique qui ne faisait que s'élargir. C'est l'étoile politique de Bonald, cependant, qui était en ascension : élu député en août 1815 – le rejet de la loi sur le divorce était son atout principal –, il devint l'une des figures de proue de l'éphémère « chambre introuvable ». Ayant assouvi leur vindicte politique à travers les décrets d'une « Terreur blanche légale », Bonald et ses amis députés votèrent au printemps 1816 un décret mettant fin à la « démocratie domestique » : le mariage était à nouveau indissoluble. Jusqu'à la fin du siècle et malgré la différence des régimes politiques qui se sont succédé, la sphère privée gardera en France la forme que lui avait donnée le royalisme aux abois de 1816.

Voir aussi 1787, 1788, 1814, 1949.

Bibliographie : Louis de Bonald, *Du divorce considéré au XIXe siècle relativement à l'état domestique et à l'état public de la société* (Paris, Le Clère, 1805). Madame de Staël, *Corinne, ou l'Italie* (Paris, éditions des Femmes, 1979) ; *Œuvres complètes* (Paris, Treuttel et Würtz, 1820-1821). Charles Augustin Sainte-Beuve, *Portraits de femmes* (Paris, Garnier, 1876). Madelyn Gutwirth, *Madame de Staël, Novelist : The Emergence of the Artist as Woman* (Urbana, University of Illinois Press, 1978)

Sarah Maza

1820

Alphonse de Lamartine publie les *Méditations poétiques*

La dame du lac

Le mince volume d'élégies publié en 1819 par une actrice du nom de Marceline Desbordes-Valmore pourrait à bien des titres être considéré comme le point de départ, en France, d'un nouveau style de poésie lyrique. Avec leur ton personnel, leur qualité d'émotion et la nouveauté de leur traitement du mode élégiaque, *Élégies, Marie et romances* présente plusieurs des traits qui seront associés au romantisme. Mais la tradition, dans sa sagesse, a fait naître la poésie romantique française un an plus tard sous la plume d'un jeune aristocrate, Alphonse de Lamartine. Lamartine avait trente ans. Ses *Méditations poétiques*, publiées sans nom d'auteur, furent saluées comme un événement poétique. Victor Hugo, qui avait dix-huit ans, s'est exclamé dans *le Conservateur littéraire* : « Courage, jeune homme, vous êtes de ceux que Platon voulait combler d'honneur et bannir de sa république » (*Œuvres complètes*, vol. Ier, p. 613).

Malgré l'accueil enthousiaste de ses débuts, l'histoire littéraire n'a pas été tendre pour Lamartine. Rimbaud, dans une lettre souvent citée, le trouve « étranglé par la forme vieille ». Même l'éditeur, responsable de sa publication dans la Pléiade, juge qu'il « date terriblement », qu'il est « méconnu, ou méconnaissable » (*Œuvres poétiques complètes*, p. IX). Tout le monde le connaît mais personne ne l'aime. Le paradoxe d'une poésie qu'on peut caractériser à la fois comme inaugurale et démodée est résumé par Lamartine lui-même, dans la préface ajoutée à son recueil en 1849 : « Je suis le premier qui ai fait descendre la poésie du Parnasse et qui ai donné à ce qu'on nommait la Muse, au lieu d'une lyre à sept cordes de convention, les fibres mêmes du cœur de l'homme » (*Méditations poétiques*, vol. II, p. 357). Des fibres aussi conventionnelles que les sept cordes de la lyre.

La survie littéraire de Lamartine tient essentiellement à un poème, *le Lac*. Mais cet unique poème a laissé une marque indélébile sur la culture française. Pour citer un manuel de littérature française récent : « *le Lac*, de Lamartine, deviendra bien vite un symbole, une référence clé dans le patrimoine culturel français » (*XIXe siècle*, p. 39). Ce manuel cite divers passages où figurent des personnages aussi différents qu'Emma Bovary, de Flaubert, et le capitaine Haddock, de *Tintin*, en train de réciter des vers du *Lac*. Être français requiert peut-être de savoir lever les yeux au ciel en entonnant : « Ô temps ! suspends ton vol. »

Qu'y a-t-il dans ce poème qui ait pu l'ancrer si fermement dans les canons artistiques ? De quelle besogne culturelle s'acquitte-t-il ?

L'anecdote sur laquelle il s'appuie a fortement contribué à sa célébrité. En 1816, Lamartine se rendit à Aix-les-Bains où il rencontra Julie Charles, dont il s'éprit. Les deux amoureux passèrent trois semaines ensemble sur les rives du lac du Bourget. Un an plus tard, ils décidèrent de se retrouver à Aix, mais Julie était trop malade pour faire le voyage. *Le Lac* commémore ce rendez-vous manqué. Il est une plainte élevée par l'amant qui, se retrouvant seul à l'endroit convenu, évoque la présence passée de son aimée. Quelques mois plus tard, Julie Charles mourait.

Rien dans le poème n'indique que la femme aimée n'était pas déjà morte. Mais Lamartine anticipe la mort de Julie parce qu'elle est requise pour qu'il puisse faire revivre sa voix comme quelque chose qui n'existe plus que dans la mémoire. Avec son système complexe d'apostrophes, le poème semble vouloir ranimer la morte en animant l'inanimé (le poète s'adresse au lac, la voix de la femme qu'il évoque s'adresse au temps, et finalement le poète enjoint à la nature entière de prononcer les mots, « ils ont aimé »). Le désir d'échanger les attributs de l'animé et de l'inanimé est parfaitement naturel dans une élégie qui souhaite ramener les morts à la vie. Mais, chose curieuse, en anticipant la mort de Julie, Lamartine inverse cet échange. Comme si le désir à l'origine du poème n'était pas celui de ramener la femme à la vie, mais plutôt celui de la précipiter par écrit dans la mort. D'ailleurs, Lamartine n'avait pas attendu de rencontrer Julie pour utiliser le nom poétique d'Elvire ni pour penser à publier un volume d'élégies. Tout s'est passé comme si sa plume n'avait fait qu'attendre une mort réelle qu'il puisse pleurer. Plutôt qu'un obstacle, la mort d'une femme ne permettrait-elle pas la réalisation d'un désir ? Et cette satisfaction aurait-elle quelque chose à voir avec l'emprise que *le Lac* a gardée sur nous ?

Il est vrai que la poésie romantique semble renouveler la force expressive de l'équation, implicite dans la poésie lyrique, entre les morts et les personnes aimées, entre la beauté et la mort. Wallace Stevens appelle la mort « la mère de la beauté » ; l'Hérodiade de Mallarmé dit : « Un baiser me tuerait/Si la beauté n'était la mort » (*Œuvres complètes*, p. 44). La Laure de Pétrarque meurt à un moment donné du *Canzoniere*, mais on peut dire qu'elle était morte depuis le début, réduite à une simple projection. Les femmes mortes bénéficient depuis toujours du privilège d'être associées à des moments de fécondité poétique (Ronsard est un autre exemple). Mais chez les poètes romantiques – Lamartine, Wordsworth, Gérard de Nerval et Poe – le renouveau d'une telle *vita nuova* semble lié de la manière la plus littérale à la mort d'une femme. Wordsworth imagine par avance celle de Lucie ; et Poe écrit que « la *mort* d'une *belle femme* est incontestablement le plus poétique sujet du monde » (*Œuvres en prose*, p. 990).

Derrière cette nécrophilie, on peut interpréter un mode d'autoréflexion poétique : femme égale beauté qui égale le poème lui-même, lequel meurt en devenant art. Une telle lecture, cependant, en neutralise la misogynie sous-jacente. Une autre manière de rendre compte de la satisfaction qu'on peut trouver dans la mort d'une femme est d'y lire l'ambivalence de l'amoureux à l'égard de la réalité de l'aimée. Thomas Bergin exprime cette ambivalence dans l'introduction à son édition des œuvres de Pétrarque : « Cette Laura, qui est, nous assure solennellement le poète, une femme réelle, a peut-être été Laurette de Noves, mariée avec Hugues de Sade. Certains lecteurs ont ainsi pu identifier le répondant incarné de l'idéal poétique de Pétrarque avec une matrone de la petite noblesse, qui aurait eu de multiples grossesses (Laurette de Sade avait onze enfants) et des attraits modestes ; fort heureusement, personne n'est obligé de croire à la légitimité de cette candidature » (*Selected Sonnets, Odes and Letters*, p. XII). Plutôt une femme morte et idéalisée qu'une femme réelle et enceinte.

On peut désirer la mort d'une femme en réponse non seulement à trop de corps mais aussi à trop de volonté. Une femme encore en vie risque toujours d'échapper au contrôle de l'homme. Une œuvre clé, *Julie, ou la Nouvelle Héloïse*, de Rousseau (1761), annonciatrice du *Lac*, contient une illustration de cette question de contrôle et d'ambivalence. Dans l'une des scènes les plus célèbres du roman, Julie, qui est à présent mariée, se promène en bateau sur un lac avec Saint-Preux, agitée par le souvenir de leur passion d'autrefois. Saint-Preux, qui raconte la scène dans une de ses lettres, avoue que la mort de Julie lui aurait semblé moins difficile à supporter que cette proximité dans laquelle il ne pouvait pas la posséder. L'épisode accumule les frustrations. Non seulement Saint-Preux est frustré, en tant qu'amant, de ne pas même avoir la consolation d'être en deuil, mais le lecteur l'est aussi : une fin romantique eût été préférable à cette dissertation sur la vertu qui le laisse sur l'impression d'un désir insatisfait. Lamartine, peut-être aidé par la coïncidence des noms (le nom de Julie Charles, qui n'est pas révélé dans le poème, était connu de bon nombre de lecteurs), rouvre un dossier fermé trop tôt par Rousseau et offre à retardement une résolution qui nous venge des frustrations imposées par la conclusion de *la Nouvelle Héloïse.*

La Julie de Rousseau se soustrait au contrôle en prenant la responsabilité de sa vertu domestique, mais l'ambivalence à l'égard d'une femme qui échappe au contrôle de l'homme peut se manifester alors même que cette femme n'a aucun contrôle sur son destin. Dans la première pièce recueillie dans ses *Poèmes* de 1822, Alfred de Vigny, poète tout aussi romantique, évoque la mort d'Héléna, une Grecque enlevée et assassinée par les Turcs. Son amant la pleure jusqu'au moment où, apprenant que sa mort a été précédée par un viol, il éprouve un sursaut d'horreur.

> Ah ! Que ne puis-je en paix savourer ce malheur ?
> Il serait peu de chose auprès de ma douleur.
> Dans son temps virginal que ne l'ai-je perdue ?
> (*Œuvres poétiques,* chant III, vv. 921-923).

On notera que Vigny a retranché ce poème des éditions ultérieures du volume. Sa mère avait commenté le désespoir de l'amant en disant : « Toutes ces réflexions sont d'une injustice et d'un égoïsme bien masculins » (*Œuvres poétiques*, p. 281).

L'idée que derrière une femme morte il y aurait toujours une femme forte – et bien vivante – n'est pas sans fondement. Derrière la nouvelle Héloïse de Rousseau, il y a bien sûr l'Héloïse originale. Derrière la dame du lac, il y a peut-être la figure ambiguë de la Dame du Lac dont la légende dit qu'elle aurait volé l'enfant Lancelot pour le conduire à la cour du roi Arthur. La Julie de Lamartine n'était pas simplement un objet d'amour. Épouse de l'inventeur du ballon à hydrogène, elle tenait aussi un salon littéraire et politique très distingué. Entre les deux épisodes au lac, pendant les quatre mois au cours desquels Lamartine et elle étaient ensemble à Paris, elle l'a introduit auprès de personnages qui, plus tard, lui ont été d'une grande utilité. Le salon était depuis longtemps un lieu de pouvoir féminin dans la société française. La femme aimée s'est trouvée être aussi un imprésario influent, bien que la légende romantique ait préféré oublier ce rôle.

Que cette hâte vers le deuil témoigne d'une ambivalence à l'égard du pouvoir féminin ne devrait pas nous surprendre. Et il n'est pas interdit de penser que c'est pour écarter Marceline Desbordes-Valmore que les lecteurs de 1820 se sont tournés vers Lamartine. Cette dernière, pourtant, partageait son ambivalence à l'égard de la voix féminine. Dans beaucoup de poèmes, elle se peint comme un objet que l'amour destine à la mort plus que comme un sujet désirant de plein droit. Sa voix lutte pour se frayer un chemin à travers le silence où la consigne la tradition poétique.

La renaissance poétique du romantisme a été liée non seulement à la mort d'une femme, mais aussi à un contexte politique. L'apparition de Lamartine sur la scène poétique et politique coïncide avec le retour au pouvoir de l'Ancien Régime. Au départ, Lamartine, Vigny et Hugo furent, en effet, de fervents défenseurs de l'aristocratie, de la monarchie et du catholicisme. Hugo, dans la préface de 1824 pour ses *Nouvelles Odes*, a bien du mal à rectifier le tir : « C'est précisément, disent-ils, parce que cette révolution littéraire est le résultat de notre révolution politique, que nous en déplorons le triomphe, que nous en condamnons les œuvres. Cette conséquence ne paraît pas juste. La littérature actuelle peut être en partie le résultat de la révolution, sans en être l'expression. La société, telle que l'avait faite la Révolution, a eu sa littérature, hideuse et inepte comme elle. Cette littérature et cette société sont mortes ensemble, et ne revivront plus. L'ordre renaît de toutes parts dans les institutions ; il renaît également dans les lettres » (*Œuvres complètes*, vol. II, p. 472). C'est donc paradoxalement à la Restauration politique plutôt qu'à la Révolution politique qu'aura été associée la révolution du langage poétique.

Si la poésie romantique fut une poésie de restauration, qu'a-t-elle restauré ? Laurence Porter suggère une réponse : elle a restauré les genres classiques, comme l'élégie, l'ode et le poème. Le philhellénisme romantique a été intensifié par la guerre d'indépendance grecque (1821-1832) qui fut l'occasion pour des poètes comme Vigny d'une subtile synthèse culturelle : en chantant la Grèce se libérant des Turcs, Vigny a mis la rhétorique de la Révolution (patrie, liberté) au service de la restauration (du passé grec classique).

Quant à Lamartine, entre autres formes poétiques, il restaura l'élégie classique. Un paradoxe supplémentaire voulut en effet que cette poésie de la restauration ait été une poésie de la perte. L'élégie est en elle-même un effort pour combiner perte et restauration, pour élever un monument à la place du vide. Si, aux yeux d'un homme, une femme, dans une certaine mesure, représente un vide (la « castration »), alors sa mort devient le vide d'un vide, le manque d'un manque ou une quelconque autre restauration alambiquée. On pourrait faire jouer ici tout un réseau de surdéterminations bilingues et lacaniennes qui permettraient d'associer les poètes lakistes anglais au lac de Lamartine ; elle mettrait en jeu les mots *lake* – *lack* – lac – lacune – lac + une. La relation entre lacs et lacunes réapparaîtra avec les cygnes symbolistes, celui de Baudelaire auquel manque (en anglais : *he lacks*) son lac natal et celui de Mallarmé, figé sur « ce lac dur oublié que hante sous le givre / Le transparent glacier des vols qui n'ont pas fui ». Le plus curieux reste sans doute que l'association de Lamartine avec des lacs, des lacunes et des lamentations a fini par le féminiser à son tour, de sorte qu'il ne serait pas interdit de voir dans l'ambivalence de l'histoire littéraire à son égard une autre manifestation de l'ambivalence à l'égard de la féminité.

Voir aussi 1735, 1835, 1859 (23 juillet).

Bibliographie : Victor Hugo, *Œuvres complètes*, éd. Jean Massin, vol. Ier et II (Paris, Club Français du Livre, 1969). Alphonse de Lamartine, *Méditations poétiques*, éd. Gustave Lanson, 2 vol. (Paris, Hachette, 1915) ; *Œuvres poétiques complètes*, éd. Marius-François Guyard (Paris, Gallimard, 1963). Stéphane Mallarmé, *Hérodiade*, in *Œuvres complètes*, éd. Henri Mondor et Georges Jean-Aubry (Paris, Gallimard, 1945). Pétrarque, *Selected Sonnets, Odes and Letters*, éd. Thomas Bergin (Arlington Heigts, Illinois, AHM Publishing, 1966). Edgar

Allan Poe, *Œuvres en prose*, trad. Charles Baudelaire, éd. Yves-Gérard Le Dantec (Paris, Gallimard, 1951). Alfred de Vigny, *Œuvres poétiques*, éd. Jacques-Philippe Saint-Gérand (Paris, Garnier-Flammarion, 1978). Christian Biet, Jean-Paul Brighelli et Jean-Luc Rispail, *XIXe siècle* (Paris, Magnard, 1985). William Fortescue, *Alphonse de Lamartine : A Political Biography* (New York, St. Martin's, 1983). Laurence M. Porter, *The Renaissance of the Lyric in French Romanticism* (Lexington, Kentucky, French Forum, 1978).

Barbara Johnson

1823

Stendhal publie *Racine et Shakespeare* dans le *Paris Monthly Review of British and Continental Literature*

L'historiographie romantique

Stendhal (Marie Henry Beyle, 1783-1842) revint à Paris en 1821 après sept ans passés en Italie où il avait baigné dans le mouvement romantique italien, rencontré Byron et collaboré avec Alessandro Manzoni. Il se plongea immédiatement dans les luttes politiques et littéraires provoquées par le virage réactionnaire de 1820. Le gouvernement, obsédé par l'influence croissante des libéraux, avait profité de l'assassinat du duc de Berry pour suspendre les droits civils et la liberté de la presse. Stendhal songea à lancer une revue qui contrebalancerait les défenseurs du légitimisme en art et en politique, *la Muse française*, catholique et monarchiste, de Charles Nodier et les ultraconservateurs de la toute jeune *Société des Bonnes Lettres*. Le projet échoua. Mais en 1823, il eut l'occasion de faire connaître sa conception du romantisme. Elle était très différente de celle de Chateaubriand et de ses jeunes disciples, Victor Hugo, Alfred de Vigny et Alphonse de Lamartine.

Racine et Shakespeare, de Stendhal, publié en 1823 dans le *Paris Monthly Review* et repris en volume dans une version augmentée, a pour point de départ les attaques du public parisien contre une troupe d'acteurs anglais qui jouaient Shakespeare. Stendhal y définit comme romantique tout ce qui est moderne, peu importe l'époque. Quant au romantisme de son époque, il le définit par « les œuvres littéraires [qui], dans l'état actuel de leurs habitudes et de leurs croyances, sont susceptibles de donner [aux peuples] le plus grand plaisir possible » (p. 42).

Pour Stendhal, Shakespeare était romantique par son sens de la comédie, son indifférence aux unités classiques et le réalisme de ses personnages. Quant à Racine, ses innovations formelles avaient fait de lui un romantique avant la lettre ; mais précisément parce que son apport s'était figé en dogmes au nom desquels on interdisait toute innovation, il avait été irrémédiablement transformé en « classique ». En conséquence, il était nécessaire de dépasser le théâtre racinien vers une dramaturgie libérée qui produirait des tragédies en prose, ferait passer la vraisemblance avant les trois unités, traiterait de sujets nationaux et s'adresserait à ce qui intéresse les modernes plutôt que d'imiter platement les anciens.

Le romantisme de Stendhal ouvrait deux fronts. Sur sa droite, il attaquait à la fois le classicisme de la réaction ultraconservatrice du début des années 1820 (représentée par Laharpe) et le romantisme chrétien et chevaleresque à la Chateaubriand. Mais il s'opposait aussi au romantisme laïque, libéral et empli de lassitude d'un Benjamin

Constant. Contre le modèle allemand popularisé par Germaine de Staël, le romantisme de Stendhal reconnaissait une valeur positive à la culture française, en particulier à celle du passé récent, la Révolution et l'Empire. Résolument moderniste, il enracinait les questions de signification dans les besoins et les désirs des générations actuelles plus que dans les modèles passés. En art aussi bien qu'en politique, il était ouvertement libéral, voire libertaire. Enfin, il était historiciste dans la mesure où il partait du principe que le présent appartient, au même titre que le passé, au processus universel de l'évolution sociale, imposant à la culture une continuelle révision de ses principes.

Le romantisme de Stendhal annonçait ainsi une mutation dans la conception du temps, des changements sociaux, du processus historique et de l'historiographie qui se concrétisera au cours de la décennie suivante. Cette nouvelle attitude devait associer les principes esthétiques du romantisme avec une idéologie politique libérale. On en voit les effets dans l'œuvre des trois historiens qui dominent les années 1820 : Auguste Mignet (1796-1884), Adolphe Thiers (1797-1877) et François Guizot (1787-1874). Mais ses représentants les plus accomplis furent deux amateurs, Prosper de Barante (1782-1866) et Augustin Thierry (1795-1856), dont l'œuvre assure la transition entre l'histoire romantique et conservatrice de Chateaubriand et celle, politiquement plus radicale, et même révolutionnaire, de Jules Michelet. Leur influence sur la théorie et sur la critique littéraires est nulle part plus évidente que dans la préface écrite par Hugo pour *Cromwell* (1827) qui, si on ignore l'identification du « grotesque » avec le sublime moderne, est une synthèse de Chateaubriand, de Stendhal et de Thierry.

Au cours des deux premières décennies du siècle, l'historiographie universitaire était moribonde. Elle faisait piètre figure à côté de la hardiesse spéculative des philosophes et surtout de la rigueur conceptuelle des historiographes allemands. Elle s'était pliée servilement aux exigences des régimes successifs, Napoléon, puis les Bourbons. À l'exception de Guizot et de l'historien de la littérature Abel François Villemain (1790-1870), les historiens de la période s'accrochaient désespérément à des sujets sans rapport avec l'actualité et cultivaient une objectivité pusillanime qui annonçait les directives de la commission de l'Instruction publique, réactionnaire à souhait, laquelle en 1820, devait fixer pour but aux études historiques de « graver dans la mémoire (des étudiants) les principaux faits », recommandant de limiter leur commentaire aux récits canoniques donnés par des piliers de l'Ancien Régime comme Louis-Pierre Anquetil, Gabriel Bonnot de Mably, Gabriel Daniel et François de Mézeray.

À l'extérieur de l'université, en revanche, la pensée historique fut stimulée par l'utopisme progressiste de socialistes comme Saint-Simon et Fourier, la récupération mystico-esthétique du passé médiéval par Chateaubriand et les réflexions douloureuses de Constant sur les effets destructeurs du temps. Même si elles s'opposaient, ces idéologies de la temporalité ont alimenté l'intérêt pour une nouvelle discipline, la « philosophie de l'histoire ». Au cours des années 1820, Michelet a popularisé celle du philosophe italien Vico, Victor Cousin celle de Hegel, et Edgar Quinet celle d'Herder. Tous ces philosophes insistent sur le rôle de la volonté et de l'imagination humaine dans le déroulement de l'histoire ; leur expérience du lien entre le progrès historique et la violence des conflits était beaucoup plus directe, beaucoup moins abstraite que leurs collègues français. Ils expliquaient les processus historiques en faisant passer culture et société avant la politique, donnant une sorte de justification théorique aux romans de sir Walter Scott qui rencontraient un succès phénoménal en France.

Ces influences se retrouvent dans l'œuvre de Thierry qui voulut faire de l'historiographie la base d'une critique politique libérale, plus agressive que celle de Constant et moins doctrinaire que celle de Guizot.

Thierry avait été le secrétaire de Saint-Simon. En 1820, il allait se tourner vers l'histoire avec les *Lettres sur l'histoire de France* publiées dans le journal libéral *le Censeur européen* (qui, plus tard devait fusionner avec *le Courrier français*). L'historiographie, si elle veut répondre aux besoins de la société moderne et de son public progressiste – c'est-à-dire bourgeois, pour Thierry –, requiert des sujets, une méthode et un mode d'exposition nouveaux. L'ancienne historiographie, destinée à l'aristocratie, racontait l'histoire des rois et de la noblesse ; la nouvelle, écrite pour l'instruction politique du peuple, racontera celle des citoyens ordinaires – sujets et masses. L'ancienne historiographie narrative, aussi bien que sa version philosophique mise à la mode récemment, s'occupait de types, d'abstractions ; la nouvelle, quant à elle, s'attachera à décrire la texture de la vie de tous les jours, les passions réelles des hommes et des femmes, aux coutumes ainsi qu'à l'atmosphère de périodes spécifiques de la vie culturelle. Le modèle de Thierry était Walter Scott, maître de la méthode « imaginative » de reconstitution historique et praticien d'un mode spécifiquement moderne de narration.

La conception de l'histoire exposée par Thierry dans ses lettres (réunies dans les *Vingt-Cinq Lettres sur l'histoire de France*, 1827) diffère de celle qui se développait en Allemagne sous l'impulsion de Leopold von Ranke. Les historiens et les philosophes allemands s'employaient à donner à l'histoire des bases qui feraient d'elle une discipline à statut scientifique au lieu de la simple branche de la rhétorique qu'elle avait été jusqu'ici. Cette transformation s'inscrivait dans le projet politique de légitimer les États nations qui s'étaient élevés sur les ruines de l'Empire napoléonien. Elle répondait aussi à une fonction culturelle : fournir une base objective et factuelle à la critique des idéologies nées de la Révolution, qu'elles soient réactionnaires ou révolutionnaires.

Le renouveau romantique de l'historiographie française s'enracine dans des considérations entièrement différentes. Il aurait été inconcevable que la première génération postrévolutionnaire ne s'interroge pas sur la signification politique et sociale de la crise qui venait d'avoir lieu. Après 1820, la Restauration a tout fait pour extirper de la conscience collective tout souvenir de la Révolution, revenir en arrière et faire comme si les trente années que les libéraux continuaient à considérer comme la période la plus héroïque de ce pays – même si la plus violente – n'avaient pas eu lieu. L'intérêt des libéraux pour l'histoire de la Révolution associait la passion du présent à la fascination du passé.

C'est en réponse à ce besoin d'aborder le présent à partir du passé le plus récent que Thiers et Mignet ont commencé à rédiger leurs histoires de la Révolution dont les premiers volumes parurent respectivement en 1823 et 1824. Le projet de Thiers a une dimension romantique ; il veut que son histoire « unisse la poésie à la philosophic » tout en respectant les « faits ». Quant à Mignet, qui veut étudier la « société » comme un tout, sans se cantonner à la politique, il montre que « la Révolution était inévitable ». Ni l'un ni l'autre pourtant n'a touché aux bases méthodologiques ou théoriques de l'historiographie : on voit défiler, dans un récit classique, les événements, les acteurs et les partis de la période décrite. Le succès de ces œuvres prouve que le public désirait voir le passé révolutionnaire arraché à l'opprobre dans lequel les conservateurs essayaient de le maintenir. Il prouve aussi son intérêt pour une historiographie aussi distrayante que les romans de Scott.

Cet intérêt a été comblé par les deux classiques de l'historiographie des années 1820, l'*Histoire des ducs de Bourgogne de la maison de Valois* (1824-1826), de Barante, et l'*Histoire de la conquête de l'Angleterre par les Normands, de ses causes, et de ses suites jusqu'à nos jours, en Angleterre, en Écosse, en Irlande et sur le Continent* (1825), de Thierry, qui sont présentées comme les premiers exemples de « l'école narrative ». Mais leurs emprunts au roman s'autorisent de leurs ambitions théoriques : si on veut faire revivre le passé et expliquer l'Histoire telle qu'elle a eu lieu, une histoire bien racontée est plus efficace qu'un commentaire ou une discussion abstraite.

Barante recherchait la neutralité stylistique. L'historien devait laisser la parole aux chroniqueurs médiévaux pour rendre au spectacle du passé chevaleresque la vie et la richesse qu'il avait eues pour ses témoins. Barante demandait à l'historien d'approcher avec « amour et estime » les chroniques qui le mettent en contact avec les événements, les personnages, les institutions et les conflits du passé. Il faisait sienne la devise de Quintilien : « Narrer plutôt que démontrer » ; la signification des événements doit naître du récit. « L'histoire, quand elle est sincère », écrit-il dans la préface de l'*Histoire des ducs de Bourgogne*, « donne ses enseignements à haute voix » (p. 47). L'historien doit être le médium par lequel le passé se représente au sein du présent dans une succession de tableaux qui évoquent les vitraux d'une cathédrale, une tapisserie flamande, une toile de Rubens – et on pourrait ajouter à cette liste les dioramas historiques que Louis Daguerre avait commencé à produire un an avant la publication de l'œuvre de Barante.

Le concept de couleur locale, emprunté à la critique d'art, était essentiel au projet de Barante. Il l'avait utilisé dès 1806, quand il était critique théâtral au *Publiciste*. La notion renvoie au « détail » qui concentre la singularité d'une scène, d'un événement ou d'un personnage. En 1811, Chateaubriand l'avait repris pour en faire la condition de la vérité historique et de la représentation exacte. Dans les écrits historiques de Barante, le terme fait référence aux expressions et aux tournures qui donnent une impression d'authenticité et forcent le lecteur à se représenter une époque révolue. La touche juste, pensait-il, met le lecteur en contact direct, presque visuel, avec la réalité du passé. Cette obsession de l'authenticité réduit trop souvent Barante à pasticher les chroniqueurs médiévaux.

On lui reprochera plus tard d'avoir négligé les sources manuscrites, d'avoir utilisé sans réserve les documents dont il se servait et de n'avoir fourni aucun appareil critique. Mais Barante refusait tout ce qui interrompt le fil du récit ; les notes et les appendices font perdre de vue au lecteur la composition d'ensemble des tableaux, avec leurs différents éléments, scènes, personnages et pratiques. Son ambition n'était pas de disséquer la culture et la société bourguignonnes ni même de les expliquer, mais de leur donner vie, de les ressusciter et c'est à ce titre qu'il sera un modèle pour le jeune Michelet qui, dans les années 1830, se lancera dans une entreprise similaire pour l'ensemble du passé de la France.

L'*Histoire de la conquête de l'Angleterre*, de Thierry, tout aussi romantique, était plus scientifique, plus ouvertement politique, et plus contestable sur le plan théorique. Thierry est romantique dans la mesure où, selon lui, l'imagination, et non la raison, constitue le seul accès à la compréhension du passé : « Pour l'imagination, écrivait-il, il n'y a pas de passé. » Sur le plan politique, il entendait exposer les « mensonges » de l'histoire officielle, écrite du point de vue des monarques, des classes supérieures, des conquérants. Il avait l'avantage, disait-il, d'être né dans un milieu modeste et d'avoir connu les événements d'une époque de révolution. Plus tard, dans ses *Considérations sur l'histoire de France* (1840), il dira que sa passion politique et l'expérience acquise en participant à la vie politique donnent à l'historien une intuition des enjeux de l'histoire que ni l'érudition désintéressée ni l'amour de la vérité ne peuvent égaler. L'*Histoire de la conquête de l'Angleterre* retrace la résistance des Saxons à l'envahisseur normand, fait des « hors-la-loi » qui s'opposent aux oppresseurs étrangers des modèles d'héroïsme national (par opposition à l'héroïsme impérialiste) et les donne en exemple aux peuples opprimés de son époque. Le choix du sujet reflète la fascination des intellectuels français pour l'histoire de l'Angleterre. Mais Thierry veut avant tout battre en brèche le mythe de l'unité de l'histoire anglaise et de la continuité de son développement constitutionnel. Il montre comment l'unité primitive et « naturelle » des peuples celte et saxon a été détruite par l'invasion normande et comment la population a été divisée en factions linguistiques, politiques, sociales et culturelles rivales, ouvrant la voie à des siècles de conflits sanglants, de rébellions, de révolutions et de guerres civiles. Le modèle anglais, tant vanté pour son goût des solutions négociées et des compromis, loin d'être proposé comme alternative à la France insoumise et méfiante est enraciné dans des conflits dont la violence n'a rien à envier à la Révolution française. En fait, pour Thierry, l'histoire de l'Angleterre était, en raccourci, de celle de l'Europe. À l'origine de toute nation européenne se retrouve la même lutte d'une « race » autochtone décidée à défendre son unité « naturelle » contre des envahisseurs étrangers. Les institutions nationales, par conséquent, sont issues de cette résistance à l'oppression étrangère et du compromis entre classes sociales qui, à l'origine, comprenaient différentes entités raciales, linguistiques et culturelles. Marx a été sensible à cette interprétation des différences de race en termes de différences de classe et à cette interprétation de l'Histoire qui soumettait le social au politique. Thierry, a-t-il dit, est « le père de la doctrine de la lutte de classe dans l'historiographie française ».

Thierry ne présentait pas son histoire comme un travail scientifique. Comme Barante, il ne travaillait que sur des sources publiées, ne consultait pas le matériel d'archives et misait surtout sur des effets de vraisemblance utilisant les techniques narratives de Scott. Comme Barante aussi, il exploitait la couleur locale, au point d'archaïser l'orthographe des noms propres saxons, celtes et anciens français. Pour lui, ce n'était pas un simple anachronisme, mais une contrevérité, que d'appeler « Français » les « Franks ».

Le peuple dans son ensemble est le héros véritable de toute histoire nationale. Le peuple, et non les grands hommes ou les institutions politiques. Les oppressions, conflits et violences qui façonnent l'histoire de chaque nation sont l'effet d'une chute qui a fait passer les peuples d'une unité primitive à un état de division. Le progrès, pour une nation, se mesure à sa capacité de retrouver cette unité perdue.

Après la révolution de 1830, dont il fut un avocat fervent, Thierry en vint à considérer le tiers état comme le moteur et le bénéficiaire de ce progrès historique. Dans son *Essai sur l'histoire de la formation et des progrès du tiers état* (1859), il décrit la classe moyenne comme l'incarnation historique de la « raison » et de « l'esprit d'industrie » qu'il oppose à « l'esprit de conquête ». Sa mission est de montrer le chemin vers un avenir éclairé, humain et pacifique.

L'œuvre de Thierry a rencontré un succès considérable auprès de la bourgeoisie ; elle lui a fourni un modèle de conscience historique dont l'efficacité durera tout au long de la monarchie. Elle sera pourtant bientôt éclipsée par Michelet, Louis Blanc et Lamartine, dont les histoires de la Révolution française, parues en 1848, témoignent d'une érudition, d'une ferveur dans l'engagement social et d'une puissance évocatrice auprès desquelles l'œuvre de Thierry pâlit. Leur apparition et le choc produit sur la société et la culture françaises par la révolution de 1848-1851 ont fait entrer l'historiographie, le romantisme et le libéralisme français dans une nouvelle étape de leur développement.

Voir aussi 1677, 1799, 1889, 1942.

Bibliographie : M. de Barante, *Histoire des ducs de Bourgogne de la maison de Valois, 1364-1399* (Paris, Garnier, 1858). Auguste Mignet, *Histoire de la Révolution française depuis 1789 jusqu'en 1814* (Paris, Ladvocat, 1824). Stendhal, *Racine et Shakespeare*, éd. Henri Martineau (Paris, Le Divan, 1928). Augustin Thierry, *Œuvres complètes* (Paris, Furne et Cie, 1851). Adolphe Thiers, *Histoire de la Révolution française* (Paris, Le Cointe et Durey, 1824).

Hayden White

1827, février

Charles-Augustin Sainte-Beuve oublie de soumettre à l'Académie française son *Tableau historique et critique de la poésie française du* XVIe *siècle*

L'invention de la Renaissance

« Le temps des imitations est révolu : nous devons créer ou traduire », proclamait Émile Deschamps dans la préface de ses *Études françaises et étrangères* (1828, p. 48), l'un des nombreux manifestes romantiques parus à la fin des années 1820. Plutôt que d'être défini par une doctrine spécifique, le romantisme pourrait l'être, en fait, par son refus de tous les canons : il ne faudrait suivre aucun modèle, l'imitation en tant que telle serait interdite. René Girard voit à juste titre dans le culte de la spontanéité et de l'originalité, et donc dans la crainte de l'imitation, le cœur même de ce qu'il entend par « romantique ». La chose étrange est que les romantiques ont voulu lier cette esthétique anti-imitative à la promotion de la Pléiade, école qui fondait son inspiration sur l'émulation poétique et la rivalité mimétique avec l'héritage classique. Patronage paradoxal : l'une des règles de Joachim du Bellay dans la *Défense et illustration de la langue française* (1549) était l'inverse exact de celle de Deschamps – ne traduisez ni le latin ni le grec ; imitez en français.

Il est vrai que cet engouement pour la Pléiade ne fut pas, au XIXe siècle, le fruit d'un intérêt théorique mais plutôt historique. Ce rejet romantique du canon classique s'accompagnait d'une révision de l'histoire littéraire. Le titre que devait donner Germaine de Staël à l'un de ses fameux ouvrages est symptomatique : *De la littérature considérée dans ses rapports avec les institutions sociales* (1800). La vision dogmatique d'une beauté intemporelle cédait le pas à une approche sociohistorique qui replaçait l'art dans son contexte. Aussi les classiques français n'étaient-ils pas tant rejetés que relativisés : ils n'étaient plus l'émanation d'une doctrine esthétique universelle ; ils ne faisaient qu'exprimer les valeurs de leur époque : celle de Louis XIV. Si aucun siècle n'a égalé celui de Louis XIV en perfection, c'est qu'aucun autre siècle n'a choisi la perfection pour idéal. Le règne de l'uniformité autocratique est terminé pour l'art. Sous la nouvelle bannière pluraliste, l'intéressant supplante le beau. « La beauté n'a qu'un seul type ; la laideur en a plusieurs », déclarait Hugo dans sa *Préface de Cromwell* en 1827. Les jeunes écrivains qui s'opposaient au classicisme se tournèrent alors vers ce à quoi s'était opposé le classicisme lui-même. Une sorte d'Ancien Testament littéraire refit soudain surface, sous le signe du « pas encore » : tout ce que Malherbe (1555-1628) avait condamné à l'ombre en codifiant la prosodie. Cette version, prétendument restituée, du XVIe siècle avait des limites historiques extrêmement flexibles : dans son *Tableau historique et critique de la poésie française et du théâtre français du XVIe siècle* (1828), Sainte-Beuve l'étendait jusqu'à l'*Astrée*, d'Honoré d'Urfé (1607-1627), à Malherbe et à la querelle du *Cid* (1637). Et Théophile Gautier, dans *les Grotesques* (1844), après avoir cité un poème écrit en 1622 par Théophile de Viau, soupirait : « Admirable XVIe siècle ! » Touchant anachronisme : selon lui, Théophile et la société qui l'entourait étaient dignes d'appartenir au XVIe siècle plutôt qu'au XVIIe (p. 131).

Le XVIe siècle des romantiques se prolongeait jusqu'au moment où Malherbe et Boileau l'ont condamné ; la Renaissance émergeait avec toute la vivacité d'une scène primitive refoulée par la censure du siècle de Louis XIV. La castration est une image souvent mentionnée : Charles Nodier, par exemple, dans son essai de 1831 sur Cyrano de Bergerac, compare Boileau à un eunuque ; et Hugo, dans sa préface de 1826 à *Odes et ballades*, décrit les jardins de Versailles comme le triomphe de l'élagueur : les arbres y sont soumis au même traitement que ceux de Verrières au début du roman de Stendhal, *le Rouge et le Noir* (1830).

Cette résurrection du « XVIe siècle », liée à la vogue romantique de l'historiographie et à l'engouement pour Walter Scott, se nourrissait des turbulences de l'époque plus que de ses productions littéraires. La Renaissance des romantiques est un vaste fourre-tout où les guerres de religion (1562-1598) et les troubles de la Ligue (1589-1591) côtoient les démêlés de la Fronde (1648-1652). Période pleine de panache, où le fier anarchisme de la noblesse n'avait pas encore totalement plié l'échine devant la centralisation monarchique. Alfred de Vigny emprunte aux chroniques de l'époque le sujet de son roman *Cinq-Mars, ou Une conjuration sous Louis XIII* (1826) qui exalte la résistance de la noblesse à Richelieu. Ses héros, deux jeunes nobles, Cinq-Mars et de Thou, sont exécutés sur ordre du cardinal contre qui ils avaient comploté. Dans leur châtiment, Vigny voit la sentence de mort de la monarchie qui, en supprimant la noblesse, a préparé la tourmente révolutionnaire qui devait l'emporter deux siècles plus tard. Dans *1572, chronique du règne de Charles IX* (1829), Mérimée ne professe pas une philosophie de l'histoire aussi clairement formulée. Cependant, à l'époque où il écrivait, sous la Restauration (1815-1830), les libéraux s'inquiétaient de l'influence croissante des ordres religieux. Ce contexte donnait à l'année du massacre de la Saint-Barthélemy (1572) une valeur quasi symbolique.

Cet engouement pour le XVIe siècle ne se limitait pas au roman. En 1829, le premier drame romantique, *Henri III et sa cour*, d'Alexandre Dumas, avait aussi emprunté son sujet à cette période. Les sujets de presque toutes les pièces écrites par Hugo pendant les années de l'agitation romantique sont empruntés à la même source préclassique : sans parler de *Cromwell* (1827), qui n'a pas été joué, *Marion de Lorme* (1829) se déroule en 1638 sous Louis XIII, *Hernani* (1830) en 1519, *Le roi s'amuse* (1832) dans les années 1520, Marie Tudor (1833) en 1553. Et *Lorenzaccio* (1834), d'Alfred de Musset, inspiré d'une nouvelle de *l'Heptaméron*, se déroule à Florence sous les Médicis.

Cette mode du XVIe siècle trouve encore un écho dans les *Illusions perdues*, de Balzac (1843), où Lucien de Rubempré écrit un roman à la manière de Walter Scott, *l'Archer de Charles IX*. Mais Balzac, qui était légitimiste, avait sur le XVIe siècle un point de vue différent de celui des romantiques, qui embrassaient de plus en plus la cause libérale. Dans « Les deux rêves », la troisième partie de son *Catherine de Médicis* (1842), il décrit avec admiration une Catherine qui a fait litière de toute conviction religieuse et qu'anime le plus froid réalisme politique : elle accepte sans broncher la responsabilité du massacre de la Saint-Barthélemy parce qu'elle a compris que le pouvoir ne peut être partagé. Au nom de l'unité du royaume, elle a tout fait pour « abaisser les grands et les puissants ». On ne s'étonnera pas d'apprendre que Balzac n'avait pas une très haute opinion de *Cinq-Mars*.

Cependant aucun auteur romantique n'a eu pour le mythe de la Renaissance la même passion que Stendhal. Mathilde de la Mole, l'héroïne du *Rouge et le Noir*, déteste la vulgarité de son époque. Elle participe pourtant pleinement à celle-ci par la manière dont elle s'en évade : en dévorant les chroniques des guerres de religion laissées par Agrippa d'Aubigné, Pierre de Brantôme ou Pierre de L'Estoile. « Les guerres de la Ligue sont l'époque héroïque de la France », déclare-t-elle avec emphase. « J'aime ce siècle » (p. 289). C'est en vêtements de deuil qu'elle paraît au bal que donnent ses parents pour commémorer l'anniversaire de la mort de son ancêtre Boniface de la Mole, un précurseur de Cinq-Mars, décapité deux cent cinquante ans plus tôt, sur ordre de Catherine de Médicis, pour avoir conspiré contre Charles IX.

Parmi les nombreuses variantes de l'esthétique romantique, celle de Stendhal correspond le mieux à la définition du romantisme proposée par René Girard. Le culte de la spontanéité et de l'originalité, avec la condamnation qui s'ensuit de toute médiation, de toute imitation, peut se résumer dans la double contrainte d'une formule : « Il ne faut pas être comme il faut. » C'est cet impératif qui donne son substrat logique à la « décanonisation » des classiques effectuée dans *Racine et Shakespeare* (1823). Pour Stendhal en effet, Racine était l'exemple même de l'artiste comme il faut, l'homme de cour incarnant une époque qui, au nom de la mesure, avait sanctifié le conformisme. Mais Stendhal n'avait pas attendu la bataille romantique pour s'attaquer à Racine. Dans *Rome, Naples et Florence* (1817), il l'avait déjà relégué au passage dans les rangs des « âmes étiolées par la monarchie » (*Voyages en Italie*, p. 51) et, dans son autobiographie, la *Vie de Henry Brulard* (écrite en 1835-1836, publiée en 1890), il se rappelle qu'enfant il le considérait déjà comme un « plat hypocrite », mort de désespoir parce que Louis XIV ne daignait plus jeter les yeux sur lui (*Œuvres intimes*, p. 780). La Renaissance n'a pas connu l'évangile des bienséances. L'imitation n'y était encore ni un impératif esthétique ni un devoir social. Les passions n'étaient contrôlées ni par la peur du ridicule ni par le respect du décorum, ni surtout par l'intérêt matériel. En 1835, Stendhal a découvert le manuscrit de chroniques de la Renaissance italienne. *La Chartreuse de Parme* (1839) transpose l'une d'elles dans l'Italie moderne. Les autres (qui comprennent *Vittoria Accoramboni* [1837], *les Cenci* [1838], *la Duchesse de Palliano* [1838], *l'Abbesse de Castro* [1839]) composent le volume posthume des *Chroniques italiennes* (1855). Chacune de ces histoires sanglantes présente un bref avant-propos quasi anthropologique, destiné à préparer le lecteur à ce paradis perdu de la violence. De toute évidence, ce n'était pas la qualité littéraire mais la force documentaire qui intéressait Stendhal dans ces histoires d'une brutalité naïve.

La résurrection des écrivains du XVIe siècle par les romantiques devait être surtout centrée sur les poètes. En août 1826, l'Académie française proposa pour son prix d'éloquence de 1828 le sujet suivant : « Le progrès de la langue et de la littérature françaises du début du XVIe siècle jusqu'en 1610. » Sainte-Beuve, alors étudiant en médecine et jeune critique au *Globe*, décida de se présenter au concours. En février 1827, alors qu'il était plongé dans ses recherches sur la Renaissance, il fut invité par Hugo à la lecture de sa *Préface de Cromwell* chez Émile Deschamps. Les conséquences de cette soirée furent fatales : il en oublia de se présenter à temps au concours de l'Académie. Mais en toute chose malheur est bon ; cette mésaventure lui permit de se consacrer à une œuvre d'importance considérable : son *Tableau historique et critique de la poésie française et du théâtre français au XVIe siècle*. L'histoire littéraire y prenait les dimensions d'un manifeste. Sainte-Beuve, qui découvrait Ronsard en même temps qu'il découvrait Hugo, choisit pour lui la position de du Bellay : le *Tableau* devint la « Défense et illustration du Cénacle », ce groupe de jeunes romantiques qui montaient à l'assaut du canon classique. Dans ses propres poèmes (*Vie, poésie et pensées de Joseph Delorme*, 1829), Sainte-Beuve, laissant à Hugo l'ode à la Ronsard, ressuscitait le sonnet, forme plus personnelle qui avait valu à du Bellay, par le ton élégiaque et satirique de ses *Regrets*, d'atteindre à la célébrité. Dans le *Tableau* la nostalgie pour les œuvres du passé sert souvent de prétexte à promouvoir l'école nouvelle. Sainte-Beuve ne cache pas ses intentions : « Je n'ai perdu aucune occasion de rattacher ces études du XVIe siècle aux questions littéraires et poétiques qui s'agitaient dans le nôtre » (p. 3). Tels sont les premiers pas du révisionnisme : on se réclame du XVIe siècle pour légitimer le XIXe. En fait, le romantisme, nous montre Sainte-Beuve, s'inscrit dans une continuité historique qui avait été interrompue par la négativité du classicisme. Cette nouvelle perspective fait apparaître le Grand Siècle comme un simple épisode, une sorte d'intermède, une parenthèse ouverte à l'intérieur de la tradition nationale. « Cette fête monarchique de Louis XIV, célébrée à Versailles entre la Ligue et la Révolution de 1789, nous fait l'effet de ces courts et capricieux intermèdes qui ne se rattachent point à l'action du drame » (*ibid.*, p. 281).

Cependant les romantiques ne pouvaient se contenter de reprendre les choses au point où elles se trouvaient à la naissance du classicisme. Dans un article sur Hugo écrit en 1829, Sainte-Beuve oppose l'usage que le poète romantique fait de l'ode à celui qu'en faisait Ronsard ; Hugo, écrit-il, est le poète qui a véritablement créé le chant lyrique en France. « Ronsard s'est contenté, avec cette forme, de se livrer à des études qui, bien que dignes d'estime, sont des ratages » (*Œuvres*, p. 297). L'objectif était moins de revenir à Ronsard que de mener à terme les promesses que celui-ci n'avait pas eu le temps de remplir. La même année, Hugo écrivait, non sans amertume, dans la préface des *Orientales* : « Les autres peuples disent : Homère, Dante, Shakespeare. Nous disons : Boileau » (*Œuvres complètes*, p. 496). La réhabilitation de la Pléiade par les romantiques ne devait jamais aller jusqu'à canoniser Ronsard. Le *Tableau* de Sainte-Beuve n'est pas un « Racine et Ronsard » comparable au *Racine et Shakespeare* de Stendhal. Les romantiques ont fouillé en vain le XVIe siècle : ils n'y ont pas trouvé le Shakespeare français qu'ils espéraient. Faute d'imiter Boileau, il faut traduire Shakespeare. Sainte-Beuve partage cette vue : les autres « renaissances » nationales, dit-il, avaient leur Dante, leur Shakespeare, leur Cervantès. « En France, malheureusement, rien de pareil n'arriva [...] Plus j'y réfléchis et moins je puis croire qu'un homme de génie apparaissant du temps de Ronsard n'eût pas tout changé » (*Tableau*, p. 280). Le génie, dira Valéry, n'est qu'une « longue patience ». La morale de l'histoire serait donc que la France a eu le génie d'attendre. Et le Shakespeare dont la France avait manqué est enfin apparu. Hugo avait écrit : « Boileau. » Mais Sainte-Beuve est là pour rectifier : « La poésie du XVIe siècle eut le sort d'une imprudente échauffourée d'avant-garde [...] L'honneur de recommencer et de poursuivre ce savant travail de mécanisme était réservé à Victor Hugo » (*ibid.*, pp. 165, 283).

Les relations entre Hugo et Sainte-Beuve devaient se gâter, tout comme devait se ternir l'image que se faisait Sainte-Beuve de la poésie du XVIe siècle. Quand, en 1842, il réédita son *Tableau*, ce qui, en 1828, était une introduction à la poésie romantique, devint une « introduction à l'histoire de notre poésie classique ». La Pléiade n'était plus un romantisme avant la lettre mais « notre première poésie classique avortée ». Le romantisme, lui aussi, était sur le déclin : au lieu de tenir les promesses du XVIe siècle, il s'était contenté de répéter l'échec de la Renaissance. « En ce sens, la poésie française du XIXe siècle et celle du XVIe ont peut-être en cela un rapport de plus pour la destinée : l'espérance y domine. Il y eut plus de fleurs que de moisson » (*ibid.*, p. 1-2). L'histoire littéraire reposait désormais sur un schéma évolutif qui conduisait, à travers le XVIe siècle et le début du XVIIe, aux chefs-d'œuvre parfaits, c'est-à-dire français, que sont les pièces de Molière et de Racine. Il n'y avait plus de mise entre parenthèses, plus de résurgence : le XVIe siècle n'avait plus de valeur en soi, il n'était que le « brouillon » du Grand Siècle.

Même revirement chez Théophile Gautier. Après avoir lu l'*Art poétique*, de Boileau, dans le seul but de réunir les noms proscrits, il avait fait redécouvrir, dans une série de portraits brossés à la diable, les victimes des « régents du Parnasse », Malherbe et Boileau : François Villon, Théophile de Viau, Antoine de Saint Amant, Cyrano de Bergerac, Paul Scarron. Dix ans plus tard, il rassemble ces études dans *les Grotesques*. Mais il n'avait plus le même enthousiasme. « Nous ne proposons en aucune façon comme des modèles les pauvres victimes de Boileau » (*les Grotesques,* p. XII).

« Il est des siècles littéraires plus parfaits que le XVIe ; mais il n'y en a pas de plus énergique ni de plus puissant », écrivait Jean-Jacques Ampère, l'historien romantique de la littérature. « Temps prodigieux où toutes les puissances de la nature humaine coexistaient pêle-mêle dans un chaos fécond ; temps de l'enthousiasme et de l'ironie, de la poésie et de la science, de l'art et de la politique, du fanatisme religieux et de l'élan philosophique ! » (*Mélanges d'histoire littéraire et de littérature*, p. 389). Gautier s'exprime dans les mêmes termes : « Siècle fécond, touffu, plantureux, où la vie et le mouvement surabondent [...] Querelles de théologie, émeutes, duels, enlèvements, [...] repues franches dans les cabarets [...] Quel mélange inouï, quel inconcevable chaos ! » (*les Grotesques*, pp. 88-89). Et Sainte-Beuve décrit « cette audacieuse et insouciante façon de style, sans règles et sans scrupules, qui marche à l'aventure comme la pousse la pensée » (*Tableau*, p. 283). Tandis que le classicisme avait constitué une esthétique de la contrainte, la Renaissance apparaissait comme un siècle sans réserve – un siècle protéiforme à l'enthousiasme débridé, un siècle d'avant la censure. Siècle sans réserve aussi en un autre sens : il ne laissa rien d'exemplaire, aucun modèle à imiter, aucun Shakespeare. À la différence des autres littératures nationales, « nous manquions, nous autres, de ces immenses lacs sacrés en réserve pour les jours de régénération ». Mais ce siècle sans colosse était en lui-même colossal. D'une certaine façon, il avait pour emblème le polymorphisme chaotique du personnage de Cromwell créé par Hugo, « l'Homme-Protée », à la fois soldat, homme d'État, théologien, pédant, mauvais poète, visionnaire, bouffon, père et mari (*Préface de Cromwell*, p. 78). L'unité de sujet était devenue la multiplicité de l'homme. La Renaissance elle-même avait fini par devenir un drame romantique.

Voir aussi 1512, 1550, 1627, 1674, 1799, 1823, 1827 (décembre).

Bibliographie : Jean-Jacques Ampère, *Mélanges d'histoire littéraire et de littérature*, vol. Ier (Paris, Michel Lévy, 1867). Honoré de Balzac, *Sur Catherine de Médicis*, éd. Nicole Cazauran, in *la Comédie humaine*, éd. Pierre-Georges Castex, vol. II (Paris, Gallimard, 1980). Émile Deschamps, *Études françaises et étrangères*, éd. Henri Girard (Paris, Presses Françaises, 1923). Théophile Gautier, *les Grotesques*, in *Œuvres complètes*, vol. III (Genève, Slatkine Reprints, 1978). Victor Hugo, *les Orientales*, éd. Jean Meschonnic, *Préface de Cromwell,* éd. Claude Duchet, in *Œuvres complètes*, éd. Jean Massin, vol. III (Paris, Club Français du Livre, 1967). Charles Augustin Sainte-Beuve, *Œuvres*, éd. Maxime Leroy, vol. Ier (Paris, Gallimard, 1956) ; *Tableau historique et critique de la poésie française et du théâtre français au XVIe siècle* (Paris, Charpentier, 1869). Stendhal, *le Rouge et le Noir* (Paris, Garnier, 1973) ; Rome, Naples et Florence en 1817, in *Voyages en Italie*, éd. Victor del Litto (Paris, Gallimard, 1973) ; *Vie de Henry Brulard*, in *Œuvres intimes*, éd. Victor del Litto, vol. II (Paris, Gallimard, 1982). René Girard, *Mensonge romantique et vérité romanesque* (Paris, Grasset, 1961). François Rigolot, « Sainte-Beuve et le mythe du XVIe siècle », *l'Esprit créateur*, n° 14 (1974), pp. 35-43.

François Rigolot

1827, décembre

Avec sa *Préface de Cromwell*, Victor Hugo formule la charte esthétique du romantisme

Drame

Les querelles littéraires ou artistiques qui ont marqué le règne de Charles X occupent, dans les journaux de l'époque, une place qui semble excessive, dans la mesure où elles sont empreintes de confusion. On distingue mal entre règlements de comptes politiques, défense de situations acquises et conflits de générations.

Les vrais problèmes esthétiques se trouvent ainsi occultés par des amalgames trompeurs entre le conservatisme politique et la jeune génération romantique, tandis que les institutions, qu'elles soient issues de l'Empire ou nées de la Restauration, condamnent systématiquement tout ce qui se démarque, aussi peu que ce soit, de la tradition néo-classique.

Depuis la querelle du *Cid*, le théâtre a été, en France, un champ de bataille privilégié. Une lecture partielle de la *Poétique* d'Aristote avait abouti à la formulation d'une doctrine rigide et presque immuable. La suprématie du théâtre, et en particulier de la tragédie, la fixité des règles qui le régissent, expliquent que les jeunes écrivains aient tenté leur chance et qu'ils aient rencontré des résistances sévères. Lorsque le théâtre prospère, ce qui était le cas sous la Restauration, il y a beaucoup d'argent à gagner, et il devient difficile d'apprécier, parmi les réactions les plus farouchement conservatrices, ce qui est dû à des convictions esthétiques et ce qui s'explique par la volonté de préserver des privilèges.

Les Parisiens vont beaucoup au spectacle. Chaque genre a ses producteurs attitrés, ses théâtres et ses acteurs préférés. On peut voir des mélodrames, des vaudevilles, des comédies et des tragédies classiques, auxquelles se sont mêlées quelques tragédies un peu hybrides qui se réclament de la poésie nouvelle mais qui sont, pour nous, difficiles à distinguer de la production traditionnelle. En 1820, les spectateurs de la Comédie-Française ont fait connaissance, par une adaptation assez timide de Pierre Lebrun, avec la *Marie Stuart* de Schiller. Ils ont aussi la possibilité d'assister à des représentations en anglais de pièces de Shakespeare (en 1822 et 1827). Les jeunes écrivains, qui disposaient de traductions acceptables, avaient ainsi l'occasion de réfléchir sur des formes dramatiques plus souples, capables de sortir le répertoire théâtral de sa stagnation. La traduction, en 1827, de *Faust,* de Goethe, par un jeune poète qui va devenir un des plus grands, Gérard de Nerval, aurait pu, elle aussi, jouer un rôle dans le mouvement d'émancipation. Mais la théorie des genres, qui assure la pérennité et la fixité des genres « nobles » (tragédie et haute comédie), limite fortement les innovations, surtout lorsqu'elles viennent d'ailleurs : un fort courant de xénophobie, entretenu par les nostalgiques de l'Empire, libéraux et bonapartistes confondus, qui voyaient dans les traités de 1815 une intolérable humiliation infligée à la France, et aussi par les royalistes contraints de se livrer à une surenchère nationaliste, s'oppose systématiquement à tout ce qui pourrait être considéré comme étranger au génie national. Il faudra attendre *Henri III et sa cour,* d'Alexandre Dumas (1829), pour qu'un drame romantique original soit enfin joué – à la Comédie-Française !

Cromwell, de Victor Hugo, enrichi d'une préface demeurée célèbre, n'a jamais été représenté. Dès 1827, année de sa parution, il fut cependant commenté et critiqué dans des publications importantes comme *le Journal des débats*, *le Globe*, et *la Gazette de France*. Le texte et la préface étaient assez provocateurs pour susciter des réactions vigoureuses.

La *Préface de Cromwell* est un texte fort. L'habileté de Hugo tient d'abord à la présentation. Pour rompre avec la normativité esthétique qui fausse nécessairement le débat, il présente son point de vue comme une simple constatation, fondée sur une analyse qui embrasse hardiment toute l'histoire de l'humanité, divisée en trois grandes périodes. Pour lui, l'époque qu'il qualifie de moderne possède, comme les deux autres, une forme littéraire spécifique : le drame. Ce terme de « moderne » désigne la totalité de l'ère chrétienne et permet de fondre dans le même creuset l'art médiéval et la Renaissance, Dante et Shakespeare, les cathédrales et Michel-Ange. Le « siècle de Louis XIV », trop tourné vers les valeurs archaïques du monde pré-chrétien caractérisé par l'épopée, se trouve ainsi marginalisé, les théories du beau et leur cortège de règles devenant, à l'échelle de l'histoire, insignifiantes. Il suffit de montrer que la dictature du beau tel que le conçoit l'école classique n'est qu'un épiphénomène, et que l'esthétique moderne implique un dualisme artistique, en accord avec le dualisme chrétien fondamental. Le drame se définit alors comme la forme capable de traduire l'opposition de l'esprit et de la matière, du beau et du laid. Rendre compte du réel, pour l'écrivain « moderne », ce sera donc en premier lieu refuser d'établir une hiérarchie des sujets en fonction de critères esthétiques a priori, et une volonté de faire droit à tout ce qu'écartaient les discriminations de l'ère classique : la monstruosité coexistant, dans la réalité, avec le sublime – et l'on s'étonne de ne pas voir ici apparaître le nom de Geoffroy-Saint Hilaire – a donc droit à l'existence littéraire et artistique que d'aucuns lui refusent. Le double d'ombre que fait apparaître le mal, cet élément irrationnel, au creux de la création divine, a un nom : le « grotesque ». S'opposant au beau idéal, il lui donne, en vertu d'une loi de complémentarité, un plus grand rayonnement et une pureté nouvelle. Il doit être au cœur du drame (pris dans sa plus large acception), parce qu'il est au cœur de la modernité.

Alors que Stendhal et les « prosaïstes » du *Globe* avaient prôné, pour le drame moderne, l'emploi de la prose, afin de se dégager des lourdeurs conventionnelles de l'alexandrin, Hugo croit à la nécessité du vers. Le réalisme tel qu'il le conçoit est, par essence, poétique, concentration, plutôt que miroir du réel. Pour lui, on ne saurait échapper à la « routine » en livrant le théâtre au « commun ». Le vers devra être préféré à la prose en raison de sa plasticité, et du pouvoir qu'il a de parcourir le spectre entier des émotions. La réflexion sur l'histoire, par laquelle Hugo échappait aux esthétiques normatives, débouche donc sur une réflexion très technique sur l'alexandrin. À la métrique contraignante, surchargée de prescriptions paralysantes et plus encore d'interdictions injustifiées qui maintiennent le vers dans une voie moyenne, aussi étrangère à la simplicité et à la verdeur du quotidien qu'aux élans de la haute poésie, il importe, pour Hugo, de substituer une forme souple, capable de couvrir la totalité du champ expressif, et de dire, comme Molière, les trivialités de la vie, et, comme Corneille, sa sublimité. Le recours aux exemples français était de bonne guerre. Il ne faut pas, cependant, se dissimuler qu'il s'agit, dans l'esprit de Hugo, d'une véritable révolution culturelle, en forgeant les instruments d'une saisie totale du monde. Le temps viendra où l'auteur de *Cromwell* donnera à son ambition une forme plus explicite : « Pourquoi maintenant ne viendrait-il pas un poète qui serait à Shakespeare ce que Napoléon est à Charlemagne ? »

Les contemporains se sont attachés plus que nous au texte même de la pièce. Que sa longueur la rende injouable permet aux deux partis de justifier leurs critiques ou de pardonner certaines faiblesses. Ils insistent généralement, d'une manière un peu rituelle, sur des licences de versification ou des prosaïsmes qui leur paraissent d'autant plus condamnables que l'alexandrin passe pour une forme noble. *Le Journal des débats*, très représentatif d'une arrière-garde qui se veut, politiquement, modérée, donne le ton. L'auteur et ses amis, d'ailleurs, ne refusent nullement de se placer sur ce terrain, et Sainte-Beuve souligne, dans un article de janvier 1829, que Hugo a donné là l'exemple de ce que doit être le « véritable style et véritable vers du drame moderne ». Ce que l'on comprend moins peut-être, c'est la transparence de la dramaturgie, nécessaire dans un théâtre qui vise un public beaucoup plus large que celui de la tragédie. La création d'une sémiotique des costumes et des couleurs, et le recours à des procédés dramatiques simples (aparté, utilisation du groupe des fous dans un rôle proche de celui d'un chœur ou d'un récitant) ou plus complexes (éclatement de ce qui serait dans le théâtre classique un personnage secondaire en une multiplicité de voix anonymes, réduction des conspirateurs puritains à des noms pittoresques) contribuent à faire de cette pièce un point de repère dans l'histoire du théâtre français. Quand bien même son inspiration serait shakespearienne, elle n'en resterait pas moins le relais capital entre les formes les plus fortes du théâtre « moderne » antérieur du XVIIe siècle et leurs avatars plus récents. Les meilleures pièces de Musset, longtemps restées à l'état de *Spectacle dans un fauteuil*, et l'admirable *Soulier de satin,* de Paul Claudel, qui attendra, pour être joué intégralement, l'année 1987, seront à bien des points de vue des héritiers de cette tradition où le *grotesque* est roi.

L'affirmation selon laquelle il existe une spécificité de l'ère moderne, le réalisme compris comme réfraction et condensation, les revendications en faveur de la liberté du poète, et la théorie, promise à un bel avenir, de l'égalité des mots et des choses aux yeux du créateur avaient des conséquences précises sur la poétique, au sens le plus général du terme. Le mot de « drame » lui-même ne désigne pas seulement, on le comprendra bientôt, ce qui appartient au domaine scénique, mais une tonalité et un dynamisme qui peuvent être aussi bien romanesques, et même lyriques. Si le drame est la forme spécifique de l'ère moderne, c'est que la situation de l'*homo christianus* est dramatique.

Le premier romantisme avait essentiellement mis l'accent sur la thématique. La poésie des ruines, le lyrisme de l'intimité et de la cruauté, le retour aux « antiquités nationales » et, en particulier, à la littérature et à l'architecture du Moyen Âge, avaient joué un rôle primordial en élargissant considérablement le domaine de la littérature et en déplaçant l'accent de l'universel vers le particulier. La découverte du moi dans sa singularité, de l'autre dans sa différence, l'exploration poétique de l'espace et du temps, apparaissaient comme des acquis. Hugo, dans ses premiers recueils poétiques (*Odes et poésies diverses* de 1822, *Nouvelles Odes* de 1824, *Odes et Ballades* de 1826), avait contribué au rajeunissement en ressuscitant le motif du poète-mage prêchant dans le désert, et en réinventant une poésie cosmique dont il deviendra, dans sa pleine maturité, le maître incontesté. Dans la *Préface de Cromwell,* il va dans le même sens, en soulignant le caractère moderne de la mélancolie. Ainsi se met en place, de manière consciente, un ensemble bien structuré qui est vu par les intéressés eux-mêmes comme un état d'esprit et une vision du monde. Ce qu'il y a pourtant de plus significatif, c'est que même chez les théoriciens du *Globe,* qui semblaient sur ce point plus timides, une réflexion s'amorce sur les moyens à mettre en œuvre pour dépasser la question du fond. Mais il ne suffit pas, comme ils le font, de parler de « rêverie » ou d'« imagination ». Hugo et après lui Sainte-Beuve comprennent qu'il faut aussi aborder de front les problèmes de la « poetic diction » et rejeter l'axiome réactionnaire d'André

Chénier, qui résume assez bien le point de vue de ceux qui s'opposent à toute innovation formelle : « Sur des pensers nouveaux faisons des vers antiques. »

Bien que les conséquences de cette réflexion n'aient pas toujours été bien comprises des contemporains, elles ne sont pas passées inaperçues. Paradoxalement, c'est le plus philosophe et le plus doctrinaire des critiques de l'époque, Pierre Leroux, qui dirigeait alors *le Globe*, qui comprit le mieux les enjeux. Dans un article intitulé « Littérature : du style poétique » (8 avril 1829), consacré principalement aux *Orientales* qui venaient de paraître, Leroux, en complet désaccord avec la plupart de ses collègues, prend la défense de Hugo en expliquant que ce dernier vient de changer les règles fondamentales du jeu poétique en adoptant le « style symbolique » : grâce à cette révolution, le français, langue trop exacte, était en mesure de « faire entendre » ce qu'auparavant il ne savait que « dire ». Pour Leroux, le recours systématique au symbole (mot qui, pour lui, désigne tous les tropes de type métaphorique) aboutit à une spiritualisation des données matérielles, à une fusion de l'idée morale et de l'image physique, et à une intériorisation du monde extérieur. C'était redonner sens à la phrase prophétique du jeune Hugo, dans la préface des *Odes* de 1822 : « La poésie, c'est tout ce qu'il y a d'intime dans tout. »

La reconnaissance d'une relation intime entre le symbolisme et la poésie visuelle était, à l'époque, lourde de conséquences. Une des accusations les plus fréquentes lancées alors contre la poésie de Victor Hugo était celle de « matérialisme poétique ». Sainte-Beuve, après avoir reproché à Hugo son imagination qui se laisse « prendre par les yeux », avait, dans *Vie, poésies et pensées de Joseph Delorme* (1829) répondu à ces assertions en se faisant le défenseur du pittoresque et du mot propre. Sur ces deux points, essentiels à la doctrine romantique, *les Orientales* avaient été une éclatante démonstration. La recherche de la couleur locale avait été, pour Hugo, l'occasion d'enrichir systématiquement le lexique et de limiter ainsi les excès périphrastiques dont les poètes néo-classiques s'étaient rendus coupables. C'est pourquoi *les Orientales* ont été, pour les plus jeunes et les plus audacieux poètes du temps, un livre séminal, et que tous ceux qui, au cours du siècle, chercheront à promouvoir les doctrines de « l'art pour l'art », comme Théophile Gautier, s'y référeront sans cesse. La poésie française ne serait pas ce qu'elle est devenue si Hugo n'avait pas, un beau jour de 1828, inventé une audacieuse métaphore visuelle qui deviendra vite un cliché : « Tout ruisselant de pierreries. »

Il importe, cependant, de ne pas oublier, dans l'équation proposée par Pierre Leroux, le second volet. Trop de critiques ont négligé le corollaire spirituel du visuel qu'implique le « style symbolique », c'est-à-dire son caractère analogique. Sainte-Beuve en avait longuement parlé, en 1825, à propos des poètes « lakistes » anglais, et avait, assez maladroitement, exploité cette veine dans son *Joseph Delorme*, qui devint un peu trop vite l'antidote « intimiste » aux orgies visuelles des *Orientales*. C'est précisément contre cette lecture simpliste de la poésie contemporaine que s'insurge Pierre Leroux. Victor Hugo, auteur de nombreuses odes que Sainte-Beuve lui-même avait qualifiées de « rêveuses », écrira bientôt *la Pente de la rêverie*, que Baudelaire saluera plus tard comme un poème « prophétique ». C'est dans le même article, en 1861, qu'il décrira Hugo comme « l'homme le mieux doué, le plus visiblement élu pour exprimer ce que j'appellerai *le mystère de la vie* », et qu'il exposera en détail la doctrine des correspondances. Chefs-d'œuvre jumeaux et divergents, *les Contempla-*

tions et *les Fleurs du mal* découlent directement, pour l'essentiel, de cette esthétique prophétique dont Leroux avait su repérer les contours.

Le « style symbolique », tel que le pratique Hugo, ne se limite pourtant pas à un recours aux figures de substitution. La lecture de la préface des *Odes et Ballades* de 1826 exposait, à partir d'une grande métaphore filée, une autre ambition : celle de fonder un véritable naturalisme poétique sur une rhétorique appropriée. En opposant l'artifice du jardin à la française, taxé péjorativement de « régularité », à « l'ordre » profond, réel, de la forêt tropicale, Hugo ne se contente pas de rejoindre les versions les plus extrêmes de ce qui pourrait être un baroquisme éternel : il jette aussi, par le rythme de la phrase et par le recours à des énumérations accumulatives, une rhétorique de la démesure, fondamentalement antiaristotélicienne, visant à une adéquation parfaite entre le « fond » et la « forme », et ayant le pouvoir d'accueillir ce que Hugo nommera, en 1834, « tous les accidents possibles de la pensée ». C'est sans doute là la marque la plus durable et la plus personnelle d'un style qui, au-delà des péripéties du « romantisme », fait de Hugo un créateur hors de toute norme.

Nombreux sont les politiques qui ont reproché à Hugo d'avoir écrit que *les Orientales* étaient « un livre inutile de pure poésie ». Ce qui enchante Gautier déplaît naturellement à tous ceux qui recherchent, dans la littérature, des signes d'engagement direct. Il faut encore une fois remarquer que c'est un rédacteur du *Globe*, Charles de Rémusat, qui avait compris, dès 1827, que pour Hugo la prise de conscience politique passait par l'écriture, et que d'écrire *Cromwell* avait affecté profondément son attitude envers la Révolution, Napoléon, et du même coup envers les causes pour lesquelles se battaient ceux qu'on appelait alors les libéraux. Désormais, Hugo pourra légitimement affirmer ce que la confusion du débat avait occulté : que le romantisme est l'équivalent littéraire du libéralisme politique. Nous sommes à la veille de la révolution de 1830.

Voir aussi 1827 (février), 1830, 1834, 1835, 1885 (juin).

Bibliographie : Charles Baudelaire, *Œuvres complètes*, éd. Claude Pichois (Paris, Gallimard, 1975). Victor Hugo, *Cromwell*, éd. Claude Duchet, *Hernani*, éd. Jean Massin, *les Orientales*, éd. Henri Meschonnic, in *Œuvres complètes*, éd. Jean Massin, vol. III (Paris, Club Français du Livre, 1967). Charles Augustin Sainte-Beuve, *Œuvres*, éd. Maxime Leroy, vol. Ier (Paris, Gallimard, 1958). Jean Gaudon, *Victor Hugo et le théâtre. Stratégie et dramaturgie* (Paris, Suger, 1985).

Jean Gaudon

1830, 27-29 juillet

La révolution de Juillet met un terme à la monarchie des Bourbons et donne le trône à Louis-Philippe, le « Roi-Citoyen »

Une crise œdipienne

Trois journées – appelées plus tard les Trois Glorieuses – ont suffi à la révolution de juillet 1830 pour mettre fin à la dynastie des Bourbons. La jeune génération qui, sous la Restauration, s'était sentie réprimée et injustement écartée du pouvoir, allait donner libre cours à son énergie refoulée. Fait significatif, les journalistes étaient à l'avant-garde des événements. Les causes de l'insurrection sont multiples, liées à une crise institutionnelle (les ministres étaient-ils responsables devant les députés ou simplement devant le roi ?) et à des difficultés sociales et économiques, mais son détonateur a été la tentative du gouvernement d'imposer une censure plus sévère. Les journalistes manifestèrent contre la censure préalable – qui pouvait frapper les articles avant même leur parution – et défendirent les imprimeries contre les forces de l'ordre. La suite ne répondit pas aux espoirs que la révolution de Juillet avait fait naître : ce n'est pas une république, mais une « monarchie bourgeoise » qui s'installa. L'héritier de la branche d'Orléans, Louis-Philippe, prit le titre de « Roi des Français » et institua ce que ses partisans décrivaient comme une monarchie constitutionnelle à l'anglaise. Repoussée de dix-huit ans, la véritable épreuve de force éclatera de façon sanglante en 1848. Pourtant, dans l'ordre symbolique de la littérature, 1830 allait être l'année de l'épreuve de force entre partisans de la liberté et de l'ordre, entre les aspirations de la jeune génération et la résistance de l'ancienne.

La Restauration fut une gérontocratie. Les rois – Louis XVIII et Charles X, tous deux frères de Louis XVI – étaient aussi âgés que leurs ministres. Le régime n'avait qu'un objectif : remettre l'Histoire à l'heure de l'Ancien Régime. Les leviers de commande étaient entre les mains de nobles émigrés qui, après avoir cherché refuge à l'étranger pendant les troubles révolutionnaires, s'étaient réinstallés dans leurs hôtels du faubourg Saint-Germain en ignorant les forces que la Révolution avait déchaînées. Pour citer Balzac, la Restauration a été « froide, mesquine et sans poésie » (*la Duchesse de Langeais* [1834], in *la Comédie humaine*, vol. V, p. 939). Balzac, qui n'avait aucune tendresse pour la démocratie, sut pourtant mettre le doigt sur les raisons qui ont empêché la Restauration de recréer une monarchie viable : le pouvoir confié à des hommes qui confondaient leurs intérêts de caste et l'intérêt national, restant indifférents à la jeunesse intellectuelle dans laquelle ils auraient dû voir la gloire de la nation. Au contraire, une monarchie soucieuse de l'avenir aurait fait appel aux talents qui florissaient dans les arts, le journalisme, le commerce – quelle que soit leur origine –, s'assurant la fidélité de ceux qui en 1830 allaient devenir les chefs de la bourgeoisie révolutionnaire. Au lieu de cela, elle les a réduits à ce que Balzac, dans les *Illusions perdues* (1843), décrit comme un « hélotisme » moral, les réduisant à l'état de viveurs dissipant leurs talents dans le désordre d'une opposition irresponsable, à l'image d'un journalisme de plus en plus satirique, opportuniste, soucieux de plaire au public plutôt que de formuler une véritable vision politique.

Le diagnostic de Balzac recoupe d'autres témoignages. L'un des plus célèbres, *la Confession d'un enfant du siècle* (1836), d'Alfred de Musset, peint la génération postnapoléonienne comme une jeunesse atteinte par le « mal du siècle », en proie aux soucis et s'agitant au milieu de ruines. Qu'ils parlent de gloire, d'ambition, d'espoir, d'amour, de pouvoir, on leur répondait : « Faites-vous prêtres ! » La religion, promue force d'ordre social, est la seule carrière qui s'ouvre au jeune héros de Stendhal dans *le Rouge et le Noir* (1830). Même pour ceux qui ne choisissaient pas la soutane, le noir – celui de la redingote moderne, dont l'uniformité avait remplacé les costumes de l'Ancien Régime – était le symbole de cette époque sans espoir. Quand on lui demandait à quoi elle croyait, la jeunesse ne pouvait que répondre : « À rien. » Plus que du désenchantement, c'était de la désespérance.

Il peut sembler paradoxal que les forces qui allaient être responsables du renouveau artistique de 1830 – à la veille de la révolution politique – se soient d'abord reconnues, politiquement, dans le conservatisme catholique et royaliste et, esthétiquement, dans le « médiévalisme ». L'exemple typique est Victor Hugo qui, à dix-sept ans, fonda avec ses frères *le Conservateur littéraire* (1819) avant de collaborer à *la Muse française* (1823) qui combinait conservatisme politique et romantisme esthétique. Les libéraux, pour leur part, entretenaient la nostalgie des philosophes du XVIIIe siècle : le scepticisme et l'esprit de Voltaire leur servaient d'antidote contre un régime décidé à éradiquer le type de pensée et d'écrits dont était sortie la Révolution. Il fallut du temps et des malentendus pour que l'alliance du libéralisme et du romantisme finisse par se produire. Stendhal, dont le romantisme (qu'il appelait romanticisme) était de sources anglaise et italienne, devient une figure clé en constituant le front commun du nouveau, en art comme en politique : son *Racine et Shakespeare* (1823, 1825) affirme l'évolution du goût littéraire. Comment les tragédies classiques de Racine et leur versification rigide peuvent-elles intéresser un public qui a connu, avec la Révolution et les guerres napoléoniennes, les changements stupéfiants de l'histoire moderne ? Donnez-nous quelque chose de neuf, qui se moque de la règle des « trois unités », écrit en prose et sur des sujets répondant à un intérêt vrai. Le romantisme libéral devait trouver sa tribune dans une nouvelle revue, *le Globe*, et Victor Hugo lui-même définir le romantisme, dans la préface d'*Hernani* (1830), comme « le libéralisme en littérature » (*Œuvres complètes*, p. 922).

La première d'*Hernani*, le 25 février 1830, a marqué le triomphe du romantisme qui allait planter son drapeau dans le bastion du conservatisme, la Comédie-Française. Son caractère social avait donné à l'institution théâtrale un prestige tel que, depuis deux siècles, elle était le cœur de la vie mondaine ; un succès sur la plus illustre de ses scènes n'avait pas d'équivalent. *Hernani* fut soigneusement orchestré pour devenir un symbole. Des souvenirs de l'époque nous montrent Hugo s'épuisant à convaincre les acteurs et actrices formés au répertoire classique de s'adapter aux audaces de rythme de ses vers et de prononcer des mots qui détonnait avec le décorum de la tragédie. Le soir de la première, la jeunesse romantique était au complet, rassemblée autour du gilet rouge de Théophile Gautier, comme étaient là, bien sûr, ceux qui s'opposaient, en art comme en politique, au romantisme et à ses chefs. À peine le rideau levé, les vers furent simultanément applaudis et sifflés. Des innovations dont la modestie nous étonne aujourd'hui – une phrase qui, au lieu de s'achever en fin de vers, enjambe sur l'alexandrin suivant, un roi qui demande familièrement : « Quelle heure est-il ? » – déchaînèrent des tempêtes qui se répétèrent soir après soir, secouant un public qui se jouait son propre psychodrame. D'une certaine manière la bataille d'*Hernani* fut une victoire romantique puisque le public suivit : la pièce tint l'affiche, bénéficiant d'une extraordinaire publicité. Pourtant ce succès fut de courte durée. Hugo et les autres dramaturges romantiques (comme Alexandre Dumas) se dirigèrent de plus en plus vers les théâtres du Boulevard où le jeu des acteurs du mélodrame se prêtait mieux à l'emphase de la rhétorique et de l'action de leurs drames.

Étant donné le sujet d'*Hernani*, il est curieux que cette pièce en soit venue à symboliser le triomphe de la jeune génération. Elle semblerait emblématiser le contraire. L'union d'Hernani et de Doña Sol échoue parce qu'elle lui a fait trahir son serment de venger son père, victime du père de Don Carlos, roi d'Espagne. À l'acte IV, Don Carlos, devenu Charles Quint, renonce à la main de Doña Sol pour assumer la charge de l'empire : il pardonne à Hernani et autorise leur mariage. Mais la génération des pères continue de hanter Hermani. À l'acte V, après le festin des noces, au moment de conduire Doña Sol dans la chambre nuptiale, un cor de chasse se fait entendre, suivi de l'irruption du vieux Don Ruy Gomez, protecteur de Doña Sol, qui l'aime lui aussi. Revenons à l'acte III : Hernani, poursuivi par Don Carlos, se réfugie chez Don Ruy qui lui sauve la vie en le cachant derrière le portrait d'un de ses ancêtres. En signe de reconnaissance, Hernani remet sa vie entre les mains du vieil homme Ruy – qui n'aura qu'à sonner du cor pour se la faire livrer. Et c'est justement au seuil du bonheur d'Hernani, quand l'amour de Doña Sol et la restitution de son titre de Don Juan d'Aragon vont enfin mettre un terme à ses malheurs, que Don Ruy choisit d'exiger son dû. Il porte sur lui une fiole de poison qu'il tend à Hernani. Les lois de l'honneur (la pièce est sous-titrée *l'Honneur castillan*) excluent qu'Hernani se dérobe. Doña Sol elle-même ne s'y oppose pas. Elle saisit la fiole, en boit la moitié, puis la tend à Hernani. Ils consomment leur union dans la mort, dans un duo qui évoque un finale d'opéra.

Résumée ainsi, l'intrigue frôle le ridicule. En fait, comme beaucoup de pièces de Hugo, elle se situe dans le droit fil du grand opéra – Giuseppe Verdi (1813-1901) allait la reprendre pour son *Ernani* (1846) avant d'utiliser *Le roi s'amuse*, de Hugo (1832), pour son *Rigoletto* (1851). Malgré une intrigue quelque peu tirée par les cheveux et ses poses grandiloquentes, *Hernani* reste un drame émouvant par sa jeunesse et sa poésie ; par son utilisation des décors, des costumes, de la lumière et des contrastes symboliques ; et, surtout, par l'élan généreux de vers qui ont apporté à la scène française un lyrisme nouveau. Il y a d'ailleurs dans l'intrigue quelque chose de ténébreux, de latent, qui ne manque pas de force sinistre.

Don Ruy est désigné comme « le vieillard qui rit dans les ténèbres » (p. 1027). Il vient faire respecter la loi paternelle, celle qu'Hernani a violée en acceptant de faire la paix avec Don Carlos et de recevoir son épouse de la main de l'ennemi de son père. Son retour est une sorte de retour du refoulé, comme semble l'indiquer la réaction hystérique d'Hernani devant cette ombre qui surgit pour lui rappeler un passé qu'il croyait révolu. La fidélité d'Hernani au serment prêté à Don Ruy, sa renonciation à la vie, à l'amour et au bonheur semblent l'expression d'un sentiment de culpabilité à l'égard de la génération paternelle. Dans ce besoin de s'immoler à la loi des pères, Hugo semble reconnaître que sa pièce est une transgression œdipienne qui demande à être expiée. Les patriarches de la Restauration sont renversés, mais ils triomphent symboliquement, dans leur capacité à punir ceux qui transgressent leur loi. Les psychanalystes pourraient qualifier *Hernani* de formation de compromis.

Le nombre d'œuvres littéraires de l'époque qui évoquent un conflit de générations se terminant par la défaite des fils est étonnant : les pères ont toujours le dernier mot. *La Peau de chagrin* (1831), premier succès de Balzac, en est un exemple. Son héros, Raphaël de Valentin, qui vient de jouer sa dernière pièce de vingt francs, est au bord du suicide quand il découvre, chez un antiquaire, une peau de chagrin magique qui exauce les souhaits de celui à qui elle appartient – mais, ce faisant, elle rétrécit, ce qui raccourcit d'autant la vie de son possesseur. La peau de chagrin symbolise la fusion du vouloir et du pouvoir qui est le rêve de la jeunesse. Raphaël profite de la peau magique en s'adonnant à une vie d'orgies et de plaisirs, imposant au monde ses désirs les plus effrénés. Mais la peau diminuant – dans un rétrécissement postorgasmique –,

Raphaël doit bientôt restreindre ses désirs, vivant en homme prématurément vieilli, conservateur au sens le plus profond du terme puisque seul lui importe désormais de se conserver en vie et donc de renoncer à la satisfaction de ses désirs. La fusion du désir et du pouvoir, représentée par la peau, s'oppose au savoir et à la connaissance, représentés par l'antiquaire : s'il a atteint l'âge de cent deux ans c'est parce qu'il a renoncé à tout désir, a vécu chastement, trouvant son bonheur dans l'observation des autres. À la fin du roman, Raphaël fait un effort pour accéder au monde de la connaissance, il s'isole à la campagne, loin du monde, décidé à suivre « la loi conservatrice de la nature », à devenir un lichen sur un rocher, vivant le moins possible pour vivre le plus longtemps possible. Mais il est trop tard, et la réapparition de sa maîtresse déclenche un dernier accès de désir impuissant où il trouve la mort. Comme beaucoup de jeunes héros de Balzac, Raphaël aura consumé sa jeunesse dans une flambée de désirs. La vie ne se prolonge qu'au prix d'une renonciation au désir, au prix du refus de la dépense de soi impliquée dans le désir – la métaphore implicite est clairement sexuelle : l'orgasme est considéré comme une perte – tandis que la renonciation au désir apporte une sorte de mort-dans-la-vie, dont la meilleure incarnation est l'omniprésent Gobseck, l'usurier décrit comme appartenant au « genre neutre » et qui vit jusqu'à un âge avancé, mais par personne interposée, en prêtant de l'argent que d'autres vont dépenser.

Mais l'exemple le plus accompli et le plus significatif des forces qui s'opposent en 1830 se trouve dans *le Rouge et le Noir*, sous-titré initialement *Chronique de 1830* – curieuse chronique de cette année puisque que la révolution de Juillet n'y figure pas, même si tout semble l'annoncer. Stendhal avait conçu son roman et en avait déjà écrit la moitié lorsque les Trois Glorieuses éclatent ; il raconte qu'il voyait l'insurrection depuis les fenêtres de l'appartement où il corrigeait les épreuves du premier volume. Il a fini le second sans mentionner le changement de régime. Ce silence entraîne certaines incohérences chronologiques : dans les derniers chapitres, Mme de Rênal pense en appeler à Charles X pour obtenir le pardon de Julien Sorel, mais, selon la chronologie interne du roman, Charles X était en exil depuis plusieurs mois. Curieusement, c'est la mort de Julien Sorel, guillotiné à la fin du roman, qui prend la place de cette révolution jamais représentée. Car Julien – comme son héros Napoléon – est un « usurpateur », quelqu'un qui s'est approprié une place à laquelle il n'a aucun droit puisqu'elle ne lui revient pas par héritage. Comme lui-même le dit devant le tribunal qui va le condamner, il est « un paysan qui s'est révolté contre la bassesse de sa fortune » (*le Rouge et le Noir*, p. 463) et si, officiellement, il sera exécuté pour avoir tiré sur Mme de Rênal, symboliquement son exécution trahit la réaction de défense des classes dirigeantes menacées par le succès d'un parvenu énergique (notons en passant que Stendhal a toujours reproché aux vainqueurs de 1830 de ne pas avoir utilisé la guillotine : selon lui, les ministres de Charles X auraient dû être exécutés). On peut voir dans l'exécution de Julien la réaction de classe des nouveaux maîtres de la France – la bourgeoisie des affaires – devant la volonté de la frange prolétarienne à poursuivre la révolution jusqu'à l'instauration d'un régime républicain et d'une société égalitaire. Julien Sorel regarde, au-delà de 1830, vers 1848 et les journées de Juin où le prolétariat se soulèvera contre la bourgeoisie. Pour en rester au contexte de 1830, on notera que les succès remportés par Julien dans sa carrière d'usurpateur lui vaudront – comme ceux d'Hernani – la revanche de la génération des parents. C'est, de la manière la plus explicite et au sens le plus littéral, le père de Julien, un père qu'il a toujours détesté, qui hérite de son fils.

M. de Rênal, maire de Verrières, se plaint de voir ses enfants lui préférer leur nouveau précepteur, Julien : « Tout tend dans ce siècle à jeter de l'odieux sur l'autorité *légitime*. Pauvre France ! » (*ibid.*, p. 138). La légitimité et l'autorité sont en effet inextricablement liées à la question de la paternité. L'intrigue entière et la structure du roman tournent autour des questions politiques clés : à qui la France appartient-elle ? Qui va en hériter ? Julien renonce à la carrière militaire – car l'épopée napoléonienne n'est plus qu'un spectre qu'il faut exorciser – pour une carrière ecclésiastique. S'ensuivent des exercices d'hypocrisie, de dissimulation, de comédie auxquels Julien, prévoyant, s'entraîne. L'esprit de conquête change de terrain ; il abandonne les champs de bataille napoléoniens pour son contexte d'Ancien Régime, la chambre à coucher. Julien séduit d'abord la femme de son patron, Mme de Rênal, puis, monté à Paris, la fille de son nouveau maître, Mathilde de la Mole. Parallèlement, il répudie son père, le charpentier Sorel, et fait acte d'allégeance à une série de figures paternelles – l'abbé de Verrières, Chélan, le sévère directeur janséniste du séminaire, l'abbé Pirard, et l'aristocrate par excellence qu'est le marquis de la Mole. Chacun de ces hommes représente un idéal de paternité. Mais leur nombre montre que Julien ne peut se résoudre à une allégeance stable à l'égard d'un père unique ; il finit toujours par se dérober à l'autorité de chacun. La question de la paternité et de l'autorité est traitée dans une sorte de *glissando* qui culmine avec la paradoxale légitimation de Julien par l'illégitimité.

L'hypothèse selon laquelle il serait le fils illégitime d'un aristocrate (hypothèse jamais confirmée) vient légitimer sa transgression et la place qu'elle lui a permis de s'arroger dans la société. Julien cesse d'être le « monstre » dangereux et inclassable que lui-même déclare être. Il devient un enfant qui, comme dans les romans comiques du XVIIIe siècle, se rend compte en découvrant ses parents que son amour de la grandeur était motivé, et autorisé, par son hérédité. Mais les choses se passent différemment. Au moment précis où tout lui réussit – un brevet de lieutenant dans un régiment de hussards lui permet même de quitter le noir ecclésiastique pour retrouver ses rêves militaires d'autrefois –, sa carrière si soigneusement mise en place s'effondre à la suite d'une série d'actions dont on comprend mal la motivation.

Aucun critique n'est arrivé à justifier de manière satisfaisante le comportement autodestructeur de Julien – lorsqu'il tire sur Mme de Rênal, puis, au cours de son procès, lorsqu'il revendique le statut de paysan révolté. Il est probable d'ailleurs que la fin du *Rouge et le Noir* soit une sorte de scandale qu'il serait regrettable d'atténuer par une explication psychologique. L'autorité du narrateur lui-même semble y être mise en doute. Et si la question de l'héritage de Julien Sorel trouve, au niveau le plus littéral, une solution ironique – puisque le père devient l'héritier du fils – sa version politique, « Qui va hériter de la France ? », reste sans réponse. La mort de Julien Sorel montre la détermination des maîtres de la France à remettre à leur place les plébéiens ambitieux. Mais l'« énergie » – pour citer le mot favori de Stendhal – dans laquelle Julien a puisé sa force ne se laisse pas contenir par une simple exécution. La révolution viendra à son heure.

Il y a maints exemples de conflit de générations dans la littérature de l'époque : qu'il s'agisse des romans de Balzac ou de Stendhal, des pièces d'Alexandre Dumas ou d'Alfred de Vigny – dont *Chatterton* (1835), drame d'un jeune poète voué à la mort par une société qui ne le comprend pas, avait servi d'emblème à une jeunesse engagée dans un combat perdu d'avance contre l'utilitarisme et la gérontocratie –, tous témoignent d'une profonde crise culturelle et politique. La génération romantique a gagné sa bataille. Mais les œuvres qui l'ont fait entrer dans l'histoire littéraire française suggèrent que le prix à payer fut élevé – avec l'utilitarisme triomphe toujours la normalisation sur la révolution. C'est à Guizot, ministre de Louis-Philippe, que la monarchie bourgeoise doit son mot d'ordre : « Enrichissez-vous. » Les beaux jours de la bourgeoisie commerciale et industrielle approchent. Devant cet impératif, l'idéalisme généreux et héroïque des romantiques de 1830 restera impuissant.

Bibliographie : Honoré de Balzac, *la Comédie humaine*, éd. Pierre-Georges Castex, 12 vol. (Paris, Gallimard, 1976-1981). Victor Hugo, *Hernani*, in *Œuvres complètes*, éd. Jean Massin, vol. III (Paris, Club Français du Livre, 1967). Alfred de Musset, *la Confession d'un enfant du siècle,* in *Œuvres complètes en prose*, éd. Maurice Allem et Paul Couvant (Paris, Gallimard, 1960). Stendhal, *le Rouge et le Noir* (Paris, Garnier, 1973). Georges Blin, *Stendhal et les problèmes du roman* (Paris, José Corti, 1954). Victor Brombert, *Stendhal et la vie oblique : l'auteur devant son monde romanesque* (Paris, P.U.F., 1954). Peter Brooks, « Balzac : Representation and Signification », in *The Melodramatic Imagination* (1976 ; réimp., New York, Columbia University Press, 1985) ; « The Novel and the Guillotine, or Fathers and Sons in *le Rouge et le Noir* », in *Reading for the Plot* (1984 ; réimp., New York, Vintage, 1985). Jean Gaudon, *Victor Hugo dramaturge* (Paris, L'Arche, 1955).

Peter Brooks

1833

Charles Augustin Sainte-Beuve dénonce les manquements au réalisme dont George Sand s'est rendue coupable avec *Lélia*

Un scandale d'antiréalisme

Le 29 septembre 1833, *le National* publiait un article de Sainte-Beuve sur *Lélia*, le roman de George Sand paru quelques mois plus tôt. Contre toute attente, il ne rattache pas l'œuvre au contexte des grands mouvements littéraires contemporains, mais à ce qu'il appelle un « singulier mouvement moral et littéraire » : mots qui renvoient à l'émergence d'une écriture féminine en France (*Portraits contemporains*, vol. Ier, p. 495). Comme le remarque Sainte-Beuve, il y a toujours eu des femmes, minorité issue de milieux privilégiés, qui ont pratiqué une variété de genres littéraires ; mais il a fallu attendre la fin de la Restauration, avec son souci des formes et son « vernis moral », ainsi que l'expansion du saint-simonisme, avec ses rêves d'harmonie sociale et d'égalité sexuelle, pour que les femmes se mettent à écrire. Sous la seule monarchie de Juillet (1830-1848), on compte en France autant de femmes de lettres qu'au XVIIIe siècle et, pour la première fois, des femmes issues des classes laborieuses (Elisa Mercœur, Louise Crombach) côtoient des bourgeoises (Marceline Desbordes-Valmore, Louise Colet) et des aristocrates (Delphine de Girardin, qui signe vicomte Charles de Launay ; Marie d'Agoult, qui signe Daniel Stern). Sainte-Beuve a raison : il s'agit bien de l'émergence d'un courant d'écriture féminine au sens plein du terme.

Il le rattache au mouvement général de libération et de démocratisation que connaît la France d'après 1830 : « Aujourd'hui donc, de toutes parts, les femmes écrivent ; chacune a son secret, son roman douloureux à l'appui du plaidoyer d'émancipation, et chacune le livre » (*ibid.*, vol. Ier, p. 496). Les femmes peuvent devenir auteurs sans être aristocrates et les convenances ne leur interdisent plus de revendiquer leur droit à la liberté et à la justice. Au lendemain de la Restauration, d'après Sainte-Beuve, la production littéraire féminine se serait caractérisée par la thématisation des intérêts féministes ; non seulement les femmes écrivaient, mais ce qu'elles écrivaient se rapportait à la condition féminine. Quelle que soit l'originalité de *Lélia*, ce roman doit être replacé dans ce contexte : il s'agit de l'œuvre la plus remarquable d'un vaste courant. Sand y tient une place éminente depuis ses premiers gestes d'indépendance littéraire : après *Indiana* (1832) et *Valentine* (1832), *Lélia* est le troisième volume d'un triptyque féministe.

Le féminisme de Sand a cessé d'être un dogme intangible. Diverses féministes, critiques ou historiennes, ont montré ses complaisances à l'égard d'un régime qui la vénérait comme une exception ; pour admirable qu'ait été, individuellement, sa révolte contre les injustices du régime patriarcal, elle n'a jamais été tentée de la prolonger vers un mouvement collectif d'action politique de masse. Elle a marqué plus d'une fois sa distance à l'égard des saint-simoniens, notamment en 1848, en refusant de représenter les femmes aux élections législatives et, vraie disciple de Rousseau, en affirmant l'inégalité des sexes (voir en particulier ses *Lettres à Marcie*, 1837). En quel sens peut-on néanmoins parler de féminisme à propos des romans de Sand, et surtout des premiers ?

Indiana, *Valentine* et *Lélia* s'attaquent tous trois au mariage, clé de voûte d'un système où les femmes ne sont qu'une monnaie d'échange entre les hommes. C'est à l'occasion d'*Indiana* que la romancière utilise pour la première fois son pseudonyme masculin. Ce roman lui vaudra une célébrité immédiate. L'héroïne, Indiana, est une jeune femme, originaire de l'île Bourbon, mariée à un homme brutal et plus âgé qu'elle. Sensible aux charmes du cynique séducteur, Raymon de la Ramière, la pure – et virginale (le mariage blanc est un motif fréquent de la littérature antimariage de cette période) – Indiana ne va pourtant pas jusqu'à l'adultère. Après la mort de son mari, et au cours d'un épilogue dont l'invraisemblance a fait couler beaucoup d'encre, Indiana survit à un pacte de suicide passé avec son cousin Ralph. Indiana et Ralph abandonnent le monde civilisé pour la nature sauvage de l'île Bourbon où, associés dans une relation de chaste camaraderie, ils consacrent leur vie à aider les victimes de l'ordre social.

Dans *Valentine*, les différences de classe compliquent le tableau de la misère conjugale. Jeune héritière aristocrate, Valentine est mariée à un diplomate criblé de dettes qui, après avoir assuré ses droits sur les biens de sa femme, file en Russie, laissant sa jeune épouse – qu'il n'a pas touchée – lutter contre le charme byronien du plébéien Bénédict. La mort des deux amants suit de peu la consommation, longuement différée, de leur passion.

Malgré – ou peut-être à cause de – sa rupture avec les conventions romanesques auxquelles *Indiana* et *Valentine* soumettent le sort de leurs héroïnes, *Lélia* mène à sa conclusion logique la critique du mariage amorcée par ces deux romans. *Lélia* rappelle le portrait de femme dotée d'un génie artistique que Germaine de Staël avait donné dans *Corinne* (1807) : c'est une femme accomplie et admirée, qui mène une vie indépendante, et dont l'existence n'est pas soumise à l'étroite syntaxe narrative du réalisme bourgeois. L'« intrigue » de ce morne hurlement de désespoir relate le dénouement, manqué, des relations de l'héroïne avec le jeune poète idéaliste Stenio. Conduit à la débauche par le refus de Lélia de consommer leur amour, Stenio se suicide. Quant à Lélia, étranglée par un prêtre fou, Magnus, elle sera enterrée près du lac, sur la rive opposée de celle où repose Stenio.

Étant donné les fantasmes érotiques que suffisait à faire naître le nom de Sand, le scandale soulevé par *Lélia* fut d'abord et avant tout de nature sexuelle. Au milieu du roman, Lélia confie à sa sœur, la courtisane Pulchérie, qu'elle souffre d'une infirmité : elle est frigide. Cet aveu choqua les lecteurs qui ne pouvaient imaginer d'écriture féminine autre qu'autobiographique. Mais ce scandale détourna l'attention du cadre plus général, celui de la critique du système patriarcal, à l'intérieur duquel cet aveu prend place. Car, comme Sand le dit dans sa préface la plus ouvertement politique pour *Indiana*, ses romans féministes mettent en jeu l'ensemble des lois auxquelles la vie des femmes est soumise par le système patriarcal : « J'ai écrit *Indiana* avec le sentiment non raisonné, il est vrai, mais profond et légitime, de l'injustice et de la barbarie des lois qui régissent encore l'existence de la femme » (p. 46). L'impuissance de Lélia à ressentir la forme de bonheur sexuel connue sous le nom de jouissance ne relève pas simplement d'une pathologie individuelle. L'impuissance, en tant que telle, est un des symptômes du malaise de la civilisation romantique, comme on le voit avec Octave, le héros suicidaire de l'*Armance*, de Stendhal (1827). Avec *Lélia*, elle symbolise l'effet des lois masculines sur le désir féminin.

Le système de représentations associé à la subjectivité masculine est si profondément enraciné dans le refus de reconnaître la femme comme sujet de désir, que, malgré son féminisme, Sand elle-même est incapable, comme l'a montré Leslie Rabine, de représenter une femme pleinement désirante : d'où les doubles féminins qui prolifèrent dans ses romans. De même que la pureté d'Indiana est achetée au prix de la sensualité de sa sœur de lait Noun – une sensualité vouée à l'échec, car Noun, séduite, engrossée et abandonnée par Raymon, se jette dans la rivière –, la frigidité de Lélia sert de repoussoir au tempérament orgasmique de Pulchérie : « Nous ne nous ressemblions pas, » dit Lélia à Pulchérie. « Plus sage et plus heureuse que moi, vous ne viviez que pour jouir ; plus ambitieuse et moins soumise à Dieu peut-être, je ne vivais que pour désirer » (*Lélia,* p. 155). Pourtant, bien que le désir métaphysique inassouvissable de Lélia soit un symptôme du dualisme dévastateur du discours patriarcal, la frigidité qui en résulte n'en crée pas moins, comme l'avance Eileen Boyd Sivert, un espace de résistance à l'hégémonie masculine. La conversation de Lélia avec Pulchérie fait bien apparaître à quel point, sous régime patriarcal, les options offertes aux femmes sont limitées. « Faites-vous religieuse » lui dit Pulchérie. Et puisque Lélia objecte, elle se reprend : « Eh bien, puisque vous ne pouvez pas vous faire religieuse, faites-vous courtisane » (*ibid.,* pp. 207-208).

La trilogie féministe de Sand (surtout *Lélia*) témoigne de la crise profonde des rapports entre sexe et pouvoir dans la société qui suit la Restauration. L'héroïne de Sand est assujettie à une loi qui n'est pas la grande loi universelle du désir humain, mais le code Napoléon (institué en 1804), qui a privé les femmes de leurs droits et leur a imposé un statut d'irresponsabilité comparable à celui des mineurs et des fous. Dans la France du XIXe siècle, il n'était pas nécessaire d'être féministe, ou même femme, pour percevoir l'horreur de la condition féminine. Balzac n'était ni l'un ni l'autre : contrairement à Stendhal, il avait une vue plutôt sinistre – bien dans la tradition chrétienne – qui faisait de la femme l'incarnation douloureuse et patiente de la dévotion et de la résignation. Il n'en a pas moins peint la société avec une lucidité qui contredit son conservatisme politique. *Eugénie Grandet* (1833) est, à sa manière, une condamnation aussi cinglante que *Lélia* de l'institution du mariage et du système symbolique qu'il perpétue. Comme Indiana et comme Valentine, Eugénie n'est pas libre d'épouser l'homme qu'elle aime ; elle doit se soumettre aux lois de l'échange que respecte son capitaliste de père. Quand, vers la fin du roman, celui-ci meurt, faisant d'elle une héritière immensément riche, et quand elle apprend que l'objet de son amour, perdu depuis longtemps, est sur le point d'épouser quelqu'un d'autre, Eugénie a un entretien avec le prêtre local qui se fait étrangement l'écho du dialogue de Lélia et de Pulchérie : « Si vous voulez faire votre salut, vous n'avez que deux voies à suivre, ou quitter le monde ou en suivre les lois. Obéir à votre destinée terrestre ou à votre destinée céleste » (*la Comédie humaine,* vol. III, p. 1189). Le choix binaire entre monde et couvent, nonne et courtisane, structure la destinée de la femme sous le régime napoléonien ; c'est lui qui contraint Lélia et Eugénie à inventer des échappatoires. Toutes deux, en fait, choisissent de ne pas choisir : Lélia oscille entre la retraite ascétique et le plongeon dans le monde ; Eugénie opte pour le monde tout en refusant de se soumettre à ses lois. Elle accepte d'épouser son fidèle soupirant, Bonfons, mais à la condition que leur union ne soit pas consommée. « Telle est l'histoire de cette femme qui n'est pas du monde au milieu du monde » conclut le narrateur d'*Eugénie Grandet* (*ibid,* vol. III, p. 1198).

La mise à nu des rouages de l'ordre symbolique et la dénonciation de l'oppression matrimoniale des femmes restera un thème majeur du roman réaliste français. Il est explicite dans deux œuvres aussi différentes, mais aussi exemplaires, que *Madame Bovary* (1857), de Gustave Flaubert, et *le Malheur d'Henriette Gérard* (1860), d'Edmond Duranty. Il y a pourtant une différence cruciale entre ces romans et *Lélia*. Le réalisme reproduit en effet, sur le plan de la représentation, le scénario matrimonial de la domestication des énergies féminines. Aussi, contrairement aux textes d'auteurs masculins qui ne remettent en question ni le réalisme ni le système à l'intérieur duquel fonctionne le mariage, l'analyse féministe du patriarcat faite par Sand dans *Lélia* tourne le dos au réalisme, mode de représentation patriarcal par excellence (du moins en France : George Eliot est une exception notable à cette règle). Le rejet du réalisme est, pour Sand, un choix esthétique au moyen duquel elle refuse de légitimer en le reproduisant un ordre social qui refuse tout droit – aux femmes, en particulier.

Si l'analyse de Sand est féministe, c'est parce qu'elle élargit sa critique de l'institution matrimoniale aux rapports plus vastes entre pouvoir et désir. Le désir ne naît pas dans un univers transhistorique, soumis à des lois éternelles. Il reçoit sa forme de l'histoire et de ses contingences. Aussi la *Lélia* de 1833 et plus encore la version que Sand en publia en 1839 présentent-elles l'opposition des sexes comme une construction culturelle. Aussi longtemps que les rapports de la femme et de l'homme suivront le modèle de l'esclave et du maître, il n'y aura pas de rapports sexuels entre eux. « Quel lien, autre que celui de la force, pourra exister désormais entre celui qui a le droit d'exiger et celui qui n'a pas le droit de refuser ? [...] Il n'y a pas de véritable association dans l'amour des sexes, car la femme y joue le rôle de l'enfant, et l'heure de l'émancipation ne sonne jamais pour elle » (*Lélia*, pp. 385-386). Le mariage est la cible des premiers romans de Sand parce qu'il ratifie cette inégalité : tant que les hommes se réserveront le monopole du pouvoir, tant que les femmes n'auront pas obtenu l'émancipation, aucune relation entre les sexes n'échappera, sous une forme ou une autre, à la prostitution. C'est ce qui explique que la Lélia de 1839 finisse abbesse du couvent des Calmadules.

Dans *Indiana* et *Valentine*, les inflexions féminines du récit se réduisent à quelques infractions aux lois de la vraisemblance et à l'exploitation des angles morts du quadrillage patriarcal : la vallée sauvage de Bernica (*Indiana*), l'espace utopique du pavillon (*Valentine*). Dans *Lélia*, c'est la mode de la métaphysique romancée (à la suite de Balzac, d'Étienne Pivert de Senancour et de Charles Nodier) qui permet à Sand de rompre avec l'étroitesse du réalisme. Aussi Sainte-Beuve regrette-t-il moins le féminisme de la romancière que ses choix esthétiques : « Comme la donnée première de *Lélia* est tout à fait réelle et a ses analogues dans la société où nous vivons, j'ai eu peine à ne pas regretter, malgré l'éclat prestigieux de cette forme nouvelle, que l'auteur ne se fût pas renfermé dans les limites du roman vraisemblable » (*Portraits contemporains*, p. 501). Sainte-Beuve reproche à Sand de ne pas avoir traité son sujet, qui était réaliste, sur un mode réaliste. Le résultat est une monstruosité esthétique, avec ses personnages suspendus à mi-chemin entre le vraisemblable et l'allégorique : « En passant d'ailleurs à l'état de représentation idéale et de symbole, les personnages ou les scènes, dont la première donnée était, pour ainsi dire, à terre, n'ont pu éviter, au moment indécis de leur métamorphose, de revêtir un caractère mixte et fantastique qui ne satisfait pas » (*ibid.*, p. 502). Dans sa préface de 1839, Sand elle-même reconnaît ce caractère hybride : « *Lélia* a été et reste dans ma pensée un essai poétique, un roman fantasque où les personnages ne sont ni complètement réels [...] ni complètement allégoriques » (p. 350).

Du refus de se soumettre à la démarcation entre allégorique et réaliste est né un texte inclassable, qui remet en question les taxinomies littéraires. Sand a payé pour cette subversion : alors qu'*Eugénie Grandet*, respectueuse de la tradition du roman intime, a été immédiatement canonisée comme un des chefs-d'œuvre du réalisme psychologique, *Lélia* est restée un texte marginal. Pendant longtemps, il n'a pas été réédité et n'apparaît que rarement au programme d'un cours. *Lélia*, sans aucun doute l'une des œuvres majeures de la littérature féminine française, n'a pas cessé de faire scandale, et d'être réprimée à ce titre par les critiques en place, des hommes pour la plupart, auxquels Sainte-Beuve peut servir de prototype. *Lélia* continuera à scandaliser et, par conséquent, à être réprimée aussi longtemps que les valeurs esthétiques habilement transformées par Sainte-Beuve en seconde nature conserveront leur emprise.

Bibliographie : Honoré de Balzac, *Eugénie Grandet,* in *la Comédie humaine*, vol. III, éd. P.G. Castex (Paris, Gallimard, 1976-1981). Charles Augustin Sainte-Beuve, *Portraits contemporains* (Paris, Calmann-Lévy, 1876). George Sand, *Indiana* (Paris, Gallimard, 1984) ; *Lélia* (Paris, Garnier Frères, 1960). Leslie Rabine, « George Sand and the Myth of Feminity », *Women and Literature*, n° 4 (automne), pp. 2-17. Naomi Schor, « *Eugénie Grandet* : Mirrors and Melancholia », in *Breaking the Chain : Women, Theory, and French*

Realist Fiction (New York, Columbia University Press, 1985). Eileen Body Sivert, « *Lélia* and Feminism », *Yale French Studies*, n° 62 (1981), pp. 45-66.

Naomi Schor

1834

Victor Hugo publie *Claude Gueux*

Romantisme social

En juillet 1830, le peuple de Paris renversa les Bourbons, revenus au pouvoir quinze ans plus tôt à la faveur de la chute de Napoléon. Cette révolution de Juillet s'est accompagnée d'une importante mutation de la sensibilité : entre 1830 et 1835, beaucoup d'artistes romantiques ont découvert l'action sociale – aussi urgente que l'expression personnelle. L'évolution de Victor Hugo est caractéristique de cette introduction de l'efficacité politique au cœur du projet romantique.

Le jeune Hugo, comme beaucoup de ses contemporains, avait vu dans le romantisme l'occasion de changements d'autant plus radicaux sur le plan esthétique qu'ils ne s'accompagnaient d'aucune modification du régime politique : la monarchie devait survivre au refus du classicisme auquel elle avait été associée pendant deux siècles. 1830 fit prendre conscience à Hugo que la rupture avec le passé pouvait être générale et qu'une libération véritable ne pouvait porter qu'un nom, celui, insupportable entre tous aux légitimistes, de révolution. Peu après l'insurrection de juillet, Hugo écrivait à l'autre chef de file des romantiques, Alphonse de Lamartine : « C'est aussi une question de liberté que la nôtre, c'est aussi une révolution : elle marchera intacte à côté de sa sœur la politique. Les révolutions comme les loups ne se mangent pas » (*Œuvres complètes*, vol. IV, p. 1004). Depuis 1820, l'un des passe-temps favoris des écrivains français avait été de proposer une définition du romantisme. L'imminence des événements de 1830 allait permettre à Hugo d'en proposer cette formule définitive. « Le romantisme, tant de fois mal défini, n'est, à tout prendre, et c'est la définition réelle, que le libéralisme en littérature... La liberté dans l'art, la liberté dans la société, voilà le double but » (*ibid.*, vol. III, p. 1085).

Le parcours de Hugo reflète bien les effets des événements de 1830 sur les romantiques. Les écrivains qui jusque-là avaient cultivé une sensibilité individuelle s'ouvrirent à la dynamique collective dont la politique éditoriale du *Globe* constitue la meilleure illustration. Entre 1824 et 1830, cette revue « philosophique et littéraire » avait publié certains des plus importants manifestes romantiques. Après la révolution de Juillet, la revue fut achetée par des disciples de Saint-Simon (1760-1825), le socialiste utopique, théoricien de l'organisation de la production dans la société, et se mit à arborer le mot d'ordre saint-simonien : « À chacun suivant ses capacités, à chaque capacité suivant ses œuvres. » La tribune pour le romantisme en littérature qu'avait été *le Globe* devint une plate-forme pour une réorganisation fondamentale de la société.

L'évolution de Hugo fut moins brutale. Sa première œuvre majeure après la révolution de Juillet fut *Notre-Dame de Paris* (1831), étonnante représentation romanesque du Paris de la fin du Moyen Âge et de son centre de gravité, la cathédrale. Et si beaucoup de ses personnages sont de pauvres hères affamés, leur condition économique est souvent éclipsée par leur pittoresque d'un grotesque auquel les descriptions de Hugo donnent une importance particulière. Sans doute *Notre-Dame de Paris* rejette-t-il l'idéalisation du Moyen Âge promue par le médiévalisme des premiers romantiques ; ce récit, avec son bossu, sa bohémienne et sa cour des miracles façon XVe siècle, n'en reste pas moins très éloigné des réalités de la monarchie de Juillet. Ce roman constituait une démonstration des capacités descriptives de la prose romantique, mais rien en lui n'indiquait que révolution littéraire et révolution politique avaient appris à marcher côte à côte.

En 1832, Hugo fit paraître une nouvelle édition d'un roman qu'il avait publié en 1829, *le Dernier Jour d'un condamné*. Ce journal enregistre les sensations et les sentiments éprouvés pendant les derniers instants de sa vie par un prisonnier dont la tête va être tranchée. Dans l'édition de 1832, Hugo précise les implications sociales de ce plaidoyer contre la peine de mort en ajoutant une longue préface qui oppose le traitement réservé par la justice au riche et au pauvre. La Chambre, indifférente aux condamnés quand ils appartiennent aux classes inférieures, s'était mise « à pleurer et à bramer » avant l'exécution de quatre ministres du régime précédent. Pour les hommes politiques, si tuer le pauvre ne posait pas de problème, il n'en allait plus de même quand il s'agissait de tuer « quatre hommes comme vous et moi, quatre hommes du monde. Encore s'il y avait une guillotine en acajou ! » (*ibid.*, vol. IV, pp. 482-483). La justice était une vertu cardinale pour Hugo ; et l'écrivain jugeait scandaleux que son exercice renforce l'inégalité entre les classes.

Les rapports entre justice et classe prendront une forme mémorable dans *Claude Gueux* (1834), histoire d'un forçat qui tue pour punir une injustice commise par l'administration pénitentiaire. Claude est en prison pour un vol commis afin de permettre à sa femme et à son enfant de manger. Le narrateur déclare sans ambiguïté que ce vol n'est pas dû à l'absence de fibre morale chez cet individu mais à l'injustice de l'organisation sociale. « Je ne sais ce qu'il vola, je ne sais où il vola. Ce que je sais, c'est que de ce vol il résulta trois jours de pain et de feu pour la femme et pour l'enfant, et cinq ans de prison pour l'homme » (*ibid.*, vol. V, p. 235).

La faim est le plus pénible des tourments des forçats. Un autre prisonnier, Albin, offre à Claude de partager sa nourriture et ils deviennent inséparables. Le directeur de la prison, déjà jaloux de l'autorité morale de Claude sur ses compagnons de fers (« pour contenir les prisonniers, dix paroles de Claude valaient dix gendarmes » ; p. 239), ne supporte pas cette amitié. Il sépare les deux hommes et ignore les demandes successives de Claude qui souhaite être réuni avec son camarade. Claude finit par décider qu'une sanction aussi arbitraire réclame une punition. Il explique sa position à ses compagnons de cellule qui l'approuvent à l'unanimité. Ils le regarderont sans mot dire quand il tuera le directeur à coups de hache et tentera de se suicider avec une paire de ciseaux.

Ses blessures guéries, Claude passe en jugement et est condamné à mort faute d'avoir pu faire partager au tribunal sa manière de poser le problème. « J'ai volé et tué. Mais pourquoi ai-je volé ? Pourquoi ai-je tué ? Posez ces deux questions à côté des autres, messieurs les jurés » (p. 249). Claude meurt sous la guillotine et le narrateur prononce son oraison funèbre en déclarant que chaque paragraphe de son histoire pourrait fournir une tête de chapitre au livre qui résoudra « le grand problème du peuple au XIXe siècle » (p. 250).

Claude Gueux s'achève sur une solution simpliste : éduquer le peuple pour lui permettre de réussir s'il en est capable ; sinon lui inculquer la résignation chrétienne qui lui fera accepter son sort. Mais l'intérêt du roman réside moins dans la solution proposée que dans sa manière d'incriminer les rapports sociaux. Claude Gueux a un « cerveau bien fait », un « cœur bien fait », mais une « société mal faite » l'a transformé en voleur et en assassin (p. 251). En rupture avec l'individualisme qui est au cœur de l'idéologie bourgeoise comme des principes du romantisme, *Claude Gueux* n'est pas loin de faire porter la responsabilité du développement individuel à la collectivité.

Au début des années 1830, cette position n'avait rien d'exceptionnel. Dans *Littérature et philosophie mêlées* (1834), Hugo s'interrogeait sur les implications littéraires des changements traversés par la France. L'époque, dit-il, se caractérise par « la grande substitution des questions sociales aux questions politiques » (*ibid.*, vol. V, p. 1046) et ce sont justement ces questions sociales que *Claude Gueux* exprime de manière particulièrement forte. Ce roman suggère en effet que, passé un certain point d'atrocité, les conditions sociales peuvent invalider les principes moraux qui se prétendent absolus.

Car il ne faut pas oublier que Claude, victime de la peine de mort, est aussi un homme qui l'inflige. L'opposition de Hugo à la peine capitale a toujours été inconditionnelle. Or Claude juge, condamne et exécute sans que le roman le condamne. En outre, dans une œuvre comme celle de Hugo, où abondent des personnages qui, à la manière de Claude, décident après un examen de conscience de commettre un acte pour lequel ils seront condamnés, Claude est le seul à soumettre les conclusions de son introspection à l'approbation collective. Dans toute autre œuvre de Hugo, il serait impensable qu'un personnage se glisse, une hache à la main, derrière un homme, pour le frapper à trois reprises sur la tête et une fois sur le visage et qu'il conserve la sympathie du narrateur. Claude Gueux y parvient et ses compagnons de cellule lui accordent l'approbation qu'il leur demande. Si l'une des spécialités romanesques de Hugo est la représentation des conflits intérieurs, il n'y en a aucun dans *Claude Gueux* ; le débat quitte la conscience individuelle pour devenir un débat collectif. La dimension des « questions sociales » a conduit Hugo à mettre en place une structure narrative qui rend le meurtre pardonnable lorsque son motif peut être considéré comme une réponse légitime à l'oppression d'un groupe.

À l'époque où il écrivait *Claude Gueux* et faisait rééditer *le Dernier Jour d'un condamné*, Hugo pensa pour la première fois à l'œuvre monumentale qu'il publierait trente ans plus tard, *les Misérables* (1862). Au début des années 1830, les problèmes de justice sociale étaient au centre de ses pensées et sa proposition de transformer la religion en un opium du peuple plus efficace, pour réactionnaire qu'elle soit, n'était pas déplacée dans les discours sociaux de l'époque. La Restauration et la monarchie de Juillet aimaient rappeler l'origine latine du mot religion : *religare*, « relier ensemble » ; cette étymologie était interprétée comme un impératif aussi bien par les conservateurs, pour qui la cohésion de la société impliquait que la religion reste intacte, que par les progressistes, pour qui l'avènement de la société de l'avenir dépendait de l'inspiration religieuse des programmes révolutionnaires. Saint-Simon avait choisi pour sa dernière grande œuvre le titre de *Nouveau Christianisme* (1825) et ses disciples reprirent à l'Église catholique certaines coutumes monastiques, ainsi que sa hiérarchie. Les problèmes sociaux appelaient des solutions sociales, et la religion était un modèle difficile à éviter pour ceux qui rêvaient d'unir efficacement le peuple.

Dans l'œuvre de Félicité de Lamennais (1782-1854), la religion du passé et celle de l'avenir se rejoignent. Ses *Paroles d'un croyant* ont paru la même année que *Claude Gueux*. Associant le lyrisme romantique et le sermon chrétien, elles appellent avec ferveur le règne de la justice ici-bas. Leur succès fut considérable et leur influence entra pour beaucoup dans la condamnation du romantisme par les conservateurs. Les *Paroles d'un croyant* sont une des œuvres qui ont fait apparaître le potentiel incendiaire du style romantique. Aussi l'Église ne s'est-elle pas contentée d'excommunier Lamennais, elle a mis à l'*Index* les œuvres de Hugo et de Lamartine.

Les projets d'amélioration sociale de Charles Fourier (1772-1837) sont un autre exemple de l'interaction entre sentiment individuel et responsabilité collective qui caractérise le romantisme des années 1830. Fourier voulait à la fois que tous les membres d'un groupe puissent suivre leurs désirs et que la satisfaction de ces désirs individuels profite au groupe entier. Selon lui, le futur devait donner leur pleine valeur collective aux passions individuelles exaltées par la littérature romantique. « Aimer le genre romantique, c'est aimer l'attraction passionnée et les magnificences qu'elle va créer sur le globe » (*Social Romanticism in France*, p. 46). Comme les saint-simoniens, Fourier et ses disciples considéraient que les caractères distinctifs de chaque sexe ainsi que leurs rapports étaient socialement déterminés et que, de ce fait, ils requéraient l'attention de la société. Le jeu des forces sociales se faisait sentir à tous les niveaux de l'existence, y compris dans ceux qui, comme l'éternel féminin, avaient pu sembler au-dessus de toute influence historique.

Le socialisme, que ce soit celui de Fourier ou de Saint-Simon, influença profondément la littérature de l'époque. Pour les saint-simoniens, il était du devoir de l'artiste de collaborer au progrès et leurs appels en faveur d'un engagement littéraire rencontrèrent un public enthousiaste. Si Théophile Gautier a fait de la préface de *Mademoiselle de Maupin* (1835) un manifeste pour un art dégagé de toute responsabilité politique, c'est en grande partie parce que la plupart des talents de l'époque considéraient que cette responsabilité politique était au cœur de leur art. George Sand fut profondément marquée par diverses théories sociales de l'époque et, dans *le Médecin de campagne* (1833), Honoré de Balzac allait développer sa vision d'une organisation sociale rationnelle. Ce roman décrit la transformation d'une région montagneuse pauvre en un centre économique prospère grâce aux efforts bénévoles d'un médecin qui soigne la société et ses patients avec une égale efficacité. Comme dans *Claude Gueux*, le détail du programme de Balzac est moins convaincant que la vision du monde qui le sous-tend. Pour le héros de Balzac, le docteur Benassis, « l'avenir c'est l'homme social » (*le Médecin de campagne*, p. 430) ; il faut donc lutter contre les théories qui font de la société une addition d'existences individuelles. La défense par Balzac de cette dictature paternaliste se fait au nom des arguments précis qui conduisent les contemporains libéraux de Balzac à la refuser.

La même année que *le Médecin de campagne* paraissent les premiers volumes de l'*Histoire de France*, de Jules Michelet. Cette célébration quasi religieuse du peuple comme masse plutôt que comme collection d'individus est une suite directe de l'interprétation romantique de la révolution de 1830, « le premier modèle d'une révolution sans héros, sans noms propres [...] La société a tout fait [...] Après la victoire, on a cherché le héros ; et l'on a trouvé tout un peuple » (*Œuvres complètes*, vol. II, pp. 254-255). La sensibilité de l'époque à la dimension sociale se reflète dans sa représentation de l'histoire comme dans sa construction de la fiction.

Cette sensibilité aux problèmes sociaux caractéristique du romantisme des années 1830 reçut un nom promis à un grand avenir dans l'Histoire : socialisme. Ce terme est entré dans la langue française à l'occasion d'un article de Pierre Leroux (1797-1871), l'un de ceux qui ont fait passer *le Globe* de l'esthétique romantique à la pragmatique saint-simonienne. Leroux y opposait socialisme à individualisme, terme qui lui aussi fut analysé de près par les romantiques sociaux et leurs contemporains. La rapidité avec laquelle le mot socialisme a acquis son sens actuel d'opposition militante à l'ordre bourgeois atteste à elle seule le chemin parcouru par le romantisme après la révolution de Juillet. Une nouvelle vision du monde était devenue, presque immédiatement, un programme pour sa transformation.

Le début des années 1830 aurait vu, selon Hugo, la substitution des questions sociales aux questions politiques. En 1831, 1832 et 1834, cette substitution reçut une illustration concrète avec le contraste entre les révoltes sociales des canuts lyonnais et les révoltes politiques des intellectuels parisiens. Selon Marx, c'est l'insurrection des canuts qui lui aurait permis de concevoir à quelles conditions un régime social juste pouvait être instauré. Par leur nouveauté, les luttes dont Lyon était le théâtre rendaient caduque l'économie politique classique. Nous continuons de vivre les conséquences de ces observations. La vision sociale des romantiques, par les circonstances qui ont entouré son élaboration, s'inscrit en effet dans une évolution de la sensibilité qui est essentielle à la formation du monde moderne.

Voir aussi 1772, 1830, 1840, 1851, 1889.

Bibliographie : Honoré de Balzac, *le Médecin de campagne*, éd. Rose Fortassier, in *la Comédie humaine*, éd. Pierre-Georges Castex, vol. IX (Paris, Gallimard, 1978). Victor Hugo, *Œuvres complètes*, éd. Jean Massin, vol. III, IV, et V (Paris, Club Français du Livre, 1967). Jules Michelet, « Introduction à l'histoire universelle », in *Œuvres complètes*, éd. Paul Viallaneix, vol. II (Paris, Flammarion, 1972). Victor Brombert, *Victor Hugo and the Visionary Novel* (Cambridge, Mass., Harvard University Press, 1984). David O. Evans, *Social Romanticism in France : 1830-1848* (New York, Octagon, 1969). H. J. Hunt, *le Socialisme et le Romantisme en France* (Oxford, Clarendon Press, 1935).

Sandy Petrey

1835

Alfred de Musset écrit *la Nuit de mai* et *la Nuit de décembre*

Dialogues avec la Muse

La sentimentalité lyrique d'Alfred de Musset et les formes qu'elle prend dans ses deux poèmes les plus célèbres, *la Nuit de mai* (juin 1835) et *la Nuit de décembre* (décembre 1835), représentent de manière si exemplaire certains excès de la poésie romantique qu'il est devenu difficile pour nous de les lire sans distance ironique. Pour ses contemporains, pourtant, Musset incarnait la jeunesse du génie. En 1835, à vingt-cinq ans, il était célèbre ; auteur de pièces – *les Caprices de Marianne* (1833), *Andrea del Sarto* (1833), *Lorenzaccio* (1834), *Fantasio* (1834) et *On ne badine pas avec l'amour* (1834) –, les revues se disputaient ses essais ; et son évocation en vers d'un « enfant du siècle », *Rolla* (1833), faisait déjà date dans l'histoire de la sensibilité romantique. Musset s'était acquis des soutiens infuents – Prosper Mérimée, Charles Augustin Sainte-Beuve, Alfred de Vigny et, bien sûr, George Sand, avec qui sa liaison orageuse prit fin en mars 1835. Il cultivait l'image d'un dandy brillant, voire extravagant, poète qui soigne sa réputation autant que ses textes. Art et sentiment ne faisaient qu'un. Il faudra vingt-deux ans (*les Fleurs du mal* datent de 1857) pour que se défasse cette fusion entre personne et personnage qui caractérise le lyrisme romantique.

La Nuit de mai et *la Nuit de décembre* sont des illustrations exemplaires du rapport à l'objet, humain ou non, qui caractérise le lyrisme romantique. Les deux poèmes sont des dialogues. Dans *la Nuit de mai*, le poète parle à la Muse et, quand il entend sa voix, il fait de celle-ci la sienne propre. Dans *la Nuit de décembre*, il évoque les circonstances de sa rencontre avec le plus intime de sa subjectivité, représentée par un personnage allégorique, la Solitude. Dans ces deux confessions lyriques, le poète se plaint des douleurs de la vie et de l'amour qui lui ont fait négliger son art. Mais il finit par accepter cette souffrance qui donne authenticité à sa voix. Musset est un exemple de l'articulation romantique de la morale et de l'esthétique : la souffrance est une marque d'élection divine, une « blessure sainte » qui rend exemplaire l'expérience du poète. La Muse l'enjoint d'en faire la matière de sa poésie. Le sentiment d'être égaré dans un monde étranger devient ce au nom de quoi le poète prend la parole. Et sa solitude, le signe de sa supériorité.

Dans *la Nuit de mai*, diverses allusions permettent de deviner que le « dur martyre » sur lequel repose cet art poétique est en fait une déception amoureuse. *La Nuit de décembre* est beaucoup plus ouvertement anecdotique : le narrateur évoque sa rupture avec une femme faible et orgueilleuse qui l'a quitté par jalousie. À son tour il la rejette :

> Partez, partez ! la Nature immortelle
> N'a pas tout voulu vous donner (vv. 172-173).

Malgré l'écart presque comique entre le réalisme de l'anecdote et la portée exemplaire donnée à la souffrance qui s'ensuit, ces deux poèmes abordent les questions essentielles du lyrisme romantique : les rapports du poète à son art, à la communication et aux pouvoirs de la poésie.

Pour les poètes romantiques, Alfred de Vigny, Alphonse de Lamartine et Victor Hugo, la poésie implique, par définition, la possibilité d'un dialogue. Le poème est adressé à une seconde personne – une amante, un ami mort ou absent, ou même, comme chez Hugo, l'âme d'un arbre – dont il est entendu qu'elle est capable de répondre, même si cette réponse est refusée ou différée. Langage et monde matériel sont un vaste dépôt de formes figuratives auxquelles Baudelaire, parmi d'autres, se réfère sous le nom d'« universelle analogie ». La plupart des poèmes des *Contemplations*, de Hugo (1856), continuent à illustrer, vingt ans après *les Nuits*, de Musset, cette rhétorique métaphysique. *Aux arbres* en est un bon exemple : le poète s'adresse au monde inanimé au moyen de tropes qui le transforment en un sujet capable de répondre, montrant qu'au cœur de toute communication poétique il y a une vision du monde animiste et déiste. Tout ce qui tombe sous le regard du poète est un interlocuteur potentiel :

> Arbres de la forêt, vous connaissez mon âme !
> [...]
> Vous m'avez vu cent fois, dans la vallée obscure,
> Avec ces mots que dit l'esprit à la nature,
> Questionner tout bas vos rameaux palpitants,
> [...]
> Attentif à vos bruits qui parlent tous un peu,
> Arbres, vous m'avez vu fuir l'homme et chercher Dieu (vv. 1, 9-11, 15-16).

Même si la réponse attendue est différée ou refusée, la forme que prend l'invocation, apostrophe ou vocatif, suppose qu'elle est possible. L'objet auquel le poète s'adresse doit pouvoir à son tour devenir un sujet qui entre en conversation avec le poète, comme dans cet autre poème des *Contemplations*, « Paroles sur la dune » :

> Tout s'est-il envolé ? Je suis seul, je suis las ;
> J'appelle sans qu'on me réponde ;
> Ô vents ! ô flots ! ne suis-je aussi qu'un souffle, hélas !
> Hélas ! ne suis-je aussi qu'une onde ? (vv. 33-36).

Les théories du langage et la métaphysique romantiques reposent sur la possibilité de vastes synthèses entre esprit, matière et discours. Un désir commun de communication universelle doit permettre au sujet et à l'objet de se rejoindre. Néanmoins, leurs rapports, jamais simples ni immédiats, sont rarement entièrement positifs. La subjectivité de l'esprit, médiatisée par le langage, n'est présente qu'à travers des figures poétiques. La présence, l'unité et l'authenticité désirées sont menacées par le caractère artificiel du langage qui exprime ce désir. Les plus optimistes affirmations de la capacité du langage poétique à communiquer avec le monde et à transmettre présence et vérité sont tempérées par le sentiment de la fragilité des fictions auxquelles il faut recourir pour formuler ces affirmations. À chaque moment d'euphorie où vérité poétique et plénitude affective coïncident répond ainsi un moment sombre, où le poète est aux prises avec les implications négatives de son recours au langage.

Dans les dialogues lyriques de Musset, l'apostrophe et l'usage du vocatif rapprochent le sujet et l'objet. L'Autre (la Muse ou la Solitude) est présent, on s'adresse à lui (à elle) directement, sans même avoir besoin de feindre : il (elle) est capable de parole. En outre, il n'est pas l'objet potentiellement insaisissable, réticent ou énigmatique d'un désir, mais celui auquel le poète a accès dès qu'il le désire. Mais, comme le montrent d'autres poètes romantiques, si la poésie peut transformer des objets inanimés en sujets, la mort peut à son tour transformer les sujets en objets inanimés : le poète lui-même est toujours menacé d'un retour à l'inanimé. Dans *Aux arbres*, ce sentiment débouche sur la nostalgie d'un oubli complet :

> Aussi, taillis sacrés où Dieu même apparaît,
> Arbres religieux, chênes, mousses, forêt,

[...]
C'est sous votre branchage auguste et solitaire,
Que je veux abriter son sépulcre ignoré,
Et que je veux dormir quand je m'endormirai (vv. 35-36, 38-40).

Chez Musset, en revanche, c'est souvent le poète lui-même, ou son double, qui occupe la position de l'Autre mystérieux auquel s'adresse la communication lyrique : l'art fait les premiers pas, il vient au-devant de lui et doit s'adapter à lui. Ainsi, dans *la Nuit de mai*, la Muse vient à la rencontre du poète silencieux, l'invite à une nuit d'amour et l'exhorte à céder à son inspiration :

Poète, prends ton luth et me donne un baiser.
La fleur de l'églantier sent ses bourgeons éclore,
Le printemps naît ce soir ; les vents vont s'embraser ;
Et la bergeronnette, en attendant l'aurore,
Aux premiers buissons verts commence à se poser.
Poète, prends ton luth et me donne un baiser (vv. 1-6).

Avec des coquetteries de séductrice, la Muse s'efforce de convaincre le poète de reprendre leurs amours d'autrefois, mais le poète, amoureux blessé, imperturbable, refuse ses faveurs. C'est lui qui est l'objet de désir insaisissable, énigmatique. Comme il se doit, l'acte d'amour est évoqué sous la forme de l'unisson, dans une invitation à chanter de concert. La Muse supplie le poète de s'unir à elle. Ce qui nous vaut un catalogue des stéréotypes romantiques :

Partons, nous sommes seuls, l'univers est à nous.
Voici la verte Écosse et la brune Italie,
Et la Grèce, ma mère, où le miel est si doux ;
[...]
Chanterons-nous l'espoir, la tristesse ou la joie ?
Tremperons-nous de sang les bataillons d'acier ?
Suspendrons-nous l'amant sur l'échelle de soie ? (vv. 73-75, 86-88).

Le poète réplique à cette effusion par une définition aussi noble que sérieuse de son art :

Je ne chante ni l'espérance,
Ni la gloire, ni le bonheur,
Hélas ! pas même la souffrance.
La bouche garde le silence
Pour écouter parler le cœur (vv. 134-138).

Cette réponse prépare l'allégorie centrale, développée sur presque quarante vers. La Muse y évoque le pélican qui revient vers ses petits affamés. Après avoir survolé en vain les mers cherchant de quoi les nourrir, il n'a plus qu'à s'ouvrir la poitrine pour leur offrir son sang, son cœur. Cet amour sublime est une allégorie du destin des vrais poètes :

> Leurs déclamations sont comme des épées :
> Elles tracent dans l'air un cercle éblouissant,
> Mais il y pend toujours quelque goutte de sang (vv. 189-191).

Dans *la Nuit de décembre*, l'invocation est structurée différemment. Elle retrace les étapes de la vie du poète – enfance, adolescence, première jeunesse, le moment où il s'est abandonné aux distractions de la société, celui où son amour a été rejeté ; mais, toujours, à côté de lui, l'accompagnait une « ombre amie ». Le poète s'adresse à ce double silencieux, jusqu'à ce que, dans les trois dernières strophes, ce compagnon rompe son silence et révèle son identité ; il est la Solitude, une figure du poète plus parfaite que le poète lui-même :

> – Ami, notre père est le tien.
> Je ne suis ni l'ange gardien,
> Ni le mauvais destin des hommes.
> [...]
> Le ciel m'a confié ton cœur.
> Quand tu seras dans la douleur,
> Viens à moi sans inquiétude.
> Je te suivrai sur le chemin ;
> Mais je ne puis toucher ta main,
> Ami, je suis la Solitude (vv. 208-210, 220-225).

Tandis que *la Nuit de mai* met au premier plan l'aliénation qui résulte des rapports entre la subjectivité et un langage incapable de s'ajuster à une conscience qui éprouve sa radicale nouveauté, *la Nuit de décembre* traite d'une aliénation moins symbolique parce que sociale. Ces deux poèmes, néanmoins, suggèrent à leur insu un remède aux difficultés qu'ils décrivent, puisque tous deux dépassent l'aliénation pour une présence plus pure et plus accomplie. *La Nuit de mai*, par exemple, déplore l'incapacité des vers à contenir l'unicité de la souffrance du poète ; le langage conventionnel ne peut exprimer de manière adéquate une subjectivité romantique. Mais, pour évoquer la perte et la douleur qui sont le sujet du poème, loin d'inventer une langue nouvelle, il se borne à en déplorer l'absence au moyen des figures du langage poétique, l'allégorie et l'ironie. Dans *la Nuit de décembre*, la Solitude, personnification de la différence entre le poète et le commun des mortels, ne décrit pas moins cette différence comme une similitude : ce qui sépare le poète de la société finit par l'unir à un double dans lequel il peut lire sa propre image.

Les Nuits, de Musset, sont un exemple remarquable du narcissisme qui structure les rapports du poète romantique avec le monde. La plupart des écrivains romantiques ont exprimé le désir d'une fusion entre le sujet écrivant et l'univers matériel qui déboucherait sur une subjectivité transcendante, infinie et partiellement intelligible. Il n'en va pas de même avec Musset dont les dialogues donnent un sentiment de repliement sur soi du poète nourri de son image. En ce sens, ces dialogues renvoient l'image d'un personnage littéraire somme toute assez creux, savamment drapé dans les tropes et figures de la versification traditionnelle. Ils poursuivent une méditation morale autour d'une première personne dont la subjectivité lyrique s'enracine dans une aliénation et une solitude essentielles. Ces thèmes sont parfois associés à des considérations sur les limites du pouvoir expressif du langage. Mais la chose ne va jamais au-delà d'anecdotes formalisées qu'une rhétorique néo-classique transforme en stéréotypes lyriques.

D'où vient notre résistance à cette rencontre du poète, du langage et de l'aliénation ? Peut-être de la présence, derrière leur grandiloquence sereine, de questions irrésolues sur les rapports entre la subjectivité, c'est-à-dire entre nous, et le langage et l'ordre symbolique en général. La psychanalyse, de Freud à Lacan, a montré que l'utilisation du pronom « je » ne suffit pas à garantir la présence d'un sujet unifié et expressif qui en serait la source.

Voir aussi 1820, 1827 (décembre), 1859 (7 décembre).

Bibliographie : Victor Hugo, *les Contemplations*, in *Œuvres complètes*, éd. Jean Massin, vol. IX (Paris, Club Français du Livre, 1967). Alfred de Musset, *Œuvres complètes*, éd. Paul de Musset (Genève, Famot, 1973) ; *Poésies complètes*, éd. Maurice Allem (Paris, Gallimard, 1957). Maurice Toesca, *Alfred de Musset, ou l'Amour de la mort* (Paris, Hachette, 1970). Philippe Van Tieghem, *Musset* (Paris, Hatier, 1944).

Nathaniel Wing

1836, 25 octobre

L'un des obélisques donnés à la France par le pacha d'Égypte, Mehmet Ali, est érigé sur la place de la Concorde

L'Égypte à Paris

En 1753, la Ville de Paris décide l'aménagement d'une place royale en l'honneur de Louis XV. Elle sera dégagée entre les Tuileries et les Champs-Élysées. C'est sur son emplacement que, presque trente ans plus tard, la Révolution allait installer la guillotine. Louis XVI y sera décapité en 1793. Témoin des revirements de la Révolution, de l'Empire et de la Restauration, cette place fut rebaptisée à chaque tournant politique important, prenant tour à tour, selon le parti au pouvoir, le nom de place Louis-XV, Louis-XVI, de la Charte ou de la Révolution – avant de finir, sur une note conciliante, comme place de la Concorde. Ainsi que le note Victor Hugo vers 1840, cette surface d'une labilité lexicale extrême « n'a pu garder aucun nom ».

> [...] Elle n'a pu garder non plus aucun monument. Elle a eu la statue de Louis XV, qui a disparu ; on y a projeté une fontaine expiatoire, qui devait laver le centre ensanglanté de la place et dont la première pierre n'a même pas été posée ; on y avait ébauché un monument à la Charte ; nous n'avons jamais vu que le socle de ce monument. Au moment où l'on allait y ériger une figure de bronze représentant la Charte de 1814, la Révolution de Juillet est arrivée avec la Charte de 1830. Le piédestal de Louis XVIII s'est évanoui comme s'était écroulé le piédestal de Louis XV. Maintenant à ce même lieu nous avons mis l'obélisque de Sésostris. Il avait fallu trente siècles au grand désert pour l'engloutir à moitié ; combien faudra-t-il d'années à la place de la Révolution pour l'engloutir tout à fait ? (*Œuvres complètes*, vol. VI, p. 1294)

1. Ignace-François Bonhommé, *Érection de l'obélisque de Louqsor sur la place de la Concorde à Paris, 25 octobre 1836, à midi,* lithographie de Thierry Frères (musée Carnavalet, Paris). (Ph. © musées de la Ville de Paris/by S.P.A.D.E.M. 1988.)

Après la chute de l'Empire, les Bourbons, s'accrochant à la fiction que rien n'avait changé depuis quarante ans, pensèrent d'abord restaurer la statue de Louis XV, abattue par la Révolution. On envisagea ensuite d'élever un monument expiatoire en commémoration du sang royal qui y avait coulé. La première pierre fut posée le 3 mai 1826. Mais aucune ne suivit. En 1829, un nouveau concours fut lancé pour l'aménagement de la place mais, quelques mois plus tard, la révolution de Juillet éclatait. Les Bourbons s'en allèrent. Le nouveau roi, Louis-Philippe, était fils de régicide. Le 21 janvier, jour anniversaire de l'exécution, cessa d'être un jour de deuil national. Le nouveau régime était à l'oubli plus qu'à la contrition.

Pour remercier Champollion d'avoir rendu à l'Égypte l'accès à son passé, Mehmet Ali avait fait don à la France de deux obélisques en 1829. Un seul fut livré. Couché sur les rives de la Seine depuis décembre 1833, il attendait qu'on lui trouve une destination. Après trois années de débats publics, la monarchie de Juillet tranche. Le 25 octobre 1836, la famille royale et deux cent mille spectateurs assistent à l'érection du Très Grand Obélisque sur la place de la Concorde. L'opération durera de 11 heures 30 à 15 heures (fig. 1). Cet exploit de la technologie française constitue une sorte de second sacre pour un régime qui, dès qu'il s'agissait d'effacer le passé, ne reculait devant aucune largesse.

Cette solennelle oblitération de souvenirs que des années de projets contradictoires avaient essayé en vain d'apaiser marqua le triomphe définitif du philistinisme. Le ministre de Louis-Philippe, Guizot, avait lancé le mot d'ordre du régime, « Enrichissez-vous ! » Lors de l'Exposition des produits de l'industrie qui se tint place de la Concorde en 1834, une copie de l'obélisque, en plâtre et grandeur nature, avait déjà servi de mât de Cocagne. C'est à cette occasion que Théophile Gautier, dans le manifeste anti-utilitariste de sa préface à *Mademoiselle de Maupin* (1834), se permit, entre luxe et Louqsor, l'adjectif « luxorien ». L'obélisque devint aussitôt pour les romantiques le symbole du manque d'imagination d'une époque vouée au culte de l'utile. Il avait déjà inspiré à Pétrus Borel un pamphlet (*l'Obélisque de Louqsor*, paru en 1833, l'année des Jeunes-France et de son frénétique *Champavert*) dans lequel l'implantation d'un obélisque égyptien au cœur du paysage parisien était assimilée au vandalisme destructeur dénoncé par Victor Hugo dans la préface à *Notre-Dame de Paris* (1831). Ce n'est pas un pharaon du désert qui fera oublier à la France son roi mort : « Ce n'est pas le souvenir de Rhamessès III [...] qui viendra l'assaillir lorsqu'elle jettera les yeux sur cette borne, plantée au milieu d'une place encore fumante du sang de Louis XVI » (*l'Obélisque de Louqsor*, p. 16). Le même ton sarcastique allait se retrouver dans la notice que Charles Nodier consacrera en 1839 à la place – qu'il appelle toujours « place Louis-Quinze » – dans son *Paris historique* : « La Restauration y projeta un monument expiatoire qu'elle n'eut pas le temps de finir, et qu'une nouvelle révolution n'eut pas la peine de renverser. Aujourd'hui, le lieu du sacrifice est occupé par un monument égyptien, l'obélisque de Louqsor [...] Comme ce monument est dénué de toute signification historique, on peut espérer qu'il subsistera » (*Paris historique*, n. p.). En 1842, dans *Sur Catherine de Médicis*, une des *Études philosophiques* de *la Comédie humaine*, Balzac quittera momentanément le seizième siècle et les guerres de religion pour déplorer cette place « où l'on a mis un gros caillou d'Égypte pour faire oublier le régicide et offrir l'emblème du système actuel de la politique matérialiste qui nous gouverne » (p. 170).

La fonction des monuments est de commémorer. Celui-ci fut chargé de faire oublier. Pour panser une blessure mal refermée, Louis-Philippe décida d'ériger dans l'axe de Paris le mémorial de quelqu'un dont personne n'avait jamais entendu parler. Contre l'Antiquité des classiques, les romantiques avaient revendiqué le passé national ; arraché à son contexte oriental, transplanté dans un décor parisien, l'obélisque, avec les hiéroglyphes de sa langue morte, était l'exact opposé des pierres vives du gothique autochtone célébré dans le *Génie du christianisme* ou *Notre-Dame de Paris*. Jules Michelet regrettera toujours que les révolutionnaires de 1848 n'aient pas obligé le régime sortant à emporter avec lui l'obélisque qu'il avait installé. En bon romantique, il était allergique à cette pierre dont le silence indéchiffrable inhibait la résurrection du passé et privait la communion nationale du seul sol capable de lui rendre vie. En 1878, sa veuve fit paraître *les Soldats de la Révolution*, ouvrage que Michelet avait commencé dans l'enthousiasme de 1848. Dans la préface (« Le monument de la révolution »), l'historien rêve de l'ouvrage qui transformerait la place de la Concorde en un lieu de mémoire : « Ôtons d'abord, envoyons au Musée, dans un coin de la cour du Louvre ou de la Bibliothèque, cet obélisque égyptien, vieillerie curieuse, propre à exercer les savants, mais ridicule et déplacée dans un lieu où la Patrie seule a droit de figurer » (*les Soldats de la Révolution*, p. 7).

Durant l'Empire et la Restauration, Chateaubriand avait reproché aux survivants de l'Ancien Régime de penser et d'agir comme si la Révolution n'avait pas eu lieu. Il reprochera à la monarchie de Juillet de se comporter comme si aucun régicide n'avait été commis. Que le passé soit passé n'est pas une raison pour le condamner à l'oubli. À l'occasion du concours de 1829, Chateaubriand avait lui aussi laissé son imagination rêver à une mise en scène des lieux : « Au milieu de la place Louis XV, écrit-il en 1831, je fais jaillir une grande fontaine dont les eaux perpétuelles, reçues dans un bassin de marbre noir, indiqueraient assez ce que je veux laver. Quatre autres fontaines, plus petites, aux quatre angles de la Place, accompagneraient cette fontaine centrale. J'appliquerais sur les deux massifs d'arbres des Champs-Élysées à droite et à gauche, deux colonnades doubles à jour, pour donner une limite à la Place. J'achève la Madeleine, cela va sans dire, je prends sur le pont Louis XVI, les colosses qui l'écrasent et je les aligne en avenue, le long de la voie publique qui traverse les Champs-Élysées. Au Rond-Point, j'élève un des deux obélisques qui nous viennent d'Égypte » (« Lettres sur les Tuileries »). Ambassadeur et secrétaire d'État sous les Bourbons, Chateaubriand donna sa démission quand le fils du régicide accéda au pouvoir. Et il en profita pour se replonger dans la composition des *Mémoires d'outre-tombe* (1849-1850) dont le onzième et dernier tome, écrit en 1838, est consacré au règne d'un usurpateur que le mémorialiste s'obstine à nommer « Philippe », pour ne pas souiller le prénom royal de Louis. Son énergie sombre et fielleuse déverse sur l'époque entière la morgue cinglante, l'amertume hautaine d'un capitaine Fracasse sexagénaire qui n'a plus rien à perdre. Après une galerie de portraits culminant avec l'oraison funèbre de celui qui désormais est et aura été, pour l'éternité, le dernier vrai roi de France, Charles X, Chateaubriand se laissera aller à des rêves de paix civile, de concorde posthume des partis déchirés depuis plus de quarante ans. Mais cette rêverie sera brusquement interrompue par l'image de l'obélisque. Son aiguille dysphorique, comme un ricanement sec, dégonfle cet espoir. « Et cependant la pierre taillée par ordre de Sésostris ensevelit dès aujourd'hui l'échafaud de Louis XVI sous le poids des siècles. L'heure viendra que l'obélisque du désert retrouvera, sur la place des meurtres, le silence et la solitude de Luxor » (*Mémoires d'outre-tombe*, vol. VI, p. 180). Chateaubriand rêvait de communion dans le souvenir, mais c'est l'oubli qui allait être institué. Le mémorialiste fait alors un pas de plus : il prophétise le jour où il n'y aura plus personne pour oublier ce que la monarchie de Juillet voulait empêcher que les Français se rappellent.

Les événements de juillet 1830 avaient été pour Chateaubriand l'occasion de prouver sa fidélité à une royauté qui n'était plus de ce monde ; ils ont conduit Victor Hugo à rompre définitivement avec son passé royaliste. Le poème qui ouvre *les Chants du crépuscule* (1835), « Dicté après juillet 1830 », est nourri des espoirs qui avaient inspiré la révolution de Juillet. Hugo, s'adressant au nouveau régime, lui demande : « N'effacez rien. » Il rêve lui aussi de réconciliation, de synthèse :

> Que nul souvenir ne nous pèse :
> Rendons sa tombe à Louis seize,
> Sa colonne à Napoléon (vv. 44-46).

En août 1830, lors de la publication de ce poème dans *le Globe*, Hugo avait ajouté une note qui désapprouvait « le changement de destination qu'on paraît vouloir faire subir au piédestal de la place de la Révolution ». La mort d'un roi, poursuit-il, est de ces pages « qui ne s'effacent pas de l'histoire des empires » (*Œuvres complètes*, vol. V, p. 394, note 23). Dans la mémoire de la nation, les contraires doivent coexister, le peuple avec le roi, la monarchie avec l'Empire, la Révolution avec la Restauration. Les passés rivaux doivent y être honorés également (dans la concorde, non dans l'oubli). Les loups et les agneaux cohabitaient dans l'arche de Noé. Hugo rêve d'un espace où la totalité de ce qui a eu lieu pourrait survivre, être remémoré. Espace où ceux que sépare ce qu'ils pensent du passé seraient unis parce qu'ils pensent au passé.

Du *Dernier Jour d'un condamné* (1820) à *Quatrevingt-Treize* (1874), l'œuvre de Hugo est hantée par des images de Terreur et d'échafaud. Au cimetière, Hamlet méditait sur le crâne de Yorrick. En avril 1839, c'est au milieu d'une fête populaire que Victor

Hugo, sombre bouffon, médite sur celui de Louis XVI. « En passant dans la place Louis XV un jour de fête publique », un poème recueilli dans *les Rayons et les Ombres* (1840), met en scène sur la place de la Concorde un système d'antithèses conforme aux goûts de l'auteur. Un premier contraste, synchronique, oppose la joie du peuple qui danse aux pensées tragiques du poète qui regarde. Le deuxième est diachronique : le peuple danse là où, quarante ans plus tôt, il avait exécuté le roi. Un troisième contraste convoque une liesse antérieure : c'est là aussi qu'en 1770 le peuple avait célébré le mariage du futur Louis XVI et de Marie-Antoinette. Le poète, maître des ombres, projette celle de la guillotine sur deux fêtes symétriques : l'une, postérieure au traumatisme, est l'occasion du poème ; l'autre, antérieure, célébrait un hymen dans la rupture duquel Hugo lit le germe d'un échafaud.

Daté d'avril 1839, le poème a pour décor « cette place où notre âge inquiet / Mit une pierre afin de cacher une idée ». Il y a maintenant trois ans que l'obélisque se dresse sur la place de la Concorde. Le peuple, Œdipe oublieux de son crime, s'amuse sur les lieux du régicide. Le poète lui donne une leçon de lecture. Dans l'oubli de la violence, il voudrait faire apparaître la violence de l'oubli.

Voir aussi 1770, 1791 (janvier), 1794 (juillet), 1802, 1889.

Bibliographie : Honoré de Balzac, *Sur Catherine de Médicis*, in *la Comédie humaine,* éd. Pierre-Georges Castex, vol. XI (Paris, Gallimard, 1980). Pétrus Borel, *l'Obélisque de Louqsor*, in *Paris ou le livre des Cent-et-un*, t. XIII (Paris, Ladvocat, 1833), pp. 223-237. François-René de Chateaubriand, « Lettres sur les Tuileries », in *l'Artiste*, t. X (1831), pp. 133-134 ; *Mémoires d'outre-tombe*, éd. Maurice Levaillant (Paris, Garnier, 1964). Victor Hugo, *Œuvres complètes*, éd. J. Massin, vol. V, VI (Paris, le Club Français du Livre, 1967). Jules Michelet, *les Soldats de la Révolution* (Paris, Calmann-Lévy, 1878). Charles Nodier, *Paris historique. Promenades dans les rues de Paris*, vol. II (Paris, P. Bertrand, 1839). Pierre Albouy, « Une œuvre de Victor Hugo reconstituée », *Revue d'histoire littéraire de la France* (juillet-septembre 1960), pp. 386-423.

Denis Hollier

1837

Prosper Mérimée publie *la Vénus d'Ille*

Contes fantastiques

La critique moderne a redécouvert le fantastique. Cet intérêt s'explique en partie par les affinités naturelles des contes fantastiques avec les approches critiques modernes, comme, par exemple, la narratologie, les théories du signe et de la signification, l'enthousiasme pour les textes littéraires qui suggèrent des sens aussi multiples qu'incompatibles, et surtout les théories de la réception qui insistent sur la contribution du lecteur à la formation de ces sens. L'indifférence relative du fantastique envers les contraintes de la vraisemblance permet au conte fantastique d'embrasser des éléments apparemment inconsistants qui se prêtent à l'élaboration de théories diverses. C'est ainsi que nous avons aujourd'hui des définitions du fantastique qui soulignent les affinités thématiques entre le fantastique et le fantasme, le fantastique et le rêve, le fantastique et la dualité, et le fantastique et la mort. Malgré leur variété, ces définitions s'accordent invariablement sur le rôle capital du langage dans l'élaboration de l'effet fantastique.

En 1829, Jean-Jacques Ampère forge le terme fantastique lors de sa traduction en français des *Phantasiestucke in Callot's Manier* (1814), de Hoffmann *(Fantaisies à la manière de Callot).* À cette occasion il écrit aussi un essai sur Hoffmann où il esquisse une première étude du fantastique. À l'encontre des tentatives d'analyse ultérieures qui s'attachent aux mécanismes de lecture requis par ces textes avec une grande précision, l'étude d'Ampère reste vague : elle se limite à une présentation du contenu thématique et narratif des contes et loue pêle-mêle tout ce qu'elle estime susceptible d'ébranler le rationalisme littéraire.

La traduction d'Ampère jouit d'un succès immédiat : le terme « fantastique » devient de mise dans les titres des nouvelles publiées par les journaux et revues des années 1830, souvent, d'ailleurs, à tort et à travers. En 1830, Charles Nodier et Gérard de Nerval publient des essais à la gloire du fantastique, qui définissent moins un genre qu'ils ne rallient les adeptes de la nouvelle vogue aux contes truffés de récits de rêves, de fées, de vampires, de démons, de charmes, de sorcelleries, etc. Outre Hoffmann, ces auteurs revendiquent comme prédécesseurs le roman noir anglais (Ann Radcliffe, Matthew Lewis et, à un moindre degré, Walter Scott).

À la recherche d'un précédent français qui légitimise leur engouement pour le surnaturel, les auteurs français d'histoires fantastiques jettent leur dévolu sur *le Diable amoureux,* de Jacques Cazotte (1772). Hoffmann, lui-même, voyait d'ailleurs déjà en Cazotte un précurseur et l'on peut aussi discerner des traces du *Diable amoureux* dans les romans de Lewis. Ampère, Nerval, Nodier, Théophile Gautier et Balzac ont tous reconnu leur dette à l'égard de Cazotte. Au premier abord *le Diable amoureux* est une histoire aussi simple que conventionnelle : une belle et diabolique tentatrice séduit un faible mortel. Le récit cependant ne consiste pas en un relevé des circonstances qui mènent le jeune homme à sa perte, comme le voudrait le schéma narratif de la simple histoire de séduction. C'est plutôt la confession des hésitations et du tourment du jeune homme ; s'il ne voit aucun mal à tomber dans les filets d'une séduisante femme, il est déchiré par le soupçon que sa bien-aimée, Biondetta, pourrait n'être qu'une des nombreuses formes assumées par le diable, que lui-même avait conjuré et qui lui était apparu sous la forme d'une hideuse tête de chameau. Alvare finit par succomber aux charmes de sa jolie tentatrice pour découvrir, horrifié, que ses doutes étaient bien fondés et que l'adorable Biondetta n'est qu'une diabolique tête de chameau. Mais le récit continue : après cette révélation qui le laisse en proie à des remords cuisants, Alvare se rend chez sa pieuse mère et lui conte ses mésaventures. Surprise ! la bonne dame fournit aussitôt un alibi à la plupart des personnages qui avaient joué un rôle dans l'épisode de la chute d'Alvare. L'incident ne pouvait donc avoir eu lieu. Alvare aurait-il rêvé sa chute ? Et la tête de chameau qui lui est apparue après son moment d'intimité avec Biondetta, était-elle un rêve aussi ? Et l'intimité même avec Biondetta ? À la fin de l'histoire, malgré l'interprétation savante des événements par le sage Don Querbracuernos invité par la mère d'Alvare à résoudre cette énigme, ni le héros ni le lecteur ne savent avec certitude si le grand moment de l'histoire – la scène d'amour avec Biondetta – appartient au domaine de la réalité ou à celui des rêves, et si Alvare a oui ou non été la proie du démon. Ces incertitudes minent toute tentative de réduire l'histoire au prototype de « séduction d'un mortel par le diable »,

« fantasme masculin d'être l'objet du désir ardent d'une femme d'une merveilleuse beauté » ou toute autre généralité.

Cette fin en queue-de-poisson est la marque du fantastique. *Le Diable amoureux* n'est pas simplement un conte où le merveilleux joue un rôle important : de tout temps, les contes de fées, mythes, et contes populaires ont exploité le surnaturel pour le plus grand plaisir des lecteurs. Plutôt que dans le contenu narratif du conte (l'histoire même), la nouveauté du fantastique réside dans l'attitude que le texte impose au lecteur à l'égard de la narration. Au lieu de tenter de répondre à la question « Que s'est-il passé ? » du récit traditionnel, le fantastique expose le besoin inhérent à toute lecture d'y voir clair, de savoir ce qui s'est *vraiment* passé. Autrement dit, là où le récit traditionnel fournit une réponse, le fantastique soulève une question. La lecture ne consiste pas à extraire du conte un sens que l'auteur y aurait caché, mais à rester désespérément pris entre plusieurs sens, entre plusieurs histoires plausibles mais qui s'excluent mutuellement (par exemple, Alvare savait-il que Biondetta ne pouvait être que le diable ou a-t-il vraiment été dupe de son déguisement ? A-t-il rêvé sa chute ou non ?). Le récit fantastique ne raconte pas une histoire : il raconte le risque de dérapage de sa propre lecture. Ce qui est mis en question dans *le Diable amoureux*, ce n'est ni la force morale d'Alvare ni le pouvoir de séduction de la femme ou du diable (bien que chacune de ses composantes soit importante), mais le besoin du lecteur de distinguer entre ce qui s'est passé et ce qui aurait pu se passer.

Cette mise en question n'avait rien de nouveau au XIXe siècle. Diderot, Sterne, et Fielding, par exemple, avaient déjà relevé les multiples directions qu'une histoire peut emprunter à tout moment, et souligné la part cruciale que le caprice de l'auteur joue à chaque carrefour narratif. Ce n'est donc pas la dénonciation de l'arbitraire du récit ou de l'auteur qui fait l'intérêt du fantastique, mais la simplicité apparente avec laquelle le récit fantastique thématise le risque de la prolifération des sens (auquel l'auteur est supposé mettre bon ordre) et l'intègre dans la structure narrative. Contrairement à la tradition aristotélicienne qui recommande un conflit bien défini suivi d'un dénouement sans restes, le fantastique tisse simultanément plusieurs histoires contradictoires. Non seulement la prolifération des fils de l'histoire et des dénouements possibles donne lieu à des hésitations (soit chez un personnage soit chez le lecteur), mais encore le récit prend ces hésitations comme matériau narratif et les intègre dans l'histoire même. La confusion, normalement mise à l'écart au nom de la clarté analytique, devient ainsi, paradoxalement, le matériau premier du récit fantastique. Plutôt qu'en promenade le long d'un chemin comme le veut la métaphore traditionnelle, le lecteur de contes fantastiques se retrouve immobilisé à un carrefour sans qu'aucun signe ne l'aide à s'orienter.

Le fantastique n'est donc pas un genre littéraire parmi d'autres, mais une conception du récit qui inclut, prévoit et programme des effets de lecture. Dans sa forme la plus pure, le fantastique n'explique pas, il exploite l'incompatibilité entre l'expérience quotidienne (ou le sens commun) et le surnaturel. Il offre à la lecture un cadre narratif qui exclut le merveilleux comme catégorie, tout en laissant des moments ou des éléments représentatifs dans l'histoire. Perplexes face à ces éléments évidemment textuels mais que le cadre narratif récuse, le personnage et le lecteur sont appelés à résoudre l'insoluble : ils proposent des solutions qui reposent sur la science, la médecine, la science-fiction, le mysticisme, la folie, le rêve ; bref, faisant feu de tout bois, ils tentent de résoudre le conflit des interprétations et de fournir une explication cohérente qui supplée à l'incohérence des faits textuels. Autrement dit, rivalisant avec l'auteur dont ils se font les doubles, soit ils comblent les lacunes du texte, soit ils continuent l'histoire au-delà de ses limites narratives originelles. Les effets de dédoublement dépassent ainsi les détails textuels proprement dit pour constituer la relation auteur-lecteur-personnage, telle que le récit la thématise. D'où l'importance des histoires enchâssées dans d'autres histoires où des personnages racontent leurs histoires (c'est-à-dire se font simultanément actants, auteurs et lecteurs), et où les signes ne renvoient plus à notre savoir quotidien mais à d'autres récits.

Nodier, Gautier, Nerval, et Mérimée sont les premiers grands maîtres du fantastique. Gautier par exemple, use souvent de rêves : dans ses contes, le surnaturel s'évanouirait si le lecteur pouvait croire que l'aventure du personnage n'était qu'un rêve. Mais malgré la préférence marquée du texte pour l'explication par le rêve, quelque détail demeuré néanmoins irrémédiablement inexpliqué renvoie le lecteur au merveilleux. Dans *la Cafetière* (1835), quand le narrateur dessine le portrait d'une ravissante femme qu'il croit avoir rêvée et dont il est tombé amoureux, son hôte reconnaît le visage de sa sœur morte deux ans plus tôt ; dans *le Pied de momie* (1840), le narrateur trouve au matin l'amulette qu'une jolie momie égyptienne lui a donnée en rêve, en échange de son pied. D'autres fois, Gautier renvoie le lecteur aux effets de quelque drogue, comme dans *la Pipe d'opium* (1838) et *le Club des hachichins* (1846).

Nodier, le plus influencé par Hoffmann et le romantisme, n'oppose pas à la réalité le rêve ou l'hallucination tout court, mais un univers où la distinction entre rêve et réalité n'a plus cours. On peut lire son *Smarra* (1821), par exemple, comme un commentaire hallucinatoire sur le pouvoir du cauchemar ; de même, *la Fée aux miettes* (1832) suggère que ce que, dans notre manque d'imagination, nous appelons folie, n'est peut-être qu'une forme plus élevée d'harmonie entre notre vie intérieure et le monde où nous vivons. Nodier n'attribue aucune incertitude à ses personnages quant à la nature des événements qu'ils vivent : ce rôle incombe à d'autres, ternes témoins de ces mêmes événements, qui n'ont rien pour plaire au lecteur ; celui-ci prend naturellement le parti des séduisants « rêveurs ». Le choix entre ces deux sortes de personnages se fait presque à son insu de sorte que, tout en prenant plaisir aux jeux de miroirs et de dédoublement du récit, ce lecteur échappe au malaise herméneutique auquel le besoin de trancher entre les visions disparates de ces personnages l'aurait autrement livré.

Balzac est un cas limite car ses contes – souvent appelés fantastiques – n'inspirent pas au lecteur les mêmes hésitations et difficultés. Dans *la Peau de chagrin* (1831), les bizarreries de la peau sont parfaitement intégrées dans le récit, de sorte que le lecteur les accepte sans question. De même, *Melmoth réconcilié* (1835) et *l'Élixir de longue vie* (1830), bien que reposant sur des éléments surnaturels, ne manifestent aucun des dédoublements et des excès sémantiques associés au fantastique. Même quand il y a une histoire de dédoublement, comme dans *Séraphîta* (1835), Balzac explique en détail que ce dédoublement n'en est pas vraiment un, et que la confusion sexuelle de Séraphîtus/Séraphîta n'est qu'une forme d'amour plus élevée.

Le chef-d'œuvre du premier fantastique est incontestablement *la Vénus d'Ille,* de Mérimée. Un jeune homme passe une alliance destinée à la jeune femme qu'il est censé épouser le jour même au doigt d'une statue de Vénus que son père, féru d'archéologie, a récemment découverte. Plus tard, il ne peut reprendre sa bague, comme si, dit-il, atterré, la Vénus avait replié son doigt pour l'en empêcher. Il n'en épouse pas moins sa promise, mais, lors de la nuit de noces, on le retrouve mort dans son lit, où, d'après sa jeune femme terrifiée, un corps énorme et froid était venu les rejoindre. La police ne tient pas compte du témoignage de la jeune femme qu'elle croit folle à la suite de cette nuit d'épouvante. L'enquête criminelle découvre bien une histoire de rivalité entre le jeune marié et un Aragonais, mais ses empreintes ne correspondent pas à celles que le meurtrier a laissées dans le jardin. Alphonse a-t-il été assassiné par un rival ? La statue a-t-elle réclamé son fiancé ? Faute de preuves décisives, la police écarte la première hypothèse ; quant à la seconde, personne ne l'avance. Même le narrateur, archéologue parisien blasé, n'apporte aucune solution malgré l'ironie et la condescendance marquée dont il fait preuve à l'égard des villageois. Bien que tout semble indiquer la culpabilité de la statue, le narrateur ne s'engage pas et l'énigme demeure entière.

Cet aveuglement du narrateur, l'obstination avec laquelle il rejette cyniquement toute intrusion du merveilleux dans son univers enrayent la possibilité d'un dénouement. Il incombe donc au lecteur de conclure. Mais cette nécessité renvoie derechef le lecteur au narrateur, donc au problème : vu l'exclusivité du point de vue narratif, il ne peut savoir que ce que le narrateur lui a dit. Dans ses écrits, Mérimée manie d'une main de maître ces narrateurs problématiques. Ce sont des témoins dignes de confiance (hommes de robe, professeurs, archéologues, linguistes) qui restent néanmoins curieusement obtus devant l'étrangeté des événements qu'ils racontent. Leur aveuglement s'impose au lecteur avec une telle force qu'il les implique dans l'action racontée et devient, par cela même, un axe de lecture : le récit constitue ainsi une sorte de commentaire sur la fonction et les procédés narratifs.

Les effets de dédoublement et de brouillage de fonctions sont particulièrement évidents dans le cas des citations littéraires, technique à laquelle Mérimée excelle. Dans un texte littéraire, une citation évoque inévitablement le texte dont elle est empruntée et le greffe sur l'histoire, créant de multiples plans narratifs. *La Vénus d'Ille*, où de telles citations abondent, est une véritable matrice de textes littéraires qui ont en commun un intérêt marqué pour le dédoublement (notamment le dédoublement amoureux). L'une est tirée d'*Amphitryon,* de Molière (1688), où Jupiter, l'éternel soupirant, prend l'apparence d'Amphitryon dont il espère séduire la sage épouse tandis que Mercure, son compagnon, choisit celle de Sosie, valet d'Amphitryon. Le résultat est double ; d'une part, la jeune femme prend Jupiter pour son mari auquel elle se rend involontairement infidèle ; de l'autre, le brouillage de référence (deux hommes pour chaque nom) affecte la fonction communicatrice du langage : les personnages ne s'entendent plus. Une autre citation, tirée de l'*Énéide* de Virgile, renvoie au moment précis où Didon décide d'épouser Énée, c'est-à-dire où son amour pour le héros l'emporte sur sa fidélité à la mémoire de son premier époux. Une troisième évoque *Phèdre,* de Racine (1677), où Phèdre, épouse de Thésée et aimant Hippolyte à qui elle confesse son amour, entraîne de funestes conséquences. Une autre citation du *Menteur,* de Lucien, évoque un incident où, pour illustrer ce qu'est un mensonge, le narrateur raconte l'histoire d'une statue qui, bafouée par un homme, s'anime pour se venger. Tous ces textes insistent sur les conséquences de mensonges, de mésententes et d'infidélités, et mettent ainsi en relief l'importance du dédoublement matrimonial et narratif dans *la Vénus d'Ille*.

Les auteurs plus tardifs de contes fantastiques, parmi lesquels il faut citer Villiers de l'Isle-Adam (1838-1889) et surtout Maupassant (1850-1893), ont été nettement influencés par Edgar Allan Poe, traduit par Baudelaire entre 1852 et 1867. Chez Maupassant, le merveilleux est intériorisé : il devient les mystères de l'esprit humain. Dans *Lui ?* (1884), *Un fou* (1884), *Qui sait ?* (1890) et surtout dans *le Horla* (1890), l'hypnotisme et la folie remplacent fantômes, démons et sorcelleries. *Le Horla* est le journal d'un homme qui rapporte son étonnement puis sa terreur à mesure que se développe en lui la certitude qu'une créature qu'il nomme le Horla vit chez lui et lui impose sa volonté. L'histoire n'insiste pas sur les exploits de la mystérieuse créature mais sur le progrès des hésitations et de la terreur du narrateur ainsi que sur ses efforts pour comprendre ce qui se passe et y échapper. Finalement, convaincu que sa maison est occupée par une créature déterminée à détruire et à supplanter l'homme, il l'incendie. Mais un nouveau doute l'assaillit : la créature n'aurait-elle pas échappé au feu, en l'occupant, lui ? Doit-il donc se suicider pour mettre fin à l'empire du Horla ? Le récit finit sur ces supputations mais n'offre pas de clé ; au contraire, de longues digressions suggèrent des directions contradictoires : certaines indiquent que le narrateur est fou ; d'autres invitent le lecteur à interpréter ces bizarres incidents comme une prise de pouvoir par une créature inconnue, à la manière de la science-fiction ; d'autres encore suggèrent un cas d'hypnotisme. Dans un vertigineux jeu de miroirs, le narrateur, le lecteur et le récit sont aux prises avec les mêmes faits, les mêmes énigmes et les mêmes alternatives. (Dans une version antérieure [1886], le narrateur est interné dans un hôpital psychiatrique, convaincu de l'existence du Horla et en voie de convaincre ses médecins ; en ébranlant ces convictions, la version finale est infiniment plus riche).

Aujourd'hui, l'essai décisif de Freud, *Das Unheimliche* (1919, *l'Inquiétante Étrangeté*), où la distinction entre le *heimlich* (le familier) et son contraire s'évanouit dans un jeu de miroir et de dédoublement, fournit un modèle commode et efficace pour l'élaboration de théories du fantastique. Dans le sillage de Freud, les critiques littéraires ont sapé de nombreuses distinctions et classifications littéraires en soulignant les effets de miroir qui les traversent. La distinction entre auteur et lecteur et l'exigence d'une seule et unique paraphrase cohérente ont été les plus affectées. Si de nos jours la vogue du fantastique proprement dit semble périmée, c'est à son honneur : les principes du fantastique ont été généralisés et étendus à tous les textes littéraires, de sorte que le fantastique est devenu un ressort littéraire plutôt qu'un genre distinct. Le lecteur moderne ne s'émerveille plus de découvrir que ses réactions à la lecture d'un texte littéraire sont prévues par le texte, ni qu'elles peuvent constituer la matière même d'un récit.

Voir aussi 1704, 1791 (été), 1830, 1886.

Bibliographie : Anthologie du fantastique, textes choisis et présentés par Roger Caillois (Paris, Gallimard, 1977). Jean Bellemin-Noël, « Notes sur le fantastique (textes de Théophile Gautier) », *Littérature*, n° 8 (1972), pp. 3-23. Roger Caillois, *Obliques*, précédé de *Images, images* (Paris, Stock, 1975). Pierre-Georges Castex, *le Conte fantastique en France, de Nodier à*

Maupassant (Paris, José Corti, 1951). Tzvetan Todorov, *Introduction à la littérature fantastique* (Paris, Seuil, 1970).

Ora Avni

1839

Stendhal publie *la Chartreuse de Parme*

Corps masculins

Le succès appelle le succès : avec *le Père Goriot* (1835), récit de l'initiation triomphale de Rastignac aux règles, signes et codes d'une société désignée comme « moderne », Balzac a donné au roman européen un récit exemplaire – non seulement en raison de sa maîtrise narrative – qui allait occuper une position singulière, au moins jusqu'à la fin du siècle. Des multiples approches qui permettent d'aborder ce succès (celui de Balzac et celui de Rastignac), une seule a un très fort impact aujourd'hui bien que l'histoire ait tout intérêt à ne pas l'ébruiter : la beauté de Rastignac.

Pour tout le monde – personnages, narrateur et lecteur – la beauté de Rastignac, rappelée tout au long du roman, est le lieu d'un désir dont les connotations quelque peu scandaleuses risquent de faire basculer les choses – bien au-delà des couples hétérosexuels – vers des zones, des pratiques et des plaisirs à l'érotisme franchement polymorphe. L'occurrence la plus probante d'un tel désir se produit lors d'une nuit mélodramatique à la pension Vauquer, quand le corps du héros, aussi irrésistible qu'insensible, se trouve, sous l'effet du vin opiacé de Vautrin, livré aux regards d'un groupe qui s'est formé autour de lui (« Est-il beau quand il dort ? », p. 204). Vautrin lui-même embrasse le jeune homme, que Goriot avait étreint un instant plus tôt. « Prenez-lui donc la tête sur votre épaule », conseille Mme Vauquer à Mme Couture, un peu égrillarde comme à l'accoutumée, mais la tête de Rastignac retombe sur l'épaule de Mlle Victorine, qui non seulement met « un baiser sur [son] front » (p. 208), mais peut aussi, « sans crime, sentir le cœur du jeune homme battant sur le sien » (p. 205). La scène expose on ne peut plus explicitement le corps endormi de Rastignac à toutes sortes de plaisirs et de dangers, dont le plus anxiogène est l'admiration homo-érotique de Vautrin (il est dit qu'elle faisait trembler Rastignac « de tous ses membres », p. 211).

Pour la durée de cette scène, ce Rastignac si souvent donné en exemple cesse d'être identifié au corps masculin immodestement vêtu des représentations qu'en a données par ailleurs le XIXᵉ siècle. Dans une large mesure, *le Père Goriot* décrit les chemins qui conduisent à cette identification. Ce que le texte appelle son fameux « aplomb » (son côté droit, perpendiculaire) pousse Rastignac à imposer à son corps une certaine correction, à se l'approprier et à en disposer de la façon la plus profitable pour lui sur le plan sociosexuel. Par exemple, Rastignac a besoin d'être bien habillé pour le genre de succès qu'il recherche, « à corps perdu », comme le note un texte qui ne manque pas d'à-propos, car en même temps que ses illusions, c'est bien son corps – cette mine de plaisirs – qu'il doit sacrifier, perte implicite dans le travail de mutilation auquel se livre le tailleur qui ne découpe sur lui, finalement, qu'une apparence ; dans la façon de nouer une cravate qu'il sait d'instinct porter haut sur la gorge, avant même qu'on le lui ait montré ; ou l'idéal imperforé que réfléchit la surface impeccablement vernie de ses bottes. Debout devant son miroir, Rastignac est moins le narcisse subjugué par l'image de son corps que le gérant sémiotique vérifiant que son corps porte les signes requis par son intégration sociale.

La formulation en termes hétérosexuels de la vocation à laquelle le corps de Rastignac finit par répondre ne peut donc être réduite à la résolution d'un drame de « préférence sexuelle ». Car ce qui tombe en arrêt, en même temps que Vautrin, ce n'est pas seulement l'homo-érotisme qui circule explicitement à l'intérieur du récit – et comme récit – autour du corps de Rastignac, c'est plus fondamentalement le plaisir visuel dispensé par le corps masculin en tant que tel. Cette visibilité annonce une captivité aussi clairement que l'arrestation de Vautrin suit la dénudation de son torse musclé et la révélation des « lettres fatales » – *le Père Goriot* s'écrit encore de nos jours en Amérique – imprimées au fer sur ses puissantes épaules. Par contraste, lors de sa dernière apparition dans le roman, Rastignac n'est plus qu'un point de vue ; enrobé dans la lumière déclinante du crépuscule, il savoure par avance, du haut de la colline du Père-Lachaise, les bonnes choses d'un monde qu'il veut « pénétrer » et dont il souhaite « pomper le miel » (p. 290). « Et pour premier acte du défi qu'il portait à la Société, Rastignac alla dîner chez Mme de Nucingen » (p. 290). Métonymie de l'accouplement hétérosexuel décisif, ce dîner chez Delphine indique qu'un tel accouplement a peu de chose à voir avec la sexualité. Delphine introduira son amant dans la société des jeunes lions sur lesquels il avait jeté un regard envieux à l'opéra ; épouse de Nucingen, elle facilitera son accès auprès du banquier dont les louches affaires financières aideront Rastignac à bâtir une fortune. D'ailleurs, si elle a le plaisir de se faire posséder, la chose ne dépasse pas vraiment le plan financier, en quoi elle n'a que son dû : c'est sa punition pour le rôle qu'elle a tenu dans le parricide, c'est-à-dire le meurtre par négligence et par exploitation de son père, Goriot, punition qui atteindra un raffinement dantesque lorsque, bien des années plus tard, Rastignac l'abandonnera pour se marier avec sa propre fille. Le dîner chez Mme de Nucingen est au service d'une ambition mondaine ; au service de la moralité patriarcale qui justifie les pratiques de cette ambition ; mais (pour ces raisons précisément) il ne fait pas avancer sensiblement la cause du plaisir dont il se prétend l'euphémisme. Delphine n'est qu'une des stations dans la discipline de l'arriviste ; le plaisir disparaît dans les cérémonies homosociales qui, en confondant le plaisir avec les lieux où on l'affiche, en arrivent à le remplacer littéralement.

La mortification du corps de Rastignac est la condition et l'effet de son succès social. À ce titre, elle montre qu'il a compris et assimilé le thème du roman, « la mort du père ». Naïvement, le vieux Goriot pense que, quand il mourra, la société qui « roule sur la paternité » (p. 275) périra avec lui ; alors que la patriarchie de Balzac exige la mort ou la désincarnation de celui qui est destiné à porter le nom de père. Pour conserver sa capacité de structuration symbolique des flux de signification et de pouvoir, ce nom doit être protégé contre l'identification aux corps trop vulnérables ou désirables d'hommes réels, lesquels doivent en revanche apprendre à s'identifier avec le rôle impersonnel de celui qui facilite la circulation des biens : femmes, ouvriers ou autres « marchandises ». La leçon déplaît autant à Goriot, qui voudrait jalousement garder ses filles pour lui seul (« Plus de mariages ! », p. 278), qu'à l'autre père raté du roman, Vautrin, dont le rêve avorté de devenir propriétaire d'esclaves en Amérique du Sud trahit une même conception anachronique comme un régime de la paternité où le souverain accumule les corps en pensant que lui seul peut garder le sien.

L'abstraction du corps masculin vient ainsi renforcer la construction capitaliste d'un sujet masculin des échanges. Son efficacité est inversement proportionnelle à sa particularité ; son idéal est la mobilité, la finalité infiniment différée de l'argent. De même que le corps de Rastignac disparaît sous sa fonction symbolique, sa psychologie s'amenuise au fur et à mesure de ses apparitions dans *la Comédie humaine* (1842-1850) pour se ramener à une série de rôles sociaux dont le dernier, résumé de l'évolution qu'il couronne, est celui de ministre de l'Intérieur. Le prix du succès dans le capitalisme patriarcal de Balzac est une ascèse rigoureuse – ascèse qui consiste non pas à renoncer au désir mais, de façon moins traditionnelle, à renoncer à tout ce qui risquerait d'interférer avec le désir en multipliant les terrains de négociation.

Le texte de Balzac s'est appliqué la leçon qu'il donne à son héros. Il souscrit au projet mimétique, mais il n'accumule force détails sur le monde que guidé par le projet sémiotique d'encoder cette abondance dans des signes, des types et des symboles utilisables sur le plan social. Sa verbosité même – ce besoin irrépressible de démontrer sa compétence dans le maniement de codes qu'il invente dans un besoin tout aussi irrépressible – sert le fantasme d'une économie de la rareté dans laquelle nul détail n'est trop petit pour contribuer à la lisibilité du tout. Par ce qu'il a de compulsif dans sa propre automutilation, le récit de l'histoire de cette réussite dramatise la transformation de la chair en verbe, de la « réalité » en « signe », qui était déjà la condition de la réussite au sein de l'histoire. L'aplatissement de la psychologie du héros atteint sa perfection avec le narrateur – bien que ce terme dénature déjà une narration qui, de façon emblématique, refuse d'assumer la personne de son énonciation. Cette narration arrive même à déjouer les formes plus obliques d'identification imaginaire, par personnage interposé, en opérant des déplacements tellement systématiques que l'identification ne peut plus se faire qu'avec le processus de déplacement lui-même. De même, lorsqu'il reformule la conclusion d'un roman en faisant redémarrer son intrigue ou resurgir ses personnages sous un éclairage souvent différent, Balzac évite la satisfaction des dénouements narratifs, comme si, à l'image de son héros, le texte devait être maintenu indéfiniment en état de désir. Depuis les excès dont la légende veut que Balzac ait accompagné son écriture – la masturbation calculée pour s'arrêter juste avant l'orgasme, le café consommé uniquement pour intensifier le désir d'en consommer – jusqu'à la prose de ce bourreau de travail, une prose qui ne s'arrête jamais pour sentir, encore moins pour humer, sa propre floraison linguistique, s'empêchant ainsi d'émettre le parfum dilatant du style, tout se passe comme si rien ne menaçait autant ce monde, ce texte ou cet auteur, que la perte sans retour qu'est le plaisir. C'est à Balzac que revient l'honneur d'avoir inventé, dans le cadre de la littérature française moderne, le texte sans plaisir – ou du moins, sans plaisir qu'il puisse se permettre d'avouer.

Balzac lui-même a senti ce qui le rapprochait de *la Chartreuse de Parme* (1839). Ou plutôt en comparant, comme il l'a fait dans son compte rendu, ce roman au *Prince,* de Machiavel, il a donné la clé de ce rapprochement : la maîtrise mondaine (et les calculs strictement rationnels de cette maîtrise) dépend d'une science qui, dans son effort pour établir des liens stables entre signes et significations, est de nature spécifiquement sémiologique. Même la distribution des rôles dans *la Chartreuse de Parme* emprunte quelque chose au *Père Goriot* : le beau Rastignac devient Fabrice, « l'un des plus jolis hommes de l'Italie » (p. 141) ; Vautrin, avec sa banque et ses agents secrets, reparaît en Mosca, ministre des Finances et de la Police de Parme ; et, dans les deux cas, les relations du jeune homme avec son aîné (relations tendues parce que ce dernier oscille entre le mentor et le rival) sont fonction de son choix entre une femme qui sait tirer le meilleur parti de son instrumentalisation homosociale (Delphine, Gina) et une qui ne le sait pas (Victorine, Clélia). Le coup de théâtre implicite dans toutes les histoires de réussite de Balzac – que la sémiologie à laquelle le désir s'en est remis pour gérer ses intérêts mondains est elle-même une sorte de retraite (loin du monde et loin de soi) – est chez Stendhal aussi explicite que les prisons qui, littéralement, peuplent ses paysages. Cependant, s'il est possible de dire que le roman de Stendhal présuppose le monde de Balzac, c'est seulement dans la mesure où ce monde conditionne la résistance qu'il lui oppose – y compris érotiquement. Cette résistance apparaît de manière éclatante dans l'incapacité de Fabrice à entrer dans les projets que Gina et Mosca échafaudent pour lui. Mosca, ancien officier républicain, a réussi à se métamorphoser en ministre de la cour de Parme, cour réactionnaire s'il en fut ; mais cet exemple est perdu pour Fabrice, qui, par tempérament, est incapable de s'imposer dans la noire comédie de Restauration qui s'est jouée dans le sillage de Waterloo. Incapable même de jouer son rôle : car la résignation avec laquelle il finit par accepter les plans que Mosca a conçus en son nom va de pair avec la frigidité érotique qui fait sombrer sa recherche de l'amour dans l'ennui qu'elle était censée soulager. Il faut qu'il soit emprisonné dans la tour Farnèse, que tous les plans d'avancement élaborés à son intention aient échoué, pour que Fabrice découvre la passion érotique qu'il désespérait ne jamais connaître. « Par une bizarrerie à laquelle il ne réfléchissait point, une secrète joie régnait au fond de son âme » (p. 330).

Cette joie règne aussi dans le système de valeurs du roman. Mais cela n'implique pas que le narrateur s'identifie à Fabrice, lequel, après tout, passe sans broncher sur la bizarrerie que le narrateur nous met sous les yeux. Car si, à l'intérieur du texte, Fabrice représente un point de vue pour lequel la valeur (érotique) se situe à l'extérieur du récit, pour ne pas dire à l'extérieur du langage, le système de valeurs de Fabrice est incapable de rendre compte de ce qui fait sa valeur. En revanche, le narrateur, ne serait-ce qu'à cause de sa position, a besoin d'élaborer une intrigue qui, même si Fabrice n'en a rien à faire, n'en reste pas moins nécessaire pour lui permettre de s'affirmer. On pourrait inférer de certaines remarques que la narration, dans les oppositons qu'elle met en place, prend le parti de Fabrice ; mais, parce qu'elle les met en place, elle ne peut faire autrement qu'être du côté de ces oppositions elles-mêmes. Ainsi le roman se définit-il par une identification irrémédiablement clivée entre, d'un côté, l'*« amour divin »* qui ne peut pas être dit et, de l'autre, les détails sans fin de la narration qui n'arrivent pas à le dire ; entre le moi, avec sa spontanéité, sa jeunesse, et la société, c'est-à-dire la médiation et l'âge mûr ; entre la Chartreuse, dernière moûture des retraites de Fabrice, et Parme, où Mosca, le courtisan par excellence, est seul à survivre – comme pour pouvoir nous raconter l'histoire de cet amour fou qui, littéralement, a été mortel à tous sauf à lui. Le jeu de ces oppositions aboutit à un système de valeurs sensiblement différent de celui qu'on aurait été en droit d'attendre de la priorité romantique – et Fabricienne – donnée à la passion sur l'intrigue ou à soi sur le monde. Sans doute ces oppositions suggèrent-elles le refus de l'uniformisation balzacienne où le moi et la société poussent leur compatibilité jusqu'au cynisme. Mais, comme elles sont la condition nécessaire d'un plaisir qui (comme chez Roland Barthes) surgit toujours à la frontière ou à la ligne de faille d'une antithèse, ce refus fonctionne à son tour comme la condition de possibilité d'une tentative visant à imposer des altérations plus fondamentales à l'état érotique du texte : la narratologie de Stendhal est avant tout un *ars erotica*, un corps de techniques destinées à provoquer – dans un monde et un régime textuel de désir particulièrement tendu – les rencontres dont le disparate est propice au plaisir. De même que les rigueurs du désir sont représentées par le fonctionnalisme des intrigues de Balzac, le plaisir de la résistance de Stendhal à ce fonctionnalisme perce de façon remarquable à l'occasion des torsions et des distorsions de la ligne narrative. L'intrigue stendhalienne n'est pas érotique en elle-même. Elle le devient grâce à des personnages qui, comme Fabrice, la font défaillir, ou qui, comme Gina et Mosca, n'acceptent de se prêter à son élaboration qu'à la condition de garder la liberté d'en sortir quand ils le veulent. Mais là non plus l'érotique ne se réduit pas à l'absence d'intrigue : le vague égotisme de Fabrice (dont il est impossible de décider s'il est transcendantal ou simplement distrait) participe de sa frigidité générale jusqu'au jour où, dans la tour Farnèse, il se met à intriguer, précipité par la vue de Clélia dans les articulations du code et de l'invention. Par rapport à l'histoire qu'elle semble vouloir raconter, l'intrigue de Stendhal hésite entre une élaboration excessive et l'ellipse totale – comme si le plaisir ne pouvait qu'être, à tour de rôle, plus et moins que le désir qu'il pervertit.

Une « libération sexuelle » du texte ? Seulement pour ceux à qui échapperait sa mélancolie, mélancolie qui n'est plus simplement celle à laquelle la tradition condamnait les lendemains désolés du désir satisfait, mais qui imprègne le plaisir du roman stendhalien au moment précis où l'on peut penser qu'il se produit. Avec le personnage de Mosca, le texte représente la contre-finalité d'un plaisir qui ne fuit la rationalité des affaires de ce monde que pour se faire rationaliser sous forme de fuite. Le plaisir se voit assigner la fonction d'atténuer le fonctionnalisme, avec lequel il finit par se laisser assimiler chemin faisant. Parce qu'il n'est pas une menace pour la maîtrise, celle de soi comme celle du monde, ce type de plaisir ne fait qu'enduire la bonne conscience de cette maîtrise d'un baume de savoir-vivre. Le jeu de cartes ou de dés auquel Mosca et Gina ne cessent de comparer la société implique la reconnaissance de ses règles par ceux qui y participent (Gina à Fabrice : « Est-ce que tu ferais des objections aux règles du whist ? », p. 132) en même temps qu'une manière de rendre cette participation facultative ; on ne s'y donne jamais sans réserve (Mosca à Gina : « Faisons comme au jeu de tric-trac, *allons-nous en* », p. 444). À la couture du jeu et de ses à-côtés, de la personne du joueur et de la position qui lui est structurellement prescrite, se dessine ce qui peut être considéré comme le plaisir du jeu lui-même. Mosca rêve souvent de quitter la cour, mais il s'en faut de beaucoup qu'il soit jamais près de le faire ; du reste, il formule ce rêve dans des termes d'une telle mondanité – les thés de Gina à Naples attireraient la meilleure société, et ainsi de suite – que cela ressemble moins à une retraite qu'à une semi-retraite. C'est comme si le fantasme du départ n'était qu'un exercice de yoga permettant de ne pas partir, comme si Mosca ne rêvait d'un moi débordant son professionnalisme que pour s'identifier plus entièrement avec le courtisan accompli que Gina ne lui pardonnera pas d'être (elle mourra plutôt).

D'un autre côté, au plaisir qui se borne à rendre supportables les pratiques mondaines qui l'assimilent sans peine, le texte oppose une autre sorte de plaisir qui, moins souple, est aussi moins consistant, et que l'on perçoit surtout dans son sillage. La formule qui décrit la mort de Clélia – « Elle eut la douceur de mourir dans les bras de son ami » (p. 536) – associe de manière exemplaire le plaisir à l'image de son inviabilité dans un monde voué à son élision. Dans la mort prématurée de Sandrino, puis de Clélia, de Fabrice et enfin de Gina (y aurait-il quelque chose dans l'air ?), la notation du plaisir se limite au caractère exorbitant du prix qu'il réclame – prix qui dépasse à ce point le tribut, déjà élevé, de la renonciation que Mosca, seul survivant, peut être décrit comme « immensément riche ». Quand l'ordre social échoue à faire du plaisir une simple affaire d'agrément, les résultats sont tragiques : les libérations qui ne se laissent pas domestiquer dans les jeux de société d'une culture « proto-yuppie » sont vouées à la catastrophe d'une contagiosité vénérienne, mises en scène pour impressionner les foules et reléguées à des places où elles ne risquent pas de se faire reconnaître. Cette non-reconnaissance donne au plaisir, chez Stendhal, son insistance caractéristique et le condamne à être douteux, toujours menacé d'être confondu avec son contraire, le désir de plaisir. C'est à la pression de ce doute qu'on doit l'étrange accélération du récit vers la fin de *la Chartreuse*, lorsque, en des séquences de plus en plus élaborées, mais de plus en plus superficielles, le roman s'abandonne à un véritable paroxysme d'« effets de plaisir », comme si l'auteur s'affolait de ne pas pouvoir prouver ce que sa panique elle-même rend improbable – que vite fait est synonyme de bien fait.

À la dernière page du roman, il est dit que Gina n'a pas survécu à Fabrice, « qu'elle adorait » – et, une phrase plus loin, qu'Ernest V, jeune prince insipide, était « adoré de ses sujets ». Avec une facilité pathétique, le mot de passe de la jouissance amoureuse est réduit à une formule de relations publiques. « *L'amour divin* » est mort avec Clélia et Fabrice ; « les apparences du bonheur » (p. 537) elles-mêmes ont disparu avec Gina ; dans ce contexte, la fameuse dédicace (« To be happy few ») apposée à la fin du roman sonne comme une élégie, voire une malédiction, sans grand rapport avec l'exaltation béate du « bien vivre » chère aux beylistes. Les rares personnes à avoir connu le bonheur sont mortes ou, comme Mosca, ont perdu le bonheur. Cette dédicace prouve surtout le goût héroïque et pervers de Stendhal pour une valeur qui est en passe de devenir – si elle ne l'est déjà – impraticable.

Rien d'étonnant à ce que le XIXe siècle ait « préféré » le texte du désir masculin au texte du plaisir « émasculant » : il était utile (comme raisonnement et comme mythologie) aux répressions et aux injonctions dont vit l'organisation sociale et qui, de leur côté, assurent une certaine vraisemblance à la représentation. Et la vaste descendance du roman balzacien est conforme à la logique du modèle puisque la reproduction de l'espèce est, quand on la mesure au plaisir, ce qui passe pour être utile. Quant à la dérive du texte de Stendhal – qui a été méconnu à travers tout son siècle –, ce n'est pas un hasard s'il a fallu attendre la construction récente de la catégorie et du sujet que nous qualifions d'« homosexuel » pour qu'elle puisse être, d'abord avec André Gide et plus tard avec Roland Barthes, réactivée comme pratique d'écriture. Le seul groupe social où la valeur mineure et minorisante du plaisir ait réussi à prendre racine est peut-être celui des individus « sans descendance » : appelés par les hasards d'une minorité bien à eux à comprendre ce qu'a de précaire mais aussi de nécessaire le projet de réveiller le corps de Rastignac.

Voir aussi 1830, 1911.

Bibliographie : Honoré de Balzac, *le Père Goriot,* in *la Comédie humaine*, éd. Pierre-Georges Castex, vol. III (Paris, Gallimard, 1976-1981). Stendhal, *la Chartreuse de Parme* (Paris, Garnier, 1973). Roland Barthes, *le Bruissement de la langue* (Paris, Seuil, 1984) ; *S/Z* (Paris, Seuil, 1976). Leo Bersani, *Balzac to Beckett : Center and Circumference in French Fiction* (New York, Oxford University Press, 1970). D. A. Miller, « Balzac's Illusions Lost and Found », *Yale French Studies*, n° 67 (1984), pp. 164-181.

D. A. Miller

1840

L'Académie des sciences morales et politiques met au concours le sujet : « En quoi consiste la misère ? »

Les misérables

En juin 1840, l'Académie des sciences morales et politiques remit deux mille cinq cents francs à un journaliste, Eugène Buret, pour son essai « En quoi consiste la misère ? Par quels signes elle se manifeste en divers pays ? Quelles sont ses causes ? » Deux ans plus tard, Buret mourait de tuberculose, à l'âge de trente et un ans, laissant une veuve malade, une fillette en bas âge et une éphémère renommée dans ce que l'on appelait alors l'« économie politique ». Plus personne ne le lit et il a même sombré dans l'oubli ; mais l'histoire est plus intéressante que le conteur.

Sous la monarchie de Juillet (1830-1848), les crimes et la souffrance suintaient des rues de Paris, tandis que la France s'alarmait de sa pauvreté urbaine. Les journaux entretenaient soigneusement la fascination exercée par un Autre fatal et mystérieux : le misérable. Ce terme reléguait les indigents dans une catégorie sociale à part. Le traité consacré par Buret à ce qu'il appelait « le grand fait social de notre temps » nous ouvre aux discours ambigus, évasifs et contradictoires que la misère inspirait vers 1840 ; discours dont il convient de relever les constantes.

En 1840, la misère était associée au souvenir des barricades (révolution de 1830, émeutes de 1832 et de 1834, soulèvement manqué de 1839) et au spectre de l'épidémie de choléra de 1832. La population de Paris allait franchir le seuil du million. Mais la précision du chiffre fourni par les autorités (928 071) était trompeuse ; les faubourgs grouillaient de tant de taudis, et de sans-abris qu'on pouvait à peine proposer une approximation de ce qu'on appelait « la population flottante ». Pendant l'été 1840, la tension sociale s'accrut lorsque le prix du pain passa de dix-sept à quarante sous et qu'une vague de grèves envoya des milliers de manifestants dans les rues pour protester contre la baisse des salaires et les conditions de travail. L'économie française prenait son essor. En 1841, une loi réglementait le travail des enfants dans les fabriques de textile. En 1842, le décret sur les chemins de fer stimulait la métallurgie. Mais le boom devait s'arrêter en 1848 : la monarchie de Juillet s'effondrait, victime d'une dépression économique.

Le gouvernement et les chambres se prononcèrent sur la misère en 1840. En février, devant l'accroissement des demandes de secours, le ministre de l'Intérieur, Charles de Rémusat, ordonna une enquête sur l'administration de la charité par les institutions publiques et privées. Il savait qu'en Angleterre les *workhouses* distinguaient entre les pauvres « qui peuvent travailler » et « ceux qui travailleront » (« C'est en séparant les deux choses [...] et en faisant en sorte que les secours soient toujours moins attirants qu'un salaire qu'on pourra espérer une amélioration », recommandait en 1834 la commission anglaise de la Loi sur les pauvres). La France devait-elle introduire la même distinction ? En juin, Alexis de Tocqueville présenta à la Chambre des députés son enquête sur la réforme des prisons : depuis 1830, alors que les condamnations avaient augmenté de 36 %, le taux de récidive était passé à 40 %. L'incarcération réformait-elle les individus ou créait-elle des criminels endurcis ? Mais Rémusat considérait que la prison était « l'unique sanction morale, la dernière garantie de l'ordre social ». Fidèle à une longue tradition, il voyait la solution dans une coopération des « institutions de charité et de répression » (*Du problème de la misère et de sa solution chez les peuples anciens et modernes*, vol. Ier, p. 457).

On retrouve la même dualité dans les tableaux littéraires de la misère. En mars 1840, la pièce de Balzac, *Vautrin*, fut créée sur une scène du Boulevard du crime. Le sinistre personnage qui lui donne son titre apparaît dans plusieurs volumes de *la Comédie humaine*. Dans *Splendeurs et misères des courtisanes* (1838-1847), son incarcération dans la prison de la Conciergerie est l'occasion d'une description détaillée des bas-fonds du crime. « La prostitution et le vol sont deux protestations vivantes, mâle et femelle, de *l'état naturel* contre l'état social », déclarait-il. Pour ceux qui « sont *contraires* à la civilisation », Paris est « ce qu'est la forêt vierge pour les animaux féroces » (p. 830). Balzac n'ignorait pas « le vice et le crime qui résultent de l'état où se trouvent les pauvres malheureux » (*la Cousine Bette*, p. 437), mais, dans *Splendeurs*, il n'en ironisait pas moins : « Les novateurs modernes écrivent des théories nébuleuses [...] ou des romans philanthropiques ; mais le voleur pratique ! » (p. 830). En écrivant cette phrase, il pensait sans doute à George Sand, dont *le Compagnon du tour de France* parut, lui aussi, en 1840.

Le modèle du héros de ce roman ouvrier, Pierre Huguenin, était un personnage historique (le charpentier Agricol Perdiguier, qui plus tard écrivit son autobiographie). L'histoire, cependant, tourne à la romance et associe le destin de l'humble artisan à celui d'un comte. La tradition voulait que l'on recoure aux codes du mélodrame pour peindre la pauvreté. Félix Pyat, qui émut des salles entières en décrivant les conditions de vie des parias de la société dans *les Deux Serruriers* (1841) et *le Chiffonnier de Paris* (1847), substitua les identités pour un heureux dénouement : sur son lit de mort, le pauvre Sam révèle à ses enfants l'existence d'un héritage secret, tandis que Jack, méfiant, démasque l'infâme baron. Les auteurs de feuilletons se pliaient aux contraintes de temps, d'espace, et de goûts imposées par les journaux. Le roman d'Eugène Sue, *les Mystères de Paris* (1842-1843), donné en feuilleton par *le Journal des débats*, révélait les secrets de la misère dans une suite d'épisodes dramatiques. Sue, attiré par l'argent et membre du très snob Jockey Club, fut enchanté de voir cette œuvre alimentaire devenir un best-seller. En 1845, Victor Hugo commença l'épopée populiste de son saint forçat (le titre initial était *Jean Tréjean, ou les Misères*), mais *les Misérables* ne furent achevés qu'en 1862.

1840 fut une excellente année pour les « théories nébuleuses » qui irritaient tant Balzac. La première édition de *l'Organisation du travail*, de Louis Blanc, qui réclamait le droit au travail, l'organisation d'ateliers sociaux et l'abolition de la production privée fut épuisée en un mois. *Promenades dans Londres*, de Flora Tristan, s'ouvraient sur cette proclamation : « l'Angleterre résonne de tous côtés de cris de révolte et de destruction » (p. V). *Qu'est-ce que la propriété ?*, de Pierre Joseph Proudhon, présentait la propriété privée comme un vol, source criminelle d'inégalité. *Le Voyage en Icarie*, d'Étienne Cabet, brossait le portrait d'une communauté utopique qu'il qualifiait de « société communiste ». Pierre Leroux, émule de Claude-Henri de Saint-Simon, écrivait *De l'humanité, de son principe et de son avenir* et encouragea George Sand qui rédigeait *le Compagnon du tour de France*. Et *l'Atelier*, journal mensuel écrit par et pour des ouvriers, commençait à faire circuler les idées de socialisme chrétien de Pierre Buchez. La parution simultanée de tous ces ouvrages explique pourquoi, quand Karl Marx arriva à Paris en 1843, son correspondant allemand Arnold Ruge appela cette capitale « le grand laboratoire où se forme l'histoire du monde » (*Decisive years in France*, p. 98).

La misère faisait aussi l'objet d'une étude minutieuse par une science sociale encore balbutiante. Une phalange de chercheurs visitait les taudis des faubourgs, passait au peigne fin registres et livres de compte, bouclait des enquêtes sur la prostitution, les naissances illégitimes, le suicide et le meurtre. *Des classes dangereuses de la population dans les grandes villes*, d'H. A. Frégier, et le *Tableau de l'état physique et moral des ouvriers*, de L.R. Villermé, tous deux publiés en 1840, illustrent l'attitude de ces moralistes statisticiens. Frégier, un bureaucrate, était alarmé par les mœurs « des classes pauvres et vicieuses qui grouillent dans la ville de Paris ». Du « chiffonnier et du nomade », il écrivait : « Quand au lieu d'atténuer la misère par la sobriété et l'économie, le prolétaire [...] aspire à boire dans la coupe des plaisirs réservés à la classe riche et aisée [...] il se dégrade d'autant plus qu'il veut s'élever davantage (*Classes laborieuses et classes dangereuses à Paris*, p. 458). Villermé était médecin ; il limita son étude au textile. On y lit des réflexions comme : « Les ouvriers des manufactures manquent de sobriété, d'économie, de prévoyance, de mœurs, et bien souvent ils ne sont misérables que par leur faute. [...] Leur situation est généralement moins mauvaise que vingt ou trente ans auparavant », conclut-il (*Tableau*, vol. II, pp. 346, 351). Classe dangereuse ou classe laborieuse, si on voulait résoudre le problème des misérables, il fallait commencer par améliorer leur caractère.

Villermé était membre de l'Académie des sciences morales et politiques. C'est lui qui offrit son prix à Buret. Cette section de l'Institut de France était composée d'économistes, de légistes et d'autres spécialistes des questions sociales qui alliaient à la modération politique un libéralisme économique rigoureux. L'Académie mettait régulièrement au concours des questions sur des problèmes d'actualité et son « glorieux suffrage », selon la formule d'un de ses membres, pouvait lancer la carrière d'un intellectuel débutant. Mais Buret fut déçu par les résultats. Bien qu'une récompense de cinq mille francs ait été annoncée, le comité ne put s'entendre sur un lauréat et décida de scinder le prix ; il annonça aussi le sujet du concours suivant : comment appliquer le « principe d'association privée et volontaire » de la manière la plus utile à l'allégement de la misère ? Dégoûté par cette « interminable suite de questions et réponses », Buret prit l'argent, partit étudier sur place la pauvreté anglaise, ajouta une introduction de cent pages à son manuscrit et le publia en deux volumes sous le titre *De la misère des classes laborieuses en Angleterre et en France*. La publication de ce texte à la fin de 1840 enrichit d'une nouvelle signification le terme de « misérable ».

Buret était né en octobre 1810 à Troyes, connu de longue date pour son industrie de tricot et de bonneterie. Fils d'un commerçant qui avait investi ses économies dans « l'éducation de son fils » (comme Buret père le déclare dans une lettre), on ne sait rien de sa jeunesse ni de la date à laquelle il arriva au Quartier latin ; en 1835, il traduisit de l'allemand un ouvrage de géographie, et collabora au *Courrier français* l'année suivante. Vers cette époque, il lut les *Nouveaux Principes d'économie politique* (1819, éd. révisée 1827) du Genevois Simonde de Sismondi, un des premiers théoriciens à avoir compris l'importance du passage de *la Richesse des nations* (1776) où Adam Smith déplore que le progrès de la division du travail induise un état corrompu dans lequel doivent nécessairement tomber les pauvres travailleurs si le gouvernement n'y fait obstacle. La lecture de Sismondi et le contexte industriel de sa ville natale décidèrent sans doute Buret à se faire un nom dans le monde des lettres en s'inscrivant au concours de l'Académie. Après sa mort, son « indépendance d'esprit » fut louée par Adolphe Blanqui, académicien et spécialiste d'économie politique, qui regrettait en lui le meilleur théoricien de sa génération.

Buret pensait comme ses contemporains que la pauvreté urbaine, déjà alarmante, ne pouvait qu'empirer. Mais il battait en brèche nombre d'idées reçues. Non seulement il déclarait qu'il était « au-dessus des forces de la charité privée ou publique » de soulager la misère, mais il se démarquait aussi des « écrivains distingués [qui] ont fait peser sur les vices du pauvre toute la responsabilité des souffrances et des privations qu'il endure » (*De la misère*, vol. Ier, p. 391). En revanche, il transformait « le mystère social que nous essayons de résoudre » en une réalité subjective : la misère devenait « la pauvreté moralement sentie [...] un phénomène de civilisation qui suppose dans l'homme un développement avancé de la conscience [...] Il y a chez certaines classes d'hommes la pauvreté la plus extrême, il n'y a pas de misère dans le sens que nous attachons à ce mot. Le paysan de Picardie [...] est aussi pauvre qu'on peut l'être [...] mais il n'est point misérable » (*ibid.*, vol. Ier, pp. 113-115).

Alors qu'Alexis de Tocqueville cherchait à déceler, de l'autre côté de l'Atlantique, les règles d'une société démocratique (le second volume de *De la démocratie en Amérique* parut en 1840), Buret découvrait outre-Manche le spectacle du monde industrialisé. Son insistance à soutenir qu'« en regard du tableau de la richesse des nations, il faut placer aussi le tableau de la misère des nations » fut ce qui, dans ses analyses, suscita le plus de controverses. Les misérables, créatures nées du progrès ? Peu de gens, à l'époque, étaient prêts à accepter pareille implication.

« Quelques promenades dans les rues de Londres et des autres grandes villes d'Angleterre en apprennent plus [...] que les plus savantes statistiques, écrivait-il. Dans le centre même des foyers les plus actifs de l'industrie et du commerce, on voit des milliers d'êtres humains ramenés par le vice et la misère à l'état de barbarie » (*ibid.*, vol. Ier, pp. 13-14). « La loi suprême qui règle le monde industriel, notait-il, a mis les maîtres et les ouvriers en hostilité manifeste [...] dans la pensée du chef de fabrique, les ouvriers ne sont pas des hommes mais des forces [...] des instruments rebelles et moins économiques que les outils de fer et de feu » (*ibid.*, vol. II, pp. 269-270). Les machines divisent « la population qui concourt à la production en deux classes distinctes opposées d'intérêts : la classe des capitalistes, propriétaires des instruments de travail, et la classe des travailleurs salariés » (*ibid.*, vol. II, p. 165). Puisque « l'armée industrielle n'offre pas d'avancement, il existe une hostilité silencieuse entre ouvriers et employeurs, qui explose à la moindre occasion et avec une violence accrue à chaque fois » (*ibid.*, vol. Ier, p. 141). Buret avançait l'expression d'« état de guerre industrielle » pour caractériser ce conflit latent.

« Doit-on conclure que la liberté est tout ?, demandait Buret. Le premier devoir du pouvoir social [...] n'est-il pas d'empêcher que la liberté des uns ne devienne la servitude des autres ? Le laisser-faire absolu ne vaut pas mieux en régime industriel qu'en régime politique ; son véritable nom est l'anarchie » (*ibid.*, vol. Ier, p. 17). Les pauvres, avertissait-il, avaient déjà inspiré des théoriciens qui plaçaient dans les institutions politiques la cause des souffrances du peuple. « Que les gouvernements y prennent garde ! » *De la misère des classes laborieuses* est un indéniable précurseur du *Manifeste du parti communiste* (1848). Il anticipe *la Situation de la classe laborieuse en Angleterre* (1844), de Friedrich Engels, et Marx en a recopié des passages dans son journal en 1845. Et pourtant, la réception de Buret en 1840 avait été bien différente. On considéra alors qu'il accusait la monarchie de Juillet de mener une politique économique qui créait des « masses de misérables ».

La dernière pièce à verser au dossier des discours sur la misère réside dans la fin de Buret lui-même. Les sources sont minces – une notice nécrologique dans le *Journal des économistes* et un dossier poussiéreux aux Archives nationales – mais l'histoire qu'elles racontent façonnerait un chapitre supplémentaire aux *Scènes de la vie de bohème* d'Henry Murger (1840).

Eugène Buret ne survécut pas deux ans à la publication de son traité sur la misère. À la fin de 1840, il épousa la fille – âgée de vingt ans – d'un pauvre employé des contributions, tandis que de cette union naissait une petite fille en juillet 1841. À cette époque, la maladie de Buret était assez grave pour qu'il aille chercher le soleil en Algérie. Mais ses responsabilités familiales ne lui laissaient guère de repos. Il revint à Paris, écrivit trois articles, rédigea un livre qui défendait la colonisation française en Afrique du Nord et mourut en août 1842, quelques jours après Sismondi. Il expira, dit-on, alors qu'il annotait un volume d'Adam Smith. Sa femme lutta pour survivre avec les six cents francs alloués par le ministre de l'Instruction publique. « Deux années de jeûnes et de souffrances, expliqua-t-elle, ont épuisé nos maigres ressources. Je me retrouve seule avec un enfant de quatorze mois et une santé fortement ébranlée » (Archives nationales. Louis-Auguste Blanqui, dont l'entremise avait facilité l'octroi de cette modeste pension, informait le ministre qu'elle « suivrait bientôt son mari dans la tombe » (*ibid.*, 4 sept. 1842). À la mort de la veuve de Buret en mars 1843, leur fille orpheline fut envoyée chez Buret père, qui décrivait lui-même ses conditions d'existence comme étant « proches de l'indigence ». Le vieillard envoya une pétition à Paris, demandant de recevoir la pension de son fils ; il obtint que le maire de Troyes se porte caution morale. Aucune trace n'existe de la réponse qu'il fit quand sa demande fut rejetée.

Voir aussi 1800, 1877.

Bibliographie : Honoré de Balzac, *la Cousine Bette*, éd. Anne-Marie Meininger, in *la Comédie humaine*, éd. Pierre-Georges Castex, vol. VII (Paris, Gallimard, 1977) ; *Splendeurs et misères des courtisanes*, éd. Pierre Citron, in *ibid.*, vol. VI (Paris, Gallimard, 1977). Eugène Buret,

De la misère des classes laborieuses en Angleterre et en France, 2 vol. (Paris, Paulin, 1840). L. M. Moreau-Christophe, *Du problème de la misère et de sa solution chez les peuples anciens et modernes*, 3 vol. (Paris, Guillaumin, 1851). Adam Smith, *Recherches sur la nature et les causes de la richesse des nations - Les grands thèmes* (Paris, Gallimard, 1976). L.-R. Villermé, *Tableau de l'état physique et moral des ouvriers*, 2 vol. (Paris, Renouard, 1840). Louis Chevalier, *Classes laborieuses et classes dangereuses à Paris pendant la première moitié du XIXe siècle* (Paris, Plon, 1958). David H. Pinkney, *Decisive Years in France, 1840-1847* (Princeton, Princeton University Press, 1986). Hilde Rigaudia-Weiss, *les Enquêtes ouvrières en France entre 1830 et 1848* (1936 ; réimp., New York, Arno, 1975).

Robert Bezucha

1843, 9 juin

La dernière partie des *Illusions perdues* d'Honoré de Balzac commence à paraître en feuilleton

Publier un roman

En mai et juin 1843, Honoré de Balzac, cloîtré dans l'arrière-boutique de son imprimeur, écrivait fiévreusement la troisième et dernière partie des *Illusions perdues*, « Les souffrances de l'inventeur », qui, faisant suite aux « Deux poètes » (1837) et à « Un grand homme de province à Paris » (1839), mettait un terme à cette « œuvre capitale dans l'œuvre » (expression de Balzac lui-même, citée dans Chollet, « Introduction » aux *Illusions perdues, la Comédie humaine*, vol. V, p. 3). Le 9 juin, bien qu'encore inachevée cette dernière partie commençait à paraître en feuilleton. Elle rejoignit ensuite le huitième volume de *la Comédie humaine* (1842-1850), titre dantesque sous lequel Balzac regroupe à partir de 1842 la totalité de son œuvre romanesque passée et à venir. Ce mode de publication fragmentaire était typique de la pratique de Balzac et des conditions de production sous la monarchie de Juillet (1830-1848). En 1842, Balzac avait aussi rédigé son célèbre « Avant-propos », dans lequel il soulignait l'extraordinaire envergure de l'entreprise de *la Comédie humaine*. Esquissant un parallèle entre humanité et animalité, il y propose sa propre conception des espèces sociales, et sa théorie unitaire de l'énergie et de la « pensée » (terme qui englobe tous les processus affectifs et intellectuels) : la société améliore l'individu en même temps qu'elle le corrompt, et la pensée est une force à la fois sociale et destructrice. L'écrivain, qui étudie les principes sous-jacents aux effets sociaux et l'esprit des lois oubliées, est égal ou supérieur à l'homme d'État.

Roman d'apprentissage aux proportions épiques et au contenu encyclopédique, *Illusions perdues* thématise également sa propre création et prend pour objet l'institution littéraire dans son entier. C'est une réflexion sur le pouvoir politique, économique et social, et, de façon implicite, sur les crises du pouvoir. Bien que l'action se déroule en 1821-1822, le roman est écrit d'un point de vue rétrospectif, avec l'expérience de la monarchie de Juillet, et pendant le reflux du mouvement romantique, dont il décrit au contraire la montée. Le thème de la désillusion se développe autour de l'opposition entre Paris et la province (représentée par Angoulême, ville connue pour ses fabriques de papier), et se concentre bientôt sur la transformation contemporaine de la littérature en marchandise matérielle et intellectuelle. Seul Paris pourra donner la richesse et la gloire à Lucien Chardon, type balzacien du jeune homme ambitieux et doué, qui aspire d'une part à trouver un éditeur pour son roman et son recueil poétique, et d'autre part à obtenir une ordonnance royale l'autorisant à répudier le nom de son père, Chardon, pour se faire accorder le patronyme de ses nobles ancêtres maternels, de Rubempré. Bien que le premier projet occupe le devant de la scène, tous deux déterminent le comportement de Lucien à Paris. Et son échec sera le résultat direct de sa faiblesse et de sa vanité. Les mécanismes du marché littéraire deviennent même partie intégrante de la peinture balzacienne de la monomanie (comprise comme concentration d'énergie sur une passion unique), car le démon de l'invention qui possède et ruine temporairement l'ami dévoué de Lucien, David Séchard, le pousse à chercher sans relâche la formule de fabrication d'un papier à meilleur marché. « Dans une œuvre, écrit Balzac, dont l'existence matérielle est due autant au papier qu'à la presse » (*la Comédie humaine*, vol. V, p. 218), la passion de David sert d'introduction à la longue digression historique et technique de la première partie sur la fabrication du papier. « Les souffrances de l'inventeur » relatent l'exploitation capitaliste de la découverte de David par ses puissants concurrents, qui lui dérobent le secret du papier végétal, à la faveur d'une de ces minutieuses conspirations privées, une de ces intrigues légales compliquées à souhait dont Balzac tire les ficelles avec maestria.

La toute première ligne des *Illusions perdues* désigne la presse Stanhope comme une importante innovation dans l'imprimerie. Cette amélioration technique, avec d'autres, avait entraîné une surproduction du livre, et l'image que présente « Un grand homme de province à Paris » (deuxième partie du roman) a sans doute quelque chose à voir avec la crise commerciale de 1827-1828, qui avait été fatale à l'imprimerie de Balzac, et avec la stagnation de 1836. Quand Lucien arrive à Paris, accompagné d'Anaïs de Bargeton, avec qui il s'est enfui (et qui, s'étant rendu compte de l'insignifiance de son poète, ne tarde pas à le quitter), il se heurte à l'impossibilité de faire publier son roman. Les différentes étapes de son initiation mettent en lumière l'incroyable désorganisation du commerce du livre. De 1810 jusqu'à la révolution de 1848, imprimeurs et libraires, étroitement surveillés, ne pouvaient obtenir leur brevet que s'ils offraient toutes les garanties morales et politiques. Les éditeurs-imprimeurs, eux-mêmes exploités par les libraires, exploitaient à leur tour les auteurs et le prix des livres était trop élevé pour la plupart des lecteurs : Lucien lit à la bibliothèque Sainte-Geneviève, ou bien, moyennant une faible cotisation, dans un cabinet de lecture. Les auteurs pouvaient vendre leurs livres aux éditeurs en toute légalité, et de la sorte renonçaient souvent à leurs droits – à bas prix s'ils étaient inconnus. Même devenu journaliste et critique littéraire influent, Lucien est victime de cette situation. Dauriat, libraire-éditeur à succès, achète ses poèmes pour l'amadouer, mais ne les publiera jamais, car il y a surproduction en poésie. Et l'obscur éditeur qui achète le roman de Lucien fait faillite, ce qui était fréquent. Le roman paraît, mais est cédé en bloc et revendu « à bas prix au moyen du colportage [...] sur les parapets des ponts et les quais de Paris » (*ibid.*, vol. V, p. 541). Le texte fait aussi allusion à la concurrence des éditions pirates belges, à son apogée entre 1830 et 1840 : les Belges réimprimaient un roman de trois volumes, à 7,50 F le volume, en un seul gros volume vendu 3,50 F. En 1838, Gervais Charpentier fut le premier éditeur français à lancer, en France même, ce type d'édition à bon marché.

Le tableau que brosse Balzac ne tient pas compte des réussites exceptionnelles comme celle de Victor Hugo, mais les aventures de Lucien montrent amplement qu'avec la disparition du mécénat la plupart des écrivains ne pouvaient survivre qu'en se tournant vers le *petit journalisme* (petites feuilles rédigées au moins en partie par des écrivains besogneux). Trop souvent corrompu – et d'après la préface de Balzac de 1839, plus encore en 1839 qu'en 1821 –, le *petit journalisme* fait l'objet d'une satire approfondie et acérée. Une fois promues journalistes, les anciennes victimes du commerce du livre en deviennent les exploiteurs : les méandres de l'intrigue font ressortir l'action désastreuse du *petit journal*. Afin de vendre, les libraires-éditeurs doivent faire de la publicité. Le prix élevé des annonces publicitaires aide le journal à vivre mais ruine le libraire (d'où l'étirement des romans sur deux ou trois volumes afin d'amortir les dépenses de publicité), et la *réclame*, forme de publicité à mi-chemin entre l'annonce et la critique littéraire, substitue la vénalité à l'indépendance du jugement. Quelques mois après la publication d'« Un grand homme de province à Paris », Charles Augustin Sainte-Beuve allait aussi dénoncer cet effet circulaire dans son article « De la littérature industrielle » (1839). Lucien devient bientôt expert en trahisons et volte-face, renvois d'ascenseur, revente de livres et de billets de théâtre obtenus gratuitement. Il s'adonne au petit jeu des menaces voilées et des histoires truquées (mais il hésitera à aller jusqu'au chantage). Certains épisodes montrent comment les feuilles littéraires, pour la plupart libérales, malgré l'interdiction qui leur était faite de traiter de sujets politiques, ont contribué à la chute de Charles X par le biais d'attaques personnelles insidieuses.

Acculé plusieurs fois à choisir entre les valeurs authentiques de la haute littérature, représentée par le futur grand romancier d'Arthez, et les fausses valeurs du journalisme, Lucien opte invariablement pour les secondes, mais, selon le mot d'un des journalistes, « les idées sont binaires. Janus est le mythe de la critique et le symbole du génie » (*ibid.*, vol. V, p. 457). Les nettes oppositions qui dénoncent la quantification de la qualité et la prostitution des idées se trouvent contredites par la valeur élevée accordée au travail, condition importante de la qualité, et cependant valeur bourgeoise qui dépend en partie de la quantité. L'une des plus grandes scènes de *la Comédie humaine*, vers la fin des *Illusions perdues*, pousse encore plus loin la confusion des valeurs. Ruiné et perdu de réputation sous les efforts conjugués des libéraux et des royalistes ligués contre lui, Lucien, tout repentant, retourne chez lui à Angoulême où, dupé une fois encore par la flatterie, il devient à son insu l'instrument de l'arrestation de David, emprisonné pour dettes ; il s'en va, laissant une lettre d'adieux qui contient l'annonce de son suicide. En route vers la mort, il rencontre un jésuite espagnol, Carlos Herrera, qui tourne en dérision les lois et les principes moraux, et esquisse devant lui le code impitoyable de l'ambition. Herrera fait l'éloge des affections viriles et promet de combler tous les désirs frustrés de Lucien en échange de sa soumission. Certains lecteurs comprennent la sombre satire d'Herrera comme une incitation à la révolte, bien que son intention cynique et avouée soit d'exploiter à son propre avantage un état social corrompu. Séduit par la vue de l'or, par la brillante rhétorique d'Herrera, par l'influence politique qu'il semble exercer, et aussi par la perspective d'un soutien et d'un amour sans restriction, Lucien accepte à l'instant ce pacte faustien. *Splendeurs et misères des courtisanes* (1836-1847) raconte sa résurrection à Paris, son ascension dans la société aristocratique, puis sa chute et finalement son suicide en prison.

Dialogues et récits désignent souvent Lucien sous le nom de « poète ». D'abord associé à une conception idéaliste, romantique et totalisante, ce terme acquiert une connotation ironique après la rencontre de Lucien avec les réalités du marché littéraire, jusqu'à la remarque finale d'un Angoumoisin : « Ce n'est pas un poète, ce garçon-là, c'est un roman continuel » (*ibid.*, vol. V, p. 717). En fait, c'est le romancier lui-même que la dimension réflexive et métafictionnelle des *Illusions perdues* révèle comme le véritable poète. Des trois articles contradictoires que doit écrire Lucien sur le roman d'un autre personnage, Nathan, les deux premiers constituent des échantillons caractéristiques de critique littéraire (le troisième est à peine évoqué). Le premier article introduit une opposition chère à Balzac entre la littérature « idée », « continuant l'école voltairienne », et la littérature « imagée », le nouveau roman du romantisme, avec drame et passions, abondance de dialogues et de descriptions. Le deuxième article décrit l'ambition même de Balzac, selon laquelle « le dernier degré de l'art littéraire est d'empreindre l'idée dans l'image ». Plus accordée aux drames des trente années précédentes, cette nouvelle forme romanesque supplante la comédie en tant que genre majeur. Combinant tous les autres genres, c'est « la création moderne la plus immense » (*ibid.*, vol. V, pp. 443-444, 459).

Ainsi, *Illusions perdues* présente la théorie et la pratique du projet archéologique, encyclopédique et poétique de Balzac. Parmi les nombreux procédés destinés à créer une impression d'unité (et de réalisme), le plus notable est probablement l'invention balzacienne des personnages « reparaissants ». Dans *Splendeurs et misères des courtisanes*, on découvrira que Carlos Herrera n'est autre que Jacques Collin, alias Vautrin, ancien forçat qui figurait déjà dans *le Père Goriot* (1835) – il finira comme chef de la Sûreté. Quant à la première partie de ce qui devait devenir *Splendeurs et misères*, bien que publiée (sous le titre de *la Torpille*) un an avant « Un grand homme de province », elle contenait déjà la suite des aventures – non encore publiées – de Lucien à Paris. Et le d'Arthez plus âgé des *Secrets de la princesse de Cadignan* (1839), au faîte de la gloire, a vu le jour la même année que le d'Arthez pauvre et inconnu des *Illusions perdues*. Balzac tire les ficelles d'environ deux mille personnages à travers quatre-vingt-seize romans et nouvelles. Se plonger dans cet autre univers et trouver sa voie dans son espace et sa temporalité sont une expérience unique.

Illusions perdues ne décrit pas le fonctionnement des journaux les plus importants, mais en porte la marque de plusieurs façons. Lucien professe une indifférence aristocratique à l'égard de la signature, mais, en 1829, dans *la Revue de Paris* qui venait d'être fondée, l'insertion du nom de l'auteur sous chaque article attestait un sens nouveau de la propriété littéraire, conséquence de la disparition du mécénat. Cet intérêt récent, que Sainte-Beuve déplorait en des termes élitistes et réactionnaires, devait entraîner la fondation en 1838 de la Société des gens de lettres, fondation à laquelle Balzac contribua activement. Et le 1er juillet 1836 se produisit un événement décisif pour le roman : le lancement de deux quotidiens, *la Presse* et *le Siècle*, par Émile de Girardin et Armand Dutacq respectivement. Ils réduisirent le prix des abonnements annuels de moitié (la vente au numéro était très faible), développèrent la publicité sur une grande échelle, et introduisirent la publication de romans en feuilleton, ce qui doubla ou tripla aisément le nombre des ventes. *La Vieille Fille,* de Balzac (23 octobre 1836), fut le premier roman français, en France, à être d'abord publié en feuilleton dans un quotidien. Vers 1839-1840, cette forme lucrative de pré-publication était devenue dominante, et le roman-feuilleton – dont les maîtres ne furent pas Balzac, mais Paul Féval, Alexandre Dumas, Frédéric Soulié et Eugène Sue – avait mis au point ses propres techniques. La forme romanesque se trouva directement soumise aux intérêts financiers et politiques qui contrôlaient la presse – et parmi lesquels les abonnés n'étaient pas les moins influents. La publication en feuilleton entraîna le déclin temporaire de la vente des livres, tout en augmentant le public des lecteurs, effet renforcé par la diminution du nombre d'illettrés. (Entre 1820 et 1834, à l'exception des best-sellers, les romans étaient tirés à environ mille exemplaires, et souvent moins. En 1841 les tirages atteignaient mille cinq cents exemplaires, malgré une certaine réduction du nombre de titres publiés).

L'avènement du roman-feuilleton affecta le genre romanesque de deux façons. D'abord, en s'efforçant de s'adapter au goût de lecteurs moins avertis, il modifia l'horizon d'attente et peut-être même les goûts du public traditionnel, plus cultivé. Il mettait l'accent sur le drame et le suspense, l'arrière-plan historique, ou les variations gothiques et sentimentales du roman romantique, mais rejetait son questionnement métaphysique et ses innovations poétiques, évitait les longues descriptions, mais ne lésinait ni sur le dialogue ni sur les péripéties, et soumettait l'intrigue sinon au dénouement heureux de la formule populaire, du moins à une conclusion rassurante dans un monde en ordre. Les personnages plébéiens et criminels, auparavant confinés dans le mélodrame, faisaient leur entrée dans le roman, campés dans leur propre milieu. Le romantisme social, qui se répandit après 1836, est caractéristique de cette nouvelle tendance du genre narratif.

En second lieu, la publication en feuilleton eut des répercussions sur le développement du récit encore en train de s'écrire. *Les Mystères de Paris* (19 juin 1842-15 octobre 1843), d'Eugène Sue, en offrent une illustration frappante. Avant même l'avènement du feuilleton en 1836, Sue avait préconisé le roman à épisodes dans la préface de son roman *Atar-Gull* (1831), et il n'avait aucune idée de la direction que prendrait l'intrigue quand il écrivit les premiers chapitres des *Mystères de Paris*, dont le succès foudroyant l'obligea à reprendre le fil. L'histoire repose sur les thèmes de la paternité, du crime et de la rédemption. Le prince Rodolphe, personnage principal, a autrefois levé la main sur son père et sera donc puni dans sa paternité. Sa fille lui est enlevée, tout enfant, et il la retrouve bien des années plus tard sur le pavé de Paris, belle fleur encore pure en esprit. Elle sera sauvée, mais mourra de remords, et – en termes marxistes – d'aliénation religieuse. Dépeint d'abord comme une figure christique, Rodolphe est Dieu le Père, providence des bons et des pauvres et fléau des méchants, et ses actes s'identifient de plus en plus à la Parole charismatique de Sue le romancier. Dans les premiers épisodes c'est, à n'en pas douter, un lecteur aristocratique que Sue entraîne dans les bas-fonds de Paris, dont le tableau reflète les craintes des hautes classes de la société face à l'expansion urbaine massive des années 1840 et à l'accroissement du crime et de la mortalité. Mais le décalage culturel qui existait entre le romancier et ses lecteurs réels provoqua l'éclatement des normes esthétiques et référentielles : le « réel » extérieur fit irruption dans l'univers romanesque. Devant les lettres qui ne cessaient d'affluer, Sue endossa le rôle de réformateur social que lui assignaient la plupart des lecteurs et, suivant ses propres termes, abandonna « l'art » pour une mission sociale. Adoptant une forme pédagogique comparable à celle de Balzac, mais plus manifestement artificielle, il passe systématiquement en revue les points stratégiques de la société, faisant alterner les dissertations et les épisodes explicitement destinés à illustrer ses thèses. D'avocat naïf qui plaidait en faveur de la charité privée, le narrateur se transforme en porte-parole d'un socialisme doctrinaire et utopiste, et propose un système de récompenses offertes par le gouvernement aux travailleurs méritants, de prêts bancaires pour les chômeurs, et une réforme des systèmes légal, pénal et médical. Ses fortes prises de position sur l'exploitation des femmes, traitées comme une marchandise dans le mariage et hors du mariage, semblent viser à une restructuration des relations entre les sexes. Quelques lettres isolées émanant de lecteurs de la classe ouvrière proposaient des réformes radicales plutôt que ponctuelles. Sue lui-même n'exprimait pas ouvertement le besoin d'une restructuration générale de la société, mais ce besoin pouvait aisément se déduire de sa vaste enquête, quoi qu'en pensent Marx et Engels, qui se livrent à une dénonciation des *Mystères de Paris* dans *la Sainte Famille* (1845). Telle fut en tout cas l'opinion des contemporains de Sue. L'impact prodigieux de Sue sur toutes les couches sociales contribua, du moins le croit-on, à la révolution de 1848, et, en 1850, une nouvelle loi sur la presse, qui frappait d'une taxe ce mode de publication, sonnait le glas du premier âge d'or du roman-feuilleton.

Voir aussi 1734, 1839.

Bibliographie : Honoré de Balzac, *Illusions perdues,* in *la Comédie humaine*, éd. Pierre-Georges Castex, vol. V (Paris, Gallimard, 1976-1981). Charles Augustin Sainte-Beuve, « De la littérature industrielle », in *Portraits contemporains*, vol. II (Paris, Michel Lévy, 1870). James Smith Allen, *Popular French Romanticism : Authors, Readers, and Books in the Nineteenth Century* (Syracuse, Syracuse University Press, 1981). Jean-Louis Bory, *Eugène Sue, le roi du roman populaire* (Paris, Hachette, 1962). Roland Chollet, « Introduction, notes et variantes aux *Illusions perdues* », in Balzac, *la Comédie humaine*, éd. Pierre-Georges Castex, vol. V (Paris, Gallimard, 1976). Umberto Eco, « Rhetoric and Ideology in Sue's *les Mystères de Paris* », *International Social Science Journal,* n° 19 (1967), pp. 551-569. René Guise, « Balzac et le roman feuilleton », *l'Année balzacienne* (1964), pp. 283-338. Anne-Marie Thiesse, « l'Éducation sociale d'un romancier : le cas d'Eugène Sue », *Actes de la recherche en sciences sociales*, n° 32-33 (avril-juin 1980), pp. 51-63.

Lucienne Frappier-Mazur

1847, 23 décembre

Abd-el-Khader rend les armes

Orientalisme, colonialisme

Pour les autorités françaises, la capitulation d'Abd-el-Khader le 23 décembre 1847 à Sidi Brahim, après une longue résistance, mit fin à la conquête – difficile certes mais jamais remise en cause dans sa légitimité – d'une société « à demi civilisée » en dépit de son ancienneté. Un geste d'Hussein Pacha avait été le prétexte invoqué pour soumettre l'Algérie à la mission civilisatrice de la France : en 1827, le dey d'Alger s'était permis de frapper au visage le consul général de France avec un chasse-mouches en plumes de paon. Les Français firent le blocus du port et, en juillet 1830, leur drapeau flottait sur la Casbah tandis que sept tonnes d'or passaient sous leur

« protection ». Ces événements, annonciateurs de l'impérialisme qui bientôt soumettrait la majeure partie du globe au contrôle européen, rencontraient d'étranges échos dans les mouvements intellectuels et artistiques de l'époque. Au premier rang desquels l'intérêt de l'Europe du XIXe siècle pour « l'Orient ».

L'orientalisme offre deux perspectives. Pour ceux qui ont participé à ce mouvement, l'Orient était une aventure intellectuelle, l'ouverture d'un espace peuplé d'objets jamais décrits ; tandis que, pour nous, en cette fin du XXe siècle, l'« orientalisme » est un mythe politique maquillé en vérité scientifique. Son origine est bien traduite par le point de vue dont le *Larousse du XIXe siècle* (1866-1879) se fait l'écho : l'orientalisme y est représenté à la fois comme la « nouvelle science » de « l'Orient » (terme dont le *Larousse* lui-même admet qu'il est vague) et comme la croyance dans la primauté de l'Est. Cinq ans avant la reddition d'Abd-el-Khader, le jeune historien Edgar Quinet avait diagnostiqué dans son *Génie des religions* (1842) une « renaissance orientale » à l'occasion de laquelle l'Europe et l'Asie – « échos jumeaux du même mot » – redécouvraient leurs origines communes et construisaient une « alliance ». Cette seconde renaissance devait être l'occasion d'une réforme dont l'importance pour la pensée occidentale serait comparable à celle du XVIe siècle, mais permise cette fois par le contact avec les traditions indienne, persane et islamique.

Quel rapport y a-t-il entre la victoire de 1847 et l'enquête projetée par Quinet en 1842 ? Divers travaux ont fait apparaître ce qu'il y avait de manipulateur dans l'invocation du motif orientaliste. Raymond Schwab, dans *la Renaissance orientale* (1950), a montré qu'en abattant la cloison qui séparait l'Occident et l'Orient l'orientalisme a œuvré « au gré des intérêts et des controverses de l'Occident » (p. 1). Edward Said, avec *l'Orientalisme* (1978), a davantage développé les implications politiques de ces problèmes et défini l'orientalisme comme un « style occidental de domination, de restructuration et d'autorité sur l'Orient » (p. 3).

Dès ses débuts, l'orientalisme impliquait clairement un rapport de force. Dans *le Génie des religions*, Quinet réduit au minimum l'écart entre art et politique quand il décrit Napoléon comme « le poète souverain qui a, mieux que tous les autres, cimenté l'union de l'Europe et de l'Asie. [...] Il a écrit le poème de l'alliance en traits de sang » (pp. 60-61). Et il est bien vrai que l'expédition d'Égypte de Bonaparte (1798-1801) fut une entreprise intellectuelle autant que militaire à qui l'on doit notamment la fondation de l'Institut d'Égypte au Caire qui allait faire paraître les vingt trois volumes de la *Description de l'Égypte* (1809-1828). Mais l'occupation de l'Égypte n'en a pas moins été une conquête militaire qui a préparé la voie à d'autres interventions. Si la pierre de Rosette, découverte par les armées de Bonaparte en 1799, avait été le symbole du mystère de l'Orient, le déchiffrement de ses hiéroglyphes par Jean-François Champollion en 1821 allait devenir celui du pouvoir de l'orientalisme. Après la conquête du pays venait celle de ses secrets. En 1837, l'administration du Collège de France, après avoir pensé supprimer la chaire d'archéologie, décidait de la maintenir à cause de l'importance conférée à ce domaine (selon les mots de Salvandy, ministre de l'Instruction publique) « par les travaux des orientalistes, par les conquêtes de Champollion, par la découverte de tant de monuments due à nos armées en Égypte, en Grèce, en Asie » (*la Renaissance orientale*, p. 411). Érudits et soldats s'épaulaient dans les mêmes entreprises, à l'image de Napoléon et de son mélange caractéristique de puissance brutale et de curiosité intellectuelle.

Au XVIIIe siècle, l'Orient offrait toujours l'image conventionnelle de l'exotisme issue des *Lettres persanes* (1721). Mais, dès la fin du siècle, philologues et linguistes allaient contribuer à en dresser une nouvelle image. Silvestre de Sacy, auteur – entre diverses anthologies et quelques travaux de compilations – d'une *Chrestomathie arabe* (1826), fonda presque à lui tout seul la discipline orientaliste. Comme Edward Lane en Angleterre, Sacy demeurera, jusqu'à la fin du XIXe siècle, la source des orientalistes scientifiques ou littéraires. Parmi les littéraires, certains (comme Hugo), sans quitter Paris, construisaient leur Orient à partir des travaux érudits ; mais ceux qui voyagèrent (comme Gérard de Nerval, Théophile Gautier et Flaubert) percevaient eux aussi l'Orient à travers leurs lectures. Nerval a repris des passages entiers de Sacy et de Lane (le plagiat étant pratique courante dans les récits de voyage).

Raymond Schwab suggère que le romantisme dans son ensemble peut être interprété à la lumière de l'orientalisme ; la « Renaissance orientale » répond au rêve romantique d'une adhésion à toutes choses dans un monde qui ne demande pas de « choisir entre le oui et le non » (*ibid.*, p. 505). Et il est vrai que romantisme et orientalisme sont des mouvements contemporains, nés tous deux en Allemagne et puisant dans une même thématique. Friedrich von Schlegel écrivait en 1800 : « C'est en Orient que nous devons chercher le suprême romantisme » (*ibid.*, p. 20). Trente ans plus tard, dans la préface des *Orientales* (1829), Victor Hugo reprendra ce mot d'ordre auquel répondent les poèmes du recueil.

Les Orientales constituent la première manifestation majeure de romantisme orientaliste. La préface annonce l'apparition d'une source d'énergie poétique que le poète parvient à canaliser sans toutefois la contrôler parfaitement : « L'Orient, soit comme image, soit comme pensée, est devenu pour les intelligences autant que pour les imaginations une sorte de préoccupation générale à laquelle l'auteur de ce livre a obéi peut-être à son insu. Les couleurs orientales sont venues comme d'elles-mêmes empreindre toutes ses pensées, toutes ses rêveries ; et ses rêveries et ses pensées se sont trouvées tour à tour, et presque sans l'avoir voulu, hébraïques, turques, grecques, persanes, arabes, espagnoles même » (*les Orientales*, p. 1829). Cette manière de décliner toute responsabilité individuelle dépasse le désaveu conventionnel. L'emprise sur son imagination des images et des couleurs orientales témoigne en effet d'une « préoccupation » commune à toute une génération. L'orientalisme s'est constitué en discours qui façonnait la perception des choses. *Les Orientales* sont, à bien des égards, une œuvre révolutionnaire, avec son répertoire d'images fantastiques, les audaces de sa versification (Hugo sera traité de faiseur de « vers en prose ») et ses notes sur les littératures arabe et persane (auxquelles Hugo avait été initié par le romancier et traducteur Ernest Fouinet). Mais la force de l'œuvre doit plus à Hugo lui-même qu'à l'Orient qu'il imagine. C'est un pouvoir de montrer, de désigner, de rassembler « cent idoles », « des monstres nés d'accouplements hideux », des ponts, des montagnes et de mornes allées, puis de les faire disparaître. C'est aussi le pouvoir érotique qui permet de contempler « Sara la baigneuse » à travers « voile ou robe », de deviner ses pensées ou plutôt de les créer pour elle. *Les Orientales*, dont le romantisme puissant doit beaucoup à la manipulation de l'Orient comme figure, resteront sans égales dans la poésie orientaliste de l'avenir.

Plusieurs écrivains importants de l'époque ne se sont pas contentés d'une documentation livresque ; ils ont voulu nourrir leur inspiration au contact direct de l'Orient.

Leurs récits de voyage sont les documents les plus riches à notre disposition. Le voyage, pour eux, était inséparablement mouvement physique et genre littéraire. De Chateaubriand à Loti et Barrès, en passant par Baudelaire, le voyage en Orient n'a pas simplement été une manière d'échapper à l'ennui européen ; il fut un pèlerinage dont chaque auteur attendait qu'il enrichisse sa production artistique. En 1811, Chateaubriand écrivait : « J'allais chercher des images, voilà tout » (*Itinéraire de Paris à Jérusalem*, p. 701). Eugène Delacroix, membre d'une mission au Maroc en 1832, revint avec des centaines de dessins dans lesquels il ne cessera de puiser comme dans un catalogue jusqu'à la fin de sa carrière. Théophile Gautier décrivait son propre voyage comme un « pèlerinage pieux aux endroits de la terre où la beauté rend Dieu plus visible ». Quant à Flaubert, si l'Orient l'intéressait, c'est parce qu'il y recherchait « la couleur, la poésie, ce qui est sonore, ce qui est chaud, ce qui est beau » (*le « Conte oriental » de Flaubert*, p. 70).

Ces voyages romantiques sont profondément ambigus dans leurs intentions comme dans leurs effets. En proclamant la supériorité de l'Orient, ces auteurs exprimaient surtout leur malaise à l'égard de leur propre culture et marquaient leurs distances vis-à-vis du classicisme officiel. Mais le contact avec la réalité de l'Orient – ses lieux et ses habitants – les ramenait souvent aux valeurs de l'Occident.

Beaucoup ont emprunté le périple décrit par Chateaubriand dans son *Itinéraire de Paris à Jérusalem* : dans le sens des aiguilles d'une montre, il parcourt la Grèce, la Turquie, le Liban, Jérusalem, l'Égypte, Tunis, avec retour en France via l'Espagne. « Mon *Itinéraire* fut à peine publié qu'il servit de guide à une foule de voyageurs », déclare-t-il dans la préface (p. 695). Chateaubriand ne prétend pas avoir une connaissance intime des peuples auxquels il a rendu visite ; mais cela ne l'empêche pas de porter un jugement sur leur niveau de civilisation. L'Orient, dans sa réalité, est un écran entre le voyageur et le but qu'il s'est fixé (comparer les sites du Moyen-Orient aux descriptions qu'en donnent la Bible et les écrits de l'Antiquité) : morte, la civilisation classique a été remplacée par l'Islam qui n'offre « ni principe de civilisation, ni précepte qui puisse élever le caractère » (p. 908). Le voyageur européen en est réduit à interroger les ruines du passé : « Et moi, voyageur obscur, passant sur la trace effacée des vaisseaux qui portèrent les grands hommes de la Grèce et de l'Italie, j'allais chercher les Muses dans leur patrie ; mais je ne suis pas Virgile et les dieux n'habitent plus l'Olympe » (p. 774). Le bilan de son voyage s'avère tout de même positif : ayant découvert les « images exactes » dont il avait besoin, il peut « corriger » les tableaux qu'il avait inventés de ces lieux en leur restituant leur « couleur locale » (p. 892).

C'est en grand seigneur qu'en 1832 et 1833 Alphonse de Lamartine a fait son voyage en Orient, accompagné d'une suite pour laquelle il devait sans cesse louer des maisons et acheter des chevaux. Le Byron français a été incapable de franchir la barrière qui le séparait de l'Orient. C'est « à regret » que Lamartine publie ses *Souvenirs, impressions, pensées et paysages pendant un voyage en Orient* (1835) qu'il décrit comme « les plus fugitives et les plus superficielles impressions d'un voyageur qui marche sans s'arrêter » ; elles ont été écrites pour lui seul ; on n'y trouvera donc « ni science, ni histoire, ni géographie, ni mœurs » (*Œuvres*, vol. IX, pp. 6-7). Les critiques s'accordent à voir en Lamartine le moins fiable des observateurs. Sainte-Beuve se moquait de sa prétention à résoudre tous les problèmes d'un peuple après une visite de quelques semaines. Lamartine conclut les quatre volumes de son voyage par un programme expansionniste dont il ressort que Dieu a offert l'Orient à l'Europe comme un magnifique domaine à conserver et à civiliser. « Le droit d'humanité et de civilisation » confère aux puissances européennes le devoir de se partager les « magnifiques débris » de l'Empire ottoman. Elles doivent s'entendre de manière à « protéger la race humaine par le patronage de l'Europe, pour qu'elle y multiplie, y grandisse, et que la civilisation s'y répande ». Le respect des coutumes locales et des nationalités sera à la mesure de l'obéissance des populations : « Ce n'est qu'une tutelle armée et civilisatrice, que chaque puissance exercera sur son protectorat. » Une Europe surpeuplée trouverait ainsi la possibilité de déverser son trop-plein sur une Asie que Lamartine voit vide, réduite « à presque rien » (*ibid.*, vol. XII, p. 353-365).

Gérard de Nerval a suivi les traces de Chateaubriand et de Lamartine, mais il ne l'a fait ni en maître ni en seigneur. Son *Voyage en Orient*, écrit en 1844-1850, publié en 1851, soit huit ans après son voyage, peut être considéré comme le chef-d'œuvre du genre. Si les descriptions des pays qu'il traverse ne sont pas d'une exactitude irréprochable, son œuvre ne cache pas son caractère personnel ni ne prétend jamais tout savoir du monde qu'elle relate. Mais le tour poétique de ces réflexions ne les garantit pas toujours contre les figures du discours orientaliste. Dans le chapitre intitulé « Le masque et le voile », par exemple, l'érotisme du narrateur inspire son désir de soulever le voile qui le sépare des femmes du Caire. « Arrêtons-nous, et cherchons à soulever un coin du voile austère de la déesse de Saïs. Réellement, les Européennes n'ont pas autant de liberté. Reste le voile [...] qui, peut-être, n'établit pas une barrière aussi farouche que l'on croit. Derrière ce rempart [...] des yeux ardents vous attendent, armés de toutes les séductions qu'ils peuvent emprunter à l'art » (*Œuvres complètes*, p. 260-261).

La ville est assimilée à ses femmes ; pour dévoiler les femmes du Caire, Nerval se déguise en Égyptien et fait du tourisme incognito, armé du seul mot à sa disposition : *tayeb*, « très bien » (p. 267). Le cheik du quartier où il loge lui ayant fait remarquer qu'il était imprudent de vivre sans « femme », Nerval, après avoir lutté contre sa « conscience européenne » (p. 276), suit le conseil et finit par acheter une jeune esclave javanaise à qui il apprend à dire « Ze souis one bétit sovaze » (p. 375). Il apprend d'elle le complément de *tayeb* : *mafisch*, qui « inclut toutes les négations possibles » (p. 358). Nerval recherche l'unité et l'harmonie, l'acquiescement d'un *tayeb* qui embrasserait tout. Mais son désir de fusion avec l'Orient, ce monde qu'il considère comme la « parfaite antithèse du nôtre » (p. 201), le conduit à d'étranges conclusions. Il juge ainsi que, derrière leurs voiles, les femmes d'Égypte sont plus libres que les Européennes et que les musulmans ne constituent en réalité qu'« une sorte de secte chrétienne » (p. 294). La synthèse est un moment d'appropriation où s'évanouit l'altérité de l'« oriental » qui, pour des raisons qui n'ont rien d'accidentel, se trouve être une femme. Le désir de compréhension bute sur une politique de puissance. Il faut choisir entre oui et non, entre *tayeb* et *mafisch* : c'est là que la quête romantique d'un monde de pure affirmation trouve sa limite.

Avec son désir de soulever le voile, Nerval offre un emblème à l'orientalisme en général pour qui le fantasme de la pénétration dans le harem ou dans les bains est le plus répandu des lieux communs. Dans *la Grande Odalisque* et *le Bain turc*, de Jean-Auguste-Dominique Ingres, dans *les Femmes d'Alger*, de Delacroix, et de nombreux autres tableaux, les femmes semblent être observées à travers un trou de serrure, comme violées par l'artiste dans leur intimité. Pour Delacroix et les écrivains, l'Orient était une source de couleur : métaphorique ou visuelle, la « couleur » était ce que l'Orient offrait.

Avec Flaubert et Baudelaire, la tradition orientaliste commence à se défaire. Dans la vie et dans les écrits de Flaubert, la figure de l'Orient ne cesse de réapparaître, souvent de manière inattendue. Son œuvre est parsemée des fragments d'un Orient personnel. De novembre 1849 à juin 1851, accompagné de Maxime Du Camp, il suivit l'itinéraire obligé. Les lettres et les notes écrites au cours de ce voyage n'étaient pas destinées à la publication, ce qui explique en partie leur intérêt dans le corpus des écrits orientalistes : alors que les femmes du Caire font rêver Nerval à un strip-tease qui reste dans les limites de la bienséance, les notations de Flaubert sont moins réservées. Lui qui ironisera sur la sensualité exacerbée de l'Orient auquel rêve Emma Bovary, il y rechercha des expériences du même ordre, même si plus terre à terre que les fantasmes d'Emma. L'Orient satisfaisait son goût du bizarre, du pervers et du grotesque. Dans une lettre à sa mère, il trouve l'Orient égal et même supérieur à ce qu'il en attendait : « C'est souvent comme si je retrouvais tout à coup de vieux rêves oubliés » (*Correspondance*, vol. II, p. 562). Mais c'est à ses amis qu'il révèle la nature de ces rêves : la sodomie, la bestialité et surtout ses aventures avec une danseuse et courtisane du nom de Kuchiouk-Hânem y occupent une place importante. Évoquant les punaises qui l'affligeaient, il ajoute : « C'est là, moi, ce qui m'enchantait. Leur odeur nauséabonde se mêlait au parfum de sa peau ruisselante de santal » (*ibid.*, vol. II, p. 562). Cependant, pour lui, « la femme orientale est une machine, rien de plus », sensuelle mais stérile : guère différente de lui, en somme. À deux reprises, Flaubert a donné un cadre oriental à ses œuvres : *Salammbô* (1862) et *Hérodias* (1877), mais il n'a pas écrit le *Conte oriental* dont il a souvent parlé ni publié de récit de voyage, genre qu'il jugeait indigne de son idéal d'artiste. Il travailla au *Conte oriental* avant et après son voyage mais l'abandonna en 1854. Cet abandon, dont il n'a pas donné les raisons, constitue peut-être son aveu des limites de la connaissance occidentale et serait à ce titre symptomatique du déclin de la « Renaissance orientale ». L'Orient de Flaubert ne sera qu'une toile de fond : reconstitué avec une extrême minutie mais sans la fusion intellectuelle avec l'Est qu'avait annoncée Quinet.

L'orientalisme de Baudelaire résume et recoupe la tradition romantique. Ses parents l'envoyèrent en Inde dans l'espoir d'offrir à sa poésie de « meilleures sources que les égouts de Paris ». Et, même s'il fit demi-tour avant d'avoir atteint ce but, ce qu'il avait vu avait suffi à changer sa conception de la beauté. Dans son compte rendu de l'Exposition universelle de 1855, il écrira que « le beau est toujours bizarre ». En somme, c'est l'expérience de l'exotisme qui donne à l'Européen une position privilégiée pour produire de la beauté. Divers poèmes des *Fleurs du mal* (1857) – « À une dame créole », « La chevelure » et « L'invitation au voyage » – décrivent une situation, discrète mais claire, de dépendance économique dans laquelle la beauté de l'être auquel ils s'adressent est rehaussée par sa soumission au discours poétique. Mais, à cause de son caractère tardif, l'orientalisme de Baudelaire n'a pas la confiance en soi et la force des *Orientales*. Dans « Sed non satiata » – un des poèmes les plus scandaleux du recueil –, par une ironique inversion des rôles, c'est le narrateur (blanc) qui est réduit à l'impuissance par une femelle noire, « démon sans pitié ». Et dans

« Le cygne », le sentiment de la discontinuité entre les mondes, qui est au cœur de l'orientalisme, sert d'allégorie pour la description d'une nostalgie et d'un exil endémique, universel, dans lequel personne ne serait chez soi. Soudain, le monde est privé de centre.

En littérature, l'inspiration orientaliste ne retrouvera que rarement la confiance d'un Hugo et d'un Lamartine. Mais les hommes politiques ont repris les rêves de Lamartine et n'ont pas été loin de les réaliser. Stéphane Mallarmé, dans sa préface au *Vathek* de William Beckford (1865), décrit encore l'orientalisme comme un « voile [...] sur des abstractions politiques ou morales » (*Œuvres complètes*, p. 549). Soulever ce voile fera apparaître l'agenda politique du devoir de civilisation. À la fin du siècle, la majeure partie du globe sera soumise à ce qu'Edward Said appelle « un colonialisme manifeste », un mythe devenu politique et imposé par les gouvernements européens aux peuples qu'il décrit. De sorte que le concept d'orientalisme allait devenir synonyme du pouvoir du discours qui crée et détruit des mondes, enquêtant sur eux et les ignorant en même temps.

Voir aussi 1578, 1721, 1933 (février).

Bibliographie : « Lettres du général Aupick à Alphonse Baudelaire », in *le Mercure de France* (14 mars 1937), éd. J. Crépet. Charles Baudelaire, *les Fleurs du mal*, éd. Claude Pichois (Paris, Gallimard, 1975). François-René de Chateaubriand, *Itinéraire de Paris à Jérusalem*, in *Œuvres romanesques et voyages*, éd. Maurice Regard, vol. II (Paris, Gallimard, 1969). Emmanuel Chételat, *les Occidentales : Lettres critiques sur « Les Orientales » de M. Victor Hugo* (Paris, Hautecœur-Martinet, librairie, 1829). Gustave Flaubert, *Correspondance*, éd. Jean Bruneau (Paris, Gallimard, 1973). Théophile Gautier, *Œuvres complètes*, vol. II (Genève, Slatkine, 1978). Victor Hugo, *les Orientales*, in *Œuvres complètes*, éd. J. Manin, vol. III (Paris, Club Français du Livre, 1967). Alphonse-Marie-Louis de Lamartine, *Souvenirs, impressions, pensées et paysages pendant un voyage en Orient*, in *Œuvres de Lamartine*, vol. IX-XII (Bruxelles, Méline, 1849). Stéphane Mallarmé, *Œuvres complètes*, éd. Henri Mondor et Georges Jean-Aubry (Paris, Gallimard, 1945). Gérard de Nerval, *Œuvres complètes*, éd. Claude Pichois et Jean Guillaume (Paris, Gallimard, 1984). Edgar Quinet, *le Génie des religions*, in *Œuvres complètes*, vol. Ier (Paris, Pagnerre, 1857). Jean Bruneau, *le « Conte oriental » de Flaubert* (Paris, Denoël, 1973). Guy Demur, *Delacroix et le Maroc* (Paris, Herscher, 1988). Christopher L. Miller, *Blank Darkness : Africanist Discourse in French* (Chicago, University of Chicago Press, 1985). Edward Said, *l'Orientalisme : l'Orient créé par l'Occident*, trad. Catherine Malamoud (Paris, Seuil, 1980). Raymond Schwab, *la Renaissance orientale* (Paris, Payot, 1950).

Christopher L. Miller

1848

25 février : proclamation de la deuxième République,
23-27 juin : répression du soulèvement ouvrier

Les luttes de classes en France

Mil huit cent quarante huit : une « autre » révolution. Autre, du moins, de notre point de vue. Car, dès le début, l'insurrection donna l'impression d'être en porte-à-faux, comme si elle n'arrivait à exister qu'à travers l'image de quelque chose d'autre. Et de fait, l'image des insurrections précédentes l'écrasait. Les insurgés de 1848 ont souvent eu l'impression de vivre une reconstitution plutôt qu'une action véritable. Consciente de cette aliénation, la génération de 1848 s'est mise à réfléchir sur les mécanismes de la représentation et les problèmes qui lui sont liés – sur la façon dont une société moderne conçoit et perçoit les choses.

On a répété que 1848 est la plus importante révolution du XIXe siècle : plus fondamentale que la révolution de juillet 1830 par les contradictions qu'elle fait apparaître, plus complexe et plus lourde de conséquences que la Commune de 1871. Pourtant, ceux qui ont vécu et évoqué 1848 comme le tournant de la vie politique, sociale et personnelle de ce siècle hésitent à conférer à cette révolution l'authenticité d'un événement décisif et sans précédent. C'est 1848 qui a fait d'eux ce qu'ils sont, mais ils semblent avoir du mal à comprendre pourquoi. Cette révolution a-t-elle vraiment fait l'Histoire ? A-t-elle été réelle, ou bien n'était-elle qu'un simple jeu d'images ? La génération de 1848 est la première à s'être interrogée sur l'originalité de sa révolution. Dans les représentations qu'elle en a données perce le souci de se rassurer sur sa propre réalité et de faire taire un sentiment d'irréalité qui mine son expérience historique.

Cette inauthenticité fut immédiatement sensible. Dans *le Dix-Huit Brumaire de Louis Bonaparte* (1852), Karl Marx a vu en 1848 une parodie involontaire de 1789 : « La première fois comme tragédie, la seconde fois comme farce » (p. 69). D'autres ont perçu cette théâtralisation de la grande Révolution française par son héritière du demi-siècle. Ainsi, Alexis de Tocqueville, membre du gouvernement mis en place par la révolution, et dont les *Souvenirs* (1850) constituent un témoignage inestimable sur la période. Il y peint ses collègues, imbus des images de 1789 au point d'être occupés « à jouer la Révolution française plus encore qu'à la continuer [...] On cherchait, en attendant, à se réchauffer aux passions de nos pères, sans pouvoir y parvenir ; on imitait leurs gestes et leurs poses tels qu'on les avait vus sur le théâtre [...] et le tout me parut une vilaine tragédie jouée par des histrions de province » (p. 100). L'aristocrate libéral et le socialiste révolutionnaire proposent donc des interprétations convergentes. Et, plus remarquable encore, Tocqueville pensait comme Marx que, sous ses dehors ludiques, 1848 avait déclenché un bouleversement profond qui allait caractériser l'époque. « L'imitation, écrit-il, fut si visible que la terrible originalité des faits en demeurait cachée » (*Souvenirs,* pp. 99-100).

Ceux qui l'ont vécue firent tout pour arriver à croire dans l'originalité de 1848, mais ils n'en furent jamais tout à fait sûr. Comme 1789 et 1830, 1848 mit fin à une monarchie et à une dynastie. La révolution installa une république qui élabora une Constitution libérale. Mais la deuxième République fut de brève durée. À la fin de 1851, Louis-Napoléon Bonaparte, neveu de Napoléon Ier, qui avait été élu président, la renversa et se fit offrir le titre d'empereur. Au sens politique du terme, l'histoire de 1848 est donc mince. C'est celle d'un intermède républicain entre deux régimes autoritaires, la monarchie de Juillet (1830-1848) et le second Empire (1852-1870).

Une analyse socio-économique donnerait une image plus complète à condition de faire intervenir les mécanismes de représentation dont la génération des quarante-huitards allait faire l'expérience à ses dépens. Alors que l'histoire politique enregistre la succession des hommes et des régimes et rapporte les événements comme s'ils étaient lisibles en eux-mêmes, l'analyse sociale sait que son objet ne viendra pas au jour sans cette maïeutique qu'est devenue la science sociale. Pour cette science encore balbutiante, 1848 fut une épreuve décisive.

Ici aussi, Marx et Tocqueville s'accordent sur ce que cachent les poses théâtrales des hommes politiques. La révolution, pour Tocqueville, fut le drame d'une « société coupée en deux : ceux qui ne possédaient rien, unis dans une convoitise commune ; ceux qui possédaient quelque chose, dans une commune angoisse ». La révolution ne se proposait pas de changer « la forme de gouvernement [...] mais d'altérer l'ordre de la société. Elle ne fut pas [...] une lutte politique, mais un combat de classe ». (*Souvenirs*, pp. 162, 214). Quant à Marx, il voyait dans 1848 « la première grande bataille entre les deux classes qui divisent la société moderne. C'était une lutte pour le maintien ou l'anéantissement de l'ordre bourgeois » (*les Luttes de classes en France : 1848-1850* [1895], p. 65).

Avant d'aborder les échos culturels et littéraires de la la révolution de 1848, il importe d'en rappeler les étapes tant la chronologie est essentielle à l'interprétation des événements. L'insurrection est précédée par plusieurs années de crise agricole et économique : les salaires s'étaient effondrés de 30 %, le prix des produits alimentaires avait plus que doublé et le chômage ne cessait de croître. Les manifestations ouvrières de février 1848 furent suivies d'une répression dont la brutalité fit passer la bourgeoisie horrifiée du côté des ouvriers ; en quelques jours, Louis-Philippe fut contraint d'abdiquer et de fuir. Une coalition d'ouvriers et de bourgeois créa un gouvernement provisoire. L'espoir de concilier les aspirations des deux acteurs de la chute de la monarchie s'effondra en juin dans une nouvelle insurrection qui opposa cette fois la bourgeoisie et la classe ouvrière. La répression fut sauvage et fit des milliers de victimes. Une nouvelle Constitution fut proclamée et on procéda à des élections. C'est ainsi que Louis Napoléon Bonaparte devint président de la deuxième République en décembre 1848.

La lutte de classes de juin avait transformé les alliés de février en ennemis mortels. La violence de la répression força la génération de 1848 à prendre conscience d'une vérité. Les valeurs de 1789, « fraternité » et « égalité », n'avaient jamais été été oubliées – elles faisaient pleinement partie de l'idéalisme romantique des intellectuels et des artistes issus de la classe moyenne et avaient inspiré les révolutions antérieures. Ces valeurs allaient périr dans le sang des ouvriers. La révolution de 1848 a fait apparaître qu'elles n'étaient que des représentations – sujettes à ce titre à diverses manipulations, à des glissements sémantiques et à toutes sortes d'effets de pouvoir. La République continuait à s'en réclamer, mais personne ne pouvait ignorer qu'elles étaient mensonge. George Sand donna à sa désillusion une formulation poignante : « Je ne crois plus à l'existence d'une république qui commence par tuer ses prolétaires » (*Manuel d'histoire littéraire*, p. 19).

Ce passage de l'idéalisme de février à la brutalité de juin a donné à la génération de 1848 le sentiment que le temps était sorti de ses gonds, installant l'impression qu'ils vivaient une époque et une expérience sans authenticité. Cette dissonance allait produire de vastes et de profondes résonances culturelles.

Après 1848, la séparation culturelle entre l'élite et le peuple se durcit. Tout se passe comme si, subitement, sur les ruines du rêve de fraternité sociale, la « lutte de classes » était devenue la seule instance structurante. Les représentations s'effectuaient désormais selon des critères clairement politiques.

En France comme ailleurs, on s'est peu intéressé à la culture des vaincus de 1848. Pour citer l'historien de l'art T. J. Clark : « On aurait vite fait de compter les écrivains, les peintres ou les hommes politiques qui ont donné un visage aux gens du peuple du XIXe siècle. Ils constituaient la masse, la classe invisible, ils se ressemblaient tous » (*The Absolute Bourgeois*, p. 29). Il y a eu des exceptions : les paysans et les ouvriers de Daumier, de Millet et de Courbet. *Les Mystères de Paris* (1842-1843), d'Eugène Sue, un des premiers feuilletons à succès, donnaient du pauvre des villes une image qui reflétait la conscience que la classe ouvrière avait d'elle-même en 1848. Plus tard, Victor Hugo dans *les Misérables* (1862), Émile Zola dans *l'Assommoir* (1877) et Jules Vallès dans la trilogie de Jacques Vingtras (*l'Enfant*, 1879 ; *le Bachelier*, 1881 ; et *l'Insurgé*, 1886) cherchèrent, parmi d'autres, à faire entendre la voix des pauvres, des exploités et des victimes.

Mais notre image de la période est avant tout façonnée par celle qu'en donne la culture bourgeoise dont les préoccupations forment la substance de la littérature du milieu du siècle. Après 1848, les contradictions de cette classe pouvaient difficilement être occultées. Elles étaient inhérentes à sa position sociale – et à celle des artistes et intellectuels qui, nés en son sein et nourris de ses valeurs, se sentaient néanmoins de plus en plus distants à son égard. L'essentiel de ces contradictions venait de l'écart entre l'idéal humaniste propre à la bourgeoisie et l'individualisme effréné et sans scrupule qui lui fait traiter les autres comme de simples instruments (en particulier les catégories subordonnées, femmes, pauvres et ouvriers). La violence de juin fit tomber le masque et révéla au grand jour ces aspects négatifs en mettant en place une structure sociale dominée par une bourgeoisie en proie à ses contradictions.

Cette lecture de 1848 est encore la nôtre : pour un marxiste comme Georg Lukács ou un sémioticien comme Roland Barthes, la répression de juin sonne pour la bourgeoisie le glas de ses rêves de réconciliation et d'intégration. Mais cette vision de 1848 comme moment où la conscience de soi bourgeoise se transforme en conscience déchirée trouve ses racines dans la génération de 1848 elle-même. Elle ressort déjà des textes où Baudelaire et Flaubert, par exemple, ont transcrit après coup leur expérience de la révolution.

En juin 1848, Baudelaire avait été aux côtés des insurgés ; une quinzaine d'années plus tard, pourtant, son attitude changeait radicalement : « 1848 ne fut charmant que par l'excès même du Ridicule » (« Mon cœur mis à nu », 1887, in *Œuvres complètes*, p. 680). Un de ses poèmes en prose les plus provocateurs, « Assommons les pauvres ! » (*Petits Poèmes en prose*, 1869), traite directement des conflits qui avaient été à la base de la révolution. Cette mise en scène allégorique de la lutte de classes expose crûment la dialectique sociale. Satire corrosive, elle s'en prend à la position des deux classes. Un intellectuel éméché et rigolard conçoit la théorie suivante : en agressant les pauvres à tout va dans la rue, on leur fera prendre conscience de leur dégradation. Il sort donc de chez lui et rosse un mendiant. Mais le mendiant reprend ses esprits et laisse le bourgeois sur le carreau. Nous voilà donc avec deux Français en piteux état et l'impression qu'aucun n'est plus avancé que l'autre à l'issue de cette rixe. Mais le poème contient un troisième niveau de conscience : celui du poète qui déclare peut-être ici que la transformation du conflit social en poésie – son esthétisation – est, pour la bourgeoisie d'après 1848, la seule manière de traiter un matériau aussi dégradé que résistant.

Flaubert fait de 1848 le centre de son roman le plus significatif sur le plan de l'histoire *l'Éducation sentimentale* (1869). Mais il s'agit d'un centre étrangement décentré. En 1848, Flaubert faisait partie de la Garde nationale (l'une des armes du pouvoir bourgeois pendant les journées de juin). Mais, pendant l'insurrection, il n'a fait qu'observer, sans combattre. Le roman donne le même sentiment que la révolution se déroule en marge des préoccupations des personnages, sans jamais les engager directement. Cette articulation de l'historique et du romanesque – il s'agit moins d'une intégration que d'une sorte de cohabitation inconfortable – apparaît aujourd'hui à de nombreux critiques comme un symbole particulièrement réussi de la difficulté des rapports entre art et vie sociale, une difficulté dont témoigne la vogue du slogan de « l'art pour l'art ». L'histoire est incontestablement présente dans *l'Éducation sentimentale*. Flaubert vérifia soigneusement la chronologie de la révolution. Au milieu du roman, au cours d'une scène décisive, Frédéric Moreau, le héros, a fini par obtenir un rendez-vous de Mme Arnoux, la femme dont il est amoureux depuis son adolescence. Il l'attend devant un appartement qu'il a loué avec l'espoir de la séduire. Mais des manifestations de rue ont éclaté dans Paris : c'est le 22 février 1848, début de l'insurrection. Non loin du coin de rue où Frédéric attend Mme Arnoux se tient le banquet des réformistes, point de départ de l'insurrection : Frédéric assiste aux premiers moments de la révolution, mais il refuse de se joindre aux manifestants, parmi lesquels il reconnaît des amis. Quand certains d'entre eux se font arrêter, il se cache.

Mme Arnoux ne viendra pas sans que sa décision ait un quelconque rapport avec la révolution. Ces événements, historiquement lourds de conséquences, n'atteignent pas le héros de ce roman, si caractéristique du milieu du siècle. Le monde « extérieur » – la vie sociale – est bien là – mais à l'extérieur. Il semble étranger au drame intérieur du « sentiment » qui se joue dans ce que Flaubert appelait lui-même « l'histoire sentimentale des hommes de ma génération » (Lettre à Mlle Leroyer de Chantepie, 6 octobre 1864). Histoire et sentiments semblent avoir été soumis à la même disjonction que les classes dont l'alliance puis le conflit ont donné à 1848 sa physionomie. « Roman d'éducation » paradoxal, *l'Éducation sentimentale* n'apprend rien sur le monde. Les personnages partent déterminés à réduire tous les obstacles ; ils finissent dans une indifférence à peu près complète à l'égard de ce qui les entoure. Lorsque, dans l'une des scènes finales, Mme Arnoux s'offre à Frédéric, il se détourne et roule une cigarette, en proie à un mélange d'embarras et de dégoût. Mais le narrateur et l'admirable orchestration des épisodes, c'est-à-dire la forme même du roman, rendent sensible la force des déterminations historiques qui, dans la génération de Flaubert, ont donné naissance à une vision de l'homme aveugle à ces déterminations mêmes.

Il serait réconfortant de tirer une leçon de 1848 et de pouvoir invoquer une transcendance, peu importe laquelle, pour compenser le sentiment d'insatisfaction, d'inachèvement et de contrefaçon qui a empoisonné cette génération. Bien sûr, la révolution a fait avancer l'Histoire – puisque telle était la direction qu'un développement plus ou moins effréné allait faire prendre au capitalisme, avec ses réussites équivoques mais indéniables. Les journées sanglantes de juin ont été pour le mouvement ouvrier l'occasion d'une indispensable prise de conscience du caractère spécifique de ses intérêts.

Mais, pour l'intelligentsia cultivée, la révolution fut un fiasco aux conséquences profondes et durables. Dans *l'Éducation sentimentale*, Flaubert la résume d'un mot sardonique : « Des gens d'esprit en restèrent idiots pour toute leur vie » (p. 368). Le plus triste dans ce mot, c'est sa justesse quand on songe à la bourgeoisie d'après 1848.

Bibliographie : Charles Baudelaire, *Œuvres complètes*, éd. Claude Pichois (Paris, Gallimard, 1975). Gustave Flaubert, *Correspondance*, éd. Jean Bruneau (Paris, Gallimard, 1973) ; *l'Éducation sentimentale,* in *Œuvres*, éd. Albert Thibaudet et René Dumesnil (Paris, Gallimard, 1952). Karl Marx, *le Dix-Huit Brumaire de Louis Bonaparte*, trad. Gérard Cornillet, éd. Raymond Huard (Paris, Éditions sociales, 1984) ; *les Luttes de classes en France : 1848-1850* (Paris, Éditions sociales, 1974). Alexis de Tocqueville, *Souvenirs*, éd. Luc Monnier (Paris, Gallimard, 1978). *Manuel d'histoire littéraire de la France, 1848-1917,* éd. Claude Duchet (Paris, Éditions sociales, 1977). T. J. Clark, *The Absolute Bourgeois : Artists and Politics in France, 1848-1851* (Princeton, Princeton University Press, 1937). Georg Lukács, *Balzac et le réalisme français* (Paris, Maspero, 1967). Richard Terdiman, *Discourse/ Counter-Discourse : The Theory and Practice of Symbolic Resistance in Nineteenth-Century France* (Ithaca, Cornell University Press, 1985).

Richard Terdiman

1851, 2 décembre

Le 18 brumaire de Louis Bonaparte

Littérature déterritorialisée

À la différence de 1830 ou de 1857, par exemple, l'année 1851 n'a rien de remarquable du point de vue de la littérature. Si elle marque un tournant dans l'histoire littéraire, c'est à cause de l'importance d'un événement politique, le coup d'État de Louis-Napoléon Bonaparte le 2 décembre. Son succès, bientôt entériné par un plébiscite, confirma l'autoritarisme de la deuxième République – qui n'avait fait que croître depuis la répression sanglante de l'insurrection ouvrière de juin 1848 – en faisant du prince-président l'empereur des Français. Désillusionnés par la faillite de la révolution de 1848 et soumis à une surveillance morale et politique très stricte, les écrivains qui s'étaient jetés avec fougue dans la mêlée durent battre en retraite et renoncer à faire l'Histoire. Dans une lettre du 5 mars 1852, Baudelaire exprime ce sentiment avec une emphase hargneuse : « Le 2 décembre m'a *physiquement dépolitiqué* » (*Correspondance*, vol. Ier, p. 188). Cette formule pourrait servir de devise à la littérature des années qui suivent le demi-siècle, littérature qui s'est trouvée – pour reprendre une expression de Gilles Deleuze et de Félix Guattari – en état de « déterritorialisation ». Victor Hugo est le seul qui ait conservé, dans son exil, la possibilité de pratiquer un art étroitement lié à la vie politique (en particulier dans *les Châtiments*, 1853).

Cette déterritorialisation a fait entrer l'art dans une période de doute sur la nature de son objet et la valeur référentielle de ses signes. Un premier courant, d'inspiration formaliste, proclama la doctrine séparatiste de « l'art pour l'art » qui avait déjà tenté Théophile Gautier à l'époque de la préface de *Mademoiselle de Maupin* (1835), elle-même en réaction à une précédente dérive autoritaire, sous la monarchie de Juillet. Il devait aboutir à l'esthétique parnassienne (Charles Leconte de Lisle, Théodore de Banville, José Maria de Heredia) qui dominera la poésie de la seconde moitié du siècle, influençant Rimbaud et Mallarmé, à la veille du symbolisme. Mais les racines du symbolisme lui-même plongent dans les années 1850, et l'idée – déjà ancienne – selon laquelle les signes artistiques pourraient servir à exprimer les mystères d'une réalité idéale, surréelle ou spirituelle connut un nouvel essor à la faveur d'une vague de « spiritisme » (la mode des tables tournantes née en Nouvelle-Angleterre devait atteindre la France dans les années 1850). L'association du spiritisme et du formalisme n'est pas étrangère à l'influence exercée par l'œuvre d'Edgar Allan Poe sur l'art français jusqu'au début du XXe siècle. La traduction et la présentation de Poe devinrent l'activité majeure de Baudelaire dans les années 1850.

Or, bien que son admiration pour Poe (et pour Gautier) ait fait de Baudelaire un des porte-parole de cet idéalisme formaliste, c'est pour le « réalisme » de son œuvre qu'il a été condamné par un tribunal en 1857 – comme *Madame Bovary*, le roman de Flaubert. Les théoriciens du réalisme de ces années étaient Philippe Duranty et Champfleury (Jules Fleury-Husson), cosignataires de l'essai *le Réalisme*, paru la même année que *les Fleurs du mal* et *Madame Bovary*. La querelle du réalisme, inaugurée notamment par *l'Enterrement à Ornans*, de Courbet, et alimentée par les progrès de la photographie, est au centre des débats esthétiques des années 1850. Après 1870, le « naturalisme » d'Émile Zola prendra le relais du réalisme de ces années.

Alors que *les Fleurs du mal* et *Madame Bovary* étaient accusées d'« outrage aux bonnes mœurs », un roman ouvertement réaliste, *Fanny*, d'Ernest Feydeau (1858) – dont le sujet, de surcroît, ressemble à celui de *Madame Bovary* –, n'a pas attiré l'attention des autorités. Aussi a-t-on pu dire que c'était moins leur sujet que leur écriture qui avait inquiété les lecteurs des *Fleurs du mal* et de *Madame Bovary*. Il y a dans celle-ci quelque chose qui résiste à une interprétation définitive et interdit de localiser – de « territorialiser » – un sujet dans lequel « une intention de signification » trouverait son origine. Cette déterritorialisation, ce recours à des formes sémiotiques qui engendrent une instabilité constante (instabilité quant au référent du texte, quant à ce qu'il signifie et à la manière dont il signifie, instabilité du lecteur, pris dans la dynamique d'un texte qui signifie toujours plus qu'il ne dit ou qui en dit plus qu'il ne semble signifier) peuvent être considérées comme une réponse – douée de sa propre force politique – à l'ordre et au contrôle caractéristiques des discours et des pratiques sociales du second Empire (1852-1870).

Alors que la valeur référentielle des signes oscille entre réalisme et spiritualisme, la production littéraire prête allégeance à un idéal formaliste (celui du bel objet, qui n'est pas sans rapport avec l'importance de l'objet de luxe de l'artisanat du second Empire) et, simultanément, à une écriture dépersonnalisée qui laisserait circuler librement le désir, sans l'ancrer dans un sujet. L'œuvre de Baudelaire, qui se voulait formaliste, surnaturaliste, ou les deux à la fois, mais que ses contemporains ont lue comme scandaleusement réaliste et que nous-mêmes jugeons étonnamment moderniste, est au centre de cette crise du demi-siècle, crise – aussi confondante que confuse – du signe artistique déterritorialisé. Aussi est-il symptomatique que les essais critiques de Baudelaire entre 1850 et 1860 aient principalement consisté dans l'évaluation rétrospective d'un romantisme que tout le monde jugeait dépassé.

Le romantisme avait été un moment intensément politique. Non que, en dehors du virage prorépublicain de ces anciens monarchistes désenchantés par la monarchie de Juillet (1830-1848), on puisse attribuer au mouvement une volonté politique explicite. Mais la littérature romantique s'est engagée dans les problèmes du moment et elle avait conscience de son rôle dans l'élaboration de l'Histoire. Après 1830, Honoré de Balzac s'était fait l'observateur des valeurs et de l'idéologie d'un pays voué à l'expansion capitaliste, tandis que Stendhal, dans ses romans – *le Rouge et le Noir* (1830), *Lucien Leuwen* (abandonné, comme non publiable, en 1835) et *la Chartreuse de Parme* (1839) –, décrivait la mesquinerie et la duplicité à l'œuvre dans les luttes de pouvoir de l'Europe postnapoléonienne. Dans les années 1840, le feuilleton d'Eugène Sue, *les Mystères de Paris* (1842-1843), qui flattait un début de conscience sociale, eut un impact extraordinaire. Un des thèmes de l'époque, commun au *Lorenzaccio,* d'Alfred de Musset (1834), au *Léo Burckart,* de Gérard de Nerval (1838), ainsi qu'à *la Chartreuse de Parme,* portait sur les conséquences pour l'intellectuel de son engagement dans l'exercice du pouvoir – rôle illustré, dans la vie, par les carrières de Chateaubriand, de Lamartine et de Hugo.

Quand Karl Marx se réfugia à Paris (1843-1845), l'intelligentsia était en pleine effervescence politique et sociale, d'inspiration humanitaire, « harmonienne » et utopienne. Louis-Auguste Blanqui, le révolutionnaire le plus intransigeant, en prison de 1839 à 1844, avait repris son activisme avant d'être incarcéré une nouvelle fois en mai 1848. Le saint-simonisme et le fouriérisme se répandaient en journaux et en tracts ; le mouvement féministe avait aussi son journal, *la Tribune des femmes*. En 1840, Pierre Leroux publia *De l'humanité, de son principe et de son avenir* et Pierre-Joseph Proudhon *Qu'est-ce que la propriété ?* où il proclamait son célèbre « la propriété c'est le vol ». *L'Organisation du travail,* de Louis Blanc, avait paru l'année précédente. *Le Voyage en Icarie,* d'Étienne Cabet (1840), allait inspirer des expériences sociales désastreuses dans l'Ohio et le Texas. L'enthousiasme suscité quelques années plus tôt par la rhapsodie démocrate chrétienne de Félicité de Lamennais, *Paroles d'un croyant,* n'était pas près d'être oublié. George Sand faisait résonner dans ses romans cette fibre humanitaire (qu'elle devait surtout à Leroux et à Lamennais). C'est sur ce fond de concert de voix « socialistes » qu'il faut mesurer le « silence » politique des années 1850.

La sourdine mise au socialisme humanitaire ne fut pas seulement l'effet de l'autoritarisme du second Empire. Après l'unanimité de l'insurrection de février 1848, la répression bourgeoise de juin avait fait apparaître les réalités de classes – largement occultées durant la période romantique : ce qu'il y avait de bourgeois dans le rêve universaliste devenait évident, comme les intérêts de classe qu'il masquait et favorisait. Il était devenu impossible d'y souscrire plus longtemps. Il est symptomatique que la dernière manifestation d'écriture directement politique à la manière des romantiques ait été l'émergence postquarante-huitarde d'une poésie ouvrière, principalement représentée par *Chants et chansons,* de Pierre Dupont, pour qui Baudelaire rédigera une préface chaleureuse en 1851. Et 1851 vit aussi la publication du dernier écrit (bourgeois) dans lequel l'esprit des années 1840 était encore clairement perceptible, le *Voyage en Orient* de Nerval (1844-1850). Cette œuvre baigne dans un mysticisme initiatique, un idéalisme social et un mélange typiquement harmoniste de tolérance et d'esthétique oppositionnelle. Dans la tradition de l'engagement politique romantique, le *Voyage* témoigne aussi d'un désir d'apporter sa contribution à ce qui était déjà la question du Proche-Orient.

Pourtant en 1851, Nerval s'était engagé dans une autre direction. Les premiers signes de la littérature des années 1850 se trouvent dans les quelques poèmes que Baudelaire publie en revue ou fait circuler parmi ses amis, genèse de ceux qui devaient figurer dans *les Fleurs du mal*, et dans le fait que Flaubert, revenu d'Égypte et du Levant, ébauche *Madame Bovary*. Mais Nerval est la figure clé de cette mutation. Sa production, de 1850 à 1852, manifeste une nostalgie de l'inspiration communautaire des années 1840 où se mêlent des expérimentations réalistes qui annoncent une écriture moderniste. À l'automne 1850, en réponse à l'amendement Riancey, une des nombreuses mesures destinées à restreindre la liberté de la presse, Nerval produisit un modèle exemplaire d'écriture déterritorialisée, *les Faux Saulniers*, feuilleton publié de manière intermittente dans *le National* entre le 24 octobre et le 22 décembre et dont il extraira *Angélique* pour *les Filles du feu* (1854). Contre le succès de romans-feuilletons aux nombreuses allusions politiques, la nouvelle loi interdisait aux journaux de publier de la fiction. Le narrateur des *Faux Saulniers* recherche un livre sur un certain abbé de Bucquoy qui permettrait à son texte d'être classé non pas comme fiction mais comme étude historique de sorte que *le National* puisse continuer à le publier sans avoir à payer une lourde amende.

La nouvelle législation interdisait aux journaux les représentations fictionnelles et les articles non signés (associant la référentialité linguistique à l'autonomie et la responsabilité d'un sujet personnel). Elle sera contournée ironiquement par une multiplication de la voix narrative que les citations font proliférer au point qu'elle finit par disparaître dans une harmonie collective. Cet acte de disparition, qui annonce « la disparition élocutoire du poète » (Mallarmé, « Crise de vers », 1896), n'est pas sans portée politique. En même temps, l'obligation de référentialité était ridiculisée par ce motif de l'introuvable livre dont dépend le statut historique de ce qui est écrit, bien que lui-même ne soit qu'un livre, c'est-à-dire une représentation.

Les Faux Saulniers utilisent l'arme de l'ironie contre un réalisme officiel et policier. Dans un autre feuilleton, *les Nuits d'octobre*, qui fut publié dans *l'Illustration* en octobre et novembre 1852, Nerval le prend pour cible dans le cadre d'une doctrine esthétique. Le « réalisme » étant, une fois de plus, imposé, Nerval s'interroge quant à la nature de la réalité qu'il doit représenter. Le réalisme qui s'attache aux aspects rationnels de la vie reflète l'étroitesse bourgeoise, le moralisme d'une société étriquée et sa politique de surveillance et de contrôle. *Les Nuits d'octobre* lui opposent un réalisme du refoulé, qu'il s'agisse de la vie nocturne des bas-fonds de Paris ou bien des rêves, des fantasmes et des cauchemars de l'« imagination » – figures d'un sujet, pluriel et divisé, qui se manifeste dans la digression infinie d'une parabase semblable à celle que les romantiques allemands présentaient comme le moteur de leur théorie de l'écriture. Ici aussi, la vanité d'une quête sert d'allégorie à une écriture « sans sujet ».

Le modernisme de Nerval est une variante subversive du réalisme officiel. Il pousse le réalisme jusqu'à un point qui permet de comprendre comment le modernisme de Flaubert et de Baudelaire a pu être pris pour du réalisme. Mais, en 1850, Courbet avait fait jouer d'une autre manière les ambiguïtés du réalisme dans *l'Enterrement à Ornans* (fig. 1). Les grandes dimensions de la toile que le romantisme associait à la peinture

Gustave Courbet, *l'Enterrement à Ornans* (musée d'Orsay). (Documentation photographique de la Réunion des Musées Nationaux.)

historique sont utilisées pour un sujet tiré de la vie ordinaire, comme dans la peinture de genre (mais sans esthétisation de la composition ou de la facture). Ce convoi funèbre dispersé, avec ses hommes coiffés de hauts-de-forme, ses aplats, ses couleurs sombres et ce qu'on y soupçonne d'intentions allégoriques (l'enterrement des propriétaires ?) fut perçu comme une attaque contre la bourgeoisie. Pour nous, il évoque davantage la célébration de la classe moyenne (masculine) en habit noir et de « l'héroïsme de la vie moderne » que Baudelaire appelait de ses vœux dans le *Salon de 1846*. Mais, précisément, le réalisme répondait à ce qu'il y avait de confus dans les apirations et d'ambigu dans la situation de l'art du milieu du siècle : d'un côté, il était enraciné dans l'idéologie bourgeoise, mais de l'autre il n'en avait pas moins le pouvoir d'embarrasser la culture officielle par ce qu'il rendait visible.

L'étiquette « réalisme » s'applique à toute une gamme de nouveautés culturelles, de « l'héroïsme de la vie moderne » à la « disparition du sujet ». Dès 1847, dans *la Fanfarlo*, Baudelaire a fait du conflit entre réalisme et refus (moderniste) du réalisme la question esthétique décisive. Pour appliquer à *la Fanfarlo* l'expression employée par Baudelaire à propos de la *Prinzessin Brambilla* d'E. T. A. Hoffmann (1820, *« Princesse Brambilla »*), ce « catéchisme de haute esthétique » définit les options et fixe le programme des cinquante années qui vont suivre.

La Fanfarlo oppose deux sphères ; d'un côté, le monde bourgeois du décorum, du confort domestique, associé sur le plan moral à la vertu et au « naturel » et, sur le plan esthétique, à des signes à valeur référentielle, c'est-à-dire à un réalisme des descriptions à la Balzac ; de l'autre, un univers « artiste » ou bohème, associé à l'instabilité érotique et à la non-référentialité esthétique, c'est-à-dire à des signes fonctionnant sous un régime d'autonomie formelle et d'« artificialité », ainsi qu'au surnaturalisme théâtral de la pantomime. La nouvelle conte l'histoire d'une bourgeoise (Mme de Cosmelly) qui recrute un poète (Samuel Cramer) pour séduire une actrice (la Fanfarlo) qui elle-même a séduit son mari. L'action tisse entre les deux mondes – le bourgeois et le bohème, le naturel et l'artificiel, le référentiel et le supra-réel – des liens qui font de chacun le refoulé de l'autre. Le monde bourgeois trouve le monde artistique artificiel (même s'il a besoin de lui), tandis que le supra-naturalisme

« oublie » – comme le poète-héros oubliera dans les bras de la Fanfarlo la cour qu'il fait à Mme de Cosmelly – le « naturel » de la réalité bourgeoise et le matérialisme du monde. Mais chacun de ces mondes doit faire face au retour de son refoulé : pour récupérer son mari, la vertueuse et naturelle Mme de Cosmelly doit se transformer en séductrice, tandis que l'actrice – toute en artifice et provocation – s'assagit et veut apprendre « à faire des enfants ».

Cette interdépendance de mondes qui s'excluent – ainsi que celle des attitudes artistiques qui leur correspondent – est le symptôme d'une situation dont aucune des deux sphères n'est à même de reconnaître la complexité, concernant en particulier le statut du signe qui ne se laisse plus définir en termes de référentialité (qu'elle soit naturelle ou supra-naturelle) mais seulement par la schize dont il est la trace, l'exclusion dont il témoigne ou l'absence dont il est le lieu. Cette interdépendance suggère ainsi un lien paradoxal entre les opposés que sont le modernisme et le réalisme : la référentialité réaliste implique, comme son refoulé, le souci moderniste de l'écriture ; inversement, le modernisme fonctionne comme le refoulement ou l'« oubli » de la représentation réaliste. La nouvelle de Baudelaire subvertit de la même manière le réalisme du récit à la Balzac : alors que Henri de Marsay, le séducteur de *la Fille aux yeux d'or* (1834), vit dans un univers rationnel, dans lequel le désir a un objet et d'où le « mystère » est évacué, violemment s'il le faut, Samuel Cramer vit avec la Fanfarlo dans un état perpétuel d'excitation sexuelle (mais oublie Mme de Cosmelly).

La littérature de la seconde moitié du XIXe siècle, avec son kaléidoscope d'écoles esthétiques, devait confirmer l'interprétation baudelairienne du signe comme lieu d'une répression. L'art est le réprimé du monde bourgeois ; mais, à l'intérieur de son espace déterritorialisé, deux régimes exclusifs coexistent : un signe soumis à la référentialité naturaliste – en gros, l'héritage de Balzac (mort en 1850) – et un signe disponible pour les compositions non réalistes du désir. Et il en va ainsi, que ces compositions soient décrites dans le langage de l'art pour l'art et du culte de la « Beauté pure », qu'elles le soient encore en termes d'un « autre monde » supra-naturel – voire psychique – ou qu'elles le soient enfin, comme Baudelaire n'est pas loin de le dire dans *la Fanfarlo* (où la danse est définie comme « la poésie avec des bras et des jambes » [p. 505]), dans les termes d'un matérialisme du signe écrit – matérialisme qui, à nos oreilles, rend un son étonnamment moderne.

Voir aussi 1848, 1866, 1925.

Bibliographie : Charles Baudelaire, *la Fanfarlo,* in *Œuvres complètes*, éd. Claude Pichois, vol. Ier (Paris, Gallimard, 1975) ; *Correspondance*, éd. Claude Pichois et Jean Ziegler (Paris, Gallimard, 1966) ; *les Fleurs du mal*, éd. Claude Pichois (Paris, Gallimard, 1975). Gérard de Nerval, *les Faux Saulniers,* in *Œuvres complètes*, éd. Claude Pichois et Jean Guillaume, vol. II (Paris, Gallimard, 1984) ; *Voyage en Orient,* in *ibid*, vol. II (Paris, Gallimard, 1984). Leo Bersani, Barthes et al. : *Littérature et réalité* (Paris, Seuil, 1982). Ross Chambers, *Gérard de Nerval et la poétique du voyage* (Paris, José Corti, 1969) ; *Mélancolie et opposition : les débuts du modernisme en France* (Paris, José Corti, 1987).

Ross Chambers

1852, 2 décembre

Louis-Napoléon Bonaparte devient Napoléon III

Le bonapartisme

L'année 1852 fut encadrée par deux attentats contre la continuité et la légalité institutionnelles : le renversement de la deuxième République et l'établissement du second Empire.

La révolution de 1848 avait fait revenir la République. En décembre 1848, aux élections présidentielles, le vainqueur fut Louis-Napoléon Bonaparte, neveu de Napoléon Ier et héritier de sa légende. Élu à une majorité écrasante, il exerça cette fonction pendant trois ans. Mais, le 2 décembre 1851, alors que son mandat touchait à son terme, il renversa la République ; un an plus tard, le 2 décembre 1852, il se déclarait empereur.

Le coup d'État de 1851 avait des précédents ; par deux fois déjà, en 1836 puis en 1840, Louis-Napoléon avait essayé de prendre le pouvoir. Mais ces signes avant-coureurs n'avaient pas été pris au sérieux par les politiques, officiers, journalistes et autres dignitaires que le coup d'État surprit dans leur lit, où ils se laissèrent arrêter. Le sang avait coulé en plusieurs endroits, mais le changement de régime s'effectua sans opposition réelle. Ce coup d'État, soigneusement préparé, fut une réussite incontestable et demeure un modèle du genre.

Après le coup d'État, Louis-Napoléon ordonna la dissolution de l'Assemblée nationale, se déclara président d'une nouvelle République, étendit la durée du mandat présidentiel de trois à dix ans, et réduisit les pouvoirs législatifs. Ces changements étaient inspirés par une théorie, ou plutôt une tendance politique – le bonapartisme – élaborée par Louis-Napoléon et ses supporters dès la monarchie de Juillet (1830-1848). Elle plongeait ses racines dans la Révolution française et l'Empire (1789-1815).

L'essentiel du pouvoir du bonapartisme tenait dans la légende napoléonienne, une légende qualifiée par E.J. Hobsbawm de « premier mythe séculier » de l'histoire universelle (*The Age of Revolution, 1789-1848*, p. 98). Les révolutions successives avaient montré à quel point le corps politique français était divisé, l'électorat multiple et les théories politiques incompatibles. Cette division était responsable de la plus récente insurrection, la sanglante révolution de 1848.

Dans cette situation, Napoléon était la seule figure capable de susciter une certaine unanimité, d'autant qu'à l'époque où son neveu fomenta son coup d'État, le mythe napoléonien bénéficiait de la patine de près de quatre décennies de mythologisation systématique. Le bonapartisme représentait la fin d'une série de conflits sanglants et l'unification d'une nation divisée.

Le mythe napoléonien donnait un caractère personnel au pouvoir bonapartiste. La structure de gouvernement mise en place par Louis-Napoléon était celle d'une paradoxale démocratie autoritaire, reposant sur l'immédiateté quasi mystique de la relation du peuple avec son chef – la formule bonapartiste était : « Confiance à la base, autorité au sommet. » Louis-Napoléon mit ce principe en application en faisant approuver son coup d'État par un plébiscite au suffrage universel (masculin). Sept millions de Français (contre six cent mille) légitimèrent rétroactivement le régime qu'il avait installé au prix de plus de vingt mille arrestations et déportations.

Dans la brève République bonapartiste, l'Assemblée, bien qu'affaiblie, représentait encore un contrepoids significatif. Un an plus tard, Louis-Napoléon organisa un second plébiscite sur l'instauration d'un régime impérial. Plus de huit millions d'électeurs votèrent pour lui. Le 2 décembre 1852, il balaya la République et se proclama l'empereur Napoléon III.

Le second Empire dura jusqu'au désastre de Sedan, en 1870. Ce fut une période de changements sans équivalent dans la France du XIXe siècle qui connut une croissance économique plus forte et plus soutenue que jamais. Quant aux écrivains et aux artistes lancés ou célébrés – Gérard de Nerval, Victor Hugo, Théophile Gautier, Gustave Flauvert, Charles Baudelaire, Edmond et Jules de Goncourt, Charles Leconte de Lisle, le comte de Lautréamont (Isidore Ducasse), Paul Verlaine, Stéphane Mallarmé, Jules Verne, Émile Zola, Gustave Courbet, Jean-Auguste-Dominique Ingres, Edgar Degas, Edouard Manet, Paul Cézanne, Claude Monet, Camille Pissarro, Pierre-Auguste Renoir, Auguste Rodin – ils constituent un ensemble de novateurs dont le prestige n'a pas été démenti par l'avenir. Pourtant, dès ses débuts, le second Empire avait eu très mauvaise presse.

En 1852, dans *le Dix-Huit Brumaire de Louis Bonaparte*, Karl Marx rapprochait, en un brillant raccourci, le coup d'État de Louis-Napoléon et le renversement du Directoire le 9 novembre 1799 (18 brumaire, dans le calendrier révolutionnaire) : le coup d'État du neveu n'était qu'une pâle copie de la prise de pouvoir de l'oncle. Ce motif est récurrent dans les nombreux récits de l'événement. Il définit l'attitude de maints intellectuels à l'égard du second Empire.

En fait, la personne et le régime de Napoléon III étaient infiniment plus complexes, comme en témoigne la diversité des interprétations les plus contradictoires auxquelles ils ont donné lieu. Non que Louis-Napoléon manquait de caractère ; mais il y avait en lui, comme dans sa politique, quelque chose d'étrangement contradictoire qui les rend difficiles à cerner. C'est cette plasticité qui a permis au bonapartisme de rassembler des hommes d'allégeances politiques très diverses. Le caractère élusif de ce que serait la « réalité » bonapartiste authentique explique aussi l'exaspération de beaucoup de contemporains. Il est aussi une indication du rôle joué par l'imaginaire dans la politique du XIXe siècle.

Napoléon III a été peint le plus souvent en réactionnaire. C'est ce que fait Marx dans son pamphlet ou Hugo dans *Napoléon le Petit* (1852). Hugo et Marx étaient partisans, chacun à sa manière, de la République. Ils montèrent l'un et l'autre leurs attaques en comparant le neveu à l'oncle. Mais le fait que leur cible soit le premier gouvernant de toute l'histoire de France à avoir été élu par le peuple donnait à ces dénonciations menées au nom de la démocratie un tour quelque peu paradoxal. D'ailleurs, pour un réactionnaire comme François Guizot, le coup du 2 décembre 1851, comme le rappelle Marx, représentait le triomphe du socialisme (*le Dix-Huit Brumaire*, p. 185) ; la chose n'était pas sans fondement puisque, en 1844, Louis-Napoléon avait publié une *Extinction du paupérisme* qui prenait en compte les thèses socialistes (en particulier celles de Saint-Simon) et professait une sympathie pour les problèmes de la classe ouvrière. Ces aspects contradictoires lui ont valu d'être accusé, à tour de rôle, de « naïf » ou de Machiavel consommé ; ils ont aussi permis de le défendre ou de le condamner en partant de n'importe quelle position politique. Napoléon III et son régime n'étaient pas neutres, ils disposaient de facettes incroyablement multiples.

L'empereur était capable d'une remarquable hospitalité idéologique. Oppositions et conflits étaient mis en sourdine ou canalisés vers d'autres modes d'expression. Le bonapartisme devint une sorte de troisième voie qui se frayait à l'écart des ennemis traditionnels, les républicains et les monarchistes, qui avaient monopolisé les conflits du XIXe siècle. De la même manière, Louis-Napoléon fut, du moins dans les premiers temps, le premier chef d'État susceptible de recevoir l'investissement symbolique de presque tous les éléments qui composent une formation sociale moderne.

Qu'on l'attribue aux hésitations personnelles de Napoléon III ou à son opportunisme, cette qualité – ce qu'on pourrait décrire comme son caractère constitutivement hétérogène – est à l'origine d'une nouvelle configuration, non seulement dans la conduite de la politique mais aussi dans les résonances politiques de la culture. Car, durant le second Empire, c'est à la production culturelle, et en particulier à la littérature, qu'il incomba surtout de trier les symboles de plus en plus diffus et discrets d'une société elle-même toujours plus complexe et variée, désorientée par une industrialisation et une urbanisation extrêmement rapides. La stabilisation de ces symboles permit à la société de fonctionner au milieu de ces changements. En effet, la mystérieuse sous-détermination du régime de Napoléon III est cause de ce qu'on pourrait décrire comme une nouvelle herméneutique – une science du symbole qui ne se limitait plus à assigner des valeurs politiques en fonction d'une configuration stable des partis et des intérêts en jeu, mais se mettait à débusquer les significations dans un espace social de plus en plus divers et mystifié.

Cette attitude est perceptible dans les deux chefs-d'œuvre de la période, *Madame Bovary,* de Flaubert, et *les Fleurs du mal,* de Baudelaire, dont l'élaboration remonte à 1852. Ils parurent cinq ans plus tard et, à leur sortie, furent en butte à la censure que le second Empire réservait aux œuvres qui heurtaient son idéal d'homogénéisation et d'apaisement.

Aucune de ces œuvres ne répondait à une intention qu'on puisse qualifier de politique. Au contraire, chacune affichait une conception strictement esthétique de l'œuvre d'art, détachée du domaine politique, conformément à une attitude que l'avant-garde de l'époque allait adopter presque unanimement. Pourtant, en mettant en cause la complexité et les contradictions de la vie sociale et en remontant jusqu'aux racines imaginatives et interpersonnelles de l'insatisfaction sécrétée par le monde contemporain, elles témoignent de l'opacité croissante et déconcertante du domaine politique, c'est-à-dire, en termes actuels, de la sphère publique. Flaubert et Baudelaire expriment une perception de la réalité dans laquelle l'expérience est modelée par des instances étrangères à la sphère publique, indépendantes des institutions sociales et des intérêts politiques. Ces instances semblent échapper aux préoccupations qui avaient été au cœur des révolutions qui se sont succédé depuis 1789. Elles semblent avoir été déplacées dans un espace différent, celui que la littérature avait pour tâche de cadrer et d'expliquer.

Dans la mesure où on peut parler de thèmes à leur sujet, *Madame Bovary* et *les Fleurs du mal* manifestent le même intérêt pour la production sociale du désir. Flaubert et Baudelaire décelaient un même paradoxe : la société qui produit le désir – par la circulation accélérée d'images de mobilité sociale et de succès économique et les échanges croissants entre l'univers érotique et le monde du commerce – restreint au minimum les moyens de le satisfaire. Les seules satisfactions licites sont ambiguës et, d'une manière ou une autre, frustrantes. Ce tableau d'une existence sociale façonnée de l'extérieur, en dehors du domaine politique proprement dit, permet de mettre en lumière la spécificité du malaise moderne.

Non que la politique ait perdu tout intérêt, en particulier chez les écrivains. La censure du second Empire interdisait les attaques contre l'empereur ou le gouvernement. Néanmoins, il est clair que l'empereur souhaitait un soutien le plus vaste possible et, à cette fin, manipulait sans scrupule l'opinion publique à l'aide de journaux, de pamphlets et même de romans ou de pièces de théâtre.

Car, comme cette liste le suggère, la manipulation de l'opinion publique requiert des moyens qui relèvent presque tous du domaine de l'écriture. Par nécessité structurelle, les écrivains furent donc invités à jouer un rôle nouveau dans la vie politique. Et ils s'aperçurent que la meilleure façon de le tenir était de paraître ne pas le jouer. Alors que les journaux créaient un public de masse garant d'une diffusion populaire (en particulier en excluant l'esprit politique partisan du journalisme d'autrefois), le discours politique était soumis à une rhétorique destinée à mettre en place la politique de masse dont rêvait l'empereur.

Il était utopique de vouloir unifier une nation aussi divisée que la France du XIXe siècle. L'idéologie d'harmonisation bonapartiste ne pouvait pas suffire. Aussi le régime de Napoléon III est-il resté le théâtre des oppositions des plus classiques. Libéraux et royalistes eurent le droit de s'exprimer à condition de ne pas attaquer nommément l'empereur. La crainte de la censure et d'amendes qui pouvaient conduire une publication à la faillite suffit à modérer leur opposition. Pour ce qui est des républicains, Napoléon III, sans illusions sur la possibilité d'un ralliement, les réduisit au silence de manière systématique. Beaucoup abandonnèrent la politique. Quelques noms prestigieux choisirent l'exil – ou furent contraints de le choisir. C'est ainsi qu'Edgar Quinet s'installa en Suisse, où il écrivit une étude sur l'échec de la révolution de 1848. Louis Blanc, l'une des figures majeures de cet épisode, termina son *Histoire de la Révolution française* (1870) à Londres. L'écrivain le plus célèbre, Victor Hugo, lui aussi choisit l'exil.

Hugo était tout aussi paradoxal que Napoléon III. Mais autant celui-ci restait indéfinissable, autant la stabilité et la constance de celui-là, au cœur d'un siècle caractérisé par le changement, le font paraître étranger à la mutabilité de l'Histoire. La carrière de Hugo fut si longue, si publique (aucune autre figure littéraire du XIXe siècle n'a approché le respect et la gloire dont il a joui dans la dernière partie de sa vie), que cette immobilité a quelque chose de choquant. Dans sa jeunesse – à l'époque d'*Hernani* (1830), par exemple – il avait été un des « enfants terribles » du romantisme ; quand l'originalité dont il avait été l'exemple fut devenue la norme, il a continué à exploiter les formules qui lui avaient réussi. Aussi, dans l'effervescence culturelle du second Empire, Hugo allait être perçu comme un vieux maître. Mais ce rôle, avec l'autorité qui lui était associée, convenait parfaitement à la figure morale et politique qu'il avait décidé de devenir après le coup d'État.

Alors que le désenchantement politique nourrissait, en littérature et dans les arts, l'esthétisme de « l'art pour l'art », Hugo se lança dans l'opposition politique à Napoléon III. Cette lutte commença immédiatement après le 2 décembre.

Hugo partit à Bruxelles, où il écrivit deux livres dénonçant le renversement de la République : un récit du coup d'État, *Histoire d'un crime* (1852), et le pamphlet *Napoléon le Petit.* Puis il quitta Bruxelles pour s'installer aux îles Anglo-Normandes à Guernesey, en vue des côtes françaises. En 1853, il publia *les Châtiments*, recueil de poèmes dénonçant l'« usurpateur » et exaltant l'idéal républicain. Il ridiculise sans merci cet empereur de comédie et la décadence des mœurs à laquelle il préside : « L'Histoire a pour égout des temps comme les nôtres » (*Châtiments*, p. XIII). C'est dans « Ultima Verba » que figure le vers le plus célèbre du recueil et peut-être de Hugo. Il s'y proclame un opposant irréductible. Que d'autres le rejoignent, tant mieux, mais il se battra même s'ils ne le font pas. « Et s'il n'en reste qu'un, je serai celui-là ! »

Napoléon III essaya de neutraliser cette voix puissante et perturbatrice en lui offrant l'amnistie en 1859. Hugo refusa. Comme il l'avait écrit dans *les Châtiments* à l'intention de ceux qui étaient tentés de collaborer avec le régime : « Mangez, moi je préfère, / Ton pain noir, liberté ! » (« Chanson »).

Son opposition ne connut pas de répit. Le poète ne rentra qu'après l'abdication de Napoléon III en 1870. Cette guerre morale et verbale devint un paradigme durable des rapports de l'artiste avec l'État. L'empereur avait inventé un nouveau type de pouvoir, fondé sur des abstractions comme « l'opinion publique » et soutenu par des médias « guidés » avec plus ou moins de subtilité. Les écrivains, de leur côté, définissaient une esthétique à l'hermétisme défensif, absorbée en elle-même. La poésie de Hugo, qui n'est ni hermétique ni médiatique, jette sur ces choix une lumière révélatrice. Dans cette confrontation, on assiste à la formation d'un nouveau pouvoir – le pouvoir du langage ; pouvoir de ceux qui produisent de la culture et que se disputent un artiste engagé et l'État moderne.

Voir aussi 1848, 1851, 1871.

Bibliographie : Victor Hugo, *les Châtiments*, in *Œuvres complètes*, éd. Jean Massin, vol. VIII (Paris, Club Français du Livre, 1967). Karl Marx, *le Dix-Huit Brumaire de Louis Bonaparte*, trad. Gérard Cornillet, éd. Raymond Huard (Paris, Éditions sociales, 1984). E. J. Hobsbawn, *The Age of Revolution, 1789-1848* (New York, Mentor, 1962). Richard Terdiman, *Discourse/Counter-Discourse: the Theory and Practice of Symbolic Resistance in Nineteenth-Century France* (Ithaca, Cornell University Press, 1985).

Richard Terdiman

1853

L'Artiste publie *le Corbeau*, d'Edgar Allan Poe, traduit par Charles Baudelaire

Edgar Poe, made in France

Selon Valéry, Poe serait le seul écrivain « sans aucun péché » (*Correspondance*, p. 163). Mais le critique américain Harold Bloom se fait l'écho de la majorité des lecteurs anglophones quand il affirme qu'« une personne cultivée, sensible aux véritables réussites de la poésie de langue anglaise, ne pourra jamais placer très haut les vers de Poe » (« *Inescapable Poe* », p. 23). Pour beaucoup d'Américains, il y a quelque chose de pervers et d'inexplicable dans l'engouement des Français pour Poe, engouement comparable à leur admiration pour Richard Nixon, cet homme d'État méconnu, ou Jerry Lewis qu'il n'est pas rare d'entendre qualifier en France de génie. Si l'opinion littéraire française porte Poe au pinacle du XIXe siècle, son œuvre est généralement considérée, dans sa propre langue, comme mineure, faible et porteuse d'effets comiques involontaires. Étonnée de ne pas trouver le nom de l'écrivain dans les anthologies américaines de la littérature américaine, Simone de Beauvoir en vint à se demander, lors de sa visite aux États-Unis, si les Américains ne pensaient pas que Poe était français (*l'Amérique au jour le jour*, p. 58).

Depuis que Baudelaire et Mallarmé l'ont traduit, Poe figure, aux côtés de ces deux poètes symbolistes, de Nerval, de Lautréamont et de Rimbaud, dans la liste des poètes maudits : ceux qui, d'une manière ou d'une autre, dans le mythe ou la réalité, ont suivi les mots d'ordre de Rimbaud demandant au poète de « s'encrapuler » le plus possible, d'atteindre l'inconnu par le « dérèglement de *tous les sens* » (*Œuvres complètes*, p. 249). Au XXe siècle, Poe devient l'un des « saints » du surréalisme. En 1945, Antonin Artaud écrivait à Henri Parisot : « Tout ce qui n'est pas un tétanos de l'âme ou ne vient pas d'un tétanos de l'âme comme les poèmes de Baudelaire et d'Edgar Poe n'est pas vrai et ne peut pas être recu dans la poésie » (*Œuvres complètes*, vol. IX, p. 169). Que Baudelaire soit ainsi associé à Poe sous la plume d'Artaud se comprend par le fait que la lecture française de Poe est le produit d'un travail collectif, amorcé par Baudelaire et continué par Mallarmé, dans lequel Poe fut un partenaire absolument passif. Poe en ressort conforme au médaillon que Mallarmé propose : « Il est cette exception, en effet, et le cas littéraire absolu ».

Le surréalisme n'est pas seul responsable de la longévité et du succès de ce Poe *made in France*. Valéry, par exemple, célébrait en lui celui qui avait « montré une voie, [qui] enseignait une doctrine très séduisante et très rigoureuse, dans laquelle une sorte de mathématique et une sorte de mystique s'unissaient » (*Œuvres*, p. 609), opinion que corrobore la thèse du biographe de Poe, Julian Symons, selon qui l'écrivain aurait été déchiré entre deux identités contradictoires : un « Poe visionnaire », fasciné par le mystère et l'occulte, et un « Poe logique », qui exigeait d'une composition littéraire qu'elle suive avec précision un plan logique. Mais Symons considère comme un défaut ce qui pour Valéry est la vertu de l'art de Poe. Faut-il rattacher le goût des Français pour le mysticisme scientifique de Poe à une tendance générale des hommes de lettres de ce pays – Paul Valéry en est un exemple – à croire qu'il est possible d'introduire la rigueur de la science dans la pratique et dans l'étude de la littérature ; croyance généralement rejetée par leurs collègues anglophones qui y voient une amusante illustration, une de plus, du pédantisme gaulois. C'est ainsi qu'en français et en France, cet aspect de l'œuvre de Poe, risible en anglais, n'est pas seulement loué mais passe pour une marque de génie.

Mais c'est sans doute Artaud, avec sa lecture filtrée par le prisme du surréalisme, qui donne la meilleure image du Poe *made in France*. C'est un Poe mystique. Il y eut, écrit Artaud, « des envoûtements unanimes à propos de Baudelaire, d'Edgar Poe, de Gérard de Nerval, de Nietzsche, de Kierkegaard, de Hölderlin, de Coleridge, et il y en a eu à propos de Van Gogh » (*Œuvres complètes*, vol. XIII, p. 18). Artaud insiste sur le fait que la représentation de la psyché humaine par ces artistes était plus fidèle que ce que la seule science permettait. Et en effet faire du « génie » de Poe la victime « d'envoûtements unanimes » est entièrement justifié si on admet qu'Artaud, en parlant ainsi, désigne le « contresens collectif », c'est-à-dire l'interprétation erronée issue d'une traduction qui semble avoir amélioré l'original au moment même où elle le corrompait et le trompait.

Les traductions de Poe sont une partie importante de l'œuvre de Baudelaire ; la première parut en 1848, la dernière en 1865. Elles constituent cinq des volumes que Baudelaire a publiés de son vivant : *Histoires extraordinaires* (1856), *Nouvelles Histoires extraordinaires* (1857), *les Aventures d'Arthur Gordon Pym* (1858), *Eureka* (1863), *Histoires grotesques et sérieuses* (1865). Ses introductions sont à l'origine du fascinant contresens lié à la figure du Poe *made in France*. Grâce aux recherches de W.T. Bandy, on est à même aujourd'hui de retrouver l'origine des erreurs auxquelles son idolâtrie a conduit Baudelaire. Poe entre dans la mythologie française sous les traits d'un aristocrate sudiste, bien né mais décadent, à l'image d'un de ses personnages – le Roderick Usher de *la Chute de la maison Usher*, par exemple – exact pendant outre-Atlantique du dandysme masculin dont Baudelaire s'était fait le théoricien. Ses informations biographiques venaient surtout d'un défenseur sudiste de l'écrivain, John M. Daniel, qui fit de son mieux pour présenter un Poe archétype du dandy du Sud, brillant, bien né, cultivé mais irrésistiblement porté à la débauche, aristocrate perdu dans une démocratie, méprisé par ses compatriotes qui ne supportent pas sa supériorité. Baudelaire répéta, après Daniel, que « Poe fut ainsi élevé dans une belle aisance, et reçut une éducation complète ». Devançant Beauvoir, Baudelaire ajoutait : « Ses compatriotes le trouvent à peine Américain et cependant il n'est pas Anglais » (« Edgar Allan Poe, sa vie et ses ouvrages », 1852, in *Œuvres en prose*, p. 1004). La négativité de Poe en faisait quelqu'un d'à part. « Si vous causez avec un Américain, et si vous lui parlez de M. Poe, il vous avouera son génie ; volontiers même, peut-être en sera-t-il fier, mais il finira par vous dire avec un ton supérieur : "Mais moi, je suis un homme positif" » (*ibid.*, p. 1002).

Ainsi y a-t-il un certain paradoxe dans l'affirmation de Baudelaire : « Tous les contes d'Edgar Poe sont pour ainsi dire biographiques. On trouve l'homme dans l'œuvre » (*ibid.*, p. 1004). Car l'homme conçu par Baudelaire était aussi fictif, aussi littéraire que l'œuvre – et l'était même d'autant plus qu'il n'était pas reconnu comme tel. Une seconde version de son essai sur Poe ne corrige aucune des erreurs du portrait initial. Baudelaire évoque son intelligence « quasi miraculeuse » et parle de sa famille comme l'« une des plus respectables de Baltimore » (éd. 1856, *ibid.*, pp. 1033-1034), ce qui est complètement faux : venu d'Irlande, le grand-père de Poe, lui-même petit-fils de métayer, fabriquait des rouets. Baudelaire en fait le « général » Poe, tenu en haute estime par La Fayette, alors que David Poe était un simple major dans la révolution américaine. John Allan, père adoptif de Poe, n'était pas un « riche négociant », mais un petit commerçant aisé. Il est vrai que la responsabilité de la plupart de ces falsifications remonte à Poe lui-même qui déploya le même soin à construire son propre mythe qu'à composer un poème ou un conte ; Baudelaire l'aurait-il su qu'il n'en eût que loué Poe davantage tant cette attitude s'accordait à sa célébration de l'artifice dans l'art et la vie. Ni l'éducation ni les manières de Poe ne furent celles d'un riche aristocrate et il ne mit jamais les pieds en Grèce ou en Russie, quoi qu'en dise Baudelaire dans les deux versions de son essai.

La participation de Poe à sa fausse biographie n'aurait pas suffi à ancrer dans l'imagination le mythe moderne si Baudelaire et Mallarmé ne s'étaient employés à « traduire », à transposer Poe dans le médium étranger mais accueillant de la langue française. De toute évidence, s'ils souhaitaient à ce point importer l'écrivain américain, c'est parce qu'ils trouvaient chez lui un dosage de réel et de fiction qui répondait à leurs propres vues concernant les rapports de l'art et de la vie. Il représentait pour eux le « monstre délicat » évoqué par Baudelaire dans l'envoi des *Fleurs du mal* – « mon semblable, mon frère » –, le reflet à l'image duquel ils forgeaient leur propre silhouette littéraire.

Il est vrai que, dans leur traduction de pièces comme *The Raven* (1845 ; *le Corbeau*, 1853), dont la lourdeur des rimes et le ton sinistrement mélodramatique ont suscité les sarcasmes de la critique anglo-saxonne, Baudelaire et Mallarmé ont éliminé tout ce qu'il y avait de choquant ou de ridicule dans le texte anglais et y ont ajouté des touches personnelles ou – sans que ce soit intentionnel – des traits propres à la langue française qui allaient conférer aux poèmes et aux contes de Poe l'éclat et la subtilité qui leur faisaient cruellement défaut. Baudelaire traduit *le Corbeau* en prose – comme Mallarmé le fera avec ses traductions ultérieures (1888, *les Poèmes d'Edgar Poe*), libérées des propriétés prosodiques de l'original, c'est-à-dire, dans le cas de Poe, de son intégrité générique et structurelle. On ne peut le reprocher à Baudelaire, même si le « Poe logique » l'eût probablement fait : dans sa préface, Baudelaire avouait que « dans le moulage de la prose appliqué à la poésie, il y a nécessairement une certaine imperfection ; mais le mal serait encore plus grand dans une singerie rimée » (*Œuvres complètes*, vol. II, p. 344).

Ainsi ce qui semble grotesque en anglais devient en français une sublime allusion métaphorique et ce qui, dans les lettres américaines, sonnait comme une fausse note s'harmonisait parfaitement en France avec le symbolisme et le décadentisme naissants. Les contresens de Baudelaire et de ses héritiers et les contraintes de la langue française améliorèrent Poe en faisant de lui un écrivain français. Et, de nos jours, ce Poe *made in France* a tellement déteint sur l'original qu'il serait difficile de dire où finit le Poe français et où commence l'anglais. En revanche, ce que l'on peut affirmer sans difficulté, c'est que cet auteur occupe une place beaucoup plus importante dans l'histoire de la littérature française que dans celle des lettres américaines, et que s'il exerce une influence sur les auteurs américains modernes c'est parce que ceux-ci ont lu Baudelaire, Mallarmé ou d'autres écrivains qui, par eux et à travers eux, ont été eux aussi influencés par Edgar Poe.

Bibliographie : Charles Baudelaire, *Œuvres complètes*, éd. Claude Pichois, vol. II (Paris, Gallimard, 1975). Edgar Allan Poe, *Œuvres en prose*, trad. Charles Baudelaire, éd. Yves-Gérard Le Dantec (Paris, Gallimard, 1951). Antonin Artaud, *Œuvres complètes*, vol. IX et XIII (Paris, Gallimard, 1971 et 1979). Simone de Beauvoir, *l'Amérique au jour le jour* (Paris, Éditions Paul Morihien, 1948). Harold Bloom, « Inescapable Poe », *New York Review of Books* (11 octobre, 1984), pp. 23-37. Jefferson Humphries, *Metamorphoses of the Raven: Literary Overdeterminedness in France and the South since Poe* (Baton Rouge, Louisiana State University Press, 1985). Arthur Rimbaud, *Œuvres complètes*, éd. Antoine Adam (Paris,

Gallimard, 1972). Paul Valéry, *Léonard, Poe, Mallarmé*, in *Œuvres*, éd. Jean Hytier, vol. Ier (Paris, Gallimard, 1957) ; *Correspondance d'André Gide et de Paul Valéry 1890-1942*, éd. Robert Mallet (Paris, Gallimard, 1955).

Jefferson Humphries

1857

En janvier, Gustave Flaubert est poursuivi pour *Madame Bovary* ;
en août, Charles Baudelaire est condamné pour *les Fleurs du mal*

Deux procès

En janvier et en août 1857 respectivement, Gustave Flaubert et Charles Baudelaire ont été l'un et l'autre poursuivis pour « outrage à la morale publique et religieuse et aux bonnes mœurs ». Flaubert, jugé pour *Madame Bovary*, fut acquitté sans dépens mais avec une sévère réprimande. Le procès de Baudelaire fut en miniature la répétition de celui de Flaubert ; c'est d'ailleurs le même substitut du procureur impérial, Ernest Pinard, qui soutint le réquisitoire. Lors du procès de Baudelaire, le ministère public obtint gain de cause et six pièces des *Fleurs du mal* furent condamnées. Elles le restèrent jusqu'en 1949, date à laquelle un avocat du nom de Falco fit annuler la condamnation par une cour d'appel. Aux yeux de Falco, les deux affaires étaient liées et il invoqua le précédent de Flaubert en plaidant pour Baudelaire. Il suggéra même qu'Adolphe Billaut, ministre de l'Intérieur en 1857, n'avait traîné Baudelaire en justice que pour prendre sa revanche sur la cour qui venait d'acquitter Flaubert.

Flaubert et Baudelaire furent jugés au nom d'une loi votée le 17 mai 1819 et amendée par un décret du 17 février 1852. Sous le second Empire les accusés n'était plus entendus par un jury mais comparaissaient devant un tribunal correctionnel qui jugeait habituellement des délinquants de droit commun comme les souteneurs et les prostituées. Étant donné le régime de censure, les procès littéraires n'étaient pas rares. Mais ces deux affaires sont exemplaires parce que des œuvres nettement plus « ordurières » et dépourvues de toute ambition esthétique avaient échappé aux poursuites judiciaires. *La Revue de Paris*, avant même de publier *Madame Bovary* en feuilleton, suscitait la méfiance du gouvernement et son directeur, Maxime Du Camp, vit dans le procès un prétexte pour nuire au journal. Flaubert partageait cet avis. Mais les enjeux des procès de Flaubert et de Baudelaire engagaient des intérêts littéraires et socio-culturels autrement plus complexes.

Baudelaire perdit son procès en partie parce que l'avocat qui le défendait, maître Chaix d'Est-Ange, n'avait pas l'éloquence de celui de Flaubert, maître Mairie-Antoine-Jules Sénard. Mais, curieusement, il semble que Pinard, le procureur, se soit personnellement moins investi dans le procès – et dans le texte – de Baudelaire, qu'il réussit à faire condamner, que dans celui de Flaubert. C'est que, selon lui, on trouvait dans *les Fleurs du mal* davantage de traces de la foi chrétienne que dans *Madame Bovary* – et pour Pinard le christianisme était le roc sur lequel reposait la civilisation occidentale ; il arriva même à convaincre la cour de ne pas retenir l'accusation d'outrage à la moralité religieuse et de n'incriminer le texte de Baudelaire que pour offense à la moralité publique.

Le récit que Pinard fera des deux procès, en 1892, dans son *Journal* est un remarquable tissu d'inexactitudes :

> Le roman de *Madame Bovary* révèle un vrai talent ; mais la description de certaines scènes dépasse toute mesure ; si nous fermons les yeux, Flaubert aura beaucoup d'imitateurs, qui iront autrement loin sur cette pente ; puis la chambre correctionnelle vient de condamner *les Fleurs du mal* de Baudelaire ; elle a infligé une amende à l'auteur et ordonné la suppression de certains passages. Si nous nous abstenons, on dira que nous ménageons les forts et les chefs d'école, que nous sommes complaisants pour les nôtres, inflexibles pour les opposants [...]. Baudelaire, en effet, avait beaucoup d'amis dans le camp des républicains, Flaubert était l'hôte assidu et fêté des salons de la princesse Mathilde (*Ernest Pinard et le procès de « Madame Bovary »*, p. 10).

André Pasquet, qui essaie de réhabiliter Ernest Pinard, reconnaît lui-même que sur ce point : « La mémoire d'Ernest Pinard l'a fâcheusement trahi. Il est difficile d'accumuler autant d'erreurs en quelques lignes » (*ibid.*, p. 11). En réalité, la distorsion des faits va bien au-delà de la perte de mémoire ou de la simple erreur.

Pour commencer, la condamnation de Baudelaire n'a pas pu influencer la décision de Pinard puisque *les Fleurs du Mal*, publié le 25 juin 1857, fut jugé le 20 août de la même année, soit six mois après le procès de Flaubert. Quant aux relations de Flaubert avec la princesse Mathilde, elles ne commencèrent qu'en 1860, trois ans après le procès. Au moment du procès, la réputation de Flaubert était loin d'être établie et on pouvait difficilement le qualifier de chef d'école. C'est seulement après le procès qu'il devint le maître des « réalistes » et des « naturalistes », à sa grande consternation. En outre, comme Flaubert l'a laissé entendre dans sa correspondance, ceux qui l'avaient traîné en justice ignoraient sans doute le statut social de sa famille. Le beau-père de Baudelaire, le général Aupick, avait une stature nationale, alors que le père de Flaubert, médecin-chef à Rouen, n'avait qu'une réputation régionale. Enfin, dissocier les deux écrivains, comme le fait Pinard, sur la base de l'affiliation politique des milieux qu'ils fréquentent c'est négliger les affinités esthétiques qu'ils n'ont cessé d'affirmer. Les trous – ou plutôt les « tours » – de mémoire de Pinard trahissent certainement son ambivalence durable à l'égard de *Madame Bovary*. Sentant les tentations qu'un tel livre pouvait faire naître, il combattit le roman d'autant plus violemment qu'il n'était pas capable de les formuler clairement.

L'avocat de la défense, Sénard, fit tout pour rendre *Madame Bovary* conventionnel et inoffensif. Il se serait agi, à l'en croire, d'une leçon de morale montrant qu'une fille de fermier ne doit pas recevoir une éducation qui fasse naître en elle des désirs et des ambitions incompatibles avec sa position sociale. L'ouvrage était, selon lui, moins osé que certains classiques reconnus : il se fit un plaisir de comparer la fameuse scène du fiacre de *Madame Bovary* à une scène de *la Double Méprise* (1833) dans laquelle Prosper Mérimée n'avait pas hésité à décrire ce qui se passait derrière les rideaux baissés de la voiture fermée. Pinard, en revanche, se montrait extrêmement sensible à la séduction exercée par Emma Bovary, dont l'existence était peut-être imaginaire mais non les effets qu'elle provoquait. Les remarques de Pinard donnent l'impression d'un homme qui se sent empoisonné ou contaminé par cette description de la passion amoureuse et qui, confronté à ses propres démons, allait, par instinct de conservation, s'employer à trouver un antidote juridique à l'écriture de Flaubert. Il en appelle ensuite à l'image quasi platonicienne d'une loi gardienne de la moralité publique et de la religion :

> Qui est-ce qui lit le roman de Monsieur Flaubert ? Sont-ce des hommes qui s'occupent d'économie politique ou sociale ? Non ! les pages légères de *Madame Bovary* tombent en des mains plus légères, dans des mains de jeunes filles, quelquefois de femmes mariées. Eh bien ! lorsque l'imagination aura été séduite, lorsque cette séduction sera descendue jusqu'au cœur, lorsque le cœur aura parlé aux sens, est-ce que vous croyez qu'un raisonnement bien froid sera bien fort contre cette séduction des sens et du sentiment ? Et puis, il ne faut pas que l'homme se drape trop dans sa force et dans sa vertu, l'homme porte les instincts d'en bas et les idées d'en haut, et, chez tous, la vertu n'est que la conséquence d'un effort, bien souvent pénible. Les peintures lascives ont généralement plus d'influence que les froids raisonnements (*in* Flaubert, *Œuvres*, vol. Ier, pp. 631-632).

Il est frappant de voir le nombre de préjugés communs à l'ensemble des participants – l'accusation, la défense et les juges – aux procès de Flaubert et de Baudelaire. Ils avaient la même idée de la véritable nature de l'art et croyaient tous dans la légitimité de l'arrière-plan socioculturel et politique des procès. Ils étaient incapables de voir que les œuvres de Baudelaire et de Flaubert remettaient en question le contexte et les normes au nom desquels la cour rendait son jugement. Il était donc exclu que les échanges au cours du procès aillent jamais au-delà de l'opposition binaire entre le conformisme ordinaire et le non-conformisme tout aussi ordinaire qu'est le crime. Ni la défense ni l'accusation ne pouvait admettre que, si les textes étaient incriminés, ce n'était pas à cause d'un délit banal, mais parce qu'ils impliquaient un outrage idéologique, une transgression extraordinaire. De fait, dans chacun des procès, l'avocat de la défense fit le plus pour normaliser ou domestiquer les textes, les ramener au niveau le plus conventionnel. Tandis qu'au contraire Pinard allait le plus loin dans l'évocation de ce par quoi *Madame Bovary* dépassait les bornes d'une illégalité ordinaire. Il revint à deux reprises sur ce qu'a de scandaleux l'expression « les souillures du mariage et les désillusions de l'adultère ». La seconde fois il tenta d'expliquer ce qui lui paraissait troublant dans cette phrase : « Bien souvent, quand on s'est marié, au lieu du bonheur sans nuages qu'on s'était promis, on rencontre les sacrifices, les amertumes. Le mot désillusion peut donc être justifié, celui de souillure ne saurait l'être » (*ibid.*, vol. Ier, p. 625). Incontestablement perturbé par l'inversion radicale du cliché effectuée par Flaubert, Pinard se débattait pour restaurer la formule consacrée – le mariage peut décevoir, mais seul l'adultère peut souiller.

Madame Bovary ne loue pas plus l'adultère aux dépens du mariage que l'inverse. Le roman crée plutôt un univers social et éthique d'une instabilité telle qu'une opposition aussi fondamentale que celle du mariage et de l'adultère risque de ne plus être qu'une nuance. La véritable tragédie d'Emma tient au peu de différence qu'il y a entre son mari et ses amants, entre l'ordinaire de sa vie et ce qu'elle lui oppose. Les contraires se révèlent de périssables répliques du même, tandis que l'époux méprisé reste, pour finir, le seul à l'aimer. Il veille religieusement sa dépouille, alors que les autres dorment ou sont absents, et termine sa vie en l'imitant puisqu'il fait d'elle une idole romantique idéalisée malgré l'évidence du contraire.

Le mariage et la famille ne sont pas moins malmenés dans *Madame Bovary* que la religion. Elle est l'objet d'une critique souvent scandaleuse et satirique. L'opposition du sacré et du profane n'est pas plus solide que celle du mariage et de l'adultère. Rien, par exemple, ne distingue vraiment le prêtre Bournisien de son autre ridicule et séculaire, Homais. Les deux hommes finiront d'ailleurs par se « reconnaître » puisque, comme un seul homme, ils mangeront et s'endormiront autour du cercueil d'Emma.

L'indécision vient aussi, mais plus subtilement, du mode narratif de Flaubert. Son fameux style indirect libre interdit au lecteur de savoir si c'est le narrateur ou le personnage qui pense ou parle. Voix et perspective sont ainsi modulées d'une manière qui brouille les pistes. Ce procédé narratif, combiné avec des figures de rhétorique ou de pensée qui s'écartent de la norme, déconcerte la suffisance du bourgeois, cet individu qui, dans les romans, occupe traditionnellement la place du juge et de l'interprétant. Pinard n'était pas loin de le percevoir lorsqu'il s'indignait devant la cour de ce que le roman n'offrît aucun point de vue à partir duquel Emma Bovary eût pu être condamnée sans hésitation.

Le ministère public reprochera surtout à Flaubert et à Baudelaire de s'être rallié au « réalisme », doctrine esthétique qui se proposait de peindre sous des dehors attrayants la laideur et le mal, avec des couleurs lascives et sans le moindre sens de la mesure. Selon les mots de Pinard : « L'art sans règle n'est plus l'art ; c'est comme une femme qui quitterait tout vêtement » (*ibid.*, vol. Ier, p. 633). Ou, pour citer les termes du jugement du tribunal, le réalisme pratiqué par Flaubert conduisait à « la négation du beau et du bon » (*ibid.*, vol. Ier, p. 683).

Madame Bovary et *les Fleurs du mal* se prêtent, dans une certaine mesure, à une interprétation sur des bases réalistes conventionnelles. Les deux œuvres sont à cheval entre la tradition et l'expérimentation ; elles oscillent toutes deux entre un réalisme hyperbolique et des stratégies rhétoriques qui semblent échapper au réalisme. *Les Fleurs du mal* associent ainsi des harmonies poétiques traditionnelles avec la volonté d'extraire « la beauté » de la laideur et du mal, ce qui implique une fascination ambivalente pour la transgression. Les poèmes de Baudelaire recourent souvent à l'ironie pour exprimer la dualité qui définit la condition de l'artiste : « Deux postulations simultanées, l'une vers Dieu, l'autre vers Satan » (« Mon cœur mis à nu », 1887, in *Œuvres complètes*, vol. Ier, p. 632). La même ironie se retrouve dans *Madame Bovary* où Flaubert met en place, en plus du style indirect libre, une savante stratégie de double inscription fondée sur l'usage du cliché, à la fois définition linguistique de la réalité sociale et manifestation de stupidité.

En dehors de cet usage ironique et distancié qu'ils faisaient tous deux du réalisme, Baudelaire et Flaubert avaient des vues esthétiques communes . l'un comme l'autre recherchait un art pur qui transcende tout contenu ou toute thématique (Baudelaire, « *Madame Bovary* par Gustave Flaubert »). Chez Baudelaire, une « religion de l'art » sanctifiait la recherche d'une « poésie pure » capable d'opérer la transsubstantiation du laid en beau, voire en sublime. Quant à Flaubert, il voyait en l'artiste le Christ de l'art. Il rêvait également d'un « livre sur rien », composé intégralement de clichés recyclés. Libérés de leurs fonctions pratiques et de leurs référents, ces clichés,

transformés en blasons rituels et sans âge, pourraient être employés en toute indépendance.

Lorsqu'en 1949 maître Falco demanda à la cour d'annuler le verdict de 1857 condamnant Baudelaire, il invoqua la nécessité de faire preuve d'un discernement particulier dans l'application à l'art des lois civiles. Il demanda par conséquent aux juges de comprendre « symboliquement » – un mot que la cour entendit comme « spirituellement » – les poèmes que les juges de 1857 avaient accusés d'être « réalistes ». Son argument portait sur ce qu'il y avait d'embarrassant dans le fait que six poèmes de Baudelaire, un des auteurs les plus lus de la littérature française, étaient toujours sous le coup de la loi. L'annulation fut donc décidée pour des raisons essentiellement pragmatiques. La compréhension de l'art par le tribunal ne différait pas de celle de 1857. L'esthétique judiciaire, toujours idéaliste, attendait d'une œuvre d'art qu'elle résolve de manière purement symbolique et « spirituelle » les problèmes qu'elle soulevait. La seule différence portait sur le jugement : les pièces condamnées étaient maintenant données en exemple.

Lues sous un angle étroitement formaliste, on peut rattacher les œuvres de Baudelaire et de Flaubert à une esthétique de « l'art pur » qu'il leur est arrivé de revendiquer. Elles auraient pour ambition l'autoréférence et l'autosuffisance. Cependant les procès intentés à leurs auteurs prouvent que même les recherches sur la forme pouvaient, dans certains contextes historiques, avoir des répercussions sociopolitiques et culturelles plus vastes. L'une des questions qui se pose au lecteur d'aujourd'hui est de savoir si une lecture différente, « non canonique », du canon, une lecture qui résiste aux résolutions symboliques comme aux interprétations étroitement formalistes, peut constituer une force susceptible de rendre à ces textes l'impact sociopolitique responsable des procès de Flaubert et de Baudelaire.

Bibliographie : Charles Baudelaire, *les Fleurs du mal* (et le *Dossier des Fleurs du mal*), in *Œuvres complètes*, éd. Claude Pichois, vol. Ier (Paris, Gallimard, 1975) ; *Œuvres complètes*, éd. Marcel A. Ruff (Paris, Seuil, 1968). Gustave Flaubert, *Œuvres*, éd. Albert Thibaudet et René Dumesnil, vol. Ier (Paris, Gallimard, 1951). Barbara Johnson, *Défigurations du langage poétique : la seconde révolution baudelairienne* (Paris, Flammarion, 1979). Dominick LaCapra, *« Madame Bovary » on Trial* (Ithaca, Cornell University Press, 1982). André Pasquet, *Ernest Pinard et le procès de « Madame Bovary »* (Paris, Savoir Vouloir Pouvoir, 1949).

Dominick LaCapra

1859, 23 juillet

Mort de Marceline Desbordes-Valmore

Poète maudite

Marceline Desbordes-Valmore (1786-1859), à qui Paul Verlaine finit par faire une place dans la seconde édition des *Poètes maudits* (1888), fut la plus grande poétesse française depuis Louise Labé.

Benjamine d'une famille appauvrie et désunie par les bouleversements de la Révolution, Marceline Desbordes monta sur les planches à l'âge de onze ans pour aider

sa mère à gagner sa vie. Néanmoins, elle ne connaîtra jamais la sécurité financière. Mère célibataire à vingt-quatre ans, elle éleva seule son fils qui mourut en 1816. Elle aura défendu son indépendance et sa vie privée d'une manière si farouche que les critiques débattent encore pour savoir si son amant de toujours, père de l'enfant, était l'écrivain Henri de Latouche. En 1817 elle épousa Prosper Valmore, un acteur de sept ans son cadet, eut quatre autres enfants dont trois survécurent.

Comme son mari voyageait quand il n'était pas désœuvré, Desbordes-Valmore éleva seule ses enfants pendant de longues périodes et dut assurer leur subsistance. Elle gagna sa vie comme actrice jusqu'en 1823 puis vécut de sa plume, au jour le jour, vendant des contes pour enfants et autres récits – *Contes en vers*, *Contes en prose*, *Livre des mères et des enfants*, tous publiés en 1840 ; *Huit Femmes* (1845), *Anges de la famille* (1849), et *Jeunes Têtes et jeunes cœurs* (1855), paroles de romances ; enfin un roman autobiographique, *l'Atelier d'un peintre* (1833). À partir de 1813, elle vendit aussi des poèmes à la pièce. Ses recueils de poésie comprennent *Poésies* (1830), *les Pleurs* (1833), *Pauvres Fleurs* (1839) et *Bouquets et prières* (1843). Une épuisante bataille avec un cancer l'obligea à garder la chambre et l'empêcha d'écrire pendant les deux dernières années de sa vie, mais à l'heure de sa mort elle corrigeait les épreuves de ce que l'on considère généralement comme son meilleur recueil, les *Poésies inédites* (posthumes) éditées en 1860 et où figurent « Les cloches et les larmes », « Allez en paix », « Les roses de Saadi », « La couronne effeuillée », et « Une nuit de mon âme ».

Les préjugés historiques et culturels dont étaient victimes les femmes poètes rendent d'autant plus remarquable le succès de Desbordes-Valmore. Rares étaient les femmes qui allaient plus loin que l'école primaire et Marceline Desbordes ne fit pas exception. L'enseignement était réservé aux garçons des familles privilégiées. En outre, même si le romantisme plaçait l'émotion et la nature plus haut que l'instruction et l'artifice, les genres littéraires se définissaient toujours selon des paradigmes fondés sur le sexe – et la poésie était un domaine réservé aux hommes. La plupart des grands poètes décrivaient la consommation et la production de poésie au moyen de métaphores renvoyant à la sexualité masculine : virilité, puissance, fécondation. L'imagerie animale dans laquelle puisaient les écrivains romantiques renforça l'association. Dans *la Mort du loup* (1843), par exemple, Alfred de Vigny donnait au poète idéal le symbole durable du mâle de l'espèce et du *pater familias*. Alphonse de Lamartine, dans son poème *À Mme Desbordes-Valmore* (1831), reprenait ce schéma sexiste en distinguant métaphoriquement deux genres de poésie : le grand vaisseau au long cours de la poésie virile, avec des passagers exclusivement masculins, éjacule dans son sillage l'écume de son liquide séminal ; la frêle péniche de la poésie faite par et pour « les autres ».

Cette hiérarchie sexiste transparaît dans les titres des revues qui publièrent les œuvres de Desbordes-Valmore : *Hommage aux dames*, *Hommage aux demoiselles*, *Guirlande des dames*, *les Femmes poètes*, *Almanach des dames*, *Almanach des demoiselles*, *Chansonnier des dames*, *Chansonnier des grâces*, *Chansonnier des belles* et *Conseiller des femmes*. Les femmes poètes étaient considérées comme des écrivains mineurs, voire inférieurs, et dont la production ne s'adressait qu'à d'autres femmes ; alors que la bonne poésie, masculine, était destinée aux hommes. D'ailleurs, un des aspects les plus remarquables et émouvants des poèmes de Desbordes-Valmore réside dans l'évocation d'individus silencieux – à l'écoute du pas de l'amant, ou en adoration devant Dieu

le Père –, silence tout différent du blocage métaphysique de l'écrivain qui hanta Mallarmé et ses héritiers.

Cette vision péjorative des femmes poètes ne cessa pas avec le romantisme. Peu après le décès de Desbordes-Valmore, Baudelaire, porte-parole de l'esthétique moderniste, écrivit en 1861 un essai à sa mémoire dans lequel il vantait son « naturel » et sa « féminité », trouvant dans celui-là le signe de celle-ci : un style simple, direct et spontané qui vient du cœur. Baudelaire conclut en comparant son œuvre à un jardin romantique. Or, pour lui, le végétal, l'organique et l'irrégulier étaient étrangers à l'art ou à la poésie véritables ; il méprisait le côté terrien, luxuriant et sauvage exalté par le romantisme. En louant ainsi Desbordes-Valmore, il la dépréciait. D'où ses difficultés à expliquer le détournement opéré par Desbordes-Valmore des thèmes, des images et des tournures stylistiques romantiques au profit de son style très personnel et unique.

Tout en décrivant le système éducatif comme le centre et la source d'une culture misogyne, les poèmes de Desbordes-Valmore s'emploient à transformer ce désavantage en avantage créatif pour son sexe. Elle parle de sa muse comme d'une âme sœur et s'adresse à elle sans les tensions sexuelles – esprit défensif, hostilité et embarras – qui caractérisent les apostrophes lyriques masculines. Capable de parler de femme à femme (comme dans *À Madame A. Tastu*), elle trouve dans ces liens sororaux une source de force plutôt qu'un esclavage affectif, et attribue sa créativité verbale, sa sincérité et son courage à cette étroite parenté avec la muse.

En outre, son absence d'éducation conventionnelle la laissait libre de dépasser une tradition rhétorique sclérosante. Dans une lettre à son mari, en 1839, elle parle du sonnet classique (auquel Baudelaire allait redonner vie avec *les Fleurs du mal*) comme d'un « genre régulier » qui « n'appartient qu'à l'homme, qui se fait une joie de triompher de sa pensée même en l'enfermant dans cette entrave brillante » (*Lettres à Prosper Valmore*, vol. Ier, p. 151) – ses quelque six cents poèmes n'en contiennent que trois. Au contraire elle invente constamment de nouvelles formes métriques et rythmiques, joue sur la diction, créant une musicalité qui relève du langage parlé : une série de courtes interjections ou d'impératifs, verbes courants, brèves questions suivies de réponses en *staccato*, répétitions fréquentes, groupes sujet-verbes qui s'enchaînent sans subordonnées, expressions toutes faites, familières et prosaïques tirées de la langue de tous les jours. Son lexique inclut des mots non poétiques tels que « raser », « ciment », et « forceps », dont la puissance évocatrice n'a d'égale que leur rareté dans l'écriture littéraire. Les rythmes empruntés à la conversation s'harmonisent avec l'emploi de vers impairs ou libres qu'elle préfère à l'alexandrin classique qui privilégie les effets rhétoriques savants et une structure de phrase périodique.

Beaucoup de poèmes de Desbordes-Valmore prennent la forme du dialogue – entre deux mères, deux arbres, deux chiens, deux pigeons, etc. –, sans doute en raison de sa formation théâtrale. La structure du dialogue souligne le caractère oral de cette poésie et renforce l'impression d'intersubjectivité. La voix de ceux qui prennent la parole n'est pas plus désincarnée que celle de la poétesse : au lieu d'invoquer des paradigmes comme l'humanité ou le génie, traditionnellement virilisés, elle rend visible et audible le féminin à travers son choix de noms, de pronoms et d'adjectifs.

Les paysages de Desbordes-Valmore servent de décors à des émotions extrêmement vives, intenses et complexes – angoisse, agitation violente, défloration, regret, chagrin,

souffrance et culpabilité, amertume des réprimandes paternelles et solitude qui en résulte – mais aussi, et peut-être surtout, à des sentiments positifs – joie, chaleur, et parfois liberté, y compris liberté sexuelle. Avec leurs replis cachés dans les fourrés et les sous-bois, leurs monticules ondulants, sombres et humides, leurs odeurs, fleurs et vallées, ces paysages ont la puissance érotiques des images de Georgia O'Keeffe et de Léonor Fini. Désirs chuchotés et caresses s'échangent dans des jardins clos, ombragés, regorgeant de fruits. À d'autres moments ces mêmes jardins sont inondés par la percée et le jaillissement des rayons du soleil. Ou bien ce sont des fentes et des crevasses qui tressaillent doucement d'elles-mêmes. Les fleurs de ces paysages symbolisent les organes génitaux et l'activité sexuelle de la femme. Minutieusement décrites en termes de friction, de gonflement et de respiration, elles incarnent différentes formes d'excitation sensorielle, la soumission ployante, la libre acceptation de la vulnérabilité. *L'Augure* (1839) compare la terre à une femme dénouant sa robe pour s'offrir aux rayons du soleil, souriante, ses lèvres exhalant une douce odeur sous l'effet de la pénétration :

> Son sourire invisible encense la nature
> Et son hymne au soleil va s'élancer des fleurs !

Le calme sensuel des sous-bois luxuriants évoque souvent des souvenirs de plaisir partagé. Les images de fécondation, de fructification et d'insémination abondent, mais la brutalité phallique en est absente. L'assouvissement est oral, olfactif, mutuel. Dans *Une ruelle de Flandres* (1860), la signification première semble assez innocente, puisque la poétesse se souvient du jardin d'un voisin, où elle allait dans son enfance. Dans ses réminiscences, cependant, il est question de frondaisons qui vivent imperceptiblement, de dilatation, et, en lisant ces vers à un second degré, on peut y voir les images d'une expérience physique spécifiquement féminine tout en éprouvant l'impression d'un plaisir érotique palpable puisé dans la sexualité génitale. La poétesse se rappelle une ruelle étouffée « qu'invisible une indulgente fée dilatait d'un soupir » d'air frais :

> Errant dans les parfums de tous ces arbres verts,
> Plongeant nos fronts hardis sous leurs flancs entr'ouverts,
> Nous faisions les doux yeux aux roses embaumées
> Qui nous le rendaient bien, contentes d'être aimées !

Desbordes-Valmore célèbre l'amitié féminine en des termes qui remplacent ceux des relations hétérosexuelles. C'est ainsi que *les Deux Peupliers* (1829) ont été interprétés à tort comme un poème d'amour conventionnel, alors que sa correspondance montre qu'en l'écrivant la poétesse pensait à une ou deux amies. Elle s'adresse ainsi à deux peupliers : sous terre, « La sève qui vous joint se retire à vos cœurs » ; et au-dessus du sol, « Vos rameaux frémissants ne forment qu'un murmure : / Mariés dans la terre, en vos nœuds adorés, Vous vivez l'un par l'autre [...] ». De la même manière, dans *les Roseaux* (1839), dédiés ă sa sœur, deux roseaux « entrelaçaient leurs jours / Et leurs nuits [...] Ils ne se faisaient qu'un pour être à deux toujours ! [...] Et de ce frais hymen montait une harmonie / Qui parlait ! Qui chantait ! triste, intime, infinie [...] ».

L'harmonie de cet « hymen » est détruite par l'irruption d'un homme. Les images et les thèmes du poète s'appliquent aussi bien aux liens particuliers des femmes entre elles qu'à l'amour ou au mariage. L'amour hétérosexuel n'est plus l'ultime référence d'où les autres relations tirent signification et valeur ; il indique seulement des relations et des valeurs plus profondes. Lorsque les représentations du mariage se réfèrent à l'amitié, et que les images de sororité évoquent le mariage, homme et femme cessent d'être des objets de désir pour devenir des sujets interchangeables. Faute d'être centrés sur la gratification amoureuse et érotique procurée ou obtenue par l'homme, les poèmes « d'amour » de Desbordes-Valmore dérangent les schémas de lecture qui soumettent toute expression émotionnelle forte à une interprétation normative en fonction des hommes, de leurs présomptions et de leur définition de l'hétérosexualité.

Par sa vision de la créativité, Desbordes-Valmore se distingue de ses contemporains. Contrairement à la plupart des romantiques, elle ne dépeint pas la poésie comme un pouvoir spécial ni une destinée acquise dès la naissance, pas plus qu'elle ne fait du poète l'héritier d'une tradition ou le siège d'une inspiration divine. Ces métaphores liaient à ses yeux la définition du poète à l'idéologie du patrimoine, du droit d'aînesse et autres droits de naissance biologiques qui dénotaient encore la masculinisation du genre. Elle refuse aussi l'idée biblique d'une genèse *ex nihilo* par Dieu le Père. Elle préfère décrire l'acte poétique en termes de transformation ou de métamorphose au sein de formes de vie existantes – une chrysalide se muant en papillon, un fruit devenant fleur ou, inversement, une jeune fille se transformant en oiseau, une mère se fondant dans la chair de son enfant.

Desbordes-Valmore explore les frontières perméables qui existent entre le soi et la nature – l'enfance, la création poétique et la mort – qu'elle aborde comme des événements transformateurs plutôt que destructeurs. Elle n'exprime aucunement la peur, fréquente dans les poèmes lyriques masculins des romantiques, que la nature n'ensevelisse le poète et ne le prive de sa capacité d'inspiration spécifiquement humaine. Ses thèmes, son imagerie et son style la situent à l'écart du sentiment, caractéristique du romantisme masculin, d'avoir « perdu le cosmos », et la solitude qui en résulte. Au lieu de cela, Desbordes-Valmore communique de manière empathique avec ce qui, différent, n'est pas inférieur à elle, commuant un mystère sororal ou maternel en source de savoir et de joie. Dans une introduction à un choix de poèmes, Yves Bonnefoy remarque que la poésie lui permet d'atteindre l'« intensité de la finitude ». La nature n'est ni une terre sauvage ni un miroir ou une lampe qui lui permettrait d'éclairer son ego. Ses paysages sont féminins et foisonnent de formes de vie entrelacées, transitionnelles – insectes, oiseaux, les corps des enfants et parents qu'elle a enterrés, sa dépouille future – et il suffit de reconnaître leur affinité avec les formes humaines pour les aimer et en jouir.

Marceline Desbordes-Valmore ne pouvait être lue sous cet angle par ses contemporains. Même au XXe siècle les perspectives ne divergent guère du paradigme de Baudelaire imposant à la poésie féminine des critères qui la rendent inférieure à celle des hommes. Les critiques ont loué ce qui en elle rappelle Hugo, Racine, Théophile Gautier, et même Baudelaire. Ils ont en revanche largement ignoré ce que la poésie française doit à son utilisation de la tradition orale, de thèmes folkloriques et de rythmes populaires, ainsi qu'à sa manière d'intégrer la musique à la poésie. La musicalité des Verlaine, Apollinaire et Bonnefoy doit beaucoup à la « musicalisation » de la poésie opérée par cette grande dame.

Le style de Desbordes-Valmore n'est qu'une indication parmi d'autres de la manière dont il faudrait réécrire l'histoire de la littérature française à la lumière de la contribution des femmes poètes. Desbordes-Valmore mérite une place dans l'histoire littéraire précisément en tant que voix de la différence. Pour les lecteurs et lectrices d'aujourd'hui, sa poésie offre un nouvel accès au monde de l'imagination féminine, où l'érotisme est émancipé de la tutelle masculine. Ses fleurs, métaphores d'une vie sensorielle active et autonome, constituent un pendant aux « fleurs du mal » de Baudelaire. Ses images de la sexualité féminine sont les fleurs de l'altérité.

Voir aussi 1555 (juillet), 1820, 1837.

Bibliographie : Marceline Desbordes-Valmore, *les Œuvres poétiques de Marceline Desbordes-Valmore,* éd. Marc Bertrand (Grenoble, Presses Universitaires de Grenoble, 1973) ; *Lettres de Marceline Desbordes à Prosper Valmore,* 2 vol. (Paris, Sirène, 1924). Francis Ambrière, *le Siècle des Valmore* (Paris, Seuil, 1987). Charles Baudelaire, *Œuvres complètes,* éd. Claude Pichois, vol. II (Paris, Gallimard, 1975). Yves Bonnefoy, « Préface » à Marceline Desbordes-Valmore, *Poésies* (Paris, Gallimard, 1983). Éliane Jasenas, *Marceline Desbordes-Valmore devant la critique* (Genève, Droz, 1962) ; *le Poétique : Desbordes-Valmore et Nerval* (Paris, Delarge, 1975). Alphonse de Lamartine, *Œuvres poétiques complètes,* éd. Marius-François Guyard (Paris, Gallimard, 1963). Charles Augustin Sainte-Beuve, *Madame Desbordes-Valmore, sa vie et sa correspondance* (Paris, Michel Lévy, 1870). Paul Verlaine, *les Poètes maudits,* in *Œuvres en prose complètes,* éd. Jacques Borel (Paris, Gallimard, 1972).

Michael Danahy

1859, 7 décembre

Charles Baudelaire, qui prépare la seconde édition des *Fleurs du mal,* joint « Le cygne » à une lettre qu'il adresse à Victor Hugo

Exil et aliénation

L'édition dans laquelle nous découvrons aujourd'hui *les Fleurs du mal* n'est pas celle que Baudelaire a publiée en 1857, mais la seconde (1861) augmentée de trente-cinq poèmes et dont les pièces condamnées ont été retranchées. À la suite de la publication du recueil, Baudelaire avait été poursuivi pour « outrage aux bonnes mœurs ». Six poèmes furent condamnés et l'auteur dut payer une amende. Le jugement du tribunal, qui invoquait la transgression esthétique et morale de tabous sexuels et religieux, ignorait certains aspects du recueil dont la portée subversive était peut-être plus grande. Sans être explicitement politiques, beaucoup de ces poèmes sapent un système de représentation qui assigne au sujet une position non seulement dans l'énonciation lyrique, mais dans les systèmes symboliques, plus larges, du discours social.

Les Fleurs du mal parurent quelques mois après la somme poétique de Victor Hugo, *les Contemplations* (1856). Dans la seconde édition de 1861, trois poèmes des « Tableaux parisiens », section qui ne figurait pas dans la première, sont dédicacés à Hugo : « Le cygne », « Les sept vieillards » et « Les petites vieilles ». Baudelaire avait joint « Le cygne » à une lettre qu'il lui adressait le 7 décembre 1859 : « Voici des vers faits pour vous et en pensant à vous. » La même année, Baudelaire consacrait un article au poète majeur du romantisme, « Réflexions sur quelques-uns de mes contemporains : Victor Hugo ». Cette lecture de Hugo, jointe aux poèmes que Baudelaire lui dédicaçait, indique assez leur divergence dans leur conception des rapports entre l'Histoire et la poésie.

Des îles Anglo-Normandes où il s'est exilé, Hugo fait campagne contre Napoléon III ; le mage qu'il est devenu joint la voix de l'accusateur à celle du poète. Rien de tel chez Baudelaire qui n'exprime que mépris pour la politique. Pourtant, sa poésie est, elle aussi, une poésie de l'exil, mais un exil d'un autre genre, au cœur même de la capitale, l'exil de l'aliénation de la vie contemporaine. On peut parler d'opposition politique à propos de Baudelaire, mais elle est trop subtile, voire perverse, pour prendre la forme d'interventions politiques directes. C'est dans le fonctionnement symbolique du poème, dans le langage figural des textes eux-mêmes, qu'elle se manifeste. C'est à ce niveau que les stratégies rhétoriques et les relations de la poésie avec la mémoire et l'Histoire diffèrent totalement dans *les Contemplations* et *les Fleurs du mal*. Il peut donc paraître curieux que Baudelaire dédicace à Hugo trois pièces de ces « Tableaux », dont une des plus importantes, « Le cygne ».

Dans l'article sur Hugo, Baudelaire compare la Bible à un prophète auquel Dieu aurait ordonné de manger un livre. Et il ajoute : « J'ignore dans quel monde Victor Hugo a mangé préalablement le dictionnaire de la langue qu'il était appelé à parler ; mais je vois que le lexique français, en sortant de sa bouche, est devenu un monde, un univers coloré, mélodieux et mouvant » (*Œuvres complètes*, vol. II, p. 133). Cette image pousse au grotesque le *topos* romantique qui fait du monde un livre dont le poète déchiffre les mystères. Baudelaire reconnaît à Hugo un génie verbal qui le place au-dessus de tous les poètes de son époque. Dans d'autres essais, pourtant, il est beaucoup plus réservé à l'égard de celui dont la poésie n'est pas un renouvellement radical, mais l'aboutissement du révisionnisme romantique : le lyrisme expressif a fait son temps et la chose se voit même chez celui qui l'a incarné de la manière la plus forte. Baudelaire note dans « Fusées » : Hugo « croit que par un *fiat* de la Providence, Sainte-Hélène a pris la place de Jersey » (*ibid.*, vol. Ier, p. 665). Exilé en 1852 à cause de son opposition au second Empire, Hugo est devenu, aux yeux de Baudelaire, ce que Napoléon III était pour l'auteur des *Châtiments*, une version comique et dérisoire de Napoléon Ier. Dans sa théâtralité anachronique, cet exil ne fait que rappeler aux artistes enlisés dans une politique de plus en plus réactionnaire leur échec à changer le cours de l'Histoire. Loin du cours quotidien des événements, Hugo, avec le pouvoir d'universalisation du visionnaire, traite sa vie personnelle comme une allégorie de l'histoire contemporaine. « C'est un génie sans frontières » (*ibid.*, vol. II, p. 135), écrit Baudelaire qui, de son côté, décrit l'aliénation de l'individu au cœur du Paris moderne... exilé, mais de l'intérieur.

Pour Hugo, la poésie est acte de communication, affirmation d'unité, expression d'une présence pleine qui n'a rien à voir avec la subjectivité aliénée que Baudelaire évoque, dans « L'irrémédiable » :

> Tête-à-tête sombre et limpide
> Qu'un cœur devenu son miroir !

Le « je » et le « tu », le sujet et l'objet sont interchangeables chez Hugo (« Ah ! insensé, qui crois que je ne suis pas toi ! », écrit-il dans la préface des *Contemplations*). Son lyrisme donne à leurs échanges des proportions cosmiques, le sujet originel et ultime étant la divinité elle-même.

De nombreux poèmes des *Contemplations* sont adressés à un être cher. Mais ils ne sont pas les seuls à impliquer la possibilité d'une réponse. Quand le poète s'adresse à la nature, l'être humain s'insère dans une création vaste, obscure, mais intelligible. Le poète – ce rêveur – fait dialoguer l'animé avec l'inanimé (« La vie aux champs », « Aux arbres », « Paroles sur la dune »). Baudelaire note : « Il converse avec les flots et le vent » (*ibid.*, vol. II, p. 130). Le désir de dialogue, même s'il n'aboutit pas, ouvre à lui seul l'espace d'une communication possible. La contemplation, remarque Baudelaire, permet à la « morale des choses » de s'exprimer ; elle rend compte de l'« universelle analogie » sans menacer l'« obscurité indispensable ». Pensée, rêve, recherche, tout converse, concourt et correspond. Tout objet peut à son tour devenir sujet, doué de parole et capable d'exprimer une présence et une signification. Les poèmes sont structurés selon un schéma d'interlocution réversible ; le « je » du narrateur peut toujours devenir le récepteur d'un message dont l'origine est, en dernière instance, l'esprit divin : « Oui, je suis le rêveur » (*les Contemplations*, p. XXVII).

Les nombreux poèmes dans lesquels la méditation de Hugo passe de son histoire individuelle à celle de la société et à celle du monde sont autant de découvertes d'un ordre intelligible. Les dialogues du poète avec son passé (« À Villequier »), avec ses contemporains (« Écrit en 1846 ») ou avec l'infini (« Ibo », « Ce que dit la bouche d'ombre ») débouchent sur la perspective du progrès. Le poète associe son destin à ceux qui, comme lui, cherchent et souffrent (« Les malheureux ») ou à ceux qui ont compris l'unité fondamentale des choses (« Les mages »). Sur le plan personnel, les obstacles à cette quête sont la mort de l'innocent (« Pauca Meae », le livre IV des *Contemplations*), le silence qu'elle impose, le doute qui s'empare d'elle ; sur le plan de la société, les éternelles injustices (« Melancholia ») ; à l'échelle de l'univers, les énigmes indéchiffrables de la « sinistre spirale » de l'« Immensité » et de l'« Éternité » (« Magnitudo Parvi ») ainsi que l'« obscure barrière de la création » qui sépare l'homme de Dieu. Mais la poésie de Victor Hugo exprime une confiance inébranlable dans la capacité narrative du langage. Si toute chose, prise dans les vastes réseaux de l'analogie, est accessible à l'interprétation et si la différence et l'altérité sont le territoire du poète, il s'ensuit que tout texte, même le plus métaphorique, retrace à sa manière un épisode de l'interprétabilité universelle. C'est précisément cette confiance, portée à son apogée par Hugo, qui cesse d'avoir cours avec Baudelaire.

« Au lecteur », le poème liminaire des *Fleurs du mal*, met en place une relation absolument différente entre le poète, le texte et le lecteur. Le ton déclamatoire et moralisant de cette pièce la distingue des autres poèmes du recueil.

> La sottise, l'erreur, le péché, la lésine,
> Occupent nos esprits et travaillent nos corps,
> Et nous alimentons nos aimables remords,
> Comme les mendiants nourrissent leur vermine.

Les catégories morales, qui survivent dans ce qui reste de la notion de péché, se sont étiolées et n'apparaissent que sous forme de trivialités maniaques. Mais, malgré les personnifications allégoriques du mal que le poème fait défiler – Satan Trismégiste, le Diable, un peuple de Démons, la Mort –, « nous » (la première personne, ici, associe auteur et lecteurs) sommes condamnés à suivre des destins au « canevas banal », faute d'avoir le courage d'y mettre autre chose. Le poème se conclut sur une allégorie de l'Ennui : le poète et le lecteur, exsangues, incapables de grandeur, ont survécu au naufrage des canons moraux du passé. L'esprit et le corps sont à jamais discordants, en proie à des forces étrangères ; le sujet est divisé, décomposé. Les derniers vers sont cinglants :

C'est l'Ennui ! – l'œil chargé d'un pleur involontaire,
Il rêve d'échafauds en fumant son houka.
Tu le connais, lecteur, ce monstre délicat,
– Hypocrite lecteur, – mon semblable, – mon frère !

L'hypocrite est un acteur, il joue un rôle, il dissimule. La communication (que ce soit avec le lecteur, le monde matériel ou un sujet transcendant), présupposée par le lyrisme des *Contemplations*, est maintenant frappée d'impossibilité ; elle ne peut plus être évoquée que sur un mode ironique. La surcharge rhétorique du poème (apostrophes, personnifications, périodes) suggère, par son exagération même, que le langage poétique est devenu problématique, obstacle plutôt que moyen de communication.

Baudelaire a insisté à plusieurs reprises sur le fait que *les Fleurs du mal* n'étaient pas simplement une collection de poèmes, mais qu'elles obéissaient à une organisation interne, avec un commencement et une fin. Leur « architecture secrète » est censée mettre en place l'unité thématique et narrative d'une descente aux enfers provoquée par la faillite de l'amour et de l'idéal et par divers vices autodestructeurs. Ce récit moral, en dépit de certaines analogies, diffère des *Contemplations* notamment par son pessimisme. Baudelaire ne croit ni dans le progrès ni même dans la continuité historique. *Les Fleurs du mal* sont tout sauf l'épopée de l'interprétabilité de la vie. Tel est le message du poème final, « Le voyage », dont les dernières strophes font subir à la comparaison de la vie et du voyage une modification radicale. Le poète s'adresse à la Mort (« Ô Mort, vieux capitaine, il est temps ! levons l'ancre ! ») :

Verse-nous ton poison pour qu'il nous réconforte !
Nous voulons, tant ce feu nous brûle le cerveau,
Plonger au fond du gouffre, Enfer ou Ciel, qu'importe ?
Au fond de l'Inconnu pour trouver du *nouveau* !

Mais la fin du voyage n'apporte aucune révélation, simplement l'espoir de rencontrer enfin, avec la mort, une différence.

Pourtant, malgré les suggestions de Baudelaire, lire *les Fleurs du mal* comme un drame avec dénouement serait leur imposer une téléologie morale contraire à ce qu'elles ont de plus original : leur manière de rompre avec les grands schémas narratifs. Sur ce point, l'ambivalence de Baudelaire lui-même est remarquable ; il oscille entre la recherche d'une plénitude du sens et le doute sur sa possibilité. Le

second « Tableau parisien », « Le soleil », est emblématique à cet égard. Son narrateur erre dans l'espace urbain :

> Le long du vieux faubourg, où pendent aux masures
> Les persiennes, abri des secrètes luxures,
> [...]
> Je vais m'exercer seul à ma fantasque escrime,
> Flairant dans tous les coins les hasards de la rime,
> Trébuchant sur les mots comme sur les pavés,
> Heurtant parfois des vers depuis longtemps rêvés.

L'« inspiration » ne naît plus, comme dans le poème romantique, de la découverte d'un ordre naturel transcendant, mais d'un événement accidentel, un choc, une activité qui n'est que partiellement consciente. Le narrateur rassemble des fragments, des morceaux et des bribes chargés de sens, déjà présents dans la conscience, mais disjoints et évoqués par le heurt accidentel avec le « réel ». Les significations sont partielles, produites par la lutte entre les composants distincts, aléatoires et mutuellement résistants de la conscience, du langage et de la « réalité ». « Le soleil » illustre ainsi une esthétique de la fragmentation et de la discontinuité du moi présente dans plusieurs pièces des *Fleurs du mal*. Elle alterne avec une autre, celle de l'analogie universelle qui, plus proche du romantisme, traite le monde comme une métaphore ou un hiéroglyphe.

Le sonnet « Correspondances », comme plusieurs poèmes de la première section (« Speen et idéal »), célèbre l'unité symbolique de l'univers, les échos qui existent entre l'affectivité, la matière et l'être. Les sens, ouïe, vue et odorat, « se répondent ». Mais ces « correspondances » ne sont pas personnifiées dans un récit de révélation comme chez Hugo ; l'accent est mis plutôt sur des nœuds d'implications métaphoriques, « les transports de l'esprit et des sens ».

Les poèmes d'amour – « La chevelure », « Le serpent qui danse », « Le balcon », « Ciel brouillé », « L'invitation au voyage », « Chant d'automne » – mettent en jeu des analogies entre l'objet désiré et des éléments du monde : un pays lointain, le ciel, un paysage urbain. Leur efficacité vient de leur traitement ironique et paradoxal de la relation lyrique « je »/« tu ». Conformément à la tradition, l'être aimé est traité en miroir du désir du poète, mais cette image est déclinée selon la gamme entière des différences qui la rendent accessible. L'autre n'étant accessible que parce qu'il diffère du poète, les moments de plus grande intimité sont en même temps ceux où la rêverie s'éloigne le plus de son objet. Plus que le désir satisfait, ces poèmes représentent la mobilité du désir et du sens.

Les versions négatives des correspondances, celles qui soulignent la dispersion et la destruction du moi, apparaissent surtout dans la série des poèmes « spleenétique » : « La cloche fêlée », les quatre « Spleen » et divers poèmes de la fin de la première section. Dans un des « Spleen » (« Quand le ciel bas et lourd pèse comme un couvercle »), l'univers physique et ses analogues affectifs rétrécissent : la terre est changée « en un cachot humide ». Cette restriction de l'espace symbolique et la dissolution du monde matériel épuisent l'énergie et dissipent l'être. Il ne s'agit pas

seulement d'un blocage du rapport avec l'infini, en une version négative du cliché romantique, mais de la figuration d'une dissolution affective et ontologique.

L'intérêt de la critique récente pour les « Tableaux parisiens » tient à la manière dont cette section exploite la thématique de la modernité : la plupart des poèmes se situent dans le Paris des années 1850. Nombre d'entre eux, cependant, sont « modernes » dans un tout autre sens : ils reprennent les motifs et les formes du lyrisme traditionnel dans un langage qui transforme à la fois l'aspect formel du poème et la subjectivité qu'il exprime. En dédicaçant trois de ses textes à Hugo, Baudelaire emblématise la rupture entre la tradition, représentée par Hugo, et le « frisson nouveau » que constituent *les Fleurs du mal.* Tous les poèmes dédicacés sont consacrés à des figures qui ont tout perdu, misérables débris de la civilisation moderne. Baudelaire, en ce sens, rivalise avec Hugo sur son propre terrain. Mais son expérience du monde moderne, de la mémoire et du futur est foncièrement différente. « Le cygne » est une allégorie de l'exil et de l'aliénation au cœur du Paris moderne, dans le parc des Tuileries, au milieu d'un paysage urbain victime des rénovations du baron Haussmann. Sur ce chantier, le poète aperçoit les débris disparates d'une ancienne ménagerie, tout un « bric-à-brac confus ». Les relations d'objet qui, traditionnellement, permettaient au poète de s'affirmer comme sujet sont bouleversées. D'où l'allégorie de l'exil : le « moi » aliéné n'est pas à sa « juste » place, il est l'autre, celui dont personne ne veut. « Le cygne » s'ouvre sur une apostrophe à Andromaque, figure emblématique de tous les exilés. Dans le même chantier, le poète rapporte avoir vu un cygne – « ridicule et sublime » – qui, faute d'eau, « Baignait nerveusement ses ailes dans la poudre ». La seconde partie du poème assimile Andromaque et le cygne à tous les exilés, rongés d'un désir sans trêve (le dédicataire, Hugo, est actuellement à Jersey). D'autres figures sont évoquées :

> Je pense à la négresse, amaigrie et phtisique,
> Piétinant dans la boue, et cherchant, l'œil hagard,
> Les cocotiers absents de la superbe Afrique
> Derrière la muraille immense du brouillard ;

Signes, cygnes, amantes et poètes choient dans un monde où ils ne se sentiront jamais à leur place. De la même manière, la rupture entre le sujet et le monde est redoublée par l'écart entre le mode poétique et l'expérience qu'il transcrit. Les allégories et les apostrophes gardent leur sens, mais elles ne sont plus à la mesure de l'expérience ; elles visent moins à communiquer un sens préalablement appréhendé qu'à exploiter la capacité du langage à produire à l'infini des symboles de l'exil qui fait perdre à l'homme le monde et son langage.

Hugo et Baudelaire divergent dans leur traitement du lyrisme, du récit et de l'Histoire. Les écrits de Baudelaire sur Hugo et son dialogue avec lui au long des *Fleurs du mal*, plus particulièrement dans les « Tableaux parisiens », soulignent ces différences. Hugo, banni de la France contemporaine, n'en considérait pas moins sa place assurée dans l'Histoire. Baudelaire, méfiant à l'égard des mythes qui confèrent une autorité au poète, citoyen aliéné du Paris moderne, n'a jamais assumé le présent immédiat, rejetant toute vision progressiste du futur. De son exil à Guernesey, Hugo

communiquait avec le monde ; Baudelaire écrivait pour le cercle réduit de ceux qui se méfiaient de l'éloquence lyrique. Il est le poète français le plus lu aujourd'hui.

Voir aussi 1834, 1835, 1851, 1857.

Bibliographie : Baudelaire, *Œuvres complètes*, éd. Claude Pichois (Paris, Gallimard, 1975). Victor Hugo, *les Contemplations*, éd. Jean Gaudon, in *Œuvres complètes*, éd. Jean Massin, vol. IX (Paris, Club Français du Livre, 1967). Walter Benjamin, *Charles Baudelaire : un poète lyrique à l'apogée du capitalisme*, trad. Jean Lacoste (Paris, Payot, 1982). Ross Chambers, « Mémoire et mélancolie », in *Mélancolie et opposition* (Paris, José Corti, 1987). Jean Gaudon, *le Temps de la contemplation* (Paris, Flammarion, 1969). Nathaniel Wing, « The Danaïdes Vessel : On Reading Baudelaire's Allegories », in *The Limits of Narrative : Essays on Baudelaire, Flaubert, Rimbaud and Mallarmé* (Cambridge, Cambridge University Press, 1986).

Nathaniel Wing

1866

Publication du premier volume du *Parnasse contemporain*

Comme un rêve de pierre

En 1849, dans son introduction à la nouvelle édition des *Méditations poétiques* (1820), Alphonse de Lamartine se flattait d'avoir fait descendre la poésie des hauteurs du Parnasse et remplacé la lyre par la fibre vivante du cœur humain. Mais il ne fallut pas longtemps pour qu'apparaisse un mouvement qui allait reconduire la poésie à la montagne des Muses.

Le Parnasse contemporain est le titre, quelque peu contradictoire, qu'un groupe de jeunes poètes choisit pour lancer une petite revue, sous l'impulsion des efforts combinés de Catulle Mendès et de Louis-Xavier de Ricard. L'entreprise aboutit à une série de trois volumes collectifs, publiés peu après par Alphonse Lemerre, dont la librairie se prêtait à de bruyantes séances de lecture. *Le Parnasse contemporain* devint un des principaux forums pour la poésie de l'époque. Il s'impose comme un monument aux interactions complexes entre le romantisme et le symbolisme.

Le premier volume, le plus connu, parut en 1866 ; il contenait des vers de trente-sept poètes à la réputation établie (Théodore de Banville, Charles Baudelaire, Théophile Gautier, Charles Leconte de Lisle), encore à venir (Stéphane Mallarmé, Paul Verlaine) ou destinés à rester obscurs. Les deux volumes suivants, l'un daté de 1869 (mais publié en 1871 seulement, à cause de la guerre franco-allemande), l'autre de 1876, portèrent à quatre-vingt-dix-neuf le nombre total de collaborateurs. La liste aurait pu s'allonger : Victor Hugo, sollicité, déclina l'offre, tandis qu'un jeune homme de quinze ans, nommé Arthur Rimbaud, adressa à Banville un poème qui ne fut pas publié. Mais, dans la large palette de styles offerte par les trois volumes, la poésie dite parnassienne, caractérisée par l'impassibilité, l'impersonnalité et le « culte de la forme », fut considérée comme le courant le plus important.

Pour les parnassiens, la forme était l'essence même de l'art. Dans son *Petit Traité de poésie française* (1872), Banville réduisait l'essence de la poésie à la rime. Identifier la poésie à un épanchement affectif, une recherche de la vérité, une vision politique

ou morale reviendrait à lui faire perdre sa spécificité. Comme l'avait dit Baudelaire, « le principe poétique est, strictement et simplement, l'aspiration humaine vers une Beauté supérieure [dont] la manifestation est dans un enthousiasme indépendant de la passion, qui est l'ivresse du cœur, et de la vérité, qui est la pâture de la raison. Car la passion est chose *naturelle*, trop naturelle [...] pour ne pas introduire un ton blessant, discordant, dans le domaine de la Beauté pure » (« Théophile Gautier », in *Œuvres complètes*, vol. II, p. 114). Faisant écho à la définition kantienne de la beauté comme finalité sans fin, Baudelaire en venait à définir la poésie comme fin en soi : « La poésie ne peut pas, sous peine de mort ou de déchéance, s'assimiler à la science ou à la morale. Elle n'a pas la vérité pour objet, elle n'a qu'elle-même » (*ibid.,* vol. II, p. 113).

Gautier, à qui Baudelaire avait dédicacé *les Fleurs du mal* (1857), était le père et chef de file du premier *Parnasse contemporain*. Bien qu'il eût en 1830 arboré le gilet rouge romantique à la Comédie-Française, pour la bataille d'*Hernani*, Gautier était devenu de plus en plus critique à l'égard de la volonté romantique de mettre la poésie au service d'utopies sociales comme celles que développaient Saint-Simon et Fourier. Il était allergique à l'utilitarisme dans l'art, qu'il soit socialiste ou bourgeois : l'art devait produire de la beauté – et de la gratuité. Ainsi écrivait-il, dans sa préface à *Mademoiselle de Maupin* (1835) : « Il n'y a de vraiment beau que ce qui ne peut servir à rien ; tout ce qui est utile est laid, car c'est l'expression de quelque besoin, et ceux de l'homme sont ignobles et dégoûtants, comme sa pauvre et infirme nature. L'endroit le plus utile d'une maison, ce sont les latrines. Moi, [...] je suis de ceux pour qui le superflu est nécessaire, [...] je préfère à certain vase qui me sert un vase chinois, semé de dragons et de mandarins » (p. 21).

Trente ans après *Mademoiselle de Maupin*, le jeune Mallarmé montra qu'il était un disciple fidèle de Gautier. Dans des poèmes publiés dans *le Parnasse contemporain*, il se peint donnant l'aumône à un mendiant à la condition expresse que celui-ci ne la dépense pas pour du pain *(Aumône)*, ou bien tournant résolument le dos à la vie *(les Fenêtres)* et désireux de « délaisser l'Art vorace » pour peindre de délicats motifs sur une tasse de porcelaine chinoise (*Épilogue,* qui fut rebaptisé par la suite *Las de l'amer repos...*).

La doctrine parnassienne peut en effet être caractérisée par son opposition au « besoin » en tant que référence dominante. D'un point de vue social, cette critique n'a pas grand-chose sur quoi s'appuyer. Mais, sous un angle psychanalytique, elle apparaît comme une tentative pour préserver l'insoumission du désir. La définition du désir par Jacques Lacan le distingue radicalement du besoin : « Le désir n'est ni l'appétit de la satisfaction, ni la demande d'amour, mais la différence qui résulte de la soustraction du premier à la seconde » (« La signification du phallus », in *Écrits*, p. 691). En d'autres termes, le désir est ce qui reste d'une demande absolue une fois qu'on en a soustrait toutes les possibilités de satisfaction de besoins réels. Il est par définition indestructible et insatiable. Ainsi que le déplore, avec force lamentations, le héros de Gautier dans *Mademoiselle de Maupin*, « l'impossible m'a toujours plu » (p. 142).

Les parnassiens représentent volontiers par l'amour d'une statue cette association du désir et de l'impossible satisfaction. Alors que la poésie de Lamartine privilégiait l'image d'une femme morte, les parnassiens soupirent après une femme de pierre.

C'est Gautier une fois de plus qui en donne les raisons dans *Mademoiselle de Maupin* : « [S']il y a quelque chose de grand et de beau à aimer une statue, c'est que l'amour est parfaitement désintéressé, qu'on n'a à craindre ni la satiété ni le dégoût de la victoire, et qu'on ne peut espérer raisonnablement un second prodige pareil à l'histoire de Pygmalion » (p. 142).

La passion des parnassiens pour la sculpture s'alimente à plusieurs sources. La sculpture représente la forme pure dans toute sa sérénité et son objectivité : elle est visible, durable, immuable et impassible. La poésie parnassienne est souvent sculpturale dans son organisation strophique. Bien qu'elle ne rejette pas des formes plus complexes, c'est le sonnet, avec sa consistance massive et sa légère asymétrie, qui reste sa préférence. C'est d'ailleurs sur une série de sonnets d'auteurs divers que s'achève le volume du *Parnasse contemporain* de 1866.

L'art du poète est souvent comparé à celui du sculpteur. Dans un échange de poèmes publiés dans *l'Artiste* (mai 1856 et septembre 1857), Banville et Gautier conviennent tous deux que le poète doit être un « tailleur de pierres » qui arrache une forme à la matière rebelle. La dernière strophe de « L'art », la contribution de Gautier, reprise par la suite dans la seconde édition (1858) d'*Émaux et camées* (1852), s'adresse au poète :

Sculpte, lime, cisèle ;
Que ton rêve flottant
Se scelle
Dans le bloc résistant !
(*Poésies complètes*, vol. III, p. 130)

Pour cette esthétique de la difficulté recherchée, la muse doit porter des cothurnes étroits, voire des chaînes (comme les « sandales entrelacées et fermées » de Keats), de peur que son pied (métrique) ne scande un rythme trop facile. La force de résistance du matériau, ou de la muse, doit être perceptible.

Un autre facteur en faveur du choix de la statue de marbre comme sujet d'inspiration tient peut-être à la blancheur du marbre. La littérature française a toujours célébré la blancheur de la femme aimée, mais cette obsession s'impose plus encore chez les parnassiens. La « Symphonie en blanc majeur », de Gautier, également dans *Émaux et camées*, est un tour de force monochrome. Le corps de la femme y est comparé successivement à la neige, au satin, au marbre, au givre, à l'argent, à l'opale, à l'ivoire, à l'hermine, à l'albâtre, au duvet de la colombe, au cygne, à l'aubépine et à d'autres substances blanches. Et pourtant, dans cet hymne à la blancheur, c'est la résistance qui exerce le charme extrême :

Sous la glace où calme il repose,
Oh ! qui pourra fondre ce cœur !
Oh ! qui pourra mettre un ton rose
Dans cette implacable blancheur !
(*Poésies complètes*, vol. III, p. 24)

La blancheur séduit par son insoumission, mais le but est de la faire rougir.

L'*Essai sur l'inégalité des races humaines* (1853-1855), de Joseph-Arthur de

Gobineau, montre que cette obsession de la blancheur se faisait entendre également à d'autres niveaux dans le discours français du XIXe siècle. En fait, il est difficile de ne pas la rattacher, même dans la poésie des parnassiens, à la notion de race. Une telle interprétation est du moins suggérée par le fait qu'au milieu de tous les poèmes dédiés à des femmes de marbre et d'albâtre dans *le Parnasse contemporain* un poème est inspiré par une femme noire. Il s'agit d'« À une Malabaraise », de Baudelaire, qui commence ainsi :

> Tes pieds sont aussi délicats que tes mains, et tes larges hanches
> Rendraient jalouses la plupart des belles femmes blanches ;
> Pour l'artiste songeur ton corps est doux et cher ;
> Tes yeux de velours sont plus noirs que ta chair.

Parmi diverses explications de l'intérêt des parnassiens pour la sculpture, la plus évidente est l'essor des études helléniques. Le culte de la Grèce antique, sa pureté, son harmonie et sa sérénité (dont l'attrait est à mettre en relation avec les remous politiques et raciaux du XIXe siècle) se traduisaient par un développement considérable des recherches historiques et linguistiques. Les poèmes de Leconte de Lisle et de Louis Ménard, par exemple, doivent plus à la philologie qu'à la psychologie.

Références orientalistes et classiques se combinent dans un grand nombre de poèmes consacrés à des sphinx et des Vénus. Dans « Vénus de Milo » (1846), de Leconte de Lisle (*Poèmes antiques*, 1852), la statue grecque, récemment installée au Louvre, devient « Du bonheur impassible le symbole adorable ». Banville, lui aussi, dans un poème de 1842, s'était adressé à elle comme à un « grand poème de pierre » et l'avait imaginée, ses bras retrouvés, ôtant sa tunique et se donnant à lui, métamorphosé en amant de pierre. Mais tous les amants des statues n'ont pas cette chance. Le sphinx de Baudelaire, dans *la Beauté*, attire et blesse tout à la fois :

> Je suis belle, ô mortels ! comme un rêve de pierre,
> Et mon sein, où chacun s'est meurtri tour à tour,
> Est fait pour inspirer au poète un amour
> Éternel et muet ainsi que la matière.
> (*Œuvres complètes*, vol. Ier, p. 21)

Matériel (ou maternel ?), ce sein blesse plus qu'il ne nourrit. Dans un poème semblable de Gautier, *le Sphinx*, celui-ci est même traité de mauvaise mère :

> Il en advient ainsi de toutes nos chimères :
> La laideur se dissimule par-dessous leur face charmante.
> Nous prenons leur sein, mais ces mauvaises mères
> Ne donnent à nos lèvres pas la moindre goutte de lait.
> (*Poésies complètes*, vol. II, p. 123)

On finit par suspecter toutes ces muses, froides et sculpturales, d'être des figures de mauvaises mères. Et pourtant, malgré la douleur et la frustration dont elles sont la cause, elles inspirent l'admiration de ceux qu'elles repoussent. Et pourquoi se rêver ainsi une mère de pierre ? Pour assouvir le désir de devenir soi-même un enfant de pierre.

Réaction contre la sensibilité excessive des romantiques, le culte de l'impassibilité dérive, chez les parnassiens, de leur recherche d'un état qui échapperait au besoin. Cette chimère peut être interprétée comme une réaction à l'échec de la mère à satisfaire ces besoins. Mais elle peut avoir une autre origine, tout aussi fondamentale dans la formation de la subjectivité. Selon Jacques Lacan, l'être humain franchit un pas décisif dans son développement lorsqu'il reconnaît pour la première fois son image dans un miroir. L'image avec laquelle le bébé s'identifie paraît fixe, stable et complète. Lacan décrit cette version du moi comme « la statue où l'homme se projette » (« Le stade du miroir », in *Écrits*, p. 95). Ainsi l'image que le bébé prend pour son « moi » est-elle une fiction, une vision de complétude qui ignore les mécanismes du besoin. Le fantasme de l'absence de besoin fait partie intégrante du développement du moi. Nier le besoin revient, cependant, à nier la vie. Ce fut l'erreur de Narcisse, qui s'arrêta de manger et de boire lorsqu'il tomba amoureux de sa propre image. Aussi Ovide décrit-il son corps comme celui d'une « statue taillée dans le marbre de Paros » (*Métamorphoses*, livre III, v. 420). Le narcissisme pourrait en ce sens se définir comme le désir d'aimer – ou de devenir – une statue.

Adepte enthousiaste du culte de la forme, Baudelaire en était aussi un lucide démystificateur. Dans *le Fou et la Vénus* (1862), poème en prose tardif, il décrit un fou costumé, aux pieds d'une statue de Vénus qu'il implore de prendre en pitié son amour de la beauté. Objet inanimé, ses yeux de marbre regardent au loin on ne sait quoi. Et dans son essai *l'École païenne* (1852), Baudelaire écrit : « Le goût immodéré de la forme pousse à des désordres monstrueux et inconnus [...] toute littérature qui se refuse à marcher fraternellement entre la science et la philosophie est une littérature homicide et suicide » (*Œuvres complètes*, vol. II, p. 49).

Baudelaire a réclamé que parmi les droits de l'homme soit inscrit celui de se contredire. Cette vision fraternelle de l'art contredit les déclarations qu'il fait ailleurs sur l'art pour l'art. Mais peut-être cette contradiction intime du culte de la forme constitue-t-elle le cœur de l'école parnassienne. Sa résistance est ce que seule la statue offre à qui l'aime. Proclamer l'insuffisance du concept de besoin ne revient pas à nier son existence. Le faire serait tout à la fois homicide et suicidaire, d'où la contradiction de Baudelaire qui, d'ailleurs, a défendu aussi le droit au suicide. Ce que les parnassiens ont célébré, c'est l'irréductibilité d'une dimension de l'art – voire de l'expérience humaine –, qui, précisément, ne se laisse pas réduire à la « vie ».

Voir aussi 1820, 1885 (juin), 1940-1944.

Bibliographie : Le Parnasse contemporain : recueil de vers nouveaux (1866 ; réimp., Genève, Slatkine, 1971). Théodore de Banville, *Petit Traité de poésie française* (Paris, Charpentier, 1872). Charles Baudelaire, *Œuvres complètes*, 2 vol., éd. Claude Pichois (Paris, Gallimard, 1975). Théophile Gautier, *Mademoiselle de Maupin,* in *Œuvres complètes*, vol. V (Genève, Slatkine reprints, 1978) ; *Poésies complètes* (Paris, Nizet, 1970). Charles Leconte de Lisle, *Œuvres*, éd. Edgard Pich, 4 vol. (Paris, Belles Lettres, 1977). Ovide, *Métamorphoses*, trad. Georges Lafaye (Paris, Société des Belles Lettres, 1928). Robert Denommé, *The French Parnassian Poets* (Carbondale, Southern Illinois University Press, 1972). Jacques Lacan, « Le stade du miroir » et « La signification du phallus », in *Écrits* (Paris, Seuil, 1966).

Christopher L. Miller, *Blank Darkness : Africanist Discourse in France* (Chicago, University of Chicago Press, 1985). Monica Nurnberg, « Animated Sculpture : A Paradox of the transposition d'art from Chénier to Hérédia », *Parnasse*, n° 1 (mai 1983), pp. 41-49.

Barbara Johnson

1869

Les Chants de Maldoror par le comte de Lautréamont sont imprimés en Belgique

Tics

Le 24 novembre 1870, en plein siège de Paris, on trouve dans son appartement le corps d'Isidore Ducasse ; il a vingt-quatre ans. La cause de sa mort est inconnue, et l'on n'en sait d'ailleurs pas beaucoup plus sur sa vie. Né à Montévideo, il est élevé par son père ; à l'âge de quatorze ans, il part pour la France, où il suit les cours aux lycées de Tarbes (1859-1862) et de Pau (1863-1865). Il disparaît ensuite de vue pendant trois ans pour réapparaître, poète, à Paris. Pendant ce séjour de deux ans dans la capitale, il publie à ses frais deux recueils de maximes (*Poésies*, 1870).

Après la publication séparée du premier *Chant* en 1868, Ducasse se heurte aux hésitations de ses éditeurs. Malgré ses efforts, son recueil de poésie, *les Chants de Maldoror par le comte de Lautréamont*, souffrira délai sur délai et ne trouvera pas d'éditeur de son vivant : interdits en France pour leur virulence, imprimés en Belgique en 1869, *les Chants de Maldoror* continuent néanmoins à inquiéter les éditeurs et ne seront finalement diffusés en Belgique qu'en 1874 (il faudra attendre 1890 pour qu'ils soient édités et imprimés en France). À leur parution ils passent pourtant inaperçus – exception faite de quelques voix indignées. Ce n'est qu'avec leur découverte par André Breton, cinquante ans après la mort de Ducasse, que *les Chants de Maldoror* et *Poésies*, le second recueil de Ducasse, connaissent la gloire. Les surréalistes adoptent aussitôt Lautréamont et font de lui le champion d'une poétique nouvelle. Depuis, il est devenu un symbole de la modernité aux yeux de la critique littéraire.

Le recueil des *Chants de Maldoror* consiste en six chants ; chacun se divise à son tour en poèmes en prose ou « strophes », qui, tout en ayant la densité et la richesse normalement associées à la poésie, n'en présentent aucune des marques formelles. D'ailleurs, les techniques poétiques varient. Dans les trois premiers chants, chaque strophe forme un récit à peu près cohérent et autonome où des personnages plus ou moins plausibles – souvent les mêmes de strophe en strophe – s'affrontent. En revanche, les quatrième et cinquième chants se perdent en divagations apparemment dépourvues de sens, récits inachevés, digressions pseudoscientifiques, observations poétiques – bref, en coq-à-l'âne. Enfin, le dernier chant rompt avec les cinq premiers dont il critique violemment les tentatives poétiques et annonce fièrement une nouvelle série de « petits romans de trente pages » (*Œuvres complètes*, p. 221). Suit l'histoire d'un adolescent séduit par un personnage diabolique, dans le style des romans-feuilletons à la mode et en particulier d'Eugène Sue (Ducasse emprunte d'ailleurs son pseudonyme à un personnage de Sue, Latréaumont *[sic]*). Bientôt, cependant, la cohérence du récit cède de nouveau le pas à des digressions incongrues. Quand le récit reprend, c'est à un rythme effréné. Le roman n'est plus qu'un plan de roman. La fin du chant trouve le jeune Mervyn, dernière victime de Maldoror, une guirlande d'immortelles aux mains, accroché au dôme du Panthéon : Lautréamont aura immortalisé sa dernière création parmi les maîtres de la littérature française.

Sur le plan thématique, on peut suivre les aventures de Maldoror – sinistre personnage en guerre contre l'univers, auquel le narrateur s'identifie la plupart du temps – qui livre des combats sanglants à Dieu et à ses messagers. Sa cruauté ne connaît pas de bornes ; seule, celle du Créateur (qu'il surprend en train de se gaver d'hommes, par exemple) la surpasse peut-être. Des combats bizarres entre créatures hybrides alternent avec des accouplements tout aussi bizarres (Maldoror avec une femelle de requin, un bouledogue et une petite fille). Des métamorphoses de personnages en animaux ou même en monstres ponctuent le récit. L'atmosphère des *Chants* est lourde de violence et de transgression.

Mais plus encore qu'à cette atmosphère, *les Chants* doivent leur cohérence à la réflexion poétique qui les anime. À ce titre, ils constituent une méditation sur l'histoire littéraire et la rhétorique classique. La strophe liminaire donne le ton :

> Plût au ciel que le lecteur, enhardi et devenu momentanément féroce comme ce qu'il lit, trouve, sans se désorienter, son chemin abrupt et sauvage, à travers les marécages désolés de ces pages sombres et pleines de poison ; car, à moins qu'il n'apporte dans sa lecture une logique rigoureuse et une tension d'esprit égale au moins à sa défiance, les émanations mortelles de ce livre imbiberont son âme comme l'eau le sucre (*ibid.*, p. 45).

L'évocation du ciel, *topos* poétique classique, est un clin d'œil au lecteur, une manière d'attirer son attention et de lui souffler : « Fais attention ! Ne crois pas que je suis là uniquement pour te raconter des histoires. Je suis de la poésie, moi, et c'est de poésie que je vais te parler ! » Et *les Chants* s'inscrivent aussitôt sur deux plans : d'une part, ce sont des récits ou des poèmes qui égrènent leurs strophes et racontent leurs histoires ; mais, de l'autre, ce sont des commentaires sur tout récit ou poème. La strophe initiale, par exemple, dresse une liste des qualités requises du lecteur (« enhardi », « devenu momentanément féroce comme ce qu'il lit », capable de « logique rigoureuse et de tension d'esprit », « défiant ») et élimine du nombre de ses lecteurs les « âmes timides » incapables de détours et de transgressions (« il n'est pas bon que tout le monde lise les pages qui vont suivre »). Plus loin, elle définit la lecture : s'y engager c'est comme rechercher son chemin à travers une région désolée et dangereuse. Une longue comparaison entre le timide lecteur et ces grues « frileuses » qui, à l'approche de l'orage, changent d'itinéraire et adoptent « un autre chemin philosophique et plus sûr » (*ibid.*, p. 46) confirme la valeur métapoétique des *Chants* et l'importance du détour dans le rapport entre le texte et son lecteur. À l'encontre de l'« âme timide » et des grues qui rebroussent chemin et qui donc sont des non-lecteurs, celui qui s'engage dans la strophe et *lit* la mise en garde contre les dangers de la lecture devient, par là même, un « lecteur » conforme au programme du texte. À mesure qu'il avance d'une ligne à l'autre, ce lecteur est nécessairement « enhardi et devenu momentanément féroce comme ce qu'il lit » – et cela, parce que dans cette poétique nouvelle, « lecture » dénote une relation d'agression et de violence entre le texte et son lecteur – relation telle qu'une soumission passive à la force de

suggestion du texte serait fatale (« sinon, les émanations mortelles de ce livre imbiberont son âme comme l'eau le sucre »).

Notons bien que la strophe liminaire ne mentionne que le texte et le lecteur : le poète lui-même, le moi lyrique, est visiblement absent. Dans *les Chants*, l'effet « poésie » court-circuite l'auteur. Cet effet résulte plutôt d'un heurt entre le poème et le lecteur dont ce dernier sort si « féroce » et « enhardi » qu'il usurpe le pouvoir traditionnellement attribué au poète. Là où une poétique romantique privilégie la voie de l'auteur qui s'inscrit dans son poème comme sujet poétique, Lautréamont maltraite le « je » intime de l'auteur et sape son autorité discursive et poétique. Cette attitude est particulièrement explicite dans *Poésies*, où il proclame que « les gémissements poétiques de ce siècle ne sont que des sophismes » (*ibid.*, p. 259), que « la poésie personnelle a fait son temps de jongleries relatives et de contorsions contingentes » (*ibid.*, p. 268) et où il s'engage dans une virulente diatribe contre :

> les Grandes-Têtes-Molles de notre époque [...] Chateaubriand, le Mohican-Mélancolique ; Sénancour, l'Homme-en-Jupon ; Jean-Jacques Rousseau, le Socialiste-Grincheur ; Ann Radcliffe, le Spectre-Toqué ; Edgar Poe, le Mameluck-des-Rêves-d'Alcool ; Maturin, le Compère-des-Ténèbres ; George Sand, l'Hermaphrodite-Circoncis ; Théophile Gautier, l'Incomparable Épicier ; Leconte, le Captif-du-Diable ; Goethe, le Suicidé-pour-Pleurer ; Sainte-Beuve, le Suicidé-pour-Rire ; Lamartine, la Cigogne-Larmoyante ; Lermontov, le Tigre-qui-Rugit ; Victor Hugo, le Funèbre-Échalas-Vert ; Mickiewicz, l'Imitateur de Satan ; Musset, le Gandin-sans-Chemise-Intellectuelle ; et Byron, l'Hippopotame-des-Jungles-Infernales (*ibid.*, pp. 268-269).

Bref, il ridiculise le *Who's Who* du romantisme.

En outre, alors que le romantisme, rompant avec l'ère classique, glorifiait l'inspiration personnelle du poète et donc son originalité, Lautréamont emprunte sans vergogne thèmes, motifs et styles aux écrivains consacrés, notamment à Baudelaire, Byron, Dante, Goethe, Hugo, Lamartine, Sade, Scott, Shakespeare et Sue. La vision qu'a Lautréamont de l'intertextualité dépasse d'ailleurs les belles-lettres : il reprend mot à mot des paragraphes entiers de textes scientifiques (en particulier, *l'Encyclopédie d'histoire naturelle,* de Jean Charles Chenu, 1853-1861). Par exemple, dans un passage reconnu comme l'un des tours de force de la littérature moderne, il ouvre le cinquième chant sur une longue description d'un vol d'étourneaux empruntée du Dr Chenu, qui reflète admirablement le principe de composition des *Chants* et les rapports qu'ont entre eux les thèmes, les images et même les strophes, insistant en particulier sur les conditions de disparition du centre, c'est-à-dire de la voix poétique :

> Les bandes d'étourneaux ont une manière de voler qui leur est propre et semble soumise à une tactique uniforme et régulière telle que serait celle d'une troupe disciplinée obéissant avec précision à la voix d'un seul chef. C'est à la voix de l'instinct que les étourneaux obéissent, et leur instinct les porte à se rapprocher toujours du centre du peloton, tandis que la rapidité de leur vol les emporte sans cesse au-delà ; en sorte que cette multitude d'oiseaux, ainsi réunis par une tendance commune vers le même point aimanté allant et venant sans cesse, circulant et se croisant en tous sens, forme une espèce de tourbillon fort agité dont la masse entière, sans suivre de direction bien certaine, paraît avoir un mouvement général d'évolution sur elle-même, résultant

> des mouvements particuliers de circulation propres à chacune de ses parties, et dans lequel le centre, tendant perpétuellement à se développer, mais sans cesse pressé, repoussé par l'effort contraire des lignes environnantes qui pèsent sur lui, est constamment plus serré qu'aucune de ces lignes, lesquelles le sont elles-mêmes d'autant plus, qu'elles sont plus voisines du centre (*ibid.*, pp. 187-188).

La poésie ne serait donc pas la création d'un poète mystérieusement inspiré par les muses, mais bien un effort collectif qui engendre un sens (le terme est pris comme « signification » et « direction ») : chaque poète réécrirait et relirait ses prédécesseurs et chaque lecture, chaque interprétation, constituerait une réécriture du texte. Que le poème ne soit rien d'autre que ce processus sans fin, c'est ce que suggère l'œuvre de Lautréamont. « La poésie doit être faire par tous. Non par un. Pauvre Hugo ! Pauvre Racine ! Pauvre Coppée ! Pauvre Corneille ! Pauvre Boileau ! Pauvre Scarron ! Tics, tics et tics » (*ibid.*, p. 285).

Bibliographie : Lautréamont, *Œuvres complètes,* éd. Pierre-Olivier Walzer (Paris, Gallimard, 1970). Ora Avni, *Tics, tics et tics : figures, syllogismes, récit dans « les Chants de Maldoror »* (Lexington, Kentucky, French Forum, 1984). Maurice Blanchot, *Lautréamont et Sade* (Paris, Minuit, 1949). Marcelin Pleynet, *Lautréamont par lui-même* (Paris, Seuil, 1967).

Ora Avni

1871, 15 mai

De Charleville, Arthur Rimbaud envoie à Paul Demeny une lettre qui commence par le poème *Chant de guerre parisien*

La culture de la Commune

Lorsque Adolphe Thiers et ses acolytes – les républicains douteux qui avaient pris le pouvoir le 4 septembre 1870 – capitulèrent devant la Prusse, ces bourgeois annoncèrent une « paix » qui faisait payer aux ouvriers de Paris le prix de la désastreuse guerre de Napoléon III. L'antagonisme des classes, étouffé sous le second Empire par des lois sociales autoritaires, se réveilla. Le 18 mars 1871, les travailleurs se révoltèrent ; dans leurs rangs, il y avait beaucoup de femmes qui, au cours de l'hiver, avaient particulièrement souffert du long siège de Paris. Pendant soixante-treize jours, un gouvernement révolutionnaire, pratiquement sans chef, déclara Paris Commune autonome et se fixa pour tâche la libre organisation de sa vie sociale – dans la mesure où le permettait la menace de l'armée de Thiers, menace qui devint une réalité lors du carnage sans précédent de la dernière semaine de mai. Le nombre des morts dépassa celui des pires batailles de la guerre et de tout autre massacre de l'histoire de France. Quelque vingt-cinq mille Parisiens, pour la plupart des travailleurs, moururent entre les mains des Versaillais ; quarante mille furent arrêtés et la plupart déportés en Nouvelle-Calédonie ; ceux qui survécurent aux conditions atroces qui les y attendaient durent patienter neuf ans avant qu'une amnistie ne leur permette de revenir en France.

La Commune n'était pas une simple insurrection politique, il s'agissait peut-être davantage d'une révolte contre des formes de discipline profondément enracinées. La

Commune était tout à la fois un mot d'ordre et un événement, le signe et l'expérience vécue. Ce mélange de texte et d'acte, qui s'est retrouvé presque partout, est pour beaucoup dans l'effervescence expérimentale caractéristique de la Commune dont les acteurs essayaient d'appliquer aux tâches quotidiennes des principes de l'association et de la coopération ouvrières. La rigidité de la censure du second Empire et les contraintes du marché bourgeois avaient construit des barrières hermétiques entre les genres littéraires, entre le discours culturel et le discours politique, entre le travail artistique et le travail artisanal, entre le grand art et le journalisme. Le déchaînement verbal et visuel suscité par les prises de positions pour ou contre la Commune fut pour les artistes, poètes, artisans, journalistes, caricaturistes et chansonniers l'occasion de remettre en question ces hiérarchies.

Les 73 Journées de la Commune (1871), de Catulle Mendès, illustrent un genre qui fleurit après l'échec de la Commune : le journal ou le témoignage écrit à la hâte et relatant la vie quotidienne durant l'insurrection. Le journal de Mendès retrace l'existence semi-clandestine d'un anticommunard qui vit dans la peur et ne passe pas une journée sans se demander pourquoi il est resté à Paris au lieu de fuir à Versailles avec les autres amis de l'ordre. La publication et la diffusion de ce genre de textes, au tout début de l'été 1871, tombaient à point pour justifier la violence de la répression – violence à laquelle un Edmond de Goncourt ne ménage pas son appui. Dans son *Journal* (1887), il note : « La saignée a été une saignée à blanc ; et les saignées comme celle-ci, en tuant la partie bataillante de la population, ajournent d'une conscription la nouvelle révolution » (vol. II, p. 453). Il y eut aussi des chroniques favorables à la Commune, comme celle d'Elie Reclus, dont le frère Élisée, anarchiste, devait être un des fondateurs de la géographie sociale en France, ou celle du chansonnier Jean-Baptiste Clément, auteur d'une des chansons associées à la Commune, *le Temps des cerises* (1866). Mais elles parurent soit à l'étranger soit en France après l'amnistie de 1880.

Dans *les 73 Journées*, Mendès, poète et cofondateur, en 1866, du *Parnasse contemporain*, imagine des conversations nocturnes entre lui-même et Gustave Courbet. Âgé de cinquante et un ans au moment de la Commune, Courbet, dont la réputation de peintre était solidement établie, avait assumé la présidence de la Fédération des artistes. Cette fédération, responsable de l'organisation de concerts et d'autres activités culturelles, s'intéressait plus aux questions d'éducation et d'organisation qu'aux débats proprement artistiques. Mendès trouve la chose ridicule. Qu'on touche à tout, y compris la politique, est acceptable si on ne peut rien faire d'autre, pas quand on peint aussi bien que M. Courbet. Au poète ou à l'artiste qui tentait de le pousser à « se fédérer », Mendès répondait : « Laissez-moi en paix, monsieur de la Fédération ! Je suis un rêveur, un travailleur » (*les 73 Journées*, p. 167).

Un rêveur, un travailleur. Pour réaffirmer les privilèges de l'art pour l'art, Mendès s'approprie le terme de travailleur et recourt, dans la description de sa condition de poète, à la logique corporatiste qui définit chacun par sa spécialisation professionnelle. Dans le cas des travailleurs ou des artisans, cette spécialisation, qui remonte à la justification de la division du travail proposée par Platon dans la *République*, se réduit à l'interdiction de faire quoi que ce soit d'autre. Dans un État bien organisé, chaque individu exerce une tâche qui ne peut être exécutée par personne d'autre. Un cordonnier n'est pas, par définition, un guerrier ; selon la même logique, un poète ne doit pas se mêler de politique. La politique comme la poésie sont des domaines d'activités spécifiques et distinctes ; le poète doit veiller attentivement au respect de ces frontières et de ces spécialisations.

À la fin du second Empire, le terme travailleur, très utilisé par le discours politique de l'époque, avait des connotations révolutionnaires que devait lui faire perdre dans les décennies suivantes le vocabulaire marxiste (classe ouvrière). Son emploi fréquent à propos d'économie, de politique ou de questions sociales est un témoignage de l'interdépendance de ces trois domaines même si certains, en 1869, se refusaient toujours à l'admettre. En 1866, Victor Hugo, exilé, titra son roman *les Travailleurs de la mer* ; en juin 1871, Eugène Pottier composa *l'Internationale* dont deux vers disent : « Ouvriers, paysans, nous sommes/Le grand parti des travailleurs » – le mot travailleur permettant de diminuer l'opposition idéologique fomentée par les Versaillais entre le Paris ouvrier de la Commune et la province rurale. Dans une lettre écrite à Georges Izambard le 13 mai 1871 depuis Charleville – Mendès était alors en pleine conversation imaginaire avec Courbet –, Arthur Rimbaud annonce qu'il se reconnaît dans ce que désigne le terme travailleur ; quoique tout différemment : « – Je serai un travailleur : c'est l'idée qui me retient quand les colères folles me poussent vers la bataille de Paris, – où tant de travailleurs meurent pourtant encore tandis que je vous écris ! Travailler maintenant, jamais, jamais ; je suis en grève » (*Œuvres complètes*, p. 248). « Je serai un travailleur » : la phrase de Rimbaud est à la fois affirmative et négative. Dans le futur, lorsque les relations sociales auront été changées – quand la structure du travail, telle que nous la connaissons, aura disparu –, Rimbaud sera un travailleur. Mais, pour le moment, il s'identifie au groupe de ceux que rassemblent la même sensibilité, le même combat : le rejet de l'étiquette du « bon ouvrier », telle que la définit l'actuelle division du travail.

« J'ai horreur de tous les métiers », écrit Rimbaud dans *Une saison en enfer* (1873, *ibid.*, p. 94). « À chaque être, plusieurs autres vies me semblaient dues » (*ibid.*, p. 111). Rimbaud refuse d'être pris dans l'idiotisme et l'idiotie du métier, l'étroitesse d'une vision du monde définie par les questions de métier, que l'on soit patron ou travailleur : « Maîtres et ouvriers, tous paysans, ignobles » (*ibid.*, p. 94). Il rejette la division sociale d'un travail aux limites de l'hyperspécialisation. Les événements de la Commune ont conduit Marx lui aussi à poser autrement la question de la division du travail. Pour Marx, la Commune avait inventé une structure de gouvernement démocratique absolument inédite en abolissant la sphère politique autonome qui, par sa seule existence, représente une aliénation des pouvoirs de la société civile. La réussite sociale la plus importante de la Commune n'est pas dans ses lois ou ses réformes, mais plutôt dans « sa propre existence agissante » (*la Guerre civile en France*, p. 72). En d'autres mots, la Commune était avant tout une attaque en règle contre la division du travail qui transforme les actes du gouvernement « en mystères, propres aux fonctions supérieures qui ne peuvent être confiées qu'à une caste aguerrie ». Sur ce point, Edmond de Goncourt et Courbet seraient tombés d'accord, le premier pleurant la mort, toute récente, de son frère durant le siège de Paris, le second, membre de la Commune, cumulant les fonctions de délégué à la mairie, de membre de la commission de l'Éducation et de président de la Fédération des artistes – « dans les affaires politiques jusqu'au cou », selon ses propres termes. « Enfin, note Goncourt le 20 mars, pour le moment, la France et Paris sont sous la main et sous la coupe des ouvriers, qui nous ont donné un gouvernement fabriqué uniquement avec leurs hommes. Combien cela durera-t-il ? On ne sait. L'invraisemblable règne ! » (*Journal,* vol. II, p. 398). Quant à Courbet : « Je me lève, je déjeune, je siège et préside douze heures par jour. Je commence à avoir la tête comme une pomme cuite. Malgré tout ce tourment de tête et de compréhension auquel je n'étais pas habitué, je suis dans l'enchantement. Paris est un vrai paradis » (*l'Enseignement, l'enfance et la culture sous la Commune*, p. 23).

Mendès adapte à ses fins un mythe du travailleur proche de celui de Pierre Joseph Proudhon qui attribuait au travail de l'artisan une vertu rédemptrice. Rimbaud en choisit un autre – généreux et visionnaire. C'est dans les moments de crise sociale ou de changement révolutionnaire que le caractère volatil des significations apparaît pleinement ; sous leur pression les symboles idéologiques sont déracinés comme des dents qui branlent. On discute les signes, le vocabulaire, les images politiques en même temps qu'on se les dispute, qu'on se les approprie et qu'on les détourne à des fins multiples. Les chansons, slogans, affiches, feuilles révolutionnaires, caricatures et dessins humoristiques qui proliféraient sous la Commune ne constituaient pas le décor sur fond duquel le conflit social « réel » se développait : ils formulaient ce conflit. Les caricatures publiées dans des journaux populaires comme *la Charge*, où parut *Trois Baisers,* de Rimbaud (1870), ou comme *le Hanneton*, dont l'éditeur, Eugène Vermersch, joua un rôle important dans la culture et la politique de la Commune, étaient souvent imprimées sur des feuilles volantes. Coloriées à la main, vendues à la criée, elles étaient collées sur les murs et les palissades où elles côtoyaient le compte rendu des débats de la Commune. Ne serait-ce que par leur nombre, elles ne pouvaient laisser indifférent. « Pendant ce temps, les murs éclatent de rire. Paris-gavroche, Paris-voyou, Paris-catin, se tordent d'aise devant les caricatures que des marchands ingénieux fixent avec des épingles aux devantures des boutiques... Qui a dessiné ces étranges images, coloriées à la diable, grossières, rarement plaisantes, souvent obscènes ? » (*les 73 Journées*, pp. 159).

Dans une lettre du 17 avril 1871, Rimbaud célèbre cette cacophonie d'images verbales et visuelles de la rue qui résume son expérience de la vie parisienne. « Parlons de Paris [...] Nous nous sommes arrêtés en face de gravures d'A[drien] Marie, *les Vengeurs, les Faucheurs de la mort*, et, surtout, devant les caricatures de [Jules] Draner et de Faustin [Betheder]... Les sujets du jour étaient *le Mot d'ordre* [journal d'Henri Rochefort, sous la Commune] et les admirables fantaisies de [Jules] Vallès et d'[Eugène] Vermersch dans *le Cri du peuple* » (*Œuvres complètes*, p. 266). « Telle était la littérature, conclut-il, du 25 février au 10 mars. » Rimbaud élargit les limites de la littérature jusqu'à y inclure la propagande, des « fantaisies » politiques, des gravures et des caricatures : des genres éphémères et satiriques immergés dans un ensemble complexe de discours et de représentations sociales. La littérature a ici pour fonction de manifester le caractère révolutionnaire de la situation ; elle se rapproche ainsi du slogan, de l'appel à l'action (le mot d'ordre). Plus qu'aucune autre œuvre poétique du XIXe siècle, c'est surtout sous forme de slogans que celle de Rimbaud a été transmise, comme une synecdoque oubliée de la Commune : « Changer la vie » ; « L'amour est à réinventer » ; « Il faut être absolument moderne ».

En 1868, l'Empire dit libéral avait assoupli le régime de la presse ; entre septembre 1870 et juin 1871, la disparition de la censure allait entraîner une expérimentation sans précédent dans le domaine de l'imagerie politique. Près de soixante-dix périodiques et journaux ont fait leur apparition au cours de la brève existence de la Commune. C'est son immersion dans ce bouillon de culture qui permit à Rimbaud – auteur d'une « constitution communiste » (aujourd'hui perdue) qui prenait modèle sur la Commune – de s'éloigner de l'inspiration parnassienne de ses débuts. En mars 1871, il rencontrait à Paris le graveur communard André Gill et cherchait à approcher Eugène Vermersch, franc-maçon et poète, dont il admirait les « fantaisies » politiques – c'est d'ailleurs dans l'appartement londonien de ce dernier qu'il trouvera refuge l'année suivante, de même que Prosper Olivier Lissagaray, auteur d'une histoire de la Commune unanimement appréciée, Paul Verlaine, Jules Andrieu et d'autres hommes de lettres communards en exil. Dans ses lettres des 13 et 15 mai – appelées par la suite les « Lettres du voyant » et qui constituent son manifeste artistique – Rimbaud insérera des poèmes, en particulier un « psaume d'actualité », *Chant de guerre parisien*, sans aucun doute sa tentative la plus réussie de briser la barrière entre grande poésie et reportage.

[...]
Thiers et Picard sont des Éros,
Des enleveurs d'héliotropes ;
Au pétrole ils font des Corots :
Voici hannetonner leurs tropes...

Ils sont familiers du Grand Truc !...
Et couché dans les glaïeuls, Favre
Fait son cillement aqueduc,
Et ses reniflements à poivre !

Ce poème, qui met en scène Thiers, son ministre de l'Intérieur, Ernest Picard, et celui des Affaires étrangères, Jules Favre, s'adresse à un lecteur familier avec les caricatures de la Commune, celles de Favre versant des larmes de crocodile (« cillement aqueduc ») après avoir négocié la capitulation devant la Prusse (« familiers du Grand Truc » : le Grand Turc était un nom du roi de Prusse dans l'argot ouvrier de l'époque) ou celle des *Trois Grâces*, où les trois dirigeants versaillais sont représentés en prostituées politiques, nues et se trémoussant pour obtenir la faveur de diverses couronnes.

La culture de la Commune ne peut pas être séparée du mouvement ouvrier ni des formes culturelles qui la précédèrent. Elle ne peut pas être isolée non plus de la culture bourgeoise environnante avec laquelle elle eut toutes sortes d'interactions et de débats. Toutefois, certains des aspects les plus frappants de la culture verbale et visuelle de la Commune lui appartiennent en propre : son absence de réserve dans l'utilisation d'une imagerie érotique et la perfection stylistique à laquelle elle a porté l'art de l'invective. Le vocabulaire passionné de l'injure, en revanche, n'était l'apanage d'aucun discours en particulier ; chaque classe y puisait largement, à gauche comme à droite. Dirigée contre les communards, l'injure suggérait une connexion raciale entre « les sauvages » et les travailleurs. Dans une lettre, Alphonse Daudet parle de « Paris aux mains des nègres » et Goncourt note dans son *Journal* la réflexion

1. *les Trois Grâces (musée de Versailles) : Ernestine-La grosse Lolotte-Julie*, lithographie n° 92 (in *The Franco-Prussian War and the Commune in Caricature* [1870-1871], éd. Susan Lambert, Victoria and Albert Museum, Londres, 1971).

suivante : « Peut-être, dans la grande loi du changement des choses d'ici-bas, pour les sociétés modernes, les ouvriers sont-ils ce qu'ont été les Barbares pour les sociétés anciennes, de convulsifs agents de dissolution et de destruction » (21 mars 1871). Lorsque le communard Vermersch, dans *le Cri du peuple*, proclamait « Nous appartenons à la canaille ! » ou lorsqu'en avril 1871, aux Tuileries, devant une foule de milliers de personnes, la chanteuse populaire Rosalie Martin, dite la Bordas, entonnait le refrain « J'en suis » dans *la Canaille*, de Joseph Darcier (1865), ils reprenaient à leur compte le terme le plus généralement utilisé par les bourgeois pour désigner les communards. Quand Rimbaud, dans la section « Mauvais sang » d'*Une saison en enfer*, « se dit » barbare ou nègre, il fait la même chose, détournant pour se l'approprier la rhétorique anticommunarde qui cherchait à rassembler sous une même rubrique, définie en termes raciaux, les animaux, les travailleurs (particulièrement les femmes), les barbares, les Noirs, les sauvages et les voleurs. Dans « Mauvais sang », Rimbaud affirme le rapport politique qui existe entre la situation des travailleurs des capitales européennes et celle des opprimés des colonies à l'époque où les pays les plus exotiques subissaient les intérêts mercantiles des Européens. Mendès s'appropria le mot travailleur ; Rimbaud adopta barbare, assassin, nègre. Une grande partie de la poésie de Rimbaud de 1871 et au-delà – *Une saison en enfer, Solde, le Bateau ivre, Démocratie, Métropolitain* et d'autres encore – ainsi que sa collaboration au groupe des Zutistes peuvent être lues à la lumière de sa manipulation de stéréotypes politiques et de formules passionnelles. En plus de Vermersch, de Louise Michel, de Pottier et d'autres poètes de la Commune, parmi ceux qui participaient à cette entreprise figurait un poète qui mourut à l'âge de vingt-quatre ans, quelques mois avant l'insurrection du 18 mars, Isidore Ducasse, le comte de Lautréamont. À l'instar de

Rimbaud, Ducasse voulait fonder une poésie « objective » et faire du poète un citoyen. Ses *Poésies* (1870) annoncent, sur plusieurs points, les formes de la culture de la Commune, et *les Chants de Maldoror* (1869) attendent encore une interprétation donnée par le matérialisme historique qui, comme le souhaitait Aimé Césaire, ferait apparaître de cette « épopée forcenée un aspect par trop méconnu, celui d'une implacable dénonciation d'une forme très précise de société, telle qu'elle ne pouvait échapper au plus aigu des regards de l'année 1865 » (*Discours sur le colonialisme*, p. 45).

Voir aussi 1848, 1869, 1873.

Bibliographie : Edmond et Jules de Goncourt, *Journal,* éd. Robert Ricatte (Paris, R. Laffont, 1989). Prosper Olivier Lissagaray, *l'Histoire de la Commune de 1871* (1876 ; réimp., Paris, Maspéro, 1967). Karl Marx, *la Guerre civile en France* (Paris, Éditions sociales, 1968). Catulle Mendès, *les 73 Journées de la Commune* (Paris, E. Lachaud, 1871). Arthur Rimbaud, *Œuvres complètes*, éd. Antoine Adam (Paris, Gallimard, 1972). Aimé Césaire, *Discours sur le colonialisme* (Paris, Présence Africaine, 1955). Maurice Dommanget, *l'Enseignement, l'enfance et la culture sous la Commune* (Paris, Éditions-Libraire de l'Étoile, 1964). Jean Dubois, *le Vocabulaire politique et social en France de 1869 à 1872* (Paris, Larousse, 1962). Adrian Rifkin, « Cultural Movement and the Paris Commune », *Art History*, n° 2 (juin 1979), pp. 201-220. Kristin Ross, *The Emergence of Social Space : Rimbaud and the Paris Commune* (Minneapolis, University of Minnesota Press, 1989).

Kristin Ross

1873

Arthur Rimbaud abandonne chez son imprimeur l'édition d'*Une saison en enfer*

Fausses sorties

D'Arthur Rimbaud (1854-1891), tout le monde sait qu'il a cessé d'écrire à un âge où beaucoup de poètes n'ont pas écrit leur premier mot : son œuvre est antérieure à son vingtième anniversaire. *Une saison en enfer* (1873), recueil de neuf poèmes en prose, est le seul volume qu'il ait pris l'initiative de publier. Les autres (*Illuminations*, 1886 ; *Poésies complètes*, 1895) doivent leur existence à une volonté étrangère. L'ambivalence de Rimbaud à l'égard de son œuvre est à ce point devenue légendaire qu'une rumeur a circulé selon laquelle il avait brûlé toute l'édition d'*Une saison en enfer*. Mais en 1901 le hasard a voulu qu'un bibliophile belge tombe sur elle – les cinq cents exemplaires au complet – dans les stocks de l'éditeur. Rimbaud n'avait jamais payé l'imprimeur.

Et cependant, la carrière littéraire de Rimbaud n'aurait jamais été ce qu'elle fut s'il ne l'avait abandonnée. Comment ne pas se laisser séduire par l'image d'un poète adolescent qui, tel un météorite, se consume de rage devant les contraintes imposées par la culture occidentale, abandonne toute activité littéraire, s'embarque pour l'Afrique où il devient trafiquant d'armes et revient en France, amputé d'une jambe, pour mourir à l'âge de trente-sept ans ? La combinaison de la précocité de Rimbaud, de son renoncement à la littérature, de la maigreur des données tangibles au sujet de son existence (participa-t-il à la Commune ? Que faisait-il en Angleterre, en

Allemagne, en Italie, en Crète, en Scandinavie et en Indonésie avant de partir pour l'Afrique orientale ?), de l'obscurité et de l'intensité de ses textes a donné naissance à une foule de mythes contradictoires, que René Étiemble a énumérés : Rimbaud le symboliste, le vagabond, le surréaliste, le bolchevik, le bourgeois, l'escroc, le pervers, le prophète, le superman, le chrétien et d'autres encore. Mais, pour l'histoire de la littérature, l'attrait le plus paradoxal de ce mythe reste, pour reprendre le mot de Stéphane Mallarmé, que Rimbaud « s'opère, vivant, de la poésie » (*Œuvres complètes*, p. 516).

En fait, la chronologie des adieux de Rimbaud à la littérature n'est pas claire. Les critiques ont longtemps tenu *Une saison en enfer* pour sa dernière œuvre dans la mesure où elle s'achevait sur un poème intitulé « Adieu ». Cet adieu littéraire à la littérature constituait une belle histoire, mais on dispose aujourd'hui d'une série d'indices qui tendent à montrer que certains textes des *Illuminations* (édités par Paul Verlaine en 1886) ont été écrits après *Une saison en enfer*. D'ailleurs, une lecture attentive de l'œuvre de Rimbaud montrerait qu'elle n'a jamais cessé d'être secouée par des tentatives d'échapper à la littérature, suivies de lugubres « on ne part pas » (*Œuvres complètes*, p. 96). En un sens, Rimbaud ne s'est jamais arrêté d'écrire. Sa correspondance d'Éthiopie constitue, quantitativement, la plus importante section de l'édition de ses œuvres complètes à la Pléiade (1972). Le défi pour le lecteur se trouve dans ses poèmes et non juste après : c'est là qu'il faut apprendre à lire la fuite de Rimbaud hors des frontières de la littérature.

Dès le début, Rimbaud chercha à échapper aux contraintes et aux facilités de la littérature du temps. Dans une série de lettres qu'il écrivit à l'âge de seize ans, il ébaucha une poétique de la monstruosité :

> La première étude de l'homme qui veut être poète est sa propre connaissance, entière ; il cherche son âme, il l'inspecte, il la tente, l'apprend. Dès qu'il la sait, il doit la cultiver ; cela semble simple [...] Mais il s'agit de faire l'âme monstrueuse [...] Imaginez un homme s'implantant et se cultivant des verrues sur le visage.
>
> Je dis qu'il faut être voyant, se faire voyant.
>
> Le Poète se fait voyant par un long, immense et raisonné dérèglement de tous les sens (Lettre à Paul Demeny, 15 mai 1871, *ibid.*, p. 251).

Rimbaud reprend ici l'image romantique du poète visionnaire et la radicalise. Au moyen de ce qu'il désigne par l'expression paradoxale de « raisonné dérèglement », il cherche à produire entre les forces de la raison et celles de la folie une rencontre à ce point explosive que « tous les sens » – physique, sémantique et géographique – se renouvelleraient à la faveur de cette conflagration. « Qu'il [le poète] crève dans son bondissement par les choses inouïes et innommables : viendront d'autres horribles travailleurs ; ils commenceront par les horizons où l'autre s'est affaissé ! » (*Ibid.*, p. 251).

Cette culture de la monstruosité permet à Rimbaud de brouiller la frontière de la perception et du langage, de la vie et de la littérature, de l'énormité et de la norme, de soi et d'autrui. Dans une de ses formules les plus célèbres, il pousse cette attitude jusqu'à l'extrême : « Car JE est un autre. Si le cuivre s'éveille clairon, il n'y a rien de sa faute. Cela m'est évident : j'assiste à l'éclosion de ma pensée : je la regarde, je l'écoute : je lance un coup d'archet : la symphonie fait son remuement dans les profondeurs, ou vient d'un bond sur la scène » (*ibid.*, p. 250).

La poétique exposée par Rimbaud est une poétique de l'instrumentalité et non de l'intentionnalité. Le poète n'exprime pas une connaissance qu'il posséderait déjà ; il est, plutôt, l'instrument et le spectateur de sa propre pensée.

Dans ses lettres de mai 1871, connues comme les « Lettres du voyant », Rimbaud élabore tout un programme poétique. Dans *Une saison en enfer* (avril-août 1873), il en fait la critique. Deux poèmes en prose font l'inventaire des impasses auxquelles aboutit le visionnaire. Dans « Délires I », Rimbaud prend au pied de la lettre sa maxime « JE est un autre » en racontant sa liaison orageuse avec Verlaine du point de vue de Verlaine lui-même, qu'il représente en vierge folle liée par masochisme à l'époux infernal. Dans « Délires II : alchimie du verbe », il cite plusieurs de ses premiers poèmes, qu'il accompagne de commentaires méprisants et désabusés sur ses premiers espoirs poétiques. Énigmatiquement, le texte s'achève en refermant une porte, sans montrer ce qu'il y a de l'autre côté : « Cela s'est passé. Je sais aujourd'hui saluer la beauté » (*ibid.*, p. 112).

Il faut voir dans ces frontières problématiques la griffe de Rimbaud. Dans « Le bateau ivre », le poème qui l'introduisit auprès de Verlaine, Rimbaud décrit le voyage chaotique d'un navire désemparé, déchiré entre le désir de se dissoudre et celui du retour. Quant aux derniers paragraphes du poème « Adieu », ils sont aussi obscurs qu'emphatiques sur la nature de l'expérience de conversion qu'ils décrivent :

> Il faut être absolument moderne.
>
> Point de cantiques : tenir le pas gagné. Dure nuit ! le sang séché fume sur ma face, et je n'ai rien derrière moi, que cet horrible arbrisseau ! Le combat spirituel est aussi brutal que la bataille d'hommes ; mais la vision de la justice est le plaisir de Dieu seul.
>
> Cependant c'est la veille. Recevons tous les influx de vigueur et de tendresse réelle. Et à l'aurore, armés d'une ardente patience, nous entrerons aux splendides villes.
>
> Que parlais-je de main amie ! Un bel avantage, c'est que je puis rire des vieilles amours mensongères, et frapper de honte ces couples menteurs, – j'ai vu l'enfer des femmes là-bas ; – et il me sera loisible de posséder la vérité dans une âme et un corps (*ibid.*, p. 117).

Il est remarquable que les critiques soient toujours incapables de déterminer s'il s'agit là du dernier texte de Rimbaud ou si, comme cela semble probable, certains des poèmes en prose recueillis dans les *Illuminations* ont été écrits ensuite. La thématique des frontières transgressées est amplement illustrée, non seulement par les poèmes des *Illuminations* (par le fait qu'ils viennent après l'« Adieu » de Rimbaud), mais aussi dans ces poèmes. Certains manuscrits de ces derniers ne sont pas de la main de Rimbaud et on ne perçoit pas toujours clairement où finit un poème et où commence le suivant. Mais, de manière plus frappante encore, beaucoup de ces poèmes se caractérisent par une transgression des frontières – entre l'apparence et la réalité, ou entre les attentes suscitées chez le lecteur tout au long du poème et une rupture finale, choquante. Plusieurs poèmes mettent en place un tableau, entament un récit, pour les détruire au dernier moment. Dans « Les ponts », Rimbaud décrit une scène urbaine et termine par la phrase : « Un rayon blanc, tombant du haut du ciel, anéantit cette comédie » (p. 134). « Nocturne vulgaire » s'achève par « Un souffle disperse les limites du foyer » (p. 142). Et le poème « Enfance », « Je suis maître du silence. Pourquoi une apparence de soupirail blêmirait-elle au coin de la voûte ? » (p. 125). De nombreux poèmes s'achèvent sur le refus d'une révélation, ainsi dans « Après le Déluge » : « Et la Reine, la Sorcière qui allume sa braise dans le pot de terre, ne voudra jamais nous raconter ce qu'elle sait, et que nous ignorons » (p. 122), ou bien dans « Parade » : « J'ai seul la clef de cette parade sauvage » (p. 126).

En remettant en question les limites de la littérature, Rimbaud y occupe une place sacrée. Figure de Janus, sa poésie tente constamment de capter le « non-littéraire » sur le point de devenir littérature. Le succès et l'échec de son entreprise trouvent leur symbole le plus éloquent dans son rejet radical de la poésie, rejet que l'histoire de la littérature a consacré comme son acte poétique le plus durable.

Voir aussi 1871,1924.

Bibliographie : Stéphane Mallarmé, *Œuvres complètes*, éd. Henri Mondor et Georges Jean-Aubry (Paris, Gallimard, 1945). Rimbaud, *Œuvres complètes*, éd. Antoine Adam (Paris, Gallimard, 1972). *Littérature*, numéro spécial sur Rimbaud, n° 11 (octobre 1973). Alain Borer, *Rimbaud en Abyssinie* (Paris, Seuil, 1984). René Étiemble, *le Mythe de Rimbaud*, 3 vol. (Paris, Gallimard, 1952-1961). Georges Poulet, *la Poésie éclatée : Baudelaire-Rimbaud* (Paris, P.U.F., 1980). Jacques Rivière, *Rimbaud : dossier 1905-1925*, éd. Roger Lefèvre (Paris, Gallimard, 1977).

Norbert Bonenkamp

1874

Stéphane Mallarmé publie *la Dernière Mode : gazette du monde et de la famille*

Haute couture, haute culture

En août 1874, Stéphane Mallarmé, lassé d'enseigner l'anglais, remettait une fois de plus à plus tard la réalisation de son grand œuvre et se lançait dans la publication bimensuelle d'un magazine féminin, *la Dernière Mode : gazette du monde et de la famille*.

Huit numéros parurent, du 6 septembre au 20 décembre 1874, à l'initiative – disait la couverture – d'un certain Marasquin (fig. 1), l'un des noms de plume que Mallarmé s'était inventés pour l'occasion. Il se métamorphosait au fil des pages en Marguerite de Ponty, rédactrice de la rubrique « La mode » ; en Ix, homme du monde et critique littéraire, dramatique et saloniste dans la « Chronique de Paris » ; en miss Satin, commentatrice cosmopolite de la *high life* pour la « Gazette de la Fashion » ; et en anonyme « Chef de bouche chez Brébant » qui présentait ses menus savants au raffinement impeccable. Dans un « Carnet d'or » aux nombreux conseils pratiques pour éviter les fautes de goût, Mallarmé apparaissait sous les traits du tapissier décorateur Marliani, ou de Zizi, la bonne mulâtre originaire de Surate, célèbre pour sa confiture à la noix de coco. C'est seulement à la dernière page du numéro qu'apparaissait le véritable nom de Stéphane Mallarmé, à qui l'on était prié

DEUXIEME LIVRAISON
DIMANCHE 20 SEPTEMBRE 1874
LA DERNIÈRE MODE
PARIS
Un an. . . . . . 24 f.
Six mois 13
DIRECTEUR :
MARASQUIN
9, Rue de Chateaudun, 9
FRANCE
Un an. . . . . 26 f.
Six mois . . . 14
PARAIT
LE 1er ET LE 3e DIMANCHE DU MOIS
AVEC LE CONCOURS
DES GRANDES FAISEUSES, DE TAPISSIERS-DÉCORATEURS, DE MAITRES QUEUX
DE JARDINIERS, D'AMATEURS DE BIBELOTS ET DU SPORT
NOUVELLES & VERS
DE THÉODORE DE BANVILLE, LÉON CLADEL, FRANÇOIS COPPÉE, ALPHONSE DAUDET,
LÉON DIERX, ERNEST D'HERVILLY, ALBERT MÉRAT, STÉPHANE MALLARMÉ
CATULLE MENDÈS, SULLY PRUDHOMME, LÉON VALADE, AUGUSTE VILLIERS DE L'ISLE ADAM,
ÉMILE ZOLA, ETC.
MUSIQUE
PAR LES PRINCIPAUX COMPOSITEURS

1. Couverture de *la Dernière Mode*, n° 2 (20 septembre 1874).

d'adresser la correspondance ainsi que toute information concernant les livres, le théâtre, les voyages, la société et les beaux-arts.

En fait, Mallarmé rédigeait l'ensemble des articles de chaque numéro, à l'exception de la rubrique littéraire, qui accueillait des poèmes et des nouvelles de ses amis : Théodore de Banville, François Coppée, Alphonse Daudet, Armand Sully Prudhomme, Léon Valade et d'autres.

L'association de Mallarmé, poète exigeant dont l'hermétisme et le raffinement étaient sans équivalent, avec la frivolité d'un magazine de mode a toujours étonné ses lecteurs. On y a vu un détour inexplicable dans une carrière littéraire déjà étonnante – plus étrange encore, par exemple, que ses incursions dans la philologie anglaise ou la mythologie classique, quelques années plus tard. Et pourtant, lorsque Paul Verlaine réclama à Mallarmé quelques détails biographiques pour un article dans la série populaire des *Hommes d'aujourd'hui* (1886), celui-ci lui répondit le 16 novembre 1885 :

> J'ai dû faire, dans des moments de gêne ou pour acheter de ruineux canots, des besognes propres, et voilà tout (Dieux Antiques, Mots Anglais) dont il sied de ne pas parler ; mais à part cela les concessions aux nécessités comme aux plaisirs n'ont pas été fréquentes. Si à un moment, pourtant, désespérant du despotique bouquin lâché de moi-même, j'ai après quelques articles colportés d'ici et de là, tenté de rédiger tout seul, toilettes, bijou, mobilier, et jusqu'aux théâtres et aux menus de dîner, un journal *la Dernière Mode*, dont les huit ou dix numéros parus servent encore quand je les dévêts

de leur poussière à me faire longtemps rêver (« Autobiographie », in *Œuvres complètes*, p. 663)

Bien que *la Dernière Mode* puisse paraître marginale par rapport au projet poétique de Mallarmé, elle est restée pour lui une source de rêverie et d'évidente fierté longtemps après que le magazine eut disparu. Le lecteur y perçoit aisément le plaisir rêveur qui, dès le début, a marqué les noces poétiques de Mallarmé avec la mode. En effet, le monde merveilleux de la mode que Mallarmé évoquait numéro après numéro était un univers de formes enchanteresses, où les mots se mêlaient à l'éblouissement des parures, à la délicatesse des dentelles, à la douce transparence des plumes, au frémissement des éventails et à l'insignifiance ravissante des bibelots – images précises qui hantent les poèmes de Mallarmé.

Conformément au nom du magazine, chaque numéro offrait cinq ou six illustrations de mode, commentées, et un patron complet. Mais *la Dernière Mode* présentait aussi les dernières créations littéraires et théâtrales : de nombreuses œuvres littéraires importantes publiées en 1874 ont été présentées dans le cadre de la liste des « choses à faire » pour qui veut être dans le vent. On y trouve *la Tentation de saint Antoine,* de Gustave Flaubert, et *les Diaboliques,* de Jules Barbey d'Aurevilly, ainsi que les principaux romans, recueils de poésies et de nouvelles de cette période, de Banville, de Coppée, de Daudet, de Zola et d'autres.

Les critères d'évaluation, présentés dès le premier numéro, étaient ceux du mystérieux Ix. Les lecteurs avertis reconnaissaient sans peine, derrière l'anonymat suggestif du pseudonyme, les inclinations ludiques de Mallarmé : c'est en 1874 aussi qu'il allait surprendre de nombreux amis et admirateurs par un tour de force poétique, obscur, sans titre, que l'on appelait déjà son « Sonnet en -ix », rendu fameux par l'ouverture de sa deuxième strophe :

> Sur les crédences, au salon vide : nul ptyx
> Aboli bibelot d'inanité sonore (*ibid.*, p. 68).

Ainsi, plutôt que de cacher ses rapports avec le chroniqueur des élégances parisiennes, Mallarmé suggérait une analogie entre sa propre poésie, dense, hermétique, et l'espace du monde – et du magazine – de la mode plein de bibelots, aussi beaux que futiles, dans lequel circulaient ses volubiles créatures. Les termes de la déclaration d'Ix dans la « Chronique de Paris » du 6 septembre 1874 renforcent cette association :

> Parler, certes, des œuvres de l'esprit, mais toujours selon le goût du jour. [...] Que tel volume demeure huit jours entr'ouvert, comme un flacon, sur les soieries, ornées de chimères, des coussins ; et que cet autre passe de ce lieu d'épreuve sur les laques d'un cabinet stable, non loin des écrins fermés jusqu'à la prochaine fête : voilà notre façon très simple de juger (*ibid.*, p. 716).

Dans les sphères raréfiées de « la dernière mode », l'œuvre littéraire prend place dans le monde immatériel du boudoir à côté des parfums, des soieries et des bijoux. Dès lors, il n'est pas surprenant que les descriptions de ce monde clos aux nuances subtiles reflètent souvent la syntaxe et les métaphores des poèmes les plus célèbres de Mallarmé. Ses comptes rendus des nouveautés de la mode suggèrent le plaisir presque physique engendré par l'utilisation des termes exacts, exotiques, dans la description des dernières broches, des derniers éventails, chapeaux et coiffures : ces « mille riens charmants, appoint indispensable d'une toilette du jour » (« La mode », 4 octobre 1874, *ibid.*, p. 745). Comme les mots de ses poèmes, chaque détail d'une toilette et de sa description est conçu pour suggérer moins la matérialité de l'objet qu'un effet d'ensemble, magique et fugace : « Peindre, non la chose, mais l'effet qu'elle produit » (lettre à Henri Cazalis, octobre 1864, *Correspondance*, p. 137).

En ce sens, si les lecteurs de Mallarmé furent surpris, ce fut moins de le voir écrire *la Dernière Mode* que de découvrir les nombreux points de rapprochement entre cette publication et son œuvre « sérieuse ». Et pourtant, de même que l'évocation, par le chroniqueur, des robes de bal – « rendre légère, vaporeuse, aérienne pour cette façon supérieure de marcher qui s'appelle danser, la divinité apparue en leur nuage » (*la Mode*, 15 novembre 1874, *ibid.*, p. 797) – ne contredit pas ce que Jean-Pierre Richard a appellé l'« univers imaginaire de Mallarmé », de la même manière l'importance qu'il reconnaît au phénomène de la mode et à son concept s'inscrit dans la logique de l'histoire de la littérature du XIXᵉ siècle.

La littérature de l'époque témoigne de la profondeur de la préoccupation pour les questions de mode. Dans les romans de Balzac, les descriptions vestimentaires détaillées permettent de représenter les rapports de l'argent et du pouvoir dans une société bourgeoise en changement. Dès 1830, Balzac s'était penché sur la signification de la mode au sein de la civilisation moderne dans une série d'essais amusants et provocateurs : *Des mots à la mode, Physiologie de la toilette* et *Traité de la vie élégante*. Les prédécesseurs immédiats de Mallarmé, de Théophile Gautier et de Charles Baudelaire fournissent des exemples plus parlants encore de l'émergence de cette poétique de la mode au XIXᵉ siècle.

Gautier était le père spirituel de deux générations de poètes. Lorsqu'il mourut en 1872, peu d'écrivains restèrent indifférents à sa disparition. Mallarmé s'associa au deuil de ses amis et disciples et lui rendit hommage dans un poème à sa mémoire, *Toast funèbre* (1873). Il s'agit du dernier poème publié par Mallarmé avant la parution de *la Dernière Mode*. Derrière l'apparente impertinence de cet enchaînement, Mallarmé exprimait sa reconnaissance de la manière la plus juste en passant d'un toast funéraire à un billet de mode. Aucun auteur n'avait plus que Gautier identifié le monde de l'art à celui de la mode.

En un sens, ce fut Gautier qui légitima le thème de la mode en redéfinissant le statut du dandysme dans la culture de son temps. Ses nouvelles raffinées et ironiques, comme *Fortunio* (1837), ont transformé le dandy, anglophile fat et superficiel, en une sorte de rebelle de l'esthétique, de héros intellectuel. Gautier représentait le dandy comme un nouvel aristocrate du goût qui défiait les valeurs utilitaires de la société bourgeoise par sa dévotion extrême à la beauté du détail. Ainsi que le montra Barbey d'Aurevilly dans son essai *Du dandysme et de George Brummell* (1844), l'attachement à la mode proclamé par le dandy représentait d'abord la quête de nouveaux modèles d'activité créatrice dans un monde de credos conventionnels, aux manières et aux comportements figés.

Dans un pamphlet publié en 1858, *De la mode*, Gautier fait de la mode le signe, dans le monde moderne, des normes toujours variables de la beauté. S'adressant aux peintres qui refusent de représenter leurs modèles en habits contemporains parce que la mode s'éloignait trop de l'idéal « classique », Gautier défend avec éloquence les lois générales du vêtement moderne, y compris cette aberration de la mode du second Empire, les énormes crinolines :

> Une jeune femme décolletée, les bras découverts, coiffée comme nous l'avons dit et traînant après elle des flots de moire antique, de satin et de taffetas, avec ses doubles jupes ou ses volants multiples, nous semble aussi belle et aussi bien costumée que possible, et nous ne voyons pas trop ce que l'art aurait à lui reprocher. Par malheur, il n'y a pas de peintres contemporains ; ceux qui paraissent vivre de notre temps appartiennent à des époques disparues. [...] Ils ont une forme de beau préconçue, et l'idéal moderne est lettre close pour eux jadis (pp. 26-28).

Pour Gautier, l'art moderne devait puiser son idéal dans la mode contemporaine. En voici une confirmation supplémentaire : premier écrivain d'importance à avoir introduit le terme « crinoline » dans la littérature française, c'est à lui qu'on attribue cet important néologisme du XIXe siècle, la modernité, un terme que l'étymologie unit à la mode.

Cependant, le poète qui a donné la formulation la plus claire à cette association de la mode et de la modernité artistique n'est pas Gautier mais son disciple le plus fameux, modèle de Mallarmé, Charles Baudelaire. Dans *le Peintre de la vie moderne* (1863), Baudelaire a développé les intuitions de Gautier sur la mode et l'idéal de la beauté dans le cadre d'un programme esthétique. Il y caractérise le peintre exemplaire comme un dandy et un homme du monde, dont l'« affaire » est d'extraire de la mode, en particulier du spectacle toujours renouvelé des toilettes féminines, des éclats d'une beauté idéale où s'unissent des vérités éternelles et passagères :

> Si une mode, une coupe de vêtement a été légèrement transformée, si les nœuds de rubans, les boucles ont été détrônés par les cocardes, si le bavolet s'est élargi et si le chignon est descendu d'un cran sur la nuque, si la ceinture a été exhaussée et la jupe amplifiée, croyez qu'à une distance énorme son œil d'aigle l'a déjà deviné. [...] Il est beaucoup plus commode de déclarer que tout est absolument laid dans l'habit d'une époque, que de s'appliquer à en extraire la beauté mystérieuse qui peut y être contenue, si minime ou si légère qu'elle soit. (*Œuvres complètes*, vol. II, pp. 693-695)

La mode, selon Baudelaire, doit être considérée comme une tentative permanente et répétée en vue d'embellir une nature imparfaite ; elle doit être considérée comme « un symptôme du goût de l'idéal » (*ibid.*, p. 716). Avec cette analogie, il assigne un objectif commun à la mode et l'art – transcender l'inconstance et l'imperfection de la nature en créant de belles illusions ; tout en leur demandant de participer à l'esprit du temps – le « transitoire », le « fugitif », le « moderne ». « En le supprimant, prévient Baudelaire, vous tombez forcément dans le vide d'une beauté abstraite et indéfinissable » (*ibid.*, p. 695).

Il est frappant que ce soit à propos de peinture que Gautier et Baudelaire formulent leurs réflexions sur la mode et ses relations avec l'art moderne. De même, l'incursion de Mallarmé dans l'univers de la mode a coïncidé avec la découverte de la peinture de sa génération. Au cours de la seconde moitié du XIXe siècle, la peinture était en effet le domaine où l'on discutait avec vigueur la définition de l'« idéal moderne » de la beauté et où l'on débattait pour savoir s'il fallait représenter la réalité sociale contemporaine. 1874, année de *la Dernière Mode*, marqua un tournant dans l'histoire de ces débats sur la mode, la modernité et l'art.

Le 15 avril, deux semaines avant l'ouverture officielle du Salon de 1874, sous le patronage de l'État, le photographe Nadar (Félix Tournachon) inaugurait dans ses studios de Paris une exposition indépendante de peintures qui allait passer dans l'histoire comme la première exposition impressionniste. Parmi les artistes figuraient un grand nombre de jeunes peintres – Edgar Degas, Claude Monet, Berthe Morisot, Camille Pissarro, Pierre-Auguste Renoir et Alfred Sisley – tous influencés par le maître reconnu de la modernité, Édouard Manet. Pour caractériser ces peintres, disait un critique, il faudrait inventer le terme d'« impressionnistes », car dans leur œuvre ils ne cherchent pas à rendre le paysage, mais plutôt « la sensation produite » par celui-ci (Castagnary, « L'exposition du boulevard des Capucines »). Bien que, dans les œuvres exposées par ceux qui venaient de se faire baptiser impressionnistes, beaucoup représentassent effectivement des paysages et les sensations qui s'en dégageaient, d'autres, comme l'élégante toile de Degas, *Aux courses en province*, représentant une famille avec son équipage, cherchaient aussi à rendre avec précision des impressions d'élégance moderne. Sujet mis à part, les premières expériences de l'impressionnisme poursuivaient clairement un équivalent visuel de l'ambition poétique de Mallarmé : « Peindre, non la chose, mais l'effet qu'elle produit. »

En 1874, Mallarmé ne connaissait pas encore les peintres impressionnistes, mais il avait rencontré Manet, leur guide respecté, avec lequel il avait sympathisé. À la consternation de ses émules, Manet refusa de participer à l'exposition de 1874 et préféra affirmer sa légitimité artistique en soumettant ses tableaux au jury du Salon officiel, bien que celui-ci fût esthétiquement réactionnaire.

Les tableaux de Manet du début des années 1870 traduisaient en général les impressions exercées sur lui par un paysage social en pleine mutation. Dès les années 1860, alors qu'il était en contact avec Baudelaire, il avait acquis la réputation d'un « peintre de la vie moderne », radical et controversé. Ce ne fut donc pas une totale surprise si, des trois tableaux soumis au Salon de 1874, un seul, *le Chemin de fer* (1872-1873), fut accepté. L'ironie veut que ce soit ce tableau qui ait été associé, par la suite, aux techniques et à l'iconographie de l'impressionnisme : l'audace, ici, consistait à représenter, dans un cadre moderne de fumée et d'acier, une jeune femme à la mode et une fillette bien mise.

Lorsqu'il apprit que le Salon avait rejeté deux tableaux de Manet, Mallarmé rédigea rapidement un article indigné, « Le jury de peinture pour 1874 et M. Manet » (*Œuvres complètes*, p. 696). Dans cet article, écrit quelques mois seulement avant *la Dernière Mode*, Mallarmé proteste énergiquement contre l'exclusion du *Bal de l'Opéra* (1873-1874), extraordinaire tranche de vie mondaine où se pressent Parisiens élégants et dames provocantes en costumes. Le poète défend le sujet du tableau, « l'allure d'une foule moderne », et vante la maîtrise technique avec laquelle Manet a su capter cette vision étourdissante d'une fête. Une fois de plus, c'était la main d'un artiste, l'œil rivé sur la mode, qui avait saisi l'esprit de la modernité.

Mais la mode n'intéressait pas seulement les artistes d'avant-garde. Ce qui fascinait les impressionnistes dans la mode, c'était les images fugaces d'un environnement toujours changeant ; mais, au même moment, des théoriciens académiques la regardaient d'un autre œil, en vue de réaffirmer les principes constants de l'art. Charles Blanc, directeur de l'École des beaux-arts de 1848 à 1852 et de 1870 à 1873 et fondateur de la *Gazette des beaux-arts* (1859), est l'auteur d'une célèbre *Grammaire des arts du dessin* (1867) qui exerça une profonde influence. Cette *Grammaire* devint, pour les artistes de la fin du siècle, un ouvrage théorique de référence. Ce qu'on sait moins, cependant, c'est qu'en 1874 Blanc lui donna une suite, entièrement consacrée aux lois de la mode : *l'Art dans la parure et dans le vêtement*.

Ce livre parut d'abord dans la *Gazette des beaux-arts*, en quatre livraisons, du 1er février au 1er juillet 1874. Comme il l'avait fait pour la peinture et la gravure, Blanc formula pour la mode un ensemble de règles immuables que l'on pouvait définir et maîtriser. Certains titres de chapitres indiquent son ambition et sa méthode : « De l'assortiment des couleurs dans la parure », « À l'harmonie de la toilette concourent les parties secondaires ou accessoires telles que les souliers, les gants, l'éventail [...] les dentelles », « L'ordre, étant une condition essentielle dans la composition d'un bijou, les modes qu'il faut y employer ».

Blanc mettait ainsi en place une sorte d'encyclopédie des effets magiques et insaisissables de la parure que Mallarmé avait cherché à évoquer dans *la Dernière Mode*. Il serait pourtant difficile d'imaginer approches plus opposées : là où Mallarmé se délectait dans les ineffables plaisirs et charmes de la mode, Blanc cherchait à les réduire à des lois pratiques et universelles. Malgré d'aussi manifestes différences, cependant, *l'Art dans la parure* et *la Dernière Mode* présupposaient et illustraient un même axiome : la mode est un art. Ce message avait été transmis indirectement par l'ensemble de la littérature française du XIXe siècle. Plus que la littérature, c'étaient les rapides changements dans les conditions matérielles de production des vêtements féminins qui avaient transformé, au cours du second Empire, le travail artisanal de la mode en une remarquable forme artistique.

De nombreuses innovations technologiques affectèrent la production et la distribution des articles de « la dernière mode » au cours de la seconde moitié du siècle : le perfectionnement des machines à coudre, par exemple, permit d'augmenter le nombre de robes qu'une couturière pouvait confectionner en une semaine tandis que, grâce à l'expansion du système ferroviaire, les nouveautés de Paris étaient diffusées dans tout le continent. Mais il fallait l'imagination, la compétence et l'ambition d'un individu pour concrétiser le potentiel de ces changements technologiques ; par ses procédés, celui-ci modifia radicalement la structure et le statut de la mode dans le monde moderne.

Charles Worth arriva à Paris à la fin des années 1840 pour être assistant des ventes dans la maison de tissus et de confections dominante du moment. Ce jeune Anglais connaissait parfaitement les tissus de luxe dont les techniques de fabrication n'avaient aucun secret pour lui. Dans les années 1860, son nom et celui de la maison qu'il fondera deviendront synonymes du summum de la mode en Europe et dans le Nouveau Monde. Dans *la Dernière Mode*, Mallarmé se réfère fréquemment à lui comme au « grand Worth », « ordonnateur de la fête sublime et quotidienne de Paris, de Vienne, de Londres et de Pétersbourg », « le magicien extraordinaire ».

Lorsque Worth arrive à Paris, la couture en est encore au stade de la collaboration locale et occasionnelle entre merciers, couturières et dames de l'aristocratie : celles-ci choisissent auprès de leur fournisseur un tissu qu'elles remettent à leur couturière avec une description du modèle de ce qu'elles souhaitent. La couturière n'exerce pratiquement aucun contrôle sur le tissu, les couleurs ou le dessin des robes ; le résultat final, quelle que soit sa qualité, est censé refléter d'abord les goûts de la cliente. Worth a révolutionné ce processus. Partant du principe que, dans une toilette réussie, le dessin et le tissu étaient absolument inséparables, il commença par des créations simples, mais élégantes, conçues en fonction des propriétés des matières qu'il choisissait personnellement. Cette formule rencontra un immense succès : l'Exposition universelle de Paris (1855) décerna une médaille d'or aux robes de Worth, qui ouvrit sa propre maison rue de la Paix en 1858. En 1863, il devint le fournisseur attitré de la cour impériale. Avec une audace inouïe – deux fois inouïe s'agissant d'un homme –, Worth rassembla toutes les activités périphériques de la mode sous une seule enseigne et prit le contrôle de la totalité de la garde-robe de sa clientèle d'élite. Il devint, selon ses propres termes, un « artiste » qui « composait des toilettes ». L'impératrice Eugénie elle-même devait se soumettre à son goût : il imposait la couleur, le tissu, le modèle et les accessoires de ses robes jusqu'au dernier détail. La maison Worth créa ainsi son propre style de distinction. Ses critères d'excellence devaient survivre au régime que servait sa clientèle. À l'avènement de la troisième République, l'empire de Worth était plus puissant que jamais ; depuis son siège à Paris, il décidait des caprices de la haute couture de New York à Saint-Pétersbourg.

Les modèles qui intriguaient Gautier en 1858, fascinaient Baudelaire en 1860 et préoccupaient Mallarmé en 1874 étaient donc tous des produits dérivés de la maison Worth. Plus qu'aucun poète ou peintre, Charles Worth parvint à créer une aura autour de la mode et à la promouvoir comme l'art des temps modernes. Ainsi que le remarquait miss Satin, songeuse, dans la « Gazette de la Fashion » le 1er novembre 1874, « nous avons toutes rêvé cette robe-là sans le savoir. M. Worth, seul, a su créer une toilette aussi fugitive que nos pensées » (*Œuvres complètes*, p. 783). Ce n'était donc pas tout à fait un hasard si les poètes flânant dans les rues de Paris, en cette fin du XIXe siècle, voyaient dans l'étalage de la mode contemporaine un modèle pour la « peinture de la vie moderne ». Il faut cependant mettre au crédit de leurs dons de visionnaires d'avoir perçu ce que peu avant eux auraient osé imaginer : dans cette époque qui inaugurait la prospérité de la production de masse, l'art exemplaire de la modernité allait être aussi une industrie.

Voir aussi 1871, 1924.

Bibliographie : Charles Baudelaire, *Œuvres complètes*, éd. Claude Pichois (Paris, Gallimard, 1975). Charles Blanc, *l'Art dans la parure et dans le vêtement* (Paris, Renouard, 1874). Jules Antoine Castagnary, « L'exposition du boulevard des Capucines : les impressionnistes », *le Siècle* (29 avril 1874) ; réimp. dans le catalogue de l'exposition « Centenaire de l'impressionnisme », à l'article « L'exposition de 1874 chez Nadar », d'Hélène Adhémar et Sylvie Gache (Paris, Grand Palais, 1974). Théophile Gautier, *De la mode* (Paris, Poulet-Malassis, 1858). Stéphane Mallarmé, *Correspondance, 1862-1871*, éd. Henri Mondor et Jean-Pierre Richard (Paris, Gallimard, 1959) ; *la Dernière Mode : gazette du monde et de la famille*, fac-similé (Paris, Ramsay, 1987) ; *Œuvres complètes*, éd. Henri Mondor et Georges Jean-Aubry (Paris, Gallimard, 1945). Rose Fortassier, *les Écrivains français et la Mode* (Paris, P.U.F., 1988). Sima Godfrey, « The Dandy as Ironic Figure », *SubStance*, n° 36 (1982), pp. 21-33. Diana de Marly, *The History of Haute Couture, 1850-1950* (New York, Holmes and Meier, 1980), en partic. chap. Ier-II. Georg Simmel, « La mode » (1895), in *la Tragédie de la culture et autres essais*, trad. Sabine Cornille et Philippe Ivernel (Paris, Rivages, 1988).

Sima Godfrey

1876

George Sand meurt pendant que Gustave Flaubert travaille à *Un cœur simple*

Idéalisme

Ce 10 juin 1876, aux funérailles de George Sand, Gustave Flaubert, comme il le répétera à ses correspondants, s'est mis à pleurer « comme un veau », lui que, dans ses lettres, elle appelait affectueusement mon « vieux troubadour ». Le chagrin que lui inspirait la perte de son (ou sa) « chère bon maître adorable » était d'autant plus vif qu'il était précisément absorbé par la composition d'une nouvelle qu'il déclara avoir composée « exclusivement » pour elle, « pour son seul plaisir » (28 août 1877). Alors que Flaubert luttait contre la dépression qu'entraînait chez lui l'effondrement de ses espérances financières et littéraires, Sand lui avait donné un conseil : « Fais quelque chose de plus terre à terre et qui aille à tout le monde » (Flaubert-Sand, *Correspondance*, p. 505). Ce quelque chose allait être *Un cœur simple* (1876), l'histoire d'une femme inculte, Félicité, dont la vie est consacrée à servir religieusement une seule maîtresse, Mme Aubain. Dans ce récit, le plus populaire des écrits de Flaubert, la critique a insisté surtout sur ce qu'a de problématique l'ironie d'un texte qui tire constamment vers le pathétique. Par fidélité à celle à qui il l'avait destiné, Flaubert n'a cessé de le défendre contre ceux qui y voyaient de l'ironie. « Cela n'est nullement ironique comme vous le supposez, écrivait Flaubert à Edma Roger des Genettes, mais au contraire très sérieux et très triste. Je veux apitoyer, faire pleurer les âmes sensibles, en étant une moi-même » (*Correspondance*, 19 juin 1876). Pourtant, à de rares exceptions près, l'ironie est ce que l'on a retenu de l'œuvre, méconnaissant à la fois sa nature pathétique et la dette de Flaubert envers Sand.

Incontestablement, comme on l'a souvent observé, Sand et Flaubert forment le couple le plus inattendu de la littérature : d'un côté, la bonne dame de Nohant, écrivain réputé pour sa prolixité ; de l'autre, l'ermite de Croisset, perfectionniste légendaire. D'un côté, l'auteur de classiques pour la jeunesse ; de l'autre, le précurseur du modernisme. Et pourtant, comme en témoignent les treize années de leur correspondance, ces différences permirent et enrichirent leur dialogue. Les effets intertextuels de l'amitié de Sand et de Flaubert ne se limitent pas à *Un cœur simple* ; ils couvrent quarante ans de littérature française. Comme ses contemporains, Flaubert a lu Sand dans sa jeunesse et il n'est pas exclu que la critique féministe du mariage qu'on trouve dans les romans de Sand ait fourni une part du contexte culturel de *Madame Bovary* (1857). Sand, à son tour, reprit le thème de l'adultère dans *le Dernier Amour* (1865), un roman tardif, aujourd'hui oublié, qu'elle dédia à Flaubert et où elle s'est proposé de dégager la peinture de l'adultère de l'immoralité à laquelle l'œuvre de Flaubert l'avait associée. Cette question des rapports entre moralité et littérature fut précisément l'occasion des divergences les plus intéressantes entre Sand et Flaubert dans les dernières années de leur correspondance.

Flaubert et ses émules réalistes partaient du principe que « l'art et la moralité sont deux choses parfaitement différentes et que la première n'a rien de plus à voir avec la deuxième qu'avec l'astronomie ou l'embryologie » (Henry James, *Lettres*). Au contraire, pour Sand – et ceci explique peut-être pourquoi, au XIXe siècle, sa célébrité dépassait celle de Flaubert auprès du public russe et anglophone –, art et moralité étaient indissociables. D'où son rejet massif de la doctrine de l'impartialité de l'écrivain chère à Flaubert qui croyait, comme en témoigne sa célèbre lettre de 1875, « que l'artiste ne doit pas plus apparaître dans son œuvre que Dieu dans la nature » (*Correspondance*, décembre 1875). Loin d'être un *deus absconditus* absent de son œuvre, l'écrivain, selon Sand, doit intervenir, juger ses personnages et par-dessus tout proposer un guide moral à ses lecteurs. « Faire mystère du sens moral et profitable de son œuvre » (Flaubert-Sand, *Correspondance*, p. 518), comme Flaubert l'a fait dans *l'Éducation sentimentale* (1869), revient à chercher l'indifférence du lecteur, voire son rejet. Mais ce n'est pas à cela que Flaubert pensait quand il parlait de la « différence essentielle » qu'il y avait entre lui et Sand. En effet, en dernière analyse, ce que Sand reprochait aux romans de Flaubert, c'était moins leur échec à formuler un point de vue moral que leur refus d'offrir au lecteur des exemples moraux : « Ne prends pas la vertu vraie pour un lieu commun en littérature », plaidait Sand. « Donne-lui son représentant, fais passer l'honnête et le fort à travers ces fous et ces idiots dont tu aimes à te moquer » (*ibid.*, p. 519).

C'est un fait que l'univers romanesque de Flaubert n'est pas peuplé d'exemples de vertus : il ressemble plutôt à une déprimante concentration de névrosés, d'égocentriques ou de cyniques, sans l'ombre d'une vertu pour les racheter. On compte sur les doigts d'une main ceux qui représentent la bonté : Catherine Leroux, la domestique qu'on récompense d'une médaille au cours des comices agricoles dans *Madame Bovary* ; Dussardier, l'ouvrier altruiste qui tombe sur les barricades dans *l'Éducation sentimentale* ; et, bien sûr, Félicité, la servante au grand cœur d'*Un cœur simple*, qui s'éteint, prenant un perroquet empaillé pour le Saint-Esprit. La bonté, dans chaque cas, va de pair avec la bêtise ou, pour le moins, la naïveté. Le tableau présenté par les quelque soixante-dix romans de Sand ne saurait être plus différent. D'une longue liste de personnages vertueux, on retiendra les figures lumineuses d'Edmée Mauprat, de Fadette, du marquis de Villemer et du meunier d'Angibault. Qui plus est, la vertu est toujours récompensée et reçoit de l'auteur un soutien sans équivoque. La différence essentielle entre Sand et Flaubert se situe au niveau de l'éthique et de sa place dans la fiction ; elle sépare aussi Sand de Balzac – en bref, des principaux représentants du réalisme français.

Ce débat avec Flaubert fait écho à celui que Sand avait eu, près d'un demi-siècle plus tôt, avec Balzac, l'ami et le modèle de jeunesse. Flaubert lui écrivait : « Vous, du premier bond, en toutes choses, vous montez au ciel, et de là vous descendez sur la terre. Vous partez de l'a priori, de la théorie, de l'idéal. [...] Moi, pauvre bougre, je suis collé sur la terre comme par des semelles de plomb, tout m'émeut, me déchire, me ravage et je fais des efforts pour monter » (*ibid.*, p. 52). Et Balzac, comme elle le rapporte dans *Histoire de ma vie* (1855), lui avait dit, vers 1830 : « Vous cherchez l'homme tel qu'il devrait être ; moi, je le prends tel qu'il est » (*Œuvres complètes*, vol. II, p. 161). L'opposition de l'idéalisme de la femme écrivain et du réalisme de l'écrivain viril qui a les pieds sur terre et affronte la réalité de plein fouet est un cliché tenace de l'histoire et de la critique littéraire (masculine). Ainsi, lorsque Balzac continue, « Idéalisez dans le joli et dans le beau, c'est un ouvrage de femme » (*ibid.*, vol. II, p. 162), il parle avec le détachement d'un distributeur de proverbe.

Dans le cas de Sand, il se trouve que ses théories et sa pratique épousaient parfaitement ces idées reçues concernant les rapports entre le sexe de l'auteur et le type de littérature pratiqué. En effet, tandis que les maîtres du roman français du XIXe siècle, Balzac, Flaubert et Zola, quelles que soient leurs différences individuelles, souscrivaient à l'esthétique virile du réalisme, Sand revendiquait une esthétique idéaliste.

À la suite de Kant qui avait donné à l'idéal une place centrale dans l'esthétique (1794), le XIXe siècle a fait du réalisme et de l'idéalisme un couple antagonique. Opposé à l'idéalisme, le réalisme n'avait de sens que par rapport à lui – au point que considérer l'un des termes isolément, en dehors de son rapport avec l'autre, reviendrait à le vider de sens, voire à le dénaturer. En peinture, où l'opposition a d'abord fait son apparition, le dénouement sera assez différent, mais en littérature le triomphe du réalisme fut tel qu'il allait pratiquement chasser l'idéalisme de notre conscience critique et avec lui l'importance littéraire du plus éminent de ses représentants en France, Sand. Car ce n'est pas parce qu'elle était une femme, mais parce qu'elle était associée à une certaine représentation du monde discréditée (elle-même, d'ailleurs, associée à l'esprit féminin) que cette dernière a cessé de figurer, aux côtés de Balzac et de Flaubert, parmi les figures canoniques de la littérature.

Le même flottement sémantique qui affecte le réalisme (s'agit-il d'un « mode éternel » ou d'un mouvement historique spécifique ? Les œuvres réalistes sont-elles un reflet du réel ou construisent-elles ce réel au gré des intérêts de classe ?) se retrouve dans l'idéalisme. La clé de la conception de l'idéalisme de Sand apparaît chez Hippolyte Taine, l'un de ses plus éloquents admirateurs, professeur aux Beaux-Arts dont les cours d'esthétique étaient aussi populaires qu'influents. Dans la section « De l'idéal dans l'art » de sa *Philosophie de l'art* (1880), Taine distingue deux formes de l'idéal : celui qui met en valeur l'essentiel et celui qui promeut le bien suprême. Cette double définition montre le flottement de l'idéalisme entre sa dimension formelle et sa dimension éthique. Ainsi, alors qu'on pourrait dire que Balzac est un idéaliste au premier sens parce que, selon un jugement de Taine auquel lui-même aurait souscrit, ses personnages étaient idéalisés « en sens inverse, dans leur laideur ou leur bêtise » (*ibid.*, vol. II, p. 162), Sand est le seul romancier du XIXe siècle à se présenter comme une idéaliste au sens plein, c'est-à-dire aux deux sens du mot. C'est à cause de cette combinaison de l'idéalisation essentialisante et de l'idéalisation régénératrice que Taine fait d'elle le paradigme du romancier idéaliste, alors que Balzac, en dépit de l'aspect « plus grand que nature » de ses personnages, reste plongé dans les sphères inférieures du réalisme éthique. Ce renversement hiérarchique est remarquable : l'esthétique de Taine se place d'un point de vue inhabituel qui fait du réalisme un idéalisme inférieur ou manqué ; tandis que Sand, et non Balzac, devient le plus important romancier français du XIXe siècle.

L'idéalisme propre à Sand – qui ne doit pas être confondu avec l'idéalisme plus traditionnel, germanique et misogyne d'auteurs fin de siècle comme Auguste de

Villiers de l'Isle-Adam – trouve son expression achevée dans les « romans champêtres » de sa maturité : *la Mare au diable* (1846) ; *François le Champi* (1847) ; *la Petite Fadette* (1848) et *les Maîtres sonneurs* (1853). Mais il ne connaît pas les genres et imprègne son œuvre, des romans d'amour les plus mélodramatiques aux romans à thèse les plus édifiants. La poétique de l'idéalisme repose sur deux procédés : d'une part l'élimination du détail accessoire qui, selon Sand, constitue l'essence du réalisme et d'autre part la mise en valeur d'un protagoniste qui incarne le « sentiment ou l'idée principale du livre » (*ibid.*, vol. II, p. 161), c'est-à-dire presque toujours l'amour sous son jour le plus sublime. Ce n'est pas un hasard si Sand évoque à plusieurs reprises ce qui en Occident est l'archétype de l'éros éthique, l'amour courtois dont le rituel était chanté par les troubadours médiévaux. La quête presque obsessionnelle par Frédéric Moreau de la dame inaccessible de ses rêves, l'idéale Mme Arnoux de *l'Éducation sentimentale*, renvoie au même modèle mais avec la distance de la parodie : dans l'univers dégradé, avilissant, du réalisme de Flaubert, ni le narcissique Frédéric ni la bourgeoise Mme Arnoux ne parviennent à l'union transcendante à laquelle ils aspirent. En revanche, dans l'univers romanesque de Sand, où les femmes ne sont jamais des sujets pleinement désirants alors que les hommes savent maîtriser leurs instincts et différer indéfiniment la possession charnelle, le modèle de l'amour courtois, soumis à des fins féministes, se prête à l'élaboration d'une nouvelle grammaire de l'érotisme. La grande différence entre les histoires d'amour de Sand et de Flaubert, c'est que chez elle – comme souvent chez Hugo et Balzac – la quête de l'amour idéal est inséparable d'une aspiration vers un monde meilleur. Car malgré la lecture de « stupides romans féminins » (George Eliot), si Indiana rêve, ce n'est pas, comme Emma Bovary, du beau monde et de Paris, mais de la liberté pour elle et pour ses frères d'esclavage. Lorsque, dans l'épilogue – condamné sans appel pour son invraisemblance par la critique contemporaine et masculine, dont Sainte-Beuve –, Indiana et son fidèle cousin Sir Ralph se retirent dans la contrée sauvage de Bernica, ils se consacrent à la libération des vieux esclaves noirs infirmes. De même, à la fin de *la Petite Fadette*, lorsque Fanchon et Landry se sont mariés et partagent un bonheur sans mélange, Fanchon fonde et dirige une école pour les enfants nécessiteux de la commune. L'altruisme est un élément central de l'amour chez Sand. Ce même altruisme que symbolise la patiente Félicité qui, selon les termes de Flaubert, « aime successivement un homme, les enfants de sa maîtresse, un neveu, un vieillard qu'elle soigne, puis son perroquet » (*Correspondance*, 19 juin 1876). Inculte comme Indiana, elle a l'intelligence du cœur. À la différence des autres personnages de Flaubert, dans cette série d'objets d'amour, aucun n'est narcissique. Sous le régime « idéaliste », l'amour est anaclitique. Quoi qu'on puisse dire du caractère hétéroclite des choix de Félicité, ils témoignent tous d'une rare capacité à aimer l'Autre. Après tout, qu'est-ce que le perroquet sinon l'Autre absolu, d'abord comme animal, ensuite comme matière inerte et finalement comme signifiant transcendantal ? Malgré les duplicités du texte et ses recours à l'ironie, il n'y a guère de doute que, dans *Un cœur simple*, Flaubert rend justice à la vertu et qu'il réconcilie la poétique du réalisme et l'esthétique de l'idéalisme.

L'idéalisme et le réalisme, ces deux modes de représentation qui dominent le roman au XIXe siècle, ne s'opposent pas de manière irréductible. Dans *Un cœur simple*, Flaubert combine des effets réalistes, obtenus par des détails accessoires, avec l'idéalisation de son personnage principal. Quant à Sand, elle prend toujours soin d'entourer le personnage qu'elle idéalise de personnages secondaires, réalistes, dont la fonction est d'assurer la vraisemblance et la légitimité du texte. C'est peut-être dans l'œuvre de l'autre George, George Eliot, qui devait tant à Sand, que la rencontre des contraires se produit de la manière la plus frappante. Dans un célèbre chapitre d'*Adam Bede* (1859), Eliot rejette l'idéalisme dominant en faveur d'un réalisme prosaïque et révolutionnaire mais, en dépit de ses nombreux défauts, son personnage principal reste une figure extrêmement idéalisée, un modèle de vertu populaire calqué sur le meunier d'Angibault de Sand. Malgré sa tendance à s'affaiblir, comme le font toutes les oppositions, celle de l'idéalisme et du réalisme gagnerait à être réanimée et revalorisée si l'on veut remettre en cause l'hégémonie du réalisme masculin. George Sand retrouverait ainsi sa place d'honneur.

Bibliographie : Gustave Flaubert, *Correspondance*, éd. Jean Bruneau (Paris, Gallimard, 1973) ; *Œuvres complètes*, éd. A. Thibaudet et R. Dumesnil (Paris, Gallimard, 1952). Gustave Flaubert-George Sand, *Correspondance*, éd. Alphonse Jacobs (Paris, Flammarion, 1981). George Sand, *Histoire de ma vie*, in *Œuvres complètes*, éd. G. Lubin, (Paris, Gallimard, 1971). Hippolyte Taine, *Philosophie de l'art* (Genève, Slatkine, 1980). Victor Brombert, *Flaubert par lui-même* (Paris, Seuil, 1971). Naomi Schor, « Idealism in the Novel : Recanonizing Sand », *Yale French Studies*, n° 75 (1988), pp. 56-73.

Naomi Schor

1877

Émile Zola publie son premier roman ouvrier, *l'Assommoir*

Nature, société et discours de classe

Pour sa sortie en volume, Émile Zola a fait précéder *l'Assommoir* d'une préface où il répond à la marée d'indignation soulevée par sa publication en feuilleton l'année précédente. Il y définit son roman comme « une œuvre de vérité, le premier roman sur le peuple, qui ne mente pas et qui ait l'odeur du peuple » (p. 34). Cette définition frappe par la manière dont elle combine trois éléments : l'idéologie du peuple et de son odeur, la façon dont la fiction peut éviter de mentir et le besoin de Zola de déclarer qu'aucun roman avant le sien n'avait pris le peuple pour sujet.

Car *l'Assommoir* avait d'illustres précédents : nombreux sont les romans qui avaient déjà reconnu droit de cité à ceux que les contemporains de Zola appelaient la canaille. Depuis le XVIIIe siècle, les paysans figuraient en bonne place parmi les personnages du roman français et, au XIXe siècle, les chroniqueurs de la vie rurale comptaient des auteurs aussi importants qu'Honoré de Balzac et George Sand. Quant au peuple urbain – sujet de *l'Assommoir* (l'héroïne, Gervaise Macquart, est une blanchisseuse parisienne) – *les Mystères de Paris* (1842-1843), d'Eugène Sue, et *les Misérables* (1862), de Victor Hugo, s'étaient acquis une audience internationale en représentant les indigents de Paris.

En 1864, Edmond et Jules de Goncourt avaient publié un roman dont le personnage principal est une domestique, Germinie Lacerteux. Dans une préface en forme de manifeste, ils énuméraient plusieurs points qui réapparaîtront, dix ans plus tard, dans celle de *l'Assommoir*. Eux aussi insistaient sur la vérité de leur œuvre : « Le public aime les romans faux ; ce roman est un roman vrai. » Eux aussi se disaient les premiers à décrire l'existence de la majorité oubliée de la population. « Vivant au XIXe siècle, dans un temps de suffrage universel, de démocratie, de libéralisme, nous nous sommes demandé si ce qu'on appelle "les basses classes" n'avait pas droit au Roman » (*Germinie Lacerteux*, p. 55). Zola n'avait jamais ménagé son appui aux Goncourt et il avait écrit des pages extrêmement louangeuses sur *Germinie Lacerteux* : s'il réclame pour *l'Assommoir* le privilège d'avoir ouvert des terres nouvelles au roman, il doit s'agir d'autre chose que l'introduction de personnages des dites basses classes.

Zola n'était pas seul à penser qu'un élément nouveau apparaissait avec *l'Assommoir*. C'est un des rares points sur lequel la critique fut unanime et l'indignation soulevée par cette nouveauté inaugura la longue série d'invectives qui allait accueillir la plupart des romans de Zola au cours des vingt-cinq années qu'il lui restait à vivre. Henri Mitterand en cite deux exemples dans les notes de son édition des *Rougon-Macquart* (1871-1893), dont *l'Assommoir* est le septième roman : « Ce n'est pas du réalisme, c'est de la malpropreté ; ce n'est plus de la crudité, c'est de la pornographie... » (vol. II, pp. 1558-1559) ; « *l'Assommoir* appartient moins à la littérature qu'à la pathologie » (*ibid.*, vol. II, p. 1561). Auteur et lecteurs s'opposaient sur sa valeur, mais ils s'accordaient à reconnaître la nouveauté de l'œuvre.

Cette nouveauté vient en partie de ce que le roman ne recourt à aucun centre d'intérêt extérieur au monde des ouvriers urbains. Si l'intrigue est prenante, elle l'est pour des raisons inséparables de la classe dans laquelle elle se déroule, et elle décrit les travailleurs sans les opposer à ceux qui les oppriment. Le titre initialement prévu était « La simple vie de Gervaise Macquart » ; mais Zola ne voulait pas trahir la simplicité de la vie ouvrière en y introduisant une action artificielle ou en l'opposant à sa contrepartie bourgeoise.

La violence des réactions de la critique a son origine dans ce qu'on pourrait appeler la conception bourgeoise des convenances littéraires. Le roman est, par bien des côtés, un genre bourgeois : son développement est inséparable du progrès matériel et politique d'une bourgeoisie qui allait lui fournir ses intrigues et ses lecteurs. En ce sens, les travailleurs de *l'Assommoir* étaient des intrus qui profanaient un espace réservé ; cette transgression se produisait de surcroît à un moment où la bourgeoisie, inquiète pour son pouvoir politique, était plus que jamais jalouse de ses prérogatives littéraires. Hugo, Sue et les Goncourt avaient représenté les classes inférieures du Paris d'avant la Commune. *L'Assommoir* parut six ans après cette révolte dont Marx a dit qu'elle avait représenté « la forme politique enfin trouvée qui permettait de réaliser l'émancipation économique du travail » (*la Guerre civile en France*, p. 60). Faire parler des ouvriers constituait une innovation littéraire qui rappelait les innovations politiques des ouvriers, exprimées six ans plus tôt.

Zola a rejeté avec la même détermination la bienséance bourgeoise et le roman bourgeois ; il a donné à la vie physique de ses personnages un poids sans précédent, du moins dans les romans publiés légalement. C'est cette description des fonctions corporelles qui indigna le plus violemment les premiers lecteurs de *l'Assommoir*. Ce déchaînement, selon Jean Borie, tient au fait que Zola, avec ses romans, est parvenu à inhiber deux mécanismes de défense psychosociaux essentiels. La bourgeoisie avait mis en place un système de répression qui travaillait sur deux fronts, interdisant à la fois aux fonctions corporelles et au monde du travail d'accéder à la conscience. Dans le système métaphorique de l'époque, cela voulait dire que, pour être pleinement humain, il fallait être au-dessus des besoins corporels et des nécessités économiques. En plaçant le corps et l'ouvrier au centre du roman – genre littéraire qui a beaucoup fait pour cette définition de l'humain – Zola détruisait un système d'oppositions essentiel à la conscience de soi de l'époque.

La question si débattue du message idéologique de Zola serait donc, selon Borie, résolue depuis longtemps : pour qu'un ouvrage de fiction indigne à ce point les conservateurs, il fallait qu'il menace les fondements de leur vision du monde. Cette manière de voir ne manque pas de force, mais elle élude une question importante : en combinant les deux refoulements, celui du corps et celui de la classe, Zola aurait pu justifier une répression par l'autre. Pour l'idéologie bourgeoise, le progrès permet à l'homme de s'éloigner de la bête et de se rapprocher de l'ange. Si, pour apparaître dans le roman, les travailleurs doivent suivre la trajectoire inverse, les maintenir à leur place est essentiel pour le cours de l'humanité. Ainsi s'expliquerait pourquoi, alors que les critiques socialistes éreintaient eux aussi le roman, le public bourgeois, ignorant les diatribes des porte-parole de sa classe, consomma quatre-vingt-onze éditions du roman dans les cinq années qui suivirent la publication.

Une des fonctions de l'idéologie est de naturaliser le social, de représenter comme éternel, donc comme hors d'atteinte, ce qui n'est en fait qu'une création historique de l'homme lui-même. Assigner, comme le fait Zola, la même position au donné naturel des fonctions corporelles et au donné social de la division des classes, est un geste idéologique, d'autant plus que Zola insiste sur le fait que cette corrélation n'est pas une invention romanesque mais une vérité enfin révélée par un texte qui « ne ment pas ». La place du peuple, comme son odeur, est devenue une donnée naturelle plutôt qu'un artefact social.

Si la société est un phénomène naturel, toute perspective de changement social relève de la fantaisie. Cette position réactionnaire est implicite dans le nom de naturalisme donné par Zola à son esthétique. L'immobilisme suggéré par le mot est confirmé par les nombreux manifestes où Zola définit le naturalisme comme la transposition en littérature des méthodes des sciences naturelles. Malgré le goût des critiques pour souligner les contradictions entre sa théorie et sa pratique, il est exact que les romans de Zola semblent parfois soumettre les phénomènes naturels et les actes humains aux mêmes lois. Cet immobilisme apparaît aussi dans l'écriture romanesque de Zola qui manie la langue comme si elle était transparente et pouvait nommer le monde tel qu'il est. Georg Lukács, dans des essais mémorables, a dénoncé dans cette stylistique de l'objectivité une vision du monde qui implique que les classes sociales soient un donné immuable. Dans *l'Assommoir*, cette vision du monde interdit le développement d'un univers fictif dans lequel les travailleurs seraient capables de prendre le contrôle de leur destinée. Gervaise Macquart, abandonnée par Lantier, son amant, épouse Coupeau, un couvreur, et ouvre une blanchisserie qu'elle fait prospérer. Coupeau, blessé à la suite d'une chute, devient alcoolique. Gervaise se met à boire à son tour. Elle perd sa blanchisserie – et sa vertu lorsqu'elle renoue avec Lantier. Veuve, abandonnée de nouveau, elle meurt dans la misère, victime de son manque de caractère. Si l'introduction des travailleurs dans l'univers romanesque était un geste progressiste, il est contrebalancé par un récit qui condamne les ouvriers à mener une vie dissolue et irresponsable.

Plus encore que ce que nous pensons, l'idéologie détermine comment nous le pensons. Appliqué à un roman, ce principe doit attirer l'attention sur sa composition plus que sur son contenu ; Zola cherche à naturaliser le processus de l'écriture et, ce faisant, à renforcer les certitudes de la bourgeoisie. La sociocritique a montré sur quels présupposés idéologiques reposaient les descriptions prétendument objectives de Zola. La fausse neutralité du style naturaliste entérine les normes dominantes, refuse toute méthode de description qui ne se bornerait pas à articuler l'inertie du monde.

La même sociocritique a montré, néanmoins, que *l'Assommoir* renouvelait l'écriture romanesque d'une façon extraordinaire. Le roman qui a introduit les travailleurs et leur vie dans l'espace de la fiction y a aussi importé leur langage. Au lieu d'être limités aux dialogues des personnages, le lexique et la syntaxe de la rue envahissent la voix narrative du roman et c'est à cette expérimentation stylistique que Zola attribuait l'opposition rencontrée par son œuvre. La préface ne dit pas seulement que *l'Assommoir* est un roman « qui ne ment pas », elle dit aussi que, si sa vérité dérange, c'est d'abord à cause du langage qui l'exprime. « La forme seule a effaré. On s'est fâché contre les mots. Mon crime est d'avoir eu la curiosité littéraire de ramasser et de couler dans un moule très travaillé la langue du peuple. Ah ! la forme, là est le grand crime ! » (p. 33). Ce « moule très travaillé » renvoie à la forme du roman et le « grand crime » est d'avoir montré que le genre romanesque bourgeois n'était pas plus assujetti à la condition bourgeoise qu'à la langue bourgeoise.

Comme Jacques Dubois l'a montré à l'aide d'une étude statistique et thématique, l'extension du parler ouvrier aux passages narratifs de *l'Assommoir* prolonge et élargit les ambiguïtés sémantiques du style indirect libre de Flaubert. Lorsque le travail de la forme permet d'effacer la frontière entre les énoncés sûrs et ceux qui ne le sont pas, l'existence même d'un langage « qui ne ment pas » devient problématique. Mais alors que Flaubert exploitait les effets psychologiques de cette incertitude, le message de Zola est social. Même s'il n'est pas facile de dire au profit de qui l'auteur de *l'Assommoir* s'est effacé, il est clair que celui qui parle à sa place n'appartient pas à la bourgeoisie. Le langage socialement marqué de *l'Assommoir* permet d'établir une identité qui, ultime profanation du moule romanesque, n'est pas individuelle mais collective.

Cette socialisation donne une dimension polyphonique à la description naturaliste, traditionnellement « monologique ». Ce terme de polyphonie, emprunté à Mikhaïl Bakhtine, nous conduit à évoquer le principe selon lequel une voix en dialogue avec une autre n'est pas à même de mettre fin elle-même à ce dialogue. Appliqué à *l'Assommoir*, il s'ensuit que le discours dénotatif du narrateur est redéfini par le style indirect libre d'ouvriers anonymes qui l'interrompt. Lorsque, de deux langages en conflit, l'un se définit par la classe sociale de ses locuteurs, il est impossible que l'autre échappe à toute détermination sociale. Dans sa préface, Zola affirme que son intention « était de faire un travail purement philologique », qu'il croyait « d'un vif intérêt historique et social » (p. 33). Mais la philologie pure n'est qu'un vœu pieux là où le langage est objet d'intérêt en tant que construction historique et sociale. C'est ce qui donne au projet de Zola son caractère paradoxal, illustré par le fait que, tout au long du roman, des descriptions censées présenter la vérité nue sont insérées dans un cadre qui fait apparaître toute description comme partie prenante des conflits sociaux et historiques.

L'Assommoir donne donc la possibilité d'évaluer les implications idéologiques de la description naturaliste dans le contexte d'une œuvre qui les rend manifestes. Une langue qui se prétend transparente, neutre et véridique y est juxtaposée à une langue qui frappe par son opacité et son caractère social.

Dans le titre initial, « La simple vie de Gervaise Macquart », nom propre et sens propre se conjuguaient pour signifier que le langage peut avoir la simplicité d'une vie d'ouvrière. Dans le titre final, cette transparence est définitivement brouillée. Dérivé du verbe assommer, assommoir avait des connotations fortement populaires. Mais le roman applique le terme à tant de choses qu'il devient inutilisable pour ce qui, en théorie, serait la nomination naturaliste. Jacques Dubois a montré comment la multiplication de ses sens finit par en faire un terme purement connotatif qui subvertit radicalement le parti pris dénotatif de la fiction naturaliste à laquelle il donne son nom. Le même conflit entre signifiés absolus et signifiés socialisés se retrouve ailleurs, faisant des errances sémantiques du mot assommoir la figure du roman dans son ensemble. Les marques stylistiques au moyen desquelles un langage prétend ne pas mentir sont imprégnées par l'odeur de ses origines bourgeoises, rappelant qu'il a ses racines dans une classe qui s'arroge l'exclusivité de la distinction entre mensonge et réalité.

Huit ans après *l'Assommoir*, Zola publia *Germinal* (1885), récit d'une grève de mineurs qui échoue. Ce deuxième roman ouvrier fut lui aussi l'objet d'interprétations contradictoires : comme *l'Assommoir*, en effet, *Germinal* simultanément dénonce et pratique des techniques descriptives qui immobilisent la société et ses membres. Mais, comme avec *l'Assommoir*, la dénonciation de l'immobilisme commence avec le mot qui amorce son univers textuel, le titre. Germinal est un des mois du calendrier révolutionnaire, créé pour annoncer la marche de l'Histoire et la venue des temps nouveaux. En rappelant au monde bourgeois qu'il s'était édifié à la faveur d'une lutte violente, ce titre lui suggérait une fin analogue, chassant des cinq cents pages qui suivent tout soupçon d'immobilisme.

Dans *l'Assommoir*, l'autorité du narrateur omniscient est mise à mal : l'origine sociale des interlocuteurs l'emporte sur l'objectivité de la narration. Dans *Germinal*, cette réfraction a une portée explicitement politique. La perspective des grévistes – celle d'un changement économique – s'oppose à l'immutabilité sur laquelle repose le naturalisme et le titre du roman rappelle que l'action des démunis est un défi auquel aucun discours établi n'est assuré de pouvoir survivre. Même si les récits des luttes ouvrières qu'on doit à Zola constituent une consécration de la stylistique bourgeoise, ils montrent comment classe sociale et stylistique vont de pair. Ils contiennent toutes sortes d'exemples d'un langage qui prétend s'effacer devant ce qui est, sans a priori. Et, en même temps, ils insèrent ce langage dans un contexte qui révèle ses a priori. Les débats sur la portée idéologique des romans ouvriers de Zola n'ont pu atteindre une telle intensité que parce que les conflits qui les traversent n'ont toujours pas été résolus.

Voir aussi 1848, 1871.

Bibliographie : Edmond et Jules de Goncourt, *Germinie Lacerteux* (Genève, Slatkine, 1985). Émile Zola, *l'Assommoir* (Paris, Garnier-Flammarion, 1969) ; *les Rougon-Macquart*, éd. Henri Mitterand, 5 vol. (Paris, Gallimard, 1961-1967). Erich Auerbach, « Germinie Lacerteux », in *Mimesis* (Paris, Gallimard, 1969). Jean Borie, *Zola et les mythes* (Paris, Seuil, 1971). Jacques Dubois, *« L'Assommoir » de Zola : société, discours, idéologie* (Paris, Larousse, 1973). Georg Lukács, *Balzac et le réalisme français*, trad. Paul Laveau (Paris, Maspéro, 1967). Karl Marx, *la Guerre civile en France* (Paris, Éditions sociales, 1975).

Sandy Petrey

1880

Quarante-cinq mille exemplaires de *Nana* sont vendus le jour de sa publication

La prostitution dans le roman

Au dix-neuvième siècle, la prostituée est le vecteur principal des fantasmes masculins sur la sexualité féminine. Elle sert de repoussoir à l'ambivalence vis-à-vis du corps, du désir, de l'argent et de la classe dont ces fantasmes témoignent. Lorsque Balzac, Flaubert, Zola ou Huysmans évoquent la fascination exercée par la disponibilité sexuelle de la prostituée, c'est pour dénoncer les effets du désir et donner une urgence à la nécessité de sceller le corps féminin, de réprimer son érotisme – voire de le supprimer. Cette ambivalence laisse son empreinte sur la structure du récit. Par sa déviance, ses transgressions, son existence en marge de la société, la prostituée est un incomparable réservoir d'énergie narrative. Le fait qu'elle attire la sexualité d'individus d'origines sociales différentes lui permet de surcroît de traverser les barrières de classe et de fonctionner comme agent unificateur du récit. Mais cette unification risque de conduire à l'effondrement des structures sociales. L'empire érotique de la prostituée réduit l'homme à ses pulsions libidinales médiatisées par une transaction monétaire en même temps qu'il encourage les femmes à recourir au même moyen impersonnel pour obtenir richesse et plaisir. Où cela mènerait-il, sinon à une entropie qui rend les individus interchangeables et fait peser sur les différences requises par la production du sens la menace d'une médiocrité généralisée ? Pour une grande part, les stratégies narratives mises en place par les romanciers du XIXᵉ siècle pour maîtriser la figure de la prostituée sont des réactions de défense contre la vision catastrophique que leur inspire sa sexualité publique.

L'essentiel de cette vision se trouve déjà dans l'ouvrage d'Alexandre Parent-Duchâtelet, officier de la santé publique, auteur de la première étude moderne sur la question, *De la prostitution dans la ville de Paris* (1836). Pragmatiste méticuleux, pionnier de l'utilisation de la statistique, Parent-Duchâtelet était obsédé par les sujets de ses études, en bonne place desquels figurent les charognes et les excréments d'animaux à divers stades de pourriture et de décomposition. Il passait sans interruption des égouts aux prostituées (l'étymologie rattache putain à puer) : ces canaux d'évacuation des déchets, requis pour l'assainissement de la cité, doivent être surveillés de près et régulièrement désinfectés. Parent-Duchâtelet défendait le système de contrôle en vigueur à Paris : privées de nombreux droits civils, les prostituées, inscrites à la police, étaient enfermées, dans la mesure du possible, dans des « maisons

de tolérance » officiellement reconnues et devaient se soumettre à intervalles réguliers à des examens médicaux destinés à prévenir les maladies vénériennes.

Parent-Duchâtelet craignait tout particulièrement que les prostituées enfreignent l'ordre établi et s'introduisent dans la bourgeoisie et les classes supérieures. Pour contenir la contamination des germes d'en bas, qu'il s'agisse de maladie ou de sexualité, il proposait des solutions qui ne sont pas sans rappeler les stratégies narratives et stylistiques imaginées par les romanciers pour contrôler les fantasmes que faisait naître chez eux la sexualité féminine.

La figure de la prostituée au cœur d'or, populaire à l'époque romantique, répondait à la demande de répression inscrite dans l'idéologie patriarcale. Sa destinée la vouait à sacrifier, pour l'amour d'un homme, les bénéfices qu'elle avait tirés de l'exploitation commerciale de son corps et de son esprit – bénéfices qui lui avaient permis de s'élever au-dessus de ses origines. Mais ce mythe du rachat par l'amour exigeait d'elle qu'elle limite sévèrement ses aspirations : elle donne une leçon édifiante, soit, mais à la condition d'être la première à se condamner pour la souillure qui entache irrémédiablement son passé. Son cœur d'or lui fait ainsi renoncer à un avenir en or : l'héroïne de *Marion de Lorme* (1831), la pièce de Hugo, adore Didier mais n'ose pas rêver d'un mariage avec lui. Celle des *Mystères de Paris* (1842-1843), d'Eugène Sue, Fleur de Marie, bien qu'aimée d'un prince et reconnue princesse, a intériorisé le code moral patriarcal au point de se laisser dépérir pour expier sa vie sexuelle antérieure. Enfin, dans *la Dame aux camélias,* d'Alexandre Dumas fils (1848 pour le roman, 1852 pour la pièce), Marguerite, atteinte de phtisie, se laisse persuader d'être raisonnable et renonce à son seul vrai amour.

Marguerite est un des derniers spécimens de l'espèce : le mythe de la prostituée sacrifiée avait cessé d'être crédible. Sous le second Empire, la courtisane était devenue un personnage public dont les foucades défrayaient la chronique. Cette figure de proue de la dissipation incarnait l'appétit de plaisir de la bourgeoisie. Paradant avec ostentation sur les nouveaux boulevards, son sens du théâtre fascinait la misogynie des artistes : il lui permettait de dissimuler sous un masque artificiel l'animal libidineux qui hantait leurs fantasmes. Baudelaire, par exemple, dans *Mon cœur mis à nu* (1877), qualifie la femme de « naturelle, c'est-à-dire abominable » (*Œuvres complètes*, vol. Ier, p. 1272), tout en exaltant son maquillage, ses bijoux et son costume, tout ce qui permet à une femme de devenir, comme le dit Flaubert, « un produit de l'homme [...] une œuvre factice » (lettre à Louise Colet, 27 mars 1853, *Correspondance*, vol. II, p. 284). Ce fantasme archétypique remplit en effet un double rôle, car la prostituée est associée à la fois au primitif – instinctuel et biologique – et à ce qui le voile, couverture de cette naturalité abjecte sous un masque dont l'artificialité évoque certains procédés littéraires du modernisme : fragmentation, hétérogénéité, réflexivité qui rompent l'unité et la continuité du personnage et de l'intrigue.

C'est Balzac qui, ici comme ailleurs, assure la transition. La fresque mélodramatique de *Splendeurs et misères des courtisanes* (1845-1847) s'ouvre sur les épreuves d'Esther Gobseck, courtisane repentie que l'ancien forçat Vautrin veut relancer sur le marché du sexe pour venir en aide aux ambitions de son amant Lucien. Mais, plutôt que de compromettre son amour, Esther se suicide, quittant le roman avant la fin de la première moitié. La prostitution n'en continue pas moins à être la force motrice de l'intrigue ; elle est simplement déplacée sur la relation homosexuelle (latente ?) de

Vautrin et de Lucien. Ce dernier se prête de meilleure grâce qu'Esther ne le faisait aux échanges vénaux et aux substitutions imaginés par Vautrin ; il est superficiel et malléable, alors qu'Esther « obéit trop à ses organes » (*Splendeurs et misères des courtisanes*, p. 902). Sous la direction de l'alter ego de Balzac qu'est Vautrin, Lucien poursuit dans le monde de la prostitution, avec ses déguisements, ses subterfuges et ses faux, une carrière dont l'arbitraire et la discontinuité annoncent une sensibilité moderne.

Les romans de Flaubert sont l'achèvement de cette sensibilité. Ils sont aussi l'exemple parfait d'un traitement de la prostitution qui l'associe au déni de la sexualité féminine. Dans l'épilogue de *l'Éducation sentimentale* (1869), Frédéric et Deslauriers font le bilan d'une vie d'échecs. Leur meilleur moment fut une visite, quand ils étaient adolescents, au bordel local, moment typiquement flaubertien et moderne dans la mesure où l'initiation sexuelle qu'ils en attendaient allait tourner court : pris de panique à la vue de tant de femmes s'offrant à lui, Frédéric s'enfuit, forçant Deslauriers, qui n'avait pas d'argent, à le suivre. La prostitution n'est ainsi qu'une occasion qui permet au refus du corps féminin de se manifester, et la manière dont les deux amis évoquent cet échec comme un moment de bonheur transforme ce refus en source d'inspiration narrative.

Le tableau de la prostitution chez Flaubert est aussi chargé d'une dimension historique. Dans *l'Éducation sentimentale*, les exemples de prostitution, au sens littéral et figuré, sont si abondants que la période couverte par le roman, entre 1840 et 1868, semble baigner dans la vénalité. Le motif de la prostitution permet de faire communiquer tous les personnages de l'échelle sociale : hommes ou femmes, tous veulent se vendre au plus offrant. Les femmes circulent sur la place publique comme des marchandises fétichisées. Même la vertueuse figure maternelle de Mme Arnoux n'arrive pas à échapper à la commercialisation générale qui dégrade les relations humaines. Selon Flaubert, la défaite de 1870 aurait fourni une parfaite conclusion à son livre.

C'est précisément cette conclusion que l'admirateur de Flaubert qu'était Zola a choisi pour sa fresque sur la prostitution, *Nana* (1880). Zola arrache voiles, masques et déguisements à la figure qui hante les fantasmes masculins du siècle, la femme à l'état de nature. La scène d'ouverture, où Nana s'expose sur les planches, de moins en moins vêtue, illustre cette chute des écrans culturels. Cela se passe dans un théâtre que son directeur appelle un bordel. Le dernier voile tombé, le pouvoir sexuel de Nana et l'intensité de son odeur de femme transforment son public en une masse pantelante de désir. « Il faut que le livre soit le poème du cul », écrivait Zola dans son dossier préparatoire, « et la moralité sera le cul faisant tout tourner » (*Nana*, p. 1677). La crudité de ce mot dissocie la personnalité de Nana et sa vie biologique. Zola, en effet, passe son temps à traiter Nana de bonne fille. En ce sens, elle est une victime de sa sexualité au même titre que les hommes qui se détruisent pour elle. Zola élève le désir pour la femme à une dimension mythique qui lui fait rejoindre la décomposition biologique et la déchéance organique. Les inquiétudes de Parent-Duchâtelet resurgissent, agrandies dans la fresque hallucinée d'une civilisation qui s'effondre.

Dans *le Roman expérimental*, publié la même année que *Nana*, Zola observe : « Dans la société comme dans le corps humain, il existe une solidarité qui lie les différents membres, les différents organes entre eux, de telle sorte que, si un organe pourrit,

beaucoup d'autres sont atteints, et qu'une maladie très complexe se déclare » (p. 78). Cette identification de la société et du corps explique les contagions catastrophiques qui conduisent si souvent les mondes fictifs de Zola à la destruction. Elles tirent leur origine d'une faille dans la santé physique, d'une déviation de l'ordre social. Le sang de Nana est vicié par une hérédité de misère et d'alcoolisme et son sexe de femme souffre d'un « détraquement nerveux » (*Nana*, p. 1269). Mais ce détraquement n'est dû qu'en partie à ses origines ouvrières. Zola fait un parallèle entre la fêlure physiologique de Nana et celle qui entame l'épiderme aristocratique de la comtesse Sabine, amorce « d'un désir et d'une jouissance » (*ibid.*, p. 1153) qui la conduiront à une sexualité effrénée. Le désir, force de vie, est présenté par Zola comme la plus destructrice des déviations qui menacent une vie saine et équilibrée. Une fois touchée par le désir, toute femme, quelle que soit son origine, se précipitera dans la prostitution comme dans son état naturel, répandant autour d'elle le virus de son infection dégénérative.

La dégénérescence est un des mythes les plus profonds de cette fin de siècle. Bénédict Auguste Morel avait soutenu dans son *Traité des dégénérescences physiques, intellectuelles et morales de l'espèce humaine* (1857) que le caractère pathologique d'une prédisposition héréditaire s'accroît de génération en génération à la suite de mutations vers des formes de plus en plus morbides, diminuant la capacité de l'individu à résister physiquement aux maladies et moralement aux pulsions instinctives. De nombreux praticiens des sciences sociales souscrivaient, tout comme Zola, à l'idée d'un déclin progressif dont des problèmes sociaux comme la criminalité, la folie, l'alcoolisme, la prostitution, la défaite de 1870 et la baisse de la natalité étaient autant de symptômes. En 1893, le criminologue italien Cesare Lombroso développa la thèse selon laquelle, les femmes ayant toutes été des prostituées dans les temps primitifs, un rien suffisait à ranimer cet atavisme et à les faire régresser à cet état. De ce point de vue, la prostituée incarne la femme essentielle – précocement vicieuse, puérile, perverse, dépourvue de sens logique ou moral.

Dans l'imaginaire médical et littéraire de cette « fin de siècle », la prostituée est aussi le vecteur du prototype vénérien de la pathologie dégénérative, la syphilis héréditaire. Cette maladie, qui reste latente pendant des décennies, voire des générations, pour se réveiller avec une virulence décuplée dans le sang d'un héritier innocent, exposait la bourgeoisie à la perspective d'une chute à la fois économique et génétique. La mort de Nana, atteinte par la variole (petite vérole) que lui a transmise son enfant, a évidemment pour but d'évoquer la maladie vénérienne (grande vérole). La contagion sexuelle de Nana infecte hommes et femmes sans distinction, les décompose, les rend semblables à elle. Elle émousse leurs différences qui finissent par disparaître dans la putréfaction de son cadavre, symbole de la désintégration d'une époque (Guy de Maupassant, syphilitique comme l'étaient Baudelaire, Jules de Goncourt, Flaubert et Alphonse Daudet, inverse le symbole de ce paradigme dans sa nouvelle *le Lit 29* (1884) où une prostituée syphilitique, au lieu de se soigner, couche avec tous les Prussiens qu'elle peut pour transformer sa maladie en arme patriotique).

Huysmans venait de perdre la foi dans le naturalisme de Zola quand il a écrit *À rebours* (1884), roman clé du mouvement décadent. Mais, là où il voulait rompre avec la vision morbide de son maître, il n'a fait que lui donner une seconde jeunesse. Huysmans construit une chaîne d'équations qui fait communiquer divers fantasmes

terrifiants : sexualité de la femme = prostitution = castration = syphilis = monde organique. Les récits de rêve d'*À rebours* sont peuplés d'images de castration d'autant plus répugnantes que, pour la femme, cette mutilation ne signifie pas une perte de puissance : au contraire, c'est une hémorragie malsaine qui contamine tous les organismes vivants. Le goût décadent pour l'artifice, qui remonte à Baudelaire, s'enracine dans la peur panique de la dégénérescence qui menace la vie au contact de la femme. « Tout n'est que syphilis », observe Des Esseintes, le héros morbide d'*À rebours*. « Et il eut la brusque vision d'une humanité sans cesse travaillée par le virus des anciens âges » (*À rebours*, p. 197). La mort se retrouve ainsi aux deux extrémités de la vision de Huysmans : la corruption syphilitique d'un côté, la stérilité de l'artifice de l'autre. Sur le plan littéraire, sa solution associe une fois de plus les techniques du modernisme à un refus fantasmatique de la sexualité féminine : un style extrêmement ornementé, dont la surface émaillée recouvre et occulte la corruption imaginée des dessous et un récit qui, en juxtaposant des unités narratives autonomes, subvertit le modèle organique du développement narratif.

La prostituée syphilitique est le prototype de la femme fatale dont les versions prolifèrent en cette fin de siècle : le vampire, le Sphinx, Salomé, Judith. Ces figures sont souvent représentées par les peintres dans les formes fluides, ondoyantes et végétales de l'art nouveau, avec leur chevelure luxuriante, images qui témoignent d'une fascination anxieuse pour les qualités dissolvantes, voire asphyxiantes, de la beauté féminine. Cette angoisse s'est dissipée après la découverte en 1909 d'un traitement de la syphilis à base d'arsenic. Survint ensuite le grand cataclysme de la Première Guerre mondiale. Les deux dernières décennies du dix-neuvième siècle offrent, cependant, une ressemblance inquiétante avec celle que nous vivons actuellement : le sida a pris la place de la syphilis à la fois sur le plan de la souffrance individuelle et sur celui des fantasmes d'une opinion inquiète qui cherche à se justifier en faisant porter à une sexualité déviante la double responsabilité d'une infection mortelle et d'une civilisation au bord du désastre.

Voir aussi 1840, 1884, 1892.

Bibliographie : Honoré de Balzac, *Splendeurs et misères des courtisanes*, éd. Pierre-Georges Castex, vol. VI (Paris, Gallimard, 1976-1981). Charles Baudelaire, *Journaux intimes*, in *Œuvres complètes*, éd. Claude Pichois, vol. Ier (Paris, Gallimard, 1975). Gustave Flaubert, *Correspondance*, éd. Jean Bruneau, vol. II (Paris, Gallimard, 1980). Joris-Karl Huysmans, *À rebours*, éd. Marc Fumaroli (Paris, Gallimard, 1977). Alexandre Parent-Duchâtelet, *De la prostitution dans la ville de Paris* (1836 ; en version abrégée, sous le titre *la Prostitution à Paris au* XIXe *siècle*, éd. Alain Corbin [Paris, Seuil, 1981]). Émile Zola, *Nana,* in *les Rougon-Macquart*, éd. Henri Mitterand (Paris, Gallimard, 1961-1967) ; *le Roman expérimental* (Paris, Garnier-Flammarion, 1971). Charles Bernheimer, *Figures of Ill Repute* (Cambridge, Harvard University Press, Mass., 1989). Jean Borie, *Zola et les mythes* (Paris, Seuil, 1971). Victor Brombert, *Flaubert par lui-même* (Paris, Seuil, 1971). Alain Corbin, *les Filles de noce* (Paris, Albin Michel, 1978). Patrick Wald Lasowski, *Syphilis : essai sur la littérature française du* XIXe *siècle* (Paris, Gallimard, 1982).

Charles Bernheimer

1884

Joris-Karl Huysmans publie *À rebours*

Réalités virtuelles

C'est comme disciple d'Émile Zola que Joris-Karl Huysmans s'est d'abord fait connaître, c'est-à-dire comme adepte du naturalisme. Pour cette école, la littérature pouvait, devait même, imiter, de manière précise, les modèles de la nature élaborés par la science. Dans la pratique, le naturalisme voulait un récit journalistique, abondamment détaillé, n'omettant rien du bon goût : la chose valut à Zola une solide réputation de « pornographe » bien que son œuvre, au regard des normes actuelles, semble plutôt timide. En 1877, Huysmans avait proclamé, dans *Émile Zola et l'Assommoir*, son allégeance au naturalisme. Il est généralement admis que la publication d'*À rebours* (1884) consomme une double rupture. Avec Zola d'abord, comme Huysmans l'a reconnu dans la préface qu'il ajoute au roman en 1902 ; avec son passé réaliste ensuite, bien qu'il soit plus difficile de dire en quoi elle a consisté et quelle fut sa portée.

Il est certain, en tous cas, que *À rebours* devint, presque instantanément, le manifeste d'une nouvelle école littéraire à laquelle on associa des romanciers comme Auguste de Villiers de l'Isle-Adam et des poètes comme Jules Laforgue, Tristan Corbière et même, dans une certaine mesure, Stéphane Mallarmé. L'année précédente, Paul Bourget avait publié ses *Essais de psychologie contemporaine* (1883) dans lesquels le chapitre consacré à Baudelaire est sous-titré *Théorie de la décadence*. De fait, *À rebours* marque chez Huysmans un retour à la part la plus sombre, la plus manifestement baudelairienne de lui-même, qui était sensible dans ses premières œuvres. En s'appropriant le terme de « décadent » pour qualifier son héros, Huysmans faisait date dans la littérature française. Des Esseintes allait devenir l'idole de toute une génération de jeunes littérateurs, et Mallarmé, en tête, allait lui adresser les strophes de sa célèbre et hermétique « Prose pour des Esseintes » (1885).

On pourrait pourtant considérer *À rebours* comme le manifeste d'un retour au réalisme tel que Flaubert l'avait conçu. En même temps qu'il rompt avec le naturalisme de Zola, *À rebours* renoue avec le « réalisme » descriptif qui avait connu son apogée avec Flaubert. On a longtemps identifé la décadence à un « déclin des valeurs ». En littérature, ce déclin se traduit par l'abandon du projet réaliste et naturaliste de capter dans le langage le reflet des phénomènes empiriques au profit d'un goût pour le symbolique, le grotesque et le fantastique. Comme l'indique l'étymologie latine, decadere, « tomber de », la décadence fut une chute, mais cette chute a commencé dès Flaubert dont le réalisme n'a pas le même objet que celui de Zola. Le « réel » de Flaubert se réduit à la perception que nous en avons, sans renvoyer à quelque chose qui existerait antérieurement à elle ou en dehors d'elle. Cette conception qui fait de la réalité une représentation renvoie à la philosophie d'Arthur Schopenhauer dont le pessimisme a profondément marqué la définition qu'avait Huysmans de la décadence. Ce n'est qu'après avoir mesuré la dette de Huysmans envers le réalisme de Flaubert que l'on pourra saisir la portée des innovations d'*À rebours*.

Le héros de cette œuvre, Des Esseintes, applique avec une rigueur implacable la logique du réalisme flaubertien : le roman devient truquage, production d'effets spéciaux, manipulation des sens et du désir du lecteur au moyen du langage de sorte que naît le sentiment hallucinatoire de l'abolition des différences entre le texte et la réalité, entre le récit, qui relève de l'imagination, et les événements réels. Des Esseintes se retire dans sa maison de Fontenay-aux-Roses et se retranche du monde avec l'intention d'imposer son contrôle absolu à la réalité qui l'entoure et de réduire à néant, dans l'enceinte de sa maison, la différence entre l'imaginaire et le réel, l'artifice et la nature. Il tente de se donner l'illusion de diverses réalités pour faire jouer sur elles ses propres sensations.

Les *Trois Contes* (1877) sont, dans l'œuvre de Flaubert, la meilleure illustration de ce réalisme. Le recueil est composé de trois nouvelles : *Un cœur simple, la Légende de saint Julien l'hospitalier* et *Hérodias*. L'unité profonde des *Trois Contes*, si souvent ignorée ou incomprise, est assurée par la triple représentation d'expériences religieuses. Dans la première nouvelle, la « simplicité » du principal personnage, Félicité, lui interdit de faire la différence entre le texte de la Bible et la réalité, entre une carte et le terrain qu'elle représente, entre un perroquet et Dieu : le réel et sa représentation ne forment qu'un pour cet esprit d'une simplicité hallucinatoire. Dans la deuxième nouvelle, c'est un autre animal, un cerf, avec la prophétie qu'il annonce à Julien, qui joue le rôle du perroquet : il représente la façon dont la réalité muette, brute et objective a elle-même besoin du langage, de la représentation et de la perception humaine pour s'incarner et devenir ce que nous entendons par « réalité ». La rencontre de Julien avec le cerf provoque chez lui un doute proche de la folie. Il n'est plus certain de la différence entre le réel et le texte (du réel), entre la soif de violence (un désir physique) et un autre désir, spirituel, lié aux écritures. Cette différence disparaît dans l'hallucination finale de l'expérience divine. De la même manière, *Hérodias* met en jeu le contraste entre le désir érotique, physique, d'Hérode et le désir scriptural, religieux, d'Iaokanann (Jean-Baptiste). Salomé, objet du désir d'Hérode, est un mouvement muet ; Jean-Baptiste n'est qu'une voix dans le désert, enfermée, comme celles du perroquet et du cerf, dans un corps de brute. La réalité de Salomé et de Jean-Baptiste, ce qui fait d'eux des objets de désir, dépend de la manière dont ils sont perçus. La meilleure représentation de ce paradoxe se trouve dans la double description de la tête de Jean-Baptiste, d'abord comme objet gisant parmi d'autres après les festivités de la nuit, puis comme talisman sacré.

Des Esseintes doit être compris comme quelqu'un qui a décidé d'appliquer dans sa vie les principes et la logique qui ont guidé Flaubert dans son œuvre. Le projet de Des Esseintes est de contrôler ses sensations et d'agir sur elles avec une intensité et une précision telles que le « monde réel fictif » qui en naîtra sera si absolu qu'aucune parcelle ne pourra être contaminée par la réalité extérieure. Sa préférence pour les auteurs latins vient de ce que leur langue « morte » n'est plus sujette aux modifications apportées par l'usage ; il reproduit si minutieusement les odeurs et l'atmosphère du voyage qu'il n'a plus besoin de quitter Paris pour avoir la sensation d'être à Londres ; il possède un « orgue à bouche », ensemble de liqueurs aux goûts divers dont il compose une sorte de musique : « Chaque liqueur correspondait, selon lui, comme goût, au son d'un instrument. Le curaçao sec, par exemple, à la clarinette » (*À rebours*, p. 138). Tantôt il transpose, dans sa bouche, une composition musicale existante, tantôt il compose lui-même des mélodies. En un mot, « l'artifice paraissait à Des Esseintes la marque distinctive du génie de l'homme » (*ibid.*, p. 107) ; si bien qu'il devenait « possible de contenter les désirs réputés les plus difficiles à satisfaire dans la vie normale, et cela par un léger subterfuge, par une approximative sophistication de l'objet poursuivi par ces désirs mêmes » (*ibid.*, p. 106). Une vie entière sous les auspices d'un adroit mensonge.

Le grillon qui lui tient compagnie joue le même rôle que Loulou, le perroquet de Félicité, dans *Un cœur simple* : de même que l'oiseau donne forme à l'expérience du réel de Félicité, figurant toutes sortes de significations, le lieu où séjourne son neveu, le Saint-Esprit et le Nouveau Monde, le grillon sert à Des Esseintes à manipuler ses perceptions, ses souvenirs, ses émotions, ses sensations. Mais Des Esseintes sait très bien qu'il est manipulé, qu'il se manipule lui-même : il est un lecteur sophistiqué et subtil, à la différence de la naïve Félicité. Et c'est précisément là que réside le principe directeur de l'orchestration sophistiquée à laquelle il soumet toutes ses sensations physiques et son environnement. La manipulation du lecteur (Des Esseintes) par l'auteur (Des Esseintes) – ou par ses mots – se produit ici à l'intérieur du texte où Des Esseintes s'efforce de créer un « roman réel ». Cette manipulation est une parfaite répétition du projet réaliste de Flaubert qui avait l'ambition de créer une réalité littéraire plus crédible, plus immédiate que la réalité phénoménale, et de manipuler l'imagination du lecteur de manière si subtile que le fossé entre le réel et le texte en viendrait à disparaître. Des Esseintes, en ce sens, est encore plus réaliste que Flaubert : c'est dans sa vie qu'il met en pratique la stylistique de Flaubert. Le grillon de Des Esseintes est la figure emblématique d'une logique qui reste implicite chez le perroquet Loulou, le cerf qui annonce la prophétie à Julien, la tête de Jean-Baptiste et la danse de Salomé. Il représente surtout de manière figurale le style réaliste de Flaubert, un réalisme qui n'arrive pas à s'oublier, et qui se définit d'abord comme art de manipuler des sensations imaginaires. Même s'il s'imagine entendre dans le chant du grillon, « par hallucination », toutes sortes de significations qui n'y sont pas, comme Félicité le faisait avec son perroquet, Des Esseintes sait parfaitement ce qu'il est en train de faire :

> Ainsi, par haine, par mépris de son enfance, il avait pendu au plafond de cette pièce une petite cage en fil d'argent où un grillon enfermé chantait comme dans les cendres des cheminées du château de Lourps ; quand il écoutait ce cri tant de fois entendu, toutes les soirées contraintes et muettes chez sa mère, tout l'abandon d'une jeunesse souffrante et refoulée, se bousculaient devant lui, et alors, aux secousses de la femme qu'il caressait machinalement et dont les paroles ou le rire rompaient sa vision et le ramenaient brusquement dans la réalité, dans le boudoir, à terre, un tumulte se levait en son âme, un besoin de vengeance des tristesses endurées, une rage de salir par des turpitudes des souvenirs de famille, un désir furieux de panteler sur des coussins de chair, d'épuiser jusqu'à leurs dernières gouttes, les plus véhémentes et les plus âcres des folies charnelles (*ibid.*, p. 88).

En fin de compte, Huysmans, dans *À rebours*, apparaît, autant que Flaubert, comme un réaliste phénoménologique plutôt qu'un empirique, façon Zola. À la différence de ce dernier, il pense que le réel n'existe pas en dehors de la perception que nous en avons. Et si nous pouvons agir sur nos perceptions, alors nous pouvons agir sur notre réalité. Huysmans franchit un pas de plus en montrant qu'il est possible d'appliquer les principes du style réaliste et les implications du réalisme flaubertien, non seulement à la littérature, mais à la vie, à notre véritable perception du réel. La décadence marque ainsi le retour à la conception de la réalité propre à Flaubert (et à Schopenhauer) et l'abandon de l'empirisme pseudo-scientifique de Zola.

Bibliographie : Gustave Flaubert, *Œuvres*, éd. Albert Thibaudet et René Dumesnil, vol. II (Paris, Gallimard, 1952). Joris-Karl Huysmans, *À rebours*, éd. Marc Fumaroli (Paris, Gallimard, 1977). Roland Barthes, « L'Effet de Réel », in *le Bruissement de la langue*, vol. IV, in *Essais critiques* (Paris, Seuil, 1984). Jonathan Culler, *Flaubert : The Uses of Uncertainty* (Ithaca, Cornell University Press, 1974). Richard Gilman, *Decadence : The Strange Life of an Epithet* (New York, Farrar, Straus and Giroux, 1979). Jefferson Humphries, « Bouvard et Pécuchet and the Fable of Stable Irony », in *Losing the Text : Readings in Literary Desire* (Athens, University of Georgia Press, 1986). Suzanne Nalbantian, *Seeds of Decadence in the Late Nineteenth-Century Novel* (New York, St-Martin, 1983).

Jefferson Humphries

1885, février

Un groupe de poètes symbolistes lance *la Revue wagnérienne*

La musique du futur

Richard Wagner confia un jour à deux de ses admirateurs de la première heure, Judith Gautier et Catulle Mendès, que personne n'avait mieux compris son œuvre que les Français. Il est vrai que, dès les années 1860, l'expression « wagnérisme », antérieure à son équivalente allemande *(Wagnerismus)* ou anglaise *(Wagnerism)*, possédait l'aura et la crédibilité intellectuelle nécessaires pour désigner un « mouvement » cohérent d'avant-garde. Elle connut une remarquable carrière dans le reste de l'Europe, à l'image de ces autres mots clés que forgea Paris, réalisme, impressionnisme et symbolisme, avec lesquels on la confond souvent. Il est significatif, cependant, que l'histoire du wagnérisme en France ait moins trait à la musique proprement dite de Wagner qu'aux discours esthétiques et politiques que cette œuvre suscita. Gérard de Nerval en est l'un des premiers exemples. Longtemps considéré pour avoir été, dès ses débuts, un partisan de Wagner, Nerval n'aurait apparemment jamais entendu une seule note du compositeur. Retardé sur la route de Weimar, en 1850, le traducteur français de *Faust* manqua la première de *Lohengrin*, ce qui ne l'empêcha pas de publier dans *la Presse* un audacieux essai sur l'opéra, écrit, on le sait à présent, par le secrétaire personnel de Liszt.

Bien que Wagner ait commencé à se faire connaître en France dans les années 1850, peu avaient déjà entendu ce que les journaux qualifiaient de « musique du futur ». Les journalistes parlaient de lui comme du « Courbet de la musique », mais c'est surtout à cause du message socialiste qui transparaissait dans son œuvre que l'étiquette de « réalisme » lui avait été si facilement appliquée : Wagner avait été banni de Dresde à la suite de sa participation à l'insurrection de mai 1849. Aux yeux de ses critiques conservateurs, il avait commis l'impardonnable, ayant explicitement introduit l'idéologie dans la musique en y transposant le ton militant et les tactiques de la révolution manquée de 1848. Pour une grande part, l'histoire du wagnérisme est celle des efforts menés pour développer les implications ambiguës de ce déplacement du discours d'avant-garde, de l'utopie politique vers le monde des arts.

Lorsque Wagner arriva à Paris en 1859, les esprits étaient mûrs pour les controverses politiques et idéologiques qui culminèrent lors des émeutes provoquées par la représentation de *Tannhäuser* à l'Opéra, en 1861. Pendant son séjour, il gagna l'appui influent de la comtesse Marie d'Agoult, figure prestigieuse de l'opposition républicaine à Napoléon III, convertie au wagnérisme par son amant, Franz Liszt (leur fille illégitime, Cosima, deviendrait par la suite la seconde femme de Wagner). Son opportunisme politique lui permit de recevoir l'appui des artistes de gauche, des étudiants et de la bohème, tout en courtisant d'importants représentants de la classe politique et des milieux intellectuels, attirés par l'aura de « chic radical » qui se dégageait du wagnérisme. En tout état de cause, ce fut à la demande personnelle de l'épouse de l'ambassadeur autrichien que Napoléon III, soucieux d'apaiser les Habsbourg et de désarmer l'opposition à son régime, ordonna finalement un décret impérial autorisant la représentation de *Tannhäuser* en mars 1861. Le boutefeu de la révolution de Dresde était devenu le favori officiel de la cour impériale.

Les adversaires de l'empereur ne laissèrent pas passer cette aubaine. Les membres de l'aristocratique Jockey-Club saisirent l'occasion pour monter une cabale au cours des trois premières – et uniques – représentations de *Tannhäuser* : ils les sifflèrent du début à la fin. Clairement dirigée contre le refus de Wagner d'insérer le traditionnel grand ballet au deuxième acte de son opéra (lequel permettait aux retardataires d'admirer leurs danseuses préférées), cette manifestation tapageuse des légitimistes du Jockey-Club représentait une défaite humiliante pour Napoléon III. Dégoûté, Wagner quitta Paris, mais du moins laissait-il sa marque dans la capitale : une toilette appelée « le manteau Tannhäuser » connut un bref succès ; Cham (comte Amédée de Noé) et André Gill firent circuler un peu partout des caricatures du musicien germanique et Champfleury (Jules Fleury-Husson) publia une galerie de portraits, genre fort à la mode, des *Grandes Figures d'hier et d'aujourd'hui* (1861), où Wagner apparaissait aux côtés de Balzac, de Nerval et de Gustave Courbet. Mais la voix la plus influente qui s'éleva des controverses sur Wagner en 1860-1861 fut celle de Charles Baudelaire. Son essai *Richard Wagner et Tannhäuser à Paris*, publié au printemps 1861, mit le wagnérisme littéraire à l'ordre du jour pour trois décennies.

L'essai de Baudelaire se fondait principalement sur les concerts parisiens de 1860, c'est-à-dire les ouvertures du *Vaisseau fantôme*, de *Tannhäuser*, de *Tristan* et de *Lohengrin* – le tohu-bohu à la dernière représentation intégrale de *Tannhäuser* fut tel que personne ne put réellement écouter l'opéra. Ainsi que ses œuvres critiques plus tardives, l'essai de Baudelaire est essentiellement une méditation approfondie sur la « traduction ». Il commence par comparer trois « traductions » indépendantes de l'ouverture de *Tannhäuser* – les notes de Wagner pour le programme du concert, l'étude de Liszt sur l'opéra et ses propres impressions subjectives – irrésistiblement érotiques. À sa grande surprise, il découvre que les trois « traductions » sont virtuellement identiques : toutes trois recourent aux mêmes images (luminosité intense, immenses horizons) et aux mêmes états d'âme (solitude, lucidité, sensualité). En conséquence, Baudelaire conclut que « la véritable musique suggère des idées analogues dans des cerveaux différents » (*Richard Wagner et Tannhäuser*, p. 784). Selon lui, les expériences individuelles se rejoindraient dans certaines « idées »

universelles. Cette théorie rappelle la tradition néoplatonicienne tout en préfigurant l'approche « thématique » pratiquée au XXe siècle par des critiques phénoménologistes tels que Gaston Bachelard, Georges Poulet et Jean-Pierre Richard.
Approfondissant cette notion de traduction, Baudelaire cite son sonnet « Correspondances » des *Fleurs du mal* (1857), pour illustrer la thèse suivante : « Ce qui serait vraiment surprenant, c'est que le son *ne pût pas* suggérer la couleur, que les couleurs *ne pussent pas* donner l'idée d'une mélodie, et que le son et la couleur fussent impropres à traduire des idées ; les choses s'étant toujours exprimées par une analogie réciproque » (*ibid.*, p. 784). Mieux connue sous le nom de synesthésie, la théorie de Baudelaire sur les correspondances des différents sens et de leurs organes devait exercer une profonde influence sur la poétique symboliste. Arthur Rimbaud la parodie dans son sonnet *Voyelles* (1871), où chaque voyelle figure une couleur spécifique ; Des Esseintes, le héros décadent du roman *À rebours* (1884), de Huysmans, invente un « orgue à bouche » synesthésique, d'un type spécial, dans lequel chaque touche verse une liqueur dont il associe le goût avec la musique d'un instrument spécifique ; le *Traité du verbe* (1886), de René Ghil, développe un système sémiotique compliqué où les lettres de l'alphabet correspondent à différents instruments de musique. Si les symbolistes pensaient que de telles expériences étaient d'inspiration wagnérienne, la faute en revient probablement à Baudelaire, qui confondit la synesthésie avec le concept wagnérien de *Gesamtkunstwerk* (œuvre d'art total). Wagner se proposait d'allier tous les arts en un seul objet ou événement ; poésie et musique devaient se combiner pour exprimer ce qu'aucune d'elle n'aurait pu représenter seule. Mais nulle part il ne suggère, comme Baudelaire, qu'elles soient toutes deux substituables ou traduisibles l'une dans l'autre.

Si la musique de Wagner éveille chez nous tant d'images, d'idées et de sensations, note Baudelaire, c'est parce qu'« il y a toujours une lacune complétée par l'imagination de l'auditeur » (*ibid.*, p. 782). Écouter, lire, regarder, c'est donc, pour Baudelaire, imaginer ou traduire, une activité auxiliaire, complémentaire, dont l'influx (re)créateur court parallèlement à celui de l'artiste lui-même (qui, à son tour, est aussi une sorte de traducteur). Baudelaire donne une telle souplesse à cette notion de traduction qu'elle lui permet d'oblitérer les frontières entre création et interprétation, entre la création originale de l'artiste et l'élaboration postérieure du critique ou du théoricien. Pour Baudelaire, la modernité de Wagner, comme celle d'Edgar Allan Poe, réside précisément dans sa volonté de faire les deux en même temps. Ce portrait de l'artiste en théoricien conscient de sa propre pratique créatrice a exercé une influence considérable, par la suite, sur les symbolistes et les postsymbolistes, tels que Mallarmé, Valéry, Proust et T.S. Eliot, convaincus que l'écriture moderne était désormais inséparable d'une réflexion sur elle-même.

La partie la plus importante de l'essai de Baudelaire sur Wagner est consacrée à une réflexion sur le rôle du mythe dans l'art moderne ainsi que sur ses relations avec la pensée primitive et le rêve. Certes, ces propos wagnériens étaient déjà des lieux communs du romantisme allemand et, en France, Alfred de Vigny, Gérard de Nerval et Victor Hugo avaient largement recouru au mythe et à la légende. Cependant, l'œuvre de Wagner joua un rôle clé, stimulant la fascination des symbolistes pour les mythologies nordiques et orientales et pour les sciences occultes : c'est notamment le cas de l'œuvre d'Auguste de Villiers de l'Isle-Adam, de Jules Laforgue ou, dans le même ordre d'idées, de *la Terre vaine* (1922) d'Eliot. Baudelaire observe que c'est précisément le recours au mythe qui donne aux opéras de Wagner une telle puissance de suggestion et les rend si « traduisibles » : les situations et les images qu'il présente sont « universellement intelligibles » parce qu'elles s'enracinent dans le « cœur universel de l'homme » (*ibid.*, p. 791). Baudelaire suggère ici une théorie très proche de celle que Jung développera sur les archétypes inconscients, tout en préfigurant l'anthropologie structurale de Claude Lévi-Strauss (lui-même ardent admirateur de Wagner). Il voit dans le mythe quelque chose d'inné à l'activité fondamentale de l'esprit humain, qui préside au « principe absolu et l'origine commune de tous les êtres (*ibid.*, p. 800). Son fonctionnement s'apparente aux oppositions binaires qu'engendre la dualité psychique. Le substrat mythique de *Tannhäuser*, par exemple, met en jeu « la lutte des deux principes qui ont choisi le cœur humain pour principal champ de bataille, c'est-à-dire de la chair avec l'esprit, de l'enfer avec le ciel, de Satan avec Dieu » (*ibid.*, p. 794). Bien que cette interprétation de Baudelaire convertisse l'opéra en une allégorie chrétienne assez baroque, sa recherche d'un fondement du mythe wagnérien dans le conflit de l'âme et du corps préfigure néanmoins la définition que Lévi-Strauss donnera du mythe : une tentative de surmonter ou de médiatiser des contradictions irrésolubles en les mettant en scène. Toujours selon Lévi-Strauss, c'est par ce jeu d'oppositions, purement structurel, que le mythe ressemble le plus à la musique.

L'histoire du wagnérisme en France, au cours des trois décennies qui suivirent, fut en grande partie celle du développement des implications intellectuelles et artistiques de l'essai de Baudelaire. Au cours des années 1860, le nombre de « wagnéristes » ne cessa de croître. *La Revue fantaisiste*, sous la direction de Catulle Mendès, attira dans l'orbite wagnérienne de jeunes écrivains, comme Villiers de l'Isle-Adam. La femme de Mendès (plus tard maîtresse de Wagner), Judith Gautier, publia dans *la Presse* un grand nombre d'articles importants sur le compositeur. Les wagnéristes fondèrent aussi le journal *l'Esprit nouveau*, pour promouvoir le message radicalement populiste et pacifique de l'œuvre du maître. La plupart des peintres qui se feraient connaître dans les années 1870 comme les impressionnistes étaient également attirés par la musique de Wagner : Pierre-Auguste Renoir et Édouard Manet assistèrent à ses concerts, qui se multipliaient ; Henri Fantin-Latour et Paul Cézanne s'inspirèrent de *Tannhäuser* dans plusieurs toiles. Cependant, la guerre franco-allemande suscita, par nationalisme, une forte réaction contre l'œuvre de Wagner. Celui-ci n'arrangea pas les choses en publiant son essai *l'Art germanique et la politique allemande (Deutsche Kunst und deutsche Politik*, 1868), particulièrement chauvin et agressif. Mais lorsque, sans motif, il chanta victoire dans son pamphlet satirique sur la défaite humiliante de la France (*Une capitulation*, 1873), il perdit presque tout l'appui de son public, longuement échafaudé la décennie précédente. Les concerts qui affichaient Wagner devinrent la cible de manifestations, scénario qui se répéta tout au long des années 1880, au fur et à mesure que se développait le courant revanchard. En 1882, l'Opéra dut retirer de son programme la représentation de *Lohengrin*, par peur d'émeutes nationalistes ; cette année-là, Paul Déroulède venait de fonder la Ligue des patriotes. En 1887, au plus fort d'une grave crise diplomatique avec l'Allemagne à propos de l'Alsace-Lorraine, qu'alimentait l'engouement de la population pour le général Boulanger, le même opéra dut être retiré de l'affiche après une seule représentation.

En 1891 encore, l'entrée finale de *Lohengrin* dans le répertoire officiel fut troublée par de violentes manifestations devant l'Opéra.

Les opéras de Wagner furent manifestement victimes d'un sentiment antiprussien plus ample qui se développa en France après 1870. Patrie idéalisée des poètes, des musiciens, des rêveurs et des philosophes, l'Allemagne avait exercé une profonde séduction sur l'imagination depuis l'ouvrage de Germaine de Staël, *De l'Allemagne*. À présent, l'Allemagne unifiée de Bismarck était perçue comme un monstre militaire, l'ennemi corrupteur des valeurs françaises traditionnelles. Les caricaturistes eurent tôt fait d'assimiler Wagner au nouveau stéréotype du « boche », avec le casque à pointe, etc. Aussi les wagnéristes des années 1870 et 1880 tentèrent-ils de sauver l'essentiel en distinguant le message artistique du maître de sa politique de suprématie aryenne (il est significatif de noter que Wagner avait importé le terme « aryen » de France, où il avait été créé par Joseph-Arthur de Gobineau). Inspiré par le pessimisme universel d'Arthur Schopenhauer, le wagnérisme, après la guerre franco-allemande et la Commune de 1871, se retrancha de plus en plus dans les brumes intemporelles du mythe teutonique ou dans le solipsisme exquis de l'esthétisme décadent.
Les opéras de Wagner étant bannis, les auditeurs parisiens des années 1870 et 1880 durent se contenter d'extraits de parties d'orchestre, joués à l'occasion des programmes réguliers de concerts que proposaient Édouard Colonne et Charles Lamoureux. Ses disciples les plus fervents faisaient le pèlerinage de Bayreuth, inauguré en 1876 avec la première de *l'Anneau des Nibelungen*. Lorsque mourut le maître en 1883, une nouvelle génération de wagnéristes, pour la plupart des fidèles des réunions du mardi chez Mallarmé, venait de s'établir à Paris : son amalgame caractéristique de wagnérisme, de décadence et de ce que l'on appellerait bientôt le symbolisme est bien rendu dans *À rebours* de Huysmans. Poussant sans doute un soupir de soulagement collectif à la disparition de Victor Hugo en mai 1885, l'avant-garde littéraire parisienne se jeta dans une extraordinaire débauche de manifestes et d'escarmouches de factions, aussi bien dans la presse à grand tirage (le manifeste symboliste de Jean Moréas paraît dans *le Figaro* en 1886) que dans de petites revues telles que *Lutèce, le Chat noir, le Décadent, la Vogue* et *la Revue indépendante*. Créée au début de 1885, *la Revue wagnérienne* ajouta son propre grain de wagnérisme à ce beau chœur de décadisme, d'idéalisme et de symbolisme. Son jeune fondateur était Édouard Dujardin, disciple de Mallarmé et dandy qui affectait d'arborer sur son gilet le cygne de Lohengrin. Il partageait les tâches rédactionnelles avec le pianiste Théodore de Wyzewa, d'origine polonaise, et le Britannique germanophile Houston Stewart Chamberlain.

Destinée avant tout à promouvoir les écrits théoriques de Wagner, *la Revue wagnérienne* fonctionnait aussi comme un bulletin mensuel rendant compte des diverses représentations de l'œuvre de Wagner à Bayreuth et en Europe. On y trouvait des recensions d'ouvrages, une revue de presse, des analyses musicologiques, occasionnellement des lithographies de Fantin-Latour et d'Odilon Redon, ainsi que des traductions des essais et des livrets de Wagner. En général, la revue évitait la politique, bien que son numéro d'avril 1886 inclût un essai du directeur du *Bayreuther Blätter*, le baron Hans von Wolzogen. Celui-ci rêvait d'une Europe sous l'hégémonie gallo-nordique de l'Allemagne et de la France, triomphalement unies pour « libérer la chrétienté des chaînes du sémitisme ». Hasard ou non, Édouard Drumont publia cette année-là son ouvrage antisémite *la France juive*. Mais l'affinité entre le wagnérisme et l'antisémitisme ne se révélerait clairement que lors de la décennie suivante : Wyzewa devint un porte-parole du courant antidreyfusard ; Chamberlain publia en 1899 son ouvrage raciste *les Fondements du dix-neuvième siècle (die Grundlagen des neunzehnten)*, lequel servit plus tard de bréviaire au jeune Adolphe Hitler et à Joseph Goebbels ; plus tard encore, c'est un Dujardin vieilli, auteur d'un éloge collaborationniste des dictateurs, qui se rendit en pèlerinage sentimental au Bayreuth nazifié de 1943.

La principale influence qu'exerça *la Revue wagnérienne* au cours de ses trois années d'existence, de 1885 à 1888, fut cependant littéraire. Certes, Dujardin exagéra dans ses mémoires quand il déclara que la philosophie et l'esthétique de Wagner étaient la source d'inspiration du symbolisme, mais sans aucun doute sa revue joua un rôle actif pour amener le public à percevoir la nouvelle poésie comme un « mouvement ». Wagnéristes et symbolistes se retrouvaient dans les mêmes milieux ; éditeur de *la Revue wagnérienne*, Dujardin dirigeait du même bureau la *Revue indépendante* des symbolistes, et mettait souvent à contribution les mêmes écrivains pour les deux revues. Par exemple, le numéro spécial de *la Revue wagnérienne,* consacré à Wagner en janvier 1886, comprenait des poèmes de Mallarmé, de Paul Verlaine, de René Ghil, de Stuart Merrill et de Charles Morice. L'éclectisme de la revue se retrouve dans l'essai de Wyzewa, « Littérature wagnérienne » (juin 1886), qui rassemble pêle-mêle des écrivains aussi divers que Zola, Huysmans, Paul Bourget, Laforgue, Verlaine, Villiers de l'Isle-Adam et Mallarmé : leur seul point commun réside dans un vague pessimisme inspiré de Schopenhaueur et dans une recherche hégélienne de la rédemption spirituelle par l'art. *La Revue wagnérienne* se lit aujourd'hui comme un fatras démodé : lourdement chargés de majuscules aux entrelacs gothiques, les essais de Dujardin, de Wyzewa et de Chamberlain recourent à des concepts métaphysiques, qu'ils fondent dans une prose grandiloquente à la *Crépuscule des dieux*. Néanmoins, ils contribuèrent ainsi à l'élaboration d'un embryon de « théorie », c'est-à-dire d'un métalangage qui devait permettre à la poésie contemporaine de réfléchir sur elle-même d'un point de vue philosophique et de s'instituer consciemment en un programme d'avant-garde pour la transformation des arts.

L'essai « Richard Wagner, rêverie d'un poète français », que Mallarmé publia en août 1885 dans cette revue, demeure la rencontre la plus chargée de sens entre le wagnérisme et le symbolisme. « Moitié article, moitié poème en prose » – ainsi s'exprimait Mallarmé dans une lettre –, cet essai représente une exemplaire performance de divination. À part un des concerts de Lamoureux auquel il assista avec Dujardin, Mallarmé avait très peu entendu la musique de Wagner et n'avait vu aucun de ses opéras : en fait, ce fut davantage l'« idée » de Wagner qui inspira sa rêverie plutôt qu'une œuvre déterminée. S'étant frotté à la dramaturgie avec *Hérodiade* (1864), *Igitur* (1869) et *l'Après-Midi d'un faune* (1876), Mallarmé était manifestement fasciné par le rêve wagnérien d'un spectacle total qui fusionnerait la musique, la danse et la poésie. Les drames musicaux de Wagner, observe Mallarmé, représentent une rupture décisive avec le « concept autoritaire et naïf » du réalisme et de la vraisemblance au théâtre. Plutôt que d'imposer la « Fiction grossière » de l'aventure et du personnage, le théâtre de Wagner, fondé sur la suggestion, amenait le spectateur à se projeter sur la scène et à y créer les événements de l'intrigue grâce à sa propre imagination. En combinant l'art dramatique et la musique, Wagner avait réussi, selon les termes de Mallarmé, à « vider » la scène, à la rendre « abstraite », à en faire un espace « strictement allégorique » dans lequel l'esprit pourrait contempler son action. Dans ces retrouvailles du théâtre avec ses origines les plus profondes, le rite et le mythe, les personnages, désormais lointains, se métamorphosaient en déités mentales, « costumée[s] aux invisibles plis d'un tissu d'accords », acteurs d'une interprétation hiératique, cosmique : « secret, représenté, d'origines ». (*Œuvres complètes*, p. 544).

Séduit par le déploiement du mythe et des légendes chez Wagner, Mallarmé ne se priva cependant pas de critiquer celui-ci d'être tout à la fois trop anachronique et trop nationaliste dans l'utilisation de ce matériau. Les Français étant, note Mallarmé, plus « strictement imaginatifs et abstraits » que le public germanique de Wagner, ils sont peu enclins à se forger « aucune anecdote énorme et fruste » concernant leur passé collectif. Si le théâtre doit être en effet le « Sacre d'un des actes de la Civilisation », il doit également être à même de fonder ses mythes dans la modernité : dans une note de bas de page, Mallarmé se demande, avec malice, s'il serait possible d'imaginer Brunhild à l'Exposition universelle ou comment Siegfried s'y prendrait, de nos jours, pour une Transmission de Pouvoirs. Notant que le dix-neuvième siècle a dissous les mythes dans la philosophie, Mallarmé soutient que « le Théâtre les appelle, [...] pas de fixes, ni de séculaires et de notoires », mais plutôt une fable poético-philosophique, symbole « vierge de tout, lieu, temps et personne sus », une fiction suprême « inscrite sur la page des Cieux ». Son héros, à la fois contemporain et éternel, devrait abandonner l'apparence médiévale des surhommes de Wagner ; il devrait être un « Type sans dénomination préalable », « un fait spirituel », un « Saint des Saints, mais mental » – une sorte d'Hamlet de l'absolu que Mallarmé appelle « La Figure que Nul n'est » (*ibid.*, p. 545).

Mallarmé ne réalisa jamais le drame idéal qu'il envisageait dans sa rêverie sur Wagner, bien que certains éléments soient présents dans *Un coup de dés* (1897) et dans ses fragments sur Le Livre dont il attendait « l'explication orphique » du monde. L'œuvre d'art total *(Gesamtkunstwerk)* de Wagner indiquait la voie de l'œuvre à venir, mais celui-ci avait échoué à pousser ses implications esthétiques et philosophiques jusqu'à leur extrême limite. À ce point, Wagner assure seulement une halte temporaire, un abri réconfortant au flanc de « cette cime menaçante d'absolu », « au-delà » qu'aucun musicien ne pourra jamais atteindre. Les poètes auraient peut-être plus de chance de réaliser cet opéra définitif du silence, du moins Mallarmé en était-il à peu près convaincu. Wagner avait marié la musique à la poésie, mais avait procédé par juxtaposition seulement, en les ajoutant l'une à l'autre en « un harmonieux compromis », qui ne les transformait pas complètement. La vraie poésie, au contraire, ne nécessite pas d'accompagnement musical parce que la musique lui est inhérente, parce qu'elle est son essence – d'où cette réplique célèbre (et peut-être apocryphe) de Mallarmé à Claude Debussy, quand ce dernier lui demanda la permission de mettre en musique *l'Après-Midi d'un faune* : « Mais je pensais l'avoir fait déjà ! » Malgré les métaphores musicales que Mallarmé répandit subtilement dans sa poésie et ses œuvres critiques, la musique qu'il appelait de ses vœux avait finalement peu à voir avec celle qu'il prenait pour sa retentissante incarnation. C'était plutôt une musique du silence, sacrée, celle de Sainte-Cécile, une musique de l'esprit et pour l'esprit : symphonie tacite que jouent l'œil et l'oreille intérieure, instruments solitaires du concert de la page écrite.

Cette conception très intellectualisée de la musique s'inspirait de la doctrine pythagoricienne, pour laquelle la musique était un microcosme mathématique, reflet d'un ordre macrocosmique : une pure grammaire. Mais elle renvoyait également à la tradition platonicienne qui considérait la musique principalement sous l'angle de son effet émotionnel ou physiologique sur l'auditeur : la musique devenait alors une branche de la rhétorique. Le discours des symbolistes sur la poésie ne cesse de balancer entre ces deux pôles. La doctrine de Ghil sur l'« instrumentation verbale » représente sans doute l'exemple le plus extrême de l'orientation rhétorique, c'est-à-dire vers l'effet qu'exerce la musique : les phonèmes posséderaient un timbre analogue aux instruments de musique, chacun de ceux-ci provoquant à leur tour un état d'esprit ou une sensation spécifique. La célèbre injonction de Verlaine aux poètes en 1884, dans son « Art poétique » (in *Jadis et naguère*) – « De la musique avant toute chose » – préconise une utilisation semblable de formes élaborées (assonance, allitération, rimes riches et paronomase), que l'on rencontre souvent dans la poésie symboliste des années 1880 et 1890. Cette attention soutenue aux dimensions purement acoustiques du signifiant distingue le symbolisme, *grosso modo*, de la poésie romantique ou de celle du Parnasse, davantage orientées vers les arts visuels, plastiques. Par sa recherche de riches effets musicaux, parfois forcés, le symbolisme tentait ainsi de ramener la poésie à ses origines orales – enchantements, incantations, énigmes et charmes –, techniques qui toutes plaçaient le lecteur/auditeur dans un état proche de la transe, d'intense suggestibilité. On n'est pas loin des expériences sur l'hypnose menées à la même époque par Charcot à l'hôpital de la Salpêtrière.

La conception symboliste de la musique comme pure grammaire trouva, quant à elle, sa formulation la plus convaincante dans les écrits de Schopenhauer, abondamment commentés au fil des pages de *la Revue wagnérienne*. Selon Schopenhauer, la musique ne serait pas, comme tous les autres arts, la pure représentation mimétique des apparences, mais plutôt l'expression directe de la Volonté (ou de l'Être), qui s'objective dans ces apparences. Tandis que les autres arts se limitent à représenter les reflets de la réalité phénoménale, la musique révèle, elle, l'essence nouménale du réel. Si tous les arts aspirent à la musique, comme le prétendait Walter Pater, c'est parce que celle-ci incarne le type même de l'art purement abstrait, non figuratif, non représentatif, événement qui n'a de sens qu'en lui-même, dont la pure forme est son contenu. C'était bien ainsi que Mallarmé concevait la musique. Aussi reprochait-il à Wagner de n'être pas « suffisamment » musical, de trop chercher à communiquer un « contenu » programmatique ou un « message ». L'œuvre finale de Mallarmé, *Un coup de dés*, serre au plus près ce rêve d'une pure musique. Mots et formules fugitifs, mais disposés typographiquement sur la page comme une partition musicale avec ses pauses et ses silences, le poème est une organisation de l'espace et du temps, verticale et horizontale. De sa lecture (ou audition), sur un mode séquentiel, se dégage l'évanescence de la mélodie de Debussy, moulée sur les intermittences scintillantes du cheminement de la pensée. Sur le plan visuel, la page fonctionne comme un accord unique, complexe implosé dans l'unisson de son propre silence.

La musique et les lettres, insistait Mallarmé, constituent les deux faces alternées de l'Idée : chacune sert de métaphore, de traduction, pour l'autre. Avec Dujardin et Wyzewa, les historiens de la littérature, certains d'entre eux du moins, cherchèrent à préciser les connexions causales entre certaines caractéristiques de la musique de

Wagner et le développement de formes et de genres littéraires modernes. Dujardin, par exemple, rapprocha la phrase musicale de Wagner, libre, sans limites définies, de l'émergence du vers libre dans les années 1880 (*Mallarmé par un des siens*, p. 173). L'analogie entre la « mélodie continue » de Wagner et la dissolution de la mesure métrique conventionnelle est certes suggestive, mais il suffit d'examiner l'histoire de l'alexandrin tout au long du dix-neuvième siècle, voire les premières expériences de Rimbaud et les traductions de Whitman par Laforgue en 1886, pour se rendre compte que ce phénomène, en fin de compte, doit bien peu à la musique de Wagner. Il en est de même pour les affirmations de Dujardin à propos de l'influence qu'exerça Wagner sur le développement des poèmes en prose. Bien que *la Revue wagnérienne* ait indiscutablement accordé une grande place à des écrits que l'on pourrait qualifier de poésie en prose (notamment la rêverie sadomasochiste de Huysmans sur les héroïnes wagnériennes), on peut difficilement soutenir que ce genre soit né du *Gesamtkunstwerk* wagnérien : au contraire, son origine remonte aux débuts du romantisme français. Dujardin s'avance sur un terrain nettement moins mouvant quand il établit un parallèle entre le leitmotiv wagnérien et l'introduction du monologue intérieur dans la prose narrative. Son roman, *Les lauriers sont coupés* (1888), constitue une expérience wagnérienne de la récurrence obsessionnelle de certains motifs au gré des associations libres d'une conscience en dérive. James Joyce lut *Les lauriers sont coupés* dans sa jeunesse et n'hésita pas, plus tard, à reconnaître sa dette envers celui qui avait découvert la technique du monologue intérieur. *Ulysse* (1922) en constitue la plus parfaite illustration.

Davantage que le roman ou la poésie, cependant, ce fut le théâtre fin de siècle qui accusa l'impact de l'œuvre musicale de Wagner. Les festivals de Bayreuth, auxquels accoururent tant de pèlerins français, contribuèrent à modifier profondément la relation du public avec la scène. Alors que le théâtre français maintenait l'éclairage durant toute la représentation, ce qui faisait du public un élément du spectacle, Bayreuth plongea les spectateurs dans une obscurité partagée. Toute l'attention se concentrant sur la scène illuminée, l'expérience esthétique du spectacle revêtait dans son entièreté le caractère mystique d'un événement religieux : le théâtre devenait un temple et son public les officiants anonymes d'un rite rédempteur. Cette sacralisation wagnérienne de la scène exerça une considérable influence sur le théâtre expérimental non naturaliste des années 1880 et 1890, en particulier sur Aurélien-Marie Lugné-Poe, qui fonda le Théâtre de l'Œuvre en 1893. La création par celui-ci, en 1893, de *Pelléas et Mélisande* (1892), de Maurice Maeterlinck, ainsi que des œuvres d'Ibsen et de Strindberg, introduisit en France une esthétique minimaliste de la scène : décor dépouillé, ramené à ses éléments essentiels, recours à des effets d'atmosphère par l'éclairage, acteurs transformés en pures silhouettes (ou symboles) disposées sur un décor fantomatique. La mise en scène d'*Ubu roi* (1896), d'Alfred Jarry, par Lugné-Poe constitue à la fois l'achèvement et la liquidation de ce théâtre symboliste, un rite parodique du passage de l'héritage du wagnérisme au modernisme.

Voir aussi 1827 (décembre), 1853, 1885 (juin), 1886, 1889, 1898, 1913.

Bibliographie : Charles Baudelaire, *Richard Wagner et Tannhäuser à Paris*, in *Œuvres complètes*, éd. Claude Pichois, vol. II (Paris, Gallimard, 1975). Édouard Dujardin, « La revue wagnérienne », in *Mallarmé par un des siens* (Paris, Albert Messein, 1936). Stéphane

Mallarmé, « Richard Wagner, rêverie d'un poète français », in *Œuvres complètes*, éd. Henri Mondor et Georges Jean-Aubry (Paris, Gallimard, 1945). Léon Guichard, *la Musique et les Lettres en France au temps du wagnérisme* (Paris, P.U.F., 1963). Martine Kahane et Nicole Wild, *Wagner et la France* (Paris, Herscher, 1983). David Large et William Weber, *Wagnerism in European Culture and Politics* (Ithaca, Cornell University Press, 1984).

Richard Sieburth

1885, juin

Funérailles de Victor Hugo ; Stéphane Mallarmé rédige *Crise de vers*

La libération du vers

Le premier juin 1885, après une veillée funèbre agitée, la France rendit ses derniers hommages à Victor Hugo. C'était, écrit Roger Shattuck, « une veillée funèbre et des funérailles comme Paris n'en avait jamais célébrées, même pour ses rois [...] l'interminable procession à travers Paris, conduite par plusieurs orchestres et toutes les figures politiques et littéraires du jour, fut l'occasion de quelques discours, et de nombreuses morts, tant la foule était dense, et se termina au Panthéon pour la mise au tombeau. On avait dû désaffecter l'église pour l'événement. Par cette débauche de cérémonies, la France se débarrassait d'un homme, d'un mouvement littéraire et d'un siècle tout entier » (*les Primitifs de l'avant-garde*, pp. 12-13).

En réponse à ces funérailles hyperboliques de l'écrivain hyperbolique entre tous, Stéphane Mallarmé exprima un certain sentiment de soulagement dans un mince essai, sereinement révolutionnaire, qu'il intitula *Crise de vers* et qu'il fit paraître d'abord comme « Avant-dire » au *Traité du verbe* de René Ghil, en 1886. La littérature, dit Mallarmé, traverse une crise ; même les journaux en parlent. Ce siècle finira, comme le précédent, dans un bouleversement, mais, cette fois, celui-ci se situera à l'écart de la place publique.

> Un lecteur français, ses habitudes interrompues à la mort de Victor Hugo, ne peut que se déconcerter. Hugo, dans sa tâche mystérieuse, rabattit toute la prose, philosophie, éloquence, histoire au vers, et, comme il était le vers personnellement, il confisqua chez qui pense, discourt ou narre, presque le droit à s'énoncer. Monument en ce désert, avec le silence loin ; dans une crypte la divinité ainsi d'une majestueuse idée inconsciente, à savoir que la forme appelée vers est simplement elle-même la littérature ; que vers il y a sitôt que s'accentue la diction, rythme dès que style. Le vers, je crois, avec respect attendit que le géant qui l'identifiait à sa main tenace et plus ferme toujours de forgeron, vînt à manquer ; pour, lui, se rompre (*Œuvres complètes*, pp. 360-361).

C'est, entre autres, de son propre style que Mallarmé parle : après la mort de Victor Hugo, Mallarmé développa un type de prose sans précédent par la complexité de ses brisures et de ses articulations qu'il qualifia lui-même de « poème critique ». Mais il parle aussi d'un sujet qui défrayait la chronique au point d'intéresser la presse : l'invention du « vers libre ». En quoi cette « libération » du vers était-elle le symptôme d'une crise de la littérature ?

Au début du XVIIe siècle, Malherbe avait imposé à la prosodie du vers français des règles extrêmement strictes qui restèrent pratiquement inchangées jusqu'aux romantiques. L'unité de base restait l'alexandrin, que la césure divisait en deux hémistiches. Dans l'alexandrin classique, les hémistiches étaient à leur tour divisés en deux parties, ce qui donnait une scansion à quatre mesures, le tétramètre. Victor Hugo provoqua une révolution en son temps lorsqu'il divisa l'alexandrin en trois (le trimètre). Il ne serait pas exagéré de soutenir que la place de la césure était l'enjeu véritable de la bataille d'*Hernani*.

Comparée à des innovations de ce type, la possibilité d'écrire un poème en vers irréguliers, de différentes longueurs, impliquait une rupture profonde dans les habitudes des lecteurs. En 1894, Mallarmé, invité à Oxford et à Cambridge pour dresser un tableau de l'état présent de la littérature française, n'hésita pas à revenir sur le sujet, toujours aussi brûlant, du vers libre :

> J'apporte en effet des nouvelles. Les plus surprenantes. Même cas ne se vit encore.
>
> On a touché au vers.
>
> Les gouvernements changent : toujours la prosodie reste intacte : soit que, dans les révolutions, elle passe inaperçue ou que l'attentat ne s'impose pas avec l'opinion que ce dogme dernier puisse varier.
>
> Il convient d'en parler déjà, ainsi qu'un invité voyageur tout de suite se décharge par traits haletants du témoignage d'un accident su et le poursuivant : en raison que le vers est tout, dès qu'on écrit. Style, versification, s'il y a cadence et c'est pourquoi toute prose d'écrivain fastueux, soustraite à ce laisser-aller en usage, ornementale, vaut en tant qu'un vers rompu, jouant avec ses timbres et encore les rimes dissimulées : selon un thyrse plus complexe. Bien l'épanouissement de ce qui naguère obtint le titre de poème en prose. (*ibid.*, pp. 643-644)

La poésie française a donc parcouru un long chemin, non seulement depuis la prosodie classique, mais aussi depuis celle du Parnasse, dont Théodore de Banville venait de résumer les principes dans son *Petit Traité de poésie française* de 1872. Banville y prenait précisément position sur ce sujet : « Peut-il y avoir des poèmes en prose ? Non, ce n'est pas possible, malgré le *Télémaque* de Fénelon, les admirables *Petits Poèmes en prose* de Baudelaire et *Gaspard de la nuit* d'Aloysius Bertrand ; car il est impossible d'imaginer une prose, même parfaite, à laquelle on ne puisse, avec un effort surhumain, ajouter ou soustraire quoique ce fût. Elle est un processus toujours en cours, jamais un ouvrage achevé, un *poièma* » (pp. 6-7). Mallarmé n'en fut pas moins capable tout à la fois d'imaginer une telle prose et d'inventer une pratique révolutionnaire de l'écriture et de la lecture. Car, pour lui, l'œuvre achevée est elle-même un processus toujours en cours. Banville déniait l'existence du poème en prose ; Mallarmé va jusqu'à dire qu'« en vérité, il n'y a pas de prose » (*Œuvres complètes*, p. 867).

Ce que les écrits théoriques de Mallarmé apportent de neuf à la littérature occidentale, c'est une sensibilité extrême au fonctionnement du langage en tant que tel et non comme pur équivalent d'une signification extra-linguistique. Mallarmé critiqua aussi bien les épanchements sentimentaux des romantiques (la poésie comme expression du « moi ») que les romans documentaires des naturalistes (l'écriture comme représentation scientifique de la réalité sociale). Dans le fil de cette critique, il mit en valeur l'autonomie et la matérialité de l'écriture elle-même : « La Littérature existe et, si l'on veut, seule, à l'exception de tout. » (*ibid.*, p. 646). Ce n'est pas que le langage n'ait pas de référent (il « suggère », « évoque »), mais il y a en lui une propriété qui en fait un prisme davantage qu'une fenêtre. Dès que l'on écrit, on disparaît derrière les initiatives que les mots prennent d'eux-mêmes.

Mallarmé se référait aux expériences sur le vers libre de Gustave Kahn et de Jules Laforgue. Mais, pour sa part, il continua à composer des sonnets réguliers (bien qu'extrêmement difficiles), le plus souvent en impeccables alexandrins. L'originalité formelle de son écriture réside dans sa syntaxe, qu'il s'agisse de poésie ou de prose, et non dans le nombre de syllabes d'un vers. Pourtant l'invention du vers libre a mis en lumière quelque chose de fondamental quant à la nature du matériau linguistique comme matière première qu'on peut travailler et qui possède des propriétés sonores, sémantiques, syntaxiques et spatiales qui dépassent la correspondance univoque avec une signification donnée : en bref, quelque chose que la poésie n'a jamais cessé de traquer. L'unique – et monumentale – expérience de Mallarmé dans le domaine du vers libre va bien au-delà des irrégularités métriques des autres poètes, au point d'inaugurer un tout nouveau genre. *Un coup de dés* (1897) est une symphonie typographique où la phrase du titre (un coup de dés jamais n'abolira le hasard), imprimée en grands caractères, s'étend sur plusieurs pages ; un lacis de propositions subordonnées, imprimées en différents types de caractères plus petits, se dispose autour d'elle en agglomérats que leur position spatiale charge de signification. Avec cette utilisation de l'espace – de la page et de la typographie comme moyens d'expression –, Mallarmé inaugura toute une tradition de poésie concrète. Mais son utilisation des « blancs » constitue son innovation la plus radicale.

Dès ses contributions au *parnasse contemporain* de 1866, Mallarmé avait commencé d'évoquer en termes matéralistes le processus de l'écriture. Au moment où la plupart des parnassiens célébraient la blancheur sculpturale du corps de la femme, Mallarmé parlait de la blancheur de la page encore non écrite. Le double sens de blanc – « couleur » et « vide » – lui permettait de provoquer un battement entre présence et absence, entre le papier comme matière blanche et le papier comme simple interligne. Dans ses écrits, les blancs sont aussi significatifs que les mots. Il est intéressant de noter que, malgré ce qu'il y a de radical dans ce procédé de dépersonnalisation et d'abstraction, son œuvre conserve aux sexes leur rôle traditionnel. Le poète reste masculin, et le texte féminin. Couper les pages d'un livre revient à le violer ; l'écriture couvre ainsi la page blanche comme ses voiles une danseuse. En lieu et place d'une ultime nudité, le dévoilement qu'opère le texte chez Mallarmé découvre « le voile dernier qui toujours reste » (*ibid.*, p. 307), le voile de l'écriture elle-même.

La lecture d'un texte de Mallarmé peut se révéler une expérience déconcertante pour quelqu'un habitué à chercher un message « derrière » ou « dessous » le texte. Mallarmé ne propose pas de signification mais institue un processus. Plutôt que de supputer ce que le poète a voulu dire, le lecteur doit rechercher ce que le langage est en train de faire. En d'autres termes, le lecteur apprend à reconnaître que c'est la recherche du sens qui est significative. De même que Mallarmé fit de l'opacité de l'écriture le sujet véritable de ses écrits, ses textes apprennent aux lecteurs à considérer l'affrontement avec l'ambiguïté et l'obscurité non pas comme un obstacle à la compréhension mais comme l'expérience même de la compréhension – entendue comme un processus interminable.

Voir aussi 1627, 1866, 1874, 1961.

Bibliographie : Théodore de Banville, *Petit Traité de poésie française* (Paris, Charpentier, 1872). Stéphane Mallarmé, *Œuvres complètes*, éd. Henri Mondor et Georges Jean-Aubry (Paris, Gallimard, 1945). Jacques Derrida, « La double séance », in *la Dissémination* (Paris, Seuil, 1972). Barbara Johnson, *Défigurations du langage poétique* (Paris, Flammarion, 1979) ; « Les Fleurs du Mal Armé : Some Reflections on Intertextuality », in *A world of Difference* (Baltimore, Johns Hopkins University Press, 1987). Julia Kristeva, *la Révolution du langage poétique* (Paris, Seuil, 1974). Roger Shattuck, *les Primitifs de l'avant-garde : Henri Rousseau, Erik Satie, Alfred Jarry, Guillaume Apollinaire*, trad. Jean Borzic (Paris, Flammarion, 1974).

Barbara Johnson

1886

Auguste de Villiers de l'Isle-Adam publie son dernier roman, *l'Ève future*

Un fantôme parle

Beaucoup d'écrivains du XIXe siècle se sont intéressés aux énigmes de la vie psychique, les uns pour les expliquer, les autres pour les accentuer. Cette curiosité pour les manifestations de l'inconscient apparaît dans les nombreux romans et nouvelles qui traitent de spiritisme, d'apparitions de spectres, d'hallucinations et d'autres altérations de la conscience. On s'est longtemps appuyé sur les écrits de Sigmund Freud pour analyser ce genre de phénomènes. Aujourd'hui, les ouvrages des psychanalystes français Nicolas Abraham et Maria Törok ouvrent de nouvelles perspectives pour leur analyse et leur interprétation.

Selon Freud, certaines paroles, certains actes, étranges, apparemment dépourvus de sens, seraient l'effet d'un « retour du refoulé », c'est-à-dire de la réapparition, sous une forme déguisée, d'un événement ou d'un fantasme qu'un individu a, inconsciemment, refoulé de sa conscience à cause de sa nature perturbatrice. Le but d'une psychanalyse est de faire raconter par le patient les faits et pensées du passé, jusqu'à ce que resurgisse l'événement ou le fantasme traumatique, qui peut ainsi être affronté consciemment. Il est alors possible de mettre fin à son action inhibitrice sur la psyché. Un certain nombre de leurs patients ne réagissant pas à cette thérapie, Abraham et Törok, pour expliquer ces mots et comportements qui résistaient au modèle freudien de refoulement, ont développé la théorie du fantôme. Selon leur hypothèse, les symptômes de ces patients n'étaient pas provoqués par quelque chose qu'ils avaient refoulé mais par quelque chose qu'une autre personne avait dissimulé. Ils en conclurent qu'un individu qui garde secret un événement ou un fantasme troublant, honteux, peut néanmoins, sans jamais l'avoir mentionné, le transmettre à une autre personne en l'« encryptant » dans son langage ou son comportement. Si les propos et le comportement de l'individu qui, sans le savoir, accueille ce « fantôme », paraissent incongrus, inexplicables ou hallucinatoires, c'est que, en fait, ils ont leur origine dans une autre personne. Le patient devient en quelque sorte la marionnette d'un ventriloque, le médium involontaire qui sert de truchement à la voix désincarnée de quelqu'un d'autre.

Abraham et Török parlent de voix désincarnée pour souligner le caractère linguistique des symptômes produits par un fantôme. Qu'il s'agisse de tics verbaux ou de constantes lexicales, de maladies, de comportement obsessionnel ou de phobies, ces troubles peuvent être « traduits » et lus comme des mots ou des entités lexicales qui, de façon tacite, « parlent » un secret appartenant à quelqu'un d'autre. Cette voix est souvent celle d'un autre membre de la famille ; le fantôme peut contaminer une famille entière et se transmettre sur plusieurs générations. À ce titre, il éclaire d'une lumière nouvelle les thèmes majeurs de la littérature fantastique et d'épouvante : la possession démoniaque et la maison hantée.

Auguste de Villiers de l'Isle-Adam (1838-1889) fut l'un des principaux représentants du mouvement symboliste. Admirateur de Charles Baudelaire, ami de Stéphane Mallarmé, il a publié des poèmes, des pièces de théâtre, des nouvelles et deux romans. Dans la plupart de ces œuvres, le motif de la reproduction et de la transmission de la voix s'associe aux thèmes de la maison hantée, de la possession, des revenants et des esprits. On peut y voir une exploration systématique des aspects variés que peut prendre le fantôme. *L'Intersigne* (1867), le plus ancien et le plus réussi des *Contes cruels* (1883), en est l'illustration parfaite, non seulement quant à la manière dont la présence du fantôme se fait sentir mais aussi à propos de son origine et de son mode de transmission.

La structure de fantôme de *l'Intersigne* est engendrée à partir d'une atmosphère mystique. Le jeune baron Xavier de la V*** est sujet à des crises d'angoisse qu'il cherche à oublier dans des séances de spiritisme. Un soir, lors d'une réunion d'amis, il raconte une visite à un vieil ami de la famille, le prêtre Maucombe, à présent décédé. L'auteur de ce récit, que Xavier « n'accompagne d'aucun commentaire », est en fait Maucombe. Durant la visite de Xavier, celui-ci lui a transmis, à son insu, un secret inavouable, cause évidente des angoisses de Xavier : il est, lui, Maucombe, le vrai père de Xavier.

Le lecteur décrypte le secret à travers les événements et les propos rapportés par Xavier : l'insistance de Maucombe sur la « parenté » particulière qui les unit, son état « maladif » et la « décrépitude » qui atteint sa maison, sa volonté de prendre soin de Xavier et son insistance pour que le jeune homme revête son manteau pour le trajet du retour. Mais Xavier ne devine rien. Il sort sans le moindre soupçon de sa parenté avec Maucombe et du désir de celui-ci de lui faire endosser le mal qui ensevelit la « maison » du prêtre, c'est-à-dire sa famille. Le prêtre meurt peu après son départ, fermant à jamais la porte à une communication explicite et fixant le destin de Xavier, détenteur involontaire du secret indicible de quelqu'un qu'il ne sait pas être son père, condamné à prononcer les mots d'un autre, sourd à leur sens, incapable d'expliquer ce qu'ils veulent dire. La participation de Xavier à des séances de spiritisme semble faire intervenir la communication avec l'au-delà – un au-delà qui n'est pas surnaturel, qui n'est pas un autre monde, mais simplement quelque chose qui dépasse l'entendement de Xavier.

Les récits postérieurs à *l'Intersigne* permettent à Villiers d'approfondir son intérêt pour les phénomènes de voix désincarnée et la possession par un fantôme qui en résulte. L'accent se déplace, cependant, de l'élaboration de la structure de fantôme elle-même à un examen détaillé de ses modalités. Dans *Véra* (1874), c'est la voix qui est utilisée à la fois pour convoquer et pour exorciser un fantôme. Après avoir refermé la porte du mausolée familial sur la dépouille de sa femme, Véra, le comte d'Athol revient chez lui, où, progressivement, l'accable le souvenir de la défunte. La sentant toute proche, il se met à lire à haute voix le livre qu'elle préférait. Au fur et à mesure qu'il lit, la présence de Véra devient plus tangible, jusqu'à ce que finalement Athol l'entende prononcer son nom : il réalise alors « qu'ils n'étaient, réellement, qu'*un seul être* » (*Contes cruels*, p. 560). La voix d'Athol procède ainsi à l'évocation d'une énonciation verbale désincarnée en même temps qu'elle sert de médium permettant à cette énonciation de se faire entendre. Mais c'est elle aussi qui dissipe à jamais le fantôme ; quelques moments après avoir entendu la voix de Véra, Athol émerge de sa stupeur et s'exclame : « Mais tu es morte ! » Avec ces mots, l'apparition s'évanouit. Dans ce conte, fantastique en apparence, la parole a un pouvoir thérapeutique qui lui permet de conjurer les sentiments de possession. Dix ans avant la publication de l'œuvre maîtresse de Freud, l'allégorie fantastique de Villiers anticipe ce que le fondateur de la psychanalyse allait appeler une « cure par la parole ».

La recherche d'un traitement pour les personnes hantées par des voix étrangères constitue le thème d'un des récits les plus ironiques de Villiers, *le Traitement du docteur Tristan* (1877). Ce docteur a mis au point un traitement contre les bourdonnements d'oreille, y compris les voix de Jeanne d'Arc. Il consiste à percer le tympan en répétant des mots comme humanité, générosité et foi et en faisant ensuite passer un courant électrique à travers le canal auditif. Cette critique des absurdités de la science, qui est aussi une anticipation inquiétante de la thérapie par électrochoc, est un corollaire de *Véra*. Ce traitement – pour perverti qu'il soit – fait quitter aux « voix » et aux bourdonnements le domaine du surnaturel pour celui du psychopathologique. Entendre des voix désincarnées est un signe de « troubles dans la tête », de quelque désordre mental à soigner.

Dans *l'Inconnue* (1876), le motif de la surdité permet à Villiers une nouvelle variation sur le lien entre les voix, les secrets et les troubles mentaux. Lors de la soirée d'adieu d'une célèbre soprano, le comte Félicien tombe amoureux d'une femme mystérieuse. Cette femme rejette son offre de mariage, prétextant qu'elle est sourde. Un jour, dit-elle, Félicien ne supportera plus cette infirmité d'autant plus qu'elle lui permet d'échapper à la surdité intellectuelle commune et d'« entendre » le sens caché derrière les paroles, en lisant les visages et les attitudes. Et comme elle ne veut pas entendre les pensées mélancoliques que Félicien allait infailliblement concevoir à son égard sans oser les exprimer, elle lui dit adieu et se sauve. Cette inversion des idées reçues sur la surdité donne à Villiers l'occasion de montrer comment un message « imprononçable » peut être transmis et « entendu » sans avoir été énoncé. Et d'associer cette transmission et cette réception avec un état d'angoisse. La représentation de *Norma*, l'opéra de Bellini, qui sert de cadre au conte fournit à son tour une élégante illustration de ce fantôme engendré par la dissimulation d'un secret : la soprano elle-même, en chantant le rôle de Norma, prête sa voix aux mots de quelqu'un dont le drame est de garder secrète une intrigue amoureuse illicite.

L'un des contes les plus divertissants de Villiers, *le Secret de l'ancienne-Musique* (1878), exploite l'idée qu'un fantôme peut se transmettre sur plusieurs générations.

L'orchestre de l'Académie nationale de musique a besoin d'un instrument militaire, tombé en désuétude, pour pouvoir interpréter une œuvre particulièrement difficile. Un professeur de musique ancienne, à la retraite, est seul à posséder le secret de cet instrument. Il entreprend de jouer le morceau, lequel consiste en « un CRESCENDO de silences » (*ibid.*, p. 641). Son exécution muette, que l'orchestre « écoute » avec admiration, suggère que la connaissance d'un secret peut effectivement être transmise en silence. Qu'un tel secret puisse passer d'une génération à l'autre est illustré par la fin de l'histoire, où le professeur, protestant contre la difficulté de la partition, tombe dans les entrailles de la monstrueuse grosse caisse et disparaît « comme s'évanouit une vision ! » (*ibid.*, p. 641), emportant avec lui le secret « de l'ancienne-Musique ». Ensevelis dans le cœur battant de cette formation de jeunes musiciens, le professeur et son secret sont devenus la parfaite image d'un fantôme logé dans le corps d'un autre. Reste à imaginer le genre de représentations hantées que la présence de ce secret non dit va susciter dans l'orchestre.

Être hanté est précisément ce que recherche le personnage principal du *Désir d'être un homme* (1882). Un acteur, las de prononcer les paroles des autres et de feindre leurs émotions, se met à allumer des incendies dans l'espoir que les fantômes de ses victimes viendront le hanter et lui inspirer de vrais sentiments de remords. Frustré de ne pas encore ressentir d'émotion véritable, il réclame l'apparition « ne fût-ce que d'un spectre [...] *sans comprendre qu'il était, lui-même, ce qu'il cherchait* » (*ibid.*, p. 665). La dernière phrase du récit montre clairement que l'acteur (justement prénommé Esprit) est déjà possédé, habité par l'esprit de quelqu'un d'autre. Villiers donne ici le portrait de l'acteur, qui, par définition, incarne consciemment d'autres personnages et leur prête sa voix tandis que, sans le savoir, il accueille un fantôme.

C'est dans *l'Ève future* (1886), roman consacré à l'invention d'un robot doté de la parole, que Villiers a poussé le plus loin ses explorations des motifs du fantôme et de la voix désincarnée. Inspirée par les inventions techniques de la fin du XIXe siècle, cette contribution d'avant-garde au genre naissant de la science-fiction fut ébauchée dès 1877, un an après l'invention du téléphone par Alexander Graham Bell. L'action se déroule à Menlo Park, dans le New Jersey, dans le laboratoire de Thomas Alva Edison, l'inventeur du phonographe, de la lampe à incandescence et de l'audiophone. Une vieille connaissance, lord Ewald, vient faire ses adieux à Edison avant de se suicider. Ewald est amoureux d'une superbe chanteuse, Alicia Clary, mais ne peut supporter l'écart entre la beauté de son corps et la vulgarité de son esprit. Sa personnalité, explique Ewald, défaillant, est « absolument ÉTRANGÈRE » à son corps. C'est un « hybride phénomène » (*l'Ève future*, p. 804), une « enfant sujette à toutes influences », dont « les paroles paraissaient dépaysées et gênées dans sa voix » (*ibid.*, p. 797). Elle chante d'ailleurs comme une simple exécutante, d'une façon totalement « machinale », qui ferait penser plutôt à un « singe » ou à un « fantoche » (pp. 811, 813). Il est difficile de ne pas reconnaître dans ces descriptions le portrait d'une femme hantée par un fantôme, habitée par la voix désincarnée de quelqu'un d'autre qui parle à travers elle comme un ventriloque. Villiers, avec le personnage d'Alicia, exploite le thème de la dualité de l'âme et du corps, un thème majeur du romantisme et des auteurs de littérature fantastique et d'épouvante (comme Mary Shelley dans *Frankenstein* en 1818). Mais en même temps, avec Ewald, il greffe ce thème sur la transmissibilité du fantôme – thème esquissé à la fin du *Secret de l'ancienne-Musique*. En effet, ce n'est pas Alicia mais Ewald qui parle d'existence empoisonnée, de sentiment de possession et d'incapacité à se libérer d'Alicia sinon par le suicide. Et c'est Ewald, et non Alicia, qu'Edison se propose de guérir.

Edison conduit Ewald dans son laboratoire souterrain où il lui dévoile le remède auquel il pense : Hadaly, une femme mécanique animée par des courants électriques qui parcourent des réseaux complexes de fils, à l'image des systèmes nerveux et sanguins. Edison propose de transférer l'image physique d'Alicia Clary sur la surface extérieure d'Hadaly tout en procurant au robot une intelligence enfin digne du corps de Clary. La source de cette intelligence réside en deux phonographes en or qui constituent les poumons d'Hadaly. Ils contiennent l'enregistrement de phrases des plus grands poètes, métaphysiciens et romanciers du siècle.

L'intelligence qu'Edison tente d'insuffler à Hadaly consiste dans les mots désincarnés d'autres personnes, qui se diront à travers elle comme si elle était une marionnette. En ce sens, l'invention d'Edison ne fait que répéter en l'objectivant la structure psychique d'Alicia Clary. Grâce au phonographe, qui sépare la voix du corps, Edison dédouble sous une forme tangible le fantôme qui hante Alicia et parle à travers elle. En forçant le fantôme d'Alicia à se concrétiser, le robot l'oblige à révéler sa présence et, du même coup, met fin à la possession d'Ewald.

L'Ève future réunit et amplifie les différents aspects du fantôme représentés dans les contes de Villiers. Le récit développe plus avant l'idée qu'une voix désincarnée peut s'exprimer par le truchement de quelqu'un d'autre (*l'Intersigne*). Il approfondit également le motif de l'exorcisme du fantôme (*Véra*), de l'association des voix désincarnées avec un désordre de l'esprit (*le Traitement du docteur Tristan*), de la réception ou « audition » d'un message non prononcé (*l'Inconnue*), de la transmission d'un tel message sur plusieurs générations (*le Secret de l'ancienne-Musique*) et de la possibilité d'incarner physiquement quelqu'un de différent et de prêter sa voix à ses mots (*le Désir d'être un homme*). La nouveauté de *l'Ève future* tient à la reprise des motifs surnaturels, fantastiques et symbolistes de ses contes dans le cadre d'une réflexion scientifique sur la psyché. Anticipation étonnante de certaines théories et techniques de la psychanalyse à la veille de sa création, les récits de Villiers posent plusieurs questions : quelles sont les conditions mentales ou psychiques qui peuvent induire la voix de quelqu'un à parler à travers quelqu'un d'autre ? En quel sens peut-on « soigner » quelqu'un qu'habite ou que possède l'une de ces voix désincarnées ? Par ces questions, ils élargissent la définition traditionnelle des littératures fantastique, symboliste, d'épouvante et de science-fiction et ouvrent de nouvelles perspectives pour l'analyse des œuvres d'E. T. A. Hoffmann, de Théophile Gautier, d'Edgar Allan Poe, de Nathaniel Hawthorne et de Jules Verne.

Voir aussi 1837, 1885 (février), 1889.

Bibliographie : Philippe Auguste Mathias de Villiers de L'Isle-Adam, *Contes cruels* et *l'Ève future*, in *Œuvres complètes*, éd. Alan Raitt, Pierre-Georges Castex et Jean-Marie Bellefroid, vol. Ier (Paris, Gallimard, 1986). Nicolas Abraham et Maria Török, *l'Écorce et le Noyau* (Paris, Aubier-Flammarion, 1978). Jacques-Henry Bornecque, *Villiers de l'Isle-Adam, créateur et visionnaire* (Paris, Nizet, 1974).

Esther Rashkin

1889

La troisième République fête le centenaire de la Révolution

Commémorations et thèmes révolutionnaires

Ironie du sort, c'est en 1889 qu'est mort Villiers de l'Isle-Adam, alors qu'on célébrait en grande pompe le centenaire de la Révolution. Les sarcasmes de Villiers n'étaient pas du goût de tous, ni son amour-haine pour la science ou son aversion pour les bouleversements issus de la Révolution. L'apothéose de Victor Hugo – grand prêtre des vertus républicaines, dont une foule immense avait accompagné solennellement la dépouille au Panthéon – était encore dans toutes les mémoires en 1889. La vie et l'œuvre de Hugo (1802-1885) avaient fini par s'identifier avec le siècle qu'on s'apprêtait à célébrer.

Car c'est bien le XIXe siècle que les festivités commémorant la chute de la Bastille glorifiaient en réalité – siècle né à l'ombre de la Révolution et qui avait à plusieurs reprises ranimé le rêve et la ferveur révolutionnaires, même si ce fut aussi un siècle déchiré par la contre-révolution et la répression. Mais en 1889 le pouvoir en place pouvait se proclamer l'héritier des principes de 1789.

L'érection des deux monuments du centenaire, l'Exposition universelle et la tour Eiffel, répondit à la destruction de la Bastille. Tout semblait frappé au coin de la démesure : cérémonies allégoriques, vastes expositions, illuminations spectaculaires, inaugurations solennelles (le grand amphithéâtre de la Sorbonne, notamment), rassemblements de masse. Un cortège de quinze mille deux cents maires de métropole et d'outre-mer défila ainsi le 18 août. Le centenaire consacra également la prééminence de Paris, capitale et organe vital de la nation.

Ni Paris ni la France ne parlaient toutefois d'une même voix, témoin la remarquable variété de livres publiés aux alentours de 1889 : *Essai sur les données immédiates de la conscience* (1888), d'Henri Bergson, *Un homme libre* (1889), de Maurice Barrès, *le Disciple* (1889), de Paul Bourget, *Révoltée* (1889), de Jules Lemaître, *l'Avenir de la science* (1890), d'Ernest Renan, *Parallèlement* (1890), de Paul Verlaine. C'était l'époque du Théâtre Libre d'André Antoine, des grands succès de Victorien Sardou, de la gloire montante d'Émile Zola. Les mardis de Stéphane Mallarmé étaient déjà légendaires. La scène intellectuelle frappait par sa diversité. C'est en 1889 également que le gouvernement décréta l'édition nationale de l'*Histoire de la Révolution française* (1847-1853), de Michelet. Ce dernier, mort depuis une quinzaine d'années, était sans conteste avec Hugo l'un des patriarches de la troisième République.

Durant les trente dernières années du siècle, les piliers idéologiques de la troisième République furent l'anticléricalisme, l'optimisme combatif, l'opportunisme financier, l'intrigue parlementaire et une emphase patriotique souvent inspirée par l'esprit revanchard d'après Sedan. L'instituteur laïque fut le héros anonyme de cette idéologie, et l'« intellectuel » (le terme fait apparition à l'époque) sa conscience politique et son dirigeant modèle. Albert Thibaudet allait bientôt parler de « République des professeurs ». Cette idéologie, bien que dominante, était pourtant loin de rallier tous les suffrages. *Le Disciple,* de Bourget, qui s'en prend ouvertement au positivisme, au scientisme et à l'ascendant funeste des professeurs, parut en pleine euphorie commémorative. De telles attaques n'avaient bien sûr rien de nouveau. Dès les années 1840, nombre de livres et de brochures, largement soutenus par la presse catholique, avaient dénoncé l'influence pernicieuse des enseignants sur la jeunesse. Une offensive majeure contre l'élite intellectuelle marqua les deux dernières décennies du siècle. *Le Disciple,* de Bourget, affirme que les professeurs sont personnellement responsables des effets idéologiques et moraux de leur philosophie sur les étudiants et qu'ils devraient avoir des comptes à rendre. Bien des prises de position anti-intellectuelles de la période 1880-1900 étaient des réponses à des penseurs comme Renan qui, dans les *Dialogues et fragments philosophiques* (1876) et *l'Avenir de la science* (1848-1849, publié en 1890), avait implicitement et explicitement souhaité l'avènement de nouveaux guides spirituels. Peut-être Bourget songeait-il d'ailleurs à Renan en faisant allusion, dans la préface de son roman, au maître éloquent dont les paradoxes avaient fasciné et corrompu une jeunesse impressionnable.

Au-delà des intellectuels accusés de miner les plus belles traditions nationales, c'est la mystique démocratique elle-même qui était visée et, avec elle, la Révolution, jugée responsable de toutes les calamités sociales et morales de l'époque. Le déracinement spirituel, la perte des valeurs traditionnelles, dont on accusait la Révolution et les enseignants, furent bientôt dénoncés par Barrès dans *les Déracinés* (1897). Ce qui n'empêchait d'ailleurs pas de retrouver les mêmes jugements négatifs sur les conséquences de la Révolution dans les écrits des maîtres à penser suspects. *Les Origines de la France contemporaine* (1875-1894), de Taine, est un ouvrage hostile à la Révolution. Renan, lui-même, s'il fait de la Révolution l'épopée nationale par excellence et juge l'événement « sublime », y voit en fin de compte une « expérience manquée » et la qualifie d'« odieuse et horrible » (*Œuvres complètes*, vol. Ier, pp. 12-13 ; vol. II, p. 1080).

Point n'était besoin des festivités du centenaire pour attirer l'attention sur la Révolution. Même si l'on préférait indiscutablement occulter ses aspects les plus violents, nul ne pouvait oublier l'événement ni considérer que la page était tournée. Car la mission de la Révolution n'avait jamais été remplie. L'histoire du XIXe siècle avait été marquée par une série de césures, de discontinuités, de retours en arrière. Divers épisodes révolutionnaires avaient toutefois entretenu l'élan de la Révolution (et la peur qu'elle inspirait) : les Trois Glorieuses de 1830, les journées de 1848 et la Commune de 1871, qu'une sanglante répression avait suivie.

Rien d'étonnant alors que la littérature, de Balzac à Zola, même lorsqu'elle ne traite pas directement des événements révolutionnaires, abonde en allusions, échos et références thématiques. Le père Goriot n'est pas seulement un vieillard crédule et bafoué, un roi Lear moderne ou un pathétique « Christ de la paternité » ; ancien président d'une section révolutionnaire, il a spéculé pendant la grande famine et vendu du blé aux « coupeurs de têtes » du Comité de salut public, d'où son surnom de « vieux Quatre-vingt-treize ». Danton et Robespierre sont fréquemment mentionnés avec horreur, crainte ou respect dans *le Rouge et le Noir* (1830), de Stendhal, dont l'épigraphe inaugurale – « La vérité, l'âpre vérité » – est attribuée à Danton. Quant au *Germinal* (1885) de Zola, son titre renvoie évidemment à la période la plus violente de la Révolution ; mais ce mois printanier évoque aussi le thème optimiste du roman – le réveil politique d'un peuple encore ignorant – et semble indiquer les combats à venir.

La perspective s'ordonne de façon caractéristique selon deux grandes directions.

Le XIXe siècle semble déterminé (ou condamné) à penser l'avenir en regardant derrière soi. Passé et futur se livrent un ironique face-à-face, non seulement parce qu'on cherche souvent à revenir en arrière et à traiter la période 1789-1815 comme une parenthèse scandaleuse et déplacée, mais aussi parce que les idéologies du progrès – en tête desquelles se trouvent la pensée et l'action révolutionnaires – sont à chaque étape obligées de s'appuyer sur un modèle déjà anachronique, proposant ainsi de l'histoire une conception à la fois linéaire et répétitive, ironique et parodique. Commentant après les événements de 1848-1851 une remarque de Hegel, Marx observe que personnages et faits historiques surgissent pour ainsi dire deux fois, « la première fois comme tragédie, la seconde fois comme farce » (*le Dix-Huit Brumaire de Louis Bonaparte* [1852], p. 69). Cette vision est aussi illustrée par le chapitre consacré aux clubs politiques dans *l'Éducation sentimentale* (1869), de Flaubert, où chaque figurant se choisit comme modèle une figure du passé, « l'un copiant Saint-Just, l'autre Danton, l'autre Marat », tandis que Frédéric Moreau tâche « de ressembler à Blanqui, lequel imitait Robespierre » (*l'Éducation sentimentale*, p. 333).

Flaubert ne cachait pas son hostilité à l'égard de l'activisme politique ; il lui était difficile de voir dans les soulèvements populaires autre chose qu'une raison d'avoir peur. L'esthétisme fut son refuge contre le bruit et la fureur de l'histoire en train de se faire. Nombreux furent pourtant les écrivains qui, s'ils n'assistèrent pas sans anxiété à l'accélération de l'histoire, s'ouvrirent aux idées nouvelles, au changement, et cherchèrent à justifier la signification profonde des révolutions : témoin Lamartine, qui allait jouer en 1848 un rôle politique important. Dans la deuxième époque de *Jocelyn* (1836) – poème dont l'action se situe de façon révélatrice en 1793 et non en 1789 –, il déplore les crimes et les représailles atroces de la Révolution, « abîme sanglant » qui n'apporta que malheurs et déchirements à ceux qui y prirent part. Mais elle lui apparaît aussi comme un épisode dans un scénario divin. C'est Dieu qui l'a voulue et il lui a imprimé sa marque créatrice ; car les révolutions illustrent le principe créateur fondamental selon lequel la vie naît de la mort et de la souffrance. Dans *les Révolutions* (1831), Lamartine présente la violence politique mise au service du progrès comme manifestant la volonté d'un Dieu qui ne connaît pas de repos, dont le message est « Marche ! » et dont l'ouvrage reste à jamais inachevé. Portrait de Dieu en révolutionnaire. Le poème de Lamartine annonce certaines prophéties de Hugo sur la participation immanente de Dieu aux mystérieux processus de l'histoire. À une lettre près, Lamartine en vient presque à sacraliser la révolution lorsqu'il parle de « saintes évolutions » (v. 96).

La conception messianique faisant de l'art et de la littérature les outils d'une vaste épopée qui, non contente de relater l'aventure spirituelle de l'humanité, contribuerait aussi à son accomplissement, se retrouve chez plusieurs grands romantiques. C'est elle qui, dans une large mesure, donne sa couleur au sentiment épique du XIXe siècle. Les œuvres de Ballanche, de Lamennais, de Quinet et de Michelet – pour ne rien dire des *Misérables* (1862) et de *la Légende des siècles* (1859-1883), de Hugo – illustrent l'idée qu'une force spirituelle supérieure dirige l'histoire et l'évolution de l'humanité vers sa plus haute destinée.

Malgré une résistance tenace à regarder en face les traits paroxystiques de la Révolution – comme il arrive après les périodes de grands troubles –, beaucoup d'ouvrages importants furent consacrés à l'événement. Citons, parmi les plus célèbres histoires de la Révolution française, celles de Thiers (1823-1827), d'Auguste Mignet (1824), de Louis Blanc (1847-1862), de Lamartine (*Histoire des Girondins*, 1847), de Tocqueville (*l'Ancien Régime et la Révolution*, 1856) et de Quinet (*la Révolution*, 1865). Mais la plus passionnante, du fait de son envergure mythique, est l'*Histoire de la Révolution française* de Michelet, dont la rédaction couvre une des périodes les plus agitées de l'Histoire, traversée d'insurrections populaires et de renversements de régimes ; c'est elle que couronne l'édition nationale de 1889.

On pourrait croire que l'esprit commémoratif faisait partie intégrante de la Révolution ; n'a-t-elle pas d'emblée manifesté un rare attachement aux dates ? 14 juillet, 6 octobre (marche des femmes sur Versailles), 20 juin (serment du Jeu de paume), 10 août (prise des Tuileries) – sans parler du 21 septembre, du 31 mai, de Germinal et de Thermidor –, autant de références qui sont devenues immédiatement familières à chacun. Pour un regard rétrospectif cependant, toute la période révolutionnaire semble s'ordonner, sur le plan politique aussi bien que thématique, autour des deux années symboliques que sont 1789 et 1793, l'année de la Bastille et celle de la Terreur.

Quatre-vingt-neuf ou le mythe de la Bastille : la forteresse démantelée était entrée, grâce à divers récits, images et chroniques, dans une légende que pamphlets, brochures, dialogues, récits et poèmes continuaient à nourrir. Un vocabulaire et une iconographie symboliques, voire mythiques, faisaient d'elle l'archétype de l'oppression et de l'arbitraire politiques. Aussi le soulèvement populaire et l'assaut du 14 juillet 1789 furent-ils vite perçus comme un événement capital, qui achevait une ère et en inaugurait une autre. Michelet qualifie la prise de la Bastille d'« acte de foi » ; Pétrus Borel y voit une « sainte rébellion ». Pour Michelet, l'événement possède une signification apocalyptique ; c'est le « jugement dernier » du passé. Dans la préface à l'édition de 1868, il évoque ces jours inoubliables où « l'Europe délira à la prise de la Bastille ». Mais il savait qu'à l'heure où il rédigeait son épopée libératrice, d'autres Bastilles subsistaient dans un monde encore loin d'être libre. L'archétype de la Bastille était toujours debout. « Le monde est couvert de prisons, du Spielberg à la Sibérie, de Spandau au Mont Saint-Michel » (*Œuvres complètes*, vol. Ier, p. 122).

Sur le plan historique et symbolique, 1789 restait lié à des images d'euphorie collective. Le 14 Juillet est un jour de liesse, de bals populaires. Pour Michelet, c'est la date capitale. Malgré son admiration pour Robespierre, malgré son enthousiasme pour le « sublime » élan patriotique de 1792, c'est la chute de la Bastille qui fait vibrer son âme : « Qu'il reste donc, ce grand jour, qu'il reste une des fêtes éternelles du genre humain » (*ibid.*, vol. Ier, p. 239).

Mais Michelet s'intéresse à des aspects plus significatifs des événements révolutionnaires, et avant tout à l'esprit profondément pacifique de la « sainte Révolution », une Révolution qui n'a laissé aucun monument – signe mort – mais de vivantes valeurs spirituelles. Il souligne le rôle de guide joué par Paris et l'importance suprême du peuple, héros de l'épopée, dont la spontanéité et l'unité donnèrent son élan véritable à cette « période d'unanimité ». Mais s'il exalte la notion de peuple souverain, représentant d'une unité idéale, Michelet rejette le concept de lutte des classes. Il s'oppose en cela à Louis Blanc, dont les idées sur la Révolution sont colorées par le socialisme. À quoi s'ajoute le fait que, selon Michelet, le peuple, silencieux par essence, a besoin d'un héraut : l'historien-philosophe.

De telles opinions rapprochent Michelet de Hugo, également réticent à admettre la guerre des classes et à remettre en cause l'ordre économique et social. Mais le mythe hugolien du peuple, lui aussi associé à Paris – à travers la figure métaphorique de Gavroche notamment –, n'est pas entièrement euphorique, assombri qu'il est par la peur des violences populaires. Chez Hugo, le lexique du peuple dérive facilement vers des mots comme foule, plèbe, populace, *fex urbis*. Et la complexité de la fibre patriotique du poète, son sens de la gloire, ne sont sans doute pas étrangers au fait que son père avait été général dans l'armée napoléonienne alors que sa mère, royaliste et vendéenne, était farouchement hostile à l'Empereur.

Cette mésentente des parents – le couple s'était séparé en fort mauvais termes – peut en partie expliquer que Hugo ait été obsédé par la guerre civile (il confère au soulèvement vendéen valeur de symbole) et par la haine et la violence que représente une révolution. Quoi qu'il en soit, alors que Michelet célèbre 1789 de façon dithyrambique, c'est la sombre année 1793 qui exerce une fascination durable sur Hugo. Dans son dernier roman, *Quatrevingt-Treize* (1874), rédigé après la Commune, il présente l'année 1793 comme un « ulcère », une « hémorragie », un théâtre de la cruauté où l'inflexibilité des doctrinaires et des démagogues, fonctionnaires de la guillotine, a conduit la France à l'apocalypse. Mais cette nature cataclysmique est aussi ce qui donne à l'année de la Terreur sa dimension épique. Hugo décrit « l'amas épique d'antagonismes » (*Œuvres complètes*, vol. XV, p. 378) et recourt sans cesse aux métaphores marines : tempête, écume, récifs, naufrage et, bien sûr, l'inévitable abîme.

L'abîme hugolien révèle en effet les forces au travail, et ces forces sont plus puissantes que les dirigeants politiques qui s'imaginent contrôler les événements, plus puissantes même que les masses populaires prenant d'assaut les forteresses et pillant les résidences royales. Comme Lamartine, Hugo pense que le cours de l'histoire obéit à un scénario divin, sauf qu'à ses yeux cette immanence divine révèle une troublante alliance avec les ténèbres et le mal. Dieu est « le rédacteur énorme et sinistre » (*ibid.*, vol. XV, p. 380).

Ces réflexions tourmentées sur la Révolution restèrent longtemps secrètes. Le poème de 1857, *la Révolution* (justifiant la violence révolutionnaire), et la dénégation qui le suit immédiatement, *le Verso de la page* (1857-1858), ne parurent que bien des années plus tard, et encore, morcelés ou insérés dans un contexte entièrement différent. *La Révolution* décrit la rencontre nocturne des statues d'Henri IV, de Louis XIII et de Louis XIV avec la guillotine. Au point précis de leur rendez-vous avec l'Histoire surgit l'effroyable vision dans son décor d'apocalypse : une silhouette géométrique marque le seuil du néant, tragiquement inscrit pour l'éternité dans le chiffre fatal de quatre-vingt-treize, tandis que le sang qui ruisselle sur le pavé semble écrire – ô ironie – le mot Justice (*ibid.*, vol. X, p. 243).

Le poème n'en est pas moins une justification de la Révolution. Tous les actes tyranniques du passé, toutes les prisons, chambres de tortures, tous les sanglots des opprimés exigent rétribution et expiation. La Révolution est un « monstre divin ». Mais il ne faut pas laisser le dernier mot au bourreau. Tel est le message du *Verso de la page*, qui va jusqu'à marquer de la compassion au roi-martyr et suggère que les hommes seront tous des assassins tant qu'il y aura des échafauds. Car Hugo ne pouvait oublier que s'il fallait voir dans le régicide (forme collective du parricide) un événement salvateur mais unique, cet acte expiatoire sans pareil n'en constituait pas moins une justification de la peine capitale, contre laquelle, sa vie durant, il se battit avec la plus sincère véhémence.

La mise à l'écart par Hugo de ces deux poèmes fait écho de façon frappante au désir collectif – comme à l'impossibilité – d'oublier. L'érection en 1836 d'un obélisque sur la place où avait été guillotiné Louis XVI (symboliquement rebaptisée place de la Concorde) est révélatrice d'un désir d'effacer le passé. Le XIXe siècle est le siècle des commémorations mais aussi de l'oubli.

Ce que la France essayait d'oublier ou de réprimer, mais n'arrivait pas à effacer de sa mémoire collective, c'était l'épisode sanglant du 21 janvier 1793, dont la signification dépassa vite celle de l'exécution d'un roi. Car cette exécution, perçue de façon implicite ou explicite comme un parricide, était plus alarmante encore que le meurtre symbolique du père. Elle signifiait l'effondrement des structures politiques et des hiérarchies sociales, la mise en question de la notion même d'autorité.

La littérature ne tarda pas à s'emparer du lien psychopolitique entre père et roi. Écrivant à l'époque où Louis-Philippe cherchait à forger le mythe de l'unité et de l'oubli, Stendhal, dans la *Vie de Henry Brulard* (1835-1836, éd. posth. 1890), évoque ce jour fatidique de 1793 où, alors qu'il se trouvait à Grenoble dans le cabinet de travail de son père, arrive la nouvelle de la mort du roi ; devant la douleur paternelle, le jeune Henri Beyle éprouve « un des plus vifs mouvements de joie » qu'il ait jamais connus de sa vie (p. 634).

Le XIXe siècle fut manifestement influencé – si indirectement que ce soit – par les écrits de Joseph de Maistre. Ce théoricien ultra, bête noire de Hugo, glorifia la figure du bourreau dont il faisait un agent mystérieux de la justice divine, fondement indispensable de l'ordre social. Mais cette exaltation de la punition, de l'expiation et de la violence au service de l'ordre était à double tranchant et pouvait servir des idéologies opposées. Et la dissension reste fondamentale, même derrière l'apparente allégresse des commémorations de 1889. Cette année d'autosatisfaction hésite entre la foi dans le progrès et la nostalgie d'un « ordre » perdu, et, si elle met parfois Dieu et ses desseins au service de philosophies mélioristes, elle n'en conteste pas moins la notion de progrès historique au nom de structures mythiques plus profondes et d'une conception cyclique du temps. Le XIXe siècle pouvait apparaître (si l'on en croit Hugo dans son *William Shakespeare*, 1864) comme l'enfant de la Révolution : époque cruciale qui aura vu naître la vraie civilisation, mais siècle tourmenté et déchiré, d'une fertilité infinie parce qu'il n'a pas su résoudre la splendide contradiction qui l'oppose à lui-même.

Voir aussi 1789, 1794 (8 juin), 1799, 1823, 1836, 1871, 1905.

Bibliographie : Gustave Flaubert, *l'Éducation sentimentale*, in *Œuvres*, éd. Albert Thibaudet et René Dumesnil, vol. II (Paris, Gallimard, 1952). Victor Hugo, *Œuvres complètes*, éd. Jean Massin, vol. X, XV (Paris, Club Français du Livre, 1967). Alphonse de Lamartine, *les Révolutions*, in *Œuvres poétiques*, éd. Marius-François Guyard (Paris, Gallimard, 1963). Karl Marx, *Le Dix-Huit Brumaire de Louis Bonaparte*, éd. Raymond Huard (Paris, Messidor/Éditions sociales, 1984). Jules Michelet, *Histoire de la Révolution française*, in *Œuvres complètes*, vol. Ier (Paris, Flammarion, 1893). Ernest Renan, *Œuvres complètes*, 10 vol. (Paris, Calmann-Lévy, 1947-1961). Stendhal, *Vie de Henry Brulard*, in *Œuvres intimes*, éd. Victor del Litto, vol. II (Paris, Gallimard, 1982). Hippolyte Taine, *les Origines de la France contempo-*

raine (Paris, Hachette, 1894). Albert Thibaudet, *la République des professeurs* (Paris, Grasset, 1927). François Furet et Mora Ozouf, *Dictionnaire critique de la Révolution française* (Paris, Flammarion, 1988).

Victor Brombert

1892

Oscar Wilde essaie de faire jouer *Salomé* à Londres. Sarah Bernhardt est pressentie pour le rôle principal

Écrire la danse

La littérature et les arts de la fin du XIXe siècle sont hantés par des figures de femme fatale empruntées à la mythologie, Méduse, le Sphinx, Médée, sans parler des vampires et des sirènes. Cette femme à la beauté dangereuse, à la sexualité dévorante et destructrice, s'oppose à l'image non moins répandue de l'ange du foyer, idéal victorien d'une mère exemplaire (et désexualisée).

Salomé, la danseuse qui se fit offrir la tête du Baptiste, faisait déjà rêver le Moyen Âge. La princesse biblique condense deux images opposées de la féminité. D'un côté, elle représente la sexualité mortelle. Elle est d'ailleurs elle-même fille d'une femme fatale : sa mère, Hérodiade, avait épousé Hérode Antipas sans avoir divorcé d'un premier mari, ce qui lui valut d'être traitée de courtisane par le Baptiste. Salomé était donc marquée, avant même qu'elle ne danse, par la flétrissure de son ascendance. Mais elle n'en conserve pas moins une certaine innocence : les deux évangélistes qui rapportent son histoire, Matthieu et Marc, soulignent sa jeunesse. Ils précisent que c'est à la demande de son beau-père Hérode que Salomé danse, et lorsque celui-ci promet de lui accorder ce qu'elle voudra en retour, elle consulte sa mère. Hérodiade, que Jean Baptiste avait insultée, lui fait demander la tête de celui-ci. Salomé fascine. Si sa sensualité est évidente, sa culpabilité et sa perversité ne le sont pas. Son rapport à Hérodiade est lui-même ambigu : est-elle manipulée par un beau-père luxurieux et une mère qui cherche à se venger ou entre-t-elle dans leur jeu en toute lucidité, savourant d'avance la mort de Jean ? Cette ambiguïté, jointe à l'orientalisme fin de siècle, ajoute au mystère et à la séduction de l'altière danseuse hébraïque.

Flaubert, Huysmans, Wilde et Mallarmé contribuèrent successivement, et parfois de concert, à l'élaboration du personnage. Avec Mallarmé, l'histoire de Salomé s'enrichit d'une dimension supplémentaire, capitale : le poète articule la danse et la décollation avec l'acte d'écrire.

La Salomé « moderne » naît avec *Salammbô* (1862), de Flaubert. L'action du roman se situe pendant les guerres puniques (IIIe siècle av. J.-C.). Salammbô, fille du général carthaginois Hamilcar, est consacrée à Tanit, déesse de la lune. Salammbô évoque Salomé en raison du contexte orientalisant mais aussi parce qu'elle cause l'arrestation, le supplice et la mort, sous ses yeux, de l'homme qui l'aime. Gustave Moreau, qui avait déjà traité le thème du Baptiste dans plusieurs tableaux, lut le roman avec admiration. Le portrait de Salammbô – la minutieuse description de sa parure, notamment – le fit passer du Baptiste à Salomé : sur cent vingt études, plus de la moitié sont consacrées à la princesse. Deux versions furent exposées au Salon de 1876 : une huile sur toile,

Salomé, et une aquarelle, *l'Apparition*, montrant Salomé frappée d'horreur à la vue de la tête sanglante de Jean flottant devant d'elle (fig. 1). Comme dans la plupart des Salomé de Moreau, la princesse est vêtue à la manière de Salammbô. Le peintre a été inspiré par le haut diadème, les voiles flottants et les bijoux de la prêtresse carthaginoise de Flaubert.

Ce dernier ne demeura pas en reste. Ébloui à son tour par la *Salomé* de Moreau, il composa sa version de l'histoire l'année même du Salon (« Hérodias », dans *Trois Contes*, 1877). À l'instar du peintre, il s'intéressa d'abord à la figure de Jean, mais son intérêt se déplaça bientôt sur les rapports d'Hérode et d'Hérodiade – ici nommée Hérodias – et surtout sur la jalousie qu'inspire à cette dernière sa trop belle enfant : de peur qu'il ne la trouve trop séduisante, elle soustrait la princesse à la vue du tétrarque. Quand Hérode finit par rencontrer Salomé, il est immédiatement subjugué : elle lui rappelle Hérodias jeune.

Hérodias n'est pas seule à dissimuler la princesse : Flaubert en fait autant et repousse à la fin du conte l'apparition de Salomé. Toute allusion à la danse est également reléguée aux dernières pages, ce qui renforce l'attente et le mystère. La jeune fille danse sur les mains (comme elle le fait au tympan de la cathédrale de Rouen, bien connu de Flaubert) – touche de perversité, peut-être, ou encore d'exotisme pour le public de l'époque. La danse terminée, elle demande « en zézayant un peu [...], d'un air enfantin », la tête du Baptiste, façons puériles qui contrastent avec son visage fardé et ses voiles transparents. Un dénouement des plus elliptiques montre les disciples de Jean se relayant pour porter la tête du saint. « Comme elle était très lourde, ils la portaient alternativement. » Avec « Hérodias », dernier des *Trois Contes* (1877), Flaubert retrouve le style et le décor qui caractérisaient l'ambitieuse épopée de *Salammbô*.

Dans son roman *À rebours* (1884), Huysmans décrit minutieusement les deux œuvres de Moreau qui frappèrent tant Flaubert. Le héros, Des Esseintes, est un riche décadent reclus dans sa maison de Fontenay-aux-Roses, entouré de livres rares et d'objets d'art, au nombre desquels les deux toiles de Moreau. Dans les interminables rêveries du héros, Salomé figure l'incarnation du mal (Des Esseintes ne s'intéresse pas à Hérodiade). Ce qui le fascine dans *Salomé*, c'est la représentation de la danse, sur laquelle la Bible reste muette. Mais il admire par-dessus tout l'aquarelle *l'Apparition* : conformément à son inspiration misogyne, Salomé est ici l'intrigante « courtisane » soumise « à son tempérament de femme ardente et cruelle », la meurtrière hypnotisée par la tête flottante de sa victime, et qui a le charme d'une « grande fleur vénérienne, poussée dans des couches sacrilèges » (*À rebours*, p. 153). Des Esseintes voit dans la Salomé de Moreau un vampire femelle qui « rompt l'énergie, fond la volonté » alors même qu'elle enflamme le vieux tétrarque (*ibid.*, p. 149).

Dans *À rebours*, Huysmans rattache également la figure de Salomé à l'idée d'écriture. Des Esseintes admire Moreau parce qu'il donne à voir ce que les Évangiles taisent. Mais ses longues méditations, à la limite de l'hallucination, cherchent à combler le manque inverse : si Moreau peint la danse dont l'Évangile ne dit mot, le roman donne voix (à travers les descriptions du héros) à ce que la peinture passe sous silence. *À rebours* noue entre écriture et peinture une relation à la fois symbiotique et problématique, chacune se faisant fort de compenser les insuffisances de l'autre.

La peinture et l'écriture passent au premier plan dans la version mallarméenne de

1. Gustave Moreau, *l'Apparition*, aquarelle (musée du Louvre, cabinet des dessins). (Documentation photographique de la Réunion des Musées nationaux.)

l'histoire. Dès 1864, Mallarmé mentionne dans sa correspondance avec Henri Cazalis l'idée d'un poème qu'il pense intituler *Hérodiade*. La terminaison en -iade renvoie ici à l'histoire de la lignée d'Hérode (tout comme l'*Énéide* racontait la geste d'Énée). Mais le titre brouille à dessein la distinction entre Salomé et Hérodiade, ne serait-ce que par le nom, puisque Hérodiade est à la fois mère et fille : perversité et jeunesse, le cynisme de l'expérience associé à l'« horreur d'être vierge ».

L'idée première de Mallarmé était de composer une œuvre qui, tout en traitant de poésie, illustrerait un nouveau type de vers. En octobre 1864, il écrit à Cazalis : « J'ai enfin commencé mon "Hérodiade". Avec terreur, car j'invente une langue qui doit nécessairement jaillir d'une poétique très nouvelle, que je pourrais définir en ces deux mots : Peindre, non la chose, mais l'effet qu'elle produit. Le vers ne doit donc pas, là, se composer de mots ; mais d'intentions » (*Correspondance*, p. 137). Peindre est ici

une métaphore de l'écriture, métaphore qui prolonge de façon plus subtile l'interaction des deux activités. L'idéal – caractéristique de la poésie symboliste – de peindre l'effet plutôt que la chose plonge sa racine dans l'histoire de Salomé ; il aboutira à la poétique de Mallarmé, pour qui l'effet compte plus que la représentation.

Hérodiade comprend trois parties : « Ouverture », « Scène » et « Cantique de saint Jean ». « Ouverture » est une incantation dans laquelle la nourrice d'Hérodiade pressent les événements qui vont marquer le jour naissant. « Scène », dialogue entre la nourrice et Hérodiade, abonde en images glacées de stérilité et de désespoir – « Oui, c'est pour moi, pour moi, que je fleuris déserte », s'écrie Hérodiade dans l'attente d'« une chose inconnue ». Nulle mention de danse, d'Hérode, de mère ou de fille : Mallarmé a bien dépeint l'effet et non la chose. Stérile beauté virginale parée du torrent glacial de sa chevelure, Hérodiade devient le symbole, non de la femme fatale, mais de la poésie pure à laquelle aspire Mallarmé.

C'est cette idée de poésie pure que vient réaffirmer le bref « Cantique de saint Jean ». À l'heure du supplice, Jean Baptiste transforme son martyre en méditation métaphysique sur « les anciens désaccords » entre la tête et le corps. Le spécialiste du baptême – « principe qui m'élut » (v. 27) – s'y fait baptiser poète. Hérodiade est la muse qui arrache la tête au corps ; qui exige du poète qu'elle élit un baptême de pensée pure ; dont la sensualité relève de l'esprit et non du corps. Une fois décapité, Jean devient semblable au soleil – foyer de rayonnement incandescent, digne de la « grâce » (et proche en cela de la tête nimbée d'un mystérieux halo dans *l'Apparition*, de Moreau). Jean est le symbole du poète mallarméen, simultanément détruit et « élu », métamorphosé en poète authentique, en pensée pure, par la grâce de sa dangereuse muse.

Différentes versions d'*Hérodiade* parurent du vivant de Mallarmé (sans le « Cantique de saint Jean », publié pour la première fois en 1913, quinze ans après la mort du poète), et l'œuvre était bien connue de ses disciples. L'inachèvement du poème incita peut-être Oscar Wilde, qui avait rencontré Mallarmé en 1891, à écrire sa propre version de l'histoire, en français. Ambitieux projet, dicté sans doute par l'envie de rivaliser avec le maître. Mais les textes de Huysmans et de Flaubert avaient déjà éveillé l'intérêt de Wilde pour ce thème. « Je veux que [Salomé] danse sur les mains, écrit-il, comme dans le conte de Flaubert » (*Oscar Wilde*, p. 343). Wilde jette sur Salomé le même regard misogyne que Des Esseintes : « Sa soif de plaisir doit être infinie, songe-t-il, et sa perversité sans limite. Les perles doivent se ternir au contact de sa peau » (*ibid.*, p. 342). Autre raison qui poussa Wilde à choisir le français : il voulait que *Salomé* soit une pièce de théâtre, avec Sarah Bernhardt dans le rôle principal. Les répétitions commencèrent à Londres en 1892, un an avant que le texte ne paraisse dans sa version originale française. Sarah Bernhardt avait accepté le rôle (malgré son dépit en découvrant que le personnage principal était Hérode et non Salomé) et prit part aux répétitions. Mais la censure britannique interdit la pièce et Wilde dut renoncer à son rêve de voir *Salomé* jouée, en français, devant un public anglais, par la plus célèbre actrice de l'époque.

La Salomé de Wilde est éprise du Baptiste, qui repousse ses avances. Le prophète doit périr, décide-t-elle, pour qu'elle puisse enfin baiser sa bouche. C'est elle et elle seule qui, poussée par le désir, exige la mort de Jean. Cette Salomé incarne à plusieurs titres la « fleur vénérienne » de Des Esseintes. Elle appartient au patrimoine littéraire

français non seulement parce que la pièce fut écrite en français, mais aussi parce que l'héroïne descend en droite ligne de ses aînées françaises : « Ma Salomé est une mystique, observe Wilde, une sœur de Salammbô ». Même Hérode ressemble chez lui au tétrarque de Gustave Moreau, « drapé dans sa parure et son chagrin » (*Oscar Wilde*, p. 376).

Mallarmé quant à lui continuait à écrire sur les problèmes de l'écriture et sur une poésie qui serait à elle-même son propre objet. En 1886, il publia des notes sur le théâtre, le mime et la danse. L'un des ces textes, *Ballets*, s'attache à la danse et à la manière dont elle aussi décrit l'effet plutôt que la chose. Si le nom de Salomé n'y est pas mentionné, il est clair – étant donné les réflexions qu'elle avait inspirées au poète en 1864 – qu'elle est présente, mais par métaphore :

> Le jugement, ou l'axiome, à affirmer en fait de ballet !
> À savoir que la danseuse n'est pas une femme qui danse, pour ces motifs juxtaposés qu'elle n'est pas une femme, mais une métaphore résumant un des aspects élémentaires de notre forme, glaive, coupe, fleur, etc. et qu'elle ne danse pas, suggérant, par le prodige de raccourcis ou d'élans, avec une écriture corporelle ce qu'il faudrait des paragraphes en prose dialoguée autant que descriptive, pour exprimer, dans la rédaction : poème dégagé de tout appareil du scribe. (*Œuvres complètes*, p. 304)

Ce passage difficile s'éclaire à la lumière de ce que l'histoire de Salomé avait révélé à Mallarmé : le poète moderne doit évoquer (« peindre ») un effet, et non chercher à représenter ou à décrire une chose. Dans *Ballets*, Mallarmé semble indiquer que la danseuse peut accomplir, par la seule danse, ce type de « poésie » ou d'écriture pure, mentale. Sa danse est une « écriture » qui suggère (et donc évoque) bien plus que ne le feraient des « paragraphes en prose ». Parce que la danseuse s'attache à évoquer un effet et non une « chose », Mallarmé voit en elle une authentique poétesse qui élabore immédiatement une écriture libre de l'« appareil du scribe », dédaigneuse du papier et de la plume. C'est en cela que la danseuse « n'est pas une femme qui danse » ni même une femme. Elle est avant tout la métaphore parfaite de la poésie pure que Mallarmé a poursuivie sa vie durant : poésie débarrassée des choses et de leur représentation concrète, poésie qui se représente en train de s'écrire.

Mallarmé a donné dans *Ballets* l'image de son projet poétique : c'est une Salomé qui doit son prestige, non pas aux conséquences de sa danse, mais au fait que celle-ci la métamorphose en écriture de la pensée pure. Et cette écriture est « corporelle », engendrée par le corps. La danse surmonte ainsi les « anciens désaccords » entre l'esprit et le corps évoqués par le saint Jean d'*Hérodiade*. Aux yeux de Mallarmé, la danseuse triomphe parce que, à l'image de la poésie dont il rêve mais qu'il sait inaccessible, elle ne représente que l'acte d'écrire et peint « non la chose, mais l'effet qu'elle produit ».

Voir aussi 1874, 1884.

Bibliographie : Gustave Flaubert, *Salammbô* et *Trois Contes*, in *Œuvres*, éd. Albert Thibaudet et René Dumesnil (Paris, Gallimard, 1951). Joris-Karl Huysmans, *À rebours*, éd. Marc Fumaroli (Paris, Gallimard, 1977). Stéphane Mallarmé, *Correspondance, 1862-1871*, éd. Henri Mondor et Jean-Pierre Richard (Paris, Gallimard, 1959) ; *Œuvres complètes*, éd. Henri

Mondor et Georges Jean-Aubry (Paris, Gallimard, 1945). Oscar Wilde, *Salomé* (Paris, Libraire de l'Art indépendant, 1893). Christine Buci-Glucksmann, *la Raison baroque de Baudelaire à Benjamin* (Paris, Galilée, 1985). Richard Ellmann, *Oscar Wilde* (New York, Knopf, 1988). René Girard, « La décollation de saint Jean Baptiste », in *le Bouc émissaire* (Paris, Grasset, 1982). Françoise Meltzer, *Salome and the Dance of Writing : Portraits of Mimesis in Literature* (Chicago, University of Chicago Press, 1987).

Françoise Meltzer

1895

Gustave Lanson publie son *Histoire de la littérature française*

La littérature à l'école

Depuis le XVIe siècle au moins coexistent au sein des études littéraires françaises deux traditions rivales, généralement désignées sous les noms de philologie et de rhétorique. La tradition philologique adopte le point de vue du particulier ou du singulier : tel auteur et telle œuvre. Elle est historique et érudite en ce qu'elle s'intéresse à des faits contingents. La tradition rhétorique, quant à elle, étudie la littérature en terme de catégories générales ou d'universaux : genres, techniques narratives et figures stylistiques. L'opposition entre particularistes et généralistes repose sur des conceptions divergentes du texte – possible ici, actuel là. Étant donné un texte, les particularistes s'y intéressent parce qu'il existe, qu'il est l'œuvre d'un individu, produite dans certaines conditions ; les généralistes parce qu'il exemplifie un système ou réalise une structure qui aurait pu aboutir à d'autres textes : à travers un texte, ils visent la structure, c'est-à-dire la littérature dans son acception la plus large et dans son essence (la totalité des textes possibles et la nature du fait littéraire).

Ces deux traditions ont commencé à se poser en rivales lorsque les bénédictins adoptèrent le particularisme et les jésuites le généralisme. Après que la Révolution eut dispersé abbayes bénédictines et collèges jésuites, le particularisme trouva refuge à l'Académie des inscriptions et belles-lettres, tandis que la rhétorique prospérait dans les universités instituées par Napoléon en 1803. La situation changea après la défaite de 1870, qui pour beaucoup de témoins avait été celle du système éducatif français. Renan, par exemple, soutient que c'est le modèle allemand d'enseignement supérieur, mis en place pour riposter à la victoire napoléonienne d'Iéna en 1806, qui triompha à Sedan. Pratiquement inexistante à l'époque, l'université française n'avait guère pour fonctions que la collation des diplômes et la constitution des jurys du baccalauréat. C'est ainsi que la rhétorique, discréditée à Sedan, fut remplacée au lycée et à l'université par l'histoire littéraire. De 1877 à la fin du siècle, sous l'égide de Jules Ferry, les universités françaises se transformèrent en écoles professionnelles et en centres de recherche.

Les réformateurs du système éducatif étaient pour l'essentiel des historiens, une bande bien organisée, selon Charles Péguy. En réaction contre la foi dans les philosophies de l'histoire qui avait prévalu jusqu'à Taine, ils imposèrent les méthodes positivistes d'établissement des faits. Fondée sur le culte des faits, l'histoire était la science qui devait permettre à la nation de prendre sa revanche sur l'Allemagne. La littérature, irrémédiablement associée à la rhétorique, était la bête noire des histo-

riens. Réaction caractéristique que celle d'un Romain Rolland, alors étudiant à l'École normale supérieure, hésitant en 1887 entre la philosophie et l'histoire : « Quant aux lettres pures, écrit-il, je n'en parle même pas. C'est une nourriture creuse. Il me faut un aliment plus substantiel » (*le Cloître de la rue d'Ulm*, 1952, p. 124). La littérature semblait condamnée par la montée des historiens et de leur clique positiviste.

Des notions d'histoire littéraire furent introduites en 1880 dans les programmes du secondaire. Mais les professeurs de lettres, rhétoriciens de formation, se trouvèrent bien en peine de les enseigner et, en 1890, cet enseignement fut confié aux historiens. La suppression de l'enseignement rhétorique laissa les enseignants de lettres sans pouvoir et sans tribune. Les professeurs de rhétorique avaient constitué jusqu'ici l'aristocratie des lycées : ils initiaient les élèves à la plus noble des disciplines, l'art du discours. Mais on accusait précisément l'enseignement fondé sur la rhétorique de privilégier et de perpétuer la classe de ceux qui produisaient du discours : avocats, écrivains et journalistes. Sous la troisième République, la rhétorique devenait une survivance d'Ancien Régime. La rhétorique était aristocratique, l'histoire serait démocratique.

En 1890 les études littéraires semblaient donc vouées au déclin, voire à l'extinction. Mais un sauveur parut, auquel on peut dire sans exagérer qu'elles doivent leur survie en France. Gustave Lanson (1857-1934) se fit le champion de l'histoire littéraire contre son maître Ferdinand Brunetière (1849-1906), dernier des grands rhétoriciens. L'un des titres de gloire de Lanson – au point que l'histoire littéraire française s'identifie encore à lui sous le nom de lansonisme – est l'*Histoire de la littérature française* publiée en 1895. Avec une génération de retard sur les historiens, le célèbre « Lanson », comme on appela bientôt son manuel, permit aux professeurs de rhétorique de se former à la méthode historique.

Chef de file de la faction littéraire, Brunetière n'était pas un produit de l'élite des grandes écoles. Il n'appartenait pas à l'Université mais dirigeait la célèbre *Revue des deux mondes*. Il mena un combat d'arrière-garde contre l'invasion des études littéraires par l'érudition allemande. Persuadé que la critique devait s'ériger en science si elle voulait échapper à la mainmise de l'histoire positiviste, il fit un choix malheureux et se couvrit de ridicule avec sa théorie de l'évolution des genres, fondée sur des emprunts au darwinisme. Converti au catholicisme et antidreyfusard quand les historiens en vue étaient laïques et dreyfusards, il s'attira le mépris de l'Université.

Lanson parut à point nommé. Il ne prétendit jamais avoir rien inventé de neuf, mais simplement ouvert une voie nouvelle à l'érudition – jusqu'alors appliquée à la seule littérature antique et médiévale, tandis que les époques ultérieures n'étaient étudiées qu'en termes de goût et d'affinité. L'application de méthodes philologiques devait donner aux études littéraires leur légitimité scientifique. Lanson établit une distinction entre histoire littéraire et critique, études littéraires et littérature, éliminant des études littéraires « l'imagination impressionniste » et le « dogmatisme systématique » (le dogmatisme n'étant à ses yeux qu'un subjectivisme qui s'ignore). Cet enseignement de la littérature par l'histoire l'intégrait aux fins dernières du système éducatif de la troisième République. Lanson lui-même, simple professeur de rhétorique de lycée en 1895, devint après l'affaire Dreyfus une sorte de pape de la littérature : il fut nommé professeur à la Sorbonne, puis directeur de l'École normale supérieure après la Première Guerre mondiale. Dans les lycées, les professeurs formés au lansonisme fondaient leur enseignement sur deux nouveaux exercices clés : la dissertation et l'explication de textes. La première remplaça le discours, associé avec la rhétorique ; la seconde, fondée sur le raisonnement inductif, jugé plus démocratique que la pensée déductive, remplaça les leçons sur l'art de bien écrire.

L'histoire littéraire trouvait ainsi sa justification dans la démocratisation de la société. La transmission des auteurs du grand siècle n'étant plus assurée par la famille et l'accès au lycée s'étant ouvert à de nouvelles classes sociales, il fallut inventer une méthode pour enseigner une littérature classique devenue aussi étrangère à la grande masse des élèves que les littératures grecque ou latine. L'explication de textes remplit ce rôle. Pareillement, le triomphe de l'histoire littéraire à l'université était une conséquence du déclin de la culture bourgeoise : l'esprit nouveau était sur la défensive. Mais il était aussi à l'offensive et s'identifiait à l'idéologie officielle de la troisième République : la solidarité. Contrairement à la rhétorique, l'histoire littéraire donnait du travail à tous de même que l'exercice analytique de l'explication de textes s'adressait à tous. C'était une tâche collective exigeant un travail d'équipe : aux uns les recherches modestes, aux autres les grandioses synthèses.

Lanson lui-même ne chômait pas. Sa contribution majeure à l'histoire littéraire – fondement de tout l'édifice – est le *Manuel bibliographique de la littérature française moderne* (1909-1914), ouvrage monumental en cinq volumes, comprenant vingt-trois mille références et deux cents pages de supplément à l'usage des étudiants et des chercheurs. Deux éditions critiques l'accompagnaient, qui servirent de modèle à plusieurs générations de chercheurs : celle des *Lettres philosophiques*, de Voltaire, (1909) et des *Méditations*, de Lamartine (1915). Elles inauguraient la critique des sources à laquelle l'histoire littéraire ne tarda pas à s'identifer. « L'idéal eût été », écrit Lanson dans la préface des *Lettres philosophiques*, « d'arriver à découvrir pour chaque phrase le fait, le texte ou le propos qui avait mis en branle l'intelligence ou l'imagination de Voltaire » (pp. L-LI).

Mais, à la différence de disciples comme Daniel Mornet et Gustave Rudler, qui réduisirent vite l'histoire littéraire à la recherche des sources et des influences, Lanson tenta une synthèse entre l'histoire positiviste de Langlois et de Seignobos et la sociologie de Durkheim. Il se refusait à confiner l'histoire littéraire aux minuties de l'érudition et ne renonça jamais à l'ambition de la globalité. Invoquant Mme de Staël et Abel-François Villemain – les premiers, avec Louis de Bonald, à s'intéresser de près aux relations entre littérature et société –, il chercha à déterminer les conditions sociales de la production des œuvres littéraires. L'entreprise, on s'en doute, fut bien accueillie des marxistes, témoin l'article que lui consacra Plekhanov en 1897. L'histoire littéraire commence avec l'établissement des textes et la publication de matériaux inédits, continue avec la rédaction de biographies et la compilation de bibliographies, en passant par l'étude des sources et des influences. Mais Lanson définit aussi une étape ultérieure, particulièrement dans le « Programme d'études sur l'histoire provinciale de la vie littéraire en France » (1903), auquel Lucien Febvre, fondateur de l'école des Annales, souscrira avec enthousiasme. Lanson remplace la notion de « littérature » par celle de « vie littéraire », avec l'intention de travailler à une « histoire littéraire de la France » parallèle à l'« histoire de la littérature française ». Il ne s'agit plus d'établir un catalogue descriptif, une série de monographies consacrées aux grands écrivains, centrées sur leur vie et leur œuvre, mais plutôt de dresser le « tableau de la vie littéraire dans la nation, l'histoire de la culture et de l'activité de la foule obscure qui lisait, aussi bien que des individus illustres qui écrivaient » (*Essais de méthode*, p. 87). Cet excellent programme ne devait hélas voir le jour que dans les années 1960, lorsque les historiens des Annales s'y attelèrent de façon systématique.

Lanson n'a cessé de mettre en garde contre la tentation de traiter les œuvres littéraires en pièces d'archives ; ces œuvres sont vivantes : c'est là leur paradoxe et leur génie. La critique antérieure avait considéré toute littérature comme contemporaine, c'est-à-dire intemporelle ou éternelle, au lieu de situer les œuvres dans l'histoire. Mais reconnaître leur relativité historique n'interdit pas d'être sensible à leur beauté. L'objet de la méthode n'est pas de rejeter l'impression, mais de « réduire au minimum indispensable et légitime la part du sentiment personnel dans notre connaissance, en lui donnant toute sa valeur » (*ibid.*, p. 35). En sacrifiant à l'histoire, les études littéraires ne se couperaient pas pour autant de la sociologie ni de l'esthétique, et tout semblait aller pour le mieux. Mais les précautions dont s'entourait Lanson restèrent lettre morte et l'histoire littéraire, renonçant au moi et au monde, au lecteur et à la société, se recroquevilla sur le texte. Était-ce la faute des disciples de Lanson, des « sourciers » comme on les surnommait ? Ou était-ce le destin de l'histoire littéraire française, fixé dès l'époque de sa fondation, même si Lanson, en vieux renard de la rhétorique, continua jusqu'à sa mort d'écrire des articles de vulgarisation et de s'adresser au public cultivé ?

La technique de l'histoire littéraire est bien connue : elle consiste pour l'essentiel à appliquer les lois de la philologie à la littérature moderne. Son idéologie est aussi évidente : c'est celle de la troisième République, avec pour principe la solidarité et pour devise démocratie, pédagogie et division du travail. Mais quelle est sa théorie ? Le texte littéraire allait-il permettre la réconciliation de l'histoire et de la sociologie ? L'œuvre est historique mais elle est aussi vivante ; elle est sociale mais aussi individuelle, rappelait Lanson. Prisonnier de ces paradoxes, il refusa de choisir, de se fixer une fois pour toutes, et l'histoire littéraire se révéla effectivement inébranlable, plus résistante sur le plan institutionnel que l'histoire de Seignobos ou la sociologie de Durkheim. Une fois que Lanson eut renoncé à définir l'objet littéraire en termes positifs, l'étude de la littérature se réduisit vite à la recherche des sources, ce qui réconciliait superficiellement souci de l'individualité et désir de causalité, tout en semblant intégrer les faits individuels dans des séquences sociales. L'histoire littéraire s'élevait contre Sainte-Beuve, Taine et Brunetière, contre une critique cherchant à rattacher l'œuvre à des déterminismes – l'homme de Sainte-Beuve ; la race, le milieu et l'époque de Taine ; le genre de Brunetière – mais impuissante à reconnaître le génie. Toutes nos analyses, répétait volontiers Lanson, sont des « approches du génie ». Mais celui-ci n'était rien de plus que le résidu de déterminismes historiques, sociologiques et génériques. Ce qui faisait perdre beaucoup de leur poids aux attaques de Lanson contre Taine : la véritable théorie de l'histoire littéraire restait la conception de l'homme développée par Taine dans *De l'intelligence* (1870). La conception intellectualiste de l'esprit humain et de la création littéraire qui est au cœur du lansonisme a son origine dans la psychologie associationniste : « Les matériaux d'une œuvre de génie ne sont pas le génie, écrivait encore Lanson en 1920. Mais, en faisant l'inventaire de ces matériaux, on arrive à isoler par analyse un élément irréductible, où consisteront la nouveauté et la personnalité de l'œuvre » (*ibid.*, p. 425). La manie lansonienne des sources et des influences était ainsi programmée dans l'adhésion de l'histoire littéraire au positivisme du XIXe siècle.

Le lansonisme devint rapidement l'objet des railleries du public cultivé. Les attaques lancées vers 1905 par les cercles réactionnaires de l'Action française contre les techniques de l'érudition et pour la défense des humanités marquent le chant du cygne de la rhétorique. La querelle entre particularistes et généralistes n'était pas terminée pour autant. Les deux traditions reparurent intactes dans les années 1960, pendant la querelle entre la vieille Sorbonne toujours lansonienne et la nouvelle critique, qui se proclamait l'héritière de la linguistique saussurienne, de la psychanalyse freudienne, de la sociologie marxiste, etc. – c'est-à-dire des nouvelles sciences humaines. La polémique entre Raymond Picard et Roland Barthes est à cet égard exemplaire. Auteur de *la Carrière de Jean Racine* (1956), Picard incarne une Sorbonne vouée à la biographie des auteurs, alors que Barthes demande à l'anthropologie psychanalytique de réfuter le mythe du « tendre Racine » dans *Sur Racine* (1963). Mais si profonde est la marque imprimée par Lanson à l'enseignement français qu'on ne peut pas dire que la nouvelle critique, malgré son succès auprès du public cultivé, ait entamé sérieusement la domination institutionnelle de l'histoire littéraire. Aujourd'hui que la mode de la nouvelle critique s'éloigne, il se pourrait fort bien que la France – la France littéraire tout du moins – en revienne le plus poliment du monde au vieux lansonisme, à moins que l'antique opposition entre généralistes et particularistes, jésuites et bénédictins, ne tombe elle-même en désuétude.

Voir aussi 1808.

Bibliographie : Gustave Lanson, *Essais de méthode, de critique et d'histoire littéraire*, éd. Henri Peyre (Paris, Hachette, 1965) ; *Histoire de la littérature française* (Paris, Hachette, 1895). Romain Rolland, *le Cloître de la rue d'Ulm : journal de Romain Rolland à l'École normale, 1886-1889* (Paris, Albin Michel, 1952). Gustave Rudler, *Techniques de la critique et de l'histoire littéraires* (1923 ; réimp., Genève, Slatkine, 1979). Voltaire, *Lettres philosophiques*, éd. Gustave Lanson (Paris, Cornély, 1909). Antoine Compagnon, *la Troisième République des lettres, de Flaubert à Proust* (Paris, Seuil, 1983).

Antoine Compagnon

1898

Dans « J'accuse », Émile Zola dénonce les irrégularités qui ont entraîné la condamnation de Dreyfus

L'Affaire

Octobre 1894 : en mal d'identifier l'auteur d'un « bordereau » anonyme qui offrait des secrets militaires à l'attaché militaire de l'ambassade d'Allemagne, l'armée fait arrêter le capitaine Dreyfus, juif alsacien pour lequel le haut commandement n'éprouve aucune tendresse particulière. L'état-major profite ensuite du secret de la procédure en conseil de guerre pour trafiquer le dossier, convaincre Dreyfus de trahison et le condamner à la déportation à vie à l'île du Diable. Une série de coïncidences permettront au lieutenant-colonel Picquart d'abord, puis à Mathieu Dreyfus – frère du condamné – de découvrir que l'auteur du bordereau était le tumultueux commandant Esterházy. Mais démontrer sa culpabilité équivalait à exposer les irrégularités du procès. L'état-major serra les rangs, décida de couvrir le vrai coupable et d'étouffer le fait que la pièce à conviction la plus accablante contre Dreyfus était un faux, fabriqué par le colonel Henry, et confirma la culpabilité de Dreyfus – en lui accordant cette fois des « circonstances atténuantes » – lors d'un second procès boiteux qui se déroula à Rennes en 1899. Au lendemain du verdict, le président Loubet graciait Dreyfus mais le tribut que celui-ci avait payé en souffrances, en années perdues, avait déjà fait ses ravages.

Telles sont les grandes lignes du conflit qui déchaîna en 1898 une vague de violence antisémite dans tout le pays et déchira l'opinion pendant les dernières années du siècle. Cette division, particulièrement vive dans l'intelligentsia, trouva en littérature des échos pour le moins ironiques.

Jules Guesde forgea le néologisme « véritards » pour désigner les défenseurs de l'innocence de Dreyfus. De fait, la mystique de la Vérité – en marche ou entravée – imprégna si profondément la cause dreyfusarde qu'on peut se demander si le camp adverse ne défendait pas avant tout, à son insu peut-être, les intérêts de la fiction, de la littérature. Soit les deux grandes découvertes – d'ailleurs fortuites – de la campagne en faveur de Dreyfus : l'identification, en 1896, d'Esterházy comme auteur du bordereau compromettant et la révélation, en 1898, que l'autre pièce à conviction était un faux rédigé par Henry. Une fois authentifiés, ces deux fragments de réalité empirique ont servi de point d'appui à l'établissement de la vérité et à l'obtention de la justice. Pourtant, ce qui frappa – ou stimula – le plus l'imagination des contemporains fut moins ces vérités démystifiantes elles-mêmes que leur réinscription mystifiée dans une fiction plus vaste qui, en dernière instance, servait la cause antidreyfusarde. Qu'Esterházy, une fois son écriture identifiée avec celle de la lettre, ait généralement été considéré comme un lampiste acheté par le « syndicat » juif (preuve supplémentaire de la culpabilité de Dreyfus), et que le faux de Henry, puis son suicide, aient été perçus comme les actes d'un soldat valeureux, voilà des réactions autrement saisissantes que l'aspect opiniâtre et presque positiviste de la chasse aux preuves, qui caractérisa la campagne dreyfusarde. (C'est d'ailleurs la transformation de Henry en héros national, accomplie par Charles Maurras dans la *Gazette de France* du 5 septembre 1898, qui a lancé le futur dirigeant de l'Action française.) Le conflit entre les voies parallèles de la Vérité et de la Littérature, entre la lenteur des démarches qui permettront la réhabilitation d'un innocent et les subterfuges auxquels elles soumettent sans répit les adversaires de cette réhabilitation, témoigne d'une discordance à l'œuvre dès le début.

Au moment de l'Affaire, le jeune Marcel Proust – dreyfusard de la première heure, si on l'en croit – travaillait à un roman qu'il devait laisser inachevé : *Jean Santeuil* (éd. posth. 1952), œuvre autobiographique attachée à défendre l'innocence persécutée au point qu'on a pu y voir une affaire Dreyfus en miniature. Proust montre Jean Santeuil suivant fiévreusement les audiences du procès Zola, brosse un assez grandiose portrait du chef d'état-major, le général de Boisdeffre (qu'il déprécie avant même de l'avoir laissé témoigner), mais c'est surtout le traitement du héros dreyfusard (le lieutenant-colonel Picquart) qui retient l'attention. Celui-ci, décrit comme « philosophe » et ami du professeur de philosophie de Jean, éprouve une telle dévotion pour la vérité que le narrateur est conduit à évoquer Socrate. La partie consacrée à l'Affaire se termine pourtant avec une série de coups de théâtre, d'une rapidité typiquement proustienne, d'où il ressort qu'Esterházy – tout autant que Dreyfus – était innocent, et que le document prouvant la culpabilité du commandant Henry était en réalité de la main du « philosophe » Picquart : dans l'atmosphère envenimée et mensongère de l'Affaire, celui-ci avait dû recourir à ce faux pour que son « contremensonge » lui permette d'étayer son intuition « philosophique » de la vérité. Picquart reste un héros-philosophe, même si son attachement à la vérité doit recourir à une stratégie qui passe par l'utilisation d'une fiction (imaginée par Proust). Le motif du faux héroïque, plus encore qu'une invention de Proust, est l'attribution au dreyfusard Picquart des malversations auxquelles son extrémisme antidreyfusard avait conduit Henry. En d'autres termes, et pour autant qu'on puisse se fier à l'édition posthume de *Jean Santeuil*, Proust, écrivain dreyfusard, n'hésita pas à se servir des armes du camp antidreyfusard pour atteindre son but romanesque.

Est-ce vraiment surprenant ? L'écart entre la vie et l'œuvre d'un écrivain allait bientôt être un des messages de *À la recherche du temps perdu* (1913-1927), œuvre dans laquelle la métaphore des « malédictions » jumelles de la judéité et de l'homosexualité finit par résumer le sentiment des imperfections de l'existence. Juif et dreyfusard, Proust évoquera le malaise moral, mais aussi le plaisir esthétique que lui procurait la lecture quotidienne d'un journal aussi « cruellement » antisémite que *l'Action française* de Léon Daudet. Et lorsque, dans *Jean Santeuil*, le narrateur témoigne de sa gratitude pour la « science » des graphologues dreyfusards qui ont réveillé les juifs trop disposés à « comprendre » l'antisémitisme et les dreyfusards trop enclins par masochisme (ou imagination) à « comprendre » le jury qui avait condamné Zola, il est évident que c'est à des juifs et à des dreyfusards comme lui-même que Proust pense.

Cette référence à la « science » des graphologues rappelle que l'affaire Dreyfus a été, dès le départ, hantée par des questions d'écriture. Le principal témoin à charge du premier procès (1894) était Alphonse Bertillon, l'expert en écriture le plus influent de l'époque dont l'extravagante déposition se révéla catastrophique pour la cause qu'elle défendait, finissant même par redonner courage à ses adversaires. Cette extravagance n'en est pas moins ce qui valut peut-être à Bertillon – chef du service de l'identité judiciaire à la préfecture de police et fondateur de la science balbutiante de l'anthropométrie – de se faire une place dans l'histoire de la littérature et des idées. On a récemment rapproché, et à juste titre, sa méthode de celle du Freud qui, dans « Le Moïse de Michel-Ange » (1914), s'interroge sur les similitudes entre la psychanalyse et la méthode d'histoire de l'art de Giovanni Morelli. Dans chacun de ces trois cas, une identité humaine (ou artistique) est définie à partir d'un cœfficient formellement déterminable de non-intentionnalité investi respectivement dans un fragment corporel, dans son inscription ou sa description. Pour Morelli, la configuration particulière d'une oreille, d'une main ou d'un ongle serait un critère d'authenticité suffisant pour attribuer une œuvre à un artiste. Pour Freud, c'est l'« objet partiel », dans son articulation avec l'« inconscient », qui joue ce rôle. Pour Bertillon, à l'époque de l'affaire Dreyfus, l'indice d'identification oscille entre les tracés multilinéaires qui naissent de nos doigts et ceux qui sont gravés à leur extrémité : c'est-à-dire entre l'analyse de l'écriture et le relevé des empreintes digitales.

L'analyse de l'écriture était, pour Bertillon, un combat – « structuraliste » avant la lettre – contre les graphologues qui voyaient dans l'écriture l'expression d'un individu. Contre eux, il soutint en 1897 que cette identité elle-même ne pouvait se concevoir qu'en termes de particularités graphiques. Son cas est spécialement intéressant pour l'histoire littéraire – et d'une proximité inattendue avec Freud – dans la mesure où ses travaux ont contribué à la naissance d'une sorte de laboratoire des techniques de superposition textuelle. Or le destin de la critique littéraire d'inspiration psychanalytique en France sera étroitement lié à la thèse de Charles Mauron qui voit dans la « superposition textuelle » – dont il emprunte le modèle à la technique photographique du rival de Bertillon, Francis Galton – la seule manière pour le critique de compenser l'absence des « associations libres » sans lesquelles aucune psychanalyse n'est possible. Pour démontrer que deux échantillons d'écriture provenaient d'un même scripteur, Bertillon les photographiait et les agrandissait, les découpait en mots isolés, collait ces images de mots sur des papiers de couleur différente (rouge ou bleue), les disposait au hasard sur un tableau et les redistribuait selon différents critères (ordre alphabétique, ordre alphabétique inversé, rime). Dans chaque cas, il superposait les échantillons bleus et rouges adjacents : plus le degré de coïncidence était élevé, plus sûre était l'attribution, à l'exception des cas de coïncidence parfaite, interprétée comme une preuve de faux (c'est-à-dire de décalque).

Dans sa déposition, Bertillon entendait démontrer que Dreyfus avait, par précaution, imité sa propre écriture (afin de pouvoir crier au faux s'il était pris). Le bordereau offrait ainsi ce que Mallarmé aurait pu appeler « une apparence fausse de présent », engendrée – si l'on acceptait les superpositions de Bertillon – par décalque d'un « gabarit » formé de deux chaînes imperceptiblement différentes du mot « intérêt » répété à l'infini. La double inscription d'une « archi-écriture » engendrait ainsi l'illusion d'un message tracé « spontanément » et c'était cette archi-écriture que les dreyfusards, aveuglés par leur conviction que le bordereau était un message « spontané » d'Esterházy, refoulaient. Avec son système complexe (et délirant) de superpositions, Bertillon mettait en place une machine à partir de laquelle un bricoleur doué pourrait probablement reconstituer bien des motifs de ce qu'une génération récente tenait pour le sommet de la « théorie littéraire ».

Si Bertillon a été le plus extravagant des antidreyfusards, le plus célèbre fut Barrès. Léon Blum a écrit plus tard combien il fut choqué d'apprendre que le « prince de la Jeunesse » avait choisi ce camp. Rétrospectivement, il ne fait pourtant aucun doute que, bien avant l'affaire Dreyfus, dès sa période boulangiste, Barrès s'était préparé à devenir un des pionniers de ce qui allait devenir le fascisme français.

Après la période du culte du moi, l'influence de Jules Soury, professeur de « psychologie physiologique » à l'École des hautes études, a conduit Barrès à formuler une esthétique politique de l'« inconscient ». Cet inconscient, fondamentalement collectif, constitue la réalité supratemporelle de la communauté nationale et, à ce titre, il est d'une intolérance fondamentale à l'égard des prétentions de l'ego, de l'intelligence et particulièrement de ces soi-disant « aristocrates de la pensée » qu'à l'époque de l'affaire Dreyfus on commençait à qualifier d'« intellectuels ». On peut ainsi lire dans *les Déracinés* (1897), roman où Barrès déplore les effets du centralisme – du parisianisme – sur une génération arrachée à ses racines locales, provinciales, par une métaphysique kantienne universaliste : « L'intelligence, quelle petite chose à la surface de nous-mêmes. Certains Allemands ne disent pas je pense mais il pense en moi » (p. 319).

Le culte de la terre et des morts conduisit Barrès à voir dans l'antisémitisme la formule populaire par excellence. Il admirait Édouard Drumont, dont *la France juive* (1886), volumineux ouvrage qui se proposait de faire de l'antisémitisme la philosophie politique des Temps modernes, fut l'un des deux plus grands succès de librairie de la France de la seconde moitié du XIXe siècle. L'effet mobilisateur de l'antisémitisme à l'époque de l'affaire Dreyfus continue à défier l'imagination. Dans *la Révolution dreyfusienne* (1910), l'ex-dreyfusard Georges Sorel va jusqu'à invoquer laborieusement *le Dix-Huit Brumaire de Louis Bonaparte* (1852), de Karl Marx, pour dénoncer le cynisme d'un gouvernement, acquis à Dreyfus, qui, contre la volonté des Français, a manœuvré l'appareil judiciaire pour réhabiliter Dreyfus et renforcer un pouvoir déjà excessif. En d'autres termes, la démocratie avait été victime d'un coup dont les racines se trouvent dans le rejet en bloc de la tradition populaire de l'antisémitisme de gauche (Fourier, Toussenel, Proudhon, Drumont).

La relative impopularité de la cause dreyfusarde – ou « intellectuelle » – en France est une des raisons qui ont conduit Régis Debray à identifier le dreyfusard exemplaire non pas à l'écrivain (malgré Émile Zola et Anatole France) mais au professeur (de philosophie, éventuellement) et à l'universitaire. Un point sur lequel s'accordent le Proust dreyfusard de *Jean Santeuil* et le Barrès antidreyfusard qui voyait dans *les Déracinés* une prémonition de l'Affaire. La frontière entre dreyfusards et antidreyfusards passait moins entre écrivains peu connus et écrivains établis qu'entre enseignants (au public forcément restreint) et écrivains (mis en vedette par la presse à grand tirage). D'un côté, la Sorbonne (Charles Andler, Lucien Herr, Gabriel Monod) ; de l'autre, l'Académie française (Maurice Barrès, Jules Lemaître, François Coppée). De même, puisque l'affaire se joua moins à la Chambre que dans la presse, on peut comparer le tirage de journaux antidreyfusards comme *la Libre Parole* (500 000) ou *le Petit Journal* (1 500 000) de Drumont à celui de *l'Aurore* (100 000 exemplaires, tirage doublé pour la publication de « J'accuse »). Et, alors que la dreyfusarde Ligue des droits de l'homme, fondée en février 1898, ne dépassa jamais huit mille adhérents, la Ligue de la patrie française, mouvement antidreyfusard fondé en décembre de la même année, recueillit cent mille signatures à sa création. Qui plus est, l'analyse de Debray, présentant l'affaire Dreyfus comme une victoire des enseignants sur les écrivains, de la basse sur la haute intelligentsia (soutenue dans ses prétentions par la presse), renforce notre soupçon initial que les intérêts de la littérature – ou de l'écriture – ont été mieux servis dans le camp antidreyfusard.

Que dire pourtant de grandes figures dreyfusardes comme Anatole France et Émile Zola ? Elles forment en vérité un couple littéraire si étrange qu'il suffit à Sorel de citer les attaques du jeune France contre Zola (« Il est de ces malheureux dont on peut dire qu'il vaudrait mieux qu'ils ne fussent pas nés » ; *la Révolution dreyfusienne*, p. 29) pour disqualifier la « bouffonnerie dreyfusarde ». L'enrôlement d'un sceptique comme France dans le camp dreyfusard fut pour son disciple Barrès une énigme comparable à celle que son propre engagement dans le camp adverse fut pour Blum ; France, selon Barrès, cherchait à établir moins l'innocence de Dreyfus que la culpabilité générale... Une hypothèse qui n'est pas sans fondement. Dans un fragment de *l'Anneau d'améthyste*, publié en bonnes feuilles en avril 1898, M. Bergeret – double romanesque que France s'invente pendant la durée de l'Affaire – s'interroge ironiquement sur l'intérêt qu'il y aurait à réhabiliter Macbeth. Plus loin, il en fait autant à propos de Barbe-Bleue. L'origine de son intérêt pour la réhabilitation de Dreyfus ne se trouverait-elle pas dans la même manière perverse et paradoxale de relever un défi ? Quoi qu'il en soit, cet intérêt se transforme rapidement et cette évolution transparaît dans l'ironie décroissante (ou la ferveur croissante) du héros dans *Monsieur Bergeret à Paris* (1901) : France est en train de passer du dreyfusisme au socialisme et on doit à ce passage un texte qui n'est pas, loin s'en faut, la plus réussie des nombreuses versions qu'il a données de l'Affaire. Son chef-d'œuvre en la matière est peut-être – davantage que la brillante satire de *L'Île des pingouins* (1908) – la nouvelle *Crainquebille* (d'abord publiée en 1902 sous le titre *l'Affaire Crainquebille* dans les *Cahiers de la quinzaine* de Charles Péguy). L'histoire est celle d'un Dreyfus qui ne serait jamais réhabilité, ce qui suggère que, dès que France donne libre cours à son imagination, les intérêts de l'art et du récit exigent que Dreyfus perde. Une fois de plus, les intérêts de la littérature et ceux de la cause antidreyfusarde se rencontrent de façon perverse.

Et Zola ? On sait que son légendaire « J'accuse » (1898), publié par *l'Aurore* après l'acquittement d'Esterházy, reste le document le plus célèbre de l'Affaire. L'écrivain, qui avait à plusieurs reprises brigué un fauteuil d'académicien, était (comme le dreyfusisme) un produit culturel bien plus apprécié à l'étranger qu'en France – ce qui lui valut d'être traité de « Vénitien déraciné » par Barrès. Mais, même dans le contexte d'une œuvre aussi considérable que la sienne, le ton parfois mégalomane de *la Vérité en marche* (1901) : « Je finis le siècle, j'ouvre le siècle prochain » (p. 134) semble souffrir du même sentimentalisme humanitaire que la transposition romanesque de l'Affaire dans *Vérité* (1903). Tout au long de l'Affaire – y compris pendant son exil en Angleterre – Zola semble être le dernier homme du XIXe siècle (ou le premier du XXe) à s'être pris pour Victor Hugo. Dans l'apothéose de *Vérité*, il déploie la vision romanesque d'une « vaste réconciliation » : plus de « guerres religieuses », plus de catholiques et donc « plus de juifs » (*Œuvres complètes*, p. 1444).

Cette leçon est, à plusieurs égards, l'inverse exact de celle de Bernard Lazare que Zola supplanta comme héros « littéraire » de l'Affaire : promu par Péguy à la « sainteté », auteur d'*Une erreur judiciaire : la vérité sur l'affaire Dreyfus* (1896), il quitta le milieu symboliste du salon de Mallarmé (où il était en butte à l'hostilité de l'antidreyfusard Valéry, mais aussi du tiède dreyfusard qu'était Gide) pour un engagement protosioniste qui oppose l'affirmation de l'identité juive au rêve de l'assimilation. Est-ce à dire que son expérience symboliste de l'Affaire aurait été plus profonde que sa contrepartie, naturaliste, de Zola ? Répondre par l'affirmative serait oublier qu'en s'engageant dans la cause dreyfusarde Lazare prenait congé du symbolisme – et de la littérature française.

Voir aussi 1905, 1945 (6 février).

Bibliographie : Maurice Barrès, *les Déracinés* (Paris, Émile-Paul, s.d.). Bernard Lazare, *Une erreur judiciaire : la vérité sur l'affaire Dreyfus* (Bruxelles, Monnom, 1896). Marcel Proust, *Jean Santeuil*, éd. Pierre Clarac et Yves Sandre (Paris, Gallimard, 1971). Georges Sorel, *la Révolution dreyfusienne* (Paris, Rivière, 1910). Émile Zola, *Vérité*, in *Œuvres complètes*, éd. Henri Mitterand, vol. VIII (Paris, Cercle du Livre Précieux, 1968) ; *la Vérité en marche*

(Paris, Fasquelle, 1901). *Les Écrivains et l'affaire Dreyfus*, éd. Geraldi Leroy (Orléans, P.U.F., 1983). Christophe Charle, « Champ littéraire et champ du pouvoir, » *Annales*, n° 2 (mars-avril 1977), pp. 240-261. Régis Debray, *le Pouvoir intellectuel en France* (Paris, Ramsay, 1979). Cécile Delhorbe, *l'Affaire Dreyfus et les écrivains français* (Paris, Aittinger, 1932).

Jeffrey Mehlman

1905, 9 décembre

La loi sur la séparation des églises et de l'État, votée par l'Assemblée nationale (341 pour, 233 contre), met fin au Concordat de 1801

Pour le profane

Le soir du 29 juillet 1903, sitôt rentré chez lui, Proust écrit une longue lettre à son ami Georges de Lauris. Ils viennent de se quitter après un vif échange sur le projet de loi de séparation des églises et de l'État – projet en discussion à la Chambre des députés. L'inquiétude de Proust est la suivante : depuis le Moyen Âge, l'inspiration artistique a été si étroitement liée au christianisme qu'on peut se demander si la « séparation » ne risque pas de sonner la mort de l'art : « Y aura-t-il un art anticlérical ? » (*Correspondance*, p. 386). Un an plus tard, Proust publie « La mort des cathédrales » dans *le Figaro*. Sa position n'a pas changé – il est toujours hostile à la « séparation » –, mais son argumentation n'est plus tout à fait la même. S'il avait d'abord craint que l'art ne périsse avec la religion, il s'inquiète maintenant de le voir prendre sa place. Alors qu'on s'interrogeait sur la reconversion des églises en musées, en théâtres, voire en écoles, Proust écrit : « Il vaut mieux dévaster une église que de la désaffecter » (*Contre Sainte-Beuve*, p. 774).

Lors de l'affaire Dreyfus, l'Église s'était portée au secours de l'armée. Cette collusion du sabre et du goupillon, les deux piliers de l'Ancien Régime, avait sérieusement mis à mal la crédibilité des professions de foi républicaines de l'Église et rallumé l'anticléricalisme endémique du XIXe siècle. Aussi la grâce présidentielle accordée à Dreyfus allait-elle consacrer la défaite de la sainte alliance réactionnaire, ouvrant aux intellectuels l'ère du royaume séculier. L'heure était à l'accomplissement de la prophétie de Claude Frollo dans *Notre-Dame de Paris* (1831) : « Ceci tuera cela » – le livre tuera l'Église et l'instituteur remplacera le curé.

Les rapports entre l'Église et l'État étaient toujours réglés par le Concordat passé en 1801 entre Bonaparte et Pie VII. Le gouvernement de la première République y avait reconnu le catholicisme comme « religion de la grande majorité des Français », en échange de quoi Rome avait renoncé à nommer les évêques (le pape se contentant d'entériner leur nomination). Les deux conjoints tiraient divers bénéfices de cette cote mal taillée. Rome renonçait à intervenir dans la politique intérieure en échange d'un monopole qui écartait toute menace de schisme. C'est à cet accord que la loi de séparation, votée le 9 novembre 1905, allait mettre un terme : « La République ne reconnaît ni ne finance, que ce soit sous forme de salaire ou de subvention, aucun culte quel qu'il soit. »

La campagne pour la séparation de l'Église et de l'État fait appel aux mêmes acteurs que l'affaire Dreyfus : Émile Zola et Anatole France sont partisans de la « séparation » comme ils l'avaient été de la révision, tandis que Maurice Barrès demeure opposé aux deux. Mais il y a aussi des changements d'alliance. Charles Péguy rompt avec ses anciens compagnons de combat qu'il accuse d'avoir trahi la mystique dreyfusarde. Quant à Proust, revenu de son enthousiasme adolescent pour la justice, il s'inquiète désormais du sort du beau dans une société sécularisée.

C'est sur le terrain de l'école que les procédures de divorce sont engagées – la République acceptant de moins en moins de laisser le quasi-monopole de l'enseignement à un clergé qui fait croisade contre elle. L'évolution de l'œuvre de Zola témoigne de l'importance croissante de la question scolaire. L'arbre généalogique des *Rougon-Macquart* ne comportait aucun enseignant ; la distribution des *Trois Villes* non plus. C'est avec les *Quatre Évangiles* qu'ils apparaissent. « Je fais le poème de l'instituteur primaire », notera Zola avant d'écrire *Vérité* (1903), le troisième évangile dont l'intrigue, mélange d'affaire Dreyfus et de « séparation », montre que le combat pour la justice est inséparable de celui pour la laïcité. On a quitté Paris pour un bourg de province, Maillebois ; Dreyfus est devenu Simon ; il n'est plus officier mais instituteur ; et, parce qu'il est juif, une cabale de dévots l'accuse d'un crime (sexuel) qu'il n'a pas commis. L'innocent, bientôt condamné au bagne, s'effacera devant Marc, véritable héros du roman, instituteur lui aussi et dont l'ardeur pour la justice fait un digne émule de Zola. Sa victoire aura des répercussions nationales : le retour final et triomphal de Simon, martyr innocenté, coïncide avec un revirement législatif. « Un coup terrible venait d'être porté à l'Église, la dernière Chambre avait enfin voté la séparation totale de l'Église et de l'État » (*Œuvres complètes*, p. 1431).

Le régime concordataire, en fonctionnarisant le clergé, lui permettait de survivre à la désaffection des églises. Une telle infraction à la loi biologique de libre concurrence scandalisait un darwinien comme Zola : « Quand une fonction disparaît de la vie sociale, le monument et l'homme, autrefois nécessaires, désormais inutiles, disparaissent » (*ibid.*, p. 1432). La « séparation » mettait un terme à cette subvention anachronique du parasitisme. D'où la jubilation de Zola : « Les églises devenaient, comme les théâtres, des lieux de spectacles publics, des entreprises simplement commerciales, entretenues par les spectateurs payants » (*ibid.*, p. 1431).

Vérité est une œuvre posthume. Zola meurt accidentellement en 1902, juste après la victoire électorale du bloc des gauches qui allait formuler puis faire passer, trois ans plus tard, la loi de séparation. La troisième République enterrait alors ses écrivains avec la pompe que l'Ancien Régime réservait aux généraux. Les obsèques de Zola donnèrent le coup d'envoi de la campagne qui devait aboutir au triomphe prophétisé dans *Vérité*. C'est Anatole France qui prononça l'éloge funèbre. Académicien ironique et sceptique, dilettante acerbe et humaniste misanthrope, il avait désapprouvé, en d'autres temps, le naturalisme ordurier du défunt. Mais le front commun anticlérical exigeait que l'on fasse taire les questions de goût. L'anticléricalisme d'Anatole France n'était pas nouveau. Partisan d'une morale naturelle, il n'avait jamais su résister au plaisir de décocher un sarcasme voltairien contre les sublimités de la Révélation. Les quatre volumes de l'*Histoire contemporaine*, en particulier les chroniques ecclésiastiques de *l'Orme du mail* (1897), font la part belle aux intrigues mondaines qui absorbent, corps et âme, un clergé provincial insensible à la transcendance et au sacré. Zola attendait de la « séparation » qu'elle transforme les églises en théâtres. Pour Anatole France, cette métamorphose était désormais un fait accompli. « L'église est un établissement plus civil que religieux qui tient de la mairie et de la salle de concert. Les femmes y montrent leurs toilettes » (*l'Église et la République*, in *Trente Ans de vie sociale*, vol. II, p. 80).

France deviendra, pour la « séparation », le porte-parole que Zola avait été pour l'affaire Dreyfus : en 1904, il publie deux pamphlets, *le Parti noir* et *l'Église et la République*, et préface le recueil des discours de Combes, *Une campagne laïque* (1902-1903). Mais il n'est pas un vrai partisan de la « séparation » : s'il la défend, c'est seulement parce qu'il y voit le prélude à l'extinction de l'Église. Imagine-t-on une tête désirant la décollation ? « Séparées, elles languissent et meurent », dit-il des religions (*la Séparation devant le Sénat* [1905], *ibid.*, p. 134). Il ne croit pas plus à une Église séparée qu'à une âme désincarnée. On assiste donc aux derniers jours d'un condamné. « Un prêtre qui cesse d'être un fonctionnaire, ironise-t-il, est contraint de devenir un saint homme et c'est une dure extrémité » (*ibid.*).

Si, pour Émile Zola et Anatole France, la « séparation » était la suite logique de l'Affaire, Péguy allait y voir sa trahison : une mystique se dégradait en politique. Écrivain, imprimeur, éditeur et libraire, Charles Péguy publiait depuis 1900 dans sa boutique de la rue de la Sorbonne *les Cahiers de la quinzaine*. Cet artisan du livre était aussi un redoutable métaphysicien d'assemblée générale, polémiste susceptible, têtu, farouche et ressassant.

Dès ses premières querelles avec ses anciens camarades dreyfusards, Péguy dénonce la manière dont la République utilise les institutions artistiques pour fixer une religiosité privée de domicile depuis la fermeture des églises. Sa « Réponse brève à Jaurès » (1900) est une réplique à *l'Art et le Socialisme*, conférence pendant laquelle, au cours d'un éloge des musées, le leader socialiste avait laissé échapper quelques mots que Péguy juge inquiétants. « Je ne sais pas, y écrit Jaurès, d'émotion plus belle, plus large, plus auguste et sacrée que celle qui saisit l'âme à certaines heures dans les plus grands musées » (*in* Péguy, *Œuvres en prose complètes*, vol. Ier, p. 558). Cette référence au sacré n'est pas du goût de Péguy, qui rappelle, en la raillant, sa première visite au Louvre. « Je ne sais si jamais vivants nous eûmes un émoi religieux comparable à celui qui nous envahit à cette première visitation. [...] Mystérieusement, religieusement soumis et flatté comme un fidèle introduit, j'admirais, j'adorais, je priais, je servais. Je ne voyais pas » (*ibid.*, pp. 567-568). Or, précisément parce qu'elle est religieuse, cette émotion ne relève pas du domaine artistique. Bien au contraire, elle est ce dont l'ascèse esthétique doit se détacher et se purifier. La méditation qui suit décrit la manière dont « la science et l'art de voir » se sont progressivement émancipés de ce « noyau religieux. [...] À mesure que s'avançait l'apprentissage, l'espace nous devenait non plus religieux mais proprement artistique. [...] Nous n'allions plus au Louvre comme à la messe » (*ibid.*, pp. 570, 573).

Le point de départ de Péguy est le musée, dont Jaurès aurait aimé – à tort selon Péguy – qu'il fonctionne comme une église ; Zola et France rêvent en revanche du jour où ils pourront pénétrer dans les églises devenues des établissements culturels apparentés au musée. Ils décrivent la métamorphose, récente ou imminente, de l'église en théâtre, tandis que Péguy décrit le mouvement inverse : la dissociation du religieux et de l'artistique. Dans les deux cas, pourtant, qu'il s'agisse de fusion ou de dissociation, le mouvement se fait vers le profane. Le différend est ailleurs. Alors que pour Zola et France la transformation des églises en théâtres devait mettre un point final à l'ère religieuse de l'histoire de l'humanité, Péguy ne croyait pas à la désacralisation théâtrale du religieux. L'époque – de Nietzsche à Wagner – venait en effet de redécouvrir les origines religieuses du théâtre. De ce point de vue, transformer une église en théâtre revenait à réveiller le Dionysos qui sommeillait dans le Christ. Derrière la séparation de la religion et de l'État, Péguy pressentait la fusion du cultuel et du culturel. Au lieu de la séparation du profane et du sacré, il anticipait la sacralisation du laïque. C'est contre cette évolution que la « Réponse brève à Jaurès » mettait en place les repères qui devaient permettre à la séparation de l'artistique et du religieux de survivre à celle de l'Église et de l'État.

Péguy n'était pas encore croyant. La révision du procès de Dreyfus avait été réclamée au nom des droits du libre examen – et Péguy reprochait précisément à la religion de s'en remettre au principe d'autorité. En ce sens, au cœur de la mystique dreyfusiste, il y avait déjà pour lui une volonté de séparation, entre la raison et la politique, analogue à celle qui devait distinguer l'art et les églises, le fini et l'infini. Certaines substances ne se mélangent pas. Qu'il y ait État et qu'il y ait Raison n'impliquera jamais la nécessité d'une raison d'État, non plus que celle d'une métaphysique (d'une philosophie, d'un art, d'une religion) d'État. Toutefois, à la différence de Zola et de France, Péguy ne pense pas la séparation sur le modèle de celle de la tête et du corps, mais de l'âme et du corps. L'État n'est pas une Église moderne : certaines réalités, que Péguy juge éternelles, ne se laissent pas moderniser. On ne remplace pas une enfance.

Péguy s'éloigne alors de ce qu'il appelle désormais le parti intellectuel : les anciens dreyfusards qui, sous couvert de « séparation », fomentent la succession de l'Église par l'État. Dès 1901 (« De la raison »), il s'insurge contre la substitution d'un catéchisme (laïque) à un autre (catholique). Il critique ceux qui voudraient mettre en place « un clergé de la raison », « recommencer en laïque la prévarication de l'Église » (*ibid.*, vol. Ier, p. 840). Pour un militant de la séparation entre raison et autorité, les difficultés entre l'Église et l'État sont tout au plus un conflit d'autorités. Et Péguy devait plus tard se rapprocher du catholicisme : l'incroyant qui, au nom de la liberté de conscience, avait fait campagne contre l'obéissance du clerc, accepte une religion à laquelle la « séparation » a fait perdre de son autorité.

Maurice Barrès rapporte dans ses *Cahiers* qu'avec ses amis nationalistes il avait pensé perturber les obsèques de Zola. Mais personne ne s'était rallié à ses plans. L'heure était au triomphe des radicaux. Barrès lui-même venait d'être battu aux élections de 1902. Parti se consoler à Venise, il devait en rapporter un recueil, *Amori et dolori sacrum* (1903), introduit par une méditation lyrique intitulée « La mort de Venise ». Cet essai, écrit la même année que *le Culte moderne des monuments*, d'Aloïs Riegl, est une sorte de « Guerre aux restaurateurs ! » comparable au « Guerre aux démolisseurs ! » de Hugo. Barrès, qui n'aimait pas les musées, redoutait que les restaurateurs n'en fassent un de Venise. « Je plains Venise, dit-il, mais je ne voudrais pas que ma plainte la relevât » (*Amori et dolori sacrum*, p. 23). Pendant ce temps, à Paris, le ministère Combes et les députés radicaux votaient la loi de séparation.

Aux législatives suivantes, en 1906, Barrès retrouve son siège. Animateur à la Chambre d'une campagne contre l'application de la « séparation », il devra réviser les principes de son esthétique décadente. Ses interventions seront recueillies, en 1914, dans *la Grande Pitié des églises de France*. « Ne parlons pas de beauté qui meurt », dira l'auteur repenti de « La mort de Venise » (p. 82). « Il s'agissait, précise-t-il, de Venise et de favoriser le plaisir des esthètes » (*ibid.*, p. 404).

Comme Péguy, Barrès faisait campagne pour la séparation de la religion et de l'art. Mais pour des motifs inverses. Alors que Péguy voulait empêcher que les musées ne deviennent le déversoir d'une religiosité laïque, la campagne de Barrès visait la contamination opposée : il refusait que les églises deviennent la proie des esthètes. « Ah ! que je vous suis reconnaissant de ne pas glisser au verbiage de l'art, de la beauté, dit-il à un de ses correspondants. Je ne viens pas parler pour les belles églises » (*ibid.*, p. 82). Pour Barrès, comme pour Péguy, l'art allant de pair avec le libre examen, il représentait un danger pour la religion. Mais, contrairement à Péguy, c'est à l'exercice du libre examen que Barrès se montrait hostile. Il dénonçait donc la distanciation de l'esthète, la reconversion artistique du sacré, l'exil muséographique des objets du culte, les fidèles remplacés par les touristes, les historiens de l'art et les collectionneurs. Judas du christianisme, l'esthétisme trahit avec les gestes de l'amour. « Une église désaffectée, sans fidèles, sans prières, sans l'Eucharistie, se meurt et bientôt ne sera plus qu'un coûteux embarras » (*ibid.*, p. 395).

« La mort des cathédrales », l'article dans lequel Proust anticipe les conséquences désastreuses de la « séparation », est contemporain de « La mort de Venise ». Proust y dénonce, comme Barrès le fera dans *la Grande Pitié*, la « désaffection » qui menace les églises. Il commence sur le mode de la science-fiction en proposant d'imaginer le catholicisme mort, enterré et oublié depuis des siècles. Des archéologues seraient enfin arrivés à reconstituer le détail de son rituel, et le gouvernement aurait accepté de subventionner la mise en scène d'une de ses cérémonies. La distribution ferait appel aux meilleurs artistes – inspirés, consciencieux, irréprochables. Ils ne seraient pourtant que des artistes, condamnés à ce titre à jouer le rôle d'hommes qui, eux, ne jouaient pas, mais croyaient. Proust revient alors à la situation à laquelle la « séparation » va mettre fin : tout est vrai dans une église. « La mimique, la psalmodie et le chant ne sont pas confiés ici à des artistes. Ce sont les ministres mêmes du culte qui officient, dans un sentiment non d'esthétique, mais de foi, d'autant plus esthétiquement » (*Contre Sainte-Beuve,* p. 143).

L'argument, identique à celui de Barrès, s'oppose à la théâtralisation du religieux, constituant à ce titre l'exacte antithèse des rêveries de Zola et de France. Il faut qu'on puisse toujours distinguer chez saint Genest le comédien du martyr. Il faut empêcher la contamination esthétique du religieux. Pourtant, c'est l'esthétique, et non le religieux, qui exige cette distinction. Une messe serait moins belle si elle n'était que théâtre. Mais elle réserve sa beauté à la contemplation de ceux qui ne croient pas. Les fidèles ne sont pas des spectateurs, soit ; mais qu'en est-il de celui qui regarde les fidèles et qui, sans participer, assiste à la participation des autres ? Va-t-on dans une église pour vérifier que ce n'est pas du théâtre ? « Les figurants, continue Proust, ne pourraient être souhaités plus vivants et plus sincères, puisque c'est le peuple qui prend la peine de figurer pour nous, sans s'en douter » (*ibid.*, p. 143). Sitôt congédié, l'esthète reparaît. De même Barrès, pas plus croyant que Proust, après avoir proclamé qu'on ne sauve pas les églises au nom de leur beauté, s'empresse d'ajouter : « Il n'y en a pas de laides pour un homme qui a du goût » (*la Grande Pitié*, p. 144). Il est beau que les églises ne soient pas des objets d'art ; la désacralisation des églises transformées en objet d'art serait d'abord une perte d'ordre esthétique.

Les arguments se répartissent selon deux lignes majeures. D'un côté, ceux qui veulent que les églises, exorcisées, désenvoûtées, reconverties en théâtres, deviennent le foyer d'une société du spectacle. De l'autre ceux qui préféreraient la mort à la trahison, le martyre à la collaboration. Proust est de ces derniers : « Il vaut mieux dévaster une église que de la désaffecter. » Dix ans plus tard, les bombes allemandes allaient incendier la cathédrale de Reims. Lorsque Proust reprend son article dans *Pastiches et mélanges* (1919), il supprime cette phrase et ajoute une note : « Dix ans ont passé, "la mort des Cathédrales", c'est la destruction de leurs pierres par les armées allemandes, non de leur esprit par une Chambre anticléricale qui ne fait plus qu'un avec nos évêques patriotes » (p. 142). Inversement, l'ancien prosélyte de la « séparation », Anatole France, dénonce maintenant « ces barbares qui déchirent la belle robe de pierre dont nos aïeux ont paré la France » (*Trente Ans de vie sociale*, vol. IV, p. 10). Au moment du bombardement à Reims, l'adolescence tourmentée de Georges Bataille s'achevait. Le martyre de la cathédrale sacrifiée devait lui inspirer son premier texte publié, *Notre-Dame de Rheims* (1917). L'importance du sacré dans son œuvre ultérieure appelle sans doute une question : la destruction d'une église est-elle à inscrire au bénéfice du sacré ou du profane ?

Voir aussi 1808, 1898, 1959 (9 janvier).

Bibliographie : Maurice Barrès, *Amori et dolori sacrum* (Paris, Félix Juven, 1902) ; *la Grande Pitié des églises de France* (Paris, Émile-Paul, 1914) ; *Mes cahiers*, vol. III (Paris, Plon, 1931). Anatole France, *l'Église et la République* et *la Séparation devant le Sénat*, in *Trente ans de vie sociale*, éd. Claude Aveline, vol. II (Paris, Cercle du Bibliophile, 1970). Charles Péguy, *Œuvres en prose complètes*, éd. Robert Burac, vol. Ier (Paris, Gallimard, 1987). Marcel Proust, « La mort des cathédrales », in *Contre Sainte-Beuve* précédé de *Pastiches et mélanges*, éd. Pierre Clarac (Paris, Gallimard, 1971) ; *Correspondance de Marcel Proust*, éd. Philip Kolb, vol. III (Paris, Plon, 1976). Aloïs Riegl, *le Culte moderne des monuments*, trad. Daniel Wieczorek (Paris, Seuil, 1984). Émile Zola, *Vérité*, in *Œuvres complètes*, éd. Henri Mitterand, vol. VIII (Paris, Cercle du Livre Précieux, 1968). René Girard, *Des choses cachées depuis la fondation du monde* (Paris, Bernard Grasset, 1978). Denis Hollier, *la Prise de la Concorde. Essais sur Georges Bataille* (Paris, Gallimard, 1974). Maurice Larkin, *Church and State after the Dreyfus Affair : The Separation Issue in France* (Londres, Macmillan, 1974). André Malraux, *Romans* (Paris, Gallimard, 1976) ; *le Musée imaginaire* (Paris, Gallimard, 1965). Michael Sutton, *Nationalism, Positivism and Catholicism : The Politics of Charles Maurras and French Catholics* (Cambridge, Cambridge University Press, 1982).

Denis Hollier

1911

C. R. D. N. paraît, sans nom d'auteur, sans nom d'éditeur, sans indication de lieu, dans une édition limitée à douze exemplaires

De l'exotisme à l'homosexualité

Écrits sur une période de sept ans (1896-1903), les quatre petits textes qui composent *Amyntas*, de Gide (1904), vont de l'incantation (dans le style d'un Loti) à l'analyse désenchantée (rendue familière aujourd'hui par les « écrits de voyage » d'un Graham

Greene ou d'un V. S. Naipaul). Ce mince volume, généralement passé sous silence, est un moment charnière dans la carrière de Gide. Avec son titre emprunté à Théocrite et plus tard assigné par Virgile aux bergers qu'animait un éros entreprenant mais mélancolique, ce texte est l'expression d'une modification psychologique chez l'auteur : loin d'être un opuscule simplement décoratif dont les rhapsodies, baignant dans la couleur locale et l'exotisme, ne mériteraient pas l'attention des commentateurs et des traducteurs, *Amyntas* permet de comprendre comment l'auteur des *Nourritures terrestres* (1897) – prônant une libération hédoniste de type nietzschéenne – a pu devenir celui des quatre dialogues socratiques du *Corydon* (1911), textes à la puissance subversive intacte concernant la nature de la sexualité humaine et la place de l'homosexuel dans la société. Gide, attelé à la rédaction de *Corydon* immédiatement après la publication d'*Amyntas*, caressait l'espoir d'une préface de Freud lui-même pour la seconde de ses « bergeries ».

Amyntas est donc un travail de désintoxication. On y voit Gide tenter de se libérer – à contrecœur et avec méfiance – du décor et des panoramas nord-africains qui composaient jusque-là l'intégralité de sa palette érotique. S'il se situe toujours dans une tradition bien établie – ouverte par Flaubert et Fromentin, Delacroix et Loti –, personne n'avait su moduler avec une telle justesse la tonalité érotique des fusions dans les paysages ou des abandons au climat et à la lumière. Peut-être la ténacité de l'engagement et de la ferveur de Gide vient-elle précisément de ce que le désert est, entre tous les lieux, celui où la soif d'un homme ne peut être étanchée.

Quelques années plus tard, en 1910, alors qu'il envisageait une réédition illustrée d'*Amyntas*, Gide laissera percer des reproches – aux autres, ou peut-être à lui-même : « Ils n'ont pas été nombreux, pour s'apercevoir que je n'avais rien écrit de plus parfait qu'*Amyntas*. On y chercha des descriptions, du pittoresque, des renseignements sur les pays et sur les mœurs. On n'y trouve à peu près rien que je n'eusse aussi bien pu écrire ailleurs, en France, n'importe où. À qui pouvait parler la valeur secrète du livre ? À quelques rares ; les autres furent déçus » (*Journal*, p. 324).

Dans *Amyntas*, l'intoxication rhétorique de l'exotisme cesse d'agir, tandis que se défait l'identification avec un certain « primitivisme » langoureux. Le livre est le récit secret d'une quête de l'appauvrissement et du dénuement qui ouvrira à l'auteur ses richesses authentiques, l'engageant dans des romans où s'exprimera son génie le plus propre : *les Caves du Vatican* (1914) et *les Faux-Monnayeurs* (1925). L'exorcisme est sans doute le plus constant des traits dans la carrière protéiforme de Gide, cette vaste anthologie des retours – du symbolisme, de l'exotisme, de l'homosexualité, du communisme. Mais bien sûr, avant de revenir, il aura fallu partir. Depuis sa toute première œuvre, *les Cahiers d'André Walter* (1891), parue alors qu'il n'avait pas vingt ans, Gide s'était consciencieusement appliqué à s'arracher à son confort, devenant le chroniqueur des blessures qui en découlaient. Aucune consolation n'avait prise sur lui. André Walter, comme le Malte Laurids Brigge de Rainer Maria Rilke (Gide devait traduire certains fragments des *Cahiers* en 1911), finissait par se suicider ; mais Gide, comme Rilke, allait survivre en s'immergeant dans un nouveau réalisme, une nouvelle réalité. En retraçant le déclin de son double, Gide allait être l'artisan de son propre salut. Selon une de ses premières injonctions, il s'était employé à faire de lui-même le plus irremplaçable des êtres.

La chose n'a pas été facile. La chronique des déceptions de cet amant qui ne cesse de revenir est amère, et parfois comique. Mais *Amyntas* les accepte au nom de l'exigence supérieure – explicite dans *l'Immoraliste* (1902) – d'un éros plus actif : l'âge adulte ! En effet, toute la valeur des *Nourritures terrestres* vient de ce qu'elles appellent le dépassement de leur propre message. *Amyntas*, avec toute sa modestie, est précisément le lieu où ce dépassement s'accomplit ; dans l'automne normand qui baigne la fin du livre, le narrateur se laisse gagner par le regret des perversions polymorphes auxquelles il vient de renoncer et dont la découverte avait été le sujet de « De Biskra à Touggourt » (la première section d'*Amyntas*). Freud n'allait pas tarder à déclarer qu'une perversion est le contraire d'une névrose. C'est précisément ce dont Gide faisait l'apprentissage. *Amyntas* est la résolution lyrique d'un procès de maturation que l'on pourrait titrer : *Malaise dans la barbarie* ou encore *Du côté de chez Gide*.

L'Immoraliste a été terminé en 1901, un an après *l'Interprétation des rêves*, de Freud, et publié – « déjà si loin de moi que je ne puis me décider à en corriger les épreuves » (*ibid.*, p. 132) – dans une édition à trois cents exemplaires en 1902, un an avant la publication posthume de *la Volonté de puissance*, de Nietzsche. Alors qu'*Amyntas* avait été dédié à la femme de Gide, *l'Immoraliste* se vouait à la détruire. Freud et Nietzsche sont les points repères qui permettent de situer ce récit dont la voix tendue comme une lyre remplit la nuit sur la terrasse de Sidi b. M. L'immoralisme de Michel tient avant tout à son style – langoureux, parfois complaisant, et pourtant fort de toute l'énergie d'un homme qui s'est fait un devoir d'être heureux. On y retrouve toute la charge du sentiment gidien : seul l'excès est récompensé ; seules les trop grandes soifs sont étanchées. Le solo pourrait s'intituler maintenant « Malaise dans la civilisation » ou « La généalogie de la morale ».

La trajectoire conduisant des *Nourritures terrestres* à *Corydon* s'achève dans un certain scepticisme. Qui est ce nouveau venu ? De toute évidence c'est le berger de Virgile, que le premier vers de la seconde églogue des *Bucoliques* nous montre consumé par l'amour du bel Alexis (un autre berger). Alors que dans la tradition pastorale anglo-saxonne – chez Spenser, par exemple – Corydon n'est qu'un berger et, à ce titre, parfaitement susceptible d'être uni à une bergère, pour un lecteur français disposant d'un minimum de culture classique, son nom suffit, encore aujourd'hui, à indiquer une tout autre orientation sexuelle.

Gide avait un faible pour l'onomastique du canon Alexandrin. Le nom de Ménalque (Menalchas) est l'un des plus importants parmi ceux qu'il lui emprunte. Il apparaît pour la première fois en 1895, dans un fragment en prose auquel il sert de titre, et qui sera incorporé aux *Nourritures terrestres* ; tandis que *l'Immoraliste*, avant de devenir le drame intime de Michel, devait être une vie de Ménalque. Cette figure très « 1900 » de catalyseur et de tentateur, dont les traits doivent beaucoup aux observations inspirées à Gide par Oscar Wilde, fait entendre cependant les résonances d'un autre contexte. Michel rencontre Ménalque à Paris :

> Récemment, un absurde, un honteux procès à scandale avait été pour les journaux une commode occasion de le salir ; ceux que son dédain et sa supériorité blessaient s'emparèrent de ce prétexte à leur vengeance ; et ce qui les irritait le plus, c'est qu'il n'en parût pas affecté « Il faut, répondait-il aux insultes, laisser les autres avoir raison, puisque cela les console de n'avoir pas autre chose. » Mais la « bonne société »

> s'indigna et ceux qui, comme l'on dit, « se respectent » crurent devoir se détourner de lui et lui rendre ainsi son mépris (*l'Immoraliste*, p. 425).

De toute évidence, cet homme est le même que celui dont on nous dit au début de *Corydon* qu'il « [...] ne protestait point, m'avait-on dit, contre certains penchants dénaturés dont on l'accuse » (p. 15). Gide s'est arrangé pour que le personnage de Ménalque assume une grande partie de ce qu'il préférait laisser à l'extérieur de ses romans et, parmi les franches réussites de *Corydon*, il faut non seulement compter le « Je » qui s'y exprime – un rustre d'une étroitesse très peu gidienne – mais aussi le personnage de Corydon lui-même (un peu à la manière dont nous éprouvons le sentiment que la véritable réussite de Platon tient dans le personnage de Socrate et dans le décor de la *polis*, autrement dit, dans l'attribution d'une voix et d'un lieu à la philosophie). Certaines des meilleures touches comiques se trouvent au tout début de cette petite machine de subversion gidienne, avec la légèreté d'une esquisse :

> En pénétrant dans son appartement, je n'eus point, je l'avoue, la fâcheuse impression que je craignais. Il est vrai que Corydon ne la donne pas non plus par sa mise, qui reste correcte, avec même une certaine affectation d'austérité. Mes yeux cherchaient en vain, dans la pièce où il m'introduisit, ces marques d'efféminement que les spécialistes retrouvent à tout ce qui touche les invertis, et à quoi ils prétendent ne s'être jamais trompés. Toutefois, on pouvait remarquer, au-dessus de son bureau d'acajou, une grande photographie d'après Michel-Ange : celle de la formation de l'homme – où l'on voit, obéissant au doigt créateur, la créature Adam, nue, étendue sur le limon plastique, tourner vers Dieu son regard ébloui de reconnaissance. Corydon professe un certain goût pour l'œuvre d'art, derrière lequel il eût pu s'abriter si j'avais été étonné du choix de ce sujet spécial. Sur la table de travail, le portrait d'un vieillard à grande barbe blanche, que je reconnus aussitôt pour celui de l'Américain Walt Whitman... (p. 16)

Dans *Lolita* (1955), Vladimir Nabokov donnera une parodie de cette scène. Humbert Humbert se réjouit de trouver un certain réconfort chez cette autre victime en qui il se reconnaît, le pédéraste Gaston Godin. Il « était toujours vêtu de noir, et cravaté de noir ; il se baignait rarement [...] il avait transformé l'étage supérieur en atelier – ce vieux charlatan tâtait aussi de la peinture ! – et couvert les murs en pente (ce n'était guère plus qu'une mansarde) de grandes photographies : un André Gide pensif, Tchaïkovski, Norman Douglas, deux autres écrivains anglais en renom, Nijinsky (tout cuisses et feuilles de vigne) [...] et Marcel Proust. Tous ces malheureux semblaient sur le point de rompre leur équilibre en déclive pour choir sur la tête du visiteur » (pp. 288-289).

Pendant que Gide écrivait *Corydon*, le siècle changeait et le repaire du pervers n'était plus, comme aux temps du décadentisme, un antre bleui d'encens. L'ascétisme affiché par Corydon n'en demeure pas moins un décor, aussi lisible qu'un panneau signalisateur. Seul le narrateur s'y laisse prendre.

Rien de plus abominable pour Gide que de se laisser prendre – d'être trompé, et plus encore de se tromper soi-même. Il savait que sa culture l'exposait à un tel risque (et déjà à l'époque du symbolisme, dont il disait à Valéry qu'il laissait trop de choses de côté). Il aura fallu cet empire du mensonge et du frauduleux pour décider Gide à suivre ses impulsions juvéniles en sortant de son repaire à lui. Au fil des ans, ce refus intraitable du mensonge ne cessera de briller comme un phare dans des ténèbres controversées. La recherche de la vérité et son corollaire gidien – le refus de mentir – font donc de *Corydon* un texte qu'il importe de lire. Car, malgré son recours laborieux à une zoologie de carton-pâte, d'un invraisemblable anthropomorphisme, malgré son autre recours aux vestiges littéraires et historiques de la culture grecque – ces deux béquilles vont toujours de pair dans les plaidoyers de l'époque en faveur d'une reconnaisance sociale de l'homosexualité –, Gide avait trouvé quelque chose (l'indécision de son vocabulaire en est un indice). Pour notre époque qui découvre qu'en tant qu'objet massif et unitaire du discours (ou de l'expérience) l'homosexualité n'existe pas, les fluctuations de la nomenclature de Gide doivent être interprétées comme la marque d'un esprit qui n'entendait pas anoblir la confusion sous les espèces de l'uniformité. Les catégories utilisées dans *Corydon* peuvent nous paraître désuètes – uranisme, pédérastie, inversion, dégénérescence, sans parler du troisième sexe –, elles ont l'avantage de remettre en question, et même de menacer, les classifications conventionnelles qui imposent une unité fictive. À l'instar du Freud qu'il n'avait pas encore lu et de D. H. Lawrence qui ne le lut jamais, Gide suggérait, par le biais de l'instable variété de sa nomenclature aussi bien que par la libéralisation proposée à une société implacablement répressive et donc libertine, que le désir ne parle pas le langage d'une expérience sexuelle continue et unitaire. *Amyntas* nous apprend qu'une telle expérience ne parle que parce que le langage l'a constituée. Ce que nous disons structure l'« instinct » et engendre les scénarios dans lesquels expérience et sensation sont enregistrées et comprises. Ou du moins reçues.

Commencé en 1907, *Corydon* mit treize ans à mûrir. L'édition originale, publiée en 1911 à douze exemplaires, dans une édition hors commerce, sans nom d'auteur, sous le titre *C.R.D.N.*, comprenait les deux premiers dialogues et un fragment du troisième. En 1920, une autre édition hors commerce et sans nom d'auteur, publiée à vingt et un exemplaires, donnait les quatre dialogues et une préface ; il ne paraît enfin qu'en 1925, sous le titre *Corydon*, avec le nom de l'auteur et en édition courante. En 1921, décidé à rompre avec la clandestinité (après avoir appris qu'il avait accompagné le jeune Marc Allégret en Angleterre, sa femme venait de brûler la totalité des lettres qu'il lui avait écrites), Gide fit une découverte. Il se mit à lire Freud, dont les propos semblaient faire écho à ses propres pensées : « La recherche psychanalytique s'oppose avec la plus grande détermination à la tentative de séparer les homosexuels des autres êtres humains en tant que groupe particularisé [...] Tous les hommes sont capables d'un choix d'objet homosexuel et ils ont effectivement fait ce choix dans l'insconscient [...] L'intérêt sexuel exclusif de l'homme pour la femme est aussi un problème qui requiert une explication et non pas quelque chose qui va de soi et qu'il y aurait lieu d'attribuer à une attraction chimique dans son fondement » (*Trois Essais sur la sexualité*, p. 51). En découvrant que pour Freud un homme sans désir homosexuel était une bizarrerie, la joie de Gide fut telle qu'il demanda à sa traductrice, Dorothy Bussy, de convaincre son frère, James Strachey, le traducteur anglais de Freud, d'intercéder en sa faveur : l'autorité de Freud n'en faisait-elle pas un préfacier idéal pour *Corydon*, n'était-elle pas la seule à pouvoir protéger l'œuvre contre les idées fausses et les réactions hostiles qu'elle allait fatalement susciter ? De toute évidence, la communication s'est interrompue quelque part entre Bussy, Strachey et Vienne, mais il n'est pas sans intérêt de noter que Gide s'est soumis à un commencement de psychanalyse (cinq séances) à peu près à cette époque-là, et qu'il allait jusqu'à écrire à Dorothy Bussy : « Je rêve déjà d'une préface de lui [Freud] à une traduction allemande de *Corydon* qui pourrait bien peut-être précéder la publication française. C'est à étudier. Après tout, peut-être pourrais-je donner mon livre comme "traduit de l'allemand". [...] Cette préface de Freud pourrait souligner l'utilité et l'opportunité du livre » (*Cahiers André Gide*, n° 9, p. 252). La concordance des objectifs de Freud et de Gide se déploie selon une structure historique plus vaste : le sentiment de l'unité d'énergies apparemment antagonistes, qu'elles soient sexuelles ou bien psychiques. Aussi *Corydon* demeure-t-il l'un des livres essentiels pour la compréhension de l'évolution de l'esprit occidental au cours du premier quart du XXe siècle.

Corydon n'échappe pas aux bouffées de plénitude mystique dont le pathos est caractéristique de l'époque. De *l'Immoraliste* et des *Nourritures terrestres* jusqu'à *Si le grain ne meurt* (1921) – sa première autobiographie –, l'œuvre de Gide est le protocole, incomparable par son envergure et sa franchise, d'une expérience rhapsodique par nature bien que contrôlée par le discours. Le secret de Gide, comme Camus l'a souligné, c'est de n'avoir jamais perdu, même au plus fort de ses doutes, sa fierté d'être humain. Plus qu'un grand esprit, il était un esprit libre – « et les esprits libres, aussi rares que les grands esprits, sont à notre époque encore plus précieux » (*Two Cheers for Democracy*, p. 232).

Comme souvent à cette époque, l'enquête de *Corydon* porte moins sur la nature de la sexualité que sur l'histoire de sa répression ; du gracieux au grotesque, le livre épie ce que dissimulent les voiles du mensonge, des conventions et de l'hypocrisie qui aujourd'hui encore réduisent au silence une partie ni négligeable ni méprisable de l'humanité.

La même année Hitler publiait *Mein Kampf*, et Gide *Si le grain ne meurt*. L'autobiographie de Gide était elle aussi une sorte de programme mais pour un autre type de bataille, une autre subversion. La stratégie de cette campagne avait été fixée, quatre ans plus tôt, quand Gide avait évoqué pour la première fois ces Mémoires devant Proust : « Passé avec Proust une heure de la soirée d'hier. [...] Je lui apporte *Corydon* dont il me promet de ne parler à personne ; et quand je lui dis quelques mots de mes Mémoires : "Vous pouvez tout raconter, s'écrie-t-il ; mais à condition de ne jamais dire : Je." Ce qui ne fait pas mon affaire. » (*Journal*, p. 692). Les années au cours desquelles Gide, grâce à *Amyntas*, *les Nourritures terrestres*, *l'Immoraliste*, *Corydon* et *Si le grain ne meurt*, obtenait un droit de cité au discours homosexuel sont aussi celles où Jean Cocteau, Marcel Jouhandeau et Jean Genet mettaient au point et raffinaient l'hétérodoxie de leurs propres idiolectes. Les réserves impliquées dans la remarque de Proust sont de peu de poids à côté de l'immense liberté que le Marcel d' *À la recherche du temps perdu* se reconnaît lorsqu'il aborde des sujets sexuels. D'où il suit que le dialogue entre Gide, Proust et ces écrivains était précisément un dialogue, et non plus une série de soliloques à sensation (parfois jusqu'à l'extravagance). Il n'était pas rare que le ton soit cinglant : dans *les Faux-Monnayeurs*, Gide a peint Cocteau sous les traits du comte Robert de Passavant ; Genet lui aurait dit : « Je n'aime pas les juges qui se penchent amoureusement sur leurs victimes » ; et Jouhandeau de lui écrire : « J'ai été bien amusé en lisant *les Faux-Monnayeurs* de voir que nous avons traité la même scène, vous savez "le suicide de l'enfant" et peut-être en même temps. C'est un épisode de mon conte *Ximénès Malinjoude*, que Kahnweiler doit donner à l'automne et qui a pour épigraphe : Chacun se lève avec une petite préoccupation : celle d'assassiner Dieu » (*Correspondance*, p. 62) Mais cela faisait partie du jeu. Ces luttes allaient faire de l'homosexualité un sujet de littérature légitime.

Au cours de ces vingt dernières années, en grande partie grâce à l'œuvre de Gide, il s'est produit en France un changement dans le statut de l'écrivain homosexuel et de son langage. Aujourd'hui, l'écrivain homosexuel est contemporain de son texte : ou plutôt, c'est son texte qui lui donne l'existence. Il n'existe pas en dehors de lui comme un créateur illustre ou scandaleux ; il n'a pas été pourvu d'une existence qui précéderait ou transcenderait son œuvre. Si on peut avoir l'impression qu'il y a quelque chose d'invisible, c'est parce qu'il n'a plus besoin de jouer au monstre sacré. Quand l'homosexuel n'est plus le sujet dont son livre est le prédicat, il échappe au scandale et à la parade de l'avant et de l'après : il y a le temps de l'écriture, qui est aussi le temps de notre lecture, et le problème (n'est-ce pas ce que Gide tentait de nous dire ?) devient la solution. Bien sûr les solutions soulèvent à leur tour des problèmes, mais c'est la définition même de la dialectique de la vie ; comme Cocteau l'a montré, notre tradition œdipienne unit parricide et piété ; on met en scène le meurtre symbolique du père (c'est ainsi que la littérature française consomme et même dévore, comme un ancêtre, les écrits de l'Antiquité), mais c'est pour dégager l'autre grand héritage, l'autre grand thème d'origine : celui de la Possession des Mères.

Voir aussi 1847, 1922, 1925 (novembre), 1933 (février), 1962.

Bibliographie : Sigmund Freud, *Trois Essais sur la théorie sexuelle*, trad. Philippe Koeppel (Paris, Gallimard, 1987). André Gide, *Amyntas* (Paris, Gallimard, 1926) ; *Corydon* (Paris, Gallimard, 1924) ; *l'Immoraliste*, in *Romans, récits et soties : œuvres lyriques*, (Paris, Gallimard, 1958) ; *Journal (1889-1939)* (Paris, Gallimard, 1951) ; *Oscar Wilde* (Paris, Mercure de France, 1989) ; « Correspondance André Gide-Dorothy Bussy », in *Cahiers André Gide,* n° 9 (Paris, Gallimard, 1979). Marcel Jouhandeau, *Correspondance avec André Gide (octobre 1922-septembre 1946)* [Paris, Marcel Sautier, 1958]. Vladimir Nabokov, *Lolita*, trad. E. H. Kahane (Paris, Gallimard, 1973). Jean Delay, *la Jeunesse d'André Gide* (Paris, Gallimard, 1992). E. M. Forster, « Gide's Death », in *Two Cheers for Democracy* (New York, Harcourt and Brace, 1951).

Richard Howard

1913

Guillaume Apollinaire publie son premier recueil de poèmes, *Alcools*

Idéogrammes lyriques

Les historiens de la littérature ont fait de 1913 l'*annus mirabilis* du XXe siècle. Proust vient de publier *Du côté de chez Swann* ; Gide peaufine *les Caves du Vatican* (1914) ; après dix ans de silence, Valéry, revenu à la poésie, ébauche *la Jeune Parque* (1917). Quant à Guillaume Apollinaire, il envoie *Alcools* chez l'imprimeur. Les visions prométhéennes qui avaient dominé la littérature du XIXe siècle s'estompent avec la montée d'une nouvelle génération de poètes plasticiens. Dans le sillage des expérimentations optiques de Cézanne et de ses continuateurs, ces poètes exploitent les potentialités rétiniennes de l'écriture, de la peinture et du mouvement. La vitesse des trains et de l'automobile devient la métaphore des étincelles qui jaillissent entre le langage et les sensations. Dans *le Cornet à dés* (1917), Max Jacob jette ses poèmes en prose au hasard de la page. Blaise Cendrars, éternel voyageur par amour de la poésie, transcrit en vrac les impressions d'un voyage en train à travers la Russie dans *Prose du Transsibérien* (1913) et intitule *Kodak* (1924) une série de photographies verbales, tandis que son épopée de sensations, *les Pâques à New York* (1912), inspirera *Zone*, d'Apollinaire.

Si les deux grands recueils d'Apollinaire, *Alcools* (1913) et *Calligrammes* (1918), sont un moment décisif dans la littérature du XXe siècle c'est qu'ils vont faire passer la poésie d'un modèle musical à un modèle visuel. En 1912, Apollinaire avait défendu les peintres cubistes à travers une série d'articles rassemblés l'année suivante dans *les Peintres cubistes : méditations esthétiques*. Il tenait de Braque et de Picasso que mots, lettres et images pouvaient être incorporés à des collages verbaux. Il sera le premier à analyser la manière dont les peintres nouveaux se détournaient de ce qui traditionnellement constituait le « sujet » de la peinture pour se livrer à des méditations concrètes sur les fondements et les limites de la visibilité. Il remarqua que des chiffres peints sur une palette limitée de gris, de beige et d'ocre détruisent toute profondeur illusionniste et transforment l'acte de voir en acte de lire. D'autre part, le collage imposait au regard du public les qualités tactiles du papier journal, des papiers d'emballage et d'autres vieux papiers collés sur la toile ; Apollinaire allait suivre cet exemple, traitant la page imprimée comme un lieu d'expériences qui devaient libérer la poésie des registres musicaux, narratifs et sentimentaux.

Après la peinture cubiste, il était inimaginable que, pour son propre compte, la littérature ne remette pas en question l'illusionnisme qui dominait toujours l'utilisation littéraire du langage. L'expérimentation à l'aide de supports hétérogènes attirait l'attention du lecteur sur l'aspect morphologique concret des signes linguistiques. La perception de la page échappait au modèle de la lecture linéaire. Le cubisme a donc permis à la poésie de devenir visuelle ; il l'a libérée de la transcription musicale dont les symbolistes s'étaient faits les champions. Dans *la Musique et les Lettres* (1895), Stéphane Mallarmé définissait la musique comme un art « évocatoire de prestiges situés à ce point de l'ouïe et presque de la vision abstrait, devenu l'entendement » (*Œuvres complètes*, p. 649). C'est ce type d'abstraction qu'Apollinaire allait rejeter. Les réflexions amorcées dans *les Peintres cubistes* l'amenèrent à envisager la page comme une toile qui empêcherait le langage symbolique – celui de la sensation, du drame, de la vision lyrique – de basculer de l'objet vers l'essence. La page devenait un support, un terrain d'expérimentation pour les rapports entre figure et fond, entre centres et circonférences, entre surfaces hachurées et vecteurs brisés. On rapporte que Mallarmé disait à Degas : « Ce n'est pas avec des idées, mais avec des mots, qu'on écrit la poésie. » Apollinaire aurait pu dire : « Ce n'est pas avec des mots, mais avec des formes, qu'on peint des poèmes. »

Alcools réunit la plupart des poèmes écrits par Apollinaire depuis 1902. La convergence du cubisme et de la poésie ne date que de 1912. Aussi, à l'exception de *Zone*, écrit pour la composition du recueil qu'il ouvre à la manière d'un manifeste, la plupart des poèmes témoignent d'une veine musicale et mélancolique. Les poèmes les plus anciens évoquent un sujet amoureux, originaire d'un pays nordique dont la carrière sentimentale mêle voyages et amours malheureux. *La Chanson du mal-aimé* est une ballade qui chante, avec les notes d'un lieder allemand, un amour trahi. Certains accents de *Rhénane d'automne* rappellent les poètes errants, Jules Laforgue et Rimbaud. La même mélancolie – « entre l'amour et le dédain » – inspire *Clotilde, les Colchiques* ou *le Pont Mirabeau* qui chante l'amour perdu sur les ondes du temps.

Rien de tel dans *Zone*, dont le lyrisme est presque entièrement visuel. Le titre renvoie aux faubourgs d'une ville moderne, ni banlieue ni quartiers résidentiels, mais paysage industriel – gares, quartiers d'émigrants juifs, affiches sur les murs – évocateur de ce qu'il y a de périphérique et d'ouvert dans ces nouveaux espaces urbanisés. *Zone* est scandé par les départs du poète et ses retours à Paris ; ses voyages vers des lieux dont les noms appartiennent à la carte de l'Europe, centrale, nordique ou méditerranéenne ; vers des cathédrales offrant un sanctuaire au cœur du tourisme littéraire ; vers Rome où croissent des arbres venus du Japon ; et, pour finir, vers le monde des sculptures océaniennes qui ornent l'appartement dans lequel le poème est écrit. Avec sa composition en vers libres, le poème désoriente l'œil et l'oreille habitués à la stricte métrique de l'alexandrin. Il entretient un rythme qui tend vers l'assonance en même temps que ses strophes esquissent une mesure graphique. Il n'y a pas de ponctuation. L'ensemble du poème produit l'impression d'un « fondu enchaîné » prolongé, ou de ces mouvements nés de la tension entre espaces, lignes, lettres et formes fluctuantes que le réalisateur Sergueï Eisenstein allait bientôt analyser dans le langage cinématographique.

Zone échappe de plusieurs manières à la musicalité symboliste. Pour commencer, le choix du présent comme temps de référence (« À la fin tu es las de ce monde ancien ») ancre le poète dans un ici et maintenant irrécusable. Les voyages sont bien ponctués de « flash-backs », mais ceux-ci se donnent avec la même brutalité que le présent (« Voilà la jeune rue et tu n'es encore qu'un petit enfant », « Te voici à Coblence », « Tu es à Paris »). À la manière d'un collage, la texture du poème fait remonter à la surface et projette sur un plan verbal unique l'ombre des formes verbales du passé ainsi que des pans entiers refoulés de l'expérience. Le jeu des temps est, pour la poésie, l'équivalent de la profondeur de champ dont les peintres et les cinéastes jouent pour construire leurs espaces illusionnistes. Apollinaire aplatit toute profondeur narrative en écrasant le futur et en rehaussant le passé de manière à leur faire rejoindre les signes graphiques qui se déploient sous les yeux du lecteur.

Il y a ensuite le jeu des pronoms. Lorsqu'un poète utilise la troisième personne, il est traditionnel qu'une première personne, celle du lecteur implicite (« nous »), soit réservée dans les ombres de la description. Ce jeu de pronoms permet au poète de donner au lecteur une impression d'omniscience. Mais la deuxième personne n'intervient pas dans l'instance du discours, l'effacement du spectateur ou du lecteur étant nécessaire pour que naisse cette impression. Dans *Zone*, l'équivalence du « je » et du « tu », leur substitution (le sujet s'inscrit alternativement, presque indifféremment, à la première et à la deuxième personne, comme « je » et comme « tu », mais sans que cette oscillation soit jamais stabilisée dans un « nous ») désarticulent les axes de l'espace et du volume habitables pour la forme humaine. Cette manière d'utiliser les *shifters* – pour utiliser le mot des linguistes – comme s'ils étaient réversibles crée une intimité toujours en train ou sur le point de basculer dans son contraire. Chaque fois que pointe une note sentimentale – « L'angoisse de l'amour te serre le gosier/ Comme si tu ne devais jamais plus être aimé » –, elle est aussitôt entraînée dans un feu d'artifice de sensations qui brûlent toute sentimentalité : « Les étincelles de ta vie dorent le fond de ta vie » (vv. 73-74, 78).

> Tu lis les prospectus les catalogues les affiches qui chantent tout haut
> Voilà la poésie ce matin et pour la prose il y a les journaux (vv. 10-11).

Les images s'élèvent, mais l'écriture les rabat sans cesse sur la page. Avec des bribes empruntées à la rumeur quotidienne, le poète défie la loi de gravité ; il essaie de battre des records – de vol, de sport et de poésie –, mais reste ancré dans des objets, *ready made* ou objets de rencontre. L'utilisation en collage des signes urbains – journaux, affiches, enseignes – impose au sujet le contact avec une saine évidence qui le détourne de son pathos :

> Les inscriptions des enseignes et des murailles
> Les plaques les avis à la façon des perroquets criaillent (vv. 21-22).

Zone se veut un hiéroglyphe moderne. La figure dominante est le chiasme qui greffe la Croix sur les icônes de la modernité. Le X, quantité inconnue, énigme, est une « marque » primitive dont les transformations balisent le chemin du poète à travers la ville moderne. De sa dissémination naît une cohésion analogique. Il est impliqué comme symbole dans l'apostrophe « Seul en Europe tu n'es pas antique ô Christianisme » (v. 7), revient avec la référence à « l'Européen le plus moderne c'est vous Pape Pie X » (v. 9 ; Pie X a décoré l'aviateur Louis Blériot, qui a traversé la Manche en 1909), où il associe l'ordinal romain du pape et le dessin formé par l'intersection des ailes et du fuselage de l'avion. Le X axial revient dans le calligramme miniaturisé de « Pupille Christ de l'œil » (v. 41). Dans le mouvement méditerranéen du poème (vv. 88-91), le poète regarde « avec effroi les poulpes des profondeurs / Et parmi les algues nagent les poissons images du sauveur ». La figure de l'octopode, comme un X à huit bras (octopus), s'étire aux quatre coins de la page.

L'expérience de *Zone* atteindra sa plénitude idéographique dans le second recueil d'Apollinaire, *Calligrammes : poèmes de la paix et de la guerre* (1913-1916), paru en 1918. Le volume est une sorte de journal épistolaire où le poète consigne les impressions des jours d'avant-guerre, de la mobilisation d'août 1914 et les explosions lyriques déclenchées par le spectacle de la guerre. Un grand nombre de poèmes sont des lettres ou des cartes postales (parfois oblitérées), reproduites telles quelles ou imprimées grossièrement, adressées à des amis restés à l'arrière du front. *Calligrammes* conserve quelque chose de la veine poétique des premiers poèmes d'*Alcools*, mais, le plus souvent, les vers, comme des tirs d'artillerie, explosent et s'éparpillent. Le pathos, la nostalgie, le combat, l'ennui se succèdent au fil du recueil. Dans une lettre écrite en 1918 à André Billy, Apollinaire décrit ces idéogrammes poétiques comme « une idéalisation de la poésie vers-libriste et une précision typographique à l'époque où la typographie termine brillamment sa carrière, à l'aurore des moyens nouveaux de reproduction que sont le cinéma et le phonographe » (*Œuvres complètes*, vol. IV, p. 778). Et, dans la conférence prononcée en novembre 1917 au Vieux-Colombier, « L'esprit nouveau et les poètes », il demande au poète de se livrer à des « expériences littéraires même hasardeuses, et ces expériences sont parfois peu lyriques ». Pour Apollinaire, les poètes veulent enfin « machiner la poésie comme on a machiné le monde » (*ibid.*, vol. III, pp. 904, 910).

« La cravate et la montre » (*ibid.*, vol. III, p. 183), un des plus célèbres calligrammes, date de la veille de la guerre (fig. 1). C'est lui qui marque véritablement la découverte de l'idéogramme lyrique. Serge Férat, l'éditeur des *Soirées de Paris* (où le poème devait paraître en juillet-août 1914), a raconté la naissance des deux calligrammes qui le composent. Attablés dans un bistrot, Apollinaire et Férat attendaient l'heure de déjeuner : Apollinaire desserra sa cravate, la posa sur la table, tandis que Férat tirait sa montre-gousset de son gilet. Le calligramme devint la saisie de ce moment dans un fragment de temps visuel.

Le poème doit être simultanément lu et vu. La montre est dilatée alors que la cravate, réduite par un effet de profondeur de champ, flotte à l'arrière-plan. Sur le côté gauche de la montre, des blocs de mots plus longs et plus nombreux que ceux du côté droit dessinent un liseré d'ombre assez dense, disposant ainsi l'objet selon une perspective légèrement anamorphique. Le périmètre droit est hachuré, dans le sens des aiguilles d'une montre, par ce qui pourrait être un banal proverbe : « La beauté de la vie passe la douleur de mourir. »

Alors les heures, les mots et les nombres se mettent en place. « Mon cœur » (1) donne à la première personne l'heure de ce qui ne se partage pas. « Les yeux » (2) se doublent à deux heures. Trois heures est l'heure de l'« enfant » (3), ce tiers qui vient compliquer les duos amoureux et les transforme en scène primitive. Disposée à quatre heures « Agla » (4), la plus jeune des Grâces, avec les quatre lettres de son nom, est promise à un avenir prometteur : elle descend de trois comme « l'enfant Agla ». « La main » (5) est la forme à cinq doigts de cinq heures. Le nombre rime de manière centripète avec le – 5 (midi moins cinq) de l'axe du calligramme, quand le poète et son rédacteur s'apprêtent à quitter leur table et leurs cocktails (« Et tout sera fini ») pour aller déjeuner. « Tircis » (6), le pâtre que Virgile fait chanter avec Corydon, a quitté la septième églogue pour la sixième heure simplement parce que son nom tire au six. Lorsque l'aiguille sera pointée sur six heures, ils auront « tué » le temps. Une demi-heure de tiré, une demi-heure tirée – et bue – du fond du fût. Des semences sont semées sur la septième heure et le septième jour : « semaine » (7) verbalise le 7. Huit heures, Éros se lève, l'aiguille pointant vers « l'infini redressé par un fou de philosophe » (8), infinité debout, éveillée, élevée à l'octave. La neuvième heure, celle de l'inspiration amoureuse, avec « les Muses aux portes de ton corps » (9), annonce l'acte d'amour et l'ouverture des neuf portes du corps, au-delà desquelles apparaîtra (10) le « bel inconnu », soit, dans l'algèbre des chiffres romains : X. Un dix, même s'il ne dit pas tout à fait son homonyme érotique (« un con nu »), expliquerait pourquoi la grande aiguille s'est dressée si vigoureusement en direction de la onzième heure où, à la pénultième, il est à moins une d'expirer : « et le vers dantesque luisant et cadavérique » (11). L'amour et la mort se rejoignent à l'heure de la rime sans écho, « les heures » (12).

Le calligramme de « La cravate et la montre » peut être lu de multiples manières. L'impact visuel est préféré à l'illusionnisme évocateur des métaphores. Au fur et à mesure que le poème se déploie, la thématique plutôt poisseuse et les lieux communs sur le temps et la vie – le *carpe diem*, le *memento mori*, l'œil de Saturne, le serpent qui

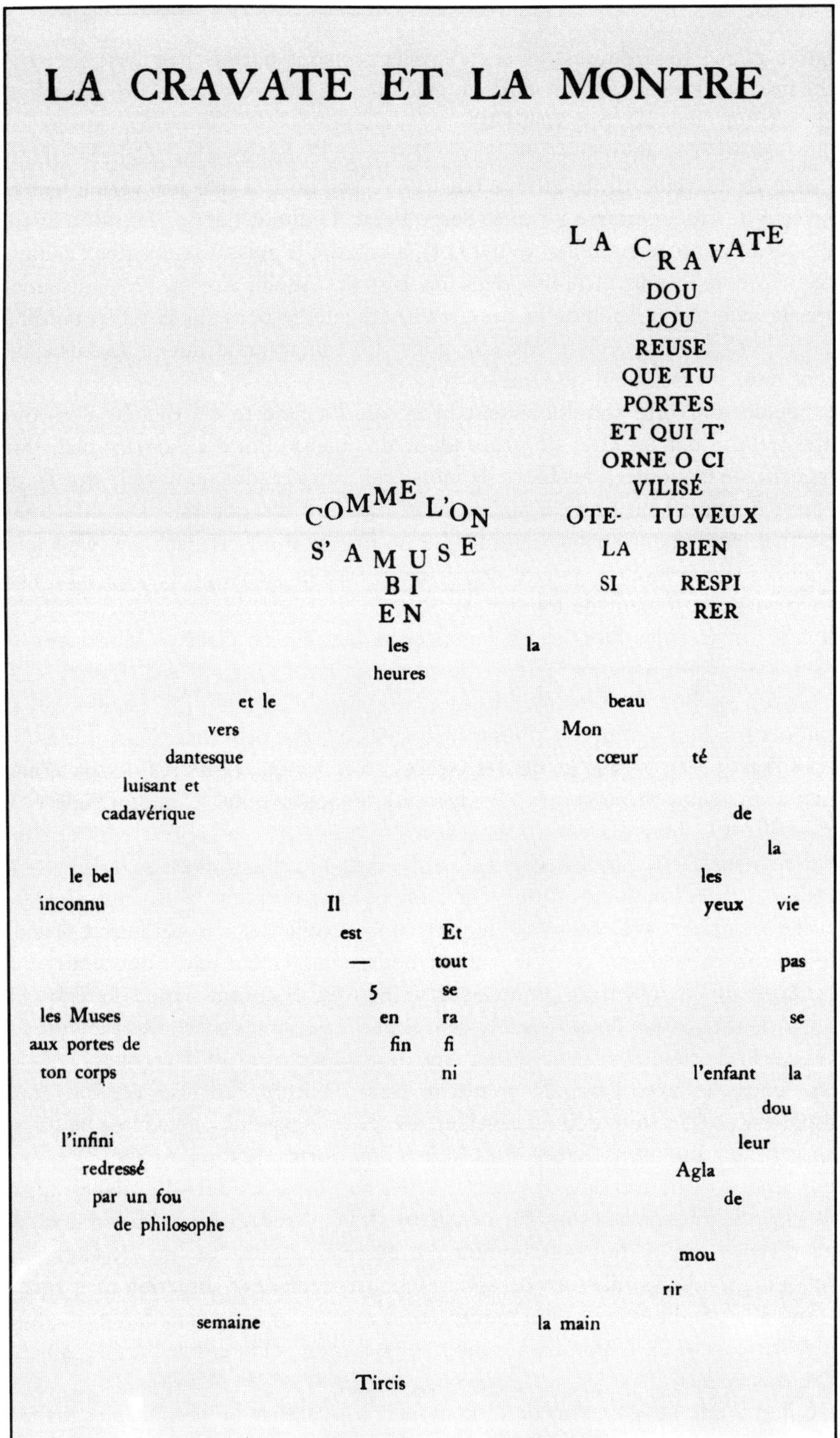

LA CRAVATE ET LA MONTRE

LA CRAVATE
DOU
LOU
REUSE
QUE TU
PORTES
ET QUI T'
ORNE O CI
VILISÉ
OTE- TU VEUX
LA BIEN
SI RESPI
RER

COMME L'ON
S'AMUSE
BI
EN

les
heures

la
beau
Mon
cœur té
de
la
les
yeux vie
pas
se
l'enfant la
dou
leur
Agla
de
mou
rir
la main

et le
vers
dantesque
luisant et
cadavérique

le bel
inconnu

les Muses
aux portes de
ton corps

l'infini
redressé
par un fou
de philosophe

semaine

Tircis

Il
est
—
5
en
fin

Et
tout
se
ra
fi
ni

1. Guillaume Apollinaire, « La cravate et la montre », in *Calligrammes* (Paris, Gallimard, 1930), p. 59. (Beinecke Rare Book and Manuscript Library, Yale University.)

se mord la queue, les allégories de la croissance et de la décrépitude – sont abandonnés pour une procession célébrant les douze stations d'un rébus.

Les poèmes-tableaux de *Calligrammes* donnent une idée des nouveaux genres, théorisés – dans « L'esprit nouveau et les poètes » – par un Apollinaire blessé et trépané à son retour du front, en particulier le « lyrisme visuel » qui devait rejeter à la fois le « romantisme colossal de l'Allemagne » wagnérienne et les « oripeaux agrestes » d'un vérisme hérité de Rousseau. « Les artifices typographiques poussés très loin avec une grande audace ont l'avantage de faire naître un lyrisme visuel qui était presque inconnu avant notre époque. Ces artifices peuvent aller très loin encore et consommer la synthèse des arts, de la musique, de la peinture et de la littérature » (*ibid.*, vol. III, p. 901).

La poétique d'Apollinaire est restée fidèle à ses réflexions sur le cubisme. L'enregistrement du hasard, la composition d'une poésie silencieuse mais suprêmement visible et la transposition figurative des mots et des lettres renouaient avec une antique tradition d'écriture picturale, tout en amorçant le surréalisme et en esquissant une réponse esthétique aux nouvelles technologies – l'aviation, le cinéma ou l'enregistrement sonore. De *Zone* à *Calligrammes* la poésie va s'enraciner dans le silence. Les voix meurent, mais les images vivent. Pour le lecteur d'aujourd'hui, les vers transmettent le fracas des obusiers, tandis que la Grande Guerre paraît inspirer – avant de les détruire – la vie et l'œuvre future d'Apollinaire. *Calligrammes* est un moment unique dans l'histoire de la poésie visuelle. Unique et bref comme en témoigne l'évolution de Picasso qui, après 1915, tournera le dos à l'abstraction pour revenir à l'illusion et à la palette plus calme de la forme humaine. L'acquis des grandes expériences des années d'avant-guerre fut presque anéanti. Peu nombreux furent les amis d'Apollinaire qui connurent les champs de bataille, mais ceux qui en revinrent vivants devaient rester marqués à jamais par le bain de sang qui baptisa la modernité. L'esprit nouveau fut noyé dans une marée de patriotisme. Une époque de créations éblouissantes s'achevait ; un chapitre macabre commencait.

Bibliographie : Guillaume Apollinaire, *Œuvres complètes*, éd. Michel Décaudin, 4 vol. (Paris, Balland, 1965-1966) ; *Chroniques d'art : 1902-1918*, éd. Leroy C. Breunig (Paris, Gallimard, 1981). Stéphane Mallarmé, *Œuvres complètes*, éd. Henri Mondor et Georges Jean-Aubry (Paris, Gallimard, 1945). Massin, *la Lettre et l'Image : la figuration dans l'alphabet latin du* VIIIe *siècle à nos jours* (Paris, Gallimard, 1981). Roger Shattuck, *les Primitifs de l'avant-garde : Henri Rousseau, Eric Satie, Alfred Jarry, Guillaume Apollinaire*, trad. Jean Borzic (Paris, Flammarion, 1974).

Tom Conley

1914-1918

La Grande Guerre

Visions de mort, de dissolution, d'asphyxie

La mobilisation générale du 1er août 1914 marque le début du conflit européen qu'on allait bientôt appeler la Grande Guerre. Après une première percée allemande, les opérations s'enlisèrent rapidement dans le face-à-face des tranchées. Le Nord fut dévasté par les combats et les bombardements. L'utilisation d'armes nouvelles, comme la mitrailleuse, modifia radicalement la nature du combat, multipliant les pertes à un degré jamais connu et généralisant les armées d'appelés. Les Alliés obtinrent la victoire après quatre années de guerre qui, du seul côté français, avaient coûté la vie à plus d'un million et demi d'individus.

Comme l'ensemble de la société, les écrivains furent touchés par la guerre. Une anthologie publiée dans les années 1920 par un groupe d'anciens combattants comportera des pages de cinq cent vingt-cinq écrivains morts à la guerre, parmi lesquels Charles Péguy et Alain-Fournier, auteur du *Grand Meaulnes* (1913), mais aussi nombre de leurs cadets. Chez les survivants, la guerre déclencha ce que Paul Valéry allait appeler une « crise de l'esprit » remettant en question les fondements de la civilisation européenne. Comme on pouvait s'y attendre, la littérature sortit des tranchées porteuse d'une vision de la guerre qui devait servir de point de départ à une campagne littéraire dirigée contre la société qui avait rendu possible un tel carnage.

Les récits de combats, à peine romancés, n'attendirent pas la fin de la guerre pour paraître. Ils ramenèrent le roman à la réalité contemporaine avec une brutalité abandonnée depuis le naturalisme. *Le Feu*, d'Henri Barbusse (1916 ; prix Goncourt 1917), et *les Croix de bois*, de Roland Dorgelès (1919), incarnent ce genre qui fit recette pendant plusieurs décennies. Barbusse et Dorgelès avaient combattu en première ligne et leurs œuvres répondaient avant tout au besoin de communiquer ce qu'ils avaient vécu : la réalité de la vie dans les tranchées devait être décrite à une population civile dont l'image de la guerre dépendait des mythologies du XIXe siècle ou des propagandes actuelles. Ces romans présentaient souvent d'anciens combattants, revenus du front sans illusions, et muets devant les clichés patriotiques entretenus par les civils. Dans *le Feu*, Barbusse brosse avec sarcasme un tableau de la visite d'un groupe de journalistes qui, en chapeau haut de forme, regardent les fantassins embourbés comme des curiosités exotiques. Interrogés par les reporters, les soldats sont incapables de formuler leur expérience. C'est pour donner une voix à ces hommes que le roman de guerre a vu le jour, comme ses auteurs eux-mêmes le soulignèrent.

Le roman de la Première Guerre mondiale adopte en général le point de vue limité caractéristique, depuis Flaubert, de la fiction narrative moderne. Mais ici, le point de vue est celui du poilu désemparé, aussi dénué de vision d'ensemble que le Fabrice del Dongo de Stendhal à la bataille de Waterloo. Cette technique narrative convenait à une guerre dans laquelle les développements technologiques échappaient au contrôle humain ; elle sera bientôt étendue à d'autres représentations de l'expérience du XXe siècle. À la différence des personnages d'André Gide et de Marcel Proust, le protagoniste des romans de guerre n'appartient pas à l'élite ; il n'est pas même un individu, mais une collectivité, un groupe hétérogène de soldats aux conditions sociales les plus variées. Dorgelès hésite au début des *Croix de bois* entre le « on », le « ils » et le « nous », et Barbusse sous-titre *le Feu, Journal d'une escouade*. Le point de vue de la compagnie ou de la section, devenu un cliché depuis la guerre du Viêt-nam, est une innovation qui reflète la réalité d'un conflit mené, pour la première fois, par l'ensemble des appelés plutôt que par quelques officiers de cavalerie, à la manière du XIXe siècle, comme ceux qui font une dernière apparition dans le film de Jean Renoir, *la Grande Illusion* (1937). La technologie rendait l'héroïsme individuel désuet, la guerre mettant en jeu des masses anonymes de fantassins. Cette même technologie était responsable de la stagnation des combats de tranchées, interdisant de parler de batailles individuelles et à plus forte raison de victoires individuelles. L'unique victoire des personnages du *Feu* et des *Croix de bois* est de rester en vie – peu nombreux sont ceux qui la connaîtront.

À la fin des *Croix de bois*, l'auteur présente ses excuses pour toute falsification de l'expérience de ses camarades disparus dont il aurait pu se rendre coupable. Ce souci de fidélité à l'égard de la réalité conduit le roman de guerre à résister à l'inflation linguistique ou à la promotion de l'exploit héroïque. Les récits sont simples et les dialogues font entendre les accents régionaux ou l'argot, souvent obscène, des tranchées. Les abstractions, comme le courage ou le patriotisme, n'ont pas leur place dans l'expérience des soldats. Les scènes sont organisées autour d'activités concrètes : manger, trouver un abri, s'accommoder de la boue et des poux, survivre sous les bombes. Par son dépouillement, le court roman de Jean Paulhan, *le Guerrier appliqué* (1917), est une tentative particulièrement saisissante pour protéger cette expérience contre les significations imposées par la langue littéraire conventionnelle. Dans d'autres romans abondent les images de corps démembrés, de paysages dévastés et de tranchées boueuses débordant d'excréments humains – une vision apocalyptique de la guerre que résume la scène finale du *Feu*, quand les lignes de tranchées ennemies sont englouties sous un même océan de boue qui roule ses cadavres boursouflés.

Les premiers romans de guerre, s'attachant à l'expérience du front, restituent la lenteur de la vie dans les tranchées, avec l'alternance des combats et des pauses. Condamnés à l'épisode, ils décrivent des actes de bravoure individuels, mais pour montrer qu'ils n'ont aucun effet sur le cours des événements. Comme la guerre elle-même, l'action de ces romans ne se développe pas d'une manière logique et continue vers un dénouement spectaculaire ou explicatif. Leur fin est déterminée par la dissolution progressive et fatale de l'unité de combat dont les membres, l'un après l'autre, tombent sous les balles de l'ennemi.

À elle seule, la description de la vie dans les tranchées suffisait à mettre en accusation la rhétorique officielle – même lorsque les auteurs ne tenaient pas un discours polémique, comme dans *les Croix de bois*. Mais la voix de Barbusse est explicitement et constamment celle d'un accusateur qui relate les souffrances en les enracinant dans l'injustice fondamentale de la société qui a rendu possible cette guerre. Il n'est pas surprenant que *le Feu* ait servi de modèle aux nombreuses mises en accusation de la société qui verront le jour dans les années 1930. Pendant dix ans, la masse de témoignages, romancés ou non, ne s'est pas interrompue, mais, en littérature comme en politique, les années 1920 ont tout fait pour fermer les yeux sur les conséquences d'une guerre que tout le monde voulait oublier dans les plaisirs ou l'aventure exotique. Même la révolte des avant-gardes les plus lucides, comme les surréalistes, s'est traduite par des manifestations ludiques plutôt que par des confrontations politiques directes. Mais lorsque, sous l'effet de la dépression économique mondiale, la menace du fascisme européen s'est accentuée, la révolte refoulée depuis si longtemps par les hommes des tranchées a fini par éclater.

C'est avec Louis-Ferdinand Céline, lui-même ancien combattant, que le roman de guerre élargit brutalement son champ de vision et devient l'impitoyable accusation du monde moderne dans son ensemble – le colonialisme européen, le capitalisme américain, la structure même de la société française et, finalement, la nature de l'homme en général. Alors que la vision célinienne de la société – comme celle d'un grand nombre de ses contemporains – devait beaucoup à l'expérience de la Grande Guerre, *Voyage au bout de la nuit* (1932) doit beaucoup à la tradition du roman de guerre. L'infortuné héros, Bardamu, qui n'y comprend rien, est d'abord affecté à des tâches de ravitaillement, avant de participer aux combats, d'être rapidement blessé puis évacué à l'arrière. De ce fait, les aventures militaires de Bardamu occupent moins d'un quart du roman, mais ce sont elles qui lui fournissent sa langue et ses images directrices et qui mettent en place la perspective à partir de laquelle il décrira son expérience ultérieure.

La langue de Céline n'aurait sans doute pas existé sans le précédent des romans de guerre, qui ont largement ouvert la fiction à l'argot. Mais l'usage de l'obscénité est encore plus radical dans *Voyage au bout de la nuit* où elle ne se limite pas au dialogue mais gagne la narration elle-même. Appropriée à la description de la lutte pour la survie dans la boue de la guerre, cette langue est un véhicule efficace de haine et de révolte.

L'usage systématique de la langue parlée et de termes vulgaires dégonfle toute rhétorique et démystifie la prétention de l'homme à la dignité, un effet renforcé par le contenu des épisodes eux-mêmes. Dans la première scène de guerre, un Bardamu horrifié regarde ce qu'il reste d'un officier réduit par un obus à une masse de marmelade informe, plus tard comparée à une masse de viande pourrissante. La description par Céline de l'effet de la guerre sur le corps humain n'est pas fondamentalement différente de celle des romans de guerre précédents, mais le processus de décomposition amorcé par la guerre continue de hanter sa vision en temps de paix. Au cours de l'épisode africain, les corps des colons et de leurs familles se dissolvent littéralement sous l'effet des maladies tropicales alors que leurs maisons sont dévorées par les insectes. Lorsque Bardamu revient en France, la banlieue parisienne de La Garenne-Rancy est décrite comme des latrines boueuses dont l'air pollué corrode les biens laborieusement accumulés des petits bourgeois locaux. Sous le regard de Bardamu, le monde se dissout dans l'absurde. Le sang visqueux de l'officier décapité réapparaît plus tard, à Paris, au cours d'un avortement ; la mort et la violence sont aussi répandues dans les colonies africaines, les usines automobiles de Detroit ou les rues parisiennes qu'elles l'étaient à la guerre. Bardamu en a la révélation dans un stand de tir forain qui lui apparaît comme le résumé non seulement de son expérience du front mais aussi de la vie civile. Pour Céline – et à propos des colonies africaines – c'est la vie humaine qui est, dans sa totalité, une « guerre en douce », lutte à peine voilée entre individus égoïstes et rapaces. Cette vision de l'homme, d'une noirceur sans concession, est liée à un tableau de la société divisée en deux groupes opposés : les oppresseurs et les opprimés ; enracinée elle aussi dans l'expérience de la guerre, elle partage le monde en victimes (les conscrits) et en exploiteurs (les civils).

L'image la plus noire est évidemment celle du titre. Le voyage au bout de la nuit renvoie aux missions de ravitaillement et de reconnaissance nocturnes qui sont confiées à Bardamu au début du roman ; mais l'image revient avec les civils aveugles, errant dans une nuit semblable à celle des tranchées décrite dans *le Feu*. La destination du voyage est suggérée par le sort de Kersuzon, le compagnon de guerre de Bardamu abattu au cours d'une de ces errances nocturnes. Le désir de Bardamu de peindre tout en noir peut être relié aux efforts de Kersuzon pour décrire sa vision du monde : « C'est tout noir comme un cul » (*Voyage au bout de la nuit,*. p. 28).

Le roman de Céline, qui commence sur le front, s'en éloigne vite pour décrire une société civile complice de la guerre. Il se rattache en cela aux romans de guerre parus durant les années 1930 et qui, à la différence des œuvres de Barbusse ou de Dorgelès, se déroulent le plus souvent loin du front. Leur but est moins la description des combats que l'analyse de leur signification. *Le Grand Troupeau* (1931), de Jean Giono, alterne scènes de guerre et récit de la vie paysanne. Les évocations lyriques de la vie des champs servent de contrepoint au carnage mécanisé des tranchées ; l'image dominante du roman, l'interminable troupeau de moutons impitoyablement mené à sa destruction, résume sa vision de la guerre. Dans *la Comédie de Charleroi*, une nouvelle du recueil du même titre (1934), Pierre Drieu La Rochelle replace son expérience de la guerre dans le contexte de l'après-guerre. Le narrateur revient en visiteur sur le champ de bataille de Charleroi en compagnie de la mère d'un camarade qui y a trouvé la mort. Au cours de cette visite, cette femme lui apparaît de plus en plus comme une incarnation de la décadence de la société contemporaine et il repense avec nostalgie à l'expérience quasi mystique de la charge sur le champ de bataille, expérience déterminante dans l'évolution de Drieu vers le fascisme. Renoir, dans *la Grande Illusion*, réfracte la guerre à travers les points de vue limités d'un groupe de soldats et d'officiers prisonniers ; Louis Guilloux dans *le Sang noir* (1935) fait la même chose avec une bourgade de province où le massacre dans les tranchées sert simplement à renforcer les effets d'un ordre social étouffant et écrasant. Comme chez Drieu La Rochelle, l'univers de Guilloux est divisé selon les générations ; son roman est dominé par la révolte des jeunes, qui rejettent à la fois la guerre et les valeurs intellectuelles contemporaines qui prétendent la justifier.

Le roman de guerre des années 1930 est loin des tranchées non seulement dans l'espace mais aussi dans le temps. Bien que Jules Romains consacre deux volumes des *Hommes de bonne volonté* (1932-1946), (les volumes XV et XVI : « Prélude à Verdun » et « Verdun »), à la bataille de Verdun, l'essentiel des vingt-sept tomes de son cycle est consacré aux préparatifs de la guerre. La suite romanesque de Louis Aragon – *les Cloches de Bâle* (1934), *les Beaux Quartiers* (1936), et *les Voyageurs de l'impériale* (1942) – se termine elle aussi au seuil des hostilités, comme *l'Été 1914* (1936), l'avant dernier tome de la saga des Thibault de Roger Martin du Gard. Plus intéressés par ses causes que par la guerre elle-même, ces écrivains s'inquiétaient des ressemblances de plus en plus nombreuses entre les années qu'ils traversaient et celles qui avaient précédé la Grande Guerre.

Tandis que la guerre menaçait à nouveau, le roman de guerre était de plus en plus hanté par des images d'asphyxie. Le « sang noir » du titre de Guilloux renvoie au sang privé d'oxygène de ceux qui étouffent sous une structure sociale irrespirable. À la fin des années 1930, cette asphyxie était tout particulièrement associée à la guerre et à la fatalité qui semblait y conduire à nouveau. Les prisonniers de Renoir épuisent leur oxygène en creusant un tunnel qui leur permettrait de s'évader, image de la futilité des efforts des contemporains pour échapper aux forces de l'Histoire. La métaphore de l'étouffement est essentielle au roman de Martin du Gard, *Épilogue* (publié en 1940, après le déclenchement des hostilités), où Antoine Thibault médite sur l'avenir alors qu'il meurt lentement des suites des gaz respirés dans les tranchées. Au moment où

Martin du Gard écrivait ce dernier tome des Thibault, les espoirs de paix qu'il avait exprimés dans son discours de réception du prix Nobel de 1937 s'étaient dissipés, et la lente agonie de son héros était devenue emblématique d'un monde d'après-guerre qui se découvrait de plus en plus celui de l'entre-deux-guerres.

Le gaz qui rongeait les poumons d'Antoine Thibault était une des armes effroyables inaugurées par la Première Guerre mondiale. Mais c'est la Seconde Guerre mondiale qui allait faire entrer ce gaz dans le roman, jusqu'à lui faire signifier l'expérience de la guerre comme telle. Le récit d'une attaque au gaz figure dans le dernier roman d'André Malraux, *les Noyers de l'Altenburg* (1943), où cette vision de la Première Guerre mondiale est encadrée par des scènes de l'invasion de la France en 1940. Dans cette vision rétrospective de la Grande Guerre, Malraux combine images d'asphyxie et de dissolution : la vague de gaz toxique ne détruit pas seulement les poumons des soldats, elle fait aussi de la nature alentour une masse noirâtre et visqueuse à laquelle les hommes tentent de s'arracher pour respirer. Dans l'univers de Malraux, l'action est inévitablement accompagnée de discussion. Les personnages des *Noyers* s'interrogent sur les raisons de cette apparition du gaz dans le roman : contre cette arme, le courage est impuissant. Pour Malraux, porte-parole de la lutte antifasciste des années 1930, ce gaz évoquait certainement le mouvement inexorable du totalitarisme nazi qui réduisait tout projet à néant. Le gaz toxique devint une représentation de ce que la langue de l'époque appelait l'absurde.

Mais chez Malraux, cependant, ces images de guerre reçoivent un sens nouveau. Pour Barbusse et Céline, la violence de la guerre détruisait toute la dignité humaine des combattants. Les soldats de Malraux, au contraire, horrifiés par l'effet des gaz, stoppent leur attaque pour secourir leurs victimes. L'expérience de l'horreur et de l'absurde est convertie en affirmation d'une fraternité fondamentale. Malraux a écrit *les Noyers de l'Altenburg* peu après la chute de la France, alors que ses valeurs personnelles, mais aussi celles qui avaient constitué la culture française, semblaient détruites. La défaite de 1940 l'obligea à faire face une fois de plus aux images de mort et de dissolution qui hantaient les Français depuis la Grande Guerre. C'est dans ce face-à-face que Malraux trouvera la volonté de résister ainsi qu'un sens de l'humain qui naît, comme Jean-Paul Sartre devait le dire dans *les Mouches*, « de l'autre côté du désespoir ».

Voir aussi 1913, 1934, 1945 (6 février).

Bibliographie : Henri Barbusse, *le Feu : journal d'une escouade*, éd. Pierre Paraf (Paris, LGF, 1988). Louis-Ferdinand Céline, *Voyage au bout de la nuit* (Paris, Gallimard, 1975) ; *Romans*, éd. Henri Godard, vol. Ier (Paris, Gallimard, 1981). Roland Dorgelès, *les Croix de bois* (Paris, Albin Michel, 1964). Pierre Drieu La Rochelle, *la Comédie de Charleroi* (Paris, Gallimard, 1982). Jean Giono, *le Grand Troupeau*, in *Œuvres romanesques complètes*, éd. Robert Ricatte, vol. Ier (Paris, Gallimard, 1971). Louis Guilloux, *le Sang noir* (Paris, Gallimard, 1980). André Malraux, *les Noyers de l'Altenburg* (Paris, Gallimard, 1948). *The First World War in Fiction*, éd. Holger Klein (Londres, Macmillan, 1976). Frank Field, *Three French Writers and the Great War* (Cambridge, Cambridge University Press, 1975). M. J. Green, *Fiction in the Historical Present : French Writers and the Thirties* (Hanover, N. H., University Press of New England, 1986). Julien Hervier, *Deux Individus contre l'histoire : Pierre Drieu La Rochelle,*

Ernst Jünger (Paris, Klincksieck, 1978). Robert Wohl, *The Generation of 1914* (Cambridge, Mass., Harvard University Press, 1979).

Mary Jean Green

1920

Canonisation de Jeanne d'Arc

Péché bourgeois

Jeanne d'Arc était-elle pécheresse ? Jugée hérétique, brûlée à Rouen le 30 mai 1431 à l'âge de dix-neuf ans, elle fut réhabilitée en 1456, béatifiée en 1909 et canonisée en 1920, à une époque de renouveau littéraire catholique. Le plus grave péché du monde moderne serait de ne plus croire au péché. Les grands écrivains catholiques des années de l'entre-deux-guerres, François Mauriac, Georges Bernanos et Paul Claudel, devaient s'attaquer au pari difficile de concrétiser le péché et de montrer sa persistance en dépit du matérialisme et du scepticisme modernes.

Pendant l'entre-deux-guerres et durant l'Occupation, Jeanne d'Arc devint l'emblème de ce sentiment du péché. La France coupable et honteuse depuis son effondrement de 1940 se cherchait un symbole ; aussi le régime de Vichy allait-il tenter de substituer le jour de la fête de Jeanne d'Arc (le 11 mai) au 14-Juillet et au 11-Novembre. Le sacrifice de Jeanne pour le bien de la collectivité était érigé en exemple et s'opposait à la « décadence d'avant-guerre » qui accordait une importance exagérée à l'individu au détriment du groupe. Le fait que Jeanne d'Arc ait été brûlée en terre française pendant l'occupation anglaise n'échappait pas à ceux qui présentaient Albion comme le plus perfide des faux amis.

François Mauriac (1885-1970), romancier, essayiste et journaliste, fut l'écrivain catholique le plus en vue de l'entre-deux-guerres. Un recueil de poèmes de jeunesse, *les Mains jointes* (1909), salué par Maurice Barrès comme l'œuvre d'un jeune talent, lui permit de commencer sa carrière sous les meilleurs augures. Mauriac avait quitté Bordeaux en 1906 pour passer son diplôme d'archiviste de l'École des chartes, mais sa véritable ambition, comme celle de tant de romanciers de province avant lui, était de se bâtir une réputation littéraire à Paris. Il devra sa célébrité à un groupe de romans publiés en dix ans : *le Baiser au lépreux* (1922), *Genitrix* (1923), *le Désert de l'amour* (1925), *Thérèse Desqueyroux* (1927) et *le Nœud de vipères* (1932) ; seule une fiction réalisée plus tardivement, *la Pharisienne* (1941), mériterait sa place auprès de ces œuvres.

Mauriac n'a cessé d'être en butte aux critiques des catholiques conservateurs qui reprochaient à ses romans de décrire des existences dans lesquelles Dieu semblait terriblement absent. Mais, nourri de jansénisme, l'écrivain était obsédé par la présence du péché. À l'instar des deux grands jansénistes du XVIIe siècle, Pascal et Racine – convaincus que la grâce n'est pas donnée gratuitement par Dieu mais doit être gagnée par chaque individu, et que les péchés associés à la sexualité sont particulièrement odieux parce qu'ils jaillissent de l'impureté fondamentale du corps humain –, Mauriac chercha à donner une expression artistique aux tensions tout humaines engendrées par ses convictions religieuses. Sa *Vie de Jean Racine* (1927) et *Blaise Pascal et sa sœur Jacqueline* (1931) sont emblématiques de cette inspiration.

Dès *le Baiser au lépreux*, les éléments du monde romanesque de Mauriac sont en place. Comme presque tous les suivants, le roman se déroule dans la région de Bordeaux. Ses personnages appartiennent à la classe des riches propriétaires terriens que l'argent obsède et qui s'enferment dans leurs demeures. Méfiants à l'égard des étrangers, ils ne s'éloignent pas de leur milieu dans lequel un système de distinctions de classe – au premier rang desquelles figure la pratique ostentatoire du catholicisme – renforce leur ascendant. Le décor naturel est également un motif dominant : les forêts de pin des Landes et les vignobles du Bordelais, mais aussi la chaleur étouffante et la lumière aveuglante de l'été (évocatrices de la grâce divine) – éléments contre lesquels, instinctivement, ses personnages se protègent.

Jean Péloueyre est le « lépreux » que mentionne le titre. De ses lectures de Nietzsche, cet homme simple et renfermé conclut qu'il est un esclave et non un maître. Son père, veuf, arrange pour lui un mariage avec une paysanne solide et quelque peu boulotte dont les parents appuient sans réserve le projet pour des raisons financières. Jean n'éprouve que du dégoût pour son propre corps, tandis que Noémi est incapable d'exprimer ses désirs. En bon catholique, Jean refoule ses pulsions sexuelles auxquelles son épouse ne peut répondre. Sur les suggestions du prêtre de la paroisse, il s'éloigne physiquement et part à Paris faire des recherches à la Bibliothèque nationale. Peu après son retour, il meurt de la tuberculose. Noémi s'applique alors à son rôle de veuve éplorée, avec d'autant plus de conviction qu'il a été spécifié qu'elle et sa famille perdraient l'héritage si elle se remariait. Un épilogue décrit Noémi quelques années plus tard ; un peu plus enrobée, elle est toujours vêtue de noir en souvenir de son défunt mari. Aux yeux des étrangers, elle devrait passer pour sainte, mais là réside précisément ce que veut démontrer Mauriac : par leur forme et par leur substance, catholicisme et sainteté sont deux choses différentes. Bien que les habitants du bourg imaginent que Noémi a donné à Jean « ces baisers qu'autrefois des lèvres de saints imposaient aux lépreux », le lecteur sait qu'il en est autrement.

Thérèse Desqueyroux et *le Nœud de vipères* abordent eux aussi l'absence de communication entre époux. Dans *Thérèse*, inspiré d'un fait divers réel, l'héroïne tente de tuer son mari, Bernard. L'affaire étouffée, Bernard estime que Thérèse doit quitter sa fille et partir se faire oublier à Paris. Dans la scène finale, alors qu'une certaine réconciliation semble possible, Bernard n'arrive pas à lui faire exprimer les raisons de son geste meurtrier. Comme la Phèdre de Racine, Thérèse semble à la fois condamnée à faire le mal mais incapable de s'en expliquer – tandis que seule une lecture janséniste de la nature humaine permettrait de comprendre ses motifs. *Le Nœud de vipère* est un récit à la première personne. Il se présente sous forme d'une lettre que le héros, Louis, écrit à sa femme Isa – et qu'elle ne devra ouvrir qu'à la mort de son mari. Louis nourrit une haine inextinguible pour sa famille depuis que son épouse lui a avoué, peu après leur lune de miel, un bref amour d'enfance. Alors que ses enfants, desormais adultes – et qui tiennent leur père pour fou –, attendent sa mort et l'héritage, Louis projette de prendre sa revanche. Mais, au fur et à mesure qu'il écrit la lettre, l'homme s'adoucit, comme touché par la grâce. Sa femme meurt subitement avant lui. Après la mort de Louis, dans l'épilogue, son fils Hubert trouve la lettre, la lit et réagit négativement ; mais Janine, la petite-fille de Louis, en comprend la nature profonde : l'homme, dont l'existence s'était déroulée au sein d'une famille comparée à un « nœud de vipères », avait enfin trouvé le salut. Dans cet univers janséniste, le don de la grâce avait transformé en profondeur la vie de Louis, bien que rien ne parût au-dehors.

Pendant quatre ans, Georges Bernanos (1888-1948) survécut tant bien que mal dans les tranchées de la Première Guerre mondiale. Marié à une descendante directe du frère de Jeanne d'Arc, il fit sienne toute sa vie la vision médiévale de la chevalerie qui dictait l'obligation de vivre au service des autres. Cette vision est exprimée avec force dans sa biographie *Jeanne, relapse et sainte* (1934). Quant à ses romans, ils reflètent un aspect du catholicisme absent de l'œuvre de Mauriac : la présence active, personnifiée, du mal dans la vie spirituelle de l'humanité.

Alors que, dans toute l'œuvre de Mauriac, on ne trouve aucun portrait substantiel de curé, Bernanos fait de l'âme du prêtre le champ de bataille favori du démon. Contradiction vivante dans une société matérialiste et hédoniste, le prêtre vit à la frontière du bien et du mal. Le premier roman de Bernanos, écrit dans des wagons de chemin de fer, alors qu'il traversait la France pour vendre des contrats d'assurance, donne le ton des œuvres à venir. *Sous le soleil de Satan* (1927) est le récit d'une rencontre entre un curé de campagne, l'abbé Donissan (inspiré de Jean-Marie Vianney, curé d'Ars, canonisé en 1925), et le diable incarné dans un marchand de chevaux. Par une nuit sans lune, Donissan, perdu en pleine campagne, se rend compte brusquement que l'homme qu'il a rencontré est Satan. Lorsque plus tard Donissan l'empoigne pour le regarder bien en face et comprendre l'essence du mal, c'est son propre visage qu'il découvre. Dans cette scène – comme dans toute son œuvre – Bernanos conteste la conviction moderne selon laquelle le mal peut toujours s'expliquer en termes psychologiques parce qu'il n'est pas une réalité métaphysique. Sans doute l'auteur va-t-il un peu trop loin dans son effort pour montrer que le mal a une réalité indépendante du monde de la subjectivité, mais l'effet n'en est pas moins d'une puissance extraordinaire.

Des romans ultérieurs, tels que *la Joie* (1927) et *Un crime* (1935), prolongent cette veine. Le *Journal d'un curé de campagne* (1936), toutefois, compte parmi les cinq ou six chefs-d'œuvre du roman français de ce siècle. Le jeune prêtre anonyme du titre, tout récemment ordonné et désigné comme « le curé d'Ambricourt », un petit village des Flandres, découvre que sa paroisse est consumée par l'ennui. Ses paroissiens ne croient qu'à l'argent, au pouvoir ou au plaisir. Leur manque de foi dévore leur existence, comme le cancer ronge l'estomac et la vie du jeune curé – sans qu'il s'en doute encore.

Issu d'un milieu défavorisé, le curé tente d'exprimer dans son journal les frustrations que lui causent les nombreux échecs de son ministère. Ses plus graves problèmes naissent de ses contacts avec les notables locaux : le comte et la comtesse, leur fille Chantal, et sa gouvernante, Mlle Louise. La comtesse voue une même haine à son mari et à Dieu depuis la mort d'un fils en bas âge. Chantal est brouillée avec son père dont elle a découvert la liaison avec Mlle Louise. Le curé, comme l'abbé Donissan dans *Sous le soleil de Satan*, peut percer le fond de certaines âmes. Dans une scène décisive, il affronte la comtesse et parvient à lui faire accepter la volonté de Dieu. Mais le lendemain, elle meurt d'une crise cardiaque, et le curé s'accuse d'avoir provoqué un tel choc. Sa santé se détériorant, il part se faire soigner à Lille où il meurt en compagnie de son ami, ancien curé et compagnon de séminaire, Dufréty. Ce dernier découvre le journal et, dans une brève lettre jointe au roman qui décrit les dernières heures du curé, le présente au lecteur. La forme du journal donne au roman une cohésion interne et une unité qui manquent souvent aux romans de Bernanos. Le curé ne cesse de revenir sur sa déception de ne pas avoir réussi à faire ce qu'il considère comme l'œuvre de Dieu. Mais Bernanos s'emploit à démontrer que ce que le curé tient pour des échecs sont en fait, dans l'esprit de Dieu, autant de réussites. Ce thème puissant, qui résonne à travers toute l'œuvre de Bernanos, est exprimé dans les dernières paroles que Dufréty attribue à son ami mourant : « Tout est grâce. »

Comme Mauriac, Bernanos, qui avait été proche de l'Action française, prit position contre le facisme, en particulier en Espagne. Cela leur attira tous deux les foudres des catholiques conservateurs. Alors que le Mauriac des années 1930 et 1940 se consacrait surtout au journalisme, Bernanos choisit la voie du polémiste. *Les Grands Cimetières sous la lune* (1938), diatribe contre Franco et ses partisans catholiques, demeure son plus violent essai politique.

Paul Claudel (1868-1955) jouissait d'une réputation bien établie, surtout comme poète, dès avant la Première Guerre mondiale. Disciple de Mallarmé – dont il avait fréquenté, jeune homme, les réunions du mardi soir – et admirateur de Rimbaud, dont l'œuvre lui révéla sa soif de connaître les mystères suprêmes de la vie, Claudel avait le tempérament d'un symboliste. Après avoir abandonné le catholicisme de son enfance, il connut une conversion mystique à Notre-Dame, au Noël de l'année 1886. Événement déterminant pour l'ensemble de sa production ultérieure. Ses premiers écrits – les *Cinq Grandes Odes* (1910), son chef-d'œuvre poétique, et ses premières pièces de théâtre – sont symbolistes par leur technique mais catholiques par leur sujet et leur vision du monde. La plupart des pièces de Claudel – notamment *Partage de midi* (1906) et *l'Annonce faite à Marie* (1912) – sont si longues et si complexes qu'elles ne purent être montées telles qu'elles avaient été écrites. Aucune ne toucha un large public de théâtre avant la Seconde Guerre mondiale.

Le Soulier de satin (1924) est indubitablement la plus grande réussite théâtrale de Claudel. La pièce, composée entre 1919 et 1924, et trois fois plus longue qu'aucune de ses autres œuvres dramatiques, est sa somme personnelle, reflet de sa dette intellectuelle envers Thomas d'Aquin. Elle combine des thèmes et des procédés de ses précédentes pièces avec une variété toute baroque de techniques qui vont des marionnettes à des emprunts au kabuki japonais. Le cœur de l'œuvre est animé par le grand thème déjà esquissé dans *Partage de midi* : certains couples d'individus sont destinés à exercer sur terre une mystérieuse action réciproque ; leurs paroles et leurs actes sont symboliques d'une réalité spirituelle et mystique plus profonde. L'action se passe dans un décor hispanisant, à l'aube de l'époque moderne, en 1600, lorsque le Vieux et le Nouveau Monde commencent à se donner un sens l'un à l'autre. Sa puissance navale et militaire permet à l'Espagne de répandre le message chrétien à travers le monde. Au centre de la pièce, il y a l'amour adultère – mais en définitive chaste – de Don Rodrigue et Doña Prouhèse. Quoique séparés physiquement pendant presque toute la durée de la pièce, ils sont unis par leur amour. Par-delà l'espace et le temps, Claudel fait passer le message suprême : malgré le péché et la faillibilité des individus ou de l'Église, Dieu veille à ce que tout tourne comme il faut. Le pouvoir et la réalité de l'invisible et du spirituel dans la vie humaine sont résumés à la perfection dans le proverbe portugais cité en épigraphe à la pièce : « Dieu écrit droit mais avec des lignes courbes. » L'efficacité poétique de ce drame – mis en scène seulement en 1943, dans une version sévèrement abrégée par Jean-Louis Barrault à la Comédie-Française – est inséparable du verset claudélien, dont les phrases étirées et les rythmes incantatoires demeurent uniques dans la littérature du XXe siècle.

Un autre chef-d'œuvre, *l'Annonce faite à Marie*, fut réécrit plusieurs fois par Claudel entre 1892 et 1911. Le couple mystique de Violaine la paysanne et Pierre de Craon le bâtisseur de cathédrales occupe le cœur de la pièce. Un an avant le début de l'action, un jour après avoir tenté de violer la jeune fille, Pierre se découvre lépreux. Lorsqu'il part pour Reims, où il doit bâtir une église en l'honneur de sainte Justice, Violaine, déjà fiancée à Jacques, lui donne un chaste baiser d'adieu en signe de pardon. Désormais elle aussi est lépreuse. Une fois sa maladie déclarée, elle devra vivre dans l'isolement et abandonner amis et famille, payant ainsi son prix pour accéder, par-delà la justice, à l'amour. De la même façon, son père, fermier prospère, part en pèlerinage en Terre sainte en quête d'un bien plus élevé, renonçant volontairement au bonheur dont en toute justice il aurait pu jouir en restant chez lui. Au troisième acte de ce mystère néo-médiéval, qui se déroule pendant une nuit de Noël, Violaine ramène à la vie la fille de sa sœur Mara, tandis qu'au son des trompettes et des cloches Jeanne d'Arc, menant le futur Charles VII qui doit être couronné à Reims, passe dans les coulisses. À la fin de la pièce le père revient, portant le corps de Violaine, tuée par sa sœur ivre de jalousie. Mais la France a maintenant un roi et le monde un pape (ce qu'ils n'avaient pas au début de la pièce) ; l'unité et l'harmonie ont été rétablies grâce aux sacrifices librement consentis de gens tels que Violaine et son père. Ainsi Claudel laisse-t-il entendre qu'avec la fin du Moyen Âge et l'avènement du monde moderne des correspondances aussi riches de sens entre les mondes visible et invisible allaient devenir impossibles. Mais dans son œuvre Jeanne d'Arc sera bien plus qu'une silhouette pour la toile de fond de *l'Annonce faite à Marie*. Claudel écrivit aussi une *Jeanne au bûcher* (1935), livret pour un oratorio sur une musique d'Arthur Honegger et monté à Orléans en 1939.

Voir aussi 1664, 1905.

Bibliographie : Georges Bernanos, *Œuvres romanesques*, éd. Albert Béguin (Paris, Gallimard, 1961). Paul Claudel, *l'Annonce faite à Marie* et *le Soulier de satin*, in *Théâtre*, éd. Jacques Madaule et Jacques Petit, vol. II (Paris, Gallimard, 1965). François Mauriac, *Œuvres romanesques et théâtrales complètes*, éd. Jacques Petit (Paris, Gallimard, 1978). Gerda Blumenthal, *The Poetic Imagination of Georges Bernanos* (Baltimore, John Hopkins Press, 1965). Joy N. Humes, *Two against Time : A Study of the Very Present Worlds of Paul Claudel and Charles Péguy* (Chapel Hill, University of North Carolina Press, 1978). Robert Speaight, *François Mauriac : A Study of the Writer and the Man* (Londres, Chatto and Windus, 1976).

David O'Connell

1922, 18 novembre

Mort de Marcel Proust

De la mort considérée comme source d'autorité littéraire

Par quels chemins « entre »-t-on dans l'art ? L'œuvre de Proust peut être considérée comme une tentative d'affiner les termes de cette question, et la volonté d'y répondre. L'éducation littéraire du narrateur d'*À la recherche du temps perdu* (1913-1927) culmine avec la découverte – relatée dans *le Temps retrouvé* (1927), volume final et posthume du roman – que la seule vie qui vaille la peine d'être vécue est la vie « réalisée dans un livre » (vol. IV, p. 609). Sans la perspective d'un tel livre, cette vie est non seulement sans valeur, elle n'est qu'une source de souffrance : d'où la condamnation surprenante mais impitoyable d'une existence empirique que le narrateur consigne pourtant avec une attention méticuleuse. Il se reproche d'avoir des amis, de fréquenter le monde, et même de tomber amoureux, alors qu'il ferait mieux de rester chez lui à essayer d'analyser ses impressions sur l'amitié, la société et l'amour. Dans l'œuvre d'art, la représentation est à la fois ce qui permet d'échapper aux objets qu'elle représente et la justification (rétroactive, l'on pourrait même dire posthume) des expériences vécues. L'art viserait ainsi simultanément à effacer, répéter et racheter la vie. La répétition littéraire est un anéantissement salvateur.

Pour le narrateur du *Temps retrouvé*, « le devoir et la tâche d'un écrivain sont ceux d'un traducteur » (*ibid.*, vol. IV, p. 469). L'art est « notre vraie vie, la réalité telle que nous l'avons sentie » (*ibid.*, vol. IV, p. 459). Mais en quel sens une traduction peut-elle être dite plus réelle que son original ? La supériorité d'une traduction dépend avant tout de la suppression de l'original. Après avoir lu dans le *Journal* des Goncourt une description du salon Verdurin (ce pastiche magistral se trouve au début du *Temps retrouvé*), le narrateur se laisse gagner par une étrange curiosité pour le salon et les invités de Mme Verdurin – étrange parce qu'il en a lui-même souvent fait partie. Mais, à la différence des Goncourt, il n'a jamais été capable d'écouter ou de regarder les autres invités : « J'avais beau dîner en ville, je ne voyais pas les convives, parce que, quand je croyais les regarder, je les radiographiais » (*ibid.,* vol. IV, p. 297). Il existe donc une façon de voir qui exige qu'on ne voie pas – une certaine manière de refuser aux objets que l'on regarde d'interférer avec la vue que l'on a d'eux.

Peut-être le souvenir remplit-il le mieux cette condition dans la mesure où l'image des autres qu'il conserve n'est plus souillée par leur présence. Le choc éprouvé par le narrateur au cours de la dernière matinée Guermantes montre à quel point il n'a jamais fait autre chose que se souvenir des gens, sans même attendre qu'ils aient fait partie de son passé. La surprise qu'il manifeste en réalisant que ses amis ont vieilli peut s'expliquer, au moins en partie, par le succès de ses tentatives pour faire disparaître les signes de leur existence dans le temps – les signes de leur existence tout court – dans la « connaissance » que lui procuraient les rayons X. Le narrateur part à la recherche du temps perdu avant même d'avoir été présenté aux autres, faisant du souvenir proustien un phénomène curieusement intransitif – phénomène qui ne fonctionne jamais aussi bien qu'une fois le monde vidé de ses habitants.

On pourrait formuler la même idée en disant que, pour Proust, la littérature a besoin de la mort. Si la littérature est une traduction du réel supérieure au réel qu'elle traduit, cela tient à un « temps perdu » qui n'est pas, comme le titre de l'œuvre semblerait l'indiquer, le temps retrouvé et sauvé de la perte, mais plutôt le temps, passé, dont on s'est débarrassé en l'enterrant pour toujours. Il suffit que le narrateur réussisse à percevoir les vivants comme déjà dans leur tombe – mieux encore, à ne voir d'eux que des pierres tombales dont le nom a été effacé par le temps – pour que nous sachions – comme le narrateur lui aussi le sait – qu'il est sur le point de répondre à sa vocation. « Un livre est un grand cimetière où sur la plupart des tombes on ne peut plus lire les noms effacés » (*ibid.*, vol. IV, p. 482). En littérature, les individus disparaissent, enfouis sous leur vérité. Le narrateur va même jusqu'à suggérer que les gens s'offrent d'eux-mêmes en sacrifice à l'écrivain afin que, morts, la réalité de leurs vies puisse enfin se manifester. « Tous ces êtres qui m'avaient révélé des vérités et qui n'étaient plus, m'apparaissaient comme ayant vécu une vie qui n'avait profité qu'à moi, et comme s'ils étaient morts pour moi » (*ibid.*, vol. IV, p. 481).

Rien n'est donc plus approprié, dans une histoire de la littérature française, que de faire apparaître Proust l'année de sa mort. Proust est probablement le plus grand représentant moderne – la glorieuse apogée – d'une certaine esthétique funèbre selon laquelle le pouvoir rédempteur de l'art reposerait sur l'imitation annihilante de ses modèles. La dévaluation de l'expérience, implicite dans les formes traditionnelles de la mimesis, devient explicite chez Proust. La conception traditionnelle du chef-d'œuvre – de la monumentalité morale et épistémologique de la grande œuvre d'art – est peut-être inséparable de ce rejet de la vie ; le monument est, en effet, une tombe. Il serait plus exact de dire que leur mise à mort permet aux autres de ressusciter sous forme de vérités rédemptrices. *À la recherche du temps perdu* est une longue méditation sur ce processus ; le roman explore les rapports de la vérité et de l'existence, tandis que, d'une manière radicalement nouvelle, il problématise le statut des phénomènes au sein d'un texte qui n'a de cesse de les transformer en essences.

Dans une certaine mesure, le roman de Proust fait du particulier un mode inférieur de la réalité. « Aussi, est-il inutile d'observer les mœurs puisqu'on peut les déduire des lois psychologiques » (*ibid.*, vol. Ier, p. 504). Les fictions que l'écrivain-héros invente pour le besoin de son œuvre ont un statut ontologique totalement différent de celles qu'il inventait autrefois : ce ne sont plus des illusions condamnées à être détruites par la réalité, mais des mensonges heuristiques. Elles sont, pourrait-on dire, ce que l'art ajoute à la philosophie : la dégradation sans doute inévitable des lois en leurs vivantes illustrations. Le roman proustien semblerait ainsi exaucer le rêve, typiquement occidental, d'une littérature au service de la philosophie, qui appuierait de ses exemples un discours de la vérité plus pur (mais fondamentalement illisible).

Est-il possible, si l'on va plus loin encore, de libérer le roman lui-même de sa fonction d'exemple – de toutes ces impuretés illustratives qui sont la servitude du genre ? Idéalement, l'art devrait être la vérité libérée des phénomènes, et la tentative proustienne de pousser le roman jusqu'à cette (inaccessible) limite donne aux derniers volumes – où la part des lois générales est prédominante – l'austère beauté d'un roman qui serait presque arrivé à s'abstraire de ses propres fables... Cependant, la substance romanesque avec laquelle *À la recherche du temps perdu* alimente ce projet philosophique empoisonne le discours de la vérité. Ce que l'on pourrait appeler la descente vers un référent – que ce référent soit la vie « réelle » du narrateur ou la vie qu'il a inventée en se fondant sur les lois générales déduites de son expérience – détruit le monument épistémologique, comme si à elle seule la forme transitive du discours de la vérité suffisait à désamorcer l'opposition entre fiction et vérité sur laquelle s'appuie ce discours.

Par un artifice qui vise peut-être à discréditer l'identification personnelle et les impuretés existentielles qu'elle comporte, le lecteur doit traverser plus de deux mille pages avant que le « je » du narrateur reçoive un nom. Et encore n'est-il donné qu'un prénom, qui de surcroît pourrait ne pas être le « vrai », puisque le narrateur ne fait qu'imaginer qu'il emprunte momentanément à l'auteur son prénom : Marcel... Pourtant l'œuvre de Proust n'est un roman que dans la mesure où le particulier et l'autobiographique ne sont pas transcendés, c'est-à-dire, dans la mesure où leur transcendance est à la fois amorcée et freinée par l'expérience douloureuse d'un moi autobiographique anéanti, devenu impénétrable ou peut-être même vide. Tous attributs qui, destinés à discréditer le sujet psychologique, mettent sérieusement en question sa transcendance. Dernier des grands réalistes français, Proust expose l'imitation annihilante du modèle impliquée par la tradition de la mimesis tout en faisant naître le soupçon qu'il n'y a rien à annihiler. Si la *Recherche* – comme le grand art dans la définition qu'en donne le narrateur – manifeste une individualité plus générale que celle dessinée par l'histoire personnelle d'un sujet individuel, sa propre généralité consiste en une angoisse massive – massivement répétée et massivement illustrée – dont l'objet est une particularité non identifiable et peut-être introuvable. Chez Proust, la particularité du sujet ne parvient pas à acquérir la consistance d'un moi que l'art pourrait traduire et racheter sous forme d'essence ou de région de l'Être. Aussi, loin d'exprimer une plénitude de l'être, l'« individuel » élaboré par le roman n'est rien de plus substantiel qu'un mouvement d'aspiration ontologique.

Le narrateur s'interroge avec insistance : comment est-il possible que j'existe ? Cette question est suscitée par la découverte – ou du moins le soupçon – que les autres existent. L'inquiétude subjective n'est pas chez Proust un état originel ou premier : elle est engendrée par le mouvement de quelqu'un qui s'éloigne du sujet. Cas unique dans l'histoire de la littérature, *À la recherche du temps perdu* répète (à plusieurs niveaux de sublimation : relation à la nature, à la société, aux personnes désirées sexuellement, à l'art) la découverte, par l'enfant, que le corps de sa mère peut se mouvoir sans lui. La recherche de soi ainsi que les relations intersubjectives – mais c'est une seule et même chose – naissent du traumatisme de la séparation. Et il n'y a pas de plus puissante métaphore de l'envie et de la poursuite de l'être que la jalousie sexuelle (dont les mécanismes réapparaissent dans le tableau que Proust fait du snobisme social). En cherchant anxieusement à découvrir, après sa mort, si Albertine avait fait l'amour avec d'autres femmes, le narrateur ne posait pas, affirme-t-il, des « questions accessoires, indifférentes, des questions de détail, » mais « une question d'essence : en son fond qu'était-elle, à quoi pensait-elle, qu'aimait-elle » (*ibid.*, vol. IV, pp. 97-98). Une lettre décrivant ce qu'ont pu être certaines des aventures lesbiennes d'Albertine atteint, dit-il, « en Albertine, en moi, les profondeurs » : n'y aurait-il plus de différence ? Chez Proust, c'est précisément au moment où la personne aimée se détourne de son amant – devient la plus mystérieuse, la plus inaccessible – qu'elle est retrouvée à l'intérieur même de l'amant, comme si le secret recherché par l'amant était celui de sa propre altérité. Tant que le désir de Marcel est, pour ainsi dire, porté pour lui par sa mère, il n'éprouve nul besoin de poser des questions, sur elle ou sur lui. Mais une fois que l'être aimé abandonne l'image désirante de Marcel, les échanges les plus troubles se produisent : catapultée hors d'elle-même, elle se retrouve à l'intérieur de Marcel, où elle le torture avec l'éloignement de ses désirs à lui, avec le mystère de sa propre subjectivité.

Proust suggère, de façon étrange et profonde, que celui qui n'est pas désiré est incapable de connaître ses propres désirs – et même, d'une manière peut-être encore plus catastrophique, incapable de désirer. Les désirs des autres servent de modèle aux désirs du sujet. Comme si le désir était une activité apprise, une certaine déchéance par rapport à la plénitude narcissique de l'unité avec la mère. Nous pourrions aussi considérer le désir comme une conquête de l'évolution, le mécanisme grâce auquel nous vivons le manque ou l'absence d'un objet désiré sur le mode d'un manque d'être (l'impuissance à posséder étant interprétée comme une impuissance à être) et qui, par conséquent, investit la vie dans le monde d'infinies promesses de plaisir. En somme, ce qui nous pousse à avoir des relations avec autrui, c'est notre perception de l'altérité comme source perdue d'extase narcissique.

On pourrait parler d'une stase proustienne de l'évolution individuelle. Marcel hésite entre un désir adapté, indépendant et une dépendance prolongée à l'égard du désir de l'autre qui lui permet de faire fonctionner le mécanisme. Lorsque cette image désirante de l'autre lui est retirée, le sujet s'emploie frénétiquement à la reconstruire pour échapper à la sensation d'être possédé par l'image aliénée de ses propres désirs. D'où suit que la relation la plus douloureuse – la plus centrale aussi – dérive d'une jalousie hétérosexuelle de l'homosexualité de l'autre sexe. Albertine, brusquement implantée en lui par le soupçon de lesbianisme qui pèse sur elle, devient pour Marcel l'angoissante altérité de sa propre intériorité. L'amour d'Albertine pour d'autres femmes est une relation de similitude que Marcel, en tant qu'homme qui désire les femmes, est condamné à voir comme une altérité dont la connaissance lui est irréductiblement refusée. La jalousie qu'il éprouve à l'égard d'une Albertine lesbienne est donc la représentation dramatique (et romanesque) d'une identité inconcevable et pourtant indépassable du même et de l'autre dans la relation de Marcel à ses propres désirs. Pour les fins de son art, Marcel Proust l'homosexuel a dû se soumettre à la torture d'être hétérosexuel. C'est ce que Gide, qui aimait à taxer de mauvaise foi la complaisance avec laquelle Proust transformait en personnages féminins les hommes qu'il avait aimés dans sa vie, n'est pas arrivé à comprendre : les tragédies de l'amour sont toujours hétérosexuelles – elles sont toujours les tragédies d'un désir inconcevable.

Chez Proust, toutefois, les tourments du désir ont quelque chose de trompeur. Le mouvement qui, dans la *Recherche*, conduit à l'art ne se réduit pas à la reproduction annihilante et rédemptrice de l'expérience ; il ne se borne pas non plus à montrer l'échec du narrateur à constituer un « je » que l'« individuel » de l'art fixerait et transcenderait. L'écriture permet également une sorte de sensibilité posthume aux surfaces, une reconfirmation de l'intérêt de Marcel pour le monde. De ce point de vue, l'art serait notre « vraie vie », non pas selon une conception essentialiste de l'expérience, mais plutôt dans le sens d'un premier contact (contact originel bien qu'originellement manqué) avec les phénomènes. La perspective de la mort est la condition non seulement d'une transcendance rédemptrice de la vie, mais aussi d'une restitution au monde des différences qui avaient suscité l'angoisse du désir. Dans son œuvre, et en particulier dans les premiers volumes, le narrateur recrée l'ivresse (et pas seulement la panique) de découvrir son absence du monde. Albertine n'est donc pas seulement gravée dans la conscience de Marcel comme l'allégorie douloureuse du désir aliéné et aliénant. Elle est aussi la jeune fille, aperçue une première fois à Balbec au milieu de ses amies quand il ne l'aimait pas encore, et que dans une sorte d'excitation métonymique il métamorphosait, au moyen d'associations extra-humaines, en tiges de rosiers sur fond d'océan. La leçon la plus sombre et la plus provocante de *la Recherche* est que le plaisir précède toujours le désir et qu'il n'en est jamais la conséquence.

Voilà qui impliquerait toutefois que le narrateur n'écrive pas le livre qu'il semble sur le point d'écrire à la fin du *Temps retrouvé*. Or, une telle leçon ne pouvant être donnée que dans ce livre-là, elle est ce que l'on retire d'un livre à l'existence contradictoire. À s'en tenir à la logique du roman, on peut en effet se demander pourquoi – et, tout aussi bien, quand – son narrateur, ayant découvert sa vocation, aurait écrit trois mille pages, non pas pour accomplir cette vocation, mais pour retracer les étapes d'un long apprentissage, le plus souvent mal orienté et confus. Mais la supériorité d'*À la recherche du temps perdu* sur ses propres prémisses et conclusions tient, précisément, à son statut improbable. Le roman de Proust échappe à son projet rédempteur – la pétrification d'une vie traduite en vérité – en échouant à rendre compte de sa propre existence ; sa grandeur, en un mot, est tout entière dans l'impossibilité, pour un tel livre, d'avoir jamais été écrit.

Bibliographie : Marcel Proust, *À la recherche du temps perdu*, éd. Jean-Yves Tadié, 4 vol. (Paris, Gallimard, 1987-1989). Samuel Beckett, *Proust* (New York, Grove, 1931). Leo Bersani et al., *Recherche de Proust* (Paris, Seuil, 1980). Gilles Deleuze, *Proust et les signes* (Paris, P.U.F., 1964). Gérard Genette, *Figures III* (Paris, Seuil, 1972). Gaëtan Picon, *Lecture de Proust* (Paris, Mercure de France, 1963).

Leo Bersani

1924

André Breton publie le *Manifeste du surréalisme* et lance, avec ses amis, *la Révolution surréaliste*

Du texte à la performance

Le *Manifeste du surréalisme* d'André Breton (1924) n'a pas surgi de nulle part. En 1924, Breton et plusieurs de ses amis, parmi lesquels Louis Aragon, Philippe Soupault, Paul Eluard et Robert Desnos, étaient déjà des écrivains connus et des personnalités en vue. Ils devaient cette notoriété à leur participation à l'agitation provocatrice menée par les dadaïstes après la Première Guerre mondiale – provocation qui avait mobilisé une étroite avant-garde et scandalisé le grand public.

Breton et son groupe jouissaient aussi du petit pouvoir qui revient, dans les cercles littéraires, à ceux qui dirigent des revues. De 1919 à 1924, ils publièrent *Littérature*. À l'apogée du dadaïsme et au tout début du surréalisme, ce périodique au titre ironique passait pour la plus radicale des publications d'avant-garde. Et pourtant, Jacques Rivière, rédacteur en chef de la *Nouvelle Revue française*, avait publié dès 1920 son essai très perspicace, « Reconnaissance à Dada », qui célébrait le talent, le sérieux et la distinction du groupe de Breton : leur poétique audacieuse et paradoxale les portait, selon Rivière, au-delà des limites de l'Occident littéraire et artistique. De plus, le soutien accordé à *Littérature* par Paul Valéry et le rôle de mentor qu'il assumait envers André Breton conférait au groupe, au moins de façon symbolique, une part de l'héritage mallarméen, lequel prescrivait un rejet hautain de la littérature dans sa conception traditionnelle.

Cette notoriété plaçait Breton et ses amis dans une certaine impasse théorique et morale : pour la plupart, ils avaient publié un ensemble d'œuvres poétiques, une brillante carrière s'ouvrait donc à eux mais ce succès littéraire était incompatible avec leur idéologie surréaliste. Breton et Aragon (qui continuait à écrire des romans, mais en cachette) étaient aussi d'éloquents essayistes ; leurs articles théoriques et leurs chroniques des faits et gestes surréalistes étaient devenus les éléments indispensables de l'aventure surréaliste dans la mesure où ils révélaient au public les activités verbales et non verbales de leur groupe – contribuant ainsi à la révolution culturelle que de telles activités étaient censées provoquer. Il était donc impossible aux surréalistes de renoncer à la littérature et à son rôle de messager de la bonne nouvelle : la littérature avait été enfin supplantée par quelque chose d'autre – précisément, le surréalisme.

En conséquence, outre le *Manifeste*, plusieurs essais évangéliques furent publiés en 1924. « Une vague de rêves » d'Aragon, qui relatait les séances surréalistes, faisait écho à « Entrée des médiums », l'article de 1922 que Breton rééditait dans *les Pas perdus* (1924) ; *le Paysan de Paris*, d'Aragon (1924-1926), chroniquait la quête surréaliste du merveilleux urbain et ébauchait une théorie du « mythe moderne » comme médiation entre la conscience et l'inconscient. C'étaient là d'admirables textes sur le surréalisme, mais le danger les guettait de « fictionaliser » la pratique surréaliste. Dans la mesure où leur éloquence et leur pouvoir mimétique recréaient l'émoi éprouvé au cours de rencontres insolites dans les rues de Paris, ou encore les merveilles verbales d'une séance hypnotique, ces textes se muaient en simulacres de l'événement réel. Ce n'était pas, à proprement parler, le surréalisme, ni d'ailleurs des « textes surréalistes », cette désignation étant réservée en principe aux produits non littéraires de l'écriture automatique. Le succès durable de ces chroniques (et de quelques autres qui leur firent suite, telle que *Nadja*, de Breton, 1928) témoigne avec éloquence du talent littéraire de leurs auteurs ; comme il révèle le pouvoir hégémonique de la narration dans notre culture et l'étendue de son empire sur le surréalisme, même à son époque la plus révolutionnaire. En 1924, la phase furieuse du surréalisme était close ; les textes narratifs et programmatiques publiés au milieu des années 1920 étant déjà empreints d'une certaine nostalgie. Ils faisaient plutôt office de témoignages préservant un passé qui, bien que récent, s'éloignait. Le surréalisme, en tant qu'exploitation de l'inconscient et substitution d'impulsions irrationnelles à l'intentionnalité réfléchie dans la conduite de la vie quotidienne, était devenu, en quelque sorte, un mythe d'origine, un souvenir poignant mais aussi, pour certains participants, une corvée, voire une imposture.

Affaibli par les doutes et l'appel centrifuge des ambitions individuelles, mais revigoré par l'arrivée de nouveaux venus tels qu'Antonin Artaud, le groupe de Breton décréta la fuite en avant à grands coups de déclarations péremptoires et d'actions publiques : une nouvelle revue fut lancée, *la Révolution surréaliste*, tandis que l'on créait un bureau de recherches surréalistes, placé sous la direction d'Artaud et dont la mission était d'inventer de nouvelles expériences surréalistes. Ce regain d'activité masqua l'abandon du défi radical opposé à la poétique occidentale. Dorénavant, le surréalisme de Breton allait devenir un néo-romantisme pénétré d'occultisme et d'idéologie marxiste révolutionnaire. Ce syncrétisme fut formalisé dans le *Second Manifeste du surréalisme* de Breton (1930). La poétique radicale des débuts avait cédé la place à la politique et à une quête ésotérique.

Le défi de Breton et de ses amis à la poétique occidentale dans la période qui suivit immédiatement la Première Guerre mondiale, rupture inaugurale d'abord nommée automatisme puis surréalisme (avant le *Manifeste* de 1924 les deux termes étaient interchangeables), n'était guère compatible avec une praxis sociale. En contraste avec dada et sa dérision publique de la culture bourgeoise, l'automatisme était une affaire très privée, parfois assimilée à la pratique d'un « nouveau vice ». L'automatisme surréaliste était inspiré par l'expérience psychiatrique que Breton avait acquise pendant la guerre et par les théories de Charcot, Freud et Janet qui, à la fin du XIXe siècle, avaient étudié le déchirement du psychisme hystérique et névrotique entre des déficits manifestes (tels que l'automatisme pathologique) et des contraintes inconscientes. L'automatisme surréaliste (inversant la signification du terme) se proposait donc d'explorer les opérations du subconscient. À l'encontre de l'opinion partagée par les découvreurs de l'inconscient, Breton estimait que le fonctionnement du psychisme non conscient était plus libre et plus intéressant que celui du conscient ; et plus facile d'accès. D'où la définition du *Manifeste* : « SURRÉALISME, n.m., Automatisme psychique pur par lequel on se propose d'exprimer, soit verbalement, soit par écrit, soit de toute autre manière, le fontionnement réel de la pensée. Dictée de la pensée, en l'absence de tout contrôle exercé par la raison, en dehors de toute préoccupation esthétique ou morale » (*Œuvres complètes*, vol. Ier, p. 328).

Dans une autre partie du *Manifeste*, Breton explique comment capter l'enchaînement des pensées subconscientes censurées au moyen d'une stratégie mentale simple susceptible d'être mise en œuvre dans un contexte aussi banal que celui de ces cafés parisiens où l'on mettait à disposition des clients du papier et un porte-plume :

> Faites-vous apporter de quoi écrire, après vous être établi en un lieu aussi favorable que possible à la concentration de votre esprit sur lui-même. Placez-vous dans l'état le plus passif, ou réceptif, que vous pourrez. Faites abstraction de votre génie, de vos talents et de ceux de tous les autres. Dites-vous bien que la littérature est un des plus tristes chemins qui mènent à tout. Écrivez vite sans sujet préconçu, assez vite pour ne pas retenir et ne pas être tenté de vous relire. La première phrase viendra toute seule, tant il est vrai qu'à chaque seconde il est une phrase étrangère à notre pensée consciente qui ne demande qu'à s'extérioriser (*ibid.*, vol. Ier, p. 42).

De telles phrases présentaient une si grande richesse d'images que l'esprit conscient, orienté par l'intentionnalité vers le contexte pragmatique, dominé par des impératifs moraux et les lieux communs culturels, ne pouvait prétendre rivaliser avec l'automatisme, même à force d'invention poétique volontaire. À l'encontre de la composition poétique ordinaire, la mise en œuvre automatique du subconscient ne constituait pas la phase préliminaire d'un acte complexe de communication textuelle. Au contraire, l'automatisme, en tant que tel, était un acte intransitif de parole ou d'écriture dont le but était de lever la censure qui s'oppose au jaillissement du discours sous-jacent, toujours présent et refoulé. L'automatisme était donc motivé par la conviction que le subconscient censuré, à l'instar de l'imagination des romantiques, était une matrice prolifique produisant une infinité de combinaisons verbales inédites et surprenantes. Bien qu'intéressantes et mystérieuses, les séquences verbales analogues à des rêves que libéraient les stratégies surréalistes n'étaient pas exactement le but ni le produit final du surréalisme : la performance elle-même, plutôt que les énoncés produits, était le véritable centre d'intérêt des premières expériences. La transe hypnotique et l'automatisme, empruntés aux découvreurs de l'insconcient de la fin du XIXe siècle, eux-mêmes les ayant hardiment dérobés au spiritisme (contexte dans lequel ces procédés étaient censés permettre aux médiums de parler et d'écrire à la place des morts), devinrent, dans les mains des surréalistes, les éléments principaux d'une nouvelle poétique.

En principe, les jeux et les exercices automatiques surréalistes n'étaient pas destinés à produire des monuments artistiques durables. Au contraire, ils donnaient lieu à des événements aléatoires, à des performances contingentes, qui dilapidaient des images au seul profit d'un groupe d'amis réunis dans un cadre familier. La performance surréaliste dépendait de son contexte : elle exigeait de ses participants la foi en son résultat, et le genre d'enthousiasme qui caractérise habituellement les sectes religieuses et les séances de spiritisme. Ce climat explique que l'automatisme produisit, chez ceux qui le pratiquèrent à l'époque où Robert Desnos « parlait surréaliste à volonté » dans ses « sommeils » hypnotiques, quelque chose comme l'accoutumance à une drogue (d'ailleurs, plusieurs se droguaient vraiment), et, peu après, l'apparition de réactions pathologiques, de paranoïa et de lassitude.

Dès les débuts du mouvement, une équivoque a entouré la pratique surréaliste, parce que ses participants étaient aussi poètes et écrivains au sens ordinaire de ces termes. La prolifération manifeste des images dans les énoncés automatiques les intéressait surtout dans la mesure où ces images gaspillées dans la performance pouvaient être conceptualisées comme une hyperpoésie dont seules les œuvres de Lautréamont et de Rimbaud avaient pu donner une idée dans le passé. L'« Entrée des médiums » de Breton faisait donc l'éloge de la parole automatique parce qu'elle débordait d'« éléments poétiques de premier ordre » (*les Pas perdus*, *ibid.*, vol. Ier, p. 274) : jugement suspect d'un strict point de vue surréaliste puisque, tout en prônant la performance automatique dans son ensemble, Breton évaluait aussi la teneur en poésie d'éléments verbaux discrets qui, dans la pratique poétique littéraire, seraient mis en réserve puis combinés pour former un poème plus dense. La radicalité du passage de la production textuelle à la performance automatique produisit inévitablement des régressions idéologiques, suscitant une hésitation entre la volonté de prendre la performance automatique pour une fin en soi et le désir de traiter ses produits comme le matériau brut de futurs poèmes. Théoriquement, la découverte surréaliste de la performance automatique comme passage aisé de la conscience à un état mental proche du rêve, de la raison à l'imagination, et d'un mode verbal « prosaïque » à un mode verbal « poétique », mettait fin au projet de faire de la poésie. Le surréalisme introduisait, dans les limites de la culture typographique de l'Occident, une nouvelle économie poétique : une dépense psychique et libidinale sans réserve se substituait à l'accumulation parcimonieuse et prévoyante, laquelle, dans notre économie textuelle, est le prix de la communicabilité et de la durabilité de l'« œuvre d'art ». En principe, les surréalistes étaient tout disposés à dilapider les images que leur prodiguait la transe automatique. Mais ils désiraient aussi tirer un certain sens (et un certain bénéfice) des traces oraculaires qu'ils conservaient en tant que sous-produits de l'exaltation : inévitablement, pour préserver ces traces, ils les textualisèrent. Bien qu'ils ne fussent pas théoriquement des poèmes au sens ordinaire du terme, les « textes surréalistes » (par exemple ceux que rassemblent *les Champs magnétiques*, de Breton et Soupault [1920], ou *Poisson soluble*, de Breton – auquel le *Manifeste* de 1924 servait de préface démesurée) furent *de facto* transformés en poèmes en prose : c'est ainsi, du moins, qu'ils furent reçus et leur publication, qui les lançait dans l'économie textuelle, justifiait entièrement cette inévitable méprise.

Bien qu'il soulignât le caractère compulsif, illogique et non conscient de l'imagination à l'œuvre dans le surréalisme, Breton marquait une préférence pour les images arbitraires, qui, selon lui, rapprochaient des « réalités » logiquement éloignées. Un rapprochement si brutal constituait en quelque sorte une énigme, un message venu d'une zone supralogique qui pouvait être rationalisée comme inconscient ou bien comme ordre occulte du monde lui-même. Une telle conception faisait d'une image la manifestation locale mystérieuse d'une autre cohérence, ou encore une allégorie dont le tissu de sens hétérogène ne pouvait être aisément traduit en « langage pratique ». Ce pourquoi Aragon et Breton comparèrent les effets du surréalisme à ceux d'un stupéfiant qui, en multipliant les incongruités contextuelles et les coïncidences paranoïdes, dévoile par là même l'existence d'un ordre contraignant situé hors de portée de la raison. Si le surréalisme était à tous égards une allégorèse expérimentale, il réservait soigneusement l'interprétation, la remettant *sine die*, afin de ne pas bloquer le passage ouvert par les diverses pratiques automatiques entre le domaine du sens et celui du non-sens, entre ce qu'un ethnologue de cette époque aurait appelé le monde profane et le monde sacré. Cette confusion volontaire, permettant de passer à volonté du rêve à la vie éveillée, de la folie à la raison et *vice versa*, servit de fondement au mode de vie surréaliste, tel qu'il est rapporté dans *le Paysan de Paris*, d'Aragon, ou dans *Nadja* et *les Vases communicants*, de Breton (1932). La poétique surréaliste apparaît donc comme la composante linguistique d'un plus vaste projet visant à révolutionner la rationalité et à conférer un sens nouveau à tous les aspects de la vie ordinaire. Pour dire les choses très simplement, les surréalistes s'efforçèrent plutôt de vivre poétiquement que de produire des œuvres poétiques et artistiques. Leur échec relatif ne doit pas masquer l'audace et l'ampleur de cette entreprise : celle-ci n'est rien de moins qu'une tentative de mutation culturelle. Selon l'ethnologie, dont la pratique finit par attirer Michel Leiris comme substitut du surréalisme auquel il avait cessé de croire, nombre de sociétés traditionnelles conservent des traits culturels analogues à ceux que les surréalistes essayèrent de mettre en œuvre contre la culture occidentale. Ils tentèrent de capter une altérité primitive, celle même que le mythe romantique attribue au poète. Ainsi espéraient-ils motiver le mode de vie de la fragile microculture surréaliste au sein de laquelle la « possession », le rêve et le recours à des forces occultes devaient fournir une protection, et peut-être même une arme offensive, contre l'économie dominante de cette culture européenne non seulement engourdie spirituellement mais qui avait aussi permis la Première Guerre mondiale.

Il est vrai que, conformément à une idéologie en vogue dans les années 1920, les surréalistes se croyaient avant tout intéressés par la libération des activités mentales subconscientes, qu'ils estimaient plus authentiques, plus intéressantes et plus susceptibles de subvertir l'ordre culturel que ne l'avait été la vieille invention littéraire et artistique, peut-être parce qu'ils souscrivaient à la vulgate freudienne axée sur la nature sexuelle de la libido inconsciente. En tant que membres d'une culture textuelle, en écrivains invétérés (au sens ordinaire), en lecteurs assidus et en réformateurs de la tradition littéraire, les surréalistes étaient peut-être condamnés à minimiser la conséquence la plus radicale de leur pratique de l'automatisme : le remplacement de la textualisation par la performance. Un énoncé surréaliste ne pourra jamais être assimilé aux divagations d'un fou ni à la poésie (même lorsque l'automatisme imite la folie, la poésie, ou tout autre genre littéraire) pour peu que l'on garde à l'esprit le contexte précis de la performance.

La performance, et en particulier le type de performance appelé automatisme, entraînait un rejet des pratiques littéraires en général, y compris celles de toute avant-garde encore attachée à la production de textes durables. Ainsi, Artaud, qui entra dans le groupe surréaliste en 1924 et le quitta très vite pour devenir le théoricien d'un théâtre sans drame et réduit à l'agression psychique, comprit mieux les enjeux culturels de la révolution surréaliste que ne le firent ces surréalistes qui, passionnément attachés à l'économie textuelle, en vinrent à élaborer et à défendre une idéologie qui leur permît de continuer à produire des textes. Dans ses phases ultérieures, le surréalisme revint au système textocentrique de la poétique occidentale, qu'il essaya de renouveler et de remotiver en y inscrivant de nouveau les croyances occultistes du XIXe siècle. Selon celles-ci, un texte est, à la lettre, un analogon de l'ordre caché du monde et un sortilège susceptible de modifier les manifestations matérielles de ce monde.

Il se peut que la première phase du surréalisme, qui prit fin en 1924, soit apparue trop tôt dans le siècle, de sorte qu'il serait difficile de saisir toutes les implications de sa rupture avec l'ordre de la production textuelle et son passage à la performance automatique. Le désir légitime de conserver les traces d'événements verbaux extraordinaires, et de faire connaître celles-ci au public, menait inévitablement à leur textualisation, c'est-à-dire à leur élaboration et à une malencontreuse équivoque quant à la nature de ces textes eux-mêmes. Ce choix devait entraîner la production de très beaux récits et de brillants textes théoriques visant à illustrer la geste surréaliste ; ils entrèrent triomphalement dans l'économie textuelle. En l'absence de magnétophones et de caméras vidéo, c'était l'unique moyen de sauver ces performances de l'oubli et de leur conférer une sorte d'efficacité par la publicité.

Depuis que la notion de « performance » s'est imposée parmi les anthropologues et les théoriciens des arts, il est devenu presque trop facile de reconnaître le caractère prophétique de la mutation culturelle dont les surréalistes furent les promoteurs. Dans sa phase automatique, le surréalisme dépassa les monumentalisations textuelles et mit en avant, anticipant ainsi les effets du dispositif électronique, tout l'éphémère qui relève de l'événement, de la performance, de l'acte de parole fugace, du geste, bref, de tout ce qui s'écrit sur l'eau.

Voir aussi 1935.

Bibliographie : Louis Aragon, « Une vague de rêve », *Commerce*, n° 2 (été 1924), pp. 89-122. André Breton, *Œuvres complètes*, éd. Marguerite Bonnet, vol. Ier, (Paris, Gallimard, 1988). Michel Leiris, *l'Afrique fantôme* (Paris, Gallimard, 1934). Jacques Rivière, « Reconnaissance à Dada », in *Nouvelles Études* (Paris, Gallimard, 1947). Richard Bauman, *Verbal Art as Performance* (Prospect Heights, Ill., Waveland Press, 1984). Marguerite Bonnet, *André Breton : naissance de l'aventure surréaliste* (Paris, José Corti, 1975). Maurice Nadeau, *Histoire du surréalisme : documents surréalistes* (Paris, Seuil, 1970).

Michel Beaujour

1925, novembre

André Gide publie son premier roman, *les Faux-Monnayeurs*

Mise en abyme

André Gide avait cinquante-six ans lorsqu'il publia *les Faux-Monnayeurs*. Ce n'était pas sa première œuvre narrative. Mais plutôt que de présenter *Paludes* (1895) ou *les Caves du Vatican* (1914) comme des romans, il avait préféré le terme de « sotie », puisé dans le répertoire des genres médiévaux. Quant à *l'Immoraliste* (1902) et *la Porte étroite* (1909), il les avait appelés récits. *Les Faux-Monnayeurs* sont donc bien son premier et unique roman.

Lorsqu'il parut, Breton venait de dénoncer, dans les premières lignes du *Manifeste du surréalisme* (1924), la soumission aux impératifs réalistes du genre romanesque. Après avoir rappelé l'irritation de Valéry devant des phrases comme « La marquise sortit à cinq heures », Breton ironisait sur la gratuité des détails auxquels les nécessités de la description soumettaient l'écrivain : « Sera-t-il blond, comment s'appellera-t-il, irons-nous le prendre en été ? » (*Œuvres complètes*, vol. Ier, p. 314). Ce point reparaît dans *les Faux-Monnayeurs*. Au début du roman, un jeune homme de lettres, Dhurmer, se plaint d'un romancier qu'il est en train de lire : « Il parle d'une femme ; je ne sais même pas si sa robe était rouge ou bleue » (*Romans, récits et soties*, p. 935). Plus loin, un autre personnage, Édouard (sans nom de famille ni couleur de cheveux), romancier lui-même et de ce fait (comme beaucoup l'ont pensé) porte-parole de l'auteur, soutient l'opinion opposée : lisant une lettre, il se demande si elle contient la moindre indication qui permettrait au lecteur de deviner la couleur des cheveux de la femme qui l'a écrite, ce qui le conduit à protester contre les romanciers qui fournissent tous les détails : « Les romanciers, par la description trop exacte de leurs personnages, gênent plutôt l'imagination qu'ils ne la servent » (*ibid.*, p. 989). La contradiction entre ces attitudes, le conflit entre la demande de réalisme et l'affirmation des droits de l'imagination, structure le roman de Gide. Un an après le *Manifeste du surréalisme*, *les Faux-Monnayeurs* reprennent, par le truchement d'Édouard, les accusations de Breton contre le genre romanesque, mais ces accusations sont maintenant formulées à l'intérieur d'un roman qui, par une vertigineuse palinodie, devient simultanément une accusation et une illustration du genre.

L'ambivalence commençait dès le titre qui renvoie, de manière parfaitement réaliste, à un article de journal de 1906 dans lequel Gide allait puiser la première idée de son roman. Des jeunes gens de bonne famille avaient été compromis dans une affaire de fausse monnaie. À la parution du roman, Gide joindra cette coupure de presse aux extraits de son propre journal intitulé *Journal des Faux-Monnayeurs* (1927). Mais le roman conférait à cette anecdote une dimension allégorique, une valeur spéculaire, la faisant fonctionner comme un miroir discret dans lequel le roman lui-même se reflétait, « mis en abyme ». Depuis son emprunt par Gide au langage héraldique, cette expression allait faire fortune dans la critique littéraire, renvoyant aux œuvres dans lesquelles un détail répète l'ensemble dans lequel il figure, une partie représente la totalité qui la contient.

La fascination de Gide pour cette structure autoréfléchissante est ancienne, comme le prouve une page de son journal datée d'août 1893. Après avoir noté qu'il « aime assez qu'en une œuvre d'art, on retrouve ainsi transposé, à l'échelle des personnages, le sujet même de cette œuvre », il évoque « ce procédé du blason qui consiste, dans le premier, à en mettre un second *en abyme* » (*Journal*, p. 41). C'est ainsi que le narrateur de *Paludes* (1895) écrivait un livre intitulé *Paludes*. De même, des sections entières des *Faux-Monnayeurs* sont composées d'extraits du journal dans lequel Édouard consigne ses réflexions (et celles de Gide) sur l'art du roman : il travaille à un roman qui doit s'appeler lui aussi *les Faux-Monnayeurs*. Mais, pour Édouard, ce titre n'a pas l'ancrage référentiel et anecdotique qu'il a pour Gide : dès le départ la fausse monnaie prend ici une valeur métaphorique. « À vrai dire, c'est à certains de ses confrères qu'Édouard pensait d'abord, en pensant aux faux-monnayeurs » (*Romans, récits et soties*, p. 1085).

C'est ici que le roman se transforme en critique du roman, devenant simultanément roman, antiroman et théorie du roman : en contrepoint des aventures des personnages des *Faux-Monnayeurs* de Gide, le « Journal d'Édouard » présente ce qu'Édouard appelle (pensant à ses propres *Faux-Monnayeurs*) « la critique continue de mon roman ; ou mieux : du roman en général » (*ibid.*, p. 1083). Et, en effet, dans la partie centrale du roman de Gide, Édouard explique à ses interlocuteurs le projet de ses propres *Faux-Monnayeurs*.

Pour Édouard, contemporain de Mallarmé et de Valéry, la valeur représentative du langage dans le roman réaliste est particulièrement problématique. Ses faussaires sont précisément les romanciers qu'il accuse de vouloir faire passer pour réel ce qui est au mieux une copie du réel. L'art pur fait partie des slogans esthétiques de l'époque. Édouard, qui a un penchant pour l'abstraction, rêve d'un roman « pur », roman qui éliminerait tout ce qui lui est extérieur, purgé de toute anecdote, entièrement consacré à la célébration de sa propre forme, un équivalent, dit-il, de *l'Art de la fugue*, de Bach. Déjà lorsqu'il se plaignait des romanciers envahissants qui refusent au lecteur la possibilité d'imaginer la couleur des cheveux de leurs personnages, il notait : « Dépouiller le roman de tous les éléments qui n'appartiennent pas spécifiquement au roman [...] Même la description des personnages ne me paraît point appartenir proprement au genre. Oui, vraiment, il ne me paraît pas que le roman pur (et en art, comme partout, la pureté seule m'importe) ait à s'en occuper. » (*ibid.*, p. 990).

Pendant qu'Édouard expose les principes antiréalistes au nom desquels il instruit le procès du roman, l'un de ses auditeurs tire de sa poche l'objet même dont il est en train de parler. On assiste au retour, dans le roman de Gide, de l'anecdote qui l'avait suscité.

> « Mais pourquoi partir d'une idée ? interrompit Bernard impatienté. Si vous partiez d'un fait bien exposé, l'idée viendrait l'habiter d'elle-même. Si j'écrivais *les Faux-Monnayeurs*, je commencerais par présenter la pièce fausse, cette petite pièce dont vous parliez à l'instant... et que voici. »
>
> Ce disant, il saisit dans son gousset une petite pièce de dix francs, qu'il jeta sur la table.
>
> « Écoutez comme elle sonne bien. Presque le même son que les autres. On jurerait qu'elle est en or. J'y ai été pris ce matin, comme l'épicier qui me la passait y fut pris, m'a-t-il dit, lui-même. Elle n'a pas tout à fait le poids, je crois ; mais elle a l'éclat et presque le son d'une vraie pièce ; son revêtement est en or, de sorte qu'elle vaut pourtant un peu plus de deux sous ; mais elle est en cristal. À l'usage, elle va devenir transparente » (*ibid.*, p. 1086).

Requise au centre du roman, la fausse pièce devient l'image de l'activité romanesque. La pièce d'or véritable symbolise la foi accordée à la représentation romanesque, considérée comme une réflection directe du réel. Et la fausse pièce d'or (qui semble être en or massif mais n'est en réalité qu'en verre, et transparente à l'intérieur) représente l'antiroman, celui auquel pense Édouard mais aussi, en un certain sens, celui que nous sommes en train de lire. De cette façon, Gide dénonce la fiction d'un régime linguistique qui continuerait à se faire passer pour l'homologue de la pièce d'or. Il dénonce la foi en une langue référentielle, gagée sur le réel, illusoirement maintenue après que les signes romanesques ont perdu leur capacité d'évoquer, d'une façon naïve et univoque, une réalité transcendante, stable et indépendante. Ils ne sont plus que des jetons dont aucune trésorerie ne garantit la convertibilité et auxquels aucune échelle de valeur fixée et permanente ne donne le pouvoir de mesurer le monde.

Un langage plein, aussi fiable que l'étalon-or, garantissant un accès immédiat à la vérité, ne contraindrait pas le lecteur à s'interroger sur le médium linguistique. Mais, lorsque la subversion du régime de la représentation ne nous permet plus de considérer le langage comme une pièce d'or, ni même comme un billet de banque convertible, quand le signe devient une monnaie à cours forcé, sa crédibilité est ébranlée. Strouvilhou, autre figure littéraire du roman, précipite cette dévaluation avec ses déclarations en faveur de jeux linguistiques destructeurs, caricature des expériences de l'avant-garde : le monde des signes n'est plus qu'un jeu qu'aucun référent, ni signifié transcendantal, ne peut garantir.

Une seule solution reste à la disposition du romancier conscient de cette crise : écrire un faux roman. Il sera réaliste en apparence (avec des intrigues, des personnages, des situations romanesques), mais abstrait en réalité, roman spéculaire, travaillé de l'intérieur par une autoréflexion sur les conditions de sa production linguistique – roman qui s'inquiéterait du statut problématique de son médium. Deux lectures d'un tel roman sont possibles : l'une, naïve, accepte l'histoire comme argent comptant, la vie des personnages comme espèces sonnantes et trébuchantes (c'est la lecture de l'épicier qui, dans l'histoire de Bernard, a d'abord accepté la pièce), tandis que l'autre découvre sous la pellicule d'or la transparence cristalline d'une construction pure et abstraite (c'est la lecture du connaisseur, conscient de la dissimulation et attentif au stratagème).

Les pièces d'or ont circulé en France jusqu'en 1914 ; mais la Première Guerre mondiale allait les retirer de la circulation et supprimer la référence à l'étalon-or. Les signes monétaires devinrent inconvertibles. Le 30 juillet 1919, alors qu'il vient juste de commencer à écrire *les Faux-Monnayeurs*, Gide note dans son journal : « Toute l'histoire des fausses pièces d'or ne peut se placer qu'avant la guerre, puisque, à présent, les pièces d'or sont exilées » (*Journal des Faux-Monnayeurs*, p. 27). Dans le roman, le conflit entre le système de représentation réaliste (celui de la pièce d'or) et celui qui dénie au langage toute valeur représentative (symbolisé par la pièce en verre) redouble une ambiguïté temporelle : l'action de ce roman commencé après la guerre se déroule avant la guerre. Entre deux régimes d'échanges, le roman de Gide reflète et cultive une hésitation entre l'attachement nostalgique à la circulation de l'or et l'acceptation de la nouveauté vertigineuse de l'inconvertibilité.

L'écriture romanesque contemporaine est partagée entre la représentation réaliste et la déconstruction de l'illusion représentative – déconstruction qui mène elle-même à des constructions purement spéculaires, sans ancrage aux choses. *Les Faux-Monnayeurs* préfigurent un demi-siècle de recherches formelles en littérature et en philosophie du langage. Gide y donne une formulation précoce des problèmes que la littérature rencontrera lors de son passage à un régime de signes inconvertibles. Il reconnaît qu'à l'avenir deux possibilités s'offrent au romancier : une réflexion sur le médium linguistique (menant à une écriture à la fois spéculaire et structurale) ou l'affirmation de l'absurdité radicale du langage.

Mais la crise des valeurs révélée par *les Faux-Monnayeurs* va bien au-delà des limites de l'économique et du linguistique. L'ensemble des valeurs centrales du système symbolique est bouleversé. Une démonétarisation systématique de la valeur de paternité sous-tend le motif du « faux père », une des lignes mélodiques les plus insistantes de la fugue romanesque gidienne. Le roman s'ouvre sur la découverte par Bernard d'une lettre révélant que maître Profitendieu n'est pas son vrai père. Plus tard, devant la dépouille mortelle de son propre père, le jeune Gontran de Passavant sera incapable d'éprouver la moindre émotion sublime, un quelconque appel vers l'au-delà qui puisse évoquer la transcendance du père mort. Quant à Armand Vedel, il soupçonne son propre père, pasteur, de ne pas avoir la foi et de ne prononcer que des paroles vides qui ne traduisent aucun trésor de vie intérieure. Par trois fois la fonction paternelle échoue : dans le registre de la procréation réelle (Profitendieu), de l'ancestralité idéale (Passavant), et de la valeur symbolique du langage (Vedel). L'or, le langage et le père, ces trois pôles qui permettent de mesurer la valeur ou le sens, ont ainsi perdu leur stabilité, leur pouvoir de régulation. Et, en l'absence de tout critère solide sur lequel s'appuyer, un jeu sans fin ouvre la totalité des échanges à la possibilité d'une contrefaçon généralisée. La crise de la représentation romanesque elle-même apparaît comme un élément d'une crise plus générale : la perte des garanties et des référents, la rupture dans la fonction de mesure des équivalents généraux dont l'argent n'est qu'une dimension.

Certains critiques ont parlé d'« esthétique cubiste » à propos des *Faux-Monnayeurs* : montage d'intrigues alternées, vues sous des angles hétérogènes et fragmentaires, modes d'énonciation multiples, distanciation par rapport aux personnages et aux choix narratifs d'un texte qui, sous une apparence romanesque simple, devient le roman du roman en train de s'écrire. Il est tout à la fois roman d'apprentissage (la découverte par Bernard de sa bâtardise), roman policier (la contrefaçon orchestrée par Strouvilhou), roman noir (le suicide du petit Boris), roman sentimental (la passion tragique de Vincent et de lady Griffith, l'attirance homosexuelle d'Édouard pour son neveu Olivier), sans parler des multiples esquisses d'intrigues secondaires qui le traversent comme autant de fils narratifs souvent lâchés et repris, auxquels il faut ajouter le « Journal d'Édouard », qui contient l'image réfléchie d'Édouard ainsi que ses réflexions sur *les Faux-Monnayeurs*, roman dans lequel il est un personnage et dont il est l'auteur. L'entrelac labyrinthique de ces fils évoque à sa façon le même effondrement des valeurs, l'absence d'un point de vue unique dont l'autorité imposerait à la vie l'organisation d'une perspective monocentrée.

Cet effet est bien celui que recherchait Gide, désireux de tourner le dos non pas à la réalité proprement dite, mais à sa représentation conventionnelle, désireux d'approcher d'aussi près que possible les ambiguïtés et la complexité de la vie. Tandis que les romanciers traditionnels emploient un temps dramatique unitaire qu'ils prennent ou voudraient que l'on prenne pour la réalité elle-même, Gide dénonce la convention narrative inconsciente qui se cache dans l'organisation linéaire de l'intrigue. « La vie nous présente de toutes parts quantité d'amorces de drames, mais il est rare que ceux-ci se poursuivent et se dessinent comme a coutume de les filer un romancier. Et c'est là précisément l'impression que je voudrais donner dans ce livre, et ce que je ferai dire à Édouard » (*Journal des Faux-Monnayeurs*, p. 104). La vie elle-même manque d'un milieu et d'une fin ; elle est dispersée, floue, privée de centre. Une narration bien tissée résulte d'une élaboration narrative artificielle ; jamais elle n'est une donnée de la réalité. Les faux-monnayeurs ne sont peut-être pas ceux que nous croyons.

Voir aussi 1925 (décembre), 1953.

Bibliographie : André Breton, *Œuvres complètes*, éd. Marguerite Bonnet, vol. Ier (Paris, Gallimard, 1988). André Gide, *Journal (1889-1939)* [Paris, Gallimard, 1951] ; *Journal des Faux-Monnayeurs* (Paris, Gallimard, 1927) ; *Romans, récits et soties : œuvres lyriques*, éd. Yvonne Davet et Jean-Jacques Thierry (Paris, Gallimard, 1958). Maurice Blanchot, « Gide et la littérature d'expérience », in *la Part du feu* (Paris, Gallimard, 1949). Lucien Dällenbach, *le Récit spéculaire : essai sur la mise en abyme* (Paris, Seuil, 1977). Jean-Joseph Goux, *les Monnayeurs du langage* (Paris, Galilée, 1984).

Jean-Joseph Goux

1925, décembre

Paul Valéry ajoute une petite introduction à la traduction anglaise de *la Soirée avec monsieur Teste*

« La bêtise n'est pas mon fort »

Dans l'histoire récente de la littérature française, Paul Valéry (1871-1945) apparaît comme une des figures dont l'identité et la cohérence sont parmi les plus difficiles à saisir. Sa biographie présente peu de faits marquants : né dans une famille bourgeoise à Sète (au bord de la Méditerranée), il fait des études de droit à Montpellier, puis vit à Paris où il est longtemps employé comme secrétaire par le directeur de l'agence de presse Havas, avant de pouvoir se consacrer entièrement à ses travaux littéraires. Ses textes les plus connus sont d'une grande abstraction, et, de plus, extrêmement courts (une douzaine de pages pour *la Soirée avec monsieur Teste* [1896], et guère plus pour le célèbre poème *la Jeune Parque* [1917]). C'est en vain que l'on chercherait dans le reste de ses écrits, pourtant abondants, l'œuvre majeure qui donnerait à l'auteur une identité plus nette. Valéry est un homme de la dispersion et de l'expérimentation. Il se défendra toujours de considérer la pratique littéraire comme une fin en soi. Écrire a pour lui la valeur d'un exercice mental, au même titre par exemple que certaines réflexions mathématiques auxquelles il se livre pendant de nombreuses années. Au cours de ces mêmes années (1897-1917), il ne publiera pratiquement rien, tout en continuant à écrire pour lui : homme de la pure expérimentation, Valéry est aussi l'homme du silence ; d'un silence de près de vingt ans, qui donnera lieu de la part de ses contemporains à presque autant de spéculations que celui de Rimbaud quelques décennies plus tôt. Il n'y a donc rien d'étonnant si son œuvre se compose d'une multitude de textes plutôt brefs, que leur auteur considérait comme les traces d'une recherche intellectuelle plutôt que comme de véritables œuvres. Rien d'étonnant non plus si Valéry s'essaie un peu à tous les genres littéraires sans s'arrêter véritablement à aucun. À travers la poésie, le récit, l'essai, la critique littéraire, l'aphorisme, le théâtre, le dialogue, les travaux linguistiques, psychologiques ou philosophiques, c'est une même quête mentale qui se poursuit, même si elle prend les aspects les plus variés, et parfois les plus contradictoires. C'est une même question qui est posée : celle des pouvoirs ou des possibilités de l'esprit humain en général, dont Valéry s'efforce de rendre compte en tant que tel.

À cette question, Valéry va cependant donner un nom, une figure. Il va l'incarner dans un personnage de roman : Edmond Teste, le « héros » de *la Soirée avec monsieur Teste*, qui ne le quittera plus jusqu'à la fin de sa vie. À partir de 1925, date de la traduction en anglais de *la Soirée* par Ronald Davis, plusieurs suites à ce premier texte paraîtront, dont certaines de façon posthume, et formeront ce qu'on appellera dès lors le « Cycle Teste », soit une série de fragments plus ou moins romanesques, toujours brefs, faisant miroiter l'existence d'un personnage qui ne cesse pourtant de se dérober (comme Valéry lui-même) à toute description, à toute appréhension.

Qui est Teste ? C'est dans la préface à la traduction anglaise de *la Soirée* que Valéry en donne l'idée la plus précise : « Il n'est point autre que le démon même de la possibilité. Le souci de l'ensemble de ce qu'il peut le domine » (*Œuvres,* vol. II, p. 14). Héritier de héros « cérébraux » comme le Louis Lambert de Balzac ou le Des Esseintes que Huysmans venait de mettre en scène dans *À rebours,* cousin lointain de Léonard de Vinci et de René Descartes (sur lesquels Valéry écrira plusieurs essais), Teste est l'homme de la pure possibilité. Son unique question est : « Que peut un homme ? » À ce titre, il est évidemment tout sauf un homme d'action. Réussir, mener quelque chose à bien, être « quelqu'un » ne l'intéresse pas, quel que soit le domaine d'action envisagé. Il se nourrit exclusivement de projets, de programmes qu'il n'éprouve jamais le besoin d'exécuter, et se contente de sa certitude de pouvoir le faire. D'aspect insignifiant, il vit de médiocres opérations boursières, prend tous ses repas dans le même petit restaurant, habite un logement dépouillé, dans lequel le narrateur de *la Soirée* s'étonne de n'apercevoir ni livres, ni papiers, ni plumes indiquant un travail d'écriture ou de lecture en cours, et qu'il commente de la façon suivante : « Je n'ai jamais eu plus fortement l'impression du *quelconque*. C'était le logis quelconque, analogue au point quelconque des théorèmes, – et peut-être aussi utile. Mon hôte existait dans l'intérieur le plus général » (*ibid.,* vol. II, p. 23). Teste est un ancêtre déprimé de l'homme sans qualités de Robert Musil. On ne lui connaît aucune particularité, ni même de vice. De la même manière qu'il vit dans un « intérieur général », il a sacrifié toute personnalité, toute singularité au profit d'une existence dont il voudrait qu'elle ne se fonde que sur des lois générales, les seules qui permettent d'éviter les erreurs et les illusions. Son slogan pourrait être la première phrase de *la Soirée* : « La bêtise n'est pas mon fort. » Il refuse d'être quelqu'un pour pouvoir être tout le monde : son existence est théorique, ce qui le rend évidemment très peu utilisable pour le genre romanesque. Comment faire un roman avec un personnage qui, par principe, se contente de penser, n'agit jamais, ne tombe pas amoureux, se méfie des mots, ne parle que très peu, et s'endort lorsqu'il invite le narrateur de *la Soirée* à venir fumer un cigare chez lui ? Teste est le héros d'un roman impossible que Valéry ne cesse de reprendre, nécessairement sous forme de fragments, de morceaux toujours inachevés, jusqu'à la fin de sa vie. Il est le personnage principal d'un antiroman qui disparaît dès qu'on tente de l'écrire, parce que fondamentalement il est un personnage à propos duquel il n'y a rien à raconter. En tant que tel, il n'incarne pas seulement, plus qu'aucune autre figure, le rapport de Valéry au récit, mais aussi son rapport paradoxal et ambivalent à la littérature en général, s'il est vrai que la pratique littéraire suppose toujours l'affirmation d'une identité ou d'une singularité. Ce rapport de contestation à la possibilité ou à la nécessité de l'œuvre proprement dite (auquel fait écho le silence de Valéry, c'est-à-dire son refus de publier) fascinera au début du XXe siècle de nombreux écrivains et en particulier les avant-gardes (qui refuseront, pour d'autres raisons, la notion d'œuvre) : d'André Breton, longtemps très lié avec Valéry, à Marcel Duchamp, grand admirateur de l'*Introduction à la méthode de Léonard de Vinci* (1895). Cet essai peut être considéré comme le complément « théorique » de *la Soirée* : comme Teste, Léonard de Vinci est une figure convoquée par Valéry pour soutenir le rêve d'une analyse purement objective des pouvoirs de l'esprit.

Valéry n'aura été véritablement poète que dans sa jeunesse. Au début des années 1890, il se fait remarquer par quelques poèmes, qui reparaîtront plus tard sous le titre *Album de vers anciens*. On y sent l'influence symboliste, celle de Mallarmé en particulier. Et c'est pour échapper à cette influence, pour savoir ce que lui-même peut être ou peut faire qu'il va très vite refuser une simple identité de poète. Il se détache donc de Mallarmé, qui accordait la priorité non pas au « moi » mais au langage et invitait celui qui écrit à disparaître pour « céder l'initiative aux mots ». Plus tard, il dira à propos de son aîné : « J'ai adoré cet homme extraordinaire dans le temps même où j'y voyais la seule tête – hors de prix – à couper, pour décapiter tout Rome » (*Cahiers,* vol. Ier, p. 60). Les distances que Valéry prend avec Mallarmé sont des distances prises avec la littérature, mais aussi avec le langage lui-même. Ne compter que sur ses propres forces, ou plus exactement les compter, en faire l'inventaire, est un geste qui le conduit à se couper de plus en plus radicalement de la pratique et de la pensée des autres, et donc aussi à jeter le soupçon sur le langage. Celui-ci est quelque chose qui ne nous appartient pas en propre. C'est un suspect, une chose dont il faut se méfier autant que d'autrui, avec qui précisément le langage se partage. « J'ai entendu ne pas me laisser manœuvrer par le langage » (*ibid.*, vol. Ier, pp. 181-182) ; on peut considérer que cette phrase de Valéry résume presque l'ensemble de son parcours, qu'elle est à l'origine de ce qui a été comme son destin : être un écrivain presque sans œuvres, qui voudrait pouvoir se passer des mots. Et lorsque, bien plus tard, il se remettra à la poésie, ce sera sans la moindre illusion sur la dimension expressive ou communicative du langage. Il s'y remet d'ailleurs comme à un simple exercice, et, au début, sans véritablement le vouloir. En 1912, il est sollicité par son ami André Gide et les animateurs de la toute jeune *Nouvelle Revue française*, qui va devenir pour presque un demi-siècle le centre de la littérature française. Ceux-ci souhaitent republier *la Soirée avec monsieur Teste* et ses premiers poèmes. Il finit par consentir à leur demande, mais souhaite y joindre un ou deux nouveaux morceaux. Sans trop y croire, il recommence à fabriquer des vers, puis il se prend au jeu : il lui faudra plus de quatre ans pour achever son « morceau », pour que son poème le plus célèbre et le plus long, *la Jeune Parque*, voie le jour.

La Jeune Parque a souvent été interprétée (notamment par le philosophe Alain) comme le chant d'un « moi » qui s'éveille pour se découvrir divisé, trahi par la présence d'un autre insaisissable. Le poème reprendrait ainsi, d'une autre manière encore, le rêve valéryen d'une conscience sans ombre, transparente à elle-même. Cependant, à suivre les déclarations de Valéry sur son propre poème, c'est plutôt son aspect formel qui doit être souligné. *La Jeune Parque* est un extraordinaire exercice de style, auquel son auteur doit une bonne part de sa célébrité : il s'agit beaucoup moins pour lui d'exprimer quelque chose, que d'une pure recherche verbale où l'accent est mis sur la musicalité, où l'enjeu est de mettre en place, tant au niveau des mots qu'au niveau des images, des effets de résonance, de transition, de répétition, de variation, et cela dans le cadre d'une structure toujours ouverte, qui ne se referme sur aucun sens. Si Valéry en revient au langage, à la littérature, c'est donc en prenant ses précautions : il ne cherche pas à communiquer quoi que ce soit à autrui, mais à démontrer tout ce qu'il est possible de faire avec du langage lorsqu'on l'agence selon certaines règles (celles de la prosodie classique : *la Jeune Parque* est rédigée en alexandrins). Il n'est d'ailleurs pas loin de considérer la langue dans laquelle il écrit comme une langue presque morte. C'est du moins ce qu'il dira plus tard à ce propos : « Je rendais un culte à quelque chose en perdition. je m'assimilais à ces moines du premier Moyen Âge qui écoutaient le monde civilisé autour de leur cloître crouler, qui ne croyaient plus qu'à la fin du monde ; et toutefois, qui écrivaient difficilement, en hexamètres durs et ténébreux d'immenses poèmes pour personne. Je confesse que le français me semblait une langue mourante, et que je m'étudiais à la considérer *sub specie aeternernitatis* » (*Œuvres,* vol. Ier, pp. 1637-1638). Conjurant l'angoisse provoquée par la guerre, Valéry écrit ainsi, à une époque où les formes littéraires explosent, une sorte de tombeau de la poésie française classique, comme pour conserver une langue, une forme qui désormais n'ont plus cours. Et peut-être est-ce là également la condition pour qu'il puisse devenir ou redevenir un écrivain : qu'il n'ait lui-même plus cours, qu'il soit décalé par rapport à son époque, à distance, sans prise sur elle, qu'il ne s'y engage en aucune façon.

De cette volonté de ne pas s'engager témoigne également l'écriture des *Cahiers*, qui représentent la part la moins connue et en même temps la plus monumentale de l'œuvre de Valéry. Commencés dans les années 1890, poursuivis jusqu'au moment de la mort de leur auteur, ils constituent un immense journal intime intellectuel, une « autodiscussion infinie » (*Cahiers,* vol. Ier, p. 5). Tous les matins, pendant plus de cinquante ans, avant l'aube et avant que les autres ne se réveillent, Valéry écrit pour lui, guettant en quelque sorte l'apparition de son propre esprit : « J'écris ici les idées qui me viennent. Mais ce n'est pas encore que je les accepte. C'est leur premier état. Encor mal réveillées » (*ibid.,* vol. Ier, p. 7). Sorte de jogging mental quotidien, les *Cahiers* représenteront à la mort de Valéry près de trente mille pages de pensées, d'aphorismes, de fragments parfois à peine rédigés : un immense chantier intellectuel, et aussi une des plus considérables entreprises d'écriture « privée », que l'on ne peut guère comparer qu'avec le *Journal,* d'Henri Amiel.

Les *Cahiers* sont une somme de réflexions sur des sujets aussi divers que la littérature, l'art, la morale, la psychologie, le rêve, le corps, les sciences, les mathématiques, la politique, etc. Vers la fin de sa vie, Valéry y puise abondamment pour préparer des recueils de pensées, comme, par exemple, *Tel quel* (1941), avec lesquels il renouvelle une tradition littéraire presque mondaine : celle des moralistes du XVIIe siècle. Mais les *Cahiers* sont peut-être avant tout pour leur auteur une immense réserve grâce à laquelle il peut se dérober indéfiniment au regard de l'autre, qui ne pourra jamais le saisir dans sa totalité. Ils lui permettent de maintenir dans son œuvre une tache aveugle, un point d'illisibilité : « Je sens toutes ces choses que j'écris ici, ces rapprochements comme une tentative pour lire un texte et ce texte contient des foules de fragments clairs. L'ensemble est noir » (*ibid.,* vol. Ier, p. 6). Avec les *Cahiers*, Valéry échappe plus que jamais à toute identification. Il y apparaît comme un sujet pluriel, dispersé, fragmentaire, toujours changeant, qui ne professe d'autre religion que celle de l'incrédulité. C'est là sans doute un des aspects les plus modernes de sa pratique, que ses contemporains n'avaient que très peu perçu, faute de pouvoir lire les *Cahiers*. Ceux-ci ne sont devenus accessibles qu'après la mort de leur auteur, et leur édition intégrale vient seulement d'être entreprise. Rendu célèbre par un très petit nombre de textes (*la Soirée avec monsieur Teste, la Jeune Parque* et quelques autres poèmes), Valéry est le dernier écrivain français à avoir eu droit à des funérailles nationales (en 1945) ; mais – paradoxe – la France enterre ainsi un écrivain que pour l'essentiel elle n'a pas encore lu.

Plus que tous ses autres écrits, les *Cahiers* soulignent le fait qu'avec Valéry se développe quelque chose comme une paralittérature : une littérature qui ne s'avoue plus comme telle, qui refuse de passer par les genres traditionnels, ou d'assumer la fiction, qui est traversée par une hantise de lucidité. Plutôt ne rien faire (ou du moins ne rien publier) que de prendre le risque de ne pas savoir ce que l'on fait, d'être le jouet de ses croyances. Au centre de l'activité littéraire, il y a maintenant la question d'un savoir sur la littérature, qui passe avant le reste et qui souvent éloigne de la littérature, obligeant celui qui ne se contente plus d'être un écrivain à prendre en compte l'ensemble des savoirs et des intérêts de son époque. Dans cette perspective, on peut dire que Valéry, à bien des égards marginal, fait non seulement partie de son époque, mais que très souvent même il la précède. De nombreux aspects de sa démarche annoncent la figure de l'intellectuel polyvalent qui dominera la scène culturelle française après la Seconde Guerre mondiale. On pourrait dire également que, sans être un pur écrivain, il définit, pour une génération au moins, les conditions de possibilité de l'écriture, un peu comme Roland Barthes le fera pour une autre génération vers la fin des années 1960.

Cette volonté de rester lucide sur les pouvoirs du langage et de l'écriture devait presque nécessairement amener Valéry à devenir un des premiers « théoriciens » de la littérature ; un des premiers à tenter de poser, dans quelques textes publiés et surtout dans d'innombrables fragments des *Cahiers*, un certain nombre de critères visant à préciser l'usage purement littéraire du langage, à saisir celui-ci dans sa spécificité. Le poète s'efface ainsi derrière le poéticien : une sorte de physicien des mots, qui en calcule le poids, les relations, les potentialités, les effets. En 1937, dix ans après son entrée à l'Académie française, Valéry se voit confier la première chaire de poétique, spécialement créée pour lui au Collège de France. Plus tard, les structuralistes reconnaîtront ce qu'ils doivent à ce précurseur : un certain type d'interrogation de l'œuvre littéraire qui consiste à donner la priorité à une analyse rationnelle des éléments qui la composent plutôt qu'à l'interprétation de son sens. Bien sûr, la poétique de Valéry n'a encore rien de systématique. Pour l'essentiel, elle se laisse reconstituer à partir de fragments, d'hypothèses, d'esquisses que l'on trouve surtout dans les *Cahiers* ; il faudra attendre trente ans encore pour que la question soit à l'ordre du jour des universités. Son importance tient au fait qu'avec elle, c'est un des aboutissements possibles d'un certain type de rapport à la littérature qui apparaît. Le trajet de Valéry permet de suivre presque pas à pas la généalogie du désir poéticien. Il suggère que, derrière la lucidité revendiquée par le théoricien ou le poéticien, s'abrite une sorte de méfiance à l'égard des effets de séduction propres à la littérature. La possibilité de la poétique semble en tout cas aller de pair avec le développement en France d'une littérature qui ne cesse de se remettre en cause, de se disqualifier. La position de Valéry en témoigne, comme elle témoigne aussi d'un devenir flou des frontières entre l'écrivain proprement dit et le théoricien. Ce brouillage des frontières, c'est ce que Valéry a d'une certaine manière légué à notre époque : les écrivains ne sont plus aujourd'hui nécessairement là où on les imagine ; ni les théoriciens, d'ailleurs.

Voir aussi 1885 (juin), 1941, 1960.

Bibliographie : Paul Valéry, *Œuvres*, éd. Jean Hytier (Paris, Gallimard, 1957-1960) ; *Cahiers*, éd. Judith Robinson-Valéry (Paris, Gallimard, 1973-1974). Alain, *Commentaires de « la Jeune Parque »* (Paris, Gallimard, 1936). Jacques Derrida, *Marges de la philosophie* (Paris, Minuit, 1972). Vincent Kaufmann, *le Livre et ses adresses* (Paris, Méridiens-Klincksieck, 1986). Daniel Oster, *Monsieur Valéry* (Paris, Seuil, 1981).

Vincent Kaufmann

1928, 3 mai

La première pièce de Jean Giraudoux, *Siegfried*, est mise en scène par Louis Jouvet à la Comédie des Champs-Élysées

Amnésies

Walter Benjamin évoquait le silence des combattants de la Première Guerre mondiale qui revenaient muets du front, non pas plus riches, mais plus pauvres d'expérience communicable. La guerre finie, Siegfried von Kleist, protagoniste de la première pièce de Giraudoux, *Siegfried*, réapparaît dans le monde civil : muet, amnésique, sans identité – un Soldat inconnu vivant.

Le sort veut qu'il échoue à Gotha où une infirmière dévouée lui donne des cours d'histoire, de géographie et de langue au point de faire de lui un livre ambulant. Il occupe alors un poste gouvernemental important et promet à l'Allemagne tout entière – cette mosaïque colorée de royaumes d'apparats, dotés chacun d'un passé turbulent et chargé de poésie – un destin moderne : efficacité administrative, rationalisation systématique. L'État moderne, société anonyme sans traits distinctifs, reçoit l'administrateur impersonnel qu'il mérite.

Mais cet homme d'État est malheureux. Il rêve à quelques caractéristiques personnelles distinctives, une vieille habitude ou deux qui l'intégreraient à une famille, l'attacheraient à un paysage, évoqueraient un climat particulier. Un après-midi par semaine, il reçoit les parents des soldats portés disparus, espérant que quelqu'un le reconnaîtra, lui révélera sa véritable identité, lui rendant ainsi le temps perdu.

Siegfried est l'un des nombreux personnages de la littérature d'après-guerre sur lequel l'histoire n'a pas de prise. Dans *le Voyageur sans bagage*, la pièce de Jean Anouilh (1936), Gaston, traumatisé par les bombardements, languit dans un asile en s'occupant du potager. Il est découvert par une douairière dévouée au bien public qui lui fait faire le tour des bonnes familles de sa connaissance. Elle espère réveiller sa mémoire et cherche un moyen de lui faire réintégrer un contexte social respectable. Mais, même dans la famille qui s'avère être la sienne, Gaston ne se reconnaît pas, ne trouve rien qu'il puisse revendiquer, personne avec qui il soit enclin à vivre. Pour lui, tout n'est qu'étrangeté. On trouverait un autre exemple dans *la Valise vide* (1924), la nouvelle de Drieu La Rochelle. Gonzague est présenté comme un individu sans racine et sans but, beau garçon aux origines vaguement étrangères et au passé flou, personnage distrait, détaché. Il ne fréquente personne et notamment pas les femmes (en dehors de conversations téléphoniques qui ne mènent à rien).

Le passé devrait avoir du poids ; il devrait être quelque chose de substantiel que l'on emporterait avec soi. Le passé devrait permettre que s'établisse un lien entre soi et le monde, entre soi et les autres. Malheureusement, celui de Siegfried est comme une lettre qu'il a négligé d'écrire, une obligation qui reste à remplir, dressée entre lui et tout ce qu'il voudrait entreprendre : la vie, l'amour. Il est dans un état de suspension, comme dans les limbes. Il est un fantôme, vivant et pourtant mort, ainsi que le remarque l'une de ses connaissances à Gotha. À cet égard, il ressemble à Gaston, ou plutôt, à Jacques, l'homme désagréable que Gaston se révèle être, ce fantôme dont Gaston doit porter les habits, dans les draps duquel il doit dormir, et qui n'éveille en lui nul souvenir, parfait inconnu, étranger répugnant. L'Oreste de Sartre se plaint, dans *les Mouches* (1943), d'être le plus fantomatique de tous les fantômes qui hantent Argos, car il ne parvient pas à se souvenir de sa ville natale, n'arrive pas à la percevoir comme sienne, et, quand il vient rejoindre Électre, sa propre sœur, elle ne le reconnaît pas. Aussi se demande-t-il quelle autre ville il devra hanter.

Ces ombres humaines, pâles reflets errants des intenses passions des hommes, sont elles-mêmes hantées. C'est la maigreur de leurs souvenirs et leur détachement général qui confèrent au passé ce pouvoir de hanter. Dans le film de René Clair, *Fantôme à vendre* (1936), le millionnaire américain ne voit d'autre solution que d'acheter un passé et un peu de tradition sous la forme d'un château écossais, mais c'est seulement du fantôme des lieux dont il hérite. Clytemnestre, mère d'Oreste, décrit l'horreur d'un passé qui refuse de se laisser enterrer, échappant ainsi à toute appropriation véritable. On ne peut jamais considérer le passé comme sien. « Ce n'est pas moi qui l'ait fait », dit-elle. Cette action ne peut pas être la mienne. Comme si, à la suite de la Grande Guerre, l'histoire était devenue méconnaissable. Étrangère ; impossible à faire sienne ; impossible à appeler, rappeler, assumer – insupportable. C'est cette histoire étrange et inquiétante que l'engagement sartrien cherche à exorciser. Pour finir, Oreste commet un acte qu'il pourra enfin revendiquer ; un crime dont les victimes seront ses morts et le meurtre lui-même le fardeau de culpabilité qu'il sera seul à pouvoir endosser. Alors seulement il pourra emballer tous les problèmes d'Argos (les spectres des morts pleins de ressentiment, tous les remords aussi vains que tenaces) et partir, viril, avec ce chargement.

Gaston, dans la pièce d'Anouilh, est tout aussi décidé, mais beaucoup moins sérieux. Il se contente de balayer le passé et d'ignorer les fastidieux conseils que lui dispensent pompeusement les individus responsables : s'accepter, embrasser le mauvais avec le bon, se comporter en adulte, être un homme. Personne ne peut rester enfant éternellement...

Pourtant, tout le monde en rêve : c'est le rêve de tous les hommes, déclare Gaston. Retomber en enfance. Recommencer à zéro, partir d'une origine digne de ce nom, innocent et sans attaches, débarrassé du fardeau des erreurs passées et des obligations accumulées, allégé et transporté par la pure nouveauté. Et puisque par chance une telle occasion se présente à lui, pourquoi ne la saisirait-il pas ?

Peut-être Siegfried est-il ridicule de trouver ridicule d'être un « bébé adulte ». Peut-être a-t-il tort d'attacher une telle importance au seul petit bagage qu'il puisse revendiquer – son unique, maigre et vague souvenir (un seul mot, un adjectif qui, inexplicablement, le ravit), la seule partie de lui qui soit insoluble, dit-il. Il n'est pas exclu qu'il se trompe, car ailleurs chez Giraudoux on croise des êtres transparents qui sont d'une beauté extraordinaire et même « angélique ». Ainsi la sirène d'*Ondine* (1939) qui ne laisse aucune trace de son passage ; elle s'en va, même pour un instant, et c'est comme si elle n'avait jamais été là. Ainsi Jérôme, dans le *Cantique des cantiques* (1938) : sans âge, et clair lui aussi, translucide comme l'eau dont sort Ondine. Pas de dépôt, pas de précipité, pas de sédimentation. Il n'a aucun souvenir, et la femme qu'il aime perd les siens en le rencontrant. Depuis qu'elle est devenue sa fiancée, elle a l'impression qu'elle vient de naître, vêtue de cette robe, de ces bas, munie de cette brosse à dents. Il n'a qu'une valise – bien suffisante pour contenir ses maigres effets personnels – tout comme il n'a « qu'un mot pour dire qu'il pleut, pour dire qu'il aime » (*Théâtre complet*, p. 744).

Peut-être Siegfried est-il ridicule de regretter ainsi de n'avoir pas plus de choses à dire aux autres. Souvent, chez Giraudoux, l'amour se manifeste par un accès d'amnésie. Il n'est pas impossible que Siegfried soit ridicule, comme sont ridicules et ineptes en amour la plupart des personnages de Giraudoux. Ils veulent que l'amour soit quelque chose : dense, opaque, réel ; et que ce quelque chose les oblige : qu'il se mette entre eux...

Mais il est peut-être possible de se souvenir comment on fait pour oublier. « Il faut que nous confrontions nos souvenirs » (p. 113), lance Gaston, en guise de plaisanterie, à la fin du *Voyageur sans bagage*, au moment d'abandonner la famille à laquelle il avait été rendu (« Voilà... vous ne me plaisez pas. Je vous refuse » [*ibid.*, p. 100]), d'en finir avec le passé dont elle l'accablait (la culpabilité, les dettes, les vieilles querelles, la misère), et de partir, joyeux, pour des contrées inconnues, choisissant pour seul ancêtre un orphelin que, par un formidable coup de chance, il vient de rencontrer et qui se trouve être à la fois richissime et absolument ignorant de tous parents, grands-parents, tantes et oncles, amis, ou connaissances. Siegfried est sauvé par une orpheline (Geneviève, la fiancée française qu'il avait oubliée), comme Gaston l'est par un orphelin. Un dernier obstacle menace au moment précis où Geneviève va lui faire traverser la frontière pour le conduire dans le pays de l'amour, où, lui assure-t-elle, le seul passé qui soit vrai est un bond joyeux vers l'avenir. Le douanier leur demande de déclarer le contenu de leurs bagages. « Nous n'avons pas de gros bagages, explique-t-elle. – Vous les avez envoyés d'avance ?, demande alors le fonctionnaire. – Oui, reconnaît-elle. Sept ans d'avance. – Alors, ça ne regarde plus la douane. Ça regarde la consigne », conclut le douanier (*ibid.*, p. 71).

Nous ne traînons pas le passé derrière nous, nous ne l'avons ni sur les bras ni sur les épaules, ni même dans le cœur : nous l'expédions, et voyageons sans bagage.

Giraudoux était un virtuose : un maître de la langue, avec un sens aristocratique du rapprochement brillant, de la formule inattendue mais révélatrice, des délices de la digression, de l'ornementation syntaxique, du jeu de mots enchanteur. *Siegfried*, adaptation de son roman *Siegfried et le Limousin* (1922), inaugure sa longue collaboration avec Louis Jouvet. Ses quinze pièces forment la partie la plus connue de son œuvre, bien qu'on ait pu dire qu'il valait mieux les lire qu'acheter un billet pour les voir. Elles sont trop précieuses, dit-on, trop raffinées, trop « littéraires » ou « métaphysiques » pour passer la rampe. Difficiles à suivre et à comprendre. À cette objection, Giraudoux devait répliquer dans *l'Impromptu de Paris* (1937) qu'on ne va pas au théâtre pour « comprendre » mais pour passer une soirée qui permette à notre âme d'éprouver les mille chatoiements du style. « J'ai connu un enfant qui voulait comprendre le kaléidoscope. Il a raté toutes les joies du kaléidoscope. Ses camarades avec cet objet comprenaient qu'il y a le bleu, le rouge, les arcs-en-ciel, les mirages, les bâtons de feu, l'enfer, la volupté, la mort. Lui ne comprenait rien, et cassa sa machine » (*ibid.*, p. 709).

Giraudoux a écrit la plupart de ses pièces entre les deux guerres mondiales ; il était, à plus d'un titre, un homme d'intérims, d'interludes, d'intervalles : un homme de l'entre-deux. La frontière entre la France et l'Allemagne est l'une des lignes délicates qu'il a suivies. Au ministère des Affaires étrangères, il a occupé le poste de porte-parole officiel de la culture française – après avoir été étudiant en littérature allemande. À la veille de la Seconde Guerre mondiale, il était l'auteur favori d'un écrivain fasciste et germanophile comme Robert Brasillach et la personnalité littéraire la plus souvent interviewée par le journal ultraconservateur *Je suis partout* ; ce qui n'empêchera pas *les Lettres françaises* (à l'autre extrémité de l'éventail politique) de lui consacrer en 1944 un numéro entier, après sa mort mystérieuse, apparemment des suites d'une intoxication alimentaire. La célèbre phrase lancée par Brasillach pour défendre ses activités collaborationnistes (« Pendant ces quatre ans, les plus lucides d'entre nous ont tous plus ou moins couché avec l'Allemagne, et le souvenir leur en restera doux », *Écrits à Fresnes*, p. 138) est pratiquement une citation de *Siegfried* – Giraudoux ne figurera pas moins dans l'anthologie de la littérature de la Résistance établie par Jean Paulhan et Dominique Aury, *La patrie se fait tous les jours* (1947). En 1935, alors que la menace d'une nouvelle guerre se faisait plus pressante, il écrivit *La guerre de Troie n'aura pas lieu*. Dans *Ondine*, adaptée d'un roman de l'écrivain romantique allemand Friedrich La Motte-Fouqué l'année de la déclaration de guerre, il insérait un poème qui fait alterner français et allemand, et l'on raconte que, le jour de la répétition générale, il dut quitter le théâtre pour ne pas montrer à quel point l'affligeait l'idée d'une lutte armée qui allait mettre fin à l'amicale fusion des deux langues.

La triste situation de l'amnésique dans *Siegfried* est d'abord présentée comme un problème de relations franco-germaniques. À l'ouverture de la pièce, le patriote allemand, Zelten, vient de découvrir ce que, dit-il, il soupçonnait depuis toujours : Siegfried von Kleist n'est pas allemand. L'homme muet et sans nom trouvé dix ans plus tôt murmurant faiblement « Wasser » sur un champ de bataille en Allemagne ; guéri par Éva, une splendide blonde, parangon de la féminité allemande, qui lui a enseigné avec amour à parler (allemand) ; initié aux gloires de l'histoire allemande ; devenu un homme d'État et une autorité constitutionnelle de réputation nationale ; destiné, semble-t-il, à sauver l'Allemagne, à lui rendre sa grandeur après l'humiliante défaite de 1918 – cet homme donc, nommé Siegfried, n'est autre que le français Jacques Forestier, fiancé à Geneviève Prat, disparu sept ans plus tôt, peu après sa mobilisation et dont on est resté sans nouvelles depuis. Zelten fomente un coup d'État afin de chasser le Français du territoire allemand, où ses innovations sont absolument inopportunes, et de le rendre à son pays natal. Zelten a fait chercher en France son vieil ami Robineau à qui il demande d'amener Geneviève à Gotha. À leur arrivée, il sollicite leur aide pour une entreprise dont dépend « le sort des relations franco-germaniques » (*Théâtre complet*, p. 12).

De façon caractéristique, les pièces de Giraudoux tournent autour d'un certain choix : dans *Amphytrion 38* (1929), Alcmène doit choisir entre l'amour d'un homme et celui d'un dieu ; dans *Intermezzo* (1933), Isabelle est partagée entre un soupirant spectral et surnaturel et un humain terre à terre. La situation de Siegfried (entre deux femmes, Éva et Geneviève, dont chacune tente de le séduire – l'une en exaltant la nation allemande, l'autre la France) pourrait être rapprochée de celle d'Alcmène et d'Isabelle, d'autant plus que le choix auquel il se trouve acculé (entre la francité et la germanité), comme ceux d'*Amphytrion* et d'*Intermezzo*, est un choix entre deux styles : l'un clair et mesuré, qui s'en tient rigoureusement à des proportions humaines ; l'autre orageux, excessif, imprégné de mystère et d'une passion qui dépasse les dimensions humaines. Mais, chez Giraudoux, les décisions sont rarement tranchées, et il ne fait aucun doute que Siegfried parle pour Giraudoux quand, faisant ses adieux à l'Allemagne au moment de se mettre en route pour la France, il dit, qu'il unira en lui le Français et l'Allemand : « Je me refuse, moi, à creuser des tranchées à l'intérieur de moi-même » (*ibid.*, p. 68). Mais on ne reconnaît jamais autant la touche de Giraudoux que dans la manière dont ces choix tournent au paradoxe. Ainsi, dans *Siegfried*, la francité et la germanité se font et se défont dans une même trame et le problème des relations franco-allemandes devient un insoluble problème de traduction. Siegfried est reconnu par Zelten – qui lui reproche d'introduire la raison, la clarté et la modération dans la langue et la culture allemandes – comme étant Forestier, l'écrivain qui cherchait à introduire le mystère et la passion dans le français. Siegfried est de toute évidence une traduction allemande de Forestier. Zelten veut que l'Allemagne se déclare dans un allemand d'origine et que son prétendu sauveur, le soi-disant Allemand idéal, rentre chez lui, de l'autre côté de la frontière, retraduit en français. Mais Zelten à son tour – y compris lorsqu'il s'écrie, au cours d'une dispute avec Éva, que le destin de l'Allemagne n'est pas d'être « grande » sous le commandement de Siegfried, mais d'être « allemande » (avec lui à la barre) – pourrait fort bien parler un allemand français. Car, pour Éva du moins, il est un « Allemand » comme on n'en voit que dans les cafés de Montparnasse, où, en effet, Zelten a passé sa jeunesse au milieu des expatriés pittoresques et des conspirateurs internationaux, et où il retourne (passant la frontière juste avant Siegfried), après l'échec de son coup d'État. S'il est vrai que Siegfried n'est pas véritablement allemand mais seulement une traduction, Zelten non plus n'est pas véritablement allemand mais un traître, ou un transfuge. En outre, si Siegfried l'amnésique est un des ces Français qu'on perd en traduction, il existe une foule d'Allemands, dont les souvenirs remontent loin, qui – comme le chef de l'état-major militaire de Siegfried, le général Fontgeloy, farouchement antifrançais – sont au contraire des Français sauvés en traduction : ils descendent d'huguenots transplantés au XVIIe siècle en terre allemande.

La frontière entre la France et l'Allemagne – cette limite séparant deux traditions culturelles et deux caractères nationaux – s'effiloche comme un réseau de fils entrecroisés sur toute la carte de la pièce de Giraudoux. Zelten montre à Robineau – pour lui prouver que Siegfried est Forestier – un texte écrit par Siegfried en allemand, dont il prétend qu'il est un plagiat d'un texte français de Forestier. Robineau est philologue : ce pourquoi Zelten choisit de lui présenter ce genre de preuve. Mais Robineau remarque que toutes les littératures tiennent du plagiat, sauf l'originale, qui est inconnue. « Ah ces philologues français, quels philologues allemands ! » maugrée Zelten (*ibid.*, p. 16-17).

Zelten apprend donc, comme il l'avait toujours soupçonné, que Siegfried n'était pas allemand, n'était pas Siegfried du tout. J'ai découvert quelque chose, dit-il à Siegfried, et « pas de Siegfried, de vous » (*ibid.*, p. 48). Zelten a découvert qui était quelqu'un. Qui était qui ? Qui est celui que Zelten, malgré sa découverte, continue d'appeler Siegfried ? Il suffit que Geneviève le voie pour qu'elle sache que c'est Jacques. Mais quand Robineau lui rappelle de ne pas oublier de lui dire qui il est, elle demande : « Qui est-il ? » Elle a aussitôt reconnu que quelqu'un était Jacques. Mais qui ?

Il n'arrive jamais à se rappeler – ou du moins, pas de la façon qu'on attendrait. Rien ne lui revient au moment dramatique où Geneviève lui déclare qu'il est son fiancé. « Tu es français, tu es mon fiancé, Jacques, c'est toi » (*ibid.*, p. 14) déclare-t-elle haletante – à qui ? Il n'en a pas la moindre idée. D'où la question qui le hante : Qui est Jacques ? Il semble qu'il faudrait qu'il le sache avant de pouvoir commencer à trouver la réponse. La pièce tout entière avance d'un pas hésitant vers une réponse qui serait en même temps la condition préalable de sa mise en route. *Siegfried* ne cesse de suggérer qu'elle a besoin de son dénouement pour commencer. Ainsi, la solution du mystère des origines, la révélation du secret de la naissance – la pièce elle-même, finalement –, semble être différée. Et *Siegfried*, en fait, est une attente. La pièce commence dans la salle d'attente des appartements officiels de Siegfried à Gotha et finit dans la salle d'attente d'une gare à la frontière franco-allemande. Mais l'intervalle de ces deux salles d'attente permet quelques badinages amoureux – une courte pièce pendant la pièce comme il doit s'en produire parfois au cours des répétitions : deux inconnus, deux comédiens répétant leur texte, apprenant leur rôle dans un drame romantique, doivent parfois avoir le temps de tomber amoureux. Ainsi, pendant que Siegfried (qui ?) découvre Jacques (qui est-il ?) – ainsi pendant *Siegfried* – quelqu'un tombe amoureux, quelqu'un qui apprend ainsi qui est celui qui aime écouter Geneviève, une inconnue, lui parler de Jacques et lui apprendre tout sur lui. Qui est, en d'autres mots, celui qu'il découvre être Jacques. Qui est l'inconnu. C'est Siegfried ! « J'ai à te dire un mot, Jacques », lui murmure Geneviève, juste avant qu'ils ne montent dans le train (*ibid.*, p. 76). « Tu m'entends ? »

> *Siegfried* : Jacques t'entend.
> *Geneviève* : Siegfried !
> *Siegfried* : Pourquoi Siegfried ?
> *Geneviève* : Siegfried, je t'aime !

À mi-chemin de la solution du mystère (à mi-parcours de *Siegfried*), une nouvelle pièce commence, ou une autre découverte, qui est la condition de la première. C'est la découverte que fait Jacques – et Geneviève – pendant le temps qu'ils passent ensemble (pendant *Siegfried*), de Siegfried. Ils partagent un secret : ils ont rencontré, peu à peu, l'inconnu. Aussi serait-on en droit de considérer *Siegfried* comme une traduction de *Siegfried*. Une traduction préliminaire, requise par l'original. Car pendant que l'Allemand découvrait le Français, le Français découvrait l'Allemand, et pendant que l'Allemand résolvait l'énigme, le Français la trouvait. Faire l'expérience de *Siegfried* c'est assister à la naissance du secret de la naissance ; pressentir un prélude à la pièce, une ouverture à l'original ; et savoir qu'à la fin du dernier acte *Siegfried* reviendra. La pièce est une pure promesse de la pièce.

Voir aussi 1914-1918, 1945 (6 février).

Bibliographie : Jean Anouilh, *le Voyageur sans bagage ; le Bal des voleurs* (Paris, Gallimard, 1958). Robert Brasillach, *Écrits à Fresnes* (Paris, Plon, 1967). Walter Benjamin, *le Narrateur*, in *Poésie et révolution*, trad. Maurice de Gandillac (Paris, Denoël, 1971). Pierre Drieu La Rochelle, *la Valise vide*, in *Plainte contre inconnu* (Paris, Gallimard, 1924). Jean Giraudoux, *Théâtre complet*, éd. Jacques Body (Paris, Gallimard, 1982). Jean Paul Sartre, *Huis clos ; les Mouches* (Paris, Gallimard, 1976). Jacques Body, *Giraudoux et l'Allemagne* (Paris, Didier, 1975). Charles Mauron, *le Théâtre de Giraudoux* (Paris, José Corti, 1971). Ann Smock, *Double Dealing* (Lincoln, University of Nebraska Press, 1986).

Ann Smock

1929

Jean Larnac publie une *Histoire de la littérature féminine en France*

« Odor di femina » (sic)

En 1929, le fascisme était en place en Italie et le national-socialisme en plein essor en Allemagne. Aux États-Unis, la Bourse s'effondrait, déclenchant une crise sociale et économique mondiale ; et, en Union soviétique, Staline imposait la collectivisation massive de la terre et l'élimination des koulaks. En France, Raymond Poincaré était président, Aristide Briand Premier ministre, et les affrontements violents entre la gauche et une droite de plus en plus fascisante se multipliaient.

Tous ces événements contribuèrent à l'exacerbation d'un courant intellectuel légitimé, à la fin du XIXe siècle, par le darwinisme social, renforcé par le nationalisme et entretenu par l'évocation des périls que faisaient courir aux valeurs et au tissu de la civilisation occidentale les juifs dégénérés, les races inférieures et les hordes d'amazones écrivant des inepties. Il colore les pages consacrées à des femmes de lettres dans des ouvrages comme *les Bas-Bleus*, de Jules Barbey d'Aurevilly (1878), « Le romantisme féminin », de Charles Maurras (1905), et le « Destin intellectuel de la femme », de Paul Valéry, conférence prononcée en 1928 et publiée en 1929.

L'*Histoire de la littérature féminine en France* (1929) de Jean Larnac se présentait comme une étude et une défense de la longue tradition d'écrivains féminins en France. Cet ouvrage inestimable offrait un panorama informé de la querelle des femmes, ce premier débat entre « féministes » et « antiféministes » (ce sont les propres termes de Larnac), ainsi qu'un répertoire de noms propres et de titres. Mais il reconduisait les clichés les plus dommageables sur l'inévitable infériorité des femmes, en tant que femmes et en tant qu'écrivains.

La préface est une déclaration d'intentions : Larnac se propose d'instruire le dossier de manière impartiale, d'étudier l'histoire, particulièrement longue en France, des écrivains femmes, en évitant à la fois la rhétorique des antiféministes qui condamnent tout ce dont elles sont la source et celle des « féministes » qui les exaltent comme des modèles. Il prend le contre-pied de Joseph de Maistre, qui, dans une lettre à sa fille, après avoir énuméré les chefs-d'œuvre de la culture occidentale, soulignait qu'aucun n'était dû à une femme. À la fin de la préface, Larnac formule les questions que son étude entend examiner : si les femmes ont été incapables de créer des œuvres d'art comparables à celles des hommes, est-ce faute d'avoir baigné dans un environnement culturel et social adéquat ou parce que, quelle que soit l'évolution sociale, elles sont par nature incapables de créer de telles œuvres ? Est-il exact que les données physiologiques déterminent des différences intellectuelles qu'aucune évolution sociale ou culturelle ne peut modifier ? Est-il exact que c'est quand elles sont malheureuses en amour que les femmes se tournent vers la création artistique ? La thèse de Larnac, annoncée dès la préface, répétée dans toute la première partie et développée de façon théorique dans la seconde partie, est que, les femmes étant fondamentalement différentes des hommes, leur écriture est également différente : et s'il est vrai qu'elles n'ont créé aucune des œuvres que Joseph de Maistre citait à sa fille, elles en ont créé d'autres, en accord avec leur nature et leur génie propre.

Que les femmes soient différentes constitue le leitmotiv de la première partie – la plus longue – de l'étude de Larnac. Chacun de ses neuf chapitres, disposés selon un ordre chronologique, est centré autour d'une figure majeure : Marie de France, Christine de Pisan, la marquise de Sévigné, et Marie-Madeleine de La Fayette, Germaine de Staël, George Sand, Marceline Desbordes-Valmore, Anna de Noailles et Colette. Beaucoup d'autres femmes sont mentionnées, toujours sur le ton de flatterie ironique qui est de règle chaque fois qu'on parle d'un auteur féminin dans une histoire, une étude critique ou un compte rendu journalistique. Dans sa volonté de s'opposer aux thèses postdarwiniennes qui condamnent les femmes à rester des écrivains médiocres, superficiels et marginaux, Larnac durcit les oppositions binaires qui structurent ses analyses. Ses catégories deviennent de plus en plus rigides. Le masculin est le signe de l'intelligence, de la raison, de l'effort, de l'abstraction, de la production, des muscles et de la normalité ; le féminin est tout aussi inévitablement le signe de la sensibilité, de l'inspiration, de la spontanéité, de l'émotion, de la reproduction, des nerfs et de l'anormalité.

La polarité entre normalité et anormalité, esquissée dans la première partie, devient la pièce centrale de l'argumentation de Larnac dans la seconde où, s'appuyant sur ce qu'il croit être une théorie scientifique sérieuse, il en vient à son insu à accentuer ce sur quoi se sont toujours appuyées les condamnations les plus pernicieuses qui décrivent une femme écrivain comme un être dénaturé, singeant les hommes, en bref une anormale – une femme qui a cessé d'être femme, n'étant ni épouse chérie ni tendre mère. Cette conclusion involontaire est amenée par l'absence de cohérence méthodologique de Larnac. Aucune théorie véritable ne se dégage de son étude qui ne dépasse pas la description répétitive d'une situation immuable. À cet égard, il n'est pas sans intérêt de comparer l'étude de Larnac avec l'essai de Sigmund Freud de 1932, « La féminité ». Freud ne part pas de la différence elle-même, mais des effets qui lui sont attribuables, et formule des hypothèses qui pourraient expliquer la différence, avant de développer les implications de ces hypothèses. Freud possède une méthode d'investigation, pas Larnac.

Dans la seconde partie de son *Histoire,* « Les femmes et la littérature », Larnac cite des psychologues, des physiologistes, des médecins, des éducateurs, des ontogénéticiens et des phylogénéticiens que leurs recherches ont conduits à conclure à l'existence, du point de vue de l'intelligence, de différences fondamentales entre les femmes et les hommes. Une seule question reste sans réponse aux yeux de Larnac : ces différences sont-elles inévitables ou sont-elles le résultat d'un long passé d'« esclavage » ? Ici Larnac s'inspire du « Destin intellectuel de la femme » de Valéry, du « Romantisme féminin » de Maurras, et peut-être plus encore des *Bas-Bleus,* de Barbey d'Aurevilly, qui fait une erreur en citant le livret écrit par Lorenzo Da Ponte pour le *Don Giovanni,* de Mozart, erreur que Larnac répète.

À l'acte Ier, scène IV de l'opéra, Don Giovanni dit à son valet, Leporello, qu'il est tombé amoureux d'une belle femme. Tandis qu'il parle, Donna Elvira apparaît au fond de la scène, et Don Giovanni s'écrie : « *Zitto ! mi pare sentir odor di femmina* » (« Chut ! Je crois sentir une odeur de femme »). La présence de la femme est révélée par son odeur, une odeur que Don Giovanni identifie sans autre vérification. Dans l'introduction des *Bas-Bleus,* Barbey d'Aurevilly déclarait :

> Les femmes peuvent être et ont été des poètes, des écrivains et des artistes, dans toutes les civilisations, mais elles ont été des poètes femmes, des écrivains femmes, des artistes femmes. Étudiez leurs œuvres, ouvrez-les au hasard ! À la dixième ligne, et sans savoir de qui elles sont, vous êtes prévenu ; vous sentez la femme ! *Odor di femina* (sic). Mais quand elles ont le plus de talent, les facultés mâles leur manquent aussi radicalement que l'organisme d'Hercule à la Vénus de Milo, et pour le critique, c'est aussi clair que l'histoire naturelle (p. XXII).

Dans l'*Histoire de la littérature féminine en France,* Larnac cite ce passage, reproduit la faute d'orthographe à *femina,* et ajoute ce commentaire :

> Et en effet, la littérature féminine montre une frénésie de vibration qui s'oppose à ce calme serein de l'art auquel atteignent quelques génies masculins.
> Intelligence masculine, sensibilité féminine ; nous retrouvons cette opposition jusque dans le style des deux sexes (p. 271).

Deux ans plus tôt, dans sa préface à *Colette : sa vie, son œuvre* (1927), Larnac avait écrit :

> Je conserve donc l'espoir de faire partager le plaisir que j'ai eu à respirer longuement la grisante odeur de foins qui monte de son œuvre (p. 9).

Ici, c'est l'œuvre plutôt que la femme qui est reconnaissable à son odeur, mais l'association est encore faite avec le féminin, et exclusivement avec une odeur.

Odor di femina est l'inconscient du texte de Larnac et c'est à travers lui que ses convictions profondes se manifestent : pour lui la différence repose en dernière instance sur le physiologique et le sexuel. Il étudie les femmes écrivains en commençant par la littérature et les différences entre l'écriture des femmes et celle des hommes, mais finit par leurs différences physiologiques, leurs rôles respectifs dans l'acte sexuel et leurs différences psychologiques. Larnac semble ignorer les implications de sa thèse. Il ne soupçonne pas, et en cela il diffère de Maurras, qu'il pourrait y avoir un rapport entre le fait d'enraciner dans la différence physiologique des sexes les différences entre leurs modes d'écriture et le fait de croire aux différences physiologiques entre catholiques et juifs, entre nations, entre « races ». Larnac ne voit pas davantage qu'une différence est inévitablement hiérarchique et que, en insistant sur leur différence, il reconduit le préjugé de l'infériorité littéraire des femmes qui contaminent la culture malculine. Il est aveugle à la contradiction qui existe entre ses intentions et l'inconscient de son texte.

Cette *odor di femina* qui sert de révélateur pour l'attitude de Larnac envers les femmes, comme êtres humains et comme productrices de culture, trouve un écho et un défi intéressant dans *Sido*, de Colette (1929), le roman où elle évoque ses rapports avec sa mère (Sidonie). Comme si elle voulait consacrer à son tour la croyance dans les vertus identificatrices de l'odeur féminine, Colette décrit les retours de sa mère de ses voyages à Paris dans les termes suivants : « Elle n'a jamais su qu'à chaque retour l'odeur de sa pelisse en ventre-de-gris, pénétrée d'un parfum châtain clair, féminin, chaste, éloigné des basses séductions axillaires, m'ôtait la parole et jusqu'à l'effusion » (*Œuvres,* p. 496).

Dans *Sido,* Colette ne se borne pas à insister sur l'odeur de sa mère ; comme Larnac, elle fait de la mère la figure de la femme par excellence. Sur ce point, Larnac, Colette, et le Freud de « La féminité » semblent d'accord. Mais tandis que chez Larnac et chez Freud aucune autre image ne vient rivaliser avec celle de la mère, *Sido* contient l'image de la fille écrivain, la fille qui écrit à la place d'un père mutilé dont elle reprend le projet et crée l'image de la mère. Il n'y a donc pas de *Sido* sans Colette.

Pour Larnac, comme plus tard pour le psychanalyste Erik Erikson, il n'arrive jamais à une femme d'être autre chose qu'une femme. Son *Histoire* renforce, tout en essayant de le libéraliser, un discours officiel sur les femmes. Durant la même période, entre 1928 et 1932, d'autres femmes écrivains – Djuna Barnes, Natalie Clifford Barney, Gertrude Stein – et deux psychanalystes – Freud et Jacques Lacan, dans la seconde partie de sa thèse de médecine, *le Cas « Aimée », ou la Paranoïa d'auto-punition* (1932) – commençaient à mettre en question l'idée d'une identité sexuelle fixe, et à suggérer, chacun à sa manière, que le masculin et le féminin étaient des constructions imposées par l'organisation sociale et le langage. Mais, comme Freud le souligne dans les premières pages de « La féminité », la question de l'identité sexuelle – Est-ce un homme ou une femme ? – est la première différence, la première distinction que nous soyons habitués à faire. Les trois questions qui ont le plus préoccupé les écrivains et les théoriciens de la seconde moitié du XXe siècle ont commencé à émerger en 1929 : Qu'est-ce qu'une femme ? Qu'est-ce que la littérature ? Et quel rapport y a-t-il entre ces deux questions ? Ignorée par Larnac et par ses prédécesseurs, la première question fut formulée par Colette. On rencontre dans *Sido* non seulement la fille qui écrit et – reprenant, si on peut dire, la plume défaillante du père – écrit pour exprimer leur amour commun pour Sido, mais aussi la mère jalouse de l'attirance que sa fille éprouve pour une autre femme, Adrienne, qui l'avait allaitée quand elle était en bas âge. Le désir circule entre fille, mère et nourrice, sans tenir compte des opinions de Larnac sur ce que sont une femme normale et des formes d'amour acceptables.

Le roman de Colette conduit aussi à remettre en question certaines notions officielles sur ce qu'est la littérature. Larnac enferme les femmes écrivains dans ce qui pour lui sont des genres féminins : la correspondance, la poésie et le roman. Mais *Sido,* comme beaucoup des livres de Colette, ne respecte pas les limites des genres, pas plus que ne le fait le nom avec lequel, à partir de 1923, elle signa ses écrits. Ce nom de Colette, à la fois nom de famille de son père et prénom féminin, échappe à la fois aux traditionnelles Mme de... de l'histoire littéraire et au pseudonyme masculin auquel étaient condamnées celles qui voulaient y échapper. Il semble raisonnable de conclure qu'en 1929, tandis que Larnac mettait de l'ordre dans ce qu'il croyait être la tradition officielle des femmes écrivains en France, Colette s'employait activement à déranger, plus profondément peut-être qu'elle n'était consciente de le faire, les bases (et les partis pris) de cette tradition, remettant en question les deux piliers du titre de Larnac : « littérature » et « féminine » ainsi que le flair infaillible de Don Juan.

Voir aussi 1542, 1787, 1816, 1859 (23 juillet), 1949, 1975.

Bibliographie : Colette : The Woman, the Writer, éd. Erica Eisinger et Mari W. McCarty (University Park, Pennsylvania State University Press, 1981). Jules Barbey d'Aurevilly, *les Bas-Bleus* (Paris, Société Générale de Librairie Catholique, Victor Palmé, 1878). Colette, *Sido,* in *Œuvres,* éd. Claude Pichois (Paris, Gallimard, 1991). Lorenzo Da Ponte, *Don Giovanni* (Milan, Ricordi, 1964). Sigmund Freud, « La féminité », in *Nouvelles Conférences d'introduction à la psychanalyse* (Paris, Gallimard, 1984). Jacques Lacan, *le Cas "Aimée", ou la Paranoïa d'auto-punition »,* in *De la psychose paranoïaque dans ses rapports avec la personnalité* suivi de *Premiers Écrits sur la paranoïa* (Paris, Seuil, 1975). Jean Larnac, *Colette : sa vie, son œuvre* (Paris, Simon Kra, 1927) ; *Histoire de la littérature féminine en France* (Paris, Simon Kra, 1929). Charles Maurras, « Le romantisme féminin », in *l'Avenir de l'intelligence* (Paris, Flammarion, 1927). Michèle Blin Sarde, *Colette, libre et entravée* (Paris, Stock, 1978). Béatrice Slama, « De la "littérature féminine" à "l'écrire femme" : différence et institution »,

Littérature, n° 44 (1981), pp. 51-71. Paul Valéry, « Destin intellectuel de la femme », in *Remarques extérieures* (Paris, Cahiers Libres, 1929).

Elaine Marks

1931, mars

Maurice Heine publie le premier volume du roman du marquis de Sade, *les Cent Vingt Journées de Sodome, ou l'École du libertinage*

Sadologie

En 1923, Maurice Heine – curieuse silhouette de l'avant-garde parisienne qui a consacré sa vie à traquer les manuscrits du marquis de Sade et à les éditer – créait la Société du roman philosophique, dans le but de publier les œuvres du marquis dont la majeure partie était encore inaccessible. On lui doit la première édition fiable des *Cent Vingt Journées de Sodome* parues en trois volumes entre 1931 et 1935.

Les Cent Vingt Journées décrivent les sévices que quatre libertins au pouvoir illimité infligent à des victimes qu'ils ont enlevées et soigneusement sélectionnées. Ces sévices s'achèvent sur d'épouvantables tortures et mutilations sexuelles. Sade écrivit ce roman en 1785, à la Bastille, où il était emprisonné. Il ne cessa de prétendre que c'était son chef-d'œuvre. Le rouleau sur lequel il l'avait écrit lui fut enlevé quelques jours avant la prise de la Bastille, le 14 juillet 1789. Il ne devait réapparaître qu'à la fin du siècle. Iwan Bloch, psychiatre allemand spécialisé dans les perversions sexuelles, en assura une première édition en 1904. Mais il introduisit tant d'erreurs dans la transcription de l'écriture de Sade que Heine, après avoir acheté le manuscrit à Berlin, mit au point l'édition dont le premier volume allait paraître en 1931.

Au cours du XIXe siècle, une véritable légende s'était développée autour de Sade. Les théories médicales insistaient de plus en plus sur l'importance de la sexualité dans le comportement humain, en particulier dans ses aspects pathologiques. C'est ainsi que les psychiatres virent dans les romans de Sade des documents exemplaires sur la perversion sexuelle, et qu'ils allaient dénommer sadisme cette forme de plaisir pris à infliger la souffrance, à détruire l'objet de son propre désir. Parallèlement, pour les écrivains romantiques, Sade devenait un personnage d'autant plus fascinant qu'il était interdit de prononcer son nom, héros et victime d'une révolte luciférienne, prototype du maudit. Dans *Madame Putiphar*, roman frénétique publié en 1839 par Pétrus Borel, le protagoniste partage une cellule avec Sade et se sent anobli par la proximité de « l'une des gloires de la France, un martyr ».

La publication par Guillaume Apollinaire de la première anthologie de textes sadiens, *l'Œuvre du marquis de Sade* (1909), est aussi la première tentative de liberté conditionnelle accordée à Sade. Dans son introduction, Apollinaire prévoyait que cet homme qui n'avait pratiquement pas compté pour le XIXe siècle risquait de devenir une figure majeure du XXe siècle. Il avait raison. L'œuvre de Sade devenait disponible. Avec Rimbaud et Lautréamont, le marquis allait bientôt s'octroyer une place dominante au panthéon surréaliste, à la fois prophète, pionnier et martyr de la modernité. Freud ayant établi que le sadisme faisait partie intégrante de la constitution et du développement de la psyché humaine, Sade pouvait être vénéré pour sa totale – sinon extrême – absence d'hypocrisie dans l'expression de cette nature, démonstration de la variété et de la complexité des pulsions naturelles plutôt que dépravation pathologique individuelle.

On trouve au cœur de cette réhabilitation le refus d'interpréter les romans de Sade en terme de réalisme. « Sade est surréaliste dans le sadisme », écrit André Breton dans le *Manifeste du surréalisme*, formule qui souligne précisément ce que les excès de Sade ont d'imaginaires, d'irréels ou de « surréels ». Paul Eluard, célébrant la fête de Sainte-Justine dans *la Révolution surréaliste*, résumait ce point de vue : « Toutes les figures créées par l'imagination doivent être les maîtresses absolues des réalités de l'amour », ajoutant que Sade avait voulu « délivrer l'imagination amoureuse » (« D. A. F. de Sade, écrivain fantastique et révolutionnaire », décembre 1926, p. 9). L'enjeu des éloges du caractère littéraire du sadisme de Sade sera formulé plus tard par Maurice Blanchot quand il écrira : « Il faut tout dire » (« L'inconvenance majeure », p. 20). La censure est intolérable, en effet, lorsqu'il s'agit du langage. Mais, aussi bien, il ne faut pas conclure des mots aux faits : en tant que telle, aucune œuvre littéraire ne peut incriminer quiconque. Dans la notice de présentation de l'*Anthologie de l'humour noir* (1939), Breton retient des romans de Sade les passages qui témoignent de ce qu'il appelle « une outrance manifeste » et qui, dit-il, « détend le lecteur en lui donnant à penser que l'auteur n'est pas dupe » (p. 39). À l'âge d'or de la sexualité que fut l'utopie surréaliste, la place du sadisme devait être celle d'un mélange d'amour fou et d'humour noir, de sexe et de liberté ; une place bénie par l'infini des possibles de l'imagination.

C'est Maurice Heine qui, dans la préface – dédiée à ses amis surréalistes – de l'édition qu'il publie en 1930 des *Infortunes de la vertu*, de Sade, a donné à ce point de vue sa plus éminente expression. Les fantasmes sadiques de Sade ne sont pas la cause mais le résultat de son emprisonnement. Ils en sont aussi la négation, puisque grâce à eux le désir peut triompher de la réalité. « Prisonnier de corps, un peu d'encre et de papier vont le libérer d'esprit » (*le Marquis de Sade*, p. 64). À peine Sade s'est-il mis à écrire que la Bastille est devenue « la tour de la Liberté ». Ce sadisme n'a rien à voir avec la souffrance réelle infligée à des corps réels, mais (réduit au statut inoffensif de jeu surréaliste) il n'en appelle qu'à l'imagination et au principe de plaisir.

Georges Bataille fut exclu du mouvement surréaliste pour s'être opposé à cette conception. À ses yeux, la vénération d'un Sade devenu héros de la littérature était une autre forme de trahison. Troppman, le personnage central du roman écrit en 1935, *le Bleu du ciel* (publié en 1957), dénonce le culte dont Sade est l'objet dans les milieux littéraires. « Écoute-moi, Xénie, dit-il à sa maîtresse, tu t'es mêlée à l'agitation littéraire, tu as dû lire Sade, tu as dû trouver Sade formidable. Comme les autres. Ceux qui admirent Sade sont des escrocs – entends-tu – des escrocs... » (*Œuvres complètes*, vol. III, p. 428). Après l'interdiction légale dont il avait été victime au XIXe siècle, « l'édulcoration » de Sade par l'avant-garde n'est qu'une manière – symétrique – de refouler le cœur horrifiant et inassimilable d'une expérience qui n'associe pas la sexualité au plaisir mais à la terreur.

Pierre Klossowski a soutenu une interprétation voisine dans sa conférence prononcée au Collège de sociologie en 1939, à l'occasion de la commémoration du cent cinquantième anniversaire de la Révolution française, ainsi que dans les essais réunis dans *Sade, mon prochain* (1947). Ces lectures marquent un passage vers une interprétation qui s'intéresse moins à l'érotisme de Sade qu'à la terreur qu'il inspire, miroir d'un « carnage légalisé » où l'on retrouve à la fois la Terreur révolutionnaire de 1793 et la violence nazie contemporaine. Pour les surréalistes, ce « miroir » contenait aussi une doctrine révolutionnaire positive, proposant un ensemble de lois applicables. Mais à l'instar de Bataille, Klossowski soutenait au contraire que l'œuvre de Sade ne pourrait jamais être revendiquée par quelque système normatif ou idéologique que ce soit. Loin de reconnaître les terroristes comme ses disciples, Sade, disait Klossowski, « ne fut pas loin d'éprouver le carnage légalisé de la Terreur comme une caricature de son système » (*le Collège de sociologie*, p. 373). À mesure que l'on avançait dans les années 1930, la célébration de Sade par les surréalistes commença à paraître terriblement naïve face à une violence politique qui semblait reproduire les plus horribles scénarios de Sade.

Voir aussi 1791 (été), 1924, 1937 (mars).

Bibliographie : Guillaume Apollinaire, « Les diables amoureux », in *Œuvres complètes*, éd. Michel Décaudin, vol. II (Paris, Balland, 1965). Georges Bataille, *le Bleu du Ciel*, in *Œuvres complètes*, vol. III (Paris, Gallimard, 1971) ; « Dossier de la polémique avec André Breton », in *ibid.*, vol. II (Paris, Gallimard, 1970). Maurice Blanchot, « L'inconvenance majeure », préface de Sade, in *Français, encore un effort si vous voulez être républicains* (Paris, Jean-Jacques Pauvert, 1965). Pétrus Borel, *Madame Putiphar*, 2 vol. (Genève, Slatkine, 1967). André Breton, *Anthologie de l'humour noir* (Paris, Le Livre de Poche, 1966) ; *Œuvres complètes*, éd. Marguerite Bonnet, vol. Ier (Paris, Gallimard, 1988). Jane Gallop, *Intersections : A Reading of Sade with Bataille, Blanchot, and Klossowski* (Lincoln, University of Nebraska Press, 1981). Maurice Heine, *le Marquis de Sade*, éd. Gilbert Lély (Paris, Gallimard, 1950). Pierre Klossowski, « Le marquis de Sade et la Révolution », in *le Collège de sociologie : 1937-1939*, éd. Denis Hollier (Paris, Gallimard, 1979). Françoise Laugaa-Traut, *Lectures de Sade* (Paris, Armand Colin, 1973). Donatien Alphonse François, marquis de Sade, *Œuvres complètes*, éd. Annie Le Brun et Jean-Jacques Pauvert (Paris, Jean-Jacques Pauvert, 1986).

Carolyn J. Dean

1931, juin

La traduction de *Was ist Metaphysik ?*, de Heidegger, ouvre le sommaire du numéro 8 de *Bifur*

Le néant dans la vie quotidienne

« Si autrefois le philosophe n'avait rien tant à cœur que de se mettre à l'abri des multiples péripéties de la vie et rechercher dans sa pensée la sécurité en face de ce qui restait incompréhensible, écrit Bernard Grœthuysen, le philosophe de l'avenir ne voudra plus écarter les risques que comporte toute vie et n'appréhendera plus l'inconnu » (*Introduction à la pensée philosophique allemande depuis Nietzsche*, p. 29).

C'est en réaction contre ce désir d'introduire dans les activités de l'esprit l'équivalent de l'action et du risque (ce que Leiris appellera « l'ombre d'une corne de taureau » dans sa préface à *l'Âge d'homme*) que Julien Benda a écrit *la Trahison des clercs* (1927), où il reproche aux défenseurs des valeurs éternelles de se mettre au service de passions de plus en plus temporelles. Mais cet accès d'humeur n'a pas convaincu les intellectuels de reprendre les chemins du cloître : au lendemain des

Années folles, sur un terrain traditionnellement réservé à la patience des thèses et à la prudence des sommes, le pamphlet, le mot d'ordre et l'insulte prolifèrent. Parmi les plus célèbres, *Mort de la pensée bourgeoise* (1929) et *Mort de la morale bourgeoise*, publiés coup sur coup par Emmanuel Berl, et *les Chiens de garde* (1932), du jeune philosophe communiste Paul Nizan. Dans cette attaque contre l'establishment philosophique parisien, Nizan proclame : « Quiconque veut penser aujourd'hui humainement pensera dangereusement » (p. 58). Cette génération, en effet, ne plaçait pas très haut la liberté de penser ; pour paraphraser Saint-Just, elle voulait que nul ne pense innocemment. L'existentialisme, qui se réclame du « nous sommes embarqués » pascalien, méprise la sagesse riveraine du *suave mari magno*. Le sage ne se vante plus de contempler philosophiquement les naufrages, désormais il veut monter à bord, en espérant que le bateau soit ivre, dût-il même sombrer dans les turbulences qui s'annoncent.

La publication en 1931 du *Qu'est-ce que la métaphysique ?* (1929, *Was ist Metaphysik ?*) de Heidegger, traduit par Henry Corbin et préfacé par Alexandre Koyré, est une date décisive pour l'existentialisme français. Heidegger y définit comme métaphysique toute question dans laquelle le questionnant est lui-même « mis en question ». Privée de sol ferme, d'assise fixe, la question métaphysique est une question qui, pour ainsi dire, n'arrive pas à se « poser ». Et si l'angoisse devient une expérience fondamentale, c'est précisément parce qu'elle concrétise affectivement cette « mobilisation » générale de l'existant. « Il ne reste rien comme appui », écrit Heidegger (*Qu'est-ce que la métaphysique ?*, p. 58 ; en 1931, dans la traduction de *Bifur* : « Aucun point fixe ne demeure », p. 17). « L'existant dans son ensemble devient *branlant* », p. 60 (*Bifur* : « Sa totalité devient instable », p. 19). La question métaphysique précipite le penseur hors de sa réserve, hors de ses parenthèses, elle ne lui laisse pas le loisir de « prétendre, sous prétexte de sagesse, au rôle d'observateur », comme le dit Arnaud Dandieu (« Philosophie de l'angoisse », p. 885). La métaphysique définit une pensée sans recul.

Une épistémologie existentielle se met en place à partir de l'engagement du sujet dans son champ d'étude. L'usage de la première personne cesse d'être pénalisé ; c'est elle que choisissent des héros de la subjectivité comme Kierkegaard et Maine de Biran. Le journal devient une forme philosophique respectable : celui de Gabriel Marcel (*Journal métaphysique*, 1927) est un des premiers ouvrages existentialistes publiés en France. Ce qui était traditionnellement dénoncé comme manque d'objectivité devient le signe de reconnaissance d'un nouvel esprit scientifique : Raymond Aron déclarera bientôt, dans son *Introduction à la philosophie de l'histoire* (1939), que c'est parce que l'homme est historique que l'histoire est une science ; et Georges Canguilhem, dans *Connaissance de la vie* (1952), que c'est parce que l'homme est un être vivant que la biologie est possible. La psychanalyse et l'ethnographie, dans lesquelles l'accès au savoir exige du sujet qu'il paye de sa personne, font appel à la même valorisation de l'engagement épistémologique. Mais l'irruption de la première personne n'est pas seule responsable de la crise de l'objectivité ; elle tient aussi au caractère élusif des objets eux-mêmes. « Il est certains spectacles, écrit Paulhan, qui ne tolèrent pas de spectateur » (*Œuvres*, vol. II, p. 191). L'objet devient d'une timidité absolue ; il suffit qu'un observateur approche pour qu'il disparaisse. Comme si, pour employer des catégories sartriennes, l'en-soi lui-même ne supportait plus le regard d'autrui.

Ce caractère élusif de l'objet conduit à une crise de la description. Bergson avait reproché au langage son pragmatisme qui lui interdit de rendre le phrasé de la vie psychique. Pour Heidegger, quand le langage échoue, ce n'est pas à cause de ses imperfections, mais en raison de la situation dans laquelle le sujet se trouve engagé. L'angoisse n'est pas ineffable ; elle rend muet. « L'angoisse nous coupe la parole » (*Qu'est-ce que la métaphysique ?*, p. 59). D'où les problèmes de narration : comment raconter ce qui coupe la parole ? Comment maîtriser verbalement ce qui fait perdre la maîtrise des mots ?

La crise d'angoisse constitue la grande scène des récits existentialistes. Au cours d'une promenade, à l'improviste, un personnage voit le monde s'effondrer autour de lui, se vider, perdre son sens.

Nizan, secrétaire de *Bifur*, est à l'origine de la publication de *Qu'est-ce que la métaphysique ?* dans cette revue. Ce qui peut surprendre tant son œuvre est une défense contre l'expérience décrite par Heidegger. Il travaillait alors à son premier roman, *Antoine Bloyé*. Les chroniques familiales étaient à la mode. Après les Pasquier de Georges Duhamel, les Thibault de Roger Martin du Gard, Nizan commence la saga des Bloyé (*Antoine Bloyé*, 1933 ; *le Cheval de Troie*, 1934 ; *la Conspiration*, 1938). Interrompue par la mort de l'auteur en 1940, cette saga couvre deux générations : le père, Antoine, un ouvrier modèle conduit par son succès à trahir sa classe ; le fils, Pierre, qui, tirant la leçon de ces erreurs, devient communiste pour reconstruire les ponts coupés par son père.

On peut imaginer que le chapitre XX – l'un des derniers – d'*Antoine Bloyé* a été écrit alors que Nizan corrigeait les épreuves de *Qu'est-ce que la métaphysique ?*. Antoine est licencié à la suite d'une erreur professionnelle. Tout ce qui avait été le sens de sa vie lui est retiré. Ayant renoncé à sa place dans la classe où il est né, il se voit à présent rejeté par la classe dans laquelle il avait cru s'être fait une place. Un jour de printemps, un accès d'angoisse le saisit, à l'improviste, alors qu'il se promène rue de Tolbiac. « Antoine ne pensait à rien. » Il se reconnaît immédiatement dans ce rien, dans cet être explétif. Nizan paraphrase Heidegger. « Quand le néant paraît, tout s'abat » (*Antoine Bloyé*, p. 286). Mais l'essentiel est moins ce qui arrive à Antoine que son incapacité à se le représenter, à le raconter, à le soumettre à son contrôle verbal : une courbure de l'espace soustrait son vécu à la représentation. Antoine s'interroge : « Comment apparaîtraient les choses lorsqu'il serait mort ? On ne peut pas penser ces événements, on ne peut pas être réellement mort et se voir mort. [...] Il s'irritait comme devant un problème de saisir que son néant n'était pas représentable » (*ibid.*, p. 277).

Ce chapitre est le lieu d'un conflit entre le vécu d'Antoine et sa transcription par Nizan : le fait de raconter ce vécu est une première trahison puisqu'une de ses composantes est l'incapacité d'Antoine à en rendre compte. Mais Nizan ne se borne pas à raconter, il donne un sens. *Antoine Bloyé* est une réinterprétation de *Qu'est-ce que la métaphysique ?* qui rentabilise le négatif en dialectisant et en politisant l'expérience du néant. La narration de l'échec narratif devient ainsi la pièce maîtresse d'un projet didactique qui se propose d'interpréter à la lumière du marxisme de l'auteur la crise heideggerienne de son personnage. L'être-pour-la-mort ne définit pas la condition humaine mais la condition bourgeoise, surtout après l'ébranlement de la bourgeoisie par la crise – non existentielle – de 1929.

Peu après la publication de *Qu'est-ce que la métaphysique ?* dans *Bifur*, Raymond Queneau, qui venait de quitter le surréalisme, écrit son premier roman, *le Chiendent* (1933). Dans presque tous les romans de Queneau figure un garnisaire du néant, préposé au non-être, à l'être explétif du rien. Dans *le Chiendent*, ce rôle est tenu par le concierge, Saturnin. Un morceau de beurre donne à cet heideggerien qui s'ignore l'occasion de développer une méditation aussi métaphysique que celle qu'avait inspirée à Descartes son célèbre morceau de cire ou à Platon la définition du pêcheur à la ligne. Mijotée au petit feu de la dialectique, la masse lactée réduit lentement jusqu'à fondre dans ce qu'elle n'est pas. « La motte de beurre n'est pas tout c' qu'elle est pas, elle n'est pas partout où elle n'est pas, elle interdit à toute chose d'être là où elle est, elle a pas toujours été et n' sera pas toujours, ekcétéra, ekcétéra. Ainsi une infinité pas mal infinie de ne pas être. [...] C'est simple comme bonjour. Ce qui est c'est ce qui n'est pas ; mais c'est ce qui est qui n'est pas. Au fond, y a pas le nonnête d'un côté et l'être de l'autre. Y a le nonnête et puis c'est tout puisque l'être n'est pas » (*le Chiendent*, p. 376). Saturnin, vigilant, s'assure que l'existence conserve son authenticité en la maintenant sous la coupe du néant. Au cours d'agapes banlieusardes, il observe, saturnien, les convives en train de vider leur assiette : « Ils ne se doutaient pas que l'assiette pleine cachait une assiette vide, comme l'être cache le néant. » Sitôt vides, les garçons se précipitent pour remplir les récipients : « Ainsi échappe-t-on à l'angoisse », conclut Saturnin (*ibid.*, pp. 267-268). L'intrigue du *Chiendent* est elle-même une allégorie de cette méditation : une porte, peinte en bleu, mystérieusement accrochée au mur d'une brocante, déclenche une rocambolesque chasse au trésor. Comment ne pas imaginer qu'elle cache quelque chose ? Mais, comme un masque sans visage, une frêle pellicule d'être flottant sur le néant, elle finira par révéler que sa couleur bleu du ciel ne cachait rien. C.Q.F.D.. L'opposition, religieuse ou moralisante, de l'être et du paraître est remplacée par celle, esthétique et métaphysique, du non-être et du paraître.

Dans un autre roman de Queneau, *les Derniers Jours* (1936), Vincent Tuquedenne, venu étudier la philosophie à la Sorbonne, est saisi, place d'Alleray, par le peu de réalité de ce qui l'entoure. Sous ses yeux, les choses sont emportées par le raz de marée de ce qu'elles ne sont pas. Leur présence cesse de faire le poids à côté de leur non-être. « Tuquedenne se sentit prêt à pleurer et s'attendrit sur l'inexistence des choses » (p. 170). Si le marxisme servait à Nizan de barrage contre le néant, ici, c'est un platonisme – ou peut-être un thomisme – qui transforme l'expérience du néant en expérience esthétique. La beauté vient aux choses de leur peu de réalité ; ce qui est s'embellit à la lumière de ce qui n'est pas. « Comment les sauver ? » se demande Tuquedenne attendri par la fragilité des choses. Mais il s'agit moins de sauver les choses du néant, que de les sauver *dans* leur néant.

Au sommaire de *Bifur*, à côté de la traduction de Heidegger, figurait « La légende de la vérité », premier texte important publié par un ancien camarade de Nizan à l'École normale, Jean-Paul Sartre. La même année Sartre devait s'engager dans la longue aventure qu'a été la rédaction de *la Nausée* (1938). Une crise d'angoisse, dit Heidegger, ne se décrit qu'après coup, rétrospectivement. On est d'abord sans voix ; puis on se demande ce qui s'est passé. Heidegger commente : ce « n'était "réellement"... rien. En effet : le Néant lui-même – comme tel – était là » (*Qu'est-ce que la métaphysique ?*, p. 59). Cette formule pourrait résumer *la Nausée* ; Fredric Jameson y relève à juste titre « une sensibilité particulière aux événements dans lesquels "rien" n'arrive » (*Sartre*, p. 32). Roquentin, le protagoniste de ce roman en forme de journal, personnage plutôt saturnien lui aussi, note ainsi dès la première page : « Il ne faut pas mettre de l'étrange où il n'y a rien » (*la Nausée*, p. 5). La résolution de ce dilemme occupera le reste du roman : que peut-on mettre d'autre ? Comment faire pour que ne paraisse pas étrange ce qu'on met là où il n'y a rien ? Et même, comment dire qu'il n'y a rien sans que cela paraisse étrange ? Ou encore, pour parler comme Tuquedenne, comment sauver, sans le trahir, le rien de ce qui arrive ?

La critique du roman développée par Roquentin s'enracine dans de telles questions. À une époque où Walter Benjamin, dans un essai célèbre, « Le narrateur » (1936), déplorait la disparition des conteurs, Roquentin les fuit comme la peste. Loin de ressentir la moindre nostalgie pour un monde où les hommes communiquaient oralement leur expérience, il vomit les gens qui racontent leur vie. L'autodidacte ne l'exaspère jamais autant que le jour où, lui demandant de raconter ses voyages, il le force à se mettre dans la position d'un narrateur, c'est-à-dire d'un homme à souvenirs, à expériences, d'un homme qui a vécu. C'est à la suite de cette séance de souvenirs forcés que Roquentin développera sa critique du roman. Elle est animée par le désir de saisir et de nommer l'événement avant qu'il ait été détourné par le romanesque. Raconté, un événement n'est plus le même ; le récit jette une ombre rétrospective sur un vécu qui ne l'anticipait pas. « Pour que l'événement le plus banal devienne une aventure, note-t-il, il faut et il suffit qu'on se mette à le *raconter* » (*ibid.*, p. 48). Alors que le vécu ne fait pas de phrases, toute histoire a un début, un milieu et une fin : dans un roman, « les instants ont cessé de s'empiler au petit bonheur les uns sur les autres » (*ibid.*, p. 50). Le journal de Roquentin est un protocole d'enregistrement qui se propose d'adhérer à la banalité prénarrative du vécu ; de respecter les humeurs d'un vécu qui refuse de se laisser hypothéquer par ce qu'on dira de lui.

C'est au jardin public de Bouville que Roquentin, comme Antoine Bloyé rue de Tolbiac et Vincent Tuquedenne place d'Alleray, est frappé par son attaque existentielle. Après avoir renoncé à ce qui, depuis plusieurs années, faisait le sens de sa vie (le livre auquel il travaillait), il se retrouve, comme Antoine Bloyé, dans une situation que Georges Bataille aurait qualifiée de « négativité sans emploi ». La découverte de l'existence à laquelle cette crise donne lieu est, par bien des aspects, un écho direct de sa critique du roman. Roquentin reprochait au roman d'offusquer le vécu, de le trahir par une hypothèque narrative. L'existence lève cette hypothèque. Une racine de marronnier, objet inerte et sans utilité narrative, déclenche la découverte. « Cette racine [...] existait dans la mesure où je ne pouvais pas l'expliquer » (*ibid.*, p. 153). L'existence se manifeste en effet dans la révolte des existants contre l'ordre du discours ; ils existent dans la mesure où ils refusent de répondre à leurs noms. Une fois de plus, l'existence est définie par son statut linguistique négatif : à son contact, « le mot se vidait de son sens » (*ibid.*, p. 154).

Les réflexions de Roquentin ne sont pas très éloignées de celles de Georges Bataille sur « l'insubordination des faits matériels » (« La notion de dépense », 1933, *Œuvres complètes*, vol. Ier, p. 318). En 1932, dans « La critique des fondements de la dialectique de Hegel », écrit en collaboration avec Queneau, Bataille rejetait pour des raisons similaires l'idée d'une dialectique de la nature : la nature est « la chute de l'idée, une négation, à la fois une révolte et un non-sens » (*ibid.*, vol. Ier, p. 279).

Mais comment raconter cette chute, ce voyage au bout du langage, cette entrée dans l'espace de l'existence sans phrases ? Après que la contingence de l'existence lui eut été révélée, Roquentin note : « Les mots s'étaient évanouis et avec eux la signification des choses » (*la Nausée*, p. 150). Une telle phrase est exemplaire par sa mauvaise foi. Elle utilise le langage pour décrire une situation dans laquelle le langage aurait été congédié. Elle sort du langage, mais sans déposer son bagage linguistique. Le texte existentialiste est volontiers une remontée de ce type en deçà du seuil où le monde parle, une tentative pour recouvrer, par la parole, le monde dont on se coupe en parlant, pour remonter, au moyen du langage, à l'espace dont le langage sonne le glas, pour évoquer, en parlant, un monde inentamé par la parole.

À mi-chemin entre le surréalisme et l'existentialisme, plusieurs œuvres importantes relèvent de cette ambition – voisine de ce que Maurice Blanchot a appelé le regard d'Orphée. Ainsi, Francis Ponge qui, dans « Le monde muet est notre seul patrie » (1952), justifie son parti pris des choses en définissant les poètes comme les « ambassadeurs du monde muet » (*Méthodes*, p. 205). La même torsion orphique vers une autre sorte de monde muet, celui de l'enfance, définit le projet de Michel Leiris dans *la Règle du jeu* et en particulier dans son premier tome, *Biffures* (1948), dont un chapitre, « Il était une fois... », transforme l'expression « du temps que les bêtes parlaient » en une variante fabuleuse du temps que les hommes ne parlaient pas. Cette formule ouvre une narration qui remonte en aval de la parole, vers un temps où le langage n'avait pas encore distingué l'homme du reste des existants, où le langage n'avait pas encore condamné l'homme à faire exception parmi les existants.

Le second existentialisme, celui des *Temps modernes* et d'un Sartre converti par la guerre au point de vue de Nizan, sera un humanisme faisant porter à l'homme la responsabilité du sens, identifiant l'existence avec une création de sens. Au contraire, le premier existentialisme des années 1930 a été animé par la volonté de démystifier les complaisances auxquelles conduit le culte du sens. Sens et existence sont exclusifs l'un de l'autre. Exister, c'est ne rien vouloir dire. Ce retour en force de l'informe s'inscrit dans la suite du surréalisme qui, lui aussi, avait demandé au langage de se soustraire à la production du sens.

Voir aussi 1933 (décembre), 1941, 1945 (15 octobre).

Bibliographie : Georges Bataille, *Œuvres complètes*, vol. Ier (Paris, Gallimard, 1970). Julien Benda, *la Trahison des clercs* (Paris, Grasset, 1937). Arnaud Dandieu, « Philosophie de l'angoisse et politique du désespoir », *Revue d'Allemagne*, n° 60 (1932), pp. 883-891. Bernard Grœthuysen, *Introduction à la pensée philosophique allemande depuis Nietzsche* (Paris, Stock, 1926). Martin Heidegger, *Qu'est-ce que la métaphysique ?*, in *Questions* (Paris, Gallimard, 1968). Fredric Jameson, *Sartre. The Origins of a Style* (New York, Columbia University Press, 1984). Michel Leiris, *Biffures* (Paris, Gallimard, 1948). Paul Nizan, *les Chiens de garde* (Paris, François Maspéro, 1974) ; *Antoine Bloyé* (Paris, Grasset, 1933). Jean Paulhan, *Œuvres*, éd. Jean-Claude Zylberstein, 5 vol. (Paris, Cercle du Livre précieux, 1966-1970). Francis Ponge, *Méthodes* (Paris, Gallimard, 1961). Raymond Queneau, *le Chiendent* (Paris, Gallimard, 1974) ; *les Derniers jours* (Lausanne, Éditions Rencontre, 1965). Jean-Paul Sartre, *la Nausée*, in *Œuvres romanesques*, éd. Michel Contat et Michel Rybalka (Paris, Gallimard, 1982).

Denis Hollier

1933, février

Après deux années d'enquête et de collecte, la mission Dakar-Djibouti rentre à Paris

Négrophilie

La mission Dakar-Djibouti, c'était la science sur une grande échelle. Pendant vingt mois, une équipe d'ethnologues et de linguistes dirigée par Marcel Griaule a traversé l'Afrique subsaharienne de l'Atlantique à la mer Rouge. Dans la foulée d'autres exploits transcontinentaux de l'époque, comme la Croisière jaune et la Croisière noire (à travers l'Asie et l'Afrique, à bord de véhicules Citroën), la mission fut un succès retentissant. Elle apporta plus de trois mille objets aux collections du musée d'Ethnographie du Trocadéro et établit une base d'enquête quasi permanente chez les Dogons, peuple d'Afrique occidentale que les travaux de Griaule et de ses collègues allaient bientôt rendre célèbres. Les résultats de la mission furent publiés dans *Minotaure*, la luxueuse revue d'art d'Albert Skira et d'Etstratios Tériade. Elle est aussi à l'origine de quantités de monographies et d'articles savants, ainsi que de *l'Afrique fantôme*, de Michel Leiris (1934), spécimen unique d'ethnographie surréaliste. L'expédition fut suivie avec intérêt égal par la meilleure société parisienne et par les universitaires du récent Institut d'ethnologie. Des représentants de ces deux groupes se trouvaient côte à côte, en tenue de soirée, le 15 avril 1931 au Cirque d'Hiver, quand le boxeur noir panaméen et champion des poids welters, Al Brown, donna un gala au profit de la mission.

La mission Dakar-Djibouti mettait à profit la négrophilie qui avait envahi la musique d'avant-garde, la littérature et l'art. Le goût pour la sculpture africaine, que Pablo Picasso, André Derain et Guillaume Apollinaire avaient découverte avant 1914, se vulgarisait après la guerre sous l'étiquette d'art nègre. Expositions et débats passionnés se succédaient. Le Paris des années 1920 était envahi de choses nègres, catégorie élastique qui incluait le jazz nord-américain, les rythmes syncrétiques brésiliens, les sculptures d'Afrique, d'Océanie et d'Alaska, la « poésie » rituelle du sud du Sahara et de l'intérieur de l'Australie, la littérature de la Harlem Renaissance, et *Batouala* (sous-titré « véritable roman nègre »), de René Maran, Prix Goncourt 1921. Les écrits de l'anthropologue collectionneur Leo Frobenius, récemment traduits de l'allemand, faisaient de l'Afrique orientale le berceau de l'humanité. Et *la Mentalité primitive* (1922) du philosophe très prisé, Lucien Lévy-Bruhl, avait donné l'imprimatur universitaire à l'image de peuplades noires « mystiques », « affectives » et « prélogiques ».

« L'Afrique », par définition, était primitive, sauvage, élémentaire. Pourtant, dans les années 1920, les stéréotypes issus de l'association entre primitivisme et retard mental ou infériorité avaient changé de signe, représentant désormais l'inverse : la libération, la spontanéité, une reconquête de sources archaïques qui paradoxalement donnaient accès à la véritable modernité. Avec la vogue du jazz américain, après-guerre, ce primitivisme moderniste a sans doute atteint son apogée. Il triomphait alors avec le succès de groupes comme le Southern Syncopated Orchestra et les Black Birds de Lew Leslie, ou celui de Joséphine Baker et Sydney Bechet dans la Revue nègre au

Théâtre des Champs-Élysées. Michel Leiris rappelle l'atmosphère de l'époque dans *l'Âge d'homme* (1939) :

> Dans la période de grande licence qui suivit les hostilités, le jazz fut un signe de ralliement, un étendard orgiaque, aux couleurs du moment. Il agissait magiquement et son mode d'influence peut être comparé à une possession. C'était le meilleur élément pour donner leur vrai sens à ces fêtes, un sens religieux, avec communion par la danse, l'érotisme, latent ou manifesté, et la boisson, moyen le plus efficace de niveler le fossé qui sépare les individus les uns des autres dans toute espèce de réunion. Brassés dans les violentes bouffées d'air chaud issues des tropiques, il passait dans le jazz assez de relents de civilisation finie, d'humanité se soumettant aveuglément à la machine, pour exprimer aussi totalement que possible l'état d'esprit d'au moins quelques-uns d'entre nous : démoralisation plus ou moins consciente née de la guerre, ébahissement naïf devant le confort et les derniers cris du progrès, goût du décor contemporain dont nous devions cependant pressentir confusément l'inanité, abandon à la joie animale de subir l'influence du rythme moderne, aspiration sous-jacente à une vie neuve où une place plus large serait faite à toutes les candeurs sauvages dont le désir, bien que tout à fait informe encore, nous ravageait. Première manifestation des nègres, mythe des edens de couleur qui devait me mener jusqu'en Afrique et, par-delà l'Afrique, jusqu'à l'ethnographie (pp. 161-162).

Leiris n'a pas été le seul à associer jazz et ethnographie. Son collègue de la mission Dakar-Djibouti, l'ethnomusicologue André Schaeffner, avait récemment écrit (avec André Coeuroy) *le Jazz : la musique moderne* (1926). Georges-Henri Rivière était lui aussi un aficionado de la musique noire ; c'est lui qui avait organisé le gala du boxeur Al Brown ; il allait devenir (avec Paul Rivet) le réorganisateur des musées ethnographiques et fokloriques de France. La négrophilie d'après-guerre infiltra et mit en rapport des domaines séparés comme la musique, l'art, l'ethnographie, la littérature et la danse. En 1923, on jouait *la Création du monde* aux Ballets suédois. Les décors, les costumes et le rideau de scène de ce « rituel » cosmogonique africain, dus à Fernand Léger, incluaient, parmi divers motifs africains, de véritables masques provenant du Congo et de la Côte-d'Ivoire. Quant à la musique de Darius Milhaud, elle mêlait rythmes du Brésil et jazz de New York ; le texte, de Blaise Cendrars, était fondé sur des mythes baoulés d'Afrique occidentale.

Deux ans plus tôt, Cendrars avait publié son *Anthologie nègre* (1921), recueil de poésie noire puisée à des sources qui vont d'œuvres à l'exotisme douteux, comme *le Sénégal drôlatre*, aux meilleurs travaux ethnographiques de l'époque, ceux de Maurice Delafosse, Carl Meinhof et Arnold Van Gennep. En élevant le « folklore » africain au statut de « poésie », Cendrars remettait en question l'association des textes primitifs avec le physique, le rythme et la sauvagerie. Mais parallèlement, en plaçant le fétichisme, le totémisme et la magie au premier plan, il reconduisait cette idéologie, même sous une couverture « littéraire ». Cendrars avait lui-même écrit des poèmes nègres – *Continent noir* (1922), *les Grands Fétiches* (1922) – où il mettait à profit l'expérience directe des cultures noires que lui avait procurée ses séjours dans les favelas de Rio, à Harlem, dans les jungles de Guyane. Journaliste, marin, légionnaire, lecteur invétéré, il avait une intuition et un enthousiasme pour les choses nègres, qui hésitaient entre la traduction savante et l'exotisme romantique. Un engagement quasi ethnographique allait permettre à Cendrars d'aller plus loin que beaucoup de ses contemporains – par exemple, Paul Morand, dont les livres de voyage oscillaient entre l'exotisme à grand spectacle (*Magie noire*, 1928) et l'encanaillement chic (*New York*, 1930).

À peu près à l'époque où Blaise Cendrars s'employait à greffer des motifs africains et jazz dans son écriture, les dadaïstes de Zurich organisaient leurs célèbres « Soirées » au cabaret Voltaire. Le programme du 14 juillet 1916 annonçait « bruits, musique nègre (trabatgea bonooooooo oo ooooo) ». Hugo Ball et Tristan Tzara, s'accompagnant de tambours, psalmodiaient des mélopées « nègres » de leur invention, au nom d'un retour à des formes d'expression supposées caractériser les cultures noires : sauvages, rythmiques et présyntaxiques. Ces exhibitions somme toute racistes – une sauvagerie de carton-pâte recyclée en scandale et régénération poétique – furent de courte durée. Mais l'influence de la culture noire sur les « poèmes nègres » de Tzara (la plupart non publiés de son vivant) fut plus durable. Collectionneur d'art primitif, Tzara possédait ce sens critique qui manquait à Cendrars et s'appuyait sur les sources les plus solides de l'époque, comme l'honorable revue ethnographique suisse *Anthropos*. Dans ses transcriptions de mythes ou de chants aborigènes africains ou australiens, il partait des traductions mot à mot plutôt que des versions « littéraires », plus lissées. Ce littéralisme devait aboutir à des « poèmes » obscurs et décousus qui, comme les expériences des futuristes italiens et russes, isolent et combinent des éléments linguistiques simples. Alors que, pour Cendrars, les cultures noires étaient une fontaine de jouvence offerte à l'inspiration poétique, pour Tzara, ce renouveau passait par une destruction de la littérature en tant que telle et des formes conventionnelles du discours.

Lorsque la négrophilie battait son plein à Paris, Jean Paulhan avait commencé depuis quelque temps une expérience rigoureuse de traduction de « poésie » non occidentale. Entre 1908 et 1910, le futur rédacteur en chef de la *Nouvelle Revue française* avait séjourné à Madagascar, enseignant le français à Tananarive. Passionné par l'ethnologie et la langue malgache, Paulhan fut vite fasciné par les « hain-tenys », poèmes-proverbes gnomiques, souvent amoureux, récités au cours de joutes formelles. Plein d'admiration pour la densité de leur éloquence et leur force poétique, Paulhan ne laissa pas passer une occasion (fût-ce au détriment de ses cours) d'en parler avec les sages indigènes et d'assister à leur récitation dans les villages merinas. De retour à Paris, il en publia un choix, *les Hain-Tenys* (1913), dans un volume qui comprenait, outre une longue introduction, les textes malgaches, leur traduction en français et des notes explicatives. Pendant longtemps, Paulhan devait caresser le projet de soutenir une thèse sur ce sujet. Il continua à revoir ses traductions. En 1939, Gallimard réédita *les Hain-Tenys*, avec une nouvelle introduction, mais sans les textes malgaches.

En 1913, le ton de Paulhan était scientifique ; il se proposait d'éclairer en les contextualisant les obscurités des poèmes malgaches. En 1939 au contraire, son introduction mettait en avant leur irréductible « difficulté » ; tandis que ses notes et traductions ne ménageaient plus qu'un accès partiel à l'exotisme de ces poésies présentées comme une sorte de journal de sa propre expérience de ces textes, « gaucherie et erreurs » comprises. Les mêmes produits culturels, dont il pensait en 1913 qu'ils étaient accessibles à l'interprétation ethnographique occidentale et à la traduction littéraire, devenaient problématiques à la veille de la Seconde Guerre mondiale : les « hain-tenys » exerçaient le même pouvoir, mais celui-ci tenait désormais au doute et à l'effort qu'ils imposaient à leurs lecteurs.

En adoptant l'attitude de traducteurs plutôt que de collectionneurs, Cendrars, Tzara, Paulhan et Leiris s'adressaient à la spécificité des cultures africaines, américaines ou mélanésiennes. Les stéréotypes de la négrophilie des années 1920 n'étaient pas tout. À côté d'eux se développait un véritable engagement ethnographique. Entre 1925 et 1938, une ethnographie moderne, appuyée sur les enquêtes de terrain, s'est développée à l'Institut d'ethnologie de Paris et au musée du Trocadéro rénové. La circulation des idées et des hommes mettait alors en communication les milieux universitaires et l'avant-garde. C'est ainsi que Leiris, Griaule, Schaeffner et Rivière se retrouvèrent à *Documents* (1929-1930), la revue surréaliste dissidente créée par Georges Bataille. Ils suivaient les séminaires de Marcel Mauss à l'École pratique des hautes études, et travaillaient au Trocadéro puis au musée de l'Homme, qui lui succéda. Les cultures étudiées par l'ethnographie permettaient d'élargir la vision que l'Occident avait des possibles anthropologiques. Dans l'analyse de Mauss des formes primitives de l'échange, *Essai sur le don* (1923), les exemples non occidentaux ouvraient de nouvelles perspectives sur les formes de vie européennes. Cette utilisation critique et politique du savoir ethnographique se retrouvait dans le socialisme militant d'universitaires comme Rivet, Lévy-Bruhl et Mauss, aussi bien que dans la critique culturelle de l'avant-garde.

L'Afrique fantôme, de Leiris, est peut-être l'hybride le plus étonnant né de la rencontre, pendant l'entre-deux-guerres, de l'avant-garde littéraire et de l'ethnographie universitaire. « Secrétaire-archiviste » de la mission Dakar-Djibouti, Leiris consignait en même temps, dans son journal, une histoire plus personnelle de l'expédition. Le résultat – tout, sauf une histoire au sens propre du mot – fut un journal de bord où étaient notés observations, suggestions de recherche, rencontres avec des Africains, humeurs, hypothèses, rêves (éveillés ou non), ébauches de préfaces, notes pour un roman – autant de « données » qui se rapportent aux états d'âme d'un ethnographe confronté à une problématique réalité « fantôme ». Le journal, envoyé par liasses à sa femme à Paris, fut publié sans modifications en 1934. « L'objectivité » implacable de Leiris, n'épargnant personne, ni lui ni ses collègues, démystifiait la rhétorique scientifique de l'expédition. Plutôt que de mettre en avant le nombre d'objets collectés, les rituels auxquels ils avaient assistés, les photographies prises, les articles écrits, etc., *l'Afrique fantôme* s'attarde sur les frictions interpersonnelles de l'ethnographie, sur l'alternance entre travail fiévreux et dépression, sur l'implication de l'ethnographe dans la politique, tribale ou coloniale. On a pu apprendre, en lisant Leiris, que certaines des pièces de musée collectées par la mission avaient été volées. Et, quand il évoque ses propres recherches sur la langue initiatique des Dogons ou sur la possession par les esprits en Éthiopie, il en parle, au mieux, comme d'une sorte de tâtonnement méthodologique, lutte constante pour obtenir une autorité scientifique qui lui manque.

Leiris avait été attiré par l'ethnographie parce qu'il y voyait la possibilité de contacts « authentiques » avec des cultures radicalement différentes de la sienne. En 1930, il avait rejeté la négrophilie de pacotille de la décennie précédente. Mais, après vingt mois d'enquête sur le terrain, c'était l'observation sociologique qui se mettait à faire problème. Leiris était rebuté par sa neutralité scientifique et l'absence de tout engagement personnel. « J'aimerais mieux être possédé qu'étudier les possédés », note-t-il dans son journal (*l'Afrique fantôme*, p. 324). Par-dessus tout, il avait, dit-il, la « sensation ardente d'être au bord de quelque chose dont je ne toucherai jamais le fond, faute, entre autres raisons, de pouvoir – ainsi qu'il le faudrait – m'abandonner, à cause de mobiles divers, très malaisés à définir, mais parmi lesquels figurent en premier lieu des questions de peau, de civilisation, de langue » (*ibid.*, p. 359).

Le travail ethnographique a guéri Leiris de l'exotisme d'évasion. L'Afrique, complexe et insaisissable, n'a rien changé dans ses obsessions érotiques et intellectuelles. Concluant que, pour être vraiment engagée, une ethnographie devait se faire chez soi, Leiris résolut de concentrer son attention sur sa propre société, et en particulier sur son plus mystérieux « indigène » – lui-même. À la fin des années 1930, avec Georges Bataille et Roger Caillois, Leiris fonda le Collège de sociologie, expérience brève et subversive d'analyse culturelle. Le Collège appliquait des schémas empruntés à l'analyse d'Émile Durkheim sur les aborigènes d'Australie à une étude des formes modernes du « sacré », du sacrifice et du rituel en mutation de la France du XXe siècle. C'est à cette époque que Leiris, adaptant les méthodes de recherche qu'il avait utilisées plus tôt en Afrique, se mit à prendre des « notes de terrain » à son propre sujet, consignant méthodiquement expériences, rêves, pensées et souvenirs. Ces fiches étaient ensuite classées, puis développées – en fait écrites et réécrites – avant d'aboutir aux auto-enquêtes permanentes qui sont la contribution la plus originale de Leiris à l'écriture du XXe siècle. Depuis *l'Afrique fantôme* et *l'Âge d'homme* jusqu'aux quatre volumes de *la Règle du jeu* (1948, 1955, 1966, 1976) que suivit *le Ruban au cou d'Olympia* (1981), Leiris a adopté vis-à-vis de lui-même la position d'un observateur-participant étrangement détaché et néanmoins passionné. En ce sens, l'auto-ethnographie de Leiris problématisait tout à la fois les présupposés de l'autobiographie et de l'anthropologie.

Ce que Leiris avait perçu en 1934 comme un « fantôme » décevant – et qui avait d'abord été pour lui l'occasion d'une introspection publique – a émergé après 1945 comme force historique : la négritude. Au cours des années 1930, Aimé Césaire, Suzanne Césaire, René Ménil, Jules Monnerot, Léopold Sédar Senghor, étudiants antillais et africains vivant à Paris, collaborèrent aux revues *Légitime Défense* et *l'Étudiant noir* où Aimé Césaire devait publier son *Cahier d'un retour au pays natal*. Il fallut attendre la fin de la Seconde Guerre mondiale pour que ce long poème, puissant, riche, original, et les premières productions d'une poésie qui affirmait cette négritude aient un impact sur la négrophilie et l'anthropologie blanches. Au début des années 1950, la revue *Présence africaine* offrit une tribune où des écrivains noirs collaborèrent avec des anthropologues comme Leiris, Griaule, Schaeffner, Georges Balandier et Théodore Monod. Ce nouveau paysage avait été annoncé par Sartre dans « Orphée noir », son introduction à l'*Anthologie de la nouvelle poésie nègre*, de Senghor (1948). Cette anthologie, aux antipodes de la collection primitiviste de Cendrars, faisait apparaître sur la scène mondiale des voix noires qui parlaient avec éloquence, cohérence et sans traduction. Paradoxalement, cette contestation conférait à la « littérature française » les dimensions d'un phénomène authentiquement international. Le *Discours sur le colonialisme* (1955), de Césaire, dénonçait les prétentions de l'Occident à dominer et à définir les peuples colonisés. Les cultures noires cessaient d'être des zones « traditionnelles » à la disposition des artistes et des savants « avancés » qui désiraient se les approprier. Elles étaient des systèmes discursifs forts, modernes à leur façon, capables de résister aux définitions européano-centristes de l'évolutionisme ou de l'histoire.

Dans la préface à la réédition de *l'Afrique fantôme*, en 1951, Leiris signale ces changements, à la lumière desquels le livre pouvait sembler « dépassé par la situation ». Il venait de retourner en Afrique occidentale comme membre d'une commission d'enquête sur les conditions de travail dans les colonies. Il était aussi allé en Martinique, où, grâce à l'amitié d'Aimé Césaire, il était entré directement en contact avec des groupes d'opposition au régime colonial et avait rencontré diverses manifestations de la vie culturelle locale. Si, autrefois, pensait-il désormais, l'Afrique avait pu lui apparaître comme un fantôme, la faute en revenait d'abord au « subjectivisme de rêveur » de l'auteur lui-même et à son incapacité à percevoir l'exploitation ailleurs que dans ses formes les plus apparentes. Il pouvait alors réaliser clairement que l'Afrique de 1933 était « elle aussi bien réelle », prise dans la lutte naissante des colonisés contre leurs colonisateurs. Un dépassement véritablement humaniste des limitations culturelles et raciales exige autre chose que l'identification romantique ou le détachement scientifique, autre chose que la plongée (symbolique) dans une « mentalité primitive » ou l'accès initiatique à un rite ou à un secret. Aussi la nouvelle situation historique offrait-elle une perspective de « solidarité effective avec des hommes qui ont une claire conscience de ce qu'il y a d'inacceptable dans leur situation et mettent en œuvre pour y remédier les moyens les plus positifs » (*ibid.*, p. 9). Dans les années 1950, l'anticolonialisme devait conduire Leiris à renoncer non seulement aux mystifications exotiques consignées dans *l'Afrique fantôme*, mais à leur thèse implicite selon laquelle, pour être quitte des injustices du monde, il suffit d'« une fuite et une confession ».

Quatre ans après cette réédition, Claude Lévi-Strauss publiait son célèbre adieu au voyage qui était aussi un adieu à l'ethnographie d'avant-guerre : *Tristes Tropiques* (1955), chef-d'œuvre littéraire et anthropologique du demi-siècle. Récit des voyages de l'auteur dans le Brésil des années 1930, évocation de sa fuite à New York pendant l'occupation de la France et relation de ses visites en Inde et au Pakistan, *Tristes Tropiques* renoue avec les voyages philosophiques du XVIIIe siècle, juxtaposant réminiscences personnelles, vignettes ethnographiques et digressions sur l'archéologie, l'histoire et l'épistémologie ; morceaux de bravoure combinant descriptions de villes et de couchers de soleil avec des spéculations métahistoriques.

Les diverses expéditions du narrateur se mêlent en un unique voyage anthropologique – proustien par ses divagations dans les méandres de la mémoire. Son expérience du passage entre cultures et continents évoque le grand voyage de l'humanité – depuis les premières villes dans la vallée de l'Indus jusqu'à l'invention de l'alphabet et l'État moderne, suivant les courants historiques empruntés par l'Amérique et l'Europe jusqu'à leur rencontre au siècle des découvertes et leur fusion actuelle dans le nivelage planétaire des différences humaines. Où qu'il aille, Lévi-Strauss retrouve l'impossibilité d'échapper à ce développement. Les sociétés tribales qu'il rencontre en Amazonie restent très différentes mais elles disparaissent rapidement. Sa quête rousseauiste d'un échantillon d'humanité vivant à l'échelle de son environnement n'aboutit qu'à la découverte de guenilles pathétiques. L'expansion occidentale détruit tout ce qu'elle touche. « Ce que d'abord vous nous montrez, voyages, c'est notre ordure lancée au visage de l'humanité » *(Tristes Tropiques)*.

L'adieu de Lévi-Strauss à l'exotisme du voyage implique l'adieu à l'ethnographie scientifique. Même si l'on pouvait encore trouver sur terre des différences humaines radicales ; même si les barrières de culture, de race et de civilisation qui tourmentaient Leiris pouvaient être surmontées en partie, le résultat ne serait jamais qu'une « compréhension » des autres sociétés entraînant fatalement une réduction de leur différence. L'anthropologue est condamné à abolir l'altérité, non seulement en réduisant son étrangeté mais aussi en favorisant l'accroissement mondial de la communication culturelle qui augmente en chacun le désir de connaître les autres tout en atténuant leurs traits significatifs et distinctifs. La tâche de l'anthropologue (que Lévi-Strauss appelle « entropologue ») se réduit à la collecte des expériences culturelles de l'humanité en vue de l'étude comparative des structures mentales sous-jacentes. *Tristes Tropiques* montre les ethnographes prisonniers d'une impasse historique. Ils doivent choisir entre un passé qui disparaît et un présent d'une richesse inégalée mais qui ne leur laisse pas le recul nécessaire au jugement. Dans les deux cas, les ethnographes travaillent avec des fragments, en quête d'insaisissables totalités culturelles et historiques. La réponse personnelle de Lévi-Strauss, annoncée dès *Tristes Tropiques*, fut d'abandonner l'ethnographie au profit d'un « regard éloigné » de l'anthropologue, s'élevant au-dessus de ceux qui s'exposent au contact, à la destruction, à la résistance et à l'invention de la culture actuelle.

Tristes Tropiques, comme *l'Afrique fantôme*, reflétait une importante mutation dans le statut du voyage comme moyen de compréhension entre cultures. Le succès de la mission Dakar-Djibouti ou les enthousiasmes négrophiles d'avant-guerre semblaient totalement creux. Lévi-Strauss s'installait dans une vision historique à long terme, décrivant l'effondrement brutal des différences dans un monde de plus en plus uniforme. Leiris, lié à la naissance du mouvement de la négritude, s'attachait à des relations culturelles et politiques plus immédiates, plus fragiles. Il ne voyait pas l'entropie mais le colonialisme, les luttes pour le pouvoir, la réinvention des identités. Les écrivains occidentaux, littéraires ou socioscientifiques, hésitent toujours entre ces deux visions postcoloniales, l'une globale, élégiaque et anthropologique, l'autre locale, matinale et ethnographique.

Voir aussi 1772, 1937 (mars), 1939, 1968 (février).

Bibliographie : Documents (réimp., Paris, Jean-Michel Place, 1992). Michel Leiris, *l'Afrique fantôme* (Paris, Gallimard, 1951) ; *l'Âge d'homme* (Paris, Gallimard, 1939). Claude Lévi-Strauss, *Tristes Tropiques* (Paris, Presses-Pocket, 1984). James Clifford, *The Predicament of Culture : Twentieth-Century Ethnography, Literature, and Art* (Cambridge, Mass., Harvard University Press, 1988) ; « The Tropological Realism of Michel Leiris », *Sulfur*, n° 15 (1986), pp. 4-22. Jean Jamin, « Objets trouvés des paradis perdus : à propos de la mission Dakar-Djibouti », in *Collections passion*, éd. Jacques Hainard et Roland Kaehr (Neuchâtel, musée d'Ethnographie, 1982), pp. 69-100.

James Clifford

1933, novembre

Sanctuaire, de William Faulkner, est préfacé par André Malraux

Américains à Paris

La publication de *Sanctuaire* (*Sanctuary*, 1931) – premier roman de Faulkner traduit en français – inaugura « l'âge du roman américain » dont les effets devaient se faire sentir bien au-delà de la Seconde Guerre mondiale. La préface de Malraux donnait le ton : « *Sanctuaire*, c'est l'intrusion de la tragédie dans le roman policier » (*Sanctuaire*, p. IV). La même année, on vit se succéder les traductions : *Le soleil se lève aussi* (*The Sun Also Rises*), d'Ernest Hemingway, et *Quarante-Deuxième Parallèle* (*The 42nd Parallel*), premier volume de la trilogie *U.S.A.*, de John Dos Passos ; en 1936, *le Petit Arpent du Bon Dieu* (*God's Little Acre*), d'Erskine Caldwell, en 1939, *Des souris et des hommes* (*Of Mice and Men*), de John Steinbeck. Les lecteurs français étaient moins frappés par les talents individuels que par le sentiment de découvrir une littérature nationale. Cet enthousiasme tenait beaucoup au fait que les écrivains français étaient de plus en plus impatients à l'égard de la tradition romanesque d'analyse psychologique. Pour les années 1930 et 1940, le roman américain allait jouer un rôle comparable à celui du roman russe dans les années 1880.

Il n'est pas très surprenant que le public français ait perçu la nouveauté de ces romans comme une donnée spécifiquement américaine ; l'énergie barbare que Drieu La Rochelle saluait dans sa préface à *l'Adieu aux armes* (*A Farewell to Arms*) en 1931 – dans laquelle il voyait un antidote à la décadence française – s'imposait comme l'expression d'une civilisation jeune, non intellectuelle et, pour reprendre l'expression de Claude-Edmonde Magny, pas encore « gavée de mots » (*l'Âge du roman*, p. 65). Pourtant, les milieux littéraires gardèrent leur distance et retinrent surtout les nouveautés en matière de technique narrative. En 1946, par exemple, dans une conférence à Yale, Sartre caractérisera encore le roman américain comme « une véritable révolution dans l'art de raconter une histoire ». La dimension régionaliste de l'œuvre de Faulkner, qui avait séduit tant de critiques américains (en particulier les nordistes) dans les descriptions du comté de Yoknapatawpha, passait inaperçue en France, de même que la critique sociale des romans de Caldwell. On était plus sensible à l'étrangeté phénoménologique de l'écriture qu'à la spécifité géographique des lieux.

À la veille de la guerre, l'image du roman américain s'était cristallisée autour d'une série de procédés : narration discontinue, style objectif ou impersonnel, simultanéité des actions et dialogue (ou monologue) qui traduisait moins la pensée ou le sentiment des personnages que les incertitudes propres à toute communication. Les critiques étaient les premiers à reconnaître que la somme de ces spécificités ne donnait pas nécessairement un roman de Faulkner ou d'Hemingway, mais l'existence de ce modèle suffisait à légitimer le refus de la linéarité psychologique. De ce point de vue, l'influence du roman américain rejoignait celle du cinéma, et cette convergence, dès le début des années 1930, figurait parmi les principaux intérêts de la critique littéraire. L'ellipse, le brusque changement d'angle, la description « du dehors » leur étaient communs. Comme le cinéma, le roman américain offrait des techniques narratives adaptées à la vie moderne.

En qualifiant les romanciers américains de « behavioristes », les critiques français amorçaient une forme de critique culturelle. Les personnages de ces romans n'étaient pas dessinés avec les nuances et la cohérence auxquelles les lecteurs français étaient habitués. Cette particularité était interprétée comme un symptôme du peu d'importance, aux États-Unis, de la vie intérieure. La technique narrative de la fragmentation du récit reflétait l'extrême aliénation imposée à l'individu par le système capitaliste. L'interprétation générale voyait dans l'esthétique du désordre une protestation sociale transformée en forme narrative. La modernité formelle se chargeait ainsi d'une valeur subversive.

Les romans américains ont été introduits en grande pompe auprès du public français par les préfaces de Malraux, Drieu, Valery Larbaud (*Tandis que j'agonise* ; *As I Lay Dying*, Faulkner, 1934), Jean Prévost (*Le soleil se lève aussi*, 1933), André Maurois (*le Petit Arpent du Bon Dieu*, 1936), Raymond Queneau (*Moustiques* ; *Mosquitoes*, Faulkner, 1948), et par diverses adaptations théâtrales : en 1934, Jean-Louis Barrault montait *Autour d'une mère*, adaptation de *Tandis que j'agonise*, et Albert Camus adaptait *Requiem pour une nonne* (*Requiem for a Nun*, Faulkner) en 1956. La plupart de ces romans furent admirablement traduits, en particulier par Maurice-Edgar Coindreau, auteur de préfaces et d'articles qui préparèrent le terrain à la réception de ces œuvres. Dans le cas de Faulkner, la chronologie des traductions n'est pas sans importance : la traduction de *Tandis que j'agonise* a précédé celle du *Bruit et la Fureur* (*The Sound and the Fury*, 1928) donant ainsi plus de poids à l'image du génie de Faulkner aux yeux des Français. La violence laconique d'Hemingway l'a fait rattacher (par Gide et d'autres) au même courant qu'un Dashiell Hammett, qui figurait en bonne place dans les premières anthologies de la nouvelle école américaine.

Les critiques français ont souligné la dimension philosophique de ces romans (Malraux parle de destin à propos de *Sanctuaire*, Sartre de métaphysique du temps à propos de Faulkner, Georges Bataille évoque Hegel à propos d'Hemingway), mais pour montrer qu'elle était inséparable d'une « rebarbarisation », le regain de vitalité dont bénéficie un genre littéraire quand il puise dans la culture populaire – ici, le roman policier et le cinéma – et s'approprie des modes de narration orale. En dépit de son culte des américanismes, cette approche minimisait l'aspect sociologique des œuvres. Le Popeye de *Sanctuaire* était moins vu comme un impuissant, une épave de la société du Sud, que comme l'archétype du détective privé qui allait faire son chemin à travers les films de gangsters et les traductions de James Hadley Chase, jusqu'à la célèbre collection Série noire, dont le directeur, Marcel Duhamel, devait d'ailleurs traduire *En avoir ou pas* (*To Have and Have Not*), d'Hemingway, en 1945. Cette lecture quasi métaphysique est à l'origine du succès de Faulkner : jusqu'en 1947, ses romans se vendaient mieux en France qu'aux États-Unis.

Tous les écrivains français n'ont pas réagi de la même façon. Queneau, admirateur de la première heure, connaissait suffisamment bien l'anglais pour lire Faulkner dans le texte. Ajouté à sa fréquentation de la communauté anglo-américaine de Paris – à travers Gertrude Stein, Shakespeare and Company (la légendaire librairie de la rue de l'Odéon qui publia *Ulysse*, de Joyce) et les revues bilingues comme *Transition*, d'Eugène Jolas –, cela lui permettait d'aborder cette littérature avec plus de lucidité que la majorité des intellectuels parisiens, dont la plupart se représentait l'Amérique d'après le guide de la culture américaine de Georges Duhamel, *Scènes de la vie future* (1930), un classique plusieurs fois réédité au cours de la décennie. Queneau savait, par exemple, que le véritable contexte des premières nouvelles d'Hemingway, parues en anglais à Paris, étaient les expérimentations menées par la communauté anglo-américaine en exil. Il fut aussi très vite séduit par l'aspect formel de l'œuvre de Faulkner. Dans sa préface à *Moustiques* (qu'il qualifie de « pré-roman »), il chante les louanges du *Bruit et la Fureur* dans lequel Faulkner montre une élégance digne d'un mathématicien résolvant une équation complexe. La créativité ne naît plus de l'inspiration personnelle (comme dans *Moustiques*) mais de la quantité d'innovations à l'intérieur d'un système de contraintes librement choisies par l'auteur.

Mais Queneau était une voix isolée. Pour la plupart des critiques, l'écriture américaine représentait, de manière paradoxale, quelque chose de fondamentalement différent du roman français en même temps que la forme vers laquelle celui-ci se dirigeait spontanément. Pour Malraux par exemple, les écrivains américains réalisaient ce que les écrivains français recherchaient – avant même de les avoir lus. Pour se libérer de l'héritage proustien et se confronter à ce que Malraux appelait « l'homme fondamental », les romanciers devaient renoncer à la voix narrative centralisatrice qui filtre l'expérience humaine. Chez des auteurs aussi différents que Faulkner et Hemingway (ou Hammett), on reconnaissait une même objectivité, tant dans l'enregistrement de la brute immédiateté du comportement des individus que dans la volonté de laisser au lecteur la responsabilité du sens donné à l'ensemble. Le premier chapitre de *l'Espoir*, de Malraux (1937), illustre bien cette technique : le roman commence à la gare centrale de Madrid où les républicains loyalistes donnent des coups de téléphone frénétiques pour savoir dans quelles mains se trouvent les aiguillages du Nord. Chaque fois, la même question est répétée : « Qui parle ? » Et les réponses (« Délégué du Syndicat » ou « Chef de centurie des phalanges »), en dessinant la carte de la division du pays en deux camps, plantent le décor de la guerre civile espagnole. Stendhal, dans *la Chartreuse de Parme* (1839), avait décrit la bataille de Waterloo du point de vue restreint d'un personnage, Fabrice. Mais, chez Malraux, il n'y a pas de narrateur externe qui servirait d'intermédiaire entre le héros et le lecteur. Sa peinture des personnages absorbés par ce qu'ils font équivaut à une sorte de rejet du lecteur, qui éprouve le sentiment que rien n'est fait pour lui. Le changement constant des points de vue, non seulement entre les cent quarante-six séquences du roman, mais à l'intérieur d'une même séquence, voire d'un seul paragraphe, donne à la narration une nervosité qui traduit une insatisfaction à l'égard de toute forme de récit. Il semble que la multiplication de ces fragments de scènes vise à compenser, ou même plutôt à proclamer l'impossibilité de donner un tableau d'ensemble. L'absence de transition contrarie le désir de cohérence du lecteur. Rares sont les moments où, comme la procession des paysans qui descendent de la montagne, portant sur leurs épaules les aviateurs blessés, la narration marque une pause et s'attarde sur un moment privilégié. La plupart du temps, chaque micro-unité repart de zéro et cette dispersion empêche toute impression cumulative de profondeur. L'effet final doit laisser intact le mystère de ce qui pousse les hommes à l'héroïsme.

Dans *l'Espoir*, l'action est vue exclusivement d'un point de vue républicain – celui de l'auteur, puisque Malraux s'est battu dans les brigades internationales comme chef d'escadrille. On pourrait être tenté d'identifier la position de l'auteur à la synthèse des opinions (et des comportements) ; mais ce serait réduire *l'Espoir* à un roman d'éducation politique. Chaque individu possède son profil moral, de même qu'il a sa propre manière de se coller au sol devant un barrage d'artillerie ou de ramper centimètre par centimètre sous le feu d'un tireur isolé. Ce qui compte, c'est la fragile sensation d'ivresse qui lie ceux qui ont accepté la violence et la mort au nom d'une cause qu'ils partagent. C'est cette fraternité que traduit une technique narrative qui interdit toute organisation hiérarchique des points de vue. Aucun personnage (et le narrateur moins que quiconque) n'est en position d'interprète privilégié des événements en cours ; la répartition du point de vue narratif entre les personnages plongés à égalité dans les événements représente la fraternité.

Sartre connaissait mieux que Malraux le roman américain. Mais il le jugeait à l'aune de sa propre philosophie. Son essai de 1939, « La temporalité chez Faulkner », est une véritable condamnation. Faulkner est accusé non seulement de créer des personnages auxquels il ne donne pas d'avenir (leur refusant la liberté nécessaire à tout projet existentiel), mais aussi de les priver du même coup de l'expérience de l'ici et du maintenant, puisque le présent n'existe que rétrospectivement. On aimerait pouvoir dire que ces critiques (fondées sur une lecture contestable mais révélatrice du *Bruit et la Fureur*) témoignent d'une complicité plus grande que Sartre ne voulait l'admettre. Mais Sartre condamnait le présent de Faulkner qu'il disait « plein de trous » (*Situations I,* p. 74) – trous au travers desquels ses personnages tombent en chute libre dans le passé. En revanche, son admiration pour Dos Passos ne connaîtra pas de bornes : « Je tiens Dos Passos pour le plus grand écrivain de notre temps » (*ibid.*, p. 25). Lorsque, dans *Qu'est-ce que la littérature ?* (1947), Sartre décrit la façon dont les écrivains de sa génération se sont efforcés d'intégrer l'histoire au roman, c'est Dos Passos qui lui sert de modèle. *L'Âge de raison* (1945), premier volume des *Chemins de la liberté* que Sartre commença à écrire en 1938, décrit, comme pour tourner en dérision le titre de cette suite romanesque, une série de cercles concentriques : Mathieu Delarue tourne en rond dans Paris à la recherche de l'argent dont il a besoin pour que sa maîtresse puisse se faire avorter. Les images d'encerclement se multiplient : chambre étouffante, musée, boîte de nuit, taxi – autant de métaphores évoquant la coquille protectrice à l'intérieur de laquelle chaque personnage inventorie obsessionnellement ses états d'esprit comme s'ils étaient, conformément à la logique bourgeoise de la propriété, des possessions qui définissent son moi. L'histoire entre en scène avec le deuxième volume, *le Sursis* (1945), où un radical changement de décor (la crise de Munich) fait voler en éclats ces soucis privés. Les consciences individuelles sont emportées dans un raz de marée qui bouleverse l'ensemble du paysage européen. *Le Sursis* applique les conclusions tirées par Sartre dans son article de 1938, « À propos de John Dos Passos et de 1919 ». Comme dans *U.S.A.*, le récit saute d'un lieu à l'autre. *Le Sursis* commence le 23 septembre 1938 et finit avec la signature des accords de Munich le 30 septembre ; au cours de cette semaine, la menace de guerre se concrétise par la mobilisation. Comme dans une leçon de choses, les incertitudes de l'avenir infligent aux personnages une éducation historique : leurs fragiles constructions ne cessent d'être remises en question par des événements qui se déroulent à des centaines de kilomètres – dans les Sudètes, à Londres, à Berlin. Et, dans l'hypothèse où ses intentions n'auraient toujours pas été perçues, Sartre – poussant à sa limite la technique de la simultanéité de Dos Passos – découpe la narration en tranches horizontales de plus en plus serrées : lundi 26 septembre, 16 h 30, à Biarritz, puis Londres, puis Marseille... un laps de temps d'une ou deux heures et puis un prélèvement sur d'autres points de la carte du monde. Le lecteur est trimbalé sans relâche d'un décor à un autre, contraint d'avoir l'œil sur une cinquantaine de personnages, devant changer de décor parfois en une seule phrase. Quant à la guerre, ou la menace de guerre, elle n'est pas simplement un problème auquel chaque personnage se heurte à un moment donné de sa trajectoire (comme dans *U.S.A.*) ; elle modifie les fondements du moi.

Privés de destinée personnelle, les personnages du *Sursis* sont également dépossédés du langage qu'ils utilisent. Sartre avait remarqué, à propose de *Sartoris* (« Sartoris, par W. Faulkner », 1938), que le langage des personnages de Faulkner ne leur appartenait pas individuellement. Il avait été frappé aussi, dans *U.S.A.*, par l'emploi de phrases toutes faites, comme s'il existait une vaste réserve d'expressions dans laquelle chacun puiserait celle qui se prête le mieux à la situation. Le langage n'émane pas d'un moi (profond ou pas), il est emprunté à un fonds commun. Le langage est toujours une approximation de seconde main, pas toujours taillée sur mesure. Pour parler d'eux-mêmes, les individus doivent puiser dans un stock de formules préfabriquées aux dépens de la frontière entre expérience personnelle et expérience publique.

Le Sursis articule représentation simultanée et langage collectif en utilisant les mots comme des aiguillages qui permettent de passer d'une scène à une autre : une expression (souvent banale), apparue dans un premier contexte, mais applicable à une autre scène, induit un changement de décor et fait basculer le lecteur dans un autre lieu. Les personnages sont le jouet d'un réseau linguistique qui existe et fonctionne en dehors d'eux. À l'image d'une Europe suspendue entre guerre et paix, la signification demeure en sursis tant que tous les points chauds ne se sont pas manifestés. Dans le troisième volume, *la Mort dans l'âme* (1949), le héros est précipité dans le combat.

Dans *le Sursis*, le monde clos de l'existence indivuelle éclate sous la pression des forces historiques. *L'Étranger*, de Camus (1942), fragmente la narration d'une autre manière. Sur une plage de la banlieue d'Alger écrasée sous un soleil de plomb, Meursault tue un homme. Au cours du procès, l'avocat général bâtit du meurtrier un portrait sociopsychologique qui convainc le jury de sa culpabilité. Pourtant, malgré sa cohérence (Meursault est insensible, comme le prouve son absence de réaction lors de la mort de sa mère ; il est intéressé et sans scrupules, comme en témoigne son amitié avec le voyou du coin), on sent que ce portrait est étranger aux circonstances réelles de l'acte. La version du ministère public peut être interprétée comme un miroir parodique tendu au lecteur désireux de transformer une succession d'événements en histoire logique. Sommé de s'expliquer, Meursault ne peut qu'invoquer le soleil comme cause de son geste. Tandis que la société (sous les traits du procureur) construit une chaîne d'événements, Meursault, qui se vit comme un intrus dans son propre procès, ne saisit qu'une succession arbitraire et désordonnée. Ce qu'il « pense » n'arrive pas à constituer une « pensée », mais reste à l'état d'impressions isolées qu'il observe de loin. Pour produire cet effet d'éloignement, Camus recourt à une technique à la Hemingway : la narration est réduite à des notations instantanées comme la lente projection d'un film fait surgir les coupes entre les plans. Expérience et conscience sont dissociées – la vie intérieure elle-même est traitée sur un mode behavioriste. Bien sûr, un critique peut décider de lire le texte à rebrousse-poil et ne retenir que les rares moments où Meursault apparaît comme un être humain ; sur cette base, Nathalie Sarraute a pu suggérer que Camus avait écrit *l'Étranger* pour démontrer que le roman ne pouvait pas se passer de psychologie. Avec *l'Étranger* cependant, nous assistons au détournement d'une technique propre à ce que Sartre appelait l'école « néo-réaliste américaine », dans le but d'obtenir un effet (la description par Camus de l'homme absurde) qui n'a rien de commun avec elle : le « roman américain », naturalisé français, fonctionnait alors à l'intérieur du registre national.

Voir aussi 1914-1918, 1931, 1933 (décembre), 1937 (juillet), 1953, 1989.

Bibliographie : Maurice-Edgar Coindreau, *Mémoires d'un traducteur : entretiens avec Christian Giudicelli* (Paris, Gallimard, 1974). Denis Hollier, *Politique de la prose : Jean-Paul Sartre et l'an quarante* (Paris, Gallimard, 1982). Claude-Edmonde Magny, *l'Âge du roman américain* (Paris, Gallimard, 1948). André Malraux, « Préface » de *Sanctuaire* (Paris, Gallimard, 1933). Nathalie Sarraute, *l'Ère du soupçon* (Paris, Gallimard, 1956). Jean-Paul Sartre, *Situations I* (Paris, Gallimard, 1947) ; *les Chemins de la liberté*, 3 vol. (Paris, Gallimard, 1945-1949).

John Atherton

1933, décembre

Le prix Goncourt est décerné à *la Condition humaine*, d'André Malraux

« Ils ne se posaient pas de questions »

« Cracher, seulement cracher, mais mettre au moins tout le Niagara dans cette salivation. » Telle était, si on en croit les mots de Pierre Drieu La Rochelle dans sa préface ajoutée en 1942 à *Gilles* (1939, p. 18), la seule option offerte au romancier qui avait le cœur suffisamment bien accroché pour regarder de près le spectacle offert par la France de la troisième République. L'écrivain devait se faire le témoin de « l'hiver de la Société et de l'Histoire, de l'hiver d'un peuple » (p. 489). « Je me suis trouvé, dit encore l'ami d'André Malraux, comme tous les autres écrivains contemporains, devant un fait écrasant : la décadence. Tous ont dû se défendre et réagir, chacun à sa manière, contre ce fait » (p. 10). La seule alternative à cette expectoration convulsive, notait Drieu, était de fuir une France exsangue. Ce fut la solution que Malraux choisit, faute de trouver quelqu'un digne d'être insulté, encore moins d'être décrit. « Faute de Français, il a pris des Chinois... Que pouvait-il faire d'autre ? » (p. 17).

Pourtant, se tourner vers l'Orient ne changeait pas grand-chose ; la Chine de 1927, celle de *la Condition humaine* (1933), s'effritait et c'est moins le contraste rédempteur évoqué par Drieu qu'elle offrait à l'Européen qu'un grossissement hallucinatoire de cette Europe qu'il voulait fuir – une Europe en crise, égoïste et qui étouffait toute volonté. La Chine en décomposition dans laquelle se déroule le roman de Malraux était devenue la proie de l'expansionnisme occidental, des intérêts de factions militaires rivales et – c'est le sujet du roman – des luttes entre la coalition révolutionnaire nationaliste de Chiang Kai-shek (le Kuomintang) et le parti communiste chinois (P.C.C.), lui-même divisé en marxistes fidèles au Comintern et ceux qui refusaient le gel dialectique imposé par la discipline de parti. En 1923, le P.C.C. avait accepté de rejoindre le Kuomintang et de reconnaître en lui le centre du mouvement révolutionnaire. Alliance purement stratégique : les communistes acceptaient le leadership de

Chiang en attendant d'être en mesure de prendre le contrôle du mouvement. En 1927, après la prise de Shangaï par les nationalistes, les divergences s'aggravèrent, entre la gauche et les partisans plus conservateurs de Chiang qui, victorieux, se préparaient désormais à éliminer leurs alliés. C'est alors que la direction centrale du PCC modéra son aile révolutionnaire et apporta un soutien inconditionnel au Kuomintang, contre l'avis de courants minoritaires qui, comme celui de Mao Tse-tung, voulaient laisser la révolution populaire suivre librement son cours jusqu'au bout. L'aile conservatrice du Kuomintang – composée de dirigeants d'entreprises et de chefs militaires – poussait Chiang à exclure les communistes, ce qu'il fit au cours du printemps et de l'été 1927. Les communistes déclenchèrent alors un soulèvement populaire contre lui. À la suite d'un échec sanglant, ils durent se replier dans les montagnes et les plaines du centre de la Chine, loin des places fortes nationalistes.

Le roman de Malraux suit la vie personnelle et politique d'un groupe de militants – intellectuels et militants organiques – d'une organisation de combat (Malraux en parle comme d'une « section d'assaut »), responsables de l'organisation de la malheureuse insurrection de Shangaï. Trois personnages dominent cette distribution presque uniquement masculine – Kyo, fils d'une Japonaise et d'un intellectuel français (l'esthète marxiste, le vieux Gisors) ; Katow, militant russe et parfait « camarade » ; et Tchen, terroriste fanatique et suicidaire, seul Chinois de l'équipe. Deux autres figures jouent un rôle décisif : le banquier cynique Ferral, tantôt maître, tantôt victime d'un marché volatil ; et Clappique, trafiquant fantasque qu'on dirait sorti des contes d'Hoffman. Le roman culmine dans la scène où Kyo et Katow, arrêtés par la police de Chiang, attendent, avec d'autres prisonniers, d'être précipités vivants dans la chaudière d'une locomotive. Tous deux possèdent des capsules de cyanure. Kyo avale la sienne et meurt, tandis que Katow offre sa capsule à deux camarades terrorisés et se dirige, stoïque, vers une mort atroce.

Plutôt que d'approfondir les implications idéologiques du roman et le caractère particulièrement désespéré de la situation historique qui lui sert de cadre, Malraux s'attache, comme dans ses autres romans, à opposer deux types de révolutionnaires, leur psychologie et leurs rôles respectifs dans la tourmente qui précède la naissance d'une nouvelle société.

Malraux avait lu *les Réprouvés*, la traduction de *Die Geächteten* (1930), d'Ernst von Salomon. Dans ce roman, l'aventurier terroriste affirme : « “Marche en avant” ne voulait pas dire pour nous la marche vers un but militaire, vers un point de la carte, vers une ligne qu'il fallait conquérir. “Marche en avant” c'était pour nous [...] la rupture de tous les liens qui nous attachaient à un monde corrompu, un monde à la dérive, avec lequel le véritable guerrier ne pouvait plus rien avoir en commun » (p. 67). Et plus loin : « Tout cela le voulions-nous ? Je ne sais si nous le voulions ; nous le faisions, et le “pourquoi” se perdait dans l'ombre de luttes sans trêve » (p. 70). Emmanuel Berl, dans *Mort de la pensée bourgeoise* (1929) – pamphlet que Malraux devait connaître puisqu'il était dédié à Garine, le héros de son premier roman, *les Conquérants* (1928) – faisait l'éloge du terroriste en ces termes : « Aller sans savoir où, première, seule noblesse de la pensée, de la vie » (p. 9). D'ailleurs Malraux lui-même écrivait à propos des terroristes de *la Condition humaine* : « Ils ne se posaient pas de question » (*Romans*, p. 425). Plus tard, dans son essai « Saint-Just et la force des choses » (1955), il reprendra la même idée en lui donnant une formulation moins générale : c'est une question précise qu'un terroriste ne se pose pas. On raconte, écrit-il, qu'il arrivait à Robespierre de demander sur un ton angoissé : « Au nom de quoi ? » Il voulait savoir au nom de quel résultat justifier un acte de cruauté révolutionnaire. Cette inquiétude le soumettait à ce que Malraux appelle « la mythologie des fins », attitude positive, constructive, orientée vers un but, qui fait perdre à l'acte révolutionnaire son aura sublime d'anomalie dont il aurait été entouré s'il avait été à lui-même sa propre fin. Saint-Just, lui, « semblait tenter d'accomplir des actes exemplaires pour eux-mêmes », observe Malraux d'un ton approbateur.

Dans *les Conquérants,* Malraux avait déjà établi une distinction entre deux types de communistes, « les communistes du type romain », et les révolutionnaires du type « conquérant » (*ibid.*, p. 144). Garine est un représentant du second type, obsédé par l'exemple de Saint-Just. La figure du Romain ne possède aucun prestige rédempteur, en raison de son besoin de servir et de sa passion conservatrice, une sorte d'avarice historique, avec laquelle il s'emploie à défendre « les acquisitions de la Révolution » ; à cause aussi de la manière dont il sait tirer parti de la violence et la rentabiliser. Pour le conquérant, au contraire, la révolution est une dépense pure et gratuite, une aventure, une manière de vivre dangereusement ; il est inspiré par la *Stimmung* révolutionnaire, porté par goût vers une violence insoumise, qui ne se laisse pas mettre au service d'un but supérieur, vers des actes qui sont leur propre fin souveraine. Garine dira : « Mon action me rend aboulique à l'égard de tout ce qui n'est pas elle, à commencer par ses résultats » (*ibid.*, p. 137). Une telle violence n'a pas peur de se retourner contre elle-même, elle sait même qu'elle doit le faire si elle veut porter à ses ultimes conséquences sa logique de l'affirmation effrénée de soi. Pour le conquérant, la révolution est gaspillage, incapacité à investir dans l'unité temporelle de la survie, dans l'unité de la vie sociale ou dans la totalité d'un concept. La Terreur, c'est la révolution moins l'espoir, une révolution sans lendemain. Selon cette interprétation, sa volonté de réaliser la liberté absolue conduit la Terreur, sous l'effet d'une nécessité interne, à se mettre froidement à mort. Si elle n'était pas poussée jusqu'à son extrême limite – le suicide – la gratuité de l'acte serait compromise ; on en resterait à un refus sélectif de s'engager dans le monde des fins et des moyens, c'est-à-dire le monde de la satisfaction ajournée.

Bien que les deux types de terroristes, le Romain et le conquérant, partagent le même mépris pour les valeurs bourgeoises, ils s'opposent sur un point fondamental. L'acte de l'homme qui pose la question servile : « Au nom de quoi ? » reste soumis à une structure instrumentale ; prisonnier des réseaux du désir, il se définit par un manque qu'il cherche à combler, tandis que le geste du héros à la Saint-Just représente un triomphe sur le désir lui-même, précisément dans la mesure où ce geste reste impuissant et se porte garant, dans le ravissement, de son propre échec ; en refusant de laisser son sang féconder un futur auquel il se serait subordonné, il constitue l'unique expérience de liberté absolue accessible ici et maintenant. Pour les épigones de Saint-Just, il n'y a de révolution qu'en miniature, dans l'acte de révolte qu'un homme réalise par une mort inutile – dénuée de raison, parce qu'une raison détruirait l'intimité de la relation du terroriste à son acte. Dans le dandysme révolutionnaire de cet acte, insensé parce qu'irréductible, l'utopie d'une relation immédiate avec soi naît, s'accomplit et meurt en même temps.

La victoire doit être invivable, comme le dit Gisors quand il décrit Tchen :

« Capable de vaincre, mais non de vivre dans sa victoire » (*ibid.*, p. 357). Tchen se heurte à la même fatalité que Garine : lui aussi sera rejeté par le « Romain » qui utilise le conquérant à ses fins. Le conquérant refuse d'entrer dans les plans du Romain qui ne comprend pas que si la révolution ne risque pas la mort, elle est vouée à l'échec ou que, si d'aventure elle réussissait, le monde qu'elle engendrerait ne vaudrait pas mieux que celui qu'elle devait remplacer. Même si la révolution, utilisant l'énergie d'un Tchen, triomphe sans se trahir, elle n'en sera pas moins un échec pour le conquérant, car elle est incapable d'incorporer son défi corrosif, défi qui puise son énergie dans le désespoir que lui inspire la vanité des aspirations à l'échelle humaine.

À la grande consternation des stratèges du Comintern, gestionnaires du legs asiatique de la révolution soviétique et représentants du marxisme scientifique, Tchen décide d'assassiner Chiang Kai-shek quand il devient évident que celui-ci projette d'éliminer le P.C.C. Il se précipite avec une bombe sous une voiture dont il pense qu'elle transporte le général nationaliste. Cette action avait un but déclaré : rallumer les contradictions entre nationalistes et communistes pour permettre à la révolution de redevenir ce qu'elle doit être, c'est-à-dire un risque de mort. Pourtant, Kyo, réfléchissant à la mort de Tchen, ne peut s'empêcher de voir dans ce projet le prétexte d'un acte vertigineux dont la gratuité fondamentale ouvre à la possession totale de soi. Ce que Tchen veut – et obtient ? – c'est un acte qui manifeste « son dédain de tout ce qui ne tendait pas à l'instant qui le lierait à lui-même dans une possession vertigineuse » (*ibid.*, p. 424), un acte qui lui donne « la possession complète de soi-même » (*ibid.*, p. 450). Même s'il peut arriver qu'un tel acte serve la cause (ce qui n'est jamais garanti), il condamne par avance une révolution incapable d'absorber ce que Gaëtan Picon a appelé son « impérieuse vitalité » (*André Malraux*, p. 27). Ce double statut de l'acte révolutionnaire – exclu du monde qu'il fait naître – donne à *la Condition humaine* un ton d'étrange tristesse.

La postérité idéologique du portrait du terroriste proposé par Malraux à travers le personnage de Tchen sera remarquable. C'est lui qui, avec l'interprétation proposée par Alexandre Kojève de la lecture hégélienne de la Terreur révolutionnaire, inspirera les pages consacrées par Maurice Blanchot aux rapports entre terreur et littérature dans « La littérature et le droit à la mort » (*la Part du feu*, 1949). Mais, si sa passion terroriste fait de Tchen un proscrit dans la Chine de Malraux, on trouve dans la littérature française de l'époque plusieurs figures qui lui sont apparentées. Dans *les Caves du Vatican*, d'André Gide (1914), l'infortuné Amédée Fleurissoire est victime, à deux reprises, d'actes de violence qui relèvent d'une logique proche du terrorisme ; d'abord par l'intermédiaire d'une idée de roman, ensuite dans l'étrange passage à l'acte que semble être la mise en pratique de cette idée. Julius de Baraglioul le scandalise en évoquant devant lui un roman dans lequel serait décrit un acte de méchanceté gratuite, quelqu'un qui ferait le mal mais sans en tirer profit, un crime inexplicable, accompli comme un luxe, pour l'amour du jeu, par un besoin de vaine dépense. Pour Julius, un tel exploit serait indubitablement « le signe d'une certaine aristocratie de l'âme » (*Romans, récits et soties*, p. 817). Un peu plus tard, Amédée mourra, victime de cette aristocratie. Il sera précipité d'un train par Lafcadio Wluicki qui voulait, en tuant sans raison une victime arbitrairement désignée, accéder à la possession absolue de soi et au détachement souverain à l'égard du monde de la raison pratique. Le culte de l'acte gratuit est alors très répandu. Dans le *Second Manifeste du surréalisme* (1930), André Breton proclame que « l'acte surréaliste le plus simple consiste, revolvers aux poings, à descendre dans la rue et à tirer au hasard, tant qu'on peut, dans la foule » (p. 783). Drieu La Rochelle écrit du personnage du *Feu follet* (1931) : « Il s'éprenait définitivement de son idée de la gratuité. Naïf dandy, il croyait que tout pourrait être rapide, éphémère, sans lendemain : une trace brillante qui s'efface dans le néant » (p. 132). Dans *le Bleu du ciel*, de Bataille (écrit en 1935, publié en 1957), au cours de l'insurrection de Barcelone, Lazare, une militante marxiste, choisit, contre tout réalisme, de libérer une prison plutôt que de s'emparer d'un dépôt d'armes, pour cette raison invoquée que la prison est « inutile ». Cet acte improductif suscite l'admiration de Troppman : « Elle est la seule qui comprenne » – sous-entendu : la révolution (*Œuvres complètes*, vol. III, p. 457). C'est l'acte de ce que Bataille appelle, dans *Sur Nietzsche* (1945), « l'homme entier : l'homme dont la vie est une fête “immotivée”, et fête en tous les sens du mot, un rire, une danse, une orgie qui ne se subordonnent jamais, un sacrifice se moquant des fins, des matérielles et des morales » (*ibid.*, vol. VI, p. 22).

Le meilleur exemple de gratuité terroriste se trouve dans la nouvelle de Sartre « Érostrate », recueillie dans *le Mur* (1939). Les fantasmes de l'obscur rond-de-cuir Paul Hilbert semblent une parodie de Breton et de Tchen :

> Quand je descendais dans la rue, je sentais en mon corps une puissance étrange. J'avais sur moi mon revolver, cette chose qui éclate et qui fait du bruit. Mais ce n'était plus de lui que je tirais mon assurance, c'était de moi : j'étais un être de l'espèce des revolvers, des pétards et des bombes. Moi aussi, un jour, au terme de ma sombre vie, j'exploserais et j'illuminerais le monde d'une flamme violente et brève comme un éclair de magnésium. Il m'arriva, vers cette époque, de faire plusieurs nuits le même rêve. J'étais un anarchiste, je m'étais placé sur le passage du Tsar et je portais sur moi une machine infernale. À l'heure dite, le cortège passait, la bombe éclatait et nous sautions en l'air, moi, le Tsar et trois officiers chamarrés d'or, sous les yeux de la foule (*Œuvres romanesques*, pp. 269-270).

Échapper à la littérature pour l'expérience nue de l'événement, rechercher un accès direct à ce qui échappe à la représentation, furent une volonté qui atteignit son apogée avec le mouvement situationniste, dont les chefs de file valorisaient la poésie de l'acte autojustifié, spontané, libre de tout but. La même logique les poussait à militer pour une réintégration de l'art dans la vie, avec l'espoir de voir les vaisseaux de l'art autonome détruits et leur contenu dispersé dans la vie. Dans *la Société du spectacle* (1967), Guy Debord écrivait : « Le dadaïsme a voulu “supprimer l'art sans le réaliser” ; et le surréalisme “réaliser l'art sans le supprimer”. La position critique élaborée depuis par les “situationnistes” a montré que la suppression et la réalisation de l'art sont les aspects inséparables d'un même “dépassement de l'art”. » Après le Tchen de Malraux, les situationnistes allaient insister sur la valeur d'actes voués à l'échec, jusqu'à faire l'éloge, par exemple, de ce qu'on a souvent décrit comme l'incompétence des dirigeants de la Commune de Paris – responsable de leur incapacité à faire durer l'insurrection.

Bibliographie : Georges Bataille, *le Bleu du ciel*, in *Œuvres complètes*, éd. Thadée Klossowski, vol. III (Paris, Gallimard, 1971). *Sur Nietzsche*, in *ibid.*, éd. Thadée Klossowski, vol. VI

(Paris, Gallimard, 1973). Emmanuel Berl, *Mort de la pensée bourgeoise* (Paris, Grasset, 1929). André Breton, *Second Manifeste du surréalisme*, in *Œuvres complètes*, éd. Marguerite Bonnet, vol. Ier, (Paris, Gallimard, 1989). Guy Debord, *la Société du spectacle* (Paris, Champ Libre, 1983). Pierre Drieu La Rochelle, *le Feu follet* (Paris, Gallimard, 1932) ; *Gilles* (Paris, Gallimard, 1939). Gide, *Romans, récits et soties : œuvres lyriques* (Paris, Gallimard, 1958). T. Jefferson Kline, *André Malraux and the Metamorphosis of Death* (New York, Columbia University Press, 1975). André Malraux, *Romans* (Paris, Gallimard, 1976). Gaëtan Picon, *André Malraux* (Paris, Seuil, 1974). Ernst von Salomon, *les Réprouvés*, trad. Andrée Vaillant et Jean Kuckenburg (Paris, Plon, 1931). Jean-Paul Sartre, *le Mur*, in *Œuvres romanesques*, éd. Michel Contat et Michel Rybalka, (Paris, Gallimard, 1981).

Douglas Collins

1934, 6 février

Émeutes fascistes place de la Concorde (15 morts ; 1 435 blessés)

Fascisme : natalité et instinct de mort

Au soir du 6 février 1934, les ligues d'extrême-droite et les organisations d'anciens combattants descendent les Champs-Élysées et affrontent la police sur la place de la Concorde, en face de la Chambre des députés, symbole d'une démocratie dont elles dénoncent la corruption. Le bilan de cette nuit de violence antiparlementaire est lourd : quinze morts et des centaines de blessés. C'est probablement la plus violente poussée de fascisme interne que la France connaîtra. Il y a un an que Hitler a été élu chancelier du Reich. Les partis de gauche répondent aux émeutes en constituant le front populaire de défense antifasciste qui, deux ans plus tard, triomphera aux élections législatives du printemps 1936.

Chez Pierre Drieu La Rochelle, la crise de février 1934 a provoqué la réponse inverse : après d'interminables oscillations entre gauche et droite, cet homme de quarante ans s'engage irréversiblement dans le fascisme dont, jusqu'à son suicide en mars 1945 (après l'exécution de Robert Brasillach, autre écrivain collaborateur), il sera, avec un enthousiasme fluctuant, l'intellectuel le plus brillant. Cette décision politique s'accompagne de ce que ses biographes, P. Andreu et F. Grover, ont appelé « le refus de la vie ». Dans « Écrit dans la rue », un texte de *Socialisme fasciste* (1934), directement inspiré par les émeutes, Drieu déclare en effet : « J'ai renoncé à l'Asie et aux enfants. »

Rappelant que c'est à un Français, Achille Guillard, qu'on doit le terme de démographie, Théodore Zeldin consacre un chapitre de son panorama, *Histoire des passions françaises 1848-1945*, à l'angoisse dans laquelle la réduction de leur taux de croissance démographique a plongé les Français depuis la fin du XIXe siècle : « Les Français s'interrogeaient névrotiquement sur leur virilité et leur aptitude à survivre en tant que grande puissance » (p. 211). L'angoisse, dans la définition qu'en donne Freud, est un affect résultant d'une stérilisation de la sexualité, de l'accumulation d'une libido inutilisée, mise en réserve, détournée de ses fins reproductrices. L'angoisse démographique, dont l'intensité ne cesse de croître tout au long de la troisième République, en serait en quelque sorte la projection collective. Il est tentant de lui attribuer la fréquence et la variété, dans la thématique romanesque de l'entre-deux-guerres, de motifs liés à la reproduction (et à ses interruptions), ainsi que leur ton volontiers apocalyptique.

La grossesse de Marceline, dans *l'Immoraliste* (1902), prend ici valeur de modèle – grossesse compliquée d'une maladie et, de ce fait, deux fois mortelle. La promesse de vie devient germe de mort. Pourtant Gide (à la différence de Zola dans *Fécondité*, paru trois ans plus tôt) n'entendait nullement dénoncer l'égoïsme suicidaire d'une civilisation qui négligerait de peupler son avenir. Bien au contraire : le narrateur de *l'Immoraliste* transmet le récit que Michel lui a fait de la fausse couche et de la mort de Marceline aux plus hautes instances de l'État, comme un témoignage de stoïcisme et de force d'âme qui mérite d'être reconnu et récompensé. L'État ne doit pas laisser inemployées tant de volonté et d'intelligence.

Vingt-cinq ans plus tard, dans *les Conquérants* (1927), Malraux fait commencer la carrière révolutionnaire de Garine en le compromettant dans une affaire d'avortement. L'allégorie n'est plus celle de *l'Immoraliste*. Il ne s'agit pas d'une variante du « familles, je vous hais » gidien, mais d'un refus radical de la société. Révolution et répétition s'excluent. Aussi l'avenir sera-t-il d'autant plus révolutionnaire qu'il restera sans enfant.

Dans *l'Ordre* (1929), Marcel Arland fait lui aussi du refus d'avoir une descendance la pierre de touche d'une critique masculine de la société. Mais, à la différence de Malraux, il dénonce cette attitude. Le roman se termine par l'agonie de son héros, sinistre caricature d'aventurier pseudo-surréaliste qui a répandu autour de lui, comme une tare, sa propre stérilité. Sur son lit de mort, l'angoisse l'étreint. « Soudain la détresse s'emparait de lui, de n'avoir pas un enfant qui le prolongeât. Il songeait à celui que Renée aurait pu lui donner, et dont jadis il redoutait l'existence » (p. 510). C'est l'époque des retours à l'ordre : le prix Goncourt 1929 couronnera cette médiocre dénonciation d'une avant-garde qui, parce qu'elle méprise l'avenir, veut en priver les autres.

Les Cloches de Bâle, premier roman écrit par un Aragon communiste (1934), traite le problème de l'adhésion biologique à l'ordre social en recourant au marxisme et à la lutte de classes. Il décrit un monde où les bourgeois se suicident alors que les ouvriers sont tués par les hommes de main (les « nervis ») du capital. La même logique de classe structure les interruptions de naissance : Judith Romanet, une artiste mondaine, meurt des suites d'un avortement alors que Jeannette, ouvrière heureuse d'être enceinte, fera une fausse couche. L'avortement sert ici d'emblème au comportement suicidaire d'une classe sans avenir (Judith Romanet, remarque un personnage, est « morte de n'avoir pas voulu d'enfant », p. 400), alors que la fausse couche de Jeannette illustre la répression que la bourgeoisie exerce sur la fécondité prolétarienne : elle voudrait empêcher les ouvriers d'accoucher d'un avenir qui la condamne. La condamnation marxiste de l'avortement transparaît aussi dans *le Cheval de Troie* (1935), de Paul Nizan. Une ouvrière, Catherine, meurt des suites d'un avortement, acte de désespoir « contre une société qui exige des enfants » (p. 85).

Mais personne ne témoigne avec plus d'éloquence du dilemme que Drieu La Rochelle : comment s'assurer de la puissance politique sans en payer le prix démographique ? Dans *Mesure de la France*, l'essai qui a lancé, en 1922, cet ancien combattant de vingt-neuf ans dont le nom apparaît au sommaire de presque toutes les

revues de l'avant-garde pré-surréaliste, Drieu tire les leçons de la guerre. La France, écrasée en 1914 par le nombre allemand, a fini par vaincre grâce à l'intervention du nombre américain. L'écrivain reprend en ouverture les termes du natalisme le plus traditionnel et dénonce le « crime » français : la « mesure » de bourgeois délicats qui refusent de se multiplier. Pourtant, son propos n'est pas de convertir la France à la fécondité allemande, mais d'imposer à l'Allemagne la mesure démographique française. « Ces Allemands sont absurdes. Il fallait bien que quelqu'un en Europe – et qui moins que la France a oublié les antiques lois modératrices – arrêtât un pullulement aveugle » (pp. 31-32). L'Europe doit être soustraite à la loi du nombre. « On ne peut pas multiplier l'Européen comme l'Oriental. Nous ne sommes pas des coolies. On ne peut pas produire indéfiniment des ouvriers et des soldats » (p. 85). L'association de l'Asie et des enfants formulée dans « Écrit dans la rue » est donc antérieure aux émeutes de février 1934. Le plaisir avare des bourgeois suscite chez Drieu des réactions ambivalentes ; s'il n'arrive pas à le condamner entièrement, c'est qu'il est une version douce de la stérilité suicidaire du guerrier (« les hommes de France sont chiches de leur semence, mais pas encore de leur sang », p. 25).

L'œuvre romanesque de Drieu regorge de témoignages de cette ambivalence. Ses don Juans sans avenir, déchirés entre deux modèles de la virilité, l'amant (*l'Homme couvert de femmes*, 1925) et le guerrier (*la Comédie de Charleroi*, 1934), l'homme à femmes et l'homme entre hommes, oscillent entre l'hétérosexualité anxieuse d'un permissionnaire misogyne et la nostalgie du front où la proximité de la mort a exclu les femmes.

Gilles, paru en 1939, est le plus célèbre roman de Drieu. Cet ouvrage autobiographique, qui commence avec la Première Guerre mondiale et se termine à la veille de la Seconde, suit les péripéties de l'histoire politique et littéraire de la France de l'entre-deux-guerres. Les émeutes de février 1934 figurent en bonne place. Elles sont l'axe de l'avant-dernière section, intitulée « L'apocalypse ». Gilles, qui a quarante ans, vient de renoncer à toute activité politique. La civilisation occidentale est parvenue au stade ultime de décadence morale et biologique : elle ne renaîtra que de ses cendres, ou de son sang. Elle ne renaîtra que de sa mort. L'émeute, inattendue, interrompt ces réflexions moroses : ce sang français, le premier à être versé depuis la guerre, apporterait-il un démenti au pessimisme de Gilles ? Ce premier massacre est-il le signe d'une renaissance de la France ? Mais le feu de paille est immédiatement étouffé par la compromission parlementaire. La mystique sans lendemain des émeutes dégénère en politique et Gilles, décidant qu'elle n'est plus récupérable, quitte la France pour se battre et mourir en Espagne dans les rangs franquistes.

Parallèlement à cette flambée insurrectionnelle et à l'espoir trahi, février 1934 fait vivre à Gilles une autre crise. Quelques mois plus tôt, sa maîtresse, Pauline, lui avait annoncé qu'elle était enceinte. Nul besoin de souligner la portée allégorique de cette serie d'evenements paralleles : autant que la grossesse d'une femme, le sang d'hommes coulant sur le pavé constitue une promesse de futur. Mais les promesses de Pauline n'auront pas plus d'avenir que l'émeute. La tentative fasciste de février 1934 a tourné court. Et Drieu, dans la meilleure tradition de *l'Immoraliste*, accable Pauline, sitôt enceinte, d'une maladie. Pour opérer son cancer (de l'utérus), le chirurgien doit supprimer l'enfant : celle qu'un rêveur croyait porteuse de vie ne contient plus que le germe de sa propre mort. Cet épisode clinique, déplaisant par sa cruauté et sa gratuité,

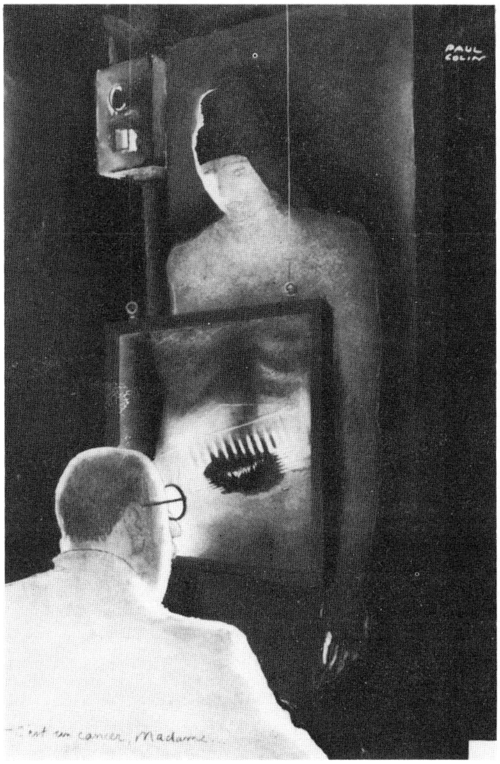

1. « C'est un cancer, Madame... » Paul Colin, *Marianne malade*, exposé au Salon des Humoristes, Paris, 1934.
(Ph. © Harlingue-Viollet, Paris, 1938).

charge le destin de Pauline d'une valeur symbolique : son cancer, imputé à un passé de prostitution dont le lecteur n'avait pas encore été informé, est la maladie d'une France prostituée par le régime polygame des partis multiples. L'agonie de Pauline commence le 6 février. Elle se termine quand meurent les derniers espoirs que l'émeute avait fait naître. « La France mourait pendant que Pauline mourait » (p. 425). L'une et l'autre meurent victimes du même mal, le capitalisme bourgeois, cancer d'un régime représentatif où les signes dévorent les réalités. Tandis que la maladie de Pauline progresse, Gilles s'éloigne d'elle, « stérile, marquée par la mort, mais surtout devenue bourgeoise » (p. 408).

Dans une nouvelle antérieure, *le Journal d'un délicat*, que Drieu avait commencé à rédiger peu de temps après les émeutes, en juillet 1934, la fécondité de la femme est irréprochable. C'est le narrateur qui refuse l'enfant. Il l'oblige à se soumettre à un avortement qui la rendra stérile : « La vie était devant moi et je refusais la vie » (*Histoires déplaisantes*, p. 75). Celui qui s'était demandé dans *Mesure de la France* : « J'étais seul, ô mon père. Mais aurai-je un fils ? » a cessé d'hésiter. Depuis qu'il est fasciste, il répond par la négative. L'étrange formule de *Socialisme fasciste* : « J'ai renoncé à l'Asie et aux enfants » est datée, elle aussi, de juillet 1934.

La fin de *Gilles* s'inspire évidemment de celle de *l'Espoir*. Le roman de Malraux (paru fin 1937) se terminait sur la victoire des républicains espagnols à Guadalajara. C'est le même tournant de la guerre civile espagnole qui sert de cadre à la conclusion

de *Gilles* : le héros y meurt sous l'assaut des républicains victorieux. Le rapport de forces est le même que chez Malraux, mais vu du camp adverse. Il y a pourtant une autre différence. *Gilles* paraît deux ans après *l'Espoir*. Et si les lecteurs de Malraux les plus optimistes pouvaient encore partager en 1937 l'espoir d'une victoire républicaine, le doute n'est plus possible, en 1939, pour ceux de Drieu : depuis le 28 mars, Franco est maître à Madrid. *Mesure de la France* montrait déjà que Drieu n'avait pas la victoire euphorique. La fin de *Gilles* porte à croire qu'en dépit de la leçon des faits il n'a jamais eu le fascisme vraiment triomphant. Étrange chose que de le peindre à l'agonie en 1939. La victoire elle-même est vécue comme apothéose de l'instinct de mort, forme paradoxale sous laquelle s'accomplit un projet de destruction de soi.

Le triomphe de la mort fait partie du mysticisme funèbre souvent associé à l'idéologie fasciste. Dans *Qu'est-ce que la littérature ?*, Sartre (dont l'œuvre offre, à la même époque, sa propre ambivalence antimalthusienne) résume l'œuvre de Drieu en évoquant « le vieux mythe héraclitéen selon lequel la vie naît de la mort » (*Situations II*, p. 228). Effectivement, pour cet ennemi de la vie quotidienne, seule une conflagration universelle pourra faire naître un avenir absolument vierge. La seule régénération concevable, dans cette palingénésie catastrophique, doit être consécutive à une destruction absolue. Qui veut sauver la vie la perdra.

Voir aussi 1937 (juillet), 1945 (février).

Bibliographie : Louis Aragon, *les Cloches de Bâle* (Paris, Gallimard, 1980). Marcel Arland, *l'Ordre* (Paris, Gallimard, 1929). Pierre Drieu La Rochelle, *Gilles* (Paris, Gallimard, 1939) ; *le Journal d'un délicat*, in *Histoires déplaisantes* (Paris, Gallimard, 1963) ; *Mesure de la France* (Paris, Grasset, 1964) ; *Socialisme fasciste* (Paris, Gallimard, 1934). Paul Nizan, *le Cheval de Troie* (Paris, Gallimard, 1935). Pierre Andreu et Frédéric Glover, *Drieu La Rochelle* (Paris, Hachette, 1979). Alice Y. Kaplan, *Reproductions of Banality : Fascism, Literature and French Intellectual Life* (Minneapolis, University of Minnesota Press, 1986). Jean-Paul Sartre, *Situations II* (Paris, Gallimard, 1948). Zeev Sternhell, *Ni droite ni gauche : l'idéologie fasciste en France* (Paris, Éditions Complexe, 1987). Théodore Zeldin, *Histoire des passions françaises, 1848-1945*, vol. V (Paris, Seuil, 1980).

Denis Hollier

1935, 6 mai

Antonin Artaud met en scène *les Cenci* au théâtre des Folies-Wagram ;
la pièce tient l'affiche dix-sept jours

La peste sur scène

La carrière théâtrale d'Antonin Artaud fut de courte durée. Quand, en avril 1933, à trente-neuf ans, le jeune metteur en scène est invité à donner une conférence à la Sorbonne, tout ce que l'on sait de lui, c'est qu'André Breton l'a exclu du groupe surréaliste en 1929 et que, l'année précédente, dans un manifeste publié par la *Nouvelle Revue française*, il en avait sombrement appelé au « théâtre de la cruauté ». Deux ans après cette conférence, devant l'échec des *Cenci*, il abandonnait le théâtre. Qui, l'ayant entendu prononcer à la Sorbonne « Le théâtre et la peste », aurait pu

imaginer que trente ans plus tard toute l'avant-garde théâtrale, de Jerzy Grotowski à Peter Brook, en passant par le Living Theatre, se réclamerait de lui ?

Artaud commence sa conférence par une fable, celle d'un bateau auquel le vice-roi de Sardaigne aurait refusé, en 1720, l'entrée dans ses ports après qu'un rêve lui eut révélé qu'il transportait la peste. Détourné sur Marseille, le bateau, effectivement, y déchargea la mort. Et Artaud de se demander : la peste pourrait-elle être, plus qu'un microbe, une force intelligente au service du destin ? Décrivant avec une précision clinique l'irruption de la maladie sur le corps des victimes terrorisées, les bubons suant leur pestilence, l'épidémie ravageant les rues, la terreur se répandant partout, semant l'anarchie, minant l'ordre social, suscitant les comportements les plus absurdes, les convictions les plus délirantes, Artaud lance cette déclaration surprenante : « Et c'est alors que le théâtre s'installe. Le théâtre, c'est-à-dire la gratuité immédiate qui pousse à des actes inutiles et sans profit pour l'actualité » (*le Théâtre et son double*, p. 30). Alors que la peste finit par s'épuiser au terme d'une crise organique, le théâtre conserve le contact avec la force qui l'inspire, mettant en avant « un fond de cruauté latente » habituellement masqué par la moralité ou les conventions. Dans son excès même, le théâtre affecte la sensibilité des spectateurs avec la violence d'une épidémie.

Mais comment communiquer au public une telle vision apocalyptique ? Anaïs Nin a décrit Artaud, le visage convulsé d'angoisse, les cheveux « trempés de sueur. Ses yeux se dilataient, ses muscles se raidissaient, ses doigts luttaient pour garder leur souplesse. Il nous faisait sentir sa gorge sèche et brûlante, la douleur, la souffrance, la fièvre, le feu aux entrailles. Il était à la torture, il hurlait. Il délirait » (*Journal*, p. 247). Quand il eut terminé, Artaud s'écroula devant l'estrade, face contre terre... et la salle était vide. « Ils veulent tous qu'on leur parle de quelque chose, commenta-t-il ensuite avec colère, et je veux leur donner l'expérience elle-même, pour qu'ils soient terrifiés, et qu'ils se réveillent. » Puis il conclut, sombrement : « J'ai fait le portrait de l'agonie. La mienne, oui, et celle de tous les êtres vivants. » Alors, se rappelle Nin, il se releva face à la salle de conférence déserte, « il se dirigea droit sur moi et me baisa la main. Il me demanda de l'accompagner au café ».

Ce petit drame d'amphithéâtre préfigure l'échec des *Cenci* en même temps qu'il illustre l'enseignement théâtral d'Artaud. Celui-ci ressentait avec trop de violence les bouleversements du monde contemporain pour traiter quelque sujet que ce soit de façon métaphorique. Le 27 novembre 1927, alors qu'il jouait un Marat crispé et sulfureux dans le *Napoléon*, d'Abel Gance, il écrivit au metteur en scène : « J'ai la pestilence dans l'âme de mes nerfs et j'en souffre. Il y a une qualité de la souffrance nerveuse que le plus grand acteur du monde ne peut pas vivre au cinéma s'il ne l'a un jour réalisée. Et je l'ai réalisée » (*Œuvres complètes*, vol. III, pp. 143-144). Cette érosion mentale (peut-être consécutive à un accès de méningite infantile), relatée avec une maîtrise paradoxale dans sa « Correspondance avec Jacques Rivière » (1924), contraignit Artaud à mettre en question tout ce qui n'affectait pas directement ses sens. Pour lui, la maladie moderne n'était pas la peste noire, mais le « mal blanc », invisible, d'une pensée discursive qui ne cesse de dissoudre insidieusement la vie qu'elle prétend exprimer. C'est dans la haine de sa propre abstraction qu'Artaud fit en sorte que « le côté logique et discursif de la parole disparaisse sous son côté physique et affectif » (*le Théâtre et son double*, p. 143). Jamais prophète n'aura été si étranger au contenu réel de sa propre pensée.

Le texte de la conférence de 1933, « Le théâtre et la peste », a été repris dans *le Théâtre et son double* (1938), recueil de manifestes et d'essais qui ont fait d'Artaud le plus important théoricien du théâtre de ce siècle. Quand le livre parut, toutefois, Artaud avait déjà succombé à la folie. Après sa sortie de l'asile psychiatrique de Rodez, en 1946, il publia le bouleversant « Van Gogh, le suicidé de la société » (1947) et l'imprécatoire « Pour en finir avec le jugement de Dieu » (1948), qui déclencha une vague de protestations lorsqu'il voulut en faire la mise en scène radiophonique. Artaud mourut en 1948, d'un cancer du rectum ou d'une overdose de laudanum.

Qu'Artaud, de son vivant, n'ait jamais été reconnu comme un grand metteur en scène est imputable en partie au piteux état du théâtre parisien : ni la Comédie-Française, avec son répertoire sclérosé et poussiéreux, ni la platitude du théâtre de Boulevard, dominé par Sacha Guitry, ne pouvaient accueillir ou satisfaire ce jeune dramaturge d'avant-garde. Mais la mise en scène ne fut que brièvement l'activité principale d'Artaud. Tour à tour poète, comédien, metteur en scène, critique d'art, scénariste, peintre et prophète, il n'a jamais cessé d'hésiter entre diverses vocations.

Quand, en 1920, Artaud quitte Marseille et monte à Paris, il se prend d'enthousiasme pour le théâtre de l'Atelier de Charles Dullin. Pendant un an, il s'initie aux techniques d'improvisation russes et découvre les dimensions rituelles et mystiques du théâtre oriental. Vite lassé de l'Atelier, encore trop réaliste à son goût, le jeune comédien sans emploi passe au cinéma (encore muet à l'époque) qui va lui fournir ses idées fondamentales sur le théâtre. Comme le cinéma (et la morphine, à laquelle Artaud s'adonnait), le théâtre, dit-il, doit agir directement sur le cerveau, non par l'intermédiaire du langage, mais au moyen d'images concrètes, denses et convulsives. À la fin des années 1920, le triomphe définitif du « parlant » – « cette stupidité, cette absurdité, et la négation du cinéma » (lettre à Yvonne Allendy, 26 mars 1929, *Œuvres complètes*, vol. III, p. 144) – le renvoyait à la scène.

En 1926, Artaud lance son premier grand projet théâtral avec Roger Vitrac, un transfuge du groupe surréaliste. Le théâtre Alfred-Jarry, dans les années qui suivirent, monte des spectacles qui reflètent certaines idées d'André Breton. Le théâtre, proclame Artaud, doit renouer avec la vie ; il est encore plus réel que la vie, puisqu'il peut mettre au jour les éléments habituellement dissimulés dans l'inconscient. Ce qui se passe sur scène est de l'ordre de la magie et du rêve, mais un rêve qui, contrairement à l'opinion de Freud, n'exprime pas seulement les désirs sexuels mais la totalité de l'homme, et défie donc toute interprétation. L'éphémère théâtre Alfred-Jarry ayant dû fermer ses portes faute d'argent, de 1929 à 1935 Artaud consacre l'essentiel de ses écrits à la théorie du théâtre et développe ses idées sur un « théâtre de la cruauté ». Après sa mort, et tout autant que celles de Bertolt Brecht, ces idées devaient inspirer le théâtre moderne.

Les théories d'Artaud effectuent une rupture totale avec la tradition humaniste et néo-classique issue de la Renaissance. L'événement théâtral, selon lui, doit cesser d'être subordonné au texte écrit et à l'autorité parasite des « chefs-d'œuvre » reconnus. Il doit abandonner l'analyse psycho-logique (personnage, intrigue, développement, dénouement) fondée sur la suprématie de l'abstraction verbale pour devenir, comme la peinture, la matérialisation visuelle et plastique du discours. L'auteur cède la place au metteur en scène, qui, au lieu de se limiter aux mots, doit déployer tous les moyens physiques à sa disposition : musique, danse, pantomime,

action, intonation, architecture, éclairage, décor. Grâce à ce vaste registre de symboles idéographiques et matériels, le théâtre pourra atteindre l'intensité de la poésie et provoquer une conflagration de sentiments et de sensations capables de poser directement les questions auxquelles l'humanité doit faire face : le mystère du destin et l'appel d'un état transcendant de la vie que les dogmes ne sont plus capables de satisfaire. À l'instar des mystères du Moyen Âge, le théâtre doit devenir un spectacle total, à la fois physique et métaphysique, dont le cinéma, le music-hall, le cirque et la vie sont encore de vagues approximations.

En 1931, les danses balinaises donnèrent à Artaud la révélation de cette dimension métaphysique. Cette forme de théâtre traditionnel lui apparut comme un pur mirage de signes, la forme accomplie d'une poésie de gestes si précise et si impersonnelle qu'elle muait l'automatisme des danseurs en une « sorte de Physique première, d'où l'Esprit ne s'est jamais détaché » (*le Théâtre et son double*, p. 72). Au lieu de les énoncer, le théâtre balinais présente physiquement, mathématiquement, l'abstraction, l'inconnu et le mystère, en mobilisant des symboles et des idéogrammes corporels. C'est ce monde, manifesté rituellement avec rigueur et application, qu'Artaud nomme cruauté.

Cruauté : le terme (probablement emprunté à Nietzsche) dérange, et c'est pourquoi Artaud continue à l'employer malgré tous les malentendus. Cruauté n'est pas sadisme, bien que la violence y ait nécessairement une part ; c'est l'instinct impitoyable et excessif qui incite à intensifier les conflits pour conjurer la face sombre et irrationnelle – le « double » – de l'esprit humain.

Au même moment où il publie « Le théâtre de la cruauté », Artaud se passionne pour un inquiétant personnage du monde romain. Il écrit *Héliogabale, ou l'Anarchiste couronné* (1934), qui constitue en fait la meilleure illustration de ce qu'il avait conçu pour la scène. Empereur païen et prêtre du soleil, le jeune Héliogabale avait perversement introduit « le théâtre et par le théâtre la poésie sur le trône de Rome, dans le palais d'un empereur romain, et la poésie, quand elle est réelle, ça mérite du sang, ça justifie que l'on verse du sang » (*Œuvres complètes*, vol. VII, p. 93). Implacable comme la peste, Héliogabale libère à coups de scandale, de meurtre et d'excès, toute la fureur des instincts afin de punir « le monde latin de ne plus croire à ses mythes ni à aucun mythe » (*ibid.*, vol. VII, p. 94). Son anarchisme radical – mais royal – lui permet même, par des gestes cruels et à double tranchant, de cristalliser sur sa mort ignominieuse une idée métaphysique et supérieure de l'ordre.

Artaud met toutes ces idées à l'épreuve dans la tragédie des *Cenci*, présentée au théâtre des Folies-Wagram en mai 1935. Cette histoire d'inceste et de meurtre dans une famille de l'aristocratie romaine de la Renaissance avait déjà été adaptée par Stendhal et par Shelley. Artaud la réécrit dans l'esprit du théâtre élisabéthain, indifférent aux conventions et résonnant d'éclats métaphysiques. Comme le Gilles de Rais de Georges Bataille, le vieux Cenci est un « monstre sacré » doté d'un appétit illimité pour la violence. Il prend plaisir à assassiner publiquement ses deux fils, terrorise ses invités, brave l'autorité du pape et le jugement de Dieu. Après avoir violé sa propre fille, Béatrice, il la pousse au parricide et meurt, horriblement, d'un clou planté dans la tête. Meurtrière innocente, Béatrice est à son tour condamnée à mort. Ce châtiment résume toute l'injustice du monde.

Pour décourager toute identification psychologique, Artaud utilise un décor

dépouillé et géométrique inspiré du théâtre balinais. Il fait graviter ses comédiens autour de certains axes, les incitant tantôt à déambuler de façon mécanique, comme des zombis, tantôt les agglutinant sur la scène à la manière d'une meute de chiens enragés. Chaque scène poussée jusqu'aux limites, Artaud espérait atteindre le point d'incandescence où les images se font magie, les mots incantation et les affects révélations cosmiques.

Les Cenci sont l'entreprise la plus ambitieuse d'Artaud pour prouver qu'il n'était pas un simple théoricien du théâtre. Mais ses comédiens furent préparés à la hâte et l'espace était mal adapté à ses besoins. Les décors, conçus par Balthus, les costumes aux couleurs lourdement symboliques, et jusqu'aux ondes sonores inspirées de rythmes incas, convergeant de toute part, déconcertèrent le public. Dans une lettre à Artaud, Eugène Gegenbach décrivait ainsi les réactions : « Autour de moi les spectacteurs riaient comme des fous qui ont le fou rire du tremblement » (*ibid.*, vol. V, p. 55). Comme Artaud le reconnut plus tard, le public n'était pas « prêt pour ce banquet des dieux » ; pour lui qui avait espéré « mettre le spectateur dans un état de soumission, le mêler de force à l'action » (*ibid.*, vol. V, p. 300), c'était un échec.

Les Cenci n'auront guère offert à Artaud l'occasion de réfuter les critiques qui jugeaient le théâtre de la cruauté irréalisable : dans un geste de concession à l'écriture, Artaud s'était résigné à imposer à ses acteurs un texte qui les condamnait à une violence purement verbale. Colette, rendant compte du spectacle, notera que Cenci « n'arrête pas d'annoncer quelque chose d'horrible qui n'arrive jamais » (*la Jumelle noire*, 1935). *Les Cenci* sont une réalisation imparfaite des ambitions d'Artaud, un spectacle à un seul tranchant suscitant moins la terreur que la perplexité.

Le projet qui comptait le plus pour Artaud dans le théâtre de la cruauté, « La conquête du Mexique » ne vit jamais le jour de son vivant, bien qu'il ait cristallisé toutes ses idées sur le théâtre. Au lieu de le mettre en scène, Artaud le réalisa en quelque sorte physiquement. Il partit seul au Mexique en 1936 pour se plonger dans les sources métaphysiques des religions précolombiennes. Encore sous le coup d'une révolution politique, le Mexique se préoccupait plus de marxisme et de culture européenne que de ses racines indiennes ou d'une culture ancienne du type de celle qu'Artaud avait imaginée lorsqu'il écrivait *Héliogabale* – culture où « le théâtre n'était pas sur la scène mais dans la vie » (*ibid.*, vol. VII, p. 34). Le « fou français », comme on en vint à l'appeler, se retrouva donc tout aussi incompris à Mexico qu'à Paris.

Artaud, qui souffrait atrocement d'un état de manque, se rendit auprès d'une tribu indienne isolée pour participer au rite curatif du peyotl. *D'un voyage au pays des Tarahumaras* (1937) et les textes connexes écrits entre 1936 et 1948 relatent à la fois sa vision d'un pays mystique où se dévoile un langage secret et primitif, et les brutales oscillations de son existence en France après son retour du Mexique. Ils permettent de suivre, comme sur un sismographe, son effondrement à Paris, son extravagant voyage en Irlande armé du bâton de saint Patrick et son internement final à l'asile de Rodez, où il adoptera pour quelque temps, après des traitements aux électrochocs, « la stupide condition mentale du converti » (*ibid.*, vol. IX, p. 38). *Les Lettres de Rodez* (1946), et, en particulier, le continent hallucinatoire des *Carnets de Rodez*, révèlent l'ampleur de la bataille mentale qu'Artaud a menée dans l'espoir de se débarrasser des germes de la culture occidentale et des cicatrices de la religion catholique. L'échec des *Cenci* le précipita dans la violence de son propre martyre. Il y trouva non seulement l'image inverse et diabolique du monde qu'il avait voulu subjuguer par le théâtre, mais aussi la tentation, jamais exorcisée, de jouer la victime propitiatoire, rivalisant en souffrance et en humiliation avec le Sauveur dont il avait souvent revendiqué avec véhémence la Passion comme sienne.

Le Théâtre et son double est aujourd'hui considéré comme un classique. Malgré toutes les tentatives ultérieures pour faire d'Artaud le maître d'une nouvelle école, on peut se demander si le théâtre conserve encore, comme Artaud l'avait espéré, la faculté de guérir une société qui a perdu le contact avec « le monde des civilisés organiques » (*le Théâtre et son double*, p. 16). En ce sens, Artaud semble bien être, selon la formule de Susan Sontag « l'un des derniers grands exemples de l'époque héroïque du modernisme littéraire » (*Selected Writings*, p. XIX), un héroïsme dont l'échec constitue la forme paradoxale, et la seule possible, de réussite. N'ayant pu sauver la culture occidentale, il ne restait à Artaud qu'à s'appliquer à lui-même le traitement qu'il avait conçu, sa souffrance personnelle offrant aux yeux du monde le spectacle de la cruauté qu'il n'avait pas réussi à porter sur la scène.

Voir aussi 1924, 1954, 1959 (28 octobre).

Bibliographie : Antonin Artaud : Selected Writings, éd. Susan Sontag (New York, Farrar, Strauss & Giroux, 1976). Antonin Artaud, *Œuvres complètes*, éd. Paule Thévenin, 25 vol. (Paris, Gallimard, 1956-1991) ; *le Théâtre et son double* et *les Cenci*, in *ibid*., vol. IV (Paris, Gallimard, 1964) ; *Héliogabale*, in *ibid*., vol. VII (Paris, Gallimard, 1990). Maurice Blanchot, « Artaud », in *le Livre à venir* (Paris, Gallimard, 1959) ; « La cruelle raison poétique », in *l'Entretien infini* (Paris, Gallimard, 1969). Colette, *la Jumelle noire*, vol. II (Paris, Ferenczi, 1935). Jacques Derrida, « La parole soufflée », in *l'Écriture et la différence* (Paris, Seuil, 1967). Michel Foucault, *Histoire de la folie à l'âge classique* (Paris, Plon, 1961). Julia Kristeva, « Le sujet en procès », in *Polylogue* (Paris, Seuil, 1977). René Laporte, « Antonin Artaud ou la pensée au supplice », *le Nouveau Commerce*, n° 12 (1968). Sylvère Lotringer, « Antonin Artaud », in *European Writers*, vol. XI (New York, Charles Scribner's Sons, 1990). Maeder, *Antonin Artaud* (Paris, Plon, 1978). Anaïs Nin, *Journal*, trad. Marie-Claire Van der Elst (Paris, Stock, 1969). Philippe Sollers, « La pensée émet des signes », in *Logiques* (Paris, Seuil, 1968) ; (éd.) *Artaud : colloque de Cerisy* (Paris, U.G.E., 1973).

Sylvère Lotringer

1937, mars

Trois anciens surréalistes fondent le Collège de sociologie

L'avant-garde se tourne vers la science

L'existence du Collège de sociologie, fondé par Georges Bataille, Roger Caillois et Michel Leiris, a été brève : apparu sur la scène parisienne en 1937, il en disparut en 1939. Malgré son nom, le Collège n'était pas un établissement d'études supérieures, mais un groupe de conspirateurs ou « amis », conformément au sens du latin *collegium*. À ce titre, il appartenait à la longue tradition des groupes d'avant-garde qui, depuis les romantiques de 1830, les chapelles symbolistes, les surréalistes, le Grand Jeu de René Daumal, sans parler de groupuscules marxistes encore plus marginaux comme ceux que Paul Nizan caricature dans *la Conspiration* (1938), se sont manifestés par des interventions tout à la fois esthétiques et politiques. Le Collège se réunissait deux fois par mois dans l'arrière-boutique d'une librairie de la rue Gay-Lussac. Les séances étaient relativement fréquentées (une cinquantaine de personnes, les soirs d'affluence). Chacune était consacrée à un exposé sur un sujet déterminé en début d'année, ordinairement en rapport avec les formes individuelles ou sociales de l'expérience du sacré, suivi d'une discussion. Le programme de la première année fut dominé par Bataille et Caillois. Reflétant l'actualité croissante des problèmes évoqués au Collège, plusieurs des conférences de la seconde année furent données par des intervenants extérieurs, comme Pierre Klossowski (qui réinterprétait alors l'œuvre de Sade), Anatole Lewitzky, Hans Mayer, Jean Paulhan, Denis de Rougemont, Georges Duthuit et Jean Wahl. Mais Bataille et Caillois restèrent les figures dominantes. Caillois, qui venait de passer l'agrégation de grammaire, suivait alors les séminaires d'ethnologie et d'histoire des religions de Marcel Mauss et de Georges Dumézil. Bataille, d'une quinzaine d'années son aîné, avait une vaste culture historique, sociologique, philosophique et psychanalytique (il avait entrepris une psychanalyse en 1927). Son poste à la Bibliothèque nationale le mettait en contact avec toutes sortes de personnalités intellectuelles, dont Walter Benjamin.

Bien que Bataille n'ait jamais été un membre officiel du groupe surréaliste et bien qu'André Breton l'ait violemment pris à partie dans le *Second Manifeste du surréalisme* (1930), sa position peut être qualifiée de postsurréaliste. Ses essais de l'époque – « La vieille taupe » (1930, publ. 1968), « La notion de dépense » (1933), « La structure psychologique du fascisme » (1933-1934) – s'efforcent de théoriser les expériences qui sont au cœur de l'inspiration surréaliste (rêve, délire, folie réelle ou simulée). Selon lui, les expressions de la violence fantasmatique à laquelle le surréalisme avait fait appel ne devaient pas se limiter à des manifestations individuelles de la culture bourgeoise, comme l'étaient la poésie ou la peinture. Il en vint ainsi à faire de l'expérience « religieuse », au sens large du mot, l'expérience fondamentale de la vie collective, y compris celle des sociétés démocratiques modernes qui pourtant la répriment et l'ont presque oubliée. Les expérimentations surréalistes, loin d'être un symptôme de décadence ou d'impuissance et bien qu'elles respectent les limites individuelles, témoignent au contraire d'une sensibilité au sacré – à l'hétérogène – qui pour Bataille constitue le fondement de toute vie sociale et représente le dernier espoir d'une culture privée de raison d'être. D'où l'intérêt de Bataille pour l'ethnologie et, tout particulièrement, pour l'étude des sociétés secrètes qui servent parfois de gardiennes et de catalyseurs du sacré. Mais cette « étude » n'était pas une recherche universitaire. L'« étudiant », ici, était mû par l'espoir de se réveiller « apprenti sorcier », ayant fait le pari de réintroduire la chance, le danger et l'extase dans une civilisation moribonde. Le Collège ne se contentait donc pas d'étudier les sociétés secrètes, il les prenait pour modèle. (L'atmosphère de secret était encore plus forte à *Acéphale*, autre groupuscule fondé par Bataille à la même époque et qui semble avoir essayé de redonner vie à divers rites païens.) Le Collège voulait mettre à profit la manière dont les communautés se constituent à l'occasion de dépenses spectaculaires et délirantes. Le cénacle des histoires littéraires était devenu le dernier dépositaire de l'hétérogène. Le surréaliste se muait en grand prêtre (incognito) d'une force qui allait remettre la civilisation en contact avec ses besoins les plus fondamentaux.

Mais le Collège ne cherchait pas moins des conclusions scientifiquement irréprochables. Caillois connaissait les travaux de l'ethnologie. Quant à Leiris, ancien surréaliste, ethnographe de profession, il avait travaillé sur le terrain en Afrique. L'avant-garde finissait par devenir scientifique ; ou plutôt, elle découvrait que, même dans ses divagations les plus folles, elle n'avait jamais cessé de l'être. Elle réalisait que, dans leur extravagance même, les expériences auxquelles elle s'était adonnée n'étaient pas fondamentalement différentes des pratiques sociales que les ethnologues étudient dans les cultures dites primitives. Le fait que des écrivains modernistes aient analysé des expériences de ce type dans leur propre vie faisait d'eux, pour ainsi dire, des ethnologues avant la lettre (c'est le cas des écrits autobiographiques de Leiris). L'importante conférence de Caillois sur « La théorie de la fête » (*le Collège de sociologie*, pp. 475-521) montre que la « réévaluation de toutes les valeurs » chère à Nietzsche et à ses disciples peut être interprétée comme une version des festivités orgiaques, à l'occasion sacrificielles, qu'on rencontre dans les sociétés non occidentales où elles assurent la renaissance de l'individu et le rajeunissement de la société. Le spécialiste des peuples « primitifs » était conduit à appliquer ses conclusions à sa propre culture : étant donné l'identité fondamentale de toutes les cultures, « primitives » et modernes, l'idée d'une science « objective » devient contradictoire dans la mesure où la science, au même titre que n'importe quel phénomène culturel, dépend d'une expérience excessive (de transgression, de « chaos ») qui déborde les limites de tout savoir stable. Les membres du Collège se retrouvaient par conséquent avec une science au statut épistémologique étrange – elle ouvrait sur la « vérité » de toutes les cultures mais en même temps, en raison de la nature de cette « vérité », interdisait le détachement du savoir théorique ; les sociologues enthousiastes qui la servaient devaient l'appliquer, comme un fer rouge, à une société bourgeoise figée dans son hébétude. Comme beaucoup d'intellectuels des années 1930 et 1940, les membres du Collège étaient, à leur façon, engagés.

Le Collège ne se rattache pas seulement à l'avant-garde, en particulier au surréalisme, il s'inspire aussi de l'école française de sociologie et d'ethnologie. Une bonne partie des spéculations de Bataille et de Caillois puisent dans les travaux d'Émile Durkheim et de Marcel Mauss. Ces deux sociologues, représentatifs du rationalisme de la troisième République, avaient été des dreyfusards militants. Professeur de philosophie à la Sorbonne, Durkheim avait fait campagne pour la laïcisation de l'éducation, un article essentiel du programme républicain depuis 1789. D'après lui, la morale laïque était rendue possible par cette découverte : dans leurs rites spectaculaires et excessifs, les sociétés « primitives » adorent l'énergie sociale elle-même. Le *mana*, force qui se manifeste au travers d'objets, de lieux et d'activités sacrées, est la réification de la puissance profonde mais fondamentalement rationnelle qui se communique à tout le monde dans et à travers la vie sociale. Dans cette perspective, l'enseignant devenait une sorte de prêtre laïque et la « religion » du devoir civique enseignée dans les écoles publiques une morale fondée sur la raison. Ce nouveau prêtre d'une nouvelle religion permettait aux citoyens de « croire en » la société moderne et en son totem le plus élevé, la personne. Quant à Mauss, en bon disciple de Durkheim, il concluait son essai sur le don et sur les prestations obligatoires pratiquées par les Trobriandais de Mélanésie ou les Indiens et Eskimos du Nord-Ouest américain en suggérant que la générosité attribuée par ces peuples aux êtres mythiques et aux esprits de leurs ancêtres, pouvait, reformulée en un langage rationnel, servir de base à la relance de l'échange économique dans les sociétés industrialisées. Durkheim et Mauss faisaient du sacré le fondement de toute société ; mais ils voulaient le démystifier, en dégager le noyau rationnel et intelligible, afin de canaliser son énergie au bénéfice d'une société laïque égalitaire.

En ces temps de crise des années 1930, alors que les démocraties libérales étaient en danger dans toute l'Europe occidentale, Bataille, Caillois et leurs associés voyaient disparaître la société à laquelle Durkheim et Mauss avaient travaillé. L'effondrement des démocraties ne permettait d'imaginer qu'un avenir communiste ou fasciste. Les cérémonies nazies, comme le Congrès annuel de Nuremberg, avaient quelque chose de profondément troublant pour Bataille. L'énergie du sacré, celle qu'accumulent les foules en délire, n'était-elle pas, contrairement à la thèse de Durkheim, fondamentalement irrationnelle ? Les fascistes n'avaient-ils pas découvert une source d'énergie sociale que les démocrates comme les communistes s'obstinaient à ignorer ? La sociologie universitaire de l'école française n'avait donc pas étudié le sacré comme il le méritait. Bien qu'il n'ait jamais adhéré au parti communiste, Bataille se définissait comme marxiste et considérait que c'était une erreur fatale d'abandonner aux fascistes le monopole de l'exploitation politique du sacré. Pour lui, comme pour Durkheim et Mauss, l'importance du sacré s'articulait sur une vision laïque de la société. Mais la force à l'œuvre derrière le sacré, loin d'être raisonnable ou même seulement explicable, était inconnaissable, radicalement négative, impossible. C'est la raison pour laquelle le « prêtre laïque » de Bataille, au lieu d'être le professeur de Durkheim, devait revêtir la figure du conspirateur, du fanatique qui utilise la société secrète comme une arme pour lutter contre le poids mort de la culture bourgeoise défendue par Durkheim. Du même coup, la sacralisation de la subjectivité autonome, essentielle à l'humanisme de Durkheim, était remplacée par la virulence de l'absence de moi, ou par un moi exposé aux vents du non-humain dans la mort ou l'extase.

Mauss et Alexandre Kojève, le commentateur de la *Phénoménologie de l'esprit,* de Hegel, exprimèrent leurs doutes à l'endroit du Collège. Mauss ne pouvait que désapprouver aussi bien l'accent mis sur l'irrationnel que l'intervention active du « sociologue » (sur le modèle du chaman plutôt que de l'instituteur ou de l'intellectuel). Kojève, qui accepta pourtant de donner une conférence au Collège, était hostile lui aussi au principe d'une force sociale identifiée au « non-savoir ». Il condamnait également les efforts pour ressusciter le rituel, comparant Bataille à « un prestidigitateur qui demanderait à ses tours de prestidigitation de le faire croire à la magie » (*ibid.*, p. 165). Pourtant l'enseignement de Kojève devait être aussi important pour les membres du Collège que celui de Durkheim et de Mauss. Bataille et Caillois (aux côtés de Raymond Queneau, de Jacques Lacan et de Jean Hyppolite) furent de fidèles auditeurs du séminaire de Kojève sur la *Phénoménologie* de Hegel, tenu à l'École pratique des hautes études, de 1933 à la guerre. Tout en renouvelant l'interprétation de Hegel en France, cette lecture allait profondément marquer l'existentialisme des années 1940 et 1950.

Kojève proposait une lecture anthropologique de Hegel : la négativité n'y était plus interprétée en termes métaphysiques, mais sociaux et historiques ; « l'Esprit Absolu », central dans la version idéaliste de Hegel, devenait, pour cette lecture marxiste, un problème aussi désuet que les ratiocinations de la philosophie analytique. Le centre de l'œuvre de Hegel résidait désormais dans la dialectique du maître et de l'esclave. Avec Kojève cette dialectique se résout dans le monde de la négativité appliquée : l'esclave devient, pour ainsi dire, le maître du maître, grâce au travail, processus productif identifié à une sorte de destruction créatrice. La force de destruction et de mort qu'est la négativité est en même temps le moteur du processus dialectique dans la société, dans l'histoire et dans la philosophie.

Bataille était fasciné par ce tableau de l'évolution de la société et de la vérité (dans le processus dialectique de l'histoire de la philosophie) animée par une force purement destructrice : la dialectique avançait, de négation en négation, en faisant se succéder les révolutions et les morts. La violence et la folie impliquées dans la décapitation du roi, comme dans une multitude d'autres crimes ou de guerres révolutionaires, étaient nécessaires, en dernière instance, au progrès de l'humanité.

La réaction de Bataille devant le Hegel de Kojève était simple : si l'histoire humaine touche à sa fin, si la dernière révolution (soviétique) a eu lieu et si aucun changement fondamental (dialectique, historique) ne peut intervenir après elle, il s'ensuit que la négativité est désormais « sans emploi », comme il l'écrit, le 6 décembre 1937, dans une lettre à Kojève (*ibid.*, p. 171). La fin de l'histoire ne fait pas disparaître la négativité qui s'inscrit encore pleinement dans les rapports sociaux. Elle survit donc à l'histoire, mais sans emploi, c'est-à-dire libérée, s'extériorisant à travers les dépenses improductives comme l'érotisme ou le sacrifice. La fin de l'histoire allait enfin permettre que se manifeste la nature véritable de la négativité – ce qu'il n'était possible d'observer que dans les sociétés « primitives ».

Cette argumentation permettait à Bataille de se dire marxiste tout en se plaçant du point de vue d'une ère postmarxiste, posthistorique et même posthumaniste dans laquelle la négativité aurait retrouvé ses formes fondamentales. Si, comme le prétendent certains sociologues, la société est un organisme, ses « cellules » – les individus agglomérés aux unités plus vastes – sont unies non par une attraction pacifique (comme l'implique la sociologie de Durkheim) mais par une force violente, négatrice, force de répulsion et de dissémination. Dans ses conférences des 22 janvier et 5 février 1938, Bataille décrit le « centre » autour duquel une société se constitue (qu'il s'agisse d'une église ou d'un autre type de lieu sacré) : étant donné l'ambiguïté du sacré, tour à tour « gauche », repoussant et mortel (caractérisé par la transgression et les objets transgressifs, comme les cadavres décomposés, le sang menstruel, les organes sexuels en érection) et « droit », séduisant mais répressif (caractérisé par l'interdiction, la réserve, le maintien de la société), la fonction de ce « centre » – social et topographique – ne se limite pas (comme le soutenaient Durkheim et ses disciples) à l'immobilisation de la négativité et à la conversion du sacré « gauche » en sacré « droit » ; elle comprend aussi la transformation inverse, celle du sacré « droit » en sacré « gauche ». Le « centre » social est défini par l'articulation d'une négativité radicale et irrécupérable (un « noyau de silence ») et d'une force positive, constructive et stabilisatrice. « En fait le noyau central des agglomérations primitives n'apparaît pas moins comme un lieu de licence que comme un lieu de prohibition. La prohibition est évidemment le fait primitif qui s'oppose là à la dépense des forces mais si elle s'y oppose à cet endroit même c'est parce que c'est justement là que peut avoir lieu la dépense » (« Attraction et répulsion », *ibid.*, p. 229). La conservation est elle-même une conséquence de la transgression et de la dépense. Nulle garantie d'ailleurs que la force négative se laissera toujours contrôler et que sa violence, nécessaire au renouveau de la société, ne mettra pas un jour en pièces la société même qu'elle rend possible.

Ce sacré irrationnel ne faisait pas l'unanimité du Collège. Leiris garda toujours ses distances ; son unique conférence au Collège, « Le sacré dans la vie quotidienne » (*ibid.*, pp. 60-74), portait sur une expérience plus autobiographique qu'apocalyptique : comment le sacré avait coloré les rites apparemment innocents de son enfance bourgeoise. Leiris reprochait aussi à Bataille son manque de rigueur – il s'écartait de la méthode de Durkheim et de Mauss. D'autres, comme Jean Paulhan, critiquaient son insistance exclusive sur les aspects « négatifs » (gauches) du sacré. Enfin, alors que pour Caillois il n'y avait pas de sacré sans hiérarchie, ce qui impliquait une conception élitiste de la société secrète, Bataille recourait à un modèle tragique, « acéphale », du groupe social, sans dictateur ni principe d'organisation « droit ».

La déclaration de guerre de septembre 1939 mit fin au Collège ; Caillois donnait un séminaire en Argentine ; les autres étaient dispersés ou mobilisés. Les dernières années de la guerre et la décennie suivante furent celles de la vague existentialiste. Sartre n'était pas particulièrement bien disposé à l'égard du Collège. En 1943, il devait consacrer un article hostile à Bataille, « Un nouveau mystique », où il tournait en dérision son recours aux méthodes de la sociologie pour étudier une négativité inconnaissable, critique qui n'était pas fondamentalement différente de celle de Leiris. Mais, qu'elle ait été fondée ou non, l'inspiration essentiellement humaniste et subjectiviste de l'existentialisme des années 1950 allait être responsable de l'éclipse à peu près totale des préoccupations du Collège jusqu'à la fin des années 1960 qui virent, en particulier après mai 1968, un regain d'intérêt pour les motifs de la « mort de l'homme, » de la folie, des transes sociales et de la marginalité. À la fin des années 1960 et au début des années 1970, le projet du groupe *Tel quel* – lier l'épistémé des nouvelles sciences humaines (sémiotique, anthropologie, histoire, psychanalyse) à une politique de gauche et à la théorie esthétique d'avant-garde – pouvait être rattaché au Collège. De même, des préoccupations semblables sont perceptibles dans ce qui devait se faire connaître plus tard sous l'étiquette de poststructuralisme : le refus de l'humanisme rationnel par Michel Foucault et sa réflexion sur le « pouvoir » ; l'intérêt pour la marginalité et le désir de Gilles Deleuze ; la critique de la production et de l'utilité par Jean Baudrillard ; et l'attention de Jacques Derrida aux aspects gauches et droits de l'écriture dans des essais comme *De la grammatologie* et « La pharmacie de Platon ». La méthodologie, et l'inspiration profonde de ces projets, renvoie aux gestes iconoclastes et déstabilisants du Collège de sociologie.

Voir aussi 1931 (mars), 1933 (février), 1935.

Bibliographie : le Collège de sociologie, 1937-1939, éd. Denis Hollier (Paris, Gallimard, 1979). Georges Bataille, *Œuvres complètes* (Paris, Gallimard, 1970). Roger Caillois, *l'Homme et le sacré* (Paris, Gallimard, 1985). Jean Paulhan, *Correspondance Jean Paulhan-Roger Caillois*, in *Cahiers Jean Paulhan*, n° 6, éd. Odile Felgine et Claude-Pierre Perez (Paris, Gallimard, 1991). Jacques Derrida, *la Dissémination* (Paris, Seuil, 1972). Alexandre Kojève, *Introduction à la lecture de Hegel* (Paris, Gallimard, 1979). Allan Stoekl, *Agonies of the Intellectual :*

Commitment, Subjectivity, and the Performative in the Twentieth-Century French Tradition (Lincoln, University of Nebraska Press, 1992).

Allan Stoekl

1937, 12 juillet

Guernica, le tableau de Picasso, est montré au pavillon espagnol de l'Exposition universelle

Peinture engagée

Lorsque le pavillon espagnol ouvrit ses portes à l'Exposition universelle de Paris le 12 juillet 1937, la guerre civile ravageait l'Espagne depuis près d'un an. Le 18 juillet 1936, un putsch militaire avait éclaté au Maroc espagnol contre le gouvernement du *Frente Popular*. Après avoir rapidement traversé le détroit, il avançait dans la péninsule, inaugurant ainsi « la dernière guerre romantique d'Europe » ou encore « la première bataille de la Seconde Guerre mondiale. » En août 1936, Federico Garcia Lorca mourait, assassiné par les troupes du général « rebelle » Francisco Franco.

Cet assassinat rappela à de nombreux artistes et intellectuels du monde entier que l'enjeu de cette guerre n'était pas seulement la survie d'un gouvernement démocratiquement élu face à une agression fasciste (Franco avait reçu le soutien militaire de Hitler et de Mussolini), mais la persistance d'une certaine forme de culture occidentale. Louis Aragon, qui avait quitté le surréalisme pour le parti communiste et la poésie surréaliste pour le roman réaliste, se fit le porte-parole des intellectuels français libéraux et de gauche en écrivant, dans un article vibrant d'émotion paru en décembre 1936 : « L'affaire de l'Espagne est celle pour laquelle on peut mourir jusqu'aux rivages du Pacifique » (« Ne rêvez plus qu'à l'Espagne », *Europe*, n° 42).

Il va de soi que tous les intellectuels français n'épousaient pas la cause des républicains. Dans un pays à longue tradition de pensée réactionnaire, où quarante ans après l'Affaire on pouvait encore entendre parler du « traître Dreyfus », Franco, le « défenseur du Christ Roi », ne manquait pas de sympathisants. Et si Aragon appelait à une « croisade de poésie et d'art » pour défendre la République espagnole, des écrivains tels que Robert Brasillach (exécuté en 1945 pour collaboration avec les nazis) et Pierre Drieu La Rochelle (qui se suicidera en 1945 pour échapper à un sort identique) appelaient à une croisade contre « les Rouges » au nom des valeurs chrétiennes et aristocratiques. En dépit de son passé de catholique conservateur, Georges Bernanos dénonçait cependant les atrocités fascistes dont il avait été témoin à Majorque pendant les premiers mois de la guerre (*les Grands Cimetières sous la lune*, 1938). De même que, pendant l'affaire Dreyfus, la plupart de ceux que nous considérons comme de grands écrivains furent dreyfusards, lors de la guerre civile d'Espagne les meilleurs se rangèrent du côté de la République.

Certains partirent se battre en Espagne. D'autres apportèrent une aide moins directe, collectant des fonds, écrivant des textes de soutien, organisant des meetings de solidarité et, de manière générale, alertant l'opinion publique et l'informant des besoins de l'effort de guerre républicain. Le nombre de livres de témoignages publiés durant les combats par des sympathisants des deux partis est stupéfiant. Marc Hanrez en donne la liste dans *les Écrivains et la guerre d'Espagne*. André Malraux, l'écrivain le plus en vue de sa génération, combattit et écrivit : son roman *l'Espoir*, publié en décembre 1937, est nourri de son expérience de chef d'escadrille pendant les huit premiers mois de la guerre. Avec *Guernica*, de Picasso (1937), et *Pour qui sonne le glas*, d'Ernest Hemingway (1940), ce roman est une des grandes œuvres nées de la guerre civile espagnole. Comme Picasso peignant *Guernica*, Malraux travailla à ce roman alors qu'il y avait encore un espoir que la République survive. Le sort de la guerre était incertain : contrairement à la définition de Wordsworth qui veut que la poésie soit une « émotion évoquée du sein de la tranquillité », ces grandes œuvres sont nées de l'émotion et de la passion vécues sur le terrain. Bien plus, elles avaient l'ambition de communiquer cette passion et, à ce titre, d'intervenir dans le déroulement de l'histoire contemporaine. Rares sont les occasions dans lesquelles un écrivain ou un artiste peut se sentir utile de façon aussi immédiate.

À la différence de Malraux, Picasso ne s'est pas rendu en Espagne pendant la guerre. En fait, après une dernière visite à Barcelone, sa ville natale, en 1934, il ne remettra plus les pieds sur le sol espagnol. (Il est mort en 1973, deux ans avant Franco, et n'aura donc jamais vu l'installation de *Guernica*, dans une « Espagne démocratique » – en 1981, après quarante-deux ans passés au musée d'Art moderne de New York – selon les vœux qu'il formula quelques années avant sa disparition). Il suivit toutefois la guerre de près et occupa même, en septembre 1936, le poste (honorifique) de directeur du musée du Prado en signe de soutien à la République. Quelques mois plus tard, il accepta une commande du gouvernement républicain : peindre un grand tableau pour le pavillon espagnol de l'Exposition universelle de Paris. Pour un artiste qui avait systématiquement évité tout sujet politique et rarement accepté des commandes, à plus forte raison quand il s'agissait de propagande, cette décision était considérable. Mais, en janvier 1937, juste avant de donner son accord, Picasso venait d'exécuter une série d'eaux-fortes satiriques, *Songes et mensonges de Franco*, que le gouvernement espagnol utilisa pour sa propagande et qui furent vendues au profit de la cause républicaine. Elles parurent au printemps 1937 dans les luxueux *Cahiers d'art* de Christian Zervos. Même parmi les modernistes les plus convaincus, l'humeur était à l'art engagé.

Le pavillon espagnol devait être un outil de propagande visant à apporter aux républicains le soutien moral et matériel des millions de visiteurs de l'Exposition. Mais l'Espagne n'était pas le seul pays à escompter de cette manifestation certains bénéfices politiques : le gouvernement français du Front populaire, dirigé par Léon Blum, avait également projeté d'en faire une grande manifestation de soutien populaire. Les deux plus grands pavillons furent ceux de l'Allemagne nazie et de l'Union soviétique ; imposants, ils se faisaient face, au pied de la tour Eiffel, éclipsant de loin la « Colonne de la Paix » qui devait être la pièce centrale. Ironie de cette Exposition : Blum fut renversé le jour de l'inauguration. Les beaux jours du Front populaire français n'étaient déjà plus qu'un souvenir.

Le tableau de Picasso, aux dimensions d'une fresque (une peinture sur toile de 8 mètres), occupait le mur du fond du hall d'entrée. Le titre et le thème du tableau avaient été fournis, avec l'aimable concours du général Franco, le 27 avril 1937, quand trois bombardiers allemands attaquèrent sans préavis et détruisirent presque entièrement le centre historique de Guernica, ville du pays basque. Cette attaque d'une cible civile annonçait les bombardements de villes d'Europe et d'Asie de la Seconde Guerre mondiale. L'indignation de l'opinion mondiale fut immédiate. Pendant le mois et demi qui suivit, Picasso multiplia les ébauches. Les documents photographiés par sa compagne d'alors, la photographe surréaliste Dora Maar, permettent de reconstituer sept phases du tableau. Paul Eluard, poète surréaliste et proche de Picasso, écrivit pour l'accompagner « La victoire de Guernica » (*Cours naturel*, 1938), poème dont le titre à l'optimisme prophétique ne sera pas confirmé par l'histoire (le vers final annonce : « Nous en aurons raison »).

On s'accorde à reconnaître en *Guernica* le chef-d'œuvre de Picasso, voire le plus grand tableau du XXe siècle. Dans quelle mesure ce chef-d'œuvre a-t-il aidé la cause qu'il défendait ? Sur cette question Sartre allait ouvrir son manifeste de la littérature engagée *Qu'est-ce que la littérature ?* (1947) : « Et *le Massacre de Guernica*, ce chef-d'œuvre, croit-on qu'il ait gagné un seul cœur à la cause espagnole ? » (*Situations II*, p. 63). En y répondant par la négative, Sartre ne reprochait rien à Picasso ; ce qu'il s'employait plutôt à démontrer, c'est que l'engagement n'a aucun sens en peinture ou en poésie tant ces véhicules sont impropres à l'expression des idées. Seule la prose permet à l'écrivain d'adopter l'attitude instrumentale que requiert l'engagement, utilisant le langage pour « supplier, insulter, persuader, insinuer » (*ibid.*, p. 70).

Ces idées du Sartre d'après-guerre n'étaient pas celles des poètes et des artistes plongés dans les passions politiques des années 1930, époque où Sartre lui-même demeurait encore assez éloigné de la politique. La guerre d'Espagne inspira plusieurs poèmes à Eluard (certains seront repris en 1948 dans le recueil de ses *Poèmes politiques*). Tristan Tzara, qui dans sa période dada avait proclamé l'absurdité de tout art, écrivit deux beaux poèmes en 1936 et 1937. L'un d'eux, « Chant de guerre civile », parut dans une plaquette imprimée à la main par Nancy Cunard et Pablo Neruda : *Les poètes du monde défendent le peuple espagnol* (1937). La triste ironie d'une situation où les poètes sont les derniers défenseurs du peuple espagnol n'échappait pas à Tzara, dont le poème se termine sur ces vers plein d'amertume :

> C'est moi qui ai écrit ce poème
> dans la solitude de ma chambre
> tandis qu'à ceux pour qui je pleure
> la mort est douce ils y demeurent (*Œuvres complètes*, p. 317)

La politique de non-intervention adoptée par les gouvernements démocratiques de France et de Grande-Bretagne, en dépit de l'intervention ouverte des régimes fascistes, était un thème fréquent de dénonciation chez les intellectuels antifascistes.

Quant à *Guernica*, Picasso lui-même en dira, en 1944, dans une interview : « Il n'y a pas de véritable volonté de propagande dans ma peinture... sauf dans *Guernica*. Là il y a un véritable appel au peuple, une véritable volonté de propagande » (*Picasso's Guernica*, p. 151). Au niveau le plus matériel, *Guernica* fut incontestablement utile. Après l'Exposition – visitée par trente millions de personnes –, le tableau et les études préliminaires furent montrés à Londres, à New York ainsi que dans plusieurs grandes villes américaines et les bénéfices de ces expositions furent versés au profit de la République. À la même époque, Malraux faisait une tournée aux États-Unis pour y recueillir des fonds destinés à la même cause.

En dehors de cette utilité immédiate, la question de l'efficacité de *Guernica*, dont les implications débordent le cas spécifique de ce tableau, fut dès le début au centre des commentaires et des débats. Pour les collaborateurs du numéro spécial sur *Guernica* publié par les *Cahiers d'art* à l'été 1937, le tableau était à la fois un chef-d'œuvre et une déclaration politique. Selon José Bergamin, *Guernica* dit la chose la plus simple, c'est-à-dire Madrid, l'Espagne et la colère populaire espagnole avec une clarté évidente. Jean Cassou, un écrivain de gauche (il écrivait notamment dans *Vendredi*, l'hebdomadaire culturel qui soutenait le Front populaire), comparait Picasso à Goya, cet autre témoin des horreurs de la guerre ; quant à Michel Leiris, l'ex-surréaliste, il voyait dans *Guernica* « notre lettre de deuil : tout ce que nous aimons va mourir, et c'est pourquoi il était à ce point nécessaire que tout ce que nous aimons se résumât, comme l'effusion des grands adieux, en quelque chose d'inoubliablement beau » (*Cahiers d'art*, pp. 209-210).

Mais toute la gauche n'a pas réagi de manière aussi unanime. Lorsque, en 1938, on envisagea la réouverture de l'Exposition, des membres du gouvernement républicain espagnol parlèrent de remplacer *Guernica* par une vision plus réaliste de la guerre. L'œuvre de Picasso, en effet, manquait de clarté. « Au lieu d'un émouvant appel aux armes accessible à tous, commente Ellen C. Oppler, la composition en gris, blanc et noir présentait un enchevêtrement de visages et de membres, d'animaux et d'êtres humains massacrés, tous peints dans un style moderne difficile » (*Picasso's Guernica*, p. 72).

À New York en 1941, alors que la République espagnole était morte, un critique marxiste, Vernon Clark, lança une attaque en règle dans le numéro d'hiver de *Science and Society* : « Trouve-t-on ici une condamnation convaincante de la brutalité fasciste ? Le traitement, pris dans son ensemble, exprime-t-il la confiance de l'artiste dans la justice et dans la victoire finale de la cause qu'il soutient ? N'est-ce pas plutôt le gémissement d'un grand bourgeois qui s'apitoie sur lui-même parce que la ruine de l'Espagne menace le confort de son introspection ? » (cité in *ibid.*, p. 253). Ces questions rhétoriques contiennent leur réponse : par son ambiguïté, *Guernica* effectivement est un tableau bourgeois. Le taureau, symbole de l'agression fasciste, est « l'unique figure de la fresque à avoir un peu de dignité » ; au contraire, les symboles de la République, le cheval et le guerrier, sont « décrépits et brisés » (cité in *ibid.*, p. 253) [voir fig. 1].

Guernica n'obéissait pas aux directives du réalisme socialiste, qui réclamait des héros positifs et un message sans ambiguïté. Mais cela diminuait-il son pouvoir de protestation politique ? Clark le lui reprochait ; l'histoire, pourtant, lui a donné tort, car les figures de Picasso – le cheval agonisant, la femme à l'enfant mort, l'épée brisée à côté de laquelle pousse une fleur – ont eu une extraordinaire influence sur les artistes à venir, y compris les artistes engagés politiquement. Herbert Read a résumé de la manière la plus juste la signification de *Guernica* quand, à l'occasion de son exposition à Londres en 1938, il y voyait un « monument négatif ». Dans le monde moderne, écrit-il, l'art monumental affirmatif d'un Michel-Ange ou d'un Rubens n'est plus possible, car il exigerait que l'artiste et l'époque « aient le sens de la gloire ». L'artiste contemporain (et Read écrivait avant Auschwitz) est réduit, dans le meilleur des cas, « à bâtir un monument face aux forces du mal qui cherchent à contrôler nos vies : un monument de protestation » (cité in *ibid.*, pp. 217-218).

1. *Guernica*, de Pablo Picasso, au pavillon espagnol de l'Exposition universelle de 1937 à Paris (*Cahiers d'Art*, juillet 1937, p. 289). (Archives Cahiers d'Art.)

Ce jugement peut expliquer que *Guernica* ait toujours le pouvoir de nous parler, à nous qui vivons après Auschwitz et Hiroshima et qui avons vu déferler tortures et massacres sur presque tous les continents. Il permet aussi d'expliquer pourquoi, devant ce chef-d'œuvre qu'est *l'Espoir*, il est difficile de ne pas éprouver le sentiment de lire un livre d'un autre âge. Malraux n'était sans doute pas un thuriféraire naïf des valeurs héroïques ; il avait un sens profond de la complexité et de la fragmentation de l'époque moderne. Son roman, avec les multiples niveaux de sa composition polyphonique, avec la centaine de personnages de sa distribution et son montage en brefs chapitres nerveux, reflète ce sentiment. *L'Espoir* n'en est pas moins une tentative pour créer une épopée moderne, avec la simplification nécessaire et la représentation « plus-grande-que-nature » exigées par le genre.

S'il y eut jamais une guerre juste, l'opposition au putsch de Franco en fut une et nul n'en a parlé avec plus d'éloquence que Malraux. Pourtant, Lucien Goldmann a vu dans *l'Espoir* un roman « stalinien » à la gloire de l'autorité des « chefs ». Cette interprétation souligne les risques auxquels le romancier s'expose quand il intervient dans une lutte réelle, indépendamment de la justice de la cause qu'il défend. Les républicains de Malraux, dont la meilleure incarnation est Garcia, l'intellectuel devenu commandant militaire, savent que la force et le respect de l'autorité des chefs ne constituent pas des valeurs en soi. En cela ils diffèrent de « l'homme fasciste » exalté par Brasillach dans *les Sept Couleurs* (1939) dont le héros devient légionnaire,

admirateur de Hitler et finalement pilote de chasse à la solde de Franco. Ils diffèrent aussi du héros du *Gilles* (1939) de Drieu La Rochelle, qui part en Espagne pour trouver « le grand dieu blanc et viril » (p. 484). Il n'en reste pas moins que les héros de Malraux, même à court terme, sont pris dans une contradiction inévitable et tragique qui les oblige à assumer leur part de violence et à soutenir l'ordre hiérarchique de l'efficacité militaire, s'ils veulent défendre efficacement les valeurs dans lesquelles ils croient : justice, fraternité, liberté.

Cette logique (développée dans le roman au cours des nombreuses conversations philosophiques entre les personnages) ne manque pas de noblesse. Quelle est sa valeur aujourd'hui ? Dans l'un des premiers chapitres, le peintre et sculpteur, Lopez, parle d'art révolutionnaire avec le journaliste américain, Shade. L'artiste qui veut « parler au peuple », dit Lopez, n'a pas besoin de directives sur ce qu'il doit peindre ni comment il doit le peindre, mais simplement d'un mur vide. Donnez-lui un mur et il trouvera un style. Malraux a trouvé le style de l'épopée moderne, une monumentalité affirmative adaptée à l'époque. Mais c'est précisément cette notion d'épopée que conteste Picasso : *Guernica* ne célèbre pas des hommes se battant pour une noble cause, il évoque la fureur bestiale et aveugle, la destruction des femmes et des enfants.

Il est souvent difficile, aujourd'hui, de ne pas éprouver une certaine nostalgie devant des textes profondément engagés dans l'urgence et les passions de la tragédie que fut la guerre civile espagnole. Mais il ne faudrait pas que cette nostalgie pour un art engagé fasse oublier l'horreur des événements eux-mêmes que cet art a converti en mots ou en images.

Voir aussi 1933 (décembre), 1934, 1940-1944.

Bibliographie : Cahiers d'art, été 1937. Pierre Drieu La Rochelle, *Gilles* (Paris, Gallimard, 1939). André Malraux, *l'Espoir*, in *Romans* (Paris, Gallimard, 1976). Jean-Paul Sartre, *Qu'est-ce que la littérature ?*, in *Situations II* (Paris, Gallimard, 1948). Tristan Tzara, « Chant de guerre civile », in *Œuvres complètes*, éd. Henri Béhar, vol. III (Paris, Flammarion, 1979). *Les Écrivains et la guerre d'Espagne*, éd. Marc Hanrez (Paris, Panthéon Press France, 1974). *Picasso's Guernica : Illustrations, Introductory Essay, Documents, Poetry, Criticism, Analysis*, éd. Ellen C. Oppler (New York, Norton, 1988). Maryse Bertrand De Muñoz, *la Guerre civile espagnole et la littérature française* (Ottawa, Didier, 1972). Herschel B. Chipp, *Guernica de Picasso*, trad. R. Marrast (Paris, Cercle d'art, 1992). Lucien Goldmann, *Pour une sociologie du roman* (Paris, Gallimard, 1964). Susan Rubin Suleiman, *le Roman à thèse, ou l'Autorité fictive* (Paris, P.U.F., 1983).

Susan Rubin Suleiman

1939

Avant de repartir pour la Martinique, Aimé Césaire publie à Paris
Cahier d'un retour au pays natal

Surréalisme et négritude dans les îles

À la Martinique, entre 1848, date de l'abolition de l'esclavage, et 1939, quelques poètes noirs se sont lancés dans l'imitation des modèles anémiques de la poésie parnassienne ou symboliste. L'esthétique de l'impassibilité de ces écoles semblait taillée sur mesure pour une élite noire qui identifiait poésie et politique de l'autruche. Leur maigre production ne se contentait pas d'ignorer les injustices raciales et sociales, elle œuvrait à un blanchissement stylistique qui devait empêcher d'identifier la race de l'auteur.

C'est sur cette scène que surgit Aimé Césaire, de retour à Fort-de France après huit années d'études à Paris. À la fougue d'un visionnaire, il joint l'inspiration puisée au contact de Noirs d'autres régions du monde. Le Paris des années 1930 avait offert à l'étudiant de cette île éloignée une expérience africaine qu'il n'aurait jamais imaginée. Césaire et quelques étudiants des colonies – Léopold Sédar Senghor, jeune Sénégalais, bientôt poète et plus tard chef d'État, et le Guyanais Léon Gontran Damas – avaient progressivement pris conscience de leur négritude et de son potentiel unificateur, dans une ville indifférente voire hostile.

Ces échanges littéraires, ethnographiques et culturels avaient convaincu Césaire de son appartenance à une vaste communauté, dotée d'un héritage qu'il fallait faire revivre. Il découvrit les écrits de la Harlem Renaissance (les œuvres de Langston Hughes, Countee McCullen et Claude McKay), premiers auteurs à assumer une identité noire. L'*Histoire de la civilisation africaine*, de Leo Frobenius, traduite en 1933 – critiquée pour son manque de rigueur scientifique –, eut un impact puissant sur l'imagination de Césaire. Contre le cliché d'une « barbarie nègre », Frobenius évoquait les fastes et le haut niveau de civilisation des cultures africaines du passé. La thèse de l'unité stylistique de l'Afrique qu'il défendait est à l'origine du concept de négritude grâce auquel Césaire allait revendiquer l'ensemble de l'héritage africain, avant de l'utiliser comme tremplin pour son engagement politique.

À Paris, trois étudiants antillais – Étienne Léro, René Ménil et Jules Monnerot – avaient déjà défendu les valeurs culturelles noires, à travers la publication en 1932 de l'unique numéro d'une revue, *Légitime Défense*. Ce titre reprenait celui du pamphlet dans lequel André Breton, en 1926, avait annoncé l'adhésion du surréalisme à la révolution communiste. Les rédacteurs communistes et surréalistes de *Légitime Défense* dénonçaient, sur le plan culturel, l'idéal assimilationniste de la poésie antillaise tandis que, politiquement, ils prenaient position en faveur d'une révolution sociale. *Légitime Défense* ouvrit la voie à une autre revue, moins régionale, *l'Étudiant noir*, publiée au milieu des années 1930 par Césaire, Damas et Senghor. Elle servit de banc d'essai à Césaire pour l'articulation de l'identité politique et culturelle de l'homme noir, qu'il nomma « *négritude* ».

Césaire écrivit le *Cahier d'un retour au pays natal* à la fin de son séjour à l'École normale supérieure. Il percevait clairement à quel point l'isolement, l'éloignement, l'exploitation et la répression étaient dévastateurs pour le peuple antillais. Césaire découvrit dans son poème ce que le psychiatre martiniquais Frantz Fanon devait analyser plus tard : la manière dont l'esclavage et ses survivances dans les structures coloniales avaient progressivement éradiqué tout sentiment de dignité dans la population noire. Le *Cahier* parut dans *Volontés*, en août 1939, à la veille du retour de Césaire à Fort-de-France où, comme sa femme Suzanne, il avait été nommé professeur au lycée Schoelcher. Sa publication passa inaperçue. Le *Cahier* fut cependant décisif non seulement pour la littérature antillaise mais aussi pour les écrivains de toutes les nations qui luttaient en faveur de la décolonisation.

Le *Cahier* est à la fois un aboutissement et un commencement, un bilan et le cri

prophétique d'une voix qui appelle à se libérer d'une réalité intolérable, subjectivement et objectivement. Ce long poème lyrique autobiographique, dans lequel vers et prose alternent, cette « épopée de la négritude », pour reprendre l'expression de James Arnold, rompt de manière radicale avec la littérature antillaise antérieure et reflète l'influence des prédécesseurs de Césaire : Lautréamont, Rimbaud, Baudelaire et Stéphane Mallarmé, les grands poètes maudits de la fin du XIXe siècle. Césaire leur doit sa poétique de l'image comme instrument d'exploration des zones inconnues et interdites de l'inconscient ; son maniement de l'humour et de l'ironie, l'exploitation de l'arbitraire des mots au profit d'un nouveau langage poétique. En revanche, le mot « négritude » n'avait rien d'arbitraire. Émergeant de la haine de soi qui caractérise les moments de confidence du poème, Césaire déclare :

> ma négritude n'est ni une tour ni une cathédrale
> elle plonge dans la chair rouge du sol
> elle plonge dans la chair ardente du ciel
> elle troue l'accablement opaque de sa droite patience (*Cahier*, p. 117).

Le sujet poétique, celui dont le « je » se constitue dans et par le discours, affirme une négritude phallique, unique solution à son aliénation, opérant ainsi la synthèse de ses modèles poétiques et de ses ancêtres. La négritude est le produit de la fusion du primitif (africain) et du poétique (français). Cette identité, désignée par un néologisme qu'il a forgé, permet à Césaire de concilier son projet intellectuel et poétique et son engagement affectif et politique. Ce sujet poétique se met en scène dans des expériences d'identification, de limitation, de définition, de liberté. Il se décentre, à force de se commenter, de se réinventer. Après le *Cahier*, l'identité de Césaire comme sujet autobiographique, l'homme Césaire dans le monde, sera indissolublement liée à sa praxis poétique. L'écriture confère à la fois existence et connaissance de soi. Incorporant plusieurs voix poétiques, y compris celles d'interlocuteurs imaginaires, le *Cahier* se lit comme une série de confrontations entre les incarnations passées, présentes et futures d'un même sujet et une réalité dont il ne peut plus ignorer le caractère désolant. L'image surréaliste, dont le pouvoir libérateur, selon Breton, tient à son exploitation de l'intuition plutôt que de la logique, permet de dévoiler des mondes et des niveaux de conscience jusque-là refoulés dans la honte. La découverte de ce matériau suscite l'indignation et éveille un désir de changement. Le surréalisme a toujours eu une dimension politique ; mais sa critique du rationalisme bourgeois occidental demeure étrangement abstraite à côté des dénonciations du *Cahier* :

> L'essoufflement des lâchetés insuffisantes, l'enthousiasme sans ahan aux poussis surnuméraires, les avivités, les hystéries, les perversions, les arlequinades de la misère, les estropiements, les prurits, les urticaires, les hamacs tièdes de la dégénérescence. Ici la parade des risibles et scrofuleux bubons, les poutures de microbes très étranges, les poisons sans alexitère connu, les sanies de plaies bien antiques, les fermentations imprévisibles d'espèces putrescibles (*ibid.*, p. 41).

Le douloureux parcours de Césaire au cours de ce poème passe par la reconnaissance, nécessaire à son dépassement, d'une image raciale précise – celle du nègre. En poussant son identification à sa race et à son île jusqu'à cette réalité, Césaire atteint le socle à partir duquel il va pouvoir reprendre, par la poésie et le sens d'une communauté, tout ce qui a été aliéné :

> [J'accepte]
> et la détermination de ma biologie, non prisonnière d'un angle facial, d'une forme de cheveux, d'un nez suffisamment aplati, d'un teint suffisamment mélanésien, et la négritude, non plus un indice céphalique, ou un plasma, ou un soma, mais mesurée au compas de la souffrance
> et le nègre chaque jour plus bas, plus lâche, plus stérile, moins profond, plus répandu au dehors, plus séparé de soi-même, plus rusé avec soi-même, moins immédiat avec soi-même,
> J'accepte, j'accepte tout cela (*ibid.*, pp. 135-137).

« C'est par l'image, l'image révolutionnaire, l'image distante, l'image qui bouleverse toutes les lois de la pensée, que l'homme brise enfin la barrière » (*Tropiques*, janvier 1945, p. 166). C'est par cette éthique et cette esthétique de l'image que le *Cahier* se rattache au surréalisme. Césaire dira plus tard qu'il faisait du surréalisme comme M. Jourdain de la prose. Les questions d'influence restent secondaires et le rayonnement de certaines valeurs dépasse le contact des individus. La poésie de Césaire, liée au sens qu'il a donné à une situation historique, ne saurait être une simple extension martiniquaise du surréalisme. S'il est surréaliste dans son maniement de la métaphore, s'il aime mettre en rapport les réalités les plus distantes possible, c'est parce que cela permet à son écriture de rétablir le contact avec son identité de Noir, Africain et Martiniquais, de redécouvrir les rythmes, mythes et images ancestraux auxquels il se réfère comme à sa « plus profonde vibration intérieure » (« Lettre à Lilyan Kesteloot », p. 205).

Curieusement, les circonstances favorisèrent la rencontre du surréalisme et de la négritude en Martinique. Peu après la débâcle de juin 1940, les Antilles passèrent sous l'autorité de Vichy. À l'insulte du colonialisme vint s'ajouter la blessure d'un gouvernement fasciste. C'est dans ces conditons que Césaire, sa femme et René Ménil, désormais leur collègue au lycée Schoelcher, fondèrent *Tropiques*, dont le premier numéro parut en avril 1941. Cette revue se proposait de rendre les insulaires conscients et fiers de l'héritage africain de la Martinique ainsi que de son exceptionnelle richesse au milieu des Antilles. Cette promotion culturelle de l'île avait en soi quelque chose de revolutionnaire. La censure rendait difficile la publication d'articles ou de poèmes ouvertement politiques, mais la position des éditeurs était claire. Ils entendaient assumer leur héritage antillais de manière à permettre aux petits-fils d'esclaves de s'émanciper de ce qui les opprimait toujours, intellectuellement et psychologiquement. Césaire écrivit dans l'introduction au premier numéro : « Où que nous regardions, l'ombre gagne. [...] Pourtant nous sommes de ceux qui savons que le salut du monde dépend de nous aussi » (*Tropiques*, p. 6).

Les poèmes publiés par Césaire dans *Tropiques*, recueillis dans *les Armes miraculeuses* (1946), sont ses textes les plus surréalisants : pour l'équipe de la revue, le surréalisme constituait effectivement une « arme miraculeuse » et ils l'ont utilisée au service de la libération mentale des Noirs.

Le hasard objectif – credo du surréalisme selon lequel une coïncidence cache une vérité concrète, comme lorsque le désir rencontre son objet – a voulu que le surréalisme passât en Martinique et qu'il s'y arrêtât. En avril 1941, André Breton fut interné à Fort-de-France en attendant que le gouvernement de Vichy l'autorise à partir pour New York où il allait retrouver une communauté de surréalistes en exil. Après sa libération, au cours d'une promenade dans Fort-de-France, il vit le premier numéro de *Tropiques*, exposé dans la vitrine d'une boutique tenue par la sœur de Ménil. Dans « Martinique charmeuse de serpents : un grand poète noir », publié en mai 1944 dans *Tropiques*, Breton décrira le choc – esthétique, moral et social – qu'il ressentit à la lecture des poèmes de Césaire, dans lesquels il reconnut sur-le-champ un grand poète et retrouva les valeurs du surréalisme. Il s'arrangea pour rencontrer Ménil et Césaire. En 1978, dans une interview avec Jacqueline Leiner, Césaire rappellera l'importance de cette rencontre : « Breton nous a apporté la hardiesse ; il nous a aidés à prendre une opinion tranchée : il a abrégé nos recherches et nos hésitations. Je me suis aperçu que la plupart des problèmes que je me posais avaient été résolus par Breton et par le surréalisme... Je dirai que la rencontre avec Breton a été une confirmation de la véracité de ce que j'avais trouvé par mes propres réflexions » (*ibid.*, p. VI).

Depuis le *Cahier*, Césaire possédait sa voix poétique. Aussi est-ce sur les autres collaborateurs de *Tropiques* et, plus encore, sur la structure même et l'organisation de la revue que le modèle surréaliste eut un effet. Après cette rencontre, Breton devint non seulement le sujet de nombreux d'articles mais un véritable maître à penser. Dès le numéro d'octobre 1941, Suzanne Césaire citait, dans « André Breton, poète », des extraits des manifestes et célébrait l'optimisme du surréalisme. Cet acte d'allégeance était suivi de trois poèmes de Breton, deux provenant du *Revolver à cheveux blancs* (1932) et un inédit, dédié à Suzanne Césaire.

Le même numéro contenait l'« Introduction au merveilleux », de Ménil, que le seul titre situait dans le cadre surréaliste. Ménil y souligne la vitalité de deux formes littéraires, le conte et le poème, dans lesquels il voit des manifestations du désir de merveilleux inscrit dans l'homme. Sans citer Breton, il paraphrase le credo du *Second Manifeste du surréalisme* (1930) selon lequel, dans le monde du merveilleux, les opposés cessent d'être perçus comme contradictoires. On y reconnaît la voix de Breton. À ceci près qu'une note d'introduction, courte mais révélatrice, emblématique de la position du groupe dans son ensemble, exhortait les écrivains antillais à redécouvrir leur identité dans la littérature indigène : « Narcisse martiniquais où donc te reconnaîtras-tu ? Plonge tes regards dans le miroir du merveilleux : tes contes, tes légendes, tes chants » (*ibid.*, octobre 1941, p. 7).

Les collaborateurs de *Tropiques* avaient adopté le surréalisme avec enthousiasme. Mais l'aliénation culturelle ne pouvait être surmontée que par une revitalisation autochtone. Ces mêmes considérations amenèrent Césaire à démissionner du Parti communiste français, en 1956, parce qu'il le jugeait incapable de prendre en compte la spécificité martiniquaise. À Maurice Thorez, secrétaire général du parti, il écrivit : « Ma conception de l'universel est celle d'un universel riche de tout le particulier [...] approfondissement et coexistence de tous les particuliers » (*les Écrits d'Aimé Césaire*, p. 367). Avec sa juxtaposition d'articles aussi hétéroclites que « Les dénominations génériques des végétaux aux Antilles françaises », « Réflexions sur quelques phénomènes de mimétisme », « L'idéologie de Vichy contre la pensée française », « Note sur le hasard », « Que signifie pour nous l'Afrique ? », « Note sur la pratique de l'hindouisme », « Horace, poète bi-millénaire et l'art social », « Contes créoles », plus de nombreux poèmes ou textes sur ou par Breton, Césaire, Lautréamont, Mallarmé, Charles Péguy, McKay et Francis Picabia, *Tropiques* articulait la particularité martiniquaise à l'universalité de l'expérience surréaliste, pour dépasser l'un et l'autre et donner naissance à une conscience culturelle antillaise authentique et lucide.

Tropiques cessa de paraître en 1945. Avec la fin de la guerre, l'activité politique allait prendre le dessus. À sa grande surprise, Césaire fut immédiatement promu dans la vie politique active, élu maire de Fort-de-France et député de l'île à l'Assemblée nationale. Il fut l'un des deux députés à présenter le projet de loi qui, en 1946, conféra le statut équivoque de département d'outre-mer à la Martinique. Peu après son départ du parti communiste en 1956, il fonda le Parti progressiste martiniquais, apparenté socialiste, mais plus sensible aux questions locales qu'aux problèmes généraux.

Césaire a continué d'écrire, malgré ses lourdes charges politiques, cinq volumes de poésie : *Soleil coupé* (1948), *Corps perdu* (1950), *Ferrements* (1960), *Noria* (1976) et *Moi laminaire* (1982) ; un essai accusateur, *Discours sur le colonialisme* (1955) ; une substantielle étude historique sur le héros révolutionnaire haïtien, *Toussaint-Louverture* (1962) ; trois pièces évoquant la décolonisation : *la Tragédie du roi Christophe* (1963), *Une saison au Congo* (1965), et *Une tempête* (1969) ; ainsi que de nombreux articles. Césaire est l'exemple d'un rare mélange d'innovation poétique, de passion pour la justice sociale et d'authenticité noire.

Depuis 1939, Césaire n'a cessé d'œuvrer avec zèle pour une Martinique autonome. Qu'il continue à lutter dans ce sens en dépit des obstacles de la bureaucratie, de la médiocrité, du racisme, du chômage, de la peur, de l'analphabétisme et de l'indifférence confirme avec éloquence la vision exprimée dans le *Cahier*.

Voir aussi 1924, 1933 (février), 1968 (février).

Bibliographie : Tropiques (1941-1945), éd. Aimé Césaire et René Ménil, 2 vol. (Paris, Jean-Michel Place, 1978). Aimé Césaire, *Cahier d'un retour au pays natal* (Paris, Présence africaine, 1971) ; *Lettre à Maurice Thorez*, in *les Écrits d'Aimé Césaire : bibliographie commentée*, éd. Thomas Hale (Montréal, Presses de l'Université de Montréal, 1978) ; *Œuvres complètes*, 3 vol. (Fort-de-France, Désormeaux, 1976). Bernadette Cailler, *Proposition poétique : une lecture de l'œuvre d'Aimé Césaire* (Sherbrooke, Canada, Naaman, 1976). Lilyan Kesteloot, « Lettre à Lilyan Kesteloot », in *Aimé Césaire* (Paris, Seghers, 1962). Ronnie Scharfman, « Retour au/du sujet césairien : le sujet et l'autre intime », in *Aimé Césaire ou l'athanor d'un alchimiste* (Paris, Éditions Caribéennes, 1987) ; « Corps perdu : moi nègre retrouvé », in *Soleil éclaté : mélanges offerts à Aimé Césaire* (Tubingen, Gunter Naar Verlag, 1984). Aliko Songolo, *Aimé Césaire, une poétique de la découverte* (Paris, L'Harmattan, 1985). Keith Louis Walker, *la Cohésion poétique de l'œuvre césairienne* (Tubingen, Gunter Naar Verlag ; Paris, Jean-Michel Place, 1979).

Ronnie Scharfman

1940-1944

Sous l'occupation allemande, la poésie clandestine devient la voix de la résistance

L'honneur des poètes

« Jamais nous n'avons été aussi libres que sous l'occupation allemande » (*Situations III*, p. 11). Et l'on pourrait ajouter que rarement les Français ont été aussi poètes. Lorsque brutalement la France a perdu sa fierté et sa sécurité ; lorsque, hormis les privations, l'humiliation, la prison et la mort, plus rien n'était assuré ; lorsque enfin le simple fait d'articuler une pensée juste revenait à affirmer sa liberté contre la tyrannie et que le faire en français équivalait à un acte de patriotisme – alors on a pu assister à une véritable renaissance de la poésie. « Dans notre pays silencieux – et dans les stalag et les oflag aussi – la Poésie est l'état de tous, l'œuvre de tous », proclamaient les directeurs des clandestines Éditions de Minuit dans l'introduction à *l'Honneur des poètes* (1943).

Pour échapper à la censure, les romanciers allaient devenir poètes. L'avidité avec laquelle la poésie était accueillie engagea les poètes à réécrire des vers. Un chœur de nouvelles voix se fit entendre. Mais le nombre des revues de poésie créées durant la guerre devait moins refléter la volonté d'une nouvelle génération de rivaliser avec les romantiques, les symbolistes ou les surréalistes que, beaucoup plus simplement, le désir qu'en ces temps d'urgence certaines choses soient dites, coûte que coûte, par des étudiants, des combattants de l'ombre, des prisonniers de guerre, des déportés. Il existait de nombreuses raisons pratiques pour que ces auteurs patriotes cachent leur identité, pourtant, à un niveau plus essentiel, leur nom ne comptait plus. Seule importait, comme un défi, la réaffirmation d'une tradition tenace, enracinée dans le sol de la nation. C'est ainsi que Louis Aragon, aux antipodes de son surréalisme iconoclaste d'autrefois, retrouvant des formes et des mètres inscrits depuis toujours dans le grain de la langue française, allait écrire des vers qui rappelaient Chrétien de Troyes, Charles d'Orléans, Agrippa d'Aubigné, Paul Verlaine et Guillaume Apollinaire. Parmi ses poèmes rassemblés après-guerre dans *la Diane française* (1944) figure la longue énumération lyrique des « cent noms aimés » de villages français qui compose « Le conscrit des cent villages » :

Adieu Forléans Marimbault
Vollore-Ville Volmerange
Avize Avoine Vallerange
Ainval-Septoutre Mongibaud

Fains-la-Folie Aumur Andance
Guillaume-Peyrouse Escarmin
Dancevoir Parmilieu Parmain
Linthes-Pleurs Caresse Abondance (*l'Œuvre poétique*, vol. X, p. 336).

Robert Desnos, surréaliste par son humour et ses audaces, revenait à l'alexandrin pendant les derniers mois de sa vie, détenu à Auschwitz et à Térézine. Et Paul Eluard, célébrant à l'avance la libération de la France dans « Liberté » (1942), retrouvait les ferveurs cadencées de la poésie religieuse :

Sur mes cahiers d'écolier
Sur mon pupitre et les arbres
Sur le sable sur la neige
J'écris ton nom
[...]
Sur toute chair accordée
Sur le front de mes amis
Sur chaque main qui se tend
J'écris ton nom
[...]
Liberté (*Œuvres complètes*, vol. Ier, p. 1105).

Quelque temps plus tard, en réponse aux avis placardés sur les murs de Paris par les forces d'occupation – ordres, menaces, publication du nom des otages fusillés – et pour honorer la mémoire de Georges Dudach, journaliste communiste assassiné par les Allemands, Eluard écrivait cet « Avis » :

La nuit qui précéda sa mort
Fut la plus courte de sa vie
L'idée qu'il existait encore
Lui brûlait le sang aux poignets
Le poids de son corps l'écœurait
Sa force le faisait gémir
C'est tout au fond de cette horreur
Qu'il a commencé à sourire
Il n'avait pas UN camarade
Mais des millions et des millions
Pour le venger il le savait
Et le jour se leva pour lui (*ibid.*, vol. Ier, p. 1253).

Les poètes commencèrent à s'organiser immédiatement après l'armistice de Vichy, bien avant que n'existe une Résistance à proprement parler. Dès septembre 1940, Pierre Seghers publiait la revue mensuelle *Poésie* à Villeneuve-lès-Avignon, en zone libre. À l'occasion d'un voyage à Carcassonne, il rencontra Aragon et Elsa Triolet, réfugiés dans cette région avec quelques autres intellectuels. Aragon lut à Seghers en manuscrit « Les lilas et les roses » (1940) – commémoration douloureuse du printemps dramatique qu'ils venaient de vivre (in *le Crève-cœur*) :

Ô mois des floraisons mois des métamorphoses
Mai qui fut sans nuage et Juin poignardé
Je n'oublierai jamais les lilas ni les roses
Ni ceux que dans ses plis le printemps a gardé... (*l'Œuvre poétique*, vol. IX, p. 136).

Aragon accepta d'aider Seghers, considérant *Poésie* comme le support d'une « conspiration » d'écrivains. Eluard et Pierre Jean Jouve furent également contactés, tandis que Pierre Emmanuel et Loÿs Masson confiaient à Seghers leurs poèmes récents. D'autres revues virent le jour : Max-Pol Fouchet lança *Fontaine* à Alger, où, un an plus tard, Jean Amrouche inaugurait *l'Arche*. À Lyon, René Tavernier relança *Confluences*. Mais les poèmes circulaient aussi sous forme de tracts ou de prospectus clandestins. Les poèmes recueillis par Aragon dans *la Diane française* ou par Eluard dans *Au rendez-vous allemand* (1944) et publiés dans des revues clandestines furent appris par cœur dans la France entière par des réfugiés et des partisans, récités et chantés sur les ondes des stations de radio alliées, lus à l'étranger par des exilés et des amis de la France.

Obtenir du papier était la première difficulté. Les imprimeurs volaient des caractères dans la casse des journaux contrôlés par les nazis. Des poèmes imprimés hors de France étaient parachutés au milieu des armes et des médicaments. Les distributeurs des *Lettres françaises* (revue clandestine du Comité national des écrivains) envoyaient chaque mois mille cinq cents enveloppes postées dans cent boîtes aux lettres différentes, et remettaient plus de dix mille exemplaires supplémentaires à des réseaux d'enseignants, d'étudiants et de médecins pour qu'eux-mêmes les distribuent. Solliciter et rassembler des textes n'étaient ni aisé ni sans danger. Aragon devait se déplacer sans cesse pour échapper à la surveillance des autorités et se cacher, comme Loÿs Masson. Jean Cassou, écrivain et historien d'art, fut emprisonné pendant dix-huit mois à Toulouse pour ses activités de propagande contre le gouvernement de Vichy. À peine le premier numéro ronéotypé des *Lettres françaises* avait-il été distribué que Jacques Decour, l'un de ses fondateurs, fut arrêté et fusillé. L'engagement des écrivains ne faiblit pas pour autant ; aucun autre pays occupé ne connut une telle production littéraire.

Le poète surréaliste Benjamin Péret n'avait pas la moindre sympathie pour cette production. Dans *le Déshonneur des poètes* (1945), un pamphlet écrit et publié à Mexico, il compare les poèmes de la Résistance à des réclames pharmaceutiques. Non que Péret ait nourri la moindre réserve à l'égard de la lutte antifasciste. C'était plutôt la relation entre l'action et la poésie (entre la littérature et la France, entre l'écriture et la patrie) qu'il envisageait différemment de ses amis surréalistes d'autrefois, Aragon et Eluard. D'ailleurs, Cassou lui-même, qui survécut à sa réclusion en composant des sonnets – mentalement, car on ne lui laissait pas de quoi écrire –, aurait déclaré que ses *Trente-Trois Sonnets composés au secret* (1944) n'avaient aucune importance comparés à la lutte physique et aux actes de sabotage qu'il avait commis avant son arrestation. Il composa des poèmes alors qu'il était dans la Résistance, mais il ne considéra jamais que c'était en tant que poète qu'il y avait pris part.

René Char adoptait une tout autre position. C'était bien le poète en lui qui avait pris les armes (il dirigeait une section de la Résistance armée dans les Basses-Alpes), mais cette fidélité à la poésie, qui appelait à prendre les armes, excluait par là même l'écriture des poèmes. Beaucoup de poètes semblent avoir partagé ce sentiment : à leurs yeux, la poésie aurait perdu son sens si, après 1940, elle ne s'était pas interrompue. Invité par Seghers à contribuer à *Poésie*, René Lacôte répondit : « J'ai pris connaissance de votre lettre et je crois honnête de vous faire savoir que je m'en fous éperdument. Mon attitude littéraire, dans les circonstances actuelles, ne trouve son expression que dans le silence » (*la Résistance et ses poètes*, p. 384). Il arrive, écrit Char, que l'histoire humaine subisse « l'assaut glacé d'un mal qui prend appui sur les points les plus déshonorés de la nature humaine ». À de telles époques, « au centre de cet ouragan, le poète complétera par le refus de soi le sens de son message, puis se joindra au parti de ceux qui, ayant ôté à la souffrance son masque de légitimité, assurent le retour éternel de l'entêté portefaix, passeur de justice » (*Seuls demeurent*, 1945, in *Fureur et mystère,* 1948). Un feu d'herbes sèches, dit-il, aurait pu tout aussi bien être l'éditeur de ses notes prises pendant le combat, et *Feuillets d'Hypnos* (1946) n'appartenir à personne tant les événements sanglants auxquels ces notes renvoient réduisent à néant leur importance. Et pourtant, si ce champ de bataille n'est pas celui de la poésie, il n'en est pas moins – par un paradoxe caractéristique de l'art et de la pensée de Char – le terrain même que la poésie transfigure : « Dans nos ténèbres, il n'y a pas une place pour la Beauté. Toute la place est pour la Beauté » (*Feuillets d'Hypnos*, in *Œuvres complètes*, p. 232).

Char s'est refusé à toute publication pendant l'Occupation, comme Pierre Reverdy. De même que le jeune René Leynaud, combattant du réseau Combat de la région lyonnaise, assassiné par les Allemands en 1944. C'est en hommage à Leynaud que Francis Ponge composa « Baptême funèbre » (1945). Leynaud, écrivit Ponge, approchait la perfection au point de provoquer chez ses amis « une certaine raréfaction des paroles ». Alors qu'en sa présence ils n'avaient guère envie de parler et surtout pas de lui, confrontés au silence définitif dans lequel son martyre l'avait désormais plongé, Ponge demanda : « Face à un tel sujet que puis-je ? » (*Lyres*, p. 26). « Je me suis souvent demandé si je ne m'exerçais pas à la poésie pour me démontrer à moi-même que je n'étais pas poète, ou encore pour tuer en moi le prestige des mots qui est grand. [...] J'ai parfois le dégoût de la poésie, ma passion profonde », écrivait Leynaud dans une lettre à Albert Camus (*la Résistance et ses poètes*, p. 387).

Les objections que Péret opposait à la poésie de la Résistance portaient avant tout sur son nationalisme et sa religiosité. Il épinglait avec mépris les vers de Masson : « Christ, donne à ma prière de puiser force aux racines profondes » (*le Déshonneur des poètes*, p. 21). Et ceux d'Emmanuel :

> Ô France robe sans couture de la foi
> Souillée par les pieds transfuges et les crachats
> Ô robe du plus pur lin de l'espérance
> Tu es toujours l'unique vêtement de ceux
> Qui connaissent le prix d'être nus devant dieu... (*ibid.*, pp. 22-23).

Aux yeux de Péret, de telles effusions ne deshonorent pas seulement la poésie, elles témoignent également d'un rapport à l'histoire aussi dérisoire que ridicule. La poésie ne doit pas servir, elle n'a pas pour but « la vérité pratique », pas plus que les rêves ne sont des divertissements sans conséquences. Elle est, toujours et partout, bouleversement, révolte, blasphème. Ni profession de foi ni programme social, la poésie est un risque, le déséquilibre de l'homme. Des événements de l'histoire peuvent exiger du poète, comme de tout un chacun, qu'il combatte ; mais la poésie ne doit jamais identifier sa cause aux combats d'une nation ou d'un parti. En confondant le domaine de la poésie et celui de l'action collective, un poète cesse tout simplement d'être poète, c'est-à-dire révolutionnaire. De l'avis de Péret, Apollinaire a eu tort de faire de la Première Guerre mondiale une source d'inspiration pour sa poésie et les prétendus « poètes de la Résistance » ne font que perpétuer son erreur.

Ponge, dont la poésie était soumise au parti pris des choses, avait trouvé dans le savon – article notoirement difficile à se procurer pendant l'Occupation – le sujet idéal pour une poésie de circonstance. Dans les quelques moments de liberté que lui laissaient ses activités de résistant, il travaillait à la production d'un *Savon*, pour son usage et celui des autres. À la fin de la guerre, il avait constitué un épais dossier, et finit par terminer *le Savon* en 1967 quand une station de radio allemande lui demanda un texte à lire. En 1942, il avait déjà écrit un éloge poétique beaucoup plus court, « La lessiveuse » (*Pièces*). Masson, Jouve, Emmanuel et quelques autres parlaient de rédemption de l'humanité ; la « purification spirituelle de l'homme » était une source d'inspiration inépuisable pour les chantres de la Résistance. En un certain sens, les préoccupations de Ponge n'étaient pas si éloignées, à ceci près qu'il n'aurait pas été mécontent, quitte à se laver les mains, d'en profiter pour se débarrasser de la purification elle-même et du prix d'être nu devant Dieu. Il disait ressentir un violent besoin de propreté, ce qui signifiait : éliminer, en même temps que l'injustice (à peine faisait-il la différence) une certaine rhétorique bâclée qui lui répugnait au moins autant qu'à Péret.

Cette attitude ne retire nullement son éminente utilité au *Savon* (nécessaire à la « toilette intellectuelle »). Après *le Savon*, il reste, flottant autour de ses lecteurs (de ses utilisateurs), un nimbe délicatement parfumé : au nom de quoi, sinon de l'élégance d'un aussi propre plaisir, un Français – révolutionnaire de surcroît – prendrait-il les armes, et la plume ?

Voir aussi 1937 (12 juillet), 1966.

Bibliographie : Louis Aragon, *l'Œuvre poétique*, vol. IX et X (Paris, Livre Club Diderot, 1979). René Char, *Fureur et mystère*, in *Œuvres complètes*, introd. Jean Rondaut (Paris, Gallimard, 1990) ; *Feuillets d'Hypnos*, in *ibid.* (Paris, Gallimard, 1990). Paul Eluard, *Œuvres complètes*, éd. Lucien Scheler, 2 vol. (Paris, Gallimard, 1968). Louis Parrot, *l'Intelligence en guerre* (Paris, La Jeune Parque, 1945). Benjamin Péret, *le Déshonneur des poètes* (Mexico, Poésie et Révolution, 1945). Francis Ponge, *Lyres*, in *le Grand Recueil*, vol. Ier (Paris, Gallimard, 1961) ; *le Savon* (Paris, Gallimard, 1988). Jean-Paul Sartre, « La république du silence », in *Situations III* (Paris, Gallimard, 1949). Pierre Seghers, *la Résistance et ses poètes* (Paris, Seghers, 1974). Vercors, *la Bataille du silence : souvenirs de minuit* (Paris, Minuit, 1992).

Ann Smock

1941

Maurice Blanchot publie un compte rendu de l'ouvrage de Jean Paulhan, *les Fleurs de Tarbes*

Comment la littérature est-elle possible ?

C'est en 1941, au début de la Seconde Guerre mondiale, que s'est amorcé le dialogue entre Maurice Blanchot et Jean Paulhan. Les textes publiés à cette occasion et leurs conséquences théoriques font de cet échange une contribution décisive au débat des années 1940 sur le statut de la littérature. Cet échange eut un impact profond sur l'évolution de la critique littéraire en général, et de Maurice Blanchot en particulier.

C'est la publication de ce qui reste l'œuvre la plus connue de Paulhan, *les Fleurs de Tarbes, ou la Terreur dans les lettres* (1941), qui devait permettre que se noue le dialogue. À son occasion, Blanchot devait publier son premier essai critique, *Comment la littérature est-elle possible ?* chez José Corti en 1942. Cet essai – qui sera intégré à *Faux Pas* en 1943 – reprenait le compte rendu du livre de Paulhan que Blanchot avait fait paraître, en trois livraisons (octobre, novembre et décembre 1941) dans *le Journal des débats*, dont il était le chroniqueur littéraire. Dans l'article d'ouverture, une formule – qui ne sera pas reprise – présentait *les Fleurs de Tarbes* comme « l'un des plus importants ouvrages de la littérature critique contemporaine ».

Paulhan annonçait la publication de ce livre depuis au moins 1925, date d'une lettre à Francis Ponge où était mentionnée l'imminence de sa parution. Il se délectait visiblement du suspense qu'il entretenait. Abusé par cette attente, le lecteur qui aurait espéré un ouvrage au ton docte et profond risquait d'être déçu. *Les Fleurs de Tarbes* semblent n'être qu'une nouvelle exposition des préoccupations qui reviennent de manière obsessionnelle dans l'œuvre de l'auteur : sa vie durant, Paulhan a médité sur les incertitudes et les paradoxes du langage. L'ouvrage paraît n'être que la reprise et la reformulation des questions traitées dans *Jacob Cow le pirate, ou Si les mots sont des signes* (1921) ou encore *Entretien sur des faits divers* (1910-1945). D'ailleurs, en dépit de leur longue incubation, *les Fleurs de Tarbes* ne se présentent pas comme un exposé systématique ou une somme définitive. La construction du livre tient davantage du collage que de l'architecture minutieusement élaborée ; ses exemples sont empruntés indifféremment à la littérature et au langage de la rue ; le ton est léger et enjoué. Le livre se donne pour un premier tome, mais Paulhan ne fera jamais paraître la suite annoncée. Comme pour l'ensemble de son œuvre, il s'agit d'un opuscule. Jean-Paul Sartre n'en retiendra que « l'obscurité » et le « vernis agaçant » (*Situations I*, p. 174). Les termes auxquels Blanchot recourt dans son éloge n'en paraissent donc que plus disproportionnés.

Paulhan, devenu rédacteur en chef de la *Nouvelle Revue française* après la mort de Jacques Rivière en 1925, s'était rapidement forgé une réputation d'éminence grise. Il soutenait ses auteurs avec une générosité rare, sur le plan intellectuel, moral et même – comme il l'a fait avec Antonin Artaud – financier. Pour ses propres écrits, ses ambitions demeuraient modestes.

Dans un essai écrit en 1968, à l'occasion de sa mort, Blanchot signale le nombre plus élevé de livres publiés par Paulhan pendant la guerre. C'était peut être, écrit-il, « pour les laisser en marge du temps ; mais peut-être aussi parce que nous avons tous besoin de ce manque immense qui nous libère de la société littéraire habituelle de telle sorte que l'acte de publier même sous notre nom, dans un temps hors temps, nous laisse encore anonymes ou nous permet, sans trop d'immodestie, d'espérer le devenir » (*l'Amitié*, p. 172). Juste avant et pendant la guerre, Paulhan a en effet publié, à côté des *Fleurs de Tarbes*, divers essais – parmi lesquels *La rhétorique renaît de ses cendres* (1938) et *Clef de la poésie* (1944) –, qui tous sont des approches de la question, fondamentale et presque heideggerienne, de l'essence de la littérature. Paulhan la reprend dans *les Fleurs de Tarbes* quand il évoque « cette question enfantine : "Qu'est-ce que la littérature ?" – enfantine, mais que toute une vie se passe à esquiver » (p. 24). Le titre de l'essai de Blanchot, *Comment la littérature est-elle possible ?*, peut donc être considéré comme un retour à la lettre même de la question « enfantine » dont traitait le livre de Paulhan.

Dans *les Fleurs de Tarbes*, Paulhan décrit deux conceptions du langage et de la littérature dont, selon lui, l'opposition structure l'histoire de la littérature française depuis la Révolution. Il les nomme « Terreur » et « Rhétorique ». Cette référence aux exécutions en masse organisées par le Comité de salut public en 1793 et 1794 illustre de manière dramatique la mutation qui, selon Paulhan, se serait produite avec le passage du classicisme de l'Ancien Régime – où les écrivains suivaient servilement les règles imposées par la tradition rhétorique – au romantisme – « terroriste » précisément en ce qu'il sacrifie les formes reconnues à la recherche de l'authenticité et de l'originalité. La Terreur affirme la priorité de la pensée sur le langage ; la Rhétorique celle du langage sur la pensée. Mais le conflit ne se limite pas à cette période historique mouvementée. L'opposition des « terroristes » (au nombre desquels figurent Rimbaud, Apollinaire, Eluard) et des « rhétoriqueurs » (Paulhan mentionne Théophile Gautier, Paul Valéry et Léon-Paul Fargue) déborde ce contexte historique limité.

La première réponse à la question « Qu'est-ce que la littérature ? » est celle des terroristes (ou « misologues » – ceux qui haïssent les mots – comme Paulhan les appelle) selon lesquels, en accordant trop d'importance au langage, on empêche la littérature d'aller au bout de ses possibilités, d'exploiter toutes ses puissances d'innovation. La Terreur, c'est la littérature qui rejette les lieux communs et les conventions au nom d'une authenticité parfaite de l'expression (comme Rimbaud lorsqu'il rejette la « vieillerie poétique » de ses prédécesseurs). Paulhan démystifie ce programme, en montrant l'illusion sur laquelle il repose : contrairement à ce qu'ils disent, les terroristes sont obsédés par le langage et dépensent une énergie considérable à essayer d'éliminer les expressions courantes qu'ils jugent impures. Paulhan prend un plaisir évident à déceler ce genre d'illusions. *Entretien sur des faits divers* démontait déjà diverses illusions du même type : l'illusion de la totalité (qui fait déduire le tout d'une de ses parties) ou l'illusion de « la prévision du passé » (qui permet d'établir le motif ou la cause, après l'événement ou l'effet). Les terroristes rêvent d'un langage transparent comme une vitre, mais sa nature rhétorique induit d'inévitables effets de réfraction et de déformation.

Ce paradoxe est au cœur du petit récit allégorique qui encadre *les Fleurs de Tarbes* et lui donne son titre. À l'entrée du jardin public de Tarbes, un écriteau affiche un slogan à l'allure terroriste : « IL EST DÉFENDU D'ENTRER DANS LE JARDIN AVEC DES FLEURS À LA MAIN » (p. 24). L'histoire veut que l'écriteau ait été planté par le gardien (du « jardin de la littérature ») dans le but d'empêcher que les promeneurs, après avoir pillé les plates-bandes (les fleurs de la rhétorique que sont les lieux communs littéraires), puissent prétendre qu'ils avaient apporté ces fleurs dans le jardin. Pourtant, certains visiteurs, décidés à entrer fleurs en main, parviennent à contourner l'interdiction ; ils peuvent par exemple entrer avec des fleurs de plus en plus exotiques (c'est la prétention à une originalité continuelle), ou prétendre que les fleurs leur sont tombées dans les cheveux du haut des arbres (c'est le refus de la responsabilité). Le panneau du gardien ne résout donc pas le problème. Il ne fait que le compliquer en suscitant l'ingéniosité des visiteurs de sorte qu'il devient de plus en plus difficile de savoir à qui les fleurs appartiennent, à eux ou à tous. Le paradoxe des *Fleurs de Tarbes* est donc le suivant : comment savoir si on a affaire à un rhétoricien ou à un terroriste, comment savoir si un auteur veut que ses mots soient lus comme des lieux communs ou comme des pensées originales ? Les lieux communs deviennent ainsi pour Paulhan les symptômes d'une tension inscrite au cœur même du langage et de la littérature et, bien loin d'être communs, ils sont, comme Blanchot le signale, des monstres d'ambiguïté.

Paulhan semble donc résoudre le paradoxe en revenant – dans un retournement caractéristique de la fin de bien de ses textes – au point de vue de la rhétorique : c'est précisément en se soumettant à l'autorité des lieux communs qu'on peut se libérer de la paralysie de l'obsession terroriste des questions de langage. S'ils veulent renouer contact avec « la nouveauté vierge des choses » (*les Fleurs de Tarbes*, p. 164), mieux vaudrait que les écrivains acceptent d'un commun accord de traiter les clichés comme des clichés, instituant ainsi une rhétorique acceptée de tous et résolvant l'ambiguïté des lieux communs. La solution consiste donc dans une rhétorique redoublée ou, comme le dit Paulhan, « réinventée ». Dans son essai, Blanchot compare ce retournement final à une révolution copernicienne qui obligerait la pensée, pour retrouver son authenticité, à graviter autour du langage et à en accepter la force d'attraction ininterrompue. Aussi l'allégorie s'achève-t-elle avec l'installation d'un nouvel écriteau : « IL EST DÉFENDU D'ENTRER DANS LE JARDIN PUBLIC SANS FLEURS À LA MAIN » (*ibid.*, p. 165). Les visiteurs, croulant sous leurs propres fleurs, ne penseront plus à voler celles du jardin public.

L'allégorie, pourtant, n'a pas le dernier mot. C'est sur une énigmatique rétractation que le livre se termine : « Mettons enfin que je n'ai rien dit » (*ibid.*, p. 168). Ces mots gâchent le sentiment de confort que procure un problème résolu et obligent le lecteur à s'interroger sur le statut du texte qu'il vient d'achever. Comme le dit Blanchot, tout se passe comme si un second livre, un livre « secret », s'était écrit en dehors et en dépit des meilleures intentions de Paulhan, un livre qui commencerait à travailler le lecteur à la minute précise où il finit de lire le « premier ». « C'est par le malaise qu'on éprouve, et l'anxiété, qu'on est seulement autorisé à entrer en rapport avec les grands problèmes qu'il étudie et dont il n'accepte de montrer que l'absence » (*Comment la littérature est-elle possible ?*, p. 16). Que faire du désaveu sur lequel le livre se termine ? Faut-il le prendre littéralement, comme une expression authentique des sentiments de l'auteur ? Or comment le livre pourrait-il n'être « rien », puisque si c'était le cas nous ne pourrions même pas lire la dernière phrase ? Ou doit-il être lu au figuré comme quelque chose qu'on dit sans raisons, une simple remarque en l'air ? Mais alors pourquoi le livre entier n'aurait-il pas été composé avec la même négligence ? À s'en tenir aux seuls termes de Paulhan, l'affaire est insoluble. Le livre rejoue donc l'ambiguïté dont il parle, une ambiguïté qui ne tient pas seulement à la nature équivoque de son message, mais qui le suspend entre dire et faire, entre déclarer et représenter – entre Terreur et Rhétorique. Paulhan « fait entrer dans ses calculs cette équivoque et ne cherche pas à la dissiper » (*ibid.*, p. 25).

Dans son essai, Blanchot est particulièrement attentif au « rien » du « mettons que je n'ai rien dit », à l'indécidabilité qu'il introduit. Avec ce rien, la Terreur fait sa réapparition après avoir été discréditée par le « premier » livre de Paulhan. Sans doute s'agit-il d'une Terreur réinventée, mais elle est pour Blanchot l'« âme » même de la littérature. Elle témoigne du fait qu'il ne suffit pas de démontrer qu'authenticité et originalité sont impossibles (puisque l'authenticité est toujours sous le coup de la rhétorique) pour que la littérature y renonce. Blanchot opère alors un rapprochement inattendu entre Paulhan et Mallarmé : il est difficile d'imaginer langues plus différentes que celle de Paulhan, au style quotidien et ordinaire, et celle, hermétique, de la poésie de Mallarmé. Cependant, pour Mallarmé aussi, la littérature reposait sur une absence fondamentale. Sa poésie tentait de permettre à cette négativité pure de se déployer dans un refus simultané du langage et de ses référents. La Terreur réinventée de Paulhan, bien qu'exprimée dans un langage plus profane, est inspirée par le même idéal de perfection absolue et, d'après Blanchot, les deux auteurs partagent une même manière d'ériger la radicale impossibilité de la littérature en caractéristique essentielle de la littérature elle-même, voire, paradoxalement, en sa condition de possibilité.

Du point de vue de l'évolution de Blanchot, l'impact de cette rencontre avec les écrits de Paulhan est manifeste. Mallarmé est un des écrivains sur lesquels Blanchot ne cessera de revenir, et il rapproche Mallarmé de Paulhan, dans l'une des méditations les plus profondes de notre époque sur la négativité radicale du langage. Cette double influence est évidente dans l'important manifeste de Blanchot, « La littérature et le droit à la mort » (1949). Après avoir déclaré que la littérature ne commence qu'au moment où elle s'interroge sur elle-même, Blanchot fait de la Terreur le modèle des rapports entre littérature et révolution. Il écrit ceci : « La littérature est le langage qui se fait ambiguïté » (*la Part du feu*, p. 328). Peut-on imaginer meilleure description des *Fleurs de Tarbes* ?

Paulhan niera pourtant que son livre soit à l'origine de ce qu'on entend aujourd'hui par théorie littéraire. L'originalité paradoxale des *Fleurs de Tarbes* tient en effet dans sa manière de montrer, avec toute la fausse naïveté dont il est capable, que la distinction entre originalité et lieu commun est une distinction radicalement indécidable. Plusieurs lieux communs de la théorie littéraire contemporaine sont déjà présents chez Paulhan : le besoin de souligner la dimension rhétorique du langage, l'attention portée aux ambiguïtés des textes littéraires, le statut problématique des citations, l'application des modèles linguistiques à l'étude de la littérature, la psychologie, les phénomènes culturels, l'histoire et la métaphysique. Mais il serait trop facile de ne lire ces clichés critiques que comme de simples clichés, ce qui, selon les termes de Paulhan, serait cesser de les lire de façon critique. L'éternel retour de la Terreur dans les lettres vaut pour le lecteur comme pour l'écrivain ; lire et écrire demandent une égale vigilance. L'article de Blanchot sur *les Fleurs de Tarbes* est un cas exemplaire de vigilance critique.

Voir aussi 1933 (février).

Bibliographie : Maurice Blanchot, *Comment la littérature est-elle possible ?* (Paris, José Corti, 1942) ; « La facilité de mourir », in *l'Amitié* (Paris, Gallimard, 1972) ; *la Part du feu* (Paris, Gallimard, 1949). Jean Paulhan, *Cahier Jean Paulhan*, éd. Yvon Belaval, vol. III (Paris, Gallimard, 1984) ; *les Fleurs de Tarbes, ou la Terreur dans les lettres* (Paris, Gallimard, 1941) ; *Œuvres*, éd. Jean-Claude Zylberstein, 5 vol. (Paris, Cercle du Livre Précieux, 1966-1970) ; *Traité des jours sombres*, in *Choix de lettres*, éd. Dominique Aury, Jean-Claude Zylberstein Bernard Leuilliot, vol. II (Paris, Gallimard, 1992). *Jean Paulhan le souterrain*, éd. Jacques Bersani (Paris, U.G.E., 1976). Paul De Man, « Le néant poétique (commentaire d'un sonnet hermétique de Mallarmé) », *Monde nouveau*, n° 68 (avril 1955) ; « La lisibilité de l'interprétation dans l'œuvre de Maurice Blanchot », *Critique*, n° 229 (juin 1966). Maurice-Jean Lefebve, *Jean Paulhan : une philosophie et une pratique de l'expression et de la réflexion* (Paris, Gallimard, 1949). Jean-Paul Sartre, *Situations I* (Paris, Gallimard, 1947).

Michael Syrotinski

1942

Lucien Febvre publie *le Problème de l'incroyance au* XVIe *siècle, la religion de Rabelais*

Le problème de la croyance

En 1929, Lucien Febvre (1878-1956), professeur d'histoire à l'université de Strasbourg, fonda, avec son collègue Marc Bloch, la revue *Annales d'histoire sociale et économique*. Quelques années plus tard, au cours d'une traversée transatlantique qui le conduisait au Brésil, Febvre devait rencontrer un jeune homme, Fernand Braudel (1902-1985), qui lui exprima le plus grand enthousiasme pour la nouvelle histoire proposée par les *Annales*. Les *Annales* avaient rompu ouvertement avec la tradition d'une histoire considérée comme une succession d'événements et qui aboutissait à une historiographie centrée presque exclusivement sur la politique. Braudel devait écrire plus tard que, lors de cette première rencontre, les deux hommes furent attirés l'un vers l'autre presque comme un père et un fils. De retour à Paris en 1938, Braudel collabora aux *Annales* en se chargeant de quelques comptes rendus de livres.

Puis vint la guerre. Braudel fut mobilisé, fait prisonnier et retenu en captivité en Allemagne. Marc Bloch, juif, quitta Paris pour la zone sud et rejoignit la Résistance. Les *Annales*, qui n'avaient pas encore acquis une respectabilité universitaire, se mirent à dépérir à mesure que la guerre resserrait son étau. Febvre s'était isolé chez lui, en Franche-Comté, dans une sorte de semi-retraite, loin d'un Paris occupé par les Allemands et d'un Collège de France atrophié. Il profita des circonstances pour revenir à un ancien projet touchant à la nature des croyances de l'écrivain le plus multiforme de la Renaissance, François Rabelais. Il en résulta *le Problème de l'incroyance au* XVIe *siècle, la religion de Rabelais* (1942).

Le doyen des études rabelaisiennes, Abel Lefranc, avait présenté l'auteur de *Gargantua* et *Pantagruel* comme un homme moderne, un rationaliste, athée donc. Febvre n'était pas de cet avis. Est-il surprenant qu'en 1942, au milieu du carnage de la Seconde Guerre mondiale, Febvre ait tenté de corriger cette erreur en cherchant à comprendre les idées de Rabelais sur la vie et la mort ?

Soutenir, comme Lefranc, que Rabelais était athée parce qu'il croyait que la mort marquait la fin de toute vie, c'était « dénaturer [...] certains mots de la langue du XVIe siècle » (*le Problème de l'incroyance*, p. 208). Pour les hommes du XVIe siècle, le verbe « mourir » ne signifiait pas l'extinction totale du corps et de l'âme. Le corps, il est vrai, était sujet à « l'anéantissement complet ». Dans la lettre de Gargantua à son fils Pantagruel, Rabelais définit ainsi la mort : « Et par mort serait réduite à néant cette tant magnifique plasmature en laquelle avait été l'homme créé » (*Pantagruel*, p. 257). Mais, selon Febvre, que l'« homme meure totalement » ne veut pas dire qu'il meure « irrévocablement ». Même quand il quitte la vie d'ici-bas, l'homme « sait qu'il renaîtra, si Dieu le veut, à la vie véritable, à la vie éternelle ». « Magnifique espérance », devait conclure l'historien (*le Problème de l'incroyance*, p. 211).

Aux yeux de Febvre, ce livre écrit en temps de guerre était moins un livre sur Rabelais qu'un « essai sur le sens et l'esprit de notre XVIe siècle » (*ibid.*, p. 1). L'ambition de l'auteur allait bien au-delà de la simple réfutation de l'anachronisme d'un Lefranc qui parlait d'athéisme à propos de Rabelais ; il s'agissait plus essentiellement d'en finir avec la conception qui faisait de l'époque de Rabelais un âge d'humanisme laïcisant. Après tout, le XVIe siècle avait connu la Réforme et la Contre-Réforme ; c'était un siècle qui voulait croire. Or ce vouloir s'exprimait en des termes qui, s'ils débordaient souvent l'orthodoxie chrétienne, ne dépassaient pas les paramètres propres aux réinterprétations platoniciennes et aristotéliciennes du christianisme.

Lors de sa sortie, le livre ne connut pas un grand succès. C'est seulement après la guerre qu'il rencontra ses lecteurs. Aujourd'hui *le Problème de l'incroyance* continue à être lu non seulement pour le tableau qu'il offre du contexte idéologique de l'œuvre de Rabelais mais aussi pour sa méthode d'approche d'un phénomène culturel. Cette méthode, connue sous le nom d'histoire des mentalités, domine aujourd'hui la pratique des historiens de la culture. Sa propagation doit beaucoup, non seulement au livre de 1942, mais aussi aux *Annales*, qui allaient reparaître après-guerre sous un titre modifié de manière éloquente : *Annales : économies, sociétés, civilisations.*

Jusqu'à la Seconde Guerre mondiale, deux théories se disputaient le savoir historique : l'historicisme et le positivisme. Febvre, qui avait peu de goût pour la théorie mais un grand intérêt pour la méthodologie, s'appuyait épistémologiquement sur l'une et l'autre, tout en critiquant leurs effets historiographiques. Concernant le positivisme, il attaquait les historiens qui alignaient des « faits » sans questionner les concepts présidant à leur sélection et à leur définition – tel Lefranc qui concluait du « fait » que Rabelais ne croyait pas à la vie du corps après la mort à son prétendu athéisme.

Quant à la théorie historiciste, elle voyait dans la culture une émanation de l'esprit. La culture était perçue comme le produit d'une force collective, l'« esprit populaire » (*Volksgeist*) de Johann Herder, un pouvoir d'idéation de millions d'individus au cours des générations successives qui finissait par constituer une sorte d'entité organique spirituelle unique caractéristique d'une grande nation, d'une culture nationale unifiée. D'autres avaient formulé la même idée en termes plus individuels ; ainsi, Voltaire qui, dans *le Siècle de Louis XIV* (1751), célébrait les « productions de génies singulières ou neuves » issues de l'époque de Louis XIV et qui la « distinguent des autres siècles » (*le Siècle de Louis XIV*, p. 1009). Une telle conception faisait de la culture l'expression d'un petit nombre d'esprits supérieurs. Mais, dans les deux cas, les esprits étaient avant tout stimulés par d'autres esprits. Les idées, d'un individu ou d'un groupe, naissaient au contact d'autres idées. Prises ensemble, elles constituaient l'esprit du temps, fondant leurs particularités au sein d'une entité globale caractéristique d'une époque et d'un lieu.

Les positivistes tendaient à voir dans la culture un phénomène dans lequel l'esprit – ou plutôt le cerveau – modèle son environnement naturel et social en même temps qu'il est modelé par lui. Cette position fut développée par Condorcet dans l'*Esquisse d'un tableau historique des progrès de l'esprit humain* (1794). Condorcet pensait notamment qu'au fil du temps les technologies issues de l'interaction entre l'esprit et la matière constituaient à leur tour un environnement secondaire, accélérant le cours de l'histoire et le rythme des progrès. Le positivisme d'Auguste Comte devait élargir ces thèses. Comte imaginait une humanité progressant de manière constante dans la recherche de la vérité, passant de la religion à la philosophie, puis à la science.

Envisagés du point de vue de la méthodologie de Febvre, historicisme et positivisme diffèrent surtout par leur conception de la culture. Alors que l'historicisme isole les périodes culturelles comme autant d'organismes individuels et souligne l'origine spirituelle des idées, le positivisme présente la culture comme un processus continu, quasi mécanique, et insiste sur les conditions matérielles de l'apparition des idées.

Lorsque, dans *le Problème de l'incroyance*, Febvre annonce son intention de définir le « sens et l'esprit » de l'époque de Rabelais, il adopte une posture historiciste. Les premières sections sont consacrées à l'étude des relations de Rabelais avec ses amis et ses rivaux, à l'analyse de leurs publications, poétiques et autres, où les plus extravagantes dénonciations côtoient les louanges les plus grandioses. Le but de Febvre n'est pas d'établir le rôle joué par Rabelais dans l'élaboration d'une vision du monde objective et scientifique. Seul l'intéresse le sens de certains mots : « athée », « mort », « ivrogne », « philosophe ». Il veut baliser l'aire dans laquelle se meut la pensée du XVIe siècle, étant entendu, selon le postulat historiciste, que cette aire n'est ni plus ni moins vaste, ni plus ni moins en avance que celles d'autres âges, mais simplement sans commune mesure avec elles. Un outillage intellectuel unique permettait aux contemporains de Rabelais de s'observer et de se juger selon des attitudes qui nous sont aujourd'hui perdues :

> Rabelais, la personne morale ? Une manière de Tabarin avant la lettre, un pique-assiette, payant son écot en farces bruyantes, d'ailleurs s'ivrognant à plein bec et, le soir venu, écrivant des ordures. Ou bien, un docte médecin, un savant humaniste nourrissant de beaux textes antiques et de curiosités ardentes sa prodigieuse mémoire ; bien mieux, un grand philosophe, célébré comme tel par un Théodore de Bèze, un Louis Le Caron... Nos arrières-grands-pères étaient plus heureux que nous. Ils ne choisissaient pas entre les deux images. Ils accueillaient, tout à la fois, la respectable et l'autre (*le Problème de l'incroyance*, pp. 98-99).

Pour Febvre, la notion de précurseur n'était pas pertinente. Du vivant de Rabelais, l'image de Rabelais était double : porté aux nues par les uns, dénoncé par les autres ; mais ce n'était pas parce que ses idées, justes de toute éternité, étaient goûtées par les bons esprits et honnies par les mauvais ; si elles provoquaient tant de réactions si diverses, c'était bien en raison de leur écho dans le public. C'est d'ailleurs déjà une erreur d'en parler comme « ses » idées. Elles appartenaient à un fonds commun de discours, formulé ou à demi formulé, ressenti par tous, même si Rabelais fut pratiquement le seul à l'exprimer. Son œuvre est importante, insiste Febvre, non parce que sa voix échappe à son époque mais parce qu'elle offre une vision élargie de cette époque. Le rôle d'un chercheur consciencieux est de découvrir les sources de Rabelais, d'exhumer des livres oubliés pour reconstruire dans leur variété des mouvements culturels concurrents, la panoplie des choix intellectuels auxquels l'écrivain et ses contemporains étaient confrontés. La richesse de ce contexte n'a d'égal que son caractère unique et incomparable. La trajectoire rectiligne qui, pour

Lefranc et les historiens positivistes de la littérature et de la culture, conduisait de l'époque de Rabelais à la nôtre se révèle alors pleine de fissures et d'aspérités et, en l'examinant de plus près, on s'aperçoit qu'elle n'était pas dirigée vers nous.

Dans la dernière section du *Problème de l'incroyance*, Febvre abandonne la reconstruction du territoire dans lequel les actions de Rabelais ont pris forme – ses mentors, ses interlocuteurs, ses ennemis – pour définir de nouveaux objets de recherche en adaptant à l'usage de l'historien divers concepts psychologiques développés par les sciences sociales contemporaines. Il renonce alors à sa posture historiciste pour s'appuyer sur des théories d'inspiration plutôt positiviste comme le fonctionnalisme social d'Émile Durkheim et la psychologie collective d'Isaac Meyerson. Pour eux, l'esprit est un matériau plastique, apte à enregistrer les expériences les plus diverses, celles qui tendent à la fixation des habitudes comme celles dont l'effet diversifiant engendre une variété d'attitudes mouvantes et disparates. La vie de l'esprit est peuplée d'embardées, passant d'une volonté d'ordre et de stabilité au désir de répondre à la plus grande variété possible de stimuli, une disponibilité qui présuppose un certain flou, un certain désordre mental.

Febvre engage l'historien dans ces deux directions : les attitudes mentales – ce mélange flottant et flexible d'émotion et de pensée que sont les inclinations ou les penchants – et les « outils » intellectuels, habitudes de pensées, moyens de conceptualisation grâce auxquels ces inclinations prennent corps. Febvre décrit la manière dont une inclination ou un penchant se transforme en outil : « L'idée qui, à chaque moment de leur histoire apparaît aux hommes comme une explication valable des choses – et donc qui se confond pour eux avec la vérité – c'est celle qui s'accorde avec les moyens techniques dont ils disposent pour modifier et prévoir le cours de ces mêmes choses. Moyens techniques que leur procurent les sciences » (*ibid.*, p. 387). Pour Febvre, comme pour Condorcet et pour Comte, l'histoire occidentale est le lieu de l'émergence progressive d'une approche de la réalité dont la précision et les exigences croissantes aboutissent à la mise en place de procédures scientifiques véritables. Mais, au XVIe siècle, où ces méthodes étaient encore embryonnaires, « toutes les opinions se valent, qui ne sont fondées que sur des impressions, des préjugés ou de vagues analogies » (*ibid.*, p. 499). Febvre en appelle ici au sentiment que ses lecteurs ont de la supériorité des outils intellectuels à leur disposition. Cette orientation vers le présent, qui choisit la science moderne comme mesure de la vérité, n'est donc pas fondamentalement différente de celle de Lefranc.

Mais Febvre ne se borne pas à dresser un catalogue des points forts ou faibles des sciences du XVIe siècle. Une de ses stratégies favorites consiste à détourner l'attention des concepts et des procédures expérimentales proprement dites afin de la diriger vers les mots employés pour les décrire. Une liste des mots abstraits qui faisaient défaut aux philosophes du XVIe siècle lui permet de montrer que ce manque handicapait leur réflexion sur les perceptions et l'expérience. Le « parfait désordre » de la syntaxe française, son « anarchique liberté » et son absence de « perspective » les empêchaient d'exprimer clairement leurs pensées (*ibid.*, pp. 388-389). Avant Febvre, Leo Spitzer et Ferdinand Brunot s'étaient intéressés à la syntaxe historique et au style, précisément en référence à Rabelais. Mais Febvre est le premier à utiliser l'étude des néologismes sur une longue période ou l'analyse des changements dans les relations substantif-verbe-adjectif pour définir l'esprit d'une époque. Après avoir dessiné les lacunes du vocabulaire scientifique, Febvre décrit les lignes de force qui structurent la mentalité en l'absence d'une science véritable. Ces lignes de force ne sont pas seulement philosophiques. Elles révèlent l'existence de mythologies plus ou moins fragmentaires. Febvre montre ainsi l'influence des doctrines de la magie et de la sorcellerie sur les conceptions chrétiennes du surnaturel.

Febvre rapproche des traits de langage très généraux avec d'autres, très particuliers. Son ambition était de rattacher les complexités du style et de la grammaire à l'idéologie d'une part et à l'expérience sensorielle d'autre part. Chaque époque aurait eu une manière propre de classer les expériences sensorielles : les références aux sens qu'on relève chez Rabelais, Ronsard et du Bellay nous montrent un « XVIe siècle, qui ne voit pas d'abord, qui entend et qui flaire, qui hume les souffles et qui capte les bruits » (*ibid.*, p. 467). La structure de son outillage mental n'était pas la nôtre. Dans un autre chapitre tout aussi évocateur, Febvre passe en revue l'outillage matériel à disposition des « savants » de l'époque de Rabelais. Les instruments permettant de mesurer le temps et l'espace de façon précise, sans parler de ceux qui impliquent des opérations mathématiques plus sophistiquées, manquaient presque totalement.

Febvre propose des généralisations de grande envergure, mais ses exemples sont relativement peu nombreux et pour la plupart empruntés aux élites, en particulier à l'élite humaniste. Une telle sélection, bienvenue s'il s'agissait de la biographie d'un écrivain, l'est moins dans une enquête sur le « sens et l'esprit » du XVIe siècle dans son ensemble. Le livre a le défaut de ne pas s'interroger sur la manière dont les outils et les penchants intellectuels et émotifs se répartissent entre les différentes classes sociales. Mais ce défaut est secondaire à côté du renouvellement fondamental, dû à Febvre, des fondements de l'histoire culturelle telle qu'elle s'est élaborée, depuis l'époque de Rabelais, sous l'influence conjuguée de l'étude philologique, de l'amateurisme des connaisseurs, de la souveraineté idéologique de la pensée philosophique et du privilège de la psychologie individuelle.

Comment Febvre parvient-il à ce résultat ? Dans les premiers chapitres, il suit la méthode traditionnelle, rattachant le texte de Rabelais à son contexte, confrontant ses écrits avec ceux de son milieu, à leurs sources et aux circonstances de leur écriture. Dans les derniers chapitres, la recherche porte sur quelque chose d'intermédiaire entre les individus et leur milieu, la mentalité, qui n'est ni une substance intérieure à la tête ou importée d'au-delà du monde ni quelque chose d'enchâssé dans des conditions matérielles qui en donneraient l'explication. La mentalité est coextensive à ses manifestations symboliques : les langues, les nombres, les gestes, les odeurs et leur classification, les aliments et leur préparation, etc.

Le statut épistémologique de ce nouvel objet, la mentalité, demeure vague – et c'est précisément son point fort. On a presque l'impression que Febvre l'a rencontrée en cours de rédaction. Mais il y avait été conduit par toute une réflexion sur divers développements dans les disciplines sœurs de l'histoire, non seulement la psychologie de Meyerson et la sociologie de Durkheim, mais les théories anthropologiques élaborées dans les années 1920 et 1930 par Marcel Mauss (à Paris), Alfred Kroeber (à Berkeley), et Alfred Radcliffe-Brown (à Oxford). Pour ces anthropologues, la culture n'était pas un secteur à part dans l'activité de l'homme, mais une dimension présente dans tout comportement, coordonnant et structurant tous les aspects de la vie quotidienne. À la suite de ces anthropologues qui avaient élargi le concept de symbole de manière à dépasser le dualisme qui séparait l'étude de « l'homme primitif » en deux branches, celle de son outillage matériel et celle de ses coutumes religieuses, Febvre parle d'outillage mental et d'impressions intellectuelles. Il multiplie les approches les plus diverses, qualitatives et quantitatives, spiritualistes et matérialistes, selon qu'elles lui paraissent avoir une valeur opératoire, sans s'inquiéter outre mesure de leur compatibilité théorique ou idéologique. Il devient possible dès lors de découvrir des changements de mentalités dans tous les domaines où les comportements évoluent, c'est-à-dire partout.

Une histoire culturelle aussi largement définie appelait des applications très différentes. C'est ce qui se passa avec Febvre. À sa mort, en 1956, il laissait une masse de dossiers, notes et documents de recherches intitulés « Introduction à l'intelligence de l'homme français moderne », à partir duquel son élève et collaborateur Robert Mandrou composa sa propre *Introduction à la France moderne 1500-1640 ; essai de psychologie historique*. La table des matières du livre, qui, dit Mandrou, reflète les « coordonnés de la recherche » de Febvre (p. XXV), énumère l'alimentation, les boissons, le vêtement, le logement, les maladies, les remèdes, la démographie, les sensations, les passions, les langues parlées et écrites, la conception de l'espace et du temps, la conception du milieu naturel et de l'environnement, le mariage, la famille, l'amour, la sexualité, les paroisses rurales et urbaines, les sociétés de jeunesse, les fêtes, les techniques paysannes, les métiers urbains, la pensée économique, les sports, la danse, le jeu, le concept d'artiste et de style artistique, les humanistes, le livre imprimé, l'encyclopédisme, les sciences, les libertins, les moralistes, les pèlerinages, les soldats, les évasions imaginaires, le mysticisme, la sorcellerie, le suicide. Ces catégories sont à la fois plus spécifiques et plus générales que celles de 1942. Il suffirait de prolonger les idées de Febvre sur la mentalité pour préciser et élargir ce qu'on considère pertinent d'étudier. Par rapport à des programmes de recherche plus méthodiques, l'approche de Febvre a l'avantage de laisser le temps de rêver non seulement aux sujets historiques, mais à l'écrivain de l'histoire.

Au début des années 1960, une nouvelle génération d'historiens, stimulés par le développement de la recherche économique et démographique, fait prendre à l'histoire culturelle à la façon de Febvre un tour nettement quantitatif. Dans un article publié dans *la Nouvelle Histoire* (1978), bilan des innovations introduites par Febvre, ses collaborateurs et ses héritiers de l'école des Annales, Philippe Ariès définit ainsi l'« histoire des mentalités » : « Les faits économiques (prix, salaires, impôts, crédit, marché) retentissaient sur la vie quotidienne de tous (cherté, misère ou enrichissement, famines, épidémies, mortalité) » (p. 405). Étant donné les nombreuses traces laissées par ces retentissements, « la série continue de leurs données chiffrées permettait une lecture non anecdotique de la vie quotidienne » (*ibid*., p. 406). Chacune des séries économiques possède ainsi son aspect culturel : pas de naissance, ni de mariage ni de mort sans ses gestes rituels, cadeaux, legs ou même refus des devoirs à l'égard de l'Église, de l'État ou de la famille. Plus les historiens étudient la manière dont les populations se sont adaptées aux circonstances changeantes de leurs économies, plus ils réalisent que cette adaptation est le résultat d'« un système optique qui modifiait l'image réelle : le système des mentalités » (*ibid*., p. 409).

Febvre lui-même avait procuré un exemple de ce type d'histoire culturelle quantifiée avec *l'Apparition du livre* (1958), une enquête sur les effets de l'imprimerie sur la vie du XVIe siècle en général, menée en collaboration avec Henri-Jean Martin et une équipe de spécialistes. L'analyse des interactions entre la consommation d'imprimés et leur parution, leur prix, leur distribution et leurs contenus aboutissait à une histoire culturelle qui portait automatiquement sur des masses. Cette histoire était celle de gens ordinaires plutôt que d'individus hors du commun comme Rabelais. Pas plus que l'histoire des grands hommes et de leurs idées, elle ne constitue une histoire culturelle globale. Mais elle est un pas vers la résolution de ce que Febvre avait défini, dans *le Problème de l'incroyance*, comme « le problème le plus important » pour l'historien, le lien entre création individuelle – comme celle d'un livre par un auteur – et création collective. Les deux générations qui nous séparent de la parution du *Problème de l'incroyance* ont vu les historiens s'attacher à faire ressortir le sol massif de la culture populaire aux origines de l'Europe moderne. Le surgissement de ce royaume resté indistinct ou ignoré est en soi un formidable résultat. Mais plus remarquable est la définition de la culture à laquelle ce résultat est dû : elle n'est plus, comme pour les historicistes, une série d'intuitions incommunicables que se réservent jalousement certaines nations ou certains individus ou, comme pour les positivistes, le produit automatique de l'inventivité de masses stimulées par leurs conditions matérielles d'existence ; elle est le lieu d'intersection entre les idées et les émotions, les rites et les innovations, les instruments et leurs applications.

Étant donné la solidarité des différentes sciences humaines dans l'évolution brièvement évoquée ici, il serait abusif de dire que le concept de mentalité développé par Febvre, dans les premières années de la Seconde Guerre mondiale, a été l'unique source de la nouvelle conception de l'histoire culturelle – ou « anthropologique », comme elle est souvent appelée aujourd'hui. Une telle généalogie contredirait précisément ses intuitions de 1942 sur la nature collective de l'outillage mental et le fait que ces intuitions furent le produit du vécu autant que de l'écrit.

À soixante-quatre ans, en 1942, Lucien Febvre était un homme estimé mais que l'occupation allemande avait quasiment mis au chômage. Le problème auquel il devait faire face était de savoir comment vivre dans ces conditions difficiles et destructrices ; ne pas « totalement » mourir, alors même qu'on était exposé à l'« anéantissement ».

Le livre de Febvre est dédié « à Fernand Braudel, en espérance ». Braudel – futur patron des *Annales*, qui allait préserver et étendre les programmes de recherches fixés par ses fondateurs, ouvrant à la recherche le champ de la longue durée qui devait donner aux méthodes des *Annales* une influence internationale – était en train d'écrire un livre d'un millier de pages dans un camp de prisonniers en Allemagne. Il l'écrivait de mémoire. Pendant les cinq années de la guerre, il réussit à faire parvenir les pages de son manuscrit, par petits bouts, à Febvre en Franche-Comté. À la fin de la guerre, *la Méditerranée et le monde méditerranéen sous Philippe II* était terminée. Soumis aux conditions plus terribles encore de la vie de proscrit, Marc Bloch travaillait lui aussi à un manuscrit, *le Métier d'historien*, un manuel des méthodes – et des espoirs – des *Annales* que Febvre publia inachevé en souvenir de son ami, fusillé par les Allemands en 1944.

Au regard de la passion professionnelle à laquelle ils avaient consacré leur vie, la Seconde Guerre mondiale fut pour Febvre, Bloch et Braudel un non-temps. L'idée même d'« une autre histoire », pour reprendre les mots de Febvre, a dû souvent paraître absurde. Leurs programmes de recherche étaient devenus inimaginables parce qu'ils faisaient appel, autant qu'aux recherches d'archives, aux échanges universitaires et intellectuels, scientifiques et sociaux, à la libre circulation, sans crainte de représailles, à travers toutes sortes de frontières physiques et mentales. En ce sens, Febvre, Bloch et Braudel étaient tous trois également prisonniers de guerre, avec pour seul encouragement dans cette incertitude, la « mentalité » née de leurs années de travail en commun aux *Annales*, même si pour Braudel ces années n'étaient pas nombreuses.

Febvre commença *le Problème de l'incroyance au XVIe siècle* parce qu'il voulait prouver qu'une incroyance systématique était impossible à l'époque de Rabelais. À la fin du livre, le sujet avait changé. Il explorait moins l'incroyance que les mentalités prédisposant à croire. Une autre analyse, non exprimée, sous-tendait cette analyse : le besoin de croire dans une époque déchirée par les conflits de la foi... c'était le cas de Rabelais au XVIe siècle, c'était aussi celui de Febvre en 1942. Comment vivre, c'est comment croire.

Voir aussi 1532, 1534 (automne), 1940-1944.

Bibliographie : la Nouvelle Histoire. éd. Jacques Le Goff, Roger Cartier, Jacques Revel (Paris, Retz, 1978). Marc Bloch, *Apologie pour l'histoire, ou Métier d'historien* (Paris, Armand Colin, 1949). Fernand Braudel, *la Méditerranée et le monde méditerranéen à l'époque de Philippe II* (Paris, Armand Colin, 1949. Seconde édition revue et augmentée, 2 vol., Paris, Armand Colin, 1966). Natalie Zemon Davis, « Rabelais among the Censors (1940s, 1540s) », in *Representations*, n° 32 (1990). Lucien Febvre et Henri-Jean Martin, *l'Apparition du livre* (Paris, Albin Michel, 1958). Lucien Febvre, *le Problème de l'incroyance au XVIe siècle, la religion de Rabelais* (Paris, Albin Michel, 1942) ; « Vers une autre histoire », in *Revue de métaphysique et de morale*, n° 58 (1949), repris dans *Combats pour l'histoire*, pp. 419-437 (Paris, Armand Colin, 1965). Robert Mandrou, *Introduction à la France moderne ; essai de psychologie historique, 1500-1640* (Paris, Albin Michel, 1961). Rabelais, *Œuvres complètes*, éd. Pierre Jourda (Paris, Garnier, 1978). Voltaire, *le Siècle de Louis XIV*, in *Œuvres historiques*, éd. René Pomeau (Paris, Gallimard, 1957).

Samuel Kinser

1943, décembre

Au kiosque de la gare d'Angers, Louis Poirier achète *Sur les falaises de marbre,* d'Ernst Jünger

Roi pêcheur, roi des aulnes

La fascination française pour la pensée et la littérature allemande remonte au *De l'Allemagne* (1802), de Mme de Staël. Fascination féconde à en juger par la première moitié du XIXe siècle : qu'on pense à Gérard de Nerval, à la vogue du thème de Faust (chez Nerval, Berlioz, Delacroix), à l'influence d'Hoffmann sur les romantiques et sur Baudelaire. Vers la fin du siècle, la philosophie et la musique allemandes – Schopenhauer, Wagner et Nietzsche – sont à l'origine de la plupart des nouveautés. Au XXe siècle enfin, une fois l'hostilité issue de la Première Guerre mondiale apaisée, le surréalisme se réappropriera les valeurs du romantisme allemand.

En 1943, en pleine Occupation, Julien Gracq (pseudonyme de Louis Poirier)

achète à la gare d'Angers *Sur les falaises de marbre*, d'Ernst Jünger – traduction de son roman paru en Allemagne en 1939 *Auf den Marmorklippen*. Ernst Jünger devait une certaine célébrité à deux hymnes à la guerre, *In Stahlgewittern* (1920 ; trad. 1930 : *Orages d'acier*) et *Der Kampf als inneres Erlebnis* (1922 ; trad. 1934 : *la Guerre notre mère*). Jünger appartient à cette famille d'intellectuels du début du siècle, à moitié politiques, à moitié soldats, comme T. E. Lawrence ou André Malraux, qui ont vécu l'instabilité politique comme une promesse d'action, une incitation à se donner, corps et âme, aux aventures dont une civilisation sur le déclin multipliait les occasions. Pour Jünger comme pour Malraux, la lecture de l'essai d'Oswald Spengler, *le Déclin de l'Occident* (1918-1922), avait été décisive. Gracq devait lui aussi lire cet ouvrage, mais après la guerre.

Comme Gracq s'en expliqua en 1959, au cours d'une émission radiophonique, il fut frappé par le symbolisme des *Falaises de marbre* :

> Je serais tenté de penser ici à une science très ancienne, celle de l'héraldique : tout se passe en effet comme si, par un art transparent qui fait penser à celui du vitrail, par une puissante « érosion de tous les contours », Jünger était parvenu à cerner notre temps dans une figure douée à la fois de ce pouvoir de simplification impérieuse et de cette puissante aptitude à représenter électivement qui est celle des images d'un blason. Je crois qu'il faut lire *Sur les falaises de marbre* comme un livre emblématique (*Œuvres complètes*, pp. 977-978).

Dès les premières pages, le lecteur est attiré par la géographie allégorique du roman de Jünger. Elle forme un trait constant de l'œuvre de l'historien-géographe qu'était Gracq, depuis *Au château d'Argol* (1938) jusqu'au *Rivage des Syrtes* (1951) et *Un balcon en forêt* (1958). Dans les romans de Gracq comme dans *Sur les falaises de marbre*, la mise en espace est chargée d'une signification symbolique. La carte que Jünger déploie dans ce roman est celle de la Marina, pays de vignobles qui jouxte d'un côté une vaste étendue d'eau (un lac, probablement) et de l'autre la Campagna, terre de pâturages. Au-delà s'étend la Maurétanie, forêt indéfinie, mystérieuse et menaçante sur laquelle règne le grand Forestier (*Oberförster*) : la barbarie et la brutalité de la Maurétanie contrastent avec les activités civilisatrices, le travail de la vigne, l'élevage de la Marina. La Marina s'arrête aux falaises de marbre, du haut desquelles on a vue sur les terres environnantes. À proximité des falaises, dans l'ermitage où ils se sont retirés, le narrateur et son frère Othon partagent leur temps entre botanique et méditation ; de temps à autre, ils descendent se mêler aux habitants de la Marina. Mais le grand Forestier menace : il guette l'occasion d'envahir ses voisins. La tuerie finira par faire rage ; les cultures sont dévastées. Le narrateur et son frère s'embarquent pour Alta-Plana, patrie d'un peuple libre de montagnards.

Telle est, dans ses grandes lignes, l'intrigue de ce roman sans dialogues. Détaché de tout contexte spécifique, il illustre la vision spenglérienne du déclin des civilisations que leur prospérité paralyse. Passant constamment du concret à l'abstrait, invitant à une lecture « emblématique », *Sur les falaises de marbre* décrit le conflit du nihilisme et de l'anarchie, du « désert » et de la « forêt vierge ». La perspective de Jünger reste abstraite et anhistorique, voire préhistorique, comme l'est celle du narrateur, retiré avec son frère dans leur ermitage. Là-bas, étranger à l'histoire, il trouve refuge dans l'étude du monde végétal, des forces morphologiques de la nature et dans cette arme contre la tyrannie qu'est le langage. Ici, le ton devient plus goethéen que spenglérien. Le sens de la vie, pour Othon, consiste à « recommencer la création dans le périssable », c'est-à-dire dans la temporalité. Aussi, dans l'article qu'il consacre au roman de Jünger, Maurice Blanchot souligne-t-il « le mouvement qui fait de ce livre la tragédie de l'esprit créateur assistant avec une sereine angoisse à sa ruine » (*Faux Pas*, p. 291).

Julien Gracq ignorait sans doute tout de l'auteur du roman, ce décembre 1943 en gare d'Angers. Il ignorait notamment que Jünger se trouvait à Paris, au Q.G. de l'armée allemande. Lorsqu'il avait écrit *Auf den Marmorklippen*, Jünger avait pris ses distances avec les Jeunesses nationales-socialistes qui avaient essayé de l'enrôler dans l'élite intellectuelle du troisième Reich. Ses hymnes à la guerre, au courage, à la virilité et à la mort avaient fait de lui un héraut idéal de l'esthétique du nouvel ordre fasciste. Mais, écœuré par la vulgarité et par la corruption nazies, il refusa de collaborer, se ménageant une retraite où écrire, non plus sur les « orages d'acier », mais sur les voyages, la botanique et l'apiculture. *Auf den Marmorklippen* fut interdit en Allemagne en 1941 ; Jünger portait à nouveau l'uniforme et c'est à Paris qu'il allait passer l'Occupation.

La lecture des *Falaises de marbre* dut inspirer à Gracq un étrange sentiment d'identification. *Au château d'Argol* était l'œuvre d'un admirateur de Breton. Mais, alors que Breton demandait au « merveilleux quotidien » de se manifester dans des événements « convulsifs », Gracq reprenait des motifs médiévaux et, à la suite du roman noir, faisait jouer un rôle important aux décors et aux paysages. Des descriptions lyriques et minutieuses mettaient en place l'échiquier sur lequel évoluaient des personnages dont la fonction était avant tout d'être les agents du dénouement : ces errants solitaires allaient vivre une rencontre à l'origine d'un événement inconsciemment attendu. Cette structure se prêtait sans peine au motif de la « quête » et en particulier de la quête du Graal, qu'on devine en filigrane dans tous les romans de Gracq (*Au château d'Argol*, *Un beau ténébreux*, *le Rivage des Syrtes* et *Un balcon en forêt*) et qui est le sujet de sa pièce, *le Roi pêcheur* (1948). La légende du roi pêcheur est un mythe de sécheresse et de stérilité. Un être « pur » est appelé à libérer le royaume frappé par le fléau. C'est vers la fin du XIIe siècle (avec Chrétien de Troyes et Wolfram von Eschenbach) que cette légende devait être intégrée au cycle du Saint-Graal. Le roi pêcheur se nomme Amfortas et le chevalier libérateur Perceval – ou Parsifal.

En 1929, Gracq avait été fortement impressionné lors d'une représentation du *Parsifal* de Wagner. Dans l'« avis au lecteur », il présentait *Au château d'Argol* comme une « version démoniaque – et par là parfaitement autorisée » de *Parsifal* (*Œuvres complètes*, p. 4), rejetant les attaques de Nietzsche contre le prétendu « acquiescement » de Wagner au christianisme. Le thème du roi pêcheur est donc présent chez Gracq avant même la pièce qui porte ce titre. Vers la fin du *Château d'Argol*, le héros, Albert, découvre dans la bibliothèque d'Argol une gravure à la manière de Dürer représentant Amfortas. Cette image fonctionne comme une mise en abyme du roman, où la quête du héros débouche sur la mort. Cette quête inachevée est précisément ce par quoi, selon Gracq, son roman serait « démoniaque ». La gravure est aussi une anticipation de la pièce. Elle représente la guérison d'Amfortas dont Parsifal touche la blessure de sa lance mystique ; Albert n'en sent pas moins dans la gravure un relent de sacrilège, d'incrédulité de la part de l'artiste qui « avait paraphrasé lui-même son œuvre de l'amère devise qui semble à jamais clore – et ne clore à jamais sur rien d'autre que lui-même – le cycle du Graal, "Rédemption au Rédempteur" » (*ibid.*, p. 85). Les mots entre guillemets sont ceux du final du *Parsifal* de Wagner, que Gracq détourne résolument vers le « démoniaque », loin de toute religiosité chrétienne.

Ce mouvement est encore accentué dans *le Roi pêcheur*. Wagner avait fait d'Amfortas un *pécheur* (puisque Klingsor, pour s'emparer du Graal, a chargé Kundry d'induire le roi au péché de chair) ; Gracq lui rend son rôle de *pêcheur* qu'il avait dans le mythe. Amfortas redevient ainsi le personnage clé du drame. Kundry passe du rôle de séductrice à celui d'alliée, incarnant la force et l'espoir – contrairement à son homologue wagnérienne, censée évoquer la Madeleine repentie. Gornemanz, le personnage le plus présent – scéniquement et vocalement – chez Wagner, est relégué à l'arrière-plan. En revanche Gracq rend son importance à l'ermite Trévrizent, absent de la version wagnérienne.

Le matériau Perceval-Graal fournit à Gracq l'occasion d'un dialogue philosophique sur le statut du sacré, sacré qui n'est pas conçu dans les termes du christianisme mais comme fin ineffable et hors d'atteinte de la quête humaine. Il n'assigne pas de but, mais représente la nécessité de la quête, le besoin, comme chez Gide, de passer outre. Amfortas, le roi pêcheur, est « crucifié » par sa connaissance du sacré : il sait, mais parce qu'il sait, il souffre sans pouvoir renoncer à cette connaissance. Kundry, plus proche de Perceval, est l'espoir qui anime la quête ; quant à Perceval, il ne désire pas le pouvoir et le savoir liés à la possession ou à la libération du Graal, car ils mettraient fin à la quête. Clingsor et Trévrizent sont des reflets, complémentaires l'un de l'autre : Clingsor renie le Graal parce qu'il n'est plus digne de l'obtenir, et l'ermite se protège contre le bouleversement qu'engendrerait la connaissance du sacré ; il renonce, choisissant l'humilité et le détachement du monde.

L'époque où Gracq découvre *Sur les falaises de marbre* et où Jünger est en poste à Paris est aussi celle des événements relatés dans les derniers chapitres du *Roi des aulnes* (1970), de Michel Tournier. Le héros de ce roman, Abel Tiffauges, prisonnier de guerre en Allemagne, devient un témoin privilégié de l'écroulement du Reich. Tournier a évoqué sa germanophilie précoce – héritée de ses parents germanistes – dans le chapitre du *Vent Paraclet* (1977) consacré au *Roi des aulnes* : ses fréquents voyages à Fribourg au cours de son enfance (il est né en 1924), ses études de philosophie – allemande en particulier – après-guerre à Tübingen. Le nazisme, la guerre et les atrocités allemandes ont créé de plus en plus d'ambivalence dans ses rapports avec l'Allemagne ; les indécisions, les tensions non résolues qu'elles occasionnent expliquent l'incompréhension de certains lecteurs et critiques en particulier en face du *Roi des aulnes*, seul roman « allemand » de l'auteur, dans lequel cette ambivalence n'arrive pas à trouver de résolution adéquate.

Abel Tiffauges est un géant maladroit et myope, garagiste de son état ; fait prisonnier le premier jour de la guerre, il est envoyé en Allemagne. Son allure d'ogre, son étrange attirance pour les enfants – sa pédophilie – en font un être radicalement déplacé, qui finit par se sentir à l'aise dans ce pays « noir et blanc » qu'est l'Allemagne du troisième Reich. Sa docilité lui vaut une série de promotions, au point qu'il devient garde forestier dans la chasse privée de Göring à Rominten, en Prusse-Orientale. Il échoue ensuite à Kaltenborn dans un prytanée militaire (*napola*, ou *nationalpolitische Erziehungsanstalten*, abrégé) pour futurs S.S. Il a ainsi l'occasion d'observer de près le système d'endoctrinement et les expériences pseudo-scientifiques menées par les savants nazis. Un jour, on exhume le corps d'un ancien Germain, vieux de deux mille ans, le roi des aulnes (*Erlkönig*), près duquel est bientôt retrouvé un corps d'enfant. Tiffauges commence à s'identifier peu à peu à ce roi des aulnes. Vers la fin de la guerre, l'Allemagne s'effondrant devant l'armée soviétique, c'est Tiffauges qui exerce de fait les fonctions d'intendant et de recruteur en chef de la *napola*. Il découvre Éphraïm, enfant juif rescapé d'Auschwitz, qu'il recueille et soigne. Tandis que le Reich s'écroule et que la *napola* de Kaltenborn est la proie des flammes, Tiffauges s'enfuit, portant Éphraïm sur ses épaules, saint Christophe moderne que vont engloutir les marécages. Sa dernière vision sera l'étoile de David brillant dans les cieux.

Ce résumé fait apparaître les ambiguïtés du roman, le mélange de fascination et de répulsion que l'Allemagne inspire à Tournier. On pourrait aussi dire qu'il traite du mauvais déchiffrement des signes, Abel se méprenant sur le sens des symboles qui l'entourent et finissant par s'enliser dans la vase de son aveuglement.

Au premier rang de ces symboles, son nom, Abel, qui renvoie moins au sens moral de la Bible qu'à la vie de pasteur nomade d'Abel (par opposition à Caïn le laboureur) ; quant à Tiffauges, nom du château de Gilles de Rais, il renverrait aux atrocités que le seigneur breton y commit sur des enfants. Dans un récit ultérieur – *Gilles et Jeanne* (1983) – Tournier fait se rencontrer le pervers et la sainte, Jeanne d'Arc en l'occurrence ; le cheval de Tiffauges s'appelle Barbe-Bleue, dont la légende remonte à Gilles de Rais. Mieux, le nom même de Tiffauges est à l'occasion germanisé en « Triefauge », œil larmoyant, comme celui des vieux chiens. D'autres métamorphoses symboliques sont engendrées par le motif du roi des aulnes : la menace pédophile qu'incarne le roi des aulnes/ogre dans le poème de Goethe et sa transposition musicale par Schubert (Tournier fait référence à ce lied). La pédophilie, développée en « phorie » – cf. la pédophorie de saint Christophe –, est chargée par Tournier de connotations psychologiques et métaphysiques ; elle réapparaît dans le roman suivant, *les Météores* (1975), associée à la gémellité et à la doctrine du pouvoir pentecôtiste du Saint-Esprit (tel est le sens du titre *le Vent Paraclet*).

On a reproché au *Roi des aulnes* sa fascination pour le nazisme et ses ramifications apocalyptiques. Quelle qu'ait été l'intention de Tournier, le lecteur reste désorienté. Le principal accusateur est Saul Friedländer qui, dans *Reflets du nazisme* (1982), caractérise le nazisme par le jumelage du kitsch et de la mort. Le discours postmoderne sur le nazisme (y compris le révisionnisme de la solution finale) est une sinistre banalisation des choses les plus graves. Cette « vulgarisation » coïncide avec l'exploitation pornographique du nazisme comme fétiche de pouvoir et de sexualité que Susan Sontag avait déjà dénoncée dans *Sous le signe de Saturne* (1980, 1985 pour la traduction française). La question du nazisme et du kitsch dépasse les problèmes posés par *le Roi des aulnes* ; elle peut aider à rattacher, dans une certaine mesure, l'Allemagne qui fascine Gracq à celle qui embarrasse Tournier. Gracq a écrit des essais sur les romantiques allemands, en particulier Kleist et Novalis (repris dans *Préférences* [1961]). Gracq oppose le classicisme français et le romantisme allemand, qui « représentent sans doute les deux pointes d'un écart limite » (*ibid.*, p. 983). Les

« œuvres achevées » du classicisme manquent de vie par comparaison au legs du romantisme allemand : « Peu importe la déception formelle que nous causent des œuvres tantôt manquées, souvent bâclées, plus d'une fois inachevées : chacun (de ces auteurs) pour nous porte encore au front le signe d'une promesse qui dépasse infiniment en portée ses *moyens d'artiste* » (*ibid.*, pp. 983-84). L'analyse est juste : qu'il s'agisse de littérature, de peinture (C. D. Friedrich) ou de musique (Schumann), le romantisme allemand cultive le fragment, l'aphorisme, la quête de l'absolu, les lointains brumeux et l'inexprimable infini. Gracq y lit une innocence, un optimisme (ou du moins une quête de l'innocence et de l'optimisme), surtout chez l'« angélique » Novalis, et il décèle dans la tonalité de l'ironie (celle d'un Friedrich Schlegel) l'incapacité de se révolter. C'est pourquoi la vie du cercle d'Iéna fut éphémère. Aux yeux de Gracq, le surréalisme était une réincarnation, cent vingt-cinq ans plus tard, du romantisme d'Iéna, mais sur un mode agressif : « C'est Sade, c'est Freud, c'est Lénine, c'est le problème posé du suicide, c'est l'humour nihiliste de Vaché, qui est toujours collision, aussi opposé que possible à l'ironie romantique, fondamentalement dynamique et optimiste » (*ibid.*, p. 996).

Entre le romantisme allemand et le surréalisme français s'interpose la figure contradictoire de Richard Wagner. Si, comme musicien, il a imprimé sa marque plus profondément que n'importe quel autre, il y a aussi chez lui quelque chose qui ne se situe pas dans la musique mais l'enveloppe constamment, lui fournit un contexte et l'envahit à plusieurs reprises sans y élire domicile de façon permanente. C'est l'arrogance de pacotille, l'autoglorification allemande, le pompiérisme où il arrive à la musique de Wagner de se vautrer et de prospérer, et qui triomphe dans la religiosité de Bayreuth. *Ad majorem Wagneris* (et non *musicae*) *gloriam* : kitsch, décadence, mercantilisme et mégalomanie. Les nazis reprendront et la formule, et la musique de Wagner. Sur ce point, Saul Friedländer a parfaitement raison.

Mais Tournier ne se place pas sous l'égide de Wagner – pas même avec la prudence d'un Gracq. Et, plutôt que de la littérature, c'est de la philosophie romantique allemande (Fichte, Schelling, Hegel) qu'il se sent proche. D'ailleurs, son idéal musical reste *l'Art de la fugue*, de Bach, ce qui n'empêchera pas ses romans d'avoir quelque chose de brouillon, proche par la truculence, l'obscénité et la voracité d'un Rabelais, d'un Balzac ou d'un Kundera.

À propos de l'Allemagne, Tournier cite le mot de Nerval : « Il y a l'Allemagne ! La terre de Gœthe et de Schiller, le pays d'Hoffmann ; la vieille Allemagne, notre mère à tous ! » (*le Vent Paraclet*, p. 147). Certes, cette Allemagne a existé ; mais une autre devait prendre sa place en 1933, une Allemagne dont ses citoyens persécutés ou expulsés refusèrent toute identification avec elle. La question de cette Allemagne n'est jamais vraiment posée par Tournier. Un peu comme si l'auteur partageait la myopie de son héros aux yeux brouillés. L'euphorie des romantiques allemands, tempérée chez Gracq, devient chez Tournier une « phorie » menacée de crouler sous son fardeau apocalyptique, chimérique et mal assuré.

Bibliographie : Julien Gracq, *En lisant, en écrivant* (Paris, José Corti, 1980) ; *Lettrines*, 2 vol. (Paris, José Corti, 1967) ; *Œuvres complètes*, éd. Bernhild Boie, vol. Ier (Paris, Gallimard, 1989). Ernst Jünger, *Sur les falaises de marbre*, trad. Henri Thomas (Paris, Gallimard, 1942). Michel Tournier, *le Roi des aulnes* (Paris, Gallimard, 1970) ; *le Vent Paraclet* (Paris,

Gallimard, 1977). *Deutsche Gegenwartsliteratur*, éd. Manfred Durzak (Stuttgart, Reclam, 1981). Maurice Blanchot, *Faux Pas* (Paris, Gallimard, 1943). Bernhild Boie, *Hauptmotive im Werke Julien Gracqs* (München, Wilhelm Fink Verlag, 1966). Yves Bridel, *Julien Gracq et la dynamique de l'imaginaire* (Lausanne, L'âge d'homme, 1981). William Clooney, *Michel Tournier* (New York, Twayne Publishers, 1985). Colin Davis, *Michel Tournier : Philosophy and Fiction* (Oxford, Clarendon Press, 1988). Manfred S. Fischer, *Probleme Internationaler Literaturrezeption : Michel Tourniers « Le roi des aulnes » im deutsch-französischen Kontext* (Bonn, Bouvier Verlag Herbert Grundmann, 1977). Saul Friedländer, *Reflets du nazisme* (Paris, Seuil, 1982). Susan Sontag, *Sous le signe de Saturne*, trad. Philippe Blanchard, Robert Louit, Brigitte Legars et l'auteur (Paris, Seuil, 1985).

Walter A. Strauss

1945, 6 février

Condamné à mort pour ses activités de collaborateur, Robert Brasillach est passé par les armes

Littérature et collaboration

Les Allemands quittèrent Paris en août 1944 après quatre ans d'occupation militaire. Le monde littéraire les avait tolérés et dans certains cas les avait même soutenus. Des livres explicitement favorables à la collaboration – comme le méditatif *Solstice de juin* (1941), d'Henry de Montherlant, et les apocalyptiques *Décombres* (1942), de Lucien Rebatet – s'étaient bien vendus. Quand ils ne cherchaient pas dans des essais l'explication des événements, les lecteurs voulaient des romans, d'évasion de préférence et les plus longs possibles, dans la mesure où les restrictions de papier le permettaient : la traduction de *Moby Dick* par Giono fut un succès. La *Nouvelle Revue française*, qui avait incarné avant la guerre tout ce qu'il y avait de prestigieux dans la littérature, continua à paraître sous l'Occupation. Son propriétaire, Gaston Gallimard, remplaça le précédent directeur de la revue, Jean Paulhan, par Pierre Drieu La Rochelle. Drieu avait été un partisan intermittent du Parti populaire français, le mouvement fasciste de Jacques Doriot, sans que cela ait remis en question sa place parmi l'élite littéraire. La *Nouvelle Revue française* de 1941 – aussi ambivalente que son nouveau directeur – publiait à côté de plaidoyers en faveur de la collaboration des poèmes et des essais signés Paul Valéry ou André Gide.

Tout au long de la guerre, le gouvernement de Pétain, installé à Vichy, essaya d'entretenir l'illusion d'une « révolution conservatrice » autonome fondée sur le travail, la famille, la patrie. Sur le front culturel, Pétain nomma au poste de ministre de l'Éducation Abel Bonnard, un écrivain, qui, le 12 juillet 1940, dans une conférence à la Sorbonne, avait réclamé la fin de ces romans morbides et donjuanesques qui proliféraient avant-guerre. Les fascistes purs et durs, pour qui le nationalisme conservateur de Vichy paraissait mou et inefficace, préféraient vivre à Paris ; quant aux écrivains mondains, désireux avant tout que la vie littéraire continue, préféraient eux aussi Paris. Un grand nombre de juifs et d'antinazis, quand ils en eurent la possibilité, se cachèrent ou partirent en exil.

Dans les deux zones, un genre littéraire très spécial, le pamphlet antisémite, trouvait un public parmi ceux qui mettaient la défaite de la France sur le compte des juifs ; depuis les années d'avant-guerre, ce genre avait son champion en la personne de Louis-Ferdinand Céline. Quand son *Voyage au bout de la nuit* avait paru en 1932, Céline était un outsider de la littérature, un médecin travaillant dans les banlieues pauvres du nord de Paris, à Clichy. Sa verve populiste et le caractère épique de son récit faillirent lui attirer le prix Goncourt pour ce premier roman ; les divisions au sein du jury du Goncourt lui valurent, à la place, un prix Renaudot. En 1936, furieux de l'accueil plutôt tiède rencontré par son deuxième roman, l'autobiographique et burlesque *Mort à crédit*, Céline se lança dans une carrière de polémiste et produisit plusieurs pamphlets – *Mea Culpa* (1936), *Bagatelles pour un massacre* (1937), *l'École des cadavres* (1938), *les Beaux Draps* (1941) –, tous, à l'exception de *Mea Culpa*, violemment antisémites, antimilitaristes, anticommunistes, obscènes, quelquefois d'une syntaxe riche et parfois très drôle. Vichy interdit *les Beaux Draps*, tandis que dans le Paris occupé *Bagatelles pour un massacre* et *l'École des cadavres* étaient réédités avec des illustrations photographiques.

Céline était au mieux un collaborateur peu fiable et il est aussi difficile de le rattacher au groupe des collaborateurs parisiens qu'à celui de Vichy. Invité à l'ambassade d'Allemagne en compagnie d'élégants confrères comme Drieu La Rochelle, Céline, avec sa tenue habituelle de quasi-clochard, bouda en silence ou fulmina, se moqua de la nourriture, calomnia Hitler. Il n'hésita pas à solliciter des faveurs de la part des autorités de collaboration – provisions de papier et permission de rééditer ses livres – mais il déclina toutes les invitations à visiter le Reich ou à écrire officiellement pour la presse proallemande. Il est vrai qu'il écrivit diverses lettres vocifératrices aux journaux collaborationnistes. À cause de ses pamphlets, et du personnage qu'il y jouait, Céline était devenu pour la Résistance un symbole du mal et une cible attendue de représailles. À la fin de la guerre, il trouvait régulièrement dans son courrier des dessins représentant des pierres tombales. Il dut partir précipitamment au Danemark, où – dit la légende – il avait caché de l'or, et pour cela traverser l'Allemagne. Il quitta Paris en 1944, juste après le débarquement des Alliés en Normandie.

Céline avait de bonnes raisons de craindre pour sa vie. La Résistance devançait les procès officiels en procédant à des exécutions sommaires et, parmi ses cibles, les hommes du monde des lettres et de la presse figuraient en bonne place : le speaker de Radio-Paris, Philippe Henriot, tomba en juin 1944, l'anthropologue raciste Georges Montandon en juillet. Peu après l'arrivée de Céline au Danemark, son éditeur, Robert Denoël, fut tué, place des Invalides, alors qu'il attendait que l'on remorque sa voiture tombée en panne. Les ministres de Vichy et les fascistes parisiens – qui auraient préféré n'avoir rien en commun et se détestaient cordialement – se retrouvèrent sous protection allemande au château de Sigmaringen, en Allemagne. En route pour le Danemark, Céline passa quatre mois avec eux.

Figure de la collaboration intellectuelle, Robert Brasillach ne prit pas la fuite. Bien que son importance d'écrivain n'ait rien de comparable avec celle de Céline, les circonstances qui l'amenèrent à payer pour tous les écrivains de la collaboration rendent son histoire exemplaire de la guerre civile à l'intérieur de la France occupée, de la vie intellectuelle qui l'avait précédée et de ce qui la suivit. Rédacteur en chef de l'hebdomadaire fasciste *Je suis partout*, Brasillach était chroniqueur, romancier et critique (littéraire, dramatique et cinématographique). On lui doit aussi des livres érudits sur Virgile et Corneille et, à la fin de l'Occupation, alors que ses amis s'inquiétaient des exécutions sommaires, Brasillach travaillait, à la Bibliothèque nationale, sur une anthologie de la poésie grecque. Durant les derniers jours de sa vie, aux fers dans la prison de Fresnes, il acheva un essai sur André Chénier, martyr de la Révolution. Il agissait comme un entrepreneur culturel de grande envergure – provoquant ainsi les railleries de Céline qui disait de lui qu'il voulait être ministre de la Culture et du Cinéma ; il semble en effet que Vichy lui avait proposé ce poste, qu'il aurait toutefois refusé.

Brasillach fut jugé le 19 janvier 1945 et fusillé au fort de Montrouge le 6 février – onze ans jour pour jour après les émeutes de la place de la Concorde dont il avait rêvé, avec la presse allemande, qu'elles seraient l'aube du fascisme pour la France entière. Il avait trente-quatre ans. Cette exécution fit de lui l'intellectuel fasciste exemplaire et par là-même sauva probablement la vie d'intellectuels fascistes de moindre importance qui allaient être jugés après lui. Car de qui d'autre que Brasillach disposait-on dans les premiers mois de colère de 1945 pour tenir à Paris le rôle de criminel symbolique ? Céline était trop crapuleux, trop anti-institutionnel – et, comme les collègues de Brasillach à *Je suis partout*, il venait de quitter la capitale ; quant à Drieu La Rochelle, trop ténébreux, trop ambivalent dans ses choix politiques, il avait été jusqu'au bout de la haine de soi en parvenant enfin à périr de sa propre main, après quatre tentatives, au moment précis où les purges commencèrent. Personne mieux que le jeune et talentueux Brasillach ne pouvait combiner les promesses de la littérature et les erreurs de la politique. Il n'était pas nécessaire non plus de traîner Brasillach en justice ; par patriotisme, il avait refusé de quitter la France, et, quand il apprit que sa mère et son beau-frère avaient été emprisonnés, il se rendit de lui-même à la police.

« La trahison d'intellectuel. Le péché contre l'esprit », aurait déclaré de Gaulle quand on lui demanda pourquoi ni la pétition demandant la grâce de Brasillach signée par cinquante-neuf intellectuels français dont Camus, Colette et Valéry ni l'intercession personnelle de Mauriac, chroniqueur au *Figaro*, qui jouait le médiateur entre les patriotes de Vichy et les patriotes résistants, ne l'avaient convaincu de suspendre l'exécution.

Brasillach mourut en 1945 à cause de ce qu'il avait écrit : il avait fait l'éloge de l'alliance franco-allemande et dénoncé un Front populaire qu'il disait communiste ainsi que la pression juive responsable de l'entrée de la France dans la guerre. Il serait tentant, d'un point de vue américain, de chercher un drame de la liberté d'expression dans le destin de Brasillach mais, dans le contexte français de 1945, le rapprochement est trompeur. Jacques Isorni, l'avocat de Brasillach, n'a invoqué dans son plaidoyer ni la liberté d'opinion et de parole, ni le fait qu'aucun dommage corporel ne pouvait lui être imputé. Sa défense invoqua d'abord son talent, puis la relativité de la justice. Les lettres sur lesquelles Isorni s'appuya étaient toutes liées à la situation littéraire de Brasillach : Mauriac reconnaissait en lui la voix de toute une génération ; Valéry soulignait son talent de critique et l'originalité de ses jugements ; Claudel parla même d'un talent qui honorait la France ; Marcel Aymé lui attribuait une connaissance sans égale de l'identité et des lettres françaises. Brasillach était, après tout, un produit de l'École normale supérieure. Avant son procès, il déclara qu'il avait l'impression de préparer l'oral d'un examen. Mais le talent n'était pas la meilleure défense : plus il était grand, plus grave était la trahison de la vocation de la littérature à être le gardien des vérités de la société et l'arbitre des valeurs. Laisser Brasillach continuer à écrire revenait à déprécier l'importance de la littérature. La chose était impensable dans la France de 1945 où la littérature, pièce essentielle dans le rétablissement de l'identité nationale, n'était pas définie en terme de liberté mais en terme d'action. Aussi était-il fondamental pour la dignité de la littérature et pour celle de la nation que les écrits de Brasillach fussent jugés coupables.

Selon le procureur Marcel Reboul, Brasillach ne s'était pas contenté d'émettre des opinions ; il avait dénoncé – la dénonciation était alors le pire des crimes dans ce pays déchiré par la guerre civile. En 1941, il avait proclamé « Il faut frapper » et s'était impatienté « Qu'attend-on pour fusiller les députés communistes déjà emprisonnés » (*le Procès de Robert Brasillach*, p. 135). Deux anciens ministres du Front populaire, Georges Mandel et Jean Zay, avaient été assassinés par la milice ; Reboul invoqua la loi du talion et requit du jury qu'il condamne Brasillach à être fusillé. Isorni ne put contre-attaquer qu'en dénonçant le manque de qualification morale d'une cour qui, quelques mois plus tôt, pendant l'Occupation, défendait la collaboration dans des termes voisins de ceux de Brasillach : c'est-à-dire comme un moindre mal. Isorni lut un poème inspiré à Brasillach par la prison de Fresnes, où le poète découvre le nom de héros de la Résistance, « frères ennemis », tout récemment gravés dans le mur.

La tradition française connaît deux styles de tragédie, la tragédie cornélienne, qui est une tragédie du devoir et de l'honneur aux prises avec la passion, et la tragédie racinienne, tragédie du destin et de la passion inexorables, empreinte d'austérité janséniste. Brasillach vécut son procès sur le modèle du jeune Corneille dont il avait fait le portrait huit ans plus tôt dans une série de conférences lues devant un groupe d'intellectuels fascistes parisiens. Acceptant son destin jusqu'au sacrifice, Brasillach se comporta au tribunal en héros cornélien qui n'oublie jamais qu'il est sur scène et ne déchoit jamais de l'estime qu'il se doit. Simone de Beauvoir suivait le procès dans l'audience et, dans « Œil pour œil », son compte rendu publié dans *les Temps modernes* de février 1946, elle traduit l'héroïsme cornélien de Brasillach dans les termes de l'héroïsme existentiel : « Et dans son box, seul, coupé de tous, il y avait un homme que les circonstances portaient au plus haut de lui-même : cet homme était mis en présence de sa mort, et par là, de toute sa vie qu'il lui fallait assumer devant la mort ; quelle que fût cette vie, quelles que fussent les raisons de sa mort, la dignité avec laquelle il se comportait en cette situation extrême exigeait notre respect dans le moment où nous aurions le plus souhaité le mépriser. Nous désirions la mort du rédacteur de *Je suis partout*, non celle de cet homme appliqué à bien mourir » (*les Temps modernes*, p. 823).

Simone de Beauvoir comprenait enfin pourquoi elle avait refusé de signer la pétition demandant la grâce de Brasillach : en mourant, Brasillach permettait au monde de comprendre que la justice n'est pas relative, qu'il est possible effectivement de faire la distinction entre le bien et le mal dans la manière dont les êtres humains font usage de leur liberté et que, de ce fait, nous pouvons choisir de vouloir le bien. Le procureur Reboul, de son côté, poursuivi par sa hantise, joua le rôle d'un Racine janséniste face au Corneille de Brasillach : « J'ai compris qu'il fallait que je me lève pour accomplir mon devoir, déclara-t-il, car si je ne l'avais pas fait, trop de voix mortes d'outre-tombe auraient pu chuchoter à mon oreille ce mot terrible que vous aviez préparé pour d'autres : "Qu'attend-on ?" » (*le Procès de Robert Brasillach*, p. 170).

Tout au long de l'année 1945, la mort de Brasillach fut au Comité national des écrivains un des multiples sujets de discussion entre Sartre, Camus et les nombreux intellectuels venus au communisme par la Résistance. On y dosait la culpabilité respective des écrivains et des rédacteurs en chef. On dressait des listes d'écrivains interdits, discutait des noms, débattait sur les châtiments et la peine de mort. Les réunions étaient interminables.

Plutôt qu'à des écrivains qui avaient été beaucoup plus actifs dans la Résistance (comme Vercors ou René Char), c'est à Sartre qu'échut le premier rôle dans la vie littéraire française de l'après-guerre. Sa carrière littéraire s'était épanouie dans le Paris occupé et certains trouvèrent compromettant qu'il ait obtenu des Allemands l'autorisation d'y faire jouer *les Mouches* en 1943. En même temps qu'il vivait et publiait dans la capitale occupée, Sartre écrivait pour la presse de la Résistance et ses articles – « La république du silence » (1944), « Paris sous l'Occupation » (1945), « Qu'est-ce qu'un collaborateur ? » (1945) – demeurent, encore aujourd'hui, tout vibrants de l'atmosphère de l'Occupation et de l'attente de la Libération. Dans ses écrits d'après-guerre, Sartre fit beaucoup plus qu'offrir une analyse ou une dénonciation de la collaboration ; il offrit un avenir à la littérature. Et c'est probablement la raison pour laquelle son nom en vint à représenter dans l'esprit du public un remède contre le fascisme. En 1945, Sartre fonda *les Temps modernes*. La revue était financée par Gaston Gallimard, soucieux de se faire pardonner l'association de la *Nouvelle Revue française* à Drieu La Rochelle. Dans le premier numéro des *Temps modernes*, Sartre évoqua la « tentation de l'irresponsabilité » qui menace les écrivains bourgeois (octobre 1945, p. 1) et dans le cinquième Simone de Beauvoir fit connaître sa position sur la mort de Brasillach, mort qui venait de sceller l'unité de ce nouvel univers intellectuel. Cette mort traçait une ligne de démarcation entre les esthètes d'avant-guerre – Valéry, Giraudoux, Gide – et les intellectuels engagés qui concevaient leurs activités littéraires et sociales comme des positions éthiques. Leur existentialisme était à bien des égards une réaction à la purge de 1944-1947 et contribuait au redressement d'après-guerre au même titre que le plan Marshall.

L'histoire du rétablissement de Louis Ferdinand Céline est aux antipodes de ce récit existentialiste. En 1946, Céline avait été emprisonné au Danemark, dans l'attente d'une demande d'extradition, mais en 1951, après d'interminables tractations menées par ses avocats et ses amis, il revint en France. Sous son véritable nom, Destouches, il avait bénéficié de l'amnistie accordée aux anciens combattants de la Première Guerre mondiale blessés au combat. En 1957, Gallimard publia *D'un château l'autre*. Céline, fidèle à son rôle de bouffon, y présentait de fantasques impressions des milieux collaborationnistes réfugiés à Sigmaringen. Les lecteurs, curieux d'en savoir plus sur la collaboration – et saturés des légendes de la Résistance –, furent attirés par le cadre historique du roman. Une école d'intellectuels français fut séduite par la technique de Céline : sa manière de transposer la réalité, de disloquer le récit, de faire la guerre à la syntaxe – tout ce qu'il fallait pour intéresser une stylistique structuraliste. *D'un château l'autre* marque le retour de Céline dans le corpus littéraire de l'après-guerre où l'emprise morale – et la nécessité – de l'existentialisme était en baisse. La poétique structuraliste, en privilégiant l'analyse formelle des textes, procurait une nouvelle liberté en se dispensant des ambiguïtés de l'accusation, ainsi que des triomphes et des erreurs liés aux purges bien intentionnées de l'après-guerre. Dans ce mouvement qui conduit de l'existentialisme au structuralisme – dans cet engagement dans le langage – on peut continuer à lire la marque du traumatisme de la guerre. Mais combien d'années devront passer avant que les blessures de la collaboration ne se referment complètement ?

Voir aussi 1794 (25 juillet), 1934, 1945 (15 octobre), 1953.

Bibliographie : Simone de Beauvoir, « Œil pour œil », *les Temps modernes*, n° 5, (1er février 1946). Robert Brasillach, *Œuvres complètes*, éd. Maurice Bardèche, 12 tomes (Paris, Club de l'Honnête Homme, 1963-1964). Louis-Ferdinand Céline, *D'un château l'autre* (Paris, Gallimard, 1957). Jacques Isorni, *le Procès de Robert Brasillach* (Paris, Flammarion, 1946). Henry de Montherlant, *le Solstice de juin* (Paris, Grasset, 1941). Lucien Rebatet, *les Décombres* (Paris, Denoël, 1942). Jean-Paul Sartre, « Paris sous l'occupation », « Qu'est-ce qu'un collaborateur ? » et « La république du silence , in *Situations III* (Paris, Gallimard, 1949). *Céline et l'actualité (1933-1961)*, éd. Jean-Pierre Dauphin et Pascal Fouché, in *Cahiers Céline*, vol. VII (Paris, Gallimard, 1986). Pierre Assouline, *Gaston Gallimard : un demi-siècle d'édition française* (Paris, Balland, 1984). Henri Godard, *Poétique de Céline* (Paris, Gallimard, 1985). Alice Yaeger Kaplan, *Relevé des sources et citations dans « Bagatelles pour un massacre »* (Tusson, Charente, Éditions du Lérot, 1987). Pascal Ory, *les Collaborateurs : 1940-1945* (Paris, Seuil, 1977).

Alice Yaeger Kaplan

1945, 15 octobre

Les éditions Gallimard publient le premier numéro de la revue de Jean-Paul Sartre, *les Temps modernes*

Révolte ou révolution ?

À quoi se reconnaît un changement culturel ? Comment se produit-il ? L'occupation allemande entre pour beaucoup dans la sensibilité existentialiste qui a dominé les années qui suivirent la Seconde Guerre mondiale. Les recherches philosophiques sur la nature de la conscience et de la subjectivité furent étendues à la littérature et aux arts plastiques à la faveur de la vulgarisation de concepts comme l'engagement, la situation et l'absurde – concepts qui ne survivront pas longtemps, ou du moins pas intacts, à l'euphorie de la paix retrouvée.

L'histoire de l'existentialisme français est d'abord celle d'une revue mensuelle et de son fondateur. Peu après la libération de Paris, en août 1944, Jean-Paul Sartre s'employa à constituer le comité de la revue qu'il avait décidé de lancer avec Simone de Beauvoir et Maurice Merleau-Ponty, *les Temps modernes*. L'entreprise était, en partie, un prolongement de *Socialisme et Liberté*, groupe éphémère que Sartre avait organisé aux premiers temps de la Résistance, en 1941. À la veille de la paix, Sartre cherchait un moyen pour que survive à la Libération l'énergie politique que l'opposition aux Allemands et à Vichy avait insufflée à la Résistance. La rénovation était le mot clé : on espérait que de nouvelles formes, de littérature et de journalisme, feraient oublier le passé récent. Le comité des *Temps modernes* se proposait de rallier les chasseurs de sens qui, résolus à dire la vérité sur le monde et sur eux-mêmes, rendraient compte des temps « modernes ».

Les Temps modernes étaient bien placés pour prendre la succession de la *Nouvelle Revue française*, fondée en 1908 par André Gide et ses amis au tout début de l'aventure Gallimard. Avant-guerre, quand *la Nausée* (1938) et *le Mur* (1939) parurent, Jean Paulhan avait invité Sartre à collaborer à la *N.R.F. L'Être et le Néant* (1943), *les Mouches* (1943) et *Huis clos* (1945) comptaient parmi les événements éditoriaux de l'Occupation. À la Libération, Sartre était un écrivain et un philosophe de premier plan que Gaston Gallimard entendait promouvoir.

Albert Camus était un autre jeune écrivain dans une situation assez semblable. Il jouissait, comme romancier et essayiste, d'une célébrité que son rôle dans la Résistance n'avait fait qu'accroître. Journaliste de talent, ses éditoriaux de *Combat* n'avaient pas attendu le départ des Allemands pour annoncer la Libération. La mystique de la Résistance allait lui conférer une aura à laquelle Sartre n'eut jamais droit ; et qui explique en partie la rivalité qui envenimera leurs relations personnelles aussi bien que professionnelles. Même aux meilleurs jours de leur camaraderie, Camus a toujours marqué ses distances à l'égard du cercle intellectuel de Sartre. Comme Malraux, il se retirera presque immédiatement du comité de rédaction des *Temps modernes*. Les enjeux de ce départ réapparaîtront dans les débats qui ont suivi la publication de *l'Homme révolté* (1951).

Pour Sartre, *les Temps modernes* ont été une tribune où pouvaient s'articuler philosophie, littérature et politique. En tête des deux premiers numéros, dans deux manifestes, « Présentation des Temps modernes » (1945) et « La nationalisation de la littérature » (1945), il donnait une première formulation du programme de littérature engagée que *Qu'est-ce que la littérature ?* (1947) allait développer. La conscience de la situation historique est la condition préalable de tout acte libre : « L'écrivain est en situation dans son époque : chaque parole a des retentissements. Chaque silence aussi » (*Qu'est-ce que la littérature ?*, p. 13). Dans *l'Être et le Néant*, Sartre avait fait de la liberté la condition de l'action responsable. Maintenant, le concept de situation ancrait cette liberté dans des circonstances concrètes, spécifiques ; de libre qu'il était, le choix devenait conscient, faisant de l'individu qui choisit à la fois un sujet et un agent historique. En tant que sujet, son choix n'est jamais indépendant des circonstances dans lesquelles il l'effectue ; en tant qu'agent, la prise de conscience de ces limites débouche sur l'action dans et sur l'histoire que Sartre désignait par le concept de *praxis*.

Dans l'immédiat après-guerre, Sartre n'avait du marxisme qu'une connaissance incertaine, de seconde main, et son attitude à l'égard du parti communiste restait très réservée. Mais il souscrivait déjà à la formule des *Thèses sur Feuerbach* dans lesquelles Marx demandait aux philosophes de transformer le monde au lieu de l'interpréter. La littérature engagée faisait du témoignage lui-même une forme d'action dans la mesure où il impliquait une réflexion active sur la situation, allant bien au-delà de la simple conscience des circonstances. La littérature permettait ainsi de sortir de l'impasse dans laquelle s'enfermait Antoine Roquentin, narrateur de *la Nausée* : désormais, loin d'inhiber l'action, la lucidité la favorisait.

Les réactions aux *Temps modernes* furent mitigées. Dans *Esprit*, une revue catholique, Emmanuel Mounier soulignait les affinités entre l'existentialisme sartrien et son propre personnalisme. Gide, plus mandarin que jamais, restait distant ; dans un hebdomadaire éphémère, *Terre des hommes*, il voyait dans la « Présentation » un pas « vers la barbarie ». Les communistes ne manquèrent pas de dénoncer dans la nouvelle revue un symptôme de la décadence bourgeoise : Sartre était accusé de rejoindre les surréalistes (« trotskystes de café ») en tête de liste des ennemis idéologiques du parti. Lorsque le philosophe catholique Gabriel Marcel parla de lui comme le représentant d'un nouveau mouvement, Sartre déclina le titre, ajoutant avec une ironie quasi socratique qu'il ne savait pas ce qu'était l'existentialisme.

Vue de l'extérieur, la revue était une réussite. Elle était devenue le forum des débats politiques et culturels de l'après-guerre. La littérature y était à l'honneur ; au sommaire des premiers numéros figuraient Antonin Artaud, Samuel Beckett, Jean Genet, Violette Leduc, Francis Ponge et Nathalie Sarraute. Pourtant, la revue était victime de conflits politiques, externes ou internes. Raymond Aron et Albert Ollivier, opposés au rapprochement avec les communistes, quittèrent le comité de rédaction. En juin 1946, la revue ne mentionnait déjà plus que le nom de Sartre, son directeur. Merleau-Ponty assurait toujours le travail de rédacteur en chef, mais il refusait que paraisse son nom. *Les Mandarins* (1954), vaste chronique romanesque de Simone de Beauvoir, a pour centre une revue qu'elle appelle *l'Espoir* ; il n'est pas difficile d'y retrouver les tensions et les conflits qui agitèrent *les Temps modernes*. C'est au cours de cette période que Sartre écrivit notamment *les Mains sales* (1948), et *la Mort dans l'âme* (1949), troisième tome de la série des *Chemins de la liberté*.

Qu'est-ce que la littérature ? – qui parut d'abord en six livraisons, comme une sorte de feuilleton, dans *les Temps modernes*, entre février et juillet 1947 – fut pour Sartre l'occasion de préciser sa théorie de la littérature engagée en même temps que de redéfinir son rôle de directeur de la revue. Les trois premiers chapitres ont pour titres des questions – « Qu'est-ce qu'écrire ? », « Pourquoi écrire ? », « Pour qui écrit-on ? » – qui préparent le terrain au programme développé dans la dernière section, « Situation de l'écrivain en 1947 ». Sartre commence par opposer la prose à la poésie. Alors que le prosateur utilise les mots comme des instruments ou comme des prolongements de son corps (« un sixième doigt, une troisième jambe, bref une pure fonction », p. 71), le poète, fasciné par leur présence matérielle, les considère comme des choses (« des choses naturelles qui croissent naturellement sur la terre comme l'herbe et les arbres », p. 64). Les chapitres suivants mettent en place le pacte de générosité existant entre l'écrivain et son lecteur, pacte qui définirait la littérature : l'œuvre d'art requiert de chacun, auteur comme lecteur, qu'il reconnaisse et respecte la liberté de l'autre. Alors que *l'Être et le Néant* avait montré dans le conflit entre les consciences une loi universelle de l'existence humaine, *Qu'est-ce que la littérature ?* ouvrait la possibilité de relations humaines différentes, faisant de la littérature une exception à la loi universelle de la dialectique sadomasochiste. Dans sa nouvelle forme – un choix limité mais conscient – le choix restait le point de départ ; c'est au lecteur qu'il incombait d'accepter ou de rejeter la liberté offerte par l'écriture et de participer ou non au processus de dévoilement qui fait de la littérature la subjectivité d'une société en révolution permanente.

Pourtant, la place de l'œuvre d'art dans ce programme reste problématique. Au cœur de *Qu'est-ce que la littérature ?* se joue ainsi un conflit entre une liberté, en dernière instance esthétique, et les objectifs proclamés, qui sont politiques. D'où le paradoxe : plus la littérature s'engage, moins elle est « littéraire ». Si dévoilement et reconnaissance ont une valeur essentielle, encore faut-il les dépasser vers une action collective. Cette contradiction réapparaîtra dans *Questions de méthode* (1960) où Sartre soutiendra simultanément la valeur du matérialisme historique, pour toute interprétation de l'histoire, et celle de l'analyse existentielle, unique approche concrète de la réalité humaine.

Sartre chercha à faire rayonner la littérature engagée. En octobre 1947, la radio lança « La tribune des Temps modernes ». Ce programme hebdomadaire de commentaires et de débats ne dura pas deux mois. Le Rassemblement démocratique révolutionnaire (1948) fut plus durable ; son ambition était de permettre à une « troisième voie » d'échapper à l'alternative soviéto-américaine. Malgré quelques meetings mémorables où Sartre, Camus, André Breton et Richard Wright prirent la parole en faveur d'un « internationalisme de l'esprit », le mouvement manquait de bases solides. Les penchants proaméricains des autres animateurs, en particulier David Rousset, conduisirent Sartre à démissionner en octobre 1949, le confirmant dans ses positions et dans son isolement : en 1950, il était devenu un intraitable opposant de l'anticommunisme que le Parti communiste français tenait pourtant pour l'ennemi numéro un de la classe ouvrière.

1952 vit éclater le différend entre Sartre et Camus dont les racines idéologiques et personnelles remontent à l'Occupation. Au moment de leur rencontre, en 1943, ils se réclamaient l'un et l'autre d'une gauche antifasciste. Après la Libération et Hiroshima, la menace nucléaire obligea à choisir entre Américains et Soviétiques. Ce manichéisme modela les relations personnelles. En 1949 Camus s'étonna de la tiédeur de la réaction des *Temps modernes* après les révélations sur les camps soviétiques : Camus faisait passer les droits de l'homme avant toute considération politique et toute doctrine partisane.

Même si c'est comme théoricien de l'absurde qu'il s'est fait une réputation, Camus est avant tout un moraliste. Ses essais, romans et pièces font de la révolte l'honneur de l'homme qui relève le défi d'un monde privé de sens. *Le Mythe de Sisyphe* (1942) n'était ni un traité sur ni une défense de l'absurde, mais une description de la condition de l'homme dans un monde qui n'offre aucune réponse à son désir de sens et d'ordre. Camus ne parle pas d'absurde comme Sartre ou Malraux ; pour lui c'est un mot dont la charge affective est telle qu'il fait du suicide la question philosophique par excellence. Mais le suicide n'est pas son dernier mot : la question du suicide est au contraire l'occasion de réaffirmer valeur et sens. Son œuvre entière répond à une inspiration affirmative. Dès le début, Camus a mis la révolte – ou, du moins, son potentiel – aux côtés de l'absurde. *La Peste* (1947), chronique romancée d'une épidémie, donne une dimension collective à cette affirmation. Comme *les Mouches*, la pièce de Sartre, *la Peste* est une allégorie de l'Occupation. Mais tandis que l'Oreste de Sartre se révolte contre un régime politique fondé sur le meurtre et la culpabilité, le mal auquel résistent les personnages de Camus, dans la ville d'Oran en quarantaine, est celui de la souffrance arbitraire. L'ordre social injuste auquel résiste le héros de Sartre est transposé par Camus dans l'allégorie d'une « peste » plus métaphysique.

Dès « Remarque sur la révolte » (1945), Camus avait soutenu que, si une révolution politique prétend à la justice absolue, elle trahit la révolte. Six ans plus tard, *l'Homme révolté* faisait de cette thèse le point de départ d'une critique de l'absolutisme implicite dans l'impératif révolutionnaire. Le révolté métaphysique de Camus ne se reconnaît pas dans la violence et l'injustice exaltées par les tenants de la révolte historique et littéraire : Sade, Hegel, Marx, Nietzsche, Baudelaire, Rimbaud, Breton et Sartre. Il s'oppose à une révolution politique – synonyme pour Camus de révolte historique – qui n'est qu'une forme dégradée de révolte métaphysique. Même quand elle le fait au nom de la liberté, une révolution se trahit chaque fois que pour se justifier elle invoque une nécessité historique. Camus voulait donner une traduction politique à ses positions morales : *l'Homme révolté* demande au concept de révolte métaphysique de fonder un refus de la philosophie marxiste de l'histoire. Si le succès de l'opération fut limité, c'est parce que Camus tenait plus à discréditer le marxisme qu'à lui offrir des alternatives.

La droite applaudit la sortie de *l'Homme révolté*. Quant au silence des *Temps modernes*, il ne fut rompu que par Francis Jeanson dont le compte rendu accusait Camus d'ignorer l'historicité de la révolution. Camus répliqua – à Sartre, et non à Jeanson – qu'il ne niait pas l'histoire mais seulement ceux qui en faisaient une fin absolue dans l'espoir de justifier des moyens indéfendables. C'est alors que Sartre intervint, publiant à côté de la réponse de Camus sa propre « Réponse à Albert Camus » (1952). Directe et sans ménagements : Sartre accusait Camus de juger l'histoire de l'extérieur et insinuait qu'il n'avait pas la compétence philosophique nécessaire pour soutenir sa position. Habilement, Sartre adoptait le ton de l'amitié déçue – « Vous avez été pour nous – demain vous pouvez l'être encore – l'admirable conjonction d'une personne, d'une action et d'une œuvre » (p. 111) –, ce qui n'était que pure mauvaise foi. Les échanges se crispèrent dans une intransigeance mutuelle. Pour Camus, Sartre était un idéologue communiste et sa revue la voix de l'Union soviétique, tandis que Sartre regardait de haut ce moraliste qui refusait l'histoire et le présent au nom de valeurs éternelles.

L'affaire de *l'Homme révolté* mit fin à un dernier mythe sur l'esprit de la Résistance. La solidarité entre communistes et non-communistes n'était plus qu'un souvenir lointain. Merleau-Ponty démissionna des *Temps modernes* en 1953 ; en 1954, Sartre nomma un nouveau comité de rédaction qui ne comprenait aucun des membres du premier.

Les Temps modernes ont représenté l'existentialisme français, qui ne fut pas seulement le phénomène de mode caricaturé par la presse. La revue s'est passionnée pour la politique et les débats idéologiques. La littérature engagée pouvait être assimilée à une sorte de fin de la philosophie ; tandis que l'impératif de l'action, hérité de la guerre, se muait en militantisme permanent. La conversion de Sartre à la politique, à la Libération, servira d'exemple à une génération entière d'intellectuels.

Voir aussi 1931 (juin), 1933 (novembre), 1949, 1973.

Bibliographie : Simone de Beauvoir, *les Mandarins* (Paris, Gallimard, 1972). Albert Camus, « Remarque sur la révolte », in *Essais*, éd. R. Quilliot et L. Faucon (Paris, Gallimard, 1965) ; *l'Homme révolté* (Paris, Gallimard, 1985) ; *l'Étranger* (Paris, Gallimard, 1972). Jean-Paul Sartre, *Qu'est-ce que la littérature ?*, in *Situations II* (Paris, Gallimard, 1948) ; *Questions de méthode* (Paris, Gallimard, 1976) ; « Réponse à Albert Camus », in *Situations IV* (Paris, Gallimard, 1964). Anna Boschetti, *Sartre et les Temps modernes : une entreprise intellectuelle*

(Paris, Minuit, 1985). Michel-Antoine Burnier, *les Existentialistes et la politique* (Paris, Gallimard, 1968). Annie Cohen-Solal, *Sartre* (Paris, Gallimard, 1985).

Steven Ungar

1946, juillet

Les Temps modernes font paraître « Suite », de Samuel Beckett

Samuel Beckett, écrivain de langue française

Samuel Beckett, Irlandais qui devait s'imposer comme l'une des figures majeures de la littérature française, naît en 1906, près de Dublin, dans une famille de la moyenne bourgeoisie protestante. Après avoir fréquenté les écoles primaire et secondaire locales, il fait des études universitaires de français et d'italien au Trinity College de Dublin. Il entame alors une carrière universitaire, qu'il abandonne très tôt pour se consacrer exclusivement à l'écriture. Beckett rédige ses premières œuvres en anglais – les romans *More Pricks Than Kick* (1934) et *Murphy* (1938) –, mais après s'être installé à Paris en 1937 il se met à composer quelques poèmes en français. Il renoue avec sa langue maternelle dans son roman suivant, *Watt* (1953), écrit à Roussillon, dans le Vaucluse, où ses activités de résistant l'obligent à demeurer caché.

Durant la décennie qui suit la guerre, Beckett écrit beaucoup de ses œuvres en français. Le numéro 10 des *Temps modernes*, en juillet 1946, contient le premier texte important de Beckett à paraître dans sa langue d'adoption, « Suite », première partie d'une histoire dont la version intégrale ne paraîtra que dans *Nouvelles et textes pour rien* (1958), sous un nouveau titre, « La fin ». Parmi les œuvres écrites par Beckett durant cette période, figurent les pièces *En attendant Godot* (1952) et *Fin de partie* ainsi que les romans *Molloy* (1951), *Malone meurt* (1951) et *l'Innommable* (1953). Il retourne à l'anglais avec les pièces *All That Fall* (1957, traduit sous le titre : *Tous ceux qui tombent*), *Krapp's Last Tape* (1958, *la Dernière Bande*) et *Embers* (1959, *Cendres*). C'est en français qu'il compose son roman *Comment c'est* (1961). Après quoi il rédige ses textes tantôt dans sa langue maternelle, tantôt dans celle qu'il a adoptée, et les traduit parfois lui-même, ou (mais plus rarement) avec l'aide d'un collaborateur.

Il peut paraître surprenant qu'un auteur s'exprime dans une langue autre que la sienne. Pourtant, la poésie et la philosophie furent écrites pendant des siècles en latin plutôt qu'en langue vulgaire. D'autres auteurs modernes ont abandonné leur langue maternelle : le Polonais Joseph Conrad et le Russe Vladimir Nabokov ont écrit en anglais, et les Roumains Eugène Ionesco et E.M. Cioran ont choisi le français. Mais, comme l'a remarqué le critique de théâtre Martin Esslin, le cas de Beckett reste unique. Alors que les autres abandonnaient leur langue pour une autre plus répandue, Beckett cessa d'utiliser l'anglais, cette *lingua franca* du XXe siècle.

En bon Irlandais, il est probable que Beckett n'ait pas eu un rapport très heureux avec sa langue maternelle. Bien que l'anglais soit la seule langue de la grande majorité des Irlandais, il est encore ressenti comme un idiome étranger imposé par le conquérant britannique. Leur situation ressemble à celle du narrateur de *l'Innommable*, « étranger chez [lui], au milieu d'envahisseurs » (p.184). Néanmoins, comme James Joyce avant lui, Beckett manifesta peu d'intérêt pour le renouveau du gaélique entrepris par les nationalistes irlandais. Son indifférence à la tragédie qui sous-tend cette cause apparaît ironiquement dans une phrase qui ne figure que dans la version anglaise de *Molloy* : « *Tears and laughter, they are so much Gaelic to me* » (p. 37 ; littéralement : « Les larmes et les rires, cela m'est du gaélique. » Dans l'original français on lisait : « Les pleurs et les ris, je ne m'y connais guère. »). Joyce et Beckett marquent, chacun à leur manière, une distance vis-à-vis de l'anglais. Dans *Finnegans Wake* (1939), Joyce allait greffer sur l'anglais des éléments de diverses langues, et pendant plusieurs années, Beckett utilisera le français comme langue littéraire principale.

Les personnages irlandais de *All That Fall* (*Tous ceux qui tombent*) fournissent une indication très claire sur l'ambivalence des sentiments de Beckett à l'égard de l'anglais :

> *Monsieur Rooney* : Sans halte ni trêve !... Jusqu'au havre !... Tu sais, Maddy, on dirait quelquefois que tu te bats avec une langue morte.
> *Madame Rooney* : C'est vrai, Dan, je ne sais que trop bien ce que tu veux dire, j'ai souvent cette impression, c'est indiciblement pénible.
> *Monsieur Rooney* : J'avoue que moi-même je l'ai par moments. Quand il m'arrive de surprendre ce que je suis en train de dire.
> *Madame Rooney* : Eh bien, tu sais, elle finira bien par mourir, tout comme notre pauvre vieux gaélique, après tout (p. 64).

La mort de l'anglais à laquelle ce dialogue fait allusion ne doit pas être entendue uniquement au sens historique (de même que le gaélique fut balayé par le colon britannique, l'anglais, lui aussi, devra céder un jour devant la langue d'un empire plus puissant). L'anglais meurt comme meurt toute langue dès que nous surprennent la lourdeur, l'impropriété et l'étrangeté de nos mots.

Avant que Beckett n'écrive en français, son langage était déjà empreint d'une certaine étrangeté. Dans *Watt*, l'anglais est soumis à un processus de désintégration. Dans tel passage, les mots et les phrases sont inversés ; dans un autre, un mot est séparé de l'objet qu'il désigne et peu importe dans quelle langue il le fait : la même étrangeté demeure dans la version française : « À la vue d'un pot, par exemple, ou en pensant à un pot, d'un des pots de monsieur Knott, à un des pots de monsieur Knott, c'était en vain que Watt disait, Pot, pot. [...] Car le pot était toujours un pot, Watt en était persuadé, pour tout le monde sauf pour Watt. Pour Watt seul ce n'était plus un pot, mais alors plus du tout » (*Watt*, pp. 81-82).

Bien que Watt soit convaincu que le pot reste un pot pour tout autre que lui, le mot « pot » finit par devenir aussi singulier pour nous qu'il l'est pour Watt. Cet effet est dû non seulement à l'insistante répétition du mot « pot » lui-même mais aussi à la rime que l'on trouve dans l'original anglais entre pot (prononcé *pat*) et les noms de Watt et de Knott (qui résonnent comme *what* [« quoi »] et *not* [« pas »]). Nous lisons que « pour Watt le besoin de soulas sémantique était parfois si grand qu'il se mettait à essayer des noms aux choses, et à lui-même, un peu comme une élégante des bibis » (*ibid.*, p. 83). La passivité de Watt devant le langage motive l'apparition du stéréotype féminin. Dans une interview que Beckett nous accordait le 23 juin 1983, il suggérait que l'expérience de son personnage n'était pas très éloignée de la sienne propre, car en écrivant *Watt* il disait éprouver la sensation que « *language was running away with*

me ». Une expression qui pourrait être traduire par « la langue me fuyait » mais aussi par « la langue m'emportait ».

Beckett échangea donc sa langue maternelle contre une autre qui allait l'obliger à une plus grande discipline et conscience de lui-même. Il devait expliquer maintes fois que l'emploi du français lui avait permis de « s'appauvrir » et de « s'affaiblir », d'écrire « sans style » ni « poésie » (*Back to Beckett*, pp. 58-59). Certains critiques décrivent le français comme une langue avare, au vocabulaire plus restreint que l'anglais et moins souple dans l'ordre des mots. Mais c'est oublier qu'il est capable d'une extrême complexité, comme en témoigne l'hermétisme de Mallarmé. C'est d'abord en sa qualité de langue étrangère que le français a dû attirer Beckett, et non pour quelque caractéristique intrinsèque dont il aurait l'exclusivité.

Que Beckett se soit mis à écrire en français est moins étonnant si l'on sait qu'il descendait de huguenots réfugiés en Irlande et que son nom laisse entendre un « petit bec » en français. Que le nom de Beckett désigne en français un organe associé à la phonation pourrait même nous autoriser à suggérer qu'il a pu être prédisposé à écrire dans cette langue. Des arguments de ce type, qui impliquent une certaine croyance dans le déterminisme linguistique, sont courants dans l'école psychanalytique de Lacan, qui prolongea la théorie freudienne selon laquelle l'inconscient traiterait les mots comme des choses. En affirmant la primauté du signifiant sur le signifié, Lacan mettait en avant le fait que, dans le processus psychique, un mot peut jouer un rôle plus déterminant que la chose qu'il représente. Dans l'univers de Beckett, le pouvoir détenu par le langage est tout aussi considérable. Le personnage de Watt est placé dans un rapport passif à la langue ; les raisons qu'il invoque pour expliquer son usage du français renvoient à son sentiment d'impuissance face au langage, et le narrateur de *l'Innommable* n'existe que grâce aux mots : « Je suis en mots, je suis fait de mots, [...] je suis tous ces mots » (p. 166).

Sans doute des facteurs sociologiques sont-ils intervenus dans le choix linguistique de Beckett. Il a pu être séduit par la vie littéraire qui florissait à Paris et par le prestige de la langue française. Cependant, il s'est abstenu de l'élégante prose qui est la marque d'auteurs tels qu'André Gide ou Marcel Proust. Son style est élémentaire, à la fois parlé et laborieux. Beckett n'a pas été le seul auteur à employer des formes orales, mais dans son œuvre on ne trouve ni les divagations bilieuses du Céline de *Voyage au bout de la nuit* (1932), ni le populisme ironique de certains chapitres des *Exercices de style* de Queneau (1947). Même le style dépouillé de *l'Étranger*, de Camus (1942), paraît classiquement littéraire à côté des rythmes saccadés de Beckett. Ainsi dans *Molloy*, l'interjection « quelle langue » évoque l'exaspération du narrateur aux prises avec le français :

> Ce dont j'ai besoin c'est des histoires, j'ai mis longtemps à le savoir. D'ailleurs je n'en suis pas sur. Alors voila, je suis fixe sur certaines choses, je sais certaines choses sur lui, des choses que j'ignorais, qui me tracassaient, des choses même dont je n'avais pas souffert. Quelle langue (p. 15).

Ce qui frappe dans ce texte, c'est la succession des pronoms relatifs – des choses que, qui, dont – ainsi que le rythme des mots : « Ce dont j'ai besoin c'est des histoires. » Dans ce passage apparemment sans ornement, la grammaire elle-même est chargée

d'un poids rhétorique. Notre attention est surtout attirée par les pivots syntaxiques des phrases, comme si Beckett faisait de l'art à partir du jargon des manuels de langue. C'est ce qu'a observé Jean-Michel Rey : « Samuel Beckett nous enjoint [...] d'apprendre à lire notre propre langue, une fois de plus [...]. [Il] travaille la matière de la langue française en mémoire de l'anglais, c'est-à-dire avec cette attention aux moindres particules de la langue que peut donner un regard extérieur, étranger : immense détour au terme duquel notre langue est susceptible de nous surprendre, de nous revenir sous une forme imprévue. Le dialecte de Beckett nous désarme » (*Café Librairie*, pp. 63-64).

Les remarques de Beckett lui-même suggèrent qu'il s'est mis à écrire en français comme un exercice d'humilité linguistique, mais il est clair que son français fonctionne comme quelque chose d'étranger à l'intérieur même du français, frustrant les Français de leur propre langue. Tout se passe comme si Beckett avait transféré sur sa langue d'adoption l'ambivalence qu'il nourrissait envers l'anglais, accomplissant ce que le narrateur de *l'Innommable* se propose de faire : « Je vais le leur arranger, leur charabia [...], je le leur arrangerai leur sabir » (pp. 63, 65). L'Innommable ne parle pas ici d'une langue étrangère. C'est son propre discours qu'il trouve étranger : « Je n'ai que leur langage à eux » (pp. 64-65).

La vision lacanienne du développement psychique éclaire cette ambivalence à l'égard du langage. Pour Lacan, l'accession de l'enfant à la parole humanise ses désirs, rend ses vœux compréhensibles aux autres mais, en même temps, les transforme en quelque chose qui lui est étranger, exigeant la mort de la partie la plus subjective de ses désirs et l'obligeant à assumer comme siens les fantômes de désir qui habitent les mots des autres. L'altérité du langage qui constitue l'être humain en sujet parlant transcende toute opposition entre langues maternelle et étrangère. Aussi l'Innommable dit-il que les mots qu'il utilise sont ceux « des autres [...], je suis tous ces mots, tous ces étrangers » (p. 166).

L'étrangeté de son propre discours dispense l'Innommable de manifester de l'intérêt pour d'autres langues : « Ils parlent la même langue, la seule qu'ils m'aient apprise. Ils m'ont dit qu'il en est d'autres. Je ne les regrette pas. Du moment que le silence se rompt, de cette manière, ce ne peut être qu'une seule chose » (pp. 83-84). Le fait que toutes les langues se valent si on les envisage comme interruptions d'un silence désiré est fortement suggéré dans *Nouvelles et textes pour rien* : « C'est un autre langage, mais qui revient au même » (p. 154). Et dans *Fin de partie*, Clov dit à Hamm : « J'emploie les mots que tu m'as appris. S'ils ne veulent plus rien dire apprends-m'en d'autres. Ou laisse-moi me taire » (p. 62).

Mais si toutes les langues se valent, pourquoi choisir une plutôt que l'autre ? Bien que Beckett ait dit qu'écrire en français était « plus passionnant » (*Back to Beckett*, p. 58), au milieu des années 1950, il semble que l'enchantement initial ait perdu de sa force. Beckett peut alors renouer avec sa langue natale. Contrairement à son expérience pendant la rédaction de *Watt*, l'anglais n'échappe plus à son contrôle mais conserve maintenant le dépouillement caractéristique de ses textes français. Si Jean-Michel Rey peut dire que Beckett obligeait les Français à réapprendre leur langue, les derniers écrits de Beckett sont d'une nudité telle qu'ils évoquent un idiome qui ne serait plus l'anglais. À titre d'exemple de ce minimalisme syntaxique – ou de cette « grammaire d'oiseau » comme Beckett l'appelle dans *Comment c'est* (p. 120) –

citons ces phrases de son récit *Company*, paru en 1980 : « *See hearer clearly. Which of all the ways of lying supine the least likely in the long run to pall ?* » (p. 56 ; peut-être la traduction française qu'en a donnée Beckett est-elle moins étrange que l'original : « Préciser l'image de l'entendeur. De toutes les façons de se tenir sur le dos laquelle risque le moins de lasser à la longue ? », *Compagnie*, pp. 78-79). Très vraisemblablement, à force de traduire ses textes français en anglais, Beckett a appris à soumettre sa langue maternelle à la même rigueur que lui avait imposée sa langue d'adoption. La traduction s'est révélée une école de discipline aussi efficace que la rédaction directe dans une langue étrangère.

Dans la mesure où une traduction est la refonte d'un texte préexistant, les diverses versions de ses œuvres données par Beckett participent de la répétition, c'est-à-dire d'une tendance opposée à son minimalisme linguistique. Mais c'est un lieu commun de la critique que les écrits de Beckett traitent du caractère répétitif inhérent à toute tentative humaine, et le narrateur beckettien est le premier à l'avoir souligné. À la fin de « L'expulsé », un des premiers textes français de Beckett, on peut lire : « Je ne sais pas pourquoi j'ai raconté cette histoire. J'aurais pu tout aussi bien en raconter une autre. Peut-être qu'une autre fois je pourrai en raconter une autre. Âmes vives, vous verrez que cela se ressemble » (*Nouvelles et textes pour rien*, p. 37). À son tour, *l'Innommable* observe : « Ici tout se répète tôt ou tard » (p. 21) et dans *Comment c'est* on entend « toujours la même chanson un temps LA MÊME CHAN » (*sic,* p. 152). Dans *Compagnie*, le narrateur remarque un « autre trait le rabâchage. Éternellement à peine varié le même jadis » (p. 20). Autres exemples de répétition chez Beckett : le deuxième acte d'*En attendant Godot* présente à peu près la même action que le premier et les personnages ne cessent de déclarer : « On attend Godot », tandis que dans *Oh les beaux jours* une femme enterrée dans le sable répète plusieurs fois : « Oh le beau jour encore que ça va être » ou « Oh le beau jour encore que ça aura été ».

Pourtant, dans *Fin de partie*, *l'Innommable* et *Textes pour rien*, tous les personnages reviennent sur le fait que le silence vaut mieux que la parole. Comment réconcilier le désir de se taire avec la répétition incessante ? *L'Innommable* propose une solution à ce paradoxe. Le désir de silence est si fort que la satisfaction doit en être constamment différée. Quand enfin le silence se fera, on pourra d'autant mieux le savourer : « Quoi qu'il en soit, je crois que je vais bientôt me taire tout à fait, malgré l'interdiction qui m'en est faite. Alors, oui, comme ça, comme un vivant, allons-y, je serai mort, je vais bientôt être mort, j'espère que ça me changera. J'aurais voulu me taire avant, je croyais par moments que ce serait là ma récompense d'avoir si vaillamment parlé, entrer encore vivant dans le silence, pour pouvoir en jouir, non [...] » (p. 183).

Que Beckett ait tenu à traduire lui-même ses propres œuvres participe de la même dialectique du désir de silence et de la propension à la répétition. Car une traduction n'est jamais la simple reproduction d'un texte. Dans la mesure où ce qui peut s'exprimer dans une langue ne le fait pas forcément dans une autre, traduire exige aussi de choisir ce qu'on ne traduira pas. En supprimant en même temps qu'elles répètent, les traductions de Beckett tout à la fois réalisent, et retardent, le silence auquel aspire son œuvre.

Voir aussi 1959 (28 octobre).

Bibliographie : Cahiers de l'Herne, n° 31, « Beckett » (rééd. Livre de Poche, 1985). Samuel

Beckett, *Comment c'est* (Paris, Éd. de Minuit, 1975) ; *Compagnie*, trad. Samuel Beckett (Paris, Éd. de Minuit, 1980) ; *Company* (New York, Grove Press, 1980) ; *Fin de partie suivi de Actes sans paroles* (Paris, Éd. de Minuit, 1957) ; *l'Innommable* (Paris, Éd. de Minuit, 1971) ; *Molloy* (Paris, Éd. de Minuit, 1982) ; *Molloy*, trad. Patrick Bowles et Samuel Beckett, in *Three Novels by Samuel Beckett* (New York, Grove, 1965) ; *Nouvelles et textes pour rien* (Paris, Éd. de Minuit, 1974) ; *Tous ceux qui tombent*, trad. Robert Pinget (Paris, Éd. de Minuit, 1957) ; *Watt*, trad. Ludovic et Agnès Janvier en collaboration avec l'auteur (Paris, Éd. de Minuit, 1968). Ruby Cohn, « The Weakening Strength of French », in *Back to Beckett* (Princeton, Princeton University Press, 1975). Martin Esslin, « Samuel Beckett : The Search for the Self », in *The Theatre of the Absurd* (éd. rév., Woodstock, Overlook Press, 1973). Jean-Michel Rey, « Sur Samuel Beckett », *Café Librairie*, n° 1 (1983).

Alan Astro

1949

Simone de Beauvoir publie *le Deuxième Sexe*

Une intellectuelle dans la France de l'après-guerre

Simone de Beauvoir (1908-1986) a reconnu que, de tous ses livres, *le Deuxième Sexe* était celui qui lui a apporté les satisfactions les plus durables. Il l'a aussi exposée au harcèlement continu des mufles. Dès la parution des premiers extraits dans le numéro de mai 1948 des *Temps modernes*, Beauvoir est devenue la cible d'une série d'attaques d'un sexisme sans précédent. De la droite aux communistes, elle fut traitée de nymphomane dépravée, de bas-bleu, quand ce n'était pas de frustrée sexuelle qui cherche à imposer au public français pur et innocent ses obsessions sexuelles inassouvies. Pour faire bonne mesure, les communistes l'ont accusée de trahir une révolution socialiste qui, par droit d'essence, était censée résoudre automatiquement le problème des femmes. Camus lui a reproché de ridiculiser le mâle français. Quant à la bourgeoisie catholique, elle s'est prétendue choquée par son langage (elle appelle pénis un pénis), ce qui ne l'a pas empêchée d'utiliser des termes moins ambigus pour ternir l'image de Beauvoir. François Mauriac, respectable vieillard bien-pensant s'il en fut, n'a pu s'empêcher d'écrire à un des amis de Beauvoir que, désormais, le vagin de cette dernière n'avait plus aucun secret pour lui.

Le fait que la parution du *Deuxième sexe* ait coïncidé avec l'escalade de la guerre froide explique en partie la vigueur de l'hostilité qu'il a rencontré. Aux États-Unis, le sénateur Joseph MacCarthy et ses acolytes étaient en passe d'engager leur chasse aux sorcières contre les artistes et intellectuels radicaux. Et, même si la gauche française se trouvait dans une position plus confortable que son homologue américain, la guerre froide entretenait en France aussi un climat intellectuel extrêmement conflictuel, dans lequel chaque intervention politique et culturelle était soumise aux jugements manichéens les plus tranchants et les plus sommaires. En 1949, Beauvoir, comme tous les intellectuels qui gravitaient autour des *Temps modernes*, appartenait à la gauche non communiste, prise entre deux feux. Ce simple fait suffisait à faire d'elle la proie privilégiée des attaques de la droite aussi bien que des communistes. Il ne faut pas non plus oublier que *le Deuxième Sexe* a été écrit cinq ans seulement après l'obtention du droit de vote par les femmes françaises, à un moment où il n'existait pas à proprement

parler de mouvement des femmes. D'ailleurs, Beauvoir elle-même ne se considérait pas encore féministe lorqu'elle écrivit ce livre (elle ne le fera explicitement qu'après avoir rejoint le mouvement des femmes en 1971). En 1949, l'isolement politique de son auteur désignait *le Deuxième Sexe* comme une cible offerte à toute forme d'agression.

Dans une certaine mesure, *le Deuxième Sexe* présentait un curieux décalage par rapport à son propre moment historique. Ce livre fut écrit alors que le capitalisme occidental rejetait les femmes des usines pour donner leur emploi aux hommes revenus de la guerre ; il fut publié à l'époque même où le monde occidental s'apprêtait à entrer dans l'une des décennies les plus farouchement antiféministes, celle des années 1950, âge d'or des jupons amidonnés, des queues de cheval et des poitrines hollywoodiennes. *Le Deuxième Sexe* a provoqué un véritable scandale lors de sa parution. Mais c'est ce scandale même qui l'a mis à la portée d'un grand nombre de femmes (vingt-deux mille exemplaires du premier tome ont été vendus la première semaine). Dans les années 1950, beaucoup de femmes des classes moyennes se sont tournées en cachette vers le livre de Beauvoir pour y puiser le soutien nécessaire à leur lutte pour le droit d'aspirer à autre chose qu'à un foyer, des enfants et une poitrine avantageuse. Car le message de Simone de Beauvoir était clair et sans concession : à eux seuls, la maternité et le mariage ne suffiront jamais à rendre une femme heureuse, seul un travail rémunéré peut lui assurer son indépendance. À cette époque, cependant, sa critique impitoyable de l'oppression des femmes était trop radicale pour être acceptée par des femmes encore profondément sous l'emprise de l'idéologie patriarcale. En revanche, dans la mouvance de l'essor économique et du climat politique radical et antiautoritaire des années 1960, *le Deuxième Sexe* est devenu source de libération et d'inspiration pour des milliers de jeunes femmes qui en vinrent à créer le mouvement des femmes. Dès 1949, Beauvoir avait eu l'intuition de tous les thèmes qui devinrent centraux à la lutte féministe des années 1960 et 1970. Il est indéniable que *le Deuxième Sexe* demeure l'ouvrage féministe le plus important de ce siècle.

L'ouvrage se compose de deux parties. Dans l'introduction au premier tome, « Les faits et les mythes », Beauvoir synthétise son analyse de l'oppression des femmes. Se livrant à la critique du sexisme dont sont empreints la biologie, la psychanalyse et le matérialisme historique, elle en vient à conclure que ces discours ne peuvent pas réellement expliquer pourquoi les femmes sont opprimées. Mais il n'en demeure pas moins qu'elles le sont et, cela étant acquis, Beauvoir s'engage dans une discussion à l'envergure impressionnante de l'histoire et de l'oppression des femmes, des origines jusqu'à 1940, qui débouche sur l'examen de quelques exemples de représentations de la femme dans la littérature dite « masculine ». Le second tome, « L'expérience vécue », s'attache à l'éducation des filles, mettant l'accent sur les stratégies qui les obligent à se conformer aux définitions dominantes de la féminité, et explore la situation psychologique et sociale de la femme adulte, avant de dégager les trois formes principales (toutes vouées à l'échec), de l'affirmation de l'ambition féminine au sein des structures patriarcales : le narcissisme, l'amour romantique et le mysticisme. Ce volume comprend des chapitres sur le lesbianisme, la maternité, l'avortement et la contraception, la prostitution et la sexualité. Le dernier chapitre, « La femme indépendante », laisse entrevoir une libération possible.

Ce livre d'une étonnante énergie regorge d'informations sur la vie et l'histoire des

femmes. Il est surprenant (et décevant) que, plus d'une génération plus tard, si peu de l'analyse de Beauvoir soit dépassé. Avec son accumulation méticuleuse de faits et son démantèlement implacable de l'idéologie patriarcale, elle réussit presque à nous faire oublier que, même après avoir lu sa somme de mille pages, nous ne savons toujours pas vraiment pourquoi les femmes sont opprimées. En ce sens, *le Deuxième Sexe* nous laisse avec l'image d'une oppression sans cause, comme l'a souligné la philosophe Michèle Le Doeuff. Tout se passe comme si l'argument du livre était construit autour d'un vide central. Mais l'effet de ce vide est puissamment dialectique, selon Michèle Le Doeuff, puisqu'il engendre le sentiment que le patriarcat s'efforce désespérément de boucher une interminable série de failles et d'incohérences : « Parmi les choses involontaires (nature, économie, inconscient), rien ne soutient le pouvoir phallique : il a donc du se donner, pour chaque circonstance, une forêt de béquilles, une foule de garanties et de barrières symboliques, depuis l'éducation des petites filles, jusqu'à la législation répressive du *birth control*, et du code vestimentaire à l'exclusion du politique » (*l'Étude et le rouet*, p. 134).

L'analyse que fait Beauvoir de l'oppression des femmes repose sur deux principes de base : (1) La femme dans la société patriarcale est définie comme l'Autre de l'homme. L'idéologie patriarcale la pose comme immanence, passivité, négativité, objet, tandis que l'homme est transcendance, activité, projet, sujet. (2) Il n'existe ni nature féminine ni essence de la féminité. Toutes les théories de « l'éternel féminin » (le « ewig Weibliche » de Goethe) ne sont que des mystifications patriarcales. Le rejet total par Beauvoir d'une essence féminine est une conséquence logique de son refus existentialiste de tout essentialisme. Pour Beauvoir, l'essentialisme renforcera toujours en dernière instance le projet patriarcal de maintenir la femme à sa « place ». Mais si la femme est dépourvue d'« essence », il s'ensuit qu'elle n'a pas non plus de place où elle puisse être confinée. La formule célèbre « On ne naît pas femme, on le devient » résume cet aspect de son analyse.

Étant donné son point de départ philosophique, *l'Être et le Néant* (1943), de Sartre, Simone de Beauvoir pose que toute conscience cherche constamment à définir le monde en relation à elle-même. L'idée selon laquelle les femmes chercheraient « spontanément » à se percevoir comme autre est sans fondement. Leur « altérité » leur est imposée par la société. Dans la mesure où beaucoup de femmes ont été privées de toute possibilité de percer à jour le jeu patriarcal, si certaines deviennent complices de la tentative patriarcale de les définir comme Autres (c'est-à-dire comme des êtres négatifs, inférieurs, dépendants, et « contingents »), elles ne sont pas nécessairement coupables de « mauvaise foi » (ce qui leur ferait présenter des mythes érigés par les hommes comme des réalités incontournables, naturelles ou imposées par Dieu, contre lesquelles on ne peut s'opposer). Non seulement les femmes ont traditionnellement été exploitées, sexuellement et économiquement, mais on les a aussi sciemment maintenues dans un état de pauvreté et d'ignorance qui les rend objectivement dépendantes des hommes pour leur survie. Dans un tel contexte, il est aussi absurde d'accuser les femmes de « mauvaise foi » ou de complicité dans leur oppression que d'affirmer que les Noirs aux États-Unis étaient responsables de leur propre esclavage. Ayant ainsi subrepticement introduit une dimension matérialiste dans la tragique ontologie sartrienne, Beauvoir conclut que les femmes ne parviendront pas à mener à bien leur libération tant qu'elles ne seront pas en mesure de gagner leur vie. Mais bien qu'elle

fasse de l'indépendance financière la base de toute autre forme d'indépendance, il ne s'ensuit pas que les femmes indépendantes financièrement accéderont automatiquement à une autonomie affective et intellectuelle : il est fort probable que le conditionnement patriarcal saura trouver des résistances plus raffinées. L'argument de Beauvoir souligne seulement que la libération économique est la condition *sine qua non* de toute autre forme de libération.

Tout le projet du *Deuxième Sexe* repose sur la conviction que la connaissance est une valeur en soi en même temps qu'un puissant agent de changement. Mais cette connaissance doit s'éprouver par le langage. Comme son compagnon, Sartre, l'avait fait dans *Qu'est-ce que la littérature ?*, Beauvoir affirme que l'écrivain écrit pour dévoiler une vérité qui à son tour transformera le monde. Chez Beauvoir comme chez Sartre, la vérité ou la connaissance sont toujours perçues en termes visuels : la connaissance est « vision » ou « lucidité », écrire c'est exposer la vérité, éclairer, illuminer ou élucider la situation. Découvrir la vérité et la représenter est la double tâche des intellectuels et la forme spécifique de leur action. Comme Simone de Beauvoir le dit elle-même : « Je suis une intellectuelle, j'accorde du prix aux mots et à la vérité » (*la Force des choses*, vol. II, p. 120).

La pulsion épistémologique de Simone de Beauvoir ne transparaît pas seulement dans *le Deuxième Sexe*. « Mon projet de connaître le monde reste étroitement lié à celui de l'exprimer », écrit-elle dans *la Force des choses* (vol. I, p. 376). Déjà dans son premier roman, *l'Invitée*, dissection efficace et subtile des implications philosophiques et affectives de la jalousie féminine, la curiosité de l'héroïne, Françoise, est enracinée dans un désir intense de connaître ce qui se passe dans la tête de sa rivale. Connaître, c'est acquérir la maîtrise de soi et maîtriser les événements ; ne pas connaître, c'est être impuissant. Dans cette optique, la destruction est préférable à l'ignorance : Françoise finit par tuer l'impénétrable Xavière. La force du roman réside dans la façon dont il pose la question de l'existence de l'autre, non pas seulement comme un problème philosophique, mais aussi comme une énigme concrète, affective, un dilemme insoluble qui conduit les protagonistes vers une crise existentielle et affective au sein de laquelle le meurtre apparaît soudain comme la seule issue possible. Il n'est guère étonnant, en ce sens, que Françoise soit dotée du pouvoir assez exceptionnel de vivre une idée « corps et âme ». Si Beauvoir est à ce point fascinée par les idées, ce n'est pas uniquement à cause de leur aspect théorique. Au contraire, comme le soutient Françoise, « pour moi, une idée, ce n'est pas théorique. Ca s'éprouve... ou ça ne compte pas » (*l'Invitée*, p. 376). Difficile de retrouver ici la traditionnelle dichotomie patriarcale entre intellect et émotions, corps et esprit, si souvent critiquée par les féministes. Dans *le Sang des autres*, un des premiers romans écrits sur la Résistance, Simone de Beauvoir revient sur les enjeux liés à l'existence d'autrui, se penchant cette fois sur le problème de la responsabilité. Dans son roman incroyablement ambitieux, *les Mandarins* (1954), pour lequel elle reçut le prix Goncourt, elle analyse la manière dont les intellectuels de gauche vivaient les questions d'engagement et de responsabilité dans les années de l'immédiat après-guerre.

La même passion épistémologique, liée à une connaissance qui n'est jamais purement intellectuelle mais toujours aussi une question d'expérience affective, a mené Beauvoir à sa vaste entreprise d'écriture autobiographique. Pour nombre de critiques, les quatres volumes de mémoires – *Mémoires d'une jeune fille rangée* (1958),

la Force de l'âge (1960), *la Force des choses* (1963), *Tout compte fait* (1972) – ainsi que les témoignages sur la mort de sa mère, *Une mort très douce* (1964), et sur celle de Sartre, *la Cérémonie des adieux* (1981), constituent sa contribution littéraire la plus marquante et la plus émouvante. À l'origine de cette vaste entreprise autobiographique, il n'y a pas seulement son désir de se connaître et de comprendre ses propres choix, mais aussi la certitude qu'un examen honnête de sa propre vie pourra offrir un intérêt pour les autres : « Si un individu s'expose avec sincérité, tout le monde, plus ou moins, se trouve mis en jeu. Impossible de faire la lumière sur sa vie sans éclairer, ici ou là, celle des autres » (*la Force de l'âge*, p. 10). Tout semble prouver qu'elle a eu raison : *Mémoires d'une jeune fille rangée*, en particulier, avec l'évocation de son enfance et de son adolescence dans une famille catholique bourgeoise au conformisme étouffant, et de sa rupture brutale avec ce milieu pour une liberté intellectuelle et affective, est considéré par beaucoup comme son livre le plus abouti.

Les mémoires de Simone de Beauvoir offrent un témoignage fascinant de la vie d'une intellectuelle au milieu du XXe siècle, dans un pays où la figure de l'intellectuel, même si elle est plus respectée qu'ailleurs, reste essentiellement masculine. De plus, elles la montrent vivant « corps et âme » ses idées et la politique. Après la guerre, elle s'est déclarée socialiste et a engagé une lutte ininterrompue contre toutes les formes d'oppression et d'exploitation. Sa vie pendant la guerre d'Algérie (1954-1962) reflète, en même temps que son opposition à la guerre, un refus viscéral du climat nauséabond de mensonge, d'immoralité et de silence dans lequel elle était contrainte de vivre. En 1962, elle a publié avec Gisèle Halimi, l'avocate de la victime, le récit de la torture imposée par les Français à une jeune Algérienne, Djamila Boupacha.

L'appétit de connaissance et d'expérience se reflète dans l'extraordinaire envergure et la variété de son œuvre : autobiographie, essais philosophiques, théâtre, critique littéraire, romans, nouvelles et le journal de ses voyages aux États-Unis et en Chine. Ses deux impressionnantes enquêtes sur les femmes et sur la vieillesse, *le Deuxième Sexe* et *la Vieillesse* (1970), échappent aux classifications par genre. Témoignant d'un désir intense de totalité, l'ampleur de ses essais démontre une volonté féroce de saisir le monde selon ses propres vues et de laisser son empreinte sur lui. Une entreprise aussi ambitieuse faisait singulièrement défaut dans les images traditionnelles de la féminité. On n'y retrouve ni la pudeur, ni l'esprit domestique, ni les préoccupations féminines traditionnelles. En tant qu'intellectuelle, Simone de Beauvoir se percevait comme un être humain avant de se définir comme femme.

Il y a quelque chose de profondément libérateur dans la découverte d'une confiance en soi et d'une ambition aussi illimitées chez une femme. Pourtant, beaucoup de féministes ont été gênées par l'apparente simplicité avec laquelle Beauvoir semble avoir échappé à la condition féminine. N'est-ce pas une autre manière d'embrasser les valeurs patriarcales ? N'aurait-elle pas dû mettre davantage en valeur les domaines traditionnellement réservés aux femmes ? Est-ce que le caractère exceptionnel de sa vie (pas de mari, pas d'enfants, aucune adresse fixe avant l'âge de cinquante ans) ne la disqualifie pas pour parler en tant que « femme » ? Ou, au contraire, a-t-elle péché pour n'avoir pas été assez exceptionnelle (n'était-elle pas trop soumise, trop traditionnelle dans sa relation avec Sartre) ? Et Angela Carter n'a-t-elle pas raison lorsqu'elle affirme que « l'un des projets les plus intéressants de la vie de Simone de Beauvoir a été la mythologisation de la vie de Sartre ? Ses volumes de mémoires sont entièrement

consacrés à ce projet » (*Simone de Beauvoir*, pp. 137-138). Les œuvres de Beauvoir ont été l'objet de débats aussi intenses parmi les féministes que parmi les lecteurs qui s'opposent à leur perspective politique. Mary Evans, par exemple, partant d'un point de vue féministe moderne, a proposé une critique détaillée (et certains diraient peu généreuse) de la politique de Simone de Beauvoir. Mais ces débats académiques et ces querelles de clocher risquent de masquer le fait le plus important : pratiquement dès le début de sa carrière, Simone de Beauvoir a été un écrivain immensément populaire. Plusieurs de ses romans et de ses essais sont devenus des best-sellers. Ils ont été traduits dans des dizaines de langue et sont constamment réimprimés. Pour une femme qui, adolescente, caressait le rêve de se faire aimer à travers ses livres, un succès populaire aussi durable a probablement été la plus grande des satisfactions.

Voir aussi 1788, 1816, 1945 (15 octobre), 1975.

Bibliographie : Simone de Beauvoir, *le Deuxième Sexe* (Paris, Gallimard, 1986) ; *l'Invitée* (Paris, Gallimard, 1943) ; *la Force de l'âge* (Paris, Gallimard, 1960) ; *la Force des choses*, 2 vol. (Paris, Gallimard, 1963). Lisa Appignanesi, *Simone de Beauvoir* (Hardmondsworth, Penguin, 1988). Mary Evans, *Simone de Beauvoir : A Feminist Mandarin* (Londres, Tavistock, 1985). Claude Francis, *les Écrits de Simone de Beauvoir : la vie, l'écriture* (Paris, Gallimard, 1979). Michèle Le Doeuf, *l'Étude et le rouet*, tome Ier (Paris, Seuil, 1989).

Toril Moi

1953

Le premier roman d'Alain Robbe-Grillet, *les Gommes*, inaugure une période d'expérimentation romanesque

Le nouveau roman

En 1953, les Éditions de Minuit publient *les Gommes*, d'Alain Robbe-Grillet. Au cours des années suivantes, elles font paraître *le Voyeur* (1955) et *la Jalousie* (1957), du même auteur ; *Passage de Milan* (1954), *l'Emploi du temps* (1956) et *la Modification* (1957), de Michel Butor ; *le Vent* (1957) et *l'Herbe* (1958), de Claude Simon, ainsi qu'une nouvelle édition de *Tropismes* (1939), de Nathalie Sarraute. Vers la fin des années 1950, il devient clair que ces romans constituent un corpus indépendant, une forme de fiction qui rejette les procédés narratifs du XIXe siècle et leurs avatars récents, récuse l'anthropocentrisme du roman existentialiste qui avait dominé la littérature de l'après-guerre et demeure insensible aux problèmes (sociopolitiques) de l'époque. Ils témoignent d'un intérêt inhabituel pour leurs propres procédés, encouragent les expérimentations et s'attachent à mettre en évidence une approche relativiste.

Quelques critiques ont vu dans ces innovations le résultat d'un examen approfondi de la nature du langage et de l'espace de la fiction, ces moyens auxquels nous recourons pour décrire le monde et nous exprimer, processus qui façonnent notre point de vue sur la réalité. Mais beaucoup ont condamné ce qu'ils considéraient être un formalisme excessif, les difficultés de lecture et un total manque d'humanité. Parallèlement, des textes théoriques et polémiques de Robbe-Grillet (avec les articles recueillis en 1963 dans *Pour un nouveau roman*) et Nathalie Sarraute (dans *l'Ère du*

soupçon, 1956) contribuaient à promouvoir ce qui devait s'appeler le nouveau roman. Quelques articles de fond, dont ceux de Roland Barthes, renforcèrent cette promotion, tandis que d'autres écrivains, dont plusieurs publiés par les Éditions de Minuit, venaient augmenter le catalogue des nouveaux romanciers : Robert Pinget – *Graal Flibuste* (1956), *Baga* (1958), *le Fiston* (1959), *l'Inquisitoire* (1962) ; Claude Mauriac – *le Dîner en ville* (1959) et *La marquise sortit à cinq heures* (1961) ; Claude Ollier – *la Mise en scène* (1959) et, du moins pendant quelque temps, Marguerite Duras – *le Square* (1955) et *Moderato Cantabile* (1958). Bien que l'expression de « nouveau roman » n'ait sans doute pas fait son apparition avant 1957 (sur la couverture de la revue *Critique*, comme titre d'un article de Maurice Nadeau), les œuvres auxquelles elle se réfère n'en constituent pas moins le phénomène littéraire le plus important des années 1950 et du début des années 1960 en France.

Plusieurs raisons peuvent expliquer l'apparente indifférence du nouveau roman à l'égard des intérêts et des idéaux qui constituent l'ordinaire de la vie humaine, ainsi que son attitude réflexive, sa mise en question de tout point de vue absolu et l'importance qu'il accorde aux recherches techniques. La Seconde Guerre mondiale avait porté un sérieux coup aux espoirs universalistes du credo humaniste. Il est possible également que le capitalisme de l'après-guerre ait suscité un intérêt aux choses plutôt qu'aux êtres. Cela dit, on se doit de prendre aussi en considération les talents et les objectifs de chacun de ces nouveaux romanciers. De même que doivent être pris en compte divers aspects du paysage culturel français. En philosophie, le courant phénoménologique avait écarté tout recours à un esprit absolu sous quelque forme que ce soit, soulignant au contraire l'influence réciproque du « moi » et du monde : ce que nous appelons réalité ne précède pas la conscience humaine, pas plus que ce que nous appelons conscience humaine ne précède la réalité. En science, les nouveaux modèles de l'univers avaient exclu l'idée d'un observateur qui adopterait sur le monde le point de vue de Dieu, sonnant ainsi la faillite de l'ambition positiviste de décrire le monde en soi. Les constructions théoriques étaient considérées comme des façons provisoires de rendre compte d'un ensemble de données, plutôt que comme des représentations exactes de ce qui est. L'incertitude remplaçait la certitude. La relativité devint le mot à la mode. En même temps que le prestige des sciences physiques, le développement des sciences sociales et le succès de nouveaux médiums et de nouvelles formes d'art (film, radio, télévision) engageaient la fiction « littéraire » à redéfinir son territoire. Elle devait renoncer à sa prééminence comme producteur de documents réalistes et de récits imaginaires. En revanche, elle pouvait légitimement aspirer à la possibilité d'examiner sa propre nature de fiction et retracer les processus de la conscience. Alors que, par ses accomplissements mêmes, la grande tradition réaliste du XIXe siècle et ses développements modernes avaient fini par épuiser la veine abondante des possibilités romanesques, d'autres écrivains (et d'autres artistes), en France et ailleurs, fournissaient l'exemple d'un art auto-exploratoire et adoptaient d'autres modes d'organisation, en harmonie avec les conceptions de l'expérience humaine propres au XXe siècle.

L'année de naissance du nouveau roman est aussi sujette à discussion. L'année 1953 est souvent évoquée. C'est en effet à la lumière des premières œuvres de Robbe-Grillet que devait être interprétée plus tard l'activité des nouveaux romanciers. D'autre part, *Martereau*, de Nathalie Sarraute, et *les Petits Chevaux de Tarquinia*, de Marguerite

Duras, parurent la même année que *les Gommes*. Néanmoins, *Mahu, ou le Matériau*, de Pinget, était sorti en 1952, la première édition de *Tropismes*, de Sarraute, datait de 1939 et, en 1948, dans la préface au *Portrait d'un inconnu* de la même Nathalie Sarraute, Sartre avait qualifié le livre d'antiroman, de roman qui essayait de miner de l'intérieur les formes et les formules consacrées du roman. D'ailleurs, la nouvelle forme de fiction ne recevra son nom « officiel » qu'en 1957, l'année où *la Modification* recevait le prix Renaudot, touchant ainsi le grand public.

Mais ce nom de nouveau roman lui-même est d'une justesse contestable. Plusieurs autres désignations avaient été proposées : celle d'« école de minuit », à cause du rôle joué par Jérôme Lindon et ses Éditions de Minuit dans la promotion du nouveau roman ; l'« école du regard », à cause de l'intérêt jugé excessif de ses tenants pour la perception visuelle et la description d'objets inanimés et apparemment insignifiants (*le Voyeur* est un titre révélateur et le « protagoniste » de *la Jalousie*, qui n'est jamais décrit, mais dont le regard hante le livre, est souvent appelé « l'œil ») ; l'« école du refus », parce que ces œuvres rejetaient la psychologie essentialiste, la chronologie linéaire, l'enchaînement mécaniste des causes et des effets, la notion d'un univers stable, cohérent, chargé de sens et déchiffrable sur laquelle reposait la fiction traditionnelle ; le « nouveau réalisme », parce que pour les nouveaux romanciers, à l'inverse des réalistes du XIXe, la réalité n'était pas donnée mais construite, simultanément découverte et inventée par nos perceptions et conceptions ; le « roman expérimental », parce que, dans leur théorie et par leur pratique, Robbe-Grillet, Butor, Sarraute, Simon, Claude Mauriac et Pinget soulignaient l'importance de l'expérimentation ; enfin, « l'antéroman », parce que les nouveaux romanciers semblaient plus intéressés à discuter de fiction qu'à en créer.

En fait, comme toute nouveauté, le nouveau roman est indissociable d'un contexte. Les romans de Robbe-Grillet, de Simon et de Sarraute étaient neufs par rapport au réalisme façon XIXe siècle, à la production existentialiste d'après-guerre de Beauvoir, de Camus et de Sartre et à des œuvres de construction traditionnelle comme celles d'Antoine Blondin, de Jacques Laurent, de Roger Nimier et de Françoise Sagan, si goûtées du public vers 1950 qu'elles amenèrent Maurice Nadeau à parler d'une renaissance du roman classique. Mais par rapport à l'œuvre de William Faulkner (dont on a souvent noté l'influence sur Claude Simon) ou de James Joyce, cette nouveauté devenait toute relative. En France même, au début du siècle, Marcel Proust et Raymond Roussel avaient abandonné les hypothèses et les procédés du XIXe siècle ; Gide avait exploré quelques-unes des frontières de la fiction dans *les Faux-Monnayeurs* (1925) ; Valéry s'était demandé comment un romancier pouvait écrire, avec le sérieux le plus total, des phrases aussi banales que « La marquise sortit à cinq heures » ; André Breton, dans ses manifestes surréalistes et dans *Nadja* (1928), avait violemment rejeté l'esthétique réaliste ; Louis-Ferdinand Céline avait remodelé la voix et le style romanesques dans *Voyage au bout de la nuit* (1932) et *Mort à crédit* (1936) ; *la Nausée*, de Sartre (1938), avait mis en relief les différences entre le récit et le vécu et tracé la voie d'une fiction fondée sur la phénoménologie ; *l'Étranger*, de Camus (1942), avait critiqué la faiblesse de certaines explications causales et sapé la notion d'intériorité psychologique ; en 1951, les Éditions de Minuit avaient publié *Molloy* et *Malone meurt*, de Samuel Beckett ; et dans les années 1930 et 1940 comme au début des années 1950, des écrivains tels que Raymond Queneau, Boris Vian, Georges Bataille, Maurice

Blanchot, Jean Cayrol, Louis-René des Forêts, Pierre Klossowski et Jean Paulhan avaient écarté les intrigues et les personnages conventionnels, demandant à la fiction la création de mondes nouveaux et l'invention d'autres langages. Plus généralement, on peut soutenir que l'adjectif « nouveau » est redondant quand il modifie le mot « roman » (ce que son équivalent anglais, *novel*, fait plus que suggérer). Le roman traditionnellement considéré comme le premier du genre – *Don Quichotte*, de Cervantes (1605-1615) – est aussi et paradoxalement le premier antiroman ; en 1633 déjà, Charles Sorel avait appelé antiroman *le Berger extravagant* dans lequel il raillait les lieux communs de la fiction pastorale ; et les nouveaux romanciers eux-mêmes prirent la peine de réaffirmer que les bons écrivains sont toujours des innovateurs par rapport à leur époque.

Finalement, il est loin d'être évident que l'expression « nouveau roman » renvoie à une production homogène ou que la pratique des nouveaux romanciers présente suffisamment d'éléments communs pour qu'ils soient présentés comme un groupe cohérent. Au contraire des surréalistes, par exemple, ils n'ont pas rédigé ou signé de manifeste en commun et ne se sont pas présentés comme membres d'une école ou d'un mouvement. Ils ont même protesté contre leur constitution en groupe. Et il est vrai que la différence a toujours été frappante entre l'intérêt de Robbe-Grillet pour la surface des choses et la préoccupation de Sarraute pour les profondeurs psychologiques, entre la verve comique et les jeux linguistiques de Pinget et le lyrisme baroque de Simon.

Pourtant, indépendamment de la commodité pédagogique ou d'une irrépressible pulsion classificatrice, il y a plusieurs raisons de rassembler ces écrivains sous une même étiquette. Les nouveaux romanciers ont tous récusé les techniques de la fiction balzacienne, leurs implications métaphysiques, la sécurité intellectuelle qu'elles flattaient, les stéréotypes esthétiques qu'elles encourageaient. Ils ont insisté sur le relativisme, l'incertitude, l'imprévisibilité. Ils ont montré peu d'intérêt pour la « vraisemblance » de mondes modelés sur des visions éculées de la réalité. Ils ont rejeté ou mis en question les supports romanesques traditionnels que sont personnages et intrigues. Sarraute, par exemple, traque les mouvements psychologiques les plus subtils, les plus évanescents, sans les situer dans des êtres bien définis. Robbe-Grillet, dans *la Jalousie*, et Claude Simon, dans *la Route des Flandres* (1960), rendent difficile sinon impossible la distinction temps « réel » et temps personnel, l'identification d'un début, d'un milieu et d'une fin, l'extraction d'un scénario soutenu. En outre, les nouveaux romanciers se sont référés à des précurseurs communs et ont invoqué la même tradition (ou antitradition) : Flaubert, Roussel, Joyce et Kafka, Faulkner et Woolf. Par-dessus tout, peut-être, ils se sont consacrés à l'exploration et à l'élargissement du territoire de la fiction. Par exemple, Pinget, dans *Mahu, ou le matériau*, étudie les éléments dont sont composés les romans. Butor, dans *l'Emploi du temps*, analyse et exploite les rapports entre le temps du raconté et celui du racontant. Dans *la Modification*, il explore les dimensions du récit à la deuxième personne. Dans *les Gommes*, *le Voyeur* et *la Jalousie*, Robbe-Grillet transforme la nature et la fonction de la description à travers un langage débarrassé de tout anthropomorphisme.

Cet enthousiasme pour l'expérimentation explique en partie l'hétérogénéité de leur production. Emportés par leur recherche, les nouveaux romanciers ne diffèrent pas seulement entre eux, ils diffèrent aussi d'eux-mêmes : *les Gommes* et *Dans le labyrinthe*, de Robbe-Grillet, ne se ressemblent pas plus que *Passage de Milan* et *Degrés*, de Butor. Ce qui permet de comprendre pourquoi même des critiques, ouverts aux tentatives d'avant-garde et conscients de leur diversité et de leur spécificité, n'ont pas renoncé à l'appellation de nouveau roman. S'il est vrai que les écrivains de cette mouvance ont eu des précurseurs, il est tout aussi vrai que leurs œuvres ont systématisé et parachevé plusieurs des accomplissements de ces derniers, contribuant à libérer le roman des schémas et des impératifs de la fiction traditionnelle. Le nouveau roman privilégie les réalités de la représentation plutôt que la représentation des réalités, ou, selon un mot de Jean Ricardou, il s'intéresse davantage aux aventures de l'écriture qu'à l'écriture des aventures. Bien qu'il ne soit pas issu d'une école ou d'un mouvement, il a certainement marqué une époque de la fiction française du XXe siècle : c'est au cours des années 1950 que sont apparus sur la scène littéraire plusieurs écrivains publiés par les Éditions de Minuit et que beaucoup de lecteurs ont perçu, sans doute confusément, l'importance de leur production et son indéniable – bien que relative – nouveauté.

Vers le milieu des années 1960, le nouveau roman a commencé à perdre sa situation privilégiée. Non pas que ses représentants aient changé d'orientation ou cessé d'avoir du talent. Bien que Robbe-Grillet se soit mis à montrer plus d'intérêt pour le cinéma que pour l'écriture, et que, après *Degrés*, Butor se soit lancé dans la composition de textes difficilement qualifiables de roman, titre auquel ils ne prétendent d'ailleurs pas – *Mobile* (1962) et *6 810 000 litres d'eau par seconde* (1965) –, on note une remarquable continuité chez Nathalie Sarraute, de *Tropismes* ou *le Planétarium* (1959) à *Entre la vie et la mort* (1972) et *« Disent les imbéciles »* (1978) ; de même, dans *le Libera* (1968), *Passacaille* (1969) ou *l'Apocryphe* (1980), Pinget a poursuivi ses études sur la voix narrative et les éléments constitutifs de la fiction ; et Claude Simon, lauréat d'un prix Nobel bien mérité en 1985, a approfondi son exploration des liens entre histoire et fiction, mémoire et désir, réalité et représentation dans des œuvres comme *la Bataille de Pharsale* (1969) et *les Géorgiques* (1981). Il semble plutôt que ce soit le succès même des nouveaux romanciers qui a rendu leur production plus familière et donc, peut-être, moins provocante. Par ailleurs, une nouvelle génération d'écrivains d'avant-garde, étroitement associés à la revue *Tel Quel*, radicalisera encore davantage les pratiques du nouveau roman. Alors que Robbe-Grillet, Simon et Butor s'étaient intéressés aux facteurs présidant à l'écriture de la fiction et à la construction d'un espace fictionnel, Philippe Sollers, Jean-Pierre Faye et Jean Thibaudeau se concentreront sur ceux qui président à l'écriture en tant que telle et à l'élaboration d'un espace textuel. Vers la fin des années 1960, les éditions du Seuil, qui publient leurs œuvres, ont remplacé les Éditions de Minuit dans le rôle de premier pourvoyeur de textes d'avant-garde, et le roman « tel queliste », ou « nouveau nouveau roman », annoncé malicieusement par Robbe-Grillet lui-même dans l'un de ses essais critiques, a détrôné le nouveau roman.

Les apports du nouveau roman ont été substantiels. En une décennie, ses écrivains ont enrichi la littérature française de plus de deux douzaines de textes remarquables par la manière dont ils redéfinissent le domaine romanesque, la lumière qu'ils projettent sur l'activité de l'écrivain et le regard neuf porté sur le monde. Ils ont obligé leurs lecteurs à réapprendre à lire et leur ont permis de relire autrement des écrivains antérieurs (y compris Balzac et les romanciers réalistes). Ils ont contribué à rajeunir la théorie de la fiction (au point qu'on a parfois fini par les considérer comme des romanciers pour professeurs et pour critiques). Finalement, ils ont aidé à libérer leurs successeurs de convictions, de règles et de normes limitatrices et ont modifié de façon décisive les possibilités de l'écriture fictionnelle.

Voir aussi 1925 (novembre), 1933 (novembre), 1966, 1989.

Bibliographie : Un nouveau roman ? : recherches et tradition : la critique étrangère, éd. J. H. Matthews (Paris, Minard, 1964). *Les Critiques de notre temps et le nouveau roman*, éd. Réal Ouellet (Paris, Garnier, 1972). Roland Barthes, « Littérature objective », *Critique*, n° 10 (juillet-août 1954), pp. 581-591. Stephen Heath, *The Nouveau Roman : A Study in the Practice of Writing* (Londres, Elek, 1972). Maurice Nadeau, *le Roman français depuis la guerre* (Paris, Passeur, 1992). Jean Ricardou, *Pour une théorie du nouveau roman* (Paris, Seuil, 1971). Jean Ricardou et Françoise Van Rossum-Guyon, *Nouveau Roman : hier aujourd'hui* (Paris, U.G.E., 1972).

Gerald Prince

1954, janvier

Les *Cahiers du cinéma* publient le manifeste de François Truffaut

De certaines tendances du cinéma français

L'ennui mortel qui écrasait la vie culturelle de la quatrième République a été rompu avec fracas par la publication en janvier 1954, dans le numéro 31 des *Cahiers du cinéma*, du premier grand article signé François Truffaut, « Une certaine tendance du cinéma français » : un inconnu montait à l'assaut de la vieille garde. Cinq ans plus tard, *les Quatre Cents Coups* du même Truffaut allaient donner le coup d'envoi à la « nouvelle vague », vague dont l'audace et le ton personnel devaient balayer le pesant « cinéma de qualité » traditionnel, lançant le plus important mouvement de l'histoire du cinéma depuis le néo-réalisme italien. L'article de Truffaut a été la première bombe posée dans cette lutte pour le pouvoir au sein du cinéma français. Son ton au vitriol, même adouci par les prudents rédacteurs en chef, André Bazin et Jacques Doniol-Valcroze, a provoqué des cris d'indignation, voire de douleur, dans l'establishment cinématographique. Depuis leur création en 1951, l'hostilité des *Cahiers* à l'égard du cinéma en place n'avait fait que croître ; elle n'avait jamais donné dans la violence directe d'« Une certaine tendance ». Il ne s'agissait plus d'obtenir des changements en formulant poliment des critiques. Cette bombe voulait blesser.

Le plus paradoxal venait de ce que les *Cahiers* engageaient leur combat sous la bannière de la « littérature », pourtant considérée comme le point fort de l'establishment. Truffaut soutenait que, si les metteurs en scène et les scénaristes qui contrôlaient l'industrie cinématographique française trahissaient le cinéma, c'était d'abord parce qu'ils trahissaient la tradition littéraire dont ils se prétendaient les héritiers. Le cinéma de qualité des années de l'après-guerre prospérait à coup d'adaptations de Zola, de Stendhal, de Balzac, de Flaubert, de Gide, de Radiguet ou de Colette et, lorsqu'il ne s'agissait pas d'une adaptation, on voulait des dialogues, des décors, des costumes et un jeu représentatifs de ce que le public considérait comme le bon goût littéraire. Mais, pour les rédacteurs des *Cahiers du Cinéma*, la conception de la littérature impliquée dans cette idée de qualité était naïve, servile et d'une pauvreté désastreuse aussi bien pour le septième art que pour la culture. « Je ne conçois d'adaptation valable qu'écrite par un homme de cinéma. [Jean] Aurenche et [Pierre] Bost sont essentiellement des littérateurs et je leur reprocherai ici de mépriser le cinéma en le sous-estimant. Ils se comportent vis-à-vis du scénario comme l'on cherche à rééduquer un délinquant en lui trouvant du travail » (« Une certaine tendance du cinéma français », p. 20).

Truffaut avait beau jeu de ridiculiser ce qu'il y avait de prétentieux dans cette manière de se réclamer d'une qualité devenue l'indicatif publicitaire d'une campagne destinée à soutenir la production nationale – voitures, parfums et haute couture compris. Il avait beau jeu d'exposer la vénalité de leurs prétendues adaptations. Est-il pensable que Gide et Stendhal se ressemblent autant que le laisseraient penser *la Symphonie pastorale* de Jean Delannoy (1946) et *le Rouge et le Noir* de Claude Autant-Lara (1954) ? Entre ces romans et leur adaptation cinématographique quelque chose s'était passé qui les ravalait au niveau d'un artisanat filmique sans génie. Selon Truffaut, la faute incombait au verbiage des scénaristes (comme Aurenche et Bost) et à l'affairisme de metteurs en scène non inspirés.

De nos jours, nous ne formulerions plus le problème de la même manière. Truffaut reprochait à cette « tendance », comme il disait, son écriture exsangue et stéréotypée, une écriture cinématographique triste et sans vie qui, livre après livre, transposait la littérature en autant de films bien faits. Il réclamait une écriture filmique à part entière. L'institution cinématographique, convaincue d'avoir pris la suite de l'institution littéraire, n'en avait pas moins totalement négligé le processus et la dynamique de l'écriture elle-même. Contre elle, Truffaut se réclamait de metteurs en scène comme Jacques Becker, Robert Bresson, Jean Cocteau, Jacques Tati, et par-dessus tout, Jean Renoir, pour qui l'acte cinématographique constituait matériellement un geste d'écriture. L'écriture filmique est la seule chose qui pouvait donner vie à une entreprise aussi contestable que l'adaptation d'une œuvre littéraire. C'était, selon Truffaut, ce que Bresson avait fait avec le *Journal d'un curé de campagne* (1950), de Bernanos, film dont la rigueur stylistique avait fait écrire à André Bazin : « De l'œuvre au second degré qui en procède il est presque insuffisant de la dire par essence "fidèle" à l'original, puisque d'abord elle *est* le roman. Mais surtout elle est effectivement, non point sans doute "mieux" (un tel jugement n'aurait pas de sens) mais "plus" que le livre. Le plaisir esthétique qu'on peut éprouver au film de Bresson [...] contient tout ce que le roman pouvait offrir et, par surcroît, sa réfraction dans le cinéma » (*Qu'est-ce que le cinéma ?*, p. 127). Est-il besoin de dire que Truffaut était également sensible aux gestes purement cinématographiques, comme la démarche de M. Hulot dans les comédies de Tati ou les merveilleux truquages qui conduisent aux enfers l'Orphée de Cocteau.

La distinction entre écriture et littérature avait déjà été faite non seulement par Sartre dans *Qu'est-ce que la littérature ?* (1947) et Roland Barthes, dans *le Degré zéro de l'écriture* (1953), mais aussi par Alexandre Astruc, un jeune metteur en scène, ami de Sartre et animateur du mouvement des ciné-clubs dont les *Cahiers du cinéma* allaient sortir. Avec *la Naissance d'une nouvelle avant-garde : la caméra-stylo* (1948), Astruc est l'auteur de ce qu'on peut considérer comme la première défense du cinéma moderne. Contre les metteurs en scène qui filment sans broncher ces blocs de dialogues tout faits qu'on appelle des scripts, il demande aux jeunes créateurs d'utiliser la caméra comme un stylo dont la souplesse permet l'expression des sentiments les plus nuancés et des idées les plus variées – une souplesse, aurait ajouté Truffaut, qui répond à toute la gamme de styles littéraires, si c'est d'adaptation qu'il s'agit. Dix ans avant la nouvelle vague, Astruc écrivait : « Entre le cinéma pur des années 1920 et le théâtre filmé, il y a tout de même la place d'un cinéma qui dégage. Ce qui implique, bien entendu, que le scénariste fasse lui-même ses films. Mieux, qu'il n'y ait plus de scénaristes, car dans un tel cinéma cette distinction de l'auteur et du réalisateur n'a plus aucun sens. La mise en scène n'est plus un moyen d'illustrer ou de présenter une scène, mais une véritable écriture » (*la Naissance d'une nouvelle avant-garde*). La littérature peut bien rester un modèle pour le cinéma, mais à condition que l'on considère ce dernier comme un processus (d'écriture) et non comme une institution (un ensemble de chefs-d'œuvre).

Cette définition n'en reste pas moins dans la ligne d'une longue tradition française. Alors que, dans la plupart des autres pays, le cinéma d'avant-garde avait cherché à se constituer une zone propre, à l'abri du paternalisme de la culture littéraire, Astruc et Truffaut, en mesurant la santé du cinéma à l'aune de valeurs littéraires, suivaient une voie ouverte par Louis Delluc, Jean Epstein, Abel Gance, et le ciné-club des années 1920. Vers 1930, le cinéma s'était fait accepter comme une forme artistique à part entière par le monde intellectuel. Les surréalistes y voyaient une arme contre les formes standardisées de la littérature et de la culture. René Clair commencera sous le signe de dada (*Entr'acte*, 1924), militant pour un « cinéma pur », tout en mouvements et en rythmes, émancipé du langage articulé. Ce qui n'empêchera pas René Clair de siéger, à partir de 1960, à l'Académie française. Marcel Pagnol, son principal opposant lorsque le cinéma est devenu parlant, fut lui aussi élu à l'Académie après une carrière de dramaturge et de metteur en scène distingué. Le succès de ses adaptations des romans de Giono – *Angèle* (1934 ; d'après *Un de Baumugnes*, 1929), *Regain* (1934 ; d'après le roman homonyme paru en 1930) et *la Femme du boulanger* (1938 ; d'après *Jean le Bleu*, 1932) – prouvent l'attrait du cinéma littéraire à l'époque du Front populaire, un attrait qu'André Gide, Roger Martin du Gard, Antoine de Saint-Exupéry, André Malraux et Colette tentèrent d'exploiter. Gaston Gallimard, qui avait commandé à Jean Renoir, en 1934, une adaptation de *Madame Bovary*, alla jusqu'à créer SYNOPS, une succursale de sa maison d'édition explicitement consacrée aux adaptations cinématographiques des livres de ses auteurs.

Cette reconnaissance culturelle croissante n'est pas restée sans effets sur les intellectuels. Malraux tourna lui-même, en 1938, en pleine guerre d'Espagne, *Sierra de Teruel*, une adaptation de *l'Espoir* (1937) qu'il venait juste de publier. Deux années plus tard, il écrira *Esquisse d'une psychologie du cinéma* (1946), étude théorique parmi les plus substantielles consacrées à cet art. Plus tard, à l'époque de la libération, Gide collabora officieusement à l'adaptation de *la Symphonie pastorale*, et Sartre, auteur d'un scénario, *Les jeux sont faits* (1947), à celle de ses pièces. Telle était l'atmosphère qui régnait quand les *Cahiers du cinéma* furent fondés, justifiant que les collaborateurs des *Cahiers* aient voulu remplacer la référence à la sacro-sainte qualité par ce qu'ils appelaient une politique d'auteur. Le statut d'auteur garantissait un prestige culturel décisif ; à cette époque le cinéma faisait valoir qu'il y avait droit.

Alors qu'en littérature l'auteur était une valeur reconnue depuis longtemps, plus d'un demi-siècle après sa naissance, le cinéma devait encore se battre pour qu'on lui reconnaisse le droit de revendiquer ce concept. La France fut la première à le reconnaître et avec le plus d'enthousiasme : dès 1930, elle essayait d'étendre la législation des droits d'auteur aux créateurs de films artistiques ; et, depuis 1934, les tribunaux français considèrent le cinéma comme un média artistique dont le statut est similaire à celui de la littérature.

En 1954, la notion d'auteur est associée aux valeurs d'authenticité, concept sacré de l'éthique existentialiste d'après-guerre. Elle évoque l'originalité. C'est elle qui constitue le premier critère en fonction duquel Truffaut porte ses jugements sur les metteurs en scène de l'époque, avant même de se demander s'il faut partir de mots ou d'images pour construire des histoires. Si Truffaut refusait de considérer Aurenche et Bost comme des auteurs, et bien qu'ils eussent l'un et l'autre des carrières littéraires en dehors du cinéma, c'est parce que leurs adaptations étaient totalement dépourvues d'authenticité. Bradant le cinéma, ils renonçaient à leurs droits et à leur héritage.

Dans les pages des revues qui avaient lancé Truffaut, les *Cahiers du cinéma* et *Arts*, Jean-Luc Godard fit bientôt campagne pour un cinéma qui aurait le courage de représenter les valeurs de son époque, responsabilité dont il considérait que la littérature contemporaine s'était déchargée. Il semble que « la crise de la littérature contemporaine fasse, depuis vingt-cinq ans, répondre le cinéma d'erreurs qui n'appartiennent qu'à celle-ci. Notre époque écrit donc bien mal qu'elle s'émerveille de discours si châtiés, ceux du ciné américain (la sobre élégance, l'exécution aisée en décourage souvent les louanges) [...] Oublie-t-on que cette facilité n'est pas d'aujourd'hui, que l'aisance des cinéastes d'outre-Atlantique trouva autrefois son écho en notre aimable et malheureux dix-huitième siècle » ? (« Défense et illustration du découpage classique », pp. 28-29).

Godard, comme Truffaut, reprochait aux poids lourds du cinéma de qualité d'avoir ignoré les leçons d'Hollywood ; d'avoir préféré à la justesse et à la spontanéité propres au cinéma, une « intelligence » amidonnée dont ils clamaient qu'elle était littéraire. Lecteur insatiable, Godard pensait que l'art authentique est le fait d'auteurs qui ne s'inscrivent dans la grande tradition que parce qu'ils commencent par oublier la dite tradition et inventent le présent avec les moyens qui sont à leur disposition. « Dites-moi si le destin du cinéma moderne ne se pose pas dans les mêmes termes qu'il se posa aux partisans attardés du romantisme. Oui, sur des pensers nouveaux, faisons des vers antiques » (*ibid.*, p. 31). Lorsque Godard passera derrière la caméra, il écrira lui-même ses scénarios et ses dialogues (souvent sur le lieu de tournage). Il revendiquait la tradition littéraire à une époque où le cinéma avait pris la place de la littérature comme mode authentique d'écriture et de représentation. Son premier long métrage, *À bout de souffle* (1960), contient de nombreuses allusions désinvoltes à William Faulkner, à Rainer Maria Rilke et à Dylan Thomas, des gros plans de livres et des passages entiers d'Aragon et d'Apollinaire chuchotés en voix off. Tout au long de la trajectoire sinueuse de ses films, ce genre d'hommage irrévérencieux au monde des livres est resté signe caractéristique.

Il y a chez Godard une ambivalence à l'égard de la tradition et de la littérature qui témoigne de son anxiété devant la distinction entre l'« authentique » et le « spécieux ». Cette même anxiété perçait déjà chez Truffaut lorsque, dans son article de 1954, il hésitait à se prononcer sur Jacques Prévert, le scénariste français le plus apprécié à l'époque. Prévert avait arrêté de travailler pour le cinéma avant 1950, mais c'est à propos des films qu'il avait écrits pour Marcel Carné que la référence à la qualité était toujours invoquée. Le caractère littéraire de ses dialogues était manifeste, comme le symbolisme de ses intrigues algébriques. Pourtant Prévert n'adaptait pas de romans. Il était l'invention en personne. Cet ancien surréaliste avait commencé par faire des vers sans en avoir l'air, avant de s'adonner à des improvisations théâtrales, sacrilèges et salaces. Truffaut n'avait rien à redire à cette manière de traiter cinéma et littérature sur un pied d'égalité, bien que dans le cas de Prévert elle partît d'un anarchisme rebelle à la sacralisation des classiques. Lorsque, à la suite de l'échec du Front populaire, il s'immergea dans le réalisme poétique du monde de *Quai des brumes* (1937) et des *Enfants du paradis* (1944), peuplé par Arletty, Michèle Morgan, Pierre Brasseur et Jean Gabin, s'agissait-il d'une authentique conversion au cinéma ou seulement de facilité et de désinvolture ? Truffaut ne tranchait pas. L'authenticité était un critère trop mince.

Les doutes de Truffaut n'étaient peut-être pas entièrement étrangers à l'anarchisme anticlérical de Prévert. Aurenche, qui avait aussi commencé dans le sillage du surréalisme, faisait étalage d'« idées avancées », comme les appelait Truffaut. Présomption mise à part, ces idées faisaient du cinéma une tribune pour les prises de position de gauche. Dans son article de 1954, il ne cachait pas le caractère potentiellement réactionnaire de la révolution des *Cahiers*. Les factions rivales de l'époque les accusèrent même d'être au service de la droite culturelle, leur reprochant leur adulation pour des metteurs en scène américains, Nicholas Ray en particulier, et ce en pleine guerre froide. Plus tard, des cinéastes de la nouvelle vague (en particulier Claude Chabrol, Eric Rohmer et Truffaut) allaient être pris à partie pour avoir ressuscité un cinéma fondé sur la conscience personnelle et le salut individuel au sein d'un monde mystérieux et incompréhensible, alors que la critique de gauche unanime louait le cinéma de qualité pour l'arrière-plan social de ses drames, sa quête de solutions sociales ou, plus simplement, sa condamnation de la société.

Quelle qu'ait été la politique des critiques et des cinéastes des *Cahiers*, ils développaient une conception de l'art cinématographique et du monde moderne dont avait besoin ce milieu des années 1950. Ils croyaient au futur du cinéma, mais ils se refusaient à le définir à l'avance. Ils étaient tout sauf les propagandistes d'un cinéma aux idées bien arrêtées – précisément ce à quoi ils trouvaient le plus à redire dans l'autosatisfaction du cinéma de qualité. Sartre leur avait communiqué, comme à l'époque entière d'ailleurs, le sentiment du risque associé à la création culturelle, risque comme unique source de légitimation d'un acte d'expression. Pour les critiques et les cinéastes des *Cahiers*, ce risque définissait une éthique de l'écriture. C'est ce qui donne la mesure de leur modernité ; c'est aussi la raison qui autorise à dire qu'ils ont rendu possible le cinéma moderne, indépendamment du type de films qu'allait produire la nouvelle vague.

La confirmation la plus éclatante du bien-fondé de la position prise par Truffaut dans son article de 1954 se trouve sans doute dans l'apparition d'un groupe parallèle dont la conception et la pratique de l'écriture filmique allaient établir un lien avec l'ensemble des tendances novatrices de la culture française au cours des années 1960 et 1970. Le groupe Rive gauche, constitué de Chris Marker, Agnès Varda, et surtout d'Alain Resnais, sera soutenu par les *Cahiers*, bien que ses membres n'aient jamais écrit pour ce journal ni ne se soient engagés dans des polémiques explicites contre l'establishment. Ils se firent une place dans la culture cinématographique avec quelques documentaires au pouvoir obsédant (et couverts de prix), beaucoup d'entre eux attirant l'attention par le caractère très littéraire du texte qui les accompagne. Resnais s'intéressa à la mystique des livres, dans un court reportage sur la Bibliothèque nationale (*Toute la mémoire du monde*, 1957). Il utilisa un poème de Paul Eluard pour *Guernica* (1950) et, pour *le Chant du styrène* (1957), il demanda à Raymond Queneau de composer une ode, en alexandrins, à la gloire de la polymérisation de la résine plastique. Dans *Nuit et Brouillard* (1956), chef-d'œuvre troublant sur les camps de concentration nazis, Resnais tressait les mouvements éthérés de sa caméra dans les phrases incantatoires d'un récit du romancier Jean Cayrol, atteignant un espace transpersonnel et presque métaphysique. Plus tard, lorsqu'il se tourna vers la fiction, Resnais entreprit une remise en question radicale de la fonction du personnage, dans la lignée de l'esthétique des nouveaux romanciers, Marguerite Duras, Alain Robbe-Grillet et Nathalie Sarraute, qui au même moment partaient en guerre contre les pantins de cire de la fiction du XIXe. Resnais et le groupe Rive gauche contribuèrent de cette manière à la victoire des *Cahiers* sur le réalisme conventionnel d'un cinéma dit de qualité qui, depuis la Seconde Guerre mondiale, n'était arrivé à produire, en fait de psychologie, que des humanoïdes aux motivations solides placés dans des situations dramatiques d'emprunt.

Parce que Resnais était proche de l'avant-garde littéraire de l'époque, ses questions esthétiques furent plus durables que celles des *Cahiers*. Son *Hiroshima mon amour* (1959), à partir d'un scénario de Marguerite Duras, modifiait le traitement du temps, de l'espace, du dialogue et des personnages de manière plus radicale que les premiers chefs-d'œuvre de la nouvelle vague, *les Quatre Cents Coups* et *À bout de souffle*. Son film suivant, l'énigmatique *l'Année dernière à Marienbad* (1961), fut tourné en collaboration avec Robbe-Grillet, au sommet de sa gloire de chef d'école. Sa manière de jouer avec les états de conscience, le temps, l'identité des personnages et les propriétés formelles de l'image et du langage restent sans équivalent dans l'histoire du cinéma français.

Alors que les metteurs en scène de la nouvelle vague, Rohmer et Godard en particulier, assumaient eux-mêmes la responsabilité de leurs scénarios et se considéraient comme des auteurs-à-la-caméra, du type annoncé par Astruc, le travail de Resnais était plus complexe. Il tenait à laisser aux thèmes littéraires et aux dialogues écrits par Duras et Robbe-Grillet à son intention leur caractère spécifique, hétérogène, de manière à ce qu'ils interviennent, dans leur « littérarité », comme un élément parmi d'autres, dans l'ensemble des composantes qui constituent la forme du documentaire lyrique, développée à l'occasion de ses courts métrages. Le caractère hybride du travail de Resnais fut particulièrement fécond, cultivant des effets à cheval entre le littéraire et le cinéma purs.

La question de l'inspiration littéraire boucle son cercle quand, dans les années 1960, Robbe-Grillet et Duras, mettant à profit leur expérience avec Resnais, commencèrent à réaliser eux-mêmes leurs propres films, combinant écriture et tournage dans ce qu'on ne peut qu'appeler une expérience d'écriture en expansion. *Trans-Europ-Express*, de Robbe-Grillet (1966), montre le metteur en scène travaillant à un roman policier dans un train. L'histoire qu'il invente finit par englober son propre voyage.

L'entrelacement du roman et du film est adroitement mené pour produire diverses surprises. Dans *l'Eden et après* (1971), Robbe-Grillet expérimente les séries en fragmentant une douzaine d'épisodes pour en extraire des éléments simples qu'il dispose ensuite selon une séquence déterminée par un algorithme abstrait.

Duras a été encore plus productive, et son influence beaucoup plus profonde. Après avoir servi de conseillère pour des metteurs en scène comme Peter Brook et Jules Dassin afin d'adapter ses romans, Duras passa derrière la caméra avec *Détruire, dit-elle* (1969). Les situations et les personnages de ses romans commencèrent alors à passer dans ses films. *La Femme du Gange* (1974), qui combine des personnages de plusieurs romans antérieurs, servira à son tour de base pour une pièce de théâtre, qui elle-même suscitera un autre film, son plus fameux, *India Song* (1975). La fascinante bande sonore d'*India Song* engendrera un autre film. Et ainsi de suite.

Duras et Robbe-Grillet ne sont pas les seuls à avoir profité de l'apparition d'une sophistication critique. C'est à elle que l'on doit aussi la création, sous la bannière du structuralisme et de la sémiologie, d'unités d'études cinématographiques dans les universités. Le fait que Duras soit devenue, grâce au cinéma, une figure clé de la culture française nous permet de mesurer la distance parcourue depuis 1954. Avec elle, cinéma, littérature et écrits critiques se rejoignent, dans une aventure culturelle en pleine expansion que Truffaut n'aurait sans doute ni imaginée ni acceptée, mais que son essai n'en a pas moins contribué à amorcer.

Bibliographie : Cahiers du cinéma, tome II et IV (Paris, Éditions de l'Étoile, 1988-1989). Dudley Andrew, *André Bazin* (New York, Oxford University Press, 1978). Alexandre Astruc, *la Naissance d'une nouvelle avant-garde : la caméro-stylo*, in *Écran français*, n° 144 (30 mars 1948). Antoine de Baecque, *les « Cahiers du cinéma » : histoire d'une revue*, 2 vol. (Paris, Cahiers du cinéma, 1991). André Bazin, « le *Journal d'un curé de campagne* et la stylistique de Robert Bresson », in *Qu'est-ce que le cinéma ?* (Paris, Éditions du Cerf, 1985). Jean-Luc Godard, « Défense et illustration du découpage classique », *Cahiers du cinéma*, n° 15 (sept. 1952) ; *Godard par Godard : les années « Cahiers »* (Paris, Flammarion, 1989). François Truffaut, « Une certaine tendance du cinéma français », *Cahiers du cinéma*, n° 31 (janvier 1952).

Dudley Andrew

1959, 9 janvier

Le président Charles de Gaulle confie à André Malraux le ministère des Affaires culturelles

Le ministère du destin

Aux yeux de Malraux, l'héritage le plus important de son activité comme ministre des Affaires culturelles de De Gaulle devait être le réseau de maisons de la culture qu'il institua de Caen à Thonon-les-Bains, de Rennes à Firminy, de Saint-Étienne à Ménilmontant, d'Amiens à Grenoble... « Pour le prix de vingt-cinq kilomètres d'autoroute », avait-il conclu le 27 octobre 1966, devant la Chambre des députés, « la France [pourra], dans les dix années qui viendront, redevenir, grâce aux maisons de la culture, le premier pays culturel du monde » (*André Malraux, une vie dans le siècle*, p. 386).

Cette décentralisation autoritaire de la culture française, cette volonté de la rendre accessible à un public populaire « afin de faire pour la culture ce que Jules Ferry a fait pour l'éducation », constituent avec le ravalement et l'inventaire des plus beaux immeubles de Paris le double héritage par lequel le ministère de Malraux reste dans les mémoires.

Cependant cet héritage devait connaître des prolongements inattendus, au cours des premières années 1970, lorsque deux projets furent entrepris – le premier lancé sous le règne de Malraux, le second en émanant indirectement. Tous les deux allaient à l'encontre de la politique qui avait été la sienne en tant que ministre, mais en constituaient d'une certaine manière sa conclusion logique. Il s'agit de la démolition des pavillons en fer forgé et en verre que Baltard avait construits pour les Halles et de la construction d'un grand complexe culturel au cœur de Paris, le Centre Georges-Pompidou. Ces projets apportaient à la politique culturelle de Malraux un démenti, parfaite illustration cependant des contradictions internes de cette même politique. Car le Malraux d'après-guerre était à la fois populiste et théocrate. « Ce qui m'importe plus que tout c'est l'art, avait-il dit. Je suis en art comme on est en religion » (*ibid.*, p. 363). Et quand, reçu au Metropolitan Museum au cours d'une visite officielle aux États-Unis, on lui demanda s'il était d'accord avec ceux qui considéraient que les gares étaient les cathédrales de l'Amérique, il avait répondu : « Non, ses cathédrales, ce sont ses musées » (*ibid.*, p. 361).

Mais, s'il est possible de soutenir que la politique culturelle de Malraux atteint son apogée après la fin de son ministère, l'origine de ses idées concernant la culture le précède de plusieurs décennies. Lui-même datait « 1935-1951 » *les Voix du silence*, l'œuvre qui unifie les divers fils de son plaidoyer en faveur du musée imaginaire. Cette période de seize années, au cours de laquelle il ne cessera de revenir sur la notion d'un destin humain énoncé par le chœur composite mais muet de l'art mondial, est aussi celle d'événements internationaux qui devaient entraîner Malraux dans une sphère d'action très différente. En 1936 et 1937, pendant la guerre civile espagnole, Malraux commandait une escadrille aérienne des forces républicaines. Il dut donc attendre 1938 pour pouvoir reprendre son projet (conçu à l'origine comme une « psychologie de l'art ») et publier une série de brefs extraits de l'étude en cours dans la revue d'art *Verve*. Mais les années 1938-1939 furent occupées par le tournage du film inspiré de *l'Espoir* (1937) et ce n'est qu'après la défaite de la France, en juin 1940, que Malraux, alors en zone libre, se remit à écrire. Vers la fin de 1942, ayant repris les armes dans la Résistance, il n'en continua pas moins à travailler à sa psychologie de l'art. *Le Musée imaginaire* fut publié en 1947, avant d'être repris en 1951 dans *les Voix du silence*.

Cette idée du « musée imaginaire » préoccupait Malraux depuis plusieurs décennies. Elle était née de la fusion de trois sources, toutes germaniques – Heinrich Wölfflin, Daniel-Henry Kahnweiler et Walter Benjamin –, auxquelles le mode de synthétisation de Malraux devait donner un tour spécifiquement français. Le premier est l'historien de l'art dont les *Principes fondamentaux de l'histoire de l'art* (1915) avaient à la fois créé cette discipline et imaginé pour elle la possibilité de se présenter comme une histoire sans héros ou sans chefs-d'œuvre, une histoire de l'art, pour reprendre son expression, « sans noms propres ». Kahnweiler, le marchand de tableaux de Picasso, était l'auteur de *la Montée du cubisme* (1920), première étude à donner la mesure de la cohérence interne qui faisait du cubisme un style révolutionnaire. Quant à Benjamin, son essai *l'Œuvre d'art à l'âge de la reproduction mécanique*, qui rendait compte pour la première fois – au-delà des simples problèmes de style – de l'impact de la photographie sur l'histoire de l'art, devait avoir une importance décisive pour Malraux.

La photographie constitue en effet le médium du musée imaginaire de Malraux – ce musée que les possibilités offertes par la reproduction photographique élevaient à un niveau conceptuel entièrement nouveau. L'archive photographique en tant que telle, dans la mesure où elle est le lieu de la collection potentiellement « complète » des œuvres du monde entier, est un dépôt de savoir avec lequel aucun musée individuel ne sera jamais capable de rivaliser. Mais, en dehors de sa capacité à produire une connaissance qui serait comme l'image totale d'une chose, la photographie est capable d'intervenir dans la contextualisation de l'œuvre d'art d'une manière beaucoup plus radicale que le musée dont le geste simplement impérialiste se contente d'arracher cette œuvre à son site d'origine pour l'accrocher aux murs « neutres » de ses collections. Pour Malraux, la resituation opérée par la photographie était le début d'une véritable recréation de l'œuvre d'art au moyen de modifications massives de son échelle originale (de minuscules sceaux cylindriques sont agrandis à la taille de bas-reliefs monumentaux, par exemple), d'étonnantes réinventions faisant jouer l'angle de prise de vue ou l'éclairage (des figurines sumériennes anciennes en terre cuite deviennent les sœurs de sculptures contemporaines de Jean Arp ou de Joan Miró), et, encore plus important, utilisant découpages ou gros plans au moyen desquels la photographie peut isoler un fragment d'une œuvre de grandes dimensions et, littéralement, le mettre en scène, intervenant ainsi de manière chirurgicale dans l'unité esthétique de l'original pour accomplir des greffes inédites et insolites. « L'esthétique classique allait du fragment à l'ensemble ; la nôtre, qui va souvent de l'ensemble au fragment, trouve dans la reproduction un incomparable auxiliaire » (*les Voix du silence*, p. 25).

En parlant de la photographie comme de l'« incomparable auxiliaire » de l'esthétique moderne, Malraux n'utilisait qu'une partie de l'analyse de Benjamin. La force de Benjamin avait été de démontrer que la fonction de l'art était liée à son mode de production, de sorte qu'une reproduction mécanique – et c'est à la photographie qu'il se référait – modifie nécessairement cette fonction et par là l'idée même d'« esthétique », au point de les rendre méconnaissables. Avant la photographie, prétendait Benjamin, une partie du pouvoir de l'art tenait à son pouvoir d'objectiver la touche d'un maître, la marque indélébile de son époque, ou encore la trace de la succession de ses propriétaires. C'est ce qui donnait son « aura » à l'œuvre d'art, fonction directe du caractère unique de l'œuvre originale – sens même du statut de l'œuvre en tant qu'original. Le changement structurel effectué par le mode de production propre à la photographie tient à sa faculté de produire immédiatement des copies, de telle manière qu'il existe des multiples sans original. La reproduction photographique d'une œuvre d'art ne se contente pas de multiplier son image à des milliers d'exemplaires ; en dépouillant son expérience de tout caractère d'unicité, elle la dépouille aussi de son aura. Une culture qui est entrée dans l'âge de la reproduction mécanique n'assistera pas seulement à la désaffection de l'œuvre d'art et de son aura, mais développera aussi, selon la prophétie de Benjamin, une fonction de l'art totalement nouvelle, définie par le système photographique, et probablement de nature documentaire.

Le « musée imaginaire » de Malraux, qui dépend de la manière dont la photographie – et en particulier la reproduction photographique – transforme l'objet original, reste pourtant en deçà de l'étape finale imaginée par Benjamin, celle d'un art « post-auratique ». Pour Malraux, la photographie se borne à transférer l'expérience de l'aura – c'est-à-dire le pouvoir exercé par l'art– des espaces élitistes du musée du XIXᵉ siècle aux pages du livre d'art, plus largement accessibles et propres au XXᵉ siècle. Ainsi le musée imaginaire reste-t-il rempli d'une atmosphère d'aura perpétuée bien que transformée. Ce qui revient à dire que le musée imaginaire est chargé de « signification ».

L'un des tout premiers textes écrits par Malraux, la préface à un catalogue d'exposition de 1922, développait déjà cette notion d'un art conçu comme un vaste système sémiotique, chœur de significations multiples. C'est de cette courte préface que Jean Lacouture dit qu'il « y a ici, en quelques lignes, presque tout ce que développera trente ans plus tard le somptueux auteur des *Voix du silence* » (*André Malraux*, p. 26). Malraux avait en effet écrit : « Nous ne pouvons sentir que par comparaison. Quiconque connaît *Andromaque* ou *Phèdre*, sentira mieux ce qu'est le génie français en lisant le *Songe d'une nuit d'été* qu'en lisant toutes les autres tragédies de Racine. Le génie grec sera mieux compris par l'opposition d'une statue grecque à une statue égyptienne ou asiatique, que par la connaissance de cent statues grecques » (*ibid.*, p. 27).

Malraux n'est pas arrivé seul, dès l'âge de vingt ans, à cette conception comparative et donc fondamentalement sémiotique de l'esthétique. Formé par Daniel-Henry Kahnweiler à l'âge de dix-huit ans, il avait été initié à une expérience des arts visuels acquise à l'école de l'histoire de l'art allemande et à celle de l'esthétique cubiste – c'est-à-dire une expérience du regard qui avait abandonné la conception esthétique pour une conception « linguistique » de la forme. L'art classique, absolu esthétique du goût occidental, avait fait de la beauté l'idéal de la pratique et de l'expérience artistiques. Wölfflin avait relativisé cet absolu en soutenant que le classicisme lui-même ne pouvait être « lu » que dans un système comparatif qui l'oppose au baroque. Fixant un groupe de vecteurs formels à partir desquels de telles lectures comparatives pourront être développées – le tactile s'opposant à l'optique, le plan à la profondeur, la forme ouverte à la forme fermée –, Wölfflin imposait à la forme un traitement analogue à celui du signe linguistique en la dotant d'un statut oppositif, relatif et négatif. La valeur d'une forme ne tenait plus à ses propriétés intrinsèques, mais dérivait de sa position dans un système où elle s'oppose à d'autres jeux de formes. L'élément esthétique cessait alors d'être beau pour devenir signifiant.

La familiarité de Kahnweiler avec le caractère protostructuraliste de cette histoire allemande de l'art n'a pas été sans effet sur sa propre compréhension du cubisme. Ainsi, par exemple, le marchand de Picasso interprétait l'utilisation par les cubistes de l'art africain comme une percée vers la production de formes qui fonctionneraient comme des signes. « Ces peintres, écrit-il, se détournaient de l'imitation, ayant découvert le vrai caractère de la peinture et de la sculpture qui sont des écritures. Les produits de ces arts sont des signes, et non point un miroir, plus ou moins déformant,

1. André Malraux et les illustrations du *Musée imaginaire* (Paris-Match/Jarnoux.)

du monde extérieur. Les masques [africains] témoignaient de ce caractère de "signes" dans toute sa pureté » (*les Sculptures de Picasso*, préface).

Malraux a enregistré une fois pour toutes cette définition, « l'art vise à la création des signes ». Il ne l'oubliera plus. Désormais, les signes que l'art produit ne pourront être lus que de manière comparatiste. La comparaison décentralise et dé-hiérarchise l'art, dans la mesure où elle procède en juxtaposant des systèmes – tous les systèmes : l'Orient et l'Occident, le haut et le bas, la Cour et le peuple, le Nord et le Sud. Et la photographie, qui permet de fragmenter l'œuvre pour en isoler les éléments significatifs, constitue l'instrument idéal de ce type de lecture (voir fig. 1).

Dans *les Voix du silence*, Malraux tente de faire parler les « textes » – qu'il appelle des « fictions » – produits par de telles lectures, et de découvrir en eux un grand texte directeur dans lequel tous puiseraient leur inspiration commune. C'est ainsi qu'il parle de la manière dont l'hétérogénéité de la production artistique mondiale – « ces miniatures, ces fresques, ces vitraux, ces tapisseries, ces plaques scythes, ces tableaux, ces dessins de vases grecs – même ces sculptures » – entrent dans le « musée sans murs » du livre d'art comme des « planches ». « Qu'y ont-ils perdu ? Leur qualité d'objets. Qu'y ont-ils gagné ? La plus grande signification de style qu'ils puissent assumer » (*les Voix du silence*, p. 44). Et cette transformation en système de signification compense ce qui a été perdu du fait de la reproduction, ne laissant aucune place pour le regret : « Les figures qui perdent à la fois dans la reproduction leur caractère d'objet et leur fonction, fût-elle sacrée, n'y sont plus que talent ; n'y sont plus qu'œuvres d'art – à peine serait-il excessif de dire : instants de l'art. Mais ces objets si différents, à l'exception de ceux que l'éclat du génie arrache à l'histoire, témoignent d'une même recherche : comme si un imaginaire esprit de l'art poussait de miniature en tableau, de fresque en vitrail, une même conquête » (*ibid.*, p. 44). C'est l'histoire de cet « esprit de l'art » libéré par la reproduction que raconte le musée imaginaire, peu importe avec quel degré de silence : « À passer à travers l'équivoque unité de la photo, de la statue au bas-relief, du bas-relief à l'empreinte du sceau, de celle-ci aux plaques de bronze des nomades, le style babylonien semble prendre une existence propre, comme s'il était autre chose qu'un nom : une existence de créateur. Rien ne donne une vie plus corrosive à l'idée de destin que les grands styles, dont l'évolution et les métamorphoses semblent les longues cicatrices du passage de la fatalité sur la terre » (*ibid.*, p. 44). Pour la première fois, grâce à la reproduction, cette histoire devient « l'héritage de toute l'histoire ».

Un sentiment d'urgence et de nécessité se dégage de ce récit de la culture universelle artistique. Il transparaît à la fin de l'étude de Malraux. « La première culture artistique universelle, qui va sans doute transformer l'art moderne par quoi elle fut jusqu'ici orientée, n'est pas un envahissement, mais une des conquêtes suprêmes de l'Occident. Que nous l'acceptions ou non, l'Occidental ne s'éclairera qu'à la torche qu'il porte, même si sa main brûle : et ce que cette torche tente d'éclairer, c'est tout ce qui peut accroître le pouvoir de l'homme » (*ibid.*, p. 638).

Tous les lecteurs n'ont pas souscrit sans réticence à cet hymne à la gloire de la technologie et de l'application croissante de ses pouvoirs d'abstraction à l'œuvre d'art réduite au statut de « planche » et de « signe ». Georges Duthuit, un ancien membre du Collège de sociologie, répondit aux *Voix du silence* par un compte rendu incendiaire qu'il devait plus tard développer en une condamnation en trois volumes, *le Musée inimaginable* (1956). Malraux, selon Duthuit, ne faisait que répéter et renforcer le geste impérialiste du collectionneur et muséologue occidental qui transforme en « images » abstraites les trophées arrachés aux cultures étrangères : « Les mots de "conquête", d'"annexion", de "possession" retentissent incessamment dans *les Voix du silence* comme d'enfiévrants appels de clairon » (« Malraux et son musée », p. 345). Duthuit reproche aussi à Malraux sa participation personnelle au type d'aventurisme auquel son livre donne le visage idéalisé et désintéressé d'une nouvelle esthétique mondiale. Après avoir cité un passage où Malraux s'extasie devant la succession d'accidents heureux qui ont permis au « hasard » de métamorphoser la sculpture grecque en une telle quantité de fragments porteurs de révélations formelles, Duthuit ironise : « Le hasard... et Malraux qui donne l'exemple et fait sauter à la dynamite quelques pans du temple d'Angkor, puis s'éloigne chargé d'une tonne de matériel imaginaire » (*ibid.*, p. 346) [allusion à l'expédition de Malraux au Cambodge, en 1923 : après avoir enlevé des bas-reliefs au temple khmer à Banteai Srei, Malraux avait été accusé de pillage de monuments et condamné par le gouvernement colonial français. Cette aventure cambodgienne devait être reprise et transposée en 1930 dans son roman *la Voie royale*].

La carrière politique du Malraux d'après-guerre fut dominée par l'idée nationale. Pour lui, la montée des cultures nationales était la réponse du XXe siècle aux impérialismes internationalistes du XIXe. Qu'il ait par ailleurs défendu une esthétique qui niait les particularités du lieu, du matériau, de la substance, en faveur de l'abstraction du « texte », la chose est en effet une contradiction. Et peut-être le Centre Georges-Pompidou – est-il le monument qui incarne le plus vigoureusement les contradictions des méditations de Malraux sur le destin de l'art. Car Beaubourg, centre de la vie culturelle parisienne (avec son complexe de bibliothèque publique, son centre de design industriel, de musique expérimentale et son musée national d'Art moderne) est devenu le lieu d'un cycle ambitieux d'expositions de nature anthologique. Ces expositions, conçues comme des entreprises qui situent les œuvres d'art dans leur véritable contexte historique, combinent la présentation de peintures et de sculptures avec des vitrines où sont rassemblés des documents de recherche, avec des films et des vidéos projetés sur les murs des galeries, des séries de photographies documentaires et des textes muraux informatifs. Le résultat de cette méthode anthologique, c'est la mutation de « l'art » en « information » et de l'exposition en événement textuel d'un catalogue en forme de livre.

Malraux avait voulu que l'art « parle » à travers l'éloquence signifiante de sa forme. C'était ce qu'il avait glané de son expérience de l'art moderne. Le centre culturel parisien s'est efforcé d'engager l'art du XXe siècle dans la production d'un discours, et le résultat – comme un staccato de l'information – est vu par beaucoup comme l'un des signes avant-coureurs du postmodernisme.

Voir aussi 1905, 1934, 1937 (12 juillet).

Bibliographie : Georges Duthuit, « Malraux et son musée », *les Lettres nouvelles*, n° 2 (mai 1954) ; développé dans *le Musée inimaginable*, 3 vol. (Paris, José Corti, 1956). Daniel-Henry Kahnweiler, *les Sculptures de Picasso* (Paris, Le Chêne, 1949). Jean Lacouture, *André Malraux, une vie dans le siècle* (Paris, Seuil, 1973). André Malraux, *les Voix du silence* (Paris, Gallimard, 1951).

Rosalind Krauss

1959, 28 octobre

La première des *Nègres*, de Jean Genet, est donnée au Théâtre de Lutèce

Le théâtre de l'absurde

Le 28 octobre 1959, la première de la pièce de Jean Genet, *les Nègres*, donnée au Théâtre de Lutèce, produit l'effet d'une bombe tout en remportant un triomphe. Mise en scène par Roger Blin – le metteur en scène des pièces de Beckett, *En attendant Godot*, en 1953, et *Fin de partie*, en 1957 – et interprétée par une troupe d'acteurs noirs inconnus, cette pièce, la quatrième écrite par Genet, est d'une innovation dramaturgique encore plus radicale que ses œuvres dramatiques précédentes, *les Bonnes* (1947), *Haute Surveillance* (1949) et *le Balcon* (1956).

Genet était déjà célèbre comme auteur de fictions homo-érotiques, à la fois poétiques et provocatrices – *Notre-Dame des fleurs* (1944), *Miracle de la rose* (1946), *Pompes funèbres* (1947) – et d'une autobiographie – *Journal du voleur* (1949) – aussi scandaleuse que l'étaient son passé criminel et les pratiques homosexuelles qu'il affichait à une époque où elles n'avaient pas encore droit de cité parmi les sujets littéraires acceptés. Mais les pièces de Genet, dont la plupart sont postérieures à ses romans, ne sont pas autobiographiques et leur intérêt n'en est que plus large : elles sont plus distanciées, moins complaisantes, s'élèvent au niveau du mythe et font appel à des représentations de type rituel. Mais la valeur de choc du théâtre de Genet a des racines plus profondes : elle tient à l'explosion lyrique de la haine des exclus contre leurs oppresseurs, à la subversion radicale de la dramaturgie traditionnelle, à la beauté baroque d'un style dont la syntaxe somptueuse et les images éblouissantes contrastent fréquemment avec une vulgarité chaotique.

Genet a sous-titré *les Nègres* « Clownerie ». Quand la pièce débute, un groupe de Noirs qui ont assassiné une femme blanche accomplissent devant son cercueil, et sous le regard attentif d'un tribunal blanc, un rituel de haine et de vengeance. Mais les choses ne sont pas ce dont elles ont l'air. Les Noirs n'ont pas tué de Blanche ; le catafalque dressé au milieu de la scène, censé contenir le cadavre de la morte, se révèle n'être rien de plus que deux chaises vides drapées d'un linge ; le meurtre véritable a lieu ailleurs : un autre Noir, traître à la cause, va être soumis à une justice sommaire. Le rituel de haine n'était qu'une diversion destinée à détourner l'attention des Blancs. Lesquels Blancs – une reine et son valet, un gouverneur, un missionnaire et un juge – ne sont pas des Blancs mais des Noirs qui portent des masques grotesques de Blancs – sous lesquels on devine nettement leur peau et leurs cheveux crépus – et dont le jeu caricature les instances du pouvoir en place. Le miroir déformant reflète l'expérience des Noirs rejetés d'un monde blanc, leur humiliation, leur mépris, leur révolte. Écrit par un dramaturge blanc à l'intention d'un public blanc (selon Genet, un spectateur blanc – ou au moins sa représentation symbolique – doit être présent à chaque représentation de la pièce), *les Nègres* décrivent ce qu'un dramaturge blanc pense que les Noirs pensent que les Blancs pensent que les Noirs pensent.

Ce chassé-croisé entre la réalité et l'illusion, l'une et l'autre situées au niveau du théâtre et de la représentation, constitue ce que Martin Esslin a appelé un « palais de glaces » dans lequel on ne peut pas distinguer la vérité de la fiction. En effet, Genet pousse à leur limite les paradoxes de la technique du « théâtre-dans-le-théâtre » utilisée par Luigi Pirandello dans *Six Personnages en quête d'auteur* (1921) et dans *Ce soir, on improvise* (1930).

Pour obtenir l'effet de cercles résonnant à l'intérieur de cercles d'une pièce dans une pièce dans une pièce, Genet fait intervenir tout au long des *Nègres* des références au théâtre. « Ce soir nous jouerons pour vous », proclame Archibald, le maître des divertissements, en s'adressant directement au public (*les Nègres*, p. 24) ; à la cour « blanche », il confie : « Nous sommes des comédiens et nous avons organisé une soirée pour vous divertir » (*ibid.*, p. 100). À ses camarades noirs, Archibald explique pourquoi ils « jouent » pour des Blancs : « On nous l'a dit, nous sommes de grands enfants. Mais alors, quel domaine nous reste ! Le Théâtre ! Nous jouerons à nous y réfléchir » (*ibid.*, p. 48) et il les rappelle à l'ordre quand ils perdent de vue l'esprit de représentation : « Ici, c'est le théâtre, non la ville. Le théâtre, et le drame et le crime » (*ibid.*, p. 66). Les gestes des Noirs sont d'une théâtralité délibérée et leur rire fréquent, strident et orchestré souligne, comme une ponctuation, le côté artificiel de ce qui se passe. Des mots tels que scène, représentation, comédien, spectateur, coulisse reviennent constamment pour rappeler que l'action elle-même est une représentation délibérée et distanciée sans valeur réaliste et dont la seule vérité est symbolique. Comme une atteinte supplémentaire à la convention du quatrième mur du théâtre traditionnel, un spectateur est appelé à monter sur scène pour tenir un élément du décor.

Genet utilise des techniques vigoureusement antiréalistes pour désamorcer les modèles réalistes de représentation de la réalité. Les Noirs et les pseudo-Blancs des *Nègres* participent à des rituels fortement structurés destinés à représenter (plutôt que revivre) la réalité. La vie réelle, dans le théâtre de Genet, est toujours évoquée par le truchement d'une déformation et d'une mythologisation liées au rite et à la cérémonie : l'élévation rituelle et le simulacre du déguisement cérémoniel forment un voile d'illusion qui recouvre la réalité. Pour Genet, le seul intérêt de la vie réelle, c'est son aptitude à engendrer une vérité qui a la permanence du mythe. Ainsi aurait-on tort de chercher dans ses pièces une réflexion approfondie d'ordre politique ou sociologique sur ce qui est pourtant leur contenu manifeste : des Noirs dans un monde blanc (*les Nègres*), des domestiques asservies par leurs maîtres (*les Bonnes*), la sublimation de la révolte dans le faux-semblant qu'est l'univers clos du bordel (*le Balcon*), des Nord-Africains rejetés par l'idéologie européenne blanche dominante (*les Paravents*, 1966), des criminels face au monde « comme il faut » (*Haute Surveillance*, 1949). Si fascinants que soient ces conflits en eux-mêmes, ils ne sont pour Genet qu'un prétexte à poursuivre l'analyse implacable de la dialectique qui sépare – et glorifie – le marginal. Les Noirs, les bonnes, les putains, les Algériens, les prisonniers – tous partagent le même rejet délibéré de l'ordre « normal » de la société, dont ils méprisent et dénoncent la corruption. C'est seulement dans ce sens que le théâtre de Genet peut être qualifié d'autobiographique : les événements ne sont pas liés à la vie de Genet, voleur et prostitué, de manière littérale, mais par le biais d'une glorification du paria qui s'enracine dans le mépris de l'auteur pour le code de valeurs de la société bourgeoise et dans son dégoût pour la suffisance de ces citoyens bien-pensants que Sartre traitait de salauds.

La solitude des parias – les protagonistes du monde inversé de Genet – est l'effet de la société qui les rejette, mais leur génie particulier leur fait accepter – et même revendiquer – la responsabilité de cette exclusion. Ils assument leur destin en le glorifiant. Telle est l'approche choisie par Sartre pour rendre compte de la vie de Genet ; s'il le qualifie de « saint » dans son *Saint Genet, comédien et martyr* (1952), c'est moins en référence au héros de la pièce de Jean Rotrou (*le Véritable Saint Genest* [1646]) que pour prendre acte de l'insistance orgueilleuse avec laquelle Genet revendique la criminalité comme un choix personnel, indépendant du fait qu'il a été un enfant abandonné, élevé dans des orphelinats et initié de bonne heure à la délinquance. La sainteté dont Sartre se fait l'avocat pour Genet et, par extension, pour l'ensemble de ses personnages, est l'exaltation d'un comportement diamétralement opposé aux modes normaux – la sainteté dans le mal.

Les Nègres nous font pénétrer dans un monde à l'envers où la vie est retournée comme un gant. Superficiellement, les Noirs se conforment aux valeurs des Blancs et

se comportent comme les Blancs attendent qu'ils le fassent ; ils dansent consciencieusement le menuet de l'homme blanc sur une musique de Mozart et ils ont l'obligeance d'insulter les Blancs en utilisant les stéréotypes de rigueur. Mais Genet permet aux personnages des *Nègres* d'aller plus loin dans la révolte que ne le faisaient ceux de ses pièces précédentes – non pas jusqu'à l'effondrement du pouvoir en place (la chose n'arrivera jamais dans le monde de Genet), mais vers une plus grande conscience et un plus grand militantisme. Les Noirs de la pièce ne sont pas encore libérés, ils sont encore prisonniers des stéréotypes blancs et du langage blanc, mais leur haine est à eux, plus réelle et plus efficace que la haine impuissante et finalement autodestructive que les deux domestiques des *Bonnes* ont pour Madame. Félicité, l'une des Noires, avertit la reine « blanche » des événements à venir : « Pour vous, le noir était la couleur des curés, des croque-morts et des orphelins. Mais tout change. Ce qui est doux, bon et aimable sera noir [...] l'opéra aussi où nous irons, noires, dans des Rolls noires, saluer des rois noirs, entendre une musique de cuivre sous les lustres de cristal noir » (*ibid.*, p. 105). Au fur et à mesure qu'il devient clair que les Noirs se préparent à renverser les valeurs blanches, le langage blanc et la structure blanche du pouvoir, la menace qui pèse sur le monde blanc devient plus tangible.

Bien que Genet affirme ne pas s'intéresser aux problèmes sociaux de ses personnages, ses pièces se colorent de nuances de plus en plus politiques. *Haute Surveillance* et *les Bonnes* évitaient toute allusion au monde politique ; *le Balcon* en est beaucoup plus proche par le biais d'une sorte de distanciation brechtienne ; avec *les Nègres* et surtout *les Paravents*, le théâtre de Genet se rapproche des problèmes politiques et sociaux réels. À cause de leur dimension métaphorique et de leur recours à une dramaturgie antiréaliste, ces pièces ne sont pas « engagées » au sens sartrien du terme, mais sont des descriptions de situations politiquement délicates d'une théâtralité sans concession. La première production française des *Paravents*, dans une mise en scène de Roger Blin, en 1966, au Théâtre de France, le théâtre national que dirigeait Jean-Louis Barrault, a scandalisé l'assistance par la manière dont elle représentait l'action de la France en Algérie, à une époque où les blessures de la guerre d'Algérie étaient loin d'être cicatrisées.

La représentation des *Nègres* n'avait pas eu le même retentissement politique parce qu'en France, en 1959, la discrimination raciale n'était pas encore une question brûlante. Au contraire, à New York, lors de sa production au St Mark's Theater, dans une période de tension raciale aiguë, *The Blacks* ont galvanisé le public comme aucune pièce ne l'avait encore fait. Antérieure à l'explosion du théâtre noir américain, la pièce de Genet fut la première à attirer un important public noir off-Broadway. Le « palais de glaces » de l'auteur, devenu le miroir du public, provoquait des tensions entre spectateurs noirs et blancs, dans la salle du théâtre et même à l'extérieur, au foyer. Cette production new-yorkaise était particulièrement brillante ; la distribution réunissait les acteurs noirs qui allaient devenir les plus célèbres de leur génération (et qui devaient créer le « Negro Ensemble Company », au même St Mark's Theater) : Maya Angelou, Roscoe Lee Brown, Godfrey Cambridge, Charles Gordone, Louis Gosset, James Earl Jones, Cicely Tyson. *The Blacks* tinrent l'affiche pendant plus de trois ans et furent de loin le plus grand succès de Genet aux États-Unis.

Les pièces de Genet se rattachent à l'étonnante avant-garde qui a ébranlé le théâtre parisien vers 1950 – et dont les répercussions se font encore sentir dans le théâtre du

monde entier. *Les Bonnes*, qui avaient été mises en scène en 1947 par Louis Jouvet, dernier grand metteur en scène de l'entre-deux-guerres, révélaient déjà une nouvelle dramaturgie, une nouvelle sensibilité. Mais c'est en 1950 que les vannes se sont ouvertes et, quand la décennie s'est achevée, le nouveau théâtre avait tout balayé. Le premier grand événement fut la production de *la Cantatrice chauve*, d'Eugène Ionesco (1950), au minuscule théâtre des Noctambules. Avec son langage farfelu, disloqué, ses coq-à-l'âne et ses non-sens, *la Cantatrice chauve* imposait une nouvelle perception du monde moderne, grotesque et déshumanisé, à mi-chemin entre le cauchemar et la farce, peuplé de personnages interchangeables, sans profondeur ni réalité. Les premières représentations des pièces d'Arthur Adamov, de Georges Schehadé et de Boris Vian datent également de 1950. Le phénomène prit la dimension d'un raz de marée : les mêmes auteurs produisirent œuvre sur œuvre – *la Leçon*, de Ionesco, en 1951, puis *les Chaises* l'année suivante – et d'autres noms les rejoignirent. L'événement le plus mémorable fut la première de *En attendant Godot*, de Samuel Beckett, en janvier 1953 ; comme Ionesco dans *la Cantatrice chauve*, Beckett présentait un langage théâtral entièrement neuf, plein d'images tangibles et intelligibles de l'absurde et de métaphores inoubliables de la condition humaine. Didi et Gogo, ceux qui attendent, avec leurs efforts aussi pathétiques que merveilleux pour remplir le vide de leur déréliction à travers les bribes de la plus banale conversation ; Godot, le prétendu sauveur, dont la seule définition claire est qu'il n'arrive pas ; Pozzo, le tyran, qui est à la fois le bourreau et la victime de son serviteur, Lucky : autant d'incarnations de l'absurdité de l'existence, qui font désormais partie de notre cadre de référence, nous touchent directement, viscéralement, sans qu'on ait à recourir à l'analyse rationnelle.

Ne bénéficiant d'abord que d'un public très limité, le nouveau théâtre prit rapidement son essor. À la fin des annés 1950, Ionesco et Adamov avaient présenté une quantité importante de pièces courtes, Beckett avait donné *Fin de partie* (1957) et *la Dernière Bande* (1958), Genet *le Balcon* et *les Nègres*. Schehadé et Vian donnèrent épisodiquement des œuvres nouvelles, tandis que de nouveaux auteurs dramatiques, dont l'activité devait atteindre son apogée pendant et après les années 1960, faisaient jouer leur première pièce : Fernando Arrabal, François Billetdoux, Roland Dubillard, Marguerite Duras, Armand Gatti, René de Obaldia, Robert Pinget. Le nouveau théâtre devint rapidement une source d'inspiration pour les écrivains d'autres pays comme Edward Albee, Max Frisch, Jack Gelber, Arthur Kopit, Slawomir Mrozek ou Harold Pinter.

Les critiques ont proposé diverses étiquettes pour classer ces nouvelles formes de théâtre. Ils ont parlé, par exemple, d'« antithéâtre », de « farce métaphysique », de « théâtre de la dérision ». Bien que la désignation de « théâtre de l'absurde » proposée par Esslin ait été la plus largement acceptée, aucune de ces appellations n'est entièrement satisfaisante. Le mieux est encore de suivre l'exemple de Geneviève Serreau et de parler simplement de nouveau théâtre, un peu comme lorsqu'on se réfère au nouveau roman. Les dramaturges d'avant-garde n'ont pas voulu former d'école, ils ne se sont pas concertés pour travailler dans des voies similaires. D'ailleurs, les différences sont aussi nombreuses que les points communs : la virtuosité du langage de Genet contraste avec l'austérité de celui de Pinget, comme le pessimisme noir de Beckett avec l'optimisme rêveur de Schehadé. Tous ces auteurs partagent pourtant le

même refus des conventions réalistes et le même goût pour des formes non littéraires de spectacle comme la farce, le théâtre de marionnettes, le cabaret, le ballet, le mime et le cérémonial.

Sans être omniprésente, la notion d'absurde domine nettement ce nouveau théâtre. Avant, pendant et juste après la Seconde Guerre mondiale, des auteurs dramatiques comme Jean Anouilh et Armand Salacrou avaient exposé timidement, sur un mode humaniste et allusif, l'absurdité de l'existence contemporaine. Camus et Sartre, de leur côté, avaient eu recours à l'analyse rationnelle pour exposer la dimension absurde de la vie. Ce qu'on a appelé le théâtre de l'absurde franchit une étape de plus et peint l'absurde par des moyens absurdes. Un drame réaliste commence par mettre en place un problème théâtral qu'il cherche ensuite à résoudre. Mais, dans le nouveau théâtre antiréaliste, l'important n'est pas ce qui se passe (même lorsqu'il se passe des choses inattendues), mais sa signification. La progression des événements n'est ni logique ni séquentielle, mais arbitraire, échappant aux lois de la causalité. L'auteur fait tout pour que le spectateur se sente exclu, désorienté, incapable de s'identifier avec des personnages qui ne peuvent être mis « en situation ». En découvrant que les structures rationnelles qu'il croyait opérantes sont illusoires, le spectateur est finalement confronté à l'élément irrationnel de sa propre existence d'individu et de l'existence en général, de la condition humaine. Comme dans le nouveau roman, la raison, l'intrigue, le contexte social et la psychologie passent au second plan par rapport à un « nouveau » réalisme pour lequel la vérité n'est jamais littérale mais intériorisée et métaphorique.

Vers le milieu des années 1960, le théâtre de l'absurde avait gagné la bataille. À Paris, où il était né, ses auteurs n'étaient plus confinés dans des théâtres de poche. Beckett, Genet et Ionesco étaient devenus – et restent – des références pour le grand public. Certaines de leurs pièces font même partie du répertoire permanent du lieu saint de la tradition théâtrale : la Comédie-Française. À l'étranger, les dramaturges parisiens de l'absurde sont devenus les chefs de file du théâtre mondial et ont influencé des auteurs de tous les continents. En 1967, Jacques Guicharnaud pouvait écrire qu'ils étaient devenus « le nouvel Establishment » ; ils n'ont pas encore été détrônés. Ce qui est un succès remarquable pour un mouvement d'avant-garde.

Voir aussi 1935, 1946.

Bibliographie : Jean Genet, *les Nègres* (Paris, Arbalète, 1980) ; *Œuvres complètes* (Paris, Gallimard, 1952). Martin Esslin, *Théâtre de l'absurde* (Paris, Buchet-Chastel, 1963). Jacques Guicharnaud et June Guicharnaud, *Modern French Theater, from Giraudoux to Genet* (New Haven, Yale University Press, 1972). Jean-Paul Sartre, *Saint Genet, comédien et martyr, in* Jean Genet, *Œuvres complètes*, tome Ier (Paris, Gallimard, 1952). Geneviève Serreau, *Histoire du « nouveau théâtre »* (Paris, Gallimard, 1966).

Thomas Bishop

1960

Publication du premier numéro de *Tel Quel*

La dernière avant-garde ?

Pour un lecteur américain, cultivé ou non, l'expression *as is*, qui traduit le français « tel quel », évoque avant tout les étiquettes collées sur les articles endommagés en vente dans les braderies des grands magasins ou les marchés aux puces. Pour les lecteurs français, et surtout s'ils ont plus de trente ans, ces deux mots ont une tout autre signification. Ils évoquent les hauts lieux de l'intelligence, le temple de l'art, ou, pour ceux qui ont l'esprit plus pragmatique, le marché de la culture et de la littérature. *Tel Quel* était le titre que Paul Valéry (le grand prêtre du temple) avait donné à deux volumes de ses aphorismes et réflexions diverses sur la littérature et la vie, publiés dans les années 1940. C'est aussi le nom sous lequel un groupe de jeunes écrivains ambitieux (à vingt-trois ans, leur chef de file, Philippe Sollers, était l'auteur d'un roman encensé par la critique, qu'il désavouera plus tard comme erreur de jeunesse, *Une curieuse solitude*) lance en 1960 à Paris une nouvelle revue littéraire.

L'époque semblait bien choisie pour une telle entreprise. L'existentialisme sartrien et son annexe, la théorie de la littérature engagée, qui avaient dominé la scène littéraire depuis la Seconde Guerre mondiale, commençaient à montrer des signes d'essoufflement. Un terme nouveau, « structure », circulait depuis la publication de l'*Anthropologie structurale*, de Claude Lévi-Strauss (1958), et allait bientôt évincer le mot « existence ». On parlait de nouvelle vague au cinéma et de nouveau roman en littérature. Alain Robbe-Grillet, le plus célèbre parmi les nouveaux romanciers, et dont les deux premières œuvres avaient suscité des commentaires exceptionnellement attentifs et pénétrants de la part d'un critique montant du nom de Roland Barthes, publiait aussi des essais polémiques contre ce qu'il appelait « les notions périmées », celles de nature, d'humanisme, de tragédie. Albert Camus, peut-être le plus grand représentant de ces notions à l'époque, avait péri dans un accident de voiture, l'année précédente. Pendant ce temps, la nouvelle cinquième République et son nouveau président, le général Charles de Gaulle, tentaient de se sortir de la sanglante guerre d'Algérie à laquelle s'opposaient la plupart des intellectuels.

Survient *Tel Quel*. Accompagné d'une épigraphe de Nietzsche (« Je veux le monde et je le veux tel quel, le veux encore, le veux éternellement » – à lire non pas comme une adhésion enthousiaste au statu quo, mais comme l'affirmation d'un désir), avec en ouverture, une brève « Déclaration » en faveur de la poésie, suffisamment insolente pour faire fonction de manifeste même en l'absence de contenu politique ou philosophique (il s'agissait précisément de lancer un défi à la littérature engagée et à la revue de Sartre, *les Temps modernes*), *Tel Quel* démarrait sous d'heureux auspices. Ce premier numéro comprenait un poème majeur de Francis Ponge, poète dont le statut n'était pas encore pleinement reconnu ; un mélange respectable de fiction de nouveaux venus et d'écrivains plus confirmés, le tout fortement influencé par le nouveau roman ; un geste à l'intention des précurseurs sous la forme d'un essai intitulé : « Flaubert et la sensibilité moderne » ; une traduction de Virginia Woolf ainsi que de l'annonce d'« importants inédits de Paul Eluard » et d'une « enquête sur le surréalisme » pour le prochain numéro. Pourtant, rien dans ce début n'indiquait

que cette revue occuperait, pendant plus de vingt ans, une place centrale dans la littérature et la vie culturelle françaises, et que son nom désignerait, pendant un certain temps, la dernière incarnation – certains diront le dernier soupir – de l'avant-garde européenne.

En quoi *Tel Quel* était-il un mouvement d'avant-garde et quand a-t-il cessé de l'être ? A-t-il même cessé de l'être ? Et comment ces interrogations se rattachent-elles à notre présent qui se définit avant tout comme une époque « post » : postmoderne, postmarxiste, postavant-garde, postpost ?

Dans une interview publiée dans l'un des derniers numéros de la revue (le dernier devait être le n° 94, en 1982), Sollers résume quinze années de son activité et de celles de ses amis en quelques phrases savoureuses :

> Nous avons revécu une vieille aventure à laquelle sans doute nous avons nous-mêmes mis fin, qui est l'aventure de toutes les avant-gardes occidentales au vingtième siècle : la contradiction entre l'art et l'engagement politique... En tout cas, ce qui n'a jamais varié, c'est le souci de maintenir rigoureusement indépendante l'expérience d'écriture, de littérature... Et vous verrez, je crois qu'il n'y aura pas lieu de regretter tous ces petits drames auxquels *Tel Quel* a donné lieu, dans la mesure où je serais très surpris que nous ayons méconnu ou combattu quelque chose de réellement important dans notre temps. Je serais extrêmement surpris que nous n'ayons pas la chance de continuer à poser des questions essentielles. Au contraire. Nous sommes moins académiques aujourd'hui que lorsque nous étions maoïstes. Nous sommes plus révolutionnaires aujourd'hui que lorsque nous étions maoïstes. Parce que nous avons justement abandonné cette division entre d'un côté des proclamations politiques et, de l'autre, la recherche d'une expérience qui s'y oppose (*Tel Quel*, n° 85, 1980).

Cette déclaration est tellement chargée de références à l'histoire de *Tel Quel*, d'affirmations sur la nature et la fonction de l'écriture ainsi que sur les mouvements d'avant-garde, qu'on ne sait pas très bien de quel côté se tourner pour évaluer les retournements de *Tel Quel*. La revue a-t-elle rompu le cercle de la répétition (« revivre une vieille aventure ») pour quelque chose de neuf ? Ou bien cette rupture fait-elle elle-même partie du processus de répétition, de l'aventure même à laquelle Sollers prétend avoir mis fin ?

La réponse se trouve en partie dans l'annonce de la quatrième de couverture du premier numéro de *Tel Quel* : « Une enquête sur le surréalisme », à paraître dans le numéro suivant. Cette enquête consistait, Sollers devait le rappeler plus tard, en un questionnaire qu'il avait envoyé à André Breton, l'un des fondateurs et principal porte-parole du mouvement surréaliste. Vers 1960, le surréalisme était un rêve du passé luttant pour maintenir l'idée qu'il avait encore quelque chose à offrir au présent : une esthétique et une politique révolutionnaires qui n'étaient aliénées à aucun parti, refusant tout compromis sur la notion d'une libération individuelle et collective, leur véritable fondement. Breton avait soixante-quatre ans, et demeurait une figure légendaire, chef de file d'une troupe amoindrie, mais toujours investi d'un énorme prestige personnel – et de l'aura ambiguë des années 1930. De toute évidence, il n'a pas répondu au questionnaire de *Tel Quel*, mais dans tous les numéros suivants,

jusqu'à sa mort en 1966 et même après (jusqu'au n° 29 en 1967), son nom figurera parmi les « futurs collaborateurs » en troisième de couverture.

Breton n'a rien publié dans *Tel Quel* ; en revanche *Tel Quel* témoignera d'une attention de plus en plus soutenue à l'égard de Breton et du surréalisme. Plus la revue s'éloignait de l'apolitisme du début – par lequel elle prônait une « littérature occupée seulement par ses propres lois » – et plus elle rejoignait une conception de l'écriture comme pratique expérimentale, indissolublement liée à la révolution économique et sociale. Elle ressentait alors la nécessité de se démarquer du surréalisme, qui n'avait pourtant pas cessé, lui aussi, de revendiquer un lien entre art et politique au cours des années 1920 et 1930. La déclaration de Sollers en 1970, à l'apogée de la phase politique de *Tel Quel*, selon laquelle « on ne peut pas faire une révolution économique et sociale sans faire en même temps, et sur un niveau différent, une révolution symbolique » (n° 43, 1970), résonne avec celle de Breton dans un discours de 1935 : « "Transformer le monde", a dit Marx ; "changer la vie", a dit Rimbaud : ces deux mots d'ordre pour nous n'en font qu'un » (« Discours pour la défense de la culture », in *Histoire du surréalisme*, p. 422).

Sans aucun doute, les membres du groupe *Tel Quel* connaissaient l'histoire du surréalisme. Ils savaient que les surréalistes avaient apporté (selon les mots de Sollers) un « changement de "point de vue" sur l'art et la littérature », en effectuant une rupture radicale avec la tradition ; ils savaient que les surréalistes avaient été les premiers à insister à la fois sur l'importance littéraire et idéologique des « écrivains de la rupture » comme Sade et Lautréamont ; ils savaient également qu'ils avaient été parmi les premiers promoteurs de la psychanalyse en France et qu'ils avaient tenté systématiquement d'explorer, dans leurs œuvres, les relations entre la vie éveillée, les rêves et l'inconscient ; ils savaient enfin que les surréalistes avaient eu des rapports orageux et compliqués avec le marxisme, l'Union soviétique et le Parti communiste français, provoquant plusieurs scissions dans le groupe et aboutissant à la déclaration conjointe où Breton et Trotski dénonçaient le stalinisme et la doctrine stalinienne du réalisme socialiste au nom d'un « art révolutionnaire indépendant » (« Pour un art révolutionnaire indépendant », 1938).

Comme les surréalistes, le groupe *Tel Quel* appuyait sa théorie de la littérature sur la notion de rupture ; il considérait lui aussi Sade et Lautréamont, auxquels il ajoutait Stéphane Mallarmé et James Joyce, comme des précurseurs essentiels ; lui aussi attribuait une importance primordiale à la psychanalyse et à l'inconscient – et, parallèlement à tout cela, il nourrissait aussi une relation orageuse avec le marxisme et le Parti communiste français. Étant donné toutes ces coïncidences, pourquoi *Tel Quel* se donnait-il tant de mal pour se démarquer du surréalisme ? Et pourquoi l'a-t-il critiqué avec un tel acharnement ?

La réponse à cette question n'est pas simple. On pourrait dans un premier temps évoquer la notion d'« anxiété d'influence » que l'on doit à Harold Bloom et suggérer que c'est précisément parce que *Tel Quel* ressentait le surréalisme comme son précurseur le plus puissant, qu'il se devait de « triompher » de lui. Pourtant la valeur explicative de ce paradigme œdipien, bien qu'extrêmement séduisant, reste limitée, surtout si l'on essaie de tenir compte de l'idéologie et de l'histoire (« l'éternité » d'Œdipe le situe par là même en dehors de l'histoire). Historiquement, c'est probablement pour deux raisons majeures que *Tel Quel* a voulu se démarquer du

mouvement plus ancien. D'abord, les nouveaux développements de la philosophie, de la sémiotique et des « sciences humaines » qui triomphaient à la fin des années 1960 et au début des années 1970 (ce qu'on appelle maintenant le poststructuralisme) apparaissaient à beaucoup comme une révolution intellectuelle qui ne laissait intact aucun des fondements épistémologiques de la culture occidentale. L'humanisme, la continuité de l'histoire, l'unité du moi, la stabilité du texte écrit – tout cela était remis en question par la notion de « logocentrisme » de Jacques Derrida, par la conception du « sujet clivé » de Jacques Lacan, par la série de « ruptures épistémiques » qui constituait la vision de l'histoire de Michel Foucault, et la critique de l'idéologie de Louis Althusser. Dans chacun de ces cas il s'agissait d'une entreprise de relecture qui devait changer non seulement notre vue du passé, mais aussi notre sens du futur.

Loin de combattre ces nouveaux développements, *Tel Quel* en assurait la promotion à travers ses publications et ses commentaires et allait y contribuer de manière significative par le travail théorique de Julia Kristeva. Kristeva, qui avait quitté sa Bulgarie natale pour Paris en 1965, jeune et brillante étudiante, avait rencontré Sollers l'année suivante (ils se marièrent par la suite) et publié son premier essai important dans le numéro de *Tel Quel* du printemps 1967. En 1969, un volume d'essais, *Séméiotikè : recherches pour une sémanalyse*, la consacra comme l'une des grandes théoriciennes de la littérature. C'est en partie grâce à Julia Kristeva (ainsi qu'à son compatriote, Tzvetan Todorov) que les critiques formalistes russes furent connus en France ; elle publia l'un des premiers essais à paraître à l'Ouest sur l'œuvre du théoricien soviétique Mikhail Bakhtine, aujourd'hui célèbre, mais pratiquement inconnu à l'époque. Le concept de « dialogisme » de Bakhtine servit de point de départ à son propre concept d'intertextualité, terme qui fait désormais partie du vocabulaire critique. Par-dessus tout, c'est elle qui élabora, dans une synthèse ambitieuse de concepts derridiens, lacaniens, bakhtiniens et d'autres empruntés à la linguistique contemporaine, la théorie du « texte comme pratique signifiante », théorie influente à laquelle on devait associer *Tel Quel* par la suite.

Étant donné l'importance qu'attachait *Tel Quel* à la révolution épistémologique des années 1960, il est peu surprenant que la revue ait cherché à mettre l'accent sur sa différence par rapport au surréalisme. Le thème qui revient le plus souvent, dans les articles traitant de ce mouvement et publiés par divers membres du groupe entre 1968 et 1971, c'est que bien que les surréalistes aient reconnu l'importance du marxisme, de la psychanalyse, de la politique révolutionnaire et des « écrivains de la rupture », ils les ont profondément méconnus. Chez Marx, ils ne voyaient que Hegel ; en psychanalyse, ils étaient plus proches de Jung que de Freud ; en politique révolutionnaire, ils s'arrêtaient à la « déviation » de Trotski ; et seul le poète Lautréamont les intéressait, non le penseur politique réaliste. Bref, les surréalistes étaient des idéalistes, dépourvus de théorie et d'approche scientifique ; *Tel Quel*, en revanche, comme l'annonçait Sollers dans « La grande méthode », utiliserait sa propre compréhension du matérialisme dialectique et sa théorie scientifique du texte pour analyser « les relations entre les intellectuels et la révolution » (n° 34, 1968).

Ainsi « idéalisme » devint-il le mot clé de la critique du surréalisme formulée par *Tel Quel*. Curieusement, cette accusation avait déjà été formulée par les critiques du surréalisme des années 1930, en particulier par Georges Bataille. Dès ses débuts, le groupe *Tel Quel* s'était intéressé à cet auteur, qui devait mourir en 1962, de même qu'à

Antonin Artaud, autre surréaliste « dissident ». *Tel Quel* fut parmi les premiers à reconnaître l'importance des œuvres de ces deux écrivains de « la rupture ». Pourtant, l'exploitation que fera *Tel Quel* de l'essai resté inédit que Bataille avait écrit en 1929 contre Breton – « La "vieille taupe" et le préfixe sur dans les mots "surhomme" et "surréaliste" » (n° 34, 1968) – devait trahir un certain manque de perspective historique. Les rédacteurs de la revue ne tenaient pas compte des circonstances de l'attaque de Bataille – elle-même une réponse à l'attaque de Breton contre Bataille, dans le *Second Manifeste du surréalisme* (1930) – qui auraient dû les alerter sur de possibles exagérations polémiques ; pas plus qu'ils ne considéraient le fait que Bataille, dont ils se servaient pour critiquer l'idéalisme et le mysticisme de Breton, manifestait lui aussi dans ses écrits un certain mysticisme (quoique de nature transgressive – Sartre allait parler du « panthéisme noir » de Bataille). En travaillant à la promotion de Bataille comme contre-exemple de Breton, il est possible que *Tel Quel* avait déjà inscrit son virage individualiste de 1980, avec son insistance sur l'« expérience de l'écriture », dans sa politique marxiste révolutionnaire de la fin des années 1960 et du début des années 1970 (*l'Expérience intérieure* [1943] est justement le titre de l'un des livres les plus importants de Bataille). D'un autre côté, en reprenant la critique de Bataille à l'égard de Breton (il lui reprochait en particulier de vouloir « abolir les contradictions », un des symptômes les plus évidents d'idéalisme ; Sollers, suivant cette voie, écrivit dans les années 1970 plusieurs articles sur la nécessité de reconnaître et de maintenir les contradictions), *Tel Quel* réussissait à maintenir son image de mouvement d'avant-garde, révolutionnaire sur les plans politique et esthétique.

Ainsi, la première raison pour laquelle *Tel Quel* s'employait à souligner sa différence par rapport au surréalisme (plus exactement par rapport au surréalisme orthodoxe représenté par Breton) était, si l'on peut dire, d'ordre théorique : comme le note Jean-François Fourny, *Tel Quel* cherchait à mettre en valeur les innovations radicales de la pensée des années 1960, en même temps qu'à raviver une tendance de la pensée des années 1930 (celle de Bataille) « refoulée » par le surréalisme. L'autre raison était plutôt historique, étroitement liée à l'histoire politique du surréalisme : en 1935, après avoir essayé pendant plusieurs années de mettre – comme l'indiquait le titre de leur revue – « le surréalisme au service de la révolution », au moyen d'une alliance politique avec les communistes, Breton et ses amis devaient rompre formellement avec le parti ; non parce qu'ils avaient cessé de croire en l'union nécessaire entre révolution politique et révolution artistique, mais parce qu'ils sentaient que le parti avait compromis ses propres principes révolutionnaires par son allégeance aveugle à l'Union soviétique qui, sous Staline, sombrait dans le dogmatisme. À partir de là, le drame – ou peut-être la tragédie – du surréalisme avait été de vouloir maintenir ses positions marxistes en politique alors même qu'il proclamait son indépendance idéologique et artistique. Dans cette tentative, il aboutit à un échec : de plus en plus isolé politiquement, le surréalisme en vint à être considéré comme un mouvement artistique élitiste devant sa survie au soutien de cette même bourgeoisie qu'il disait détester. Révolutionnaire dans son idéologie et dans ses aspirations, il finissait comme un article de consommation de luxe sur le marché capitaliste.

Tel était le destin que *Tel Quel* cherchait à éviter en se démarquant du surréalisme. Dans un essai extrêmement perspicace, publié en 1966 (tout juste avant que la revue n'amorce son virage vers la politique) et intitulé prophétiquement « Les problèmes de l'avant-garde », Marcelin Pleynet, membre de l'équipe éditoriale de *Tel Quel*, notait avec consternation que le surréalisme était simplement devenu un phénomène de salon : « On peut s'étonner qu'un mouvement révolutionnaire aboutisse là surtout lorsque, comme c'est le cas du surréalisme, ce mouvement fut organisé. » Le pronostic de Pleynet pour les avant-gardes des années 1960 (venant principalement des États-Unis) était pessimiste : « À notre époque plus de transgression, plus de subversion, plus de rupture... ou plus exactement à mon avis parodie de transgression, parodie de subversion, simulacre, répétition de la rupture. » En dépit de son pessimisme, Pleynet concluait son essai en suggérant qu'un moyen de sortir de l'impasse de la répétition se dessinait dans la nouvelle conception de l'écriture rendue possible par « les travaux récents de Jacques Derrida, Jacques Lacan, Michel Foucault, Philippe Sollers et quelques autres » (n° 25, 1966).

Au cours des dix années suivantes, *Tel Quel* tenta d'éclairer cette voie hors de l'impasse si lucidement analysée par Pleynet ; et plus il avançait, plus il reproduisait, avec ses propres variantes, l'aventure politique du surréalisme. De 1967 à 1971 – années de ferveur révolutionnaire associées aux événements de mai 1968 – il poursuivit son alliance avec le parti communiste ; puis, à la fin de 1971, juste après avoir publié sa critique la plus virulente de l'idéalisme surréaliste (n° 46), *Tel Quel* amorça une rupture de gauche avec les communistes, dénonçant « l'empirisme, le dogmatisme, le révisionnisme » (n° 47, 1971) et entamant sa propre lutte révolutionnaire d'avant-garde. De même que les surréalistes avaient répudié Staline au profit de Trotski, théoricien de la révolution permanente, *Tel Quel* se faisait désormais le champion de la révolution culturelle chinoise et de son leader, Mao Tsé-toung. En 1974, lorsque les communistes français et les socialistes mirent en place une politique d'alliance aux relents « révisionnistes », *Tel Quel* rompit même avec Jacques Derrida, lequel soutenait cette alliance.

Mais au cours de l'été 1974, après un voyage en Chine qui avait initialement suscité beaucoup d'enthousiasme, une nouvelle faille apparut. Julia Kristeva, qui suivait une formation de psychanalyste, publia un article dans *Tel Quel* (n° 58) dans lequel elle affirmait sans ambages : « Il n'existe aucune politique marxiste pour des sujets en procès. » Or, étant donné que le « sujet en procès » était un concept central dans la théorie de Kristeva (ce terme désignait, entre autres choses, le praticien de l'écriture d'avant-garde), cette déclaration pouvait être lue comme une condamnation ouverte du marxisme, maoïste ou autre. Il fallut encore deux ans, pourtant, avant que *Tel Quel*, dans le numéro d'hiver 1976, se dissocie formellement du marxisme : « Les événements qui se déroulent actuellement à Pékin ne peuvent qu'ouvrir définitivement les yeux des plus hésitants sur ce qu'il ne faut plus s'abstenir de nommer la "structure marxiste"... Il faut en finir avec les mythes, tous les mythes. » Dans le numéro suivant, Jean-Louis Houdebine, qui avait été un des critiques les plus acharnés du surréalisme, publia un essai très critique sur la manière dont le réalisme socialiste avait été institué en Union soviétique en 1934, conjointement à la condamnation de Joyce et d'autres écrivains modernistes ; en passant, il louait Breton pour son ferme refus du stalinisme et du réalisme socialiste.

Ainsi *Tel Quel* bouclait-il la boucle : « Nous avons revécu une vieille aventure à laquelle sans doute nous avons nous-mêmes mis fin. » Regardant derrière lui en 1980,

Sollers simultanément constatait la répétition et déclarait l'avoir dépassée. Le théoricien des années 1960 et 1970, qui avait exalté la contradiction, célébrait maintenant la fin d'une contradiction particulièrement contrariante, celle qui avait hanté (et fini par décourager) toutes les avant-gardes occidentales, « la contradiction entre l'art et l'engagement politique ».

Sollers répétait-il, quatorze ans plus tard, les conclusions pessimistes énoncées par Pleynet juste avant que *Tel Quel* ne s'embarque dans son aventure : « À notre époque, il ne peut y avoir qu'une parodie de transgression, un simulacre de la rupture » ? Dans la même interview, il déclarait : « Je crois qu'en effet cette histoire des avant-gardes européennes est terminée... Avant-garde c'était un terme qui voulait dire que la société allait suivre, évoluer, etc., eh bien, des expériences multiples montrent que, pas du tout, il y a une contradiction, et les gens d'avant-garde se retrouvent dans des places figées, ce sont des perroquets, si vous voulez, du pouvoir. »

Il est intéressant de noter que le théoricien marxiste Peter Bürger a abouti à une conclusion similaire : la notion d'avant-garde est une notion strictement « historique » – morte et enterrée, dépassée après le surréalisme. Et cependant, comme le démontre l'histoire de *Tel Quel*, la poursuite simultanée de deux impératifs également irrésistibles – changer la vie, transformer le monde – donne à l'entreprise avant-gardiste une séduction qui se renouvelle à chaque génération. *Tel Quel* est mort, mais il se peut que le rêve qu'il a autrefois représenté ne le soit pas.

Voir aussi 1924, 1937 (mars), 1953, 1985.

Bibliographie : Georges Bataille, *Œuvres complètes*, vol. II (Paris, Gallimard, 1970). André Breton, *Manifeste du surréalisme*, in *Œuvres complètes*, éd. Marguerite Bouvet, vol. Ier (Paris, Gallimard, 1932) ; « Pour un art révolutionnaire indépendant », in *la Clé des champs* (Paris, Sagittaire, 1953), pp. 36-41. Jean-François Fourny, « "La deuxième vague" : *Tel quel* et le surréalisme », *French Forum*, n° 2 (1987), pp. 229-238. Maurice Nadeau, *Histoire du surréalisme ; documents surréalistes* (Paris, Seuil, 1970).

Susan Rubin Suleiman

1961

Raymond Queneau publie, en un volume, *Cent Mille Milliards de poèmes*

A-t-on touché au vers ?

En 1894, Séphane Mallarmé s'était exclamé : « On a touché au vers ! » (*Œuvres complètes*, p. 643). Il se référait à la mise en péril du vers régulier, canon collectif, par l'apparition de vers « libres », se donnant à chacun des règles individuelles. Triomphe du subjectif, et de ce qu'il appelle la « sentimentale bouffée », le vers libre semblait à Mallarmé oublieux de la fonction quasi communielle du vers. Près d'un siècle plus tard, la situation s'est retournée. Le vers libre vieillissant est aujourd'hui la forme canonique de la poésie française et, comme Jacques Roubaud le suggère dans *la Vieillesse d'Alexandre* (1978), plus personne ne songerait à y reconnaître quelque enjeu que ce soit. À l'inverse de Mallarmé, quoique dans un même esprit, Roubaud s'exclamerait pour un peu : « On n'a pas assez touché au vers ! » Les poètes français, honteux – particulièrement depuis le surréalisme – d'écrire encore en vers (libre ou non, peu importe ici), se sont efforcés d'en occulter le fait. Le vers « libre » ne leur a servi qu'à minimiser le scandale que constitue l'écriture versifiée, en se cantonnant dans une simple forme de non-prose. Rétrospectivement, la « libération » du vers apparaît comme un leurre. Et l'on reconsidère avec quelque désenchantement l'époque de transgression heureuse, ouverte par la « Réponse à un acte d'accusation » de Victor Hugo (*Contemplations*, 1854), où la violation des règles du vers classique était un gage à la fois d'émancipation politique et de réussite esthétique. N'est-il pas temps de se demander ce que le vers « libéré » a fait de sa liberté ? Il semble bien en effet que le vers libre, maintenant plus que centenaire, ait vieilli dans l'insignifiance et sans s'être jamais reconnu lui-même autant dans sa forme que dans ses possibilités.

Il faut en rechercher les causes dans ses origines. Les débuts du vers libre ont été l'occasion d'une confusion durable entre vers et rythme. À vrai dire, ce risque de confusion était déjà en germe dans l'usage du vers classique de faire coïncider le *vers* (métriquement défini par le nombre de syllabes) et le *groupe rythmique* (c'est-à-dire l'ensemble syntaxique délimité par l'accent). Dans le vers classique, cette concordance ne mettait pas en péril l'autonomie du vers, aisément identifiable par son mètre (ou nombre syllabique). Mais avec le vers libre, qui n'a plus d'existence métrique, c'est-à-dire comptée, tout change. Lorsque Gustave Kahn définit l'unité du vers libre comme « un fragment le plus court possible figurant un arrêt de la voix et un arrêt du sens » (« Préface sur le vers libre », 1879), par exemple *Mémorial* (1887) : « Tes bras sont l'asyle/Et tes lèvres le parvis/Où s'éventaient les parfums et les couleurs des fleurs et des fruits[...] », cette définition, qui le réduit à un ensemble rythmique, revient pratiquement à dénier au vers libre toute identité en tant que vers. Elle néglige notamment sa consistance typographique (car, avant tout, le vers libre se présente comme une ligne typographique, qui peut coïncider ou non avec le groupe rythmique). Certes Gustave Kahn envisage aussi une spécificité, sinon du vers libre, tout au moins de la strophe « libre » : allitérations et assonances doivent apparenter les différents vers ; un vers initial ou privilégié donne à la strophe sa physionomie rythmico-phonétique en même temps que sa couleur thématique. Mais ces recommandations harmoniques n'ont jamais donné lieu qu'à des applications fort vagues et ont été rapidement oubliées par les vers-libristes dès qu'ils ont perdu de vue la référence au leitmotiv musical de Wagner qui était implicite chez Kahn. Lorsqu'en 1920 Édouard Dujardin, l'inventeur du monologue intérieur, tente un historique des commencements du vers libre (« Les premiers poètes », 1936), il en rappelle les deux critères constitutifs les plus généralement admis : 1. Le vers libre est une « unité de pensée », la marque d'un jet poétique, « le jaillissement étant le propre de la pensée poétique ». (On voit que l'écriture automatique surréaliste a des racines directes dans la théorie de l'expression impliquée par le vers libre. Il suffira de faire disparaître toute référence au vers pour que la « pensée poétique » puisse jaillir à l'état pur et sans plus de discontinuité.) 2. Le vers libre est non compté : le rythme n'est pas un mètre. (Cette seconde détermination, purement négative, soustrait donc au vers libre tout caractère métrique sans lui en proposer un autre.)

Mais cette définition, parce qu'elle le réduit à son rythme, revient paradoxalement à ruiner par avance l'identité du vers libre. À lui seul, en effet, le rythme est incapable de donner forme au vers. Épousant strictement les contours des groupes syntaxiques, il n'est que le décalque de la forme du discours. Or le jeu du vers n'est possible que si sa forme est de nature extra-linguistique. Cette forme, dans le cas du vers régulier, est le nombre. Un vers régulier est un mètre, c'est-à-dire un nombre ou – dans le cas des vers supérieurs à huit syllabes – une composition de nombres de syllabes (ainsi l'alexandrin se définit-il comme un mètre 6-6). Au même vers régulier peuvent d'ailleurs correspondre deux mètres différents (mais qui ne se mélangent jamais au sein d'un poème) : par exemple, le décasyllabe est soit un mètre 4-6 (« Ce toit tranquille//où marchent des colombes » [Valéry]) soit un mètre 5-5 (« Nous aurons des lits//pleins d'odeurs légères » [Baudelaire]). Le nombre – comme la césure qui délimite la composition des nombres dans les grands vers – sont des notions métriques. Au sein d'un mètre donné, le nombre et donc la césure sont nécessairement fixes. Les accents en revanche relèvent du rythme ; leur nombre et leur place sont variables et n'intéressent pas directement la métrique. Bien qu'ils coïncident généralement avec les limites métriques (césure et fin de vers), l'histoire du vers moderne a prouvé qu'ils en sont relativement indépendants. Ainsi, dans les deux vers de Mallarmé (« À la nue accablante tu », in *Œuvres complètes*, p. 76) : « Quel sépulcral naufrage (tu/Le sais, écume, mais y braves) », il est clair que le premier vers finit sur une syllabe inaccentuée, et reçoit son identité métrique uniquement du nombre octosyllabe.

La confusion du métrique et du rythmique, exploitée par les vers-libristes, est cependant rendue excusable par une longue tradition d'incompréhension de la césure (souvent identifiée à une notion rythmique : la limite définie par l'accent le plus fort du vers ; alors qu'elle est une position numérique fixe). Elle a été renforcée par l'usage d'appellations ambiguës comme « tétramètre classique » ou « trimètre romantique », termes qui désignent en fait des configurations rythmiques remarquables : la distribution d'accents 3333 (pour le tétramètre classique : « Et la garde qui veille//aux barrières du Louvre ») ou 444 (pour le trimètre romantique : « Tantôt des bois, tantôt//des mers, tantôt des nues » [Hugo]) – distributions qui ne définissent nullement des mètres, comme cela ressort clairement du fait que, dans tous les cas cités, c'est le maintien d'une limite de mot à la césure qui assure l'identité métrique de l'alexandrin 6-6.

Cette longue confusion entre mètre et rythme explique sans doute que le vers libre, en ses débuts, ait cru trouver une identité métrique dans sa simple dissolution dans le rythme. C'était du même coup condamner le vers à ne pouvoir jamais se désolidariser du discours pour produire des effets spécifiques de rejet ou d'enjambement. Or tout le jeu du vers tient à cette virtualité de discordance entre vers et syntaxe, à tel point que Jean-Claude Milner a pu écrire que « la notion d'enjambement, qui n'est rien d'autre que la possibilité d'une contradiction entre limite syntaxique et limite poétique, se trouve analytiquement contenue dans celle de vers » (« Réflexions sur le fonctionnement du vers français », 1982). C'est cette discordance qui provoque une double lecture du vers, selon les limites métriques et selon les limites syntaxiques, et produit ainsi la polysémie du discours poétique. Qu'on songe par exemple aux effets de sens entraînés par cette discordance du mètre et de la syntaxe dans un vers de Jules Laforgue comme « Le peignoir sur la chair//de poule après le bain », où la notation sensuelle du premier hémistiche est tournée en dérision par la brusque désublimation du second.

Mais de tels effets, où la discordance entre mètre et syntaxe amorce une véritable polyphonie du discours, seraient interdits à un vers libre réduit à son rythme, et rendu par là même strictement monologique. Mais l'identification du vers libre à son profil rythmique pèche par aveuglement. Elle néglige le caractère le plus manifeste, le plus positif, du vers libre, qui est non pas d'être « libre » numériquement (il est plutôt hors nombre) mais de rester un vers *typographiquement*. La véritable définition du vers libre est en effet extra-linguistique : il est avant tout une ligne, et la décision d'aller à la ligne n'est nullement définie à partir des propriétés syntaxiques et donc rythmiques du discours. C'est seulement en usant à son tour de la discordance entre mètre et syntaxe qui définit tout vers, que le vers libre peut trouver une véritable fécondité poétique. Or, pour l'essentiel, il ne l'a pas fait.

Jacques Roubaud, dans *la Vieillesse d'Alexandre*, note ainsi que l'histoire du vers libre reproduit en accéléré celle de l'alexandrin. Après des tâtonnements exploratoires se serait instauré entre 1910 et 1930 un « classicisme du vers libre ». Effectivement le vers libre de ces années-là partage un point essentiel avec l'alexandrin classique : il coïncide quasiment toujours avec un ensemble syntaxique, répétant ainsi les plus strictes prescriptions de concordance syntactico-métriques du vers classique. Il faut toutefois remarquer que le « classicisme du vers libre » reste très en deçà du classicisme du vers régulier. Le vers régulier classique est régi par la recherche de parallélismes ou de symétries formels, qui servent à connoter un ensemble de relations sémantiques analogiques et contrastives. Un vers comme celui de Malherbe « Et les fruits passeront//la promesse des fleurs » ne se borne pas à faire tenir la phrase dans les limites de l'alexandrin ; grâce à sa régularité rythmique, il en symétrise les allitérations pour connoter la métamorphose des fleurs en fruits, la conversion de la promesse en son dépassement. Rien de tel dans le vers libre concordant. Du coup, on assiste à l'une des périodes les plus ternes de la versification française, où le vers se contente mécaniquement d'aller à la ligne en fin de groupe syntaxique, comme dans ces vers de Philippe Soupault :

> Je me promenais dans Londres un été
> les pieds brûlants et le cœur dans les yeux
> près des murs noirs près des murs rouges
> près de grands docks
> où les policemen géants
> sont piqués comme des points d'interrogation (*Westwego*, 1917-1922).

Cette platitude apparaît particulièrement choquante dans l'ambiance de « révolution poétique » que se plaisent à revendiquer les surréalistes – même s'il faut noter des recherches plus intéressantes du côté de Pierre Reverdy et de Paul Eluard.

À ce « classicisme du vers libre » aurait succédé, selon Jacques Roubaud, dans les années 1940-1960, un « 18e siècle du vers libre ». Par là, Roubaud désigne une période où, contradictoirement, le vers libre s'est imposé simultanément comme forme institutionnelle de la poésie et comme signe de transgression. La pratique du vers libre, que n'accompagne aucune réflexion sur son fonctionnement, se montre incapable de créer autre chose qu'un antialexandrin. Hanté par l'alexandrin qu'il s'efforce d'éviter, le vers libre, qui repose sur les mêmes principes, ne cesse en fait de le retrouver et de le camoufler, à quelques exceptions près, notamment dans l'œuvre d'Yves Bonnefoy.

C'est seulement au début des années 1960 que les poètes se décident à « toucher » au vers libre. Dans cette direction, c'est clairement Denis Roche qui va le plus loin avec ses recueils *Récits complets* (1963), *Éros énergumène* (1968) et *le Mécrit* (1972). Il tire toutes les conséquences d'une définition minimale mais réaliste du vers libre comme ligne typographique. Il « libère » ainsi le vers « libre », montrant l'autonomie de sa forme typographique vis-à-vis du discours dans des vers comme :

après déjeuner, deux années après, alors qu'il avaiT
appris à l'arrière au front en selle à dé-
plier la bâche à rêver : « est-ce celui qu'iL
aurait voulu être un jour ? Nulle parT *(Éros énergumène)*

où il apparaît que rien ne contraint une fin (ni même un début) de vers à concorder avec des limites de mot. Quant à la majuscule de début de vers, elle est une convention métrique que rien n'empêche de subvertir. Cependant, on ne saurait méconnaître que, chez Denis Roche, l'exposition des virtualités du vers coïncide avec le projet avoué de son exténuation critique. Au-delà de toute forme conventionnelle, c'est-à-dire de toute forme métrique, Denis Roche vise une scansion d'ordre pulsionnel qui se manifeste au mieux dans la défiguration des formes reçues. En cela, il demeure le continuateur de la tradition avant-gardiste de la fin du XIXe siècle, appliquant au vers libre une transgression analogue à celle qui fut infligée au vers régulier, et accordant à cette violation une identique valeur d'émancipation politique.

Jacques Roubaud, dans ses poèmes, prend une tout autre direction. Il se propose un accomplissement du vers d'inspiration à la fois mallarméenne et « OuLiPienne ». S'il y a dépassement du vers, ce n'est plus dans sa transgression, mais dans la généralisation de son principe. Encore faut-il admettre avec Roubaud que le Vers doit se comprendre au sens très large d'un ordonnancement de relations d'ordre à la fois arithmétique et harmonique. Mettre le sonnet à la puissance 14, tel était déjà le projet de Raymond Queneau, réalisé avec des moyens encore artisanaux dans *Cent Mille Milliards de poèmes* (1961), où dix sonnets autorisaient par un jeu de papiers découpés la combinatoire de leurs quatorze vers respectifs. Jacques Roubaud pour sa part opère plus nettement encore le passage du vers au *dispositif* poétique dans un recueil comme *C-* (1967). Il y conjugue un ensemble complexe de règles d'engendrement (positions du jeu de go, « sonnets de sonnets », « paragraphes » dont la couleur thématique est définie par des symboles logico-mathématiques) pour produire les différentes séquences poétiques du livre. Le dispositif (le Vers) comprend le vers comme un de ses possibles mais le déborde puisqu'il pourra également donner lieu à des « sonnets en prose ». Insensiblement Jacques Roubaud, membre de longue date de l'OuLiPo (Ouvroir de Littérature Potentielle, fondé par Queneau en 1961), puis de l'Alamo (Atelier de Littérature Appliquée à la Mathématique et à l'Ordinateur, né en 1981), prépare la conversion du Vers en « programme » de production de textes. Cela ne va pas sans perte au moins d'une des fonctions du vers, compris au sens strict : les contraintes métriques n'ont jamais procédé d'une décision purement arbitraire ; elles ont toujours eu pour logique d'opérer une stylisation de la forme phonologique de la langue. En passant du vers au dispositif, le poème oublie cette affinité qu'il entretenait avec la langue, une affinité qui lui permettait de donner à entendre la langue dans son épure phonologique, rythmique, syntaxique. La poésie se voit donc assigner de nouvelles tâches. Elle préside désormais à la production d'une littérature de simulation. Par là, il faut entendre un nouveau type de textualité, né d'une manipulation discursive expérimentale, hors de toute « circonstance » subjective ou historique. La productivité infinie des dispositifs fait éclater les limites du texte et du livre. Littérature infinie, et à vrai dire sans véritable auteur, la littérature de simulation est également confrontée à l'impossibilité (à l'inutilité) d'un lecteur susceptible d'en épuiser la combinatoire. Son meilleur destinataire est sans doute l'ordinateur lui-même, seul capable d'une telle tâche. Le vers libre vieillissant aura ainsi troqué ses habits usés d'éternel libertaire contre ceux, plus actuels, d'informaticien solipsiste.

Voir aussi 1627, 1827 (décembre), 1885 (février), 1885 (juin).

Bibliographie : Paul Claudel, « Positions et propositions sur le vers français » (1925), in *Œuvres en prose* (Paris, Gallimard, 1965). Benoît de Cornulier, *Théorie du vers* (Paris, Seuil, 1982). Édouard Dujardin, « Les premiers poètes du vers libre », in *Mallarmé par un des siens* (Paris, Messein, s.d.). Maurice Grammont, *le Vers français* (Paris, Delagrave, 1937). Laurent Jenny, « Du vers au dispositif », in *la Parole singulière* (Paris, Belin, 1990). Gustave Kahn, « Préface sur le vers libre », in *Premiers Poèmes* (Paris, Mercure de France, 1897). Stéphane Mallarmé, « Sur l'évolution littéraire » (1891), « La musique et les lettres » (1894), in *Œuvres complètes*, éd. Henri Mondor et Georges Jean-Aubry (Paris, Gallimard, 1945). Jean-Claude Milner, « Réflexions sur le fonctionnement du vers français », in *Ordres et raisons de langue* (Paris, Seuil, 1982). Denis Roche, *Éros énergumène* (Paris, Seuil, 1968). Jacques Roubaud, *la Vieillesse d'Alexandre* (Paris, Maspéro, 1978).

Laurent Jenny

1962, novembre

Après huit années de guerre, l'Algérie devient indépendante

L'école de l'indépendance

Sous la troisième République (1870-1940), l'Algérie se résumait pour la plupart des Français aux quelques clichés qui leur restaient de la lecture de *Tartarin de Tarascon*, d'Alphonse Daudet (1892), un des classiques de l'école primaire d'alors. Parallèlement, dans l'imaginaire d'une élite décadente, les vastes étendues du territoire algérien commençaient à faire l'office d'une réserve où les différences se laissaient cultiver sous la protection du drapeau français. Perçue comme un mélange de sensualité et de pureté orgueilleuse, d'oasis et de désert, l'Algérie servait de catalyseur aux écrivains désireux de rompre avec la culture parisienne. André Gide attendra son *Voyage au Congo* (1925) pour découvrir (et dénoncer) le colonialisme. En 1893, en Algérie, c'est le plaisir qu'il découvre : ses oasis lui ont révélé le goût des nourritures terrestres.

C'est aux alentours de la Seconde Guerre mondiale que les Algériens, lassés de poser pour ces descriptions exotiques, sont entrés activement dans la littérature française ; mais ils n'ont pu le faire qu'en recourant à une langue qui était celle de leurs colonisateurs. Ce déchirement linguistique fut décrit par l'écrivain tunisien Albert Memmi comme un aspect particulièrement douloureux de l'aliénation subie par les colonisés. Analysant la situation coloniale dans *Portrait du colonisé* précédé du *Portrait du colonisateur* (1957), il parlait du « drame linguistique » qui sévissait à l'intérieur du colonisé : « Sa langue maternelle est l'humiliée, l'écrasée [...] De lui-même, il se met à écarter cette langue infirme, à la cacher aux yeux des étrangers » (pp. 126-127). Le succès de la lutte pour la libération nationale passait par la fin de cette automutilation. Dans le contexte de la décolonisation, le concept d'une littérature algérienne « écrite en français » était une contradiction dans les termes et l'indépendance politique, pensait-on, allait être rapidement suivie d'une indépendance culturelle et linguistique. Pourtant, depuis 1962, les œuvres écrites en français par des auteurs maghrébins n'ont fait que se multiplier. Ce constat amena Memmi à se désavouer trente ans plus tard, en préfaçant son anthologie, *Écrivains francophones du Maghreb* (1985) : « Sans cesser de croire que la langue arabe trouvera enfin la place qu'elle mérite, j'ai dû admettre que l'inertie de la coutume était plus puissante que l'espérance logique ou sentimentale » (p. 11).

En Algérie, cet état de chose reflète un profond pluralisme linguistique. En dehors de l'arabe classique et dialectal, il existe plusieurs langues parlées – et cette situation ne date pas de la conquête française : le kabyle dans les montagnes de Kabylie, le touareg dans le désert, le mozabite dans les oasis. Ces langues sont elles-mêmes divisées en dialectes. De surcroît, le plus grave problème de l'Algérie a été et reste l'analphabétisme : en 1962, 85 % de sa population non seulement ne parlait pas français, mais ne savait ni lire ni écrire, que ce soit l'arabe ou le français. Aujourd'hui, un grand nombre d'Algériens sont encore illettrés. Ainsi les écrivains algériens étaient-ils obligés de se tourner vers la France pour trouver des lecteurs.

Avant l'indépendance, la plupart des écrivains algériens étaient des enseignants ; ils devaient donc leur éducation au système scolaire colonial. Le poète Jean Amrouche et le romancier Mouloud Feraoun en sont de bons exemples (Feraoun fut assassiné en 1962 par l'O.A.S., organisation terroriste d'extrême-droite qui cherchait alors désespérément à saboter la reconnaissance finale de l'indépendance algérienne par de Gaulle). L'écriture de ces hommes est emblématique de la contradiction dans laquelle s'enracine la littérature maghrébine de cette génération, une contradiction que l'indépendance n'a pas suffi à résoudre. Amrouche a traduit des chants populaires en français. Dans l'introduction aux *Chants berbères de Kabylie* (1939), il insiste sur les racines maternelles de cette poésie populaire orale : « Un homme dont la vie n'est pas séparée de la vie de la Mère, écrit-il, est naturellement un poète » (p. 13). Mais précisément, avec les *Chants berbères*, la chanson ne devient littérature qu'en s'exilant en français : transcription et traduction, ici, constituent un seul et même geste de séparation et d'éloignement. Le recueil d'Amrouche est emblématique du sort de la littérature algérienne : une littérature née de la rupture de ce que Kateb Yacine appellera le « lien ombilical » avec la langue maternelle.

En 1960, Feraoun a publié un livre du même type, la traduction des poèmes de Si-Mohand, le barde kabyle le plus célèbre du XIXe siècle (*les Poèmes de Si-Mohand*). Mais Feraoun a été avant tout un romancier. *Le Fils du pauvre* (1950), sa première œuvre originale, est un roman autobiographique. Grâce au système éducatif colonial, un jeune Kabyle échappe à la pauvreté qui écrase son peuple en devenant instituteur.

Le français n'est pas sa langue maternelle. Curieusement pourtant, dans cette histoire d'apprentissage, le franchissement de la barrière linguistique ne laisse pratiquement aucune trace textuelle. Quelques mots d'arabe ou de kabyle apparaissent bien dans le roman, avec leur traduction en bas de page. Mais le narrateur ne thématise jamais le fossé qui sépare la langue qu'il parlait étant enfant de celle qu'il enseigne et dans laquelle il écrit maintenant qu'il est adulte. Dans le récit de ses premières journées d'élève de l'école française, rien ne laisse soupçonner l'importance de la frontière linguistique qu'il est en train de franchir. Ce n'est que des années plus tard, après avoir été reçu au certificat d'études, qu'il remarquera : « Il fut surpris et heureux de montrer qu'il savait le français » (*le Fils du pauvre*, p. 99). Encouragé par ce succès, il tente de passer le concours de titularisation et se trouve confronté au sujet de rédaction suivant : « Votre père, ouvrier en France, est ignorant. Il vous parle des difficultés qu'y rencontrent ceux qui ne savent ni lire, ni écrire, de ses regrets de n'être pas instruit, de l'utilité de l'instruction » (*ibid.*, p. 103). La rédaction n'est pas reproduite dans le roman, mais on pourrait dire que le roman lui-même montre l'apprenti instituteur en position de scribe de son père illettré. Le fils du pauvre renverse la situation proposée dans le sujet de rédaction : la capacité d'écrire l'histoire du fils du pauvre est précisément ce qui fait la différence entre le pauvre et son fils. D'un côté, le père, qui ne sait pas écrire, a dû s'expatrier à Paris et devenir ouvrier dans un pays dont il ne parle pas la langue ; de l'autre, en devenant instituteur, Feraoun échappe au destin du travail émigré, mais, ce faisant, perd sa langue maternelle. Pendant la guerre d'Algérie, des partisans de l'indépendance ont reproché à Feraoun de défendre le système scolaire français colonial dans lequel il voyait un moyen d'émancipation. Il avait effectivement assimilé l'idéal pédagogique de la troisième République : pour lui, la frontière entre deux langues (entre le kabyle et le français, ou même entre la langue parlée et la langue écrite) était moins importante que celle qui sépare ceux qui savent écrire de ceux qui ne savent pas.

Mohammed Dib (né en 1920), autre enseignant écrivain, a été plus sensible que Feraoun aux pièges de l'assimilation telle qu'elle était pratiquée par l'école coloniale. L'une des premières scènes de *la Grande Maison* (1952) se passe dans une école « franco-arabe », l'une des rares institutions où quelques enfants arabes sont autorisés à recevoir une éducation française. Nous sommes en 1939, au début de la Seconde Guerre mondiale. La leçon du jour traite de la notion de patrie. L'instituteur algérien propose une définition : « Quand de l'extérieur viennent des étrangers qui prétendent être les maîtres, la patrie est en danger » (p. 22). Cet énoncé est suivi d'un coup de théâtre, et Omar, le jeune protagoniste, aura besoin de tout le roman pour en comprendre pleinement la portée. « Omar, surpris, entendit le maître parler en arabe. Lui qui le leur défendait ! C'était la première fois ! Bien qu'il n'ignorât pas que le maître était musulman – il s'appelait M. Hassan, – ni où il habitait, Omar n'en revenait pas. Il n'aurait même pas su dire s'il lui était possible de s'exprimer en arabe. D'une voix basse, où perçait une violence qui intriguait : – Ça n'est pas vrai, fit-il, si on vous dit que la France est votre patrie... » (p. 23) Le roman se termine lorsque les sirènes se font entendre. La guerre a commencé. C'est un exercice de défense antiaérienne. Mais Omar n'est pas ému par les ennuis des Français, ces envahisseurs étrangers qui sont à leur tour envahis par des étrangers qui se prétendent leurs maîtres.

Pour les Français, la fin de la Seconde Guerre mondiale fut une libération ; mais il n'en a pas été de même pour les Algériens. En mai 1945, une insurrection générale était suivie d'une répression brutale au cours de laquelle des dizaines de milliers d'Algériens trouvaient la mort. Alors élève du secondaire, Kateb Yacine (1929-1989) prit part à ces manifestations antifrançaises, fut emprisonné et se vit interdire l'accession à des études supérieures. Dans son premier roman, *Nedjma* (1956), Kateb entrelace ses souvenirs de lycée et ceux de l'insurrection. Lakhdar, l'élève mis à la porte du lycée après les manifestations, prend le train pour rentrer chez lui. Lui seul, dans son compartiment, peut lire les noms des gares, écrits en français, et il découvre que le système d'enseignement dont il venait d'être rejeté allait lui faire trahir son univers linguistique. « Ah ! Si nous avions nos propres trains... D'abord les paysans seraient à l'aise. Ils n'auraient pas besoin de se trémousser à chaque station, de crainte d'être arrivés. Ils sauraient lire. Et en arabe encore ! Moi aussi j'aurais à me rééduquer dans notre langue. Je serais le camarade de classe grand-père... » (p. 63). Dans cet épisode, l'école française cesse d'être présentée comme un facteur de conciliation, une institution destinée à catalyser l'assimilation ; elle est un lieu où les contradictions deviennent visibles et explosives. Alors que l'école de Feraoun était un symbole de pacification, celle de Kateb accentue l'impression d'impasse, de perte et de trahison. Dans *Nedjma*, l'image la plus forte de l'insurrection est celle du vieux Si Mokhtar, qui, à Constantine, en mai 1945, « défila seul à travers la ville, devant les policiers médusés, avec un bâillon portant deux vers de son invention que les passants en masse gravèrent dans leur mémoire : Vive la France/les Arabes silence » (p. 156). Cette scène constitue, comme en raccourci, la dramatisation de ce que Kateb lui-même dit de son roman, une œuvre algérienne et « arabe », malgré tout écrite en français. « Conçue et écrite en français, notaient ses éditeurs, *Nedjma* reste une œuvre profondément arabe, et sur laquelle on ne peut porter un jugement valable si on la sépare de la tradition à laquelle, jusque dans ses reniements, elle ne cesse d'appartenir » (p. 6).

C'est sur l'évocation de la violence linguistique que se termine également le deuxième roman autobiographique de Kateb, *le Polygone étoilé* (1966). Le narrateur, né dans une famille de lettrés, se souvient que dans son enfance tous s'attendaient à ce qu'il devînt écrivain – en arabe, Kateb veut dire écrivain – mais un écrivain qui, justement, écrirait en arabe, « comme son père, comme sa mère, comme ses oncles, comme ses grands-parents » (p. 179). Mais c'est dans une école française que son père, un magistrat musulman, l'envoie. Cette décision conduira à l'explosion de jalousie sur laquelle s'achève *le Polygone étoilé* : la mère ne peut pas supporter que son fils cherche l'approbation de l'institutrice française, qui, croit-elle, l'a gagné à une langue qu'elle-même ne parle pas. Kateb évoque cet instant de trahison dramatique : « Jamais je n'ai cessé, même aux jours de succès près de l'institutrice, de ressentir au fond de moi cette seconde rupture du lien ombilical, cet exil intérieur qui ne rapprochait plus l'écolier de sa mère que pour les arracher, chaque fois un peu plus, au murmure du sang, aux frémissements réprobateurs d'une langue bannie, secrètement, d'un même accord, aussitôt brisé que conclu [...] Ainsi avais-je perdu tout à la fois ma mère et son langage, les seuls trésors inaliénables – et pourtant aliénés ! » (pp. 179-180)

Certains écrivains, comme Rachid Boudjedra (né en 1951), ont tenté de résoudre ce conflit en revenant à l'arabe et en se faisant publier à Alger. Mais la langue n'est qu'une pièce dans un système plus vaste : le genre romanesque lui aussi était étranger à la tradition littéraire maghrébine et, au même titre que la langue française, il restait le symptôme d'une domination culturelle parisienne postcoloniale. Aussi l'évolution de Kateb vers un théâtre populaire constitue-t-elle un effort pour échapper au roman et renouer avec l'inspiration orale d'une culture dans laquelle, encore récemment, le mode narratif ne passait pas par le papier.

« Pour qui écrit-on ? » la question que pose Sartre dans *Qu'est-ce que la littérature ?* (1947) devient tragiquement problématique dans une culture qui ne dispose pas d'audience littéraire. Kateb se fixera à Annaba, près d'Alger, avec l'intention explicite de créer un public pour la littérature. *Mohammed prends ta valise* (1971) ne laisse planer aucun doute sur le public auquel il choisit de s'adresser. Cette première des pièces qu'il produira en arabe populaire jouira d'un grand succès parmi le public algérien, que ce soit en Algérie ou en France. Le personnage central est un travailleur émigré, une figure caractéristique de la vie algérienne contemporaine. Mais autour du nomade moderne qu'est ce prolétaire déraciné, se multiplient les échos d'une culture nomade traditionnelle, des chants populaires, des contes anciens ou des légendes. À l'inverse du langage imprimé, rigide, la parole scénique est plus souple et reflète plus facilement la complexité du langage quotidien ainsi que la pluralité des langues qui coexistent en Algérie. Elle permet d'éviter les choix linguistiques stricts imposés par l'écrit et, plus encore, par l'écrit imprimé, ainsi que l'uniformité et l'appauvrissement qu'ils entraînent. Kateb, avec ses jeux entre les langages, porte à ébullition le chaos linguistique dans lequel vivent la plupart des Algériens de nos jours.

Jacqueline Arnaud a comparé le retour de Kateb à l'expression orale à la collecte par Gérard de Nerval des chansons du Valois. Il existe plusieurs manières d'envisager ce retour au modèle de Si-Mohand – modèle du barde qui s'adresse à un peuple illettré. Pourtant, les expériences de théâtre populaire de Kateb ne peuvent être réduites à un simple retour à l'oralité de la langue maternelle. Kateb ne se laisse pas séduire, comme Amrouche l'avait fait, par la nostalgie d'une mère patrie qui aurait perdu son unité et sa pureté originelles, culture exempte de divisions et de contradictions. Dans son théâtre, le retour à l'oral ne se présente pas comme la résurrection d'une essence algérienne archaïque et éternelle qui aurait été détruite ou corrompue par la colonisation, mais plutôt comme l'exploration d'une communauté et d'un peuple à venir. Pour Kateb Yacine, le peuple n'existe pas encore, le « peuple manque ». Il faut le produire ! Pour l'exégète attentive et fraternelle de l'œuvre de Kateb qu'était Jacqueline Arnaud, ce radicalisme rejoint plutôt celui qu'un écrivain comme Antonin Artaud avait tenté de promouvoir en France dans les années 1930 avec son théâtre de la cruauté, théâtre qui s'élève de manière radicale contre l'impérialisme du texte écrit. Kateb, écrit-elle, « remet en question le concept même de l'écrivain maghrébin de langue française » (*Recherches sur la littérature maghrébine de langue française*, p. 1009) ; il choisit de « risquer son existence même en tant qu'écrivain maghrébin de langue française » (*ibid.*, p. 1011). Peut-être même, suggère-t-elle, va-t-il jusqu'à contester la notion même d'écrivain.

Après Kateb, la littérature maghrébine ne s'est pas éteinte. D'autres écrivains se sont imposés pour relever des défis qui ne sont plus seulement ceux de la langue ou de l'identité. Au Maroc, des auteurs comme Abdellatif Laabi, Mohammed Khaireddine, Abdelkébir Khatibi ou Tahar Bendjelloun ; en Tunisie, Mohammed Tlili ou Abdelwahab Meddeb ; en Algérie encore, des poètes ou romanciers comme Nabile Farès, Rachid Mimouni, Habib Tengour ou Assia Djebar, tous et toutes, ont su montrer que, sans oublier qu'historiquement elle était fille d'une situation inique, cette littérature délivrait un message qui dépasse la simple révolte. Ce que les œuvres de ces écrivains montrent à l'évidence, c'est que la littérature maghrébine existe. Elle n'aura pas été qu'un feu de paille. Hier, elle dénonçait un système qui, en lui donnant voix, lui avait fait perdre sa langue. Aujourd'hui, à travers une grande diversité de styles et de thématiques, elle produit des œuvres, écrites en français, qui aident à comprendre le « nouveau monde » issu, comme le dit Farès, de l'indépendance de l'Algérie.

Voir aussi 1847, 1911, 1935, 1968 (février).

Bibliographie : Jean Amrouche, *Chants berbères de Kabylie* (Paris, Charlot, 1947). Jacqueline Arnaud, *Recherches sur la littérature maghrébine de langue française : le cas de Kateb Yacine*, 2 vol. (Paris, L'Harmattan, 1982). Réda Bensmaïa, « Traduire ou "blanchir" la langue », *Hors cadre*, n° 3 (1985), pp. 187-206. Mohamed Dib, *la Grande Maison* (Paris, Seuil, 1952). Mouloud Feraoun, *le Fils du pauvre* (Paris, Seuil, 1954). Henri Gobard, *l'Aliénation linguistique (Analyse tétraglossique)* [Paris, Flammarion, 1976]. Kateb Yacine, *Nedjma* (Paris, Seuil, 1981) ; *le Polygone étoilé* (Paris, Seuil, 1966). Abelkébir Khatibi, *le Roman maghrébin* (Paris, Maspéro, 1968). Albert Memmi, *Écrivains francophones du Maghreb : anthologie* (Paris, Seghers, 1985) ; *Portrait du colonisé* précédé du *Portrait du colonisateur* (Paris, Gallimard, 1987).

Réda Bensmaïa

1966

Parution d'une revue de poésie, *l'Éphémère*

Lieu de la poésie, poésie du lieu

En France comme ailleurs, la publication d'œuvres peu susceptibles d'intéresser une vaste audience est au mieux problématique ; et la poésie est, de tous les genres littéraires, celui qui souffre le plus de cette situation. Le pragmatisme des éditeurs est une des nombreuses raisons pour lesquelles la poésie reste hors des créneaux assurés, toujours et partout à la recherche d'un lieu.

Mais peut-être serait-ce une erreur de vouloir à tout prix localiser cette place entre les couvertures d'un livre. En France, en particulier, les revues de poésie, qu'elles soient d'avant-garde ou non, sont proches du monde de l'art et résultent d'une impulsion interdisciplinaire. La collaboration entre artistes et poètes, comme celle d'Alberto Giacometti et d'Yves Bonnefoy, résonne dans un espace qui se ne limite pas aux pages imprimées. En 1966, une revue, *l'Éphémère*, s'est moins placée sous l'invocation d'une thématique du lieu ou de l'habitation que du passage et de la fugacité – sous l'invocation du désir paradoxal de demeurer dans l'éphémère. Elle cessera de paraître en 1973, prouvant ainsi qu'elle demeurait fidèle à son titre.

Bonnefoy, Jacques Dupin et André du Bouchet sont les poètes qui lui ont été le plus étroitement associés. Par leur inspiration, leur poésie et leur prose – qu'elle soit lyrique ou critique – sont souvent proches d'une méditation philosophique. Ils citent Héraclite, pour qui l'existence ne peut être vécue que sous la forme du passage (puisqu'il n'est pas accordé à l'homme de demeurer dans l'identité, du moment ou du lieu), et Hölderlin, pour qui la poésie est ce qui donne à l'homme le pouvoir de bâtir une demeure, puisque elle est seule capable de convoquer, c'est-à-dire de nommer ensemble, le lieu et l'instant. « C'est en poète, dit Hölderlin, que l'homme habite sur terre. » Pour Heidegger, dont la philosophie est irradiée par sa méditation sur Hölderlin, le langage poétique a la vertu de créer une demeure où abriter la signification de l'homme, assez spacieuse pour contenir à la fois la fuite du temps et le désir de durer, retenant dans sa pose, dans sa stance, l'intensité ou « l'étonnement » de ce qui vient juste d'être nommé. Dans le sillage de ces réflexions, le désir de plusieurs poètes d'accorder à l'éphémère la vérité de l'homme en même temps que de fonder une demeure semblable à celle qu'ont évoquée Hölderlin et Heidegger est à l'origine du développement de ce que nous appelons poésie du lieu.

Un sentiment extrêmement intense du local, mêlé à un sentiment tout aussi fort du cosmique, caractérise l'œuvre de René Char (1907-1988), ancien surréaliste, résistant actif pendant la Seconde Guerre mondiale. Bien que visant à l'universel, sa poésie a un site : le paysage du Vaucluse, avec sa source (la Sorgue) et sa montagne (le Ventoux) pétrarquiennes, ses souvenirs de Van Gogh et ses bories. Ces bâtisses sans âge – on prétend qu'elles datent de l'époque ligurienne –, simples amas de pierres sèches, entassées sans mortier, évoquent le miraculeux pouvoir de cohésion de ce que Char a appelé le « poème pulvérisé », fragmenté mais éternel. En cette ère de péril nucléaire, Char bâtit : il entreprend, une fois de plus, le geste poétique de l'humanité, confiant dans la solidité des murs de pierres sèches – c'est-à-dire dans le pouvoir du mythe. Les figures qui composent cette structure à la fois récente et antique sont familières aux artistes, à ceux qui lisent et à ceux qui regardent le ciel immémorial. Dans *Aromates chasseurs* (1976), Orion, le chasseur aveuglé par Diane, passe comme un météore humain, traquant son propre être de manière à construire, en acier désormais et « vers nous », une correspondance entre la terre et le ciel – qu'il a quitté pour se consacrer aux tâches humaines :

> Orion
> [...]
> Les traits noircis par le fer calciné,
> Le pied toujours prompt à éviter la faille,
> Se plut avec nous
> Et resta.
>
> Chuchotement parmi les étoiles (*le Nu perdu*, p. 165).

Ce sentiment profondément païen de l'univers résonne d'une dimension écologique et régionale : habiter poétiquement sur terre, c'est habiter politiquement son temps, se trouver une place juste, quand bien même obtenue de haute lutte. Pour dénoncer la pollution de la Sorgue, Char a écrit une pièce poétique, *le Soleil des eaux* (1951). Dans *la Provence point oméga* (1965), il a protesté (rejoint par Picasso) contre l'installation de silos pour têtes nucléaires à proximité du Ventoux. À ses moments les plus forts, ce sentiment du spécifique de sa poésie – qu'il s'agisse d'une protestation contre ou d'une lamentation sur la profanation d'un lieu réel – plaide, avec passion et clarté, la cause d'une vérité humaine, d'un lieu humain qui ne serait pas abandonné aux violations mais deviendrait, enfin, nôtre. Sa conscience de l'exil est aussi poignante que sa volonté de recouvrement. Dans *le Nu perdu* (1971), errant, égaré dans un temps de terreur, privé de demeure, le corps révèle le mouvement de l'âme : celle-ci ne rencontre aucun espace qui soit pour elle origine adéquate ou source de nourriture à venir. Et pourtant, le beau titre *Retour amont* (1966) annonce une remontée à contre-pente et à contre-courant, et à lui seul le paysage (le courant, la pente) suffit à compenser l'aridité de l'état d'abandon de l'homme, son exil et sa nostalgie.

Yves Bonnefoy (né en1923) est le poète le plus explicitement associé à la poésie du lieu. L'un de ses thèmes récurrents – « le vrai lieu » – associe sentiment de plénitude et conscience de la mortalité dans un alliage où se retrouvent des réminiscences artistiques et littéraires qui vont de Shakespeare à l'Orient, en passant par le baroque. Le caractère solidement architectural de sa sensibilité poétique rappelle Baudelaire. Ses images les plus fortes, les plus persistantes, sont celles de la construction et de la limite. Elles résonnent avec l'idée de seuil chez Heidegger. *Dans le leurre du seuil* (1975) – avec son épigramme extraite du *Conte d'hiver*, de Shakespeare : « *They look'd as they had heard of a world ransom'd, or one destroyed* » (« On eût dit qu'ils venaient d'apprendre la nouvelle d'un monde rançonné, ou d'un monde mort ») – est un poème de dimension et de sensibilité épiques. Ses images abondantes sont lourdes de réminiscences classiques : un passeur crie en direction d'un rivage lointain ; plus tard, on découvre un nouveau-né sur une plage :

> Plus avant que l'étoile
> Dans ce qui est
> Se baigne simple l'enfant
> Qui porte le monde (*Poèmes*, p. 258).

Les choses sont rétablies dans leur simplicité et le règne de l'ici et du maintenant cesse d'être contesté, comme dans l'autobiographie lyrique de *l'Arrière-Pays* (1972). Ce pays est toujours autre, séparé du lieu du monde où l'on se trouve et même de celui où l'on pourrait se trouver, comme si la présence du monde, ici et maintenant, n'était intense que parce qu'il semble nous faire signe de loin. Les poèmes de Bonnefoy ont une lumière qui n'appartient qu'à eux ; et que souvent on qualifie de métaphysique. Sa profondeur et sa plénitude sont uniques dans la poésie contemporaine ; une profondeur lumineuse qui constitue une demeure en elle-même :

> Et à ses vitres les feuillages sont plus proches
> Dans des arbres plus clairs. Et reposent les fruits
> Sous l'arche du miroir. Et le soleil
> Est haut encore, derrière la corbeille
> De l'été sur la table et des quelques fleurs (*Dans le leurre du seuil*, p. 322).

Cette vision ne reflète aucunement un optimisme frivole et toutes les journées ne sont pas d'été. Il existe aussi un côté sombre, « la tache noire sur le soleil » ; celui-là même qui est responsable des tons graves de *Ce qui fut sans lumière* (1987). Pourtant, ici encore, l'accent est mis sur la recomposition du monde, sur le seuil qu'on trouve, sur la présence et la promesse de mots riches d'un univers de pensée humaine et de vision généreuse, dans lequel une odeur d'herbe mouillée, un orage d'après-midi ou la fleur la plus modeste ressortent avec la profondeur d'une conscience moderne.

Sa vision du passage comme ultime vérité de l'homme et le regard neuf qu'il jette sur l'art et la poésie rapprochent Jacques Dupin (né en 1927) de Bonnefoy ; mais son intérêt pour le processus réel de l'écriture n'a pas d'équivalent chez Bonnefoy. Dans *l'Embrasure* (1969), il interroge la construction d'un texte poétique continu à partir des rapports réciproques d'un certain nombre d'éléments et la destruction violente nécessairement impliquée dans la création poétique : « Tout nous est donné, mais afin d'être forcé, d'être dévalisé, dans un certain sens d'être détruit – et de nous détruire » (p. 146).

Henri Michaux (1899-1984), génial explorateur de l'espace poétique et psychique qui s'est livré à toutes sortes d'expériences avec des drogues hallucinogènes – entre autres, la mescaline –, n'est pas un poète de la demeure mais un poète du voyage – qu'il a pratiqué sous toutes ses modalités. Le public l'associe souvent au surréalisme, ne serait-ce qu'en raison du tour antilogique que prend souvent son écriture. En 1966, l'année où la mort d'André Breton sonnait le glas du surréalisme, Michaux publiait *les Grandes Épreuves de l'esprit et les innombrables petites*, compte rendu des tribulations liées aux voyages mentaux auxquels il se livrait, *Parcours*, illustré de ses propres gravures, consacré au passage, et une nouvelle édition de *l'Espace du dedans* (1945).

Ces nombreuses descriptions du fonctionnement de l'esprit sous influence des drogues reflètent ce qu'a de central chez lui le désir de lever le voile, de saisir et de révéler les mécanismes complexes du cerveau et de donner ainsi à l'esprit l'occasion de surprendre – sinon de comprendre totalement – sa propre tentative de compréhension. Car, selon Michaux, pour une pensée en acte, il est aussi pénible que rare de s'égaler à cette substance pensante. Ses expériences psychiques prolongent les méditations de Baudelaire sur les effets de la drogue sur l'esprit poétique. Mais elles trahissent une sensibilité moderne – dénuée de sentimentalité, observatrice par essence, lucide même lorsqu'elle expérimente sur ses propres limites. Ailleurs, Michaux, voyageur d'espaces réels autant qu'imaginaires, prolonge les divagations ironiques et pseudo-épiques amorcées dans les années 1930 avec *Un certain Plume*, dans une série de mythes de son invention, de pays et d'êtres étranges, qui composent de longs poèmes narratifs où le récit contrôle de manière minimale les désordres de l'esprit qui cherche à fuir son chaos intérieur, cet effrayant espace du dedans.

Mais le lieu de la poésie, c'est aussi l'espace littéral de la page, comme l'illustrent les « language poets » français avec leur poésie-en-train-de-se-faire. *La Fabrique du pré* (1971), de Francis Ponge (1899-1988) – poète dont la revue *Tel Quel* revendiquait l'héritage –, découvre la manière dont « le pré », à la fois le texte qui porte ce titre et l'espace qu'il décrit, est engendré par les mots eux-mêmes. Dans *le Parti pris des choses* (1942), son humour pince-sans-rire et son aptitude à laisser le moindre objet revendiquer, entre ses lignes, son propre espace de jeu, unique et joyeux, tente de convertir le lecteur à la perception elle-même. L'« objeu » – l'objet en jeu – provoque l'« objoie », jouissance de l'objet en même temps que participation du lecteur à cette jouissance. Le jeu de Ponge est double et, à la suite des *Calligrammes* d'Apollinaire, peut mettre en jeu la typographie : la noirceur d'encre des mûres couvre à la fois les haies et la page, lieu verbal et visuel qu'on voit littéralement mûrir au cours de la genèse du poème. Par l'évidence objective qu'il veut leur conférer, le lieu que Ponge ambitionne pour sa poésie est celui du lieu commun.

Parmi les poètes qui se rangent du même côté – celui du projet ludique, formel et verbal, d'une poésie-comme-processus-de-production – on comptera, pendant les années 1970, les jeunes poètes de *Tel Quel* (Marcelin Pleynet et Denis Roche) et le groupe de l'OuLiPo (Ouvroir de Littérature Potentielle). Ce groupe – qui se réclame entre autres de Raymond Queneau – exalte à des fins ludiques les contraintes imposées par les conventions poétiques traditionnelles (comme la rime et le mètre) ou autres règles arbitrairement inventées au nom d'un pur plaisir de défi – dont doivent découler un nombre incalculable d'effets imprévus et imprévisibles.

Ce pur divertissement technique est à l'opposé du sérieux méditatif de Char, de Bonnefoy et des poètes de *l'Éphémère*, pour qui la parole poétique s'enracine dans un sentiment d'exil existentiel. Edmond Jabès, juif d'origine égyptienne, qui connut à Paris son expérience personnelle de l'exil, dans la hantise du lieu et de sa perte occasionnée par l'écriture, est une des plus belles voix de cette aliénation poétique. Son traitement du mot, de la page, d'une parole où s'entrelacent questions et dialogues, est un hybride de prose et de poésie. Il écrit au nom du peuple de l'exil, le peuple du livre ; toute richesse tient dans la pensée et dans son expression écrite, sans demeure, sans foyer. Son *Livre du dialogue* (1987) poursuit les sept volumes de son *Livre des questions* (1984), continuant le récit de la quête de soi de vies d'individus à moitié fictifs. L'espace du livre est l'espace vrai, celui dans lequel exil et terre promise fusionnent, la poésie s'identifiant alors avec l'interrogation de soi-même.

La poésie du lieu, associant le deuil et l'espoir de rencontrer, contre tout espoir, une demeure aujourd'hui, met en jeu, dans ses aspects philosophiques et formels, un désir de lieu aussi bien que le regret de sa perte. Que son projet soit l'endurance ou le jeu, les enjeux et la détermination sont sérieux. La poésie française a rarement manifesté un tel sentiment de sa vocation au témoignage. Et peu importe si c'est d'une méditation, d'un jeu ou d'un passage qu'elle porte témoignage. Dans la vaste étendue de représentation et d'interprétation qui lui correspond, la vérité de ce lieu, sa valeur de témoin, demeure incontestable.

Voir aussi 1913, 1940-1944, 1961.

Bibliographie : OuLiPo, *la Bibliothèque oulipienne* (Paris, Ramsay, 1987) ; *la Littérature potentielle* (Paris, Gallimard, 1973). Yves Bonnefoy, *Poèmes* (Paris, Mercure de France, 1986). René Char, *le Nu perdu* (Paris, Gallimard, 1978). Jacques Dupin, *l'Embrasure* (Paris, Gallimard, 1969). Edmond Jabès, *le Livre du dialogue* (Paris, Gallimard, 1984). *Écrire le livre : autour d'Edmond Jabès*, éd. Richard Stamelman et Mary Ann Craws (Seyssel, Champ Vallon, 1989). Raymond Bellour, *Henri Michaux* (Paris, Gallimard, 1986). Mary Ann Caws, *l'Œuvre filante de René Char* (Paris, Nizet, 1982). Jacques Derrida, *SignéPonge* (Paris, Seuil, 1987).

Mary Ann Caws

1968, février

Ahmadou Kourouma africanise le français dans *les Soleils des indépendances*

Francophonie et indépendance

En 1968, alors que des révoltes estudiantines éclatent dans le monde industrialisé, la littérature africaine d'expression française connaît une révolution tranquille. La publication en février du roman d'Ahmadou Kourouma, *les Soleils des indépendances*, va faire date dans la manière dont la langue française est utilisée par les écrivains originaires des États africains francophones, indépendants depuis 1960. Les normes du français standard sont bousculées, imprégnées d'expressions et de rythmes malinké. Dès les premières lignes du roman, c'est une langue différente que l'on entend : « Il y avait une semaine qu'avait fini dans la capitale Koné Ibrahima, de race malinké, ou disons-le en malinké : il n'avait pas soutenu un petit rhume » (p. 7).

Les Soleils des indépendances fourmillent d'expressions traduites littéralement du malinké que le narrateur s'emploie à expliquer : « l'ère des Indépendances (les soleils des Indépendances, disent les Malinkés) » (pp. 7-8) ; « le docteur [avait] appelé cet état "une grossesse nerveuse" et les Malinkés une "grossesse de l'esprit" » (p. 52) ; « les veuves asseyaient le deuil (pendant quarante jours elles restaient cloîtrées) » (pp. 132-133). Les explications données entre parenthèses ou développées dans le contexte permettent à Kourouma de jongler habilement entre la résistance linguistique et la lisibilité du texte. Après tout, son roman n'est pas écrit en malinké. Mais puisqu'il s'agit précisément d'africanisation, pourquoi l'ouvrage est-il écrit en français ?

Bien que moins d'un tiers de la population sache le français, la langue du colonisateur continue d'être essentielle à la littérature africaine moderne, en particulier dans les pays dits francophones. Le français reste la langue des gens instruits. Quand quelque chose est écrit – des panneaux de signalisation et des noms de rues aux poèmes et aux nouvelles – c'est presque toujours en français : l'enseignement en langue africaine et la littérature qui l'alimenterait n'en sont qu'à leurs premiers balbutiements. Les Africains continuent à s'appuyer sur les langues européennes pour communiquer entre eux – au-delà des frontières ethniques et nationales – et avec le reste du monde. La littérature, pour autant qu'on l'identifie au texte écrit, fait partie de ce que le colonialisme a importé et imposé dans la plus grande partie de l'Afrique sub-saharienne. Les élèves africains des écoles coloniales apprenaient dans des livres français leurs leçons sur « nos ancêtres les Gaulois » ; la scolarisation avait apporté avec elle l'idéologie coloniale et imposé les modèles et les genres littéraires européens. Mais l'importation culturelle majeure reste évidemment le culte de la langue française. Au cours d'une interview, Ahmadou Kourouma rappelle que « les petits Noirs ont été tenus à "respecter une langue" qui ne correspondait en aucune façon à leur vision du monde » (« Interview avec A. Kourouma », p. 7). Selon leur auteur, *les Soleils des indépendances* furent « pensés en malinké et écrits en français ». Il est d'ailleurs significatif que ce qui constitue la première insurrection africaine contre la grammaire française ait été publiée à Montréal, ville à la longue expérience du français de la différence.

L'oppression culturelle coloniale s'est ainsi vue étrangement privée de ses assises : l'écrivain colonisé (comme Caliban dans *la Tempête*, de Shakespeare) s'empare du langage et de la culture du colonisateur (que symbolise souvent Prospero) et, retournant son arme contre son maître, le maudit et entreprend de se forger une nouvelle identité. L'histoire de la littérature africaine moderne ne se réduit pourtant pas à un schéma aussi simple, elle se joue autour d'une dialectique de dépendance et de libération sous condition. Et cette histoire commence d'ailleurs d'une curieuse façon.

Batouala, véritable roman nègre, de René Maran (1921), est généralement considéré comme le premier roman africain francophone, même si l'auteur, originaire de la Martinique, n'a vécu en Afrique qu'en tant que fonctionnaire de l'administration coloniale. Cette identification des problèmes africains et antillais est typique de la période qui a précédé l'indépendance, période pendant laquelle ce qui différenciait semblait moins important que ce qui rapprochait : le fait d'être noir et colonisé par les Français. La préface de *Batouala*, cependant, montre les limites de l'identification de Maran aux Africains : « Par les soirs de lune, allongé en ma chaise longue, de ma véranda, j'écoutais les conversations de ces pauvres gens... Ils souffraient et riaient de souffrir » (p. 10). Ce qui n'empêche pas Maran de remettre en question, dans un français de grande élégance, le devoir de civilisation des Français : « Tu bâtis ton royaume sur des cadavres » (p. 11). Bien que le traitement du colonialisme dans *Batouala* paraisse assez bénin de nos jours, le langage de la préface est suffisamment virulent pour que le roman, prix Goncourt à Paris, ait été mis à l'index dans toutes les colonies.

Des œuvres écrites par des Africains commencèrent à paraître dans les années 1920. Les romans les plus anciens – parmi lesquels *les Trois Volontés de Malic,* d'Ahmadou Diagne (1920), *Force-bonté*, de Bakary Dialo (1926), et *l'Esclave*, de Félix Couchoro (1929) – font souvent preuve d'un engagement idéologique en faveur du colonialisme ou du moins d'une ouverture aux valeurs européennes. Dans une large mesure écrits à l'intention de lecteurs français, ils appartiennent à la catégorie des « romans coloniaux » qui incluent aussi des œuvres d'écrivains métropolitains comme Pierre Loti (*le Roman d'un spahi*, 1881).

L'idéologie de la négritude a marqué une coupure nette d'avec ces romans. Promue à Paris par des Africains et des Antillais, la notion de négritude a rassemblé des poètes de la diaspora noire. D'abord formulée dans le *Cahier d'un retour au pays natal* (1939), d'Aimé Césaire, elle sera consacrée un peu plus tard par la publication de l'*Anthologie de la nouvelle poésie nègre et malgache de langue française* (1948), de Léopold Sédar Senghor. Parmi ses vers les plus représentatifs, on peut citer ceux du poète haïtien Léon Laleau :

> Sentez-vous cette souffrance
> Et ce désespoir à nul autre égal
> D'apprivoiser, avec des mots de France,
> Ce cœur qui m'est venu du Sénégal ? (« Trahison », p. 108).

L'*Anthologie* fut préfacée par un brillant essai de Jean-Paul Sartre, « Orphée noir », qui offrait la première construction philosophique du concept de négritude, définie comme un « racisme anti-raciste » (p. XIV), et comme l'« être-dans-le-monde-du Nègre » (p. XXIX). Au fil des années, la notion de négritude fut associée de manière de plus en plus exclusive au seul Senghor qui devait expliciter et codifier dans des douzaines d'essais et de conférences l'idée que Césaire avait évoquée poétiquement dans le *Cahier*. En partie à cause de la différence de leurs identités nationales, les deux hommes allaient bien vite diverger sur la façon de comprendre ce concept. Césaire, leader politique en Martinique, rejeta toute exploitation politique ou biologique du terme, dénonçant les abus qu'en faisaient des dictateurs comme François Duvalier en Haïti ; le mot disparaîtra même de son vocabulaire poétique. Dans *Liberté*, Senghor, premier président du Sénégal indépendant (il sera le premier Noir à entrer à l'Académie française, en 1983) insistait pour que la notion de « négritude » soit liée à une assimilation active et non passive, qui assimile plutôt qu'elle ne se laisse assimiler (vol. III, p. 469), c'est-à-dire qui embrasse « la civilisation de l'universel » sans perdre son identité. Senghor commença donc par définir la négritude comme « l'ensemble des valeurs culturelles du monde noir », insistant sur la différence essentielle qui sépare les mondes noir et blanc : « L'émotion est nègre, comme la raison est hellène » (vol. Ier, p. 24). On doit à l'idée de négritude une image romantique de l'Afrique ainsi qu'une justification de sa culture.

Les générations suivantes seront critiques à l'égard de cette idéologie, trop dépendante de l'eurocentrisme auquel elle prétend s'opposer. Il est vrai que Senghor et Césaire ont tous deux construit leurs images de l'Afrique après avoir lu des ethnographes européens comme Leo Frobenius : les références philosophiques de Senghor sont souvent de sources européennes, de Hegel à Pierre Teilhard de Chardin. Mais de telles critiques ne se demandent pas s'il aurait pu en être autrement et si le discours du colonialisme aurait pu être remis en cause sans que, d'une manière ou d'une autre, il soit fait référence à ses propres termes.

Le roman africain n'a vraiment pris corps que dans les années 1950. *L'Enfant noir* (1953) et *le Regard du roi* (1954), de Camara Laye, *les Bouts de bois de Dieu* (1960), de Sembene Ousmane, *le Pauvre Christ de Bomba* (1956), *Mission terminée* (1957), de Mongo Beti, et enfin *Une vie de boy* (1956), de Ferdinand Oyono, sont aujourd'hui des textes exemplaires.

L'Enfant noir devait provoquer des réactions diverses en France et en Afrique. En France, où le roman fut accueilli par une critique élogieuse et reçut le prix Charles-Veillon, il fut perçu comme une évocation de valeurs universelles hors du temps. Certains Africains cependant (en particulier Mongo Beti) lui reprochèrent d'ignorer le colonialisme et de présenter une image faussement idyllique de l'Afrique. Il n'existe en effet aucune critique explicite du système colonial dans le roman autobiographique de Camara ; en revanche, on trouve une intense nostalgie dans cette histoire d'un jeune Malinké dont l'initiation à sa propre culture a été interrompue par son entrée dans l'espace de l'économie moderne, lui faisant perdre tout contact avec ses origines. *L'Enfant noir* semble prendre tout son sens lorsqu'il est lu comme un signifiant régional, non universel, lié autant aux traditions anciennes qu'à la modernité cultivée. Il reste pris entre deux mondes ; son désir de révéler tous les secrets de la culture malinké bute constamment sur une ignorance dont le narrateur résume la cause en un mot : « J'ai quitté mon père trop tôt » (*l'Enfant noir*, p. 11).

Une vie de boy, d'Oyono, est plus représentatif de cette période. Rédigé comme le journal fictif d'un domestique nommé Toundi, le roman est une brillante et spirituelle satire de la psychologie du colonialisme. Toundi est un serviteur consciencieux dont les commentaires sont d'autant plus cinglants qu'il est pince-sans-rire. L'hypocrisie de ses maîtres français ne lui échappe pas. Le récit est une série de confrontations où les regards du colonisateur et du colonisé s'affrontent : le regard de Toundi, le boy, ose défier son maître, le commandant, parce qu'il a découvert que celui-ci n'était pas circoncis, et devait donc être impuissant selon la tradition africaine. Après avoir ainsi symboliquement castré son maître, Toundi peut noter : « Je restai impassible sous ce regard qui m'affolait auparavant » (*Une vie de boy*, p. 42). Cette immunisation contre le pouvoir blanc ne passe pas inaperçue et provoque son renvoi : « Vous voyez, il n'ose pas nous regarder. Son regard est aussi fuyant que celui d'un Pygmée. Il est dangereux » (*ibid.*, p. 85). Arrêté et fouetté, Toundi s'enfuit dans une colonie espagnole voisine où il meurt des suites de ses blessures.

Les années 1960, qui ont apporté l'indépendance politique à presque toute l'Afrique, ont également fait prendre conscience que la littérature africaine continuerait à être d'expression européenne et que la réafricanisation du discours – qu'il s'agisse du droit, de la politique, de la philosophie ou de la littérature – ne s'accomplirait pas du jour au lendemain. À certains moments, la lutte contre le colonialisme semblait n'avoir abouti qu'aux mésaventures du néo-colonialisme, avec ses luttes internes, sa politique du parti unique et une lutte des classes croissante. Un sentiment de désillusion fortement exprimé dans *les Soleils des indépendances*. Fama Doumbouya, le personnage principal du roman de Kourouma, est un chef déchu pour qui le nouvel état de choses, synonyme de pauvreté et de stérilité, a mis fin à la légitimité des distinctions de caste. « Né dans l'or, le manger, l'honneur et les femmes » (p. 10) ; mais son commerce ayant perdu l'appui des colonisateurs français, il devient un « prince presque mendiant » (p. 11), errant à travers un monde sens dessus dessous. Dernier rejeton d'une dynastie de chefs, lui-même sans enfant, Fama aspire à un monde qui ignore tout de la politique moderne : « La politique n'a ni yeux, ni oreilles, ni cœur ; en politique le vrai et le mensonge portent le même pagne, le juste et l'injuste marchent de pair, le bien et le mal s'achètent ou se vendent au même prix » (p. 164).

Les Soleils des indépendances donnent libre cours aux ressentiments d'une classe dominante déchue de sa souveraineté et à la nostalgie d'un univers précolonial ; mais le livre devance son temps par la manière dont il peint la situation des femmes africaines. La vie fruste de Salimata, la femme de Fama, est présentée de son point de vue à elle. Elle est obsédée par l'affreux souvenir de son excision – selon la tradition, son clitoris était « considéré comme l'impureté, la confusion, l'imperfection » (p. 34) – et de son viol par un « féticheur ».

Mais à sa sortie, l'ouvrage fut éclipsé par la controverse provoquée par un autre roman, *le Devoir de violence* (1968), de Yambo Ouologuem, qui devait recevoir en France un accueil comparable à celui de *l'Enfant noir*. Considéré comme le premier « vrai » roman africain, lauréat du prix Renaudot, *le Devoir de violence* fut critiqué en Afrique pour son orientation politique. À la différence du roman de Camara, celui d'Ouologuem brossait un tableau de l'Afrique où les Africains, loin d'être les victimes passives du colonialisme européen, étaient présentés, au contraire, comme les participants actifs d'un processus où ils s'exploitaient entre eux.

L'Afrique y est dépeinte comme un continent d'éternelle violence, dominé par des dynasties d'exploiteurs qui ont simplement laissé aux Européens l'illusion de la conquête et du pouvoir : « Les Blancs, définissant un droit colonial international, avalisaient la théorie des zones d'influence : les droits du premier occupant étaient légitimés. Mais ces puissances colonisatrices arrivaient trop tard déjà, puisque, avec l'autocratie notable, le colonialiste, depuis longtemps en place, n'était autre que le Saïf, dont le conquérant européen faisait – tout à son insu ! – le jeu » (p. 31).

Cette première controverse, provoquée par une telle vision de l'histoire africaine, allait être suivie d'une autre. Quatre ans après la publication du *Devoir de violence*, des universitaires révélèrent que Ouologuem avait non seulement fait de lourds emprunts à d'autres écrivains, comme *le Dernier des justes* (1959), d'André Schwartz-Bart, et *It's a Battlefield* (*C'est un champ de bataille*, 1934), de Graham Greene, mais aussi à la Bible, aux chroniques africaines en arabe et à Guy de Maupassant. S'ensuivirent des accusations de plagiat et le roman fut retiré de la circulation. Avec un mépris remarquablement inventif des tracasseries légales, Ouologuem, Malien éduqué dans les meilleurs établissements français, avait prélevé des passages entiers, les adaptant à ses besoins, les entrelaçant dans le style du récit oral africain de manière à produire une mosaïque narrative d'une brillante complexité. De sorte qu'aujourd'hui, la plupart des critiques s'accordent à voir dans *le Devoir de violence* l'un des romans africains les plus importants.

Depuis les années 1970, la littérature africaine s'est détournée des théories globales – comme celle de la négritude – pour s'attacher progressivement à élucider des problèmes spécifiques et locaux. Les satires politiques comptent pour une large part dans cette production littéraire. Quand ils échappent à la censure que la plupart des États africains pratiquent sous une forme ou sous une autre, ces romans mêlent l'intime, l'ordinaire et le fantastique à des questions d'éthique liées à l'état des affaires africaines. Sembene Ousmane, qui dans les années 1960 s'était tourné vers le cinéma, plus apte à communiquer avec les masses, est revenu au roman avec *le Dernier de l'empire* (1981). Situé dans un pays à peine fictif appelé le « Sunugal », le récit de Sembène a pour sujet la politique du pouvoir au cours d'une période de transition. Léon Migname, « le Vénérable », président de la République et propriétaire de l'idéologie de l'« Authenegraficanus », est ouvertement une caricature de Senghor et de la négritude. L'intrigue tourne autour des questions politiques et culturelles liées à la caste : que se passerait-il si un politicien d'une caste inférieure de la société traditionnelle devait gouverner la nation ? Tel est le type de préoccupation locale, mais aussi éthique, dont traite la fiction africaine contemporaine.

L'État honteux (1981) et *l'Anté-Peuple* (1983), de Sony Labou Tansi, *le Pleurer-Rire* (1982), de Henri Lopes, et *Léopolis*, de Sylvain Bemba (1984), traitent de sujets sociaux similaires bien qu'ils soient plus fantastiques dans leur réalisme et plus audacieux dans la forme narrative. Ainsi, au tiers du texte, *le Pleurer-Rire* entame-t-il sa propre critique, imprimée dans un caractère différent : discutant « ces chroniques, critiques et satiriques sur une tranche de vie d'un dictateur de la fin de notre siècle », un interlocuteur s'inquiète : « Tel qu'évolue votre manuscrit, je crains que cédant trop à des souvenirs intimes, vous mêliez les genres et perdiez de vue l'objectif de tout écrit engagé. Et un livre d'Africain vivant en ces temps et qui se respecte, ne peut être qu'engagé » (p. 123). Et de fait, ces trois écrivains originaires du Congo sont« engagés » dans deux projets à la fois : la critique de la société d'une part et l'exploration de nouveaux styles et formes littéraires d'autre part. Parmi les innovateurs, on compte des auteurs comme le Zaïrois M. a M. Ngal (*Giambatista Viko, ou le viol du discours africain*, 1984) ; l'Ivoirien Jean-Marie Adiaffi (*la Carte d'identité*, 1980) et le Sénégalais Ibrahima Sall (*les Routiers de chimères*, 1982).

Au milieu des années 1970, l'apparition de femmes écrivains a engagé la littérature africaine francophone dans une autre direction. Les raisons pour lesquelles les femmes ont mis tant de temps à participer à la littérature tiennent essentiellement au triple héritage de la culture indigène de l'Afrique, de l'Islam et du colonialisme européen. Bien que, dans les cultures traditionnelles, elles aient souvent participé activement aux représentations orales, l'Islam a eu tendance à leur imposer le silence et les écoles coloniales n'étaient le plus souvent ouvertes qu'aux garçons.

Une si longue lettre, de Mariama Bâ, et *le Revenant,* d'Aminata Sow Fall, deux romans publiés en 1976, protestent (quoique de manière limitée) contre les restrictions auxquelles l'existence des femmes est soumise. Ramatoulaye, le personnage de Bâ, mariée pendant vingt ans, mère de douze enfants, apprend que son mari projette de prendre en seconde épouse l'amie de l'une de leurs filles. Musulmane obéissante, Ramatoulaye restera fidèle jusqu'à la mort de son époux ; pendant son deuil, elle prend conscience de la condition des femmes, conscience qui s'exprime dans une lettre qu'elle écrit à une amie pendant sa réclusion. La lettre constitue le corps du roman, et elle renferme une déclaration nette sur le pouvoir de la culture, la capacité de la littérature à représenter et à défendre celles qu'on a empêché de s'exprimer. Ramatoulaye écrit à son amie :

> ... les livres te sauvèrent. Devenus ton refuge, ils te soutinrent.
>
> Puissance des livres, invention merveilleuse de l'astucieuse intelligence humaine. Signes divers, associés en sons ; sons différents qui moulent le mot. Agencement de mots d'où jaillit l'idée, la Pensée, l'Histoire, la Science, la Vie... Les livres soudent des générations au même labeur continu qui fait progresser. Ils te permirent de te hisser. Ce que la société te refusait, ils te l'accordèrent (p. 51).

Le fait que l'amie de Ramatoulaye se soit libérée en quittant l'Afrique et en s'installant d'abord en France, puis aux États-Unis, semble confirmer l'opinion, courante en Afrique, que le féminisme ne peut être qu'une importation occidentale, une forme de trahison culturelle. En pratique, cependant, Mariama Bâ (morte en 1981) et Aminata Sow Fall ont toutes deux pris des distances par rapport au féminisme occidental et ont essayé d'accentuer la spécificité africaine de leurs œuvres. Ramatoulaye s'identifie à « celles qui ne peuvent se réaliser et s'épanouir que dans le couple... Je n'ai jamais conçu le bonheur en dehors du couple » (*Une si longue lettre*, p. 82). Mais ce conservatisme familial apparent ne s'étend pas au domaine politique ; les voix d'*Une si longue lettre* appellent clairement à la poursuite du progrès : « Presque vingt ans d'indépendance ! À quand la première femme ministre associée aux décisions qui orientent le devenir de notre pays ? » (p. 89). Des progrès en politique et en littérature restent à faire ; sur un fond de tradition littéraire fondamentalement mâle, cette première génération de femmes écrivains francophones commence à changer la norme.

Émanation directe du colonialisme, la littérature francophone d'Afrique est tiraillée entre un besoin de communication universelle et un désir d'autonomie nationale.

L'idéologie de la francophonie, qui permettrait d'articuler mais aussi de dépasser la politique, la race et « l'ethnicité », semble pour le moment liée à la préservation des intérêts français en Afrique, qui demeurent considérables. Les gouvernements français contribuent à la promotion de la littérature africaine par le moyen de leurs centres culturels et par le journal littéraire qu'ils subventionnent, *Notre librairie*. La littérature africaine reste toujours majoritairement consommée en Occident par des lecteurs non africains à l'intention desquels des notes en bas de page traduisent les termes locaux. Cela signifie-t-il qu'il n'y ait pas d'indépendance ? Peut-être n'est-ce pas une indépendance totale, mais plutôt l'émergence d'un état de complexité et de spécificité, qui comprend notamment l'œuvre d'auteurs farouchement indépendants comme Sembene. Les critiques africains ont débattu de l'existence de littératures nationales – de la présence de critères typiques, par exemple, au roman du Sénégal, du Cameroun ou du Zaïre. Que ce débat ait lieu est en soi un symptôme du fait que les Africains regardent en direction d'horizons de plus en plus nationaux.

Voir aussi 1847, 1933 (février), 1939, 1962.

Bibliographie : Anthologie de la nouvelle poésie nègre et malgache de langue française, éd. Léopold Sédar Senghor, préface de Jean-Paul Sartre, « Orphée noir » (Paris, P.U.F., 1985). Mariama Bâ, *Une si longue lettre* (Dakar, Nouvelles Éditions Africaines, s.d.). Ahmadou Kourouma, *les Soleils des indépendances* (Paris, Seuil, 1970). Camara Laye, *l'Enfant noir* (Paris, Plon 1953). Henri Lopes, *le Pleurer-Rire* (Paris ; Dakar, Nouvelles Éditions Africaines, s.d.). René Maran, *Batouala* (Paris, Albin Michel, 1938). Yambo Ouologuem, *le Devoir de violence* (Paris, Seuil, 1968). Ferdinand Oyono, *Une vie de boy* (Benin City [Nigeria], Ethiope Publishing House, 1956). Léopold S. Senghor, *Liberté*, 3 vol. (Paris, Seuil, 1964-1977). Moncef S. Badday, « Interview avec Ahmadou Kourouma », *Afrique littéraire et artistique*, n° 10 (1970), pp. 2-8. Frantz Fanon, *Peau noire, masques blancs* (Paris, Seuil, 1971). Lilyan Kesteloot, *les Écrivains noirs de langue française : naissance d'une littérature* (Bruxelles, Université libre de Bruxelles, Institut de sociologie, 1963). Christopher L. Miller, *Theories of Africans : Francophone Literature and Anthropology in Africa* (Chicago, University of Chicago Press, 1990).

Christopher L. Miller

1968, mai

Dix millions de grévistes en France ; manifestations étudiantes dans le monde

Assez d'actes, des mots !

Les années 1966-1970 ont vu l'explosion d'une internationale étudiante dont Berkeley, Berlin, Milan, Tokyo, Paris ont été les principaux foyers et la guerre du Viêt-nam le thème mobilisateur. Parmi les facteurs spécifiques à la France, on notait l'extension rapide du secteur universitaire ainsi que diverses tentatives gouvernementales pour désenclaver le ghetto académique et l'intégrer dans le tissu social. Paradoxalement, c'est cette « modernisation » elle-même qui devait être l'une des sources du mécontentement étudiant. Un des tracts de mai 1968 la dénonçait en ces termes : « Nous refusons de devenir des professeurs au service de la sélection dans l'enseignement dont les enfants de la classe ouvrière font les frais, des sociologues fabricants de slogans pour les campagnes électorales gouvernementales, des psychologues chargés de faire "fonctionner" les "équipes de travailleurs" selon les meilleurs intérêts des patrons, des scientifiques dont le travail de recherche sera utilisé selon les intérêts exclusifs de l'économie de profit » (*Vers la guerre civile*, p. 411).

La place prise dans les universités par des sciences au statut épistémologique douteux – les sciences humaines ou sociales (psychologie et sociologie) – faisait naître des inquiétudes sur le statut de l'université et du savoir dans la société. On avait longtemps reproché à l'université ses mandarins inadaptés au contexte contemporain. À l'inverse, on lui reprochait maintenant d'être devenue une institution de normalisation, le lieu où, sous le nom de savoir, se maintiennent les hiérarchies qui assurent le renouvellement des pouvoirs – politique et économique.

Deux événements ont pris valeur d'emblème dans l'agitation de cette période. Le premier fut l'entrée de la police dans l'enceinte de la Sorbonne. Elle sera le détonateur des émeutes du Quartier latin, avec leurs combats de rues, leur nuit de barricades, et pour finir, pendant plusieurs semaines, l'occupation de la Sorbonne par les étudiants. Le mythe des franchises universitaires, qui permettait au savoir de se prétendre indépendant du pouvoir, s'effondrait : « Quand les structures universitaires ne suffisent pas à intégrer et à absorber une contestation, dit un acteur de l'époque, les mousquetons des gardes mobiles et les grenades des C.R.S. assurent parfaitement la relève » (*Vers la guerre civile*, p. 59). Parallèlement à l'insurrection étudiante, un mouvement de grèves, le plus important que la France ait jamais connu, paralysait l'économie : le nombre de grévistes fut estimé à dix millions. Le second événement exemplaire de mai 1968 était lié à ces grèves : les étudiants allaient ouvrir la Sorbonne occupée aux ouvriers, geste symbolique de leur refus du cloisonnement professionnel et de la hiérarchie qui soumet le travail manuel au travail intellectuel et la pratique à la théorie. Chacun de ces événements, à sa manière, mettait en question le privilège d'extraterritorialité du savoir dans la société.

C'est dans ce contexte de crise qu'une figure de l'intellectuel, différente de celle qui prévalait depuis le XIXe siècle, a commencé à se dessiner. Traditionnellement, c'est leur impartialité et leur désintéressement qui revêtaient le savant, le penseur ou l'écrivain d'un prestige moral. Spécialistes de l'universel, serviteurs de la vérité, ils planaient au-dessus des intérêts partisans. Ce détachement fondait l'autorité de la théorie. Mais il devint un mirage lorsque la police intervint pour maintenir l'ordre sur les campus, et qu'il apparut que le champ de la production de savoir est défini par des stratégies extra-scientifiques, soumis à la concurrence d'intérêts multiples : il y a une politique de la science. Les savoirs sont locaux et l'information n'est jamais gratuite. L'intellectuel cesse d'être le généreux omniscient, le représentant de tous qui met son universalité au service de ceux qui souffrent. « Ne me libère pas, je m'en charge, » disait un célèbre graffiti.

Un autre graffiti annonçait : « Assez d'acte (*sic*), des mots. » Ironique, cet ultimatum s'en prenait à une autre forme de représentation : celle qui est impliquée dans la ségrégation des signes et des choses, et qui définit les mots comme les représentants des choses. Michel de Certeau a décrit les événements de mai 1968 comme une « prise de parole » analogue à ce que la prise de la Bastille avait été en juillet 1789. Le langage n'est pas simplement un instrument de représentation, il est aussi action. Il ne se borne pas à représenter les choses, il les change. D'où l'idée

qu'avec les événements de mai 1968 c'était la fin du structuralisme qui s'annonçait. Et en effet, de manière significative, beaucoup de linguistes abandonnaient alors l'étude des structures pour l'analyse des modalités linguistiques de passage à l'acte : ce qu'ils appellaient les « shifters » et le « performatif ».

Au début de 1968, à la suite d'Émile Benveniste et de J. L. Austin, le linguiste Oswald Ducrot propose une pragmatique du langage dont l'objet anticipe les scènes qui se dérouleront dans les amphithéâtres de la contestation. Le langage ne se borne pas à transmettre du savoir, à communiquer de l'information ; il met l'interlocuteur dans l'obligation de répondre et impose à son destinataire un rôle, une attitude, tout un univers de discours. Il instaure des rapports de forces. Les échanges verbaux sont décrits à partir du modèle maussien du potlatch. Ce ne sont plus seulement des thèses qui s'opposent : avant toute considération de contenu, la question préalable porte sur l'acceptation ou le refus du cadre institutionnel de l'échange (ce que Ducrot appelle ses présupposés).

> Le rejet des présupposés constitue une attitude polémique très différente de la critique de ce qui est posé : il comporte toujours, notamment, une forte dose d'agressivité, qui transforme le dialogue en un affrontement de personnes. En rejetant les présupposés de mon interlocuteur, je disqualifie non seulement l'énoncé lui-même, mais l'acte d'énonciation dont il procède. En présentant certaines idées comme présupposées, on peut donc faire une sorte de pari, tenter un "quitte ou double". Ou bien l'interlocuteur, par crainte d'aggraver le débat, acceptera sans discusssion le cadre intellectuel qu'on lui propose, ou bien, c'est là le risque couru par le locuteur, il entreprendra une réfutation qui peut mettre en jeu explicitement la légitimité même de l'acte de parole effectué (« La description sémantique des énoncés », pp. 51-52).

Le cadre d'un échange n'est ni antérieur à cet échange ni indépendant de lui. Il est institué par l'énonciation elle-même, par les présupposés qu'un des interlocuteurs arrive (ou n'arrive pas) à imposer à l'autre. Derrière toute transmission d'information, il y a un rapport de force. Tout acte de parole, avant de communiquer un message, induit chez celui vers qui il est dirigé une modification de « son droit à parler » (*Dire et ne pas dire*, p. 91). Ducrot développera ces analyses dans *Dire et ne pas dire* où il propose deux exemples d'une situation de ce type : un examen universitaire et un interrogatoire de police.

Les acteurs de mai 1968 n'ont pas craint d'« aggraver » le débat ; ils ont exposé les présupposés des discours impartiaux et autoritaires. Comme le déclarent les auteurs de *Vers la guerre civile* : « Tout le monde est d'accord pour donner la parole. Personne, plus personne ne l'est pour la laisser prendre » (p. 185). Des voix non autorisées se font donc entendre, refusant de ramasser la parole qu'on leur tendait, prenant sans la demander une parole qu'on ne leur avait pas donnée. Ils rompent les contrats : en refusant de répondre aux examens, en tutoyant les professeurs, etc. Là où les formes ne sont pas respectées, apparaissent les rapports de force. En refusant les présuppositions de l'adversaire, on l'oblige à se replier sur les présupposés institutionnels qui garantissent son autorité. Aussi les actes de parole de 1968 ont-ils mis à nu de nombreux murs de soutènement dogmatiques. Sur la toile de fond de ces dialogues à contre-pied, allait se développer toute une série de réflexions sur les mécanismes par

lesquels une société autorise ses discours. La conférence de Michel Foucault, « Qu'est-ce qu'un auteur ? » (1969), compte parmi les plus célèbres.

Parmi les nombreux épisodes de cette guérilla des actes de parole, l'un des plus mémorables reste sans doute celui du patient qui se rendit chez son psychanalyste avec un magnétophone. Ce fait d'apparence anodine remettait en question le sens unique de la relation thérapeutique. Sommé de parler, l'analyste appela la police. La publication par Sartre de la transcription de la bande dans *les Temps modernes*, en 1969, sera l'occasion d'une répétition sur la scène publique de ce drame de cabinet, révélant la toute-puissance des rituels de l'échange linguistique.

Gilles Deleuze avait déjà évoqué une linguistique active dans son *Nietzsche et la philosophie* (1962) où il demandait que soit prise à la lettre l'expression « vouloir dire » : derrière ce qui se donne comme sens, il y a une volonté. « Un mot ne veut dire quelque chose que dans la mesure où celui qui le dit veut quelque chose en le disant » (p. 84). Il faut donc traiter « la parole comme une activité réelle » (p. 85), se demander non pas ce que veut dire tel ou tel mot mais ce que veut celui qui l'utilise. Non plus le contenu d'un message, le sens d'une proposition, mais la volonté dont elle provient : quel type de vouloir produit tel type de pensée. Et, en particulier, quel type de volonté engendre des types comme celui du savant, du chercheur de vérité, qui précisément dissocient savoir et vouloir, connaissance et désir, qui affirment faire abstraction d'eux-mêmes dans ce qu'ils pensent et disent, et s'imaginent rechercher la vérité pour elle-même, une vérité qu'ils prétendent indépendante de tout rapport de forces et d'autorité. La question à poser n'est donc pas : « Est-ce que c'est vrai ? », mais : « Qui dit que c'est vrai ? Qui veut que cela soit vrai ? ». « Le vrai exprime une volonté : qui veut le vrai ? Et qu'est-ce qu'il veut, celui qui dit : Je cherche le vrai ? » (p. 83). L'homme théorique refuse de parler en termes de volonté, d'intérêt. Il se dit détaché. Mais quelle est la généalogie de ce détachement ? Quelle est cette volonté qui refuse de vouloir ? Quel intérêt s'investit dans ce désintéressement ? Qui a intérêt – et quel intérêt (perverti) a-t-il – à se dire ou à être désintéressé ? Il ne s'agit plus de rechercher des sens, d'interpréter des messages, mais de détecter les jeux de forces que présupposent les énoncés. « Jamais on ne se rapporte à des forces réelles qui font la pensée, jamais on ne rapporte la pensée elle-même aux forces réelles qu'elle suppose en tant que pensée » (p. 118). En 1972, au cours d'un entretien avec Deleuze, Foucault le félicitera d'avoir « sous ce vieux thème du sens, signifié, signifiant, etc., [posé] enfin la question du pouvoir, de l'inégalité des pouvoirs, de leurs luttes » (« Les intellectuels et le pouvoir », p. 8).

L'*Histoire de la folie*, de Foucault, parue la même année que le *Nietzsche* de Deleuze, répond à un projet voisin : montrer les liens entre un discours à prétention scientifique et les choix ou les intérêts, éventuellement obscurs, d'une société. Dans cette généalogie du discours médical sur la folie, la psychopathologie est rapportée, non pas à son objet, mais aux présupposés de son énonciation. Il ne s'agit pas d'une étude d'histoire des sciences au sens où cette dernière considérerait l'histoire des discours tenus sur un objet lui-même non historique. L'étude de Foucault ne porte pas sur la question de savoir si la psychopathologie dit vrai ou faux, ou – selon le schéma d'une histoire des sciences progressiste – de déterminer la date à laquelle elle a fini par rencontrer la vérité de son objet, le moment à partir duquel le discours sur la folie a accédé au statut de science positive. Son étude s'attache au contraire à déterminer les

décisions, les forces (historiques, sociales, politiques, économiques) que la revendication d'un tel statut présuppose : que veut une civilisation qui, en baptisant la folie « maladie mentale », la relègue dans cette subdivision de la psychologie qu'est la psychopathologie ? La science ici ne se borne pas à connaître : la revendication épistémologique sert de couverture à des décisions obscures d'exclusion, de peur, de condamnation. « N'est-il pas important pour notre culture que la déraison n'ait pu y devenir objet de connaissance que dans la mesure où elle a été au préalable objet d'excommunication ? » (*Histoire de la folie*, p. 129). Le discours que la raison tient au sujet de la folie n'est pas seulement descriptif ou constatif, il est performatif et constitutif. Le rapport du savoir à la « folie » n'est ni neutre ni inactif. La folie n'est un objet que parce que la psychopathologie l'objective. En rabattant un discours sur les conditions juridico-politiques de son énonciation, ce qu'on prenait pour un savoir révèle « toute une architecture de protection » (p. 555), la solidité des structures – et toutes ne sont pas discursives – qui ont permis de faire de la folie un fait objectif.

De même que Deleuze développera les implications de son Nietzsche dans *l'Anti-Œdipe*, Foucault poursuivra, dans *Surveiller et punir*, les intuitions les plus radicales de l'*Histoire de la folie*. L'objet de ce livre est la généalogie des disciplines anthropologiques envisagées dans leur rapport aux formes positives, constitutives de pouvoir (le contrôle, l'examen, etc.), alors que l'*Histoire de la folie* s'était limitée à ses formes négatives, répressives (l'enfermement, l'exclusion). L'emblème de ce pouvoir moderne est le Panopticon, prison idéale conçue en 1791 par Jeremy Bentham, institution qui répond à tous les rêves de performativité auxquels l'architecture disciplinaire a jamais donné lieu. Le principe de cette prison circulaire est d'assurer la visibilité constante de chaque cellule, imposant au détenu la conscience ininterrompue d'être, dans sa solitude, soumis à observation. Il s'agit donc d'un « appareil architectural », comme Foucault l'appelle, qui ne se borne pas à contenir, mais transforme les individus qu'il abrite : « L'architecture [devient] un opérateur pour la transformation des individus » (p. 174). Mais l'efficacité de cette causalité architecturale ne se limite pas à la formation et au dressage de l'individu. Si le prisonnier se comporte comme s'il était observé, c'est parce que le surveillant le traite en objet d'observation. Savoir et pouvoir sont étroitement liés : c'est ce qu'indique le concept central du livre, celui de discipline, avec son double sens. L'homme « discipliné » est simultanément assujetti à la technologie du pouvoir disciplinaire et exposé comme objet aux disciplines qualifiées de sciences humaines. « Toute croissance de pouvoir [...] donne lieu à des connaissances possibles ; c'est à partir de ce lien, propre aux systèmes technologiques, qu'ont pu se former dans l'élément disciplinaire la médecine clinique, la psychiatrie, la psychologie de l'enfant, la psychopédagogie, la rationalisation du travail. Double processus, donc : déblocage épistémologique à partir d'un affinement des relations de pouvoir ; multiplication des effets de pouvoir grâce à la formation et au cumul de connaissances nouvelles » (p. 226).

Toutes sortes de murs, de cadres, de marges se sont mises à parler et à faire parler après mai 1968. Il faudrait mentionner les musées et les asiles, mais aussi les partis politiques et les églises constituées. L'analyse institutionnelle fait passer au premier plan les instances d'énonciation, les messages prennent en compte leurs contextes, les textes remarquent leurs circonstances. Le premier écrit de Jacques Derrida à comporter une date (12 mai 1968) est sa communication pour une conférence

internationale de philosophie, organisée par une université américaine. En préambule, Derrida y rappelait à son auditoire américain la guerre du Viêt-nam qui battait son plein et l'assassinat récent de Martin Luther King. Il mentionnait aussi qu'il dactylographiait ce texte alors que « les universités de Paris étaient pour la première fois à la demande d'un recteur envahies par les forces de l'ordre social » (*Marges de la philosophie*, p. 135). D'un point de vue plus pragmatique, il analysait le contexte institutionnel de sa propre intervention, thématisant les présupposés de la communication philosophique, posant la question des frontières de l'universalité et des limites de la transparence, interrogeant la décision à partir de laquelle « un certain groupe de langues et de "cultures" », celles que Husserl appelait européennes, s'étaient liées à travers la philosophie conçue précisément comme un projet qui implique la possibilité de quelque chose comme un colloque international.

En 1980, Derrida, candidat au titre de docteur, ouvrit le rituel de la soutenance de thèse en lisant un texte dans lequel il expliquait comment il en était venu à ne pas écrire de thèse. La date de 1968 apparaissait une fois de plus : ce qui s'est passé cette année – « cet événement qu'on ne sait toujours pas nommer autrement que par sa date, 1968 » (« Mochlos, l'œil de l'Université », p. 452) – a joué, disait-il, un rôle essentiel dans le processus qui allait le conduire à cette décision. La thèse ne devait pas survivre aux secousses que mai 1968 a fait subir à l'institution autorisante. Une institution peut tolérer à peu près n'importe quel message, y compris les plus subversifs, tant qu'ils restent des messages et ne remettent pas en question le code. C'est donc à la forme même de la thèse que la subversion doit s'en prendre. Aucune thèse ne sera subversive tant que la forme de la thèse restera intacte. Mil neuf cent soixante-huit et ses conséquences ont conduit Derrida à réaliser que la déconstruction « n'avait pas concerné en premier lieu des contenus philosophiques, des thèmes ou des thèses, des philosophèmes, des poèmes, des théologèmes, des idéologèmes, mais surtout et inséparablement des cadres signifiants, des structures institutionnelles, des normes pédagogiques ou rhétoriques, les possibilités du droit, de l'autorité, de l'évaluation, de la représentation dans son marché même » (p. 452). Les effets de la déconstruction devaient inclure la déconstruction de la thèse.

Voir aussi 1648, 1789, 1871.

Bibliographie : Michel de Certeau, *la Prise de parole* (Paris, Desclée de Brouwer, 1968). Gilles Deleuze, *Nietzsche et la philosophie* (Paris, P.U.F., 1961). Jacques Derrida, *Marges de la philosophie* (Paris, Éd. de Minuit, 1976) ; « Mochlos, l'œil de l'Université », in *Du droit à la philosophie* (Paris, Galilée, 1990). Oswald Ducrot, « La description sémantique des énoncés : la notion de présupposition », *l'Homme*, n° 1 (1968), pp. 37-53 ; *Dire et ne pas dire : principes de sémantique linguistique* (Paris, Hermann, 1972). Michel Foucault, *Folie et déraison : histoire de la folie à l'âge classique* (Paris, Plon, 1961) ; *Surveiller et punir, naissance de la prison* (Paris, Gallimard, 1975) ; « Les intellectuels et le pouvoir », in *l'Arc*, n° 49 (1980). Alain Geismar, Serge July, Erlyne Morane, *Vers la guerre civile* (Paris, Éditions et Publications Premières, 1969). Hervé Hamon et Patrick Rotman, *Génération*, 2 vol. (Paris, Seuil, 1988). Jean-Paul Sartre, « L'homme au magnétophone », in *Situations IX* (Paris, Gallimard, 1972).

Denis Hollier

1973

Le quotidien *Libération* donne une voix à la génération de 1968

« Libé », *ou la liberté de presse*

Lorsque, le 4 janvier 1973, Jean-Paul Sartre donna une conférence de presse pour annoncer la fondation de *Libération*, personne ne pensait que ce journal survivrait au-delà de quelques mois. Le premier numéro sortit le 18 avril (après cinq essais de tirage) en dépit d'une agitation administrative, financière et idéologique qui semblait annoncer une mort précoce. Mais pendant une quinzaine d'années *Libération* allait constituer l'une des expériences les plus passionnantes de la presse française depuis les journées mythiques de la Libération en 1944. Avec une diffusion passée en une décennie de dix mille à deux cent mille exemplaires par jour, on ne pouvait espérer succès plus total.

L'impact de *Libération* sur le journalisme français s'est en effet révélé considérable. Reconnaissant l'importance de sa dette à l'égard de la presse américaine, il sera le premier « journal d'informations » parisien (par opposition au journal « d'opinions ») à appeler un chat un chat. Ni montage des faits, ni moralisation ; « Quand c'est vrai, nous appellerons un accident un assassinat », proclamait le manifeste diffusé au cours de la conférence de presse. Résultat : bien que Libération ait fait l'objet de nombreuses poursuites judiciaires, son audace contraindra un journal établi mais en perte de vitesse comme *le Monde* à adopter une attitude moins timide.

« *Libé* » est devenu un signe de reconnaissance. On parle de prix Libé (modérés), comme il y a un style Libé. Appliqué à une personne, le style Libé renvoie d'abord au premier public du journal, le lycéen, l'étudiant, le détenu, le travailleur immigré, et bientôt – de plus en plus – le jeune cadre dynamique, tendance gauche non dogmatique, avec un zest d'anarchisme mais sans paranoïa, esprit curieux, ouvert à toutes sortes d'expériences socio-culturelles, « dans le vent » mais sans snobisme excessif, et, c'est l'essentiel, à qui la lecture du journal donne le sentiment de faire partie d'une communauté politico-affective. Appliqué au langage, le style Libé renvoie à un ton, souvent décapant, pas toujours conséquent mais toujours insolent. Ce ton s'efforce de créer une formule d'écrit/parlé destinée à intercepter les signaux conflictuels d'un monde en accélération. Avec son mélange inimitable de sarcasmes dadaïstes et d'enquêtes « c'est-tout-comme-je-vous-dis », de lyrisme passionné et d'analyses politiques pointues, de générosité et d'irrespect, *Libération* faisait passer un vent nouveau dans un pays où les médias (à l'exception du *Canard enchaîné*) se distinguaient surtout par leur langue guindée. Plus que son contenu idéologique – d'ailleurs loin d'être homogène même s'il tendait à le devenir – c'est son ton irrévérencieux qui lui assure et lui attire la complicité du lecteur.

Mai 68 avait ouvert la boîte de Pandore du langage ; selon le cliché, la poésie était sortie dans la rue. Et il est vrai que les gens commençaient à se parler, que les slogans politiques prenaient des allures de proverbes surréalistes (« sous les pavés, la plage » ; « soyez réalistes, demandez l'impossible »). Mais la sévère restauration politique qui suivit, avec l'administration Louis-Philippe de Pompidou, porta un sérieux coup aux espoirs soulevés par l'explosion de mai. Le monopole de l'État sur la radio et la télévision, son contrôle des agences de presse (Agence France-Presse), son alliance

avec le magnat de la presse, Robert Hersant, et la transformation de la police en force paramilitaire obligeaient les groupes de gauche qui avaient mené la révolte de mai à s'organiser plus ou moins clandestinement. Acculés à la faillite, ou victimes d'une censure directe, beaucoup de journaux disparurent. Ceux qui survécurent le plus longtemps provenaient du secteur le plus cohérent de l'extrême-gauche (dont les divisions, par ailleurs, frisaient la caricature), les maoïstes, souvent qualifiés de « Mao-spontex » à cause des injections de spontanéisme libertaire dont ils coupaient les enseignements du Soleil rouge chinois. Comme les gauchistes de l'époque, ils maniaient les clichés d'une solide langue de bois. Mais ils étaient plus astucieux. Pour contourner les interdictions répétées, ils convainquirent Sartre de se laisser nommer directeur. Même si celui-ci, en tant qu'écrivain, n'avait pas grand-chose en commun avec leur rhétorique, il était fasciné par leur désir d'en finir avec la séparation capitaliste du travail manuel et du travail intellectuel (beaucoup d'entre eux allèrent travailler en usine, entre autres Serge July, l'actuel directeur de *Libération*).

La scène politique n'était pas la seule à connaître la tourmente. Des groupes sociaux, revendiquant « le droit à la différence », commençaient à s'organiser : le M.L.F. (Mouvement de libération de la femme), le F.H.A.R. (Front homosexuel d'action révolutionnaire), première grande organisation gay en France (alignée sur les positions maoïstes !) ; le G.I.P. de Michel Foucault (Groupe Information Prisons), créé pour recueillir les témoignages des détenus dans les prisons. Un rêve de démocratie directe dominait cette époque de dissensions : contre l'autoritarisme de l'État, préservons la libre parole de mai 1968 ; laissons le peuple parler au peuple ! La maxime de Foucault, « Personne n'a le droit de parler pour un autre », était devenue une sorte de mot de passe.

La cacophonie était totale, la gauche était plus divisée que jamais. À un triomphalisme naïf succédait une déprime nihiliste. Mais un événement survint qui réaligna les fronts : à la suite de brutalités policières contre un journaliste indépendant, les groupes de gauche ainsi que l'ensemble de l'intelligentsia et de la profession journalistique se retrouvèrent unanimes pour dénoncer la tentative officielle d'étouffer l'incident. Un groupe de militants maoïstes appela à la création d'une nouvelle agence de presse sur le modèle de l'American Liberation News Service qui existait depuis 1968 aux États-Unis. L'agence de presse Libération (A.P.L.) fut fondée le 18 juin 1971, date soigneusement choisie pour ses connotations gaulliennes (le parallélisme était clair : la fondation de l'agence présentait, comme le message radiodiffusé de Londres le 18 juin 1940, un appel à la résistance).

Les débuts furent modestes, avec une infrastructrure technologique qui ne dépassait pas celle d'une guérilla urbaine. Les premiers textes présentaient tous les symptômes de la « maladie infantile du gauchisme », comme aurait dit Lénine. Les nouvelles communiquées par les bulletins de l'A.P.L. n'avaient pas beaucoup d'écho. Mais, en février 1972, une autre opération de couverture officielle devait mettre l'agence en vedette. L'A.P.L. sortit une série de photographies montrant, étape par étape, l'assassinat d'un jeune ouvrier perpétré de sang-froid par un vigile de Renault ; du jour au lendemain, l'A.P.L. devint une source d'informations respectée concernant tout ce que le pouvoir censurait. L'agence n'en conservait pas moins son caractère collectif et amateur. Aucun de ses rédacteurs n'avait une formation de journaliste,

aucun n'était spécialisé. Les nouvelles étaient glanées au gré des multiples contacts de l'organisation maoïste, vérifiées, et publiées anonymement.

C'est à l'automne 1972 que l'A.P.L. dressa un plan en vue de créer un journal populaire qui s'appellerait *Libération* et qui bénéficierait, une fois de plus, du parrainage de Sartre. Contrôlé par ses lecteurs, refusant la publicité, résistant à la hiérarchie des échelles de salaires et à la division du travail, ce quotidien se fixait pour tâche – et il s'y tiendra – de dire ce qu'on taisait ailleurs, de coller à son époque, de donner en permanence le pouls de la « population ». Non sans justesse, les maoïstes réalisaient que leur succès dépendait de leur capacité à s'assurer d'une vaste plate-forme politique. Ils bâtirent une équipe œcuménique autour du slogan : « L'information vient du peuple et retourne au peuple. » Au milieu de dissensions épiques, ils lancèrent une campagne de promotion, avec le soutien de Michel Foucault et de quelques autres intellectuels. Des comités furent créés d'un bout à l'autre de la France. Chargés de recueillir des fonds et d'organiser la distribution du journal, ils étaient également censés institutionnaliser le contrôle des lecteurs sur l'équipe éditoriale, rôle qu'ils ne rempliront jamais.

Les premiers numéros de *Libération*, sortis au cours de la campagne présidentielle de 1973, furent tout sauf impressionnants. Une fois de plus, ce sont les événements qui sauvèrent le journal. Protestant contre la liquidation de leur usine de fabrication de montres, les ouvriers de Lip, à Besançon, réquisitionnèrent à la fois les produits et les moyens de production et créèrent une coopérative de fabrication et de distribution. Ce mouvement qui bouleversait les règles syndicales et les pronostics de la classe politique devint un symbole qui marqua la fin du gauchisme traditionnel. Très en vedette chez Lip, *Libération* fut accueilli par une classe ouvrière en fête, consciente de son rôle de pionnier et parlant un langage qui rappelait celui de mai 1968 ou du Front populaire. Ce soutien ragaillardit le journal. Les batailles idéologiques du bureau de Paris furent pudiquement mises de côté. Une tribune quotidienne fut offerte aux ouvriers qui l'utilisèrent avec un humour ravageur. Le langage rigide de la contestation était mis au rancart. Les événements de Lip avaient permis à *Libération* de se trouver un ton. Les différences politiques internes demeuraient, mais l'idée d'« un contact direct avec la réalité » prévalait ; c'est en pensant à lui que Sartre dira plus tard : « *Libération* fait partie de mon œuvre. »

Ayant survécu à une série de crises, d'ailleurs rapportées fidèlement l'une après l'autre dans ses colonnes (ce qui en soi constituait une nouveauté), *Libération* finit par adopter en 1982 les pratiques d'une presse institutionnalisée – publicité, échelle des salaires, division traditionnelle du travail, introduction de capitaux extérieurs. Bien qu'on puisse voir dans cet *aggiornamento* l'amorce d'un déclin, *Libé* n'abandonna jamais son franc-parler et, particulièrement dans ses gros titres en forme de calembours, son ironie mordante inspirée des manifestes de l'avant-garde des années 1920. Deux numéros anticléricaux consacrés aux visites du pape en France – celui de 1980, sur papier parfumé à l'encens, le second, en 1987, avec en gros titre « Pope show » – illustrent bien le ton adopté. Mais il avait été donné dès le premier numéro, en 1973 : le lancement raté des deux satellites français avait été annoncé en grosse manchette : « Castor et Pollux : Plouf ! » Le titre le plus mémorable, dans cette veine d'humour caustique, reste l'annonce nécrologique parue à la une le lendemain de la mort de Jacques Lacan : « Tout fou Lacan. »

Libération (11 septembre 1981, 2 août 1983, 15-16 juin 1985). (T. H.-L.)

Comme tout journal, *Libération* a ses grandes plumes (les analyses épiques et machiavéliques que Serge July consacre à la politique française sont sans égales), mais c'est surtout par leur style télégraphique, du tac au tac, que ses feuilles se distinguent. En dépit de la spécialisation croissante de ses collaborateurs, *Libération* a cultivé – au moins jusqu'en 1987 – une forme d'anarchisme éditorial. Un article sur la correspondance de Kafka, par exemple, sera rédigé par un spécialiste de musique rock, ou un championnat de tennis commenté avec passion par Serge Daney, vétéran des *Cahiers du cinéma* (dont les critiques de films furent, jusqu'à sa mort en 1992, une des perles du journal) –, le tout saupoudré par un parasitage d'interjections kamikazes marquées N.D.L.C. (notes de la claviste). Le mot d'ordre selon lequel « chacun doit rester fidèle à son expérience propre » reste en vigueur, mais il a changé de sens, passant de l'appel aux lecteurs des premières années à l'idiome très personnalisé de ses divers journalistes. Ainsi la guerre du Liban et les massacres de Sabra et Shattila ont-ils été couverts par un natif de Beyrouth : cet hymne à sa ville devait être accueilli comme un exemple de prose lyrique. La force du journal ne tient pas tant à ses scoops fréquents – la publication des noms et adresses des agents de la C.I.A. en France ; la découverte d'un document prouvant que, pendant la crise de 1968, le gouvernement avait prévu d'enfermer les dissidents politiques dans un stade ; ou encore un entretien exclusif avec Norodom Sihanouk – qu'à sa présentation de témoignages de première main couvrant tous les aspects de la vie quotidienne.

Deux particularités renforcent cet aspect du journal et, en France, constituent des innovations : un supplément hebdomadaire de petites annonces personnelles gratuites (abandonné dès qu'il commença à évoquer trop explicitement le catalogue des perversions sexuelles de Krafft-Ebing) et une page quotidienne de lettres à la rédaction qui devint à la fois un monument sociologique et l'élément catalyseur d'un nouveau genre littéraire. Publié en 1983 comme un « roman collectif », sous le titre *la Vie tu parles*, un choix chronologique et anonyme de ces lettres donne le compte rendu le plus polyphonique et le plus dialogique qui soit de la décennie écoulée. Allant d'une fureur digne de Céline à un bucolisme élégiaque, du refoulement le plus sinistre au joyeux exhibitionnisme, ces lettres fournissent une grille de lecture couvrant l'ensemble de l'expérience sociale française qui affecte les existences individuelles. Elles représentent aussi ce qu'il y a de plus spécifique à *Libération* en tant qu'entreprise littéraire, son centre marginal en quelque sorte.

Il y a quelques années, victime sans doute de son succès, le journal semblait s'éloigner de ses principes originaux au profit d'une fascination grandissante pour la modernisation *high tech* et d'un désir frénétique de se conformer aux goûts du jour. En 1987, *Libération* déménageait et adoptait les dernières techniques informatiques d'impression. Chaque membre de l'équipe rédactionnelle se voyait assigner un domaine réservé. *Libération* déclarait publiquement qu'il renonçait à jouer le rôle du vilain petit canard. Mais, ce faisant, le journal perdait son caractère propre, tandis que son lectorat diminuait : les calembours prirent un air de déjà-vu, l'audace devint souvent forcée. En paraissant se plier aux critères de la presse établie, *Libération* cessait de se définir par la communauté de ses lecteurs ; son heure de gloire était manifestement passée. Il n'en reste pas moins que, pendant plus de dix ans, *Libé* avait été le seul organe de presse capable de donner un compte rendu *live* de l'évolution de ce qu'on peut appeler la civilisation française.

Voir aussi 1945 (15 octobre), 1968 (mai).

Bibliographie : La Vie tu parles, roman collectif 1973-1983, éd. Françoise Filliger, Jean-Marie Bartel et Bruno Montels, préface de Serge July (Paris, POL, 1983). Patrick Combes, *la Littérature et les événements de mai 68 : écriture, mythes, critique, écrivains 1968-1981* (Paris, Seghers, 1984). Serge July, *Dis maman, c'est quoi l'avant-guerre ?* (Paris, Alain Moreau, 1980). François-Marie Samuelson, *Il était une fois Libé...* (Paris, Seuil, 1979).

Yve-Alain Bois

1975

« Simone de Beauvoir et la lutte des femmes », soixante et unième numéro de *l'Arc*

« French feminism »

Vers la fin des années 1970, sur les campus américains, et en particulier dans les départements de littérature, on parle de plus en plus de quelque chose qu'on désigne par l'expression « French feminism », le féminisme français. Il est vrai qu'en France comme ailleurs dans le monde, la fin des années 1960 et le début des années 1970 ont été le théâtre d'une vaste prise de conscience et d'une intense activité féministes. L'expression « French feminism » ne désigne pourtant qu'une étroite fraction de ce mouvement, celle qui a été perçue à l'étranger comme spécifiquement française. Aussi l'appellation de « French feminism », qui renvoie à un courant intellectuel et littéraire limité à quelques femmes qui écrivent en France, n'a-t-elle cours et de ce fait n'existe comme mouvement qu'aux États-Unis.

« Le rire de la méduse » (1975), d'Hélène Cixous, paru dans *l'Arc* en 1975, traduit par Keith et Paula Cohen (« *The Laugh of Medusa* »), est le texte central du mouvement. Sa première traduction, en 1976, dans *Signs*, revue universitaire féministe américaine, sera reprise en 1980 dans *New French Feminisms*, l'anthologie d'Elaine Marks et d'Isabelle de Courtivron qui donnera corps au phénomène américain en même temps qu'elle lui donnera sa forme canonique.

Le mouvement désigné par l'expression « French feminism » porte aussi, aux États-Unis, le nom d'écriture féminine. Mieux qu'aucun autre texte, « Le rire de la méduse » répond à la définition de ce qu'on entend par écriture féminine. Mais il affirme aussi qu'il est « impossible de définir une pratique féminine de l'écriture » (p. 45) – le verbe définir étant utilisé ici avec toutes ses connotations de limitation et d'endiguement. La femme dont parle Cixous écrit en mettant en jeu son « économie libidinale » avec une prodigalité dont le flot déborde les frontières solides, hermétiques, contrôlées de l'économie masculine. La libido de l'homme est phallocentrique ; celle de la femme obéit à une économie différente : ses pulsions corporelles sont multiples et ne reconnaissent pas la domination d'un centre unique. Cixous imagine la révolution dans la pensée et dans la vie qui résulterait d'une écriture capable de transmettre cette prodigieuse sexualité féminine : physique, multiple et insoumise. Le type d'écriture que Cixous imagine comme « féminine » a plus de traits communs avec ce qu'on appelle traditionnellement la poésie qu'avec la prose, que cette prose soit théorique (subordonnant l'écriture proprement dite à la pression de l'argument) ou romanesque (soumettant l'intrigue à la décharge narrative finale). Cette écriture féminine reflète plus un idéal que la manière dont les femmes ont effectivement écrit : Cixous ne cite que deux femmes, Colette et Marguerite Duras, qui soient parvenues à cette écriture véritablement féminine. On pourrait ajouter Cixous elle-même, productrice prolifique de fictions poétiques.

Au milieu des années 1970, un certain nombre de textes écrits par des Françaises exploreront l'analogie de la sexualité féminine et de l'écriture : parmi eux figurent *Parole de femme* (1974), d'Annie Leclerc ; *Ce sexe qui n'en est pas un* (1977), de Luce Irigaray ; *la Venue à l'écriture* (1977), d'Hélène Cixous, Madeleine Gagnon et Annie Leclerc, ainsi que divers articles parus dans des journaux récemment créés comme les *Cahiers du grif* et *Sorcières*. Bien que ces textes puissent dans leur ensemble être perçus comme le reflet d'un mouvement littéraire qui pourrait porter le nom d'écriture féminine, il n'y a jamais eu de mouvement organisé portant ce nom. Ces femmes ne se sont pas tant influencées mutuellement qu'elles n'ont subi l'influence du concept d'écriture défini par la théorie littéraire masculine de l'époque. Vers la fin des années 1960 et au début des années 1970, des théoriciens plus ou moins liés à la revue *Tel Quel* (Roland Barthes et Jacques Derrida notamment) avaient lancé l'idée d'une écriture qui cesserait d'obéir à un discours « logocentrique », discours au service d'une idée maîtresse. La politique de l'écriture féminine passait par une lutte pour séduire l'« écriture », pour l'arracher à la culture élitiste de l'avant-garde masculine qui la monopolise et pour faire d'elle le terrain d'expression de la femme moyenne. Ainsi Irigaray pouvait-elle écrire : « Sa sexualité, toujours au moins double, est encore plurielle. Comme se veut maintenant la culture ? » (*Ce sexe qui n'en est pas un*, p. 27). Les grands mouvements littéraires de la modernité, soutenait-elle, sont autant de tentatives pour parvenir là où les femmes se trouvent depuis longtemps : au-delà du roman, au-delà de la métaphysique, au-delà du « phallogocentrisme ». Elles n'ont plus à frapper à la porte d'une culture littéraire élitiste, qui admet au compte-goutte quelques femmes-alibi ; avec l'écriture féminine, ce sont elles qui occupent le terrain, et mettent l'avant-garde masculine en position d'arriviste.

Le féminisme français le mieux connu à l'étranger est littéraire, en partie parce que la diffusion internationale de la culture passe par les universités où elle est prise en charge par les départements de littérature. La littérature, considérée comme la couche la moins politique d'une culture, traverse les frontières sans faire naître de soupçons. De ce fait, l'écriture féminine, branche littéraire du programme féministe, appartient de plein droit à une histoire de la littérature, mais seulement à la condition d'être restituée dans son contexte français d'origine. « Le rire de la méduse », de Cixous, doit donc être réinséré dans le numéro de *l'Arc* dans lequel il a paru initialement, en 1975. Il est la seule contribution littéraire dans un sommaire qui comprend des essais sociologiques, biologiques et politiques. Replacé dans ce contexte français original, il appartient à une histoire intellectuelle plus large.

Pour répondre à l'éclosion féministe des années 1970, un grand nombre de revues publièrent des numéros spéciaux sur la « question des femmes » : *Partisans* (n° 106, 1972) ; *les Temps modernes* (avril-mai 1974) ; *la Quinzaine littéraire* (août 1974) ; *Dialectiques* (printemps 1975) ; *Tel Quel* (hiver 77) ; *la Revue des sciences humaines* (octobre-décembre 1977). Le numéro 61 de *l'Arc* s'inscrit dans ce phénomène général, mais un problème particulier s'est posé lorsque cette revue a voulu elle aussi son numéro sur le féminisme. Chaque numéro de *l'Arc* est consacré en effet à une figure en vue, un héros culturel, artiste ou intellectuel. C'est une revue d'idées, non de personnalités, mais elle présente ces idées en les articulant autour de ce que les éditeurs du numéro 61, Catherine Clément et Bernard Pingaud, appelaient « des figures, des noms, de "grands" noms » (p. 1). C'est ainsi que le numéro de 1975 sur le féminisme fut attaché au nom de Simone de Beauvoir.

Beauvoir était la première femme à faire l'objet d'un numéro de *l'Arc*. Cependant l'apparition d'un nom de femme dans un palmarès jusque-là exclusivement masculin comportait une contradiction que les éditeurs de ce numéro décrivaient de la manière suivante : « Or jamais, dans l'histoire de cette revue, le choix n'aura été plus juste, mais aussi jamais il aura été plus contestable dans son principe même » (p. 1). Ce n'est que justice de finir par ouvrir l'histoire aux femmes, mais il se trouve que leur entrée remet en question les principes mêmes sur lesquels repose une histoire de ce type. Le numéro féministe de *l'Arc* soulève deux questions générales : Que signifie pour une femme le fait de devenir un « nom » ? Et quelles sont les implications d'une histoire des idées qui choisit ce type de nom comme principe d'organisation ?

Clément et Pingaud montrent comment la contradiction dans laquelle Beauvoir est prise s'articule autour de la question du nom propre : « Simone de Beauvoir est un nom historique, mais aujourd'hui, dans ce numéro, son choix [...] c'est d'être [...] une femme entre autres, anonyme » (p. 1). Beauvoir participe au numéro avec deux textes, tous deux des entretiens. Dans le premier, elle interviewe Jean-Paul Sartre au sujet du féminisme. D'un bout à l'autre de l'entretien, les répliques de ce dernier sont attribuées à « Sartre », tandis que les siennes le sont à « Simone de Beauvoir ». Dans le second entretien, elle parle du féminisme avec quatre femmes qui toutes ont choisi d'être désignées par leur prénom, pas tout à fait un nom, ce qui précède le stade du nom. Beauvoir fait exception ; elle est désignée comme « S. de Beauvoir ». Par opposition à Sartre, elle porte un prénom ; par opposition aux autres femmes, elle porte un nom. Elle est à la fois du côté de l'homme qui est un nom (son compagnon à qui *l'Arc* avait déjà consacré un numéro) et du côté des femmes qui ont choisi de rester pré-nom, sans être vraiment d'un côté ni de l'autre.

Les deux interviews de Beauvoir, en tête du numéro, sont séparées par un court essai de Clément, « Enclave esclave ». Le fait qu'elle ait choisi cette place pour sa contribution semble indiquer que l'éditrice s'est sentie prise elle aussi entre les deux aspects du dilemme de Beauvoir. Clément rapporte un souvenir. Elle parlait à la tribune. Dans le public, la passion « circule, de femme en femme, anonyme. À la tribune, on est nécessairement dans une position contraire : nonyme, appelé pour son nom... "Bravo Monsieur". Une autre, parmi les autres, envoie cette adresse du haut du balcon » (pp. 14-17). À la tribune, Clément est coupée de ce qui circule « de femme en femme ». Du point de vue d'une femme « parmi les autres », anonyme, la femme nonyme est de l'autre côté, du côté des hommes. Comme Beauvoir, Clément est dans *l'Arc* la seule femme dans une liste d'hommes ; dans son cas, il s'agit du comité éditorial dont la composition est donnée en tête de la revue.

L'Arc n° 61 s'ouvre sur ces mots : « Le parti pris de cette revue, c'est, depuis longtemps, de choisir des figures, des noms, de "grands" noms : ces noms que l'on appelle propres ». « Le rire de la méduse » a quelque chose à dire sur le mot « propre » : « Comme on lui a, par lois, mensonges, chantages, mariage [...] extorqué [...] son nom, elle a [...] pu voir de plus près l'inanité du "propre" » (« Le rire de la méduse », p. 50). Le mot propre, placé entre guillemets, renvoie à ce qui est approprié (ce que n'est pas l'insubordination sexuelle du « rire »), à ce qui appartient à un propriétaire (et qui est menacé par les attaques contre les petites économies masculines) et, en rapport avec l'« extorsion » patriarcale du nom de la femme, au nom propre. Si *l'Arc* a une politique du nom propre, ce dont « Méduse » rit entre les couvertures de ce numéro de 1975, c'est précisément ce que la revue prend le plus au sérieux, son « parti pris ».

Clément fait partie de cette revue qui écrit une histoire nonyme. Cixous, elle, semble faire partie du balcon, baignant avec les femmes dans la gloire du sans nom. Pourtant, le travail que Clément avait présenté du haut de la tribune devait paraître en 1975 dans un livre écrit en collaboration avec Cixous, *la Jeune Née*, qui inaugurait une collection – « Féminin futur » – que les deux femmes ont dirigée ensemble à l'Union générale d'éditions. *La Jeune Née* est un dialogue non synthétisé entre deux positions différentes, comme si la speakrine nonyme et la femme anonyme du balcon avaient décidé de travailler ensemble sans supprimer l'espace qui les sépare.

Comme un nom qui serait anonyme, avec l'homme et avec les femmes, Beauvoir occupe une double position dans *l'Arc*. Clément elle aussi est deux fois représentée : dans l'introduction, comme éditrice associée à un homme et, dans son propre article, comme femme parmi les femmes qui écrivent. « La femme-alibi... est une créature ambiguë », dit Sartre au cours de son entretien (p. 11). La femme élue pour rejoindre les rangs des hommes réfute l'exclusion des femmes, mais elle est aussi là comme représentante, comme gage de toutes les femmes qui sont exclues. En 1974, dans le numéro féministe des *Temps modernes*, Beauvoir reconnaît qu'elle a « plus ou moins joué un rôle de femme-alibi » (p. 1720). Dans son numéro de *l'Arc*, elle tient à jouer ce rôle en pleine connaissance de cause, assumant sa place d'otage dans la haute culture masculine, et, en tant que tel, comme un rappel de l'existence des femmes anonymes. La femme-alibi partage cette ambiguïté avec l'épouse bourgeoise qui, pour citer Sartre ici encore, entretient une double relation avec sa femme de ménage : en tant que femmes, elles partagent leurs confidences et une certaine complicité féminine, mais, à cause de sa relation avec son mari, la femme aisée exerce son autorité sur l'autre femme. Que son introduction dans la classe dirigeante ou dans l'histoire se fasse par le mariage ou par le bureau éditorial, l'accession d'une femme au nom et au pouvoir la condamne à une ambiguïté qui durera aussi longtemps qu'elle ne niera pas ses liens avec les autres femmes.

Il y a une troisième créature ambiguë dans le numéro 61 de *l'Arc*. Selon les éditeurs, « des noms, de "grands" noms ; ces noms que l'on appelle propres [...] sont le plus souvent [...] dans une position ambiguë : novateurs, mais déjà assez reconnus pour être l'enjeu d'un numéro spécial » (p. 1). Ce qui rend historique un penseur donné semble être l'originalité, mais l'aire d'influence de sa pensée doit également jouer un rôle. Si sa pensée lui était littéralement « propre » et n'appartenait qu'à lui seul, elle n'aurait aucun impact. S'il est un penseur historique, c'est que son œuvre doit être largement partagée. Les grands noms de l'histoire des idées sont aussi le gage, la manifestation de tous les anonymes qui ont partagé leurs idées, à la fois ceux qui ont été influencés par le nom et ceux dont l'influence en a fait un nom.

Si Beauvoir est un « nom historique », c'est parce que son livre, *le Deuxième Sexe* (1949), a alimenté le mouvement féministe international de la seconde moitié du XXe siècle. L'importance de son impact tient au fait que des masses de femmes ont reconnu, en lisant son livre, leur propre savoir. Si son savoir avait été réellement singulier, Beauvoir ne serait pas devenue un « nom ».

Première femme à qui *l'Arc* offre de devenir un « nom », elle introduit une différence. Mais la femme nonyme insiste pour maintenir ses liens avec les femmes anonymes, qui l'ont habilitée. Choisie conformément aux principes éditoriaux de la revue, Beauvoir remet ces principes en question. Rompant avec la politique habituelle du nom solitaire, le numéro 61 de *l'Arc* porte en fait, un titre double – « Simone de Beauvoir et la lutte des femmes ».

Voir aussi 1929, 1942, 1949.

Bibliographie : *L'Arc*, n° 61 (1975). « Les femmes s'entêtent », in *les Temps modernes* (avril-mai 1974), pp. 333, 334. *New French Feminisms : An Anthology*, éd. Elaine Marks et Isabelle de Courtivron (Amherst, University of Massachusetts Press, 1980). *Hélène Cixous, chemin d'une écriture*, actes du colloque d'Utrecht, 8-11 juin 1987 (Saint-Denis, Presses universitaires de Vincennes, 1990). Hélène Cixous, « Le rire de la méduse », in *l'Arc*, n° 61 (1975). Hélène Cixous et Catherine Clément, *la Jeune Née* (Paris, U.G.E., 1979). Hélène Cixous, Madeleine Gagnon et Annie Leclerc, *la Venue à l'écriture* (Paris, U.G.E., 1977). Luce Irigaray, *Ce sexe qui n'en est pas un* (Paris, Éd. de Minuit, 1977). Annie Leclerc, *Parole de femme* (Paris, Grasset, 1974). Elaine Marks, « Review Essay : Women and Literature in France », *Signs*, n° 3 (1978), pp. 832-842.

Jane Gallop

1976, 15 novembre

Le Parti séparatiste québécois, ayant remporté la majorité des sièges à l'assemblée nationale provinciale, accède au pouvoir

Hubert Aquin et la littérature québécoise

Lorsque le Parti québécois (P.Q.) – résolu à faire sortir le Québec de la Confédération canadienne – remporta les élections provinciales du 15 novembre 1976, le romancier Hubert Aquin (1929-1977) jubila. Comme beaucoup d'autres écrivains de sa génération, Aquin voyait dans l'indépendance politique un pas essentiel dans la voie de l'autonomie culturelle. « Maintenant que nous avons nommé l'innommable », écrivait-il, comme si la victoire électorale faisait partie d'un processus thérapeutique, « l'inconscient collectif se trouve libéré et peut devenir générateur d'une grande décharge d'énergie jusqu'alors contrariée » (« Après le 15 novembre 1976 », 1980, p. 24). Même si l'activité littéraire québécoise avait commencé à s'animer depuis deux décennies, Aquin avait des raisons historiques de parler de politique en termes linguistiques. Depuis la conquête du Canada par les Britanniques en 1763, la survie de la communauté française assiégée avait toujours été étroitement liée à celle de sa langue, menacée par la prépondérance de la langue anglaise dans l'ensemble de l'Amérique du Nord. Surmonter la frustration inhérente à la situation de minorité coloniale peut être assimilé de ce fait au renversement d'un tabou, au démantèlement d'une répression. De fait, « l'innommable » auquel Aquin se réfère n'était politique qu'en partie, il impliquait une autodéfinition dans le sens le plus littéral. Ainsi la première action du P.Q. fut-elle d'imposer l'usage du français pour les lieux de travail et pour la vie publique, puisque la langue était l'élément de base de l'autodéfinition québécoise. Ironiquement, cette décision allait émousser la force d'attraction du séparatisme, une grande partie des tensions psychologiques du mouvement ayant disparu du même coup. Pourtant, le poids des chiffres (6 millions de francophones sur les 250 millions d'habitants du continent nord-américain) et la facilité avec laquelle la minorité risquait de se laisser assimiler par la majorité anglophone faisaient dépendre sa survie culturelle d'une volonté politique.

Dans les autres provinces canadiennes et aux États-Unis (sans compter les anglophones du Québec lui-même), les Canadiens de langue anglaise – parmi lesquels figuraient beaucoup d'immigrants qui ne parlaient pas l'anglais à l'origine et avaient dû s'adapter à la langue dominante – ont été choqués, et même blessés, par l'insistance de cet attachement au français. Pour eux la langue n'était qu'un moyen d'expression, un outil de promotion sociale. La prééminence de l'anglais portait à ne voir dans les autres langues qu'un « héritage » dénué de toute fonction réelle. Mais les Québécois rejetaient la folklorisation de leur langue maternelle, parlée dans la vallée du Saint-Laurent depuis le début de la colonisation européenne. Dès 1774, le français avait obtenu une reconnaissance officielle de la part d'un gouvernement britannique soucieux de s'assurer la loyauté de ses nouveaux sujets, alors que les colonies américaines étaient au bord de la révolte. Sa survie avait également été maintenue grâce à son association de longue date avec la religion, car les Canadiens français restaient catholiques dans un pays où, jusqu'à la moitié du XIXe siècle, l'anglophone avait généralement été protestant. L'Église a considéré le français comme le bastion de la foi jusqu'à une date récente. Le français faisait à ce point partie de la structure symbolique de la vie québécoise que, même après que la religion eut perdu de son importance comme moyen d'auto-identification, les Québécois allaient continuer à voir dans l'abandon de leur langue une intolérable altération du paysage humain. Parler français, dans ce contexte, devenait une manière d'exprimer son identité, la réaffirmation têtue d'une image de soi dont le contenu, quoiqu'il puisse renfermer par ailleurs, était le moyen utilisé pour la représenter.

Cette manière de placer la possibilité de s'exprimer sous la dépendance si étroite d'un moyen d'expression spécifique avait cependant ses dangers. Elle pouvait introduire un facteur de régression dans le débat politique, en « folklorisant » à sa manière la culture du Québec, dont elle ne conserverait les coutumes et les traditions locales que parce qu'elles existaient en tant que preuves du « fait français ». Mais les intellectuels les plus lucides, notamment ceux regroupés autour de *Liberté*, revue politico-littéraire clé dont le premier numéro parut en 1959, ont vite reconnu les limites d'une telle perspective et se sont efforcés de donner forme à une identité française spécifique, indépendante du fétichisme de ces idéaux culturels. Le vrai défi n'était pas de se reconnaître dans une langue ; c'était de donner à cette langue une nouvelle énergie créatrice. Comme le déclarait en 1986, l'essayiste André Belleau (1930-1986) qui, avec Aquin, avait aidé Jean-Guy Pilon à fonder *Liberté* : « Nous n'avons pas besoin de parler français, nous avons besoin du français pour parler » (*Surprendre les voix*, p. 119).

Dans le passé, les âpres conditions d'existence et la rudesse du climat n'avaient pas facilité la tâche de la petite communauté française, coupée de tout vrai contact avec la mère patrie, d'abord par la conquête britannique, ensuite en raison du rejet par l'Église d'une France séculière, postrévolutionnaire. Les premiers romans et recueils de poèmes québécois ne parurent pas avant les années 1830, car les écrivains furent lents à voir le jour dans ce contexte. Ils furent ensuite déchirés entre le désir de « bien écrire », en obéissant à des conventions littéraires parisiennes, sans aucun rapport avec les usages locaux, et celui, frustré par les contraintes religieuses et par l'absence d'un vrai public cultivé, de refléter leur propre réalité. C'est avec la Seconde Guerre mondiale que l'industrialisation (en particulier de la région de Montréal) et les progrès de la communication allaient permettre de dépasser les fausses alternatives du régionalisme et du cosmopolitisme.

Les poètes des années 1950 avaient été les premiers à incarner une libre affirmation de soi du type de celle qu'Aquin évoquait dans sa déclaration, après les élections. Inspirés par le surréalisme et la diversité des formes poétiques d'un Henri Michaux et d'un Pierre Jean Jouve, des écrivains comme Paul-Marie Lapointe (né en 1929) et Gaston Miron (né en 1928) ont célébré la capacité du langage à donner un nom à des sentiments informulés aussi bien qu'aux traits spécifiques du « territoire » (poétique autant que politique) qu'ils s'étaient assignés. Leur choix du mode lyrique favorisait une fusion de la forme et du contenu dans une parole incantatoire. Mais ces poètes créèrent aussi les structures institutionnelles sans lesquelles il était exclu qu'une littérature indigène puisse jamais s'épanouir. Il y eut de nouveaux journaux et de nouvelles maisons d'édition, mais ce sont surtout les ondes qui aidèrent les écrivains à trouver un public : la radio et la télévision publiques ont joué un rôle clé dans le développement culturel du Québec.

Le processus d'émancipation n'en restait pas moins fragile. Une fois les premiers moments de la prise de parole passés, l'art et la politique s'engagent sur des chemins séparés. Au début des années 1960, l'incertitude était profonde quant à ce que serait capable d'accomplir la littérature. Idéalisée comme le modèle d'une action souveraine, l'écriture était en même temps vécue comme la coquille vide d'un langage impuissant. La simultanéité de réactions aussi extrêmes reflétait des circonstances historiques, non seulement la disproportion entre le degré d'émancipation en matière de culture et en matière de politique, mais aussi ce qu'a de problématique la relation des Québécois avec leur langue. Les romans d'Aquin, la plus importante et la plus consciente des œuvres de fiction issues des années 1960, illustrent la lutte de l'écrivain qui veut définir son rôle politique et l'importance historique des formes littéraires.

Dans *Prochain Épisode* (1965), premier livre publié par Aquin, le narrateur, révolutionnaire raté qui se morfond dans la clinique psychiatrique où il a été interné après son arrestation, cherche une diversion à son désespoir en écrivant un roman d'espionnage. Incapable de donner vie à ses personnages, il se met lui-même au centre de l'histoire qui devient ainsi le miroir de ses propres tentatives de surmonter une totale incapacité à agir. Néanmoins, cette méditation rétrospective est conduite dans la perspective du prochain « épisode », l'épisode final qui devrait achever l'œuvre révolutionnaire du narrateur. Cette manière de se construire autour d'une impossibilité de conclure rattache *Prochain Épisode* au nouveau roman français ; mais *Prochain Épisode* se rattache aussi à une autre inspiration, plus idéaliste, qui met l'accent sur la possibilité de surmonter les divisions. La tension entre ces deux aspects est fondamentale car, au-delà de son pathos politique, le nationalisme d'Aquin – nationalisme entravé par son rejet du provincialisme et qui a trouvé son expression la plus articulée sur le plan littéraire – est structuré autour d'un paradoxe : il lui incombe de défaire ce qui n'a pas encore été fait – les constructions stables et objectivées d'une culture –, de rejouer ce qui n'a pas encore été joué. Toute littérature se développant dans une culture postmoderne, comme toute nation affirmant sa spécificité au sein d'une société occidentale avancée, doit à un certain point se demander si elle a suffisamment confiance dans sa propre image pour en reconnaître les limitations.

L'œuvre d'Aquin est exemplaire par son refus d'invoquer l'édification d'une nation afin de repousser le moment où il faudra poser cette question, ou de prétendre que celle-ci doit être facilement résolue. La première attitude était fréquente au cours de la période d'expansion des institutions culturelles qui, au cours des années 1960 et 1970, avaient offert aux écrivains des occasions multiples de publier et parfois des récompenses sans discernement pour ces publications. La seconde est contemporaine de l'adhésion aussi rapide que vaste aux théories littéraires et féministes d'avant-garde, avec leur défi radical opposé aux diverses identités, que ce soit celle de la personne, du genre ou du texte. Il est vrai que, à défaut de telles structures anticipatrices, l'émergence d'une littérature nouvelle aurait été improbable ; une fois ébranlé, le profond conservatisme culturel et religieux du Québec traditionnel devait provoquer une réaction proportionnelle. (Par exemple, le taux de natalité du Québec, pendant longtemps le plus élevé du monde occidental, allait tomber en l'espace d'une génération au-dessous du seuil de renouvellement). Cependant, on a pu avoir le sentiment, vers la fin des années 1970, que la consécration institutionnelle de la littérature comme telle se faisait aux dépens des réussites individuelles, et que la vision avant-gardiste d'un texte comme pur processus, pure écriture, vouait l'idée même d'œuvre à une obsolescence prématurée.

Le caractère problématique de l'identité et de la valeur de l'œuvre reste au centre des romans d'Aquin, jusqu'à les paralyser. Mais dans ses derniers romans, *l'Antiphonaire* (1969) et *Neige noire* (1974), l'écriture d'Aquin atteint une intelligence et une richesse stylistique telles que cette paralysie elle-même est devenue une souce d'énergie pour la génération des lecteurs qui sont revenus à ses œuvres après son suicide en 1977. En 1980, l'échec du référendum québécois pour l'indépendance a tempéré le lyrisme des poètes, devenus sensibles au fait que, selon la formule de André Belleau : « La littérature est précisément ce qui n'arrive jamais » (*Surprendre les voix*, p. 105). De la même manière, le roman inachevé d'Aquin, *Obombre*, cristallise un sentiment profond des ironies complexes de la culture ; en introduction à ce texte fragmentaire, Aquin cite une phrase du philosophe romantique Friedrich von Schelling : « Le commencement n'est le commencement qu'à la fin » (*Liberté*, mai-juin 1981, p. 16).

Ce recours au philosophe romantique est particulièrement significatif, dans la mesure où la littérature québécoise est née vers 1830 alors que le romantisme battait son plein en France, bien qu'elle n'ait pas eu le moindre rapport avec lui. À l'époque, les écrivains du Québec n'avaient ni les ressources sociales, ni les ressources culturelles qui leur auraient permis de faire plus qu'adopter les aspects les plus superficiels du style romantique et une version aussi rudimentaire que timide de sa subjectivité. Un aspect important de l'héritage laissé par l'œuvre d'Aquin est la possibilité d'une réappropriation critique de l'histoire littéraire, élargissement de la perspective dans laquelle il faut envisager la tension entre les moyens et les fins de l'expression artistique. Au cours des années 1980, cette manière de voir a conduit à un pluralisme qui tolérait différents niveaux d'approche linguistique et des allégeances littéraires divergentes. Michel Tremblay (né en 1942), par exemple, utilise des patois locaux dans ses pièces, mais compose ses romans dans un style plus accessible à un public international. Anne Hébert (née en 1916), connue pour sa poésie dès les années 1950, offre elle aussi un exemple d'une remarquable capacité d'adaptation avec son roman *les Fous de Bassan* (1982) où elle utilise une technique narrative qui emprunte librement à des sources américaines et françaises, de William Faulkner à Hélène Cixous. L'histoire se déroule dans une communauté anglophone du Québec, mais le style se marie si étroitement au rythme et à l'idiome français que le livre en devient une recherche extrêmement originale des frontières linguistiques et culturelles qui structurent une carte littéraire redessinée de multiples manières par une variété d'écrivains plus jeunes.

Ce renouveau de vitalité se retrouve dans l'engagement des artistes individuels et des institutions dans la communauté plus large des peuples francophones. N'étant plus identifiable à l'héritage du colonialisme ou du chauvinisme français, ce groupe varié de peuples d'Europe, d'Afrique, des Antilles et d'ailleurs considère la langue française comme un moyen de communication commun à des locuteurs de milieux, d'accents et de points de vue différents. La lutte pour la survie d'une entité française au Québec a son pendant dans la volonté de défaire toute conception monoculturelle du « français » lui-même.

Voir aussi 1968 (février).

Bibliographie : Hubert Aquin, « Après le 15 novembre 1976 », in *Romanciers du Québec* (Québec, Québec français, 1980) ; *Prochain Épisode* (Montréal, Cercle du livre de France, 1965). André Belleau, *Surprendre les voix* (Montréal, Boréal, 1986). René Lapierre, *l'Imaginaire captif : Hubert Aquin* (Montréal, Quinze, 1981).

Patrick Coleman

1977, 9 février

Louis Aragon lègue ses manuscrits et ceux d'Elsa Triolet au Centre national de la recherche scientifique

Du bon usage des manuscrits

Que signifie pour un écrivain l'acte de léguer à la science son corps de papier plutôt que son corps physique ; la seule trace visible que son cerveau a produite plutôt que ce cerveau lui-même ? L'acte de naissance, non pas de la manuscriptologie moderne, ou science des manuscrits comme objets, ni de la textologie, ou science des textes, ni même de la critique de genèse ou étude de l'écriture en mouvement, mais des grandes collections françaises de manuscrits littéraires modernes remonte à 1881, date du codicille au testament de Victor Hugo : « Je donne tous mes manuscrits, et tout ce qui sera trouvé écrit ou dessiné par moi, à la Bibliothèque nationale de Paris, qui sera un jour la Bibliothèque des États-Unis d'Europe. » La finalité d'un tel don n'était pas formulée. Pourtant elle n'allait pas de soi : voulait-il enrichir le patrimoine symbolique, s'offrir à la bonne volonté des lecteurs, susciter le travail des savants – et notamment des philologues – en vue d'une édition monumentale ? Qu'il envisage l'édition de ses œuvres complètes ou non, l'écrivain qui confie ainsi la totalité de ses papiers – de son corps écrit – à la postérité déjà instituée (bibliothèques, collections publiques) peut nourrir l'espoir secret de rendre permanente sa résurrection en donnant à voir aux chercheurs et aux curieux le processus de sa naissance infinie comme œuvre et comme auteur.

Dans les années 1970, qui succédaient aux années 1960 dites « théoristes », les esprits modernistes, recrus d'idées générales et d'abstractions sur le texte et sa clôture, se tournaient vers la mise à l'épreuve des théories littéraires proposées par les formalismes et les divers structuralismes, y compris dans leurs variantes marxistes. Le temps était venu des travaux appliqués. Pour sa part, Sartre s'était jeté en solitaire sur ce tonneau des Danaïdes qu'est l'étude concrète du rapport entre l'homme et l'œuvre, entre la vie sociale et la vie créatrice, entre l'histoire et la littérature. *L'Idiot de la famille*, ou la genèse de Flaubert, tentait de répondre à cette question : « Comment devient-on l'auteur de *Madame Bovary* ? » Des critiques moins préoccupés de biographie et de dialectique tournaient l'interrogation vers les processus de création : comment un texte se fabrique-t-il ? Raymond Roussel est le premier écrivain à avoir voulu montrer ce processus dans un essai accompagné de documents de genèse et destiné à une publication posthume, *Comment j'ai écrit certains de mes livres* (1935, réédité en 1963 et subtilement commenté la même année par Michel Foucault dans son *Raymond Roussel*). C'est bien le souvenir et l'exemple de Roussel qui allait présider à la naissance de la collection « Les sentiers de la création » chez l'éditeur Albert Skira (codirigée par Gaétan Picon). Le projet de cette collection était – est toujours – de laisser les créateurs évoquer eux-mêmes l'*inattendu* de leur création en sollicitant le récit ou la démonstration de son parcours aventureux, émotif *et* pratique. C'est ainsi que la collection suscitera de beaux livres (Aragon, Barthes, Butor, Caillois, Michaux, Ponge, Starobinski). Sous le titre *Je n'ai jamais appris à écrire ou les incipit* (1969), Aragon reprendra le projet de Roussel et expliquera par quel procédé lui-même n'a jamais écrit aucun de ses romans, mais les a *lus* au fur et à mesure qu'il les traçait, généralisant ainsi au livre entier la « phrase de réveil », ou incipit, qui donne le *la* comme un diapason du style (selon une expression empruntée à l'écrivain et théoricien formaliste russe, Kavérine). La première phrase déclenche une « orgie » d'incipit dont le premier ne formera pas un explicit dans l'esprit du lecteur, mais ouvrira simplement le texte au silence ou à « l'arrière-texte ». Ainsi commence, splendidement, *la Mise à mort* (1965) : « Il l'avait d'abord appelée Madame, et toi le même soir, Aube ou matin. » Sans préméditation, cette entrée de jeu entraîne l'histoire de l'écrivain qui avait perdu son image dans la glace. Aragon raconte ainsi la genèse de chacun de ses principaux romans, l'analyse parfois en détail, et met en évidence le principe de contradiction par lequel ils se répondent successivement. Pour donner une idée d'un travail à mille lieux d'une écriture programmée, il emprunte une image à Georges Braque : « Quand je commence, il me semble que mon tableau est de l'autre côté, seulement couvert de cette poussière blanche, la toile. Il me suffit d'épousseter. J'ai une petite brosse à dégager le bleu, une autre le vert ou le jaune : mes pinceaux. Lorsque tout est nettoyé, le tableau est fini. » La succession des incipit serait l'équivalent des coups de pinceaux qui permettent à l'écrivain de lire le roman au lieu de l'écrire, de la même façon que Picasso écrivait : « Je ne cherche pas, je trouve. » Bien que, dans *Je n'ai jamais appris à écrire ou les incipit*, Aragon ne mette jamais sous les yeux du lecteur ses propres manuscrits comme documents de genèse, apparaît néanmoins sa conviction, hugolienne, que ses manuscrits feront un jour l'objet d'un long travail de recherche. En choisissant de donner ses papiers (et ceux d'Elsa Triolet) au C.N.R.S. pour qu'ils y soient étudiés scientifiquement avant de rejoindre les collections de la Bibliothèque nationale, Aragon entendait souligner un changement de paradigme : le passage de la conservation muséale ou patrimoniale des manuscrits à la recherche sur la création en tant que telle. Il explicitera ce geste dans un texte intitulé « D'un grand art nouveau : la recherche », en ouverture des *Essais de critique génétique* (1979), ouvrage collectif qui apparaît, rétrospectivement, comme fondateur d'une école qui entendait renouveler l'idée que nous nous faisons de la littérature à travers des essais sur Flaubert, Proust, Valéry ou Zola rassemblés par Louis Hay, leur inspirateur théorique.

La rupture était sans doute moins radicale que ne le laissaient entendre certaines proclamations, mais il est incontestable qu'un changement s'est produit dans le regard porté sur les textes. Jusqu'ici, la collection de manuscrits d'un grand écrivain restait inscrite dans la perspective du patrimoine national ; elle était soumise aux procédures et préconceptions de la philologie traditionnelle, elle-même formée à l'établissement et à l'étude des textes antiques et médiévaux. Le cabinet des manuscrits de la Bibliothèque nationale est, par excellence, le domaine quasi sacré des éditeurs d'œuvres canoniques. Pour eux il existe une stricte hiérarchie textuelle, au sommet de laquelle trône le texte final et vers lequel tendent les manuscrits dans un effort de perfection morale et formelle. Le texte fait autorité, lui seul établit la loi, et c'est lui qu'il s'agit de restituer dans sa pureté originelle altérée par des copies et des éditions fautives. L'ambition du philologue classique est de fixer ce texte, de l'établir *ne varietur*. Dans une telle perspective, les manuscrits ont une fonction de témoin auquel on recourt quand le texte imprimé présente une anomalie ou soulève une difficulté. Dans ce cas, le philologue, qui se veut l'historien du texte et le garant de son authenticité, en appelle à la leçon du manuscrit contre celle (ou celles) du texte imprimé. Le fantasme de l'« Urtext », du texte originaire obtenu par collation de *toutes* les copies – fantasme bien connu des médiévistes, et comme tel contesté – apparaît encore dans la pratique des philologues qui éditent un texte en le voulant rigoureusement conforme aux intentions de l'auteur, tel que le manuscrit est supposé les présenter. Le problème serait relativement simple si à chaque texte correspondait *un* manuscrit. Mais comment utiliser, dans la perspective de l'établissement d'un texte, un *dossier* manuscrit qui réunirait des rédactions disparates, des plans, scénarios, esquisses, versions successives, notes, inscriptions dans des carnets, notations jetées à la hâte sur un bout de papier, au verso de lettres, dans les marges d'un livre, ainsi que des documents collectés, annotés, dessins, photographies, etc. ?

En 1842, au moins symboliquement, se posait la même question philologique des manuscrits en donnant lieu à une querelle : Victor Cousin, philosophe éclectique dont le dialogue avec les philosophes allemands devait asseoir son autorité sur l'enseignement de la philosophie en France, allait dénoncer la malversation intellectuelle que représentait, selon lui, l'édition des œuvres posthumes de Pascal. Il réclamait pour les manuscrits de Pascal les mêmes règles et méthodes qui étaient appliquées aux textes antiques et ce pour restituer scientifiquement le sens conforme à leur vérité historique – qui selon Cousin tendait vers le scepticisme, le « pyrrhonisme ». L'enjeu idéologique de cette polémique est assez clair : il s'agissait d'arracher au parti clérical le monopole interprétatif des *Pensées* en considérant celles-ci comme un document pour une histoire laïque de la philosophie de l'esprit. Les manuscrits de Pascal, examinés et décrits avec une minutie inhabituelle, soumis à un essai de chronologie précise des phases de leur rédaction, devenaient ainsi la pierre de touche d'une vérité historique du texte et un moyen d'assurer une maîtrise laïque sur l'enseignement de la philosophie. Le recours scientifique au manuscrit posait en somme la double question : *quel* texte fera autorité, sera donc étudié dans les lycées, et quelle interprétation de son sens prévaudra ?

L'« éditeur » du texte se voit ainsi pourvu d'une autorité dont le manuscrit est le garant parce qu'il contiendrait le sens véritable du texte, celui-là même que l'auteur a voulu lui donner – et qui n'est jamais, en réalité, qu'une interprétation, déniée en tant que telle, de l'éditeur. La « République des professeurs » dont Gustave Lanson sera le maître dans le domaine des lettres, comme Cousin l'avait été pour la philosophie, trouvera une part de son pouvoir dans l'établissement des grandes éditions d'auteurs du patrimoine – éditions inspirées du modèle philologique allemand que propose la fameuse *Sophien-Ausgabe* des œuvres de Goethe (publiée entre 1887 et 1919). « Les grands écrivains de la France », collection dirigée par Lanson chez Hachette, allaient s'employer à établir un canon spécifiquement français, tant par le choix des auteurs que par l'appareil critique qui accompagnait les textes.

Mais le manuscrit, le plus souvent limité à sa version finale, restait cantonné à un rôle de témoin, tandis que l'autorité demeurait le privilège du seul texte imprimé. L'édition était bien l'unique objectif du philologue de cette époque, et ce, en dépit de quelques tentatives résolument didactiques de certains précurseurs pour engager l'étude vers une « critique de la genèse » ou encore vers des analyses stylistiques fondées sur les transformations dont les manuscrits portent la trace (cf. A. Albalat, *le Travail du style enseigné par les corrections manuscrites des grands écrivains*, 1903 ; G. Rudler, *les Techniques de la critique et de l'histoire littéraire*, 1923). Les éditions successives de Pascal – de Brunschvig à Mesnard en passant par Lafuma – illustrent bien la contradiction entre la volonté de dégager des manuscrits un texte qui fasse autorité et la fluidité naturelle de manuscrits d'une œuvre restée à l'état de *work in progress*.

C'est précisément cette fluidité que le généticien du texte entend respecter dans l'étude des manuscrits, en gardant ceux-ci en mouvement, moins pour contester la hiérarchie que l'auteur lui-même tend à constituer entre ses brouillons et son texte livré à l'impression que pour suivre la dynamique de la création dans ses accidents, découvertes, hésitations, censures, choix, repentirs, surprises ou encore trouvailles dues au hasard. Il s'agit d'introduire dans l'étude des manuscrits et des textes l'excitante incertitude de la création et la prise en compte des contraintes de tous ordres qui la stimulent ou l'inhibent : à cet égard, la version finale d'un texte n'a pas de statut ontologiquement supérieure ; elle est le possible auquel d'autres possibles ont été sacrifiés. Une telle conception entraîne une érosion de la solidité du livre, de l'immobilité exemplaire du chef-d'œuvre. C'est souvent ce qui l'a fait juger avec effroi par les tenants de la tradition, mais aussi avec la curiosité complice de certains écrivains qui y voient une meilleure adéquation critique à leur activité créatrice.

Imaginons alors un espace nouveau qui tient à la fois de l'atelier et du laboratoire où curieux, amateurs, artistes érudits et savants peuvent se rencontrer, non pas pour dépouiller la création de ses pouvoirs, mais pour les socialiser, les démocratiser, les offrir à la vue, en montrant le travail de la création en acte. Travail inspiré certes, tantôt euphorique, tantôt angoissé, « voyant », visionnaire, prophétique, mortuaire, ce que l'on voudra, mais, quoi qu'il en soit, fortement agité ou canalisé par les flux et les censures de l'inconscient, les remous et les choix de la conscience, les impacts des émotions, les règles de la langue et des genres, le souci de bienséance ou la volonté de transgression, les incitations des esthétiques, les demandes ou les prescriptions des institutions littéraires, les stratégies de séduction ou de simple communication ; travail mené dans les affres et les souffrances (Flaubert) ou dans la joie et la jouissance (Flaubert toujours, qui ahane et gémit, restituant au mot « travail » son sens étymologique de *tripalium*, d'instrument de torture), travail patient et impétueux, soigneusement programmé chez les uns, apparemment improvisé chez les autres ; mais toujours travail d'une main guidée par un esprit et s'écrivant sur le papier : *Work in progress*. Cet espace, Joyce l'avait nommé et y avait convié ses contemporains. La critique génétique – puisqu'elle prit ce nom sans trop se soucier de ses connotations biologiques (texte comme organisme vivant, écriture comme accouchement, avant-texte comme gestation, tracé comme empreinte) – s'y est engouffrée, ouvrant à l'étude ces souterrains enchantés, ces étonnants gisements ou encore cette mine à ciel ouvert à quoi l'on peut comparer les manuscrits, trésor resté pour une bonne part enfoui, fondations inexplorées du texte, révélation de sa troisième dimension.

Peut-être l'école française de génétique textuelle, qui n'ignorait pas ce qu'elle devait sur le plan méthodologique à ses devanciers médiévistes ou spécialistes de la Renaissance, ne prit-elle conscience que tardivement de ses différences et de son originalité par rapport aux études à caractère philologique de ses prédécesseurs. Alors qu'en Allemagne la philologie n'a jamais perdu son statut, conquis au XIXe siècle, de science générale de la culture ainsi que le prestige qui lui est associé, elle devait rester en France une discipline d'érudition, science auxiliaire de l'histoire littéraire, cantonnée dans la bibliothèque ou dans la collection d'archives, autant dire besogneuse et poussiéreuse, en tout cas subalterne aux yeux des théoriciens du texte qui se réclament de la tradition théorique plutôt que de l'héritage lansonien dans le nouveau partage des territoires intellectuels opéré dans les années 1960. On n'imagine pas Roland Barthes ou Gérard Genette assumer cette tâche ancillaire qu'est l'édition savante d'un texte, avec ses notices historiques-critiques, ses notes d'érudition et son appareil de variantes.

En Italie, la « critique des variantes » fut prônée et illustrée principalement par Gianfranco Contini et contestée par Benedetto Croce sous la dénomination de « critique des paperasses » (*scartaffaci*) dans les années d'après-guerre. Elle s'inscrivait dans la filiation naturelle des travaux de philologues qui, dès le début du XVIe siècle, avaient eu affaire aux manuscrits, brouillons et variantes de Pétrarque, Boccace ou Aristote. Cette critique devait se porter essentiellement sur la poésie, y compris la poésie moderne, et se montrer très prudente dans ses propositions générales. En dehors du cercle des italianisants, ses travaux n'ont guère pénétré en France.

La jeune école française de génétique textuelle s'est donc initialement développée à l'écart des travaux de ses prédécesseurs français ou étrangers parce qu'elle abordait la question des manuscrits sous un angle différent de celui de la philologie classique et de l'histoire littéraire. On pourrait dater de 1965 et de la grande exposition des manuscrits de Proust qui se tint cette année à la Bibliothèque nationale la focalisation d'un intérêt sur les manuscrits eux-mêmes, non plus en tant que matériaux et témoins de l'œuvre mais en tant qu'œuvre en devenir. Bien sûr, dans l'esprit de Proust, ces manuscrits étaient remplis au jour le jour dans le but d'aboutir à une œuvre fixe, projetée et progressivement architecturée comme une cathédrale de l'esprit face au temps. Ils possèdent donc une structure intentionnelle que l'on peut reconstituer en l'absence de l'autorité d'un texte final (une évidence que révèlent les parties demeurées à l'état de brouillon ou de premier jet). Mais ce qui fascine les lecteurs que nous sommes devant un manuscrit, ce n'est pas le fétiche de l'œuvre en tant que corps de l'écrivain auquel un culte est voué, ce ne sont pas non plus les vestiges de versions intermédiaires qui ne prendraient leur sens que sous l'éclairage de l'état final, c'est la construction elle-même comme aventure du langage et de l'esprit. Une aventure qui présente une multitude de possibles, comprenant chacun leur part de beauté et d'affirmation, et pas nécessairement d'échec ou d'infériorité au regard du possible préféré par l'auteur, pour des raisons qui souvent nous apparaissent contingentes ou trop nécessaires. On connaît ce cas limite, souvent cité, du poème d'Eluard intitulé *Liberté*, dont le manuscrit révèle qu'au prénom de la femme aimée fut substitué *in fine* le mot « Liberté », et qui n'est pas moins émouvant comme poème d'amour que comme chant de résistance.

Au-delà des travaux d'érudition qui souvent l'ont mise en branle et qui continuent de l'accompagner (notamment pour la « Bibliothèque de la Pléiade », cette institution typiquement française, à mi-chemin entre l'édition savante et l'édition de luxe pour large public), la critique de genèse s'est donc spontanément placée aux carrefours de la *critique théorique* (en appliquant aux manuscrits les techniques d'analyse de la poétique structurale et de la narratologie), de la *pragmatique* (en utilisant sur des corpus choisis les procédures d'analyse qui relèvent d'une linguistique de l'énonciation et des théories de l'interaction), de la *sémiotique* (en étudiant, par exemple, les microgenèses et les macrogenèses), de l'*histoire* (l'analyse textuelle du manuscrit ne pouvant abstraire celui-ci d'une société historique qui contraint l'auteur à inventer son lecteur au fur et à mesure qu'il écrit et se corrige), et de l'*herméneutique* (d'inspiration phénoménologique ou psychanalytique). Étant elle-même en genèse, la critique génétique n'a pas encore fourni sa propre théorie générale ; invoquant la nécessité d'une théorie de la complexité pour rendre compte de cet objet au statut indécidable qu'est le manuscrit (texte ou archive du texte ? Œuvre ou document ?), elle ambitionne d'unir autour de cet objet des points de vue divergents et non de les opposer. En ce sens, elle serait spontanément fédérative et représenterait un moment de démocratie dans la théorie, de tolérance vis-à-vis du discours critique de l'autre, et ce grâce au travail sur un même objet. Comme discipline nouvelle issue, à la suite de plusieurs détours, de la philologie mais théoriquement inspirée par la nouvelle critique, elle a assuré ses méthodes : établissement chronologique des dossiers, analyse des tracés, des encres, des papiers, de leurs filigranes, codification des transcriptions, sans lesquelles aucun travail critique n'est possible, collection et classement informatisé des documents de rédaction, constitution du dossier en objet scientifique – c'est-à-dire interrogeable – appelé « avant-texte ». L'austère discipline de travail à laquelle cette recherche sur les manuscrits s'astreint et qui a pour lieu d'élaboration le plus actif un laboratoire du C.N.R.S., l'Institut des textes et manuscrits modernes, a attiré à elle non seulement des critiques mais aussi des écrivains, pour qui littérature et recherche sont également une passion et qui ont trouvé dans les manuscrits une façon de vivifier le travail par le désir (de comprendre « comment ça s'est fait, et pourquoi ») et le désir (d'écrire, de raconter la genèse) par le travail. Peut-être, comme se le demandait l'un d'eux (Antoine Compagnon), la crise de la critique est-elle si grave, ses impasses telles que certains professionnels de la critique savante ont trouvé une « issue honorable dans les travaux d'édition et d'érudition ». Peut-être la crise de la création contemporaine engage-t-elle à se retourner vers le travail des maîtres pour percer le secret de leur créativité et comprendre l'étiolement de la nôtre. L'une des publications les plus marquantes des années 1980 a été l'édition génétique et critique des *Carnets de travail* de Flaubert par Pierre-Marc de Biasi. Faut-il voir là le symptôme qui signale l'absence d'un Flaubert contemporain ? La critique serait ainsi devenue génétique parce qu'elle ne trouvait plus l'incitation au travail d'élucidation et de commentaire suscitée par un grand écrivain du présent. Il est remarquable que l'un des plus captivants récits de genèse jamais écrits, *la Mémoire et l'Oblique*, de Philippe Lejeune, porte sur les textes autobiographiques (en partie inédits) de Georges Perec, sans doute le seul auteur français à avoir obtenu la reconnaissance des lettrés presque autant à l'étranger qu'en France, depuis les écrivains du nouveau roman. Mais c'est la mort qui nous a livré ses manuscrits. On peut se demander encore si la littérature ne meurt pas en même temps que le manuscrit (que devient le brouillon sur ordinateur ?). D'autre part, la recherche, en raison même de sa nature qui implique la connaissance de corpus manuscrits autant que possible complets, se tourne de préférence vers les auteurs canoniques. Et, de fait, l'institution ne permet, matériellement, que des recherches portant sur des auteurs du patrimoine. En ira-t-il autrement, à mesure que la critique génétique se portera sur d'autres types de textes et sur d'autres domaines de création ? Mais il est encore trop tôt pour répondre.

Le plus remarquable, sans doute, dans ce retournement du regard vers la création elle-même plutôt que vers son produit fini, est l'enthousiasme qu'ont mis les artistes à jouer eux-mêmes le jeu du manuscrit, donnant ainsi à voir et à comprendre le mouvement de genèse de leurs œuvres. *La Fabrique du pré*, contribution de Francis Ponge à la collection « Les sentiers de la création », mais aussi divers livres et projets de Georges Perec indiquent quelques-unes des voies d'exploration de ces interminables chantiers d'écriture que sont les manuscrits. Les ouvrir au grand jour revient à ouvrir à tous l'atelier du créateur, dans un esprit de Renaissance, de jeu et de risque où la littérature a beaucoup à gagner et rien à perdre sinon sa solennité ; et la recherche, en gagnant la collaboration des auteurs vivants, n'a qu'une chose à abandonner : sa déférence aux valeurs établies et à la mythologie du chef-d'œuvre immuable.

Voir aussi 1123, 1699, 1895.

Bibliographie : L'Auteur et le Manuscrit, éd. Michel Contat (Paris, P.U.F., 1991). *Philologiques I : contribution à l'histoire des disciplines littéraires en France et en Allemagne au* XIXe *siècle*, éd. Michel Espagne et Michael Werner (Paris, Éditions de la Maison des Sciences de l'Homme, 1990). *Leçons d'écriture : ce que disent les manuscrits*, éd. Almuth Grésillon et Michael Werner (Paris, Minard, 1985). *Essais de critique génétique*, éd. Louis Hay (Paris, Flammarion, 1979) ; *la Naissance du texte*, éd. L. Hay (Paris, José Corti, 1989) ; *Carnets d'écrivains*, éd. L. Hay (Paris, Éditions du C.N.R.S., 1991). *Carnets d'enquête*, éd. Émile Zola, Henri Mitterand (Paris, Plon, 1986). Numéros spéciaux de *Littérature*, n° 28 (1977), *Langages*, n° 69 (1983), *Cahiers de textologie*, n° 2 (1988), *Texte*, n° 7 (1988), *Genesis* (1992) Jean Bellemin-Noël, *le Texte et l'Avant-Texte* (Paris, Larousse, 1972). Bernard Cerquiglini, *Éloge de la variante* (Paris, Seuil, 1989). Raymonde Debray-Genette, *Métamorphoses du récit : autour de Flaubert* (Paris, Seuil, 1989). Daniel Ferrer, Jean-Louis Lebrave et *al.*, *l'Écriture et ses doubles : genèse et variation textuelle* (Paris, Éditions du C.N.R.S., 1991). Gustave Flaubert, *Carnets de travail*, éd. Pierre-Marc de Biasi (Paris, Balland, 1988). Philippe Lejeune, *la Mémoire et l'Oblique : Georges Perec autobiographe* (Paris, P.O.L., 1991).

Michel Contat

1985, mai

Sortie du film de Claude Lanzmann, *Shoah*

Shoah, *ou la disparition*

« Écrire un poème après Auschwitz est barbare, et ce fait affecte même la connaissance qui explique pourquoi il est devenu impossible d'écrire aujourd'hui des poèmes » (*Prismes*, 1949). Dans la France d'après-guerre, la postérité de cette phrase du philosophe allemand Theodor W. Adorno n'a cessé de croître. Le plus souvent simplifiée (il est impossible d'écrire après Auschwitz) et séparée de son contexte philosophique, elle est peu à peu devenue la formule d'une controverse qui n'a cessé de hanter toute la littérature depuis 1945. « Auschwitz », c'est-à-dire le génocide des juifs, la mort programmée de six millions d'hommes et la volonté des nazis d'effacer cette mort elle-même, de la faire « disparaître » et, de façon plus large, le système concentrationnaire, plus que tout autre événement de l'histoire, pose à la littérature la question de ses limites.

Dans quelle mesure peut-on écrire (raconter, chanter...) ce qui est advenu là ? C'est là le problème classique du « témoignage » des survivants et de ce qu'il faut d'art pour dire une expérience sans aucun précédent, qu'aucun récit antérieur ne peut informer (on se rapportera aux analyses de Shoshana Felman sur le *double bind* du témoignage dans *Au sujet de Shoah*, p. 55 *sq.*). Mais plus encore, dans quelle mesure peut-on écrire sur « cela », au-delà du témoignage, en faire « littérature » justement ? Surtout : comment la poésie, la littérature, et, plus généralement, l'art, peuvent-ils poursuivre leur pratique en tenant compte de « cela », alors même que « cela » n'est pas leur objet. Auschwitz n'introduit-il pas une césure sans précédent dans l'histoire de l'homme, et, par là-même, de ses représentations ? L'irreprésentabilité de « cela » n'entraîne-t-elle pas toute représentation dans son désastre ? Immédiatement, la question se noue à celle du destin de la représentation dans la modernité, à la question, posée en littérature, de cette « ère du soupçon » (qui met en question le récit, l'intrigue, le personnage, la psychologie, etc.) issue des travaux de Proust, de Joyce, de Kafka, de Faulkner ou de Virginia Woolf, et dont Nathalie Sarraute, Claude Simon ou Alain Robbe-Grillet allaient tirer les conséquences durant les années 1950 et 1960. Comment ces deux données, l'irreprésentable de l'événement et la crise des codes de la représentation naturaliste ou « réaliste », peuvent-elles se combiner ou se contredire ? Face à Auschwitz, quel peut bien être le poids d'une mutation des formes narratives ? Alors qu'en Allemagne la discussion autour d'Auschwitz avait mobilisé prioritairement philosophes et poètes, en France elle allait se développer dans le contexte des réflexions sur le récit liées aux recherches du nouveau roman. Enchaînement des phrases, adhérence de ces phrases au « réel » plutôt que construction d'une phrase ; énergie narrative...

Le film de Claude Lanzmann, *Shoah* (1985), en en bouleversant les termes, a installé cette discussion sur la place publique. On peut dire qu'avant ce film une telle discussion n'existait pas en France sur le mode ouvert et quasi officiel qu'elle connaissait en Allemagne et dans d'autres pays. Pourtant le débat n'avait cessé d'avoir lieu, mais sur un mode plus confidentiel, entre 1945 et les années 1980, dans tout un ensemble de textes qui se « répondaient » alors même qu'ils ne se parlaient pas : ceux de Maurice Blanchot et de Jean Cayrol, d'Élie Wiesel et d'Emmanuel Levinas, d'Edmond Jabès et de Vladimir Jankélevitch, de Jacques Derrida et de Tzvetan Todorov mais aussi d'André Malraux et de Roland Barthes, de Samuel Beckett et de Simone de Beauvoir. Ce débat devait accompagner la publication française de chaque grand témoignage (David Rousset, *l'Univers concentrationnaire* [1946], Robert Antelme, *l'Espèce humaine* [1947], Primo Levi, *Si c'est un homme* [1947, trad. 1987]) et rebondir à l'occasion de chaque fiction prenant pour thème le monde concentrationnaire, l'Allemagne nazie ou la période de l'Occupation en France : de *La mort est mon métier* (1953), de Robert Merle, autobiographie fictive d'un commandant de camp, au *Dernier des justes* (prix Goncourt 1959), d'André Schwarz-Bart, fresque sur le destin des juifs de Pologne dans la première moitié du siècle ; du *Roi des aulnes* (prix Goncourt 1970), de Michel Tournier, qui se déroule dans une Allemagne hitlérienne mythologique, au *Choix de Sophie* (1976, trad. 1981), de William Styron ; du *Treblinka* (1966) romancé de Jean-Francois Steiner, que Simone de Beauvoir a préfacé, à *la Place de l'Étoile*, de Patrick Modiano, qui inaugure en 1968 une œuvre romanesque entièrement vouée à scruter les clairs-obscurs de l'Occupation à Paris... pour ne rien dire des films, comme *Portier de nuit* (1974), de l'Italienne Liliana Cavani, qui met en scène les rapports bourreaux-victimes au sein des camps sur le mode du fantasme sadomasochiste, jusqu'au feuilleton télévisé américain, *Holocauste*, qui, pour raison de diffusion mondiale, pliait Auschwitz aux règles de la représentation de masse. Au cours de l'élaboration de *Shoah*, *Holocauste* aura servi de repoussoir à Claude Lanzmann (*Au sujet de Shoah*, p. 306 *sq.*)

Deux œuvres parallèles et presque antithétiques donnent la mesure de ce qui se joue, avant 1985, autour de cette question de l'écriture après Auschwitz. La première est de Jean Cayrol. En 1950, l'essai *Lazare parmi nous* se veut le manifeste d'une « littérature lazaréenne », ressuscitée d'entre les morts : sous ce patronage biblique – Lazare est tiré par le Christ d'entre les morts – Cayrol rassemble des textes antérieurs et postérieurs à l'expérience des camps : la dimension lazaréenne d'un récit est indépendante de la narration de cette expérience. Cayrol cite ainsi, à côté d'œuvres modernes comme *l'Étranger* de « l'inquiet Albert Camus » (1942), des œuvres comme celle de Sade ou de l'auteur de *Manon Lescaut*, évoquant longuement les *Aventures intéressantes des mines de Suède*, « récit lazaréen paru au XVIIIe siècle sous la plume de l'abbé Prévost » (*Lazare parmi nous*, p. 77), texte largement antérieur au système concentrationnaire nazi.

La seconde est l'œuvre de Maurice Blanchot – qui lui aussi devait méditer sur la figure de Lazare. En 1983, il fait reparaître un récit écrit en 1936, « Idylle », qui, à la facon de certains textes de Kafka (*la Colonie pénitentiaire*, 1919) pourrait passer pour une prémonition du monde concentrationnaire. Dans la postface qui donne son titre à cette réédition, *Après coup*, évoquant Adorno, et dénonçant le traitement romanesque des camps dans *le Choix de Sophie*, de Styron, Blanchot affirme : « Il ne peut pas y avoir de récit-fiction d'Auschwitz » (p. 98), radicalisant, immédiatement après, son propos : « À quelque date qu'il puisse être écrit, tout récit sera désormais d'avant Auschwitz » (p. 99). Les camps nazis sont bien l'horizon indépassable de la littérature contemporaine.

Avant coup, après coup, serait-on tenté de résumer. Les deux auteurs s'accordent sur la césure. Mais si pour Maurice Blanchot, proche d'Adorno, Auschwitz achevait littéralement ce que la modernité avait commencé, terminant, sinon la littérature, du moins tout ce qui s'est pensé jusqu'alors sous ce nom, et déliant définitivement littérature et « représentation », pour Jean Cayrol, à l'inverse, Auschwitz allait authentifier la modernité littéraire qui l'avait précédé : « Il n'y a pas d'histoire dans un romanesque lazaréen, de ressort, d'intrigue » (*Lazare parmi nous*, p. 93). Si la littérature peut se poursuivre après Auschwitz, c'est parce qu'à travers certaines de ses avancées elle avait déjà anticipé la mutation « anthropologique » constituée par l'univers concentrationnaire. Cayrol poussera le paradoxe jusqu'à inverser la question. Comment écrire après Auschwitz devrait ainsi s'énoncer : comment vivre le camp après les annonces – les annonciations – de l'art moderne ? Dans un volume autobiographique, la description de son arrivée à Mauthausen commence par cette phrase : « J'étais un fidèle lecteur de Kafka et puis j'avais des renseignements sur ce qui m'attendait » (*Il était une fois Jean Cayrol*, 1982, p. 97).

L'expérience des camps a transformé Jean Cayrol, poète catholique, né en 1911, résistant, membre du réseau Notre-Dame du colonel Rémy, interné à Fresnes en 1942, puis déporté à Mauthausen, en romancier. En 1947, il obtient le prix Renaudot pour une trilogie, *Je vivrai l'amour des autres*, dont le premier volet s'intitule *On vous parle*. « Déporté, déporté, je le suis à toutes les sauces » dit le héros, unique allusion directe du récit aux camps de la mort. Homme sans passé, Armand erre dans la ville ; « l'Espace lui tient lieu de Temps, il mesure sa permanence aux objets qu'il parcourt » écrira en 1960 Roland Barthes, soulignant, rétrospectivement, la proximité de ce livre et du nouveau roman. Trois ans après *Je vivrai l'amour des autres*, Cayrol donnera dans *Lazare parmi nous* la théorie du « romanesque lazaréen » qui, selon lui, devait accompagner « la nuit blanche de l'humanité » (p. 11) ouverte par les camps. Pénétrant dans cette « nuit blanche », « nous entrions dans une féérie noire et nous portions en nous la seule réalité rayonnante : la réalité de nos rêves » (p. 22). Une taxinomie des rêves (de paysages, d'architectures, de nourriture, de couleurs et même du camp) sous-tendait l'élaboration de ce romanesque lazaréen, explicitement associée par l'auteur au surréalisme, à ses « vagues de rêves », et à André Breton. Cet onirisme, à l'image de la confusion entre « féérie noire » et « nuit blanche », devait dissoudre par avance toutes les alternatives habituelles du discours sur les camps : représentation-irreprésentable, témoignage-fiction, avant-après, etc. Bien avant *Shoah*, le court métrage *Nuit et brouillard* (1955), réalisé par Cayrol avec le cinéaste Alain Resnais, demeure le premier film parlant d'Auschwitz à l'intemporel-présent (l'herbe qui repousse entre les rails).

Si Jean Cayrol convoque la figure de Lazare, il n'est pas exagéré de dire qu'après-guerre, « Lazare », dans la culture française, a pris pour pseudonyme Maurice Blanchot. Romancier de *l'Arrêt de mort* (1948), critique considérable de *Faux Pas* (1943) et de *l'Espace littéraire* (1955), avant-guerre à l'extrême-droite, après-guerre à l'extrême opposé (pendant la guerre d'Algérie, Blanchot sera corédacteur du *Manifeste des 121*), il évoque Lazare à la fin de son recueil critique, *la Part du feu* (1949), dans un texte au titre significatif, « La littérature et le droit à la mort », qui a lui aussi valeur de manifeste : « *La littérature, comme la parole commune, commence avec* la fin *qui seule permet de comprendre. Pour parler nous devons voir la mort, la voir derrière nous* » (p. 324). Inlassable lecteur du corpus de la modernité (Sade, Lautréamont, Rilke, Musil, Bataille, Breton, le nouveau roman), Blanchot ne cessera, à partir de ce texte, de décliner toutes les figures d'une pensée hégéliano-mallarméenne de la littérature : conformément à l'inspiration mallarméenne, le mot est la mort de la chose, comme « une fleur » est l'« absente de tout bouquet », mais aussi, et fidèle en cela à l'esthétique hégélienne, la fin de l'art adviendra avec la fin de l'Histoire. Peut-être même (telle en est la variante nihiliste heideggerienne) habitons-nous déjà cette fin : « Où va la littérature ? [...] la littérature va vers elle-même, vers son essence qui est la disparition » (*le Livre à venir*, 1959, p. 285). Dans ce moule viendra, certes tardivement, mais de plus en plus – jusqu'à occuper l'espace entier de sa réflexion à partir de *l'Entretien infini* (1969) – se loger sa réflexion sur le génocide qui culmine dans *Après coup*, comme une terrible confirmation de la fin de l'art, attendue. Le nom propre d'Auschwitz viendra donc remplacer celui de Napoléon pour dire la fin de l'Histoire, exacerbant, frappant de vanité, la modernité : « Le changement que subit le concept de littérature et qu'en France les tentatives marquées par les noms de nouveau roman, nouvelle critique, structuralisme, ont servi à rendre spectaculaires, n'est pas en rapport immédiat avec la "Deuxième Guerre mondiale", étant en devenir depuis bien plus longtemps, mais y a trouvé la confirmation accélérée de la crise fondamentale, changement d'époque que nous ne savons pas encore mesurer faute d'un langage » (*l'Amitié*, 1971, p. 128). Les derniers livres de Blanchot, à l'image de ceux, voisins, du poète Edmond Jabès, comme eux cousus de fragments, composent l'espace d'une « écriture du désastre », allégorie formelle de l'impossibilité d'un art « après Auschwitz » et de la disparition de l'art à Auschwitz.

Jean Cayrol est un rescapé, ce n'est pas le cas de Maurice Blanchot. Pour tous deux cependant le même livre sert de pierre de touche : *l'Espèce humaine*, de Robert Antelme (1917-1980). Anthropologue, membre du « réseau du musée de l'Homme », arrêté en 1944, déporté à Buchenwald puis à Dachau, Robert Antelme n'était pas un écrivain professionnel. *L'Espèce humaine* fait partie de ces livres auquel l'auteur, pour réutiliser un mot de Bataille, « a été contraint » : « Les héros que nous connaissons, de l'histoire ou des littératures, qu'ils aient crié l'amour, la solitude, l'angoisse de l'être ou du non-être, la vengeance, qu'ils se soient dressés contre l'injustice, l'humiliation, nous ne croyons pas qu'ils aient jamais été conduits à exprimer comme seule et dernière revendication, un sentiment ultime d'appartenance à l'espèce » (*l'Espèce humaine*, p. 11). Autant qu'un récit, *l'Espèce humaine* est un essai qui tente d'approcher, à travers l'histoire d'une « expérience intérieure » (Bataille de nouveau), d'un corps singulier (« Je suis allé pisser » dit significativement la première phrase), la mutation « anthropologique » à l'œuvre dans l'expérience concentrationnaire, réajustant par là même la littérature à l'homme d'Auschwitz (comme on dit l'homme de Néenderthal). Bien que moins radical, Robert Antelme est certainement plus proche de Blanchot que de Cayrol – l'interdit blanchotien convenant plus à la « pathologie » des survivants.

Ici il faut citer un quatrième nom, David Rousset, dont la position, bien qu'étrangère au surréalisme, est assez voisine de celle de Cayrol – et pas moins paradoxale : si, confronté à l'indicible, l'art est impuissant, mais si l'indicible est vraiment indicible, alors l'art est plus que jamais nécessaire. Militant trotskiste, survivant de Buchenwald où il fut déporté en 1943, Rousset fit paraître en 1946 un livre placé sous l'invocation d'Ubu et de Jarry : *l'Univers concentrationnaire*. Avant de publier en 1947 un « roman » de près de huit cents pages : *les Jours de notre mort*. « Ce livre, dit-il en préface, est construit avec la technique du roman, par méfiance des mots [...] Toutefois la fabulation n'a pas de part à ce travail. Les faits, les événements, les personnages sont tous authentiques. Il eût été puéril d'inventer alors que la réalité passait tant l'imaginaire. » Sur la page de garde, l'auteur annonçait un *Lazare ressuscité* qui, sous ce titre, ne verra jamais le jour.

Robert Antelme, Maurice Blanchot, Jean Cayrol et David Rousset ne sont pas juifs. Et les camps dont ils parlent ne sont pas exclusivement ceux du génocide : l'espèce humaine en est l'enjeu, non le seul peuple juif. En revanche, Claude Lanzmann ou Georges Perec, à qui l'on doit une reformulation de ces questions au cours des années 1970 et 1980, sont juifs. La manière dont ils inversent la position des problèmes n'est sans doute pas étrangère au changement dans la conscience de soi des juifs en France – qu'ils soient français depuis « toujours » ou d'immigration récente. Deux titres encadrent ce qui apparaît, rétrospectivement, comme une mutation considérable : *Réflexions sur la question juive*, de Sartre, en 1946 et *Souvenirs obscurs d'un juif polonais né en France*, de Pierre Goldman, en 1975.

Lanzmann, sartrien de longue date, remarque que dans le livre de Sartre « il n'y a pas un mot sur l'Holocauste, parce que l'Holocauste est un événement que personne à l'époque n'était capable d'appréhender dans sa magnitude et ses conséquences » (*Au sujet de Shoah*, p. 104). Le « juif » selon Sartre est celui que l'autre désigne comme tel ; il n'y a pas de juif « pour soi », c'est seulement « pour autrui » que l'on est juif. En 1945, les juifs de France se reconnaissaient dans la définition sartrienne qui faisait d'eux une pure création du regard antisémite, demeurant fort discrets sur leur héroïsme, comme sur Auschwitz. La formule des manifestants de mai 1968 « Nous sommes tous des juifs allemands » – comme la prise de consience liée à la guerre des Six Jours en 1967 – illustre probablement la cassure. Pierre Goldman témoignera jusqu'au paroxysme de cette mutation qui allait transformer en « juifs imaginaires », selon l'expression d'Alain Finkielkraut, une génération d'enfants de juifs résistants et déportés. Ceux-là mêmes qui, à partir des années 1960, se réapproprieront les héritages culturels et historiques, et parfois religieux de la diaspora. Né à Lyon pendant la guerre, Goldman déclarait en effet « au fond je suis né à Varsovie, et j'y suis né avant-guerre » (*Souvenirs obscurs*, p. 34). Et aussi : « Je ne fus, enfant, ni heureux ni malheureux. Mon enfance fut une longue rêverie inerte qu'anima, seul, le spectacle d'Auschwitz, d'Oswiecim, en Pologne » (p. 32).

Le génocide revint alors au cœur de l'expérience concentrationnaire, dans son irréductible spécificité : la tentative de faire « disparaître » un peuple et ses traces. Comparée au goulag ou à Hiroshima, la « solution finale » des nazis apparaît comme une tentative de « crime historique parfait », impliquant une opération de grande envergure sur le langage. Réfléchir sur le génocide c'est réveiller, simultanément, la réalité de l'expérience et de l'histoire juive. Entre 1968 et 1985, ce que la génération d'Antelme avait appelé « l'espèce humaine », allait donc retrouver sa médiation juive. Ainsi doit-on comprendre l'un des reproches que Lanzmann adressait à la série télévisée *Holocauste* : « Pour faire apparaître l'humanité de ces juifs, pour la rendre sensible, on a effacé en eux toute trace d'altérité [...]. Mais c'est le contraire qui eût été juste : l'humanité des victimes aurait dû nous être rendue d'autant plus évidente et d'autant plus profonde qu'elles nous seraient au départ apparues plus différentes. »

Simultanément, cette génération n'allait plus percevoir Auschwitz comme une fin désastreuse de l'Histoire, qu'il fallait gérer et transmettre, mais au contraire comme une origine blanche, creusant un trou dans le présent (sur l'inéluctable disparition des derniers témoins se jettent les négateurs des chambres à gaz). Au tournant des années 1968-1985, Auschwitz allait tout à la fois s'éloigner et se rapprocher. Selon une logique que l'on dirait plus freudienne qu'hégélienne, quarante ans après Auschwitz, c'est Auschwitz qui a changé : « l'après » a disparu. On ne pose plus les mêmes questions : il ne s'agit plus de se demander s'il est possible d'« écrire après Auschwitz », mais de savoir ce qu'Auschwitz contraint à écrire. Métamorphoses de Lazare.

Claude Lanzmann et Georges Perec appartiennent à ces générations qui n'ont redécouvert leur judéité (fût-ce sur le mode imaginaire) qu'après 1968. Né en 1936, Perec fait une entrée remarquée en littérature avec *les Choses* (1965), sous-titré *Une histoire des années 60*. Jérôme et Sylvie, couple de psychosociologues, se perdent dans le désir insatiable des objets, dans ce que l'on commence alors à nommer la « société de consommation ». Après *les Choses*, et jusqu'à son dernier livre, *la Vie mode d'emploi* (1978), le trajet de Perec semble devoir se confondre avec son appartenance à l'OuLiPo, « l'Ouvroir de Littérature Potentielle », fondé en 1960 par Raymond Queneau et qui se donnait pour objectif d'explorer la créativité littéraire des contraintes du langage. De cet OuLiPo, il paraît même composer le « chef-d'œuvre » en 1968 avec *la Disparition*, roman d'aventures rocambolesques de trois cent vingt pages (et soixante-dix-huit mille mots) écrites sans jamais utiliser la lettre « e », la plus fréquente de la langue française. Un lecteur non prévenu éprouve le sentiment d'avoir affaire à un prototype : quelque chose comme un roman d'Alexandre Dumas rewrité par Mallarmé ou Raymond Roussel.

Perec n'était-il qu'un « oulipien » virtuose, maître du « lipogramme » et du palindrome, capable de faire surgir toute une comédie humaine d'une grille de mots croisés, artisan prodigieux d'une sorte de littérature en kit, réductible sans ombre ni reste à la somme de ses procédés ? *La Vie mode d'emploi*, qui entrecroise des milliers d'histoires dans le même immeuble de la plaine Monceau, plaiderait en faveur d'une telle image, quelques années avant la mort prématurée de l'auteur (1982). Mais il suffit de relire l'œuvre de Perec en partant de l'autobiographie de 1975, *W, ou le Souvenir d'enfance*, pour qu'on s'aperçoive que les enjeux de la disparition de cette lettre manquante ne se laissent pas réduire à la gratuité des jeux oulipiens.

« Juif polonais né en France », Perec a perdu son père, assassiné en juin 1940, ainsi que sa mère qui ne revint jamais de sa déportation en 1943. Son enfance fut celle de milliers d'orphelins de ce temps. « Le projet d'écrire mon histoire s'est formé presque en même temps que mon projet d'écrire » (p. 41) dit-il dans *W*. Reste qu'il a fallu la difficulté d'être et une psychanalyse pour que Perec se retrouve « juif » et contraint à ce projet auquel il rattache rétrospectivement et prospectivement tout son travail. Car, malgré sa simplicité apparente, ce projet d'écrire son histoire butait sur l'impossible : « Je n'ai pas de souvenirs d'enfance : je posais cette affirmation avec assurance, avec presque une sorte de défi [...] J'en étais dispensé : une autre histoire, la Grande, l'Histoire avec sa grande hache, avait déjà répondu à ma place : la guerre, les camps » (p. 13). Pour pallier ce défaut d'origine, l'enfant s'était inventé des histoires, parmi lesquelles figurait la contre-utopie de l'île W sur laquelle règne un pouvoir totalitaire qui organise des compétitions olympiques. *W*, le livre, est ainsi fait du tressage de deux textes : la reprise de ce roman d'enfance et l'enquête ressassante et contradictoire sur le matériau ténu, troué que composent les souvenirs et les lieux.

Avec ses deux filons narratifs, *W* est un microcosme de l'œuvre dans son ensemble. Meurtri par « la grande Hache de l'histoire », Perec n'a recouvré une identité qu'en s'agrippant au « petit h » de l'alphabet. La fiction, le jeu le plus gratuit, les combinatoires formelles les plus acrobatiques, l'énergie narrative ont été déclenchés par l'expérience du vide, du crime et de l'effacement du crime. De ce point de vue, pour curieuse et marginale que semble *la Disparition*, rapprochée de *W* (qui est dédié à... E !), cette entreprise devient éminemment centrale. Claude Burgelin l'a bien montré : la folie lipogrammatique est à la fois la métaphore littéraire de la Shoah et la plus extraordinaire « réponse » à la Shoah. « *La Disparition* n'est pas une mise en parabole [...] du génocide des juifs. Mais la fiction qu'invente Perec disjoint, déplace, réélabore des éléments venus de cette histoire-là » (*Georges Perec*, p. 105). Perec compose des récits « après Auschwitz », à proportion d'Auschwitz, il est un écrivain « d'après la Shoah », qui, à l'exception de *W*, ne parle pas du génocide tout en ne parlant de rien d'autre (la meilleure image ici est probablement celle de l'anamorphose, la tache énigmatique sur le devant du tableau qui montre la mort dès que le regard pivote). Le vertige formel double celui de l'histoire : la passion de l'espace public s'enracine dans le manque initial d'un espace privé (dans *les Choses*). De même, la boulimie de références littéraires, la multiplication des récits, l'occupation du champ romanesque jusqu'à saturation (dans *la Vie mode d'emploi*) viennent de ce que les livres permettent l'invention d'une parenté à celui qui en a été privé par la guerre (Perec construit son arbre généalogique littéraire dans *W* : Flaubert, Melville, Jules Verne, Raymond Roussel, Kafka, Malcom Lowry, Leiris, Queneau. La distinction entre modernité et non-modernité n'a plus de pertinence, rien de l'art ne doit être laissé de côté). L'écrivain « démocratique » (Claude Burgelin), l'oulipien qui sème à tous vents les secrets de sa fabrique, est un écrivain universel qui recommence la littérature, toute la littérature. Autrement dit Auschwitz contraint à l'innovation narrative, pousse à... l'Ouvroir de Littérature Potentielle. Auschwitz libère l'art : « l'indicible n'est pas tapi dans l'écriture, il est ce qui l'a bien avant déclenché [...] je n'écris pas pour dire que je ne dirai rien, je n'écris pas pour dire que je n'ai rien à dire. J'écris : j'écris parce que nous avons vécu ensemble, parce que j'ai été un parmi eux, ombre au milieu de leurs ombres, corps près de leur corps » (*W*, p. 59). Deuxième résurrection de Lazare. On aimerait parodier Blanchot : d'où vient, aujourd'hui, la littérature ? La littérature vient d'elle-même, de son existence que *la Disparition* a repensée, après Auschwitz. Perec, après Cayrol et Blanchot, fut hanté lui aussi – mais tout autrement – par le livre d'Antelme : deux ans avant *les Choses*, la référence à *l'Espèce humaine* obsède les essais qu'il publie en 1962 et 1963 dans la revue *Partisans* : « Au centre de *l'Espèce humaine*, écrivait-il alors, [on rencontre] cette confiance illimitée dans le langage et dans l'écriture qui fonde toute littérature. »

Shoah, le film de Claude Lanzmann, sort sur les écrans au printemps 1985. Onze ans d'enquête en Pologne, aux États-Unis et en Israël, cinq ans et demi de montage, trois cent cinquante heures de tournage : à l'arrivée, neuf heures d'un cinéma qui est art de la mémoire. À peu de choses près, *Shoah* a été conçu au même moment que *W, ou le Souvenir d'enfance*, de Perec, et les *Souvenirs obscurs* de Goldman : dans ces années qui suivirent mai 1968 et la guerre des Six Jours, soit quatre décennies après l'entrée des troupes alliées dans les camps de la mort. Auschwitz cesse bien d'être une fin de l'Histoire pour devenir le grand trauma contemporain. À l'origine, Claude Lanzmann n'est ni écrivain, ni cinéaste. Philosophe de formation, compagnon de toujours de Jean-Paul Sartre et de Simone de Beauvoir (il leur a, depuis le film, succédé à la direction des *Temps modernes*), il est journaliste. Il date d'ailleurs sa redécouverte d'une judéité positive, non « sartrienne », d'un reportage effectué en Israël en 1952. C'est au cours du tournage qu'il deviendra artiste, contraint par son sujet comme si l'art seul pouvait réussir là où échoue le document. « La fiction est la transgression la plus grave dans une histoire pareille : [elle] montre des juifs entrant dans la chambre à gaz en se tenant par l'épaule, stoïques comme des Romains. C'est Socrate buvant la ciguë. Ce sont des images idéalistes qui se permettent toutes les identifications consolantes » (*Au sujet de Shoah*, p. 295). Quant aux documents, leur rôle est réduit à néant par le simple fait qu'il n'existe pas d'images d'archives de l'extermination. Mais, « même s'il y en avait eu, je n'aime pas beaucoup les montages d'archives, je n'aime pas les voix off qui commentent des images ou des photos comme un savoir institutionnalisé : on peut dire n'importe quoi, la voix off impose un savoir qui ne surgit pas directement de ce qu'on voit, on n'a pas le droit d'expliquer au spectateur ce qu'il doit comprendre. Il faut que la construction du film détermine à elle seule sa propre intelligibilité » (*ibid.*, p. 297).

Plus jeune que Sartre, Lanzmann est l'aîné de Perec : introduisant le « scénario du film », il parle d'« écriture du désastre » utilisant souvent, lui aussi, la rhétorique de l'innommable, le vocabulaire d'une contre-théologie négative qui prendrait au mot le silence à quoi le nazisme voudrait contraindre. Cela n'empêche pas son œuvre d'être le démenti le plus absolu apporté à Adorno et à Blanchot, consacrant définitivement une nouvelle position du problème et relançant la question avec l'immense efficacité du cinéma. Ce véritable monument a d'ailleurs comme premier effet sur l'innommable de lui redonner un nom, celui de *Shoah*, « catastrophe », quand « génocide » tendait à s'effacer devant le très télévisuel, très américain et très chrétien « holocauste ».

À tout prendre, Lanzmann se situe plus sûrement dans la filiation de Jean Cayrol, par l'hallucinante intemporalité freudienne, par la dimension immémoriale du film, son refus passionné de la chronologie. Surtout, *Shoah* pose très exactement « en grand », à l'échelle non plus d'une famille mais du peuple juif tout entier, non plus d'un destin individuel mais de l'espèce humaine, le problème de Perec, mêlant indissolublement ce qui dans *W* reste encore disjoint, la fiction et l'enquête, dissolvant leur opposition qui, avec celle du passé et du présent, demeurait un des axes majeurs de la réflexion antérieure. Lanzmann dit avoir fait « une fiction du réel » (*ibid.*, p. 301).

Le Lieu et la Parole fut, raconte-t-il, le titre provisoire de *Shoah*. Un autre aurait interrogé les témoins là où ils se trouvent aujourd'hui. Lui, par un processus psychanalytique « sauvage », ramène sur les lieux du crime les victimes (juives), comme les témoins (polonais), voire les bourreaux (nazis). Il les violente une seconde fois par ses interrogations techniques à la manière d'une reconstitution judiciaire, par l'arpentage des lieux, faisant de ces hommes les acteurs, temps aboli, de leur propre vie en boucle. Qu'on songe aux trois hommes qui sont presque devenus des « vedettes » : Srebnik le nocher de Chelmno qui ouvre le film et chante sur la barque des morts les refrains polonais qui lui ont permis de survivre, le coiffeur Abraham

Bomba qui répète les gestes qu'il accomplissait aux portes de la chambre à gaz, ou le conducteur de la locomotive de Treblinka qui mime l'avertissement fait aux occupants du train de la mort. Loin de contourner les impossibilités esthétiques, Lanzmann en fait son point de départ et son moteur. *Shoah* est « un film de vie, avec du présent pur » (*ibid.*, p. 297). Anamnèse de la disparition, de la mort sans sépulture de six millions d'hommes à travers une poignée d'entre eux qui l'incarnent. La Shoah est visible dans ces corps. Lanzmann est obsédé par « l'incarnation ». Nouvelle figure de Lazare.

Ce n'est qu'une des dimensions du film. Il faudrait parler aussi de la structure symphonique des neuf heures de l'œuvre. L'historien Pierre Vidal-Naquet (dans *Au sujet de Shoah*) a pu comparer *Shoah* à *la Recherche du temps perdu*. Neuf heures d'un cinéma qui réinvente le cinéma, images de lieux, sons de parole. Exactement à la façon d'un Jean-Luc Godard, mais sans la préoccupation moderne de ce dernier, ses pudeurs, dans le style nouveau roman, face au récit, au personnage, à l'intrigue. Le cinéma, tout le cinéma : il y a du western (les trains, l'espace) et évidemment du polar (Lanzmann détective public) dans *Shoah*. Comme Perec écrivant les sept cents pages de *la Vie mode d'emploi*, Lanzmann est à la fois en deçà (par le langage) et au-delà (par la génération foisonnante des récits) des interdits modernes sur la représentation. Adorno est loin. Il n'y a pas plus d'après-Auschwitz que d'après-Kafka. La conscience d'un irréversible présent en histoire, Auschwitz ici et maintenant, mobilise tout l'art au lieu de le disqualifier. L'art de la mémoire est avant tout une mémoire de l'art.

Voir aussi 1898, 1922, 1945 (6 février), 1953.

Bibliographie : Theodor Adorno, *Prismes : critique de la culture et société* (Paris, Payot, 1986). Robert Antelme, *l'Espèce humaine*, (Paris, Gallimard, 1978). Maurice Blanchot, *Après coup*, précédé par *le Ressassement éternel* (Paris, Éditions de Minuit, 1983) ; *la Part du feu* (Paris, Gallimard, 1949) ; *le Livre à venir* (Paris, Gallimard, 1986) ; *l'Entretien infini* (Paris, Gallimard, 1969) ; *l'Écriture du désastre* (Paris, Gallimard, 1980). Claude Burgelin, *Georges Perec* (Paris, Seuil, 1989). Jean Cayrol, *Lazare parmi nous* (Paris, Seuil, 1950) ; *Je vivrai l'amour des autres* (Paris, Seuil, 1947) ; *Il était une fois Jean Cayrol* (Paris, Seuil, 1982). Michel Deguy et *alii*, *Au sujet de Shoah, le film de Claude Lanzmann* (Paris, Belin, 1990). Marguerite Duras, *la Douleur* (Paris, P.O.L., 1985). Pierre Goldman, *Souvenirs obscurs d'un juif polonais né en France* (Paris, Seuil, 1975, 1977). Sarah Kofman, *Paroles suffoquées* (Paris, Galilée, 1987). Claude Lanzmann, *Shoah* (Paris, Fayard, 1987). Philippe Lejeune, *la Mémoire et l'Oblique : Georges Perec autobiographe* (Paris, P.O.L., 1991). Georges Perec, *W, ou le Souvenir d'enfance* (Paris, Denoël, 1975) ; *la Disparition* (Paris, Denoël, 1969) ; *la Vie mode d'emploi* (Paris, Hachette, 1978) ; *L.G. : une aventure des années soixante* (Paris, Seuil, 1992). David Rousset, *l'Univers concentrationnaire* (Paris, Éditions de Minuit, 1981) ; *les Jours de notre mort* (Paris, Ramsay, 1988). Jean-Paul Sartre, *Réflexions sur la question juive* (Paris, Gallimard, 1947). Annette Wievorka, *Déportation et génocide, entre la mémoire et l'oubli* (Paris, Plon, 1992).

Jean-Pierre Salgas

1985, 27 septembre, 21 h 30

Antenne 2 diffuse la cinq centième édition d'« Apostrophes »

Les causeries du vendredi

Installés devant leur poste de télévision ce soir-là, les éditeurs qui suivaient la diffusion de la cinq centième édition d'« Apostrophes » ont dû penser que, si Bernard Pivot n'avait pas existé, il aurait fallu l'inventer. Heureusement pour eux, Pivot existait bel et bien depuis cet autre soir où, dix ans plus tôt, était né sur le petit écran ce qui allait être, jusqu'au 22 juin 1990, la plus populaire des émissions littéraires.

Pivot n'avait pas seulement conçu la formule de son émission légendaire, il avait aussi inventé une littérature à sa mesure – une littérature moyennement sensuelle pour un homme moyennement sensuel. Amateur de vin et de football (il a écrit un livre sur le beaujolais et un autre sur l'équipe de Saint-Étienne), Pivot est aussi un supporter féroce de la lecture. Plaisir de la lecture et non plaisir du texte ; sans théories, sans grands discours, sans titres (il n'a aucun diplôme) –, c'était l'homme de la rue devenu lecteur et partageant son enthousiasme chaque vendredi soir, en direct, avec plusieurs millions de ses semblables. « Je ne suis pas un critique. Je me contente d'essayer de donner aux gens le goût de la lecture » (« Pivot présente la nouvelle cuvée d'Apostrophes », p. 105).

On ne pouvait mieux dire.

Le décor était sobre, l'espace juste suffisant pour qu'une poignée d'auteurs puissent s'asseoir en vis-à-vis, avec Pivot au milieu, les livres de la semaine à portée de la main, et, dans la pénombre de l'arrière-fond, un public discret de parents, d'amis et d'éditeurs. Chaque invité avait lu les livres des autres : on était là pour en discuter – ou plutôt pour réagir, vivre un coup de passion, manifester des convictions, des goûts, des antipathies, des sensations ; l'animateur lui-même en parlait comme d'« une sorte de représentation théâtrale spontanée » (« Entretien avec Bernard Pivot », p. 70).

Prenez par exemple, comme ce 4 septembre 1987, Marie Cardinal, Pierre Mertens, Hortense Dufour, Guy Hocquenghem, Jean-Jacques Brochier, Jacques Testart. Tous viennent de sortir un livre. Rassemblez-les sous un titre, « La vie en noir », et vous avez un « Apostrophes » typique. Si le titre a quelque chose d'approximatif, c'est qu'il n'est pas facile de trouver un dénominateur commun à l'histoire d'une mère dont la fille se drogue (*les Grands Désordres*, de Marie Cardinal, 1987), à celle d'Adam et d'Ève à l'âge du sida (*Ève*, de Guy Hocquenghem, 1987) et à celle de l'écrivain allemand Gottfried Benn (*les Éblouissements*, de Pierre Mertens, 1987). Peu importe. L'essentiel réside dans le spectacle de l'auteur et dans la transformation, sous nos yeux, de son livre en « livre de l'auteur », au sens où on parle d'un « livre du film » : quelque chose que l'on cherche à se procurer après coup pour revivre ce qu'on a vu et pour en retrouver la quintessence. Qui parlait de mort de l'auteur ? Plus vivant que jamais, le voilà devenu la condition de possibilité de la réalité du livre, le vecteur de son existence télévisée. Les gestes maladroits de Marie Cardinal, la moue de Brochier, la nervosité de Dufour, la sincérité réticente de Hocquenghem – c'est cela qui va définir leur production, c'est sous ce mode qu'ils vont prendre corps, eux et leurs livres, leurs livres *comme* eux.

Pivot interrompt brusquement la discussion et lit à haute voix un passage ; il

redresse la tête, lève les bras, le livre dans une main, ses lunettes dans l'autre. « Ça, c'est fort... » : à la fois question et exclamation ; parfaite traduction gestuelle de la certitude narquoise de l'animateur, sourcils en broussaille, amusé, ingénuement enthousiaste. La mine d'affects constituée par les livres était à l'abri de la rupture de stock puisque les auteurs se renouvelaient, semaine après semaine. Pivot les recevait, il réfléchissait, provoquait, jubilait (dans une sorte de « stade du livre » lacanien), et sa jubilation décidait de ce qu'était l'état présent de la littérature. Son poids grandissait avec le succès d'« Apostrophes ». On ne comptait plus les articles, voire les livres, consacrés à « l'effet Pivot ». L'émission drainait chaque vendredi entre deux et cinq millions de spectateurs, avec un taux d'écoute moyen de 10,2 %, pouvant atteindre 15,5 % (un score supérieur à celui de « Dynastie »). Pour quatre-vingt-dix minutes de conversation littéraire, ces chiffres étaient spectaculaires.

« Apostrophes » faisait entrer les livres dans le monde du contemporain. Davantage que la publicité, ou plutôt stade suprême de la publicité, le passage à « Apostrophes » conférait actualité et authenticité : un livre était réel, il existait, il avait un sens dans la mesure exacte où il était « apostrophable ». Cette réalité se chiffrait en exemplaires vendus (dans la France entière, les librairies stockaient les livres présentés à l'émission de la semaine précédente et les exposaient dans des vitrines spéciales) ; pour un bref moment, un livre accédait à l'univers de ce qui se lit (des millions de gens ont pu le vérifier grâce à Pivot) ; il faisait partie de ce qu'un individu moyen est capable de reconnaître, de ce dont on discute – il avait eu lieu. « Apostrophes » était le couronnement du marché du livre contemporain – de l'ensemble des circuits de distribution –, un aboutissement qui prolongeait et éclairait les institutions littéraires antérieures et contemporaines, l'Académie et les prix. L'Académie française, qui célébrait son trois cent cinquantième anniversaire l'année où « Apostrophes » fêtait sa cinq centième mouture, est un anachronisme qui cumule le conservatisme politique (l'élection de personnalités de droite, comme Michel Droit ou Alain Peyrefitte, reste une de ses spécialités), le succès commercial (avec des romanciers comme Jean d'Ormesson et Henri Troyat) et l'ignorance délibérée de tout ce qui se fait d'important en matière d'écriture (difficile d'imaginer l'élection d'une Hélène Cixous, par exemple) ; quant aux prix, Goncourt et autres, ils n'échappent à l'anachronisme qu'en montant des opérations promotionnelles dans lesquelles la pression du secteur éditorial l'emporte sur les considérations littéraires – et en fait, les déterminent : un petit jeu qui porte le nom de « médiatisation » (le Goncourt garantit des ventes de deux cent cinquante mille exemplaires ou plus). Mais Pivot pouvait regarder tout cela de haut : plus grand et plus réel grâce à la télévision et à son audience, protégé par elles contre les anachronismes et les groupes de pression, il était, sincèrement et absolument, incorruptible (tout article sur lui se devait d'ouvrir une parenthèse sur son imperméabilité aux pressions des auteurs, des éditeurs et des politiques). Comme vous et moi, il choisissait ce qu'il aime, ne recevait que les gens dont on allait trouver le livre intéressant et sur qui on ne pouvait qu'avoir envie d'en savoir plus. Pourquoi les inviter sinon ?

Avec la masse des livres qui inondent le marché (douze mille titres par an), Pivot était devenu une institution d'utilité publique, sélectionnant, lisant et se faisant une opinion pour nous. Certes, des secteurs entiers de l'activité littéraire restèrent peu représentés dans ses émissions – la poésie, par exemple. Mais ce n'était que justice :

la poésie manque d'actualité – et de télégénie. Les romans en revanche – du moins, leur majorité – peuvent facilement se transformer en histoires à raconter, en thèmes, en problèmes, ces mêmes problèmes qui constituent la matière des essais et autres travaux de recherche (60 % des livres présentés à l'émission). L'événement-livre réclame un livre à événements (Barthes parlait du mouvement qui va « de l'œuvre au texte », le texte appartenant à l'ordre du signifiant, ce qui résiste à la consommation ; avec Pivot, on allait « du livre à l'événement », le livre étant de l'ordre du signifié, programmé pour être publié). Et puis il y avait les indispensables événements-auteurs : les spectacles ordinaires, semaine après semaine ; les grands moments dramatiques (un Bukowski imbibé plongeant dans les jupes de sa voisine avant d'être expulsé du décor) ; et, une fois de temps en temps, les soirées avec un grand auteur (Soljénitsyne, Marguerite Yourcenar, Mailer...). Mais surtout, il y avait « Apostrophes » lui-même, l'événement suprême et sans faille, l'heure et demie pendant laquelle, chaque semaine, la littérature française avait lieu.

Pourquoi ce succès ? Pourquoi une discussion autour de quelques livres ferait-elle de la bonne télévision ? Pourquoi « Apostrophes » a-t-il figuré dans les audimats aux côtés de programmes de variétés comme « Sexy-Folies », « Le Grand Échiquier » et « Cocoricoboy » ? La « littérature », c'est assez clair, reste une valeur, un investissement officiel de la culture dans ses institutions, son éducation, ses idées reçues, quelque chose comme un bien propre à la France et à la langue française. Dans quelle autre société industrielle occidentale les présidents se sentent-ils le besoin de jouer à l'écrivain, de parler de livres, de soigner un profil littéraire ? Alors qu'on ordonnait l'évacuation de la Sorbonne en mai 1968, de Gaulle polissait un compliment à l'intention de la princesse Bibesco qu'il remerciait de lui avoir permis de lire ses livres. Avec le million d'exemplaires de ses mémoires de guerre vendus, de Gaulle reste, bien entendu, un monument national, un des articles les plus influents de la culture – française. Mais un Français manque rarement une occasion de rappeler que Pompidou a publié une anthologie de la poésie française. Tandis que Giscard d'Estaing (qui aurait aimé être Maupassant) et Mitterand (dont les écrits, *la Paille et le Grain*, 1975, et *l'Abeille et l'Architecte*, 1987, confirment sa candidature à une place dans la tradition des moralistes français) se sont montrés plus que désireux de passer à « Apostrophes » (il va sans dire, c'est à Pivot que Giscard a fait don de sa confidence sur Maupassant).

La valeur est sûre, c'est un bon placement ; le tout est de bien la gérer, et c'était là le succès de Pivot. Le patrimoine national était offert au public ; une littérature pour petit porteur. D'ailleurs, on parlait rarement de « littérature », bien que le mot ait été prononcé dans quelques grandes occasions (les fameux grands auteurs). Il s'agissait surtout de livres – et ils étaient là, démocratiquement choisis par Pivot, le premier venu pourvu que ce fût « fort ». Les livres n'intimidaient plus, on pouvait les observer à même leurs auteurs, ces auteurs avec lesquels le maître de cérémonie se montrait si respectueusement irrespectueux, s'arrangeant pour qu'ils apparussent sous leur meilleur jour, sachant chatouiller leurs points sensibles.

Le cinq centième « Apostrophes » n'a pas été le seul événement médiatique de l'année. 1985 a vu aussi la célébration du centenaire de la mort de Hugo (Jack Lang, ministre de la culture, n'a donc pas manqué de lancer l'année « Victor Hugo ») et le mariage d'Yves Mourousi (prétexte à une gigantesque cérémonie d'autocélébration

des médias). « Apostrophes » se situait quelque part à mi-chemin entre Hugo et Mourousi. L'objectif de l'émission, ce qu'elle tentait de créer, c'était une littérature du médium, avec des écrivains et des œuvres porteurs de messages moyens efficaces, présentables le vendredi soir : une littérature porte-parole. On ne s'étonnera donc pas que les personnalités le plus régulièrement invitées sur le plateau d'« Apostrophes » aient été des porte-parole professionnels : Max Gallo, porte-parole du gouvernement Mauroy, en 1983-1984, et directeur du *Matin* ; ou Jean d'Ormesson, idéologue du *Figaro*.

C'est en 1985 aussi que Claude Simon a reçu le prix Nobel. Exact contraire d'un Gallo ou d'un d'Ormesson, Simon avait consacré sa vie, loin des mondanités parisiennes, à composer une œuvre d'une rare densité d'expérience et de langage. Le type de réussite littéraire que constituent ses quelque vingt romans ne se prêtait pas facilement à la transmission télévisuelle. L'incidence du Nobel sur les ventes a permis au nom de Simon de faire événement pendant un bref moment ; mais par la nature de son écriture ou par l'idée de la littérature qu'elle reflète, son œuvre se situait en deçà ou au-delà de l'« Apostrophes » auquel il a pourtant fallu que – avant même le Nobel – elle soit exposée – et réduite – en vertu des pouvoirs de la télévision.

Tout se valait devant la caméra d'« Apostrophes ». Au flot des parutions (les douze mille titres annuels) répondait celui de l'émission. La littérature devenait un éphémère produit de masse, apparaissant et disparaissant en une semaine. À côté du Nobel de Simon, 1985 avait vu paraître *la Cité de la joie*, de Dominique Lapierre, *Quartier perdu*, de Patrick Modiano, *le Vent du soir*, de Jean d'Ormesson, *De guerre lasse*, de Françoise Sagan, *Adieu Volodia*, de Simone Signoret... pour ne citer qu'un petit nombre des succès dans la catégorie « roman de qualité ». À quoi s'ajoutait la masse des livres populaires, avec leurs best-sellers attitrés et attendus (Guy des Cars, Gérard de Villiers...) et leurs météores (*Ma médecine naturelle*, de Rika Zaraï, vendue à plusieurs millions d'exemplaires – un des phénomènes médiatiques des années 1980). Il a pu aussi arriver que des figures individuelles, issues de la génération antérieure – plus expérimentale – ou témoins d'une ambition littéraire d'une autre nature, soient extraites de la masse pour être propulsées dans une gloire instantanée. Claude Simon, avec le Nobel et ses retombées, en est un exemple. Mais aussi Marguerite Duras. *L'Amant*, Prix Goncourt, allait faire accéder son auteur à la gloire médiatique tandis que ses ventes atteignaient sept cent cinquante mille exemplaires en fin d'année. Il est vrai que l'érotisme colonial du roman facilitait les choses, ainsi que la familiarité croissante du public avec l'auteur à travers quelques réminiscences scolaires (*Moderato Cantabile*, 1958, est devenu un classique).

La qualité de l'écriture de Duras n'est pas en cause. Mais il importe de noter que ce succès s'est produit alors que l'avant-garde des années 1960 – qui concevait la littérature comme une pratique chargée d'implications politiques et culturelles révolutionnaires – essayait de changer d'identité dans l'espoir d'attirer des lecteurs. « Nous devons abandonner la notion douteuse d'avant-garde et laisser tomber des certitudes si réconfortantes du genre “moins je suis lu, plus j'ai du génie”. » Quand Danièle Sallenave s'exprime ainsi (elle est citée, comme il se doit, dans *Lire*, le mensuel dirigé par Pivot, septembre 1987, p. 17), elle vient d'être brièvement exposée aux regards du public d'« Apostrophes » avec *la Vie fantôme* (1986). Mais c'est avec Philippe Sollers que les choses iront le plus loin. Fondateur et promoteur de *Tel Quel*,

la plus influente revue d'avant-garde du demi-siècle, auteur de plusieurs livres sans concession (*Nombres*, 1968), Sollers publie, après d'éphémères périodes d'adulation pour le pape ou les États-Unis, une série de romans. Ces chroniques d'une vie culturelle à la fois parisienne et internationale flattent les goûts d'un large public en mélangeant sexe et misogynie (*Femmes*, 1983, roman d'un journaliste américain qui ne cesse de passer d'un pays à l'autre et d'une partenaire à l'autre, sera un best-seller instantané). L'importance de Sollers se mesure aujourd'hui à la manière dont il est arrivé à élever le réel de l'écriture au niveau du spectacle, à réduire son œuvre à la somme de ses propres apparitions : quatre lignes sur Madonna, une séance de pose pour une publicité de voiture, un saut chez Pivot.

Au lendemain de la guerre, Sartre, qui demandait *Qu'est-que la littérature ?*, définissait sa valeur en termes de liberté et d'engagement. Une quarantaine d'années plus tard, c'est plutôt sur son état qu'on s'interrogerait : « Où en est la littérature ? » Le défi opposé à ceux qui cultivaient la littérature comme une valeur transcendante a cédé la place au refus de l'idée de valeur ; l'affirmation et la création de valeurs dans le cadre des pratiques d'écriture auxquelles renvoie (ou a renvoyé) le mot « littérature » – valeurs qui impliquent la prise de conscience des déterminations de classe, de race et de sexe – se dissolvent dans une mobilité postmoderne dans laquelle tout se vaut, au bénéfice de Sollers, de ses héros et des autres figures médiatiques. « L'éclectisme est le degré zéro de la culture générale contemporaine : on écoute du reggae, on regarde un western, on déjeune au McDonald et on mange de la cuisine locale au dîner, on porte des parfums parisiens à Tokyo et des vêtements rétro à Hong-Kong ; la culture est affaire de jeux télévisés », comme « on » – Jean-François Lyotard en l'occurrence (*le Postmoderne expliqué aux enfants*, p. 22) – dit ; tandis que Jean Baudrillard, prophète des « stratégies d'indifférence », célèbre la fin de la représentation – politique, sociale, littéraire – dans un monde abandonné à la simulation et aux apparences (*la Gauche divine*). Quoi d'étonnant dès lors que Max Gallo, en 1983, après deux années de pouvoir socialiste (preuve, d'après Baudrillard, de l'anachronisme du politique), ait déploré dans *le Monde* le silence des intellectuels de gauche. Où sont-ils passés ? demandait-il sans s'apercevoir que, lui en tête, ils étaient tous chez Pivot, là où se passait ce qui compte, la myriade des micro-événements.

Pendant ce temps, dans la vie, hors écran, la macroréalité – le contexte réel d'« Apostrophes » – suivait son cours. En cette année de célébrations culturelles, les statistiques annonçaient qu'il y avait en France quatre millions d'illettrés ; que 20 % des villes de plus de dix mille habitants n'avaient pas de bibliothèque ; que sur les six cents librairies du pays (ce chiffre ne comprend pas les vingt mille points de vente, supermarchés ou autres, où l'on peut acheter aussi des livres), la moitié se trouvait à Paris ; que la moitié des exemplaires vendus des nouveaux titres à succès l'étaient dans quatre arrondissements de la capitale ; que la publication la plus vendue en France était *Télé 7 jours* ; que le temps de télévision était sur le point de dépasser le temps de travail dans la vie éveillée des Français ; le gouvernement socialiste renonçait alors à protéger le statut de « service public » de la télévision et autorisait la création de deux chaînes privées, préparant le terrain au gouvernement de droite qui allait lui succéder, brader la première chaîne (TF1, autrefois vénérée comme la voix de la

nation) et réorganiser la télévision pour permettre à la loi du marché de fonctionner à plein.

Le souci de « modernisation » inspirant ces décisions rejoignait les exigences de l'« identité culturelle » française la plus traditionnelle. En 1980, le Parlement, au nom d'une « politique » de la langue, avait créé une commission chargée de veiller à son évolution, du jamais vu depuis la Révolution et l'enquête de l'abbé Grégoire pour l'uniformisation du français. L'état d'urgence linguistique décrété à cette occasion aboutit à des mesures telles qu'une législation privilégiant l'usage du français sur les lieux de travail (un sondage ponctuel à Air France avait fait apparaître une promiscuité linguistique endémique), de nouvelles instructions pour l'enseignement secondaire et supérieur, une augmentation du budget de l'enseignement du français à l'étranger. La télévision devint le grand coupable : le bas niveau linguistique des médias et leur capitulation devant l'anglo-américain portaient la responsabilité de ce que, dans sa déposition, l'Académie française appelait « la détérioration de la langue ». Dans ce contexte, la francophonie devint le fer de lance de la stratégie de défense à longue portée. Elle, qui s'était initialement inspirée du passé du français comme langue des idéaux révolutionnaires et des principes de libération, renvoyait maintenant à une identité qu'il était urgent de forger si on voulait résister à l'expansionnisme politique et culturel américain. Le regroupement économique postcolonial qu'elle allait mettre en place permettrait à la France de conserver son statut de puissance mondiale ; cela au moment même où les luttes de libération faisaient tomber les derniers lambeaux de son empire – c'est ainsi que, deux jours après la cinq centième d'« Apostrophes », dans trois des quatre cantons électoraux de la Nouvelle-Calédonie, les indépendantistes remportaient la majorité.

Pivot et « Apostrophes » ont rassuré une France profondément traditionnelle (dans sa culture et sa politique) confrontée aux nécessités d'une modernisation sociale et économique conforme aux exigences du capitalisme contemporain. La « littérature » et le « français » sont intacts ; ce sont des valeurs que tout le monde reconnaît et défend (Pivot organise des championnats d'orthographe) ; mais, simultanément, les valeurs propres à la télévision prennent le dessus (c'est d'elles que dépend l'existence de Pivot). Défendre ce qui s'écrit, arriver parfois à le faire lire, dans les limites du sens commun, désarmorcer la question « Que peut la littérature ? », empêcher les questions politiques et culturelles impliquées dans le fait d'écrire de prendre le pas sur les exigences des médias, du marché et du moment : tel fut l'apport de Pivot. Malgré son authentique côté populaire, il n'a pas inspiré une littérature véritablement populaire, pas plus qu'il n'a ouvert de perspectives critiques permettant de comprendre les pratiques d'écritures contemporaines. Sur un terrain égalisé à l'étalon de « l'intéressant », il soumettait livres et auteurs, spectateurs et lecteurs au bonheur d'un échange sans nuage : on est entre proches – la télé, Pivot et nous.

Et c'est ainsi que, aussi longtemps que l'émission a été diffusée, « Apostrophes » – répétant, vendredi soir après vendredi soir, le rituel d'un moderne serment de Paris – a intronisé la culture française dans le siège médiatique que lui tend pour conclure une histoire de la littérature nationale.

Voir aussi 1954, 1960, 1973.

Bibliographie : Jean Baudrillard, *la Gauche divine* (Paris, Grasset, 1985). Serge Daney, *le*

Salaire du zappeur (Paris, Ramsay, 1988). Max Gallo, « Les intellectuels, la politique et la modernité », *le Monde* (26 juillet 1983). Jean-François Lyotard, *le Postmoderne expliqué aux enfants* (Paris, Galilée, 1986). Bernard Pivot, « Entretien avec Bernard Pivot », *Cahiers du cinéma*, supplément « Télévision » (automne 1981) ; « Pivot présente la nouvelle cuvée d'Apostrophes », *Télé 7 jours* (29 août-4 septembre 1987).

Stephen Heath

1989

À l'occasion du bicentenaire de la Révolution française, les Presses universitaires de Harvard publient *A New History of French Literature*

Comment peut-on être français ?

À partir des années 1960, l'avant-garde, à bout de souffle, ne survit plus que sous protectorat universitaire : la thèse est devenue la dernière consécration d'une littérature qui refuse de se faire consommer. Rien n'existe, disait Mallarmé, que pour aboutir à un livre. Ce sont les livres désormais qui n'ont plus d'autre raison d'être que d'aboutir à une thèse. En se proclamant transgénérique et intransitive (on n'écrit plus ceci ou cela, des romans ou des poèmes ; on écrit), la littérature a réduit l'écart qui la séparait de ce qui se dit d'elle. Mais cet écart a diminué au profit des métalangages : ce qu'on dit du roman prend le pas sur les romans eux-mêmes. De sorte que la critique a conquis une position de force d'où elle nourrit le rêve de s'imposer comme le genre majeur du siècle, l'équivalent de ce que le sonnet avait été pour le XVIe siècle, la tragédie pour le XVIIe, le roman pour le XIXe. Les œuvres centrales de cette génération sont celles d'Althusser, de Barthes, de Blanchot, de Deleuze, de Derrida, de Foucault, de Lacan.

À cette occasion, le discours sur la littérature s'émancipe et sort du lycée. Le critique n'enseigne plus le français, il est devenu philosophe, linguiste, sémiologue, poéticien, sémanticien, psychanalyste, historien. Cette migration professionnelle explique, au moins en partie, la levée de boucliers provoquée par le *Sur Racine* de Barthes, en 1963, et la querelle de la nouvelle critique qui s'est ensuivie. Mais ce changement d'affiliation s'accompagne de migrations géographiques. Les nouveaux discours sur la littérature ne sortent pas seulement de la classe de français, ils sortent de France. Baptisés théoriciens, les généralistes du texte sont de plus en plus demandés à l'étranger, en particulier aux États-Unis où les départements d'études littéraires se disputent leurs modèles : pendant ces trente dernières années, pour les Américains, la forte référence française a moins été liée à la production littéraire proprement dite qu'à ce qu'on pourrait appeler une recherche fondamentale sur le langage, le texte et le sens. On a vu se succéder structuralistes, poststructuralistes, déconstructionnistes : Barthes, de Certeau, Derrida, Foucault, Genette, Girard, Goldmann, Kristeva, Lyotard, Marin, Riffaterre, Serres, Todorov. Le fait même qu'un ouvrage comme celui-ci (*De la littérature française*) ait pu être conçu aux États-Unis (où il a paru sous le tire *A New History of French Literature*) témoigne de vingt années de réussite dans l'exportation outre-Atlantique des modèles d'approche textuelle d'origine hexagonale.

La revue *Tel Quel* a constitué l'expression la plus brillante de cette génération. En

1968, Sollers publiait un volume d'essais, *Logiques*, qu'il faisait précéder d'un « Programme » dans lequel il déclarait : « La théorie considère la "littérature" (et l'ensemble de la culture où elle se situe) comme close » (*Logiques*, p. 14). L'oiseau de Minerve annonçait la clôture : c'est désormais la théorie qui constitue la littérature en ensemble fini et qui, par là même, l'excède. L'exposition de la loi de la série permet d'échapper à la sérialité : au lieu de jouer le jeu, on en expose la règle, la matrice générique, la théorie d'ensemble.

De tous les genres littéraires, c'est le roman qui est en butte au plus grand soupçon, en particulier depuis le nouveau roman. En 1965, dans « Le roman et l'expérience des limites » (in *Logiques*), Sollers en appelait à une écriture capable de résister à la demande sociale qui commande à la production romanesque : « Nous ne désirons pas, enfantinement, qu'on nous raconte des histoires, mais nous voulons peut-être ouvrir les yeux, au risque de nous aveugler, sur le point d'où partent toutes les histoires » (*ibid.*, p. 249). Quinze ans plus tard, dans *Vision à New York*, il continuait d'opposer la dérisoire « demande d'histoire lourde », « l'obsédante demande d'identité limitée, psychologique, le besoin de personnage » à ce qu'il appelait « l'enveloppe de toutes les histoires possibles » (p. 76). Et c'est cette enveloppe qu'il s'agissait de révéler, de rendre visible : faire apparaître, par une transgression formelle, la réserve où s'engendrent les romans.

La publication de *Femmes*, en 1983, a été perçue comme une rupture et une régression par rapport à ce projet : Sollers raconte. Il revient au roman, ce genre qui, depuis le surréalisme, avait été le bouc émissaire des avant-gardes. S'il dénonçait autrefois la demande de roman, il dénonce aujourd'hui la demande de théorie. Pourtant, plutôt qu'un renoncement, il s'agit bien d'une redistribution des rapports de forces. Ce retour au roman est d'abord un retour à ce que Girard avait appelé la vérité romanesque. Le roman reprend son bien à la théorie. *Femmes* proclame un monopole romanesque de la vérité : le roman dit plus vrai que tout ce qu'on peut dire de lui. En face de philosophes qui, aussi tristes qu'Aristote devant le buste d'Homère, essayent de faire reconnaître leur droit à la fiction, en face de ce qui réclame le titre de fiction théorique, Sollers renforce la frontière entre roman et théorie : il n'est de fiction que romanesque.

On a parlé de reniement : en revenant au roman (au personnage, à l'histoire), l'écriture renonçait à l'expérience des limites. On a parlé de reniement aussi à cause du contenu de *Femmes* : cette chronique romancée de l'intelligentsia parisienne des années 1960, non contente de trahir, sur le plan formel, le programme avant-gardiste de *Tel Quel*, enterrait (littéralement) les figures qui avaient nourri son inspiration théorique, Barthes, Lacan, Althusser. Pourtant, à côté de telles questions de forme et de contenu, ce roman allait recourir à une mise en scène géopolitique qui constitue une analyse singulièrement lucide de la situation de la littérature française sur le plan international.

Au début des *Liaisons dangereuses*, la marquise de Merteuil offre ses services à Valmont. Elle lui propose de rédiger ses mémoires. « Oui, dit-elle, les vôtres, car je veux qu'ils soient imprimés un jour, et je me charge de les écrire. » *Femmes* applique le programme de la marquise à une autre frontière : ce n'est plus une femme qui écrit les mémoires d'un homme, c'est un Français qui signe celles d'un Américain. Le narrateur est un Américain vivant à Paris. Il s'appelle Will (comme Shakespeare) et

il est journaliste (comme Hemingway – ou, pourquoi pas, Saint-Simon). Will écrit dans sa langue d'adoption, le français, un roman dont il est entendu que son ami S., écrivain d'avant-garde, le laissera paraître sous son nom. En attendant, S. corrige le français de Will. On peut se demander pourquoi Will n'écrit pas son roman en anglais. La question n'est jamais posée mais une réponse est suggérée, à la fin du livre. Will, qui doit retourner aux États-Unis, demande à S. de déposer son manuscrit chez Gallimard. « Et pour New York ? » La chose s'annonce plus mal. Cet Américain francographe peut rentrer aux États-Unis – mais sans son roman, qui devra attendre au purgatoire d'Ellis Island. Pour quitter l'avant-garde et devenir romancier, un écrivain français doit donc jouer à être américain : *anch'io son americano*. Mais ce n'est que la première clause. Cet Américain doit également être interdit de séjour dans sa langue. Le tandem Will-S. évoque ainsi une littérature française définie par l'improbable conjonction de deux paramètres : un Français ne pourrait pas l'écrire mais un Américain ne pourrait pas la lire.

En 1983, au moment de la sortie de *Femmes*, Sollers publiait un très joli texte sur l'île de Ré qui s'ouvrait sur ces mots : « En général, je suis plutôt malheureux en France : impression de fermeture ou de stagnation » (*Théorie des exceptions*, p. 188). Déjà, au début de *Vision à New York*, Sollers déclarait : « La France et Paris sont plutôt pour moi un tassement, un exil » (p. 19). Dans *Femmes*, c'est Will qui exprime un sentiment voisin : à propos de la France, quelqu'un demande : « Et la littérature ? – Au point mort, dis-je » (p. 642). Aussi le texte sur Ré est-il une rêverie d'évasion qui se termine par la transformation de l'île en « bateau tourné vers l'Amérique », « l'embarcation de la fiction même » (*Théorie des exceptions*, pp. 194-195). Ré occupe une place symétrique, côté départ, à celle qu'occupe Ellis Island, côté arrivée. *Femmes*, à l'image de l'île, est un embarquement pour une traversée transatlantique fictive, une percée hors de la finitude française. La littérature française ou l'expérience de ses limites.

Cette traversée ne sera pas toujours heureuse. Dans le roman suivant, *Portrait du joueur* (1984), le motif de la stagnation française revient avec insistance. « Avouez tout de même qu'il ne se passe plus rien en France » (p. 95). Mais sa mise en scène a changé. Si c'est toujours un Américain qui l'énonce, le narrateur lui-même a cessé de jouer à l'Américain. Il suffit maintenant que quelqu'un dise qu'il ne se passe rien en France pour que, comme avec un leitmotiv wagnérien, le lecteur entende l'accent américain du personnage. L'Amérique n'en reste pas moins, à long terme, la Cythère de cet embarquement romanesque. Stendhal se donnait cinquante ans pour gagner son procès en appel. Sollers ne fixe pas de date mais c'est à New York que la chose aura lieu – un jour. L'héroïne des *Folies françaises* demande à son père : « Tu crois qu'on pourrait te lire à New York ? – Non. Pas pour l'instant. Un jour » (p. 73).

Les Folies françaises sont une excellente illustration de la manière dont le roman de Sollers s'invente. Comme une fantaisie éveillée, il anticipe sa réception américaine qui devient, au moins de manière oblique, son sujet. Le narrateur est un écrivain – « Je, Philippe Sollers, écrivain » – dont l'œuvre et le succès sont suffisants pour qu'un étudiant américain, Saul, trente ans, vienne à Paris écrire sa biographie. Portrait de Saul : « Sympathique, cultivé, ignorant, comme la plupart des Américains. Il croit que la philosophie mène le monde. Il a horreur de la littérature, mais c'est sa passion [...] Il connaît toutes les théories dont je suis, paraît-il, l'illustration dégradée » (p. 38).

Sollers (le personnage et l'auteur) retournera sans mal la situation à son avantage comme dans une farce de l'analyseur analysé : transformé en personnage de roman, le critique perd sa supériorité et doit battre en retraite, terrassé par la vérité romanesque. Pourtant, l'originalité de ce combat allégorique entre Roman et Théorie est moins dans l'opposition du romancier à son critique, que dans la dimension internationale qu'elle lui donne.

Saul n'est qu'un personnage épisodique. Mais il n'est pas la seule figure américaine à qui le roman confie l'avenir de la littérature française. Le cadre des *Folies françaises*, ce que les classiques auraient appelé son unité d'action, est fixé par le séjour parisien de la fille du narrateur – elle s'appelle France et vient de New York pour suivre des « études de lettres » à Paris. Son père, un spécialiste, se fait un plaisir de lui donner des leçons particulières. « Je te vois très bien, plus tard, professeur de littérature. Ce sera une des meilleures plaisanteries de ma vie » (p. 23). Il l'initie à Villon, à Versailles, à Molière, à La Fontaine et autres folies françaises. À la dernière page, France s'envole, mariée et diplômée, prête à enseigner dans des terres anglophones la littérature de sa langue paternelle. Les Français ici ne parlent pas aux Français. L'Amérique est devenue l'avenir d'une littérature française définitivement hors les murs.

Le roman, d'une manière qui n'est pas fondamentalement en désaccord avec la définition que Sollers donnait de lui en 1965, a pris comme sujet l'expérience des limites de sa propre langue. En 1965 déjà, l'expérience des limites était conçue – sur le modèle de *Finnegans Wake* – comme une sortie de la langue, le franchissement d'une limite faisant soudainement apparaître la langue dans laquelle nous vivons comme « une langue morte » (*Logiques*, p. 240). L'essai sur Joyce de la *Théorie des exceptions* (1986) reprend cette thèse : « Joyce trace les limites de toute langue nationale, maternelle » (« Joyce et Cie » [1975], p. 80). Joyce est le premier moderne à avoir renoué avec le postulat classique qui exige de la littérature qu'elle trouve son inspiration dans le sentiment d'être à l'étroit dans une langue vivante, dans le désir de sortir des réserves d'une langue restreinte : l'expérience des limites commence avec l'expérience de la finitude de la langue. Elle fait apparaître toute langue parlée comme une langue morte. Son mot de passe déclenche l'exode, l'embarquement vers une langue secrète, une langue que « je connaîtrais, dit Sollers, sans savoir la parler » (*Vision à New York*, p. 16).

Le même exode, hors de l'Égypte de la langue parlée, sert de sujet à plusieurs livres de Pascal Quignard. Son premier roman, *Carus* (1979), qui pourrait être sous-titré *De finibus linguae gallicae*, travaille le pathos d'une langue émue par sa propre fragilité, inspirée par sa finitude et le risque de sa disparition. *Carus* se présente comme la chronique de la dépression d'un musicien, A., et des attentions dont ses proches (parmi lesquels le narrateur de ce récit en forme de journal) l'entourent, moins pour le guérir que pour le distraire. A. souffre d'une sorte d'anorexie linguistique. « Je ne vais pas pouvoir parler » (p. 135). Il souffre de sa langue et dans sa langue. « Tout cela ne me dit plus rien » (p. 114). Et plus loin : « Les mots ne veulent rien dire » (p. 119). Il se sent, dit-il, « la langue un peu empêchée, comme quand un homme a trop bu » (p. 235). Lorsque cette crise s'éloignera, la langue sera le théâtre des premiers signes d'amélioration : « Je conclus qu'il allait mieux. Qu'il faisait des efforts dans l'emploi de sa langue » (p. 137). Les proches de A. ménagent autour de lui un

espace convivial (c'est presque toujours à l'occasion de repas qu'ils se retrouvent) où se poursuit, jour après jour, autour d'une sorte de table de communion dressée pour ce Vendredi saint de la langue, un dialogue à bâtons rompus, farci d'excursus philosophiques au pessimisme baroque, de commentaires grammaticaux maniaques, d'enfantillages dépressifs, le tout avec une liberté formelle qui rappelle la brusquerie des Banquets, Convivia, Symposia et autres Propos de table de la Renaissance.

Ieurre, le philologue du cercle, formule le diagnostic le plus clair. « Si cette langue n'était pas tombée en désuétude, il ne serait pas malade » (p. 104). Personne toutefois ne donne une description explicite des symptômes de cette désuétude. Le seul indice se trouve dans le calendrier du narrateur dont le journal est exclusivement composé de dates américaines : Columbus Day, Veterans' Day, Thanksgiving Day, Washington's Birthday, Memorial Day, Independence Day, Labor Day. Les événements, racontés en français, sont datés dans une autre langue, comme si la langue française, assiégée par un calendrier étranger, était sur le point de basculer dans une temporalité qu'elle ne contrôle plus. Une langue tombe en désuétude quand ce n'est plus elle qui scande le temps, donne l'heure, le jour, la date, les fêtes. « Nous ne sommes pas un repère suffisant » (p. 336). Un ami américain suggère qu'un voyage aux États-Unis pourrait rendre à A. l'usage de la parole : « Réponse héroïque de A. : "Je ne quitterai pas le bateau quand il verse. Je conserverai ma langue dans ma bouche. Je resterai calme : l'épée à la main" » (p. 102). Le narrateur, en revanche, passe un mois en Amérique – « pour de l'argent », dit-il sans préciser (p. 255). Mais, pendant ce mois, son journal est laissé en jachère. Le temps passé sur des terres de langue étrangère ne doit pas fructifier dans notre langage.

Par bien des côtés, *Carus* est une déploration. Ce roman, écrit au chevet d'une langue mourante, est l'enregistrement de ses derniers soupirs. Comme les devisants de Marguerite de Navarre réunis par la crue du Gave béarnais, ses personnages sont assemblés par la désuétude qui a frappé la langue qu'ils parlent et écrivent. Les hommes, apprend-t-on, et surtout les philologues, ceux qui aiment leur langue, qui la « répondent » comme on répond la messe, sont les otages de l'objet qu'ils aiment. Une langue est un surmoi cruel, impitoyable, jaloux comme le dieu des jansénistes et, comme lui, immortel. Ce ne sont jamais les langues qui meurent, ce sont leurs servants. Mais une étrange erreur fait regretter comme morte une langue qui a exterminé ceux qui la parlaient.

Cette théorie ne fait plus la moindre référence à la menace américaine. Il ne s'agit plus d'une moderne « discorde des deux langages » ; nul affrontement de deux vernaculaires ; l'anglais ne menace pas de chasser le français. C'est la langue elle-même qui frappe d'interdit la parole : elle ne veut pas être parlée. La langue qui apparaît ici n'est pas celle que tout le monde parle. C'est celle que plus personne ne parle : non plus l'américain du calendrier mais la langue du titre, le latin. *Carus*, cher. Contre les faux amis du vernaculaire mondial, la *caritas*, la charité vraie, se dit dans une langue qu'aucune bouche ne parle.

Au cours des années 1930, beaucoup d'écrivains ont cherché à redonner vie à la littérature dans une « défense et illustration » de la langue parlée : Céline, Queneau ont voulu écrire la langue qui se parle. *Carus* prend le contre-pied de ces nostalgies d'oralité. À la suite de Mallarmé qui avait défini (parlant à Oxford) la « lecture » (à voix haute, ou conférence) comme « un genre à déployer hors frontière », A. voit dans

« la poésie lue à haute voix dans le Bauhaus de Beaubourg ou les universités des U.S.A. » ce à quoi se rabaisse une langue en proie au « refus de l'écrit » (p. 260). La littérature commence avec l'étonnement de saint Augustin devant la lecture muette d'Ambroise. L'idéal linguistique qui lui correspond serait, à défaut d'une langue morte, une langue qui ferait la morte, exemplaire parce qu'elle n'aurait plus cours, libérée de sa valeur d'échange, semblable à celle que l'on connaît « sans savoir la parler » (Sollers).

La méditation narrative « Où sont les ombres ? », publiée par Quignard dans *l'Infini* en 1990, se développe autour des conséquences linguistiques d'un autre changement de calendrier. Mais, à l'inverse de *Carus*, notre calendrier, loin d'être la victime, est en position d'exterminateur. Cette méditation prend son thème dans le récit que Grégoire de Tours fait de la mort du dernier roi des Romains, Syagrius, vaincu par Clovis à Soissons. Clovis bannira le latin : « La langue même devait être anéantie » (p. 29). *De finibus litterarum latinarum.* Pourtant, ce bannissement n'est pas décrit par Quignard comme la défaite du latin devant le français, mais comme le triomphe de l'écrit sur la parole : Clovis devient une sorte de Pilate, l'outil de la Providence grâce auquel le latin peut rejoindre les « langues qui ne connaissent plus de bouches pour les dire ». Écrit dans la langue du vainqueur, le texte de Quignard requiert du lecteur des identifications linguistiques contraires à son narcissisme : le plan de référence du récit est le latin refoulé aux catacombes de l'écrit. Cette méditation – boucle ironique – pourrait refermer et conclure le cycle de l'histoire d'une littérature française qui se retournerait, dans une torsion orphique, sur ses origines ; rejoignant une latinité dans le silence graphique auquel elle l'avait condamnée.

Des romans comme ceux de Sollers ou de Quignard montrent une littérature française plus préoccupée par sa langue qu'à aucune autre époque de son histoire. Ce sentiment n'est sans doute pas étranger à la situation objective de la langue française dans le monde contemporain (ce que, dans un essai ancien sur Dante, Sollers appelait la « cartographie » de la langue). Sans aller jusqu'à suivre Sollers lorsque dans *la Fête à Venise* (1991), il ironise sur les Français qui ne savent toujours pas que, « depuis 1945, ils sont rayés de la carte » (p. 200), le recul mondial de la langue de Voltaire est un fait. Dans *Qu'est-ce que la littérature ?* (1947) Sartre demandait : Pour qui écrit-on ? Près d'un demi-siècle plus tard, les héritiers de Sartre semblent tourmentés par une question beaucoup moins générale : pour qui écrit-on en français ? Pour qui écrit-on dans une langue dont l'universalité est un souvenir qu'elle ne partage plus qu'avec elle-même ?

Cette sollicitude pour la langue de Voltaire est récente. Beaucoup de ceux qui, aujourd'hui, craignent d'en être les derniers héritiers avaient commencé par ériger en exemple des écrivains qui n'avaient manifesté à son endroit ni respect ni tendresse. Que ce soit Artaud ou Céline, Michaux, Leiris, Ponge, Bataille ou Queneau (et faut-il mentionner, en dehors de la littérature proprement dite, quelqu'un comme Lacan ?), leurs modèles s'étaient fait remarquer par ce que Sollers lui-même a appelé « de grandes irrégularités de langage ». Dans leur volonté de faire chuter la valeur d'échange, ils avaient poussé la culture de l'idiolecte jusqu'au terrorisme, voire au barbarisme. On ne se contentait plus, comme à l'époque de Mallarmé, de toucher au vers, c'est la langue elle-même qu'on exposait aux derniers outrages, la langue dans

son ensemble, dans son système. Aucune littérature n'avait encore fait à son corps verbal des scènes aussi violentes, ne s'était voulue à ce point en rupture de langue, n'avait cherché avec la même impatience à en finir avec sa langue. Au point qu'il n'est pas interdit de se demander si les inquiétudes que cette dernière lui inspire aujourd'hui ne seraient pas la rançon des violences qu'elle lui a fait subir il y a vingt ans.

Et pourtant, lorsque Sollers annonce que les temps sont accomplis, que les Français ont d'ores et déjà été rayés de la carte, plus qu'une intuition sur l'avenir que la géopolitique de demain réserverait au réduit linguistique français, il faut peut-être voir dans cette provocation un rappel de ce qui a toujours été la vocation éminente de la littérature : la gestion de l'absence. Cette définition ne manque pas d'échos contemporains. Parmi d'innombrables variations, je citerai simplement tel propos de Jean Paulhan rapporté par Marguerite Duras : « N'importe quelle littérature, disait-il, même si elle est très médiocre, très ennuyeuse, est un effort pour voir le monde comme si nous n'y étions pas » (*les Yeux verts*, p. 146).

Montesquieu avait utilisé, dans les *Lettres persanes*, la fiction de Persans séjournant à Paris pour décrire la France comme s'il s'agissait d'un monde auquel il n'appartenait pas. Dans une belle préface, Roger Caillois a donné le nom de révolution sociologique à cette « démarche de l'esprit qui consiste à se feindre étranger à la société où l'on vit » (p. XIII). On pourrait appler « révolution littéraire » sa généralisation et sa radicalisation : se feindre non plus étranger, mais absent. Un éditeur plus récent, Paul Vernière, tire une leçon légèrement différente de l'œuvre de Montesquieu : « L'homme a le droit d'être ce qu'il est, sans honte, dans un monde où on ne posera plus la question ridicule : “Comment peut-on être persan ?” » Dans un monde éclairé, en effet, le ridicule ne va plus à la différence, mais au fait de s'en étonner. Être persan ne devrait plus faire rire ; c'est celui qui en rit qui devrait faire peur. Mais, au-delà du droit de chaque homme à être ce qu'il est, à affirmer son identité, et sans remettre ce droit en question, la littérature affirme quelque chose de plus singulier : la possibilité inverse, pour chacun, de ne pas être ce qu'il est. Le droit à la défamiliarisation. Après s'être absenté, grâce à la sociologie, de la société où il vit, il s'absentera, grâce à la littérature, de qui il est, de qui on veut qu'il soit. Montesquieu demandait : « Comment peut-on être persan ? » Et le pseudo-Will s'arrange pour faire écrire à S. : « Je ne suis pas français » (*Femmes*, p. 36).

Les langages distinguent les nations entre elles. La production et la consommation des littératures continuent à respecter la géographie des langues. Mais l'espace littéraire, quelle que soit la géopolitique des langues, se soustrait à la carte des puissances de la terre. Il imprime au filigrane du monde l'anagramme de l'irréel. La littérature lave tout du péché d'exister. Tout, y compris la langue : si, du temps de Poe, la mort d'une belle femme était le sujet le plus poétique qui soit, celle d'une langue est en passe de devenir le plus littéraire.

Comme la petite fille, dont Sartre parle, qui revenait, sur la pointe des pieds, vers le jardin qu'elle venait de quitter, désireuse de voir de quoi il avait l'air quand elle n'était pas là pour le regarder, la littérature est peut-être, en dernière instance, ce qui arrive au langage lorsque, épris de sa finitude, il veut faire valoir ce que Maurice Blanchot a appelé « son droit à la mort » et se laisse séduire par le rêve – classique

entre tous – d'être admis à son tour dans la famille des langues que l'on dit mortes, de voir le monde comme si les mots dans lesquels il s'écrit avaient cessé d'être parlés.

Voir aussi Introduction.

Bibliographie : Roger Caillois, in Montesquieu, *Œuvres complètes*, vol. Ier (Paris, Gallimard, 1979). Marguerite Duras, *les Yeux verts* (Paris, Cahiers du cinéma, 1987). René Girard, *Mensonge romantique et vérité romanesque* (Paris, Grasset, 1961). Pascal Quignard, *Carus* (Paris, Gallimard, 1979) ; « Où sont les ombres ? », in *l'Infini*, n° 30 (été 1990). Jean-Paul Sartre, *Qu'est-ce que la littérature ?*, in *Situations II* (Paris, Gallimard, 1948). Philippe Sollers, *Femmes* (Paris, Gallimard, 1983) ; *la Fête à Venise* (Paris, Gallimard, 1991) ; *les Folies françaises* (Paris, Gallimard, 1988) ; *Logiques* (Paris, Seuil, 1968) ; *Portrait du joueur* (Paris, Gallimard, 1984) ; *Théorie des exceptions* (Paris, Gallimard, 1986) ; *Vision à New York* (Paris, Denoël, 1981). Paul Vernière, *Introduction aux « Lettres persanes » de Montesquieu* (Paris, Bordas, 1992).

Denis Hollier

Auteurs

Jean Alter (1657, 1699)
Département de langues romanes
University of Pennsylvania

Janet Gurkin Altman (1725)
Département de français et d'italien
University of Iowa, Iowa City

Wilda Anderson (1754)
Département de français
Johns Hopkins University

Dudley Andrew (1954)
Institute for Cinema and Culture
University of Iowa, Iowa City

Jean-Marie Apostolidès (1661)
Département de français et d'italien
Stanford University

Alan Astro (1946)
Département de langues étrangères
Trinity University

John Atherton (novembre 1933)
Institut d'anglais Charles V
Université Paris VII

Ora Avni (1837, 1869)
Département de français et d'italien
Emory University

Michel Beaujour (1550, 1924)
Département de français
New York University

Réda Bensmaïa (1962)
Département d'études françaises
Brown University

John Benton (778)
Département des humanités
California Institute of Technology

Charles Bernheimer (1880)
Département de langues romanes
University of Pennsylvania

Leo Bersani (1922)
Département de français
University of California, Berkeley

Bernard Beugnot (1651)
Département d'études françaises
Université de Montréal

Robert J. Bezucha (1840)
Département d'histoire
Amherst College

Thomas Bishop (28 octobre 1959)
Département de français
New York University

R. Howard Bloch (842)
Département de français
University of California, Berkeley

Renate Blumenfeld-Kosinski (1214)
Département de français
et de philologie romane
Columbia University

Yve-Alain Bois (1973)
Département d'histoire de l'art
Johns Hopkins University

Norbert Bonenkamp (1873)
Département de langues romanes
Université d'Utrecht

Barbara C. Bowen (1460)
Département de français et d'italien
Vanderbilt University

Frank Paul Bowman (1799)
Département de langues romanes
University of Pennsylvania

Daniel Brewer (1751)
Département de français et d'italien
University of Minnesota,
Minneapolis

Victor Brombert (1889)
Département de langues
et littératures romanes
Princeton University

Peter Brooks (mars 1782, 1800, 1830)
Départements de français
et de littérature comparée
Yale University

Kevin Brownlee (1225, 1342)
Département de langues romanes
University of Pennsylvania

E. Jane Burns (1209)
Département de langues romanes
University of North Carolina,
Chapel Hill

E.S. Burt (25 juillet 1794)
Département de français et d'italien
University of California, Irvine

Jay L. Caplan (23 avril 1759)
Département de langues romanes
Amherst College

Jean-Claude Carron (1538)
Département de français
University of California,
Los Angeles

Terence Cave (1512)
St. John's College
Oxford University

Mary Ann Caws (1966)
Programme de doctorat en français,
anglais et littérature comparée
Graduare Center, City University
of New York

Brigitte Cazelles (1050)
Département de français et d'italien
Stanford University

Jacqueline Cerquiglini (1401)
Section langue et littérature
françaises modernes
Université de Genève

Ross Chambers (1851)
Département de langues romanes
University of Michigan, Ann Arbor

Roger Chartier (1677)
École des hautes études en sciences
sociales, Paris

Paul A. Chilton (1609)
Département d'études françaises
University of Warwick

James Clifford (février 1933)
Histoire de la conscience (cycle
d'études)
University of California, Santa Cruz

Patrick Coleman (1762, 1976)
Département de français
University of California,
Los Angeles

Douglas Collins (décembre 1933)
Département de langues
et littératures romanes
University of Washington, Seattle

Antoine Compagnon
(13 septembre 1555, 1895)
Département de français
et de philologie romane
Columbia University

Tom Conley (1913)
Département de français et d'italien
University of Minnesota,
Minneapolis

James Creech (1721)
Département de français et d'italien
Miami University

Thomas Crow (1707)
School of European Studies
University of Sussex

Michael Danahy (23 juillet 1859)
Département de langues étrangères
University of Wisconsin,
Stevers Point

Natalie Zemon Davis (1526)
Département d'histoire
Princeton University

Carolyn J. Dean (mars 1931)
Département d'histoire
Brown University

Gérard Defaux
(17-18 octobre 1534, 1673)
Département de français
Johns Hopkins University

Joan DeJean (1654, 1700)
Département de langues romanes
University of Pennsylvania

Lance K. Donaldson-Evans (1573)
Département de langues romanes
University of Pennsylvania

Joseph J. Duggan (1095)
Département de littérature comparée
University of California, Berkeley

Edwin M. Duval (1532)
Département de français
Yale University

Doranne Fenoaltea (1544)
Département de langues romanes
University of Florida, Gainesville

Margaret Ferguson (1549)
Département d'anglais
University of Colorado, Boulder

Joan M. Ferrante (1180)
Départements d'anglais
et de littérature comparée
Columbia University

Lucienne Frappier-Mazur (1843)
Département de langues romanes
University of Pennsylvania

Carla Freccero (1527)
Département de français et d'italien
Dartmouth College

Michael Fried (août-septembre 1759)
Centre pour les humanités
Johns Hopkins University

Jane Gallop (1975)
Départements d'anglais
et de littérature comparée
University of Wisconsin, Milwaukee

Jean Gaudon (décembre 1827)
Département de lettres modernes
Université Paris XII

Sima Godfrey (1874)
Département de français
Université de Colombie britannique

Lionel Gossman (1697, décembre 1761)
Département de langues romanes
Princeton University

Jean-Joseph Goux (novembre 1925)
Département de français
Rice University

Kathryn Gravdal (1175)
Département de français
Rice University

Mary Jean Green (1914-1918)
Département de français et d'italien
Dartmouth College

Mitchell Greenberg (1637)
Département de français et d'italien
Miami University

Stephen Greenblatt (1563)
Département d'anglais
University of California, Berkeley

Jacques Guicharnaud
(1680, 27 avril 1784)
Département de français
Yale University

Madelyn Gutwirth (1787)
Département de langues étrangères
West Chester University

Marcel Gutwirth (1660)
Département de français
Graduate Center, City University of New York

Timothy Hampton (1517)
Département de français
University of California, Berkeley

Stephen Heath (1985)
Jesus College
Cambridge University

Francis M. Higman (septembre 1541)
Institut d'histoire de la réformation
Université de Genève

Denis Hollier (1836, 1905, juin 1931, 1934, mai 1968)
Département de français
Yale University

Louise K. Horowitz (1619)
Département de français
Rutgers University, Camden

Richard Howard (1911)
Département d'anglais
University of Houston

Jean-Charles Huchet (1152)

Marie-Hélène Huet (8 juin 1794)
Département de langues romanes
Amherst College

David F. Hult (1277)
Département de langue et littérature françaises
University of Virginia

Jefferson Humphries (1853, 1884)
Département de français et d'italien
Louisiana State University

Michel Jeanneret
(automne 1534, 1578)
Section langue et littérature françaises modernes
Université de Genève

Barbara Johnson
(1820, 1866, juin 1885)
Département de littérature et de langue anglaises et américaines
Harvard University

Ann Rosalind Jones (juillet 1555)
Littérature comparée
Smith College

Herbert Josephs (19 avril 1774)
Département de langues romanes et classiques
Michigan State University, East Lansing

Peggy Kamuf (1754)
Département de français et d'italien
University of Southern California

Alice Yaeger Kaplan (6 février 1945)
Département d'études romanes
Duke University

Vincent Kaufmann (décembre 1925)
Département de français
University of California, Berkeley

Donald R. Kelley (1566)
Département d'histoire
University of Rochester

Douglas Kelly (1267)
Département de français et d'italien
University of Wisconsin, Madison

Laura Kendrick (1123)
Département d'anglais
Rutgers University

Samuel Kinser (1942)
Département d'histoire
Northern Illinois University

Rosalind Krauss (9 janvier 1959)
Département d'histoire de l'art
et d'archéologie
Columbia University

Lawrence D. Kritzman (1542)
Département de français et d'italien
Dartmouth Collcgc

Dominick LaCapra (1857)
Département d'histoire
Cornell University

Ullrich Langer (1572)
Département de français et d'italien
University of Wisconsin, Madison

Alexandre Leupin (1181)
Département de français et d'italien
Louisiana State University

Philip E. Lewis (1664)
Département d'études romanes
Cornell University

Patrizia Lombardo (1808)
Département de français et d'italien
University of Pittsburgh

Sylvère Lotringer (1935)
Département de français
et de philologie romane
Columbia University

John D. Lyons (1627, 1678, 1689)
Département de langue
et littérature françaises
University of Virginia

Eric MacPhail (juin 1553)
Département de français et d'italien
Indiana University, Bloomington

Donald Maddox (1300)
Département de français et d'italien
University of Massachusetts,
Amherst

Louis Marin (1674)
Centre de recherches sur les arts
et le langage
École des hautes études en sciences
sociales, Paris

Elaine Marks (1929)
Département de français et d'italien
University of Wisconsin-Madison

Gita May (1750)
Département de français et de
philologie romane
Columbia University

Sarah Maza (1816)
Département d'histoire
Northwestern University

Christie V. McDonald (1769)
Département d'études françaises
Université de Montréal

Margaret M. McGowan (1581)
School of European Studies
University of Sussex

Jeffrey Mehlman (1898)
Département de langues et
littératures étrangères modernes
Boston University

Françoise Meltzer (1892)
Département de langues
et littératures romanes
University of Chicago

Christopher L. Miller
(1847, février 1968)
Département de français et cycle
d'études africaines
et afro-américaines
Yale University

D. A. Miller (1839)
Département d'anglais
Harvard University

Nancy K. Miller (1735)
Département d'anglais
Lehman College and the Graduate
Center, City University
of New York

Toril Moi (1949)
Littérature (cycle d'études)
Duke University

Timothy Murray (1634)
Département d'anglais
Cornell University

Charles Muscatine (1210)
Département d'anglais
University of California, Berkeley

Robert J. Nelson (1687)
Département de français
University of Illinois, Urbana

Stephen G. Nichols (1127)
Département de langues romanes
University of Pennsylvania

Glyn P. Norton (juillet 1541)
Département de langues romanes
Williams College

David O'Connell (1920)
Département de langues étrangères
Georgia State University, Atlanta

Thomas G. Pavel (1647)
Département de langues
et littératures romanes
Princeton University

Sandy Petrey (1789, 1834, 1877)
Département d'études comparées
State University of New York,
Stony Brook

Mark Poster (1772)
Département d'histoire
University of California, Irvine

Gerald Prince (1953)
Département de langues romanes
University of Pennsylvania

Esther Rashkin (1886)
Département de langues
et littératures
University of Utah

Nancy Freeman Regalado (1456)
Département de français
New York University

Richard L. Regosin (1595)
Département de français et d'italien
University of California, Irvine

Martine Reid (13 janvier 1791)
Département de français
Yale University

Timothy J. Reiss (mars 1553, 1640)
Département de littérature
comparée
New York University

Walter E. Rex (1704)
Département de français
University of California, Berkeley

Alain Rey (1694)
Directeur littéraire
des dictionnaires *Robert*, Paris

François Rigolot
(1493, été 1536, février 1827)
Département de langues et
littératures romanes
Princeton University

Pierre Ronzeaud (1648)
Centre des lettres et sciences
humaines
Université de Provence
(Aix-Marseille I)

Ronald C. Rosbottom (février 1761)
Amherst College

Kristin Ross (1871)
Comité des études littéraires
University of California, Santa Cruz

Daniel S. Russell (1536)
Département de français et d'italien
University of Pittsburgh

Ronnie Scharfman (1939)
Département des humanités
State University
of New York-Purchase

Naomi Schor (1833, 1876)
Département d'études romanes
Duke University

English Showalter, Jr. (1734)
Département de français
Rutgers University

Richard Sieburth (février 1885)
Département de français
New York University

Ann Smock (1928, 1940-1944)
Département de français
University of California, Berkeley

Gabrielle M. Spiegel (1202)
Département d'histoire
University of Maryland, College Park

Domna C. Stanton (1685)
Département de langues romanes
University of Michigan, Ann Arbor

Joan Hinde Stewart (1787)
Département de langues
et littératures étrangères
North Carolina State University,
Raleigh

Philip Stewart (1770)
Département d'études romanes
Duke University

Allan Stoekl (mars 1937)
Département de français
Pennsylvania State University

Donald Stone, Jr. (1552)
Département de langues romanes
Harvard University

Susan Rubin Suleiman
(12 juillet 1937, 1960)
Département de langues romanes
Harvard University

Virginia E. Swain (mai 1782)
Département de français et d'italien
Dartmouth College

Michael Syrotinski (1941)
Département de français
University of Aberdeen

Richard Terdiman (1848, 1852)
Comité des études littéraires
University of California,
Santa Cruz

Chantal Thomas (été 1791)
Centre national
de la recherche scientifique, Lyon

Tzvetan Todorov (1814)
Centre national
de la recherche scientifique, Paris

Jack Undank (1727, 1771)
Département de français
Rutgers University

Steven Ungar (15 octobre 1945)
Département de français et d'italien et département de littérature comparée
University of Iowa

Eugene Vance (1165)
Département de langues et littératures romanes
University of Washington, Seattle

Georges Van Den Abbeele (1668)
Davis Humanities Institute
University of California, Davis

Aram Vartanian (janvier 1759)
Département de langue et littérature françaises
University of Virginia

Nancy J. Vickers (1528)
Département de français et d'italien
University of Southern California

Anthony Vidler (1802)
Département d'architecture
Princeton University

Evelyn Birge Vitz (1214)
Département de français
New York University

Hayden White (1823)
Histoire de la conscience (cycle d'études)
University of California, Santa Cruz

Dudley B. Wilson (1562)
Département de français
University of Durham

Nathaniel Wing (1835, 7 décembre 1859)
Département de français et d'italien
Louisiana State University

Terence R. Wooldridge (1539)
Département de français
University of Toronto

Ajouts pour l'édition française

R. Howard Bloch (1179)
Département de français
University of California, Berkeley

Michel Contat (9 février 1977)
Institut des textes et manuscrits modernes
Centre national de la recherche scientifique, Paris

Françoise Dousset (juillet 1743)
Lycée des Feuillants, Poitiers

Denis Hollier (1989)
Département de français
Yale University

Laurent Jenny (1961)
Section langue et littérature françaises modernes
Université de Genève

Jean-Pierre Salgas (mai 1985)
École des beaux-arts, Tourcoing

Walter A. Strauss (décembre 1943)
Département de langues et littératures modernes
Case Western Reserve University, Cleveland

Index

Les œuvres sont ici classées sous le nom de leur auteur. Les œuvres anonymes sont recencées par titre.

Nous remercions tous ceux qui ont contribué à la réalisation de cet ouvrage.

Traduction : Guillemette Belleteste, pp. 1-48, 54-132, 919-958, 963-998, 1014-1020 ; Claude Bourguignon, pp. 563-583, 588-607 ; Huguette Brusick, pp. 135-155, 162-212, 216-282, 287-303, 308-314 ; Eve Dayre, pp. 679-692 ; Ginette Morel, pp. 378-424, 430-563, 757-778, 903-909 ; Renée Morel, pp. 315-321, 327-332, 337-378 ; Benoît Olivier, pp. 49-54, 692-756 ; Isabelle Reinharez, pp. 783-820, 825-838, 844-861, 865-903, 909-919.

Direction éditoriale : Olivier Juilliard
Édition : Bruno Alcala, Fabienne Duvigneau

Préparation : Bruno Alcala
Correction : Jean-Francis Aymonier
Recherches bibliographiques : Catherine Dana
Index : Caroline Audibert, Renée Morel
Gestion informatique : Nora Schott
Photocomposition : PFC, Dole
Fabrication : Yann Mahé